PRISMA
HANDWÖRTERBUCH
DEUTSCH-
SCHWEDISCH

LANGENSCHEIDT
BERLIN · MÜNCHEN · WIEN · ZÜRICH

Redaktion: Eva Gomer, Josef Huber
unter Mitwirkung von Peder Hällgren und Britta Dancy

Die Nennung von Waren erfolgt in diesem Werk, wie in Nachschlagewerken üblich, ohne Erwähnung etwa bestehender Patente, Gebrauchsmuster oder Warenzeichen. Das Fehlen eines solchen Hinweises begründet also nicht die Annahme, eine Ware oder ein Warenname sei frei.

Auflage:	5.	4.	3.	2.	1.	Letzte Zahlen
Jahr:	1989	88	87	86	85	maßgeblich

© 1985 Bokförlaget Prisma, Stockholm
Druck: Druckhaus Langenscheidt, Berlin
Printed in Germany · ISBN 3-468-04305-8

Inhaltsverzeichnis

Vorwort 4

Hinweise für die Benutzung des Wörterbuches 5

Die Aussprache des Deutschen 7

Erklärung der im Wörterbuch verwendeten
Abkürzungen 8

Deutsch-schwedisches Wörterverzeichnis 11

Vorwort

Dieses völlig neue Wörterbuch ist von der Lexikonredaktion des Verlages Prisma bearbeitet worden und enthält etwa 68 000 Stichwörter sowie eine erhebliche Anzahl Sätze, Redewendungen und Beispiele zur Konstruktion.

Wir waren um die Schaffung eines gut ausgewogenen Wörterbuches bemüht. Das Hauptgewicht wurde auf die heutige gesprochene und geschriebene deutsche Sprache gelegt, wobei alltägliche, dialektische, regionale und stilistische Varianten berücksichtigt wurden. Damit das Wörterbuch auch bei der Lektüre älterer Literatur benutzt werden kann, ist eine gewisse Anzahl altertümlicher und veralteter Wörter und Ausdrücke aufgenommen worden, ferner solche, die in ironischem und scherzhaftem Stil weiterleben. Wörter aus dem Jargon sowie herabsetzender und vulgärer Bedeutung (in allen Fällen mit Hinweisen auf die Sprachebene versehen) sind ebenfalls reichlich vertreten. Wir haben es als unsere Aufgabe betrachtet, das Wortgut zu erfassen und zu vermitteln, nicht aber für oder gegen eine gewisse Sprachgewohnheit Stellung zu nehmen. Wörter aus Fachgebieten und den Wissenschaften bilden einen großen und wichtigen Teil des Wortschatzes. Hier muß jedoch festgestellt werden, daß die Entwicklung auf allen Gebieten so schnell vor sich geht und so viele neue Fachausdrücke zeitigt, daß ein allgemeines Wörterbuch nur eine Auswahl davon enthalten kann.

Der grammatische Apparat ist so einfach wie möglich aufgebaut. Überall, wo es zu vertreten war, wurden anstelle der grammatischen Terminologie allgemein verständliche Erklärungen gegeben.

Bei der Arbeit sind alle wichtigen zugänglichen Werke zu Rate gezogen worden. Insbesondere können hier genannt werden: *Das große Wörterbuch der deutschen Sprache (Duden)*, *Wörterbuch der deutschen Gegenwartssprache*, Wahrig: *Deutsches Wörterbuch*, Langenscheidts *Enzyklopädisches Wörterbuch Deutsch-Englisch*, Langenscheidts *Großes Schulwörterbuch Deutsch-Englisch*, *Der Neue Brockhaus*, *Oxford-Duden Bilderwörterbuch*, *Duden Grammatik*, Brandt-Persson-Rosengren-Åhlander: *Tysk grammatik för universitetsbruk*, *Illustrerad svensk ordbok*, sowie schwedische und ausländische Fachwörterbücher, *Svensk uppslagsbok* und weitere Nachschlagewerke. Als Quelle für die Aussprache wurde *Das große Wörterbuch der deutschen Sprache (Duden)* und Korlén-Malmberg: *Tysk fonetik* benutzt. Von den verwendeten Zeitungen und Zeitschriften kann besonders *Der Spiegel* genannt werden.

Bearbeiter und Verlag

Hinweise für die Benutzung des Wörterbuches

Allgemeines

Die deutschen Stichwörter sind streng alphabetisch angeordnet, z. B. **Heftfaden, heftig, Heftigkeit, Heftklammer**. In der alphabetischen Anordnung der deutschen Wörter steht *ä* unter *a*, *ö* unter *o*, *ü* unter *u*, z. B. **achten, ächten, Ode, öde, Buße, büßen**. *w* gilt als besonderer Buchstabe und folgt auf *v*; *ß* wird in der Reihenfolge mit *ss* gleichgestellt.

Wenn ein Stichwort mehreren Wortklassen angehört, werden diese mit römischen Ziffern unterschieden. Stark abweichende Bedeutungen innerhalb jeder Wortklasse werden durch arabische Ziffern gekennzeichnet, geringere Bedeutungsunterschiede durch Semikolon.

Gleichlautende Wörter werden durch eine davorgestellte Ziffer unterschieden: **1 Star** *-e m, zool*. stare **2 Star** *-e m, med*. starr **3 Star** [st-, auch ʃt-] *-s m* stjärna.

Fachausdrücke werden durch Abkürzungen bezeichnet: *biol., fonet., kärnfys.* usw. (s. Abkürzungsliste).

Substantiv

Bei den deutschen Substantiven ist die Pluralendung, der Umlaut (†) und das Genus (*m, f, n*) angegeben. Die Genitivendung ist nur vermerkt bei Substantiven, die der fünften Deklination angehören, in anderen Fällen nur, wenn sie unregelmäßig ist.

Beispiele:

Tisch *-e m* (*pl* Tische, *Maskulinum*)
Arbeiter *- m* (*pl* Arbeiter, *Maskulinum*)
Hand *-e* † *f* (*pl* Hände, *Femininum*)
Schlo|ß *-sser*† *n* (*pl* Schlösser, *Neutrum*)
Gruß *-e* † *m* (*pl* Grüße, *Maskulinum*)
Stahl *-e* [†] *m* (*pl* Stahle *oder* Stähle, *Maskulinum*)
Geschehen *0 n* (*pl* fehlt oder kaum möglich, *Neutrum*)
Spray *-s m n* (*pl* Sprays, *Maskulinum oder Neutrum*)

Junge *-n -n m* (*gen*. Jungen, *pl* Jungen, *Maskulinum*)
Verwandte(r) *m f, adj böjn*. (*das Wort kann maskulin oder feminin sein; die runde Klammer um* r *gibt an, daß das Wort wie ein Adjektiv gebeugt wird; maskulin:* der Verwandte, ein Verwandter; *feminin:* die Verwandte, eine Verwandte)
Ganze(s) *0 n, adj böjn*. (*Neutrum; die runde Klammer gibt an, daß das Wort wie ein Adjektiv gebeugt wird:* das Ganze, ein Ganzes)

Einige Stichwörter sind nicht übersetzt; es wird auf ein anderes Stichwort hingewiesen, wo sich eine entsprechende Übersetzung findet. Beispiel: **Klugschnacker** *- m, nty. se* Klugredner. Die Übersetzungen unter *Klugredner* können für *Klugschnacker* verwendet werden.

Feminine Formen gewisser Substantive sind nicht besonders vermerkt, da diese auf Grund der maskulinen Formen gebildet und übersetzt werden können, z. B. **Biologin** *-nen f* (*von* Biologe) [kvinnlig] biolog, **Leiterin** *-nen f* (*von* Leiter) ledarinna etc., **Schauspielerin** *-nen f* (*von* Schauspieler) skådespelerska.

Von Adjektiven oder Verben abgeleitete Substantive auf z. B. **-heit, -ung** sind nur aufgenommen worden, wenn das betreffende Substantiv eine Bedeutung hat, die von der des Adjektivs oder des Verbs abweicht. Bei einigen Substantiven wird auf ein entsprechendes Adjektiv oder Verb hingewiesen. Beispiel: **Sorglosigkeit** *0 f* sorglöshet usw. vgl. *sorglos*. Weitere Übersetzungen von *Sorglosigkeit* ergeben sich aus den Wiedergaben von *sorglos* (sorglös, obekymrad; lättsinnig, vårdslös), demnach: lättsinnighet, vårdslöshet.

Verb

Einfache deutsche Verben:
Die schwache Konjugation wird nicht bezeichnet. Bei der starken bzw. unregelmäßigen Konjugation werden die Stammformen ausgeschrieben (Imperfekt Indikativ und Konjunktiv, Partizip Perfekt), ferner Präsens und Imperativformen mit Ablaut oder bei den modalen Hilfsverben das Präsens Singular. Wenn ein starkes oder unregelmäßiges Verb auch schwach konjugiert werden kann, wird dies mit *äv. sv* bezeichnet.

Zusammengesetzte deutsche Verben:
Die schwache Konjugation wird nicht bezeichnet. Starke bzw. unregelmäßige Verben werden mit *st* bzw. *oreg.* bezeichnet. Wegen der Stammformen wird auf das einfache Verb verwiesen. Schwache und/oder starke bzw. unregelmäßige Verben werden mit *sv o.* (*el.*) *st* (*oreg.*) gekennzeichnet.

Hilfsverben:

Bei Verben, die nur mit *sein* konjugiert werden, steht *s*, wobei kein Hinweis bei Verben gegeben wird, die mit *haben* gebeugt werden. Verben, die mit *haben* und (oder) *sein* konjugiert werden, sind von dem Hinweis *h o. (el.) s* begleitet.

Untrennbare und trennbare Verben:

Verben mit den Präfixen **durch, über, um, unter, hinter, miß, voll** und **wider** können entweder trennbar oder untrennbar sein. Bei diesen Verben ist die Betonung durch einen Strich vor der betonten Silbe bezeichnet worden. Beispiele: **über'bieten** (untrennbar: *zu überbieten,* perf part *überboten*). Dagegen: ¹**untergehen** (trennbar: *unterzugehen,* perf *untergegangen*).

Adjektiv, Adverb

Bei Adjektiven mit regelmäßigen Vergleichsstufen wird der Umlaut mit dem Zeichen † angegeben, z. B. **alt** *adj* † (*alt, älter, der älteste, am ältesten*).

Deutsche Adverbien, die in der Form mit dem Adjektiv zusammenfallen und die im Schwedischen der neutralen Form des Adjektivs entsprechen, werden in der Regel nicht bezeichnet, können aber unter den Beispielen bei dem betreffenden Adjektiv vorkommen.

Die verwendeten Zeichen

| steht nach dem Teil eines Stichwortes, der nach einem oder mehreren folgenden Stichwörtern wieder auftritt, z. B. **Kinder|arbeit, -fest** (Kinderarbeit, Kinderfest); es dient ferner dazu, nachfolgende Wortteile oder Flexionsendungen zu trennen, z. B.
geh|en *wie -t es dir?* (*gehen, wie geht es dir?*)
Fakt|um, *-a el.* *-en* (*Faktum, Fakta oder Fakten*).
Es kommt außerdem im Text vor, um vorangegangene oder folgende Wortteile zu trennen, z. B. landslags|spelare, -man (landslagsspelare, landslagsman).

\- ersetzt, wenn | steht, den abgetrennten Teil des Wortes, z. B. **Gesamt|eindruck, -einkommen** (*Gesamteindruck, Gesamteinkommen*), landslags|spelare, -man (landslagsspelare, landslagsman). In Zusammensetzungen und Ableitungen bezeichnet der kurze Bindestrich das gesamte davorstehende Stichwort, z. B. **Geflügel, -farm** (*Geflügel, Geflügelfarm*).

\-\- gibt an, daß der folgende Wortteil mit einem Bindestrich angeschlossen werden soll. Man beachte den Unterschied in dem Artikel **Hals|entzündung** zwischen **Hals|entzündung** und -leiden (Halsleiden) einerseits und - -**Nasen-Ohren-Arzt** (*Hals-Nasen-Ohren-Arzt*) andererseits.

~ ersetzt innerhalb der Gruppenartikel (Nester) das ganze Stichwort, z. B. **jung**, ~ *und alt* (*jung und alt*), *in ~en Jahren* (*in jungen Jahren*).

( ) wird teils für ergänzende Erläuterungen, z. B. **Kinderstation** *-en barnavdelning* (*på sjukhus*), teils für auswechselbare Wörter und Sätze verwendet, z. B. *der blinde* (*gelbe*) *Fleck* blinda (gula) fläcken.

[ ] umschließt die Aussprachebezeichnung, z. B. **foulen** [′faulən]. Es bezeichnet ferner Wörter oder Wortteile, die ausgelassen werden können, z. B. *kein Gedanke* [*daran*]! inte alls!, ingalunda!, **fördern** [be]främja.

ˈ gibt die Betonung an und steht vor der betonten Silbe, z. B. ˈ**indiskret**.

† bezeichnet den Umlaut, s. weitere Angaben unter Allgemeines.

Die Aussprache des Deutschen

Die Aussprache wird nach dem Stichwort in eckigen Klammern mit den Zeichen der internationalen Lautschrift angegeben. Falls die Angabe der Betonung genügt, wird diese durch einen hochgestellten senkrechten Strich vor der betonten Silbe des Stichwortes selbst und/oder in eckigen Klammern vor dem Divis, das eine Silbe ersetzt (s. auch verwendete Sonderzeichen), bezeichnet. Beispiel: ˈüberaus [auch --ˈ- oder ˈ--ˈ-]; Phoˈnetik.

Im allgemeinen wird die Aussprache nur bei einfachen Wörtern gegeben, bei Zusammensetzungen wird auf die einfachen Wörter verwiesen. Die mit einer Aussprachebezeichnung versehene Wörter sind teils solche, die von den allgemeinen deutschen Ausspracheregeln abweichen (vgl. z. B. Korlén-Malmberg: Tysk fonetik), teils solche, deren deutsche Aussprache sich von der des entsprechenden schwedischen Wortes unterscheidet, z. B. **Fond** [fɔ̃ː], **Jeep** [dʒiːp].

In einem Gruppenartikel (Nest) mit mehreren Stichwörtern gleichen Stammes wird die Aussprachebezeichnung nur bei dem ersten Stichwort angegeben, z. B. **steril** [ʃt- oder st-], **Sterilisation, sterilisieren, Sterilität**, die im Anlaut alle ʃt- oder st- haben.

Besondere Lautschriftzeichen

a	wie *a* in *kann*	ʉ	wie *u* in *en suite*	ʃ	wie *sch* in *Schwein*
aː	wie *aa* in *Staat*	i	wie *ie* in *vielleicht*	u	wie *u* in *dubiös*
ɐ	wie *er* in *dieser*	iː	wie *ie* in *Liebe*	uː	wie *u* in *gut*
ã	wie *en* in *Pension*	ɪ	wie *i* in *Birne*	ʊ	wie *u* in *Mutter*
ãː	wie *an* in *Chance*	ŋ	wie *ng* in *singen*	x	wie *ch* in *Bach*
ç	wie *ch* in *ich*	o	wie *o* in *Choral*	y	wie *y* in *Physik*
dʒ	wie *j* in *Jet*	oː	wie *oo* in *Boot*	yː	wie *ü* in *süß*
e	wie *e* in *Phenol*	õ	wie *on* in *Fondue*	ʏ	wie *ü* in *Mütze*
eː	wie *ee* in *See*	õː	wie *on* in *Jargon*	z	wie *s* in *lesen*
ɛ	wie *ä* in *ärmlich*	ɔ	wie *o* in *Horn*	ʒ	wie *j* in *Journal*
ɛː	wie *ä* in *Käfig*	ø	wie *ö* in *Ökologie*	ai	wie *ei* in *mein*
ɛ̃	wie *i* in *pointieren*	øː	wie *ö* in *böse*	au	wie *au* in *Haus*
ɛ̃ː	wie *i* in *Pointe*	œ	wie *ö* in *Götter*	ɔy	wie *eu* in *Freude*
ə	wie *e* in *Junge*	œ̃ː	wie *um* in *Parfum*		

b, p, k und alle übrigen Konsonanten wie im Schwedischen.

Besondere Lautschriftzeichen für das Englische (in Lehnwörtern)

ɑː	wie *a* in eng. *hard*		ɔː	wie *ou* in eng. *four*
æ	wie *a* in eng. *backhand*		oʊ	wie *o* in eng. *roll*
ʌ	wie *u* in eng. *butter*		ð	wie *th* in eng. *father*
əː	wie *i* in eng. *bird*		θ	wie *th* in eng. *think*
			w	wie *w* in eng. *water*

Übrige Zeichen

ʔ Knacklaut (Stimmbandverschlußlaut)
ˈ Betonungszeichen, steht vor der betonten Silbe
ˌ Zeichen für silbenbildende Konsonanten, steht unter dem Konsonanten, z. B. **Nebel** [ˈneːb̩l], **lügen** [ˈlyːgn̩]
˘ nicht silbenbildender Halbvokal, steht über oder unter dem Vokal, z. B. **Bankier** [bãŋˈki̯eː], **Etui** [eˈty̆iː]
‿ steht unter Affrikaten oder Diphthongen, z. B. **Pfeife** [ˈp͡fai̯fə]

Erklärung der im Wörterbuch verwendeten Abkürzungen

absol.	absolut absolut	*e-n*	einen
abstr.	abstrakt abstrakt	*end.*	endast nur
ack.	ackusativ Akkusativ	*eng.*	engelsk[t] englisch
adj	adjektiv[isk] Adjektiv, adjektivisch	*e-r*	einer
adv	adverb[iell] Adverb, adverbial	*e-s*	eines
allm.	allmän[t] allgemein	*etw.*	etwas
amer.	amerikansk[t] amerikanisch		
anat.	anatomi Anatomie	*f*	femininum Femininum, weiblich
arkeol.	arkeologi Archäologie	*fack.*	fackspråk Fachsprache
arkit.	arkitektur Architektur	*farm.*	farmakologi Pharmakologie
art.	artikel Artikel	*film.*	filmterm Film
astron.	astronomi Astronomie	*filos.*	filosofi Philosophie
attr.	attribut[ivt] [als] Attribut	*fisk.*	fiskeriterm Fischereiwesen
		flyg.	flygväsen Flugwesen
bank.	bankväsen Bankwesen	*fonet.*	fonetik Phonetik
befintl.	befintlighet Lage	*fotb.*	fotboll Fußball
berl.	berlindialekt berlinisch	*foto.*	fotografikonst Fotografie
best.	bestämd bestimmt	*fråg.*	frågande fragend
bet.	betydelse Bedeutung	*fys.*	fysik Physik
beton.	betonad (-t) betont	*fysiol.*	fysiologi Physiologie
bibl.	biblisk[t] biblisch	*fäkt.*	fäktterm Fechten
bildl.	bildlig[t] bildlich, übertragen	*följ.*	följande folgend
biol.	biologi Biologie	*förb.*	förbindelse[r] Verbindung[en]
bokb.	bokbinderi Buchbinderei	*föreg.*	föregående vorhergehend
bokför.	bokföring Buchhaltung	*fören.*	förenad (-t) verbunden
boktr.	boktryckeri Buchdruckerei	*förk.*	förkortning Abkürzung
bot.	botanik Botanik	*försäkr.*	försäkringsväsen Versicherungswesen
boxn.	boxning Boxen		
BRD	Bundesrepublik Deutschland, Västtyskland, BRD	*förv.*	förvaltning Verwaltung
brottn.	brottning Ringen	*gen.*	genitiv Genitiv
byggn.	byggnadskonst Baukunst	*geogr.*	geografi Geographie
böjn.	böjning Beugung	*geol.*	geologi Geologie
		geom.	geometri Geometrie
dat.	dativ Dativ	*gruv.*	gruvterm Bergwesen
databeh.	databehandling Datenverarbeitung	*guldsm.*	guldsmedsterm Goldschmiedekunst
DDR	Deutsche Demokratische Republik, Östtyskland, DDR	*gymn.*	gymnastik Turnen
demonstr.	demonstrativ[t] demonstrativ	*h*	haben
dep	deponens Deponens	*hand.*	handelsterm Handel
determ.	determinativ[t] determinativ (demonstrativ)	*her.*	heraldik Heraldik
		hist.	historisk[t] historisch
dial.	dialektal[t] dialektal, mundartlich	*holl.*	holländsk[t] niederländisch
dipl.	diplomatterm diplomatisch	*hopskr.*	hopskrivs, hopskrivet zusammengeschrieben
e.d.	eller dylik[t] und dergleichen		
e-e	eine	*högt.*	högtidlig[t] feierlich, gehoben
eg.	egentlig[en] eigentlich, ursprünglich	*ibl.*	ibland manchmal
ekon.	ekonomi Wirtschaft	*imper*	imperativ Imperativ
el.	eller oder	*imperf*	imperfektum Imperfekt
elektr.	elektrisk, elektroteknisk, elektroteknik elektrisch, elektrotechnisch, Elektrotechnik	*indef.*	indefinit indefinit
		inf	infinitiv Infinitiv
		interj	interjektion Interjektion
elektron.	elektronisk, elektronik elektronisch, Elektronik	*interr.*	interrogativ[t] interrogativ
		iron.	ironisk[t] ironisch
e-m	einem	*i sht*	i synnerhet besonders

jakt.	jaktterm Jagdwesen	omskr.	omskrivning, omskrivs Umschreibung
jd	jemand		
jdm	jemandem	opers.	opersonlig[t] unpersönlich
jdn	jemanden	opt.	optik Optik
jds	jemand[e]s	ordspr.	ordspråk Sprichwort
jfr	jämför vergleiche	oreg.	oregelbunden (-t) unregelmäßig
jidd.	jiddisch jiddisch		
jordbr.	jordbruk Landwirtschaft	parl.	parlamentarisk term Parlamentssprache
jud.	judisk[t] jüdisch		
jur.	juridik Rechtswissenschaft	part.	partikel Partikel
järnv.	järnvägsväsen Eisenbahnwesen	perf part	perfekt particip Partizip Perfekt
		pers.	person, personlig[t] Person, persönlich
kansl.	kanslispråk Amtssprache		
kat.	katolsk[t] katholisch	pl	pluralis Plural
kem.	kemi Chemie	poet.	poetisk[t] poetisch
kir.	kirurgi Chirurgie	polit.	politik Politik
kokk.	kokkonst Kochkunst	poss.	possessiv[t] possessiv
koll.	kollektiv kollektiv, Kollektivum	post.	postterm Postwesen
komp.	komparativ Komparativ	pred fylln.	predikatsfyllnad Prädikativ
konj	konjunktion Konjunktion	predik.	predikat, predikativ[t] Prädikat, prädikativ
konkr.	konkret konkret		
konst.	konstterm Kunst	prep	preposition Präposition
konstr.	konstruktion Konstruktion	pres	presens Präsens
kortsp.	kortspel Kartenspiel	pron	pronomen Pronomen
kyrkl.	kyrklig term kirchlich	prot.	protestantisk[t] protestantisch
kärnfys.	kärnfysik Kernphysik	psykol.	psykologi Psychologie
lantbr.	lantbruk Landwirtschaft		
lantm.	lantmäteri Landvermessung	radar.	radarteknik Funkmeßtechnik
litt.	litterär[t], litteratur literarisch, Literatur	radio.	radioteknik Rundfunktechnik
		recipr	reciprok[t] reziprok
log.	logik Logik	rekl.	reklamspråk Werbesprache
		rel.	relativ[t] relativ
m	maskulinum Maskulinum, männlich	relig.	religion Religion
m.	med mit	ret.	retorisk[t] rhetorisch
mat.	matematik Mathematik	rfl	reflexiv[t] reflexiv
med.	medicin Medizin	ridk.	ridkonst Reiten
meteor.	meteorologi Meteorologie	riktn.	riktning Richtung
mil.	militärterm Militär	rom.	romersk[t] römisch
min.	mineralogi Mineralogie	rumsbet.	rumsbetydelse Raum, räumlich
motor.	motorteknisk term, motorsport Motorentechnik, Motorsport	räkn	räkneord Zahlwort
mus.	musik Musik	s	sein
myt.	mytologi Mythologie	schack.	schackterm Schachspiel
mät.	mätteknik Meßtechnik	schweiz.	schweizisk[t] schweizerisch
		sg	singularis Singular
n	neutrum Neutrum, sächlich	självst.	självständig[t] selbständig
nat. soc.	nationalsocialistisk[t] nationalsozialistisch	sjö.	sjöterm Schiffahrt
		skand.	skandinavisk[t] skandinavisch
neds.	nedsättande abfällig	skeppsb.	skeppsbyggeri Schiffbau
neg.	negation Negation	skogsv.	skogsvetenskap Forstwirtschaft
ngn	någon jemand (-em, -en)	skol.	skolterm Schulwesen
ngt	något etwas	skämts.	skämtsam[t] scherzhaft
nom.	nominativ Nominativ	sl.	slang Slang
nty.	nordtysk[t] norddeutsch	slaktar.	slaktarterm Fleischerei
		smeks.	smeksam[t] zärtlich
o.	och und	sms.	sammansättning[ar] Zusammensetzung[en]
obest.	obestämd (-t) unbestimmt		
obeton.	obetonad (-t) unbetont	snick.	snickarterm Tischlerei
obj.	objekt Objekt	sociol.	sociologi Soziologie
oböjl.	oböjligt indeklinabel	spel.	spelterm Spiel[e]

sport.	sportterm Sport		tullv.	tullväsen Zollwesen
spr.	språk Sprache		ty.	tysk[t] deutsch
språkv.	språkvetenskap Sprachwissenschaft		typ.	typografisk term typographisch
ss.	såsom wie			
st	starkt verb starkes Verb		ung.	ungefär etwa
stat.	statistik Statistik		univ.	universitet Universität
stud.	studerande, studentspråk Student[ensprache]		utl.	utlandet, utländsk Ausland, ausländisch
sty.	sydtysk[t] süddeutsch		uttr.	uttryck[ande] Ausdruck
subj.	subjekt Subjekt			
subst	substantiv[erad, -isk] Substantiv, substantivisch		v	verb Verb
			vanl.	vanligen gewöhnlich
superl.	superlativ Superlativ		vard.	vardaglig[t] umgangssprachlich
sv	svagt verb schwaches Verb		versl.	verslära Verslehre
sv.	svensk[t] schwedisch		vetensk.	vetenskaplig[t] wissenschaftlich
särskr.	särskrivs, särskrivet getrennt geschrieben.		veter.	veterinärväsen Veterinärmedizin
			vty.	västtysk[t] westdeutsch
sömn.	sömnad Schneiderei		vulg.	vulgär[t] vulgär
			väv.	vävnadsteknisk term Weberei
tandläk.	tandläkarterm Zahnmedizin			
teat.	teaterterm Theater		zool.	zoologi Zoologie
tekn.	teknologi, teknisk Technologie, technisch			
			åld.	ålderdomlig[t], föråldrad (-t) veraltet
tel.	telefon Fernsprechwesen			
telev.	television Fernsehen		äv.	även auch
teol.	teologi Theologie			
text.	textilterm Textilindustrie		österr.	österrikisk[t] österreichisch
tidsbet.	tidsbetydelse Zeit, zeitlich		öty.	östtysk[t] ostdeutsch
trädg.	trädgårdsskötsel Gartenbau			

A 1 - - *n (bokstav)* a; *wer ~ sagt, muß [auch] B sagen* har man sagt a får man [också] säga b; *von ~ bis Z (bildl.)* från början till slut **2** beteckning för A-Dur A-dur **a 1** - - *n (ton, bokstav)* a **2** beteckning för a-Moll a-moll **a. 1** *förk. för an, am; Frankfurt ~ Main (~ d. Oder)* Frankfurt am Main (an der Oder) **2** *förk. för anno*
à *prep* à, till
A. *förk. för Anno*
Aa [a'|a] 0 *n, barnspr.* bajs; ~ *machen* bajsa
AA *förk. för Auswärtiges Amt* UD, utrikesdepartementet
Aal -*e m* ål **aalen** *rfl, vard.* gona (moja) sig **Aalfänger** - *m* ålfiskare **Aalfischerei** 0 *f* ålfiske **'aal'glatt** hal som en ål **Aal|kiste** -*n f*, -**korb** -*e*† *m* ålkista **Aalmutter** -† *f, zool.* tånglake **Aal|quappe** -*n f*, -**raupe** -*n f, zool.* lake
a.a.O. *förk. för am angeführten Ort* på anfört (citerat) ställe
Aar -*e m, poet.* örn
Aas 1 -*e n* åtel, kadaver, as **2** -*er*† *n, vard.* as, fähund; *kein ~ war da* det var inte en käft där **Aasblume** -*n f* asblomma **aasen** *vard., mit etw.* ~ slösa (ödsla) med ngt **Aasfliege** -*n f* spyfluga **Aasgeier** - *m* asgam; *bildl.* utsugare **Aasgeruch** -*e*† *m* aslukt, vidrig stank **aasig** stinkande, rutten; vidrig; gemen; *es tut ~ weh (vard.)* det gör jävligt ont **Aaskäfer** - *m* asbagge **Aasseite** -*n f* köttsida *(på hud)*
ab [ab] **I** *prep m. dat. (ibl. ack.)* från, från och med; ~ *Hamburg* från Hamburg; ~ *Fabrik* fritt fabrik; ~ *heute* från och med i dag, från dags datum; ~ *erstem (ersten) Mai* från [och med] första maj; ~ *Weihnachten* från [och med] jul **II** *adv* **1** bort, ut; i väg; av; från; *weit ~* långt borta; *Hut ~!* hatten av!; *Gewehr ~!* för fot gevär!; *rechts ~* till höger; *München ~ 8⁰⁰ (i tidtabell)* från München 8⁰⁰; ~ *nach Kassel! (vard.)* ge dig *(etc.)* i väg!; ~ *und an (zu)* då och då; *auf und ~* av och an, fram och tillbaka, upp och ner; *von da ~* ända sedan dess, alltifrån den stunden; ~ *sein (vard.)* vara av **2** *vard., ich bin sehr ~* jag är alldeles slut
abänder|bar, -lich föränderlig, som kan ändras (revideras *etc.*) **abändern** göra (vidta) ändringar på (i); jämka på, modifiera; rätta, revidera **Abänderung** -*en f* [för]ändring; modifikation, jämkning; rättelse, revision **Abänderungsklage** -*n f, jur.* yrkan om jämkning
abängstigen *rfl* hysa (gå i) ständig ängslan, ängslas *(um e-n* för ngn) **abarbeiten 1** arbeta av; *e-e Schuld* ~ arbeta av en skuld **2** *rfl* arbeta (slita) ut sig; *ein abgearbeiteter Mensch* en utarbetad (utsliten) människa **abärgern** *rfl* [gå omkring och] vara förargad; *sich mit etw.*

~ *slita* (ha besvär, ha tråkigheter) med ngt
Abart -*en f* avart, biform, varietet **abarten** *s* avvika [från normen] **abartig** avvikande [från normen]; abnorm, pervers **Abartigkeit** -*en f* avvikelse; abnormitet, perversitet **abasten** *vard., er astet sich mit dem Koffer ab* han kånkar på (kämpar med) resväskan; *sich (dat.) e-n ~ slita,* knoga **abästen** kvista [av]
Abb. *förk. för Abbildung* ill., illustration, fig., figur
abbacken *st* grädda *(åt ngn)*; ~ *lassen* låta grädda *(hos bagaren)* **abbalgen 1** flå [skinnet av] **2** *rfl, vard.* slåss *(på lek)*
Abbau 0 *(i bet. 5 pl -e el. -ten) m* **1** demontering, nedtagning, rivning **2** minskning, reducering; avskedande, permittering; avveckling *(av företag e.d.)* **3** *kem.* nedbrytning **4** *gruv.* brytning **5** *gruv.* ort **abbauen 1** demontera, ta ner, riva **2** avveckla, slopa; sänka, reducera; avskeda, permittera **3** *kem.* nedbryta **4** *gruv.* bryta **5** försvagas, bli kraftlös, inte orka längre, ge upp **Abbaustrecke** -*n f, gruv.* utfraktsort **abbeeren** plocka bären av, repa **abbeißen** *st* bita av; *e-n ~ (vard.)* ta sig en sup **abbeizen** luta av **abbekommen** *st* få av (bort, loss); få sin del av; *er hat [dabei] etw. ~* han har inte sluppit oskadd undan; *eins (etw.)* ~ få sig en smäll (törn, släng) **abberufen** *st* åter-, hem|kalla; hädankalla; ~ *werden (dv.)* gå hädan **Abberufung** -*en f* åter-, hem|kallelse; hädankallelse **abbestellen** avbeställa; ge återbud; *e-n* ~ be ngn att inte komma *(på beställd tid e.d.)* **Abbestellung** -*en f* avbeställning; återbud **abbetteln** *e-m etw.* ~ tigga sig till ngt av ngn **abbezahlen** avbetala **Abbezahlung** -*en f* avbetalning **abbiegen** *st* **1** *s* vika (böja) av *(rechts* åt höger); svänga; *der Weg biegt ab* vägen svänger; *vom Weg* ~ ta av från vägen **2** böja, kröka; *vard.* avleda, avstyra; *etw.* ~ *(äv.)* ge ngt en annan vändning
Abbild -*er n* avbild, kopia **abbilden** avbilda, skildra; ge en bild av (föreställning om) **Abbildung** -*en f* avbildning, bild, illustration, figur **abbinden** *st* **1** lösa, lossa, knyta upp; ta av [sig] **2** *kokk.* reda av **3** *med.* avsnöra, underbinda **4** *tekn.* hårdna, stelna **Abbitte** 0 *f* avbön; ~ *tun (leisten)* göra avbön **abbitten** *st, e-m etw.* ~ göra avbön hos ngn (be ngn om ursäkt) för ngt
abblasen *st* **1** blåsa av (bort); *tekn.* blåsa ut **2** *vard.* avblåsa, inställa **abblassen** *s* blekna, blekas [ur] **abblättern 1** plocka bladen av **2** *s* flagna, flaga av, falla av i flagor **abblenden** blända av, avblända; *mil.* avskärma; *[die Scheinwerfer]* ~ blända av, sätta på halvljuset **Abblendlicht** 0 *n* halvljus *(på bil)* **abblitzen** *s* bli avspisad (avsnoppad), få nej (korgen); *e-n* ~ *lassen* snoppa (snäsa, spisa) av ngn, ge ngn korgen **abblocken** *sport.* blockera; *bildl.* förhindra **abblühen** *h el. s* blomma över (ut) **abborgen** *e-m etw.* ~ låna ngt av ngn **abböschen** dosera, göra sluttande **Abböschung** -*en f* dosering, sluttning
abbrauchen förbruka, göra slut på, slita ut **abbrausen 1** duscha, spola av **2** *rfl* ta en dusch **3** *s, vard.* susa (fräsa) i väg **abbrechen** *st* **1** bryta av; riva, ta ner; *bildl.* avbryta; *sie haben alle Brücken hinter sich (dat.) abgebrochen (bildl.)* de har rivit (sprängt) alla broar, det finns ingen återvändo för dem; *wollen wir*

abbremsen—abenteuerlich

hier ~! låt oss sluta här!; er brach kurz ab han tystnade tvärt **2** *s* gå (brytas) av; upphöra, sluta; stupa [brant] (*om berg*) **abbremsen** bromsa [in, upp] **abbrennen** *oreg.* **1** bränna [ner, av]; svedja, bränna bort; härda (*Stahl stål*); *ein Feuerwerk ~* bränna av ett fyrverkeri **2** *s* brinna ner; *die Kerze ist abgebrannt* ljuset har brunnit ner; *die Leute sind abgebrannt* människorna förlorade allt vad de ägde vid eldsvådan; *er ist abgebrannt* (*vard.*) han är pank
Abbreviatur [-v-] *-en f* abbreviation, förkortning; *mus.* abbreviatur **abbreviieren** *åld.* abbreviera, förkorta
abbringen *oreg.* avleda, avvända; *vom rechten Weg ~* leda på villovägar; *das brachte ihn von seinen trüben Gedanken ab* det skingrade hans dystra tankar (fick honom att tänka på något mindre sorgligt); *davon lasse ich mich nicht ~* det ger jag inte avkall på; *den Flecken ~* (*vard.*) ta (få) bort fläcken **abbröckeln 1** smula sönder **2** *s* falla sönder (lossna) i småbitar, [börja] vittra; *~de Kurse* (*hand.*) vikande kurser **Abbruch** *-et m* **1** avbräck, skada; avbrott, avbrytande; *etw.* (*dat.*) *~ tun* vålla ngt skada, vara till men (förfång) för ngt; *~ der Beziehungen* avbrytande av förbindelserna **2** rivning; *auf ~ verkaufen* sälja till rivning **Abbrucharbeiten** *pl* rivningsarbeten **Abbruchhaus** *-ert n* rivningshus **abbruchreif** rivningsfärdig **Abbruchunternehmen** *- n* rivningsföretag **abbrühen** skålla; *ein abgebrühter Bursche* en förhärdad sälle; *er ist gegen alles abgebrüht* han saknar all skamkänsla **abbrummen** *vard.* **1** sitta av, avtjäna (*straff*) **2** *s* surra (brumma) i väg **abbuchen** avskriva, avföra [ur böckerna] **abbürsten** borsta av **abbüßen** avtjäna, sitta av (*straff*)
Abc [a(:)be(:)'tse:] *- - n* abc (*äv. bildl.*), alfabet **abchecken** kontrollera [en gång till]; pricka av (*namn på lista*)
Abc-Schütze *-n -n m* nybörjare, förstaklassare **ABC-Waffen** *pl* ABC-stridsmedel
abdachen 1 göra sluttande **2** *rfl* slutta **Abdachung** *-en f* sluttning, lutning **abdämmen** dämma' av (för, till); *bildl.* hålla igen, bromsa **Abdampf** *-et m* spill-, avlopps|ånga **abdampfen** *s* dunsta bort, förflyktigas; avdunsta (*äv. bildl.*); *der Zug dampft ab* tåget ångar i väg **abdämpfen** låta avdunsta; *die Hose ~* ånga byxorna; *abgedämpftes Licht* dämpat ljus; *er dämpfte sich ab* han lugnade (dämpade) ner sig **abdanken** abdikera; avgå **Abdankung** *-en f* abdikation; avgång **abdarben** *ich darbte mir das Geld für die Wohnung* [*am* (*vom*) *Munde*] *ab* jag fick ihop pengarna till lägenheten genom att knappt unna mig maten
abdecken 1 täcka av; *das Bett ~* ta av sängöverkastet; *den Tisch ~* duka av [bordet]; *der Sturm deckte das Haus ab* stormen lyfte bort taket på huset **2** täcka [över], beklåda **3** *hand.* betala (*skuld*) **4** *sport.* markera **5** *åld.* skinna, flå **Abdecker** *- m, åld.* slaktar. destruktions|förman, -biträde **Abdeckerei** *-en f, åld. slaktar.* destruktions|avdelning, -anstalt **Abdeckung** *-en f* **1** avtäckande *etc., jfr abdecken* **2** skydd, täckande **3** betalning (*av skuld*) **abdichten** täta, isolera **abdienen** [full]göra (*tjänst*); *e-e Schuld ~* arbeta av en skuld **Abdikation** *-en f* abdikation **abdingbar** *jur.* förhandlingsbar **abdingen** *dingte ab,*

abgedungen el. abgedingt, åld. e-m etw. ~ få ngn att sänka priset på ngt, förhandla sig till ngt av ngn **abdizieren** abdikera **abdorren** *s* förtorka, vissna **abdrängen** tränga bort, undantränga; *e-n von etw. ~* (*äv.*) tvinga ngn att avstå från ngt, driva ngn från ngt **abdrehen 1** skruva av, stänga [av] (*kran, gas*); släcka (*ljus*) **2** vrida av; *e-m Huhn den Hals ~* vrida nacken av en höna; *das Gesicht ~* vända bort ansiktet **3** *h el. s, die feindlichen Flieger drehten ab* de fientliga flygplanen [ändrade kurs o.] avlägsnade sig **abdreschen** *st* tröska ut; *abgedroschene Redensart* uttjatat (slitet) uttryck **abdrosseln** strypa (*motor*); *bildl.* minska, begränsa **Abdruck 1** *-e m* tryckning, [av]tryck; *der neue ~ dieses Buches* den nya upplagan av den här boken **2** *-et m* [finger]avtryck, märke **abdrucken** trycka, ge ut **abdrücken 1** göra avtryck av **2** trycka av **3** *vard.* krama hårt **4** *es drückt mir das Herz ab* det krossar mitt hjärta **abdunkeln 1** avskärma (*das Licht* ljuset); göra mörkare; mörklägga **2** *s, ibl. h* mörkna (*om färg*)
abebben *s* ebba ut, avta
Abece [a(:)be(:)'tse:] *- - n* abc, alfabet
Abend *-e m* kväll, afton; *gegen ~* mot kvällen, *poet.* mot väster; *der Vogel fliegt gegen ~* fågeln flyger västerut; *guten ~! god* afton (kväll)*!; des ~s* på (om) kvällarna; *e-s ~s, als* en kväll då; *heute a~* i kväll; *gestern* (*morgen*) *a~* i går (i morgon) kväll; *Freitag a~* på fredag kväll; *Heiliger ~* julafton; *man soll den Tag nicht vor dem ~ loben* prisa ej dag förrän sol gått ned; *es ist noch nicht aller Tage ~* vi har inte sett slutet än; *zu ~ essen* äta middag (kvällsmat) **-andacht** *-en f* afton|andakt, -bön **-anzug** *-et m* afton-, högtids|dräkt (*för män*) **-aufführung** *-en f* kvällsföreställning **-ausgabe** *-n f* kvällsupplaga **-blatt** *-ert n* afton-, kvälls|tidning **-brot** *0 n* kvälls|mat, -vard; middag **-dämmerung** *-en f* skymning
abendelang hela kvällar [i sträck] **Abendessen** *- n* kvälls|mat, -vard; middag **Abendfalter** *- m* nattfjäril **abendfüllend** *~es Stück* helaftonspjäs
Abend|gebet *-e n* aftonbön **-gesellschaft** *-en f* kvälls-, middags|bjudning; middags-, supé|gäster **-gottesdienst** *-e m* kvällsgudstjänst, aftonsång **-gymnasi|um** *-en n* kvällsgymnasium **-kleid** *-er n* aftonklänning **-land** *0 n, das ~* Västerlandet
abendländisch västerländsk **abendlich** afton-, kvälls-; kvällslig; *der ~e Himmel* kvällshimlen **Abendmahl** *-e n* nattvard; *dial. äv.* kvällsvard; *das Heilige ~* Herrens heliga nattvard **Abendmahlzeit** *-en f* kvällsmåltid **Abendmusik** *0 f* kvällsmusik, serenad **Abendnachrichten** *pl* kvällsnyheter **Abend|rot** *0 n,* **-röte** *0 f* aftonrodnad **abends** om (på) kvällarna (kvällen); *der Film beginnt ~ um acht Uhr* filmen börjar klockan åtta på kvällen; *von morgens bis ~* från morgon till kväll; *freitags ~* på fredagskvällarna
Abend|schein *0 m* aftonrodnad **-sonne** *0 f* aftonsol **-stern** *0 m, der ~* aftonstjärnan (*Venus*) **-stunde** *-n f* skymningstimme **-veranstaltung** *-en f* kvälls|tillställning, -bjudning, -underhållning **-wind** *-e m* kvällsvind **-zeit** *0 f, zur ~* när det blir kväll, på kvällen **-zug** *-et m* kvällståg
Abenteuer *- n* äventyr; kärlekshistoria **aben-**

teuerlich äventyrlig; fantastisk; äventyrlig av sig **Abenteuerlichkeit** *-en f* äventyrlighet; *die ~ des Unternehmens* det äventyrliga i företaget **abenteuer|n** *-te, geabenteuert, s* ge sig ut på äventyr, vagabondera, driva omkring **Abenteuerspielplatz** *-e†* *m* bygglekplats **Abenteurer** - *m* äventyrare
aber I *konj* men, dock, likväl, emellertid; *oder ~ eller också, i annat fall; das war ~ schön!* men det var väl skönt!, så trevligt!; *ist der Junge ~ groß geworden!* vad pojken har blivit stor!; *~ doch! jo då!; ~ ja!* naturligtvis!, ja då!, gärna!; *~ nein!* nej då!, visst inte!, *(förvånat)* inte då!, inte alls!; *~, ~!* fy skäms!, nej, vet du vad!; *da hast du ~ Glück gehabt* det var tur för dig, där hade du verkligen tur **II** *adv*, *tausend und ~ tausend* tusen sinom (och åter) tusen **Aber** - *el. vard. -s n* aber, men, hake; *es ist ein ~ dabei* det är en hake med det, det finns ett men (aber); *wenn das Wenn und das ~ nicht wäre* om inte om hade varit **Aberglaube** *-ns 0 m* vidskepelse, skrock **abergläubisch** vidskeplig, skrockfull
aberkennen *erkennt ab, ibl. aberkennt, erkannte ab, ibl. aberkannte, aberkannt* frånkänna; *jur.* fråndöma **Aberkennung** *0 f* frånkännande; *~ der bürgerlichen Ehrenrechte* förlust av medborgerliga rättigheter
abermalig upprepad, förnyad **abermals** ånyo, en gång till, om igen
abernten skörda
Aberration *-en f* aberration, avvikelse
Aberwitz *0 m* galenskap, vanvett **aberwitzig** galen, vanvettig
abessen *st* äta rent, länsa; *abgegessen haben* ha ätit färdigt; *bei e-m abgegessen haben (vard.)* inte längre vara populär hos ngn
Abessinier - *m* abessinier **abessinisch** abessinsk
abfädeln dra trådarna ur; rensa *(bönor)*
abfahrbereit klar för avgång; färdig att resa, resklar **abfahren** *st* **1** *s* [av]resa; *(om tåg o.d.)* avgå; åka utför (ner); *e-n ~ lassen* snäsa (spisa) av ngn; *fahr ab! (vard.)* stick! **2** köra (frakta) bort (undan); köra (slita) av *(med fordon)*; åka upp, åka slut på *(biljett)*; [börja] spela (visa) *(film e.d.)*; *abgefahrene Reifen* slitna däck; *beide Beine wurden ihm abgefahren* han blev överkörd och förlorade båda benen **3** *h el. s, die Grenze ~* köra längs med (utefter) gränsen, patrullera av gränsen **Abfahrt** *-en f* avfärd, avresa, avgång; start; avfart[sväg]; *skidsp.* utförslöpa, nedfärd **Abfahrtslauf** *-e†* *m* störtlopp **Abfahrt[s]zeit** *-en f* avgångstid, tid för avfärd (start)
Abfall *0 (i bet. 4 pl -e†) m* **1** avfall *(från övertygelse)*; utträde **2** sluttning, lutning **3** minskning, nedgång **4** avfall, avskräde; *Abfälle (äv.)* sopor **Abfalleimer** - *m* sop-, slask|hink **abfallen** *st s* **1** falla (ramla) av (ner); *~ lassen* avvisa **2** *von etw. ~* avfalla från (överge) ngt **3** slutta; *steil ~* slutta brant utför **4** bli över; *dabei fällt wenig [Gewinn] ab* det ger inte mycket [vinst]; *es fällt auch für mich etw. ab* det blir litet över åt mig med **5** minska, avta; magra, tackla av **6** *sjö.* falla av **Abfallerzeugnis** *-se n* avfallsprodukt **abfällig** negativ, ogillande, nedsättande, ringaktande; *~e Kritik* ofördelaktig kritik **Abfallprodukt** *-e n* avfallsprodukt **Abfallrohr** *-e n* stuprör **Abfallstoff** *-e n* avfallsämne; biprodukt *(ur avfall)*

abfangen *st* **1** fånga, få fatt i, gripa, snappa upp; *jakt.* döda; *e-m die Kunden ~* ta kunderna från ngn **2** hejda, stoppa; parera; *den Wagen ~* återfå kontrollen över bilen; *ein Flugzeug ~* räta upp ett flygplan **3** *byggn.* stötta, bära upp **4** *sport.* hinna i kapp **Abfangjäger** - *m* jaktflygplan **abfärben** färga av sig *(äv. bildl.)*, fälla; *seine Ansichten haben auf mich abgefärbt* hans åsikter har färgat av sig på mig **abfasen** avfasa **abfasern** **1** repa upp sig, fransa sig **2** rensa *(bönor)* **abfassen 1** avfatta, formulera, sätta upp skriftligen **2** *vard.* ertappa, haffa, gripa [på bar gärning] **Abfassung** *-en f* avfattning, formulering, utformning **abfaulen** *s* ruttna bort, ruttna o. falla av
abfegen sopa [av, bort]; *(om hjortdjur)* skrubba av *(hornen)* **abfeilen** fila av (bort) **abfeilschen** pruta **abfertigen** avfärda *(äv. bildl.)*; expediera; avsända; *bildl.* avspisa; *zollamtlich ~* tullbehandla; *kurz ~* snäsa av **Abfertigung** *-en f* avfärdande *(äv. bildl.)*, expediering, expedition; *bildl.* avspisning **abfetten** **1** skumma [av fett från] **2** flotta av sig **abfeuern** avfyra, avlossa **abfieseln** *sty.*, *österr.* gnaga av *(ben)* **abfinden** *st* **1** gottgöra, kompensera, ersätta, betala; *e-n mit e-r Summe ~ (äv.)* lösa (köpa) ut ngn med ett belopp **2** *rfl, sich mit e-m gütlich ~* göra upp i godo med ngn; *sich mit etw. ~* finna sig i ngt, förlika sig med ngt **Abfindung** *-en f*, **Abfindungssumme** *-n f* gottgörelse, ersättning; förlikningssumma **abfingern** känna på [med fingrarna] **abfischen** utfiska
abflachen **1** [av]plana, göra slät (jämn) **2** *rfl* bli platare (slätare); *der Zuwachs flacht sich ab* tillväxten minskar **3** *s* minska; *der Standard flachte ab* standarden sjönk **abflauen** *s* bedarra, mojna; *bildl.* avmatta[s] **abfleischen** ta bort köttet från **abfliegen** *st* **1** *s* flyga bort (i väg); *flyg.* starta, lyfta **2** flyga (transportera) bort **abfließen** *st s* rinna av (ut), flyta bort; *bildl.* strömma ut (bort) **abflößen** flotta bort **Abflug** *-e†* *m*, *flyg.* start, avfärd; *(flyttfåglars)* flyttning **Abflu|ß** *-sse†* *m* avrinning, utflöde; avlopp; *~ von Kapital* kapitalutflöde **abflußlos** utan avlopp (avflöde) **Abflußgraben** *-†* *m* avloppsdike **Abflußrohr** *-e n* avloppsrör
Abfolge *-n f* [ordnings]följd **abfordern** avkräva; återfordra; *e-m Rechenschaft ~* avfordra ngn räkenskap **abformen** forma efter, göra avtryck av **abforsten** kalhugga, hugga ner *(skog)* **abfragen** *skol.* förhöra **abfressen** *st* beta (äta) av **abfrieren** *st* **1** frysa bort; bli frostbiten **2** *ich habe mir e-n abgefroren (vard.)* jag frös jättemycket
Abfuhr *-en f* **1** bort|transport, -körning **2** *vard.* avsnäsning; *stud.* nederlag *(vid mensur)*; *e-m e-e ~ erteilen* snoppa av ngn; *e-e ~ bekommen (sport.)* förlora [stort] **abführen 1** föra (leda) bort; *von der Polizei abgeführt werden* bli omhändertagen av polisen; *es führt vom Thema ab* det leder bort från ämnet; *e-n ~ (stud.)* ta ngn ur kampen (mensuren) o. förklara honom besegrad **2** betala [in] **3** tömma tarmen **4** verka avförande (laxerande); *Gemüse führt ab* grönsaker verkar avförande **Abführmittel** - *n* avförings-, laxer|medel, laxativ **abführen** fylla, tappa (hälla) [upp] *auf (in) Flaschen ~* tappa på buteljer, buteljera **abfüttern 1** utfodra **2** sätta foder i, fodra

Abg. *förk.* *för Abgeordnete(r)* **Abgabe** *-n f* **1** avgivande, av-, över|lämnande; ~ *der Stimme* röstning; *bei* ~ *des Urteils* när domen meddela[de]s **2** avgift, skatt, pålaga; *soziale* ~*n sociala avgifter* **3** försäljning **4** *hand.* tratta **abgabenfrei** avgifts-, skatte|fri **abgabenpflichtig** avgiftsbelagd, skattepliktig **Abgang** *-e† m* **1** avgång (*äv. ur skola*); *teat.* sorti **2** *mil.*, *med.* död **3** *med.* avsöndring; missfall **4** avdrag; bortfall, svinn **5** försäljning; *die Ware findet* (*hat*) *reißenden* ~ varan har strykande åtgång **Abgänger** - *m* elev som slutar skolan **abgängig** saknad, försvunnen **Abgangsprüfung** *-en f* avgångsexamen **Abgangszeugnis** *-se n* avgångsbetyg **Abgas** *-e n* avgas **Abgasentgiftung** *0 f* avgasrening **abgaunern** skoja av (*e-m etw.* ngn ngt) **abgeben** *st* **1** avge; av-, in-, över|lämna; överlåta; sälja; avlossa (*e-n Schuß* ett skott); erlägga (*Steuern* skatt); *Dampf* ~ släppa ut ånga; *e-m etw.* ~ dela med sig av ngt till ngn; *es gibt was ab!* nu smäller det!, nu har vi åkt dit! **2** vara, bli; *er wird e-n guten Schauspieler* ~ han kommer att bli en bra skådespelare **3** *rfl, sich mit e-m* (*etw.*) ~ ägna sig åt (intressera sig för) ngn (ngt), syssla (befatta sig) med ngn (ngt) **abgeblaßt** [för]bleknad **abgebrannt** *vard.* pank, barskrapad **abgebraucht** utnött, utsliten **abgebrüht** förhärdad, känslolös, skamlös; *er ist gegen alles* ~ (*äv.*) inget biter på honom **abgedankt** pensionerad **abgedroschen** *bildl.* uttröskad, uttjatad, utsliten **abgefeimt** slipad, inpiskad; ~*er Bösewicht* fullfjädrad skurk (usling) **abgegriffen** tummad, nött, sliten **abgehackt** kortfattad, hackig, stackato; osammanhängande **abgehärmt** avtärd
abgehen *st s* **1** [av]gå (*von e-m Dienst* från en tjänst); avsändas, skickas; *teat.* gå ut (*från scenen*); *die Sendung ist an Sie abgegangen* försändelsen har skickats till Er; *wann geht die Post ab?* när går posten?; *von der Schule* ~ sluta (lämna) skolan; *abgegangen werden* (*vard.*) få sparken, bli sparkad; *davon geht er nicht ab* det prutar han inte på (frångår han inte) **2** (*om väg*) vika (böja) av **3** gå av (bort, ur), lossna; *das Rad ging ab* hjulet lossnade; *der Fleck geht nicht ab* fläcken går inte bort **4** *med.* avgå; *Blut ging ab* en blödning inträffade; *ihm geht e-r ab* (*vulg.*) det går för honom **5** avgå, dras av; *von der Rechnung* ~ dras av på räkningen **6** sälja[s], finna avsättning; *dieser Artikel geht gut ab* den här artikeln säljs bra **7** *sie lassen sich* (*dat.*) *nichts* ~ de nekar sig ingenting; *diese Fähigkeit geht den Männern ab* den egenskapen har männen inte (saknar männen) **8** avlöpa, försiggå; *es geht bei ihnen nicht ohne Streit ab* hos dem går det inte utan gräl, de grälar jämt; *das ist noch mal gut abgegangen* det slutade lyckligt den här gången också; *es wird übel* ~ det kommer att sluta illa **9** avpatrullera; *das Gelände* ~ göra en runda över (avpatrullera) området **abgeizen** *sich* (*dat.*) *die Summe* ~ få ihop summan genom att snåla och spara **abgekämpft** utmattad **abgekartet** [på förhand] uppgjord; *ein* ~*es Spiel treiben* vara i maskopi **abgeklappert** [ut]sliten, skraltig; uttjatad, uttröskad **abgeklärt** vis, mogen, sansad **Abgeklärtheit** *0 f* vishet, mognad **Abgeld** *-er n, hand.* disagio **abgelebt** orkeslös, slut; för-

åldrad, gammalmodig **abgelegen** avlägsen, avsides belägen **abgeleiert** uttjatad **abgelten** *st* kompensera, ersätta **Abgeltung** *-en f* kompensation, ersättning **abgemacht** avgjord, överenskommen; ~*!* okej!, överenskommet!, det tummar vi på! **abgemessen 1** jämn **2** avmätt, behärskad **abgeneigt** obenägen; *e-m* ~ *sein* vara avogt stämd mot ngn; *nicht* ~ *sein, zu* inte ha ngt emot att **abgenutzt** utsliten **Abgeordnetenhaus** *-er† n* deputeradekammare; parlament; riksdagshus; folkvald kammare **Abgeordnete(r)** *m f, adj böjn.* deputerad; representant; parlamentsledamot; riksdagsman **abgerissen 1** trasig, utsliten; förfallen; klädd i trasor **2** osammanhängande
Abgesandte(r) *m f, adj böjn.* sändebud **Abgesang** *-e† m* slutstrof (*i mästersång*); slut, avslutning; svanesång **abgeschabt** skamfilad, sliten **abgeschieden 1** enslig **2** avliden; *die A*~*en* de hädangångna **Abgeschiedenheit** *0 f* enslighet, isolering **abgeschlagen 1** trött, utmattad **2** kantstött **3** *sport.* distanserad, besegrad **abgeschlossen** isolerad; sluten; avslutad **abgeschmackt** smaklös, osmaklig **Abgeschmacktheit** *-en f* smaklöshet **abgesehen** ~ *von* bortsett från, frånsett; *davon* ~ oavsett (frånsett) detta **abgespannt** utmattad, uttröttad **abgestanden** duven, avslagen; intetsägande, andefattig **abgestumpft** trubbig, slö; *bildl.* avtrubbad, okänslig **abgetakelt** avdankad, uttjänt **abgetan** avklarad, utagerad; *er ist für mich* ~ han existerar inte längre för mig **abgewinnen** *st* avvinna; *e-m etw.* ~ vinna ngt av ngn; *ich kann seinen Witzen keinen Geschmack* ~ jag är inte road (får inte ut ngt) av hans vitsar; *e-r Sache die schönsten Seiten* ~ se det bästa i ngt **abgewöhnen** *e-m etw.* ~ vänja ngn av med ngt; *sich* (*dat.*) *das Rauchen* ~ sluta röka **Abgewöhnung** *0 f* avvänjning **abgießen** *st* **1** hälla (slå) av (bort) **2** gjuta av **Abglanz** *0 m* avglans; återsken, reflex **abgleiten** *st s* **1** halka, slinta; halka (glida) av; *alles gleitet an ihm ab* inget biter på honom, det är som att slå vatten på en gås **2** minska, sjunka; *seine Leistungen sind abgeglitten* hans prestationer har blivit sämre **Abgott** *-er† m* avgud **Abgötterei** *0 f* avguderi, avgudadyrkan **abgöttisch** avgudisk, avgudadyrkande; *e-n* ~ *lieben* avguda ngn **abgraben** *st* gräva bort; dika ut; *e-m das Wasser* ~ beröva ngn alla möjligheter **abgrämen** *rfl* gräma sig **abgrasen** beta av; *das Gebiet ist abgegrast* här finns inget mer att hämta **abgrenzen** avgränsa, begränsa; särskilja **Abgrenzung** *-en f* avgränsning, begränsning; särskiljande **Abgrund** *-e† m* avgrund, bråddjup **abgründig 1** ofantlig, oerhörd **2** gåtfull, invecklad **'abgrund'tief** avgrundsdjup, oändligt djup, bottenlös; *bildl. äv.* gränslös **abgucken** *e-m etw.* ~ lära sig ngt genom att se på hur ngn [annan] gör **Abgu|ß** *-sse† m* **1** avgjutning **2** *dial.* slask, avlopp
Abh. *förk. för Abhandlung* avhandling **abhaben** *oreg. vard.* **1** *von etw.* ~ *wollen* [också] vilja ha ngt av ngn **2** *den Hut* ~ ha hatten av [sig] **3** *e-n* ~ *a*) vara full, *b*) inte vara riktigt klok **abhacken** hacka (hugga) av; *e-m den Kopf* (*die Rübe*) ~ (*vulg.*) nacka ngn **abhaken 1** haka (häkta) av (loss) **2** pricka för (av) **abhalftern** sela av; *bildl.* peta, focka **abhal-

ten *st* **1** [av]hålla, anordna, förrätta **2** hålla borta ifrån (på avstånd); hindra, avhålla; *laß dich nicht ~! låt* dig inte störas (hindras)! **3** *vard.* hålla fram *(barn för att kissa)* **4** *sjö.*, *vom Land* ~ hålla ut från land **Abhaltung** *-en f* **1** hållande, anordnande, förrättande **2** avhållande, [för]hinder **abhandeln 1** avhandla, diskutera **2** *e-m etw.* ~ tillhandla sig (lyckas få köpa) ngt av ngn **3** pruta av; *vom Preis* ~ pruta av på priset **ab'handen** *das ist ihm* ~ *gekommen* det har kommit bort för honom **Abhandlung** *-en f* avhandling **Abhang** *-e†* m sluttning, [utförs]backe, slänt **abhängen I** *st* **1** *von e-m (etw.)* ~ bero på ngn (ngt); *das hängt von ihm ab (äv.)* det hänger (kommer an) på honom; *es hängt viel davon für mich ab* det är mycket viktigt för mig; *er hängt von seinen Eltern finanziell ab* han är ekonomiskt beroende av sina föräldrar **2** hänga *(om kött)*; *gut abgehangenes Fleisch* välhängt kött **II** *sv* **1** koppla ifrån (loss); lägga på *(den Hörer* [telefon]luren); *den Vorhang* ~ ta ner gardinen **2** koppla av; göra sig kvitt; *sport.* dra ifrån, distansera, skaka av sig **abhängig** beroende; *~e Rede* indirekt anföring; *~er Satz* underordnad sats; *~er Fall* oblik[t] kasus **Abhängigkeit** *0 f* beroende, osjälvständighet **abhärmen** *rfl* förtäras av sorg (bekymmer); *abgehärmt* tärd **abhärten 1** härda *(äv. metall)* **2** *rfl* härdas, härda sig; *sich gegen etw.* ~ *(äv.)* stålsätta sig mot ngt **Abhärtung** *0 f* härdning, härdande **abhaspeln 1** haspla (härvla) av; *bildl.* rabbla upp, haspla ur sig **2** *rfl, dial.* jäkta **abhauen** *hieb (vard. haute)* ab, *abgehauen* **1** hugga av (bort); *e-m den Kopf* ~ halshugga ngn **2** plagiera; *skol.* skriva av, fuska **3** *s, vard.* smita, sticka [i väg]; *wir hauen ab* nu kilar vi; *hau ab!* försvinn!, stick! **abhäuten** dra huden av, flå
abheben *st* **1** lyfta (ta) av; *kortsp.* kupera; *Geld* ~ ta ut pengar *(från bank)*; *den Hörer* ~ lyfta [telefon]luren **2** *flyg.* lyfta **3** *rfl* kontrastera, avteckna sig *(von* mot) **Abhebung** *-en f* uttag, lyftande *(av pengar)* **abheilen** *s* läkas **abhelfen** *st* avhjälpa, undanröja, ställa till rätta; *bota*; *dem muß abgeholfen werden* det måste avhjälpas (göras ngt åt det); *dem ist leicht abzuhelfen* det går lätt att ordna **abhetzen 1** jäkta på, tröttköra **2** *rfl* jäkta **Abhilfe** *0 f* hjälp, bot; ~ *schaffen* råda bot *(für* för) **abhobeln** hyvla av **abhold** avog; *er ist gutem Essen nicht* ~ han har ingenting emot en god måltid **abholen** [av]hämta; komma och möta **abholzen** hugga ner, avverka; kalhugga **abhorchen** avlyssna; spionera ut; *med.* auskultera **abhören** avlyssna, lyssna af; *med.* auskultera; *skol.* förhöra **Abhör|gerät** *-e n, -wanze -n f, vard.* avlyssningsapparat **abhungern 1** *se abdarben* **2** *ich habe mir* **4** *Kilo abgehungert* jag har gått ner 4 kilo **3** *rfl* svälta, försvagas av svält
Abi *-s n, skol., se Abitur*
abirren *s* gå vilse, förirra sig
Abitur *-e n* studentexamen; *das* ~ *machen* ta studenten **Abiturient** *-en -en m* abiturient, blivande student; nybliven student
abjagen 1 trött|köra, -rida **2** *e-m etw.* ~ sätta efter ngn och ta ifrån honom ngt; *e-m den Kunden* ~ ta ifrån ngn kunder **3** *rfl* ~ jäkta ihjäl sig
Abk. *förk.* för *Abkürzung* förk., förkortning **abkämmen 1** kamma av (bort) **2** finkamma **abkanten** kant|skära, -hugga **abkanzeln** *e-n* ~ läxa upp ngn **abkappen** kapa av, toppa *(träd)* **abkapseln** inkapsla; *sich* ~ *(äv.)* isolera sig **abkarten** göra upp i hemlighet; *jfr abgekartet* **abkassieren** inkassera **abkaufen** *e-m etw.* ~ köpa ngt av ngn; *das kauft dir keiner ab (vard.)* det är det ingen som tror på; *er läßt sich (dat.) jedes Wort* ~ man får dra ur honom varje ord **Abkehr** *0 f* frångående, övergivande; brytning **1 abkehren** *rfl* vända sig bort (ryggen åt); *sich von e-m* ~ vända ngn ryggen; *sich von dieser Politik* ~ frångå (överge) denna politik **2 abkehren** sopa [av] **abketteln** Maschen ~ maska av **abketten 1** *se abketteln* **2** *den Hund* ~ släppa lös hunden *(från kedja)* **abklappern** *vard.* springa runt i *(för att få tag i ngt)* **Abklatsch** *-e m* avtryck, klisché; *bildl.* efterapning, imitation **abklatschen 1** *der Regisseur klatschte die Schauspieler bei der Probe ab* vid repetitionen avbröt regissören skådespelarna genom att klappa i händerna; *e-n* ~ *(i dans)* röva ngns partner *(genom att klappa i händerna)* **abklauben** plocka av **abklemmen** klämma (nypa) av (till) **abklingeln** ringa av; ge klarsignal *(på spårvagn)* **abklingen** *st s* förklinga, avkling a, tona bort; avta **abklopfen 1** knacka av (bort); avlägsna **2** borsta av; piska *(Teppiche* mattor) **3** klappa *(häst)* **4** *med.* undersöka genom knackning **5** *der Dirigent klopft ab* dirigenten slår av **abknabbern** *vard.* gnaga (knapra) av **abknallen** *vard.* skjuta ner, knäppa **abknappen, abknapsen** *vard., e-m etw.* ~ ta ifrån ngn ngt; *etw. vom Lohn* ~ dra av ngt på lönen **abkneifen** *st* nypa av **abknicken 1** knäcka, bryta av **2** *s* knäckas, brytas av **3** *s* svänga *(om gata)* **abknipsen 1** knipa (knäppa) av **2** knäppa upp, ta slut på *(film)* **abknöpfen** knäppa av; *e-m etw.* ~ *(vard.)* plocka ngn på ngt **abknüpfen** knyta av **abknutschen** *vard.* pussa och krama; *sich* ~ pussas och kramas **abkochen 1** koka av, förvälla; koka *(för att. ngt skall hålla sig)* **2** laga mat i det fria **3** *e-n* ~ *a) (vard.)* knäcka ngn, *b) dial.* klå (skinna) ngn **abkommandieren** avkommendera; avdela **Abkomme** *-n -n m* avkomling **abkommen** *st* **1** komma loss (fri, av); *vom Grund* ~ komma av grundet **2** ~ *können* kunna komma ifrån (göra sig ledig) **3** *sport., gut (schlecht)* ~ komma bra (dåligt) i väg, få en bra (dålig) start **4** avvika, komma bort; *er ist vom Weg abgekommen* han har gått vilse; *von e-r Ansicht* ~ ändra åsikt; *vom Thema* ~ avlägsna sig från ämnet; *beim Schuß* ~ missa målet; *vom Boden* ~ *(flyg.)* lyfta **5** komma ur bruk, bli omodern **Abkommen** *- n* överenskommelse, avtal **abkömmlich** umbärlig; *ich bin im Moment nicht* ~ jag kan inte komma ifrån just nu **Abkömmling** *-e m f* avkomling **2** *kem.* derivat **abkönnen** *oreg., nty.* tåla **abkoppeln** koppla av (ifrån, loss) **abkratzen 1** skrapa av (ren), putsa av; *sich (dat.) den Bart* ~ *(vard.)* raka sig **2** *s, vulg.* kola [av] **abkriegen** *vard.* få [sin del av]; få bort (loss); *etw.* ~ få en avbasning (ovett); *er hat beim Unfall etw. abgekriegt* han skadades vid olyckan **abkühlen 1** kyla av (ner), låta svalna **2** *rfl* svalna, svalka sig *(äv. bildl.)* **3** *s* svalna **Abkühlung** *-en f* av-, ned|kylning; kallare väder **Abkunft** *0 f* härkomst, börd

abkürzen förkorta; korta av **Abkürzung** *-en f* förkortning; avkortning; genväg **Abkürzungssprache** *0 f* språk med många förkortningar (initialord)
abladen *st* lasta (lassa) av, lossa; *ich muß das sauer verdiente Geld zu Hause ~* (*vard.*) jag måste lämna ifrån mig mina surt förvärvade slantar hemma; *seinen Kummer bei e-m ~* prata av sig (lufta sina bekymmer) hos ngn **Abladeplatz** *-e† m* avlastnings-, lossnings|plats; avstjälpningsplats, tipp **Ablader** - *m* **1** lossare, sjåare **2** befraktare **3** skeppshandlare **Ablage 1** *0 f, der Vogel wurde bei der ~ der Eier gestört* fågeln stördes vid äggläggningen **2** *-n f* förvarings|plats, -ställe **ablagern 1** avlagra, avsätta; förvara, lagra **2** *rfl* [av]lagra sig **3** *s* bli lagrad, mogna; *abgelagert* lagrad **Ablagerung** *-en f* avlagring, sediment; förvaring, lagring
Abla|ß *-sse† m* **1** avlopp **2** [pris]nedsättning **3** *relig.* avlat **Ablaßbrief** *-e m* avlatsbrev **ablassen** *st* **1** låta vara av **2** avtappa (*ein Faß* ett fat); släppa ut (*das Badewasser* badvattnet; *den Dampf* ångan) **3** *e-m etw.* ~ låta ngn få [köpa] ngt **4** släppa iväg (*den Zug* tåget) **5** *vom Preis* ~ slå av på priset; *auf beiden Seiten etw.* ~ mötas på halva vägen **6** *von etw.* ~ avstå från (släppa) ngt, låta ngt vara **Ablaßhahn** *-e† m* avloppskran **Ablaßrohr** *-e n* avloppsrör
Ablativ *-e m, språkv.* ablativ
ablatschen *vard.* **1** slita, trampa ner (*skor*) **2** *s* loma i väg **ablauben** avlöva **Ablauf** *-e† m* **1** avlopp[sställe] **2** förlopp, [händelse]utveckling **3** *sjö.* stapelavlöpning **4** *sport.* start[plats] **5** utgång; *der ~ der Frist* fristens utgång (utlöpande) **ablaufen** *st* **1** *s* avlöpa, gå **2** *s* rinna av (ut, bort), sjunka undan; *das Wasser läuft ab* (*äv.*) det håller på att bli ebb; *an e-m ~* (*bildl.*) rinna av ngn **3** *s* utlöpa, gå till ända; *die Uhr ist abgelaufen* klockan har stannat, *poet.* timmen har slagit; *der Film ist abgelaufen* filmen är slut; *der Wechsel ist abgelaufen* växeln har förfallit **4** *s, sport.* starta **5** *s, sjö.* gå (löpa) av stapeln; *ein Schiff ~ lassen* låta ett fartyg löpa av stapeln **6** nöta ut; *er hat sich* (*dat.*) *die Hörner abgelaufen* han har stångat hornen av sig; *sich* (*dat.*) *die Beine nach etw.* ~ springa benen av sig efter ngt (för att få tag på ngt) **7** *e-m den Rang ~* slå ngn ur brädet **8** *rfl* springa sig trött **Ablaufrinne** *-n f* avloppsränna **ablaugen** luta av **ablauschen** avlyssna (*der Natur ihre Geheimnisse* naturens hemligheter), uppfånga **Ablaut** *-e m, språkv.* avljud **ablauten** *språkv.* ha (få) avljud **ableben** *åld.* **1** leva [igenom] **2** *s* dö **Ableben** *0 n* frånfälle, död **ablecken** slicka [av] **abledern 1** *åld.* dra skinnet av **2** *dial.* ge stryk **3** *vard.* polera (putsa) med sämskskinn **ablegen 1** lägga av (ner, undan, ifrån sig); *abgelegte Kleider* gamla (kasserade) kläder; *die sterbliche Hülle ~* dö; *ein Kind ~* (*vulg.*) föda ett barn **2** *bildl.* lägga av (bort), sluta med; *er hat die schlechte Gewohnheit abgelegt* han har lagt bort ovanan **3** avlägga (*e-n Eid* en ed; *Zeugnis* vittnesmål; *e-e Prüfung* en examen); *Rechenschaft über etw.* (*ack.*) ~ (*äv.*) redovisa för ngt **4** ta av sig [ytterkläderna]; *legen Sie doch bitte abl* vill Ni inte ta (hänga) av Er [kappan, hatten *etc.*]? **Ableger** - *m* avläggare (*äv. bildl. o. bot.*); filial
ablehnen 1 avböja, avslå, avvisa, tillbaka-

visa, förkasta; vägra, visa ifrån sig; *jede Verantwortung ~ frånsäga* sig allt ansvar; *glatt ~* neka blankt; *ein Stück ~ refusera* en pjäs **2** *jur.* jäva **Ablehnung** *-en f* **1** vägran, avböjande, avslag **2** *jur.* jäv
ableiern rabbla upp; *abgeleiert* uttjatad, utnött **ableisten** [full]göra **ableiten 1** avleda, leda bort **2** *språkv.* härleda **Ableitung** *-en f* **1** avledning, bortledande **2** *språkv.* här-, av|ledning **ablenken** avleda, leda bort; ge en annan riktning, avböja; distrahera (*die Aufmerksamkeit* uppmärksamheten); *sie lenkte schnell ab* hon bytte snabbt samtalsämne; *der Ball wurde zur Ecke abgelenkt* det blev hörna; *ich möchte ihn ein bißchen ~* jag vill att han får ngt annat att tänka på (får litet avkoppling) **Ablenkung** *-en f* **1** avkoppling, förströelse **2** *sjö.* avvikelse (*ur kurs*), riktningsändring **3** *fys.* avlänkning **ablesen** *st* **1** avläsa, läsa av **2** *von den Lippen ~* läsa på läpparna; *etw.* [*vom Blatt*] ~ läsa ngt innantill (från bladet) **3** plocka av (bort) **ableuchten** lysa på (*för att leta efter*) **ableugnen** förneka, bestrida **ablichten** [foto]kopiera, göra (ta) en fotostatkopia av **abliefern** avlämna, avleverera; lämna in (fram) **Ablieferung** *-en f* leverans; avlämning **ablisten** lura av (*e-m etw.* ngn ngt)
ablocken locka (lura) av (*e-m etw.* ngn ngt) **ablohnen, ablöhnen** avlöna [o. avskeda] **ablöschen 1** släcka **2** sudda rent (*på svarta tavlan*) **3** läska (*med läskpapper*) **ablösen 1** avlösa (*die Wache* vakten) **2** ta loss, lossa, fränskilja **3** *hand.* inlösa; lösa ut **4** *rfl* lossna, avlösa (byta av med) varandra **Ablösesumme** *-n f, sport.* transfersumma **Ablösung** *-en f* **1** avlösning; *~ der Wache* vaktombyte **2** lossnande, lösgörande **3** *hand.* inlösen, utbyte
abluchsen *vard., e-m etw.* ~ *a)* lyckas få ur ngn ngt, *b)* lura till sig ngt av ngn **ablutschen** *vard.* slicka [av, bort]
abmachen 1 avgöra, besluta [om]; avtala, komma överens om; *ein Geschäft ~* göra upp en affär; *abgemacht!* överenskommet!, det tummar vi på!, o.k.!; *etw. mit sich selbst ~* själv komma till rätta med ngt; *den Wehrdienst ~* (*vard.*) göra lumpen **2** ta bort (ner) **Abmachung** *-en f* överenskommelse, avtal **abmagern** *s* magra, bli mager i vikt **Abmagerung** *-en f* avmagring **Abmagerungskur** *-en f* avmagrings-, bantnings|kur; *e-e ~ machen* banta **abmähen** slå, meja [av] **abmalen** måla av; [målande] skildra **Abmarsch** *0 m* avmarsch, avtåg **abmarschieren** *s* avmarschera, avtåga **abmartern** *rfl* pina (plåga) sig **abmatten 1** göra matt (glanslös) **2** utmatta, uttrötta **3** *s* bli matt, mattas (*äv. bildl.*) **abmeiern** *hist.* köra iväg (*arrendator*); driva från gård och grund **abmelden 1** avanmäla, avregistrera; *er ist bei mir abgemeldet* (*vard.*) jag vill inte längre ha ngt med honom att göra **2** *rfl* anmäla flyttning (utträde) **Abmeldung** *-en f* avanmälan, avregistrering; anmälan om utträde (flyttning) **abmessen** *st* mäta [av, till, upp]; avpassa; *es ist nicht abzumessen* det går inte att beräkna; *seine Worte ~ väga* sina ord **Abmessung** *-en f* **1** mätning **2** dimension, mått
abmieten *e-m etw.* ~ hyra ngt av ngn **abmildern** mildra **abmontieren** demontera, montera (plocka) ner **abmühen** *rfl* anstränga

sig, knoga **abmurksen** *vard.* ta livet av
abmustern mönstra
abnabeln 1 [av]navla **2** *von etw.* ~ (*vard.*) ge upp
ngt **abnagen** gnaga av **abnähen** sy (ta) in
Abnahme *-n f* **1** minskning, avtagande **2**
av-, bort|tagande; *med.* amputation **3** [in]-
köp; *die Ware findet reißende* ~ varan har
strykande åtgång **4** besiktning, kontroll
abnehmen *st* **1** minska, avta; gå ner i vikt; *der
Mond nimmt ab* månen är i avtagande; *die
Tage nehmen ab* dagarna blir kortare; *sie
nimmt ab* hon magrar (går ner i vikt) **2** ta av
(bort, ner); *med.* amputera; ta ner, plocka
(*frukt*); *sömn.* ta (korta) av; [*den Hörer*] ~
svara i telefon, lyfta på luren; *Maschen* ~ ta
ihop (minska) [maskor], maska av; *die Parade* ~ ta emot de paraderande trupperna;
er nimmt mir die Arbeit ab han gör arbetet åt
mig; *sich* (*dat.*) *den Bart* ~ raka av sig skägget;
die Polizei nahm ihm den Führerschein ab
polisen tog hans körkort; *e-m Geld* ~ (*äv.*)
spela av ngn pengar; *er will mir 10 Mark für
die Reparatur* ~ han vill ha 10 Mark av mig
för reparationen; *er nimmt ihr die Tasche ab*
han tar hennes väska (*för att hjälpa till o.
bära*); *e-m ein Versprechen* ~ ta löfte av ngn;
e-m Waren ~ köpa (ta emot) varor av ngn;
das nimmt dir keiner ab (*vard.*) det är det ingen
som tror på **3** kontrollera, [kontroll]besiktiga;
wer nimmt die Zeit ab? vem tar tid? **Abnehmer** - *m* avnämare, köpare **Abneigung** *0 f*
avoghet, mot-, o|vilja, aversion, antipati; ~
gegen etw. empfinden känna motvilja mot ngt
abnibbeln *s, dial.* dö
abnorm abnorm, onaturlig **Abnormität** *-en f*
abnormitet, onaturlighet
abnötigen *e-m etw.* ~ tilltvinga sig ngt av ngn,
pressa av (avtvinga) ngn ngt **abnutzen, abnützen 1** nöta (slita) [på] **2** *rfl* nötas, slitas
Abnutzung, Abnützung *0 f* nötning, slitning, slitage
Abo *-s n, vard.*, **Abonnement** [-nə'mä:] *-s n*
abonnemang, prenumeration **Abonnent** *-en*
-en m abonnent, prenumerant **abonnier|en**
[*auf*] *etw.* (*ack.*) ~ abonnera (prenumerera) på
ngt; *auf e-e Zeitung -t sein* prenumerera på
en tidning
abordnen delegera, sända som ombud (delegerad), utse **Abordnung** *-en f* **1** delegation,
deputation **2** delegerande *etc.*, *jfr abordnen*
1 Abort [a'bɔrt] *vard. äv.* '--] *-e m* toalett,
WC, avträde
2 Abort [a'bɔrt] *-e m* missfall **abortieren** få
missfall **Abortion** *-en f* fosterfördrivning,
abort
abpacken [för]packa, lägga in i förpackningar
abpassen 1 avpassa, beräkna **2** *e-n* ~ [stå o.]
passa (lura) på ngn; *er hat den richtigen Augenblick abgepaßt* han har avvaktat rätta ögonblicket; *e-e Gelegenheit* ~ invänta ett tillfälle
abpfeifen *st, sport.* blåsa av **abpflücken**
plocka [ner, av] **abpinseln** *vard. neds.* måla av
abplacken *rfl, vard.,* **abplagen** *rfl* slita, jobba
hårt **abplatten 1** platta till, göra platt **2** *s* bli
platt **abplatzen** *s* [spricka o.] lossna, flagna
Abprall *0 m* [åter]studsning, studs **abprallen**
s studsa [tillbaka], rikoschettera (*an etw. dat.*
mot ngt); *das prallt an ihr ab* det biter inte
(gör inget intryck) på henne **abpressen**
pressa ut [ur]; tvinga fram **abprotzen 1** *mil.*
avbrösta **2** *vulg.* skita **abpumpen 1** pumpa
undan (bort) **2** *vard., e-m etw.* ~ låna ngt av

ngn **Abputz** *0 m* puts, rappning, revetering
abputzen 1 putsa [av], göra ren; *e-n* ~ (*dial.*)
ge ngn en skrapa **2** rappa, revetera **abquälen**
rfl pina (plåga) sig **abqualifizieren** *etw.* ~
fälla ett negativt omdöme om (klassa ner)
ngt **abquetschen** klämma av
abrackern *rfl, se abplagen* **abradieren** sudda
ut (bort) **abrahmen** *se absahnen* **abrasieren**
raka av **abraten** *st* avråda; avstyrka; *e-m von
etw.* ~ avråda ngn från ngt **Abraum** *0 m* **1**
gruv. ofyndigt [yt]skikt, gråberg **2** *dial.*
skräp **abräumen** röja av, ta bort; [*den Tisch*]
~ duka av **abrauschen** *s, vard.* (*om pers.*)
susa (rusa) i väg; segla ut (i väg)
abreagieren 1 avreagera **2** *rfl* avreagera sig
abrechnen 1 räkna av (ifrån); bortse från **2**
göra avräkning, avsluta räkenskaperna; *mit
e-m* ~ göra upp med ngn, hålla räfst med ngn
Abrechnung *-en f* **1** av-, slut|räkning, [slut]-
redovisning; *die Stunde der* ~ uppgörelsens
timme **2** avdrag; *nach* ~ *der Unkosten* sedan
omkostnaderna avdragits; *etw. in* ~ *bringen*
dra ifrån ngt **Abrechnungsverkehr** *0 m*
clearing **Abrede** *-n f* **1** avtal, uppgörelse **2** *etw.
in* ~ *stellen* bestrida (förneka) ngt **abreden 1**
avtala **2** *e-m von etw.* ~ avråda ngn från ngt
abregen *rfl, vard.* lugna ner sig
abreiben *st* riva (gnida) av, frottera; *sich kalt*
~ ta en kall avrivning **Abreibung** *-en f* **1**
avrivning **2** *vard.* uppsträckning; stryk **Abreise** *0 f* avresa, avfärd **abreisen** *s* [av]resa
Abreißblock *-e†* *el. -s m* block (*med papper
som rivs av*) **abreißen** *st* (*jfr abgerissen*) **1**
riva (slita, rycka) av (bort, loss) **2** riva (*hus*) **3**
vard. slita [ut]; *Kleider* ~ slita [ut] kläder; *ein
Jahr* ~ avverka ett år (*i militärtjänst, fängelse
e.d.*) **4** *s* gå av, brista; ta slut, sluta; *das Gespräch riß ab* (*äv.*) samtalet avbröts; *das reißt
ja nie ab* (*vard.*) det tar ju aldrig slut **Abreißkalender** - *m* väggalmanacka (*m. blad att
riva av*) **abreiten** *st* **1** *s* rida bort; *jakt.* flyga
bort **2** *den Sturm* ~ rida ut stormen **3** *rfl* rida
sig trött **4** *h el. s* rida utefter, avpatrullera (*på
häst*)
abrennen *oreg.* **1** *s* springa bort **2** *sich* (*dat.*) *die
Beine* ~ springa benen av sig **3** *rfl* springa sig
trött **4** *h el. s, er hat* (*ist*) *die ganze Stadt danach
abgerannt* han sprang runt hela staden efter
det **abrichten 1** dressera, träna; *gut abgerichteter Hund* väluppfostrad hund **2** hyvla av;
plana (*med rikthyvel*) **Abrichtung** *-en f*
dressyr **Abrieb** *0 m* skavning, slitage (*genom
skavning*); avskav **abriegeln** regla, stänga
med regel; spärra av (*gata e.d.*) **abrinden**
barka [av] **abringen** *st, e-m etw.* ~ tillkämpa
sig ngt av ngn, [lyckas] avtvinga ngn ngt
abrinnen *st s* rinna av (ner) **Abri|ß** *-sse m* **1**
rivning **2** kortfattad översikt, sammanfattning; *ein* ~ *der Grammatik* (*äv.*) grammatiken
i sammandrag
abrollen 1 rulla av (ner, ut); *man läßt e-n Film*
~ man kör (visar) en film **2** transportera
(frakta, köra, rulla) bort **3** *rfl* utspelas **4** *s*
rulla bort (i väg) **5** *s* rulla (veckla) upp sig **6** *s*
avlöpa, utspelas **abrücken 1** flytta bort (undan) **2** *s* flytta sig, maka på sig; *mil.* avmarschera; *er ist von mir abgerückt* (*äv.*) han har
tagit avstånd från mig **Abruf** *0 m* avrop;
auf ~ *kaufen* köpa för successiv leverans; *auf*
~ *bleiben* stanna tills man får kallelse (order
om uppbrott) **abrufen** *st* **1** kalla bort; hädankalla; *se äv. abberufen* **2** rekvirera; *Geld vom*

Konto ~ ta ut (lyfta) pengar från kontot; *geliehenes Geld* ~ återkräva utlånade pengar; *e-e Ware* ~ begära leverans av en vara **3** *der Schaffner ruft die Stationen ab* konduktören ropar ut hållplatserna; *den Zug* ~ ropa ut tågets avgång **abrühren** *kokk.* reda [av] **abrunden** avrunda (*äv. bildl.*); *e-e Summe nach oben* ~ jämna av en summa uppåt **Abrundung** -en *f* avrundning **abrupfen** rycka av (*fjädrar*) **abrupt** abrupt
abrüsten 1 ned-, av|rusta **2** ta ner byggnadsställningar **Abrüstung** 0 *f* av-, ned|rustning **abrutschen** *s* halka (glida) ner (av); *seine Leistungen rutschten ab* hans prestationer försämrades; *sie ist abgerutscht (äv.)* det har gått utför för henne, hon har kommit på glid **Abs.** *förk. för a) Absatz, b) Absender* avs., avsändare **absäbeln** *vard.* karva av **absacken 1** *s, vard.* sjunka; *sjö. äv.* gå till botten; *flyg.* sjunka igenom; *sport.* sacka efter; *seine Leistungen sackten ab* hans prestationer försämrades; *er ist abgesackt (äv.) a)* det har gått utför med honom, *b)* han svimmade **2** fylla i säckar **Absage** -n *f* **1** återbud; avslag; avståndstagande **2** *radio.* avannons **absagen 1** ge (skicka) återbud, tacka nej **2** *er hat dem Spiel abgesagt* han har slutat spela (övergett spelandet) **3** återkalla, inställa **4** *radio.* avannonsera **absägen 1** såga av **2** *vard.* peta, avpolletera **absahnen** skumma (*mjölk*); *alles* ~ (*bildl.*) ta de bästa bitarna **absatteln** sadla av **Absatz** -e† *m* **1** avsats; trappavsats **2** klack **3** avbrott **4** moment, avsnitt, passus (*i lagtext e.d.*); *typ.* nytt stycke; *in Absätzen* i intervaller, med avbrott **5** *hand.* av-, om|sättning; *dieser Artikel findet reißenden* ~ denna vara har strykande åtgång **absatzfähig** säljbar, kurant **Absatzflaute** -n *f* försäljningsstagnation **Absatzgebiet** -e *n* avsättningsområde **Absatzgenossenschaft** -en *f* andelsförening för försäljning **Absatzgestein** -e *n* sedimentär bergart **Absatzschwierigkeit** -en *f* avsättnings-, försäljnings|svårighet **absatzweise** ett stycke i sänder; i intervaller (omgångar, avsnitt) **absaufen** *st s, vard.* sjunka som en sten; *vulg.* drunkna; *vard.* bli sur (*om motor*); *die Grube ist abgesoffen* gruvan fylldes med vatten **absaugen** *st el. sv* suga av (bort); dammsuga **absausen** *s* susa (rusa) iväg
abschaben (*jfr abgeschabt*) skava (skrapa) [av] **Abschabsel** - *n* [av]skrap **abschaffen 1** avskaffa, upphäva, slopa; göra sig av med; *e-n* ~ (*vard. äv.*) avskeda ngn **2** *rfl, dial.* arbeta (slita) ut sig **Abschaffung** -en *f* avskaffande, upphävande, slopande **abschälen 1** skala [av, bort] **2** *rfl* fjälla, flagna **abschalten** stänga (koppla) av; *die Zuhörer hatten abgeschaltet* (*vard.*) åhörarna hade slutat lyssna (orkade inte längre koncentrera sig) **abschatten, abschattieren** skugga, schattera, nyansera **Abschattung** -en *f* skuggning, schattering, nyans, skiftning **abschätzen** värdera, taxera, uppskatta; bedöma **abschätzig** nedsättande, förklenande **Abschätzung** -en *f* värdering, taxering, uppskattning; bedömning **Abschaum** 0 *m, bildl.* avskum, drägg **abschäumen** skumma [av, bort] **abscheiden** *st* **1** avskilja **2** *kem.* utfälla; raffinera (*metall*) **3** *rfl* avsöndra sig, utfällas **4** *s* skiljas hädan, dö **Abscheiden** 0 *n* frånfälle, död **Abscheidung** -en *f* avsöndring,

utfällning **abscheren** *st* klippa [av] **Abscheu** 0 *m f* avsky, motvilja, fasa; *vor e-m* ~ *haben* avsky ngn **abscheuern 1** skura [av]; nöta **2** *rfl* nötas **ab'scheulich** avskyvärd, gräslig, ryslig **Ab'scheulichkeit** -en *f* avskyvärdhet, styggelse
abschicken skicka, avsända **abschieben** *st* **1** skjuta bort (undan); *die Schuld* [*von sich*] *auf e-n anderen* ~ skjuta skulden på ngn annan **2** utvisa, förpassa ur landet **3** *s, vard.*, *schieb ab!* pallra dig i väg! **Abschied** -e *m* avsked; entledigande; *seinen* ~ *einreichen* lämna in sin avskedsansökan; *seinen* ~ *nehmen* ta avsked, lämna tjänsten; *von e-m* ~ *nehmen* ta avsked (farväl) av ngn, säga adjö till ngn; *beim* ~ (*äv.*) när vi (*etc.*) sade adjö **Abschiedsbesuch** -e *m* avskedsbesök **Abschiedsfeier** -*n* *f* avskedsfest **Abschiedsgesuch** -e *n* avskedsansökan **Abschiedsgruß** -e† *m* avskedshälsning **abschießen** *st* **1** avskjuta, avlossa; skjuta i väg **2** skjuta ner (*ein Flugzeug* ett flygplan); *en m das Bein* ~ skjuta av benet på ngn; *den Vogel* ~ (*bildl.*) ta priset; *zum A~ aussehen* (*vard.*) se skrattretande ut **3** *s, dial.* stupa brant **4** *s* rusa i väg **abschildern** *poet.* skildra **abschinden** *schindete ab, abgeschunden, rfl* arbeta ut sig, slita och släpa **abschirmen** avskärma; *bildl.* skydda **abschirren** sela av
abschlachten slakta [ned] (*äv. bildl.*) **Abschlachtung** -en *f* nedslaktning, slakt (*äv. bildl.*) **abschlaffen 1** göra slak (slapp) **2** *s* slappna av; bli slak (slapp) **Abschlag** -e† *m* **1** *hand.* rabatt, avdrag; [pris]sänkning; avbetalning; förskott; *bank.* disagio; *etw. auf* ~ *kaufen* köpa ngt på avbetalning **2** *fotb.* inspark **3** *åld.* avslag **abschlagen** *st* **1** avslå, vägra, neka; *e-m etw.* ~ vägra (neka) ngn ngt **2** *den Angriff des Feindes* ~ slå tillbaka fiendens anfall **3** hugga ner, slå av; riva **4** *fotb.* göra inspark **abschlägig** nekande; *e-n* ~ *bescheiden* ge ngn avslag **abschläglich** *åld.* som avbetalning; ~*e Zahlung* avbetalning **Abschlag[s]zahlung** -en *f* avbetalning, avbetalnings|summa, -belopp **abschlecken** *sty., österr.* slicka [av] **abschleifen** *st* **1** slipa av, polera; *bildl.* nöta bort, hyfsa **2** *rfl* slipas av, bli avslipad (*äv. bildl.*) **Abschleppdienst** -e *m* bärgningstjänst **abschleppen 1** bogsera [bort] **2** *rfl, sich mit (an) dem Koffer* ~ släpa (kånka) på resväskan **Abschleppseil** -e *n* bogserlina **Abschleppwagen** - *m* bärgningsbil **abschleudern** slunga i väg
abschließen *st* **1** låsa, stänga [igen] **2** avskilja, isolera **3** avsluta (*ein Geschäft* en affär); sluta; *e-n Vertrag* ~ ingå (sluta) ett fördrag (avtal); *e-e Versicherung* ~ teckna en försäkring **4** *rfl* isolera sig; *sich von der Welt* ~ dra sig undan [från] världen **5** sluta, avslutas; *mit e-m* ~ inte vilja veta av ngn längre; *mit dem Leben abgeschlossen haben* ha gjort upp räkningen (vara färdig) med livet **abschließend** avslutande, slut-; slut|riktig, definitiv; ~ *möchte ich sagen* avslutningsvis (sammanfattningsvis, som avslutning) skulle jag vilja säga; ~*es Urteil* slutomdöme **Abschluß** -sse† *m* **1** avslut; [köpe]avtal; bokslut **2** avslutning; slut|transaktion, -uppgörelse; *vor dem* ~ *stehen* stå inför sitt slut, vara nära slutet; *etw. zum* ~ *bringen* avsluta (slutföra) ngt; *nach* ~ *der Prüfung* efter avslutad examen **3** avslutande del;

förslutning; isolering **Abschlußprüfung** *-en f* **1** slut|prov, -tentamen **2** *hand.* granskning av årsbokslut **Abschlußzeugnis** *-se n* slutbetyg
abschmecken smaka av; smaksätta **abschmeicheln** *e-m etw.* ~ få ngt av ngn genom smicker **abschmelzen** *st* **1** *s* smälta [bort] **2** smälta, göra flytande **abschmieren 1** *vard.* skriva av slarvigt; skriva av *(fuska)* **2** *vard.* misskreditera, förolämpa **3** *vard.* spöa upp **4** [rund]smörja **5** *s, vard.* störta [ner] **abschminken** sminka av; *sich (dat.) etw.* ~ *(vard.)* ge upp (avstå från) ngt; *das kannst du dir* ~ *(vard.)* det kommer inte i fråga, det kan du glömma **Abschn.** *förk. för Abschnitt* **abschnallen 1** spänna av **2** *vard.* inte kunna hänga med längre **abschnappen** *vard.* **1** *s* dö **2** *s* hoppa av *(från avtal)* **3** *ich habe ihn gerade noch abgeschnappt* jag hann precis få tag i honom **4** *s el. h* plötsligt ta slut, sluta
abschneiden *st* **1** skära [av, ner]; klippa av (bort); snoppa *(cigarr)*; *Coupons* ~ klippa kuponger; *die Zufuhr* ~ avskära tillförseln; *davon kannst du dir e-e Scheibe* ~ *(bildl.)* där har du en hel del att lära; *e-m das Wort* ~ avbryta ngn; *[den Weg]* ~ ta en genväg **2** *e-m die Ehre* ~ ta heder och ära av ngn **3** *gut (schlecht)* ~ klara sig bra (illa), ligga bra (illa) till **Abschneiden** *0 n* **1** avskärande *etc.*, *jfr abschneiden* **2** resultat, utgång **Abschneider** - *m* **1** avskärare, kniv **2** *vard.* genväg **Abschnitt** *-e m* **1** avklipp, avklippt stycke; kupong; *hand.* talong **2** avsnitt; moment, paragraf, stycke, avdelning; skede, epok **3** *mat.* segment **abschnitt[s]weise** i etapper (avdelningar) *etc.*, *jfr Abschnitt* **2 Abschnitzel** - *n, sty., österr.* avfall; småbit, flisa **abschnüren** avsnöra *(äv. med.)* **abschöpfen** skumma; *den Rahm von etw.* ~ *(bildl. äv.)* ta åt (sno till) sig de bästa bitarna av ngt
abschrägen snedda, göra sned (sluttande) **abschrammen 1** *s, vard.* ge sig (rusa) i väg, sticka; *vulg.* kola [av] *(dö)* **2** *er hat sich (dat.) das Knie abgeschrammt* han skrapade knät **abschrauben** skruva av (loss, bort) **abschrecken 1** avskräcka, skrämma **2** *kokk.* spola *(ägg e.d.)* i kallt vatten; hälla i [lite] kallt vatten i *(kaffe e.d.)* **3** *tekn.* härda *(genom avkylning)* **abschreckend** avskräckande, skrämmande, anskrämlig **Abschreckung** *0 f* avskräckning **abschreiben** *st* **1** skriva av *(äv. fuska)*, kopiera; renskriva; plagiera **2** *hand.* nedskriva, avföra, avdraga, avskriva; *e-n* ~ inte längre räkna med ngn **3** *e-m* ~ skriva återbud till ngn **4** *rfl*, *die Kreide schreibt sich schnell ab* man skriver fort slut på kritan, kritan tar snabbt slut **Abschreibung** *-en f, hand.* av-, ned|skrivning **abschreien** *st rfl, vard.* skrika sig hes **abschreiten** *st* **1** stega upp **2** *h el. s* inspektera, gå i ledet **Abschrift** *-en f* avskrift, kopia; *e-e beglaubigte* ~ en bevittnad avskrift; *die Richtigkeit der* ~ *wird bescheinigt* rätt avskrivet intygas **abschriftlich** i avskrift **abschrubben** skrubba (skura) [av]
abschuften *rfl, vard.* slita hund, knoga **abschuppen** fjälla; *mir schuppt sich die Haut ab* jag fjällar **abschürfen** skrapa av; *sich (dat.) die Haut* ~ skava av huden **Abschürfung** *-en f* avskavning; skavsår **Abschu|ß** *-sse† m* **1** avskjutning, avfyrning; uppskjutning *(av*

raket) **2** nedskjutning *(e-s Flugzeuges* av ett flygplan) **3** *jakt.* avskjutning **abschüssig** brant stupande (sluttande) **Abschüssigkeit** *0 f* sluttning, branthet **Abschußrampe** *-n f* avskjutningsramp **abschütteln** skaka av [sig], skaka bort **abschütten** hälla (slå) av (bort)
abschwächen 1 försvaga, mildra, modifiera **2** *rfl* försvagas, mattas **Abschwächung** *-en f* försvagande, mildring, modifikation **abschwatzen** *e-m etw.* ~ prata sig till ngt av ngn **abschweifen** *s, [vom Thema]* ~ komma bort (avvika) från ämnet, sväva ut; *meine Gedanken schweifen oft ab* mina tankar går lätt i andra banor **Abschweifung** *-en f* avvikelse, utvikning **abschwellen** *st s* avta [i styrka]; *(om svullnad)* lägga sig, gå tillbaka **abschwemmen** spola (skölja) av (bort) **abschwenken 1** *s* svänga [av] **2** skaka av; skölja av **abschwimmen** *st* **1** *s* simma i väg, börja simma; *dial.* gå sin väg, avlägsna sig **2** *100 Meter* ~ simma 100 meter **abschwindeln** svindla (lura) av (ifrån) **abschwirren** *s* surra i väg; *vard.* kila sin väg **abschwören 1** avsvärja [sig]; *seinem Glauben* ~ avsvärja sig sin tro; *dem Alkohol* ~ lova att inte mer dricka sprit **2** *åld., seine Schuld* ~ förneka sin skuld **Abschwung** *-e† m* **1** *gymn.* avslutande hopp **2** *ekon.* konjunkturnedgång, recession
absegeln *s* avsegla **Absegeln** *0 n (klubbs)* sista segling för säsongen **absehbar** överskådlig; möjlig att beräkna; *in* ~*er Zeit* inom överskådlig tid **absehen** *st* **1** beräkna, förutse, överblicka; *die Folgen lassen sich nicht* ~ konsekvenserna kan inte överblickas, ingen vet hur det kommer att gå; *es ist kein Ende davon abzusehen* man ser inget slut på det **2** *es war ihm an den Augen abzusehen* det syntes på hans ögon; *e-m etw.* ~ lära sig ngt genom att se på hur ngn gör det; *e-m die Wünsche von den Augen* ~ gissa sig till ngns önskningar **3** *er hat es auf mich abgesehen a)* han vill komma åt mig, *b)* han lägger an på mig **4** *von etw.* ~ *a)* avstå från ngt, *b)* bortse från ngt; *jfr abgesehen* **5** *skol., bei e-m* ~ titta på ngn *(fuska)*
abseifen tvätta (göra ren) med tvål, såptvätta **abseihen** filtrera, sila [av] **abseilen 1** fira ner med rep **2** *rfl, vard.* ge sig i väg, sticka, försvinna **absein** *oreg. s, vard.* **1** vara av (ur) **2** vara alldeles slut **3** vara avsides belägen **abseitig 1** avsides belägen **2** ovanlig; onaturlig; pervers **abseits I** *adv* avsides; *sport.* offside; ~ *stehen (äv.)* hålla sig utanför, vara passiv **II** *prep. m. gen.* [långt] borta (fjärran) från, vid sidan av **absenden** *oreg., äv. sv* avsända, skicka av (i väg) **Absender** - *m* avsändare **Absendung** *-en f* avsändning **absenken 1** sänka *(vattennivå)* **2** sätta *(sticklingar)* **3** *rfl* sänka sig, sjunka **Absenker** - *m, bot.* avläggare **Ab'senz** *-en f* frånvaro **observieren 1** duka av **2** *vard.* avpolletera, göra sig kvitt; ta livet av **absetzbar 1** avdragsgill **2** avsättbar; säljbar; *som kan ersättas* (har avsättning); *nicht* ~ osäljbar **absetzen 1** sätta (ställa, lägga) ifrån sig (ner); ta av sig *(hatt, glasögon)*; *Fallschirmjäger* ~ släppa ner fallskärmsjägare; *e-n Passagier* ~ släppa (sätta) en passagerare; *das Pferd setzte ihn ab* hästen kastade av honom; *die Tasse [vom Mund]* ~ ta koppen från munnen **2** avsätta *(från ämbete)* **3** avbryta *(terapi e.d.)* **4** *hand.* avsätta, avyttra,

sälja (*Waren* varor) **5** avsätta (*som bottensats*) **6** *med.* amputera **7** *boktr.* sätta [upp] **8** *e-e Zeile* ~ börja nytt stycke (på ny rad) **9** stryka, dra av (*äv. hand.*); *von der Steuer* ~ dra av på skatten; *von der Tagesordnung* ~ avföra från dagordningen; *ein Stück vom Spielplan* ~ lägga ner en pjäs **10** *vard., es wird gleich etw.* ~ *!* du (*etc.*) ska få med mig att göra!, nu ska du (*etc.*) få stryk! **11** *rfl* avsätta sig, avsättas, bildas; *sich nach dem Westen* ~ (*vard.*) fly (sticka) till väst **12** stanna upp, göra en paus; *in der Rede* ~ göra ett uppehåll i talet; *ohne abzusetzen* utan uppehåll, oavbrutet, i ett svep **absichern 1** *die Unfallstelle* ~ vidta säkerhetsåtgärder kring olycksplatsen **2** *rfl* gardera sig **Absicht** *-en f* avsikt, mening, syfte; *gute* ~ välmening; *die* ~ *haben, zu* ha för avsikt att; *mit* ~ med flit, avsiktligt; *ohne* ~ utan avsikt, oavsiktligt; *sich mit der* ~ *tragen, etw. zu tun* ha för avsikt att göra ngt; [*ernste*] ~*en auf e-n haben* vilja gifta sig med ngn **absichtlich** avsiktlig, uppsåtlig, överlagd; med flit **absichtslos** oavsiktlig **absichtsvoll** avsiktlig **absieben** sikta (sålla) ifrån **absingen** *st* avsjunga, sjunga [till slut] **absinken** *st s* sjunka [ner] **absitzen** *st* **1** sitta (tjäna) av (*straff*) **2** sitta sönder **3** *zu weit vom Tisch* ~ sitta för långt ifrån bordet **4** *s*, [*vom Pferd*] ~ sitta av [hästen]
absolut absolut; renodlad; ~*er Herrscher* envåldshärskare; ~*es Vertrauen* oinskränkt förtroende; ~*er Unsinn* rent (komplett) nonsens **Absolution** *-en f* absolution **Absolutismus** *0 m* absolutism
Absolvent [-v-] *-en -en m, er ist* ~ *der Technischen Hochschule* han är utexaminerad från (har gått på) Tekniska Högskolan **absolvieren** absolvera; *e-e Prüfung* ~ avlägga en examen; *e-e Schule* ~ gå igenom en skola
ab'sonderlich besynnerlig, egendomlig **Ab-'sonderlichkeit** *-en f* besynnerlighet, egendomlighet **absondern 1** från-, av|skilja, isolera, separera; av-, ut|söndra **2** *rfl* isolera sig, dra sig undan **Absonderung** *-en f* **1** isolering **2** av-, ut|söndring, sekret **absorbieren** absorbera **Absorption** *-en f* absorption, absorbering
abspalten 1 spalta (spjälka) [av], klyva, skilja (*genom klyvning*) **2** *rfl* avskiljas, bryta sig ut (*ur parti*) **abspannen 1** spänna från (*häst e.d.*); slappna av; *jfr abgespannt* **2** staga med utspända linor **Abspannung** *-en f* **1** frånspännande **2** trötthet **3** stagning **absparen** *sich* (*dat.*) *etw. vom Munde* ~ få ihop pengar till ngt genom största sparsamhet (genom att snåla in på maten) **abspeisen** avspisa, avfärda **abspenstig** *e-m e-n* ~ *machen* förmå ngn att lämna ngn, locka bort ngn från ngn **absperren** spärra av, avstänga; isolera *sty., österr.* låsa (*dörr*) **Absperrhahn** *-e† m* avstängningskran **Absperrung** *-en f* avspärrning, avstängning; isolering **abspiegeln 1** av-, åter|spegla **2** *rfl* återspeglas, avspegla sig **abspielen 1** spela (*vom Blatt* från bladet); *e-e Platte* ~ spela en skiva, spela ut (sönder) en skiva, spela en skiva till slut **2** *rfl* tilldra sig, hända, utspelas; *hier spielt sich nichts ab!* (*vard.*) det kommer inte i fråga!, jag går inte med på det! **absplittern 1** splittra **2** *rfl* lösgöra sig, bryta sig ut (*ur parti*) **3** *s* lossna (falla av) [i flisor] **Absprache** *-n f* avtal, överenskommelse **absprechen** *st* **1** avtala, komma

överens om **2** *e-m etw.* ~ frånkänna (fråndöma) ngn ngt; *sein Talent kann man ihm nicht* ~ man kan inte neka till att han är begåvad **absprechend** kritiserande, nedsättande **absprecherisch** klandrande, nedsättande **absprengen 1** spränga bort (loss) **2** avskära (*trupper e.d.*) **abspringen** *st s* **1** hoppa av (*äv. bildl.*); *mit dem Fallschirm* ~ hoppa [ut] med fallskärm; *von etw.* ~ dra sig ur ngt; *vom Thema* ~ komma bort från ämnet **2** gå av, lossna; flaga av (*om färg*) **abspritzen 1** spruta av (bort), tvätta (*med slang*) **2** *kokk.* smaksätta, krydda **3** *s* stänka **4** *s, vard.* rusa i väg **Absprung** *-e† m* språng; [fallskärms]hopp; ned-, ut|hopp; avhopp; *dld.* avvikelse (*från ämnet*) **Absprungbas|is** *-en f* operationsbas **abspulen 1** spola av (*garn*) **2** *vard.* filma; visa [en film] **abspülen** spola (skölja) av (bort)
abstammen *s* härstamma, härleda sig **Abstammung** *0 f* **1** härstamning, börd, härkomst **2** etymologi, härledning **Abstammungslehre** *0 f* utvecklingslära **Abstand** *-e† m* **1** avstånd, distans; *in regelmäßigen Abständen* med jämna mellanrum; ~ *halten* (*bildl.*) hålla sig på sin kant, hålla distans; *mit* ~ *besser* vida (långt) bättre; *von etw.* ~ *nehmen* avstå från (frångå) ngt **2** *hand.* avträde **Abstandssumme** *-n f* ersättning, kompensation; överlåtelsesumma **abstatten** *e-m e-n Besuch* ~ avlägga besök hos ngn; *e-m seinen Dank* ~ framföra sitt tack till ngn; *Bericht* ~ rapportera, avlägga rapport **abstauben 1** damma [av] **2** *vard.* sno, stoppa på **3** *dial.* skälla ut **abstäuben** *dial.* **1** damma [av] **2** skälla ut **abstechen** *st* **1** skära (hugga) av **2** sticka ihjäl, slakta **3** *Rasen* ~ kantklippa gräsmattor **4** *von* (*gegen*) *etw.* ~ sticka av (bryta av, kontrastera) mot ngt **Abstecher** ~ *m* avstickare **abstecken 1** staka ut (*äv. bildl.*); *sömn.* nåla av **2** ta av [sig] (*brosch*) **abstehen** *st* **1** stå ut (ifrån); *seine Ohren stehen ab* han har utstående öron; *der Schrank steht zu weit von der Wand ab* skåpet står för långt ifrån väggen **2** *von etw.* ~ avstå från ngt **3** *s* stå för, bli avslagen; *abgestandenes Bier* avslaget öl **4** *vard., sich* (*dat.*) *die Beine* ~ stå så man blir trött i benen **abstehlen** *st, sich muß mir die Zeit dazu* ~ jag måste stjäla mig tid till det **absteifen** stötta, staga **absteigen** *st s* stiga av (ner); *sport.* flyttas ner; *in e-m Hotel* ~ ta in på [ett] hotell; *er ist auf dem* ~*den Ast* (*vard.*) det går utför med honom **Absteig[e]quartier** *-e n* nattkvarter, logi; skumraskhotell; bordell **Abstellbahnhof** *-e† m* rangerbangård **abstellen 1** ställa (sätta, lägga) ner (ifrån sig); ställa (flytta) undan; ställa upp, parkera (*fordon*) **2** stanna, stänga av, slå ifrån (*maskin o.d.*) **3** undanröja, avlägsna, avskaffa **4** avdela; beordra **5** *von der Wand* ~ ställa en bit från väggen **6** *auf etw.* (*ack.*) ~ inrikta på ngt, lämpa efter ngt; *auf etw.* (*ack.*) *abgestellt sein* gå ut på ngt **Abstellgleis** *-e n, järnv.* uppställningsspår; *e-n auf das* (*ein*) ~ *schieben* (*vard.*) beröva ngn hans inflytande, sätta ngn ur spel **Abstellraum** *-e† m* förvaringsrum, skräprum **abstempeln** [av]stämpla; *e-n zu* (*als*) *etw.* ~ (*bildl.*) stämpla ngn som ngt **absterben** *st s* dö (tvina) bort; vissna ner; dö ut; (*om lem*) bli okänslig, domna **Abstich** *-e m* [av]tappning **Abstieg** *-e m* ned|stigning, -gång; *sport.* nedflyttning; *beim* ~

på nervägen **abstillen** avvänja (*dibarn*) **abstimmen 1** rösta, votera (*über* + *ack.* om) **2** avstämma; ställa in (*tonhöjd*); stämma; *auf etw.* (*ack.*) ~ anpassa efter ngt; *auf einander abgestimmt sein* harmoniera med varandra, gå väl ihop; *fein abgestimmte Farben* väl avstämda (avvägda) färger **Abstimmknopf** -e† *m*, *radio.* avstämningsratt **Abstimmschärfe** -*n f* selektivitet **Abstimmung** -*en f* **1** votering, [om]röstning **2** *radio.* avstämning **3** samordnande, avpassande
abstinent [-st-] avhållsam, helnykter **Abstinenz** *0 f* avhållsamhet, helnykterhet, abstinens **Abstinenzerscheinung** -*en f* abstinenssymptom **Abstinenzler** - *m* absolutist, helnykterist
abstinken *st s*, *vulg.* kola [av] (*dö*); *stink ab!* (*vard.*) stick!, försvinn!, dra åt helvete! **abstoppen 1** stoppa, hejda, stanna **2** ta tid på, klocka **Abstoß** -e† *m* [an]sats; *fotb.* inspark **abstoßen** *st* **1** stöta av (bort), slå av; *biol., med.* avstöta; *fys.* repellera; skjuta (stöta) ut (*båt*); *e-n* ~ verka frånstötande på ngn; *sich* (*dat.*) *die Hörner* ~ stånga hornen av sig **2** kantstöta (*porslin*) **3** avveckla (*skulder*); sälja (*aktier*); avyttra (*varor*) **4** *mus., Noten* ~ spela stackato **5** *h. el. s*, *vom Land* ~ lägga ut från land **abstoßend** frånstötande, anskrämlig **Abstoßung** -*en f* **1** av-, bort|stötning; *fys.* repulsion **2** betalning; avyttring **abstottern** *vard.* betala av
abstrafen [av]straffa **abstrahieren** [-st-] abstrahera **abstrahlen** utstråla; *auf etw.* (*ack.*) ~ (*bildl.*) påverka ngt
abstrakt [-'st-] abstrakt **Abstraktion** -*en f* abstraktion **Abstrakt|um** -*a n* ogripbart begrepp, abstrakt idé, abstrakt; *språkv.* abstrakt substantiv
abstrampeln *rfl, vard.* **1** slita, jobba hårt **2** trampa sig fördärvad (*på cykel*) **abstrapazieren 1** trötta ut **2** *rfl* anstränga (trötta ut) sig **abstreichen** *st* **1** stryka (skrapa) av (bort) **2** stryka, dra av (ifrån) **3** söka (leta) igenom (*terräng*) **4** *s, jakt.* flyga upp (bort) **abstreifen 1** dra (stryka, ta) av; kränga av sig [sig] (*plagg*); skrapa av (*skor*) **2** söka igenom (*terräng*) **3** *bildl.* kasta av [sig], frigöra sig från **4** *s, vom Wege* ~ gå (komma) bort från vägen **abstreiten** *st* bestrida, förneka; *e-m etw.* ~ frånkänna ngn [rätten till] ngt **Abstrich** -*e m* **1** nedskärning, avdrag; eftergift; ~*e machen* skruva ner sina förväntningar **2** *med.* utstrykspreparat **3** *mus.* nedstråk **abströmen** *s* flyta (strömma) ner (bort)
abstrus [ap'stru:s] dunkel, oklar, svävande, abstrus
abstufen 1 gradera; schattera **2** terrassera, anlägga i avsatser **Abstufung** -*en f* **1** gradering, skala; schattering, skiftning **2** terrassering **abstumpfen 1** *s* avtrubbas, bli slö (*äv. bildl.*) **2** avtrubba, göra slö **Absturz** -e† *m* **1** störtning **2** brant stup **abstürzen** *s* **1** störta (falla) [ner] **2** stupa brant; *der Felsen stürzt steil ab* klippan stupar brant ner **abstützen** stötta, staga **absuchen 1** söka (leta) igenom, finkamma **2** avpatrullera **3** plocka bort (*ohyra*) **Absud** -*e m, dld.* avkok
absurd absurd, vanvettig **Absurdität** -*en f* absurditet, orimlighet
Absze|ß -*sse m, med.* abscess, [var]böld **Abszisse** -*n f, mat.* abskissa **Abszissenachse** -*n f* abskiss-, x-|axel

Abt -e† *m* abbot
Abt. *förk.* *för Abteilung* avd., avdelning **abtakeln** rigga (tackla) av **abtanzen 1** *s, vard.* gå sin väg; *dö* **2** *sich* (*dat.*) *die Schuhe* ~ dansa av sig skorna **abtasten 1** känna (fingra) på; söka (leta) igenom **2** *tekn.* avsöka **abtauen 1** *s* töa (smälta) [bort] **2** frosta av (*kylskåp*), töa upp **abtauschen 1** *schack.* byta **2** *e-m etw.* ~ byta till sig ngt av ngn **abtaxieren** taxera **Ab'tei** -*en f* abbots|döme, -stift
Ab'teil [*dial.* '--] -*e n* **1** [järnvägs]kupé **2** avdelning, sektion **abteilen** av-, in|dela, avskilja **Abteilung** -*en f* **1** [-'--] avdelning **2** ['---] avdelande, avskiljande **Ab'teilungsleiter** - *m* avdelningschef **abtelefonieren** *vard.* ringa återbud **abtelegrafieren** *vard.* telegrafera återbud **abteufen** *gruv.* avsänka **abtippen** skriva av (*på maskin*)
Äb'tissin -*nen f* abbedissa
abtönen dämpa, mildra, nyansera; *sorgfältig abgetönt* hållen i väl avstämda färger **Abtönung** -*en f* nyansering **abtöten** döda, ta död på; *med.* avdöda; *bildl.* undertrycka, kuva **Abtrag** *0 m, e-m* ~ *tun* vara till skada (men, förfång) för ngn **abtragen** *st* **1** gräva (schakta) bort (ut); erodera **2** riva (*hus*) **3** nöta ut (*plagg*) **4** duka ut (*mat*) **5** *e-e Schuld* ~ betala [av] (avbörda sig) en skuld **6** *mat.* överflytta **abträglich** *e-m* ~ *sein* vara skadlig (till men) för ngn **Abtragung** -*en f* **1** bortschaktning; erosion **2** rivning **3** [av]betalning **4** *mat.* överflyttning **Abtransport** -*e m* av-, bort|transport **abtransportieren** transportera bort
abtreiben *st* **1** *tekn.* avdriva **2** föra bort (i väg); driva ur kursen; driva hem (*boskap från bete*) **3** tröttköra **4** avverka (*skog*) **5** *med.* fördriva; *die Leibesfrucht* ~ fördriva fostret, göra abort **6** *s* komma ur kursen, komma i drift, driva (flyta, flyga) bort **Abtreibung** -*en f* abort, fosterfördrivning **Abtreibungsmittel** - *n* abortivmedel
abtrennbar avskilj-, löstag|bar **abtrennen 1** skilja av (från), lossa; *sömn.* sprätta av (bort) **2** *rfl* avskilja sig **Abtrennung** -*en f* frånskiljande; bortsprättning **abtreten** *st* **1** stampa av (*smuts e.d. från skor*); slita, nöta (*genom att trampa*); *ein abgetretener Teppich* en sliten matta **2** avträda, avstå, överlåta (*e-m etw. ngt till ngn*) **3** *s* avträda, dra sig tillbaka, avgå; *teat.* gå ut, göra sorti; *vard.* dö; *abgetreten!* (*mil.*) höger vänster om marsch! **Abtreter** - *m* fotskrapa **Abtretung** -*en f, hand.* avträdande, överlåtelse **Abtrieb** -*e m* **1** *skogsv.* hygge **2** hemdrivning (*av boskap*) **Abtrift** *0 f, sjö., flyg.* avdrift **Abtritt** -*e m* **1** *dial.* avträde, klosett **2** *teat.* sorti
abtrocknen 1 torka [av], torka bort **2** *h el. s* bli torr, torka **abtropfen** *s* droppa (drypa) av (ner) **abtrotzen** trotsa sig till; *e-m etw.* ~ (*äv.*) avtvinga ngn ngt **abtrudeln** *s, flyg.* gå i spinn; *vard.* gå sin väg **abtrünnig** avfällig, trolös, otrogen, illojal (*e-m* mot ngn); *etw.* (*dat.*) ~ *werden* avfalla från (överge) ngt **Abtrünnige(r)** *m f, adj böjn.* avfälling **abtun** *st* **1** ta bort (av); lägga bort (*ovana*) **2** avfärda **3** *dial.* döda **4** klara av; *jfr abgetan* **abtupfen** torka av **abtüten** fylla i påsar **aburteilen** fälla [slut]dom mot; fördöma **Aburteilung** -*en f* domfällning, domslut; fördömande **abverdienen** *e-e Schuld* ~ arbeta av en skuld **abverlangen** kräva att få; *e-m etw.*

~ avkräva ngn ngt, kräva ngn på ngt **abvermieten** hyra ut i andra hand **abwägen** *st, äv. sv* [av]väga; *das Pro und das Kontra* ~ väga skälen för och emot **Abwägung** *-en f* avvägning; prövning; *nach* ~ *aller Tatsachen* efter att ha tagit alla fakta i betraktande (ha beaktat alla fakta) **abwählen** inte omvälja; *skol.* välja bort (*ämne*) **abwälzen** vältra av (*bildl.* över); *die Beschuldigung von sich* ~ skylla ifrån sig (*på ngn annan*) **abwandelbar** *språkv.* böjlig **abwandeln 1** *språkv.* böja, flektera; konjugera; deklinera **2** *ein Thema* ~ variera ett tema **Abwand[e]lung** *-en f* **1** *språkv.* böjning, flexion **2** variation **abwandern 1** *s* avflytta (*t. annan ort*); migrera; *in e-n anderen Beruf* ~ övergå till ett annat yrke; *einige Spieler sind abgewandert* några spelare har lämnat sin klubb (har sökt sig till andra klubbar) **2** *h el. s* vandra [i]genom **Abwanderung** *-en f* [av]flyttning; migration; *die* ~ *vom Lande* landsbygdens avfolkning **Abwärme** *0 f* spillvärme **Abwart** *-e*[†] *m, schweiz.* portvakt **abwarten 1** invänta, vänta på, avvakta; *den Regen* ~ vänta tills regnet är över **2** vänta [o. se]; ~ *und Tee trinken!* (*ung.*) vi (*etc.*) får lugna oss och se vad som händer! **abwärts** nedåt, nedför, utför **Abwärtsbewegung** *-en f* nedåtgående rörelse **abwärtsgehen** *st s, es geht abwärts mit ihm* det går utför med honom **Abwasch** *0 m, vard.* disk; diskning; *das ist ein* (*geht in e-m*) ~ det går för samma betalning **Abwasch** *-en f, dial.,* **Abwaschbecken** - *n* diskho **abwaschen** *st* tvätta [av, bort]; diska; skölja [bort], spola [av] **Abwaschtisch** *-e m* diskbänk **Abwaschung** *-en f* [av]tvättning, tvagning; sköljning **Abwasser** -† *n* spill-, avlopps-, kloak|-vatten **Abwasserkanal** *-e*† *m* kloaktrumma, avloppsledning **Abwasserkläranlage** *-n f* vattenreningsverk **abwechseln 1** omväxla, alternera, tura (byta) om **2** *rfl* turas om **abwechselnd** turvis, omväxlande **Abwechs[e]lung** *-en f* omväxling, ombyte; *zur* ~ som omväxling **abwechslungsreich** omväxlande, rik på omväxling, variationsrik
Abweg *-e m* avväg, villoväg **abwegig** vilseledande, felaktig; egendomlig, besynnerlig; orealistisk, absurd
Abwehr *0 f* **1** avvärjande; försvar, motstånd **2** kontraspionage **abwehren** avvärja, slå tillbaka, avvända; parera; slå ifrån sig, tillbakavisa; opponera sig; jaga bort, hålla på avstånd; *er läßt sich nicht* ~ han låter sig inte avspisas **Abwehrkampf** *-e*† *m* försvarskamp **Abwehrmaßnahme** *-n f* försvarsåtgärd **Abwehrschlacht** *-en f* defensivt slag **Abwehrspieler** - *m, sport.* back; försvarsspelare **Abwehrung** *0 f* avvärjning *etc., jfr* **abwehren 1 abweichen** *sv* **1** lägga i blöt och lossa **2** *s* lossna genom blötning
2 abweichen *st s* avvika; *von einander* ~ vara olika varandra; *vom Thema* ~ avlägsna sig från ämnet
abweichend divergerande, avvikande **Abweichler** - *m* person som avviker från partiets linje, dissident, oliktänkande **Abweichung** *-en f* avvikelse; anomali; (*instruments*) missvisning, avvikning, deviation; ~ *von der Regel* undantag från regeln **abweiden** beta av **abweisen** *st* avvisa, avslå; *jur.* ogilla; *e-n* ~ (*äv.*) vägra att ta emot ngn **Abweisung** *-en f* avvisande, avslag *etc., jfr* **abweisen abwelken** *s* vissna [bort] **abwendbar** möjlig att förebygga (avvända, avstyra) **abwenden 1** *wandte el.* wendete *ab, abgewandt el. abgewendet* vända bort (*blicken*); *sich* ~ vända sig bort, vända ryggen till; *sich von e-m* ~ (*bildl.*) vända sig ifrån ngn **2** *sv* parera; avvända, avvärja, avstyra **abwendig** *åld.*, *e-m e-n* ~ *machen* förmå ngn att lämna ngn, locka bort ngn från ngn **abwerben** *st* locka bort (över) (*von e-m Unternehmen* från ett företag) **abwerfen** *st* **1** kasta [ner, ut] (*från flygplan*); kasta av (*ryttare*); fälla (*löv*; *horn*); kasta (*kort i kortspel*); bränna (*i bollspel*) **2** inbringa, avkasta (*Gewinn* vinst), ge [i ränta] **abwerten** devalvera, nedskriva; nedvärdera **Abwertung** *-en f* devalvering, nedskrivning; nedvärdering **abwesend** frånvarande, borta; tankspridd **Abwesenheit** *0 f* frånvaro; tankspriddhet, distraktion; *durch* ~ *glänzen* lysa med sin frånvaro; *e-n in* ~ *verurteilen* döma ngn i hans frånvaro **Abwesenheitspfleger** - *m* förvaltare av frånvarande persons intressen **abwettern** *sjö.* rida ut stormen
abwichsen 1 *teat.* spela många gånger (*roll*) **2** *sich* (*dat.*) *e-n* ~ (*vulg.*) runka **abwickeln 1** nysta (linda) av; veckla (rulla) av (upp) **2** avveckla, likvidera; organisera, genomföra; slutföra **3** *rfl* förlöpa, försiggå **Abwiegeln 1** lugna **2** bagatellisera; vifta bort det hela **abwiegen** *st* väga [upp] **abwimmeln** *vard.* avvisa; *ich habe es* [*mir*] *abgewimmelt* jag slapp ifrån (undan) det, jag gjorde mig kvitt det **Abwind** *-e m, meteor.* nedåtgående luftström **abwinken** vinka avvärjande; avböja **abwirtschaften** ruinera genom dålig hushållning, missköta **abwischen** torka (damma) av (bort); *sich* (*dat.*) *die Hände* ~ torka sig om händerna **abwracken** skrota [ner] (*båt*)
Abwurf *-e*† *m* nedkastning; [bomb]fällning **abwürgen** strypa, kväva; nacka, vrida nacken av (*höns*); *bildl.* hejda, stoppa; *den Motor* ~ få motorstopp
abzahlen betala av (tillbaka) **abzählen** räkna [en o. en]; räkna ut; räkna av; *ich kann es mir an den* [*fünf*] *Fingern* ~ det är klart som dagen, det kan jag räkna ut själv; *das Geld abgezählt bereithalten* ha jämna pengar i beredskap **Abzahlung** *-en f* avbetalning; *auf* ~ på avbetalning **Abzahlungsgeschäft** *-e n* avbetalningsaffär; försäljning mot avbetalning **abzapfen** tappa [av]; *e-m etw.* ~ åderlåta ngn på ngt **abzappeln** *rfl* sprattla (*en längre tid*); *bildl.* ivrigt anstränga sig **abzäumen** betsla av **abzäunen** inhägna **Abzäunung** *-en f* inhägnad **abzehren 1** utmärgla, förtära; *abgezehrt* utmärglad, orkeslös **2** *rfl* förtäras av sorg **Abzehrung** *0 f* stark utmärgling; tvinsot **Abzeichen** - *n* [känne]tecken; märke, emblem **abzeichnen 1** rita av, kopiera; signera **2** *rfl* kunna skönjas, framträda; *sich gegen* (*von*) *etw.* ~ avteckna sig (klart kunna urskiljas) mot ngt
Abziehbild *-er n* överföringsbild, gnuggl|bild, dekalkomani **abziehen** *st* **1** dra (ta) av (bort); ta ur (*nyckeln*); subtrahera, dra ifrån; avleda (*uppmärksamhet*); skala (*mandel*); snoppa (*bönor*); flå (*hare*); *das Bett* ~ ta bort sängkläderna [ur sängen]; *den Hut* ~ ta av sig hatten; *vom Lohne* ~ dra av på lönen **2** *kem.* destillera **3** slipa, strigla (*rakkniv*) **4** osäkra o.

armera (*handgranat*); trycka av **5** *kokk.* [av]-reda; [av]tappa (*auf Flaschen* på buteljer) **6** *foto.* kopiera; *boktr.* göra avdrag av; kopiera, stencilera **7** *e-e Party* ~ ordna [till] en fest **8** *s* avtåga, dra bort, ge sig av; flyga bort (*om fågel*); gå (dra) ut (*om rök*); *vard.* loma av, sticka **Abziehmaschine** *-n f* vägskrapa **Abziehriemen** - *m* strigelrem **Abziehstein** *-e m* bryn-, slip|sten **abzielen** *auf etw.* (*ack.*) ~ syfta till (på) ngt, avse (eftersträva) ngt **abzirkeln** noga passa av (in); *seine Worte* ~ avväga sina ord **abzittern** *s, vard.* sticka **Abzug** *-e†* m **1** avtåg, avmarsch **2** av-, ut|lopp, rökgång **3** avdrag, nedsättning, rabatt; *Abzüge* (*äv.*) skatt; *in* ~ *bringen* dra (räkna) ifrån, avdra; *nach* ~ *der Kosten* sedan kostnaderna avdragits **4** [stencil]avdrag; [foto]kopia **5** avtryckare (*på vapen*) **abzüglich** *prep. m. gen.* med (efter) avdrag av, minus **abzugsfähig** avdragsgill **Abzugsgraben** *-† m* avlopps-, utfalls|dike **abzupfen** plocka (rycka) av (bort) **abzwacken** knipa (nypa) av; *e-m etw. vom Lohn* ~ [småaktigt] dra av ngt på ngns lön **Abzweigdose** *-n f* kopplingsdosa **abzweigen 1** lägga undan [i smyg], ta **2** *rfl* grena (dela) sig (*om väg*) **3** *s* ta (vika) av **Abzweigung** *-en f* förgrening, gren; vägskäl **abzwicken** knipa av **abzwingen** *st, e-m etw.* ~ avtvinga ngn ngt, tilltvinga sig ngt av ngn; *ich zwang mir ein Lächeln ab* jag tvingade mig att le
a c. *förk. för a conto*
Acetat [atse-] *-e n* acetat **Aceton** [atse-] *0 n* aceton **Acetylen** [atse-] *0 n* acetylen
ach *interj* ack!, o!, å!; ~ *nein!* nej då!, kors då!; ~ *so!* jaså!, aha!; ~ *was* (*wo*)*!* äsch!, strunt!, inte alls!; ~ *wirklich?* menar du (ni) det?, nej (å) verkligen?; *mit A* ~ *und Krach* med nöd och näppe
Achat [a'xa:t] *-e m* agat
acheln *dial.* käka
Achillesferse [a'xıles-] *-n f* akilleshäl, svag (sårbar) punkt
Ach-Laut *-e m* [tyskt] ach-ljud
a. Chr. *förk. för ante Christum* [*natum*] f. Kr.
Achsdruck *-e† m* axel-, hjul|tryck **Achse** [-ks-] *-n f* axel (*äv. mat., bot. o. bildl.*); järnv. hjulpar; *per* ~ per vagn; *auf* [*der*] ~ *sein* (*vard.*) vara ute och resa
Achsel [-ks-] *-n f* **1** axel, skuldra; *etw. auf die leichte* ~ *nehmen* ta ngt lätt; *e-n über die* ~ *ansehen* se ngn över axeln **2** *bot.* bladverk, axill **-höhle** *-n f* armhåla **-klappe** *-n f,* **-stück** *-e n* axelklaff **-zucken** *0 n* axelryckning **Achsen|bruch** *-e† m* axelbrott **-kreuz** *-e n, mat.* koordinatsystem
1 acht (*jfr drei o. sms.*) åtta; *zu* ~[*en*] på åtta man hand; *in* ~ *Tagen* om åtta dagar, åtta dar i dag, om en vecka
2 acht *se 3 Acht*
1 Acht *-en f* (*jfr Drei o. sms.*) **1** åtta (*äv. kortsp.*); *er hat e-e* ~ *im Vorderrad* hans framhjul är skevt (ser ut som en åtta) **2** *vard.* skämts. handbojor.
2 Acht *0 f* akt, [världsligt] bann; *in die* ~ *tun* förklara i akt; *in* ~ *und Bann* i kyrkligt och världsligt bann, fredlös, *bildl.* utstött
3 Acht *0 f, sich in a~ nehmen* ta sig i akt, vara försiktig, akta sig; *etw. außer a~* (*aus der* ~, *außer aller* ~) *lassen* uraktlåta ngt, lämna ngt obeaktat, försumma ngt, inte beakta ngt; *in a~ nehmen* ta vara på, akta, vara

aktsam (rädd) om **achtbar** ärbar, aktningsvärd **Achtbarkeit** *0 f* ärbarhet
achte 1 (*jfr dritte*) åttonde **2** *vard.* åtta **Achteck** *-e n* åttahörning **achtel** åttondels **Achtel** - *n* åttondel (*äv. mus.*); *ein* ~ en åttondels liter (*etc.*) **achteln** dela i åtta delar
achten 1 [hög]akta, hysa aktning för, respektera **2** *rfl e-n* ~ passa (hålla ögonen på) ngn; *auf etw.* (*ack.*) ~ beakta (ge akt) på ngt; *darauf* ~, *daß* (*äv.*) se till att
ächten förklara i akt; *bildl.* utstöta, fördöma **Achtender** - *m, jakt.* åttataggare
achtens för det åttonde
achtenswert aktningsvärd
achter *sjö.* aktre, akter-
Achter - *m* åtta (*äv. roddbåt*) **Achterbahn** *-en f* berg- och dalbana **achterlei** oböjl. adj åtta slags *etc.*, *jfr dreierlei*
achtern akter ut; *der Wind kommt von* ~ vinden kommer akterifrån (är akterlig) **Achterschiff** *-e n* akterskepp **Achtersteven** - *m* akterstäv
achtfach åttafaldig **Achtflächner** - *m* oktaeder
achtgeben *st* ta sig i akt, se upp, se sig för; *auf e-n* ~ ge akt (passa) på ngn, hålla ögonen på ngn; *gib acht, daß dir nichts passiert!* se upp så att det inte händer dig ngt! **achthaben** *oreg.* **1** *se achtgeben* **2** lägga märke till
achthundert åtta hundra
achtlos oaktsam, vårdslös **Achtlosigkeit** *0 f* oaktsamhet **achtsam** aktsam **Achtsamkeit** *0 f* aktsamhet
achtseitig åttasidig **Acht'stundentag** *0 m* åtta timmars arbetsdag **achtstündig** åtta timmars, åtta timmar lång **achtstündlich** var åttonde timme
Achtung *0 f* **1** aktning, respekt; *alle* ~*!* hatten av!, all aktning! **2** ~*!* se upp!, obs!, *mil.* lystring!, *radio. e. d.* hallå!; ~, *Stufen!* se upp för trappstegen!
Ächtung *-en f* aktförklaring, bannlysning; *bildl.* utstötning, fördömande
achtunggebietend aktningsbjudande, respektingivande, myndig **Achtungserfolg** *-e m* aktningsvärd (måttlig, relativ) framgång **achtungsvoll** aktnings-, respekt|full
achtzehn (*jfr dreizehn o. sms.*) arton **achtzehnkarätig** artonkarats (*guld*) **achtzehnte** artonde **achtzig** (*jfr dreißig o. sms.*) åttio; *auf* ~ *sein* (*kommen*) (*vard.*) vara (bli) arg (förbannad) **achtziger** ~ *Jahrgang* årgång 80; *in den* ~ *Jahren* på åttiotalet **Achtziger** - *m* **1** [vin av] årgång 80 **2** åttioåring; *in den* ~*n sein* vara i åttioårsåldern **Achtzigerjahre** *pl, in den* ~*n sein* vara i åttioårsåldern
ächzen stöna, stånka, jämra sig; (*om föremål*) gnissla, knarra **Ächzer** - *m, vard.* suck
Acker *-† m* **1** åker, fält; åkerjord **2** måttsenhet (*varierande mellan 3 500 o. 5 000 m²*) **Ackerbau** *0 m* åker-, jord|bruk **Ackerbauer** *-n -n m* bonde, jordbrukare **Ackerbauschule** *-n f* lantbruksskola **ackerbautreibend** jordbrukande **Ackerboden** *-† m* odlad (öppen) jord **Ackerfläche** *-n f* åkerareal **Ackergaul** *-e† m, neds.* arbetshäst **Ackergerät** *-e n* jordbruksredskap **Ackerkrume** *0 f* mylla, matjord **Ackerland** *0 n* åkerjord åkerns plöja; *bildl.* knoga, slita **Acker|schleife** *-n f,* **-schleppe** *-n f, jordbr.* sladd **Ackerscholle** *-n f* jord|koka, -torva **Ackers|mann** *-leute m, åld.* jordbrukare, bonde **Ackerwalze** *-n f*

vält **Ackerwinde** *-n f, bot.* åkervinda **Ackerwirtschaft** *0 f* åker-, jord|bruk
a.d. *förk. för a)* an dem *(der), b) a dato* **a.D.**
förk. för a) anno Domini e. Kr., *b) außer Dienst* f.d., före detta **A.D.** *förk. för Anno Domini* e. Kr. **ADAC** *förk. för Allgemeiner Deutscher Automobil-Club*
adagio [a'da:dʒo, *äv.* -ʒi̯o] *mus.* adagio
Adam *-s m, vard. skämts.* man; *den alten ~ ausziehen* avkläda sig den gamla människan; *nach ~ Riese (räkneboksförfattare på 1 500-talet)* enligt vanlig enkel matematik **Adamsapfel** -† *m* adamsäpple **Adamskostüm** *0 n, im ~* i paradisdräkt, spritt språngande naken
adäquat adekvat
addieren addera **Addition** *-en f* addition
ade [a'de:] *åld., dial.* farväl!, adjö! **Ade** *-s n* farväl, adjö
Adel *0 m* adel; *bildl.* ädelhet; adelskap **adeln** adla; förädla **Adelsbrief** *-e m* adelsbrev **Adelsstand** *0 m* adelsstånd **Adelsstolz** *0 m* adelsstolthet **Adelung** *-en f* adlande *(äv. bildl.)*
Adept *-en -en m* adept
Ader *-n f* åder, ådra; *bot.* bladnerv; *elektr.* kabelledare; *e-n zur ~ lassen* åderlåta ngn; *e-e sadistische ~ haben* vara sadistiskt lagd; *er hat e-e leichte ~* det finns ett visst lättsinne hos honom; *es ist keine gute ~ an ihm* det finns inget gott hos honom **aderig, äderig** ådrig **Aderla|ß** *-sse†* *m* åderlåtning **Äderung** *-en f* ådring **Aderverkalkung** *-en f* åderförkalkning
Adhäsion *0 f, fys.* adhesion
adieu [a'di̯ø:] *åld., dial.* adjö, farväl **Adieu** *-s n, åld., dial.* adjö, farväl
Adjektiv *-e n, språkv.* adjektiv **adjektivisch** [-v-] *språkv.* adjektivisk
Adjutant *-en -en m* adjutant
Adler - *m* örn **-auge** *-n n* örnöga; *bildl.* örn-, röntgen|blick **-farn** *-e m, bot.* örnbräken **-horst** *-e m* örnbo
adlig adlig, adels-, av adel; *bildl.* förnäm; *ein A~er* en adelsman; *e-e A~e* en adelsdam
Administration *-en f* 1 administration, förvaltning 2 *DDR* pappersexercis, byråkrati **administrativ** 1 administrativ 2 *DDR* byråkratisk
Admiral *-e*[†] *m* amiral **-ität** *-en f* amiralitet **-stab** *-e† m* marinledning
Adonis *-se m* adonis
adoptieren adoptera **Adoption** *-en f* adoption **Adoptiveltern** *pl* adoptivföräldrar **Adoptivkind** *-er n* adoptivbarn
Adr. *förk. för Adresse* **A'drema** *-s f, förk. för Adressiermaschine* **Adressant** *-en -en m, åld.* avsändare **Adressat** *-en -en m, åld.* adressat **Adreßbuch** *-er†* *n* adresskalender **Adresse** *-n f* adress; *an die falsche ~ kommen* vända sig till fel person; *per ~* care of, c/o **adressieren** adressera **Adressiermaschine** *-n f* adresseringsmaskin
a'drett proper
Adria *0 f, die ~* Adriatiska havet
adrig, ädrig ådrig
ADV *förk. för Automatische Datenverarbeitung* ADB, automatisk databehandling
Advent [-tv-] *-e m* advent **Adventist** *-en -en m* adventist **Adventskalender** - *m* adventskalender **Adventssonntag** *-e m, der erste ~* första [söndagen i] advent
Adverb [-tv-] *-ien n, språkv.* adverb **adverbial** *språkv.* adverbi|al, -ell; *~e Bestimmung (äv.)*

adverbial **Adverbialbestimmung** *-en f, språkv.* adverbial **Adverbialsatz** *-e† m, språkv.* adverbialsats
Advokat [-tv-] *-en -en m, åld. el. dial.* advokat; *bildl. äv.* förespråkare, försvarare
Aerody'namik [ae-] *0 f* aerodynamik **aerodynamisch** aerodynamisk **Aerogramm** *-e n* aerogram **Aero'nautik** *0 f* aeronautik
a.f. *förk. för anni futuri* följande år
Affäre *-n f* affär, angelägenhet, sak; *sich aus der ~ ziehen* dra sig ur spelet
Affe *-n -n m* 1 apa; *bildl.* narr, tok; *e-n ~n an e-m gefressen haben* vara tokig i ngn; *ich denke, mich laust der ~!* *(vard.)* det var som fan!, helt otroligt! 2 *vard.* rus; *e-n [kleinen] ~n haben* vara på sniskan; *sich (dat.) e-n ~n kaufen* ta sig ett rus 3 *mil. vard.* mara, ränsel
Affekt *-e m* affekt; *im ~ (jur.)* i hastigt mod **affektiert** tillgjord, chosig, affekterad **Affektiertheit** *-en f* tillgjordhet, chosighet **Affektion** *-en f* affektion; tillgivenhet; förkärlek **äffen** 1 *se narren* 2 härma, apa efter **affenartig** aplik
Affen|'hitze *0 f, vard.* enorm hetta **-liebe** *0 f* blind [föräldra]kärlek **-'schande** *0 f, vard.* ren skandal **-'schwein** *0 n, vard.* jättestor tur **-theater** *0 n, bildl. vard.* cirkus **-'zahn** *0 m, vard.* vansinnig fart
Afferei *-en f, vard.* idioti, fåneri, larv **affig** apaktig; tillgjord, kokett, mallig **Affigkeit** *-en f* fjantighet, viktighet, mallighet **Äffin** *-nen f* aphona
Affinität *-en f* affinitet, frändskap, släktskap **affirmativ** affirmativ, jakande
äffisch apaktig; *~es Benehmen* apfasoner
Affix *-e n, språkv.* affix
Affront [a'frõ:, a'frɔnt] *-s m* skymf
Afghane *-n -n m* 1 afgan 2 afgansk vinthund **afghanisch** afgansk **Af'ghanistan** *0 n* Afganistan
Afrikaans *0 n* afrikaans **Afrikaner** - *m* afrikan **afrikanisch** afrikansk
afro-asiatisch afroasiatisk
After *-n, anat.* anus, ändtarmsöppning **Afterflosse** *-n f, zool.* analfena **Aftermieter** - *m, åld., se Untermieter* **afterreden** *åld.* förtala **Afterwissenschaft** *-en f, åld.* pseudovetenskap
a.G. *förk. för a) als Gast, b) auf Gegenseitigkeit* **AG** *förk. för Aktiengesellschaft* AB, aktiebolag
Ägäis *0 f, die ~* Egeiska havet **ägäisch** egeisk
Agave [-v-] *-n f* agav
Agend|a *-en f* anteckningsbok; dagordning **Agende** *-n f* kyrkohandbok; *kat.* ritual **'Agen|s** 1 *A'genzien n* drivande kraft 2 *0 m, språkv.* handlande person, agens **Agent** *-en* *-en m* agent *(äv. polit.)* **Agentur** *-en f* agentur
Aggregat *-e n* aggregat **-zustand** *-e† m* aggregationstillstånd
Aggression *-en f* aggression, angrepp **aggressiv** aggressiv **Aggressivität** [-v-] *0 f* aggressivitet **Aggressor** *-en m* angripare
Ägide *0 f* egid, skydd
agieren agera; uppträda; *mit den Händen ~* gestikulera med händerna; *die A~den* de medverkande
agil [a'gi:l] pigg, rask *(i vändningarna)*, alert
Agitation *-en f* agitation **Agitator** *-en m* agitator **agitieren** agitera
Agonie *-n f* agoni, dödskamp

Agraffe -n f agraff
Agrar|ier - m agrar, godsägare **-politik** 0 f jordbrukspolitik **-produkt** -e n jordbruksprodukt **-reform** -en f agrar-, jord|reform **-staat** -en m jordbruksstat
Agronom -en -en m agronom
Ägypten 0 n Egypten **Ägypter** - m egyptier **ägyptisch** egyptisk
ah interj. å! **Ah** -s n, ein ~ des Staunens ett sus av förvåning **äh** interj äsch! **aha** interj aha!, jaså! **Aha-Erlebnis** -se n aha-upplevelse **ahd.** förk. för althochdeutsch fornhögtysk
Ahle -n f syl; boktr. ål
Ahn -[e]s el. -en -en m för-, stam|fader; sty., österr. far-, mor|far; ~en anor
ahnden [be]straffa, hämnas **Ahndung** -en f bestraffning
Ahne 1 -n -n m, se Ahn **2** -n f anfru, stammoder; sty., österr. far-, mor|mor
ähnel|n likna; er -t seinem Vater han liknar sin far
ahn|en ana, misstänka, känna på sig; ich -e, es -t mir, mir -t jag anar; mir -t nichts Gutes jag anar oråd; du -st nicht, wie ... du kan inte ana (föreställa dig) hur ...
Ahnen|forschung 0 f släktforskning **-kult** -e m ankult, dyrkan av. förfäderna **-reihe** -n f släktregister **-tafel** -n f ättartavla
Ahn|frau -en f anfru, stammoder **-herr** -[e]n -en m anherre, stamfader
ähnlich 1 lik[nande]; dylik; er sieht seinem Vater ~ han liknar sin far; das sieht seinem Vater ~ det är just likt hans far; so was Ä-es (ung.) ngt i den stilen; und ~es och dylikt **2** mat. likformig **Ähnlichkeit** -en f **1** likhet **2** mat. likformighet
Ahnung -en f aning; er hat keine blasse ~ han har inte den blekaste aning (minsta hum); bange ~en onda aningar, farhågor; hast du e-e ~ ...? (vard.) vet du ...?; keine ~! (vard.) ingen aning!, vet ej! **ahnungslos** aningslös, intet [ont] anande, ovetande **Ahnungslosigkeit** 0 f aningslöshet, ovetenhet **ahnungsvoll** fylld av föraningar
ahoi interj, sjö. ohoj!, åhoj!
'Ahorn -e m lönn **ahornen** av lönn, lönn-
Ähre -n f ax **ährenförmig** axformig **Ährenlese** 0 f axplockning
Air [ɛ:ɐ̯] 0 n utseende; utstrålning; sich (dat.) ein ~ geben spela förnäm
Akademie -n f akademi; ~ der Wissenschaften vetenskapsakademi **Akademiker** - m akademiker **Akademikerschwemme** -n f akademiköverskott **akademisch** akademisk
Akanthus - m **1** bot. akantus **2** konst. akantusslinga **Akazie** -n f akacia; das (es) ist, um auf die ~n zu klettern det är så man kan bli tokig (förtvivlad) **Akelei** [-'lai el. 'a:kǝ-] -en f akleja
Akklamation -en f acklamation **Akklimatisation** -en f acklimatisering **akklimatisieren** rfl acklimatisera sig **akkommodieren** ackomodera, anpassa **akkompagnieren** mus. ackompanjera
Akkord -e m, ekon., mus. ackord; auf (im, in) ~ arbeiten arbeta på ackord **-arbeit** -en f ackordsarbete
Akkordeon -s n drag|spel, -harmonika
Akkordlohn -e† m ackordslön
akkreditieren dipl. ackreditera **Akkreditiv** -e n kreditiv[brev]
Akku -s m, vard., **Akkumulator** -en m ackumulator

akkurat ackurat, precis, noggrann; just **Akkuratesse** 0 f ackuratess, exakthet, noggrannhet
Akkusativ -e m, språkv. ackusativ **-objekt** -e n, språkv. ackusativobjekt
Akne -n f, med. akne
Akontozahlung -en f betalning a conto
Akquisiteur [akvizi'tø:ɐ̯] -e m ackvisitör
Akribie 0 f akribi, exakthet
Akrobat -en -en m akrobat **Akro'batik** 0 f akrobatik **akrobatisch** akrobatisk
äks interj, vard. fy!, usch!
Akt 1 -e m akt (äv. teat.), gärning, handling; könsakt; konst. akt, naketstudie **2** -en m, sty., österr., se **Akte** -n f akt[stycke], dokument, handling; zu den ~n legen lägga till handlingarna **Aktendeckel** - m mapp, pärm **Aktenkoffer**-m attachévaska **Akten|mappe** -n f, **-tasche** -n f portfölj **Aktenzeichen** - n diarienummer; signum
Akteur [ak'tø:ɐ̯] -e m agerande, uppträdande; teat. skådespelare; sport. spelare, tävlande
Aktie -n f aktie[brev]; wie stehen die ~n? hur har du (etc.) det nuförtiden?; die ~n stehen (nicht) gut det är goda (dåliga) framtidsutsikter
Aktiengesellschaft -en f aktiebolag **Aktieninhaber** - m aktieägare **Aktienkapital** -ien n aktiekapital
Aktion -en f aktion, åtgärd, kampanj
Aktionär -e m aktieägare
Aktions|art -en f, språkv. aktionsart **-bereich** -e m aktions|radie, -område **-einheit** 0 f aktionsenhet **-gruppe** -n f aktionsgrupp **-radi|us** -en m aktionsradie
aktiv [-'ti:f äv. '--] aktiv (äv. språkv.), verksam; ~es Wahlrecht rösträtt
1 Aktiv ['ak-] 0 n, språkv. aktiv form
2 Aktiv [-'ti:f] -e el. -s n aktivistgrupp
Aktiva [-v-] pl aktiva tillgångar **Aktive(r)** m f, adj böjn. **1** sport. [tävlings]deltagare **2** e-e Aktive rauchen a) vard. röka en hemrullad cigarrett, b) sl. röka en joint **aktivieren** aktivera, intensifiera **aktivisch** språkv. aktiv **Aktivist** -en -en m **1** aktiv (målmedveten) person **2** aktivist (äv. polit.) **Aktivität** -en f aktivitet **Aktivkohle** -n f aktivt kol **Aktivposten** - m tillgång[spost]; bildl. merit, plus **Aktivsald|o** -en el. -os el. -i m kreditsaldo **Akt'iv|um** -a n, **1** se **1** Aktiv **2** se Aktiva
Aktrice [-sǝ] -n f, åld. skådespelerska, aktris
Aktstudie -n f akt, naketstudie
aktualisieren aktualisera, göra aktuell **Aktualität** -en f aktualitet **aktuell** aktuell
Aktzeichnen 0 n teckning efter nakenmodell
akupunktieren behandla med akupunktur
Akupunktur 0 f akupunktur
Aküsprache -n f, förk. för Abkürzungssprache
A'kustik 0 f akustik **akustisch** akustisk
akut akut **Akut** -e m akut [accent]
Akzent -e m accent; mit ausländischem ~ sprechen bryta på ett främmande språk; e-n besonderen ~ auf etw. (ack.) legen särskilt betona (framhäva) ngt **akzentfrei** utan brytning **akzentuieren** accentuera, betona
Akzept -e n accept **akzeptabel** acceptabel **akzeptieren** acceptera, godta
Akzidenzdruckerei -en f accidenstryckeri
Akzise -n f, hist. accis; tull
Alabaster -n m alabaster **alabastern** av alabaster, alabaster-
Alarm -e m alarm, larm; blinder ~ falskt alarm **Alarmanlage** -n f alarm|anläggning, -apparat; [tjuv]larm **alarmbereit** i [a]larmbered-

skap **Alarmbereitschaft** *0 f* [a]larmberedskap **alarmieren** alarmera, larma; ~*de Nachrichten* alarmerande (skrämmande, oroande) nyheter **Alarmstufe** -*n f* beredskap[sgrad] **Alarmzeichen** - *n* larmsignal
A'laun -*e m* alun -**schiefer** - *m* alunskiffer -**stein** -*e m* alunsten
1 Alb -*en m, myt.* alf
2 Alb *0 f, die Schwäbische* ~ Schwabiska Jura **Albaner** - *m* alban **Albanien** *0 n* Albanien **albanisch** albansk
Albatros -*se m* albatross
Albe -*n f, kat.* alba, mässkjorta
Alberei -*en f* larv, fåneri **albern I** *adj* enfaldig, larvig, fånig, flamsig; ~*es Zeug* nonsens, strunt **II** *v* fåna sig, flamsa **Albernheit** -*en f* enfald, fånighet *etc., jfr albern* **I**
Albino -*s m* albino
Alb|um -*en n* album
Alchimie *0 f* alkemi **Alchimist** -*en* -*en m* alkemist
Alemanne -*n* -*n m* alemann **alemannisch** alemannisk
alert vaken, pigg, alert
Alexandriner - *m* alexandrin; *in* ~*n* på alexandriner
Alge -*n f* alg
Algebra [-g-] *0 f* algebra **algebraisch** algebraisk
Algerien [al'geːri̯ən] *0 n* Algeriet **Algerier** - *m* algerier **algerisch** algerisk **Algier** ['alʒiːɐ̯] *0 n* Alger
alias alias **Alibi** -*s n* alibi; *sein* ~ *nachweisen* bevisa sitt alibi **Alienation** -*en f* alienation, främlingskap **Alimentation** -*en f* understöd **Alimente** *pl* underhållsbidrag
Alk -*en m* alka, tordmule
Alkali -*en n* alkali **alkalisch** alkalisk **Alkaloid** -*e n* alkaloid
'Alkohol [*äv.* --'-] -*e m* alkohol; sprit; *e-n unter* ~ *setzen* (*vard.*) supa ngn full; *unter* ~ *stehen* vara berusad **alkoholarm** alkoholsvag **Alkoholfahne** *0 f, vard.*, *e-e* ~ *haben* lukta sprit **alkoholfest** som tål mycket [sprit] **alkoholfrei** alkoholfri **Alkoholgehalt** -*e m* alkoholhalt **Alkoholgenuß** *0 m* spritförtäring **Alkoholiker** - *m* alkoholist **alkoholisch** alkoholhaltig, sprit- **alkoholisieren 1** tillsätta alkohol (sprit) till **2** *e-n* ~ (*skämts.*) supa ngn full **alkoholisiert** [alkohol]påverkad, berusad **Alkoholismus** *0 m* alkoholism **Alkoholkonsum** *0 m* alkoholkonsumtion **Alkoholnachweis** -*e m* alkohol|prov, -test **Alkohol|-pegel** - *m vard.*, -**spiegel** - *m* blodalkoholhalt **Alkoholverbot** -*e n* spritförbud **Alkoholvergiftung** -*en f* alkoholförgiftning
Alkoven [-v-] - *m* [sov]alkov
all (-*er*, -*e*, -*es*) all[a]; ~*en Ernstes* på fullt allvar; ~ *sein Geld* alla hans (*etc.*) pengar; ~*es Gute* allt gott, lycka till; har den äran; ~*e Jahre* (*äv.*) varje år; ~*e Jahre wieder* år efter år; ~*es Menschliche* allt mänskligt; ~*e zwei Tage* varannan dag; ~*e drei Tage* var tredje dag; ~*e Welt* hela världen, varenda en; ~*e Wetter!* det var som tusan!; *sie* ~*e sind keine Schweden* ingen av dem är svensk; ~*es andere als* allt annat än; *das* ~*es allt detta*; *ist das* ~*es?* var det allt?, var det ingenting mer?; *das ist* ~*es nicht wahr* ingenting av det där är sant; *das ist* ~*es schön und gut, aber* det är nog gott och väl, men; ~*e beide* båda två; *wer kommt denn* ~*es?* vilka är det som

kommer?; ~*es aussteigen!* avstigning för samtliga trafikanter!; *auf* ~*e Fälle* under alla omständigheter, i varje fall; *ein für* ~*e Mal* en gång för alla; ~*es in* ~*em* allt som allt; *in* ~*er Frühe* mycket tidigt, i ottan; *ohne* ~*en Grund* helt grundlöst, utan varje orsak; *um* ~*es in der Welt* för allt i världen; *vor* ~*em* framför allt; *zu* ~*em Unglück* till råga på olyckan **All** *0 n* [världs]allt, universum **all'abendlich** varje kväll [inträffande, återkommande] **allbekannt** allbekant, allmänt känd, ryktbar **allbeliebt** allmänt omtyckt, populär **all'da** *åld.* där[städes] **'alldieweil** [*äv.* --'-] *åld. el. skämts.* alldenstund **alle** *adv, vard.* slut; *mein Geld ist* ~ mina pengar är slut; *ich bin ganz* ~ jag är alldeles slut; *etw.* ~ *machen* göra slut på ngt; *per* ~ *macht's* ~ han dör **'alledem** *trots* (*bei*) ~ trots allt detta
Allee -*n f* allé
Allegorie -*n f* allegori **allegorisch** allegorisk **Allegr|o** -*os el.* -*i n, mus.* allegro
al'lein I *adj, adv* ensam, allena; endast, bara, blott; ~ *stehen* vara ensamstående; ~ *der Gedanke* blotta tanken; *einzig und* ~ endast och allenast, uteslutande; *von* ~ *trocknen* torka av sig själv; *laß mich* ~ lämna mig i fred **II** *konj.* men, dock, däremot; *ich wollte es tun,* ~ *ich konnte nicht* jag ville göra det men kunde inte **Alleinbesitz** *0 m, es ist mein* ~ jag är ensam ägare till det; *die Häuser sind* ~ varje hus ägs av en person **Alleinflug** -*e*† *m* solo-, ensam|flygning **Alleingang** *0 m, im* ~ ensam, alldeles solo, på egen hand **Alleinhandel** *0 m* ensamförsäljning, monopol **Alleinherrscher** - *m* envåldshärskare **alleinig** ensam, enda **Alleinkind** -*er n,* [*ein*] ~ sein vara enda barnet **Alleinmädchen** - *n* ensamjungfru **Alleinsein** *0 n* ensamhet **al'lein'seligmachend** allena saliggörande **alleinstehend** ensam, ensamstående; fristående **Alleinvertretung** -*en f* generalagentur **Alleinvertrieb** -*e m* ensam|distribution, -försäljning
'alle'mal alltid, ständigt *vard.* alla gånger; *ein für* ~ en gång för alla; **'allen'falls** på sin höjd, i värsta fall; möjligen, kanske, eventuellt **'allent'halben** allestädes, överallt **'aller'art** *oböjl. adj* alla slags (sorters) **'aller'äußerst** allra ytterst (störst, värst) **'aller'barmer** *0 m, der* ~ Gud **'aller'best** allra bäst **'aller'dings** visserligen, förvisso; men, dock; jo då, ja visst, givetvis **'aller'erst** allra första (bästa) **Allergie** -*n f* allergi **Allergiker** - *m* allergiker, person som har allergi **allergisch** allergisk **'aller'hand** alla slags, allehanda; *das ist* [*ja, doch*] ~! det skäms inte för sig!, det var inte så litet!, det var höjden! **'Aller'heiligen** *0 n* allhelgonadag (*1 nov.*) **'Aller'heiligste(s)** *n, adj böjn., das Allerheiligste* det allraheligaste **'aller'höchst** allra högst **'aller'höchstens** på sin höjd; allra högst **'aller'lei** *oböjl. adj* allehanda, diverse, all[a] möjlig[a]; ~ *Mühe* åtskillig möda **'Aller'lei** *0 n* smått och gott, litet av varje; blandning, röra **'aller'letzt** allra sist (senast) **'aller'liebst** [alldeles] förtjusande; *am* ~ *en* allra helst; *mein A~er* min allra käraste **'aller'meist** allra mest, nog och övernog; *die A~en* det stora flertalet **'aller'mindest** allra minst; *das ist das* ~*e, was man verlangen kann* det är det [allra] minsta man kan begära **'aller|'nötigst, -not'wendigst** allra nödvändigast **'aller|'orten, -'orts** *åld.* överallt, allestädes

'Aller'seelen 0 n, kat. alla själars dag (2 nov.) 'aller'seits 1 vard. allesammans 2 se allseits 'aller'wärts överallt 'aller'wegen åld. överallt och alltid 'Aller'weltsge'sicht -er n alldagligt ansikte 'Aller'welts'kerl -e m, ein ~ en tusan till karl 'Aller'welts'wort -er† n allmänt gängse ord; intetsägande ord 'aller'wenigst allra minst; die A~en ett litet fåtal, ytterst få 'Aller'werteste(r) m, adj böjn., skämts. bak[del], ända, stjärt 'alle'samt vard. allesammans Allesfresser - m, zool. allätare 'alle'wege åld. överallt och alltid 'alle'weil[e] åld. alltid, jämt 'alle'zeit åld. alltid allfällig schweiz., österr. eventuell 'All'gegenwart 0 f allestädesnärvaro 'all'gegenwärtig allestädes närvarande 'allge'mach åld. så småningom 'allge'mein allmän, generell; im ~en i allmänhet, på det hela taget Allgemeinbefinden 0 n allmän|tillstånd, -befinnande Allgemeinbildung 0 f allmänbildning allgemeingültig allmängiltig Allgemeingültigkeit 0 f allmängiltighet Allgemeinheit 1 0 f allmänhet 2 -en f, se Allgemeinplatz Allgemeinplatz -e† m banalitet, plattityd, klyscha allgemeinverständlich allmänfattlig Allgemeinwohl 0 n, das ~ det allmänna bästa Allgewalt 0 f allmakt allgewaltig all[ena]rådande, allsvåldig 'all'gütig allgod All'heilmittel - n universalmedel Allheit 0 f helhet, totalitet all'hier åld. här
Allianz -en f allians
Alligator -en m alligator
alliieren rfl alliera sig Alliierte(r) m, adj böjn. allierad
Alliteration -en f allitteration
'all'jährlich I adj årlig, årligen återkommande (inträffande) II adv årligen Allmacht 0 f allmakt, allsmäktighet all'mächtig allsmäktig; der A~e den allsmäktige; A~er! milda makter!, du'store tid! all'mählich gradvis, tilltagande, fortskridande; adv äv. efter hand, så småningom 'all'monatlich månatlig[en], varje månad återkommande (inträffande) Allmutter,0 f allmoder 'all'nächtlich [som upprepas] varje natt, varje natt återkommande (inträffande) Al'lotria pl rackartyg, gyckel, dumheter; ~ treiben skoja, ha fuffens för sig
Allradantrieb 0 m fyrhjulsdrift allseitig allsidig allseits överallt; från (på, åt) alla håll (sidor) Allstrom 0 m allström 'all'stündlich varje (varenda) timme [inträffande, återkommande] Alltag -e m vardag 'all'täglich var-, all|daglig; dagligen återkommande] All'täglichkeit -en f all-, var|daglighet alltags om vardagarna Alltagsbeschäftigung -en f vardags|bestyr, -sysselsättning Alltagsleben 0 n vardagsliv Alltagsmensch -en -en m genomsnitts-, dussin|människa 'allüber'all allestädes 'allum'fassend allomfattande
Al'lüren pl fasoner, later, sätt
Alluvium [-v-] 0 n, geol. alluvialperiod
Allvater 0 m allfader 'allver'ehrt allmänt aktad allweil österr., dial. alltid 'all'wissend allvetande allwo åld. där 'all'wöchentlich varje vecka [återkommande, inträffande] 'all'zeit åld. alltid allzu alltför 'allzu'gern blott alltför gärna 'allzu'mal åld. allihop 'allzu'viel alltför mycket
Alm -en f fjällbete; säter, fäbod; alpäng
Almanach -e m [skönlitterär] årsskrift

Alm|hütte -n f fäbod, säter -[en]rausch 0 m alpros
Almosen - n allmosa
1 Alp -e m mara; der ~ drückt ihn maran rider honom
2 Alp -en f, se Alm
Alp|druck 0 m, -drücken 0 n mara, marritt Alpe -n f, se Alm
Alpen pl, die ~ Alperna -dollar -s m, österr. skämts. schilling -flora 0 f alp-, fjäll|flora -glühen 0 n alpglöd, solnedgångsglöd i bergen -jäger - m, mil., die ~ bergstrupperna, alpjägarna -republik 0 f, vard. skämts., die ~ Österrike, Schweiz -straße -n f alpväg -veilchen - n [vild]cyklamen, alpviol
Alpha'bet -e n alfabet alphabetisch alfabetisk
Alphastrahlen pl, fys. alfastrålar
Alphorn -er† n alphorn (blåsinstrument) alpin alpin, fjäll- Alpini pl italienska bergstrupper Alpinismus 0 m alpinism Alpinist -en -en m alpinist Älpler - m invånare i Alperna
Alptraum -e† m mardröm
Al'raun -e m, Al'raune -n f alruna
1 als konj 1 när, då; kaum ... ~ knappt ... förrän; gerade ~ just som (när); das erste Mal, ~ ich ihn traf första gången jag mötte honom 2 än; er ist älter ~ ich han är äldre än jag; alles andere ~ schön allt annat än vacker; kein anderer ~ er ingen annan än (utom) han; das Wasser ist zu kalt, ~ daß man baden könnte vattnet är för kallt för att man skall kunna bada 3 som; såsom, i egenskap av, såsom varande; so bald ~ möglich så snart som möjligt; doppelt so groß ~ dubbelt så stor som; um so mehr, ~ så mycket mer som; er fühlte sich so ~ wie zu Hause (vard.) han kände sig som hemma; er arbeitet ~ Taxifahrer han arbetar som taxichaufför; die Geschichte erwies sich ~ wahr historien visade sig vara sann; ~ Mädchen war sie schlanker som (när hon var) flicka var hon smalare 4 som [om]; er benahm sich, ~ wäre (sei) er reich (~ ob er reich wäre el. sei) han uppträdde som om han vore (var, hade varit) rik 5 sowohl ... ~ [auch] både ... och, såväl ...
som
2 als adv, dial. [allt]jämt; ibland, emellanåt als|'bald strax, genast -'baldig omedelbar -'dann därefter, sedan
also så; alltså; således; na, ~! där ser du (ni)!, så där ja! also|'bald, -'gleich åld., se alsbald alt adj † gammal; ~e Sprachen (äv.) klassiska språk; A~er Herr (univ.) gammal kårstudent, sport.oldboy; mein~er Herr (vard.) farsgubben; 5 Jahre ~ werden fylla 5 år; er ist noch immer der ~e han är sig fortfarande lik; er ist wieder ganz der ~e han är åter sitt forna jag; es bleibt alles beim ~en det blir som förut (vid det gamla); ~er Freund! gamle gosse!; die A~en gamlingarna; se Alte(r)
Alt -e m, mus. alt
Altan -e m altan
Al'tar [äv. '--] -e† m altare -aufsatz -e† m altaruppsats -decke -n f altarduk -gemälde - n altartavla
altbacken 1 (om bröd) gammal, ej färsk 2 gammaldags Altbauwohnung -en f våning i äldre hus 'altbe'kannt sedan länge (gammalt) känd 'altbe'währt [gammal o.] beprövad Altbundespräsident -en -en m tidigare (f.d.) förbundspresident Altbürger - m gammal medborgare, gamling, pensionär altdeutsch

altehrwürdig—Ammenmärchen 28

forntysk (*i sht från el. imitation av 1400—1500-talen*); ~e **Bierstube** ölstuga i gammaltysk stil **'alt'ehrwürdig** gammal och ärevördig **'alt'eingesessen** sedan gammalt bosatt; gammal i gården **Alteisen** *0 n* järnskrot **älteln** *s, åld.*, se *altern* **Altenheim** *-e n* ålderdomshem **Altenhilfe** *0 f* socialhjälp [till pensionärer] **Altennachmittag** *-e m, ung.* pensionärsträff [på eftermiddagen] **Altenteil** *-e n* undantag (*åt gamla*) **Altenwohnheim** *-e n, ung.* pensionärs|hotell, -hem **Alte(r)** *m f, adj böjn.* gubbe; gumma; *der Alte* (*vard. äv.*) chefen, farsgubben; *mein Alter* (*äv.*) min man; *die Alten* (*äv.*) antikens folk
Alter - *n* [levnads]ålder; tidsålder, epok; *äv.* gamla människor; *im ~ von* vid en ålder av; *im ~ på* ålderdomen **altern** *s* bli gammal, åldras
alternativ alternativ **Alternative** [-və] *-n f* alternativ **alternieren** alternera; *~der Strom* växelström
'alter'probt [gammal och] beprövad **alters seit ~, von ~** *her* sedan (av) gammalt **Altersbeschwerde** *-n f* ålderdomskrämpa **Alterserscheinung** *-en f* åldersteken **Altersfürsorge** *0 f* åldringsvård, äldreomsorg **Altersgenosse** *-n -n m* jämnårig [person] **altersgrau** gammal o. grå, grå av ålder **Altersgrenze** *-n f* **1** åldersgräns **2** pensionsålder **Altersgruppe** *-n f* åldersgrupp **Altersheim** *-e n* ålderdomshem **Altersklasse** *-n f* åldersklass, årgång **Alters|rente** *-n f,* **-ruhegeld** *-er n* [ålders]pension **altersschwach** ålderdomssvag, orkeslös; utjänt **Altersschwäche** *0 f* orkeslöshet **Alterssichtigkeit** *0 f* långsynthet [på grund av ålder] **Altersstufe** *-n f, se Altersklasse* **Altersversicherung** *-en f* pensionsförsäkring **Alterszulage** *-n f* ålderstillägg
Altertum *0 n* forntid; *das ~* (*äv.*) antiken **Altertümelei** *-en f* svärmeri för (efterhärmande av) gamla förhållanden (stilar), arkaisering **altertümeln** arkaisera, efterbilda ålderdomlig stil, använda ålderdomliga uttryck **Altertümer** *pl* forn|fynd, -lämningar; antikviteter **altertümlich** ålderdomlig, gammaldags, arkaisk, arkaistisk **Altertumsforscher** - *m* fornforskare, arkeolog **Altertumsforschung** *0 f* fornforskning, arkeologi
Ältestenrat *0 m* **1** *BRD, ung.* talmanskonferens **2** (*hos naturfolk*) *der ~* de äldstes råd **Älteste(r)** *m f, adj böjn., die Ältesten* de (församlingens) äldste **Ältestenrecht** *0 n* förstfödslorätt, seniorat **'altge'dient** grånad i tjänsten; ~*er Soldat* veteran
Altgeige *-n f* altfiol
Altgeselle *-n -n m, der ~* äldste gesällen **'altge'wohnt** [gammal o.] invand **altgriechisch** gammal-, forn|grekisk; *das A~e* den klassiska grekiskan **Althändler** - *m* handlare som säljer begagnade föremål, lumphandlare **'alt'her|gebracht, -kömmlich** hävdvunnen, nedärvd, traditionell **Alt'herrenmannschaft** *-en f* oldboy[s]lag **Alt'herrenschaft** *0 f, univ.* äldre (*redan utexaminerade*) medlemmar av studentförening **althochdeutsch** fornhögtysk
Altist *-en -en m* altist, altsångare **Altistin** *-nen f* altsångerska
'alt'jüngferlich tantaktig, pryd **altklug** lillgammal, snusförnuftig **Altkunst** *0 f* antikviteter, gammal konst **ältlich** äldre, halv-
gammal **Altmeister** - *m* nestor; *sport. f.d.* mästare **Altmetall** *-e n* metallskrot **altmodisch** gammal|modig, -dags **altnordisch** fornnordisk **Altöl** *0 n* spillolja **Altpapier** *0 n* makulatur, avfalls-, retur|papper **Altphilologe** *-n -n m* klassisk filolog
Altruismus *0 m* altruism **Altruist** *-en -en m* altruist
Altschlüssel *0 m, mus.* altklav
Altsprachler - *m, se Altphilologe* **altsprachlich** hörande till de klassiska språken, klassisk; ~*er Zweig* (*ung.*) helklassisk linje **Altstadt** *0 f, die ~* gamla stan, äldsta stadsdelen **Altstimme** *-n f* altröst
Altstoff *-e m* skrot, lump **Altstoffsammlung** *-en f* skrot-, lump|insamling **alttestamentlich** gammaltestamentlig **Alttier** *-e n* [hjort]ko, hind **'altüber'liefert** hävdvunnen, traditionell **Altvater** *-†* *m* stamfar, patriark **altväter|isch, -lich** **1** gammalmodig, föråldrad **2** ärevördig, patriarkalisk **'altver'traut** [gammal o.] välkänd **Altvordern** *pl, åld.* förfäder, anor **Altwaren** *pl* begagnade varor **Altwarenhändler** - *m* innehavare av affär för begagnade varor **Alt'weiberfastnacht** *0 f, dial.* torsdagen före askonsdag **Alt'weiber|geschwätz** *0 n,* **-gewäsch** *0 n* käringprat **Alt'weibersommer** *0 m* **1** britt-, indian|sommar **2** sommartrådar (*spindelvävsstrådar*)
Alu *0 n, vard.,* **Aluminium** *0 n* aluminium **Aluminiumfolie** *-n f* aluminiumfolie
Alum'nat *-e n* internatskola **A'lumne** *-n -n m,* **A'lumn|us** *-en m* [internatskole]elev
am = *an dem*; ~ *15. Januar* den 15 januari; *hier ist der Fluß ~ tiefsten* här är floden [som] djupast; *er ist ~ Schreiben* (*vard.*) han håller [just] på att skriva
a.m. förk. för ante meridiem f.m., förmiddagen
a.M. förk. för am Main
Amalgam *-e n* amalgam; *bildl.* blandning **amalgamieren** amalgamera; *bildl.* smälta samman, förena
Amaryll|is *-en f* amaryllis
Amateur [ama'tø:ɐ̯] *-e m* amatör **amateurhaft** amatör-, dilettant|mässig
Amazone *-n f* amason
Ambiente [am'bjɛntə] *0 n* miljö, atmosfär, omgivning
Ambition *-en f* ambition **ambitiös** ambitiös **ambivalent** [-v-] ambivalent **Ambivalenz** *-en f* ambivalens
Ambo|ß *-sse m* städ (*äv. anat.*)
Ambrosia *0 f* ambrosia
ambulant ambulerande; ~*e Behandlung* behandling på poliklinik, öppen vård; ~*es Gewerbe* kringföringshandel **Ambulanz** *-en f* **1** ambulans **2** fältlasarett **3** poliklinik; sjukmottagning **Ambulatori|um** *-en n* poliklinik
Ameise ['am-] *-n f* myra **Ameisen|bär** *-en -en m,* **-fresser** - *m* myrslok **Ameisenhaufen** - *m* myrstack **Ameisensäure** *0 f* myrsyra
amen ['a:-] amen **Amen** - *n* amen; *sein ~ geben* samtycka, säga ja
Amerikaner - *m* amerikan[are] **amerikanisch** amerikansk **amerikanisieren** amerikanisera **Amerikanism|us** *-en m, språkv.* amerikanism **Amethyst** *-e m* ametist
Ami ['ami] **1** *-s m, vard.* amerikan, jänkare; amerikansk [ockupations]soldat **2** *-s f, vard.* amerikansk cigarett
Amme *-n f* amma **Ammenmärchen** - *m* amsaga

Ammer -n f sparv
Ammo'niak [el. '---] 0 m ammoniak **Ammonium** 0 n ammonium
Amnestie -n f amnesti **amnestieren** bevilja (ge) amnesti
Amöbe -n f amöba
'Amok [äv. -'-] 0 m amok; ~ *laufen* löpa amok
a-Moll 0 n a-moll
amoralisch amoralisk, omoralisk
Amorette -n f, konst. amorin
amorph amorf
Amortisation -en f amortering **amortisieren** amortera
amourös [-u-] amorös, kärleks-
Ampel -n f 1 ampel 2 trafikljus
Ampere [am'pɛ:ɐ̯] - n ampere **Ampere'meter** - n amperemeter
Ampfer 0 m, bot. syra, skräppa
Amphetamin -e n amfetamin
Amphibie -n f amfibie **Amphibienfahrzeug** -e n amfibiefordon **Amphibienflugzeug** -e n amfibieplan **amphibisch** amfibisk
Am'phitheater - n amfiteater **amphitheatralisch** amfiteatralisk
Amplitude -n f, fys. amplitud
Ampulle -n f ampull
Amputation -en f amputation **amputieren** amputera
Amsel -n f koltrast
Amt -er† n 1 ämbete, befattning, tjänst; kat. mässa; seines ~es walten sköta sitt ämbete; es war nicht seines ~es det var inte hans sak, det hade han inget att göra med; von ~s wegen å ämbetets (tjänstens) vägnar, ex officio; kraft seines ~es i kraft av sitt (hans) ämbete **2** ämbets|verk, -lokal, byrå; ~, bitte! kan jag få linjen!; [hier] ~! växeln! (svar på signal); das Auswärtige ~ utrikes|ministeriet, -departementet **amten, amtieren** tjänstgöra, fungera, officiera **amtlich** ämbets-, tjänste-; officiell; bildl. högtidlig, allvarlig, viktig; die Sache ist ~ (vard.) det är alldeles säkert, det kan du (etc.) lita på
Amts|anmaßung -en f, jur. obehörig tjänsteutövning **-antritt** -e m ämbets-, tjänste|tillträde **-anwalt** -e† m [allmän] åklagare; stads-, lands|fiskal **-arzt** -e† m tjänsteläkare **-befugnis** -se f kompetens, behörighet **-bezeichnung** -en f tjänstetitel **-bezirk** -e m förvaltnings-, ämbets|område **-blatt** -er† n tidning för officiella meddelanden **-bruder** -† m ämbetsbroder, kollega **-delikt** -e n ämbetsbrott, tjänstefel **-deutsch** 0 n, neds. kanslityska **-diener** - m vaktmästare (vid ämbetsverk etc.) **-eid** -e m ämbetsed **-enthebung** -en f suspension **-führung** 0 f ämbets-, tjänste|utövning **-geheimnis** -se n tjänstehemlighet **-gericht** -e n, ung. tingsrätt **-gewalt** 0 f ämbets-, tjänste|befogenhet **amtshalber** å ämbetets vägnar **Amtshandlung** -en f tjänsteförrättning, ämbetsåtgärd; kyrklig tjänsteförrättning **Amtshilfe** -n f, jur. handräckning **Amtsleitung** -en f, tel. linje **Amtsmiene** 0 f, er setzt die ~ auf han tar på sig en högtidlig min **amtsmüde** ~ sein inte vilja stå kvar i tjänsten (sitt ämbete)
Amts|person -en f ämbets-, tjänste|man **-pflicht** -en f tjänsteplikt; Verletzung der ~ tjänstefel **-schimmel** 0 m byråkrati[sm]; den ~ reiten vara byråkratisk, hålla på nådiga tågordningen **-schreiber** - m skrivare, kopist **-sprache** -n f officiellt språk; ämbetsspråk;

kanslispråk **-verweser** - m vikarie, ställföreträdare **-weg** 0 m officiell väg, tjänsteväg **-wohnung** -en f tjänstebostad **-zimmer** - n tjänste-, ämbets|rum
Amulett -e n amulett
amüsant roande, underhållande, rolig **Amüsement** [amyzə'mã:] -s n förströelse **amüsieren 1** roa, underhålla **2** rfl roa sig, ha roligt
'amusisch [äv. -'---] utan sinne för konst
an I prep m. dat. vid befintl., m. ack. vid riktn. (am = an dem, ans = an das) **1** på; arm ~ etw. (dat.) fattig på ngt; Reichtum ~ etw. (dat.) rikedom på ngt; am laufenden Band på löpande band; ~ Freitagen på fredagarna; es hängt ~ der Wand den hänger på väggen; etw. ~ die Wand hängen hänga [upp] ngt på väggen; ~ die Tür klopfen knacka på dörren; er geht ~ Krücken han går på kryckor; am Boden liegen ligga på marken; ~ Ort und Stelle på ort och ställe; am rechten Platz på rätt plats; es ist ~ der Zeit det är på tiden **2** vid; hos; ~ der Ecke vid (i) hörnet; am Hafen (Markt) vid hamnen (torget); er ist Lehrer ~ dieser Schule han är lärare vid denna skola; Schulter ~ Schulter skuldra vid skuldra; sich ~ den Tisch setzen sätta sig vid bordet; es war viel ~ ihr auszusetzen det fanns mycket att kritisera hos henne **3** i; am Anfang (Ende) des Monats i början (slutet) av månaden; ~ und für sich i och för sig, egentligen; ~ allen Gliedern zittern darra i alla lemmar; jdn ~ der Hand halten hålla ngn i handen; e-e Feder am Hut en fjäder i hatten; e-e Fliege kroch ~ der Decke en fluga kröp i taket; sein Vater ist am Leben hans far är i livet; ~ die Reihe kommen komma i tur; etw. ~ der Sonne trocknen lassen låta ngt torka i solen, soltorka ngt; ~ seiner Stelle i hans ställe; ~ etw. (dat.) teilnehmen delta i ngt; wer ist am Telefon? vem är i telefon?; Wand ~ Wand wohnen bo vägg i vägg; ~ Wert verlieren förlora i värde **4** till; ~s Fenster treten gå fram till fönstret; Grüße ~ e-n hälsningar till ngn; ~ Leib und Seele krank sein vara sjuk till kropp och själ; drei ~ der Zahl tre till antalet **5** av; Erinnerung ~ etw. (ack.) minne av ngt; e-r Krankheit leiden lida av en sjukdom; ein Wunder ~ Schönheit ett under av skönhet **6** (annan prep) nun geht es ~ die Arbeit nu tar vi (etc.) itu med arbetet; ~ Bord ombord; es liegt mir sehr am Herzen det ligger mig varmt om hjärtat; ~ der Kirche vorüber gehen gå förbi kyrkan; sich ~ e-n Baum lehnen luta sig mot ett träd; ~ etw. (dat.) Interesse haben ha intresse för ngt; es ist nichts ~ ihm det är inget med honom; am Tage om dagen; das Fünfte Rad am Wagen femte hjulet under vagnen **7** (annan konstr.) ~ e-m schönen Abend en vacker kväll; der Tag, ~ dem ich ankam den dag då jag kom; es fehlt ihm ~ Geld det fattas honom pengar, han har inga pengar; er ist am Lesen (vard.) han håller [just] på att läsa; es liegt ~ ihm (äv.) det är hans fel; am 10. Mai den 10 maj; er ist ~ der Reihe det är hans tur; am schönsten vackrast; jetzt ist es ~ ihm einzugreifen nu är det hans sak att ingripa; am folgenden Tag följande dag **II** adv, ab und ~ då och då; von nun ~ hädanefter; von heute ~ från och med i dag; (i tidtabell) München ~ till München; das Radio war ~ (vard.) radion var på; ohne etw. ~ (vard.) utan en tråd på

kroppen; ~ *die 30 Kilometer lang* cirka 30 km lång
Anachronism|us [-k-] *-en m* anakronism **anachronistisch** anakronistisk
anähneln göra lik, assimilera
anal anal-
analog analog **Analogie** *-n f* analogi **A'nalog|on** *-a n* analogt fall, motsvarighet
Analpha'bet [*äv.* '----] *-en -en m* analfabet
Analyse *-n f* analys **analysieren** analysera **analytisch** analytisk
Anämie *-n f* anemi **anämisch** anemisk
Ananas ['an-] - *el.* *-se f* ananas **-erdbeere** *-n f* jordgubbe
Anapäst *-e m*, *versl.* anapest
Anarchie [-'çi:] *-n f* anarki **Anarchist** *-en -en m* anarkist **anarchistisch** anarkistisk
Anästhesie *-n f* anestesi **Anästhesist** *-en -en m* narkosläkare
anatmen *etw.* ~ andas på ngt
Anatomie 1 *0 f* anatomi **2** *-n f* anatomiskt institut, anatomikum **anatomisch** anatomisk
anbacken I *sv s, dial.* klibba vid, fastna **II** *st* grädda litet grand (en liten stund) **anbahnen 1** förbereda, bana (bereda) väg för, inleda **2** *rfl* [börja] förberedas (utvecklas) **anbändeln** *mit e-m* ~ *a*) [börja] flörta med ngn, *b*) mucka gräl med ngn **Anbau** *-ten m* **1** odling, kultur **2** ut-, till|byggnad, annex **anbauen 1** odla **2** bygga till (ut) **3** *rfl* bosätta sig **anbaufähig** odlingsbar **Anbaufläche** *-n f* odlingsareal **Anbaumöbel** - *n* till-, på|byggbar möbel **anbefehlen** *st* **1** anbefalla, påbjuda, ålägga **2** anförtro **Anbeginn** *0 m, poet.* början; *seit (von)* ~ från första början (stund) **anbehalten** *st* behålla på; *den Mantel* ~ behålla kappan (rocken) på **an'bei** [*äv.* '--] närsluten, bifogad; *Rechnung* ~ räkningen bifogad, härmed bifogas räkningen
anbeißen *st* ta en bit av, bita i (av); nappa [på kroken] (*äv. bildl.*); *das Mädchen ist zum A*~ (*vard.*) flickan är så söt att man kan äta upp henne **anbekommen** *st* få på [sig] (*kläder etc.*) **anbelang|en** angå, beträffa, vidkomma; *was ihn -t* vad honom beträffar (anbelangar) **anbellen** skälla på **anbequemen 1** lämpa (anpassa) efter **2** *rfl* lämpa (anpassa) sig **anberaumen** bestämma, utlysa **anbeten** tillbedja, dyrka, avguda **Anbeter** - *m* beundrare, tillbedjare **Anbetracht** *0 f, in* ~ *seines Alters* med hänsyn till (i betraktande av) hans ålder **Anbetreff** *ål d.*, *se* **Anbetracht anbetreffen** *st* beträffa, angå; *was ihn anbetrifft* vad honom beträffar **anbetteln** *e-n* ~ tigga av ngn **Anbetung** *0 f* tillbedjan, dyrkan **anbetungswürdig** dyrkansvärd
anbiedern *rfl, sich bei e-m* ~ ställa sig in hos ngn, truga sig på ngn **Anbiederung** *-en f* påflugenhet, inställsamhet, framfusig familiaritet **Anbiederungsversuch** *-e m* försök att ställa sig in **anbieten** *st* erbjuda, bjuda på; offerera, utbjuda; *e-e Gelegenheit bietet sich an* ett tillfälle erbjuder (yppar) sig; *darf ich Ihnen ein Glas Wein* ~ ? får jag bjuda på ett glas vin?; *er bot ihm Schläge an* (*iron.*) han hotade med att ge honom stryk **anbinden** *st* (*jfr angebunden*) **1** binda [fast, upp]; tjudra; *angebunden sein* (*äv.*) vara upptagen, inte kunna komma loss **2** *vard.*, *mit e-m* ~ *a*) mucka gräl med ngn, *b*) [börja] flörta med ngn **anblasen** *st* **1** blåsa på; *e-n Hochofen* ~ blåsa på en masugn; *e-n* ~ (*vard.*) skälla ut

(tillrättavisa) ngn **2** *mus.* blåsa an (in) **anbleiben** *st s, das Licht kann* ~ ljuset kan vara på **Anblick** *-e m* anblick, [å]syn **anblicken** titta (se) på **anblinken** blinka åt **anblinzeln** blinka (kisa) mot (åt) **anblitzen** vredgat (med blixtrande ögon) betrakta
anbohren borra [hål] i; *e-n um etw.* ~ (*vard.*) pumpa ngn på ngt, fråga ngn om ngt **anbraten** *st* bryna, steka lätt **anbräunen 1** bryna **2** *s, vard.*, *er ist im Urlaub etw. angebräunt* under semestern blev han lite brun **anbrechen** *st* **1** påbörja; *e-e Flasche* ~ slå upp (öppna) en flaska; *e-e Packung* ~ bryta en förpackning **2** spräcka; *e-n Zweig* ~ knäcka en kvist **3** *s* bryta in, börja; *bei ~dem Tag* vid dagens inbrott, i gryningen **anbrennen** *oreg.* **1** tända [eld på] **2** *s* ta eld; *kokk.* brännas vid **anbringen** *oreg.* **1** sätta fast (upp), anbringa, placera; komma hit (fram) med; *die Kinder brachten ein Eichhörnchen an* barnen kom hemdragande med en ekorre; *er hat seinen Sohn bei dem Unternehmen angebracht* han lyckades få in sin son i företaget; *diese Ware ist schwer anzubringen* det är svårt att finna avsättning för denna vara, denna vara är svårsåld; *nicht angebracht* inte på sin plats, malplacerad **2** bringa på tal, framföra **Anbruch** *-ef m* **1** brott, rämna **2** början; *bei* ~ *der Nacht* vid nattens inbrott **anbrüchig** ruttnande **anbrüllen** ryta åt **anbrummen** brumma åt **anbrüten** [börja] ruva [på]
Anchovis [-ç- *el.* -ʃ-] - *f*, *se* **Anschovis**
Andacht 1 *0 f* andakt, andäktighet **2** *-en f* andaktsstund, bön **andächtig** andäktig **Andachtsbuch** *-er† n* andakts-, uppbyggelse|-bok **andachtsvoll** andäktig, andaktsfull
andampfen *s, angedampft kommen* komma ångande **andauern** vara, fortsätta, hålla i [sig], hålla på **andauernd** ständig, fortgående; *adv. äv.* jämt och ständigt
Anden *pl, die* ~ Anderna
Andenken 1 *0 n* minne, hågkomst; *zum* ~ *an* (*ack.*) till minne av **2** - *n* souvenir, minne[ssak]
ander (*alltid böjt*) annan; *die and[e]ren* de andra; *jd ~er* ngn annan; *der e-e oder der ~e* en och annan; *das ist etw. ganz ~es* det är ngt helt annat; *alles ~e als klein* allt annat än liten; *sich e-s ~en besinnen* ändra sig; *~er Ansicht* (*gen.*) *sein* vara av annan åsikt; *sie gingen e-r hinter dem ~[e]n* de gick bakom varandra; *am ~[e]n Tag* påföljande (nästa) dag; *in ~en Umständen* i vissnat tillstånd, gravid; *unter ~em* (*u.a.*) bland annat (bl.a.); *und ~es mehr* (*u.a.m.*) med mera (m.m.) '**ander[e]n'falls** eljest, annars, i annat fall '**ander[e]n'orts** på annan ort '**ander[e]n'tags** påföljande (nästa) dag '**ander[e]n'teils** å andra sidan '**and[e]rer'seits** å andra sidan '**ander'mal** *ein* ~ en annan gång
änder|n 1 [för]ändra; *das -t nichts daran* (*äv.*) det gör varken till eller ifrån **2** *rfl* ändra sig, [för]ändras; *das läßt sich nicht* ~ (*äv.*) det är ingenting att göra åt
'**ander'orts** på annan ort
anders 1 annorlunda, på annat sätt; *ich konnte nicht* ~, *ich mußte lachen* jag kunde inte låta bli att skratta; *ich konnte nicht* ~ *als ihn empfangen* jag hade inget annat val än att ta emot honom; *das klingt schon* ~ (*vard.*) det låter bättre; *er ist ganz* ~ *geworden* han har förändrats mycket (blivit olik sig); *sich* ~ *besinnen* ändra åsikt, ändra sig; *jd* ~ någon

annan; *wer* ~ *als er?* vem om inte han?; *irgendwo* ~ någon annanstans **2** *vard.* i annat fall, annars **andersartig** olikartad, avvikande **andersdenkend** oliktänkande '**ander'seits** å andra sidan **anders|geartet** olikartad **-gläubig** av annan tro **-herum 1** åt andra hållet, på annan led **2** *vard.* homosexuell **-wie** på annat sätt **-wo** annorstädes **-woher** från annat håll **-wohin** åt annat håll '**andert'halb** en och en halv, halvannan **-fach** en och en halv gång [så mycket] **Änderung** *-en f* [för]ändring **Änderungsvorschlag** *-e†* m ändringsförslag '**ander**|'**wärtig** förekommande på annat håll (annan ort); [kommande] från annat håll -'**wärts** annorstädes, på annat håll -'**weit** i annat hänseende, på annat håll (sätt) -'**weitig 1** annan **2** annorstädes, på annat håll (sätt); till någon annan **andeuten 1** antyda, låta förstå; insinuera **2** *rfl* kunna skönjas, framträda **Andeutung** *-en f* antydan, antydning; anspelning, vink **andeutungsweise** antydningsvis **andichten 1** *e-m etw.* ~ pådikta ngn ngt **2** skriva dikter till (om) **andicken** *kokk.* [av]reda **andienen** *hand.* erbjuda, utbjuda, offerera **Andienung** *-en f* **1** *hand.* leveranserbjudande, offert **2** *sjö.* haverianmälan **andiskutieren** börja diskutera **andocken** docka *(rymdskepp)* **andonnern 1** dundra mot, ryta åt **2** *s, angedonnert kommen* komma dundrande **Andorraner** - *m* andorran **andorranisch** andorransk **Andrang** *0 m* tillströmning, rusning, trängsel **andrängen 1** *s* tränga på (fram) **2** *rfl* trycka sig *(an + ack.* mot, intill) **andrehen 1** vrida (skruva) på; skruva åt; sätta i gång; *e-n Film* ~ börja spela in en film **2** *vard., e-m etw.* ~ pracka på ngn ngt **andringen** *st s* tränga på (fram), storma fram **androhen** *e-m etw.* ~ hota ngn med ngt **Androhung** *-en f* hot[else] **andudeln** *sich (dat.) e-n* ~ *(vard.)* dricka sig full **andünsten** lätt bryna, fräsa upp; koka i kort spad **anecken s 1** stöta (komma) emot **2** *vard.* väcka anstöt **aneignen** *sich (dat.) etw.* ~ lägga sig till med ngt, tillägna sig ngt, ta ngt i besittning, tillgripa ngt **Aneignung** *-en f* tillgrepp; tillägnande; *jur.* besittningstagande **anein'ander** vid (mot, till) varandra; ~ *denken* tänka på varandra; ~ *vorbei* förbi varandra **-fügen** sammanfoga, foga ihop **-geraten** *st s* ryka ihop, komma i gräl (ihop sig) **-grenzen** gränsa till varandra **-hängen 1** *st (vara förenad)* hänga ihop **2** *sv (fästa samman)* hänga ihop **-prallen** *s* stöta ihop (samman) **-rücken** *s* flytta [sig] närmare varandra **-stoßen** *st s* stöta ihop, kollidera, krocka; gränsa till varandra **Anekdote** *-n f* anekdot **anekdot|enhaft, -isch** anekdotisk **anekeln** äckla, inge avsky; *die Suppe ekelt mich an* soppan äcklar mig; *sein Benehmen ekelt mich an* jag tycker hans uppträdande är avskyvärt **Anemone** *-n f* anemon **anempfehlen** *st (lös o. fast sms.)* rekommendera, anbefalla **Anempfehlung** *-en f* rekommendation **anempfinden** *st* uppfatta (sätta sig in i) [andras känslor] **Anerbe** *-n* -*n m, åld.* ensam arvinge till gård **anerbieten** *st, rfl* erbjuda sig **Anerbieten** - *n* erbjudande,

anbud, förslag **Anerbietung** *-en f, åld., se* **Anerbieten anerkannt** erkänd '**anerkannter**-'**maßen** som erkänt är, som är allmänt bekant **anerkennen** *erkannte an el. anerkannte, anerkannt* erkänna; godkänna, godta, acceptera; berömma, uppskatta **anerkennenswert** erkännans-, beröm|värd **Anerkenntnis 1** *-se f* erkännande, uppskattning, godkännande **2** *-se n, jur.* medgivande, erkännande **Anerkennung** *-en f* erkännande, godkännande; beröm, uppskattning, uppmuntran; hedersomnämnande; ~ *finden* vinna bifall **anerschaffen** *åld., se angeboren* **anerziehen** *st, e-m etw.* ~ uppfostra ngn till ngt, bibringa ngn ngt **anfachen** blåsa på; *bildl.* underblåsa **anfahren** *st* **1** *s* börja köra (åka), starta; närma sig, köra (åka) fram; *an etw. (ack.)* ~ köra emot (krocka med) ngt; *angefahren kommen* komma körande (farande, åkande) **2** köra (forsla) fram **3** *Berlin* ~ köra till Berlin, ha Berlin som mål [för resan] **4** köra på; *ein Kind* ~ köra på ett barn **5** *bildl., e-n grob* ~ vara ovettig (fara ut) mot ngn **Anfahrt** *-en f* framkörning; ankomst; tillfart[sväg]; *e-e lange* ~ *haben* ha lång väg dit (hit) **Anfall** **1** *-e† m* anfall, attack; *e-n* ~ *kriegen (vard.)* bli utom sig, smälla av **2** *0 m* tillgång; avkastning; *der* ~ *an Arbeiten war gering* det förekom (fanns) få arbeten **anfallen** *st* **1** anfalla, attackera **2** *s* tillkomma, uppstå; erhållas; ~*de Arbeiten* förekommande arbeten **anfällig** ömtålig, mottaglig, känslig **Anfang** *-e† m* början, begynnelse; *im (am, zu)* ~ i början; *von [allem]* ~ *an* från första början; *seinen* ~ *nehmen* börja; *wer macht den* ~? vem börjar?; ~ *Mai* i början av maj; *aller* ~ *ist schwer* alla barn i början **anfangen** *st* **1** börja; påbörja; *e-e Firma* ~ starta en firma; *was soll ich damit* ~? vad ska jag ta mig till med det?; *ich weiß nicht, wie ich es* ~ *soll* jag vet inte hur jag skall göra (bära mig åt); *mit dir ist nichts anzufangen* med dig kommer man ingen vart **2** börja; ta sin början; [*wieder*] *ganz von vorn* ~ börja om; *der Unterricht fängt um 8 Uhr an* undervisningen börjar kl. 8; *ich fange an zu verstehen* jag börjar förstå **Anfänger** - *m* nybörjare **Anfängerkurs** *-e m* nybörjarkurs **anfänglich I** *adj* ursprunglig, först **II** *adv* till att börja med, i början **anfangs** i början, först, till att börja med; ~ *des Jahres (vard.)* i början av året **Anfangsbuchstabe** *-ns -n m* begynnelsebokstav, initial **Anfangsgehalt** *-er† m* begynnelselön **Anfangsgeschwindigkeit** *-en f* utgångshastighet **Anfangsgründe** *pl* första grunder, fundamentala (elementära) kunskaper **Anfangskapital** *-e el. -ien n* startkapital **Anfangsunterricht** *0 m* nybörjarundervisning **anfassen 1** fatta tag i, röra vid, ta i; *falsch* ~ göra fel; *die Mutter faßt das Kind an (äv.)* modern tar barnet i handen; *e-n hart* ~ behandla ngn hårt; *ein Problem* ~ ta itu med ett problem; *Schrecken faßte sie an* hon greps av skräck **2** *rfl, sich angenehm* ~ kännas skön att ta i **anfauchen** fräsa [till] åt **anfaulen** *s* börja ruttna, bli skämd; *angefault* skämd, ankommen **anfechtbar** anfäktbar, omtvistlig; *jur.* möjlig att överklaga **anfechten** *st* **1** anfäkta, oroa; *das ficht mich nicht an* jag bryr mig inte om det **2** bestrida, angripa; *jur.* överklaga **An-**

fechtung -en f **1** anfäktelse, frestelse **2** jur. överklagande **anfeinden** vara hätsk mot, uppföra sig fientligt mot, bekämpa **Anfeindung** -en f illvilja, fientlighet, hätskhet, angrepp **anfertigen** producera, fabricera, göra, tillverka **Anfertigung** -en f förfärdigande, tillverkning **anfeuchten** fukta, väta; sich (dat.) die Kehle ~ fukta strupen **anfeuern** elda; bildl. uppelda, uppmuntra, sporra; heja på **anfinden** st rfl, sich [wieder] ~ komma till rätta, dyka upp igen **anflehen** bönfalla **Anflehung** -en f bön, [ödmjuk] anhållan **anfliegen** st **1** Stockholm ~ flyga på (trafikera) Stockholm; wir fliegen jetzt Schwechat an (äv.) vi närmar oss nu Schwechat; Sehnsucht fliegt ihn an han grips av längtan **2** s flyga an (in), närma sig; angeflogen kommen komma flygande; ihm fliegt alles [nur so] an han har lätt för sig **anfließen** st s, angeflossen kommen komma flytande **Anflug** -e† m **1** an-, in|flygning **2** bildl. anstrykning, antydning, skiftning, glimt, spår; in e-m ~ von Mut i plötsligt påkommet mod, i plötsligt modig stämning **Anflugzeit** -en f inflygningstid **anflunkern** vard., e-n ~ ljuga för (lura) ngn **anfordern** [in]fordra, kräva, rekvirera, beställa, begära **Anforderung** -en f krav, fordran, begäran, rekvisition; hohe (große) ~en stellen ställa stora fordringar, ha stora krav **Anfrage** -n f förfrågan, hänvändelse; parl. spörsmål; große ~ (ung.) interpellation **anfragen** förfråga sig, höra sig för **anfressen** st **1** äta på, gnaga av **2** fräta på **3** sich (dat.) e-n Bauch ~ lägga sig till med kaskula magen **anfreunden** rfl, sich mit e-m ~ bli [god] vän med ngn; sich mit etw. ~ vänja sig vid ngt **anfrieren** st s frysa [fast] **anfügen** till-, vid-, bi|foga **anfühlen 1** känna på, röra vid **2** rfl kännas; sich gut ~ kännas skön **Anfuhr** -en f fram|körning, -forsling **anführen 1** anföra, leda **2** anföra, citera; am angeführten Ort (a.a.O.) på anfört ställe **3** man hat ihn angeführt (vard.) man har lurat honom (dragit honom vid näsan) **Anführer** - m anförare, ledare **Anführung** -en f **1** anföring **2** anförande, åberopande **3** anförande, ledande **Anführungs|strich** -e m, -zeichen - n anförings-, citations|tecken **anfüllen** fylla [på] **anfunken** anropa per radio **Angabe** -n f **1** angivande; uppgift, utsago, påstående, upplysning, information; anvisning; nach seinen ~n enligt hans uppgifter **2** vard. skryt **3** sport. serve **angaffen** vard. begapa, stirra (glo) på **angängig** lämplig, tillåten, möjlig **angeben** st **1** ange, uppge, påstå; anföra, citera; den Ton ~ ange tonen **2** ange, anmäla **3** sport. serva; kortsp. ge **4** vard. skryta **Angeber** - m 1 angivare **2** vard. skrävlare, skrytmåns **Angeberei** -en f **1** angivelse **2** vard. skryt **angeberisch** vard. skrytsam **Angebetete(r)** m f, adj böjn. tillbedd (avgudad, älskad) person **Angebinde** - n present, gåva **angeblich I** adj föregiven, förment, påstådd **II** adv efter vad det sägs, som det påstås, enligt uppgift **angeboren** medfödd **Angebot** -e n **1** anbud, erbjudande; utbud; hand. äv. offert **2** ~ und Nachfrage tillgång och efterfrågan **angebracht** passande, lämplig, motiverad, opportun; übel ~ malplacerad, illa på plats; gut ~ väl på plats **angebrannt** vidbränd **angebunden** kurz ~ korthuggen,

kort o. tvär, ovänlig, avvisande **angedeihen** st s, e-m etw. ~ lassen låta ngt komma ngn till del, låta ngn komma i åtnjutande av ngt **Angedenken** 0 n åminnelse; seligen ~s salig i åminnelse **angedudelt** vard., **angeduselt** vard. påstruken, på lyran **angegangen** dial. lätt skämd, ankommen **angegossen** der Anzug sitzt wie ~ kostymen sitter perfekt (som gjuten) **angegraut** [lätt] grånad **angegriffen** medtagen, trött **Angegriffenheit** 0 f medtaget tillstånd, trötthet **angeheiratet** ingift; ~er Verwandter släkting genom giftermål **angeheitert** glad, upprymd (av starka drycker) **angehen** st **1** s, vard. börja, sätta i gång; (om eld) ta sig, börja brinna (lysa); (om växt) rota sig **2** s gå an, gå för sig; duga; das geht an det duger **3** s, gegen etw. ~ kämpa emot ngt, göra ngt emot ngt **4** (sty. s) anfalla, attackera; ge sig i kast med, angripa **5** s börja bli skämd (ankommen) **6** s, angegangen kommen komma gående **7** s angå; das ist ihn nichts angegangen det angick honom inte **8** beträffa; was ihn angeht vad honom beträffar **9** (sty. s) e-n um etw. ~ vända sig till ngn för att få ngt, vädja till (be) ngn om ngt **angehend** begynnande, blivande; ein ~er Sechziger en man i sextioårsåldern (början på de sextio) **angehören** tillhöra, höra till (e-m ngn; etw. dat. ngt) **angehörig** till|hörande, -hörig **Angehörige(r)** m f, adj böjn. **1** anhörig, släkting **2** medarbetare; medlem; die Angehörigen der Arbeiterklasse de som tillhör arbetarklassen **Angehörigkeit** 0 f tillhörighet **angejahrt** litet till åren [kommen], lätt åldrad **angeklagt** anklagad, åtalad **Angeklagte(r)** m f, adj böjn. anklagad, åtalad, svarande **angekränkelt** sjuklig; smittad (äv. bildl.) **angekratzt** vard. illa medfaren **Angel** -n f **1** met|krok, -spö **2** gångjärn, dörrhake; die Tür aus den ~n heben kroka av dörren; etw. aus den ~n heben bringa ngt ur jämvikt, skaka ngt i sina grundvalar, förändra ngt [i grund] **angelatscht** ~ kommen (vard.) komma hasande **Angeld** -er n, åld. handpenning; första avbetalning **angelegen** sich (dat.) etw. ~ sein lassen vinnlägga (bemöda) sig om ngt **Angelegenheit** -en f angelägenhet, affär, sak, ärende; das Ministerium für Auswärtige ~en utrikesdepartementet (i DDR) **angelegentlich** enträgen, ivrig, ingående **Angelhaken** - m metkrok **angeln 1** meta, fiska; sich (dat.) e-n Mann ~ (skämts.) [försöka] få en karl på kroken **2** nach etw. ~ (vard.) försöka få [tag i] ngt, [försöka] fiska upp ngt **angeloben** högtidligt lova, svära **Angel|punkt** -e m kärn-, huvud|punkt; das ist der ~ det är den springande punkten **-rute** -n f metspö **Angelsachse** -n -n m angel-, anglo|saxare **angelsächsisch** angel-, anglo|saxisk **Angelschein** -e m fiskekort 'angel'weit ~ offenstehen vara vidöppen **angemessen** passande, lämplig, lagom; rimlig **Angemessenheit** 0 f lämplighet, riktighet; rimlighet **angenehm** approximativ, tillnärmelsevis, ungefärlig **angenehm** angenäm, behaglig, trevlig; ~e Ruhe! sov [så] gott!; das A~e mit dem Nützlichen verbinden förena det nyttiga med det nöjsamma **angenommen** antagen, låtsad; adopterad; ~, [daß] er kommt antag att han kommer

Anger - *m, dial.* äng, gräsplan, betesmark **angeregt** livlig; ~*e Stimmung* hög stämning **angereichert** anrikad **angesäuselt** *vard.* lätt berusad, på sniskan **angeschlagen 1** kantstött **2** utmattad, slut, groggy **angeschmutzt** solkig, smutsig **angeschrieben** *gut (schlecht)* ~ väl (illa) anskriven **Angeschuldigte(r)** *m f, adj böjn.* svarande, åtalad **angesehen** ansedd, aktad, [väl]renommerad **Angesicht** -*er el. österr.* -*e n* **1** åsyn, anblick; *im* ~ *der Stadt* vid åsynen av staden; *im* ~ *der Tatsache, daß* i beaktande av det faktum att **2** ansikte, anlete; ansiktsuttryck, min; *e-n von* ~ *kennen* känna ngn till utseendet; *e-m von* ~ *zu* ~ *gegenüberstehen* stå ansikte mot ansikte med ngn **angesichts** *prep m. gen.* inför, i åsyn (vid åsynen) av; i betraktande av, med hänsyn till **angespannt 1** spänd, ansträngd, koncentrerad; på helspänn **2** kritisk, betänklig **angestammt** fäderneärvd **angestaubt** neddammad, dammig; gammalmodig, föråldrad **Angestelltenverhältnis** *0 n, im* ~ *stehen* vara anställd (tjänsteman) **Angestelltenversicherung** -*en f (slags)* tjänstepension **Angestellte(r)** *m f, adj böjn.* anställd, tjänsteman; *die Angestellten der Firma (äv.)* firmans personal **angestiefelt** ~ *kommen (vard.)* komma stövlande **angestrengt** ansträngd, spänd, koncentrerad **angetan** *es e-m* ~ *haben* förtrolla (tjusa till) ngn; *von e-m* ~ *sein* vara förtjust i ngn; *die Situation war nicht danach* ~, *Späße zu machen* situationen lämpade sig inte för skämt **angetrunken** påbörjad (*om flaska*); överförfriskad, onykter **angewandt** tillämpad **angewidert** äcklad **angewiesen** *auf etw. (ack.)* ~ *sein* vara beroende av (hänvisad till) ngt **angewöhnen** *e-m etw.* ~ vänja ngn vid ngt; *sich (dat.) etw.* ~ vänja sig vid ngt, få ngt för vana **Angewohnheit** -*en f* vana **Angewöhnung** *0 f* tillvänjning **angewurzelt** *wie* ~ *[da]stehen* stå som fastvuxen **angezeigt** lämplig, på sin plats **angießen** *st* **1** vattna *(nyplanterade växter för första gången)*; ösa *(stek)* **2** gjuta fast
Angin|a -*en f* angina, halsfluss
angleichen *st* göra [mer] lik; *etw. e-r Sache (dat.)* ~ *(äv.)* anpassa ngt till ngt **Angleichung** -*en f* anpassande, anpassning
Angler - *m* metare, fiskare
angliedern *etw. e-r Sache (dat.)* ~ ansluta (anknyta) ngt till ngt, förena (inkorporera) ngt med ngt **Angliederung** -*en f* anslutning *etc., jfr angliedern*
anglikanisch anglikansk **anglisieren** göra engelsk, anglisera **Anglist** -*en* -*en m* anglist **Anglizism|us** -*en m, språkv.* anglicism **anglo--amerikanisch** anglo-amerikansk
anglotzen *vard.* stirra (glo) på **anglühen 1** glödga **2** glöda (lysa) [e]mot
Angolaner - *m* angolan **angolanisch** angolansk
Angorakatze -*n f* angorakatt
angrauen *s* börja bli grå, gråna lätt **angreifbar** angripbar, angriplig **angreifen** *st* **1** angripa; anfalla, attackera; ta itu med; försvaga, fresta på, skada; *etw. verkehrt* ~ börja i galen ända med ngt; *es hat ihn angegriffen* det har tagit på honom; *angegriffen aussehen* se medtagen ut **2** gripa tag i, ta i (på), röra [vid] **3** börja ta av, ta till, tillgripa **4** *rfl, es greift sich weich an* det känns mjukt **5** hugga i; *mit* ~ själv

hugga i **Angreifer** - *m* angripare **angrenzen** *an etw. (ack.)* ~ gränsa till ngt **angrenzend** angränsande **Angrenzer** - *m* granne, intillboende **Angriff** -*e m* **1** angrepp, anfall, attack **2** *etw. in* ~ *nehmen* ta itu med ngt **Angriffsfußball** *0 m* offensivfotboll **Angriffsgeist** *0 m* offensivanda **Angriffskrieg** -*e m* anfallskrig **angriffslustig** aggressiv, stridslysten **Angriffspunkt** -*e m* angrepps-, anfalls|punkt **Angriffstaktik** *0 f* offensiv taktik **angrinsen** *vard.* grina (flina) mot
angst *mir ist (wird)* ~ *[und bange]* jag är (blir) rädd; *e-m* ~ *[und bange] machen* göra ngn rädd **Angst** -*e† f* ängslan, rädsla, ångest; ~ *haben* vara rädd; *keine* ~*!* var inte rädd!; *da kann man es mit der* ~ *[zu tun] bekommen (kriegen)* det är så att man kan bli rädd (börjar darra i knävecken); ~ *um e-n haben* oroa sig (vara orolig) för ngn **Angstarsch** -*e† m, vulg., se Angsthase* **ängsten** *se ängstigen* **angstverfüllt** ångest|full, -fylld, rädd **Angstgefühl** -*e n* ångestkänsla **Angstgeschrei** *0 n* ångestskri, skrik av rädsla **Angsthase** -*n* -*n m, vard.* fegis, hare, feg stackare **ängstigen 1** skrämma, oroa **2** *rfl* vara orolig, oroas **ängstlich** ängslig, orolig; ytterst noga, skrupulös; blyg, förlägen **Ängstlichkeit** *0 f* ängslan, oro **Angstmacher** - *m, vard.* panikmakare
Angst|meier - *m, vard., se Angsthase* -**neurose** -*n f* ångestneuros -**psychose** -*n f* ångestpsykos -**röhre** -*n f, vard.* storm, hög hatt -**ruf** -*e m* ångestrop, skrik av rädsla -**schweiß** *0 m* ångest-, kall|svett -**traum** -*e† m* ångestfylld dröm, mardröm
angst|voll ångestfylld, ängslig -**zitternd** darrande av rädsla (ångest)
angucken *vard.* titta på **angurten** *rfl* sätta på sig säkerhetsbältet
Anh. *förk. för Anhang* bil., bilaga **anhaben** *oreg.* **1** ha på sig **2** *ich kann dir nichts* ~ jag har inget att anmärka på dig; *e-m etw.* ~ *wollen* vilja [komma] åt ngn; *der Sturm konnte dem Boot nichts* ~ stormen kunde inte skada båten **anhaften** sitta fast (kvar); *seine Vergangenheit wird ihm immer* ~ han blir aldrig fri från sitt förflutna; *dieser Sache (dat.) haftet ein großes Risiko an* denna sak är förenad med stor risk **anhaken 1** haka fast, hänga upp **2** bocka för (av)
Anhalt -*e m* stöd, ledning, hållpunkt; *e-n* ~ *gewähren* ge en ledtråd **anhalten** *st* **1** stanna, hejda, stoppa; *den Atem* ~ hålla andan **2** hålla intill (upp, emot) **3** *e-n zu etw.* ~ uppmana ngn till ngt, se till att ngn gör ngt **4** *rfl* hålla i sig, hålla sig fast *(an + dat.)* **i) 5** fortfara, vara, hålla i [sig] **6** stanna, hejda sig, bli stående **7** *um ein Mädchen* ~ anhålla om en flickas hand **anhaltend** ihållande, oavlåtlig, permanent, långvarig **Anhalter** -*e m* liftare; *per* ~ *fahren* lifta **Anhaltspunkt** -*e m* håll-, stöd|punkt, ledning
an'hand, *an Hand prep m. gen.* med ledning (hjälp) av
Anhang -*e† m* **1** bihang, tillägg, supplement; bilaga **2** vänkrets, vänner, bekantskapskrets; anhängare, följe; släkt[ingar], anhöriga **Anhängeadresse** -*n f* adresslapp **anhangen** *st, åld., se anhängen I* **anhängen** **I** *st, das Gefühl der Schuld wird ihm immer* ~ han kommer alltid att betungas av skuldkänslan; *jeder Reform (dat.) hängen Schwierigkeiten an* varie

3 — Tysk-Svensk

reform är förknippad med svårigheter; *e-m* ~ vara ngn tillgiven; *e-r Partei* ~ vara anhängare till ett parti **II** *sv* **1** hänga upp (på), hänga (fästa) vid; koppla på (*vagn e. d.*); tillägga, bifoga; *e-m etw.* ~ påbörda ngn ngt; *e-m den Diebstahl* ~ beskylla ngn för stölden; *e-m schlechte Waren* ~ pracka på ngn dåliga varor; *sie hat mir e-n Tripper angehängt* (*vard.*) han har givit mig drypan; [*den Hörer*] ~ (*åld.*) lägga på luren **2** *rfl* hålla i sig (sig fast); *sich an e-n* ~ hänga sig på ngn, hänga efter ngn **Anhänger** - *m* **1** anhängare; supporter **2** släp[vagn] **3** adresslapp, namnskylt **4** berlock, hängsmycke **5** hängare (*i kläder*) **Anhängerschaft** *0 f, die* ~ anhängarna, supportrarna **anhängig** *jur.* anhängig; ~ *machen* anhängiggöra **anhänglich** tillgiven, trofast **Anhänglichkeit** *0 f* tillgivenhet **Anhängsel** - *n* **1** hängsmycke **2** bihang, påhäng **anhangsweise** som bihang **Anhauch** *0 m* aning, anstrykning, spår **anhauchen 1** andas (blåsa) på **2** *e-n* ~ (*vard.*) ge ngn en skrapa **anhauen** *hieb* (*vard. haute*) *an, angehauen* **1** börja hugga (fälla) **2** *vard.*, *e-n um 10 Mark* ~ klämma ngn på 10 mark, vigga 10 mark av ngn; *e-n* ~ [gå fram till och] börja prata med ngn **anhäufen 1** hopa, gyttra ihop, stapla upp **2** *rfl* hopas, hopa sig **Anhäufung** *-en f* anhopning **anheben** *st* **1** lyfta på; höja, öka **2** *åld.* börja **anheften** häfta (sätta) fast; tråckla fast **anheilen** *s* läka[s] fast **anheimeln** *es heimelt mich an* det får mig att känna mig som hemma **anheimelnd** trivsam, angenäm, behaglig, hemtrevlig **an'heimfallen** *st s* hemfalla (*der Vergessenheit* åt glömskan); tillfalla (*e-m* ngn) **an'heim|geben** *st, -stellen* över|lämna, -låta **anheischig** *sich* ~ *machen, etw. zu tun* erbjuda (åta, förplikta) sig att göra ngt **anheizen** [börja] elda (värma upp); underblåsa, öka, driva upp **anherrschen** ryta åt **anheuern 1** mönstra [på] **2** *vard.* engagera, anställa **Anhieb** *0 m, auf* ~ i första försöket, i första taget, med detsamma **anhimmeln** smäktande betrakta; svärma för, dyrka **anhin** *schweiz.* nästa, kommande; *bis* ~ tills nu **Anhöhe** *-n f* kulle, höjd, backe **anhören 1** höra (lyssna) på **2** *sich* (*dat.*) *etw.* ~ lyssna (höra) på ngt; *etw.* [*mit*] ~ råka få höra (uppsnappa) ngt **3** *e-m etw.* ~ höra ngt på ngn; *man hört ihm den Ausländer an* det hörs [på honom] att han är utlänning **4** *rfl* höras, låta; *das hört sich nicht schlecht an* det låter bra (låter inte illa) **Anhörung** *-en f* hörande (*av vittnen etc.*); hearing
Anilin *0 n* anilin **-farbe** *-n f* anilinfärg
Anima *-s f, filos.* själ; *psykol.* anima **animalisch** animalisk **Animateur** [-'tø:ɐ̯] *-e m, ung.* fritids-, rese|ledare **Animierdame** *-n f* bar-, nattklubbs|värdinna **animieren** animera, inspirera, uppliva **Animierlokal** *-e n* bar (nattklubb) med värdinnor (*som lockar gästerna att dricka*) **Animosität** *-en f* animositet, hätskhet **Animus** - *m* **1** *psykol.* animus, ande **2** *vard.* intuition, föreställning, idé; *davon habe ich keinen* ~ det har jag ingen aning om **Anion** *A'nionen n* anjon
A'nis [*äv.* '--] *-e m* anis **-likör** *-e m* anisett, anislikör
anjagen *s, angejagt kommen* komma jagande **Ank.** *förk. för Ankunft* ank., ankomst **ankämpfen** *gegen e-n* ~ kämpa mot ngn **ankarren** *vard.* köra (forsla) fram **ankarriolen**

s, vard. komma körande (åkande *e.d.*) **Ankauf** *-e† m* köp, in-, upp|köp **ankaufen 1** köpa; köpa in (upp) **2** *rfl* köpa mark, [köpa fastighet och] bosätta sig **ankeifen** skälla på **Anken** *0 m, schweiz.* smör
Anker - *m* ankare; *den* ~ *lichten* lätta ankar; *vor* ~ *gehen a*) kasta ankar, *b*) *vard.* lägga in en paus, stanna [en stund] **-fliege** *-n f* ankarfly **-grund** *-e† m* ankar|grund, -botten **-kette** *-n f* ankarkätting **-klüse** *-n f* ankarklys **-mast** *-e*[*n*] *m* förtöjningsmast (*för luftskepp*) **ankern** ankra, kasta ankar, gå till ankars **Ankerplatz** *-e† m* ankarplats **Ankeruhr** *-en f* ankarur **Ankerwinde** *-n f* ankarspel **anketten** kedja fast; *angekettet sein* (*vard. äv.*) vara upptagen, inte kunna komma loss **ankeuchen** *s, angekeucht kommen* komma flämtande **ankieken** *nty.* titta (kika) på **ankläffen** gläfsa på, fara ut emot
Anklage *-n f* anklagelse, beskyllning; *jur.* åtal; ~ *erheben* väcka åtal; *unter* ~ *stellen* åtala **Anklagebank** *0 f, auf der* ~ *sitzen* (*bildl.*) sitta på de anklagades bänk **anklagen** anklaga, beskylla; *jur.* åtala, åklaga; *e-n des Mordes* ~ åtala ngn för mord **Ankläger** - *m, jur.* åklagare **Anklageschrift** *-en f* anklagelse|skrift, -akt **Anklagevertreter** - *m* allmän åklagare
anklammern 1 häfta fast, fästa med gem (klädnypa *e.d.*) **2** *rfl* klamra sig fast **Anklang** *-e† m* **1** anklang, gensvar, gillande; *dieser Vorschlag findet keinen* ~ detta förslag vinner ingen anklang (tillslutning) **2** likhet, återklang, överensstämmelse; *hier findet man viele Anklänge an Mahler* här finns mycket som påminner om Mahler **ankleben 1** klistra fast (upp, på); *Plakate* ~ affischera, sätta upp affischer **2** *s* fastna, klibba fast **Ankleidekabine** *-n f* omklädningsrum; provrum **ankleiden 1** klä[da] på **2** *rfl* klä[da] på sig **Ankleideraum** *-e† m* klä[da]ningsrum; *teat.* klädloge **Ankleidezelle** *-n f, se Ankleidekabine* **Ankleidezimmer** - *n, se Ankleideraum* **ankleistern** *vard., se ankleben* **anklingeln** *vard.* ringa [upp] **anklingen** *st* [kunna] höras; återklinga; *an etw.* (*ack.*) ~ påminna om ngt; *mit den Gläsern* ~ (*åld.*) skåla; ~ *lassen* antyda, låta framskymta **anklopfen** knacka på; *bei e-m kurz* ~ (*vard.*) titta in hos ngn; *bei e-m um* (*wegen*) *etw.* ~ (*bildl.*) höra sig för hos ngn om ngt **anknipsen** *vard.* knäppa på (*radio*) **anknöpfen** knäppa på (fast) **anknüpfen** knyta [fast]; [an]knyta, inleda; *Verbindungen* ~ inleda (knyta) förbindelser; *ein Gespräch wieder* ~ återuppta ett samtal **Anknüpfung** *-en f* anknytning **Anknüpfungspunkt** *-e m* anknytnings-, berörings|punkt **anködern** påsätta bete; locka [till sig] (*vilt med foder*); locka **ankohlen 1** sveda **2** *vard., e-n* ~ ljuga för ngn, driva (skoja) med ngn **ankommen** *st s* **1** ankomma, anlända, komma [fram] (*in + dat.* till); närma sig; *er ist in diesem Betrieb als Übersetzer angekommen* (*vard.*) han fick jobb som översättare i detta företag; *bei uns ist ein kleiner Junge angekommen* (*vard.*) vi har fått en liten pojke; *damit werden wir schön* ~ (*iron.*) vi kommer att skämma ut oss med det **2** ha framgång, slå; *das Buch ist nicht angekommen* (*vard.*) boken slog inte **3** *auf etw.* (*ack.*) ~ bero (komma an) på ngt; *darauf soll es nicht* ~ inte skall det hänga på det; *jetzt kommt es darauf an* nu

gäller det; *es kommt mir sehr darauf an* jag fäster stor vikt vid det, det är av stor vikt för mig; *es auf etw.* (*ack.*) ~ *lassen* inte dra sig för ngt, riskera ngt; *es d*[*a*]*rauf* ~ *lassen* (*vard.*) vänta och se hur det går; *auf ein paar Kronen kommt es mir nicht an* jag fäster mig inte vid (struntar i) ett par kronor **4** *damit kommt man bei ihm nicht an* med det kommer man ingen vart hos honom **5** *gegen e-n* ~ göra sig gällande gentemot ngn, rå på ngn **6** *es kommt ihn schwer an* det faller sig svårt för honom **Ankömmling** *-e m* nykomling **ankönnen** *oreg.*, *gegen e-n nicht* ~ inte kunna klara sig (vara maktlös) mot ngn **ankoppeln** koppla (docka) ihop (till); tjudra (*boskap*) **ankotzen** *vard.* kräkas på; *es kotzt e-n an* det är så man kan kräkas; *e-n* ~ (*äv.*) vara ovettig mot ngn **ankrallen** *rfl* haka (klamra) sig fast **Ankratz** *0 m, dial.*, ~ *haben* ha karltycke **ankratzen 1** repa, skada **2** *rfl, vard.* ställa in sig; *sich* (*dat.*) *eine* ~ (*vard.*) ragga upp en tjej **ankreiden 1** *åld.* skriva upp (*m. krita*); ~ *lassen* ta på kredit **2** *e-m etw.* ~ lägga ngn ngt till last **ankreuzen** korsa (märka, pricka) för **ankriegen** *vard.* få på (*plagg*) **ankümmeln** *vard.*, *sich* (*dat.*) *e-n* ~ supa [sig full] **ankünden** *åld.*, **ankündigen 1** anmäla, tillkännage, förkunna, varsla om **2** *rfl* förebådas **Ankündigung** *-en f* anmälan, tillkännagivande, kungörelse **Ankunft** *0 f* an-, fram|-komst **Ankunfthalle** *-n f* ankomsthall **ankuppeln** koppla (docka) till (fast) **ankurbeln 1** veva (dra) igång (*motor*) **2** *bildl.* rycka upp, sätta fart på; *die Konjunktur* ~ stimulera konjunkturen **ankuscheln** *rfl, sich an e-n* ~ trycka sig [tätt] intill ngn **anlächeln** [små]le mot **anlachen** skratta (le) mot; *sich* (*dat.*) *e-n* ~ flörta (inleda bekantskap) med ngn, [försöka] få ihop det med ngn **Anlage** *-n f* **1** anläggande, anläggning; *die* ~ *n* (*äv.*) parkläggningarna, planteringarna, fabriksanläggningarna **2** anlag, fallenhet (*zu* för) **3** bilaga; *als* (*in der*) ~ *senden wir* som bilaga skickar vi **4** plan, utkast, uppläggning, disposition **5** placering; *die* ~ *des Kapitals* kapitalets placering (investering) **Anlagekapital** *-e el. -ien n* anläggningskapital **Anlände** *-n f, dial.* landningsplats, kaj **anlanden 1** föra i land, landa **2** *s* lägga till, landa **anlang|en 1** *s* anlända, komma [fram] **2** beträffa; *was mich -t* för mitt vidkommande, vad mig beträffar **3** *dial.* ta på (i), röra [vid] **Anla|ß** *-sse*† *m* anledning (*zu* till); *aus* ~ *e-r Sache* (*gen.*) med anledning av ngt **anlassen** *st* **1** starta, sätta i gång (*motor*) **2** *vard.* behålla (låta vara) på; *das Licht* ~ låta ljuset vara på, inte stänga av ljuset **3** *e-n barsch* ~ snäsa av ngn **4** *rfl* arta sig; *der Junge läßt sich gut an* pojken artar sig bra; *es läßt sich gut an* det lovar gott **Anlasser** - *m* startmotor, självstart, start|pedal, -knapp **anläßlich** *prep m. gen.* med anledning av (*Ihres Besuches* Ert besök) **anlasten** *e-m etw.* ~ lägga ngn ngt till last **anlatschen** *s, vard.*, *angelatscht kommen* komma hasande **Anlauf** *-e*† *m* [an]sats; anfall; början; *beim ersten* ~ i första försöket; ~ *nehmen* ta sats; *er nahm e-n guten* ~ han började ha **anlaufen** *st* **1** *s* sätta sig i rörelse, börja springa; *angelaufen kommen* komma springande; *gegen etw.* ~ springa emot (på) ngt, stöta emot ngt **2** *s* börja, starta, komma igång; ~ *lassen* starta,

sätta igång; *du kannst nicht dagegen* ~ du kan inte göra någonting åt det **3** *s* stiga, öka[s] **4** *s* oxidera, anlöpa; *die Fensterscheibe läuft an* fönstret blir immigt; *rot* ~ rodna **5** *s, bei e-m übel* ~ råka illa ut hos ngn **6** *sjö.* anlöpa **Anlaufzeit** *-en f* förberedelsetid, inledningsskede, inkörningsperiod, uppvärmningstid **Anlaut** *-e m, språkv.* udd-, an|ljud **anlauten** *språkv., mit e-m Vokal* ~ börja med (på) vokal **anläuten** *dial., bei e-m* ~ ringa upp ngn, ringa på hos ngn **Anlegebrücke** *-n f* (*större*) [landnings]brygga **anlegen 1** lägga, ställa, luta (*an* + *ack.* mot); lägga på (intill); *jdm Fesseln* ~ slå ngn i bojor; *das Gewehr* ~ lägga an [geväret]; *Hand an etw.* (*ack.*) ~ lägga hand vid ngt; *Holz* ~ lägga ved på elden; *e-e Leiter an die Wand* ~ luta en stege mot väggen; *die Ohren* ~ lägga öronen bakåt; *e-n Säugling* ~ lägga ett spädbarn till bröstet; *es auf e-n* (*etw.*) ~ lägga an på ngn (ngt), avse ngn (ngt) **2** *rfl, sich mit e-m* ~ råka i gräl (börja gräla) med ngn **3** anlägga, uppföra, grunda; *Feuer* ~ anstifta mordbrand **4** investera, ge ut, betala; *Geld* ~ placera pengar; *wieviel willst du* ~ ? vad får det kosta?, hur mycket vill du lägga ner? **5** planera, utforma, lägga upp, sammanställa; *groß angelegt sein* vara stort upplagd **6** sätta (ta) på [sig]; [an]lägga; *e-n Verband* ~ [an]lägga ett förband; *den Zaum* ~ betsla (*häst*) **7** *sjö.* lägga till **Anlegeplatz** *-e*† *m* tilläggsplats **Anlegeschlo|ß** *-sser*† *n* hänglås **Anlegestelle** *-n f* tilläggs-, landnings|plats **Anlegung** *0 f* anläggning; investering *etc.* *jfr* anlegen **anlehnen** luta (stödja, ställa) (*an* + *ack.* mot); *e-e angelehnte Tür* en dörr som står på glänt; *sich an e-n* (*etw.*) ~ stödja sig på ngn (ngt), ansluta sig till ngn (ngt), följa ngn (ngt) **Anlehnung** *0 f* stöd, anslutning **anlehnungsbedürftig** i behov av stöd (ömhet) **anleiern** *vard., se ankurbeln* **Anleihe** *-n f* lån; *e-e* ~ *aufnehmen* ta [upp] ett lån; *bei e-m e-e* ~ *machen* (*skämts.*) låna pengar av ngn; *e-e langfristige* ~ ett långfristigt lån **Anleiheablösung** *-en f* konvertering av lån **anleimen 1** limma fast **2** *vard.* lura, bedra **anleinen** binda fast **anleiten** hand-, väg|leda, instruera, undervisa; *die Arbeit* ~ leda arbetet; *e-n zu etw.* ~ lära ngn ngt, uppmana ngn till ngt **Anleitung** *-en f* hand-, väg|ledning, instruktion, undervisning **Anlernberuf** *-e m* yrke med kort utbildning **anlernen** lära upp, utbilda; *sich* (*dat.*) *etw.* ~ lära sig [ytligt] **Anlernling** *-e m* arbetskraft [med snabbutbildning] **Anlernzeit** *-en f* [kort] utbildningstid **anlesen** *st*, *das Buch* ~ läsa början av (de första sidorna i) boken; *sich* (*dat.*) *etw.* ~ [bara] läsa sig in på **anleuchten** lysa på **anliefern** leverera **anliegen** *st* **1** ligga intill; (*om kläder*) sitta åt, sluta tätt intill; *ein eng* ~ *des Kleid* en tätt åtsittande klänning **2** *etw. liegt e-m an* ngn är mycket mån om ngt; *liegt etw. Besonderes an?* (*vard.*) är det ngt speciellt som ska göras (uträttas)? **3** *e-m* ~ enträget be (*m. inf.*), ansätta ngn **4** vara bifogad **Anliegen** - *n* begäran, önskan, anhållan, ärende; *ein* ~ *haben* (*äv.*) ha ngt på hjärtat **anliegend 1** bifogad, närsluten **2** angränsande **3** åtsittande **Anlieger** - *m* **1** granne, intillboende **2** person med tomt utmed gata (väg) **Anliegerstaat** *-en m* kuststat, stat utmed kusten **anlocken** locka [till sig] **Anlockung** *-en f* lockelse, lockmedel **anlöten** löda fast **anlügen** *st*, *e-n* ~ ljuga för ngn **Anm.** *förk. för Anmerkung* anm., anmärkning **anmachen** *vard*. **1** fästa, sätta upp, sätta (göra) fast **2** tillreda; *e-n Salat* ~ blanda till (laga) en sallad **3** sätta på; *Feuer* ~ göra upp eld; *Licht* ~ tända ljus **4** entusiasmera, tända **5** *e-n immer* ~ jämt vara på ngn **6** *rfl* göra på sig **anmahnen** anmana **anmalen 1** måla **2** *rfl* måla (sminka) sig **Anmarsch** *-e† m* **1** anmarsch, antåg; *im* ~ *sein* vara i antågande **2** marschväg **anmarschieren** *s* vara i anmarsch, närma sig, rycka fram **Anmarschweg** *-e m* [upp]marschväg, marschsträcka **anmaßen** *sich (dat.) etw.* ~ [oberättigat] ta ngt i anspråk (tillägna sig ngt); *sich (dat.)* ~, *zu* drista (tillåta) sig att **anmaßend** arrogant, högdragen, förmäten **Anmaßung** *-en f* **1** arrogans, högdragenhet, förmätenhet **2** orättmätigt anspråk (tillägnande) **anmeckern** *vard*. klanka på **anmeiern** *dial*. lura **Anmeldeformular** *-e n* anmälningsblankett **Anmeldefrist** *-en f* anmälningstid **Anmeldegebühr** *-en f* anmälningsavgift **anmelden** anmäla; *sich* ~ *(äv.)* anmäla inflyttning; *seine Ansprüche* ~ göra sina anspråk gällande; *Konkurs* ~ begära sig i konkurs **anmeldepflichtig** anmälningsskyldig **Anmeldeschein** *-e m* anmälningsblankett **Anmeldung** *-en f* **1** anmälan, anmälning **2** reception **anmerken 1** anteckna, notera **2** anmärka, påpeka **3** *e-m etw.* ~ märka ngt på ngn; *laß dir nichts* ~! låt ingen märka ngt!, låtsas inte om ngt! **Anmerkung** *-en f* **1** anmärkning **2** anteckning, [fot]not **anmessen** *st, e-m etw.* ~ ta mått på ngt åt ngn; *jfr angemessen* **anmustern** *sjö*. mönstra [på] **Anmusterung** *-en f, sjö*. påmönstring **Anmut** *0 f* grace, charm, behag **anmuten** förefalla; *es mutet mich fremd an* det förefaller mig (verkar) konstigt **anmutig, anmut[s]voll** graciös, charmfull, behaglig, täck **annageln** spika fast **annagen** gnaga på; nagga i kanterna **annähen** sy fast; *e-n Knopf* ~ sy i en knapp **annähern 1** närma, anpassa **2** *rfl* nalkas, närma sig; komma varandra närmare **annähernd I** *adj* ungefärlig, approximativ **II** *adv* på ett ungefär, tillnärmelsevis **Annäherung** *-en f* närmande; annalkande **Annäherungsversuch** *-e m* försök till närmande **Annäherungswert** *-e m* approximativt värde **Annahme 1** *0 f* mottagande; ~ *an Kindes Statt* adoption **2** *0 f* antagande, godkännande **3** *-n f* inlämning, expedition **4** *-n f* antagande, förmodan, åsikt; *in der* ~, *daß* i den tron att **Annahmestelle** *-n f* inlämningsställe **Annahmevermerk** *-e m* godkännande, accepterande *(av växel)* **Annalen** *pl* annaler, häver **annehmbar** godtagbar, antagbar, acceptabel **Annehmbarkeit** *0 f* antagbarhet **annehmen** *st* **1** anta[ga]; motta[ga], ta emot; acceptera, godkänna; ta in *(sökande); neue Arbeitskräfte* ~ anställa ny arbetskraft; *Farbe* ~ ta [åt sig] färg; *e-e Gewohnheit* ~ lägga sig till med en vana; *ein Kind* ~ adoptera ett barn; *e-n Rat* ~ lyssna till (på) ett råd; *die Stelle* ~ ta platsen; *Vernunft* ~ ta reson **2** anta[ga], förutsätta, förmoda, mena; *das ist nicht anzunehmen* det är osannolikt; *angenommen,* [*daß*] antag att **3** *rfl, sich e-r Sache (gen.)* ~ åta[ga] sig (ta sig an, ta hand om) ngt; *wer wird sich des Kindes*

~ ? vem skall ta sig an barnet? **4** *jakt*. anfalla; *das Futter* ~ äta av fodret **annehmlich** *åld*. **1** behaglig, angenäm **2** godtagbar, acceptabel **Annehmlichkeit** *-en f* fördel; behag[lighet], bekvämlighet **annektieren** annektera **Annektierung** *-en f* annektering **Annex** *-e m* annex **Annexion** *-en f* annexion **anniesen** nysa på; *vard*. ge en skrapa, skälla ut **annieten** nita fast **Anno** ~ *dazumal* i forna tider; *das war* ~ *dazumal!* *(vard.)* det var då det! **Annonce** [a'nõ:sə] *-n f* annons **annoncieren** [anõ'si:rən] annonsera **annullieren** annullera **Anode** *-n f* anod **anöden** *vard*. **1** tråka ut **2** ofreda, antasta **'anomal** [äv. --'-] anomal **Anomalie** *-n f* anomali **anonym** anonym **Anonymität** *0 f* anonymitet **Anonym|us** [a'no:-] *-i el. -en m* anonym person (författare) **Anorak** ['an-] *-s m* anorak; täckjacka **anordnen 1** [an]ordna, arrangera **2** bestämma, förordna om **Anordnung** *-en f* **1** anordning, arrangemang **2** föreskrift, förordning, förordnande, förhållningsorder **anorganisch** oorganisk **anormal** anormal **anpacken** hugga (gripa) tag i; ta itu med; *ich habe ihn zu hart angepackt (vard.)* jag var för hård mot honom; *wenn alle mit* ~ *(äv.)* om alla hjälps åt **anpappen 1** *vard*. klistra fast (upp, på) **2** *s, dial*. fastna, klibba fast **anpassen 1** an-, av|passa, rätta *(etw. dat. efter ngt)* **2** prova [in] **3** *rfl* anpassa sig *(etw. dat. efter ngt)* **Anpassung** *0 f* anpassning **anpassungsfähig** som kan anpassa sig, som har anpassningsförmåga **Anpassungs|fähigkeit** *0 f*, **-vermögen** *0 n* anpassningsförmåga **anpeilen** pejla **anpeitschen** piska på (driva) på **anpfeifen** *st, sport*. blåsa till start (avspark); *e-n* ~ *(vard.)* huta åt (skälla ut) ngn **Anpfiff** *-e m, sport*. [vissel]signal till start (avspark); *vard*. åthutning, avhyvling, utskällning **anpflanzen** plantera, odla **Anpflanzung** *-en f* plantering, odling **anpflaumen** *vard*. driva med **anpflocken, anpflöcken** tjudra [fast]; fästa med pinnar *(tält)* **anpinkeln** *vard*. kissa på **anpinseln** måla [på]; *blau* ~ blåmåla **anpirschen** *jakt*. **1** *Wild* ~ smyga sig på villebråd **2** *rfl, sich an etw. (ack.)* ~ smyga sig på (fram mot) ngt **anpissen** *vulg*. pissa på **anpöbeln** uppträda fräckt (oförskämt) mot; *e-n* ~ *(äv.)* utsätta ngn för oförskämdheter, okväda (ofreda, antasta) ngn **Anpöbelung** *-en f* oförskämdhet, fräckhet **anpochen** knacka [på]; *bildl*. höra sig för **anpoltern** *s, angepoltert kommen* komma klampande **Anprall** *0 m* törn, stöt **anprallen** *s, an (gegen) etw. (ack.)* ~ törna (stöta) emot ngt, kollidera med ngt **anprangern** brännmärka, skarpt kritisera **anpreisen** *st* prisa, berömma, göra reklam för **anpreschen** *s, angeprescht kommen* komma i full karriär **anpressen** pressa emot (fast) **Anprobe** *-n f* **1** provning *(av kläder)* **2** provrum **anprobieren** prova **anpumpen** *vard*., *e-n* [*um Geld*] ~ [försöka få] låna [pengar] av ngn **anpusten** *vard*. blåsa (andas) på **Anputz** *0 m dial*. stass **anputzen** *dial*. klä upp, pryda, smycka; *sich* ~ klä upp (pryda, smycka) sig **anquasseln**, an-

quatschen *vard.*, *e-n* ~ tilltala ngn, börja prata med ngn **anradeln** *s*, *angeradelt kommen* komma cyklande **anrainen** gränsa **Anrainer** - *m*, *se Anlieger* **anranzen** *vard.* snäsa [av], ge en avhyvling, skälla ut **Anranzer** - *m*, *vard.* åthutning, utskällning **anrasen** *s*, *angerast kommen* komma springande (körande *etc*). i rasande fart **anraten** *st* tillråda **Anraten** *O n* till-, in|rådan **anrauchen** börja röka på; röka in (*pipa*); *e-n* ~ blåsa rök [i ansiktet] på ngn **anräuchern** *kokk.* lättröka **anraunzen** *vard.*, *se anschnauzen* **anrauschen** *s*, *angerauscht kommen* komma brusande, svepa in
anrechnen räkna till (med, in); *e-m etw.* ~ räkna ngn ngt till godo; *ich rechne es ihm hoch an* jag sätter stort värde på hans insats (på vad han har gjort *e.d.*); *er rechnet nichts dafür an* han tar inte betalt för det; *Sie haben mir zuviel angerechnet* Ni har tagit upp för mycket på mig (debiterat mig för högt); *wir rechnen Ihnen den alten Wagen mit 1000 Mark an* Ni får 1 000 mark för Er gamla bil **Anrechnung** *O f* inräkn|ing, -ande; *in* ~ *bringen* (*kommen*) debitera (debiteras) **Anrecht** -*e n* **1** rätt[ighet], anspråk (*auf* + *ack.* till, på) **2** abonnemang (*på konsert e.d.*) **Anrede** -*n f* tilltal, tilltalsord **Anredefall** -*e† m*, *språkv.* vokativ **anreden 1** tala till, tilltala **2** *gegen diesen Lärm konnte ich nicht* ~ det här bullret kunde jag inte överrösta **anregen** stimulera, inspirera, pigga (liva) upp; väcka intresse för, ge impuls till; *e-e Frage* ~ väcka en fråga; *zum Nachdenken* ~ ge en tankeställare **anregend** stimulerande, intressant, tankeväckande, inspirerande **Anregung** -*en f* impuls, initiativ, uppslag, förslag; stimulans, stimulering **Anregungsmittel** - *n*, *med.* stimulans **anreiben** *st* gnida mot; *ein Zündholz* ~ repa eld på en tändsticka **anreichern 1** anrika; *im Körper angereichert werden* lagras i kroppen; *mit Vitaminen* ~ tillsätta vitaminer till, berika med vitaminer; *sich* (*dat.*) *neue Kraft* ~ hämta ny kraft **2** *rfl* anrikas, lagras, samlas **anreihen** *sv* **1** rada (trä) upp; till|foga, -lägga **2** *rfl* ansluta (sälla) sig [till]; *sich* (*hinten*) ~ ställa sig [sist] i kön **3** *äv. st* träckla fast **Anreise** *O f* [dit-, hit]resa; ankomst **anreisen** *s* resa [dit (hit)]; anlända; *angereist kommen* komma resande **anreißen** *st* **1** börja riva (slita) sönder; *am Rande angerissen* trasig i kanten **2** *vard.* börja ta av (använda) **3** starta (*aktersnurra*) **4** göra skåror i (*träd*), bläcka; *tekn.* ritsa, repa, märka; *ein Streichholz* ~ (*dial.*) repa eld på en tändsticka **5** *Kunden* ~ (*vard.*) dra (locka) kunder (*på ett påfluget sätt*) **6** föra på tal, ta upp **Anreißer** - *m*, *vard.* **1** [påflugen] kundvärvare, [skrikig] gatuförsäljare **2** lockvara **anreiten** *st* **1** *s* börja rida; *angeritten kommen* komma ridande; *die Reiterei reitet gegen den Feind an* rytteriet anfaller fienden **2** rida fram till (emot) **3** *ein Pferd* ~ rida in en häst **Anreiz** -*e m* retelse, eggelse, lockelse, sporre, impuls, uppmuntran **anreizen** reta, egga, locka, sporra, stimulera, väcka (*åtrå*) **anrempeln** knuffa till; förolämpa, börja gräl med **Anremp[e]lung** -*en f* knuff; förolämpning **anrennen** *oreg.* **1** *s* (*gegen*) *etw.* (*ack.*) ~ springa (törna) mot ngt; *gegen etw.* ~ storma fram mot ngt, föra en kamp mot ngt; *angerannt kommen* komma springande **2** *dial.* knuffa till; *sich* (*dat.*) *den*

Kopf [*an etw.* (*dat.*)] ~ (*vard.*) slå sig i huvudet [på ngt] **Anrichte** -*n f* serveringsbord, byffé **anrichten** anrätta, laga till; anställa, ställa till med, förorsaka; *es ist angerichtet* (*äv.*) maten är serverad; *was der schon alles angerichtet hat!* vad han redan har ställt till med! **Anrichtetisch** -*e m* serveringsbord **anriechen** *st* lukta på; *man riecht ihm an, daß er viel getrunken hat* det känns på lukten att han har druckit mycket **anritzen** lätt repa (rista, ritsa) **anrollen 1** *s* börja rulla (röra sig); börja; närma sig, komma; komma (strömma) in; *angerollt kommen* komma rullande **2** frakta (köra, rulla) fram **anrosten** *s* [börja] rosta **anrüchig** illa beryktad **Anrüchigkeit** *O f* dåligt rykte **anrucken** rycka i gång, starta med ett ryck **anrücken 1** *s* rycka fram, närma sig, komma; *an e-n* ~ flytta sig närmare intill ngn **2** *etw. an etw.* (*ack.*) ~ flytta ngt intill ngt **anrudern 1** *s*, *angerudert kommen* komma roende **2** *sport.* öppna roddsäsongen **Anruf** -*e m* an-, till|rop; *tel.* påringning, samtal **Anrufbeantworter** - *m*, [*automatischer*] ~ [automatisk] telefonsvarare **anrufen** *st* ropa på, ropa an, anropa, åkalla; *tel.* ringa [upp]; *zu Hause* ~ ringa hem; *eine höhere Instanz* ~ vädja (gå) till högre instans **Anrufung** -*en f* åkallan, anropande, vädjan **anrühren 1** vidröra, röra [vid] **2** röra (vispa, blanda) till
ans = *an das*
Ansage -*n f* **1** anmälan, tillkännagivande; *åld.* meddelande **2** *radio.* påannonsering **3** *kortsp.* bud **ansagen 1** anmäla, tillkännage; *åld.* meddela; *sich* ~ avisera sin ankomst; *er sagte sich zum Abendessen an* han sade att han skulle komma till middag; *etw.* (*dat.*) *den Kampf* ~ (*bildl.*) förklara krig mot ngt **2** diktera; *radio.* påannonsera; *er sagt im Rundfunk an* han är hallåman vid radion **Ansager** - *m* hallåman, program|annonsör, -ledare; konferencier **ansamen** *rfl* självså sig **ansammeln 1** samla, hopa **2** *rfl* samlas, hopas, samla sig **Ansammlung** -*en f* samling, hop **ansässig** bosatt, bofast; *sich* ~ *machen* (*åld.*) slå sig ner, bosätta sig **Ansässige(r)** *m f*, *adj böjn.* person som är bosatt (*på en plats*), invånare **Ansatz** -*e† m* **1** ansats (*äv. mus.*); början, antydan **2** beläggning, avlagring **3** *mat.* uppställning, teckning (*av tal*) **4** *ekon.* **5** [preliminär] kostnadsberäkning, kalkyl; *in* ~ *bringen* beräkna, anslå **5** *tekn.* skarv, tillsats; ansats **Ansatzpunkt** -*e m* utgångspunkt **ansauen** *vulg.* skälla ut, förolämpa **ansäuern 1** syra; tillsätta surdeg (jäst) till **2** *s* surna **ansaufen** *st*, *vulg.*, *sich* (*dat.*) *e-n* ~ supa sig full **ansaugen** *st* **1** suga till sig **2** *rfl* suga sig fast **ansäuseln** *vard. skämts.* skrika åt; *angesäuselt* lätt berusad **ansausen** *s*, *angesaust kommen* komma vinande (susande, rusande) **Anschaffe** *O f*, *dial.* jobb; *vard.* stöld[turné]; *auf* ~ *gehen a*) (*vard.*) [förröka] ragga upp ngn, *b*) *dial.* jobba, *c*) *vard.* prostituera sig **anschaffen** [an]skaffa, skaffa sig; *vard.* stjäla; *sty.*, *österr.* ge i uppdrag, säga till, beställa; ~ [*gehen*] *a*) *dial.* tjäna pengar, jobba, *b*) *vard.* prostituera sig **Anschaffung** -*en f* anskaff|ning, -ande, [in]köp **Anschaffungswert** -*e m* inköps-, anskaffnings|värde **anschalten** koppla (sätta, släppa) på; *das Licht* ~ tända ljuset **anschauen** betrakta, beskåda, se (titta) på; *sich* (*dat.*) *etw.* ~ titta

på ngt **anschaulich** åskådlig **Anschaulichkeit** 0 f åskådlighet **Anschauung** 1 -en f åskådning, åsikt, mening, uppfattning **2** 0 f åskådande, betraktande; *relig.* kontemplation **Anschauungs|kraft** 0 f föreställningsförmåga **-material** *-ien n* åskådningsmaterial **-unterricht** 0 m åskådningsundervisning **-vermögen** 0 n föreställningsförmåga **-weise** *-n f* sätt att se, åskådnings-, tänke|sätt **Anschein** 0 m sken, utseende; *er gibt sich (dat.) den ~, als könne er alles* han ger sig sken av att kunna allting; *dem (allem) ~ nach* så som det ser ut (verkar), efter (av) allt att döma, tydligen; *den ~ haben, als [ob]* verka som om **anscheinen** *st* skina på **anscheinend** tydligen, synbarligen, till synes, efter vad man kan se **anscheißen** *st, vulg.*, *e-n ~ a)* ryta åt (skälla ut) ngn, *b)* lura ngn **anschicken** *rfl, sich zu etw. ~* göra sig i ordning till (förbereda sig på) ngt; *sich ~, etw. zu tun* stå i begrepp att göra ngt **anschieben** *st* **1** skjuta intill (emot, på); *das Auto ~* skjuta på bilen **2** *s, angeschoben kommen* komma släntrande **anschielen** snegla på **anschienen** *med.* spjälka **anschießen** *st* **1** provskjuta, skjuta in **2** skadskjuta, såra **3** *vard.* kritisera; misskreditera, skamfila **4** *s, angeschossen kommen* komma farande [som en pil], närma sig blixtsnabbt **anschiffen** *vard.* pissa på **anschimmeln** *s* [börja] mögla **anschirren** sela på; spänna för **Anschi|ß** *-sse m, vulg.* avhyvling, utskällning
Anschlag -e† m **1** anslag (*äv. mus.*); nedslag (*på skrivmaskin*) **2** anslag, affisch, plakat **3** attentat, komplott, stämpling **4** [kostnads]beräkning; *in ~ bringen* ta med i beräkningen **5** [hund]skall **6** *tekn.* stopp[anordning] **7** (*i lek*) *~ für* dunk för **8** *mil.* färdigställning; *das Gewehr in ~ bringen* lägga an [geväret] **Anschlagbrett** *-er n* anslagstavla **anschlagen** *st* **1** anslå, affischera; sätta (spika, slå) upp (fast) **2** anslå, slå an (*ton o.d.*); *er schlug ein neues Thema an* han tog upp ett nytt ämne **3** kantstöta, slå en bit av (ur); *angeschlagene Tassen* kantstötta koppar **4** uppskatta, värdera **5** *sjö.* göra fast **6** lägga an, sikta (*m. gevär*) **7** (*i lek*) kulla, dunka **8** *österr.* slå upp, börja tappa (*ölfat*) **9** *s, an etw. (ack.) ~* slå emot ngt **10** *ich habe mir den Kopf angeschlagen* jag har slagit mig i huvudet **11** (*om klocka*) [börja] slå; (*om hund*) ge skall **12** *diese Heilmittel schlagen bei ihm nicht an* dessa medikamenter har ingen verkan på honom; *Schokolade schlägt an* man blir tjock av choklad **anschlägig** *dial.* fyndig, påhittig **Anschlagsäule** -*n f* annonspelare **Anschlagtafel** -*n f* anslagstavla **Anschlagzettel** *-n m* anslag, affisch
anschleichen *st* **1** *s, angeschlichen kommen* komma smygande **2** *Wild ~* smyga sig på villebråd **3** *rfl, sich an etw. (ack.) ~* smyga sig på (fram mot) ngt **anschleifen** *st* **1** slipa [litet grand]; vässa; slipa till **2** *sv* släpa fram **anschlendern** *s, angeschlendert kommen* komma släntrande (flanerande) **anschleppen** släpa fram; *das Auto ~* bogsera igång bilen **anschließen** *st* **1** låsa (binda, kedja) fast (*an etw.* + *dat. el. ack.* vid ngt); ansluta, anknyta, koppla till (in, på) (*an etw.* + *ack. el. dat.* till ngt); tillägga, bifoga (*an etw.* + *ack.* till ngt); *das Fahrrad mit e-r Kette am* (*an den*) *Zaun ~* kedja fast cykeln vid staketet **2** följa, ansluta sig (*an etw.* + *ack.* efter, till ngt); *jfr 4* **3** sitta åt, sluta till; *eng ~de Hosen* tätt åtsittande byxor **4** *rfl* ansluta sig; *darf ich mich Ihnen ~?* får jag göra Er sällskap?; *ein Garten schließt [sich] an das Haus an* i anslutning till huset finns en trädgård; *an den Vortrag schließt [sich] e-e Diskussion an* efter föredraget följer en diskussion; *sich schwer ~ [können]* ha svårt för att få kontakt[er] (vänner) **anschließend** i anslutning härtill, därefter, närmast i (på) programmet **Anschlu|ß** -*sse*† *m* an-, till|slutning; anknytning, förbindelse; kontakt; *der ~ (hist.)* Österrikes införlivande med Tyskland 1938; *keinen ~ bekommen (tel.)* inte komma fram; *der ~ ist besetzt (tel.)* det är upptaget; *direkten ~ haben* ha direkt förbindelse; *elektrischen ~ haben* vara ansluten till elnätet, ha elektricitet; *~ suchen* söka kontakt; *er hat seinen ~ verpaßt* han har missat anslutningsbussen (*etc.*); *den ~ verpaßt haben (vard.) a) (om kvinna)* ha kommit på överblivna kartan, *b)* inte ha kommit fram (avancerat) i jobbet **Anschlußdose** *-n f* vägguttag **Anschlußlinie** *-n f* anslutnings-, matar|linje **Anschlußtreffer** *- m, sport., den ~ erzielen (ung.)* reducera (*t.ex. från 4—2 till 4—3*) **Anschlußzug** *-e*† *m* anslutningståg
anschmachten smäktande betrakta; hemligt älska **anschmeißen** *st, vard.* **1** starta, sätta igång (*motor*) **2** *rfl* tränga (truga) sig på **anschmieden** smida fast **anschmiegen** *rfl* **1** (*om plagg*) smita åt **2** *sich an e-n ~* smyga (trycka) sig intill ngn **anschmiegsam** smidig, böjlig, följsam; foglig, eftergiven **anschmieren 1** smeta (smörja, kleta) på; smutsa ner **2** *vard.* lura **3** *rfl, sich bei e-m ~* ställa sig in hos ngn **anschmunzeln** le mot **anschnallen** spänna fast; *sich ~ (äv.)* ta på sig säkerhetsbältet; *die Skier ~* spänna på sig skidorna **Anschnallgurt** *-e m* säkerhetsbälte **anschnauzen** *vard.* ge en avhyvling, huta åt **Anschnauzer** *- m, vard.* avhyvling **anschneiden** *st* **1** skära av (*första biten*); *angeschnittener Ärmel* helskuren ärm **2** föra på tal, ta upp, börja diskutera; *e-e Frage ~ (äv.)* väcka en fråga **Anschnitt** *-e*† *m* första bit; snittyta **anschnorren** *dial., e-n ~* [påfluget] be (tigga av) ngn
Anschovis [an'ʃo:vɪs] *- f* ansjovis
anschrammen rispa, repa **anschrauben** skruva fast (på) **anschreiben** *st* (*jfr angeschrieben*) **1** börja skriva med; *der Kugelschreiber schreibt sofort an* kulspetspennan skriver (fungerar) genast (direkt) **2** skriva upp, anteckna; *etw. an die Tafel ~* skriva ngt på [svarta] tavlan; *~ lassen* ta på kredit, låta skriva upp **3** *kansl.* tillskriva, vända sig till **Anschreiben** *- n* följebrev **anschreien** *st* ryta (skrika) åt **Anschrift** *-en f* adress **Anschriftenänderung** *-en f* adressändring **anschuldigen** beskylla, anklaga, *jur.* åtala (*e-n e-r Sache gen.* ngn för ngt) **Anschuldigung** *-en f* beskyllning, anklagelse **anschummeln** *vard.* lura **anschüren 1** röra om **2** underblåsa, väcka **Anschu|ß** -*sse*† *m, jakt.* **1** första skott **2** skott|sår, -hål **3** djurets position [vid skottet] **anschütten** skotta (kasta) upp; hälla (spilla) (*vatten e. d.*) på **anschwanken** *s, angeschwankt kommen* komma vinglande **anschwänzeln** *s, angeschwänzelt kommen* komma viftande på svansen **anschwärmen

1 *e-n* ~ svärma för (hemligt dyrka) ngn **2** *s* svärma (flyga, komma) hit **anschwärzen** *bildl.* svärta ner **Anschwärzung** *-en f* förtal **anschweigen** *st, e-n* ~ låta bli att tala med ngn; *sich* ~ (*äv.*) sitta tysta **anschweißen** svetsa fast **anschwellen 1** *st s* svälla, vidgas, stiga (*om flod*); öka, tillta i styrka (*om ljud*); svullna (svälla) [upp], bli svullen **2** *sv* låta (få att) svälla; blåsa upp, fylla (*segel etc.*) **Anschwellung** *-en f* ansvällning; svullnad **anschwemmen** spola (skölja) upp (i land); avlagra, avsätta **anschwimmen** *st* **1** *s, gegen die Strömung* ~ simma mot strömmen; *angeschwommen kommen* komma simmande **2** simma fram mot **anschwindeln** *e-n* ~ ljuga för ngn, ljuga ngn mitt upp i ansiktet, lura ngn **ansegeln 1** *s, angesegelt kommen* komma seglande **2** segla fram mot, sätta kurs på **ansehen** *st* se på, betrakta; anse; märka; *das sieht man Ihnen nicht an* det syns inte på Er; *sich* (*dat.*) *etw.* ~ se på ngt, ta sig en titt på ngt; *etw. mit* ~ bli vittne till ngt, stillatigande åse ngt; *sich* ~, *als* se ut som om; *e-n über die Schulter* ~ se ngn över axeln; *e-n von oben* [*herab*] ~ se ner på ngn; *er will sie nicht mehr* ~ han vill inte längre ha med henne att göra; *sieh mal* [*einer*] *an!, sieh* [*mal*] *an!* ser man på!, titta bara!; *e-n als etw.* ~ anse ngn vara ngt; *sich als Held* (*åld. Helden*) ~ anse sig vara en hjälte; *für wen siehst du mich an?* vem tar du mig för?; *man sieht es ihm gleich an* det märks genast på honom **Ansehen** *0 n* **1** betraktande **2** utseende; *ich kenne sie nur vom* ~ jag känner henne bara till utseendet **3** anseende, aktning, prestige; *in hohem* ~ *stehen* ha gott anseende, vara en aktad person; *ohne* ~ *der Person* utan mannamån (anseende, hänsyn) till person **ansehnlich 1** ansenlig, betydande, [rätt] stor, aktningsvärd **2** ståtlig, snygg (*t. utseendet*) **Ansehnlichkeit** *0 f* **1** ansenlighet, betydenhet **2** ståtlighet **Ansehung** *0 f, kansl., in* ~ *seiner Gesundheit* (*gen.*) med hänsyn (i anseende) till hans hälsa **anseilen** binda fast (ihop), fästa med lina (*vid bergbestigning*) **ansein** *oreg. s, vard.* vara på (i gång) **ansengen** sveda **ansetzen 1** sätta fast (på), fästa; *die Feder* ~ föra pennan till papperet; *das Glas* ~ föra glaset till munnen; *Kartoffeln* ~ (*dial.*) sätta på potatis[en] **2** avsätta, bilda; *Fett* ~ bli tjock; *die Bäume setzen Knospen an* träden knoppas (skjuter knopp); *Rost* ~ rosta **3** bestämma, fastställa, utlysa; *e-n Termin* ~ bestämma en tid[punkt] **4** beräkna, anslå, taxera **5** blanda (laga) till, tillreda **6** placera, sätta in **7** *mat.* sätta upp **8** ta sats, börja; *zum Sprechen* ~ göra sig redo att (börja) tala; *er setzte zum Sprung an* han tog sats för hoppet **9** *rfl* sätta sig fast, häfta; bildas **Ansicht** *-en f* **1** mening, åsikt; *er ist anderer* ~ han är av annan åsikt, han tycker ngt annat; *nach seiner* ~, *seiner* ~ *nach* enligt hans åsikt; *verschiedener* ~ *über etw.* (*ack.*) *sein* vara av olika åsikt (ha delade meningar) om ngt **2** vy; *die vordere* ~ *des Hauses* husets framsida **3** påseende; *Waren zur* ~ varor till påseende **ansichtig** *e-r Sache* (*gen.*) ~ *werden* få syn på (bli varse) en sak **Ansichtskarte** *-n f* vykort **Ansichtssache** *0 f, das ist* ~ *det beror på vad man har för åsikt* (på tycke och smak) **Ansichtssendung** *-en f* provförsändelse, sändning till påseende **ansiedeln 1** etablera (*företag*); placera **2** *rfl* bosätta sig,

slå sig ned **Ansied**[**e**]**lung** *-en f* bosättning, placering; nybygge, koloni **Ansiedler** - *m* kolonist, nybyggare **ansinnen** *st, e-m etw.* ~ kräva ngt av ngn **Ansinnen** - *n* [orimligt] krav (förslag); *ein* ~ *an e-n stellen* framställa en [orimlig] begäran till ngn **Ansitz** *-e m, jakt.* pass, håll **ansitzen** *st, jakt.* sitta på pass **ansohlen 1** sula **2** *dial.* lura **an'sonst I** *adv, se ansonsten* **II** *konj, österr., schweiz., se andernfalls* **an'sonsten** för övrigt, i annat fall, annars **anspannen** (*jfr angespannt*) **1** spänna för (*häst*) **2** spänna, sträcka **Anspannung** *-en f* **1** spännande **2** anspänning, ansträngning, koncentration; *unter* ~ *aller Kräfte* med uppbjudande av alla krafter **ansparen** spara [ihop] **anspeien** *st* spotta på **Anspiel** *-e n, sport.* början (*av match e.d.*); utspel; passning; *kortsp.* förhand; *am* ~ *sein* ha förhand **anspielen 1** *sport.* spela ut, öppna; *kortsp. äv.* ha förhand; *Prohaska spielt Krankl an* Prohaska passar till Krankl **2** *auf etw.* (*ack.*) ~ anspela (hänsyfta) på ngt **Anspielung** *-en f* anspelning, hänsyftning; insinuation **anspinnen** *st* **1** [an]knyta, inleda, börja; *e-e Beziehung* ~ inleda en förbindelse **2** *rfl* börja utveckla sig, [hålla på att] uppstå **anspitzen** spetsa, vässa; *e-n* ~ (*vard.*) driva på (sätta fart på) ngn **Ansporn** *0 m, bildl.* sporre, impuls, eggelse **ansporren** sporra; egga, uppmuntra, stimulera **Ansprache** *-n f* anförande, [kort] tal; tilltal; *sty., österr.* samtal, kontakt; *keine* ~ *haben* inte ha ngn att tala med **ansprechbar** *ich bin jetzt nicht* ~ jag tar inte emot några samtal nu, jag är upptagen; *der Patient ist nicht* ~ patienten reagerar inte på tilltal, man kan inte tala med patienten **ansprechen** *st* **1** tilltala (*äv. bildl.*); behaga; *e-n um etw.* ~ fråga (be) ngn om ngt; *die Polizei wegen etw.* ~ vända sig (gå) till polisen med ngt, tala med polisen om ngt; *sie fühlte sich angesprochen* hon kände sig berörd (träffad); *die Frage* ~ föra frågan på tal, behandla frågan; *diese Melodie spricht ihn an* denna melodi tilltalar honom (slår an på honom); *das Stück sprach nicht an* pjäsen fick inget gott mottagande **2** anse; *etw. als etw.* ~ anse (betrakta) ngt som ngt **3** *auf etw.* (*ack.*) ~ reagera [positivt] på ngt; *gut* ~ *de Bremsen* bromsar som tar (fungerar) bra **ansprechend** tilltalande, behaglig, fängslande **ansprengen** *s, angesprengt kommen* komma galopperande (framsprängande) **anspringen** *st* **1** *s* (*om motor*) starta; *schwer* ~ vara svårstartad **2** *s, angesprungen kommen* komma hoppande (skuttande, sättande) **3** *s, gegen etw.* ~ hoppa mot ngt; *auf ein Angebot* ~ (*vard.*) hoppa (nappa) på ett erbjudande **4** rusa (hoppa) på, hoppa upp mot; *Furcht springt sie an* hon grips av rädsla **anspritzen 1** stänka (spruta) på **2** *s, vard., angespritzt kommen* komma rusande **Anspruch** *-ef m* rätt; anspråk, krav, fordran; *auf etw.* (*ack.*) ~ *haben* (*äv.*) ha rätt[ighet] till ngt; ~ *auf Ruhegeld haben* vara pensionsberättigad; *in* ~ *nehmen* ta i anspråk, anlita; [*stark*] *in* ~ *genommen sein* vara [strängt] upptagen, ha mycket att göra; *große Ansprüche stellen* (*äv.*) ställa stora (höga) krav, kräva mycket; (*keine*) *Ansprüche stellen* vara anspråksfull (anspråkslös) **anspruchslos** förnöjsam, anspråkslös, föga krävande **Anspruchslosigkeit** *0 f* anspråks-

anspruchsvoll—antaumeln

löshet **anspruchsvoll** anspråksfull, krävande, pretentiös **ansprühen** bespruta, spraya, duscha **Ansprung** -e† *m* ansats, språng **anspucken** spotta på **anspülen** skölja (spola) upp (i land) **anstacheln** egga, sporra, driva på **Anstalt** -en *f* **1** anstalt, inrättning; institut, institution; läroanstalt, skola **2** ~en anstalter, förberedelser; ~en treffen vidta åtgärder **Anstaltsfürsorge** 0 *f* anstaltsvård **Anstaltsleiter** - *m* anstaltschef **Anstand 1** 0 *m* anständighet, konvenans, [levnads]vett, skick **2** -e† *m*, *se Ansitz* **3** -e† *m*, *sty.*, *österr.* problem, svårighet; *keinen* ~ *nehmen* inte tveka, inte hysa några betänkligheter; *[keinen]* ~ *an etw.* (*dat.*) *nehmen* [inte] ta anstöt av ngt **anständig** anständig; lämplig, passande, respektabel; hygglig, hederlig, ordentlig; ~*er Kerl* (*vard.*) bussig (renhårig, hygglig) kille; *es schneit ganz* ~ (*vard.*) det snöar rätt kraftigt **Anständigkeit** 0 *f* anständighet **Anstandsbesuch** -e *m* skyldighetsvisit **Anstandsdame** -*n f* förkläde **Anstandsgefühl** 0 *n* taktkänsla **anstandshalber** för anständighets (skams) skull, i anständighetens namn **anstandslos** utan tvekan (betänklighet); utan invändningar (problem), utan att krångla **Anstandswauwau** 0 *m*, *vard.* *skämts.* förkläde **anstänkern** *vard.* skälla på; mucka gräl med **anstarren** stirra på **an'statt** *prep m. gen.* i stället för **anstauben** *s* bli dammig **anstauen 1** dämma upp **2** *rfl* hopa sig **anstaunen** förvånat betrakta, titta nyfiket på **anstechen** *st* **1** sticka [i (hål på)]; *brüllen wie angestochen* (*wie ein angestochenes Schwein*) *vard.* skrika som en stucken gris **2** slå upp (*ölfat*) **Ansteckblume** -*n f* knapphålsblomma **anstecken 1** fästa, sticka (sätta) fast; *e-n Ring* ~ sätta på [sig] en ring [på fingret] **2** *dial.* tända [på], sätta (tända) eld på; *sich* (*dat.*) *e-e Zigarette* ~ tända en cigarett **3** smitta; *sich* ~ bli smittad **4** *dial.* slå upp (*ölfat*) **ansteckend** smitt[o]sam **Anstecknadel** -*n f* brosch; märke; kravattnål **Ansteckung** -*en f* smitta, infektion **ansteckungsfähig** smitt[o]sam **Ansteckungsgefahr** -en *f* smitt[o]fara **Ansteckungsherd** -e *m* smitt[o]härd **Ansteckungsstoff** -e *m* smittämne **anstehen** *st h*, *dial. s* **1** stå i kö, köa **2** [få] anstå; *die Arbeit* ~ *lassen* skjuta upp arbetet **3** *högt.* passa, anstå; *es steht mir nicht an* det anstår (höves) inte mig **4** tveka; *ich stehe nicht an, es zu tun* jag tvekar inte att göra det **5** (*om tid*) vara fastställd (bestämd) **6** *geol.* anstå **ansteigen** *st s* höja sig, stiga; klättra (gå) uppför; *bildl.* öka, stiga; *angestiegen kommen* komma stegande **an'stelle, an Stelle** *prep m. gen.* i stället för **anstellen 1** anställa, ta i sin tjänst; *fest angestellt* fast anställd **2** anställa, utföra, företa, göra, åstadkomma; ställa till med; *was hast du nun wieder angestellt!* (*vard.*) vad har du nu ställt till med igen!; *Betrachtungen* ~ anställa betraktelser; *Erhebungen* ~ göra efterforskningar; *Erwägungen* (*Überlegungen*) ~ hålla (ha) överläggningar; *e-e Untersuchung* ~ företa en undersökning **3** ställa intill; *etw. an etw.* (*ack.*, *ibl. dat.*) ~ ställa ngt intill (mot) ngt **4** skruva (vrida, sätta) på **5** *rfl* ställa sig i kö **6** *rfl* bära sig åt, uppföra (bete) sig; *er stellte sich an, als wüßte er von nichts* (*äv.*) han

spelade alldeles ovetande; *stell dich nicht so an!* (*vard.*) sjåpa dig inte så där!, gör dig inte till!; *sich bei etw. ungeschickt* ~ (*vard.*) bära sig klumpigt åt med ngt **anstellig** händig, skicklig, läraktig **Anstellung** -en *f* anställning **Anstellungsvertrag** -e† *m* anställningskontrakt **anstemmen 1** pressa emot **2** *rfl*, *sich gegen etw.* ~ ta spjärn emot ngt, (*bildl.*) spjärna emot ngt **ansteuern** styra (sätta kurs) mot **Anstich** -e *m* öppnande, uppslående (*av ölfat e.d.*); *frischer* ~ färsk tappning **anstiefeln** *s*, *angestiefelt kommen* komma klivande (stövlande) **Anstieg 1** 0 *m* stigning, motlut; ökning, höjning **2** -e *m* väg uppför; *beim* ~ på uppvägen **anstieren** stirra (glo) på **anstiften** anstifta, förorsaka, vålla; *e-n zu etw.* ~ tubba (förleda, övertala) ngn till ngt **Anstifter** - *m* anstiftare, upphovsman **Anstiftung** -en *f* anstiftan[de] **anstimmen** stämma upp; *e-n anderen Ton* ~ slå an en annan ton **anstinken** *st, vulg., se anwidern; es stinkt mich an* (*äv.*) jag är trött på det; *gegen etw. nicht* ~ *können* inte kunna göra ngt (vara maktlös) mot ngt **Anstoß** -e† *m* **1** stöt **2** impuls; *den* [*ersten*] ~ *zu etw. geben* ge impuls till (sätta i gång) ngt **3** anstöt, förargelse; *Stein des* ~es stötesten, förargelseklippa; ~ *erregend* förargelseväckande **4** *fotb.* avspark **anstoßen** *st* **1** stöta (knuffa) till; skåla, klinga med glasen; *fotb.* göra avspark **2** *s*, *an etw.* (*ack.*) ~ stöta emot ngt **3** *an etw.* (*ack.*) ~ gränsa [in]till ngt **4** *s* väcka anstöt **5** [*mit der Zunge*] ~ läspa **anstoßend** angränsande **anstößig** anstötlig, otillbörlig, stötande **Anstößigkeit** -en *f* anstötlighet, oanständighet, otillbörlighet

anstrahlen 1 lysa (stråla) på, belysa, bestråla **2** lysa (stråla) mot **anstreben** eftersträva, sträva efter **anstreichen** *st* **1** stryka, måla **2** pricka (stryka) för; ~ *m etw.* ~ (*bildl.*) ge ngn betalt (igen) för ngt **3** stryka eld på (*tändsticka*) **Anstreicher** -*m* målare, plankstrykare **anstreifen 1** snudda vid **2** ta (dra) på sig (*plagg*) **anstrengen 1** anstränga, fresta [på] **2** *jur.* anhängiggöra **3** *rfl* anstränga sig **anstrengend** ansträngande, påfrestande **Anstrengung** -en *f* ansträngning, strapats, möda **Anstrich** -e *m* **1** målning, strykning **2** anstrykning, prägel; *sich* (*dat.*) *e-n* ~ *von Gelehrsamkeit geben* ge sig sken av lärdom **anstricken** sticka till (fast vid) **anströmen** *s* strömma till (emot); *angeströmt kommen* komma strömmande **anstücke[l]n** skarva till (i) [med småbitar] **Ansturm** 0 *m* anstorm|ning, -ande; tillströmning, rusning **anstürmen** *s* storma fram; *bildl.* anstorma; *angestürmt kommen* komma framstormande **anstürzen** *s*, *angestürzt kommen* komma störtande (rusande) **ansuchen** *kansl.* be, ansöka, anhålla; *e-n um etw.* ~ anhålla om ngt hos ngn **Ansuchen** - *n* anhållan, ansök|an, -ning **Antagonism|us** -*en m* antagonism **Antagonist** -*en* -*en m* antagonist **antagonistisch** antagonistisk **antanzen** *s*, *vard.* dimpa ner; *angetanzt kommen* komma nerdimpande (nerdansande) **Antarktis** 0 *f* antarktis **antarktisch** antarktisk **antasten** [lätt] röra vid; *bildl.* antasta; *das Geld nicht* ~ inte ta av (röra) pengarna; *das Thema nur* ~ endast snudda vid ämnet **antaumeln** *s*, *angetaumelt kommen* komma

raglande **Anteil** *-e m* [an]del,'lott; ~ *an* (+*dat.*) (*äv.*) delaktighet i; ~ *an etw.* (*dat.*) **nehmen delta** (ta del) i ngt, hysa intresse (deltagande) för ngt **anteilig** proportionell **anteillos** likgiltig, ointresserad **anteilmäßig** proportionell **Anteilnahme** *0 f* deltagande **Anteilschein** *-e m* andelsbevis **anteilslos** *se anteillos* **anteilmäßig** proportionell **antelefonieren** *vard.*, *e-n* (*bei e-m*) ~ ringa till (upp) ngn
Antenne *-n f* antenn; *e-e* ~ *für etw. haben* (*vard.*) ha näsa (känsla) för ngt
'**Antestat** *-e n, univ.* studieintyg (*om anmälan t. kurs e.d.*)
Anthologie *-n f* antologi
Anthrazit *-e m* antracit
Anthropologe *-n -n m* antropolog **Anthropologie** *0 f* antropologi
Antialkoholiker - *m* nykterist; nykterhetsvän **antiautoritär** antiauktoritär **Antibabypille** *-n f* p-piller **Antibiotik|um** *-a n* antibiotikum **Antifaschist** *-en -en* ·*m* antifascist **Antiheld** *-en -en m* antihjälte **antiimperialistisch** antiimperialistisk
antik antik **Antike 1** *0 f, die* ~ antiken **2** *-n f* konstverk från antiken **antikisch** på antikens sätt, i antikens stil **antikisieren** antikisera **Antikommunist** *-en -en m* antikommunist **antikommunistisch** antikommunistisk **antikonzeptionell** *~e Mittel* preventivmedel **Antikonzeptiv|um** *-a n* preventivmedel **Antikörper** - *m, med.* antikropp **Antikritik** *-en f* motkritik
Antillen *pl, die* ~ Antillerna
Antilope *-n f* antilop
antimilitaristisch antimilitaristisk
Antimon *0 n* antimon
antimonarchisch antimonarkistisk
Antipathie *-n f* antipati **Antipode** *-n -n m* antipod
antippen lätt beröra, snudda vid; *bildl.* antyda, [flyktigt] beröra; *bei e-m* ~ (*vard.*) [försiktigt] höra sig för hos ngn
Antiqua *0 f, boktr.* antikva **Antiquar** *-e m* antikvariatsbokhandlare; antikvitetshandlare **Antiquariat** *-e n* antikvariat[sbokhandel] **antiquarisch** antikvarisk **antiquiert** förlegad, antikverad
Antisemit *-en -en m* antisemit **antisemitisch** antisemitisk **Antisemitismus** *0 m* antisemitism **Antisepsis** *0 f, med.* antiseptik **Antiseptik|um** *-a n* antiseptiskt medel, antiseptikum **antiseptisch** antiseptisk **Antithese** *-n f* antites **Antizipation** *-en f* antecipation **antizipieren** antecipera
Antlitz *-e n, högt.* anlete
antoben 1 *gegen etw.* ~ rasa mot ngt **2** *s, angetobt kommen* komma rasande (rusande, stojande) **antraben 1** börja trava **2** *s, angetrabt kommen* komma travande
Antrag *-e† m* **1** förslag, framställning, yrkande; *polit.* motion; *dem* ~ *wurde stattgegeben* yrkandet antogs; *der* ~ *wird abgewiesen* yrkandet ogillas **2** ansökningsformulär **3** giftermålsanbud; *e-m Mädchen e-n* ~ *machen* ge en flicka ett giftermålsanbud, fria till en flicka **antragen** *st* erbjuda, bjuda [på] **Antragsdelikt** *-e n, jur.* angivelsebrott **Antragsformular** *-e n* ansöknings|formulär, -blankett **antragsgemäß** i enlighet med ansökan **Antragsteller** - *m* sökande; förslagsställare; *parl.* motionär

antransportieren transportera [hit, dit] **antrauen** viga (*ein Mädchen e-m Mann en flicka vid en man*) **antreffen** *st* an-, på|träffa **antreiben** *st* **1** driva (*maskin*) **2** driva upp (*växt*); driva på; egga **3** *der Sturm trieb das Schiff ans* (*am*) *Ufer an* stormen drev fartyget mot stranden **4** *s* driva i land; *angetrieben kommen* komma drivande (flytande) **Antreiber** - *m* pådrivare **antreten** *st* **1** trampa fast (till) **2** trampa (sparka) i gång (*motorcykel*) **3** an-, till|träda; börja (*arbete*); börja avtjäna (*straff*) **4** *s* ställa upp [sig]; infinna sig; [börja] spurta **Antrieb** *-e m* **1** drift, drivkraft; *elektrischen* ~ *haben* vara eldriven **2** sporre, impuls; *aus eigenem* ~ på eget initiativ, självmant; *aus natürlichem* ~ instinktivt **Antriebswelle** *-n f* drivaxel **antrinken** *st* **1** börja dricka av (ur) **2** *sich* (*dat.*) *Mut* ~ dricka sig till mod; *sich* (*dat.*) *e-n* ~ dricka sig full **Antritt** *-e m* **1** början; tillträde, anträdande **2** spurt **Antrittsbesuch** *-e m* första besök (uppvaktning) **Antrittsrede** *-n f* inträdestal **Antrittsvorlesung** *-en f* installationsföreläsning **antrocknen** *s* **1** torka fast **2** börja torka **antuckern** *s, vard.*, angetuckert *kommen* komma puttrande **antun** *st* **1** tillfoga, visa, göra; *tu mir das nicht an!* gör mig inte den sorgen!; *sich* (*dat.*) *etw.* ~ bära hand på sig själv; *sich* (*dat.*) *etw. Gutes* ~ unna sig ngt trevligt; *etw.* (*dat.*) *Gewalt* ~ våldföra sig på ngt **2** *dial.* ta (klä) på [sig] **3** *es e-m angetan haben* förtrolla (tjusa till) ngn; *sie hat es ihm angetan* han är mycket förtjust i henne **antupfen** lätt vidröra **anturnen** ['antœrnən] *vard.* **1** tända på; *angeturnt* påtänd (*av knark*) **2** *sie hat ihn voll angeturnt* han är heltänd på henne
Antwort *-en f* svar; *ablehnende* ~ nekande svar, avslag, nej; *zustimmende* ~ jakande svar; *um* ~ *wird gebeten* (*u.A.w.g.*) om svar anhålles (o.s.a.); *e-m Rede und* ~ *stehen* stå till svars [in]för ngn **antworten** svara (*e-m* ngn; *auf etw. ack.* på ngt) **antwortlich** *prep m. gen.* som (till) svar på **Antwortschein** *-e m, post.* svarskupong **Antwortschreiben** - *n* svarsskrivelse
anulken *vard.* skoja (retas) med
An|us *-i m* anus, ändtarmsöppning
anvertrauen anförtro **anverwandt** besläktad, släkt; *einander* ~ *sein* vara släkt med varandra **anvisieren** sikta på, ta sikte på **anwachsen** *st* **1** tillväxa, öka **2** växa fast **3** slå rot **anwackeln** *s, angewackelt kommen* komma rultande
Anwalt *-e† m* advokat; *bildl.* förespråkare **Anwaltschaft** *0 f* **1** advokatkår **2** advokatämbete **3** advokatskap
anwalzen *s, angewalzt kommen* komma [sakta] gående **anwandeln** komma över, bemäktiga sig; *was wandelt dich an?* vad går det åt?, hur bär du dig åt?; *Furcht wandelte ihn an* han greps av fruktan **Anwand[e]lung** *-en f* an-, in|fall, ryck **anwanzen** *rfl, vard.* ställa sig in
anwärmen värma upp **Anwärter** - *m* kandidat, aspirant, sökande **Anwartschaft** *0 f,* ~ *auf etw.* (*ack.*) *haben* ha utsikt (anspråk på) att få ngt **anwatscheln** *s, vard., angewatschelt kommen* komma rultande (vaggande)
anwehen 1 blåsa **2** blåsa ihop (samman) **3** *es wehte mich heimatlich an* jag kände [som] en fläkt av hembygden **anweisen** *st* **1** anvisa, tilldela; hänvisa; utanordna;

Anweisung—apostolisch

e-m e-n Platz ~ anvisa ngn en plats; *ich bin ganz auf mich selbst angewiesen* jag är helt hänvisad till mig själv; *e-m durch die Bank Geld* ~ anvisa ngn pengar genom banken, överföra pengar åt ngn via banken **2** ge i uppdrag, beordra, instruera; *ich habe ihn angewiesen, zu* jag har gett honom instruktioner att **3** hand-, väg|leda (*e-n bei der Arbeit* ngn i arbetet) **Anweisung** *-en f* **1** [penning]anvisning; utanordning; tilldelning **2** instruktion, order **3** handledning **anwendbar** användbar; tillämplig **anwenden** *oreg. el. sv* **1** använda, begagna, nyttja; *Gewalt* ~ bruka våld **2** praktisera, tillämpa; *sich* ~ *lassen* vara tillämplig **Anwendung** *-en f* **1** användning; *in (zur)* ~ *bringen* använda, tillämpa; ~ *finden (äv.)* användas **2** tillämpning **anwerben** *st* värva; *sich* ~ *lassen* ta värvning **Anwerbung** *-en f* värvning **anwerfen** *st* **1** starta, sätta i gång (*motor*) **2** *Mörtel* ~ rappa **Anwesen** *-n* [lant]egendom, gods, bondgård **anwesend** närvarande; *die A~en* de närvarande; *verehrte A~e!* mina damer och herrar! **Anwesenheit** *0 f* närvaro **Anwesenheitsliste** *-n f* närvarolista **anwettern** ryta åt, skälla ut **anwetzen** *s, vard.*, *angewetzt kommen* komma springande **anwidern** vara motbjudande, inge avsmak **anwinseln 1** gnälla mot **2** *s, angewinselt kommen* komma gnällande **Anwohner** *- m* intillboende, granne; *die* ~ *des Flusses* de som bor intill (utmed) floden **Anwohnerschaft** *0 f* grannar, grannskap **Anwurf** *-e†* *m* **1** första kast **2** rappning **3** *bildl.* förebråelse, beskyllning **anwurzeln** *s* slå rot, växa fast; *er stand wie angewurzelt* han stod som fastvuxen **Anzahl** *0 f* antal, mängd **anzahlen** ge på hand, lämna [som] handpenning (första avbetalning) **Anzahlung** *-en f* handpenning **anzapfen 1** börja tappa, slå upp (*ölfat*) **2** *e-n um Geld* ~ (*vard.*) [vilja] låna pengar av ngn; *e-e Leitung* ~ avlyssna en telefonledning **anzaubern** trolla fram; *e-m e-e Krankheit* ~ trolla en sjukdom på ngn **Anzeichen** *- n* tecken, märke, symtom; omen, förebud; *wenn nicht alle* ~ *trügen* av alla tecken att döma **anzeichnen 1** *etw. an die Tafel* ~ rita (teckna) ngt på [svarta] tavlan **2** stryka (märka) för **Anzeige** *-n f* **1** [polis]anmälan **2** annons; tillkännagivande, notis, meddelande **3** (*instruments*) utslag; *auf die* ~ *der Ergebnisse warten* vänta på att resultaten visas (*på skärm e.d.*) **anzeigen 1** anmäla, ange **2** annonsera, meddela, tillkännage; visa **3** *rfl* komma till synes, visa sig **Anzeigenblatt** *-er†* *n* annons|blad, -tidning **Anzeigenteil** *-e m* annons|sidor, -del (*i tidning*) **Anzeigepflicht** *0 f* anmälningsskyldighet **anzeigepflichtig** anmälnings|pliktig, -skyldig **Anzeiger** *- m* **1** annons-, lokal|tidning **2** indikator, mätare, visare **anzetteln** ställa till [med], anstifta **Anzett[e]lung** *0 f* anstiftande **anziehen** *st* **1** klä (ta, dra) på [sig]; *sich* ~ klä på sig **2** dra (skruva, vrida) till (åt), spänna **3** ta åt sig, dra till (åt) sig; *fys. o. bildl. äv.* attrahera **4** sätta [sig] i gång, börja dra; börja röra sig; göra första draget (*i schack e.d.*) **5** *die Preise ziehen an* priserna stiger **6** *s, angezogen kommen* komma tågande **anziehend** tilldragande, attraktiv, sympatisk **Anziehung 1** *0 f* dragningskraft, attraktion **2** *-en f* frestelse, lockelse **Anziehungskraft** *0 f* tyngdkraft; dragningskraft, attraktion[skraft] **Anzie-hungspunkt** *-e m, bildl.* attraktion **anzischen 1** väsa åt **2** *vard., sich (dat.) e-n* ~ dricka sig full **3** *s, vard., angezischt kommen* komma susande **anzittern** *s, vard., angezittert kommen* dyka upp **anzotteln** *s, vard., angezottelt kommen* komma hasande (lufsande) **Anzug** *-e†* *m* **1** kostym; klädsel; *e-n aus dem* ~ *stoßen* (*vard.*) ge ngn stryk **2** första drag (*i schack e.d.*) **3** *im* ~ *sein* vara i antågande, närma sig; *es ist etw. im* ~ ngt är i görningen **4** acceleration[sförmåga]; *der Wagen ist schlecht im* ~ bilen accelererar dåligt **anzüglich** anspelande, insinuant; stötande, tvetydig, ekivok **Anzüglichkeit** *-en f* anspelning, insinuation; tvetydighet **Anzugsvermögen** *0 n* acceleration[sförmåga] **anzünden** tända [på], antända, sätta eld på **Anzünder** *- m* tändare (*gas- etc.*) **anzweifeln** betvivla, ifrågasätta **anzwitschern** *vard.* **1** *s, angezwitschert kommen* dyka upp **2** *sich (dat.) e-n* ~ supa sig full
ao., a.o. *förk. för außerordentlich* e.o., extra ordinarie **a.O.** *förk. för an der Oder*
Äolsharfe *-n f* eolsharpa
Äonen *pl* eoner
Aort|a *-en f* aorta
Apache *-n -n m* **1** [a'patʃə] apache **2** [a'paxə] *åld.* apache (*parisligist*)
Apanage [apa'na:ʒə] *-n f* apanage
apart ovanlig, stilig, exklusiv; särskild, säregen; *adv. äv. för sig* **Apartheid** *0 f* apartheid
Apartmenthaus *-er†* *n, se Appartementhaus*
Apathie *0 f* apati **apathisch** apatisk
aper *sty., österr., schweiz.* bar, utan snö
Aperitif *-s, äv. -e m* aperitif
Apfel † *m* äpple; *der* ~ *fällt nicht weit vom Stamm* äpplet faller inte långt från trädet; *so voll sein, daß kein* ~ *zur Erde fallen kann* vara smockfull; *für e-n* ~ *und ein Ei* (*vard.*) för en spottstyver **-baum** *-e†* *m* äppelträd **-brei** *-e m* äppelmos **-kraut** *0 n, ung.* äppelgelé **-kuchen** *- m* äppelkaka **-most** *-e m* äppel|must, -juice; *dial.* (*slags*) äppelvin **-mus** *-e n* äppelmos **-saft** *0 m* äppel|must, -juice **-schimmel** *- m* apelkastad häst
Apfelsine *-n f* apelsin **Apfelsinenscheibe** *-n f* apelsinklyfta
Apfel|strudel *- m* äppelstrudel, äppelkaka **-wein** *-e m* äppelvin
Aphasie *-n f* afasi
Aphorism|us *-en m* aforism **aphoristisch** aforistisk
apl. *förk. för außerplanmäßig* icke-ordinarie
Aplomb [a'plõ:] *0 m* aplomb; säkerhet [i uppträdandet]; eftertryck; dristighet
Apo *0 f,* **APO** *0 f, förk. för außerparlamentarische Opposition* (*ung.*) [60-talets] student- och ungdomsrevolt (*i BRD*)
Apokalypse *-n f* apokalyps **apokalyptisch** apokalyptisk **Apokryphen** *pl, die* ~ apokryferna
'apolitisch [*äv.* --'---] opolitisk
Apollo *-s m, zool.* apollofjäril
Apoplektiker *- m* apoplektisk person **Apoplexie** *-n f* apoplexi, slaganfall
Apostat *-en -en m* avfälling **Apostel** *- m* apostel **Apostelgeschichte** *0 f, die* ~ Apostlagärningarna **Apostolat** *-e n* apostlaämbete **Apostolikum** *0 n, das* ~ den apostoliska trosbekännelsen **apostolisch** *der* ~*e Stuhl* påvestolen

Apostroph [-st-] -e m apostrof **apostrophieren** apostrofera
Apotheke -n f **1** apotek **2** vard. affär med hutlösa priser **Apothekenhelferin** -nen f apoteksbiträde **apothekenpflichtig** [som får säljas] endast på apotek **Apothekenschränkchen** - n medicinskåp **Apotheker** - m **1** apotekare **2** vard., beim ~ kaufen köpa till ett hutlöst pris **Apothekergewicht** -e n medicinalvikt **Apothekerpreise** pl, vard. fantasipriser, hutlösa priser
Apotheose -n f apoteos
Apparat -e m apparat; [samhälls]maskineri; Herr X ist am ~ herr X är i telefon; am ~! (som svar i tel.) [ja] det är jag!; Sie werden am ~ verlangt! det är telefon till Er!; den ~ andrehen sätta på radion (teven e.d.); dieser ~ macht schöne Bilder den här kameran tar fina bilder; so ein ~ von Banane! (vard.) vilken jättebanan! **Apparatschik** -s m, neds. (i öststat) byråkratisk [stats-, parti]funktionär, byråkrat **Apparatur** -en f apparatur
Appartement [apartə'mã:] -s n [komfortabel] liten våning, lägenhet; svit (i hotell) **Appartementhaus** -er† n **1** [modernt] hyreshus (m. smålägenheter) **2** (slags) bordell
Appell -e m appell (äv. mil.); maning, vädjan **Appellation** -en f, jur. åld. besvär, överklagande **Appellationsgericht** -e n, jur. åld. appellationsdomstol **appellieren** appellera, vädja (an + ack. till) **Appellplatz** -e† m, mil. uppställningsplats
Append|ix -izes m bihang; med. appendix **Appendi|'zitis** -zi'tiden f, med. appendicit, blindtarmsinflammation
Apperzeption -en f, psykol. apperception
Appetit 0 m aptit, matlust (auf etw. ack., nach etw. på ngt); guten ~! smaklig måltid! **Appetithemmer** - m aptitnedsättande medel **appetitlich** aptitlig; aptitretande, läcker; proper **appetitlos** utan matlust **Appetitlosigkeit** 0 f bristande aptit, matleda **Appetitzügler** - m aptitnedsättande medel
applaudieren [aplau̯'di:rən] applådera **Applaus** [a'plau̯s] -e m applåd
applikabel användbar; tillämplig **Applikatur** -en f, åld. [lämplig] användning; mus. applikatur, fingersättning **applizieren** applicera; anbringa; tillämpa
apportieren apportera
Apposition -en f, språkv. apposition
appretieren appretera **Appretur** -en f appretyr
Approbation -en f legitimation, behörighet **approbiert** legitimerad
approximativ approximativ
Après-Ski [aprɛ'ʃi:] 0 n after-ski
Aprikose -n f aprikos
April -[s] -e m april; e-n in den ~ schicken narra ngn april **-scherz** -e m aprilskämt
apropos [apro'po:] apropå
'**Aps|is** Ap'siden f absid
Aquädukt -e m n akvedukt **Aquamarin** -e m akvamarin **Aqua'planing** 0 n vattenplaning **Aquarell** -e n akvarell[målning] **Aquari|um** -en n akvarium
Äquator 0 m ekvator **äquatorial** ekvatorial **Äquatorialguinea** 0 n Ekvatorialguinea **Äquatorialguineer** - m ekvatorialguinean **äquatorialguineisch** ekvatorialguineansk **Äquatortaufe** -n f, sjö. linjedop
Aquavit [-'vi:t, äv. -'vɪt] -e m akvavit

Äquilibrist -en -en m ekvilibrist **äquinoktial** ekvinoktial-, dagjämnings- **Äquinokti|um** -en n dagjämning **Äquivalent** [-v-] -e n ekvivalent **äquivok** [-v-] dubbel-, fler-, tve|tydig
Ar -e (vid måttsangivelse -) n m ar
Är|a -en f era, tidevarv
Araber ['a:rabɐ, äv. 'ar-, a'ra:-] - m arab **Arabeske** -n f arabesk **arabisch** arabisk
Ä'rar -e n, österr. åld. statskassa
Arbeit -en f arbete, syssla, göra; jobb; möda, besvär; skol. skrivning; sport. äv. träning; eingelegte ~ intarsia; körperliche ~ kroppsarbete; viel ~ haben (äv.) ha mycket att göra; der hat die ~ nicht erfunden han förtar sig verkligen inte; an die ~ gehen (äv.) sätta i gång; auf die ~ gehen [gå och] arbeta; den Garten in ~ nehmen ta itu med trädgården; in ~ sein vara under arbete; bei e-m in ~ stehen (sein) arbeta (ha arbete) hos ngn **arbeit|en 1** arbeta (an etw. dat. på ngt); tekn. fungera; sport. äv. träna; halbtags ~ arbeta halvtid; das Holz -et träet slår sig; der Teig -et degen jäser; ein schön gearbeiteter Mantel en vackert arbetad kappa; bei welchem Schneider lassen Sie ~? vilken skräddare anlitar Ni?; sein Geld ~ lassen investera sina pengar, låta pengarna föröka sig **2** tillverka, göra, förfärdiga **3** rfl, sich müde ~ arbeta sig trött; es -et sich schlecht arbetet går dåligt, det går dåligt att arbeta; sich durch etw. ~ arbeta (kämpa) sig igenom ngt; sich nach oben ~ arbeta upp sig
Arbeiter - m arbetare **-ausstand** -e† m strejk **-bewegung** 0 f, die ~ arbetarrörelsen **-dichter** - m proletärförfattare **-familie** -n f arbetarfamilj **-frage** 0 f, die ~ arbetarfrågan **-führer** - m arbetarledare **-in** -nen f **1** arbeterska **2** zool. arbets|bi, -myra **-klasse** 0 f arbetarklass
arbeitererleichternd som underlättar arbete **Arbeiter|organisation** -en f arbetarorganisation **-partei** -en f arbetarparti **-rat** -e† m, polit. arbetarråd **-schaft** 0 f samtliga arbetare, arbetarklass **-schriftsteller** - m proletärförfattare **-siedlung** -en f bostadsområde för arbetare
arbeitersparend arbetsbesparande
Arbeiter|stand 0 m arbetarklass **--und-Bauern-Fakultät** 0 f, DDR, ung. utbildningslinje [för yngre arbetare och bönder] för [att förvärva] högskolekompetens **-viertel** - n arbetarkvarter **-wohlfahrt** 0 f, die ~ arbetarnas sociala hjälporganisation
Arbeitgeber - m arbetsgivare **Arbeitgeberseite** 0 f, die ~ arbetsgivarparten **Arbeitgeberverband** -e† m arbetsgivarförening **Arbeitnehmer** - m arbets-, lön|tagare **Arbeitnehmerorganisation** -en f löntagarorganisation **arbeitsam** arbetsam, flitig
Arbeits|amt -er† n arbetsförmedling **-anfang** 0 m arbetets början **-aufwand** 0 m arbetsinsats **-ausfall** -e† m bortfall av arbetstid **-bedingung** -en f arbetsvillkor **-beschaffung** 0 f skapande av nya arbetstillfällen **-bescheinigung** -en f arbetsintyg **-biene** -n f arbetsbi **-bühne** -n f arbets|brygga, -plattform **-dienst** 0 m arbetstjänst **-direktor** -en m löntagarrepresentant i bolagsstyrelse **-eifer** 0 m arbetsiver **-einheit** -en f, fys. arbetsenhet **-einsparung** -en f arbetsbesparing **-einstellung** -en f **1** strejk, arbetsnedläggelse **2** attityd till arbetet **-erlaubnis** 0 f arbetstillstånd
arbeitserleichternd som underlättar arbetet

arbeitsersparend arbetsbesparande **Arbeitsersparnis** -se f arbetsbesparing **arbeitsfähig** arbetsför **arbeitsfrei** ledig [från arbetet] **arbeitsfreudig** ~ sein ha arbetsglädje (arbetslust) **Arbeits|friede[n]** 0 m arbetsfred **-front** 0 f, die ~ (nat. soc.) arbetsfronten (för löntagare o. arbetsgivare) **-gang -e**† m arbetsmoment **-gebiet -e** n verksamhets-, arbets|område **-gemeinschaft -en** f arbetsgemenskap, samarbetsgrupp, team; studiegrupp **-genehmigung -en** f arbetstillstånd **-gericht -e** n arbetsdomstol **-gerüst -e** n byggnadsställning **-gruppe -n** f arbetsgrupp **-haus -er**† n [tvångs]arbetsanstalt **-hilfe -n** f hjälpmedel **-hypothese -n** f arbetshypotes **arbeitsintensiv** arbetsintensiv **Arbeits|kampf -e**† m arbetskonflikt **-kittel -** m arbetsrock **-konflikt -e** m arbetskonflikt **-kosten** pl arbetskostnad[er] **-kraft -e**† f arbetskraft; die Arbeitskräfte (äv.) arbetsstyrkan **-kräftemangel** 0 m brist på arbetskraft **-kreis -e** m, se Arbeitsgemeinschaft **-lager -** n arbetsläger **-lenkung** 0 f [statlig] arbetsmarknadsreglering **-leistung -en** f arbetsprestation **-lohn -e**† m arbetslön, förtjänst **arbeitslos** arbetslös **Arbeitslosen|fürsorge** 0 f, se Arbeitslosenhilfe **-geld** 0 n arbetslöshetsersättning **-hilfe** 0 f kontant arbetsmarknadsstöd **-unterstützung** 0 f arbetslöshetsersättning **-versicherung -en** f arbetslöshetsförsäkring **Arbeits|losigkeit** 0 f arbetslöshet **-markt -e**† m arbetsmarknad **-medizin** 0 f arbets-, yrkes|medicin **-ministeri|um -en** n arbetsmarknadsministerium **-nachweis -e** m 1 arbetsförmedling[sbyrå] 2 e-e Zeitung mit ~en en tidning med platsannonser **-niederlegung -en** f arbetsnedläggelse **-papier -e** n arbetspapper (diskussionsunderlag) 2 ~e (pl) anställningsdokument **-pause -n** f paus i arbetet, arbetspaus **-pferd -e** n arbetshäst; bildl. arbetsmyra **-platz -e**† m arbetsplats **-proze|ß -sse** m arbets|process, -förlopp **-raum -e**† m arbetslokal **-recht** 0 n arbetsrätt **arbeitsreich** arbetsfylld **arbeitsscheu** arbets|skygg, -ovillig **Arbeitsscheu** 0 f arbetsskygghet, motvilja mot arbete **Arbeitsschluß** 0 m arbetets slut **Arbeitsschutz** 0 m arbetarskydd **Arbeitssitzung -en** f arbetsplenum **arbeitssparend** arbetsbesparande **Arbeits|spitze -n** f, im Mai haben wir e-e ~ i maj har vi mycket att göra **-stätte -n** f arbets|plats, -lokal **-stelle -n** f 1 arbetsplats 2 avdelning, arbetsgrupp **-streit** 0 m arbetstvist **-studie -n** f arbets|analys, -studie **-stunde -n** f arbetstimme **-suche** 0 f sökande av arbete; auf ~ sein söka arbete **-tag -e** m arbetsdag **-teilung** 0 f arbetsfördelning **Arbeitsuche** 0 f, se Arbeitssuche **arbeitsuchend** arbetssökande **arbeitsunfähig** arbetsoförmögen, oförmögen till arbete **Arbeitsunfall -e**† m olycksfall i arbetet **Arbeitsunlust** 0 f arbetsleda **arbeitsunlustig** arbetsovillig, inte hågad att arbeta **Arbeitsverhältnis -se** n anställningsförhållande; arbetsförhållande **Arbeitsverlust -e** m bortfall av arbetstid **Arbeitsvermittlung -en** f arbetsförmedling **Arbeitsvertrag -e**† m arbetsavtal **Arbeitsverweigerung -en** f vägran att arbeta **Arbeitsweise -n** f arbetssätt **arbeitswillig** arbetsvillig **Arbeitszeit -en** f arbetstid; gleitende ~ flextid **Arbeitszeitverkürzung -en** f arbetstidsförkortning **Arbeitszeug** 0 n arbetsredskap; arbetskläder
archaisch [-'ça:-] arkaisk **Archaism|us** [-ça'ɪs-] **-en** m arkaism **Archäologe -n -n** m arkeolog **Archäologie** 0 f arkeologi **archäologisch** arkeologisk
Arche -n f, die ~ [Noah] Noaks ark
Archi'pel -e m arkipelag, övärld **Architekt -en -en** m arkitekt **architektonisch** arkitektonisk **Architektur -en** f arkitektur
Archiv -e n arkiv **Archivar**[-v-] **-e** m arkivarie
ARD förk. för Arbeitsgemeinschaft der öffentlich-rechtlichen Rundfunkanstalten der Bundesrepublik Deutschland TV 1 (i BRD)
Ardennen pl, die ~ (der Ardenner Wald) Ardennerna
Areal -e n areal
Aren|a -en f arena
arg † **I** adj ond, elak; dålig, obehaglig; svår; stor; ~er Fehler grovt fel; es ist nicht so ~ det är inte så farligt; im ärgsten Fall i värsta fall; es zu ~ treiben gå för långt; die Welt liegt im ~en det står illa till i världen; nichts A~es denken inte ana oråd; der A~e (åld.) den onde **II** adv väldigt, förfärligt, hemskt **Arg** 0 n, åld. ont, svek, falskhet; ohne ~ sein inte ha ont i sinnet
Arge förk. för Arbeitsgemeinschaft
Argentinien 0 n Argentina **Argentinier - m** argentinare **argentinisch** argentinsk
Ärger 0 m förargelse, förtret, indignation, harm; tråkigheter, bekymmer; bråk, trubbel; seinen ~ an e-m auslassen låta sin vrede gå ut över ngn **ärgerlich 1** förargad (auf, über e-n på ngn), indignerad, uppbragt **2** förarglig, retfull, tråkig **ärgern 1** förarga, reta **2** rfl bli förargad, reta sig (über etw. ack. på ngt) **Ärgernis -se** n förargelse; anstöt; Erregung öffentlichen ~ses förargelseväckande beteende
Arglist 0 f illistighet, lömskhet **arglistig** illistig, lömsk, bakslug **arglos** harmlös, troskyldig; intet ont anande, godtrogen
Argument -e n argument **Argumentation -en** f argument|ering, -ation **argumentieren** argumentera
Argusaugen pl argusögon
Argwohn 0 m misstanke, misstänksamhet **argwöhn|en -te**, geargwöhnt misstänka, hysa misstankar [mot] **argwöhnisch** misstänksam, misstrogen
Ari -s f, förk. för Artillerie
Arie -n f aria
Arier - m arier **arisch** arisk
Aristokrat -en -en m aristokrat **Aristokratie** 0 f aristokrati **aristokratisch** aristokratisk
Arith'metik [ibl. ---'-] 0 f aritmetik **arithmetisch** aritmetisk
Arkade -n f arkad **arkadisch** arkadisk, idyllisk
Arktis 0 f arktis **arktisch** arktisk
arm adj† fattig (an etw. dat. på ngt); stackars, arm; mager, karg (om jord e.d.); ~er Teufel fattig stackare, stackars sate; ~ wie e-e Kirchenmaus fattig som en kyrkråtta; e-n ~ essen (vard.) äta ngn ur huset; um etw. ärmer werden (äv.) förlora ngt; er ist ~ dran det är synd om honom
Arm -e m **1** arm (äv. bildl.); ärm; du ~! (vard.) din skitstövel!; ein Kind auf den ~ nehmen ta ett barn på armen; e-n auf den ~ nehmen (vard.) göra narr av (driva med) ngn; e-m

in den ~ fallen hejda ngn; *e-m in die ~e laufen* (*vard.*) stöta på ngn; *e-m unter die ~e greifen* understödja (hjälpa) ngn, hålla ngn under armarna; *die Beine unter die ~e nehmen* lägga benen på ryggen; *e-n langen ~ haben* (*bildl.*) ha långa armar
Armad|a *-en el. -as f* armada, flotta
Armatur *-en f* armatur **Armaturenbrett** *-er n* instrumentbräda
Arm|band *-er† n* armband **-banduhr** *-en f* armbandsur **-beuge** *-n f* 1 armveck 2 *gymn.* armhävning **-binde** *-n f* armbindel **-brust** *-e[†] f* armborst
armdick armstjock
Armee *-n f* armé **-korps** [-ko:ɐ̞] - *n* armékår
Ärmel - *m* ärm; *etw. aus dem ~ (den ~n) schütteln* (*bildl.*) skaka ngt ur ärmen; *leck mich am ~!* (*vulg.*) kyss mig i ändan! **Ärmelbrett** *-er n* ärmbräd|a, **-e Ärmelhalter** - *m* ärmhållare **Ärmelkanal** *0 m, der ~* Engelska kanalen **ärmellos** ärmlös, utan ärmar
Armen|fürsorge *0 f* fattigvård **-haus** *-er† n, åld.* fattighus **-häusler** - *m, åld.* fattighjon
Armenier - *m* armenier **armenisch** armenisk
Armen|kasse *0 f, etw. aus der ~ kriegen* (*dial. skämts.*) få stryk **-pflege** *0 f, åld.* fattigvård **-recht** *0 n* [fri] rättshjälp
Arme[n]'sünderglocke *-n f, se Armsünderglocke*
armieren armera **Armierung** *-en f* armering
Arm|lehne *-n f* armstöd **-leuchter** - *m* 1 armstake, kandelaber 2 *vard.* (*eufemistiskt för Arschloch*) idiot, dumhuvud
ärmlich fattig; ynklig, torftig, karg, eländig, ömklig **Ärmlichkeit** *0 f* fattigdom; torftighet, ömklighet
Ärmling *-e m* skyddsärm **Armloch** *-er† n* 1 ärmhål 2 *vard.* (*eufemistiskt för Arschloch*) idiot, dumhuvud **armlos** utan armar **Armreifen** - *m* armring
armselig erbarmlig, fattig, eländig, usel, futtig
Arm|sessel - *m*, **-stuhl** *-e† m* karmstol
Arm'sünder|glocke *-n f, hist.* klocka som ringer vid avrättningar **-miene** *0 f* skuldmedveten (ångerköpt) min
Armut *0 f* fattigdom, armod, brist (*an etw. dat.* på ngt) **Armutszeugnis** *-se n, bildl.* fattigdomsbevis, bevis på oförmåga
Armvoll - *m* famn, fång
Arom *-e n, poet.*, **Arom|a** *-en el. -as el. -ata n* arom **aromatisch** aromatisk
Arrak *-e el. -s m* arrak
Arrangement [araʒə'mã:] *-s n* arrangemang
Arrangeur [arã'ʒø:ɐ̞] *-e m* arrangör **arrangieren** [arã'ʒi:rən] 1 arrangera 2 *rfl, sich mit e-m ~* komma överens (träffa en uppgörelse) med ngn
Arrest *-e m* 1 arrest 2 *jur.* kvarstad; *mit ~ belegen* belägga med kvarstad 3 *skol.* kvarsittning (*efter skoldagens slut*) **arretieren** 1 *åld.* arrestera 2 *tekn.* arretera, spärra, låsa **Arretier|hebel** - *m*, **-vorrichtung** *-en f* arreteringsmekanism, spärr
arrivieren [-v-] *s* ha framgång [i arbetet (livet)], göra karriär **arriviert** framgångsrik; *ein A~er* (*äv.*) en uppkomling
arrogant arrogant **Arroganz** *0 f* arrogans
Arsch *-e† m, vulg.* arsle, röv, rumpa; *ihm geht der ~ auf Grundeis* han är skitskraj; *den ~ zukneifen, e-n kalten ~ kriegen* kola av; *im ~ sein* ha gått åt helvete; *leck mich am ~!* kyss mig i ändan!, dra åt helvete!; *du ~!* jävla idiot

(svin, skitstövel)! **Arschficker** - *m, vulg. neds.* bög **'arsch'klar** *vulg.* självklar
Arsch|kriecher - *m, vulg. neds.*, **-lecker** - *m, vulg. neds.* rövslickare **-loch** *-er† n, vulg.* arsle; röv[hål]; *du ~!* jävla idiot (svin, skitstövel)! **-pauker** - *m, vulg. neds.* lärarjävel **-wisch** *-e m, vulg. neds.* dasspapper
Ar'sen *0 n* arsenik
Arsenal *-e n* arsenal
ar'senig arsenikhaltig **Ar'senik** *0 n* vit arsenik, arsenik[trioxid]
Art. *förk. för Artikel* art., artikel
Art [a:-] 1 *0 f* sätt, väsen, natur, art; manér, skick; *auf die e-e oder andere ~ und Weise* på ett eller annat sätt; *nach ~ der Affen klettern* (*äv.*) klättra som aporna; *nach englischer ~* (*kokk.*) à l'anglaise; *einzig in seiner ~* (*äv.*) unik; *ist das e-e ~?* vad är det för ett sätt?, är det skick och fason? 2 *-en f* slag, sort, art, species; *Bücher aller ~[en]* alla slags böcker; *~ läßt nicht von ~* (*ung.*) äpplet faller inte långt från trädet; *aus der ~ schlagen* vansläktas, gå sina egna vägar; *e-e ~* [*von*] *Schrank* ngt slags skåp **arteigen** typisk (karakteristisk) för arten **arten** *s, nach e-m ~* brås på ngn **artenreich** artrik
Ar'terie *-n f* artär **Arterienverkalkung** *-en f* arteriosklerós, åderförkalkning
artesisch *~er Brunnen* artesisk brunn
artfremd artfrämmande; väsensfrämmande
Arthritis *0 f, med.* artrit, arthritis
artifiziell artificiell, konstgjord, konstlad
artig [a:-] 1 snäll, väluppfostrad; artig 2 nätt, behaglig **Artigkeit** 1 *0 f* artighet; gott uppförande 2 *-en f* komplimang; *e-m ~en sagen* ge ngn komplimanger
Artikel - *m* artikel (*äv. hand.*) **Artikulation** *-en f* artikulation **artikulieren** artikulera
Artillerie *-n f* artilleri **Artillerist** *-en -en m* artillerist **artilleristisch** artilleri-
Arti'schocke *-n f* kronärtskocka
Artist *-en -en m* [varieté-, cirkus]artist **artistisch** artistisk
Artothek *-en f* artotek
Artung *-en f* anlag, natur, beskaffenhet **artverwandt** artbesläktad **Artwort** *-er† n, språkv.* adjektiv
Arznei *-en f* läkemedel, medicin, medikament **-buch** *-er† n* farmakopé **-kunde** *0 f* farmaci; farmakologi **-mittel** - *n* läkemedel **-mittelmißbrauch** *0 m* läkemedelsmissbruk
Arzt [a:-] *-e† m* läkare; *praktischer ~* allmänpraktiker **Ärztekammer** [ɛ:-] *-n f, ung.* läkarsällskap **Ärztemangel** *0 m* läkarbrist **Ärzteschaft** *0 f, die ~* läkarna **Ärztevertreter** - *m* läkemedels|konsult, -försäljare **Arztfrau** *-en f* läkar|fru, hustru **Arzthelferin** *-nen f* mottagningssköterska **Ärztin** *-nen f* [kvinnlig] läkare **ärztlich** [ɛ(:)-] läkar-, medicinsk; *~ behandelt werden* stå under läkarvård
as [as] *mus.* 1 - - *n* ass 2 beteckning för *as-Moll* ass-moll
1 As [as] - *n, beteckning för As-Dur* Ass-dur
2 As [as] *-se n* äss; (*om pers. äv.*) stjärna
a.S. *hand., förk. för auf Sicht* vid anfordran
As'best *-e m* asbest **-ose** [-'-] *-n f, med.* asbestos **-teller** *-* asbestplatta (*för spisen*)
Asch *-e† m, dial.* bunke, skål **Aschbecher** - *m* askkopp **aschblond** askblond **Asche 1** *-n f* aska; stoft 2 *0 f, vard.* små|pengar, -mynt
Äsche *-n f, zool.* harr
Aschegehalt *-e m* askhalt **Aschenbahn** *-en*

f, sport. kolstybbsbana **Aschenbecher** - *m* askkopp **Aschenbrödel** - *n* askunge **aschenhaltig** askhaltig **Aschenkasten** -† *m* asklåda **Aschenkrug** -e† *m* [ask]urna **Aschenpflanze** -*n f* cineraria **Aschenputtel** - *n* askunge **Aschenregen** - *m* askregn **Ascher** - *m, vard.* askkopp **Ascher'mittwoch** -*e m* askonsdag **'asch'fahl** askblek **asch|farben, -grau** grådaskig; *bis ins Aschgraue (vard.)* för långt, i det oändliga, till leda **aschig 1** ask-, askartad; full med aska **2** askblond, askfärgad **Aschkuchen** - *m, dial.* (*slags rund*) sockerkaka
Ascorbinsäure *0 f* askorbinsyra
äsen *jakt.* beta
A'sepsis *0 f, med.* aseptik **a'septisch** *med.* aseptisk
Äser *pl av Aas*
Asiat -*en* -*en m* asiat **asiatisch** asiatisk
Askese *0 f* askes **Asket** -*en* -*en m* asket **asketisch** asketisk
Askorbinsäure *0 f* askorbinsyra
'asozial [*äv.* --'-] asocial
Aspekt [-sp-] -*e m* aspekt (*äv. astron.*)
As'phalt [*äv.* '- -] -*e m* asfalt **Asphaltdecke** -*n f* asfaltbeläggning **asphaltieren** asfaltera **Asphaltpresse** *0 f, neds.* sensationspress **Asphaltstraße** -*n f* asfalterad väg (gata)
As'pik [*äv.* 'asp-] -*e m n, kokk.* aladåb, gelé
Aspirant [-sp-] -*en* -*en m* aspirant, sökande (*t. tjänst e.d.*) **Aspirat|a** -*en el. -ä f, språkv.* aspirata **Aspiration** -*en f* aspiration (*äv. språkv.*); strävan, plan **aspirieren 1** *språkv.* aspirera **2** *åld.* eftersträva
aß *se essen*
Assekuranz -*en f, åld.* försäkring[sbolag] **assekurieren** *åld.* försäkra
Assel -*n f* gråsugga
Assessor -*en m* **1** *ung.* notarie **2** *se Studienassessor*
Assiette [a'sjɛtə] -*n f, åld.* **1** läge, position; sinnesstämning **2** flat skål, tallrik
Assignation -*en f, åld.* anvisning, utbetalningsorder
Assimilation -*en f* assimilation, assimilering **assimilieren 1** assimilera **2** *rfl* assimilera (anpassa) sig
Assistent -*en* -*en m* assistent **Assistenz** -*en f* assistans, bistånd **Assistenzarzt** -e† *m* underläkare **assistieren** assistera, bistå (*e-m* ngn)
Assoziation -*en f* association (*äv. psykol.*)
assoziieren associera
Assyr[i]er - *m* assyrier **assyrisch** assyrisk
Ast -*e*† *m* **1** gren (*äv. bildl.*); kvist (*äv. i virke*); *e-n ~ durchsägen (bildl. vard.)* dra timmerstockar; *er sägt den ~ ab, auf dem er sitzt* han sågar av grenen som han sitter på **2** *vard.* rygg, puckel; *sich (dat.) e-n ~ lachen (vard.)* skratta sig fördärvad
AStA -[s] *m förk. för Allgemeiner Studentenausschuß, der ~ (i BRD)* studentkåren
asten *vard.* **1** anstränga sig, slita; släpa (kånka) [på]; *skol.* plugga **2** *s* släpa (*uppför ngt*)
ästen *rfl* grena sig
Aster -*n f* aster
Astgabel -*n f* grenklyka
Ästhet -*en* -*en m* estet **Äs'thetik** *0 f* estetik **ästhetisch** estetisk
Asthma *0 n* astma **Asthmatiker** - *m* astmatiker **asthmatisch** astmatisk
ästig grenig, kvistig **Astloch** -*er*† *n* kvisthål

astlos utan grenar (kvistar) **astrein 1** kvistfri **2** *vard.* riktig, äkta; bra, just; *nicht ganz ~* inte helt oförvitlig
Astrologe -*n* -*n m* astrolog **Astrologie** *0 f* astrologi **astrologisch** astrologisk **Astronaut** -*en* -*en m* astronaut **Astronom** -*en* -*en m* astronom **Astronomie** *0 f* astronomi **astronomisch** astronomisk
Astwerk *0 n* grenverk
Äsung -*en f, jakt.* bete
Asyl -*e n* asyl, fristad **-werber** - *m, österr.* asylsökande
'asymmetrisch [*äv.* --'--] asymmetrisk
AT *förk. för Altes Testament* GT, Gamla Testamentet
ata *barnspr.,* ~ [~] *gehen* gå ut
Atelier [atə'lje:] -*s n* ateljé, studio
Atem *0 m* anda, andedräkt, ande|drag, -tag; *e-n in ~ halten* hålla ngn i spänning (gång); *~ schöpfen (holen)* hämta andan; *außer ~ kommen* tappa andan; *außer ~* andfådd; *den ~ anhalten* hålla andan; *e-n kurzen ~ haben* ha astma; *er hat den längeren ~* han har större uthållighet; *in e-m ~* i ett andedrag **atemberaubend** som får en att tappa andan; andlös **Atembeschwerden** *pl* andnöd, andningsbesvär **Atemholen** *0 n* andhämtning **atemlos** andfådd; snabb; andlös **Atemnot** *0 f* and|täppa, -nöd **Atempause** -*n f* andningspaus; *bildl.* andrum **atemraubend** *se atemberaubend* **Atemübung** -*en f* andningsövning **Atemzug** -*e*† *m* ande|drag, -tag; *in e-m ~* i ett andedrag
Atheismus *0 m* ateism **Atheist** -*en* -*en m* ateist **atheistisch** ateistisk
Äther *0 m* eter **ä'therisch** eterisk
Äthiopien *0 n* Etiopien **Äthiopier** - *m* etiopier **äthiopisch** etiopisk
Athlet -*en* -*en m* atlet **athletisch** atletisk
Äthylalkohol *0 m* etylalkohol **Äthylen** *0 n* etylen
At'lantik *0 m, der ~* Atlanten **atlantisch** atlantisk; *der A~e Ozean* Atlanten
1 Atlas -*se el. At'lanten m* atlas, kartbok
2 Atlas -*se m* atlas[tyg] **'atlassen** av atlas, atlas-
atm *förk. för Atmosphäre* atm, atmosfär
atmen [a:-] andas, in-, ut|andas
Atmosphäre -*n f* atmosfär **atmosphärisch** atmosfärisk
Atmung [a:-] *0 f* andning, andhämtning
Ätna *0 m, der ~* Etna
Atoll -*e n* atoll, korallrev
Atom -*e n* atom **Atomabfall** -*e*† *m* atom-, kärn|avfall **Atomgriff** -*e m* kärnvapenanfall **Atomantrieb** *0 m* atomdrift; *mit ~ atomdriven* **atomar** atom-, nukleär; *~er Angriff* kärnvapenanfall; *~es U-Boot* atomubåt; *mit ~em Antrieb* atomdriven **Atombombe** -*n f* atombomb **Atomei** -*er n, vard. skämts.* kärnreaktor **Atomenergie** *0 f* kärnkraft, atomenergi **Atomgewicht** -*e n* atomvikt **atomisieren** spränga sönder i (förvandla t.) atomer, förstöra helt o. hållet
Atom|kern -*e n* atomkärna **-kraftwerk** -*e n* kärn-, atom|kraftverk **-krieg** -*e n* kärnvapenkrig **-meiler** - *m* atommila **-müll** *0 m* atomavfall, radioaktivt avfall **-physik** *0 f* atomfysik **-reaktor** -*en* -*en m* kärn-, atom|reaktor **-rüstung** *0 f* kärnvapenrustning **-sperrvertrag** *0 m* ickespridningsavtal **-stopp** -*s m* kärnvapenstopp **-test** -*s, äv.* -*e m* kärnvapenprov --**U-**

-**Boot** -e n atomubåt -**versuch** -e m kärnvapenprov -**waffe** -n f kärn-, atom|vapen -**waffensperrvertrag** 0 m ickespridningsavtal -**zeitalter** 0 n, das ~ atomåldern -**zertrümmerung** 0 f kärnklyvning
atonal [äv. --'-] mus. atonal
Atout [a'tu:] -s n , äv. m, kortsp. trumf
Atri|um -en n atrium, förgård
Atrophie 0 f, med. atrofi, förtvining
ätsch [ɛ:-] interj, ung. där fick du!
Attaché [-'ʃe:] -s m attaché
Attacke -n f attack, anfall; e-e ~ gegen jdn reiten rida till anfall mot ngn, bildl. gå till attack mot ngn **attackieren** attackera, anfalla
Attentat [äv. --'-] -e n attentat (auf e-n mot ngn) **Attentäter** - m attentator, attentatsman
Attest -e n attest, intyg **attestieren** attestera, intyga
attisch attisk
Attitüde -n f attityd; hållning, gest
Attraktion -en f attraktion, lockelse **attraktiv** attraktiv, tilldragande
Attrappe -n f attrapp
Attribut -e n attribut **attributiv** attributiv '**atypisch** [äv. '---] atypisk, inte typisk
atzen jakt. 1 mata, [ut]fodra 2 rfl äta **ätzen** fräta; konst. etsa; ~de Worte svidande ord
Ätzkali 0 n kaliumhydroxid, kaustiskt kali **Ätzmittel** - n frätmedel **Ätznadel** -n f etsnål **Atzung** -en f utfodring [av vilt]; foder **Ätzung** -en f etsning (äv. konkr.); frätning
au interj aj!; ~ Backe! å tusan!, katten också!
Au -en f, sty., österr. sank äng (vid flod), mad; poet. nejd
aua interj aj!
auch 1 också, även; ich ~ (äv.) jag med; ich ~ nicht inte jag heller; sie gab mir ~ nicht e-n Pfennig hon gav mig inte ens ett öre; ohne ~ nur zu fragen utan att ens fråga; das wäre ~ an der Zeit! det vore verkligen på tiden!; ist das ~ wahr? är det verkligen sant?; ich kann nicht kommen, ich will ~ nicht jag kan inte komma, dessutom vill jag inte; ~ das noch! det var bara det som fattades!; sowohl ... als ~ såväl ... som, både ... och **2** än; wer es ~ sein mag vem det än må vara; wenn ~ om än (också); wenn ~! än sen då!; wo ~ immer varhelst, var ... än
Audienz -en f audiens (bei hos) **audiovisuell** audi[o]visuell
Aue -n f **1** poet., sty., österr., se Au **2** dial. ö
Auer|hahn -e† m tjädertupp -**henne** -n f tjäderhöna -**huhn** -er† n tjäder -**ochse** -n -n m uroxe
auf I prep m. dat. vid befintl., m. ack. vid riktn. 1 på; ~ Anfrage på anmodan; ~ diese Art (Weise) på detta sätt; ~ Besuch på besök; ~ seine Bitte på hans begäran; ~ deutsch på tyska; ~ Erden på jorden; ~ ein Haar på ett hår när; ~ das hin på grundval av det; ein Zimmer ~ ein Jahr mieten hyra ett rum på ett år; ~ der Lauer liegen ligga på lur; ~s neue på nytt; ~ der Stelle på fläcken, genast; ~ der Suche nach (bildl.) på jakt efter; ~ frischer Tat på bar gärning; ~ den Tisch legen lägga på bordet; ~ dem Tisch liegen ligga på bordet; sie geht ~ die Universität hon går (läser) på universitetet; ~ Wiedersehen! på återseende!, adjö!; böse (neidisch, neugierig) ~ e-n arg (avundsjuk, nyfiken) på ngn; ~ e-n hören höra på ngn **2** i; ~ e-n Baum klettern klättra [upp]

i ett träd; ~ die Dauer i längden; ~ den Markt kommen komma [ut] i marknaden; er ist noch ~ der Schule han går fortfarande i skolan; sich ~s Sofa setzen sätta sig i soffan; sich ~ den Weg machen ge sig i väg; ~ dieser Welt i denna värld[en]; ~ meinem Zimmer i mitt rum **3** till; sich ~ etw. (ack.) beschränken inskränka sig till ngt; ~ sein Zimmer gehen gå till sitt rum; e-n ~ heute abend einladen inbjuda ngn till i kväll; er kam ~ mich zu han kom fram till mig; ~s Land fahren (ziehen) fara (flytta) till landet; in der Nacht ~ Montag natten till måndag; das liegt nahe ~ der Hand det ligger nära till hands; das Recht ~ Arbeit rätten till arbete; ~ hoher See till havs; bis ~ unsere Tage till våra dagar; ~ morgen verschieben uppskjuta till i morgon; ~ die Welt kommen komma till världen **4** mot; ein Angriff ~ etw. (ack.) ett angrepp mot ngt; er ging ~ mich zu han gick mot mig; Hohn ~ etw. (ack.) hån mot ngt; ~ das Versprechen hin, daß mot löfte att; sie geht schon ~ die Siebzig zu hon går redan mot de sjuttio **5** över; e-e Gedächtnisrede ~ e-n ett minnestal över ngn; ~ der ganzen Linie över hela linjen; ~ e-n stolz sein vara stolt över ngn **6** (annan prep) e-e Dummheit ~ die andere den ena dumheten efter den andra; alle bis ~ e-n alla utom en; ~ den ersten Blick vid första ögonkastet; ~ keinen Fall under inga omständigheter; ~ alle Fälle i alla händelser; e-e Hoffnung ~ etw. (ack.) en förhoppning om ngt; 5 Eßlöffel Essig ~ e-n Liter 5 matskedar ättika per liter; e-n ~ e-n Sprung besuchen titta in till ngn ett tag; bis ~ weiteres tills vidare **7** (annan konstr. i sv.) ~ der Flöte spielen spela flöjt; das hat nichts ~ sich det har inget att betyda; es geht ~ Leben und Tod det gäller liv eller död; ~ Urlaub sein ha semester; ~ dein Wohl! [din] skål! **II** adv upp, uppe; på; jfr sms. m. auf; ~! upp [med dig]!; ~, an die Arbeit! sätt i gång o. jobba nu!, måste vi sätta i gång o. jobba!; Türen ~! upp med dörrarna!; mit dem Hut ~ med hatten på; von Jugend ~ ända från ungdomen; ~ und ab av och an, fram och tillbaka, upp och ner; er machte sich ~ und davon han gav sig [snabbt] i väg **III** konj, ~ daß på det att **IV** interj välan!, nåväl!
aufarbeiten 1 slutföra, avsluta arbetet med; göra slut på; rusta (snygga) upp; das Material kritisch ~ kritiskt bearbeta (sammanfatta) materialet; die Wolle ~ göra slut på (förbruka) yllet **2** rfl resa sig [mödosamt] **aufatmen 1** andas djupt **2** andas ut **aufbacken** sv. el. st, jfr backen färska upp (bröd); dial. värma upp (mat) **aufbahren** lägga på bår; aufgebahrt sein stå lik, ligga på lit de parade
Aufbau 0, i bet. 3 o. 4 -ten, m **1** [åter]upp|-byggande, -rättande **2** uppbyggnad, indelning, komposition; struktur, konstruktion **3** på-, över|byggnad **4** överrede, karosseri **Aufbauarbeit** -en f [åter]uppbyggnadsarbete **aufbauen** **1** [upp]bygga, uppföra, montera; bygga upp, organisera; disponera, strukturera **2** bygga på; die Darstellung baut auf neuen Quellen auf framställningen bygger (stöder sig) på nya källor **3** rfl bildas, uppstå **4** rfl, mil. ställa sig i givakt; vard. ställa sig
aufbaumeln vard. **1** hänga **2** rfl hänga sig
aufbäumen rfl stegra sig; resa sig, revoltera
Aufbausalze pl när[ings]salter **aufbauschen 1** blåsa upp (äv. bildl.); överdriva **2** rfl blåsas

upp; utveckla sig, växa **Aufbauschule** *-n f, ung.* gymnasieskola (*efter 6 el.* 7 *års grundskola*) **aufbegehren** brusa upp; spjärna emot; *gegen e-n ~* sätta sig upp emot ngn **aufbehalten** *st, den Hut ~* behålla hatten på **aufbeißen** *st* bita upp, öppna med tänderna; *sich* (*dat.*) *die Lippe ~* bita sig i läppen **aufbekommen** *st* **1** få upp, lyckas öppna **2** kunna äta upp **3** kunna få på sig **4** *skol.* få i (till) läxa **aufbereiten 1** anrika (*malm*); bearbeta (*råvara*); rena (*dricksvatten*) **2** bearbeta (*text*) **3** utvärdera **aufbessern** bättra på, förbättra, höja, öka [på] **Aufbesserung** *-en f* förbättring, ökning, höjning **aufbewahren** förvara, tillvarata, bevara, spara **Aufbewahrung** *-en f* **1** förvaring, tillvaratagande **2** inlämning (*plats*) **Aufbewahrungsort** *-e m* förvaringsplats **aufbiegen** *st* böja upp[åt]; böja isär **aufbieten** *st* **1** uppbjuda, använda, sätta in; *mil.* uppbåda **2** lysa för (*brudpar*) **Aufbietung** *0 f* **1** uppbjudande; uppbådande; insats; *unter ~ aller seiner Kräfte* med uppbådande av alla sina krafter **2** lysning **aufbinden** *st* **1** knyta upp, lossa **2** binda upp (*hår, svans*); binda (knyta) fast; *e-m etw.* (*e-n Bären*) *~* (*vard.*) inbilla ngn ngt; *er läßt sich* (*dat.*) *alles ~* (*vard.*) man kan inbilla honom vad som helst; *damit hast du dir was aufgebunden!* (*vard.*) där har du tagit på dig någonting! **aufblähen 1** blåsa upp (*äv. bildl.*); förstora, utvidga **2** *rfl* svälla, pösa; brösta sig, skryta **aufblasen** *st* **1** blåsa upp **2** *rfl, vard.* brösta sig, göra sig märkvärdig **aufblättern 1** slå upp, bläddra i (*bok*) **2** *rfl* slå (spricka) ut **aufbleiben** *st s* **1** vara öppen, förbli (stå) öppen **2** stanna uppe **aufblenden 1** slå på helljus **2** *foto.* öppna bländaren, använda större bländare **aufblicken** blicka (se) upp[åt], höja blicken; *zu e-m ~* se upp till (beundra) ngn **aufblitzen 1** blixtra till **2** *s, ein Gedanke blitzte mir auf* det föll mig plötsligt in, en tanke dök plötsligt upp hos mig **aufblühen** *s* slå ut; *bildl.* blomma upp **aufbocken** palla upp **aufbohren** borra upp **aufbraten** *st* steka upp **aufbrauchen** förbruka, göra slut på **aufbrausen** *s* skumma [över], [börja] bubbla, välla (sjuda) upp; *bildl.* brusa upp **aufbrechen** *st* **1** bryta upp; *den Brief ~* öppna brevet **2** ta ur [inälvorna på] **3** *s* bryta upp; öppna sig, slå ut (*om knopp*), gå upp; komma fram i dagen; *das Geschwür bricht auf* det går hål på bölden **aufbrennen** *oreg.* **1** bränna in (*bomärke e.d.*); *e-m eins ~* (*vard.*) *a*) slå till ngn, *b*) ge ngn en kula, skadskjuta ngn **2** *s* blossa (flamma) upp; *dial.* brinna upp **aufbringen** *oreg.* **1** uppbringa, uppdriva, anskaffa, skaffa [fram], få ihop; *den Mut zu etw. ~* samla mod till ngt **2** *vard.* få upp (*dörr e.d.*) **3** sätta i gång (*rykte e.d.*); lansera (*e-e Ware* en vara) **4** uppbringa, kapa (*ein Schiff* ett fartyg) **5** reta upp; *aufgebracht* uppbragt **Aufbruch** *-e† m* **1** uppbrott **2** [politiskt, nationellt] uppvaknande **3** *jakt.* inälvor **aufbrühen** brygga (*kaffe*) **aufbrüllen** böla (ryta, tjuta, vråla) till **aufbrummen 1** *vard.* tilldela; *e-m e-e Strafe ~* ge ngn ett straff **2** [plötsligt, kort] brumma **3** *s, sjö.* gå på grund; *er ist auf meinen Wagen aufgebrummt* (*vard.*) han körde på min bil **aufbügeln** pressa upp **aufbürden** *e-m etw. ~* påbörda (pådyvla) ngn ngt, pålägga (lassa på) ngn ngt

aufdämmen dämma upp **aufdämmern** *s* gry; *ein Verdacht dämmerte in mir auf* jag fattade misstanke; *dämmert dir immer noch nicht auf, warum sie das getan hat?* fattar du förtfarande inte varför hon gjorde det? **aufdecken 1** ta bort filten från **2** lägga på (*duk*); duka [bordet] **3** *rfl* sparka av sig (*täcket*) **4** avslöja, blottlägga **5** *seine Karten ~* (*äv. bildl.*) lägga korten på bordet **aufdonnern** *rfl, vard.* styra (spöka) ut sig, klä sig prålligt **aufdrängeln** *vard.* **1** *e-m etw. ~* truga på ngn ngt **2** *rfl, sich e-m ~* tränga (tvinga, truga) sig på ngn **aufdrängen 1** *e-m etw. ~* tvinga (truga) på ngn ngt, påtvinga ngn ngt **2** *rfl sich e-m ~* tränga (tvinga, truga) sig på ngn; *ein Gedanke drängte sich mir auf* en tanke trängde sig på mig **aufdrehen 1** skruva upp (*lock e.d.*); vrida på, öppna (*kran*); lossa (*skruv*); *sty., österr.* tända (*lampa*), sätta (*skruv*) på; *vard.* skruva upp (*volym*); *dial.* dra upp (*fjäder*) **2** rulla (sno) upp **3** *vard.* dra på, gasa, öka hastigheten (takten) **4** *vard.* komma i gasen, bli glad; *dial.* [börja] skälla, bli förbannad **aufdringen** *st, bildl.* påtvinga, truga på **aufdringlich** påträngande, påflugen, framfusig, efterhängsen, närgången **Aufdringlichkeit** *-en f* framfusighet, påflugenhet, efterhängsenhet **Aufdruck** *-e m* påtryck, påtryckt text; övertryck[ning] **aufdrucken** trycka [på] **aufdrücken 1** trycka (pressa) upp, öppna; trycka (klämma) sönder (hål på) (*böld*) **2** trycka på; *vard.* sätta på sig (*hatt*); *e-m e-n ~* (*vard.*) ge ngn en kyss; *etw. ~* (*dat.*) *seinen Stempel ~* sätta sin stämpel (prägel) på ngt; *er drückt mit der Feder zu hart auf* han trycker för hårt med (*på*) pennan **aufdürfen** *oreg.* få gå upp **aufein'ander** på (över, efter) varandra (vartannat); den (det) ena efter (på) den (det) andra **aufeinanderbeißen** *st, die Zähne ~* bita ihop tänderna **Aufeinanderfolge** *0 f* serie, följd, rad **aufeinander|folgen** *s* följa efter (på) varandra **-liegen** *st* ligga på varandra **-prallen** *s* stöta (törna) ihop **-pressen** pressa ihop **-stoßen** *st s* kollidera, stöta ihop [med varandra]; *die Meinungen stießen aufeinander* åsikterna bröt sig mot varandra **-türmen** torna upp **Aufenthalt** *-e m* **1** vistelse, uppehåll **2** vistelseort **3** avbrott, uppehåll **Aufenthaltsbeschränkung** *-en f, ung.* begränsat uppehållstillstånd **Aufenthalts|bewilligung** *-en f,* **-erlaubnis** *-se f,* **-genehmigung** *-en f* uppehållstillstånd **Aufenthaltsort** *-e m* vistelseort **auferlegen** *erlegte auf, äv. auferlegte, auferlegt* [p]ålägga; *e-m Bedingungen ~* uppställa villkor för ngn; *sich* (*dat.*) *Zwang ~* lägga band på sig **auferstehen** *st s, bibl.* uppstå **Auferstehung** *-en f, bibl.* uppståndelse **auferwecken** *bibl.* uppväcka [från de döda] **aufessen** *st* äta upp, äta slut på **auffädeln** *st* träda upp [på en tråd] **auffahren** *st* **1** *s* köra på [bakifrån] (*auf etw. ack.* på ngt) **2** *s* köra fram (upp); *der Autofahrer war zu dicht aufgefahren* bilisten hade legat för nära (inte hållit tillräckligt avstånd); *die Batterie ist aufgefahren* (*mil.*) batteriet har gått i ställning **3** *s* fara (rusa, störta) upp; *bildl.* brusa upp **4** *s* gå upp, öppna sig (*om dörr*) **5** *s* åka (stiga) upp **6** köra fram; *vard.* ställa (sätta, duka) fram **auffahrend** uppbrusande, häftig **Auffahrt** *-en f* **1** uppfart[sväg], påfart **2** färd

uppför 3 framkörning 4 *dial.* himmelsfärd
Auffahrunfall -*e*† *m* krock [genom påkörning bakifrån] **auffallen** *st s* falla i ögonen, väcka uppmärksamhet; falla in (*om ljus*); *es fällt mir auf, daß* jag lägger märke till (märker) att **auffallend** imponerande, slående, påfallande; *ein ~ ernstes Kind* ett mycket allvarligt barn **auffällig** iögonfallande, uppseendeväckande, ovanlig, besynnerlig **auffangen** *st* 1 uppfånga, uppsnappa (*äv. bildl.*); samla upp; ta emot, fånga (*boll*); parera (*stöt*); stoppa (*anfall*) 2 ta fast, gripa 3 dämpa, motverka effekt av **Auffanglager** - *n* uppsamlings-, upptagnings|läger **Auffangstelle** -*n f* uppsamlingsställe **auffärben** bättra på färgen; färga om **auffassen** uppfatta, begripa; *falsch ~* (*äv.*) missförstå **Auffassung** -*en f* uppfattning[sförmåga]; åsikt, mening **Auffassungsgabe** 0 *f* uppfattningsförmåga **Auffassungssache** 0 *f, das ist ~* det kan man ha olika uppfattning om **Auffassungsvermögen** 0 *n* uppfattningsförmåga **auffegen** sopa upp (ihop) **auffetzen** *vard.* riva upp (*brev*), öppna
auffindbar anträffbar, möjlig att hitta **auffinden** *st* finna, hitta, upptäcka, spåra **Auffindung** 0 *f* [upp]hittande **auffischen** *vard.* fiska upp (*äv. bildl.*) **aufflackern** *s* blossa (flamma) upp (*äv. bildl.*) **aufflattern** *s* fladdra (flaxa) upp **auffliegen** *st s* 1 flyga upp; lyfta (*om fågel*) 2 *vard.* avslöjas, sprängas; gå upp i rök 3 *åld.* flyga i luften, explodera 4 *die Tür flog auf* dörren flög upp **auffordern** 1 upp|fordra, -mana 2 bjuda upp (*t. dans*) **Aufforderung** -*en f* 1 anmodan, maning, uppfordran 2 inbjudan; uppbjudning [till dans] **aufforsten** plantera [ny] skog på **Aufforstung** -*en f* nyplantering av skog, skogsreproduktion **auffressen** *st* (*om djur*) äta upp; *vulg.* (*om människor*) käka upp; *bildl.* sluka, ta kål på, ruinera **auffrieren** *st, dial.* 1 *s* tina upp 2 [låta] tina upp **auffrischen** 1 snygga upp, förnya, bättra på; friska upp (*kunskaper*); fylla på (*förråd*), komplettera 2 *h el. s* (*om vind*) friska i **auffrisieren** *vard.* trimma (*motor*); kamma (snygga) till (*håret*) **aufführen** 1 uppföra (*byggnad*; *pjäs*) 2 anföra, nämna 3 *rfl* uppföra (bete) sig **Aufführung** -*en f* 1 uppförande 2 anförande (*av bevis*) 3 [teater]föreställning **auffüllen** fylla på (i, igen, upp); komplettera **auffuttern** *vard. skämts.* äta upp **auffüttern** uppföda
Aufgabe -*n f* 1 uppgift; plikt; syfte; problem; funktion; *skol.* läxa; *es ist nicht meine ~* (*äv.*) det är inte min sak 2 av-, in|lämning (*av bagage*); postande 3 upp-, över|givande, avstående; nedläggande; kapitulation; *wegen ~ des Geschäftes* på grund av affärens nedläggning **aufgabeln** *vard.* fiska upp, få tag i; ragga upp **Aufgaben|bereich** -*e m*, -**gebiet** -*e n* arbets-, kompetens|område **Aufgabensammlung** -*en f* exempelsamling **Aufgang** -*e*† *m* 1 uppgång (*äv. abstr.*), uppstigning; uppstigande 2 *der ~ der Jagd* jakttidens början **aufgeben** *st* 1 lämna in, alvämna; pollettera; posta; *e-e Annonce ~* sätta in en annons 2 ge i uppdrag, föreskriva; *e-m etw. ~* ge ngn ngt i läxa 3 *dial.* fylla på, hälla upp 4 *hand.* uppge, meddela 5 ge upp, prisge, avstå från, upphöra med; *e-n ~* ge upp hoppet om ngn; *das Rauchen ~* sluta röka; *ein Amt ~* nedlägga ett ämbete; *den Geist ~* ge upp andan

4 – Tysk-Svensk

aufgebläht uppblåst; arrogant; överdimensionerad **aufgeblasen** uppblåst; arrogant **Aufgebot** -*e n* 1 uppbåd; uppbådande 2 lysning 3 uppbjudande; *unter ~ aller Kräfte* med uppbjudande av alla krafter 4 *jur.* proklama **aufgebracht** *bildl.* uppbragt **aufgedonnert** *vard.* utstyrd, utspökad, pråligt klädd **aufgedunsen** pussig, uppsvälld, dåst **aufgehen** *st s* 1 gå (stiga) upp; *der Samen geht auf* fröet kommer upp; *das Eis geht auf* isen går upp; *mir geht ein Licht auf* det går upp ett ljus för mig; *der Knoten geht auf* knuten går upp; *e-m geht etw. auf* (*äv.*) ngn får ngt klart för sig, ngn förstår ngt; *in Flammen ~* brinna ner 2 öppna sig, öppnas, gå upp; *das Herz geht mir auf* jag blir varm om hjärtat 3 *in etw.* (*dat.*) *~* gå upp (uppgå) i ngt 4 jäsa [upp] (*om deg*), höja sig 5 *mat.* gå jämnt upp; *alle geraden Zahlen gehen durch 2 geteilt auf* alla jämna tal är delbara med 2; *4 geht in 12 auf* 12 är jämnt delbart med 4; *die Rechnung geht auf* räkningen stämmer, *bildl.* allt går planenligt (efter beräkningarna) 6 *die Jagd geht auf* jakttiden är inne **aufgehoben** *gut ~ sein* vara i goda händer **aufgeilen** *vulg.* göra kåt **aufgeklärt** *bildl.* upplyst, fördomsfri **aufgekratzt** *vard.* upprymd; *~ werden* (*äv.*) komma i form **Aufgeld** -*er n* 1 *dial.* tillägg; handpenning 2 *ekon.* agio **aufgelegt** 1 upplagd; hågad; *gut ~* på gott humör; *nicht zum Scherzen ~ sein* (*äv.*) inte vara på skämthumör 2 *neds.* tydlig, uppenbar; *~er Unsinn* absolut nonsens; *ein ~er Schwindel* en uppenbar svindel **aufgepaßt** *interj* se upp!, hör noga på! **aufgeräumt** upprymd, glad **aufgeregt** upp|rörd, -skakad; nervös **Aufgeregtheit** 0 *f* upprördhet; nervositet **aufgeschlossen** *bildl.* öppen, mottaglig **aufgeschmissen** *wir sind ~!* (*vard.*) nu står vi där!, nu ligger vi illa till! **aufgeschwemmt** *vard.* pussig **aufgetakelt** utspökad **aufgeweckt** vaken, pigg, kvicktänkt
aufgießen *st* hälla (ösa) på (över); brygga (*kaffe*) **aufglänzen** s glänsa till **aufgliedern** indela, dela upp **Aufgliederung** -*en f* in-, upp|delning **aufglimmen** *st, äv. sv, s* börja glimma; glimma till (*äv. bildl.*) **aufglühen** *s* börja glöda **aufgraben** *st* gräva upp (fram, om) **aufgreifen** *st* plocka (ta) upp; gripa, ta fast (*rymling*); ta upp (*ämne*); anknyta till, fortsätta, ta fasta på
auf'grund, auf Grund *prep m. gen.* på grund av
Aufgu|ß -*sse*† *m* 1 infusion; *e-n neuen ~ machen* laga en ny omgång (*te, kaffe*) 2 *bildl.* dålig kopia, imitation **Aufgußbeutel** - *m* portionspåse; tepåse **Aufgußtierchen** - *n* infusionsdjur
aufhaben *oreg., vard.* 1 ha på sig (på huvudet) 2 ha (hålla) öppen 3 ha i läxa 4 *er hat das Brot noch nicht auf* han har inte ätit upp brödet än **aufhacken** hacka (hugga) upp **aufhaken** häkta upp, öppna **aufhalsen** *vard., e-m etw. ~* vältra (lassa) ngt på ngn **aufhalten** *st* 1 hålla upp; hålla öppen 2 hejda, stanna, stoppa; uppehålla, försena, hindra, störa 3 *rfl* uppehålla sig, vistas; *sich bei etw. ~* dröja vid ngt; *sich über etw.* (*ack.*) *~* anmärka på (bli upprörd över) ngt **aufhängen** *äv. st* 1 hänga [upp]; lägga på (*luren*) 2 *vard.* hänga (avrätta) 3 *e-m etw. ~* lura i (på) ngn ngt 4 *rfl, vard.* hänga sig **Aufhänger** - *m*

Aufhängung—auflegen

1 hängare **2** uppslag, utgångspunkt (*för tidningsartikel*) **Aufhängung** *-en f* upphängning **aufhauen** *hieb* (*vard. haute*) *auf, aufgehauen* **1** hugga upp, öppna [med våld]; *ich habe mir das Knie aufgehauen* jag slog mig (gjorde illa mig) på knät **2** *s, mit dem Kopf auf etw.* (*dat. el. ack.*) ~ slå huvudet i ngt **aufhäufen 1** hopa, lägga på hög **2** *rfl* hopa sig **aufheben** *st* **1** ta (lyfta) upp, höja; *den Deckel* ~ lyfta på locket **2** förvara, ta vara på, spara; *e-n Dieb* ~ (*dld.*) gripa en tjuv; *hier ist er gut aufgehoben* här är han i goda händer, här har han det bra **3** upphäva, avskaffa, annullera; avsluta; *jur.* ogilla; *e-e Sitzung* ~ upplösa ett sammanträde; *die Tafel* ~ häva taffeln, resa sig från bordet; *das e-e hebt das andere auf* det ena tar ut det andra, det tar ut vartannat **4** *rfl* jämna ut sig, ta ut varandra (vartannat); *högt.* resa sig **Aufheben** *0 n, viel ~[s] von etw. machen* göra stort väsen av ngt, tillmäta ngt stor betydelse, fästa stor vikt vid ngt; *viel ~[s] um nichts* mycket väsen för ingenting **Aufhebung** *-en f* upphävande, avskaffande; avslutning; annullering; stängning; *jur.* ogillande **aufheitern 1** muntra upp **2** *rfl* klarna; *sein Gesicht heitert sich auf* han skiner upp **Aufheiterung** *-en f* **1** uppklarnande **2** gladare stämning **aufheizen** värma upp; *bildl.* öka **aufhelfen** *st, e-m* ~ hjälpa ngn att resa sig; *seinem Lohn* ~ öka [på] lönen; *der Erfolg half seinem Selbstvertrauen auf* framgången stärkte hans självtillit **aufhellen 1** göra ljusare **2** klargöra, belysa **3** *rfl* klarna [upp], ljusna; skina upp **aufhetzen** hetsa upp, uppvigla **aufheulen** yla, tjuta till, utstöta ett tjut **aufhöhen 1** göra högre, lyfta **2** snygga till **aufholen 1** hämta in, ta igen (in) **2** hämta in [en del av] försprånget **aufhorchen** lystra, spetsa öronen **aufhören** upphöra, sluta [upp]; *hör endlich auf!* var tyst nu!, sluta [med det där]!; *da hört [sich] doch alles auf!* nu går det för långt!, nu får det vara nog!, nu går skam[men] på torra land[et]! **aufhübschen** snygga till **aufhucken** *vard.* ta på ryggen; *e-m den Rucksack* ~ hjälpa ngn på med ryggsäcken **aufjagen** jaga upp **aufjammern** jämra sig högt, brista ut i klagan **aufjauchzen, aufjubeln** jubla högt, brista ut i jubel **Aufkauf** *-et m* uppköp **aufkaufen** köpa (handla) upp **Aufkäufer** *-f* m uppköpare **aufkehren** sopa upp **aufkeimen** *s* [börja] gro, spira, komma upp **Aufklang** *-et m* upptakt, början **aufklappen 1** fälla (slå) upp, öppna **2** *s* gå upp, öppna sig **aufklaren** klarna [upp] **aufklären 1** klara upp, reda ut, lösa **2** upplysa, informera; *DDR äv.* upplysa politiskt, agitera; *ein Kind* ~ ge ett barn sexualupplysning **3** *mil.* rekognos[c]era, spana **4** *rfl* klarna [upp] (*äv. om väder*); lösa sig; *sein Gesicht klärte sich auf* hans ansikte sken upp **Aufklärer** *- m* **1** representant för upplysningen **2** *DDR* agitator **3** *mil.* spaningsplan; spanare, spejare **aufklärerisch** rationalistisk, frisinnad; didaktisk **Aufklärung** *-en f* **1** uppklarande, lösning; klarläggande **2** upplysning, information; sexualupplysning; *DDR äv.* politiskt upplysningsarbete, agitation; *das Zeitalter der* ~ upplysningstiden **3** *mil.* spaning **Aufklärungsfilm** *-e m* upplysningsfilm **Aufklärungsflug** *-et m* spaningsflygning **Aufklärungskampagne** *-n f* informationskampanj **Aufklärungszeit** *0 f, die* ~ upplysnings-

tiden **aufklauben** *dial.* plocka (samla) upp **Aufklebeadresse** *-n f* adress|etikett, -lapp **aufkleben** klistra på (fast) **Aufkleber** *- m* självhäftande (gummerad) etikett; dekal **aufkleistern** *vard.* klistra på **aufklinken** [trycka ner handtaget och] öppna **aufklopfen 1** knacka sönder (hål på); öppna (*genom att knacka hål*) **2** *mit dem Stock* ~ knacka med käppen **aufknacken 1** knäcka **2** *vard.* bryta sig in i **aufknallen** *vard.* **1** *s, auf etw.* (*ack.*) ~ slå [häftigt] mot ngt **2** ge (*straff*) **aufknöpfen** knäppa upp **aufknoten** knyta (lösa) upp **aufknüpfen 1** binda (knyta) upp; *vard.* hänga **2** *rfl* hänga sig **aufkochen** koka upp; *sty., österr.* bulla upp, ställa till kalas **aufkommen** *st s* **1** upp|komma, -stå, dyka upp; komma i bruk (på modet); *Wind kommt auf* (*äv.*) det börjar blåsa **2** kunna resa sig, ta sig upp; komma på benen, tillfriskna; *vom Krankenlager* ~ hämta sig efter en sjukdom, tillfriskna **3** *dial.* komma ut, avslöjas **4** *sjö.* närma sig **5** *für etw.* ~ stå för (betala) ngt; *für den Schaden* ~ (*äv.*) ersätta skadan; *gegen e-n* ~ [*können*] (kunna) hävda sig (göra sig gällande) mot ngn; *gegen e-n nicht* ~ [*können*] (*äv.*) inte vara ngn vuxen, inte kunna mäta sig (tävla) med ngn, inte kunna göra ngt mot ngn **6** *der Akrobat kam auf das* (*dem*) *Netz auf* akrobaten landade på nätet; *der Läufer kam bei 1400 Metern auf und siegte* vid 1400 meter spurtade löparen (inhämtade löparen försprånget) o. segrade **Aufkommen** *0 n* **1** uppkomst **2** tillfrisknande **3** intäkter **aufkönnen** *oreg.* kunna komma upp **aufkorken** korka upp **aufkrachen** *s, vard.* öppna sig med ett brak, springa upp med en smäll; spricka (gå) [upp]; *der Baum ist auf das* (*dem*) *Auto aufgekracht* trädet brakade ner på bilen **aufkratzen 1** krafsa (riva) upp (*hål på*) **2** *vard.* försätta på gott humör **aufkreischen** skrika till **aufkrempeln** kavla (vika) upp **aufkreuzen 1** *s, vard.* dyka upp **2** *h el. s, sjö.* kryssa **aufkriegen** *vard., se aufbekommen* **aufkündigen** säga upp **Aufkündigung** *-en f* uppsägning **aufkurbeln** *das Wagenfenster* ~ veva ner bilrutan **Aufl.** *förk. för Auflage* uppl., upplaga **auflachen** skratta till **aufladen** *st* **1** lasta [på]; *e-m etw.* ~ påbörda ngn ngt; *sich* (*dat.*) *etw.* ~ (*äv.*) åta sig ngt **2** ladda (*batteri*) **Auflage** *-n f* **1** upplaga **2** åläggande, villkor **3** *tekn.* beläggning; stöd **Auflage[n]höhe** *0 f, die* ~ upplagan[s storlek] **Auflager** *- n, tekn.* bärlager; *arkit.* impost **auflandig** ~*er Wind* pålandsvind **auflassen** *st* **1** släppa upp; *flyg.* låta starta **2** *vard.* behålla (*mössa e.d.*) på **3** *vard.* låta stå öppen **4** *vard.* låta stanna uppe **5** *dial.* lägga ner, stänga **6** *jur.* avträda, överlåta **Auflassung** *-en f* **1** *dial.* stängning, nedläggelse **2** *jur.* avträdande, överlåtelse **auflauern** *e-m* ~ lura på ngn, ligga i bakhåll för ngn **Auflauf** *-et m* **1** upplopp, folksamling **2** *kokk.* sufflé, låda **auflaufen** *st* **1** *s* öka, växa, hopa sig **2** *s, lantbr.* gro, komma upp **3** *s, sjö.* gå på grund **4** *s, auf e-n* ~ krocka (kollidera) med ngn **5** *sich* (*dat.*) *die Füße* ~ få skavsår [på fötterna] **aufleben** *s* leva upp [igen]; ta fart, blossa upp **auflegen** (*jfr aufgelegt*) **1** lägga på; [*den Hörer*] ~ lägga på luren; *e-e Platte* ~ sätta på en skiva; *e-m e-e* ~ (*vard.*) slå till ngn **2** lägga (sätta) fram (*på bord*); lägga upp (*varor e.d.*); *die Ellbogen auf den*

Tisch ~ stödja armbågarna mot bordet **3** ge ut, publicera; *neu* (*wieder*) ~ ge ut i ny upplaga **4** lägga upp (*fartyg*) **5** *rfl*, *sich mit e-m* ~ (*dial.*) mucka gräl med ngn **auflehnen** *rfl* **1** revoltera, sätta sig upp, göra uppror, [upp]resa sig (*gegen* mot) **2** *dial.* luta (stödja) sig **Auflehnung** *-en f* revolt, resning, uppror **aufleimen** limma på **auflesen** *st* plocka upp, samla ihop; få tag i, råka på; [*sich* (*dat.*)] *e-e Krankheit* ~ (*vard.*) åka på en sjukdom **aufleuchten** *h el.* **s** lysa upp, flamma till **aufliefern** lämna in, pollettera **Auflieferung** *-en f* inlämnande, inlämning **aufliegen** *st* **1** *auf etw.* (*dat.*) ~ ligga på (mot) ngt **2** ligga framme; vara upplagd (*om fartyg*) **3** *rfl* få liggsår **auflisten** uppföra på pista **auflockern 1** luckra upp; *bildl.* lätta upp; *aufgelockerte Bewölkung* lätt molnighet **2** *rfl* mjuka upp sig **auflodern** *s* blossa (flamma) upp (*äv. bildl.*) **auflohen** *s, se auflodern* **auflösen 1** lösa [upp]; knyta upp; upplösa, upphäva, slå upp, bryta; *mus.* återställa; *e-e Ehe* ~ upplösa ett äktenskap; *aufgelöstes Haar* utslaget hår; *sie war in Tränen aufgelöst* hon var upplöst i tårar **2** lösa, tyda (*ein Rätsel* en gåta) **3** *rfl* gå upp; [upp]lösas, [upp]lösa sig **Auflösung** *-en f* [upp]lösning *etc., jfr auflösen* **Auflösungszeichen** - *n, mus.* återställningstecken **aufmachen** *vard.* **1** öppna; dra (slå, ta, knäppa, spänna, snöra *etc.*) upp; *e-n Tresor* ~ (*sl.*) bryta upp ett kassaskåp **2** ordna, arrangera; *e-e Rechnung* ~ sätta upp en räkning; *etw. groß* ~ slå upp ngt stort, lägga upp ngt efter stora linjer **3** *rfl* bryta upp, ge sig i väg **4** *rfl, ein Wind macht sich auf* det blåser upp **Aufmachung** *-en f* utstyrsel; förpackning; *bildl. äv.* dräkt; *die Zeitung hat die Sache in großer* ~ *herausgebracht* tidningen har slagit upp saken stort **Aufmarsch** *-e†* *m* uppmarsch **aufmarschieren** *s* marschera upp **aufmauern** mura upp **aufmerken** ge akt, uppmärksamt lyssna, vara uppmärksam (*auf etw.* *ack.* på, till ngt); lystra [till] **aufmerksam** uppmärksam, vaken, koncentrerad; hövlig; *e-n auf etw.* (*ack.*) ~ *machen* fästa ngns uppmärksamhet (visa ngn) på ngt **Aufmerksamkeit** *-en f* uppmärksamhet, intresse, koncentration; hövlighet; *die* ~ *auf sich* (*ack.*) *lenken* göra sig bemärkt **aufmessen** *st* mäta upp **aufmöbeln** *vard.* bättra på, renovera, modernisera; pigga upp; få på fötterna **aufmotzen** *vard.* piffa upp **aufmucken** *vard.* knota, knorra, opponera sig **aufmuntern 1** muntra (pigga) upp **2** uppmuntra, egga **Aufmunterung** *-en f* uppmuntran **aufmüpfig** *vard.* uppkäftig, uppstudsig, olydig **aufmüssen** *oreg.* vara tvungen att resa sig (stiga upp) **aufmutzen 1** *dial.* förebrå **2** *vard.* piffa upp **aufnähen** sy på (fast); sy upp **Aufnahme** -*n* *f* **1** inledande, öppnande **2** intag|ning, -ande; inträde; mottagande; upptagande; *das Programm fand e-e begeisterte* ~ *programmet* fick ett entusiastiskt mottagande; *die* ~ *beim Publikum* publikens reaktion **3** reception, mottagning[srum] **4** upp|rättande, -sättande; kartläggning **5** tagning, fotografering, filmning; inspelning (*äv. konkr.*); foto[grafi], kort **Aufnahmebedingungen** *pl* inträdesvillkor **aufnahmefähig** mottaglig; ~ *sein* (*äv.*) kunna ta emot (uppta) **Aufnahmefähigkeit** *0 f* mottaglighet, receptivitet **Aufnahmeprüfung** -*en f* inträdesprov **Aufnahmeraum** -*e†* *m*

studio **Aufnahmewagen** - *m* inspelningsbil **aufnehmen** *st* **1** ta upp; *den Bleistift* ~ ta (plocka) upp pennan; *den Ball* ~ ta emot (fånga) bollen **2** inleda, öppna, börja; *wieder* ~ återuppta **3** ta emot, mottaga; inhysa; ta in, inta; *Nahrung* ~ inta föda; *in ein* (*e-m*) *Krankenhaus aufgenommen werden* tas in på sjukhus; *er wurde in die Schule aufgenommen* han kom in i skolan; *e-n Punkt in die Tagesordnung* ~ ta upp en punkt på dagordningen; *er wurde in den Verein aufgenommen* han blev medlem i klubben; *e-n Vorschlag positiv* ~ reagera positivt på ett förslag **4** rymma; *der Saal nimmt 200 Personen auf* salen rymmer 200 personer **5** fatta, begripa; *der Schüler nimmt leicht auf* eleven har lätt för att fatta **6** låna; *e-e Anleihe* ~ ta [upp] ett lån **7** uppteckna, skriva ner; anteckna; upp|rätta, -sätta; kartlägga; fotografera, filma, spela in, banda **aufnesteln** peta upp **aufnötigen** *e-m etw.* ~ truga (tvinga) på ngn ngt **aufoktroyieren** *se aufzwingen* **aufopfern** uppoffra; *sich* ~ uppoffra sig **Aufopferung** *0 f* uppoffring **aufpacken 1** *vard.* packa upp **2** *e-m etw.* ~ packa (lassa) på ngn ngt; *sich* (*dat.*) *etw.* ~ (*äv.*) få (skaffa sig) ngt på halsen **aufpäppeln** *vard.* göda, uppföda **aufpappen** *dial., se aufkleben* **aufpassen** se sig för, se upp, akta sig; vara uppmärksam (*under lektion*); *auf ein Kind* ~ passa ett barn; *passen Sie auf diesen Mann auf!* håll ett öga på den där mannen!; *paß auf, das ändert sich!* hör på, det kommer att ändra sig!, du ska se att det ändrar sig! **Aufpasser** - *m* **1** tillsynings-, uppsynings|man, vakt **2** snok[are], spion **aufpeitschen** *bildl.* piska (jaga, hetsa) upp **aufpflanzen** upp|resa, -ställa; *sich* ~ (*äv.*) fatta posto, ställa sig
1 aufpicken picka upp; picka hål på
2 aufpicken *österr., se aufkleben*
aufplatzen *s* spricka [upp (sönder)] **aufplustern** *rfl* burra upp sig; *bildl.* brösta sig **aufpolieren** polera upp; förbättra, snygga (piffa) upp **aufprägen** *etw. auf etw.* (*ack.*) ~ prägla ngt på ngt; *e-r Sache* (*dat.*) *etw.* ~ (*bildl.*) sätta sin prägel på ngt **Aufprall** -*e m* stöt, nedslag; krock, krasch **aufprallen** *s, auf etw.* (*ack., äv. dat.*) ~ slå [häftigt] (stöta) mot ngt, braka ihop med ngt **Aufpreis** -*e m* pristillägg **aufprobieren** [sätta på sig o.] prova **aufpulvern** *vard.* pigga upp **Aufpulverungsmittel** - *n, vard.* uppiggande medel, stimulans **aufpumpen 1** pumpa [upp] (*däck*) **2** *rfl, vard.* brösta sig; bli arg **aufputschen 1** uppvigla, hetsa upp **2** egga, sporra, stimulera; ~*des Mittel* uppiggande medel **Aufputschmittel** - *n* uppiggande medel, stimulans **Aufputz** *0 m* pynt, stass, grannlåt **aufputzen** pynta, styra ut; *vard.* snygga upp, frisera (*bokslut*) **aufquellen** *st s* **1** högt. välla upp (fram) **2** svälla **aufraffen 1** rafsa ihop (till sig) [o. lyfta upp] **2** *rfl* samla sig (sina krafter), rycka upp sig **aufragen** resa (höja) sig **aufrappeln** *rfl, vard.* **1** resa sig [mödosamt]; rycka upp sig **2** repa sig, tillfriskna **aufrauchen** röka upp (slut på) **aufrauhen** rugga [upp] **aufräumen 1** städa (röja upp) [i], göra i ordning **2** röja (städa) upp; rensa; *die Seuche hat unter der Bevölkerung furchtbar aufgeräumt* epidemin har härjat svårt (krävt många offer) bland befolkningen **3** *mit etw.* ~ göra rent hus med

ngt, göra sig kvitt ngt **Aufräumung** *0 f* städning, röjning *etc.*, *jfr aufräumen* **Aufräumungsarbeit** *-en f* röjningsarbete **aufrechnen 1** *se anrechnen* **2** *etw. gegen etw.* ~ avräkna (kvitta) ngt mot (med) ngt **aufrecht** upprätt, rak; rakryggad, hederlig **aufrechterhalten** *st* upprätt-, vidmakt|hålla, hålla uppe **Aufrechterhaltung** *0 f* vidmakthållande **aufrecken 1** räcka (sträcka) upp **2** *rfl* resa sig [upp], räta upp sig **aufreden** *e-m etw.* ~ prata (lura) på ngn ngt **aufregen 1** uppröra; hetsa upp, göra nervös; ~*d* (*äv.*) spännande **2** *rfl* bli upprörd (förargad); *reg dich nicht auf!* (*äv.*) ta det lugnt! **Aufregung** *-en f* sinnesrörelse, upprördhet, oro; uppståndelse, upphetsning **aufreiben** *st* **1** riva upp (sönder); *bildl.* trötta ut; tillintetgöra (*trupper*) **2** *rfl* slita ut sig **aufreibend** uppslitande, enerverande **aufreihen** rada (trä) upp **aufreißen** *st* **1** riva (rycka, slita) upp; *die Augen* ~ spärra upp ögonen **2** riva (slita) sönder **3** skissera upp; ange huvuddragen av **4** *vard.* ragga [upp] **5** *s* spricka [upp], brista **aufreizen** reta (egga, hetsa) upp; uppvigla; ~*d* (*äv.*) utmanande **Aufrichte** *-n f*, *schweiz.* taklags|fest, -öl **aufrichten 1** räta (resa) upp; upprätta, bygga upp **2** trösta, inge mod **3** *rfl* resa sig [upp], räta upp sig; repa mod **aufrichtig** uppriktig, öppen, ärlig **Aufrichtigkeit** *0 f* uppriktighet **aufriegeln** regla upp **Aufriß** *-sse m* **1** översikt, kort framställning, utkast **2** fasad[ritning], vertikalprojektion **aufritzen** rispa upp **aufrollen** rulla upp; *bildl.* ta upp (*problem*) **aufrücken** *s* fortsätta framåt [i kön]; avancera, bli befordrad **Aufruf** *-e m* **1** upprop; vädjan, appell, kungörelse **2** indragning, ogiltigförklaring (*av sedlar*) **aufrufen** *st* **1** ropa upp; uppmana, appellera till **2** dra in, ogiltigförklara (*sedlar*); annullera **Aufruhr** *0 m* uppror, resning; tumult, oro, uppståndelse **aufrühren** röra upp, röra i (*äv. bildl.*); uppvigla **Aufrührer** - *m* upprorsman, rebell **aufrührerisch** upprorisk **aufrunden** avrunda uppåt **aufrüsten** upprusta **Aufrüstung** *-en f* upprustning **aufrütteln** ruska (skaka, rycka) upp
aufs = *auf das* **aufsagen 1** recitera, läsa upp utantill **2** säga upp (*vänskap e.d.*) **aufsammeln** samla (plocka) upp (ihop) **aufsässig** motspänstig, trotsig, tredsk, upprorisk **Aufsatz** *-e† m* **1** uppsats **2** *byggn.* krön, överstycke **3** påsatt (påsytt) stycke **aufsaugen** *st el. sv* **1** suga upp; absorbera **2** ta i anspråk **aufscharren** krafsa (gräva) upp **aufschauen 1** *dial.* se (titta) upp **2** *zu e-m* ~ (*bildl.*) se upp till ngn **aufschaukeln** *rfl* **1** komma [alltmer] i gungning **2** *vard.* öka **aufschäumen** *s el. h* fradga, skumma (brusa) [upp] (*äv. bildl.*) **aufscheinen** *st s* **1** *dial.* förekomma, dyka upp **2** lysa upp **aufscheuchen** skrämma (jaga) upp **aufscheuern** skava sönder **aufschichten** trava, stapla [upp] **aufschieben** *st* skjuta upp; uppskjuta; *aufgeschoben ist nicht aufgehoben* gömt är inte glömt **aufschießen** *st s* **1** skjuta (växa) upp **2** spruta upp (fram) **3** flyga (rusa) upp **Aufschlag** *-e† m* **1** nedslag; [an]slag; krasch **2** [upp]slag (*på rock e.d.*) **3** [pris]tillägg, pålägg, [pris]höjning **4** *sport.* serve **aufschlagen** *st* **1** slå upp (*i olika bet.*); slå hål på; *sich* (*dat.*) *das Knie* ~ [ramla o.] slå sig på knät; *ein Ei* ~ knäcka ett ägg; *seinen*

Wohnsitz in Wien ~ bosätta sig i Wien **2** öka, höja (*pris*), lägga på **3** *die Mieten schlagen auf* hyrorna stiger (höjs) **4** *sport.* serva **5** *s* slå upp; blossa upp (*om eld*) **6** *s*, *mit dem Kopf auf der* (*die*) *Straße* ~ slå huvudet i gatan **Aufschlagzünder** - *m*, *mil.* anslagsrör **Aufschleppe** *-n f*, *sjö.* slip **aufschließen** *st* **1** öppna, låsa upp **2** *bildl.* förklara; öppna (*sitt hjärta*), avslöja (*känslor*) **3** *rfl*, *sich e-m* ~ öppna sig för ngn; *jfr aufgeschlossen* **4** *mil.* sluta upp **aufschlingen** *st* **1** sluka **2** knyta upp **aufschlitzen** sprätta upp **aufschluchzen** snyfta till **aufschlürfen** sörpla upp **Aufschlu|ß** *-sse† m* **1** upplysning, information, förklaring, besked **2** *geol.* skärning **aufschlüsseln** dela upp (in), klassificera **aufschlußreich** belysande, informativ; signifikativ **aufschnallen 1** spänna (knäppa) upp **2** spänna på **aufschnappen 1** *s* springa (gå) upp (*om lås*) **2** snappa upp **aufschneiden** *st* **1** skära upp **2** *bildl.* överdriva, skryta **Aufschneider** - *m* skrävlare **Aufschneiderei** *-en f* skryt, skrävel **aufschneiderisch** skrytsam, skrävlande **aufschnellen** *s* fara (hoppa, springa) upp **Aufschnitt** *0 m*, [*kalter*] ~ smörgåsmat (*korv e.d.*) **aufschnüren 1** snöra upp **2** snöra fast **aufschrammen** rispa (skrapa) upp **aufschrauben 1** skruva upp (av) **2** skruva på (fast) **aufschrecken 1** *schreckte* (*schrak*) *auf*, *aufgeschreckt*, *schreckst* (*åld. schrickst*) *auf*, *schreckt* (*åld. schrickt*) *auf*, *s* spritta till, förskräckt fara upp **2** *sv* skrämma upp **Aufschrei** *-e m* skrik **aufschreiben** *st* skriva upp, anteckna; *vard.* skriva ut (*recept*); ~ *lassen* (*dial.*) köpa på kredit **aufschreien** *st* skrika till, ge till ett skrik **Aufschrift** *-en f* påskrift, utanskrift; adress **Aufschub** *-e† m* uppskov, anstånd, respit **aufschürfen** skrapa [sig på] **aufschürzen** skörta upp **aufschütteln** skaka upp (*kudde*) **aufschütten** skotta (kasta, skyffla) upp; fylla på; hopa, lägga i hög **aufschwatzen** *e-m etw.* ~ lura (pracka) på ngn ngt **aufschweben** *s* stiga [mot himlen] **aufschweißen 1** svetsa på (fast) **2** svetsa upp **aufschwellen 1** *st* svälla upp, svullna upp; tillta [i styrka] **2** *sv* få att svälla, blåsa upp **aufschwemmen** få att svälla, göra uppsväld; *aufgeschwemmt* uppsvälld, p[l]ussig; *Bier schwemmt auf* man blir tjock av öl **aufschwindeln** *vard.*, *e-m etw.* ~ lura (pracka) på ngn ngt **aufschwingen** *st*, *rfl* svinga sig upp; arbeta sig upp; *sich zum Richter* ~ upphäva sig till domare; *sich zum Briefeschreiben* ~ förmå sig [till] att skriva brev **Aufschwung** *-e† m* uppsving, utveckling; hänförelse; *e-n neuen* ~ *nehmen* ta ny fart **aufsehen** *st se* (titta) upp; *zu e-m* ~ (*bildl.*) se upp till ngn **Aufsehen** *0 n* uppseende; ~ *erregen* väcka uppseende **aufsehenerregend** uppseendeväckande, sensationell **Aufseher** - *m* upp-, till|syningsman, vakt[mästare] **aufsein** *oreg. s*, *vard.* vara uppe; vara (stå) öppen; ha öppet **aufsetzen 1** sätta (ställa, resa) upp; ta (sätta) på; sätta på (*på spis*); bygga på (*en våning till*); sy på (fast); *da setzt der Sache die Krone auf* det är höjden; *e-e Amtsmiene* ~ ta på sig en viktig (högtidlig) min **2** uppsätta, avfatta **3** ta mark, landa **4** *rfl* sätta sig upp **aufseufzen** sucka till, utstöta en suck **Aufsicht** *0 f* uppsikt, överinseende, kontroll, tillsyn, övervakning **aufsichtsfüh-**

rend som har uppsikt[en] (*etc.*) **Aufsichtsbeamte(r)** *m, adj böjn.* upp-, till|syningsman, inspektör; tågklarerare **Aufsichtsbehörde** *-n f* övervakande (kontrollerande) myndighet **Aufsichtsrat** *-e*† *m, ung.* [bolags]styrelse; medlem av [bolags]styrelse **aufsitzen** *st* **1** *s* sitta upp (*på häst*); sätta sig (*på motorcykel*) **2** *s, e-m* ~ låta sig luras av ngn; *e-n* ~ *lassen* lämna ngn i sticket, utebli från avtalat möte med ngn **3** sitta upp[rätt]; sitta uppe **4** sitta på (fast på); *sjö.* sitta på grund **5** *dial., e-m* ~ *a*) ansätta ngn, *b*) trakassera ngn **aufspalten** *spaltete auf, aufgespaltet el. aufgespalten* klyvna; *sich* ~ dela sig **Aufspaltung** *-en f* klyvning **aufspannen** spänna (sätta) upp **aufsparen** spara [ihop]; spara [på] **aufspeichern** lagra, samla, magasinera; *sich* ~ lagras, samlas **aufsperren** spärra upp; *vard.* öppna på vid gavel; *dial.* låsa upp **aufspielen 1** spela upp; *zum Tanz* ~ spela upp till dans; *die Mannschaft spielte groß auf* laget gjorde en stormatch **2** *rfl* sätta sig på sina höga hästar, göra sig viktig; *sich als etw.* (*nom., åld. ack.*) ~ låtsas vara ngt, utge sig för ngt **aufspießen** spetsa; sätta (trä upp) på spett; brännmärka, kritisera **aufsplittern 1** *s* splittras **2** splittra, dela [upp] **aufsprayen** *vard.* spreja på **aufsprengen** spränga upp **aufsprießen** *st s* spira (skjuta) upp **aufspringen** *st s* **1** hoppa (springa, studsa) upp; *auf die Straßenbahn* ~ hoppa på spårvagnen **2** spricka, öppna sig **aufspritzen 1** *s* spruta (stänka) upp **2** *s, auf.* hoppa (flyga, rusa) upp **3** spruta på (*färg*) **aufsprossen** *s, åld., se aufsprießen* **aufsprudeln** *s* välla (bubbla) upp (fram) **Aufsprung** *-e*† *m, sport.* landning; nedslag; avstamp; upphopp **aufspulen** spola (vinda) upp **aufspüren** spåra upp **aufstacheln** uppmuntra, egga; uppvigla **aufstampfen** stampa i marken (golvet) **Aufstand** *-e*† *m* uppror, resning **aufständisch** upprorisk, rebellisk; *die A~en* upprorsmännen **aufstapeln** stapla upp **aufstauen 1** uppdämma; *bildl.* hålla tillbaka **2** *rfl* dämmas upp, samlas **aufstechen** *st* **1** sticka hål på **2** *dial.* märka, hitta (*fel*) **aufstecken 1** sätta (fästa) upp; sätta på; *Kerzen auf den Leuchter* ~ sätta [i] ljus i staken **2** *vard.* avstå från (*plan*), ge upp **aufstehen** *st* **1** *s* stiga (gå) upp; resa sig (*äv. bildl.*); göra uppror; uppväckas, uppstå **2** stå öppen **3** *der Tisch steht nicht fest auf* bordet står inte stadigt **aufsteigen** *st s* stiga (gå) upp[åt], höja sig; flyttas upp (*i tjänst o. sport.*), avancera; *auf das Motorrad* ~ sätta sig på motorcykeln; *der Gedanke steigt in mir auf, daß* det faller mig in att; *ein Verdacht steigt auf* en misstanke uppstår **aufsteigend** upp-[åt]gående, uppstigande **aufstellen 1** ställa (sätta, resa) upp (*äv. bildl.*); ställa (placera) ut; sätta (*rekord*); utarbeta, utforma (*plan*); nominera; *Kartoffeln* ~ (*dial.*) sätta på potatis; *Richtlinien* ~ dra upp riktlinjer; *e-e Behauptung* ~ påstå (ställa upp) *sig;* resa sig **Aufstellung** *-en f* uppställning, uppställande; nominering; specifikation, lista *etc., jfr aufstellen* **aufstemmen 1** bryta upp [m. stämjärn] **2** *etw.* (*sich*) *auf etw.* (*ack., ibl. dat.*) ~ stödja ngt (sig) mot (på) ngt **aufstempeln** stämpla på **aufsticken** sticka (brodera) på **Aufstieg** *-e m* uppstigning; väg uppför; uppgång (*himlakropps o. stats*), uppsving; förbättring; avancemang; *sport.* uppflyttning **Aufstiegs|chance** *-n f*, **-möglichkeiten** *pl* möjlighet[er] till avancemang (uppflyttning) **Aufstiegsspiel** *-e n* kvalificeringsmatch (*för uppflyttning t. högre division*) **aufstöbern** spåra (få) upp; *bildl.* snoka upp, hitta **aufstocken** bygga på (*hus*); *bildl.* utöka (*kapital e.d.*) **aufstöhnen** stöna till **aufstöpseln** *vard.* korka upp, öppna **aufstören** störa, jaga upp **aufstoßen** *st* **1** skjuta (trycka, sparka) upp **2** den Stock auf den Boden ~ stöta käppen i golvet (mot marken); *aufs* (*dat.*) *das Knie* ~ slå sig (göra illa sig) på knät **3** *s, sjö.* stöta (gå) på grund **4** *s, auf etw.* (*ack.*) ~ stöta emot ngt; *etw. stößt e-m auf* (*vard.*) ngn märker (lägger märke till) ngt, ngn träffar på ngt **5** *h el. s* rapa; få upp (*mat*); *das Essen ist* (*hat*) *ihm aufgestoßen* han fick upp maten **aufstreben** sträva uppåt (framåt); resa sig mot skyn **aufstreichen** *st* stryka (breda) på **aufstreifen** kavla upp (*die Ärmel* ärmarna) **Aufstrich** *-e m* **1** ngt att breda på brödet **2** *mus.* uppstråk **3** uppåtgående stapel **aufstuhlen** ställa stolarna på bordet (*i restaurang vid stängningsdags*) **aufstülpen 1** *den Hut* ~ kasta på sig hatten, trycka hatten på huvudet **2** *den Kragen* ~ slå (fälla) upp kragen **aufstützen** *etw.* (*sich*) *auf etw.* (*ack., ibl. dat.*) ~ stödja ngt (sig) på (mot) ngt; *sich* ~ [stödja sig på ngt o.] resa sig **aufsuchen** uppsöka, söka upp **aufsüßen** tillsätta socker till, sockra, söta **auftakeln** *sjö.* rigga upp; *sich* ~ (*vard.*) rigga upp (styra ut) sig **Auftakt** *-e m* upptakt **auftanken** tanka, fylla på bränsle; *das Auto* ~ tanka fullt; *neue Kräfte* ~ (*vard.*) samla nya krafter, vila upp sig **auftauchen** *s* dyka upp (*äv. bildl.*) **auftauen 1** *s* tina [upp] (*äv. bildl.*), töa [upp] **2** tina upp (*ngt*) **aufteilen** fördela, dela upp (in) **auftischen** duka (sätta) fram; *bildl.* duka upp **Auftrag** *-e*† *m* uppdrag; *hand.* order, beställning; *in* ~ *geben* beställa; *im* ~ (enligt) uppdrag, på (*ngns*) vägnar **auftragen** *st* **1** uppdraga, ge; *e-m etw.* ~ ge ngn ngt i uppdrag; *e-m Grüße an e-n* ~ be ngn hälsa till ngn **2** duka fram, servera **3** lägga (stryka) på (*färg*); *dick* (*stark*) ~ bre[da] på, överdriva **4** slita ut (*kläder*) **Auftraggeber** *-m* uppdragsgivare **Auftragsbestand** *-e*† *m* orderstock **Auftragsbestätigung** *-en f* orderbekräftelse **auftragsgemäß** i enlighet med [Er] order, enligt order **auftreffen** *st s, auf etw.* (*ack. el. dat.*) ~ slå (stöta) mot ngt, träffa ngt **auftreiben** *st* **1** driva (röra, virvla) upp (*damm; vilt*); jaga (köra) upp; få att svälla; *die Hefe treibt den Teig auf* jästen får degen att pösa **2** driva upp, få tag i **3** *s* jäsa upp **auftrennen** sprätta (klippa) upp **auftreten** *st* **1** *s* gå; *leise* ~ gå tyst; *ich kann mit dem Fuß nicht* ~ jag kan inte stödja på foten **2** *s* upp-, fram|träda **3** *s* inträffa, dyka upp; finnas **4** sparka upp (*dörr*) **Auftreten** *0 n* upp-, fram|trädande **Auftrieb** *0 m* **1** drivning (*av boskap t. fjällbete*) **2** *fys.* lyftkraft; upptryck **3** *bildl.* uppmuntran, sporre; uppsving; *~ erhalten* få ett uppsving, få luft under vingarna **Auftritt** *-e m* upp-trädande, entré (*på scen*); uppträde, scen (*äv. bildl.*) **auftrocknen** torka [upp] **auftrumpfen** [be]visa sin överlägsenhet; säga ifrån (sin mening); *mit seinem Wissen* ~ stå med sina kunskaper **auftun** *oreg.* **1** öppna **2** *vard.* lägga upp **3** *vard.* få tag i, hitta **4** *dial.* sätta (ta)

auftupfen—augenblicklich

på [sig] **5** *rfl* öppna sig, öppnas **auftupfen** torka upp (*m. lätta tryckningar*) **auftürmen 1** stapla upp, hopa **2** *rfl* hopas, torna upp (hopa) sig **aufwachen** *s* vakna [upp] **aufwachsen** *st s* växa upp **aufwallen** *s* välla (svalla, sjuda) upp; *bildl.* brusa upp **Aufwallung** *-en f* sjudning, uppkokning; ~ *der Gefühle* känslosvall; ~ *von Mitleid* anfall av medlidande **Aufwand** *0 m* **1** uppbjudande, insats **2** kostnader, utgifter **3** prakt, ståt; *großen* ~ *treiben* leva på stor fot (lyxigt) **Aufwandsentschädigung** *-en f* ersättning för utgifter; traktamente **aufwärmen 1** värma upp **2** ta upp på nytt **3** *rfl* värma [upp] sig **Aufwartefrau** *-en f, dial.* städ-, hem|hjälp **aufwarten 1** servera, passa upp (*e-m* [på] ngn) **2** stå till tjänst; uppvakta; *mit etw.* ~ (*äv.*) bjuda på (komma med) ngt **Aufwärter** - *m* uppassare, tjänare **aufwärts** uppåt, uppför **aufwärtsgehen** *st s, mit ihm geht es aufwärts* det går uppåt (ljusnar) för honom **Aufwärtshaken** - *m, boxn.* uppercut **Aufwartung** *-en f, dial.* **1** städ-, hem|-hjälp **2** städning **3** *e-m seine* ~ *machen* göra ngn sin uppvaktning **Aufwasch** *0 m* disk; diskning; *das geht in e-m* ~ (*vard., ung.*) det går för samma betalning **aufwaschen** *st* diska [upp] **Aufwaschwasser** *0 n* diskvatten **aufwecken** väcka [upp] **aufweichen 1** mjuka (blöta) upp **2** *s* mjukna **aufweinen** brista i gråt **aufweisen** *st* uppvisa, förete; *e-m etw.* ~ visa ngn ngt; *etw. aufzuweisen haben* (*äv.*) ha ngt **aufwenden** *sv el. oreg.* använda, uppbjuda; *viel Zeit* ~ lägga ner mycket tid; *wir haben alles aufgewendet* (*aufgewandt*)*, ihn zu überreden* vi har gjort allt [som står i vår makt] för att övertala honom **aufwendig** kostsam, dyr, påkostad **Aufwendung** *-en f* uppbjudande; ~*en* utgifter, kostnader **aufwerfen** *st* **1** kasta (skotta) upp; slå upp (*fönster*) **2** framkasta, väcka, ta upp (*fråga e.d.*) **3** *rfl, sich zum Richter* ~ upphäva sig till domare **aufwerten** uppskriva, revalvera; höja anseendet på **Aufwertung** *-en f* uppskrivning *etc.*, *jfr aufwerten* **aufwickeln** veckla (nysta, vira, rulla) upp; veckla (*etc.*) ihop; *die Ärmel* ~ kavla upp ärmarna **aufwiegeln** uppvigla, hetsa upp **aufwiegen** *st* uppväga, kompensera **Aufwiegler** - *m* uppviglare **aufwieglerisch** uppviglande **Aufwind** *-e m, meteor.* uppvind; ~ *bekommen* få ett uppsving, få luft under vingarna **aufwinden** *st* vinscha (hissa) upp; nysta (vinda) upp **aufwirbeln 1** virvla upp; *viel Staub* ~ riva (röra) upp mycket damm, (*bildl.*) väcka stort uppseende **2** *s* yra (flyga) upp **aufwischen** torka [upp, bort] **Aufwischlappen** - *m* torktrasa **Aufwuchs 1** *0 m* växt, utveckling **2** *-e† m* [planterad] ungskog (*5—8 år gammal*) **aufwühlen** gräva (böka) upp; *bildl.* röra upp, uppskaka **Aufwurf** *-e† m* **1** uppskottande; [uppskottad] kulle **2** *sty.* auktion **aufzählen** räkna upp; *e-m zwanzig* (*welche, ein paar*) ~ ge ngn 20 rapp (*stryk*) **aufzäumen** betsla [på]; *das Pferd beim* (*am*) *Schwanz* ~ (*vard.*) spänna kärran för hästen, börja i galen ända **aufzehren** förtära, förbruka, göra slut på **aufzeichnen 1** rita upp **2** anteckna, skriva upp; spela in; filma **Aufzeichnung** *-en f* **1** ritning **2** anteckning; nedskrivande; inspelning **aufzeigen** [på]visa, demonstrera

aufziehen *st* **1** dra upp; lyfta (hala, hissa, vinda) upp; uppfostra (*barn*); uppföda (*djur*) **2** *vard.* lägga upp; ordna, arrangera **3** spänna (sätta) upp (på), montera; *mildere Saiten* ~ (*vard.*) slå an en mildare ton, vara medgörligare [i tonen] **4** *vard.*, *e-n* ~ reta ngn, göra narr av ngn **5** *e-e Firma* ~ (*vard.*) starta (skapa, grunda) en firma **6** *s* tåga (marschera) upp; *bildl.* vara i antågande; (*om moln e.d.*) stiga upp **Aufzucht** *-en f* uppfödning, avel **aufzucken** *h el. s* rycka (spritta) till; flamma upp (*om eld*) **Aufzug** *-e† m* **1** tåg, procession; uppmarsch **2** hiss; [vind]spel, vinsch **3** klädsel; pomp, ståt **4** *teat.* akt **5** varp **Aufzugschacht** *-e† m* hisstrumma **aufzwingen** *st, e-m etw.* ~ påtvinga ngn ngt **Augapfel** *-† m* ögonglob; *bildl.* ögonsten **Auge** *-n n* öga (*äv. på tärning, potatis etc. o. sjö.*); fettpärla (*på buljong*); märke (*på spelkort*); *das* ~ *des Gesetzes* (*skämts.*) lagens väktare, polisen; *auf einmal gingen mir die* ~*n auf* fjällen föll från mina ögon, plötsligt förstod jag [allt]; *ein* ~ *auf e-n haben a*) hålla ögonen på ngn, *b*) tycka om (intressera sig för) ngn; [*große*] ~*n machen* göra stora ögon; *e-m* [*schöne*] ~*n machen* ge ngn ögon, ögonflörta med ngn; *e-m die* ~*n öffnen* öppna ögonen på ngn; *so weit das* ~ *reicht* så långt ögat når; *ganz* ~ *und Ohr sein* vara idel uppmärksamhet; *ein* ~ *auf e-n werfen* (*äv.*) [börja] intressera sig för ngn; *bei etw. ein* ~ (*beide* ~*n*) *zudrücken* blunda för (se mellan fingrarna med) ngt; *kein* ~ *zutun* inte få en blund i ögonen; *ich hab' es ihm an den* ~*n angesehen* jag såg det på honom; *das paßt wie die Faust aufs* ~ det går (passar) inte alls; *aus den* ~*n, aus dem Sinn* (*ordspr.*) ur syn, ur sinn; *geh mir aus den* ~*n!* bort ur min åsyn!; *e-n nicht aus den* ~*n lassen* inte släppa ngn med ögonen; *der Schalk sieht ihm aus den* ~*n* han har skalken i ögat; *aus den* ~*n verlieren* förlora ur sikte; ~ *in* ~ öga mot öga, ansikte mot ansikte; *in meinen* ~*n* i mina ögon, enligt mitt förmenande; *in die* ~*n fallend* uppseendeväckande, iögonfallande; *es fiel mir sogleich ins* ~ jag lade genast märke till det; *etw. ins* ~ *fassen* sikta ngt, planera ngt, skärskåda ngt; *ins* ~ *gehen* sluta illa; *etw. im* ~ *haben* ha ngt i tankarna, planera ngt; *er ist ihm ein Dorn im* ~ han är honom en nagel i ögat; *e-m Sand in die* ~*n streuen* slå blå dunster i ögonen på ngn; *mit bloßem* ~ med blotta ögat; *mit scheelen* ~*n ansehen* se med oblida ögon; *er ist mit e-m blauen* ~ *davongekommen* han kom lindrigt undan; ~ *um* ~ öga för öga; *unter vier* ~*n* mellan fyra ögon; *sich* (*dat.*) *etw. vor* ~*n halten* betänka (komma ihåg) ngt; *finster, daß man die Hand nicht vor den* ~*n sehen kann* mörkt så att man inte ser handen för ögonen; *mir wurde schwarz vor den* ~*n* det svartnade för ögonen på mig **äugeln 1** blinka, flörta; snegla **2** *trädg.* okulera, ympa **äugen** (*om djur*) titta uppmärksamt (försiktigt) **Augenarzt** *-e† m* ögonläkare **Augenauswischerei** *0 f, vard.* bluff, bedrägeri **Augenbad** *-e† m* ögonbad **Augenbinde** *-n f* [svart] lapp för ögon, ögonskydd **Augenblick** *-e m* ögonblick, stund; *e-n* ~*, bitte!* ett ögonblick!, vänta ett tag!; *alle* ~ (*vard.*) ideligen; *jeden* ~ när som helst; *im* ~ för närvarande, just nu **augenblicklich I** *adj* **1** ögonblicklig, o-

medelbar 2 nuvarande, aktuell, nu rådande II *adv* 1 ögonblickligen, omedelbart, med detsamma 2 för närvarande (tillfället, ögonblicket), just nu **augenblicks** genast **Augenbraue** *-n f* ögonbryn **Augendeckel** - *m* ögonlock **Augenentzündung** *-en f* ögoninflammation **augenfällig** iögonenfallande, påtaglig **Augen|farbe** *-n f* ögonfärg **-flimmern** *0 n* flimmer för ögonen **-glas** *-er†* n, åld. el. österr. ögonglas; *Augengläser* glasögon **-heilkunde** *0 f* oftalmiatrik, ögonläkekonst **-höhle** *-n f* ögonhåla **-klappe** *-n f, se Augenbinde* **-klinik** *-en f* ögonklinik **-krankheit** *-en f*, **-leiden** - *n* ögon|åkomma, -sjukdom **-licht** *0 n* synförmåga; *das ~ verlieren* förlora synen **-lid** *-er n* ögonlock **-maß** *0 n* ögonmått **-merk** *0 n, sein ~ auf etw.* (ack.) *richten* (lenken) rikta sin uppmärksamhet på ngt **-paar** *-e n* ögonpar **-pulver** *0 n, vard.* [så] liten (otydlig, oläslig) stil [att den är skadlig för ögonen] **-schein** *0 m* påseende, skärskådan[de]; *sich durch ~ von etw. überzeugen* övertyga sig om ngt genom att se det med egna ögon; *dem ~ nach* så vitt man kan se
augenscheinlich [*äv.* --'--] I *adj* uppenbar II *adv* uppenbarligen, till synes
Augen|schirm *-e m* skärm [som skuggar ögonen] **-schmaus** *0 m* ögonfägnad **-spiegel** - *m* ögonspegel **-stern** *-e m, poet.* pupill; ögonsten (*äv. bildl.*) **-täuschung** *-en f* synvilla **-tropfen** *pl* ögondroppar **-wasser** *0 n, åld.* ögondroppar; *poet.* tårar **-weide** *0 f* ögonfägnad **-wimper** *-n f* ögonhår; *~n* (*äv.*) ögonfransar **-winkel** - *m* ögonvrå; *etw. aus den ~n betrachten* snegla på ngt **-wischerei** *0 f, se Augenauswischerei* **-zeuge** *-n -n m* ögonvittne **-zwinkern** *0 n* blinkning
August 1 [-'-] *gen.* - *el.* -[*e*]*s, pl -e m* augusti **2** ['--] *0 m, der dumme ~* (*på cirkus*) clownen, dummerjöns
Auktion *-en f* auktion **Auktionator** *-en m* auktionsförrättare **auktionieren** auktionera bort, sälja på auktion
Aul|a *-en el. -as f* aula
Aura *0 f* utstrålning, aura (*äv. med.*)
aus I *prep m. dat.* 1 ur; *~ der Mode* ur modet; *~ dem Zimmer kommen* komma ut ur rummet; *~ dem Fenster werfen* kasta ut genom fönstret 2 från; *~ Paris kommen* komma från Paris; *er ist gebürtig ~ Berlin* han är från Berlin (är infödd berlinare); *~ dem Englischen ins Deutsche übersetzen* översätta från engelska till tyska; *~ dem 13. Jahrhundert* från 1200-talet 3 på; *~ freier Hand* på fri hand; *~ Spaß* på skämt; *~ der Ferne* på långt håll 4 av; *~ etw. bestehen* bestå av ngt; *~ Erfahrung* av erfarenhet; *~ Ihrem Brief ersehe ich* av Ert brev framgår det (ser jag); *~ demselben Grunde* av samma skäl; *~ vollem Halse lachen* skratta av full hals; *~ Mangel an* av brist på; *~ Silber* av silver; *~ Versehen* av misstag; *was wird ~ ihr werden?* vad skall det bli av henne? 5 (*annan konstr. i sv.*) *sich ~ dem Staub machen* avdunsta; *~ dem Stegreif* oförberett, ex tempore; *~ freien Stücken* självmant, frivilligt II *adv* ut, ur; från[kopplad]; *vard.* förbi, slut; *Licht ~!* släck ljuset!; *~ sein* vara ute; *die Kirche ist ~* gudstjänsten är slut; *auf etw.* (ack.) *~ sein* (*vard.*) vara ute (på jakt) efter ngt, vara pigg på ngt, söka [få tag på] ngt; *es ist ~ mit ihm* (*vard.*) det är slut (ute) med honom, han är slut; *trink es ~!* drick ur

(upp) det!; *er weiß weder ~ noch ein* han vet varken ut eller in; *von ... ~* [i]från ...; *von hier ~* härifrån; *von Grund ~* i grunden, alltigenom; *von Haus ~* ursprungligen; *von mir ~* vad mig beträffar, för min del, gärna för mig **Aus** *0 n, sport., der Ball geht ins ~* bollen går ut **ausarbeiten 1** utarbeta, utforma **2** *rfl, sich im Garten ~* (*ung.*) arbeta i trädgården för att få [lite] motion **Ausarbeitung** *-en f* **1** utarbetande **2** utformning, version **3** rörelse, motion (*genom kroppsarbete*) **ausarten** *s* urarta **Ausartung** *-en f* urartning **ausästen** kvista, såga (hugga *etc.*) bort grenar på **ausatmen** andas ut
ausbacken *backte* (*buk*) *aus, ausgebacken* grädda [färdigt] **ausbaden** *vard., etw. ~ müssen* få sota (betala) för ngt; *ich muß es ~* (*äv.*) det går ut över mig **ausbaggern** muddra upp **ausbalancieren 1** bringa (hålla) i jämvikt; jämna ut **2** *rfl* vara i jämvikt; *bildl.* hålla sig varandra **ausbaldowern** *vard.* ta (leta) reda på **Ausbau 1** *0 m* utbyggnad; utvidgning; utökning; ombyggnad; *beim ~ des Motors* när man lyfter (tar) ur (bort) motorn **2** *-ten m, åld.* utbyggnad, burspråk **ausbauchen 1** göra buk[t]ig **2** *rfl* välva sig **Ausbauchung** *-en f* utbuktning **ausbauen 1** ta (lyfta) bort (ut, ur), demontera **2** bygga at; utvidga **3** bygga om, ändra **Ausbaugebiet** *-e n* stödområde
ausbedingen *st, sich* (*dat.*) *etw. ~* betinga sig ngt, ställa ngt som villkor **ausbeißen** *st, sich* (*dat.*) *e-n Zahn ~* bita av en tand; *sich* (*dat.*) *die Zähne an etw.* (*dat.*) *~* gå åt på ngt **ausbekommen** *st* 1 *vard.* få av [sig] **2** *dial.* kunna äta ur **3** *dial. das Buch ~* [kunna] läsa ut boken **ausbessern** bättra på, laga, reparera, sätta i stånd **Ausbesserung** *-en f* lagning, reparation **Ausbesserungsarbeit** *-en f* reparation[sarbete] **ausbesserungsbedürftig** i behov av lagning (reparation) **ausbetten 1** lyfta (*patient*) ur sängen **2** gräva upp (*ur grav*) **ausbeulen 1** buckla ut, slå ut bucklor[na] på **2** töja ut (*kläder*) **3** *rfl* få knän, få stjärt, bli säckig (*om kläder*) **Ausbeute** *0 f* utbyte, vinst, behållning, avkastning **ausbeuteln** *bildl.* **1** skaka **2** töja ut; *die Hose ~* få knän på byxorna **3** pungslå, klå [på pengar]; *völlig* (*ganz*) *ausgebeutelt* luspank **4** fråga ut [i detalj] **ausbeuten** utnyttja, utsuga; exploatera **Ausbeuter** - *m* utsugare **Ausbeutung** *0 f* utsugning, plundring; exploatering **ausbezahlen 1** utbetala **2** lösa ut (*delägare e.d.*) **3** *dial.* slut|betala, -avlöna **ausbiegen** *st* **1** böja ut[åt]; räta ut **2** *s, dial.* vika (väja) undan (*e-m Auto* för en bil), gå (köra) ur vägen **ausbieten** *st* bjuda [ut] (*zum Verkauf* till försäljning) **ausbilden 1** utbilda, skola; utveckla, utforma **2** *rfl* bildas; *sich als Pianist* (*zum Pianisten*) *~* utbilda sig till pianist; *sich in Gesang ~* utbilda sig i sång **Ausbilder** - *m* instruktör, handledare **Ausbildung** *-en f* utbildning **Ausbildungs|beihilfe** *-n f* studiehjälp **-dauer** *0 f* utbildningstid **-förderung** *-en f* studie|-hjälp, -stöd **-lager** - *n* utbildnings-, tränings|-läger **-lehrgang** *-e† m* utbildningskurs **-möglichkeiten** *pl* utbildningsmöjligheter **-zeit** *-en f* utbildningstid
ausbitten *st, sich* (*dat.*) *etw. ~* utbe sig ngt, be om (kräva, begära) ngt
ausblasen *st* **1** blåsa ut, släcka; *e-m das*

Lebenslicht ~ döda ngn **2** blåsa ur **ausbleiben** *st s* utebli, bli borta, inte komma; vara (stanna) borta; *es konnte nicht* ~, *daß* det var oundvikligt att; *der Atem bleibt mir aus* jag tappar andan **Ausbleiben** *0 n* uteblivande, frånvaro **ausbleichen 1** *st* (*perf part äv. sv*) *s* blekas, blekna, bli urblekt **2** *sv* bleka **ausblenden** *radio., film.* tona bort **Ausblick** *-e m* utblick; utsikt; [framtids]perspektiv **ausblicken** *nach e-m* ~ titta (hålla utkik) efter ngn **ausblitzen** sluta blixtra **ausblühen 1** blomma ut (över) **2** *s, min.* efflorescera **ausbluten 1** sluta blöda **2** *rfl* ge ut alla sina pengar **3** *s* blöda färdigt; *das geschlachtete Schwein muß* ~ allt blod måste ur den slaktade grisen **ausbohren** borra upp (ur, ut); borra hål i **ausbomben** utbomba **ausbooten** sätta i land (landsätta) [med småbåtar]; *bildl.* köra bort, avpollettera, göra sig kvitt **ausborgen** *vard.* låna ut; *sich* (*dat.*) *etw.* ~ låna ngt; *e-m etw.* ~ låna ngn ngt **ausboxen** *e-n* ~ vinna över (besegra) ngn (*i boxning*) **ausbraten** *st* **1** steka färdigt **2** steka fettet ur **3** *s, der Saft brät aus* köttsaften tränger ut vid stekning[en] **ausbrechen** *st* **1** *s* brytas ut (bort), gå ur **2** *s* bryta sig ut, rymma; (*om vulkan*) få ett utbrott; *mil.* göra ett utfall; *das Pferd ist vor der Hürde ausgebrochen* (*äv.*) hästen vägrade vid hindret **3** *s* utbryta, bryta ut; bryta fram; *e-m bricht der Schweiß aus* ngn [börjar] svettas **4** *s* brista [ut] (*in Gelächter* i skratt) **5** bryta loss (ut) **6** kräkas (kasta) upp **Ausbrecher** *- m* rymmare **ausbreiten 1** bre[da] ut; framlägga (*åsikter*); sprida (*rykte*) **2** *rfl* utbreda (sprida) sig, bre[da] ut sig, spridas; *sich auf dem Sofa* ~ (*vard.*) bre[da] ut sig i soffan; *sich über ein Thema* ~ utbreda sig (bre[da] ut) sig över ett ämne **Ausbreitung** *0 f* utbredning, spridning **ausbrennen** *oreg.* **1** röka ut (*ohyra*) **2** bränna (*sår*); (*om solen*) bränna upp, förbränna **3** *s* brinna ut (ner, upp); *ausgebrannter Vulkan* slocknad vulkan; *sie sind ausgebrannt* (*vard. äv.*) genom en eldsvåda miste de allting **ausbringen** *oreg.* **1** *ein Hoch* ~ utbringa ett leve; *ds Gesundheit* ~ dricka en skål för ngn **2** *die Schuhe nicht* ~ (*vard.*) inte få av sig skorna **3** *Eisenerz* ~ uppfordra järnmalm (*ur gruva*); *aus diesem Erz wird Zink ausgebracht* ur denna malm utvinner man zink [genom smältning] **4** sätta i sjön, släppa ut **Ausbruch** *-e† m* **1** utbrott; eruption; *der* ~ *des Krieges* krigsutbrottet; ~ *der Leidenschaft* utbrott av lidelse; *zum* ~ *kommen* komma till utbrott, bryta fram (ut) **2** rymning, flykt; *mil.* utbrytning **3** vin [av utvalda övermogna druvor] **Ausbruchsversuch** *-e m* flyktförsök; utbrytningsförsök **ausbrühen** skölja med kokhett vatten **ausbrüllen** *vard.* sluta vråla (böla) **ausbrüten** kläcka [ut] (*äv. bildl.*); *bildl. äv.* ruva på, koka ihop; *Eier* ~ ruva på ägg **ausbuchen 1** *der Flug* (*das Hotel*) *ist ausgebucht* flyget (hotellet) är fullbokat **2** *hand.* avskriva, stryka **Ausbuchtung** *-en f* utbuktning, buktighet **ausbuddeln** *vard.* gräva (rota) fram **ausbügeln 1** stryka (pressa) ut **2** *vard.* göra bra igen, rätta till **ausbuhen** *vard.* bua ut **Ausbund** *0 m* förebild, mönster; ~ *an* (*von*) *Gelehrsamkeit* under av lärdom; *ein* ~ *an* (*von*) *Bosheit* ett vidunder av ondska **ausbürgern** *e-n* ~ beröva ngn hans medborgarskap **Ausbürgerung** *-en f* fråntagande av medborgarskap **ausbürsten** borsta [av, ur] **ausbüxen** *s, skämts.* sticka, rymma **Ausdauer** *0 f* uthållighet, ihärdighet, tålamod **ausdauernd 1** uthållig, ihärdig, strävsam **2** *bot.* perenn **ausdehnen 1** tänja (töja) [ut]; utsträcka, utvidga; förlänga (*vistelse*) **2** *rfl* expandera, utvidga sig, utbreda sig; *die Sitzung dehnte sich bis spät abends aus* sammanträdet drog ut till långt in på kvällen **Ausdehnung** *-en f* utsträckning, omfång, dimension; expansion, utvidgning; spridning; förlängning; vidsträckthet **Ausdehnungskoeffizient** *-en -en m* utvidgningskoefficient **Ausdehnungsvermögen** *0 n* utvidgningsförmåga **ausdenken** *oreg.* **1** tänka ut (till slut); *nicht auszudenken* ofattbart; *es ist nicht auszudenken* man törs inte föreställa sig (*den tanken* ut) **2** *sich* (*dat.*) *etw.* ~ hitta på (tänka ut) ngt, koka ihop ngt **ausdeuten** uttyda, tolka **ausdienen** tjäna ut; *ausgedient* uttjänt **ausdörren** *s* torka[s] ut **ausdörren 1** *s* torka[s] ut **2** (*om solen*) torka ut, sveda **ausdrehen 1** *vard.* släcka, stänga av **2** *e-e Schraube* ~ skruva ur en skruv **3** *dial.* vrida ur (*tvätt*); vrida ur led (*arm*) **4** svarva ur **ausdreschen** *st* tröska ut (ur) **Ausdruck** *-e† m* uttryck; term; uttryckssätt, stil; *beschönigender* ~ eufemism; *sein Gesang ist ohne* ~ hans sång saknar känsla (konstnärlig utformning); *e-m Gefühl* ~ *geben* ge uttryck åt en känsla; *zum* ~ *bringen* ge uttryck åt; *zum* ~ *kommen* ta sig uttryck, komma till uttryck **ausdrucken** *typ.* trycka färdigt; *das Wort* ~ sätta ut hela ordet **ausdrücken 1** pressa (krama, klämma, trycka) ut; pressa (krama) ur **2** *bildl.* uttrycka, formulera; uttala; visa **3** *e-e Zigarette* ~ släcka (fimpa) en cigarrett **4** *rfl* uttrycka sig; *sich kurz* ~ fatta sig kort **ausdrücklich** uttryckligt, bestämd, tydlig; *adv äv.* uttryckligen **Ausdrucksart** *-en f* uttryckssätt **Ausdruckskraft** *0 f* uttryckskraft **ausdruckslos** uttryckslös; *ein Gedicht* ~ *vortragen* deklamera en dikt utan känsla (inlevelse) **ausdrucksvoll** uttrycksfull, expressiv; *er singt* ~ han sjunger med känsla (inlevelse) **Ausdrucksweise** *-n f* uttryckssätt, stil, språk **Ausdruckswort** *-er† n,* språkv. interjektion **ausdünnen** gallra **ausdünsten** utdunsta, avsöndra **Ausdünstung** *-en f* utdunstning; transpiration **ausein'ander** [i]från varandra, åt var sitt håll, isär, itu; ~ *schreiben* särskriva; *die Brüder sind zwei Jahre* ~ det är två år mellan bröderna; *die Verlobung ist* ~ (*vard.*) förlovningen är uppslagen; *die Freunde sind* ~ (*vard.*) vännerna hålla inte ihop längre **-bekommen** *st* få isär **-brechen** *st* **1** bryta sönder (itu) **2** *s* gå (brytas) sönder **-bringen** *oreg.* få isär; skilja [åt], söndra **-entwickeln** *rfl* utvecklas åt olika håll, glida ifrån varandra **-fallen** *st s* falla isär (sönder, i bitar); *bildl.* upplösas **-gehen** *st s* **1** gå åt var sitt håll, gå ifrån varandra, skiljas [åt]; skingras (*om folkmassa*); dela sig; *vard.* gå sönder; *die Meinungen gehen auseinander* åsikterna går isär; *die Verlobung ist auseinandergegangen* (*vard.*) förlovningen är uppslagen **2** *vard., in letzter Zeit ist er sehr auseinandergegangen* på sistone har han lagt på hullet **-halten** *st* hålla isär, skilja mellan **-jagen** skingra **-kennen** *oreg.* kunna hålla isär (skilja mellan) **-klaffen** vara öppen, gapa; *bildl.* gå starkt isär, divergera

-kommen *st s* komma ifrån varandra, förlora kontakten med varandra; *im Gedränge ~* tappa bort varandra i trängseln **-kriegen** *vard.* få isär **-laufen** *st s* **1** flyta ut (isär) **2** springa ifrån varandra; skilja (dela) sig; dela på sig **-leben** *rfl* glida (komma) ifrån varandra **-machen** *vard.* **1** plocka isär **2** veckla (vika) upp (ut) **3** *die Beine ~* skreva med (sära, skilja på) benen **-nehmen** *st* **1** ta isär, plocka sönder (ner); *tekn.* demontera **2** tillintetgöra, krossa, ta kål på **-reißen** *st* slita itu (sönder) **-setzen 1** förklara, framställa, reda ut, klargöra **2** *rfl, sich mit etw. ~* befatta sig [intensivt] med ngt, [kritiskt] behandla ngt; *sich mit e-m ~* tala ut (resonera, göra upp) med ngn **Auseinandersetzung** *-en f* **1** förklaring, framställning **2** debatt, diskussion, dispyt, kontrovers, gräl; uppgörelse **3** stridshandling, strid **auseinander|sprengen 1** spränga [sönder, itu], förstöra **2** skingra **3** *s* springa iväg **-springen** *st s* springa (gå) sönder, spricka **-treiben** *st* **1** *s* driva åt olika håll **2** skingra **-wickeln** veckla (packa) upp **-ziehen** *st* **1** dra isär; spänna **2** *rfl* sprida ut sig (*om kolonn e.d.*) **3** *s* flytta isär
auserkiesen *st, högt.* välja ut, utse **auserkoren** *högt.* utkorad, utvald **auserlesen** *högt.* **I** *st* välja ut, utse **II** *adj* utsökt, fin, förstklassig; *~ schön* (*äv.*) mycket (synnerligen) vacker **ausersehen** *st, högt.* utse; kalla, ämna (*für, zu* till) **auserwähl|en`högt.* utvälja, utkora; *-t* utvald; *seine A~te* (*skämts.*) hans utvalda; *das A~te Volk* egendomsfolket **auserzählen** berätta färdigt **ausessen** *st* äta upp; *die Schüssel ~* länsa skålen; *die Suppe ~, die man sich* [*selbst*] *eingebrockt hat* ta konsekvenserna av vad man har ställt till med **ausfahren** *st* **1** *s* åka (fara, köra) ut; göra en åktur, åka bort; ge sig iväg; [*aus dem Bahnhof*] *~* lämna stationen **2** *e-n ~* göra en åktur med ngn; *Waren ~* köra ut varor; *den Wagen ~* helt utnyttja bilens kapacitet, köra så fort det går; *ausgefahrener Weg* sliten (ojämn, gropig) väg **3** *das Fahrwerk ~* fälla ut landningsstället **4** *die Kurve ~* ta ut kurvan **Ausfahrt** *-en f* **1** avfärd; utfärd, utflykt, åktur **2** utfart; utfartsväg; utkörsport; *~ e-s Hafens* hamnutlopp **Ausfall** *-e*† *m* **1** inställande; mistande; uttunning (*av hår*); frånvaro; bortfall, minskning, förlust, deficit; *Ausfälle (mil.)* förluster **2** utgång, resultat **3** *tekn.* [motor]stopp, [maskin]skada; [drift]stopp **4** *mil.*, *fäktn.*, *bildl.* utfall; *bildl. äv.* pik, elakhet **ausfallen** *st s* **1** falla ut (ur, av); *mir fiel ein Zahn aus* jag tappade en tand **2** inte äga rum, bortfalla, inställas; inte stå till förfogande, vara borta (*från jobbet*); *e-e Stunde* (*Sitzung*) *~ lassen* ställa in en lektion (ett sammanträde); *die Schule fällt heute aus* det är ingen skola i dag **3** *tekn.* inte [längre] fungera, strejka, gå sönder **4** utfalla, bli; *gut* (*schlecht*) *~* ge gott (dåligt) resultat, slå väl ut; *nach Wunsch ~* utfalla enligt önskan, motsvara ens förväntningar **5** *mil. o. fäkt.* göra utfall **ausfällen** *kem.* fälla ut **aus|fallend, -fällig** sårande, förolämpande; *~ werden* bli oförskämd **Ausfall[s]erschéinigung** *-en f, med.* bortfallssymptom **Ausfallstraße** *-n f* utfarts|led, -väg, utfart **ausfalten** veckla (vika) upp (ut) **ausfasern** **1** rispa upp **2** *s el. rfl* rispa [upp] sig **ausfaulen** *s* **1** ruttna **2** falla av (ut, ur) [till följd av röta]

ausfechten *st* utkämpa **ausfegen** sopa ut (bort, ur); *ein Zimmer ~* sopa rent i ett rum **ausfeilen** fila ut (ur, bort); fila på, finslipa **ausfertigen** utfärda, utställa, skriva ut; *e-e Urkunde ~* upprätta en urkund **Ausfertigung** *-en f* utfärdande, utställande, utskrivande; utskrift; *in doppelter ~* i två exemplar **ausfiltern** filtrera bort **ausfindig** *~ machen* leta reda (rätt) på, spåra upp, hitta, få tag i (på) **ausflaggen 1** pryda med flaggor, hissa flagg på; utmärka med flaggor **2** *ein Schiff ~* låta ett fartyg gå under annan flagg (bekvämlighetsflagg) **ausflicken** *vard.* lappa, laga [provisoriskt] **ausfliegen** *st* **1** *s* flyga ut; lämna boet; *vard.* göra en utflykt; *der Vogel ist ausgeflogen* fågeln är utflugen **2** transportera bort [med flyg], flyga bort **ausfließen** *st s* flyta (rinna) ut **ausflippen** *s* ställa sig utanför samhället, hoppa av, inte [längre] acceptera (bryta med) samhället[s normer]; *vard. äv.* bli alldeles konfys (hysterisk, tokig); *vard. äv.* [börja] använda droger; tända på; *aus der Familie ~* bryta med familjen; *sie ist seit einigen Wochen ausgeflippt* hon är påtänd (narkotikapåverkad) sedan några veckor tillbaka **Ausflucht** *-e*† *f* undanflykt, förevändning; *Ausflüchte machen* slingra sig, göra undanflykter **Ausflug** *-e*† *m* **1** utflykt, utfärd **2** utflygande **Ausflügler** *- , m, ein ~* en som gör en utflykt, en nöjesresenär; *~* (*pl. äv.*) folk på utflykt **Auslflu|ß** *-sse*† *m* **1** utflöde, utströmning **2** *med.* flytning[ar] **3** mynning; avlopp **4** *bildl.* följd, resultat, yttring **Ausflußrohr** *-e n* avloppsrör **ausfolgen** *österr.* lämna ut **ausformen 1** forma [till] **2** utforma **3** *rfl* utveckla sig, bli **ausforschen** utforska **ausfragen** utfråga, fråga ut **ausfransen 1** fransa upp, göra fransar på **2** *s* fransa sig; *ausgefranste Hosen* fransiga byxor **ausfressen** *st* (*om djur*) äta upp (ur, tomt); (*om vatten*) erodera; *was hast du denn ausgefressen?* (*vard.*) vad har du ställt till med [för dumhet]?, har du gjort ngt skumt (olagligt)?; *etw. ~ müssen* (*vard.*) få äta upp (sota för) ngt **ausfrieren** *st s* bottenfrysa; frysa bort; *ausgefroren sein* vara genomfrusen **ausfugen** *byggn.* fogstryka **Ausfuhr** *-en f* utförsel, export **ausführbar** **1** genomförbar, realiserbar **2** exporterbar **Ausfuhrbewilligung** *-en f* export-, utförsel|licens **ausführen 1** exportera, föra ut **2** realisera, förverkliga, utföra, verkställa, genomföra, göra; genom-, ut|arbeta, fullända; *ein Porträt in Öl ~* måla ett porträtt i olja; *den Strafstoß ~* (*sport.*) lägga straffen **3** utförligt förklara, utveckla **4** ta med ut [på promenad]; rasta (*hund*); *e-n ins Restaurant ~* gå på restaurang med ngn, bjuda ut ngn på restaurang **Ausfuhrgenehmigung** *-en f* export-, utförsel|licens **Ausfuhrgut** *-er*† *n* exportvara **Ausfuhrhafen** *-*† *m* exporthamn **Ausfuhrhandel** *0 m* exporthandel **'ausführlich** [*äv.*-'--] utförlig, detaljerad **Ausfuhrlizenz** *-en f* export-, utförsel|licens **Ausführung** *-en f* **1** ut-, genom|förande; form, design, modell *etc., jfr ausführen* **2** utläggning, redogörelse **Ausführungsbestimmung** *-en f* tillämpningsbestämmelse **Ausfuhrverbot** *-e n* exportförbud **Ausfuhrzoll** *-e*† *m* exporttull **ausfüllen** fylla [ut], fylla igen; *der Beruf füllt ihn aus* yrket ger honom tillfredsställelse; *ein Formular ~* fylla i ett formulär; *seinen Posten ~* sköta sin syssla **Ausfüllung** *-en f* [i]fyllning *etc., jfr ausfüllen* **ausfüttern 1** ge [mycket] mat **2** fodra, sätta foder i; klä [invändigt] **Ausg.** *förk. för Ausgabe* uppl., upplaga **Ausgabe** *-n f* **1** utgift; *laufende (unvorhergesehene)* ~*n* löpande (oförutsedda) utgifter **2** utlämnande, utlämning; expedition **3** utgivande, emission **4** upplaga, utgåva, edition; nummer (*av tidning*); modell (*av bil*) **5** *databeh.* output **Ausgabekurs** *-e m* emissionskurs **Ausgabe[n]buch** *-er† n* kassabok **Ausgabestelle** *-n f* expedition, utlämningsställe **Ausgang** *-e† m* **1** utgående, promenad; *es war ihr erster* ~ *nach der Krankheit* det var första gången hon gick ut efter sin sjukdom; ~ *haben* (*om soldat el. tjänstefolk*) ha sin lediga dag (kväll), vara ledig **2** utgång; *am* ~ *des Dorfes* (*äv.*) i byns utkant **3** slut; utgång, resultat; *am* ~ *des Mittelalters* i slutet av medeltiden; *e-n guten* ~ *nehmen* sluta bra, få ett lyckligt slut **4** utgångspunkt, början **5** avsändning; *Ausgänge* utgående försändelser **ausgangs I** *prep m. gen.* i slutet av **II** *adv* vid (i) slutet; avslutningsvis **Ausgangspunkt** *-e m* utgångspunkt **Ausgangssperre** *-n f* utegångsförbud **ausgären** *sv äv. st, h el. s* sluta jäsa, jäsa färdigt **ausgasen** röka [ut], desinficera **ausgeben** *st* **1** utdela, dela ut; lämna ut **2** utfärda, utställa; släppa ut, sätta i omlopp, emittera (*sedlar*); *e-n Befehl* ~ utfärda en order **3** ge [ut]; *sein ganzes Geld* ~ göra av med alla sina pengar; *was hast du dafür ausgegeben?* (*äv.*) vad kostade det?; *e-e Runde* ~ (*vard.*) bjuda på en omgång; *der Acker gibt wenig aus* (*dial.*) åkern ger litet **4** *die Wäsche* ~ lämna bort tvätten **5** *rfl* ta (trötta) ut sig **6** *rfl sich für* (*als*) *etw.* ~ utge sig för [att vara] ngt **ausgebufft** *vard.* **1** smart, slipad, slängd **2** utagerad, slut, förbi **Ausgeburt** *-en f* vidunder; *e-e* ~ *seiner krankhaften Phantasie* en produkt av hans sjukliga fantasi; ~ *der Hölle* helvetesfoster **ausgedehnt** uttänjd, uttöjd; vidsträckt, utbredd, omfattande; lång **Ausgedinge -** *n* undantag (*för åldring*) **ausgefallen** ovanlig, excentrisk, konstig **ausgefeimt** inpiskad, slipad **ausgeflippt** *se ausflippen* **ausgefuchst** *vard.* fiffig, fyndig, smart **ausgeglichen** välbalanserad, harmonisk; jämn **Ausgeglichenheit** 0 *f* balans, harmoniskt väsen, [själslig] harmoni; jämnhet **Ausgehanzug** *-e† m* fin-, gåborts|kostym **ausgehen** *st s* **1** gå ut, utgå (*äv. bildl.*); *auf etw. (ack.)* ~ vara inriktad på (ute efter) ngt; *von e-m (etw.)* ~ utgå från ngn (ngt); *frei* ~ gå fri, slippa straff; *leer* ~ bli utan **2** ta slut; *der Atem (die Geduld) geht mir aus* jag tappar andan (tålamodet) **3** sluta; *das Wort geht auf e-n Konsonanten aus* ordet slutar på konsonant; *schlecht* ~ sluta illa **4** (*om färg*) fälla, gå ur; (*om hår*) falla av **5** slockna **ausgehungert** utsvulten, uthungrad, kraftlös (*av svält*) **Ausgehuniform** *-en f* permissionsuniform **Ausgehverbot** *-e n* utegångsförbud **ausgekocht** durkdriven, utstuderad, smart **ausgelassen 1** uppsluppen, uppspelt **2** ~*e Butter* skirat smör **Ausgelassenheit** 0 *f* uppsluppenhet **ausgemacht** avgjord; ~*er Blödsinn* komplett nonsens; ~*er Schurke* riktig skurk; ~ *frech* verkligen fräck; ~*e Sache* (*äv.*) fullbordat faktum **ausgenommen** med undantag av, utom, undantagandes; undantagen; *alle waren da, er* ~ alla var där med undantag av honom; ~, *daß* utom att; ~, [*wenn*] såvida

inte **ausgepicht1** slipad, inpiskad, fullfjädrad **2** *er hat e-e* ~*e Kehle (Gurgel)* (*vard.*) han tål mycket [sprit] **ausgeprägt** utpräglad **ausgepumpt** *vard.* utpumpad, slut **ausgerechnet** just; ~ *mir muß so etw. passieren* just precis jag måste råka ut för ngt sådant **ausg[e]schamt** *dial.* fräck, oförskämd **ausgeschlossen** utesluten, omöjlig; *nicht ganz* ~ (*äv.*) inte helt otänkbart; ~*!* uteslutet!, aldrig i livet! **ausgeschnitten** urringad, dekolleterad **ausgesprochen** utpräglad, avgjord, speciell, prononcerad; *adv äv.* mycket, synnerligen; *das ist* ~ *Pech* det är verkligen otur **ausgestalten** utgestalta, utforma; utarbeta, utveckla; organisera, arrangera (*fest e.d.*) **Ausgestaltung** *-en f* utformning, form **ausgestorben** tom på folk, öde, utdöd **ausgesucht** utsökt, extra fin; *adv. äv.* i högsta grad; ~*e Freundlichkeit* stor vänlighet; ~ *schön* (*äv.*) väldigt vacker **ausgewachsen 1** ut-, fullvuxen; ~*er Blödsinn* (*vard.*) komplett nonsens; ~*er Skandal* stor skandal **2** *er ist* ~ han är missbildad (puckelryggig, krokig) **ausgewogen** välbalanserad, harmonisk, jämn **ausgezeichnet** utmärkt, utomordentlig, ypperlig **ausgiebig** riklig, dryg; ~ *en Gebrauch von etw. machen* göra rikligt bruk av ngt, ofta begagna sig av ngt; ~ *schlafen* sova ordentligt (ut); ~ *essen* äta rikligt (ordentligt) **ausgießen** *st* **1** tömma (hälla, slå) ut; utgjuta **2** gjuta [i]; *mit Blei* ~ gjuta in bly **Ausgießung** 0 *f, bibl.* utgjutelse **Ausgleich** *-e m* **1** utjämning; [samman]jämkning, kompromiss, förlikning; ersättning, kompensation; *zum* ~ *Ihrer Rechnung* (*hand.*) som likvid för Er faktura; ~ *es Schadens* skadereglering; *den* ~ *erzielen* (*sport.*) kvittera **ausgleichen** *st* **1** utjämna, jämna ut; jämka samman; bilägga (*tvist*); kompensera, gottgöra; reglera (*skada*); *hand.* likvidera; *sport.* kvittera **2** *rfl* jämna ut sig, ta ut varandra; förlikas **Ausgleichsgetriebe -** *n, tekn.* differential **Ausgleichsgymnastik** 0 *f* hållnings-, motions-, sjuk|gymnastik **Ausgleichssport** *-e m* motionsidrott **Ausgleichs|tor** *-e n,* -*treffer* - *m, sport.* kvitteringsmål **ausgleiten** *st s* halka, slinta **ausgliedern** skilja av (ut); lämna utanför (*diskussion*) **ausglimmen** *st äv. sv, h el. s* falna **ausglitschen** *s, dial., se ausgleiten* **ausglühen 1** rengöra genom stark upphettning; glödga (*metall*) **2** torka ut **3** *s* sluta glöda **4** *s* brinna upp [fullständigt] **ausgraben** *st* gräva ut, gräva upp (fram) (*äv. bildl.*) **Ausgrabung** *-en f* utgrävning **ausgrasen** ta bort gräs ifrån **ausgräten** bena (*fisk*) **ausgreifen** *st* sträcka ut (*om häst*); ta stora steg; *weit* ~*d* vitt|gående, -omspännande **Ausguck 1** 0 *m, vard.,* ~ *halten* hålla utkik **2** *-e m, vard.* utsiktsplats; *sjö.* utkik **ausgucken** *vard.* hålla utkik **Ausgu|ß** *-sse† m* avlopp, vask, slask **aushaben** *oreg., vard.* ha tagit av sig; ha läst ut; ha druckit (ätit) ur (upp); *wann hast du heute aus?* (*dial.*) när slutar skolan (du) i dag? **aushacken** hacka ut (bort); *Kartoffeln* ~ ta upp potatis **aushaken 1** haka (häkta, kroka) av (ur); *hier hakt mein Gedächtnis aus* (*vard.*) här hakar mitt minne upp sig (minns jag inte längre); *es hakte bei mir aus* (*vard.*) *a*) jag fattade inte [det], *b*) jag kom av mig, *c*) mitt tålamod var slut, jag tappade kontrollen över mig själv **2** *rfl* haka (hoppa) ur, släppa, lossna **aushalten** *st* **1** härda ut med, utstå, tåla (*köld*); *er hält es nirgends lange aus* han står aldrig ut länge på en plats; *es ist nicht zum A~ det är outhärdligt* **2** hålla ut (*ton*) **3** underhålla (*älskarinna*) **aushandeln** göra upp (komma överens) om **aushändigen** ut-, över|-lämna **Aushändigung** *0 f* utlämning, ut-, över|lämnande; *gegen ~ der Quittung* mot överlämnande av kvitto **Aushang** *-e†* m anslag, plakat **Aushängebogen** -[†] m, *typ.* rentryck **aushängen I** *st* vara offentligt anslagen, sitta på anslagstavlan **II** *sv* **1** haka av (*dörr*) **2** sätta upp [anslag om] **3** *rfl* haka av sig; (*om kläder*) hänga ut sig; *sich* (*dat.*) *den Arm ~* (*vard.*) vrida armen ur led **Aushängeschild** *-er n* [uthängd] skylt, reklamskylt; *e-n als ~ benutzen* använda ngn som galjonsfigur (*för reklam e.d.*) **ausharren** hålla ut, inte ge tappt **aushauchen** utandas; *sein Leben* (*seinen Geist*) ~ utandas sin sista suck **aushauen** *haute* (*hieb*) *aus, ausgehauen* (*dial. ausgehaut*) **1** hugga (mejsla) ut **2** hugga bort; gallra (*skog*) **3** *dial.* stycka **4** *dial.* klå upp **aushäusig** utanför hemmet; borta; *viel ~ sein* vara mycket borta (ute o. roa sig) **ausheben** *st* **1** lyfta av (ur); *sich* (*dat.*) *den Arm ~* (*vard.*) vrida armen ur led **2** gräva upp (*växt, dike*) **3** rensa upp i (*tjuvnäste*), spränga (*liga*) **4** *dial.* tömma (*brevlåda*) **5** *åld.* enrollera (*rekryt*) **aushebern** tömma med hävert; *e-m den Magen ~* magpumpa ngn **aushecken** *vard.* hitta på, kläcka **ausheilen 1** *s* helt läkas **2** fullständigt bota **aushelfen** *st* [rycka in o.] hjälpa till; *e-m mit Geld ~* hjälpa ngn med (låna ngn) pengar; *~ gehen* (*dial.*) extraknäcka [som kypare *e.d.*] **Aushieb** *-e m* uthuggning, utgallring **Aushilfe** *-n f* **1** hjälp **2** *se Aushilfskraft* **Aushilfskellner** *- m* extrakypare, tillfällig kypare **Aushilfskraft** *-e† f* extra|hjälp, -personal, vikarie **aushilfsweise** provisoriskt, extra, som extrahjälp **aushöhlen** urholka; erodera (*flodbädd*); *bildl. äv.* undergräva **Aushöhlung** *-en f* urholk|ning, -ande **ausholen 1** *zum Schlag ~* lyfta handen för att slå; *zum Sprung ~* ta sats till språng; *zur Attacke ~* börja attackera; *weit ~* ta stora steg; *bei e-r Erzählung weit ~* gripa långt tillbaka i tiden (vara detaljrik) i en berättelse **2** *e-n ~* (*vard.*) fråga ut ngn **ausholzen** hugga bort [träd i] **aushorchen** *e-n ~* fråga ut ngn, avlocka ngn en hemlighet **aushülsen** sprita, skala **aushungern** hungra (svälta) ut **aushusten 1** hosta upp (ut) **2** sluta hosta

ausixen 1 x-a över **2** *dial.*, *se austüfteln* **ausjäten** rensa [bort] (*ogräs*) **auskämmen 1** kamma ut (av, bort); *sich ~* kamma sig **2** välja ut (*person*) **3** finkamma (*område*) **auskämpfen 1** utkämpa **2** *er hat ausgekämpft* han har kämpat färdigt (*är död*) **auskauen 1** tugga ur **2** tugga färdigt, sluta tugga **auskaufen** *vard.* köpa upp hela lagret [hos, i] **auskehren** sopa [ut (ren, rent i, bort)] **auskeilen** slå bakut **auskeimen 1** *s* börja gro **2** sluta gro **auskennen** *oreg.*, *rfl* veta besked, vara hemmastadd; hitta [i staden] **auskerben** göra skåra (snitt, hack) i; karva ut **auskernen** kärna [ur] **auskippen** tippa ur (ut), tömma **auskitten** kitta [igen], fylla med kitt **ausklammern 1** *mat.* bryta ut ur parentesen; *bildl.* lämna ur räkningen (därhän) **2** *språkv.* efterställa **ausklamüsern** *vard.* komma på, hitta på **Ausklang** *-e† m, mus.* sluttoner; *bildl.* slut, final, avslutning **ausklappbar** ut-

fällbar **ausklarieren** utklarera **ausklauben** (*dial.*) plocka ut **auskleben** *e-e Schublade mit Papier ~* klistra papper i (inuti) en låda **auskleiden 1** invändigt klä (beklåda) **2** klä av **3** *rfl* klä av sig **auskleistern** *vard.*, *se auskleben* **ausklingen** *st* **1** sluta klinga (ljuda) **2** *s* förklinga, tona bort; *bildl.* sluta, avslutas; *in etw.* (*ack.*) *~* övergå i (sluta med) ngt **ausklinken 1** lösa, lösgöra; släppa (*bomb*); öppna (*genom tryck på dörrhandtag*) **2** *s* lösgöra (lösa) sig, öppna sig **ausklopfen** piska (*mattor*); *die Pfeife ~* knacka ur pipan; *e-n ~* (*vard.*) piska upp ngn **Ausklopfer** - *m* mattpiskare **ausklügeln** fundera (spekulera) ut; *ausgeklügelter Plan* fyndig (utspekulerad, knepig) plan **auskneifen** *st s, vard.* smita **ausknipsen** *vard.* fimpa (*cigarrett*); släcka (*ljus*); stänga av (*apparat*) **ausknobeln** *vard.* **1** lista (lura) ut, knäcka (*problem*) **2** singla slant (kasta tärning) om **ausknocken** [-nɔkn] *boxn.* slå knock-out på; *bildl.* bräda **ausknöpfbar** *~es Futter* löstagbart foder **auskochen 1** koka (*tvätt, instrument*); koka av (ur); *bildl. vard.* koka ihop, hitta på **2** *s* koka över **auskommen** *st s* **1** klara sig; *mit etw. ~* klara (reda) sig med (på) ngt; *mit seinen Vorräten ~* få sina förråd att räcka till **2** komma överens, dra jämnt; *mit e-m gut ~* komma bra överens med ngn **3** *sty.*, *österr.* [lyckas] fly (rymma); *dial.* krypa ut (*ur ägg*); *dial.* bryta ut (*om eld*); *etw. kommt aus* (*dial.*) ngt blir [allmänt] bekant (känt) **Auskommen** *0 n* **1** utkomst, bärgning **2** *mit ihm ist kein ~* med honom går det inte att komma överens **auskömmlich** tillräcklig; *ein ~es Gehalt haben* ha en lön som man kan leva på **auskosten** njuta i fulla drag av (*die Freuden des Daseins* livets glädjeämnen); uthärda, stå ut med **auskotzen** *vulg.* **1** spy (kräkas) upp **2** *rfl* spy, kräkas **auskragen** *arkit.* **1** utkraga, låta skjuta fram **2** skjuta fram (ut) **Auskragung** *-en f, arkit.* utkragning, utsprång **auskramen** *vard.* **1** plocka (leta) fram; plocka ut **2** berätta, prata om **auskratzen 1** riva (klösa) ut; skrapa bort (ur, ren); *med.* skrapa **2** *s, vard.* smita, sjappa **Auskratzung** *-en f, med.* skrapning **auskriechen** *st s* krypa ut (*ur ägg, puppa*) **auskriegen** *vard.*, *se ausbekommen* **Auskristallisation** *-en f* utkristallisering **auskristallisieren 1** *f* utkristallisera **2** *s* utkristallisera sig **auskugeln** *sich* (*dat.*) *den Arm ~* vrida armen ur led **auskühlen 1** *s* bli utkyld, kylas ut **2** kyla ut **Auskultant** *-en m, jur. åld.* bisittare utan rösträtt **Auskultation** *-en f, med.* auskult|ation, -ering **auskultieren** *med.* auskultera **auskundschaften** ta reda på, utforska **Auskundschaftung** *0 f* utforskande **Auskunft** *-e† f* **1** upplysning[ar], information[er] **2** *0 f* information[sdisk *e.d.*], upplysning **3** *dial.* utväg **Auskunftei** *-en f* [kredit]upplysnings-, informations|byrå **Auskunfts|beamte(r)** *m, adj böjn.* tjänsteman som lämnar upplysningar **-büro** *-s n* upplysning[sbyrå]; turistbyrå **-dienst** *0 m, se Fernsprechauskunftsdienst* **-person** *-en f* informant, informatör; *die ~en der Meinungsumfrage* de som tillfråga[de]s vid opinionsundersökningen **-schalter** *- m* information[sdisk] **-stelle** *-n f* upplysning[sbyrå] **-verweigerung** *-en f* vägran att lämna upplysning **auskuppeln** koppla ur, frikoppla **auskurie-**

ren *vard.* helt bota; *du solltest dich endlich einmal richtig* ~ *du skulle se till att du äntligen blir alldeles frisk* **auslachen 1** skratta ut (färdigt); *e-n* ~ skratta ut ngn; *laß dich nicht* ~*!* gör dig inte löjlig! **2** *rfl* skratta ut (färdigt) **1 ausladen** *st* **1** lasta av (ur), lossa **2** skjuta ut (fram) **2 ausladen** *st, vard.*, *e-n* ~ ta tillbaka inbjudan till ngn **ausladend 1** utskjutande **2** brett konstruerad (*om båt*) **3** ~*e Gebärden* yviga gester; *e-e* ~*e Schilderung* en brett upplagd skildring **Ausladerampe** -*n f,* lastkaj **Ausladestelle** -*n f* lossningsplats **1 Ausladung** -*en f* **1** av-, ur|lastning, lossning **2** *byggn.* utkragning **2 Ausladung** -*en f* återbud [till gäster] **Auslage** -*n f* **1** skyltfönster **2** skyltad vara **3** *sport.* utgångsställning; *fäkt.* gard **4** ~*n* omkostnader, utlägg; *e-m die* ~*n erstatten* ersätta ngns utlägg **Auslage[n]fenster** - *n* skyltfönster **auslagern 1** evakuera (*värdeföremål*) **2** ta ut ur lager [o. sälja] **Ausland** 0 *n, das* ~ utlandet; *das feindliche* ~ fientliga främmande länder; *ins* ~ *gehen* utvandra, emigrera; *ins* ~ *reisen* fara utomlands; *im In- und* ~ inom och utom landet; *Handel mit dem* ~ utrikeshandel **Ausländer** - *m* utlänning **ausländisch** utländsk **Auslands|absatz** 0 *m* försäljning till (i) utlandet -**aufenthalt** -*e m* utlandsvistelse -**beziehungen** *pl se Auslandsverbindungen* -**deutsche(r)** *m f, adj böjn.* utlandstysk -**gespräch** -*e n* utlandssamtal -**kapital** 0 *n* utländskt kapital -**korrespondent** -*en* -*en m* utrikeskorrespondent -**kunde** 0 *f* kännedom om förhållanden [och språk] i främmande land -**reise** -*n f* utlandsresa -**verbindungen** *pl* utländska relationer, kontakter med utlandet **auslangen** *dial.* **1** *zum Schlage* ~ lyfta handen för att slå **2** räcka till **Ausla|ß** -*sse†* *m* av-, ut|lopp, öppning **auslassen** *st* **1** utelämna, hoppa över; försumma (*tillfälle*) **2** släppa (tappa) ut **3** *sömn.* släppa (lägga) ut **4** ge fritt utlopp åt, avreagera; *seinen Zorn an e-m* ~ låta sin vrede gå ut över ngn **5** *vard.* låta vara av[stängd], inte sätta på; *du kannst den Mantel* ~ (*äv.*) du behöver inte sätta på dig rocken **6** *sty., österr.* släppa; lämna i fred **7** *kokk.* smälta, skira (*smör*) **8** *rfl, sich über etw.* (*ack.*) ~ (*neds.*) uttala (utlåta) sig om ngt **Auslassung** -*en f* **1** utelämn|ande, -ing **2** uttalande, yttrande **Auslassungszeichen** - *n* apostrof, utelämningstecken **Auslaßventil** -*e n* avgas-, avlopps-, utblåsnings|ventil **auslasten** *e-n Wagen* ~ lasta en vagn så tungt (högt) det går; *die Kapazität der Maschine* ~ helt utnyttja maskinens kapacitet; *ich bin nicht voll ausgelastet* jag har inte tillräckligt att göra, hela min kapacitet utnyttjas inte **auslatschen** *vard.* trampa ut (*skor*) **Auslauf** -*e† m* **1** av-, ut|lopp **2** rörelsefrihet; *Hunde brauchen* ~ hundar måste få springa av sig **3** [rast]gård (*för djur*) **4** *sport.* upplopp; målområde; plan (*i skidbacke*) **auslaufen** *st* **1** *s* rinna (flyta, spillas) ut; *die Flasche ist ausgelaufen* flaskan är tom **2** *s* löpa (gå) ut, sluta rulla *e.d.*, stanna; ta slut, sluta; *in etw.* (*ack.*) ~ mynna ut i ngt; *das Programm* ~ *lassen* låta programmet upphöra **3** *s, sjö.* löpa ut **4** *h el. s, die Kurve* ~ ta ut kurvan **5** *s* gå ur (*om färg*), fälla **6** *rfl* ta en ordentlig promenad, springa så mycket man vill **Ausläufer** - *m* **1** utlöpare (*på berg*) **2** *bot.* reva, rotskott **3** *dial.* springpojke **auslaugen** laka (dra) ur; *ich bin wie ausgelaugt* jag är alldeles urlakad (slut) **Auslaut** -*e m,* språkv. ut-, slut|ljud **auslauten** *språkv.*, *auf e-n Vokal* ~ sluta på vokal **ausläuten 1** ringa ut; sluta ringa **2** *åld.* tillkännage genom klockringning **ausleben 1** *etw.* ~ njuta av ngt i fulla drag; *seine Aggressionen* ~ avreagera sina aggressioner; *seine Persönlichkeit* ~ utveckla sin personlighet; *ausgelebt haben* (*åld.*) vara död **2** *rfl* leva ut sina drifter **auslecken** slicka ur (ren) **ausleeren** tömma [ur] **auslegen 1** lägga ut (*snara; pengar; ledning*); breda ut (*matta*); *Kartoffeln* ~ sätta potatis; *der Lastwagen ist auf 3 Tonnen Nutzlast ausgelegt* lastbilen är konstruerad att kunna lasta 3 ton **2** utlägga, tolka; *falsch* ~ vantolka, misstyda; *alles auf die beste Weise* ~ tyda allt till det bästa; *e-m etw. als Eitelkeit* ~ uppfatta ngt som fåfänga hos ngn **3** inlägga; belägga, klä invändigt **4** *dial.* lägga ut, öka i vikt **Ausleger** - *m* **1** *sjö.* utriggare **2** uttolkare, utläggare **3** *tekn.* kranarm; arm; konsol **Auslegeware** -*en f* [heltäckande] matta i metervara **Auslegung** -*en f* utläggning, tolkning **ausleiden** *st* få sluta [sitt lidande], dö **ausleiern** *vard.* slita (nöta) ut; *sich* ~ (*äv.*) förslitas, bli skraltig; *ausgeleiertes Gewinde* glapp gänga; *ausgeleierte Redensart* sliten fras **Ausleihbibliothek** -*en f* lånebibliotek **Ausleihe** **1** -*n f* låne|disk, -expedition **2** 0 *f* bokutlåning **ausleihen** *st* låna ut (bort); [*sich* (*dat.*)] *etw.* ~ låna ngt **Ausleiher** - *m* utlånare **Ausleihung** -*en f* utlåning **auslernen** blir utlärd, sluta sin lärotid; *man lernt nie aus* (*äv.*) man lär sig så länge man lever **Auslese** -*n f* **1** urval; elit, de[t] bästa **2** vin [av utvalda o. övermogna druvor] **auslesen** *st* **1** gallra ut; välja ut **2** läsa ut (slut) **ausleuchten** [helt] belysa **auslichten** tunna ur (*trädkrona*); gallra [ut] (*skog*) **ausliefern** lämna ut, över|lämna; *hand.* distribuera, leverera; *e-m ausgeliefert sein* vara utlämnad (prisgiven) åt ngn **Auslieferung** -*en f* ut-, över|lämning; *hand.* distribution, leverans **Auslieferungsantrag** -*e† m* begäran om utlämning **Auslieferungsstelle** -*n f* distributionscentral **Auslieferungsvertrag** -*e† m* utlämningstraktat **ausliegen** *st* ligga framme (*t. påseende*) **Auslinie** -*n f, fotb.* sidlinje **auslobben** utfästa som belöning **Auslobung** -*en f* offentlig utfästelse om belöning **auslöffeln** äta upp [med sked]; ~ *müssen, was man sich* (*dat.*) *eingebrockt hat* få ta konsekvenserna av (äta upp) vad man har ställt till med **auslogieren** *åld., se ausquartieren* **Aus|lohnung** -*en f,* **-löhnung** -*en f* slutlön (*då man lämnar anställning*) **auslosbar** som kan lottas ut **auslösbar** som kan utlösas, utlöser **auslöschen 1** släcka; stryka (sudda) [bort (ut)]; utplåna; döda **2** *äv. st s* slockna **auslosen** lotta ut, dra lott om, utvälja genom lottning **auslösen 1** lösa ut (in), frigöra **2** utlösa (*mekanism*), frigöra (*kraft*); *bildl. äv.* framkalla, väcka **3** *rfl* utlösas, sätta i gång **Auslöser** - *m* utlösare; *foto. äv.* avtryckare **Auslosung** -*en f* [ut-, bort]lottning **Auslösung** -*en f* **1** utlösning **2** traktamente; reseersättning **ausloten** loda; *bildl.* djuploda **auslüften 1** vädra, lufta [ut, ur] **2** *rfl, vard.*

hämta lite luft, ta en [liten] promenad **Auslug** -e m, åld. utkik **auslugen** åld. hålla utkik (nach efter) **auslutschen** vard. suga (slicka) ur **ausmachen** (jfr ausgemacht) **1** vard. släcka; fimpa; stänga av **2** avtala, göra upp, komma överens om, fastställa (Termin tidpunkt) **3** utgöra, bilda, göra; uppgå till (pris); es macht nichts aus det gör ingenting; wenn es Ihnen nichts ausmacht om det inte gör Er ngt, om det inte spelar ngn roll för Er, om Ni inte har ngt emot det; wieviel macht es aus? hur mycket blir det? **4** urskilja, upptäcka; jakt. spåra upp; auszumachen sein vara synlig **5** dial. ta upp (potatis) **6** rfl, vulg. göra ngt (uträtta naturbehov) **ausmahlen** mala [ut] **ausmalen 1** måla (Zimmer rum); färglägga, kolorera; dekorera med målningar **2** bildl. utmåla, skildra; sich (dat.) etw. ~ utmåla ngt för sig **ausmanövrieren** utmanövrera, sätta ur spel **Ausmarsch** -e† m utmarsch, avtåg **ausmarschieren** s marschera ut **Ausmaß** -e n omfång, omfattning, utsträckning; dimension; in (von) großem ~ i stor utsträckning (skala); das ganze ~ der Katastrophe hela vidden av katastrofen **ausmauern** mura invändigt; fylla med murbruk **ausmeißeln** mejsla ut, skulptera **ausmelken** st el. sv mjölka ur **ausmergeln** suga märgen (musten, kraften) ur, göra utmärglad **ausmerzen** gallra (mönstra) ut (bort); Schädlinge ~ utrota skadeinsekter (skadedjur); Fehler in e-r Arbeit ~ avlägsna fel ur ett [skriftligt] arbete **ausmessen** st mäta upp **ausmieten 1** schweiz. hyra ut (rum) **2** lantbr. ta fram (potatis) ur stuka **ausmisten** den Kuhstall ~ mocka [i] lagården; ich muß ~ (vard.) jag måste göra en grundlig utmockning **ausmöblieren** möblera [fullständigt] **ausmontieren** ta bort, plocka ut (motor) **ausmünzen** göra mynt av; bildl. slå mynt av, utnyttja **ausmustern** utmönstra, kassera
Ausnahme -n f undantag; ~n bestätigen die Regel undantaget bekräftar regeln; e-e ~ bilden utgöra ett undantag **-fall** -e† m undantag[sfall] **-genehmigung** -en f särskilt tillstånd **-zustand** -e† m undantagstillstånd **ausnahmslos** undantagslös; adv äv. utan undantag **ausnahmsweise** undantagsvis, för en gångs skull **ausnehmen** st **1** ta ur (ut, bort); ein Huhn ~ ta ur en höna; ein Vogelnest ~ skatta ett fågelbo (på ägg); e-n ~ (vard.) a) klå ngn [på pengar], spela av ngn pengar, b) pumpa ngn **2** undanta[ga]; ihn muß ich ~ för honom får jag göra ett undantag; bitte nehmt mich davon aus var snälla och räkna inte med mig **3** rfl, sich gut ~ ta sig bra ut **ausnehmend** ovanlig, utomordentlig, utmärkt; adv äv. synnerligen **ausnüchtern** nyktra till **Ausnüchterung** -en f tillnyktring **aus|nutzen, -nützen** utnyttja; dra nytta av, tillgodogöra sig; ockra på (jds Güte ngns godhet) **Aus|nutzung** 0 f, **-nützung** 0 f utnyttjande **auspacken 1** packa upp (ut, ur), ta fram **2** vard. tala [ut], lätta sitt hjärta; pack aus! (vard.) ut med språket! **ausparken** komma (köra) ut [från parkeringsficka] **auspeitschen** piska [upp] **auspennen** vard., se ausschlafen **auspfeifen** st vissla ut **auspflanzen** plantera ut; med. explantera **auspicheln** vard. dricka ur **auspichen** täta med beck, becka **ausplappern** vard., **ausplaudern 1** prata (skvallra) om, avslöja **2** rfl, sich [nach

Herzenslust] ~ (dial.) riktigt få prata ut, få sig en riktig pratstund **ausplündern** [ut]plundra **auspolstern** stoppa, madrassera; sie ist gut ausgepolstert (vard.) hon är välpumpad **ausposaunen** vard. neds. basunera (trumpeta) ut **auspowern** ['auspo:vɐn] vard. neds. utarma, utsuga **ausprägen 1** [ut]prägla; ausgeprägte Gesichtszüge markerade ansiktsdrag; ausgeprägte Persönlichkeit utpräglad personlighet **2** rfl komma till uttryck, visa sig, framträda **auspreisen** sätta prislapp på **auspressen** pressa (krama) ur (ut); bildl. suga ut **ausprobieren** prova (experimentera) ut; das muß ich ~ det måste jag testa **Auspuff** -e m avgas|system, -rör **Auspuffgase** pl avgaser **Auspuffklappe** -n f avgasspjäll **Auspuffrohr** -e n avgasrör **Auspufftopf** -e† m ljuddämpare **auspumpen** pumpa ut (ur, läns); ich bin ganz ausgepumpt (vard.) jag är alldeles utpumpad; e-m den Magen ~ magpumpa ngn **auspunkten** sport., e-n ~ vinna på poäng över ngn **auspusten** vard. blåsa ut **Ausputz** 0 m, dial. prydnad, pynt **ausputzen 1** göra (torka) ren, rensa; sport. hålla rent (framför mål) **2** åld. smycka, pryda, dekorera **3** e-n ~ (dial.) utnyttja ngn, åld. ge ngn en uppsträckning **ausquartieren** e-n ~ flytta ngn ut ur huset (rummet etc.) **ausquatschen** vard. **1** skvallra (prata) om, avslöja **2** rfl få sig en pratstund **ausquetschen** krama (pressa) ur (ut); vard. grundligt förhöra, pumpa
ausradieren sudda (radera) ut (bort); bildl. radera ut, förinta, likvidera **ausrangieren** vard. utrangera, gallra bort **ausrasen** rasa ut **ausrasieren** raka [bort, ren]
1 ausrasten s kopplas (hoppa) ur
2 ausrasten sryst., österr., se ausruhen
ausrauben plundra, råna **ausräuchern** Ungeziefer ~ röka ut ohyra **ausraufen** rycka upp (ut); ich könnte mir die Haare ~! jag kunde slita mitt hår [av förtvivlan]! **ausräumen 1** utrymma, röja ur; flytta ut; tömma, länsa; bildl. undanröja **2** med. skrapa **Ausräumung** -en f utrymning etc., jfr ausräumen **ausrechnen** räkna ut; du kannst dir leicht ~, wie das ausgehen wird du kan lätt räkna ut hur det kommer att gå (sluta); ich hatte mir Chancen ausgerechnet jag hade räknat med vissa chanser **ausrecken 1** sträcka (räcka) ut **2** rfl sträcka på sig (ut sig) **Ausrede** -n f undanflykt, förevändning, svepskål; faule ~n lama ursäkter **ausreden 1** tala färdigt (till punkt) **2** e-m etw. ~ övertala ngn att låta bli ngt; das lasse ich mir nicht ~ jag låter inte rubba mig på den punkten **3** rfl, dial. lätta sitt hjärta, tala ut; sich mit etw. ~ skylla på ngt **ausregnen** sluta regna; es hat [sich] ausgeregnet det har slutat regna **ausreiben** st gnida ut (ren, bort); sich (dat.) die Augen ~ gnugga sig i ögonen **ausreichen 1** räcka [till], försla **2** ich weiß nicht, ob ich damit ausreiche jag vet inte om jag kan klara mig på (med) det **ausreichend** tillräcklig; (om betyg) godkänd **ausreifen** s mogna, bli fullmogen; ausgereift [genom]mogen, fullt mogen, bildl. fullgången, mogen **Ausreise** -n f utresa; e-m die ~ verweigern neka ngn utreseltillstånd **Ausreisegenehmigung** -en f utresetillstånd **ausreisen** s, aus Schweden ~ resa ut ur (lämna) Sverige; nach Dänemark ~ [av]resa till Danmark **ausreißen** st **1** rycka (slita) upp (ut);

er reißt sich (dat.) kein Bein aus (vard.) han anstränger sig inte överdrivet (förtar sig inte) **2** *s* gå ur *(om knapp),* lossna, brista **3** *s, vard.* rymma, sjappa; *sport.* sticka i väg [från fältet] **Ausreißer** - *m, vard.* rymmare *(mest om barn)* **ausreiten** *st s* rida ut (bort), göra en ridtur **ausrenken** *sich (dat.)* den Arm ~ vrida armen ur led **ausrichten 1** meddela, framföra *(e-m etw.* ngt till ngn); *Grüße* ~ framföra hälsningar **2** uträtta, åstadkomma; inrikta; *damit richtet er nichts aus* det vinner han ingenting på; *etw. nach etw. (auf etw. ack.)* ~ anpassa ngt efter ngt; *seine Arbeit auf etw. (ack.)* ~ inrikta sitt arbete på ngt; *kommunistisch ausgerichtet sein* vara kommunistorienterad **3** räta ut; räta, rikta **4** arrangera *(tävling e.d.)* **5** *sty.,* österr. tala illa om, baktala **6** *rfl* inta rättning **ausrinnen** *st s, sty., österr.* rinna ut; *die Flasche rinnt aus* det rinner ur flaskan, flaskan töms **Ausritt** *-e m* bortridande; ridtur **ausroden** rycka upp med rötterna **ausrollen 1** *s* sluta rulla **2** rulla ut *(matta);* kavla ut *(deg)* **ausrotten** utrota **Ausrottung** *-en f* utrotning **ausrücken 1** *s* rycka ut *(om trupp)* **2** *s, vard.* sticka, smita **3** *typ.* rycka ut; *tekn.* koppla ur **Ausruf** *-e m* utrop; kungörelse *(som ropas ut)* **ausrufen** *st* ropa ut; utropa; utbrista; bjuda ut *(varor t. salu)* **Ausrufewort** *-er† n, språkv.* interjektion **Ausrufezeichen** *- n, språkv.* utropstecken **Ausrufung** *-en f* utropande **ausruhen** vila [ut]; [*sich*] ~ vila (ta igen) sig **ausrupfen** rycka ut (upp); *e-m Huhn die Federn* ~ plocka en höna **ausrüsten 1** utrusta; *mit Waffen* ~ förse med vapen, beväpna **2** *e-n Stoff* ~ appretera ett tyg **Ausrüstung** *-en f* **1** utrustning **2** appretyr, appretering **ausrutschen** *s* halka, slinta

Aussaat *-en f* **1** sådd, utsåning; utsäde **2** självsådd **aussäen** så [ut] *(äv. bildl.)* **Aussage** *-n f* utsaga, utsago, påstående; vittnesmål; *(konstverks)* budskap, ärende; *seiner* ~ *nach* enligt vad han påstår; *die* ~ *verweigern* vägra vittna **aussagen 1** [ut]säga; *der Film sagt etw. aus* filmen har ett ärende **2** vittna **Aussagesatz** *-e† m, språkv.* påståendesats **Aussageweise** *-n f, språkv.* modus **Aussatz** *0 m* spetälska, lepra **aussätzig** spetälsk **aussaufen** *st (om djur)* dricka ur; *vard.* supa ur **aussaugen** *sv el. st* suga ut (ur); *bildl.* utsuga, utarma **ausschaben 1** skrapa ut (ur, bort), skava bort **2** *med.* skrapa **Ausschabung** *-en f, med.* skrapning **ausschachten** schakta [ut] **Ausschachtung** *-en f* schaktning **ausschalen 1** lösgöra ur skalet *(ostron)* **2** brädfodra **3** *(vid cementgjutning)* ta bort [trä]formar från **ausschälen** skala; skära ur *(ben ur kött)* **ausschalten 1** koppla av (från); bryta *(ström),* släcka; stänga av *(radio); e-n* ~ *(bildl.)* koppla bort (ute|sluta, -lämna) ngn; *Konkurrenz* ~ eliminera konkurrens; *diese Frage schalten wir aus* denna fråga bortser vi från **2** *rfl* stängas av **Ausschaltung** *-en f* av-, från|-koppling *etc., jfr ausschalten* **Ausschank** *-e† m* utskänkning[slokal]; ~ *über die Straße* försäljning *(av öl etc.)* till avhämtning **ausscharren** gräva (krafsa) upp (ut) **Ausschau** *0 f, nach e-m* ~ *halten* hålla utkik efter ngn; *nach etw.* ~ *halten* se sig om (leta) efter ngt **ausschauen 1** titta ut; *nach e-m* ~ titta (hålla utkik) efter ngn; *nach e-r Arbeit* ~ *(dial.)* se

sig om efter (söka) ett arbete **2** *sty., österr.* se ut; *es schaut nach Regen aus* det ser ut att bli regn; *wie schaut es aus? (vard.)* hur lever världen med dig *(etc.)*? **ausschaufeln** skovla (skyffla, skotta) upp (ut, bort); *(vid ras e.d.)* gräva fram *(begravna)* **ausscheiden** *st* **1** *s* bortfalla, inte komma i fråga; *es scheidet aus (äv.)* det är otänkbart **2** *s* avgå; *aus dem Amt* ~ avgå från (lämna) ämbetet; *aus dem Wettkampf* ~ bli utslagen i tävlingen; *er ist bei uns als Mitarbeiter ausgeschieden (äv.)* han har slutat hos oss **3** gallra (sortera) ut (bort), skilja ut (från); ut-, av|söndra **Ausscheiden** *0 n* avgång **Ausscheidung** *-en f* ut-, av|söndring, sekret; *sport.* uttagning **Ausscheidungskampf** *-e† m, sport.* uttagningstävling, kvalificeringsmatch **ausscheißen** *st, vulg.* **1** skita ut; *er hat bei mir ausgeschissen* han ligger illa till hos mig, jag skiter i honom **2** *rfl* skita ut [allting] **ausschelten** *st* skälla ut **ausschenken** servera *(dryck);* utskänka *(sprit);* hälla upp **ausscheren** *s (om fordon)* bryta sig ur kö[n]; gira, svänga **ausscheuern** skura ur **ausschicken** skicka bort (ut); *nach e-m* ~ skicka efter ngn **ausschießen** *st* **1** skjuta ut *(e-m das Auge* ögat på ngn) **2** *jakt.* skjuta slut på *(viltet i jaktmark),* utrota **3** *typ.* skjuta ut **4** *dial., Brot* ~ ta ut bröd ur ugnen **5** *e-n Preis* ~ skjuta till måls om ett pris **6** *s (om växt)* skjuta upp **ausschiffen 1** landsätta *(passagerare);* lasta ur, lossa **2** *rfl* gå i land **ausschimpfen** skälla ut **ausschlachten 1** slaktar. uppslakta; slakta *(bil e.d.)* **2** *vard.* exploatera, dra fördel av **ausschlafen** *st* **1** *seinen Rausch* ~ sova ruset av sig **2** [*sich*] ~ sova ut; *schlecht ausgeschlafen sein* ha sovit dåligt, inte vara utsövd; *hast du endlich ausgeschlafen? (bildl. vard.)* har du äntligen vaknat upp (fått upp ögonen)? **Ausschlag** *-e† m* utslag *(hud-; på instrument);* avgörande; *das gibt den* ~ det avgör saken **ausschlagen** *st* **1** slå (sparka) bakut **2** *h el. s* ge utslag *(om instrument e.d.)* **3** *h el. s* slå (spricka) ut **4** *s, gut (schlecht)* ~ slå väl (illa) ut; *zum Guten* ~ få en lycklig utgång; *es schlägt zu seinem Vorteil aus* det utfaller till hans fördel **5** sluta att slå, slå färdigt **6** slå ut *(e-n Zahn* en tand); *das schlägt dem Faß den Boden aus! (vard.)* det var höjden!, nu går det verkligen för långt! **7** hamra (slå) ut *(metall)* **8** släcka *(genom slag)* **9** klä [invändigt]; *mit Holz* ~ beklä med trä **10** avvisa, avböja, tillbakavisa; *e-e Erbschaft* ~ *(jur.)* göra sig urarva **ausschlaggebend** utslagsgivande, avgörande **ausschlämmen** ta bort slam (gyttja) ur, rensa upp; avslamma **ausschleifen** *st* slipa bort (ut), finslipa **ausschleudern** slunga ut (bort) **ausschleusen 1** slussa ut *(äv. bildl.)* **2** *s* slussa ut, lämna sluss **ausschließen** *st* **1** stänga (låsa) ute; *bildl.* utesluta, utestänga; undanta; *er schließt sich von allem aus (äv.)* han isolerar sig från allting **2** *typ., e-e Zeile* ~ sluta ut en rad **ausschließlich I** *adj o. adv* uteslutande; ~*es Recht* ensamrätt **II** *prep m. gen.* med undantag av, utom, exklusive **Ausschließlichkeit** *0 f, er lebt mit* ~ *für seine Familie* han lever uteslutande för sin familj **Ausschließung** *-en f* uteslutning, utestängning *etc., jfr ausschließen* **ausschlüpfen** *s* krypa ut (fram) *(ur ägg, puppa)* **ausschlürfen** sörpla i sig; njutningsfullt dricka ur **Ausschlu|ß** *-sse† m* **1** uteslutning, uteslutande;

unter ~ der Öffentlichkeit (jur.) inför lyckta dörrar **2** *typ.* utslutning
ausschmelzen *st* smälta ut **ausschmieren 1** smörja **2** smeta igen, fylla; *e-e Seite ~* göra en sida oläslig [genom kludd] **3** *vard.* lura, bedra; avslöja **4** *dial.* skälla ut **ausschmükken** utsmycka, pryda, dekorera, pynta; *bildl.* försköna, brodera ut **ausschnappen** *s* springa upp, gå loss **ausschnauben** *sv, åld. st, sich (dat.) die Nase ~* snyta sig; *giftige Dämpfe ~* spy ut giftiga ångor **ausschnaufen** *sty., österr.* pusta ut, ta igen sig **Ausschneidebogen** -[†] *m* klippark **ausschneiden** *st* klippa (skära) ut (ur, bort); *sömn.* ringa [ur]; kvista *(träd)* **Ausschneidepuppe** *-n f* pappers-, klipp|docka **ausschneuzen** *rfl* snyta sig [ordentligt] **Ausschnitt** *-e m* **1** ur-, ut|klipp; utskärning; avsnitt, del, parti; *ein ~ des Bildes (äv.)* en detalj av målningen **2** urringning **3** *mat.* sektor **Ausschnittbüro** *-s n* pressklippsbyrå **ausschnüffeln** *vard. neds.* spionera ut, nosa i (upp) **ausschöpfen** ösa [ur, ut]; *alle Möglichkeiten ~* uttömma alla möjligheter **ausschrauben** skruva ur **ausschreiben** *st* **1** skriva ut; fylla i *(formulär); etw. aus e-m Buch ~* skriva av (excerpera) ngt ur en bok; *den Namen ~* skriva ut hela namnet **2** ledigförklara *(befattning)*; utlysa *(pristävling, nyval)* **3** utdebitera *(skatt)* **4** *hand.* utbjuda på entreprenad, infordra anbud på **Ausschreibung** *-en f* **1** utskrivande; utlysande **2** ledigförklarande **3** infordran av anbud; *durch ~ vergeben* lämna på entreprenad **ausschreien** *st* **1** skrika (ropa) ut; *er schrie sich (dat.) den Hals aus* han skrek sig hes **2** *rfl, Kinder müssen sich manchmal ~* ibland måste barn få skrika så mycket de vill (så länge de orkar) **ausschreiten** *st* **1** ta långa steg, sträcka ut **2** stega [upp] **Ausschreitung** *-en f* övergrepp, excess; *~en (äv.)* oroligheter **ausschroten** *bildl.* exploatera **ausschulen** ta ur skolan **Ausschu|ß** *-sse † m* **1** utskott[svara], skräp **2** utskott, kommitté, beredning **3** *(kulas)* utskottshål **Ausschußmitglied** *-er n* utskottsmedlem **Ausschußware** *-n f* utskottsvara **ausschütteln** skaka [ur, ut] **ausschütten 1** ösa (tömma, hälla) ur (ut); utdela; *etw. ~ (vard. äv.)* ge (skänka) ngt; *e-m sein Herz ~* utgjuta sitt hjärta för ngn; *das Kind mit dem Bade ~* kasta ut barnet med badvattnet; *Dividende ~* lämna utdelning **2** *rfl, sich vor Lachen ~ (vard.)* skaka av skratt **Ausschüttung** *-en f* **1** utdelning; avkastning **2** radioaktivt nedfall **ausschwärmen** *s* svärma iväg *(om bin); mil.* sprida sig **ausschwatzen** *neds.,* **ausschwätzen** *dial. neds.* prata bredvid mun[nen]; föra vidare, avslöja **ausschwefeln** svavla, röka (desinficera) med svavel **ausschweifen 1** *s* sväva ut; föra ett utsvävande liv **2** göra [ut]svängd; *ausgeschweift* utsvängd **ausschweifend** utsvävande, otyglad, omåttlig, sedeslös **Ausschweifung** *-en f* utsvävning **ausschweigen** *st rfl, sich über etw. (ack.)* ~ tiga som muren med ngt **ausschwemmen** spola upp; spola bort; skölja [ur, ren]; erodera *(genom vatten)* **ausschwenken 1** skölja (spola) ur; skaka ur; svänga utåt *(kranarm e.d.)* **2** *s, nach links ~* svänga åt vänster **ausschwingen** *st* **1** svänga ut **2** svänga färdigt; förklinga; *bildl.* sluta **ausschwitzen 1** *s* avsöndras, sippra fram (ut) **2** svettas ut, avsöndra

aussehen *st* **1** se ut, te sig, ta sig ut, verka; *wie siehst du denn [bloß] aus?* så du ser ut!; *so siehst du aus! (vard.)* och det trodde du?, aldrig i livet!; *so sieht es damit aus* så står det till med det; *wie sieht es mit deinem Vater aus?* hur är det med din far?; *es sieht schlecht mit ihm aus* det står illa till med honom; *es sieht nach Regen aus* det ser ut att bli regn; *danach sieht er gar nicht aus* det syns verkligen inte på honom; *sehe ich danach aus? (vard.)* ser jag sån ut?, kan du *(etc.)* tro ngt sådant om mig?; *das soll nach etw. ~! (vard.)* och det skall vara fint!; *er sieht aus wie sein Vater* han ser ut som (liknar) sin far; *das sieht wie (nach) Verrat aus* det ser ut att vara förräderi; *die blaue Bluse sieht zu dem roten Rock gut aus* den blå blusen passar bra till den röda kjolen **2** *nach e-m ~* titta (hålla utkik) efter ngn **3** *sich (dat.) die Augen ~* [hålla på att] titta ögonen ur sig **Aussehen** *0 n* **1** utseende, yttre **2** *åld., se Anschein* **aussein** *(hopskr. endast i inf o. perf part) oreg. s, vard.* vara slut (förbi); vara avstängd (släckt *e.d.); auf etw. (ack.) ~* vara ute efter ngt; *ich bin gestern ausgewesen* jag var borta i går; *es ist aus mit ihm* det är ute med honom
außen utanpå, på utsidan, utvändigt; *nach ~ utåt; von ~* utifrån; *~ und innen* utan och innan; *~ laufen (sport.)* springa på ytterbanan **2** *österr., se draußen*
Außen|amt *-er† n* utrikes|ministerium, -departement **-ansicht** *-en f* exteriör **-antenne** *-n f* utomhusantenn **-arbeiten** *pl* utomhusarbeten **-aufnahme** *-n f, film.* utomhustagning **-bahn** *-en f* ytterbana **-bezirk** *-e m* ytterområde **-border** - *m, vard.* utombordsmotor, akternurra; utombordare *(båt)* **-bordmotor** *-en m* utombordsmotor, akternurra **außenbords** *sjö.* utombords
aussenden *sandte (sendete) aus, ausgesandt (ausgesendet)* utsända, skicka ut; *radio. (end. sv)* sända
Außen|dienst *0 m, im ~ arbeiten* arbeta utanför sitt kontor (utomhus, på fältet) **-hafen** -† *m* ytterhamn **-handel** *0 m* utrikeshandel **-haut** -e† *f* **1** *med.* överhud **2** *sjö.* bordläggning **3** *flyg.* ytterbeklädnad **-landung** *-en f, flyg.* landning utanför flygfältet **-minister** - *m* utrikesminister **-ministeri|um** *-en n* utrikes|-departement, -ministerium **-politik** *0 f* utrikespolitik
außenpolitisch utrikespolitisk
Außen|seite *-n f* ut-, ytter|sida, yttre **-seiter** - *m, sport.* outsider; *bildl. äv.* enstöring; *er ist ein ~ (äv.)* han går sin egen väg, han står [alltid] utanför **-stände** *pl* utestående fordringar **-stehende(r)** *m f, adj böjn.* utomstående **-stelle** *-n f* filial, lokalavdelning **-stürmer** - *m, sport.* ytter **-temperatur** *-en f* utomhustemperatur **-viertel** - *n* ytterkvarter **-welt** *0 f* yttervärld **-winkel** - *m* yttervinkel **-wirtschaft** *0 f* utrikeshandel
außer I *prep* **1** *m. dat.* [för]utom, med undantag av; utom, utanför, ur; *~ Haus[e] essen* äta ute; *~ Betrieb sein a)* vara ur funktion, *b)* vara nedlagd; *~ mir kam niemand (äv.)* det var bara jag som kom; *~ Sicht sein* vara utom synhåll; *~ Dienst (a.D.)* pensionerad, före detta (f.d.); *~ Atem sein* vara andfådd; *~ sich sein vor Freude* vara utom sig av glädje **2** *m. ack., ~ Gefecht setzen* försätta ur stridbart skick; *~ sich (äv. dat.) geraten* bli utom

sig **3** *m. gen.*, ~ *Landes gehen* lämna landet; ~ *Landes sein* vara utomlands **II** *konj* utom; ~ [*wenn*] såvida inte, utom då (när); ~ *daß* utom att; *keiner* ~ *ich selbst* ingen utom jag själv
äußer (*alltid böjt*) yttre; ~*e Verletzung* utvärtes (yttre) skada; *Minister des Ä~en* utrikesminister; *ein angenehmes Ä~es* ett tilltalande yttre; *nach dem Ä~en zu urteilen* av utseendet (ytan) att döma
Außer'achtlassung *0 f* nonchalerande, uraktlåtande; uraktlåtenhet **außeramtlich** inofficiell **'außerdem** [*äv.*--'-] dessutom, därjämte; *was hast du ~ zu sagen?* vad har du ytterligare att säga? **außerdienstlich** utom tjänsten, inofficiell, privat **außer|ehelich** utomäktenskaplig **-europäisch** utomeuropeisk **-fahrplanmäßig** extra, utanför tidtabellen **-gerichtlich** utomprocessuell, utanför domstolen; genom förlikning **-gewöhnlich** ovanlig, utomordentlig, enastående **-halb I** *prep m. gen.* utanför, utom **II** *adv* utanför staden, på annan ort; *von* ~ utifrån; *nach* ~ till annan ort; ~ *von* utanför **-irdisch** utom-, bortom|jordisk **-kirchlich** utomkyrklig, icke kyrklig
äußerlich yttre, utvärtes; ytlig; *adv äv.* till det yttre, på ytan; *nur* ~! endast för utvärtes bruk!; ~ *betrachtet* ytligt sett **Äußerlichkeit** *-en f* ytlig (perifer) företeelse, [oviktig] detalj, formalitet, yttre form **äußerln** *sty., österr.*, *den Hund ~ führen* gå ut med hunden
äußern 1 yttra, uttala, uttrycka (*önskan*) **2** *rfl* yttra sig; *sich über etw.* (*ack.*) ~ (*äv.*) uttala sig (säga sin mening) om ngt
'außer|'ordentlich utomordentlig, ovanlig, exceptionell; extraordinarie; *adv äv.* ytterligt, synnerligen; ~*er* (*förk. ao.*, *a.o.*) *Professor* professor (*som ej leder institution*); ~*es Mitglied* adjungerad ledamot; ~*e Sitzung* extra sammanträde **-parlamentarisch** utomparlamentarisk; ~*e Opposition*, *se APO* **-planmäßig** extra, icke ordinarie, utanför den ordinarie ordningen; ~*er Zug* extratåg
äußerst I *adj* (*alltid böjt*) ytterst a; sista; längst bort belägna; högsta; största; *im* ~*en Fall* i värsta fall; *im* ~*en Norden* längst upp i norr; *der* ~*e Preis* lägsta (sista) priset; *ich werde mein Ä~es tun* jag skall göra mitt yttersta; *auf das Ä~e gefaßt sein* vara beredd på det värsta (vad som helst); *sich aufs* ~*e anstrengen* anstränga sig till det yttersta (så mycket man förmår) **II** *adv* ytterst, ytterligt, oerhört; ~ *erregt* synnerligen (mycket) upprörd; ~ *wichtig* ytterst (oerhört) viktig
außer'stand[e] ~ *sein* vara ur stånd, inte vara i stånd
'äußersten'falls i värsta fall
Äußerung -*en f* **1** yttrande, uttalande **2** yttring, manifestation
aussetzen 1 sätta ut; *ein Kind* ~ sätta ut ett barn; *Wild* ~ plantera ut villebråd **2** uppskjuta, göra [ett] uppehåll i, avbryta **3** utfästa, fastställa **4** utsätta; *e-n* (*sich*) *etw.* (*dat.*) ~ utsätta ngn (sig) för ngt **5** anmärka [på], kritisera; *daran ist nichts auszusetzen* det finns det inget att anmärka på; *etw. an e-m* ~ anmärka på ngt hos ngn **6** upphöra, stanna; hoppa över; *mit etw.* ~ hålla upp med ngt, göra uppehåll (avbrott) i ngt **Aussetzung** -*en f* **1** utsättande *etc.*, *jfr aussetzen* **2** uppehåll, avbrott **Aussicht** -*en f* utsikt; *bildl. äv.* chans,

förväntning; ~ *aufs Meer* utsikt mot havet; ~ *auf Erfolg* utsikt till framgång; *er hat e-e neue Stellung in* ~ han har utsikter (hoppas på) att få en ny anställning; *in* ~ *nehmen* ta under övervägande, fundera på; *in* ~ *stehen* vara att emotse; *in* ~ *stellen* (*äv.*) utlova; *er hat nicht die geringste* ~ han har inte den ringaste chans **aussichtslos** utsikts-, hopp|lös; som inte har ngn chans att lyckas **Aussichtslosigkeit** *0 f* hopplöshet **Aussichtspunkt** -*e m* utsiktspunkt **aussichtsreich** lovande, som har goda chanser **Aussichtsturm** -*e*† *m* utsiktstorn **aussichtsvoll** *se aussichtsreich* **Aussichtswagen** - *m*, *järnv.* utsikts-, panorama|vagn **aussieben** sålla bort (*äv. bildl.*); välja ut **aussiedeln** [tvångs]förflytta **aussingen** *st* sluta sjunga, sjunga [till] slut; *seine Freude* ~ sjunga ut sin glädje **aussinnen** *st* tänka (fundera) ut **aussöhnen** försona, förlika; *sich mit etw.* ~ finna sig i ngt; *sich* ~ försonas, bli goda vänner [igen] **Aussöhnung** -*en f* försoning, förlikning **aussondern** av-, från|skilja, gallra ut, sortera bort, ta (välja) ut **Aussonderung** -*en f* avskiljande; gallring *etc.*, *jfr aussondern* **aussortieren** *se aussondern*
ausspähen 1 *nach etw.* ~ hålla utkik (speja, spana) efter ngt **2** *vard.*, *e-n* ~ spionera på (skugga) ngn **ausspannen 1** spänna från (*häst*); spänna (ta) ur **2** spänna (breda, sträcka) ut **3** *vard.*, *e-m etw.* ~ ta (lura) ifrån ngn ngt, låna ngt av ngn; *sie hat mir meinen Freund ausgespannt* hon har snott min kille **4** *ein paar Wochen* ~ koppla av ett par veckor **Ausspannung** *0 f* avkoppling; *zur* ~ *spazierengehen* promenera för att koppla av **aussparen** lämna öppen (fri); lämna [tom]rum (*i text*); hoppa över (*fråga*) **Aussparung** -*en f* [tom]rum, lucka (*i text*) **ausspeien** *st* spotta ut, utspy; *der Vulkan speit Feuer aus* vulkanen spyr (sprutar) eld **aussperren 1** låsa (stänga) ute **2** lockouta **Aussperrung** -*en f* lockout **ausspielen** spela ut; spela slut; *kortsp. äv.* ha förhand; *er hat* [*seine Rolle*] *ausgespielt* han har spelat ut sin roll (har förlorat sin betydelse, sitt inflytande); *den Gegner* ~ inte ge motståndaren någon chans, utklassa motståndaren; *e-n gegen e-n* ~ spela ut ngn mot ngn; *e-n Pokal* ~ (*sport.*) spela om en pokal; *seine Überlegenheit* ~ (*äv.*) demonstrera sin överlägsenhet; *e-n Gewinn* ~ lotta ut en vinst; *e-n König* ~ lägga en kung; *den letzten Trumpf* ~ spela sista trumfen; *ausgespielt ist ausgespielt* lagt kort ligger **Ausspielung** -*en f* utlottning **ausspinnen** *st* spinna ut; *e-e Erzählung* ~ spinna vidare på en berättelse **ausspionieren** spionera ut **ausspotten** *dial.*, *se verspotten* **Aussprache** *0 f* uttal; *e-e feuchte* ~ *haben* (*vard. skämts.*) tala flytande **2** -*n f* samtal, meningsutbyte **Ausspracheabend** -*e m* diskussionsafton **Aussprachebezeichnung** -*en f* uttalsbeteckning **Aussprachewörterbuch** -*er*† *n* uttalsordbok **aussprechbar** uttalbar; som går att uttrycka i ord **aussprechen** *st* **1** uttala; *e-e Bitte* ~ uttrycka en önskan; *seinen Dank* ~ framföra sitt tack; *ein Urteil* ~ avkunna en dom **2** tala färdigt; *er hatte kaum ausgesprochen, als* knappt hade han talat färdigt förrän; *laß ihn* ~! låt honom tala till punkt! **3** *rfl* uttala (yttra) sig (*über etw. ack.* om ngt); *sich für etw.* ~ uttala sig till förmån för ngt, förorda ngt; *sich in etw.* (*dat.*)

~ visa sig (komma till uttryck) i ngt; *sich mit e-m über etw.* (*ack.*) ~ *a*) tala ut med ngn om ngt, *b*) diskutera igenom ngt med ngn; *das Wort läßt sich schwer ~* (*spricht sich schwer aus*) det är svårt att uttala ordet **4** *rfl* öppna sitt hjärta **ausspreizen** spärra ut; *die Beine ~* skreva [med benen]; *die Finger ~* spreta med fingrarna **aussprengen 1** spruta [ut], spreja [m. vatten]; sprida ut (*rykte*) **2** spränga ut (bort) **ausspringen** *st* **1** *s* hoppa ur, lossna **2** *er hat die Schanze ausgesprungen* (*sport.*) han hoppade så långt som [hopp]backen tillåter **ausspritzen** spruta ut; släcka (*genom att spruta*); spola [ur (ren)] **Ausspruch** *-e*† *m* uttalande, yttrande
ausspucken spotta ut; *vor e-m* ~ spotta åt ngn **ausspülen 1** skölja (spola) bort; holka ur (*strand*) **2** skölja (spola) [ur (ren)]; *sich* (*dat.*) *den Mund ~* skölja munnen
ausstaffieren styra ut; utrusta; *vard.* rigga upp **Ausstand** *-e*† *m* **1** strejk; *in den ~ treten* gå i strejk; *sich im ~ befinden* strejka **2** *Ausstände* utestående fordringar **ausständig** *sty.*, *österr.* utestående, obetald; ej avklarad **Ausständige(r)** *m f, adj böjn.*, **Ausständler** - *m* strejkande **ausstanzen** stansa [ut] **ausstatten** förse, utrusta; inreda; *ein Buch ~* styra ut en bok **Ausstattung** *-en f* utrustning, utstyrsel (*äv. bruds*); inredning **Ausstattungsfilm** *-e m* utstyrselfilm, rikt påkostad film **Ausstattungsstück** *-e n* praktpjäs (*möbel utan större praktisk användning*); *teat.* utstyrsel|stycke, -pjäs **ausstauben, ausstäuben** *dial.* skaka dammet ur **ausstechen** *st* **1** sticka (peta) ut (ur); ta ut (*kakor med form*) **2** ta (hacka) upp; *Unkraut ~* hacka (gräva) bort ogräs **3** *e-n ~* slå ngn ur brädet, bräda ngn **Ausstechform** *-en f* kakmått **ausstekken 1** staka ut **2** *österr., der Wirt hat ausgesteckt* krögaren skyltar med en lövruska (*e.d., t. tecken på att årets vin utskänkes*) **ausstehen** *st* **1** utstå, uthärda, fördra; *e-n nicht ~ können* inte tåla ngn **2** återstå, fattas, inte ha kommit in; *die Entscheidung steht noch aus* beslutet har ännu inte fattats; *~de Forderungen* utestående fordringar **3** *im Schaufenster ~* stå i skyltfönster **aussteifen** stötta, förstärka **aussteigen** *st s* stiga (gå) ur (av); *flygsl.* hoppa med fallskärm; *er will ~* (*vard.*) han vill hoppa av (inte vara med längre) **aussteinen** kärna ur **ausstellen 1** ställa (placera, sätta) ut; utställa, utfärda (*pass, intyg*) **2** ställa upp (*fönster e.d.*); *ausgestellte Hosen* utställda byxben **3** anmärka [på], kritisera; *an e-m etw. auszustellen haben* ha ngt att anmärka på ngn **4** *vard.* stänga av (*radio*) **Aussteller** - *m* utställare **Ausstellfenster** - *n* (*på bil*) ventilationsruta **Ausstellung** *-en f* **1** utställande, utfärdande (*av pass etc.*) **2** utställning **3** anmärkning; *en machen* göra (framställa) anmärkningar (*an + dat.* mot) **Ausstellungsgelände** *-n* utställningsområde **Ausstellungsraum** *-e*† *m* utställningslokal **Ausstellungsstand** *-e*† *m* utställningsstånd **Ausstellungsstück** *-e n* utställningsföremål **ausstemmen** mejsla (hugga) ut **Aussterbeetat** *0 m, auf dem ~ stehen* (*vard.*) hålla på att försvinna (dö ut) **aussterben** *st s* dö ut; *bildl.* råka i glömska; *die Straße ist wie ausgestorben* gatan är folktom (öde och tom) **Aussteuer** *0 f* [brud]utstyrsel **aussteuern 1** *åld.* förse med brudutstyrsel

2 utförsäkra **3** *radio.* styra ut, modulera **Ausstich** *-e m, schweiz.* **1** *se Entscheidungskampf* **2** *der ~* det bästa i sitt slag (*i sht om vin*) **Ausstieg** *-e m* utgång; avstigning **ausstopfen** stoppa upp **Ausstoß** *0 m* produktion[skapacitet] **ausstoßen** *st* **1** stöta ut; utstöta; *språkv.* elidera; *den Atem ~* andas ut; *aus e-r Partei ~* utesluta ur ett parti **2** producera **Ausstoßrohr** *-e n* torpedtub **ausstrahlen 1** utstråla, stråla ut; sprida (*värme, ljus*) **2** *radio.* sända **Ausstrahlung** *-en f* **1** utstrålning; karisma **2** *radio.* sändning **ausstrecken 1** sträcka (räcka) ut **2** *rfl* sträcka ut sig **ausstreichen** *st* **1** stryka ut (över, bort) **2** släta till, glätta **3** smörja; *mit Butter ~* smöra **4** *Fugen ~* fylla igen fogar **ausstreuen** strö ut; *bildl.* sprida [ut] **ausströmen** (flyta) ut **2** utstråla, sprida (*vällukt*) **ausstudieren** *vard.* studera färdigt, avsluta sina studier **ausstunken 1** söka (välja) ut; *das Lager war schon sehr ausgesucht* lagret var redan hårt skattat **2** *åld.* leta igenom **austäfeln** panela **austapezieren** tapetsera **Austausch** *0 m* utbyte; *im ~ gegen* i utbyte mot **austauschbar** utbytbar **austauschen** utbyta, utväxla; byta [ut]; *wie ausgetauscht* (*äv.*) som förbytt **Austauschmotor** *-en m* utbytesmotor **Austauschstoff** *-e m* ersättnings|material, -medel **austauschweise** i utbyte, genom byte **austeilen** dela ut, ut-, för|dela **Austeilung** *-en f* utdelning **Auster** *-n f* ostron **Austernfischer** - *m, zool.* strandskata **Austernpark** *-s m* ostronodling **austesten** testa **austiefen** fördjupa **austifteln** *sty., österr., se austüfteln* **austilgen** utplåna, utrota **austoben 1** sluta rasa, rasa ut **2** ge utlopp åt, avreagera **3** *rfl* rasa ut; slå runt, leva om; [leka o.] rasa **austollen** *rfl, vard.* leka o. rasa, tumla om **austönen** förklinga, tona bort

Austrag *0 m* **1** uppgörelse, avgörande; *zum ~ bringen* avgöra, *sport.* utkämpa, spela; *zum ~ kommen* avgöras, *sport.* spelas, genomföras **2** *sty., österr.* undantag (*livstidsunderhåll*) **austragen** *st* **1** bära ut (*post, varor e.d.*); sprida (*skvaller*) **2** bära fram (*barn*) **3** utkämpa, avgöra; *sport.* genomföra (*tävling*), spela **Austräger** - *m* utbärare, [tidnings]bud **Austragstübchen** *0 n, im ~ sitzen* (*skämts.*) inte [behöva] arbeta längre, vara pensionär **Austragung** *-en f* avgörande, uppgörelse; genomförande; *~ e-r Meisterschaft* (*äv.*) spel om ett mästerskap
Australier - *m* australier, australiensare **australisch** australisk
austräumen 1 drömma slut, sluta drömma **2** drömma till slut **austreiben** *st* **1** driva på bete (*djur*) **2** driva ut (bort), jaga bort, fördriva; *ich werde es ihm schon ~* det skall jag nog ta ur honom **3** slå (spricka) ut; *Keime treiben aus* skott skjuter fram **Austreibung** *-en f* utdriv|ande, -ning *etc., jfr austreiben* **austreten** *st* **1** uttråda; *aus dem Verein ~* (*äv.*) gå ur föreningen **2** *s* strömma ut, komma fram; (*åld. om flod*) svämma över **3** *s, vard.* gå ut [på toaletten] **4** nöta; trampa ut (*skor*); trampa upp (*stig*) **5** stampa (trampa) ut (*eld*) **austricksen** *e-n ~* överlista ngn, [genom list] bli av med (eliminera) ngn **austrinken** *st* dricka ur (upp); tömma (*bägare*) **Austritt** *-e m* **1** utträde, utträdande **2** *åld.* [liten] balkong **Austrittserklärung** *-en f*

utträdesanmälan **austrocknen 1** torka [ur] (*glas på insidan*); torka ut **2** *s* torka ut, bli alldeles torr **austrommeln** *vard.*, **austrompeten** *vard.* basunera ut **austüfteln** *vard.* fundera (lista) ut **austunken** *die Soße mit Brot* ~ suga upp såsen med bröd **austuschen** rita (fylla i) med tusch, tuscha **ausüben** utöva; ~*de Gewalt* verkställande makt **Ausübung** *0 f* utövande, utövning; verkställande **Ausverkauf** -*e*† *m* rea[lisation], utförsäljning; *im* ~ på realisation **ausverkaufen** sälja ut (slut på), realisera; *das Haus ist ausverkauft* (*teat.*) det är utsålt **auswachsen** *st* **1** *s* skjuta groddar (*om växande gröda*) **2** *s, vard. das (es) ist zum A~* det är så man kan bli förtvivlad; *ich bin fast ausgewachsen vor Langeweile* det var så tråkigt att jag höll på att dö **3** *das Kind wird die Kleider bald* ~ barnet växer snart ur sina kläder **4** *s* växa ut, bli fullvuxen **5** *rfl* utvidgas, öka, växa; *sich zu etw.* ~ utveckla sig till [att bli] ngt; *die Mißbildung wird sich* ~ missbildningen kommer att växa bort **Auswahl** -*en f* urval; elit; *sport.* kombinerat lag; *die* ~ *haben* ha möjlighet att välja; *e-e* ~ *treffen* (*äv.*) välja [ut]; *e-e große* ~ *haben* (*hand.*) vara välsorterad **Auswahlantwort** -*en f* svar på alternativfråga **auswählen** välja ut; *ausgewählte Gedichte* (*äv.*) dikter i urval **Auswahlmannschaft** -*en f, sport.* kombinerat lag **Auswahlsendung** -*en f, hand.* mönstersändning, provkollektion **auswalzen 1** valsa (kavla) ut **2** *bildl. vard.* utvidga; utbreda sig över **Auswanderer** - *m* utvandrare, emigrant **auswandern** *s* utvandra, emigrera **Auswanderung** *0 f* utvandring, emigration **auswärtig** utrikes, utländsk; utsocknes, främmande; *das A~ Amt* (*BRD*) utrikes|ministeriet, -departementet; *das Ministerium für A~e Angelegenheiten* (*DDR*) utrikesministeriet; *ein A~er* (*äv.*) en främling **auswärts 1** utåt **2** ute, utanför hemmet (orten, staden), annorstädes; ~ *essen* äta ute; ~ *spielen* (*sport.*) spela på bortaplan; *die Füße* [*nach*] ~ *setzen* gå utåt med fötterna; *von* ~ utifrån, utsocknes ifrån, från utlandet **auswärts|gehen** *st s*, **-laufen** *st s, vard.* gå utåt med fötterna **Auswärtsspiel** -*e n, sport.* bortamatch **auswaschen** *st* **1** tvätta ur (bort, ren, upp); diska [ur]; *die Farben haben sich ausgewaschen* färgerna har blekts i tvätten **2** erodera (*genom vatten*); spola bort **Auswaschung** -*en f* erosion (urholkning) (*genom vatten*) **auswässern** vattna ur, vatt[en]lägga **auswattieren** vaddera **Auswechselbank** -*e*† *f, sport.* avbytarbås **auswechselbar** utbytbar **auswechseln** byta [ut], ersätta; utväxla; *wie ausgewechselt* som en annan människa; som förbytt **Auswechselspieler** - *m, sport.* avbytare, reserv **Auswechs[e]lung** -*en f* [ut]byte; utväxling **Ausweg** -*e m* utväg, alternativ; *sich* (*dat.*) *keinen* ~ *wissen* inte veta sig ngn råd **ausweglos** hopplös, förtvivlad **Ausweglosigkeit** *0 f* hopplöshet, hopplöst läge **Ausweiche** -*n f* mötesplats (*på väg*) **ausweichen** *st s* väja, vika (köra, gå) undan (*e-m* för ngn; *etw. dat.* för ngt); *e-m* ~ (*äv.*) undvika ngn; *e-r Frage* ~ (*äv.*) kringgå en fråga; *auf etw.* (*ack.*) ~ välja ngt [i stället], byta till ngt; ~*de Antwort* undvikande svar **Ausweichlager** - *n* reserv-, extra|lager **Ausweichmanöver** - *n* undanmanöver **Ausweichstelle** -*n f, se Ausweiche*

ausweiden ta ur [inälvorna på]; slakta (*bil*) **ausweinen** [*sich*] ~ gråta ut **Ausweis** -*e m* **1** legitimation[skort], identitetskort **2** *nach* ~ *des Kontos* enligt kontoutdraget; *nach* ~ *der Statistik* enligt vad som framgår av statistiken **ausweisen** *st* **1** utvisa; förvisa **2** redovisa, visa **3** *rfl* legitimera sig; *sich als etw.* ~ visa sig vara ngt **Ausweiskarte** -*n f, se Ausweis 1* **Ausweispapiere** *pl* legitimationspapper **ausweißen** vitmena **Ausweisung** -*en f* utvisning **ausweiten 1** töja [ut]; utvidga, öka; *Schuhe* ~ lästa ut skor **2** *rfl* töjas, töja sig; utvidgas, öka **auswellen** kavla ut **auswendig** utantill; *etw.* ~ *lernen* lära sig ngt utantill **auswerfen** *st* **1** kasta (slunga) ut; lägga ut (*nät*); spotta [upp] **2** skotta upp (ut) **3** producera **4** bevilja, ge, anslå (*e-n Betrag* ett belopp) **Auswerfer** - *m* utkastare (*på eldvapen, skördetröska e.d.*) **auswerten** utvärdera, analysera; utnyttja, använda (*kunskap e.d.*) **Auswertung** -*en f* utvärdering; utnyttjande **auswetzen** slipa bort; *e-e Scharte* ~ (*bildl.*) reparera en skada (tabbe) **auswickeln** veckla (packa, ta) upp **auswiegen** *st* väga [upp]; *ausgewogen* (*äv.*) balanserad, välavvägd **auswintern** *s* frysa bort **auswirken** *rfl* verka, ha verkan; *sich günstig auf etw.* (*ack.*) ~ ha gynnsamma följder för ngt **Auswirkung** -*en f* verkan, följd, konsekvens **auswischen 1** torka av (ur, bort); sudda ut; *sich* (*dat.*) *die Augen* ~ gnugga sig i ögonen; *e-m eins* ~ (*vard.*) spela ngn ett spratt **2** *s, vard.* smita **auswittern 1** *s* förvittra[s], vittra [sönder] **2** *s, kem.* efflorescera **3** *Regen und Schnee wittern den Berg aus* berget vittrar sönder genom inverkan av snö och regn **auswringen** *st, dial.* vrida ur (*tvätt*) **Auswuchs** -*e*† *m* **1** utväxt; svulst; puckel **2** *bildl.* excess, överdrift; missförhållande; negativ följd **auswuchten** balansera (*hjul*) **Auswurf** -*e*† *m* **1** upphostning, slem **2** ~ *e-s Vulkanes* eruption, av vulkan utslungad massa (*lava, aska o.d.*) **3** *bildl.* avskum, drägg, slödder **auswürfeln** kasta tärning om **auswüten** [*sich*] ~ rasa ut **auszacken** förse med uddar, tagga **auszahlen 1** utbetala; (*dat.*) *e-n Betrag* ~ lassen lyfta ett belopp **2** avlöna; köpa ut (*delägare*) **3** *rfl* betala (löna) sig; *das zahlt sich nicht aus* det lönar sig inte **auszählen 1** räkna (*röster*) **2** *boxn.* räkna ut **3** *dial.* ta ut **Auszahlung** -*en f* utbetalning *etc.*, *jfr auszahlen* **Auszählung** -*en f* [samman]räkning; ~ *der Stimmen* röstsammanräkning **auszanken** *dial.* gräla på **auszehren** försvaga, utmatta **Auszehrung** *0 f* **1** utmärgling **2** *åld.* tvinsot **auszeichnen 1** utmärka; hedra; vara utmärkande (karakteristisk) för **2** sätta prislapp på **3** *rfl* utmärka sig **Auszeichnung** -*en f* **1** prismärkning **2** utmärkelse[tecken]; heders|betygelse, -tecken; orden; *e-e Prüfung mit* ~ *bestehen* ta examen med högsta betyg **ausziehbar** utdragbar, utdrags-, som kan dras ut **ausziehen** *st* **1** dra ut (ur); bleka [ur] (*färg*); göra extrakt på, extrahera; excerpera, göra utdrag ur (*skrift*) **2** klä (ta, dra av [sig]; *e-n* ~ (*vard.*) skinna ngn **3** *rfl* rita i (ut); *ausgezogene Linie* heldragen linje **4** sträcka, tänja ut; dra ut (*förlänga*) **5** *rfl* klä (ta) av sig **6** *s* dra (tåga) ut (bort); flytta; *auf Abenteuer* ~ ge sig ut på äventyr; *das Aroma ist aus dem Kaffee ausgezogen* kaffet har förlorat aromen **Auszieh-**

tisch -*e m* utdragsbord **auszieren** utsira, smycka **auszischen** *e-n* ~ hyssja åt ngn **Auszug** -*e*† *m* **1** avmarsch, ut-, av|tåg; [av]flyttning **2** utdrag, excerpt; extrakt **3** *sty.* undantag (*livstidsunderhåll*) **auszugsweise** i utdrag (sammandrag) **auszupfen** rycka upp (*ogräs*); plocka (noppa) (*ögonbryn*)
autark självförsörjande (*om stat*), [ekonomiskt] oberoende **Autarkie** -*n f* självförsörjning, autarki, [ekonomiskt] oberoende
authentifizieren intyga äktheten hos, bevittna **authentisch** autentisk **Authentizität** *0 f* autenticitet
Autismus *0 m* autism **autistisch** autistisk **Autler** - *m, åld. el. schweiz.* bilist **Auto** -*s n* bil; *ein* ~ *haben* (*äv.*) ha bil **Autobahn** -*en f* motorväg, autostrada **Autobahnausfahrt** -*en f* [motorvägs]avfart **Autobahnrasthof** -*e*† *m* motell **Autobahnraststätte** -*n f* cafeteria (restaurang) [vid motorväg] **Autobiographie** -*n f* auto-, själv|biografi **Autobus** -*se m* buss **autochthon** autokton, infödd, inhemsk **Autochthone** -*n* -*n m* urinvånare, autokton **Autodafé** -*s n* autodafé **Autodidakt** -*en* -*en m* autodidakt, självlärd [person] **autodynamisch** självverkande
Auto|fähre -*n f* bilfärja **-fahren** *0 n* bilåkning **-fahrer** - *m* bilist, bilförare **-fahrt** -*en f* bil|färd, -tur **-falle** -*n f* **1** polisfälla (*för bilar*), radarkontroll **2** fälla för bilar (*vid överfall*) **autofrei** bilfri, utan biltrafik; ~*er Tag* körfri dag (*vid ransonering*) **Autofriedhof** -*e*† *m, vard.* bilkyrkogård
autogen [-g-] autogen **Autogramm** -*e n* autograf **Autograph** -*e*[*n*] *n* original[skrift], författares eget manuskript **Autohypnose** *0 f* självhypnos
Auto|karte -*n f* bilkarta **-kino** -*s n* drive-in- -bio **-knacker** - *m, vard.* tjuv som [bryter sig in i o.] stjäl ur bilar, bilplundrare
Auto|krat -*en* -*en m* **1** autokrat, självhärskare **2** självgod person **-kratie** -*n f* autokrati **Automarder** - *m, vard., se Autoknacker*
Automat -*en* -*en m* automat **Automatenrestaurant** -*s n* automat[restaurang] **Auto- 'matik** -*en f* automatik **Automation** *0 f* automation **automatisch** automatisk **automatisieren** automatisera
Auto|minute -*n f, das Dorf ist 30* ~*n entfernt* byn ligger 30 minuters bilväg härifrån **-mobil** -*e n* [automo]bil
autonom autonom **Autonomie** *0 f* autonomi **Autonomist** -*en* -*en m* förkämpe för (anhängare av) autonomi (*för visst område*) **Autonummer** -*n f* registrerings-, bil|nummer **Autopilot** -*en* -*en m* autopilot **Autoplastik** -*en f, med.* autoplastik **Autopsie** -*n f* obduktion, autopsi
Autor -*en m* författare
Auto|radio -*s n* bilradio **-reisezug** -*e*† *m* biltåg **-rennen** - *n f* biltävling
autorisieren auktorisera, bemyndiga **autoritär** auktoritär **Autorität** -*en f* auktoritet **autoritativ** auktoritativ
Autorschaft *0 f* författarskap
Auto|schlange -*n f* bilkö **-schlosser** - *m* bilmekaniker **-schlüssel** - *m* bilnyckel **-stop[p]** *0 m,* ~ *machen, per* (*mit*) ~ *fahren* lifta **-straße** -*n f* bilväg **-strich** *0 m, vard., auf den* ~ *gehen* gå på stritan (*prostituera sig åt kunder med bil*) **-stunde** -*n f, die Stadt*

ist 2 ~*n entfernt* staden ligger 2 timmars bilväg härifrån
Autosuggestion *0 f* själv-, auto|suggestion **Autotour** -*en f* biltur
Autotypie -*n f, boktr.* autotypi
Auto|unfall -*e*† *m* bilolycka **-verkehr** *0 m* biltrafik **-verleih** -*e m* biluthyrning[sfirma] **-zubehör** *0 n* biltillbehör
autsch *interj* aj! **au'weh** *interj* aj!; oj! **au- 'wei[a]** *interj* aj då!, tusan också!
Aval [a'val] -*e m, äv. n* [växel]borgen, säkerhet **avalieren** skriva på borgen
Avance [a'vã:sə] -*n f* **1** åld. vinst **2** åld. förskott **3** *e-m* ~*n machen* göra närmanden till ngn; komma ngn till mötes **avancieren** *s* rycka fram, avancera
Avantgarde [avã'gardə] -*n f* avantgarde **Avantgardist** -*en* -*en m* avantgardist, modernist **avantgardistisch** avantgardistisk **avanti** [-v-] *interj* framåt!
AvD *förk. för Automobilclub von Deutschland*
Ave-Maria [-v-] -[*s*] *n, kat.* ave, Ave Maria **Avenue** [avə'ny:] -*n* [-'ny:ən] *f* aveny **Aversion** [-v-] -*en f* aversion, motvilja
Avis [a'vi:] - *m n el.* [a'vi:s] -*e m n* underrättelse, avi **avisieren** [skriftligt] underrätta, avisera **a vista** *hand.* avista, vid uppvisandet **Avistawechsel** - *m* avista-, sikt|växel
Avocato [-v-] -*s f,* **Avokado** -*s f* avokado
Avus [-v-] *0 f, förk. för Automobil-Verkehrs- -und-Uebungsstraße* biltävlingsbana utanför Berlin
Axiom -*e n* axiom
Axt -*e*† *f* yxa; *wie e-e* (*die*) ~ *im Walde* (*vard.*) taktlös, ohyfsat, lymmelaktigt; *die* ~ *an die Wurzel*[*n*] *legen* gå till roten med det onda
Azalee [atsa'le:ə] -*n f,* **Azalie** [a'tsa:liə] -*n f* azalea
Azetat -*e n* acetat
Azeton *0 n* aceton
Azi'mut - *e n, äv. m, astron.* asimut
Azoren *pl, die* ~ Azorerna
Azteke -*n* -*n m* aztek '
A'zur *0 m* azur, himmelsblått; azurblå himmel **a'zurblau, a'zurn** azur-, himmels|blå **Azzuris** [a'tsuris] *pl, sport., die* ~ italienarna, det italienska laget

B1 - - *n* (*bokstav, ton*) b **2** *beteckning för B-Dur,* B-dur **3** *förk. för Brief* (*i kurslista*) säljkurs
b1 - - *n* (*bokstav, ton*) b **2** beteckning för *b-Moll* b-moll **3** *förk. för bei*[*m*]
Baas -*e m, nty., i sht sjö.* bas, förman
babbeln *dial.* prata, babbla
Babusche [-'bu-, -'bu:-] -*n f, dial.* tygtoffel
Baby ['be:bi] -*s n* baby, spädbarn **-ausstattung** -*en f* babyutrustning **--Bonds** *pl* [stats]obligationer i låga valörer
babylonisch babylonisk
Babysitter ['be:bizıtɐ] - *m* barnvakt **baby- sitte[r]n** (*endast i inf*) *vard.* sitta barnvakt

Bacchanal [baxa'na:l] -e n backanal
Bach -e† m bäck -**stelze** -n f sädesärla
back adv, sjö. back **Back** -en f, sjö. back
Back|apfel -† m torkat äpple -**blech** -e n bakplåt
Backbord 0 n babord **backbrassen** sjö. brassa back
1 Backe -n f **1** kind; dicke ~ svullen kind; au ~! det var sjutton! **2** tekn. gäng-, kind|back; käft (på tång); tåjärn (på skidbindning)
2 Backe -n f skinka (människas)
back|en backte (åld. buk), backte (åld. büke), gebacken, bäckst el. backst, bäckt el. backt **1** baka, grädda; flottyrkoka; frisch gebacken nybakad; frisch gebackener Ehemann nygift man **2** torka (frukt) **3** (endast sv) gräddas; klibba [fast]; (om snö) klabba, vara kram; der Kuchen bäckt kakan håller på att gräddas; der Schnee -t an den Schiern snön klabbar under skidorna **4** ~ und banken! (sjö.) kom och ät!
Backen - m, sty., se 1 Backe
Backen|bart -e† m polisonger -**bremse** -n f back-, block|broms -**futter** - n, tekn. skruvstycksbackar, backskiva; chuckback -**streich** -e m örfil -**stück** -e n sidstycke -**tasche** -n f kindpåse -**zahn** -e† m oxeltand
Bäcker - m bagare -**ei** -en f **1** bageri **2** bakverk; småkaka -**junge** -n -n m bagarlärling -**laden** -† m bageri[butik]
Back|fett -e n bak-, mat|fett; flottyr -**fisch** -e m flicka i mellersta tonåren, flicksnärta, backfisch -**form** -en f bak-, kak|form
Background ['bɛkgraʊnt, eng. 'bækgraʊnd] -s m **1** bakgrund, härkomst **2** yrkeserfarenhet
Backhähnchen - n [panerad] stekt kyckling
Backhand ['bɛkhɛnt, eng. 'bækhænd] -s m f, sport. backhand[sslag]
Back|haube -n f stekhuv -**hend[e]l** -[n] n, sty., österr., -**huhn** -er† n, se Backhähnchen -**obst** 0 n torkad frukt -**ofen** -† m bakugn
Backpfeife -n f, vard. örfil
Back|pflaume -n f katrinplommon -**pulver** - n bak-, jäst|pulver -**stein** -e m tegelsten -**steinmauer** -n f tegelmur -**stube** -n f bakstuga; bageri -**waren** pl bagerivaror -**werk** 0 n bakverk
Backzahn -e† m oxeltand
Bad -er† n bad (äv. tekn. o. bildl.); badrum; bad-, kur|ort; ins ~ gehen gå o. bada; ins ~ reisen resa till en badort; das Kind mit dem ~e ausschütten kasta ut barnet med badvattnet
Bade|anstalt -en f bad|anstalt, -inrättning -**anzug** -e† m baddräkt -**arzt** -e† m brunnsläkare -**frau** -en f baderska -**gast** -e† m badgäst -**gelegenheit** -en f badmöjlighet, tillfälle till bad -**hose** -n f badbyxor -**kabine** -n f bad-, omklädnings|hytt -**kappe** -n f badmössa -**kostüm** -e n baddräkt -**lustige(r)** m f, adj böjn. badsugen [person] -**matte** -n f badrumsmatta -**meister** - m badmästare
baden bada; ~ gehen gå och bada; ~ gegangen sein (vard.) ha gått åt pipan; in Schweiß gebadet badande i svett
Badener - m, **Ba'denser** - m badensare, invånare i Baden **ba'densisch** från Baden, badensisk
Bade|ofen -† m varmvattenberedare -**ort** -e m badort -**platz** -e† m bad|plats, -ställe
Bader - m, åld. fältskär, barberare
Bade|reise -n f resa till badort -**saison** -s f badsäsong -**tuch** -er† n badlakan -**vorleger**
- m badrumsmatta -**wanne** -n f badkar -**zeit** -en f **1** badtid **2** badsäsong -**zelle** -n f bad-, omklädnings|hytt -**zeug** 0 n badsaker -**zimmer** - n badrum
Badminton ['bɛtmɪntn̩] -s' n badminton
Baedeker ['bɛ:dəkɐ] - m baedeker, resehandbok
Bafel 0 m, dial. **1** skräp **2** struntprat
baff vard. paff, häpen
BAFöG förk. för Bundesausbildungsförderungsgesetz
Bagage [ba'ga:ʒə] -n f **1** åld. bagage **2** mil. tross **3** vard. pack, slödder -**wagen** - m, mil. trossvagn
Bagatelle -n f bagatell **bagatellisieren** bagatellisera **Bagatellsache** -n f, jur. bagatellmål
Bagatellschaden -† m bagatellartad skada
Bagger - m gräv|skopa, -maskin; mudderverk **Baggereimer** - m skopa (på grävmaskin) **Baggerführer** - m grävmaskinist **baggern** gräva; muddra
bah interj bah!, asch!
Bahamaer - m bahaman **bahamaisch** bahamansk **Bahamas** pl, die ~ Bahamaöarna
Bahamer - m, österr. bahaman **bahamisch** österr. bahamansk
1 bähen 1 badda, lägga varma omslag på 2 rosta, värma upp (bröd)
2 bähen 1 bräka (om får) **2** vard. bråka
Bählamm -er† n, barnspr. lamm
Bahn -en f **1** bana; järnväg; spårvagn; bildl. väg; zur ~ gehen (äv.) gå till stationen; die ~ nehmen ta tåget; ~ frei! ur vägen!; e-r Sache (dat.) die ~ brechen bana väg för ngt (äv. bildl.); auf die rechte ~ führen leda på rätt väg; auf die schiefe ~ geraten (bildl.) komma på sned; frei ~ (hand.) fritt å ban, banfritt; mit der (per) ~ med tåg[et]; bei der ~ beschäftigt anställd vid järnvägen **2** våd (av tyg, tapet o.d.) **bahnamtlich** som rör järnvägsförvaltningen, å järnvägsförvaltningens vägnar **Bahnanschlu|ß** -sse† m järnvägsförbindelse **Bahnarbeiter** - m rallare, banarbetare **Bahnbeamte(r)** m, adj böjn. järnvägstjänsteman **Bahnbetriebswerk** -e n järnvägsverkstad **bahnbrechend** banbrytande **Bahnbrecher** - m banbrytare, pionjär, föregångsman **Bahndamm** -e† m banvall **bahnen** bana; e-m den Weg ~ bana väg för ngn **bahnenweise** i våder **Bahnfahrt** -en f tåg-, spårvagns|resa **bahnfrei** hand. banfri, fritt å ban
Bahn|gleis -e n järnvägs-, spårvagns|spår -**hof** -e† m station; bangård; ~ verstehen (vard.) inte förstå ett dugg -**hofsgaststätte** -n f järnvägsrestaurang -**hofsmission** -en f kyrklig rådgivningsbyrå på järnvägsstation -**hofsvorsteher** - m stationsinspektor, stins -**hofswirtschaft** -en f järnvägsrestaurang -**knotenpunkt** -e m järnvägsknut -**körper** - m banvall; spåranläggning
bahnlagernd ung. för avhämtning (att avhämtas) vid stationen
Bahn|linie -n f järnvägs-, tunnelbane-, spårvägs|linje -**meisterei** -en f banmästaravdelning -**netz** -e n järnvägsnät -**post** 0 f järnvägspost -**rennen** - n lopp (tävling) på bana -**steig** -e m plattform, perrong -**steigkarte** -n f perrongbiljett -**überführung** -en f järnvägsviadukt -**übergang** -e† m järnvägsövergång -**ung** -en f banande av väg (äv. bildl.) -**unterführung** -en f vägport (under järnvägsviadukt) -**wärter** - m banvakt

Bahrainer - *m* bahrainare **bahrainisch** bahrainsk
Bahre -*n f* bår; *von der Wiege bis zur* ~ från vaggan till graven
Bähung -*en f* våtvarmt omslag
Bai -*en f* [havs]bukt
bai'risch *språkv.*, ~*e Mundart* bajersk dialekt
Baiser [bɛ'zeː] -*s n* maräng
Baisse ['bɛːsə] -*n f, hand.* baisse, kursfall; *auf* ~ *spekulieren* spekulera i baisse **Baissier** [bɛ'sịe:] -*s m* baissespekulant
Bajadere -*n f* bajadär **Bajazzo** -*s m* pajas
Bajonett -*e n* bajonett **Bajonettfassung** -*en f, tekn.* bajonettfattning **bajonettieren** kämpa med bajonett; spetsa på bajonett **Bajonettverschlu|ß** -*sse*† *m, tekn.* bajonettkoppling
Bajuware -*n* -*n m, åld. el. skämts.* [äkta] bajrare **bajuwarisch** bajersk
Bake -*n f* **1** *sjö.* båk; radiofyr **2** varningstavla före järnvägsövergång
Bakelit *0 n* bakelit
'Bakkarat [*äv.* -'ra] *0 n* baccarat
Bakken - *m* hoppbacke
'Bakschisch -*e n, ibl. m* dricks[pengar]; mutor
Bakterie -*n f* bakterie **bakteriell** bakteriell, framkallad av bakterier **bakterienfrei** bakteriefri **Bakterienkrieg** -*e m* bakteriologisk krigföring **Bakterienkultur** -*en f* bakterieodling **Bakteriologe** -*n* -*n m* bakteriolog **Bakteriologie** *0 f* bakteriologi **Bakteri|um** -*en n, åld.* bakterie **Bakterizid** -*e n* baktericid, bakteriedödande medel
Balalaika|a -*as el.* -*en f* balalajka
Balance [ba'lãːsə] *0 f* jämvikt, balans **Balanceakt** -*e m* balansakt **Balancier** [balã'sịeː] -*s m* **1** *tekn.* hävarm, balans[stång] **2** oro (*i ur*) **balancieren** [balã:'siːrən] balansera; gå balansgång **Balancierstange** -*n f* balanserstång
balbieren *dial., se barbieren*
bald (*vard.*†) snart; nästan, nära på; ~ ... ~ än ... än; *möglichst* ~ så snart som möjligt; *es ist* ~ *gesagt* det är lätt sagt; *ich wäre* ~ *gestorben* jag hade så när dött; *er wird so* ~ *nicht kommen* han kommer nog inte så snart
Baldachin ['baldaxiːn] -*e m* baldakin
Bälde *0 f, in* ~ snart **baldig** snar[t förestående] **baldigst** med det snaraste, snarast **'bald'möglichst** snarast möjligt
'Baldrian -*e m* valeriana -**tropfen** *pl* [lugnande] valerianadroppar
Balearen *pl, die* ~ Balearerna
Balg 1 -*e*† *m* [avdragen] hud; [urkrupet] skinn; bälg **2** -*e*[*r*]† *n, äv. m, dial.* [rackar]unge **balgen** *rfl* slåss [på lek] **Balgen** - *m* bälg (*på kamera, dragspel*) **Bälgetreter** - *m* orgeltrampare **Balggeschwulst** -*e*† *f, med.* cysta
Balkan *0 m, der* ~ Balkan[halvön] **balkanisieren** balkanisera, skapa politisk oro i; uppdela i småstater
Balken - *m* bjälke, balk; *das Wasser hat keine* ~ vattnet är ej att lita på; *lügen, daß sich die* ~ *biegen* ljuga som en häst travar **-waage** -*n f* besman -**werk** *0 n* bjälk|verk, -konstruktion
Balkon [bal'kɔŋ, -'kõː, -'koːn] -*s el.* -*e m* balkong **-loge** -*n f, teat.* loge på balkongen -**pflanze** -*n f* balkongväxt -**zimmer** - *n* rum med balkong
1 Ball -*e*† *m* boll, klot; ~ *spielen* kasta boll, bolla; *am* ~ *bleiben* (*vard.*) inte ge upp, hänga med

2 Ball -*e*† *m* bal; *auf den* ~ *gehen* gå på bal
Ballade -*n f* ballad **balladenhaft, balla'desk** balladartad
'Ballast [*äv.* -'-] -*e m* barlast, ballast (*äv. bildl.*); *den* ~ *abwerfen* kasta barlasten över bord
Bal'lei -*en f, hist.* ordensområde (*inom vissa riddarordnar*)
ballen 1 pressa (trycka) ihop; krama (*snö*); *die Fäuste* ~ knyta nävarna; *Menschen in geballten Massen* täta människomassor; *geballte Energie* koncentrerad energi **2** *rfl* skocka sig, klumpa [ihop] sig; hopa sig; vara kram
Ballen - *m* **1** bal, packe **2** trampdyna; tum-, fot|valk **-binder** - *m* packare **-presse** -*n f* packpress **-waren** *pl* i balar förpackat gods **ballenweise** balvis, i balar
Ballerin|a -*en f*, -**e** -*n f* ballerina, dansös
Ballermann -*er*† *m, skämts.* pistol **ballern** *vard.* knalla, skjuta; *an die Tür* ~ bulta på dörren
Ballett -*e n* balett **Ballettänzer** - *m* balettdansör **Balletteuse** [balɛ'tøːzə] -*n f* balettdansös
Bal'listik *0 f* ballistik **bal'listisch** ballistisk
Ball|junge -*n* -*n m* bollpojke -**netz** -*e n* nät (*i tennis etc.*); bollkasse
Ballon [ba'lɔŋ, -'lõː, -'loːn] -*s el.* -*e m* **1** ballong **2** damejeanne -**bereifung** -*en f* utrustning med ballongdäck **-halle** -*n f* barracudatält **-reifen** - *m* ballongdäck **-sperre** -*n f, mil.* bälte av spärrballonger, ballongspärr
Ballung -*en f* sammanträngning, hopgyttring; koncentration **Ballungs|gebiet** -*e n*, -**raum** -*e*† *m*, **-zentr|um** -*en n* tätbefolkat [industri]område
Balsam -*e m* balsam **balsamieren** balsamera **balsamisch** balsamisk
Balte -*n* -*n m* balt **Baltendeutsche(r)** *m f, adj böjn.* balttysk **baltisch** baltisk
Balustrade -*n f* balustrad
Balz *0 f* (*fåglars*) parningslek, spel **balzen** spela, leka (*om fåglar*)
Bambus -*se m* bambu **-rohr** -*e n* bamburör
Bammel *0 m, skämts.* rampfeber; tentamensskräck; *e*-*n* ~ *haben* (*äv.*) vara skraj **bammeln** *vard.* hänga o. dingla
banal banal **banalisieren** banalisera **Banalität** -*en f* banalitet
Banane -*n f* banan **Bananenstecker** - *m* bananenkontakt
Ba'nause -*n* -*n m* människa utan förståelse (känsla) för konst; kälkborgare, bracka **Banausentum** *0 n* brackighet **banausisch** kälkborgerlig, brackig
1 Band -*er*† *n* band (*äv. tekn., radio.*); *anat.* band, ligament; förband, bindel; *ein* ~ *besprechen* tala in ett band; *am laufenden* ~ på löpande band **2** -*er*† *n, tekn.* bjälke; fäst; fäste; beslag **3** -*e*† *m* [bok]band, volym; *das spricht Bände* det säger tillräckligt (mer än ord) **4** -*e n* band, boja; *in* ~ *en liegen* vara slagen i bojor; *die* ~ *der Freundschaft* vänskapens band; *außer Rand und* ~ alldeles vild
2 Band [bɛnt, bænd] -*s f* band, [musik]kapell
Bandage [ban'daːʒə] -*n f* bandage **bandagieren** lägga ett bandage på
Band|aufnahme -*n f* bandinspelning **-breite** -*n f* **1** bandbredd **2** *bildl.* spännvidd **-bremse** -*n f* bandbroms
Bande -*n f* **1** gäng, [rövar]band, liga; *die ganze* ~ allesammans, hela [pat]rasket; *ihr seid mir*

e-e schöne ~ ni är mig ena riktiga rackare **2** [biljard]vall **3** sarg (*vid isbana*) **4** *fys.* band **Bandeisen** - *n* bandjärn **Bänd[e]l** - *n* litet band, snöre; *e-n am* ~ *haben* föra ngn i ledband **Bandelier** [-'liːɐ̯] -*e n* axelrem **Bandenführer** - *m* ligaledare **Banderole** -*n f* banderoll (*i sht m. skattestämpel*) **banderolieren** förse med banderoll **Bänderton** -*e m, geol.* varvlera **Bandfilter** - *m n* bandfilter **Bandförderer** - *m* transportband **bändigen** tämja, tygla, kuva, få bukt med **Bändigung** 0 *f* tämjande, tyglande, undertryckande, kuvande **Bandit** -*en* -*en m* bandit
Bandmaß -*e n* måttband
Ban'doneon -*s n* (*slags*) dragspel
Band|säge -*n f* bandsåg **-scheibe** -*n f, med.* disk **-scheibenvorfall** -*e† m, med.* diskbråck **-wurm** -*er† m* band-, binnike|mask
Bangali -[*s*] *m* bangladeshare **bangalisch** bangladeshisk
Bangbüxe -*n f, nty.* feg stackare, räddhare **bang[e]** *adj, äv.* † **1** rädd (*vor* + *dat.* för); ängslig, beklämd; *e-m* (*e-n*) ~ *machen* skrämma ngn; ~ *machen gilt nicht* (*ung.*) ingen rädder här, jag (*etc.*) låter inte skrämma mig; *mir ist* ~ jag är rädd **2** *mir ist* ~ *um ihn* jag är orolig för honom **Bange** 0 *f, vard.* rädsla, oro, beklämning; *hab keine* ~ var inte rädd **Bangemacher** - *m* **1** person som försöker skrämmas **2** pessimist **bang|en** *mir* -*t vor* jag är rädd för; *er* -*t um seine Stellung* han är rädd att förlora sin plats; *ich* -*e um mein Leben* jag fruktar för mitt liv **Bangigkeit** 0 *f* ängslan, oro **bänglich** ängslig, beklämd; *mir war* ~ *zumute* jag var ängslig (beklämd)
Banjo ['banjo, 'bendʒo] -*s n* banjo
Bank 1 -*e† f* bänk, parksoffa; *etw. auf die lange* ~ *schieben* uppskjuta ngt; *durch die* ~ (*vard.*) allesammans, utan undantag; *vor leeren Bänken predigen* (*bildl.*) predika för döva öron **2** -*e† f* (*moln-, sand- etc.*) bank **3** -*en f* bank- [inrättning]; *die* ~ *halten* (*spel.*) hålla bank; *bei der* ~ *sein* vara bankanställd **-anweisung** -*en f* bankanvisning, check **-beamte(r)** *m, adj böjn.* banktjänsteman
Bänkelsänger - *m* **1** kuplett|sångare, -författare **2** *åld.* marknads-, gatu|sångare
Banker -*m* bankman **bankerott** *se bankrott*
Bankert -*e m, neds.* utomäktenskapligt barn
Bankett -*e n* bankett
Bankfach 1 0 *f* bankrörelse; *er ist im* ~ *tätig* han är bankman **2** -*er† n* bankfack **bankfähig** bankmässig
Bank|feiertag -*e m* bankfridag **-geheimnis** 0 *n* banksekretess **-gewölbe** - *n* kassavalv **-halter** - *m, spel.* bankör -ier [ban'kiːɛ]ː] -*s m* bankir **-kaufmann** -*kaufleute m* banktjänsteman **-kredit** -*e m* bankkredit **-notenausgabe** -*n f* sedelutgivning **-pleite** -*n f* bankkrasch **-rate** -*n f* bankdiskonto **-räuber** - *m* bankrånare **-reihe** -*n f* bänkrad
bankrott bankrutt **Bankrott** -*e m* bankrutt, konkurs **Bankrotterklärung** -*en f* bankruttförklaring **Bank|verkehr** 0 *m,* **-wesen** 0 *n* bankväsen
Bann -*e m* **1** bann[lysning]; *in den* ~ *tun* bannlysa **2** förtrollning, tjusning; *den* ~ *brechen* bryta förtrollningen **bannen** bannlysa; trollbinda, tjusa; *e-e Gefahr* ~ avvärja en fara; *Geister* ~ besvärja andar; *e-n auf den Film* ~ (*vard.*) få ngn att fastna på plåten
Banner - *n* baner **-träger** - *m* banerförare

Bannfluch -*e† m* bannstråle **bannig** *nty.,* ~ *kalt* väldigt kall **Bannstrahl** 0 *m* bannstråle **Bannware** -*n f, ekon.* smuggelgods
Bantam|gewicht 0 *n, sport.* bantamvikt **-huhn** -*er† n* bantam-, dvärg|höns
Bantu - *el.* -*s m* bantuneger
Baptismus 0 *m* baptism **Baptist** -*en* -*en m* baptist **Baptisteri|um** -*en n* dopkapell, baptisterium
bar 1 bar; blottad (*e-r Sache* (*gen.*)) på ngt); fri (*e-r Sache* (*gen.*)) från ngt) **2** kontant; *etw. für* ~*e Münze nehmen* (*bildl.*) ta ngt på fullt allvar; *in* ~ kontant; *gegen* ~ per kontant **3** uppenbar, ren; ~*er Unsinn* rent nonsens
1 Bar -*s* (*som måttsord efter räkneord* -) *n, fys.* bar
2 Bar -*s f* bar; danslokal, nattklubb
Bär -*en* -*en m* björn (*äv. stjärnbild*); *e-m e-n* ~*en aufbinden* ljuga ihop en historia för ngn **Barabfindung** -*en f* kontant ersättning **Baracke** -*n f* barack; kåk, ruckel **Barackenlager** - *n* baracklägger
Barbadier - *m* barbadier **barbadisch** barbadisk
Barbar -*en* -*en m* barbar **Barbarei** -*en f* barbari **barbarisch** barbarisk **Barbarismus** 0 *m* barbarism
Barbe -*n f, zool.* barb
bärbeißig bister, vresig
Bar|bestand -*e† m* kontant behållning **-betrag** -*e† m* kontantbelopp
Barbier [bar'biːɐ̯] -*e m* barberare, [herr]frisör **barbieren** *åld. el. skämts.* raka
Barbitursäure -*n f* barbitursyra
Bardame -*n f* barflicka
1 Barde -*n* -*n m* bard
2 Barde -*n f, kokk.* späckskiva
Bären|dienst 0 *m, e-m e-n* ~ *erweisen* göra ngn en björntjänst **-fell** -*e n* björnskinn **-führer** - *m* björnförare; *vard.* guide **-hatz** -*en f* björnjakt **-haut** -*e† f* björnskinn; *auf der* ~ *liegen* (*vard.*) ligga på latsidan **-häuter** - *m, vard.* latmask **-hetze** -*n f* björnjakt -'**hunger** 0 *m, e-n* ~ *haben* vara hungrig som en varg **-lauch** -*e m, bot.* ramslök **-mütze** -*n f* björnskinnsmössa **-raupe** -*n f* björnspinnarlarv
'**bären|stark** stark som en björn **Bärentraube** -*n f* mjölon **Bärenzwinger** - *m* björngård
Barett -*e n* barett
Bar|frankierung -*en f,* **-freimachung** -*en f* frankostämpling
barfuß barfota **Barfüßer** - *m* barfotamunk **barfüßig** barfota
barg *se bergen*
Bargeld 0 *n* kontanter **bargeldlos** utan kontanter; ~ *zahlen* betala med check (postgiro *e.d.*) **Bargeschäft** -*e n* kontantaffär **bar|haupt, -häuptig** barhuvad
Barhocker - *m* barstol
Bärin -*nen f* björnhona
Bariton ['baː(ː)-] -*e m* baryton
Bark -*en f, sjö.* bark
Barkarole -*n f* barkaroll
Barkasse -*n f* barkass
Barkauf -*e† m* kontantköp
Barke -*n f* fiskebåt (*i Medelhavet*); *poet.* båt
Barkeeper ['baːɡkiːpɐ], - *m* barägare; bartender
Bärlapp -*e m, bot.* lummer
barmen *dial.* klaga **barm'herzig** barmhärtig; ~*er Bruder* sjukvårdande munk; ~*e Schwester*

(*kat.*) sjuk- o. socialvårdande nunna, *prot.* diakonissa **Barmixer** - *m* bartender
barock barock **Barock** *0 m n,* **Barockstil** *0 m* barock[stil]
Barograph *-en -en m* barograf **Barometer** - *n* barometer **Barometerstand** *0 m* barometerstånd **barometrisch** barometrisk
Baron *-e m* baron **-esse** *-n f,* **-in** *-nen f* baronessa
Barpreis *-e m* kontantpris
Barras *0 m, beim* ~ *sein* ligga i lumpen
Barre *-n f* **1** [sand-, gyttje]bank, -rev **2** [tidvattens]bränning **3** bom, skrank
Barren - *m* barr (*gymn.* o. *ädelmetall*)
Barriere [ba'rie̞:rə, -'ri̞ɛ:rə] *-n f* barriär (*äv. bildl.*); skrank; hinder
Barrikade *-n f* barrikad; *auf die* ~ *n steigen* (*bildl.*) göra uppror, sätta in allt vad man har
barsch barsk, brysk
Barsch [-a:-]*-e m* aborre
Bar|schaft *0 f* kontant tillgång; kontanter **-scheck** *-s el.* -*e m* check
Barschheit 1 *0 f* barskhet, bryskhet, avvisande sätt **2** *-en f* barskt svar, barsk anmärkning
Bar'soi *-s m* rysk vinthund
barst *se bersten*
Bart [-a:-] *-eʼt m* **1** skägg; morrhår; halsflik (*på kalkon etc.*); *sich* (*dat.*) *e-n* ~ *wachsen lassen* lägga sig till med skägg; *um des Kaisers* ~ *streiten* tvista om påvens skägg; *Witz mit* ~ (*vard.*) gammal vits; *der* ~ *ist ab* (*vard.*) nu är det färdigt (klippt); *e-m um den* ~ *gehen* (*bildl.*) stryka ngn medhårs **2** ax (*på nyckel*) **-binde** *-n f* mustaschformare
Barte *-n f* **1** åld. stridsyxa **2** *zool.* bard
Bartender - *m* bartender
Bart|faden *-ǂ m, zool.* muntråd, skäggtöm **-flechte** *-n f, med.* skäggsvamp
Barthel *0 m, wissen, wo* ~ *den Most holt* (*vard.*) kunna alla knep
bärtig [-ɛ:-] skäggig **bartlos** skägglös **Bartnelke** *-n f* borstnejlika **Bartstoppeln** *pl* skäggstubb
Barysphäre *0 f* barysfär, jordens kärna
Baryt *-e m* baryt, tungspat
Barzahlung *-en f* kontant betalning
Ba'salt *-e m* basalt **basalten** av basalt
Basar *-e m* basar
1 Base *-n f* **1** åld. [kvinnlig] kusin **2** *schweiz.* moster, faster
2 Base *-n f, kem.* bas
Baseball ['be:sbo:l, *eng.* 'beɪsbɔ:] *0 m* baseboll
Basedowsche Krankheit *0 f, die* ~ Basedowska sjukan
basieren basera, grunda; basera (grunda) sig
Basilie *-n f,* **Basilienkraut** *-erǂ n, bot.* basilika **Basilik|a** *-en f* basilika (*kyrka*) **Basilikum** *0 n, bot.* basilika
Basi'lisk *-en -en m* basilisk
Bas|is *-en f* bas[is]; *die* ~ (*äv.*) gräsrötterna, de breda folklagren **basisch** *kem.* basisk
Baske *-n -n m* bask **Baskenmütze** *-n f* basker[mössa]
Basketball ['ba:s-, 'baskətbal] **1** *0 m n* basketboll **2** *-eǂ m* basketboll (*bollen*)
Basler - *m* baselbo
Basrelief ['barelie̞f] *-s el.* -*e n* basrelief
baß åld. i hög grad; ~ *erstaunt* högst förvånad
Baß *-sseǂ m, mus.* bas
Basset [ba'se:] *-s m* basset (*hundras*)
Bas'sett *-e el.* -*s m,* åld. violoncell **-horn** *-erǂ n* bassetthorn

Baßgeige *-n f* basfiol
Bassin [ba'sɛŋ], *äv.* ba'sɛ̃:] *-s n* bassäng; vattenbehållare
Baßinstrument *-e n* basinstrument **Bassist** *-en -en m* basist; bassångare **Baßschlüssel** *0 m* basklav **Baßstimme** *-n f* basröst
Bast *-e m* bast
basta *interj* nog!; *und damit* ~*!* och därmed basta!
'**Bastard** *-e m* bastard; *bot.* hybrid **-pflanze** *-n f* hybrid
Bastei *-en f* bastion
basteln knåpa, pyssla, syssla (*an* + *dat.* med); *in der Freizeit ein Radio* ~ bygga en radio på sin fritid; *an seinem Auto* ~ hålla på (meka) med sin bil **bastfarben** bastfärgad **Bastfaser** *-n f* bastfiber
Bastille [bas'ti:jə] *0 f, die* ~ Bastiljen
Bastion *-en f* bastion
Bastler - *m* person som sysslar med hobbyarbete; amatör
Bastseide *-n f* shantung
Basuto - *el.* -*s m* bantuneger (*från Basutoland*) **bat** *se bitten*
Bataille [ba'ta:jə, ba'taljə] -*n f,* åld. batalj, fältslag **Bataillon** [batal'jo:n] -*e n* bataljon **Bataillons|führer** - *m,* **-kommandeur** *-e m* bataljonschef
Batate *-n f* batat, sötpotatis
Bathysphäre *0 f* batysfär
'**Batik** *0 m f* batik '**batiken** batikfärga
Batist *-e m* batist **batisten** av batist
Batterie *-n f, mil., tekn.* batteri **-betrieb** *0 m* batteridrift **-element** *-e n* [batteri]cell **-führer** - *m* batterichef **-ladegerät** *-e n* batteriladdare **-zündung** *-en f* batteritändning
Batzen - *m* **1** *hist.* (*slags*) mynt **2** *vard.* klump; *ein* [*schöner*] ~ *Geld* en hel del (en massa) pengar
Bau 1 *0 m* byggande, anläggning, uppförande; konstruktion, uppbyggnad; struktur; gestalt; *im* ~ *begriffen* under byggnad; *vom* ~ *sein* (*vard.*) vara fackman; *drei Tage* ~ (*mil. vard.*) tre dagars arrest **2** *-ten m* byggnad[sverk]; bygge; byggplats **3** *-e m* gruvanläggning **4** *-e m* bo, gryt, håla **-abnahme** *-n f* (*byggnadsnämnds*) slutinspektion av bygge **-akademie** *-n f* byggnadslinje (*vid tekn. högskola*) **-amt** *-erǂ n, ung.* byggnadsnämnd **-art** *-en f* [byggnads]stil **-aufseher** - *m* byggnadsinspektör **-aufsicht** *0 f,* **-aufsichtsamt** *-erǂ n, ung.* byggnadsinspektion **-boom** *-s m* högkonjunktur i byggbranschen
Bauch *-eǂ m* **1** buk, mage; *bildl.* rundning; *sich* (*dat.*) *den* ~ *vor Lachen halten* hålla på att spricka av skratt; *sich* (*dat.*) *den* ~ *vollschlagen* (*vard.*) äta så man håller på att spricka; *vor e-m auf dem* ~ *kriechen* krypa för ngn; *ein voller* ~, *ein leerer Kopf* (*ung.*) isterbuk har litet vett **2** innandöme, inre; *im* ~ *des Schiffes* i skeppets inre (lastrum) **Bauchbinde** *-n f* maggördel **bauchen** *rfl* bukta sig
Bauch|fell *-e n* bukhinna **-fellentzündung** *-en f* bukhinneinflammation **-flosse** *-n f* bukfena **-füß[l]er** - *m* snäcka, snigel **-gegend** *0 f* magtrakt **-grimmen** *0 n* magknip **-höhlenschwangerschaft** *-en f, med.* utomkvedshavandeskap
bauchig, bäuchig bukig
Bauch|klatscher - *m* magplask **-kneifen, -kneipen** *0 n* magknip **-laden** *-ǂ m* (*gatuförsäljares*) låda på magen **-landung** *-en f* buklandning

bäuchlings—Bautätigkeit

bäuchlings [liggande] på magen **bauchreden** end. *i inf* buktala
Bauch|redner - *m* buktalare **-schmerzen** *pl* ont i magen, buksmärtor **-speicheldrüse** -*n* *f* bukspottskörtel **-stück** -*e n, kokk.* kött- [stycke] från buksidan **-tanz** -*e*† *m* magdans **-ung** -*en f* buktning, kupighet; konvexitet **-weh** *0 n* ont i magen, buksmärtor
Baude -*n f, dial.* fjällgård; turiststation; raststuga
Baudenkmal -*er*† *n* byggnadsmonument **Bauelement** -*e n* byggelement **bauen 1** bygga; konstruera; *sich (dat.) e-n Anzug ~ lassen (vard.)* låta sy sig en kostym; *sein Examen ~ (vard.)* ta examen; *e-n Unfall ~ (vard.)* ställa till med (vålla) en olycka; *auf etw. (ack.) ~ (bildl.)* bygga (lita) på ngt; *an etw. (dat.) ~* [hålla på att] bygga ngt; *so wie er gebaut ist (vard.)* så som han är byggd **2** odla
Bauer 1 -*n (ibl. -s)* -*n m* bonde *(äv. i schack)* **2** - *n* fågelbur **Bäuerin** -*nen f* bond|kvinna, -hustru **bäuerisch** bondsk *(äv. neds.)*, lantlig
Bauerlaubnis *0 f* byggnadstillstånd
bäuerlich bonde-, allmoge-, lantlig, rustik
Bauern|art *0 f, nach ~* på bönders vis **-aufstand** -*e*† *m* bondeuppror **-befreiung** *0 f, die ~* böndernas befrielse ur livegenskapen **-brot** -*e n* grovt [råg]bröd, lantbröd **-bursche** -*n* -*n m* bondpojke **-fänger** - *m* bondfångare **-frühstück** *0 n* [frukost m.] ägg, skinka o. stekt potatis **-gut** -*er*† *n* hemman, bondgård **-haus** -*er*† *n* bondstuga; bondgård **-hof** -*e*† *m* bondgård **-junge** -*n* -*n m* bondpojke; *es regnet ~n[s] (vard.)* det regnar småspik **-kalender** *0 m, ung.* bondepraktika **-legen** *0 n, hist.* indragning *(genom uppköp)* av bondehemman **-mädchen** - *n* bondflicka **-regel** *0 f, ung.* bondepraktika **-schaft** *0 f* bönder, allmoge **-schenke** -*n f* bykrog
bauernschlau bondslug
Bauern|stand *0 m* bondestånd; allmoge; bönder **-stube** -*n f, ung.* storstuga **-tölpel** - *m* bondtölp **-tum** *0 n* allmoge, bönder; allmogekultur; *sein ~ verneinen* förneka sitt lantliga ursprung **-wirtschaft** -*en f* lantegendom
Bauers|frau -*en f* bondkvinna **-mann** -*leute m* bonde; *Bauersleute (äv.)* bondfolk
Baufach *0 n* byggnadsfack **baufällig** fallfärdig, färdig att rivas
Bau|fälligkeit *0 f* fallfärdighet, tillstånd av förfall **-flucht** -*en f,* **-fluchtlinie** -*n f (husens)* placering *(i linje utmed gatan)*, byggnadslinje **-führer** - *m* verkmästare *(på bygge)* **-gelände** -*n f* byggnadsområde **-genehmigung** -*en f* byggnadstillstånd **-genossenschaft** -*en f* kooperativ byggnadsförening **-gerüst** -*e n* byggnadsställning **-gewerbe** *0 n* byggnads|industri, -fack **-grube** -*n f (schaktad)* grund **-grund** -*e*† *m* byggnadsmark **-grundstück** -*e n* byggnadstomt **-handwerker** - *m* hantverkare *(inom byggnadsbranschen)* **-hausstil** *0 m, konsthist. (slags)* funktionalism **-herr** -*n* -*en m* byggherre **-hof** -*e*† *m* byggnadsplats, byggarbetsplats **-holz** -*er*† *n* byggnadsvirke **-hütte** -*n f* futt, skjul *(vid bygge)* **-kasten** -[†] *m* byggläda **-klotz** -*e*† *m* byggkloss; *da staunt man Bauklötze (vard.)* då blir man stum [av häpnad] **-kosten** *pl* byggnadskostnad[er] **-kostenzuschuß** -*sse*† *m* insats *(i lägenhet)* **-kunst** *0 f* byggnadskonst, arkitektur
baukünstlerisch arkitektonisk **Bauland** **Bauländereien** *n* tomtmark **Bauleitung** -*en f* bygg-

ledning **Bauleute** *pl* byggnadsarbetare **baulich** byggnads-; ~*e Veränderungen vornehmen* företa ombyggnad; *~ schlecht erhalten (om byggnad)* i dåligt skick **Baulichkeiten** *pl* [samtliga] byggnader
Baum -*e*† *m* **1** träd; *auf den ersten Hieb fällt kein ~ (ung.)* Rom byggdes inte på en dag; *Bäume ausreißen (vard.)* vara i högform; *e-n alten ~ soll man nicht verpflanzen (ung.)* man kan inte lära gamla hundar sitta; *das ist ja um auf die Bäume zu klettern* det är så man kan bli tokig; *~ des Lebens* livsträd; *der ~ der Erkenntnis* kunskapens träd **2** sjö., tekn. bom
Baumarkt *0 m* byggnads|marknad, -bransch
baumartig trädartad
Baumaschine -*n f* byggmaskin
Baumblüte -*n f* träds blomma; träds blomningstid
Baumeister - *m* byggmästare
baumeln *vard.* [hänga o.] dingla; *er wird ~ (vard.)* han kommer att bli hängd
bäumen *rfl* stegra sig; *sich ~ gegen* spjärna emot, motsätta sig; *sich vor Schmerzen ~* vrida sig i plågor
Baum|eule -*n f* kattuggla **-falke** -*n* -*n m* lärkfalk **-falle** -*n f, jakt.* stockfälla **-frevel** *0 m* skogsåverkan **-garten** -*†* *m* fruktträdgård **-grenze** *0 f* trädgräns **-harz** -*e n* kåda, harts **-kriecher** - *m*, **-läufer** - *m, zool.* trädkrypare **-krone** -*n f* trädkrona **-kuchen** - *m (slags)* spettekaka
baumlang *vard.* lång som en humlestör
Baum|marder - *m* skogsmård **-pfahl** -*e*† *m* stötta *(dt träd)* **-rutsche** -*n f* glidbana för timmer **-säge** -*n f* kvistsåg **-scheibe** -*n f* jordkupa *(runt fruktträd)* **-schere** -*n f* sekatör **-schnitt** -*e m* kvistning **-stamm** -*e*† *m* trädstam **-stumpf** -*e*† *m* [träd]stubbe **-wachs** *0 n* ympvax **-wipfel** - *m* trädtopp **-wolle** *0 f* bomull
baumwollen av bomull, bomulls- **Baum-woll|pflanze** -*n f,* **-staude** -*n f* bomullsbuske **Baumwollspinnerei** -*en f* bomullsspinneri **Baumwuchs** *0 m* trädvegetation **Baumzucht** *0 f* trädodling
Bau|ordnung -*en f* byggnadsstadga **-parzelle** -*n f* bebyggbar del [av större markområde], tomt **-plan** -*e*† *m* byggnadsplan **-platz** -*e*† *m* byggnadsplats **-polizei** *0 f* övervakande myndighet *(vid byggnation ung.)* byggnadsnämnd **-rat** -*e*† *m* medlem av byggnadsnämnd **-recht** *0 n* **1** byggnadslagstiftning **2** rättighet att bygga
baureif byggklar
bäurisch *se bäuerisch*
Bauri|ß -*sse*† *m* byggnadsritning **-ruine** -*n f, vard.* halvfärdig byggnad
Bausch -*e*† *m* valk, puta; puff *(på ärm)*; tuss; *med.* kompress; *in ~ und Bogen* summariskt, utan vidare, rubb o. stubb **bauschen 1** pösa [upp], svälla **2** *rfl* stå (puta) ut **bauschig** pösig, svällande
Bau|schlosser - *m* låssmed *(vid husbygge)* **-schreiner** - *m* byggnadssnickare **-schule** -*n f* högre skola för byggnadsingenjörer **-sparen** *0 n* bostadssparande **-sparkasse** -*n f* kreditinstitut för bostadssparande **-sparvertrag** -*e*† *m, ung.* byggsparlån **-stein** -*e m* byggnadssten; *e-n ~ beitragen (bildl.)* ge sitt bidrag **-stelle** -*n f* byggnadsplats **-stoff** -*e m* byggnadsmaterial **-stopp** -*s m* byggstopp **-tätigkeit** -*en f* byggnation, byggnadsverk-

samhet **-ten** *pl av Bau* 2 **-tischler** - *m* byggnadssnickare **-träger** - *m*, **-unternehmer** - *m* byggnads|entreprenör, -firma **-vorhaben** - *n* byggnadsplan; bygge **-vorschriften** *pl, ung.* byggnadsstadga **-weise** *-n f* byggnadssätt, konstruktion **-wesen** *0 n* byggnads|väsen, -verksamhet
Bauxit *-e m* bauxit
bauz *interj* pladask!
Bauzeichnung *-en f* byggnadsritning
Bayer *-n -n m* bajrare **bay[e]risch** bajersk
Bazillenträger - *m* bacillbärare **Bazill**|**us** *-en m* bacill
beabsichtig|**en** ha för avsikt; vilja, tänka, ämna; avse, syfta; *das war nicht -t!* det var inte meningen (min mening)!; *Böses* ~ ha ont i sinnet **beachten** beakta, uppmärksamma, lägga märke till; ta hänsyn till; *e-n Rat* ~ lyda (följa) ett råd; *nicht* ~ ignorera, inte lägga märke till **beachtenswert** beaktansvärd; anmärkningsvärd **beachtlich** tämligen stor, avsevärd **Beachtung** *0 f* beaktande; iakttagande (*av föreskrift*); *zur gefälligen* ~! observera!; *seine Leistung verdient* ~ hans prestation förtjänar att uppmärksammas (är värd beaktande) **beackern** odla, bruka; *bildl.* plöja igenom, bearbeta
Beamten|**beleidigung** *-en f, jur.* ärekränkning av ämbetsman [under tjänsteutövning] **-herrschaft** *0 f* byråkrati, ämbetsmannavälde **-schaft** *0 f* tjänste-, ämbetsmanna|kår **-tum** *0 n* **1** byråkrati **2** *se Beamtenschaft* **-verhältnis** *0 n, in das* ~ *übernommen werden* (*ung.*) få ordinarie tjänst, bli fast anställd [som ämbetsman]
Beamte(r) *m, adj böjn.* ämbets-, tjänste|man **beamtet** fast anställd som ämbetsman (tjänsteman) **Beamtin** *-nen f* kvinnlig ämbetsman (tjänsteman)
beängstigend skrämmande, oroväckande **Beängstigung** *0 f* ängslan, oro **beanspruch**|**en 1** fordra; ta i anspråk; göra anspråk på; *stark -t sein* ha mycket att göra, vara strängt upptagen **2** *tekn.* utsätta för påfrestning **Beanspruchung** *-en f* påfrestning; fordran, krav; *zulässige* ~ (*äv.*) tillåten belastning **beanstanden** klandra, anmärka på; *hand.* reklamera; *e-e Wahl* ~ överklaga ett val **Beanstandung** *-en f* invändning, anmärkning, protest; överklagande; reklamation **beantragen** föreslå; väcka motion om; ansöka om; yrka på; *ein Stipendium* ~ söka ett stipendium **beantworten** besvara, svara på **Beantwortung** *-en f* besvarande; *in* ~ *Ihres Schreibens* som svar på Er skrivelse **bearbeiten** bearbeta (*äv. bildl.*) **Bearbeiter** - *m* bearbetare **Bearbeitung** *-en f* bearbetning; omarbetning; bearbetande **Bearbeitungsgebühr** *-en f* expeditionsavgift **beargwöhnen** misstänka (*wegen* för)
beaten ['bi:tn̩] *vard.* spela (dansa till) pop-[musik]
beatmen *e-n künstlich* ~ ge ngn konstgjord andning
Beatmusik ['bi:t-] *0 f* pop[musik]
Beau [bo:] *-s m, skämts.* snobb, dandy
Beaufortskala [bo'fɔ:r-] *0 f, meteor.* Beaufortsskala
beaufsichtigen övervaka, kontrollera, ha uppsikt över **Beaufsichtigung** *0 f* uppsikt, vakt, kontroll **beauftrag**|**en** uppdraga åt, ge i uppdrag; *ich bin -t* jag har fått i uppdrag

Beauftragte(r) *m f, adj böjn.* ombud; fullmäktig **Beauftragung** *0 f* uppdrag **beäugen** forskande (mönstrande, nyfiket) betrakta **beaugenscheinigen** besiktiga, ta i okulärbesiktning
Beauté [bo'te:] *-s f* skönhet, vacker kvinna
bebändern förse med band **bebau**|**en 1** bebygga **2** odla; *-te Fläche* odlad areal **Bebauung** *0 f* **1** bebyggelse **2** [upp]odling **Bebauungsdichte** *0 f* bebyggelsetäthet **Bebauungsplan** *-e†* *m* byggnadsplan, plan för bebyggelse
beben bäva, skälva; skaka; *um e-n* ~ vara mycket orolig för ngn; *vor e-m* ~ frukta ngn, stå o. darra inför ngn; *am ganzen Leib* ~ darra i hela kroppen; *vor Frost (Wut)* ~ skälva av köld (vrede) **Beben** *-n* **1** bävan, skälvning; darrande **2** [jord]skalv **3** *mus.* tremolo
bebildern illustrera **Bebilderung** *-en f* illustration[er] **bebrillt** glasögonprydd **bebrüten** ruva [på] (*äv. bildl.*)
Bebung *-en f* skälvning, vibration
Becher - *m* bägare, mugg, dryckeskärl; *bot.* skål **becherförmig** bägarformig **Becherglas** *-e†* *n* glas utan fot **bechern** *vard.* supa, dricka **Becherwerk** *-e n* skopelevator
becircen [bə'tsɪrtsn̩] bedåra, förtrolla
Becken *-n* bäcken (*alla bet.*); bassäng; *mus. äv.* cymbal
Beckmesser - *m* pedantisk kritiker **beckmesser**|**n** *-te, gebeckmessert* småaktigt kritisera, klanka på
bedachen lägga tak på **bedacht** *se bedenken*; *auf etw.* (*ack.*) ~ *sein* vara mån om ngt; *auf seinen Vorteil* ~ *sein* förstå att bevaka sina intressen **Bedacht** *0 m* övervägande, betänkande; ~ *auf etw.* (*ack.*) ~ *nehmen* ta hänsyn till (överväga) ngt; *etw. mit* ~ *tun* göra ngt med eftertanke (omsorgsfullt); *ohne* ~ överlagt **Bedachte(r)** *m f, adj böjn.* testamentstagare, legatarie **bedächtig** eftertänksam; lugn, maklig **Bedächtigkeit** *0 f* eftertänksamhet; maklighet; försiktighet **bedachtsam** *se bedächtig* **Bedachung** *-en f* tak[läggning]
bedanken *rfl, sich bei e-m für etw.* ~ tacka ngn för ngt; *dafür* ~ *wir uns* det betackar vi oss för **Bedarf** *0 m* behov (*an* + *dat.* av); förnödenheter; *keinen* ~ *an etw.* (*dat.*) *haben* (*äv.*) inte behöva ngt; *nach* ~ efter behov; *mein* ~ *ist gedeckt* (*iron. äv.*) jag har fått nog **Bedarfsdeckung** *0 f, die* ~ täckandet av behovet **Bedarfsermittlung** *0 f* behovsbestämning **Bedarfsfall** *0 m, im* ~ vid behov **Bedarfsgegenstand** *-e†* *m* nödvändighetsartikel **bedarfsgerecht** behovsanpassad **Bedarfsgüter** *pl* konsumtionsvaror **Bedarfshaltestelle** *-n f* hållplats där buss (*e.d.*) stannar efter anmodan **Bedarfslenkung** *-en f* konsumtionsstyrning **Bedarfsschätzung** *-en f* behovsprognos
bedauerlich beklaglig, tråkig **be'dauerlicher-'weise** tyvärr, beklagligtvis **bedauer**|**n** beklaga; *e-n* ~ tycka synd om ngn; [*ich*] *-e!* (*äv.*) nej tack!, tyvärr inte!; *er ist zu* ~ han är beklagansvärd **bedauerns**|**wert, -würdig** beklagansvärd
bedeck|**en 1** [be]täcka, skyla, hölja **2** *rfl der Himmel hat sich -t* det har blivit mulet **3** *rfl* sätta på sig huvudbonad **Bedeckung** *-en f* betäckning; skydd; *mil. äv.* eskort, konvoj
bedenken *oreg.* **1** betänka, överväga; komma ihåg **2** *rfl* betänka sig; tveka; *sich anders*

(*e-s Besseren*) ~ ändra åsikt **Bedenken** - *n* betänkande, övervägande; tvivel; *nach reiflichem* ~ efter moget övervägande; *ohne* ~ utan betänkande (tvekan) **bedenkenlos** utan betänkande (tvekan) **bedenklich** betänklig; kritisk, farlig, kinkig; ~*er Zustand* kritiskt tillstånd; ~ *stimmen* stämma till eftertanke **Bedenklichkeit 1** 0 *f* betänklighet, tvivelaktighet; nackdel **2** ~*en* (*åld.*) betänksamheter, invändningar, skrupler **Bedenkzeit** 0 *f* betänketid; *sich* (*dat.*) ~ *ausbitten* be om betänketid
bedeppert *vard.* **1** handfallen **2** nedslagen, deprimerad
bedeuten 1 betyda, innebära; vara av vikt; *was soll das* ~ *?* (*äv.*) vad är meningen [m. det]*?; es hat nichts zu* ~ det är utan betydelse **2** *e-m etw.* ~ låta ngn förstå ngt, antyda ngt för ngn **bedeutend** betydande, betydelsefull, viktig; *adv. äv.* åtskilligt **bedeutsam 1** *se* **bedeutend 2** ~*e Blicke* menande blickar **Bedeutung** -*en f* betydelse, innebörd; vikt; *von schlimmer* ~ illavarslande **Bedeutungslehre** 0 *f* semantik **bedeutungslos** betydelselös, obetydlig **bedeutungs|schwer, -voll** betydelsefull **Bedeutungswandel** 0 *m* betydelseförändring
bedien|en 1 betjäna; *kortsp.* bekänna färg; *e-n* ~ (*äv.*) passa upp [på] ngn; *werden Sie schon -t?* är det tillsagt?; *ich bin -t* jag har fått nog **2** *rfl* ta för sig; *bitte,* ~ *Sie sich!* var så god!; *sich e-r Sache* (*gen.*) ~ begagna sig av ngt **Bedienerin** -*nen f, österr.* hembiträde **Bedienstete(r)** *m f, adj böjn.* tjänsteman, ämbetsman; anställd **Bediente(r)** *m f, adj böjn.* betjänt, tjänare **Bedienung 1** 0 *f* upppassning, betjäning; skötsel, drift (*av maskin e.d.*) **2** -*en f* betjäning; tjänare (*pl*), servis[manskap]
Bedienungs|anleitung -*en f,* -**anweisung** -*en f* bruksanvisning, instruktion[sbok] -**geld** -*er n* betjäningsavgift, dricks -**hebel** - *m* manöverspak -**mannschaft** -*en f, mil.* kanonservis -**schalter** - *m* manövrerings|knapp, -kontakt
bedingen 1 *st* förutsätta, stipulera; [*sich* (*dat.*)] *etw.* ~ betinga sig ngt **2** *sv* förutsätta, vara förutsättning för; ha till följd **bedingt** betingad; *jur.* villkorlig; ~*e Reflexe* betingade reflexer; *durch* (*von*) *etw.* ~ *sein* betingas av (bero på) ngt; ~ *arbeitsfähig* partiellt arbetsför **Bedingtheit** 0 *f* betingelse; relativitet **Bedingung** -*en f* villkor, förutsättning; *unter der* ~, *daß* på villkor att **Bedingungsform** 0 *f, språkv.* konditionalis **bedingungslos** villkorslös, ovillkorlig, utan villkor **Bedingungssatz** -*e† m, språkv.* villkorssats **bedingungsweise** villkorligt, med förbehåll
bedräng|en ansätta, sätta åt; bestorma; -*ten Herzens* med tungt hjärta; -*te Lage* trångmål, trångt läge **Bedränger** - *m* förföljare, fiende **Bedrängnis** -*se f* trångmål, pinsamt läge; *seelische* ~ själskonflikt **bedrohen** hota **bedrohlich** hotande; oroande **Bedrohung** -*en f* hot[else]; *tätliche* ~ (*jur.*) [personligt] övervåld (*inbegripet hotelser*) **bedrucken** trycka på, förse med tryckt text **bedrücken** [under]trycka, plåga; betunga **bedrückend** tryckande **Bedrücker** - *m* förtryckare **bedrückt** beklämd, betryckt, förstämd **Bedrückung** -*en f* 1 förtryck **2** förstämning, sorg
Beduine -*n* -*n m* beduin
bedungen avtalad, överenskommen **bedün**-

ken *es will mich* ~, *daß* (*åld.*) det synes mig som om **Bedünken** 0 *n, meines* ~*s, nach meinem* ~ (*åld.*) enligt min åsikt
bedürfen *oreg.* behöva; *es bedarf keines Wortes* ord är överflödiga **Bedürfnis** -*se n* behov; *ich habe das* ~, *zu* jag skulle gärna vilja att **Bedürfnisanstalt** -*en f* bekvämlighetsinrättning, toalett **bedürfnislos** utan behov, anspråkslös **bedürftig** behövande; nödställd; *des Trostes* ~ i behov av tröst **Bedürftigkeit** 0 *f* nöd[läge] **beduselt** *vard.* lätt berusad; vimmelkantig
Beefsteak ['bi:fste:k] -*s n* biff[stek]; *deutsches* ~ (*ung.*) pannbiff, hamburgare
beehren *e-n* ~ hedra ngn [med ett besök]; *wir* ~ *uns, Ihnen mitzuteilen* vi har äran meddela Er **beeid[ig]en 1** beediga, gå ed (svära) på **2** *e-n* ~ låta ngn gå ed **beeidigt** edsvuren **beeifern** *rfl* bemöda sig **beeilen** *rfl* skynda sig **beeindruck|en** göra intryck (imponera) på; *von etw.* ~*t sein* ha tagit intryck (vara imponerad) av ngt **beeinflussen** påverka, inverka på, utöva inflytande på **Beeinflussung** -*en f* påverkan, inflytande **beeinträchtigen** göra intrång på; vara till men för, skada; *den Wert* ~ sänka värdet; *die Wirkung* ~ minska verkan **Beeinträchtigung** -*en f* förfång; intrång; skada
Beelzebub ['be:ltsə-, 'bɛl-] 0 *m* Be[e]lsebub **beend[ig]en** avsluta, slutföra, göra färdig **Beend[ig]ung** 0 *f* slut, avslutning, fullbordan **beeng|en** inskränka, hindra, hämma; *die Kleider* ~ *mich* kläderna hindrar min rörelsefrihet; *sich -t fühlen* känna sig betryckt; -*t wohnen* vara trångbodd **Beengtheit** 0 *f* trånghet; *bildl.* beklämdhet **Beengung** 0 *f* begränsning **beerben** *e-n* ~ ärva ngn **beerdigen** begrava **Beerdigung** -*en f* begravning **Beerdigungs|anstalt** -*en f,* -**institut** -*e n* begravningsbyrå
Beere -*n f* bär **Beerenesche** -*n f* rönn **Beerenobst** 0 *n, koll.* bär
Beet -*e n* land, rabatt **Beete** -*n f, se Bete* **befähigen** sätta i stånd, kvalificera **befähigt** begåvad; kvalificerad, kompetent **Befähigung** 0 *f* kompetens, förmåga; begåvning **Befähigungs|nachweis** -*e m,* -**zeugnis** -*se n* kompetensbevis **befahl** *se* **befehlen befahrbar** farbar, framkomlig, trafikabel; *sjö.* segelbar **befahren** *st* **1** befara, trafikera, fara (köra) på; segla på; ~*es Volk* befarna sjömän; ~*er Bau jakt.*) bebodd lya (*etc.*) **2** *e-e Grube* ~ bearbeta en gruva **Befall** -*e† m* angrepp (*av skadedjur, sjukdom*) **befallen** *st* drabba, träffa; angripa (*om skadedjur, sjukdom*); *von Schlaf* ~ sömnig **befangen 1** besvärad, blyg, förlägen **2** fördomsfull; jävig, partisk **3** *in e-m Vorurteil* ~ fången i en fördom **Befangenheit** 0 *f* **1** tvungenhet, förlägenhet **2** fördomsfullhet; jävighet, partiskhet; *wegen* ~ *ablehnen* (*jur.*) jäva på grund av partiskhet **Befangenheitserklärung** -*en f, jur.* jävsförklaring **befassen** *rfl, sich mit etw.* ~ befatta sig (syssla) med ngt **befehden** bekriga
Befehl -*e m* befallning, order; *zu* ~, *Herr Hauptmann!* ja, kapten!; *dein Wunsch ist mir* ~ din önskan är min lag; *ich stehe zu Ihrem* ~ jag står till Er tjänst; *was stehet zu* ~*?* (*åld.*) vad önskas? **befehlen** *befahl, beföhle* (*befähle*), *befohlen, befiehlst, befiehlt, befiehl!* **1** befalla, kommendera, ge order om; *wie Sie* ~*!*

som Ni önskar (behagar); *mir ist befohlen worden* jag har fått befallning **2** *åld.* anbefalla; *Gott befohlen!* Gud vare med dig!, farväl! **befehlend, befehlerisch** befallande **befehligen** föra befäl över, kommendera **Befehlsbereich** *-e m, mil.* kommandoområde; *das überschreitet meinen* ~ det överskrider mina befogenheter **Befehlsform** *-en f, språkv.* imperativ **befehlsgemäß** enligt order **Befehlshaber** - *m* befälhavare **befehlshaberisch** befallande; diktatorisk, maktlysten **Befehlsnotstand** *0 m* tvångsläge då soldat under bindande order utför handling i strid mot sitt samvete **Befehlsstab** -e† *m, järnv.* signalstav **Befehlsstand** -e† *m, tekn.* manöverplattform **Befehlsstelle** *-n f* stab, högkvarter **Befehlsverweigerung** *-en f* vägran att lyda order **befehlswidrig** mot order **befeinden** bekämpa; *sich mit e-m* ~ bli ovän med ngn **befestigen** fästa, sätta fast; *mil.* befästa; *bildl. äv.* styrka, stärka, konsolidera, stadga; *im Glauben* ~ styrka i tron **Befestigung** *-en f* fastsättande; *tekn.* montering; *mil.* befästning; *bildl.* befästande, konsolidering **Befestigungsschelle** *-n f, elektr.* fästklammer **Befestigungsschraube** *-n f* fäst-, stopp|skruv **befeuchten** fukta **befeuern 1** *sjö.* förse med fyrar **2** *bildl.* entusiasmera **Beffchen** - *n* prästkrage (*tillhörande prästdräkt*) **befieder|n** förse med fjädrar; -*t* (*äv.*) fjäderklädd **befind|en** *st* **1** *etw.* [*für*] *gut* ~ finna ngt vara bra **2** bestämma; *ich habe nicht darüber zu* ~ det kan inte jag bestämma över, det angår inte mig **3** *rfl* befinna sig, vistas, vara placerad; *wie* ~ *Sie sich?* hur mår Ni?; *sich in Verlegenheit* ~ vara i förlägenhet; *sich in anderen Umständen* ~ vara i omständigheter; *die Sache* -*et sich so* så ligger det inte till; *wir* ~ *uns gut hier* vi trivs här **Befinden** *0 n* **1** [hälso]tillstånd, befinnande **2** *nach* ~ som du (*etc.*) anser lämpligt; *nach meinem* ~ enligt min bedömning; *nach* ~ *der Sache* så som saken ligger till **befindlich** befintlig, belägen **befingern** fingra på **beflaggen** flaggpryda **beflecken** sätta fläckar på, smutsa ned; *bildl.* befläcka **Befleckung** *0 f* nedfläckning; *bildl.* befläckelse **befleißen** *befliß, beflisse, beflissen, rfl,* **befleißigen** *rfl, sich e-r Sache* (*gen.*) ~ bemöda (vinnlägga) sig om ngt **befliegen** *st, e-e Strecke* ~ flyga på (trafikera) en sträcka **befliß** *se befleißen* **beflissen** mån, angelägen (*um etw. el. e-r Sache gen.* om ngt); *ein* ~*er Student* en flitig student **Beflissenheit** *0 f, etw. mit* ~ *treiben* ivrigt ägna sig åt ngt **beflissentlich** avsiktligt; ivrigt **beflügel|n** *bildl.* ge vingar åt; påskynda; -*ten Schrittes* med bevingade steg **befohlen** *se befehlen* **befolgen** [efter]följa, [åt]lyda, hörsamma; iaktta (*sedvänja*) **Beförderer** - *m* **1** gynnare (*av konst o.d.*) **2** speditör **Beförder|n** befordra; transportera, frakta; främja; -*t werden* bli befordrad, avancera **Beförderung** *-en f* befordran; transport; avancemang **Beförderungs|anlage** *-n f* transportband **-art** *-en f* befordringssätt **-gebühr** *-en f* befordringsavgift **-kosten** *pl* transportkostnad[er] **-liste** *-n f* befordringslista **-mittel** - *n* fortskaffnings-, transport|medel **-schein** -*e m* fraktsedel **-steuer** -*n f, ung.* trafikskatt **befrachten** befrakta; lasta **Befrachter** - *m* befraktare **Befrachtung** *0 f* befraktning;

lastning **befrackt** i frack, frackklädd **befragen 1** råd-, till-, ut|fråga, fråga; intervjua **2** *rfl, sich bei e-m* ~ förfråga sig (höra sig för, inhämta upplysningar) hos ngn **Befragung** *-en f* förfrågning; konsultation; intervju **befreien** befria; frigöra; frikalla; frita; *e-n von etw.* ~ (*äv.*) låta ngn slippa ngt **Befreier** - *m* befriare **Befreiung** *0 f* befrielse **Befreiungskrieg** *-e m* befrielsekrig **befremd|en** förvåna, illa beröra **Befremden** *0 n* [missnöje o.] förvåning; *zu meinem* ~ till min förvåning **befremd[end]lich** besynnerlig, underlig, förvånande **befreunden** *rfl, sich mit e-m* ~ bli vän med ngn; *sich mit dem Gedanken* ~ försona sig med (vänja sig vid) tanken **befreundet** närstående; *bildl.* befryndad; ~ *sein* vara goda vänner; ~*e Mächte* vänskapligt sinnade länder; *ein mir* ~*es Mädchen* en flicka som jag är god vän med **befrieden** återställa freden i; pacificera **befriedig|en** tillfredsställa; tillgodose (*behov*); stilla (*hunger, törst*); *die Gläubiger* ~ betala fordringsägarna; *bist du endlich -t?* är du äntligen nöjd?; *schwer zu* ~ (*äv.*) kinkig, kräsen **befriedigend** tillfredsställande; (*betyg*) mellan trea och fyra, (*förr*) icke utan beröm godkänd **Befriedigung** *0 f* tillfredställelse, belåtenhet **Befriedung** *0 f* pacificering **befrist|en** sätta en frist (termin) för, begränsa; -*ete Genehmigung* tidsbegränsat tillstånd **Befristung** *-en f* tids|-gräns, -begränsning; fastställande av frist (termin) **befruchten** befrukta (*äv. bildl.*) **Befruchtung** *-en f* befruktning; *künstliche* ~ konstgjord befruktning, insemination **befugen** auktorisera, bemyndiga **Befugnis** *-se f* befogenhet; behörighet; *e-m* ~ *erteilen* auktorisera ngn, ge ngn behörighet **befugt** berättigad; behörig; ~ *sein, zu* (*äv.*) äga att **befühlen** känna på **befummeln 1** *dial.* känna på **2** *vard.* undersöka **Befund** *-e m* resultat; utlåtande, diagnos; data; *je nach* ~ allt efter omständigheterna; *ohne* ~ (*med., förk. o.B.*) utan anmärkning; *nach ärztlichem* ~ enligt den medicinska diagnosen **befürchten** befara, frukta; *das Schlimmste ist zu* ~ man kan befara (måste vara beredd på) det värsta **Befürchtung** *-en f* farhåga; ond föraning; *das übertrifft noch meine* ~*en* det var värre än jag trodde **befürworten** förorda, rekommendera, tillstyrka **Befürworter** - *m* förespråkare, understödjare **Befürwortung** *-en f* tillstyrkan, rekommendation **begab|en** begåva, utrusta; -*t* begåvad **Begabtenauslese** *0 f* urval av begåvade elever (*t. högre skola el. yrkesutbildning*) **Begabtenförderung** *0 f* hjälp åt begåvade elever **Begabung** *-en f* begåvning **Begabungsreserve** *-n f* begåvningsreserv **begaffen** *vard.* begapa, glo på **begangen** *se begehen* **Begängnis** -*se n* likbegängelse **begann** *se beginnen* **begatten** *rfl* para sig **Begattung** *-en f* parning **Begattungstrieb** *0 m* fortplantningsdrift **begaunern** *vard.* lura **begeben** *st* **1** *hand.* släppa ut (*lån*); sälja (*vara*); *zu* ~ till salu (överlåtelse) **2** *rfl,* bege sig; *sich an die Arbeit* (*zur Ruhe, auf die Flucht*) ~ börja arbeta, gripa sig an med arbetet (gå till sängs, ta till flykten); *sich e-s Rechtes* (*gen.*) ~ avstå från [att begagna sig av] en rättighet **3** intr*fl; es begab sich* (*bibl.*) det begav sig **Begebenheit** *-en f,* **Begebnis** *-se n* tilldragelse, händelse, evenemang **Bege-**

bung -*en f, jur.* avsägelse; *hand.* utgivande, utfärdande
begegn|en *s* **1** möta, träffa [på] (*e-m* ngn, *etw.* (*dat.*) ngt); bemöta; *mit Achtung* ~ bemöta med aktning; *e-m grob* ~ bemöta ngn ohövligt; *wir* ~ *einander in dem Wunsch, daß det ist bådas vår önskan att; sich auf halbem Wege* ~ mötas på halva vägen; *Unheil -ete ihm* ofärd drabbade honom **2** *recipr* mötas, träffas **Begegnis** -*se n, åld.* tilldragelse, händelse **Begegnung** -*en f* möte, sammanträffande; *sport.* match **begehen** *st* **1** gå på, beträda **2** inspektera, besiktiga **3** begå (*jubileum; fel*)
Begehr *0 m n* begär; önskan **begehr|en** begära, åtrå; fordra; *etw. zu wissen* ~ vilja (önska) få veta ngt; *e-e -te Rolle* en begärlig roll; *Zucker ist wenig -t* det är liten efterfrågan på socker **Begehren** *0 n* begäran; önskan; *auf Ihr* ~ på Er begäran; *was ist Ihr* ~? vad får det lov att vara?, vad önskas?
begehrenswert eftersträvansvärd, åtråvärd **begehrlich** begärlig; lysten **Begehrlichkeit** *0 f* begärlighet; lystenhet **Begehung** *0 f* beträdande; firande; begående (*av fel*) **Begehungssünde** -*n f, relig.* verksynd **begeifern** göra hätska utfall mot, svärta ner, skymfa **begeistern 1** hänföra, entusiasmera **2** *rfl, sich für etw.* ~ bli (vara) entusiastisk för (entusiasmerad av) ngt, svärma för (hänryckas av) ngt **begeistert** entusiastisk, begeistrad, hänförd; *er ist vom Fußball* ~ han är fotbollsentusiast **Begeisterung** *0 f* entusiasm, begeistring; hänförelse **Begier** *0 f*, **Begierde** -*n f* begär, lusta, åtrå **begierig** lysten; ivrig; ~ *zu erfahren* nyfiken (angelägen) att få veta **begießen** *st* begjuta, vattna; ösa (*kött*); *das muß begossen werden* det måste firas (*med ngt att dricka*)
Beginn *0 m* början, begynnelse; *zu* ~ *des Jahres* i början av året **beginnen** *begann, begönne, begonnen* börja; *was willst du* ~? vad skall du ta dig för?; *was willst du damit* ~? vad skall du ha det till?; *wie willst du es* ~? hur tänker du gripa dig an med det? **Beginnen** *0 n* **1** förehavande, företag, tilltag **2** begynnelse **beglaubigen 1** intyga, bevittna, bestyrka; vidimera **2** *dipl.* ackreditera **Beglaubigung** -*en f* **1** intyg, bekräftelse; *zur* ~ *dessen* till bestyrkande härav **2** *dipl.* ackreditering **Beglaubigungsschreiben** -*n, dipl.* kreditivbrev **begleichen** *st, hand.* likvidera, betala **Begleitadresse** -*n f, hand.* följesedel; adresslapp **Begleitbrief** -*e m* följebrev **begleiten** [åt]följa; eskortera; *mus.* ackompanjera **Begleiter** - *m* följeslagare, ledsagare; *mus.* ackompanjatör
Begleit|erscheinung -*en f* följd[företeelse]; *med.* beledsagande symptom -**mannschaft** -*en f, mil.* eskort -**musik** *0 f* ackompanjemang -**schein** -*e n* (*slags*) fraktsedel -**schiff** -*e n* eskortfartyg -**schreiben** - *n* följebrev -**stimme** -*n f, mus.* andra stämma -**ung** -*en f* ledsagning; sällskap, följe, svit; eskort; *mus.* ackompanjemang; *in* ~ *von* (*el. m. gen.*) i sällskap med, åtföljd av -**wort** -*e n* förklarande (inledande) ord (*t. radiosändning e.d.*) -**zettel** - *m* följe|brev, -sedel
beglücken lyckliggöra; *ein* ~*des Erlebnis* en glädjande upplevelse **Beglücker** - *m* (*ofta iron.*) välgörare, lyckobringare **Beglücktheit** *0 f* lycksalighet **Beglückung** *0 f* djup inre glädje; lyckliggörande **beglückwünschen** lyckönska, gratulera **begnadet** [guda]-benådad **begnadigen** benåda **Begnadigung** -*en f* benådning, amnesti **Begnadigungsgesuch** -*e n* nådeansökan **Begnadigungsrecht** *0 n* benådningsrätt **begnügen** *rfl, sich mit etw.* ~ nöja sig med ngt
Begonie -*n f* begonia
begonnen *se* **beginnen begönnern** behandla vänligt nedlåtande **begossen** *wie ein* ~*er Pudel* med svansen mellan benen, skamsen **begraben** *st* begrava; *bildl.* ge upp; *damit kannst du dich* ~ *lassen* (*vard.*) med det kommer du ingenstans; *hier möchte ich nicht* ~ *sein* (*vard.*) här vill jag för allt i världen inte bo; *laß dich* ~! (*vard.*) dra åt skogen!; *da liegt der Hund* ~ (*vard.*) det är knuten, det är där skon klämmer **Begräbnis** -*se n* begravning **begrabdigen** räta [ut], rikta (*väg, vattenled e.d.*) **begrast** gräsbevuxen
begreifbar begriplig **begreif|en** *st* **1** ta (känna) på **2** begripa, fatta; *leicht* (*schwer*) ~ ha lätt (svårt) att förstå; *es ist nicht zu* ~ det är obegripligt **3** *in sich* ~ innefatta; *die Frage -t die Antwort schon in sich* frågan innefattar redan svaret **begreiflich** begriplig; *e-m etw.* ~ *machen* få ngn att förstå ngt, förklara ngt för ngn **be'greiflicher'weise** begripligt nog, som man lätt kan förstå **begrenzen** begränsa **begrenzt** begränsad; *bildl.* inskränkt **Begrenztheit** *0 f* begränsning **Begrenzung** -*en f* begränsning; inskränkning **Begriff** -*e m* begrepp; föreställning; *sich* (*dat.*) *e-n* ~ *von etw. machen* göra sig en föreställning om ngt; *du machst dir keinen* ~ *davon* du anar det inte; *ist dir das ein* ~? (*äv.*) känner du till det?; *das geht über meine* ~ *e* det överstiger mitt förstånd; *nach meinen* ~*en* enligt min åsikt; *schwer von* ~ *sein* ha svårt för att fatta; *im* ~ *sein* (*stehen*) stå i begrepp **begriffen** *se begreifen*; *im Bau* ~ under byggnad; *in Arbeit* ~ under (i) arbete; *im Anziehen* ~ sein hålla på att klä sig **begrifflich** begreppslig; abstrakt **Begriffsform** -*en f* kategori **begriffsmäßig** begreppsmässig **begriffsstutzig** ~ *sein* vara trögtänkt **Begriffsvermögen** *0 n* fattningsförmåga **Begriffsverwechslung** -*en f* begreppsförväxling
begründe|n 1 motivera, ge skäl för; bevisa; *womit* ~ *Sie diese Behauptung?* vad grundar Ni det påståendet på?; -*te Zweifel* välgrundade tvivel **2** grunda **Begründer** - *m* grundare, stiftare (*av religion e.d.*) **Begründung** -*en f* motivering; *zur* ~ *e-r Sache* (*gen.*) som motivering för ngt **Begründungssatz** -*et m, språkv.* kausalsats **begrüßen** hälsa [på]; välkomna (*äv. bildl.*) **begrüßenswert** glädjande **Begrüßung** -*en f* hälsning; välkomnande; *zur* ~ *der Gäste* för att hälsa gästerna välkomna **Begrüßungsansprache** -*n f* hälsningsanförande **begucken** *vard.* kika på **begünstigen** gynna, befordra, främja **Begünstigte(r)** *m f, adj böjn., jur.* förmånstagare **Begünstigung** -*en f* gynnande, främjande; förmån; *jur.* medhjälp (*efter brottets begående*) **begutachten** avge utlåtande om; bedöma **Begutachter** - *m* bedömare; expert **Begutachtung** -*en f* [expert]omdöme, värdering; *mit der* ~ *beauftragt werden* få i uppdrag att avge ett utlåtande **begütert** förmögen, besutten; ~*er Adel* (*hist.*) jordägande adel **begütigen** blidka

behaaren *rfl* få hår **behaart** hårbevuxen, luden **Behaarung** *-en f* hårväxt, hårbeklädnad **behäbig** maklig, bekväm; korpulent **behaftet** behäftad; *mit Schulden ~* tyngd av skulder **behagen** behaga (*e-m* ngn) **Behagen** *O n* [väl]behag (*an + dat.* i) **behaglich** behaglig, trevlig, gemytlig; bekväm; *sich* (*dat.*) *es ~ machen* göra sig hemmastadd, göra det bekvämt för sig **Behaglichkeit** *O f* trevnad, gemytlighet; bekvämlighet **behalten** *st* [bi]behålla; minnas; *im Kopf ~* hålla i minnet; *recht ~* få rätt; *etw. bei sich ~* behålla ngt för sig själv **Behälter** - *m* behållare; container **Behälterverkehr** *O m* containertrafik **Behältnis** *-se n*, *högt.* behållare
behandeln behandla **behändigen** *högt.* överlämna **Behandlung** *-en f* behandling; *in ärztlicher ~* under läkarbehandling **behandschuht** behandskad, med handskar[na] på **Behang** *-e†* m 1 hängprydnad (*tofs, frans e.d.*); draperi, gobeläng 2 *jakt.* hängöron (*hos hund*) **behängen** 1 behänga, täcka med; *sich mit Perlen ~* smycka sig med (hänga på sig) pärlor 2 *jakt.* dressera (*i koppel*) **beharren** framhärda; *auf (bei) etw.* (*dat.*) ~ framhärda i (envisas med, vidhålla) ngt **beharrlich** trägen; envis; uthållig; *~er Fleiß* ihärdig flit; *~es Weigern* envis vägran **Beharrlichkeit** *O f* trägenhet *etc.*, *jfr beharrlich* ; *~ führt zum Ziel* trägen vinner **Beharrungsvermögen** *O n*, *fys.* tröghet **Beharrungszustand** *O m* tröghetstillstånd **behauchen** andas på; *fonet.* aspirera **behauen** *st* (*svag böjn. i imperf*) bearbeta med yxa (hammare, mejsel), yxa till, grovhugga
behaupt|en 1 påstå, hävda; *das Feld ~* hålla fältet; *den Kurs ~* hålla kursen; *steif und fest ~* insistera; *er -et*, *krank zu sein* han påstår sig vara sjuk 2 *rfl* hävda sig, göra sig gällande, hålla sig kvar; *sport. äv.* segra **Behauptung** *-en f* påstående, uppgift; framgångsrikt försvar; *das ist eine bloße ~* det är bara ett antagande; *wie kommst du zu dieser ~?* hur kan du påstå det? **Behausung** *-en f* bostad, husrum **Behaviorismus** [bihevjə'rɪsmʊs] *O m* behaviorism
beheben *st* häva, avhjälpa; ordna **beheimatet** hemmahörande; *wo sind Sie ~?* (*äv.*) varifrån är Ni? **beheizen** värma upp, elda **Beheizung** *O f* uppvärmning **Behelf** *-e m* provisorisk utväg, nödlösning; förevändning **behelfen** *st, rfl, sich mit etw.* ~ reda sig med ngt **Behelfsbrücke** *-n f* provisorisk bro **Behelfsheim** *-e n* nödbostad **behelfsmäßig** provisorisk **Behelfswohnung** *-en f* tillfällig bostad; nödbostad **behelligen** störa, besvära; ofreda **Behelligung** *-en f* störande, besvärande; ofredande **behend[e]** [be]händig; fyndig; snabb, flink **Behendigkeit** *O f* flinkhet, händighet **beherbergen** inkvartera, härbärgera, hysa **Beherbergung** *O f* inkvartering, härbärgerande **beherrschen** 1 behärska 2 *rfl* behärska sig, lägga band på sig; *ich kann mich ~!* (*vard.*) det har jag inte en tanke på! **Beherrscher** - *m* härskare, herre **Beherrschtheit** *O f* självkontroll, behärskning **Beherrschung** *O f* behärskning; behärskande **beherzigen** lägga på hjärtat, beakta **beherzigenswert** behjärtansvärd **Beherzigung** *-en f* beaktande, övervägande **beherzt** modig, oförskräckt **Beherztheit** *O f* oförskräckthet **behexen** förhäxa, förtrolla, bedåra

behilflich behjälplig (*bei* med); *er war mir beim Backen ~* han hjälpte mig att baka **behinder|n** [för]hindra; *es -t mich beim Fahren* det hindrar (är i vägen för) mig när jag kör; *-t* handikappad **Behinderte(r)** *m f, adj böjn.* handikappad **Behinderung** *-en f* 1 [för]hindrande; störande 2 handikapp, invaliditet 3 (*i ishockey*) interference **behobeln** hyvla av (till) **beholfen** *se behelfen* **behorchen** [smyg]lyssna på; *med.* lyssna på
Behörde [-ø:-] *-n f* myndighet, [ämbets]verk; *die hierfür zuständige ~* vederbörande myndighet **Behördendeutsch** *O n* kanslityska **behördlich** officiell; myndighets- **be'hördlich-er'seits** av (genom) myndigheterna; från myndigheternas sida **behost** klädd i byxor **Behuf** *-e m, kansl.* syfte, ändamål **behufs** *prep m. gen., kansl.* i och för **behuft** hovförsedd; klövad **behüten** beskydda, bevara; *Gott behüte!* gud bevare mig!, ingalunda!; *behüt dich Gott!* farväl!; *Gott behüte mich davor, daß ich krank werde* gud bevare mig för att bli sjuk **behutsam** varsam, försiktig; *~ vorgehen* (*äv.*) gå fram med försiktighet
bei *prep m. dat.* (*beim = bei dem*) 1 vid; hos; i; bland; *nahe ~m Bahnhof* nära (i närheten av) stationen; *ein Guthaben ~ e-r Bank* ett tillgodohavande i en bank; *~m Barte des Propheten!* vid profetens skägg!; *~ Beginn* (*Ende*) *des Films* i början (slutet) av filmen; *er ist ~m Bund* han ligger i lumpen; *sie war auch ~ den Demonstranten* hon var också med bland demonstranterna; *~ den Eltern wohnen* bo hos föräldrarna; *er ist ~m Film* han är vid filmen; *~ aller Freundschaft, das geht zu weit* i all vänsklaplighet, det går för långt; *den Mantel ~ der Garderobe abgeben* lämna kappan i garderoben; *~ Glatteis muß man langsam fahren* vid halka måste man köra sakta; *~ den alten Griechen* hos de gamla grekerna; *~ Grün* (*Rot*) *gilt grönt (rött) ljus*, när det lyser grönt (rött); *das Kind ~ der Hand nehmen* ta barnet i (vid) handen; *das Metall schmilzt ~ starker Hitze* metallen smälter vid stark hetta; *~ dieser Kälte will ich nicht raus* i den här kylan vill jag inte gå ut; *~ e-m Konzert mitwirken* medverka i en konsert; *die Schlacht ~ Leipzig* slaget vid Leipzig; *~ dieser Nachricht freute er sich sehr* vid denna underrättelse blev han mycket glad; *der Parkplatz ~ der Oper* parkeringen vid operan; *~ der Post lag ein Brief von Karl Ernst* i (bland) posten låg ett brev från Karl Ernst; *die Gelegenheit ~m Schopfe fassen* gripa tillfället i flykten; *den Hund ~m Schwanz packen* gripa hunden i svansen; *~ Sonnenaufgang* (vid) soluppgången; *~m heutigen Stand der Dinge* i sakernas nuvarande läge; *~ Tageslicht arbeiten* arbeta i dagsljus; *~ Unfällen* i händelse av (vid) olycksfall; *~ e-m großen Unternehmen arbeiten* arbeta i ett stort företag; *~ schlechtem Wetter* vid (i händelse av) dåligt väder; *~ Wien wohnen* bo i närheten av Wien; *~m Wimmers hos Wimmers* (*familjen Wimmer*) 2 på; om; under; *~ e-r Party* på en fest; *~ Prisma arbeiten* arbeta på Prisma; *~ meinem Aufenthalt in Rom* under min vistelse i Rom; *ich habe die Papiere nicht ~ mir* jag har inte papperen på mig; *~ guter Laune sein* vara på gott humör; *~ Lebzeiten meiner Mutter* under min mors livstid; *~m Lotto gewinnen* vinna på lotto; *~ Nacht* om natten, nattetid; *e-n*

~m Wort nehmen ta ngn på orden 3 för; sich ~ e-m beklagen beklaga sig för ngn; ~ ihm darf man nicht nachgeben man får inte ge effer för honom; ~ e-m Stunden nehmen ta lektioner för ngn; ~ sich reden tala för sig själv; ~ offenem Fenster schlafen sova för öppet fönster 4 med; ~ sich selbst anfangen börja med sig själv; ~ deiner Erkältung würde ich nicht fortgehen med din förkylning skulle jag inte gå ut; ~ etw. mithelfen hjälpa till med ngt; das Beste ~ der Sache det bästa med saken; ~ seinen Verbindungen med hans förbindelser; ~m besten Willen nicht inte med bästa vilja [i världen] 5 annan prep; ~ e-m anrufen ringa till ngn; ~ all seiner Klugheit konnte er nicht verhindern trots all sin klokhet kunde han inte förhindra; ~ Mädchen beliebt sein vara omtyckt av flickor; Stockholm ~ Nacht Stockholm by night 6 annan konstr. i sv.; ~m Abwaschen hört er sich immer e-e Platte an han lyssnar alltid på en skiva medan han diskar; ~ gutem Appetit sein ha god aptit; ~ wem lassen Sie arbeiten? vad heter Er sömmerska (skräddare e.d.)?; ~ guter Gesundheit sein vara frisk o. kry; ~m Kochen sein hålla på o. laga mat; wieder ~ Kräften sein ha återfått krafterna; Vorlesungen hören ~ Professor Stolt gå på professor Stolts föreläsningar; nicht ganz ~ sich sein (vard.) vara borta; ~ Tag und Nacht natt o. dag; nicht ganz ~ Trost sein (vard.) inte vara riktigt klok; das ist ~ weitem besser det är utan tvekan bättre 7 åld. ungefär, omkring; sie war ~ vier Monaten weg gewesen hon hade varit borta i ungefär fyra månader **beibehalten** -e† [bi]behålla **Beiblatt** -e† n [tidnings]bilaga **Beiboot** -e n jolle; skeppsbåt **beibringen** oreg. 1 skaffa fram, förete (vittne; dokument) 2 tillfoga; bibringa, lära; e-m das Schwimmen ~ lära ngn simma; e-m Trost ~ trösta ngn; e-m etw. schonend ~ skonsamt underrätta ngn om ngt; dir werde ich's schon ~! jag ska nog lära dig! **Beichte** -n f bikt; bildl. äv. förtrolig bekännelse; die ~ ablegen bikta sig; zur ~ gehen gå till bikt **beichten** bikta [sig] (bei för) **Beichtgeheimnis** -se n bikthemlighet, biktfaders tystnadsplikt **Beichtiger** - m biktfader **Beichtkind** -er n biktbarn **Beichtvater** -† m biktfader
beidarmig med två händer; tvåarms **beidäugig** binokulär; ~ blind blind på båda ögonen **beide** båda[dera], bägge[dera]; alle ~ båda två; wir (ihr) ~[n] vi (ni) båda; die ~n Jungen de båda pojkarna; zu ihrer ~r Freude till bådas glädje; auf ~n Seiten å ömse håll; welcher (wer) von ~n vilkendera; einer von ~n endera; keiner von ~n ingendera; dreißig ~ (sport.) trettio lika **beidemal** båda gångerna **beiderlei** oböjl. adj bådadera; av bägge **beiderseitig** ömsesidig; ~e Lungenentzündung dubbelsidig lunginflammation; ~er Vertrag bilateralt avtal **beiderseits I** prep m. gen. på båda sidor om **II** adv ömsesidigt; på båda håll (sidor) **Beidhänder** -m 1 slagsvärd 2 ambidexter, person som använder höger o. vänster hand lika skickligt **beidrecht** text. likadan på båda sidor
beidrehen sjö. dreja bi **beidseitig** se beiderseitig **bei'nander** intill varandra; tillsammans **beieinanderhaben** oreg., alles ~ ha allting på ett o. samma ställe **beieinandersein** oreg. s, nicht richtig ~ (vard.) inte vara riktigt

klok; gut ~ (vard.) må bra **beif.** förk. för beifolgend **Beifahrer** - m, motor. codriver, andreförare; passagerare i framsätet; sidvagnspassagerare, passagerare på bönpall **Beifall** 0 m bifall; applåder; allgemeinen ~ finden röna allmänt bifall; ~ klatschen applådera; stürmender ~ stormande bifall **beifallen** st s, åld., e-m ~ hålla med ngn **beifällig** gillande, instämmande; ~ aufnehmen uppta gillande **Beifallsbezeugung** -en f bifallsyttring **beifallsfreudig** ~es Publikum publik som gärna applåderar **Beifallssturm** -e† m stormande bifall, ovation **Beifilm** -e m förspel; kortfilm; reklamfilm **beifolgen** s medfölja; ~ lassen bilägga **beifolgend** bifogad **beifügen** bifoga, tillägga **Beifügung** 1 0 f, unter ~ von (kansl.) med bifogande av 2 -en f, språkv. attribut **Beifuß** 0 m, bot. gråbo **Beifutter** 0 n extrafoder **Beigabe** -n f påbröd; ngt extra; als ~ på köpet **beige** [be:ʃ, 'be:ʒə, 'bɛ:ʒə] oböjl. adj, vard. äv. böjt beige[färgad] **Beige** 0 n beige färg **beigeben** st 1 bifoga; kokk. tillsätta 2 klein ~ falla till föga, ge [med] sig **beigeordnet** samordnad, koordinerad **Beigeordnete(r)** m f, adj böjn. 1 vald kommunaltjänsteman 2 biträde, medhjälpare **Beigericht** -e n, kokk. mellanrätt; tillbehör (grönsaker e.d. t. maträtt) **Beigeschmack** 0 m bismak (äv. bildl.) **beigesellen 1** ge sig till sällskap 2 rfl, sich e-m ~ sluta sig till ngn **Beihilfe** 0 f [ekonomiskt] understöd, bidrag; jur. medhjälp (t. brott) **beiholen** ta in (segel) **Beiklang 1** -e† m biklang **2** 0 m, bildl. biklang, undertonen **beikommen** st s, e-m ~ komma åt ngn; ihm ist nicht beizukommen honom kommer man inte åt; hierin kommen wir den Engländern nicht bei häri är vi engelsmännen underlägsna (kan vi inte jämföras med engelsmännen); wie soll ich der Sache (dat.) ~? hur skall jag ta itu med det? **beikommend** hand. bifogad **Beikost** 0 f 1 (spädbarns) tilläggs[snäring] 2 se Beigericht **Beil** -e n bila; kortskaftad yxa **Beilage** -n f 1 bilaga, bihang 2 Fleisch mit ~n kött med tillbehör (grönsaker, potatis, sallad e.d.) **Beilager** - n, åld. bilägor **beiläufig I** adj tillfällig, parentetisk; i förbigående gjord; ~e Berechnung ungefärlig beräkning **II** adv, österr. ungefär; i förbigående **beilegen 1** bilägga, tillfoga, etw. (dat.) wenig Wert ~ tillmäta ngt ringa värde; sich (dat.) etw. ~ lägga sig till med ngt 2 e-n Streit ~ bilägga en tvist 3 sjö. lägga (dreja) bi **Beilegung** -en f bilägg-ning, slitande (av tvist) **bei'leibe** ~ nicht aldrig i livet; er ist ~ kein großer Künstler han är verkligen inte någon stor konstnär **Beileid** 0 n kondoleans, deltagande; [mein] herzliches ~! (äv. iron.), darf ich mein ~ ausdrücken (bezeigen)! jag ber att få beklaga sorgen! **Beileidsbesuch** -e m kondoleansbesök **Beileids|brief** -e m, **-schreiben** -e n kondoleansbrev **beiliegen** st 1 vara bifogad (bilagd) 2 åld. sova med (kvinna) 3 sjö. ligga bi **Beilstein** 0 m, geol. serpentin **beim** = bei dem **Beimengung** -en f tillsats **beimessen** st tillmäta, tilltro, tillskriva **beimischen** blanda i, tillsätta (e-r Sache dat. etw. ngt i (till) ngt) **Beimischung** -en f tillsats **Bein** -e n ben; byxben; dial. fot; sich (dat.) kein ~ ausreißen inte anstränga sig i onödan; ~e bekommen haben (vard.) ha kommit bort; alles, was ~e hatte alla; e-m ~e machen (vard.)

sätta fart på ngn; [*lange*] *~e machen* springa sin väg; *die ~e in die Hand nehmen* (*vard.*) lägga benen på ryggen; *sich* (*dat.*) *die ~e in den Leib* (*Bauch*) *stehen* behöva [stå o.] vänta länge; *e-m ein ~ stellen* (*äv. bildl.*) sätta krokben för ngn; *er ist mir ein Klotz am ~* han är en black om foten på mig; *auf die ~e fallen* (*äv. bildl.*) komma ner på fötterna; *auf die ~e kommen* komma på benen (fötter); *sich auf die ~e machen* ge sig i väg; *bist du so früh auf den ~en?* är du på benen så tidigt?
bei'nah[e] nästan, nära på; *vor Neugierde ~ sterben* hålla på att dö av nyfikenhet **Beinahunfall** -e† *m* olyckstillbud
Beiname -*ns* -*n m* bi-, till|namn; öknamn
Beinbruch -e† *m* benbrott; *Hals und ~!* lycka till!; *das ist* [*doch*] *kein ~* det är inte så farligt **beinern** av ben, ben-
beinhalten *sv., kansl.* innehålla, omfatta
'**bein'hart** benhård **Beinkleid** -*er n* benkläder **Beinschiene** -*n f, sport.* benskydd; *med., hist.* benskena
beiordnen 1 adjungera, förordna som biträde **2** *språkv.* samordna **beipacken** lägga i samma förpackning, bifoga, bipacka **beipflichten** instämma (*e-m* med ngn); *e-m ~* (*äv.*) hålla med ngn **Beiprogramm** -*e n, film.* förprogram; *se Beifilm* **Beirat** -e† *m* rådgivare, konsult; rådgivande utskott (kommitté)
beirren förvilla, förvirra; vilseleda
bei'sammen tillsammans; *seine Gedanken ~ haben* (*vard.*) ha tankarna med sig; *ich bin nicht ganz ~* jag mår inte riktigt bra; *seine fünf Sinne nicht recht ~ haben* vara efterbliven **Beisammensein** 0 *n* samvaro
Beisatz -e† *m, språkv.* apposition **Beischlaf** 0 *m* samlag **Beischläfer** - *m* sexualpartner **beischreiben** *st* skriva (lägga) till, skriva i marginalen **Beischrift** -*en f* tillägg, postskriptum **Beisein** 0 *n* närvaro; *im ~ von* i närvaro av **bei'seite** åt sidan; undan; avsides; *Spaß ~!* skämt åsido!; *~ bringen* (*äv.*) undanröja; *~ lassen* inte bry sig om, åsidosätta; *~ legen* lägga åt sidan, *bildl.* lägga av (undan), spara; *e-n ~ nehmen* (*äv.*) samtala förtroligt med ngn; *~ setzen* sätta åt sidan, *bildl.* upphäva, sätta ur kraft **beisetzen 1** gravsätta **2** tillfoga; *kokk.* tillsätta; sätta på (*t. kokning o.d.*) **3** *alle Segel ~* sätta alla segel **Beisetzung** -*en f* gravsättning **beisitzen** *st* vara bisittare; vara ledamot av **Beisitzer** - *m* bisittare; styrelse-, kommitté|ledamot
Beispiel -*e n* exempel; föredöme; *zum ~* (*förk. z. B.*) till exempel (t.ex.); *sich* (*dat.*) *ein ~ an e-m nehmen* ta exempel av ngn; *ohne ~* exempellös, utan motstycke **beispielgebend** *~ wirken* tjäna som exempel **beispielhaft** exemplarisk, föredömlig **beispiellos** utan like (motstycke), exempellös **beispiels|halber, -weise** som exempel, exempelvis
beispringen *st s* bispringa (*e-m* ngn)
beiß|en *biß, bisse, gebissen* **1** bita; tugga; (*om insekt*) bita, sticka; *er wird dich nicht ~* (*bildl.*) han bits inte; *nichts zu ~ haben* inte ha ngt att äta, svälta **2** *in etw.* (*ack.*) *~* bita i (bita en tugga av) ngt; *der Hund -t nach seinem Bein* hunden nafsar efter hans ben **3** bitas; (*om fisk*) nappa; *der Hund -t* hunden bits **4** *om rök e.d.*) svida, sticka **5** *rfl* bita sig; *recipr* bita varandra; *die Farben ~ sich* färgerna skär sig [mot varandra] **Beißerchen** *pl, barnspr. o.*

skämts. tänder **Beißkorb** -e† *m* munkorg **Beißzahn** -e† *m* framtand **Beißzange** -*n f* avbitar-, knip|tång
Beistand 1 0 *m* bistånd, stöd, hjälp **2** -e† *m* rättegångsbiträde; *ung.* barnavårdsman; (*vid duell*) sekundant; *österr.* bröllopsvittne **Beistandsabkommen** - *n* biståndspakt **beistehen** *st* bistå, hjälpa, assistera (*e-m* ngn); *mit Trost ~* trösta **Beisteuer** 0 *f* bidrag **beisteuern** bidra med; *zu etw. ~* bidra till ngt **beistimmen** instämma (*e-m* med ngn); *e-r Meinung* (*dat.*) *~* instämma i (biträda) en åsikt **Beistimmung** 0 *f* instämmande, samtycke **Beistrich** -*e m* komma
Beitel - *m* stämjärn
Beitrag -e† *m* bidrag; (*medlems-*) avgift **beitragen** *st* bidra [med]; *mit dazu ~, daß* vara en bidragande orsak till att **Beiträger** - *m* person som betalar in en avgift (bidrar med artikel i tidskrift) **beitragspflichtig** avgiftsskyldig **beitreiben** *st, jur.* indriva; *mil.* rekvirera **beitreten** *st s, e-r Partei* (*dat.*) *~* bli medlem av (gå in i) ett parti **Beitritt** -*e m* inträde **Beitrittserklärung** -*en f* inträdesanmälan **Beitrittsgesuch** -*e n* inträdesansökan **Beiwagen** - *m* **1** sid[o]vagn (*på motorcykel*) **2** släpvagn (*på spårvagn*) **Beiwerk** 0 *n* tillbehör, staffage; bisaker **beiwohnen** högt. **1** bevista, vara närvarande vid (*etw. dat.* ngt) **2** *e-r Frau* (*dat.*) *~* ha könsumgänge med en kvinna **Beiwohnung 1** 0 *f* närvaro **2** -*en f, jur.* samlag **Beiwort** -er† *n, språkv.* adjektiv **Beizahl** -*en f* koefficient **beizählen** räkna [in] bland; inkludera
Beize -*n f* **1** bet[nings]medel; etsvätska; frätmedel **2** bets **3** *kokk.* marinad **4** *pl* 0, *hist.* falkjakt
bei'zeiten i [rättan] tid
beizen 1 betsa **2** marinera **3** jaga med dresserad rovfågel **4** beta; etsa **Beizmittel** - *n* **1** bet[nings]medel **2** betsmedel **Beizung** -*en f* **1** betning **2** betsning
bejahen bejaka; acceptera; *e-e Frage ~* svara ja på en fråga **bejahend** [be]jakande; positiv **bejahrt** till åren kommen, ålderstigen **Bejahung** -*en f* [be]jakande **Bejahungsfall** 0 *m, kansl., im ~* om ansökan (*e.d.*) bifalles **bejammern** jämra sig över, begråta **bejammerns|wert, -würdig** beklagansvärd, sorglig **bejubeln** bejubla **bekämpfen** bekämpa **Bekämpfung** 0 *f* bekämpande
bekannt bekant, känd; *ich bin in Berlin ~* (*äv.*) jag är hemmastadd (hittar) i Berlin; *es ist mir ~* (*äv.*) jag känner till det; *e-n mit e-m ~ machen* föreställa (presentera) ngn för ngn; *sich mit e-m ~ machen* bekanta sig med ngn; *als ~ voraussetzen* ta för givet; *für* (*wegen, durch*) *etw. ~ sein* vara känd för ngt **Bekannte(r)** *m f, adj böjn., er ist ein Bekannter von mir* han är en bekant till mig, jag känner honom; *guter Bekannter* god vän; *e-n Bekannten treffen* träffa en bekant **Bekanntenkreis** 0 *m* bekantskapskrets **be'kannter'maßen** som känt är **Bekannt|gabe** 0 *f*, **-geben** 0 *n* tillkännagivande **bekanntgeben** *st* tillkännage; kungöra; *sie werden ihre Verlobung ~* de skall eklatera förlovningen **Bekanntheit** 0 *f*, *~ mit* bekantskap med, kännedom om **bekanntlich** som känt är **bekanntmachen** kungöra; tillkännage **Bekanntmachung** -*en f* kungörelse, offentliggörande; tillkännagivande; annons **Bekanntschaft 1** 0 *f* bekantskap; förtrogen-

het; *jds* (*mit e-m*) ~ *machen* göra ngns bekantskap **2** -*en f, e-e alte* ~ en gammal bekant; *in meiner* ~ i min bekantskapskrets **bekehrbar** omvändbar **bekehren** omvända; *e-n zu e-r anderen Ansicht* ~ få (förmå) ngn att ändra åsikt **Bekehrer** - *m* missionär; proselytmakare **Bekehrte(r)** *m f, adj böjn.* proselyt **Bekehrung** -*en f* omvändelse
bekennen *oreg.* bekänna, erkänna, tillstå; *sich schuldig* ~ erkänna sig [vara] skyldig; *sich zu e-m* ~ solidarisera sig med (bekänna sig till) ngn; *sich zu etw.* ~ (*äv.*) vidgå ngt **Bekenner** - *m* bekännare **Bekenntnis** -*se n* bekännelse; konfession **Bekenntnisfreiheit** *0 f* religionsfrihet **bekenntnislos** konfessionslös **Bekenntnisschule** -*n f* konfessionell skola
beklagen beklaga; *sich* ~ (*äv.*) beskärma sig; *sich bei e-m über e-n* ~ beklaga sig för ngn över ngn **beklagens|wert, -würdig** beklagansvärd, beklaglig **beklagt** *die* ~*e Partei* (*jur.*) svarandesidan **Beklagte(r)** *m f, adj böjn., jur.* svarande **beklatschen 1** applådera **2** förtala, skvallra på **beklauen** *vard., e-n* ~ stjäla från ngn **bekleben** klistra på (över); *das B*~ *der Wand ist verboten* affischering förbjuden **beklecker|n** *vard.* fläcka ner; *er hat sich nicht mit Ruhm -t* (*vard.*) han har inte höljt sig med ära **beklecksen** fläcka (söla) ner **bekleid|en** bekläda; klä över; *leicht -et* lätt klädd; *ein Amt* ~ inneha (bekläda, förvalta) ett ämbete **Bekleidung** -*en f* **1** beklädnad; klädsel; överdrag **2** beklädande, innehav (*av ämbete*) **Bekleidungsgewerbe** *0 n* beklädnads-, konfektions|bransch **Bekleidungsindustrie** *0 f* beklädnads-, konfektions|industri
bekleistern *vard.* klistra över (på); *e-e Mauer* ~ kladda ner en mur **beklemmen** göra beklämd; trycka **beklemmend** beklämmande; ~*e Luft* tryckande (kvav) luft **Beklemmung** -*en f* beklämmande känsla, beklämning **beklommen** beklämd, ängslig **beklopfen** (*lätt*) knacka (slå) på **bekloppt** *vard.* inte riktigt klok, vrickad
bekomm|en *st* **1** få, erhålla; *Angst* ~ bli rädd; *Durst* (*Hunger*) ~ bli törstig (hungrig); *die Arbeit fertig* ~ bli färdig med arbetet; *er -t es fertig und ruft mitten in der Nacht bei uns an* han är i stånd (fräck nog) att ringa oss mitt i natten; *kalte Füße* ~ (*vard. äv.*) bli rädd o. dra sig ur; *geborgt* ~ få låna, få till låns; *geschenkt* ~ få i present; *das Land zu Gesicht* ~ sikta land, få land i sikte; *es satt* ~ få nog [av ngt]; *seinen Willen* ~ få sin vilja fram; ~ *Sie schon?* är det tillsagt?; *es ist nicht zu* ~ det går inte att få; *wieviel* ~ *Sie von mir?* vad är jag skyldig? **2** *s* bekomma; *e-m gut* ~ bekomma ngn väl; *die Ruhe wird ihm gut* ~ vilan kommer att göra honom gott; *das Essen ist mir schlecht* ~ (*äv.*) jag mår illa av maten; *das könnte dir schlecht* ~ (*äv.*) det kunde gå illa för dig; *wohl bekomm's!* väl bekomme!
bekömmlich hälsosam, nyttig (*för hälsan*); *schwer* ~ svårsmält; *e-m* ~ *sein* bekomma ngn väl
beköstigen hålla med mat **Beköstigung** *0 f* utspisning, kost **bekräftigen** bekräfta **Bekräftigung** -*en f* bekräftelse **bekränzen** bekransa **bekreuzigen** *rfl,* göra korstecknet, korsa sig **bekriegen** bekriga **bekritteln** småaktigt kritisera, anmärka på **Bekrittelung** -*en f* småaktig kritik, klander **bekritzeln** klottra på (ned) **bekrönen** kröna **Bekrönung** -*en f* kranslist, gesims
bekümmer|n 1 bekymra, oroa; *was -t Sie das?* vad angår det Er? **2** *rfl, sich um etw.* ~ vara bekymrad för ngt; *ich werde mich um die Sache* ~ jag skall ta hand (sköta) om saken; *wir* ~ *uns nicht darum* vi bryr oss inte om (struntar i) det **Bekümmernis** -*se f* bekymmer **bekümmert** bekymrad; *ein* ~*es Gesicht machen* se bekymrad (orolig) ut **bekunden 1** ådagalägga; *Mitgefühl* ~ röja medkänsla **2** *jur.* intyga
belächeln le åt **belachen** skratta åt **belackmeiern** *vard.* lura, överlista **beladen** *st* lasta [på]; *e-n* ~ (*äv.*) tynga ngn; *mit Sorgen* ~ tyngd av bekymmer **Beladung** -*en f* lastande; frakt, last **Belag** -*e†* *m* **1** [smörgås]pålägg; garnering (*på tårta*) **2** *tekn., med.* beläggning; belag (*på skidor*) **belagern** belägra; *bildl. äv.* bestorma **Belagerung** -*en f* belägring **Belagerungszustand** *0 m* belägringstillstånd; *den* ~ *verhängen* proklamera belägringstillstånd **belämmern** *se belemmern* **Belang** -*e m* vikt; intresse; *jds* ~*e vertreten* representera ngns intressen; *von* (*ohne*) ~ (*äv.*) viktig (oviktig) **belangen 1** beträffa, angå; *was mich belangt* vad mig anbelangar **2** *e-n gerichtlich* ~ stämma ngn inför rätta **belanglos** betydelselös; ovidkommande **Belanglosigkeit 1** *0 f* betydelselöshet **2** -*en f* bisak **belangreich** viktig, betydelsefull **belassen** *st* låta vara; *e-n in seiner Stellung* ~ låta ngn ha sin plats kvar; *wir wollen es dabei* ~ vi låter det vara **belast|en** belasta; *bildl.* tynga, trycka; *tekn.* utsätta för tryck (spänning); *ein Konto* ~ debitera ett konto; *mit Hypotheken* ~ inteckna; *es ~et mich* (*äv.*) det är en belastning för mig; *ein Kummer -et mich* bekymmer tynger mig; *ich will dich nicht mit meinen Sorgen* ~ jag vill inte besvära dig med mina bekymmer; *die Aussagen* ~ *den Angeklagten* vittnesmålen är graverande för (talar emot) den åtalade; ~*der Umstand* graverande omständighet; *erblich* ~*et* ärftligt belastad **belästigen** besvära; genera; ofreda **Belästigung** -*en f* besvär; ofredande; störning **Belastung** -*en f* **1** belastning (*äv. bildl.*); påfrestning; *tekn. äv.* spänning, tryck **2** debitering; inteckning **3** ärftligt anlag **Belastungsgrenze** -*n f* högsta tillåtna last (tryck *e.d.*) **Belastungsprobe** -*n f* belastnings-, hållfasthets|prov **Belastungsspitze** -*n f* toppbelastning **Belastungszeuge** -*n* -*n m* åklagarvittne **belauben** *rfl* lövas **belaubt** lövklädd; *dicht* ~ lummig, lövrik **Belaubung** *0 f* **1** lövspricking **2** lövverk **belauern** lura på **belaufen** *st* **1** gå omkring på **2** *rfl, sich auf etw.* (*ack.*) ~ belöpa sig (uppgå) till ngt **3** *die Fensterscheiben sind* ~ fönstren är immiga **belauschen** smyglyssna på, avlyssna **beleben** upplivna, ge liv åt; besjäla; stimulera; *sich* ~ bli livlig, vakna till liv; *der Verkehr belebt sich* trafiken blir livligare; ~*de Wirkung* upplivande (stärkande) [in]verkan **belebt** livlig; munter; full av liv (rörelse); ~*e Straße* livligt trafikerad gata **Belebung** *0 f* [åter]upplivande; stimulerande; uppåtgående trend (*inom näringslivet*) **Belebungsmittel** -*n, med.* analeptikum, upplivande medel **Belebungsversuch** -*e m* återupplivningsförsök **beleck|en** slicka på; *von der Kultur kaum* -*t* (*vard.*)

nästan helt utan kultur (ociviliserad) **Beleg** *-e m* belägg, bevis; *hand.* verifikation, kvitto **belegbar** bevisbar, kontrollerbar, som kan beläggas **beleg|en 1** belägga; *mil.* beskjuta; *-tes Brot* smörgås med pålägg; *-te Stimme* belagd (beslöjad) röst; *e-n Platz* ~ belägga (reservera, markera) en plats; *e-e Vorlesung* ~ anmäla sig till en föreläsning; *das Zimmer ist -t* rummet är upptaget; *e-e Stadt mit Abgaben* ~ belägga en stad med pålagor; *mit Brettern* ~ brädfodra; *mit Granaten* ~ beskjuta med granater; *etw. mit e-m Namen* ~ ge ngt ett namn; *e-n mit e-r Strafe* ~ bestraffa ngn; *ein Haus mit Truppen* ~ inkvartera trupper i ett hus; *ein Brot mit Wurst* ~ lägga korv på en smörgås **2** belägga; bevisa, styrka; *e-e Behauptung* ~ styrka ett påstående; *die Ausgaben mit Quittungen* ~ styrka utgifterna med kvitton; *bei Goethe -t* belagt hos Goethe **3** *sjö.*, *ein Boot* ~ göra fast en båt **Belegexemplar** *-e n* pliktexemplar **Belegschaft** *-en f* arbetsstyrka, personal; *die* ~ *(äv.)* de anställda **Belegstelle** *-n f* beläggställe **belehnen** *hist.* ge förläning **belehren** undervisa, upplysa; tillrättavisa; *e-n e-s Besseren* ~ få ngn att ändra åsikt; *sich* ~ *lassen* vara mottaglig för skäl **belehrend** lärorik; didaktisk **Belehrung** *-en f* undervisning, upplysning; råd; tillrättavisning **beleibt** fetlagd, korpulent **Beleibtheit** *0 f* korpulens **beleidigen** förolämpa, såra; *[äre]kränka; leicht beleidigt* lättstött; ~ *de Worte* sårande ord **Beleidigung** *-en f* förolämpning; *wege* 1 ~ *verklagen* stämma för ärekränkning **beleihen** *st* belåna **belemmer|n** *vard.* lura; besvära; *-te Angelegenheit* tråkig historia **belesen** beläst **Belesenheit** *0 f* beläsenhet **beleucht|en** belysa; *das Zimmer ist schlecht -et* rummet är dåligt upplyst **Beleuchter** - *m*, *teat.*, *film.* elektriker **Beleuchterraum** *-e†* *m*, *teat.*, *film.* manöverrum **Beleuchtung** *-en f* belysning, lyse; *foto.* ljus **Beleuchtungskörper** - *m* lampa; armatur **beleum[un]det** *gut (schlecht)* ~ med gott (dåligt) rykte **belfern** *vard.* gläfsa; *bildl. äv.* gnata **Belgier** - *m* belgier, belgare **belgisch** belgisk **belichten** *foto.* exponera **Belichtung** *-en f* **1** exponering **2** belysning **Belichtungsautomatik** *0 f* exponeringsautomatik **Belichtungsmesser** - *m* belysnings-, exponerings|mätare **belieb|en** önska, behaga; ~ *Sie noch etw.?* önskas ngt mer?; *was -t Ihnen?* vad behagas?; *kommen Sie, wann es Ihnen -t* kom när det passar Er; *mir -t es nicht* jag tycker inte om det; *wie -t?* hur sa? **Belieben** *0 n* behag, gottfinnande, godtycke; *nach* ~ efter behag, som du *(etc.)* tycker (vill); *es steht ganz in Ihrem* ~ det beror helt på Er **beliebig** godtycklig, valfri; vilken som helst; *jeder* ~*e* vem som helst, första bästa; ~ *lange (viel, oft)* hur länge (mycket, ofta) som helst **beliebt** omtyckt, populär **Beliebtheit** *0 f* omtyckthet, popularitet; *sich großer* ~ *erfreuen* vara mycket populär **beliefern** *e-n mit Kohlen* ~ leverera kol till ngn **Belieferung** *-en f* leverans **Belladonn|a** *-en f* belladonna **bellen** skälla; hosta; skrälla **Belle'trist** *-en* *-en m* skönlitterär författare **Belle'tristik** *0 f* skönlitteratur **belle'tristisch** skönlitterär

belob[ig]en lovorda, berömma **Belob[ig]ung** *-en f* lov|ord, -tal **belohnen** belöna **Belohnung** *-en f* belöning **Belorusse** *-n* *-n m* vitryss **Belt** *0 m, der Große (Kleine)* ~ Stora (Lilla) Bält **belüften** ventilera, lufta **Belüftung** *0 f* ventilation **belügen** *st* ljuga för **belustigen 1** förströ, roa, underhålla **2** *rfl, sich über e-n* ~ göra sig lustig över ngn **Belustigung** *-en f* förlustelse, tidsfördriv, muntration **bemachen** *rfl* **1** *vard.* göra på sig **2** *sich wegen etw.* ~ göra stort väsen av ngt **bemächtigen** *rfl, sich e-r Sache (gen.)* ~ bemäktiga sig ngt **bemäkeln** *vard.* småaktigt kritisera **bemalen 1** måla **2** *rfl, vard.* måla (sminka) sig **Bemalung** *-en f* [på-, över]målning; *vard.* krigsmålning, sminkning **bemängeln** klandra, anmärka på **Bemängelung** *0 f* kritik, klander **bemannen 1** bemanna **2** *rfl, vard.* gifta sig, skaffa sig en man **Bemannung** *-en f* bemannande; bemanning, [båt]besättning **bemänteln** skyla (släta) över, bemantla **Bemäntelung** *-en f* överskylande, bemantling **bemeistern 1** bemästra, kuva **2** *rfl* behärska sig **bemerkbar** märkbar, kännbar; *sich* ~ *machen* tilldra sig uppmärksamhet; *die Anstrengung machte sich bei ihm* ~ ansträngningen syntes (märktes) på honom; *es macht sich* ~ det märks (känns) **bemerk|en 1** varsebli, lägga märke till, observera, uppmärksamma **2** yttra, anföra, påpeka; *nebenbei -t* i förbigående sagt **Bemerken** *0 n, der Brief kam mit dem* ~ *„Empfänger unbekannt"* *zurück* brevet kom tillbaka med påskriften "adressaten okänd" **bemerkenswert** anmärkningsvärd, märklig **bemerklich** *se bemerkbar* **Bemerkung** *-en f* påpekande, yttrande, anmärkning; iakttagelse **bemessen** *st* avpassa, beräkna; *die Zeit ist kurz* ~ tiden är knappt tilltagen **Bemessungsbetrag** *-e†* *m* basbelopp **bemitleiden** hysa medlidande med, ömka **bemitleidenswert** beklagans-, ömkans-|värd **bemittelt** bemedlad, välbärgad **Bemme** *-n f*, *dial.* smörgås **bemogeln** *vard.* lura **bemoost** mossig; *bildl.* mossbelupen; *ein* ~*es Haupt a) stud.* en överliggare, *b)* en gammal man **bemühen 1** besvära; *e-n* ~ *(äv.)* vålla ngn besvär, vända sig till (anlita) ngn **2** *rfl* besvära (anstränga) sig; *sich an e-n anderen Ort* ~ bege sig till annan ort; *sich für e-n* ~ göra sig besvär för ngns skull, lägga ett gott ord för ngn; *sich um e-n* ~ ta omsorgsfull vård om ngn; *sich um etw.* ~ efterstäva (vara angelägen om) ngt; *sich um ein Mädchen* ~ lägga sig ut för en flicka; ~ *Sie sich nicht!* gör Er inte ngt besvär!, nej tack!; *wenn Sie sich ins Zimmer* ~ *würden* om Ni ville vara så vänlig o. gå in i rummet **Bemühung** *-en f* bemödande, ansträngning; *danke für Ihre* ~*en* tack för Ert besvär **bemüßigt** *sich* ~ *fühlen* känna sig föranlåten **bemuster|n** *hand.*, *-tes Angebot* offert åtföljd av prov **bemuttern** vara som en mor för **benachbart** angränsande, närbelägen, grann- **benachrichtigen** underrätta **Benachrichtigung** *-en f* underrättelse, upplysning **Benachrichtigungsschreiben** - *n, hand.* avi **benachteilig|en** behandla orättvist, fördela; vara till nackdel för, missgynna, skada; *dadurch -t sein, daß* vara handikappad av att; *sich -t fühlen* känna sig eftersatt

Benachteiligung—Bereinigung

(orättvist behandlad) **Benachteiligung** *-en f* förfång, nackdel, handikapp; diskriminering **benagel|n** slå spikar i; *mit Brettern* ~ spika fast bräder på; *-te Schuhe* spikbeslagna skor **benagen** gnaga på **benähen** *etw. mit etw.* ~ sy ngt på ngt **benannt** *se benennen* **benarbt** ärrig **benebel|n** insvepa i dimma; förvirra; *-t* lätt berusad, lummig **bene'deien** välsigna **Benediktiner** - *m* **1** benediktin[er]munk **2** benediktin[er]likör **Benediktion** *-en f* välsignelse **Bene'fiz** *-e n* **1** *teat.* recett-, välgörenhets|-föreställning **2** prebende **-vorstellung** *-en f, se Benefiz 1*
benehmen *st* **1** beta[ga], beröva; *der Wind benahm ihm den Atem* blåsten fick honom att tappa andan **2** *rfl* uppföra sig; *er weiß sich zu* ~ han vet hur man skall uppföra sig, han har [levnads]vett **Benehmen** *0 n* **1** uppförande; hyfs; *das ist kein* ~ *(äv.)* så gör man inte; *sein* ~ *war einwandfrei* hans sätt var (han uppträdde) oklanderligt **2** *sich mit jdm ins* ~ *setzen* komma överens med (kontakta, sätta sig i förbindelse med) ngn **beneiden** avundas (*um etw.* ngt); [*nicht*] *zu* ~ [inte] avundsvärd **beneidenswert** avundsvärd
Beneluxländer *pl, die* ~ Beneluxländerna
benennen *oreg.* [be]nämna, [upp]kalla; *e-n Tag* ~ bestämma en dag **Benennung** *-en f* benämning; namn, beteckning **benetzen** bestänka, fukta
Bengale *-n -n m* bengal[ier] **bengalisch** bengaliska
Bengel 1 - *m, åld.* påk, spikklubba **2** - *el. -s m* pojkslyngel, bängel; pojke, grabb; *ein süßer* ~ en söt liten grabb **bengelhaft** lymmelaktig **beniesen** *skämts., etw.* ~ (*bekräftande*) nysa på ngt **Benimm** *0 m, skämts.* uppförande; *du hast keinen* ~ du har inget fint sätt **benommen 1** *se benehmen* **2** omtöcknad, vimmelkantig **Benommenheit** *0 f* [lätt] yrsel, omtöckning, vimmelkantighet **benötig|en** behöva, ha trängande behov av; *die -ten Mittel* de erforderliga medlen **benummern** numrera **benutzbar** användbar, brukbar **benutzen, benützen** använda, utnyttja, begagna sig av; *die Gelegenheit* ~ ta tillfället i akt **Benutzung, Benützung** *0 f* användning, bruk, nyttjande **Benzin** *-e n* bensin **-behälter** - *m* bensintank **-messer** - *m*, **-uhr** *-en f* bensinmätare **Benzoe** *0 f* bensoe **Benzoesäure** *0 f* bensoesyra **Benzol** *-e n* bensol **Benzyl** *0 n* bentyl **beobacht|en** iaktta, observera; *die Vorschriften* ~ rätta sig efter föreskrifterna; *ärztlich* ~ ha under läkarobservation; *das habe ich nie bei ihr -et* det har jag aldrig märkt hos henne **Beobachter** - *m* observatör, betraktare; *flyg.* spanare, spaningsplan **Beobachtung** *-en f* iakttagelse, observation; upptäckt; *mil.* spaning **Beobachtungsgabe** *0 f* iakttagelseförmåga **Beobachtungsposten** *-m* utsikts-, observations|post; *bildl.* utsiktsplats **beordern** beordra; *hand.* beställa
bepacken packa [på] **bepanzern** [be]pansra **bepelzt** pälsklädd **bepflanzen** plantera; *den Garten mit Blumen* ~ plantera blommor i trädgården **Bepflanzung** *-en f* plantering **bepflastern 1** sten|lägga, -sätta **2** *vard.* sätta plåster på **3** *vard.* belamra (*med böcker e.d.*) **4** *vard., mil.* häftigt beskjuta **bepinseln** pensla, bestryka med pensel **beplanken** brädfodra; plankbelägga; *sjö.* förse med bord **Beplankung** *-en f* brädfodring; bordläggning

bequatschen *vard.* **1** övertala **2** tala om, dryfta **bequem** [bə'kve:m] bekväm, maklig; lätt, ledig; *mach es dir* ~! gör det bekvämt åt dig!, känn dig som hemma!; *wenn es Ihnen* ~ *ist* om det passar Er; ~*e Gelegenheit* lämpligt tillfälle **bequemen** *rfl* nedlåta sig [till]; *du mußt dich dazu* ~ det får du nog bekväma dig till (finna dig i); *sich nicht zum Aufstehen* ~ inte idas stiga upp **bequemlich** maklig, bekväm [av sig] **Bequemlichkeit 1** *0 f* bekvämlighet, maklighet **2** *-en f* bekvämlighet, komfort
Berapp *0 m* grov rappning **berappen 1** grovt rappa **2** *vard.* betala **beraten** *st* **1** råda; *damit bist du gut* ~ där har du fått ett gott råd **2** rådslå, konferera, överlägga; [*sich*] *über etw.* ~ (*ack.*) ~ rådslå om ngt; ~*der Ingenieur* konsulterande ingenjör; ~*des Mitglied* konsultativ medlem **Berater** - *m* rådgivare, konsult **beratschlagen** *se beraten* **Berat[schla-g]ung** *-en f* rådplägning, överläggning, konferens; konsultation; rådgivning **Beratungsstelle** *-n f* rådfrågnings-, rådgivnings|byrå **berauben** beröva; råna; *e-n seines Geldes* ~ (*äv.*) ta ifrån ngn hans pengar; *ich möchte Sie nicht* ~ tack, det är alldeles för mycket **Beraubung** *-en f* förlust (*av syn, av närstående*) berövande; rånande **berauschen 1** [be]rusa; *nicht gerade* ~*d* (*bildl.*) inte ngt vidare **2** *rfl* berusa sig; *bildl.* berusas; *sich an etw.* (*dat.*) ~ berusa sig på ngt, (*bildl.*) berusas av ngt **Berber** - *m* berber **berberisch** berbisk **Berbe'ritze** *-n f, bot.* berberis
berechenbar beräknelig **berechn|en** beräkna; kalkylera; ta med i räkningen, förutse; göra ett överslag över (*kostnad*); *die Kosten für etw.* ~ beräkna kostnaderna för ngt; *wieviel* ~ *Sie mir?* hur mycket debiterar Ni mig??; *Zinsen* ~ ta ränta; *auf Wirkung -et* anlagd på [att göra] effekt; *das war nicht -et* det var inte meningen **berechnend** beräknande **Berechnung** *-en f* beräkning (*äv. bildl.*); kalkyl; överslag; *mit* ~ (*äv.*) avsiktligt **berechtigen** berättiga; *ihre Anlagen* ~ *zu den schönsten Hoffnungen* hennes anlag inger de största förhoppningar **berechtigt** berättigad, befogad, rättmätig; *ein* ~*er Einwand* en berättigad invändning; ~ *sein, etw. zu tun a)* ha rätt att göra ngt, *b)* vara bemyndigad att göra ngt **be'rechtigter'weise** med all rätt **Berechtigung** *0 f* berättigande; rättighet; kompetens; rättfärdigande **Berechtigungsschein** *-e m* tillståndsbevis **bereden 1** *0 f* grubbla, rådgöra om; *e-n* ~ tala illa om ngn **2** *e-n zu etw.* ~ övertala ngn till ngt **3** *rfl, sich mit e-m* ~ rådgöra med ngn **beredsam** *se beredt* **Beredsamkeit** *0 f* vältalighet, talförhet **beredt** [-e:t] vältalig, talför; ~*es Schweigen* vältalig tystnad **Beredtheit** *0 f, Se Beredsamkeit* **beregnen** konstbevattna, vattna
Bereich *-e m ibl. n* område (*äv. bildl.*); *im* ~ *der Möglichkeiten* inom det möjligas gränser; *nicht in meinem* ~*e* (*äv.*) utanför mitt verksamhetsområde (kompetensområde) **bereichern** berika **Bereicherung** *-en f* berikande
1 bereif|en *das Gras war -t* gräset var täckt av rimfrost
2 bereifen förse (*bil etc.*) med däck; banda (*tunna*) **Bereifung** *-en f* däckutrustning, däck; *doppelte* ~ dubbla däck
bereinigen ordna, klara upp; *Schwierigkeiten* ~ klara upp svårigheter **Bereinigung** *-en f*

uppgörelse, uppklarande **bereisen** resa i (till); (*om handelsresande*) besöka **bereit** beredd, redo, färdig; villig **1 bereiten 1** bereda; vålla; anrätta, göra i ordning **2** *rfl, sich zu etw.* ~ förbereda sig på ngt; *sich zum Gehen* ~ göra sig färdig att gå **2 bereiten** *st* **1** rida in (*häst*) **2** rida omkring i **bereithalten** *st* ha i beredskap; *hand.* erbjuda **bereitmachen** göra i ordning, förbereda **bereits** redan **Bereitschaft** *0 f* **1** beredskap; ~ *haben* ha beredskap[stjänst]; ~ *zeigen* visa beredvillighet; *in* ~ *sein* vara redo, *mil.* vara stridsberedd **2** *-en f, mil.* patrull; polispiket **Bereitschaftsarzt** *-e†* *m, ung.* jourhavande läkare **Bereitschaftsdienst** *0 m* jourtjänst **Bereitschaftspolizei** *0 f, BRD* specialpolis (*med delvis mil. befogenhet*) **bereitstellen** ställa till förfogande; anskaffa; *mil.* koncentrera (*trupper*), försätta i beredskap **Bereitung** *0 f* tillagning, tillredning **bereitwillig** beredvillig **berennen** *oreg.* storma fram mot **berenten** pensionera **bereuen** ångra **Berg** *-e m* berg (*äv. bildl.*); fjäll; *gruv.* varp- [hög]; *e-m goldene* *~e versprechen* lova ngn guld o. gröna skogar; *unten am ~e* vid bergets fot; *mit etw.* hinter *dem* ~ *halten* sticka under stol med ngt; *in die* *~e* *fahren* resa upp i bergen; *über den* ~ *sein* vara över det värsta; *über alle* *~e sein* vara långt borta, ha smitit; *die Haare standen mir zu* *~e* håret reste sig på mitt huvud **berg'ab** nerför (utför) berget (backen); *es geht mit ihm* ~ det går utför med honom **Bergabhang** *-e†* *m* bergssluttning **berg'abwärts** *se bergab* **Bergahorn** *-e m* sykomorlönn **Bergakademie** *-n f* bergsakademi, högskola för bergsbruk o. metallurgi **Bergamotte** *-n f* bergamott[päron] **Bergamt** *0 n, ung.* bergsstat **berg'an** uppför berget (backen) **Bergarbeiter** - *m* gruvarbetare **Bergassessor** *-en m* bergsingenjör **berg'auf** uppför berget (backen); uppåt (*äv. bildl.*) **Bergbahn** *-en f* bergbana **Bergbau** *0 m* bergsbruk, gruvdrift, bergshantering **Bergbewohner** - *m* bergsbo **Bergelohn** *-e†* *m, sjö.* bärgarlön **bergen** *barg, bärge, geborgen, birgst, birgt, birg!* **1** bärga, rädda; *sich geborgen fühlen* känna sig hemma (säker, skyddad); *hier bist du geborgen* här är du säker **2** *in sich* (*dat.*) ~ inne|bära, -fatta **3** gömma, dölja **Berg|enge** *-en f* trångt pass **-fach** *0 n* gruvdrift **-fahrt** *-en f* uppfärd; färd upp i bergen **-fex** *-e m, vard.* inbiten bergsbestigare **-fried** *-e m* barfred, bergfrid (*fästningstorn*) **-führer** - *m* fjäll-, berg|förare **-geist** *-er m* bergsrå, bergtroll **-gipfel** - *m* bergstopp **-grat** *-e m* bergskam **-gruß** *0 m* bergshälsning (*vanl. „Glück auf!"*) **berg|hoch** hög som ett berg **-ig** bergig, backig **Berg|ingenieur** *-e m* bergsingenjör **-huhn** *-e†* *n* stenhöna **-kessel** - *m* kittel[dal] **-knappe** *-n* *-n m, åld.* gruvarbetare **-kuppe** *-n f* rundad bergstopp **-lehne** *-n f* sluttning nära toppen **-ler** - *m* bergsbo **-leute** *pl av Bergmann* **-mann** *-leute, äv. -männer m* gruvarbetare; bergsman **-mannsgruß** *0 m, se Berggruß* **bergmännisch** gruv[arbetar]- **Berg|meister** - *m, ung.* bergmästare; gruvtjänsteman **-not** *0 f, in* ~ *sein* (*geraten*) vara i (råka ut för) en farlig situation vid bergsbestigning **-predigt** *0 f, die* ~ bergspredikan **-recht**

0 n gruvlag **-rücken** - *m* bergsrygg **-rutsch** *-e m* bergskred **-schotte**-*n*-*n m* skotsk höglandsbo **-schule** *-n f* fackskola för gruvtekniker **bergschüssig** *gruv.* rik på varp **Berg|sport** *0 m* alpinism, bergbestigning **-steiger** - *m* bergbestigare **-stock** *-e†* *m* **1** bergmassiv **2** alpstav **-sturz** *-e†* *m* bergras **--und-Tal-Bahn** *-en f* berg- o. dalbana **Bergung** *-en f* bärgning **Bergungsfahrzeug** *-e n* bärgningsbil; *sjö.* räddningskryssare **Bergungskosten** *pl* bärgningskostnader **Bergwacht** *0 f* alpin räddningstjänst **bergwärts** uppför berget (backen), uppåt **Bergwerk** *-e n* bergverk, gruvanläggning **Bergwerksgesellschaft** *-en f* gruvbolag **Bergwesen** *0 n* gruvdrift **Beriberi** *0 f, med.* beriberi **Bericht** *-e m* redogörelse, rapport; reportage; referat; meddelande; ~ *über etw.* (*ack.*) *erstatten* avge rapport om (redogöra för) ngt **bericht|en** redogöra, rapportera; referera; berätta; *-e von dir* berätta om dig; *miteinander* ~ (*schweiz.*) samtala **Berichterstatter** - *m* [tidnings]korrespondent, utsänd medarbetare; rapportör; referent; kommentator **Berichterstattung** *-en f* rapportering; reportage; rapport[er]; information **berichtigen** beriktiga, korrigera; rätta; *hand.* reglera (*skuld*) **Berichtigung** *-en f* beriktigande; rättelse, tillrättaläggande; *hand.* reglering (*av betalning*) **Berichtsjahr** *-e n* räkenskapsår, verksamhetsår **beriechen** *st* nosa (lukta) på; *sich* ~ (*vard. äv.*) försöka få en uppfattning om varandra **berieseln** bevattna; strila över; *sich mit Radiomusik* ~ *lassen* slölyssna på [skval]musik **Berieselungsanlage** *-n f* bevattningsanläggning; sprinkleranläggning **bering|en** ringmärka (*fågel*); *-ter Finger* ringprytt finger **beritten** beriden, till häst **Berliner I** - *m* berlinare **II** *oböjl. adj* berlinsk, berliner-; ~ *Blau* berlinerblått; ~ *Pfannkuchen* syltmunk; ~ *Weiß* blyvitt; ~ *Weiße* ljust öl (*jfr Weißbier*); ~ *Zimmer* genomgångsrum **berlinern** prata berlinerdialekt **Berlocke** *-n f* berlock **Bermuda|inseln** *pl,* **-s** *pl, die* ~ Bermudasöarna **Berner I** - *m* bernbo **II** *oböjl. adj* Bern-, från Bern **Bernhardiner** - *m* **1** bernhardiner[munk] **2** sanktbernhardshund **Bernstein** *0 m* bärnsten; *schwarzer* ~ gagat, jet **bernsteine[r]n** av bärnsten **Ber'serker** [*äv.* '---] - *m* bärsärk **-wut** *0 f* bärsärkaraseri **bersten** *barst, bärste, geborsten, birst, birst, birst!, s* brista, rämna; spricka (*äv. bildl.*); *zum B~ satt* (*vard.*) så mätt att man håller på att spricka; *zum B~ voll* proppfull **berüchtigt** ökänd, illa beryktad **berücken** förtrolla, förleda; fascinera, hänföra, bedåra **berücksichtigen** beakta, ta hänsyn till **Berücksichtigung** *0 f* hänsyn[stagande], beaktande; *unter* ~ *der Umstände* (*kansl.*) i betraktande av omständigheterna **Beruf** *-e m* yrke; kall; kallelse; *e-n* ~ *verfehlt haben* ha valt fel yrke; *von* ~ till yrket **berufen** *st* **1** kalla, utse; till-, samman|kalla; *sich* ~ *fühlen* känna sig kallad; *~er Künstler* boren (född) konstnär **2** kalla på (till sig); *wir wollen es nicht ~!* (*ung.*) låt oss inte utmana ödet!, peppar, peppar! **3** *rfl, sich auf e-n (etw.)* ~ åberopa [sig på] ngn (ngt), hänvisa (vädja) till ngn (ngt) **beruflich** yrkes-; å yrkets vägnar; ~ *tätig sein* vara verksam inom ett yrke; ~ *verhindert* förhindrad av sitt arbete **Berufsarbeit** *0 f* yrkesarbete **berufsbedingt** yrkesbetingad **Berufsberatung** *-en f* yrkes|rådgivning, -vägledning **berufsbezogen** yrkesorienterad **Berufs|bild** *-er n* yrkesbeskrivning **-eignung** *-en f* lämplighet för ett yrke; yrkeskompetens **-erfahrung** *-en f* yrkeserfarenhet **-erziehung** *0 f* yrkesutbildning **-fachschule** *-n f* yrkesskola **-fahrer** - *m* professionell tävlingsförare (cyklist); yrkeschaufför **berufsfremd** inte i samma yrke; inte utbildad för (ny i) yrket **Berufs|geheimnis** *-se n* tystnadsplikt; yrkeshemlighet **-genosse** *-n -n m* yrkesbroder, kollega **-genossenschaft** *-en f* yrkessammanslutning (*som på arbetsgivarsidan är bärare av yrkesskadeförsäkring*) **-heer** *-e n* yrkesarmé **-krankheit** *-en f* yrkessjukdom **-leben** *0 n* yrkesliv **berufslos** utan yrke[sutbildning] **berufsmäßig** yrkesmässig, professionell **Berufsschule** *-n f (obligatorisk)* yrkesskola **Berufsspieler** - *m* professionell [fotbolls]spelare **Berufssportler** - *m* professionell idrottsman, proffs **Berufsstand** *-e† m* yrkesgrupp **berufstätig** yrkesutövande, förvärvsarbetande **Berufsumschulung** *-en f* omskolning **berufsunfähig** oförmögen att utöva sitt (ett) yrke **Berufsverbot** *-e n* yrkesförbud **Berufsverkehr** *0 m* rusningstrafik **Berufsvertretung** *-en f* yrkesrepresentation; fackförening **Berufswahl** *0 f* yrkesval **Berufsziel** *-e n, mein ~ ist ...* jag vill bli ... **Berufung** *-en f* **1** kallelse, utnämning **2** *jur.* överklagande; *~einlegen* överklaga **3** *unter~ auf* (+ *ack.*) (*kansl.*) under (med) åberopande av **Berufungs|antrag** *-e† m.* [yrkande på] överklagande **-beklagte(r)** *m f, adj böjn., jur.* svarande (*efter överklagande*) **-frist** *-en f, jur.* besvärstid **-gericht** *-e n* högre instans, appellationsdomstol **-verfahren** - *n, jur.* process inför appelationsdomstol; domstolsförhandling efter överklagande **beruhen** *auf etw. (dat.)* ~ bero (komma an, grunda sig) på ngt; *die Sache auf sich ~ lassen* låta saken bero **beruhig|en** lugna, tysta, trösta; *seien Sie ganz -t!* Ni kan vara alldeles lugn!; *der Sturm -t sich* stormen lägger sig **Beruhigung** *0 f* lugnande; *es ist mir e-e ~, zu wissen* det är lugnande för mig att veta; *zu meiner ~* till min lättnad **Beruhigungsmittel** - *n* lugnande medel **Beruhigungspille** *-n f, vard. bildl.* lugnande meddelande **berühmt** berömd, ryktbar (*wegen* för); namnkunnig; *seine Arbeit ist nicht [gerade] ~ (iron.)* hans arbete är inte precis lysande **Berühmtheit** *1 0 f* berömdhet, ryktbarhet **2** *-en f* berömd person, berömdhet **berühr|en** vid-, be|röra; flyktigt nämna; *e-n Ort* ~ passera en ort; *es -t mich peinlich* det känns pinsamt för mig; *das B~ der Waren ist verboten!* förbjudet att vidröra varorna! **Berührung** *-en f* beröring, kontakt (*äv. bildl.*) **Berührungs|ebene** *-n f, geom.* tangentplan **-fläche** *-n f* kontaktyta **-linie** *-n f, geom.* tangent **-punkt** *-e m* beröringspunkt (*äv. bildl.*) **-spannung** *0 f, fys.* kontaktelektricitet

berußen sota [ner] **Beryll** *-e m* beryll **Beryllium** *0 n* beryllium **besabbern** *vard.* dregla ner (på) **besäen** beså; *bildl.* översålla **besag|en** säga, betyda; *das will nicht wenig ~* det vill inte säga litet; *die Vorschrift -t* bestämmelsen är; *es -t ferner* det innebär dessutom **besagt** bemäld, *der B~e* sagde person; *um auf ~e Sache zurückzukommen (vard.)* för att återgå till ämnet **besait|en** stränga; *zart -et (bildl.)* känslig **besamen** beså; befrukta **Besamung** *-en f, [künstliche]* ~ insemination **Besan** [be'za:n, 'be:za:n] *-e m, sjö.* mesan **besänftigen** blidka, dämpa, lugna **Besänftigung** *0 f* blidkande, dämpande, lugnande **Besatz** *-e† m* garnering, besats, bräm (*på kläder*); *jakt.* [småvilt]bestånd **Besatzung** *-en f* **1** besättning **2** garnison; ockupationsstyrka; ockupation **Besatzungsmacht** *-e† f* ockupationsmakt **Besatzungsstatut** *-en n, BRD* ockupationsstadga (*sedan 1949*) **Besatzungszone** *-n f* ockupationszon **besaufen** *st, rfl, vulg.* supa sig full **Besäufnis 1** *0 f, vard.* fylla **2** *-se f, äv. n, vard.* festande, dryckeslag **besäuseln** *rfl, vard.* berusa sig **beschädigen** skada; göra åverkan på; skamfila; *sich ~* skada sig **Beschädigung** *-en f* åverkan; skada **beschaffen I** *sv* an-, fram|skaffa; *es ist nicht zu ~* det går inte att få **II** *adj* beskaffad; *wie ist es mit deiner Gesundheit ~?* hur står det till med din hälsa?; *wie ist die Straße ~?* hurdan är vägen?; *ich bin nun einmal so ~* så är jag nu en gång funtad **Beschaffenheit** *0 f* beskaffenhet; läggning **Beschaffung** *0 f* anskaffande; anskaffning **beschäftig|en 1* sysselsätta; *sie ist in der Küche -t (äv.)* hon är upptagen i köket; *sie war gerade damit -t, zu* hon höll just på att; *in e-m Geschäft -t sein* vara anställd i en affär **2** *rfl* sysselsätta sig **Beschäftigtenzahl** *-en f* antalet sysselsatta **Beschäftigung** *-en f* sysselsättning, syssla; anställning **Beschäftigungslage** *0 f* sysselsättningsläge **beschäftigungslos** arbetslös, sysslolös **Beschäftigungspolitik** *0 f* sysselsättnings-, arbetsmarknads|politik **Beschäftigungstherapie** *-n f* sysselsättningsterapi **beschälen** (*om hingst*) betäcka **Beschäler** - *m* avelshingst, beskällare **beschallen** *med.* behandla med ultraljud **beschäm|en** *e-n ~* få ngn att skämmas (blygas), göra ngn generad (skamsen); *-t* skamsen, förlägen; *ein ~des Benehmen* ett uppförande som får en att skämmas **Beschämung** *0 f* förlägenhet, blygsel; *zu seiner ~ mußte er gestehen, daß* till sin skam måste han medge att **beschatten** skugga (*äv. hemligt följa*); *konst. äv.* schattera **Beschau** *0 f* besiktning, granskning, [tull]kontroll **Beschaubefund** *-e m* undersökningsresultat **beschauen 1** betrakta, beskåda **2** kontrollera, granska **Beschauer** - *m* åskådare **2** besiktningsman, kontrollant **beschaulich** fridfull; kontemplativ; *ein ~es Dasein führen* leva ett lugnt och fridfullt liv **Beschaulichkeit** *0 f* kontemplation, begrundande; *in aller ~* i lugn och ro **Beschauzeichen** - *n* kontrollstämpel (*på ädelmetall*) **Bescheid** *-e m* besked; upplysning; *abschlägiger ~* avslag; *e-m ~ sagen, wo* tala om för ngn var; *e-m ~ sagen (äv.)* säga ngn sitt hjärtas mening; *e-m ~ tun (högt.)* besvara ngns skål; *~ über (um) etw. (ack.) el. in (mit) etw. (dat.)*

wissen ha reda på (känna till, vara bevandrad i) ngt; *ich weiß hier nicht ~* (*äv.*) jag är främling (hittar inte) här; *e-m ~ stoßen* (*vard.*) säga ngn ett sanningens ord **bescheiden I** *st* **1** *e-n ~* ge ngn besked; *e-n abschlägig ~* ge ngn avslag **2** beordra; *e-n vor Gericht ~* kalla ngn inför rätta **3** förunna, förläna; *ihm war nicht beschieden, zu* honom var inte förunnat att **4** *rfl* foga sig, avstå; *mit dieser Antwort mußte ich mich ~* med det svaret fick jag nöja mig; *er weiß sich zu ~* han vet sin plats **II** *adj* **1** anspråkslös; blygsam, försynt; *~ leben* leva enkelt **2** (*omskr. för beschissen*) *es ist ~ det är för jävligt* **Bescheidenheit** *0 f* anspråkslöshet *etc.*, *jfr bescheiden II* **bescheidentlich** anspråkslöst *etc.*, *jfr bescheiden II* **bescheinen** *st* bestråla, belysa, skina på **bescheinigen** attestera, bekräfta, intyga (*skriftligen*); *den Empfang ~ erkänna* mottagandet **Bescheinigung** *-en f* attest, intyg; kvitto **bescheißen** *st, vulg.* skita ner; lura, skoja; *es ist beschissen* det är för jävligt **beschenk|en** *e-n mit etw. ~* ge ngn ngt i present; *-t werden* få gåvor (present[er]) **Beschenkung** *0 f* gåvoutdelning **bescher|en** dela ut gåvor (*i sht julklappar*); *bei uns wird nachmittags -t hos oss* delas julklapparna ut på eftermiddagen **Bescherung** *-en f* **1** julklappsutdelning **2** *vard., das ist ja e-e schöne ~!* det var en snygg historia! **bescheuert** *vard.* **1** knasig **2** förarglig **beschichten** belägga; *mit Kunststoff ~* plastbehandla **beschicken I** sända; *e-n Kongreß mit Delegaten ~* sända delegater till en kongress; *das Geschäft mit Waren ~* leverera varor till affären; *e-e Ausstellung ~* delta i en utställning **2** *tekn.* beskicka; **3** *sein Haus ~* beställa om sitt hus, ordna sina angelägenheter **Beschickung** *0 f, tekn.* beskickning **beschieden** *se bescheiden I* **beschienen** *se bescheinen* **beschießen** *st* beskjuta **beschiffen** (*om fartyg*) trafikera **beschiffbar** segelbar **beschilft** vassbevuxen **beschimpfen** förolämpa, okväda, skälla på **Beschimpfung** *-en f* okvädande, förolämpning, glåpord **beschirmen** beskydda, bevara; *skämts.* hålla paraply över **Beschiß** *0 m, vulg.* skoj, svindel **beschissen** *se bescheißen*
beschlabbern *vard.* **1** övertala **2** *rfl* spilla på sig **beschlafen** *st* **1** ligga med **2** *die Sache ~* (*bildl.*) sova på saken **Beschlag** *-e†* *m* **1** beslag (*äv. jur., tekn.*); *metallener ~* metallbeslag; *in ~ nehmen, mit ~ belegen* beslagta, kvarstadsbelägga, konfiskera; *e-n mit ~ belegen* lägga beslag på ngn **2** *jakt.* parning **3** beläggning (*på metall*); imma (*på glas*); mögel (*på mat*) **beschlagen** *st* **1** beslå; sko (*häst*); *auf* (*in*) *e-m Gebiet gut ~ sein* vara hemmastadd (väl bevandrad) på (inom) ett område **2** *s* överdras med imma (rost, mögel); *das Fenster beschlägt* [*sich*] det blir imma på fönstret; *das Eisen ist mit Rost ~* järnet är överdraget av rost (är rostigt); *mit Feuchtigkeit ~* fuktig **Beschlagnahme** *0 f* beslag[tagande], kvarstadsbeläggning, konfiskering **beschlagnahmen** beslagta[ga], kvarstadsbelägga, konfiskera **Beschlägkera** *st* smyga sig på (*äv. bildl.*) **beschleunig|en** påskynda, skynda på; accelerera; *die Fahrt ~* öka farten; *die Schritte ~* öka på stegen, gå fortare; *-ter Puls* hög puls **Beschleuniger** - *m* accelerator **Beschleunigung** *-en f* påskyndande; accele-
ration **Beschleunigungsvermögen** *0 n* accelerationsförmåga **beschließen** *st* **1** besluta, avgöra; *jur. äv.* resolvera; *es ist beschlossene Sache* det är avgjort **2** avsluta; *sein Leben ~* sluta sitt liv **Beschlu|ß** *-sse †* *m* **1** beslut; resolution **2** avslutande; *zum ~* som avslutning **beschlußfähig** beslutför, beslut[s]mässig **Beschlußfassung** *0 f* beslut[s]fattande **beschlußreif** mogen för avgörande (beslut) **beschmieren 1** bre[da] (*smör*) på; bestryka; *e-e Brotschnitte mit Butter ~* bre smör på en brödskiva **2** smörja (*maskindel*); smeta (smutsa) ner; *die Wand ~* (*äv.*) klottra ner väggen **3** *rfl* smeta (smutsa) ner sig **beschmutz|en** smutsa (söla) ner; *bildl.* smutskasta; *-te Finger* smutsiga fingrar **beschneiden** *st* beskära; klippa av; trimma, [ren]skära; omskära; *bildl.* skära ner; *e-m Vogel die Flügel ~* vingklippa en fågel **Beschneidung** *-en f* beskärning; omskärelse **beschneit** snötäckt **beschnüffeln, beschnuppern** nosa på (*äv. bildl.*); *vard. äv.* titta (spionera) på; *sich ~* (*vard. ung.*) känna varandra på pulsen **bescholten** illa beryktad, föraktlig **beschönigen** försköna, släta över; *~der Ausdruck* förskönande omskrivning, eufemism **Beschönigung** *-en f* förskönande, överslätning **beschottern** makadamisera **beschrank|en** förse med bommar (stängsel, barriärer); *-ter Bahnübergang* järnvägsövergång med bommar **beschränken** inskränka, begränsa (*auf + ack.* till); *e-n in der Freiheit ~* inkräkta på ngns frihet; *sich auf das Wesentliche ~* inskränka sig till det väsentliga **beschränkt** inskränkt (*äv. bildl.*), begränsad; *~e Haftung* (*hand.*) begränsad ansvarighet; *in ~en Verhältnissen leben* leva i små förhållanden; *~ arbeitsfähig* partiellt arbetsför **Beschränktheit** *0 f* inskränkthet; knapphet; *die ~ der Zeit* den knappa tiden **Beschränkung** *-en f* inskränkning, begränsning **beschreiben** *st* **1** beskriva; *nicht zu ~* obeskrivlig; *das Flugzeug beschrieb e-n Kreis* planet beskrev (flög i) en cirkel **2** skriva på; skriva full; *ein beschriebenes Papier* ett fullskrivet papper **Beschreibung** *-en f* beskrivning; *das spottet jeder ~* det trotsar all beskrivning **beschreien** *st, ~ Sie es nur nicht!* jubla inte i förtid!, peppar, peppar! **beschreiten** *st* beträda; *neue Wege ~* (*bildl.*) pröva nya vägar; *den Rechtsweg ~* vidta lagliga åtgärder **beschriften** förse med [på]skrift (etikett) **Beschriftung** *-en f* påskrift, text; etikett **beschuh|en** förse med skor; *-t* skodd **beschuldigen** beskylla, anklaga (*e-n e-r Sache* (*gen.*) ngn för ngt) **Beschuldigte(r)** *m f, adj böjn.* åtalad [person] **Beschuldigung** *-en f* beskyllning, anklagelse **beschummeln** *vard.*, **beschuppen** *vard.* lura (*i spel*) **beschuppt 1** fjällig, försedd med fjäll **2** fjällad **beschuppsen** *vard., se beschummeln* **Beschuß** *0 m* beskjutning **beschütten** ösa, hälla; *sich mit Suppe ~* spilla soppa på sig **beschützen** beskydda, försvara; *vor e-r Gefahr ~* skydda mot en fara **Beschützer** *- m* beskyddare **beschwatzen, beschwätzen** *vard.* **1** prata (skvallra) om **2** övertala **Beschwer** *0 f, äv. n, ohne* utan möda **Beschwerde** *-[*ve*:-] -n f* **1** besvärlighet, möda; *das Treppensteigen macht mir ~n* det är besvärligt för mig att gå i trappor **2** klago-

mål, besvär *(äv. jur.)*; *über etw. (ack.)* ~ *führen (kansl.)* anföra besvär över ngt **3** *med.* ont, åkomma; *die ~n des Alters* ålderskrämporna **-buch** *-er*† *n* besvärsbok **-führend|e(r)** *m f, adj böjn.,* **der** *(die)* *-e* den klagande, den som anför[t] besvär **-führer** - *m, se Beschwerdeführende(r)* **-schrift** *-en f* besvärs|skrift, -inlaga **-weg** *0 m, der* ~ *steht Ihnen offen* Ni har möjlighet att besvära Er ([över]klaga); *den ~ beschreiten* [över]klaga
beschweren 1 belasta, tynga; lägga en tyngd på **2** *rfl* besvära (beklaga) sig; *jur.* besvära sig, [över]klaga **Beschwerer** - *m* tyngd; brevpress **beschwerlich** besvärlig, mödosam, tröttsam **Beschwerlichkeit** *-en f* besvärlighet, möda **Beschwernis** *-se f* besvär[lighet], last **Beschwerte(r)** *m f, adj böjn.* utbetalare av legat (testamentsgåva) **beschwichtigen** lugna, trösta, tysta; *sein Gewissen ~* freda sitt samvete **Beschwichtigung** *0 f* lugnande, nedtystande **beschwindeln** lura, ljuga för **beschwingen** *bildl.* ge vingar åt **beschwingt** bevingad, snabbfotad; spänstig; livlig; ~*en Schrittes* med bevingade (lätta) steg; *~e Melodien* glada (livliga) melodier; *in ~er Stimmung sein (äv.)* vara inspirerad **Beschwingtheit** *0 f* livlighet; lycka; inspiration **beschwips|en** *rfl* dricka sig [lätt] berusad; *-t* lätt berusad, "glad" **beschwören** *st* **1** bedja, svära på **2** besvärja; frambesvärja; bönfalla **Beschwörer** - *m* besvärjare; trollkarl **Beschwörung** *-en f* **1** besvärjande **2** besvärjelse; vädjan
beseel|en besjäla; *ihn -t die Hoffnung* han besjälas av hoppet **Beseeltheit** *0 f* själfullhet **Beseelung** *0 f* besjälning **besehen** *st* **1** bese, titta på; *bei Lichte ~* vid närmare eftertanke; *zu ~ till* beskådande **2** *e-e Tracht Prügel ~ (vard.)* få ett kok stryk **beseitigen** undanröja; avlägsna; likvidera; *e-n Streit ~* bilägga en tvist **beselig|en** lyckliggöra; *über etw. (ack.)* -*t sein* vara lycksalig över ngt; -*t* lycksalig, säll
Besen - *m* **1** kvast; *ich fresse e-n ~, wenn das stimmt (vard. ung.)* om det är sant skall jag äta upp min gamla hatt; *neue ~ kehren gut* nya kvastar sopar bäst **2** *vard.,* käring; *sl.* piga; *vulg.* slampa, slinka **Besenginster** *0 m* har|ginst, -ris **Besenkammer** *-n f* städskrubb **besenrein** välsopad **Besenschrank** *-e*† *m* städskåp **Besenstiel** *-e m* kvastskaft; *als hätte er e-n ~ verschluckt* om han hade svalt en eldgaffel
besessen besatt; galen **Bessen|e(r)** *m f, adj böjn., wie ein ~er* som en besatt **Besessenheit** *0 f* besatthet, galenskap; mani, passion **besetz|en 1** besätta; ockupera; tillsätta; *sömn.* garnera, kanta; *die Rollen ~ (äv.)* fördela rollerna; *-tes Gebiet* ockuperat område; *e-e Stellung ~* tillsätta en post; *mit Pelz* -*t* besatt med päls; *ein mit Diamanten -ter Ring* en diamantbesatt ring; *das Beet mit Blumen ~* plantera blommor i rabatten **2** belägga, reservera; *-t* upptagen, fullsatt; *der Wagen war [voll]* -*t* vagnen var fullsatt; *es war alles* -*t* allting var upptaget **Besetztzeichen** *0 n, tel.* upptagetton **Besetzung** *-en f* **1** garnering **2** ockupation; besättning *(av roll)*; utnämning **3** besättning; *sport.* lag, spelare **Besetzungsmacht** *-e*† *f, schweiz.* ockupationsmakt
besichtigen besiktiga, inspektera; [av]syna;

e-e Stadt ~ besöka (bese) en stad **Besichtiger** - *m* granskare, inspektör; besökare **Besichtigung** *-en f* besiktning; inspektion *(av trupp)*; avsyning; [studie]besök **Besichtigungszeit** *-en f (på museum o.d.)* öppethållande, besökstid **besiedeln** bebygga; kolonisera **Besied[e]lung** *0 f* bebyggelse, bosättning; kolonisering **Besiedlungsdichte** *0 f* folktäthet **besiegbar** övervinnelig **besiegeln** *bildl.* besegla **besiegen** besegra, övervinna **Besiegt|e(r)** *m f, adj böjn.,* **der** *-e* den besegrade, förloraren **Besiegung** *0 f* besegrande **besingen** *st* **1** besjunga **2** sjunga in **besinn|en** *st, rfl* **1** [försöka] komma ihåg; *wenn ich mich recht* -*e* om jag inte misstar mig; *jetzt -e ich mich wieder* nu minns jag igen **2** betänka sig; tänka sig för; *ohne sich zu ~* utan betänkande **3** *sich anders (e-s Besseren) ~* komma på andra tankar, ändra sig; *sich auf sich (ack.) ~ selbst ~* rannsaka sig själv **Besinnen** *0 n* eftertanke, reflexion **besinnlich** tankfull, eftertänksam; kontemplativ; [lugn o.] fridfull **Besinnlichkeit** *0 f* begrundan; fridfullt lugn **Besinnung** *0 f* eftertanke, reflexion; besinning; medvetande; minne; *die ~ verlieren a)* tappa besinningen, *b)* förlora medvetandet; *wieder zur ~ kommen a)* sansa sig, *b)* återfå medvetandet **besinnungslos 1** besinningslös **2** medvetslös **Besinnungslosigkeit** *0 f* **1** besinningslöshet **2** medvetslöshet **Besitz** *0 m* **1** innehav; besittning; *in meinem ~* i min ägo; *von etw. ~ ergreifen* ta ngt i besittning **2** egendom, ägodel **besitzanzeigend** *språkv.* possessiv **besitzen** *st* äga, rå om; *er hat die Frechheit besessen* han hade fräckheten; *die ~de Klasse* de besuttna **Besitzer** - *m* innehavare, ägare; *mittelbarer ~* ägare; *unmittelbarer ~* tillfällig innehavare *(arrendator, hyresgäst e.d.)* **Besitzergreifung** *-en f* besittningstagande **besitzlos** egendomslös; *die B~en, die ~e Klasse* de obesuttna **Besitz|nahme** *0 f* besittningstagande **-stand** *0 m* egendoms- och förmögenhetsförhållanden **-steuer** *-n f* förmögenhetsskatt **-tum** *-er*† *n* egendom; ägor **-ung** *-en f* besittning, koloni **2** [större jord]egendom **-wechsel** *- m* ägarbyte; *vard. iron.* stöld
besoffen *vulg.* full **Besoffenheit** *0 f, vulg.* fylla **besohlen** sula **besolden** avlöna *(trupper; ämbetsmän)* **Besoldung** *-en f* avlöning, lön **Besoldungs|gesetz** *-e n,* **-ordnung** *-en f* avlöningsreglemente
besonder *adj (alltid böjt)* **1** särskild, speciell; *ein ganz ~er Fall* ett specialfall; *im allgemeinen und im ~en* i allmänhet och i detalj; *~e Kennzeichen* utmärkande kännetecken **2** märklig, egendomlig **Besonderheit** *-en f* **1** egendomlighet, besynnerlighet **2** specialfall; specialitet **besonders** *adv* **1** [var] för sig **2** huvudsakligen, speciellt, särskilt; *das hat mich ~ gefreut* det gladde mig särskilt **3** synnerligen; *nicht ~ gut* inte vidare bra **4** i all synnerhet; eftertryckligen; *ganz ~, da* i all synnerhet som
1 besonnen *sich ~ lassen* låta solen skina på sig
2 besonnen 1 *se besinnen* **2** sansad, försiktig, betänksam **Besonnenheit** *0 f* sans, betänksamhet
besonnt solig
besorg|en 1 [om]bestyra, ombesörja; sköta om **2** skaffa; *e-m etw. ~* skaffa (köpa, hämta)

ngt åt ngn; *e-m ein Taxi* ~ skaffa ngn en taxi; *dem habe ich es aber -t!* (*vard.*) honom sa jag vad jag tycker!, han fick veta att han lever!; *sie -t ihm den Haushalt* hon sköter hushållet åt honom **3** *ich -e, daß er e-n Unfall gehabt hat* jag fruktar (befarar) att han har råkat ut för en olycka; *es ist zu* ~ det är att befara **Besorgnis** *-se f* bekymmer, fruktan, farhåga **besorgniserregend** oroväckande; *sein Zustand ist* ~ hans tillstånd ger anledning till oro **besorgt** bekymrad, orolig, ängslig; *um etw.* ~ *sein* (*äv.*) vara mån om ngt **Besorgtheit** *0 f* omsorg; oro **Besorgung 1** *0 f* uträttande; skötsel (*av hushållet*) **2** *-en f* ärende, bestyr; *~en machen* gå ut o. handla, uträtta ärenden **bespannen 1** spänna för **2** bekla[da]; *die Wand mit Stoff* ~ spänna tyg på väggen; *ein Instrument (e-n Bogen) mit Saiten (e-e Saite)* ~ stränga ett instrument (en båge) **Bespannung** *-en f* **1** anspann; dragare **2** klädsel, överdrag **3** strängar, senor **bespeien** *st* **1** spotta (spy) på **2** *rfl* spy på sig **bespiegeln** *rfl* spegla sig **bespielen 1** spela in (*skiva e.d.*) **2** *verschiedene Bühnen* ~ gästspela på olika scener **bespitzeln** spionera på **Bespitzelung** *0 f* spionerande; spionage **bespitzen** *rfl, dial., se beschwipsen* **bespötteln** göra sig lustig över **besprechen** *st* **1** rådgöra om, diskutera, dryfta **2** recensera, anmäla **3** besvärja, fördriva med trollformel **4** *rfl, sich mit e-m* ~ rådgöra med ngn (*über etw.* (*ack.*) om ngt) **5** *ein Tonband* ~ tala in ett band **Besprecher** - *m* anmälare, recensent **Besprechung** *-en f* **1** diskussion, överläggning, förhandling **2** recension, anmälan **3** besvärjande **4** intalande (*av band e.d.*) **Besprechungsexemplar** *-e n* recensionsexemplar **Besprechungsraum** *-e† m* konferens-, sammanträdes|rum **besprengen** stänka (*med stril e.d.*); [be]stänka; *Wäsche* ~ stänka tvätt **bespringen** *st* betäcka (*djur*) **bespritz|en** stänka på, besputa; *von e-m Auto -t* nerstänkt av en bil; *mit Blut -t* blodbestänkt **besprühen** bestänka, bespruta **bespucken** spotta på **bespül|en** spola, skölja (*om hav o.d.*); *der Fluß -t die Landschaft* floden bevattnar landskapet **Bessemer|birne** *-n f, tekn.* bessemerkonverter **-verfahren** *0 n* bessemerprocess **besser** (*komp. t. gut o. wohl*) bättre; *fühlst du dich* ~ ? känner du dig bättre?; *er ist nur ein ~er Hilfsarbeiter* han är inte stort mer än (ingenting annat än en) hantlangare; ~ *gesagt* snarare; *ich habe B~es zu tun* jag har viktigare saker att göra; ~ *ist* ~ det är bäst att ta det säkra för det osäkra; *es ist* ~, *du kommst her* det är bäst att du kommer hit; *es kommt noch* ~ (*iron.*) det blir ännu värre; *ich täte* ~ *daran, zu gehen* det vore bättre om jag gick **bessergestellt** välsituerad **bessern 1** förbättra, göra bättre **2** *rfl* bättra sig, bli bättre **besserstellen** ställa på en bättre plats; *e-n* ~ förbättra ngns (*ekonomiska*) ställning **Besserung** *0 f* [för]bättring; *gute* ~ *!* krya på dig (*etc.*)!, god bättring! **Besserungsanstalt** *-en f* uppfostringsanstalt **besserungsfähig** i stånd att bättra sig **Besserwisser** - *m* viktigpetter, besserwisser **best** (*superl. t. gut o. wohl*; *alltid böjt*) bäst; *mein B~er* (*ung.*) kära Ni (du); *sein B~es tun* göra sitt bästa; *es wird am ~en sein, daß* det blir nog bäst att; *auf dem ~en Wege sein* vara på god väg; *es war aufs ~e bestellt* det var så

bra [ordnat] som möjligt; *beim ~en Willen nicht* inte med bästa vilja i världen; *im ~en Alter* i sina bästa år; *im ~en Zuge sein* hålla på som bäst; *nach ~em Wissen handeln* handla efter bästa förstånd; *sprechen Sie zu meinem B~en!* lägg ett gott ord för mig!; *ein Konzert zum B~en des Roten Kreuzes* en konsert till förmån för Röda Korset; *ein Glas Wein zum ~en geben* bjuda på ett glas vin; *e-n Witz zum ~en geben* dra en vits; *e-n zum ~en halten* driva med ngn; *nicht zum ~en stehen* inte stå så bra till
bestallen installera; förordna, utnämna **Bestallung** *-en f* installering; förordnande, utnämning **Bestallungsurkunde** *-n f* fullmakt, patent
Bestand 1 *0 m* bestånd, varaktighet; ~ *haben* äga bestånd **2** *-e† m* förråd, bestånd; tillgångar; population; ~ *an Büchern* bokförråd; *in meinen Beständen* (*äv.*) i mina gömmor; *eiserner* ~ ordinarie (ständigt) förråd, reservförråd; *das gehört zum eisernen* ~ (*vard.*) det hör till standardrepertoaren; *der* ~ *des Gutes ist* godset omfattar; *Ausstände und Bestände* tillgångar och skulder **Bestandbuch** *-er† n* inventariebok **bestanden 1** *se bestehen* **2** *mit Wald* ~ skogbevuxen **beständig** bestående, stadig; oavbruten; *~er Freund* trogen vän; *~er Mensch* uthållig (ståndaktig) människa; ~ *etw. auszusetzen haben* alltid (ständigt) ha ngt att kritisera **Beständigkeit** *0 f* beständighet, varaktighet; oföränderlighet **Bestandsaufnahme** *-n f* inventering **Bestandsliste** *-n f,* **Bestandsverzeichnis** *-se n* inventarieförteckning **Bestandteil** *-e m* beståndsdel; *sich in seine ~e auflösen* (*skämts.*) gå i bitar
bestärken [be]styrka, befästa (*i tron*) **bestätigen 1** bekräfta, intyga, erkänna (*mottagande*); *jur.* fastställa **2** *rfl* besannas, bekräftas **Bestätigung** *-en f* bekräftelse, erkännande, intyg **bestatten** begrava **Bestattung** *-en f* begravning **Bestattungsinstitut** *-e n* begravningsbyrå **bestaub|en 1** damma ner; *~e Kleider* dammiga kläder **2** *rfl* bli dammig **bestäub|en** fint beströ; *bot.* pollinera; *mit Mehl -t* (*äv.*) mjölig, neddammad av mjöl **Bestäubung** *-en f, bot.* pollinering **bestaunen** häpet betrakta
beste, Beste *se best*
bestechen *st* **1** besticka, muta, korrumpera **2** fängsla, fascinera; *sie besticht durch ihr gutes Aussehen* hon fascinerar (duperar) genom sitt stiliga utseende **bestechlich** bestickig, mottaglig för mutor **Bestechung** *-en f* muta, korruption; *aktive* ~ bestickning; *passive* ~ tagande av muta **Besteck** *-e n* bestick (*mat-, instrument-; sjö.*) **bestecken** pryda, garnera; *etw. mit etw.* ~ (*äv.*) sätta (sticka) fast ngt på ngt
besteh|en *st* **1** bestå; genomgå, klara; utstå, uthärda; *die Prüfung* ~ bli godkänd i (klara) examen; *e-e Gefahr* ~ utstå en fara; *den Kampf* ~ utgå som segrare i kampen **2** bestå; existera, finnas; *Schönheit vergeht, Tugend -t* skönhet förgår, dygd består; *ohne Nahrung kann niemand* ~ man kan inte existera utan föda; *die Firma -t seit zehn Jahren* firman har funnits i tio år; *es -t ein Gesetz, daß* det finns en lag om att; *darüber -t kein Zweifel* därom råder inget tvivel; *aus* (*in*) *etw.* (*dat.*) ~ bestå av (i) ngt, utgöras av ngt; *der Unterschied -t darin, daß* skillnaden består i att; *das B~de* det

bestående; *ein zu Recht ~der Vertrag* ett lagligt kontrakt **3** göra sig gällande, hävda sig, stå sig **4** *auf etw.* (*dat.*) ~ insistera (yrka, hålla) på ngt **Bestehen** *0 n* bestånd, existens, tillvaro; *seit ~ des Gesetzes* så länge som lagen har funnits **bestehlen** *st* bestjäla; *e-n um etw.* ~ stjäla ngt från ngn **besteigen** *st* bestiga, klättra upp på; betäcka (*hona*); *das Rad* ~ sätta sig på cykeln **Besteigung** *-en f* bestigning **bestellbar** beställbar; *nicht* ~ obeställbar **Bestellbuch** *-er†* n orderbok **bestell|en 1** beställa, rekvirera; *e-e Flasche Wein* ~ beställa in en flaska vin; *sich* (*dat.*) *etw.* ~ beställa ngt; *sich hat sich* (*dat.*) *etw. Kleines -t* hon väntar tillökning **2** *e-n zu sich nach Hause* ~ säga till (be) ngn att komma hem till sig; *ich habe ihn für Sonntag -t* (*äv.*) jag har stämt möte med honom på söndag; *ich bin um zwei Uhr zum* (*beim*) *Arzt -t* jag har tid klockan två hos läkaren **3** framföra; *e-m Grüße* ~ framföra hälsningar till ngn; *sie läßt dir ~, daß* hon låter hälsa att; *nichts zu ~ haben* inte kunna uträtta ngt, inte ha ngt att säga till om; *die Post ~* (*åld.*) bära (dela ut) posten **4** utnämna, tillsätta, [till]förordna, utse **5** odla, bruka **6** *es ist schlecht mit ihm* (*um seine Gesundheit*) *-t* det står illa till med honom (med hans hälsa) **7** *den Tisch mit etw.* ~ ställa ngt på bordet **Bestell|er** - *m* beställare; prenumerant **-gebühr** *-en f*, **-geld** *-er n* hemsändnings-, utbärnings|avgift **-liste** (*hopskr. Bestelliste*) *-n f* beställnings-, order|lista **-schein** *-e m* ordersedel, rekvisitionsblankett **-ung** *-en f* **1** beställning, order, rekvisition **2** *åld.* [avtalat] möte; *der Arzt hat heute noch drei ~en* läkaren har tre patienter till i dag **3** hälsning, meddelande, ärende **4** utnämnande, tillsättande, [till]förordnande **5** odlande, brukande **-zettel** - *m, se Bestellschein*
'besten'falls i bästa fall **bestens** på bästa sätt; *danke ~* tack så mycket (*äv. iron.*)
besteuern beskatta **Besteuerung** *0 f* beskattning
Bestform *0 f, sport.* bästa form, toppform **bestgehaßt** *vard.* mest hatad **bestgemeint** *vard.* i bästa välmening
bestialisch bestialisk **Bestialität 1** *0 f* bestialitet **2** *-en f* bestialitet, bestialisk gärning
besticken brodera
'Bestie [-jə] *-n f* best, odjur (*äv. bildl.*)
bestimmbar bestämbar, definierbar **bestimm|en 1** bestämma; fastställa; definiera; *bot.* examinera; *näher ~* specificera; *nichts kann ihn dazu ~* ingenting kan förmå honom till det; *hier hat er nichts zu ~* här har han ingenting att säga till om; *er hat sich dazu ~ lassen* han har låtit övertala sig till det; *das Gesetz -t* lagen föreskriver **2** bestämma, avse, ämna; *als* (*zum*) *Nachfolger ~* utse till efterträdare; *seine Eltern ~ ihn zum ...* hans föräldrar bestämmer att han skall bli ...; *e-n ~, etw. zu tun* (*vard.*) förmå (övertala) ngn att göra ngt **3** *rfl* bestämma (besluta) sig **bestimmt I** *adj* bestämd; avgjord; *zur ~en Zeit* vid avtalad tid; *nach Hamburg ~* (*sjö.*) destinerad till Hamburg **II** *adv* säkert, bestämt, med säkerhet; *ganz ~!* säkert!, absolut! **Bestimmtheit** *0 f* bestämdhet, säkerhet; fasthet; tydlighet; *mit aller ~* med största bestämdhet **Bestimmung** *-en f* bestämmelse; bestämmande; bestämning; *sjö.* destination; *kem.* analys; *med.*
diagnos; *den ~en gemäß* enligt föreskrifterna; *es ist die ~ jedes Menschen* det är varje människas öde **Bestimmungshafen** *-† m* destinationshamn **Bestimmungsort** *-e m* bestämmelseort **Bestimmungswort** *-er†* n, *språkv.* bestämningsord
bestirnt *högt.* stjärnbeströdd
Bestleistung *-en f* bästa resultat; topprestation; rekord **Bestmann** *-er†* m styrman (*på mindre fartyg*) **bestmöglich I** *adj*, *alltid böjt* bästa möjliga **II** *adv* så bra som möjligt **bestochen** *se bestechen* **bestohlen** *se bestehlen* **bestoßen** *st* **1** kantstöta; skada **2** *tekn.* putsa, renskära **Bestoßfeile** *-n f* rasp **bestraf|en** [be]straffa; *Zuwiderhandlungen werden -t* överträdelse beivras **Bestrafung** *-en f* bestraffning, straff **bestrahlen** bestråla; *med.* strålbehandla **bestreb|en 1** *rfl* bemöda sig **2** *-t sein, etw. zu tun* vara angelägen (bemöda sig) att göra ngt **Bestreben** *0 n* strävan **Bestrebung** *-en f* strävan[de], bemödande **bestreichen** *st* bestryka (*äv. mil.*); *Brot mit Butter ~* stryka (breda) smör på brödet; *bestrichener Raum* (*mil.*) bestrykningsområde **bestreiken** strejka vid **bestreitbar 1** omtvistlig, diskutabel **2** överkomlig **bestreiten** *st* **1** bestrida, förneka; *ich will seine gute Absicht nicht ~* jag vill inte förneka hans goda avsikt **2** bestrida, betala, stå för **Bestreitung** *0 f, zur ~ der Unkosten* till bestridande av omkostnaderna **bestreuen** beströ **bestricken 1** *bildl.* snärja, fascinera **2** *skämts., ein Kind mit Handschuhen ~* sticka [en mängd] vantar åt ett barn **Bestseller** - *m* bestseller, bästsäljare **bestücken** bestycka **Bestückung** *-en f* bestyckning; utrustning **bestuhlen** förse med stolar (sittplatser) **Bestuhlung** *0 f* samtliga sittplatser (*på bio e.d.*); försende med sittplatser **bestürmen** bestorma; *mil.* storma **bestürzen** göra bestört (häpen); *das ist ~d* det är häpnadsväckande **Bestürz|theit** *0 f*, **-ung** *0 f* bestörtning; pinsam överraskning
Best|wert *-e m* optimum, bästa värde; toppnotering **-zeit** *-en f, sport.* bästa tid, rekordtid **Besuch** [-u:-] *-e m* **1** besök, visit; påhälsning; *jdm e-n ~ machen* (*abstatten*) göra (avlägga) besökhos ngn; *bei jdm zu* (*auf*) *~ sein* vara på besök hos ngn; *~ e-r Stadt* (*e-s Museums*) besök i en stad (på ett museum); *seinen ~ absagen* meddela att man inte kommer, ge återbud **2** besök[ande], främmande, gäst[er] **besuch|en** besöka, hälsa på; *ein Konzert ~* gå på en konsert; *die Schule ~* gå i skolan; *stark* (*schwach*) *-t* väl (dåligt) besökt **Besucher** - *m* besökare, gäst; *bei jdm ein häufiger ~ sein* ofta besöka ngn **Besucherzahl** *-en f* besökarantal, antal besökande **Besuchskarte** *-n f* visitkort **Besuchs|stunde** *-n f*, **-zeit** *-en f* besöks-, mottagnings|tid **Besuchszimmer** - *n* mottagningsrum
besudeln smutsa ner; *bildl. äv.* besudla, smutskasta **betagt** bedagad **betakeln 1** *sjö.* påtackla, rigga **2** *österr.* lura **betanken** tanka **betasten** ta (känna) på, vidröra **Betastrahlen** *pl* betastrålar
betätigen 1 manövrera, sätta i gång; använda; *högt.* omsätta i praktiken; *den Hebel ~* manövrera spaken; *die Bremse ~* använda bromsen, bromsa; *den Knopf ~* trycka på knappen **2** *rfl* arbeta, vara verksam (aktiv), deltaga **Betätigung** *-en f* **1** användning; manövrering; igångsättning **2** verksamhet **Betätigungsfeld**

-er *n* verksamhetsfält **Betätigungshebel** - *m* manöverspak **betäuben** bedöva, söva; *örtlich* ~ lokalbedöva **Betäubung 1** *0 f* bedövande, sövande **2** *-en f* bedövning, sövning; narkos; domning **Betäubungsmittel** - *n* bedövningsmedel; narkotikum **betaut** daggig, daggstänkt
Bete -*n f* beta; *rote* ~ rödbeta
bête [bɛ:t] *kortsp.*, ~ *sein* gå (bli, vara) bet
beteilig|en 1 göra delaktig; *Arbeiter am Gewinn* ~ låta arbetare få del i vinsten **2** *rfl*, *sich an (bei) etw.* (*dat.*) ~ delta i ngt, vara intresserad (engagerad) i ngt **3** *an etw.* (*dat.*) *-t sein* vara delaktig (engagerad, inblandad) i ngt **Beteiligte(r)** *m f, adj böjn.* deltagare; delägare; inblandad **Beteiligung** *0 f* deltagande; delägar-, kompanjon|skap; delaktighet **Beteiligungsgesellschaft** *-en f* holdingbolag
beten bedja; *vor (nach) Tisch* ~ läsa bordsbön
Beter - *m* bedjare
beteuern bedyra **Beteuerung** *-en f* bedyrande **betexten** förse med text, sätta text till
Bet|fahrt *-en f* vallfärd **-gang** *-e†* *m* [böne]-procession **-haus** *-er†* *n* bönehus, kapell
betitel|n betitla; titulera; *wie -t sich das Buch?* vad har boken för titel? **betölpeln** lura, överlista
Beton [be'tɔŋ, -'tõ:, -'tõːn) *-s el.* *-e m* betong **-bau 1** *0 m* byggande med betong **2** *-ten m* betongbyggnad
betonen betona; lägga tonvikten på; framhålla
betonieren bygga med betong; betongera **Betonierung** *-en f* betongering; betong|beläggning, -skikt **Betonmischer** - *m*, **Betonmischmaschine** *-n f* betongblandare
betonnen *sjö.* lägga ut sjömärken **betont** betonad; utpräglad; påfallande **Betonung** *-en f* betoning, tonvikt; accent[uering] **betören** högt. förtrolla, bedåra; förleda **Betörung** *0 f* förtrollning *etc.*, *jfr betören*
Betpult *-e n* bönepulpet
betr. *förk. för betreffend, betreffs* betr., beträffande
Betracht *0 m* övervägande, betraktande; *außer* ~ utan avseende; [*nicht*] *in* ~ *kommen* [inte] komma i fråga (betraktande), [inte] bli tal om; *in* ~ *ziehen* överväga, ta hänsyn till **betrachten** betrakta; *das muß ich mir einmal näher* ~ det måste jag titta närmare på **beträchtlich** ansenlig, avsevärd; *er fuhr um ein ~es schneller als ich* han körde betydligt fortare än jag **Betrachtung** *-en f* betraktande; betraktelse; granskning; *bei näherer ~ des Bildes* (*äv.*) när man ser (såg) närmare på bilden; *~en über etw.* (*ack.*) *anstellen* (*äv.*) reflektera över ngt; *in ~ der Umstände* i betraktande av (med hänsyn till) omständigheterna **Betrachtungsweise** *-n f* åskådningssätt **betraf** *se betreffen*
Betrag *-e† m* belopp; *im ~ von* till ett belopp av; ~ *dankend erhalten* kvitteras **betragen** *st* **1** belöpa sig till, utgöra; *die Rechnung beträgt* räkningen uppgår till **2** *rfl* uppföra sig **Betragen** *0 n* beteende; uppförande (*äv. i betyg*)
betrauen *e-n mit etw.* ~ betro ngn [med] ngt, anförtro ngn ngt **betrauern** sörja **beträufeln** *etw. mit etw.* ~ droppa ngt på ngt
Betreff *0 m, kansl.*, *in etw.* i detta hänseende, beträffande detta **betreffen** *st* **1** beträffa, angå, gälla, röra; *was mich betrifft* vad mig beträffar (angår); *der (die) B~de* vederbörande, personen i fråga; *der ~de Beamte* tjänstemannen i fråga, vederbörande (ifrågavarande) tjänsteman; *die den Unfall ~den Hinweise* de informationer som rör olyckan; *unser Schreiben ~d den Vertrag* vårt brev beträffande kontraktet; *die ~den Vorschriften* gällande föreskrifter **2** högt. överraska, ertappa **3** högt. drabba, träffa **betreffs** *prep m. gen.*, *kansl.*, *hand.* beträffande, angående
betreiben *st***1** [be]driva; idka; *ein Handwerk* ~ utöva ett hantverk; *die Maschine wird elektrisch betrieben* maskinen drivs elektriskt; *e-e Liebhaberei* ~ ägna sig åt en hobby **2** påskynda; skynda på med **Betreiben** *0 n, auf mein* ~ [*hin*] på min tillskyndan **betreten** *st* beträda; *das Zimmer* ~ gå (komma) in i rummet; *ein ~es Gesicht machen* se brydd (förlägen, besvärad) ut **Betretenheit** *0 f* förlägenhet **betreuen** ta hand om, sköta [om] **Betreuer** - *m* vårdare; hjälpare; *sport.* tränare **Betreuung** *0 f* omvårdnad, vård; skötsel; passning
Betrieb 1 *0 m* drift, verksamhet; trafik; *vard.* liv och leverne, ståhej; *den* ~ *satt haben* (*vard.*) vara trött på alltihopa; *außer* ~ ur drift, inte i gång; *außer* ~ *setzen* stänga av, lägga ner; *in* ~ *setzen* starta, sätta i gång **2** *-e m* företag, rörelse; *e-n* ~ *stillegen* lägga ner ett företag; *öffentliche ~e* allmännyttiga inrättningar (företag) **betrieblich** företags-, som rör företaget; ~ *verhindert* förhindrad på grund av arbete **betriebsam** driftig, verksam **Betriebs|angehörige(r)** *m f, adj böjn.* anställd; *die Betriebsangehörigen* (*äv.*) personalen **-anleitung** *-en f*, **-anweisung** *-en f* bruksanvisning; instruktion **-arzt** *-e† m* företagsläkare **-ausflug** *-e† m* firmautflykt **betriebseigen** företagsägd, som tillhör företaget **betriebsfähig** klar för drift, drifts-, funktions|duglig **Betriebsferien** *pl* industrisemester; *wegen ~ geschlossen!* semesterstängt!
betriebsfertig färdig att tas i drift
Betriebs|fest *-e n* firmafest **-führung** *-en f* företagsledning **-geheimnis** *-se n* fabriks-, affärs|hemlighet **-gewerkschaftsleitung** *-en f, DDR, die* ~ (*ung.*) verkstadsklubbens styrelse **-handwerker** - *m* vid företaget anställd hantverkare **-jahr** *-e n* verksamhetsår **-kapital** *-e el. -ien n* drifts-, rörelse|kapital **-klima** *0 n* atmosfär på arbetsplatsen **-kollektivvertrag** *-e† m, DDR* årligt kollektivavtal (*mellan företagsledning o. verkstadsklubbens styrelse*) **-kosten** *pl* driftskostnad[er] **-leiter** - *m* drifts-, företags|ledare, disponent **-material** *0 n, järnv.* rullande material **-ordnung** *-en f* (*företags*) arbetsordning, föreskrifter o. för-ordningar (*om arbetsvillkor etc.*) **-rat** *-e† m, ung.* personalråd, fackklubb **-rente** *-n f* (*privat*) pension (*som betalas av ett företag*), **-schluß** *0 m* (*företags*) stängningstid
betriebssicher driftsäker
Betriebs|stillegung *-en f* företagsnedläggelse **-störung** *-en f* drifts|avbrott, -störning **-unfall** *-e† m* olycksfall i arbetet **-verfassungsgesetz** *0 n, BRD* lag om företagsdemokrati [inom privata storföretag] **-verlustversicherung** *-en f* [drifts]avbrottsförsäkring **-wirt** *-e m* företagsekonom **-wissenschaft** *0 f* företagsekonomi
betrinken *st, rfl* dricka sig berusad, berusa sig; *jfr betrunken* **betroffen** bestört, häpen; pinsamt överraskad; *die B~en* berörda par-

Betroffenheit—bevorzugen 90

ter; *se äv. betreffen* **Betroffenheit** *0 f* bestörtning, häpnad **betrog** *se betrügen* **betrüben** bedröva, göra sorgsen **betrüblich** sorglig, tråkig **be'trüblicher'weise** ledsamt nog, tyvärr **Betrübnis** *-se f,* **Betrübtheit** *0 f* bedrövelse, ledsnad **Betrug** *0 m* bedrägeri, svek **betrügen** *st* bedra; *e-n um etw.* ~ lura ngn på ngt **Betrüger** - *m* bedragare **Betrügerei** *-en f (upprepat)* bedrägeri **betrügerisch** bedräglig, svekfull; ~*es Geschäft* svindel-, luft|affär; *in ~er Absicht* i bedrägligt syfte
betrunken berusad, drucken; ~*er Kraftfahrer* rattfyllerist **Betrunkenheit** *0 f* rus
Bet|saal *-säle m* bönesal **-schwester** *-n f, neds.* läserska; skenhelig kvinna **-stundenbuch** *-er†n* brevarium
Bett *-en n* **1** säng; bädd *(äv. tekn. o. flod-);* *das ~ machen (mil.: bauen)* bädda sängen; *das ~ frisch überziehen* byta lakan; *das ~ hüten* vara sängliggande; *zu (ins) ~ gehen* gå till sängs; *die Kinder ins ~ bringen* lägga barnen **2** duntäcke
Bettag *-e m* böndag
Bett|bezug *-e†m* påslakan **-couch** *-[e]s el. -en f* dagbädd, dyscha **-decke** *-n f* sängtäcke
Bettel *0 m* **1** tiggeri **2** *bildl.* småsak, strunt; *das ist der ganze ~ (vard.)* det är hela smörjan **'bettel'arm** utfattig **Bettelbrief** *-e m* tiggarbrev **Bettelbrot** *0 n,* ~ *essen* leva på allmosor **Bettelei** *-en f* tiggeri, bettleri **Bettelgeld** *0 n, etw. für ein ~ bekommen* få ngt för en struntsumma **Bettelmönch** *-e m* tiggarmunk **betteln** tigga, bettla; *bildl.* tigga, bönfalla **Bettelstab** *0 m, an den ~ kommen* bli utfattig; *an den ~ bringen* bringa till tiggarstaven **Bettelsuppe** *-n f* välgörenhetssoppa; *bildl.* mager kost **Bettelvolk** *0 n* tiggare; *bildl.* pack
bett|en **1** bädda; *sie ist nicht auf Rosen gebettet* hennes liv är ingen dans på rosor **2** *rfl, wie man sich -et, so liegt (schläft) man* som man bäddar får man ligga; *er hat sich weich gebettet (äv.)* han har ordnat det bra för sig.
Bett|federn *pl* dun (*t. sängtäcke*) **-flasche** *-n f* värmeflaska **-genosse** *-n -n m* sängkamrat **-karte** *-n f, järnv.* sovplatsbiljett **-kasten** *-† m* låda för sängkläder *(i bäddsoffa etc.)*
bettlägerig sängliggande (*på grund av sjukdom*) **Bettlaken** - *n* lakan
Bettler - *m* tiggare **-handwerk** *0 n* tiggeri **-zinken** - *m, åld., der ~* tiggarnas hemliga tecken (*ritade på dörr etc.*)
Bett|nässer - *m* sängvätare **-pfanne** *-n f* bäcken **-ruhe** *0 f, der Arzt verordnet ~* läkaren ordinerar sängläge **-schwere** *0 f, die nötige ~ haben* vara tillräckligt sömnig för att gå och lägga sig **-tuch** *-er† n (hopskr. Bettuch)* lakan **-überzug** *-e†m* påslakan **-ung** *-en f* bäddande, bäddning; *tekn.* bädd, underlag; *mil.* lavett; *järnv.* ballast **-vorhang** *-e†m* sparlakan, sängomhänge **-vorleger** - *m* sängmatta **-wanze** *-n f* vägglus **-wärmer** - *m* värmeflaska; *vard. skämts.* sängkamrat **-wäsche** *0 f* sänglinne **-zeug** *0 n* säng|linne, -kläder, -utstyrsel
betulich tillmötesgående; (*vänligt*) omständlig, beställsam **betupfen 1** lätt beröra; badda **2** förse med punkter (prickar) **betüpfen** *se betupfen* **2**
betütern *vard.* **1** *e-n* ~ pyssla om ngn **2** *rfl* berusa sig
beugbar böjlig, böjbar **Beuge** *-n f* **1** böjning,

krökning **2** arm-, knä|veck **Beugemuskel** *-n m* böjmuskel **beugen 1** böja; undertrycka; *jds Stolz ~* förödmjuka ngn, kuva ngns stolthet; *das Recht ~* vränga lagen **2** *rfl* böja (luta) sig [ner]; *sich vor e-m ~ (äv.).* [för]ödmjuka sig inför ngn, foga sig i ngns vilja **Beuger** - *m* böjmuskel **Beugung** *-en f* böjning; *fys.* brytning (*av stråle*) **beugungsfähig** *se beugbar* **Beule** *-n f* bula; buckla; knä (*på byxa*); *med. äv.* böld **Beulenpest** *0 f* böldpest **beulig** bucklig; med bölder
beunruhigen oroa; ~ *Sie sich nicht!* var inte orolig!; *sich wegen jds (über etw. ack.)* ~ oroa sig för ngn (ngt) **Beunruhigung** *0 f* oro; oroande **beurkunden** officiellt bekräfta; dokumentera; bestyrka, bevisa äktheten av (*med hjälp av dokument*) **Beurkundung** *-en f* dokumentation; attestering **beurlaub|en 1** permittera, ge tjänstledigt, hemförlova; suspendera; *wegen Krankheit -t* sjukledig **2** *rfl* ta ledigt; ta farväl, dra sig tillbaka **Beurlaubtenstand** *0 m, im ~ (mil.)* i reserven **Beurlaubung** *-en f* permittering, hemförlovning; suspension; avsked **beurteilen** bedöma; *das kann man schwer ~* det är svårt att bedöma **Beurteiler** - *m* bedömare; kritiker, recensent **Beurteilung** *-en f* bedömning, mening; kritik, recension **Beurteilungsvermögen** *0 n* omdömesförmåga
Beuschel *0 n, österr. ung.* lungmos
Beute *0 f* byte, rov; *etw. (dat.) zur ~ fallen* falla offer för ngt; *auf ~ ausgehen* gå på rov **beutegierig** rov|girig, -lysten
Beutel - *m* **1** påse; liten säck; pung (*äv. zool.*); ficka; *med.* cysta; *den ~ ziehen* lossa på pungen; *die Hand auf dem ~ haben (äv.)* vara snål; *tief in den ~ greifen (äv.)* göra ett djupt grepp i kassan **2** *tekn.* sikt; *dial.* stämjärn **Beutelgeschwulst** *-e† f, med.* cysta, svulst **beutelig** pösig, säckig **beuteln 1** *vard.* pungslå **2** skaka; sikta; bråka (*lin*) **3** *rfl* bli säckig, säcka sig **Beutelschneider** - *m, åld.* ficktjuv **Beutelschneiderei** *0 f* stöld; bedrägeri; *das ist ~!* det är rena rövarpriset! **Beuteltier** *-e n* pungdjur
Beutenhonig *0 m* vildhonung **beuteschwer** lastad med byte **Beutezug** *-e† m* plundringståg **Beutler** - *m* **1** *åld.* pungmakare **2** pungdjur
beutlig *se beutelig*
bevölker|n 1 befolka; [upp]fylla; *Vögel ~ die Insel* **2** ön är full av fåglar **2** *rfl* befolkas; *der Saal -t sich* salen fylls **Bevölkerung 1** *0 f* befolkande **2** *-en f* befolkning; population **Bevölkerungsaufbau** *0 m* befolkningsstruktur **Bevölkerungsbewegung** *-en f* befolkningsrörelse **Bevölkerungsdichte** *0 f* befolkningstäthet **Bevölkerungszahl** *-en f* befolkningssiffra
bevollmächtigen befullmäktiga; bemyndiga **Bevollmächtigte(r)** *m f, adj bojn.* fullmäktig, befullmäktigad **Bevollmächtigung 1** *0 f* befullmäktigande **2** *-en f* fullmakt
bevor förrän, innan **bevormunden** ställa under förmyndare; *bildl.* spela förmyndare åt **Bevormundung** *0 f* förmynderskap **bevorraten** utrusta med förråd **Bevorrecht[ig]en** privilegiera, gynna **Bevorrecht[ig]ung** *-en f* privilegiering; privilegium **bevorstehen** *st* förestå (*e-m* ngn); *die ~de Gefahr* den hotande faran; *das ~de Ereignis* den kommande händelsen; *~de Woche* nästkommande vecka **bevorteilen** gynna **bevorzug|en** föredra (*vor +*

dat. framför); -te Lage gynnat läge; -t behandeln behandla med företrädesrätt bewachen bevaka; vakta bewachsen *st* växa över; *Rosen ~ die Mauer (äv.*) muren är övervuxen av rosor **Bewachung** -*en f* bevakning; vakt[manskap] **bewaffn|en** [be]väpna; *bis auf die Zähne* -*et* beväpnad till tänderna **Bewaffnung** -*en f* beväpning, vapenutrustning **Bewahranstalt** -*en f (förr)* interneringsanstalt **bewahr|en 1** bevara, skydda; *högt. äv.* behålla; e-m *die Treue ~* förbli ngn trogen; *dieser Brauch hat sich bis heute* -*t* detta bruk har levt kvar till våra dagar; *i (Gott)* -*e! (vard.)* absolut inte!; *über etw. (ack.) Stillschweigen ~* iakttaga tystnad om ngt; *vor etw. (dat.)* -*t bleiben (äv.)* förskonas från ngt **2** *högt.* förvara; gömma **bewähr|en** *rfl* hävda sig; *er muß sich erst ~* han måste först visa vad han kan (visa att han håller måttet); *sich als Freund ~* visa sig vara en vän; *ein -tes Mittel* ett beprövat medel **Bewahrer** - *m* bevarare; vårdare **bewahrheiten** *rfl* besannas, besanna sig **Bewahrung** *0 f* bevarande *etc., jfr bewahren* **Bewährung** *0 f* **1** bekräftelse; prov, prövning **2** *drei Jahre Gefängnis ohne ~* tre års fängelse ovillkorligt **Bewährungs|aufsicht** *0 f, jur.* övervakning -**frist** -*en f* prövotid; *jur.* anstånd (*m. straff*); *Strafe mit ~ (ung.)* villkorlig dom -**helfer** - *m, jur.* övervakare -**hilfe** *0 f, jur.* övervakning -**probe** -*n f* eldprov **bewalden 1** plantera skog på **2** *rfl* täckas av skog **Bewaldung** -*en f* skogs|areal, -bestånd, skog **bewältigen** bemästra, ta makt med, klara [av]; *das kann ich nicht allein ~ (äv.)* det orkar jag inte äta upp ensam **Bewältigung** *0 f, nach ~ aller Schwierigkeiten (des Unternehmens)* efter att ha bemästrat alla svårigheter (genomfört företaget) **bewandert** bevandrad; *in e-m Fachgebiet ~* sakkunnig på ett område **bewandt** *åld., die Dinge sind so ~, daß* det (saken) ligger så till att; *wenn es damit so ~ ist* om det står så till **Bewandtnis** *0 f* beskaffenhet; *das hat (damit hat es) e-e andere ~* saken förhåller sig på ett annat sätt; *es hat damit seine eigene ~* det är en annan historia (har sin speciella förklaring); *was hat es damit für e-e ~?* hur ligger det egentligen till med det? **bewarb** *se bewerben* **bewarf** *se bewerfen* **bewässern** bevattna **Bewässerungsanlage** -*n f* bevattningsanläggning **bewegbar** rörlig **beweg|en 1** *sv* **1** röra (*äv. bildl.*), sätta i rörelse; *Pferde ~* motionera hästar; *Wellen ~* röra upp vågor, komma vågor att svalla; *die Füße ~* röra på fötterna; *den Tisch [von der Stelle] ~* flytta på bordet; *seine Worte haben mich sehr* -*t* hans ord gjorde mig mycket rörd **2** *rfl* röra [på] sig; ha spelrum; *die Preise (Kurse) ~ sich* priserna (kurserna) fluktuerar **II** bewog, bewöge, bewogen förmå, beveka; *er war dazu nicht zu ~* det gick inte att förmå honom till det; *sich nicht ~ lassen* inte låta sig övertalas (påverkas); *sich bewogen fühlen* känna sig hågad (manad) **Beweggrund** -*et m* motiv, bevekelsegrund **beweglich 1** rörlig; flyttbar; *bildl. äv.* livlig; ~*e Brücke* sväng-, klaff|bro **2** *åld.* rörande, gripande **Beweglichkeit** *0 f* rörlighet *etc., jfr beweglich* **bewegt 1** [upp]rörd; *freudig (schmerzlich) ~ sein* vara glad (ledsen); *von Sorge ~* gripen av sorg **2** orolig, livlig; ~*es Leben (äv.)* äventyrligt liv **Bewegtheit** *0 f*

rörelse, oro; gripenhet **Bewegung** -*en f* rörelse; motion; *der Zug setzte sich in ~* tåget satte sig i gång (rörelse); *sie setzte die Schaukel in ~* hon satte gungan i rörelse; *ich werde ihn in ~ bringen (vard.)* jag ska sätta fart på honom; *Himmel und Hölle in ~ bringen* röra upp himmel o. jord **Bewegungsenergie** *0 f, fys.* rörelseenergi **bewegungsfähig** i stånd att röra sig **Bewegungsfähigkeit** *0 f* rörelseförmåga **Bewegungskrieg** -*e m* rörligt krig **bewegungslos** orörlig **Bewegungsspiel** -*e n* motionslek **Bewegungsstörung** -*en f* rörelserubbning **bewegungsunfähig** ur stånd att röra sig **Bewegungsunschärfe** *0 f, foto.* oskärpa på grund av rörelse **bewehren** beväpna; *tekn.* armera (*betong*) **beweiben** *rfl, skämts.* skaffa sig en fru **beweihräuchern** fylla med (sprida) rökelse [i]; *bildl.* höja till skyarna **beweinen** begråta, gråta över **Beweis** -*e m* bevis; bevisning; argument; *zum (als) ~ für* som bevis för; *den ~ antreten (führen)* anföra [ett] bevis; *unter ~ stellen* bevisa **Beweisaufnahme** -*n f, jur.* bevisupptagning **beweisbar** bevislig, som kan bevisas **Beweisbarkeit** *0 f* bevislighet **beweisen** *st* bevisa; visa; ådagalägga; *seine Hochachtung ~* betyga sin högaktning **beweiserheblich** *jur.* bevisnings- **Beweisführung** *0 f* bevisföring, argumentering **Beweisgrund** -*et m* bevis, argument **beweiskräftig** bevisgill **Beweismittel** - *n* bevis[material] **beweispflichtig** *er ist ~* bevisbördan tillkommer honom **Beweisstück** -*e n* bevis[material] **bewenden** *end. i uttr.: es dabei ~ lassen* låta det bero (bli) vid det; *damit soll es sein B~ haben* så var det med den saken (det); *damit hat es noch längst nicht sein B~* därmed är saken på intet sätt utagerad **bewerben** *st, rfl, sich um e-e Stellung ~* söka en anställning; *sich an der Universität ~* söka inträde vid universitet; *sich um ein Mädchen ~* fria till en flicka; *sich um e-n Preis ~* tävla om ett pris; *sich um Stimmen ~* värva röster **Bewerber** - *m* sökande; kandidat, aspirant; friare **Bewerbung** -*en f* ansökan; frieri **Bewerbungsschreiben** - *n* skriftlig ansökan; ansökningshandling **Bewerbungsunterlagen** *pl* ansökningshandlingar **bewerfen** *st* **1** kasta på; *mit Bomben ~* bomba; e-n *mit Schmutz ~ (bildl.)* förtala (smutskasta) ngn **2** *tekn.* rappa **bewerkstelligen** åstadkomma, genomföra; *es ~, daß* laga så att **bewerten** värdera, taxera; betygsätta **bewilligen** bevilja; anslå **Bewilligung** -*en f* tillstånd, beviljande; licens, koncession; anslag **bewillkommnen** *högt.* välkomna **bewimpeln** vimpelprydd **bewirken** förorsaka; ha till följd **bewirten** undfägna **bewirtschaft|en 1** sköta, driva (*lantbruk, hotell*); *im Winter nicht* -*et* vinterstängt **2** reglera; ransonera **Bewirtschaftung** *0 f* **1** skötsel **2** reglering; ransonering **Bewirtung** *0 f* trakterring; undfägnad **bewitzeln** göra sig lustig över **bewog** *se bewegen* **bewohnbar** bebolig **bewohn|en** bebo, bo i; *nicht* -*t* obebodd **Bewohner** - *m* invånare **Bewohnerschaft** *0 f* befolkning **bewölken** *rfl* mulna (*äv. bildl.*) **Bewölkung** *0 f* molnighet; *die ~ nimmt ab* molntäcket lättar, det klarnar **Bewuchs** *0 m* vegetation, växtlighet **Bewund[e]rer** - *m* beundrare **bewundern** beundra; *es ist zu ~* det är beundransvärt **bewun-**

derns|wert, -würdig beundransvärd **Bewunderung** *0 f* beundran; *e-m ~ zollen* hysa beundran för ngn **Bewurf** *-e†* m rappning **bewußt 1** medveten; avsiktlig; *sich (dat.) e-r Sache (gen.)* ~ *sein* vara medveten om ngt; *mir ist nicht ~, daß* jag vet inte att; *etw.* ~ *tun* göra ngt med avsikt **2** nämnd; känd; *dies ist das ~e Buch* det här är boken i fråga; *das ~e Örtchen (skämts.)* ett visst ställe, toaletten; *der B~e* personen i fråga **Bewußtheit** *0 f* medvetenhet; avsiktlighet **bewußtlos** medvetslös **Bewußtlosigkeit** *0 f* medvetslöshet; *bis zur ~ (vard.)* till övermått, oavbrutet **Bewußtsein** *0 n* medvetande; *im ~ der Risiken* i medvetande om riskerna; *jdm etw. zum ~ bringen* göra ngn medveten om ngt; *nicht bei ~* medvetslös **bewußtseinserweiternd** medvetandevidgande **Bewußtseins|schwelle** *0 f* medvetenhetströskel **-spaltung** *0 f* schizofreni **-störung** *-en f*, **-trübung** *-en f* omtöcknat tillstånd, [tillfällig] störning av medvetandet
bez. förk. för 1 *bezahlt* bet., betalat **2** *bezüglich* betr., beträffande **bezahlbar** överkomlig; *nicht ~* obetalbar **bezahl|en** betala; *sich (dat.) gut ~ lassen* ta bra betalt; *die Zeche ~ a)* betala kalaset (notan), *b)* ta konsekvenserna; *es macht sich -t* det lönar sig; *nicht zu ~* obetalbar; *wenn es ans B~ geht* när det blir fråga om att betala; *das habe ich teuer ~ müssen (bildl.)* det stod mig dyrt **Bezahler** - *m* betalande **Bezahlung** *0 f* betalning **bezähmbar** möjlig att kontrollera (tämja, tygla) **bezähmen** tygla, kontrollera; *sich ~* behärska sig, lägga band på sig **bezaubern** förtrolla; *bildl. äv.* bedåra **bezaubernd** förtrollande, förtjusande **bezechen** *rfl* dricka sig berusad **bezeichnen** beteckna; betyda; markera; *als ... ~ (äv.)* stämpla (utpeka) som ... **bezeichnend** betecknande, karakteristisk, typisk **be'zeichnender'weise** typiskt nog; *~ sagte er nichts dazu (äv.)* det är typiskt att han inte sade ngt om det **Bezeichnung** *-en f* märke, markering; beteckning; karakteristik **bezeigen** visa **bezeugen 1** visa, betyga **2** bevisa; intyga; vitsorda **3** belägga *(ord e.d.)* **bezichtigen** beskylla *(e-n e-r Sache (gen.))* ngn för ngt) **Bezichtigung** *-en f* beskyllning
beziehbar 1 beboelig; *im Herbst ~* färdig för inflyttning i höst **2** *hand.* som kan erhållas **bezieh|en** *st* **1** förse med överdrag; *das Bett frisch ~* bädda med rena (byta) lakan; *é-e Geige (e-n Tennisschläger) ~* stränga en fiol (en racket); *Möbel neu ~* klä om möbler; *Wolken ~ den Himmel* det mulnar **2** *e-e Wohnung ~* flytta in i en lägenhet; *die Universität ~* börja läsa vid universitetet; *die Wache ~* överta vakten; *Quartier (e-e Stellung) ~ (mil.)* gå i kvarter (ställning) **3** erhålla; *e-e Zeitschrift ~* prenumerera på en tidskrift; *Waren aus England ~* importera (ta in) varor från England; *woher ~ Sie Ihre Informationen?* varifrån har (får) Ni Era informationer?; *ein Gehalt ~* få lön **4** *auf etw. (ack.) ~* sätta i relation till ngt; *die Regel kann man auf diesen Fall ~* regeln kan tillämpas på detta fall; *die Bemerkung auf sich ~* känna sig träffad av anmärkningen **5** *rfl*, *es -t sich* det mulnar **6** *rfl*, *sich auf e-n (etw.) ~* hänföra sig till (syfta på, åberopa) ngn (ngt); *wir ~ uns auf Ihr Schreiben* åberopande Er skrivelse **beziehentlich** *prep. m. gen.*, *kansl.* angående **Bezieher** - *m*

importör; prenumerant;. mottagare; *~ hoher Einkommen* höginkomsttagare **Beziehung** *-en f* **1** för|bindelse, -hållande, relation; *[gute] ~en haben (vard.)* ha förbindelser (försänkningar); *in ~ zu e-m stehen* stå i förbindelse med ngn **2** av-, hän|seende; *in gewisser ~* på sätt o. vis; *mit ~ auf (+ ack.)* åberopande **beziehungslos** utan sammanhang **beziehungsweise** respektive; eller [rättare sagt] **Beziehungswort** *-e†* *n*, språkv. huvudord *(till rel. pron)* **beziffern 1** numrera; besiffra **2** *rfl*, *sich auf etw. (ack.) ~* belöpa sig (uppgå) till ngt **Bezirk** *-e m* [förvaltnings]område, distrikt **Bezirksamt** *-e† n (i vissa delstater m. stadsförfattning)* kommunal förvaltningsmyndighet[slokal] **Bezirksgericht** *-e n i sht österr., ung.* landsrätt **Bezirkstag** *-e m, DDR, ung.* landsting **bezirksweise** distriktvis **bezirzen** *skämts.* bedåra **Bezogene(r)** *m, adj böjn.*, *hand.* trassat **Bezug 1** *0 m* hänseende; *~ auf etw. (ack.) nehmen* referera till ngt; *in b~ auf (+ ack.)* vad beträffar (gäller), beträffande; *mit ~ auf (+ ack.)* med tanke på; *unter ~ auf (+ ack.)* åberopande **2** *-e† m* rekvisition; prenumeration **3** *-e† m* överdrag; påslakan; var; *(samtliga)* strängar *(på instrument)*; *(samtliga)* senor *(på racket)* **4** *Bezüge* inkörter, lön[eförmåner] **bezüglich I** *adj*, *~es Fürwort* relativpronomen; *die hierauf ~en Behauptungen* de påståenden som avser (syftar på) det **II** *prep m. gen.* angående, beträffande **Bezugnahme** *0 f, kansl.* referens; *unter ~ auf (+ ack.)* [med] åberopande [av] **bezugsfertig** inflyttningsklar **Bezugspreis** *-e m* inköpspris; prenumerationsavgift **Bezugsrecht** *-e n* teckningsrätt *(till aktie)* **Bezug[s]schein** *-e m* ransoneringskort **Bezugssystem** *-e n* koordinatsystem **bezuschussen** tillskjuta **bezwecken** åsyfta; *was ~ Sie damit?* vad menar (avser) Ni med det?; *was soll das ~?* vad är meningen med det? **bezweifeln** betvivla **bezwingbar** övervinnelig **bezwingen** *st* betvinga, besegra; kuva; tygla; *e-e Festung ~* inta en fästning; *sich ~* behärska sig **Bezwinger** - *m* betvingare, besegrare **Bezwingung** *0 f* betvingande
BGB *förk. för Bürgerliches Gesetzbuch* **BGH** *förk. för Bundesgerichtshof* **BH** [be'ha:] -[s] *m* *vard.*, *förk. för Büstenhalter* behå **Bhf.** *förk. för Bahnhof* järnvägsstation
Bhutaner - *m* bhutanes **bhutanisch** bhutanesisk
bi *vard.* bisexuell **'Biathlon** *-s n* skidskytte **bibbern** *vard.* darra; *um sein Leben ~* frukta för sitt liv
Bibel *-n f* bibel **Bibelauslegung** *-en f* bibeltolkning **bibelfest** bibelsprängd **Bibel|konkordanz** *-en f* bibel|konkordans, -ordbok **-sprache** *0 f* bibel|språk, -stil **-spruch** *-e† m* bibel|språk, -citat **-stunde** *-n f* bibelstund **-wort** *-e n* bibelord
Biber 1 - *m* bäver **2** - *m n* grovt kyprat bomullstyg **Bibe'rette** *-n f* kaninskinn [arbetat som bäver] **Biber'nelle** *-n f* bockrot **Biber|ratte** *-n f* sumpbäver, nutria **-schwanz** *-e† m* **1** bäversvans **2** *byggn.* plant taktegel **-wehr** *-e n* bäverdamm
Bibi *-s m, vard.* storm[hatt]
Bibliograph *-en -en m* bibliograf **Bibliographie** *-n f* bibliografi **bibliographieren** bibliografiskt registrera, katalogisera **Bibliomane**

-*n* -*n m, ung.* biblioman, bokvurm **Bibliothek** -*en f* bibliotek **Bibliothekar** -*e m* bibliotekarie
biblisch biblisk
Bidet [bi'de:] -*ş n* bidé
Bidon [bi'dõ:] -*s m, schweiz.* [bensin]dunk
bieder hederlig, redlig; rättskaffens; förträfflig; oförarglig **Biederkeit** *0 f* hederlighet *etc.*, *jfr bieder* **Biedermann** -*er*† *m* rättskaffens man; *iron.* kälkborgare **Biedermeier** *0 n*, **Biedermeierstil** *0 m* biedermeier[stil] *(borgerlig senempir)* **biedermeierlich** i biedermeier[stil] **Biedermeierzeit** *0 f* biedermeiertid (1815—48) **Biedersinn** *0 m, högt.* redligt sinnelag
biegbar böjlig **Biege** -*n f* böjning; vändning; kurva **Biegefestigkeit** *0 f* böj[nings]hållfasthet **biegen** *bog, böge, gebogen* **1** böja *(äv. språkv.)*; kröka **2** *s,* um *die Ecke ~* svänga om hörnet **3** *es mag ~ oder brechen* det må bära eller brista; *auf B~ oder Brechen* till varje pris **4** *rfl* böja sig, krökas; *sich vor Lachen ~* vika sig dubbel av skratt **biegsam** böjlig, smidig **Biegung** -*en f* böjning; krök, krökning **Biegungsfestigkeit** *0 f* böj[nings]hållfasthet
Biene -*n f* **1** bi **2** *vard.* brud, tjej **3** *vard., e-e ~ machen (drehen)* försvinna, sticka **Bienenbär** -*en* -*en m* brunbjörn **Bienenfleiß** *0 m* idoghet, idog flit **bienenfleißig** flitig som ett bi **Bienen|haus** -*er* † *n, se Bienenstock* -**königin** -*nen f* bidrottning, vise -**korb** -*e*† *m* bikupa -**stich** -*e m* **1** bisting **2** *kokk. (slags)* gräddbakelse -**stock** -*e*† *m* bikupa -**volk** -*er*† *n* bisamhälle -**wabe** -*n f* vaxkaka -**weisel** - *m* vise, bidrottning -**zucht** *0 f* biodling -**züchter** - *m* biodlare
biennal som äger rum vartannat år; tvåårig **Biennale** -*n f* biennal
Bier -*e n* öl; *zwei ~, bitte!* kan jag få två öl; *e-e Maß ~ (sty., österr.)* en liter öl; *beim ~ sitzen* sitta vid ett glas öl; *das ist nicht mein ~ (vard.)* det är inte min sak -**bankpolitik** *0 f* kannstöperi -**bankpolitiker** - *m* kannstöpare -**ba|ß** -*sse*† *m, skämts.* djup basröst -**blume** *0 f* skum på öl[sejdel] -**brauerei** -*en f* bryggeri -**dose** -*n f* ölburk -**eifer** *0 m, skämts.* överdriven iver -**filz** -*e m* underlägg *(för ölglas)* -**garten** -†*m* uteservering [m. ölutskänkning] -**idee** -*n f, skämts.* tokigt infall, galenskap -**käse** - *m (slags)* stark ost -**krug** -*e*† *m* ölkrus -**kutscher** - *m* ölutkörare -**leiche** - *n f, skämts. (av öl)* redlöst berusad person -**reise** -*n f, skämts.* krogrond -**ruhe** *0 f, skämts.* orubbligt lugn -**stube** -*n f* ölstuga, krog -**verlag** -*e m* partihandel med öl -**zipfel** - *m, stud.* berlock *(i studentförenings färger)*
Biese -*n f* passpoal; galon; träns; liten prydnadssöm
Biesfliege -*n f, zool.* broms
Biest -*er n* best, odjur *(äv. bildl.)* -**milch** *0 f* råmjölk
bieten *bot, böte, geboten* **1** [er]bjuda; *e-m Gelegenheit ~* ge ngn tillfälle; *100 Mark sind geboten!* 100 mark bjudet!; *e-m die Stirn ~* oförskräckt möta (sätta sig upp mot) ngn; *e-m e-n guten Tag ~* hälsa [goddag] på ngn; *Trotz ~* trotsa; *das kann ich mir nicht ~ lassen* det finner jag mig inte i (tolererar jag inte) **2** *es erscheint geboten, hinzugehen* det förefaller tillrådligt att gå dit **3** *rfl* erbjuda (yppa) sig; *mir bot sich ein herrlicher Anblick* en härlig syn

mötte mig; *bei der nächsten sich ~den Gelegenheit* nästa gång som ett tillfälle yppar sig **Bieter** - *m* person som bjuder *(på auktion e.d.)*
Bigamie *0 f* bigami **Bigamist** -*en* -*en m* bigamist **bigott** bigott **Bigotterie** -*n f* bigotteri
Bijouterie [biʒutǝ'ri:] -*n f* bijouteri[affär]
Bikarbonat -*e n* bikarbonat
Bikini -*s m* bikini
bikonkav bikonkav **bikonvex** bikonvex **bilabial** *fonet.* bilabial
Bilanz -*en f, hand.* balansräkning; *bildl.* bokslut; *die ~ aufstellen* göra upp balansräkningen; [*die*] *~ ziehen (bildl.)* granska läget, göra upp bokslutet; *aktive (passive) ~* aktiv (passiv) balans **bilanzieren** *hand.* upprätta en balansräkning över **Bilanzprüfer** - *m, hand.* revisor **Bilanzprüfung** -*en f, hand.* balansanalys **bilanzsicher** *hand.* bokföringskunnig
bilate'ral [*äv.* '----] bilateral
Bild -*er n* bild; tavla, illustration; föreställning; avbild; *kortspr.* målat kort; *ein ~ des Jammers* en jämmerlig anblick; *das ~ ihrer Mutter (äv.)* sin mors avbild; *ein ~ aufnehmen* ta ett foto; *ein ~ von etw. entwerfen* skissera upp (målande skildra) ngt; *es war ein ~ für Götter (vard.)* det var en syn för gudar; *ich bin im ~e* jag vet besked (har fattat galoppen); *ins ~ setzen* orientera; *in ~en sprechen* tala i liknelser; *ein ~ von e-m Mädchen* en bildskön flicka; *du machst dir kein ~ davon* du kan inte föreställa dig det -**archiv** -*e n* bildarkiv -**aufklärung** *0 f, mil.* fotografisk flygspaning -**band** -*e*† *m* bildverk -**bericht** -*e m* bild-, foto|reportage -**berichter** - *m*, -**berichterstatter** - *m, i sht nat. soc.* pressfotograf, bildreporter
bild|**en 1** bilda; forma; utgöra; *Lesen* -*et* det är bildande att läsa **2** *rfl* bilda sig, bildas; [ut]bilda sig, uppstå **Bilderbogen** -† *m* bildark **Bilderbuch** -*er*† *n* bilderbok; *ein Wetter wie im ~* ett idealiskt (härligt) väder **Bilderdienst** -*e m* **1** bild|tjänst, -service **2** bilddyrkan **Bildergalerie** -*n f* tavelgalleri **Bilderrätsel** - *n* rebus, bildgåta **bilderreich** rikt illustrerad; bildrik **Bilderschrift** -*en f* bildskrift **Bildersturm** *0 m* bildstorm *(äv. bildl.)* **Bilderstürmer** - *m* bildstormare **Bildfläche** -*n f* bildyta; [film]duk, [bild]skärm; *auf der ~ erscheinen* dyka upp **Bildfolge** -*n f* bildföljd; bildsekvens **Bildfunk** *0 m* telefoto; television **bildhaft** plastisk; åskådlig; målande **Bildhauer** - *m* bildhuggare, skulptör **Bildhauerarbeit** -*en f* bildhuggeriarbete; skulptör arbete **Bildhauerei** *0 f* bildhuggarkonst **bildhauerisch** plastisk, skulptural **bildhauer**|**n** -*te, gebildhauert, svart d.* skulptera '**bild**'**hübsch** bildskön **Bildkonserve** -*n f, vard.* bandat TV-program **Bildkraft** *0 f* åskådlighet **bildkräftig** åskådlig **bildlich** målande; illustrerad; bildlig, metaforisk; *etw. ~ darstellen a)* skildra ngt målande (åskådligt), *b)* framställa ngt symboliskt **Bildner** - *m* utövare av bildande konst; skulptör; *bildl.* [upp]fostrare, gestaltare **bildnerisch** gestaltande, skapande **Bildnis** -*se n* porträtt; *ibl.* bild **Bildplatte** -*n f, telev.* bildskiva **Bildröhre** -*n f* bildrör **bildsam** bildbar; mottaglig för bildning; smidig; formbar **Bildsamkeit** *0 f* bildbarhet *etc., jfr bildsam* **Bildschirm** -*e m* bildskärm **Bildschnitt** -*e m, film.* klippning **Bildschnitzer**- *m* träsnidare '**bild**'**schön** bildskön
Bild|**seite** -*n f* bildsida *(på mynt, i bok)*; avers

-sendung -*en f* bildöverföring **-stecher** - *m* gravör **-stelle** -*n f* bild|tjänst, -service, -byrå **-stock** -*e*† *m* **1** snidat krucifix (*e.d.*) **2** *typ.* kliché **-störung** -*en f*, *telev.* fel på bilden **-streifen** - *m* film[remsa] **-streifenerzählung** -*en f* [bild]serie **-telefon** -*e n* bildtelefon **-telegraphie** *0 f* bildtelegrafi **-teppich** -*e m* gobeläng --**Ton-Kamera** -*s f* ljudfilmskamera **Bildung** -*en f* **1** bildande **2** [allmän]bildning; utbildning; *ein Mann von* ~ en bildad man **Bildungsanstalt** -*en f* utbildnings-, undervisnings|anstalt **bildungsbeflissen** bildningstörstande **Bildungsdrang** *0 m* kunskaps|begär, -törst **Bildungsdünkel** *0 m*, *er hat* ~ han är stolt över (skryter med) sin [ut]bildning **Bildungsfabrik** -*en f*, *neds.* utbildningsfabrik **bildungsfähig** mottaglig för bildning, bildbar
Bildungs|gang -*e*† *m* utbildning[sgång] **-gut** -*er*† *n* bildning **-hunger** *0 m* bildningstörst **-lücke** -*n f* brist i [allmän]bildningen **-notstand** -*e*† *m* katastrofal brist på utbildningsmöjligheter **-philister** - *m*, *ung.* intelligenssnobb **-roman** -*e m* bildningsroman **-stätte** -*n f* utbildningsanstalt **-stufe** -*n f* bildningsnivå **-urlaub** -*e m* studieledighet **-weg** -*e m* utbildning[sgång]; *das Abitur auf dem zweiten* ~ *machen* (*ung.*) ta studenten på vuxengymnasium
Bild|wand -*e*† *f* filmduk **-weite** -*n f*, *foto.* brännvidd **-werbung** *0 f* bildreklam (*t. ex. reklamfilm*) **-werfer** - *m* projektor, skioptikonapparat **-werk** -*e n* skulptur; plansch-, bild|verk
bildwirksam fotogenisk **Bildwirkung** *0 f* bildverkan
Bilge -*n f*, *sjö.* kölrum
Billard ['bɪljart, *österr.* bi'ja:ɐ̯] -*e n* biljard[bord] **-ball** -*e*† *m*, **-kugel** -*n f* biljardboll **-stock** -*e*† *m* biljardkö
Billett [bɪl'jɛt] -*e el.* -*s n*, *dial. el. åld.* biljett
Billiarde -*n f* 1 000 biljoner
billig billig; skälig; enkel; lättköpt; *ein* ~*es Verlangen* en rimlig begäran; *es ist nicht mehr als recht und* ~ det är inte mer än rätt och billigt **billigen** gilla; godkänna **'billiger|'maßen,** -'**weise** rimligtvis **Billigkeit** *0 f* billighet *etc.*, *jfr billig* **Billigpreis** -*e m*, *vard.* lågpris **Billigung** *0 f* gillande; samtycke **Billigware** -*n f* lågprisvara
Billion -*en f* biljon
Bilsenkraut *0 n* bolmört
Biluxlampe -*n f*, *motor.* glödlampa för hel- o. halvljus
bim *interj*, ~ *bam* [*bum*]*!* bing bång! '**Bim'bam** *0 m*, *ach du heiliger* ~! (*skämts.*) du milde himmel!
Bi'mester - *n*, *åld.* tvåmånadersperiod **Bimetallismus** *0 m* dubbelmyntfot
Bimmel -*n f*, *vard.* pingla **Bimmelbahn** -*en f*, *vard.* (*smalspårig*) bibana **bimmeln** *vard.* pingla **bimsen** *tekn.* slipa med pim[p]sten; *e-n* ~ (*vard.*) pina (exercera med) ngn; *Vokabeln* ~ plugga glosor **Bimssand** *0 m* stött pimpsten, slipmedel **Bimsstein** -*e m* pimpsten
bin *se 1 sein*
binar, binär, binarisch binär
Binde -*n f* **1** bindel; *med.* binda; *den Arm in der* ~ *tragen* ha armen i band **2** *åld.* slips, kravatt; [*sich* (*dat.*)] *e-n hinter die* ~ *gießen* (*kippen*) (*vard.*) ta en sup -**balken** - *m* tvärbalk **-gewebe** - *n*, *anat.* bindväv **-glied** -*er n*

[förenings]länk **-haut** -*e*† *f*, *anat.* bindehinna **-hautentzündung** -*en f* konjunktivit, bindehinnekatarr **-mäher** - *m*, *jordbr.* självbindare **-mittel** - *n* bindemedel
binden *band*, *bände*, *gebunden* **1** binda; *Fässer* ~ banda tunnor; *e-m Hände und Füße* ~ binda ngn till händer o. fötter; *e-e Schleife* ~ knyta en rosett; *e-e Soße* ~ reda en sås; *die Töne* ~ spela (sjunga) [tonerna] legato; *e-m etw. auf die Nase* ~ skriva ngn ngt på näsan; *e-m etw. auf die Seele* ~ lägga ngn ngt på hjärtat; *gebunden sein* (*äv.*) vara förlovad **2** *rfl* binda sig **Binder** - *m* **1** kravatt, slips **2** *arkit.* bindbjälke; bindsten **3** *jordbr.* självbindare **4** bindämne, bindemedel **Bindestrich** -*e m* bindestreck **Bindewort** -*er*† *n*, *språkv.* konjunktion; bindeord **Bindfaden** -*† m* snöre; *es regnet Bindfäden* (*vard.*) regnet står som spön i backen **bindig** sammanhängande, seg **Bindung** -*en f* bindande; bindning (*äv. konkr.*); *bildl. äv.* förbindelse; *mus.* legato; ~*en eingehen* påtaga sig förpliktelser
Bingo *0 n* bingo
binnen *prep m. dat. el. gen.* inom; ~ *kurzem* inom kort
Binnen|fischerei *0 f* insjö-, flod|fiske **-gewässer** - *n*, *die* ~ *e-s Landes* ett lands insjöar och vattendrag **-hafen** -† *m* flod-, insjö|hamn **-handel** *0 m* inrikeshandel **-land** -*er*† *n* inland **binnenländisch** inländsk
Binnen|markt -*e*† *m* hemmamarknad **-meer** -*e n* innanhav **-schiffahrt** *0 f* flod-, inlandssjö|fart **-see** -*n m* insjö **-verkehr** *0 m* inrikestrafik
Binom -*e n*, *mat.* binom
Binse -*n f* säv; *in die* ~*n gehen* (*vard.*) gå åt skogen **Binsen|wahrheit** -*en f*, **-weisheit** -*en f* truism, allmänt känd sanning
Biochemie *0 f* biokemi **Biochemiker** - *m* biokemist **biodynamisch** biodynamisk **Biogenese** *0 f* biogenes **Biograph** -*en* -*en m* levnadstecknare, biograf **Biographie** -*n f* biografi **biographisch** biografisk **Biologe** -*n* -*n m* biolog **Biologie** *0 f* biologi **biologisch** biologisk **Biophysik** *0 f* biofysik **Biotop** -*e m n* biotop
bipolar bipolär
Birke -*n f* björk **birken** av björk, björk- **Birkenpilz** -*e m* strävsopp **Birkenreizker** - *m* skäggriska **Birkenröhrling** -*e m* strävsopp **Birkenwasser** *0 n* hårvatten [av björksav] **Birkhahn** -*e*† *m* orrtupp **Birkhenne** -*n f* orrhöna **-huhn** -*er*† *n*, **-wild** *0 n* orre, orrfågel
Birma *0 n* Burma **Birmane** -*n* -*n m* burman, burmes **birmanisch** burmansk, burmesisk
Birnbaum -*e*† *m* päronträd **Birne** -*n f* **1** päron; päronträd **2** glödlampa; *e-e 100-Watt-*~ en hundrawattslampa **3** *vard.* skalle; *e-e weiche* ~ *haben* inte vara riktigt klok
birnenförmig päronformad
bis [bɪs] **I** *adv o. prep m. ack.* **1** [ända (fram)] till, intill, tills; ~ *an die Knie im Wasser stehen* stå i vatten upp till knäna; ~ *aufs Dach fliegen* flyga ända upp på taket; *die Wohnung war fertig* ~ *auf die Küche* våningen var färdig så när som på köket; *alle* ~ *auf den letzten Mann wurden gerettet* alla utan undantag räddades; ~ *auf weiteres tills vidare;* ~ *bald* (*gleich*, *später*)*!* (*vard.*) hej så länge!; ~ *dahin* [ända] dit, till dess, dittills; ~ *heute till*[*s*] *i dag;* ~ *hierher* [ända] hit; ~ *ins kleinste* (*letzte*) in i minsta detalj, mycket grundligt; *er ist* ~ *17 Uhr hier*

han är här fram till kl. 17, *vard.* *äv.* han kommer att vara här kl. 17; *von Berlin* ~ [*nach*] *Bonn* från Berlin till Bonn; ~ *zum Ende des Weges* till slutet av vägen **2** till, eller, à; *drei* ~ *vier Mark* tre till (à) fyra mark **II** *konj* tills, till dess; *nicht eher als* ~ inte förrän; *du wartest so lange,* ~ *es zu spät ist* du väntar så länge att det blir för sent; ~ *daß der Tod uns scheidet* tills döden skiljer oss åt
Bisam -*e el.* -*s m* **1** bisam **2** *åld.* mysk **-ochse** -*n* -*n m* mysk-, bisam|oxe **-ratte** -*n f* bisamråtta
Bischof -*e*† *m* **1** biskop **2** (*slags*) rödvinsdrink **Bischofsamt** -*er*† *n* biskopsämbete, episkopat **Bischofsmütze** -*n f* **1** biskopsmössa, mitra **2** *bot.* kurbits, pumpa **Bischofssitz** -*e m* biskopssäte
Bise -*n f, schweiz.* [bitande] nord[ost]vind
bisexuell bisexuell
bis'her hit[in]tills **bisherig** hittillsvarande; *im* ~*en* i det föregående
Biskaya 0 *n, der Golf von* ~ Biskayabukten
Biskuit [bɪs'kvi:t] -*e el.* -*s n* biskvi **-porzellan** -*e n* biskvi (*porslin*)
bis'lang *dial.* hit[in]tills
Bis'mutum 0 *n* vismut
Bison -*s m* bisonoxe
biß *se* **beißen** **Bi|ß** -*sse m* bett; bitande **bißchen** *ein* ~ litet grand, en smula, ett litet tag; *kein* ~ inte ett dugg; *mein* ~ det lilla jag äger **bissel** *sty.*, *österr. se bißchen* **Bissen** - *m* munsbit, matbit, tugga; *ein fetter* ~ (*bildl.*) en godbit, ett gott kap; *ein harter* ~ en hård nöt att knäcka; *sich* (*dat.*) *für e-n die* ~ *vom Munde absparen* inte unna sig ngt för ngns skull; *ihm blieb der* ~ *im Halse stecken* han satte i halsen **bissenweise** bitvis, bit för bit **biss[er]l** *se bissel* **bissig** [folk]ilsken, bitsk; *bildl.* bitande **Bissigkeit** -*en f* bitskhet; bitskt sätt **Bißwunde** -*n f* [sår av] bett
bist *se 1 sein*
Bistum -*er*† *n* biskopsdöme
bis'weilen *högt.* ibland, [under]stundom
Bittag -*e m, kat.,die* ~*e* de tre dagarna före Kristi Himmelsfärdsdag **Bittbrief** -*e m* petition; tiggarbrev **bitte** ~ [*schön, sehr*]*!* var så god[a]!, ja tack!, var snäll och ...!, för all del!, ingen orsak!; *darf ich?* — *aber* ~*!* får jag? — ja visst!, naturligtvis!; *wie* ~*?* hur sa?; *zahlen* ~*! får jag* betala; ~, *sei nicht böse* snälla du, var inte ond **Bitte** -*n f* bön, begäran, anhållan (*um* om; *an* + *ack.* till) **bitten** *bat, bäte, gebeten* (*jfr bitte*) **1** be[dja], anhålla; *für e-n* ~ be för ngn; *um jds Leben* ~ be för ngns liv; *ich bitte Sie!* det menar Ni inte!; *darf ich* ~*?* får jag lov?; ~ *lassen* låta besökare komma in, ta emot; *sich* ~ *lassen* vara trögbedd; *ums Wort* ~ be om [att få] ordet; *wenn ich* ~ *darf* om det behagar; *da muß ich doch sehr* ~*!* nu får det verkligen räcka!, hur kan du (*etc.*) säga (göra) så? **2** bjuda; *e-n zu sich* (*zum Kaffee*) ~ bjuda hem ngn [till sig] (ngn på kaffe)
bitter bitter (*äv. bildl.*); ~*er Geschmack* (*äv.*) besk smak; ~*e Schokolade* mörk choklad; ~*er Ernst* fullt allvar; ~*e Kälte* bitande kyla; ~*e Mandel* bittermandel; *es* ~ *nötig haben* vara i trängande behov av det; ~ *arm* utfattig; *es ist mir* ~ *ernst* det är djupt allvarligt för mig **'bitter'böse** *vard.* högst förgrymmad **Bittererde** -*n f* magnesia **'bitter'ernst** gravallvarlig, djupt allvarlig **Bitterkalk** 0 *m* dolomit **'bitter'kalt** bitande kall **Bitterkeit** 0 *f* bitterhet **Bitterklee** 0 *m* vattenklöver **bitterlich** *adv* bittert, bitterligen
Bitter|ling -*e m, bot.* gallsopp; *zool.* bitterling **-mandelöl** 0 *n* bittermandelolja, bensaldehyd **-mittel** - *n* aptitretande medel **-nis** -*se f* bitterhet; bitter erfarenhet (upplevelse) **-orange** -*n f* pomerans **-salz** 0 *n* bittersalt **-spat** 0 *m* magnesit **-stoff** -*e m, med.* bitterämne
'bitter'süß bitter|ljuv, -söt **Bitterwasser** 0 *n* bittervatten
Bitt|gang -*e*† *m* **1** *kat.* [böne]procession **2** *e-n* ~ *zu seinen Freunden machen, um Geld zu leihen* gå runt bland sina vänner och be dem låna en pengar **-gesuch** -*e n*, **-schreiben** - *n*, **-schrift** -*en f* petition **-steller** - *m* supplikant, petitionär
Bitum|en -*en el.* -*ina n* bitumen **bitum|ig,** **-inös** bituminös
'**Biwak** -*s el.* -*e n* bivack **biwakieren** bivackera
bizarr bisarr
Bizeps -*e m* biceps
Bla'bla 0 *n, vard.* tomt prat
Blackout ['blækaut, *äv.* '-'-] -*s n, äv. m* **1** teat. (*strålkastarnas*) släckning vid scenslut **2** blackout
blaffen skälla, gläfsa
Blag -*en n*, **Blage** -*n f, vard.* [rackar]unge
bläh|en blåsa upp; (*om ärtskida, frukt*) svälla; *med.* ge väderspänning; *der Wind -t die Segel* vinden fyller seglen; *sich* ~ (*äv.*) brösta sig **Blähung** -*en f, med.* väderspänning
blaken *nty.* osa, ryka **bläken** *neds.* gasta
blamabel blamant **Blamage** [bla'ma:ʒə] -*n f* blamage **blamier|en** blamera; *da hab' ich mich schön* -*t!* där gjorde jag bort mig!
blanchieren [blã'ʃi:rən] förvälla, blanchera
blank 1 blank, skinande; blanksliten; ~*er Fußboden* skinande rent golv **2** bar, naken, kal; uppenbar; ~*er Degen* dragen värja; *auf der* ~*en Erde* på bara marken; ~*er Unsinn* rena galenskapen; *e-e Farbe* ~ *haben* (*kortsp.*) *a)* vara renons i en färg, *b)* ha ett kort kvar i en färg; ~ *sein* (*vard.*) vara pank **Blänke** -*n f* blankhet; [skogs]glänta; [myr]göl **Blankett** -*e n* blankett **blanko** *hand.* in blanko **Blankokredit** -*e m* öppen kredit **Blankoscheck** -*e el.* -*s m* blankocheck **Blankovollmacht** -*en f* oinskränkt fullmakt, blankofullmakt **Blankvers** -*e m* blankvers **blankzieh|en** *st* dra blankt
Bläschen|ausschlag -*e*† *m*, **-flechte** -*n f*, *med.* exantem **Blase 1** -*n f* blåsa (*äv. anat.*); bubbla; ~*n ziehen* (*vard.*) få konsekvenser; ~*n werfen a*) *vard.* väcka uppseende, *b*) (*om vatten*) bubbla; *sich* (*dat.*) ~*n laufen* gå (*etc.*) så att man får blåsor på fötterna **2** -*n f, tekn.* retort **3** 0 *f, vard.* pack; *er und seine ganze* ~ han och hela hans gäng **Blasebalg** -*e*† *m* blåsbälg **Blaseba|ß** -*sse*† *m, mus.* fagott **Blaseloch** -*er*† *n, zool.* spruthål (*hos val*) **blasen** *blies, bliese, geblasen, bläst, bläst* blåsa; (*om val*) spruta; *in die Hände* ~ blåsa i händerna; *Trübsal* ~ tjura; *e-m ins Ohr* ~ (*äv.*) viska i örat på ngn; *sie* ~ *in dasselbe Horn* (*bildl.*) de håller med varandra; *der Wind bläst* vinden blåser **blasenähnlich** blåsliknande **Blasenentzündung** -*en f* blåskatarr **blasenförmig** blåsliknande **Blasen|kammer** -*n f, kärnfys.* bubbelkammare **-leiden** - *n* blåssjukdom **-sonde** -*n f*, *med.* kateter **-spiegel** - *m* cystoskop **-sprung** -*e*† *m, med., der* ~ fosterhinnans bristning **-tang** 0 *m, bot.* blåstång

blasenziehend som framkallar blåsor **Blaser** - *m* (*slags*) sportmössa **Bläser** - *m* blåsare **Bläserquartett** -*e n* blåskvartett **blasiert** blaserad, blasé; högdragen **Blasiertheit** 0 *f* blaserat (högdraget) sätt, blaserthet, liknöjdhet
blasig blåsig, full med blåsor
Blasphemie -*n f* blasfemi, hädelse **blasphemieren** häda **blasphemisch** blasfemisk
blaß *adj*, *äv*. † blek; (*om färg*) svag; *bildl*. *äv*. svag, oklar; *keine blasse Ahnung von etw. haben* inte ha den blekaste aning om ngt; *blasse Erinnerung* svagt (dunkelt) minne **Blässe 1** 0 *f* blekhet; *bildl*. *äv*. färglöshet **2** -*n f* bläs **Bläßhuhn** -*er*† *n* sothöna **bläßlich** bleklagd
Blatt -*er*† *n* **1** blad (*alla bet.*); *ein gutes ~ haben* (*kortsp.*) ha fina kort; *alles auf ein ~ setzen* sätta allt på ett kort; *sich* (*dat.*) *kein ~ vor den Mund nehmen* ta bladet från munnen, inte skräda orden; *auf e-m anderen ~ stehen* vara en annan historia; *im ~ stehen* stå i tidningen; *vom ~ singen* sjunga från bladet **2** [väv]sked **3** bog[blad] **4** [pappers]ark; *15 ~ Papier* 15 ark papper **-abfall** 0 *m* lövfällning **-achsel** -*n f, bot.* axill, bladveck
Blatter -*n f* koppa; *die ~n* smittkopporna
Blättergebäck -*e n* bakverk av smördeg
blatterig full av koppor; koppärrig
blätterig bladig, skivig **Blättermagen** -[†] *m, zool.* bladmage **blättern 1** bläddra; *Geldscheine auf den Tisch ~* lägga sedlar en och en på bordet **2** *rfl* skiva sig **Blätterpilz** -*e m, bot.* skivling **Blätterteig** -*e m* smördeg **Blätterwald** 0 *m, jetzt rauscht es im ~* (*skämts.*) nu har tidningarna fått ngt att skriva om **blätterweise** blad för blad
Blatt|feder -*n f, tekn.* bladfjäder **-gold** 0 *n* bladguld **-grün** 0 *n* klorofyll, bladgrönt **-lack** 0 *m* schellack **-metall** -*e n* bladmetall; folie **-pflanze** -*n f* bladväxt
blattrig se *blätterig*
blättrig se *blätterig*
Blatt|roller - *m* bladvecklare **-salat** -*e m* grönsallad **-schu|ß** -*sse*† *m, jakt.*|bogskott **-spreite** -*n f, bot.* bladskiva **-stecher** - *m, se Blattroller* **-wespen** *pl* bladsteklar **-wickler** - *m, se Blattroller* **-winkel** - *m* bladveck
blau blå; ~*er Montag* frimåndag, *skol.* första dag på termin; ~*e Bohnen* (*mil. sl.*) kulor; ~*er Brief* uppsägning, (*skolsl., ung.*) varning; ~*e Stunde* skymning; ~*er Ton* blålera; *mit e-m* ~*en Auge davonkommen* (*bildl.*) slippa lindrigt undan; ~ *machen* (*vard.*) fira, vara borta från arbetet; ~ *sein* (*vard.*) vara full; *e-m* ~*en Dunst vormachen* (*vard.*) slå blå dunster i ögonen på ngn; *Fahrt ins B~e* nöjesresa med okänt mål; *Schuß ins B~e* skott på måfå; *das B~e vom Himmel herunterlügen* ljuga som en borstbindare; *e-m das B~e vom Himmel versprechen* lova ngn guld och gröna skogar **Blau** 0 *n* blått, blå färg; *das ~ des Himmels* himlens blå **blauäugig** blåögd
Blau|bart 0 *m, der Ritter ~* riddar Blåskägg **-beere** -*n f* blåbär **-buch** -*er*† *n, dipl.* blå bok **-hai** -*e m* blåhaj **-hemd** -*en n, vard.* medlem i FDJ (*öty. ungdomsförbund*) **-jacke** -*n f* bläjacka **-kehlchen** - *n* blåhake **-kohl** 0 *m*, **-kraut** 0 *n* rödkål **-kreuz** 0 *n das ~* Blå korset (*nykterhetsorganisation*) **2** *mil.* blågas **bläulich** blåaktig
Blau|licht -*er n* blåljus (*på utryckningsfordon*)

-mann -*er*† *m, vard.* blåställ **-meise** -*n f* blåmes **-papier** -*e n* blåpapper **-pause** -*n f* blåkopia **-racke** -*n f* blåkråka **-säure** 0 *f* blåsyra **-schimmel** - *m* gråskimmel **-stift** -*e m* blåpenna **-strumpf** -*e*† *m, neds.* blåstrumpa **-sucht** 0 *f, med.* cyanos **-wal** -*e m* blåval
Blech 1 -*e n* bleck[plåt]; [bak]plåt **2** 0 *n, mus.*, *das ~* blecket, bleckinstrumenten **3** 0 *n, vard.*, ~ *reden* prata smörja **-bläser** - *m* bleckblåsare **-blasinstrument** -*e n* bleck-, mässings|instrument **-büchse** -*n f*, **-dose** -*n f* bleck-, plåt|burk
blechen *vard.* betala [fiolerna] **Blecheisen** 0 *n* järnplåt **blechern** av bleck (plåt), plåt-, bleck-; ~*e Stimme* (*bildl.*) ihålig röst
Blech|haube -*n f, mil. skämts.* hjälm **-kuchen** - *m* kaka gräddad på plåt **-lawine** -*n f, vard.* [lång] bilkö **-musik** 0 *f* mässingsmusik **-mütze** -*n f, se Blechhaube* **-ner** - *m, sty.* kittelflickare **-schaden** -† *m* plåtskada (*på bil*) **-schere** -*n f* plåtsax **-schmied** -*e m* bleck-, plåt|slagare
blecken *die Zähne ~* visa tänderna
1 Blei -*e m* braxen
2 Blei 1 0 *n* bly **2** -*e n* [bly]kula, sänklod **3** -*e m n, vard.* blyertspenna **Bleiarbeiter** - *m* **1** arbetare i blygruva **2** rörmokare **bleiarm** blyfattig
Bleibe 0 *f, vard.* husrum, tillflyktsort; *keine ~ haben* (*äv.*) inte ha tak över huvudet
bleib|en *blieb*, *bliebe*, *geblieben*, *s* **1** bli; förbli; stanna (bli) [kvar]; *du bist ganz der alte geblieben* du har inte förändrat dig ett dugg, du är dig helt lik; *sie blieb ernst* hon förblev allvarlig; *ledig ~* (*äv.*) inte gifta sig; *es -t bis 7 Uhr hell* det är ljust till klockan 7; *es -t zu hoffen, daß es gut geht* man får hoppas att det går bra; *keines von ihren Kindern blieb ihr* hon fick inte behålla ngt av barnen; *es -t keine andere Möglichkeit, wir müssen zurück* vi har ingen annan möjlighet, vi måste tillbaka; *es -t abzuwarten, ob* det återstår att se om; *e-n zum B~ auffordern* uppmana ngn att stanna; *es -t uns nichts anderes übrig als zu* det återstår inget annat för oss än att; *auf dem Stuhl sitzen ~* sitta kvar (förbli sittande) på stolen; ~ *Sie bitte am Apparat!* var god och vänta [i telefonen]!; *am Leben ~* (*äv.*) överleva; *an* (*auf*) *seinem Platz ~* stanna [kvar] på sin plats; *es -t beim alten* det [för]blir vid det gamla; *bei der Sache ~* hålla sig till saken; *sie wollen für* (*unter*) *sich ~* de vill hålla sig för sig själva; *er ist im Krieg geblieben* han kom aldrig tillbaka från kriget; *das -t unter uns* det stannar oss emellan; *wo ~ die Kinder so lange?* var håller barnen hus så länge?; *zu Hause ~* stanna hemma **2** *bei etw.* ~ (*bildl.*) hålla (stå) fast vid ngt, vidhålla ngt; *ich -e dabei, daß er gelogen hat* jag vidhåller att han har ljugit; *es -t dabei* avgjort, så får det bli; *bei dieser Marke -e ich* jag håller mig till det här märket **bleibend** varaktig, bestående; *von* ~*em Wert* av bestående värde **bleibenlassen** *st, etw.* ~ låta bli ngt, låta ngt vara
bleich blek; ~ *werden* blekna **Bleiche 1** 0 *f* blekhet **2** -*n f* plats (medel) för blekning av tvätt **3** 0 *f* blekning **bleichen 1** bleka **2** *äv. blich, bliche, geblichen, s el. h* blekna; blekas **Bleich|erde** 0 *f* blekjord **-kalk** 0 *m* klorkalk, blekmedel **-mittel** - *n*, **-pulver** - *n* blekmedel **-sucht** 0 *f, med.* bleksot; kloros
bleichsüchtig bleksiktig

bleiern av bly, bly-; ~*er Himmel* blygrå himmel; ~*e Müdigkeit* dödströtthet; *wie e-e* ~*e Ente schwimmen* (*vard.*) simma som en gråsten **Blei|essig** *0 m* blyacetat **-gehalt** *-e m* blyhalt **-gewicht** *0 n, bildl.* blytyngd **-gießen** *0 n* blystöpning (*på nyårsnatten*) **-glanz** *0 m* blyglans, galenit **-glätte** *0 f* blyglete, blyoxid **bleihaltig, bleiig** blyhaltig **Bleikrankheit** *-en f* blyförgiftning **Bleipflaster** - *n* blyplåster (*häftplåster*) **Bleirot** *0 n* [bly]mönja '**blei-'schwer** blytung, tung som bly **Blei|soldat** *-en -en m* tennsoldat **-stift** *-e m* blyertspenna **-stiftabsatz** *-e† m* sylvass klack (*på damsko*) **-stiftspitzer** - *m* pennvässare **-vergiftung** *-en f* blyförgiftning **-verhüttung** *-en f* utvinning av bly (*i smältverk*) **-weiß** *0 n* blyvitt
Blende *-n f 1 foto.* bländare **2** blind|fönster, -dörr; blindering **3** skygglapp (*på häst*) **4** fönster-, ventil|lucka **5** *min.* blände **6** *sömn.* kantband, garnering; slag **blenden** blända; förblinda; *mil.* kamouflera; mörkfärga (*pälsverk*); *jakt.* skrämma tillbaka **blendend** bländande, strålande; *adv äv.* storartat **Blendenskal|a** *-as el. -en f, foto.* bländarskala **Blender** - *m* bluffmakare; bluff **Blendglas** *-er† n* bländglas **Blendrahmen** - *m, snick.* dörr-, fönster|karm; *måln.* spännram **Blendschirm** *-e m* sol|skydd, -skärm **Blendung** *-en f* bländning; bländande **Blendwerk** *-e n* bländverk
Blesse *-n f* bläs
blessieren *åld.* såra **Blessur** *-en f, åld.* blessyr
Bleuel - *m, åld.* klappträ **bleuen** *vard.* klå
blich *se* **bleichen**
Blick *-e m* blick, ögonkast; glimt; utsikt; *der böse* ~ det onda ögat; *auf den ersten* ~ vid första ögonkastet; *mit* ~ *aufs Meer* med utsikt mot havet; ~ *für etw. haben* (*äv.*) ha sinne för ngt; *keinen* ~ *von e-m wenden* inte ta ögonen från ngn **blick|en** blicka, titta; titta fram, skymta; *sich* ~ *lassen* visa sig; *das läßt tief* ~ det avslöjar mycket; *so weit das Auge* -*t* så långt ögat når **Blickfang** *-e† m* blickfånge **Blickfeld** *-er n* blickfält; *bildl.* synfält **blicklos** oseende; *mit* ~*en Augen* med inåtvänd blick **Blickpunkt** *-e m* blickpunkt **Blickwinkel** - *m* syn|vinkel, -punkt
blieb *se* **bleiben**
blies *se* **blasen**
blind 1 blind; ~*er Alarm* falskt alarm; ~*er Eifer* ovist nit; ~*e Gasse* återvändsgränd; ~*er Passagier* fripassagerare; ~*er Schuß* skott i blindo; ~*er Zufall* ren slump; ~ *fliegen* instrumentflyga **2** (*om spegel, metall*) matt, anlupen **Blindboden** *-† m, byggn.* blindbotten **Blinddarm** *-e† m* blindtarm **Blinddarmentzündung** *-en f* blindtarmsinflammation **Blindekuh** ~ *spielen* leka blindbock
Blinden|anstalt *-en f* blindanstalt **-führhund** *-e m* ledar-, blind|hund **-fürsorge** *0 f* blindvård **-heim** *-e n* hem för blinda **-hund** *-e m, se Blindenführhund* **-schrift** *0 f* blindskrift
Blindflug *-e† m* instrumentflygning **Blindgänger** - *m* blindgångare; *bildl.* nolla **blindgläubig** blint troende **Blindheit** *0 f* blindhet **Blindlandung** *-en f, flyg.* instrumentlandning **blindlings** i blindo, blint **Blindschleiche** *-n f* kopparorm **blindschreiben** *st* skriva maskin enligt touchsystemet **Blindschu|ß** *-sse† m* blindavfyrning **Blindspiel** *-e n* blindschack **Blindwiderstand** *-e† m, tekn.* reaktans **blind|wütend, -wütig** rasande, ursinnig

blink ~ *und blank* skinande ren **blinken** blinka, blänka **Blinker** - *m* **1** blinker (*på bil*) **2** [sked]drag **blinkern 1** blinka; kisa **2** blixtra, glänsa **3** fiska m. [sked]drag **Blinkfeuer** - *n* blänkfyr **Blinkgerät** *-e n* signalapparat **Blinkleuchte** *-n f* blinker **Blinklicht** *-er n* blinkande trafikljus (varningsljus) **Blinkspruch** *-e† m* signalerat meddelande **Blinkzeichen** - *n* blinksignal **blinzeln** blinka, plira, kisa
Blitz *-e m* blixt; *der* ~ *hat eingeschlagen* blixten har slagit ner; *mit den Augen* ~*e schießen* blixtra med ögonen **Blitzableiter** - *m* åskledare **blitzartig** blixt|liknande, -snabb '**blitz'blank** skinande ren '**blitz'dumm** urdum **blitz|en 1** blixtra; *es -t* (*vard. äv.*) ngt vitt tittar fram, underklänningen syns **2** ta ett blixtfoto av **Blitzer** - *m, vard.* blixt[aggregat] '**Blitzes-'schnelle** *0 f, mit* ~ med blixtens hastighet **Blitzgerät** *-e n* blixt[aggregat] '**blitzge-'scheit** blixtrande intelligent **Blitz|gespräch** *-e n, tel.* blixtsamtal -'**junge** *-n -n m*, -'**kerl** *-e m vard.* baddare, tusan till karl **-krieg** *-e m* blixtkrig **-licht** *-er n* blixt[ljus] **-lichtaufnahme** *-n f* blixtfoto **-mädel** - *n, ung.* signallotta **-röhre** *-n f* elektronblixtapparat
'**blitz'sauber** blänkande ren; *ein* ~*es Mädel* in ung och fräsch flicka **Blitzschlag** *-e† m* blixt-, åsk|nedslag '**blitz'schnell** blixtsnabb **Blitzschutzanlage** *-n f* åskledare **Blitzwürfel** - *m* blixtkub
Blizzard ['blɪzət] *-s m* blizzard (*nordamer. snöstorm*)
Block *-e† el. -s m* **1** block (*äv. tekn., järnv., polit.*); [metall]tacka **2** [skriv]block **3** kvarter **Blockade** *-n f* blockad **Blockeis** *0 n* isblock (*för isskåp*) **blocken** *järnv.* blockera **Blockflöte** *-n f* blockflöjt **blockfrei** alliansfri **Blockhaus** *-er† n* blockhus **blockier|en 1** blockera, spärra **2** *die Räder -ten* hjulen låste sig **Blockierung** *-en f* blockad, avspärrning **blockig** klumpig, grov **Blockkondensator** *-en m, elektr.* blockkondensator **Blockpartei** *-en f* koalitionsparti
Blocksberg *0 m* 'Blåkulla' (*Brocken i Harz*) **Block|schrift** *0 f* tryckbokstäver; *bitte in* ~ *ausfüllen!* var god texta! **-stelle** *-n f, järnv.* blockpost **-unterricht** *0 m, skol.* blockundervisning **-wärter** - *m* signalvakt **-walzwerk** *-e n* götvalsverk
blöd[e] 1 dum, enfaldig; svagsint; *vard.* larvig, tråkig; *blöder Kerl!* [en sån] idiot! **2** *åld.* försagd **Blödelei** *-en f* struntprat, larv **blödeln** *vard.* prata smörja; fåna sig
Blödheit *0 f* dumhet, enfald; svagsinthet **Blödian** *-e m* dumbom **Blödigkeit** *0 f, åld.* försagdhet **Blödling** *-e m* dumhuvud **Blödsinn** *0 m* svagsinthet; *vard.* nonsens, dumheter **blödsinnig** *se* **schwachsinnig, unsinnig** **Blödsinnigkeit** *0 f* **1** *die* ~ *des Vorschlages* det idiotiska i förslaget **2** *åld.* försagdhet
blöken böla, råma, bräka
blond blond, ljus; ljust grädda[d]; *e-e [kühle] B-e* ett glas ljust öl; *ein* ~*es Gift* (*vard.*) ett blont bombnedslag **Blonde** ['blɔndə, blɔ:d] *-n f* (*slags*) spets **Blondhaar** *0 n, ung.* lintott, ljushårig person **blondhaarig** ljushårig **blondieren** blondera, bleka (*hår*) **Blondine** *-n f* blondin **blondlockig** ljuslockig
bloß [-o:-] **I** *adj* **1** blott; *das sind* ~*e Redensarten* det är bara tomt prat **2** naken, bar; *mit* ~*en Füßen* barfota; *auf der* ~*en Haut* (*äv.*) när-

mast kroppen (skinnet); *auf e-m ~en Pferd reiten* rida barbacka; *mit ~em Schwert med blottat svärd* **II** *adv* bara, blott; *was kann ~ passiert sein?* vad kan väl ha hänt?; *wie machst du das ~?* hur i all världen bär du dig åt?; *~ nicht!* bara inte det!; *nicht ~ ..., sondern auch* inte blott ... utan även **bloßdecken** *rfl* sparka av sig **Blöße** -*n f* **1** nakenhet (*äv. bildl.*) **2** blotta **3** [skogs]glänta **bloßfüßig** barfota **bloßlegen** blottlägga **bloßliegen** *st* ligga bar **bloßstellen** blottställa; kompromettera; skandalisera; *sich ~* (*äv.*) blotta sig
blubbern *vard.* **1** bubbla **2** sluddra
Blue jeans ['blu: dʒi:ns] *pl* jeans **Blues** [blu:s] - *m* blues
Bluff [bluf, *äv* bloef] -*s m* bluff **bluffen** bluffa, dupera, lura
blüh|en blomma, blomstra, stå i blom; *sein Weizen -t lyckan ler mot honom; wer weiß, was uns noch -t?* vem vet vad som förestår oss?; *ihm -t ... honom väntar ...* **blühend** blommande, blomstrande; blomsterrik; *das ist ~er Unsinn!* det är rena rama smörjan!
Blümchen - *n* **1** liten blomma **2** kort svans (*på hare*) **-kaffee** *0 m*, skämts. kaffeblask
Blume -*n f* **1** blomma, blomster; *durch die ~ sagen* säga i förtäckta ordalag; *laßt ~n sprechen* säg det med blommor **2** skum (*på öl*); bouquet, arom (*på vin*) **3** *jakt.* svanstipp (*på hare, varg etc.*) **4** *kokk.* fransyska
Blumen|beet -*e n* blomsterrabatt **-flor** -*e m* blomsterskrud **-gärtner** - *m* blomsterodlare **-geschäft** -*e n* blomsterhandel **-griffel** - *m, bot.* stift **-handlung** -*en f* blomsterhandel **-kasten** -† *m* blomlåda **-kohl** *0 m* blomkål **-korb** -*e*† *m* blomsterkorg **-krippe** -*n f* (*slags*) blomställ **-laden** -† *m* blomsterhandel **blumenreich** blomrik; *bildl.* utsirad
Blumen|stab -*e*† *m* blomkäpp **-stand** -*e*† *m* blomsterstånd **-ständer** - *m* blomhylla **-stock** -*e*† *m* **1** [blommande] krukväxt **2** blomkäpp **-strauß** -*e*† *m* blombukett **-stück** -*e n* blomstersstycke **-tiere** *pl* koralldjur **-topf** -*e*† *m* blomkruka **-untersatz** -*e*† *m* blomfat **-zucht** *0 f* blomsterodling **-zwiebel** -*n f* blomsterlök
blüme'rant *vard., mir wird ganz ~* det svartnar för ögonen på mig **blumig** blommig; blomstrande; doftande (*om vin*)
Bluse -*n f* blus
Blut *0 n* blod; *bildl.* härstamning, härkomst; *geronnenes ~* levrat blod; *junges ~* (*åld.*) ung människa; *kaltes ~ bewahren* hålla huvudet kallt; *kalten ~es* kallblodigt, med kallt blod; *lustiges ~ glad gök*; *leichtes* (*schweres*) *~ haben* vara lättsam (tungsint); *nur ruhig ~!* ta det bara lugnt!; *böses ~ machen* väcka ond blod; *bis aufs ~* ända in i själen; *jdn bis aufs ~ peinigen* nästan pina ihjäl ngn; *jdn bis aufs ~ hassen* hata ngn som pesten; *~ lecken* smaka blod **Blutader** -*n f* blodåder **Blutalkohol** *0 m* alkoholhalt [i blodet] **Blutalkoholbestimmung** -*en f* blodprov (*för bestämning av alkoholhalt*) **Blutandrang** *0 m* blodöverfyllnad **Blutapfelsine** -*n f* blodapelsin **blutarm 1** ['--] blodfattig, anemisk **2** ['-'-] utfattig **Blutauswurf** -*e*† *m* blodig upphostning **Blutbank** -*en f* blodbank **blutbe|fleckt**, **-spritzt** blodbestänkt **Blutbild** -*er n, med.* blodbild **Blutbuche** -*n f, bot.* blodbok **Blutdruck** *0 m* blodtryck; *den ~ messen* ta blod-

trycket **Blutdrüse** -*n f* endokrin körtel **Blutdurst** *0 m* blodtörst **blutdurstig** blodtörstig **Blüte** -*n f* **1** blomma; blomning[stid], blomstring[stid]; *bildl. äv.* glansperiod; *~n treiben* gå i blom; *sonderbare ~n treiben* (*bildl.*) ta sig underliga uttryck; *die ~ der Jahre* de bästa åren; *die ~ der Jugend a*) ungdomens vår, *b*) blomman av ungdomen **2** stilblomma, ofrivillig vits **3** *vard.* falsk sedel
Blutegel - *m* blodigel; *bildl.* blodsugare **blut|en 1** blöda; *ich -e an der Hand* (*aus der Nase*) jag blöder på handen (i näsan); *mir -et die Nase* jag har näsblod; *mir -et das Herz* mitt hjärta blöder; *~den Herzens* med blödande hjärta **2** betala; *schwer ~ müssen* (*äv.*) bli uppskörtad; *er soll mir dafür ~* (*vard.*) det ska han få sota för **3** *rfl, sich zu Tode ~* förblöda **Blütenbaum** -*e*† *m* blommande träd **Blütenblatt** -*er*† *n* kronblad **Blütenhonig** *0 m* blomsterhonung **Blütenlese** -*n f* citatsamling **blütenlos** utan blommor; kryptogam **Blütenpflanze** -*n f* fanerogam **blütenreich** rik på blommor
Blüten|schaden -† *m* skada på blomningen **-stand** -*e*† *m* blomställning **-staub** *0 m* pollen **-stengel** - *m* blomskaft **-stiel** -*e m* blomstjälk
Blutentziehung -*en f* blodavtappning **'blüten'weiß** skinande vit **Blütenzweig** -*e m* blommande gren
Bluter - *m, med.* blödare **Bluterguß** -*sse*† *m* blodutgjutning **Bluterkrankheit** *0 f* blödarsjuka, hemofili
Blutezeit -*en f* blomningstid; *bildl.* blomstringstid, glansperiod
Blut|farbstoff -*e m* blodfärgämne, hemoglobin **-faserstoff** -*e m* fibrin **-fleckenkrankheit** *0 f* blodfläcksjukdom **-flüssigkeit** *0 f* blodplasma **-gefäß** -*e n* blodkärl **-geld** *0 n* blodspengar **-gerinnung** *0 f, die ~* blodets koagulation **-gerinsel** -*n f* blodpropp, tromb **-gerüst** -*e n* schavott **-gier** *0 f* blodtörst
blutgierig blodtörstig **Blutgruppe** -*n f* blodgrupp **Bluthochdruck** *0 m* högt blodtryck **Bluthochzeit** *0 f, die Pariser ~* (*hist.*) Bartolomeinatten **Bluthund** -*e m* blodhund **Bluthusten** *0 m* blodhosta **blutig** blodig; *~er Anfänger* oerfaren nybörjare; *~e Wunde* (*äv.*) blodvite; *~e Tränen* bittra tårar **'blut'jung** mycket ung
Blut|konserve -*n f, med.* blod[flaska] (*i blodbank*) **-körperchen** - *n* blodkropp **-kreislauf** *0 m* blodomlopp **-lache** -*n f* blodpöl **-laugensalz** -*e n, kem.* blodlutsalt
blutleer blodlös
Blut|leere *0 f, med.* lokal blodbrist; *bildl.* blodlöshet **-mangel** *0 m* blodbrist **-orange** -*n f* blodapelsin **-probe** -*n f* blodprov **-rache** *0 f* blodshämnd
blutreich blodfull **'blut'rot** blodröd **Blutruhr** *0 f* dysenteri **blutrünstig** *bildl.* blod|drypande, -törstig **Blutsauger** - *m* blodsugare; vampyr; *bildl.* utsugare **Blutsbrüderschaft** *0 f* fostbrödralag **Blutschande** *0 f* blodskam, incest **blutschänderisch** incestuös **Blutschuld** *0 f* blod[s]skuld, mord **Blutsenkung** -*en f* blodsänka; *bei e-m ~ machen* ta sänkan på ngn **Blutser|um** -*en el.* -*a n* blodserum **blutsmäßig** genom blodsband **Blutspender** - *m* blodgivare **Blutspendezentrale** -*n f* blodgivarcentral **Blutstauung** -*en f* blod-

stockning **Blutstein** -e m hematit, blodsten **blutstillend** blodstillande **Blutstrieme** -n f blodstrimma (i hud) **Blutstuhl** 0 m blodig avföring **Blutsturz** 0 m blodstörtning **blutsverwandt** släkt genom blodsband **Blutsverwandte(r)** m f, adj böjn. blods|förvant, -frände **Bluttat** -en f blodsdåd **Bluttransfusion** -en f blodtransfusion **bluttriefend** bloddrypande **Blutübertragung** -en f blodtransfusion **Blutung** -en f blödning; menstruation **blutunterlaufen** blodsprängd **Blut|untersuchung** -en f blodundersökning -**urteil** -e n blodsdom -**vergießen** 0 n blodsutgjutelse -**vergiftung** -en f blodförgiftning -**wallung** -en f blodvallning -**wasser** 0 n blodserum
'**blut'wenig** vard. väldigt litet **Blutzeuge** -n -n m blodsvittne, martyr **Blutzucker** 0 m blodsocker
b-Moll 0 n b-moll
BMW förk. för Bayerische Motorenwerke AG
BND förk. för Bundesnachrichtendienst
Bö -en f kastby
Boa -s f 1 boaorm 2 boa (pälsverk)
Bob [bɔp] -s m bobb -**bahn** -en f bob[sleigh]bana
Bobine -n f garnspole **Bobinet** ['boːbinɛt, bobi'nɛt] -s n tyll
Bobsleigh ['bɔbsleɪ] -s m bobsleigh
1 Bock -e† m 1 bock (äv. gymn.); kuskbock; die Böcke von den Schafen scheiden skilja fåren från getterna; den ~ zum Gärtner machen sätta bocken till trädgårdsmästare; e-n ~ schießen (äv.) göra en tabbe; ihn stößt der ~ han är trotsig; [über den] ~ springen hoppa bock; alter [geiler] ~ gammal [hor]bock; [e-n] ~ auf etw. (ack.) haben (vard.) ha lust till ngt; etw. aus ~ tun (vard.) göra ngt helt utan anledning **2 sjösl.** dieselmotor **3** domkraft; ställning; hög pall
2 Bock - n bock[öl]
bockbeinig 1 trilsk, tjurskallig **2** bockbent (om häst) **Bockbier** -e n bocköl **bocken 1** (om häst) stegra sig, slå bakut; (om bil, vard.) gå ryckigt; (om barn) vara trotsig **2** vara i brunst (om får, get etc.) **bockig** trotsig, uppstudsig **Bockkäfer** - m, zool. träbock **Bockmühle** -n f stolpkvarn **Bocksbart** -e† m 1 bockskägg 2 bot. haverrot **Bocksbeutel** - m 1 [bukig vinflaska för] vitt frankiskt vin **2** ädelt vitvin **Bockshorn** 0 n, e-n ins ~ jagen skrämma ngn **Bockspringen** 0 n bockhoppning **Bocksprung** -e† m bock-, krum|språng **bocksteif** alldeles styv **Bockwurst** -e† f, ung. frukostkorv
Bodega -s f bodega, vinstuga
Boden -† m 1 mark; jord[mån]; grund; botten; golv; Grund und ~ fast egendom; doppelter ~ dubbelbotten, falsk botten; Moral mit doppeltem ~ dubbelmoral; mit flachem ~ flatbottnad; gewachsener ~ naturlig mark[yta]; der ~ brennt ihm unter den Füßen marken bränner under fötterna på honom; er bringt sie noch unter den ~ han tar död på henne; festen ~ fassen få fast mark under fötterna; zu ~ gehen (sport.) gå i golvet; ~ gewinnen vinna terräng; das schlägt dem Faß den ~ aus det går för långt (är höjden); zu ~ schlagen slå omkull (till marken); die Augen zu ~ schlagen slå ner blicken; auf dem ~ der Tatsachen stehen stå på verklighetens fasta mark; er hat den ~ unter den Füßen verloren han har för-

lorat fotfästet (spårat ur) **2** vind, loft -**abgang** -e† m (om säd, frukt o.d.) lagringsförlust -**abspülung** -en f, geol. erosion -**abwehr** 0 f markförsvar -**belag** -e† m golvbeläggning -**beschaffenheit** 0 f, die ~ markens (jordens) beskaffenhet -**brett** -er n golvplanka; bottenbräde -**entwässerung** -en f dränering -**erschöpfung** 0 f utsugning av jorden -**ertrag** -e† m avkastning av jorden -**erzeugnis** -se n jordbruksprodukt -**fenster** - n vindsfönster -**fläche** -n f 1 åkerareal **2** golvyta -**freiheit** 0 f fri markhöjd -**frost** -e† m frost vid markytan -**gare** 0 f optimalt tillstånd för odling -**gefüge** 0 n jordstruktur -**geschoß** -sse n vindsvåning -**haftung** 0 f väggrepp; väghållning -**kammer** -n f vindskammare -**kreditanstalt** -en f jordbrukskassa -**kunde** 0 f marklära
bodenlos bottenlös; bildl. äv. gränslös, oerhörd
Boden|müdigkeit 0 f, lantbr. jordtrötthet -**nebel** - m markdimma -**organisation** -en f, flyg. markorganisation -**personal** 0 n, flyg. markpersonal -**profil** -e n markprofil -**reform** -en f jordreform -**rente** 0 f jordränta -**satz** -e† m bottensats; avlagring, slam -**schätze** pl natur-, mineral|rikedomar, -fyndigheter -**schutz** 0 m skydd mot erosion e.d. -**sicht** 0 f, flyg. marksikt
bodenständig permanent; bofast; hemorts**Boden|treppe** -n f vindstrappa -**truppen** pl markstridskrafter -**turnen** 0 n fristående gymnastik -**verbesserung** -en f jordförbättring -**welle** -n f, radio. markvåg; nolleko
Bodmerei -en f, sjö. bodmeri, belåning av fartyg
Bofel - m, se Bafel
'**Bofist** [äv. -'-] -e m, se Bovist
bog se biegen
Bogen -[†] m 1 båge; krökning; sväng, kurva; er hat den ~ [he]raus (vard.) han har kommit underfund med det, han kan sin sak; große ~ spucken skryta; e-n ~ um e-n machen gå ur vägen för en ngn **2** valvbåge, bågvalv **3** mus. båge; stråke **4** [pil]båge; den ~ überspannen (bildl.) spänna bågen för högt **5** (skridsko.) skär; (skid.) sväng **6** [pappers]ark **7** tekn. rörmuff -**blatt** -er† n bågfilsblad -**brücke** -n f bågbro -**führung** 0 f, mus. stråkföring -**gang** -e† m arkad; bågvalvsgång (äv. med.) -**lampe** -n f båglampa -**minute** -n f, mat. bågminut -**pfeiler** - m strävpelare; bropelare (i bågbro) -**rohr** -e n bågrör; rörkrök -**schießen** 0 n bågskytte -**schluß|ß** -sse† m slutsten i valv -**strich** -e m stråk|föring, -drag
bogenweise arkvis **Bogenweite** -n f spännvidd **Bogenzirkel** - m passare **bogig** bågig, bågformig
Boheme [bo'(h)ɛːm, bo'(h)ɛːm] 0 f krets av konstnärer, litteratörer o. studenter; bohemliv
Bohemien [bo(h)e'mjɛ̃ː] -s m bohem
Bohle -n f [grov] planka **Bohlenbelag** -e† m plank|beläggning, -däck; brobana
Böhme -n -n m bömare **Böhmin** -nen f bömiska **böhmisch** bömisk; das sind für mich ~e Dörfer (bildl.) det är hebreiska för mig; das kommt mir ~ vor det begriper jag inte
Bohne -n f 1 böna **2** vard., keine ~ davon verstehen inte begripa ett dugg av det; nicht die ~! absolut inte!; blaue ~ [gevärs]kula
bohnen dial. bona
Bohnen|fest 0 n, das ~ trettondagen -**könig**

-*e m, der* ~ den som får bönan i trettondagskakan **-kraut** *0 n, bot.* kyndel **-kuchen** - *m* foderkaka **-lied** -*er n* nidvisa; *e-m das* ~ *singen* ge ngn respass **-stange** -*n f* bönstör; *bildl.* humlestör **-stroh** *0 n* bönhalm; *dumm wie* ~ dum som ett spån; *grob wie* ~ mycket grov
Bohner - *m,* **-besen** - *m,* **-bürste** -*n f* golvbonare, bonborste **bohnern** bona **Bohnerwachs** -*e n* bonvax
bohren borra; *in der Nase* ~ peta sig i näsan; *in den Grund* ~ borra i sank; *er hat so lange gebohrt, bis* han tjatade ända tills; ~*der Schmerz* gnagande (molande) smärta
Bohr|arbeit -*en f* borrningsarbete **-er** - *m* **1** borr **2** borrare **3** *sport.* pikhopp **-insel** -*n f* borrplattform **-käfer** - *m, zool.* dödsur, trägnagare **-maschine** -*n f* borrmaskin **-muschel** -*n f, zool.* borrmussla **-turm** -*e†* m borrtorn **-ung** -*en f* borrning; borrhål **-versuch** -*e m* provborrning **-winde** -*n f* drillborr **-wurm** -*er† m* skeppsmask
böig byig
Boiler - *m* varmvattenberedare
Bojar -*en* -*en m* bojar
Boje -*n f* boj
Bolero -*s m* bolero
Bolide -*n* -*n m* racerbil
bolivianisch [-v-] boliviansk **Bolivianer** - *m* bolivian **Bolivien** *0 n* Bolivia
Bolle -*n f, dial.* **1** [stor] lök **2** rova (*fickur*) **3** hål (*på strumpa*) **4** slyngel, odåga
Böller - *m* mörsare; salutkanon
Bollwerk -*e n* bålverk (*äv. bildl.*); kaj
Bolschewik -*en* -*en m* bolsjevik **bolschewisieren** bolsjevisera **Bolschewismus** *0 m* bolsjevism **Bolschewist** -*en* -*en m* bolsjevik
Bolus *0 m* bolus[lera]
Bolz -*e m, åld.,* **Bolzen** - *m* **1** bult, tapp, sprint **2** skäkta, armborstpil **3** lod (*för strykjärn o.d.*) **bolzen** *vard.* prygla; *fotb.* ruffa **Bolzenbüchse** -*n f* luftgevär '**bolzenge'rade** kapprak
Bombardement [bombardə'mã:] -*s n* bombardemang **bombardieren** bomba[rdera] **Bombardierung** -*en f* bombardering, bombning
Bombast *0 m* svulst[ighet] **bombastisch** bombastisk
Bombe -*n f* **1** bomb; *mit* ~*n belegen* (*mil.*) bomba; ~*n tragen* (*abwerfen*) föra (fälla) bomber; *wie e-e* ~ *einschlagen* slå ner som en bomb; *gestern ist die* ~ *geplatzt* (*vard.*) i går sprang bomben (kom sanningen i dagen) **2** *sport.* kanonhårt skott **3** *vard.* plommonstop **Bombenabwurf** -*e† m* bombfällning **Bomben|anschlag** -*e† m,* **-attentat** -*e n* bombattentat **Bombendrohung** -*en f* bombhot **Bombenerfolg** -*e m, vard.* jättesuccé '**bombenfest** [*bildl.* '--'--] bombsäker; *das steht* ~ (*äv.*) det är bergsäkert **Bombenflugzeug** -*e n* bombplan '**Bombenform** *0 f, vard.* topp-, kanon|form '**Bombenge'halt** -*er† n, vard.* jättelön '**Bomben'geld** -*er n, vard.* jättesumma **bombengeschädigt** bombskadad
Bomben|ge'schäft -*e n, vard.* finfin affär, jätteaffär **-geschwader** - *n* bombflottilj **-gruppe** -*n f* bombeskader -'**kerl** -*e m, vard.* tusan till karl **-leger** - *m, vard.* förövare av bombattentat -'**rolle** -*n f, vard.* succéroll -'**sache** -*n f, vard.* panggrej **-schütze** -*n* -*n m* bombfällare

'**bombensicher** [*bildl.* '--'--] bombsäker **Bombenstaffel** -*n f* bombdivision '**Bomben-**'**stimmung** *0 f, vard.* högstämning **Bombentreffer** - *m* bombträff; *vard.* fullträff **Bombentrichter** - *m* bombkrater **Bombenzielgerät** -*e n* bombsikte **Bomber** - *m, vard.* bombplan **bombiert 1** välvd **2** (*om konserv*) jäst
bombig *vard.* häftig, toppen
Bommel -*n f, vard.* tofs
Bon [bɔŋ, bõ:] -*s m* kassakvitto; tillgodokvitto; bong **Bonbon** [bɔŋ'bɔŋ, bõ'bõ:] -*s m n* karamell **Bonbonniere** [bɔŋbɔ'njɛːrə] -*n f* bonbonjär; konfektask
Bond [bɔnt] -*s m* bond, obligation
bongen *vard.* bonga, slå (stämpla) in
Bönhase -*n* -*n m, nty.* bönhas, klåpare
Bonifikation -*en f* **1** bonus **2** kompensation **bonifizieren** gottgöra, kompensera
Bonität -*en f, hand.* bonitet, soliditet; säkerhet **bonitieren** beräkna värdet av (*skog e.d.*)
Bonmot [bõ'mo:] -*s n* bonmot, kvickt infall, kvickhet **Bonne** -*n f, åld.* barnfröken
Bonner I - *m* invånare i Bonn **II** *oböjl. adj* i (från) Bonn
Bon|us -*usse el.* -*i m* **1** hand. bonus **2** *sport.* handikapp
Bonvivant [bõvi'vã:] -*s m* lebeman; *teat.* salongshjälte
Bonze -*n* -*n m* lama|präst, -munk; *bildl.* pamp **Bonzokratie** -*n f, neds.* pampvälde
Boom [bu:m] -*s m* boom, [plötslig] högkonjunktur
Boot -*e n* båt; *wir sitzen alle in e-m* ~ vi sitter alla i samma båt
Boots|bauer - *m* båtbyggare **-grab** -*er† n, arkeol.* skeppssättning **-haus** -*er† n* båthus **-mann** -*leute m* båtsman; (*i flottan*) sergeant **-steg** -*e m* båtbrygga
Bor *0 n* bor **Borat** -*e n* borat **Borax** *0 m* borax
1 Bord -*e n, nty.* hylla
2 Bord -*e m, an* ~ ombord; ~ *an* ~ (*sjö.*) långsides, *an* (*von*) ~ *gehen* embarkera (debarkera); *Mann über* ~ man över bord; *ein Schiff von niedrigem* ~*e* ett djupt liggande fartyg **-buch** -*er† n* loggbok
Börde -*n f* [fruktbar] lågslätt
Bordeaux [bɔr'do:] **1** - [-'do:s] *m* bordeauxvin **2** *0 n* bordeauxrött
bordeigen som tillhör farkosten
Bordell -*e n* bordell
bördeln *tekn.* kraga, förse med fläns **Bördelung** -*en f* fläns[ning]
Bord|empfangsgerät -*e n, radio.* fartygsmottagare **-flugzeug** -*e n* fartygsbaserat flygplan **-funk** *0 m* fartygs-, flyg|radio **-funker** - *m* radiotelegrafist **-ingenieur** -*e m, flyg.* färdmekaniker **-kapelle** -*n f* musikkapell ombord **-kante** -*n f* trottoarkant **-karte** -*n f, flyg.* boardingcard, embarkeringskort **-monteur** -*e m* mekaniker ombord **-schwelle** -*n f* trottoarkant; trottoir|, kant|list **-stein** -*e m* kantsten (*på trottoar*) **-steinschwalbe** -*n f, skämts.* gatflicka
Bor' düre -*n f* garnering **Bordürenband** -*er† n* kantband
Bord|wache -*n f* däcksvakt **-wand** -*e† f* fartygssida **-zweiback** -*e† m* skeppsskorpa
Borg *0 m, auf* ~ *geben* (*kaufen, nehmen*) lämna (köpa, ta) på kredit **borgen** låna (*von, bei* av); *e-m etw.* ~ låna ut ngt till ngn

Borgis 0 f, typ. borgis
borgweise till låns
Borke -n f bark; med. skorv **Borkenflechte** 0 f, med. revorm **Borkenkäfer** - m, zool. barkborre **borkig** av bark, bark-; barkig
Born -e m, poet. brunn, källa
borniert bornerad, inskränkt
Bor'rago 0 m, '**Borretsch** 0 m gurkört
Bor|salbe 0 f borsyresalva -**säure** 0 f borsyra
Börse -n f 1 börs, portmonnä 2 börs; börshus; an der ~ på börsen; an der ~ notierte Papiere börsnoterade papper 3 boxn. prissumma **Börsenbericht** -e m börs|rapport, -lista; (rubrik) börsnoteringar **börsenfähig 1** börsnoterad 2 berättigad att göra affärer på börsen **börsengängig** börsnoterad
Börsen|jobber [-'dʒɔbɐ] - m börsjobbare -**makler** - m börsmäklare -**notierung** -en f börsnotering -**schluß** 0 m börsens stängning -**spekulation** -en f, -**spiel** -e n börs|spel, -spekulation -**verkehr** 0 m omsättning på börsen -**vorstand** -e† m börsstyrelse -**zettel** - m börslista
Börsianer-m, vard. börsspekulant; börsmäklare
Borste -n f borst; tagel **borstenartig** borstig **Borstenbürste** -n f borste av äkta borst; tagelborste **Borstengras** 0 n, bot. stagg **Borsten|tier** -e n, -**vieh** 0 n svindjur; vard. osällskaplig (vresig) människa **borstig** borstig; bildl. vresig, motsträvig; ~ werden (vard.) morska upp sig **Borstwisch** -e m, vard. borste med kort skaft; dammborste
Borte -n f bård, kantband; galon; träns; fåll
Bo'russia 0 f, hist. Preussen (symboliserad av kvinnofigur)
bös se böse **bösartig** elak, ondskefull; lömsk; med. malign, elakartad **Bösartigkeit** 0 f elakhet, ondska, ondskefullhet; med. malign beskaffenhet
Böschung -en f slänt, sluttning; dosering
Boschzündung -en f, motor. boständning
böse I adj dålig; ond; elak; arg; stygg; der ~ Blick det onda ögat; ~ Sache (Angelegenheit) hemsk historia; ~s Blut machen (bildl.) väcka ond blod; die ~ Sieben olyckstalet sju; mit e-r ~n Sieben verheiratet gift med en riktig häxa; e-n ~n Fuß haben på ont i foten; e-m (auf e-n) ~ sein vara ond på ngn; mit e-m ~ sein vara osams med ngn; der B~, der ~ Geist (Feind) den (hin) onde **II** adv illa; er meint es nicht ~ han menar inte illa (inte ngt ont); ~ dran sein vara illa däran **Bös|e(s)** n, adj böjn. ont; -es im Sinne haben ha ont i sinnet; e-m etw. -es antun tillfoga ngn skada **Bösewicht** -e[r] m bov, usling; syndabock **boshaft** elak; illvillig; ondskefull; sarkastisk, skadeglad **Bosheit** -en f elakhet, ondska; skadeglädje
Bosniake -n -n m **1** bosnier **2** hist. slavisk ryttare
'**Bosporus** 0 m, der ~ Bosporen
Bo|ß -sse m, vard. boss, chef; bas; ledare
bosseln 1 knåpa, pyssla (an + dat. med) **2** spela käglor (curling) **3** hugga (sten), bossera **böswillig** illvillig **Böswilligkeit** 0 f illvillighet, illvilja
bot se bieten
Bo'tanik 0 f botanik **Botaniker** - m botaniker **botanisch** botanisk **botanisieren** botanisera **Botanisiertrommel** -n f portör
Bötchen - n liten båt
Bote -n -n m bud, budbärare; der hinkende ~ kommt nach (vard.) det kommer surt efter
Botengang -e† m ärende **Botenlohn** -e† m budbärarlön, betalning (dricks) åt bud
botmäßig tributpliktig; underdånig **Botmäßigkeit** 0 f herravälde; e-n unter seine ~ bringen underkuva ngn
Botschaft -en f 1 budskap, underrättelse 2 ambassad **Botschafter** - m ambassadör, sändebud **Botschaftsrat** -e† m, ambassadråd
Botsuana 0 n, **Botswana** 0 n Botswana **Botswaner** - m botswanier **botswanisch** botswansk
Böttcher - m tunnbindare **Böttcherei** -en f tunnbinderi
Bottich -e m kar, så, balja
bottnisch der B~e Meerbusen Bottniska viken
Botulismus 0 m, med. botulism
Bouclé [bu'kle:] **1** -s n bouclé[garn] **2** -s m bouclé[tyg, -matta]
Boudoir [bu'dɔa:ɐ̯] -s n budoar
Bouillon [bul'jɔŋ, äv. bʊl'jõ:] -s f buljong -**würfel** - m buljongtärning
Boulevard [bulə'va:ɐ̯] -s m boulevard -**presse** 0 f, die ~ boulevardtidningarna
Bouquet [bu'ke:] -s n bouquet
Bourgeoisie [burʒoa'zi:] -n [-'zi:ən] f bourgeoisie; die ~ (äv.) borgarna
Boutique [bu'ti:k] -s el. -n f boutique
'**Bovist** [äv. bo'vɪst] -e m ägg-, rök|svamp
Bowle ['bo:lə] -n f bål
Box -en f **1** box; bås **2** lådkamera **Boxbirne** -n f, sport. boxboll **boxen** boxa; boxas **Boxen** 0 n boxning **Boxer** - m **1** boxare **2** (hund) boxer **Boxerkrankheit** 0 f boxarsjuka **Boxkampf** -e† m boxningsmatch
Boy -s m pickolo, hotell-, hiss|pojke
Boy'kott -s, äv. -e m bojkott **boykottieren** bojkotta
BP förk. för **1** Bundespost **2** Bayern-Partei
Br. förk. för Bruder
1 brach se brechen
2 brach [-a:-] obrukad; bildl. outnyttjad, overksam **Brache** -n f, **Brach|feld** -er n, -**flur** -en f träda, trädesåker
Brachialgewalt 0 f rå styrka
Brachland -er† n träda **brachliegen** st ligga i träda (för fäfot); bildl. ligga outnyttjad **Brach|monat** -e m, åld., -**mond** -e m, åld. juni
Brachse [-ksə] -n f, **Brachsen** - m braxen
brachte se bringen
Brachvogel -† m spov; großer ~ storspov
Bracke -n -n m spårhund **brackig** bräckt (om vatten) **Brackwasser** -n brackvatten
Brahmane -n -n m, **Brahmine** -n -n m braman, bramin
Brailleschrift ['bra:jəʃrɪft] 0 f blindskrift
Brain-Trust ['breɪntrʌst] -s m hjärntrust
bramarbasieren högt. skryta
Bramsegel - n bramsegel
bramsig nty. skrytsam, mallig
Branche ['brã:ʃə] -n f bransch **Branchenkenntnis** -se f branschkännedom **Branchenverzeichnis** -se n yrkesregister (i telefonkatalog); das ~ (äv.) gula sidorna
Brand -e† m **1** brand; eldsvåda; eldbrand; tekn. förbränning; bildl. eld; in ~ stecken sätta eld på; in ~ stehen stå i brand; den ~ löschen (vard. äv.) släcka törsten **2** med. kallbrand **3** bot. sot '**brandaktu'ell** vard. jätteaktuell **Brandbekämpfung** -en f brandsläckning **Brandblase** -n f brännblåsa **Brand-**

brief -*e m* hotelsebrev; *vard.* enträget kravbrev; 'nödrop' (*i brevform*) **Branddirektor** -*en m* brandchef **'brand'eilig** *vard.* mycket brådskande **Brandeisen** - *n* brännjärn **branden** bryta [sig] (*om vågor*); *bildl. äv.* brusa **Brandfackel** -*n f* brandfackla **brandfest** eld-, brand|säker **Brandflasche** -*n f, mil.* molotovcocktail **Brand|fleck** -*e m*, -**flecken** - *m, med.* ställe med kallbrand **brandig 1** *med.* angripen av [kall]brand; *bot.* angripen av sot **2** ~ *riechen* lukta vidbränt **Brandmal** -*e el.* -**er†** *n* inbränt märke; födelsemärke **Brandmalerei** -*en f* glödritning **brandmark|en** -*te, gebrandmarkt* brännmärka **Brandmauer** -*n f* brandmur **Brandmeister** - *m* brandmästare **Brandmittel** - *n* läkemedel för brännsår **'brand'neu** *vard.* alldeles (splitter) ny **Brand|opfer** - *n* brännoffer -**pilz** -*e m, bot.* sot-, brand|svamp -**rede** -*n f* brandtal -**röte** *0 f* eldröd färg -**salbe** -*n f* salva för brännsår **brandschatz|en** -*te, gebrandschatzt* brand-
)skatta
Brand|sohle -*n f* bindsula -**stätte** -*n f*, -**stelle** -*n f* brandplats -**stifter** - *m* mordbrännare -**stiftung** -*en f* mordbrand -**ung** *0 f* bränning -**wache** -*n f* brandvakt -**wunde** -*n f* bränn|sår, -skada
brannte *se brennen* **Branntkalk** *0 m* bränd kalk **Branntwein** -*e m* brännvin
Brasil 1 -*e el.* -*s m* brasilianskt kaffe; brasiliansk tobak **2** -*s f* brasiliansk cigarr **Brasilianer** - *m* brasilian[are] **brasilianisch** brasiliansk **Brasilnu|ß** -*sse† f* paranöt
1 Brasse -*n f, sjö.* brass
2 Brasse -*n f, dial.* braxen
Brasselett -*e*, *n, åld.* armband; *sl.* handklove
Brassen - *m* braxen
Bratapfel -† *m* stekt äpple **brat|en** *briet* (*bratete*), *briete* (*bratete*), *gebraten, brätst, brät* steka; *Schinken* ~ bräcka skinka; *auf dem Rost* ~ halstra; *am Spieß* ~ steka på spett; *sich in der Sonne* ~ *lassen* steka sig i solen; *gut gebraten* välstekt; *nun ~e mir e-r e-n Storch!* (*vard.*) det var mycket underligt (det värsta)!
Braten - *m* stek; *ein fetter* ~ (*bildl.*) ett gott kap; *den* ~ *riechen* (*vard.*) ana oråd -**fett** -*e n* stek|fett, -flott -**rock** -*e† m, skämts.* bonjour -**wender** - *m* stekspade
bratfertig stekfärdig
Brat|hähnchen -*n m* stekt (grillad) kyckling; stekkyckling -**hendl** - *n, sty., österr., se* Brathähnchen -**hering** -*e m* stekt sill -**huhn** -*er† n*, *se* Brathähnchen -**kartoffeln** *pl* stekt potatis -**ofen** -*† m* stekugn -**pfanne** -*n f* stekpanna -**röhre** -*n f* stekugn -**rost** -*e m* halster, grill
Bratsche [-a:-] -*n f* altfiol **Bratschist** -*en* -*en m* altviolonist
Brat|spieß -*e m* stekspett -**wurst** -*e† f* 'bratvurst', stekkorv
Bräu -*e el.* -*s n* **1** öl[sort], brygd **2** bryggeri; (*av bryggeri ägd*) ölstuga, ölkrog **Braubottich** -*e m* bryggkar
Brauch -*e† m* sed, bruk; *das ist bei uns so* ~ vi brukar göra så **brauchba**´ användbar **brauch|en 1** använda; *etw. gut* (n.̈cht) ~ *können* ha god (ingen) användning för ngt; *zu nichts zu* ~ *sein* inte kunna användas till ngt **2** behöva; vara i behov av; *dieses Gerät -t viel Strom* den här apparaten drar mycket ström; *man -t nur den Knopf zu drücken* man behöver bara trycka på knappen; *es -t wohl nicht erst*

gesagt zu werden ... man behöver väl inte påpeka ...; *dann -t man nur noch sedan är det bara att; das könnt' ich grade* ~ det var just vad som fattades; *wie lange wird er* ~ ? hur länge kommer det att ta för honom? **3** *högt., was -t es da noch vieler Erklärungen?* vad behövs det långa förklaringar till?; *es -t keines Beweises* det behövs inte ngt bevis **bräuchlich 1** bruklig **2** användbar **Brauchtum** *0 n* seder och bruk; sedvänja
Braue -*n f* ögonbryn
brau|en 1 brygga; blanda till, laga; *sich* (*dat.*) *e-n guten Trunk* ~ laga till en god dryck åt sig **2** *poet., Nebel -t im Tal* det blir (bildas) dimma i dalen; *ein Unheil -t* ofärd väntar **Brau|er** - *m* bryggare -**erei** -*en f*, -**haus** -*er† n* bryggeri -**meister** - *m* bryggmästare
braun brun; brynt; *von der Sonne* ~ *gebrannt* solbränd; ~ *und blau schlagen* slå gul och blå; *er war schon immer* ~ (*äv.*) han har alltid varit nazist **braunäugig** brunögd **Braunbär** -*en* -*en m* brunbjörn **Bräune** *0 f* **1** brun färg; solbränna **2** *dial., med.* halsfluss; difteri; *häutige* ~ krupp **Brauneisen|erz** -*e n*, -**stein** *0 m* limonit, sjö-, myr|malm **Brau'nelle** -*n f, bot.* brunört **bräunen** bryna; göra brun; *sich* ~ *a*) sola sig, *b*) brynas, bli brun **Braune(r)** *m, adj böjn.* **1** brunte (*häst*) **2** *vard.* nazist **3** *österr.* kopp kaffe m. mjölk **Braunfliege** -*n f* spyfluga **Braunhemd** -*en n* brunskjorta, nazist **Braunkalk** *0 m* dolomit **Braunkohle** -*n f* brunkol **bräunlich** brunaktig **Braunmanganerz** -*e n* manganit
Braun|stein *0 m* brunsten -**vieh** *0 n* brun boskap -**wurz** *0 f, bot.* flenört
Braus *0 m, in Saus und* ~ i sus och dus **Brause** -*n f* **1** dusch; stril **2** (*kolsyrad*) läskedryck **Brausebad** -*er† n* dusch[bad] **Brausekopf** -*e† m* brushuvud **brausekopfig** hetsig **Brauselimonade** -*n f* (*kolsyrad*) läskedryck **brausen 1** brusa, susa **2** *s, vard.* störta [i väg], rusa **3** [*sich*] ~ duscha **Brause|pulver** - *n*, -**salz** -*e n* brus-, fräs|pulver
Braut -*e† f* **1** fästmö **2** brud **Brautfahrt** -*en f* brudfärd **Brautführer** - *m, der* ~ brudgummens marskalk **Bräutigam** -*e m* **1** fästman **2** brudgum **Brautjungfer** -*n f* [brud]tärna **Brautleute** *pl* **1** fästfolk **2** brud|par, -folk **bräutlich 1** som en brud, brud-; jungfrulig **2** bröllops-
Braut|mutter -† *f, die* ~ brudens mor -**nacht** -*e† f* bröllopsnatt -**paar** -*e n* brudpar; *das* ~ (*äv.*) de nygifta -**raub** *0 m* brudrov -**ring** -*e m* vigselring -**schatz** *0 m, åld.* hemgift -**schau** *0 f, auf* [*die*] ~ *gehen* söka sig en brud -**staat** *0 m* brudstass -**stand** *0 m, åld.* förlovningstid -**vater** -† *m, der* ~ brudens fader -**zug** -*e† m* bröllopståg, brudfölje
Brauwesen *0 n* bryggerinäring
brav 1 tapper **2** bra; duktig; hederlig; präktig; (*om barn*) snäll [o. lydig] **bravo** [-v-] *interj* bravo! **Bravo** -*s n*, **Bravoruf** -*e m* bravo-, bifalls|rop **Bravour** [-'vu:ɐ] -*en f* bravur **Bravourstück** -*e n* bravurnummer
BRD *Of, förk. för Bundesrepublik Deutschland, die* ~ Förbundsrepubliken Tyskland
Brech|bohne -*n f* brytböna -**durchfall** -*e† n* diarré med kräkningar -**eisen** - *n* bräckjärn, kofot
brechen *brach, bräche, gebrochen, bricht, bricht, brich!* **1** bryta (*äv. bildl.*); *sich* (*dat.*) *den Arm* (*das Genick*) ~ bryta armen (nacken)

[av sig]; *Blumen* ~ *(högt.)* plocka blommor; *die Ehe* ~ begå äktenskapsbrott; *e-r Flasche (dat.) den Hals* ~ *(vard.)* öppna en flaska; *er brach ihr das Herz* han krossade hennes hjärta; *Papier* ~ vika papper; *den Rekord* ~ slå rekordet; *sein Schweigen* ~ bryta sin tystnad; *etw. in Stücke* ~ bryta ngt i bitar; *die Felsen* ~ *die Wellen* klipporna bryter vågorna; *jds Widerstand* ~ krossa ngns motstånd; *nichts zu* ~ *und zu beißen haben (högt.)* svälta; *mit etw. (e-m)* ~ bryta med ngt (ngn) **2** *s* brytas, brista, spricka, gå av (sönder); *zum B~ voll sein* vara proppfull (fylld t. bristningsgränsen); *ihre Augen sind gebrochen* hennes blick är brusten, hon är död; *das Eis ist gebrochen (bildl.)* isen är bruten; *in die Knie* ~ bryta samman; *ihm brach die Stimme* rösten svek honom **3** *s* bryta (rusa, störta) fram; *die Sonne bricht durch die Wolken* solen bryter fram genom molnen **4** *vard.* kräkas **5** bråka *(lin)* **6** *rfl* bryta sig, brytas **Brecher** - *m* **1** brottsjö **2** *gruv.* kross **Brechmittel** - *n* kräkmedel **Brechreiz** *0 m* kväljningar **Brechung** *-en f* brytning, brytande; refraktion
Breeches ['brɪtʃəs] *pl* ridbyxor
Bregen - *m, ntý., kokk.* hjärna; *skämts.* skalle
Brei *-e m* gröt; välling; mos; sörja; [pappers]massa; *viele Köche verderben den* ~ ju flera kockar dess sämre soppa; *wie die Katze um den heißen* ~ *(vard.)* som katten kring het gröt **breiartig, breiig** grötig, mosig, sörjig **breit** bred; *etw.* ~ *darstellen* utförligt skildra ngt; *ein langes und* ~*es darüber reden* tala omständligt om det; *weit und* ~ *bekannt* vida bekant; *e-e* ~*e Aussprache* ett brett uttal; *e-n* ~*en Buckel haben (vard.)* kunna tåla (uthärda) mycket; *die* ~*e Öffentlichkeit* den stora allmänheten; *der Stoff liegt 90 cm* ~ tyget ligger på 90 cm bredd **Breitaxt** *-eʈf* bila **Breitbandkabel** - *n* koaxialkabel **Breitbandstraße** *-n f* bredbandsvalsverk **Breitbeil** *-e n* bila **breitbeinig** bredbent **breitblätt[e]rig** bredbladig **breitbrüstig** bredbröstad
Breite *-n f* bredd, vidd; latitud; *bildl.* omständlighet, utförlighet; *in die* ~ *gehen (vard.)* lägga ut [på bredden]; *in unseren* ~*n* på våra breddgrader; *auf 50 Grad nördlicher* ~ på 50 graders nordlig bredd; *um e-s Haares* ~ en hårsmån; *der* ~ *nach* på bredden **breiten** breda [ut] **Breitengrad** *-e m* breddgrad **Breitenkreis** *-e m* parallell[cirkel] **Breitensport** *0 m* breddidrott **Breitenwachstum** *0 n* tillväxt på bredden **Breitenwirkung** *-en f* spridning[sverkan] **breit|köpfig** bredskallig **-krempig** bred|brättig, -skyggig **-machen** *rfl, vard.* breda ut sig; *bildl.* göra sig viktig **-nasig** med bred näsa **-randig** bredbrättig; *(om bok)* med bred marginal **-rückig** med bred rygg **-schlagen** *st, vard.* övertala **-schult[e]rig** bredaxlad
Breitseite *-n f* bredsida **breitseits** bredsides **Breitspur** *-en f* bredspår **breitspurig 1** bredspårig **2** dryg, viktig **breittreten** *st, bildl.* utförligt behandla *(tema)* **Breitwandprojektor** *-en m* vidfilmsprojektor
Bremer I - *m* invånare i Bremen **II** *oböjl. adj* från (i) Bremen **bremisch** bremisk, från (i) Bremen
Brems|backe *-n f* bromsback **-band** *-erʈ n* bromsband **-belag** *-eʈ m* bromsbeläggning **-berg** *-e m, gruv.* bromsbana **-dauer** *0 f* bromsningstid *(för bil)*

1 Bremse *-n f zool.* broms
2 Bremse *-n f, tekn.* broms **bremsen** bromsa
Brems|er - *m* bromsare **-flüssigkeit** *0* bromsvätska **-leuchte** *-n f,* **-licht** *-er n* bromsljus **-pedal** *-e n* bromspedal **-rakete** *-n f* bromsraket **-seil** *-e n* bromsvajer **-strecke** *-n f* bromssträcka **-vorrichtung** *-en f* broms[anordning] **-weg** *-e m* bromssträcka **brennbar** brännbar **Brenndauer** *0 f* bränntid **Brenneisen** - *n* brännjärn; lockjärn **brenn|en** *brannte, brennte, gebrannt* **1** brinna; brännas; brännas; *wo -t's denn? (vard.)* varför så bråttom?, vad står på?; *mir* ~ *die Augen* det svider i ögonen på mig; *die Kerzen* ~ *gut* ljusen lyser bra; *auf etw. (ack.)* ~ otåligt vänta på ngt; *mir -t die Arbeit auf den Nägeln* jag har förfärligt mycket att göra; *da* ~ *Sie sich aber (bildl.)* där tar Ni allt miste; *es -t! a)* elden är lös!, *b)* det bränns! *(vid lek)* **2** bränna; *Kaffee* ~ rosta kaffe; *e-m eins auf den Pelz* ~ *(vard.)* skjuta på ngn, *bildl.* ge ngn på huden **3** *rfl* bränna sig, bli bränd **brennend I** *adj* brännande; mycket viktig; akut **II** *adv* mycket hett; ~ *nötig haben* förtvivlat väl behöva; ~ *gern wünschen* hett önska; ~ *rot* lysande röd **Brenner** - *m* brännare **Brennerei** *-en f* bränneri **Brennessel** *-n f* brännässla
Brenn|gas *0 n* lys-, stads|gas **-geschwindigkeit** *-en f* förbränningshastighet **-glas** *-erʈ n* brännglas **-haar** *-e n, biol.* brännhår **-holz** *0 n* ved **-kammer** *-n f* förbränningskammare **-material** *0 n* bränsle **-ofen** *-ʈ m* bränn-, smält-, tork|ugn **-punkt** *-e m* brännpunkt; *in den* ~ *rücken* ställa i fokus **-schere** *-n f* locktång **-spiritus** *0 m* rödsprit **-stab** *-eʈ m* bränslestav **-stoff** *-e m* bränsle **-weite** *-n f* brännvid
brenz[e]lig 1 *åld.* som luktar (smakar) bränt **2** *vard.* misstänkt, betänklig; kritisk
Bresche *-n f* bräsch; *in die* ~ *springen (treten)* gå i bräschen
Brett *-er n* **1** bräda, planka; bräde; *sport.* svikt; ~ *er (äv.)* skidor, snöskor; *das* ~ *bohren, wo es am dünnsten ist (bildl.)* göra det lätt för sig; *mit* ~*ern belegen (verschalen)* brädfodra; *dort ist die Welt mit* ~*ern vernagelt (bildl.)* det är världens ände, där är det stopp; *ein* ~ *vorm Kopf haben (vard.)* vara korkad; *bei e-m e-n Stein im* ~ *haben (vard.)* ligga väl till hos ngn **2** hylla; bricka; manövertavla; *Schwarzes* ~ anslagstavla **3** *die* ~*er, die die Welt bedeuten* de tiljor som föreställer världen; *über die* ~*er gehen* gå över tiljan; *bis 10 auf die* ~*er gehen* ta räkning till tio **Brettel[n]** *pl, sty., österr.* skidor **Bretterbude** *-n f* brädskjul **brettern** av bräder, bräd- **Bretter|verschlag** *-eʈ m*, **-wand** *-eʈ f* brädvägg **Bretterzaun** *-eʈ m* plank **Brettl** - *n* **1** *vard.* kabaré **2** *pl, sty., österr.* skidor **Brettspiel** *-e n* brädspel **Brettstein** *-e m* bricka i brädspel
Brevier [bre'viːɐ̯] *-e n* breviarium
Brezel *-n f* kringla
Bridge [brɪtʃ] *0 n* bridge **-turnier** *-e n* bridgetävling
Brief *-e m* **1** brev; *mit e-m* ~ *e wechseln* brevväxla med ngn; *eingeschriebener* ~ rekommenderat brev; *unter* ~ *und Siegel* av mig underskrivet o. med sigill bekräftat, *vard.* garanterat **2** *hand.* säljkurs, säljare **-beschwerer** - *m* brevpress **-bogen** -[ʈ] *m* brevpapper[sark]

-bombe -n f brevbomb **-bote** -n -n m, dial. brevbärare **-einwurf** -e† m brev|inkast, -låda **-freund** -e m brevvän **-kasten** -† m brevlåda **-klammer** -n f pappersklämma, gem **-kopf** -e† m brevhuvud **-kurs** -e m, hand. säljkurs **brieflich** brevledes, per brev; ~ *verkehren* korrespondera
Brief|marke -n f frimärke **-markensammler** - m frimärkssamlare, filatelist **-markensammlung** -en f frimärkssamling **-öffner** - m brevöppnare, papperskniv **-ordner** - m brevpärm **-päckchen** - n litet paket (*som befordras som brev*) **-papier** -e n brev-, post|papper **-schaften** pl brev, korrespondens **-schreiber** - m brevskrivare **-schuld** -en f **1** ~*en* obesvarade brev **2** hand. reversskuld **-steller** - m brevställare **-tasche** -n f plånbok **-taube** -n f brevduva **-telegramm** -e n brevtelegram **-träger** - m brevbärare **-umschlag** -e† m kuvert **-waage** -n f brevvåg **-wahl** -en f poströstning **-wechsel** - m brevväxling, korrespondens **-zusteller** - m postiljon, brevbärare **-zustellung** -en f brevutbärning
Briekäse ['bri:-] - m brieost
Bries -e n, **Brieschen** - n, **Briesel** - n [kalv]bräss
briet se *braten*
Brigade -n f **1** brigad **2** kökspersonal (*på restaurang*) **3** DDR arbetslag **-führer** - m, **-general** -e[†] m brigadgeneral; överste av 1. graden
Brigg -s f brigg
Brikett -s *ibl.* -e n brikett **brikettieren** brikettera
brillant [brɪl'jant] glänsande, briljant **Brillant** [brɪl'jant] -en -en m briljant **Brillantine** [brɪljan'ti:nə] 0 f briljantin **Brillanz** [brɪl'jants] 0 f briljans
Brille -n f **1** glasögon; *etw. durch e-e rosige* (*andere*) ~ *sehen* (*bildl.*) se ngt genom färgade glasögon (med andra ögon); *das sieht man ja ohne* ~ (*vard.*) det syns ju på långt håll, det kan ju en blind se **2** *vard.* (*ringformig infattning, t. ex.*) toalettsits **Brillenbügel** - m glasögonskalm **Brillenfassung** -en f glasögonbåge **Brillenschlange** -n f glasögonorm (*äv. skämts. om pers.*) **brillentragend** som bär glasögon **Brillenträger** - m, ~ *sein* ha glasögon **brillieren** [brɪl'ji:rən] briljera
Brim'borium 0 n, *vard.* onödigt prat; mycket väsen för ingenting
bring|en *brachte, brächte, gebracht* **1** komma med, ta (föra, ha) med [sig]; följa [med], föra; bringa; *ich -e die Grüße* jag har hälsningar till dig; *Linderung* ~ ge (skänka) lindring; *sie brachte mir meinen Mantel* hon kom med min kappa (hämtade kappan åt mig); *Opfer* ~ offra; *e-m die Post* ~ lämna (komma med) posten till ngn; *e-m ein Ständchen* ~ hålla serenad för ngn; *du wirst es noch dahin* ~, *daß du kommer att göra så att*; ~ *Sie ihn hierher!* ta honom med Er hit!, kom hit med honom!; *was -t dich hierher?* hur kommer det sig att du är här?; *an sich* (*ack.*) ~ (*vard.*) lägga beslag (vantarna) på; *auf die Bühne* ~ uppföra; *e-n darauf* ~, *etw. zu tun* ge ngn uppslaget att göra ngt; *auf den Markt* ~ lansera, släppa ut på marknaden; *das Gespräch auf ein anderes Thema* ~ leda in samtalet på ett annat ämne; *das Essen auf den Tisch* ~ sätta fram maten [på bordet], servera maten; *e-n aus der Fassung* ~ få ngn ur fattningen; *er läßt sich nicht aus der Ruhe* ~ han låter inte bringa sig ur fattningen; *die Kinder ins Bett* ~ lägga barnen; *etw. hinter sich* (*ack.*) ~ (*vard.*) klara av ngt; *e-n ins Gefängnis* ~ se till att ngn hamnar i fängelse; *die Waren ins Haus* ~ köra (transportera *e.d.*) hem varorna; *e-n ins Krankenhaus* ~ följa med (föra) ngn till sjukhus; *in Verdacht* ~ misstänkliggöra; *den Wagen in die Werkstatt* ~ lämna in bilen på verkstad; *in Wut* ~ försätta i raseri; *e-n nach Hause* ~ följa ngn hem; *Unglück über e-n* ~ dra olycka över ngn; *etw. nicht über die Lippen* ~ inte få ngt över sina läppar; *vor Gericht* ~ dra inför rätta; *ich habe mich von ihm dazu* ~ *lassen* jag lät mig övertalas till det av honom; *e-n zu etw.* ~ förmå ngn till ngt; *e-n dazu* ~, *daß er etw. tut* förmå ngn att göra ngt; *e-n zum Bahnhof* ~ följa ngn till stationen; *den Koffer zum Bahnhof* ~ gå med (köra) väskan till (lämna in väskan på) stationen; *zu Ende* ~ avsluta, slutföra; *e-n zum Schweigen* ~ tysta ner ngn, få ngn att vara tyst; *e-n zur Verzweiflung* ~ bringa ngn till förtvivlan; *e-n zum Weinen* ~ få ngn att gråta; *er brachte es nur auf 50 Jahre* han blev bara 50 år; *das Auto -t es auf 180 Stundenkilometer* bilen gör 180 km i timmen; *es nichts über sich* ~ inte förmå sig [till]; *es zum Direktor* ~ avancera (arbeta sig upp) till direktör; *es im Leben zu etw.* ~ ha framgång i livet; *er hat es zu nichts gebracht* han har misslyckats (inte kommit ngn vart) **2** beröva; *e-n um etw.* ~ beröva ngn ngt; *e-n um seinen guten Ruf* ~ fördärva ngns goda rykte; *der Lärm hat mich um den Schlaf gebracht* oväsendet gjorde att jag inte kunde sova; *ich wurde um die Stellung gebracht* jag gick miste om platsen **3** *vard.* publicera; sända, ge; *die Zeitung brachte e-n Bericht darüber* tidningen hade en artikel om det; *was -t das Fernsehen heute?* vad är det på TV i dag?; *er brachte Schubert-Lieder* han framförde sånger av Schubert **4** avkasta; ge; bereda, förorsaka; *Frucht* ~ ge (bära) frukt; *großen Gewinn* ~ ge stor vinst; *der Gewinn -t es mit sich, daß er sehr froh ist* vinsten gör att han är mycket glad; *das hat ihm nur Nachteile gebracht* det har bara medfört nackdelar för honom; *mit sich* ~ medföra; *das -t nichts* det lönar sig inte (ger ingenting); *es kann nichts Gutes* ~ det kan inte leda till ngt gott; *Schwierigkeiten* ~ förorsaka svårigheter; *Zinsen* ~ avkasta (ge) ränta **5** *vard.* klara av; *es nicht* ~ inte kunna det; *den Ring nicht vom Finger* ~ inte [kunna] få av ringen från fingret; *etw. nicht vom Fleck* ~ inte kunna rubba ngt, inte få ngt ur fläcken; *ich -e das Hemd nicht sauber* jag får inte skjortan ren
brisant brisant, högexplosiv **Brisanz** 0 f brisans, hög explosionskraft **Brisanzgranate** -n f spränggranat
Brise -n f bris
Brisling -e m brissling, skarpsill
Brite -n -n m britt **Britin** -nen f brittiska **britisch** brittisk
Bröckchen - n liten bit, smula **bröck[e]lig** som smular sig; lucker, spröd **bröckeln 1** s smulas, falla sönder **2** smula; bryta i småbitar **brocken 1** bryta i bitar **2** *sty., österr.* plocka (*blommor e.d.*) **Brocken** -n **m 1** bit, smula, stycke; *an e-m harten* ~ *kauen* (*vard.*) ha en svår uppgift att lösa; *e-m ein paar* ~ *hinwerfen* (*vard.*) avfärda ngn med ett par ord; *e-n*

fetten ~ *schnappen* (*vard.*) göra en god affär (ett gott kap); *ein paar* ~ *Deutsch können* kunna några ord tyska; *dicke* ~ (*mil. sl.*) tunga bomber **2** *jakt.* bete **brockenweise** i bitar, bitvis **brodel|n** sjuda; bubbla; koka; *es -t im Volk* det jäser bland folket
'**Brodem** *0 m, högt.* ånga; imma; kvalm; utdunstning
brodieren *åld.* brodera [ut]
Broiler - *m, i sht DDR, se Brathähnchen*
Brokat *-e m* brokad **brokaten** av brokad, brokad-
Brokkoli *pl* broccoli
Brom [-o:-] *0 n, kem.* brom
Brombeere [brɔm-] *-n f* björnbär
Brom|eisen *0 n* järnbromid **-salz** *-e n* bromid **-silber** *0 n* bromsilver
bronchial [-'çja:l] luftrörs-, hörande till bronkerna **Bronchialkatarrh** *-e m* bronkitis **Bronchien** *pl* bronker **Bron|chitis** [-'çi:-] *-chi'tiden f* bronkit[is]
Bronn *-en m,* **Bronnen** *- m, poet.* brunn, källa
Bronze ['brõ:sə] **1** *-n f* brons; bronsföremål; brons[medalj] **2** *0 f* brons[färg] **bronzefarben** bronsfärgad **Bronzemedaille** *-n f* bronsmedalj **bronzen** av brons, brons-**Bronzezeit** *0 f* bronsålder **bronzieren** bronsera
'**Brosame** *-n f, högt.* brödsmula
Brosche *-n f* brosch
Bröschen - *n* kalvbräss
broschieren häfta (*bok e.d.*) **Broschur** *0 f* häftning; *steife* ~ kartonnering **Broschüre** *-n f* broschyr
Brösel - *m, österr.* -[*n*] *n* brödsmula; rivebröd, skorpmjöl **bröseln 1** smula sönder, riva (*bröd*) **2** smula [sig]
Brot *-e n* bröd; levebröd; föda; *flüssiges* ~ (*skämts.*) öl; *sein* ~ *verdienen* förtjäna sitt uppehälle; *ein hartes* ~ (*bildl.*) ett hårt arbete; *er kann mehr als* ~ *essen* (*vard.*) han är mycket duktig; *haben dir die Hühner das* ~ *weggefressen?* (*vard.*) du ser ut som om du har sålt smöret o. tappat pengarna!; *e-n ums* ~ *bringen* ta brödet ur munnen på ngn; *e-m etw. aufs* ~ *schmieren* (*vard.*) förebrå ngn ngt **Brotaufstrich** *-e m, keinen* ~ *haben* inte ha ngt att bre på brödet **Brötchen** *- n, ung.* småfranska, kuvertbröd; *belegtes* ~ (*ung.*) smörgås [med pålägg] **Brötchengeber** *-m, skämts.* arbetsgivare
'**Brot|erwerb** *0 m* näringsfång **-fruchtbaum** *-e† m* brödfruktträd **-geber** - *m, skämts.,* **-herr** -[e]*n -en m, åld.* arbetsgivare, husbonde **-karte** *-n f* ransoneringskort för bröd **-kasten** -† *m* brödburk **-korb** *-e† m* brödkorg; *e-m den* ~ *höher hängen* (*vard.*) knappa in på ngns lön, sätta ngn på knappare ranson **-krume** *-n f* inkråm [i bröd]; brödsmula **-kruste** *-n f* skorpa [på bröd] **-laib** *-e m* [helt] bröd
brotlos utan bröd; arbetslös; ~*e Künste* färdigheter som inte inbringar ngt
Brot|maschine *-n f* skärmaskin (*för bröd*) **-neid** *0 m* [yrkes]avund **-rinde** *-n f* skorpa [på bröd] **-röster** - *m* brödrost **-schnitte** *-n f* brödskiva **-schrift** *0 f, typ.* brödstil **-studium** *0 n* studier för utkomstens skull **-suppe** *-n f* brödsoppa **-teig** *-e m* [bröd]deg **-verwandlung** *0 f, relig.* transsubstantiation **-wurzel** *-n f* jams[rot] **-zeit** *0 f, dial.* frukost, mellanmål; paus **-zucker** - *m* sockertopp
brr *interj* **1** brr! **2** ptro!

BRT *förk. för Bruttoregistertonne* bruttoregisterton
1 Bruch *-e† m* **1** brytning; brytande; brott; brottyta; spricka, bräcka; [press]veck; *geol.* förkastning; *in die Brüche gehen* gå i stöpet (sönder, i kras); *zu* ~ *gehen* gå sönder (i kras); *zum* ~ *kommen* (*bildl.*) komma till en brytning **2** *hand.* bräck **3** *mat.* bråk; *echter* ~ egentligt bråk **4** *med.* bråck, brock **5** *jakt.* kvist (*i hatten som tecken på lyckad jakt*) **6** *gruv.* ras **7** *flyg.* haveri; ~ *machen* kraschlanda **8** *vard.* inbrott
2 Bruch [*åv.* -u:-] *-e† m n* träsk, kärr[mark]
Bruch|band *-er† n* bråckband **-bau** *0 m, gruv.* rasbrytning **-belastung** *-en f* brottbelastning **-bude** *-n f, vard.* fallfärdigt ruckel **-eisen** *0 n* järnskrot
bruchfest brottfast; okrossbar **Bruchfestigkeit** *0 f* brotthållfasthet
bruchig [*åv.* -u:-] kärr-, träsk|artad
brüchig murken; spröd; spräckt
Bruchkohle *0 f* kolstybb
Bruchlandschaft *-en f* träsk-, myr|landskap **Bruch|landung** *-en f* kraschlandning **-pforte** *-n f, med.* bråckport **-rechnung** *-en f* bråkräkning **-schaden** -† *m* bräckage; *med.* bråck, brock **-schiene** *-n f* skena (*för spjälning*) **-schrift** *0 f* fraktur, tysk stil
bruchsicher okrossbar; brottsäker
Bruch|stein *-e m* bruten sten; sprängsten; **-stelle** *-n f* brott[ställe] **-strich** *-e m* bråkstreck **-stück** *-e n* brottstycke, fragment
bruchstückhaft fragmentarisk **Bruchteil** *-e m* bråkdel; *im* ~ *e-r Sekunde* inom bråkdelen av en sekund
Brücke *-n f* **1** bro; brygga (*alla bet.*); liten smal matta; *fliegende* ~ dragfärja; *hängende* ~ hängbro; *alle* ~ *n hinter sich* (*dat.*) *abbrechen* (*bildl.*) riva alla broar bakom sig; *e-m goldene* ~*n bauen* (*bildl.*) jämna vägen för ngn
Brücken|bau *-bauten m* bro|bygge, -byggnad **-bogen** -† *m* brovalv **-deck** *-e el.* -*s n* kommandodäck **-geländer** - *n* broräcke **-geld** *-er n* bropengar **-kopf** *-e† m* brohuvud **-pfeiler** - *m* bropelare **-steg** *-e m* liten smal bro
Brüden *0 m, tekn.* vattenånga
Bruder -† *m* bro[de]r; *feindlicher* ~ ovän; *geistlicher* ~ munk; *nasser* ~ (*vard.*) drinkare; *warmer* ~ (*vard.*) bög; *gleiche Brüder, gleiche Kappen* lika barn leka bäst; *unter Brüdern* bröder emellan **Brüderchen** - *n* lillebror **Brüdergemeinde** *0 f, die* ~ brödraförsamlingen, herrnhutarna **Bruderherz** *0 n* bror, vän; ~! hedersbror! **Bruderkrieg** *-e m* inbördeskrig **Brüderlein** - *n* lillebror **brüderlich** broderlig, brödra-, broders- **Bruderliebe** *0 f* broderskärlek **Brudermord** *-e m* brodermord **Bruderschaft** *-en f, relig.* brödraskap **Brüderschaft** *0 f* nära vänskap; ~ *schließen* lägga bort titlarna; ~ *trinken* dricka broskål **Brudervolk** *-er† n* brödrafolk **Bruderzwist** *-e m, polit.* brödrastrid
Brühe *-n f* spad, buljong; *vard.* smutsigt vatten; *vard.* blask; *vard.* svett; *in der* ~ *sitzen* (*stecken*) (*vard.*) vara i knipa; *e-e dünne* ~ [kaffe]blask; *so e-e* ~! (*vard.*) vilken smörja! **brühen** förvälla; skålla; *Kaffee* ~ brygga kaffe; *Wäsche* ~ byka tvätt '**brüh'heiß** skåll-, kok|het **Brühkartoffeln** *pl* buljongkokt potatis '**brüh'warm I** *adj* alldeles färsk (*om nyhet*) **II** *adv* genast **Brühwürstchen** - *n* varmkorv

Brüllaffe -*n* -*n m* vrål-, böl|apa **brüllen** böla, vråla; ryta; råma; *das ist zum B~! (vard.)* det är så man kan skratta sig fördärvad!
Brummbär -*en* -*en m, bildl.* brumbjörn **Brummba|ß** -*sse*† *m, vard.*1 brumbas 2 basfiol **brummen** 1 brumma (*om björn, motor*); surra (*om bi*); dåna (*om kanon, orgel*); *bildl.* knota; *etw. in den Bart ~ (vard.)* muttra ngt i skägget; *mir -t der Kopf (vard.)* jag har en fruktansvärd huvudvärk 2 *vard.* sitta inne; *skol.* sitta kvar **Brummer** - *m, vard.* 1 stor insekt; spyfluga; humla; bombplan 2 långtradare 3 tung [klumpig] person; dum (konstig) typ 4 person som sjunger brummande **brummig** knarrig, vresig **Brummkreisel** -*m* snurra som 'sjunger', musiksnurra **Brummochse** -*n* -*n m, vulg.* dumskalle **Brummschädel** 0 *m, vard.* blixtrande huvudvärk; baksmälla, kopparslagare
brünett brunett, mörklagd **Brünette** -*n f* brunett
Brunft -*e*† *f, jakt.* brunst[tid] **brunften** *jakt.* vara i brunst **brunftig** *jakt.* brunstig
brünieren *tekn.* brunera
Brunn -*en m, poet.* brunn, källa
Brünne -*n f* brynja
Brunnen - *m* brunn; källa, hälsobrunn; ~ *trinken* dricka brunn; *den ~ zudecken, wenn das Kind hineingefallen ist* ingripa när olyckan redan har skett **-bauer** - *m* brunnsgrävare **-becken** - *n* brunnsbassäng **-haus** -*er*† *n* brunnshus **-kresse** 0 *f, bot.* brunnskrasse **-trog** -*e*† *m* brunnskar, vattenho **-vergiftung** -*en f* brunnförgiftning; *bildl.* förtal, spridning av illvilliga rykten **-wasser** - *n* brunns-, käll|vatten
Brunst -*e*† *f* brunst **brunsten** vara i brunst **brünstig** 1 brunstig 2 brinnande, lidelsefull **brunzen** *dial. vulg.* pissa
brüsk brysk; ~ *vorgehen (äv.)* gå bröstgänges till väga **brüskieren** uppträda bryskt mot, förnärma
Brust -*e*† *f* bröst; *slaktar. äv.* bringa; *aus voller ~ singen* sjunga av full hals; *es auf der ~ haben (vard.)* ha bronkit, vara lungsjuk; *schwach auf der ~ sein (vard.) a)* ha klent bröst, *b)* vara pank **-baum** -*e*† *m, väv.* bröstbom **-bein** -*e n* bröstben **-beschwerde** -*n f* bröstlidande **-beutel** - *m* [penning]pung i snodd om halsen **-bild** -*er n* bröstbild **-bonbon** -*s m n* bröstkaramell **-drüse** -*n f* 1 bräss 2 bröst-, mjölk|körtel
brüsten *rfl* brösta (kråma) sig, skryta
Brust|fell -*e n* lungsäck **-höhe** 0 *f, in ~* i brösthöjd **-kasten** -† *m*, **-korb** -*e*† *m* bröstkorg **-krebs** 0 *m* bröstcancer **-kreuz** -*e n, kyrkl.* pektoralkors **-latz** -*e*† *m* bröstlapp (*på förkläde*) **-lehne** -*n f* balustrad **-schwimmen** 0 *n* bröstsim **-stück** -*e n* 1 bröstlapp (*på kläder*) 2 *slaktar.* bringa, bröststycke **-tasche** -*n f* bröstficka **-tee** -*s m* lindrande örtte **-ton** -*e*† *m* bröstton; *im ~ der Überzeugung sprechen* tala med övertygelsens klang i stämman **-tuch** -*er*† *n* halskläde **-umschlag** -*e*† *m* [vått] omslag på bröstet
Brüstung -*en f* bröstvärn, balustrad **Brustwarze** -*n f* bröstvårta **Brustwehr** -*en f, mil.* bröstvärn **Brustwickel** - *m, se Brustumschlag*
Brut -*en f* [fågel]kull; yngel (*av fisk, orm*); *bot.* grodd; *neds.* avföda; *bildl. äv.* slödder
brutal brutal **Brutalität** -*en f* brutalitet
Brutapparat -*e m* äggkläckningsmaskin **Brut-**
bettchen - *n* kuvös **brüt|en** 1 ruva (*äv. bildl.*); *die Sonne -et* solen steker; *über etw. (dat.)* ~ grubbla över ngt; *vor sich (ack.) hin* ~ vara försjunken i dystra tankar; ~ *de Hitze* tryckande hetta 2 *Rache* ~ ruva på hämnd 3 *kärnfys.* alstra nytt bränsle i bridreaktor **Brüter** - *m* 1 ruvande fågel 2 *schneller* ~ bridreaktor
Brut|henne -*n f* ligghöna **-'hitze** 0 *f, vard.* tryckande hetta **-kasten** -† *m, fisk.* yngeltråg; *med.* kuvös; *hier ist's wie im ~ (vard.)* här är varmt som i ett drivhus **-knospe** -*n f* 1 *bot.* groddknopp 2 *zool.* knopp[bildning] **-maschine** -*n f*, **-ofen** -† *m* äggkläckningsapparat **-reaktor** -*en m* bridreaktor **-schrank** -*e*† *m* 1 apparat för odling av bakterier 2 *se Brutmaschine* **-stätte** -*n f* häcknings-, ruvnings|plats; *bildl.* härd
brutto brutto
Brutto|einkommen - *n*, **-einnahme** -*n f* bruttotoinkomst **-ertrag** -*e*† *m* bruttoavkastning **-lohn** -*e*† *m* bruttolön **-registertonne** -*n f* bruttoregisterton **-sozialprodukt** -*e n* bruttonationalprodukt
Brutzeit -*en f* kläckningstid
brutzeln *vard.* puttra; steka
bst *interj* pst!, sch!
btto. *fork.* för brutto
Bub -*en* -*en m, sty., österr., schweiz.* pojke
bubbern *vard.* (*om hjärta*) klappa
Bube -*n* -*n m* 1 pojke 2 *neds.* kanalje, skurk 3 *åld.* lärling 4 *kortsp.* knekt **bubenhaft** pojkaktig **Buben|streich** -*e m*, **-stück** -*e n* pojkstreck, rackartyg **Büberei** -*en f* skurkstreck **Bubi** -*s m, smeks.* pojke; *neds.* pojkspoling **Bubikopf** -*e*† *m* (*på kvinna*) kortklippt hår, pojkklippning, pagefrisyr **bübisch** skurkaktig, nedrig
Buch [-u:-] -*er*† *n* bok (*äv. hand. o. mått*); *das ~ der Bücher* böckernas bok, Bibeln; *ein Künstler, wie es im ~e steht* en typisk (riktig) konstnär; *ein ~ mit 7 Siegeln* ngt obegripligt; *wie ein ~ reden (vard.)* prata utan uppehåll; ~ *machen* sköta vadhållning (*vid hästkapplöpning*); *Bücher führen (äv.)* föra räkenskaper; *im schwarzen ~ stehen* vara illa anskriven; *mit 1000 Mark zu ~e stehen (hand.)* vara bokförd (upptagen) till 1000 mark **-besprechung** -*en f* [bok]recension **-binder** - *m* bokbindare **-binderei** -*en f* bokbinderi **-binderleinen** 0 *n* klot (*väv*) **-deckel** - *m* bokpärm **-druck** 0 *m* boktryck **-druckerei** -*en f* boktryckeri **-druckschrift** -*en f* stilsort
Buche [-u:-] -*n f, bot.* bok **Buchecker** -*n f* bokollon
Bucheinband -*e*† *m* bokband
1 buchen av bok, bok-, bokträ-
2 buchen *hand.* bokföra; notera; *es als Erfolg ~ (bildl.)* anse det som en framgång
büchen *se 1 buchen*
Bücher|bord -*e n*, **-brett** -*er n* bokhylla **Bücherei** -*en f* bibliotek **Bucherfolg** -*e m* succébok **Bücher|gestell** -*e n* bok|hylla, -ställ **-gilde** -*n f* bokklubb **-halle** -*n f* [offentligt] bibliotek **-kunde** 0 *f* bibliografi, bokkännedom **-liebhaber** - *m* bibliofil **-narr** -*en* -*en m* bokvurm **-regal** -*e n* bokhylla **-revisor** -*en m* revisor **-schrank** -*e*† *m* bokskåp **-verbrennung** -*en f* bokbål **-verzeichnis** -*se n* bok|katalog, -förteckning **-wurm** -*er*† *m, bildl.* bok|mal, -vurm
Buchfink -*en* -*en m* bofink
Buch|forderung -*en f, hand.* inregistrerad

fordran -**form** *0 f, in* ~ i bokform -**führung** *0 f* bokföring -**geld** -*er n, bank.* giro|pengar, -medel -**gemeinschaft** -*en f* läsecirkel, bokklubb -**halter** - *m* bokhållare, bokförare -**haltung** -*en f* bokföring -**handel** *0 m, abstr.* bokhandel -**händler** - *m* bokhandlare **buchhändlerisch** bokhandels-, bokhandlar- **Buchhandlung** -*en f* bokhandel **Buchhypothek** -*en f* inregistrerad inteckning -**laden** -† *m* bok|handel, -låda **Buchmacher** - *m* bookmaker **buchmäßig** *hand.* som stämmer med böckerna; enligt böckerna **Buchprüfer** - *m* bokgranskare; taxeringsrevisor **Buchreihe** -*n f* bokserie **Buchrücken** - *m* bokrygg **Buchsbaum** [-ks-] -*e*† *m, bot.* buxbom **Buch|schmuck** *0 m* bokutstyrsel -**schrift** -*en f* bokskrift (*före Gutenberg*) -**schuld** -*en f* i statsskuldboken införd skuld; *hand.* bok-, konto|skuld **Buchse** [-ksə] -*n f, tekn.* bussning, hylsa, foder; *elektr.* väggkontakt **Büchse** -*n f* 1 *se Buchse* 2 [konserv]burk; dosa; box; sparbössa 3 bössa (*gevär*) **Büchsen|fleisch** *0 n* köttkonserv -**gemüse** *0 n* konserverade grönsaker -**kugel** -*n f* bösskula -**lauf** -*e*† *m* bösspipa -**licht** *0 n, es ist kein* ~ det är inte så ljust att man kan sikta -**macher** - *m* gevärssmed -**milch** *0 f* kondenserad mjölk -**obst** *0 n* fruktkonserv -**öffner** - *m* konservöppnare -**waren** *pl* konserver **Buchstabe** -*ns (ibl. -n)* -*n m* bokstav; *nach dem* ~*n* bokstavligt, efter bokstaven; *bis auf den letzten* ~*n* till sista bokstaven, helt och hållet; *sich auf seine vier* ~*n setzen (vard.)* sätta sig **Buchstabenblindheit** *0 f* alexi, oförmåga att läsa **Buchstabenglaube** -*ns 0 m* bokstavstro **buchstabengläubig** bokstavstroende **Buchstabenrechnung** *0 f* bokstavsräkning, algebra **Buchstabenschrift** -*en f* bokstavsskrift **buchstabieren** stava, bokstavera **Buchstabiertafel** -*n f, tel.* bokstaveringstabell **buchstäblich** bokstavlig; ordagrann; *adv äv.* bokstavligen **Bucht** -*en f* 1 bukt, vik 2 *sjö.* bukt (*av tåg*) 3 *dial.* bås, kätte, avbalkning **Buchtel** -*n f, österr.* bulle [med syltfyllning] **buchten** *rfl* bukta sig, gå i bukter **buchtig** med vikar (bukter); buktig **Buchtitel** - *m* boktitel **Buchung** -*en f* bokförande; bokning; bokförd post **Buchungsmaschine** -*n f* bokföringsmaskin **Buchverleih** -*e m* bokutlåning **Buchweizen** *0 m, bot.* bovete **Buch|wert** -*e m, hand.* bokvärde, bokfört värde -**wissen** *0 n, neds.* bokvett -**zeichen** - *n* bokmärke **Buckel** -*n m* 1 puckel 2 *vard.* rygg; *sich (dat.) den* ~ *freihalten* hålla ryggen fri; *e-n breiten* ~ *haben* kunna tåla mycket; *genug auf seinem* ~ *haben* ha tillräckligt att stå i; *70 Jahre auf dem* ~ *haben* ha 70 år på nacken; *dem juckt der* ~ han tigger stryk; *e-n krummen* ~ *machen (bildl.)* kröka rygg; *er kann mir den* ~ '*runterrutschen* han är mig totalt likgiltig (kan dra åt helvete); *den* ~ *voll kriegen* få ordentligt på huden 3 *vard.* kulle; upphöjning, buckla 4 (*äv. -n f*) ciselering **buckelig 1** puckelryggig 2 bucklig **buckeln** *vard.* 1 kröka rygg, buga; krypa 2 bära på ryggen 3 ciselera **Buckelrind** -*er n* sebu, puckeloxe **bücken** *rfl* böja sig [ned]

bucklig *se buckelig*
1 Bückling -*e m, vard.* bockning
2 Bückling -*e m* böckling
Buddel -*n f, vard.* pava, plunta **buddeln** *vard.* böka; gräva; gräva [o. leka] i sand **Buddelplatz** -*e*† *m, dial.* lekplats med sandhög
Buddhismus *0 m* buddism **Buddhist** -*en* -*en m* buddist **buddhistisch** buddistisk
Bude -*n f* 1 [torg]stånd, [marknads]bod; [byggnads]kontor; redskapsskjul; *die* ~ *zumachen (vard.)* slå igen [butiken] 2 *vard.* kåk, ruckel; kyffe; ställe; lya; *die* ~ *auf den Kopf stellen* vända upp o. ner på hela huset (rummet); *e-m auf die* ~ *rücken* [uppsöka o.] ställa ngn till svars; *e-m die* ~ *einrennen* jämt o. ständigt ränna hos ngn **Budenzauber** - *m, vard.* hippa, skiva
Budget [byˈdʒeː] -*s n* budget **budgetieren** [bydʒeˈtiːrən] göra upp en budget
Buˈdike -*n f, dial.* 1 liten affär, bod 2 krog
Buˈdiker - *m, dial.* 1 krämare 2 krögare
Büdner - *m, dial.* småbonde
Büfett [byˈfet] -*e el.* -*s n* 1 skänk 2 [krog]disk; byffé; [*kaltes*] ~ gående bord 3 *schweiz.* järnvägsrestaurang -**fräulein** -*n* byffé-, skänk-, bar|biträde
Büffel - *m* buffel (*äv. bildl.*) **Büffelei** -*en f, vard.* pluggande **büffeln** *vard.* plugga; lära sig utantill
Buffet [byˈfeː] -*s n, schweiz.*, **Büffet** [byˈfeː] -*s n, österr., se Büfett*
Büffler - *m, vard.* plugghäst
Buff|o -*i el.* -*os m* buffo[sångare] **Buffooper** -*n f* opera buffa, komisk opera
Bug -*e*[†] *m* bog (*på fartyg o. djur*) -**bild** -*er n* galjonsbild
Bügel - *m* bygel; stigbygel; handtag; klädhängare; [glasögon]skalm; krampa **Bügelbrett** -*er n* strykbräde **Bügeleisen** - *n* strykjärn **Bügelfalte** -*n f* pressveck **bügelfest 1** säker i sadeln 2 som tål att strykas (*om tyg*) **bügelfrei** strykfri **Bügelmaschine** -*n f* strykmaskin **bügeln** stryka, pressa **Bügelverschlu|ß** -*sse*† *m* patentpropp (*på flaska*)
Büglerin -*nen f* strykerska
Bugrad -*er*† *n, flyg.* noshjul
Bugsier|boot -*e n*, -**dampfer** - *m* bogserare, bogserbåt **bugsieren** bogsera **Bugsiertau** -*e n* bogser|lina, -tross
Bug|spriet -*e m n, sjö.* bogspröt -**welle** -*n f, sjö.* bogvåg
Bühel - *m, dial.* kulle
buhen *vard.* bua
Bühl -*e m, dial.* kulle
Buhle 1 -*n* -*n m, dial.* älskare; käraste 2 -*n f, åld.* älskarinna; käresta **buhlen 1** *mit e-m* ~ (*åld.*) ha ett kärleksförhållande (älska) med ngn; *um e-n* ~ (*högt.*) fria till (uppvakta, kurtisera) ngn 2 *mit e-m um etw.* ~ tävla med ngn om ngt **Buhlerei** -*en f, åld.* älskande; otillåten kärlek; kurtis; tävlan **buhlerisch 1** otuktig 2 inställsam
Buhmann -*er*† *m, vard.* syndabock
Bühne -*n f* 1 scen; teater; *drehbare* ~ vridscen; *zur* ~ *gehen* gå in vid teatern, bli skådespelare; *von der* ~ *abtreten (bildl.)* dra sig tillbaka från det offentliga livet; *auf die* ~ *bringen* uppföra; *über die* ~ *gehen* uppföras 2 podium, [talar]tribun 3 plattform, arbetsbrygga
Bühnen|anweisung -*en f* scenanvisning -**arbeiter** - *m* scenarbetare -**aussprache** *0 f,* språkv. scenuttal -**ausstattung** -*en f* scen-

Bühnenbearbeitung—Bundesversammlung 108

dekor **-bearbeitung** *-en f* bearbetning för teatern **-bild** *-er n* scenbild, dekoration **-bildner** - *m* scen-, teater|dekoratör **-dichter** - *m* skådespelsförfattare, dramatiker **-dichtung** *-en f* dramatisk diktning **-erfolg** *-e m* succé (framgång) på scenen
bühnengerecht scenisk; spelbar
Bühnen|größe *-n f, vard.* stor skådespelare **-haus** *-er† n* scenhus **-künstler** - *m* skådespelare **-laufbahn** *-en f* teaterbana **-leute** *pl* teaterfolk **-licht** *-er n* rampljus **-maler** - *m* dekorations-, teater|målare
bühnenmäßig scenisk, utmärkande för scenen
Bühnen|meister - *m* scenmästare ₁ **-sprache** *0 f*, språkv. scenuttal **-stück** *-e n* teater|-stycke, -pjäs
bühnentechnisch scenisk, scenteknisk **bühnenwirksam** som gör effekt på scenen
Bühnenwirkung *-en f* sceneffekt
Buhruf *-e m* burop; buande
buk *se* backen
Bukanier - *m, hist.* buckanjär
Bukett *-e el.* *-s n* **1** bouquet (*på vin*) **2** högt. [blom]bukett
Bulette *-n f, dial. ung.* pannbiff
Bulgare *-n -n m* bulgar **Bulgarin** *-nen f* bulgariska **bulgarisch** adj bulgarisk
Bull|auge *-n n* hyttventil, kajutfönster; oxöga **-dog** *-s m* traktor **-dogge** *-n f* bulldogg **-dozer** [-do:zɐ] - *m* bulldozer
1 Bulle *-n f* [påvlig] bulla
2 Bulle *-n -n m* **1** [avels]tjur **2** *vard.* kraftig man; *neds.* snut; kriminalare **Bullenbeißer** - *m* bulldogg; *bildl.* bitvarg ' **Bullen'hitze** *0 f, vard.* stark hetta
bullerig bullersam **bullern** *vard.* **1** gräla **2** mullra; dåna (*om eld*); bubbla **3** dånande slå (*gegen* emot)
Bulletin [byl'tɛ̃:] *-s n* bulletin
bullig *vard.* **1** kraftig, muskulös **2** mycket [stor *e. d.*]; tryckande (*om hetta*)
Bullterrier - *m* bullterrier
Bully [-i] *-s n*, *sport.* avslag
bum [bʊm] *interj* pang!
Bumboot [-ʊ-] *-e n, sjö.* proviant-, handels|båt
Bumerang ['bʊ-, äv. 'bu:-] *-e el.* *-s m* bumerang
Bummel - *m, vard.* [maklig] promenad, flanerande; *auf* [*den*] ~ *gehen* flanera, strosa omkring; *nächtlicher* ~ nattsudd **Bummelant** *-en -en m*, *se Bummler* **Bummelei** *-en f, vard.* söl[ande]; slarv[ande]; dagdriveri; [natt]sudd **bummelig** *vard.* sölig; slarvig **Bummelleben** *0 n, vard.* dagdriveri; *ein* ~ *führen* leva ett dagdrivarliv **bummeln** *vard.* **1** *s* promenera; flanera; ~ *gehen* (*äv.*) gå krogrond, slå runt **2** slöa; maska **Bummelstreik** *-s m* maskningsstrejk **Bummelzug** *-e† m, vard.* person-, lokal|tåg **Bummler** - *m* **1** *vard.* dagdrivare; flanör; nattsuddare; sölkorv; latmask; slarver **2** *schweiz.* lokaltåg **bummlig** *se bummelig*
bums *interj* duns!, pang! **bumsen 1** *vard.* smälla, dunsa; *es wird gleich* ~ snart smäller det (får du *etc.* stryk) **2** slå; *sport.* skjuta; *an* (*gegen*) *die Tür* ~ banka på dörren **3** *s* slå; *der Vogel ist an die Scheibe gebumst* fågeln slog mot rutan **4** *vard.* knulla **Bumslokal** *-e n, vard.* [sämre] krog, sylta; nattlokal **'bums-'voll** *vard.* proppfull
Buna *-s m n* syntetgummi
Bund 1 *-e* (*vid måttsangivelse* -) *n* bunt, knippe, knippa **2** *-e† m* linning; *tekn.* kam, fläns; *mus.* band (*på stränginstrument*) **3** *-e† m* förening,

förbund; allians; federation; *der Alte* ~ (*bibl.*) gamla förbundet; *der deutsche* ~ Tyska förbundet (1815—66); *der* ~ *und die Länder* (*i BRD*) staten o. delstaterna; *er ist beim* ~ (*vard.*) han ligger i lumpen **Bündel** - *n* bunt, knippe, knippa, packe, bylte; *ein* ~ *Nerven* (*vard.*) ett nervknippe; *sein* ~ *schnüren* (*vard.*) packa ihop sina grejor; *auch er hat sein* ~ *zu tragen* (*vard.*) även han har sitt att bära (dras med) **bündeln** bunta (knippa) ihop **Bündelpfeiler** - *m* arkit. knippepelare **bündelweise** i buntar, knippvis
Bundes|amt *-er† n* [västtyskt] ämbetsverk **-anstalt** *-en f, BRD, die* ~ *für* statens institut för **-ausbildungsförderungsgesetz** *0 n, das* ~ (*ung.*) [västtyska] studiemedelslagen **-autobahn** *-en f* [västtysk, österrikisk] motorväg **-bahn** *-en f, die Deutsche* ~ västtyska statsbanorna; *die Österreichischen (Schweizerischen)* ~*en* österrikiska (schweiziska) statsbanorna **-beamte(r)** *m, adj böjn.* statstjänsteman (*i förbundsstat*) **-behörde** *-n f, se Bundesamt* **-bruder** -† *m* förenings|broder, -kamrat (*i studentförening*) **-bürger** - *m* västtysk [medborgare]
bundesdeutsch västtysk **Bundesdeutsche(r)** *m f, adj böjn.* västtysk [medborgare] **Bundesdorf** *0 n, das* ~ (*iron.*) Bonn **Bundesebene** *0 f, auf* ~ på statlig nivå **bundeseigen** som tillhör förbundsrepubliken, statlig **Bundes|gebiet** *0 n, das* ~ förbundsrepublikens territorium **-genosse** *-n -n m* bundsförvant, allierad **-gerichtshof** *0 m, der* ~ (*i BRD*) högsta domstolen **-gesetz** *-e n* förbundslag, statlig lag **-gesetzblatt** *0 n, das* ~ [västtyska] författningssamlingen **-grenzschutz** *0 m* [västtysk] gränspolis **-haus** *0 n, das* ~ förbundsdagens byggnad (*i Bonn*), förbundsrådsbyggnaden (*i Bern*) **-haushalt** *0 m* (*i BRD o.* Österrike) statsbudget **-heer** *0 n* (*i Österrike o.* Schweiz) försvarsmakt **-kanzler** - *m* (*i BRD o.* Österrike) förbundskansler; kansler (*chef för schweiz.* förbundskansliet) **-lade** *0 f, bibl.* förbundsark **-land** *-er† n* delstat; [förbunds]land **-lig|a** *-en f, fotb.* "alltyskan", division I; (*i ishockey*) elitserie **-ministeri|um** *-en n* (*i BRD o.* Österrike) förbundsministerium **-nachrichtendienst** *0 m, der* ~ [västtyska] underrättelsetjänsten **-post** *0 f, die Deutsche* ~ [västtyska] postverket **-präsident** *-en -en m* (*i BRD o.* Österrike) förbundspresident; (*i Schweiz*) regeringschef **-rat** *-e† m* **1** *der* ~ (*i BRD o.* Österrike) förbundsrådet; (*i Schweiz*) regeringen **2** (*i BRD o.* Österrike) medlem av förbundsrådet; (*i Schweiz*) minister **-rechnungshof** *0 m, der* ~ [västtyska] förbundsrevisionsverket **-regierung** *-en f* [förbunds]regering **-republik** *-en f* förbundsrepublik; *die* ~ *Deutschland* Förbundsrepubliken Tyskland **-staat** *-en m* **1** förbundsstat; delstat; stat (*i statsförbund*) **-steuern** *pl* statlig[a] skatt[er] **-straße** *-n f* (*i BRD o.* Österrike) riksväg **-tag** *0 m, der* ~ (*i BRD o.* Österrike) förbundsdagen, parlamentet **-tagsabgeordnete(r)** *m f, adj böjn.* förbundsdagsledamot **-tagsfraktion** *-en f* förbundsdagsgrupp (*riksdagsgrupp*) **-trainer** - *m, sport.* förbundskapten **-verfassung** *0 f* förbundsstats konstitution (författning) **-versammlung** *0 f* förbundsdagens ledamöter o. delstaternas representanter (*som utser president*); (*i Schweiz*)

förbundsförsamling -**wehr** 0 f, die ~ [västtyska] krigsmakten
bundesweit landsomfattande, över (gällande) hela landet
bündig 1 övertygande, träffande; ~er Beweis bindande bevis; kurz und ~ antworten svara kort o. koncist (lakoniskt) **2** byggn. i samma plan; ~ machen jämna, bringa i samma plan
Bündigkeit 0 f **1** bindande kraft, giltighet, följdriktighet **2** korthet o. klarhet; knapphändighet **bündisch** som tillhör ett förbund; ~e Jugend (hist.) aktiva grupper (i Jugendbewegung) **Bündnis** -se n förbund, allians **bündnisfrei** alliansfri **Bundschuh 1** 0 m, hist. förbund av upproriska bönder (på 1500-talet) **2** -e m (slags) grov sko med remmar **bundweise** i buntar, bunt-, knipp|vis; i härvor **Bundweite** -n f linningsvidd
Bungalow ['bʊŋgalo] -s m bungalow
Bunker - m bunker; mil. vard. arrest **bunkern** sjö. bunkra
Bunsenbrenner - m bunsenbrännare
bunt brokig, kulört; bildl. skiftande, omväxlande; ~ durcheinander huller om buller; ~er Abend tillställning med underhållning; ~e Platte fat med kallskuret (sallad etc.); ~er Teller tallrik med godsaker; in e-r ~en Reihe sitzen sitta varannan herre och dam; es zu ~ treiben (vard.) gå för långt; hier geht es aber ~ zu här går det för livligt (vilt) till; es wird mir jetzt zu ~ (vard.) nu går det för långt, nu blir det för mycket för mig **Buntdruck** -e m färgtryck, flerfärgstryck **buntfarbig** brokig, mångfärgad **Buntfilm** -e m färgfilm **buntgefiedert** med brokiga fjädrar **buntgestreift** med kulörta ränder
Bunt|heit 0 f brokighet -**messer** - n köksskniv med tandad egg -**metall** -e m icke-järnmetall -**papier** -e n mönstrat (kulört) papper, fantasipapper -**sandstein** 0 m brokig sandsten **buntscheckig** med brokiga fläckar **buntschillernd** färgskimrande **Buntseidenpapier** -e n färgat silkespapper **Buntspecht** -e m, zool. större hackspett **Buntstift** -e m färg|stift, -penna **Buntwäsche** 0 f kulörtvätt
Bürde -n f, högt. börda (äv. bildl.)
Bure -n -n m boer **Burenkrieg** 0 m, der ~ boerkriget
Bureau [by'ro:] -s n, se Büro
Burg -en f **1** borg **2** jakt. bäverhydda **Bürge** -n -n m **1** borgen **2** borgensman **bürgen** für jdn ~ borga (gå i borgen, gå i god) för ngn; mit seinem Wort ~ sätta sitt ord i pant
Bürger - m [med]borgare, invånare; stadsbo -**beauftragte(r)** m, adj böjn., ung. justitieombudsman -**in** -nen f medborgarinna; borgar|kvinna, -fru; stadsbo, invånare -**initiative** -n f byalag, miljö-, aktions|grupp -**krieg** -e m inbördeskrig -**kunde** 0 f medborgarkunskap; samhällslära
bürgerlich [med]borgerlig; jur. civil; ~e Ehrenrechte medborgerliga rättigheter; B-es Gesetzbuch (i BRD) civilrättslig lag[bok]; ~ kochen laga husmanskost; ~es Recht civilrätt
Bürger|lichkeit 0 f borgerlighet -**meister** -m, ung. kommunstyrelses ordförande; (förr) borgmästare; Regierender ~ regeringschef i Västberlin -**pflicht** -en f medborgerlig plikt -**recht** -e n burskap; ~e medborgerliga rättigheter; das ~ erwerben bli medborgare -**rechtler** - m, -**rechtskämpfer** - m medborgarrättskämpe

-**schaft** 0 f **1** borgerskap **2** [samtliga] medborgare **3** parlament (i Bremen o. Hamburg) -**schreck** 0 m, er ist ein ~ (ung.) han uppträder provocerande (utmanande) mot det borgerliga samhället -**schule** -n f, ung. realskola
Bürgersfrau -en f borgarkvinna **Bürgers|-mann** -leute m borgare **Bürgersteig** -e m trottoar, gångbana **Bürgertum** 0 n borgerskap; medelklass; das ~ (äv.) det borgerliga samhället
Burg|fried -e m beffroi, kärna, barfred -**friede** -ns 0 m borgfred -**graben** -† m vallgrav -**graf** -en -en m borggreve -**hof** -e† m borggård
Bürgschaft -en f borgen[sförbindelse], säkerhet; für e-n ~ leisten gå i borgen för ngn
Burgunder I - m **1** burgunder; bourgognare **2** bourgogne[vin] II oböjl. adj burgundisk; från (i) Bourgogne, bourgogne- **burgundisch** burgundisk; från (i) Bourgogne
Burgverlies -e n borgfängelse
burlesk burlesk **Burleske** -n f burlesk
Burma 0 n, schweiz., se Birma **burmesisch** schweiz., se birmanisch
'**Burnus** -se m burnus
Bü'ro -s n **1** kontor, byrå, ämbetslokal **2** kontorspersonal -**angestellte(r)** m f, adj böjn. kontorist, kontorsanställd -**bedarf** 0 m kontors|förnödenheter, -artiklar -**bote** -n -n m kontors|bud, -vaktmästare -**gehilfe** -n -n m kontorsbiträde -**haus** -er† n kontorsbyggnad -**klammer** -n f pappersklämma, gem
Bürokrat -en -en m byråkrat **Bürokratie** -n f byråkrati **bürokratisch** byråkratisk **bürokratisieren** byråkratisera **Bürokratius** 0 m, du, heiliger ~! (vard.) förbannade byråkrati!
Büro|maschine -n f kontorsmaskin -**schluß** 0 m stängningsdags (på kontor); nach ~ efter kontorstid -**stift** -e m, vard. kontorslärling -**stunden** pl arbetstimmar [på kontoret] -**vorsteher** - m kontorschef
Bursch -en -en m, dial., se Bursche **Bürschchen** - n liten pojke (grabb); unge; lymmel, odåga **Bursche** -n -n m **1** pojke, grabb, kille; ibl. tonåring, ung man, univ. student, medlem av studentförening; ein sauberer ~ (vard.) en odåga (rackare, stygg en); übler ~ (neds.) rötägg; feiner ~ bra karl; seltsamer ~ konstig prick **2** uppassare; hotellvaktmästare; springpojke: kalfaktor **Burschenschaft** -en f studentförening **Burschenschaft[l]er** - m medlem av studentförening **burschenschaftlich** studentförenings- **burschi'kos** pojkaktig; otvungen, kask **Burschikosi'tät** 0 f pojkaktigt sätt etc., jfr burschikos
Bürste -n f **1** borste (äv. elektr.) **2** vard. mustasch; snagg **bürsten 2** vard. knulla **Bürstenbad** -er† n borstmassage (under vatten) **Bürstenbinder** - m borstbindare; wie ein ~ saufen (laufen) (vard.) supa som en borstbindare (springa som en galning) **Bürstenscheibe** -n f roterande borste, borstskiva **Bürstenwalze** -n f roterande borste, borstvals
Burundier - m burundier **burundisch** burundisk
Bürzel - m, zool. gump; jakt. svans
Bus -se m buss
Busch -e† m buske; buskage; tät snårskog; urskog; kalufs; auf den ~ klopfen (bildl.) sondera terrängen; sich [seitwärts] in die Büsche schlagen (vard.) smita undan; mit etw.

hinterm ~ *halten* (*vard.*) hemlighålla ngt
Buschbohne -*n f* krypböna **Büschel** - *n* knippe, knippa, bunt; pasma (*garn*); kalufs, [hår]tott; *zool.* fjäderbuske, kam **büsch[e]lig** i form av ett knippe *etc.*, *jfr Büschel* **büschelweise** i knippor *etc.*, *jfr Büschel* **Buschen** - *m* 1 *se Büschel* 2 *dial.* blombukett **Buschenschenke** -*n f, österr.*, *se Straußwirtschaft* **Buschfieber** 0 *n* gula febern **Buschholz** 0 *n* snår-, under|skog **buschig** 1 buskbeväxt 2 buskig, tovig
Busch|klepper - *m, åld.* stråtrövare -**mann** -*er*† *m* buschman -**messer** - *n* machete -**neger** - *m* [västindisk] neger -**rose** -*n f* buskros -**werk** 0 *n* busksnår, buskage -**windröschen** - *n* vitsippa
Busen - *m* 1 [havs]vik, bukt 2 barm, bröst; *bildl. äv.* hjärta; *e-n Wunsch im* ~ *hegen* (*poet.*) hysa en önskan; *am* ~ *der Natur* i naturens sköte -**freund** -*e m* bästa (förtrogen) vän, hjärtevän -**nadel** -*n f* brosch, bröstnål
Bushaltestelle -*n f* busshållplats
Busineß ['bɪznɪs] 0 *n* business; affär[sliv]
'**Bussard** -*e m* vråk
Buße [-uː-] -*n f* 1 bot[göring] 2 plikt, böter; *e-e harte* ~ ett hårt straff; *mit e-r* ~ *belegen* bötesbelägga **büßen** [-yː-] 1 sona, göra bot för 2 plikta (böta) för, umgälla; *er hat es* ~ *müssen* han har fått sitt straff; *das sollst du mir* ~ det ska du få sota för **Büßer** - *m* botgörare **Büßerhemd** -*en n* tagelskjorta
Busserl -[*n*] *n, sty., österr.* puss
bußfällig *dial.*, *se straffällig* **bußfertig** botfärdig
Bußgeld -*er n* böter
Bus'sole -*n f, sjö.* kompass
Buß|prediger - *m* botpredikant -**tag** -*e m* botdag; *Buß- und Bettag* bot- och bönedag
Büste -*n f* byst **Büstenhalter** - *m* bysthållare
Busuki [buˈzuː-] -*s f, mus.* bouzouki
Butan -*e n* butan[gas] **Butanol** 0 *n* butanol
Bu'tike -*n f, se Budike*
Butt -*e m* flundra
Butte -*n f*, **Bütte** -*n f* bytta, så, balja
Buttel -*n f, se Buddel*
Büttel - *m* 1 byling; *bildl.* spårhund 2 bödelsdräng
Bütten|papier -*e n* handgjort papper -**rand** -*er*† *m* ojämn kant [på papper] -**rede** -*n f* karnevalstal
Butter 0 *f* smör; *braune* ~ brynt smör; *zerlassene* ~ skirat smör; *alles in* ~ (*vard.*) allt är klart (i sin ordning); *mit* ~ *bestreichen* breda smör på; *jdm die* ~ *vom Brote nehmen* (*bildl.*) förekomma (lamslå) ngn; *sich* (*dat.*) *nicht die* ~ *vom Brot nehmen lassen* (*vard.*) inte låta hunsa med sig; ~ *machen* (*schlagen*) kärna smör -**birne** -*n f* smörpäron -**blume** -*n f* (*folklig benämning på bl. a.*) smörblomma, maskros, ringblomma -**brot** -*e n* smörgås; *für ein* ~ (*vard.*) för en spottstyver; *e-m etw.* aufs ~ *schmieren* (*vard.*) låta ngn få äta upp ngt -**dose** -*n f* smörask -**fa|ß** -*sser*† *n* smördrittel; smörkärna -**flöckchen** - *n* smörklick -**glocke** -*n f, ung.* smörask -**kuchen** - *m* (*slags*) smörkaka -**kühler** - *m* smörkylare -**milch** 0 *f* kärnmjölk
buttern 1 kärna smör 2 smöra; bre smör på 3 *vard.* satsa, investera 4 *dial.* äta; fika
Butter|pilz -*e m*, -**röhrling** -*e m* smörsopp -**säure** -*n f* smörsyra -**schmalz** 0 *n* smält (skirat) smör -**seite** -*n f* smörsida (*på smör-*

gås); *die* ~ *des Lebens* (*vard.*) livets solsida -**semmel** -*n f* småfranska med smör -**stulle** -*n f, nty.* smörgås
'**butter'weich** mjuk som smör
Büttner - *m, dial.* tunnbindare
Butzemann -*er*† *m* buse (*att skrämma barn med*); fågelskrämma **Butzen** - *m* 1 *dial.* kärnhus 2 *dial.* utbränd veke 3 *gruv.* malmkörtel **Butzenscheibe** -*n f* 1 glas i blindlykta 2 *konst.* buteljbotten
Büx -*en f, nty.*, **Buxe** -*n f, nty.* byxa, byxor
b. w. *förk. för bitte wenden!* v.g.v., var god vänd
Byzantiner - *m* bysantin, bysantinare **byzantinisch** bysantinsk **By'zanz** 0 *n* Bysans
bz. *förk. för a*) *bezahlt* bet., betald, *b*) *bezüglich* betr., beträffande **bzw.** *förk. för beziehungsweise* resp., respektive

C [tseː] 1 - - *n* (*bokstav, ton*) c 2 beteckning för *C-Dur*, C-dur **c** 1 - - *n* (*bokstav, ton*) c 2 beteckning för *c-Moll* c-moll
ca. *förk. för zirka* ca, cirka
Cachene|z [kaʃ(ə)ˈneː] -*s n* scarf, halsduk
Cadmium 0 *n* kadmium
Café -*s n* kafé, konditori **Cafete'ria** -*s f* cafeteria
Caisson [kɛˈsõː] -*s m, tekn.* kassun -**krankheit** 0 *f* dykarsjuka
cal *förk. för Kalorie* cal, kalori
Callgirl [ˈkɔːlgəːl] -*s n* call-girl
campen [ˈkɛmpn̩] campa, tälta **Camper** [ˈkɛmpɐ] - *m* kampare **Camping** [ˈkɛm-] 0 *n* camping **Campingplatz** -*e*† *m* campingplats
Cancan [kãˈkãː] -*s m* cancan
cand. *förk. för Kandidat* kand., kandidat
Cannabis 0 *m* cannabis; hampa
Cañon [ˈkanjɔn] -*s m* kanjon
Cape [keːp] -*s n* cape
Caprese -*n* -*n m* invånare på Capri
Capriccio -*t*[*ʃ*]*o* -*s n, mus.* capriccio
Cäsar [ˈtseːzar] 1 0 *m* Caesar 2 *gen. o. pl Cäˈsaren m* caesar, kejsare **Cäsarenwahn[sinn]** 0 *m* kejsarvansinne **cäsarisch** caesarisk; kejserlig; diktatorisk **Cäsarismus** 0 *m* envälde, diktatur
Catcher [ˈkɛtʃɐ] - *m* fribrottare
CDU 0 *f, förk. för Christlich-Demokratische Union, die* ~ kristligt-demokratiska unionen
C-Dur 0 *n* C-dur
Cedille [seˈdiːj(ə)] -*n f* cedilj
Cellist [tʃɛˈlɪst] -*en* -*en m* cellist **Cell|o** [ˈtʃɛlo] -*os el.* -*i n* cello **Cembal|o** [ˈtʃɛmbalo] -*ōs el.* -*i n* cembalo
Cent [tsɛnt] [-*s*] - *m* cent **Center** [s-] - *n* stormarknad; affärscentrum **Centime** [sãˈtiːm] [-*s*] *m* centime
ces [tsɛs] - - *n, mus.* cess
Ceylonese [tsaɪloˈneːsə] -*n* -*n m* ceylones

cf *förk. för* cost and freight **cf[r].** *förk. för* confer jämför
cg *förk. för* Zentigramm centigram
Chagrin[leder] [ʃa'grɛ̃:-] 0 *n* chagräng[läder] **chagrinieren** narva (*läder*)
Chaise ['ʃɛ:zə] -*n f, åld.* schäs **-longue** [ʃɛzə-'lõ:k] -*n* [-'lõ:gṇ] *el.* -*s f* schäslong
Chaldäer [kal'dɛ:ɐ̯] - *m* kaldé
Chalet [ʃa'le:] -*s n* chalet, schweizerhydda
Chalzedon [kaltse'do:n] -*e m* kalcedon
Chamäleon [ka'mɛ:leɔn] -*s n* kameleont
chamois [ʃa'moa] *oböjl. adj* gulbrun, chamois
champagner [ʃam'panjɐ] *oböjl. adj* champagnefärgad **Champagner** - *m*, **Champagnerwein** -*e m* champagne
Champignon ['ʃampĭnjɔŋ, 'ʃã:pĭnjõ] -*s m* champinjon
Champion ['tʃɛmpiən] -*s m* champion, mästare **Championat** [ʃampio'na:t] -*e n* mästerskap
Chance [ʃã:s(ə)] -*n f* chans **Chancengleichheit** 0 *f* lika möjligheter för alla
changeant [ʃã'ʒã:] *text.* skiftande **changieren** [ʃã'ʒi:rən] växla; skifta; (*om tyg*) skimra
Chaos ['ka:ɔs] 0 *n* kaos **Chaoten** [ka'o:tṇ] *pl, neds.* [vänster]extremister **chaotisch** kaotisk
Charakter [ka'raktɐ] -*e* [-'te:rə] *m* **1** karaktär; *ein Mann von* ~ en man av karaktär **2** rang, titel, stånd **3** *typ.* bokstav **Charakterbild** -*er n* karaktärsbild **charakterfest** karaktärsfast **charakterisieren** karakterisera **Charakte'ristik** -*en f* karakteristik; kurva; *elektron.* karakteristika **Charakteristik|um** -*a n* karakteristikon, kännetecken **charakteristisch** karakteristisk **Charakterkomödie** -*n f* karaktärskomedi **Charakterkopf** -*e† m* karakteristiskt huvud **Charakterkunde** 0 *f* karakterologi **charakterlich** karaktärs-; ~*e Anlage* (*ung.*) karaktär, läggning; ~*e Vorzüge* (*ung.*) lovvärda egenskaper; ~ *einwandfrei* vad karaktären beträffar oklanderlig **Charakterrolle** -*n f* karaktärsroll **Charakterschwäche** -*n f* karaktärssvaghet **Charakterstärke** -*n f* karaktärsstyrka, viljekraft **charaktervoll** karaktärsfull **Charakterzug** -*e† m* karaktärsdrag
Charge ['ʃarʒə] -*n f* **1** värdighet, rang (*i studentförening etc.*) **2** *mil.* tjänstegrad; *die* ~*n* underofficerarna **3** *teat.* [mindre] karaktärsroll **4** *tekn.* beskickning [av masugn] **Chargendarsteller** - *m*, *film.* innehavare av viktigare biroll **chargieren** [ʃar'ʒi:rən] **1** uppträda i studentförenings färger **2** *tekn.* beskicka
Charism|a ['ça(:)r-] -*en* [-'rɪs-] *el.* -*ata* [-'rɪs] *n* karisma **charismatisch** karismatisk
charmant [ʃ-] charmant **Charme** [ʃarm] 0 *m* charm **Charmeur** [ʃar'mø:ɐ̯] -*s el.*-*e m* charmör **Charmeuse** [ʃar'mø:z] 0 *f* charmös
Charta ['karta] -*s f* författning[surkund]; stadga
Chartepartie ['ʃartəpar'ti:] -*n f, sjö.* certeparti **Charterer** ['tʃartərɐ] - *m* befraktare **Charterflug** -*e† m* charterresa; charterflyg **Charter|flugzeug** -*e n*, **-maschine** -*n f* charter-[flyg]plan **chartern** chartra, hyra
Chassidim [xasi'di:m] *pl, relig.* anhängare av chassidism
Chassis [ʃa'si:] - [-'si:s] *n* chassi, underrede
Chaudeau [ʃo'do:] -*s n, kokk.* efterrätt av vinskum o. ägg
Chauffeur [ʃɔ'fø:ɐ̯] -*e m* chaufför **chauffieren** [ʃɔ'fi:rən] köra [bil]

Chaussee [ʃo'se:] -*n f* chaussé, landsväg
Chauvi ['ʃo:vi] -*s m*, *vard.* [mullig] mansgris **Chauvinismus** [ʃovi'nɪsmʊs] 0 *m* chauvinism **Chauvinist** -*en* -*en m* chauvinist
checken ['tʃɛ:kn̩] **1** *ishockey.* tackla **2** *i sht tekn.* kontrollera, kolla, checka
Chef [ʃɛf] -*s m* chef **Chefarzt** -*e† m* överläkare **Chefeuse** [ʃɛ'fø:zə] -*n f, skämts.* [kvinnlig] chef; chefens fru **Chefkonstrukteur** -*e m* chefs|designer, -konstruktör **Chefredakteur** -*e m* chef-, huvud|redaktör
Chemie [çe'mi:] 0 *f* kemi **Chemiefaser** -*n f* syntetisk fiber **Chemiewerker** - *m*, *vard.* arbetare inom kemisk industri **Chemigraphie** 0 *f* kemigrafi **Chemikalien** *pl* kemikalier **Chemiker** - *m* kemiker **chemisch** kemisk; ~*es Element* (*äv.*) grundämne
Chemisette [ʃəmi'zɛt(ə)] -*n f* lösbröst (*på skjorta*); chemisett
Chemotechniker [çe-] - *m* kemotekniker; [vid tekniskt läroverk] utbildad kemist
Cherub ['çe:rʊp] -*im el. Cheru'binen m* kerub **cherubinisch** änglalik
chevaleresk [ʃəv-] chevaleresk
Cheviot ['ʃɛ-, 'tʃɛvi̯ɔt] -*s m* cheviot **Chevreau** [ʃə'vro:] 0 *n* chèvreau
Chicorée [ʃɪko're:] 0 *m f* chikoré, cikoriasallad
Chiffon [ʃɪ'fõ(:)] -*s m* chiffong **Chiffre** ['ʃɪfɐ, 'ʃɪfrə] -*n f* chiffer; sifferkod (*i annons*); *in* ~*n schreiben* chiffrera **chiffrieren** chiffrera
Chilene [tʃi'le:nə] -*n* -*n m* chilen[are] **chilenisch** chilensk
China ['çi:na] 0 *n* Kina **Chinapapier** -*e n* rispapper **Chinarinde** 0 *f* kinabark **Chinawaren** *pl* kinesiskt konsthantverk **Chinese** -*n* -*n m* kines **Chinesin** -*en f* kinesiska **chinesisch** kinesisk; *das ist* ~ *für mich* (*vard.*) det här är kinesiska (alldeles obegripligt) för mig **Chinin** [çi'ni:n] 0 *n* kinin
Chintz [tʃɪnts] -*es n* chintz **chintzen** av chintz, chintz-
Chip [tʃɪp] -*s m* **1** spelmark **2** *pl* chips
Chiropraktiker [çi-] - *m* kiropraktor **Chirurg** -*en* -*en m* kirurg **Chirurgie** 0 *f* kirurgi **chirurgisch** kirurgisk
Chitin [çi'ti:n] 0 *n* kitin
Chlor [k-] 0 *n* klor **Chlorbleiche** 0 *f* klorblekning **chloren** klorera (*vatten*) **chlorieren** *kem.* klorera **chlorig** klorhaltig **Chloroform** 0 *n* kloroform **chloroformieren** kloroformera **Chlorophyll** 0 *n* klorofyll
Choke [tʃoʊk] -*s m*, **Choker** - *m* choke
Cholera ['ko:-] 0 *f* kolera **Cho'leriker** - *m* koleriker **cholerisch** kolerisk
Cholesterin [ç- *el.* k-] 0 *n, med.* kolesterol **-spiegel** -*e m* kolesterolhalt
Chor [k-] **1** -*e† m* kör; *im* ~ (*äv.*) *i* korus **2** -*e*[†] *m* [kyrko]kor **Choral** -*e† m* koral **Choreographie** [k-] -*n f* koreografi
Chor|hemd [k-] -*en n* mässkjorta **-herr** -*[e]n* -*en m, ung.* medlem av domkapitlet **-knabe** -*n* -*n m* korgosse
Christ [k-] **1** 0 *m* Kristus; *der Heilige* ~ *a*) Kristusbarnet, *b*) *åld.* julen **2** -*en* -*en m* kristen **-abend** -*e n*, *dial.* julafton **-baum** -*e† m, dial.* julgran **-demokrat** -*en* -*en m, pol.* kristdemokrat (*medlem av CDU*)
Christen|gemeinde -*n f* kristen församling **-glauben** 0 *m* kristen tro **-heit** 0 *f* kristenhet **-mensch** -*en* -*en m* kristen, religiös

människa -**pflicht** 0 f en kristens plikt -**tum** 0 n kristendom -**verfolgung** -en f förföljelse mot de kristna
Christfest -e n, åld. jul **christianisieren** kristna, omvända till kristendomen **Christkind** 0 n **1** a) das ~ Kristusbarnet, b) ung. jultomten **2** julklapp **christlich** kristen, kristlig; die C~-Demokratische Union [Deutschlands] Kristligt-demokratiska unionen, kristdemokraterna **Christ|lichkeit** 0 f kristligt sinnelag -**markt** -e† m, dial. julmarknad -**messe** -n f, -**mette** -n f, kat. midnattsmässa på julnatten; prot. julotta -**nacht** -e† f julnatt -**rose** -n f julros -**stolle** -n f, -**stollen** - m, se Stolle -**tag** -e m juldag
Christ|us gen. -us el. -i 0 m Kristus; nach (vor) -i Geburt efter (före) Kristi födelse
Chrom [k-] 0 n krom **chromatisch** kromatisk **Chromosom** -en n kromosom **Chromosphäre** 0 f kromosfär **Chromstahl** 0 m kromstål
Chronik ['kroː-] -en f krönika **chronisch** kronisk **Chronist** -en -en m krönikör, krönikeskrivare **chronologisch** kronologisk **Chronometer** - n kronometer
Chrysan'theme [kryz-] -n f, **Chry'santhemum** -[s] n krysantemum
Chryso|lith [cryzoːˈliːt] -en -en m krysolit -**pras** -e m krysopras
Chuzpe ['xutspə] 0 f, vard. fräckhet, oförskämdhet
Cicero ['tsiːtsero] 0 f, typ. cicero
cis [tsɪs] mus. **1** - - n ciss **2** beteckning för cis-Moll ciss-moll **Cis** [tsɪs] beteckning för Cis-Dur Ciss-dur
City ['sɪti] -s f city, centrum
Clan [klaːn] -s el. -e m klan
Claque ['klakə] 0 f, teat. klack **Claqueur** [klaˈkøːɐ̯] -e m medlem av klack
Clearing ['kliːrɪŋ] -s n, -**verkehr** 0 m clearing[förfarande]
clever ['klɛvɐ] smart, slug
Cliché se Klischee
Clinch [klɪn(t)ʃ] 0 m, boxn. clinch
Clique ['klɪkə] -n f klick, kotteri; liga **Cliquenwesen** 0 n, **Cliquenwirtschaft** 0 f klick-, kotteri|välde; nepotism
Clivi|a ['kliːvi̯a] -en f, bot. clivia
Clou [kluː] -s m höjdpunkt, klo
Clown [klaʊn] -s m clown **Clownerie** -n f pajasupptåg
Club se Klub
cm förk. för Zentimeter cm, centimeter
Coach [koʊtʃ] -s m tränare, instruktör
Cobbler -s m [vin]kobbel
Cocktail ['kɔkteɪl] -s m **1** cocktail **2** cocktailparty; DDR mottagning
Code se Kode **Codex** se Kodex
Cœur [køːɐ̯] -[s] n, kortsp. hjärter
Coiffeur [koaˈføːɐ̯] -e m frisör **Coiffeuse** [koaˈføzə] -n f damfrisörska **Coiffure** [koaˈfyːɐ̯] -n f frisyr, koaffyr
Collage [kɔˈlaːʒə] -n f collage
Collier se Kollier
Comic ['kɔmɪk] -s m, **Comic Strips** pl serie[tidning]
Computer [kɔmˈpjuːtɐ] - m datamaskin, dator **computer|geregelt, -gesteuert** datastyrd **computerisieren** datorisera; databehandla; lägga på data
Conférence [kõfeˈrãːs] 0 f presentation av programmet **Conférencier** [kõferaˈsi̯eː] -s m konferencier
Container [-ˈteːnɐ, -ˈteɪnə] - m container
Conter'gan 0 n, farm. neurosedyn
Conveyer [kɔnˈveːɐ̯] - m löpande band; skopverk
Copyright ['kɔpiraɪt] -s n copyright
Corona se Korona
Corsage [kɔrˈzaːʒə] -n f topp, axelbandslöst liv·
Corso se Korso
Cosinus - el. -se m kosinus
Costaricaner - m costarican **costaricanisch** costaricansk
Couch [kaʊtʃ] -[e]s el. -en f dyscha, soffa
Couleur [kūˈløːɐ̯] -s el. -en f **1** [studentförenings] färg **2** kortsp. trumf
Countdown ['kaʊntdaʊn] -s m n nedräkning
Coup [kuː] -s m kupp
Coupé [kuˈpeː] -s n kupé
Couplet [kuˈpleː] -s n kuplett
Coupon [kuˈpõː] -s m kupong (äv. text.) **Couponsteuer** -n f kupongskatt
Cour [kuːɐ̯] 0 f hov[hållning]; kur; cour; e-m Mädchen die ~ machen (schneiden) (äv.) uppvakta en flicka
Courage [kuˈraːʒə] 0 f kurage **couragiert** modig, djärv
Cour|macher - m, -**schneider** - m uppvaktande beundrare; kurtisör
courant se kurant **Courtage** [kʊrˈtaːʒə] -n f, hand. kurtage
Cousin [kuˈzɛ̃ː] -s m [manlig] kusin **Cousine** [kuˈziːnə] -n f [kvinnlig] kusin
Cover|coat ['kavɐkoʊt] -s m lätt regnrock -**girl** -s n omslagsflicka
cr. förk. för currentis ds, dennes
Crack [krɛk] -s m förstklassig sportsman (kapplöpningshäst)
Craquelé [krakoˈleː] -s m n krackelyr
Crawl se Kraul
Creme [krɛːm, kreːm] -s f kräm; bildl. grädda **creme|[farben], -farbig** krämfärgad
Crêpe [krɛp] **1** -s m kräpp (tyg) **2** -s f, kokk. crêpe (tunn pannkaka)
Crescend|o [-ˈʃɛn-] -i el. -os n, mus. crescendo
Crew [kruː] -s f **1** sjö. o. flyg. besättning **2** roddarlag **3** grupp, gäng, stab
Croquis se Kroki
Croupier [kruˈpi̯eː] -s m croupier
Csárdás ['tʃardas] - m csardas
C-Schlüssel 0 m, mus. c-klav
CSU 0 f, förk. för Christlich-Soziale Union, die ~ kristligt-sociala unionen
c.t. förk. för cum tempore med akademisk kvart
Cup [kap] -s m, sport. cup
Curie [kyˈriː] - n, fys. curie
Curling ['kɔːlɪŋ] 0 n, sport. curling
Cur'ricul|um -a n läroplan; studieprogram **Curricul|um vitae** -a vitae n [kortfattad] levnadsbeskrivning
Curry ['kari, 'kœri] 0 m n curry
Cut[away] ['kœt-, 'katəvɛ] -s m jackett
Cutter ['katɐ] - m [film]klippare
CVJM förk. för Christlicher Verein Junger Männer KFUM
Cyclamen se Zyklamen
cyclisch se zyklisch

D

D 1 - - n (bokstav, ton) d **2** beteckning för D-Dur D-dur **D.** förk. för Doktor der evangelischen Theologie teol. dr **d 1** - - n (bokstav, ton) d **2** beteckning för d-Moll d-moll **3** mat., beteckning för Differential, Durchmesser, dezi **4** fys., astron., beteckning för Tag
da I adv **1** där; här; von ~ ab (aus) därifrån; ~ drüben (draußen, hinten, unten, vorn) där borta (ute, bakom, nere, framme); hallo, Sie ~! (vard.) hallå där!; halt, wer ~? halt, vem där?; in Stockholm oder ~ herum i Stockholm eller någonstans i närheten; hier und ~, ~ und dort här o. där, lite varstans; ~ hinunter (hinauf) nerför (uppför) där; der Mann ~ mannen där [borta], den där mannen; nichts ~! (vard.) kommer inte på fråga!, nej!; weg ~! ge Er (etc.) i väg!; es geschah ~, wo der Baum steht det hände där trädet står; es gibt Leute, die ~ glauben det finns folk som tror; ~ haben wir's! (vard.) det var det jag (etc.) trodde!, så går det!; ~ haben wir nichts dagegen det har vi ingenting emot; ~ irrst du dich på den punkten har du fel; ~, es klingelt! hör, det ringer!; wer kommt denn ~ ? vem är det som kommer[där]?; alle, die ~ kamen alla som kom; was läßt sich ~ machen (äv.) vad kan man göra i en sådan situation; ~, nimm das Geld! (vard.) se här (var så god) tag pengarna!; ~ pfeife ich drauf (vard.) det struntar jag i; sieh ~!, ~ schau her! ser man på!; ~ bin ich! här är jag!; alle sind heute ~ alla är här (närvarande) i dag; wenn noch etw. ~ ist om det finns ngt kvar; für mich ist das nicht ~ för mig existerar det inte; ist Post für mich ~? är det ngn post till mig?; das ~ will ich haben den vill jag ha; als ~ sind (vid uppräkning) nämligen, t.ex. **2** då; förrän; in dem Augenblick, ~ i det ögonblick då, i samma ögonblick som; ~ erst först då (nu); hie und ~ då o. då, ibland; von ~ an från o. med då; als er mich sah, ~ när han fick syn på mig [så]; bei Sonnenschein, ~ braucht man keinen Schirm i solsken behöver man inget paraply; er hatte kaum Platz genommen, ~ ging das Licht aus han hade knappt tagit plats förrän ljuset släcktes; Sie sind beide sehr egoistisch. Da kommt es oft zu Auseinandersetzungen De är båda mycket egoistiska, och då är det inte konstigt att det blir bråk; wenn ich ~ noch lebe om jag fortfarande lever då; wenn du das tust, ~ bist du schön dumm om du gör det då är du bra dum **II** konj **1** eftersom, då **2** högt. då, när
d.Ä. förk. för der Ältere d.ä., den äldre
dabehalten st behålla [kvar]
da'bei (starkt betonat '- -) **1** därvid, därmed; vid (hos, i, med etc.) det[ta] (den[na], dessa, dem); ich war auch ~ jag var också med; der Katalog war nicht ~ katalogen var inte med; ein Haus mit Garten ~ ett hus med trädgård [till]; dicht ~ tätt bredvid (invid, intill); nahe ~ nära intill, helt nära; er bleibt ~, daß han håller fast vid att; es bleibt ~! saken är klar!, det blir som det är sagt!; sich (dat.) nichts Böses ~ denken inte mena ngt illa; ~ dürfen wir nicht vergessen i detta sammanhang får vi inte glömma; er las ein Buch und hörte Musik ~ han läste en bok o. lyssnade samtidigt (under tiden) på musik; es kommt nichts ~ heraus det leder inte till ngt (tjänar ingenting till); es ~ lassen låta det bero; es muß etw. ~ sein det måste ligga ngt [skumt] i det; ich bin ~! jag är med på det!; ich war ~, zu jag höll just på att; was ist schon ~? än sen då? **2** dessutom; på samma gång; icke desto mindre, trots det; er ist reich und ~ bescheiden han är både rik o. anspråkslös, han är rik men ändå anspråkslös; ~ kann ich ihn nicht leiden och ändå tål jag honom inte; billig und ~ gut billig men trots det bra **-bleiben** st s stanna kvar; jfr dabei bleiben **-sein** oreg. s vara närvarande, vara med **-sitzen** st vara närvarande, vara med, sitta med **-stehen** st vara med, stå bredvid
dableiben st s stanna (bli) kvar
da capo dakapo
Dach -er† n **1** [ytter]tak; bildl. skydd; unter ~ und Fach bringen (bildl.) föra i hamn; noch kein ~ überm Kopf haben (vard.) ännu inte ha fått ngn bostad; die Spatzen pfeifen es vom ~ (bildl.) det är allmänt bekant **2** vard. [huvud]knopp, skalle; eins aufs ~ bekommen få på moppe; e-m aufs ~ steigen (eins aufs ~ geben) låta ngn få veta att han lever **-antenne** -n f takantenn **-balken** - m tak-, bind|bjälke **-boden** -[†] m vind[svåning] **-decker** - m taktäckare **-first** -e† m tak|ås, -nock, -rygg **-garten** -† m tak|trädgård, -terrass **-gebälk** 0 n bjälklag, takbjälkar **-gesellschaft** -en f, ung. moderbolag **-hase** -n -n m, skämts. katt **-haut** -e† f taktäckning **-kammer** -n f vinds|kammare, -kupa **-latte** -n f tak|läkt, -ribba **-luke** -n f tak-, vinds|fönster, -lucka **-organisation** -en f central-, paraply-, topp|organisation, centralförbund **-pappe** -n f tak-, tjär|papp **-reiter** - m takryttare **-rinne** -n f takränna
Dachs [-ks] -e m grävling; wie ein ~ schlafen sova som en stock; so ein junger ~! (vard.) en sån spoling! **-bau** -e m grävlingsgryt
Dach|schaden -† m skada på tak[et]; e-n ~ haben (vard.) vara litet tokig **-schwelle** -n f bärbjälke i takstol
Dachshund -e m tax
Dach|sparren - m taksparre **-stein** -e m betong[tak]panna **-stroh** 0 n takhalm **-stübchen** - n liten vindskammare; im ~ nicht ganz richtig sein (vard.) ha tomtar på loftet **-stuhl** -e† m takstol
dachte se denken
Dachtel -n f, vard. örfil
Dach|träger - m takräcke **-traufe** -n f tak|-ränna, -skägg **-verband** -e† m, se Dachorganisation **-zimmer** - n vinds|kupa, -rum
Dackel - m **1** tax **2** vard. idiot
Dadaismus 0 m, konst. dadaism **Dadaist** -en -en m dadaist
dadran, dadrauf, dadraus etc., vard., se daran, darauf, daraus etc.
da'durch (betonat '- -) därigenom; genom (med) den (det, dem); was hat er ~ erreicht? vad har han uppnått med det?; ~, daß genom att
Daffke aus ~ (dial.) på pin kiv
da'für (starkt betonat '- -) för (till) den (det, dem); ~ und dagegen för och emot; ~ bekommst du (äv.) i gengäld får du; er ist ~ bestraft

worden han har straffats för det; *ich werde ~ sorgen, daß* jag skall se till att; *alles spricht ~* allt talar för det; *~, daß er Schwede ist* för att vara (med hänsyn till att han är) svensk; *und dies ist nun der Dank ~!* (iron.) och detta är alltså tacken!; *das Kind kann nichts ~* (*vard.*) barnet rår inte för det; *~ gibt es ein Mittel* för det finns det botemedel; *ich bin ~* jag är för (röstar för) det; *~ bin ich Chef* det är min sak som chef; *~ bin ich auch krank* men så är jag också sjuk **dafürhalten** *st* anse, mena **Dafürhalten** *0 n, nach meinem ~* enligt min åsikt **dafürkönnen** *oreg. er kann nichts dafür, daß* han rår inte för (kan inte hjälpa) att **dafürstehen** *st h, sty. o. österr. s* stå för, garantera; *es steht nicht dafür* (*österr.*) det lönar sig inte (är ingen idé)
DAG *förk. för Deutsche Angestellten-Gewerkschaft* (*vty. tjänstemannaorganisation*)
da'gegen (*starkt betonat '- - -*) däremot; emot den (det, dem); *~ stimmen* rösta emot det; *ein Mittel ~* ett medel mot det; *ich habe nichts ~* jag har inget emot det; *~ hilft nichts* mot det finns ingen hjälp (bot); *~ ist nichts zu sagen* det kan man inte invända ngt mot (är ingenting att säga om det); *er sagte nichts ~* (*äv.*) han kom inte med ngn invändning; *was kann man ~ tun?* vad kan man göra åt det?; *ich habe Zeit, du ~ ...* jag har tid medan du däremot ...; *die Jungen gingen zu Fuß, die älteren ~ ...* pojkarna gick till fots, de äldre däremot ... **-halten** *st* **1** hålla emot; invända **2** jämföra **-handeln** handla mot **-stimmen** rösta mot **-wirken** verka mot
da'heim hemma; *~ bleiben* stanna hemma; *~ ist ~* hemma bäst; *wie geht's ~?* (*vard.*) hur mår familjen?; *von ~* hemifrån **Daheimgebliebene(r)** *m f,* adj böjn., *der Daheimgebliebene* den som blev kvar hemma
da'her (*starkt betonat '--*) **1** därifrån; *~ weht also der Wind!*(*vard.*) det är alltså därifrån som vinden blåser! **2** därav; därför; *es kam ~, daß* det berodde på att, det kom sig därav att, det var för att; *er war krank, und ~ blieb er zu Hause* han var sjuk och följaktligen (därför, alltså) stannade han hemma; *~ dürfen wir annehmen* följaktligen (av det skälet, därför) får vi anta **-fliegen** *st s* komma flygande **-kommen** *st s* komma gående (*gatan fram etc.*) **-reden, -schwätzen** babbla, prata i vädret
da'hier *åld.* här, i denna världen
da'hin (*starkt betonat ' - -*) **1** dit [bort], ditåt; däråt, åt det hållet; *~ und dorthin* hit o. dit; *bis ~* [ända] dit, (*om tid*) [ända] till dess, dit-intills; *das gehört nicht ~* det hör inte dit (till ämnet); *e-n ~ bringen, daß* få ngn till att; *er hat es bis ~ gebracht, daß* han har uppnått att; *laß es nicht ~ kommen, daß* låt det inte komma därhän att; *man hat sich ~ geeinigt, daß* man har enats om att; *~ arbeiten, daß* arbeta på att **2** förbi; *das Geld ist ~* pengarna är slut; *seine Seele ist ~* (*ung.*) han har lämnat oss (är död); *sein guter Ruf ist ~* det är slut på hans goda rykte **dahin'ab** ner där **dahin'auf** upp där **dahin'aus** ut där **dahindämmern** *s* dåsa; vegetera **dahin'durch** där igenom **dahineilen** *s* skynda sig bort; ila, rinna bort **dahin'-ein** in där **dahinfahren** *st s* fara (åka, resa, köra) dit (bort, förbi); *poet.* fara hädan **dahinfliegen** *st s* flyga bort; snabbt flyga förbi **dahingeben** *st* ge bort; offra **dahin'gegen** däremot

dahin|gehen *st s* gå [dit, bort, förbi]; *die Zeit geht dahin* tiden förgår; *er ist dahingegangen* han har gått hädan **-gehend** *sich ~ äußern* yttra sig i den riktningen **-gehören** höra dit **-geschieden** hädangången **-gestellt** *es sei ~* det må vara osagt **-leben** leva ett lugnt o. stilla liv **-raffen** *bildl.* rycka bort **-scheiden** *st s, poet.* gå hädan **-schleppen** *rfl* släpa sig fram **-schmachten** leva nära svältgränsen **-schwinden** *st s* förgå, ta slut; rinna iväg (*om tid*) **-siechen** *s* tyna bort **-sinken** *st, s* sjunka [död] till marken; förgås **-stehen** *st es steht dahin* det är ovisst (står skrivet i stjärnorna) **-stellen** **1** ställa dit **2** *das wollen wir einstweilen dahingestellt sein lassen* den frågan lämnar vi tills vidare öppen
da'hinten (*starkt betonat '- - -*) där borta
da'hinter (*starkt betonat '- - -*) [där] bakom; *es ist nicht viel ~* (*vard.*) det är inte mycket bevänt med det **dahinter'her** *vard., ~ sein* lägga manken till
dahinter|klemmen *rfl,* **-knien** *rfl, vard.* lägga manken till **-kommen** *st s, vard.* komma på (underfund med); *ich kann einfach nicht ~, was* jag kan helt enkelt inte fatta vad **-sein** *oreg. s, es wird nichts ~* det ligger nog inte ngt bakom **-setzen** *rfl* gripa sig verket an **-stecken 1** sticka bakom **2** *etw. steckt dahinter* det ligger ngt bakom
dahin|'über [*äv.* '- - - -] över där (dit) **-'unter** [*äv.* '- - - -] ned där (dit)
dahin|welken *s* vissna (tyna) bort **-ziehen** *st s* dra sina färde
Dahlie *-n f* dahlia
Dakapo *-s n* dakapo
Daktylus *Dak'tylen m, versl.* daktyl
dalassen *st* lämna kvar
Dalbe *-n f,* **Dalben** *- m, sjö.* dykdalb
Dalekarlien *0 n* Dalarna
daliegen *st* ligga där [utsträckt, ditslängd, kullvräkt]
Dalles *0 m, den ~ haben, im ~ sein* (*vard.*) ebb i kassan
dalli *interj, vard.* fort!, skynda på!
Dal'matik|a *-en f* [festlig] mässhake **Dalmatiner** *- m* **1** dalmatier **2** dalmatiner[hund] **3** vin från Dalmatien **dalmatinisch** dalmatinsk **dal'matisch** dalmatisk
'**damalig** dåtida, dåvarande **damals** då [för tiden], den gången
Da'mast *-e m* damast **damasten** av damast, damast- **Damastpapier** *-e n* linnepapper **Damas'zenerstahl** *0 m* damaskenerstål
Dämchen *- n* **1** liten dam; flicka **2** dam som vill spela dam **2** kokott; glädjeflicka **Dame** *-n f* dam (*äv. kort o. spel*); *schack. äv.* drottning; *meine alte ~* (*vard.*) min mamma **Damebrett** *-er n* dam[spel]bräde
Dämel *- m, vard.,* **Dämelack** *-e el. -s m, vard.* stolle, nöt, fåntratt **Dämelei** *-en f, vard.* dumhet, tanklöshet
Damen|abteil *-e n* damkupé **-bedienung** *0 f* [betjäning av] kvinnlig [butiks]personal **-begleitung** *0 f* damsällskap **-binde** *-n f* dam-, sanitets|binda **-doppel** *- n sport.* damdubbel **-einzel** *- n, sport.* damsingel **-frieden** *0 m, der ~* freden i Cambrai, damfreden **-friseur** *-e m* damfrisör
damenhaft som en dam, damaktig **Damen-schneider** *- m* damskräddare **Damensitz** *0 m* damsadel **Damenwahl** *0 f* damernas dans **Damenwelt** *0 f* damernas värld **Damespiel**

-*e n* damspel **Damestein** -*e m* bricka [i damspel]
Damhirsch ['dam-] -*e m* dovhjort
damisch *sty.*, *österr.* fånig; yr i mössan, vimmelkantig; ~ *kalt* hemskt kall
da'mit (*starkt betonat* '- -) **I** *adv* med den (det, dem); därmed; *höre ~ auf!* sluta med det!; ~ *kommst du nicht weit* det kommer du inte långt med; *her ~!* (*vard.*) ge hit!; *heraus ~!* (*vard.*) ut med språket!; ~ *basta!* (*vard.*) och därmed basta! **II** *konj* för (så) att; ~ *du es weißt!* så [mycket] du vet det!
damledern ['dam-] av dovhjortsskinn
dämlich ['dɛ:m-] *vard.* dum, fånig **Dämlichkeit** -*en f*, *vard.* dumhet
Damm -*e†* *m* **1** damm, skyddsvall; fördämning; [väg]bank; [ban]vall; *dial.* körbana; *bildl.* barriär; *wieder auf dem ~ sein* (*vard.*) vara i form (i farten, frisk) igen; *e-n wieder auf den ~ bringen* (*vard.*) *a*) hjälpa ngn på fötter, *b*) hjälpa ngn att bli frisk **2** *anat.* bäckenbotten **Dammbruch** -*e†* *m* dammbrott
dämmen dämma [av (för, till)]; *den Schall ~* stänga ute ljudet; *die Schmerzen ~* dämpa plågorna
Dämmer 0 *m*, *poet.*, *se Dämmerung* **dämmergrau** skum, gråaktig **dämmer|haft, -ig** skymnings-, skum; *bildl.* oklar; *es wird ~* det börjar skymma (dagas) **Dämmerlicht** 0 *n* skymnings-, grynings|ljus; halvdunkel; svag belysning **dämmer|n** skymma; gry; *es -t* det skymmer (dagas); *es -t mir* (*vard.*) det går upp ett ljus (börjar klarna) för mig; *-t's endlich?* (*vard.*) börjar du (*etc.*) äntligen begripa?; *vor sich* (*ack.*) *hin ~* halvsova, ligga (sitta) och dåsa (slöa)
Dämmer|schein 0 *m* solens första (sista) strålar **-schlaf** 0 *m* halvsömn, lätt dvala **-schoppen** - *m* glas vin sent på eftermiddagen, skymningsbägare **-stunde** -*n f* skymningstimme; ~ *halten* kura skymning **-ung** -*en f* skymning; gryning; halvdager **-ungsfalter** - *m* svärmare, skymningsfjäril **-zustand** -*e†* *m*, *med.* omtöcknat tillstånd, lätt medvetslöshet
Dammri|ß -*sse m*, *med.* bristning i bäckenbotten **Dämmstoff** -*e m*, *tekn.* isolermaterial **Dämmung** -*en f*, *tekn.* isolering **Dammweg** -*e m* gångväg på damm
'**Damoklesschwert** 0 *n* damoklessvärd
'**Dämon** *Dä'monen m* demon **Dämonie** -*n f* demoni **dämonisch** demonisk
Dampf -*e†* *m* ånga; *vard.* hunger; rädsla; *Hans ~ in allen Gassen* (*vard.*) viktigpetter, en som alltid vet besked; ~ *aufmachen* få upp ångan, köra fortare (hårdare); ~ *vor e-m haben* (*vard.*) vara rädd för ngn; ~ *hinter etw.* 'setzen (*vard.*) skynda på ngt, sätta fräs på ngt; *im ~ gar machen* (*kokk.*) ångkoka; *per ~* per båt (tåg); *unter ~ stehen* ha ångan uppe, vara klar till avgång **Dampfbad** -*e†* *m*, *svett|*-*bad* **dampfdicht** ångtät **Dampfdruck** -*e†* *m* ångtryck **dampf|en 1** ånga; *das Pferd -t* det ångar om hästen; *der Vulkan -t* vulkanen utstöter ånga **2** *s* ånga [i väg], åka (*m. ånglok*) **dämpfen 1** dämpa [ner] **2** *kokk.* ångkoka; *e-n Stoff ~* ånga upp ett tyg **Dampfer** - *m* ångare, ång|båt, -fartyg; *auf dem falschen ~ sein* (*sitzen*) (*vard.*) ha fel uppfattning om ngt, hålla fast vid ett misstag **Dämpfer** - *m* **1** dämpare, sordin **2** ångkokare, ångningsapparat **Dämpferfilz** 0 *m* pianofilt **Dampf-**

hammer -*† m* ånghammare **Dampfheizung** -*en f* ångvärmeanläggning; uppvärmning medelst ånga **dampfig** ångig
Dampf|kessel - *m* ångpanna **-kochtopf** -*e† m* tryckkokare **-kolben** - *m*, *tekn.* pistong **-kraft** 0 *f* ångkraft **-kraftwerk** -*e n* ångkraftverk **-lokomotive** -*n f* ånglok **-maschine** -*n f* ångmaskin **-messer** - *m* manometer, ångmätare **-motor** -*en m* ångmotor **-pfeife** -*n f* ångvissla **-schiff** -*e n* ång|fartyg, -båt **-speicher** - *m* ångackumulator **-strahlpumpe** -*n f* ånginjektor **-turbine** -*n f* ångturbin
Dämpfung -*en f* dämpning (*äv. fys.*), dämpande **Dampfventil** -*e n* ångventil **Dampfwalze** -*n f* ångvält; *vard.* tjockis **Dampfzylinder** - *m* ångcylinder
Damwild 0 *n* dovhjortar
da'nach (*starkt betonat* '- -) efter (enligt) den (det, dem); därefter; (*om tid äv.*) sedan, efteråt; *mir steht der Sinn ~* jag har lust med det; *mir ist nicht ~* (*vard.*) det har jag ingen lust med; ~ *fragen* fråga om det; *sich ~ sehnen* längta efter det; *gleich ~ begann* straxt efteråt började; *ganz ~ sieht er aus* (*vard.*) så ser han också ut; *das Wetter ist nicht ~* (*vard.*) vädret är inte sådant; *es wird auch ~ sein* det blir också därefter
'**Danaergeschenk** -*e n* danaerskänk, olycksbringande gåva; *vard.* ovälkommen present
Dana'iden|arbeit 0 *f* fåfäng möda **-faß** 0 *n* danaidernas såll, fåfäng möda
Dandy ['dɛndi] -*s m* dandy
Däne -*n -n m* dansk
da'neben (*starkt betonat* '- - -) bredvid; dessutom; därjämte; *ein Kasten, ~ der Tisch* ett skåp och bredvid det bordet; *Wein, ~ Kognak* vin och dessutom konjak; *ganz und gar ~* (*vard.*) rent åt pipan, alldeles på tok **-benehmen** *st*, *rfl*, *vard.* uppföra sig illa, göra bort sig **-fallen** *st s* trilla bredvid **-gehen** *st s* (*om skott*) missa, inte träffa prick; *vard.* gå på tok **-gelingen** *st s*, *vard.*, **-geraten** *st s*, *vard.*, **-glücken** *st*, *vard.* misslyckas **-greifen** *st s* fel (miste) **-hauen** *st* (*imperf sv*) inte träffa; *bildl.* hugga i sten **-liegen** *st*, *vard.* ha fel, missta sig **-schießen** *st* missa, bomma; *vard.* missta sig **-treten** *st* kliva (stiga) fel
Dänemark 0 *n* Danmark
dang *se dingen*
da'nieden *åld. poet.* på denna jord, här nere **da'nieder** ned[åt] **danieder|liegen** *st* ligga sjuk (*an + dat.* i); *bildl.* ligga nere
Dänin -*nen f* danska **dänisch** dansk **Dänisch** 0 *n* danska (*språk*)
dank *prep m. dat. el. gen.* tack vare, på grund av **Dank** 0 *m* tack; *Gott sei ~ gudskelov; vielen ~!* tack så mycket!; *herzlichen ~!* hjärtligt tack!; *mit ~ tacksamt; der ~ dafür, daß tacken för det; keinen ~ für etw. ernten* inte få ngt tack för ngt; *haben Sie ~!* tack ska Ni ha! **Dankadresse** -*n f* [officiell] tackskrivelse **dankbar** tacksam; *ich wäre dir sehr ~, wenn* jag skulle vara [dig] mycket tacksam om **Dankbarkeit** 0 *f* tacksamhet **Dankbrief** -*e m* tackbrev **dank|en 1** tacka (*e-m für etw.* ngn för ngt); [*ich*] -*e* [*schön*] *a*) tack så mycket, *b*) nej tack; *na, ich -e* (*vard. iron.*) jag betackar mig; *wie geht es? -e, gut* hur mår du (*etc.*)? tack bra; *sie -te freundlich* (*äv.*) hon besvarade vänligt hälsningen; *-e gleichfalls!* tack, detsamma! **2** tacka (löna) för; *nichts zu ~!* för all del!, ingenting att tacka för!; *e-m etw. ~*

löna (tacka) ngn för ngt; *e-m etw. zu ~ haben* ha ngn att tacka för ngt **dankend** tacksamt **dankenswert** tacknämlig **dankerfüllt** fylld av tacksamhet **Dankesbezeigung** *-en f* tacksamhetsbetygelse **Dankeschön** *0 n* tack; *kein ~ erhalten* inte få ngt tack **Dankesschuld** *0 f* tacksamhetsskuld **Dankesworte** *pl* tackord **Dankgottesdienst** *-e m* tacksägelsegudstjänst **danksag|en** *-te dankgesagt* framföra sitt tack (*muntligen el. skriftligen*) **Danksagung** *-en f* tacksägelse (*äv. relig.*); skriftligt tack, tackkort **Dankschreiben** - *n* tack|-skrivelse, -brev
dann då; därefter, sedan; i så fall; så; dessutom; *~ müßte man besprechen, ob* vidare borde man diskutera om; *was geschieht ~?* vad händer sedan?; *erst wägen, ~ wagen* (*ung.*) tänka först och handla sedan; *selbst ~, wenn er käme* t.o.m. om han kom; *selbst ~ ist er nicht* inte ens då är han; *es wird nicht lange dauern, ~ kommt der Winter* det dröjer inte länge förrän vintern kommer; *~ und ~* vid den och den tidpunkten; *~ und wann* allt emellanåt, ibland, då o. då; *was ~?* hur blir det sedan då? **dannen** *åld.*, *von ~ a) relig.* varifrån, *b*) därifrån, åstad; *von ~ gehen* (ziehen) ge sig av (åstad) **dar'an** (*starkt betonat '- -*) *vard*. dran vid (på) den (det, dem); *Wagen mit Pferd ~* vagn med häst; *~ kann man nichts ändern* det kan man inte ändra på; *~ glauben müssen* (*vard.*) *a*),vara tvungen, *b*) dö; *was liegt ~?* vad betyder det?, vad gör det?; *mir liegt nichts ~* jag bryr mig inte om det; *nicht recht wissen, wie man ~ ist* (*vard.*) inte veta hur man står; *ich bin ~* det är min tur; *es ist etw. ~* det ligger ngt i det; *es ist nichts ~* (*vard.*) det är inget med det; *da bin ich aber schön ~* (*vard.*) nu har jag åkt dit; *er war nahe ~, zu sterben* han höll på (var nära) att dö; *du hast recht ~ getan* det gjorde du rätt i; *er ist gut ~* (*vard.*) det går bra för honom; *ich weiß nicht, wie ich mit ihr ~ bin* (*vard.*) jag vet inte var jag har henne **Darangabe** *0 f*, *unter ~ seiner Gesundheit* med uppoffring av sin hälsa **darangeben** *st* [upp]offra; bidra med **darangehen** *st*, *s* börja **daranhalten** *st, rfl, vard.* skynda sig **daranmachen** *rfl, vard.* sätta i gång **daransetzen 1** sätta på spel, våga **2** *rfl, vard.* sätta i gång
dar'auf (*starkt betonat '- -*) *vard. drauf* **1** på den (det, dem); *Tisch und Bücher ~* bord med böcker på; *die Hand ~!* tag mig i hand på det!; *~ geht (ist) er aus* det är det han är ute efter; *~ kommt es an* på det kommer det an; *es kommt ~ an* det beror på; *es ~ ankommen lassen* ta den risken; *~ kommt es mir nicht an* det bryr jag mig inte om; *~ kommen* komma på det (den tanken); *~ steht Gefängnis* det bestraffas med fängelse **2** därpå, därefter, sedan; *am Tag ~ folgende* dag; *das Jahr ~* året därpå, följande år; *~ folgte* sedan följde **darauffolgend** [på]följande **darauf'hin 1** på grund därav, därför **2** med avseende på
dar'aus (*starkt betonat '- -*) *vard. draus* ur (av, från) den (det, dem); *där|ur, -av, -ifrån; es folgt ~ därav följer; ~ wird nichts* det blir ingenting av med det; *~ kann nichts werden* det kan inte bli ngt av det; *~ kann man schließen* av det kan man dra slutsatsen; *~ werde ich nicht klug* jag blir inte klok på det; *ich mache mir nichts ~* jag struntar i (bryr mig inte om) det, jag tycker inte om det

darben *högt.* lida nöd (brist), svälta **darbieten** *st* **1** erbjuda; uppföra, spela, deklamera; *bildl*. förete **2** *rfl* visa sig; yppa (erbjuda) sig; *e-e Gelegenheit bietet sich dar* ett tillfälle yppar (erbjuder) sig **Darbietung** *-en f*, *teat*. uppförande; uppvisning; underhållning **darbringen** *oreg*. fram|bära, -föra, bringa (*offer*)
Dardanellen *pl, die ~* Dardanellerna
dar'ein (*starkt betonat '- -*) *vard*. drein dit in; [in] i den (det, dem); däri; *sich ~ ergeben* foga (finna) sig i det **-finden** *st, rfl* finna sig i, ställa in sig på **-mischen** *rfl*, **-reden** lägga (blanda) sig i **-setzen** uppbjuda, mobilisera
darf *se dürfen*
dar'in (*starkt betonat '- -*) *vard. drin* däri; i den (det, dem); *~ irrst du dich* därvidlag (på den punkten) misstar du dig; *es ~ weit bringen* gå långt i det **-nen** (*starkt betonat '- - -*) där inne **-sitzen** *st, vard.* sitta i den (det, dem); sitta på den **-stehen** *st, vard.*, *in der Materie ~* vara inne i saken (ämnet)
darlegen framställa, förklara **Darlegung** *-en f* framställning, förklaring **Darleh[e]n** - *n* lån **Darleh[e]nskasse** *-n f* lånekassa **Darleh[e]nsnehmer** - *m* lånetagare **darleihen** *st*, *högt.* låna ut
Darm *-eᵗ m* tarm; *sich* (*dat.*) *in den ~ stechen* (*vard.*) släppa sig **-bad** *-erᵗ n, ung.* lavemang **-entleerung** *-en f* tarmtömning **-flor|a** *-en f* bakterieflora i tarmen **-geschwür** *-e n* tarmsår **-saite** *-n f* tarmsträng; kattgut **-verschlingung** *-en f* vridning av tarmslinga **-verschlu|ß** *-sseᵗ m* tarmvred **-wind** *-en m* väderspänning **-zotten** *pl* tarmludd
dar|nach *se danach* **-neben** *se daneben*
daro'b (*starkt betonat '- -*) *åld*. fördenskull
Darre *-n f* torkugn; anordning för torkning (rostning)
darreichen räcka fram, överlämna **Darreichung** *-en f* framräckande, överlämnande
darren torka, rosta
darstellbar som går att framställa (skildra) **darstellen 1** framställa (*alla bet.*); skildra; föreställa, representera; *teat*. uppföra, spela; *graphisch ~* grafiskt skildra; *etw. falsch ~* ge en felaktig bild av ngt; *~de Geometrie* beskrivande geometri; *~de Künste* bildande konst o. skådespeleri **2** *rfl* framstå, te sig **Darsteller** - *m* framställare; skådespelare; rollinnehavare **Darstellung** *-en f* framställning; skildring; produktion, tillverkning **Darstellungsgabe** *0 f* skådespelarbegåvning **Darstellungsweise** *-n f* framställningssätt; behandling, stil
dartun *st*, *högt.* förklara, bevisa
dar'über (*starkt betonat '- - -*) *vard. drüber* **1** över (åt) den (det, dem); däröver; fördenskull; *~hinaus* därutöver; *~ läßt sich diskutieren* det kan diskuteras; *nichts geht mir ~* ingenting tycker jag bättre om; *sich ~ hermachen* (*vard.*) störta sig över det; *sich ~ einig sein* vara eniga om det; *~ hinaus sein* ha kommit över det; *zwei Pfund und ~* ett kilo och drygt det (mera till); *~ befindet sich ovanpå är* **2** under tiden, innan dess; *~ werden Jahre vergehen* det kommer att ta åratal; *er ist ~ gestorben* under tiden dog han **-liegen** *st* ligga över (ovanpå) **-machen** *rfl* ta itu med det **-stehen** *st, du solltest ~* du borde stå över det **-steigen** *st s* **1** kliva över **2** *vard*., *über e-e ~* ligga med ngn

dar'um (*starkt betonat* '- -) *vard.* drum om (omkring) den (det, dem); därom[kring]; därför; fördenskull; *warum? ~! (vard.)* varför? det angår dig inte!; *er weiß ~ han vet* [om] det; *es ist mir sehr ~ zu tun, daß* jag är mycket angelägen om (skulle gärna vilja) att; *er bat mich ~* han bad mig om det; *~ eben! just* det!; *es handelt sich ~, daß* det är fråga om att; *~ kannst du doch nicht* bara därför kan du väl inte; *er hat es nur ~ getan, weil* han gjorde det bara därför att; *~ wird es nicht besser* det blir inte bättre för det
dar'unter (*starkt betonat* '- - -) *vard.* drunter under den (det, dem); där-, in|under; bland dem; däribland; *Tisch mit Teppich ~* bord med matta under; *es ging ~ und d[a]rüber* det var huller om buller; *~ tue ich es nicht (vard.)* för mindre gör jag det inte; *~ verstehe ich därmed menar jag; ich kann mir nichts ~ vorstellen* det betyder ingenting för mig; *500 Mark und ~ 500* Mark och därunder; *Blumen, viele Rosen ~* blommor, däribland många rosor **-bleiben** *st s* stanna därunder **-fallen** *st s, bildl.* falla inom (bestämd kategori); *es fällt nicht darunter (äv.)* det hör inte hit (dit) **-schreiben** *st* skriva under
Darwinismus *0 m* darwinism **Darwinist** *-en -en m* darwinist **darwin[ist]isch** darwinistisk
das *se der*
dasein *oreg. s* vara närvarande (tillstädes); finnas till; *(om varor)* finnas hemma (inne); *ist jemand da?* är det ngn där?; *das ist noch nicht dagewesen!* det har aldrig någonsin förekommit!; *keine Post ist da* det har inte kommit ngn post; *nicht ganz ~ (vard.)* inte vara riktigt vaken (klar i huvudet) **Dasein** *0 n* existens, tillvaro; *der Kampf ums ~* kampen för tillvaron; *ins ~ treten* födas **Daseinsbedingung** *-en f* livsbetingelse, existensvillkor **Daseinsberechtigung** *0 f* existensberättigande **Daseinsfreude** *0 f* livsglädje, glädje över att finnas till
da'selbst *åld.* därstädes
dasitzen *st* sitta; sitta o. hänga
dasjenige *se derjenige*
daß 1 att; *es ist gut, ~ du kommst* det är bra att du kommer; *ohne ~ ich komme* utan att jag kommer; *bis ~ ich komme* tills [att] jag kommer; *er ist zu gut, ~ han* är alltför god för att; *nicht, ~ es etw. ausmacht* inte för att det gör ngt; *beeile dich, ~ du fertig wirst (vard.)* skynda dig så att du blir färdig **2** sedan; *es ist e-e Woche, ~ ich ihn nicht sah* det är en vecka sedan jag såg honom **3** eftersom; *was hast du, ~ du so spät kommst?* vad är det med dig eftersom du kommer så sent? **4** *für den Fall, ~ ich komme* om jag skulle komma, i fall jag kommer; *es war auf diese Art, ~ er* det var på detta sätt som han; *~ er käme!* om han bara kom!; *~ dich der Teufel [hole]! (vard.)* måtte fan ta dig!; *~ du ja kommst!* kom alldeles säkert!; *nicht, ~ ich wüßte* inte så vitt jag vet; *~ du mir ja nicht daran gehst! (vard.)* du rör inte den (det)!; *~ du so dumm bist! (vard.)* att du ska vara så dum!
Dasselfliege *-n f, zool.* ox-, nöt|styng
dastehen *st* stå [där]; *bildl.* framstå, te sig; *er steht ganz allein da (bildl.)* han står alldeles ensam; *er steht einzig da* han är enastående (unik); *wie die Ölgötzen ~* stå där som andra träbockar; *wie stehe ich nun da! (vard.)*

a) det gjorde jag väl bra! *b)* nu står jag där vackert!
dat. *förk. för Datum* datum
Dat. *förk. för Dativ* dativ
Datei *-en f* data|register, -fil **Daten** *pl, se Datum* **Datenbank** *-en f* databank **Datenschutz** *0 m, jur.* dataskydd **Datenschutzgesetz** *0 n, das ~* dataskyddslagen **Datentypistin** *-nen f* stansoperatris, terminalbiträde **datenverarbeitend** *~e Maschine* maskin för databehandling **Datenverarbeitung** *0 f* databehandling; *elektronische ~* elektronisk databehandling
datier|en datera; dagteckna; *der Schrank -t aus dem 18. Jahrhundert* skåpet är från 1700-talet; *ein Schreiben, vom 1. Oktober -t* en skrivelse daterad 1 oktober **Datiermaschine** *-n f* dateringsmaskin **Datierung** *-en f* datering
Dativ *-e m, språkv.* dativ
dato *bis ~ till* dato
Dattel *-n f* **1** dadel **2** *vulg.* fitta **-palme** *-n f* dadelpalm **-pflaume** *-n f* persimon
Dat|um *-en n* **1** datum; *neueren ~s* av nyare datum **2** *Daten* data, fakta, [sak]uppgifter **Datumsaufdruck** *0 m* datummärkning **Datumsgrenze** *0 f* datumgräns
Daube *-n f* kim, tunnstav
Dauer *0 f* varaktighet; tidslängd; *auf die ~ i* längden; *die ~ meines Aufenthaltes steht nicht fest* hur länge jag skall stanna är inte bestämt; *auf (für) die ~ von 10 Jahren* för en tid[srymd] av 10 år; *auf die ~ gemacht* gjord för att hålla; *auf unbestimmte ~* för obegränsad tid [framåt]; *es war für die ~ nicht so vorgesehen* det var inte meningen att det skulle så förbli; *von ~ sein* äga bestånd, stå sig; *mein Glück war von kurzer ~* min lycka blev kortvarig **-belastung** *-en f* kontinuerlig belastning (nötning) **-beständigkeit** *0 f* kontinuerlig **-betrieb** *0 m* kontinuerlig drift **-brandofen** *-† m* kamin som sällan behöver fyllas på **-brenner** *- m* **1** *se Dauerbrandofen* **2** *vard.* långkörare **3** *vard.* lång kyss **-bügelfalte** *-n f* permanent pressveck **-erfolg** *-e m, teat., film.* långkörare **-feldbau** *0 m* jordbruk utan träde **-feuer** *0 m, mil.* kontinuerlig eld **-flug** *-e† m* nonstopflygning **-frost** *0 m* ständig tjäle **-frostboden** *-† m* ständigt frusen mark; tundra **-gast** *-e† m* ständig gäst; gäst som stannar längre period (hela säsongen) **-geschwindigkeit** *0 f* marschhastighet
dauerhaft varaktig, bestående; slitstark, seg; hållbar, tålig
Dauer|haftigkeit *0 f* varaktighet *etc., jfr dauerhaft;* stabilitet; kontinuitet; slitstyrka; *tekn. äv.* åldringsduglighet **-heizung** *0 f* kontinuerlig (permanent) uppvärmning **-karte** *-n f* abonnemangs|biljett, -kort **-kredit** *-e m* långfristig kredit **-lauf** *-e† m, sport.* [motions]löpning **-leistung** *-en f* [långvarig] prestation; *tekn.* bestående (kontinuerlig) effekt **-lösung** *-en f* bestående (varaktig) lösning **-magnet** *-en el. -[e]s, pl -e (ibl. -en) m* permanent magnet **-milch** *0 f* homogeniserad mjölk
1 dauer|n vara, räcka, förbli bestående, hålla på; dröja; *es -t mir zu lange* det är (dröjer) för länge för mig
2 dauer|n *högt., er -t mich* jag tycker synd om honom; *mich -t das Geld* jag tycker det är skada på pengarna
dauernd stadigvarande, varaktig, permanent ständig; *adv äv.* hela tiden, jämt

Dauer|obst *0 n* vinterfrukt **-parker** - *m* långtidsparkerare **-regen** - *m* långvarigt regn, dagsregn, rotblöta **-sitzung** *-en f* [mycket] långt sammanträde **-stellung** *-en f* fast anställning, stadigvarande plats **-ton** *-e†m, tel. etc.* oavbruten ton **-verbindung** *-en f* fast förbindelse **-versuch** *-e m* varaktighets-, utmattnings|försök **-ware** *-n f* hållbar vara **-welle** *-n f* permanent[ning]; *sich (dat.)* **~n machen lassen** [låta] permanenta sig **-wurst** *-e† f* hållbar korv; rökt medvurst **-zustand** *-e† m* konstant (permanent) tillstånd
Däumchen - *n* liten tumme **Daumen** - *m* tumme; *die ~ drehen (vard.)* rulla tummarna; *den ~ daraufdrücken* eftertryckligt betona; *e-m den ~ drücken* hålla tummen för ngn; *e-m den ~ aufs Auge setzen (vard.)* hålla tummen på ögat på ngn; *über den ~ peilen* beräkna på en höft, ungefärligt beräkna; *über den ~ gepeilt* uppskattningsvis, ungefär **daumenbreit** tumsbred **Daumenbreite** *0 f* tumsbredd **daumendick** tumstjock **Daumenlutscher** - *m* tumsugare **Daumenschraube** *-n f* tumskruv; *e-m ~n anlegen (bildl.)* sätta tumskruvarna på ngn **Däumling 1** *-e m* tumme *(på handske)* **2** *0 m, der ~* Tummeliten
Daune *-n f* dun **Daunenbett** *-en n* dunbolster
1 Daus *-e el. -er†m n* **1** ess (*i tyskt kortspel*) **2** tvåa (*på tärning*)
2 Daus *-e m, åld. (eufemism för Teufel)* djävul; *was der ~!* vad tusan!
David[s]stern[*äv*.-v-]-*e m* davids-, jude|stjärna
Davit ['de:vɪt] *-s m, sjö.* dävert
da'von (*starkt betonat* '- -) från (av) den (det, dem); därav, därom; därifrån; ~ *abhängen* bero därpå (på det); *was habe ich ~?* vad har jag för glädje av det?; *das kommt ~! (vard.)* så går det!; *genug ~!* nog om det!; *er ist auf und ~* han är borta **-bleiben** *st s* hålla sig borta; *du sollst ~ (äv.)* du får inte röra vid det **-fahren** *st s* fara (åka) bort (sin väg) **-gehen** *st s* gå bort (sin väg), avlägsna sig; *poet.* gå hädan **-kommen** *st s, er ist gut davongekommen* han slapp billigt undan; *noch einmal ~* klara sig en gång till **-lassen** *st* släppa i väg; *die Finger ~* hålla fingrarna borta **-laufen** *st s* springa sin väg; *es ist zum D~ (vard.)* det är så man vill springa långa vägar **-machen** *rfl, vard.* ge sig i väg **-schleichen** *st rfl, vard.* smyga i väg (sig bort) **-tragen** *st* bära bort; *den Preis ~* vinna priset; *e-e Verletzung ~* bli skadad, ådra sig en skada; *Verluste ~* vidkännas förluster
da'vor (*starkt betonat* '- -) [där] framför (utanför); framför (utanför, före) den (det, dem); före, dessförinnan; ~ *warnen* varna för det; ~ *bewahren* rädda från det; ~ *behüte dich Gott!* må Gud bevara dig för det! **-legen 1** lägga framför (utanför); *e-e Kette ~* lägga på en [säkerhets]kedja **2** *rfl* lägga sig framför (utanför) **-stehen** *st* stå framför **-stellen** ställa framför
da'wider *åld. el. dial., se dagegen* **-reden** tala emot det, säga emot
da'zu (*starkt betonat* '- -) därtill; till den (det, dem); *noch ~* dessutom, till på köpet; *e-n ~ bringen, daß* er få ngn till att; ~ *kommt* härtill kommer; ~ *bin ich da* det är därför som jag är här (finns till); *ich bin ~ da, um ~ jag är här för att*; *ich komme nicht ~ a)* jag kommer inte åt det, *b)* jag hinner inte med det, *c)* jag kommer mig inte till för med det; *schön, ~ klug*

vacker och därtill klok, både vacker och klok; *Sonne, ~ Bäder* sol och dessutom bad **-geben** *st* bidra med, ge på köpet **-gehören** höra dit (till) **-gehörig** tillhörande, därtill hörande **-halten** *st rfl, vard.* **1** skynda sig **2** anstränga sig **-kommen** *st s* komma till; *er kam gerade dazu, als* han råkade komma just då **-lernen** lära sig ytterligare ngt; *er hat nichts dazugelernt* han har ingenting lärt och ingenting glömt **'dazumal** då för tiden, på den tiden; *anno ~* en gång i tiden **dazu|schreiben** *st* skriva till, tillfoga **-tun** *st* lägga till
da'zwischen [där]emellan, mellan dem; dessemellan; ~ *sind 10 Jahre vergangen* under tiden har det gått 10 år **-fahren** *st s* **1** ingripa **2** avbryta **-funken** *vard.* lägga sig i, störa **-kommen** *st s* tillstöta, komma [störande] emellan
Dazwischenkunft *0 f, die ~ e-r Grippe hielt ihn davon ab* att han fick influensa hindrade honom från det
dazwischen|liegen *st* ligga emellan **-reden** falla ... i talet, avbryta, blanda (lägga) sig i **-rufen** *st* [högljutt] sticka emellan [med]; häckla **-treten** *st s* träda emellan; intervenera, ingripa
DB *förk. för Deutsche Bundesbahn* vty. statsbanorna **DBB** *förk. för Deutscher Beamtenbund (BRD ung.)* kommunal- och statstjänstemannaförbundet **d.c.** *förk. för da capo* dakapo
Dd. *förk. för Doktorand* doktorand **DDR** *0 f, förk. för Deutsche Demokratische Republik*; *die ~* DDR, Tyska demokratiska republiken, Östtyskland
D-Dur *0 n* D-dur
dealen ['di:lən] *vard.* dila, langa knark **Dealer** - *m, vard.* dilare, knarklangare
Debakel ['ba:-] - *n* krasch, sammanbrott, [stort] nederlag
debarkieren *åld.* debarkera, urlasta
Debatte *-n f* debatt; *zur ~ stehen (stellen)* stå (ställa) under debatt **Debattenschrift** *0 f, åld. (slags)* stenografi **debattieren** debattera (*über*) *etw. ack.* ngt) **Debattierklub** *-s m, neds.* diskussionsklubb
Debet *-s n* debet; *in das ~ stellen* införa på debetsidan
debil debil **Debilität** *0 f* debilitet
Debit [de'bi:(t)] *0 m, åld.* **1** [varu]marknad **2** krog **debitieren** debitera (*mit för*) **Debitor** *-en m* **1** gäldenär, debitor **2** *~en* fordringar
Debüt [de'by:] *-s n* debut **Debütant** *-en -en m* debutant **debütieren** debutera
Dechant [de'çant] *-en -en m, kat.* dekan
dechiffrieren [-ʃ-] dechiffrera
Dechsel [-ks-] *-n f* skarvyxa
Deck *-e el. -s n* **1** däck; *nicht recht auf ~ sein (vard.)* inte vara riktigt kry **2** övre plan (*i dubbeldäckad buss*)
Deck|adresse *-n f,* **-anschrift** *-en f* täckadress **-anstrich** *-e m* yt-, täck|målning **-blatt** *-er†n, typ.* täckblad (*äv. på cigarr*); *bot.* stödblad
Decke *-n f* **1** [säng]täcke; [bord]duk; *wollene ~* filt; *sich nach der ~ strecken (vard.)* rätta mun efter matsäcken; *mit e-m unter e-r ~ stecken (vard.)* spela under täcke med ngn **2** [inner]tak; *blinde ~* blindtak; *an die ~ gehen (vard.)* flyga i luften [av ilska]; *bis an die ~ springen (vard.)* hoppa högt [av glädje] **3** lager, beläggning; betäckning; hölje; *anat., jakt.*

hud, päls; däck (*på bil, cykel*); täckblad (*på cigarr*); *mit fester ~ (äv.)* med hård yta
Deckel - *m* **1** lock; *tekn. äv.* kåpa; *vard.* hatt, mössa; *wie Topf und ~ (vard.)* som hand i handske; *e-m eins auf den ~ geben (vard.)* trycka ner ngn i skorna, [handgripligt] tillrättavisa ngn **2** [bok]pärm, mapp **-bogen** -[†] *m* pärmblad **-glas** -*er*† *n* glas [som kan förses] med lock **-korb** -*e*† *m* korg med lock **-krug** -*e*† *m* [öl]stånka, kanna med lock
deckeln 1 sätta lock på **2** *vard.* kritisera, skälla ut
decken 1 täcka; bestrida; *sport.* gardera, bevaka, markera, täcka; *schack.* gardera; *mil. äv.* skydda, trygga; *den Bedarf ~* tillgodose behovet; *den Schaden ~* gottgöra skadan; *den Tisch ~* duka bordet; *für zwei ~* duka för två; *das Tor ~ (fotb.)* täcka (bevaka) målet; *das Konto ~* ha (se till att det finns) täckning på kontot; *sich ~* trygga (skydda, gardera) sig; *die Ansichten ~ sich* åsikterna sammanfaller (stämmer överens, är identiska) **2** (*om djur*) betäcka **3** *text.* göra smalare **4** täcka; *diese Farben ~ gut* de här färgerna täcker bra
Decken|balken - *m* takbjälke **-beleuchtung** -*en f* takbelysning **-gemälde** - *n* plafond-, tak|målning **-leuchte** -*en f* takarmatur **-schicht** -*en f* ytskikt **-strahler** - *m* indirekt takbelysning
Deck|farbe -*n f* täckfärg **-glas** -*er*† *n* täckglas **-haus** -*er*† *n* däckshus **-hengst** -*e m* avelshingst **-ladung** -*en f*, **-last** -*en f* däckslast **-leiste** -*n f* täcklist **-mantel** 0 *m, bildl.* täckmantel **-name** -*ns* -*n m* pseudonym, täck|-namn, -ord **-offizier** -*e m, ung.* flaggunderofficer; ~ *de* däcksbefäl **-passagier** -*e m* förstaklasspassagerare (*på fartyg*) **-platte** -*n f* täck|-platta, -plåt **-schicht** -*en f*, yt-, slit|lager
Decks|haus -*er*† *n* mast-, däcks|hus **-junge** -*n* -*n m* skeppspojke
Deck|station -*en f, ung.* hingstdepå **-stuhl** -*e*† *m* **1** däcks-, ligg|stol **2** hissbar stol för målare (taktäckare *etc.*) **-ung** -*en f* [be]täckning; skydd; *sport.* gard, bevakning, markering, försvar; *bildl.* överskylande; ~ *nehmen* ta betäckning; *Dame ohne ~ (schack.)* ogarderad drottning; *zur ~ der Kosten* till täckande (bestridande) av kostnaderna
deckungsfähig giltig såsom täckning **dek-kungsgleich** kongruent **Deckungsgraben** -† *m, mil.* skyttegrav **Deckungskauf** -*e*† *m* täckningsköp **Deckungsstock** 0 *m, ung.* garantisumma (*vid vissa försäkringsformer*)
Deck|weiß 0 *n* täckvitt **-zeit** -*en f* parningstid
Decoder [dɪ'koʊdə] - *m* avkodare
decouragieren [dekura'ʒiːrən] nedslå, göra modfälld
dedizieren tillägna; skänka
Deduktion -*en f* deduktion **deduk'tiv** [*äv.* '----] deduktiv **deduzieren** deducera
Deeskalation -*en f* nedtrappning **deeskalieren 1** trappa ner **2** *s o. h* trappa[s] ner
De-facto-Anerkennung -*en f* erkännande de facto
Defai-, Defä|tismus 0 *m* defaitism **Defätist** -*en* -*en m* defaitist **defätistisch** defaitistisk
defekt defekt, skadad **Defekt** -*e m* defekt, skada
defen'siv [*äv.* '---] defensiv **Defensivbündnis** -*se n* defensivallians **Defensive** [-və] -*n f* defensiv **Defensivkrieg** -*e m* defensivkrig **Defensivspiel** -*e n* defensivt spel, defensiv match

defilieren *s el. h* defilera
definieren definiera **Definition** -*en f* definition **defini'tiv** [*äv.* '----] definitiv **Definitiv|-um** [-v-] -*a n* definitivt tillstånd
Defi|zient -*en* -*en m, åld.* icke vapenför, frikallad **-zit** -*e n* deficit, underskott
Deflation -*en f* **1** *ekon.* deflation **2** *geol.* vinderosion **deflationistisch**, **deflatorisch** deflationistisk, deflations-
deflorieren *fysiol.* deflorera
Deformation -*en f* deformering, deformation, missbildning **deformieren** deformera **Deformität** -*en f, med.* missbildning
Defrau'dant -*en* -*en m* förskingrare **Defraudation** -*en f, åld.* förskingring **defraudieren** *åld.* förskingra
Defroster - *m* avfrostare; defroster
deftig *vard.* rejäl, kraftig; saftig; mustig
Degen - *m* **1** värja, svärd **2** *åld.* krigsbuss
Degeneration [dege-] -*en f* degeneration **degenerieren** *s* degenerera
Degenkorb -*e*† *m* korg [på värja]
degoutiert [degu'tiːɐ̯t] *högt.* äcklad
degradieren degradera **degressiv** tillbakagående, degressiv
Degustation -*en f* avsmakning **degustieren** smaka, pröva
dehnbar tänjbar, elastisk, töjbar; ~*es Gewissen* (*äv.*) rymligt samvete **Dehnbarkeit** 0 *f* tänj-, töj|barhet, elasticitet **dehnen 1** tänja, töja, sträcka [ut]; *Vokale ~* dra ut på vokaler; *Metall ~* utvidga metall; *das Recht ~ (bildl.)* tolka lagen till sin egen fördel; *in gedehntem Ton* i släpig ton; *gedehnte Silbe* lång stavelse **2** *rfl* töja sig, vidga sig; sträcka på sig; utbreda sig; släpa sig **Dehnung** -*en f* töjning; utvidgning; förlängning
Dehnungs|fuge -*n f* dilations-, expansions|fog **--h - -** .*n* *(bokstaven)* h som förlängningstecken [av föregående vokal] **-koeffizient** -*en* -*en m* utvidgningskoefficient
Dehors [de'oːɐ̯(s)] *pl* dekorum, [yttre] sken
dehydrieren *kem.* dehydrera
Deibel - *m* (*eufemism för Teufel*) jäkel
Deich -*e m* [skydds]damm **-bruch** -*e*† *m* vallbrott, damm[genom]brott **-genossenschaft** -*en f, se Deichverband* **-geschworene(r)** *m f, adj böjn.* medlem av fördämnings-förening (*Deichverband*) **-hauptmann** -*er*† *m* chef för fördämningsförvaltning *el.* fördämningsförening **-krone** -*n f* dammkrön **-richter** - *m, se Deichhauptmann* **-schleuse** -*n f* vallsluss
1 Deichsel [-ks-] -*n f* skarvyxa
2 Deichsel [-ks-] -*n f* **1** tistel-, vagns|stång **2** *vulg.* ståkuk **deichseln** hugga till; *vard.* ordna, klara, kirra
Deich|verband -*e*† *m* fördämnings-, damm|-förening (*av jordägare ansvariga för damm*) **-weg** -*e m* dammväg; gångväg på damm
deiktisch *språkv.* deiktisk
dein 1 *poss. pron* (*för böjn. jfr mein*) din, ditt; *das Kind ist ~* ein und alles barnet är ditt allt; *ewig der D~e (Deinige)* för evigt din **2** *pers. pron, poet., se deiner* **deiner** *pers. pron, gen. av du*; *ich gedenke dein[er]* (*poet.*) jag minns dig; *ich wurde dein[er] ansichtig* jag fick syn på dig **'deiner'seits** för din del, å din sida **'deines-'gleichen** *oböjl. pron* dina [jäm]likar, en sådan (sådana) som du **'deines'teils** för din del **'dei-net|'halben**, -'**wegen** för din skull **'deinet-'willen** *um ~* för din skull

deinig *poss. pron., självst. der (die, das)* ~e din, ditt
Deismus 0 m deism **Deist** -en -en m deist
deistisch deistisk
Deiwel - m, **Deixel** - m *(eufemism för Teufel)* jäkel
Dejeuner [deʒø'ne:] -s n, *åld.* frukost **dejeunieren** *åld.* dejeunera, äta frukost
De-jure-Anerkennung -en f erkännande de jure
Deka - n, *österr.* 10 gram; 10 ~ ett hekto **Dekade** -n f dekad *(10 dagar, veckor, månader, år)*
dekadent dekadent **Dekadenz** 0 f dekadens
Deka|gramm -e *(vid måttsangivelse -)* n, se *Deka* -**liter** - m 10 liter -**log** 0 m, der ~ dekalogen, tio Guds bud
De'kan -e m dekan[us]; *kyrkl. äv. ung.* kontraktsprost
dekantieren dekantera .
Deklamation -en f deklamation **Dekla'mator** -en m deklamatör, recitatör **deklamatorisch** deklamatorisk **deklamieren** deklamera
Deklarant -en -en m deklarant **Deklaration** -en f deklaration **deklarieren** deklarera; *e-n als etw.* ~ beteckna ngn som ngt
deklassieren deklassera; *sport.* utklassa
Deklination -en f deklination *(alla bet.)*; avvikelse **deklinierbar** *språkv.* böjlig **deklinieren** *språkv.* deklinera
Dekolleté [dekɔl'te:] -s n dekolletage, urringning
Dekontamination -en f, *kärnfys.* [radiak]-sanering **dekontaminieren** *kärnfys.* sanera
Dekor -s m n dekor **Dekorateur** [dekora'tø:ɐ̯] -e m dekoratör **Dekoration** -en f dekoration **dekorativ** dekorativ **dekorieren** dekorera
Dekort [de'ko:ɐ̯, de'kɔrt] -e el. -s m, *hand.* rabatt, avdrag **dekortieren** *hand.* rabattera
Dekorum 0 n dekorum; *das* ~ *wahren* hålla på det som passar sig
Dekrement -e n avtagande, dekrement
Dekrescend|o [dekrɛ'ʃɛndo] -os el. -i n, *mus.* decrescendo
Dekret -e n dekret **dekretieren** dekretera
Dekupiersäge -n f löv-, dekuper|såg
dekuvrieren upptäcka, avslöja; *sich* ~ förråda sig
del. *förk. för deleatur, Deleatur* **deleatur** *typ.* deleatur, borttages **Deleatur** - n, *typ.* deleatur, borttagningstecken
Delegat -en -en m ombud; [påvlig] delegat **Delegation** -en f delegation **delegieren** delegera **Delegierte(r)** m f, *adj böjn.* delegat
delektieren *rfl, åld.* njuta *(an + dat.* av*)*
Delibera|tion -en f rådplägning, överläggning -**tionsfrist** -en f betänketid
delikat delikat; ömtålig, kinkig **Delikatesse 1** -n f delikatess **2** 0 f finkänslighet
Delikt -e n delikt, straffbar handling
Delinquent -en -en m delinkvent, brottsling
Deliri|um -en n delirium
deliziös *högt.* deliciös, delikat
Delle -n f **1** *vard.* buckla, märke **2** *geol.* [erosions]sänka
delogieren [delo'ʒi:rən] vräka
Delphin -e m delfin **delphisch** delfisk; *das* ~e *Orakel* oraklet i Delfi
Delt|a -as el. -en n delta **deltaförmig** deltafor-

mad **Deltametall** 0 n deltametall **Deltamuskel** -n m deltamuskel **Deltastrahlen** *pl, kärnfys.* deltastrålar
dem *se der*
Demagoge -n -n m demagog **Demagogie** -n f demagogi **demagogisch** demagogisk
'**Demant** [äv. -'-] -e m, *åld. poet.* diamant
Demarche [de'marʃ(ə)] -n f, *dipl.* demarsch
Demarkationslinie -n f demarkationslinje
demaskieren 1 demaskera; avslöja; *Geschütze* ~ avlägsna kamouflage från kanoner **2** *rfl* demaskera sig; avslöja sig
De'menti -s n dementi; *ein* ~ *geben* dementera **dementieren** dementera
'**dement'sprechend** motsvarande; ~ *handeln* handla i enlighet därmed
De'menz -en f, *med.* demens, sinnessjukdom
'**dem|gegen'über** i jämförelse därmed, däremot, å andra sidan -**ge'mäß I** *adv* i enlighet (överensstämmelse) därmed; till följd härav **II** *adj* motsvarande
Demijohn ['de:midʒɔn] -s m damejeanne
demilitarisieren demilitarisera
Demimonde [dəmi'mõ:d] 0 f demimond; halvvärld
Demission -en f demission **demissionieren** h *el. s* demissionera, avgå
'**dem|'nach 1** i enlighet därmed **2** följaktligen, alltså -'**nächst** snart, med det snaraste
Demo -s f, *vard., förk. för Demonstration*
Demobilisation -en f demobilisering **demobilisieren** demobilisera
Demodulation -en f, *radio.* demodulering, likriktning **Demographie** 0 f demografi, befolknings|lära, -statistik **demographisch** demografisk
Demokrat -en -en m demokrat **Demokratie** -n f demokrati **demokratisch** demokratisk **demokratisieren** demokratisera
demolieren demolera, förstöra
Demonstrant -en -en m demonstrant **Demonstration** -en f demonstration **demonstrativ** demonstrativ *(äv. språkv.)* **Demonstrativ** -e n, *språkv.,* -**pronom|en** -ina el. -en n, *språkv.* demonstrativt pronomen **demonstrieren** demonstrera
Demontage [demɔn'ta:ʒə] -n f demontering, demontage **demontieren** demontera
Demoralisation 0 f demoralisering **demoralisieren** demoralisera
Demoskopie -n f opinionsundersökning **demoskopisch** ~es *Institut* institut för opinionsundersökning
'**dem|uner'achtet** *åld.,* -**unge'achtet** *åld.* icke desto mindre, likväl
Demut 0 f ödmjukhet, undergivenhet **demütig** ödmjuk **demütigen 1** förödmjuka; kväsa **2** *rfl* [för]ödmjuka sig **Demütigung** -en f förödmjukelse **demutsvoll I** *adj* ödmjuk **II** *adv* ödmjukt, i all ödmjukhet
'**demzu'folge** till följd därav, alltså
den *se der*
Denaturalisation -en f denaturalisation, berövande av medborgarrätt **denaturieren** denaturera
denazifizieren denazificera
denen *se der*
dengeln vässa *(lie)*
Denkarbeit 0 f tankearbete **Denkart** -en f tänkesätt **Denkaufgabe** -n f problem **denkbar I** *adj* tänkbar **II** *adv* mycket, ytterst; *es geht ihr* ~ *gut* hon mår verkligen bra; *in der*

~ *sorgfältigsten Weise* så omsorgsfullt som möjligt (man kan tänka sig) **denk|en** *dachte, dächte, gedacht* **1** tänka (*an* + ack. på); tycka; *laut* ~ tänka högt; *er -t deiner* (*poet.*) han tänker på dig; *der Mensch -t, und Gott lenkt* människan spår o. Gud rår; *so lange ich* ~ *kann* så långt tillbaka jag kan minnas; *du solltest nicht so viel* ~ (*vard.*) du skulle inte grubbla så mycket; *wie Sie* ~ som Ni vill; *denk mal, er hat 1000 Mark gewonnen* (*vard.*) kan du tänka dig, han har vunnit 1 000 mark; *das läßt sich* ~ det skulle man kunna tänka sig; ~ *Sie sich an meine Stelle* tänk Er att Ni vore i mitt ställe; ~ *Sie daran!* *a*) tänk på det!, *b*) kom ihåg det!; *sie* ~ *gar nicht daran, zu* de har inte en tanke på att; ~ *Sie mal an!* (*vard.*) det menar Ni inte!; *bei sich* ~ tänka för sig själv; *es war für dich gedacht* det var avsett för (ämnat åt) dig; *wo* ~ *Sie hin!* (*vard.*) vad tänker Ni på!, kommer inte på fråga!; *wie* ~ *Sie darüber?* vad tycker (tänker, anser) Ni om det? **2** tro; *ich -e, wir warten ab* jag tror vi skall vänta; *ich -e, es ist besser* jag tror det är bättre; *ich -e, so wird es gehen* jag tror det går nog så här; *das habe ich mir gleich gedacht!* var det inte det jag trodde!; *wann kommt er? ich -e morgen* när kommer han? förmodligen i morgon, i morgon tror jag; *was werden die Leute* ~ ? vad skall folk tro?; *wer hätte das gedacht?* vem hade kunnat tro det?
Denker - *m* tänkare, filosof **Denkfähigkeit** *0 f* tankeförmåga, intelligens **denkfaul** tankelat **Denkfreiheit** *0 f* tankefrihet **Denklehre** *0 f, filos.* logik **Denkmal** *-er†, ibl. -e n* minnes|-märke, -stod, -vård, monument; *sich* (*dat.*) *ein* ~ *setzen* (*bildl.*) utföra ngt av bestående värde; *e-m ein* ~ *setzen* resa ett minnesmärke (*etc.*) över ngn **Denkmals|pflege** *0 f*, **-schutz** *0 m* kultur-, fornminnes|vård **Denkmodell** *-e n* tanke|gång, -modell, idé **Denkmünze** *-n f* jubileums|mynt, -medalj **denknotwendig** logisk[t nödvändig] **Denkpause** *-n f* betänketid; tankepaus **Denkpsychologie** *0 f* tankepsykologi **denkrichtig** logisk, tankeriktig **Denkschrift** *-en f* betänkande, promemoria **denkschwach** efterbliven **Denksport** *0 m* frågesport **Denkstein** *-e m* minnessten **Denkvermögen** *0 n* tankeförmåga **Denkvers** *-e m* minnes|ramsa, -vers **denkwürdig** minnesvärd, märklig **Denkwürdigkeit** *-en f* minnesvärd händelse; *~en* (*åld.*) memoarer **Denkzettel** - *m* minneslista; *bildl.* minnesbeta **1 denn 1** ty, för **2** (*medgivande*) *es sei* ~, *daß* det skulle i så fall vara om **3** (*förstärkande*) *wo bleibt er* ~ ? var håller han [då] hus?; *wer* (*wo, was*) ~ *?* vem (var, vad) [då]?; *was ist* ~ *eigentlich geschehen?* vad är det egentligen som har hänt?; *wer ist* ~ *da?* vem var det som kom?; *wohlauf* ~ *!* lycka till då! **4** *åld.* än; *näher* ~ *je* närmare än någonsin; *mehr* ~ *je* mer än någonsin; *größer als Künstler* ~ *als Mensch* större som konstnär än som människa **5** (*bibl.*) *ich lasse dich nicht, du segnest mich* ~ jag släpper dig icke med mindre än att du välsignar mig
2 denn *nty., se* **dann**
dennoch likväl, dock, ändå
Densität *-en f* densitet, täthet
dental *med., språkv.* dental **Dental** *-e m, språkv.* dental **Dentist** *-en -en m* dentist, tandläkare (*m. lägre examen*)

Denunziant *-en -en m* angivare **Denunziation** *-en f* angivelse **denunzieren** ange
Deodorant *-s el. -e n* deodorant
Departement [departə'mã:] *-s n* departement (*franskt förvaltningsområde el. schweiz. ministerium*)
Dependance [depã'dã:s] *-n f* filial; annex (*t. hotell*) **Depen'denz** *-en f* **1** beroende, avhängighet **2** *åld.* annex (*t. hotell*)
Depesche *-n f åld.* depesch, telegram **depeschieren** *åld.* telegrafera
Deplacement [deplasɔ'mã:] *-s n sjö.* deplacement **deplacieren** *åld.* förflytta; förtränga **deplaciert** malplacerad
Depolarisation *0 f elektr.* depolisering **depolymerisieren** *kem.* depolymerisera
De'ponens *Depo'nenti|a el. -en n, språkv.* deponens **Deponent** *-en -en m, hand.* deponent; *bank.* insättare **Depo'nie** *-n f, se* **Mülldeponie** **deponieren** deponera **Depopulation** *-en f, åld.* avfolkning
Deportation *-en f* deport|ation, -ering **deportieren** deportera
Deposit|ar *-e m,* **-är** *-e m* depositarie **Depo-'siten** *pl* deposita, deponerade värdeföremål; värdepapper; banktillgodohavanden **Depositenbank** *-en f* depositionsbank (*ung. sv. notariatavdelning*) **Depositenkasse** *-n f* **1** *se* **Depositenbank 2** bank|filial, -kontor **Deposition** *-en f* deposition
Depot [de'po:] *-s n* **1** depå (*äv. bank.*) **2** lager, varuhus; arkiv **3** spårvagnsstall; bussgarage **4** bottensats **-gebühr** *-en f* förvaringsavgift **-schein** *-e m* **1** depositionskvitto **2** pantkvitto **-wirkung** *-en f, med.* tidsödsligverkan
Depp *-en (äv. -s), pl -en (äv. -e) m, dial.* dumbom, idiot **deppen** *dial.* lura; förödmjuka **deppert** *dial.* dum, enfaldig, fånig
depravieren [-v-] depravera, fördärva **Depression** *-en f* depression (*alla bet.*); *meteor.* lågtryck **Depressionswinkel** - *m, astron.* depressionsvinkel **depressiv** depressiv, nedslagen **deprimieren** deprimera, göra nedslagen; *~de Nachricht* nedslående underrättelse
Deputat *-e n* **1** naturaförmån **2** [lärar]tjänst **Deputation** *-en f* deputation **deputieren** sända som befullmäktigat ombud **Deputierte(r)** *m f, adj böjn.* deputerad, fullmäktig
der *f die, n das, pl die* (*gen. m des, f der, n des, pl der; dat. m dem, f der, n dem, pl dem; ack. m den, f die, n das, pl die, jfr dock II*) **I** *best. art.*, *i sv. a*) *slutartikel: -en, -n, -et, -t, pl -na, -a, -en,* *b*) *fristående art.:* den, det, pl de; ~ *König Gustav* kung Gustav; *die Schweiz* Schweiz; *die Schmidts* familjen Schmidt; ~ *Fritz* (*vard.*) Fritz; *der die Nilsson* Den berömda Birgit Nilsson; *sie ist 'die Malerin unserer Zeit* hon är vår tids ledande målarinna; *10 Kronen das Kilo* 10 kronor kilot; *nach* ~ *und* ~ *Zeit* efter en viss tid **II** *pron* (*självst. gen. m dessen, f deren, n dessen, pl deren, i determ. bet. derer*) **1** *demonstr.* den (den, hon, de) [här, där], denne, denna, detta, dessa; *determ.* den, den, han, hon, de; *wer ist das? das ist mein Bruder* vem är det? det är min bror; *das heiße ich Glück!* det kallar jag tur!; *das ist es!* så är det!; *nur das nicht!* bara inte det!; *das waren in Schweden det var svenskar*; *dem kann's schlecht gehen* honom kan det gå illa för; *von dem und jenem reden* prata om ditt o. datt; ~ *und* ~ den (det) och den (det); ~ *und*

Essen kochen! skulle han laga mat?; *die Kinder, die im Garten spielten* de barn som lekte i trädgården; *es ist gerade das, was ich meine* det är just det (vad) jag menar; *mein Haus und das meines Bruders* mitt hus o. min brors; *die Anzahl derer, die gekommen sind, ist groß* antalet anlända är stort; *ich bin mit dem zufrieden, was ich habe* jag är nöjd med det (vad) jag har **2** *rel.* som, vilken, vilket, vilka; *wir, die wir hier sind* vi som är här; *das Material, dessen Eigenschaften* materialet vars egenskaper; *Menschen, denen alles gelingt* människor som lyckas med allt **'der'art** så, på så[dant] sätt; ~ *böse* till den grad elak **'der'artig** sådan; *etw.* D~*es* ngt dylikt (i den stilen)
derb 1 grov, robust, kraftig **2** grovkornig (*om mineral*); häftig (*i det förflutna*) **der'einstig** framtida **deren** *se der II* **'derent'|halben,** -'wegen för dess (hennes, deras) skull; för vars skull **'derent'willen** *um* ~, *se derenthalben* **derer** *se der II* **der'gestalt** *högt.* så, på sådant sätt **der'gleichen** *oböjl. pron* sådant (sådana) slags, av sådant (sådana) slag; sådan, dylik; *und* ~ *mehr (förk. u. dgl. m.)* och dylikt (dylika) *(förk. o.d.)*; ~ *Tiere gibt es nicht sådana djur finns inte; Dinge,* ~ *ich nie gesehen habe* saker som jag aldrig sett maken till; *nicht* ~ *tun (vard.)* inte reagera, inte göra ngt i den riktningen
Derivat [-v-] *-e el. -a n* derivat
der|jenige (*die-, das-*) *determ. pron* den, han, hon, det, *pl* de; *du bist also* ~, *welcher! (iron.)* det är alltså dig man talar om (du som är ansvarig för det här)!; ~ *Mann, der den man som; mein Haus und dasjenige meines Bruders* mitt hus o. min brors **der'lei** *oböjl. pron, se dergleichen* **'dermal'einst** *åld., se dereinst* **der'malen** *åld.* nu **'dermalig** *åld.* nuvarande **'der'maßen** så, på så sätt; till den grad
Derma|'titis *-ti'tiden f, med.* dermatit **Dermatologe** *-n -n m, med.* dermatolog, hudläkare **Dermatologie** *0 f* dermatologi
Dero *oböjl. pron, åld. el. skämts.* Eders, Hans, Hennes, Deras (*höghet*); ~ *Wohlbefinden* Edert välbefinnande
der|'selbe (*die-, das-*) *demonstr. pron* [den-, det-, *pl* de]samma, [den]samme; *auf dieselbe Weise* på samma sätt; *es kommt auf dasselbe heraus* det går på ett ut; *ein und* ~ en och samma; *er sprach von den Frauen und rühmte die Schönheit derselben* han talade om kvinnorna och berömde deras skönhet **der'selbige** *åld., se derselbe* **'der'weil[en] 1** under tiden **2** under det att, medan
'Derwisch *-e m* dervisch
'der'zeit 1 nu, för närvarande **2** då [för tiden] **-ig 1** nuvarande, aktuell **2** dåvarande, tidigare
1 des *se der*
2 des [dɛs] - - *n* dess **Des 1** - - *n* dess **2** *beteckning för Des-Dur* Dess-dur
desarmieren *åld.* desarmera, avväpna

De'saster - *n* **1** missöde **2** katastrof, sammanbrott
desavouieren [-vu'iːrən] desavouera; kompromettera
desensibilisieren *med.* desensibilisera; *foto.* minska ljuskänslighet
Deserteur [-'tøːɐ̯] *-e m* desertör **desertieren** *s el. h* desertera **Desertion** *-en f* desertering **'des'gleichen** likaså, på samma sätt; likaledes; *tue* ~*!* gör likadant!; *ich sprach, und er tat* ~ jag talade och det gjorde han med **'des'halb** därför, för den skull; *er kommt nur* ~, *weil* han kommer bara därför att
desiderabel önskvärd
Design [di'zain] *-s n* design, formgivning **Designer** - *m* designer, formgivare
Desillusion *-en f* desillusion, missräkning **desillusionieren** desillusionera; *e-n* ~ beröva ngn hans illusioner
Desinfektion *-en f* desinfektion **desinfizieren** desinficera, desinfektera
Desinteresse *0 n* likgiltighet, brist på intresse **desinteressiert** likgiltig, ointresserad
deskriptiv deskriptiv
desodo|rieren, -risieren *kem.* göra luktfri; *etw.* ~ ta bort [dålig] lukt från ngt
desolat eländig, sorglig, hopplös
Desorganisation *-en f* desorganisation **desorganisieren** desorganisera **desorientieren** *e-n* ~ göra ngn desorienterad **Desoxydation** *-en f* desoxidation
despektierlich *högt.* vanvördig, föraktfull
Desperado *-s m* desperado **desperat** desperat **Desperation** *-en f* desperation
Despot *-en -en m* despot **Despotie** *-n f* despoti **despotisch** despotisk **Despotismus** *0 m* despotism
dessen *se der II* **'dessent|'halben** *åld.*, -'wegen för dess (hans) skull; därför; för vars skull **'dessent'willen** *um* ~, *se dessenthalben* **'dessenunge'achtet** det oaktat, trots detta
Dessert [dɛ'sɛːɐ̯] *-s n* dessert, efterrätt **-teller** - *m* dessertassiett **-wein** *-e m* dessert-, stark|vin
Dessin [dɛ'sɛː] *-s n* mönster, design; utkast, plan **Dessinateur** [-'tøːɐ̯] *-e m* mönsterritare, designer **dessinieren** dessinera, göra utkast till
Dessous [dɛ'suː] - [-'suːs] *n* [dam]underkläder, dessouer
Destillat *-e n* destillat **Destillateur** [-'tøːɐ̯] *-e m* **1** destillator **2** *ung.* krögare **Destillation** *-en f* **1** destillation; *trockene* ~ torrdestillation **2** [liten] krog **Destillationsaufsatz** *-e*† *m* destilleringskolv **Destille** *-n f* **1** [liten] krog **2** brännvinsbränneri **Destillierapparat** *-e m* destillations-, destiller|apparat **destillieren** destillera **Destillierkolben** - *m* destillationskolv, retort **desto** desto, dess; ~ *besser!* så mycket bättre!; *je mehr,* ~ *besser* ju mer desto bättre **destruktiv** destruktiv **Destruktivität** [-v-] *0 f* destruktivitet
'desunge'achtet det oaktat, trots detta **'des'wegen** [*äv.* '---] *se deshalb*
Deszendenz *0 f* descendens, härstamning **-theorie** *0 f* descendensteori, utvecklingslära
detachieren [-ʃ-] *mil.* detachera
Detail [de'tai] *-s n* detalj **Detailhandel** *0 m* detaljhandel **Detailhändler** - *m* detaljhandlare **detaillieren** [deta'jiːrən] skildra i detalj **detailliert** detaljerad
Detektei *-en f* detektivbyrå **Detektiv** *-e m* detektiv **Detektivbüro** *-s n* detektivbyrå **De-

tektor -*en m, fys.* detektor **Detektorempfänger** - *m, radio.* kristallmottagare
Détente [de'tä:t] *0 f* avspänning
Determinante -*n f, biol. o. mat.* determinant
determinativ determinativ **Determinativpronom|en** -*en el.* -*ina n, språkv.* determinativt pronomen **determinieren** determinera, bestämma **Determinismus** *0 m, filos.* determinism **Determinist** -*en* -*en m* determinist
Detonation -*en f* detonation **Detonator** -*en m* detonator **detonieren** *s* detonera
detto *sty., österr., se dito*
Deubel - *m, dial., se Teufel*
deuchte *se dünken*
Deul -*e m, gruv.* smälta
Deut *0 m, keinen ~ wert sein* inte vara värd ett dyft; *keinen ~ davon verstehen* inte begripa ett dugg av det
Deutelei -*en f* hårklyveri, spetsfundighet; ~*en (äv.)* advokatyr, sofisteri **deuteln** försöka alla möjliga tydningar **deut|en 1** *auf etw. (ack.)* ~ peka (tyda, visa tecken) på ngt; *das -et auf eine Veränderung* det tyder på en förändring; *alles -et darauf hin* allt tyder på det **2** tolka, utlägga, förklara *(text)* **Deuter** - *m* **1** uttydare, uttolkare, tolk **2** *österr.* vink, tecken **Deuterei** -*en f* småaktig tolkning; för långt driven uttydning **deutlich** tydlig; ~ *gesagt (äv.)* i klartext; *e-e ~e Sprache sprechen (bildl.)* klart och tydligt (utan omsvep) säga vad man tycker; ~ *werden (äv.)* bli grov [i munnen]; ~*e Schrift (äv.)* lättläslig handstil **Deutlichkeit 1** *0 f* tydlighet **2** *0 f* otvetydighet; öppenhet **3** -*en f* grovhet, oförskämdhet; *e-m einige ~en sagen* säga ngn några sanningens ord **deutlichkeitshalber** för tydlighets skull
deutsch I *adj* tysk; *die ~e Schweiz* det tyskspråkiga Schweiz; *der ~e Gruß (hist.)* Hitlerhälsningen; *D~e Mark* D-Mark; *die D~e Demokratische Republik* Tyska demokratiska republiken, DDR **II** *adv* tyskt; på tyska; ~ *gesprochen (geschrieben)* [sagd, skriven] på tyska; *auf gut ~ (vard.)* rent ut; *das heißt auf ~* det heter på tyska **Deutsch** *0 n* tyska *(språk)*; ~ *lernen* lära sig tyska; *du verstehst wohl kein ~? (vard.)* kan du inte höra upp (lyda)?; *Lehrstuhl für ~* professur i tyska; *im heutigen ~* på dagens tyska; *in gutes ~ übersetzen* översätta till god tyska **Deutschamerikaner** - *m* tyskamerikan[are] **deutschamerikanisch** tyskamerikansk **deutsch--amerikanisch** tysk-amerikansk; *die ~en Beziehungen (äv.)* relationerna mellan Tyskland och Förenta staterna **deutschbürtig** tyskfödd **deutsch-deutsch** *die ~e Grenze* gränsen mellan Öst- och Västtyskland **Deutsche** *0 n, adj böjn., aus dem ~ n ins Englische übersetzen* översätta från tyska till engelska; *das typisch ~ an ihm* det typiskt tyska hos honom **Deutschenfeind** -*e m* tyskhatare **Deutschenfreund** -*e m* tyskvän **Deutsche(r)** *m f, adj böjn., ein Deutscher* en tysk; *e-e Deutsche* en tyska **deutscherseits** från (på) tysk sida **deutschfeindlich** tyskfientlig **deutschfreundlich** tyskvänlig **Deutschherren** *pl, die ~* riddarna av Tyska orden **Deutschkunde** *0 f (läroämne)* tysk filologi **deutschkundlich** som hör till den tyska filologin **Deutschland** *0 n* Tyskland **Deutschlehrer** - *m* tysklärare **Deutsch-**

meister - *m, hist.* stormästare i Tyska orden **deutschsprachig** tyskspråkig; tysktalande; ~*er Unterricht* undervisning på tyska **deutschsprachlich** ~*er Unterricht* undervisning i tyska **Deutschtum** *0 n* **1** tyskhet **2** *das ~* tyskarna; *das ~ im Ausland* utlandstyskarna **Deutschtümelei** -*en f* tyskeri **Deutschunterricht** *0 m* undervisning i tyska
Deutung -*en f* [ut]tydning, tolkning
Devalvation [-valv-] -*en f* devalvering **devalva|tionistisch, -torisch** devalvationistisk **devalvieren** devalvera
Deviation [-v-] -*en f* avvikelse, deviation
Devise [-v-] -*n f* **1** devis, valspråk **2** ~*n* [utländsk] valuta
Devisen|abteilung -*en f* arbitrageavdelning **-bestimmungen** *pl* valutabestämmelser **-bewirtschaftung** *0 f* valutareglering **-gesetzgebung** -*en f, ung.* valutaförordning **-schiebung** -*en f* valutasvindel **-sperre** -*n f* valutaspärr, förbud mot valutahandel **-stelle** -*n f* valutakontor **-verkehr** *0 m* valutahandel
devot [-v-] devot **Devotion** *0 f* [from] hängivenhet, underdånighet **Devotionalien** *pl, kat.* andaktsföremål *(t. ex. radband)*
Dextrin -*e n* dextrin **Dextrose** *0 f* druvsocker
Dez [de:ts] -*e m, dial.* skalle
Dez. *förk. för Dezember,* dec., december **Dezember** *gen.* -[s], *pl* - *m* december **Dezenni|um** -*en n* decennium
de'zent försynt, diskret; hygglig; anständig; dämpad *(om musik)*
Dezentralisation -*en f* decentralisering **dezentralisieren** decentralisera
De'zenz *0 f* **1** dekorum; anständighet; försynthet; diskretion **2** elegans **Dezernat** -*e n* rotel; avdelning, fack **Dezernent** -*en* -*en m* föredragande, handläggare; avdelningschef
Dezibel - *n* decibel
dezidieren avgöra **dezidiert** avgjord, deciderad, bestämd, energisk; exakt
Dezigramm -*e (vid måttsangivelse* -*) n* decigram **Deziliter** - *m n* deciliter **dezimal** *adj* decimal-
Dezi|malbruch -*e*† *m* decimalbråk **-male** -*n f*, **-malstelle** -*n f* decimal **-malsystem** *0 n* decimalsystem
De'zime -*n f, mus.* decima **Dezimeter** - *m n* decimeter **dezimieren** decimera
Dezision -*en f* avgörande **dezisiv** avgörande; beslutsam
Dezitonne -*n f* deciton
dg *förk. för Dezigramm* decigram **Dg** *förk. för Dekagramm* 10 gram **DGB** *förk. för Deutscher Gewerkschaftsbund* vty. LO **dgl.** *förk. för dergleichen* dyl., dylikt **d. Gr.** *förk. för der Große* den store **d.h.** *förk. för das heißt* dvs. **d.i.** *förk. för das ist* dvs., det vill säga **Di.** *förk. för Dienstag* tisdag
Dia -*s n, vard.* diapositiv
Diabas -*e m, gruv.* diabas
Diabetes *0 m, med.* diabetes **Diabetiker** - *m* diabetiker
diabolisch diabolisk
diachron [-'kr-] *språkv.* diakron
Diadem -*e n* diadem
Diagnose -*n f* diagnos **Dia'gnostik** *0 f* diagnostik **Diagnostiker** - *m* diagnostiker **diagnostisch** diagnostisk **diagnostizieren** diagnosticera
diagonal diagonal; *ein Buch ~ lesen (vard.)* skumma en bok **Diagonal** -*s m* diagonal|vävt

(-mönstrat) tyg **Diagonale** -n el. adj böjn. f, mat. diagonal **Diagonalreifen** - m diagonaldäck
Diagramm -e n diagram; in Form e-s ~es i grafisk form, i form av ett diagram
Diakon -e el. -en -en m **1** kat., ung. hjälppräst **2** prot. diakon **Diakonat** -e n diakons ämbete (bostad) **Diakonie** 0 f diakoni **Diakonisse** -n f diakonissa **Diakonissen|anstalt** -en f, **-haus** -er† n diakonissanstalt **Diakonissin** -nen f diakonissa **Dia'kon|us** -en m, prot. hjälppräst
Dialekt -e m dialekt **dialektal** dialektal **dialektfrei** utan dialekt **Dia'lektik** 0 f dialektik **Dialektiker** - m dialektiker **dialektisch 1** dialektisk; spetsfundig; hårklyvande **2** dialektal **Dialektologie** 0 f dialektforskning
Dialog -e m dialog **dialogisch** i dialogform **dialogisieren** [om]skriva i dialogform
Dialysator -en m, kem. dialysator **Dialyse** -n f dialys **Dialyseapparat** -e m dialysapparat
Diamant -en -en m diamant (äv. typ.); schwarze ~en stenkol **Diamantbohrer** - m diamantborr **diamanten** av diamant, diamant-
Dia'meter - m diameter **diametral** diametral **diametrisch** diametrisk
diaphan konst. diafan, genom|lysande, -skinlig
Diaphragm|a -en n diafragma (alla bet.) **Diapositiv** -e n foto. diapositiv
Diari|um -en n, hand. dagbok; skol. kladd, kladdbok
Diarr|hö -en f, **-höe** [-'rø:] -n f, med. diarré
Di'aspora -n f diaspora, [religiös] minoritet; in der ~ leben leva i förskingringen (om judarna)
diät ~ leben hålla diet **Diät** -en f diet **Diätar** -e m, äld. anställd mot dagsersättning **Diäten** pl [dag]traktamente **diätetisch** diet-en f dietetik, dietlära **diätetisch** diet[et]isk, diet-
Diathermie 0 f, med. diatermi
Diatomeen|erde 0 f, **-schlamm** 0 m diatomé-jord, kiselgur
Dia'tonik 0 f, mus. diatonik **diatonisch** mus. diatonisk
Diatribe -n f diatrib; polemisk skrift; smädeskrift
dich se du
dicht tät; kompakt; ~es Haar tjockt hår; ~ anliegen sitta åt (om plagg); ~ halten hålla tätt; ~ machen täta, sjö. dikta; ~ schließen sluta tätt; e-m ~ auf den Fersen sein vara ngn tätt i hälarna; ~ dabei alldeles intill; ~ an (bei, hinter) tätt intill (invid, bakom) **-behaart** tåthårig **-belaubt** lövrik, lummig **-besetzt** välbesatt **-besiedelt** tät[t]bebyggd **-bevölkert** tät[t]befolkad
Dichte 0 f täthet; densitet
1 dichten täta; sjö. dikta; e-n Wasserhahn ~ packa om en kran
2 dichten dikta, författa; sein D~ und Trachten hans diktan o. traktan **Dichter** - m diktare, skald, poet **Dichterin** -nen f skaldinna, författarinna **dichterisch** poetisk; ~e Freiheit poetisk frihet **Dichterling** -e m, neds. rimsmidare **Dichterroß** 0 n, das ~ Pegasus **Dichterwort** -e n citat; diktares ord **dichtgedrängt** tätt sammanpackad **dichthalten** st, vard. hålla tätt (tyst) **Dichtheit** 0 f, **Dichtigkeit** 0 f, se Dichte
Dichtkunst 0 f diktkonst
dichtmachen vard. stänga, slå igen
1 Dichtung -en f diktning; dikt
2 Dichtung -en f tätning, packning

Dichtungsart -en f diktart
Dichtungs|material -ien n tätningsmaterial **-ring** -e m, **-scheibe** -n f tätnings-, packnings|ring.
Dichtwerk -e n diktverk; diktning
dick tjock; fet[lagd]; tjockflytande; tät; (om tik) dräktig; ~es Auto (vard.) lyxåk; ~e Backe svullen kind; die ~e Bertha tjocka Bertha (kanon); ~e Beziehungen haben (vard.) ha goda förbindelser; das war ein ~er Brocken (vard.) det var en kinkig historia; das ~e Ende kommt noch (vard.) a) det värsta kommer sist, b) det kommer surt efter; ~er Fehler grov tabbe; ein ~es Fell haben (bildl.) vara tjockhudad; ~e Freunde (vard.) nära vänner; ~es Gehalt präktig lön; ~e Gelder (vard.) massor med pengar; hier ist ~e Luft (vard.) det är åska i luften; ~e Milch filmjölk; e-n ~en Schädel haben (vard.) vara tjockskallig; ~e Töne reden (vard.) skrävla; im ~sten Verkehr (vard.) i den tätaste trafiken; etw. ~ haben (vard.) ha fått nog av (vara trött på) ngt; sich ~ und rund essen (vard.) äta så att man kan spricka; mit e-m durch ~ und dünn gehen (vard.) hålla ihop med ngn i vått o. torrt; ich habe es nicht so ~ (vard.) jag har det inte för fett; es ~ hinter den Ohren haben (vard.) ha en räv bakom örat; sich mit etw. ~ machen skryta med ngt; e-e ~ machen (vulg.) göra ngn på smällen; ~ satt sein (vard.) vara proppmätt **Dickbauch** -e† m, vard. isterbuk, tjockis **dickbauchig** bukig (om flaska) **dickbäuchig** tjockmagad **dickbeinig** med tjocka ben **Dickblattgewächs** -e n fetbladsväxt **Dickdarm** -e† m tjocktarm **dicke** vard. rikligt; etw. ~ haben vara trött på ngt **Dicke** 0 f tjock-, grov|lek; fetma **Dicke(r)** m f, adj böjn., vard. tjockis **dicketun** se dicktun **dickfellig** bildl. vard. tjockhudad; okänslig **Dickhäuter** - m, zool. tjockhuding **Dickicht** -e n snår[skog] **Dickkopf** -e† m, vard. tjurskalle; e-n ~ haben vara tjurskallig **dickköpfig** vard. tjurskallig **dickleibig** tjock; fet; bildl. omfångsrik, diger **Dickleibigkeit** 0 f korpulens dicklek fyllig (om person); tjockflytande **Dickmilch** 0 f filmjölk **Dickschädel** - m vard. tjurskalle **dickschalig** tjockskalig **Dicktuer** - m, vard. skrävlare **Dicktuerei** 0 f, vard. skryt **dicktun** st rfl, vard. skryta; morska upp sig **Dickung** -en f, skogsv. snårskog **dickwandig** tjockväggig, med tjocka väggar **Dickwanst** -e† m, vard. isterbuk, tjockis
Di'daktik 0 f didaktik **didaktisch** didaktisk, läro-
didel'dum, dideldum'dei interj tralala!
die se der
Dieb -e m tjuv; haltet den ~! ta fast tjuven!
Diebel - m dubb; träplugg, dymling
Dieberei -en f, vard. stöld, tjuveri **Diebesbande** -n f tjuvliga **Diebesgut** 0 n tjuvgods **Diebes|höhle** -n f, **-nest** -er n tjuvnäste **diebessicher** stöld-, inbrotts|säker, dyrkfri **diebisch 1** tjuvaktig **2** vard., ung. mycket; sich ~ freuen (äv.) känna skadeglädje; ein ~es Vergnügen daran haben ha infernalisk (syndigt) roligt åt det **Diebsgesindel** 0 n tjuvpack **Diebshaken** - m dyrk **Diebstahl** -e† m stöld; ~ geistigen Eigentums plagiat; schwerer ~ grov stöld **Diebstahlsserie** -n f stöldturné, serie stölder **Diebstahlversicherung** -en f stöld-, inbrotts|försäkring
Diele -n f **1** bräda, tilja, planka; golv **2** hall,

förstuga, tambur **3** danskafé **dielen** planklägga; slå golv
Dieme *-n f, nty.,* **Diemen** - *m, nty.* hövolm, [liten] höstack
dienen 1 tjäna (*e-m* ngn); *damit ist mir nicht gedient* därmed är jag inte hjälpt, det har jag ingen nytta av; *als (zur) Warnung* ~ tjäna som varnande exempel; *von der Pike auf.*~ (*bildl.*) arbeta sig upp, börja från botten; *womit kann ich Ihnen* ~*?* varmed kan jag stå till tjänst?, (*i affär*) vad får det lov att vara?; *damit können wir Ihnen nicht* ~ (*hand.*) det har vi inte hemma, det för vi inte **2** göra [sin] värnplikt, exercera (*bei der Luftwaffe* vid flyget) **Diener** - *m* tjänare; betjänt; vaktmästare (*i skola e.d.*); *stummer* ~ *a*) serveringsbord, [smörgås]platå, *b*) herrbetjänt, klädhängare; *e-n* ~ *machen* bocka sig **Dienerin** *-nen f* tjänarinna **dienerisch** som en tjänare; underdånig **dienern** bocka sig [flera gånger i rad]; *bildl.* krypa, vara servil **Dienerschaft** *0 f* tjänstefolk **dienlich** tjänlig, lämplig
Dienst *-e m* **1** tjänst, syssla, anställning; tjänstgöring; *e-m e-n schlechten* ~ *erweisen* göra ngn en björntjänst; ~ *am Kunden* kundservice; *im* ~ i tjänst; *Beamter außer* ~ (*förk. a.D.*) pensionerad (före detta) ämbetsman; *Offizier vom* ~ vakthavande officer; *Chef vom* ~ tjänstgörande redaktionschef; ~ *nach Vorschrift machen* maska; *welche Apotheke hat heute* ~*?* vilket apotek har öppet i dag?; *was steht zu* ~*en?* vad får det lov att vara?; *in seine* ~*e nehmen* ta i sin tjänst; *aus dem* ~ *ausscheiden* gå i pension; *in Ausübung des* ~*es* under tjänsteutövning **2** dyrkan, kult; mässa; ~ *am Mammon* mammonsdyrkan **-abteil** *-e n* tjänstekupé
Dienstag *-e m* tisdag **dienstäglich** varje tisdag återkommande, tisdags- **dienstags** om (på) tisdagarna
Dienst|abzeichen - *n* tjänstetecken **-alter** *0 n* tjänsteålder **-älteste(r)** *m f, adj böjn., der Dienstälteste* den som är äldst i tjänsten **-antritt** *-e m* tjänstetillträde **-anweisung** *-en f* tjänsteinstruktion **-anzug** *-et m* tjänsteklädsel; *mil.* uniform **-auszeichnung** *-en f* utmärkelse i tjänsten **-auto** *-s n* tjänstebil
dienstbar ~*er Geist* (*bildl.*) tjänsteande; *etw. seinen Zwecken* ~ *machen* utnyttja ngt för sina egna syften **Dienstbarkeit 1** *0 f* tjänstgöring; avhängighet; underdånighet; livegenskap **2** *-en f, jur.* nyttjanderätt **dienstbeflissen** nitisk [i tjänsten] **Dienstbehörde** *-n f* högre myndighet **dienstbereit** tjänstvillig; ~*e Apotheke* natt-, jour|apotek **Dienstbeschädigung** *-en f* skada i tjänsten **Dienstbezüge** *pl* [ämbetsmanna-, tjänstemanna]lön **Dienstbote** *-n -n m* tjänare; ~*n* (*pl*) tjänstefolk, personal **Diensteid** *-e m* ämbets-, tjänste|ed; *etw. auf seinen* ~ *nehmen* ta ansvaret för ngt; *e-n auf den* ~ *nehmen* (*vard.*) ta en sup **Diensteifer** *0 m* tjänstenit; tjänstaktighet **diensteifrig** nitisk; tjänstvillig **diensten** *vard.* tjänstgöra, arbeta **Dienstenthebung** *-en f* suspension **Dienstentlassung** *-en f* [hedersamt] avsked ur tjänsten **dienstfähig** *mil.* vapenför **Dienstfahrt** *-en f* tjänsteresa **Dienstfertigkeit** *0 f* tjänstvillighet **dienstfrei** utan tjänst; ledig; ~ *haben* vara ledig, ha ledigt **Dienstgeheimnis** *-se n* tjänstehemlighet **Dienstgespräch** *-e n* tjänstesamtal **diensthabend** tjänstgörande; jour-,

vakt|havande **Dienstherrschaft** *-en f, åld.* husbondfolk **Dienstleistung** *-en f* tjänst; service **Dienstleistungsgewerbe** - *n* servicenäring **Dienstleistungsunternehmen** - *n* serviceföretag **Dienstleute** *pl, se Dienstmann* **2 dienstlich** å tjänstens vägnar; av tjänsteskäl; tjänste-; *vard.* opersonlig, formell; allvarlig (*om sak*); ~*e Angelegenheit* tjänsteärende; ~ *verhindert sein, zu kommen* inte kunna komma på grund av tjänsten; *er wurde wieder* ~ (*vard.*) han blev opersonlig igen
Dienst|mädchen - *n* tjänsteflicka, hembiträde **-mann 1** *-en m, hist.* vasall **2** *-männer m.* *-leute m* stadsbud **-marke** *-n f* **1** tjänstefrimärke **2** polisbricka **-obliegenheiten** *pl* tjänsteplikter **-ordnung** *-en f* [tjänste]reglemente **-personal** *0 n* anställda; tjänstefolk **-pflicht** *-en f* tjänsteplikt
dienstpflichtig tjänstepliktig **Dienstreise** *-n f* tjänsteresa **Dienstsache** *-n f* **1** tjänsteärende **2** (*på brev*) tjänste[försändelse] **Dienststelle** *-n f* byrå, expedition, kontor; *vorgesetzte* ~ överordnad myndighet **Dienststrafe** *-n f* disciplinstraff **Dienststunde** *-n f* **1** öppethållningstid **2** arbetstimme **diensttauglich** *mil.* vapenför **Diensttauglichkeit** *0 f* duglighet för militärtjänst **diensttuend** tjänstgörande; jourhavande **dienst|unfähig, -untauglich** tjänsteoduglig; *mil.* icke vapenför **Dienst|verhältnis** *-se n* tjänste-, anställnings|-förhållande; *ein* ~ *eingehen* ta tjänst **-verpflichtung** *-en f* tjänsteplikt **-vertrag** *-et m* tjänste-, arbets|kontrakt **-vorschrift** *-en f* tjänsteföreskrift **-wagen** - *m* tjänstebil **-weg** *0 m* tjänstevag; *etw. auf dem* ~ *erledigen* uträtta ngt tjänstevägen
dienstwidrig stridande mot tjänsteföreskrifterna, reglementsvidrig **Dienstwohnung** *-en f* tjänstebostad **Dienstzeit** *-en f* tjänste-, tjänstgörings|tid **Dienstzeugnis** *-se n* tjänstgöringsbetyg **Dienstzweig** *-e m* avdelning
dies *se dieser* **-bezüglich** beträffande detta; ~ *möchte ich sagen* härtill skulle jag vilja anmärka
Diesel - *m* diesel[motor, -olja] **-antrieb** *0 m* dieseldrift **-kraftstoff** *-e m* dieselolja **-motor** *-en m* dieselmotor **-öl** *-e n*, **-treibstoff** *-e m* dieselolja
dies|er (*-e, [-es], pl -e*) *demonstr. pron* den, denne, denna, den här, den senare; ~ *ist es* den [här] är det; ~ *Baum* detta träd; ~ *Tage findet e-e Besprechung statt* endera dagen äger en överläggning rum; *sich aller* ~ *Frauen annehmen* ta sig an alla dessa kvinnor; ~ *und jener* den ena o. den andra, en o. annan, alla möjliga; *-es Jahr* (*äv.*) i år; *am ersten* *-es Monats* den första innevarande månad; *-es e-e Mal könntest du* ... för denna enda gång kunde du ...; *der Überbringer -es Schreibens* överbringaren av denna skrivelse; *-es ist* litet av varje, ditt o. datt; *dies sind meine Eltern* detta är mina föräldrar **'dieser'art I** oböjl. *pron* sådana **II** *adv* på sådant sätt **dieserhalb** högt. för den skull, därför
diesig *sjö.* disig
dies|jährig detta års, årets, från i år **-mal** den här gången, denna [enda] gång **-malig** *meine* ~*e Reise* min resa den här gången; *die* ~*e Ausstellung* den nu pågående utställningen, den utställning som skall äga (har ägt) rum **-seitig 1** [belägen] på den här sidan; *das* ~*e Ufer* den här stranden, stranden på den här

sidan **2** *relig.* jordisk **-seits I** *prep m. gen.* på den här sidan [om]; hitom; ~ *der Grenze* på den här sidan gränsen **II** *adv* på denna sidan
Diesseits *0 n, das* ~ jordelivet
Dietrich *-e m* dyrk
die'weil *åld.* **I** *adv* under tiden **II** *konj* emedan, under det att
Diffamation *-en f* förtal, ärekränkning **diffamieren** baktala, smäda
different different, olik
Differential *-e n, mat., tekn.* differential **-getriebe** - *n* differential[växel] **-gleichung** *-en f, mat.* differentialekvation **-quotient** *-en -en m, mat.* differentialkvot, derivata **-rechnung** *-en f, mat.* differential|räkning, -kalkyl **-zölle** *pl* [efter varans ursprungsland] differentierade tullar
differentiell differentiell **Differenz** *-en f* differens, [mellan]skillnad; ~*en* meningsskiljaktigheter; *mit e-m* ~*en haben* vara oense med ngn **differenzieren** differentiera **differieren** differera, avvika **diffi'zil** svår, besvärlig; prekär; överdrivet noggrann; korrekt **Difformität** *-en f, med.* missbildning **Diffraktion** *-en f, foto., radio.* diffraktion **diffus** diffus **Diffusion** *-en f* diffusion **Diffusionskammer** *-n f, motor.* insprutningskammare
digerieren smälta (*mat*); *kem.* digerera **Digestion** *-en f* matsmältning; *kem.* digestion
digestiv som rör (befordrar) matsmältningen
digital digital
Digitalis 1 *0 f, bot.* digitalis, fingerborgsblomma **2** *0 n, farm.* digitalis
Digital|rechner - *m* digitalmaskin **-uhr** *-en f* digitalur
Diktaphon *-e n* diktafon **Diktat** *-e n* diktamen; diktat, påbud; *nach* ~ *schreiben* skriva efter diktamen **Diktator** *-en m* diktator **diktatorisch** diktatorisk **Diktatur** *-en f* diktatur **diktieren** diktera; *e-m Bedingungen* ~ diktera villkor för ngn; *e-n Brief in die Maschine* ~ diktera ett brev för direkt utskrift på maskin **Diktier|gerät** *-e n*, **-maschine** *-n f* dikterings|maskin, -apparat **Diktion** *-en f* diktion; stilart **Dikt|um** *-a n* yttrande
dilatorisch fördröjande, uppehållande; ~ *behandeln* förhala
Dilemma *-s el. -ta n* dilemma
Dilettant *-en -en m* dilettant; amatör; konstälskare **Dilettantenvorstellung** *-en f* amatörföreställning **dilettantisch** dilettantisk, amatörmässig **Dilettantismus** *0 m* dilettantskap, dilettanteri, dilettantism **dilettieren** *in etw.* (*dat.*) ~ syssla med ngt som hobby (som amatör, dilettant)
Diligence [-'ʒã:s] *-n f* diligens
Dill *-e m* dill
1 Dille *-n f, österr.* dill
2 Dille *-n f* hylsa, munstycke
Diluvialzeit [-v-] *0 f*, **Diluvium** *0 n* istid, diluvialperiod
Dimension *-en f* dimension **dimensionieren** dimensionera
diminu'tiv *språkv.* diminutiv **Diminutiv** *-e n*, **-form** *-en f, språkv.* diminutiv[form]
DIN *förk.* *för Deutsche Industrie Norm*[*en*] DIN, vty. standard
Dinar *-e* (*vid måttsangivelse -*) *m* dinar (*mynt*) **dinarisch** dinarisk
Diner [di'ne:] *-s n* diné, middag
Ding 1 *-e n* sak; *-e* saker, händelser, angelägenheter; *das* ~ *an sich* tinget i sig; *der Lauf der* ~*e* (*ung.*) världens gång; *in* ~*en des Geschmacks* i sådant som har med smak att göra; *das ist ein* ~ *der Unmöglichkeit* det är omöjligt (låter sig inte göras); *Gott, der Schöpfer aller* ~*e* Gud, alltings skapare; *das ist nicht einerlei* ~ det är två skilda saker; *gut* ~ *will Weile haben* det som ska bli bra kräver sin tid; *guter* ~*e sein* vara på gott humör, vara optimistisk; *aller guten* ~*e sind drei* alla goda ting är tre; *jedes* ~ *hat zwei Seiten* allting har två sidor; *meine persönlichen* ~*e* mina personliga saker (tillhörigheter); *private* ~*e* privata angelägenheter; *das geht nicht mit rechten* ~*en zu* det står inte rätt till, det är ngt mystiskt med det; *tausend* ~*e zu erledigen haben* ha tusen saker att klara av; *unverrichteter* ~*e* med oförrättat ärende; *er steht über den* ~*en* (*äv.*) han bryr sig inte om sådana saker; *vor allen* ~*en* framför allt, först o. främst; *so wie die* ~*e liegen* som läget är **2** *-e n, vard.* grej; *das ist ein* ~*!* vilken grej!, det var det värsta!; *das ist ein* ~ *mit Pfiff!* vilken toppengrej!, fantastiskt!; *was ist denn das für ein* ~*?* vad är det för ngt?; *ein* ~ *drehen* göra en stöt (kupp); *e-m ein* ~ *verpassen a*) skälla ut ngn, *b*) ge ngn en snyting **3** *-er n, vard.* flicka, jänta; *das arme* ~ den stackarn; *du dummes* ~ din dumsnut **4** *-er n, vard.* grej (*kuk, fitta*) **-elchen** - *n* liten [näpen] flicka; [obetydlig] småsak
dingen *dingte* (*dang*), *dingte* (*dänge*), *gedungen* (*gedingt*) städsla, leja
Dingerchen - *n, se Dingelchen*
dingfest ~ *machen* gripa, arrestera
Ding[h]i *-s n* dinge, lillbåt
dinglich verklig, reell, konkret; ~*e Belastung* realbelastning; ~*es Recht* sakrätt
Dingo *-s m, zool.* dingo
Dings *0 m f n, vard., der* ~ han (den där mannen), vad han nu heter; *die* ~ hon (den är kvinnan), vad hon nu heter; *Herr* (*Frau*) ~ herr (fru) så och så; *das* ~ den där grejen (mojängen, saken) [vad den nu heter]; *aus* (*in, nach*) ~ från (i, till) den där platsen (det där stället, den där staden *etc.*) [vad den (det) nu heter], från den där platsen (etc.) du vet **-bums** *0 m f n*, **-da** *0 m f n, vard., se Dings* **-kirchen** *0 n, vard., aus* (*in, nach*) ~, *se Dings*
Dingwort *-er† n, språkv.* substantiv
dinieren *högt.* dinera
Dinosaurier - *m*, **Dinosaur|us** *-ier m* dinosaurie
Diode *-n f, radio.* diod
Diolen *0 n* diolen (*polyesterfiber*)
dionysisch dionysisk
Diopter - *n* diopter[sikte] **Dioptrie** *-n f, fys.* dioptri
Dioram|a *-en n* diorama
Dioxyd *-e n, kem.* dioxid
Diöze'sanverwaltung *-en f* förvaltning av [katolskt] stift **Diö'zese** *-n f, kat.* biskopsdöme, stift
Diphterie *-n f* difteri **diph'terisch** difteritisk
Diphtong *-e m, språkv.* diftong **diphtongieren** *språkv.* diftongera, uttala som diftong
Dipl. *förk. för Diplom* diplom **--Chem.** *förk. för Diplomchemiker* civ.-ing., civilingenjör **--Hdl.** *förk. för Diplomhandelslehrer* handelslärare med ekonomisk examen **--Ing.** *förk. för Diplomingenieur* civ.-ing., civilingenjör **--Kfm.** *förk. för Diplomkaufmann* civ.-ekon.,

civilekonom --**Ldw.** *fö rk. för Diplomlandwirt* agronom
diploid *biol.* diploid
Diplom -e n **1** diplom **2** akademisk examen **Diplomarbeit** -en f examensarbete **Diplomat** -en -en m diplomat **Diplomatenkoffer** - m attachéväska **Diplomatie** 0 f diplomati **Diplo'matik** 0 f urkunds|lära, -forskning **Diplomatiker** - m urkundsforskare **diplomatisch** diplomatisk **Diplomchemiker** - m civilingenjör [i kemi] **Diplomhandelslehrer** - m handelslärare med akademisk examen **diplomieren** diplomera **Diplomingenieur** -e m civilingenjör **Diplomkauf|mann** -leute m civilekonom **Diplomlandwirt** -e m agronom **Diplomprüfung** -en f, ung. [högskole]examen **Diplomvolkswirt** -e m nationalekonom **Dipl.- -Volksw.** *förk. för Diplomvolkswirt* nationalekonom
'**Dipol** -e m, radio. dipol -**antenne** -n f dipolantenn
dippen 1 doppa, bada (*får mot skabb*) **2** *die Flagge ~ (sjö.)* hälsa med flaggan
'**Diptych|on** [-çɔn] -en el. -a n, konst. diptyk
dir *se du*
direkt I *adj* direkt; rak; *in ~er Linie* i rakt nedstigande led **II** *adv* direkt; rakt; rent av; *es ist mir ~ peinlich* det är rent ut sagt pinsamt för mig **Direktion** -en f direktion, styrelse **Direktionsassistent** -eh -en m direktörsassistent **Direktive** [-və] -n f direktiv **Di'rektor** -en m **1** rektor; föreståndare **2** direktör; disponent; chef **Direktorat** -e n **1** chefskap **2** rektorsämbete; rektorsexpedition **Direktorfonds** [-fõ:] - m, *DDR* fond till prestationspremier o. till främjande av kulturella o. sociala inrättningar **Direk'torin** -nen f **1** [kvinnlig] direktör; [kvinnlig] föreståndare **2** [kvinnlig] rektor **Direktori|um** -en n **1** styrelse, direktion **2** *hist.* direktorium **Direktrice** [-'tri:sə] -n f direktris **Direktsendung** -en f, radio. direktsändning **Direktstudium** 0 n, *DDR* studier vid universitetet (*mots. distansundervisning*) **Direktübertragung** -en f, radio. direktsändning **Direx** -e m, skolsl. *för Direktor* rektor
Dirigent [-g-] -en -en m dirigent **dirigieren** dirigera **Dirigismus** 0 m, ung. planhushållning
Dirn -en f, dial., se Dirne **Dirndl** -[n] n, sty., österr. **1** flicka **2** (*kvinnas*) nationaldräkt, 'dirndl' **Dirndlkleid** -er n 'dirndlklänning', nationaldräkt **Dirne** -n f **1** [bond]|flicka, -piga **2** glädjeflicka, prostituerad **Dirnenhaus** -er† n glädjehus, bordell
dis [dɪs] *mus.* **1** - - n diss **2** *beteckning för dis-Moll* diss-moll **Dis** - - n, *mus.* diss
Disagio [-'a:dʒo] 0 n, hand. disagio
Discount|haus [dɪs'kaunt-] -er† n, **-laden** -† m rabattvaruhus
Diseur [di'zø:ɐ̯] -e m disör **Diseuse** [di'zø:zə] -n f disös
Disharmonie -n f disharmoni **disharmonieren** disharmoniera; *bildl.* vara oense **disharmonisch** disharmonisk
Diskant -e m diskant **-schlüssel** 0 m, mus. diskantklav **-teil** -e m diskant (*på instrument*)
'**Disk-Jockey** [-dʒɔke] -s m discjockey
Diskont -en m diskonto **Diskonterhöhung** -en f diskontohöjning **Diskontgeschäft** -e n växelaffär **diskontierbar** diskonterbar **diskontieren** diskontera

diskontinuierlich diskontinuerlig **Diskontinuität** 0 f diskontinuitet, brist på sammanhang
Diskont|o -i el. os m diskonto **Diskont|rate** -n f, **-satz** -e† m diskontosats **Diskontsenkung** -en f diskontosänkning
Diskordanz -en f oenighet; dissonans; *geol.* diskordans
Diskothek -en f **1** diskotek **2** grammofonarkiv
Diskredit 0 m misskredit **diskreditieren** miss-, dis|kreditera
Diskrepanz -en f diskrepans
diskret diskret **Diskretion** -en f diskretion
Diskrimination -en f diskriminering **diskriminieren** diskriminera
diskurrieren åld. el. dial. ivrigt diskutera (samtala) **Diskurs** -e m diskurs
Disk|us -en el. -usse m diskus
Diskussion -en f diskussion; *etw. zur ~ stellen* ställa ngt under debatt **Diskussionsbeitrag** -e† m diskussions-, debatt|inlägg **Diskussionsleiter** - m diskussionsledare
Diskus|werfen 0 n diskuskastning **-werfer** - m diskuskastare
diskut|abel, -ierbar 1 värd att diskutera; som går at (kan) diskutera(s), diskuterbar **2** diskutabel **-ieren** diskutera ([*über*] etw. ack. ngt)
Dislokation -en f förskjutning, omflyttning; geol. dislokation
disloyal [-lɔa'ja:l] illojal
Dispacheur [-pa'ʃø:ɐ̯] -e m dispaschör **dispachieren** verkställa haveriutredning över, dispaschera
disparat oförenlig, disparat
Dispatcher [-'pɛtʃɐ] - m produktionsledare **-system** -e n produktionsstyrning
Dispens -e m (*kat., österr.* -en f) dispens; *~ einholen* ansöka om dispens **dispensieren 1** ge dispens, befria (*von från*) **2** tillreda o. utdela (*medicin*) **Dispensierrecht** -e n rätt att tillreda o. utdela läkemedel; apotekspriviliegium
dispergieren dispergera, sprida
Displaced Person [dɪs'pleɪst 'pɜː:sn] -s f, hist. utlänning som tvångsförflyttades (flydde) till Tyskland under andra världskriget
Disponent -en -en m disponent **disponibel** disponibel, tillgänglig **Disponibilität** 0 f disponibilitet **disponieren 1** disponera (*über etw. ack.* [över] ngt) **2** planera **disponiert** disponerad; *gut ~ sein* vara i god stämning (form); *zu e-r Krankheit ~ sein* ha anlag (vara mottaglig) för en sjukdom; *der Sänger ist nicht ~* sångaren är indisponerad **Disposition** -en f disposition (*alla bet.*); *zur ~ i* disponibilitet (*förk. z.D.*) **Dispositionsfonds** [-fõ:] - m dispositionsfond; disponibla medel
Disproportion -en f disproportion **disproportioniert** disproportionerlig
Disput -e m disput **disputabel** omtvistad, diskutabel **Disputation** -en f disputation **disputieren** disputera
Disqualifikation -en f diskvali|fikation -ficering **disqualifizieren** diskvalificera
dissentieren vara av avvikande uppfattning
Dissertation -en f dissertation; [doktors]avhandling **dissertieren** arbeta på en doktorsavhandling
Dissident -en -en m dissident, oliktänkande; dissenter **dissidieren** *se dissentieren*
Dissonanz -en f dissonans; missljud
Distanz -en f distans; avstånd; *von (zu) e-m ~*

wahren hålla ngn på avstånd **-handel** *0 m* handel mellan parter på olika orter **distanzieren 1** *sport.* distansera, utklassa **2** *rfl, sich von etw.* ~ ta avstånd från ngt **Distanzritt** *-e m* långdistansridning **Distel** *-n f* tistel **-fink** *-en -en m* steglits[a] **'Distich|on** [-ɔn] *-en n, versl.* distikon **distinguiert** [-tɪŋ'giːɐ̯t] distingerad **distinkt** distinkt **Distinktion** *-en f* **1** distinktion **2** förnämhet; klass **3** högaktning **Distribuent** *-en -en m* distributör **distribuieren** distribuera **Distribution** *-en f* distribution **Distributionsbereich** *-e m* distributionsområde **Distributionsbezirk** *-e m* distributionsdistrikt
Distrikt *-e m* distrikt
Disziplin *-en f* disciplin
Disziplinargewalt *0 f* disciplinär myndighet **disziplinarisch** disciplinär, disciplinarisk **Disziplinarstrafe** *-n f* disciplinstraff **Disziplinarverfahren** - *n* disciplinmål **Disziplinarvergehen** - *n* disciplinbrott **disziplinieren** disciplinera; tukta **diszipliniert** disciplinerad **disziplinlos** utan disciplin, odisciplinerad
dito dito
diuretisch *med.* urindrivande
Div|a [-v-] *-as el.* **-en** *f* diva
'Divan [-v-] *-e m, se Diwan*
divergent [-v-] divergerande **Divergenz** *-en f* divergens **divergieren** divergera **divers** ~ *e* diverse, olika **Diversant** *-en -en m, DDR* sabotör **diversifizieren** diversifiera **Diversion** *-en f, DDR* sabotage *(mot staten)* **Divertissement** [-tɪsə'mãː] *-s n, mus.* divertissemang; divertimento
Dividend [-v-] *-en -en m, mat.* dividend **Dividende** *-n f, hand.* dividend, utdelning; *e-e ~ ausschütten* lämna utdelning **divider|en** dividera; *15 -t durch 3 gibt (ist)* 5 15 dividerat med 3 är 5 **Divis** *-e n, typ.* divis, bindestreck **Division** *-en f, mat., mil., sport.* division; *mil. äv.* arméfördelning **Divisionär** *-e m, mil.* divisionschef **Divisor** *-en m, mat.* divisor
'Diwan *-e m* **1** divan **2** orientalisk diktsamling **3** [turkisk] konselj
d.J. *förk. för a) der Jüngere* d.y., den yngre, *b) dieses Jahres* d.å., detta år **dkg** *förk. för Dekagramm* tio gram **DKP** *förk. för Deutsche Kommunistische Partei* vty. kommunistpartiet **d.M.** *förk. för dieses Monats* ds, dennes **DM** *förk. för Deutsche Mark* D-Mark
d-Moll - *0 n* d-moll
DNA *förk. för Deutscher Normenausschuß* Tyska normutskottet
do. *förk. för dito* dito **d.O.** *förk. för der (die) Obige* ovannämnda
Dobermann *-er† m,* **-pinscher** - *m* dobermanpinscher
doch I *(betonat)* **1** *kannst du wirklich nicht?* ~! kan du verkligen inte? jo!; *geh nicht weg!* ~! gå inte din väg! jo!; *ja* ~! jo då (visst)!; *nein* ~! nej då!; *gewiß* ~! naturligtvis!, självklart! **2** dock, likväl, ändå; *also* ~! *(ung.)* vad var det jag sa!; *es ist kühl,* ~ *angenehm* det är kyligt men skönt i alla fall; *obwohl reich, ist er* ~ *nicht glücklich* fast han är rik har han ändå inte lycklig **II** *(obetonat)* ju, väl; ändå; bara, men; *ich hab' dir* ~ *gesagt* jag sa ju åt dig; *das ist* ~ *die Höhe* det var [ändå] höjden; *du bist* ~ *kein Kind* du är väl inget barn; *wäre ich* ~ *da* om jag bara var

där; *warte* ~! men vänta då!; *das ist* ~ *nicht dein Ernst!* det kan väl inte vara ditt allvar!; *du weißt* ~ ... du vet väl ...; *er sollte heute kommen,* ~ *ist er noch nicht da* han skulle komma i dag, men ännu är han inte här
Docht *-e m* veke **-schere** *-n f* ljussax **Dock** *-e el.* **-s** *n, sjö.* docka; *ins* ~ *gehen* gå i docka
Docke *-n f* **1** sädesskyl **2** docka *(garn),* pasma **3** *dial.* docka **4** *dial.* gris
docken 1 *sjö.* docka, ta in (ligga) i docka **2** docka *(rymdskepp)* **Docker** - *m* dockarbetare **Docking** *-s n* dockning *(av rymdskepp)* **Dodel** *-[n] m, österr.* idiot
Dogcart ['dɔgkɑːt] *-s m* dogcart, lätt jaktvagn **Doge** ['doːʒə] *-n -n m, hist.* doge
Dogge *-n f* dogg
Dogger - *m* dogger *(holl. fiskebåt)*
Dogm|a *-en n* dogm **Dog'matik** *-en f* dogmatik **Dogmatiker** - *m* dogmatiker **dogmatisch** dogmatisk **Dogmatismus** *0 m* dogmatism
Dohle *-n f* **1** kaja **2** *skämts.* hattskrålla
Dohne *-n f* fågelsnara, dona
doktern *vard.* kvacka; *an e-m* ~ plåstra om ngn **Doktor** *-en m* doktor; *vard.* läkare; *seinen* ~ *machen (vard.)* ta doktorsexamen, doktorera; ~ *der Philosophie (Dr. phil.)* filosofie doktor (fil. dr); ~ *der Medizin (Dr. med.)* medicine doktor (med. dr); ~ *der Rechte (Dr. jur.)* juris doktor (jur. dr); ~ *honoris causa (Dr. h.c.)* hedersdoktor; *Frau* ~ *(vid tilltal a)* doktorn, *b)* doktorinnan **Doktorand** *-en -en m* doktorand **Doktorarbeit** *-en f* doktorsavhandling **Doktorfrage** *-n f, vard.* knepig fråga **Doktorhut** *-e† m* doktorshatt; *den* ~ *erwerben (vard.)* ta doktorsgraden **doktorieren** bli doktor, doktorera **Dok'torin** *-nen f* kvinnlig doktor **Doktoringenieur** *-e m* teknologie doktor **Doktorprüfung** *-en f* doktorsexamen **Doktorwürde** *0 f* doktorsvärdighet
Doktrin *-en f* doktrin **doktrinär** doktrinär **Doktrinär** *-e m* doktrinär, principryttare **Doktrinarismus** *0 m* principryttari
Dokument *-e n* **1** dokument **2** *DDR* medlemsbok **Dokumentarbericht** *-e m* dokumentärskildring, dokumentärt reportage **Dokumentarfilm** *-e m* dokumentärfilm **dokumentarisch** dokumentarisk **Dokumentation** *-en f* dokumentation, dokumentering **Dokumentenakkreditiv** *-e n, ekon.* remb[o]urs **dokumentieren** dokumentera
Dolch *-e m* dolk; *vard.* kniv **-stoß** *-e† m* dolkstöt *(äv. bildl.)* **-stoßlegende** *0 f, hist. die* ~ dolkstötslegenden
Dolde *-n f, bot.* flock **doldig** flockblomstrig **doll** *vard.* otrolig; häftig, toppen; hemsk **Dollar** *-s (vid måttsangivelse* -) *m* dollar **Dollbord** *-e n, sjö.* tullbord **Dolle** *-n f* årtull
Dolmen - *m, arkeol.* dös
Dolmetsch *-e m, österr.* tolk; *högt.* förespråkare **dolmetschen 1** tolka **2** vara tolk **Dolmetscher** - *m* tolk
Dolomit *-e m, min.* dolomit **Dolomiten** *pl, die* ~ Dolomiterna
Dom *-e m* **1** dom[kyrka], katedral **2** *Hamburger* ~ [jul]marknad i Hamburg **3** valv, kupol; *der* ~ *des Himmels (poet.)* himlavalvet
Domäne *-n f* domän; *bildl. äv.* gebit
Domchor *-e† m* domkyrkokör
Domes'tik *-en -en m, neds.* tjänare **Domesti-**

kation -*en f* domesticering (*av djur, växt*); tämjande **domestizieren** domesticera
Domherr -[e]*n* -*en m* medlem av domkapitlet
Domin|a -*ä f* **1** abbedissa **2** (*sadistisk*) prostituerad
dominant dominant **Dominante** -*n f, mus., biol.* dominant **Dominanz** -*en f* dominans **dominieren** dominera
Dominikaner - *m* **1** dominikan **2** dominikan[ermunk] **dominikanisch** dominikansk; *die D~e Republik* Dominikanska republiken
Domino 1 -*s m* domino (*person o. dräkt*) **2** *0 n* domino[spel] **-stein** -*e m* dominobricka
Domizil -*e n* domicil, hemvist **domizilieren** *hand.* domiciliera
Dom|kapitel - *n* domkapitel **-pfaff** -*en* -*en m, zool.* domherre **-propst** -*e*† *m, kat.* domprost
Domp|teur [-'tø:ɐ̯] -*e m* domptör **-teuse** [-'tø:zə] -*n f* domptös
Domschule -*n f* katedralskola
*'**Donar** 0 m, myt.* Tor
Donation -*en f, jur.* donation
Donau *0 f, die ~* Donau
Donja -*s f, vard.* väninna; *åld.* hembiträde
Donn|a ['doña] -*as el.* -*en f, vard.* hembiträde, tjänsteflicka
Donner - *m* åska; dunder, brak; *wie vom ~ gerührt* som träffad av blixten **-gepolter** *0 n* dunder o. brak **-getöse** *0 m* åskmuller **-gott** *0 m, der ~* Tor **-keil** -*e m* **1** belemnit, åskteljus (*fossil*) **2** åskvigg **3** stenåldersyxa **-maschine** -*n f, teat.* åskmaskin
donner|n 1 åska; dundra, dåna; *es -t* det åskar (dundrar), åskan går **2** *vard.* domdera; gräla; *der Vater hat sehr gedonnert* pappan dundrade (skrek o. domderade, skällde); *an die Tür ~* bulta på dörren **Donnerschlag** -*e*† *m* åsk|slag, -knall **Donnerstag** -*e m* torsdag **donnerstäglich** varje torsdag [återkommande], torsdags- **donnerstags** på (om) torsdagarna **Donnerstimme** -*n f* tordönsstämma **Donnerwetter** - *n* **1** åskväder **2** *vard.* gråt; utskällning; *wie ein ~ dreinfahren* leva rövare, föra ett oherrans liv; *da setzt's ein ~* då blir du (*etc.*) ordentligt utskälld; *~! (förvånat)* det var som tusan!; *~!, da soll doch das [heilige] ~ dreinfahren! fan* anamma!; *das ~ soll ihn holen! må* han ta honom!; *zum ~! åt* helvete!, fan också!
doof *vard.* dum, fånig; *dial.* tråkig
dopen *sport.* dopa **Doping** -*s n, sport.* doping
Doppel - *n* **1** duplikat; dubblett; genomslag **2** *sport.* dubbel **Doppeladler** - *m* dubbelörn **doppelarmig** tvåarmad
Doppel|belichtung -*en f* dubbelexponering **-besteuerung** -*en f* dubbelbeskattning **-bett** -*en n* dubbelsäng **-bier** -*e n, se Starkbier* **-boden** -† *m* dubbelbotten **-brechung** -*en f, foto.* dubbelbrytning **-decker** - *m* biplan; *vard.* dubbeldäckare (*buss*)
doppeldeutig tve-, dubbel|tydig **Doppelehe** -*n f* bigami, tvegifte
Doppelfenster - *n* dubbelfönster **Doppelfernrohr** -*e n* fältkikare **doppelflächig** dubbelsidig (*om vävnad*) **Doppelgänger** - *m* dubbelgångare
doppelgleisig järnv. dubbelspårig **Doppelglied** -*er n* dubbellänk **Doppelgriff** -*e m, mus.* dubbelgrepp **Doppelhaus** -*er*† *n* parhus **Doppelkinn** -*e n* dubbelhaka
doppelkohlensauer ~*es Salz* bikarbonat
Doppelkolbenmotor -*en m* dubbelkolv-motor **Doppelkopf** *0 m* (*slags*) kortspel **doppelköpfig** tvehövdad, med två huvuden **Doppelkreuz** -*e n, mus.* dubbelkors **Doppellaut** -*e m, språkv.* diftong; dubbel|konsonant, -vokal **Doppelleben** *0 n* dubbelliv **doppeln 1** fördubbla **2** *österr.* [halv]sula **Doppelposten** - *m* dubbelpost, postering om två man **Doppelpunkt** -*e m* kolon **Doppelreihe** -*n f* dubbla rader **doppelreihig** tvåradig (*om kostym*) **Doppelschalter** - *m* dubbelkontakt **Doppelschlag** -*e*† *m, mus.* dubbelslag **Doppelschnepfe** -*n f* dubbelbeckasin **Doppelschnitte** -*n f* dubbelsmörgås **doppelseitig** dubbelsidig; *ein Papier ~ beschreiben* skriva på båda sidorna av ett papper **Doppelsinn** *0 m* dubbelmening **doppelsinnig** tve-, dubbel|tydig **Doppelsitzer** - *m* tvåsitsig vagn (*bil e.d.*) **Doppelspiel** -*e n* **1** dubbelspel **2** *sport.* dubbel **Doppelstecker** - *m* dubbelkontakt **Doppelstern** -*e m* dubbelstjärna **Doppelstück** -*e n* dubblett[exemplar] **doppelt** dubbel; *~e Moral* dubbelmoral; *~er Mord* dubbelmord; *das Buch besitze ich ~* jag har dubbla exemplar av den boken; *seine Moral hat e-n ~en Boden* hans moral är dubbelbottnad; *das kostet das ~e* det kostar det dubbla; *in ~er Ausführung* i två exemplar; *um das ~e größer* dubbelt så stor **doppeltkohlensauer** ~*es Natron* natriumbikarbonat **Doppeltreffer** - *m* dubblé, dubbelträff **Doppeltsehen** *0 n, med.* dubbelseende, diplopi **Doppeltür** -*en f* dubbel-, flygel|dörr **Doppelung** -*en f* fördubbling; tillfogande av ett andra lager (*e.d.*); *österr.* halvsulning **Doppelverdiener** - *m, er ist ein ~* han har lön från två anställningar; *sie sind ~* de har båda (båda makarna har) inkomst av anställning, de tjänar båda **Doppelverdienst** -*e m* makars sammanlagda inkomst **Doppelwaise** -*n f* föräldralöst barn **doppelwandig** med dubbla väggar; dubbelmantlad (*om motor*) **Doppelwirkung** -*en f* dubbelverkan **Doppelzentner** - *m* 100 kg, dubbelcentner **Doppelzimmer** - *n* dubbelrum **Doppelzone** -*n f, hist., die ~* den engelska o. amerikanska ockupationszonen (*i Tyskland*) **Doppelzünder** - *m* dubbelverkande tändrör; *mil.* dubbelrör **doppelzüngig** tvetungad **Doppelzüngigkeit** *0 f* falskhet **Doppelzweier** - *m* dubbelscull (*kapproddbåt för två*)
*'**Doppik** *0 f hand.* dubbel bokföring **Dopplereffekt** *0 m, fys.* dopplereffekt
Dorado -*s n* eldorado
Dorf -*er*† *n by; das sind mir böhmische Dörfer* det är totalt obegripligt för mig (är hebreiska för mig) **Dorfbewohner** - *m* bybo **Dorfgemeinde** -*n f* **1** landsortskommun **2** *ung.* församling (*på landet*) **Dörfler** - *m* bybo, lantbo **dörflich** lantlig, by- **Dorflinde** -*n f* bylind; vårdträd **Dorfschulze** -*n* -*n m* **1** *hist.* byfogde **2** *åld.* kommunalnämndens ordförande **Dorftrottel** - *m, vard.* byfåne
dorisch dorisk
Dorn 1 -*en, vard. äv. -er*† *m* törne, [törn]tagg; *das ist mir ein ~ im Auge* (*bildl.*) det är en nagel i ögat på mig; *sich* (*dat.*) *e-n ~ in den Fuß treten* få en tagg i foten; *voller ~en* (*bildl.*) törnbeströdd **2** -*e m* pigg, dubb; dorn; stift **Dornbusch** -*e*† *m* törnbuske **dornen** *åld.* törnig **Dornenhecke** -*n f* taggig häck **Dornenkrone** -*n f* törnekrona **Dornenpfad** -*e m* törnstig **Dornenstrauch** -*er*† *m* törnbuske

dornenvoll full med taggar; *bildl.* besvärlig **Dornfortsatz** -e† *m, anat.* taggutskott **Dornhai** -e *m* pigghaj **dornig** taggig, med törnen **Dorn'röschen** *0 n* [prinsessan] Törnrosa **Dorn'röschenschlaf** *0 m* törnrosasömn **Dornschuh** -e *m, sport.* spiksko **dörren** *h el. s* torka **Dörrfisch** *0 m* torkad fisk **Dörrgemüse** *0 n* torkade grönsaker **Dörrobst** *0 n* torkad frukt **Dorsch** -e *m* torsk **dort** där [borta]; bald hier, bald ~ än här, än där; ~ oben där uppe; von ~ därifrån **-her** [*von*] ~ därifrån **-hin** ditåt, dit [bort] **-hinab** dit ner **-hinauf** dit upp **-hinaus** dit ut; bis ~ (*bildl.*) till den milda grad, väldigt **-hinein** dit in **-hinunter** dit ner **dortig** därvarande; die ~en Verhältnisse förhållandena där på platsen, de lokala förhållandena; der ~e Wein vinet där, ortens vin **dort-'selbst** högt. därstädes **dortzuland[e]** högt. där i landet; därstädes **Dose** -n *f* **1** dosa, burk **2** vard. dosis **dösen** vard. dåsa; dagdrömma **Dosen|bier** -e *n* burköl **-milch** *0 f* kondenserad mjölk (*på burk*) **-öffner** - *m* konservöppnare **dosieren** dosera **dösig** vard. dåsig, slö **Dos|is** -en *f* dos[is]; *bildl.* portion **Dossier** [-'sje:] -s *n* dossié, ossier **Dotation** -en *f* dotation **dotier|en** dotera; sehr gut -t högt avlönad; der Literaturpreis ist mit 50000 Kronen -t litteraturpriset är på 50000 kronor **Dotter** - *m n* äggula; das Eiweiß vom ~ trennen skilja vitan från gulan **Dotterblume** -n *f* kabbeleka **dottergelb** starkt gul, äggul **Dotterpilz** -e *m* kantarell **Double** ['du:b]] -s *n* **1** *film.* stand-in **2** dubbelgångare **doublieren** se *dublieren* **down** [daʊn] vard., ~ sein *a)* vara slut (trött), *b)* vara nere (deppig), deppa **Doxologie** -n *f, kyrkl.* doxologi, lovprisning **Doyen** [doa'jɛ̃:] -s *m* doyen **Dozent** -en *-en m* docent; universitetslärare **dozieren** docera **Dr.** *förk. för* Doktor dr, doktor **Drache** -n *-n m, myt.* drake **Drachen** - *m* **1** [pappers]drake; ~ steigen lassen släppa upp drakar **2** *bildl.* drake, ragata **-ballon** -s *el.* -e *m* förankrad ballong **-blut** *0 n* **1** drakblod (*äv.* färgämne) **2** [rött] rhenvin (*från Drachenfelsen*) **-brut** *0 f, bildl., ung.* mördande o. plundrande hop, pack, slödder **-fisch** -e *m, se Drachenkopf* **-fliegen** *0 n, sport.* drakflygning **-kopf** -e† *m* drakhuvudfisk **-saat** *0 f* draksådd **Drachme** ['draxmə] -n *f* drakma **Dragée** [-'ʒe:] -s *n el.* -n *f* dragé **Draggen** - *m, sjö.* dragg **Dragoman** [*äv.* --'-] -e *m* dragoman, tolk **Dragoner** - *m* **1** dragon **2** *bildl.* vard. energisk människa; manhaftig kvinna **Dr. agr.** förk. för *Doctor agronomiae* agr. dr, agronomie doktor **Draht 1** -e† *m* [metall]tråd; taggtråd **2** -e† *m* telefon-, telegraf|tråd, -ledning, -förbindelse; der heiße ~ heta linjen; niemand meldete sich am anderen Ende des ~es ingen svarade i andra änden; e-n auf ~ bringen (*vard.*) sätta fart på ngn; auf ~ sein (*vard.*) *a)* vara vaksam (på alerten), *b)* vara i farten **3** *0 m, vard.* stålar **-anschrift** -en *f* telegramadress **-antwort** -en *f* telegrafiskt svar **-auslöser** - *m, foto.* trådutlösare **-bruch** -e† *m* kabel-, ledningsbrott **-bürste** -n *f* metallborste **-esel** - *m, vard.* stålhäst (*cykel*) **1 drahten 1** telegrafera **2** linda ihop med tråd **2 drahten** av [metall]tråd, tråd- **Draht|fenster** - *n* nätfönster **-funk** *0 m* **1** trådradio **2** bärvågs|telegrafi, -telefoni **-geflecht** -e *n* metalltrådsnät; kabelhölje **-gitter** - *n* trådgaller; kabelskydd **-glas** *0 n* trådglas **drahthaarig** strävhårig (*om hund*) **drahtig** kraftig; senig, spänstig **Drahtklammer** -n *f* häftklammer; trådhake **Drahtklemme** -n *f* kabelsko **Drahtkommode** -n *f, skämts.* piano **Drahtlehre** -n *f* tråd|mått, -tolk **drahtlos** trådlös; ~ gesteuertes Flugzeug radiostyrt flygplan; ~ senden [radio]telegrafera **Draht|nachricht** -en *f* telegrafisk underrättelse, telegram **-nagel** -† *m* trådspik **-öse** -n *f* märla, häkta **-seil** -e *n* stål|wire, -lina **-seilbahn** -en *f* lin-, kabel|bana **-seilkünstler** - *m* lindansare **-speiche** -n *f* tråd-, stål|eker **-stift** -e *m* trådspik **-verhau** -e *m* metalltrådstängsel **-zange** -n *f* knip-, avbitar|tång **-zaun** -e† *m* trådstängsel **-zieher** - *m* **1** tråddragare **2** *bildl.* den som håller i trådarna **Drain** [drɛ:n] -s *m, med.* dräneringsslang **Drainage** [drɛ'na:ʒə] -n *f, med.* drän[age] **drainieren** *med.* dränera **Draisine** [draɪ-] -n *f* tralla, dressin **drakonisch** drakonisk **drall** knubbig, kraftig, robust **Drall** -e *m* **1** snodd, tvinning **2** räffling (*i vapen*); (*projektils*) rotation **3** *bildl.* dragning **Dram|a** -en *n* drama **Dra'matik** *0 f* dramatik; die ~ e-r Darstellung det dramatiska i en framställning **Dramatiker** - *m* dramatiker **dramatisch** dramatisk **dramatisieren** dramatisera **Dramaturg** -en *-en m, ung.* konstnärlig rådgivare (*vid teater*) **Dramaturgie** -n *f* dramaturgi; bearbetning [för scenen *e.d.*] **dran** [-a-] vard. för daran; ich bin ~ det är min tur; ich bin ~, wenn etw. passiert om ngt händer är det jag som får stå för det **Drän** -s *el.* -e *m* dräneringsrör; täckdike **drang** se *dringen* **Drang** -e† *m* **1** [be]tryck, trångmål; brådska; *im* ~ *der Geschäfte* i allt jäktet; *im* ~ *der Not* i nödfall, av nödtvång **2** [stark] längtan, trängtan; [obetvinglig] lust; der ~ nach Osten (*hist.*) (*tyskarnas*) expansion österut; ich habe den ~, zu jag längtar efter att; e-n heftigen ~ verspüren (*vard.*) behöva gå på toaletten, vara 'nödig' **drangehen** *st* ge, offra **drängeln** vard. **1** trängas, knuffas **2** e-n ~ a) knuffa [fram] ngn, b) tjata på ngn **3** *rfl* trängas; knuffas; tränga sig fram **dräng|en 1** knuffa, tränga; *bildl.* tjata på **2** *rfl* trängas, knuffas; sich durch die Menge ~ tränga sig fram genom mängden; die Gedanken ~ sich im Kopf tankarna virvlar genom huvudet; ich lasse mich nicht ~ jag låter mig inte jäktas; sich zu etw. ~ vara mycket angelägen om (propsa på) ngt **3** ansätta, ligga efter (över); e-n Schuldner ~ ansätta e-n gäldenär **4** vara bråttom (angelägen); die Sache -t saken brådskar (är angelägen); die Zeit -t det är bråttom, tiden är knapp **5** es -t mich, zu sagen jag känner mig manad att säga **6** gedrängt voll till trängsel fylld; in gedrängter Kürze mycket kort (sammanfattat) **Drängen** *0 n* trängande, knuf-

fande; *bildl.* insistering; *auf* ~ *der Mutter på moderns enträgna begäran* **Drangsal** *-e f* trångmål, betryck; *die ~e des Lebens (ung.)* livets sorger o. bekymmer **drangsalieren** plåga, trakassera **drangvoll** *poet.* till trängsel fylld; *bildl.* betungande, svårt beklämd **dränieren** täckdika, dränera **dran|kommen** *st s, vard.* komma i tur; *skol.* få frågan **-nehmen** *st, vard.* expediera; behandla; *skol.* ge frågan **-setzen** sätta in (till) **Draperie** *-n f* draperi **drapieren** drapera **drasch** *se* **dreschen** **drastisch** drastisk **dräuen** *högt.* hota **drauf 1** *vard., se darauf* **2** *immer feste* ~*! (vard.)* på honom bara! **3** *ich war ~ und dran, aufzugeben (vard.)* jag var nära att ge upp; *wenn es ~ ankommt* när det kommer till kritan **Draufgabe** *-n f* **1** handpenning **2** påbröd **Draufgänger** *- m* gåpåare **draufgängerisch** gåpåaraktig, 'framåt'; våghalsig **Draufgängertum** *0 n* gåpåaraktighet, oförvägenhet **draufgeben** *st* lägga till (på); *e-m eins ~ (vard.)* ge ngn på pälsen **draufgehen** *st s, vard.* gå åt, stryka med **draufkriegen** *vard.*, *eins ~ a)* få sig en smäll, *b)* få stryk, bli besegrad, *c)* få en utskällning **drauflegen** *vard.* lägga på (till) **drauf los** *immer* ~*!* gå på bara! **-arbeiten** *vard.* arbeta på, börja arbeta ivrigt **-gehen** *st s, vard.* gå på [i ullstrumporna]; ta ett ordentligt krafttag **-reden, -schwatzen** *vard.* prata på **-wirtschaften** *vard.* låta allt gå vind för våg; handskas vårdslöst med pengarna *e.d.* **draufzahlen** *vard.* lägga emellan, betala mer **draus** *vard. för daraus* **drauskommen** *st s, vard.* **1** komma ur takt (av sig) **2** komma på det **draußen** [där] ute, därborta; utomhus; ute på havet; utomlands; ~ *und drinnen* ute och inne; *unsere Söhne und Männer ~* våra söner o. män vid fronten
Drechselbank [-ks-] *-e† f* träsvarv **drechseln** svarva; *bildl.* snickra till (ihop) **Drechsler** *- m* svarvare
Dreck *0 m, vard.* smuts, skit; småsak, bagatell; strunt, skräp, smörja; *e-n ~ wert* värdelös, inte värd ett ruttet lingon; *e-n wie den letzten ~ behandeln* behandla ngn verkligen illa; *das geht dich e-n ~ an* det angår dig inte ett dugg, det ska du skita i; *~ am Stecken haben* inte ha rent mjöl i påsen; *du hast wohl ~ in den Ohren!* har du knäck i lurarna?; *du kaufst aber auch jeden ~* du köper då vad skit som helst; *das kümmert mich e-n ~* det skiter (struntar) jag i; *der letzte ~ sein* vara botten; *e-n ~ davon verstehen* inte förstå ett skit av det; *anderen Leuten ihren ~ wegräumen* städa upp efter andra; *aus dem gröbsten ~ heraus sein* ha kommit över det värsta; *e-n aus dem ~ ziehen (bildl.)* hjälpa ngn på fötter; *er kam in ~ und Speck [von der Arbeit]* han kom genomlortig [från arbetet]; *im ~ sitzen (stecken)* ha det mycket svårt (illa ställt); *das Auto ist im ~ steckengeblieben* bilen fastnade i leran (gyttjan *e.d.*); *etw. in den ~ ziehen (treten)* släpa ngt i smutsen; *e-n mit ~ bewerfen* smutskasta ngn; *kümmere dich um deinen eigenen ~* sköt dina egna angelägenheter; *ich muß mich um jeden ~ selbst kümmern* jag måste göra allting (vartenda förbannade dugg) själv; *schwarz vor ~ sein* vara jätteskitig **Dreckfink** *-en -en m, vard.* lortgris **dreckig**

vard. **1** smutsig; lortig, skitig **2** *bildl.* nedrig; snuskig, oanständig; försmädlig, oförskämd; *es geht ihm ~* det går uruselt för honom, han har det dåligt ställt **Drecknest** *-er n, vard.* gudsförgäten håla **Dreck[s]arbeit** *-en f, vard.* smutsigt arbete, lortjobb **Drecksau** *-e† f,* **Dreckschwein** *-e n, vulg.* svin, kräk; snuskhummer **Dreck[s]kerl** *-e m, vulg.* svin; kräk, stackare **Dreckspatz** *-en -en m, vard.* snuskpelle **Dreck[s]zeug** *0 n, vard.* skräp, skit
Dregganker *- m,* **Dregge** *-n f* dragg **dreggen** dragga
Dreh *-e m* vridning; *bildl. vard.* vändning; knep; *auf den ~ kommen (äv.)* komma på idén; *den ~ heraushaben (weghaben)* känna till knepet; *etw. e-n ~ nach links geben* vrida ngt åt vänster **Drehachse** *-n f* vridnings-, rotations|axel; svängtapp **Dreharbeit** *-en f* **1** svarvarbete **2** [film]inspelningsarbete **Drehbank** *-e† f* svarv[stol] **drehbar** vrid-, sväng|-bar; rörlig
Dreh|beanspruchung *-en f* vridpåkänning **-bewegung** *-en f* vrid-, rotations|rörelse **-bleistift** *-e m* skrivpenna **-bolzen** *- m* sväng-, led|tapp **-brücke** *-n f* svängbro **-buch** *-er† n, film.* scenario **-bühne** *-n f, teat.* vridscen
Drehe *0 f, dial., hier um die ~* här i krokarna **dreh|en 1** vrida (vända) [på]; *die Daumen ~* rulla tummarna; *ein Ding ~ (vard.)* göra en stöt (kupp); *e-n Film ~* spela in en film; *Fleisch durch den Wolf ~* mala kött [i köttkvarnen]; *e-n Kreisel ~* snurra på en snurra; *den Leierkasten ~* veva på positivet; *den Rücken ~* vända ryggen till; *den Schlüssel im Schloß ~* vrida om nyckeln i låset; *wie man es auch* -*t und wendet (bildl.)* hur man än vrider och vänder på det; *das hat er gut gedreht (vard.)* det har han fått till bra **2** tvinna (*garn*); forma, dreja (*keramik*); rulla (*piller, cigarrett*); veva, vända, vrida (*tekn.* svarva **3** *rfl* snurra [runt], kretsa, vrida (vända) ·sig; *die Räder ~ sich* hjulen snurrar; *mir ~t sich der Kopf* det går runt i huvudet på mig; *sich um etw. ~* handla (röra sig) om ngt; *alles -t sich um sie* allt rör sig (kretsar) kring henne, hon är medelpunkten i allt; *es -t sich darum, daß* det rör sig (handlar) om att
Dreh|er *- m* **1** [metall]svarvare **2** *der ~* andra halskotan **3** (*slags*) ländler **-geschwindigkeit** *-en f* rotationshastighet **-gestell** *-e n* boggi **-griff** *-e m* vev, vridbart handtag; rullhandtag (*på motorcykel*) **-knopf** *-e† m* vridknapp, [liten] ratt (*på radio e.d.*) **-kolbenmotor** *-en m* roterande kolvmotor, wankelmotor **-kondensator** *-en m* vridkondensator; *radio.* variabel kondensator **-kran** *-e† m* svängkran **-krankheit** *0 f, veter.* kringsjuka **-kreuz** *-e n* vrid|kors **-moment** *-e n* vrid[nings]moment **-orgel** *-n f* positiv **-punkt** *-e m* centrum, medelpunkt (*äv. bildl.*); **-punkt-schalter** *- m* vridströmbrytare **-scheibe** *-n f* **1** järnv. vändskiva **2** drejskiva **-sitz** *-e m* svängbart säte **-stahl** *0 m* svarvstål **-stift** *-e m* skrivpenna **2** spindel (*i ur*) **-strom** *0 m* trefasström **-stuhl** *-e† m* **1** sväng-, skruv|stol **2** svarv **-tür** *-en f* svängdörr **-ung** *-en f* vridning, varv; rotation; ~ *im Uhrzeigersinn* rotation medurs **-zahl** *-en f* varv[tal]; hastighet **-zähler** *- m,* **-zahlmesser** *- m* varvräknare
drei tre; *nach Verlauf ~er Jahre* efter tre års förlopp; *alle ~ Tage* var tredje dag; ~ *zu zwei*

Drei—Dreizylinder

gewinnen vinna med 3—2; *zu ~en (vard.)* på tre man hand, tre [man stark]; *zu [je] ~en* tre o. tre; *ehe man bis ~ zählen konnte* innan man hann blinka; *mit der Linie ~ fahren* åka med linje tre; *mit ~ Worten* helt kortfattat, i ett par ord; *es waren ihrer ~ de* var tre stycken; *es ist halb ~ klockan är* halv tre; *es ist ~ viertel zwei* klockan är en kvart i två; *nicht bis ~ zählen können (bildl.)* vara mycket dum (bakom flötet) **Drei** *-en f* trea *(som betyg, se befriedigend);* *die Zahl ~* ta]et tre; *mit der ~ fahren (vard.)* åka med trean; *sie hat zwei ~en (i betyg)* hon har två treor **Drei'achteltakt** *-e m* treåttondelstakt **Dreiakter** - *m* treaktare **dreiarmig** trearmad **Dreibein** *-e n, vard.* trefot; trebent pall **dreibändig** trebandig, i tre band **dreiblättrig** trebladig; *~es Kleeblatt* treklöver **Dreibund** *0 m, der ~ (hist.)* trippelalliansen *(1882—1915)* **dreidimensional** tredimensionell **Dreieck** *-e n* **1** triangel, trehörning **2** vinkelhake **dreieckig** trekantig, triangulär **Dreiecksverhältnis** *-se n* triangelförhållande **dreiein'halb** tre o. en halv **drei'einig** treenig **Drei'einigkeit** *0 f* treenighet **Dreier** - *m* **1** *hist.* trepfennigsmynt; *das ist keinen ~ wert (vard.)* det är inte värt ett rött öre **2** *vard., e-n ~ im Lotto haben* ha tre rätt på lotto **3** *dial.* trea *(betyg, buss e.d.)* **dreierlei** oböjl. *adj* tre slags; *auf ~ Art* på tre [olika] sätt; *~ zu erledigen haben* ha tre [olika] saker att uträtta **Dreierpakt** *-e m* tremaktspakt **Dreiertakt** *-e m, mus.* tretakt **dreifach** tre|faldig, -dubbel; *in ~er Ausfertigung* i tre exemplar; *ein Stück Papier ~ falten* vika ett papper tre gånger; *~e Vergrößerung* tre gångers förstoring **dreifältig** *åld., se dreifach* **Drei'faltigkeit** *0 f* trefaldighet **Drei'faltigkeitsfest** *0 n* trefaldighetssöndag **Drei'farbendruck** *-e m* trefärgstryck **dreifarbig** trefärgad **Drei'felderwirtschaft** *0 f* treskifte[sbruk] **Dreifuß** -e† *m* trefot **dreifüßig** trefotad **Dreiganggetriebe** - *n* växellåda med tre växlar **dreigeschossig** *-es Haus* trevånings-, treplans|hus **Dreigespann** *-e n* trespann; *polit.* trojka **dreigestrichen** *mus.* trestruken **dreigeteilt** tredelad **dreigliedrig** treledad **Drei'groschenoper** *0 f, die ~* Tolvskillingsoperan **Dreiheit** *0 f* tretal **dreihundert** tre hundra; *jfr hundert* **dreijährig** treårig, treårs-, tre år gammal **Dreijährige(r)** *m f, adj* böjn. treåring **dreijährlich** vart tredje år [inträffande (återkommande)], som händer vart tredje år **Dreikampf** -e† *m* trekamp **dreikantig** trekantig **Drei'käsehoch** *-s m, vard.* knatting, liten parvel **Dreiklang** -e† *m* treklang **Drei'könige** *pl* trettondagen **Drei'königsfest** *0 n, das ~* trettondagen **Drei'königsspiel** *-e n, ung.* julspel **dreiköpfig** trehövdad, tremanna- **Drei'länderfahrt** *-en f* resa (tävling *e.d.*) genom tre länder **Drei'mächteabkommen** - *n* tremaktsavtal **dreimal** tre gånger; *~ Bier!* tre öl! **dreimalig** tre gånger upprepad; *nach ~em Rufen* efter att ha ropat tre gånger **Dreimaster** - *m* tremastare **dreimastig** tremastad **Drei'meilenzone** -*n f* område innanför tremilsgränsen; *in der ~* innanför tremilsgränsen **dreimonatig** tremånaders-, tre månader gammal (lång) **dreimonatlich** var tredje månad [inträffande, upprepad *etc.*]

drein *vard. se darein; ich füge mich ~* jag fogar mig i det **-blicken** *vard.* titta *(på ngt särskilt sätt); freundlich (böse) ~ se* snäll (arg) ut **-fahren** *st s, vard.* energiskt ingripa, slå näven i bordet **-geben** *st, etw. ~ für etw.* avstå från ngt för ngt **-hauen** *st, (imperf äv. sv) vard.* slå urskillningslöst omkring sig; kasta sig in i striden; hugga in **-mischen** *rfl, vard.* lägga sig i [det] **-reden** *vard.* lägga (blanda) sig i; avbryta; *ich lasse mir von niemandem ~ (äv.)* jag låter mig inte påverkas av ngn **-schauen** *se dreinblicken* **-schlagen** *st, vard., se dreinhauen*

Dreipa|ß *-sse*† *m, arkit.* trepass **Drei'phasenstrom** *0 m* trefas[ström] **dreiphasig** trefasig **dreiprozentig** treprocentig **Dreirad** -er† *n* trehjuling **dreisaitig** treträngad **Dreisatzrechnung** *0 f* reguladetri **dreischürig** som ger tre skördar om året **dreiseitig** tresidig **dreisilbig** trestavig **dreispaltig** trespaltig **Dreispitz** *-e m* trekantig hatt **dreisprachig** trespråkig **Dreisprung** -e† *m* trestegshopp **dreißig** *(jfr drei o. sms.)* trettio; *~ fahren (vard.)* köra i trettio **Dreißig** *0 f (talet)* trettio; *er ist Mitte* [*der*] ~ han är omkring trettifem år **dreißiger** *in den ~ Jahren* på trettitalet; *das ist ein ~ Jahrgang* det är årgång 30 **Dreißiger** - *m* **1** trettiåring; *ein ~ werden* bli trettio; *sie ist in den ~n* hon är i trettiårsåldern **2** [soldat från] 30:e regementet **3** vin *(e.d.)* av årgång 30 **Dreißigerjahre** *pl, in den ~n sein* vara i trettiårsåldern **dreißigjährig** trettiårig; *der D~e Krieg* trettioåriga kriget **dreißigste** trettionde; *~r Geburtstag* trettiårsdag **dreißigstel** tretion[de]dels **Dreißigstel** - *n* trettion[de]del

dreist djärv, dristig; framfusig, fräck; tilltagsen; *ich darf ~ behaupten (vard.)* jag tar mig friheten att påstå; *das kannst du ~ tun (vard.)* det kan du lugnt göra **dreistellig** tresiffrig **Dreistigkeit** -en *f* djärvhet *etc.*, *jfr dreist* **dreistimmig** trestämmig **dreistöckig** *ein ~es Haus* ett fyravåningshus **dreistrahlig** tremotorig *(om jetplan)* **Drei'stufenrakete** -*n f* trestegsraket **dreistündig** tre timmars-, tre timmar lång **dreistündlich** var tredje timme [inträffande, återkommande *e.d.*] **dreitägig** tre dagars, tre dagar lång **dreitäglich** var tredje dag [inträffande, återkommande *e.d.*] **dreitausend** tre tusen **Dreitausender** - *m* [mellan] 3 000 m [o. 4 000 m] hög bergstopp **dreiteilig** tredelad, i tre delar **Dreiuhrvorstellung** -*en f* treföreställning **Dreiuhrzug** -e† *m* tretåg **'drei'viertel** trekvarts-, trefjärdedels; *es ist ~ zwei* klockan är kvart i två **Drei'viertel** - *n* tre fjärdedelar **drei'viertellang** trekvartslång **Drei'viertelmehrheit** *-en f* tre fjärdedels majoritet **Dreiviertelstunde** -*n f* tre kvart [i timme] **Drei'vierteltakt** *0 m* trefjärdedelstakt **Drei'wegehahn** -e† *m* trevägskran **dreiwertig** trevärdig **dreiwöchentlich** var tredje vecka [inträffande, återkommande *etc.*] **dreiwöchig** treveckors-, tre veckor lång (gammal) **Dreizack** *-e m* treudd **dreizackig** treuddig **Dreizahl** *-en f* tretal **dreizehn** tretton; *jetzt schlägt's* [*aber*] ~! *(vard.)* nu har jag *(etc.)* fått nog!, nu får det vara slut med det där! **dreizehnjährig** trettonårig, tretton års, tretton år gammal **Dreizehnjährige(r)** *m f, adj* böjn. trettonåring **dreizehnte** trettonde; *im ~n Jahrhundert* på tolvhundratalet **dreizeilig** treradig **Drei'zimmerwohnung** *-en f* trerumslägenhet, trea **Drei-**

zylinder - *m*, **-motor** *-en m* trecylindrig motor
Drell *-e m, väv.* dräll
dremmeln *dial.* tjata
Dresche *0 f, vard.* stryk **dreschen** *drosch (åld. drasch), drösche (åld. dräsche), gedroschen, drisch[e]st, drischt, drisch!* tröska; **lee-res Stroh** *(Phrasen)* ~ *(bildl.)* mala tomning, prata o. prata, svänga sig med tomma fraser; *e-n* ~ *(vard.)* klå upp ngn **Drescher** - *m* **1** tröskare **2** skördetröska **Dreschflegel** - *m* slaga **Dreschmaschine** *-n f* tröskverk **Dreschtenne** *-n f* loge, tröskplats
Dresd[e]ner ['drɛː-] **I** - *m* dresdenbo **II** *oböjl. adj* Dresden-, från (i) Dresden
Dre|ß *-sse[n] m f* [tävlings]dräkt, [sport]kläder **Dresseur** [-'søːr̥] *-e m* dressör **dressieren** dressera **Dressing** *-s n, kokk.* dressing **Dress|-man** [-mən] *-men m* **1** manlig mannekäng (fotomodell) **2** "massör" (*homosexuell prostituerad*) **Dressur** *-en f* dressyr
dribbeln dribbla
Drift *-en f* **1** yström **2** avdrift **Drifteis** *0 n* drivis **driften** *s* driva (*om isflak*) **Driftströmung** *-en f* yström
Drill 1 *0 m* drill, exercis **2** *-e m, text.* dräll **Drillbohrer** - *m* drillborr **drillen 1** *lantbr.* så på drill **2** *sjö.* förhala **3** *text.* tvinna **4** *mil.* drilla; *bildl.* uppfostra strängt **Drillich** *-e m* dräll, damastväv **Drilling** *-e m* **1** trilling **2** drilling, trepipigt gevär **Drillmaschine** *-n f* radsåningsmaskin
drin [-ɪ-] *vard. för darin*; *das ist nicht* ~ (*vard.*) det går inte, det kommer inte på fråga, det är lönlöst
Dr. Ing. *förk. för Doktor der Ingenieurwissenschaften, Doktoringenieur* tekn. dr, teknologie doktor
dring|en *drang, dränge, gedrungen* **1** *s* tränga; bana sig väg; *aus dem Kessel -t Dampf* ur pannan stiger det upp ånga; *Wasser -t aus dem Faß* vatten tränger ut (läcker) ur fatet; *Lärm -t aus dem Zimmer* oljud tränger ut ur (det hörs oljud från) rummet; *durch das Gebüsch* ~ bana sig väg genom snårskogen; *e-m ins Herz* ~ tränga in i hjärtat på ngn; *zu[m] Herzen* ~ gå rakt till hjärtat; *in e-n* ~ ansätta ngn (*med böner e.d.*); *die Kälte drang mir durch Mark und Bein* kylan trängde genom märg o. ben på mig; *es -t mir durchs Herz* (*bildl.*) jag tycker det är hjärtskärande (hjärtslitande); *gedrungen* undersätsig, kompakt **2** *auf etw.* (*ack.*) ~ insistera (yrka) på ngt; *auf Antwort* (*Zahlung*) ~ insistera på svar (betalning) **dringend 1** eftertrycklig; bevekande; mycket viktig; enträgen; ~ *nötig haben* vara i trängande behov av; ~*e Gefahr* hotande fara; ~*er Verdacht* stark misstanke; *das* ~*ste erledigen* uträtta (klara av) det nödvändigaste; *ich möchte Sie* ~ *bitten* jag ber Er enträget, jag måste be Er **2** brådskande, il-; ~*es Gespräch* (*Telegramm, Paket*) ilsamtal (iltelegram, ilpaket); *als* ~ *senden* skicka som il **dringlich** angelägen; enträgen
Dringlich|keit *0 f* vikt; eftertryck; brådska **-keitsantrag** *-e† m, parl.* hemställan (motion, proposition) om brådskande behandling **-keitsfall** *-e† m* fall med förtursrätt **-keits-liste** *-n f* prioritetslista **-keitsstufe** *-n f*, *höchste* ~ högsta prioritet
Drink *-s m* drink
drinnen i den (det, dem); [där]inne, [där]-innanför **drinsitzen** *st, vard. wo ist er? er sitzt schon drin* [*im Auto*]*!* var är han? han sitter redan där inne [i bilen]! *wenn ich nicht aufpasse, sitze ich drin* (*vard.*) om jag inte ser upp åker jag dit
drippeln *nty.* **1** droppa **2** dugga
dritt *zu* ~ tre stycken, på tre man hand, tre i bredd **dritt'best** näst näst bäst; **tea dritte** tredje; *ein D~r* (*jur.*) tredje man; *der* ~ *Fall* dativ; *der* ~ *Gang* treans växel; *das D~ Reich* (*hist.*) Tredje riket; *die* ~ *Welt* tredje världen; *das ist sein* ~*s Wort* det upprepar han jämt o. ständigt; *der lachende D~* den som tar hem spelet (*när två andra träter*); *D~(r) werden* bli trea; *zum ersten, zum zweiten, zum* ~*n!* (*vid auktion*) första, andra, tredje!; ~ *Wurzel* kubikrot; *vor D~n* (*äv.*) inför utomstående **dritt[e]'halb** *åld.* två och en halv **drittel** tredjedels **Drittel** - *n* tredjedel **dritteln** tredela **Drittenabschlagen** *0 n* (*lek*) två slår den tredje **drittens** för det tredje **drittklassig** tredje klassens **Drittkläßler** - *m* tredjeklassare **'dritt'letzt** [som] den tredje från slutet, näst näst sist **drittrangig** av tredje rangen
Dr. jur. *förk. för Doctor juris* jur. dr, juris doktor **DRK** *förk. för Deutsches Rotes Kreuz* Tyska Röda Korset **Dr. med.** *förk. för Doctor medicinae* med. dr, medicine doktor
drob [-ɔ-] *se darob, darüber* **droben** där uppe; i himlen
Dr. oec. *förk. för Doctor oeconomiae* ekon. dr, ekonomie doktor
dröge *nty.* torr; trög, tråkig
Droge *-n f* drog; läkemedel; narkotika, knark; *harte* (*weiche*) ~*n* tung (lätt) narkotika **drogenabhängig** narkotikaberoende **Drogenabhängige(r)** *m f, adj böjn.* narkotikamissbrukare, knarkare **Drogenmißbrauch** *0 m* narkotika-, läkemedels|missbruk **Drogenschu|ß** *-sse† m, vard.* injektion, "sil" **Drogenszene** *-n f, vard.* knarkvärld, narkotikaträsk **Drogerie** *-n f* färg- o. kemikalieaffär **Drogist** *-en -en m* innehavare av (anställd i) färg- o. kemikalieaffär
Drohbrief *-e m* hotelsebrev **droh|en** hota; *ihm -t Gefängnis* han hotas av fängelse; *ein Gewitter -t* ett åskväder är under uppsegling; *es -t zu regnen* det hotar att bli regn; *Gefahr -t, es -t Gefahr* det är fara å färde; ~*de Gefahr* (*äv.*) överhängande fara; ~*de Haltung* hotfull hållning
Drohn *-en -en m,* **Drohne** *-n f* drönare (*äv. bildl.*) **dröhn|en** dåna, mullra, runga; *mir -t der Kopf* det dånar i huvudet på mig **Drohnendasein** *0 n, bildl.* drönarliv
Drohung *-en f* hotelse, hot
drollig komisk; lustig; löjlig **Drolligkeit** *-en f* [tok]rolighet; komik
'Dromedar [*äv.* --'-] *-e n* dromedar
Dronte *-n f, zool.* dront
Drops *pl* drops, fruktkarameller
drosch *se dreschen*
Droschke *-n f* [häst]droska; taxi; *e-e* ~ *nehmen* ta en bil (droska) **Droschkengaul** *-e† m, neds.* åkarkamp **Droschkenkutscher** - *m* hyrkusk
1 Drossel *-n f, zool.* trast
2 Drossel *-n f* **1** strupe (*på vilt*) **2** *tekn.* spjäll **Drosselklappe** *-n f, motor.* startspjäll; strypventil **drosseln** strypa (*äv. tekn.*); *bildl. äv.* skära ner, minska **Drosselung** *0 f,* **Droß-lung** *0 f* strypning *etc.*, *jfr drosseln*

Drostei -en f, åld. fögderi
Dr. phil. förk. för Doctor philosophiae fil.
dr, filosofie doktor **Dr. rer. pol.** förk. för Doctor rerum politicarum (ung.) fil. (jur.) dr, filosofie (juris) doktor **Dr. theol.** förk. för Doctor theologiae teol. dr, teologie doktor
drüben [där] borta; på andra sidan (äv. bildl.); vard. på andra sidan gränsen **drüber** vard. för darüber
Druck 1 -e† m tryck; press; tyngd; atmosphärischer ~ atmosfäriskt tryck; der ~ sinkt trycket faller; auf den ~ der öffentlichen Meinung hin under den allmänna opinionens tryck; in ~ bringen försätta i svårigheter; im ~ sein (vard.) vara i trångmål, vara jäktad; ~ auf den Knopf tryckning på knappen; ~ im Magen tryckande känsla i magen; unter ~ setzen utöva tryck (påtryckningar) på **2** -e m, boktr., väv. tryck; im ~ erscheinen komma ut i tryck; in ~ geben (gehen) lämna till tryckning (gå i press); zum ~ fertig tryckfärdig; schlechter (kleiner) ~ dåligt tryck (liten stil) **-abfall** 0 m tryck|fall, -minskning **-bleistift** -e m tryckpenna **-bogen** -† m tryckark **-buchstabe** -ns -n m tryckbokstav
Drückeberger - m, vard. maskare; skolkare; pultron **-ei** 0 f, vard. skolkning, maskning
druckempfindlich känslig för tryck **drucken** typ., text. trycka; ta avtryck (avdrag, kopia) av; ~ lassen (äv.) publicera; er lügt wie gedruckt (vard.) han ljuger som en borstbindare
drück|en 1 trycka (äv. bildl.); tynga; pressa (priser, löner, rekord); klämma; krama; jdm die Hand ~ trycka ngns hand; der Schuh -t skon klämmer; ich weiß, wo dich (ihn, sie) die Schuhe ~ jag vet var skon klämmer; ein Gewicht ~ (sport.) pressa en tyngd; bitte, Knopf ~! var vänlig o. tryck på knappen!; die Schulbank ~ (vard.) nöta skolbänken; jdn an seine Brust ~ trycka ngn till sitt bröst; Wild vor die Schützen ~ driva fram vilt mot skyttarna; die Hitze -t hettan är tryckande; das Essen -t im Magen maten ligger som en klump i magen; e-e Maschine ~ (flyg.) lägga ett plan i en dykning **2** kortsp. lägga bort (kort) **3** rfl, vard. [ligga o.] trycka; smita undan; ich -te mich leise um 10 klockan 10 smet jag försiktigt min väg; sich um (von) etw. ~ slingra sig undan (smita) från ngt **4** es -t mich, daß det vilar tungt på mig att **Drücken** 0 n, sport. press[lyft]
Drucker - m boktryckare **Drücker** - m **1** dörrhandtag; lås, spärr, regel; knapp (t. ringklocka e.d.); am ~ sitzen (vard.) ha en nyckelposition; auf den letzten ~ (vard.) i sista ögonblicket **2** tryckkolv [på vapen], avtryckare
Druckerei -en f tryckeri **Druckerlaubnis** 0 f tryckgodkännande **Druckerpresse** -n f tryckpress **Druckerschwärze** 0 f trycksvärta
Druckerzeichen - n signet, förläggares (boktryckares) signum **druckfähig** lämplig att tryckas **Druckfahne** -n f spaltkorrektur **Druckfarbe** -n f tryckfärg, grafisk färg **Druckfeder** -n f, tekn. tryckfjäder **Druckfehler** - m tryckfel **Druckfehlerteufel** 0 m, der ~ tryckfelsnisse **druckfertig** tryckfärdig **druckfest** tryckfäsker
Druck|festigkeit 0 f tryckhållfasthet **-freiheit** 0 f tryckfrihet **-kabine** -n f, flyg. tryckkabin **-kessel** - m trycksatt behållare **-knopf** -e† m tryckknapp (äv. elektr.) **-kosten** pl tryckningskostnad[er] **-kraft** 0 f tryck-, kompressions|kraft **-luft** 0 f tryckluft **-luftbremse** -n f tryckluft[s]broms **-luftflasche** -n f tryckluftsbehållare **-messer** - m manometer **-mittel** - n, bildl. påtryckningsmedel **-ort** -e m tryckort **-papier** -e n tryckpapper **-platte** -n f tryckplatta; kliché **-posten** - m, vard. sinekur **-punkt** -e m (fysiol. o. på vapen) tryckpunkt **-regler** - m, **-regulator** -en m tryck|reglerare, -regulator
druckreif tryckfärdig **Drucksache** -n f trycksak **Druckschrift** -en f **1** tryck[t skrift] **2** tryckstil **drucksen** vard. inte vilja ut med språket, tveka; an etw. (dat.) ~ dra på ngt
Druck|stelle -n f märke efter tryck (stöt) **-stock** -e† m kliché **-tastenautomatik** -en f tryckknappsautomatik (på t. ex. radio) **-type** -n f typ; stil **-verband** -e† m tryckförband **-verbot** -e n tryckningsförbud **-welle** -n f tryck-, explosions|våg
Drudenfuß -e† m alfkors, pentagram
drum [-ʊ-] vard., se darum; alles, was ~ und dran ist (hängt), das D~ und Dran allt som hör till
drunten där nere **drunter** vard., se darunter; es geht alles ~ und drüber allt går vind för våg; bei e-m ~ durch sein ha gjort bort sig hos ngn
Drusch -e m trösk; tröskning; det som tröska[t]s
Druse -n f **1** veter. rots **2** geol. drus, körtel
Drüse -n f körtel
druseln nty. halvsova, dåsa
Drusen pl, åld. vinjåst; bottensats
drüsig körtelliknande; full av körtlar
Dryade -n f, myt. dryad
Dschungel [dʒ-] - m, ibl. n djungel **Dschunke** [dʒ-] -n f djonk
Dt förk. för Schnelltriebwagen snabbgående motorvagn **D. theol.** förk. för Doctor theologiae teol. dr, teologie hedersdoktor **Dtzd.** förk. för Dutzend duss., dussin
du (i brev Du) pers. pron du; (gen. deiner, poet. dein dig; dat. dir [åt, till, för] dig; ack. dich dig); ibl. man; ~ Esel! din åsna!; ich danke Dir für Deinen Brief, lieber Onkel (äv.) jag tackar Farbror för brevet; wasch' dir das Gesicht! tvätta dig i ansiktet!; mit e-m auf ~ und ~ stehen vara du med ngn **Du** -s n du; e-m das ~ anbieten föreslå ngn att man skall lägga bort titlarna
Dual -e m, **Dual|is** -e m, språkv. dual[is] **Dualismus** 0 m dualism **dualistisch** dualistisk **Dualität** 0 f tvåfald, ömsesidighet
Dübel - m **1** dybel, dymling, tapp, propp **2** österr. bula **dübeln** sätta fast med propp
dubios, dubiös dubiös, tvivelaktig **Dubiosa** pl, **Dubiosen** pl osäkra fordringar
Dublee -s n (metall o. spel.) dubblé **Dublette** -n f **1** duplett; dubblett **2** jakt. dubblé **dublieren 1** plätera **2** tvinna (garn)
Duchesse [dy'ʃɛs] 0 f duchesse (siden)
Ducht -en f, sjö. toft
Duck-, 'Duck|dalbe -n f, sjö. dykdalb
ducken 1 den Kopf ~ dra in huvudet, ducka **2** e-n ~ förödmjuka (platta till) ngn **3** rfl huka sig ner; jakt. trycka; bildl. foga sig
Duckmäuser - m krypare, fjäskare; försagd (timid) människa **Duckmäuserei** 0 f överslätning, fjäsk; skenhelighet **duckmäuserisch** försagd; servil; krypande
Dudelei 0 f, vard. [evigt] tutande (i blåsinstrument); enformig musik **dudeln** tuta, spela enformigt; blåsa säckpipa **Dudelsack** -e† m säckpipa

Duell -e n duell **Duellant** -en -en m duellant **duellieren** rfl duellera
Duett -e n duett, duo
duff nty. matt, utan glans
Düffel - m doffel[tyg]
Duft -e† m 1 doft 2 poet. lätt dimma; rimfrost **dufte** vard. snygg; toppen, häftig **dufte|n** dofta; es -t nach Kaffee det luktar kaffe **duftig 1** doftande, välluktande **2** skir, florstunn **3** disig **Duftorgan** -e n (djurs) doftkörtel **Duftstoff** -e m luktämne
Dukaten - m dukat **-gold** 0 n dukatguld
Düker - m 1 dykarledning; vattenledning (under gata e.d.) **2** dial. dykand
Duktus 0 m stil, skrivsätt
duld|en 1 tåla; lida; tolerera; die Sache -et keinen Aufschub ärendet tål inget uppskov; ich -e nicht, daß jag tillåter inte att **2** lida, vara tålig **Dulder** - m tåligt lidande person **duldsam** tolerant, fördragsam **Duldsamkeit** 0 f tolerans, överseende **Duldung** 0 f tolererande, [tyst] accepterande; unter stillschweigender ~ med tyst samtycke
Dult -en f, sty., österr. marknad; tivoli
Dulzine|a -en f, skämts., seine ~ hans käresta (älskarinna, tjej)
Dumdumgescho|ß -sse n dumdumkula
dumm adj† dum; förarglig, tråkig, fånig; ein ~es Gesicht machen (vard.) sätta upp ett dumt (oförstående) ansikte; ein ~es Gefühl (vard.) en obehaglig (pinsam) känsla; der ~e August clown[en], pellejöns; ich lasse mich doch nicht für ~ verkaufen (vard.) jag är väl inte dum heller; es wird mir zu ~ (vard.) det går för långt; du bist gar nicht so ~ wie du aussiehst du är inte så dum som du ser ut; du bist ja dümmer als die Polizei erlaubt! (vard.) du är för (otillåtet) dum!; der D~e sein [få] sitta emellan, vara en dumbom; etwas D~es anstellen (vard.) göra en dumhet; die D~en werden nie alle det finns alltid dumbommar **Dummbart** -e[†] m, vard. dumskalle **dummdreist** dum och fräck **Dummerchen** - n, vard. dumsnut, våp **Dummerjan** -e m, vard. dummerjöns **Dummer'jungenstreich** (förleden böjs adj) -e m dumt pojkstreck; e-n Dummenjungenstreich verüben göra ett pojkstreck **Dummerle** -s n, dial. dumsnut **'dummer'weise** dumt nog **Dummheit** -en f dumhet; gegen ~ ist kein Kraut gewachsen mot dumhet finns det inte ngn bot **Dummkopf** -e† m, vard. dumskalle **dümmlich** enfaldig, ointelligent **Dumm-, Dümm|-ling** -e m, vard. dumbom **Dummrian** -e m, vard. dummerjöns
dumpf 1 dov, ihålig **2** bildl. oklar; dunkel; dov; tryckande **3** unken, kvalmig; ~ riechen (schmecken) lukta (smaka) unket (mögel) **4** slö, avtrubbad, apatisk **Dumpfheit** 0 f 1 dovhet **2** oklarhet, obestämdhet **3** kvavhet, unkenhet **4** slöhet, apati **dumpfig** unken; instängd; möglig
Dumping ['dampiŋ] 0 n dump[n]ing
dun nty. full (berusad)
Düne -n f [sand]dyn
Dung 0 m, se Dünger **Düngekalk** 0 m jordbrukskalk **Düngemittel** - n gödnings|medel, -ämne **düngen** göda, gödsla **Dünger** - m gödsel, gödningsämne, dynga **Düngerstreuer** - m gödselspridare **Dunggrube** -n f gödselgrop **Dunghaufen** - m gödselstack **Dungkäfer** - m tordyvel **Düngung** 0 f gödsling; gödsel

Duell—Duodezfürst

dunk|el dunkel, mörk, skum (äv. bildl.); dyster; ~ werden mörkna, skymma; mir wird ~ vor den Augen det svartnar för ögonen på mig; -le Existenz tvivelaktig existens; der Sinn ist mir ~ jag förstår inte meningen; -le Stelle oklart ställe; er redet allerlei -les Zeug han pratar alla möjliga obegripligheter; ~ in die Zukunft sehen se mörkt på framtiden; ein Dunkles (vard.) ett glas mörkt öl; der Sprung ins Dunkle språnget ut i det okända; im Dunklen i mörkret; im Dunklen ist gut munkeln ränker smider man bäst i mörker; darüber hat sie mich im ~n gelassen det lämnade hon mig i oklarhet om; im ~n tappen treva i mörkret **Dunkel** 0 n mörker, dunkel
Dünkel 0 m inbilskhet, fåfänga; arrogans
dunkeläugig mörkögd **dunkelblau** mörkblå **dunkelfarb|en, -ig** mörk [till färgen] **dunkelhaarig** mörkhårig
dünkelhaft inbilsk, förmäten; arrogant **Dünkelhaftigkeit** 0 f inbilskhet, förmätenhet; arrogans
dunkelhäutig mörkhyad **Dunkelheit** 0 f dunkel, mörker **Dunkelkammer** -n f mörkrum **Dunkelmann** -er† m 1 åld. mörkman **2** skum figur i bakgrunden **dunkeln** h el. s mörkna, skymma [på] **Dunkelwerden** 0 n, beim ~ i skymningen **Dunkelwolken** pl, astron. mörk nebulosa **Dunkelziffer** -n f mörkertal
dünk|en sv (åld.: deuchte, gedeucht, deucht) **1** es -t (deucht) mich (mir) det syns (tycks) mig; sein Benehmen -t (deucht) mich seltsam hans uppträdande förefaller mig underligt; wenn es Ihnen gut -t (deucht) om det förefaller Er lämpligt **2** rfl, sie -t (deucht) sich großartig hon tycker (tror) sig vara (att hon är) storartad
dünn tunn; smal; gles; bildl. äv. torftig; ~er Kaffee svagt kaffe; ~er Regen fint regn; ~es Negativ ljust negativ; ~ gesät tunnsådd (äv. bildl.); ~ machen (vard.) vara lös i magen; sich ~ machen (skämts.) göra sig smal (liten); ~ bevölkert glest befolkad **Dünnbier** 0 n, vard. ung. lättöl **Dünnbrett** -e n halvtumsbräda **Dünndarm** -e† m tunntarm **Dünndruckpapier** -e n bibelpapper **Dünne** 0 f tunnhet; smalhet; gleshet **dünn[e]machen** rfl, vard. [av]dunsta, smita **dünnflüssig** tunnflytande **Dünnheit** 0 f tunnhet **Dünnmann** -er† m, vard. nolla, idiot; fegis **Dünn|pfiff** 0 m, vard. **-schiß** 0 m, vulg., ~ haben ha räntan (diarré) **Dünnschliff** -e m 1 tunnslipning **2** tunt snitt (av mikroskoppreparat) **Dünnung** -en f slaksida (på slaktdjur) **dünnwandig** tunnväggig
Dunst -e† m 1 dunst; imma; rök; os; luftförorening; keinen blassen ~ haben (vard.) inte ha den blekaste aning; e-m blauen ~ vormachen (vard.) slå blå dunster i ögonen på ngn; in ~ aufgehen (bildl.) gå upp i rök; der Berg liegt im ~ berget ligger i dis **2** dunst, fågelhagel; ~ kriegen (mil.) bli beskjuten **dunsten** dunsta, ånga **dünsten 1** se dunsten **2** kokk. fräsa (i smör e.d.); ånga (med lock) **Dunst|glocke** -n f, -haube -n f förorenat luftlager (över storstad e.e.d.) **dunstig** disig, töcknig **Dunstkreis** -e m, bildl. atmosfär, verkningsområde, omgivning
Dünung -en f dyning
Duo -s n, mus. duo; duett **Duo|den|um** -a n, med. tolvfingertarm **Duo'dez** 0 n duodes[format]; bildl. äv. miniatyr- **Duo'dezfürst** -en

Duodezstaat—durchdringen

-en *m* små-, duodes|furste **Duo'dezstaat** *-en m* miniatyrstat, litet land
düpieren *högt.* dupera
duplieren fördubbla **Duplik** *-en f, jur.* svaromål **Duplikat** *-e n* duplikat, dubblett; kopia **duplizieren** fördubbla **Duplizität** *0 f* dubbelhet; *die ~ der Ereignisse (ung.)* händelsernas upprepning
Dur - - *n* dur
durabel *högt.* varaktig, hållbar
Duralumin[ium] *0 n* duralumin[ium]
durch I *prep m. ack.* **1** [i]genom; med; per; ~ *Drücken des Knopfes* genom att trycka på knappen; ~ *die Fensterscheibe* genom fönsterrutan; *ich habe es ~ e-n Freund bekommen* jag har fått det genom en vän; ~ *meine Hilfe med* (tack vare) min hjälp; ~ *die Post schicken* sända med (per) post; *e-e Zahl ~ e-e andere dividieren* dividera ett tal med ett annat; *etw.* ~ *etw.* ersetzen ersätta ngt med ngt **2** av; i; för; över; på; ~ *das Fernglas blicken* titta i kikaren; ~ *die Finsternis irren* irra i mörkret; ~ *den Fluß schwimmen* simma över floden; ~ *drei Jahre (österr.)* i tre års tid; ~ *die Nase sprechen* tala i näsan; *Strich ~ die Rechnung* streck i räkningen; ~ *Schaden wird man klug* av skadan blir man vis; ~ *seinen Wein berühmt* berömd för sitt vin; *Fleisch ~ den Wolf drehen* mala kött i köttkvarnen; *viel ~ etw.* **verdienen** tjäna mycket på ngt **II** *adv* **1** igenom; *das ganze Jahr ~* hela året igenom; *darf ich hier bitte mal ~ ? (vard.)* kan jag få komma fram här?; *ich habe das Buch ~ (vard.)* jag har läst (kommit) igenom boken; *den Faden ~ haben* ha fått igenom tråden **2** *der Antrag ist ~* ansökan har beviljats; *meine Hose ist ~ (vard.)* det är hål på mina byxor; *der Käse ist gut ~ (vard.)* osten är ordentligt mogen; *der Kranke ist ~ (vard.)* den sjuke har klarat krisen (är utom all fara); *der Schüler ist ~ (vard.)* eleven har klarat sig; *der Zug ist schon ~* tåget har redan passerat (gått); *sie ist bei mir unten ~* hon har gjort bort sig hos mig **3** *der Schmerz ging mir ~ und ~* smärtan gick genom märg o. ben på mig; *der Ring ist ~ und ~ Gold* ringen är alltigenom guld; *e-n ~ und ~ kennen* känna ngn utan o. innan; *~ und ~ naß sein* vara genomvåt; *~ und ~ überzeugt* helt övertygad **4** *es ist schon zwei Uhr ~ (vard.)* klockan är redan över två **'durchackern** plöja igenom *(äv. bildl.)* **'durcharbeiten 1** [grundligt] bearbeta, gå igenom, genomarbeta; *den Körper ~* träna [hela] kroppen; *den Teig ~* knåda degen ordentligt; *sich ~* arbeta sig igenom **2** arbeta i ett sträck (utan paus); *wir arbeiten durch* vi gör ingen paus (tar ingen rast) **durch'arbeitet** *e-e ~e Nacht* en natt helt fylld av arbete **'durchatmen** andas djupt **durch'aus** *[äv. '-'- el. '--]* absolut; fullkomligt, alldeles; ~ *nicht* ingalunda; ~ *nicht schön* långt ifrån vacker; *es ist ~ verschieden* det är helt annorlunda; *wenn du es ~ willst* om du absolut vill det
'durchbacken *st* **1** grädda färdig **2** *s* bli genomgräddad; *der Kuchen ist durchgebacken* kakan är genomgräddad **durchbeißen** *st* **1** ['---] bita itu; *sich ~ (vard.)* slå sig fram **2** [-'--] bita igenom (sönder) **'durchbekommen** *st* få igenom *(äv. bildl.)* **'durchberaten** *st* diskutera igenom **durchbetteln 1** ['---] *rfl* tigga sig fram **2** [-'--] tiggande dra fram igenom **'durchbeuteln** kraftigt skaka **'durchbiegen**

st **1** böja **2** *rfl* böja sig så långt det går **'durchbilden** träna; utveckla; fullkomna; *durchgebildet* välväxt, noga genomtänkt, fint utvecklad
'durchblasen *st* **1** ['---] blåsa igenom; spela igenom *(på blåsinstrument)* **2** [-'--] blåsa genom; *durchblasen sein* vara genomblåst **'durchblättern** *[äv. -'--]* bläddra igenom **'durchbleuen** *vard.* klå upp, mörbulta **Durchblick** *-e m* utsikt *(genom öppning)*; *vard.* överblick, översikt **'durchblicken** se [tvärs] igenom; *vard.* fatta; *etw. ~ lassen* antyda (låta påskina) ngt **durchblut|en 1** ['---] *h o. s* blöda igenom *(durch den Verband förbandet)* **2** [-'--] -*et werden* genomströmmas av blod; *gut -et* väl genomblödd **Durch'blutung** *0 f* genomblödning **durchbohren 1** ['---] borra igenom; *sich ~* borra sig igenom **2** [-'--] genombora *(äv. bildl.)* **Durch'bohrung** *-en f* genomborrande **'durchboxen** *vard.* **1** *etw. ~* [energiskt] genomdriva ngt **2** *rfl* tränga sig fram **'durchbraten** *st* **1** steka igenom **2** *s* stekas igenom; *noch nicht durchgebraten* inte färdigstekt (genomstekt) ännu **durchbraus|en 1** ['---] *s* brusa (susa) igenom **2** [-'--] fylla med brus; *der Sturm -t das Tal* stormen drar brusande fram genom dalen **durchbrechen** *st* **1** ['---] bryta itu (av, sönder); bryta ut **2** ['---] *s* bryta fram (igenom); *durch das Eis ~* gå genom isen; *durch die feindliche Stellung ~* bryta igenom den fientliga ställningen **3** [-'--] med våld bryta sig väg igenom, genombryta, forcera; *die Front ~ (äv.)* göra ett genombrott; *das Gesetz ~* bryta mot lagen; *die Schallmauer ~* passera ljudvallen; **durchbrochen** genombruten *(om spets o.d.)* **'durchbrennen** *oreg.* **1** *s* brännas sönder; brinna (glöda) ordentligt; *die Sicherung ist durchgebrannt* proppen har gått **2** *s, vard.* rymma **3** bränna av; *den Ofen ~ lassen* låta kaminen brinna [hela tiden] **'durchbringen** *oreg.* **1** [lyckas] få igenom (genomdriva); lyckas rädda *(sjuk)*; *er weiß nicht, wie er seine Familie ~ soll* han vet inte hur han skall klara (kunna försörja) sin familj **2** förslösa; *sein Erbteil ~* slösa bort sitt arv **3** *rfl* slå sig fram; *er bringt sich mit Nachhilfestunden durch* han drar sig fram på extralektioner **durch'brochen** se *durchbrechen* **3 Durchbruch** *-e† m* **1** genombrott; genombrytning; ~ *der Zähne* tandsprickning; *zum ~ kommen* träda i dagen **2** öppning, hål **Durchbruchsarbeit** *-en f* genombrutet arbete; *ung.* hålsöm **Durchbruchsschlacht** *-en f, mil.* genombrytning **Durchbruchsversuch** *-e m, mil.* genombrytningsförsök **durch'bummelt** *~e Nacht* genomfestad natt **'durchbumsen** *vard.* knulla
durchdenken *oreg.* **1** ['---] tänka igenom, fundera över **2** [-'--] noga genomtänka; *e-e gut durchdachte Arbeit* ett väl genomtänkt arbete **'durchdrängen** *rfl* tränga sig igenom, armbåga sig fram **'durchdrehen 1** mala *(i köttkvarn)* **2** *h, ibl. s, vard.* klappa igenom, tappa fattningen; *er war ganz durchgedreht* han var alldeles förvirrad (konfys, slut, utmattad) **3** *(om hjul)* slira **durchdringen 1** ['---] *s* tränga igenom (fram); *bildl.* slå igenom, vinna gehör; *sein Vorschlag ist durchgedrungen, er ist mit seinem Vorschlag durchgedrungen* hans förslag har antagits (gått igenom); *die Nachricht ist durchgedrungen (äv.)* nyheten har kommit i omlopp; *mit seiner Meinung ~* få sin åsikt

accepterad; ~*de Kälte* genomträngande köld **2** [-'--] tränga igenom; uppfylla; genomsyra; *ein Problem geistig* ~intellektuellt arbeta sig igenom ett problem; *von etw. durchdrungen sein* vara uppfylld av (övertygad om) ngt **Durch-'dringung** *0 f* genomsyrande; infiltration; *friedliche* ~ (*polit.*) fredlig penetration '**durchdrücken** trycka (pressa) igenom; *die Knie* ~ räta på knäna; *seine Meinung* ~ (*vard.*) trumfa igenom sin mening; *ein Gesetz* ~ (*vard.*) genomdriva (få igenom) en lag **durch'drungen** *se durchdringen* **2 durch'duften** uppfylla med vällukt '**durchdürfen** *oreg.* få passera, få gå igenom **durcheilen 1** ['---] *s* skynda igenom, snabbt fara igenom (*durch die Stadt* staden) **2** [-'--] skynda igenom; snabbt tillryggalägga (*e-e Strecke* en sträcka); ögna igenom **durchein-'ander** huller om buller, i en enda röra; om varandra; *ich bin ganz* ~ jag känner mig alldeles upp o. ner (upprörd, förvirrad) **Durchein'ander** [*äv.* '----] *0 n* villervalla, oreda, röra **durchein'ander|bringen** *oreg.* blanda (röra) ihop; förvirra **-gehen** *st s, alles ging durcheinander* allt var en enda röra **-geraten** *st s,* **-kommen** *st s* råka (komma) i oordning **-laufen** *st s* springa om varandra **-mengen** blanda (röra) ihop **-reden** (*om flera*) prata i munnen på varandra; (*om en person*) tala förvirrat **-werfen** *st* slänga huller om buller; *bildl.* blanda ihop '**durchessen** *st, rfl, vard.* äta sig igenom **durchfahren** *st* **1** ['---] *s* fara (resa, åka, köra) igenom; passera; *bis Malmö* ~ fara direkt till Malmö (*utan uppehåll*); *den Tag* ~ resa hela dagen **2** [-'--] *das Land* ~ resa [omkring] i landet; *mich durchfährt ein Schauder* jag ryser [till] **Durchfahrt 1** *0 f* genom|fart, -farande, passage; ~ *verboten!* förbjuden genomfart!; *auf der* ~ på genomresa[n] **2** *-en f* genom|fart, -gång, passage, port, grind, tunnel **Durchfahrtsrecht** *0 n* rätt att passera [över annans mark] **Durchfahrtsstraße** *-n f* genomfartsled **Durchfall** *-e*† *m* **1** *med.* diarré **2** *vard.* fiasko; kuggning **durchfallen** *st* **1** ['---] *s* falla [ner] igenom; *bei der Prüfung* ~ (*vard.*) kuggas i examen; *das Stück ist durchgefallen* pjäsen gjorde fiasko; *bei der Wahl* ~ inte bli vald; *e-n* ~ *lassen* kugga ngn **2** [-'--] falla genom (*den Raum* rymden) '**durchfaulen** *s* ruttna rakt igenom '**durchfechten** *st* **1** kämpa igenom; *bildl.* genomdriva, med framgång förfäkta **2** *rfl* kämpa sig fram, mödosamt bana sig väg här i livet, *vard.* tigga sig fram **durchfegen 1** ['---] [snabbt] sopa ut (rent) **2** [-'--] svepa fram genom '**durchfeilen** [*äv.* -'--] fila itu; *bildl.* finslipa, fila på **durch'feuchten** fukta igenom, genomfukta '**durchficken** *vard.* knulla '**durchfinden** *st* **1** hitta [vägen] **2** *rfl* finna sig till rätta **durch'flechten** fläta in; *durchflochten* genomflätad, *bildl.* bemängd **durchfliegen** *st* **1** ['---] *s* flyga igenom (*durch etw.* ngt); *vard.* spricka, köra (*i examen*); *bis Wien* ~ flyga direkt (utan uppehåll) till Wien **2** [-'--] flyga igenom; *bildl.* ögna igenom; *die Atmosphäre* ~ flyga rakt igenom atmosfären **durchfließen** *st* **1** ['---] *s* flyta igenom (*durch etw.* ngt) **2** [-'--] genomflyta; *ein von Gewässern durchflossenes Gebiet* ett av vattendrag genomflutet område **Durchflug** *-e*† *m* direktflyg[ning] **Durchflu|ß 1** *0 m*

genomströmning, flöde **2** *-sse*† *m* passage, öppning **Durchflußgeschwindigkeit** *-en f* genomströmhingshastighet **durchfluten 1** ['---] *s* strömma (välla) igenom (*durch etw.* ngt) **2** [-'--] genomflyta; flöda genom (*äv. bildl.*); *ein Strom durchflutet das Land* (*äv.*) landet genomflyts av en flod '**durchformen** helt utforma, genomarbeta **durch'forschen** genomforska **durch'forsten** gallra (*skog*) **Durch'forstung** *0 f* gallring (*av skog*) '**durchfragen** *rfl* fråga sig fram **durchfressen** *st* **1** ['---] gnaga (fräta) hål i (genom) (*etw.* ngt) **2** ['---] *rfl, vard.* snylta sig till mat; hanka sig fram **3** [-'--] genomfräta; *von Würmern* ~ (*äv.*) maskstungen '**durchfrieren** *st s* bottenfrysa; bli genomfrusen **durch'froren** genomfrusen '**durchfühlen** *e-n Stein durch die Schuhsohle* ~ känna en sten [rakt] genom skosulan; *obwohl du nichts sagst, kann ich es* ~ fastän du inget säger märker (anar) jag det **Durchfuhr** *-en f* transit[ering] **durchführbar** genomförbar '**durchführen 1** föra igenom; transitera; visa omkring **2** genomföra, fullborda **Durchfuhr|erlaubnis** *0 f,* **-genehmigung** *-en f* transiteringstillstånd **Durchfuhrhandel** *0 m* transitohandel **Durchführung** *-en f* genom|förande, -föring; tillämpning [i praktiken]; ut-, slut|förande; *in der* ~ *begriffen sein* vara under utförande; *zur* ~ *gelangen* komma till utförande **Durchführungs|bestimmung** *-en f,* **-verordnung** *-en f* tillämpningsföreskrift **durch'furch|en** plöja fåror i; *-te Stirn* fårad panna '**durchfurten** *rfl, vard.* äta sig mätt; snylta '**durchfüttern** utfodra; *jdn* ~ (*vard.*) ha ngn i maten **Durchgang** *-e*† *m* **1** genomgång; passage; kanal; ~ *gesperrt* spärrad för genomgång; ~ *verboten* genomgång förbjuden **2** *sport.* lopp, omgång **Durchgänger** *- m* **1** häst som lätt skyggar **2** *vard.* flykting, rymmare **durchgängig** genomgående; konsekvent; konstant **Durchgangs|bahnhof** *-e*† *m* genomgångsstation **-güter** *pl* transitogods **-lager** *- n* genomgångsläger **-verkehr** *0 m* transitotrafik, genomgående trafik **-zoll** *-e*† *m* transitotull **-zug** *-e*† *m* snälltåg '**durchgären** *st äv. sv, h el. s* jäsa färdigt '**durchgeben** *st* utsända (*i radio*); vidarebefordra (*meddelande*); skicka vidare; räcka ut (*genom lucka e.d.*) '**durchgehen** *st* **1** *s* gå igenom (*äv. bildl.*); *geht es hier zum nächsten Haus durch?* kan man komma igenom (passera) här till nästa hus?; *das kann mit* ~ det får slinka med (passera); *e-n* ~ *lassen* låta ngn [få] gå igenom; *e-m etw.* ~ *lassen* ha överseende med ngn för ngt; *das kann ich nicht* ~ *lassen* det kan jag inte tolerera (låta passera); *die Nässe ist durch die Schuhe durchgegangen* vätan har trängt igenom skorna; *der Antrag ging durch* motionen antogs (gick igenom) **2** *s* skena; rusa (*om motor*); *vard.* rymma; *seine Frau ist ihm durchgegangen* (*vard.*) hans fru har lämnat honom **3** granska, gå igenom; *der Bücher* ~ granska böckerna; *die Aufgabe* ~ gå igenom läxan **durchgehend** genomgående (*äv. bildl.*); ~*er Wagen* direkt vagn; ~ *geöffnet* öppet hela dagen (*utan lunchstängning*) '**durchgehends** *vard.,* ~ *geöffnet* öppet hela dagen **durch'geistigt** själfull, förandligad; [mycket] intellektuellt '**durchgeknöpft** helknäppt '**durchgießen** *st* hälla igenom; filtrera '**durchgliedern** [*äv.* -'--] *bildl.*

durchglühen—durchplumpsen

indela, disponera (*uppsats o.d.*) **durchglüh|en 1** ['---] [genom]glödga (*järn*) **2** [-'---] elda, hänföra; *von Leidenschaft -t* upptänd av lidelse '**durchgraben** *st* **1** gräva **2** *rfl* gräva sig igenom '**durchgreifen** *st* **1** sticka handen igenom **2** *bildl.* ingripa; *hier muß man energisch ~ här måste man ta i det hårdhandskarna* **durchgreifend** genomgripande, radikal '**durchgucken** *vard., durch etw. ~* titta [ut] genom ngt; *etw. ~* titta igenom ngt '**durchhaben** *oreg., vard., etw. ~* ha fått igenom ngt; *ich habe das Buch durch* jag har läst (hunnit) igenom boken '**durchhageln** *s, vard.* bli kuggad (*i examen*) '**durchhalten** *st* **1** hålla ut **2** stå, ut med **3** vidhålla, behålla **Durchhaltevermögen** *0 n* uthållighet **Durchhang** *-e†* m insjunkning; nedbuktning (*av hängande rep e.d.*) '**durchhängen** *st* **1** bågna, sjunka in **2** *vard.* vara [alldeles] slut, inte orka längre; vara (ha) tråkig[t] '**durchhauen** *st* (*vard. äv. sv imperf*) **1** hugga itu (igenom); klyva **2** *rfl* hugga sig igenom **3** *vard.* ge stryk '**durchhecheln** *bildl.* häckla; *alle Bekannten ~* tala illa om alla bekanta [i tur o. ordning] '**durchheizen** elda grundligt; elda dygnet runt '**durchhelfen** *st* **1** *e-m ~* hjälpa fram ngn, hjälpa ngn igenom **2** *rfl* trassla sig igenom, klara sig själv **Durchhieb** *-e m* uthuggning [i skog], rågata '**durchhören** *vard.* [tycka sig] märka (höra); *durch die Tür ~* höra genom dörren '**durchhungern** *rfl* hungra sig fram **durch'irren** genomirra **durchjagen 1** ['---] *s* jaga (rusa) igenom (*durch etw.* ngt) **2** ['---] jaga (driva) genom; jaga (rusa) igenom; *ein Werkstück durch die Maschine ~* snabbt driva ett arbetsstycke genom maskinen **3** [-'---] jäkta (hetsa, jaga) genom (*ein Land* ett land) **durch-'kälten** kyla ut, starkt avkyla, genomkyla '**durchkämmen 1** kamma igenom **2** [*äv.* -'--] *bildl.* finkamma; *jeder Wagen wurde durch-[ge]kämmt* varenda bil undersöktes noga '**durchkämpfen** [*äv.* -'---] kämpa igenom, genomkämpa; *e-e Sache ~* genomdriva en sak; *sich ~* kämpa sig igenom '**durchkauen** tugga väl (igenom); *vard.* älta **durchkling|en** *st* **1** ['---] *s* höras (tränga) igenom; *er war froh, aber in seiner Stimme klang Wehmut durch* han var glad men det fanns ngt vemodigt i hans röst **2** [-'---] klinga genom, uppfylla (*med klang*); *Musik -t das Zimmer* musik fyller rummet med sin klang **durch'klüftet** full av klyftor '**durchkneten** genomknåda; *vard. äv.* massera '**durchkochen** genomkoka, koka färdig '**durchkommen** *st s* komma (slippa, ta sig) igenom (fram); tränga igenom (*genom nötning*); *bildl.* gå igenom, klara sig; *anrufen, aber nicht ~* (*vard.*) ringa men inte komma fram; *die Knospen kommen durch* knopparna slår ut; *bei der Wahl ~* bli vald; *mit 300 Mark ~* klara sig på 300 mark; *damit kommst du bei mir nicht durch* med det vinner du inget hos mig, den gubben gick inte; *hier ist kein D~* här kommer man inte igenom '**durchkönnen** *oreg., vard.* kunna komma fram (igenom) '**durchkosten** [få] pröva på, ordentligt smaka på; *ibl.* njuta av **durchkreuzen 1** ['---] genom-, över|korsa; sätta ett kryss (*i ruta*) **2** [-'---] korsa; *seine Pläne ~* korsa hans planer; *das Meer ~* färdas över havet **durchkriechen** *st* **1** ['---] *s* krypa igenom (*durch etw.* ngt) **2** [-'---] krypa genom (omkring i) '**durchkriegen** *vard., se durchbekommen*

'**durchlangen 1** *vard., nach etw. ~* sträcka sig (handen) igenom efter ngt **2** räcka igenom; *etw. durch etw. ~* räcka ngt genom ngt **Durch-la|ß** *-sse†* m **1** fram-, genom|släppning **2** öppning, [trång] passage; genom|gång, -fart; lucka (dörr) i port **3** vägtrumma, kulvert **4** filter, sil '**durchlassen** *st* släppa igenom (fram); filtrera; *vard.* godkänna (*i examen*) **durchlässig** genomsläpplig **Durchlässigkeit** *0 f* genomsläpplighet '**Durchlaucht** [*äv.* -'-] *-en f*, *Eure ~* Ers Höghet **durchlauchtig** furstlig; upphöjd; ädel **durchlaufen** *st* **1** ['---] *s* springa (gå) igenom (*durch etw.* ngt); sippra (rinna) igenom; *fünf Stunden ~* springa fem timmar utan uppehåll **2** ['---] *die Schuhe ~* nöta ut skorna; *sich* (*dat.*) *die Füße ~* få skavsår **3** [-'---] springa igenom; *die Universität ~* gå igenom universitetet; *e-e Klasse noch einmal ~* gå om en klass; *Gerüchte ~ die Stadt* rykten sprider sig snabbt i staden; *e-e Strecke ~* tillryggalägga en sträcka; *es durchläuft mich eiskalt* det går kalla kårar längs ryggen på mig; *~e Strecke* (*sjö.*) seglad distans **Durchlauferhitzer** *- m* varmvattenberedare (*av genomströmningstyp*) '**durchlawieren** *rfl* [lyckas] klara sig; manövrera **durch'leben** genom-, upp|leva '**durchlecken** *s* sippra igenom (*durch etw.* ngt) '**durchleiten** leda igenom (*etw.* ngt) '**durchlesen** *st* läsa igenom **durchleuchten 1** ['---] skymta (lysa) igenom (*durch etw.* ngt) **2** [-'---] genomlysa, fullständigt upplysa; röntga, skärmbilda; *bildl.* undersöka, kontrollera, analysera **Durch'leuchtung** *-en f* genomlysning; skärmbildning, röntgengenomlysning '**durchliegen**; *st* **1** ligga sönder **2** *rfl* få liggsår **durch'lochen** perforera **durch'löcher|n** perforera; genomborra med många [kul]hål; *bildl.* urholka, försvaga; *der Strumpf ist -t* strumpan är full med hål; *das Gesetz ~* luckra upp lagen '**durchlüften** [*ibl.* -'---] vädra igenom; ventilera '**durchlügen** *st, rfl, vard.* ljuga sig fram
'**durchmachen** gå igenom; genomgå; genomlida; *viel durchgemacht haben* ha haft det svårt, ha farit illa; *in fröhlicher Gesellschaft ~* (*vard.*) festa hela natten igenom i glatt lag **Durchmarsch** *-e† m* genommarsch; *vard.* diarré '**durchmarschieren** *s* marschera igenom (*durch etw.* ngt) **durchmessen** *st* **1** ['---] fullständigt mäta upp, ta alla mått på **2** [-'---] färdas genom (över); *das Zimmer mit großen Schritten ~* mäta rummet med stora steg **Durchmesser** *- m* diameter (*von* på) **durchmischen 1** ['---] blanda ordentligt **2** [-'---] blanda [i (upp)] '**durchmogeln** *rfl, vard.* [lyckas] komma igenom, klara sig '**durchmüssen** *oreg.* vara tvungen att komma igenom; *wir müssen hier durch* vi måste komma igenom här '**durchmustern** [*äv.* -'---] mönstra, kolla, granska '**durchnagen** [*äv.* -'---] gnaga igenom (sönder) **durch'nässen** väta ner, blöta igenom; *völlig durchnäßt* alldeles genomvåt '**durchnehmen** *st* gå igenom (*text o.d.*); behandla (*tema o.d.*); *vard. neds.* stöta o. blöta (*sina bekanta*) '**durchnumerieren** numrera i löpande följd
'**durchpassieren** passera (*potatis*) '**durchpauken** *vard.* **1** plugga in **2** trumfa igenom '**durchpausen** kalkera '**durchpeitschen** piska [upp]; driva med piskrapp; *bildl.* genomdriva '**durchpennen** *vard., se durchschlafen* **durch'pilgern** vallfärda genom '**durch-

plumpsen s, vard. falla igenom; kuggas (*i examen*) **'durchpressen** pressa igenom (*potatis*); *bildl.* genomdriva **'durchproben** repetera igenom **'durchprobieren** prova igenom **'durchprüfen** noggrant undersöka, kontrollera **'durchprügeln** vard. genomprygla **durch-'pulsen** pulsera genom **durch'queren** korsa, gå (färdas) [tvärs] igenom **'durchquetschen** pressa (klämma) igenom **durchrasseln** s, vard. köra (*i examen*) **'durchräuchern** väl röka, genomröka **durchrauschen 1** ['---] s, vard. skämts. sväva genom (*durch das Zimmer* rummet); köra (*i examen*) **2** [-'--] *poet.* fylla med brusande dån **'durchrechnen** räkna igenom (över); *ich muß das Geschäft ~* jag måste räkna på affären **'durchregnen** regna igenom (in); *ich bin ganz durchgeregnet* jag är alldeles genomvåt av regnet **'durchreiben** *st* riva hål på; *der Ärmel hat sich durchgerieben* det har nötts hål på ärmen **Durchreiche** *-n f* serveringslucka **'durchreichen** räcka genom **Durchreise** *-n f* **1** genomresa **2** konfektionsmässa **Durchreiseerlaubnis** *0 f* transit-, genomrese|tillstånd **durchreisen 1** ['---] *s* resa igenom (*durch ein Land* ett land); *die ganze Nacht ~* resa hela natten igenom **2** [-'--] resa genom (*ein Land* ett land) **Durchreisende(r)** *m f, adj böjn.* person på genomresa **'durchreißen** *st* **1** slita (riva) itu (sönder, av) **2** *s* slitas (rivas) av (sönder); *das Seil ist durchgerissen* repet är av **durchreiten** *st* **1** ['---] *s* rida igenom (förbi), passera (*durch etw.* ngt); rida utan uppehåll **2** ['---] *sich ~* få ridsår; *sich* (*dat.*) *die Hosen ~* rida sönder sina byxor; *ein Pferd ~* rida in en häst, rida skavsår på en häst **3** [-'--] rida genom (*den Wald* skogen) **durchriesel|n 1** ['---] *s* strila igenom (*durch etw.* ngt) **2** [-'--] strila genom; *es -t mich kalt* det går kalla kårar efter ryggen på mig **'durchringen** *st, rfl* kämpa sig fram **'durchrosten** *s* rosta sönder **'durchrufen** *st, vard.* meddela per telefon; ringa upp **'durchrühren 1** röra om väl **2** passera **'durchrütteln** skaka om; *bildl.* uppskaka
durchs = **durch das 'durchsacken** *s* sacka, falla; *flyg.* sjunka igenom **Durchsackgeschwindigkeit** *0 f, flyg.* kritisk hastighet **Durchsage** *-n f* meddelande (*i radio e.d.*) **'durchsagen** meddela (*i radio e.d.*); [muntligen] vidarebefordra **'durchsägen** såga igenom (itu, av) **durch'säuern** genomsyra **durchsaus|en 1** ['---] *s, vard.* susa igenom (*durch etw.* ngt); köra i examen **2** [-'--] susa genom; *der Wind -t die Bäume* vinden susar i träden **durchschallen 1** ['---] (*imperf äv. st*) *s* höras (skalla) igenom (*durch etw.* ngt) **2** [-'--] skalla genom; *tekn.* sända ultraljud genom **'durchschalten** *tel.* koppla igenom; *elektr.* släppa på ström **durchschauen 1** ['---] *dial.* se (titta) igenom; *durch das Mikroskop ~* titta i mikroskopet **2** [-'--] genomskåda; fatta **durch-'schauer|n** *es -t mich* jag ryser **durchscheinen** *st* **1** ['---] skina (lysa) igenom (*durch etw.* ngt) **2** [-'--] upplysa **'durchscheinend** genom|skinlig, -lysande **'durchscheuern** gnida (skura, skava, nöta) hål på **'durchschieben** *st, vard.* e-n *Brief unter der Tür ~* skjuta in ett brev under dörren **durchschießen** *st* **1** ['---] skjuta igenom (*durch etw.* ngt) **2** ['---] *s* rusa igenom (*durch etw.* ngt) **3** [-'--] skjuta igenom (*e-m den Arm*

armen på ngn) **4** [-'--] *typ.* inskjuta mellanslag; [*mit Papier*] *~* (*bokb.*) interfoliera **durchschimmern** ['---] lysa (skimra) igenom (*durch etw.* ngt); *die Sonne schimmert durch* solen tittar fram; *etw. ~ lassen* (*bildl.*) låta ngt framskymta **'durchschlafen** *st, die ganze Nacht ~* sova hela natten igenom (*utan att vakna*) **Durchschlag** *-e†* *m* **1** durkslag; passersikt **2** [genomslags]kopia **3** *tekn.* hål|slag, -stans; *elektr.* genomslag **4** uthuggning (*i skog*) **durchschlagen** *st* **I** ['---] **1** *s* slå igenom (*durch etw.* ngt); *die Kugel ist durchgeschlagen* kulan slog igenom; *in dem Mädchen ist der Großvater durchgeschlagen* den flickan brås på farfar; *das Wasser schlägt durch* vattnet tränger igenom **2** *e-n Nagel ~* slå i en spik (*så långt det går*); *ein Stück Holz ~* klyva ett vedträ **3** *e-n Brief ~* skriva ett brev med kopia (kopior) **4** *Obst ~* passera frukt **5** *rfl* slå sig igenom; *sich im Leben ~* slå sig fram i livet **II** [-'--] *die Kugel hat die Wand ~* kulan gick (trängde) igenom väggen **'durchschlagend** *~er Erfolg* avgörande framgång; *~e Wirkung* grundlig (effektiv) verkan; *~er Beweis* avgörande (oemotsägligt) bevis; *der Tee wirkt ~* teet har lösande verkan **Durchschlagpapier** *-e n* genomslagspapper **Durchschlag[s]festigkeit** *0 f, elektr.* dielektrisk hållfasthet **Durchschlagskraft** *0 f* genomslags|kraft, -förmåga; *bildl.* slagkraft **Durchschlagspunkt** *-e m* genomslagspunkt; genombrottsställe **'durchschlängeln** *rfl* slingra sig igenom; *bildl.* klara sig **durchschleichen** *st* **1** ['---] *rfl* smyga sig igenom (*durch etw.* ngt) **2** [-'--] smyga sig genom **'durchschleusen** slussa igenom (*äv. bildl.*) **Durchschlupf** *-e†* *m* smyg-, kryp|hål **'durchschlüpfen** *s* slinka (krypa) igenom (*durch etw.* ngt) **'durchschmecken 1** (*om smak*) slå igenom **2** känna smaken av **'durchschmelzen** *st s* smälta (*om säkring*) **'durchschmökern** [*äv.* -'--] *vard.* läsa igenom **durchschneid|en** *st* **1** ['---] skära (klippa) sönder (itu) **2** ['---] genom|korsa, -skära; *der Fluß -et das Land* floden delar landet i två delar; *die Wellen ~* klyva vågorna **Durchschnitt** *-e m* genomsnitt, medeltal; tvärsnitt; skärning; *guter ~ sein* ligga ngt över genomsnittet; *im ~ a*) i medeltal, *b*) *vard.* vanligtvis, i allmänhet; *im ~* ... *erzielen* (*äv.*) nå ett medeltal av ...; *über dem ~ liegen* ligga över genomsnittet **durchschnittlich** genomsnittlig; medel-; i genomsnitt; *~ begabter Mensch* (*äv.*) medelmåtta **Durchschnitts|bürger** *- m, ung.* vanlig medborgare **-einkommen** *-n* genomsnittlig inkomst, medelinkomst **-ertrag** *-e†* *m* **1** medelavkastning **2** medelmåttig avkastning **-geschwindigkeit** *-en f* medel-, genomsnitts|hastighet **-mensch** *-en -en m* genomsnittsmänniska, vanlig människa; medelmåtta **-wert** *-e m* medelvärde **durchschnüffeln** [*äv.* -'--] snoka (nosa) igenom **durch'schossen** *se durchschießen 3, 4* **Durchschreibeblock** *-s el. -e† m* kopieblock **'durchschreiben** *st* skriva med kopia **durchschreiten** [-'--] *st* skrida (gå) genom; *e-n Fluß ~* skrida över floden **Durchschrift** *-en f* kopia **Durchschu|ß** *-sse†* *m, e-n ~ bekommen* få ett skott rakt igenom sig **2** *0 m, boktr.* mellanslag; reglett; *bokb.* interfoliering **3** *0 m, text.* inslag, väft **durchschütteln 1** ['---] skaka om väl; *auf dem schlechten Weg* *wurden wir durchgeschüttelt* vi blev ordentligt omskakade på den dåliga vägen **2** [-'--] *poet.* [upp]skaka **durch'schwärmen** *e-e Nacht* ~ svärma en hel natt; *ein Gebäude* ~ sprida sig o. genomsöka en byggnad **durchschwimmen** *st* **1** ['---] *s* simma igenom (över, förbi, emellan, under) (*durch etw.* ngt); *1000 Meter* ~ simma 1000 meter utan att vila **2** [-'--] simma genom **'durchschwindeln** *rfl* skoja (fuska, ljuga) sig fram **'durchschwitzen** [*äv.* -'--] svettas igenom; *ganz durch*[ge]*schwitzt sein* vara genomsvettig **durchsegeln 1** ['---] *s* segla [igenom] (*durch etw.* ngt); *vard.* kuggas (*i examen*); *unter der Brücke* ~ segla under bron **2** [-'--] segla genom; *die Lüfte* ~ segla genom luften **'durchsehen** *st* **1** titta ut [genom] (*durch etw.* ngt); *durch das Fernrohr* ~ titta i kikaren **2** se igenom (*etw.* ngt) **3** *vard.* fatta, förstå **'durchseihen** sila, filtrera **'durchsein** *oreg. s* ha kommit igenom; vara klar; vara trasig; *er ist durch* (*äv.*) *a)* han är utom all fara, *b)* han har klarat sig (*i examen*); *die Kartoffeln sind durch* (*vard.*) potatisen är färdig; *der Käse ist durch* osten är mogen; *er ist bei mir unten durch* (*vard.*) jag är färdig med honom; *er ist mit der Kasse durch* (*vard.*) han har rymt med kassan; *der Zug ist schon durch* tåget har redan passerat **durchsetzen 1** ['---] genom|driva, -föra; *seinen Kopf* (*Willen*) ~ få sin vilja fram; *sich* ~ hävda sig, göra sig gällande, slå igenom **2** [-'--] genomsyra; uppblanda; *mit Erz durchsetzt* genomsatt med (full av) malm; *mit Flüchen* ~ späcka med svordomar **Durchsicht** *0 f* översyn, granskning; *bei* ~ *unserer Bücher* vid genomgång av våra böcker **durchsichtig** genomskinlig (*äv. bildl.*), transparent; *bildl.* lättbegriplig, lätt att genomskåda; *der Plan ist* ~ planen är lätt att genomskåda **Durchsichtigkeit** *0 f* transparens, genomskinlighet **'durchsickern** *s* sippra igenom; *bildl.* sippra ut **'durchsieben** sålla, sikta, sila **'durchsingen** *st* sjunga igenom (till slut); *das Lied* ~ sjunga hela visan **'durchsitzen** *st* sitta sönder, nöta hål på (*byxbak*) **'durchspielen** spela igenom (till slut) **'durchsprechen** *st* dryfta punkt för punkt, diskutera igenom; läsa upp i telefon (*telegram*) **durchspringen** *st* **1** ['---] *s* hoppa igenom (*durch etw.* ngt)**2** [-'--] hoppa igenom **'durchspülen** skölja (spola) igenom **'durchspüren** *se durchfühlen* **'durchstarten** dra på (gasa) [igen]; rusa [motorn] **durchstechen** *st* **1** ['---] sticka (gå rakt) igenom (*durch etw.* ngt) **2** [-'--] genomborra; göra hål i; *das Trommelfell* ~ sticka hål på trumhinnan **Durchstecherei** -*en f*, *högt.* bedrägeri **'durchstehen** *st* stå ut [med], uthärda; *wir haben böse Zeiten durchgestanden* vi har upplevt svåra tider **durchsteigen** *st* **1** ['---] *s* kliva (klättra) igenom (*durch etw.* ngt); *vard.* fatta **2** [-'--] kliva (klättra) igenom **'durchstellen** ställa (koppla) om (*telefon*) **Durchstich** -*e m* genomgrävning; tunnel; kanal; öppning **durch'stöbern** [*äv.* '---] genomsöka; rota igenom **Durchstoß** -*e†* *m* stöt rakt igenom; *mil.* genombrott **durchstoßen** *st* **I** ['---] **1** *s* stöta (bryta) igenom (*äv. mil.*) (*durch etw.* ngt) **2** nöta hål på (*den Ärmel* ärmen) **3** *rfl* bli sliten **II** [-'--] genomborra; stöta hål i (på); stöta (slå) igenom; *die Wolken* ~ flyga genom molnen; *die Stellung* ~ (*mil.*) bryta igenom ställningen **durchstrahlen 1** ['---] lysa igenom (*durch etw.* ngt);

skymta fram **2** [-'--] uppfylla med strålande ljus, fullständigt upplysa **durchstreichen** *st* **1** ['---] stryka [över]; *Nichtzutreffendes bitte* ~ (*på formulär*) stryk det som inte passar (önskas) **2** ['---] passera **3** [-'--] genomströva; stryka fram genom **Durch'streichung** -*en f* överstrykning **durch'streifen** genomströva, vandra genom; genomsöka **durchströmen 1** ['---] *s* strömma igenom (*durch etw.* ngt) **2** [-'--] strömma genom; genomflyta; *Freude durchströmte mich* jag genomströmmades av glädje; *Flüsse* ~ *das Land* floder flyter genom landet **durchstürmen 1** ['---] *s* storma (rusa) igenom (*durch etw.* ngt) **2** [-'--] storma (rusa) genom **durchsuchen 1** ['---] söka (leta) igenom **2** [-'--] genom|söka, -leta; [kropps]visitera; vittja (*ngns fickor*); *das Haus polizeilich* ~ göra husrannsakan (husundersökning) **Durch'suchung** -*en f* genomsökning; [kropps]visitering; husrannsakan **Durch'suchungsbefehl** -*e m* husrannsakningsorder **durchtanzen 1** ['---] *s* dansa igenom (*durch das Zimmer* rummet) **2** ['---] dansa sönder (*skorna*); dansa utan uppehåll; *e-n Tanz* ~ dansa en dans till slut; *alle Tänze* ~ inte försumma ngn enda dans **3** [-'--] *die Nacht* ~ dansa hela natten **'durchtasten** *rfl* treva sig igenom (*durch etw.* ngt) **'durchtesten** testa [ordentligt] **durch'toben** larmande dra fram genom; *die ganze Nacht* ~ föra ett liv hela natten **durch'tosen** brusa genom **durch'tränk|en** genomdränka; impregnera; *bildl.* genomsyra; *von etw.* -*t* (*äv.*) uppfylld av ngt **'durchtreiben** *st, etw.* ~ driva (slå) ngt rakt igenom **'durchtrennen** *s, äv.* -'--] skilja, dela på **'durchtreten** *st* **1** *s* träda igenom (*durch etw.* ngt); *bitte* ~! (*vard.*) fortsätt framåt (bakåt) i vagnen! **2** trampa sönder (hål på) **3** *das Gaspedal* ~ trampa gasen i botten **durch'trieben** durkdriven, fulljädrad, slipad; raffinerad; inpiskad **Durch'triebenheit** *0 f* durkdrivenhet *etc.*, *jfr durchtrieben* **Durchtrittsstelle** -*n f* mynning, öppning **'durchtropfen** *s* droppa igenom (*durch etw.* ngt) **'durchvögeln** *vard.* knulla **'durchwachen** [*äv.* -'--] vaka utan avbrott; genomvaka **durchwachsen** *st* **1** ['---] *s* växa [rakt] igenom (*durch etw.* ngt) **2** [-'--] växa igenom; *von Wurzeln* ~ *sein* vara genomdragen (genomvävt) av rötter; ~ *es Fleisch* kött med fettstrimlor; ~ *er Speck* randigt fläsk; *das Wetter ist* ~ (*vard.*) vädret är skapligt **'durchwagen** *rfl, vard.* våga sig igenom **'durchwählen** *tel.* koppla [samtal] själv; slå direktnummer; *nach Österreich* ~ ringa direkt till Österrike **'durch|walken, -wamsen** *vard.* ge smörj **'durchwandern 1** ['---] *s* vandra [igenom] **2** [-'--] vandra genom **'durchwärm|en** [*äv.* -'--] **1** *der Tee wird dich* ~ teet kommer att göra dig helt varm; *gut* -*t* väl uppvärmd **2** *rfl* värma sig **'durchwaschen**, *st, vard.* tvätta upp **durchwaten 1** ['---] *s* vada igenom (över) (*durch etw.* ngt) **2** [-'--] vada genom (över) **durchweb|en** *sv* **1** ['---] väva igenom **2** [-'--] *bildl. o. poet. äv. st; mit Goldfäden* -*t* genomvävd med guldtråd; *die Geschichte ist mit Poesie durchwoben* (-*t*) historien är genomvävd (genomandad, full) med poesi **'durchweg**[s] [*äv.* -'--] genomgående, överallt **durchwehen 1** ['---] fläkta (blåsa) igenom (*durch etw.* ngt) **2** [-'--] fläkta (blåsa) genom; *bildl.*, *poet.* uppfylla **durchweichen 1** ['---] *s* bli alldeles mjuk [av väta] **2** [-'---] mjuka upp, blöta igenom **Durchweichung** *-en f* uppmjukning '**durchwerfen** *st* kasta igenom '**durchwetzen 1** nöta sönder **2** *s, vard.* kila igenom *(durch etw.* ngt) '**durchwichsen** *vard.* klå upp '**durchwinden** *st, rfl* slingra sig igenom; *sich durch Schwierigkeiten* ~ slingra sig (kämpa sig) igenom svårigheter **durch-** '**wintern** övervintra **durchwirk|en 1** ['---] knåda igenom **2** [-'---] väva (blanda) in; *grau-tes Haar* gråsprängt hår '**durchwischen 1** sudda ut **2** *e-m* ~ *(vard.)* slinka undan från ngn '**durchwitschen** *s, vard.* komma undan, [lyckas] sticka '**durchwollen** *oreg., vard.* vilja igenom **durchwühl|en 1** ['---] böka (leta, rota, snoka) igenom **2** ['---] *rfl* böka (gräva) sig igenom **3** [-'---] *se 14* [-'---] *von Schmerz -t* söndersliten av smärta '**durch|wurschteln, -wursteln** *rfl, vard.* hanka sig fram, klara sig **durchzählen** räkna igenom (över); *die Stunden werden von 1 bis 24 durchgezählt* timmarna räknas från 1 till 24 **durchzechen 1** ['---] svira (festa) i ett **2** [-'---] *die Nacht* ~ svira (festa) hela natten '**durchzeichnen** kalkera **durchziehen** *st* **1** ['---] *s* dra (färdas, tåga) igenom *(durch etw.* ngt); flyga över *(om flyttfågel)* **2** ['---] dra (trä) igenom; ~ *lassen* vädra **3** [-'---] *Flüsse* ~ *das Land* floder genomkorsar landet; *ein Duft durchzog das Zimmer* en doft drog genom rummet; *se äv. durchzogen* **Durchzieher** - *m* mensurärr tvärs över ansiktet **Durchziehnadel** *-n f* trädnål **durch'zogen 1** *ein von Goldfäden* ~*er Stoff* ett tyg med invävda guldtrådar; *ein von Furchen* ~*er Acker* en plöjd åker, en åker med plogfåror; *ein Gesicht, von Falten* ~ ett fårat ansikte **2** *von Flüssen* ~ genomfluten av floder; *von Eisenbahnlinien* ~ genomkorsad av järnvägslinjer **3** *dial., se durchwachsen* **2 durch'zucken** genomila; *Blitze* ~ *den Himmel* blixtar korsar himlen **Durchzug** *-e†* *m* **1** luft-, kors|drag; ventilation **2** genom|marsch, -tåg; *(flyttfåglarnas)* överflygning '**durchzwängen** tränga (pressa, tvinga) igenom

dürfen durfte, dürfte, gedurft *(dürfen)*, *darf, darfst, darf* **1** få [lov], kunna få; *darf (dürfte) ich Sie bitten, mir zu folgen* får jag be Er att följa med mig; „*Möchten Sie noch etw. Kaffee?"* — „*Gern, wenn ich bitten darf.*" "Vill Ni ha mera kaffe?" — "Ja tack, gärna (om jag får besvära)."; *man wird doch wohl noch fragen* ~ *(vard.)* man kan väl få fråga; „*Darf ich heute ins Kino gehen?"* — „*Du darfst."* "Får jag gå på bio i dag?" — "Det får du."; *du darfst nicht glauben, daß* du får (skall) inte tro att; *ich habe nicht kommen* ~ jag fick inte (har inte fått) komma; *hier darf nicht geraucht werden* här får man inte röka; *darf es sonst noch etw. sein?* får det lov att vara ngt mer?; *darfst du das?* får det?, har du lov?; *ich darf mit (vard.)* jag får följa med; *er durfte nicht zu ihr hinein* han fick inte komma in till henne **2** kunna; *wir* ~ *annehmen, daß* vi har all anledning att tro att; *wir hatten genug gespart, daß wir ans Reisen denken durften* vi hade sparat tillräckligt för att kunna tänka på att resa; *Sie* ~ *mir glauben* Ni kan tro mig; *du darfst stolz auf sie sein* du kan vara stolt över henne; *darf ich mich darauf verlassen?* kan jag lita på det?; *das darf nicht wahr sein!* det kan inte vara sant! **3** böra; *das*

hätte sie nicht tun ~ det borde hon inte ha gjort (hade hon inte bort göra); *das hätte nicht kommen* ~ *(vard.)* det borde aldrig ha sagts **4** behöva; *du darfst bloß ein Wort sagen, dann* du behöver bara säga ett ord så; *ich darf nur mal einige Minuten weg sein, schon passiert was* jag behöver bara vara borta några minuter så händer det ngt **5** *dürfte*[n] torde, skall, skulle; *jetzt dürften sie wohl das Wichtigste diskutiert haben* nu torde de väl ha diskuterat det viktigaste; *das dürfte zu e-m Krieg führen* det leder förmodligen (torde leda) till ett krig; *es dürfte e-n Sturm geben* det blir förmodligen (nog) storm; *sie dürfte bald kommen* hon torde komma snart; *es dürfte nicht schwer sein, das zu zeigen* det torde (skulle) inte vara svårt att visa det; *das dürfte Herr X sein* det torde vara herr X; *er dürfte es vergessen haben* han torde (måtte) ha (har nog) glömt det; *jetzt dürfte es vorüber sein* nu skall det väl (torde det) vara över; *es dürfte nett werden det* blir nog trevligt

dürftig torftig; tarvlig; knapp; ~ *leben* ha det knapert **Dürftigkeit** *0 f* torftighet; otillräcklighet; fattigdom

dürr torr, förtorkad; vissen; ofruktbar *(om mark)*; skinntorr, mager; torftig, knapp; *in (mit)* ~*en Worten* med några få ord **Dürre** *0 f* torka, torrhet; ofruktbarhet; magerhet **Dürrobst** *0 n* torkad frukt

Durst *0 m* törst; *bildl.* längtan; ~ *haben* vara törstig; ~ *auf Kaffee haben* vara kaffesugen; *e-n (eins) über den* ~ *trinken (vard.)* ta sig ett glas för mycket; *vor* ~ *vergehen* förgås av törst **durst|en** törsta; *es -et mich, ich -e* jag törstar **dürst|en** törsta; *mich -et nach Rache* jag törstar efter hämnd **durstig** törstig **durst|löschend, -stillend** törstsläckande **Durststrecke** *0 f* svåra tider, magra år **Durumweizen** *0 m* durumvete

Duschbad *(äv. -u:-] -er† n* dusch **Dusche** *-n f* dusch; *e-e kalte* ~ *(äv. bildl.)* en kalldusch **duschen** duscha; *[sich] warm* ~ ta en varm dusch

Düse *-n f* munstycke; *tekn. äv.* dys[a] **Dusel** *0 m, vard.* **1** dåsighet; yrsel; rus; *im* ~ *i fyllan o. villan* **2** [oförtjänt] tur; *da haben wir noch einmal* ~ *gehabt (ung.)* det var nära ögat **duselig** *vard.* dåsig; [litet] yr; vimmelkantig **duseln** *vard.* halvsova, dåsa, drömma **Düsen|antrieb** *0 m* jetdrift **-flugzeug** *-e n* jet[flyg]plan **-jäger** - *m* jetjaktplan **-maschine** *-n f* jet[flyg]plan

Dussel - *m, vard.* fjant, dumbom **dusselig** *se dußlig* **dusseln** *vard., se duseln* **dußlig 1** *vard.* dum, idiotisk **2** *dial.* omtöcknad, vimmelkantig

duster [-u:-] *dial.*, **düster** [-y:-] dyster; mörk; svårmodig; tryckt *(om stämning)* **Düster** *0 n, poet.*, **Düster|heit** *0 f*, **-keit** *0 f*, **-nis** *0 f* dysterhet, mörker; *bildl.* svårmod, melankoli

Dutt *-e el. -s m, dial.* hårknut

Dutten *pl, dial.* spenar; *vulg.* pattar

Dutzend -*e (vid måttsangivelse-) n* dussin; *das* ~ *(äv.)* per dussin; ~*e von Menschen* dussintals människor **dutzend[e]mal** [*ein*] ~ [ett] dussin gånger **Dutzendmensch** -*en e m* dussinmänniska **Dutzendpreis** -*e m* pris per dussin **dutzendweise** dussinvis

Duzbruder [-u:-] -*† m* dubror **duzen 1** vara du med, säga du till **2** *recipr* vara du [o. bror], säga du [till varandra] **Duzfreund** -*e m* du-

Duzfuß—Edeldirne

bror; nära vän **Duzfuß** *0 m, mit e-m auf* [*dem*] ~ *stehen* vara du med ngn
dwars *nty., sjö.* tvärs **Dwarswind** *-e m, sjö.* sidovind
Dyn - *n, fys.* dyn **Dy'namik** *0 f* dynamik **dynamisch 1** dynamisk **2** ~*e Rente* (*ung.*) indexreglerad pension **dynamisier|en 1** sätta igång; påskynda **2** -*te Rente* (*ung.*) indexreglerad pension **Dynamit** *0 n* dynamit
Dy'namo [*äv.* 'dy-] -*s m*, -**maschine** -*n f* dynamo, generator
Dynastie -*n f* dynasti **dynastisch** dynastisk
'**Dynatron** *Dyna'trone n, elektr.* dynatron
Dysenterie -*n f, med.* dysenteri **dysen'terisch** *med.* dysenteriartad **Dyspepsie** -*n f, med.* dyspepsi, matsmältningsrubbning **Dystrophie** -*n f, med.* dystrofi
dz *förk. för Doppelzentner* 100 kg **dz.** *förk. för derzeit* f.n., för närvarande
D-Zug -*e† m* snälltåg; *ein alter Mann ist doch kein ~* (*skämts.*) fortare kan jag väl inte göra det

E

E 1 - - *n* (*bokstav, ton*) e **2** *beteckning för E-Dur* E-dur **e 1** - - *n* (*bokstav, ton*) e **2** *beteckning för e-Moll* e-moll
Ebbe -*n f* ebb; *in meinem Geldbeutel ist ~* (*vard.*) det är ebb i kassan hos mig **ebb|en** *es* -*t* det är (blir) ebb
eben I *adj* slät, jämn; plan (*äv. mat.*); *zu* ~*er Erde a*) i jämnhöjd med marken, *b*) i bottendeningen, på nedre botten **II** *adv* **1** slätt *etc.*, vå *I* **2** just, precis; [just] nu (nyss); faktiskt; *jfr* just det!, precis!; *das ist ~, was ich sagte ~!* t var just det som jag sa; *ich bin ~ gekommen* jag har just kommit; *der ~ erwähnte Umstand* den just nämnda omständigheten; *~ damals* just på tiden; ~ *habe ich ihn gesehen* jag såg honom nyss; *jetzt* ~ alldeles nyss; *er kam ~ recht* (*vard.*) han kom i rätta ögonblicket; *du bist ~ ein Künstler* du är nu en gång konstnär; *es ist ~ doch wahr* det är faktiskt sant; *da läßt sich ~ nichts machen* det är det faktiskt inget att göra åt; *sie ist nicht ~ schön, aber hon är inte direkt vacker men; es ist ~ noch gut genug* (*ung.*) det får duga, men mer är det inte; *er kommt nicht her, dann gehe ich ~* hin han kommer inte hit, så då går väl jag dit; *es ist ~ zu viel* det är nu en gång för mycket; *kann ich es mir ~ mal ansehen?* (*vard.*) får jag snabbt titta på det?
Ebenbild *0 n* avbild
eben|bürtig jämbördig (*e-m* med ngn) -'**da** därstädes, ibidem -**da'her 1** just därifrån, från samma ställe (håll) **2** just därför -**da'rum** just fördenskull -'**der** (-*die,* -*das*) just den (det, han, hon); just denne (denna, detta) -**der'selbe** (-*dieselbe,* -*dasselbe*) just densamme (den-, det|- samma) -**des'wegen** just därför -'**dort** därstädes, på samma ställe

Ebene -*n f* **1** slätt; lågland **2** yta, nivå, plan; *schiefe ~* sluttande plan; *in gleicher ~ mit* i plan med; *etw. auf der oberen ~ beraten* rådgöra om ngt på högre plan; *auf die schiefe ~ geraten* (*bildl.*) komma på det sluttande planet; *auf gleicher ~ mit ... liegen* ligga på samma nivå som ... **ebenerdig** i marknivå; i bottenvåningen **ebenfalls** likaså; *ich komme ~* jag kommer också; *danke, ~!* tack, detsamma! **ebenflächig** med plan yta **Ebenheit** *0 f* jämn-, slät|het
Ebenholz *0 n* ebenholts
Ebenmaß *0 n* jämnmått, harmoni **ebenmäßig** regelbunden, proportionerlig; *von ~em Wuchs* välväxt, välproportionerad
ebenso lika, likaså; sammaledes; *ich bin ~* jag är likadan; *ich bin ~ alt wie er* jag är lika gammal som han; *er denkt hierüber ~ wie ich* han tänker på samma sätt som jag i det fallet -**gut** lika bra (väl, gärna) -**lange** lika länge -**oft** lika ofta -**sehr**, -**viel** lika mycket -**wenig** lika litet -**wohl** lika väl
Eber - *m* galt
Eberesche -*n f* rönn
ebnen jämna; plana; *e-m den Weg ~* (*bildl.*) bana väg (jämna vägen) för ngn
Ebonit *0 n* ebonit, hårdgummi
echauffieren [eʃɔ'fi:rən] *rfl* bli echaufferad
Echo ['ɛço] -*s n* eko; *bildl.* reaktion, respons; *wenig ~ finden* (*bildl.*) få dåligt gensvar **echoen** eka, genljuda; säga om, härma, upprepa
Echolot -*e n* ekolod
Echse ['ɛksə] -*n f* ödla
echt I *adj* äkta, oförfalskad; sann; betecknande; *~ französisch* (*äv.*) typiskt fransk; ~*er Bruch* egentligt bråk **II** *adv,* sie *hat sich ~ angestrengt* hon har verkligen ansträngt sig; *ich war ~ überrascht* jag blev helt (verkligen) överraskad; *er hat geheiratet — ~?* han har gift sig — menar du det? -**farbig** färgäkta -**golden** av äkta guld -**silbern** av äkta silver
Eckball -*e† m, sport.* hörna **Eckbrett** -*er n* hörnhylla **Ecke** -*n f* hörn; kant[bit]; vrå; [hus]knut; *mat.* vinkel; *sport.* hörna; *an allen ~n und Enden* (*vard.*) på alla håll o. kanter; *e-n um die ~ bringen* (*vard.*) mörda ngn; *um die ~ gehen* (*vard.*) kila vidare, dö; *ein Kind in die ~ stellen* ställa ett barn i skamvrån; *mit e-m um ein paar ~n herum verwandt* släkt med ngn på långt håll **ecken** *dld.* kanta **Eckensteher** - *m* **1** *ung.* stadsbud (*i Berlin*) **2** dagdrivare **Ecker** -*n f, bot., kortsp.* ollon **Eckfahne** -*n f, sport.* hörnflagga **Eckhaus** -*er† n* hörnhus **Eckholz** -*er† n* kantigt timmer **eckig** kantig; *bildl.* tvär, tafatt (*om rörelse*); *sich ~ lachen* (*vard.*) skratta sig fördärvad
Eck|lohn -*e† m* baslön -**pfeiler** - *m* hörnpelare (*äv. bildl.*) -**platz** -*e† m* hörn-, ytter|plats -**stein** -*e m* **1** hörnsten (*äv. bildl.*); avvisare (*vid trottoarkant*); gränsmarkering **2** kortsp. ruter -**stoß** -*e† m,* -**wurf** -*e† m, sport.* hörna -**zahn** -*e† m* hörntand
Eclair [e'klɛːɐ̯] -*s n* eclair[bakelse]
Ecuador *0 n* Ecuador **Ecuadorianer** - *m* ecuadorian **ecuadorianisch** ecuadoriansk
ed. *förk. för ediert* utgiven
'**Edamer** - *m* edamerost
edd. *förk. för ediderunt* utgiven
Edd|a -*as el.* -*en f* edda **eddisch** edda-; som hör till (rör) eddan
edel ädel; adlig; *vard.* just
Edel|dame -*n f* adelsdam -**dirne** -*n f, vard.*

lyxhora **-falke** *-n -n m* ädelfalk **-fäule** *0 f* ädelröta *(hos vindruvor)* **-frau** *-en f* [gift] adelsdam **-fräulein** *- n* adelsfröken **-gas** *-e n* ädelgas
edelgeboren ädelboren; av adlig börd
Edel|hirsch *-e m* kronhjort **-holz** *-er†n* ädelt träslag **-ing** *-e m, åld.* ädling **-kastanie** *-n f* äkta kastanj **-knabe** *-n -n m, åld.* page **-knappe** *-n -n m, åld.* väpnare **-mann** *-leute m* adelsman; *bildl.* hedersman **-marder** *- m* skogsmård **-metall** *-e n* ädelmetall **-mut** *0 m* ädelmod
edelmütig ädelmodig
Edel|nutte *-n f, vard.* lyxhora **-obst** *0 n* finare frukt **-opal** *-e m* ädelopal **-pilzkäse** *- m* ädelost **-reis** *-er n* ympkvist **-rost** *0 m* patina **-schwein** *-e n* avelssvin **-sitz** *-e m* [nedärvd] adelsgård **-stahl** *-e† m* kvalitets-, special|stål **-stein** *-e m* ädelsten **-tanne** *-n f* silvergran **-weiß** *-e n, bot.* edelweiss **-wild** *0 n* högvilt, högdjur
Eden *0 n* Eden; *der Garten ~* Edens lustgård **edieren** ge ut *(böcker)* **Edikt** *-e n* edikt **Edition** *-en f* edition, upplaga
Edle(r) *m f, adj böjn. (titel före namn)* adels|-man, -dam
E-Dur - *n* E-dur
EDV *förk. för elektronische Datenverarbeitung* EDB, elektronisk databehandling **EEG** *förk. för Elektroenzephalogramm* EEG, elektroencefalogram
Efeu *0 m* murgröna **efeu|bewachsen, -umrankt** murgrönsbevuxen
Effeff *0 n, vard., etw. aus dem ~ können (verstehen)* vara fin på ngt, kunna sin sak perfekt
Effekt *-e m* effekt; verkan; *nach ~ haschen* försöka göra intryck; *auf ~ angelegt* beräknad att göra intryck **Effektbeleuchtung** *-en f, teat.* effektbelysning **Effekten** *pl* värdepapper **Effektenbörse** *-n f* fondbörs **Effektenhandel** *0 m* handel med värdepapper **Effektenmakler** *- m* fondmäklare **Effekthascherei** *-en f* effektsökeri **effektiv** effektiv, verksam; verklig **Effektivbestand** *-e† m* verklig behållning (tillgång) **Effektivlohn** *-e† m* reallön **Effektivwert** *-e m, elektr.* effektivvärde **effektuieren** effektuera **effektvoll** effekt-, verknings|full; *~es Muster (äv.)* klatschigt mönster
Effet [eˈfeː, ɛˈfɛː] *-s m, äv. n, sport.* skruv[ning] *(på boll)* **effizient** effektiv, rationell **Effizienz** *-en f* effektivitet, rationalitet
Effloreszenz *-en f 1· bot.* blomning **2** *min.* utvittring **3** *med.* efflorescens
Effusion *-en f* utströmning *(av lava e.d.)*
EFTA *0 f, förk. för European Free Trade Association, die ~* EFTA **EG** *0 f, förk. för Europäische Gemeinschaft[en], die ~* EG
egal lika, likformig; *vard.* likgiltig, egal; *das ist ~* det spelar ingen roll; *das ist mir ~ a)* det struntar jag i, *b)* för min del gör det detsamma **egalisieren** utjämna, göra lika **Egalität** *0 f* jämlikhet
Egel *- m* [blod]igel
Egerling *-e m, dial.* champinjon
EGG *förk. för Elektrogastrogramm* EGG
Egge *-n f* **1** harv **2** [stad]kant **eggen** harva
Ego *-s n* ego, jag **Egoismus** *0 m* egoism **Egoist** *-en -en m* egoist **egoistisch** egoistisk **egozentrisch** egocentrisk
e.h., E.h. *förk. för ehrenhalber* heders-, som hedersbevisning

eh I *interj* hallå där!; nå?; va? **II** *adv* **1** *österr.* i varje fall, ändå **2** tidigare, då för tiden; *seit ~ und je* i alla tider **III** *konj, se ehe*
ehe *konj* innan; förrän
Ehe *-n f* äktenskap; *in den Stand der [heiligen] ~ treten* inträda i det äkta ståndet; *die ~ brechen* begå äktenskapsbrott; *Kind aus erster ~* barn i första äktenskapet; *in wilder ~ leben* sammanbo; *zur ~ geben* ge till äkta; *zur ~ nehmen* ta till äkta; *~ zur linken Hand* morganatiskt äktenskap **Eheberatung** *-en f* äktenskapsrådgivning; rådgivningsbyrå för äktenskapsfrågor **Ehebetrug** *0 m, ung.* förtigande av äktenskapshinder **Ehebett** *-en n* äkta säng, dubbelsäng **Ehebrecher** *- m* äktenskapsbrytare **Ehebrecherin** *-nen f* äktenskapsbryterska **ehebrecherisch** innebärande äktenskapsbrott **Ehebruch** *-e† m* äktenskapsbrott, otrohet **ehebrüchig** otrogen **Ehebund** *-e† m, högt.* äktenskap[ligt förbund]
ehe'dem *högt.* förr i·världen, fordom
Ehe|fähigkeit *0 f* behörighet att ingå äktenskap **-frau** *-en f* äkta maka, hustru **-gatte** *-n -n m* make, äkta man **-gattin** *-nen f* äkta maka, hustru **-gelöbnis** *-se n* äktenskapslöfte **-gemahl** *-e m* make **-gemahlin** *-nen f* maka **-gemeinschaft** *0 f* äktenskap **-gespons** *-e m n, skämts.* äkta man; äkta maka **-glück** *0 n* äktenskaplig lycka **-gut** *-er† n* makes (makars) förmögenhet **-hälfte** *-n f, skämts.* äkta (bättre) hälft
Ehe|hindernis *-se n, jur.* äktenskapshinder **-joch** *0 n, das ~ (skämts.)* det äktenskapliga oket **-kontrakt** *-e m* äktenskapsförord **-krach** *0 m, vard.* äktenskapligt gräl **-kreuz** *-e n, vard.* **1** *das ~* det äktenskapliga oket **2** elak fru, xantippa **-krüppel** *- m, skämts.* toffelhjälte **-leben** *0 n* äktenskapligt liv
eheleiblich *~es Kind (åld., ung.)* barn fött inom äktenskapet **Eheleute** *pl* äkta makar, gifta människor **ehelich** äktenskaplig, äktenskaps-; inomäktenskaplig *(om barn); ~es Güterrecht* äkta makars egendomsrätt **ehelichen** äkta, gifta sig med **Ehelichkeit** *0 f* [barns] äkta börd **Eheliebste(r)** *m f, adj böjn., vard.* make, maka **ehelos** ogift **Ehelosigkeit** *0 f* ogift stånd; celibat
ehemalig tidigare, förutvarande, före detta *(förk. ehem. f.d.)* **ehemals** förr i tiden, fordom
Ehemann *-er† m* äkta man **Ehemündigkeit** *0 f* äktenskapsålder **Ehepaar** *-e n* gift par, äkta makar **Ehepartner** *-m* äktenskapspartner
eher **1** förr, tidigare **2** förr, snarare; hellre; *das könnte man ~ sagen* det kunde man snarare säga; *alles andere ~ als das!* vad som helst hellre än det!
Ehe|recht *0 n* äktenskapslag; giftermålsbalk **-ring** *-e m* vigselring
ehern av järn, järn-, av malm, malm-; *bildl.* hård, fast, orubblig, evig
Ehe|sache *-n f, jur.* äktenskapsmål **-scheidung** *-en f* skilsmässa **-scheidungsklage** *-n f, die ~ einreichen (jur.)* ansöka om skilsmässa **-schließung** *-en f* giftermål
ehest *bei ~er Gelegenheit* vid första tillfälle; *ich kam am,~en* jag kom först; *so geht es am ~en* så går det lättast; *mit ~em (hand.)* snarast
Ehe|stand *0 m, der ~* det äkta ståndet **-standsdarlehen** *- n* bosättningslån

ehestens tidigast, först; med det snaraste, inom kort
Ehestifter - *m* äktenskapsmäklare **Ehevermittlung** *-en f* äktenskapsförmedling **Ehevertrag** *-e† m, jur.* äktenskapsförord **Eheweib** *-er n åld. el. skämts.* äkta maka **ehewidrig** otillbörlig [för gift person] **Ehezerrüttung** *-en f* äktenskaplig söndring
Ehrabschneider - *m* bakdantare **Ehrabschneiderei** *-en f* ärekränkning **ehrbar** ärbar; anständig; aktningsvärd **Ehrbarkeit** *0 f* ärbarhet *etc., jfr ehrbar* **Ehrbeleidigung** *-en f* ärekränkning **Ehrbegriff** *-e m* hedersbegrepp **Ehre** *-n f* ära, heder; utmärkelse; *relig.* lov- [prisning]; *e-m die ~ abschneiden* baktala ngn; *die Prüfung mit allen ~n bestehen* (*ung.*) ta examen med högsta betyg; *~ mit etw. einlegen* ha heder av· ngt; *e-m die letzte ~ erweisen* göra ngn den sista tjänsten; *Gott die ~ geben* tillbe Gud; *wir geben uns die ~, Sie einzuladen* vi har äran inbjuda Er; *~, wem ~ gebührt* ära den som äras bör; *mit wem habe ich die ~?* med vem har jag äran att tala?; *keine ~ im Leib haben* inte ha ngn hut i kroppen; *hab' die ~!* (*österr.*) goddag!, adjö!; *das Werk macht seinem Meister ~* verket prisar mästaren; *e-m* [*keine*] *~ machen* [inte] göra ngn heder; *~ sei Gott* ära vare Gud; *das ist aller ~n wert* det är högst lovvärt; *auf ~ und Gewissen* på heder o. samvete; *e-n bei seiner ~ packen* vädja till ngns hederskänsla; *in allen ~n* i all anständighet; *Ihr Wort in ~n* Ert ord i all ära; *in ~n halten* hedra; *e-n um seine ~ bringen* förtala (ta heder o. ära av) ngn; *zur ~ des Tages* dagen till ära; *zur ~ Gottes* till Guds ära; *sich* (*dat.*) *etw. zur ~ anrechnen* räkna sig ngt till heder; *etw. zu ~n bringen* framgångsrikt genomföra ngt; *er wird es zu ~n bringen* (*ung.*) han kommer att gå långt; *zu ~n kommen* komma till heders
ehren ära, hedra **Ehrenabend** *-e m, teat.* [sluten] föreställning för inbjudna gäster **Ehrenamt** *-er† n* hederspost **ehrenamtlich** frivillig, oavlönad; *~er Auftrag* hedersuppdrag **Ehren|beleidigung** *-en f* ärekränkning **-bezeigung** *-en f*, **-bezeugung** *-en f* hedersbetygelse; *mil.* honnör **-bürger** *- m* hedersborgare **-dame** *-n f* hovdam **-doktor** *-en m* hedersdoktor (*förk.:* Dr. h. c., Dr. E. (e.) h.) **-erklärung** *-en f, jur.* offentlig upprättelse (*efter ärekränkning*) **-gabe** *-n f* hedersgåva **-gast** *-e† m* hedersgäst **-geleit** *-e n* hederseskort **-gericht** *-e n* hedersdomstol **ehrenhaft** hedervärd, anständig, redbar **Ehrenhaftigkeit** *0 f* rättrådighet **ehrenhalber** (*förk.: e.h.*) heders-, som hedersbevisning **Ehren|halle** *-n f, ung.* minneshall **-handel** *-† m* hederstvist **-karte** *-n f* fribiljett **-kleid** *-er n, das ~ des Soldaten* uniformen **-kompanie** *-n f* hederskompani **-konsul** *-n m* titulärkonsul **-legion** *0 f, die ~* [franska] hederslegionen **-mal** *-e el. -er† n* monument (minnes|vård, -stod) över i kriget fallna **-mann** *-er† m* hedersman **-mitglied** *-er n* heders|ledamot, -medlem **-pforte** *-n f* äreport **-plakette** *-n f* hedersplakett **-platz** *-e† m* hedersplats **-posten** *-n* **1** hederspost **2** *mil.* hedersvakt **-preis** *-e* **1** *m* hederspris **2** *n m, bot.* ärenpris **-rechte** *pl, bürgerliche ~* medborgerliga rättigheter; *Aberkennung der bürgerlichen ~* förlust av medborgerligt förtroende **-rettung** *0 f* äreräddning, [åter]upprättelse

ehrenrührig äre|rörig, -kränkande
Ehren|runde *-n f, sport.* ärevarv **-sache** *0 f* hederssak; *macht ihr mit? ~!* (*vard.*) vill ni vara med? det kan du (ni) lita på! **-salve** *-n f* salut **-schuld** *-en f* hedersskuld **-sold** *-e m, ung.* hedersbelöning **-tafel** *-n f* **1** festbord (*för jubilar, hedersgäst m.d.*) **2** minnestavla (*över i kriget stupade*) **-tag** *-e m* festdag (*t. minne av t.ex. födelsedag*) **-titel** - *m* hederstitel **-tor** *-e n*, **-treffer** - *m, das Ehrentor* (*den Ehrentreffer*) *schießen* göra [förlorande lags] enda mål **-urkunde** *-n f* hedersdiplom
ehrenvoll ärofull, hedrande **Ehrenvorsitzende(r)** *m f, adj böjn.* hedersordförande **Ehrenwache** *-n f* hedersvakt **ehrenwert** heder-, aktnings|värd **Ehrenwort** *-e n* heders-ord **Ehrenzeichen** - *n* hederstecken, dekoration
ehrerbietig *högt.* vördsam, vördnadsfull **Ehrerbietigkeit** *0 f*, **Ehrerbietung** *0 f högt.* vördsamhet, respekt, aktning, vördsamt sätt (beteende) **Ehrfurcht** *0 f* vördnad **ehrfürchtig, ehrfurchtsvoll** vördnadsfull **Ehrgefühl** *0 n* hederskänsla; *kein ~ im Leibe* ingen heder i kroppen **Ehrgeiz** *0 m* äregirighet; ambition **ehrgeizig** äregirig; ambitiös
ehrlich ärlig, hederlig, redbar; uppriktig, sann; rättskaffens; *die ~e Absicht haben* ärligt ha för avsikt; *~e Haut* (*vard.*) hederlig person; *~ spielen* spela rent spel; *~ währt am längsten* ärlighet varar längst; *sich ~ machen* göra rätt för sig; *wo bist du gewesen? ~!* (*vard.*) var har du varit? var uppriktig nu!; *ich war krank, ~* (*vard.*) jag var sjuk, det är verkligen sant (säkert); *das schmeckt ~ gut* (*vard.*) det smakar verkligen bra **Ehrlichkeit** *0 f* ärlighet
Ehrliebe *0 f* ärelystnad **ehrliebend** ärelysten **ehrlos** ärelös, förakligt; oanständig **Ehrlosigkeit** *0 f* ärelöshet **ehrpusselig** *skämts.* överdrivet ärbar, reputerlig **ehrsam** *högt.* anständig, aktningsvärd, ärbar **Ehrsucht** *0 f* ärelystnad, äregirighet **ehrsüchtig** ärelysten, äregirig **Ehrung** *-en f* ärebetygelse, ärebevisning, hyllning **ehrvergessen** *högt.* äreförgäten **ehrverletzend** *högt.* sårande, kränkande **Ehrverlust** *0 m, jur.* förlust av medborgerliga rättigheter **Ehrwürden** *-[s] 0 kat.* (*förk. Ew.*) *Euer* (*Eure*) *~ Ers* Högvördighet **ehrwürdig** äre-, hög|vördig **Ehrwürdigkeit** *0 f* ärevördighet; ärevördigt utseende (uppträdande)
ei *interj* **1** å!; *~ freilich!* javisst!; *~, wer kommt denn da?* nej men titta vem som kommer! **2** *barnspr.* gulle gull!; *~* [*~*] *machen* smeka, klappa
Ei *-er n* **1** ägg; *~er* (*vard.*) stålar; *weichgekochtes ~* löskokt ägg; *das ~ will klüger sein als die Henne* (*neds.*) ägget vill lära hönan värpa; *wie ein rohes ~ behandeln* behandla mycket varligt; *wie auf ~ern gehen* (*vard.*) gå ytterst försiktigt; *wie aus· dem ~ gepellt* (*vard.*) vårdad, välklädd; *sie gleichen sich wie ein ~ dem anderen* de är lika som två bär; *ein ~ trennen* skilja på gula o. vita; *das kostet 100 ~er* (*vard.*) det kostar 100 spänn (mark); *das das seine ~er* (*vard.*) det är inte så enkelt (är en kinkig historia); *russische ~er* hårdkokta ägg med italiensk sallad **2** *vulg.* testikel
eia po'peia *barnspr. ung.* vyssan lull; *~ machen* sjunga en vaggvisa
Eibe *-n f* idegran **Eibisch** *-e m, bot.* altea
Eichamt *-er† n* justeringsverk
Eichapfel *-† m* galläpple **Eichbaum** *-e† m*,

Eiche -*n f* ek **Eichel** -*n f* ekollon; *anat., kortsp.* ollon **Eichelhäher** - *m* nötskrika **Eichelmast** *0 f* ollonbete
1 eichen av ek, ek-
2 eichen kröna (*mått*); justera; korrigera; *für etw. geeicht sein* (*vard.*) särskilt bra förstå sig på (passa till) ngt
Eichen|holz *0 n* ekträ **-laub** *0 n* eklöv **-lohe** *0 f,* **-rinde** *0 f* ekbark; garvarbark **-seide** -*n f* tussahsilke, shantung
Eich|horn -*er*† *n,* **-hörnchen** - *n,* **-kätzchen** - *n,* **-katze** -*n f* ekorre
Eich|maß -*e n* likare[mått] **-stempel** - *m* justeringsstämpel **-strich** -*e m* mätstreck (*på mått*) **-ung** -*en f* justering, kalibrering, kröning (*av vikt*)
Eid -*e m* ed; *e-n ~ leisten* (*schwören, ablegen*) avlägga ed; *e-m e-n ~ abnehmen* ta ed av ngn; *Erklärung an ~es Statt* förklaring under edlig förpliktelse; *unter ~ på ed; den ~ auf etw.* (*ack.*) *ablegen* avlägga ed på ngt
Eidam -*e m, åld.* måg, svärson
Eidbruch -*e*† *m* edsbrott; trolöshet **eidbrüchig** *~ werden* bryta sin ed
Eidech|se -*n f* ödla **-senleder** *0 n* ödleskinn
Eider|daune -*n f* ejderdun **-ente** -*n f* ejder
Eides|ablehnung -*en f* vägran att avlägga ed **-fähigkeit** *0 f* edgångshabilitet **-formel** -*n f* edsformulär **-helfer** - *m* person som intygar edsavläggarens trovärdighet **-leistung** -*en f* edgång
eidesstattlich under edlig förpliktelse; *~e Versicherung* (*ung.*) sanningsförsäkran
Ei'detik *0 f* eidetik **eidetisch** eidetisk
Eidgenosse -*n* -*n m* medlem av edsförbund; schweizare **Eidgenossenschaft** -*en f* (*relig., polit.*) edsförbund; *die Schweizerische ~* schweiziska edsförbundet, Schweiz **eidgenössisch** schweizisk **eidlich** edlig[en]; på (under) ed
Eidotter - *m n* äggula
Eier|auflauf -*e*† *m, ung.* sufflé **-becher** - *m* äggkopp **-frucht** -*e*† *f* äggfrukt, aubergine **-kognak** -*s m* äggkikör **-kopf** -*e*† *m, vard.* ägghuvud (*intellektuell*) **-kuchen** - *m* [tunn]pannkaka; omelett **-likör** -*e m* äggkikör **eiern** *vard.* **1** (*om hjul*) skeva **2** ragla **3** *s* vackla (ragla) fram
Eier|pflanze -*n f* äggplanta, aubergine **-pilz** -*e m* kantarell **-prüfer** - *m* genomlysningsapparat (*för ägg*) **-punsch** -*e m, ung.* äggtoddy **-schale** -*n f* äggskal; *noch die ~n hinter den Ohren haben* (*vard.*) ännu inte vara torr bakom öronen **-schaum** *0 m,* **-schnee** *0 m* vispad äggvita **-schwamm** -*e*† *m,* **-schwammerl** -[*n*] *n, dial.* kantarell **-speise** -*n f* äggrätt; (*sorts*) äggröra **-stab** -*e*† *m, konst.* äggstav **-stock** -*e*† *m, anat.* äggstock **-tanz** -*e*† *m* [skicklighets]dans mellan (med) ägg; *e-n ~ aufführen* (*bildl.*) gå försiktigt fram, slingra sig ifrån (*ngt kinkigt*) **-uhr** -*en f* sandur (*för äggkokning*)
Eifer *0 m* iver; nit[älskan]; *sich in ~ reden* tala sig ivrig; *im ~ des Gefechtes* (*äv. bildl.*) i stridens hetta **Eiferer** - *m* ivrare **eifern** ivra; *gegen etw. ~* tala (hetsa) mot ngt **Eifersucht** *0 f* svartsjuka **Eifersüchtelei** -*en f* småaktig svartsjuka **eifersüchtig** svartsjuk; avundsjuk **Eifersuchtstragödie** -*n f* svartsjukedrama
eiförmig äggformig, oval
eifrig ivrig, nitisk
Eigelb -*e* (*i måttsangivelse -*) *n* äggula

eigen egen; *sein ~ Fleisch und Blut* (*poet.*) hans eget kött o. blod; *das ist mein ~* det är mitt [eget]; *das ist ihm ~* det är karakteristiskt för honom; *mit der ihr ~en Schönheit* med den skönhet som utmärker henne; *es ist ein ~es Ding damit* det är ngt särskilt med det; *Landschaft von ~em Reiz* landskap med en säregen tjusning; *man kann vor Lärm sein ~es Wort nicht verstehen* (*vard.*) det är sådant oväsen att man inte hör vad man själv säger; *es ist deine ~e Sache* det är din ensak; *sich* (*dat.*) *etw. zu ~ machen* tillägna sig ngt; *ein Kind als ~ annehmen* adoptera ett barn; *mit dem Essen ~ sein* vara noga med maten; *zu ~ geben* (*högt.*) skänka **Eigenart** -*en f* egenart; egenhet **eigenartig** egen|artad, -domlig **Eigenbedarf** *0 m* eget behov **Eigenbericht** -*e m* reportage från utsänd medarbetare **Eigenbewegung** -*en f, astron.* egenrörelse **Eigenbrötler** - *m* enstöring; *ein ~ sein* (*äv.*) ha sitt huvud för sig **eigenbrötlerisch** enstörings-; egen, konstig **Eigendünkel** *0 m,* högt. högfärd, självbelåtenhet, egenkärlek **Eigenfinanzierung** -*en f* självfinansiering **eigengesetzlich** *~ sein* ha sina egna lagar **Eigengewicht** -*e n* egenvikt, nettovikt; specifik vikt **eigenhändig** egenhändig; *e-n Brief ~ abgeben* (*äv.*) själv överlämna ett brev
Eigen|heim -*e n* eget hem; egnahem **-heimbesitzer** - *m,* **-heimer** - *m, vard.* småhus-, egnahems|ägare **-heit** -*en f* egenart, egen[domlig]het, särdrag **-hilfe** *0 f* självhjälp **-kapital** -*e, äv. -ien n* eget kapital **-leben** *0 n* privatliv; *ein ~ führen* leva sitt eget liv **-liebe** *0 f* egenkärlek, egoism, fåfänga **-lob** *0 n* självberöm
eigenmächtig egenmäktig **Eigenmächtigkeit** -*en f* egenmäktighet **Eigenname** -*ns* -*n m* egennamn **Eigennutz** *0 m* egennytta **eigennützig** egennyttig **Eigenpersönlichkeit** *0 f, ung.* individ, originell personlighet **eigens** särskilt, enkom; *~ zu diesem Zweck* speciellt för detta ändamål **Eigenschaft** -*en f* egenskap; *in der ~ als* i egenskap av **Eigenschaftswort** -*er*† *n, språkv.* adjektiv **eigenschaftswörtlich** *språkv.* adjektivisk; som adjektiv **Eigenschwingung** -*en f, fys.* egensvängning **Eigensinn** *0 m* egensinne, envishet **eigensinnig** egensinnig, envis **Eigenspannung** *0 f, fys.* egenspänning **Eigenstaatlichkeit** *0 f* suveränitet **eigenständig** oberoende, självständig **Eigensucht** *0 f* egoism **eigensüchtig** egoistisk
'eigentlich (*förk. eigtl.*) egentlig, verklig; *adv äv.* egentligen
Eigentor -*e n, sport.* självmål; *das war ein ~ für ihn* det föll tillbaka på (drabbade) honom själv
Eigentum *0 n* egendom; *jur.* äganderätt; *geistiges ~* upphovsmannarätt **Eigentümer** - *m* ägare **eigentümlich 1** egendomlig, besynnerlig **2** karakteristisk; *es ist ihm ~* det är typiskt för honom
Eigen|tümlichkeit -*en f* egendomlighet; särdrag **-tumsdelikt** -*e n* förmögenhetsbrott **-tumsrecht** -*e n* äganderätt; copyright **-tumsvergehen** - *n* förmögenhetsbrott **-tumswohnung** -*en f, ung.* andelslägenhet **-verbrauch** *0 m* egen förbrukning **-wärme** *0 f, fys.* egenvärme, specifik värme; kroppsvärme **-wert** -*e m* egenvärde **-wille** -*ns 0 m* egensinne, envishet

eigenwillig egensinnig, envis **Eigenwilligkeit** *0 f* egensinne, envishet
eigne|n 1 *högt.* ihm *-t viel Verständnis* han äger stor förståelse **2** *rfl* passa (lämpa, ägna) sig; *sich nicht für e-e Arbeit ~* inte vara lämplig för ett arbete; *se äv. geeignet* **Eigner** *- m, åld.* ägare **Eignung** *0 f* lämplighet, kvalifikation, kompetens **Eignungs|prüfung** *-en f, -test -s el. -e m* lämplighetstest
eigtl. *förk. för eigentlich*
Eiklar *- n, österr.* äggvita
Eiland *-e n, poet., åld.* ö, holme
Ei|bote *-n -n m* ilbud, expressbud; *durch ~n* express (*på brev e.d.*) **-brief** *-e m* expressbrev
Eile *0 f* brådska, hast; *~ haben* ha bråttom; *damit hat es keine ~* det är det ingen brådska med; *er ist immer in ~* han har alltid bråttom; *in aller ~* i all hast
Eileiter *- m* äggledare **-schwangerschaft** *-en f* utomkvedshavandeskap
eil|en 1 skynda, ila; hasta; *-t!* (*på brev o.d.*) brådskande!, angeläget!; *es -t* det är bråttom; *die Zeit -t* tiden ilar; *~den Fußes* med snabba steg **2** *s* skynda, ila; *-e mit Weile!* skynda långsamt! **3** *rfl* skynda sig, jäkta **eilends** skyndsamt, hastigt, i hast **eilfertig** *högt.* **1** nitisk; *er ist ~, zu* han är färdig (kvick) att **2** förhastad **Eilfracht** *0 f* ilfrakt **Eilgut** *0 n* ilgods **eilig** skyndsam, brådskande; *die Sache ist ~* det är bråttom med saken; *nur nicht so ~!* ta det lugnt!; *wenn du nichts E~eres zu tun hast* om du inte har ngt viktigare för dig; *ich habe es ~* jag har bråttom **eiligst** i största hast **Eilmarsch** *-e† m* ilmarsch **Eilschrift** *0 f* (*slags*) stenografi **Eilschritt** *0 m, im ~* i ilmarsch **Eilsendung** *-en f* expressförsändelse **Eilzug** *-e† m* snabbgående persontåg
Eimer *- m* **1** hink, ämbar; [gräv]skopa; *in den ~ gucken* (*vard.*) få lång näsa; *im ~ sein* (*vard.*) vara trasig (slut), ha gått åt pipan **2** *vard.* båt **3** *vard.* nolla, idiot **Eimerbagger** *- m* paternosterverk **Eimerkette** *-n f* **1** langningskedja (*vid brandsläckning*) **2** skopkedja **eimerweise** hinkvis **Eimerwerk** *-e n* paternosterverk
1 ein (*fören. ~, ~e, ~, självst. ~er, ~e, ~[e]s*) *I obest. art.* en, ett; *~ Mann und ~e Frau* en man o. en kvinna; *~en Eid ablegen* avlägga ed; *er ist ~ Schwede* han är svensk; *~ Goethe* en [diktare som] Goethe; *sich* (*dat.*) *~en genehmigen* ta sig ett glas; *jdm ~s auswischen* ge ngn en minnesbeta **II** *räkn* (*jfr drei o. sms.*) **1** (*vid räkning, klockslag o.d. ~s*) en, ett; *~s, zwei, drei* ett, två, tre; *~s und ~s ist zwei* ett o. ett är två; *es ist ~ Uhr, es ist ~s* klockan är ett; *nach ~ Uhr, nach ~s* efter klockan ett; *Punkt ~s* på slaget klockan ett; *die Note ~s erhalten* få högsta betyget; *das ist ~s a!* det är prima!; *es ist ~ und dasselbe, das ist alles ~s* det är ett o. samma; *das ist mir alles ~s* det kvittar lika (gör mig alldeles detsamma); *wir sind ~s* vi är eniga; *~ für allemal* en gång för alla; *noch so ~es* en till; *es kommt* (*läuft*) *auf ~s hinaus* det kommer på ett ut; *das Kind ist begabt wie nur ~es* barnet är begåvat som få; *~s gefällt mir* det är en sak som jag tycker om; *wir sind ~s* (*~er Meinung gen.*) vi är ense (eniga); *ihr ~ und alles* hennes allt; *in ~em fort* oavbrutet **2** *adj böjn.* ene, ena; ende, enda; *diese ~e Blume* (*vard.*) bara den här blomman; *sein ~er Sohn* (*vard.*) hans ena son, en av hans söner; *das ~e, was Not tut* det enda nödvändiga; *immer ~s hübsch nach dem anderen!* det ena först o. det andra sedan!; *wir helfen ~er dem anderen* vi hjälper varandra **III** *indef pron* någon; man; *was man nicht weiß, macht ~en nicht heiß* det man inte vet har man inte ont av; *das tut ~em wohl* det gör en gott; *die ~en sagen, daß* det finns de som säger att; *das ist ~er!* en sådan en!
2 ein *adv* på, till, inkopplad; *nicht mehr ~ noch aus wissen* veta varken ut eller in; *bei jdm ~ und aus gehen* gå ut o. in (vara hemma) hos ngn
Einachsanhänger *- m* tvåhjulig (enaxlad) släpvagn **einachsig** enaxlig **Einakter** *- m* enaktare
ein'ander varandra; *sie helfen ~ de* hjälper varandra
einarbeiten arbeta in; *den Zeitverlust ~* arbeta in tidsförlusten; *e-n in e-e Arbeit ~* sätta ngn in i ett arbete; *Wörter in ein Wörterbuch ~* infoga ord i ett lexikon; *sich in etw.* (*ack.*) *~* sätta sig in i ngt **Einarbeitung** *0 f* inarbetande **einärmeln** *rfl, vard., sich bei e-m ~* ta ngn under armen **einarmig** enarmad, en-arms- **einäschern 1** kremera **2** bränna ner (till aska) **Einäscherung** *-en f* kremering **Einäscherungshalle** *-n f* krematorium **einatmen** andas in, inandas **Einatmung** *0 f* inandning
einatomig enatomig
einätzen etsa in
einäugig enögd
Einbahn|straße *-n f* enkelriktad gata **-verkehr** *0 m* enkelriktad trafik
einbalsamieren balsamera **Einband** *-e† m* [bok]band
einbändig [bunden] i ett band, enbands-
Einbau *-ten m* inbyggnad; installation; montering; *bildl.* inkorporering, inarbetande **Einbauantenne** *-n f* inbyggd antenn **Einbauelement** *-e n* inbyggnadselement **einbauen** bygga in; kringbygga; montera [in]; installera; *bildl.* baka in **Einbaufehler** *- m* monteringsfel **einbaufertig** monteringsfärdig **Einbauküche** *-n f* kök med fast inredning **Einbaum** *-e† m* båt som urholkats ur trädstam **Einbaumöbel** *pl* inbyggda möbler (*skåp, garderob e.d.*)
Einbeere *-n f* ormbär
einbegreifen *st* inbegripa, medräkna **einbegriffen** inbegripen, medräknad; inklusive; *das ist im Preis* [mit] *~* det är inbegripet i priset **einbehalten** *st* innehålla (*lön e.d.*); kvarhålla (*i tullen e.d.*); häkta
einbeinig enbent
einbekennen *oreg., högt.* erkänna
einberufen *st* sammankalla; inkalla **Einberufung** *-en f* sammankallande (*av parlament, möte*); inkallelse (*t. militärtjänst*) **Einberufungsbefehl** *-e m* inkallelseorder **einbetonieren** omge med (mura in i) betong, befästa **einbetten** inbädda; inmura; *in Beton ~* mura in i betong
einbettig med en säng; *~es Hotelzimmer* enkelrum **Einbettkabine** *-n f* enkelhytt **Einbettzimmer** *- n* enkelrum
einbeulen buckla till **einbeziehen** *st* inbegripa, *ew. in etw.* (*ack.*) *mit ~* ta med ngt i ngt **einbiegen** *st* **1** böja [in] **2** s svänga (vika) in (*in e-e Straße* på en gata) **einbilden** *sich* (*dat.*) *etw. ~* inbilla sig ngt; *sich* (*dat.*) *etw. auf seinen Erfolg ~* vara stolt (högfärdig)

över sin framgång **Einbildung** *-en f* inbillning, fantasi; inbilskhet; *das ist nur in deiner ~ vorhanden* det inbillar du dig bara; *an ~ leiden* (*vard.*) vara inbilsk **Einbildungs|kraft** *0 f*, **-vermögen** *0 n* inbillningskraft, fantasi **einbinden** *st* binda in (*bok*); förbinda (*sår*) **einblasen** *st* blåsa in; *e-m etw. ~ a*) *vard.* viska ngt till ngn, *b*) intala ngn ngt **einblätt[e]rig** enbladig **einbläuen 1** göra blå **2** *se einbleuen* **einblenden** tona in; koppla in **einbleuen** *vard.* handgripligt bibringa, prygla (dunka, banka) in **Einblick** *-e m* **1** inblick; *sich* (*dat.*) *~ in etw.* (*ack.*) *verschaffen* skaffa sig inblick i ngt **2** *opt.* kular **einbooten** embarkera **einbrechen** *st* **1** *h el. s* bryta sig in, göra inbrott; *sie sind in die* (*haben in der*) *Bank eingebrochen* de har gjort inbrott i banken; *bei dir haben sie wohl eingebrochen?* (*vard.*) är du inte riktigt klok? **2** *s* bryta (tränga) in **3** *s* bryta in, plötsligt börja; *bei ~der Dunkelheit* vid mörkrets inbrott **4** *s* störta in (samman); *auf dem Eis ~* gå ner sig på isen **5** *s*, *vard.* förlora stort **6** slå in, bryta upp, riva [ner] **Einbrecher** *- m* inbrottstjuv **Einbrecheralarm** *-e m* tjuvlarm **Einbrenne** *-n f*, *sty.*, *österr.* redning **einbrennen** *oreg.* **1** bränna in; *das hat sich unauslöschlich in mein Gedächtnis eingebrannt* det har outplånligt etsat sig fast i mitt minne **2** fixera (*väv*) **3** *kokk.* [av]reda **einbringen** *oreg.* **1** *die Ernte ~* köra in (bärga) skörden; *Heiratsgut ~* medföra hemgift **2** *tekn.* montera, föra in **3** *e-n Antrag im Parlament ~* väcka en motion i parlamentet; *e-n Vorschlag ~* framlägga ett förslag; *e-e Klage ~* inlämna stämning; *die Verluste wieder ~* inhämta (reparera) förlusterna; *die Zeit ist nicht wieder einzubringen* det går inte att ta igen tiden **4** inbringa, avkasta; *e-n Reingewinn von ... ~ ge ...* i ren vinst; *wenig ~* ge dålig avkastning **einbringlich** vinstgivande, lönande, inbringande **einbrocken** *Brot in die Suppe ~* bryta bröd i soppan; *da hast du dir aber etw. Schönes eingebrockt!* (*vard.*) nu har du allt ställt till det för dig!; *die Suppe auslöffeln*, *die man sich eingebrockt hat* (*vard.*) [få] ta konsekvenserna av sina egna handlingar **Einbruch** *-e† m* inbrott; instörtning, ras; *mil.* inbrytning; *bildl.* ingrepp, intrång **Einbruch[s]diebstahl** *-e† m* inbrottsstöld **einbruch[s]sicher** inbrottssäker **Einbruch[s]sicherung** *-en f* inbrotts-, stöld|-skydd **einbuchten 1** förse med inbuktning **2** *vard.* bura in **Einbuchtung** *-en f* **1** inbuktning; vik; avsmalning (*av väg*) **2** *vard.* inburande **einbuddeln** *vard. o. mil.* gräva in **einbüffeln** *vard.*, *sich* (*dat.*) *etw. ~* plugga in ngt **einbürgern 1** naturalisera; *Tiere ~* inplantera djur **2** *rfl* bli medborgare; vinna burskap; *bildl.* bli hemmastadd; *es hat sich so eingebürgert* det har blivit vanligt så **Einbürgerung** *-en f* naturalisering; *bildl.* införande, upptagande **Einbuße** *-n f* skada, avbräck, förlust; *~ an Ansehen* (*dat.*) *erleiden* förlora i anseende **einbüßen** förlora, mista **eincheken** [-tʃɛkŋ] *flyg.* checka in **eincremen** smörja in [m. kräm] **eindämmen** dämma in; *das Feuer ~* begränsa (stoppa) elden; *die Seuche ~* hejda epidemin; *den Übermut ~* stävja övermodet **Eindämmung** *-en f* indämning; fördämning; stävjande **eindampfen** *kem.* indunsta **eindecken 1** täcka över; lägga tak [över] **2** *sich mit etw. ~* förse sig med

(lägga upp förråd av) ngt; *ich bin mit Arbeit reichlich eingedeckt* (*vard.*) jag har mer än nog att göra (är överhopad med arbete) **3** *dial.* duka **Eindecker** *- m* endäckare (*fartyg o. flygplan*) **eindeichen** bygga fördämning[ar] kring, invalla **Eindeichung** *-en f* indämning; invallning **eindeutig** entydig **Eindeutigkeit** *-en f* **1** entydighet **2** otidighet, oförskämdhet **eindeutschen** förtyska **Eindeutschung** *-en f* förtyskning **eindicken** *kokk.* koka ihop; *kem.* indunsta **eindocken** lägga i docka **eindosen** konservera [på burk] **eindrängen 1** *s*, *auf e-n ~* tränga sig på ngn **2** *rfl* tränga sig in; *bildl.* lägga sig i **eindrehen** skruva i; *sich* (*dat.*) *das Haar ~* lägga upp håret på papiljotter **eindrillen** *e-m etw. ~* (*vard.*) plugga in ngt i ngn **eindringen** *st s* tränga in (*in +ack.* i); *auf e-n ~* tränga ngn in på livet, hota ngn, ansätta ngn **eindringlich** eftertrycklig; intensiv; bevekande **Eindringlichkeit** *0 f* eftertrycklighet **Eindringling** *-e m* inkräktare **Eindruck** *-e† m* intryck; *du machst den ~ e-s netten Mädels* du gör intryck av att vara en trevlig flicka; *es macht* (*erweckt*) *den ~*, *als ob* det ser ut som om; *es macht den ~* det kan tyckas så (ser så ut); *~ schinden* (*vard.*) försöka imponera; *der ~ des Fußes* fördjupningen efter (intrycket av, spåret efter) foten **eindrucken** trycka (*mönster på tyg*) **eindrücken** trycka in (sönder); *die Spuren hatten sich eingedrückt* spåren hade tryckts in **eindruckslos** intetsägande **eindrucksvoll** imponerande **einduseln** *s*, *vard.* nicka (slumra) till **einebnen** jämna [ut]; plana **Einehe** *-n f* engifte, monogami **eineiig** enäggig, enäggs- **'einein'halb** en och en halv; *~ Tage* en och en halv dag **einen** högt. ena **einengen** tränga ihop; klämma in; *bildl.* begränsa **einer** (*eine*, *ein[e]s*) *se ein* **Einer** *- m* **1** *mat.* ental **2** ensamsbåt **einerlei** oböjl. *adj* **1** *das ist* [*mir*] *~* det är [mig] likgiltigt; *~, wir gehen* [det får vara] hur som helst, vi går; *~ wer* vem som helst som **2** enahanda, likadan; *~ Kost* enformig kost **Einerlei** *0 n* enformighet, monotoni; *das ~ des Alltags* vardagens enahanda **'einer'seits** å ena sidan **Einerstelle** *-n f* entalssiffra (*i decimalbråk*) **'eines'teils** å ena sidan

einexerzieren inöva **einfach** enkel; *die Sache ist nicht so ~* saken är inte så enkel; *es war ~ herrlich* det var helt enkelt härligt; *ganz ~* (*äv.*) rätt o. slätt; *das ist nicht ganz ~ zu verstehen* det är inte så alldeles lätt att förstå; *~e Fahrkarte* enkel biljett; *~er Bruch* (*med.*) okomplicerat [ben]brott; *~er Soldat* menig; *~e Gleichung* förstagradsekvation **Einfachheit** *0 f* enkelhet; *der ~ halber* för enkelhetens skull **einfädeln 1** trä på (*nål*); *bildl.* anstifta, få i gång; *sport.* grensla [sport]; *es geschickt ~* manövrera saken skickligt **2** *rfl*, *sich falsch ~* lägga sig i fel fil **einfahren** *st* **1** *s* fara (köra, åka) in; gå ner (*i gruva*); *vard.* åka dit, åka [in] (*i fängelse*); *der Zug fährt ein* tåget kör in [på stationen]; *der Dachs fährt ein* grävlingen försvinner ner i grytet **2** köra in (*hö*); *den Zaun ~* köra in (sönder) staketet; *e-n Wagen ~* köra in en

bil; *das Fahrwerk* ~ dra in landningsstället **3** *rfl, die Sache hat sich eingefahren* (*vard.*) saken är inkörd; *es fährt sich ein det* ordnar sig; *ich muß mich erst* ~ *a*) jag måste först vänja mig, *b*) jag måste först öva mig i att köra (*den nya bilen*) **Einfahrt** -*en f* infart; inkörsport; infartsväg; inlopp; nedfart (*i gruva*); *der Zug hat noch keine* ~ tåget har inte fått klarsignal för infart; *Vorsicht bei* ~ *des Zuges!* se upp när tåget kör in!
Einfall -*e*† *m* infall (*äv. mil.*); sammanstörtande; (*ljusets*) infallande; *högt*. inbrott, början; *ich kam auf den* ~, *hinzugehen* jag fick idén att gå dit **einfallen** *st s* falla (störta) in (*om mur*); infalla (*äv. bildl.*); tränga in (*om ljus*); falla in (*i sång*); *gruv*. stupa; *plötzlich fiel ihm ein* plötsligt föll det honom in; *es wird ihm schon wieder* ~ han ska nog komma på det igen; *das fällt mir nicht im Traum ein* (*vard.*) det kommer aldrig i fråga, jag har inte en tanke på det; *laß dir das ja nicht* ~! det understår du dig inte!; *wie es ihm gerade einfiel* precis som han hade lust; *ins Land* ~ invadera landet; ~*der Strahl* infallande stråle; *eingefallene Augen* insjunkna ögon; *eingefallene Wangen* infallna kinder **einfallslos** fantasilös, tråkig, torftig **einfallsreich** idérik, originell, fantasifull **Einfallswinkel** - *m, opt*. infallsvinkel
Einfalt *0 f* enfald; oskuld **einfältig** enfaldig
Einfaltspinsel - *m, vard*. dumhuvud, beskedligt kräk
einfalzen falsa
Einfa'milienhaus -*er*† *n* enfamiljshus
einfangen *st* fånga in (*äv. kärnfys*.), infånga; *bildl*. fånga; *du fängst dir gleich e-e Ohrfeige ein!* (*vard*.) snart åker du på en propp! **einfärben** färga [in]
einfarbig enfärgad
einfassen infatta; kanta; garnera; inrama **Einfassung** -*en f* infattning, inramning; kant; dörrkarm; bård **einfetten** infetta, fetta (smörja) in **einfeuern** *dial*. elda **einfinden** *st, rfl* infinna sig **einflechten** *st* infläta (*äv. bildl*.) **einflicken** sätta (sy) i **einfliegen** *st* **1** flyga in (*nytt plan*); *sich auf e-e Maschine* ~ flyga in sig på ett plan **2** *s, fremde Flugzeuge sind in unser Gebiet eingeflogen* främmande plan har flugit in i över vårt territorium **einfließen** *st s* flyta in (*äv. om pengar*); mynna; *etw*. ~ *lassen* nämna ngt i förbigående **einflößen 1** ge [att dricka], tillföra **2** *med*. *e-m etw*. ~ *a*) hälla i ngn ngt, *b*) *bildl*. ingjuta ngt hos ngn **Einflug** -*e*† *m* inflygning **Einflugloch** -*er*† *n, zool*. flyghål, fluster **Einflugschneise** -*en f* luftkorridor
Einflu|**ß** -*sse*† *m* inflytande, påverkan (*auf* + *ack*. på); *der* ~ *des Wetters* vädrets inverkan; *unter dem* ~ *von* under inflytande av **Einfluß**|**bereich** -*e m*, -**gebiet** -*e n* intressesfär **einflußlos** utan inflytande **Einflußnahme** *0 f* inverkan **einflußreich** inflytelserik **Einflußsphäre** -*n f* intressesfär **einflüstern** *e-m etw*. ~ *a*) [hemligt] intala ngn ngt, *b*) *skol*. viska ngt till ngn **Einflüsterung** -*en f* hemlig påverkan **einförmig** enformig
einfressen *st, rfl* fräta (äta) sig in **einfried[ig]en** inhägna **Einfried[ig]ung**-*en f* inhägnad, stängsel **einfrieren** *st* **1** frysa [sönder]; frysa till; frysa fast **2** *s* spärras (*om kredit*) **3** frysa in (ner) (*livsmedel*); frysa (*löner e.d.*); *das Projekt* ~ lägga projektet på is **ein-**

fuchsen *vard*. förbereda, träna **einfügen** in-, till|foga; *sich in etw*. (*ack*.) ~ anpassa sig till (inordna sig i) ngt **Einfügung** -*en f* infogande; tillägg **einfühlen** *rfl* leva (sätta) sig in (*in* + *ack*. i) **einfühlsam** medkännande **Einfühlung** *0 f* inlevelse **Einfühlungsvermögen** *0 n* inlevelseförmåga
Einfuhr -*en f* import, införsel **Einfuhrartikel** - *m* importvara **Einfuhrbewilligung** -*en f* införseltillstånd, importlicens **einführen** införa; importera; instruera (*in* + *ack*. i); *e-n in seine Arbeit* ~ sätta ngn in i hans arbete; *e-e neue Person im Roman* ~ införa en ny person i romanen; *e-e neue Mode* ~ lansera ett nytt mod; *e-e Sonde* ~ föra in en sond; *die Ware hat sich* (*ist*) *gut eingeführt* varan är väl inarbetad; *e-n bei e-m* ~ introducera ngn hos ngn; *im Betrieb* ~ införa vid företaget **Einfuhr**|**erlaubnis** *0 f*, -**genehmigung** -*en f* införseltillstånd, importlicens -**kontingent** -*e n* importkvot -**sperre** -*n f*, -**stopp** -*s m* importstopp -**überschu**|**ß** -*sse*† *m* importöverskott
Einführung -*en f* införande; lanserande; introduktion; installation; införing **Einführungs**|**feierlichkeit** -*en f* installationsceremoni -**kurs**|**us** -*e m* introduktionskurs -**preis** -*e m* introduktionspris -**schreiben** - *n* introduktionsbrev
Einfuhrverbot -*e n* importförbud **Einfuhrwaren** *pl* importvaror **Einfuhrzoll** -*e*† *m* importtull **einfüllen** fylla i (på); *Mehl in Säcke* ~ fylla mjöl i säckar; *Bier in Fässer* ~ fylla öl på fat **Einfüllöffnung** -*en f* påfyllningsöppning **Einfülltrichter** - *m* [påfyllnings]tratt **einfüttern** *databeh*. mata in
Eingabe -*n f* **1** inlaga; *e-e* ~ *machen* lämna in en ansökan (*an* + *ack*. till) **2** *med*., *nach der* ~ *des Medikaments ging es ihm gut* efter det att han fått medicinen mådde han bra **3** *databeh*. inmatning **Eingang** -*e*† *m* ingång, infart, entré; [hamn]inlopp; till-, in|träde; början, inledning; ankomst, mottagande; *Eingänge* inkomna varor (försändelser); *bei* (*nach*) ~ vid mottagandet; *kein* (*verbotener*) ~! tillträde förbjudet!; *den* ~ (*die Eingänge*) *bearbeiten* bearbeta inkommet material (inkomna försändelser); *wir bestätigen den* ~ *Ihres Schreibens* vi bekräftar mottagandet av Er skrivelse; *beim Publikum* ~ *finden* vinna insteg bland allmänheten **eingängig** lättbegriplig; ~ *e Melodie* melodi som fastnar **eingangs I** *adv* i början, inledningsvis **II** *prep m. gen*. i början av **Eingangsbestätigung** -*en f* kvitto (bekräftelse) på mottagandet **Eingangsdat**|**um** -*en n* ankomstdatum **Eingangsstempel** - *m* ankomststämpel **Eingangszoll** -*e*† *m* importtull **eingebaut** inbyggd; väggfast **eingeben** *st* ge [in]; inlämna; *databeh*. mata in; *e-m e-e Arznei* ~ ge ngn medicin; *e-m den Gedanken* ~ [in]ge ngn idén **eingebildet** inbilsk; inbillad **Eingebildetheit** *0 f* inbilskhet
1 eingeboren *Gottes* ~*er Sohn* Guds enfödde son
2 eingeboren 1 *högt*. medfödd (*egenskap*) **2** infödd **Eingeborene(r)** *m f, adj böjn*. inföding **Eingeborenensprache**-*n f* [ettlands]urspråk **Eingebung** -*en f* ingivelse **eingedenk** *e-r Sache* (*gen*.) ~ *sein* hålla ngt i minnet; ~ *dessen, daß* i medvetande om att, ihågkommande att **eingefleischt** inbiten, oförbätterlig **eingefrieren** *st* frysa in (ner) **eingefuchst**

vard. driven, inarbetad; *er ist noch nicht genügend* ~ han har inte fått tillräcklig rutin ännu **eingehen** *st s* **1** [in]komma, ingå (*om post, varor o.d.*) **2** krympa (*om tyg*) **3** upphöra (*om firma o.d.*); dö; vissna, torka bort; *zur ewigen Ruhe* ~ gå in i den eviga vilan **4** *vard.* lida skada (förlust), få stryk; *dabei ist er schön eingegangen* (*vard.*) det förlorade han ordentligt på **5** *das Kompliment geht ihr glatt ein* komplimangen går lätt i henne; *auf ein Kind aufmerksam* ~ bemöta ett barn med uppmärksamhet; *auf den Vorschlag* ~ gå in (med) på förslaget; *näher darauf* ~ gå närmare in på det **6** ingå; *e-e Ehe* ~ ingå äktenskap; *Verpflichtungen* ~ ta på sig förpliktelser; *e-n Vertrag* ~ sluta ett fördrag; *e-e Wette* ~ ingå ett (slå) vad **eingehend 1** grundlig, ingående; i detalj **2** *nicht* ~ krympfri **Eingemachte(s)** *n*, *adj böjn.* kompott; marmelad, sylt **eingemeinden** inkorporera (*in* + *ack.* med) **Eingemeindung** *-en f* inkorporering **eingenommen** *se einnehmen* **Eingenommenheit** *0 f* förutfattad mening; inbilskhet; ~ *für* förkärlek för; ~ *gegen* avoghet mot **Eingesandt** *-s n* insändare (*i tidning*) **eingeschlechtig** *bot.* enkönad **eingeschossig** envånings-, enplans- **eingeschworen** *auf etw.* (*ack.*) ~ *sein* särskilt föredra ngt, tro fullt o. fast på ngt **eingesessen 1** nedsutten **2** sedan gammalt bosatt [här, där] '**eingestand[e]ner'maßen** som erkänt; *er hat* ~ *gelogen* han erkänner att han har ljugit, enligt egen uppgift ljög han **Eingeständnis** *-se n* bekännelse, medgivande **eingestehen** *st* tillstå, erkänna, vidgå **eingestellt** inriktad, sinnad; *wie ist er* ~*?* (*äv.*) var står han politiskt? **eingestrichen** *mus.* ettstruken **Eingeweide** - *n* innanmäte, inälvor **Eingeweihte(r)** *m f, adj böjn.* invigd **eingewöhn|en** vänja (*in* + *ack.* vid); *sich* ~ acklimatisera sig; *er hat sich noch nicht -t han är inte van ännu; sich in e-r neuen Umgebung* ~ vänja sig vid en ny miljö **Eingewöhnung** *0 f* acklimatisering **eingezogen** tillbakadragen **Eingezogenheit** *0 f* tillbakadragenhet, avskildhet **eingießen** *st* **1** hälla (slå) i (upp) **2** gjuta in **eingipsen** gipsa; fästa med gips **eingittern** inhägna **Einglas** *-er† n, åld.* monokel **eingleisig** enkelspårig **eingliedern** inordna; inkorporera; underordna, anpassa **Eingliederung** *-en f* inordning *etc.*; integrering; annektering; inkorporering **eingraben** *st* **1** gräva in (ner); plantera; *sich* ~ gräva ner sig (*om djur o. mil.*) **2** rista (etsa) in; *bildl.* inprägla; *sich e-m ins Herz* ~ inpräglas i hjärtat på ngn **eingravieren** ingravera **eingreifen** *st* **1** gripa in **2** ingripa; intervenera; *in jds Rechte* ~ göra intrång i ngns rättigheter **Eingriff** *-e m* ingripande; *med.* ingrepp; operation; ~ *in jds Rechte* intrång i ngns rättigheter **eingruppieren** gruppera (dela) in **Eingu|ß** *-sse† m* ihällning, ifyllning; *tekn.* ingjut **einhacken** (*om fågel o. bildl.*) hacka (*auf* + *ack.* på) **einhaken 1** haka (häkta) i (på, fast); *sich bei e-m* ~ ta ngn under armen; *eingehakt gehen* gå arm i arm **2** *vard.* falla in (*i samtal*) **ein'halbmal** en halv gång **Einhalt** *0 m, e-r Sache* (*dat.*) ~ *gebieten* (*tun*) hejda (sätta stopp för) ngt **einhalten** *st* **1** [noga] iaktta, följa, rätta sig efter; hålla; *die*

Zeit ~ vara punktlig **2** hålla in (*söm*) **3** sluta, upphöra; *mit der Arbeit* ~ sluta arbeta; *halt ein!* sluta!, stopp! **einhämmern** hamra in, bulta; *e-m etw.* ~ slå (trumfa) i ngn ngt **Einhandbedienung** *0 f* skötsel (manövrering) med en hand **einhandeln** [in]handla, [in]köpa; *Brot gegen Zigaretten* ~ byta till sig bröd mot cigaretter; *sich* (*dat.*) *e-e Erkältung* ~ (*vard.*) skaffa sig (få) en förkylning [på halsen] **einhändig** enhänt; med en hand **einhändigen** överlämna [egenhändigt] **Einhändigung** *0 f* [egenhändigt] överlämnande **einhängen 1** hänga upp (in); haka på (*dörr*); förse med omslag; *er hat eingehängt* han har lagt på (*telefonluren*) **2** *rfl, sich bei e-m* ~ ta ngn under armen **einhauchen** inspirera; *e-m neues Leben* ~ blåsa nytt liv i ngn; *e-r Sache* (*dat.*) *Leben* ~ sätta fart på ngt **einhauen** *st* (*imperf. äv. sv*) **1** hugga in; *das Fenster* ~ slå in fönstret **2** *vard.* stoppa i sig (*mat*); *kräftig* ~ hugga för sig ordentligt **3** *auf e-n* ~ (*vard.*) gå lös på ngn, slå ngn **einhäusig** *bot.*, ~*e Pflanze* enbyggare **einheben** *st* **1** lyfta på (*dörr o.d.*) **2** *sty., österr.* inkassera **einheften 1** häfta in (*i pärm*) **2** tråckla fast (*foder*) **einhegen** inhägna **Einhegung** *-en f* inhägnad **einheilen** *med.* läka (växa) fast **einheimisch** inhemsk, infödd; ~ *er Markt* hemmamarknad; ~ *e Mannschaft* hemmalag **Einheimische(r)** *m f, adj böjn.* ortsbo, person som är bosatt [här, där] **einheimsen** *bildl.* inhösta, håva in **Einheirat** *-en f* ingifte **einheiraten** *in e-e Familie* ~ gifta in sig i en familj **Einheit** *-en f* enhet (*äv. mil.*) **einheitlich** enhetlig, samfälld **Einheitlichkeit** *0 f* enhetlighet **Einheits|bestrebung** *-en f* enhetssträvande **-front** *-en f* enhetsfront **-kleidung** *0 f* standardplagg, uniform **-preis** *-e m* enhetspris **-schule** *-n f* enhetsskola **-staat** *-en m* enhetsstat **-vordruck** *-e m* standardblankett **-wert** *-e m* taxeringsvärde **einheizen** elda (*i spis*), fyra på; *e-m tüchtig* ~ (*vard.*) a) driva (sätta fart) på ngn, b) skälla ut (pressa, hota) ngn; *ganz schön eingeheizt haben* (*vard.*) ha druckit en hel del **einhellig** enhällig **einhenk[e]lig** med bara ett handtag **ein'her|fahren** *st s*, [*vierspännig*] ~ komma åkande i fyrspann **-gehen** *st s* skrida fram; *Röteln gehen mit Ausschlag einher* röda hund åtföljs av utslag **-jagen** *s* jaga fram **-schlendern** *s* flanera omkring, komma flanerande **-schreiten** *st s* skrida fram **-stolzieren** *s* strutta fram **einhöck[e]lig** enpucklig **einholen 1** dra (bogsera) in; ta upp (in) (*nät*); hala ned (*flagga*) **2** hinna ifatt; möta o. ledsaga; ta igen (*förlorad tid*); utjämna (*förlust*) **3** inhämta (*råd, upplysning*) **4** *vard.* handla; ~ *gehen* gå o. handla **Einholnetz** *-e n, vard.* nät-, torg|kasse **Ein|horn** *-er† n* enhörning **-hufer** - *m* enhovdjur **einhüllen** svepa in (om); innesluta **einhundert** [ett] hundra **1 einig** enig; *darin* (*darüber*) *sind wir uns* ~ *det är vi eniga* (*ense*) *om*; *mit e-m* ~ *sein* vara överens med ngn; *über etw.* (*ack.*) ~ *werden* komma överens (bli eniga) om ngt; *er ist heute mit sich selbst nicht* ~ (*vard.*) han är på dåligt

humör i dag; *er ist mit sich selbst nicht darüber* ~ han har inte kommit på det klara med det
2 einig *indef. pron, alltid böjt* någon, något; *~es zu sagen haben* ha en del att säga; *~en Eindruck machen* göra ett visst intryck; *~e Erfahrung* en viss erfarenhet; *~es Geld* en [hel] del pengar; *in ~er Entfernung* på [ngt] avstånd; *nach ~er Zeit* efter en tid; *~e Male* (*äv.*) en o. annan gång; *~e hundert Menschen* ngt över hundra människor; *~e Hundert*[e] Zigaretten några hundra cigarretter; *~e* (*pl*) några, somliga **-emal** några gånger
einigeln *rfl* **1** rulla ihop sig **2** dra sig, tillbaka, isolera sig **3** *mil.* förskansa sig
einigen 1 ena **2** *rfl* enas; *sich dahin* ~, *daβ* komma överens om att
'einiger'maßen någorlunda, någotsånär; *es geht mir* ~ jag mår tämligen bra
einiggehen *st s* vara överens, dra jämnt **Einigkeit** 0 *f* enighet; ~ *macht stark* enighet ger styrka **Einigung** *-en f* [för]enande; överenskommelse, enighet; uppgörelse; *e-e* ~ *erzielen* nå samförstånd, bli eniga
einimpfen [in]ympa; *bildl.* inplanta **einjagen** injaga; *e-m e-n Schrecken* ~ injaga skräck i ngn
einjährig ettårig, ettårs-; *das E~e machen* (*ung.*) ta realen
einkacheln *vard.* elda ordentligt **einkalkulieren** kalkylera in, medräkna, ta med i beräkningen
Einkammersystem *-e n*, *polit.* enkammarsystem
einkapseln inkapsla; *sich* ~ (*äv.*) isolera sig **Einkaps**[**e**]**lung** *-en f* inkapsling **einkassier**|**en** inkassera; *vard.* lägga beslag på; *sie wurden bei der Razzia -t* de togs vid polisrazzian **Einkassierung** *-en f* inkassering **einkasteln** *österr.* bura in
Einkauf *-e†* *m* inköp; *Einkäufe machen* gå o. handla; *das ist ein guter* ~ det var ett gott köp; *billiger* ~ (*skämts.*) snatteri **einkaufen 1** köpa [in, hem]; ~ *gehen* gå o. handla; *ohne Geld* ~ (*vard.*) snatta, stjäla **2** *rfl* köpa in sig; *sich in ein Altersheim* ~ köpa in sig på ett pensionärshem; *sich in e-e Lebensversicherung* ~ teckna en livförsäkring **Einkäufer** - *m* in-, upp|köpare
Einkaufs|**beutel** - *m* [plast]kasse **-bummel** *m* shoppingrunda **-genossenschaft** *-en f* samköpsförening **-preis** *-e m* inköpspris **-tasche** *-n f* shoppingväska **-wagen** - *m* kundvagn **-zentr**|**um** *-en n* shopping-, köp|center
Einkehr 0 *f* **1** [kort] besök; logi **2** värdshus **3** självrannsakan; *bei sich* ~ *halten* rannsaka sig själv **einkehren** *s* ta in, rasta; *im Gasthaus* ~ rasta på (besöka) värdshuset; *bei Freunden* ~ besöka vänner; *die Not ist eingekehrt* nöden har hållit sitt intåg **einkeilen** kila in; *eingekeilt sein* sitta fast, inte komma loss **einkellern** lagra i källare **einkerben** skåra (rista) in **Einkerbung** *-en f* skåra; spår; *scharfe* ~ skarp not (ränna) **einkerkern** bura (spärra) in **Einkerkerung** 0 *f* fängslande; fångenskap **einkernig** enkärnad
einkesseln *mil., jakt.* innesluta, inringa **einkitten** kitta fast **einklagen** indriva, lagsöka [för] **einklammern** sätta inom klammer (parentes) **Einklammerung** *-en f* klammer, parentes; sättande inom klammer (parentes)
Einklang 0 *m*, *mus.* enklang; *bildl.* samklang, harmoni; *zwei Sachen miteinander in* ~ *bringen*

få två saker att stämma överens (harmoniera); *nicht in* (*im*) ~ *stehen* inte stämma överens, vara oförenlig **einklappen** fälla in (ihop) **einklarieren** *sjö.* inklarera
Einklassenschule *-n f* B-skola (*där barn på olika stadier undervisas i samma sal*) **einklassig** med en klass
einkleben klistra in **einkleiden** ekipera, klä upp; *Rekruten* ~ förse rekryter med uniform; *e-n Gedanken in Worte* ~ klä en tanke i ord **Einkleidung** 0 *f* ekipering *etc.*, *ifr einkleiden* **einkleistern** stryka klister på **einklemmen** klämma in; *sich* (*dat.*) *den Finger* ~ klämma fingret; *in den Schraubstock* ~ sätta fast i skruvstädet; *den Schwanz* ~ sticka svansen mellan benen; *eingeklemmter Bruch* inklämt bråck **einklinken 1** stänga [med klinka] **2** *s* (*om dörr*) gå i lås **einklopfen** slå i (*spik e.d.*) **einkneifen** *st* **1** knipa åt; skära i *den Schwanz* ~ sticka svansen mellan benen **einkneten** knåda in **einknicken 1** knäcka, bräcka; vika (*hörn på visitkort*) **2** *s* knäckas; *mit dem Fuβ* ~ snubbla; *mir knicken die Knie ein* knäna sviktar på mig **einkochen 1** koka in, konservera **2** *s* koka ihop (bort) **Einkochen** 0 *n* inkokning, konservering **Einkochgerät** *-e n* konserveringsapparat **Einkochglas** *-er†* *n* konserveringsglas **einkommen** *st s* **1** komma in; inflyta (*om pengar*); *der Läufer kam als erster ein* löparen var först i mål **2** högt. um *etw.* ~ [skriftligen] ansöka om ngt; *um seine Versetzung* ~ anhålla om att bli förflyttad **Einkommen** - *n* inkomst[er]; ~ *aus Arbeit* inkomst av arbete **Einkommensausfall** *-e†* *m* inkomstbortfall **einkommensschwach** med låg inkomst **einkommensstark** med hög inkomst **Einkommen**[**s**]**steuer** *-n f* inkomstskatt **Einkommen**[**s**]**steuererklärung** *-en f* självdeklaration **einköpfen** *sport.* nicka i mål
Einkorn 0 *n* enkorn (*vete*)
einkrallen *rfl* hugga sina klor i **einkratzen 1** rista in **2** *rfl, vard.* ställa sig in (*bei hos*)
Einkreisempfänger - *m*, *radio.* enkretsmottagare
einkreisen inringa; ringa in **Einkreisung** *-en f* inringning **Einkreisungspolitik** 0 *f* inringningspolitik **einkremen** *se eincremen* **einkriegen** *vard.* **1** hinna i fatt **2** *rfl* återvinna fattningen, lugna ner sig **Einkünfte** *pl* inkomster **einkuppeln** *motor.* släppa upp kopplingen
1 einladen *st* lasta [n] (*in* + *ack.* i)
2 einladen *st* [in]bjuda; *e-n zum Souper* ~ bjuda ngn [till sig] på supé; *e-n zu e-r* (*auf e-e*) *Tasse Kaffee* ~ bjuda ngn på en kopp kaffe; *~d* (*äv.*) lockande
1 Einladung *-en f* [i]lastning
2 Einladung *-en f* inbjudan, inbjudning **Einladungskarte** *-n f* bjudningskort
Einlage *-n f* **1** inlägg (*i sko*); stomme (*i plagg*); styvnad (*i krage*); inlaga (*i cigarr*); bilaga (*i brev*); [inlagt] nummer (*på teater*) **2** garnityr (*i soppa*); mellanrätt **3** insatta pengar (*på banken*) **einlagern** lagra, magasinera **einlangen** *s*, *österr.* anlända **Einla**|**β** *-sse†* *m* **1** in-, till|-träde; *wann ist* ~? när öppnas dörrarna? **2** ingång; intag, inlopp **einlassen** *st* **1** släppa in (*publik*); släppa på (*vatten*) **2** infoga, insänka, inpassa; ta in (*i plagg*); göra inläggning (*i trä*); *eingelassener Schrank* inbyggt skåp; *eingelassene Arbeit* intarsia **3** *rfl*, *sich auf*

etw. (*ack.*) ~ inlåta sig på (i) ngt, ge sig in på ngt; *sich mit e-m* ~ inlåta sig med ngn, ge sig i lag med ngn, *neds.* ha en [kärleks]historia med ngn; *sich auf e-n Vorschlag* ~ gå med på ett förslag **Einlaßkarte** *-n f* inträdes|biljett, -kort **Einlassung** *-en f, jur.* svaromål **Einlaßventil** *-e n* inlopps-, insugnings|ventil **Einlauf** *-e† m* **1** *med.* lavemang **2** inlöpande (*i hamn*); ankomst (*av post*); ingång (*som djur ej kan komma ut genom*); hästsport. upplopp **3** *tekn.* inlopp, intag **einlaufen** *st* **1** *s* inlöpa, inkomma (*om båt, pengar o.d.*); strömma in (*om order*); springa in (*på fotbollsplan o.d.*); *Wasser in die Wanne* ~ lassen tappa vatten i badkaret **2** *s* krympa (*om tyg*); *nicht ~d* krympfri **3** *e-m das Haus* ~ (*vard.*) ränna hos ngn; *die Schuhe* ~ gå in skorna **4** *rfl* mjuka (värma) upp sig; *der Motor läuft sich ein* motorn blir varm **einläufig** enkelpipig (*om bössa*) **Einlaufwette** *-n f,* hästsport. *ung.* tierce **einläuten** ringa in; *mit dieser Rede läutete er den Wahlkampf ein* med detta tal startade han valrörelsen **einleben** *rfl* **1** bli hemmastadd, anpassa sig **2** leva sig in (*in etw. ack.* i ngt) **Einlegearbeit** *-en f* inläggning, intarsia **einlegen 1** lägga in (*äv. kokk.*); sätta in (*tåg*); göra inläggningar (*i trä*); *Film in die Kamera* ~ sätta film i kameran; *ein Lied* ~ sjunga ett [extra]nummer; *Geld* ~ sätta in pengar; *eingelegte Arbeit* inläggning, intarsia; *eingelegter Schrank* skåp med inläggningar **2** *Berufung gegen etw.* ~ (*jur.*) överklaga ngt; *sein Veto* ~ inlägga sitt veto; *Protest* ~ protestera; *Ehre mit etw.* ~ ha heder av ngt; *Fürbitte für e-n* ~ göra förbön för ngn; *ein gutes Wort für e-n* ~ lägga ett gott ord för ngn; *die Lanze* ~ fälla lansen **Einleger** - *m* insättare (*i bank*) **Einlegesohle** *-n f* inläggssula **Einlegung** *-en f* inläggning etc., *jfr einlegen* **einleiten** inleda, börja; *ein Buch* ~ (*äv.*) skriva förordet till en bok; *ein Verfahren* ~ påbörja en process; *~d möchte ich sagen* inledningsvis skulle jag vilja säga; *~de Maßnahmen* preliminära åtgärder **Einleitung** *-en f* inledning; förord; preludium; förberedelse **einlenken 1** *s, ibl. h, in e-e Straße* ~ svänga in på en gata (*med bil*) **2** ge efter, falla undan **einlesen** *st* **1** *rfl* göra sig förtrogen (*in + ack.* med) **2** databeh. mata **einleuchten** *e-m* ~ övertyga ngn; *das leuchtet mir ein* jag inser (är klar över) det; *das will mir nicht* ~ det begriper jag inte; *es leuchtet ein, daß* det är uppenbart att; *~de Antwort* övertygande svar; *das ist ~d* det är klart **einliefern** in-, av|lämna; föra (*t. sjukhus e.d.*) **Einlieferung** *0 f* inlämning; intagning (*av patient e.d.*) **Einlieferungsschein** *-e m* inlämningsbevis, kvitto **einliegend** inneliggande, bifogad **Einlieger** - *m* **1** tillfällighetsarbetare inom jordbruket **2** inneboende, hyresgäst **Einliegerwohnung** *-en f* uthyrningslägenhet (*i enfamiljshus*) **einlochen** *vard.* bura in **einlogieren** inkvartera **einlösen** inlösa; infria (*löfte*) **Einlösung** *-en f* inlösen; infriande **einlöten** löda fast **einlullen** sjunga till sömns; *bildl.* invagga

einmachen 1 koka in, konservera **2** *dial.* sätta i (fast) **Einmachglas** *-er† n* konserveringsglas, glasburk **einmahnen** kräva in **einmal** en gång; *es war* ~ det var en gång; *es ist nicht* ~ *gut* det är inte ens bra; *~ grün, ~ rot* först grön, så röd; *noch* ~ en gång till, för andra gången; *noch* ~ *so alt wie ich* dubbelt så gammal som jag; *~ so, ~ so* ibland så o. ibland så; *komm' doch ~ zu mir* kom o. hälsa på mig ngn gång; *wenn es ~ so weit ist* när det har gått så långt; *auf* (*mit*) *~ a*) på en gång, åt gången, *b*) plötsligt; *~ über das andere* gång efter annan; *~ ums andere* den ena gången efter den andra; *~ eins ist eins* en gång ett är ett; *stellen Sie sich ~ vor* föreställ Er bara; *ich bin nun ~ so* jag är nu en gång (faktiskt) sådan; *hör' ~! *hör på! **Einmal'eins** *0 n* multiplikationstabell **Einmalflasche** *-n f* engångsflaska **Einmalhandtuch** *-er† n* pappershandduk **einmalig** engångs-; unik; *~e Gelegenheit* (*äv.*) enastående tillfälle; *~ schön* enastående vacker **Einmalpackung** *-en f* engångsförpackning **Ein'manngesellschaft**-*en f* enmansbolag **Ein'manntorpedo** *-s m* enmanstorped **Ein'mannwagen** - *m* enmansbetjänad spårvagn **Ein'mannzelle** *-n f* ensamcell
einmarinieren lägga i marinad
Ein'markstück *-e n* enmarksmynt
Einmarsch *-e† m* inmarsch **einmarschieren** *s* marschera in (*in + ack.* i)
Einmaster - *m* enmastare **einmastig** enmastad
einmauern mura in; omge med en mur **einmeißeln** mejsla in **einmengen** blanda i; *sich in etw.* (*ack.*) ~ blanda (lägga) sig i ngt **Einmengung** *-en f* inblandning
1 einmieten inkvartera, hyra in; *sich bei e-m* ~ hyra in sig hos ngn
2 einmieten *Getreide* (*Rüben*) ~ lagra säd (rovor)
1 Einmietung *0 f* hyra i andra hand
2 Einmietung *0 f* lagring (*av potatis e.d.*)
einmischen blanda i, inblanda; *sich in etw.* (*ack.*) ~ blanda (lägga) sig i ngt **Einmischung** *-en f* inblandning
ein|monatig enmånads-, en månad gammal (lång) **-monatlich** varje månad [återkommande]; *die Zeitung erscheint* ~ tidningen kommer ut en gång i månaden **-motorig** enmotorig (*om flygplan*)
einmotten peppra in (*mot mal*) **einmummen** [l]n *vard.* pälsa på **einmünden** *h el. s* mynna ut (*äv. bildl.*) **Einmündung** *-en f* mynning
einmütig enhällig, endräktig **Einmütigkeit** *0 f* enighet; *darüber besteht* ~ det är man enig om
einnähen 1 sy in **2** *dial.* haffa, sy in
Einnahme 1 *0 f* intagande, erövring **2** *-n f* intäkt, inkomst **Einnahmeausfall** *-e† m* inkomstbortfall **Einnahmebuch** *-er† n* kassabok **Einnahmequelle** *-n f* förvärvskälla **Einnahmeseite** *-n f* kreditsida (*i kassabok*) **einnebeln 1** *mil.* inhbelägga **2** *rfl, a*) lägga ut en rökridå, svepa sig i dunkel, *b*) *vard.* bli dimmig **Einneb[e]lung** *-en f* dim-, rök|ridå **einnehmen** *st* inta; ta in (*medicin*); få in (*pengar*); lasta, ta ombord; reva (*segel*); *zuviel Platz* ~ [upp]ta för mycket plats; *das Abendessen* ~ äta middag; *e-n für sich* ~ *in (en gegen sich* ~ göra vinna ngn för sig (mot sig); *die zweite Stelle* ~ komma i andra hand; *~des Wesen* intagande (vinnande) sätt; *für etw. eingenommen sein* vara gynnsamt stämd mot ngt; *von e-m eingenommen sein* vara intagen av ngn; *von sich selbst eingenommen* egenkär; *von e-m*

Einnehmer—Einrichtung 152

Gedanken eingenommen behärskad av en tanke **Einnehmer** - *m, åld.* kassör; inkasserare; uppbördsman **einnicken 1** *s* nicka (slumra) till **2** *sport.* den *Ball* ~ nicka bollen i mål **einnieten** nita fast **einnisten** *rfl* bygga bo; slå sig ner; *eg. o. bildl.* parasitera, nästla sig in **einochsen** *sich (dat.) etw.* ~ *(vard.)* plugga in ngt
Einöde -*n f* ödemark, ödslig trakt
einölen olja (smörja) in **einordnen 1** inordna, ordna (sätta) in, sätta på sin plats; klassificera **2** *rfl* inordna (anpassa) sig; *sich rechts* ~ lägga sig i höger fil **Einordnung** *0 f* inordning, inrangering
einpacken packa in (ner), slå in; *e-n Kranken warm* ~ *(vard.)* svepa in (stoppa om, bylta på) en sjuk; *da können wir* ~ *(vard.)* vi kan lika gärna packa ihop [o. ge oss iväg]; *pack ein! (vard.)* sluta!; stick!; *damit kannst du* ~ *(vard.)* det kan du lika gärna sluta med, det kommer du ingen vart med **einparken** fickparkera **Einpar'tei[en]regierung** -*en f* enpartiregering **einpaschen** *vard.* smuggla in **einpassen 1** passa (foga) in **2** *rfl* anpassa (inordna) sig **einpauken** *vard.* plugga in; *sich (dat.) etw.* ~ plugga i sig ngt **Einpauker** - *m, vard., ung.* privatlärare **einpeitschen 1** *auf ein Pferd* ~ piska på en häst **2** *e-m etw.* ~ piska in ngt i ngn **Einpeitscher** - *m, polit.* inpiskare; *dial.* privatlärare **einpendeln** *rfl* stabilisera sig **einpennen** *s, vard.* somna **Einper'sonenhaushalt** -*e m* enpersonshushåll
Ein'pfennigstück -*e n* enpfennigmynt
einpferchen fösa in i en inhägnad; tränga ihop *(t.ex. fångar); wie Schafe eingepfercht* som packade sillar; *eingepfercht wohnen* vara trångbodd **einpflanzen** plantera; *med. äv.* transplantera; *e-m etw.* ~ inplanta ngt hos ngn **einpfündig** ~*es Stück* bit på ett halvt kilo **Ein'phasenmotor** -*en m* enfasmotor **Ein'phasenstrom** *0 m* enfasström **einphasig** enfasig
einpinseln pensla [på]; *e-e Wunde mit Jod* ~ pensla jod på ett sår **einplanen** planera [in]; räkna med, ta med i beräkningen **einpökeln** salta *(kött);* lägga in *(i saltlake); laß dich* ~ *! (vard.)* du kan gå hem och lägga dig! (*är oduglig*)
einpolig enpolig
einprägen inprägla *(e-m etw.* ngt i ngn); *sich (dat.) etw.* ~ lägga ngt på minnet; *das Erlebnis hat sich mir tief eingeprägt* upplevelsen gjorde ett djupt intryck på mig; *die Melodie prägt sich leicht ein* det är en melodi som man lätt minns **einprägsam** lätt att minnas; verkningsfull **einpressen** pressa in
einprogrammieren databeh. inprogrammera
einprozentig enprocentig
ein|pudern bepudra; pudra in **-pumpen** pumpa in **-puppen** *rfl* förpuppa sig **-quartieren** inkvartera **-quirlen** vispa in
einräd[e]rig enhjulig
einrahmen rama in, inrama; *er saß eingerahmt von zwei Mädchen* han satt mellan två flickor **einrammen** driva ner *(med pålkran); Pfähle* ~ *(äv.)* påla **einrangieren** inrangera, inordna **einrasten** *s* haka i; *eingerastet sein (vard.)* vara stött (sårad) **einräuchern** röka *(mot ohyra);* fylla med rök; *die Bude* ~ *(vard.)* röka ner hela rummet *(med tobaksrök)* **einräumen 1** ställa (sätta, lägga, placera) in; *ein Zimmer* ~ ställa i ordning ett rum **2** tillstå, medge; be-

vilja; *e-m e-e Frist (e-n Kredit)* ~ bevilja ngn anstånd (kredit); *e-m e-n Platz* ~ bereda plats åt ngn; *e-m das Recht* ~, *etw. zu tun* ge ngn rätt att göra ngt **3** över|låta, -lämna; *e-m seinen Platz* ~ överlåta sin plats åt ngn **Einräumung** -*en f* **1** medgivande, eftergift **2** överlåtelse **3** [in]odnande **Einräumungssatz** -*e*† *m, språkv.* koncessivsats **einrechnen** in-, med|räkna, inberäkna, räkna in; *drei Personen, mich eingerechnet* tre personer inklusive mig **Einrede** -*n f, jur.* invändning **einreden 1** *jur.* invända **2** *e-m etw.* ~ intala (inbilla) ngn ngt; *das lasse ich mir nicht* ~ det kan man inte inbilla mig, det tror jag inte på **3** *auf e-n* ~ försöka övertala ngn **einregnen 1** *s* bli genomblöt av regn; *wir sind eingeregnet* vi är inregnade; *Vorwürfe sind auf uns eingeregnet (vard.)* förebråelser haglade över oss **2** *rfl* bli långvarigt regn (dagsregn) **einregulieren 1** reglera, justera **2** *rfl* ordna sig **einreiben** *st* gnida in, ingnida **Einreibung** -*en f* ingnidning; ~*en verordnen (med.)* föreskriva behandling med liniment **einreichen** inlämna, inge *(ansökan o.d.); seinen Abschied* ~ inlämna sin avskedsansökan; *e-e Klage* ~ väcka åtal; *seine Versetzung* ~ anhålla om att bli förflyttad; *e-e Forderung* ~ presentera en fordran **Einreichung** -*en f* ansökan, inlämnande *etc., jfr einreichen* **einreihen** inordna; placera; insätta i sitt rätta sammanhang; *mil.* enrollera; *sich in die Schlange* ~ ställa sig i kön
Einreiher - *m* enradig (enkelknäppt) kavaj
einreihig enradig; enkelknäppt; *tekn.* enkelradig
Einreise *0 f* inresa **Einreise|erlaubnis** *0 f,* **-genehmigung** -*en f* inrese|tillstånd, -visum **einreisen** *s* inresa, resa in **einreißen** *st* **1** *s* gå (rivas) sönder; rasa; *es reißt in den Beutel ein (vard.)* det är dyrt; *man darf es nicht* ~ *lassen (bildl.)* man får inte acceptera det (låta det sprida sig); *immer mehr* ~ *(bildl.)* bli värre o. värre **2** riva ned, rasera **3** *ung.* riva sönder; *sich (dat.) e-n Splitter* ~ få en sticka [i huden] **einreiten** *st* **1** *s* rida in *(i ngt)* **2** rida in *(häst); sich* ~ öva sig i att rida **einrenken 1** vrida i led; *vard.* ordna **2** *rfl, vard.* reda upp sig **einrennen** *oreg.* springa emot o. krossa; *die Tür* ~ forcera dörren, öppna dörren med våld; *e-m das Haus* ~ *(vard.)* jämt o. ständigt ränna hos ngn; *offene Türen* ~ *(bildl.)* slå in öppna dörrar; *sich (dat.) den Schädel an etw. (dat.)* ~ *(vard.)* slå huvudet i ngt
einrichten 1 inrätta, grunda; ordna; upprätta *(förteckning o.d.); ich kann es so* ~, *daß* jag kan ordna [det] så att; *es sich (dat.) anders* ~ ordna det på annat sätt **2** räta ut *(brutet ben);* vrida i led **3** *mus.* arrangera; *mat.* förvandla *(t. bråk)* **4** *tekn.* installera; rigga *(svarv);* inrikta; *Geschütz* ~ rikta artilleripjäs **5** inreda, möblera; *wohnlich eingerichtet sein* bo gemytligt; *mit Apparaten* ~ utrusta med apparater; *e-n* ~ *(vard.)* sätta ngn in *(i arbete e.d.); gut eingerichtet* välinredd **6** *rfl* inrätta sig; anpassa sig [efter omständigheterna]; *sich elegant* ~ möblera sitt hem elegant; *sich neu* ~ köpa nytt (nya möbler); *das läßt sich gut* ~ det går bra att ordna; *man muß sich eben* ~ man får rätta mun efter matsäcken; *sich auf etw. (ack.)* ~ inrikta sig på ngt **Einrichtung** -*en f* **1** inrättande *etc., jfr einrichten* **2** inredning, möblemang **3** inrättning, anläggning **4** inrättning, institution, myndig-

het **5** vana **Einrichtungsdarlehen** - *n* bosättningslån **einriegeln** regla [dörren] om **Einri|ß** *-sse m* repa, spricka; *med.* fissur **einritzen 1** rispa **2** rista [in], gravera **einrollen** rulla in (ihop); *sich (dat.)* das Haar ~ rulla upp håret **einrosten** *s* rosta fast (igen); *meine Glieder sind eingerostet (vard.)* jag har blivit styv i lederna; *meine Kenntnisse sind eingerostet (vard.)* jag har legat av mig, mina kunskaper är rostiga **einrücken 1** rycka in, infoga; *typ.* göra indrag **2** införa, sätta in; *e-e Anzeige* ~ sätta in en annons **3** *e-e Maschine* ~ koppla in en maskin; *e-n Gang* ~ lägga i en växel **4** *s, mil.* rycka in; *in ein Land* ~ rycka in i ett land **Einrückung** *-en f* infogat ställe *(i text)*; inryck[ning] **einrühren** röra (blanda) i; *e-e Sache* ~ *(vard.)* ställa till med ngt; *sich (dat.) e-e dumme Sache* ~ *(vard.)* trassla till det för sig **einrüsten** omge med byggnadsställning[ar]
eins *se 1 ein I, II* **Eins** *-en f* etta *(äv. buss, på tärning o.d.)*; *er hat eine* ~ *geschrieben* han fick en femma *(i betyg)*
ein|sacken 1 fylla i säckar; *vard.* stoppa på sig (i fickan); *vard.* stoppa i sig, äta; *vard.* sy in **2** *s* sjunka in **-sagen** *sty.*, österr., *e-m etw.* ~ viska ngt till ngn
einsaitig enströngad
ein|salben smörja in [med salva] **-salzen** salta ner (in); *laß dich* ~! *(vard.)* du kan gå hem och lägga dig!
einsam ensam; enslig, avlägsen; ödslig; ~ *gelegenes Haus* enslig beläget hus **Einsamkeit** 0 *f* ensamhet; enslighet
einsammeln samla in (ihop) **einsargen** lägga i kista[n]; *die Hoffnung* ~ *(vard.)* begrava hoppet; *du kannst dich* ~ *lassen (vard.)* du kan gå hem o. lägga dig **Einsatz** -e† *m* **1** insats *(äv. mus., spel.)*; insättande; *mil.* fronttjänst; *e-e Mark* ~ en marks insats; *den* ~ *geben (mus.)* ge tecken att falla in; *den* ~ *stehenlassen (spel.)* låta insatsen stå över; ~ *fliegen (mil.)* göra ett flyganfall; *im* ~ *stehen (mil.)* vara i strid; *unter* ~ *des Lebens* med livet som insats **2** insats; isättning *(på kläder)* **einsatzbereit** färdig (beredd) att sättas in; *mil.* stridsberedd **Einsatz|fisch** *-e m* inplanterad fisk **-freude** 0 *f* kamp-, stridslanda **-gruppe** *-n f*, **-kommando** *-s n* specialstyrka **-leitzentrale** *-n f* lednings-, sambandscentral **-ring** *-e m* spisring **-stück** *-e n*, *tekn.* mellan-, insats|stycke **-teich** *-e m* fiskodlingsdamm **-wagen** ~ *m* **1** utryckningsfordon **2** extravagn **-zeichen** - *n, mus.* insatstecken
ein|sauen *vulg.* svina (grisa) ner **-säuern** lägga in *(gurka e.d.)*; lägga i silo **-saugen** *st, äv. sv* upp-, in|suga; suga i sig; *mit der Muttermilch eingesogen haben (bildl.)* ha insupit med modersmjölken **-säumen** fålla; *ein Kleid* ~ lägga upp en klänning; *mit Bäumen eingesäumt* kantad av träd **-schachteln** förpacka i askar; sätta i vartannat; *sich* ~ *(bildl.)* kapsla in sig **-schalen** panela, klä in **-schalten 1** inflicka, infoga; lägga (skjuta) in **2** lägga i *(växel)*; koppla på (in) *(apparat)*; sluta *(strömkrets)*; *das Radio* ~ sätta på radion; *das Licht* ~ tända ljuset **3** *rfl* kopplas (sättas etc.) på; *bitte, schalten Sie sich ein!* var snäll o. tag [telefon]samtalet!; *sich ins Gespräch* ~ ingripa (blanda sig) i samtalet
Einschaltquote *-n f, radio., telev.* lyssnar-, tittar|siffror **Einschaltung** *-en f* **1** in-, på|-

koppling **2** parentes, inskott *(i text)*; infogning; inskjutning
einschärfen inskärpa **einscharren** gräva (krafsa) ner **einschätzen** värdera; uppskatta; *[zur Steuer]* ~ taxera; *zu niedrig (hoch)* ~ underskatta (överskatta) **Einschätzung** *-en f* värdering; taxering; uppskattning **einschaufeln** skyffla (skotta) in (ner) **-schenken** slå i, servera; *e-m reinen Wein* ~ *(bildl.)* ge ngn rent besked **einscheren** *s, auf die rechte Fahrspur* ~ lägga sig [tillbaka] i höger fil **einschichten** lägga in varvtals, varva **einschichtig** bestående av ett skikt (lager); *bildl.* egen, underlig; *dial. äv.* ogift; ~ *arbeiten* arbeta i ett skift
einschicken skicka in **einschieben** *st* **1** skjuta in; inskjuta, infoga; *können Sie mich* ~? har Ni tid med mig [fast jag inte har beställt på förhand]? **2** *rfl* tränga sig emellan **Einschieb|sel** - *n*, **-ung** *-en f* tillägg, infogad sats; mellanstick
Einschienenbahn *-en f* enskenbana
einschießen *st* **1** skjuta sönder (ner) **2** skjuta *(boll e.d.)* i mål **3** *ein Gewehr* ~ skjuta in ett gevär **4** skjuta in *(t.ex. bröd i ugn)*; sätta in *(blad i bok)*; *väv.* slå in **5** *Geld* ~ sätta till pengar **6** *die Milch schießt ein* mjölken rinner till **7** *rfl* skjuta in sig; öva sig i att skjuta **einschiffen 1** inskeppa, lasta **2** *rfl* gå ombord, embarkera; *sich nach London* ~ ta båten till London **Einschiffung** 0 *f* inskeppning; embarkering
einschl. *förk. för einschließlich* inkl., inklusive
einschlafen *st, s* **1** somna; domna; avsomna, upphöra; *ich lese vor dem E~* jag läser innan jag somnar **2** somna in, dö
einschläf[e]rig ~*es Bett* enmanssäng
einschläfern söva; *bildl.* lugna, döva; *ein Tier* ~ låta ett djur somna in *(dö)*; ~*des Mittel* sömngivande medel; ~ *der Musik* musik som man somnar av **Einschläferung** 0 *f* [ned]sövande *etc.*, *jfr einschläfern*
Einschlag *-e† m* **1** nedslag *(av blixt, bomb)* **2** *väv. o. bildl.* inslag **3** *sömn.* fåll, upplägg **4** virkestakt; avverkning **einschlagen** *st* **1** slå in (i); *ein Buch* ~ *(äv.)* sätta skyddsomslag på en bok; *ein Ei* ~ knäcka ett ägg; *Pflanzen* ~ rotslå plantor; *Fäden* ~ slå in trådar (i väv); *e-n Saum* ~ lägga upp en fåll; *Wein* ~ svavla vin **2** slå in på *(väg, bana)*; *nach rechts* ~ vrida ratten åt höger; *ein neues Verfahren* ~ tillgripa en ny metod **3** slå till, bekräfta [med handslag] **4** *s* vara en fullträff, slå an **5** *h o. s* slå ner *(äv. bildl.)*; *wie e-e Bombe* ~ slå ner som en bomb; *es hat eingeschlagen* blixten har slagit ner **6** *auf e-n* ~ gå löst på (ge sig på) ngn **einschlägig** dit-, hit|hörande, tillämplig; ~ *vorbestraft* tidigare straffad för samma slags brott; ~*es Geschäft* affär som handlar med sådana varor
Einschlagpapier *-e n* omslagspapper
einschleichen *st, rfl* smyga (lista) sig in; *ein Irrtum hat sich eingeschlichen* ett misstag har insmugit sig **einschleifen** *st* **1** gravera (slipa) in **2** slipa [till] **3** nöta in **4** *rfl* nötas in, bli till en vana **einschleppen** bogsera in; *e-e Krankheit* ~ föra med sig in en sjukdom **einschleusen** slussa in *(äv. bildl.)* **einschließen** *st* **1** stänga (låsa) in); innesluta, avspärra *(äv. mil.)*; *in Klammern* ~ sätta inom parentes; *hohe Mauern schließen ... ein* höga murar omsluter ... **2** *bildl.* inne|sluta, -fatta, inbegripa, inbe-

räkna; medräkna; *die Spesen* ~ inberäkna omkostnaderna; *alles eingeschlossen* allt inberäknat; *mich eingeschlossen* inklusive mig **einschließlich I** *prep m. gen.* inklusive **II** *adv, bis* ~ *Montag* till o. med måndag **Einschließung** *0 f* inlåsning *etc., jfr einschließen; mil.* fängelse **Einschliff** *-e m* inslipning **einschlummern** *s* slumra in; insomna (*dö*) **einschlürfen** sörpla i sig; *bildl.* insupa **Einschluß** *0 m* **1** *mit* (*unter*) ~ *von etw.* ngt inbegripet (medräknat) **2** *geol.* inklus, inneslutning av fossil i bärnsten *e.d.* **einschmeicheln** *rfl* ställa sig in; ~*d* insmickrande, inställsam, smekande (*om melodi*) **einschmeißen** *st, vard.*, *e-m das Fenster* ~ slå sönder (in) fönstret för ngn **einschmelzen** *st* **1** *s* smälta ner (ihop); *bildl.* smälta in **2** smälta [ner] (*etw.* ngt); *Altmetall* ~ smälta metallskrot **einschmieren 1** smörja (olja) in **2** smeta ner **einschmuggeln** smuggla in; *sich* ~ insmyga sig (*äv. bildl.*) **einschmutzen** smutsa ner **einschnappen** *s* (*om lås*) smälla igen; (*vard., om pers.*) bli stött; *eingeschnappt sein* vara stött **einschneiden** *st* **1** skära (rista) in **2** göra ett snitt (en skåra) i, skära (*äv. bildl.*); *es schneidet mir ins Herz ein* det skär mig i hjärtat; ~*d* genomgripande, djupgående **einschneien** *s* bli insnöad (översnöad) **Einschnitt** *-e m* **1** inskärning, skåra; *med.* insnitt; *geol.* ravin, schakt **2** skärande (*av säd*) **3** *bildl.* paus, cesur; vändpunkt, förändring **einschnitzen** tälja (rista) in **einschnüren** slå snöre om; snöra in (åt); *das Gummiband schnürt mir das Bein ein* resåren skär in i benet på mig; *sich* ~ snöra sig (*i korsett*); *eingeschnürt* insnörd **Einschnürung** *-en f* åt-, in|-snörning; smal passage; *bildl.* flaskhals **einschränken** inskränka, begränsa; modifiera; *sich* ~ inskränka sig **Einschränkung** *-en f* inskränkning *etc.*; *ohne* ~ *gutheißen* godkänna utan förbehåll; *mit der* ~, *daß* med den reservationen att **einschrauben** skruva in (i, fast) **Einschreibebrief** *-e m, post.* rek[ommenderat brev] **Einschreibegebühr** *-en f* **1** *post.* rek[ommendations]avgift **2** inskrivningsavgift (*vid univ., i förening e.d.*) **einschreiben** *st* skriva (föra) in; skriva rent (*koncept*); rekommendera (*brev*); *sich in die Liste* ~ skriva sitt namn på listan; *e-n Brief eingeschrieben schicken* skicka ett brev rekommenderat (som rek) **Einschreiben** *-n, post.* rek[ommendation] **Einschreib[e]sendung** *-en f, post.* rek[ommenderad försändelse] **Einschreibung** *-en f* införande, inskrivning; *ibl.* skriftligt anbud (*vid auktion e.d.*) **einschreiten** *s* inskrida; *gerichtlich gegen e-n* ~ vidta rättsliga åtgärder mot ngn; *hier muß polizeilich eingeschritten werden* här måste polisen ingripa **einschrumpfen** *s* skrumpna; torka (krympa) [ihop] **Einschub** -*e*† *m* **1** inskjutning; inskott; tillägg; parentes, mellanstick **2** trossbotten **einschüchtern** skrämma [upp], kuscha **Einschüchterung** *-en f* skrämsel **einschulen** sätta i skola[n] **Einschulung** *0 f* inskrivning i skolan **einschürig** *lantbr.* som bara slås en gång (*om äng*); som bara klipps en gång (*om får*) **Einschu|ß** -*sse*† *m* **1** inslag (*i väv*) **2** insats (*i spel*); insatt kapital; *e-n* ~ *leisten* deponera en summa **3** skotthål; träff **einschütten** ösa (hälla) i **einschwärzen 1** svärta **2** *dld.* smuggla in **einschwenken 1** *s* vika av, svänga in;

bildl. ändra åsikt, slå om **2** svänga, vrida **einschwimmen** *st* transportera flytande (*ponton e.d.*) **einsegnen 1** välsigna; *e-e Kirche* ~ inviga en kyrka **2** *prot.* konfirmera (*barn*) **Einsegnung** *-en f* **1** välsignelse; invigning **2** *prot.* konfirmation **einsehen** *st* **1** titta in; *bei e-m* ~ titta in till ngn; *die feindliche Stellung* ~ urskilja fiendens ställning **2** inse, förstå **3** granska, gå igenom **Einsehen** *0 n, ein* ~ *haben a)* visa förståelse, *b)* ta sitt förnuft till fånga; *das Wetter hatte ein* ~ (*bildl.*) vädret blev bättre **einseifen** tvåla in; *vard.* mula (*med snö*); *vard.* lura, prata omkull **einseitig** ensidig (*äv. bildl.*); enkelsidig; *Papier* ~ *bedrucken* trycka på ena sidan av papperet; ~ *gemustert* mönstrad på ena sidan **Einseitigkeit** *0 f* ensidighet **einsenden** *oreg. el. sv* insända, sända in **Einsender** - *m* insändare (*pers.*) **Einsendeschlu|ß** -*sse*† *m* sista inlämningsdag **Einsendung** -*en f* insänd|ning, -ande; bidrag (*t. tidning e.d.*) **einsenken** sänka ner; doppa; *sich in die Seele* ~ göra ett djupt intryck **Einsenkung** -*en f* fördjupning, sänka **Einser** - *m, vard.* **1** etta **2** *er hat e-n* ~ *geschrieben* han fick en femma (*i betyg*) **einsetzen 1** sätta i (in); tillsätta (*ämbetsman*); satsa (*i spel*); plantera (*träd*); inplantera (*fisk*); fylla i (*siffra*); *sein Leben* ~ våga livet; *als* (*zum*) *Erben* ~ insätta som arvinge; *e-n Ausschuß* ~ tillsätta ett utskott **2** *rfl, sich für etw.* ~ arbeta (kämpa) för ngt; *sich für e-n* ~ (*äv.*) lägga sig ut för ngn **3** börja, sätta in, ta vid; *mus.* falla in; *wieder* ~ börja om [igen]; *mit* ~*dem Winter* då vintern kommer **Einsetzung** -*en f* in-, till|sättande; instiftande **Einsicht** -*en f* insyn, inblick; insikt; kännedom; ~ *in etw.* (*ack.*) *nehmen* granska ngt; *haben Sie doch* ~*!* men var då förnuftig!; *zur* ~ *kommen* ta sitt förnuft till fånga; *zu der* ~ *kommen, daß* (*äv.*) komma till den uppfattningen att **einsichtig** insiktsfull; förstående **Einsichtnahme** *0 f* genomgång; granskning; *zur* ~ till genomgång (genomläsning) **einsichtslos** oförståndig; omdömeslös **einsichtsvoll** *se einsichtig* **einsickern** *s* sippra in (ner) **Einsiedelei** -*en f* eremithyddra; *vard.* ensligt belägen bostad **einsieden** *st, äv. sv* koka in **Einsiedler** -*m* eremit; ensling **einsiedlerisch** eremit-, enstörings- **einsiegeln** [vakuum]-förpacka **einsilbig** enstavig; *bildl. äv.* fåordig **einsingen** *st* **1** *in den Schlaf* ~ sjunga till sömns **2** *rfl* sjunga in (värma upp) sig **einsinken** *st s* sjunka in (ner); sätta sig (*om byggnad*); *eingesunkene Augen* insjunka ögon **einsitzen** *st* **1** sitta inne (*i fängelse*) **2** sitta ner (*soffa e.d.*) **3** sätta sig i sadeln **4** *rfl* bli nedsutten **Einsitzer** - *m* ensitsigt flygplan; ensitsigt fordon **einsitzig** ensitsig **einsommerig** en sommar gammal **einspannen** sätta (spänna) i (in); fästa; spänna för (*häst e.d.*); *e-n Film* ~ sätta en film i kameran; *ein Blatt* ~ sätta ett papper i skrivmaskinen; *von früh bis spät eingespannt* (*vard.*) upptagen från morgon till kväll; *ich habe ihn für meine Interessen eingespannt* (*vard.*) jag har fått honom att engagera sig för mina intressen; *ich habe ihn zum Aufräumen einge*-

spannt (vard.) jag har fått honom att ta itu med städningen
Einspänner - *m* **1** enspännare; *vard.* en som har sitt huvud för sig (går sina egna vägar); *skämts.* ungkarl **2** *österr.* glas kaffe med vispgrädde **3** *österr.* korv
einsparen spara in **Einsparungsmaßnahme** -*n f* besparingsåtgärd **einspeichern** *databeh.* läsa (mata) in **einspeisen** *tekn.* mata [in] **einsperren** spärra in; *vard.* bura in **einspielen 1** spela in (*instrument*); *gut aufeinander eingespielt* väl samspelta **2** *rfl* spela upp (in) sig; långsamt komma i gång; stabilisera sig; *wir haben uns darauf eingespielt* vi har ställt in oss på det **einspinnen** *st* spinna in; *vard.* bura in; *sich in seine Gedanken ~ försjunka* i sina tankar; *sich in die Arbeit ~ (äv.)* isolera sig i sitt arbete **Einsprache** -*n f, österr., schweiz.* invändning, protest
einsprachig enspråkig
einsprechen *st, e-m Mut ~* intala ngn mod; *auf e-n ~* ansätta ngn; *bei e-m ~ (högt.)* titta in hos ngn **einsprengen** spränga in; [*mit Wasser*] ~ stänka (*tvätt*); *eingesprengt* insprängd **Einsprengsel** - *n geol.* insprängd substans (*kristall i bergart e.d.*) **einspringen** *st* **1** *s* hoppa (rycka) in (*für e-n i* ngns ställe) **2** *s* spricka **3** *~der Winkel* konvex vinkel **4** *s* smälla igen (*om lås*) **Einspritzdüse** -*n f* insprutningsmunstycke **einspritzen 1** spruta in; injicera **2** stänka (*tvätt*) **Einspritzpumpe** -*n f* insprutningspump **Einspritzung** -*en f* insprutning; injektion **Einspruch** -*e†* *m* invändning, protest, gensaga; ~ *erheben* protestera; **Einspruchsrecht** *0 n* rätt att protestera; vetorätt
einspurig enkelspårig; enfilig; i en fil
einst en gång [i tiden], fordom; en gång [i framtiden], en vacker dag **Einst** *0 n, das ~* det förflutna
einstampfen 1 stampa [in] **2** makulera **Einstand** -*e† m* **1** [fest för att fira] tjänstetillträde, inkilning; *seinen ~ geben* bjuda på en omgång [när man tillträder en ny plats]**2** *sport.* första match; *tennis.* 40 lika, deuce **3** *jakt.* säker tillflyktsort (*för alpget el. gems*) **einstauben 1** *s* bli dammig **2** damma ner **einstäuben** bepudra; bespruta **einstechen** *st* sticka [in] **einstecken** stoppa (sticka) in; stoppa i fickan; *Geld ~ (vard.)* få in pengar; *e-n Dieb ~ (vard.)* bura in en tjuv; *e-e Beleidigung ~ müssen* vara tvungen att svälja en förolämpning; *e-n ~ (vard.)* klara av ngn, vara ngn överlägsen; *vieles ~* finna sig i mycket; *etw. dabei ~* tjäna ngt på det; *viel ~ können* kunna tåla mycket **Einsteckkamm** -*e† m* prydnadskam **einstehen** *st, für etw. ~* gå i god (borga) för ngt, ta ansvaret för ngt; *für e-n ~* svara (gå i god) för ngn **Einsteigedieb** -*e m* fasadklättrare **einsteigen** *st s* stiga (kliva) in; *in ein Geschäft ~ (vard.)* engagera sig (delta) i en affär; *über den Balkon ~* klättra in genom balkongen; *bitte ~!* tag plats! **einstellbar** inställ-, juster|bar **einstellen 1** ställa (sätta *etc.*) in **2** ställa (rikta) in; justera; fokusera; *die Gedanken auf etw. (ack.)* ~ rikta tankarna på ngt; *gegen e-n eingestellt* ogynnsamt inställd mot ngn; *konservativ eingestellt* konservativt inställd **3** anställa (*arbetskraft*) **4** inställa; *die Arbeit ~* lägga ner arbetet, [börja] strejka; *ein Verfahren ~* lägga ner en rättegång **5** *e-n Rekord ~* tangera ett rekord **6** *rfl* inställa sig; *sich*

auf etw. (ack.) ~ inrikta sig (ställa in sig) på ngt, anpassa sig efter ngt
einstellig ensiffrig
Einstell|knopf -*e† m* inställningsknapp **-platz** -*e† m* parkeringsplats, garage **-schraube** -*n f* juster[ings]-, inställnings|skruv
Einstellung -*en f* inställning; justering; inställande *etc., jfr einstellen* **Einstellungs|-sperre** -*n f,* **-stopp** -*s m* anställningsstopp
einstemmen 1 hugga ut (*med stämjärn*) **2** trycka (pressa) in; *die Arme eingestemmt* med händerna i sidan
einstens *dld.* en gång, fordom
Einstich -*e m* instick **einsticken** brodera in
Einstieg -*e m* ingång (*på buss e.d.*)
einstig tidigare, före detta
einstimmen instämma (*äv. bildl.*); *die Instrumente ~* stämma instrumenten, få instrumenten i samklang; *auf e-n Ton eingestimmt* stämd i en ton; *sich auf etw. ~* ställa in sig på ngt
einstimmig enstämmig; *mus. äv.* unison; *bildl.* enhällig **Einstimmigkeit** *0 f* enhällighet; enstämmighet **einstippen** *dial.* doppa
einst|malig *se einstig* **-mals** på sin tid; förr [i tiden]; en gång [i framtiden]
einstöckig tvåvånings-
einstoßen *st* driva (slå) ner; slå in (sönder); *sich (dat.) das Knie ~ (vard.)* slå hål på knät
einstrahlen stråla in **Einstrahlung** *0 f, meteor.* instrålning **einstreichen** *st* stryka (smörja) in (*salva e.d.*); *vard.* stoppa på sig (*potten*), *große Gewinne ~ (vard.)* göra (håva in) stora vinster **einstreuen** inblanda, inströ **einströmen** *s* inströmma **einstudieren** inöva, inlära, instudera **einstufen** inordna, placera (*i lönegrad*); *bildl.* värdera
einstufig enstegs-
Einstufung -*en f* indelning, inordning
einstündig entimmes- **einstündlich** varje timme [återkommande]
einstürmen *s, auf e-n ~* storma (rusa) mot ngn, kasta sig över ngn; *Erinnerungen stürmen auf mich ein* minnen tränger sig på (bestormar) mig; *alles stürmt auf mich ein* allt hopar sig över mig **Einsturz** -*e† m* ras, instörtande; *dem ~ nahe sein* vara nära att störta in; *zum ~ bringen* få att rasa **einstürzen** *s* störta in, rasa; *auf e-n ~ (bildl.)* störta sig över ngn **Einsturzgefahr** *0 f* risk för ras
'einst'weilen tills vidare; under tiden **'einst'weilig** temporär, provisorisk
eintägig endags- **eintäglich** varje dag [återkommande] **Eintagsfliege** -*n f* dagslända; *bildl.* kortvarig företeelse
eintanzen *rfl* öva sig i att dansa **Eintänzer** - *m* professionell danspartner, gigolo **eintauchen 1** doppa; indränka **2** *s* dyka [ner] **Eintausch** *0 m* byte; *etw. im ~ bekommen* få ngt i byte **eintauschen** byta [till sig]
eintausend ett tusen
einteilen indela, dela upp; *er kann sich die Arbeit nicht ~* han kan inte planera sitt arbete; *etw. ~ (äv.)* ransonera (spara med) ngt; *in Klassen ~* klassificera
einteilig i ett stycke; *~er Badeanzug* hel baddräkt
Einteilung -*en f* indelning; gradering; *~ der Arbeit* planering av arbetet
Eintel - *n, mat.* hel; *zwei ~* två hela
eintippen knacka (mata) in
eintönig entonig, monoton **Eintönigkeit** *0 f*

entonighet, enformighet **Eintopf** *-e*† *m*, **-essen** - *n*, **-gericht** *-e n* gryta (*rätt*) **Eintracht** *0 f* endräkt, sämja **einträchtig** endräktig **Einträchtigkeit** *0 f* endräktighet **einträchtiglich** *åld.* endräktig
Eintrag *-e*† *m* **1** införande; anteckning; post (*i räkenskaper*) **2** väv. inslag, väft **3** skada, avbräck; *e-r Sache* (*dat.*) ~ *tun* inverka menligt på ngt **eintragen** *st* **1** bära (föra) in; införa, anteckna (*in e-e*[*r*] *Liste* på en lista); *sich als Mitglied* ~ skriva in sig som medlem; *sich* ~ *lassen* registrera sig; *eingetragenes Warenzeichen* inregistrerat varumärke **2** inbringa; *es trägt wenig ein* det ger litet (dålig avkastning); *dies trug ihm Haß ein* härmed ådrog han sig hat **3** väv. slå (väva) in **einträglich** inbringande, lönande **Einträglichkeit** *0 f, die* ~ *der Sache* det lönande i saken, det som gör saken lönande **Eintragung** *-en f* införande; inskrivning; inregistrering; anteckning **eintränken** indränka; *das werde ich dir* ~ (*vard.*) det ska du få sota för **einträufeln** drypa (droppa) in **eintreffen** *st s* anlända, inträffa (*in* + *dat.* till, i); *meine Befürchtungen sind eingetroffen* mina farhågor har besannats (slagit in); *als erster* ~ komma in som förste man, komma först; *frisch eingetroffen* nyanländ **eintreibbar** indrivbar **eintreiben** *st* driva (slå) in; indriva (*skatt*) **Eintreibung** *0 f* indrivning, indrivande **eintreten** *st* **1** sparka (slå) in (*dörr e.d.*); *Schuhe* ~ gå in skor; *sich* (*dat.*) *e-n Dorn in den Fuß* ~ få en tagg i foten; *etw. in den Boden* ~ trampa (stampa) ner ngt i marken **2** *s* inträda, gå in (*i rum, förening*); *bitte, treten Sie ein!* stig (kom) in!; *als Teilhaber* ~ inträda som delägare; *das Schlimmste ist eingetreten* det värsta har inträffat (hänt); *für e-n* ~ försvara ngn, gå i bräschen för ngn, lägga sig ut för ngn; *für etw.* ~ förorda ngt; *in Verhandlungen* ~ öppna förhandlingar; *in e-e Partei* ~ gå in i ett parti **eintrichtern** hälla i, fylla i med tratt; *vard. bildl.* tratta i **Eintritt** *-e m* in-, till|träde; inträdesavgift; *bei* ~ *des Winters* (*der Nacht*) när det blir (blev) vinter (natt), vid vinterns (nattens) inbrott **Eintrittsgeld** *-er n* inträdesavgift **Eintrittskarte** *-n f* inträdesbiljett **eintrocknen** *s* sina [ut], torka in; skrumpna (*om äpple*) **eintröpfeln** droppa in (*Arznei in die Nase* medicin i näsan) **eintrüben 1** grumla **2** *rfl, es trübt sich ein* det mulnar **eintrudeln** *s, vard.* komma [för sent] **eintunken** doppa [ner] **einüben** öva [in] **'Einund'fünfziger** *0 m, den* ~ *haben* (*vard.*) vara femfemma
einverleib|en (*äv. fast sms.*) införliva; *ein Gebiet e-r Stadt* ~ inkorporera ett område med en stad; *ich habe mir das Brot -t* (*vard.*) jag har satt i mig brödet **Einverleibung** *0 f* inkorporering; annektering **Einvernahme** *-n f jur., österr., schweiz.* förhör **einvernehmen** *st, jur., österr., schweiz.* förhöra **Einvernehmen** *0 n* samförstånd; *sich mit e-m ins* ~ *setzen* komma överens med ngn; *in gutem* ~ *mit e-m stehen* stå på god fot med ngn; *im gegenseitigen* ~ *handeln* handla i ömsesidigt samförstånd **einverstanden** överens; *mit etw.* ~ *sein* vara med på (acceptera) ngt; ~*!* O.K.!, all right!; ~*?* överenskommet? **Einverständnis** *-n* sam|förstånd, -tycke; *neds.* maskopi; *im* ~ *mit* (*äv.*) i samråd med **Einwaage** *0 f* **1** svinn (*vid invägning*) **2** nettovikt

1 einwachsen *st s* växa in (fast)
2 einwachsen vaxa; bona; valla
Einwand *-e*† *m* invändning **Einwanderer** - *m* invandrare, immigrant **einwandern** *s* invandra, immigrera **Einwanderung** *-en f* invandring, immigration **einwandfrei** invändningsfri, felfri, perfekt, oklanderlig; ~ *der Beste* absolut den bästa; *etw.* ~ *feststellen* konstatera ngt utan ringaste tvekan **einwärts** inåt **einwärtsgehen** *st s* gå inåt med tårna **einwässern** vattlägga, lägga i blöt **einweben** inväva, infoga (*äv. bildl.*) **einwechseln** växla [in], växla till sig **einwecken** konservera **Einweckglas** *-er*† *n* konservglas
Einweg|flasche *-n f* engångs|glas, -flaska -[ver]packung *-en f* engångsförpackning **einweichen** lägga i blöt; mjuka upp; *eingeweicht werden* (*vard.*) bli genomblöt **einweihen** inviga (*äv. bildl.*) **einweisen** *st* installera (*i ämbete*); sätta in (*i arbete*); remittera **Einweisung** *-en f* installation; introduktion; remittering **einwenden** *oreg. el. sv* invända **Einwendung** *-en f* invändning **einwerfen** *st* kasta (slänga) in; stoppa in (ner); slå in (sönder); *bildl.* inskjuta, inkasta
einwertig *kem.* enverd
einwickeln slå (veckla) in; *vard.* prata omkull, lura **Einwickelpapier** *-e n* omslagspapper
1 einwiegen vyssja till sömns; *e-n in Sicherheit* ~ invagga ngn i säkerhet
2 einwiegen *st* väga upp (*i förpackning*)
einwilligen *in etw.* (*ack.*) ~ samtycka till (gå med på) ngt **Einwilligung** *-en f* samtycke; tillstånd **einwindeln** linda (*baby*) **einwintern 1** *lantbr.* lägga i stuka **2** *es wintert ein* det blir vinter **einwirken** inverka (*auf* + *ack.* på); *auf e-n* ~ (*äv.*) påverka ngn **Einwirkung** *-en f in-, på*|verkan; inflytande
einwöchentlich varje vecka [återkommande]
einwöchig enveckas-
einwohnen 1 vara inneboende, bo **2** *etw.* (*dat.*) ~ finnas (vara inneboende) i ngt **Einwohner** - *m* invånare **Einwohnermeldeamt** *-er*† *n, ung.* folkbokföringsenhet, pastorsämbete **Einwohnerschaft** *0 f* [samtliga] invånare, befolkning| **Einwohnerzahl** *-en f* invånarantal **einwühlen** gräva ner (in) **Einwurf** *-e*† *m* **1** *sport.* inkast **2** springa, öppning (*på brevlåda*); inkast (*för mynt*) **3** *bildl.* invändning, inpass **einwurzeln 1** *s* växa fast, slå rot **2** *rfl* rota sig, få rotfäste; *bildl.* inrota sig; *eingewurzelt* inrotad
Einzahl *0 f, språkv.* ental
einzahlen inbetala **Einzahler** - *m* insättare, inbetalare **Einzahlung** *-en f* inbetalning **Einzahlungsbeleg** *-e m* inbetalningskvitto **Einzahlungsschalter** *-n m* inbetalningskassa **Einzahlungsschein** *-e m, schweiz.* inbetalningskort (*t. postgiro*) **einzäunen** inhägna **Einzäunung** *-en f* inhägnad
einzehig *zool.* entåig
einzeichnen rita (pricka) in; *sich* ~ anteckna sig (*in* + *ack. el. dat.* på)
einzeilig enradig
Einzel - *n, sport.* singel, enkelspel **-abkommen** - *n* specialavtal **-abteil** *-e n* kupé **-ausfertigung** *-en f* specialtillverkning **-ausgabe** *-n f* separatupplaga **-band** *-e*† *m* enstaka band (*av bokverk*) **-beispiel** *-e n* enstaka exempel **-darstellung** *-en f* behandling av ett enda ämne (en enda person); monografi **-ding** *-e n* detalj, enskildhet **-fall** *-e*† *m* enstaka fall, specialfall

-frage -n f enstaka fråga, delfråga **-friede** -ns -n m separatfred **-gänger -** m **1** enstöring; original **2** ensamt levande djur **-haft** 0 f förvaring i ensamcell **-handel** 0 m detaljhandel **-handelspreis** -e m detaljhandelspris **-händler -** m detaljhandlare **-haus** -er† n fristående hus **-heit** -en f enskildhet, detalj **-kabine** -n f enkelhytt **-kampf** -e† m, mil. närkamp; sport. individuell tävling **-kind** -er n, se Alleinkind
Einzeller - m encellig organism **einzellig** encellig
einzeln enstaka, enskild, ensam, individuell; särskild, speciell; separat; ~e sagen somliga (en del, några) säger; ~es gefällt mir ett och annat (somligt) tycker jag om; e-e ~e Hose ett par udda byxor; jeder ~e von uns var och en av oss; als ~er kann man som enskild person kan man; bis ins ~e gehen gå in på detaljer; es im ~en besprechen diskutera det i detalj; vom E~en ins Ganze (zum Allgemeinen) från det enskilda till det allmänna; das Haus liegt ~ huset ligger för sig självt (ensamt); ~ angeben specificera; ~ kommen komma en i sänder; ~ verkaufen sälja i detalj **-stehend** ensamstående; fristående
Einzel|nummer -n f lösnummer **-person** -en f enstaka person **-persönlichkeit** -en f individ **-raum** -e† m enkelrum **-spiel** -e n, sport. singel[spel]; mus. solo[spel] **-stück** -e n enstaka stycke (bit, del); udda plagg **-stunde** -n f privatlektion **-teil** -e n lös del; reservdel; detalj **-vertrag** -e† m specialavtal **-wesen -** n individ **-zelle** -n f ensamcell; (i badinrättning) ensamhytt **-zimmer -** n enkelrum
einziehbar indragbar; infällbar **einziehen** st **1** s dra (flytta, tåga) in; tränga in (om fukt); mit ihr zog neues Leben ein med henne kom det in nytt liv **2** dra in; dra (trä) i (resår); trä på (nål); ta ner (segel, flagga); ta upp (nät); indriva (skatt); konfiskera (tidning); dra in (mynt, tjänst); inkalla (rekryter); suga in (luft); väv. solva; typ. göra indrag; den Schwanz ~ sticka svansen mellan benen; Erkundigungen ~ inhämta upplysningar; e-e Scheibe in das Fenster ~ sätta in en ruta i fönstret; e-e Wand ~ sätta upp en [skilje]vägg **Einziehung** -en f indragning; konfiskation; inkassering; mil. inkallelse
einzig enda; unik; enastående; enbart; wenn das meine ~e Sorge wäre om jag inte hade några andra bekymmer, om det vore mitt enda bekymmer; kein ~es Mal inte en enda gång; ~ in seiner Art ensam i sitt slag, unik; das ist das ~ Wahre (vard.) det är det enda sanna; als ~er hat er keinen Fehler gemacht han är den enda som inte gjorde ngt fel; ~ schön enastående vacker; ich sagte es ~ deshalb, weil jag sade det bara för att; ~ und allein endast o. allenast; er ist unser E~er han är vår ende son **einzigartig** enastående, unik **Einzig|artigkeit** 0 f, **-keit** 0 f unik företeelse; von ~ sein vara enastående
Ein'zimmerwohnung -en f enrumslägenhet, etta
einzuckern sockra in **Einzug** -e† m inflyttning (i våning); intåg, inmarsch; bildl. intåg, början; typ. indrag; väv. solvning **Einzugsbereich** -e m upptagningsområde **einzugsfertig** inflyttningsklar **Einzugsgebiet** -e n **1** upptagningsområde **2** geogr. flod-, avrinnings|område **Einzugsschmaus** -e† m, ung.

flyttningskalas **einzwängen** klämma (pressa) in; fösa in; sich ~ tränga sig in **Einzwirnung** -en f, text. intvinning **Einzylinder -** m, **-motor** -en m encylindrig motor
Eipulver 0 n äggpulver **eirund** oval, äggformad
eis, Eis ['e:ɪs] - - n, mus. eiss
Eis 0 n is; glass; etw. auf ~ legen (vard.) a) lägga ngt på is, b) lägga undan (spara) ngt; von ~ eingeschlossen infrusen; das ~ brechen (bildl). bryta isen, ta initiativet **-bahn** -en f is-, skridsko|bana **-baiser** [-bɛ'zeː] -s n glassmaräng **-bär** -en -en m isbjörn **-bein 1** 0 n, kokk. fläsklägg **2** ~e bekommen (vard.) bli kall om fötterna **-berg** -e m isberg **-beutel - m, -blase** -n f, med. isblåsa **-blumen** pl isblommor (på fönster) **-boden** 0 m [ständigt] tjälbunden mark **-bombe** -n f kokk. glassbomb **-brecher -** m isbrytare **-creme** 0 f mjukglass **-diele** -n f glassbar
Eisen - n 1 järn; föremål av järn (t. ex. strykjärn, hästsko, skridsko, golfklubba); Not bricht ~ nöden har ingen lag; zum alten ~ gehören (vard.) vara uttjänt, vara mogen att slängas på sopbacken; das ist ein heißes ~ (vard.) det är en kinkig sak (ett känsligt ämne); mehrere ~ im Feuer haben (vard.) ha många järn i elden; in ~ schmieden slå i järn (bojor); man muß das ~ schmieden, solange es heiß ist man måste smida medan järnet är varmt; Muskeln von ~ (bildl.) muskler av stål; durch das ~ sterben (hist.) avrättas med svärd **2** jakt. fälla
Eisenbahn -en f järnväg; mit der ~ fahren åka tåg; es ist höchste ~ (vard.) det är väldigt bråttom **-beamte(r)** m, adj böjn. järnvägstjänsteman **-betrieb** 0 m järnvägs|drift, -trafik **-damm** -e† m järnvägsbank **-er - m, vard.** järnvägsman **-fähre** -n f tågfärja **-fahrplan** -e† m tågtidtabell **-gleis** -e n järnvägsspår **-knotenpunkt** -e m järnvägsknut[punkt] **-netz** -e n järnvägsnät **-schwelle** -n f järnvägssyll, sliper **-überführung** -en f järnvägs|viadukt, -korsning **-unglück** -e n tåg-, järnvägs|olycka **-unterführung** -en f, se Bahnunterführung **-verwaltung** -en f järnvägs|förvaltning, -styrelse **-wagen -** m järnvägsvagn **-zug** -e† m järnvägståg
Eisen|bart 0 m, Doktor ~ (skämts.) läkare som ordinerar hästkurer **-beißer -** m, vard. skrävlare; slagskämpe **-bergwerk** -e n järnmalmsgruva **-beton** -s el. -e m armerad betong **-blech** -e n järnplåt **-chlorid** -e n järnklorid **-draht** -e† m järntråd **-erz** -e n järnmalm **-garn** -e n björntråd, glansgarn **-glanz** 0 m blodsten, hematit **-guß** 0 m gjutning av järn; gjutjärn **eisenhaltig** järnhaltig
Eisenhammer -† m stångjärnshammare **'eisen'hart** järnhård; obeveklig
Eisen|holz -er† n järnträ (av olika slag) **-hut** -e† m, hist., bot. stormhatt **-hütte** -n f, **-hüttenwerk** -e n järn|bruk, -verk **-industrie** -n f järnindustri **-kies** 0 m svavelkis **-kraut** 0 n järnört **-mangel** 0 m, med. järnbrist **-mennige** 0 f järnmönja **-quelle** -n f järnhaltig hälsokälla **-säge** -n f bågfil
eisenschaffend ~e Industrie järn- o. stålproducerande industri **Eisenträger -** m järnbalk **eisenverarbeitend** ~e Industrie järnförädlingsindustri **Eisenwarenhandlung** -en f järnhandel **Eisenwerk** -e n järn|verk, -bruk **Eisenzeit** 0 f järnålder **eisenzeitlich** järnålders-, från järnåldern **Eisenzeug** 0 n järnsmide **eisern** av järn, järn-; bildl. järnhård;

der **E~e Kanzler** Järnkanslern, Bismarck; *das E~e Kreuz* Järnkorset; *der E~e Vorhang (polit.)* järnridån; *~e Lunge (med.)* järnlunga; *~e Disziplin* järnhård disciplin; *~e Ration (mil.)* reservproviant; *mit ~er Stirn lügen* ljuga fräckt o. obesvärat; *e-n mit ~er Faust unterdrücken (bildl.)* järnhårt undertrycka ngn; *mit dem ~en Besen auskehren (bildl.)* göra rent hus; *zum ~en Bestand gehören* höra till den stående repertoaren; *~ schweigen* tiga som muren; [*aber*] *~! (vard.)* ja absolut!
Eisessig *0 m* isättika **Eisfach** *-er†* n frysfack **Eisfischerei** *0 f* is-, vinter|fiske **Eisgang** *0 m* islossning **Eisgetränk** *-e n* dryck med isbitar; glassdrink **eisglatt** hal, halkig **eisgrau** grå [av ålder] **Eisheiligen** *pl, die ~* järnnätterna (*i maj*) **Eishockey** *0 n* ishockey **Eishockeyschläger** - *m* ishockeyklubba **eisig** isig; ishöljd, istäckt; iskall, isande; *~ kalt* iskall, bitande kall; *e-n ~ behandeln* behandla ngn iskallt **'eis'kalt** iskall **Eiskasten** *-† m, sty., österr.* kylskåp **Eiskrem** *0 f* glass **Eis|kübel** - *m*, **-kühler** - *m* ishink, iskylare **Eiskunstlauf** *0 m* konståkning **Eiskunstläufer** - *m* konståkare **Eislauf** *0 m* skridskoåkning **eislaufen** *st s* åka skridskor **Eis|läufer** - *m* skridskoåkare **-mann** *-er†* m **1** glassförsäljare; isutkörare **2** *Eismänner (sty., österr.)* se *Eisheiligen* **-maschine** *-n f* glassmaskin **-meer** *-e n* ishav; *das Nördliche (Südliche) ~* Norra (Södra) Ishavet **-meldedienst** *0 m* israpporttjänst **-monat** *-e m,* **-mond** *-e m, åld.* januari **-palast** *-e† m* ispalats, inomhusbana för skridskoåkning; *vard.* iskallt rum (*e.d.*) **-pickel** - *m* ishacka, isyxa **Eisprung** *-e† m* ägglossning **Eis|pulver** - *n* glasspulver **-punkt** *0 m* fryspunkt **-regen** *-m* underkylt regn **-salat** *-e m* isbergssallad **-schießen** *0 n (slags)* curling **-schmelze** *0 f* issmältning **-schnellauf** *-e† m* hastighetsåkning på skridsko **-scholle** *-n f* isflak **-schrank** *-e† m* is-, kyl|skåp **-segeln** *0 n* skridskosegling; isjaktsegling **-stockschiessen** *0 n (slags)* curling **-tag** *-e m* frostdag **-tanz** *0 m* isdans **-verkäufer** - *m* glassförsäljare **-vogel** *-† m* kungsfiskare **-würfel** - *m* istärning, iskub **-zapfen** - *m* istapp **-zeit** *-en f* istid
eiszeitlich istids-
eitel 1 fåfäng; *auf etw. (ack.) ~ sein* vara stolt över ngt **2** tom, fåfänglig; *eitles Gerede* tomt prat **3** *poet.* idel; *~ Gold* purt guld **Eitelkeit** *0 f* **1** fåfänga, flärd **2** fåfänglighet, tomhet
Eiter *0 m* var **Eiterbeule** *-n f* varböld **Eiterbläschen** - *n* varblemma **Eiterherd** *-e m* varhärd **eit[e]rig** varig **eitern** vara [sig] **Eiterung** *-en f* varbildning
Eiweiß *-e (vid måttsangivelse -) n* äggvita; albumin **Eiweißgehalt** *-e m* äggvitehalt **Eiweiß|körper** - *m*, **-stoff** *-e m* äggviteämne **Eizelle** *-n f* äggcell
Ejakulation *-en f* ejakulation **ejakulieren** ejakulera **Ejektion** *-en f* **1** *åld.* ut-, för|drivning **2** *geol.* utslungande (*av vulkaniskt material*) **Ejektor** - *m* ejektor
EK [e'ka:] *0 n, förk. för Eisernes Kreuz; das ~* Järnkorset
Ekart [e'ka:ɐ̯] *-s m* kursskillnad; spelrum
EKD *förk. för Evangelische Kirche in Deutschland*
ekel *se eklig* **Ekel 1** *0 m* äckel, avsky; leda; *~ bei (in) e-m erregen* väcka avsmak hos ngn

(ngns vämjelse); *vor etw. (dat.) ~ haben* känna äckel för ngt; *es wird mir zum ~ det äcklar mig* **2** - *n, vard.* äcklig (vidrig) människa; *du ~!* ditt äckel! **ekelerregend** vidrig, kväljande **ekelhaft 1** vidrig, otäck **2** *vard.* otrevlig, ömtålig, besvärlig **ekelig** *se eklig* **ekel|n** äckla; *der Geruch -t mich* lukten äcklar mig; *es -t mir (mich) vor ihm* han äcklar mig; *sich ~* äcklas (*vor* + *dat.* av); *ich ekle mich davor* det äcklar mig **Ekelname** *-ns -n m* öknamn
EKG *-s n, förk. för Elektrokardiogramm* EKG, elektrokardiogram
Eklat [e'kla(:)] *-s m* uppseende; skandal **eklatant** eklatant, slående, påfallande **Eklektiker** - *m* eklektiker
eklig äcklig, vidrig, otäck; *~ kalt (vard.)* hemskt kall
Eklipse *-n f, astron.* eklips, mån-, sol|förmörkelse **Ekliptik** *0 f, astron.* ekliptika **Ekloge** *-n f* [herde]dikt
Ekrüseide *-n f* råsilke, råsiden
Ekstase [-st-] *-n f* extas **ekstatisch** extatisk
Ekzem *-e n, med.* eksem
Elabo'rat *-e n* skriftligt arbete; fuskverk, smörja **elaboriert** vårdad; *språkv.* elaborerad **Elan** [e'la:n, e'lã:] *0 m* schvung, hänförelse **E'lastik** *-s el. -e n (äv. -en f)* elastisk väv **elastisch** elastisk **Elastizität** *0 f* elasticitet, töjbarhet, svikt **Elasto'mere** *pl* syntetiska gummimaterial
Elch *-e m* älg
Eldorado *-s n* eldorado
Elefant *-en -en m* elefant; *sich wie ein ~ im Porzellanladen benehmen (vard.)* bära sig ytterst klumpigt åt **Elefantenbaby** *-s n, vard:* tjockis, rulta **Elefantenbulle** *-n -n m* elefanthane **Elefantenkuh** *-e†* f elefanthona **Elefantenrobbe** *-n f* sjöelefant **Elefantenzahn** *-e† m* elefantbete **Elefantiasis** *0 f, med.* elefantiasis **elefantös** *vard.* otrolig, toppen
elegant elegant **Elegant** [ele'gã:] *-s m, neds.* sprätt **Eleganz** *0 f* elegans; *mit ~ gekleidet* elegant klädd
Elegie [-'gi:] *-n f* elegi **elegisch** elegisk; melankolisk
Elektor *-en m* **1** elektor, väljare, valman **2** *hist.* kurfurste
elektrifizieren elektrifiera **Elektrifizierung** *0 f* elektrifiering **Elektriker** - *m* elektriker **elektrisch** elektrisk; *~e Anlage* elanläggning; *~e Heizung* eluppvärmning; *~e Linse* elektronlins; *~er Schlag* elektrisk stöt; *~er Temperaturregler* termostat; *die E~e (vard.)* spårvagnen; *das E~ (vard.)* elen **elektrisieren** elektrisera (*äv. bildl.*); ladda; *med.* ge elektrisk behandling **Elektrisiermaschine** *-n f* elektricitetsmaskin **Elektrizität** *0 f* elektricitet **Elektrizitätserzeuger** - *m* generator, galvaniskt element **Elektrizitätserzeugung** *0 f* alstring av elektricitet **Elektrizitätszähler** - *m* elmätare **Elektroantrieb** *0 m* eldrift **Elektroauto** *-s n* elbil **Elektrochemie** *0 f* elektrokemi **Elektrode** *-n f* elektrod; *negative ~* katod; *positive ~* anod
Elektro|dynamik *0 f* elektrodynamik **-fahrzeug** *-e n* elfordon **-geschäft** *-e n* elaffär **-gitarre** *-n f* elgitarr **-herd** *-e m* elspis **-industrie** *-n f* elektroteknisk industri **-ingenieur** *-e m* elektroingenjör **-installateur** *-e m* elinstallatör **-kardiogramm** *-e n* elektrokardiogram **-karren** - *m* eldriven truck **-lyse** *-n f* elektrolys **-lyt** *-en -en m* elektrolyt

elektrolytisch elektrolytisk **Elektromagnet** gen. -en el. -[e]s, pl -e[n] m elektromagnet **elektromagnetisch** elektromagnetisk **Elektromobil** -e n elbil **Elektromotor** -en m elmotor **'Elektron** [äv. -'--,--'-] -en [--'--] n elektron **Elektronen|beschleuniger** - m elektronaccelerator **-blitzgerät** -e n elektronblixtaggregat **-gehirn** -e n vard. elektronhjärna **-mikroskop** -e n elektronmikroskop **-rechner** - m datamaskin, dator **-schleuder** -n f, kärnfys. betatron
Elek'tronik 0 f elektronik **elektronisch** elektronisk
Elektrorasierer - m, vard. [elektrisk] rakapparat **Elektroschock** -s el. -e m elchock **Elektroschweißer** - m elsvetsare **Elektrostapler** - m eltruck **elektrostatisch** elektrostatisk **Elektrotechnik** 0 f elektroteknik **Elektrotherapie** 0 f elektroterapi **Elektrotypie** -n f galvanotypi **Elektrozaun** -e† m elstängsel
Element -e n element; grundämne; in seinem ~ sein (vard.) vara i sitt rätta element **elementar** elementär; ur-; mit ~er Gewalt med våldsam kraft
Elementar|analyse -n f, kem. elementaranalys **-buch** -er† n, åld. nybörjarbok **-gewalt** -en f ur-, natur|kraft **-klasse** -n f, ung. lågstadieklass **-schule** -n f, ung. grund-, folk|skola **-teilchen** - n elementarpartikel **-unterricht** 0 m grundskoleundervisning; nybörjarundervisning
Elen - n m, poet. älg
'**elend** eländig, usel; vard. dålig; ~ aussehen se eländig ut; ~ heiß (vard.) väldigt varm[t]; ~e Arbeit (vard.) dåligt arbete **Elend** 0 n nöd, elände; ins ~ geraten råka i nöd; e-n ins ~ stürzen störta ngn i elände; nur noch ein Häufchen ~ sein (vard.) vara helt färdig; das heulende ~ haben (vard.) vara deprimerad (förtvivlad, alldeles nere); von drückendem ~ umgeben omgiven av tryckande fattigdom **elendig, elendiglich** eländig, usel **Elendsviertel** - n fattig-, slum|kvarter
Elentier -e n, poet. älg
Elevator [-v-] -en m elevator; paternosterverk
Eleve [-və] -n -n m elev (i balett- el. scenskola); åld. elev, lärling
elf elva (jfr drei o. sms.)
1 Elf -en f elva (äv. fotbollslag etc.)
2 Elf -en -en m alf
elfe vard. elva
Elfe -n f älva
Elfenbein 0 n elfenben **elfenbeinern** av elfenben, elfenbens- **elfenbeinisch** från (i, på) Elfenbenskusten **Elfenbeinküste** 0 f, die ~ Elfenbenskusten **Elfenbeinturm** 0 f m elfenbenstorn
elfenhaft älvlik **Elfenreich** 0 n sagoland **Elfenreigen** - m älvdans
Elfer - m **1** elva (buss e.d.) **2** sport. straffspark **elferlei** oböjl. adj elva slags **Elferrat** -e† m karnevalsstyrelse (som består av elva personer) **elfisch** älvlik
elfmal elva gånger **Elf'meter** - m, sport. straffspark **elfte** elfte; im ~n Jahrhundert på tusentalet **elftel** elftedels **Elftel** - n elftedel **elftens** för det elfte
Elimination -en f eliminering **eliminieren** eliminera
elitär 1 elit-; som tillhör eliten **2** elitistisk, elitär
Elite -n f elit **Elitetruppe** -n f elittrupp

Elixier -e n elixir
Ellbogen - m armbåge **Ellbogenfreiheit** 0 f, vard. armbågsrum **Elle** -n f armbågsben; aln; alles mit der gleichen ~ messen (vard.) mäta allt med samma mått **Ellenbogen** - m se Ellbogen **ellenbreit** alnsbred **ellenhoch** alnshög **ellenlang** vard. evigt lång; ein ~er Kerl en lång drasut
Eller -n f, nty. al
Ellipse -n f ellips **Ellipsenbahn** -en f elliptisk bana **ellipsenförmig** ellipsformig **elliptisch** elliptisk
Ellok -s f ellok
Elmsfeuer - n elmseld
Eloge [e'lo:ʒə] -n f eloge
E-Lok -s f ellok
Elritze ['ɛl-] -n f elritsa (fisk)
Elsaß 0 n, das ~ Elsass **Elsässer I** - m elsassare **II** oböjl. adj elsassisk, från Elsass **elsässisch** elsassisk
Elsbeere -n f tyskoxel **Else** -n f, nty. al **Elster** -n f skata
Elter -n n m förälder **elterlich** föräldra-; ~e Gewalt (jur. ung.) vårdnad **Eltern** pl föräldrar; nicht von schlechten ~ (vard.) inte fy skam, fantastisk[t] **Elternabend** -e m, skol. föräldraafton **Elternbeirat** -e† m, skol. föräldraråd **Elternhaus** -er† n föräldra-, barndoms|hem **Elternliebe** 0 f föräldrakärlek **elternlos** föräldralös **Elternschaft** 0 f **1** föräldraskap **2** [samtliga] föräldrar (vid skola e.d.) **Elternteil** -e m förälder
elys[ä]isch elyseisk
Email [e'ma:j] -s n emalj; glasyr **Emaildraht** -e† m emaljerad tråd **Emaillack** -e m högglans-, emalj|lack **emaillieren** [ema'ji:rən] emaljera **Emailwaren** pl emaljerade varor
Emanation -en f emanering, utstrålning **emanieren** h el. s emanera **Emanze** -n f, vard. kvinnosakskvinna, feminist **Emanzipation** -en f emancipation **emanzipieren 1** emancipera **2** rfl emancipera sig
Emballage [äba'la:ʒə] -n f emballage **emballieren** emballera
Embargo -s n embargo
Emblem [ɛm-, ä'ble:m] -e n emblem
Embolie -n f, med. emboli
'**Embryo** -nen [--'--] el. -s n m embryo **Embryologie** 0 f embryologi **embryonal** embryonal; outvecklad
Emendation -en f [text]beriktigande
emeritieren pensionera (professor, präst) **Emerit|us** -i m emeritus
Emigrant -en -en m emigrant **Emigration** -en f emigration **emigrieren** s emigrera
eminent eminent; von ~er Bedeutung synnerligen viktig[t] **Eminenz** -en f, kat. eminens, högvördighet
Emissär -e m emissarie **Emission** -en f **1** emission (äv. fys.) **2** värdepapper **3** luftförorening, utsläpp **4** schweiz. radiosändning **Emissionsbank** -en f emissionsbank **Emissionskurs** -e m emissionskurs **Emissionsvermögen** 0 n, fys. emissionsförmåga **Emittent** -en -en m utställare av värdepapper **emittieren** emittera (äv. fys.)
Emmchen - n, vard. spänn (mark)
Emmentaler [Käse] - m emmentalerost
e-Moll 0 n e-moll
Emotion -en f emotion **emotional, -ell** emotionell
empfahl se empfehlen **empfand** se empfinden

Empfang -e† *m* mottagande, erhållande; mottagning (*äv. radio-, TV-*); reception (*på hotell*); *bei* ~ *Ihres Schreibens* vid mottagandet av Er skrivelse; *zahlbar nach* ~ (*hand.*) betalbar efter mottagandet; *auf* ~ *bleiben* (*radio., tel.*) vara beredd att mottaga; *in* ~ *nehmen* mottaga **empfangen** *st* **1** mottaga, ta emot, erhålla **2** bli gravid, befruktas **Empfänger** - *m* mottagare (*äv. radio-, TV-*); ~ *unbekannt* (*på brev*) adressaten okänd; ~ *e-s Wechsels* acceptant **empfänglich** mottaglig, känslig; *für etw.* ~ (*äv.*) svag för ngt **Empfänglichkeit** *0 f* mottaglighet **Empfangnahme** *0 f* mottagande **Empfängnis** *0 f* befruktning; *die Unbefleckte* ~ (*kat.*) den obefläckade avelsen **empfängnisverhütend** preventiv-, befruktningsförebyggande; ~*es Mittel* preventivmedel **Empfängnisverhütung** *0 f* födelsekontroll, preventivmetod **Empfangs|antenne** -*n f* [mottagar]antenn -**bereich** -*e m* mottagningsområde, räckvidd (*för radio-, TV-sändare e.d.*) -**bescheinigung** -*en f* mottagningsbevis -**chef** -*s m* receptionschef -**dame** -*n f* [kvinnlig] receptionschef; värdinna (*vid företag e.d.*) -**gerät** -*e n* mottagare, mottagarapparat -**schein** -*e m* mottagningsbevis; kvitto -**station** -*en f* **1** hand. bestämmelseort **2** radio. mottagarstation -**tag** -*e m* dag då man tar emot besök -**zimmer** - *n* salong; mottagningsrum
empfehl|en *empfahl, empföhle* (*ibl. empfähle*), *empfohlen, empfiehlst, empfiehlt, empfiehl!* **1** rekommendera, tillråda; anbefalla; ~ *Sie mich Ihrer Schwester* jag ber om min hälsning till Er syster; *er läßt sich* ~ *han* hälsar så mycket; *seine Seele Gott* ~ anbefalla sin själ i Guds hand; *ein gut empfohlener Wein* ett välrekommenderat vin **2** ta farväl, säga adjö; *ich* -*e mich Ihnen* (*i brevslut ung.*) med vördsam hälsning; *sich französisch* ~ (*vard.*) avdunsta; *es empfiehlt sich, zu* det är lämpligt (tillrådligt) att; *das Verfahren empfiehlt sich* metoden är att rekommendera **empfehlenswert** tillrådlig, som kan rekommenderas **Empfehlung** -*en f* rekommendation; [vördsam] hälsning; referens; *meine* ~ *an Ihre Frau Gemahlin!* hälsa Er hustru från mig!; *das ist e-e* ~*!* det är (var) ett gott betyg! **Empfehlungs|brief** -*e m*, -**schreiben** - *n* rekommendations-, introduktions|brev **empfehlungswürdig** *se empfehlenswert*
empfindbar förnimbar **empfinden** *st* känna, förnimma; *etw. tief* ~ känna ngt djupt **empfindlich** känslig, ömtålig (*äv. bildl.*); öm, sensibel; snarstucken; kännbar; mottaglig; *e-e* ~*e Stelle berühren* beröra ett ömt ställe, *bildl.* röra vid en öm punkt; ~*er Mensch* (*äv.*) lättstött människa; ~*e Kälte* stark kyla; ~*er Verlust* kännbar förlust; *e-n* ~ *treffen* träffa ngn på en öm punkt **Empfindlichkeit** *0 f* ömhet, ömtålighet, känslighet; mottaglighet; snarstuckenhet **empfindsam** känslig; känslofull, sentimental **Empfindsamkeit** *0 f* känslighet, känslosamhet; sentimentalitet **Empfindung** -*en f* känsla; förnimmelse; *die* ~ *haben, daß* ha en känsla av att **empfindungslos** okänslig; känslolös **Empfindungslosigkeit** *0 f* okänslighet, känslolöshet **empfindungsvoll** känslofull **Empfindungswort** -*er*† *n*, *språkv.* interjektion
empfohlen *se empfehlen* **empfunden** *se empfinden*

Emphase -*n f* emfas **emphatisch** emfatisk **Emphysem** -*e n*, *med.* emfysem **Empire** *0 n* **1** [ã'pi:ɐ̯] *konst.* empir[e] **2** ['ɛmpaɪə] das ~ Brittiska samväldet **Empirie** *0 f*, *filos.* empiri **Empiriker** - *m* empiriker **empirisch** empirisk **Empirismus** *0 m* empirism **em'por** upp[åt] **emporarbeiten** *rfl* arbeta sig upp **emporblicken** titta upp[åt] **Empore** -*n f* läktare (*i kyrka e.d.*) **empören** **1** uppröra, förarga, reta; ~*d* upprörande **2** *rfl a*) bli upprörd *etc.*, *b*) göra uppror, revoltera **Empörer** - *m* upprorsmakare, rebell **empörerisch** upprorisk **emporfahren** *st s* fara upp (*ur stol e.d.*); *fara* uppför **emporhalten** *st* hålla upp **emporheben** *st* lyfta upp **emporkommen** *st s* komma upp; *bildl.* komma sig upp **Emporkömmling** -*e m* uppkomling **emporragen** resa (höja) sig (*über* + *ack.* över) **emporrichten** *rfl* resa sig [upp] **emporschauen** *se* upp[åt]; *zu e-m* ~ (*bildl.*) se upp till ngn **emporschießen** *st s* skjuta upp (*ur jorden*); sprut upp (*om fontän*); *überall* ~ (*bildl.*) skjuta upp som svampar ur jorden **emporschnellen** *s* rusa i höjden (*om pris*) **emporsehen** *st*, *se emporschauen* **emporsteigen** *st s* stiga (gå) uppåt (uppför); *bildl.* avancera, göra karriär **emportreiben** *st* driva i höjden (*pris*) **Empörung** **1** -*en f* uppror **2** *0 f* ovilja, vrede; moralisk indignation **Emser Salz** *0 n* emsersalt **emsig** flitig, idog **Emsigkeit** *0 f* flit, idoghet **'Emu** -*s m*, *zool.* emu **emulgieren** emulgera **Emulsion** -*en f* emulsion **E-Musik** *0 f*, *förk. för ernste Musik* seriös (klassisk) musik **en bloc** [ã'blɔk] ~ *kaufen* köpa i parti **En-bloc-Annahme** -*n f* antagande (*av ngt*) i dess helhet (*o. utan detaljdiskussioner*) **End|bahnhof** -*e*† *m* slut-, änd|station (*för tåg*) -**bescheid** -*e m* slutgiltigt besked -**buchstabe** -*ns* -*n m* slutbokstav -**chen** - *n* liten stump, [tråd]ända
Ende -*n n* **1** slut; ända, ände, slutpunkt; tagg (*på horn*); ~ *des Jahres* i slutet av året; ~ *gut, alles gut* slutet gott allting gott; *ein* ~ *mit Schrecken* en ände med förskräckelse; *letzten* ~*s* slutligen, när allt kommer omkring; *kein* ~ *mit etw. finden* aldrig sluta med ngt; *das dicke* ~ *kommt noch* (*vard.*) det värsta återstår;' *e-r Sache* (*dat.*) *ein* ~ *machen* (*setzen, bereiten*) göra slut på ngt; *seinem Leben ein* ~ *machen* ta livet av sig, begå självmord; *das nimmt kein* ~ det tar aldrig slut; *am* ~ *seiner Kräfte sein* vara alldeles slut, inte orka längre; *am* ~ *seiner Weisheit sein* varken veta ut eller in; *ohne* ~ i oändlighet, utan slut, ändlös; *zu* ~ *führen* slutföra; *zu* ~ *gehen* ta slut; *es geht mir ihm zu* ~ han närmar sig slutet (*döden*); *meine Geduld ist zu* ~ mitt tålamod är slut **2** bit, stycke; stump; *es ist ein gutes* ~ *bis dahin* (*vard.*) det är en bra bit dit **Endeffekt** *0 m* sluteffekt, resultat; *im* ~ till slut, när allt kommer omkring
endemisch *med.* endemisk **end|en 1** [av]sluta, sluta **2** sluta, ta slut; *die Straße -et auf dem Platz* (*an der Grenze*) vägen slutar på torget (vid gränsen); *am Galgen* ~ sluta i galgen; *wie wird das mit dir* ~ *?* hur kommer det att gå för dig?; *nicht* ~ *wollender Beifall* bifall som aldrig ville sluta **Endergebnis** -*se n* [slut]resultat

en detail [ãde'taj] i detalj; *hand.* i minut **Endgeschwindigkeit** *-en f* sluthastighet **endgültig** slutgiltig, definitiv **Endgültigkeit** *O f* slutgiltighet; *die ~ der Sache* det oåterkalleliga i saken **Endhaltestelle** *-n f* ändhållplats **endigen** *se enden, beenden*
Endivie [-vjə] *-n f* endiv[sallad]
Endkampf *-e*† *m, sport.* final, slutkamp; *mil.* slutstrid **Endlagerung** *O f* slutförvaring *(av atomavfall)* **Endlauf** *-e*† *m* final, slutlopp **endlich I** *adj* **1** ändlig **2** länge väntad **II** *adv* äntligen, sent omsider; *schließlich und ~* slutligen **Endlichkeit** *O f* ändlighet **endlos** ändlös; oändlig **Endlosigkeit** *O f* ändlöshet **Endlösung** *O f* slutgiltig lösning; *die ~ (nat. soc.)* den slutgiltiga lösningen *(judeutrotningen)* **Endmaß** *-e n, tekn.* passbit **Endmoräne** *-n f* ändmorän
endogen [-g-] endogen **endokrin** endokrin **End|phase** *-n f* slutfas **-produkt** *-e n* slutprodukt **-punkt** *-e m* änd-, slut|punkt **-reim** *-e m* slutrim **-runde** *-n f, sport.* final **-rundenteilnehmer** *- m* finalist **-silbe** *-n f* slutstavelse **-spiel** *-e n, sport.* slutspel, final **-spurt** *-e el. -s m, sport.* slutspurt **-station** *-en f* änd-, slut|station **-stück** *-e n* slutstycke **-stufe** *-n f, radio.* slutsteg **-summe** *-n f* [slut]summa **-ung** *-en f* ändelse **-urteil** *-e n* slutomdöme **-verbraucher** *- m* konsument **-verbraucherpreis** *-e m* konsumentpris **-ziel** *-e n* slutmål; slutligt mål **-ziffer** *-n f* sista siffra, slutsiffra **-zustand** *-e*† *m* slutligt tillstånd **-zweck** *-e m* slutligt (egentligt) ändamål **Ener'getik** *O f* energetik
Energie [-'gi:] *-n f* energi; *mit ~* energiskt, eftertryckligt **Energiebedarf** *O m* energibehov **Energiebündel** *- n, vard.* energiknippe **energiegeladen** full av energi, energisk **energieintensiv** energikrävande **Energiekrise** *-n f* energikris **energielos** utan energi; slapp, kraftlös **Energiepolitik** *O f* energipolitik **Energiequelle** *-n f* energi-, kraft|källa **energiesparend** energi|snål, -sparande **Energieumwandlung** *-en f* energiomvandling **Energieversorgung** *O f* energiförsörjning **Energiewirtschaft** *O f* kraftindustri **energisch** energisk; *~e Maßnahmen* kraftåtgärder **enervieren** [-v-] *högt.* enervera
eng trång, smal, snäv; nära, intim; *~ anliegend* åtsittande; *~er machen* ta in *(plagg)*; *~ schreiben* skriva hopträngt; *im ~en Sinn* i trängre bemärkelse
Engagement [ãgaʒə'mã:] *-s n* engagemang **engagier|en** [ãga'ʒi:rən] **1** engagera; anställa; *ich bin -t (äv.)* jag är upptagen; *-t sein (vard. äv.)* ha en kärlekshistoria **2** *rfl* engagera sig; *sich in etw. (dat.) ~, sich für etw. ~* engagera sig i (för) ngt
enganliegend åtsittande **engbefreundet** som är nära vän[ner] **engbegrenzt** snävt begränsad **Enge** *-n f* trånghet; trångt ställe, trång passage; *bildl.* flaskhals; trångmål; *e-n in die ~ treiben* försätta ngn i trångmål, ställa ngn mot väggen
Engel *- m* ängel *(äv. bildl.)*; *die ~ [im Himmel] singen hören (bildl.)* se stjärnor **Engelchen** *- n*, **Engelein** *- n* liten ängel **engel|gleich, -haft** änglalik **Engelmacherin** *-nen f* änglamakerska; *vard.* kvinna som utför illegala aborter **Engelsgeduld** *O f* änglalikt tålamod **engelsgleich** änglalik **Engelshaar** *-e n* änglahår **Engelszungen** *pl, mit ~ reden* tala i förföriska ordalag **Engelwurz** *-en f, bot.* strätta
Engerling *-e m* ollonborrslarv
enghalsig trång-, smal|halsad **engherzig** trångbröstad, småsint **Engherzigkeit** *O f* småsinthet
England *O n* England **Engländer** *- m* **1** engelsman **2** skiftnyckel **Engländerin** *-nen f* engelska **englisch 1** änglalik, ängels- **2** engelsk; *die ~e Krankheit* engelska sjukan, rakitis; *~ gebraten* lättstekt **Englisch** *O n* engelska *(språk)*; *jfr Deutsch* **Englischhorn** *-er*† *n, mus.* engelskt horn **Englischleder** *O n* mollskinn **Englischpflaster** *- n* häftplåster **Englischrot** *O n* engelskt rött **englisieren** anglisera
engmaschig fin-, tät|maskig **Engpa|ß** *-sse*† *m* trångt pass, smal väg; *bildl.* flaskhals **en gros** [ã'gro] *hand.* en gros, i parti **Engroshandel** *O m* grosshandel
engstirnig inskränkt; egensinnig
Enkel *- m* barnbarn, son-, dotter|son; *unsere ~ (äv.)* våra efterkommande, senare generationer **-in** *-nen f* barnbarn, son-, dotter|dotter **-kind** *-er n* barnbarn **-sohn** *-e*† *m* son-, dotter|son **-tochter** *-*† *f* son-, dotter|dotter
Enklave [-və] *-n f* enklav **enklitisch** språkv. enklitisk
enorm enorm; *das ist ja ~ (vard.)* det är ju fantastiskt
Enquete [ã'kɛ:t(ə)] *-n f (officiell)* undersökning; rundfråga, enkät **Ensemble** [ã'sãb|] *-s n* ensemble **Ensemblemusik** *O f* underhållningsmusik **en suite** [ã'sɥit] i följd, en suite
ent ~ *oder weder! (vard.)* antingen eller!
entarte|n *s* urarta, vansläktas; *-te Kunst (nat. soc.)* dekadent (modern) konst **Entartung** *-en f* urartning, dekadens **entaschen** avlägsna aska från, aska av **entästen** kvista *(stam)* **entäußern** *rfl sich seiner Rechte (gen.) ~* avsäga sig (avstå från) sina rättigheter; *sich e-r Sache (gen.) ~* avyttra ngt **Entäußerung** *O f* avyttrande, avstående **entbehr|en** und-, av|vara (+ *ack. el. gen.*); *die Behauptung -t jeder Grundlage* påståendet saknar all grund; *wir ~ das Nötigste* vi är utan (saknar) det nödvändigaste **entbehrlich** umbärlig; *es ist ~ (äv.)* det kan undvaras, det kan man vara utan **Entbehrlichkeit** *O f* umbärlighet **Entbehrung** *-en f* umbärande; *sich (dat.) ~en auferlegen* ålägga sig försakelser **entbieten** *st, högt., e-m seinen Gruß ~* låta framföra en hälsning till ngn; *e-n zu sich ~* låta kalla ngn till sig **entbinden** *st* **1** befria; frigöra; *e-n seines Wortes ~* lösa ngn från hans ord **2** *kem.* lösgöra **3** för|lösa, -lossa; *sie ist von e-m Jungen entbunden worden* hon har nedkommit med en pojke **4** nedkomma, förlösas; *sie hat heute entbunden* hon förlöstes i dag **Entbindung** *-en f* **1** befrielse, frigörelse **2** förlossning, nedkomst **Entbindungs|anstalt** *-en f*, **-heim** *-e n* förlossningsanstalt, barnbördshus **entblättern 1** enklav; *der Wind -t die Bäume (äv.)* löven blåser ner från träden; *Hackfrüchte ~* avblasta rotfrukter **2** *rfl* avlövas, fälla sina blad; *vard.* klä av sig **entbleit** blyfri **entblöden** *rfl, sich nicht ~, etw. zu tun* dristas (inte blygas för) göra ngt; *sich nicht ~, zu behaupten* djärvas (våga) påstå **entblöß|en** [-ø:-] **1** blotta; *sein Haupt ~* blotta sitt huvud; *e-n e-r Sache (gen.) ~* beröva ngn ngt; *aller Mittel (gen.) -t* helt utblottad **2** *rfl* blotta

Entblößung—entgegenschallen

sig, klä av sig **Entblößung** *-en f* blottande; utblottat tillstånd **entbräunen** *vard.* denazifiera **entbrennen** *oreg. s* blossa (flamma) upp; *in heißer Liebe* ~ bli häftigt förälskad **entbürokratisieren** avbyråkratisera **Entchen** - *n* ank-, and|unge **entdecken 1** upptäcka **2** *högt.* avslöja; *sich e-m* ~ öppna (avslöja) sig för ngn **Entdekker** - *m* upptäckare **Entdeckerfreude** *0 f* upptäckarglädje **Entdeckung** *-en f* upptäckt **Entdeckungsreise** *-n f* upptäcktsresa **entdemokratisieren** avdemokratisera **entdramatisieren** avdramatisera **Ente** *-n f* **1** anka (*äv. tidnings-*); *kalte* ~ vitvinsbål (*m. champagne*); *wie e-e bleierne* ~ *schwimmen* (*vard.*) simma som en gråsten **2** urinflaska **entehren** vanhedra; bringa i vanrykte; *ein Mädchen* ~ (*åld.*) förföra (skända) en flicka; *~de Behauptung* kränkande påstående **Entehrung** *-en f* skändning; vanärande **enteignen** expropriera **Enteignung** *-en f* expropriering **enteil|en** *s* skynda bort (*e-m* från ngn); *die Zeit -t* tiden flyger sin väg **enteisen** avisa, befria från is **enteisenen** *kem.* avlägsna järnet ur **Enteisung** *-en f* avisning **Enten|flott** *0 n, nty.*, **-grieß** *0 m*, **-grütze** *0 f, bot.* andmat **-muschel** *-n f, zool.* dammussla **Entente** [ã'tã:t(ə)] *-n f* entent[e] **Enteteich** *-e m* ankdamm **Enter** *-[s] n m, nty.* ettårigt djur (*föl, kalv, lamm*) **enterb|en** göra arvlös; *die E-ten* (*äv.*) de obesuttna [klasserna] **Enterhaken** - *m* änterhake **Enterich** *-e m* andrake, ankbonde **entern** äntra **Entertainer** [ɛntɐ'tɛɪnɐ] - *m* entertainer, estradartist, underhållare **Enterung** *-en f* äntring **entfachen** tända; *bildl.* väcka, framkalla **entfahren** *st s* undfalla (*e-m* ngn); *ein Fluch ist mir* ~ en svordom undslapp mig **entfallen** *st s* **1** *das Messer entfiel ihm* (*seiner Hand*) han tappade kniven, kniven föll ur hans hand; *sein Name ist mir* ~ hans namn har fallit mig ur minnet **2** *fünf Mandate entfielen auf Frauen* fem mandat tillföll kvinnor; *von der Summe ~ 100 Mark auf jede Person* av summan blir det 100 mark per person; *5 Stück ~ auf jeden* det blir 5 stycken per man **3** bortfalla, utgå, slopas **entfalten 1** veckla ut (upp); utveckla; *e-e Karte* ~ breda ut en karta; *seine Begabung* ~ utveckla sin begåvning **2** *rfl* veckla ut sig; utveckla sig (*om blomma*) slå ut **Entfaltung** *0 f* utveckling; utvecklande **entfärben 1** avfärga, bleka **2** *rfl* blekas, mista färgen, blekna, bli urblekt (färglös) **Entfärber** - *m,* **Entfärbungsmittel** - *n* avfärgningsmedel **entfernen 1** avlägsna,undanröja, ta bort **2** *rfl* avlägsna sig; *sich von der Wahrheit* ~ (*äv.*) inte hålla sig till sanningen **entfernt** avlägsen (*äv. bildl.*); avsides; långt ifrån (borta); *~er Verwandter* avlägsen släkting; *~ verwandt* släkt på långt håll; *~e Ähnlichkeit* obetydlig (svag) likhet; *nicht die ~este Ursache* inte den ringaste orsak; *nicht im ~esten* inte det ringaste, över huvud taget inte; *ich dachte nicht im ~esten daran* jag hade inte den ringaste tanke på det; *weit davon* ~, *zu* ... långt ifrån att ...; *es ist nicht* ~ *so schön* det är inte på långa vägar lika vackert **Entfernung** *-en f*

1 avstånd, distans **2** avlägsnande; avskedande **Entfernungsmesser** - *m* avståndsmätare **Entfernungsskal|a** *-en f* avståndsskala **entfessel|n** befria (*från bojor*); lösgöra; utlösa, väcka, framkalla; *e-n Krieg* ~ släppa loss ett krig; *-te Leidenschaft* otyglad lidelse; *der -te Prometheus* den befriade Prometeus **Entfesselung** *-en f* befrielse (*från bojor*); frigörelse **Entfesselungskünstler** - *m* utbrytarkung (*artist*) **entfetten** avfetta, rengöra från fett **Entfetter** - *m* avfettnings-, fettborttagnings|medel **Entfettung** *0 f* avfettning **Entfettungskur** *-en f* bantnings-, avmagrings|kur **entfeuchten** avfukta **entfiedern** plocka [fjädrarna av] **entflammbar** lättantändlig **entflammen 1** antända; hänföra, upptända, entusiasmera; *Begeisterung* ~ väcka entusiasm **2** *s* fatta eld; *bildl.* upptändas, bli eld o. lågor; *von Liebe* ~ upptändas av kärlek **3** *rfl* fatta eld **entflechten** *st* reda ut; *bildl.* lösa (dela) upp (*koncern e.d.*) **Entflechtung** *-en f* upplösning (*av koncern e.d.*) **entflecken** ta bort fläckar ur **Entfleckung** *-en f* fläckborttagning **entfliegen** *st s* flyga sin kos (*e-m* från ngn) **entflieh|en** *st s* fly, rymma (*e-m* från ngn); *die Zeit -t* tiden ilar **entfließen** *st s* strömma ut (*e-r Flasche* ur en flaska); emanera **entfremde|n 1** *e-n e-m* (*etw.*) ~ göra att ngn blir främmande för ngn (ngt); *-t* alienerad; *etw. seinem Zweck* ~ använda ngt till ett annat ändamål **2** *rfl*, *sich e-m* ~ bli främmande för (komma bort från) ngn **Entfremdung** *-en f* fjärmande; alienation **entfrosten** avfrosta; tina upp **Entfroster** - *m* defroster (*i bil*) **entführen** föra (röva) bort, kidnappa, enlevera; *ein Flugzeug* ~ kapa ett flygplan **Entführer** - *m* kidnappare; kapare (*av flygplan*) **Entführung** *-en f* bortförande; enlevering, kidnapping; kapning (*av flygplan*) **entgangen** *se entgehen* **entgasen** avgasa **entgegen** *prep m. dat. o. adv* [e]mot; till mötes; *dem Wind* ~ mot vinden; ~ *allen Erwartungen* tvärt emot alla förväntningar **-arbeiten** motarbeta (*e-m* ngn) **-bringen** *oreg.*, *e-m die Nachricht* ~ komma med underrättelsen till ngn; *e-m Liebe* ~ visa ngn kärlek; *e-m Haß* ~ hysa hat mot ngn **-eilen** *s* skynda mot (*e-m* ngn) **-fahren** *st s, e-m* ~ fara o. möta ngn; *dem Wind* ~ åka mot ngn **-gehen** *st s, e-m* ~ gå emot ngn (ngn till mötes); *seiner Vollendung* ~ gå mot sin fullbordan; *dem Ende* ~ närma sig slutet **-gesetzt** motsatt; *genau* ~ rakt motsatt; *im ~en Sinn des Uhrzeigers* moturs **-gesetzten'falls** i motsatt fall **-halten** *st, e-m etw.* ~ hålla fram ngt mot ngn; *e-r Sache* (*dat.*) *etw.* ~ göra ngt gällande gentemot ngt, invända mot ngt, jämföra ngt med ngt **-handeln** handla i strid mot (*e-m* ngn) **-kommen** *st s, e-m* ~ komma emot ngn (ngn till mötes), möta ngn (*äv. bildl.*), tillmötesgå ngn **Entgegenkommen** *0 n* tillmötesgående **entgegenkommend** mötande; *bildl.* tillmötesgående **ent'gegenkommender'weise** tillmötesgående (vänligt) nog **entgegenlaufen** *st s, e-m* ~ springa ngn till mötes; *das läuft meiner Absicht entgegen* det överensstämmer inte med min avsikt **Entgegennahme** *0 f* mottagande **entgegen|nehmen** *st* mottaga, ta emot **-schallen** *sv, imperf äv. st* ljuda; „*herein!*"

scholl es mir entgegen "kom in", ropade man åt mig **-sehen** *st* se fram emot; *dem Tode gefaßt* ~ lugnt gå döden till mötes; *der Niederkunft* ~ avvakta nedkomsten; *e-r baldigen Antwort* ~*d* emotseende Ert snara svar **-setzen 1** sätta upp emot; *dem kann ich nichts* ~ (*äv*.) det kan jag inte invända ngt mot; *e-m Widerstand* ~ göra motstånd mot ngn, sätta sig emot ngn, opponera sig mot ngn; *e-m Verachtung* ~ bemöta ngn med förakt **2** *rfl, sich etw.* (*dat*.) ~ motsätta sig ngt **-stehen** *st* stå [hindrande] i vägen; *dem steht nichts entgegen* det möter inget hinder; *dem Plan steht entgegen* ... (*äv*.) mot denna plan talar ... **-stellen 1** ställa emot; *e-r Behauptung e-e andere* ~ (*äv*.) bemöta ett påstående med ett annat **2** *rfl, sich e-m* ~ (*äv*.) värja sig (sätta sig till motvärn) mot ngn; *sich etw.* (*dat*.) ~ opponera sig mot ngt **-stemmen** *rfl, sich etw.* (*dat*.) ~ spjärna emot ngt **Entgegnung** *-en f* svar, genmäle **entgeh|en** *st s* undgå (*e-m ngn*); *mir ist entgangen, daß* (*äv*.) jag märkte inte att; *er wird mir nicht* ~ han slipper inte undan mig, han skall få sitt straff; *der Strafe* (*dat*.) ~ slippa undan straffet; *sich* (*dat*.) *etw.* ~ *lassen* gå miste om ngt; *sich* (*dat*.) *die Gelegenheit nicht* ~ *lassen* inte låta tillfället gå ur sig händerna; *ihm -t wenig* det är inte mycket som undgår honom **entgeisteirt** bestört, slagen av häpnad **Entgelt** *0 n* ersättning; lön; belöning; vedergällning; *gegen* (*ohne*) ~ *arbeiten* arbeta mot (utan) ersättning **entgelten** *st* **1** ersätta, löna; *e-m etw.* ~ (*äv.*) hålla ngn skadelös för ngt; *wie kann ich dir deine Güte* ~ ? hur kan jag löna dig för din godhet? **2** umgälla; *e-n etw.* ~ *lassen* låta ngn få umgälla ngt; *laß es das Kind nicht* ~, *daß* låt inte barnet få umgälla att **entgeltlich** mot ersättning **entgift|en** avlägsna gift ur; *med*. avgifta, rena; *durch das Gespräch wurde die Atmosphäre -et* samtalet rensade luften **Entgiftung** *0 f* avlägsnande av gift *etc*., *jfr* entgiften **entgleisen** *s* spåra ur (*äv. bildl*.); *bildl. äv.* göra bort (blamera) sig, råka på glid; *den Zug zum E~ bringen* få tåget att spåra ur **Entgleisung** *-en f* urspårning; *bildl. äv.* taktlöshet, blamage **entgleiten** *st s*, *e-m* ~ glida ur händerna på ngn, *bildl*. komma ifrån ngn; *der Junge ist ihr entglitten* hon har inte längre ngn hand med pojken; *die Kontrolle ist mir entglitten* jag har tappat (förlorat) kontrollen **entgotten** detronisera; *die Weltanschauung* ~ frigöra världsåskådningen från gudsbegreppet **entgötter|n** *e-n* ~ ta ifrån ngn hans gudar; *e-e -te Welt* en gudlös värld **entgräten** bena (*fisk*) **enthaaren** ta bort hår (generande hårväxt) från **Enthaarungsmittel** - *n* hårborttagningsmedel **enthalten** *st* **1** innehålla; *die Flasche enthält 1 Liter* (*dat*.) flaskan rymmer 1 liter; *wie oft ist 3 in 9* ~ ? hur många gånger går 3 i 9 ?; *das ist im Preis* [*mit*] ~ det ingår i priset **2** *rfl, sich e-r Sache* (*gen*.) ~ avhålla sig

från ngt; *sich e-r Bemerkung nicht* ~ *können* (*äv*.) inte kunna låta bli att yttra sig; *sich der Stimme* ~ lägga ner sin röst, inte rösta; *sich des Urteils* ~ avstå från att fälla ngt omdöme **enthaltsam** av-, åter|hållsam; [hel]nykter; *in seinen Bedürfnissen* ~ *sein* vara måttfull i sina behov **Enthaltsamkeit** *0 f* av-, åter|hållsamhet; helnykterhet **Enthaltung 1** *0 f* avstående **2** *-en f, bei drei* ~*en* med tre nedlagda röster **enthärten** avhärda; göra mindre hårt (*vatten*); [mjuk]glödga **Enthärtung** *0 f* avhärdning; mjukgörning **enthaupten** halshugga **Enthauptung** *-en f* halshuggning **enthäuten** flå, dra huden av **Enthäutung** *-en f* hudavdragning **entheben** *st* befria, fritaga från; *e-n seines Amtes* ~ avsätta ngn från hans ämbete; *aller Sorgen enthoben* fri från alla bekymmer **Enthebung** *-en f* entledigande, avsked **entheiligen** vanhelga, profanera **Entheiligung** *-en f* vanhelgande, profanering **enthemm|en** befria från hämningar; *völlig -t* fullkomligt ohämmad **enthüllen** avtäcka; *bildl*. avslöja, uppenbara **Enthüllung** *-en f* avtäckande; avslöjande **enthülsen** [av]skala; *Erbsen* ~ sprita ärter **enthumanisieren** avhumanisera **enthusiasmieren** [ɛn-] entusiasmera **Enthusiasmus** *0 m* entusiasm **Enthusiast** *-en -en m* entusiast **enthusiastisch** entusiastisk **entideologisieren** avideologisera **Entität** *-en f, filos*. entitet **entjungfern** deflorera **Entjungferung** *-en f* defloration **entkalken** avkalka **Entkalkungsmittel** - *n* avkalkningsmedel **entkeim|en 1** sterilisera; desinficera **2** ta bort groddarna från **3** spira; *ihrem Herzen -te e-e zarte Liebe* i hennes hjärta spirade en späd kärlek **4** härstamma **Entkeimung** *-en f* sterilisering **entkernen** kärna ur **entkleiden 1** klä av; *e-n seiner Würde* (*gen*.) ~ avkläda ngn hans värdighet **2** *rfl* klä (ta) av sig **Entkleidung** *0 f* avklädning; avklädande **entknoten** knyta upp **entkommen** *st s* undkomma (*e-m ngn*); *aus dem Gefängnis* ~ [lyckas] fly ur fängelset **entkorken** dra upp korken ur; *e-e Flasche* ~ (*äv*.) slå upp en flaska **entkräft|en** försvaga; *e-e Behauptung* ~ vederlägga (jäva) ett påstående; *-et* svag, kraftlös **Entkräftung** *0 f* försvagande; kraftlöshet **entladen** *st* **1** lasta av (ur), lossa **2** *elektr*. urladda **3** ta ur laddning ur (*vapen*) **4** *rfl* urladda sig (*äv. bildl*.) **Entlader** - *m* lossningsarbetare **Entladerampe** *-n f* lastbrygga **Entladung** *-en f* avlastning *etc*., *jfr* entladen **entlang I** *prep* (*efter subst. m. ack*., *schweiz. äv. m. dat*.; *före subst. m. dat*., *ibl. m. gen*.) längs [med, efter], utefter; *den Weg* ~, *der Weg* längs [med] vägen **II** *adv* längs [med], utefter; *am Ufer* ~ längs stranden; *hier* ~! den här vägen! **-fahren** *st s, etw.* ~, *an etw.* (*dat*.) ~ åka längs med ngt **-gehen** *st s, etw*., *an etw.* (*dat*.) ~ gå längs med ngt **-kommen** *st s, etw.* ~, *an etw.* (*dat*.) ~ komma längs med ngt **entlarven** avslöja, demaskera **Entlarvung** *-en f* demaskering **entlassen** *st* entlediga; avskeda; frige; utskriva (*från sjukhus e.d.*); hemförlova (*trupp*); avmönstra (*besättning*); *aus dem Gefängnis* ~ frige (släppa ut) ur fängelset **Entlassung** *-en f* entledigande; avsked; [skol]avslutning; frigivning; utskrivning **Ent-**

Entlassungsgesuch—entschärfen

lassungsfeier -n f [skol]avslutning **Entlassungsgesuch** -e n avskedsansökan **Entlassungszeugnis** -se n avgångsbetyg **entlasten 1** befria; avlasta; e-n Angeklagten ~ vittna till förmån för en anklagad; den Vorstand ~ bevilja styrelsen ansvarsfrihet; sein Gewissen ~ lätta sitt samvete; e-n von e-m Verdacht ~ fria ngn från en misstanke; ~der Umstand förmildrande omständighet **2** hand. utjämna, balansera, kreditera; e-n für e-n Betrag ~ kreditera ngn för ett belopp **Entlastung** -en f lättnad; avlastning (äv. bildl.); ansvarsfrihet; kreditering; e-e Aussage zur ~ des Angeklagten ett vittnesmål till förmån för den anklagade; zur ~ anführen (jur.) anföra till sitt försvar **Entlastungsstraße** -n f förbifartsled **Entlastungszeuge** -n -n m friande vittne **Entlastungszug** -e† m extratåg **entlauben** avlöva; sich ~ avlövas, fälla bladen **entlaufen** st s springa sin väg (bort); e-m ~ rymma från ngn; ~er Hund bortsprungen hund **entlausen** avlusa **entledigen 1** e-n e-r Sache (gen.) ~ befria ngn från ngt **2** rfl, sich e-r Sache (gen.) ~ befria sig från ngt; sich e-s Auftrages ~ fullgöra ett uppdrag; sich seines Mantels ~ lägga av kappan; sich jds ~ göra sig kvitt (ta livet av) ngn **Entledigung** 0 f befriande; fullgörande etc., jfr entledigen **entleeren** tömma; sich ~ tömmas, bli tom **Entleerung** -en f [ut]tömning; med. öppning, avföring **entlegen** avlägsen; bildl. ovanlig **Entlegenheit** 0 f enslig läge; avlägsenhet **entlehn|en** låna; das Wort ist aus dem Englischen -t ordet är ett lån från engelskan **Entlehnung** -en f lån (aus ur, från) **entleiben** rfl, högt. ta sig av daga **entleihen** st lika **Entleiher** - m låntagare **entloben** rfl slå upp sin förlovning **Entlobung** -en f uppslagning av förlovning **entlocken** e-m etw. ~ avlocka ngn ngt; der Geige Töne ~ locka fram toner ur fiolen **entlohnen** avlöna **Entlohnung** -en f avlöning **entlüften** vädra, ventilera, lufta **Entlüfter** - m ventil; ventilator, fläkt **Entlüftung** -en f vädring, ventilation, luftutsugning, luftning **Entlüftungsanlage** -n f ventilationsanläggning **entmachten** beröva makten **entmagnetisieren** avmagnetisera **entmannen 1** sterilisera, kastrera **2** försvaga **Entmannung** 0 f kastrering **entmenschen** förråa; e-n ~ beröva ngn människovärdet **entmenscht** omänsklig, brutal, förråad **entmilitarisieren** demilitarisera **Entmilitarisierung** 0 f demilitarisering **entminen** minsvepa **Entminung** 0 f minsvepning **entmischen** avskilja, separera **entmisten** mocka **entmündigen** omyndigförklara **Entmündigung** -en f omyndigförklaring **entmutigen** göra modfälld, nedslå; laß dich nicht ~! bli inte nedslagen (modfälld)!; es klingt ~d det låter nedslående **Entmutigung** 0 f nedslående av (ngns) mod; modstulenhet **Entnahme** 0 f uttag[ande]; [upp]tagning **entnationalisieren** denationalisera **entnazifizieren** denazifiera **Entnazifizierung** -en f denazifiering **entnehmen** st ta, hämta ([aus] etw. ur, från ngt); der Brieftasche e-n Schein ~ ta fram en sedel ur plånboken; dem Lager ~ hämta från lagret; wir ~ seinen Worten, daß vi förstår av hans ord att; nicht entnommene Gewinne (hand.) innestående vinster **entnerv|en** göra nervös; försvaga nerverna på; bryta motståndskraften

164

hos; ~d nervpåfrestande; er ist -t a) nerverna är slut på honom, b) han är bruten (slut) **Entnervung** 0 f nervös medtagenhet; nervsvaghet **entölen** avskilja olja från **entpflichten** e-n Beamten ~ lösa en ämbetsman från hans åliggande; e-n Geistlichen (Professor) ~ pensionera en präst (professor) **entpolitisieren** avpolitisera **entprivatisieren** förstatliga **entpuppen** rfl, sich als ... ~ avslöja sig som..., visa sig vara ...; warten wir erst ab, wie sie sich ~ låt oss [först] avvakta hur de kommer att arta sig **entquellen** st s, högt. välla fram (etw. dat. ur ngt) **entrahm|en** skumma, separera; -te Milch skummjölk **Entrahmer** - m separator **Entrahmung** 0 f separering **entraten** st, högt. undvara (e-r Sache gen. ngt) **enträtseln** finna lösningen på, tyda, komma underfund med **Enträtselung** -en f lösning; förklaring **entrecht|en** e-n ~ beröva ngn hans rättigheter; -et sein vara rättslös **Entrechtung** 0 f berövande av rättigheter **Entrecote** [ãtro'ko:t] -s n entrecôte **Entree** [ä'tre:] -s n entré; inträdesavgift; entrérätt **entreißen** st slita (rycka) (e-m etw. ngt från ngn) **entrichten** betala, erlägga **entriegeln** regla upp; tekn. utlösa **entrieren** [ä'tri:rən] dld. börja, inleda; försöka **entrinden** barka **entringen** st, högt. e-m etw. ~ vrida ngt ur handen på ngn, rycka (slita) ngt från ngn; e-m ein Geheimnis ~ avtvinga ngn en hemlighet; ein Seufzer entrang sich ihrer Brust en suck banade sig väg ur hennes bröst **entrinn|en** st s rinna ut (bort); die Zeit -t (poet.) tiden lider; Tränen ~ ihren Augen (poet.) tårar strömmar ur hennes ögon; e-r Gefahr ~ undkomma en fara; dem Tod ~ undgå döden **Entrinnen** 0 n flykt; es gab kein ~ det gick ej att komma undan **entrollen 1** rulla (veckla) ut **2** s dem Beutel ~ Goldmünzen ur pungen rullar det guldmynt **3** rfl utveckla sig, rullas upp

Entropie -n f entropi

entrosten befria från rost, avrosta **entrück|en** högt. föra (rycka) bort; hänföra, försätta i extas; er ist ihren Blicken -t han är borta ur hennes åsyn; zu den Göttern ~t upptagen till gudarna; -t a) i extas, hänförd, b) självsfrånvarande **Entrückung** 0 f hänryckning; självsfrånvaro **entrümpeln** röja ur (bort); den Boden ~ göra vindsröjning **Entrümpelung** 0 f [vinds]röjning **entrußen** den Schornstein ~ sota skorstenen **entrüst|en** upprörra, göra indignerad; sich ~ bli upprörd (indignerad); -et zurückweisen harmset avvisa; moralisch -et moraliskt upprörd **Entrüstung** 0 f harm, ovilja; indignation

entsaften pressa saften ur **Entsafter** - m saftpress, saftcentrifug **entsagen** försaka; seinem Glauben ~ avsäga sig sin tro; der Welt ~ (äv.) gå i kloster; dem Trinken ~ avstå från alkohol, bli nykterist **Entsagung** 0 f försakelse; avsägelse **entsagungsvoll** själv|förnekande, -försakande, osjälvisk **entsahnen** se entrahmen **entsalzen** avsalta **Entsatz** 0 m undsättning **entsäuern** avlägsna syra ur **entschädigen** gottgöra, kompensera **Entschädigung** -en f gottgörelse, kompensation; ~ verlangen (jur.) begära skadestånd **Entschädigungsklage** -n f skadeståndstalan **entschärfen 1** desarmera **2** dämpa, mildra

Entscheid -e m domslut; beslut **entscheiden** st **1** avgöra, bestämma; fälla utslag; *darüber haben Sie nicht zu ~ det är inte Er* sak att bestämma om det **2** *rfl* bestämma sig; avgöras, bli avgjord; *sich gegen ein Eingreifen ~* bestämma sig för att inte ingripa **entscheidend** avgörande, utslagsgivande **Entscheidung** -en *f* avgörande; beslut; utslag; *die letzte ~ haben* ha det slutgiltiga avgörandet; *zur ~ bringen* avgöra **Entscheidungsfrage** -n *f,* språkv. ja-nej-fråga **Entscheidungskampf** -e† m avgörande strid **Entscheidungsspiel** -e n, sport. avgörande match (spel); final **Entscheidungsstunde** -n *f* avgörande ögonblick **entschieden** bestämd, deciderad, avgjord; definitiv; utan tvekan; *~ ablehnen* eftertryckligt avböja; *~ antworten* svara utan tvekan; *~ falsch, zu* absolut fel att **Entschiedenheit** *O f* bestämdhet; *mit aller ~ ablehnen* eftertryckligt avböja **entschlacken** slagga; med. befria från avfallsprodukter **entschlafen** *st s* somna; *bildl.* insomna; *der E~e* den avlidne **entschlagen** *st rfl, högt., sich e-r Sache (gen.) ~ a)* göra sig kvitt (frigöra sig från) ngt, *b)* avstå från ngt; *sich e-s Gedankens ~* slå en tanke ur hågen **entschleiern** lyfta slöjan från; *bildl.* avslöja **entschließen** *st rfl* besluta sig (*zu* för); *sich anders ~* ändra åsikt; *zu allem entschlossen sein* vara beredd till vad som helst **Entschließung** -en *f* beslut; *e-e ~ annehmen* anta en resolution **entschlossen** beslutsam, bestämd; *kurz ~ fuhr ich ab* utan att tveka (ett ögonblicks tvekan) reste jag; *~ eingreifen* ingripa resolut **Entschlossenheit** *O f* beslutsamhet **entschlummern** *s, högt.* insomna, avlida **entschlüpfen** *s* smita från, undkomma (*e-m* ngn); *sich (dat.) ein Wort ~ lassen* låta ett ord undslippa sig; *sich (dat.) die Gelegenheit ~ lassen* låta tillfället gå sig ur händerna **Entschluß** -sse† *m* beslut **entschlüsseln** tyda, dechiffrera **Entschlußkraft** *0 f* initiativ[kraft]; beslutsamhet **entschuldbar** förlåtlig, ursäktlig **Entschuldbarkeit** *0 f* ursäktlighet **entschulden** *ein Grundstück ~* (ung.) inlösa hypotek på en fastighet (tomt); *den Staatshaushalt ~* (ung.) minska statsskulden **entschuldig|en 1** ursäkta; *-e (~ Sie) bitte, daß* förlåt att; *~ Sie, bitte!* ursäkta!, förlåt!; *seine Sorgen ~, daß* hans bekymmer ursäktar att; *ich möchte meinen Sohn für morgen ~* tyvärr kan min son inte komma i morgon; *deshalb kann man ihn ~* därför kan man förlåta honom ; *-t* med giltigt förfall **2** *rfl* ursäkta sig, be om ursäkt; *ich möchte mich ~, daß* jag ber om ursäkt att; *sich mit etw. ~ (äv.)* skylla på ngt; *wir lassen uns ~* vi ber att få tacka nej; *es läßt sich ~* det är förlåtligt; *es läßt sich nicht ~* det är oförlåtligt **Entschuldigung** -*en f* ursäkt; [artigt] avböjande; *skol.* intyg (*om giltig frånvaro*); *~!* ursäkta!; *zur ~* som ursäkt **Entschuldigungszettel** -*m, skol.* frånvarointyg **Entschuldung** *0 f* befrielse från skuld[er], inlösning av hypotek *e.d.* **entschweben** *s* sväva bort (*e-m* från ngn) **entschwefeln** avsvavla **entschwinden** *st s* försvinna; *es ist mir aus dem Gedächtnis entschwunden* det har fallit mig ur minnet; *die Zeit ist wie im Flug entschwunden* tiden har gått fort (flugit iväg) **entseelt** livlös, död **entsenden** *sv el. oreg.* av-, ut|sända **entsetz|en 1** *e-n seines Amtes ~ (åld.)* avsätta ngn från hans ämbete; *e-e Festung ~* undsätta en fästning **2** förskräcka; *ich war ganz -t* jag blev alldeles förskräckt **3** *rfl* förfäras, förskräckas **Entsetzen** *0 n* för|-skräckelse, -färan **entsetzlich** förfärlig, fruktansvärd, ryslig **Entsetzlichkeit** *0 f* förfärlighet, ryslighet **Entsetzung** *0 f* **1** *åld.* avsättning **2** *mil.* undsättning **entseuchen** desin|ficera, -fektera **entsichern** osäkra (*vapen*) **entsiegeln** bryta försegling på, öppna **entsink|en** *st s, högt.* sjunka ner (undan); *meiner Hand (dat.) ~* falla ur handen på mig; *der Mut -t mir* jag tappar modet **entsinnen** *st, rfl* erinra sig (*e-r Sache gen.* ngt); *sich des Tages (an den Tag) ~* minnas dagen **entsittlichen** demoralisera **entsorgen** skaffa bort avfall från **Entsorgung** *0 f* avfallshantering **entspann|en 1** slappa av; avlägsna spänning från; *-t (äv.)* avspänd **2** göra mer avspänd **3** *rfl* slappna av; koppla av; *die Lage hat sich -t* läget har blivit mindre spänt **Entspannung** *0 f* avspänning; avslappning **Entspannungs|massage** *0 f* massage (*på kamouflerad bordell*) -**politik** *0 f* avspänningspolitik -**übung** -*en f* avslappningsövning; meditation **entspinnen** *st, rfl* börja; utspinna sig; *e-e Beziehung entspann sich* det uppstod (utvecklades) en förbindelse **entsprechen** *st* motsvara (*etw. dat.* ngt); *e-m Wunsch ~ (äv.)* tillmötesgå en önskan; *den Tatsachen nicht ~* inte stämma med fakta; *seinem Zweck ~ (äv.)* vara ändamålsenlig; *e-r Vorschrift ~ (äv.)* efterkomma en föreskrift **entsprechend** motsvarande; skälig, lämplig; vederbörlig; *den Umständen ~* allt efter omständigheterna; *e-e Tat ~ lohnen* belöna en handling efter förtjänst; *er verhielt sich ~* han uppförde sig i enlighet härmed **Entsprechung** *-en f* motsvarighet **entsprießen** *st s, högt.* spira upp ur; *der Ehe entsprossen zwei Kinder* ur äktenskapet stammade två barn **entspringen** *st s* **1** rinna upp; ha sin upprinnelse (*etw. dat.* i ngt) **2** rymma (*aus* ur); springa bort (*e-m* från ngn) **entsprossen** *se entsprießen* **entstaatlichen** denationalisera, återföra i privat ägo **Entstaatlichung** -*en f* denationalisering, återförande i privat ägo **entstammen** *s, e-m ~* härstamma från ngn **entstauben** damma av, befria från damm **entstehen** *st s* uppstå, bli till, bildas; *daraus entstand e-e Notlage (ein Aufruhr)* det ledde till ett nödläge (ett uppror); *kein Schaden ist entstanden* det blev ingen skada; *im E~ begriffen sein* hålla på att uppstå, vara i sin begynnelse **Entstehung** *0 f* tillblivelse, uppkomst; ursprung **Entstehungsgeschichte1** -*n f* uppkomsthistoria **2** *0 f* skapelsehistoria **entsteig|en** *st s* stiga [upp] ur (*dem Bad* badet); *Dampf* -*t dem Wasser* det stiger upp ånga från vattnet **entsteinen** kärna ur **entsteißen** *vard., e-m etw. ~* lyckas få ngt av ngn (*genom smicker*) **entstellen** vanställa; förvränga, förvanska (*text e.d.*) **Entstellung** -*en f* vanställande; förvrängning, förvanskning **entstören** *tekn.* avstöra **entstrahlen** sanera (*från radioaktiv strålning*) **entströmen** *s* strömma ut, framströmma (*etw. dat.* ur ngt) **entsühnen** sona; befria från synd **entsumpfen** dränera, torrlägga **Entsumpfung** *0 f* dränering, torrläggning **enttarnen** avslöja, demaskera enttäusch|en göra besviken; -*t sein* vara besviken (*von* på; *über* + *ack*. över); *angenehm* -*t* angenämt överraskad **Enttäuschung** -*en f* besvikelse, missräkning **entthronen** detronisera, avsätta **Entthronung** -*en f* detronisering, störtande **enttrümmern** röja upp (undan) ruinerna av **Enttrümmerung** 0 *f* röjning **entvölkern 1** avfolka, göra folktom **2** *rfl* avfolkas **Entvölkerung** 0 *f* avfolkning **entwachsen** *st s* växa upp ur (*dem Boden* marken); *der elterlichen Fürsorge* ~ växa ifrån föräldrarnas omsorg, bli vuxen (*o. selbständig*); *den Kinderschuhen* ~ bli vuxen, trampa ur barnskorna **entwaffnen** avväpna **Entwaffnung** 0 *f* avväpning **entwalden** kalhugga; skövla skogen i **Entwaldung** 0 *f* kalhuggning **entwarnen** blåsa "faran över" **Entwarnung** -*en f* (*luftskyddssignal*) "faran över" **entwässern** avvattna, dika; [ut]torka; avlägsna vatten ur **Entwässerung** 0 *f* avvattning; torrläggning; [ut]dikning, dränering; kanalisation **Entwässerungsanlage** -*n f* kloak-, avvattnings|ledning; ~*n* kloaksystem **Entwässerungsrohr** -*e n* avloppsrör, dräneringsrör '**entweder** [*äv*. -'--] ~ ... *oder* antingen ... eller '**Entweder-'Oder** 0 *n* antingen-eller; *hier gibt es kein* ~ här ges det inte ngt val **entweichen** *st s* **1** avvika, rymma (*e-m* från ngn) **2** läcka ut, utströmma (*om gas e.d.*) **entweihen** vanhelga, profanera **Entweihung** 0 *f* profanering, helgerån **entwenden** avhända (*e-m etw.* ngn ngt), stjäla (*e-m etw.* ngt från ngn) **Entwendung** -*en f* tillgrepp, snatteri, förskingring **entwerfen** *st* göra [ett] utkast till; skissera; projektera; designa **Entwerfer** - *m* designer, formgivare **entwerten 1** göra ogiltig; stämpla, klippa (*biljett e.d.*) **2** minska värdet av; göra värdelös **3** *rfl* minska i värde **Entwerter** - *m* biljettstämplingsmaskin **Entwertung** -*en f* depreciering (*av valuta*); värdeminskning; makulering (*av frimärke*) **entwesen** *fack.* desinfektera; befria från skadeinsekter **entwikkeln 1** utveckla; frambringa, producera; skildra, framlägga; *foto.* framkalla **2** *rfl* utveckla sig, utvecklas (*aus* ur; *zu* till) **Entwickelung** -*en f, se Entwicklung* **Entwickler** - *m* framkallningsvätska **Entwicklerbad** -*er†* *n* framkallningsbad **Entwicklung** -*en f* **1** utveckling **2** *foto.* framkallning **Entwicklungsalter** 0 *n* pubertet **Entwicklungsdienst** 0 *m* biståndsarbete; biståndsorganisation **entwicklungsfähig** utvecklingsbar, livsduglig **Entwicklungs|gang** -*e† m* utvecklingsgång; *foto.* framkallningsförlopp -**helfer** - *m* biståndsarbetare -**hilfe** -*n f* u-hjälp -**jahre** *pl* pubertet -**land** -*er† n* u-land -**lehre** 0 *f* utvecklingslära -**tendenz** -*en f* utvecklingstendens; trend -**zeit** -*en f* utvecklingstid; inkubationstid; pubertet **entwinden** *st* **1** *e-m etw.* ~ vrida ngt ur handen på ngn **2** *rfl* lösgöra sig, vrida sig loss **entwirren 1** reda ut; *bildl.* reda upp **2** *rfl* reda ut (upp) sig **entwischen** *s* komma undan (*e-m* ngn), smita **entwöhnen** avvänja (*spädbarn*); *e-n e-r Sache* (*gen*.) ~ vänja ngn av med ngt **Entwöhnung** 0 *f* avvänjning **entwöhl|en** *rfl* klarna, bli molnfri; *die Stirn* -*t sich* pannan slätas ut **entwürdigen** förnedra; ~*d* vanärande, förnedrande; nedsättande **Entwürdigung** -*en f* förnedring **Ent-**

wurf -*e† m* utkast, skiss; ritning; projekt, plan (*zu* till); *im* ~ (*äv.*) på planeringsstadiet **entwurzel|n** rycka upp med rötterna; *bildl.* göra rotlös; -*t* rotlös **entzaubern** lösa ur förtrollning[en]; öppna ögonen på **Entzauberung** 0 *f* lösning ur förtrollning; desillusion **entzerren** *tekn.* korrigera **Entzerrung** 0 *f, tekn.* korrigering **entzieh|en** *st* **1** *st, e-m etw.* ~ undandra (undanhålla, förbjuda) ngn ngt; *e-m den Kaffee* ~ förbjuda ngn att dricka kaffe; *e-m das Wort* ~ ta ordet från ngn, klubba ner ngn; *e-m den Führerschein* ~ dra in körkortet för ngn **2** extrahera; *e-m Blut* ~ tappa ngn på blod; *e-m Gebiet Wasser* ~ dränera ett område **3** *vard., e-n* ~ avvänja ngn (*från narkotika e.d.*) **4** *rfl* undandra sig (*etw. dat.* ngt) *das* -*t sich meiner Beurteilung* det undandrar sig mitt bedömande; *das* -*t sich meiner Zuständigkeit* det övergår min kompetens; *das* -*t sich jeder Berechnung* det trotsar varje beräkning **Entziehung** 0 *f* undandragande; förbud; fråntagande; avvänjningskur **Entziehungskur** -*en f* avvänjningskur **entziffern** dechiffrera; avkoda; tyda **Entzifferung** 0 *f* [ut]tydning; dechiffrering **entzück|en** hänföra, tjusa; *ich bin* -*t jag är förtjust* (*von* i); ~*d* förtjusande **Entzücken** 0 *n* förtjusning; *es ist zum* ~ det är förtjusande **Entzückung** 0 *f* hänförelse, förtjusning **Entzug** 0 *m* fråntagande, berövande; ~ *des Führerscheins* indragning av körkortet **entzündbar** eldfängd, brännbar **Entzündbarkeit** 0 *f* eldfängdhet **entzünden 1** [an]tända; *bildl.* upptända; *med.* inflammera **2** *rfl* fatta eld; *bildl.* entusiasmeras; *med.* bli inflammerad **entzündlich** eldfängd (*äv. bildl.*); *med.* inflammatorisk **Entzündung 1** 0 *f* antändning **2** -*en f* inflammation **Entzündungsherd** -*e m* inflammationshärd **Entzündungstemperatur** -*en f* antändningstemperatur
entzwei itu, isär; sönder -**brechen** *st* **1** bryta itu (sönder) **2** *s* gå sönder -**en 1** söndra **2** *rfl* bli osams (ovän); *sie haben sich miteinander entzweit* de har blivit ovänner [med varandra] -**gehen** *st s* gå sönder -**machen** *vard.* ha sönder -**reißen** *st* **1** slita sönder **2** *s* rämna -**schneiden** *st* skära (klippa) itu
Entzweiung -*en f* söndring, osämja, splittring
'**Enzian** -*e m* **1** *bot.* gentiana **2** brännvin kryddat med gentianarot, 'enziansnaps'
Enzyklik|a [ɛn-] -*en f* encyklika
Enzyklopädie [ɛn-] -*n f* encyklopedi **Enzyklopädist** -*en m* encyklopedist **Enzym** -*e n* enzym
Eozän 0 *n, geol.* eocen
Epaulett [epo'lɛt] -*s n*, -**e** [-'lɛtə] -*n f* epålett
ephemer[isch] efemär
Epidemie -*n f* epidemi **epidemisch** epidemisk
Epiderm|is -*en f, anat.* epidermis **Epigone** -*n* -*n m* epigon; efterföljare **epigonenhaft** efterapande, imitativ **Epigramm** -*e n* epigram **epigrammatisch** epigrammatisk '**Epik** 0 *f* epik **Epiker** - *m* epiker **Epikur** 0 *m* Epikuros **Epikureer** - *m* epikuré **epikur[e]isch** epikureisk **Epilepsie** -*n f* epilepsi **Epileptiker** - *m* epileptiker **epileptisch** epileptisk **Epilog** -*e m* epilog **episch** episk **Episkop** -*e n* episkop (*projektionsapparat*) **Episode** -*n f* episod **episod|enhaft, -isch** episodisk **Epistel** -*n f* epistel; *e-m die* ~ *lesen* läsa lagen för ngn **Epitaph** -*e n* epitafium **Epi-**

thel -e n, anat. epitel E'pithet|on -a n, språkv. epitet

epochal epok|bildande, -görande **Epoche** -n f epok; ~ **machen** göra sensation, inleda en ny epok **epochemachend** epokgörande

Ep|os -en n epos

Eppich -e m, dial. (namn på flera växter, bl.a.) selleri, murgröna

Equipage [ek(v)i'pa:ʒə] -n f ekipage **Equipe** [e'kip] -n f ryttartrupp; bildl. lag, team; sport. lag **equipieren** åld. ekipera

er pers. pron. han; ibl. hon, den, det (gen. seiner, åld. sein honom; dat. ihm [åt, till, för] honom; ack. ihn honom); ~ ist es det är han **Er** -s m, vard. han[ne]; ein ~ und e-e Sie en han o. en hon

erachten anse; etw. für gut ~ anse ngt vara (att ngt är) bra; meines E~s, nach meinem E~ enligt min åsikt **erahnen** ana, känna på sig **erarbeiten** arbeta ihop; komma fram till **Erarbeitung** 0 f förvärv

Erb|adel 0 m ärftlig adel **-amt** -er† n, hist. ärftligt ämbete **-anlage** -n f ärftligt anlag **-anspruch** -e† m arvsanspråk **-anteil** -e m arvslott

erbarm|en 1 väcka medlidande hos; so elend, daß [es] Gott erbarm' så eländigt att Gud sig förbarme **2** rfl förbarma sig (jds el. über e-n över ngn); -e Dich unser förbarma dig över oss **Erbarmen** 0 n förbarmande, medlidande; das ist zum ~ det är så man kan gråta åt det; er sieht zum ~ aus han ser förfärlig ut (ser ut så att man blir förtvivlad) **erbarmens|wert, -würdig** ömklig, eländig **erbärmlich** ömklig; ömkansvärd; ynklig; erbarmlig; sich ~ benehmen uppföra sig uselt **Erbärmlichkeit** 0 f ömklighet; ynkedom; die ~ seiner Tat det ynkliga (usla) i hans handling **Erbarmung** 0 f förbarmande **erbarmungslos** obarmhärtig; utan förbarmande **Erbarmungslosigkeit** 0 f obarmhärtighet **erbarmungsvoll** barmhärtig **erbarmungswürdig** ömklig, eländig **er-bau|en 1** bygga upp, uppföra; bildl. upp-bygga; ich bin davon nicht sehr -t (vard.) jag är inte precis förtjust åt det, jag tycker inte det är särskilt uppbyggligt **2** rfl, sich an etw. (dat.) ~ söka uppbyggelse i ngt; sich am Anblick ~ glädja sig åt anblicken **Erbauer** - m byggherre; grundare; der ~ des Gebäudes den som uppfört byggnaden **erbaulich** uppbygglig **Erbaulichkeit** 0 f, die ~ det uppbyggliga (e-r Sache gen. i ngt) **Erbauungsbuch** -er† n uppbyggelse-, andakts|bok

Erbbauer -n -n m 1 hist. livegen 2 bonde med nedärvd gård **Erbbaurecht** -e n tomträtt **Erbbegräbnis** -se n familjegrav **erbberech-tigt** arvsberättigad **Erbbild** -er n genotyp **Erbe 1** -n -n m arvtagare, arvinge (e-r Sache gen. till ngt) **2** 0 n arv **erbeben** s skälva till (vor + dat. av); vor Wut ~ bli rasande

erbeigen ärvd; ärftlig (om egendom) **Erb-eigenschaft** -en f ärftlig egenskap **erbein-gesessen** boende på sin ärvda gård (arvgård) **Erbeinsetzung** -en f insättande till arvinge **erben** ärva (von av); vard. få; hier gibt es nichts zu ~ (vard.) här får man ingenting gratis (är ingenting att hämta) **erbetteln** tigga (tjata) sig till **erbeut|en** ta som byte; -etes Material erövrat material **Er-beutung** 0 f erövring **erbfähig** arvsberättigad

Erb|faktor -en m arvsfaktor **-fehler** - m ärftlig defekt; dåligt anlag **-feind** -e m arvfiende **-folge** 0 f arvföljd **-folgekrieg** -e m tronföljdskrig **-folger** - m arvtagare; tronföljare **-forscher** - m genetiker, ärftlighetsforskare **-forschung** 0 f genetik, ärftlighetsforskning **-gang** -e† m 1 jur. arvföljd **2** biol. ärftlighetsförlopp

erbgesessen bosatt på familjens arvgård (ärvda gods) **erbgesund** med. fri från ärftliga sjukdomar **Erbgut** 0 n, biol. arvsmassa **erbieten** st rfl erbjuda sig **Erbin** -nen f arvtagerska **erbitten** st be om, utbe sig; sich (dat.) etw. ~ lassen sa g efter (vekna) för ngns bön om ngt; ich habe es mir von ihm erbeten jag har utbett mig det av honom; erbeten efterlängtad **er-bittern** förbittra **Erbitterung** 0 f förbittring; bitterhet

erbkrank med. ärftligt sjuk **Erbkrankheit** -en f, med. ärftlig sjukdom **Erbland** -e n, hist. arvland

erblassen s blekna (vor + dat. av) **Erb|lassenschaft** -en f kvarlåtenskap **-lasser** - m arvlåtare, testator

erbleichen sv el. åld. st, s blekna, bli blek (vor + dat. av)

erblich ärftlig **Erblichkeit** 0 f ärftlighet **erblicken** få syn på; in ihm ~ wir i honom ser vi; das Licht der Welt ~ se dagens ljus **er-blinden** s bli blind **Erblindung** -en f synförlust, blindhet **erblonden** s, vard. bli blond **erblos** 1 arvlös 2 utan arvingar **erblühen** s blomma (blomstra) upp; die Knospen ~ knopparna slår ut

Erbmasse 0 f 1 jur. dödsbo **2** biol. arvsmassa

erbohren gruv. borra sig till **Erbonkel** - m, skämts. arvonkel **erbos|en** reta; ich bin -t jag är förargad; sich ~ bli ond **erbötig** beredd, villig; ~ sein, etw. zu tun erbjuda sig att göra ngt **Erbötigkeit** 0 f beredvillighet

Erb|pacht -en f ärftligt arrende **-pächter** - m innehavare av ärftligt arrende

Erb|pflege 0 f, med. eugenik, rasförädling **-prinz** -en -en m arvprins; tronföljare

erbrausen s, högt. [börja] brusa

erbrechen st 1 högt. bryta upp, öppna med våld **2** kräkas [upp]; etw. zum E~ satt haben (vard.) vara så trött på ngt att man har lust att kräkas **3** rfl kräkas

Erbrecht 0 n arvsrätt

erbringen ovr. resultera i, ge; skaffa fram; den Nachweis ~ leda i bevis, bevisa

Erb|schaden -† m ärftlig missbildning **-schaft** -en f arv **-schaftssteuer** -n f kvarlåtenskaps-, arvs|skatt **-schein** -e m [domstols]intyg om arvsrätt **-schleicher** - m person som söker tillskansa sig arv

Erbse -n f ärt[a] **Erbsenbein** -e n, anat. ärtben **Erbsenbrei** 0 m ärtpuré **erbsengroß** ärtstor, stor som en ärta **Erbsenschote** -n f ärtskida **Erbsenstein** -e m, min. pisolit **Erbsenstroh** 0 n ärthalm **Erbsensuppe** -n f 1 ärtsoppa **2** vard. tjocka (dimma)

Erb|stück -e n ärvd sak; släktklenod **-sünde** 0 f arvsynd **-tante** -n f, skämts. arvtant **-teil** -e n arvslott; bildl. arv **-teilung** -en f arvskifte **-übel** 0 n, bildl. nedärvt fel **-untertänigkeit** 0 f hist. ung. ärftlig livegenskap **-vertrag** -e† m [lagligen stadfäst] arvsavtal **-ver-**

zicht *0 m* arvsavsägelse **-zins** *-en m* grundränta (*för ärftligt arrende*) **Erd|achse** *0 f* jordaxel **-anziehung** *0 f, die* ~ jordens dragningskraft **-apfel** *-† m, dial.* potatis **-arbeiten** *pl* schaktning **-bahn** *0 f, die* ~ jordens omloppsbana **-ball** *0 m* jordklot **-beben** - *n* jordbävning **-bebenanzeiger** - *m* seismograf **-bebenherd** *-e m* hypocentrum **-bebenkunde** *0 f* seismologi **-bebenmesser** - *m* seismometer **-bebenwarte** *-n f* seismologisk station **-beere** *-n f* jordgubbe; smultron **-beschleunigung** *0 f* jordacceleration **-bestattung** *-en f* begravning **-bewegung** **1** *0 f, die* ~ jordens rörelse **2** *-en f* jordförflyttning **-bewohner** - *m* jordinvånare **-birne** *-n f, dial.* potatis **-boden** *0 m* jordyta; mark; *dem* ~ *gleichmachen* jämna med marken **Erde** ['e:-] *-n f* jord; mark; [mat]jord, mylla; *elektr.* jord[ledning]; *auf* ~*n* på jorden; *der Himmel auf* ~*n* (*äv.*) ett jordiskt paradis; *e-n unter die* ~ *bringen a*) begrava ngn, *b*) lägga ngn i en förtidig grav; *auf der ganzen* ~ i hela världen; *zur* ~ *fallen* falla till marken; *zu ebener* ~ (*äv.*) i gatuplanet (bottenvåningen) **erden** *elektr.* jorda **Erdenbürger** - *m* jordevarelse; *ein neuer* ~ en ny världsmedborgare (*om nyfött barn*) **erdenfern** avlägsen [från jorden] (*om satellitbana e.d.*) **Erdenglück** *0 n* jordisk lycka **erdenkbar** tänkbar **erdenken** *oreg.* tänka ut, uppfinna; *erdacht* (*äv.*) påhittad, fiktiv **erdenklich** tänkbar, upptänklig **Erdenleben** *0 n* jordeliv **erdennah** närbelägen (*om t.ex. satellitbana*) **Erdenrund** *0 n, poet., das* ~ jordens rund; *auf dem ganzen weiten* ~ i hela vida världen **Erdenwallen** *0 n, poet.* jordevandring **Erdenwurm** *-er† m, poet.* människokryp **erd|fahl, -farben, -farbig** jordfärgad **Erdferkel** - *n* jordsvin **erdfern** *se erdenfern* **Erdferne** *0 f, astron.* apogeum **Erdfloh** *-e† m* jordloppa **Erdgas** *-e n* naturgas **erdgeboren** *poet.* jordisk, mänsklig **erdgebunden** jordbunden **Erdgeist** *-er m* jordande, gnom **Erdgeschichte** *0 f* geologi **erdgeschichtlich** geologisk **Erdgescho|ß** *-sse n* bottenvåning; *im* ~ (*äv.*) på nedre botten **Erdgravitation** *0 f, se Erdanziehung* **erdhaft** jordnära; naturlig **Erdhälfte** *-n f* hemisfär **Erdhummel** *-n f* jordhumla **Erdhund** *-e m, jakt.* grythund **erdichten** uppdikta, fantisera ihop, hitta på **erdig** jordig **Erd|innere** *0 n, das* ~ jordens innandöme **-kabel** - *n* jordkabel, underjordisk kabel **-kampf** *-e† m* markstrid **-karte** *-n f* världskarta **-kern** *0 m, der* ~ jordens kärna **-kreis** *0 m, der* ~ jordklotet **-kruste** *-n f* jordskorpa **-kugel** *0 f* jordklot; jordglob **-kunde** *0 f* geografi **-kundler** - *m* geograf **erdkundlich** geografisk **Erdleitung** *-en f* jordledning **Erdmagnetismus** *0 m* jordmagnetism **Erdmännchen** - *n* **1** *bot.* alruna **2** dvärg, tomte **Erdmaus** *-e† f* åkersork **erdnah** *se erdennah* **Erdnähe** *0 f* perigeum **Erdnu|ß** *-sse† f* jordnöt **Erdoberfläche** *0 f* jordyta **Erdofen** *-† m* kok|grav, -grop **Erdöl** *0 n* berg-, mineral-, rå|olja, petroleum **erdolchen** *högt.* sticka ner [med dolk] **Erdöl|erzeuger** - *m* oljeproducerande stat **-krise** *-n f* oljekris **-leitung** *-en f* oljeledning **-produzent** *-en -en m, se Erdölerzeuger* **Erd|pyramide** *-n f, geol.* jord|pyramid, -pelare

-rauch *0 m, bot.* jordrök **-reich** *0 n* jord[mån], mylla **erdreisten** *rfl, högt.* drista sig, djärvas **Erdrinde** *0 f* jordskorpa **erdröhnen** *s* [börja] dåna **erdrosseln** strypa **Erdrosselung** *-en f,* **Erdroßlung** *-en f* strypning **erdrück|en** klämma ihjäl; *bildl.* överväldiga, tillintetgöra; ~*de Übermacht* förkrossande övermakt; *zum E*~ *voll* full till bristningsgränsen, överfull; *von Sorgen -t* tyngd av bekymmer **Erd|rutsch** *-e m* jordskred, ras **-satellit** *-en -en m* [jord]satellit **-schicht** *-en f* jordlager **-schlu|ß** *-sse† m, elektr.* jordslutning **-scholle** *-n f* jordkoka **-sicht** *0 f, flyg.* marksikt **-stoß** *-e† m* jordstöt **-strom** *-e† m* jordström **-teil** *-e m* världsdel **-trabant** *-en -en m* satellit; *der* ~ (*högt.*) månen **erdulden** tåla, fördra[ga]; genomlida **Erd|umfang** *0 m, der* ~ jordens omkrets **-umkreisung** *-en f (satellits)* kretsande (varv) runt jorden **-umseg[e]lung** *-en f* världsomsegling **-umsegler** - *m* världsomseglare **-ung** *-en f, elektr.* jordning **erdverbunden** jord|isk, -nära **erdwärts** [i riktning] mot jorden **Erdzeitalter** - *n* geologisk period **ereifern** *rfl* bli ivrig (upphetsad) (*über* + *ack.* över); brusa upp **Ereiferung** *0 f* häftighet; iver **ereignen** *rfl* tilldra[ga] sig, ske, hända **Ereignis** *-se n* tilldragelse, händelse; *seit diesem* ~ (*äv.*) sedan detta hände; *die* ~*se* (*äv.*) händelseutvecklingen; *freudiges* ~ lycklig tilldragelse **ereignislos** händelsefattig; tråkig **ereignisreich** händelserik **ereil|en** *der Tod hat ihn -t* döden drabbade honom plötsligt **Erektion** *-en f* erektion **Eremit** *-en -en m* eremit **Eremitage** [eremi'ta:ʒə] *-n f* eremitage **ererben** *åld.* ärva, få i arv **erfahren I** *st* **1** erfara, få veta **2** erfara, lida **II** *adj* erfaren, förfaren **Erfahrung** *-en f* erfarenhet; praktik, vana; *aus* ~ av erfarenhet; ~ *ist die Mutter der Weisheit* erfarenheten är vishetens källa; *berufliche* ~ yrkeserfarenhet; *durch* ~ *klug werden* lära av erfarenheten; *gute* ~*en mit* goda erfarenheter av; *seine* ~*en machen* skaffa sig erfarenheter; *in* ~ *bringen* erfara **Erfahrungsaustausch** *0 m* utbyte av erfarenheter **erfahrungs|gemäß, -mäßig I** *adj* empirisk **II** *adv* så vitt man vet, enligt all erfarenhet; på empirisk väg, empiriskt **erfahrungsreich** rik på erfarenhet[er] **Erfahrungssache** *0 f, vard., das ist* ~ det är en fråga om erfarenhet (vana) **Erfahrungstatsache** *-n f, ung.* allmänt bekant faktum **Erfahrungswert** *-e m* empiriskt värde **erfaßbar** fattbar; registrerbar **erfassen 1** gripa [tag i]; köra på; *e-n am Arm* ~ gripa ngn i armen; *der Bus erfaßte den Fußgänger* bussen körde ner fotgängaren; *Freude erfaßte sie* hon greps av glädje **2** förstå, fatta, begripa **3** registrera, inventera, kartlägga; inbegripa, omfatta **Erfassung** *-en f* gripande *etc., jfr erfassen* **erfinden** *st* uppfinna, hitta på; *die Geschichte ist frei erfunden* historien är fritt påhittad; *er hat das Pulver auch nicht erfunden* (*skämts.*) han var inte med då krutet uppfanns **Erfinder** - *m* uppfinnare **erfinderisch** uppfinningsrik, påhittig; *Not macht* ~ nöden är uppfinningarnas moder; *Liebe macht* ~ kärleken

hittar alltid en utväg **Erfindung** *-en f* uppfinning; påhitt, påfund **Erfindungs|gabe** *0 f*, **-geist** *0 m*, **-kraft** *0 f* uppfinningsförmåga, påhittighet, skapande förmåga, kreativitet, fantasi **erfindungsreich** uppfinningsrik **Erfindungsreichtum** *0 m* uppfinningsrikedom **erflehen** [enträget] bönfalla om **Erfolg** *-e m* framgång, succé; resultat; *e-n ~ erzielen (haben)* ha framgång; *was war der ~?* vad blev resultatet?; *~ haben (äv.)* ha medgång **erfolg|en** *s* ske, äga rum; följa; *darauf ist nichts -t* sedan hände (skedde) ingenting; *die Zahlung muß sofort ~* betalningen måste erläggas omgående; *keine Antwort ist -t* ngt svar har inte inkommit **erfolglos** utan framgång, resultat-, frukt|lös **Erfolglosigkeit** *0 f* misslyckande; *er sah die ~ seines Strebens ein* han insåg det fruktlösa i sin strävan **erfolgreich** framgångsrik, lyckosam **Erfolgsautor** *-en m* succéförfattare **Erfolgsbuch** *-e†* bestseller, succébok **erfolgssicher** säker på framgång **Erfolgszwang** *0 m, unter ~ stehen* känna ett tryck på sig att lyckas **erfolgversprechend** löftesrik, lovande **erforderlich** erforderlig, nödvändig; *~ sein (äv.)* behövas, krävas; *unbedingt ~* oundgänglig **er'forderlichen'falls** vid behov, om så behövs **erfordern** kräva, erfordra **Erfordernis** *-se n* behov; krav; nödvändighet **erforschen** utforska; studera; [planmässigt] undersöka **Erforscher** - *m* undersökare, utforskare **Erforschung** *0 f* utforskning, utforskande *etc., jfr erforschen*
erfragen fråga sig för om; *Näheres bei X zu ~* närmare upplysningar lämnas hos X **erfrechen** *rfl* våga; vara så fräck **erfreuen 1** glädja **2** *rfl* glädja sig *(an + dat., über + ack.* åt); *sich e-r Sache (gen.) ~* kunna glädja sig åt (åtnjuta) ngt; *sich bester Gesundheit ~* vara vid bästa hälsa **erfreulich** glädjande **er'freulicher'weise** glädjande nog **erfreut** glad **erfrieren** *st* *s* frysa ihjäl; förfrysa; frysa bort; stelna **2** *ich habe mir die Hand erfroren* jag har förfrusit handen **Erfrierung** *-en f* förfrysning **erfrischen** förfriska, pigga upp, läska; svalka; *~de Kühle* uppfriskande svalka **Erfrischung** *-en f* förfriskning; vederkvickelse; uppfriskning **Erfrischungsgetränk** *-e n* läskedryck, läskande dryck **Erfrischungsraum** *-e† m* servering; byffé; lunchrum *(i varuhus e.d.)* **erfüllen 1** [upp]fylla; fullgöra **2** *rfl* gå i uppfyllelse, slå in; uppfyllas **Erfüllung** *0 f* uppfyllelse; fullgörande; *in ~ gehen* slå in, gå i uppfyllelse **Erfüllungsort** *-e m, hand.* leverans-, betalnings|ort; domicil *(i kontrakt)* **Erfüllungspolitik** *0 f*, uppfyllelsepolitik *(efter I:a världskriget)* **Erfüllungstag** *-e m, hand.* leverans-, betalnings|dag **erg.** *förk. för ergänze!* komplettera[s]!
Erg - *n, fys.* erg
ergänzen fullständiga, komplettera; utfylla; fylla i; *nachträglich ~* supplera; *das Lager ~* fylla på lagret; *sich (einander) ~* komplettera varandra; *~d möchte ich hinzufügen* ytterligare skulle jag vilja tillfoga **Ergänzung** *-en f* komplettering, tillägg; komplement; utfyllnad; *språkv.* bestämning
Ergänzungs|band *-e† m* supplement[band] **-farbe** *-n f* komplementfärg **-satz** *-e† m*, *språkv.* objektssats **-sport** *-e m* motionsidrott **-stück** *-e n* kompletterande del **-test** *-s, äv.* *-e m* lucktest **-wahl** *-en f* fyllnadsval

ergattern *vard.* komma över **ergaunern** *vard.* lura åt (till) sig, skaffa sig **ergeben I** *st* **1** få till resultat; resultera i; inbringa; sluta på; *die Umfrage hat ~ (äv.)* av rundfrågan framgår det; *4 mal 3 ergibt 12* 4 gånger 3 är 12; *die Untersuchung hat ~* undersökningen har fått till resultat (har lett till); *die Rechnung ergibt* räkningen går på **2** *rfl, sich aus etw. ~* följa av ngt; *daraus ergibt sich* därav följer **3** *rfl* kapitulera, ge sig; foga sig; *sich habe mich ~ müssen* jag måste foga mig; *sich in sein Los ~* foga sig i sitt öde; *sich dem Willen seines Vaters ~* foga sig i sin fars vilja **4** *rfl, sich etw. (dat.) ~* hänge sig åt ngt, ge sig ngt i våld **II** *adj* till-, hän|given; undergiven; *Ihr ~er (i brev)* Er förbundne; *e-m Laster ~* hemfallen åt en last; *in sein Schicksal ~ sein* finna sig i sitt öde; *er schwieg ~* han teg undergivet; *~st* vördsamt, *(i brev)* högaktningsfullt **Ergebenheit** *0 f* till-, hän|givenhet; undergivenhet **Ergebnis** *-se n* resultat; [på]följd; verkan **ergebnislos** resultatlös; utan resultat; utan att man kommit till ngt resultat **Ergebung** *0 f* under|kastelse, -givenhet; *mit ~ tragen* bära med resignation **ergeh|en** *st* **1** *rfl, högt., sich an der Luft (im Garten) ~* spatsera (promenera) i det fria (omkring i trädgården); *sich in Klagen ~* hänge sig åt klagolåt, oavbrutet klaga; *sich über ein Thema ~* utbreda sig över ett ämne; *sich in Vermutungen ~* förlora sig i gissningar **2** *s* utgå *(om kungörelse e.d.); e-n Befehl ~ lassen* utfärda en order; *Einladungen ~ lassen* skicka ut inbjudningar; *ein Urteil ~ lassen* avkunna en dom **3** *s, opers., es -t mir gut* jag mår bra; *wie ist es dir inzwischen ergangen?* hur har du haft det (vad har du haft för dig) under tiden?; *wie mag es ihm ergangen sein? (äv.)* vad kan det ha blivit av honom? **4** *s, Gnade für Recht ~ lassen* låta nåd gå före rätt; *etw. über sich (ack.) ~ lassen* tåligt finna sig i ngt, med tålamod lyssna till ngt **Ergehen** *0 n* befinnande **ergiebig** givande, som ger mycket, lönande, dryg **Ergiebigkeit** *0 f* lönsamhet *etc., jfr ergiebig* **ergießen** *st* **1** *rfl* utgjuta sig; strömma **2** utgjuta; *sein Herz e-m Freund ~* utgjuta sitt hjärta för en vän **erglänzen** *s* glänsa [till]; börja glänsa **erglühen** *s* [börja] glöda; bli blossande röd, rodna; *vor Liebe ~* blossa av kärlek
Ergonomie *0 f*, **Ergo'nomik** *0 f* ergonomi **ergonomisch** ergonomisk
ergötzen 1 roa, glädja **2** *rfl, sich an etw. (dat.) ~* glädja sig (ha roligt) åt ngt **Ergötzen** *0 n* nöje; *zu unser aller ~* till allas vårt nöje **ergötzlich** roande, rolig, komisk; *~er Anblick* härlig åsyn **Ergötzung** *-en f* nöje **ergrauen** *s* gråna **ergreifen** *st* gripa *(äv. bildl.)*, ta fast; gripa (fatta) tag i; *e-n Beruf ~* välja (ägna sig åt) ett yrke; *von etw. Besitz ~* ta ngt i besittning; *die Feder ~* fatta pennan; *die Flucht ~* ta till flykten; *die Gelegenheit ~* ta tillfället i akt; *die Macht ~* gripa makten; *Maßnahmen ~* vidta åtgärder; *die Waffen ~* gripa till vapen; *für e-n Partei ~* ta parti för ngn; *das Wort ~* ta till orda; *vom Feuer ergriffen werden* fatta eld; *es war ~d* det var gripande **Ergreifung** *0 f* fasttagande, gripande **ergriffen** *bildl.* gripen, rörd **Ergriffenheit** *0 f*, **Ergriffensein** *0 n* gripenhet, djup rörelse **ergrimmen** *s, högt.* förgrymmas, vredgas **ergrübeln** fundera ut **ergründbar** möjlig att

ergründen—erkennen

utröna **ergründen** utröna, utforska **Ergu|ß** -sse† m **1** [ord]flöde, utgjutelse **2** uttömning, utströmning; *med.* utgjutning **Ergußgestein** -e n, *geol.* vulkanit, effusiv bergart
erhaben *adj* **1** upphöjd **2** *bildl.* upphöjd, sublim; storslagen, majestätisk; *über etw.* (*ack.*) ~ *sein* vara höjd (stå) över ngt; *über jeden Tadel ~ sein* stå över all kritik; *ich bin über die Beleidigung* ~ jag sätter mig över förolämpningen **Erhabenheit 1** 0 f höghet; upphöjdhet; storslagenhet, majestät **2** -en f upphöjdhet; upphöjt parti **Erhalt** 0 m, *nach* ~ *Ihres Schreibens* efter mottagandet av (att ha mottagit) Er skrivelse **erhalt|en** *st* **1** få, motta[ga], erhålla **2** försörja, underhålla **3** bevara, hålla i gott skick, upprätthålla; *Gott -e Sie!* må Gud skydda Er!; *am Leben* ~ hålla vid liv; *e-n Brauch* ~ upprätthålla (bibehålla) en sedvänja; *das Kind ist uns* ~ *geblieben* vi har fått behålla barnet; *gut* ~ (*äv.*) i gott skick **4** *rfl* bevaras, vidmakthållas; spara sig; *die Blume hat sich* ~ blomman har hållit sig; *sich bei Gesundheit* ~ hålla sig frisk; *sich von etw.* ~ försörja sig på ngt **erhältlich** ~ *sein* finnas att få, kunna köpas, vara för handen; *schwer* ~ svåråtkomlig; *nicht mehr* ~ slut, omöjlig att få tag på **Erhaltung** 0 f bevarande; vidmakthållande; underhåll; *der Satz von der* ~ *der Energie* lagen om energins oförstörbarhet **Erhaltungskosten** *pl* underhållskostnader **Erhaltungstrieb** 0 m självbevarelsedrift **erhängen** hänga (*avrätta*) **erhärten 1** bekräfta, styrka (*påstående*) **2** härda (*metall*) **3** *s* hårdna **Erhärten** 0 n hårdnande; härdning **Erhärtung** 0 f **1** *se föreg.* **2** bekräftelse; *zur* ~ *dieser Sache* till bekräftelse av denna sak **erhaschen** snappa [till sig], uppfånga; *ein Wort* ~ uppfånga ett ord **erheb|en** *st* **1** lyfta [upp], höja; *bildl. äv.* upphöja; *ins Quadrat* ~ upphöja i kvadrat; *zum System* ~ upphöja till system; *die Predigt hat mich erhoben* predikan gjorde ett uppbyggligt intryck på mig; ~*des Gefühl* gripande (upplyftande) känsla; ~*der Augenblick* högtidligt ögonblick; *erhobenen Hauptes, mit erhobenem Haupte* med högburet huvud **2** *Steuern* ~ uppbära skatt; *Zinsen* ~ lägga på ränta **3** *e-e Forderung* ~ anmäla en fordran; *Klage* ~ inlämna stämning; *Protest* ~ inlägga protest; *Anspruch* (*Einwendungen*) ~ resa (göra) anspråk (invändningar); *Nachforschungen* ~ anställa efterforskningar **4** *rfl* resa (höja) sig; *ein Sturm* -*t sich* det blåser upp till storm; *e-e Frage* -*t sich* en fråga inställer sig; *sich gegen e-n* ~ revoltera (resa sig) mot ngn; *sich über seinen Stand* ~ (*äv.*) upptråda pretentiöst; *sich über seinen Schmerz* ~ sätta sig över (övervinna) sin smärta **erheblich** avsevärd, betydande **Erheblichkeit** 0 f vikt, betydelse **Erhebung** -en f **1** upphöjning; höjd, kulle; *bildl.* befordran, upphöjelse; uppbyggelse **2** uppbörd; inkassering **3** ~*en machen* göra efterforskningar; *statistische* ~*en* statistiska undersökningar **4** resning, revolt **erheischen** högt. kräva **erheiter|n 1** muntra upp; ~*d* uppmuntrande **2** *rfl* klarna [upp]; *sein Gesicht* -*t sich hans ansikte lyser upp* **Erheiterung** 0 f nöje **erhell|en 1** lysa upp; *bildl.* belysa; *daraus* -*t, daß* därav framgår det att **2** *rfl* klarna [upp]; lysa upp **Erhellung** 0 f klarnande; ljusning **erhitz|en 1** upphetta; *bildl.* hetsa upp **2** *rfl* bli varm (het); *bildl.* hetsa upp sig; *die Gemüter* ~ *sich* sinnena (stämningen) blir upprörda (upprörd); *mit -tem Gesicht* (*äv.*) med vredgat ansikte **Erhitzung** 0 f upphettning; upphetsning **erhoff|en** hoppas på, förvänta; *was -st du dir davon?* vad väntar du dig av det? **erhöh|en 1** höja (*äv. mus. o. bildl.*); öka (*pris*); *im Rang* ~ befordra [till högre rang]; *das Haus um ein Stockwerk* ~ bygga till en våning på huset; *den Appetit* ~ reta (stimulera) aptiten; *die Spannung* ~ stegra spänningen; -*te Temperatur* lätt feber; -*tes Interesse* stegrat intresse **2** *rfl* stiga, öka; *die Zahl der Opfer hat sich auf 300* -*t* antalet offer har stigit till 300 **Erhöhung** -en f upphöjning; höjande, ökning; *mil.* elevation **Erholungszeichen** - n, *mus.* höjningstecken **erholen** *rfl* [åter]hämta sig, repa sig (*äv. bildl.*); rekreera sig; *sie muß sich gut* ~ hon måste ta igen (vila upp) sig ordentligt; *sich von e-r Krankheit* ~ repa sig efter en sjukdom **erholsam** rekreerande, vilsam, vederkvickande **Erholung** 0 f återhämtning (*äv. hand.*); tillfrisknande; rekreation **erholungsbedürftig** i behov av vila (rekreation) **Erholungsgebiet** -e n rekreationsområde **Erholungsheim** -e n vilo-, konvalescent|hem **Erholungsort** -e m kur-, semester|ort **Erholungspause** -n f vilopaus **Erholungsreise** -n f rekreationsresa **erholungssuchend** som söker rekreation **Erholungszeit** 0 f vilo-, rekreations|tid **Erholungszentr|um** -en n rekreationsanläggning **erhören** bönhöra, villfara; svara ja på **Erhörung** 0 f bönhörelse *etc.*, *jfr erhören* **erigieren** *s* erigera, svälla, få (ha) erektion **'Erik|a** -en *el.* -as f ljung **erinnerlich** soviel *mir* ~ *ist* så vitt jag kan minnas; *das ist mir nicht* ~ det minns jag inte **erinner|n 1** erinra, påminna (*e-n an etw. ack.* ngn *om* ngt); *daran will er nicht -t werden* det vill han inte bli påmind om **2** *rfl* minnas, påminna sig (*an etw. ack. el. e-r Sache gen.* ngt); *wenn ich mich recht -e* om jag minns rätt **Erinnerung** -*en f* minne, hågkomst; påminnelse; ~*en* (*boktitel*) *äv.* memoarer; *als* (*zur*) ~ *an sie* som (till) minne av henne; *e-m etw. in* ~ *bringen* påminna ngn om ngt; *meiner* ~ *nach* så vitt (enligt vad) jag minns **Erinnerungs|bild** -*er n* minnesbild -**schreiben** - n, *åld.* skriftlig påminnelse, påminnelsebrev; kravbrev -**vermögen** 0 n minnesförmåga -**wert** 0 m affektionsvärde -**zeichen** - n minne[ssak] **Erinnye** -n f erinnye (*hämndgudinna*) **erjagen** få som jaktbyte; *bildl.* söka [upp]nå (fånga) **erkalten** s kallna; *bildl.* svalna **erkält|en** *rfl* förkyla sig, bli förkyld; *ich bin* -*et* jag är förkyld **Erkaltung** 0 f kallnande; avsvalning **Erkältung** -*en f* förkylning; *bildl.* (*dat.*) *e-e* ~ *zuziehen* ådraga sig en förkylning **erkämpfen** tillkämpa sig **erkaufen** *bildl.* köpa (*äv. genom mutor*); *sich* (*dat.*) *jds Schweigen* ~ köpa ngns tystnad; *teuer* ~ dyrt förvärva; *mit seinem Blute* ~ betala med sitt blod; *das ist nicht mit Geld zu* ~ det kan inte köpas för pengar (är oersättligt) **erkennbar** förnimbar, urskiljbar; igenkännlig **Erkennbarkeit** 0 f förnimbarhet *etc.*, *jfr erkennbar* **erkennen** *oreg.* **1** känna igen (*an* + *dat.* på); *erkenne dich selbst!* känn dig själv!; *e-e Frau* ~ (*bibl.*) känna en kvinna; *nicht zu* ~ oigenkännlig **2** skönja, urskilja; identifiera; *med.* diagnosticera; *ich kann es von hier nicht* ~ jag

kan inte urskilja det härifrån; *seine Freude zu ~ geben* visa sin glädje; *sich zu ~ geben* ge sig tillkänna **3** inse, förstå, märka; *er erkannte, daß er beschwindelt war* han insåg att han var lurad; *zu ~ geben* låta förstå; *sein Benehmen läßt ~, daß* på hans uppträdande märks det att **4** *hand.* kreditera (*für* för) **5** *jur.* fälla dom; *der Richter erkannte auf Zuchthaus* domaren dömde till straffarbete **erkenntlich** erkännsam; *sich ~ zeigen* visa sig tacksam (*für* för) **Erkenntlichkeit 1** *0 f* erkänsla, tacksamhet **2** *-en f* tacksamhetsbevis **Erkenntnis 1** *-se n, jur.* dom[slut]; *~ erster Instanz* utslag i första instans **2** *-se f* kunskap, insikt; *wissenschaftliche ~se* (*äv.*) vetenskapliga rön; *der Baum der ~* (*bibl.*) kunskapens träd **Erkenntnis|lehre** *0 f, filos.,* **-theorie** *0 f, filos.* kunskapsteori **Erkenntnisvermögen** *0 n, filos.* kunskapsförmåga **Erkennung** *0 f* **1** igenkännande **2** urskiljande **3** insikt **Erkennungsdienst** *-e m* identifikationsavdelning (*inom polisen*) **Erkennungsmarke** *-n f* identitetsbricka **Erkennungszeichen** *- n* igenkänningstecken
Erker *- m* burspråk, utsprång
erkiesen *erkor, erköre, erkoren, högt.* utkora, utvälja **erklärbar** förklarlig, som går att förklara **erklär|en 1** förklara; *ich kann es mir nicht ~* jag begriper det inte; *ich kann es mir nur so ~* jag kan bara tolka det så; *~d sagte er* som förklaring (förklarande) sade han **2** *rfl* förklara sig; *sich für besiegt ~* erkänna sig besegrad; *das läßt sich schwer ~* det är svårförklarligt; *sich e-r Frau ~* förklara sin kärlek för en kvinna; *das -t sich aus der Tatsache, daß* det framgår av det faktum att **erklärlich** förklarlig **erklärt** bestämd, avgjord; uppenbar **Erklärung** *-e n f* förklaring; deklaration; kommentar; *~ an Eides Statt* sanningsförsäkran; *zur ~* till förklaring **erklecklich** högt. betydande, försvarlig **erklettern** klättra upp på (i) **erklimmen** *st* [mödosamt] bestiga; *die Leiter des Ruhms ~* klättra uppåt på berömmelsens stege **erklingen** *st s* [börja] klinga (ljuda) **erklügeln** spekulera ut **erkoren I** *v,* se *erkiesen* **II** *adj, högt.* [ut]korad **erkranken** *s* [in]sjukna (*an + dat.* i) **Erkrankung** *-e n f* insjuknande; sjukdom **Erkrankungsfall** *-e†* *m* sjukdomsfall; *im ~ e* vid sjukdom **erkühnen** *rfl, högt.* djärvas **erkunden** ta reda på; *mil.* rekognosera **erkundigen** *rfl,* fråga efter (*bei e-m nach etw.* ngt hos ngn), höra sig för, höra efter (*bei e-m nach etw.* hos ngn om ngt) **Erkundigung** *-en f* förfrågning; *~en einziehen* inhämta upplysningar (informationer) **Erkundung** *-en f, mil.* spaning, rekognosering **Erkundungsflug** *-e†* *m* spaningsflyg **erkünstel|n** på konstlad väg åstadkomma; *-t* konstlad **erküren** *st el. sv, högt.* [ut]välja
erlaben *rfl* vederkvicka sig (*an + dat.* med) **Erlagschein** *-e m, österr.* inbetalningskort **erlahmen** *s* förlamas; slappna, avta; tröttna **erlangen** [uppp]nå, vinna; *Zutritt ~* få tillträde **Erlangung** *0 f* erhållande; uppnående **Erla|ß** *-sse* (*österr. -sse†*) *m* **1** förordning **2** offentliggörande (*av lag*) **3** upphävande, efterskänkande, nedsättning; *~ e-r Strafe* efterskänkande av ett straff; *~ der Sünde* befrielse från synden **erlassen** *st* **1** utfärda **2** efterskänka; *e-m die Antwort ~* låta ngn slippa svara **Erlassung** *0 f* efterskänkande (*av straff*)

erlaub|en tillåta; *e-m etw. ~* (*äv.*) ge ngn lov till ngt; *-e mal! a)* förlåt!, *b)* nej, det stämmer inte!, *c)* vad menar du egentligen?; *~ Sie, bitte?* låt mig hjälpa till!; *ist es -t?* får man?; *sich* (*dat.*) *viel ~* ta sig friheter; *sich* (*dat.*) *etw. ~* unna sig ngt; *sich* (*dat.*) *~, zu schreiben* ta sig friheten att skriva; *darf ich mir ~, zu ...?* vågar jag ...?; *was ~ Sie sich?* vad tar Ni Er till?; *-te Mittel* tillåtna medel **Erlaubnis** *0 f* tillstånd, lov **Erlaubnisschein** *-e m* tillstånd[sbevis] **erlaucht** *ung.* högboren **erlauschen** uppsnappa, råka få höra **erläutern** förklara, kommentera, utlägga; *durch Beispiele ~* exemplifiera **Erläuterung** *-en f* förklaring, kommentar; utläggning
Erle *-n f, bot.* al
erleben uppleva; *wir werden es ja ~* (*äv.*) vi får väl se; *dann kannst du was ~!* (*vard.*) då ska du få se på annat!; *den Tag werde ich nicht ~* den dagen får jag inte uppleva; *Veränderungen ~* undergå förändringar **Erlebensfall** *0 m, im ~* (*jur.*) såvida han (hon *etc.*) är i livet **Erlebnis** *-se n* upplevelse **erledig|en** uträtta, klara av, expediera; krossa; döda; *ich werde die Sache ~* (*äv.*) jag skall ta hand om saken; *die Sache ist -t* saken är klar (utagerad); *damit ~ sich die übrigen Punkte* härmed är även övriga frågor avklarade (undanstökade, utagerade); *du bist für mich -t* jag är färdig med dig **erledigt** avklarad, klar, färdig; *vard.* slut, uttröttad, ruinerad; *sport.* utslagen; *wird ~!* (*på handling*) avslutas!; *~e Stelle* (*åld.*) ledig plats **Erledigung** *0 f* behandling, expediering *etc., jfr erledigen* **erlegen 1** fälla, nedlägga **2** *dial.* betala **erleichter|n** göra lättare, underlätta, lindra (*e-m etw.* ngt för ngn); *sein Herz ~* lätta sitt hjärta; *e-n um etw. ~* (*vard.*) plocka (bestjäla) ngn på ngt; *sich ~ a)* lätta sitt hjärta, *b)* (*vard.*) förrätta sina naturbehov; *-t aufatmen* dra en lättnadens suck **Erleichterung** *-en f* lindring, lättnad **erleiden** *st* lida; *e-n Rückfall ~* få återfall (*efter sjukdom*); *den Tod ~* lida döden; *das gleiche Schicksal ~* drabbas av samma öde; *der erlittene Schaden* den uppkomna skadan
erlen av al[tra], al-
erlernbar som man kan lära sig; *leicht ~* lättlärd, lätt att lära sig **erlern|en** lära sig; *e-e -te Kunst* en inlärd konst **Erlernung** *0 f* inlärning **erlesen I** *st* **1** *sich* (*dat.*) *etw. ~* välja sig till ngt **2** *högt.* utvälja **II** *adj* utvald, utsökt **erleuchten 1** lysa upp; *bildl.* upplysa **2** *rfl* börja lysa, bli ljus; lysa upp **Erleuchtung** *-en f* ingivelse, infall; *es kam ihm e-e ~* han fick en idé **erliegen** *st s* duka under (*e-r Sache dat.* för ngt); *e-r Krankheit ~* dö av en sjukdom; *e-r Versuchung ~* falla för en frestelse; *einer ~* *~ Last* ~ digna under tyngden av; *etw. zum E~ bringen* stoppa ngt; *der Verkehr ist zum E~ gekommen* det blev [total]stopp i trafiken **erlisten** [*sich* (*dat.*)] *etw. ~* lista sig till ngt
Erlkönig 1 *0 m* älv[a]kung **2** *-e m, fack.* [kamouflerad] testmodell (*bil*)
erlogen 1 *se erlügen* **2** hopljugen; *das ist ~* (*äv.*) det är lögn **Erlös** *-e m* försäljningssumma; avkastning; behållning; *der ~ aus dem Verkauf* vinsten på försäljningen **erlöschen** *erlosch, erlösche, erloschen, erlischt, erlischt, erlisch!* *s* slockna; *bildl.* upphöra [att existera], [ut]slockna; *das Patent erlischt* patentet går ut; *die Mitgliedschaft erlischt nach ...* med-

lemskapet upphör att gälla efter ...; *das Geschäft ist erloschen* affären har upphört; *e-e erloschene Familie* en utdöd familj; *erloschene Versicherung (Forderung)* annullerad försäkring (preskriberad fordran); *mit ~der Stimme* med slocknande (matt) röst **erlös|en** befria; *relig.* förlossa, frälsa; *Geld ~ (högt.)* ta in (förtjäna) pengar; *der Tod hat ihn -t* han har fått sluta [sina dagar]; *das ~de Wort* det förlösande ordet **Erlöser** - *m* befriare, räddare (*i nöden*); *bibl.* frälsare, förlossare **Erlöserbild** *-er n* Kristusbild **Erlösung** *0 f* befrielse; frälsning, återlösning **erlügen** *st* ljuga ihop, hitta på; *erlogen (äv.)* uppdiktad
ermächtigen befullmäktiga (*zu* till) **Ermächtigung** *-en f* befullmäktigande; fullmakt **Ermächtigungsgesetz** *-e n* fullmaktslag **ermahnen** för-, upp|mana **Ermahnung** *-en f* förmaning; manande ord **ermangel|n** *högt.*, *e-r Sache (gen.)* ~ sakna (lida brist på) ngt; *uns (dat.) -t Übung* vi saknar övning; *es an nichts ~ lassen* inte spara ngn möda; *es an Ehrerbietungen (dat.) ~ lassen* brista i vördnad **Ermang[e]lung** *0 f* avsaknad; *in ~ e-s Besseren* i brist på ngt bättre **ermann|en** *rfl, högt.* bemanna sig, fatta mod; *-e dich!* ta dig samman! **ermäßig|en** sänka, minska [på], reducera; sätta ner (*pris, avgift*); *zu -tem Preis* till nedsatt pris **Ermäßigung** *-en f* sänkning, minskning, reducering; nedsättning; *mit e-r ~ von 10%* med en rabatt på 10% **ermatt|en 1** utmatta, uttrötta **2** *s* bli matt (trött); *ich bin ganz -et* jag är alldeles slut; *in seinem Eifer ~ läßt* sin iver ,slappna **Ermattung** *0 f* utmattning, trötthet **ermessen** *st* bedöma; inse, begripa; ana; *es läßt sich schwer ~ det* är svårt att bedöma; *daraus ist zu ~* därav kan man sluta sig till **Ermessen** *0 n* bedömande; *nach meinem ~* enligt mitt förmenande; *nach freiem ~* enligt gottfinnande; *nach menschlichem ~* mänskligt att döma; *ich stelle es in dein ~* jag överlåter avgörandet åt dig **Ermessensfrage** *-n f* avvägningsfråga **ermitteln** leta rätt (ta reda) på; fastställa, få fram; *es ließ sich nicht ~, wo er steckte* man kunde inte få fram var han höll hus; *gegen e-n ~* (*jur.*) anställa undersökningar rörande ngn **Ermitt[e]lung** *-en f* fastställande; utrönande; *die ~en sind abgeschlossen* undersökningarna är avslutade; *~en nach jds Verbleib* efterforskningar efter ngns vistelseort **Ermittlungsverfahren** - *n, jur.* förundersökning **ermöglichen** möjliggöra (*e-m* för ngn); *wenn es sich ~ läßt* om det låter sig göras **ermorden** mörda **Ermordung** *-en f* mord **ermüd|en 1** trötta [ut]; *~d* tröttsam **2** *s* trötta, bli trött; *tekn.* utmattas; *-et sein* vara trött **Ermüdung** *0 f* uttröttning; trötthet; *tekn.* utmattning **Ermüdungserscheinung** *-en f* tröttthetsfenomen; utmattningssymptom (*äv. tekn.*) **ermuntern** uppmuntra; pigga upp; *sich ~ (äv.)* gaska upp sig; *~d* uppmuntrande, lovande **Ermunterung** *-en f* uppmuntran; *etw. zu jds ~ sagen* säga ngt för att muntra upp ngn **ermutigen** intala (inge) mod; uppmuntra; *~d* uppmuntrande **Ermutigung** *-en f* uppmuntran **ernähr|en** [liv]nära; försörja; *sich von Rohkost ~* leva på råkost; *sich mit seiner Hände Arbeit ~* leva av sina händers arbete; *schlecht -t (äv.)* undernärd **Ernährer** - *m* försörjare **Ernährung** *0 f* föda; näring[stillförsel]; försörjning; *natürliche ~* naturlig uppfödning

Ernährungs|lehre *0 f* näringslära **-störung** *-en f* näringsrubbning **-weise** *-n f* matordning; *falsche ~* felaktiga kostvanor **ernennen** *oreg.* utnämna **Ernennung** *-en f* utnämning; *~ zum Professor* utnämning till professor **Erneu[e]rer** - *m* förnyare **erneue[r]n 1** förnya (*äv. bildl.*); reparera, renovera; byta ut; regummera **2** upprepa; förlänga (*pass e.d.*) **3** *rfl* förnya sig; regenerera **Erneu[e]rung** *-en f* förnyelse; renovering; förlängning *etc.*, *jfr erneuern* **Erneuerungsschein** *-e m, hand.* talong **erneut** förnyad, upprepad; ånyo, på nytt **Erneuung** *-en f, se Erneu[e]rung* **erniedrigen** sänka (*äv. mus.*); nedsätta; förnedra, förödmjuka; *sich ~* förödmjuka sig **Erniedrigung** *-en f* sänkning; nedsättning; förödmjukelse **Erniedrigungszeichen** - *n, mus.* sänkningstecken **ernst** allvarlig, allvarsam; *ein ~es Gesicht machen* se allvarlig ut; *es ~ meinen* mena allvar; *er ist nicht ~ zu nehmen* man kan (får) inte ta honom på allvar; *es steht ~ um den Kranken* den sjukes tillstånd är allvarligt **Ernst** *0 m* allvar; *~ machen* mena allvar; *im ~* på allvar; *allen ~es* på fullt allvar; *im ~?* verkligen?; *es ist mir ~ damit* jag menar allvar med det; *tierischer ~ (vard.)* gravallvar **Ernstfall** *0 m* nödfall; *im ~* när det gäller **ernstgemeint** allvarligt menad **ernsthaft** allvarlig, allvarsam; på allvar **Ernsthaftigkeit** *0 f* allvarsamhet, allvar[lighet] **ernstlich** allvarlig; ~ *krank* allvarligt sjuk
Ernte *-n f* skörd; gröda; *bildl. äv.* frukt[er]; *die ~ deines Fleißes* frukten av din möda; *der Tod hielt furchtbare ~* döden fick en rik skörd **-arbeiter** - *m* skördearbetare **-ausfall 1** *0 m* skörd[eutfall] **2** *Ernteausfälle* skörde|bortfall, -förlust **-[dank]fest** *-e n* skörde-, tacksägelse|fest **-kranz** *-e†* m, **-krone** *-n f* skördekrans (*av flätade ax som tecken på avslutad skörd*) **-maschine** *-n f* skördemaskin **-monat** *-e m*, **-mond** *-e m*, *åld.* skördemånad, augusti **ernten** skörda, inhösta (*äv. bildl.*) **Ernteschäden** *pl* skördeskador **Erntesegen** *0 m* [rik] skörd **Erntewagen** - *m* [hö]skrinda **Erntezeit** *-en f* skördetid **ernüchter|n 1** få att nyktra till (*äv. bildl.*); *die frische Luft wird ihn ~* han kommer att nyktra till i den friska luften; *die Rede hat mich -t* talet fick mig att nyktra till; *~d wirken (äv.)* verka desillusionerande **2** *rfl* nyktra till **Ernüchterung** *-en f* tillnyktring (*äv. bildl.*) **Eroberer** - *m* erövrare **erobern** erövra **Eroberung** *-en f* erövring; *sie geht auf ~en aus (vard.)* hon försöker göra erövringar **Eroberungslust** *0 f* erövringslystnad **eroberungslustig** erövringslysten **Eroberungssucht** *0 f* erövringsbegär **eroberungssüchtig** erövringslysten **erodieren** erodera **eröffnen** öppna; inleda, börja; inviga; *e-m etw.* ~ anförtro ngn ngt, yppa ngt för ngn **2** *rfl* öppnas, öppna sig; *sich e-m ~* öppna sitt hjärta för (anförtro sig åt) ngn **Eröffnung** *-en f* **1** öppning, öppnande; början; invigning **2** meddelande, information **Eröffnungs|ansprache** *-n f* inledningsanförande **-beschlu|ß** *-sse†* m, *jur.* beslut om [huvud]förhandlingens öppnande **-bilanz** *-en f, hand.* öppningsbalans **-feier** *-n f* invigningshögtidlighet **-kurs** *-e m* öppningskurs (*på bör-*

Eröffnungsperiode—erschließen

sen) **-periode** -n f, med. öppningsskede (vid förlossning)
erogen [-'ge:n] erogen
erörtern dryfta, diskutera, debattera **Erörterung** -en f dryftande, diskussion
Eros 0 m Eros **Eros-Center** - n (av myndighet kontrollerad) bordell
Erosion -en f erosion
E'rotik 0 f erotik **erotisch** erotisk
Erpel - m ankbonde, ankhanne
erpicht auf etw. (ack.) ~ sein vara pigg på (tokig i) ngt **erpressen** utpressa **Erpresser** - m utpressare **Erpressung** -en f utpressning **erprob|en** prova, pröva, sätta på prov; praktisch -t praktiskt utprovad; -ter Freund beprövad vän **Erprobung** -en f prov[ande], test **Erprobungsflug** -e† m provflygning **erquicken** vederkvicka, rekreera; sich ~ (äv.) läska sig; sich am Anblick ~ njuta av anblicken; sich durch ein Bad (mit e-m Getränk) ~ friska upp sig med ett bad (läska sig med en dryck); ~d uppfriskande, stimulerande, läskande; ~de Luft (äv.) stärkande luft **erquicklich** vederkvickande, uppfriskande; ~e Nachricht glädjande underrättelse **Erquikkung** -en f vederkvickelse; nöje, njutning **erraffen** rafsa till sig **erraten** st gissa [sig till], komma på
erratisch erratisk; ~er Block flyttblock
E'rrat|um -a n misstag; tryckfel
errechnen räkna ut; beräkna **erregbar** känslig, lättrörd; [lätt]retlig **Erregbarkeit** 0 f känslighet; [lätt]retlighet **erregen** 1 uppröra, hetsa upp; sich ~ bli upprörd; ~des Mittel stimulerande medel; ~de Szene spännande (upphetsande) scen 2 [upp]väcka, framkalla; Begierde (Sorge) ~ väcka begär (vålla bekymmer); Heiterkeit ~ framkalla munterhet **Erreger** - m [sjukdoms]alstrare **Erregtheit** 0 f upprördhet; upphetsning **Erregung** -en f upprördhet; upphetsning; retning (av nerv etc.); ~ öffentlichen Ärgernisses (jur.) förargelseväckande beteende **erreichbar** uppnåelig; anträffbar; inom räckhåll; die Ortschaft ist mit dem Wagen leicht ~ med bil kan man lätt komma till orten; zu Fuß ~ sein ligga på promenadavstånd, lätt kunna nås till fots; in ~er Nähe (ung.) på bekvämt avstånd **erreich|en** nå; uppnå, ernå; anträffa; in e-r Stunde werden wir das Dorf ~ om en timme är vi [framme] i byn; den Zug ~ hinna med (i tid till) tåget; unter dieser Nummer kannst du mich ~ på det här numret kan du nå (få tag på) mig; mein Telegramm -te ihn nicht mehr mitt telegram hann inte fram [i tid] till honom; jds Entlassung ~ lyckas få ngn frigiven; es ist -t! det har lyckats!, jag (etc.) har klarat det!; das Dorf ist nur zu Fuß zu ~ byn kan bara nås till fots **Erreichung** 0 f upp-, er|nående **erretten** rädda **Erretter** - m räddare **Errettung** 0 f räddning **errichten** 1 uppföra, bygga, resa 2 upprätta, inrätta, grunda; ein Testament ~ upprätta ett testamente **Errichtung** 0 f 1 uppförande, konstruktion 2 grundande; upprättande **erringen** st tillkämpa sig, vinna; er hat den zweiten Platz errungen han kom på andra plats (blev tvåa) **erröten** s rodna (vor + dat. av) **Erröten** 0 n rodnad; rodnande **Errungenschaft** -en f 1 förvärv, erövring, vinst; förbättring, prestation 2 landvinning; ein Haus mit allen technischen ~en ett hus med alla tekniska nymodigheter

Ersatz 0 m ersättning; gottgörelse; surrogat; mil., sport. reserv; als (zum) ~ i reserv **-anspruch** -e† m ersättningsanspråk **-batterie** -n f reservbatteri **-dienst** 0 m vapenfri tjänst **-fahrer** - m avbytare (i biltävling e.d.) **-kaffee** 0 m surrogatkaffe **-kasse** -n f privat sjukkassa **-leistung** -en f [betalande av] ersättning **-mann** -er† el. -leute m ersättare, reserv (äv. sport.); suppleant **-mine** -n f reservstift (för penna) **-mittel** - n surrogat, ersättningsmedel **-pflicht** 0 f ersättningsskyldighet **-rad** -er† n reservhjul **-spieler** - m, sport. reserv[spelare] **-stück** -e n, **-teil** -e n m reservdel **-wahl** -en f fyllnadsval
ersatzweise till (som) ersättning **Ersatzwesen** 0 n, mil. ung. inkallelsemyndighet **ersaufen** st s 1 vard. drunkna 2 bli översvämmad, vattenfyllas; der Schacht ersäuft schaktet vattenfylls; ersoffen sein stå under vatten **ersäufen** dränka; sich ~ (vard.) dränka sig; seinen Kummer im Alkohol ~ dränka sina sorger i alkohol **erschaffen** st skapa, frambringa **Erschaffer** - m upphovsman; skapare **Erschaffung** 0 f skapelse **erschallen** st el. sv s skalla, [gen]ljuda; bildl. ge genljud **erschau[d]ern** s rysa (rycka) till (vor + dat. av)
erschein|en st s 1 synas, bli synlig, visa sig, uppenbara sig, framträda; die Stunde -t (poet.) stunden är inne; am Fenster ~ visa sig i fönstret; in e-m anderen Licht ~ framstå i en annan dager; in der Rechnung ~ vara upptagen på räkningen 2 komma ut, publiceras; ~ lassen publicera, ge ut; soeben erschienen nyutkommen 3 inställa sig, komma, uppträda; vor Gericht ~ uppträda inför domstol 4 synas, tyckas, förefalla; es -t mir merkwürdig jag tycker det är egendomligt **Erscheinen** 0 n 1 upp-, fram|trädande; bei deinem ~ (äv.) när du visade dig 2 utgivning, publicering; im ~ begriffen sein vara under utgivning; nach dem ~ efter utgivningen **Erscheinung** -en f 1 fram-, upp|trädande; die ~ Christi (des Herrn), das Fest der ~ trettondagen; in ~ treten framträda 2 uppenbarelse, syn; utseende, gestalt; ~en haben ha visioner, se syner; e-e glänzende ~ en briljant apparition; e-e liebliche ~ en ljuv uppenbarelse; seine äußere ~ hans yttre 3 fenomen; symtom; es ist e-e bekannte ~ det är ett bekant fenomen; krankhafte ~ sjukdomssymtom 4 publikation; publicering **Erscheinungs|bild** -er n utseende, yttre, form **-fest** 0 n trettondag **-form** -en f utseende, yttre, [uppenbarelse]form **-jahr** -e n utgivningsår **-ort** -e m utgivningsort **-welt** 0 f, filos. fenomenvärld
erschieß|en st 1 skjuta [ihjäl, ner]; arkebusera; ich bin erschossen (vard.) a) jag är alldeles slut, b) jag är helt paff 2 e-n Preis ~ vinna ett skyttepris 3 rfl skjuta sig **Erschießung** -en f arkebusering **erschlaff|en 1** förslappa, göra slapp, slappa av; von ~der Wirkung sein ha avslappande verkan 2 s slappna av, [för]slappas, slakna; die Muskeln ~ lassen låta musklerna slappna av; nach der Arbeit -t sein vara slak (utmattad) efter arbetet **Erschlaffung** 0 f av-, för|slappning; med. atoni **erschlagen** st slå ihjäl; der Blitz hat ihn ~ han dödades av blixten; ich bin ~ (vard.) jag är paff; ich fühle mich wie ~ (vard.) jag är alldeles slut **erschleichen** st lista sig till, få (vinna) genom list **erschließen** st 1 öppna, göra

tillgänglig; exploatera; *touristisch* ~ öppna för turistindustrin; *ein Baugelände* ~ bebygga (exploatera) ett markområde **2** sluta sig till; *daraus ist zu* ~, *daß* därav kan man sluta sig till att; *die Form ist erschlossen* (*språkv.*) formen är härledd (*finns ej skriftligt belagd*) **3** *rfl* öppna sig (*om knopp*) **Erschließung** -*en f* öppnande; utveckling; exploatering **erschmeicheln** smickra (kela) sig till **erschnorren** *vard.* tigga till sig **erschöpf|en 1** tömma; göra slut på; utmatta, uttrötta; *meine Geduld ist* -*t* mitt tålamod är slut; -*te Kredite* tömda krediter; -*te Batterie* dåligt (tomt) batteri; *sie ist* -*t* hon är slut (utpumpad); ~*de Darstellung* uttömmande framställning **2** *rfl* tömmas, ta slut **erschöpflich** som kan ta slut (tömmas) **Erschöpfung** *0 f* **1** uttömmande **2** utmattning, utmattad tillstånd; *bis zur* ~ *arbeiten* arbeta tills man (*etc.*) är slut (utpumpad) **Erschossene(r)** *m f, adj* böjn., *der Erschossene* den skjutne **erschrecken 1** *erschrak, erschräke, erschrokken, erschrickst, erschrickt, erschrick!, s* bli förskräckt, förfäras; *vor dem Hund* ~ bli rädd för hunden **2** *sv* förskräcka, skrämma; *er ist leicht zu* ~ han är lättskrämd **3** *st el. sv rfl, vard.* bli förskräckt (rädd) **Erschrecken** *0 n* förskräckelse; skräck **erschrecklich** *åld. el. skämts.* förskräcklig **erschrokken** *se erschrecken;* förskräckt, förfärad **Erschrockenheit** *0 f* förskräckelse, förfäran **erschröcklich** *skämts.* förskräcklig **erschütter|n** [komma att] skaka (*äv. bildl.*); få att svikta, rubba; uppröra, gripa; *das Erdbeben* -*t den Boden* jordbävningen får marken att skaka; *die Gesundheit* ~ undergräva hälsan; *die Nachricht* -*t ihn* underrättelsen gör honom uppskakad; *das konnte ihn nicht* ~ (*äv.*) det lämnade honom oberörd; *diese Musik* -*t mich* den här musiken gör ett djupt intryck på mig; ~*des Buch* uppskakande (gripande) bok **Erschütterung** -*en f* skakning, stöt; *polit.* omvälvning; *bildl.* djup rörelse **erschweren** försvåra; komplicera; hindra; ~*der Umstand* (*jur.*) försvårande omständighet **Erschwernis** -*se f* hinder; svårighet **Erschwerniszulage** -*n f* skifttillägg, tillägg för tungt arbete **Erschwerung** -*en f* **1** *se* Erschwernis **2** försvårande, komplikation **erschwindeln** svindla (lura) sig till **erschwingbar** överkomlig **erschwingen** *st* ha råd [att köpa]; *ich kann es nicht* ~ jag har inte råd med det; *nicht zu* ~ oöverkomlig **erschwinglich** överkomlig

ersehen *st* se, varsebli; *etw. nicht* ~ *können* (*dial.*) inte kunna fördra (tåla) ngt; *wir* ~ *aus Ihrem Brief* vi finner av Er brev; *wie aus den Unterlagen zu* ~ *ist* såsom framgår av underlaget; *daraus ersieht man, daß* detta visar (härav ser man) att **ersehn|en|em** längta efter; -*t efterlängtad* **ersetzbar** ersättlig **ersetzen** ersätta; byta ut; gottgöra; komma (vara) i stället för; *e-m die Mutter* ~ vara i mors ställe för ngn; *mangelnde Begabung durch Fleiß* ~ kompensera sin brist på begåvning genom (med) flit; *nicht zu* ~ oersättlig **ersetzlich** ersättlig **Ersetzung** -*en f* ersättning; kompensation; utbyte **ersichtlich** synlig; uppenbar, påtaglig; *hieraus wird* ~ härav framgår; *wie* ~ som synes **ersinnen** *st* hitta på; tänka ut; hitta på **ersinnlich** *åld.* tänkbar **ersitzen** *st, jur.* förvärva genom häv; *sich* (*dat.*) *die Beförderung* ~ (*vard.*) sitta kvar så länge i tjänsten att man blir befordrad, sitta sig till en befordran **Ersitzung** -*en f, jur.* förvärvande genom häv **erspähen** spana upp; få syn på; *e-n Vorteil* ~ komma på en fördel **erspar|en** spara [ihop]; inbespara; *e-m etw.* ~ bespara ngn ngt; -*tes Geld* sparpengar **Ersparnis** -*se f* besparing (*an* + *dat.* av); ~*se* (*äv.*) sparade medel, sparad slant **Ersparnisgründe** *pl, aus* ~*n* av sparsamhetsskäl **erspielen** få, vinna (*på spel*) **erspießen** *st s* spira [upp]; *daraus wird nichts Gutes* ~ det kommer inte ngt gott ut av det. **ersprießlich** nyttig, nyttobringande, givande **erst** [e:-] *adv* **1** först; ~ ..., *dann* först ..., sedan; ~ *jetzt* först nu; *er kommt* ~ *morgen* han kommer först i morgon; *nun ging es* ~ *richtig los* först nu brakade det lös på allvar; *wenn du* ~ *einmal so alt bist wie ich* när du blir så gammal som jag **2** senast; ~ *gestern* senast i går; *eben* ~ nyss, just nu **3** bara; *es ist* ~ *5 Uhr* klockan är bara 5; *wenn ich* ~ *da wäre* om jag bara vore där; *das macht es* ~ *recht schlimm* det gör det ändå värre; *da solltest du* ~ *einmal seine Schwester sehen* då skulle du [bara] se hans syster; *das braucht nicht* ~ *gesagt werden* det behöver [faktiskt] inte sägas [ut] **4** ~ *recht* allra helst, i all synnerhet; ~ *recht nicht* allra minst, ännu mindre; *nun* ~ *recht nicht!* nu mindre än någonsin! **erstarken** *s* bli (växa sig) stark[are] **Erstarkung** *0 f* tillväxt (*i styrka*); uppsving **erstarr|en** *s* stelna, hårdna; bli stel (*vor* + *dat.* av); *das Blut* -*te ihm in den Adern* blodet isades i hans ådror; *beim Anblick* ~ förlamas av åsynen; *vor Schreck* -*t* stel av skräck; *vor Kälte* -*t* stelfrusen; *zu Stein* -*t* (*bildl.*) förstenad; *der See ist zu Eis* -*t* sjön har frusit till is **Erstarrung** *0 f* stelnande, hårdnande; domning; *bildl.* förstening **erstatten** ersätta, gottgöra; betala [igen]; *Bericht* ~ avge rapport, redogöra; *Anzeige* ~ göra [polis]anmälan **Erstattung** *0 f* ersättande; ersättning (*der Kosten* för kostnaderna); avgivande (*e-s Berichtes* av en rapport) **erstattungspflichtig** ersättningsskyldig

Erstaufführung -*en f* [ur]premiär **erstaunen 1** förvåna (*e-n* ngn) **2** *s* förvånas, bli förvånad, häpna (*über* + *ack.* över) **Erstaunen** *0 n* förvåning, häpnad **erstaunenswert, erstaunlich** förvånande, häpnadsväckande **erstaunt** förvånad, häpen **Erstausgabe** -*n f* första-, original|upplaga **'erst'beste** (*alltid böjt*) första bästa **erste** *adj o. räkn* förste, förste; främsta, främste **1** (*med liten begynnelsebokstav*) *der* ~ *Fall* (*språkv.*) nominativ; *der* ~ *Gang* (*motor.*) ettan[s växel]; *im* ~*n Stockwerk wohnen* bo en trappa upp; ~*r Klasse fahren* åka första klass; ~ *Güte* högsta kvalitet; *in* ~*r Linie, an* ~*r Stelle* i första hand; *aus* ~*r Hand kaufen* köpa direkt (*från producenten*); *Nachricht aus* ~*r Hand* förstahandsnyhet, nyhet ur första hand; *fürs* ~ till att börja med, tills vidare; *der* ~ *Juni* [den] första juni; *als* ~*s tun* göra först **2** (*med stor begynnelsebokstav*) *als E*~*r davon hören* vara den förste som får reda på det; *als E*~*r durchs Ziel gehen* komma först i mål; *sie ist die E*~ *der Klasse* hon är bäst i klassen; *das E*~ *und das Letzte* början och slutet, a och o; *E*~*r Geiger* första fiol; *E*~ *Hilfe* första hjälpen; *E*~*r Vorsitzender* förste ordförande; *vom näch*-

sten E~n an från o. med den första i nästa månad
erstechen *st* sticka ned, mörda **erstehen** *st* 1 [lyckas] köpa (få) 2 *s, högt.* uppstå, få nytt liv *(äv. bibl.)*; *erstanden* [åter]uppständen **ersteigbar** bestiglig, möjlig att bestiga **ersteigen** *st* bestiga; *bildl.* uppnå **Ersteiger** - *m* [bergs]bestigare **ersteigern** ropa in *(på auktion)* **Ersteigung** -*en f* bestigning **erstellen** 1 uppföra, bygga 2 framställa, utarbeta, producera
erstenmal *zum* ~ för första gången **erstens** för det första
ersterben *st s, högt.* dö [bort]; *alles Leben war erstorben* allt liv hade dött ut, det var alldeles tyst o. stilla
erstere *der* ~, *der letztere* den förre, den senare **ersterwähnt** *der* ~*e* den förstnämnde **Erstgebärende** *f, adj böjn.* förstföderska **erstgeboren** förstfödd **Erstgeburt** 1 -*en f* förstfött barn, förstfödd; första kull *(hos djur)* 2 *0 f*, förstfödslorätt **Erstgeburtsrecht** *0 n, se Erstgeburt* 2 **erstgenannt** förstnämnd **erstick|en** 1 kväva *(äv. bildl.)*; *mit -ter Stimme* med kvävd röst; ~*de Hitze* kvävande hetta 2 *s* kvävas *(äv. bildl.)* (*an* + *dat., durch* av); *im Geld* (*in Arbeit*) ~ (*vard.*) drunkna i pengar (arbete); *vor Lachen fast* ~ storkna av skratt; *die Luft war zum E~* det var en sådan luft att man höll på att kvävas; *zum E~ voll (heiß)* överfull (kvävande het) **Erstikkung** *0 f* kvävning **Erstickungstod** *0 m* kvävningsdöd
erstklassig förstklassig **Erstkläßler** - *m, sty.* förstaklassare **Erstkommunikant** -*en* -*en m, kat.* konfirmand, nattvardsbarn **Erstkommunion** -*en f, kat.* konfirmation, första nattvard **erstlich** för det första **Erstling** -*e m* 1 förstfödd 2 primör 3 första arbete **Erstlingsarbeit** -*en f* första arbete; nybörjararbete **Erstlingsausstattung** -*en f* babyutstyrsel **Erstlingsroman** -*e m* första roman, debutroman **Erstlingsversuch** -*e m* första försök **erstmalig** första [gångens] **erstmals** för första gången
erstrahlen *s* [börja] stråla, stråla upp **erstrangig** 1 förstklassig; ytterst viktig 2 *se erststellig*
erstreben eftersträva **erstrebenswert** eftersträvansvärd **erstrecken** *rfl* sträcka sig, omfatta **Erstreckung** *0 f* utsträckning, omfattning
erststellig första (*om hypotek*); ~ *eingetragenes Darlehen* primärlån **Ersttagsstempel** - *m* förstadagsstämpel
erstunken *vard.*, *das ist alles* ~ *und erlogen* det är dikt o. förbannad lögn **erstürmen** storma, ta med storm **Erstürmung** -*en f* stormning
Erstwähler - *m* förstagångsväljare
ersuchen anhålla, anmoda, vördsamt bedja; *e-n dringendst um etw.* ~ bönfalla ngn om ngt; *um e-e Auskunft* ~ be om en upplysning **Ersuchen** - *n* anmodan, anhållan; *auf* ~ *von* på anmodan av **ertapp|en** 1 ertappa; *e-n auf frischer Tat* (*in flagranti*) ~ ta ngn på bar gärning 2 *rfl, er -te sich dabei, daß er sie ansah* han ertappade sig själv med att titta på henne **erteilen** lämna, ge; tilldela, utdela; meddela; bevilja **Erteilung** *0 f* lämnande *etc.*, *jfr erteilen* **ertönen** *s* [börja] ljuda; genljuda **ertöten** *högt.* döda, ta död på, kväva; *das*

erstechen—erwehren

kann e-m die Freude daran ~ det kan beröva en glädjen av det
Ertrag -*e† m* avkastning, vinst; utbyte, behållning **ertragbar** uthärdlig, dräglig **ertragen** *st* bära, fördra, uthärda; *nicht zu* ~ outhärdlig; *wir* ~ *es nicht mehr* vi står inte längre ut med det **ertragfähig** vinstgivande, som ger avkastning; ~*er Boden* fruktbar mark **Ertragfähigkeit** *0 f* avkastningsförmåga **erträglich** dräglig, uthärdlig; någorlunda bra **Erträgnis** -*se n, se Ertrag* **erträgnis-**, **ertrag|reich** lönande, vinstgivande **Ertragssteigerung** -*en f* produktivitetsökning; ökning av avkastningen **Ertragssteuer** -*n f* inkomstskatt
ertränken dränka *(äv. bildl.)*; *sich* ~ [gå o.] dränka sig **erträumen** [*sich* (*dat.*)] *etw.* ~ drömma om (hoppas på) ngt **ertrinken** *st s* drunkna **Ertrinken** *0 n* drunkningsdöd **ertrotzen** trotsa sig till **ertüchtigen** härda, stärka **Ertüchtigung** *0 f* härd|ning, -ande; *körperliche* ~ fysisk fostran **erübrigen** 1 spara [ihop]; få över; *ich kann dafür keine Zeit* ~ jag får ingen tid över för det; *die Zeit* ~, *um zu sätta av tid för att* 2 *rfl* vara överflödig (onödig); *es dürfte sich* ~ det torde vara överflödigt; *jedes weitere Wort erübrigt sich* det behövs inte några flera ord, det återstår ingenting att tillägga
eruieren utforska **Eruption** -*en f* eruption, utbrott **eruptiv** eruptiv **Eruptivgestein** -*e n* eruptiv bergart
erwach|en *s* vakna [upp]; *der Tag* -*t (poet.)* dagen gryr **erwachsen** I *st s* upp|stå, -komma; *daraus kann mir Schaden* ~ det kan bli till skada för mig; *die daraus* ~*den Unkosten* de därav förorsakade omkostnaderna II *adj* [full]vuxen; stor **Erwachsen|e(r)** *m f, adj böjn.* vuxen; *die* -*en de vuxna* **Erwachsenen|bildung** *0 f*, -*erziehung* *0 f* vuxenutbildning **erwägen** *st* överväga, tänka över; ta med i beräkningen **erwägenswert** ifrågakommande, värd att övervägas, som kan diskuteras **Erwägung** -*en f* övervägande, betänkande; *in* ~ *ziehen* ta i övervägande; *aus folgenden* ~ *en* på grund av följande överväganden **erwählen** [ut]välja, utse **erwähnen** [om]nämna **erwähnenswert** värd att omnämnas **Erwähnung** -*en f* omnämnande; *e-r Sache (gen.)* ~ *tun (kansl.)* omnämna ngt **erwandern** [*sich* (*dat.*)] *ein Gebiet* ~ vandra genom [o. lära känna] ett område **erwärmen** 1 [upp]värma 2 *rfl* [upp]värmas, bli uppvärmd; *sich für etw.* ~ *(bildl.)* bli entusiastisk för ngt **Erwärmung** *0 f* uppvärm|ning, -ande; *bildl.* entusiasmerande **erwart|en** vänta [sig]; *du wirst es wohl noch* ~ *können!* du får väl ge dig till tåls!; *es steht zu* ~, *daß* det är att vänta att; *das war mehr, als ich* -*et hatte* det var mer än jag hade räknat med **Erwarten** *0 n* förväntan **Erwartung** -*en f* förvänt|an, -ning; avvaktan, väntan; *in* ~ *Ihrer Antwort* motseende Edert svar; *in* ~ *e-s Besuches* i väntan på ett besök; *wider* (*über*) ~ mot (över) förväntan **erwartungsgemäß** som väntat [var] **erwartungsvoll** förväntansfull
erwecken [upp]väcka *(äv. bildl.)* **Erweckung** -*en f* [upp]väckande, återuppväckande; *relig.* väckelse **erwehren** *rfl, sich jds* ~ värja sig mot ngn; *ich kann mich des Gedankens nicht* ~ jag kan inte värja mig för tanken; *sich des Lachens* ~ hålla sig för skratt; *sich der Tränen*

~ hålla tillbaka tårarna **erweichen 1** *s* mjukna **2** mjuka upp, uppmjuka; *jds Herz* ~ röra ngns hjärta; *sich* ~ *lassen* låta beveka sig **Erweichung** *0 f* uppmjukning **Erweis** *-e m* bevis **erweisen** *st* **1** [be]visa; *e-m e-n Gefallen* ~ göra ngn en tjänst; *es ist erwiesen* det har visat sig (har bevisats) **2** *rfl* visa sig; *die Nachricht hat sich als falsch erwiesen* nyheten visade sig vara falsk **erweislich** *ålf*. bevislig; bevisligen **erweiter|n** [ut]vidga; *im -ten Sinn* i vidsträckt[are] bemärkelse **Erweiterung** *-en f* **1** utvidgning, expansion **2** tillbyggnad **Erweiterungsbau** *-ten m* tillbygg|nad, -ande **erweiterungsfähig** utvidgnings-, uttänj|bar; expansibel **Erwerb** *0 m* förvärv; förvärvsarbete **erwerben** *st* förvärva; köpa, anskaffa; *ein Vermögen* ~ tjäna en förmögenhet; *sich (dat.) große Fertigkeiten* ~ skaffa sig goda färdigheter; *käuflich* ~ köpa; *sich (dat.) die Achtung jds* ~ vinna ngns aktning; *erworbene Eigenschaft* förvärvad egenskap **Erwerber** - *m* förvärvare; köpare **erwerblich 1** till salu **2** yrkes- **erwerbs|behindert, -beschränkt** partiellt arbetsför **erwerbsfähig** förvärvsduglig, arbetsför **Erwerbsfähigkeit** *0 f* arbets-, förtjänst|förmåga; *in seiner ~ beschränkt sein* endast ha partiellt arbetsförmåga **Erwerbsgesellschaft** *-en f*, *ung.* handelsbolag **erwerbslos** arbetslös **Erwerbslose(r)** *m f*, *adj böjn*. arbetslös **Erwerbslosigkeit** *0 f* arbetslöshet **Erwerbsminderung** *0 f* partiell arbetsförhet **Erwerbssinn** *0 m, keinen ~ haben* inte ha ngt födgeni **erwerbstätig** förvärvsarbetande **Erwerbstätigkeit** *0 f* förvärvsarbete **erwerbsunfähig** icke arbetsför, oförmögen till förvärvsarbete **Erwerbsunfähigkeit** *0 f* oförmåga till förvärvsarbete **Erwerbsurkunde** *-n f* köpebrev; äganderättsurkund **Erwerbszweig** *-e m* närings-, yrkes|-gren **Erwerbung** *-en f* förvärv[ande]
erwidern 1 svara, genmäla **2** besvara; *e-n Besuch* ~ återgälda ett besök; *Böses mit Gutem* ~ återgälda ont med gott **Erwiderung** *-en f* svar, genmäle; besvarande; *in ~ auf* (+ *ack.*) (*kansl.*) som svar på **er'wiesener'maßen** bevisligen **erwirken** utverka **erwisch|en** ertappa, komma på; ta fast; få tag i, komma över; *ihn hat es -t* (*vard.*) han har åkt dit (är sårad, död, slut *e.d.*); *den Zug noch* ~ precis hinna med tåget; *etw. im Ausverkauf* ~ komma över ngt på realisation **erwünscht** välkommen; önskad; efterlängtad **erwürgen** strypa **Erwürgung** *-en f* strypning
Erz [e:- *el*. ε-] *-e n* malm; *wie aus* ~ *gegossen dastehen* stå som förstenad **-ader** *-n f* malmåder
erzähl|en berätta (*e-m etw.* ngt för ngn); *man -t sich* det berättas; *wem ~ Sie das!* (*ung.*) det vet jag redan!; *das kannst du e-m anderen* (*deiner Großmutter*) ~ (*vard.*) det kan du inbilla andra; *erzähl mir doch keine Märchen!* (*vard.*) det stämmer inte!, försök inte dra ngn vals!; *er kann etw.* ~ (*äv.*) han har varit med om åtskilligt; *davon kann ich etw.* ~ (*vard. äv.*) det vet jag ngt om; *ich habe mir* ~ *lassen* jag har hört sägas; *~d* berättande, episk **erzählenswert** värd att berättas **Erzähler** - *m* berättare **erzählerisch** *~e Fähigkeit* berättarbegåvning **Erzählung** *-en f* berättelse
erzarm malmfattig, fattig på malm **Erzaufbereitung** *-en f* malmanrikning **Erzbergbau**

0 m malmbrytning **Erzbergwerk** *-e n* malmgruva
Erzbischof *-e*† *m* ärkebiskop **Erzbistum** *-er*† *n* ärkebiskops|döme, -stift **'Erz'bösewicht** *-e*[*r*] *m* ärkeskurk **'erz'dumm** urdum **erzeigen** högt. [be]visa, betyga
erzen [e:- *el*. ε-] av malm, malm-; *bildl*. järnhård, orubblig
Erzengel - *m* ärkeängel
erzeugen 1 avla; *bildl*. föda **2** frambringa; tillverka, producera; *Angst* ~ väcka rädsla; *Fieber* ~ framkalla feber; *Energie* ~ alstra energi **Erzeuger** - *m* **1** tillverkare, producent **2** fader **Erzeugerland** *-er*† *n* produktionsland **Erzeugerpreis** *-e m* produktionspris **Erzeugnis** *-se n* produkt, fabrikat, alster; *Deutsches* ~ tillverkad i Tyskland, made in Germany **Erzeugung** *0 f* **1** avlande **2** alstrande, produktion, fabrikation **Erzeugungsgrammatik** *0 f, språkv.* generativ grammatik **Erzeugungskosten** *pl* produktionskostnad[er] **Erzeugungslizenz** *-en f* tillverkningslicens
'Erz'feind *-e m* ärkefiende
Erzgang *-e*† *m* malm|gång, -åder
'Erz'gauner - *m* ärkeskojare
Erzgehalt *0 m* malmhalt **Erzgewinnung** *0 f* malmbrytning **Erzgrube** *-n f* malmgruva **erzhaltig** malmhaltig
Erzherzog *-e*[†] *m* ärkehertig **erzherzoglich** som tillkommer (anstår) en ärkehertig; ärkehertigs-
erziehbar uppfostringsbar; *schwer* ~ svår att uppfostra **erziehen** *st* [upp]fostra; *gut erzogen* väluppfostrad; *schlecht erzogen* ouppfostrad, illa uppfostrad **Erzieher** - *m* uppfostrare; lärare; pedagog; informator **Erzieherin** *-nen f* uppfostrarinna; lärarinna; pedagog; guvernant **erzieh|erisch, -lich 1** uppfostrande **2** som rör uppfostran, pedagogisk, uppfostrings- **Erziehung** *0 f* [upp]fostran; *seine gute ~ vergessen* (*skämts.*) uppföra sig illa; *ihm fehlt jegliche* ~ han är ouppfostrad (saknar takt)
Erziehungs|anstalt *-en f* uppfostringsanstalt, ungdomsvårdsskola **-beihilfe** *-n f* studiehjälp **-beratung** *0 f* rådgivning i uppfostringsfrågor **-berechtigte(r)** *m f, adj böjn*. målsman **-lehre** *0 f* pedagogik **-programm** *-e n* utbildningsprogram **-wesen** *0 n* utbildningsväsen **-wissenschaft** *0 f* pedagogik
erzielen [upp]nå, vinna; *ein Tor* ~ göra [ett] mål **erzittern** *s* [börja] darra (skaka, vibrera) **Erzlager** - *n*, **-stätte** *-n f* malmfyndighet
'Erz'lump *-en -en m* ärkelymmel
erzürnen 1 göra ond (vred), förarga **2** *rfl* vredgas, bli ond (vred)
Erzvater -† *m, bibl*. patriark
Erzverhüttung *0 f* smältning av malm **Erzvorrat** *-e*† *m* malmtillgång
erzwingen *st* framtvinga; genomdriva; *erzwungenes Lächeln* tvunget leende; *erzwungenes Geständnis* framtvingat erkännande
1 es [εs] *pers.pron* **1** det (*äv. opers. o. som formellt subj.*), den; *ibl.* han, hon; (*gen. seiner, åld. sein* det *etc.*; *dat. ihm* [åt, till, för] det *etc.*; *ack. es* det *etc.*); ~ *war einmal* det var en gång; ~ *regnet* det regnar; *ich bin* ~ (*bin's*) det är jag; ~ *wird dir geholfen werden* du kommer att få hjälp; ~ *ist 5 Uhr* klockan är fem; ~ *wird getanzt* man dansar; *hier wohnt ~ sich gut* här bor man bra; ~ *friert mich* jag fryser;

~ *tut mir leid* jag är ledsen, det gör mig ont; ~ *spielen die Philharmoniker* [det är] filharmonikerna [som] spelar; *ich habe ~ getan (äv.)* det var jag som gjorde det; *ich höre jd singen*, ~ *sind wohl Studenten* jag hör ngn sjunga, det är nog studenter; *er ging schwimmen und ich tat ~ auch* han gick o. simmade och det gjorde jag också; ~ *sei denn, daß* såvida inte **2** någonting; ~ *kratzt mir (mich) im Halse* det är någonting som retar i halsen på mig; *sie hat ~ auf der Brust* hon har någonting åt bröstet **3** ~ *mit e-m aufnehmen* vara ngn vuxen; ~ *weit bringen (bildl.)* gå långt; ~ *lebe der König!* leve konungen!; ~ *gut meinen mena väl; ich kann ~ mir nicht vorstellen, daß* jag kan inte föreställa mig att **4** på (med, vid) det; *ich bin ~ müde (satt, überdrüssig)* jag är trött på det; ~ *gewohnt sein* vara van vid det
2 es [ɛs] **1** - - *n, mus.* ess **2** beteckning för es-Moll ess-moll **Es** beteckning för Es-Dur Essdur
Eschatologie [ɛsça-] *0 f, teol.* eskatologi **eschatologisch** *teol.* eskatologisk
Esche *-n f, bot.* ask **eschen** ask-, av ask
Esel - *m* **1** åsna; *du ~! (vard.)* din åsna!; *wie der ~ zum Lautenschlagen* som bocken till trädgårdsmästare; ~ *in der Löwenhaut (ung.)* bluff, tom tunna *(som skramlar mest)*; *wenn man den ~ nennt, kommt er schon gerennt* när man talar om trollen så står de i farstun **2** *vard.* hoj, moped, [motor]cykel **Eselchen** - *n* åsneföl; liten åsna **Eselei** *-en f, vard.* idioti **Eselin** *-nen f* åsninna **Eselsbrücke** *-n f* åsnebrygga, lathund, moja **Eselsdistel** *-n f, bot.* ulltistel **Eselsohr** *-en n* hundöra *(i bok)* **Eselstritt** *-e m, bildl. vard.* åsnespark **Eselswiese** *-n f, vard.* nybörjarbacke *(för skidåkare)*
Eskalation *-en f* eskalering, upptrappning **eskalieren** eskalera, trappa[s] upp **Eskapade** *-n f* eskapad **Eskapismus** *0 m* eskapism
'**Eskimo** *-s m* eskimå **eski'moisch** eskimåisk, eskimå-
Eskorte *-n f* eskort **eskortieren** eskortera **esoterisch** esoterisk **Espagnolette** [ɛspanjo'lɛtə] *-n f* spanjolett **Esparsette** *-n f, bot.* esparsett **Esparto** *-s m* espartogräs
Espe *-n f* asp espen av asp, asp- **Espenlaub** *0 n, wie ~ zittern* darra som ett asplöv
Esperantist *-en -en m* esperantist **Esperanto** *0 n* esperanto
Esplanade *-n f* esplanad
Express|o 1 *-os el. -i m* espresso[kaffe] **2** *-os n* espressobar
Esprit [ɛs'pri:] *0 m* espri, kvickhet
Essai, Essay ['ɛsɛ. ɛ'se:] *-s m n* essä, essay **Essayist** *-en -en m* essäist **essayistisch** essäistisk
eßbar ätbar, ätlig **Eßbarkeit** *0 f* ätbarhet, ätlighet **Eßbesteck** *-e n* mat-, bords|bestick
Esse *-n f* rökfång; ässja; *dial.* skorsten; *vard.* skorstenshatt; *das kannst du in die ~ schreiben (vard.)* det kan du titta i stjärnorna efter
essen *aß, äße, gegessen, ißt, ißt, iß!* äta; *zu Mittag ~* äta lunch; *e-n arm ~ (vard.)* äta ngn ur huset; *auswärts ~* äta på restaurang (ute); *sich voll ~ (vard.)* stoppa magen full; *sich an etw. (dat.) satt ~* äta sig mätt på ngt; *selber ~ macht fett (om girig person)* man är sig själv närmast; *der Mensch ist, was er ißt* människan är vad hon äter; *es wird nichts so heiß gegessen, wie es gekocht wird* det blir nog

inte så farligt (illa) som det ser ut [just] nu **Essen** *0 n* ätande; mat; mål[tid]; skaffning, utspisning; *der Appetit kommt beim ~* aptiten kommer medan man äter; ~ *und Trinken hält Leib und Seele zusammen (ung.)* maten är halva födan; *bitte, zum ~!* varsågoda!, maten är serverad!; *das ~ auftragen* duka fram maten **Essenfassen** *0 n, mil.* skaffning, utspisning **Essenkehrer** - *m, dial.* skorstensfejare, sotare **Essen[s]marke** *-n f* måltids-, mat|kupong **Essenszeit** *-en f* matdags
essenti|al, -ell essentiell **Essenz 1** *0 f, filos.* essens *(in e-n f* essens, extrakt
Esser - *m* ätare; *zwei ~ zu versorgen* två munnar att mätta; *auf e-n ~ mehr kommt es nicht an* på en mun mer eller mindre kommer det inte an; *guter (schlechter) ~ sein* ha god (dålig) aptit **Esserei** *-en f, vard.* ätande; *was ist denn das für e-e ~ ?(neds.)* vad har du *(etc.)* egentligen för ett bordskick?; *die Einladung bestand aus e-r großen ~* bjudningen bestod i att man åt så mycket man orkade
Essig *-e m* ättika; *damit ist es ~ (vard.)* det har gått åt pipan, det blir inte av **Essigbakterien** *pl* ättiksyrebakterier **Essigbrauerei** *-en f* ättik[s]fabrik **Essiggeist** *0 m, åld.* aceton **Essiggurke** *-n f* ättiksgurka **essigsauer** ättiksur; *essigsaure Tonerde* aluminiumacetat **Essigsäure** *0 f* ättiksyra **Essig- und Ölständer** - *m* bordsställ med olja o. vinäger (ättika)
Eßkastanie *-n f* äkta kastanj **Eßkohle** *-n f* smideskol **Eßkorb** *-e†* *m* mat[säcks]korg **Eßküche** *-n f* kök m. matplats **Eßlöffel** - *m* matsked **eßlöffelweise** matskedsvis **Eßlust** *0 f* matlust, aptit **Eßmarke** *-n f* mat-, måltids|kupong **Eßnische** *-n f* matvrå **Eßstäbchen** - *n* (kinesisk] ätpinne **Eßtisch** *-e m* matbord **Eßwaren** *pl* matvaror **Eßzimmer** - *n* **1** mat|rum, -sal **2** *vard.* mun; [lös]tänder
Establishment [ɪs'tæblɪʃmənt] *0 n, das ~* det etablerade samhället, etablissemanget
Este ['e:-, äv. 'ɛ-] *-n -n m* est
Ester - *m, kem.* ester **Esterharz** *-e n* hartsester **Estin** ['e:-, äv. 'ɛ-] *-nen f* estniska **Estländer** - *m* estländare **estnisch** estnisk
Esto'mihi *0 m [der Sonntag] ~* sjunde söndagen före påsk, fastlagssöndagen
Estrade *-n f* **1** estrad **2** *DDR* underhållningsprogram
'**Estragon** *0 m, bot.* dragon[ört]
Estrich *-e m* [fogfritt] golv *(av lera, cement e.d.)*
Es'zett - - *n (bokstav)* ß
etablieren 1 etablera, grunda, inrätta **2** *rfl* etablera sig, öppna affär **Etablierung** *-en f* etablering **Etablissement** [etablɪs(ə)'mã:] *-s n* företag; etablissemang; nöjeslokal; bordell
Etage [e'ta:ʒə] *-n f* våning; plan; *erste ~* en trappa upp **Etagenbett** *-en n* våningssäng **Etagengeschäft** *-e n* affär i bostad **Etagenheizung** *-en f* centralvärme för ett plan **Etagere** [eta'ʒɛ:rə] *-n f, åld.* etagär, hylla
Etamin *0 m*, **Etamine** *0 f* etamin, siktduk
Etappe *-n f* etapp; *mil. äv.* etappområde **Etappendienst** *0 m* etapptjänst **Etappenflug** *-e†* *m* flygning med mellanlandning[ar] **etappenweise** i etapper, etappvis
Etat [e'ta:] *-s m* stat, budget; *das übersteigt meinen ~ (vard.)* det har jag inte råd med **Etatberatung** *-en f* budgetdebatt **etatisieren** budgetera **Etatjahr** *-e n* budgetår **etat-**

mäßig 1 planmässig, budgetär **2** på [ordinarie] stat, fast anställd
etepe'tete *vard.* petnoga
Eternit *0 m n* eternit
'Ethik *0 f* etik **ethisch** etisk **ethnisch** etnisk
Ethnograph *-en -en m* etnograf **Ethnographie** *0 f* etnografi **ethnographisch** etnografisk **Ethnologe** *-n -n m* etnolog **Ethnologie** *0 f* etnologi **ethnologisch** etnologisk **Ethnozentrismus** *0 m* etnocentrism **Ethologie** *0 f* etologi
Ethos *0 n* etos
Etikett *-e*[*n*] *el.* *-s n* etikett (*lapp*) **Etikette** *-n f* **1** *dial.* etikett (*lapp*) **2** etikett, umgängesregler **etikettieren** etikettera
etlich *obest.* pron, alltid böjt nagon, något; ~*e* (*pl*) några, somliga; *das hat* ~*es gekostet* (*vard.*) det har kostat en hel del **etlichemal** några gånger; en och annan gång
Etrusker - *m* etrusk[er] **etruskisch** etruskisk
Etüde *-n f, mus.* etyd
Etui [ɛt'vi:, e'tỹi:] *-s n* etui, fodral **-kleid** *-er n* åtsittande helskuren klänning
etwa 1 omkring, ungefär; ~ *5 Kilo* ungefär (cirka) 5 kilo; *in* ~ *ist das richtig* på ett ungefär är det riktigt **2** kanske, väl, eventuellt; till exempel; ~ *nicht?* är det inte så?; *es ist nicht* ~, *daß ich denke* det är inte så att jag (inte för att jag) tror; *Sie denken doch nicht* ~, *daß* Ni tror väl inte att; *wenn wir* ~ *denken* om vi t. ex. tror **etwaig** möjlig, eventuell
etwas (*vard. was*) något, någonting, en smula, litet; *da liegt* ~ *där ligger* [det] någonting; ~ *Schönes* någonting vackert; ~ *Geld* några (litet) pengar; ~ *Deutsch reden* tala litet tyska; *es hat* ~ *Lächerliches an sich* det verkar en smula löjligt; *er gilt* ~ *han är* någon; *so* ~ *von Liebe!* en sådan kärlek!; *nein, so* ~*!* är det möjligt?, har man sett på maken!; *es geht niemand* ~ *an* det angår inte någon; *schäm dich was!* (*vard.*) vet skäms!; *es zu* ~ *bringen* gå långt; *es wird* ~ *aus ihm werden* det kommer att bli någonting [stort] av honom; *das will* ~ *bedeuten* det har någonting (en hel del) att betyda **Etwas - -** *n* något; *sie hat so ein gewisses* ~ det är ngt visst med henne; *ein kleines* ~ en liten varelse
Etymologe *-n -n m* etymolog **Etymologie** *-n f* etymologi **etymologisch** etymologisk
etzlich *åld., skämts., se etlich*
euch *se ihr I 2*
Eucharistie [ɔyça-] *-n f, relig.* eukaristi, nattvard[smål]
euer (*i brev o. titlar Euer*) *pron* **1** *pers., se ihr I 2* **2** *poss.* (*för böjning jfr mein*) er; *dieses Haus ist das* ~*e* (*eure*) detta hus är ert; *Eure Exzellenz* Ers excellens; *eure Mutter* er mamma; ~ *Vater* (*Kind*) er far (ert barn) **'euer'seits** för er del, å er sida **'euers'gleichen** en sådan (sådana) som ni, er [jäm]like, era [jäm]likar **'euert**|**'halben, -'wegen** för er skull **'euert-'willen** *um* ~ för er skull
Eugenetik [ɔyge'ne:-] *0 f*, **Eugenik** *0 f* [ɔy-'ge:-] eugenik, rasförädlingslära
Eukalypt|**us** [ɔy-] *-en el.* *-us m* eukalypt-us[träd]
Euklid [ɔy'kli:t] *0 m* Euklides **euklidisch** euklidisk
Eule *-n f* **1** uggla; ~*n nach Athen tragen* bära ugglor till Aten **2** nattfly (*fjäril*) **3** *vard.* häxa, kärring; brud **4** *nty.* dammvippa **5** *dial.* polis, nattvakt **eulenäugig** med god nattsyn

Eulenfalter - *m* nattfly (*fjäril*) **Eulenflucht** *0 f, nty.* skymning **Eulenspiegel** - *m* upptågsmakare **Eulenspiegel**|**ei** *-en f,* **-streich** *-e m* upptåg, skälmstycke
Eumenide [ɔy-] *-n f* eumenid, hämndgudinna
Eunuch [-'ñu:x] *-en -en m* eunuck **Euphemism**|**us** *-en m* eufemism, förskönande omskrivning **euphemistisch** eufemistisk **Euphorbi**|**a** *-en f, bot.* euforbia, törel **Euphorie** *0 f* eufori; optimism **euphorisch** euforisk; optimistisk
Eurasier [ɔy-] - *m* eurasier **Euratom** *0 f, förk. för Europäische Gemeinschaft für Atomenergie*
eure *se euer* **2** **'eurer'seits, 'euret'halben** *etc., se euerseits, euerthalben etc.* **eurige** *se euer* **2**; *die E~n* de era, era anhöriga
Eurodollars ['ɔyro-] *pl* eurodollar **Eurokommunismus** *0 m̃* eurokommunism **Europa** *0 n* Europa **Europäer** - *m* europé **europäisch** europeisk **europäisieren** europeisera **Europameisterschaft** *-en f, sport.* europamästerskap **Europarat** *0 m, polit., der* ~ Europarådet **Europastraße** *-n f* europaväg
Eurovision *0 f* eurovision
Euter - *n* juver
Euthanasie [ɔy-] *0 f* eutanasi, dödshjälp
ev. *förk. för evangelisch* evangelisk **eV** *förk. för Elektronenvolt* elektronvolt **e.V., E.V.** *förk. för eingetragener Verein* inregistrerad förening
Eva ['e:fa, äv. 'e:va] *-s f* Eva, kvinna; *als* ~*s baden* bada nakna (*om kvinnor*)
evakuieren [-v-] evakuera **Evakuierung** *-en f* utrymning, evakuering
evalvieren [eval'v-] evalvera, bedöma värdet av
evangelisch [-v-] **1** evangelisk **2** protestantisk
evangelisieren omvända (*t. kristendomen*)
Evangelist *-en -en m* evangelist; [väckelse]predikant **Evangeli**|**um** *-en n* evangelium; *das* ~ *des Matthäus* Mattheusevangeliet; *der Faust ist sein* ~ (*bildl.*) Faust är hans bibel
Evaporation [-v-] *-en f* evaporation, avdunstning **Evaporator** *-en m* evaporator; sprayer **evaporier**|**en 1** *s* avdunsta **2** spraytorka; *-te Milch* torrmjölk **evasiv** *åld.* undvikande **Evasion** *-en f* massflykt; *åld.* undanflykt **evasiv** *åld.* undvikande
Evas|**kostüm** *0 n, vard.* evakostym; *im* ~ naken **-tochter** *-† f* eva[s]dotter
Eventualantrag [-v-] *-eᵗ m, jur.* alternativt yrkande **Eventualfall** *-eᵗ m* eventuellt fall **Eventualhaushalt** *0 m* (*i budget*) oförutsedda utgifter **Eventualität** *-en f* eventualitet **eventu'aliter** *åld.* eventuellt **eventuell** eventuell
Evergreen ['ɛvεgri:n] *-s m n* evergreen
evident [-v-] uppenbar, evident **Evidenz** *0 f* evidens, klarhet; *er wird in* ~ *geführt* (*österr.*) han är upptagen på listan **Eviktion** *-en f, jur.* fråntagande, konfiskation **Evokation** *-en f, jur.* kallelse (*infor rätta*) **Evolute** *-n f, mat.* evoluta **Evolution** *-en f* evolution, utveckling **Evolutionstheorie** *0 f, die* ~ evolutionsteorin, utvecklingsläran **Evolvente** [-'v-] *-n f, mat.* evolvent
Ew. *förk. för Euer, Eure, se euer* **2**
Ewer - *m, nty.* läktare, pråm
E-Werk *-e n* elverk
EWG *0 f, förk. för Europäische Wirtschaftsgemeinschaft; die* ~ EEC
ewig evig; *der E~e* den evige (*gud*); *in den* ~*en Frieden eingehen* (*poet.*) ingå i den eviga

vilan; *der* ~*e Jude* den vandrande juden; ~*er Kalender* evighetskalender; *du mit deinem* ~*en Reden (vard.)* du med ditt eviga (evinnerliga) prat; *für* ~*e Zeiten* för evärdliga tider; *e-n seit* ~*en Zeiten nicht gesehen haben* inte ha sett ngn på evigheter; *auf* ~ för evigt; ~ *und drei Tage dauern (skämts.)* vara i all evighet; *soll das immer und* ~ *so bleiben?* skall det alltid vara så?; *das lerne ich* ~ *nicht* det lär jag mig aldrig i livet; *es ist* ~ *schade (vard.)* det är verkligen synd **Ewigkeit** *-en f* evighet; *e-e* ~ *dauern (vard.)* ta en evighet; *e-n seit* ~*en nicht gesehen haben* inte ha sett ngn på evigheter; *bis in alle* ~ i all oändlighet **ewiglich** *poet.* evigt, i all evighet **ex 1** *vard.*, ~*!* botten upp! **2** *vard.* slut; *die Freundschaft ist* ~ vänskapen är slut **3** f.d., före detta **exakt** exakt **Exaktheit** *0 f* exakthet **exaltier|en** *rfl* bli [hysteriskt] upprörd; *-t* exalterad, överspänd **Exaltiertheit** *0 f* överspändhet
Exam|en *-en el. -ina n* examen; *durchs* ~ *fallen, im* ~ *durchfallen* bli underkänd (köra) i examen; *im* ~ *stehen* vara uppe i examen; *ins* ~ *steigen* gå upp i examen; *sein* ~ *bauen (vard.)* ta examen; *das* ~ *mit Eins bestehen* klara examen med högsta betyg **Examensarbeit** *-en f* examensskrivning **Examinand** *-en -en m* examinand **Examinator** *-en m* examinator **examinieren** examinera
Ex'audi *0 m [der Sonntag]* ~ sjätte söndagen efter påsk **Exegese** *-n f* exeges, bibeltolkning **exegetisch** exegetisk
exekutieren verkställa *(dom)*; avrätta; *österr. äv.* ta i mät **Exekution** *-en f* exekution; avrättning; *österr. äv.* utmätning **Exekutive** [-və] *0 f*, **Exekutivgewalt** *0 f* verkställande (exekutiv) makt **Exekutor** *-en m* verkställare; *österr. äv.* exekutor
Exempel - *n* exempel; *die Probe aufs* ~ *machen* pröva ngt i praktiken **Exemplar** *-e n* exemplar **exemplarisch** exemplarisk **Exemplifikation** *-en f* exemplifiering **exemplifizieren** exemplifiera
exen *vard.* **1** relegera **2** skolka
Exe'quatur *-en n, jur.* exekvatur **E'xequien** *pl, kat.* exekvier **exerzieren** *mil.* exercera **Exerzierpatrone** *-n f* övningsskott **Exerzierplatz** *-e† m* exercisplats **Exerzitien** *pl, kat.* andliga övningar, exercitier **Exhalation** *-en f, med.* utandning; *geol.* gasutströmning *(ur vulkanisk bergart)* **Exhaustor** *-en m* fläkt, ventilator **Exhibitionismus** *0 m* exhibitionism **Exhibitionist** *-en -en m* exhibitionist **Exhumation** *-en f* gravöppning **exhumieren** gräva upp *(ur grav)*
Exi *-s m, sl.* bracka, "Svensson"
Exil *-e n* exil; landsflykt; *ins* ~ *gehen* gå i landsflykt; *e-n ins* ~ *schicken* landsförvisa ngn **Exilliteratur** *-en f* exillitteratur **existent** existerande, befintlig **Existentialismus** *0 m, filos.* existentialism **Existentialist** *-en -en m* existentialist **Existenz** *-en f* existens **existenzfähig** livsduglig **Existenzkampf** *0 m, der* ~ kampen för tillvaron **Existenzminimum** *0 n* existensminimum **existieren** existera; *davon kann niemand* ~ det kan ingen leva på; *nicht* ~*d* obefintlig **Exitus** *0 m, med.* död[sfall], exitus
exkl. *förk. för exklusive* **Exklave** [-və] *-n f* exklav **exkludieren** *åld.* utesluta **exklusiv** exklusiv **exklusive** [-və] exklusive; ~ *der*

Mahlzeiten (gen.) exklusive (utom) måltiderna **Exklusivität** [-v-] *0 f* exklusivitet **Exkommunikation** *-en f* exkommunikation, bannlysning **exkommunizieren** exkommunicera, bannlysa **Exkremente** *pl* exkrementer **Exkret** *-e n med.* exkret **Exkretion** *-en f, med.* exkretion, utsöndring **exkulpieren** *jur.* rentvå från skuld, rättfärdiga **Exkurs** *-e m* exkurs, utvikning från ämnet **Exkursion** *-en f* exkursion
Exlibris - - *n* exlibris **Exmatrikel** *-n f* intyg om bedrivna studier *(vid lämnandet av universitet el. högskola)* **Exmatrikulation** *-en f* strykning ur universitetsmatrikel **exmatrikulieren** stryka ur universitetsmatrikel; *sich* ~ *lassen (ung.)* lämna universitetet **Exmeister** - *m, sport.* före detta mästare **Exminister** - *m* före detta minister **Exmission** *-en f, jur.* vräkning, avhysning **exmittieren** *jur.* vräka **Exodus** *-se m* exodus, uttåg **exogen** [-g-] exogen **exorbitant** omåttlig, oerhörd **exorzieren** driva ut *(ond ande)* **Exorzism|us** *-en m* exorcism, djävulsutdrivning **Exosmose** *0 f, kem.* exosmos **Exosphäre** *0 f* exosfär **Exot** *-en -en m*, **Exote** *-n -n m* människa (djur, växt, värdepapper) från exotiskt land **Exoteriker** - *m* utomstående; oinvigd **exotherm** *kem.* exotermisk **Exotik** [ε'kso:-] *0 f* exotiskt väsen **exotisch** exotisk
Expander - *m, gymn.* expander **expandieren** *h el. s* expandera **Expansion** *-en f* expansion; utvidgning **Expansionspolitik** *0 f* expansionspolitik **Expansionsventil** *-e n* expansionsventil **expansiv** expansiv **expatriieren** landsförvisa **Expedient** *-en -en m, ung.* expeditör; speditör **expedieren** expediera, försända **Expedition** *-en f* expedition **Expenses** *pl, åld.* utgifter, kostnader **expensiv** kostsam **Experiment** *-e n* experiment **experimental** experimentell, experiment[al]- **Experimentalphysik** *0 f* experimentalfysik **Experimentator** *-en m* experimentator **experimentell** experimentell; ~ *erproben* pröva på experimentell väg **experimentieren** experimentera **Experimentiertheater** - *n* experimentteater **expert** *åld.* förfaren; ~ *sein* vara expert *(in, auf* + *dat.* på) **Experte** *-n -n m* expert **Expertise** *-n f* expertutlåtande **expertisieren** avge ett sakkunnigutlåtande om
Expl. *förk. för Exemplar* **Explanation** *-en f* förklaring **explanieren** förklara, lägga ut *(text)* **Explantation** *-en f, med.* explantation **explizit** *adj* explicit **ex'plizite** *adv* explicit **explodieren** *s* explodera *(äv. bildl.)* **Exploitation** [εksploata'tsjo:n] *0 f* exploatering **Exploiteur** [εksploa'tø:ʁ] *-e m* exploatör **exploitieren** exploatera **Exploration** *-en f* undersökning **explorieren** undersöka **explosibel** explosiv **Explosion** *-en f* explosion **Explosionsmotor** *-en f* förbrännings-, explosions|motor **explosionssicher** explosionssäker **explosiv** explosiv **Explosivlaut** *-e m*, *språkv.* klusil, explosiva **Explosivstoff** *-e m* explosivt ämne; *bildl.* sprängstoff **Exponent** *-en -en m* exponent *(äv. mat.)* **exponier|en** exponera; *sich e-r Gefahr (dat.)* ~ utsätta sig för en fara; *-t (äv.)* utsatt **Export** *-e m* export **exportabhängig** beroende av export **Exportartikel** - *m* export|artikel, -vara **Exportbier** *-e n* exportöl **Exporten** *pl* exportvaror **Exporteur** [-'tø:ʁ] *-e m* exportör **Exportgenehmigung** *-en f* exporttillstånd **Ex-**

portgeschäft -*e n* exportaffär **Exporthandel** *0 m* utrikeshandel **exportieren** exportera **Exportindustrie** -*n f* exportindustri **Exportkauf|mann** -*leute m* exportör **Exportüberschu|ß** -*sse*† *m* exportöverskott **Exposé** -*s n* exposé **Exposition** -*en f* **1** exposition; framställning; indelning, disposition **2** *foto.* exponering **3** expo, utställning **Expositur** -*en f* **1** församling; annexkyrka **2** *österr.* filial; skola i annexbyggnad **expreß** ~ *senden* sända express **Expreß** -*züge m* expresståg **Expreßgut** -*er*† *n* expressgods **Expressionismus** *0 m* expressionism **Expressionist** -*en -en m* expressionist **expressionistisch** expressionistisk **expressiv** expressiv, uttrycksfull **Expreßzug** -*e*† *m, åld. el. schweiz.* expresståg **exproprieren** expropriera **exquisit** [ɛkskvi'ziːt] utsökt **Exsikkation** *0 f, kem.* uttorkning **Exsikkator** -*en m, kem.* exsickator, torkapparat **exspiratorisch** *fonet.* exspiratorisk **exspirieren** *med.* utandas **Extempo'ral|e** -*ien n, skol.* skrivning utan hjälpmedel **Ex'tempore** -*s n* improviserat inlägg **extemporieren** extemporera, improvisera **extensibel** *åld.* uttänjbar **extensiv** extensiv (*äv. jordbr.*) **extern** extern, yttre; *med.* utvärtes **Externe(r)** *m f, adj böjn.* extern, studerande som inte bor på internatet; examinand som inte går på skolan **Externist** -*en -en m* **1** *se Externe(r)* **2** specialist på utvärtes sjukdomar **3** patient i öppen vård **exterritorial** exterritori|ell, -al- **Exterritorialität** *0 f* exterritorialitet **extra I** *adv* extra; separat; ~ *angefertigt* specialtillverkad; *es geht mir nicht* ~ (*vard.*) det går inget vidare för mig, jag mår inte särskilt bra **II** *oböjl. adj* extra, särskild, speciell; *e-e* ~ *Belohnung* en särskild belöning; *etw. E~es* (*vard.*) ngt alldeles särskilt **Extra** -*s n* extra tillbehör (förmån *e.d.*) **Extrablatt** -*er*† *n* extra|blad, -nummer **extrafein** extrafin **extrahieren** extrahera **Extrakt** -*e m* **1** extrakt **2** utdrag, sammanfattning (*ur, av bok e.d.*) **Extraktion** -*en f* extraktion **Extraneer** [-tr'aːneŋ] - *m,* Ex'trane|us -*er el. -i m, se Externe(r)* **extraordinär** extraordinär, osedvanlig **Extraordinari|us** -*en m, ung.* professor (*som inte leder institution*) **Extrapolation** -*en f mat.* extrapolering **Extrapost** *0 f, hist.* ilpost **extravagant** [-v-] extravagant **Extravaganz** -*en f* extravagans **extravertiert** [-v-] extro-, extra|vert **Extrawurst** *0 f, skämts., er will immer e-e* ~ [*gebraten*] *haben* han vill alltid ha ngt särskilt, för honom måste man alltid göra sig extra besvär **extrem** extrem; *er ist ein E~er* han är extremist; ~*e Werte* minimi- o. maximivärden **Extrem** -*e n* ytterlighet; *die* ~*e berühren sich* ytterligheterna berör varandra; *von e-m* ~ *ins andere* från den ena ytterligheten till den andra **Extremism|us** -*en m* extremism **Extremist** -*en -en m* extremist **Extremistenerla|ß** -*sse m* (*i BRD*) förordning gällande anställning av politiska extremister i offentlig tjänst **extremistisch** extremistisk **Extremität** -*en f* extremitet **extrovertiert** [-v-] *se extravertiert*
Ex-und-hopp-Flasche -*n f, vard.* engångsflaska
Exz. *förk. för Exzellenz* **exzellent** utmärkt, excellent **Exzellenz** -*en f* excellens **Exzenter** - *m, tekn.* excenter **Exzenterscheibe** -*n f* excenterskiva **exzentrisch** excentrisk (*äv. bildl.*) **Exzentrizität** -*en f* excentricitet; excentriskt infall **exzerpieren** excerpera **Exzerpt** -*e n* excerpt **Exze|ß** -*sse m* excess **exzessiv** överdriven; ~*es Klima* kontinentalklimat
EZU *förk. för Europäische Zahlungsunion*; *die* ~ Europeiska betalningsunionen **E-Zug** -*e*† *m, förk. för Eilzug* snabbgående persontåg

F

F 1 - - *n* (*bokstav, ton*) f; *nach Schema* ~ slentrianmässigt, på det gamla vanliga sättet **2** *beteckning för F-Dur* F-dur **f 1** - - *n* (*bokstav, ton*) f **2** *beteckning för f-Moll* f-moll **f.1** *förk. för für* **2** *förk. för folgende Seite* f, och följande [sida]
Fabel -*n f* fabel; *bildl. äv.* skepparhistoria; *litt. hist.* händelseförlopp, diktnings grundplan, intrig **fabelhaft** fabulös, sagolik, fantastisk; fenomenal **fabeln** fabla, fantisera, dilla **Fabeltier** -*e n* fabel-, sago|djur **Fabelwelt** *0 f* sagovärld **Fabelwesen** - *n* sagoväsen
Fabrik -*en f* fabrik; *in die* ~ *gehen* (*vard.*) arbeta på fabrik **Fabrikanlage** -*n f* fabriksanläggning **Fabrikant** -*en -en m* fabrikör, fabrikant **Fabrikarbeiter** - *m* fabriksarbetare **Fabrikat** -*e n* fabrikat; produkt **Fabrikation** -*en f* fabrikation, tillverkning **Fabrikationsfehler** - *m* fabrikationsfel **Fabrikbesitzer** - *m* fabriksägare, fabrikör **Fabrikgebäude** - *n* fabriksbyggnad **Fabrikgeheimnis** -*se n* fabrikationshemlighet **Fabrikmarke** -*n f* fabriksmärke **fabrikmäßig** fabriksmässig, industriell; ~ *hergestellt* serietillverkad, fabriksgjord **fabrikneu** fabriksny **Fabriknummer** -*n f* tillverknings-, serie|nummer **Fabrikpreis** -*e m* fabrikspris **Fabrikware** -*n f* fabriksvara **Fabrikzeichen** - *n* fabriksmärke **fabrizier|en** fabricera, tillverka; *was hast du nun wieder* -*t?* (*vard.*) vad har du nu ställt till med igen?
Fabulant -*en -en m* [fantasifull] pratmakare **fabulieren** fabulera **fabulös** *skämts.* otrolig, fantastisk
Facelifting ['feɪs-] -*s n, med.* ansiktslyftning **Facette** [fa'sɛtə] -*n f* fasett **Facettenauge** -*n n* fasettöga **Facettenglas** -*er*† *n* fasetterat glas **Facettenschliff** *0 m* fasettslipning **facettieren** fasettera, fasettslipa
Fach -*er*† *n* **1** fack; ämne; fält (*på dörr e.d.*); *das schlägt in mein* ~ det hör till mitt [kompetens]område; *Meister seines* ~*es* mästare på sitt område; *vom* ~ *sein* vara fackman **2** [väv]skäl **Facharbeiter** - *m* fack-, yrkes|arbetare **Facharzt** -*e*† *m* specialist (*läkare*) **fachärztlich** *sich* ~ *beraten lassen* rådfråga en specialist; ~ *es Gutachten* specialistutlåtande **Fachausbildung** -*en f* fackutbildning **Fachausdruck** -*e*† *m* fack|uttryck, -term **Fachberater** - *m* konsulent; konsult, [tek-

nisk] rådgivare **Fachbereich** -*e m* **1** *se Fachgebiet* **2** *univ. ung.* institutionssammanslutning **Fachbuch** -*er*† *n* fack-, läro|bok; *Fachbücher* (*äv.*) facklitteratur **Fachdidaktik** -*en f* ämnesmetodik
fächeln fläkta (*äv. m. solfjäder*) **fachen** *se anfachen* **Fächer** - *m* solfjäder **fächerförmig** solfjäder[s]formig
1 fächern 1 *se fächeln* **2** dela upp **2 fächern** indela i fack
Fächerpalme -*n f* solfjäderspalm
Fächerung 0 *f* indelning i fack **Fachgebiet** -*e n* ämnesområde, fack, specialitet **Fachgelehrte(r)** *m, adj böjn.* expert, specialist (*på vetenskapligt område*) **fachgemäß** fackmässig **Fachgenosse** -*n* -*n m* kollega **fachgerecht** fack[manna]mässig, yrkesmässig
Fach|geschäft -*e n* specialaffär -**größe** -*n f* auktoritet, kapacitet -**gruppe** -*n f* yrkes-, fack|grupp; arbetsgrupp -**handlung** -*en f* specialaffär -**hochschule** -*n f* [fack]högskola -**idiot** -*en* -*en m* fackidiot -**kenntnis** -*se f* special-, fack|kunskap -**kraft** -*e*† *f* specialist; yrkesarbetare; *Fachkräfte* (*äv.*) fackfolk -**kreis** -*e m, in* ~*en* i fackkretsar, bland fackmän
fachkundig kompetent, yrkesskicklig **Fachlehrer** - *m* ämneslärare **Fachleute** *pl* fackmän **fachlich** fack-, special-, facklig **Fachliteratur** 0 *f* facklitteratur **Fach|mann** -*leute, ibl.* -*männer m* fackman, expert, specialist **fachmännisch** fackmannamässig, sakkunnig; ~*es Urteil* expertomdöme **Fachnorm** -*en f, tekn.* standard **Fachrichtung** -*en f* ämnesinriktning, specialområde **Fachschule** -*n f* fackskola **Fachsimpelei** -*en f* yrkesprat **fachsimpeln** prata yrke, prata om jobbet **Fach|sprache** -*n f* fackspråk -**studi|um** -*en n* fack-, yrkes-, special|studium
fachübergreifend ämnes|övergripande, -integrerande
Fach|verband -*e*† *m* yrkesförbund (*på arbetsgivarsidan*) -**werk** 0 *n* fackverk; korsvirke -**werkhaus** -*er*† *n* korsvirkeshus -**wort** -*er*† *n* fack|ord, -term -**wörterbuch** -*er*† *n* fack-, special|ordbok -**zeitschrift** -*en f* facktidskrift
Fackel -*n f* fackla; bloss **Fackeldistel** -*n f* fikonkaktus **Fackellauf** -*e*† *m* fackellopp (*för att tända olympiska elden*) **fackeln** *vard.* tveka, söla; *nicht lange fackelt!* kom igen!
Fackelzug -*e*† *m* fackeltåg
Façon [fa'sõ:] -*s f, se Fasson*
fad[e] fadd; trist, tråkig, ointressant; *fades Bier* avslaget öl; *fader Kerl* (*vard.*) tråkmåns; *e-n faden Geschmack im Munde haben* ha dålig smak i munnen
fädel|n 1 trä på (*nål*) **2** *der Stoff* -*t* tyget luddar av sig **3** *vard.* fixa, ordna **Faden 1** -† *m* tråd (*äv. bildl.*); fiber; snöre; elektr. glödtråd, katod; *der rote* ~ *den röda tråden*; *da beißt die Maus keinen* ~ *ab* (*vard.*) det går det inte att rucka på (är alldeles säkert); *an e-m* ~ *hängen* hänga på en tråd; *keinen guten* ~ *an e-m lassen* (*vard.*) ta heder o. ära av ngn; *keinen guten* ~ *miteinander spinnen* (*vard.*) inte förstå varandra så väl; *alle Fäden in der Hand haben* (*halten*) hålla i trådarna; *den* ~ *verlieren* (*bildl.*) tappa tråden; *Fäden ziehen* tråda sig **2** -*n famn* (*längdmått*) **Fadenbakterien** *pl* trådbakterier **fadenförmig** trådformig **fadengerade** trådrät **Fadenglas** 0 *n* filigrans-

glas **Fadenheftung** 0 *f, bokb.* trådhäftning **Fadenkreuz** -*e n, opt.* hårkors **Fadennudeln** *pl* vermiceller **fadenscheinig** tråd-, lugg|sliten; ~*e Ausrede* (*bildl.*) slitet svepskäl; ~*er Anzug* (*äv.*) sjaskig kostym **Fadenwurm** -*er*† *m* trådmask **Fadenzähler** - *m, text.* trådräknare
Fadheit 0 *f* faddhet; smaklöshet; tråkighet *etc.*, *jfr fad*[*e*]
Fading ['feɪdɪŋ] 0 *n, radio.* fading
fadisieren *rfl, österr.* ha [det] tråkigt
Fagott -*e n* fagott **Fagottist** -*en* -*en m* fagottist
Fähe -*n f, jakt.* [räv-, mård-, grävlings]hona
fähig skicklig; kunnig; begåvad; *e-s Betrugs* ~ i stånd till ett bedrägeri; *zu allem* ~ i stånd till allt; *dazu bin ich nicht mehr* ~ (*äv.*) jag orkar jag inte längre **Fähigkeit** -*en f* begåvning; kunnighet; förmåga; anlag; färdighet; *ein Mann von großen* ~*en* en utomordentligt duglig man; *bei seinen* ~*en könnte er så begåvad* som han är kunde han
fahl blek; matt; askgrå **fahlgrau** blygrå **Fahlheit** 0 *f* blek-, matt|het **Fahlwild** 0 *n, jakt.*, *se Steinwild*
Fähnchen - *n* liten fana (flagga), vimpel; *vard.* [klännings]trasa
fahnden *nach e-m* (*etw.*) ~ efterlysa (efterspana) ngn (ngt) **Fahndung** -*en f* efterlysning, spaning **Fahndungsliste** -*n f* lista över efterspanade [personer]
Fahne -*n f* **1** fana, flagga; vindflöjel; *bei der* ~ *dienen* vara soldat, tjäna fanan; *die* ~ *hochhalten* (*vard.*) inte ge upp, bära fanan högt; *die* ~ *nach dem Winde drehen* vända kappan efter vinden **2** *boktr.* spaltkorrektur **3** (*moln-, rök-*) slinga, strimma **4** fan (*på fjäder*) **5** *bot.* segel **6** *e-e* ~ *haben* (*vard.*) lukta sprit **Fahnenabzug** -*e*† *m* avdrag av spaltkorrektur **Fahneneid** -*e m, mil.* faned, trohetsed **fahnenflüchtig** ~ *werden* desertera **Fahnenflüchtige(r)** *m, adj böjn.* desertör **Fahnenstange** -*n f* flaggstång **Fahnenweihe** -*n f* faninvigning **Fähnlein** - *n* liten fana; *hist.* grupp landsknektar under egen fana **Fähnrich** -*e m* **1** *hist.* fanbärare **2** officersaspirant
Fahrausweis -*e m* **1** färdbevis, biljett **2** *schweiz.* körkort **Fahrbahn** -*en f* körbana **fahrbar** far-, kör|bar; framkomlig (*om väg*), segelbar (*om flod*); transportabel **Fahrbereich** -*e m* aktionsradie **fahrbereit** körklar
Fahrbibliothek -*en f* bokbuss
Fahr|bücherei -*en f* bokbuss -**damm** -*e*† *m, dial.* körbana -**dauer** 0 *f* kör-, åk|tid -**dienst** 0 *m, järnv.* trafiktjänst -**dienstleiter** - *m* tågklarerare -**draht** -*e*† *m* kontakt|tråd, -ledning
Fähre -*n f* färja
Fahreigenschaften *pl* kör-, väg|egenskaper
fahr|en *fuhr, führe, gefahren, fährst, fährt* **1** *s* fara, köra, resa, åka, färdas, (*om trafikmedel*) gå; *er ist nach München gefahren* han har rest till München; *erster Klasse* ~ resa (åka) [i] första klass; *wann fährt der nächste Zug?* när går nästa tåg?; *sie fährt gut* (*äv.*) hon är en bra bilförare; *Sie* ~ *besser, wenn der är bättre för Er om*; *e-m an die Kehle* ~ flyga i strupen på ngn; *aus dem Bett* ~ fara (rusa) upp ur sängen; *bei diesem Geschäft ist er gut gefahren* (*vard.*) där har han gjort en bra affär; *man fährt bis dahin 3 Stunden* man kör dit på 3 timmar; *ein Gedanke fuhr mir durch den*

Kopf en tanke for genom huvudet på mig; *gen Himmel* ~ uppstiga till himlen; *der Blitz ist in den Baum gefahren* blixten slog ner i trädet; *was ist denn in dich gefahren?* vad har flugit (farit) i dig?; *der Schreck fuhr ihm in die Glieder* han blev dödsförskräckt; *in die Kleider* ~ hoppa i kläderna; *in (auf) Urlaub* ~ fara på semester; *mit der Bahn* ~ åka tåg; *mit ihm sind wir immer gut gefahren (vard.)* vi har alltid haft bra erfarenheter av honom; *der Fuchs fährt zu Bau* räven drar sjg tillbaka till sin lya **2** *h el. s* köra, fara, tillryggalägga, "ta"; *er ist (hat) die Strecke in e-r Stunde gefahren* han körde sträckan på en timme; *er ist (hat) die beste Zeit gefahren* han körde på den bästa tiden; *e-e Kurve* ~ ta en kurva; *ein Rennen* ~ köra ett lopp; *Ski (Rollschuh)* ~ åka skidor (rullskridskor); *e-n Umweg* ~ köra (ta) en omväg; *e-m durchs Haar* ~ köra fingrarna genom håret på ngn; *mit dem Staubtuch über die Tischplatte* ~ fara med dammtrasan över bordsskivan **3** köra, skjutsa, transportera; *er hat heute lange gefahren* han har kört länge i dag; *in SAAB* ~ köra en SAAB; *den Kranken ins Krankenhaus* ~ köra den sjuke till sjukhus[et]; *den Wagen in die Garage* ~ köra in bilen i garaget; *ich -e Super* jag kör på premium[bensin]; *die Anlage wird von hier aus gefahren* anläggningen sköts härifrån; *der Wetterbericht wird täglich mehrmals gefahren* väderleksrapporten sänds flera gånger dagligen; *e-n* ~ *lassen (vard.)* prutta **4** *rfl, der Wagen fährt sich gut* bilen är lättkörd; *im (bei) Nebel fährt es sich schlecht* det är svårt att köra i dimma **Fahren** *0 n* åkande, resande *etc.*; *sie verträgt das* ~ *nicht* hon blir åksjuk; *sei vorsichtig beim* ~*!* kör försiktigt! **fahrenlassen** *st* släppa; ge upp **Fahrens|mann** *-männer el. -leute m, sjö.* skeppare; sjöman **Fahrer** *- m* [fordons]förare; chaufför, bilist; kusk; cyklist **Fahrerflucht** *0 f* smitning (*vid trafikolycka*) **Fahrer|haus** *-er† n*, **-kabine** *-n f* förarhytt **Fahrerlaubnis** *0 f* **1** tillstånd att framföra motorfordon **2** *DDR* körkort **Fahrersitz** *-e m* förarplats **Fahrgast** *-e† m* resenär, passagerare **Fahrgastraum** *-e† m* passagerarutrymme **Fahrgeld** *-er n* biljettpengar; biljettpris
Fährgeld *-er n* färjpengar
Fahrgelegenheit *-en f* transportmöjlighet, tillfälle att få åka med **Fahrgeschwindigkeit** *-en f* [kör]hastighet **Fahrgestell** *-e n* **1** underrede (*på motorfordon*), chassi **2** landningsställ (*på flygplan*) **3** *vard.* påkar (*ben*) **fahrig** fladdrig; okoncentrerad, disträ; ~*e Bewegungen* rastlösa rörelser
Fahr|igkeit *0 f* fladdrighet; nervositet; tankspriddhet, brist på koncentration **-karte** *-n f* biljett; ~ *hin und zurück (für Hin- und Rückfahrt)* tur- o. returbiljett; *e-e* ~ *lösen* lösa biljett **-kartenausgabe** *-n f* biljett|försäljning[sställe], -lucka **-kartenautomat** *-en -en m* biljettautomat **-kartendrucker** *- m* biljettlucka **-kartenschalter** *- m* biljettlucka **-komfort** *0 m* åkkomfort **-können** *0 n* körskicklighet **-korb** *-e† m* hisskorg; korg (*på linbana*) **-kosten** *pl* befordringsavgift; resekostnader **-kunst** *0 f* körskicklighet
fahrlässig vårdslös; nonchalant; ~*e Tötung (jur.)* vållande till annans död **Fahrlässigkeit** *0 f* vårdslöshet, oaktsamhet **Fahrlehrer** *- m* trafik-, körskol|lärare

Fähr|mann *-männer el. -leute m* färjkarl
Fahrnis *-se f, jur.* lös|öre, -egendom **Fahrplan** *-e† m* tidtabell, turlista **fahrplanmäßig** tidtabellsenlig, enligt tidtabellen; ~*er Zug* ordinarie tåg
Fahr|praxis *0 f* körvana; *nach längerer* ~ *war er nicht mehr so nervös* när han hade kört ganska mycket var han inte längre så nervös **-preis** *-e m* biljettpris **-preisanzeiger** *- m* taxameter **-prüfung** *-en f* körkortsprov **-rad** *-er† n* cykel **-radschlauch** *-e† m* cykelslang **-radständer** *- m* cykelställ **-radweg** *-e m* cykel|väg, -bana **-rinne** *-n f, sjö.* farled, segelränna **-schein** *-e m* [färd]biljett **-scheinheft** *-e n* biljetthäfte; rabatthäfte (*för buss e.d.*)
Fährschiff *-e n* (*större*) färja
Fahr|schule *-n f* trafikskola **-schüler** *- m* **1** trafikskoleelev **2** elev som dagligen åker kommunalt t. skolan
Fähr|seil *-e n* färjlina
Fahr|sicherheit *0 f, ung.* trafiksäkerhet **-spur** *-en f* [kör]fil **-stand** *-e† m* förarhytt; *sjö.* styrhytt **-steig** *-e m* rullande gångbana **-straße** *-n f* trafikled **-strecke** *-n f* körsträcka **-streifen** *- m* [kör]fil **-stuhl** *-e† m* **1** hiss **2** rullstol **-stuhlführer** *- m* hisskonduktör **-stunde** *-n f* körlektion
Fahrt *-en f* **1** färd, resa, tur; körning; hastighet; ~ *ins Blaue* resa (tur) med okänt mål; *freie* ~*! (järnv.)* klart [spår]!; *gute* ~*!* lycklig resa!; ~ *aufnehmen (verlieren)* öka (tappa) farten; *in* ~ *kommen (sein) (vard.)* **a)** komma (vara) i gång, **b)** komma (vara) i stämning, **c)** bli (vara) arg; *auf* ~ *gehen* ge sig ut på vandring; *nach 5 Stunden* ~ efter 5 timmars resa (färd) **2** *gruv.* stege **Fahrtausweis** *-e m* [färd]biljett, -bevis **Fahrtdauer** *0 f* kör-, åk|tid **Fährte** *-n f* spår (*äv. bildl.*); *auf der falschen* ~ *sein* vara på villospår
Fahrten|messer *- n, ung.* slidkniv **-schreiber** *- m* färdskrivare
Fahrtreppe *-n f* rulltrappa
Fahrt|richtung *-en f* kör-, färd|riktning; rörelseriktning **-richtungsanzeiger** *- m* körriktningsvisare, blinker **-schreiber** *- m* färdskrivare **-strecke** *-n f* körsträcka
fahrtüchtig **1** i stånd att föra ett fordon **2** trafikduglig
Fahrtwind *0 m* fartvind
Fahr|verbot *-e n* förbud att köra fordon **-verhalten** *0 n* **1** köregenskaper **2** körsätt **-vorschrift** *-en f* trafikregel **-wasser** *0 n* far|vatten, -led; *im richtigen* ~ *sein (bildl.)* vara på sin mammas gata (i sitt rätta element) **-weg** *-e m* körbana; lands-, kör|väg **-wind** *0 m* fartvind; [gynnsam] segelvind **-zeit** *-en f* kör-, åk|tid **-zeug** *-e n* fordon, åkdon; [flyg]farkost; fartyg **-zeugbau** *0 m* fordonstillverkning; fartygsbyggande **-zeugpark** *0 m* fordonspark
Faible ['fɛ:bl] *-s n* svaghet, förkärlek; *ein* ~ *für etw. haben* vara svag för ngt **fair** [fɛ:ɐ̯] hederlig, ärlig, just, anständig **Fairneß** ['fɛ:ɐ̯nɛs] *0 f* ärlighet *etc.*, *jfr fair*; *i sht sport.* rent spel
fäkal *med.* fekal **Fäkalien** *pl, med.* exkrementer
'**Fakir** *-e m* fakir
Fak'simile *-s n* faksimil **faksimilieren** faksimilera
faktisch I *adj* faktisk **II** *adv* faktiskt, i själva

verket **Faktor** *-en m* faktor (*äv. mat. o. yrke*) **Faktorei** *-en f* faktori **Faktot|um** *-ums el.* *-en n* faktotum **Fakt|um** *-a el.* *-en n* faktum **Faktur|[a]** *-en f* faktura **fakturieren** fakturera **Fakturist** *-en -en m* fakturist **Fa'-kultas** *Fakul'täten f* undervisningskompetens **Fakultät** *-en f* fakultet (*äv. mat.*) **fakultativ** fakultativ; ~*e Fächer* valfria ämnen **falb** black, grågul **Falbe(r)** *m, adj böjn.* grågul häst, black **Falbel** *-n f* volang, kappa (*på kjol*) **fälbeln** lägga (*tyg*) i veck; förse (*tyg*) med volang[er] **Falke** *-n -n m* falk; *polit.* hök **Falken|beize** *-n f,* **-jagd** *-en f* falkjakt **Falkner** *- m* falkenerare **Fall I** *-e† m* **1** fall; *der* ~ *Adams* syndafallet; *klarer* ~*!* (*vard.*) självklart!; *es gibt Fälle, in denen man schnell entscheiden muß* det finns tillfällen då man snabbt måste fatta ett beslut; *gesetzt den* ~, *daß* låt oss anta att; *der* ~ *liegt so* saken ligger så till, så förhåller det sig; *das ist nicht eher* ~ det är inte fallet, det stämmer inte; *wenn dies der* ~ *ist* om så är fallet; *sie ist nicht gerade mein* ~ (*vard.*) hon är inte riktigt min typ; *auf alle Fälle* i varje fall, för säkerhets skull; *auf jeden* ~ i varje fall, under alla omständigheter; *auf keinen* ~ absolut inte, under inga omständigheter; *für alle Fälle* för alla eventualiteter, för säkerhets skull; *im* ~[*e*], *daß* ifall, om; *im besten* (*schlimmsten*) ~ i bästa (värsta) fall; *in jedem* ~ i vilket fall som helst; *im* (*für den*) ~ *e-s Krieges* i händelse av (om det blir) krig; *zu* ~ *bringen* fälla (*äv. bildl.*), bringa på fall; *zu* ~ *kommen* falla (*äv. bildl.*) **2** fall, mål; *der* ~ *X gegen Y* målet X mot Y **3** språkv. kasus; *1.* (*2., 3., 4.*) ~ nominativ (genitiv, dativ, ackusativ) **II** *-en n, sjö.* fall **Fallbeil** *-e n* fallbila, giljotin **Fallbeschleunigung** *0 f, fys.* jordacceleration; acceleration vid fritt fall **Fallbrücke** *-n f* vindbrygga **Falle** *-n f* **1** fälla, snara; *vard.* säng; *in die* ~ *gehen* a) gå i fällan, b) *vard.* krypa till kojs; *in der* ~ *liegen* (*vard.*) ligga i sängen; *e-m e-e* ~ *stellen* gillra en fälla för ngn **2** låskolv **3** *schweiz.* dörrhandtag **fallen** *fiel, fiele, gefallen, fällst, fällt, s* **1** falla; ramla; sjunka; ~ *lassen* (*äv.*) släppa, tappa; *sich auf das Bett* ~ *lassen* kasta sig på sängen; *es fällt mir schwer* det faller sig svårt för mig; *der Antrag ist gefallen* (*äv.*) motionen har avslagits; *unsere Aussichten sind gefallen* våra utsikter har försämrats (minskat); *ein gefallenes Mädchen* en fallen flicka; *ihr Name ist auch gefallen* hennes namn kom också upp; *es ist Schnee* (*Regen*) *gefallen* det har kommit snö (regn), det har snöat (regnat); *es fielen Schüsse* (*äv.*) det kom till skottlossning; *die Stadt ist gefallen* staden har fallit; *diese Norm ist gefallen* denna norm har avskaffats; *der Stoff fällt hübsch* tyget har ett vackert fall; *die Temperatur ist gefallen* temperaturen har sjunkit; *in diesem Spiel fiel kein Tor* i den här matchen gjordes inget mål; *das Urteil ist gefallen* domen har fallit; *das Verbot ist gefallen* förbudet har upphävts; *der Vorhang fällt* ridån går ner; *der Wasserstand ist um zwei Meter gefallen* vattenståndet har sjunkit två meter; *vor e-m auf die Knie* ~ falla på knä för ngn; *auf die Nase* ~ (*vard.*) stå på näsan; *die Wahl ist auf ihn gefallen* valet föll på honom; *das Licht fällt durch die Spalte* ljuset faller in genom springan; *e-m in den Arm* ~ (*bildl.*) hejda ngn, hålla ngn tillbaka; *die Haare* ~ *mir ins Gesicht* håret faller ner i ansiktet på mig; *in* (*unter*) *dieselbe Kategorie* ~ falla under samma kategori; *der Feind ist ins Land gefallen* fienden föll in i landet; *ins Schloß* ~ falla i lås; *der Plan ist ins Wasser gefallen* planen har gått om intet; *e-m ins Wort* ~ falla ngn i talet; *dem Pferd in die Zügel* ~ fatta hästen vid tyglarna; *über e-n Stein* ~ snubbla över en sten; *e-m um den Hals* ~ falla ngn om halsen **2** fala, stupa, dö **3** infalla; *auf e-n Montag* ~ infalla på en måndag **4** *an e-n* ~ tillfalla ngn; *die Kosten* ~ *auf uns* kostnaderna faller på oss **fällen** fälla; *kem.* utfälla; *e-n* ~ (*bildl.*) bringa ngn på fall; *e-e Entscheidung* ~ träffa ett avgörande; *ein Lot* ~ (*mat.*) dra en normal; *ein Urteil* ~ fälla (avkunna) en dom **fallenlassen** *st, bildl.* uppge, avstå från, överge; låta undfalla sig; *e-n Plan* ~ överge en plan; *jfr fallen* [*lassen*] **Fallensteller** *- m* trapper; en som sätter ut fällor **Fall|gatter** *- n* fällgaller **-gesetz** *0 n, fys., das* ~ lagen om fritt fall **-grube** *-n f* fallgrop (*äv. bildl.*) **-höhe** *-n f* fallhöjd **fallieren 1** göra konkurs **2** *s, dial.* misslyckas **fällig** förfallen [till betalning]; *die Arbeit ist schon lange* ~ arbetet borde ha gjorts för länge sedan; *die Zahlung ist am 1.* ~ betalningen skall erläggas den första; *bei dir sind wohl Prügel* ~ *?* (*vard.*) du tigger visst stryk? **Fälligkeit** *0 f* förfallotid; *bei* ~ på förfallodagen **Fälligkeits|tag** *-e m,* **-termin** *-e m* förfallodag **Fallobst** *0 n* fallfrukt **Fallout** ['fɔ:laut] *-s m* radioaktivt nedfall **Fallreep** *-e n, sjö.* fallrep **Fallrohr** *-e n* stuprör **falls** om, ifall, för den händelse att **Fallschirm** *-e m* fallskärm **Fallschirmjäger** *- m* fallskärmsjägare **Fallschirmspringen** *0 n* fallskärmshoppning **Fallschirmspringer** *- m* fallskärmshoppare **Fallschirmtruppen** *pl* fallskärmstrupper **Fallstrick** *-e m, bildl.* fälla, snara; *e-m e-n* ~ *legen* lägga ut en snara för ngn **Fallstudie** *-n f* fallstudie **Fallsucht** *0 f, åld.* fallandesot, epilepsi **fallsüchtig** *åld.* epileptisk **Falltür** *-en f* fallucka **Fällung** *0 f* fällning; huggning; utfällning **fallweise** från fall till fall **Fallwind** *-e m* fallvind **falsch** falsk; felaktig; förfalskad; oäkta; svekfull; ~*e Zähne* (*äv.*) löständer; ~*er Eid* mened; ~*er Stolz* falsk stolthet; ~*e Scham* (*äv.*) överdriven blygsamhet; ~*er Hase* (*ung.*) köttfärs i ugn, köttfärslimpa; *mit dem* ~*en Bein zuerst aufstehen* vakna på fel sida; *wir sind hier* ~ (*vard.*) vi har kommit fel; *etw.* ~ *verstehen* missförstå ngt; *an den F-~en geraten* (*kommen*) komma till fel person; ~ *auffassen* missuppfatta; ~ *aussprechen* uttala fel; ~ *verbunden!* (*tel.*) fel nummer! **Falsch** *0 n, högt., ohne* ~ utan svek; *es ist kein* ~ *an ihm* det finns inget svek hos honom **fälschen** förfalska **Fälscher** *- m* förfalskare **Falschgeld** *0 n* falska pengar **falschgläubig** *åld.* kättersk, irrlärig **Falschheit** *0 f* falskhet **falschlich** felaktig, oriktig; med orätt; av misstag '**fälschlicher'weise** med orätt; av misstag **Falschmeldung** *-en f* falskt uppgift meddelande; [tidnings]anka **Falschmünzer** *- m* falskmyntare **Falschmünzerei** *0 f* falskmynteri **falschspielen** spela falskt, fuska **Falsch-**

spieler - *m* falskspelare **Fälschung** -*en f* förfalskning; falsifikat
Falsett -*e n* falsett **falsettieren** sjunga i falsett
Falsifikat -*e n* falsifikat
faltbar vikbar; hopfällbar **Faltblatt** -*er† n* folder **Faltboot** -*e n* faltbåt, hopfällbar kanot **Falte** -*n f* veck (*äv. geol.*); fåra, rynka; ~*n schlagen* (*werfen*) vecka sig, lägga sig i veck; *die Stirn in* ~*n ziehen* rynka pannan **fälteln** plissera, vika i täta små veck **falten** vecka; rynka; lägga i veck; vika ihop; *die Hände* ~ knäppa [ihop] händerna; *die Stirn* ~ rynka pannan **Faltenbalg** -*e† m* vagnsbälg; [blås]-bälg **Faltengebirge** - *n, geol.* veckberg **faltenlos** utan veck; rynkfri **faltenreich** veckrik; rynkig **Faltenrock** -*e† m* [hel]veckad kjol **Faltenwurf** 0 *m* veckens fall; drapering
Falter - *m* fjäril
faltig veckad, rynkad; rynkig **Faltstuhl** -*e† m* fäll-, tält|stol **Falttür** -*en f* vikdörr **Faltung** -*en f* veckning (*äv. geol.*); rynkning
Falz -*e m* fals **Falzbein** -*e n, bokb.* falsben **falzen 1** falsa; vika **2** förtunna (*läder*) **Falzziegel** - *m* falsat taktegel
Fama 0 *f*, *högt.* rykte
familiär familjär; ~ *tun* vara som hemma **Familie** -*n f* familj; ~ *Braun* familjen Braun; *es bleibt in der* ~ (*bildl.*) det stannar oss emellan; *e-e vierköpfige* ~ en familj om fyra personer
Familien|ähnlichkeit 0 *f* familjelikhet, släkttycke **-angehörige(r)** *m f*, *adj böjn.* familjemedlem **-anschluß** 0 *m, mit* ~ där man behandlas som familjemedlem **-begräbnis** -*se n* familjegrav **-betrieb** -*e m* familjeföretag **-bild** -*er n* familjeporträtt **-buch** -*er† n, ung.* stamtavla; bok m. familjens historia **-feier** -*n f*, **-fest** -*e n* familjehögtid **-forschung** 0 *f* släktforskning, genealogi **-fürsorge** 0 *f*, *ung.* sociala stödåtgärder till familjer **-gericht** -*e n* 1 *jur.* familjerättsdomstol 2 *vard.* familjeråd[slag] **-grab** -*er† n* familjegrav **-hilfe** 0 *f*, *ung.* sjukvårdsförsäkring för familjemedlem[mar] **-kunde** 0 *f*, *se Familienforschung* **-lastenausgleich** 0 *m, ung.* [statligt] stöd till barnfamiljer (*t. ex. barnbidrag*) **-name** -*ns -n m* efternamn; släktnamn **-oberhaupt** -*er† n* familjeöverhuvud **-planung** 0 *f* familjeplanering, födelsekontroll **-rat** 0 *m* familjeråd[slag] **-recht** 0 *n, jur.* familjerätt **-stammbuch** -*er† n*, *se Familienbuch* **-stand** 0 *m* civilstånd **-stück** -*e n* släktklenod **-tag** -*e m* släktmöte **-therapie** -*n f* familje|terapi, -rådgivning **-unterhalt** 0 *m, der* ~ familjens försörjning **-vorstand** -*e† m* familjeöverhuvud **-wohnung** -*en f* familjebostad **-zulage** -*n f* familje|tillägg, -understöd (*t. arbetslös*) **-zusammenführung** -*en f* återförening av familjemedlemmar (*som skilts åt av krig*) **-zuwachs** 0 *m* tillökning i familjen
fa'mos *vard.* fenomenal; *das ist* ~ det är utmärkt (toppen)
Famul|a -*ä f*, **Famul|us** -*i el.* -*usse m* assistent, biträde; medicinare (medicine studerande) som gör sjukhuspraktik
Fan [fɛn] -*s m* fan, supporter
Fa'nal -*e n* eldsignal; *bildl.* flamma, ledstjärna
Fanatiker - *m* fanatiker **fanatisch** fanatisk **fanatisieren** uppegga [till fanatism], fanatisera **Fanatismus** 0 *m* fanatism
fand *se finden*

Fanfare -*n f* fanfar **Fanfarenzug** -*e† m* [militära] fanfarblåsare
Fang -*e† m* 1 fångst; fångande; byte; *e-n guten* ~ *machen* (*tun*) *a*) ta ett rikt [jakt]byte, *b*) *bildl.* göra ett gott kap; *auf* ~ *ausgehen* gå på rov 2 *e-m Tier den* ~ *geben* (*jakt.*) ge ett djur dödsstöten 3 *jakt.* mun, käft; hugg-, rov|tand; bete (*på vildsvin etc.*); klo (*på rovfågel*); *e-n in seinen Fängen halten* (*bildl.*) ha fått ngn i sina klor **-arm** -*e m, zool.* fång[st]arm **-ball** 0 *m* 1 (*slags*) bollspel; ~ *spielen* (*ung.*) kasta lyra 2 *bildl.* lekboll **-baum** -*e† m* [fälld] trädstam (*som skall locka skadeinsekter*) **-damm** -*e† m, byggn.* fångdamm **-eisen** - *n* [räv]sax **fangen** *fing, finge, gefangen, fängst, fängt* 1 fånga, gripa; snärja; *Feuer* ~ fatta eld (*äv. bildl.*); *e-e* ~ (*sty.*, *österr.*) få en örfil; *e-n durch Fragen* ~ få ngn att inveckla sig i motsägelser; *F*~ *spielen* leka tafatt 2 *rfl* fångas *etc.*; *sich wieder* ~ (*bildl.*) återvinna fattningen; *sich* ~ *lassen* (*äv.*) gå i fällan **Fänger** - *m* 1 uteman (*i bollspel*) 2 fälla, fångare **Fangfrage** -*n f, ung.* kuggfråga **Fanggarn** -*e n* [fiske]håv **Fanggürtel** - *m, lantbr.* skyddsring (*på fruktträd mot skadeinsekter*) **Fangleine** -*n f*, *sjö.* fånglina **Fangnetz** -*e n* 1 fångstnät 2 skyddsnät
Fango 0 *m* fango, mineralslam (*för hälsobad*)
Fang|schuß -*schüsse m, jakt.* nådaskott **-stoß** -*e† m, jakt.* nådastöt **-tuch** -*er† n* brandsegel **-vorrichtung** -*en f* säkring; fångapparat; spärr- o. gripanordning **-zahn** -*e† m* huggtand
Fant -*e m, åld.* [ung] spoling
Fantasia -*s f* [arabiskt] ryttarspel; fantasia
Fantasie -*n f* 1 *mus.* fantasi 2 *se Phantasie*
Farad - *n, elektr.* farad
Farb|abweichung 0 *f* kromatisk aberration **-aufnahme** -*n f* färgfoto **-band** -*er† n* färgband **-bild** -*er n* färgfoto **-buch** -*er† n* offentlig publikation (*t. ex. vitbok*) **-dia** -*s n* färgdia **-druck** -*e m* färgtryck
Farbe -*n f* färg, kulör; *die* ~ *dick auftragen* (*bildl.*) bre på [tjockt], överdriva; *die* ~ *wechseln a*) blekna, rodna, *b*) *bildl.* byta sida (parti, ståndpunkt) **farbecht** färgäkta **farbempfindlich** färgkänslig **färb|en** färga; *sich* (*dat.*) *die Lippen* ~ måla läpparna; *das Laub* -*t sich* löven får höstfärger; *e-n Bericht humoristisch* ~ ge en rapport en humoristisk anstrykning; *dieser Stoff* -*t* (*vard.*) det här tyget färgar av sig; *die Kirschen* ~ *sich* körsbären håller på att få färg; *gefärbt* (*äv.*) färglagd; *ironisch gefärbt* ironiskt färgad **farbenblind** färgblind **Farbenblindheit** 0 *f* färgblindhet **Farbendruck** -*e m* färgtryck **farbenfreudig** färgglad, brokig **Farbenkasten** -*† m* färglåda **farben|prächtig, -reich** färgrik, brokig **Farbensinn** 0 *m* färgsinne **Farbenspiel** 0 *n* färgspel **Farbenstreuung** 0 *f* färgspridning **Farbenzusammenstellung** -*en f* färgkombination **Färber** - *m* färgare **Färberei** -*en f* färgeri
Farbfernsehempfänger - *m* färg-TV **farbfernsehen** (*endast i inf*) se på färg-TV **Farb|fernsehen** 0 *n* färgtelevision **-fernseher** - *m*, **-fernsehgerät** -*e n* färg-TV **-film** -*e m* färgfilm **-filter** - *m n* färgfilter **-fleck** -*e m* färg|klick, -fläck **-gebung** 0 *f*, **-gestaltung** 0 *f* kolorit, färggivning, färgplanering **-glas** 0 *n* färgat glas; bländglas **-holzschnitt** -*e m* färgträsnitt
farbig färgad; färglagd; kulört; *bildl.* färg

stark, levande, omväxlande **Farbige(r)** *m f,* *adj böjn.* färgad *(människa)* **Farbigkeit** *0 f* brokighet; *bildl.* åskådlighet, färgstarkhet **Farbkarte** *-n f* färg[prov]karta **Farbkasten** *-†* *m* färglåda **Farbkissen** - *n* färg-, stämpel|-dyna **Farbkörper** - *m* färgpigment; färgämne **farblos** färglös *(äv. bildl.)*
Farb|photographie *-n f* färgfoto[grafi]; färg-fotografering -**skal|a** *-en f* färgskala -**stellung** *-en f* färg|ställning, -kombination -**stift** *-e m* färg|stift, -penna -**stoff** *-e m* färgämne -**tafel** *-n f* färgplansch -**temperatur** *-en f, fys.* färgtemperatur -**ton** *-e†* *m* färgton
Färbung *-en f* färgning, färg *(äv. bildl.);* färgton **Farbwalze** *-n f, typ.* färgvals **Farbwerk** *-e n, typ.* färgpådragningsverk **Farbwiedergabe** *0 f* färgåtergivning
Farce ['farsə] *-n f* **1** fars **2** *kokk.* färs, fyllning **farcieren** *kokk.* färsera, fylla
Farin *0 m* farin; pudersocker **Farinzucker** *0 m* farinsocker
Farm *-en f* farm **Farmer** - *m* farmare
Farn *-e m,* **Farnkraut** *-er† n* ormbunke **Farnwedel** - *m* ormbunksblad
Färöer *pl, die* ~ Färöarna **färöisch** färöisk
Farre *-n -n m, dial.* ungtjur **Färse** *-n f* kviga
Fasan *-e[n] m* fasan **Fasanengarten** *-† m,* **Fasanerie** *-n f* fasangård, fasaneri
faschieren *österr.* mala [till köttfärs] **Faschiermaschine** *-n f, österr.* köttkvarn **Faschierte(s)** *n, adj böjn., österr.* köttfärs
Faschine *-n f* faskin, risknippa
Fasching *-e el. -s m, sty., österr.* fastlag; karneval[stid] **Faschingszug** *-e† m* karnevalståg
Faschismus *0 m* fascism **Faschist** *-en -en m* fascist **faschistisch** fascistisk **faschistoid** fascistoid
Fase *-n f* fas; avfasning
Fasel - *m* avelsdjur **Faselei** *-en f, vard.* svammel, snack **Faseler** - *m, vard.* svamlare **Faselfehler** - *m* fel på grund av tanklöshet, slarvfel **Faselhans** *-e[†] m, vard.* svamlig (virrig) pojke **Faselhengst** *-e m* avelshingst **faselig** *vard.* virrig; svamlig **Faselliese** *-n f, vard.* svamlig (virrig) [ung] flicka **fasel|n** *vard.* slarva, hafsa; svamla; *der ~t was zusammen!* han kan prata!
Faser *-n f* fiber, tråd, tåga; *etw. mit allen -n seiner Seele wünschen* önska ngt av hela sin själ **faserig** trådig, fibrig **fasern** repa (rispa) upp sig, fransa sig **'faser'nackt** spritt [språngande] naken **Faserpflanze** *-n f* fiberväxt **Faserplatte** *-n f* fiberplatta **Faserschreiber** - *m* spritpenna **Faserstoff** *-e m* fibermaterial; fibröst material; fibrin **Faserung** *-en f* textur; struktur; ådring *(i trä);* vattring *(i papper)*
Fashion ['fɛʃn] *0 f* fashion, mode; god ton; förnämhet
Fasler - *m, se Faseler* **fasrig** *se faserig*
Fa|ß *-sser†* *n* **1** fat, tunna; *zwei ~ Bier* två tunnor öl; *das schlägt dem ~ den Boden aus!* det är ändå höjden!; *voll wie ein ~ (vard.)* full som en kaja; *ein ~ ohne Boden (bildl.)* ett sisyfusarbete; *altes ~! (vard. ung.)* tjockis!; *vom ~* från fat, fat- *(om öl e.d.)* **2** *vard.* snitsare
Fassade *-n f* fasad; *bildl. äv.* utanverk **Fassadenbeleuchtung** *-en f* fasadbelysning **Fassadenkletterer** - *m* fasadklättrare
Faßband *-er† n* tunnband
faßbar fattbar, begriplig
Faßbier *-e n* fatöl **Faßbinder** - *m, sty., österr.*

tunnbindare **Faßbinderei** *-en f, sty., österr.* tunnbinderi **Fäßchen** - *n* kagge **Faßdaube** *-n f* lagg, tunnstav
fassen 1 fatta, gripa, ta [fast]; *bildl.* fatta, begripa; *faß! (t. hund)* buss på!; *Angst faßte uns* vi greps av rädsla; *den Dieb ~ gripa (ta fast) tjuven; Essen ~ (mil.)* få mat; *Mut ~* fatta mod; *Wurzel ~* slå rot; *e-n an (bei) der Hand ~* ta ngn i handen; *e-n bei seinem Stolz ~* appellera till ngns stolthet; *die Gelegenheit beim Schopf ~* gripa tillfället i flykten; *etw. ins Auge ~* *a)* skarpt iaktta ngt, *b)* planera ngt, *c)* lugnt emotse ngt; *in Worte ~* uttrycka i ord; *es ist nicht zu ~* det är ofattbart (obegripligt); *etw. gefaßt entgegennehmen* motta ngt med fattning; *mach dich auf etw. gefaßt! (vard.)* vänta du bara!; *auf so viel war ich nicht gefaßt* så mycket väntade jag mig inte, så mycket var jag inte beredd på **2** [in]rymma; *die Flasche faßt zwei Liter* flaskan rymmer två liter **3** infatta; *ein Bild in e-n Rahmen ~* rama in en tavla; *ein schön gefaßter Edelstein* en vackert infattad ädelsten **4** *rfl* fatta (lugna) sig; *sich in Geduld ~* öva sig i tålamod, ge sig till tåls **5** ta; göra verkan; *die Schraube faßt nicht* skruven tar inte
fässerweise fatvis
faßlich fattbar, begriplig
Fasson [fa'sɔ:, fa'so:n] *-s el. -en* fason, form; *jeder soll nach seiner ~ selig werden* var och en blir salig på sin fason; *aus der ~ geraten (vard.)* bli tjock **fassonieren** bearbeta, forma; formklippa *(hår)* **Fassonschnitt** *0 m* bakåtkammad (uppåtkammad) frisyr
Faßreifen - *m* tunnband
Fassung 1 *-en f* [in]fattning **2** *-en f* avfattning, formulering; *die erste ~* den första versionen; *der Film läuft in deutscher ~* filmen ges i tysk dubbning **3** *-en f* [lamp]hållare **4** *0 f* fattning, sans, lugn; *e-n aus der ~ bringen* få ngn att tappa fattningen; *außer ~ sein* vara utom sig **Fassungs|gabe** *0 f,* -**kraft** *0 f* fattningsförmåga **fassungslos** bestört, mållös, perplex, bragt ur fattningen **Fassungsraum** *0 m, ~ für 150 Personen* plats för 150 personer **Fassungsvermögen** *0 n* **1** rymd, kapacitet **2** fattningsförmåga
Faßwein *-e m* fatvin
fast nästan, nära på, så när
fasten fasta **Fasten** *pl, die ~* fastan **Fastenpredigt** *-en f* predikan under fastan **Fastenspeise** *-n f* fastemat, mat som får ätas under fastan **Fastenzeit** *-en f* fastlagstid, fasta **Fastnacht** *0 f* fastlag; fettisdag **Fastnachtskostüm** *-e n* karnevalsdräkt **Fastnachtsspiel** *-e n* fastlagsspel **Fasttag** *-e m* fastedag
Faszination *0 f* fascination, lockelse, tjuskraft **faszinieren** fascinera
fatal fatal, ödesdiger **fa'taler'weise** olyckligtvis **Fatalismus** *0 m* fatalism **Fatalist** *-en -en m* fatalist **fatalistisch** fatalistisk **Fatalität** *-en f* fatalitet, förtretlighet **Fata Morgan|a** *-en el. -as f* fata morgana, hägring **Fat|um** *-a f* *n* öde
Fatzke *-n -n el. -s -s m, vard.* sprätt
fauchen fräsa, väsa; *vard.* ilsket spotta fram
faul 1 skämd, rutten, fördärvad; *bildl.* skum; *~e Ausreden (vard.)* bara [dumma] undanflykter; *~e Eier* ruttna ägg; *~er Frieden (vard.)* osäker fred; *~er Geruch* dålig lukt; *~es Holz* murken ved; *~er Kunde (bildl. vard.)* ful fisk;

Faulbaum—fegen

~*er Witz* (*vard.*) dåligt skämt; ~*er Zahn* trasig tand; ~*er Zauber* (*vard.*) ren svindel; *die Sache ist* ~ (*vard.*) saken är skum; *es steht* ~ *um unseren Plan* (*vard.*) det står illa till med vår plan **2** lat; ~*er Schüler* lat elev; *auf der* ~*en Haut liegen* (*vard.*) ligga på latsidan; *er, nicht* ~, *erwiderte* (*vard.*) utan att tveka svarade han **Faulbaum** -e† *m* brakved **Faulbrand** *0 m, med.* brand; *jordbr.* svartrost **Fäule** *0 f* röta, förruttnelse **faulen** *s, äv. h* ruttna; bli skämd; angripas av röta **fäulen** jäsa (*för papperstillverkning e.d.*) '**faulenzen** slå dank, lata sig '**Faulenzer** - *m* dagdrivare, lätting, latmask **Faulenzerei** *0 f* dagdriveri, lättja **Faulfieber** *0 n, åld.* sår-, barnsängs|feber; *das* ~ *haben* (*vard.*) ha en släng av lättja **Faulgas** *0 n* metangas **Faulheit** *0 f* lättja; *e-m die* ~ *austreiben* (*vard.*) driva lättjan ur kroppen på ngn **faulig** skämd, angripen av röta **Fäulnis** *0 f* röta, förruttnelse **Fäulnisbrand** *0 m, se Faulbrand* **Fäulniserreger** - *m* förruttnelsebakterie **Faulpelz** -*e m, vard.* latmask **Faulschlamm** *0 m* rötslam **Faultier** -*e n* **1** sengångare **2** *vard.* latmask **Faulwinkel** - *m, ung.* munsår
Faun -*e m* faun; *bildl. äv.* satyr, vällusting **Faun|a** -*en f* fauna **faunisch** naturlig; lysten, som en faun
Faust -*e*† *f* [knyt]näve; *e-e* ~ *machen* knyta näven; *e-m e-e* ~ *machen* hota ngn med knytnäven; *mit der* ~ *auf den Tisch schlagen* (*vard.*) slå näven i bordet; *das paßt wie die* ~ *aufs Auge* (*vard.*) det passar som salt i surt öga (inte alls), *äv.* det passar som hand i handske; *auf eigene* ~ på egen hand; *mit dem Messer in der* ~ *med* kniven i handen **Faustball** *0 m* (*slags*) bollspel **Fäustchen** - *n* liten näve; *sich* (*dat.*) *ins* ~ *lachen* skratta (le) [skadeglatt] i mjugg '**faust'dick** *vard.* stor, mycket; ~*e Lüge* jättelögn; *es* ~ *auftragen* överdriva ordentligt; *er hat es* ~ *hinter den Ohren* han är inte så dum (oskyldig) som han ser ut, han är fullfjädrad; *es kommt immer gleich* ~ en olycka kommer sällan ensam **Fäustel** - *m* **1** *gruv.* hammare **2** *arkeol.* handkil **3** tumvante **fausten** *den Ball* ~ boxa ut bollen, slå bollen med knytnäven **faustgroß** knytnävsstor **Fausthandschuh** -*e m* tum|vante, -handske **faustisch** faustisk, forskande, strävande **Faustkampf** -*e*† *m* knytnävskamp, boxningsmatch **Faustkämpfer** - *m* boxare **Faustkeil** -*e m, arkeol.* handkil **Fäustling** -*e m* **1** tum|-, vante, -handske **2** *gruv.* knytnävsstor sten **Faust|pfand** -*er*† *n* handpant -**recht** *0 n* nävrätt -**regel** -*n f* tumregel -**säge** -*n f* handsåg -**schlag** -*e*† *m* knytnävsslag -**waffe** -*n f* handvapen
Fauteuil [fo'tø:j] -*s m* fåtölj
Fauxpas [fo'pa] - [-'pas] *m* taktlöshet, etikettsbrott
favorisieren [-v-] favorisera; ha som favorit **Favorit** -*en* -*en m* favorit
Faxen *pl, vard.* **1** [dumma] knep; dumheter **2** ~ *machen* grimasera **Faxenmacher** - *m* skämtare, lustigkurre
Fayence [fa'jä:s] -*n f* fajans
Fäzes *pl, med.* feces, fekalier, exkrementer
Fazit -*s el.* -*e n* slutsumma; resultat; *das* ~ *ziehen* summera ihop (*äv. bildl.*)
FDGB *0 m, förk. för Freier Deutscher Gewerkschaftsbund* (*DDR*), *der* ~ fria tyska landsorganisationen **FDJ** *0 f, förk. för Freie Deutsche Jugend* (*DDR*), *die* ~ kommunistiska ungdomsförbundet **FDP** *0 f, förk. för Freie Demokratische Partei* (*i BRD*), *die* ~ fria demokratiska partiet
F-Dur - *0 n* F-dur
FD-Zug -*e*† *m, förk. för Fern-D-Zug* expresståg
Feber - *m, österr.* februari
febril febril
'**Februar** -[*s*] -*e m* februari
Fechtboden -† *m* fäktsal **Fechtbruder** -† *m, åld.* vagabond, [kringvandrande] tiggare **fechten** *focht, föchte, gefochten, fichtst* (*vard. fichst*), *ficht, ficht!* **1** fäkta; kämpa, strida **2** tigga (*särsk.* om vandrande gesäll*); [*sich* (*dat.*)] *ein paar Zigaretten* ~ (*vard.*) tigga sig till ett par cigaretter **Fechter** - *m* **1** fäktare **2** *åld., se Fechtbruder*
Feder -*n f* fjäder (*äv. metall-*); penna (*fågel-, skriv-*); spont; kil (*för låsning*); *seiner* ~ *freien Lauf lassen* låta pennan löpa; *e-e kluge* ~ *führen* skriva förnuftigt; *e-e scharfe* ~ *führen* (*bildl.*) ha en vass penna; *ein Buch aus seiner* ~ en bok av honom; *etw. unter der* ~ *haben* skriva på ngt; *e-n aus den* ~*n holen* (*vard.*) få upp ngn ur sängen; *etw. in die* ~ *diktieren* diktera ngt; *e-e* ~ *aufziehen* spänna en fjäder **federartig** lätt som en fjäder; fjäderformad; fjäder- **Federball 1** -*e*† *m* badmintonboll **2** *0 m* badminton **3** *0 m, auf den* ~ *gehen* (*skämts.*) gå och lägga sig **Federballspiel** *0 n* badminton **Federbesen** - *m* dammviska **Federbett** -*en n* [tjockt] duntäcke **Federbrett** -*er n* svikt[bräde], trampolin **Federbüchse** -*n f* pennask **Federbusch** -*e*† *m* tofs (*på fågel*); fjäderbuske, plym **Federfuchser** - *m* **1** pennfäktare **2** pedant; byråkrat **federführend** ansvarig (*för skriftlig utformning av ngt*); behörig **federgewandt** (*om person*) med en driven penna **Federgewicht** *0 n, sport.* fjädervikt **Federgewichtler** - *m, sport.* fjäderviktare **Federhalter** - *m* pennskaft; reservoarpenna **federig** fjäder|lik, -artad **Federkasten** -† *m* penn|ask, -skrin **Federkernmatratze** -*n f* resårmadrass **Federkiel** -*e m* gåspenna **Federkraft** *0 f* elasticitet '**feder'leicht** fjäderlätt **Federlesen** *0 n, nicht viel* ~*s machen* inte lägga fingrarna emellan; *ohne viel* ~ [*s*] utan vidare omständigheter, utan krus **Federmatratze** -*n f* resårmadrass **Federmesser** - *n* pennkniv **federn 1** fjädra, rugga (*om fågel*); ~ *der Gang* fjädrande (spänstig, elastisk) gång **2** plocka (*fågel*) **3** fylla med fjäder **4** förse med fjädring
Feder|nelke -*n f* fjädernejlika -**ring** -*e m* fjäder|bricka, -ring -**schmuck** *0 m* plym; fjäderprydnad -**stahl** -*e*† *m* fjäderstål -**strich** -*e m* penndrag -**ung** -*en f* fjädring -**vieh** *0 n* fjäderfä -**waage** -*n f* fjädervåg -**wechsel** *0 m* ruggning -**weiße(r)** *m, adj böjn.* jäsande vin -**werk** -*e n, tekn.* fjäderverk -**wild** *0 n, jakt.* fågelvilt -**wischer** - *m* penntorkare -**wolke** -*n f* fjäder-, cirrus|moln -**zange** -*n f, åld.* fjädertång, pincett -**zeichnung** -*en f* pennteckning -**zug** -*e*† *m* penndrag
fedrig *se federig*
Fee -*n f* fe
Feedback ['fi:bæk] -*s n* feedback, återkoppling; respons **Feeling** ['fi:l-] -*s n* feeling, känsla
feenhaft felik, trolsk
Fegefeuer *0 n, das* ~ skärselden **feg|en 1** sopa, feja; sota (*skorsten*); *sl.* supa; *vulg.*

knulla; *Getreide* ~ vanna (rensa) säd; *die Hirsche* ~ *(jakt.)* hjortarna skrubbar sina horn; *der Wind -t die Blätter vom Baum* vinden blåser ner löven från trädet **2** *s* susa, svepa [fram]; *der Sturm -t über das Land* stormen sveper fram över landet **Feger** - *m, vard.* **1** sopborste **2** *vard.* vildbasare **3** *vard.* företagsam kvinna **4** *vard.* kvinnotjusare; manslukerska **Fegesand** *0 m* skursand
Feh -*e n* gråverk, ekorrskinn
Fehde -*n f* fejd -**handschuh** *0 m, e-m den* ~ *hinwerfen* kasta stridshandsken till ngn; *den* ~ *aufnehmen* anta utmaningen
fehl ~ *am Ort (Platz)* inte på sin plats, olämplig[t] **Fehl** *0 m, ohne* ~ *(högt.)* utan vank (fel) **Fehlanzeige** -*n f, ung.* negativ (ingen) rapport; meddelande att någonting inte är för handen (inte har inträffat, inte stämmer) **Fehlbetrag** -*e† m* underskott, deficit **Fehlbitte** -*n f* fåfäng begäran; *ich hoffe, keine* ~ *zu tun* jag hoppas att jag inte ber förgäves **fehlbitten** *st* be förgäves **Fehldiagnose** -*n f* felaktig diagnos **Fehldruck** -*e m* feltryck **Fehleinschätzung** -*en f* missbedömning **fehl|en 1** fattas, saknas, felas; vara borta; *das -te gerade noch!* det fattades bara det!; *unentschuldigt* ~ vara borta utan lov; *es* ~ *noch einige Zeilen* det fattas fortfarande några rader; *es -te nicht viel und sie wäre gegangen* det var nära att hon hade gått; *weit gefehlt!* långt därifrån!; *wo -t es denn?* vad är det som fattas?, vad är det med dig (er)?; -*t dir etw.?* *a)* saknar du (fattas det dig) ngt?, *b)* är du sjuk?, är det ngt fel på dig?; *es -t mir ein Buch* jag saknar en bok, det är en bok jag behöver, en bok har kommit bort för mig; *es -t mir die Zeit (an Zeit)* jag har inte tid; *er hat mir gefehlt* jag har saknat honom; *das hat mir gerade noch gefehlt (iron.)* det fattades bara det, och detta till råga på eländet; *es -t ihm immer etw.* det är alltid ngt fel på honom, han är alltid krasslig; *es an nichts* ~ *lassen* sörja för att ingenting fattas, inte sky några kostnader (ngn möda); *an mir soll es nicht* ~ jag ska göra vad jag kan (mitt bästa); *es -te nicht an* (+*dat.*) det fattades inte ...; *es -t ihm an Mut* han saknar mod **2** *högt.* fela, försynda sig **Fehlentscheidung** -*en f* felaktigt beslut **Fehlentwicklung** -*en f* utveckling i fel riktning
Fehler - *m* fel, brist, misstag; förseelse; *skol. äv.* bock; ~ [*im Material*] materialfel **fehlerfrei** felfri **Fehlergrenze** -*n f* felmarginal, tolerans **fehlerhaft** felaktig, bristfällig; ~*e Stelle (äv.)* defekt **Fehlerhaftigkeit** *0 f* felaktighet **fehlerlos** felfri, oklanderlig **Fehlerpunkt** -*e m, sport.* fel, minuspoäng **Fehlerquelle** -*n f* felkälla **Fehlersuche** *0 f* felsökning **Fehlerzahl** -*en f* antal fel **Fehlfarbe** -*n f* **1** *kortsp.* sidofärg **2** cigarr med missfärgat täckblad **3** feltryck *(frimärke med fel färg)* **Fehlgeburt** -*en f* missfall **fehlgehen** *st s* gå fel (vilse); (*om skott*) missa; *bildl.* missta sig **fehlgreifen** *st* ta fel (miste); *bildl. äv.* missta sig **Fehlgriff** -*e m* felgrepp, miss|grepp, -tag **Fehlhandlung** -*en f* felhandling **Fehlinformation** -*en f* felaktig information **Fehlinvestition** -*en f* felinvestering, dålig investering **Fehlleistung** -*en f, psykol.* felhandling **fehlleiten** leda (dirigera) fel **Fehlpa|ß** -*sse† m, sport.* felpassning **fehlschießen** *st, högt.* skjuta bom, missa; *vard.* missta sig **Fehl-**

schlag -*e† m* miss[lyckat slag]; felslag; misslyckande **fehlschlagen** *st s* slå fel (slint); missa; misslyckas **Fehlschlu|ß** -*sse† m* felaktig slutsats, felslut **Fehlschu|ß** -*sse† m* bom, miss **fehlsichtig** synskadad **Fehlspruch** -*e† m* felaktigt domstolsutslag **Fehlstart** -*s m* **1** *sport.* tjuvstart **2** *flyg.* misslyckad start, felstart **Fehlstelle** -*n f* vakans **Fehlstoß** -*e† m, sport.* miss **fehltreten** *st s* trampa fel (miste); *bildl.* göra ett felsteg **Fehltritt** -*e m* felsteg *(äv. bildl.)* **Fehlurteil** -*e n* felaktigt domslut; felbedömning **Fehlverhalten** *0 n* olämpligt uppträdande, normvidrigt beteende **fehlzünden** *tekn.* misstända **Fehlzündung** -*en f, tekn.* fel-, miss|tändning; ~ *haben (vard.)* koppla dåligt, vara trögtänkt
Fehn -*e n* kärr, sumpmark -**kultur** -*en f* mosskultur (*m. torvtäkt*)
Fei -*en f, åld. poet.* fe **feien** *högt.* skydda [mot trolldom]; *gegen die Krankheit gefeit* immun mot sjukdomen; *gegen Klatsch gefeit sein (ung.)* vara okänslig för skvaller
Feier -*n f* högtid[lighet], fest; högtidlighållande; *zur* ~ *des Tages* för att fira dagen, med anledning av dagens betydelse **Feierabend** *0 m* arbetstidens slut; ~ *machen (vard.)* sluta [arbetet] för dagen; *nun ist aber* ~*! (vard.)* sluta med det där!, nu får det vara nog!; *nach* ~ efter arbetets slut **Feierabendheim** -*e n, DDR, se Altersheim* **feierlich** högtidlig; festlig; *e-n Tag* ~ *begehen* högtidlighålla en dag; *das ist schon nicht mehr* ~*! (vard.)* det är odrägligt! **Feierlichkeit** -*en f* högtidlighet; festlighet **feiern 1** fira, högtidlighålla; hylla **2** ha (ta sig) ledigt, 'fira'; ~ *müssen* vara arbetslös; *krank* ~ *(vard.)* sjukskriva sig **Feierschicht** -*en f* inställt skift; *e-e* ~ *einlegen* ställa in ett skift **Feierstunde** -*n f* högtids-, andakts|stund; minnesstund **Feiertag** -*e m* helgdag; högtidsdag **feiertäglich** på helgdagar; på högtidsdagar; helgdags-, högtids-, festlig
feig[e] feg
Feige -*n f* **1** fikon **2** *vulg.* fitta; hora **Feigenblatt** -*er† n* fikonlöv *(äv. bildl.); bildl. äv.* kamouflage
Feig|heit *0 f* feghet -**ling** -*e m* feg stackare, fegis, kruka
feil fal, till salu **feilbieten** *st* salubjuda, utbjuda till salu
Feile -*n f* fil; *die letzte* ~ *an etw. (ack.) anlegen* ge ngt en sista finslipning, finslipa ngt **feilen** fila; *an etw. (dat.)* ~ fila på ngt, *bildl.* finslipa (fila på) ngt **Feilenhauer** - *m* filhuggare **feilhalten** *st* salubjuda; *Maulaffen* ~ *(vard.)* stå o. gapa **Feilheit** *0 f* falhet
Feilicht *0 n, åld.* filspån **Feilkloben** - *m, tekn.* filklove
feilschen köpslå; *um den Preis* ~ köpslå om (pruta på) priset **Feilscher** - *m, er ist ein unerbittlicher* ~ han är omöjlig på att pruta, han är hård i affärer
Feil|späne *pl*, -**staub** *0 m* filspån
Feim -*e m*, **Feime** -*n f*, **Feimen** - *m, nty.* hövolm, höstack; sädesskyl
fein fin; ~ *e Dame* fin dam; *das ist e-e* ~*e Familie (äv. iron.)* det är just en skön familj; *mit* ~*en Gliedern* finlemmad; ~*es Gold* rent guld; ~*er Kerl* bra karl; *die* ~*e Küche lieben (ung.)* vara en läckergom; ~*e Linie* tunn linje; ~*es Ohr* känsligt öra; ~*e Scheiben* tunna skivor; *die* ~*ste Sorte* högsta kvalitet; ~*er*

Unterschied liten skillnad; *wie ~! (vard.)* så bra!; *das F~ste vom F~en* själva gräddan; *~ einstellen* fininställa; *er ist ~ heraus (vard.)* han har det bra; *~ still sein* vara riktigt tyst **feinad[e]rig** finådrig **Feinarbeit** *-en f* precisionsarbete **Feinbäcker** - *m* konditor, finbagare **Feinbäckerei** *-en f* finbageri **Feinbackwaren** *pl* finare bakverk, kaffe-, små|-bröd **Feinbearbeitung** *-en f* finbearbetning **feinbesaitet** sensibel, känslig **Feinblech** *0 n* tunnplåt
feind *högt.*, *e-m ~ sein* vara fientligt (avogt) inställd mot ngn **Feind** *-e m* fiende; ovän; *ein ~ des Alkohols* en motståndare till alkohol; *sich (dat.) e-n zum ~ machen* bli ovän med ngn; *der böse ~* den lede [fienden] **Feindeshand** *0 f*, *in ~ fallen* falla i fiendens händer **Feindesland** *0 n* fiendeland **Feindflug** *-e† m* flygräd, [anfalls]operation **Feindherrschaft** *0 f* främmande herravälde **feindlich** fientlig; *~ eingestellt (äv.)* ovänligt inställd **Feindlichkeit** *-en f* fientlighet **Feindschaft** *-en f* fiendskap; ovänskap; *mit jdm in ~ liegen (leben)* leva i ovänskap (stå på fientlig fot) med ngn **feindselig** fientlig; hätsk **Feindseligkeit** *-en f* fientlighet; hätskhet; *die ~en einstellen* inställa fientligheterna
Feine *0 f* finhet[sgrad]; renhet; lödighet **Feineinstellung** *-en f* fininställning, finjustering **feinen** färska *(järn)*; förädla **Feinfrostwaren** *pl*, *DDR* djupfrysta varor **feinfühl|end,** **-ig** finkänslig, grannlaga **Feinfühligkeit** *0 f* [fin]känslighet, takt[fullhet]; lyhördhet **Feingebäck** *0 n*, *se Feinbackwaren* **Feingefühl** *0 n*, *se Feinfühligkeit* **Feingehalt** *-e m* lödighet; halt **Feingehaltsstempel** - *m* kontrollstämpel **feinglied[e]rig** finlemmad, späd **Feingold** *0 n* rent guld **Feinheit** *-en f* **1** finhet[sgrad]; kvalitet **2** stil, elegans **3** finess; detalj, nyans **4** anspelning, antydning **Feinheitsgrad** *-e m* finhetsgrad; grovlek **feinhörig** lyhörd **Feinkeramik** *0 f* fin (hårdbränd) keramik **Feinkorn** *0 n* **1** finkornighet **2** *(på vapen)* fint korn (sikte) **feinkörnig** finkornig **Feinkost** *0 f* delikatess[er] **feinmachen** *rfl, vard.* göra sig fin **feinmaschig** finmaskig **Feinmechanik** *0 f* finmekanik **Feinmeßgerät** *-e n* precisionsinstrument för mätning **feinnervig** sensibel, känslig **feinpulverig** finpulveriserad **feinschleifen** *st* finslipa **feinschmeckend** läcker **Feinschmecker** - *m* finsmakare, kännare **Feinschnitt** *-e m* finskuren [pip]tobak **Feinseife** *-n f* toalettvål **Feinsilber** *0 n* rent silver **feinsinnig** känslig, sensibel, lyhörd **Feins'liebchen** - *n, åld. poet.* allra kärsta **Feinsprit** *0 m* fin-, stark|sprit **feinverteilt** finfördelad **Feinwäsche** *0 f* fintvätt **Feinwaschmittel** - *n* fintvättmedel
feist [tjock o.] fet; kraftig; välfödd; *~es Gesicht* knubbigt ansikte **feisten** göda **Feist|-heit** *0 f*, **-igkeit** *0 f* gott hull; fetma **Feistzeit** *-en f, jakt.* tid då villebrådet har bästa hullet
Feitel - *m n, sty., österr.* fickkniv
feixen *vard.* grina (flina) [skadeglatt]
Felbel - *m* fälb, sammet
Felchen - *m* sik
Feld *-er n* fält; ruta; område, spelrum; *für die Anschrift* plats för adressen; *das ~ behaupten* hålla fältet, hävda sin ställning; *das ~ bestellen* odla (gödsla, plöja *e.d.*) fältet; *das ~ räumen* rymma fältet, fly; *zur Ernte aufs ~ ge-*

hen gå ut på fältet för att bärga skörden; *aus dem ~e schlagen* slå ur brädet, besegra; *in Wald und ~* i skog o. mark; *was hast du zu deiner Verteidigung ins ~ zu führen?* vad har du att anföra till ditt försvar?; *ins ~ rücken, zu ~e ziehen* dra i fält; *sich vom ~e lösen (sport.)* lösgöra sig från fältet (klungan) **Feldanzug** *-e† m, mil.* fältuniform **Feldarbeit** *-en f* **1** *jordbr.* arbete på åkern **2** fält|arbete, -studier **Feldarbeiter** - *m* lantarbetare **Feldarzt** *-e† m* fält-, militär|läkare **feld'aus** *~, feld'ein* kors o. tvärs över fälten (åkrarna)
Feld|bahn *-en f* arbetsspår, fältbana **-bau** *0 m* åkerbruk **-bereinigung** *0 f, lantbr.* skifte, ägoreglering **-bestellung** *-en f* arbete på åkern **-bett** *-en n* fält-, tält|säng **-blume** *-n f* ängsblomma **-bluse** *-n f* uniformsrock **-bohne** *-n f* bondböna **-diebstahl** *-e† m* stöld av växande gröda ([rot]frukt *e.d.*) **-dienst** *0 m* fält-, front-, linje|tjänst
felddienstfähig duglig till fronttjänst **feld'einwärts** inåt fältet (markerna, land) **Felderbse** *-n f* åkerärt **Felderwirtschaft** *0 f* trädesbruk
Feld|fieber *0 n* fält-, slam|feber **-flasche** *-n f, mil.* fältflaska **-flur** *0 f, ung.* åkermark **-forschung** *-en f* fält|arbete, -studier **-frevel** *-, m* åverkan på åkerjord (gröda) **-friedensbruch** *0 m, jur.* obehörigt beträdande (utnyttjande) av åker *e.d.* **-frucht** *-e† f* nytto-, jordbruks|växt **-geistliche(r)** *m, adj böjn.* fältpräst **-gendarm** *-en -en m (förr)* militär-, krigs|polis **-grau** *0 n, in ~* i fältgrått, i *(tysk)* frontuniform **-hase** *-n -n m* fälthare, tysk hare **-haubitze** *-n f* fälthaubits **-herrnkunst** *0 f* strategi **-herrnstab** *-e† m* fältherre-, kommando|-stav **-hühner** *pl* fälthöns *(vaktlar, rapphöns etc.)* **-huter** - *m, ung.* [civil] åkerpolis (åkervakt) **-jäger** - *m* **1** *hist.* beriden fältjägare; kurir **2** militärpolis **-küche** *-n f* fältkök, kokvagn **-lazarett** *-e n* fält|sjukhus, -lasarett **-lerche** *-n f* sånglärka **-linie** *-n f* fältlinje, elektromagnetisk kraftlinje **-mark** *0 f, ung.* åkermark **-marschall** *-e† m* fältmarskalk
feldmarschmäßig fältmässig
Feld|maus *-e† f* åkersork **-messer** - *m, åld.* lantmätare **-mohn** *0 m* kornvallmo **-mütze** *-n f* mössa till fältuniformen; båtmössa **-ort** *-e† n, gruv.* fältort **-polizei** *0 f* **1** militär-, fält|polis **2** *ung.* [civil] åkerpolis **-post** *0 f* fältpost **-salat** *0 m, bot.* vårklynne **-scher** *-e m*, **-scherer** - *m* fältskär **-scheune** *-n f* spannmålslada utanför fältet **-schlacht** *-en f* fältslag **-schlange** *-n f, hist.* kanon m. långt rör **-spat** *-e m* fältspat **-stärke** *-n f, fys.* fält|styrka, -intensitet **-stecher** - *m* [fält]kikare **-stein** *-e m* stenblock; sten **-studie** *-n f* fältstudie **-stuhl** *-e† m* fäll-, tält|stol **-verweis** *-e m, sport.* utvisning **-wache** *-n f, mil.* förpost **-Wald-und-Wiesen-Arzt** *-e† m, vard., ein ~* en helt vanlig läkare **-webel** - *m* sergeant; *bildl.* råbarkad individ **-weg** *-e m* [smal] väg mellan åkrar **-zug** *-e† m* fälttåg
Felge *-n f* **1** fälg, hjulkrans **2** *gymn.* hjulomsväng **Felgenbremse** *-n f* fälgbroms
Fell *-e n* fäll, päls; *(hårbeklädd)* [djur]hud; trumskinn; *e-m Bären das ~ abziehen* flå en björn; *ein dickes ~ haben (vard.)* vara tjockhudad; *e-m das ~ über die Ohren ziehen (vard.)* skinna (skörta upp) ngn; *seine ~e davonschwimmen (wegschwimmen) sehen (vard.)* se sina förhoppningar gå upp i rök; *e-m das ~ gerben (vard.)*

ge ngn på huden; *dir juckt wohl das ~ ?* (*vard.*) vill du ha smörj?; *dasitzen und sich* (*dat.*) *die Sonne aufs ~ brennen lassen* (*vard.*) sitta där o. inte göra ett skapande grand **Fel'lache** *-n -n m,* **Fel'lah** *-s m* fellah (*arabisk bonde*) **Fellatio** *0 f* fellatio **Fell|boot** *-e n* skinnklädd båt (*t.ex. kajak*) **-eisen** *- n, åld.* (*vandrande gesells*) ryggsäck **-handel** *0 m* pälshandel **Felonie** *-n f, hist.* feloni **Fels** *-en -en m* klippa (*äv. bildl.*); *bibl.* hälleberg **Felsbild** *-er n* häll-, klipp|ristning **Felsblock** *-e† m* klippblock **Felsboden** *-† m* klipp-, sten|grund **Felsen** *- m* klippa (*äv. bildl.*); berg **Felsenbild** *-er n* häll-, klipp|ristning **Felseneinschnitt** *-e m* rämna i klippväggen, ravin '**felsen'fest** klipp-, berg|fast **Felsengrab** *-er† n* klippgrav **Felsengrund** *0 m* klipp-, sten|grund; klippig dal '**felsen'hart** berg-, klipp|fast **Felsenhöhle** *-n f* klipphåla; grotta **Felsenkeller** *- m* bergskällare (*för lagring av ost, vin e.d.*) **Felsenkluft** *-e† f* [bergs]-klyfta **Felsenkuppe** *-n f* klippig bergstopp **Felsenmeer** *-e n, geol.* stenström **Felsennest** *-er n* klippnäste; borg **Felsenriff** *-e n* klipprev '**felsen'schwer** *bildl.* tung som ett berg **Felsentaube** *-n f* klippduva **Felshang** *-e† m* bergs-, klipp|sluttning **felsig** klippig; *~er Boden* klippgrund **Felsinschrift** *-en f* klippinskrift **Felsklettern** *0 n* [klipp]klättring **Felsstück** *-e n* klippblock **Felssturz** *-e† m* berg|ras, -skred **Felsvorsprung** *-e† m* klipp|utsprång, -hylla **Felswand** *-e† f* berg-, klipp|vägg
Feluke *-n f* feluck
Feme *-n f,* **Fem[e]gericht** *-e n* fe[h]mdomstol
Femelbetrieb *-e m* **1** skogsbruk (*med systematisk nyplantering av större områden*)' **2** fiskodling i dammar **Fememord** *-e m* fe[h]-mord
femi'nin feminin (*äv. språkv.*); kvinnlig '**Feminin|um** [*äv.* --'--] *-a n, språkv.* femininum **Feminism|us** *-en m* **1** kvinnligt drag (*hos mannen, särsk. hos homosexuella*) **2** feminism **Feminist** *-en -en m,* **-in** *-nen f* feminist **feministisch** feministisk
Fenchel *0 m* fänkål
Fender *- m, sjö.* fender, frihult
Fenn *-e n, nty.,* se *Sumpf*
Fennek *-s el. -e m* fennek, ökenräv
Fenster *- n* fönster; fönsterruta; *vard.* skyltfönster; *~ putzen* tvätta (putsa) fönster; *das ~ des Autos herunterkurbeln* veva ner [bil]rutan; *das ~ einschlagen* slå sönder fönstret (rutan); *ein ~ zur Straße* ett fönster mot gatan; *aus dem ~ sehen* se ut genom fönstret; *Briefumschlag mit ~* fönsterkuvert; *weg vom ~ sein* (*vard.*) vara ur leken; *sich zum ~ hinauslehnen* luta sig ut genom fönstret; *das Geld zum ~ hinauswerfen* (*vard.*) kasta (slösa) bort sina pengar **-bank** *-e† f* [brett] fönsterbräde, fönsterbänk **-brett** *-er n* fönster|bänk, -bräde **-briefumschlag** *-e† m* fönsterkuvert **-brüstung** *-en f* bröst|mur, -värn, -panel **-flügel** *- m* fönsterhalva **-gesims** *-e n* fönster|-list, -omramning **-gitter** *- n* fönstergaller **-glas** *0 n* fönsterglas **-haken** *- m* fönster|krok, **-hake** **-kitt** *-e m* fönsterkitt **-klappe** *-n f* överfönster (*för vädring*) **-laden** *-† m* fön-sterlucka **-leder** *- n* sämskskinn (*t. fönsterputsning*) **-lehne** *-n f* fönsterkarm

fensterIn *sty., österr.* nattetid uppvakta sin käresta fönstervägen
Fenstermantel *-† m* skydd mot drag (*som täcker fönstrets nederdel*) **fenstern** *vard.* kasta ut
Fenster|platz *-e† m* fönsterplats **-putzer** *- m* fönsterputsare **-rahmen** *- m* fönster|karm, -foder **-rose** *-n f, arkit.* ros[ett]fönster **-scheibe** *-n f* fönster|ruta, -glas **-sitz** *-e m* fönsterplats **-spiegel** *- m* skvallerspegel **-sturz** *-e† m* **1** fönster|överstycke, -balk, -valv **2** fall från fönster **-tür** *-en f* glasdörr **-vorhang** *-e† m* draggardin, store **-zarge** *-n f* fönster|-karm, -infattning
Fenz *-en f* inhägnad
Ferialarbeit *-en f, österr.* feriearbete
Ferien *pl* ferier, [skol]lov; semester; *große ~ sommarlov;* *~ machen* ta ledigt; *in die ~ gehen* ta (gå på) semester **-arbeit** *-en f* feriearbete **-austausch** *0 m* ferieutbyte **-dorf** *-er† n* semesterby **-gast** *-e† m* semestergäst **-haus** *-er† n* fritidshus **-heim** *-e n* semesterhem **-job** *-s m* feriearbete **-kolonie** *-n f* ferie-, skollovs|-koloni **-reise** *-n f* ferie-, semester|resa **-sonderzug** *-e† m* extratåg (*för semesterresande*) **-wohnung** *-en f* semesterlägenhet **-zug** *-e† m* extratåg (*för semesterresande*)
Ferkel *- n* gris[kulting]; små-, späd|gris; *bildl.* [smuts]gris **Ferkelei** *-en f, vard.* svineri, snusk (*äv. bildl.*) **ferkeln 1** grisa, få grisar **2** *vard.* grisa ner; vara ful i mun
Fermate *-n f, mus.* fermat
Ferment *-e n* ferment, enzym **Fermentation** *-en f* fermentering **fermentieren** fermentera
fern I *adj* fjärran, avlägsen; *der F~e Osten* Fjärran Östern; *das sei ~ von mir!* det vare mig fjärran!, ingalunda!; *es ist mir ~* det är främmande för mig; *der Tag ist nicht ~* den dagen är inte långt borta; *e-m ~ stehen* vara främmande för ngn; *aus ~en Zeiten* från flydda tider; *in nicht mehr ~er Zeit* inom en snar framtid; *in ~er Zukunft* i en avlägsen framtid; *von ~[e] her* långt bortifrån; *von ~ betrachtet* på avstånd (håll) betraktat **II** *prep m. dat., ~ dem Alltag* fjärran från vardagen; *~ der Heimat* långt borta (fjärran) från hembygden **fern'ab** långt borta
Fern|amt *-er† n, ung.* rikstelefonstation **-aufnahme** *-n f, foto.* tele-, fjärr|bild **-auslöser** *- m, foto.* fjärrutlösare **-bahnhof** *-e† m* station för fjärrtrafik **-beben** *- n* (*mer än 1000 km avlägsen*) jordbävning **-bedienung** *-en f* fjärr|manövrering, -kontroll, -betjäning **fernbleiben** *st s* utebli, vara borta ([*von*] *etw. dat.* från ngt) **Fernblick** *0 m,* se *Fernsicht* **Fern-D-Zug** *-e† m* expresståg **ferne** *högt.,* se *fern* **Ferne** *-n f* fjärran; avlägsenhet; avstånd; *aus der ~ betrachten* betrakta på avstånd; *in der ~[a] fjärran [land]; in weiter ~* i ett avlägset fjärran; *der Plan liegt in weiter ~* planen ligger i vida fältet; *in die ~ rücken* (*bildl.*) bli mer avlägsen, ställas på framtiden **Fernempfang** *0 m, radio.* distans-, fjärr|mottagning **ferner I** *adj* mera fjärran (avlägsen); vidare, ytterligare; framtida **II** *adv* framdeles, i fortsättningen, i framtiden **III** *konj* dessutom; vidare, ytterligare; *~ liefen (sport.)* vidare deltog [i loppet]; *er rangiert unter „~ liefen"* (*vard.*) han är inte ngn stjärna (höjdare) [precis] **Ferner** *- m, sty., österr.* glaciär **fernerhin** se *ferner II, III* **Fernfahrer**

- *m* långtradarchaufför **Fernfahrt** *-en f* långkörning; långdistanslopp (*på cykel*); *sjö.* kryssning **Fernflug** *-e† m* långflygning **Fernfühlen** *0 n* telepati **Ferngasversorgung** *0 f* fjärrgasförsörjning **ferngelenkt** fjärrstyrd **ferngeschult** *ung.* utbildad per korrespondens **Ferngeschütz** *-e n* långskjutande kanon **Ferngespräch** *-e n* rikssamtal; utlandssamtal **ferngesteuert** fjärrstyrd; radiostyrd **Fernglas** *-er† n* kikare **ferngucken** *vard.* titta på TV **Ferngucker** - *m, vard.* kikare **fernhalten** *st* hålla borta (på avstånd); *sich von etw.* ~ (*äv.*) hålla sig ifrån (inte delta i) ngt **Fernheizung** *-en f* fjärrvärme; fjärrvärmeanläggning **'fern'her** fjärran ifrån **'fern-'hin** långt bort **Fernhörer** - *m, tel.* hörlur **Fernkurs** *-e m* korrespondens-, radio-, TV-|kurs **Fernlaster** - *m* långtradare **Fernlastfahrer** - *m* långtradarchaufför **Fernlastwagen** - *m* långtradare **Fernlastzug** *-e† m* långtradare m. släpvagn[ar] **Fernlehrinstitut** *-e n* korrespondensinstitut **Fernleitung** *-en f* fjärr-, lång|ledning (*för gas, olja e.d.*); *elektr.* kraftledning; *tel.* riksledning **fernlenken** fjärr|manövrera,˙ -styra **Fernlenkung** *-en f* fjärr|manövrering, -styrning **Fernlicht** *-en f* helljus (*på bil*) **fernliegen** *st, es liegt mir fern* det är (ligger) mig fjärran; ~*der Gedanke* avlägsen tanke; ~*des Haus* avsides beläget hus
Fernmelde|amt *-er† n* televerk **-anlage** *-n f* signal-, tele|anläggning **-netz** *-e n* telekommunikationsnät **-satellit** *-en -en m* kommunikationssatellit **-technik** *0 f* tele-, svagströms|teknik **-truppe** *-n f* signaltrupp **fernmündlich** per telefon, telefon- **Fernobjektiv** *-e n, foto.* fjärr-, tele|objektiv **Fern'ost** *in* ~ i Fjärran Östern **fern'östlich** ostasiatisk, Fjärranöstern- **Fernpendler** - *m* långpendlare **Fernphotographie** *-n f* fjärr|fotografi, -fotografering **Fernpunkt** *-e m, opt.* [ögats] ackommodationspunkt **Fernrohr** *-e n* kikare, tub; teleskop **Fernruf** *-e m* **1** riks-, utlands|samtal **2** (*i adress*) telefonnummer **Fernschach** *0 n* korrespondensschack **Fernschnellzug** *-e† m* expresståg **Fernschreiber** - *m* teleprinter, telex
Fernseh|ansager - *m* hallåman [i TV], programannonsör **-ansagerin** *-nen f* hallåkvinna [i TV], programannonsör **-apparat** *-e m* TV-|apparat, -mottagare **-aufzeichnung** *-en f* bandning av TV-program **-bearbeitung** *-en f* bearbetning för TV **-empfänger** - *m* TV-mottagare
fernsehen *st* titta på TV **Fernsehen** *0 n* television, TV; *im* ~ på TV; *was bringt das* ~ *heute?* vad är det på TV i dag?
Fernseh|er - *m, vard.* **1** TV-apparat **2** TV-tittare **-fassung** *-en f* TV-version **-gebühren** *pl* TV-|licens, -avgift **-gemeinde** *0 f, vard., die* ~ tittarna **-gerät** *-e n* TV-apparat **-interview** *-s n* TV-intervju **-kolleg** *-s, ibl. -ien n* utbildningskurs i TV **-regisseur** *-e m* TV-producent **-röhre** *-n f* TV-rör **-schirm** *-e m* TV-ruta **-sender** - *m* TV-sändare **-spiel** *-e n* TV-pjäs **-spot** *-s m* reklamsnutt i TV **-sprecher** - *m, se Fernsehansager* **-teilnehmer** - *m* TV-|innehavare, -tittare **-übertragung** *-en f* TV-sändning **-umsetzer** - *m* TV-relästation **-volk** *0 n, skämts., das* ~ tittarna **-zuschauer** - *m* TV-tittare
Fernsicht *0 f* vidsträckt utsikt; sikt; *heute hat man e-e gute* ~ i dag har man bra sikt **fernsichtig** *med.* översynt; långsynt (*äv. bildl.*)
Fernsprech|amt *-er† n* telefon|station, -central **-ansagedienst** *0 m* teletjänst **-anschlu|ß** *-sse† m* telefonanslutning **-apparat** *-e m* telefon **-auskunftsdienst** *0 m, ung.* tele-, namn-, nummer|upplysning **-automat** *-en -en m* telefonautomat **-betrieb** *0 m* telefontrafik **-buch** *-er† n* telefonkatalog **fernsprechen** *st* telefonera
Fernsprech|er - *m* telefon **-gebühr** *-en f* samtalsavgift **-säule** *-n f* nödtelefon (*vid motorväg e.d.*) **-stelle** *-n f* telefonkiosk **-teilnehmer** - *m* telefonabonnent **-verstärker** - *m* telefonförstärkare **-wesen** *0 n* telefonväsen **-zelle** *-n f* telefonhytt
fernstehen *st* vara främmande för; *er steht mir fern* (*äv.*) jag har ingen (saknar) kontakt med honom **fernsteuern** fjärr|manövrera, -styra
Fern|steuerung *-en f* fjärr|manövrering, -styrning **-straße** *-n f* riksväg; motorväg **-studi|um** *-en n* distans-, korrespondens|studier; (*i sht DDR*) deltidsstudier **-trauung** *-en f* krigsvigsel (*varvid kontrahenterna är på skilda orter*) **-universität** *-en f* universitet [enbart] för distansundervisning **-unterricht** *0 m* distans-, korrespondens|undervisning **-verbindung** *-en f* fjärrförbindelse (*per telefon, tåg eller landsväg över stort avstånd*) **-verkehr** *0 m* fjärrtrafik (*per telefon, tåg, landsväg*) **-verkehrsstraße** *-n f, se Fernstraße* **-waffe** *-n f, mil.* långdistansvapen **-wahl** *0 f* slående av nummer för automatiskt kopplat interurbansamtal **-wasserversorgung** *0 f* vattenförsörjning på stort avstånd **-weh** *0 n* (*obestämd*) längtan till fjärran länder **-wirkung** *-en f* fjärrverkan **-zähler** - *m, elektr.* fjärrmätare **-ziel** *-e n* avlägset mål, framtidsmål **-zug** *-e† m* fjärrtåg
Ferritantenne *-n f* ferritantenn
Ferse *-n f* häl; *die* ~*n zeigen* (*vard.*) ta till harvärjan; *e-m auf den* ~ *n folgen* följa ngn i hälarna **Fersenbein** *-e n, anat.* hälben **Fersengeld** *0 n,* ~ *geben* (*vard.*) smita, ta till benen **Fersenriemen** - *m* hälrem (*på skidbindning*) **Fersenschoner** - *m* hälskydd
fertig färdig; *er ist* ~ *a*) han är färdig (klar), *b*) *vard.* det är ute med honom, *c*) *vard.* han är ruinerad, *d*) *vard.* han är dödstrött; *nun bin ich aber* ~! (*vard. äv.*) det var det värsta (höjden)!; *ich werde ohne ihn* ~ jag klarar mig utan honom; *das kriege ich* ~ det klarar jag; *ich bin mit meinem Glas* ~ (*vard.*) jag har druckit ur mitt glas; *damit wären wir* ~ så var det med det; *mit e-m* ~ *werden* (*vard.*) få bukt med (rå på) ngn; *mit den Nerven* ~ *sein* (*vard.*) vara slut i nerverna; *das kriegt er* ~*!* (*vard.*) ngt sådant är han i stånd till!; *mit ihr bin ich* ~ (*vard.*) henne vill jag inte ha ngt att göra med längre; ~*er Künstler* mogen konstnär; ~ *kaufen* köpa färdigt; *auf die Plätze* ~ — *los!* klara — färdiga — gå! **Fertigbau** **1** *0 m* elementbyggande **2** *-ten m* monteringsfärdigt hus, elementhus **fertig|bekommen** *st, vard., -bringen oreg., etw.* ~ bli klar (färdig) med ngt, hinna med ngt; *es* ~, *etw. zu tun* (*bildl.*) kunna förmå sig till att göra ngt; *ich bringe es nicht fertig, ihm zu sagen* (*äv.*) jag har inte hjärta att (nänns inte) säga honom; *er bringt es glatt fertig* han klarar av det utan

vidare **fertigen** tillverka; *mit der Hand gefertigt* handgjord **Fertig|erzeugnis** -*se n*, **-fabrikat** -*e n, se Fertigprodukt* **Fertiggericht** -*e n*, ~*e* färdiglagad mat **Fertighaus** -*er*† *n* monteringsfärdigt hus, elementhus **Fertigkeit** -*en f* färdighet, skicklighet; *e-e große ~ in etw.* (*dat.*) *haben* (*äv.*) vara mycket skicklig i ngt; *keine besonderen ~en sind erforderlich* särskilda kunskaper erfordras inte **Fertigkleidung** 0 *f* konfektion **fertigkriegen** *vard.*, *se fertigbekommen* **fertigmachen 1** göra färdig, göra (få) i ordning; förbereda, färdigställa; *sich zu etw.* ~ göra sig i ordning (klä sig fin) för ngt **2** *mil.* gå i ställning **3** *vard.*, *e-n* ~ (*fysiskt*) ta kål på ngn, (*psykiskt*) pina (knäcka) ngn; *den habe ich fertiggemacht* honom gav jag (han fick) så att han teg **Fertigprodukt** -*e n* helfabrikat, färdigvara **fertigstellen** färdigställa, göra färdig, göra i ordning; *die Arbeit soll bis morgen fertiggestellt werden* arbetet måste vara klart till i morgon **Fertigstellung** 0 *f* färdigställande **Fertigteil** -*e n* monteringsfärdig del **Fertigung** -*en f* tillverkning, fabrikation **Fertigungsfehler** - *m* produktionsfel **Fertigungskosten** *pl* tillverkningskostnader **Fertigungsplanung** 0 *f* produktionsplanering **Fertigware** -*n f* färdigvara, helfabrikat **fertil** *med.* fertil, fruktsam, fruktbar **Fertilität** 0 *f*, *med.* fertilitet
fes, Fes [fɛs] - - *n, mus.* fess
Fes [fe:s] -[*es*] -[*e*] *m* fez
fesch *vard. el. sty., österr.* **1** snygg, stilig, flott **2** snäll, duktig
Fessel -*n f* **1** boja (*äv. bildl.*); *e-m* ~*n anlegen*, *e-n in* ~*n schlagen* (*legen*) slå ngn i bojor; *geistige* ~*n* andliga fjättrar **2** kota (*i hovdjurs fot*); smalben **Fesselballon** *s el.* -*e m* förankrad ballong **fesselfrei** utan fjättrar **Fesselgelenk** -*e n* kotled (*i hovdjurs fot*) **fessellos** utan fjättrar **fesseln** fjättra, binda; *bildl.* fängsla, fascinera, fånga; *ans Bett gefesselt* fjättrad vid sängen; *an Händen und Füßen* ~ binda till händer o. fötter; ~*des Drama* fängslande drama; ~*d erzählen* berätta medryckande **Fesselung** 0 *f*, **Feßlung** 0 *f* fängslande, fjättrande
fest 1 fast; stadig; stabil; bestämd; stadigvarande; hållbar; *der* ~*en Ansicht sein* vara av den bestämda åsikten; *e-n* ~*en Freund haben*, *in* ~*en Händen sein* (*vard.*) ha stadigt sällskap; ~*e Gesundheit* stark hälsa; ~*es Land* fastland; ~*er Muskel* hård muskel; ~*e Nahrung* fast föda; ~*e Preise* fasta priser; ~*en Schrittes* med fasta steg; ~ *angestellt* fast anställd; [*steif und*] ~ *behaupten* bestämt påstå; ~[*e*] *feiern* (*vard.*) fira (festa) ordentligt; ~*er machen* (*äv.*) dra åt [hårdare]; *das Eis ist* ~ isen bär; ~ *schlafen* sova djupt; ~ *versprechen* lova säkert (bestämt); ~ *werden* (*äv.*) stelna, hårdna; *immer* ~! gå på bara! **2** *mil.* befäst
Fest -*e n* fest; högtid; helg; *frohes* ~! god helg!; *es wird mir ein* ~ *sein* (*vard.*) det skall bli mig ett sant nöje **-abend** -*e m* festlig kväll; galakväll
Fest|angebot -*e n*, *hand.* fast anbud **-angestellte(r)** *m f, adj böjn.* fast anställd, ordinarie **-antenne** -*n f* fast antenn
Festausschu|ß -*sse*† *m* festkommitté
fest|backen *dial.* fastna **-besoldet** fast avlönad **-binden** *st* binda (knyta) fast **-bleiben** *st s* stå fast, inte ge efter

feste *adv*, *se fest* **Feste** -*n f, åld.* **1** fäste **2** *poet.* himla|päll, -fäste
Festesfreude 0 *f* glad förväntan (*före fest*); hög stämning (*under fest*) **Festessen** - *n* festmåltid, bankett
festfahren *st s* köra fast (på grund); *er ist mit seinen Plänen festgefahren* han kommer ingen vart med sina planer, hans planer har gått i baklås **festfressen** *st, rfl* kärva, skära [fast]; *der Kolben hat sich im Zylinder festgefressen* kolven har skurit fast i cylindern, cylindern har skurit
Festfreude 0 *f*, *se Festesfreude*
festfrieren *st s* frysa fast
Festgebot -*e n, hand.* fast anbud
Fest|gelage - *n* [överdådigt] kalas **-geläute** 0 *n* högtidlig (festlig) klockringning
Festgeld -*er n* bundna pengar, bundet kapital
Festhalle -*n f* fest-, bankett|sal
festhalten *st* **1** hålla fast (i); gripa; *e-n am Ärmel* ~ hålla fast ngn i ärmen; *im Bilde* ~ föreviga, fotografera **2** konstatera, fastslå **3** hålla (stå) fast; *an seinem Glauben* ~ hålla fast vid sin tro **4** *rfl* hålla sig fast (i sig), stödja sig (*äv. bildl.*) (*an* + *dat.* i, vid, på) **festheften** fästa
festigen 1 göra fast[are]; *bildl.* stadga, styrka, stärka, stabilisera; *die Freundschaft* ~ befästa vänskapen; *die Macht* ~ konsolidera makten; *die Gesundheit* ~ stärka hälsan **2** *rfl* bli fast[are]; stärkas, stadga sig *etc.* **Festigkeit** 0 *f* fasthet[sgrad]; hållfasthet; stabilitet; stadga, uthållighet, motståndskraft **Festigkeitsrechnung** -*en f* hållfasthetsberäkning **Festigkeitslehre** 0 *f* hållfasthetslära **Festigung** 0 *f* befästande, stärkande; konsolidering; *tekn.* härdning
Festival ['fɛstival, -val] -*s n, schweiz. äv. m* festival **Festivität** -*en f, åld. el. vard.* fest, kalas
festkeilen kila fast **festklammern 1** sätta fast [med klädnypor] **2** *rfl* klamra sig fast **festkleben 1** *s* fastna, klibba fast **2** klistra (limma) fast **festklemmen 1** *s* hänga upp sig; fastna, sitta fast **2** klämma fast **Festkörper** - *m* fast kropp **Festland** -*er*† *n* fastland, kontinent **festländisch** kontinental, fastlands- **Festland[s]block** -*e*† *m, geol.* kontinentalblock **Festland[s]sockel** - *m, geol.* shelf, kontinentalsockel **festlegen 1** bestämma, fastställa, fixera; *ein Ziel* ~ (*mil.*) pricka in ett mål **2** *bildl.* [fast]låsa, binda; *Kapital* ~ låsa (binda) kapital; *e-n auf etw.* (*ack.*) ~ tvinga ngn att stå för ngt **3** *rfl* binda sig (*auf* + *ack.* vid, för) **Festlegung** -*en f* bestämmande *etc.*, *jfr festlegen*
festlich festlig, högtidlig; fest-; *e-n Tag* ~ *begehen* fira en dag; ~ *gekleidet* festklädd **Festlichkeit** -*en f* festlighet, fest; *die* ~ *des Raumes* (*äv.*) rummets prakt; *die* ~ *der Stimmung* (*äv.*) den högtidliga stämningen
fest|liegen *st* **1** ligga stadigt; stå på grund **2** vara låst (*om kapital*); vara överenskommen (fastställd); ~*des Kapital* bundet kapital **-machen 1** fästa, göra (sätta, binda) fast; förtöja; *jakt.* ställa **2** *vard.* komma överens om, bestämma; *e-n Termin* ~ bestämma (avtala) en tidpunkt; *wollen wir's gleich* ~? (*vard. äv.*) ska vi göra klart av det?
Festmahl -*er*† *el.* -*e n* festmåltid, bankett
Festmeter - *m n* fastkubikmeter (*ved*) **festnageln** spika (nagla) fast; *e-n auf etw.* (*ack.*)

~ (vard.) tvinga ngn att stå för ngt; *er hat mich festgenagelt* (vard.) han uppehöll mig med sitt prat; *e-n Widerspruch* ~ (vard.) slå ner på en motsägelse; *wie festgenagelt* (vard.) som fastnaglad **Festnahme** -*n f* anhållande, gripande **festnehmen** *st* ta fast, gripa, anhålla **Festofferte** -*n f, hand.* fast offert
Fest|ordner - *m* ordningsvakt (*på fest*) **-platz** -*e*† *m* festplats
Festpunkt -*e m* fixpunkt, fast punkt
Fest|rede -*n f* fest-, högtids|tal **-saal** -*säle m* festsal
Fest|schmaus -*e*† *m* festmåltid, kalas **-schmuck** *0 m* festskrud; *die Stadt prangt im* ~ *staden är festligt smyckad*
fest|schnallen spänna fast **-schnüren** knyta fast **-schrauben** skruva fast **-schreiben** *st* (*skriftligen*) fastställa, fixera, stadga
Festschrift -*en f* festskrift
festsetzen 1 sätta fast; *e-n Verbrecher* ~ anhålla en förbrytare **2** bestämma, reglera, fastställa; *Bedingungen* ~ stipulera villkor; *die Versicherungssumme auf 1000 DM* ~ bestämma försäkringssumman till 1 000 D-mark; *zur festgesetzten Zeit* på utsatt tid **3** *rfl* sätta sig fast; fastna; bosätta sig; få fast fot **Festsetzung** -*en f* **1** anhållande (*av förbrytare*) **2** bestämmelse, stipulation; fastställande (*av tid*); föreskrift **festsitzen** *st* sitta fast; sitta på grund; ha fastnat
Festspiel -*e n* festspel; *die Salzburger* ~*e* festspelen i Salzburg
feststecken 1 sätta fast; fästa upp (*hår*) **2** *äv. st* sitta fast, ha fastnat **feststehen** *st* stå fast; vara fastställd; *eines steht fest* en sak är säker; *es steht fest* (*äv.*) det är ett faktum; *fest steht, daß* faktum är att; ~*d* stationär, stillastående; ~*der Brauch* vedertaget bruk; ~*de Tatsache* konstaterat faktum; ~*de Redensart* stående vändning **feststellbar 1** utrönbar, som går att fastslå **2** *tekn.* som kan säkras (låsas) **feststellen 1** fastställa, konstatera; ta reda på; *das wird sich* ~ *lassen* det går att ta reda på **2** *tekn.* låsa, fixera **Feststell|er** - *m, se Feststelltaste* **-schraube** -*n f* arreteringsskruv **-taste** -*n f* skiftlås (*på skrivmaskin*) **-ung** -*en f* **1** konstaterande; *e-e* ~ *treffen* konstatera **2** (*på instrument*) arretering **-ungsklage** -*n f, jur.* fastställelsetalan **-vorrichtung** -*en f* **1** indikeringsanordning, indikator **2** förankringsdon, arreteringsanordning
Feststimmung *0 f* feststämning **Festtafel** -*n f* festligt dukat bord **Festtag** -*e m* fest-, helg-, högtids|dag **festtäglich** helg-, högtids-
festtreten *st* trampa till (fast) **Festung** -*en f* fästning; *er bekam 5 Jahre* ~ (*förr*) han fick 5 år på fästning **Festungsgraben** -† *m* fästnings-, vall|grav **Festungshaft** *0 f, jur.* custodia honesta **Festungswerk** -*e n* befästnings-, försvars|verk **festverwurzelt** fast rotad (*äv. bildl.*) **festverzinslich** med fast ränta **Fest|vorstellung** -*en f* festföreställning **-wiese** -*n f* festplats, äng (öppen plats) där fest äger rum
festwurzeln *s* rota sig; *bildl. äv.* få fast fot; *festgewurzelte Gewohnheit* inrotad vana
Fest|zeit -*en f* festtid **-zug** -*e*† *m* festtåg
Fete ['fe:tə, 'fɛ:tə] -*n f, åld. el. skämts.* fest
'Fetisch -*e m* fetisch **Fetischismus** *0 m* fetischism **Fetischist** -*en* -*en m* feteschist

fett 1 fet; ~*er Boden* bördig mark; ~ *setzen* sätta i fetstil; *e-n* ~*en Bissen* (*Braten*) *erwischen* (vard.) göra en god affär; *das macht den Kohl auch nicht* ~ (vard.) det tjänar inte mycket till; *davon kann man nicht* ~ *werden* det blir man inte fet på, det lönar sig inte; ~ *machen* (*äv.*) göda; ~*es Gemisch* (*motor.*) rik blandning **2** *dial.* full, berusad **Fett** -*e n* fett; flott; ister; smörjmedel; *das* ~ *abschöpfen* skumma fettet, *bildl.* ta för sig de bästa bitarna; ~ *ansetzen* bli fet; *e-m sein* ~ *geben* (vard.) låta ngn få veta att han lever; *er hat sein* ~ *bekommen* (vard.) han har fått sig en läxa; *im* ~ *schwimmen* (*sitzen*) (vard.) leva i överflöd, ha det mycket bra **Fettansatz** -*e*† *m* fettansättning; *zu* ~ *neigen* ha anlag för att bli fet **fettarm** med låg fetthalt, mager; ~*e Milch* lättmjölk **fettartig** fettliknande, fetaktig **Fettauge** -*n n* fettpärla **Fettbauch** -*e*† *m* istermage; *so ein* ~! (vard.) en sån tjockis (fetknopp)! **Fett|behälter** - *m*, **-büchse** -*n f* fett-, smörj|kopp **fettdicht** fett-, olje|tät **Fettdruck** *0 m* fetstil **fettdurchwachsen** ~*er Speck* randigt fläsk **Fettembolie** -*n f* fettemboli **fetten 1** smörja, gnida in med fett **2** avsöndra fett, göra fettfläckar, flotta av sig **Fett|fleck** -*e m*, **-flecken** - *m* fett-, flott|fläck **fettgedruckt** med fetstil, fetstilt **Fettgehalt** -*e m* fetthalt **Fettgewebe** - *n, anat.* fettvävnad **Fettheit** *0 f* fetma **Fetthenne** -*n f, bot.* fetknopp, Sedum **Fetthering** -*e m* fetsill **Fettherz** -*ens* -*en n, med.* fetthjärta **fettig** fet, flottig; *sich* ~ *anfühlen* kännas fet **Fettigkeit 1** *0 f* fetma; flottighet **2** *vard.*, ~*en* (*olika slags*) matfett (fat matvaror **Fettkohle** *0 f* fet [sten]kol **Fettkraut** *0 n, bot.* tätört **Fettlebe** *0 f, vard.* vällevnad; ~ *machen* äta o. dricka gott, smörja kråset **Fettleber** -*n f, med.* fettlever **fettleibig** korpulent, fet **Fettleibigkeit** *0 f* korpulens, fetma **fettlöslich** fettlöslig
Fett|mops -*e*† *m, vard.* tjockis, fetknopp **-näpfchen** *0 n, ins* ~ *treten* (vard.) trampa i klaveret **-nippel** - *m* smörjnippel **-papier** -*e n* smörpapper **-polster** -*n* fettlager; *bildl.* reserv **-presse** -*n f* fett-, smörj|spruta **-säure** -*n f* fettsyra **-schicht** -*en f* fettlager **-schnitte** -*n f, vard.* brödskiva *m.* flott [salt o. lök] **-schwanzschaf** -*e n* fettsvansfår **-seife** -*n f* överfettad tvål **-spaltung** -*en f, kem.* fettspjälkning **-stift** -*e m* fettpenna; fettkrita **-stoffwechsel** *0 m* fettämnesomsättning **-sucht** *0 f* sjuklig fetma, fettsot **-wanst** -*e*† *m, vulg.* tjockis, isterbuk **-zelle** -*n f* fettcell
Fet|us *gen.* -*us el.* -*usses, pl* -*usse el.* -*en m* foster **fetzen** *vard.* **1** riva [sönder] **2** *s* rusa **Fetzen** - *m* **1** trasa; lapp; fragment, snutt; *in* ~ *reißen* (*äv.*) riva i småbitar; *in* ~ *gekleidet* (vard.) klädd i trasor **2** *e-n* ~ *haben* (*österr. vard.*) vara packad (*berusad*)
feucht fuktig; ~*er Abend* (vard.) våt kväll (*då man druckit mycket*) **feuchten** fukta **'feucht'fröhlich** vard. upprymd, i gasen; ~*er Abend* våt kväll; ~*e Gesellschaft* livat (upprymt, lindrigt berusat) sällskap **'feucht'heiß** fuktig o. het (*om klimat*) **Feuchtigkeit** *0 f* fukt; fuktighet **Feuchtigkeitsgehalt** -*e m* fukthalt **Feuchtigkeitsmesser** - *m* fuktighetsmätare, hygrometer **'feucht'kalt** kall o. fuktig, gråkall, ruggig **'feucht'warm** varm o. fuktig

feudal [fɔy-] **1** feodal, läns- **2** *vard.* förnäm, pampig; ~*es Lokal* guldkrog **Feudal|herrschaft** *0 f,* **-ismus** *0 m* feodalism **feudalistisch** feodal **Feudalwesen** *0 n* feodalism, feodalväsen
Feuer - *n* eld (*äv. bildl. o. mil.*); eldsvåda, brand; brasa; glöd, hetta; glans; *sjö.* fyr; ~*! a*) elden är lös!, *b*) (*vid lek*) det bränns!; [*gebt*] ~*!* [*ge*] eld!; *das olympische* ~ den olympiska elden; *das* ~ *des Diamanten* diamantens lyster; *das* ~ *der Jugend* ungdomens glöd; *das* ~ *im Herd anmachen* göra upp eld i spisen; *das* ~ *einstellen* upphöra med eldgivningen; ~ *fangen a*) fatta eld, *b*) bli eld o. lågor, *c*) förälska sig; *für e-n durchs* ~ *gehen* gå genom eld o. vatten för ngn; *haben Sie bitte* ~*?* har Ni eld?; *das Pferd* (*der Wein*) *hat* ~ hästen är eldig (vinet är eldigt); *bei starkem* ~ *kochen* (*äv.*) koka på stark värme; ~ *an etw.* (*ack.*) *legen* sätta eld på ngt, sticka ngt i brand; ~ *hinter etw.* (*ack.*) *machen* (*vard.*) sätta fart på ngt; *e-m* ~ *unter dem Hintern machen* (*vard.*) sätta fart på ngn; *er wird von allen Seiten unter* ~ *genommen* han attackeras (ansätts) från alla håll; ~ *und Flamme sein* vara eld o. lågor; *mit dem* ~ *spielen* (*bildl.*) leka med elden; *das Essen aufs* ~ *stellen* (*äv.*) ställa maten på spisen **Feueralarm** -*e m* brandalarm **Feueranbeter** - *m* eldsdyrkare **Feuerball** -*e*† *m* eldklot **Feuerbereich** -*e m* eldområde; (*kanons*) räckvidd **Feuerberg** -*e m, poet., åld.* vulkan **feuerbeständig** eldfast **Feuerbestattung** -*en f* eldbegängelse **Feuerbock** -*e*† *m* eldhund **Feuerbohne** -*n f* rosenböna **Feuerbrand** -*e*† *m* eldbrand **Feuerbüchse** -*n f* **1** fyrbox, flam-, inner|eldstad (*på lok*) **2** *åld.* gevär **Feuereifer** *0 m* glödande iver **Feuereimer** - *m* brandhink **feuer|farben, -farbig** eldröd **feuerfest** eldfast; brandsäker **Feuerfestigkeit** *0 f* eldfasthet; brandsäkerhet **Feuerfresser** - *m, vard.*, eldslukare **Feuerfuchs** -*e*† *m* fux, rödbrun häst **Feuergarbe** -*n f* eldkvast **Feuergefahr** *0 f* brandfara **feuergefährlich** eldfarlig **Feuergefecht** -*e n* eldstrid **Feuergeist** -*er m* **1** *myt.* salamander, eldande **2** *bildl.* eldsjäl **Feuerglocke** -*n f, åld.* brand-, storm|klocka **Feuerhaken** -*e*† *m* eldgaffel; eldraka; spiskrok **feuerhemmend** ~*es Material* material som [provisoriskt] hindrar eldens spridning **Feuerherd** -*e m* eldstad; öppen spis **Feuerhimmel** *0 m* brandröd himmel, solnedgångshimmel **feuerjo** *interj, åld.* elden är lös!
Feuer|kampf -*e*† *m* eldstrid **-kanal** -*e*† *m* eld-, rökgas|kanal **-kopf** -*e*† *m, bildl.* hetsporre **-land** *0 n, das* ~ Eldslandet **-länder** - *m* eldsländare **-leiter** -*n f* brandstege **-leitung** -*en f, mil.* eldledning **-lilie** -*n f* tigerlilja **-loch** -*er*† *n* eldstadsöppning
Feuerlösch|apparat -*e m* eldsläckningsapparat **-boot** -*e n* flodspruta **-er** - *m* eldsläck|are, -ningsapparat **-gerät** -*e n* brandsläckningsredskap **-teich** -*e m* branddamm **-wesen** *0 n* brandväsen
Feuer|mal -*e el.* -*er*† *n* elds-, födelse|märke **-mauer** -*n f* brandmur **-melder** - *m* brandskåp
feuern 1 elda **2** ge eld (fyr) **3** *vard.* slänga, drämma; *etw. in die Ecke* ~ slänga [in] ngt i hörnet; *e-m e-e* ~ ge ngn en örfil **4** *vard.* avskeda, sparka **Feuernelke** -*n f* studentnejlika **Feuerpolice** -*n f* brandförsäkringsbrev **Feuerprobe** -*n f* eldprov (*äv. bildl.*) **Feuerrad** -*er*† *n* sol (*fyrverkeripjäs*); brinnande hjul (*som vid midsommarfest rullas utför sluttning*) **Feuerraum** -*e*† *m* förbränningskammare **Feuerrost** -*e m* eldgaller; rost **'feuer'rot** eldröd **Feuersalamander** - *m* eldsalamander **Feuersbrunst** -*e*† *f* eldsvåda **Feuerschaden** -*†* *m* brandskada **Feuerschein** *0 m* eldsken **Feuerschiff** -*e n* fyrskepp **Feuerschirm** -*e m* brasskärm **Feuerschutz** *0 m* **1** brandskydd **2** *mil.* eldunderstöd **Feuerschwamm** -*e*† *m* fnösksvamp **feuersicher** eldfast; brand|säker, -härdig **Feuersnot** *0 f, poet.* brandfara **feuerspeiend** eldsprutande **Feuer|spritze** -*n f* brandspruta **-stätte** -*n f* eldstad; brandhärd **-stein** -*e m* flinta; tändsten **-stelle** -*n f* eldstad; brandhärd **-stellung** -*en f, mil.* eldställning **-stuhl** -*e*† *m, vard.* moppe; [tung] båge **-taufe** -*n f* elddop **-tod** *0 m* död på bålet **-ton** *0 m* eldfast lera **-tür** -*en f* eldstadslucka **-ung** -*en f* **1** eldning **2** eldstad **3** *mil.* eldgivning **4** bränsle **-ungsanlage** -*n f* eldnings|anläggning, -apparat **-ungsöl** -*e n* brännolja **-ungsraum** -*e*† *m* pannrum **-versicherung** -*en f* brandförsäkring **feuerverzinkt** varmförzinkad **Feuer|wache** -*n f* brandstation **-waffe** -*n f* eldvapen **-walze** -*n f* **1** *zool.* anhopning av manteldjur som förorsakar mareld **2** *mil.* (*rörlig*) stormeld **-wasser** *0 n* eldvatten **-wehr** -*en f* brandkår **-wehr|mann** -*männer el.* -*leute m* brandsoldat **-werk** -*e n* fyrverkeri (*äv. bildl.*) **-werker** - *m* pyrotekniker, fyrverkare; sprängämnesexpert **-werkskörper** - *m* fyrverkeripjäs **-zange** -*n f* eldtång **-zeug** -*e n* [cigarrett]tändare **-zug** -*e*† *m* rökkanal; drag
Feuilleton [fœjə'tõ(:)] -*s n* kåseri; kulturartikel; kultur-, underhållnings|sida (*i tidning*) **Feuilletonist** -*en* -*en m* **1** kåsör; författare av lättare artiklar **2** *neds.* ovederhäftig (ytlig) skribent **feuilletonistisch 1** kåserande; underhållnings- **2** *neds.* ytlig
feurig glödande; *bildl. äv.* passionerad, livlig; ~*e Augen* blixtrande ögon; ~*er Wein* eldigt vin **feurio** *interj, åld.* elden är lös!
Fex -*es el.* -*en* -*en m* narr; fantast, entusiast **1 Fez** [fe:s, *äv.* fe:ts] -*[es] -[es] m* fez
2 Fez [fe:ts] *0 m vard.* nöje, skämt, galenskap
ff *förk.* för **1** *sehr fein* **2** *mus. fortissimo* **3** *Effeff*
ff. *förk.* för [*und*] *folgende* [*Seiten*] ff, och följande sidor
Fi'aker - *m, österr.* **1** droska **2** droskkusk
Fiale -*n f, arkit.* fial
Fiasko -*s n* fiasko
1 Fibel -*n f* abc-bok
2 Fibel -*n f, arkeol.* fibula
Fiber -*n f* fiber, tråd
Fibrille -*n f, anat.* fibrill **Fibrin** *0 n, anat.* fibrin **fibrös** *med.* fibrös
Fichte -*n f* gran **fichten** av gran, gran- **Fichtennadel** -*n f* granbarr **Fichtennadelöl** -*e n* tallbarrsolja **Fichtenzapfen** - *m* grankotte
Fick -*s m, vulg.* nyp, skjut **ficken** *vulg.* knulla **fickerig 1** *dial.* otålig, rastlös **2** *vulg.* kåt
Fickfack -*e m, dial.* undanflykt
Fideikommiß -*sse n* fideikommiss
fi'del *vard.* glad, munter, livlig; *ein* ~*es Haus* en glad själ **Fi'delitas** *0 f,* **Fidelität** *0 f, stud.* sällskaplig samvaro; gask, hippa **'Fidibus** -[*se*] *m* papperstuss (*att tända pipa med*)
Fidschi *pl* Fiji **Fidschianer** - *m* fijian **fidschianisch** fijiansk

Fi'duz *0 n, vard.* mod; lust **fi'duzit** *interj, stud.* skål!
Fieber - *n* feber (*äv. bildl.*); 40° ~ 40 graders feber **fieberartig** feberaktig, febril **Fieberbaum** -e† *m* eukalyptus-, feber|träd **fieberfrei** feberfri **Fieberglut** *0 f, se Fieberhitze* **fieberhaft** feber|aktig, -artad, febril **Fieberhitze** *0 f* feberglöd, brännande feber **fieberig** febrig; feberaktig, febril **Fieberkurve** -*n f* feberkurva **fieberlos** feberfri **Fiebermittel** - *n* febernedsättande (feberalstrande) medel **Fiebermücke** -*n f* malariamygga **fiebern 1** ha (få) feber; vara febrig; *bildl.* vara upprörd; *vor Spannung* ~ darra av spänning (som i feber) **2** *nach e-m (etw.)* ~ häftigt längta efter ngn (ngt) **Fieberrinde** -*n f* kinabark **Fieberschauer** - *m* frossbrytning, feberrysning **Fieberthermometer** - *n* febertermometer **Fieberwahn** *0 m* feber|fantasi, -yrsel **fiebrig** *se fieberig*
Fiedel -*n f* fela, fiol **Fiedelbogen** -[†] *m* fiolstråke **fiedeln** gnida (spela) på fiol; *neds.* misshandla fiolen
Fieder -*n f* **1** *åld.* liten fjäder **2** *bot.* småblad **Fieder|blatt** -er† *n*, **-blättchen** - *n* småblad (*av parbladigt blad*) **fiedern 1** besätta med fjädrar **2** *rfl, jakt.* rugga (*om fågel*)
fiel *se fallen*
fiepen pipa (*äv. om rådjurshona*)
fieren *sjö.* fira
fies *vard.* vidrig, äcklig; hemsk
fifty-fifty ['fifti'fifti] *vard.*, ~ *machen* dela lika
Figaro -*s m, skämts.* barberare, figaro
fighten ['fajtn] kämpa; boxas, fajtas **Fighter** ['fajtɐ] - *m* kämpe, fighter, gåpåare
Figur -*en f* figur (*alla bet.*); diagram; *kortsp.* målare, målat kort; *schack.* pjäs; *e-e gute* ~ *machen* (*vard.*) ta sig bra ut; *von guter* ~ välväxt; *in voller* ~ i helfigur; *ebene* ~ plan figur; *e-e lächerliche* ~ *abgeben* göra (spela) en löjlig figur **Figura** *0 f, wie* ~ *zeigt* som man ser, som exemplet visar, som framgår av bilden **figural** figural, prydd med figurer **Figuralmusik** *0 f* figural-, mensural|musik **Figurant** -*en* -*en m* **1** statist **2** figurant, medlem av balettkåren **figurativ** *konst.* figurativ **Figürchen** - *n* liten figur; liten sirlig gestalt (person) **Figurenlaufen** *0 n* figuråkning **figurieren** figurera **figürlich** figurlig, överförd; figurligen; *im* ~*en Sinn* i bildlig betydelse; ~ *ist sie gut dran* (*vard.*) hon har en snygg figur
Fiktion -*en f* fiktion **fiktiv** fiktiv
Filet [fi'le:] **1** -*s n, kokk. o. väv.* filé **2** -*en n, se Filete* **Filetarbeit** -*en f, ung.* knyppling **Filete** -*n f, boktr.* filett **filetieren** *kokk.* filea **Filetsteak** -*s n* filé
Filiale -*n f* filial; avdelningskontor; kedjebutik **Filialkirche** -*n f* dotterkyrka
Filigran -*e n*,-**arbeit** -*en f* filigran
Filipino -*s m* filippinare
Filius -*se m, skämts.* son
Film -*e n* film (*äv. tunn hinna*); *zum* ~ *gehen* (*vard.*) bli filmskådespelare; *mir ist der* ~ *gerissen* (*vard.*) jag har tappat tråden; *e-n* ~ *einlegen* sätta i en film **Filmaufnahme** -*n f* filminspelning **Filmautor** -*en m, se Filmschriftsteller* **Filmbearbeitung** -*en f* bearbetning för filmen, filmatisering **Filmbericht** -*e m* reportagefilm **Filmbühne** -*n f* bio[grafteater] **Filmemacher** - *m, se Filmer 1* **filmen** filma **Filmer** - *m* **1** film|makare, -regissör **2** amatörfilmare **Filmfestspiel** -*e n* filmfestival **Filmfreund** -*e m* filmvän, filmbiten person **Filmgröße** -*n f, vard.* filmstjärna **filmisch** filmisk, film-, filmatisk **Film|kamera** -*s f* filmkamera **-kritiker** - *m* filmkritiker **-musik** *0 f* filmmusik **-operette** -*n f* operettfilm, filmmusical **-pack** -*e el.* -*s m* filmförpackning **-patrone** -*n f* filmkassett **-prüfer** - *m* filmcensor **-rolle** -*n f* **1** filmroll **2** filmrulle **-schaffende(r)** *m f, adj böjn.* filmmänniska **-schauspieler** - *m* filmskådespelare **-schriftsteller** - *m* scenario-, film|författare **-selbstkontrolle** *0 f* självcensur (*inom ty. filmindustri*) **-star** -*s m* filmstjärna **-sternchen** - *n* mindre filmstjärna, starlet **-theater** - *n* bio[grafteater] **-verleih** -*e m* filmuthyrningsbyrå **-vertrieb** -*e m* filmdistribution **-vorführen** - *m* [biograf]maskinist **-vorführung** -*en f* film|föreställning, -förevisning **-vorschau** -*en f* förhandsvisning av film; trailer, filmavsnitt som förhandsreklam **-vorstellung** -*en f, se Filmvorführung* **-wirtschaft** *0 f* film|industri, -bransch **-zensur** *0 f* filmcensur
Filou [fi'lu:] -*s m* filur, skojare
Filter - *m* (*tekn. vanl. n*) filter **filterfein** fin-, brygg|malen (*om kaffe*) **Filterflasche** -*n f* filtrerflaska **Filterkaffee** *0 m* bryggt kaffe **filtern** filtrera; brygga (*kaffe*) **Filterpapier** -*e n* filtrerpapper **Filtersand** *0 m* filter-, filtrer|sand **Filtertüte** -*n f* kaffefilter, filtrerpåse (*för kaffe*) **Filterung** -*en f* filtrering **Filterzigarette** -*n f* filtercigarett **Filtrat** -*e n* filtrat **Filtration** -*en f* filtrering **filtrieren** filtrera **Filtrierpapier** -*e n* filter-, filtrer|papper **Filtriertuch** -*er*† *n* filtrerduk **Filtrierung** -*en f* filtrering
Filz -*e m* **1** filt (*material*) **2** *vard.* snålvarg **3** *se Filzdeckel* **Filzdeckel** - *m* **1** underlägg (*för ölglas*) **2** *vard.* filthatt **filzen 1** *text.* filta; filta sig **2** *vard.* kontrollera, genomleta, kroppsvisitera **3** *vard.* råna **4** *vard.* slagga (*sova*) **5** *vard.* snåla **Filzhut** -*e*† *m* filthatt **filzig 1** filtartad, tovig; *bot.* luden **2** *vard.* snål **Filz|igkeit** *0 f* **1** tovig-, luden|het **2** snålhet **-laus** -*e*† *f* flatlus **-okratie** -*n f, ung.* myglar-, pamp|välde **-pantoffelkino** *0 n, vard.* TV **-schreiber** - *m* filtpenna **-sohle** -*n f* filtsula **-stift** -*e m* filtpenna **-unterlage** -*n f* filtunderlägg
Fimmel - *m* **1** järnkil **2** *vard.* vurm, mani; *er hat e-n* ~ *für* han har dille på **fimmelig** *vard.* vriden, vrickad
final final (*äv. språkv.*) **Finale** -[*s*] *n, mus., sport.* final **Finalist** -*en* -*en m, sport.* finalist **Finalität** *0 f filos.* finalitet **Finalsatz** -*e*† *m, språkv.* finalsats
Finanz *0 f* finans[värld], storfinans **Finanzabteilung** -*en f* ekonomiavdelning **Finanzamt** -*er*† *n* uppbörds-, skatte|verk **Finanzausgleich** *0 m* skatteutjämning **Finanzbeamte(r)** *m, adj böjn.* tjänsteman vid uppbördsverket **Finanzen** *pl* finanser; finansväsen; *meine* ~ (*vard.*) mina finanser, min ekonomi **Finanzfrage** -*n f* finans-, förmögenhets-, skatte|fråga **Finanz|gebaren** *0 n*, **-gebarung** *0 f* (*myndighets*) medelsförvaltning **Finanzgenie** -*s n* finansgeni **Finanzhoheit** *0 f* rätt att indriva o. fördela skattemedel **finanziell** finansiell, finans-, ekonomisk **Finanzier** [finan'tsie:] -*s m* finansiär, finansman **finanzieren** finansiera **Finanzierung** -*en f* finansiering **Finanzjahr** -*e n* budgetår **Finanzkapital** *0 n*

finans-, stor|kapital **Finanzkontrolle** *0 f, die ~ (ung.*) riksräkenskapsverket **finanzkräftig** ekonomiskt (finansiellt) stark **Finanz|lage** *0 f* finansiellt läge, ekonomisk ställning **-mann** *-männer el.* **-leute** *m* finansman, finansiär **-minister** - *m* finansminister **-monopol** *-e n* finansmonopol *(t.ex.* **tobaks-**) **-periode** *-n f* budgetperiod **-politik** *0 f* finanspolitik **finanzschwach** ekonomiskt (finansiellt) svag **Finanz|spritze** *-n f, vard.* ekonomiskt stöd **-teil** *-e m (tidnings)* ekonomi|del, -sida **-verwaltung** *0 f (offentlig)* finansförvaltning **-wechsel** - *m* finansväxel **-wesen** *0 n* offentliga finanser; finansväsen **-wirtschaft** *0 f* penninghushållning; finansförvaltning **-wissenschaft** *0 f* finansvetenskap **-zoll** *-e† m* finanstull
finassieren använda list (knep)
Findel|haus *-er† n, åld.* hittebarnshus **-kind** *-er n* hittebarn
find|en *fand, fände, gefunden* **1** finna, hitta, påträffa; *sl.* sno; *so etw. -et man heute nicht mehr (äv.*) ngt sådant finns inte längre (träffar man inte längre på) i dag; *e-n schlafend (krank)* ~ finna ngn sovande (sjuk); *Freude an etw. (dat.)* ~ finna (ha) nöje i ngt; *e-n Freund* ~ få en vän; *Gefallen an e-m* ~ fatta tycke för ngn; *die Lösung* ~ *(äv.*) komma på lösningen; *den Tod* ~ möta döden; *e-e Wohnung* ~ hitta en våning; *ich -e keine Worte (äv.*) jag är mållös (saknar ord); *ich weiß nicht, was er an ihr -et* jag vet inte vad han ser hos henne; *spät ins Bett* ~ komma sent i säng; *nach Hause* ~ hitta (komma) hem; *zu sich selbst* ~ finna sig själv **2** finna, anse, tycka; *ich habe gefunden, daß es hier besser ist* jag har funnit (kommit fram till) att det är bättre här; *wie -est du dieses Kleid?* vad tycker du om den här klänningen?; *ich -e nichts dabei* jag finner inget ont i (särskilt med) det; *etw. gut (falsch)* ~ anse ngt vara bra (fel); *ich -e es kalt hier* jag tycker det är kallt här; *das -e ich lustig* det tycker jag är roligt **3** vinna, få; *reißenden Absatz* ~ få en strykande åtgång; *Beifall* ~ vinna (röna) bifall; *Verwendung* ~ få (ha) användning, användas; *keine Zeit zum Lesen* ~ inte få tid att (hinna) läsa **4** *rfl* finnas, på-, an|träffas, finna sig, visa sig; finna varandra, träffas; *der verlorene Schuh hat sich wieder gefunden* den borttappade skon har kommit fram (dykt upp) igen; *es (das) wird sich* ~ *a)* det kommer till rätta, det kommer att visa sig, *b)* det kommer att ordna sig; *das übrige wird sich schon* ~ det blir nog bra med det; *sich in etw. (ack.*) ~ finna (foga) sig i ngt; *ich habe mich noch nicht gefunden* jag har inte funnit (kommit till klarhet om) mig själv; *die beiden haben sich gefunden* de båda har funnit varandra; *es -et sich häufig, daß* det inträffar ofta att; *es -et sich niemand, der das tun will* man kan inte hitta ngn som vill göra det; *es* ~ *sich immer Leute, die* det finns alltid folk som; *es fanden sich Freiwillige* frivilliga anmälde sig **Finder** - *m* upphittare **Finderlohn** *0 m* hittelön **findig** fyndig *(äv. gruv.*); påhittig **Findling** *-e m* **1** hittebarn **2** *geol.* flyttblock **Findlingsblock** *-e† m, geol.* flyttblock
Finesse *-n f* finess; knep, trick; *mit allen ~n (äv.*) med allt vad därtill hör
fing *se fangen*
Finger - *m* finger; *der kleine* ~ lillfingret; *der elfte* ~ *(skämts.*) snoppen; ~ *weg!* bort med fingrarna (tassarna)!; *e-n bösen (schlimmen)* ~ *haben (vard.*) ha ont (inflammation) i ett finger; *die* ~ *im Spiel haben (vard.*) ha ett finger med i spelet; *mir jucken die* ~ *nach etw. (vard.*) jag är jättesugen på ngt; *die* ~ *von etw. lassen* hålla fingrarna borta från ngt; *den* ~ *auf die Wunde legen* sätta fingret på den ömma punkten; *keinen* ~ *krumm machen (vard.*) inte röra ett finger; *krumme (lange)* ~ *machen (vard.*) stjäla; *mein kleiner* ~ *sagt mir, daß* jag har en bestämd känsla av att; *sich (dat.) die* ~ *verbrennen* bränna fingrarna (*äv. bildl.*); *das kann man sich (dat.*) an den [*fünf*] ~*n abzählen (vard.*) det kan man räkna ut med öronen; *er hat an jedem* ~ *e-e (vard.*) han har en flicka på varje finger; *e-m auf die* ~ *sehen (gucken) (vard.*) hålla ögonen på ngn; *etw. nicht aus den ~n geben (vard.*) inte släppa ngt; *sich (dat.) etw. aus den ~n saugen (vard.*) koka ihop (hitta på) ngt; *bei e-m durch die* ~ *sehen* se genom fingrarna med ngn; *in die* ~ *bekommen (kriegen) (vard.*) få tag i; *etw. im kleinen* ~ *haben (vard.*) kunna ngt på sina fem fingrar; *sich (dat.) in den* ~ *schneiden (äv.*) grundligt missta sig; *mit* ~*n (den* ~) *auf e-n zeigen* peka finger åt ngn; *e-n um den* [*kleinen*] ~ *wickeln können (vard.*) kunna linda ngn kring lillfingret **Fingerabdruck** -*e† m* fingeravtryck; *e-n* ~ *von e-m machen, jdm Fingerabdrücke abnehmen* ta ngns fingeravtryck **Fingerbeere** -*n f, anat.* fingerblomma, fingertoppens insida **fingerbreit** finger[s]bred **Fingerbreit** - *m* finger[s]bredd; *um keinen* ~ *von etw. abgehen* inte vika en hårsmån från ngt **fingerdick** finger[s]tjock **Fingerei** -*en f* fingrande **fingerfertig** fingerfärdig **Fingerfertigkeit** *0 f* fingerfärdighet; *mit großer* ~ med stor fingerfärdighet, mycket skickligt **Fingerhut** -*e† m* **1** fingerborg **2** fingerborgsblomma **Fingerkraut** *0 n* fingerört **Fingerkuppe** -*n f* finger|topp, -spets **fingerlang** finger[s]lång **Fingerling** -*e m* fingertuta; [handsk]finger **fingern** fingra, pillra *(an + dat.* på); *wir werden es schon* ~ *(vard.*) vi ska nog klara (fixa) det; *in der Tasche nach Geld* ~ söka efter pengar i fickan
Finger|nagel *-† m* fingernagel **-ring** *-e m* fingerring **-satz** *-e† m, mus.* fingersättning **-spitze** *-n f* fingertopp; *etw. bis in die ~n fühlen* känna ngt ända ut i fingerspetsarna **-spitzengefühl** *0 n* intuition, känslighet; ~ *für etw. haben* vara lyhörd för ngt; *dafür fehlt ihm das nötige* ~ det är han inte ngn riktig känsla för **-sprache** *-n f* teckenspråk **-tier** *-e n, zool.* fingerdjur **-übung** *-en f, mus.* fingerövning **-zeig** *-e m* vink, fingervisning
fingieren fingera
Finish [ˈfɪnɪʃ] *-s n* sista avslipning, finish; *sport.* finish, slutspurt
finit *språkv.* finit
Fink *-en -en m* **1** fink **2** *åld.* student som inte tillhör förening **Finken|beißer** - *m*, **-falke** *-n -n m* sparvhök **Finkler** - *m, åld.* fågelfängare
1 Finne *-n -n m* finländare, finne
2 Finne *-n f* **1** finne, kvissla **2** fena **3** *zool.* dynt, blåsmask **4** hammarpen **finnig 1** finnig **2** dyntig
finnisch finländsk, finsk; *der F~e Meerbusen* Finska viken **Finnisch** *0 n* finska (*språk*) **Finnland** *0 n* Finland **finnlandisieren** finlandisera **Finnmark** - *f* finsk mark

Finnwal -*e m* fenval
finster mörk; mulen; *bildl. äv.* dyster, olycksbådande; *das ~e Mittelalter* den mörka medeltiden; *~e Tat (äv.)* ogärning; *e-m ~e Blicke zuwerfen* kasta fientliga blickar på ngn; *~er Bursche (äv.)* otäck typ; *im F~n* i mörkret; *im ~n tappen (bildl.)* famla i mörker **Finsterkeit** *0 f* mörker **Finsterling** -*e m* allvarsman **Finsternis** -*se f* mörker; *astron.* förmörkelse **Finte** -*n f* fint *(äv. fäkt.)*, list, knep **finz[e]lig** *dial.* ansträngande, knepig
Fips -*e m, vard.* knäppning med fingrarna; näsknäpp; *Meister ~ (öknamn på)* skräddare **fipsen** *vard.* knäppa med fingrarna
'**Firlefanz** -*e m, vard.* strunt[saker], smörja, nonsens, barnslighet **-erei** -*en f, vard.* [sysslande med] struntsaker, barnsligheter
firm säker, skicklig *(in + dat.* i) **Firm|a** -*en f (förk. Fa.)* firma; *für die ~ zeichnen* teckna firman **Firmament** *0 n* firmament **firme[l]n** *kat.* konfirmera **Firmelung** -*en f, kat.* konfirmation **Firmenchef** -*s m* firmachef **Firmeninhaber** - *m* innehavare av firma[n] **Firmenverzeichnis** -*se n* firma-, handels|register **Firmenwagen** - *m* firmabil **Firmenzeichen** - *n* firmamärke **firmieren** *hand.* **1** inneha firmanamn **2** teckna firman **Firmling** -*e m, kat.* konfirmand **Firmpate** -*n* -*n m, kat.* fadder vid konfirmationen **Firmung** -*en f, kat.* konfirmation
Firn -*e m* firn, kornsnö, 'evig' snö **Firnbrücke** -*n f* is-, snö|brygga *(över glaciärspricka)* **Firne** *0 f (om vin)* mognad **firnen** *(om vin)* lagras
'**Firnis** -*se m* fernissa *(äv. bildl.)* **firnissen** fernissa
First -*e m* tak|ås, -nock; *gruv.* galleri, tak; *poet.* bergstopp **-balken** - *m* takås **-ziegel** - *m* takåstegel
fis [fɪs] *mus.* **1** - - *n* fiss **2** *beteckning för fis-Moll* fiss-moll **Fis** *beteckning för Fis-Dur* Fiss-dur
Fisch -*e m* fisk; *~ will schwimmen (vard.)* till fisk ska det vara vin; *weder ~ noch Fleisch (vard.)* varken fågel eller fisk; *faule ~e (vard.)* lögner, undanflykter; *gesund und munter wie ein ~ im Wasser (vard.)* pigg som en mört; *das sind kleine ~e (vard.)* det är en bagatell (småpotatis); *~e fangen (äv.)* fiska **Fischadler** - *m* fiskgjuse **fischähnlich** fiskliknande **fischarm** fiskfattig
Fisch|auge -*n n* fisköga *(äv. foto.)* **-band** -*er†* *n* bladgångjärn **-behälter** - *m* fisksump **-besteck** -*e n* fiskbestick **-blase** -*n f* fiskblåsa *(äv. konst.)* **-blut** *0 n, ~ in den Adern haben* ha fiskblod i ådrorna, vara känslokall **-brut** *0 f* fiskyngel **-dampfer** - *m* fiskefartyg **fischen** fiska; *im trüben ~ (bildl.)* fiska i grumligt vatten; *dabei ist nichts zu ~ (vard.)* där finns det inget att hämta; *sich (dat.) e-n Mann ~ (vard.)* ragga upp en karl, få en karl på kroken **Fischer** - *m* fiskare **Fischerboot** -*e n* fiskebåt **Fischerdorf** -*er†* *n* fiske|läge, -by **Fischerei** *0 f* fiske, fiskeri **-fahrzeug** -*e n* fiskefartyg, trålare **-gerechtigkeit** *0 f* fiskerätt **-grenze** -*n f* fiskegräns **-recht** *0 n* fiskerätt **-schutzboot** -*e n* fiskeribevakningsfartyg **-zone** -*n f* fiskezon
Fischer|garn -*e n*, **-netz** -*e n* fisknät, fisk[e]garn **Fischerstechen** *0 n* fiskartävling *(i båtar varvid det gäller peta omkull motståndaren med lång käpp)* **Fischfang** *0 m* fiske;

fiskfångst **Fischgräte** -*n f* fiskben **Fischgrätenmuster** - *n* fiskbensmönster **Fischgründe** *pl* fiskevatten **fischig** fisklik, hal (kall) som en fisk; *~ riechen* lukta fisk **Fisch|kasten** -†*m* fisksump **-köder** - *m* agn **-konserve** -*n f* fiskkonserv **-kotelett** -*s n* skiva stekt fisk *(av lax e.d.)* **-kunde** *0 f* iktyologi, läran om fiskarna **-kutter** - *m* fiskekutter **-laich** -*e m (lagd)* fiskrom **-leim** *0 m* fisklim **-leiter** -*n f* fisk-, lax|trappa **-mehl** *0 n* fiskmjöl **-milch** *0 f* mjölke **-öl** -*e n, se Fischtran* **-otter** - *m* utter **-pa|ß** -*sse†* *m* fisk-, lax|trappa **fischreich** fiskrik **Fisch|reiher** - *m* grå häger **-rogen** - *m* fiskrom *(i honans kropp)* **-schuppe** -*n f* fiskfjäll **-stäbchen** *pl* fiskpinnar **-suppe** -*n f* fisksoppa **-tag** -*e m, kat.* faste-, fisk|dag **-teich** -*e m* fiskdamm **-tran** -*e m* fiskleverolja, -tran **-treppe** -*n f* fisk-, lax|trappa **-ung** -*en f, sjö.* masthål **-wasser** - *n* fiskevatten **-weg** -*e m* fisk-, lax|trappa **-wehr** -*e n* fiske-, katse|gård **-weiher** - *m* fiskdamm **-zucht** *0 f* fiskodling **-zug** -*e†* *m* **1** notvarp **2** *bildl.* räd, stöldturné, kap
Fisima'tenten *pl, vard.* undanflykter, svepskäl **fiskalisch** fiskal[isk] **Fiskus** *0 m* fiskus; statskassa
Fi'sole -*n f, österr.* grön böna, haricot vert **fisselig** *dial.* tunn, fin; petig
Fission -*en f* fission **Fissur** -*en f, med.* fissur; benspricka
Fist -*e m, dial.* fjärt
Fistel -*n f* **1** *med.* fistel **2** *se Fistelstimme* **fistelartig** fistelartad
fisteln prata (sjunga) i falsett **Fistelstimme** -*n f* falsett|röst, -stämma **fistulieren** *se fisteln*
fit [fɪt] i form, i trim
Fitneß *0 f* [god] form, [bra] kondition **-raum** -*e† m* motionsrum **-test** -*s, äv.* -*e m* konditionstest **-training** -*s n* konditions-, motions|träning
Fittich -*e m, poet. o. bildl.* vinge; *e-n unter seine ~e nehmen (vard.)* ta ngn under sina vingars skugga
Fitz *0 m, dial.* virrvarr; besvär **Fitzbohne** -*n f, dial.* böna **Fitzchen** - *n, dial.* bit, stump; *es ist nicht ein ~ übrig* det är inte ett dugg kvar **Fitze** -*n f, dial.* pasma, härva **fitzen** *dial.* **1** trassla (tova) [ihop] sig **2** trasa (riva, skära) sönder (i småbitar) **3** jäkta; slarva
fix 1 fast, fix; *~e Idee* fix idé; *~es Gehalt* fast lön **2** flink, skicklig; *~er Bursche* duktig (klämmig) grabb; *[mach] ~!* *(vard.)* skynda [dig] på! **3** *~ und fertig (vard.)* a) fix o. färdig, alldeles klar (färdig), b) alldeles slut (knäckt) **Fix** -*e m, sl.* sil *(narkotikainjektion)* **Fixativ** -*e n* fixativ **fixen 1** *hand.* spekulera i baisse; göra terminsaffärer **2** *sl.* knarka, sila **Fixer** - *m* **1** *hand.* baissespekulant **2** *sl.* knarkare, silare '**fix'fertig** *schweiz.* fix o. färdig **Fixgeschäft** -*e n, hand.* terminsaffär **Fixierbad** -*er† n* fixer|bad, -vätska **fixieren** fixera *(äv. foto.)*; *e-n Zeitpunkt ~* bestämma en tidpunkt **Fixierentwickler** - *m, foto.* framkallare som samtidigt fixerar **Fixier|flüssigkeit** -*en f*, **-mittel** - *n* fixer|vätska, -medel **Fixierung** -*en f* fixering **Fixpunkt** -*e m* fixpunkt **Fixstern** -*e m* fixstjärna **Fix|um** -*a n* fast lön, grundlön
Fjord -*e m* fjord

FKK [ɛfka:'ka:] *förk. för Freikörperkultur* nudism **-ler** - *m*, *vard.* nudist
Fla *förk. för Flugabwehr*
flach flack, platt, slät; grund; låg; *bildl. äv.* ytlig; ~*es Boot* flatbottnad båt; ~*e Böschung* svag sluttning; ~*es Buch* ytlig (banal) bok; *mit der* ~*en Hand* med handflatan; *mit der* ~*en Klinge* med flatsidan på klingan; ~*er Teller* flat tallrik
Flach -*e n*, *sjö.* grunt ställe **-bau** -*ten m* låghus **-bauweise** *0 f* låghusbebyggelse **-druck** -*e m* plantryck
Fläche -*n f* yta, area, areal; nivå; *mat.* plan
Flacheisen - *n* platt|järn, -stål
Flächen|ausdehnung -*en f* ytstorlek, dimension **-blitz** -*e m* ytblixt **-brand** -*e†* m, *ung.* storbrand; *bildl.* präriebrand **-einheit** -*en f*, *mat.* ytenhet **-inhalt** -*e m*, *mat.* ytinnehåll, areal **-maß** -*e n* ytmått **-messung** *0 f* planimetri **-nutzungsplan** -*e† m*, *ung.* stadsplan **flächentreu** ytriktig
flachfallen *st s*, *vard.* inte bli av; inte komma i fråga **Flachfeile** -*n f* plattfil **Flachfeuer** *0 n*, *mil.* flackeld **flachgehend** *sjö.* grundgående
Flach|glas *0 n* plan-, fönster|glas **-heit** -*en f* platthet *etc.*, *jfr flach*; *bildl.* plattityd, banalitet **-kopf** -*e† m*, *vard.* ytlig (tråkig) människa **-küste** -*n f* lågländ (flack) kust **-land** *0 n* slättland **-länder** - *m* slättbo
flachliegen *st*, *vard.* ligga i sängen, vara sjuk
Flach|mann -*er† m*, *vard.* fickplunta, kvarting **-moor** -*e n* kärr, lågmosse **-pa|ß** -*sse† m*, *fotb.* låg passning **-relief** -*s el.* -*e n* lågrelief **-rennen** - *n*, *sport.* slät|löpning, -lopp
Flachs [-ks] *0 m* **1** lin **2** *vard.* skämt, spratt **flachsblond** lingul, rågblond **flachsen** *vard.* skämta, skoja **flächse[r]n** av lin, lin- **flachsfarbig** lingul **Flachskopf** -*e† m* lintott (*om barn*)
Flach|wasser *0 n* grunt vatten; lågvatten **-zange** -*n f* plåttång, flacktång **-ziegel** - *m* platt [tak]tegel
flack[e]rig fladdrande, fladdrig; *bildl.* ostadig **flacker|n** fladdra, flämta; flimra; blinka; *die Stimme* -*t* rösten darrar
Fladen -*m* **1** *ung.* pannkaka **2** komocka **3** *dial.* [stort] bröd, [stor] kaka
Flader -*n f* årsring (*i trä*) **fladern** *österr.* stjäla **Fladerung** -*en f* ådring (*i trä*)
Flagellant -*en* -*en m* **1** *hist.* flagellant **2** masochist; sadist **Flagellat** -*en* -*en m* flagellat, gisseldjur **Flageolett** [flaʒo'lɛt] -*e el.* -*s n*, *mus.* flageolett
Flagge -*n f* flagga; *unter falscher* ~ *under falsk flagg* **flaggen 1** flagga **2** flaggsignalera
Flaggen|gruß -*e† m*, *sjö.* hälsning med flaggan **-leine** -*n f* flagglina **-parade** -*n f* flaggparad **-signal** -*e n* flaggsignal **-stange** -*n f*, **-stock** -*e† m* flaggstång **-tuch** -*e n* flaggduk
Flagg|offizier -*e m* amiral; kommendör **-schiff** -*e n* flaggskepp (*äv. bildl.*)
flagrant flagrant
Flair [flɛ:ɐ̯] *0 n m* atmosfär, utstrålning; känsla
Flak [-ak] -, *äv.* -*s f*, *förk. för a) Flugzeugabwehrkanone* luftvärnskanon, *b) Flugabwehrartillerie* luftvärnsartilleri **-batterie** -*n f* luftvärnsbatteri
Flakon [fla'kɔ̃:] -*s m n* flakong
flambieren *kokk.* flambera
Flame -*n* -*n m* flamländare **Flamin, Flämin** -*nen f* flamländska (*kvinna*)

Flamingo [fla'mɪŋgo] -*s m* flamingo
flämisch flamländsk **Flämisch** *0 n* flamländska (*språk*)
Flamme -*n f* flamma; låga; *meine neue* ~ (*vard.*) min nya flamma; *dichterische* ~ (*ung.*) poetisk glöd; *in* ~*n aufgehen* brinna upp; *in* ~*n setzen* sticka i brand; *in* ~*n stehen* stå i ljusan låga; *Feuer und* ~ *sein* vara eld o. lågor **flamm|en** flamma; låga (*äv. bildl.*); *ihr Gesicht -t* hon blir blossande röd i ansiktet; ~*d* lågande, flammande, lidelsefull; *F*~*des Herz* (*bot.*) löjtnantshjärta
Flammen|blume -*n f* flox **-meer** -*e n* eldhav **-schwert** -*er n* (*landsknektarnas*) slagsvärd **-tod** *0 m* död i lågorna; *er starb den* ~ (*äv.*) han omkom vid en eldsvåda (blev innebränd) **-werfer** - *m*, *mil.* eldkastare **-zeichen** - *n* eldsignal
'Flammeri -*s m*, *ung.* mannagrynspudding
Flamm|ofen -*† m*, *tekn.* flamugn **-punkt** -*e m* flam[nings]punkt **-rohr** -*e n*, *tekn.* eldrör
Flandern *0 n* Flandern **flandrisch** flandrisk
Flanell -*e m* flanell **flanellen** av flanell, flanell-
Flaneur [fla'nøːɐ̯] -*e m* flanör **flanieren** *h el. s* flanera
Flanke -*n f* **1** flank, sida **2** *sport.* centring **3** *gymn.* sidhopp **flanken** *sport.* centra **Flankenangriff** -*e m*, *mil.* flankanfall **Flankenball** -*e† m*, *sport.* passning till centern **Flankenfeuer** -*n* eld (beskjutning) mot flanken **flankieren** flankera; ~*de Maßnahme[n]* kompletterande [stöd]åtgärd[er]
Flansch -*e m*, *tekn.* fläns **flanschen** flänsa **Flanschendichtung** -*en f* flänspackning **Flanschen|kupplung** -*en f*, **-verbindung** -*en f* flänskoppling
Flappe -*n f*, *dial.* hängande (putande) underläpp; *ee* ~ *ziehen* puta med munnen; *halt die* ~*!* håll munnen! **Flaps** -*e m*, *vard.* slyngel **flapsig** *vard.* ohängd, slyngelaktig
Flasche -*n f* **1** flaska, butelj; *e-r* ~ *den Hals brechen* (*vard.*) knäcka (tömma) en flaska; *auf* ~*n ziehen* (*füllen*), *in* ~*n abfüllen* tappa på flaskor; *mit der* ~ *aufzielen* uppföda med flaska **2** *vard.* misslyckad individ, nolla
Flaschenbier -*e n* öl på flaska **Flaschengärung** *0 f* efterjäsning på butelj (*av champagne*) **Flaschengas** -*e n* flaskgas **Flaschengrün** butelj grön *etc.* **Flaschenhals** -*e† m* flaskhals (*äv. bildl.*) **Flaschenkind** -*er n* flaskbarn **Flaschenkürbis** -*se m* kalebass[pumpa] **Flaschenöffner** - *m* flasköppnare **Flaschenpost** *0 f* flaskpost **flaschenreif** ~*er Wein* buteljmoget vin, vin moget att buteljeras **Flaschenwein** -*e m* vin på butelj **Flaschenzug** -*e† m* blocktyg, lyftblock
Flatter *0 f*, *vard.*, *die* ~ *machen* sticka **Flattergeist** -*er m* *vard.* orolig själ, fladdrig varelse **flatter|haft**, **-ig** fladdrig, flyktig, ombytlig **Flattermine** -*n f*, *mil.* fladdermina **flattern** *h el. s* fladdra; flaxa; vibrera (*om bilhjul etc.*); *im Winde* ~ vaja för vinden
Flattersinn *0 m* ombytlighet, flyktighet **flattieren** smickra (*e-m, e-n ngn*)
flau matt, tröttg; *hand.* flau; ~*e Farben* matta färger; ~*er Markt* (*hand. äv.*) tröttg marknad; ~*e Stimmung* tryckt (olustig) stämning; *das Negativ ist* ~ negativet saknar kontraster (är underexponerat); *der Wind wird* ~ vinden mojnar; *mir ist* ~ *vor Hunger* jag är matt av hunger **Flaue** *0 f*, **Flauheit** *0 f* stiltje (*äv. hand.*); matthet *etc.*, *jfr flau*

1 Flaum 0 *m, nty.* svinister
2 Flaum 0 *m* fjun, dun; skäggfjun; skinn, hud
Flaumacher - *m, vard.* olycksprofet, pessimist
Flaumfeder -*n f* fjun **Flaumhaar** -*e n* fjun, ludd; växtfjun **flaumig** dunig, fjunig; mjuk som dun **flaumweich** *se flaumig; vard.* lättpåverkad, eftergiven
Flaus -*e m,* **Flausch** -*e m, text.* flausch **Flausen** *pl, vard.* påhitt, undanflykter; dumheter; *setz ihr keine ~ in den Kopf!* sätt inga griller i huvudet på henne!; *e-m die ~ austreiben* ta dumheterna ur ngn
Flaute -*n f* stiltje *(äv. hand.);* lågkonjunktur
Fläz -*e m, vard.* slyngel **fläzen** *rfl, vard.* vräka (slänga) sig **fläzig** *vard.* drummelaktig
Flebbe -*n f, sl.* legitimation; ~*n (äv.)* sedlar, stålar
Flechse [-ks-] -*n f* sena
Flechte -*n f* **1** fläta **2** *bot.* lav **3** *med.* revorm **flechten** *flocht, flöchte, geflochten, flichtst (vard. flichst), flicht, flicht!* fläta; tvinna; *Zitate in e-e Rede ~* fläta in citat i ett tal; *e-n Kranz ~* binda en krans **Flechtstuhl** -*e† m* korgstol **Flechtwerk** -*e n* flätverk **Flechtzaun** -*e† m* flätat stängsel; *ung.* gärdsgård
Fleck -*e m* fläck; punkt; ställe, plats; [jord]plätt; lapp *(på kläder); der blinde (gelbe) ~ (anat.)* blinda (gula) fläcken; *blauer ~ (äv.)* blåmärke; *am falschen ~* på fel ställe (punkt, plats); *vom ~ weg (vard.)* på fläcken, genast; *er hat e-n ~ auf seiner weißen Weste (vard.)* han har en fläck på sin heder; *das Herz auf dem rechten ~ haben (vard.)* ha hjärtat på rätta stället; *den Mund auf dem rechten ~ haben (vard.)* inte bli svaret skyldig; *nicht vom ~ kommen (vard.)* inte komma ur fläcken; ~*e auf die Bluse machen* få fläckar på blusen **Flecke** *pl, kokk.* inälvor **flecken 1** *ge* fläckar, fläcka av sig; lätt få fläckar **2** *vard.* gå undan, gå fort **3** sula; *dial.* lappa **Flecken** - *m* **1** *se* **Fleck 2** köping **Fleckenentfern|er** - *m,* **-ungsmittel** - *n* fläckurtagningsmedel **fleckenlos** fläckfri **Fleckenreiniger** - *m* fläckurtagningsmedel **Fleckenreinigung** -*en f* fläckurtagning **Fleckerl** -*n n, sty., österr.* **1** liten fläck **2** *(fyrkantig)* nudel **Fleckerlteppich** - *m, sty., österr.* trasmatta **Fleckfieber** 0 *n* fläck|feber, -tyfus **fleckig** fläckig; spräcklig; skäckig; ~ *werden (äv.)* få fläckar **Fleckigkeit** 0 *f* fläckighet **Flecktyphus** 0 *m* fläcktyfus **Fleckvieh** 0 *n* vitbrokig boskap
fleddern *sl.* råna (plundra) *(i sht lik); vard.* plocka åt sig, sno [från]
Fleder|maus -*e† f* läderlapp, fladdermus **-wisch** -*e m* **1** dammvippa **2** *vard.* virrig (fladdrig) person
Fleet -*e n, nty.* kanal *(t.ex. i Hamburg)*
Flegel - *m* **1** slaga **2** slyngel, drummel **flegelhaft** slyngelaktig, oborstad, ouppfostrad **Flegeljahre** *pl, die ~* utvecklingsåren, slyngel-, slyn|åldern **flegeln** *rfl, vard.* vräka (slänga) sig **flehen** tigga [o. be], bönfalla *(zu Gott Gud; um Hilfe* om hjälp*)* **flehentlich** bönfallande, bevekande; vädjande; ~ *bitten* bönfalla
Fleisch 0 *n* kött *(äv. bot. o. bildl.); mein eigen[es] ~ und Blut* mitt eget kött o. blod; ~ *werden (bildl.)* ta gestalt; *wildes ~ (med.)* död-, svall|kött; *der Weg des ~es gehen* vara förgänglig; *sich (dat., ack.) ins eigene ~ schneiden (bildl.)* skada sig själv; *e-m in ~ und Blut übergehen* gå ngn i blodet; *vom ~e fallen* magra

Fleischbeschau 0 *f* köttbesiktning **Fleischbrühe** -*n f* kött|buljong, -spad **Fleischbrühwürfel** - *m* [kött]buljongtärning **Fleischer** - *m* slaktare; kötthandlare; charkuterist **Fleischerei** -*en f* slakteri; köttaffär; charkuteri **Fleischerhund** -*e m, vard.* kraftig [bitsk] hund **Fleischerladen** -*† m* slakteributik, köttaffär **Fleischermeister** - *m* slaktarmästare **fleischern** av kött, kött-; *F~es gern essen (sty.)* gärna äta kött **Fleischeslust** 0 *f* köttslig lust[a], sinnligt begär **fleisch|farben,** -**farbig** kött-, hud|färgad **Fleischfliege** -*n f* spyfluga **fleischfressend** kött-, insekt|ätande; ~*e Pflanze* insektsätande växt **Fleischfresser** - *m* köttätare *(djur)* **Fleischgericht** -*e n* kötträtt **fleischgeworden** *relig.* vorden kött **Fleischhacker** - *m, österr., se Fleischer* **Fleischhackmaschine** -*n f* köttkvarn **Fleischhauer** - *m, österr., se Fleischer* **fleischig** köttig; tjock **Fleischklopfer** - *m* köttklubba **Fleischklößchen** - *n, ung.* köttbulle; frikadell **Fleischklotz** -*e† m, slaktar.* köttkubb[e] **Fleischklumpen** - *m* köttklump *(äv. bildl.);* oformligt tjock människa **fleischlich** köttslig, sinnlig **fleischlos** köttlös; *sich ~ ernähren* inte äta kött
Fleisch|maschine -*n f, österr.* köttkvarn **-pastete** -*n f* pastej med köttfyllning **-platte** -*n f* bricka *(fat)* med kallskuret **-saft** -*e† m* kött|saft, -sås, -sky **-seite** -*n f* köttsida *(på hud)* **-speise** -*n f* kötträtt **-ton** -*e† m, konst.* hudfärg **-topf** -*e† m* köttgryta *(äv. bildl.)* **-vergiftung** -*en f* matförgiftning *(äv kött)* **-waren** *pl* kött- o. korvvaror **-werdung** 0 *f, relig.* inkarnation, människoblivande **-wolf** -*e† m* köttkvarn **-wunde** -*n f* köttsår **-wurst** -*e† f, ung.* kokt medvurst
Fleiß 0 *m* **1** flit; *ohne ~ kein Preis (ung.)* utan möda ingen föda **2** *dial. el. åld., mit ~* med flit, avsiktligt **fleißig** flitig; *F~es Lieschen (bot.)* flitig Lisa; ~ *besuchen* ofta besöka
flektierbar *språkv.* flekterbar, böjlig **flektieren** *språkv.* flektera, böja
flennen *vard.* lipa **Flennerei** -*en f, vard.* lipande
fletschen *die Zähne ~* visa tänderna
Flett -*e n, nty., ung.* storstuga med häll
Fletz [-e:-, *äv.* -ε-] -*e m n, sty.* förstuga
Fleurist [flø'rɪst] -*en en m, åld.* blomsterälskare; blomstermålare
flexibel flexibel *(äv. språkv.);* böjlig **Flexibilität** 0 *f* flexibilitet **Flexion** -*en f, språkv.* flexion, böjning **Flexur** -*en f* **1** *anat.* böjning **2** *geol.* flexur
Flibustier [fli'bʊstiɐ] - *m, hist.* sjörövare
Flickarbeit -*en f* lagning, lappning; *bildl.* lapp-, fusk|verk **flicken** laga, lappa **Flicken** - *m* [lagnings]lapp; *e-n ~ aufsetzen (einsetzen)* sätta på en lapp **Flickenteppich** -*e m* trasmatta **Flickerei** -*en f* lappning, lagning; *bildl.* lappverk **Flickerin** -*nen f* lagningssömmerska **Flickschneider** -*m* lapp-, ändrings|skräddare **Flickschuster** - *m* lappskomakare **Flickwerk** 0 *n, bildl.* lappverk **Flickwort** -*er† n* fyllnadsord **Flickzeug** 0 *n* reparations|verktyg, -grejor; sysaker
Flieder - *m* **1** syren **2** *dial.* fläder **-tee** 0 *m* fläderte
Fliege -*n f* **1** fluga; *keiner ~ etw. zuleide tun* inte göra en fluga förnär; *zwei ~n mit e-r Klappe schlagen (bildl.)* slå två flugor i en smäll; *sich über die ~ an der Wand ärgern*

(*bildl.*) bli förargad över varenda småsak; *wie die ~n sterben* (*vard.*) dö som flugor; *e-e* (*die*) ~ *machen* (*vard.*) sticka [fort] **2** *vard.* fluga, rosett **3** *sömn.* fluga **4** pipskägg, mustasch **fliegen** *flog, flöge, geflogen* **1** *s* flyga; *bildl. äv.* rusa [iväg]; *die Mädchen* ~ *auf ihn* (*vard.*) flickorna tänder på honom; *durchs Examen* ~ (*vard.*) kuggas i examen; *von der Schule* ~ (*vard.*) relegeras från skolan; *aus seiner Stellung* ~ (*vard.*) få sparken; *in die Luft* ~ flyga i luften, explodera (*äv. bildl.*); *ins Schloß* ~ falla i lås; *e-m um den Hals* ~ falla ngn om halsen; *auf die Nase* ~ (*vard.*) stå på näsan, ramla **2** flyga, föra (*ett flygplan*); *e-e Maschine nach Malmö* ~ flyga ett plan till Malmö; *die Verwundeten wurden in die Heimat geflogen* de sårade flögs hem **3** *högt., am ganzen Körper* ~ darra i hela kroppen **fliegend** flygande; *in* ~*er Eile* i flygande fläng; ~*er Fisch* flygfisk; ~*e Haare* fladdrande (flygande) hår; *mit* ~*en Händen* med darrande händer; ~*er Händler* ambulerande försäljare; ~*es Personal* flygande personal, flygpersonal; ~*e Untertasse* flygande tefat
Fliegen|dreck 0 *m* flugsmuts **-fänger** - *m* **1** flugfångare **2** *zool.* flugsnappare **-fenster** - *n* mygg-, nät|fönster **-gewicht** 0 *n*, *sport.* flugvikt **-gewichtler** - *m*, *sport.* flugviktare **-glocke** -*n f* glas-, nät|kupa (*t. skydd mot flugor*) **-gott** 0 *m*, *der* ~ djävulen **-klappe** -*n f*, **-klatsche** -*n f* flugsmälla **-pilz** -*e m* flugsvamp **-schiß** 0 *m*, *vard.* flugsmuts; *bildl.* småsak **-schnäpper** - *m*, *zool.* flugsnappare **Flieger** - *m* **1** flygare; *vard.* flygplan **2** *cykelsp.* kortdistansare; *hästsp.* snabb häst för korta lopp **Fliegerabwehr** 0 *f* luftvärn **Fliegeralarm** -*e m* flyglarm **Fliegerangriff** -*e m* flyg-, luft|anfall **Fliegeraufnahme** -*n f* flygfotografi **Fliegerbombe** -*n f* flygbomb **Fliegerei** 0 *f* flyg[väsen]; *bei der* ~ *sein* (*vard.*) vara vid flyget **fliegergeschädigt** bombskadad **Fliegerhorst** -*e m, mil.* flygbas, militärflygfält **fliegerisch** flyg-; ~*es Können* flygkunnighet **Fliegerkrankheit** 0 *f* luftsjuka **flieh|en** *floh, flöhe, geflohen* **1** [und]fly, undvika **2** *s* fly; *die Zeit* -*t* tiden ilar (flyr); *zu e-m* ~ (*äv.*) ta sin tillflykt till ngn; ~*des Kinn* svagt utvecklad haka; ~*de Stirn* sluttande panna **Fliehkraft** 0 *f* centrifugalkraft
Fliese -*n f* golv-, vägg|platta; kakel[platta] **Fliesenleger** - *m* platt|läggare, -sättare
Fließ -*e n, dial.* å **-arbeit** 0 *f* arbete vid löpande band, tempoarbete **-band** -*er*† *n* löpande band, monteringsband **-bandmontage** -*n f* montering på löpande band **-blatt** -*er*† *n* läskpapper **-ei** -*er n* vindägg
fließ|en *floß, flösse, geflossen, s* flyta, flöda, strömma (*äv. bildl.*), rinna; *die Nase* -*t* näsan rinner; *viel Blut ist geflossen* det flöt mycket blod; *die Spenden* ~ *reichlich* gåvorna strömmar in; *ins Meer* ~ mynna ut i havet; *vor Liebenswürdigkeit* ~ flöda över av älskvärdhet; *das Haar* -*t in Wellen* håret faller i vågor **fließend** flytande (*äv. bildl.*), rinnande, flödande **Fließlaut** -*e m*, *språkv.* likvida **Fließpapier** -*e n* läskpapper **Fließverfahren** 0 *n*, *se Fließarbeit* **Fließwasser** 0 *n*, *Zimmer mit* ~ rum med rinnande vatten
Flimmer - *m* **1** flimmer **2** glitter, bjäfs **3** *biol.* flimmerhår **Flimmer|kasten** -† *m*, **-kerzen** -*n* -*n f* **1** *vard.* TV, dumburk **2** *åld.* filmprojektor; bio **flimmer|n** flimra; glittra, tindra; *es* -*t mir*

vor den Augen det flimrar för ögonen på mig; *die Luft* -*t vor Hitze* luften dallrar av hetta; *den Fußboden* ~ (*dial.*) skura golvet blänkande rent; *über die Bildschirme* ~ (*vard.*) visas i TV **flink** flink, snabb; rapp; ~*es Mädchen* (*äv.*) duktig flicka; ~ *sein* (*äv.*) vara kvick i vändningarna; ~*e Hände haben* (*äv.*) ha skickliga händer, vara händig **Flinkheit** 0 *f* flinkhet *etc.*, *jfr flink*
Flint -*e m, åld.* flinta **Flinte** -*n f* bössa, [jakt]gevär; *die* ~ *ins Korn werfen* (*bildl.*) kasta yxan i sjön **Flintglas** -*er*† *n* flintglas
Flipper - *m* flipperspel
flirren *högt.* flimra, dallra
Flirt [flirt, flœrt] -*s m* flört, flirt **flirten** flörta, flirta
Flitscherl -*n n, österr. vard.*, **Flittchen** - *n, vard.* slinka
Flitter - *m* glitter, grannlåt; paljett[er] **-glanz** 0 *m* falsk glans, bjäfs **-gold** 0 *n* oäkta bladguld, flitterguld **-kram** 0 *m* bjäfs, grannlåt **-wochen** *pl* smekmånad
Flitzbogen - *m* [leksaks]pilbåge **flitzen** *s, vard.* springa (rusa, susa) [i väg] **Flitzer** - *m, vard.* **1** snabb kärra (båt *e.d.*) **2** sprinter **Flitze'ritis** 0 *f*, *vard.* räntan (*diarré*)
floaten ['flouth] *ekon.* [låta] flyta
flocht *se flechten*
Flocke -*n f* flinga; [sot]flaga; *text.* flock **flocken** bilda flingor (flagor); *text.* flocka **Flockenblume** -*n f, bot.* klint **flockig** flockig **Flockseide** -*n f* flocksilke
flog *se fliegen* **floh** *se fliehen*
Floh -*e*† *m* loppa; *Flöhe* (*vard.*) stålar; *e-m e-n* ~ *ins Ohr setzen* sätta myror i huvudet på ngn; *die Flöhe husten hören* (*skämts.*) anse sig vara väldigt klok; *lieber Flöhe hüten!* vad som helst men inte det! **flöhen 1** loppa **2** *vard.* kroppsvisitera **3** *vard., e-n* ~ lura ngn på pengar **Flohkrebs** -*e m, zool.* märldjur **Flohmarkt** -*e*† *m* loppmarknad **Flohzirkus** -*se m* loppcirkus
Flop [-ɔ-] -*s m* **1** flopp, misslyckande, fiasko **2** nolla
Flor -*e m* **1** *högt.* blomstring, fägring; *im* ~ *stehen* stå i sitt flor; *ein* ~ *junger Mädchen* en bukett av unga flickor; *im* ~ *sein* vara på modet **2** flor; krus-, sorg|flor; *mit* ~ *behängt* florbehängd **3** ludd, lugg **Flor|a** -*en f* flora **Flor|band** -*er*† *n*, **-binde** -*n f* sorgband **Florengebiet** -*e n* floraområde **Florentiner I** - *m* **1** florentinare **2** florentinerhatt **3** (*slags*) kaka med mandel o. choklad **II** *oböjl. adj* från Florens, florentinsk, florentiner- **Flo'renz** 0 *n* Florens
Floreszenz -*en f, bot.* blomningstid
Florett -*e n* florett **Florettseide** -*n f* florett-, avfalls|silke
florieren florera, blomstra **Florist** -*en* -*en m* florist, växtkännare; blomsterbindare **Florpost** 0 *f*, **Florpostpapier** 0 *n, ung.* luftpostpapper **Florschleier** - *m* florslöja
Floskel -*n f* floskel, talesätt, fras **floskelhaft** stereotyp, stående; floskulös
floß *se fließen*
Floß [-o:s] -*e*† *n* **1** flotte **2** flöte **flößbar** [-ø:-] flottbar
Flosse -*n f* **1** fena (*äv. flyg.*) **2** *vard.* labb; påk **3** ~*n* simfötter **flößen** [-ø:-] flotta **Flossenfüß[l]er** *pl* säldjur **Flossenkiel** -*e m* fenköl
Flößer [-ø:-] - *m* flottkarl, flottare **Flößerei** 0 *f*

Floßgasse—Flugzeugabwehrkanone 200

flottning **Floß|gasse** -*n f*, **-graben** -† *m* flottningsränna **Floßholz** -*er*† *n* flott|virke, -timmer
Flotation -*en f, gruv.* flotation
Flöte -*n f* 1 flöjt 2 högt o. smalt champagneglas 3 *vard.* kuk **flöten** 1 spela flöjt; (*om fågel*) sjunga [med flöjtlik ton]; vissla; flöjta, kvittra 2 *vard.* suga **flötengehen** *st s* gå upp i rök; gå sönder **Flötenspiel** *O n* flöjtspel **Flötenton** -*e*† *m* flöjtton; *e-m die Flötentöne beibringen* (*skämts.*) lära ngn veta hut **Flötenzug** 0 *m* flöjtverk (*i orgel*)
flotieren *gruv.* flotera
Flötist -*en* -*en m* flöjtblåsare, flöjtist
flott flott (*äv. sjö.*); *bildl. äv.* glad, snabb; ~*er Absatz* (*hand.*) livlig omsättning; ~*er Kerl* flott (stilig, skicklig, obekymrad) karl; *er ist ein* ~*er Tänzer* han är en utmärkt dansör; *er ist wieder* ~ han är på grön kvist igen; *es geht* ~ *det går bra;* ~ *arbeiten* arbeta snabbt (undan); ~ *leben* leva ett flott liv; *mach ein bißchen* ~! skynda på!; ~ *mit dem Geld umgehen* inte se på slantarna; *das Schiff ist wieder* ~ fartyget är åter flott; *e-n F~en haben* (*vard.*) ha diarré (räntan) **·Flott** *0 n* 1 bot. andmat 2 flöte 3 *dial.* grädde; skinn (*på mjölk*)
Flotte -*n f* 1 flotta 2 färg|bad, -lösning **Flottenabkommen** - *n* flottavtal **Flottenadmiral** -*e*[†] *m* kommendör av 1. graden **Flottenbas|is** -*en f*, **Flottenstützpunkt** -*e m* flottbas **flottgehend** *ein* ~ *es Geschäft* en affär som går bra **flottieren** simma; sväva; *text.* flottera; ~*de Schuld* rörlig (kortfristig) skuld **Flottille** [-'tɪl(j)ə] -*n f* flottilj **flottmachen** göra (få) flott; *bildl.* få igång; *e-e Angelegenheit* ~ sätta fart på en angelägenhet **'flott'weg** *vard.* raskt, i ett svep
Flöz [-ø:-] -*e n, gruv.* flöts
Fluch [-u:-] -*e*† *m* 1 svordom 2 förbannelse; *unter e-m* ~ *stehen* stå under en förbannelse **fluchbeladen** *er ist* ~ det vilar en förbannelse över honom **fluchen** svära (*använda svordomar*); *auf e-n* ~ (*poet. e-m* ~) förbanna ngn
1 Flucht -*en f* 1 fil, svit (*av rum*), rad, räcka; *die Häuser stehen in e-r* ~ husen står i en rad 2 [fågel]sträck
2 Flucht -*en f* 1 flykt; rymning; *die* ~ *ergreifen* ta till flykten; *e-n in die* ~ *jagen* (*schlagen*) jaga (driva) ngn på flykten; *auf der* ~ *sein* vara på flykt; *auf der* ~ *erschossen* skjuten under flykten; *die* ~ *nach vorn antreten* (*bildl.*) ta tjuren vid hornen; *die* ~ *in die Öffentlichkeit antreten* vädja till allmänheten 2 *jakt.* språng **fluchtartig** flyktartad; i största hast **fluchten** rikta in (*efter en linje*); ligga i linje (rad); föra i rak linje **flüchten** *s* (el. *rfl*) fly; *sich vor etw.* (*dat.*) ~ rädda sig undan ngt; *sich in die Arme der Mutter* ~ ta sin tillflykt till moderns armar; *in die Wälder* ~ fly till skogs **Fluchtgefahr** *0 f, jur.* flyktfara **Fluchtgeschwindigkeit** -*en f, fys.* flykthastighet **Fluchthelfer** - *m* medhjälpare till flykt **Fluchthilfe** *0 f* flykthjälp **flüchtig** 1 flyende, förrymd; ~ *gehen* (*dial.*) fly, rymma 2 flyktig (*äv. kem.*); kort[varig]; ytlig, slarvig; ~*e Arbeit* hastverk **Flüchtigkeit** -*en f* flyktighet; ytlighet; slarvighet; slarvfel **Flüchtigkeitsfehler** - *m* slarvfel **Flüchtling** -*e m* flykting **Flüchtlingslager** - *n* flyktingläger **Fluchtlinie** -*n f* syft-, flykt-, centrum|linje **Fluchtpunkt** -*e m, fack.* flyktpunkt **Fluchtverdacht** *0 m, jur.* flyktfara **fluchtverdächtig** misstänkt för flyktplaner (flykt-, rymnings|försök) **Fluchtversuch** -*e m* flykt-, rymnings|försök **Fluchtweg** -*e m* flyktväg **fluchwürdig** fördömlig
Flug -*e*† *m* flykt (*äv. bildl.*); flygning; flygfärd; *auf dem* ~ *nach Bonn* under flygningen till Bonn; *im* ~*e a*) i flykten (*äv. jakt.*), *b*) i flygande fart, *c*) i förbigående, *d*) under flygfärden; *die Zeit vergeht* [*wie*] *im* ~*e* tiden rusar iväg **-abwehr** *0 f* luftvärn **-abwehrkanone** -*n f* luftvärnskanon **-asche** *0 f* flygaska **-bahn** -*en f* 1 flygbana 2 kul-, projektil|bana **-ball** -*e*† *m, sport.* hög boll; volley **-begleiterin** -*nen f* flygvärdinna **-bereich** -*e m* (*flygplans*) aktionsradie
flugbereit startklar **Flugblatt** -*er*† *n* flygblad **Flugbrand** *0 m, bot.* flyg|brand, -sot **Flugdauer** *0 f* flygtid **Flugdrache** -*n* -*n m* flygande drake, draködla **Flugechse** -*n f* (*utdöd*) flygödla
Flügel - *m* 1 vinge; [propeller]blad; *e-m die* ~ *beschneiden* vingklippa ngn (*äv. bildl.*); *die* ~ *hängen lassen* (*bildl.*) se slokörad ut; *sich* (*dat.*) *die* ~ *verbrennen* (*bildl.*) bränna fingrarna 2 flygel (*mus., mil., byggn., dörr- e.d.*) **-altar** -*e*† *m* flygelaltare, triptyk **-decke** -*n f, zool.* täckvinge **-ende** -*n n* vingspets **-horn** -*er*† *n, mus.* flygelhorn
flügellahm vingbruten **Flügelmutter** -*n f* vingmutter **flügeln** 1 *jakt.* vingskjuta 2 *poet.* fladdra
Flügel|pferd *0 n, poet.* vinghäst **-pumpe** -*n f* rotations-, ving|pump **-rad** -*er*† *n, tekn.* vinghjul; propeller; *järnv.* bevingat hjul **-roß** *0 n, poet.* vinghäst **-schraube** -*n f* vingskruv **-stürmer** - *m, sport.* ytter **-tür** -*en f* flygel-, dubbel|dörr **-zeichnung** -*en f, zool.* vingteckning
Flugentfernung -*en f* flygsträcka **Flugfunk** *0 m* flygradio **Fluggast** -*e*† *m* flygpassagerare **flügge** flygg, flygfärdig; färdig att flyga ur boet (*äv. bildl.*) **Fluggesellschaft** -*en f* flygbolag
Flug|hafen -† *m* flygplats **-haut** -*e*† *f* flyghud **-hörnchen** - *n* flygekorre **-hund** -*e m, zool.* flygande hund **-kapitän** -*e m* flygkapten **-linie** -*n f* 1 flyglinje; flygbolag 2 *se Flugbahn* **-loch** -*er*† *n* fluster, flyghål **-lotse** -*n* -*n m* flyg-, trafik|ledare **-maschine** -*n f, åld.* flygmaskin **-mechanik** *0 f* flygmekanik **-meldedienst** -*e m, mil.* luftbevakning; flygkontrolltjänst **-objekt** -*e n, unbekanntes* ~ oidentifierat flygande föremål, ufo **-plan** -*e*† *m* flygtidtabell **-platz** -*e*† *m* flygfält; flygplats **-post** *.0 f* luftpost
flugs genast, på ögonblicket; hux flux **Flug|sand** *0 m* flygsand **-schein** -*e m* 1 flygbiljett 2 flygcertifikat **-schneise** -*n f* luft|led, -korridor **-schreiber** - *m, flyg.* färdskrivare **-schrift** -*en f* flyg|skrift, -blad **-sicherung** *0 f* flygsäkerhetskontroll **-sport** *0 m* flygsport; sportflyg **-taxe** -*n f,* **-taxi** -[*s*] *n* flygtaxi, taxiflygplan
flugtüchtig flygfärdig **Flugverkehr** *0 m* flygtrafik **Flugwarndienst** -*e m, se Flugmeldedienst* **Flugwesen** *0 n* flygväsen **Flugwetterkunde** *0 f* flygmeteorologi **Flugwild** *0 n* fågelvilt **Flugzettel** - *m* flygblad **Flugzeug** -*e n* flygplan; *mit dem* ~ *reisen* resa med flyg, flyga **-absturz** -*e*† *m* flyg|olycka, -krasch **-abwehrgeschütz** -*e n,* **-abwehr-**

kanone -n f luftvärnskanon **-entführer** - m flygplanskapare **-entführung** -en f flygplanskapning **-führer** - m pilot **-geschwader** - n flygeskader **-halle** -n f hangar **-mutterschiff** -e n hangarfartyg **-schleuder** -n f, flyg. katapult **-träger** - m hangarfartyg **-unglück** -unglücksfälle n flygolycka
Fluh -e† f, schweiz. klippa, klippvägg
'**Fluid|um** -a n fluidum; bildl. atmosfär, aura
Fluktuation -en f fluktuation, växling; starke ~ der Angestellten stor personalomsättning **fluktuieren** fluktuera, växla
Flunder -n f flundra
Flunkerei -en f, vard. [oskyldig] lögn, skepparhistoria; skryt **flunkern** vard. hitta på, ljuga; överdriva; skryta
Flunsch -e m, vard. putning (m. munnen); e-n ~ ziehen puta med munnen
'**Fluor** 0 n fluor **fluoreszieren** fluorescera **Fluorid** -e n fluorid **fluor|idieren, -[is]ieren** fluor[id]era **Fluorit** -e m fluorit, flusspat
Flur 1 -e m förstuga, tambur; korridor; golv **2** -en f odlingsbar mark; Feld und ~ åker o. äng **-bereinigung** 0 f skifte, jorddelning **-buch** -er† n jordregister, jordebok **-garderobe** -n f tamburhylla **-hüter** - m, ung. åkervakt **-schaden** -† m skördeskada; åverkan på växande gröda **-schütz** -en -en m, **-wächter** - m, ung. åkervakt
fluschen se flutschen
flusig nty. **1** luddig, fransig **2** ytlig, slarvig; splittrad
Fluß -sse† m **1** flod, älv; den ~ abwärts (aufwärts) fahren fara nedför (uppför) floden **2** flux, flöde; elektr. ström; gruv. fluss; med. flytning **3** bildl. flöde, svall; der ~ der Rede talets ström; etw. in ~ bringen sätta i gång ngt; in ~ kommen a) bli flytande, smälta, b) bildl. komma i gång; im ~ sein vara under utveckling **fluß'ab[wärts]** nedströms, nedför floden **Flußadler** - m fiskgjuse **Flußarm** -e m flodarm **fluß'auf[wärts]** uppströms, uppför floden **Flußbett** -en n flodbädd **Flußdiagramm** -e n flödesdiagram **Flußeisen** - n göt|stål, -järn, mjukt järn **flüssig 1** flytande; bildl. äv. ledig; i flytande form **2** hand. likvid, disponibel; ~ machen förvandla t. pengar; ~ werden realiseras, förvandlas t. pengar; ~-e Gelder disponibelt kapital **Flüssiggas** -e n flytande gas; gasol **Flüssigkeit 1** -en f vätska **2** 0 f flytande tillstånd; ledighet etc., jfr flüssig
Flüssigkeits|behälter - m vätskebehållare **-bremse** -n f hydraulisk broms **-getriebe** - n hydraulisk växel (drivanordning) **-grad** 0 m viskositet **-maß** -e n våtvarumått **-rakete** -n f raket med flytande bränsle, vätskeraket
flüssigmachen 1 göra disponibel, ställa till förfogande **2** rfl, vard. smita, sticka
Fluß|krebs -e m flodkräfta **-lauf** -e† m [flod]lopp **-mittel** - n fluss[medel] **-niederen** -en f floddal **-ofen** -† m götjärnsugn **-perlmuschel** -n f flodpärlmussla **-pferd** -e n flodhäst **-regelung** -en f, **-regulierung** -en f flodreglering **-säure** 0 f fluorvätesyra **-schifffahrt** 0 f flod|fart, -trafik **-sohle** -n f flodbotten **-spat** 0 m, min. flusspat **-stahl** -e[†] m götstål, mjukt stål **-übergang** -e† m vadställe; flodövergång **-ufer** - n flodstrand
Flüstergewölbe - n ekovalv **flüstern** viska; e-m etw. ins Ohr ~ viska ngt i örat på ngn;

dem werde ich etw. ~ (vard.) honom ska jag allt säga vad jag tycker; das kann ich dir ~ (vard.) det kan du skriva upp; die Blätter ~ (poet.) det viskar i löven, löven susar **Flüsterpropaganda** 0 f viskningskampanj **Flüsterstimme** -n f viskande röst **Flüsterton** 0 m, im ~ i viskande ton **Flüstertüte** -n f, skämts. megafon
Flut -en f **1** [tidvattens]flod, högvatten; Ebbe und ~ ebb o. flod **2** vattenmassa; vågor; översvämning; bildl. flod, ström, massa; die ~ ihres Haares hennes hårsvall; ~ von Tränen tåreflod; ein Bad in den kühlen ~en nehmen ta ett bad i de svala vågorna; e-e ~ von Worten en störtflod av ord; mit e-r ~ von Briefen überschüttet werden bli överhopad av [en massa] brev **Flutbecken** - n tidvattensbassäng **flut|en 1** h el. s flöda, svalla; strömma (äv. bildl.); es -et det håller på att bli flod, floden är på väg in; das Wasser -et über die Deiche vattnet stiger (strömmar) över [skydds]dammarna **2** flöda, sätta under vatten; die Tanks ~ släppa in vatten i tankarna; ~! dyk! (kommando i ubåt) **Fluthafen** -† m tidvattenshamn (användbar vid högvatten) **Fluthöhe** -n f tidvattenshöjd **Flutlicht** 0 n strålkastar-, fasad|belysning **Flutlichtspiel** -e n, sport. match i strålkastarbelysning **flutsch|en** vard. **1** s glida, halka, slinta **2** die Arbeit -t arbetet går undan (fort)
Flut|welle -n f flodvåg **-zeit** -en f högvatten
fluvioglazial [-v-] ~e Ablagerungen isälvsavlagringar
FM förk. för Frequenzmodulation FM, frekvensmodulering **Fmk** förk. för Finnmark FIM, finska mark
f-Moll 0 n f-moll
fob, f.o.b. förk. för free on board fritt ombord
focht se fechten
Fock -en f, sjö. fock[segel] **-mast** -e[n] m, sjö. fockmast
föderalisieren slå samman (t. en federation); bilda en förbundsstat **Föderalismus** 0 m federalism **Föderalist** -en -en m federalist **föderalistisch** federalistisk **Föderation** -en f federation, statsförbund, förbundsstat **föderativ** federativ
Fog [fɔk] 0 m, nty. tät dimma, fog **Foghorn** -er† n, nty. mistlur
Fogosch ['fɔ-] -e m, österr. gös
fohlen föla, få föl **Fohlen** - n föl[unge]
Föhn -e m föhn[vind] **föhnen** blåsa föhn **föhnig** ~es Wetter föhnväder **Föhnkrankheit** -en f besvär orsakat av föhn (huvudvärk, trötthet etc.)
Föhre -n f tall, fura
Fokaldistanz -en f, opt. fokaldistans, brännvidd **Fokalinfektion** -en f, med. fokalinfektion **Fokus** -se m fokus **fokussieren** fokusera
Folge 1 -n f följd (olika bet.); konsekvens, verkan; serie; rad; die ~n e-s Unfalls sviterna efter en olycka; e-e ~ von Tönen en rad toner, en tonföljd; die ~ davon ist ... följden (resultatet) av det är ...; neue ~ nytt nummer (av tidskrift e.d.); zur ~ haben ha till följd; in bunter ~ om vartannat (varandra); logische ~ logisk konsekvens **2** 0 f framtid; fortsättning; in der ~ wird sich zeigen framtiden kommer att utvisa **3** 0 f, e-r Aufforderung ~ leisten efterkomma en uppmaning; e-m Befehl ~ leisten åtlyda en befallning; e-m Rat ~ leisten

Folgeerscheinung—Formalität 202

följa ett råd; *e-r Einladung* ~ *leisten* anta en inbjudan, gå på en bjudning **Folgeerscheinung** *-en f* följdföreteelse **folg|en 1** *s, aus etw.* ~ framgå (följa) av ngt; *daraus -t, daß därav följer att* **2** *s* lyda, hörsamma; *er ist dem Rat gefolgt* han lydde (följde) rådet; *e-r Sache (dat.)* ~ rätta sig efter ngt **3** lyda; *das Kind will nicht* ~ barnet vill inte lyda **4** *s* följa; *bildl. äv.* förstå; *wie -t* som följer (framgår av följande); *jds Beispiel* ~ följa ngns exempel; *dem ersten Schlag -ten drei weitere* det första slaget följdes av ytterligare tre; *kannst du mir* ~? förstår du vad jag menar?; *er -te dem Gespräch nicht* han kunde inte följa med i samtalet; *auf Regen -t Sonnenschein* efter regn kommer solsken; *auf Karl XI. -te Karl XII.* Karl XI efterträddes av Karl XII; *er -t mir auf dem Fuße (auf Schritt und Tritt)* han följer mig hack i häl; *e-m im Amt* ~ efterträda ngn i ämbetet **folgend** följande, nästa; *am ~en Tag* nästa dag; *ein Brief ~en Inhalts* ett brev av följande innehåll; *aus ~em* av det följande; *im ~en* i det följande, nedan; *es handelt sich um ~es* det är fråga om följande; *man kann auch ~es sagen* man kan också säga så här **'folgender|'maßen, -'weise** på följande sätt, som följer **folgenlos** utan följder **folgenschwer** ödesdiger **folge|-recht, -richtig** logisk, följdriktig, konsekvent **Folgerichtigkeit** *0 f* följdriktighet, konsekvens **folgern** sluta sig till; *daraus können wir* ~, *daß* därav kan vi dra den slutsatsen att **Folgerung** *-en f* slutsats; konsekvens; *die ~en ziehen* dra slutsatserna **Folgesatz** *-e† m, språkv.* konsekutiv bisats **folgewidrig** inkonsekvent **Folgewidrigkeit** *0 f* inkonsekvens **Folgezeit** *-en f* [närmast därpå] följande tid; *in der ~ geschah* under den följande tiden inträffade **folglich** följaktligen, alltså **folgsam** följsam, lydig **Folgsamkeit** *0 f* följsamhet, foglighet
Foliant *-en -en m* foliant; folioband
1 Folie ['fo:ljə] *-n* [-'li:ən] *f* **1** folie, folium, tunt metallblad **2** *bildl.* bakgrund; *e-r Sache (dat.) als ~ dienen* tjäna till att framhäva ngt
2 Folie [fo'li:] *-n f, åld.* dårskap
foliieren 1 foliera, numrera (*boksidor*) **2** foliera, metallbelägga **Foli|o** *-en el. -os n,* **Folioformat** *0 n* folio[format]
Folk'lore [*äv.* '---] *0 f* folklore; folkmusik **Folklorist** *-en -en m* folklorist **folkloristisch** folkloristisk; folkmusik-
Folter *-n f* tortyr; *bildl.* pina, plåga; *e-n auf die ~ spannen* lägga (*bildl.* hålla) ngn på sträckbänken; *es ist e-e ~ für mich* det är en plåga (pina) för mig **Folterbank** *-e† f* sträckbänk **Folterkammer** *-n f* tortyrkammare **Folterknecht** *-e m* bödelsdräng **foltern** tortera; *bildl.* pina, plåga; *e-n zu Tode ~* tortera ngn till döds **Folterqual** *-en f* tortyr, pina; *bildl.* svår vånda **Folterung** *-en f* tortyr **Folterwerkzeug** *-e n* tortyrredskap
Fön *-e m* hårtork
Fond [fõ:] *-s* [fõ:s] *m* **1** fond, bakgrund **2** grund[val] **3** baksäte **4** *kokk.* sky **Fonds** [fõ:, *gen.* - fõ:(s), *pl* - fõ:s] *m* fond; grundkapital; *pl* statsobligationer **Fondsbörse** *-n f* fondbörs
Fondue [fõ'dy:] *-s f n kokk.* fondue
fönen föna, torka (*hår*)
Fontäne *-n f* fontän, springbrunn **Fontanelle** *-n f, anat.* fontanell

foppen retas (driva, skoja) med, dra vid näsan **Fopperei** *-en f* drift, gyckel
forcier|en [-'s-] forcera, påskynda; *-t (äv.)* onaturlig, överdriven
Förde [-ø:- *el.* -œ-] *-n f, nty.* fjord, fjärd
Förder|anlage *-n f* transport-, uppfordrings|-anläggning **-bahn** *-en f* transportbana **-band** *-er† n* transportband **Förderer** - *m* **1** främjare, gynnare **2** *tekn.* transportör **Fördergerüst** *-e n, gruv.* uppfordrings|verk, -lave **Förderklasse** *-n f* **1** hjälpklass **2** specialklass (*för speciellt begåvade el. obegåvade elever*) **Förderkorb** *-e† m, gruv.* uppfordrings|tunna, -korg **Förderkurs|us** *-e m* stödkurs **Förderleistung** *-en f* [transport]kapacitet; produktion **Förderleitung** *-en f* transportrör-, matar|ledning **förderlich** [be]främjande, befordrande; nyttig, ändamålsenlig **Fördermaschine** *-n f, gruv.* elevator, uppfordrings|verk, -spel **Fördermenge** *-n f* uppfordrad mängd; befordrad kvantitet
fordern 1 fordra, kräva; *e-n hohen Preis* ~ begära ett högt pris; *Rechenschaft* ~ kräva räkenskap **2** *e-n auf Pistolen* ~ utmana ngn på pistol **3** *e-n vor Gericht* ~ instämma ngn inför rätta
fördern 1 [be]främja, gynna; *die Verdauung ~des Mittel* medel som befrämjar matsmältningen **2** *gruv.* uppfordra; transportera, mata (*maskin*); *zutage* ~ (*bildl.*) bringa i dagen
Förderturm *-e† m, gruv.* [uppfordrings]-lave
Forderung *-en f* **1** fordran, krav; fordring; *~en ausstehen haben* ha utestående fordringar **2** *~ vor Gericht* instämning inför rätta **3** utmaning
Förderung *-en f* **1** [be]främjande, befordrande **2** *gruv.* uppfordring; produktion **Förderungsmaßnahme** *-n f* [statlig] stödåtgärd **Förderungsmittel** *pl* [statliga] bidrag **förderungswürdig** berättigad till bidrag (understöd) **Förderunterricht** *0 m* stödundervisning **Förderwagen** - *m* malmvagn (*i gruva*) **Förderwerk** *-e n* transportör, transport|anläggning, -verk
Före *0 f* [skid]före
Forelle *-n f* forell
fo'rensisch rättslig; rätts-; *~e Medizin* rättsmedicin
Forke *-n f, nty.* högaffel; dynggrep; *vard.* gaffel **forkeln** *jakt.* **1** spetsa på hornen **2** stångas
Form *-en f* form (*i olika bet.*); *sport. äv.* kondition; design; ~ *annehmen* ta form; *er hat keine ~en* han har inget fint sätt; *die ~en wahren (verletzen)* hålla på (bryta mot) takt o. ton (konvenansen); *die Frisur ist aus der ~ geraten* frisyren har tappat fasonen; *etw. der ~ halber tun* göra ngt för formens skull; *in ~ e-s Buches* i form av en bok; *schlecht in ~ sein* vara i dålig form; *in aller ~ a)* som sig bör, *b)* formellt, *c)* på allvar; *die ~ "Arco"* design (modell) "Arco"; *e-n Hut über die ~ schlagen* stocka en hatt; *der ~ nach* till formen **formal** formell; till formen **Formalausbildung** *0 f, mil.* exercis **For'malien** *pl* formaliteter
Formalin *0 n* formalin
formalisieren formalisera, systematisera, ge bestämda (yttre) former; hålla sig till den formella sidan av **Formalismus** *-en m* formalism **Formalist** *-en -en m* formalist **formalistisch** formalistisk **Formalität** *-en f* forma-

litet **formalrechtlich** enligt lagens bokstav (ordalydelse) **Formanstieg** -e m, sport. formförbättring **Formant** -en -en m, fonet. formant **Format** -e n format; bildl. äv. kvalitet; von mittlerem ~ av mellanstorlek; ein Mann von ~ en man av format (av en viss resning) **Formation** -en f formation **formbar** form-, bild|bar **Formbarkeit** 0 f form-, bild|barhet **formbeständig** formbeständig, som inte förlorar formen **Formbeständigkeit** 0 f formbeständighet **Formblatt** -ert n formulär, blankett **Formel** -n f 1 formel; etw. auf e-e [kurze] ~ bringen formulera ngt kort o. träffande; e-e gemeinsame ~ für etw. finden (äv.) finna en gemensam nämnare för ngt 2 formulär (föreskriven form) **formelhaft** som en formel; stereotyp **Formelhaftigkeit** 0 f stereotypi **formell** formell **Formel[renn]wagen** - m, motor. formelbil **formen** forma; modellera; dreja **Formenkram** 0 m formaliteter, formalism **Formenlehre** 0 f morfologi, formlära **Formenmensch** -en -en m formalist, formryttare **formenreich** formrik, rik på former; månggestaltad **Formensinn** 0 m sinne för form[en], formsinne **Former** - m formare; drejare **Formerei** -en f 1 [form]gjuteri 2 formning **Formfehler** - m formfel **Formgebung** -en f formgivning, design **Formgestalter** - m formgivare, designer **formgewandt** skicklig i att uttrycka sig; verserad **formidabel** formidabel; förfärlig; utomordentlig, fantastisk **formieren** forma, formera; mil. äv. bilda; sich ~ (äv.) ställa upp sig **förmlich** formell; formlig, regelrätt; adv. äv. bokstavligen, rent av **Förmlichkeit** 0 f, die ~ seines Wesens det formella i hans sätt 2 -en f formalitet; laß die ~en! (ung.) ta det inte så högtidligt! **formlos 1** formlös **2** informell **Formlosigkeit** 0 f 1 formlöshet 2 informellt sätt (uppträdande) **Formmangel** -† m formell brist **Formmaschine** 0 f form-, gjut|-maskin **Formsache** -n f formsak, formalitet **Formsand** 0 m gjuteri-, form|sand; trockener ~ strösand **formschön** formskön, vackert formad **Formschönheit** 0 f formskönhet, vacker form **Formstein** -e m form|sten, -tegel
Formular -e n formulär, blankett **formulieren** formulera **Formulierung** -en f formulering **Formung** 0 f formning, gestaltning; formgivning; bearbetning **Formveränderung** -en f formförändring **formvollendet** formfulländad, perfekt **Formvorschrift** -en f, jur. formföreskrift **formwidrig** formvidrig; mot alla regler
forsch vard. klämmig; resolut, rivig, energisk; etw. ~ anpacken energiskt ta itu med ngt **Forsche** 0 f, vard. kavat sätt; klämmighet **forsch|en** forska (nach efter); „....?", -te er "...?", frågade han **Forscher** - m forskare **Forschung** -en f forskning **Forschungsergebnis** -se n forskningsresultat **Forschungsgebiet** -e n forsknings|fält, -område **Forschungsinstitut** -e n forskningsinstitut **Forschungsreisende(r)** m f, adj böjn. upptäckts-, forsknings|resande
Forst -e[n] m [kultur]skog **Forstakademie** -n f, ung. skogshögskola **Forstamt** -ert n revir **Forstbeamte(r)** m, adj böjn. tjänsteman i skogsförvaltningen **Förster** - m skogvaktare **Försterei** -en f skogvaktarboställe **Forstfach** 0 n skogsvetenskap **Forstfrevel** - m åverkan på skog **Forsthaus** -ert n, se Försterei **Forstkultur** -en f 1 skogsodling 2 skogsbruk **Forstkunde** 0 f skogsvetenskap **forstlich** som rör skogsväsendet, skogs- **Forst|mann** -männer el. -leute m skogvaktare **Forstmeister** - m jägmästare **Forstung** 0 f skogsbruk **Forstverwaltung** -en f skogsförvaltning **Forstwirtschaft** 0 f skogs|hushållning, -bruk
Forsythie [-'zy:tsi̯ə] -n f, bot. forsythia **fort** bort[a], undan, i väg; vidare; meine Brieftasche ist ~ min plånbok är försvunnen (borta); ~ mit ihm! bort med honom!; so geht das in e-m ~ o. så fortsätter det hela tiden; in e-m ~ i ett sträck, oavbrutet; und so ~ (förk. usf.) och så vidare (förk. osv.); ich muß ~ jag måste i väg **Fort** [fo:ɐ̯] -s n fort **fort|'ab,** -'an hädanefter, framledes **fortarbeiten** fortsätta att arbeta, arbeta vidare **fortbegeben** st, rfl bege sig bort **Fortbestand** 0 m fortbestånd **fortbestehen** st fortsätta [att äga bestånd], finnas kvar **fortbewegen** förflytta, flytta på; sich ~ (äv.) röra sig; es läßt sich nicht ~ det går inter att flytta på **fortbilden** vidareutbilda; sich ~ (äv.) fortbilda sig, fortsätta sin utbildning (sina studier) **Fortbildung** 0 f vidareutbildning, fortsatta studier **Fortbildungsschule** -n f, åld. ung. fortsättningsskola **fortblasen** st blåsa bort; wie fortgeblasen som bortblåst **fortbleiben** st s stanna (vara) borta, utebli **fortbringen** oreg. 1 föra bort, avlägsna; er war vom Fenster nicht fortzubringen det gick inte att få bort (slita) honom från fönstret; e-e Pflanze ~ hålla en planta vid liv; e-n ~ (äv.) följa (vinka av) ngn 2 rfl dra sig fram; sich mit Stundengeben ~ försörja sig (dra sig fram) på att ge lektioner **Fortdauer** 0 f fort|varo, -bestånd **fortdauern** fort|vara, -bestå, -sätta **fortdauernd** varaktig **fortdenken** oreg., dies ist aus der Zivilisation nicht fortzudenken civilisationen är otänkbar utan den **fortdrängen** tränga undan **fortdürfen** oreg., vard. få gå i väg (gå) **forte** mus. forte **Fort|e** -es el. -i n, mus. forte **forteilen** s skyndsamt avlägsna sig **fortentwickeln** vidareutveckla **Fortentwicklung** 0 f vidareutveckling, fortsatt utveckling **forterben** rfl vara ärftlig; sich von e-m auf e-n ~ gå i arv från ngn till ngn **fortfahren** st 1 köra (skjutsa) bort 2 h o. s fort|fara, -sätta; ~ zu reden (äv.) tala vidare 3 s fara (köra, åka) bort **Fortfall** 0 m bortfall; in ~ kommen bortfalla, strykas, utgå **fortfallen** st s bortfalla **fortfliegen** st s flyga bort **fortführen 1** föra bort 2 fortsätta, föra vidare **Fortgang** 0 m 1 bortgång; bei seinem ~ vom Dienst när han slutade (lämnade) tjänsten 2 fortgång; den ~ der Sache abwarten avvakta hur ärendet utvecklas; die Sache nahm ihren ~ saken hade sin gång **fortgeben** st ge bort **fortgehen** st s 1 gå bort (sin väg) 2 fortgå, löpa vidare; so kann es nicht ~ så kan det inte fortsätta **fortgeschritten** utvecklad, avancerad; Deutsch für F~e fortsättningskurs i tyska; ein Mann im ~en Alter en äldre man; zu ~er Tageszeit (Stunde) sent [på kvällen, natten] **fortgesetzt** fortsatt, oupphörlig; e-n ~ belästigen ideligen störa ngn **fortgießen** st slå ut (bort) **fort|haben** oreg., vard., e-n ~ wollen vilja bli av med ngn **forthelfen** st, e-m ~ a) hjälpa ngn

vidare (framåt), b) hjälpa ngn att komma i väg **fort'hin** hädanefter, framdeles **forthuschen** s kila sin väg (bort)
Fortifikation -en f, åld. fortifikation, befästning **fortifizieren** åld. befästa
fortissimo mus. fortissimo **Fortissim|o** -os el. -i n, mus. fortissimo
fortjagen 1 jaga (köra) bort (i väg) **2** s jaga (spränga, ila) bort (i väg) **fortkomm|en** st s **1** komma fram[åt] (vidare); göra framsteg; ich komme mit der Arbeit gut fort jag gör framsteg i mitt arbete; in der Schule schlecht ~ klara sig dåligt i skolan **2** (om växt) trivas, frodas **3** bli förflyttad; förkomma; vard. gå (komma) bort; ich muß machen, daß ich -e (vard.) jag måste skynda mig att komma i väg; mach, daß du -st! (vard.) försvinn!, stick!; das Buch ist mir fortgekommen boken har kommit bort för mig **Fortkommen** 0 n, sein ~ finden finna sin utkomst; e-n am ~ hindern hindra ngns utveckling; für jds ~ sorgen sörja för ngns framtid (karriär); in der Straße war kein ~ det gick inte att komma fram på gatan **fort|können** oreg., vard. kunna komma i väg; ich kann von der Arbeit nicht fort jag kan inte lämna arbetet; nicht mehr ~ (äv.) inte orka vidare **-kriechen** st s krypa bort **-lassen** st **1** släppa i väg; e-n nicht ~ (äv.) inte låta ngn gå **2** utelämna, hoppa över **-laufen** st s **1** springa sin väg, springa bort; sie ist ihm fortgelaufen hon har lämnat honom **2** fort|löpa, -gå **-laufend** fortlöpande, i löpande följd **-leben** fortleva, leva vidare; an ein F~ nach dem Tode glauben tro på ett liv efter detta **-legen** lägga bort (undan) **-locken** locka bort **-machen** vard. **1** fortsätta, gå på **2** s flytta **3** rfl ge sig av; mach dich fort! försvinn!, stick! **-müssen** oreg., vard., ich muß fort jag måste i väg (bort); das muß fort det måste bort; er hat schon früh fortgemußt (äv.) han gick bort (dog) vid unga år **-nehmen** st ta bort (undan, ifrån) **-pflanzen 1** fortplanta **2** rfl fortplanta sig; bildl. äv. sprida sig **Fortpflanzung** 0 f fortplantning **fortpflanzungsfähig** fortplantningsduglig; reproducerande; fys. överförbar **Fortpflanzungsorgan** -e n fortplantningsorgan **Fortpflanzungstrieb** 0 m fortplantningsdrift **forträumen** röja (plocka) undan **fortreisen** s resa bort (sin väg) **fortreißen** st riva (slita) bort; die Spannung riß mich fort spänningen ryckte mig med sig; die Strömung riß mich [mit sich] fort (äv.) jag rycktes med av strömmen; sich ~ lassen låta sig ryckas med (av stämning); e-m das Messer ~ rycka kniven ifrån ngn **fortrennen** oreg. s, vard. springa bort (sin väg) **fortrücken 1** flytta på (undan) **2** s avlägsna sig, försvinna
Fortsatz -e† m, anat. bihang **fortschaffen** avlägsna, undanskaffa **fortscheren** rfl, vard. packa sig i väg **fortscheuchen** köra i väg, sjasa bort **fortschicken** skicka bort (i väg); avsända (postpaket) **fortschleichen** st s (el. rfl) smyga [sig] bort (i väg); er ist (hat sich) fortgeschlichen (äv.) han har [diskret, stilla] försvunnit **fortschleifen 1** st slipa bort **2** sv släpa bort **fortschleppen** släpa bort (i väg); sich ~ släpa sig vidare (bort, fram[åt]) **fortschleudern** slänga bort (ifrån sig, i väg) **fortschnellen 1** knäppa i väg (med fingrarna) **2** s ila (hoppa) i väg **fortschreiben** st **1** skriva vidare **2** stat. framskriva **Fortschreibung**

-en f framskrivning **fortschreiten** st s fort|-skrida, -gå; tillta, öka; bei ~der Abkühlung vid fortlöpande avkylning; jfr fortgeschritten **Fortschritt** -e m framsteg; framåtskridande; förbättring; technische ~e tekniska landvinningar; ~e machen göra framsteg, gå framåt, ta sig **Fortschrittler** - m framstegsvän **fortschrittlich** framåtsträvande, progressiv; avancerad; modern, tidsenlig; ~ gesinnt framstegsvänlig **fortschwemmen** spola bort **fortschwimmen** st s simma (flyta) bort (sin väg) **fortsehnen** rfl längta bort **fortsetzen 1** sätta (ställa) bort **2** fortsätta **3** rfl fortsätta **Fortsetzung** -en f fortsättning **Fortsetzungsroman** -e m följetong **fort|spinnen** st, den Gedanken ~ spinna vidare på tråden **-spülen** skölja (spola) bort **-stehlen** st, rfl smyga sin väg **-stellen** ställa bort (undan) **-stoßen** st stöta bort (ifrån sig) **-streichen** st stryka bort (ut) **-stürmen** s, **-stürzen** s störta (rusa) i väg **-tragen** st bära bort **-treiben** st **1** driva (jaga) bort **2** fortsätta **3** s driva bort (med ström e.d.) **-tun** st, vard. gömma undan; ta bort; kasta bort **Fortuna** 0 f Fortuna; ~ war ihm hold lyckan var honom huld **For|tune** ['-ty:n] 0 f, **-tüne** 0 f tur, framgång
fort|während ihållande, ständig; adv äv. oavbrutet; alltjämt **-wälzen 1** vältra undan **2** rfl flyta långsamt (om flod); långsamt röra sig framåt (om t.ex. människomassa) **-werfen** st kasta (slänga) bort (ifrån sig) **-wirken** fortsätta att verka **-wollen** oreg. vard. vilja bort, vilja ge sig i väg **-wünschen 1** e-n von hier ~ önska ngn härifrån **2** rfl önska sig bort **-wursteln** vard. gå på i den [gamla] vanliga lunken **-zahlen** fortsätta att betala **Fortzahlung** -en f fortsatt betalning **fortzerren** dra (släpa) bort (i väg med) **fortziehen** st **1** dra i väg med (bort, undan, ifrån); e-n mit sich ~ dra i väg med ngn **2** s dra bort, tåga i väg; flytta [bort] (äv. om fågel); mil. marschera i väg; wir wollen ~ (äv.) vi tänker ge oss i väg
For|um -en el. -a n forum; bildl. äv. [estrad]-debatt, diskussion, plattform
Forward ['fɔ:wəd] -s m, sport. forward
Forz -e m, vulg. prutt **forzen** vulg. prutta
Fose -n f, vulg. hora
fossil fossil, förstenad **Fossil** -ien n fossil
Foto 1 -s n foto[grafi], kort **2** -s m, vard. kamera, fotoapparat **Foto-, Foto-** se el. photo-, Photo- **Fotoalb|um** -en n fotoalbum **Fotoamateur** -e m amatörfotograf **Fotoapparat** -e m kamera **fotogen** [-g-] fotogenisk **Fotograf** -en -en m fotograf **Fotografie** -n f fotografi **fotografier|en** fotografera; das ist gut -t det är bra taget **fotografisch** fotografisk **Fotokopie** -n f foto[stat]kopia **fotokopieren** fotokopiera **Fotomodell** -e n **1** fotomodell **2** poseringsflicka **Fotomontage** -n f fotomontage **Fotosatz** -e† m, boktr. fotosats **Fototasche** -n f kameraväska
Föt|us -usse el. -en m, med. foster
Fotze -n f, vulg. **1** fitta **2** hora **3** österr. käft; örfil
Foul [faul] -s n, sport. foul, brott mot spelreglerna
Foulard [fu'la:ɐ̯] -s m, text. foulard
foulen ['faulən] sport. göra foul mot; spela ojust

Fox -e m **1** foxterrier **2** foxtrot **-terrier** - m foxterrier **-trott** -e el. -s m foxtrot
Foyer [fọa'je:] -s n foajé
fr förk. för **1** Franc **2** franko **3** frei **Fr.** förk. för **1** Franken **2** Frau **3** Freitag
Fracht -en f frakt; per ~ som fraktgods **-aufschlag** -e† m frakttillägg **-aufzug** -e† m varuhiss **-behälter** - m container **-brief** -e m fraktsedel **-dampfer** - m lastångare **frachten** frakta **Frachter** - m lastfartyg **frachtfrei** fraktfri **Fracht|führer** - m, **-fuhrmann** -er† m fraktförare **-geld** -er n frakt[avgift] **-gut** -er† n fraktgods **-kahn** -e† m lastpråm **-kosten** pl frakt[kostnad] **-raum** -e† m lastrum **-schiff** -e n lastfartyg **-spesen** pl frakt[kostnad] **-stück** -e n fraktstyckegods **-tarif** -e m frakttaxa **-übernahme** -n f mottagande (övertagande) av fraktgods **-verkehr** 0 m godstrafik **-versender** - m godsavsändare **-vertrag** -e† m fraktavtal **-zettel** - m fraktsedel; konossement
Frack -e† m el. vard. -s m frack; im ~ i frack **-binde** -n f, **-schleife** -n f fluga, frackrosett **-zwang** 0 m, es herrscht ~ det krävs frack
Frage -n f fråga; problem; e-e ~ der Zeit en tidsfråga; peinliche ~ (åld. äv.) tortyr; wie die ~, so die Antwort sådan fråga sådant svar; das ist eben die ~ det är just det som är frågan; das ist gar keine ~ det är inte ngt problem; es erhebt sich die ~, ob (äv.) man frågar sig om; e-e ~ en stellen ställa (rikta) en fråga till ngn; außer ~ utom all fråga; das steht (ist) außer ~ det råder det inget tvivel om; das kommt nicht in ~ det kommer inte i fråga; in ~ kommende Personen (äv.) tänkbara (möjliga) personer; in ~ stehen a) vara oviss (tvivelaktig), b) vara på tal; in ~ stellen ifrågasätta; in ~ gestellt sein vara osäker[t]; ohne ~ utan tvivel; ~n über ~n stellen komma med den ena frågan efter den andra **-bogen** -† m frågeformulär **-fürwort** -er† n, språkv. interrogativt (frågande) pronomen **-kasten** -† m brevlåda (i tidning)
frag|en (dial. äv. frug, früge, frägst, frägt) **1** fråga (e-n etw. ngn [om] ngt); ~ kostet nichts det kostar ingenting att fråga; die Ware ist gefragt varan är efterfrågad, det råder efterfrågan på varan; nach e-m ~ fråga efter (bry sig om) ngn; nicht nach etw. ~ inte fråga efter (bry sig om) ngt, strunta i ngt; nach dem Weg ~ fråga efter vägen; um Rat ~ rådfråga, be om råd; ich -e e-n Dreck (den Kuckuck, den Teufel) um Erlaubnis (vard.) jag ger tusan i om det är tillåtet **2** rfl fråga sig, undra; es -t sich, ob man frågar sig om **Fragen|komplex** -e m, **-kreis** -e m fråge-, problem|komplex **Frager** - m frågeställare, frågande; e-n lästigen ~ abweisen avvisa en som besvärar med (ställer obehagliga) frågor
Frage|rei -en f ideligt frågande **-satz** -e† m, språkv. frågesats **-steller** - m frågeställare **-stellung** -en f frågeställning **-stunde** -n f, parl. frågestund **--und-'Antwort-Spiel** -e n frågelek **-wort** -er† n, språkv. frågeord; interrogativt pronomen **-zeichen** - n frågetecken; wie ein ~ dasitzen (vard.) sitta kutryggig (med dålig hållning)
fragil [-g-] fragil; ~es Persönchen bräcklig liten människa
fraglich 1 tvivelaktig, problematisk; es ist ~, ob

det är osäkert (tvivelaktigt) om **2** ifrågavarande; die ~e Person personen i fråga **Fraglichkeit** 0 f ovisshet; die ~ der Sache det tvivelaktiga (ovissa, problematiska) i saken **fraglos** otvivelaktig; utan [all] fråga; das ist ~ richtig det är utan tvivel riktigt
Fragment -e n fragment **fragmentarisch** fragmentarisk
fragwürdig tvivelaktig; skum, suspekt
Fraktion -en f fraktion; parlaments-, riksdags|-grupp **fraktionieren** kem. fraktionera **Fraktions|chef** -s m, **-führer** - m, parl. ordförande i parlamentsgrupp (riksdagsgrupp) **fraktionslos** parl. ej partibunden (om omröstning) **Fraktionsvorsitzende(r)** m f, adj böjn., se Fraktionschef **Fraktionszwang** 0 m skyldighet att rösta med det egna partiet; bei der Abstimmung gab es keinen ~ vid omröstningen kunde varje medlem rösta enligt sin egen övertygelse **Fraktur** -en f, med. o. typ. fraktur; mit e-m ~ reden (vard.) säga ngn ett sanningens ord
Franc [frã:] -s (vid måttsangivelse -) m franc **Franchise** [frã'ʃi:zə] -n f, försäkr. franchise; självrisk
frank frank, öppen[hjärtig]; ~ und frei öppet o. ärligt
Frank -en -en (vid måttsangivelse -) m franc
Frankatur -en f frankering
Franke -n -n m frank (invånare i Franken) **Franken** - m [schweizer]franc **Frankfurter I s 1** - m frankfurtbo **2** - f frankfurterkorv **II** oböjl. adj från (i) Frankfurt, frankfurt-; ~ Würstchen frankfurterkorv
frankieren frankera **Frankierung** -en f frankering
fränkisch frankisk
franko franko
Frankomanie 0 f överdriven beundran för det franska o. för Frankrike **frankophil** franskvänlig **Frankophilie** 0 f franskvänlighet **frankophob** franskfientlig **Frankophobie** 0 f motvilja (fientlighet) mot allt franskt **frankophon** franskspråkig **Frankreich** 0 n Frankrike; leben wie Gott in ~ må som en prins [i en bagarbod]
Franktireur [frãti'rø:ɐ̯] -e el. -s m, hist. friskytt, franktirör
Franse -n f frans **fransig** fransad, fransig; sich (dat.) den Mund ~ reden (vard.) tala för döva öron
Franz 0 n, skolsl. franska **-band** -e† m helfranskt band **-branntwein** 0 m (slags) spritliniment
Franziskaner - m franciskaner[munk] **-in** -nen f franciskanernunna **-mönch** -e m, se Franziskaner **-nonne** -n f franciskanernunna **-orden** 0 m franciskanerorden
Franzmann -er† m, vard. fransos **Franzose** -n -n m **1** fransman; die ~n haben (vard.) ha franska sjukan (syfilis) **2** vard. skiftnyckel **3** vard. kackerlacka **französeln** apa efter allt franskt **Franzosenkrankheit** 0 f franska sjukan (syfilis) **Franzosenkraut** 0 n, bot. gängel **französieren** förfranska **Französin** -nen f fransyska **französisch** fransk; sich ~ empfehlen (vard.) gå utan att säga adjö, avdunsta; ~er Verkehr franskt (oralt) samlag **Französisch** 0 n franska [språket]; jfr Deutsch **Französling** -e m, vard. franskimitatör
frappant frappant **Frappé 1** -s m (slags) mönstrat tyg **2** -s n (slags) iskyld dryck **frap-**

pieren 1 frappera **2** (*om vin e.d.*) kyla i is, kyla ner
Fräsarbeit *-en f tekn.* fräsning **Fräse** *-n f* **1** *tekn. o. jordbr.* fräs **2** *vard.* skepparkrans **fräsen** *tekn.* fräsa **Fräser** - *m* **1** fräsare **2** *tekn.* fräs
fraß [-a:s] *se* **fressen Fraß** *0 m* **1** föda (*för vilda djur*); *vard.* [dåligt] käk **2** [rått]frat **3** *med.* röta **Fraßgift** *-e n* gift (*som djur äter*)
Frat|er *-res m* ordens-, kloster|broder; munk **fraternisieren** fraternisera
Fratz *-es -e* (*äv.* *-en-en*) *m* [flick]snärta; [rackar]unge; *süßer* ~ (*äv.*) sötnos **Fratze** *-n f* grimas; skråpuksansikte; *vard.* nuna, tryne; *sie hat e-e hübsche* ~ (*vard.*) hon är söt (har ett sött ansikte); *~n schneiden* göra grimaser; *das Gesicht zu e-r* ~ *verziehen* förvrida ansiktet i en grimas **fratzenhaft** förvriden, grotesk **Fratzen|macher** - *m*, **-schneider** - *m* person som gör grimaser
Frau *-en f* kvinna; fru; ~ *Doktor* (*i tilltal*) *a*) doktorn, *b*) doktorinnan; *Ihre* ~ [*Gemahlin*] Er maka; *deine* ~ *Mutter* din mor; *die* ~ *des Hauses* frun i huset; [*sich* (*dat.*)] *e-e* ~ *nehmen* skaffa sig en fru, gifta sig; *zur* ~ *geben* gifta bort (*dotter*); *gnädige* ~ (*i hövligt tilltal*) fru X., damen; *die weise* ~ (*åld.*) barnmorskan; *Unsere Liebe* ~ jungfru Maria **Frauchen** - *n* **1** liten kvinna; *altes* ~ gumma; *mein* ~ min lilla fru (gumma) **2** matte
Frauen|arbeit 1 *-en f* kvinnoarbete **2** *0 f*, *in der* ~ *tätig sein* arbeta i kvinnoförbund (kvinnoförening) **-art** *0 f* kvinnors sätt [att uppträda]; *das ist so* ~ (*äv.*) så brukar kvinnor göra **-arzt** *-e†* *m* kvinnoläkare, gynekolog **-bewegung** *0 f* kvinnorörelse **-chor** *-e†* *m* damkör **-emanzipation** *0 f, die* ~ kvinnornas frigörelse **-fachschule** *-n f* fackskola för kvinnliga yrken; *ung.* husmorsskola **-feind** *-e m* kvinnohatare **-frage** *0 f, die* ~ kvinno|saken, -frågan **-funk** *0 m* radioprogram för kvinnor **-fußball** *0 m* damfotboll **-gefängnis** *-se n* kvinnofängelse **-geschichten** *pl* kvinnohistorier, kärleksaffärer (*m. kvinnor*) **frauenhaft** kvinnlig
Frauen|haus *-er† n* **1** *hist.* jungfruhus; harem **2** kvinnohus **-heilkunde** *0 f* gynekologi **-held** *-en* *-en m* kvinnotjusare **-herrschaft** *0 f* matriarkat; kvinnovälde **-kloster** *-†* *n* nunnekloster **-krankheiten** *pl*, **-leiden** *pl* kvinnosjukdomar **-lohn** *-e†* *m* kvinnolön **-mantel** *0 m*, *bot.* daggkåpa **-rechtlerin** *-nen f* kvinnosakskvinna **frauenrechtlerisch** som rör kvinnosaken (kvinnans rättigheter) **Frauenschreck** *-e m*, *ung.* sexualniding (*våldtäktsman, blottare e.d.*) **Frauenschuh** *0 m*, *bot.* guckusko **Frauenschutz** *0 m* arbetarskyddslagstiftning för kvinnor **Frauensleute** *pl* kvinnfolk **Frauensmensch** *-er n*, *neds.* stycke **Frauensperson** *-en f*, *neds.* kvinns[person]
Frauen|station *-en f* kvinnoavdelning (*på sjukhus*) **-stimme** *-n f* kvinnoröst **-stimmrecht** *0 n* kvinnlig rösträtt **-tag** *-en m* **1** *kat.* vårfrudag **2** *der Internationale* ~ internationella kvinnodagen **-tum** *0 n* kvinnligheten; kvinnosläkte; *das* ~ (*äv.*) kvinnorna **-verein** *-e m* kvinnoförening **-wahlrecht** *0 n* kvinnlig rösträtt **-zeitschrift** *-en f* damtidning **-zimmer** - *n, vard.* fruntimmer
Fräulein - (*vard. äv.* *-s*) *n* fröken; *Ihr* ~ *Schwester* Er syster; *gnädiges* ~ (*i hövligt tilltal*) frö-

ken; ~ *vom Amt* (*vard.*) telefonist **fraulich** kvinnlig **Fraulichkeit** *0 f* kvinnlighet
frech fräck, uppkäftig, ohängd; *etw. mit* ~*er Stirn behaupten* ha panna att (helt fräckt) påstå något; ~ *wie Oskar* (*wie ein Rohrspatz*) *vard.* hur fräck som helst **Frechdachs** *-e m, vard.* spoling; *so ein* [*kleiner*] ~*!* en sån rackarunge (uppkäftig rackare)! **Frechheit** *-en f* fräckhet; *er hatte die* ~, *zu* han var fräck nog att **Frechling** *-e m* fräck typ
Freesie [-zjə] *-n f, bot.* fresia
Fregatte *-n f* fregatt **Fregattenkapitän** *-e m* kommendörkapten **Fregattvogel** *-†* *m* fregattfågel
frei fri; obunden, oberoende; ogift; ledig; frigjord; öppen[hjärtig]; kostnadsfri, gratis; *aus* ~*em Antrieb* (~*en Stücken*) frivilligt, självmant; *keinen* ~*en Augenblick haben* inte ha ledigt ett ögonblick; ~*er Bauer* självägande bonde; *das* ~*e Feld* öppna fältet; ~ *erfundene Geschichte* fritt påhittad historia; *unter* ~*em Himmel* under bar himmel; ~*er Journalist* frilansjournalist; *an der* ~*en Luft* i friska luften; ~*es Spiel haben* ha fältet fritt; ~*e Spitzen* (*DDR*) avkastning utöver den mängd som skall levereras [t. staten]; ~*e Station haben* ha fri kost o. logi; ~*e Stelle* ledig plats; *zur* ~*en Verfügung* till fritt förfogande; ~*e Zeit* fritid; ~*er Zutritt* fritt (gratis) tillträde; ~ *an Bord* fritt ombord, fob; ~ *von Haß* utan hat; ~ *von Kosten* kostnadsfri; ~ *von der Leber weg sprechen* (*vard.*) tala fritt ur hjärtat; ~ *ums Herz* lätt om hjärtat; ~ *ausgehen* gå fri från (slippa undan) straff; ~ *heraus gesagt* rent ut sagt; *ich bin so* ~ (*vard.*) jag tar mig friheten; *im F~en* i det fria, ute; *Arbeit im F~en* utomhusarbete **Freiaktie** *-n f* gratisaktie **Freiantenne** *-n f* utomhusantenn **Freibad** *-er†* *n* friluftsbad **Freibank** *-e† f* (*vid slakthus*) försäljningsställe för sekunda kött **freibekommen** *st* **1** få ledigt (lov) **2** *e-n* ~ [lyckas] få ngn frigiven **Freiberufler** - *m* frilans **freiberuflich** *er ist* ~ *tätig* han är frilans **Freibetrag** *-e†* *m* avdrag (*i självdeklaration*) **Freibeuter** - *m* **1** fribytare; *literarischer* ~ plagiator **2** *neds.* utsugare; utpressare **Freibeuterei** *0 f* **1** sjöröveri **2** *neds.* utsugning; utpressning **Freibier** *0 n* gratis öl **freibleibend** *hand.* friblivande, utan förbindelse; *Preis* ~ icke bestämt pris **Freibord** *-e m, sjö.* fribord **Freibrief** *-e m* fribrev (*äv. bildl.*)
Freidemokrat *-en -en m* medlem av FDP (*Freie Demokratische Partei*) **Freidenker** - *m* fritänkare **freidenkerisch** fritänkande **Freidenkertum** *0 n* fritänkeri
freien *um ein Mädchen* ~ fria till en flicka; *ein Mädchen* ~ (*åld.*) gifta sig med en flicka **Freie(r)** *m f, adj böjn.* friboren **Freier** - *m* friare **Freiersfüße** *pl*, *auf* ~*n gehen* vara på friarstråt
Freiexemplar *-e n* gratisexemplar **Frei|fahrkarte** *-n f*, **-fahrschein** *-e m* fribiljett **Freifläche** *-n f* fri (öppen) yta **Freifrau** *-en f* friherrinna **Freifräulein** - *n* (*ogift*) friherrinna **Freigabe** *0 f* frigivning; frisläppande (*av nyhet e.d.*); upphävande (*av beslag*); ut-, över|lämnande **Freigänger** - *m* fånge som har medgivande *st* **1** frige, släppa fri; *Sperrguthaben* ~ frisläppa spärrkonto; *der Film wurde freigegeben* filmen släpptes igenom (*av censuren*); *ein Medikament zum Verkauf* ~ släppa ut ett läkemedel på marknaden; *für den Verkehr* ~ öppna för

trafik; *sie wollte ihn nicht* ~ hon ville inte släppa honom **2** *e-m e-n Tag* ~ ge ngn en dag ledigt; *ich habe mir e-e Stunde* ~ *lassen* jag har bett att få ledigt en timme **freigebig** frikostig, generös, givmild **Freigebigkeit** *0 f* frikostighet, generositet **Freigebung** *0 f* fri|-släppning, -givning **Freigehege** - *n* frianläggning (*i zoologisk trädgård*) **Freigeist** *-er m* fritänkare **freigeistig** fritänkande, liberal **Freigelassene(r)** *m f, adj böjn.* frigiven **Freigepäck** *0 n* fribagage **Freigrenze** *-n f* gräns för skattefri inkomst **Freigut** *-er*† *n* tullfri vara
freihaben *oreg., vard.* ha ledigt **Freihafen** -† *m* frihamn **freihalten** *st, e-n* ~ betala för ngn, bjuda ngn; *e-m den Platz* ~ hålla platsen för ngn; *ein Angebot* ~ hålla ett erbjudande öppet (en offert öppen); *e-n von Ansteckung* ~ skydda ngn mot smitta; *von Schnee* ~ hålla fri från snö, hålla snön borta från; *ich werde mich morgen für dich* ~ jag skall reservera (vika) morgondagen för dig **Freihand|ausleihe** *-n f*, **-bibliothek** *-en f*, **-bücherei** *-en f* bibliotek där låntagarna själva får ta böckerna från öppna hyllor **Freihandel** *0 m* frihandel **Freihandelszone** *-n f* frihandelsområde **freihändig** på fri hand; ~ **radfahren** cykla utan att hålla i styrstången; ~ *verkaufen* sälja direkt (*utan mellanhänder*); *~er Verkauf* direktförsäljning; *~es Zeichnen* frihandsteckning **Freihändler** - *m* frihandlare, anhängare av frihandelssystemet **Freihandzeichnung** *-en f* frihandsteckning **Freiheit** *-en f* frihet; oberoende; ~ *der Presse* pressfrihet; *Geist der* ~ frihetsanda; *du hast volle* ~ du har din fulla frihet; *jdn in* ~ *setzen* släppa ngn fri, befria ngn; *sich (dat.)* *~en erlauben* tillåta sig (ta sig) friheter **freiheitlich** frihets-; liberal **Freiheitsberaubung** *-en f, jur.* olaga frihetsberövande **Freiheitsdelikt** *-e n* brott mot annans frihet **Freiheitsdrang** *0 m* frihets|begär, -längtan **Freiheitsentzug** *0 m* frihetsberövande **freiheitsliebend** frihetsälskande **Freiheitsstrafe** *-n f* frihetsstraff **freiher'aus** rent ut [sagt] **Freiherr** -[e]*n* -*en m* friherre, baron **Freiherrin** *-nen f* friherrinna, baronessa **freiherrlich** friherrlig **freiherrschend** fritt härskande **Freiin** *-nen f* (*ogift*) friherrinna
Freikarte *-n f* fribiljett **freikaufen** friköpa **Freikirche** *-n f* frikyrka **freikommen** *st s* komma loss; *sjö.* komma (bli) flott; *vom Militär* ~ befrias från militärtjänst **Freikörperkultur** *0 f* nakenkultur, nudism **Freikorps** [-ko:ɐ̯] - *n* frikår **Freikugel** *-n f* (*i saga*) [förtrollad] kula som ej kan förfela sitt mål **Freiladebahnhof** *-e*† *m* offentlig godsstation **Freiland** *0 n* friland; kalljord **Freilandkultur** *-en f* odling på kalljord **freilassen** *st* frige, släppa lös **Freilassung** *-en f* frigiv|ande, -ning **Freilauf** *-e*† *m* fri|gång, -hjul; *im* ~ *fahren* rulla [på frigång] **freilebend** som lever i frihet (*om djur*) **freilegen** frilägga **Freileitung** *-en f, elektr.* luftledning
freilich **1** dock, däremot, emellertid: vissterligen, faktiskt **2** ~*!* ja visst!, självklart!
Freilichtbühne *-n f* frilufts|scen, -teater **Freilichtmuse|um** *-en n* friluftsmuseum **freiliegen** *st* ligga fritt (öppet) **freiliegend** har, obetäckt; fribärande (*bjälke*) **Freilos** *-e n* gratislott **Freiluftmuseum** *se* **Freilichtmuseum** **freimachen 1** frankera **2** frigöra **3**

morgen will ich ~ (*vard.*) i morgon skall jag ta ledigt **4** *rfl* klä av sig (*hos läkare*) **5** *rfl, vard., kannst du dich heute* ~*?* kan du ta ledigt i dag? **Freimachung** *-en f* frankering **Freimarke** *-n f* frimärke **Freimaurer** - *m* frimurare **Frei|maurerei** *0 f*, **-maurertum** *0 n* frimureri **Freimut** *0 m* frimodighet **freimütig** frimodig
Freiplatz *-e*† *m* friplats **Freiraum** *-e*† *m, bildl.* rörelsefrihet, utrymme **freireligiös** fri|-religiös, -kyrklig **Freisasse** *-n -n m* odalbonde **freischaffend** frilans- **Freischar** *-en f* fri|skara, -kår **Freischärler** - *m* frikårist, medlem av frikår **Freischütze** *-n -n m* (*i folktro*) friskytt **freischwimmen** *st, rfl* avlägga simkunnighetsprov; *bildl.* stå på egna ben **Freischwimmer** - *m* person som avlagt simkunnighetsprov **freisetzen 1** friställa (*arbetskraft*) **2** frigöra (*kraft*) **Freisinn** *0 m* frisinne, liberalism **freisinnig** frisinnad, liberal **freisprechen** *st* **1** frikänna **2** *e-n Lehrling* ~ göra en lärling till gesäll **Freisprechung** *-en f* frikännande *etc.*, *jfr freisprechen* **Freispruch** *-e*† *m* frikännande **Freistaat** *-en m* fristat, republik **Freistatt** *-en*† *f*, **Freistätte** *-n f* fristad, asyl **freistehen** *st, es steht dir frei* det står dig fritt **freistehend** fristående; *~es Zimmer* ledigt (obebott, tomt) rum; *ein völlig ~er Spieler* (*sport.*) en alldeles omarkerad (obevakad) spelare **Freistelle** *-n f* friplats **freistellen 1** *e-m etw.* ~ överlämna åt ngn att själv avgöra ngt **2** *e-n von etw.* ~ undanta (befria) ngn från ngt; *man hat sie für e-n Fortbildungskurs freigestellt* hon fick tjänstledigt för att kunna delta i en fortbildningskurs **Freistil** *0 m* frisim; fribrottning **Freistilringen** *0 n* fribrottning **Freistilschwimmen** *0 n* frisim **Freistoß** *-e*† *m, sport.* frispark **Freistück** *-e n* friexemplar **Freistunde** *-n f* hål-, fri|timme **Freitag** *-e m* fredag; *der Stille* ~ långfredagen **freitäglich** varje fredag [inträffande, återkommande] **freitags** på (om) fredagarna
Freite *-n f, dial., auf die* ~ *gehen* ge sig ut på friarfärd
Freitisch *-e m* fri kost (*för t.ex. studenter*) **Freitod** *0 m* självmord; *den* ~ *wählen* begå självmord **freitragend** självbärande; konsol- **Freitreppe** *-n f* fri-, ytter|trappa **Freiübungen** *pl* fristående gymnastik **Freiumschlag** *-e*† *m* frankerat kuvert **Freiverkehr** *0 m, hand.* handel med onoterade värdepapper **frei'weg** *vard.* helt enkelt, utan krumbukter **Freiwild** *0 n, bildl.* fågelfri person, lovligt byte **freiwillig** frivillig **Freizeichen** - *n, tel.* signalton **Freizeichnungsklausel** *-n f, jur.* förbehåll om ansvarsfrihet **Freizeit** *-en f* **1** fritid **2** *ung.* diskussions-, studie|dag[ar] **Freizeitbeschäftigung** *-en f* fritidssysselsättning **Freizeitgestaltung** *0 f* organiserande av fritiden **freizügig 1** fri att välja [arbetsplats o.] bostad **2** obehindrad; frigjord; generös **Freizügigkeit** *0 f* **1** frihet att själv välja [arbetsplats o.] bostad **2** frigjordhet; generositet
fremd främmande; utländsk; ~*e Gelder* (*bank.*) insättningar; *sich in ~e Angelegenheiten mischen* lägga sig i andras affärer; *in ~e Hände übergehen* övergå i främmande händer; *unter ~em Namen* inkognito, under antaget namn; *sich mit ~en Federn schmücken* lysa med lånta fjädrar; *ich bin hier* ~ jag är inte hemmastadd

här; *es ist mir* ~ (*äv.*) det känner jag inte till; *sich* ~ *stellen*, ~ *tun* vara reserverad, ställa sig oförstående **Fremdarbeiter** - *m* gästarbetare, invandrare **fremdartig** främmande, annorlunda, ovanlig **Fremdartigkeit** *0 f* olikartad beskaffenhet; *die* ~ *seines Wesens* det främmande i hans sätt **Fremdbestäubung** -*en f, bot.* korsbefruktning **Fremde** *0 f* främmande land (trakt); *in die* ~ *ziehen* dra bort till främmande land **fremde[l]n** *vard.* känna sig främmande, vara blyg [för främlingar] **Fremden|buch** -*er†* *n* hotelliggare, resandebok -**führer** - *m* guide, reseledare; resehandbok -**heim** -*e n* pensionat -**industrie** *0 f* turistindustri -**legion** *0 f* främlingslegion -**liste** -*n f* förteckning över gäster (*på kurort e.d.*) -**polizei** *0 f* utlänningspolis -**recht** *0 n* utlänningslagar -**verkehr** *0 m* turisttrafik, turism -**verkehrsamt** -*er†* *n* turistbyrå -**zimmer** - *n* hotell-, gäst-, resande|rum **Fremde(r)** *m f, adj böjn.* främling, utlänning **Fremdfinanzierung** -*en f* finansiering med främmande kapital **fremdgehen** *st s, vard.* vara otrogen, göra ett snedsprång **Fremdheit** *0 f* främlingskap **Fremdherrschaft** *0 f* främmande herravälde **Fremdkapital** -*e, äv.,-ien n* främmande kapital **Fremdkörper** - *m* främmande kropp (ämne, element); *bildl. äv.* inkräktare (*i gemenskap*) **fremdländisch** främmande, utländsk **Fremdling** -*e m* främling **Fremdsprache** -*n f* främmande språk **fremdsprachig** som talar ett främmande språk; *på* främmande språk; ~*e Bücher* böcker på främmande språk; ~*er Unterricht* undervisning på ett främmande språk **fremdsprachlich** i (om) främmande språk; ~*es Buch* bok om (lärobok i) ett främmande språk; ~*er Unterricht* undervisning i främmande språk **fremdstämmig** av främmande stam **Fremdstoff** -*e m* främmande ämne; förorening **Fremdwort** -*er†* *n* främmande ord **Fremdwörterbuch** -*er†* *n* lexikon över främmande ord
frenetisch frenetisk
frequent frekvent **frequentieren** frekventera, ofta besöka
Frequenz -*en f* 1 frekvens (*äv. fys.*) 2 närvaro -**band** -*er†* *n* frekvensband -**bereich** -*e m* frekvensområde -**modulation** -*en f* frekvensmodulering -**umwandler** - *m* frekvensomvandlare -**weiche** -*n f* fördelningsfilter
Freske -*n f,* **Fresk|o** -*en n* fresk, freskomålning **Freskomalerei** -*en f* fresko-, vägg|målning
Fres'salien *pl, skämts.* mat[varor], käk **freßbegierig** *vard.* matfrisk **Freßbeutel** - *m vard.* matsäckväska **Fresse** -*n f, vulg.* käft; fejs; *halt die* ~! håll käften!; *jdm in die* ~ *hauen, jdm die* ~ *polieren* slå ngn på käften; *die große* ~ *haben, die* ~ *weit aufreißen* vara stor i käften **fressen** *fraß, fräße, gefressen, frißt, frißt, friß!* 1 äta (*om djur*); (*vulg. om människor*) käka, glufsa i sig; sluka (*äv. bildl.*); *dem Hund zu* ~ *geben* ge hunden mat; *sie ist zum F~ süß* (*vard.*) hon är så söt att man kan äta upp henne; *der Motor frißt viel Öl* motorn drar mycket olja; *er wird dich schon nicht* ~! (*vard.*) han tänker inte äta upp dig!; *jetzt habe ich es gefressen* (*vard.*) nu har jag begripit det; *er hat die Weisheit nicht mit Löffeln gefressen* (*ung.*) han var inte med när krutet fanns upp; *den Kummer in sich* (*ack.*) ~ dölja sin sorg;

den habe ich aber gefressen (*vard.*) honom tål jag inte; *sie hat e-n Narren an ihm gefressen* (*vard.*) hon är tokig i honom 2 *tekn.* fräta; *bildl. äv.* tära; *der Gram frißt an ihr sorgen* tär på henne; *die Geschwulst frißt um sich* svulsten sprider sig; ~*des Geschwür* frätsår; ~*des Kapital* (*vard.*) tärande kapital, belastning **Fressen** *0 n* mat (*för djur*); foder, föda; *vulg.* käk; *das ist ein gefundenes* ~ *für ihn* (*vard.*) det passar honom precis, det var det han väntade på, han fick vatten på sin kvarn **Fresser** - *m* 1 *das Tier ist ein guter* ~ djuret äter bra; *kein guter* ~ *sein* äta dåligt, ha dålig aptit 2 *vulg.* matvrak, storätare **Fresserei** -*en f, vard.* 1 frosseri, matorgie 2 slafsande **Freßgier** *0 f* glupskhet **freßgierig** glupsk **Freßkorb** -*e† m, vard.* 1 matkorg, matsäck 2 presentkorg **Freßnapf** -*e† m* (*djurs*) mat|-pyts, -skål **Freßpaket** -*e n, vard.* matpaket, gåvopaket m. mat **Freßsack** -*e† m, vulg.* matvrak **Freßwelle** *0 f, vard.* matvåg (*när folk åt upp sig efter andra världskriget*) **Freßwerkzeuge** *pl, zool.* munverktyg **Freßzellen** *pl* fagocyter
Frett -*e n,* **Frettchen** - *n, zool.* frett
fretten *sty., österr.* 1 *rfl* slita; dra sig fram 2 *sich* (*dat.*) *den Fuß* ~ få skavsår på foten
Freude -*n f* glädje, fröjd, nöje; ~ *an etw.* (*dat.*) *haben* finna nöje i ngt; *die* ~ *in der Kindheit* barndomens glädjeämnen; *die Pflanze wächst, daß es nur so e-e* ~ *ist* plantan växer så att det är en sann fröjd att se; *ist das e-e* ~!*, welche* ~! så roligt!; *es ist mir e-e besondere* ~*, zu* särskilt gläder det mig att; *es macht mir keine* ~ det roar (gläder) mig inte; *mit* ~*n!* med glädje!, gärna!; *in Freud und Leid* i nöd o. lust, i glädje o. sorg **freudenarm** glädjefattig **Freudenfest** -*e n* glädjefest **Freudenhaus** -*er†* *n* glädjehus **freudenlos** glädjelös **Freudenmädchen** - *n* glädjeflicka **Freudenopfer** - *n* tackoffer **freudenreich** glädje|-fylld, -rik **Freudenspender** - *m* glädjespridare **Freudentaumel** *0 m* glädjeyra **Freudentränen** *pl* glädjetårar **freudestrahlend** glädjestrålande **freudetrunken** hänryckt, glädjedrucken
Freudianer - *m* freudian
freudig glad, med glatt mod; ~*es Ereignis* lycklig tilldragelse; ~*e Nachricht* glädjebudskap **Freudigkeit** *0 f* glädje, glatt mod **freudlos** glädjelös
freu|en 1 glädja; *es -t mich* (*äv.*) det var (är) roligt; *es hat mich sehr gefreut!* (*vid avsked, ung.*) det var trevligt att råkas! 2 *rfl* glädja sig (*über* +*ack.*, *an* +*dat.* över); -*e dich des Lebens!* gläd dig åt livet!; *ich -e mich auf das Wiedersehen* (*auf die Reise*) jag gläder mig åt återsendet (åt resan)
freund *högt.,* *e-m* ~ *sein* vara vänligt sinnad mot ngn **Freund** -*e m* vän; pojkvän; älskare; *ein* ~ *von mir* (*des Mannes*) en vän till mig (till mannen); *ist das ihr* ~? är det hennes [pojk]-vän (älskare)?; *gut* ~! (*mil.*) vän!; *dicke* ~*e* (*vard.*) goda (såta) vänner; *er* ~ *des Weins sein* tycka om [att dricka] vin; *ein* ~ *guten Essens sein* vara en vän av god mat, tycka om att äta gott; ~ *der Musik* musikvän; *unter* ~*en* vänner emellan **Freundeshand** *0 f, e-m die* ~ *reichen* erbjuda ngn vänskap, sluta fred med ngn **Freundeskreis** -*e m* vänkrets **Freundin** -*nen f* väninna; flickvän; älskarinna **freundlich** vänlig, snäll; behaglig; *ein* ~*es Gesicht ma-*

chen se snäll ut; *bitte, recht ~!* (*hos fotografen*) le!; *~e Gegend* tilltalande (angenäm) trakt; *~e Farben* (*äv.*) glada färger; *~es Wetter* angenämt (milt) väder; *etw. in ~en Farben malen* (*bildl.*) måla en lycklig bild av ngt; *die Vorhänge machen das Zimmer ~er* gardinerna lyser upp rummet (gör rummet mer hemtrevligt); *würden Sie so ~ sein, zu* vill Ni vara snäll och **Freundlichkeit** *-en f* vänlighet **freund-'nachbarlich** som goda grannar; *~es Verhältnis* god grannsämja **Freundschaft 1** *-en f* vänskap; vänkrets; *~ mit e-m schließen* bli god vän med ngn **2** *0 f dial., die ganze ~* hela släkten **freundschaftlich** vänskaplig **Freundschaftsbund** *-e†* *m* vänskap[sband] **Freundschaftsdienst** *-e* *m* väntjänst **Freundschaftsspiel** *-e n, sport.* vänskapsmatch
frevel *poet.* ond, brottslig; *frevler Mut* illvilja **Frevel** - *m* helgerån; *poet.* nidingsdåd, ogärning **frevelhaft** skändlig, brottslig, fördömlig **Frevelmut** *0 m* illvilja **freveln** försynda sig (*an* + *dat., gegen* mot); *gegen die Gesetze ~* bryta mot (överträda) lagarna **Freveltat** *-en f* illdåd **freventlich** brottslig, fördömlig skändlig **Frevler** - *m* ogärningsman, niding **frevlerisch** *se frevelhaft*
Frhr. *förk. för Freiherr* friherre
friderizianisch från (på) Fredrik den stores tid
Friede *-ns -n m,* **Frieden** - *m* fred; frid; *Friede seiner Asche!* må han vila i frid!; *keinen Frieden finden* inte finna ngn ro; *er gab keinen Frieden, bis han gav inte upp förrän; e-n in Frieden lassen* låta ngn vara i fred; *um des lieben Friedens willen tue ich es* jag gör det för att få lugn o. ro; *ich traue dem Frieden nicht* (*vard.*) det tvivlar jag på, jag anar oråd; *der Frieden von ... freden i ...*
Friedens|bedingung *-en f* fredsvillkor **-bewegung** *-en f* fredsrörelse **-brecher** - *m* fredsbrytare **-forschung** *-en f* fredsforskning **-fühler** *pl* fredstrevare **-nobelpreis** *-e m* Nobels fredspris **-pfeife** *-n f, die ~ rauchen* röka fredspipa **-pflicht** *0 f* fredsplikt **-präliminarien** *pl* inledande (preliminära) fredsförhandlingar **-preis** *-e m* fredspris **-schlu|ß** *-sse†* *m* fredsslut **-stifter** - *m* fredsmäklare **-störer** - *m* orostiftare, fridstörare **-unterhändler** - *m* fredsförhandlare **-verhandlungen** *pl* fredsförhandlingar **-zeiten** *pl, in ~ i* fredstid
friedfertig fredlig, fridsam **Friedhof** *-e†* *m* kyrkogård **Friedhofskapelle** *-n f* gravkapell **friedlich** fredlig; stillsam; fridsam; *sei ~!* lugna dig! **friedliebend** fredsälskande **friedlos 1** rastlös **2** *hist.* fredlös
Friedrich Wilhelm *-s m, vard.* underskrift; *du mußt deinen ~ druntersetzen!* du måste skriva på (under)!
friedsam fredlig
frier|en *fror, fröre, gefroren* **1** frysa; *ich -e, es -t mich, mich -t* jag fryser (*an* +*dat.* om); *es -t der Fluß* floden har frusit (lagt sig); *das Fenster ist gefroren* det är is på fönstret; *ihm fror das Blut vor Entsetzen* blodet i hans ådror isades av skräck
Fries *-e m* **1** *text.* boj **2** *arkit.* fris
Friese *-n -n m* fris (*folk*)

Frieseln *pl* frieselutslag, miliaria
Friesin *-nen f* frisiska (*kvinna*) **friesisch, friesländisch** frisisk
frigid[e] frigid **Frigidität** *0 f* frigiditet
Frikadelle *-n f* frikadell **Frikassee** *-s n* frikassé (*von* på); *ich mache ~ aus dir!* (*vard.*) jag ska göra mos av dig!
Frikativ *-e m,* **Frikativlaut** *-e m, fonet.* frikativa **Friktion** *-en f* friktion (*äv. bildl.*) **Friktionsantrieb** *-e m* friktionsdrift **friktionslos** utan friktion, friktionsfri; *bildl. äv.* utan slitningar, smidig
frisch frisk; färsk; ny; fräsch; ren; sval; *~es Brot* färskt (nybakat) bröd; *~e Butter* färskt (nykärnat) smör; *~en Datums* av färskt datum; *in ~er Erinnerung haben* ha i färskt minne; *~e Farben* glada färger; *~er Junge* pigg (käck) pojke; *mit ~en Kräften* med friska krafter; *~e Luft* frisk luft; *auf ~er Tat* på bar gärning; *auf zu ~en Taten!* upp till nya dåd!; *~e Truppen* utvilade trupper; *e-n ~en Verband anlegen* lägga nytt förband; *~e Wäsche* ren tvätt, rena kläder; *~es Wetter* svalt (kyligt) väder; *von ~em* ånyo; *~ anfangen* ta nya tag; *~ gestrichen!* nymålat!; *~ gebackene Eheleute* nygift par; *Bier ~ vom Faß* nytappat öl, öl direkt från fatet; *~ von der Leber weg* fritt ur hjärtat, rakt på sak **frisch-'auf** *interj* friska tag! **frischbacken** nybakad, färsk **Frischdampf** *-e†* *m, tekn.* färskånga **Frische** *0 f* friskhet; färskhet; fräschör; *die ~ des Abends* aftonsvalkan, aftonens svalka; *in alter ~* lika pigg o. kry som vanligt; *er hat sich die körperliche und seelische ~ bewahrt* han är fortfarande vid full vigör **Frischeisen** - *n, tekn.* färskjärn **frischen 1** *tekn.* färska, raffinera **2** *jakt.* få ungar **3** *rfl, jakt.* dricka
Frisch|erz *-e n, tekn.* färskningsmalm **-fisch** *-e m* färsk fisk **-fleisch** *0 n* färskt kött **-gemüse** - *n* färsk[a] grönsak[er] **-haltepackung** *-en f* arom-, vakuum|förpackning **-haltung** *0 f* färskhållning [av födoämnen] **-ling** *-e m* **1** ungt vildsvin **2** *skämts.* nybörjare, nykomling **-stahl** *-e[†] m* gjutstål **-wasser** *0 n* färsk-, söt-, dricks|vatten
frisch'weg utan vidare [krus], utan blygsel
Friseur [-'zø:ɐ̯] *-e m* frisör **Friseuse** [-'zø:zə] *-n f* hårfrisörska **frisieren 1** frisera (*äv. bildl.*); *e-m das Haar ~* kamma (forma, lägga) håret på ngn **2** trimma (*motor*)
Frisier|haube *-n f* **1** (*elektrisk*) torkhuv **2** hårnät **-mantel** *-†* *m* kamkofta **-salon** *-s m* frisersalong **-tischchen** - *n,* **-toilette** *-n f* toalettbord **-umhang** *-e†* *m* kamkrage
Frisör *-e m, se Friseur* **Frisöse** *-n f, se Friseuse*
Frist *-en f* frist, nådatid; utsatt tidpunkt; termin; uppskov, anstånd; *die ~ läuft heute ab* fristen (tiden) går ut i dag; *auf kurze ~* på (för) kort tid; *in kürzester ~* så fort sig göra låter; *innerhalb e-r ~ von 5 Tagen* inom en tidrymd av 5 dagar **fristen 1** *sein Leben ~* uppehålla livet, dra sig fram **2** bevilja uppskov för, förlänga **Fristen|lösung** *0 f,* **-regelung** *0 f* lag om fri abort (*inom de tre första månaderna*) **frist|gemäß, -gerecht** vid avtalad tidpunkt **fristlos** omedelbar; *e-n ~ entlassen* avskeda ngn med omedelbar verkan **Fristung** *-en f* uppskov **Fristverlängerung** *-en f* förlängning (utsträckning) av frist
Frisur *-en f* **1** frisyr **2** trimning (*av motor*)
Friteuse [-'tø:zə] *-n f* [elektrisk] frityrgryta

fritieren *kokk.* fritera **Frittate** *-n f (tunn)* pannkaka **Frittatensuppe** *-n f, österr.* soppa med strimlad pannkaka
Fritte *-n f* **1** *fack.* fritta **2** *dial.,* ~*n* pommes frites
Fritüre *-n f* **1** frityr, stekfett **2** flottyrkokt bakverk **3** *se Friteuse*
Fritz *-en -en m* **1** *neds.* "Fritz" *(tysk)* **2** *für den Alten* ~*en (vard.)* förgäves
frivol [-v-] frivol **Frivolität** *-en f* **1** frivolitet, slipprighet **2** ~*en (text.)* frivoliteter
Frl. *förk. för Fräulein* frk., fröken
froh glad *(über* +*ack.* över); *die* ~*e Botschaft* evangeliet; *des Lebens* ~ *sein* glädja sig åt livet; ~*es Fest!* god (trevlig) helg!; ~*en Mutes sein* vara gladlynt (glad till sinnes); *er wird seines Lebens nicht mehr* ~ han får aldrig mer en glad stund i livet; ~*es Ereignis* lycklig tilldragelse **Frohbotschaft** *0 f* evangelium **frohgemut** glad[lynt] **fröhlich** glad, gladlynt, glättig; ~ *weitermachen (vard. äv.)* fortsätta helt obekymrat; ~*e Weihnachten (Ostern!)* god jul (glad påsk)! **Fröhlichkeit** *0 f* glättighet, glädje, glad stämning **froh'lock|en** *-te, -t* **1** jubla *(über* +*ack.* över); *-et dem Herrn!* prisa Herren (Gud)! **2** skadeglatt triumfera **Froh'locken** *0 n* **1** jubel; lovsång **2** skadeglädje **Frohmut** *0 m* glatt sinnelag; glad stämning **Frohsinn** *0 m* glättighet; gladlynthet **frohsinnig** gladlynt
fromm *adj., äv.* † **1** from; saktmodig; foglig; ~*es Tier (äv.)* lydigt djur; ~*es Pferd* sedig häst; ~*e Lüge* vit lögn **2** skenhelig **Frömmelei** *-en f* fromleri, skenhelighet **frömmeln** fromla; ~*de Rede* skenheligt tal **fromm|en** gagna *(e-m* ngn); *wem soll es* ~? vem har nytta av det?; *es -t mir* jag har nytta av det **Frommheit** *0 f,* **Frömmigkeit** *0 f* fromhet **Frömmler** *- m* hycklare, skrymtare
Fron *-en f, hist.* dagsverke; *bildl.* slit, slavgöra **Fronarbeit** *-en f* tvångs-, slav|arbete; *schweiz.* frivilligt [samhälls]nyttigt] arbete
Fronde ['frɔ̃:də] *-n f, hist.* frond; *bildl.* opposition[sparti]
Frondienst *-e m, se Fronarbeit*
frondieren [frɔ̃'di:rən] frondera, driva opposition, opponera sig
fronen slava, träla **frönen** *etw. (dat.)* ~ hänge sig åt ngt; *e-m Laster* ~ vara slav under en last **Fron'leichnam** *0 m,* **Fron'leichnamsfest** *-e n, kat.* Kristi lekamens fest
Front *-en f,* front; framsida, fasad; *gegen etw.* ~ *machen* göra front (opponera sig) mot ngt; *in* ~ *gehen (sport.)* ta ledningen, gå upp i täten; *an die* ~ *gehen* bege sig till fronten; *die* ~ *abschreiten* gå utmed fronten *(på hederskompani)*; *in vorderster* ~ *stehen* stå i främsta linjen; ~ *der Arbeiterschaft* arbetarfront; *an der* ~ vid fronten; *Krieg nach (an) zwei* ~*en* krig på två fronter **frontal** frontal; ~*er Zusammenstoß* frontalkrock **Frontangriff** *-e m* front-t[al]angrepp **Frontalzusammenstoß** *-e*† *m* frontalkrock **Frontantrieb** *-e m* framhjulsdrift **Frontbericht** *-e m* frontrapport **Fronteinsatz** *-e*† *m* insättande av trupper vid fronten; fronttjänstgöring **Frontispiz** *-e n* frontespis **Frontkämpfer** *- m* front|kämpe, -soldat **Frontscheibe** *-n f* framruta **Frontseite** *-n f* framsida **Frontwechsel** - *m* frontförändring *(äv. bildl.); e-n* ~ *vornehmen* ändra åsikt, byta sida
Fronvogt *-e*† *m, hist.* fogde

fror *se frieren*
Frosch *-e*† *m* **1** groda; *e-n* ~ *im Halse haben (vard.)* vara hes; *sei kein* ~*! (vard.)* gör dig inte till!, var inte dum nu!; *Frösche in den Bauch kriegen (vard.)* dricka för mycket vatten **2** *mus.* frosch **3** *se Knallfrosch* **-biß** *0 m, bot.* dyblad **-blut** *0 n,* ~ *haben (vard. bildl.)* ha fiskblod i ådrorna, vara kall **-laich** *-e m* grod|rom, -ägg **-löffel** *0 m, bot.* svalting **-lurch** *-e m* groddjur **-mann** *-e*† *m* grodman, röjdykare **-perspektive** *-n f* grodperspektiv; *aus der* ~ ur grodperspektiv **-schenkel** *- m, kokk.* grodlår **-test** *-e el. -s m* graviditetstest
Frost *-e*† *m* **1** frost; kyla, köld **2** tjäle **3** frossa **Frostaufbruch** *-e*† *m* tjälskott **frostbeständig** frostbeständig, som tål frost **Frostbeule** *-n f* kylknöl **Frostboden** *-*† *m* tjälbunden mark **fröstelig** kall, ruggig; *mir ist* ~ jag känner mig frusen **fröstel|n** *ich fröst[e]le, mich -t* jag är frusen, jag småfryser (huttrar); *es -t* det fryser (är frost) **Frösteln** *0 n* [köld]rysning **frost|en** **1** frysa [in, ner] **2** högt., *es -et* det är frost **Froster** - *m,* **-fach** *-e*† *n (kylskåps)* frysfack **frostfrei** frostfri **frostgefährdet** frostländ **Frostgemüse** - *n* djupfryst[a] grönsak[er] **Frosthebung** *-en f* tjällossning **frostig** frostig; frostkall; *bildl.* kylig **Fröstler** - *m, se Fröstling* **fröstlig** *se fröstelig* **Fröstling** *-e m* ngn som är frusen av sig, frusen person
Frost|riß *-risse m* frost-, köld|spricka **-salbe** *-n f* kyl-, frost|salva **-schaden** *-*† *m* frost-, tjäl|skada **-schutzmittel** - *n* frostskyddsmedel, medel mot frost; kylarvätska **-spanner** - *m* frostfjäril **-sprengung** *-en f* frostsprängning **-tiefe** *-n f* tjäldjup
Frottee *-s n m* frotté **frottieren** frottera **Frottiertuch** *-e*† *n* frottéhandduk, badlakan
frotzeln *vard., e-n* ~ retas med ngn
Frucht *-e*† *f* **1** frukt; *Früchte tragen* bära frukt; *verbotene Früchte (bildl.)* förbjuden frukt; *e-e* ~ *der Liebe* ett [kärleks]barn **2** gröda; *die* ~ *steht gut* skörden ser fin ut **3** foster **fruchtbar** fruktbar; bördig; produktiv; givande, nyttig **Fruchtbarkeit** *0 f* fruktbarhet *etc., jfr fruchtbar* **Fruchtblase** *-n f, med.* fosterhinna **fruchtbringend** frukt|bärande, -bar **Früchtchen** *- n* liten frukt; *vard.* busfrö; *du bist mir ein nettes (sauberes)* ~ du är en riktig rackarunge (lymmel) **Früchtebrot** *-e n (slags)* fruktkaka **Fruchteis** *0 n* fruktglass **frucht|en** göra verkan (nytta); *es -et nicht[s]* det hjälper inte; *die Ermahnungen haben nicht[s] gefruchtet* förmaningarna tjänade ingenting till **Fruchtentsafter** - *m* råsaftcentrifug, fruktpress **Fruchtfolge** *-n f* växelbruk; växtföljd **fruchtig** starkt fruktsmakande; ~*er Wein* fruktigt vin **Fruchtknoten** *- m, bot.* fruktämne **Fruchtkuchen** - *m, med.* moderkaka **fruchtlos** fruktlös **Frucht|mark** *0 n, ung.* fruktmos **-mus** *0 n* frukt|mos, -puré **-presse** *-n f* fruktpress **-saft** *-e*† *m* fruktsaft; [naturreiner] ~ juice **-schale** *-n f* **1** fruktskal **2** fruktskål **-wasser** *0 n, med.* fostervatten **-wechsel** - *m, se Fruchtfolge* **-zucker** *0 m* fruktsocker
frug *se fragen*
frugal **1** frugal, enkel **2** *vard.* överdådig
früh **I** *adj* tidig; *es ist noch* ~ det är inte så sent, klockan är inte så mycket; ~*es Alter* späd ålder; ~*es Gemüse* tidig[a] (späd[a]) grön-

sak[er], primör[er]; ~es Grab (äv.) för tidig grav; am ~en Morgen tidigt på morgonen; in den ~en Morgenstunden (äv.) fram på småtimmarna; im ~en (~esten) Altertum i den avlägsna (grå) forntiden; von ~er Kindheit an ända från barndomen **II** adv tidigt; gestern ~ i går morse; heute ~ i morse; morgen ~ i morgon bitti; ~ am Tage tidigt på morgonen **Früh** 0 f, se Frühe **Frühapfel** -† m sommaräpple **frühauf** von ~ ända från barndomen **Frühaufsteher** - m morgontidig person, morgonmänniska; ein ~ sein (äv.) vara morgonpigg **Frühbeet** -e n drivbänk **Frühbehandlung** -en f, med. tidig behandling **Frühbirne** -n f tidigt päron, sommarpäron **frühchristlich** fornkristen **Frühdiagnose** -n f, med. tidig diagnos **Frühdruck** -e m inkunabel **Frühe** 0 f, die ~ des Lebens livets morgon; in aller ~ tidigt på morgonen; in der ~ (sty., österr.) på morgonen **früher I** adj tidigare, förutvarande, före detta; ~e Preise (äv.) gamla priser; in ~en Zeiten fordom **II** adv tidigare, förr; der ~ erwähnte Herr den tidigare omnämnda herrn; ich kenne ihn von ~ [her] jag känner honom från förr (sedan tidigare); ~ oder später förr eller senare; je ~, desto besser ju förr desto bättre **Früherkennung** 0 f, med. tidig upptäckt **frühestens** [allra] tidigast; ~ morgen tidigast (inte tidigare än) i morgon **Frühgebet** -e n morgonbön **Frühgeburt** -en f 1 för tidig födsel 2 för tidigt fött barn **Frühgemüse** - n tidig[a] grönsak[er] **Frühgeschichte** 0 f forntid; tidig historia; bildl. barndom, tidigt skede **Frühgottesdienst** -e m (första) morgongudstjänst **Frühgymnastik** 0 f morgongymnastik **Frühjahr** -e n vår **Frühjahrsbestellung** 0 f, lantbr. vårbruk **Frühjahrsmüdigkeit** 0 f vårtrötthet **Frühjahrsputz** 0 m vårstädning **Frühjahrs-Tagundnachtgleiche** -n f vårdagjämning **Frühkartoffel** -n f tidig potatis **Frühkonzert** -e n morgonkonsert **Frühling** -e m vår; e-n neuen ~ erleben (äv.) uppleva en ny blomstring **Frühlings|anfang** 0 m, -**beginn** 0 m vårdagjämning; der ~ (äv.) vårens början **frühlingshaft** vårlik **Frühlingspunkt** 0 m vårdagjämningspunkt **Frühlingsrolle** -n f, kokk. vårrulle **Frühlingszeit** 0 f vår[ens tid] **Früh|messe** -n f, kat., -**mette** -n f, kat. tidig mässa **früh-'morgens** tidigt på morgonen **Frühnachrichten** pl morgonnyheter **Frühnebel** - m morgondimma **Frühobst** 0 n tidig frukt, sommarfrukt **frühreif** tidigt mogen (mognande); bildl. brådmogen **Früh|reif** 0 m morgonrimfrost -**reife** 0 f tidig mognad; brådmogenhet -**rentner** - m förtidspensionär -**romantik** 0 f, die ~ förromantiken -**schicht** -en f morgonskift -**schoppen** - m, e-n ~ genießen tömma en bägare på förmiddagen -**sport** 0 m morgongymnastik -**start** -s el. -e m, sport. tjuvstart -**stück** -e n frukost, morgonmål; vard. frukostrast; zweites ~ lätt måltid mellan frukost o. lunch **frühstück|en** -te, gefrühstückt 1 äta frukost, frukostera 2 äta till frukost **Frühstücksbrettchen** - n smörgåsunderlägg **Frühstückspause** -n f frukostrast **Frühwerk** -e n tidigt verk, ungdomsverk **Frühzeit** 0 f tidig epok, barndom; (historiens) gryning **frühzeitig** tidig; för tidig; på ett tidigt sta-
dium **Frühzug** -e† m morgontåg **Frühzündung** -en f, tekn. förtändning; auf ~ einstellen höja tändningen **Fruktose** 0 f fruktos, fruktsocker **Frust** 0 m, vard. frustration, frustrering **frusten** vard. frustrera **Frustration** -en f frustration **frustrieren** frustrera **F-Schlüssel** - m, mus. f--, bas|klav **Fuchs** [-ks] -e† m 1 räv; rävskinn; die Füchse brauen det blir (är) dimma; wo sich die Füchse gute Nacht sagen bortom all åra o. redlighet; ein alter ~ (bildl.) en gammal räv 2 fux 3 univ. ung. recentior 4 tekn. rökgång 5 körsbärsfuks (fjäril) **Fuchsbalg** -e† m rävskinn **Fuchsbau** -e m rävgryt **Fuchseisen** - n rävsax **fuchs|en** vard. reta; das -t mich, ich -e mich darüber det förargar (retar) mig, jag retar mig på det **Fuchsi|a** [-ks-] -en f, **Fuchsie** -n f, bot. fuchsia **fuchsig** 1 rödhårig 2 vard. otålig; rasande **Fuchsin** ['ks-] 0 n (färgämne) fuksin, rosanilin **Füchsin** -nen f rävhona **Fuchsmajor** -e m, univ. äldre student som undervisar recentiorerna **fuchsrot** räv-, fux|röd **Fuchsschwanz** -e† m 1 rävsvans (äv. bot.) 2 tekn. fogsvans **fuchsschwänze[l]n** åld. smickra, vara inställsam **Fuchsschwänz[l]er** - m, åld. smickrare; ögontjänare '**fuchs**['**teufels**']'**wild** vard. rosenrasande **Fuchtel** -n f, ung. bredsvärd; unter jds ~ stehen vara strängt hållen av ngn; e-n unter der ~ haben hålla ngn i tukt o. herrans förmaning **fuchteln** vard. vifta; mit den Armen ~ fäkta med armarna **fuchtig** vard. rasande **Fuder** - n 1 (åld. rymdmått för vin e.d.) 800 — 1800 l 2 fora, lass; ein ~ (vard.) en hel del, en massa **fuffzehn** dial. femton; 'ne F~ machen (vard.) ta en paus; jetzt ist aber ~ (vard.) nu får det vara nog, nu ställer jag inte upp längre **fuffzig** dial. femtio; ein falscher F~er (vard.) en opålitlig (falsk) person **Fug** 0 m, mit ~ [und Recht] med fog **1 Fuge** -n f, mus. fuga **2 Fuge** -n f fog, skarv; aus den ~n gehen (geraten) lossna i fogarna, bildl. komma i olag **fugen** foga (skarva, passa) [ihop] **fügen 1** foga (äv. bildl.); e-n Stein auf den anderen ~ foga sten på sten; e-n in Satz ~ konstruera en mening; der Zufall hat es so gefügt slumpen ville det så 2 rfl foga sig (e-r Sache eller ngn); es hat sich so gefügt, daß det föll sig så att, det råkade bli så att; sich ins Unvermeidliche ~ foga sig i det oundvikliga **Fugenkelle** -n f fog-, mur|slev **Fugenleiste** -n f täck-, fog|list **fugenlos** foglös, utan fogar **füglich** med fog **fügsam** foglig, medgörlig **Fügsamkeit** 0 f foglighet, medgörlighet **Fügung** -en f 1 språkv. fogning, konstruktion 2 skickelse; durch e-e glückliche ~ tack vare en lycklig tillfällighet; e-e ~ Gottes en Guds skickelse **fühlbar** kännbar **fühl|en 1** känna, uppfatta, förnimma; e-m den Puls ~ ta pulsen på ngn; den Unterschied ~ (äv.) märka skillnaden; .ich -e den Zahn (vard.) jag har ont i tanden; wir ~, daß (äv.) vi känner på oss att; man -t es nicht det känns inte; wir ~ mit ihm vi känner med honom; e-n etw. ~ lassen låta ngn få känna ngt; ein Glied nicht ~ inte ha ngn känsel i en del av kroppen 2 känna; e-n auf den Zahn ~ (bildl.) känna ngn på pulsen; nach dem Geld in der Tasche ~ känna efter pengarna i fickan

3 *rfl* känna sig; *sich krank* ~ känna sig sjuk; *sich wohl* ~ trivas, må bra; *er -t sich (vard.)* han känner sig viktig (mår); *wie* ~ *Sie sich?* hur mår Ni? **Fühler** - *m*, **Fühlhorn** *-er†* *n* tentakel, känselspröt; känselorgan; *bildl.* trevare; *seine Fühler ausstrecken* skicka ut en (sina) trevare **fühllos** känslolös, okänslig **Fühllosigkeit** *0 f* känslolöshet, okänslighet, hjärtlöshet **Fühlung** *0 f* känning; kontakt; *mit e-m* ~ *nehmen* ta kontakt med (kontakta) ngn; *in* ~ *bleiben* upprätthålla (bevara) kontakten; *die* ~ *verlieren (mil.)* förlora känningen **Fühlungnahme** *0 f* kontaktande; förberedande kontakt **fuhr** *se fahren* **Fuhre** *-n f* fora, lass; transport; körning *(m. taxi e.d.)* **führ|en 1** föra; leda; guida; *diesen Artikel* ~ *wir nicht* den här varan för vi inte; *den Bogen* ~ föra stråken; *e-e Delegation* ~ leda (vara ledare för) en delegation; *e-e glückliche Ehe mit e-m* ~ leva i ett lyckligt äktenskap med ngn; *ein Fahrzeug* ~ föra ett fordon; *den Haushalt* ~ sköta hushållet; *die Kasse* ~ ha hand om kassan; *den Namen* ~ bära namnet; *das Schiff -t Öl* fartyget har last av olja; *-de Persönlichkeit* ledande personlighet; *ein gut geführtes Restaurant* en välskött restaurang; *der Zug -t e-n Schlafwagen* tåget har en sovvagn; *der Fluß -t Schlamm* floden för med sig slam; *er -t den Vorsitz* han är ordförande; ~ *Sie zu verzollende Waren bei (mit) sich?* har Ni ngt att förtulla?; *an der Hand* ~ leda vid handen; *an der Leine* ~ hålla i koppel; *an die Lippen* ~ föra till läpparna; *etw. bei (mit) sich* ~ medföra (ha med sig) ngt; *durchs Haus* ~ *(äv.)* visa runt i huset; *durch das Programm* ~ *(äv.)* vara programledare; *über etw. Klage* ~ beklaga sig över ngt; *zu Ende* ~ slutföra; *das -t e-n zum Wahnsinn* det driver en till vansinne **2** föra, leda, gå; *sport.* leda, ligga främst (i täten); *die Treppe -t in den Garten* trappan leder till trädgården; *der Weg -t ans Meer* vägen går till havet; *wohin soll das* ~ *? (äv.)* var skall det sluta?; *das -t zu weit* det går för långt; *[mit]* 4 : 2 ~ leda med 4—2; *nach Punkten* ~ leda på poäng; *er will immer* ~ han vill alltid vara den som bestämmer **3** *rfl* uppföra (sköta) sig, uppträda **Führer** -*m* förare; vägvisare, guide; *der* ~ *(nat. soc.)* führern *(Adolf Hitler)*; ~ *-r Bewegung* ledare för en rörelse; ~ *durch Bonn* resehandbok över Bonn; *der* ~ *des Wagens* bilens förare, bilföraren **Führerausweis** -*e m, schweiz.* körkort **Führereigenschaften** *pl, i sht nat. soc.* ledaregenskaper **Führerhaus** *-er†* *n* förarhytt **führerlos** utan förare (ledare); *das Schiff trieb* ~ *dahin* skeppet drev herrelöst omkring **Führerprinzip** -*ien n, ung,* totalitär princip **Führerrede** *-n f, nat. soc.* Hitlertal **Führerschaft** *0 f* ledarskap; ledning; *die* ~ *(äv.)* führerschein -*e m* körkort **Führerscheinentzug** *0 m* körkortsindragning **führerscheinfrei** ej körkortspliktig **Führersitz** -*e m* förar|plats, -säte **Führerstand** *-e† m* förarhytt; manöverhytt; *sjö., flyg.* navigationsplats **Fuhrgeld** *-er n, se Fuhrlohn* **führig** *der Schnee ist* ~ det är bra [skid]före **Fuhrlohn** *-e† m* transportkostnad **Fuhr|mann** *-männer el. -leute m* åkare; kusk; *der* ~ *(astron.)* kusken **Fuhrpark** *-s el. -e m* vagnpark

Führung *-en f* **1** förande, ledande; ledning; ~ *der Geschäftsbücher* bokföring; *die* ~ *haben* föra befälet; *innere* ~ *(mil. ung.)* militär fostran; ~ *e-s Titels* bruk av en titel; *in* ~ *gehen (sport.)* gå upp i (ta) ledningen; *in* ~ *liegen (sport.)* ligga först, leda **2** uppförande; *wegen schlechter* ~ *bestrafen* straffa på grund av dåligt uppförande **3** vägledning; visning; *e-e* ~ *durchs Schloß* mitmachen följa med på en visning av slottet **4** *tekn.* gejd **Führungs|anspruch** *-e† m* anspråk på ledarskap **-kraft** *-e† f* ledande kraft, ledarförmåga **-kreis** *-e m* ledande krets **führungslos** utan ledning **Führungs|macht** *-e† f* ledande makt **-ring** *-e m* gördel *(på granat)* **-rolle** *-n f* ledande roll **-stab** *-e† m* ledning; *mil.* operationsstab; *(i Bundeswehr ung.)* generalstab **-wechsel** *0 m* maktskifte **-zeugnis** *-se n* strafflöshetsintyg, lämplighetsintyg; betyg *(för löntagare)* **Fuhrunternehmen** - *n* åkeri, transportföretag **Fuhrwerk** *-e n* häst o. vagn; fordon **fuhrwerk|en** *-te, gefuhrwerkt* **1** transportera med häst o. vagn **2** *vard.* fäkta; rumstera om **Fuhrwesen** *0 n* transportväsen **Fülle** **1** *0 f* fullhet; rikedom, ymnighet, överflöd; fyllighet; *körperliche* ~ korpulens; *etw. in* ~ *haben* ha rikligt av ngt; *e-e* ~ *von Eindrücken* en rikedom av (mängd) intryck; *e-e* ~ *von (äv.)* en rik fond av **2** *-n f kokk.* fyllning **füll|en 1** fylla; *tandläk. äv.* plombera; *kokk. äv.* färsera; *der Brief -t 10 Seiten* brevet upptar 10 sidor; *Bier in Flaschen* ~ tappa öl på flaskor; *in ein Gefäß* ~ fylla i ett kärl; *sich (dat.) den Magen mit etw.* ~ proppa i sig ngt; *e-e Vase, gefüllt mit Blumen* en vas full av blommor **2** *rfl* fyllas; *der Saal -te sich* salen fylldes **Füllen** - *n, högt.* föl[unge] **Füller** - *m* **1** reservoarpenna **2** spaltfyllnad, mellanstick **Füllfederhalter** - *m* reservoarpenna **Füllgewicht** *0 n* nettovikt, invägd vikt **Füllhorn** *-er†* *n* ymnighetshorn **füllig** fyllig, mullig; voluminös **Füll|maschine** *-n f* tappningsmaskin **-material** *-ien n* fyllnads|material, -ämne, fyllning **-mauer** *-n f* fyllningsmur **-ofen** *-†* *m* kontinuerligt brinnande kamin *-ort -er† m, gruv.* bockort **-sel** *-e n* fyllnad[sgods]; *kokk.* fyllning **-stein** *-e m* fyllnadssten **-stoff** *-e m*, *se Füllmaterial* **-ung** *-en f* [på]fyllning; fyllande; *tandläk.* fyllning, plomb; *snick.* spegel; *kokk.* fyllning, färs **-vorrichtung** *-en f* matardon, påfyllningsanordning **-wort** *-er† n, språkv.* fyllnadsord **fulminant** glänsande; påfallande **Fulminat** -*e n, kem.* fulminat **fummeln 1** *vard., an etw. (dat.)* ~ peta (pilla, tafsa) på ngt , mixtra med ngt; *in etw. (dat.)* ~ gräva (treva) i ngt **2** *vard.* smeka[s], hångla **3** *vard.* laga, fixa **4** *fotb.* dribbla [i onödan] **Fummel|tante** *-n f*, **-trine** *-n f, vard.* fjolla *(feminin bög)* **Fund** *-e m* fynd **Fundament** *-e n* fundament *(äv. bildl.)*, grund[val], bas, sockel **fundamental** fundamental, grundläggande **Fundamentalismus** *0 m, relig.* fundamentalism **fundamentieren** lägga grunden till; underbygga **Fundamt** *-er† n, se Fundbüro* **Fundation** *-en f, schweiz., byggn.* grundläggning **Fund|büro** *-s n* hittegodsmagasin, expedition

för tillvaratagna effekter **-grube** *-n f, bildl.* guldgruva
fundier|en lägga grunden till; *-te Schuld* säker skuld; *gut -t* väl underbyggd, solid (*om kunskap e.d.*) **Fundierung** *-en f* grundläggning
fündig *gruv.* fyndig; ~ *werden* **a)** råka på fyndigheter, **b)** göra ett fynd (en upptäckt) **Fundort** *-e m* fyndort **Fundsache** *-n f* hittegods; ~*n* (*äv.*) tillvaratagna effekter **Fund|-stätte** *-n f*, **-stelle** *-n f* fynd|ort, -plats **Fundunterschlagung** *-en f, jur.* undanhållande av upphittat föremål
Fundus - *m* **1** kärna, bestånd; fast grund; resurser **2** *teat.* förråd, rekvisita
fünf fem (*jfr drei o. sms.*); ~ *gerade sein lassen* låta udda vara jämnt;'*das kannst du dir an deinen* ~ *Fingern abzählen* (*vard.*) det kan du själv räkna ut; ~ *Minuten vor zwölf* (*bildl.*) i sista minuten (elfte timmen) **Fünf** *-en f* (*jfr Drei o. sms.*) femma (*som betyg, se mangelhaft, nicht genügend*) **Fünfakter** - *m* verk i fem akter **fünfe** *vard.* fem **Fünfeck** *-e n* femhörning **fünfeckig** femhörnig **Fünfer** - *m* femma (*äv. sedel o. buss*); fempfennigslant
fünferlei *oböjl. adj* fem slags *etc.*, *jfr dreierlei* **fünffüßig** femfotad (*om vers*) **fünfhundert** femhundra **Fünf'jahr[es]plan** *-e† m* femårsplan **Fünfkampf** *-e† m* femkamp **Fünf'liber** - *m, schweiz.* femfrancsmynt **Fünf'markstück** *-e n* femmarksmynt **fünfsaitig** femsträngad **Fünf'stromland** *0 n, das* ~ Punjab (*i Indien*) **Fünf'tagewoche** *-n f* femdagarsvecka **fünftausend** femtusen **fünfte** femte **fünftel** femtedels- **Fünftel** - *n* femtedel **fünftens** för det femte **Fünfuhrtee** *-s m* eftermiddagste (*kl. 5*) **fünfwertig** *kem.* fem|värdig, -dubbel **fünfzehn** (*jfr dreizehn o. sms.*) femton **fünfzig** (*jfr dreißig o. sms.*) femti[o] **Fünfziger** - *m* **1** femtioåring **2** femtilapp; femtipfennigsmynt; *ein falscher* ~ (*vard.*) en skum figur **fünfzigste** femtionde
fungibel *jur.* fungibel, utbytbar
fungieren fungera, tjänstgöra
Fungizid *-e n* fungicid
Funk *0 m* radio; *über* ~ via radio **-amateur** *-e m* radioamatör **-aufklärung** *0 f, mil. ung.* radiospaning **-bake** *-n f* radiofyr **-bearbeitung** *-en f* radiobearbetning **-berichterstatter** - *m* radioreporter **-dienst** *0 m* radio|tjänst, -trafik
Funke *-ns -n m* gnista (*äv. bildl.*); gnistbildning; *bildl. äv.* smula, gnutta, tillstymmelse; ~*n sprühen* spruta gnistor, spraka; *kleine* ~*n, großes Feuer* liten tuva välter ofta stort lass **funkeln** gnistra, tindra, glittra; *zornig* ~ låga, blixtra (*om ögon*) '**funkel'nagel'neu** alldeles ny, splitterny **funk|en 1** radio|telegrafera, -telefonera; sända **2** gnistra, spraka **3** *vard.* funka, fungera; *es -t* **a)** det funkar (klaffar), **b)** det vankas stryk, det blir bråk; *endlich hat es bei ihm gefunkt* äntligen fattar han **4** *vard.* skjuta **Funken** - *m, se Funke* **Funkenbildung** *0 f* gnistbildning **Funkenfänger** - *m* gnist|fångare, -släckare **Funkenflug** *0 m* gnistkastning **Funkengarbe** *-n f* gnistkvast **Funkenkammer** *-n f* gnist|kammare, -skydd **funkensprühend** gnistrande, sprakande; ~*e Augen* blixtrande ögon **Funkenstrecke** *-n f* gnist|sträcka, -gap **Funkentelegraphie** *0 f, åld.* gnisttelegrafi, trådlös telegrafi **funkentstört** *radio.* avstörd **Funkenzündung** *-en f* gnisttändning **Funker** - *m* radiotelegrafist

Funkerkabine *-n f* radiohytt **Funkfassung** *-en f* radio|version, -bearbetning **funkferngesteuert** radiostyrd **Funkfernschreiber** - *m* trådlös teleprinter **Funkfeuer** - *n* radiofyr **Funkgerät** *-e n* radiotelegraf|apparat, -anläggning **Funkhaus** *-er† n* radiohus
Funkie *-n f, bot.* funkia
funkisch radio-; ~*e Bearbeitung* radiobearbetning
Funk|kolleg *-s, ibl.* -*ien n* utbildningskurs i radio **-meldung** *-en f* radiomeddelande **-meßgerät** *-e n* radaranläggning **-navigation** *0 f* radionavigering **-ortung** *-en f* radiopejling **-peiler** - *m* radiopejl|apparat, -anläggning **-peilung** *-en f* radiopejling **-sendung** *-en f* radiosändning **-sprechgerät** *-e n* kommunikationsradio **-sprechverkehr** *0 m* trådlös telefoni **-spruch** *-e† m* radiomeddelande **-station** *-en f*, **-stelle** *-n f* radiostation **-stille** *0 f* radiotystnad **-streife** *-n f* radio|polis, -patrull **-streifenwagen** - *m* polis-, radio|bil **-taxi** *-[s] n* taxi *m.* radioanläggning **-technik** *0 f* radioteknik
Funktion *-en f* funktion **Funktionalismus** *0 m* funktionalism **Funktionär** *-e m* funktionär **funktionell** funktionell; funktions- **funktionieren** fungera
funktions|fähig funktionsduglig **-gerecht** funktionell, praktisk **-sicher** funktionssäker **-tüchtig** fungerande; ~ *sein* fungera [bra] **Funktionsverb** *-en n, språkv.* funktionsverb
Funk|turm *-e† m* radio|torn, -mast **-verkehr** *0 m* radiotrafik **-wagen** - *m* bil med kommunikationsradio **-wagenstreife** *-n f, se Funkstreife* **-werbung** *0 f* radioreklam **-wesen** *0 n* radioförbindelseväsen **-wetterdienst** *-e m, ung.* sjörapport
Funzel *-n f, vard.* dåligt lyse (ljus) **funzeln** *vard.* ge dåligt (svagt) ljus
für I *prep m. ack.*; *fürs* (*vard.*) = *für das* **1** för; ~ *sein hohes Alter* (*äv.*) med tanke på (hänsyn till) att han är så gammal, för att vara så gammal; ~ *e-n Japaner spricht er gut deutsch* för att vara japan talar han bra tyska; *ein Medikament* ~ *Kopfschmerzen* en medicin för (mot) huvudvärk; ~ *sich* för sig [själv], ensam; *Tag* ~ *Tag* dag för (efter) dag; *zu alt* ~*s Tanzen* för gammal för att dansa; ~ *e-n einspringen* hoppa (rycka) in [i stället] för ngn; ~ *die essen* äta för tre; *ich freue mich* ~ *dich* jag gläder mig för din skull; *das gilt auch* ~ *dich* det gäller också [för] dig; *das hat viel* ~ *sich* det är mycket som talar för det; ~ *höhere Löhne kämpfen* kämpa för högre löner; *das ist e-e Sache* ~ *sich* det är en sak för sig; *Wort* ~ *Wort übersetzen* (*äv.*) översätta ordagrant; *das Für und Wider erwägen* väga för o. emot **2** med; på; till, åt; i; *der Preis* ~ *Öl* priset på olja; *Professor* ~ *Physik* professor i fysik; ~ *sich arbeiten* arbeta åt sig själv; *das Buch ist* ~ *dich* boken är till dig; ~ *e-n stimmen* rösta på ngn; ~ *einige Wochen verreisen* resa på några veckor; *etw.* ~ *heute nachmittag vorhaben* ha ngt för sig i eftermiddag; *e-n* ~ *zwei Uhr vormerken* anteckna ngn till klockan två; *sich* (*dat.*) ~ *die Kinder Zeit nehmen* ta sig tid med barnen **3** (*annan övers.*) *e-n* ~ *tot erklären* dödförklara ngn; *etw.* ~ *ungültig erklären* ogiltigförklara ngt; *die Sache hat etw.* ~ *sich* saken har många fördelar; *e-n* ~ *begabt halten* anse ngn vara begåvad; *Bier ist gut* ~ *den Durst* öl släcker törsten bra; *es spricht* ~

ihn det talar till hans förmån; ~ *sicher wissen, daß* med säkerhet veta att **II** (*jfr was*) *was ~ e-n Hut möchten Sie kaufen?* vilken hatt vill Ni köpa?; *was hat das ~ e-n Zweck?* vad är det för mening med det?; *ich habe neue Platten gekauft, und was ~ welche!* (*vard.*) jag har köpt nya skivor, de är helt fantastiska! **III** *adv,* ~ *und* ~ [för] alltid
Furage [-'ra:ʒə] *0 f, mil. åld.* furage, hästfoder; förplägnad
für'baß *åld.* framåt, vidare; ~ *ziehen* dra sina färde **Fürbitte** *-n f* förbön **Fürbitter** - *m* en som lägger ett gott ord; förespråkare **Furche** *-n f* fåra; räffla, skåra; [hjul]spår; *von ~n durchzogen* fårad **furchen 1** fåra; plöja **2** *rfl* fåras **furchig** fårad
Furcht *0 f* fruktan; rädsla; *die ~ Gottes* gudsfruktan; *aus ~ vor* (+*dat.*) av fruktan för; ~ *haben* vara rädd; *in ~ versetzen* skrämma; *ohne ~ und Tadel* utan fruktan o. tadel **furchtbar** fruktansvärd, förskräcklig, hemsk; ~ *nett* (*vard.*) hemskt trevlig **Furchtbarkeit** *0 f, die ~ der Lage* det fruktansvärda i situationen **fürchten 1** frukta; vara rädd för; *wir ~, es ist zu teuer* vi är rädda för att det är för dyrt; *wir ~ für unser Leben* vi fruktar för våra liv; *wir ~ für das Gelingen des Unternehmens* vi är oroliga för att företaget inte kommer att lyckas **2** *rfl* vara rädd (*vor* + *dat.* för); *sich im Dunkeln ~* vara mörkrädd **fürchterlich** *se furchtbar* **furchterregend** skräckinjagande, hemsk, skrämmande **furchtlos** oförskräckt, orädd **Furchtlosigkeit** *0 f* oförskräckthet **furchtsam** rädd[hågad], ängslig [av sig] **Furchtsamkeit** *0 f* rädsla, räddhåga
Furchung *-en f* **1** fårande **2** *biol.* klyvning
fürder[hin] *poet. åld.* hädanefter, framdeles
fürein'ander för varandra
Furie *-n f* furie **furios** hetsig, rasande; medryckande **Furios|o** *-os el. -i n, mus.* furioso
für'liebnehmen *st, åld.* hålla tillgodo
Furnier [-'ni:ɐ̯] *-e n* faner **furnieren** fanera **Furnierplatte** *-n f* fanerskiva
'**Furor** *0 m, högt.* raseri **Fu'rore** *0 f n, ~ machen* göra furor, väcka uppseende
fürs = *für das* **Fürsorge** *0 f* **1** vård, omvårdnad, omsorg, omtanke **2** socialhjälp; ~ *bekommen* (*beziehen*) få socialhjälp **Fürsorgearzt** *-e† m* socialläkare **fürsorgeberechtigt** berättigad till socialhjälp **Fürsorgeempfänger** - *m* person som får socialhjälp, understödstagare **Fürsorgeerziehung** *0 f* (*statlig*) skyddsuppfostran **Fürsorger** - *m* social|arbetare, -sekreterare, kurator **fürsorgerisch** socialvårdande, social- **Fürsorgezögling** *-e m* barn (ung människa) som omhändertagits för skyddsuppfostran **fürsorglich** omtänksam; hänsynsfull; moderlig **Fürsorglichkeit** *0 f* omtänksamhet, omsorg **Fürsprache** *0 f* förord, rekommendation; *bei e-m für e-n ~ einlegen* lägga ett gott ord för ngn hos ngn **Für|sprech** *-e m,* -**sprecher** - *m* förespråkare, talesman; *schweiz.* advokat
Fürst *-en -en m* furste **Fürstbischof** *-e† m, hist.* furstbiskop **fürsten** upphöja i furstligt stånd **Fürstenabfindung** *-en f* gottgörelse till furstehus (*vid införande av republik efter 1:a världskriget*) **Fürstensitz** *-e m* furstesidens **Fürstentum** *-er† n* furstendöme **Fürstin** *-nen f* furstinna **Fürstinmutter** -† *f* regerande furstes moder **fürstlich** furstlig; *bildl. äv.* storslagen

Furt *-en f* vad[ställe]
Furunkel - *m, äv. n, med.* furunkel **Furunkulose** *-n f, med.* furunkulos
für'wahr *högt.* sannerligen, i sanning **Fürwitz** *0 m, se Vorwitz* **Fürwort** *-er† n, språkv.* pronomen
Furz *-e† m, vulg.* fjärt **furzen** *vulg.* fjärta **Furzkiste** *-n f, vulg.* slaf (*säng*) **'furz'trocken** *neds.* snustorr
fusche[l]n, fuschern *dial.* **1** fuska, klåpa **2** lura[s] **3** leta (treva) [efter] **4** *s* smyga (springa) [omkring]
Fusel - *m* finkel, dåligt brännvin **-öl** *-e n* finkelolja
Füsilier [fyzi'li:ɐ̯] *-e m, hist.* fysiljär **füsilieren** fysiljera, arkebusera
Fusion *-en f* fusion (*hand. o. fys.*) **fusionieren** fusionera; sammansmälta, sammanslå **Fusionsreaktor** *-en m* fusionsreaktor
Fuß [fu:s] *-e†* (*vid måttsangivelse* -) *m* fot; *der ~ des Glases* glasets fot; *der ~ der Säule* pelarens bas; *leichten ~es* på lätta fötter; *stehenden ~es* på stående fot, genast; *trockenen ~es* torrskodd; *kalte Füße bekommen* bli kall om fötterna, *vard.* börja hysa betänkligheter; *~ fassen* få fotfäste (*äv. bildl.*); *sich* (*dat.*) *die Füße wund laufen* få skavsår, (*vard.*) springa benen av sig; *ich setze den ~ nicht über seine Schwelle* jag sätter inte min fot i hans hus; *ich habe keinen ~ vor die Tür gesetzt* jag har inte varit utanför dörren; *am ~ des Berges* vid bergets fot; *am ~ des Bettes* vid sängens fotända; *am ~ der Seite* längst ner på sidan; *immer auf die Füße fallen* (*bildl.*) alltid komma ner på fötterna; *auf dem ~e folgen* (*bildl.*) omedelbart följa; *auf großem ~ leben* leva på stor fot; *auf freien ~ setzen* försätta på fri fot; *auf eigenen Füßen stehen* stå på egna ben; *jdm auf den ~* (*die Füße*) *treten* (*vard.*) tillträtta ngn, såra ngn, skynda på ngn; *von Kopf bis ~* från topp till tå; *mit dem linken ~ zuerst aufstehen* (*vard.*) vakna på fel sida; *mit bloßen Füßen gehen* gå barfota; *mit jdm auf gutem ~ stehen* stå på god fot med ngn; *etw. mit Füßen treten* (*bildl.*) trampa ngt under fötterna, djupt förakta ngt; *nach ~ rechnen* räkna i fot; *über seine eigenen Füße stolpern* snava över sina egna ben, vara tafatt; *jdm etw. vor die Füße werfen* (*äv.*) *a*) ursinnigt ge tillbaka ngt till ngn, *b*) inte längre vilja ha ngt att göra med ngn; *zu ~* till fots; *jdm zu Füßen fallen* falla till ngns fötter; *er legte ihr sein Herz zu Füßen* han lade sitt hjärta för hennes fötter; *der Hund liegt zu seinen Füßen* hunden ligger vid hans fötter; *gut zu ~ sein* vara bra på att gå **-abstreicher** - *m,* **-abstreifer** - *m,* **-abtreter** - *m* dörrmatta; fotskrapa **-angel** *-n f, ung.* rävsax (*mot inbrottstjuv*); *bildl.* fallgrop, fälla **-bad** *-er† n* fotbad; ~ *haben* (*skämts.*) ha skvimpat över på fatet (*kaffe e.d.*) **-ball** *-e† m* fotboll **-baIIen** - *m* trampdyna **-baller** - *m, vard.* fotbollsspelare **-ballmannschaft** *-e† f* fotbollslag **-ballplatz** *-e† m* fotbollsplan **-ballspiel** *-e n* fotbolls|match, -spel **-bank** *-e† f* fotpall **-bekleidung** *-en f* fotbeklädnad
Fußboden -† *m* golv **Fußbodenbelag** *-e† m* [material för] golvbeläggning **Fußbodenleger** - *m* golvläggare **Fußbodenmasseuse** *-n f, skämts.* städerska **fußbreit** fotsbred **Fußbreit** *0 m, um jeden ~ kämpfen* kämpa om varje tum **Fußbremse** *-n f* fotbroms **Fußbrett** *-er n* fot|steg, -bräde

Fussel -n f, vard. ludd, trådända **fusselig** vard. **1** luddig, full av trådändar; fransig **2** nervös, virrig, okoncentrerad **3** sich (dat.) den Mund ~ reden tala för döva öron, tjata **fusseln** ludda [av sig], bli fransig
fußeln [-u:-] dial., **füßeln** [-y:-] dial. **1** s trippa **2** fotflörta (mit med) **fußen** auf etw. (dat.) ~ grunda (stödja) sig på ngt **Fußende** -n n fotända **Fußfall** -e† m knäfall **fußfällig** ~ bitten be på sina bara knän **fußfrei** fotfri, ankellång (om klänning)
Fußgänger - m fotgängare -**brücke** -n f gångbro, bro för gångtrafik -**schutzweg** -e m, -**streifen** - m, schweiz., -**übergang** -e† m, -**überweg** -e m [markerat] övergångsställe [för fotgängare] -**verkehr** 0 m gångtrafik -**weg** -e m gång|bana, -stig -**zone** -n f gågata; zur ~ erklären (äv.) stänga av för biltrafik
Fußgelenk -e n fotled **fußgerecht** fot|rät, -riktig **fußhoch** fotshög; fotsdjup (om snö) **fußkalt** in diesem Zimmer ist es ~ i det här rummet är det kallt på golvet **Fußknöchel** - m fotknöl, ankel **fußkrank** ~ sein ha dåliga fötter **Fußlage** 0 f, med. fotbjudning **fußlang** en fot lång; hellång (om klänning) **Fußleiste** -n f fot-, golv|list **fußlig** se fusselig **Füßling** -e m strumpfot
Fuß|matte -n f dörrmatta -**mykose** -n f, med. fotsvamp -**nagel** -† m tånagel -**note** -n f fotnot, anmärkning -**pfad** -e m [gång]stig -**pflege** 0 f fotvård, pedikyr -**pflegerin** -nen f pedikyrist -**pilzerkrankung** -en f, med. fotsvamp -**punkt** -e m, mat. grund-, fot|punkt; astron. nadir -**raste** -n f fotstöd (på mc) -**reise** -n f, åld. fotvandring -**ring** -e m ring (för fågelmärkning) -**sack** -e† m fot|påse, -sack -**schalter** - m pedal, fotomkopplare -**schaltung** -en f **1** fotomkoppling **2** fotväxel (på mc) -**sohle** -n f fotsula -**spitze** -n f fotspets; strumpftå; auf den ~n gehen gå på tåspetsarna -**sprung** -e† m fothopp (simhopp) -[**s**]**tapfe** -n f, -[**s**]**tapfen** - m fotspår; in jds Fuß[s]tapfen treten (bildl.) gå i ngns fotspår -**steig** -e m [gång]stig -**stütze** -n f fotstöd; med. hålfotsinlägg -**tritt** -e m **1** spark; e-m e-n ~ versetzen ge ngn en spark **2** fotsteg; ~e hören höra fotsteg -**truppe** -n f fottrupp, infanteri -**volk** 0 n, mil. fotfolk (äv. bildl.), infanteri -**wanderung** -en f fotvandring -**wanne** -n f fotbalja -**weg** -e m gång|väg, -bana; väg till fots (att gå)
fußwund öm i fötterna, fotöm **Fußwurzel** -n f vrist
Fut [fʊt, fu:t] -en f, vulg. fitta
futil futil, obetydlig **Futilität** -en f futilitet, obetydlighet
futsch vard., ~ sein vara borta (slut)
1 Futter 0 n [djur]foder, djurmat; vard. käk, krubb; e-m ~ geben mata ngn
2 Futter - n foder; skoning; tekn. äv. chuck, bussning
Futte'ral -e n fodral, etui
Futter|beutel - m foderpåse -**boden** -† m foderloft -**gras** -er† n fodergräs -**häuschen** - n fågelhus (för matning) -**krippe** -n f krubba; an der ~ sitzen (bildl.) sitta vid köttgrytorna -**luke** -n f, skämts. mun
Futtermauer -n f reveteringsmur; gruv. infodring; beklädnad (mot ras)
Futtermittel - n fodermedel **futtern 1** vard. käka, krubba **2** dial. mata
1 füttern [ut]fodra; mata (djur, barn, data-

maskin); ~ verboten! (på skylt) förbjudet att mata djuren!
2 füttern fodra, sätta foder i, invändigt beklä **Futternapf** -e† m (djurs) matskål **Futterneid** 0 m rivalitet (om mat); avundsjuka, yrkesavund **futterneidisch** avundsjuk
Futter|pflanze -n f foderväxt -**raufe** -n f foderhäck -**rübe** -n f foderbeta -**sack** -e† m foderpåse
Futter|seide -n f fodersiden -**stoff** -e m fodertyg
Futtertrog -e† m matho
1 Fütterung 0 f [ut]fodring, matning
2 Fütterung 0 f fodring; foder
Futur -e n, språkv. futurum **Futurismus** 0 m futurism **Futurist** -en -en m futurist **futuristisch** futuristisk **Futurologe** -n -n m futurolog, framtidsforskare **Futurologie** 0 f futurologi, framtidsforskning **Futur|um** -a n, språkv. futurum
F-Zug -e† m expresståg

G 1 - - n (bokstav, ton) **g 2** beteckning för G-Dur **3** hand., förk. för Geld **g 1** - - n (bokstav, ton) **g 2** beteckning för g-Moll g-moll **3** förk. för Neugrad **4** förk. för Groschen
gab se geben
Gabardine ['gabardi:n, gabar'di:n(ə)] - m, äv. f gabardin
Gabe -n f **1** gåva; milde ~ allmosa **2** gåva, anlag, talang; die ~ des Gesanges sångens gåva; bei seinen ~n med hans begåvning (naturliga gåvor) **3** medicinering; dos[is] **4** schweiz. vinst
Gabel -n f **1** gaffel (äv. hö-); grep[e]; mit der fünfzinkigen ~ essen (vard.) äta med fingrarna **2** horn (på gaffelbock) **3** gaffel (på cykel); klyka; (vägs) förgrening; schack. gaffel **Gabelbissen** - m gaffelbit **Gabeldeichsel** -n f [ett par] skaklar (på vagn) **gabelförmig** gaffelformad, kluven **Gabelfrühstück** -e n andra frukost, lätt o. tidig lunch **Gabelhirsch** -e m **1** gaffelhjort **2** unghjort (vars horn bildar gaffel) **gabelig** gaffelformad, kluven **gabeln 1** rfl klyva (grena) sig; förgrena sig **2** spetsa på gaffel[n]; äta (röra om) med gaffel[n]; lasta (lossa, vägja) med gaffel
Gabel|schwanz -e† m, zool. gaffelspinnare -**stapler** - m gaffeltruck -**ung** -en f klyvning; förgrening; vägskäl -**weihe** -n f, zool. glada -**zacke** -n f, -**zinke** -n f gaffelklo
Gabler - m gaffel|bock, -hjort
gablig se gabelig **Gablung** -en f, se Gabelung **Gabun** 0 n Gabon **Gabuner** -n m gabones **gabunisch** gabonesisk
Gackei -er n, barnspr. ägg **Gackelei** 0 f kackel, kacklande **gackeln, gackern, gacksen** kackla (äv. bildl.); bildl. äv. sladdra
Gaffel -n f, sjö. gaffel -**segel** - n gaffelsegel

gaffen *vard.* gapa, [stå o.] stirra, glo **Gaffer** - *m, vard.* nyfiken åskådare
Gag [gɛk] -*s m* gag, komiskt inslag (*i film e.d.*); extragrej, finess
Gagat -*e m* gagat, beckkol, agat
Gage ['gaːʒə] -*n f* gage, lön
gähnen gäspa; *bildl.* gapa, öppna sig; ~*de Leere* ödslig tomhet **Gähnen** *0 n*, **Gähner** - *m, vard.* gäspning
Gala [*äv.* -a-] *0 f* gala; *sich in* ~ *werfen* klä sig i gala
galaktisch galaktisk
Ga'lan -*e m, ung.* tillbedjare **galant** galant, chevaleresk; ~*es Abenteuer* kärleksäventyr **Galanterie** -*n f* galanteri, artighet; *e-m* ~*n sagen* säga ngn artigheter (komplimanger) **Galanteriewaren** *pl* galanterivaror, prydnadssaker
Galaterbrief *0 m, bibl., der* ~ galaterbrevet
Gala'xie -*n f, astron.* [spiral]galax **Ga'lax|is** *astron.* **1** *0 f, die* ~ Vintergatan **2** -*ien f, se Galaxie*
Gäle -*n* -*n m* gael, kelt
Galeasse -*n f* galeas
Galeere -*n f* galär **Galeeren|sklave** -*n* -*n m*, -**sträfling** -*e m* galärslav
Galenit -*e m* galenit, blyglans
Galerie -*n f* galleri; svalgång; läktare, balkong; *für die* ~ *spielen* spela för galleriet, söka slå an på massorna -**wald** -*er*† *m* galleriskog
Galgen - *m* galge; *am* ~ *enden* sluta i galgen; *an den* ~ *kommen* bli hängd; *das wird ihn noch an den* ~ *bringen* det kommer att sluta med att han blir hängd -**frist** -*en f* nådatid, galgenfrist -**gesicht** -*er n* galgfysionomi -**humor** *0 m* galghumor -**strick** -*e m*, -**vogel** -† *m, vard.* galgfågel; rackare; usling, skurk
Gali'läa *0 n* Galiléen **Galiläer** - *m* galilé
Galimathias *0 m n* gallimatias, meningslöst prat
Galion -*s n* galjon **Galionsfigur** -*en f* galjons|bild, -figur
Galipot [-'poː] *0 m* burgundharts
gälisch gaelisk, keltisk
Gallapfel -† *m* galläpple **Galle** -*n f* **1** galla; *die* ~ *läuft ihm über* han får gallfeber (blir ursinnig); *seine* ~ *verspritzen* (*vard.*) spruta galla; *e-n in* ~ *bringen* reta gallfeber på ngn **2** galläpple 'galle[n]'bitter' bitter som galla **Gallenblase** -*n f* gallblåsa **Gallengang** -*e*† *m* gallgång **Gallenkolik** -*en f* gallstenskolik **Gallenleiden** - *n* gallsjukdom **Gallenstein** -*e m* gallsten
'**Gallert** [*äv.* -'-] -*e n,* **Gal'lerte** [*äv.* '---] -*n f* gallert, gel; gelé; gelatin
gallig innehållande galla; *bildl.* gallsprängd; ~*er Humor* besk humor
gallisch gallisk **Gallizism|us** -*en m* gallicism
Gallomanie *0 f* överdriven franskvänlighet
Gallone -*n f* gallon (*eng. o. amer. rymdmått*)
Gallo|philie *0 f* franskvänlighet -**phobie** *0 f* franskfientlighet
Galon [ga'loː] -*s m,* **Galone** -*n f* galon (*på uniform e.d.*) **galonieren** förse med galoner
Galopp -*e el.* -*s m* galopp; *im* ~ i galopp, *bildl.* i flygande fläng; *in gestrecktem* ~ i full (sträckt) galopp, *bildl.* i rödaste rappet; ~ *reiten* rida i galopp; *ein bißchen* ~, *bitte!* var snäll o. skynda dig (er)! **galoppieren** *h el. s* galoppera
Galosche -*n f* galosch
galt *se* **gelten**
galvanisch [-v-] galvanisk; ~*es Element* galva-

niskt element **galvanisieren** galvanisera **Galvanismus** *0 m* elektricitetslära, galvanism
Galvano [-v-] -*s n, typ.* galvano, kopparfällning -**meter** - *n* galvanometer -**plastik** *0 f* galvano|plastik, -typi -**skop** -*e n* galvanoskop -**technik** *0 f* galvano|teknik, -plastik -**therapie** -*n f* galvano-, elektro|terapi
Gamander - *m, bot.* gamander
Gamasche -*n f* damask; *vor e-m* ~*n haben* (*vard.*) vara skraj för ngn **Gamaschendienst** *0 m* preussisk drill **Gamaschenhose** -*n f* damaskbyxor (*för barn*)
Gambe -*n f, mus.* [viola da] gamba
Gambier - *m* gambier **gambisch** gambisk
Gam'bit -*s n, schack.* gambit
Ga'met -*en* -*en m* gamet, könscell
Gamma|eule -*n f, zool.* gammafly -**globulin** -*e n* gammaglobulin -**strahlen** *pl* gammastrålar
Gammel *0 m, vard.* skräp, smörja **Gammel|biene** -*n f, vard.,* -**bruder** -† *m, vard., se Gammler* **gammelig** *vard.* dålig, skämd; sjabbig **gammeln** *vard.* **1** bli dålig (skämd), förstöras **2** driva omkring, slappa, leva som en hippie **Gammler** - *m, vard.* person som driver omkring, hippie, beatnik **gammlig** *se gammelig*
Gams -[*en*] *m f n, dial.* gäms, stenget -**bart** -*e*† *m* vippa av gämshår (*i jägarhatt*), '[rak]borste' -**wild** *0 n, koll.* gämser
'**Ganef[f]** -*e el.* -*s m, dial.* **1** skojare; gangster **2** måg
gang *das ist* ~ *und gäbe* det är allmänt brukligt; *das ist* ~ *und gäbe bei uns* så brukar vi göra **Gang 1** *0 m* gång; *gleichmäßiger* ~ jämn gång; *die Sache geht ihren* ~ saken har sin gång; *der* ~ *der Dinge* (*äv.*) världens gång; *am* ~ *erkennen* känna igen på gången; *außer* ~ *setzen* stoppa, stanna; *in* ~ *bringen* sätta i gång; *im* ~ *sein* vara i gång (funktion); *die Vorstellung ist im* ~ föreställningen pågår; *hier ist etw. im* ~ här är det ngt som står på (ngt i görningen); *in vollem* ~ i full gång (fart) **2** -*e*† *m* promenad; ärende; *nach der Ankunft war sein erster* ~ *zu ihr* efter ankomsten gick han först till henne; *seinen letzten* ~ *tun* göra sin sista färd, begravas; *e-n schweren* ~ *tun* göra en tung vandring; *e-n* ~ *tun* uträtta ett ärende **3** -*e*† *m* gång (*äv. anat. o. gruv.*); [gång]stig; korridor; farstu **4** -*e*† *m, tekn.* växel; [skruv]gånga; *er fährt im vierten* ~ han kör på fyran[s växel]; *toter* ~ glapp, spel **5** -*e*† *m* [mat]rätt; *der erste* ~ *war e-e Suppe* första rätten var soppa **6** -*e*† *m, sjö.* slag; *sport.* omgång, rond; *e-n* ~ *mit e-m ausfechten* (*bildl.*) utstå en dust med ngn **Gangart** -*en f* gångart (*äv. geol.*); sätt att gå **gangbar 1** framkomlig (*äv. bildl.*) **2** *hand.* gångbar; *nicht mehr* ~ (*äv.*) ogiltig, förlegad **Gängelband** -*er*† *n* gåsele (*för barn*); *e-n am* ~ *führen* (*bildl.*) ha ngn i ledband **Gängelei** *0 f, ung.* förmyndarfasoner **gängeln** *bildl.* föra i ledband, spela förmyndare för **Gangerz** -*e n* ådermalm **ganggenau** ~*e Uhr* klocka som går exakt **gängig 1** gängse, vanlig, bruklig **2** (*om vara*) gångbar, som går; (*om mynt*) giltig **3** *etw. wieder* ~ *machen* få ngt att fungera (röra sig) igen
Gangli|on -*en n* ganglie, nervknut
Gangrän -*e el.* -*e n,* **Gangräne** -*n f, med.* gangrän, [kall]brand **gangränös** *med.* angripen av kallbrand

Gangschaltung -*en f* växel[anordning]
Gangspill -*e n, sjö.* gångspel
Gangster ['gɛŋstɐ] - *m* gangster
Gangway ['gæŋweɪ] -*s f* landgång
Gangwerk -*e n* **1** gångverk (*i ur*) **2** *vard.*, *mein* ~ mina ben
Ga'nove [-v-] -*n* -*n m, vard.* skojare; gangster, brottsling
Gans -*e*† *f* gås; *bildl. äv.* våp **Gansbraten** - *m, sty., österr.* stekt gås **Gänschen** - *n* gässling, gåsunge; *bildl.* mähä **Gänse|blümchen** - *n*, -**blume** -*n f* tusensköna, bellis -**braten** - *m* stekt gås -**brust** -*e*† *f, kokk.* gåsbröst (*rökt, saltat*) -**feder** -*n f* gåspenna (*att skriva med*) -**fett** *0 n* gåsflott -**fuß** -*e*† *m bot.* molla -**füßchen** - *n, vard.* citationstecken; *typ. äv.* gåsögon; *in* ~ *setzen* sätta inom citationstecken -**haut** *0 f* gåshud; *e-e* ~ *bekommen* få gåshud -**hautstreifen** - *m, vard.* rysare (*film*) -**keule** -*n f, kokk.* gåslår -**kiel** -*e m* gåspenna -**klein** *0 n, ung.* gåskrås -**kraut** *0 n*, -**kresse** *0 f, bot.* trav -**leberpastete** -*n f* gåsleverpastej -**marsch** *0 m* gåsmarsch; *im* ~ *gehen* gå i gåsmarsch
Ganser - *m, sty., österr.,* **Gänserich** -*e m* gåskarl **Gänseschmalz** *0 n* gåsflott **Gänsewein** *0 m, skämts.* vanligt vatten, bondvatten
Ganter - *m, nty.* gåskarl
Gany'med [*äv.* '---] -*e m, skämts.* kypare
ganz I *adj* **1** hel; ~ *sein* vara hel; ~ *machen* (*vard.*) laga **2** hel, full, all; ~ *Dänemark* hela Danmark; *e-e* ~*e Dame* en verklig dam; *seine* ~*e Freude* all (hela) hans glädje; *sein* ~*es Geld* alla hans pengar; *die* ~*en Leute* alla människorna; *es kostete* ~*e 2 Mark* (*vard.*) det kostade bara 2 mark; *ein* ~*er Mensch* (*äv.*) en riktig människa; ~*e drei Minuten* hela tre minuter; *die* ~*e Stadt* hela staden; *er ist der* ~*e Vater* (*vard.*) han är sin far upp i dagen; *im* ~*en* inalles; *im* ~*en genommen* på det hela taget; *im* ~*en kaufen* köpa i parti (hel förpackning); *mit* ~*er Kraft* med full kraft; *ich hoffe es von* ~*em Herzen* jag hoppas det av hela mitt (av fullt) hjärta **II** *adv* helt, alldeles; ganska; mycket; ~ *Kind sein* vara som ett barn; *er ist* ~ *der Mann dazu* han är rätte mannen (som klippt och skuren) till det; ~ *Ohr sein* vara idel öra; *er ist* ~ *der Vater* han är sin far upp i dagen; ~ *besonders* alldeles särskilt; ~ *und gar* helt och hållet; ~ *und gar nicht* absolut inte; *geht es dir wieder* ~ *gut?* är du alldeles bra nu?; *es geht mir* ~ *gut* jag mår ganska bra; ~ *oben* högst upp; ~ *unten* längst ner; ~ *wie du willst* precis som du vill; *fast* ~ inte fullt (riktigt), i det närmaste; *er war* ~ *traurig* han var verkligen (mycket) ledsen; *fertig? nicht* ~ *färdig?* inte riktigt **Ganzaufnahme** -*n f* foto i helfigur **Gänze** *0 f* helhet; *zur* ~ till fullo **Ganze(s)** *0 n, adj böjn.* helhet; totalbelopp; *das Ganze* det hela, alltsammans, allthopa; *aufs Ganze gehen* ta steget fullt ut, göra allt; *jetzt geht's ums Ganze* nu gäller det; *ein Ganzes, bitte!* får jag ett stort glas [öl]! **Ganzfoto** -*s n, se Ganzaufnahme* **Ganzheit** *0 f* helhet **ganzheitlich** helhets-; *seine* ~*e Betrachtungsweise* (*ung.*) hans sätt att betrakta saken (*e.d.*) (som en helhet, hans helhetssyn
Ganz|heitsmethode *0 f* helordsmetod (*vid läsundervisning*) -**leder** *0 n, in* ~ i helfranskt band -**lederband** -*e*† *m* helfranskt band, helt skinnband **d-leinen** *0 n* hellinne; *in* ~ i helklot-

band (hellinneband) -**leinenband** -*e*† *m* helklot-, hellinne|band
gänzlich fullständig; helt och hållet, totalt **Ganzsache** -*n f, post.* helsak **ganzseiden** helsiden-, av helsiden **ganzseitig** helsides- **Ganzstoff** *0 m* heltyg, färdigmald pappersmassa **ganztägig** heldags-; ~ *arbeiten* arbeta hela dagen (på heltid) **ganztags** hela dagen, på heltid **Ganztagsbeschäftigung** *0 f* heltids-, heldags|anställning **Ganztagsschule** *0 f* skola m. heldagsundervisning **Ganzton** -*e*† *m, mus.* helton **ganzwollen** av helylle, helylle- **Ganzwortmethode** *0 f* helordsmetod
gar I *adj* färdig; genom|stekt, -kokt; mogen; (*om skinn*) beredt; *gruv.* renad; (*om jord*) lucker; *die Kartoffeln sind nicht* ~ potatisen är inte färdig; ~ *sein* (*sty., österr.*) vara slut **II** *adv* **1** alls, alldeles; *ich habe es* ~ *zu gern* jag tycker alldeles för bra om det; ~ *nicht* inte alls; *es fällt mir* ~ *nicht ein* det skulle aldrig falla mig in; ~ *nicht übel* inte så illa; ~ *keiner* (*niemand*) inte en själ, ingen alls; ~ *wenig* (*viel*) för litet (mycket) **2** rentav, till och med; ~ *so dumm ist er nicht* så väldigt dum är han inte; *ein* ~ *liebliches Kind* (*poet.*) ett älskligt barn; ~ *manches Mal* mången gång; *du wirst es doch nicht* ~ *vergessen haben?* du har väl inte gått och glömt det?; *oder* ~ för att inte nämna; *ich glaube* ~! är du (*etc.*) tokig!
Garage [-ʒǝ] -*n f* garage **garagieren** *österr., schweiz.* ställa in i garaget
Garant -*en* -*en m* garant; ~ *des Friedens* borgensman för freden **Garantie** -*n f* garanti; *der Apparat hat ein Jahr* ~ det är ett års garanti på apparaten; *dafür übernehme ich die volle* ~ det tar jag hela ansvaret för; *dafür kann ich keine* ~ *übernehmen* (*äv.*) det kan jag inte garantera **Garantiefrist** -*en f* garantitid **garantieren** garantera; gå i god för; *wir* ~ [*für*] *die Qualität der Ware* vi garanterar varans kvalitet **Garantieschein** -*e m* garantisedel
'**Garaus** *0 m, e-m den* ~ *machen* ta livet av (kål på) ngn
Garbe -*n f* kärve (*äv. bildl.*); *mil.* [kul]kärve **Garben|bindemaschine** -*n f*, -**binder** - *m* självbindare
Gärbottich -*e m* jäskar
Garçon [-'sõː] -*s m* **1** kypare **2** *åld.* ungkarl; ung man **Garçonne** [-'sɔn(ǝ)] -*n f åld.* ogift kvinna; pojkaktig flicka **Garçonniere** [-sɔ'niɛːr(ǝ)] -*n f, österr.* enrumslägenhet, etta
Garde -*n f* garde
Garderegiment -*er n* gardesregemente **Garderobe** -*n f* garderob (*kläder*); garderob (*på teater e.d.*); klädloge; tambur, kapprum **Garderobenfrau** -*en f* garderobiär **Garderobenschrank** -*e*† *m* klädskåp **Garderobenständer** - *m* klädhängare (*ställning*) **Garderobier** [-'bje:] -*s m, teat.* påklädare **Garderobiere** [-'bjeːrǝ] -*n f, teat.* påkläderska; *åld.* garderobiär
Gardine -*n f* gardin; *hinter schwedischen* ~*n* (*vard.*) inom lås o. bom **Gardinenpredigt** -*en f, vard.* skrapa **Gardinenstange** -*n f* gardinstång **gardinieren** gardinera; *e-m e-e* ~ *halten* ge ngn en sparlakansläxa
Gardist -*en* -*en m* gardist, gardessoldat
Gare *0 f* odlad jords optimala tillstånd, utmärkt hävd **garen** *kokk.* [låta] bli genomstekt (genomkokt) **gären** *gor, göre, gegoren* (*äv. sv,*

Gärfutter—Gastod

i sht bildl.) *h o. s* jäsa (*äv. bildl.*); *es gärt im Volk* det jäser bland folket
Gärfutter *0 n* ensilage **Garküche** *-n f* mat|-servering, -ställe
Garn *-e n* **1** [sy]tråd; garn **2** [fiske]garn; nät; [*s*]*ein* ~ *spinnen* berätta en skepparhistoria; *e-m ins* ~ *gehen* fastna i ngns garn
Gar'nele *-n f* räka
Garnichts *0 m, neds. bildl.* nolla
garnier|en 1 garnera; montera; kanta **2** *kokk.*, *-t* garni, med olika tillbehör (grönsaker *e.d.*)
Garnierung *-en f* garnering
Garnison *-en f* garnison, förläggning **garnisonieren** ligga (förlägga) i garnison
Garnitur *-en f* **1** garnityr; garnering; sats, uppsättning, uppsats; *e-e* ~ *Unterwäsche* en omgång (ett ställ) underkläder; *die erste* ~ (*vard.*) A-laget; *die erste* ~ *der Partei* (*vard.*) partitopparna; *zur zweiten* ~ *gehören* (*vard.*) höra till B-laget, vara en andraplansfigur **2** *mil.* uniform, utrustning **3** *tekn.* utrustning; beslag **4** *vard.* skrev
Garn|knäuel - *m n* garnnystan **-rolle** *-n f* trådrulle **-winde** *-n f* vinda, garnhaspel
garrottieren garrottera (*avrätta*)
Gärspund *-e†* m jäsrör
garstig ful; otäck, stygg, elak; ~ *sein* (*äv.*) vara otrevlig (*zu, gegen* mot)
gärteln *sty.* påta i trädgården
Garten -† *m* trädgård; *der* ~ *Eden* Edens lustgård **-ammer** *-n f* ortolansparv **-ampfer** - *m, bot.* engelsk spenat, patientia **-amt** *-er†* n parkförvaltning **-bau** *0 m* trädgårds|odling, -skötsel **-bauausstellung** *-en f* trädgårdsutställning **-beet** *-e n* trädgårds|land, -säng **-blume** *-n f* trädgårdsblomma, odlad blomma **-bohne** *-n f* trädgårdsböna **-erbse** *-n f* trädgårdsärt **-erdbeere** *-n f* jordgubbe **-frucht** *-e† f* trädgårdsprodukt **-gerät** *-e n* trädgårdsredskap **-grasmücke** *-n f, zool.* trädgårdssångare **-haus** *-er†* n lusthus; *vard.* gårdshus **-kolonie** *-n f* koloniträdgårdsområde **-krähe** *-n f, zool.* nötskrika **-kresse** *0 f* kryddkrassing **-laube** *-n f* lusthus **-lokal** *-e n* uteservering **-meister** *-n* [utexaminerad] trädgårdsmästare **-rotschwänzchen** - *n, zool.* rödstjärt **-saal** *-säle m* sal som vetter mot trädgård[en] **-schau** *-en f* trädgårdsutställning **-schierling** *0 m* vildpersilja **-schläfer** - *m, zool.* trädgårdssovare **-schwarzwurzel** *-n f* svartrot, scorzonera **-spritze** *-n f* vattenspridare **-stadt** *-e† f* trädgårdsstad **-strohblume** *-n f* eternell **-theater** - *n* friluftsteater **-wirtschaft** *-en f* trädgårdsrestaurang **-zimmer** - *n* **1** rum som vetter mot trädgård[en] **2** uterum
Gärtlein - *n* trädgårdstäppa **Gärtner** - *m* trädgårdsmästare **Gärtnerei 1** *0 f* trädgårdsbruk **2** *-en f* handelsträdgård **gärtnerisch** trädgårds-; trädgårdsmästar- **gärtnern** arbeta i trädgården, ägna sig åt trädgårdsarbete (*som hobby*)
Gärung *-en f* jäsning (*äv. bildl.*); *in* ~ *bringen* få att jäsa, *bildl. äv.* bringa i jäsning **Gärungserreger** - *m* jäst|bakterie, -svamp **Gärungsfähigkeit** *0 f* jäsningsförmåga **Gärungsverfahren** - *n* jäsningsmetod
Gas *-e n* gas; ~ *geben* *a*) ge gas, gasa, *b*) *vard.* öka takten, skynda sig; ~ *wegnehmen* minska gasen; *e-m das* ~ *abdrehen* (*vard.*) *a*) mörda ngn, *b*) ruinera ngn, slå undan grundvalarna för ngn; *die Pfanne aufs* ~ *setzen* sätta pannan på gasen; ~ *haben* (*vard.*) *a*) ha tur,

b) vara i gasen (*lätt berusad*) **-anstalt** *-en f* gasverk **-anzünder** - *m* gaständare **-automat** *-en -en m* gasmätare (*för pollett*) **-badeofen** *-†* m [gaseldad] varmvattenberedare **-behälter** - *m* gasklocka **-beschaffenheit** *0 f* gaskvalitet **-beton** *-s el.* *-e m* gas-, lätt|betong **-bleiche** *0 f* klorgasblekning (*av papper*) **-brust** *0 f*, *med.* gas (luft) i lungsäcken **gasdicht** hermetisk; gas-, luft-, tryck|tät **gasel|n** *schweiz.*, *es* *-t* det luktar gas gas|en gasa, ge gas; *vard.* fjärta; *es* *-t* det luktar gas **Gaserzeuger** - *m, se Gasgenerator* **Gasfeuerzeug** *-e n* [gas]tändare **Gasflamme** *-n f* gaslåga **Gasflasche** *-n f* gas|flaska, -cylinder, -tub **gasförmig** gasformig **Gasgenerator** *-en m* gengasaggregat; gasgenerator **Gashahn** *-e†* m gaskran; *den* ~ *aufdrehen* öppna gaskranen (*äv. bildl.*), begå självmord **gashaltig** gashaltig **Gashebel** - *m* gaspedal; gasregleringsspak **Gasherd** *-e m* gasspis **gasieren** sveda [över gas], gasera (*garn*) **gasig** gas|artad, -liknande **Gaskammer** *-n f* gaskammare **Gaskocher** - *m* gas|kök, -kokare **Gaskohle** *-n f* gaskol **Gaskoks** *0 m* gaskoks **gaskrank** gasskadad **Gaskrieg** *-e m* gaskrig **Gaslaterne** *-n f* [gas]gatlykta **Gasmann** *-er†* *m, vard.* avläsare av gasmätare, mätaravläsare **Gasmaske** *-n f* gasmask **Gasmesser** - *m* gasmätare **Gasmotor** *-en m* gasmotor **Gasofen** *-†* *m* gas|spis, -ugn **Gasol** *0 n* gasol **Gasöl** *-e n* gasolja **Gasolin** *0 n* (*slags*) lättbensin; gasolin; bensin **Gasometer** - *m* gas|-klocka, -behållare **Gaspedal** *-e n* gaspedal **Gas|regler** - *m*, **-regulator** *-en m* gas|regulator, -reglage
Gäßchen - *n* gränd
Gas|schmelzschweißung *0 f* gassvetsning **-schutz** *0 m* gasskydd
Gasse *-n f* gränd; (*smal*) gata; passage; *e-e* ~ *bilden* ge rum (*i folkmassa e.d.*), bilda häck **Gassenhauer** - *m* slagdänga **Gassenjunge** *-n -n m* gatpojke **Gassenkehrer** - *m, dial.* gatsopare
Gassi [*mit dem Hund*] ~ *gehen* (*vard.*) gå ut med hunden
Gas|spürgerät *-e n* [enkel] apparat för gasanalys **-strumpf** *-e†* *m* [glöd]strumpa
Gast 1 *-e†* *m* gäst; *ungebetener* ~ objuden gäst; *ein lieber* ~ (*äv.*) ett kärt besök; *Gäste haben* ha gäster; *bei e-m zu* ~ *sein* vara gäst (på besök) hos ngn, gästa ngn; *e-n zu* ~ *e bitten* [in]bjuda ngn; *als* ~ *auftreten* (*teat.*) gästspela **2** *-en* (*äv. -e†*) *m, sjö.* gast
Gastanker - *m* gastanker
Gastarbeiter - *m* gästarbetare, utländsk arbetare, invandrare; *vard.* tillfällig medarbetare **Gästebuch** *-er†* *n* gästbok **Gästehandtuch** *-er†* *n* gästhandduk **Gasterei** *-en f* [stort] kalas **gastfrei** gästfri **Gastfreund** *-e m, åld.* **1** gäst **2** *pä*stgäst, värd **gastfreundlich** gästvänlig **Gastfreundschaft** *0 f* gästfrihet **Gastgeber** - *m* värd (*vid bjudning*); *die* ~ (*äv.*) värdfolket **Gast|haus** *-er†* *n*, **-hof** *-e†* *m* [enklare] värdshus, gästgivargård, [enkelt] hotell (*på landet*) **Gasthörer** - *m, univ.* ej inskriven åhörare av föreläsning **gastieren** *-[gäst]*spela, gastera **Gastland** *-er†* *n* värdland **gastlich 1** gästfri **2** hemtrevlig **Gastlichkeit** *0 f* **1** gästfrihet **2** hemtrevnad **Gastmahl** *-er†* *el.* *-e m* festmåltid, gästabud **Gastmannschaft** *-en f, sport.* bortalag, gästande lag
Gastod *0 m, den* ~ *sterben* dö av gasförgiftning

Gast|pflanze -n f parasit-, snylt|växt **-professor** -en m gästande professor, gästprofessor **-recht** 0 n, ung. gästvänskapens lagar **gastrisch** med. gastrisk, mag- **Gastriti|s** -den f, med. gastrit, magkatarr
Gastrolle -n f gästroll; *ich habe dort nur e-e ~ gegeben* (*bildl.*) jag bara gästspelade där (gjorde bara ett kort besök där)
Gastronom -en -en m 1 gastronom, finsmakare 2 källarmästare [på restaurang med framstående kök], expert på finare matlagning **Gastronomie** 0 f 1 gastronomi 2 restaurangväsen **gastronomisch** gastronomisk; ~es *Gewerbe* (*ung.*) restaurangnäring **Gastrosoph** -en -en m person som förstår att klokt njuta bordets fröjder
Gast|spiel -e n gästspel **-spielreise** -n f, teat. turné **-stätte** -n f restaurang **-stättengewerbe** 0 n restaurangnäring **-stube** -n f matsal, skänkrum **-tier** -e n parasit-, snylt|djur
Gasturbine -n f gasturbin
Gast|vorstellung -en f gästspel **-wirt** -e m [värdshus]värd, källarmästare, restauratör **-wirtschaft** -en f [enklare] restaurang, matservering **-zimmer** - n gäst-, resande|rum; hotellrum
Gas|uhr -en f gasmätare **-vergiftung** -en f gasförgiftning **-werk** -e n gasverk **-zähler** - m gasmätare **-zufuhr** 0 f gastillförsel **-zylinder** - m gas|behållare, -cylinder
Gatt -s el. -en n, sjö. gatt; hål, öppning; smal farled; akter
Gatte -n -n m [äkta] make; *die* ~n (*äv.*) det äkta paret **Gattenliebe** 0 f äktenskaplig kärlek
Gatter -n 1 galler; stängsel 2 ramsåg; sågram
Gatterich -e m, vard. [äkta] man
Gattersäge -n f, se Gatter 2
Gattin -nen f [äkta] maka
Gattung -en f art, slag; kategori; genre; *biol.* släkte, ordning **Gattungskauf** -e† m, hand. leveransavtal, generiskt köp **Gattungsname** -ns -n m, biol. släktnamn; språkv. appellativ
Gau -e m 1 hist. landskap, område 2 nat. soc. region, [parti]distrikt
Gauch -e [†] m, åld. gök; bildl. narr, stackare **-heil** -e n, bot. röd|arv, -mire
Gaucho [-tʃo] -s m gaucho
Gaudi 0 n̄⁻ f, sty., österr. glädje; glad tillställning (stämning); *wir haben e-e ~ gehabt* vi hade väldigt roligt **Gaudium** 0 n glädje; *zum allgemeinen ~* till allmän glädje (munterhet)
gaufrieren [go-] text. goffrera
Gaukelei -en f gyckel, taskspeleri **gaukeln** 1 s fladdra, sväva (*om fjäril*) 2 göra taskspelarkonster **Gaukelspiel** -e n gyckel-, narr|spel **Gaukelwerk** 0 n bländverk, taskspeleri **Gaukler** - m gycklare, taskspelare; komediant; bedragare **Gauklerblume** -n f gyckelblomma
Gaul -e† m häst[krake]; kuse, [åkar]kamp; *e-m geschenkten ~ schaut man nicht ins Maul* man skall inte skåda given häst i munnen; *das bringt den stärksten ~ um* (*vard.*) det tar knäcken på vem som helst
Gauleiter - m (*1933—45*) ledare för nat. soc. distrikt (*se Gau 2*)
Gaullismus [goˈlɪs-] 0 m, polit. gaullism **Gaullist** -en -en m gaullist
Gaumen - m gom; *e-n feinen ~ haben* vara finsmakare; *das ist etw. für meinen ~* det faller mig i smaken (på läppen) **-kitzel** 0 m läckerhet

Gastpflanze—geben

-laut -e m, språkv. gomljud **-platte** -n f lösgom **-segel** - n gomsegel **-spalte** -n f, med. gomspalt **-zäpfchen** - n gom-, tung|spene
Gauner - m skojare, bedragare, tjuv, brottsling; *vard.* slipad karl; *du kleiner ~!* din lilla rackare! **Gaunerbande** -n f skojarband, förbrytarliga; *so e-e ~!* såna skojare! **Gaunerei** -en f lurendrejeri; bedrägeri, skoj[eri] **gaunerhaft** skojaraktig, ohederlig **gaunerisch** skojaraktig, skojar- **gaunern** lura, skoja **Gaunersprache** -n f tjuvspråk, argot **Gaunerzinken** - m [hemligt] tecken skojare (tjuvar) emellan
Gauß - n, fys. gauss
gautschen 1 guska (*papper*) 2 boktr., e-n ~ (*efter lärlingstidens slut*) doppa ner ngn i vattenfyllt kar, hälla vatten på ngn
Gavotte [-v-] -n f gavott
Gaze [ˈgaːzə] -n f gastyg; gasbinda; metallduk **Gazelle** -n f gasell **Gazette** [gaˈtsɛtə, gaˈzɛtə] -n f, åld. el. neds. tidning
geachtet aktad **geächtet** fredlös, fågelfri **Geächze** 0 n [ihållande] stönande **Geäder** 0 n ådring, marmorering; ådernät **geädert** ådrad; marmorerad **Geäfter** - n, jakt. lättklövar **geartet** artad; beskaffad; funtad **Geäse** - n, jakt. mule (*på hjort el. rådjur*) **Geäst** 0 n grenverk, kvistar
geb. *förk. för a*) *geboren* f., född, *b*) *gebunden* inb., inbunden **Gebäck** -e n bakverk; småkakor, småbröd **Gebälk** 0 n balk-, bjälk|lag; *es kracht* (*knistert*) *im ~* (*bildl.*) det knakar i fogarna
gebar *se gebären* **Gebärde** [-ˈbɛː-] -n f åtbörd, gest **gebärden** rfl bete sig, bära sig åt **Gebärdenspiel** 0 n gestikulation, mimik; teat. plastik **Gebärdensprache** 0 f åtbördsspråk; *die ~ benutzen* göra sig förstådd med gester **gebaren** rfl uppföra (bete) sig **Gebaren** 0 n uppförande **gebär|en** gebar, -e, geboren, -st, -t (*högt. gebier|st, -t*), *gebär*[e]! (*högt. gebier!*) föda; *ich wurde* (*bin*) *am 1. Mai geboren* jag föddes (är född) den första maj; *vorzeitig ~* (*äv.*) få missfall **Gebärerin** -nen f, högt. barnaföderska **gebärfähig** som kan föda barn **Gebärmutter** -† f livmoder **Gebarung** 0 f 1 högt. uppförande 2 österr. bokföring; skötsel av affärerna; verksamhetsberättelse
gebauch|kitzelt, -pinselt, -streichelt vard., *sich ~ fühlen* känna sig smickrad (struken medhårs) **gebaucht** bukig **Gebäude** - n byggnad; *bildl.* uppbyggnad, system; *jakt.* kropp[sbyggnad]
gebefreudig givmild
Gebein -e n ben[stomme], skelett; *seine ~e hans jordiska kvarlevor*; *der Schreck fuhr mir ins ~* (*ung.*) skräcken slog klorna i mig **Gebell[e]** 0 n skällande
geben gab, gäbe, gegeben, gibst, gibt, gib!
1 ge, giva; *sport*. serva; *radio*. äv. sända; *e-m etw. ~* ge (lämna, räcka) ngn ngt (ngt till ngn); *e-m e-e ~* smälla till ngn; *ein Wort gab das andere* det ena ordet gav det andra; *e-e Antwort ~* svara, ge ett svar; *böses Blut ~* vårds ond blod; *der Lehrer gibt Chemie* läraren undervisar i kemi; *15 durch 3 gibt 5* 15 genom 3 är (blir) 5; *Gott geb's!* Gud give det!; *gut gegeben!* funtad, bra svarat!, där fick han (*etc.*)!; *e-e Gesellschaft ~* ha bjudning; *Gesetze ~* stifta lagar; *Nachdruck ~* ge eftertryck; *e-e Runde ~* bjuda på

en omgång; *wer schnell gibt, gibt doppelt* snar hjälp är dubbel hjälp; *das ist das Gegebene* det är utan tvivel det bästa; *e-m ein Versprechen ~ lova* ngn ngt; *ich gebe den Wein (äv.*) jag bjuder på vinet; *es ist ihm nicht gegeben, zu han har inte förmågan (gåvan)* att, det är honom inte givet att; *im gegebenen Fall* i förekommande fall; *zur gegebenen Zeit* vid given tidpunkt, då tiden är inne; *e-m etw. zu bedenken ~ be* ngn betänka ngt; *die Sache gibt mir zu denken* saken gör mig betänksam (stämmer mig till eftertanke); *e-m etw. zu verstehen ~ antyda* ngt för ngn; *etw. auf sich (ack.) ~* vara noga med sig (välvårdad); *viel auf etw. (ack.) ~* fästa stort avseende vid ngt; *wenig auf etw. (ack.) ~* inte ge mycket för ngt; *ich habe vergessen, Ihnen Blumen mitzubringen. — danke, ich nehme es (sie) für gegeben!* jag glömde att ta med blommor till Er. — tack i alla fall för den goda avsikten!; *in Druck ~* lämna till tryck; *e-n Jungen in die Lehre ~* sätta en pojke i lära; *e-m über etw. (ack.) Aufklärung ~* upplysa ngn om ngt; *ich gäbe viel darum, wenn ich wüβte* jag skulle ge mycket för att veta; *wieder von sich ~ (äv.)* kräkas [upp]; *es nicht recht von sich ~ können (äv.)* inte riktigt kunna uttrycka det; *zur Post ~* posta 2 *opers., es gibt (+ack.)* det finns (ges, är, blir, händer, sker); *was gibt's?* vad står på?, vad är det fråga om?; *was es nicht alles gibt!* (*ung.*) mycket ska man höra innan öronen trillar av!; *das gibt es nicht! (äv.)* det kommer inte på fråga!, försök inte!; *da gibt's nichts* det är det inget att invända mot; *gleich gibt's was!* nu får du med mig (*etc.*) att göra!, nu smäller det!; *was gibt's zu Mittag?* vad blir det (får vi *etc.*) till lunch?; *was gibt's Neues?* är det ngt nytt?; *es wird Regen ~* det blir regn; *es wird Schläge ~* det vankas stryk; *das gibt keinen Sinn* det är meningslöst; *wenn..., wird's ein Unglück ~* om..., kommer det att ske en olycka; *was gibt es da zu lachen?* vad är det att skratta åt?; *heute gibt es viel zu tun* i dag är det (har vi *etc.*) mycket att göra 3 *rfl* ge sig; ge med sig, gå över; *die Krankheit wird sich ~* sjukdomen kommer att gå över; *das wird sich bald ~* det ger sig nog snart; *sich besiegt ~* erkänna sig besegrad; *sich gefangen ~* ge sig fången 4 *rfl* visa (bete) sig, uppträda; *er gibt sich wie er ist* han uppträder alldeles naturligt; *sich unbefangen ~* uppträda obesvärat; *sich zufrieden ~* låta sig nöjas, vara nöjd **Geben** 0 *n* givande; *am ~ sein (kortsp.)* ha given
Gebene'deite *adj böjn. f, die ~* Jungfru Maria
Geber - *m* givare; donator; *kortsp.* [den som har] giv[en]; *tekn.* givare, fördelare, sändare; *~ und Nehmer (hand.)* säljare o. köpare **Geberin** *-nen f* givarinna; [kvinnlig] donator
Geberlaune 0 *f* givmilt humör
Ge'bet -*e n* bön; *das ~ des Herrn* Fader vår; *ein ~ sprechen* läsa en bön; *e-n ins ~ nehmen (bildl.)* tala allvar med ngt **Gebetbuch** *-er†* n bönbok **Gebetsmantel** *-† m* [judisk] bönemantel **Gebetsmühle** *-n f* bönekvarn **Gebetsteppich** *-e m* bönematta
Gebettel 0 *n* tiggeri; tiggande **gebeut** *åld. för gebietet* **Gebiet** *-e n* område, territorium; gebit, fack; *auf politischem ~ (äv.)* inom politiken **gebiet|en** *st* **1** [an]befalla, påbjuda; fordra, kräva; *e-m etw. ~ befalla* ngn ngt; *die Lage -et* situationen kräver; *e-r Sache (dat.)*

Einhalt ~ hindra ngt, sätta stopp för ngt; *Schweigen ~* påbjuda tystnad; *geboten sein* vara på sin plats; *hier ist Vorsicht geboten* här måste man gå försiktigt fram; *dringend geboten* absolut nödvändig 2 *über e-n ~* härska (råda) över ngn **Gebieter** - *m åld.* härskare, herre **gebieterisch** befallande, myndig; *~e Notwendigkeit* bjudande (tvingande) nödvändighet; *~e Pflicht* oavvislig (ofrånkomlig) plikt; *die Notwendigkeit fordert ~* nödvändigheten kräver absolut, med tvingande nödvändighet krävs det **gebietlich** territoriell, områdes- **Gebietsabtretung** -*e f* landavträdelse **Gebietserweiterung** -*en f* territoriell utvidgning **Gebietshoheit** 0 *f* territoriell suveränitet **Gebietskörperschaft** -*en f* territorium m. juridisk persons status **Gebietsreform** -*en f* kommunsammanläggning **Gebildbrot** -*e n* bakverk i figurform (*t. högtider*) **Gebilde** - *n* skapelse, bildning; formation; alster, produkt **gebildet** bildad; *die Gebildeten (äv.)* den bildade allmänheten, intelligentian, de intellektuella **Gebimmel** 0 *n* [oavbrutet] ringande, pinglande **Gebinde** - *n* **1** [transport]fat, tunna **2** *byggn.* förband, konstruktion; *~ e-s Dachstuhles* takstolsband **3** *text.* docka, härva, pasma **4** (*fisks*) inälvor **5** *ein ~ von Blumen* en blomster|bukett, -krans; *~ von Ähren* kärve ax
Gebirge - *n* berg; bergskedja; *ins ~ fahren* fara upp i bergen (till fjällen) **gebirgig** bergig **Gebirgler** - *m* bergsbo
Gebirgs|art -*en f* sten-, berg|art **-ausläufer** - *m* utlöpare av en bergskedja **-bahn** -*en f* **1** bergsjärnväg; berg-, lin|bana **2** berg- o. dalbana **-jäger** - *m, mil.* jägare **-kamm** -*e† m* bergs|kamm, -rygg **-kette** -*n f* bergskedja **-knoten** - *m* skärningspunkt för flera bergskedjor **-kunde** 0 *f* bergvetenskap **gebirgskundig** hemma i bergen; som känner väl till berg
Gebirgs|pflanze -*n f* bergs-, alp-, fjäll|växt **-stock** -*e† m* bergmassiv **-zug** -*e† m* bergs|-kedja, -sträckning
Gebi|ß *-sse n* **1** tänder, tandgård; tandgarnityr; *künstliches ~* löständer **2** betsel, bett **Gebißklemprner** - *m, neds.* käftsmed (*tandläkare*) **Gebißregulierung** -*en f* tandreglering **Geblase** 0 *n* [ständigt] blåsande **Gebläse** - *n* **1** fläkt; blåster **2** blåslampa **Geblök[e]** 0 *n* [ihållande] bräkande (bölande); *bildl. äv.* gnäll[ande], grinande **geblümt** blommig **Geblüt** 0 *n, högt.* blod; härkomst; lynne, sinnelag, natur; *von edlem ~ av* ädelt blod
gebogen böjd, krökt **geboren** född; *~er Berliner* infödd berlinare; *er ist ein ~er Deutscher* han är född tysk; *sie ist e-e ~e Distler* hon är född Distler; *blind ~* född blind; *ein ~er Künstler sein* vara född till (en boren) konstnär; *er wurde (ist) im Mai ~* han föddes (är född) i maj **geborgen** trygg, säker, skyddad **Geborgen|heit** 0 *f*, **-sein** 0 *n* trygghet, [tillstånd av] säkerhet **Gebot** -*e n* **1** bud, befallning, påbud; krav; bestämmelse; *es ist das ~ der Stunde* det är stundens krav, dagslaget kräver; *es ist ein ~ der Höflichkeit (av.)* hövligheten kräver det; *Not kennt kein ~* nöden har ingen lag; *die Zehn ~e* tio Guds bud **2** *e-m zu ~ stehen* stå till ngns förfogande **3** [an]bud; *ein ~ machen* ge ett bud, göra (lämna) ett anbud (*auf + ack.* på) **Gebotszeichen** - *n* påbudsmärke (*trafikmärke*)

Gebr. *förk. för Gebrüder (i firmanamn)* bröderna
Gebräch *-e n,* **Gebräche** *- n* **1** skör sten **2** *jakt.* (*vildsvins*) tryne; (*av vildsvin*) uppbökad mark **Gebräu** *-e n* brygd; *vard.* blask
Gebrauch *-e†* m begagnande, användning; bruk (*äv. bildl.*); sedvänja; außer ~ kommen komma ur bruk; *im (in)* ~ *sein* vara i bruk, användas; *allgemein im (in)* ~ (*äv.*) allmänt använd; *nach* ~ efter användningen; *von etw.* ~ *machen* använda sig av ngt; *vor* ~ *schütteln!* omskakas före användandet!; *zum innerlichen* ~ till invärtes bruk **gebrauchen** använda, begagna, bruka; *Flüche* ~ nyttja svordomar; *nicht zu* ~ (*äv.*) oanvändbar; *das ist gut zu* ~ (*äv.*) det kommer väl till pass, det är till nytta; *er ist zu nichts zu* ~ han är oduglig (inte till ngn nytta); *sich* ~ *lassen* (*äv.*) låta sig utnyttjas; *ich könnte ein neues Kleid gut* ~ jag skulle behöva en ny klänning; *äußerlich zu* ~ för utvärtes bruk; *gebrauchte Wäsche a*) smutskläder, *b*) begagnade kläder **gebräuchlich** bruklig, vanlig; ~ *werden* (*äv.*) komma i bruk **Gebrauchsanmaßung** *-en f, jur.* olovligt nyttjande, orättmätigt bruk **Gebrauchsanweisung** *-en f* bruksanvisning **Gebrauchsartikel** - *m* bruks-, nytto|föremål **Gebrauchsdiebstahl** *-e† m, se Gebrauchsanmaßung* **gebrauchsfähig** brukbar, användbar **gebrauchsfertig** färdig för användning (att användas) **Gebrauchs|gegenstand** *-e† m* bruks-, nytto|-föremål; vardagsvara **-graphik** *-en f, ung.* nyttografik; konstnärligt utformad reklam (*o.d.*) **-graphiker** - *m* reklamkonstnär (*e.d.*) **-gut** *-er† n, se Gebrauchsgegenstand* **-muster** - *n* skyddad men ej patentsökt uppfinning **-porzellan** *0 n* hushållsporslin **-vorschrift** *-en f* bruksanvisning **-wert** *-e m* bruks-, nytto|värde
gebraucht begagnad **Gebrauchtwagen** - *m* begagnad bil
Gebraus[e] *0 n* [ihållande] brus; ~ *des Verkehrs* trafikbrus **gebrechen** *st, es gebricht mir an Mut* (*dat.*) det fattas (felas) mig mod, jag saknar mod **Gebrechen** - *n* lyte, defekt, skavank; ofullkomlighet **gebrechlich** bräcklig; [ålderdoms]skröplig **Gebrechlichkeit** *0 f* bräcklighet; skröplighet **Gebreit** *-e n,* **Gebreite** - *n, åld.* åker, fält **Gebresten** - *n, schweiz.* ont; lyte, defekt **gebrochen** bruten; nedbruten; ~ *Deutsch sprechen* tala bruten tyska; ~*e Zahl* (*mat.*) bråk **Gebrodel** *0 n* kokande, sjudande **Gebrüder** *pl, koll.* bröder; ~ *X* (*i firmanamn*) Bröderna X **Gebrüll[e]** *0 n* [ihållande] böl (vrål[ande], rytande) **Gebrumm[e]** *0 n* [ihållande] brummande
Gebühr *-en f* **1** avgift; taxa **2** *nach* ~ *belohnen* belöna efter förtjänst; *e-n über* ~ *beanspruchen* kräva för mycket av ngn; *über* ~ (*äv.*) över hövan, till övermått **gebühr|en 1** tillkomma (*e-m* ngn); *Ehre, wem Ehre -t* ära den som äras *bör* **2** *rfl, es -t sich det är tillbörligt* (passar sig); *es -t sich nicht für e-n Jungen* det är inte passande för en pojke; *wie es sich -t* som sig bör **gebührend** till-, veder|börlig, passande; *er wurde* ~ *gefeiert* han hyllades vederbörligen (på lämpligt sätt); *e-e* ~*e Antwort* ett lämpligt [o. skarpt] svar **ge'bührender|-'maßen,** ~*weise* som sig bör, på lämpligt sätt **Gebühreneinheit** *-en f* minsta avgift för samtalsmarkering **Gebührenerla|ß** *-sse*

m befrielse från avgift; ~ *bekommen* inte behöva betala avgiften (avgifterna) **gebührenfrei** avgifts-, kostnads|fri; portofri **Gebührenmarke** *-n f* märke för stämpelavgift **Gebührenordnung** *-en f* taxeordning; förordning om offentliga avgifter **gebührenpflichtig** avgiftsbelagd **Gebührensatz** *-e† m* tariff, taxa **Gebührenzähler** - *m, tel.* samtalsmätare **gebührlich** tillbörlig, lämplig **Gebührnis** *-se f, kansl.* avgift
ge'bum[s]fiedelt *sich* ~ *fühlen* (*skämts.*) känna sig smickrad **Gebund** *-e* (*vid måttsangivelse -*) *n, dial.* bunt; härva (*garn*) **gebunden 1** bunden; ~*es Buch* inbunden bok **2** ~*e Soße* [av]redd sås **Gebundenheit** *0 f* bundenhet, beroende
Geburt [-u:-] *-en f* **1** födelse, födsel; nedkomst, förlossning; *von* ~ *a*) från födelsen, *b*) av födsel[n]; *Zahl der* ~*en* födelsetal; *im Jahr 1973 nach Christi* ~ år 1973 efter Kristus (Kristi födelse); *das war e-e schwere* ~ (*bildl.*) det satt långt inne, det kostade mycken möda **2** börd; *von* ~ *Deutscher* född tysk, tysk till börden; *von hoher* ~ av hög börd
Geburten|beschränkung *0 f* barnbegränsning, födelsekontroll **-defizit** *-e n* födelseunderskott **-häufigkeit** *0 f* nativitet **-kontrolle** *0 f,* **-reg[e]lung** *0 f* födelsekontroll **-rückgang** *0 m* sjunkande nativitet (födelsetal)
geburtenschwach ~*er Jahrgang* liten årskull **geburtenstark** ~*er Jahrgang* stor årskull **Geburtenüberschuß** *0 m* födelseöverskott **Geburten|zahl** *-en f,* **-ziffer** *-n f* födelsetal **gebürtig** [barn]född, bördig; *ich bin* ~ *er Berliner* (*aus Berlin* ~) jag är född i Berlin
Geburts|adel *0 m* bördsadel **-anzeige** *-n f* födelseannons **-fehler** - *m* medfött fel **-helfer** - *m* förlossningsläkare **-hilfe** *0 f* **1** förlossningshjälp **2** förlossningslära **-jahr** *-e n* födelseår **-jahrgang** *-e† m* årgång **-land** *-er† n* födelse-, fäderneslland **-mal** *-e n* födelsemärke **-ort** *-e m* födelseort **-schein** *-e m* födelseattest **-tag** *-e m* födelsedag; ~ *haben* (*äv.*) fylla år; *er hat seinen 50.* ~ *nicht mehr erlebt* han fick aldrig uppleva sin femtioårsdag (blev aldrig 50 år); *etw. zum* ~ *bekommen* få ngt i födelsedagspresent **-tagsfeier** *-n f,* **-tagsfest** *-e n* födelsedags|kalas, -fest **-tagskind** *-er n* födelsedagsbarn **-urkunde** *-n f* födelseattest **-wehen** *pl* födslovärkar; födslovånda (*äv. bildl.*) **-zange** *-n f* förlossningstång
Gebüsch *-e n* buskage
geck *dial., du bist* ~*!* du är tokig! **Geck** *-en -en m* sprätt, snobb; *dial.* tok, idiot **geckenhaft** sprättig, snobbig **Geck|o** *-os el. Geck'onen m* geckoödla
Gedächtnis *-se n* minne; *zum* ~ *e-r Sache* (*gen. el. an etw. ack.*) till åminnelse av ngt; *kurzes* ~ (*vard.*) dåligt minne; *wenn mich mein* ~ *nicht trügt* (*äv.*) om jag minns rätt; *aus dem* ~ *utantill; aus dem* ~ *verlieren* glömma; ~ *wie ein Sieb* (*vard.*) hönsminne; ~ *für Zahlen* (*äv.*) sifferminne; *im* ~ *behalten* hålla i minnet, minnas **Gedächtnisbelastung** *0 f* minnesbelastning **Gedächtnis|feier** *-n f,* **-fest** *-e n* minneshögtid **Gedächtniskunst** *0 f* mnemo-, minnes|teknik **Gedächtnislücke** *-n f* minneslucka **gedächtnisschwach** minnesslö **Gedächtnisschwäche** *0 f* minneslöhet, nedsatt minnesförmåga **Gedächtnisschwund** *0 m* minnesförlust **Gedächtnisstörung** *-en f*

Gedächtnisstütze—Gefährdung

minnesrubbning **Gedächtnisstütze** *-n f* stöd för minnet, minnesstöd **Gedächtnisverlust** *0 m* minnesförlust
gedämpft dämpad
Gedanke *-ns -n m* tanke (*an* +*ack.* på); *zwei Seelen, ein* ~ två själar en tanke; *guter* ~ (*äv.*) god idé; ~*n sind* [*zoll*]*frei* tanken är fri; *seine* ~*n beisammen haben* ha tankarna med sig; *mir kam der* ~ det föll mig in, jag kom på [den] tanken; *da kam mir der rettende* ~ då fick jag den förlösande idén; ~*n lesen können* vara tankeläsare; *sich* (*dat.*) *über etw.* (*ack.*) ~*n machen* vara orolig (gå o. oroa sig) för ngt; *mach dir keine* ~*n darüber!* bekymra dig inte för den saken!; *ein* ~ *schoß ihm durch den Kopf* en tanke slog honom; *kein* ~ [*daran*]*!* (*vard.*) inte alls!, ingalunda!; *e-n auf andere* ~*n bringen* få ngn på andra tankar; *auf den* ~*n verfallen* (*ung.*) få den tokiga idén; *ich war ganz in* ~*n* jag var försjunken i tankar; *mit dem* ~*n umgehen, etw. zu tun* ha funderingar på att göra ngt; *die Leute werden sich* (*dat.*) ~*n darüber machen* det kommer att göra folk fundersamma **Gedanken** - *m, se Gedanke*
Gedankenarbeit *0 f* tankearbete **gedankenarm** tankefattig; innehållslös
Gedanken|armut *0 f* tankefattigdom; innehållslöshet **-austausch** *0 m* tanke-, menings|-utbyte **-blitz** *-e m,* skämts. plötsligt infall, snilleblixt **-flucht** *0 f,* med. tankeflykt **-flug** *-e† m* fantasi; *er konnte ihrem* ~ *nicht folgen* han kunde inte följa med i hennes tankegångar **-freiheit** *0 f* tankefrihet **-fülle** *0 f* rikedom på tankar **-gang** *-e† m* tankegång, resonemang
gedankenleer tanketom, andefattig **Gedankenleere** *0 f* andefattigdom, innehållslöshet, tanketomhet **Gedankenlesen** *0 n* tankeläsning **gedankenlos** tanklös; ouppmärksam **Gedankenlosigkeit** *0 f* tanklöshet; ouppmärksamhet **Gedankenlyrik** *0 f* tankelyrik **gedankenreich** rik på tankar, tankediger **Gedankenschnelle** *0 f, in* (*mit*) ~ snabbt som tanken **Gedankensplitter** - *m* tankekorn, aforism **Gedankenstrich** *-e m* tankstreck **Gedankenübertragung** *-en f* tanke-överföring **Gedankenverbindung** *-en f* association, tankeförbindelse **gedanken|verloren, -versunken** försjunken i tankar **gedankenvoll 1** tankfull **2** tankediger **Gedankenwelt** *-en f* tankevärld **gedanklich** tankemässig; ~*e Leistung* (*äv.*) intellektuell prestation
Gedärm *-e n,* **Gedärme** - *n,* koll. tarmar, inälvor **Gedeck** *-e n* **1** kuvert (*tallrik m. bestick etc.*) **2** meny **gedeckt** dämpad, matt (*om färg*)
Gedeih *0 m, auf* ~ *und Verderb* i med- o. motgång, villkorslöst **gedeihen** *gedieh, gediehen, s* **1** trivas, gedigna, *s* **1** frodas; *unrecht Gut gedeiht nicht* (*ung.*) orätt fånget lätt förgånget **2** fortskrida, gå framåt; *die Sache ist so weit gediehen, daß* saken har nu kommit därhän (fortskridit så långt) att **Gedeihen** *0 n* tillväxt; framgång **gedeihlich** gynnsam, gagnelig; ~*e Zusammenarbeit* (*äv.*) produktivt samarbete
gedenken oreg. **1** minnas, tänka på, erinra sig; *alter Zeiten* (*gen.*) ~ tänka tillbaka på gamla tider; *e-r Sache* (*gen.*) *feierlich* ~ (*äv.*) högtidlighålla minnet av. ngt **2** *e-r Sache* (*gen.*) *mit einigen Worten* ~ nämna några ord om ngt, omnämna ngt med några ord **3** ämna, ha för avsikt; *wir* ~, *abzureisen* vi har för avsikt att resa **Gedenken** *0 n* minne, åminnelse, hågkomst
Gedenk|feier *-n f* minneshögtid **-münze** *-n f* minnespenning, jubileumsmynt **-rede** *-n f* minnestal, parentation **-stätte** *-n f* minnesvård; minnesplats **-tag** *-e m* minnes-, bemärkelse|dag
Gedicht *-e n* dikt; *ein* ~ *vorlesen* läsa upp en dikt; *der Kuchen ist ein* ~ (*vard.*) kakan är som en dröm **Gedichtform** *-en f* versform, bunden form **gediegen 1** gedigen; [full]lödig, äkta **2** *vard.* rolig, festlig; konstig **gedieh** *se gedeihen* **gedient** ~*er Soldat sein* ha gjort sin värnplikt **Gedingarbeit** *-en f, gruv.,* ackordsarbete **Gedinge** - *n, gruv.* ackord[slön], beting; *im* ~ på ackord **Gedingelohn** *-e† m, gruv.* ackord[slön] **Gedonner** *0 n* dån[ande]; buller **Gedränge** *0 n* trängsel; *ins* ~ *kommen* (*bildl.*) råka i trångmål; *mit der Zeit ins* ~ *kommen* råka i tidsnöd, få ont om tid **Gedrängel** *0 m, vard.* trängsel **gedrängt** *se drängen* **Gedrängtheit** *0 f* kompakthet; gyttrighet; *die* ~ *des Stils* stilens koncisa form **Gedröhn[e]** *0 n* dån, brak **gedrückt** tryckt; nedstämd **Gedrücktheit** *0 f* nedslagenhet, tryckt stämning **gedrungen** undersätsig, satt; kompakt **Gedrungenheit** *0 f* undersätsighet *etc.*, *jfr gedrungen* **Gedudel** *0 n, vard., se Dudelei* **Geduld** *0 f* tålamod, tålmodighet; uthållighet; *nur* ~*!* (*vard.*) lugn bara!; *um* ~ *bitten* (*äv.*) be om överseende; *mit* ~ *ertragen* tålmodigt bära; *sich in* ~ *fassen* öva sig i tålamod; *dazu gehört viel* ~ (*äv.*) det kräver stor uthållighet; ~ *mit e-m haben* ha tålamod med ngn; *jetzt reißt mir aber die* ~ nu är det slut på mitt tålamod; *jds* ~ *auf e-e harte Probe stellen* sätta ngns tålamod på ett hårt prov **gedulden** *rfl* ge sig till tåls; *sich noch e-e Weile* ~ vänta ett tag till **geduldig** tålig, tålmodig; *Papier ist* ~ (*ordspr.*) papper rodnar inte; ~ *wie ein Lamm* (*ung.*) from som ett lamm **Geduldsfaden** *0 m, vard., mir reißt der* ~ mitt tålamod är slut; *e-n langen* ~ *haben* ha stort tålamod **Geduldsprobe** *-n f* tålamodsprov; *es war e-e harte* ~ *für mich* det satte mitt tålamod på hårt prov, det var tålamodsprövande för mig **Geduldsspiel** *-e n* tålamodsspel
gedunsen uppsvälld, pussig
geeignet lämplig, passande; *er ist dafür nicht* ~ han passar inte (är olämplig) till det; ~*e Maßnahmen* lämpliga åtgärder; *im* ~*en Moment* i rätta ögonblicket
Geest [ge:st] *-en f,* **Geestland** *0 n* högt beläget [sandigt o. ofruktbart] kustland
Gefach *-e f. -er† n, koll.* fack; fackverk **Gefahr** *-en f* fara; risk; *es besteht die* ~, *daß er kommt* risken finns (det är fara värt) att han kommer; *es hat keine* ~ det är inte farligt; ~ *laufen* löpa risk, riskera; *der* ~ (*dat.*) *ins Auge sehen* se faran i vitögat; *es ist* ~ *im Verzug* det är fara å färde; *auf eigene* ~ på egen risk, på eget ansvar; *auf die* ~ *hin, daß* med risk att; *wer sich in* ~ *begibt, kommt darin um* (*ordspr.*) den fara älskar, han förgås däri; *unter* ~ *des eigenen Lebens* med fara för eget liv **gefährd|en** utsätta för fara; äventyra; riskera; *sein Leben* ~ sätta livet på spel; *-et sein* vara hotad, vara i farozonen; ~*e Jugend* ungdom på glid (avvägar) **gefahrdrohend** hotande, farlig **Gefährdung** *-en f*

risk (*e-r Sache gen.* för ngt); äventyrande; hot (*e-r Sache gen.* mot ngt) **Gefahre** *0 n* [ständigt] åkande (körande) **Gefahren|bereich** *-e m*, **-gebiet** *-e n* farligt område, farozon **Gefahrenherd** *-e m, bildl.* oros|centrum, -härd; fara **Gefahrenquelle** *-n f* farokälla **Gefahrenzone** *-n f* farozon; *aus der ~ bringen (äv.)* bringa i säkerhet **Gefahrenzulage** *-n f* risktillägg **gefährlich** farlig; riskabel; *e-m ~ werden* bli farlig för ngn; *das ist nicht so ~ (vard.)* det är inte så farligt, det gör ingenting **Gefährlichkeit** *0 f* farlighet **gefahrlos** riskfri, ofarlig **Gefahrlosigkeit** *0 f* ofarlighet **Gefährt** *-e n* åkdon, fordon **Gefährte** *-n -n m* följeslagare, kamrat, vän **Gefährtin** *-nen f* följeslagarinna, kvinnlig kamrat, väninna **gefahrvoll** faro-, risk|fylld
Gefälle - *n* **1** lutning; (*vattnet*) fall[höjd]; *schweiz.* dragning, tendens **2** *ein gutes ~ haben (vard.)* tåla en hel del (*sprit*) **3** skillnad[er]; *das soziale ~ in der Bevölkerung* de sociala skillnaderna bland befolkningen **Gefällemesser** - *m* lutningsmätare, klinometer
gefallen *st* tilltala, slå an på, behaga; *sie gefällt mir (äv.)* jag tycker om henne; *hier gefällt es mir (äv.)* här trivs jag; *sein Benehmen gefällt mir nicht (äv.)* jag är inte nöjd med hans uppträdande; *es gefällt mir vorzüglich* det tilltalar mig utomordentligt; *sein Aussehen gefällt mir nicht (äv.)* jag tycker inte han ser riktigt frisk ut; *es hat Gott ~, zu* det har behagat Gud att (*i dödsannons e.d.*); *sich (dat.) etw. ~ lassen* finna sig i ngt; *das lasse ich mir ~! (vard.)* bättre kunde det inte vara!, det passar utmärkt!, det gillar jag!; *sie gefällt sich in ihrer Rolle* hon trivs med sin roll; *man muß sich nicht alles ~ lassen (äv.)* man får inte låta behandla sig hur som helst; *ich gefalle mir in neuen Kleid (ung.)* jag tycker att den nya klänningen klär mig **Gefallen** 0 *n* behag, nöje; *nach ~ efter behag; e-m etw. zu ~ tun* göra ngt för ngns skull (för att behaga ngn); *ich finde kein ~ an dieser Arbeit* jag tycker inte om det här arbetet; *e-m zu ~ reden* smickra (fjäska för) ngn; *zu ~ sein* vara till lags **2** - *m* tjänst; *tu mir den ~ und* var snäll och; *e-m e-n ~ tun* visa ngn en vänlighet, göra ngn en tjänst **Gefallenendenkmal** *-er†, ibl. -e n* krigsmonument, monument över stupade soldater **Gefallenenfriedhof** *-e† m* krigskyrkogård **Gefallene(r)** *m, adj böjn.* fallen, stupad **gefällig 1** angenäm, behaglig, tilltalande; vänlig; *sich ~ erweisen* visa sig tillmötesgående; *Ihr ~es Schreiben* Eder värderade skrivelse; *~e Musik (äv.)* lättillgänglig musik **2** *sonst noch etw. ~?* önskas det ngt mer (*att dricka e.d.*)?; *was ist ~?* vad får det lov att vara?; *Kaffee ~? (vard.)* vill du (*etc.*) ha kaffe? **Gefälligkeit** *-en f* vänlighet, tillmötesgående; *e-m e-e ~ erweisen (äv.)* göra ngn en tjänst; *aus ~ av* vänlighet **Gefälligkeits|akzept** *-e n*, **-wechsel** - *m* ackommodationsväxel **gefälligst** *benimm dich ~ anständig!* var snäll o. uppför dig ordentligt!; *sei ~ still!* nu håller du dig lugn! **Gefallsucht** *0 f* behagsjuka **gefallsüchtig** behagsjuk, kokett
Gefangenen|aufseher - *m* fångvaktare **-befreiung** *-en f* [olagligt] fritagande av fånge (fångar) **-fürsorge** *0 f* hjälp till fångar o. deras familjer, eftervård av fångar **-lager** - *n* fång-, krigsfånge|läger **-wärter** - *m, åld.* fångvaktare **Gefangene(r)** *m f, adj böjn.* fånge; *Gefangene machen* ta fångar **gefangenhalten** *st* hålla fången (fängslad) **Gefangennahme** *0 f* tillfångatagande **gefangennehmen** *st* ta till fånga; *das Buch nimmt mich gefangen* boken fängslar mig **Gefangenschaft** *0 f* fångenskap **gefangensetzen** inspärra, sätta i fängelse **Gefängnis** *-se n* fängelse; *ins ~ schicken* sätta i fängelse; *zu 5 Jahren ~ verurteilen* döma till fem års fängelse **-geistliche(r)** *m, adj böjn.* fängelsepräst **-strafe** *-n f* fängelsestraff **-wärter** - *m* fångvaktare **-zelle** *-n f* fängelsecell **Gefasel** *0 n, vard.* svammel, skitsnack **Gefäß[-'fɛ:s]** *-e n* kärl; kärl **Gefäßbündel** - *n, bot.* kärl|knippe, -sträng **Gefäßerweiterung** *-en f, med.* kärlvidgning **gefäßreich** rik på blodkärl **gefäßt 1** *se fassen* **2** fattad, behärskad **3** *sich auf etw. (ack.) ~ machen* vara beredd (bereda sig) på ngt; *auf alles ~ sein* vara beredd på allt **Gefäßtheit** *0 f* fattning, behärskning **Gefäßwand** *-e† f* kärlvägg
Gefecht *-e n* strid; drabbning; *e-n außer ~ setzen* försätta ngn ur stridbart skick; *ein Argument ins ~ führen* framlägga ett argument; *im Eifer des ~s (äv. bildl.)* i stridens hetta **Gefechtsausbildung** *-en f* stridsutbildning **gefechtsbereit** stridsfärdig **gefechtsklar** *sjö.* stridsberedd **Gefechtsladung** *-en f* stridsladdning **Gefechtsstand** *-e† m, mil.* eldledningsplats **Gefechtsturm** *-e† m, mil.* kanontorn **Gefechtsziel** *-e n* [anfalls]mål **Gefeilsch[e]** *0 n* köpslående **gefeit** osårbar (*enligt folktron*); *gegen e-e Versuchung ~ (bildl.)* immun mot en frestelse **Gefertigte(r)** *m f, adj böjn., hand. åld.* undertecknad **Gefiedel[e]** *0 n* [ihållande o.] jämmerligt fiolspel, gnäll på fiolen **Gefieder** - *n, koll.* fjädrar **gefiedert 1** fjäderbeklädd; *die ~en Sänger* fåglarna **2** *bot.* parbladig **Gefilde** - *n, poet.* fält, ängd; *die ~ der Seligen* de elyseiska fälten, de saligas boningar; *die heimatlichen ~ (ung.)* hemtrakterna **gefinkelt** *österr.* smart, klipsk, durkdriven **gefitzt** *schweiz., ~es Mädel* skälmsk flicka; *~es Kind* klipsk unge **geflammt** flammig **Geflatter[e]** *0 n* [ihållande] fladdrande (flaxande) **Geflecht** *-e n* flätverk, flätning; nät; *anat.* plexus, nät **gefleckt** fläckig, prickig **Geflenne** *0 n, vard.* [ständigt] lipande **geflissentlich** avsiktlig, *adv äv.* med avsikt; *zur ~en Beachtung (kansl.)* till vänligt beaktande **Gefluche** *0 n* [ideligt] svärande **Gefluder** - *n, gruv.* vattenränna **Geflügel** *0 n* fjäderfä; *kokk.* fågel **-farm** *-en f* fjäderfäfarm **-händler** - *m* fågelhandlare **-hof** *-e† m* [liten] fjäderfäfarm **-schere** *-n f* fågelsax **geflügelt** vingförsedd, bevingad; *~e Worte* bevingade ord **Geflügelzucht** *0 f* fjäderfäavel **Geflunker[e]** *0 n, vard.* [lögn]historia; skryt **Geflüster** *0 n* [ständigt] viskande, viskningar **Gefolge** - *n* följe, svit, uppvaktning; *im ~ haben (bildl.)* dra med sig, ha till följd **Gefolgschaft 1** *0 f* lojalitet, följd **2** *-en f* följe, anhängare, följeslagare **3** *-en f, nat. soc.* personal; grupp **Gefolgsherr** *-[e]n -en m, ung.* länsherre **Gefolgs|mann** *-männer m, mil. -leute m* [trogen] anhängare; vasall
Gefrage *0 n* [evigt] frågande **gefragt** efter|-frågad, -sökt **gefräßig** [-'frɛ:-] glupsk, stor

i maten **Gefreite(r)** *m, adj böjn., ung.* korpral, underbefäl
Gefrieranlage *-n f* frysanläggning **gefrieren** *st s* frysa [till is]; *bildl.* stelna; ~ *lassen* frysa ner
Gefrier|fach *-er†* n frysfack **-fleisch** *0 n* fryst kött **-punkt** *-e m* fryspunkt **-schrank** *-e†* m frysskåp **-schutzmittel** - *n* frostskyddsmedel, kylarvätska
gefriertrocknen frystorka **Gefriertruhe** *-n f* frysbox **Gefror[e]ne(s)** *n, adj böjn., sty., österr.* glass **Gefrornis** *0 f, geol.* ständigt tjälbunden mark
Gefüge - *n* struktur; system **gefügig** foglig, undfallande; anpassbar; *e-n ~ machen (äv.)* göra ngn spak
Gefühl *-e n* 1 känsla; ~ *der Freude* glädjekänsla; ~ *der Angst* känsla av rädsla; *Mensch ohne ~* människa utan känslor; *das habe ich so im ~ (vard.)* det känner jag på mig; *ein feines ~ für etw. haben* ha sinne (förståelse) för ngt; *ich habe das ~, daβ* jag har en känsla av att; *mit ~* med känsla; *nach ~* på känn; *ein unbestimmtes ~* en vag förnimmelse 2 känsel[sinne] **gefühllos** okänslig, känslolös; kallhamrad; ~ *werden (äv.)* domna bort **Gefühllosigkeit** *0 f* känslolöshet, okänslighet **gefühlsbetont** känslobetonad; *~es Denken* känslotänkande **Gefühlsduselei** *0 f, vard.* sentimentalitet, känslopjosk **gefühlskalt** känslokall; frigid **Gefühlsmangel** *0 m* brist på känslor **gefühlsmäßig** känslomässig; instinktiv; *på känn* **Gefühlsmensch** *-en -en m* känslomänniska **Gefühlsnerv** *-en m* känselnerv **Gefühlssache** *-n f, das ist ~ det* är en känslosak **gefühlsselig** känslosam **Gefühlsseligkeit** *0 f* känslo|yra, -rus **Gefühlssinn** *0 m* känselsinne **Gefühlstube** *0 f, vard., auf die ~ drücken* söka väcka medlidande, bli sentimental **Gefühlswärme** *0 f* känslosamhet **Gefühlswert** *-e m* känslovärde
gefühlrig *dial., der Schnee ist ~* det är bra före (glid) **Gefunkel** *0 n* gnistrande, tindrande **Gegacker** *0 n* [ständigt] kacklande **gegeben** given; lämplig, riktig; *das ist das ~e* det är det bästa; *aus ~em Anlaß* på förekommen anledning; *im ~en Fall a)* i detta fall, *b)* i förekommande fall; *zu ~er Zeit* i sinom tid **ge-'gebenen'falls** i förekommande fall, eventuellt; om det passar **Gegebenheit** *-en f* faktum, realitet
gegen *prep m. ack.* 1 [e]mot; ~ *alle Regel* mot alla regler; *das ist ~ die Natur* det strider mot naturen; ~ *den Wind fliegen* flyga mot vinden; ~ *Norden* mot (åt) norr; ~ *bar* mot kontant betalning 2 inemot; ~ *20 Personen* inemot (bortåt) 20 personer; ~ *5 Uhr* bortåt klockan 5, vid femtiden; ~ *Abend* mot kvällen 3 i jämförelse med; ~ *ihn bin ich klein* jämfört med honom är jag liten 4 för; *gleichgültig (taub, blind) ~* likgiltig (döv, blind) för
Gegen|aktion *-en f* motaktion **-angebot** *-e n* motbud **-angriff** *-e m* mot|angrepp, -attack **-antrag** *-e† m* motförslag, kontraproposition **-anzeige** *-n f, med.* kontraindikation **-argument** *-e n* motargument **-bedingung** *-en f, ich stelle die ~,daß* jag uppställer ett annat villkor, nämligen att **-befehl** *-e m* motorder **-behauptung** *-en f* motpåstående **-besuch** *-e m* svarsåter|visit **-bewegung** *-en f* motrörelse, reaktion **-beweis** *-e m* motbevis **-bild** *-er n* 1 motstycke, pendang 2 kontrastbild **-bitte** *-n f,* *ich habe e-e ~ an dich (du ber mig om ngt o.)* i gengäld ber jag dig **-buch** *-er† n* kontrabok **gegenbuchen** *hand.* återföra (bokförd post) **Gegend** *-en f* trakt, område; kvarter; *in der ~ von A.* i närheten (trakten) av A.; *in welcher ~ liegt B.?* åt vilket håll (i vilken riktning) ligger B.?; *in meiner ~* i mina trakter; *in der ~ des Magens* i magtrakten; *in allen ~en (äv.)* i alla väderstreck; *durch die ~ laufen* gå (springa) omkring
Gegen|darstellung *-en f* 1 genmäle, replik (*i tidning*) 2 motsatt argumentation (beskrivning) **-demonstration** *-en f* motdemonstration **-dienst** *-e m* gentjänst; *e-m e-n ~ erweisen* göra ngn en gentjänst **-druck** *0 m* mottryck
gegenein'ander mot varandra **-halten** *st* hålla emot varandra, jämföra [med varandra] **-hetzen** hetsa mot varandra **-prallen** *s* stöta ihop [med varandra] **-stellen** ställa mot varandra; jämföra [m. varandra] **-stoßen** *st* 1 *s* stöta ihop [m. varandra] 2 slå mot varandra
Gegen|farbe *-n f* komplementfärg **-frage** *-n f* motfråga **-füßler** - *m, åld.* antipod **-gabe** *-n f,* **-geschenk** *-e n* gengåva **-gewicht** *-e n* motvikt **-gift** *-e n* motgift **-grund** *-e† m* motskäl **-gruß** *-e† m, åld.* svarshälsning
gegenhalten *st, nty.* hålla emot
Gegen|kaiser - *m* motkejsare **-kandidat** *-en -en m* motkandidat **-klage** *-n f, jur.* genkäromål; motanklagelse **-kläger** - *m, jur.* genkärande **-könig** *-e m* motkonung **-kraft** *-e† f* motverkande kraft
gegenläufig som går åt motsatt håll **Gegenleistung** *-en f* motprestation; *etw. als ~ tun* göra ngt i gengäld **gegenlenken** styra emot **gegenlesen** *st* motläsa, kontrolläsa **Gegen|licht** *0 n* motljus; *bei (im) ~* i motljus **-lichtaufnahme** *-n f* fotografi (fotografering) i motljus **-liebe** *0 f* genkärlek; *keine ~ finden (äv.)* inte finna ngt gensvar **-maßnahme** *-n f* motåtgärd **-meinung** *-en f* motsatt mening (åsikt) **-mittel** - *n* mot|medel, -gift **-mutter** *-n f, tekn.* stoppmutter **-papst** *-e† m* motpåve **-partei** *-en f* motpart; *polit.* opposition[sparti]; *sport.* motståndarsida **-phase** *-n f* motfas **-pol** *-e m* motpol **-probe** *-n f* kontroll|prov, -räkning; *die ~ machen (äv.)* kontrollräkna nejrösterna **-rechnung** *-en f* 1 motfordran 2 kontrollräkning **-rede** *-n f* [gen]svar, replik; invändning **-reformation** *0 f, die ~* motreformationen **-regierung** *-en f* motregering **-revolution** *-en f* kontrarevolution **-richtung** *-en f* motsatt riktning **-rufanlage** *-n f* snabbtelefon
Gegensatz *-e† m* motsats, kontrast; motsättning; antagonism; *im ~ zu* i motsats till; *den ~ zu etw. bilden* utgöra motsatsen till ngt; *die Gegensätze berühren sich* ytterligheterna berör varandra
gegensätzlich motsatt, kontrasterande; antagonistisk; *die Brüder sind ~ veranlagt* bröderna har helt olika anlag; *~e Vorschriften* oförenliga bestämmelser **Gegensätzlichkeit** *0 f* motsättning, skiljaktighet **Gegensatzwort** *-er† n, språkv.* antonym **Gegenschlag** *-e† m* mot|attack, -hugg; vedergällning; *e-n ~ führen* gå till motanfall, vedergälla **Gegenseite** *-n f* andra sida, baksida; *bildl.* motpart, opposition **gegenseitig** ömsesidig, inbördes; *sich ~ helfen* hjälpa varandra; *im ~en Einvernehmen* i ömsesidigt samförstånd

Gegen|seitigkeit *0 f* ömsesidighet; *die Zuneigung beruht auf ~ tillgivenheten är ömsesidig; Versicherung auf ~* ömsesidig försäkring **-sinn** *0 m, im ~ a)* i motsatt mening, *b)* åt motsatt håll **-spieler** - *m* motspelare; vedersakare **-spionage** *0 f* kontra-, mot|spionage **-sprechanlage** -*n f* snabbtelefon
Gegenstand -*e*† *m* föremål, objekt; tema; *österr.* [skol]jämne; *~ seiner Liebe* föremål för hans kärlek; *~ von großer Bedeutung* ämne av stor betydelse; *das Buch hat zum ~ (äv.)* boken behandlar; *sich zum ~ des Gespötts machen* göra sig till föremål för åtlöje **gegenständig** *bot.* motsatt **gegenständlich** kroppslig, verklig, konkret; *konst.* figurativ **Gegenständlichkeit** *0 f* konkret (åskådlig) beskaffenhet **Gegenstandpunkt** -*e m* motsatt ståndpunkt **gegenstandslos** grundlös; ogrundad, ohållbar; *konst.* nonfigurativ, abstrakt; *~ werden (äv.)* bli överflödig (onödig) **Gegenstandslosigkeit** *0 f, die ~ seiner Befürchtungen* det grundlösa i hans farhågor **gegensteuern** styra emot
Gegen|stimme -*n f* **1** nejröst; *gegen den Vorschlag erhoben sich einige ~n* det höjdes några röster mot förslaget **2** *mus.* mottema **-stoß** -*e*† *m* motstöt; *e-n ~ führen, zum ~ ansetzen* göra en motattack, sätta in en motstöt **-strom** -*e*† *m* motström **-strömung** -*en f* motström; *bildl.* motströmning, reaktion **-stück** -*e n* **1** motstycke, motsvarighet, pendang, make **2** motsats
Gegenteil -*e n* motsats; *im ~! tvärtom!; etw. ins ~ verkehren* vända ngt till motsatsen **gegenteilig** motsatt **Gegen|tor** -*e n*, **-treffer** - *m, sport., ohne ~ bleiben* hålla nollan
gegen'über I *prep m. dat.* **1** mittemot; *~ dem Haus, (äv.) dem Haus ~* mitt emot huset; *e-m ~ (äv.)* ansikte mot ansikte med ngn **2** gentemot; inför; *diesen Tatsachen ~* inför dessa fakta; *e-m ~ freundlich sein* vara vänlig mot ngn; *~ dem Vorjahr* jämfört (i jämförelse) med i fjol **II** *adv* mitt emot; *das Haus ~* huset mitt emot (på andra sidan gatan); *die Leute von ~ (vard.)* de som bor mitt emot; *schräg ~* snett emot (över gatan *etc.*) **Gegenüber** - *n* **1** granne mitt emot; hus på andra sidan gatan (floden *etc.*); *wir haben kein ~* det bor ingen mitt emot oss **2** moatjé, partner **3** motsats[förhållande]
gegenüber|liegen *st* ligga (vara belägen) mitt emot; *das ~de Haus* huset [som ligger] mitt emot; *am ~den Ufer* på motsatta stranden **-sehen** *st rfl, sich etw. (dat.) ~* konfronteras med ngt **-setzen** placera mitt emot *(vid bord); sich e-n ~* sätta sig mitt emot ngn **-sitzen** *st, einander ~* sitta mitt emot varandra **-stehen** *st* stå mitt emot; *hier stehen sich zwei Meinungen gegenüber* här står två åsikter mot varandra; *e-r Gefahr (dat.) ~* konfronteras med en fara; *e-m Plan skeptisch ~* ställa sig skeptisk till en plan; *e-m feindlich ~ (äv.)* vara fientligt inställd mot ngn; *e-m fremd ~ (äv.)* vara obekant med ngn **-stellen 1** *dem Angeklagten e-n Zeugen ~* konfrontera den anklagade med ett vittne **2** *e-n e-m ~* jämföra ngn med ngn
Gegenüberstellung -*en f* **1** konfrontering **2** jämförelse **gegenübertreten** *st s, e-r Sache (dat.) ~* närmare befatta sig med ngt; *e-m ~* träda inför ngn, möta ngn; *e-m freundlich ~* bemöta ngn vänligt

Gegen|unterschrift -*en f* kontrasignering **-verkehr** *0 m* mötande trafik; trafik i båda riktningarna **-versuch** -*e m* kontroll|försök, -test **-vormund** -*e el.* -*er*† *m* medförmyndare **-vorschlag** -*e*† *m* motförslag **-vorwurf** -*e*† *m* motbeskyllning
Gegenwart *0 f* **1** nutid, samtid; *språkv.* presens; *die Geschichte der ~* samtidshistorien **2** närvaro; *in ~ der Mutter* i moderns närvaro **gegenwärtig I** *adj* **1** sam-, nu|tida; nuvarande; nu gällande (rådande) **2** närvarande; *sich (dat.) etw. ~ halten* hålla ngt i minnet; *ich habe es (das ist mir) nicht ~ (äv.)* jag minns det inte **II** *adv* för närvarande; nu för tiden; *ich bin ~ sehr beschäftigt* jag har mycket att göra för närvarande **Gegenwartsform** -*en f, språkv.* presensform **Gegenwartsfrage** -*n f* aktuell fråga **Gegenwartskunde** *0 f, ung.* nutidsorientering **gegenwartsnah[e]** aktuell, tidsenlig
Gegen|wehr *0 f* motvärn **-wert** -*e m* motvärde, motsvarande värde, motsvarighet **-wind** -*e m* motvind **-wirkung** -*en f* motverkan, reaktion **-wort 1** -*er*† *n, språkv.* antonym **2** -*e n, dial.* svar
gegenzeichnen kontrasignera **Gegenzeichnung** -*en f* kontrasignering; attestering **Gegenzug** -*e*† *m* **1** motdrag *(i spel etc.); bildl.* motattack; *e-n ~ abwarten (bildl.)* avvakta en motåtgärd (motpartens nästa drag) **2** mötande tåg
Gegner - *m* motståndare, motpart, fiende *(e-r Sache gen.* till ngt) **gegnerisch** fientlig; *der ~e Anwalt* motpartens advokat; *die ~e Mannschaft* motståndarlaget **Gegnerschaft** *0 f* **1** antagonism, fientlig hållning **2** *koll.* motståndare
gegr. förk. för gegründet gr., grundad **Gegrinse** *0 n* flin[ande] **Gegröl[e]** *0 n* [ihållande] skrål (skrän) **Gegrunz[e]** *0 n* grymtande *geh. förk. för gehettet* hft, häftad **Gehabe** *0 n* **1** tillgjordhet, choser, konstigt sätt **2** *se Gehaben 1* **gehaben** *rfl, åld.* bete sig; *gehab dich wohl!* lev väl!, ha det bra! **Gehaben** *0 n* **1** beteende, uppförande **2** *se Gehabe 1* **gehabt 1** *se haben* **2** *vard.* vanlig; *wie ~* som vanligt **Gehackte(s)** *n, adj böjn.* köttfärs, malet kött **Gehader** *0 n* träta
Gehalt 1 -*e m* halt *(an +dat.* av); *sittlicher ~* moralisk halt, moraliskt värde; *~ an Fett* fetthalt **2** -*er*† *n* lön *(t. tjänsteman)*; löne|villkor, -förmån; *~ von 1000 Mark* lön på 1 000 mark; *~ beziehen* uppbära lön **gehaltarm** innehållsfattig, utan ngt större värde; näringsfattig **gehalten** *~ sein* vara förpliktad **gehaltlos** halt-, värde|lös; näringslös; [innehålls]tom **Gehaltlosigkeit** *0 f* värdelöshet *etc., jfr gehaltlos* **gehaltreich** värde-, innehålls|rik; näringsrik
Gehalts|abzug -*e*† *m* löneavdrag **-anspruch** -*e*† *m* löne|anspråk, -krav **-aufbesserung** -*en f* löneförbättring **-einstufung** -*en f, ung.* lönegradsplacering **-empfänger** - *m* löntagare **-erhöhung** -*en f* löneförhöjning **-kürzung** -*en f* lönesänkning **-liste** -*n f* avlöningslista **-stufe** -*n f* lönegrad **-tarif** -*e m* [löne]avtal **-zahlung** -*en f* löneutbetalning **-zulage** -*n f* lönetillägg
gehaltvoll 1 näringsrik **2** värdefullt, innehållsrik **gehandikapt** [gəˈhɛndikɛpt] handikappad **Gehänge** - *n* **1** [blomster]girland **2** berlock;

geharnischt—gehen

örhänge; [värj]gehäng; hänglampa **3** *jakt.* hängande öron **4** *vulg.* pattar; kuk **5** *tekn.* [vagns]bygel; fäste; upphängning[sanordning] **6** *dial.* [brant] sluttning, stup **geharnischt 1** *åld.* klädd i harnesk, väpnad **2** ~*e Antwort* skarpt (bitande) svar **gehässig** hatisk, hätsk; illvillig, skadeglad **Gehässigkeit 1** *0 f* hätskhet *etc.*, *jfr gehässig* **2** -*en f* spydighet; ~*en sagen* säga elakheter **Gehäuse** - *n*, *tekn.* hus; kåpa; fodral; kompass|dosa, -hus; boett; kärnhus; snäck-, snigel|hus; *sport.* mål **Gehbahn** -*en f*, *dial.* gångväg **gehbehindert** rörelsehindrad, som har svårt att gå **Geheck** -*e n*, *jakt.* kull **Gehege** - *n* stängsel; inhägnat område; [jakt]revir; hage (*för hästar*); *e-m ins* ~ *kommen* (*bildl.*) göra intrång på ngns område; *komm mir nicht ins* ~ lägg dig inte i mina affärer (angelägenheter) **geheim** hemlig; ~*e Abstimmung* sluten omröstning; ~*es Fach* lönnfack; ~*e Dienstsache* hemligstämplat ärende; *G*~*e Staatspolizei* (*förk. Gestapo*) hemlig (*politisk*) polis (*i sht nat. soc.*); *im* ~*en* i hemlighet (smyg); ~*er Vorbehalt* tyst förbehåll, brasklapp; *G*~*er Rat* (*hist.*) geheimeråd
Geheim|abkommen - *n* hemligt avtal **-agent** -*en* -*en m* hemlig agent **-bund** -*e*† *m* hemligt förbund **-bündelei** *0 f* organiserande av (tillhörighet till) hemligt förbund **-bündler** - *m* medlem i hemligt förbund **-dienst** -*e m* [hemlig] underrättelsetjänst **-fach** -*er*† *n* lönnfack **geheimhalten** *st* hemlighålla **Geheimhaltung** *0 f* hemlighållande **Geheimhaltungspflicht** -*en f* sekretessplikt **Geheimkamera** -*s f* hemlig (dold) kamera **Geheimlehre** -*n f* hemlig (esoterisk) lära **Geheimmittel** - *n* hemligt [läke]medel, arkanum
Geheimnis -*se n* hemlighet; *kein* ~ *aus etw. machen* inte göra ngn hemlighet av ngt; *das* ~ *seines Erfolges* hemligheten med hans framgång **-krämer** - *m* hemlighetsmakare **-krämerei** *0 f* hemlighetsmakeri **-träger** - *m* person som på ämbetets vägnar äger kännedom om hemliga förhållanden **-tuer** - *m* hemlighetsmakare **-tuerei** *0 f* hemlighetsmakeri **-verrat** *0 m* brott mot sekretessplikten **geheimnisvoll** hemlighetsfull; *tu nicht so* ~*!* var inte så hemlighetsfull!
Geheim|nummer - *nf* hemligt [telefon]nummer **-polizei** *0 f* hemlig polis **-polizist** -*en* -*en m* medlem av hemlig polis **-rat** -*e*† *m*, *hist.* geheimeråd **-ratsecken** *pl*, *skämts.*, ~ *haben* ha djupa vikar vid tinningarna **-schrift** -*en f* chifferskrift **-sender** - *m* hemlig [radio]sändare **-sprache** -*n f* hemligt språk **-tinte** -*n f* osynligt (sympatetiskt) bläck **-tip** -*s m* stalltips **-treppe** -*n f* lönntrappa **-tuer** - *m* hemlighetsmakare **-tuerei** *0 f* hemlighetsmakeri **geheimtun** *st* smussla, vara hemlighetsfull **Geheimtür** -*en f* lönndörr **Geheimwaffe** -*n f* hemlig vapen **Geheimwissenschaft** -*en f* hemlig (ockult) vetenskap **Geheimzeichen** - *n* hemligt (ockult) tecken
Geheiß *0 n* [muntlig] befallning; *auf jds* ~ på ngns befallning
geh|en *ging*, *ginge*, *gegangen* **1** *s* gå (*äv. bildl.*); *geh!* (*österr.*) *a)* verkligen?, är det sant?, *b)* kom igen!; ~ *wir!* låt oss gå!; *baden* ~ gå o. bada; *er ist baden gegangen* han har gått o. badat, han är o. badar; *barfuß* ~ gå barfota; *die Sache* -*t ihren Gang* saken har sin gång; *es* -*t ein Gerücht* det går ett rykte; *die Tür* ~ *hören* höra dörren öppnas (stängas); *in den Ruhestand* ~ gå i pension; *die Klingel* -*t* det ringer; *der Motor* -*t* motorn går (är i gång, fungerar); *rechts* ~*!* gå på höger sida!, håll till höger!; *mit e-m Gedanken schwanger* ~ bära (ruva) på en tanke; *der Teig* -*t* degen jäser; *e-n ungestraft* ~ *lassen* låta ngn slippa undan ostraffat; *er ist von uns gegangen* han har lämnat oss (gått bort, avlidit); *die Ware* -*t gut* varan säljer bra; *e-n Weg* ~ *a)* gå en väg [till fots], *b)* uträtta ett ärende; *geh deiner Wege!* gå din väg!; *seine eigenen Wege* ~ gå sina egna vägar; *seinen geraden Weg* ~ (*bildl.*) gå sin väg rakt fram, inte låta locka sig på avvägar; *dieser Weg* -*t sich bequem* den här vägen är lätt att gå; *er ist gegangen worden*, *man hat ihn gegangen* (*vard.*) han har fått sparken; *er ging so weit*, *zu behaupten* han gick så långt att han påstod, han påstod faktiskt; *wie* -*t man dorthin?* hur går man för att komma (kommer man) dit?; *der Wind* -*t* vinden blåser; *zu Ostern* ~ sluta till påsk **2** *s*, *m. prep*; *e-m ans Leben* ~ hota ngn till livet; *geh mir nicht an meine Sachen!* rör för all del inte mina saker!; *bis an die Schultern* ~ räcka till axlarna; *ans Werk* ~ gå till verket; *es* -*t auf dich* det syftar på (är riktat mot) dig; *die Uhr* -*t auf fünf* (*vard.*) klockan är snart fem; *er* -*t auf die Fünfzig* han är snart femtio; *auf den Garten* ~ vetta mot trädgården; *auf die Jagd* ~ gå på jakt, gå ut o. jaga; *von den Birnen* ~ *vier aus Kilo* det går fyra päron på ett kilo; *auf Reisen* ~ bege sig ut på resor; *e-m aus den Augen* ~ försvinna ur ngns åsyn; *aus den Fugen* ~ *a)* lossna i fogarna, *b)* råka i olag, *c)* lägga ut, bli fet; *ich will es mir durch den Kopf* ~ *lassen* jag ska tänka på saken; *das* -*t gegen meine Überzeugung* det är stridande mot) min övertygelse; *5* -*t in 10 ... 5* går i *10 ...*; *der Wein* -*t in die Beine* vinet sätter sig i benen; *in die Industrie* ~ börja arbeta inom industrin; *ins Kino* ~ gå på bio; *der Schaden* -*t in die Millionen* skadan uppgår till miljoner; *in den Saal* ~ *100 Personen* salen rymmer 100 personer; *in See* ~ gå till sjöss; *in Seide* ~ gå klädd i siden; *in sich* (*ack.*) ~ gå tillrätta med sig själv, rannsaka sitt inre; *in e-e andere Stadt* ~ flytta till en annan stad; *das Erbe* -*t in zwei Teile* arvet delas i två delar; *mit e-m Mädchen* ~ hålla ihop (kila stadigt, ha ett förhållande) med en flicka; *sie* -*t mit der Zeit* hon följer med sin tid; *nach Osten* ~ vetta mot öster; *nach der Regel* ~ följa regeln; *das* -*t ihm über alles* för honom finns det ingenting som går upp mot det; *das* -*t über meine Kräfte* det överstiger mina krafter; *von Mund zu Mund* ~ (*ung.*) vara i var mans mun; *e-m nicht von der Seite* ~ inte vika från ngns sida; *vor sich* ~ försiggå; *zu Ende* (*zur Neige*) ~ hålla på att ta slut, vara på upphällningen; *bis zum Knie* ~ räcka till knäet; *geh zum Teufel!* dra åt fanders! **3** *s*, *opers.*; *wie* -*t es dir?* hur står det till?; *es* -*t mir gut* jag mår bra; *wie gefällt es dir?* — *es* -*t* vad tycker du om det? — tja, så där, det går an; *es wird schon* ~ det går nog; *es ist anders gegangen* det blev annorlunda; *es* -*t das Gerücht* ryktet går, det sägs; *es sich* (*dat.*) *gut* ~ *lassen* ha det bra, leva utan bekymmer; *so* -*t es in der Welt* så går det till här i världen; *wenn es nach mir ginge* om jag fick råda, om det gick som jag ville; *es* -*t ihm ums Geld* för honom är det fråga om (gäller

det) pengarna; *es -t um meine Kinder* det handlar om (gäller) mina barn **4** *sich* (*dat.*) *Blasen* ~ gå så att man får blåsor på fötterna **Gehen** *0 n* **1** *sport.* gång **2** *das ~ fällt ihm schwer han har svårt för att gå* **gehenkelt** [försedd] med grepe (öra) **Gehenkte(r)** *m f, adj böjn.* hängd (*person*) **gehenlassen** *st* **1** låta vara; släppa **2** *rfl* vara slarvig (vårdslös); vara obehärskad; *man darf sich nicht ~ man får inte förlora självbehärskningen* **Gehenna** *0 f* gehenna, helvete **Geher** - *m* **1** *sport.* gångare **2** *pl, vard.* påkar (*fötter, ben*) **Gehetz[e]** *0 n, vard.* hets[ande]; jäkt, stress **geheuer** *nicht* ~ kuslig; *die Sache ist nicht ~ saken är skum*; *hier ist es nicht ~* här spökar det; *mir war nicht ~ zumute* jag var illa till mods **Geheul** *0 n* ylande; tjut[ande] **Geheule** *0 n* tjut[ande] **Gehilfe** *-n -n m* **1** medhjälpare, biträde, assistent **2** *jur.* medbrottsling **Gehirn** *-e n* hjärna -**akrobat** *-en -en m, skämts.* intellektuell -**blutung** *-en f* hjärnblödning -**entzündung** *-en f* encefalit, hjärninflammation -**erschütterung** *-en f* hjärnskakning -**erweichung** *-en f* hjärnuppmjukning -**haut** *-et f* hjärnhinna -**hautentzündung** *-en f* meningit, hjärnhinneinflammation -**kasten** *-t m, vard.* skalle, hjärnkontor -**quetschung** *-en f* krossår i skallen -**schlag** *-et m* slaganfall -**trust** *-e el. -s m* hjärntrust -**wäsche** *0 f, polit.* hjärntvätt; *e-n e-r ~* (*dat.*) *unterziehen* hjärntvätta ngn -**windung** *-en f* hjärnvindling
gehn *se gehen*
gehoben upphöjd; hög[re]; högtidlig; vårdad; kräsen **Gehöft** [-ø:-, äv. -œ-] *-e n* [bond]gård **Gehölz** *-e n* [skogs]dunge **Geholz[e]** *0 n, sport. o. vard.* ruff **Gehör** *0 n* **1** hörsel; *mus.* gehör (*äv. bildl.*), öra; *~ finden* vinna gehör; *e-m ~ schenken* lyssna till ngn; *sich* (*dat.*) *~ verschaffen* skaffa sig gehör, göra sig hörd; *nach dem ~ singen* sjunga efter gehör **2** *jakt.* öron -**bildung** *0 f, mus.* gehörsövning **gehorchen** lyda (*e-m* ngn); (*om roder etc.*) reagera på
gehör|en 1 tillhöra (*e-m* ngn); *das Buch -t mir* boken tillhör mig; *ihm -t die ganze Welt* hela världen är hans **2** höra; höra hemma; *dies -t nicht hierher* det hör inte hit; *dafür -t dir e-e Ohrfeige* det förtjänar du att få en örfil för; *sie ~ zusammen* de hör ihop; *du -st an den Galgen* du borde hängas; *der Kranke -t ins Bett* den sjuke hör hemma i sängen; *er -t zu den besten* han hör (räknas) till de bästa; *das -t nicht zur Sache* det hör inte hit (till saken); *es -t zu meiner Arbeit* det ingår i (hör till) mitt arbete; *mit zur Familie ~* höra till familjen; *zu dem Hut ~ Handschuhe* (*äv.*) till hatten passar det med handskar **3** fordras, krävas; *dazu -t Mut* det kräver (därtill krävs det) mod; *es -t schon etw. dazu* det vill mycket till för det, man måste vara bra fräck för det **4** *rfl* vara tillbörlig, passa; *wie es sich -t* som sig bör; *es -t sich nicht* (*äv.*) så får man inte göra, det är inte passande **Gehörfehler** - *m* hörselfel; lomhördhet **Gehörgang** -*et m* hörselgång **gehörgeschädigt** hörselskadad **gehörig 1** tillhörig (*e-m* ngn); *die zum Hof ~en Felder* de fält som hör till gården; *die ihm ~en Felder* hans fält, de fält som han äger **2** vederbörlig; behörig; *zur ~en Zeit* när tiden är inne, i behörig tid; *in ~er Form* i vederbörlig form **3** *vard.* ordentlig, rejäl; *e-m ~ die Meinung sagen* ge ngn ordentligt svar på tal; *er hat's ~ bekommen* han fick så han teg; *~e Tracht Prügel* ordentligt med stryk; *ein ~er Schluck* en ordentlig klunk **Gehörknöchelchen** *pl* hörselben **gehörlos** döv **Gehörlosenschule** -*n f* skola för hörselskadade; dövstumskola **Gehörlosigkeit** *0 f* dövhet **Gehörn** -*e n* horn (*på rådjur o.d.*) **Gehörnerv** -*en m* hörselnerv **gehörnt** horn|försedd, -prydd; *~er Ehemann* bedragen äkta man **Gehörorgan** -*e n* hörselorgan **gehorsam** lydig (*e-m* mot ngn); *ich bitte ~st* (*åld.*) jag ber underdånigast **Gehorsam** *0 m* lydnad, hörsamhet; *den ~ verweigern* vägra att lyda; *e-m ~ leisten* lyda ngn **Gehorsamspflicht** *0 f* lydnadsplikt **Gehörsinn** *0 m* hörselsinne **Gehpelz** -*e m* [herr]promenadpäls; pälsfodrad överrock **Gehre** -*n f* **1** gering, sned fog **2** [fisk]ljuster **gehren** gera, snedhugga **Gehren** - *m* kil; kilformigt stycke (*av land, segel o.d.*) **Gehrock** -*et m* bonjour **Gehrung** -*en f* gering **Gehr[ungs]winkel** - *m* geringsvinkel, ställbar vinkelhake **Gehsteig** -*e m* gångbana, trottoar **Gehudel[e]** *0 n* slarv[ande], hafsverk **Gehupe** *0 n* [ständigt] tutande **Gehüpf[e]** *0 n* [ständigt] hoppande; *vard.* dansande **Gehuste** [-u:-] *0 n* hostande, [ihållande, besvärande] hosta **Geh|verband** -*et m* gips-, stöd|förband -**versuche** *pl* första [stapplande] steg -**weg** -*e m* gångväg -**werk** -*e n* gångverk (*i ur*) -**werkzeuge** *pl, skämts.* ben, fötter **Geier** - *m* gam; *hol' dich der ~!* (*vard.*) måtte fan ta dig! **Geifer** *0 m* fradga **Geiferer** - *m* rasande individ; smädare **geifern** avsöndra fradga; drägla; *bildl.* rasa; smäda; *vor Wut ~* skumma av vrede **Geige** -*n f* fiol, violin; *die erste ~ spielen* (*bildl.*) spela första fiolen; *nach jds ~ tanzen* dansa efter ngns pipa; *der Himmel hängt ihm voller ~n* han är lycklig (ser allt i rosenrött) **geig|en 1** spela fiol; *etw. ~* spela ngt på fiol; *e-m die Meinung ~* sjunga ut för ngn **2** *vulg., -et -te sie* han knullade henne **Geigen|bauer** - *m* fiolbyggare -**bogen** -[†] *m* fiolstråke -**harz** -*e n* fiolharts, kolofonium -**schlüssel** - *m* violin-, g-|klav -**schule** -*n f* lärobok i fiolspelning -**steg** -*e m* fiolstall **Geiger** - *m* violinist, fiolspelare **Geigerzähler** - *m* geigermätare **geil 1** fet, bördig; *~er Boden* fet jord; *~er Trieb* (*bot.*) vattenskott **2** *vard.* kåt, brunstig, lysten **Geile** **1** *0 f* kättja, brunst **2** -*n f* testikel (*hos hund o. vilt djur*) **geilen** vara kåt (brunstig); *nach etw. ~* girigt eftertrakta ngt **Geilheit** *0 f* kättja, brunst **Geisel** -*n f* gisslan -**nahme** -*n f* tagande av gisslan **Geiser** - *m* gejser **Geisha** ['ge:ʃa, 'gaiʃa] -*s f* geisha **Geiß** -*en f, dial.* get; *jakt.* hona, hind -**bart** **1** *0 m, bot.* plymspirea **2** -*et m* getskägg -**blatt** *0 n* [vild]kaprifol -**bock** -*et m* getabock **Geißel** -*n f* gissel (*äv. zool. o. bildl.*), knutpiska **Geißelbruder** -† *m* flagellant **geißeln** gissla

(*äv. bildl.*); *Übelstände* ~ (*äv.*) brännmärka missförhållanden **Geißeltierchen** - *n* gisseldjur **Geißelung** *-en f* gisslande **Geiß|fuß 1** *0 m, bot.* kirskål **2** *-e†* m kofot, bräckjärn; tandhävel *-leder 0 n* getläder *-lein* - *n* killing **Geißler** - *m* flagellant, självgisslare **Geißlung** *-en f* gisslande **Geist 1** *0 m* ande; anda; ~ *und Körper* kropp o. själ; *der Heilige* ~ den helige ande; *der menschliche* ~ människoanden; *der Sieg des* ~*es* andens seger; *der* ~ *ist willig, aber das Fleisch ist schwach* anden är villig men köttet är svagt; *der* ~ *der Goethezeit* Goethetidens anda; *wes* ~*es Kind er ist* vilken andas barn han är, vad han går för; *seinen* ~ *aufgeben* ge upp andan; *im* ~*e* (*äv.*) i andanom; *in jds* ~*e handeln* handla i ngns anda; *etw. im* ~*e vor sich sehen* se ngt framför sig i fantasin **2** *0 m* espri; intellekt; *ein reger* ~ ett livligt intellekt; *ein Mann von* ~ en begåvad [o. kultiverad] man; *ohne* ~ (*äv.*) fantasilös; *seinen* ~ *sprühen lassen* låta kvickheten flöda **3** *-er m* själ, ande; *kleine* ~*er* småskurna själar; *ein unruhiger* ~ en orolig ande **4** *-er m* ande[väsen], spöke, vålnad; *die Stunde der* ~*er* spöktimmen; *böse* ~*er* onda andar; *der* ~ *der Finsternis* mörkrets ande (djävulen); *dienstbarer* ~ (*vard.*) tjänsteande; *hier geht ein* ~ *um* här spökar det; *von allen guten* ~*ern verlassen sein* vara från vettet **Geistchen** - *n, zool.* fjädermott **Geisterbahn** *-en f* spöktåg (*på tivoli*) **Geisterbeschwörer** - *m* andebesvärjare **Geistererscheinung** *-en f* andeuppenbarelse, spöksyn **Geisterfahrer** - *m* bilist som kör på fel sida mot trafiken (*på motorväg*) **Geistergeschichte** *-n f* spökhistoria **Geisterglaube** *-ns 0 m* tro på spöken (andar) **geisterhaft** spöklik **geistern** spöka **Geisterreich** *0 n* andevärld **Geisterschreiber** - *m* spökskrivare **Geisterseher** - *m* andeskådare **Geisterstunde** *-n f* spöktimme **Geisterwelt** *0 f* andevärld **geistesabwesend** [själs]frånvarande, tankspridd, förströdd **Geistesabwesenheit** *0 f* tankspriddhet, distraktion **Geistesarbeit** *0 f* intellektuellt arbete, tankearbete **Geistesarbeiter** - *m* intellektuell, tankearbetare **geistesarm** andefattig **Geistesarmut** *0 f* andefattigdom, inskränkthet **Geistesblitz** *-e m* snilleblixt **Geistesfreiheit** *0 f* tankefrihet; andens frihet **Geistesgabe** *-n f* själsförmögenhet; ~*n* (*äv.*) förståndsgåvor **Geistesgegenwart** *0 f* sinnesnärvaro **geistesgegenwärtig** rådig; ~ *sein* (*äv.*) ha sinnesnärvaro **geistesgestört** sinnes|förvirrad, -rubbad **Geistesgestörtheit** *0 f* sinnessjukdom **Geistesgröße 1** *0 f* själsstorhet; genialitet **2** *-n f* geni, andlig storhet **Geisteskraft** *-e† f* tankekraft **geisteskrank** mental-, sinnes|-sjuk **Geistes|kranke(r)** *m f, adj böjn.* sinnessjuk, mentalpatient *-krankheit* *-en f* mental-, sinnes|sjukdom *-leben 0 n* andligt liv *-produkt* *-e n* tankeprodukt; *sein* ~ (*äv.*) hans andes barn *-richtung* *-en f* andlig inriktning, mentalitet *-schärfe 0 f* intellektuell skärpa **geistesschwach** sinnes|svag, -slö **Geistesschwäche** *0 f* sinneslöhet **Geistesstärke** *0 f* andlig styrka; tankekraft **Geistesstörung** *-en f* mental rubbning **Geistesverfassung** *0 f* sinnesförfattning **geistesverwandt** andligen besläktad **Geistesverwandte(r)** *m*

f, adj böjn. själsfrände **Geistesverwandtschaft** *-en f* själsfrändskap, sympati **Geistesverwirrung** *0 f* sinnesförvirring **Geisteswissenschaften** *pl* humaniora **geisteswissenschaftlich** humanistisk **Geisteszustand** *0 m* själstillstånd; *auf den* ~ *untersuchen* sinnesundersöka; *Untersuchung des* ~*es* sinnesundersökning **geistig** andlig, mental, ande-, tanke-; själslig, själs-; intellektuell; ~*es Eigentum* (*jur.*) av upphovsrätt skyddad egendom, andlig egendom; *vor meinem* ~*en Auge* för min inre syn; ~*e Fähigkeiten* intellektuell förmåga; ~ *zurückgeblieben* efterbliven; *Diebstahl* ~*en Eigentums* plagiat; ~*e Getränke* rusdrycker, alkoholhaltiga drycker, sprit **Geistigkeit** *0 f* andlighet; andlig läggning; tankedjup **geistlich 1** andlig, religiös; ~*e Lieder* andliga sånger; ~*er Orden* religiös orden **2** kyrklig, prästerlig; ~*er Fürst* kyrkofurste; ~*er Stand* prästerligt stånd; ~*e Tracht* prästdräkt **Geistliche(r)** *m, adj böjn.* präst; andans man; *die Geistlichen* (*äv.*) prästerskapet **Geistlichkeit** *0 f* prästerskap **geistlos** andefattig; oinspirerad; tråkig **Geistlosigkeit 1** *0 f* andefattigdom **2** *-en f* andefattigt yttrande, banalitet **geistreich** kvick, spirituell; snillrik; *das war sehr* ~! (*iron.*) det var ju klyftigt! **geistreicheln** vard. snobba (göra sig till) med sina spirituella yttranden **geisttötend** själsdödande, mördande tråkig, mycket enformig **geistvoll** själfull; spirituell; idérik **Geitau** *-e n, sjö.* gigtåg **Geiz 1** *0 m* girighet, snålhet **2** *-e m, bot.* [sido]-skott **geizen** snåla (*mit på*); *mit Worten* ~ spara på orden; *mit seiner Zeit* ~ vara snål om sin tid; *nach etw.* ~ (*dld.*) fika efter ngt **Geizhals** *-e† m* girigbuk, snålvarg **geizig** snål, sniken, girig **Geizkragen** - *m, vard.* snåljåp **Geiztrieb** *-e m, se Geiz 2* **Gejammer[e]** *0 n* [ihållande] jämmer (gnäll); jeremiader **Gejauchze** *0 n* jubel, jublande **Gejodel** *0 n* joddlande **Gejohl[e]** *0 n* skrån-[ande] **gekehrt** *in sich* (*ack.*) ~ inåtvänd **Gekeif[e]** *0 n* [evinnerligt] trätande **Gekicher** *0 n* fnitter, fnittrande **Gekläff[e]** *0 n* [ihållande] gläfsande **Geklapper** *0 n* klapper; slammer; klapprande **Geklatsch[e]** *0 n* **1** handklappningar, applåd[er] **2** skvaller, sladder **Geklimper[e]** *0 n* [ideligt] klinkande **Geklingel** *0 n* [ihållande] ringande; ~ *der Schellen* bjällerklang **Geklirr[e]** *0 n* klirrande, skrammel **Geklopf[e]** *0 n* bultande; [ihållande] knackningar **Geklüft** *-e n* klyftor o. rämnor, sönderskuret klipplandskap **Geknatter** *0 n* [ihållande] knattrande, smatter **geknickt** vard. knäckt, deppig **Geknirsch[e]** *0 n* gnisslande; knarrande **Geknister** *0 n* knastrande, prassel **gekonnt** skickligt, perfekt **geköpert** kyprad **gekörnt** kornig, granulerad **Gekräcksz[e]** *0 n* kraxande **Gekrakel** *0 n, bildl.* kråkfötter **Gekreisch[e]** *0 n* [ill]tjut, gälla skrik; skärande ljud **Gekritzel[e]** *0 n* klotter **Gekröse** - *n, anat.* tarmkäx; krös; *kokk.* mage (*av kalv, får*) **gekünstelt** konstlad, krystad, affekterad **Geküsse** *0 n* [ständigt] kyssande **Gel** *-e n, kem.* gel **Gelabber** *0 n, vard.* tunn (blaskig) [ljummen] dryck **Gelache** *0 n* skrattande **Gelächter** - *n* skratt, skrattsalva; åtlöje; *etw. dem* ~ *preisgeben* ut-

gelackmeiert—Geldsorte

sätta ngt för [allmänt] [åt]löje; *zum ~ werden* bli till åtlöje **gelackmeiert** *vard.* **lurad**; *der G~e sein* vara den som har blivit lurad **1 geladen 1** laddad **2** *vard.*, *~ sein* vara förbannad **2 geladen** inbjuden **Gelage** - *n* [överdådigt] gästabud, kalas[ande], dryckeslag **Geläger** - *n* bottensats (*vid jäsning*) **gelähmt** lam, förlamad **gelahrt** *åld.*, *se gelehrt*
Gelände - *n* terräng; område **-abschnitt** -*e m* sektor, terrängavsnitt **-antrieb** *0 m*, motor. fyrhjulsdrift **-aufnahme** -*n f* kartläggning; flygfotografering för kartläggning **-erkundung** -*en f* rekognoscering i terräng **-fahrt** -*en f* terrängkörning **-fahrzeug** -*e n* terränggående fordon
geländegängig terränggående; för terrängkörning; ~*es Auto* terrängbil **Geländegängigkeit** *0 f* förmåga att köra i terräng **Geländelauf** -*et m* terränglöpning
Geländer - *n* ledstång, räcke
Geländeritt -*e m* terrängritt **Geländespiel** -*e n*, *ung.* orientering **Geländesport** -*e m* friluftssport **Geländewagen** - *m* terrängbil
gelang *se gelingen* **gelang|en** *s* nå [fram] (*an* +*ack.*, *in* +*ack.*, *zu* till); *es ist in meinen Besitz -t det har kommit i min ägo*; *ans Ufer ~* nå stranden; *zur Ausführung ~* komma till utförande, utföras; *zu Ansehen ~* vinna anseende; *zu e-r Ansicht ~* bilda sig en åsikt; *zum Ziele* (*ans Ziel*) *~* nå målet
Gelärm[e] *0 n* [ihållande] larm; oväsen **Gela|ß** -*sse n högt.* utrymme; lokalitet; [litet] rum **gelassen** lugn, fattad, samlad, lidelsefri; *~ bleiben* (*sein*) (*äv.*) inte förlora fattningen; *etw. ~ hinnehmen* ta ngt lugnt **Gelassenheit** *0 f* lugn, oberördhet, sans, fattning
Gelatine [ʒe-] *0 f* gelatin **gelatinieren** *h el. s* gelatinera
Geläuf -*e n* **1** *jakt.* traj **2** *sport.* turf; mark; plan **Gelaufe** *0 n* spring[ande] **geläufig** vanlig, välbekant; flytande; gängse, frevent; *Deutsch ~ sprechen* tala tyska flytande; ~*e Redensart* vanlig (gångbar) fras; *das ist mir ~* det känner jag till; ~*e Zunge* (*ung.*) rapp tunga **Geläufigkeit** *0 f* färdighet; ledighet **gelaunt** hågad, upplagd; *gut ~ sein* vara på gott humör **Geläut** -*e n*, **Geläute** - *n* **1** [klock]ringning; [bjäller]klang **2** klockor, klockspel **3** *jakt.* (*hunds*) skall
gelb gul; *das ~e Fieber* gula febern; *der ~e Neid* den bleka avunden; *~ vor Neid* grön av avund; *~e Rüben* (*sty.*) morötter; *der ~e Fleck* gula fläcken (*i ögat*); *das G~e* [*vom Ei*] gulan [i ägget], äggulan **Gelb** *0 n* gult **Gelbeisenerz** -*e n* gul limonit **Gelberde** *0 f* gulockra **Gelbfieber** *0 n*, *med.*, *das ~* gula febern **Gelbfilter** - *m n*, *foto.* gulfilter **Gelbgießer** - *m* gälbgjutare; mässingsarbetare **gelbgrün** gulgrön **Gelbgu|ß** -*sse† m* gälbgjuten mässing, gulmetall **Gelbholz** -*er† n* gulträ **Gelbkörper** - *m*, *anat.* gulkropp **Gelbkörperhormon** -*e n* progesteron, gulkroppshormon **Gelbkreuz[gas]** *0 n*, *mil.* senapsgas **gelblich** gulaktig **Gelbling** -*e m* **1** kantarell **2** fjällklöver **Gelbrandkäfer** - *m*, *biol.* guldrandad dykare **Gelbschnabel** -† *m*, *bildl.* gröngöling **Gelbschwämmchen** - *n dial.* kantarell **Gelbstern** -*e m*, *bot.* vårlök **Gelbsucht** *0 f*, *med.* gulsot **Gelbwurz** *0 f* **1** *bot.* gurkmeja; gulrot **2** kurkumin (*färgämne*)
Geld 1 *0 n* pengar; *~ und Gut* gods o. guld;

bares ~ kontanter; *großes ~* stora pengar, sedlar; *kleines ~* mynt, små-, växel|pengar; *totes ~* dött kapital, pengar som inte ger avkastning; *~ wie Heu haben* (*skämts.*) ha pengar som gräs; *das ~ zum Fenster hinauswerfen* (*bildl.*) kasta pengarna i sjön; *~ machen* (*vard.*) tjäna pengar; *~ regiert die Welt* det är pengarna som styr världen; *~ in etw.* (*ack.*) *stecken* investera i ngt; *bei ~ sein* vara vid god kassa; *knapp bei ~e sein* ha ont om pengar; *nicht für ~ und gute Worte* varken för pengar eller goda ord; *es ist nicht für ~ zu haben* det kan inte fås för pengar; *etw. für sein ~ haben* få valuta för pengarna; *für gutes ~ kaufen* (*vard.*) köpa dyrt; *ins ~ laufen* kosta mycket pengar, gå till stora summor; *im ~e schwimmen* (*vard.*) bada (vältra sig) i pengar; *mit ~ gut umgehen können* kunna handskas bra med pengar; *schade ums ~!* synd på pengarna!; *von seinem ~e leben* leva på sitt kapital (sina pengar); *zu ~ kommen* bli förmögen **2** -*er n* [penning]medel; [bank]insättning; kapital; *ausstehende ~er* utestående fordringar; *dicke ~er verdienen* (*vard.*) förtjäna grova pengar; *staatliche ~er* statliga medel; *die ~er einkassieren* ta upp avgifterna **-abfindung** -*en f* ersättning (*i reda pengar*) **-abfluß** *0 m* penning-, valuta|-utflöde **-abwertung** -*en f* devalvering **-angelegenheit** -*en f* penningangelägenhet **-anlage** -*n f* investering, penningplacering **-anleihe** -*n f* lån **-aufwand** *0 m* kostnad, utgift[er] **-betrag** -*e† m* penningbelopp **-beutel** - *m* penningpung; *tief in den ~ greifen* ta ett djupt grepp i pungen **-bombe** -*n f* serviceboxkassett **-brief** -*e m* värdebrev **-buße** -*n f* [penning]böter **-einwurf** -*e† m* mynt|inkast, -öppning **-entwertung** -*en f* inflation **-erwerb** *0 m* **1** penningförvärv **2** utkomst, förvärvsarbete
Geldeswert *0 m*, *Geld und ~* pengar o. pengars värde, pengar o. värdesaker **Geldfrage** -*n f* penningfråga **Geldgeber** - *m* finansiär; förlagsman; långivare **Geldgeschäft** -*e n* penning|transaktion, -affär **Geldgier** *0 f* penningbegär **geldgierig** penninglysten
Geld|heirat -*en f* giftermål för pengar **-herrschaft** *0 f* plutokrati; kapitalism **-kassette** -*n f* kassaskrin **-katze** -*n f*, *åld.* penningpung (*som bärs vid bältet*) **-klemme** *0 f*, *vard.* penningknipa **-kurs** -*e m* växelkurs; *börs.* köpkurs
geldlich penning-, pekuniär; *es geht ihm ~ gut* i ekonomiskt hänseende (ekonomiskt sett) har han det bra
Geld|macht -*e† f* ekonomisk makt **-mann** -*leute m* finansman; kapitalist **-markt** -*e† m* penningmarknad **-mittel** *pl* [ekonomiska] resurser, kapital **-not** *0 f* penningknapphet; penningknipa **-quelle** -*n f* inkomstkälla **-rolle** -*n f* myntrulle **-sache** -*n f* penning|angelägenhet, -fråga; *in ~n hört die Freundschaft auf* (*ung.*) med vänner skall man helst inte göra affärer **-sack** -*e† m*, *åld.* penningpung; *vard.* rik [o. snål] människa; *auf seinem ~ sitzen* (*vard.*) hålla hårt i slantarna **-schein** -*e m* sedel **-schlitz** -*e m* mynt|inkast, -öppning **-schneider** - *m*, *vard.* ockrare **-schneiderei** -*en f*, *vard.* ockeri; uppskörtning; *das ist ~* det är ett ockerpris **-schrank** -*e† m* kassaskåp **-schrankknacker** - *m*, *vard.* kassaskåpssprängare **-schwemme** *0 f*, *vard.* plötslig rikedom, uppsjö på pengar **-sorte** -*n*

Geldspende—Geltung

f myntsort, slag av pengar; [slag av] valuta **-spende** *-n f* bidrag (*t. insamling*), penninggåva **-strafe** *-n f* penningböter, bötesstraff **-stück** *-e n* mynt **-summe** *-n f* penning|belopp, -summa **-tasche** *-n f* portmonnä; plånbok; myntficka **-umlauf** *0 m* penningomlopp **-umsatz** *-e† m* penningomsättning **-verkehr** *0 m* penning-, valuta|cirkulation **-verlegenheit** *0 f* penning|knipa, -förlägenhet **-verleiher** *- m* penningutlånare **-verschwendung** *0 f* penningslöseri **-wechsel** *0 m* växling [t. annan valuta] **-wert** *0 m* penning-, mynt|värde **-wesen** *0 n* penning-, finans|väsen **-wirtschaft** *0 f* penninghushållning **-zulage** *-n f* tillägg [i form av pengar] **geleckt** *se lecken; wie ~ aussehen* (*vard.*) se välvårdad ut
Gelee [ʒeˈleː, *äv.* ʒə-] *-s m n* gelé; sky
Gelege *- n* kull [ägg]; rom **gelegen 1** belägen; *schön ~* vackert belägen **2** lämplig, passande; *zu ~er Zeit* vid lämplig tidpunkt (lämpligt tillfälle); *das Angebot kommt mir ~* erbjudandet kommer lägligt för mig **3** *mir ist daran ~* jag är angelägen om det; *mir ist nichts daran ~* det bryr jag mig inte om **Gelegenheit** *-en f* **1** tillfälle; *rekl.* fynd; *wenn sich e-e ~ ergibt* (*bietet*) om tillfälle yppar sig; *ich habe ~, zu* jag har tillfälle att; *die ~ ist günstig* tillfället är gynnsamt; *die ~ beim Schopfe nehmen* ta tillfället i akt; *e-m die ~ geben, etw. zu tun* ge ngn chansen (möjligheten) att göra ngt; *~ macht Diebe* tillfället gör tjuven **2** *die ~* (*vard.*) ett visst ställe (*toa*)
Gelegenheits|arbeit *-en f* tillfälligt arbete, ströjobb, diversearbete **-arbeiter** *- m* tillfällighets-, diverse|arbetare **-gedicht** *-e n* tillfällighetsdikt **-kauf** *-e† m* gynnsamt köp, fynd, occasion
gelegentlich I *adj* tillfällig; en o. annan, enstaka **II** *adv* ibland, någon [enstaka] gång; vid tillfälle; *~ ein Glas Wein trinken* dricka ett glas vin en eller annan gång; *gib es mir ~* ge mig det vid tillfälle (när det passar) **III** *prep m. gen.* med (i) anledning av; *~ e-r Reise* med anledning av en resa
gelehrig läraktig **gelehrsam 1** läraktig **2** *åld.* lärd **Gelehrsamkeit** *0 f* lärdom **gelehrt** lärd; *~es Haus* (*vard.*) mycket lärd person **Gelehrte(r)** *m f, adj böjn.* lärd, vetenskapsman **Gelehrtheit** *0 f* lärdom
Geleier *0 n* rabblande, mässande; entonigt musicerande
Geleise *- n* [hjul]spår (*äv. bildl.*); *se äv.* **Gleis**
Geleit *-e n* **1** *åld.* följe, uppvaktning **2** eskort; konvoj; eskorterande [örlogs]fartyg; *e-m das ~ geben* eskortera ngn; *e-m das letzte ~ geben* följa ngn till graven; *freies ~ gewähren* ge ngn fri lejd **Geleite** *- n, åld., se* **Geleit geleiten** ledsaga, eskortera; konvojera; *e-n über die Straße ~* följa ngn över gatan **Geleitflugzeug** *-e n* eskortplan **Geleitschiff** *-e n* eskort-, konvoj|fartyg **Geleitschutz** *0 m* konvoj, eskort; *im ~ fahren* (*sjö.*) gå (segla) i konvoj **Geleitwort** *-e n* förord **Geleitzug** *-e† m* konvoj; *im ~ fahren* (*sjö.*) gå (segla) i konvoj
gelenk *åld., se* **gelenkig Gelenk** *-e n* led (*alla bet.*); *anat. äv.* ledgång; *tekn. äv.* länk, [maskin]knä, knut, förbindning; *aus dem ~ springen* gå ur led **Gelenkentzündung** *-en f* ledgångsinflammation, artrit **gelenkig** vig, böjlig, smidig; ledad; *wieder ~ werden* åter bli böjlig (kunna böjas) **Gelenkigkeit** *0 f* vighet *etc.*, *jfr* **gelenkig**
Gelenk|kette *-n f* länkkedja **-kopf** *-e† m* ledhuvud **-pfanne** *-n f* ledhåla **-puppe** *-n f* leddocka **-rheumatismus** *0 m* ledgångsreumatism **-schmiere** *0 f, anat.* ledvätska **-welle** *-n f* kardanaxel
gelernt [yrkes]utbildad **Geleucht[e]** *0 n* **1** ljus- [sken] **2** gruvlampa **Gelichter** *0 n* pack **Geliebte** *f, adj böjn.* väninna, älskarinna, älskade **Geliebte(r)** *m, adj böjn.* vän, älskare, älskade **geliefert 1** *se liefern* **2** *~ sein* (*bildl.*) vara såld (förlorad)
gelieren [ʒeː-, *äv.* ʒə-] *-s* stelna, gelea sig
gelind[e] mild, stilla, svag, lätt, lindrig; *gelinde gesagt* lindrigt sagt; *ihn packte gelinde Wut* han blev inte lite arg
gelingen *gelang, gelänge, gelungen, s* lyckas (*e-m* [för] ngn); *ihm -t alles* han lyckas med allt; *es will mir nicht ~* (*äv.*) det går inte för mig; *das ist gelungen* (*äv.*) det är komiskt (dråpligt); *gelungener Kerl* (*äv.*) konstig kropp; *auf gutes G~ trinken* skåla för att det skall lyckas; *e-e gelungene Überraschung* en lyckad överraskning
Gelispel *0 n* **1** läspande **2** tisslande, viskningar; sakta susande
gell gäll, genomträngande
gell[e] *se* **1 gelt**
gell|en ljuda; skalla; *er schreit, daß mir die Ohren ~* (*es mir in den Ohren -t*) han skriker så att det skär i öronen på mig; *~der Schrei* genomträngande skrik; *~d schreien* skrika gällt
geloben [högtidligt] lova; utlova; *das Gelobte Land* (*bibl.*) det förlovade landet; *e-m Treue ~* svära ngn trohet; *sich dem Herrn ~* viga sitt liv åt Herren **Gelöbnis** [-ø:-] *-se n* [högtidligt] löfte
Gelock *0 n* lockar
1 gelt *sty.*, *österr.* inte sant?; *du kommst heute, ~? du kommer väl i dag?; sei brav, ~?* nu är du väl snäll?
2 gelt (*om djur*) i sin; inte dräktig; gall
gelten *galt, gölte* (*gälte*), *gegolten, giltst, gilt, gilt!* **1** gälla, vara gällande (giltig, i kraft); *nicht mehr ~* inte gälla längre, vara ogiltig; *das gilt nicht* (*äv.*) det gills inte; *was er sagt, gilt* det han säger gäller; *das gilt mir gleich* det är mig likgiltigt; *da gilt keine Ausrede* här duger det inte med några undanflykter; *die ~de Meinung* den rådande meningen; *nach ~dem Recht* enligt gällande lag; *sich ~d machen* göra sig gällande; *gilt!* överenskommet!; då säger vi så! **2** *~ lassen* instämma i, acceptera, gå med på **3** gälla [för], vara värd; *etw. ~* (*äv.*) ha inflytande; *wenig ~* vara litet värd; *sein Rat gilt viel bei mir* jag sätter stort värde på hans råd; *ein Prophet gilt nichts in seinem Vaterland* ingen är profet i sitt fädernesland **4** *e-m ~* gälla (vara ämnad åt, vara riktad mot) ngn **5** anse, räknas (*als* som); *als modern ~* anses vara (räknas som) modern; *als erlaubt ~* anses vara tillåtet **6** *opers.*, *hier gilt es, Mut zu zeigen* här gäller det att visa sig modig **geltend** gällande; *~ machen* göra gällande, hävda; *se äv.* **gelten 1**
Gelttier *-e n* ofruktbart [hon]djur
Geltung *0 f* **1** giltighet; *~ haben* gälla, vara giltig; *außer ~* ogiltig **2** anseende, värde; *zur ~ bringen* framhäva; *~ verschaffen* skapa re

spekt för; *das Bild kommt hier besser zur ~* här kommer tavlan bättre till sin rätt **Geltungs|bedürfnis** *0 n* självhävdelsebehov, behov att göra sig gällande **-bereich** *-e m* giltighetsområde **-dauer** *0 f* giltighetstid **-drang** *0 m* självhävdelsebehov, behov att göra sig gällande **-sucht** *0 f*, **-trieb** *0 m* [överdrivet, sjukligt] behov att hävda sig **Geltvieh** *0 n* kastrerad boskap **Gelübde** - *n* [högtidligt, heligt] löfte; *ein ~ ablegen* (*erfüllen*) avlägga (uppfylla) ett löfte **Gelump[e]** *0 n, vard.* skräp; pack, slödder; *nimm dein ~ weg!* ta undan dina grejor! **gelungen** *se gelingen* **Gelüst** *-e n*, **Gelüste** - *n* lust, begär; *~ auf* (*nach*) *Fleisch* begär efter kött **gelüst|en** *es -et mich nach Schokolade* jag är sugen på choklad; *-et es dich nicht zu kosten?* frestas du inte att smaka?; *es -et mich, zu* jag känner mig frestad att
gemach [-a(:)x] **I** *adj* långsam, lugn **II** *adv* så småningom; [*nur*] ~! ingen brådska!, ta det lugnt!, sakta i backarna! **Gemach 1** *0 n* bekvämlighet; *mit ~ kommt man auch weit* (*ung.*) det går lika bra om man tar det lugnt **2** *-er†, äv. -e n* gemak **gemächlich** [-ɛ(:)ç-] maklig, bekväm; *~en Schrittes* utan brådska, i sakta mak; *~ leben* leva i lugn o. ro **Gemächlichkeit** *0 f* maklighet, bekvämlighet; *in aller ~ i godan ro* **gemacht 1** *se machen* **2** *er ist ein ~er Mann* hans lycka är gjord, han har sitt på det torra; *das ist wie für ihn ~* det är som gjort (skapt) för honom
1 Gemächt *-e n, åld.* **1** varelse **2** alster, fuskverk
2 Gemächt *-e n, åld. el. skämts.* manslem
Gemahl *-e m* äkta man; *poet.* gemål; *Ihr Herr ~* Er make **Gemahlin** *-nen f* maka; *poet.* gemål; *grüßen Sie bitte Ihre Frau ~!* hälsa till Er hustru!
gemahnen påminna (*e-n an etw. ack.* ngn om ngt)
Gemälde [-'mɛ:-] - *n* tavla, målning; skildring **-ausstellung** *-en f* tavelutställning **-galerie** *-n f* tavelgalleri **-sammlung** *-en f* tavelsamling
Gemansche *0 n, vard.* [hop]grötande; röra
Gemarkung *-en f* gräns[markering]; kommunens mark (område) **gemasert** (*om trä*) flammig, ådrig
gemäß [-'mɛ:s] **I** *prep m. dat.* enligt, i enlighet (överensstämmelse) med; *Ihrem Wunsch ~ i* enlighet med Er önskan; *seinem Stande ~* som det anstår en man i hans ställning; *~ den Bestimmungen* enligt bestämmelserna **II** *adj, wäre ihr nicht ~* det skulle inte vara lämpligt (passande) för henne **gemäßigt** måttfull, moderat, hovsam; (*om klimat*) tempererad
Gemäuer - *n* mur[verk]; ruin[er] **Gemecker[e]** *0 n* **1** [ihållande] bräkande; gnäggande skratt **2** *bildl.* småaktig kritik; klank, klankande
gemein 1 vanlig; allmän; *~er Bruch* (*mat.*) allmänt bråk; *~es Jahr* vanligt år (*icke skottår*); *~er Nutzen* allmännytta; *das ~e Wohl* det allmänna bästa; *~er Wert* marknadsvärde **2** gemensam; *Interessen mit e-m ~ haben* ha gemensamma intressen med ngn; *nichts miteinander ~ haben* inte ha ngt gemensamt **3** gemen, simpel, elak, nedrig; frånstötande, rå; *wie ~!* så elakt (nedrigt)!; *~ kalt* (*vard. äv.*) jäkla kallt; *~er Kerl* (*äv.*) knöl; *~er Witz* fräckt (oanständigt) skämt; *e-m e-n ~en Streich spielen* spela ngn ett fult spratt; *etw. ins G~e*

Geltungsbedürfnis—Gemeinschaftlichkeit

herabziehen vulgarisera ngt **4** gemen, enkel; *der ~e Mann* gemene man; *~er Soldat* menig [soldat]; *das ~e Volk* folket i gemen; *sich mit e-m ~ machen* göra sig gemen och umgås med ngn, sänka sig till ngns nivå **Gemeinbesitz** *0 m* gemensam (kollektiv) egendom **Gemeinde** *-n f* **1** kommun; församling **2** menighet, församlingsbor **3** anhängare; grupp (*av människor med gemensamma intressen*) **-abgaben** *pl* kommunala avgifter, kommunalskatt **-acker** *-† m* allmänning **-amt** *-er† n* kommunal [förvaltnings]myndighet **-beamte(r)** *m, adj böjn.* kommunaltjänsteman **-behörde** *-n f* kommunal myndighet **-bezirk** *-e m* kommuns förvaltningsområde; territorialförsamling
gemeindeeigen kommunal-, som ägs av kommunen
Gemeinde|flur *-en f* allmänning **-glied** *-er n* församlingsmedlem **-gut** *-er† n* allmänning **-haus** *-er† n* **1** församlings|hus, -hem **2** kommunalhus **-helfer** - *m, ung.* församlingsassistent; *i sht* ungdomsvårdare **-mitglied** *-er n* församlingsmedlem **-ordnung** *-en f* kommunal|stadga, -lagstiftning **-pflege** *0 f* församlingsvård **-rat** *-e† m* **1** kommunfullmäktig **2** kommunfullmäktige (*koll.*) **-schule** *-n f, åld.* folkskola **-schwester** *-n f* församlingssyster **-steuer** *-n f* kommunalskatt
gemeindeutsch alltysk
Gemeindevorstand *-e† m* **1** kommunstyrelse **2** kommunstyrelses ordförande **Gemeindevorsteher** - *m* kommunstyrelses ordförande **Gemeindewahl** *-en f* kommunalval **gemeindlich** kommunal; församlings-
Gemeine *-n f, åld.* församling **Gemeineigentum** *0 n* allmän (kommunal, statlig) egendom **Gemeine(r)** *m, adj böjn.* **1** menig [soldat] **2** *pl, typ.* gemena, minuskler **gemeingefährlich** samhällsvådlig, farlig för den allmänna säkerheten **Gemeingefährlichkeit** *0 f* samhällsvådlighet **Gemeingeist** *0 m* samhälls-, medborgar|anda **gemeingültig** allmängiltig **Gemeingut** *0 n* allmän (gemensam) egendom; *zum ~ machen* (*äv.*) popularisera, göra till allas egendom; *das ~ des Volkes* hela folkets egendom **Gemeinheit** *-en f* gemenhet, nedrighet; *aus reiner ~* på pin kiv; *die ~ e-r Handlung* (*äv.*) det gemena i en handling **gemeinhin** vanligen, i allmänhet **gemeiniglich** *åld.* gemenligen **Gemeinjahr** *-e n* vanligt år (*inte skottår*) **Gemeinnutz** *0 m* allmän-, samhälls|nytta; *~ geht vor Eigennutz* det allmänna bästa går före det enskildes **gemeinnützig** allmännyttig, social; *~e Organisation* (*äv.*) ideell organisation **Gemeinnützigkeit** *0 f* allmännytta **Gemeinplatz** *-e† m* klyscha, banalitet **gemeinsam** gemensam; samfälld; *~er Nenner* (*mat.*) gemensam nämnare; *etw. auf e-n ~en Nenner bringen* (*bildl.*) finna den gemensamma nämnaren för ngt; *~ singen* (*äv.*) sjunga unisont; *~ wohnen* bo tillsammans **Gemeinsamkeit** *-en f* gemensamhet; samhörighet
Gemeinschaft *-en f* gemenskap, gemensamhet; förbund, allians; *relig.* samfund; *eheliche ~* äktenskap; *die ~ der Gläubigen* de troendes samfund; *in ~ mit* (*äv.*) tillsammans med **gemeinschaftlich** gemensam; *etw. ~ tun* göra ngt tillsammans; *~es Testament* inbördes testamente **Gemeinschaftlichkeit** *0 f* gemensamhet, gemenskap

Gemeinschafts|anschluß *-anschlüsse m, tel.* samfälld ledning **-antenne** *-n f* centralantenn **-arbeit** *-en f* lagarbete; samarbete; kooperativt arbete **-ehe** *-n f* gruppäktenskap; *(hos naturfolk)* månggifte **-erziehung** *0 f* **1** samundervisning **2** undervisning i samlevnad **-gefühl** *0 n* samhörighets-, solidaritets|känsla; oegennytta **-geist** *0 m* laganda; solidaritetskänsla **-küche** *-n f* **1** centralkök **2** gemensamt kök **-kunde** *0 f* samhällskunskap **-produktion** *-en f* samarbete, samproduktion **-raum** -e† *m* sällskapsrum **-schule** *-n f* icke-konfessionell skola **-sendung** *-en f* samsändning **-verpflegung** *0 f* gemensam utspisning, grupputspisning **Gemeinschuldner** - *m* konkursgäldenär **Gemeinsinn** *0 m* samhällsanda **Gemeinsprache** *-n f, språkv.* riks-, standard|språk **gemeinverständlich** allmänt begriplig, populär **Gemeinwesen** - *n* samhälle; *das ~ (äv.)* det allmänna **Gemeinwirtschaft** *0 f* samhällsnyttig hushållning **gemeinwirtschaftlich** samhällsnyttig, allmännyttig **Gemeinwohl** *0 n* allmännytta; allmän välfärd; *das ~* det allmänna bästa
Gemenge - *n* **1** blandning; röra **2** blandsäd **3** *åld.* handgemäng; *ins ~ kommen* råka i handgemäng **Gemengelage** *-n f, hist.* ägosplittring **Gemengesaat** *-en f* blandsäd **Gemengsel** - *n* röra, sammelsurium **gemessen** *se messen*; avmätt, behärskad; *~e Haltung* reserverad hållning, avmätthet; *~en Schrittes* med avmätta steg **Gemessenheit** *0 f* avmätthet **Gemetzel** - *n* blodbad, massaker
Gemisch *-e n* blandning **gemischt** blandad; *es ging ziemlich ~ zu* det gick ganska lössläppt till **Gemischtwarenhandlung** *-en f* diversehandel **gemischtwirtschaftlich** halvstatlig
Gemme *-n f* gem *(halvädelsten)* **Gemmologie** *0 f* gemmologi, läran om ädelstenar
Gemotze *0 n, vard.* gnäll, kritik
Gemsbart *-e*† *m* vippa av gämshår *(i jägarhatt)*, '[rak]borste' **Gemse** *-n f* gäms, stenget **Gemsleder** *0 n* gämsläder
Gemunkel *0 n* glunkande; rykte **Gemurmel** *0 n* mummel, mumlande
Gemüse - *n* grönsak; *koll.* grönsaker; *skämts.* blommor; *junges ~* späda (färska) grönsaker, *vard.* ungdomar; *kleines ~ (vard.)* barn **-[an]bau** *0 m* grönsaksodling **-garten** -† *m* köksträdgård **-geschäft** *-e n*, **-handlung** *-en f* [frukt- o.] grönsaksaffär **-platte** *-n f, kokk.* grönsakstallrik, blandade grönsaker *(på matsedel)* **-suppe** *-n f* grönsakssoppa
Gemüt 1 *0 n* sinne, sinnelag; *bildl.* hjärta; *ein ~ wie ein Fleischerhund haben (vard.)* vara hjärtlös; *heiteren ~es* på gott humör; *kindliches ~* barnasinne; *sich (dat.) e-n Apfel zu ~e führen (vard.)* njuta av ett äpple; *sich (dat.) etw. zu ~e führen* lägga ngt på hjärtat; *sich (dat.) e-e Flasche Wein zu ~e führen (vard.)* ta en flaska vin **2** *-er n* sinne; själ; *die ~er erregen* uppröra sinnena; *ein ängstliches ~ sein* vara en ängslig själ (människa) **gemütlich** gemytlig, trivsam, hemtrevlig; fryntlig; *jetzt wird's erst recht ~* nu börjar det bli riktigt trevligt; *~ reisen (äv.)* resa i lugn (långsam) takt; *es ~ haben* ha det [lugnt o.] skönt; *immer ~!* *(vard.)* ta det lugnt! **Gemütlichkeit** *0 f* gemytlighet, trivsel, [hem]trevnad; *in aller ~* i lugno. ro; *da hört [sich] doch die ~ auf! (vard.)* nu får det vara nog!, nu tappar jag *(etc.)*

tålamodet!, det var höjden! **gemütlos** känslolös, hjärtlös **gemütsarm** sval, temperamentslös **Gemütsart** *-en f* kynne, läggning, temperament **Gemütsbewegung** *-en f* sinnesrörelse **gemütskalt** känslokall **gemütskrank** psykiskt sjuk, mentalsjuk; melankolisk, deprimerad **Gemüts|kranke(r)** *m f, adj böjn.* psykiskt sjuk [person] **-krankheit** *-en f* sinnessjukdom; depression **-leben** *0 n* själsliv **-leiden** - *n* mentalsjukdom; tungsinthet, depression **-mensch** *-en -en m* lugn [o. sansad] (godmodig) människa; *du bist aber ein ~ (vard.)* du tänker inte på vad du säger (dig inte för) **-regung** *-en f* sinnesrörelse **-ruhe** *0 f* sinnesro; oberördhet; *in aller ~ (äv.)* helt kallblodigt **-stimmung** *-en f* känslo-, sinnes|stämning **-tiefe** *0 f* känslodjup **-verfassung** *-en f* sinnesförfattning **-zustand** -e† *m* sinnestillstånd **gemütvoll** känslosam; ömsint, deltagande
gen [gɛn] *(= gegen) prep m. ack., åld.* mot; *~ Osten* mot öster
Gen [ge:n] *-e n, biol.* gen
gen. *förk. för genannt*
Gen. *förk. för Genitiv*
genant [ʒe'nant] **1** genant, obehaglig **2** *dial.* blyg
genas *se genesen*
genäschig som gärna snaskar
ge'nau noga, noggrann; precis, exakt; samvetsgrann; strikt; *~er Bericht* detaljerad redogörelse; *~es Maß* noggrant mått; *mit ~er Not* nätt o. jämnt, med knapp nöd; *die ~e Zeit* den rätta (exakta) tiden; *~! (vard.)* just det!, precis!; *sehr ~ bemessen (äv.)* mycket sparsamt tillmätt; *ich habe ihn ~ erkannt* jag kände tydligt igen honom; *~ genommen* strängt taget, noga räknat; *~ in der Mitte* precis i mitten; *etw. ~ nehmen* vara noga (noggrann) med ngt; *er nimmt es mit dem Eigentum nicht sehr ~* han kan inte så noga skilja på ditt o. mitt; *peinlich ~ (äv.)* petnoga; *ich weiß ~, daß* jag vet med säkerhet att; *nichts G~es wissen* inte veta ngt närmare; *G~eres darüber wissen* ha närmare informationer om det **genaugenommen** *se under genau* **Genauigkeit** *0 f* noggrannhet, exakthet, precision **genauso** precis så (likadant); likaså; *er macht es ~* han gör likadant (på samma sätt); *~ alt wie ich* [precis] lika gammal som jag; *mir geht es ~* det är precis samma sak med mig, jag är i samma situation **genausogut** [precis] lika bra (gärna), likaväl **genausooft** [precis] lika ofta **genausoviel** [precis] lika mycket
Gendarm [ʒã-, ʒan-] *-en -en m, österr. (i landskommun)* polis[man] **-erie** *-n f, österr. (i landskommun)* polis[kår]; polisstation
Genealoge [g-] *-n -n m* genealog **Genealogie** *-n f* genealogi **genealogisch** genealogisk
genehm välkommen, lämplig; *wenn es Ihnen ~ ist* när(om) det passar Er **genehmigen** god|-känna, -ta[ga], bifalla, acceptera; *sich (dat.) etw. ~* unna (kosta på) sig ngt; *sich (dat.) e-n ~ (vard.)* ta sig ett glas (en hutt) **Genehmigung** *-en f* godkännande, bifall; tillstånd; antagande, accepterande
geneigt 1 välvillig, benägen; *der ~e Leser* den benägne läsaren; *e-m ein ~es Ohr schenken* låna ngn ett villigt öra; *e-m ~ sein* vara välvilligt inställd mot ngn, känna sympati för ngn **2** benägen, hågad, böjd; *e-n für etw. ~ machen* göra ngn gynnsamt stämd mot ngt

3 lutande, sluttande **Geneigtheit** *0 f* **1** välvilja, bevägenhet **2** böjelse
Genera *pl av* **Genus**
General [g-] *-e*[†] *m* general **-agent** *-en -en m* generalagent **-arzt** *-e*† *m* generalfältläkare **-ba|ß** *-sse*† *m, mus.* generalbas **-bevollmächtigte(r)** *m, adj böjn.* befullmäktigad m. generell fullmakt **-'bundesanwalt** *-e*† *m* allmän åklagare i högsta domstolen **-direktion** *-en f* direktion (*i storföretag e.d.*) **-direktor** *-en m* verkställande direktör (*i större företag*) **General|e** *-ien n* allmän[giltig] angelägenhet **General'feldmarschall** *-e*† *m* generalfältmarskalk **Generalinspekteur** *-e m* generalinspektör (*chef för vty. försvarsmakten*) **Generalintendant** *-en -en m* **1** teaterchef (*vid större teater*) **2** *mil.* generalintendent
Generalisation [g-] *-en f* generalisering **generalisieren** generalisera
Generalissim|us *-usse el. -i m* generalissimus, överbefälhavare **Generalität** *0 f* generalitet **General|konsul** *-n m* generalkonsul **-leutnant** *-s, ibl.* -*e m* generallöjtnant **-linie** *-n f* generell linje, huvudlinje **-nenner** - *m* [minsta] gemensam nämnare **-pause** *-n f, mus.* generalpaus **-probe** *-n f* generalrepetition **-stab** *-e*† *m* generalstab; ~ *der Luftwaffe* flygstab **-stäbler** - *m* generalstabare **-'staatsanwalt** *-e*† *m* högste åklagare (*i Oberlandesgericht*) **-stabsoffizier** *-e m* generalstabsofficer **-streik** *-s m* generalstrejk **-superintendent** *-en -en m, prot.* kontraktsprost **-synode** *-n f, prot. ung.* allmänt kyrkomöte; *kat.* konsilium, synod **generalüberholen** helrenovera
General|versammlung *-en f* generalförsamling, plenarmöte; [allmän] bolagsstämma **-vertreter** - *m* generalagent **-vertretung** *-en f* generalagentur **-vikar** *-e m, kat.* generalvikarie (*biskops representant i jur. frågor*) **-vollmacht** *-en f* generell fullmakt
Generation [g-] *-en f* generation; *die heranwachsende* ~ den kommande generationen **Generationen-, Generations|wechsel** - *m* generationsväxling
generativ [g-] generativ; ~*e Grammatik* generativ grammatik **Generator** *-en m* generator **Generatorgas** *0 n* gen[erator]gas
generell [ge-] generell
generieren [g-] **1** åstadkomma, producera **2** *språkv.* generera **generisch** generisk
generös [ge-, *äv.* ʒe-] generös, frikostig **Generosität** *0 f* frikostighet
Genese [g-] *0 f* genes, uppkomst
genesen *genas, genäse, genesen, s* tillfriskna, bli frisk (*von* efter, från); *e-s Kindes* ~ (*högt.*) nedkomma med ett barn; *nicht ganz* ~ inte helt återställd **Genesende(r)** *m f, adj böjn.* konvalescent
Genesis ['geː-] *0 f* genesis, uppkomst; Genesis
Genesung *0 f* tillfrisknande; *auf dem Wege der* ~ *sein* vara på bättringsvägen **Genesungsheim** *-e n* konvalescenthem
Ge'netik [g-] *0 f* genetik **genetisch** genetisk
Genette [ʒəˈnɛt(ə), ʒeˈn-] *-s el.* *-n f* genett, ginstkatt
Genever [ʒeˈneːvɐ, ʒəˈn-, geˈn-] - *m* genever
Genf *0 n* Genève **Genfer I** - *m* genèvebo **II** *oböjl. adj,* från (i) Genève; *der* ~ *See* Genèvesjön
genial [ge-] genial, snillrik **genialisch 1** genialisk **2** okonventionell **Genialität** *0 f* genialitet, snillrikhet

Genick *-e n* nacke; *der Hut im* ~ hatten på nacken; *sich* (*dat.*) *das* ~ *brechen* bryta nacken av sig; *etw. bricht e-m das* ~ (*vard.*) ngt knäcker ngn, ngt störtar ngn i fördärvet **-fang** *0 m, jakt.,* e-m *Tier den* ~ *geben* ge ett djur dödsstöten **-fänger** - *m* jaktkniv **-schu|ß** *-sse*† *m* nackskott **-starre** *0 f* nackstelhet; *übertragbare* ~ epidemisk meningit (*hjärnhinneinflammation*); ~ *bekommen* (*vard.*) bli stel i nacken
Genie [ʒeˈniː] *-s n* geni, snille
genier|en [ʒe-] **1** genera, besvära; *-t es Sie, wenn* ...? generar (stör) det Er om ...? **2** *rfl* genera sig, vara blyg (besvärad); ~ *Sie sich nicht!* (*äv.*) känn Er som hemma!, ta bara för Er!; *er -te sich nicht,* ... *zu* ... han drog sig inte för att ... **genierlich** *vard.* **1** förarglig, genant **2** blyg
genießbar njut-, ät-, drick|bar; *nicht* ~ (*äv.*) odräglig (*om pers.*); *heute ist er* ~ (*vard. äv.*) i dag är han på gott humör **Genießbarkeit** *0 f, Pilze auf ihre* ~ *hin prüfen* undersöka svamp om den är är ätlig **genießen** *genoß, genösse, genossen* [åt]njuta; förtära; *e-n Anblick* ~ njuta av en anblick; *das Essen ist nicht zu* ~ maten är oätbar; *er ist heute nicht zu* ~ (*vard.*) i dag är han odräglig (omöjlig att ha att göra med); *wollen wir etw.* ~ *?* ska vi gå in på en restaurang (*e.d.*)?, ska vi gå o. äta (dricka) ngt? **Genießer** *-* m epikuré; gourmé; *ein* ~ *sein* (*äv.*) förstå att njuta av livets goda; *stiller* ~ (*äv.*) stillsam åskådare **genießerisch** epikureisk; välbehaglig; ~ *schlürfen* sörpla med välbehag (njutningsfullt)
Genie|streich *-e m* snillrikt påhitt, snilledrag; bedrift; lysande prestation **-zeit** *0 f* Sturm--und-Drang (*1767—85 i Tyskland*)
genital [g-] genital **Genital|e** *-ien n* könsorgan; *-ien* genitalier
Genitiv ['geː-, 'gɛ-, *äv.*--'-] *-e m,* *språkv.* genitiv
Geni|us [g-] *-en m* genius, skyddsande
genoppt försedd med noppor **Genörgel** *0 n* gnat[ande], kverulerande **genoß** *se genießen*
Genosse *-n -n m* kamrat, medbroder; medlem (*i kooperativ förening*); delägare; *polit.* [parti]-kamrat **Genossenschaft** *-en f* yrkes|förening, -sammanslutning; andelsförening, kooperativ förening **Genossenschaft[l]er** - *m* medlem i kooperativ förening; andelsägare **genossenschaftlich** kooperativ; andels-**Genossenschaftsbank** *-en f* kooperativ bank **Genossenschaftsbauer** *-n -n m* bonde som är med i jordbrukskooperation **Genossin** *-nen f, se Genosse;* medsyster
Genotyp|us [g-] *-en m* genotyp **Genozid** *-e el.* *-ien m n* folkmord
Genre [ʒãːg, *äv.* 'ʒãːrə, 'ʒaŋə] *-s n* genre **-bild** *-er n,* **-stück** *-e n* genre|bild, -målning
Gent [dʒɛnt] *-s m* sprätt, snobb **Gentle|man** ['dʒɛntlmən] *-men m* gentleman **gentleman-like** ['dʒɛntlmənlaik] gentlemannamässig; mycket hederlig (ridderlig)
Genua [g-] **1** *0 n* Genua **2** *- f,* *sjö.* genua **Genuese** *-n -n m* genuesare **Genueser** *oböjl. adj* genuesisk, från (i) Genua
genug nog, tillräckligt; ~ *Brot* tillräckligt med bröd; ~ *und übergenug* mer än tillräckligt; ~ *!* a) det räcker!, b) alltnog!; ~ *haben* (*vard.*) vara mätt; *ich habe davon mehr als* ~ jag har mer än nog av det; *nie* ~ *haben* aldrig få nog (vara nöjd); *danke, es ist* ~ *!* tack, det räcker (inte mer)!; *jetzt ist es* [*aber*] ~ *!* nu får det

Genüge—Geradheit

vara nog!, nu är mitt tålamod slut!; *er ist sich (dat.) selbst* ~ han är sig själv nog; ~ *der Worte! (högt.)* låt oss sluta prata **Genüge** *0 f, zur* ~ tillräckligt, till fullo; *e-m* ~ *tun (leisten)* motsvara (tillfredsställa) ngns anspråk **genüg|en** vara tillräcklig, förslå (*e-m el. für e-n* för ngn; *für etw.* för ngt); *den Anforderungen* ~ motsvara (uppfylla) kraven; *mir -t e-r* det räcker med en åt mig; *danke, es -t!* tack, det räcker!; *nicht* ~ *(äv.)* vara otillräcklig; *es -t, zu* det räcker med att; *sich (dat.) an etw. (dat.)* ~ *lassen* låta sig nöja med ngt **genügend** tillräcklig; tillfredsställande; (*som betyg*) godkänd; ~ *Geld* tillräckligt (nog) med pengar **genugsam** *åld.* tillräckligt [med] **genügsam** förnöjsam, anspråkslös, nöjd med litet; *im Essen* ~ enkel i maten; *er ist im Trinken* ~ han dricker inte mycket [sprit] **genugtun** *st, e-m* ~ *a)* tillfredsställa ngn, *b)* ge ngn upprättelse; *er kann sich (dat.) nicht* ~, ... *zu* ... han kan inte upphöra med att **Genugtuung** *0 f* **1** upprättelse, gottgörelse **2** *ich sehe mit* ~ jag ser med tillfredsställelse
genuin [ge-] **1** genuin **2** *med.* ärftlig
Gen|us ['ge-] *-era n* genus *(äv. språkv.)*
Genu|ß *-sse*† *m* **1** njutning; *mit* ~ *(äv.)* med förtjusning; *mit* ~ *essen (äv.)* njuta av maten **2** åtnjutande; *in den* ~ *e-r Sache (gen.)* *kommen* komma i åtnjutande av ngt **3** intagande (*av föda*); *nach dem* ~ *giftiger Pilze* efter att ha ätit giftig svamp; ~ *von Tabak (äv.)* bruk av tobak **Genußgift** *-e n* skadligt njutningsmedel **genüßlich** njutningsfull, välbehaglig; *adv äv.* med välbehag **Genüßling** *-e m, ung.* vällusting, sybarit **Genußmensch** *-en -en m* njutningsmänniska **Genußmittel** - *n* njutningsmedel **genußreich** njutningsrik **Genußsucht** *0 f* njutnings|lystnad, -begär **genußsüchtig** njutningslysten
Geochemie [g-] *0 f* geokemi **Geodäsie** *0 f* geodesi **Geodät** *-en -en m* geodet **Geograph** *-en -en m* geograf **Geographie** *0 f* geografi **geographisch** geografisk; ~*e Breite* latitud; ~*e Länge* longitud **Geologe** *-n -n m* geolog **Geologie** *0 f* geologi **geologisch** geologisk **Geometer** - *m* **1** lantmätare **2** geometriker **Geometrie** *0 f* geometri; *körperliche (räumliche)* ~ rymdgeometri; *ebene* ~ plangeometri **geometrisch** geometrisk; ~*es Mittel* geometriskt medium; ~*e Reihe* geometrisk serie **Geophysik** *0 f* geofysik **Geopolitik** *0 f* geopolitik
Georgine [g-] *-n f* georgin, dahlia
georgisch [g-] georgisk
Geotechnik [g-] *0 f* geoteknik **geozentrisch** geocentrisk
Gepäck *0 n* resgods, bagage; *mil.* packning; *kleines* ~ *(äv.)* handbagage; *sein* ~ *aufgeben* pollettera sitt bagage **-abfertigung** *-en f* **1** pollettering (inlämning) av resgods **2** resgodsexpedition **-ablage** *-n f* bagageutrymme **-annahme** *-n f* **1** pollettering (inlämning) av resgods **2** resgods|inlämning, -expedition **-aufbewahrung** *-en f* resgods|inlämning, effektförvaring **-aufgabe** *-n f, se Gepäckabfertigung* **-ausgabe** *-n f* resgodsutlämning **-halter** - *m* pakethållare (*på cykel*) **-karren** *-n m* bagage|-kärra, -vagn **-marsch** *-e*† *m, mil.* terrängmarsch **med full packning -netz** *-e n* bagage|-nät, -hylla **-schalter** - *m* resgods|inlämning, -expedition, polletteringslucka **-schein** *-e m* bagagekvitto, polletteringsmärke **-schließ-**

fach *-er*† *n* förvaringsbox **-stück** *-e n* kolli **-träger** - *m* **1** bärare, stadsbud **2** bagage-, paket|hållare **-versicherung** *-en f* resgodsförsäkring **-wagen** - *m* resgodsvagn
Gepard ['ge:-] *-e m, zool.* gepard
gepfeffert *se pfeffern* **Gepfeife** *0 n* [ihållande] visslande **gepflegt** vårdad, välskött; sober, kultiverad; *av klass* **Gepflegtheit** *0 f* vårdad beskaffenhet; kultiverad stil; vårdat yttre **Gepflogenheit** *-en f* [pläg]sed, bruk; *nach den hiesigen* ~*en* så som det brukas här **Geplänkel** - *n, mil.* skärmytsling; *bildl.* ordstrid, gnabb **Geplapper** *0 n* pladder, pladdrande **Geplärr[e]** *0 n* [ihållande] gråt, grinande, gnällande **Geplätscher** *0 n* plaskande, skvalpande, sorl[ande]; *bildl.* pladder, tomt prat **geplättet** *vard.* paff **Geplauder** *0 n* samspråk **Gepolter** *0 n .* buller, brak; *vard.* bullrig [skämtsam] tillrättavisning; *mit lautem* ~ med dunder o. brak **Gepräge** *0 n* prägel *(äv. bildl.)* **Geprahle** *0 n* skrytande, skrävlande **Geprassel** *0 n* knastrande, sprakande **gepunktet** prickig **Gequake** *0 n* [ihållande] kväkande; *bildl.* babbel, [strunt]prat, svammel **Gequassel** *0 n* svamlande, svammel **Gequatsche** *0 n* [ihållande, tomt] prat, svammel **Gequieke** *0 n* [ihållande] pipande **Gequietsche** *0 n* gnissel
gerade I *adj* **1** rak, rät; upprätt; *das* ~ *Gegenteil (vard.)* raka motsatsen **2** direkt; *bildl.* rättfram; ~*r Charakter* rättfram (rättskaffens, ärlig) karaktär **3** *mat.* jämn; ~ *Seite* vänstersida (*i bok*); *fünf* ~ *sein lassen* låta udda vara jämnt **II** *adv* **1** rakt, rätt; upprätt; ~ *gewachsen* rakt växt; ~ *in die Augen sehen* se rätt in i ögonen **2** just, precis; ~ *das Gegenteil* tvärt om (emot); *warum* ~ *ich?* varför just jag?; *ich war* ~ *da a)* jag var just där, *b)* jag råkade vara där; ~ *darauf habe ich mich gefreut* det var just det som jag gladde mig åt; *ich bin* ~ *aufgewacht* jag har just vaknat; *nun* ~ *!* nu mer än någonsin!; *das hat mir* ~ *noch gefehlt (iron.)* det fattades bara det; ~ *noch können* nätt o. jämnt kunna; *nicht* ~ *schön sein* inte vara direkt (särskilt) vacker; *geschieht dir* ~ *recht* det var rätt åt dig; *ich bin* ~ *beim Schreiben (vard.)* jag håller just på att skriva **Gerade** *f, adj böjn. el. pl subst -n mat.* rät linje; *sport.* raksträcka; *boxn.* rakt slag; *parallele* ~*n* parallella linjer **gerade'aus** rakt (rätt) fram; raka vägen **Gerade'ausempfänger** - *m* rak (enkel) [radio]mottagare **geradebiegen** *st* räta ut; *vard.* ställa till rätta, fixa **geradehalten** *st* **1** hålla rak **2** *rfl* hålla sig rak **Geradehalter** - *m* [ortopedisk] stödkorsett **gerade|he'raus** rent ut, utan omsvep **geradelegen** lägga rätt (i ordning) **geraden|achen** *vard.* räta ut, rikta **geradenwegs** direkt, raka vägen **geraderichten** rikta, räta [ut]
gerädert *vard.* mörbultad, slut
gerade|sitzen *st* sitta rak [i ryggen] **-so** precis så; likaså **-sogut** lika bra **-soviel** lika mycket (många) **-stehen** *st* stå rak; *für etw.* ~ ansvara (stå) för ngt **-stellen** ställa rakt (rätt), räta [till] **-[s]wegs** *se geradenwegs* ~*n* rakt fram; rakt på sak; rent ut [sagt]; direkt, fullständigt; rentav; ~ *ein Wunder* ett rent under; ~ *geschenkt* som hittat; *das ist* ~ *Wahnsinn (äv.)* det är fullkomligt vansinnigt
Geradflügler - *m, zool.* rätvinge **Geradheit** *0 f* rakhet, rätlinjighet; *bildl.* rätt|framhet,

-**rådighet geradlinig** rätlinjig **geradsinnig** rättfram, rätlinjig **geradzahlig** med jämna nummer
gerammelt ~ *voll* (*vard.*) proppfull **Gerangel** *0 n, vard.* bråk, slagsmål (*på lek*); *bildl.* kamp
Geranie [g-] -*n f* näva, geranium; pelargon
Gerank[e] *0 n* rankor
Gerant [ʒe-] -*en* -*en m, schweiz. el. åld.* **1** föreståndare, förvaltare **2** utgivare (*av tidning*)
Geraschel *0 n, vard.* prassel **Gerassel** *0 n, vard.* [ihållande] rassel, skrammel; rasslande
Gerät -*e n* verktyg; redskap; don; apparat; instrument; *vollautomatisches* ~ helautomat
geraten I *adj* tillrådlig, lämplig; *ich halte es nicht für* ~ jag tycker inte att det är lämpligt **II** *st s* **1** lyckas; *ihm gerät alles* han lyckas med allt; *die Kinder sind gut* ~ barnen artar sig väl; *der Kuchen ist gut* ~ kakan har blivit lyckad **2** råka, [råka] komma, hamna; bli; *an e-n Ort* ~ råka komma till en plats; *an den Falschen* ~ råka på fel man; *auf den Gedanken* ~ komma på tanken; *außer sich* ~ bli utom sig; *in etw.* (*ack.*) ~ råka in (bli inblandad) i ngt; *in Angst* ~ bli rädd; *in Brand* ~ råka i brand, börja brinna; *in Schulden* ~ råka (komma) i skuld; *ins Stocken* ~ komma av sig, stanna upp, avstanna; *in Verlust* ~ komma bort; *in Verwirrung* ~ bli förvirrad, råka i oordning; *die Kinder sind über den Kuchen* ~ barnen har hittat [o. störtat sig över] kakan; *unter die Räuber* ~ falla i rövarhänder (*äv. bildl.*); *wohin bin ich* ~ ? var har jag hamnat ?, vart har jag råkat komma ? **3** *nach e-m* ~ brås på ngn
Geräte|schrank -*e† m* redskaps-, instrument-, verktygs|skåp **-schuppen** - *m* redskapsbod **-turnen** *0 n* redskapsgymnastik
Gerate'wohl *0 n, aufs* ~ på måfå, på vinst och förlust
Gerätschaften *pl* [uppsättning] redskap
Geratter *0 n* [ihållande] skrammel, knattrande, smattrande **Gerätturnen** *0 n* redskapsgymnastik **Geräucherte(s)** *n, adj böjn.* rökt kött (skinka, bacon, korv) **Geraufe** *0 n* slagsmål **geraum** *e-e* ~*e Zeit* en rundlig tid, både länge o. väl; *vor* ~*er Zeit* för länge sedan; *es dauert e-e* ~*e Weile* det dröjer en god stund **Geräumde** - *n* kalhygge **geräumig** rymlig **Geräumigkeit** *0 f* rymlighet **Geraun[e]** *0 n* viskande, viskning[ar] **Geraunz[e]** *0 n, österr.* gnat
Geräusch -*e n* ljud; buller; *klopfendes* ~ (*motor.*) knackning; *ein* ~ *machen* (*äv.*) föra oväsen; *mit viel* ~ (*äv.*) med stort väsen **geräuscharm** tystgående, bullerfri, ljudlös **geräuschdämpfend** ljuddämpande **Geräuschkulisse** -*n f* ljudkuliss **geräuschlos** ljudlös, tyst **Geräuschmesser** - *m* bullermätare **Geräuschpegel** - *m* ljud-, buller|nivå **geräuschvoll** bullersam, ljudlig
Geräusper *0 n* harklande, harklingar
gerben garva; *e-m das Fell* ~ (*vard.*) ge ngn på pälsen
Gerb|er - *m* garvare **-erei** -*en f* garveri **-erlohe** -*n f*, **-rinde** -*n f* garv[ar]bark **-säure** *0 f* garvsyra **-stahl** *0 m* garvstål **-stoff** -*e m* garvämne; garvsyra **-ung** -*en f* garvning
gerecht 1 rättvis, rätt; rättmätig, befogad; ~ *urteilen* döma rättvist; *e-m* ~ *werden* göra ngn rättvisa; *allen Ansprüchen* ~ *werden* uppfylla alla anspråk, tillfredsställa alla krav; *e-r Aufgabe* (*dat.*) ~ *werden* gå i land med en uppgift; *gegen e-n* ~ *sein* vara rättvis mot ngn **2** rättfärdig; ~*er Gott* (*Himmel*)! (*vard. ung.*) milda makter!; *der Schlaf des G*~*en* den rättfärdiges sömn **gerechtfertigt** befogad, berättigad, riktig **Gerechtigkeit 1** *0 f* rättvisa; ~ *pflegen* (*üben*) skipa rättvisa; *e-n der* ~ (*dat.*) *ausliefern* överlämna ngn åt rättvisan; *sich der* ~ (*dat.*) *entziehen* undandra sig rättvisan **2** *0 f* rättfärdighet **3** *0 f* rättmätighet **4** -*en f, åld.* rättighet, privilegium **Gerechtigkeits|gefühl** *0 n*, **-liebe** *0 f* rättskänsla **gerechtigkeitsliebend** ~*er Mensch* rättskaffens människa **Gerechtsame** -*n f, åld.* privilegium, rättighet
Gerede *0 n* prat; skvaller; *e-n ins* ~ *bringen* ge folk anledning att prata [illa] om ngn; *ins* ~ *kommen* bli utsatt för skvaller; *leeres* ~ tomt prat **geregelt** ordnad, regelbunden, reglerad **gereich|en** *högt. es* -*t dir zur Ehre* det länder dig till heder; *es* -*t ihm zum Schaden* det blir till skada för honom **gereift** mogen **gereizt** retlig, [upp]retad, irriterad **Gereiztheit** *0 f* retlighet, irritation **Gerenne** *0 n* [oavbrutet] spring, rännande **gereu|en** *högt.*, *es* -*t mich, daß* jag ångrar att; *laß es dich nicht* ~ bry dig inte om det
Gerfalke -*n* -*n m* jaktfalk
Geriatrie *0 f* geriatri[k] **geriatrisch** geriatrisk
Gericht -*e n* **1** [mat]rätt; anrättning **2** rätt, domstol; domstolsbyggnad; *bildl. äv.* dom; *das Jüngste* (*Letzte*) ~ yttersta domen; *das Oberste* ~ högsta domstolen; *Hohes* ~! (*ung.*) Herr domare!; *mit e-m ins* ~ *gehen* (*bildl.*) gå till rätta med ngn; *vor* ~ inför rätta; *e-n vor* (*bei*) ~ *verklagen* åtala (stämma) ngn inför rätta; *über e-n* ~ *halten* (*bildl.*) hålla räfst med ngn; *über e-n zu* ~ *sitzen* sätta sig till doms över ngn **gerichtlich** rättslig; rätts-; juridisk; ~*e Medizin* rättsmedicin; ~*e Vorladung* stämning; ~*es Urteil* domstolsutslag; *e-n* ~ *vorladen* kalla ngn inför rätta; *gegen e-n* ~ *vorgehen* vidtaga rättsliga åtgärder mot ngn **Gerichtsarzt** -*e† m* rättsläkare **gerichtsärztlich** rättsmedicinsk
Gerichts|barkeit *0 f* domsrätt, jurisdiktion **-behörde** -*n f* domstol[smyndighet] **-bezirk** -*e m, ung.* domsaga **-dolmetscher** - *m* rättstolk **-ferien** *pl*, domstolsferier (*då inga större mål behandlas*) **-herr** -*[e]n m, hist.* innehavare av domsrätt (*slottsherre etc.*) **-hof** -*e† m* domstol **-kosten** *pl* rättegångskostnader **-medizin** *0 f* rättsmedicin **-mediziner** - *m* rättsläkare **-ordnung** -*en f* rättegångsordning **-präsident** -*en* -*en m* rättens (domstolens) ordförande **-referendar** -*e m, ung.* [tings]notarie **-saal** -*säle m* rättssal **-stand** -*e† m* laga domstol (forum) **-tag** -*e m* rättegångsdag **-verfahren** - *n* process; *ein* ~ *einleiten* (*äv.*) vidta laga åtgärder **-verhandlung** -*en f* domstols-, rättegångs|förhandling **-vollzieher** - *m* utmätningsman, kronofogde **-wesen** *0 n* rättsväsen
gerieben *vard.* slug, smart, inpiskad, durkdriven, förslagen **geriehen** *se 2 reihen* **Geriesel** *0 n* porlande, sorl, rasslande **geriet** *se geraten*
gering ringa, obetydlig, liten; låg; *e-e* ~*e Anzahl* (*äv.*) ett fåtal; *mit* ~*en Ausnahmen* med få undantag; ~*e Aussichten auf Erfolg* små utsikter till framgång; ~*e Entfernung* kort avstånd; ~*er Erfolg* (*äv.*) föga framgång; ~*e Güte* låg kvalitet; *e-e* ~*e Meinung von e-m haben* ha en låg uppfattning om ngn; *kein*

G~erer *als* ingen mindre än; *das G~ste a)* det minsta, *b)* minsta lilla småsak; *nicht das ~ste (äv.)* inte ett dugg; *nicht im ~sten* inte alls, inte på minsta vis; *um ein ~es a)* en aning, *b)* nästan, *c)* för en spottstyver **geringachten** ringakta **Geringachtung** *0 f* ringaktning **geringfügig** obetydlig; av föga betydelse **Geringfügigkeit 1** *0 f* obetydlighet, ringhet **2** *-en f* bagatell **geringhaltig** *min.* lågvärdig **geringschätzen** ringakta **geringschätzig** föraktlig, förklenande, nedsättande; *e-n ~ behandeln (äv.)* ignorera ngn **Geringschätzung** *0 f* ringaktning, förakt **ge'ringsten'falls** *högt.* minst, åtminstone **geringwertig** av ringa värde, mindervärdig; *~e Qualität (äv.)* sämre kvalitet

gerinnbar koagulerbar **Gerinne** - *n* [vatten]ränna, rännil, dike **gerinnen** *st s* stelna; koagulera; ysta sig; *Blut zum G~ bringen* få blod att levra sig (koagulera) **Gerinnsel** - *n* **1** rännil **2** stelnad vätska, koagulat; blod|propp; -lever **gerinnungsfähig** koagulerbar **Gerinnungsfähigkeit** *0 f*, *die ~ des Blutes* blodets förmåga att koagulera **Gerippe** - *n* skelett *(äv. bildl.)*; ram, stomme; *sie ist zum ~ abgemagert (äv.)* hon är bara skinn o. ben **gerippt** räfflad; randad; ådrad; ribbstickad; *bot.* nervig **gerissen** *vard.* slug, durkdriven, slipad, smart, garvad

Germ *0 m f, sty., österr.* jäst
Germane [g-] *-n -n m* german **germanisch** germansk **germanisieren** germanisera **Germanism|us** *-en m, språkv.* germanism **Germanist** *-en -en m* germanist **Germa'nistik** *0 f* germanistik **germanistisch** germanistisk **Germanium** *0 n* germanium **germanophil** tyskvänlig **germanophob** tyskfientlig
Germer - *m, bot.* veratrum **Germination** *-en f, bot.* groningstid
gern (*jfr lieber, liebst*) gärna; [*ja,*] *~! gärna!*, ja visst!; *herzlich ~! (äv.)* med förtjusning!; *~ geschehen!* ingen orsak!; *e-n ~ haben* tycka om ngn; *der kann mich ~ haben (vard.)* honom struntar jag i; *~ gesehen (äv.)* omtyckt; *~ am Ufer wachsen (äv.)* trivas bäst vid stranden; *etw. ~ tun (äv.)* tycka om att göra ngt; *ich lese ganz ~ (äv.)* jag är ganska road av att läsa; *ich hätte ~ Frau X gesprochen* jag skulle vilja tala med fru X **gerne** *se* **gern Gernegroß** *-e m, vard.* skrytmåns, viktigpetter **Gerneklug** *-e m, ung.* besserwisser; näsvis pojke (flicka) **gerngesehen** väl|kommen, -sedd, omtyckt
Geröchel *0 n* rosslingar, [ihållande] rosslande **gerochen** *se* **riechen, rächen Geröll[e]** *0 n* rull-, klapper|sten; [lösa] stenar
Gerontologie [g-] *0 f* gerontologi
Geröstete *pl, sty., österr.* stekt potatis [m. lök]
Gerste *0 f* korn (*sädesslag*)
Gersten|graupe *-n f* helgryn **-grütze** *-n f n* **1** korngryn **2** *med.* vagel **-kornhandtuch** *-er† n* korndrällshandduk **-saft** *0 m, poet. el. skämts.* öl **-zucker** *0 m* maltsocker
Gerte *-n f* spö, vidja **'gerten'schlank** smal som en vidja
Geruch 1 *0 m* luktsinne; *e-n feinen ~ haben* ha bra luktsinne **2** *-e† m* lukt, doft; *der ~ des Kuchens* doften av kakan; *~ von Kaffee* kaffelukt; *unangenehmer ~ (äv.)* stank **3** *0 m, högt.* rykte; *e-n in schlechten ~ kommen* få dåligt rykte; *im ~ der Klugheit stehen* ha rykte (namn) om sig att vara klok **geruchlos** luktfri **Ge-**

ruchsempfindung *-en f* luktförnimmelse **Geruchssinn** *0 m* luktsinne **Geruchswerkzeuge** *pl* luktorgan **Geruchsverschlu|ß** *-sse† m* vattenlås
Gerücht *-e n* rykte; *es geht das ~* det går ett rykte **Gerüchtemacher** - *m* ryktessmidare **geruchtilgend** desodoriserande **gerüchtweise** ryktesvis
Gerufe *0 n* [ständigt] ropande, rop **geruh|en** värdigas, behaga; *er -te, zu (iron.)* han nedlät sig att **geruh|ig, -sam** lugn, fridfull, harmonisk **Geruhsamkeit** *0 f* [behagligt] lugn; *mit ~ (äv.)* utan brådska, i lugn o. ro
Gerumpel *0 n* [ihållande] buller, skrammel **Gerümpel** *0 n, vard.* bråte, skräp, smörja
Gerundi|um [g-] *-en n, språkv.* gerundium **Gerun'div -e n, Gerun'div|um** [-v-] *-a n, språkv.* gerundivum
Gerüst *-e n* ställning; *bildl.* stomme **Gerüttel** *0 n* skakningar, [ihållande] ruskande **gerüttelt** rågad; *~ voll* rågad, överfull
Gervais [ʒɛr'vɛ:] - [-'vɛ:s] *m* gervais[ost]
ges [gɛs] *mus.* **1** *- n* gess **2** *beteckning för gess-Moll* gess-moll **Ges** *mus., beteckning för Ges-Dur* Gess-dur
gesalzen *bildl. vard.* saltad, pepprad, bitande, kraftig, saftig **Gesalzene(s)** *n, adj böjn., ung.* salt (rimmat) kött
gesamt all, hel, total; *die ~en Räume* samtliga rum **Gesamtansicht** *-en f* totalbild **Gesamtausgabe** *-n f* fullständig utgåva (*av författares skrifter*) **Gesamtbegriff** *-e m* generellt begrepp **Gesamtbetrag** *-e† m* sammanlagt belopp, totalbelopp **Gesamtbild** *-er n* total-, helhets|bild **gesamtdeutsch** alltysk **Gesamt|eindruck** *-e† m* helhetsintryck **-einkommen** - *n* sammanlagd[a] inkomst[er], totalinkomst **-erbe** *-n -n m* universalarvinge **-ergebnis** *-se n* sammanlagt resultat, slutresultat **-ertrag** *-e† m* total (hel) avkastning **-fläche** *-n f* total yta **-gewicht** *-e n* totalvikt **-heit** *0 f* helhet; *die ~ der Beamten* hela ämbetsmannakåren, samtliga ämbetsmän; *die ~ des Volkes* hela folket **-höhe** *0 f* totalhöjd **-kunstwerk** *-e n* (*Wagners*) allkonstverk **-lage** *0 f* situation (läge) [i allmänhet] **-schaden** -† *m* total skada **-schuld** *0 f, polit.* kollektivskuld **gesamtschuldnerisch** *hand.*, *~e Bürgschaft* kollektiv borgen (*av flera borgensmän*) **Gesamt|schule** *-n f, ung.* enhetsskola (*högstadium o. gymnasium*) **-strafe** *-n f* sammanlagt straff **-summe** *-n f* slut-, total-, klump|summa **-umsatz** *-e† m* total omsättning **-unkosten** *pl* totalomkostnader **-unterricht** *0 m* samlad undervisning **-werk** *0 n, das ~ des Künstlers* konstnärens hela produktion (samlade verk) **-wert** *0 m* totalvärde **-wirtschaft** *0 f, die ~ des Landes* landets hela näringsliv **-wohl** *0 n, das ~* det allmänna bästa **-zahl** *-en f* totalt antal
Gesandte(r) *m, adj böjn.* sändebud, envoyé, minister; *päpstlicher Gesandter* nuntie **Gesandtin** *-nen f* [kvinnlig] sändebud *etc.* **Gesandtschaft** *-en f* legation **Gesandtschaftsrat** *-e† m* legationsråd
Gesang *-e† m, der ~ der Geigen* fiolernas klang; *~ der Vögel* fågelsång **Gesangbuch** *-er† n* sångbok, psalmbok **gesanglich** vokal; sång-; *in ~er Hinsicht* i vokalt hänseende, vad sången beträffar **Gesang[s]lehrer** - *m* sånglärare **Gesang[s]unterricht** *0 m* sång|under-

visning, -lektioner **Gesang[s]verein** -*e m* sångförening
Gesäß [-εːs] -*e n* säte, bak[del], stuss -**tasche** -*n f* bakficka
gesättigt ~*e Lösung* (*kem.*) mättad lösning
Gesaufe *0 n* supande, superi **Gesäuge** *0 n, jakt.* juver, spenar **Gesause** *0 n* [oavbrutet] sus[band] (brus) **Gesäusel** *0 n* [oavbrutet] sakta sus[ande] **Geschädigte(r)** *m f, adj böjn.* skadad (drabbad) [person]
Geschäft -*e n* affär (*äv. bildl.*); göromål, arbete; butik; affärs|lokal, -rörelse; ~*e in Holz* affärer i trä; ~*e mit dem Ausland* (*äv.*) utlandsaffärer; *laufende* ~*e* löpande ärenden; *sein großes* (*kleines*) ~ *machen* (*verrichten*) (*vard.*) göra det stora (lilla) (*naturbehov*); *am* ~ *jds beteiligt sein* vara delägare i ngns affär; *ins* ~ *gehen* (*äv.*) gå till arbetet (kontoret); *mit* ~*en überlastet sein* vara överhopad med arbete **Geschäftemacher** - *m* geschäftmakare **Geschäftemacherei** *0 f* geschäft, business **geschäftig** ivrigt sysselsatt; *er tat sehr* ~ han var beskäftig (beställsam); ~*es Treiben* livlig verksamhet **Geschäftigkeit** *0 f* aktivitet, verksamhet **Geschaftlhuber** - *m, sty., österr.* beskäftig person; *er ist ein wahrer* ~ han lägger sin näsa i blöt i allting **geschäftlich** affärs-, handels-; i affärsangelägenheter; ~*e Beziehungen* affärsförbindelser; *ich bin* ~ *hier* jag är här i affärer; *er wurde wieder* ~ han blev åter affärsmässig; *er ist* ~ *verhindert* han är förhindrad genom sitt arbete, han kan inte komma på grund av sina affärer; *mit e-m* ~ *zu tun haben* ha att göra med ngn på tjänstens vägnar, ha affärer med ngn **Geschäfts|abschluß** -*abschlüsse m* affärs|-uppgörelse, -transaktion -**aufgabe** -*n f* affärsnedläggelse; *wegen* ~ *ausverkaufen* ha rea[lisation] på grund av att affären skall upphöra -**aufsicht** *0 f, unter* ~ *gestellt werden* (*jur.*) ställas under [temporär] konkursförvaltning -**auto** -*s n* firmabil -**bereich** -*e m* [kompetens]område; *Minister ohne* ~ minister utan portfölj -**bericht** -*e m* verksamhets-, styrelse|-berättelse -**brief** -*e m* affärsbrev **Geschäftsfähigkeit** *0 f jur.* rättslig handlingsförmåga **Geschäftsfreund** -*e m* affärsvän **geschäftsführend** ~*er Direktor* verkställande direktör; ~*e Regierung* expeditionsregering **Geschäfts|führer** - *m* [verkställande] direktör, disponent; föreståndare (för butik *e.d.*); chef (*för fabrik e.d.*); [general]sekreterare -**führung** *0 f* [företags]ledning; skötsel av affärerna -**gang** *0 m* **1** *vard. ich muß noch e-n* ~ *machen* jag har ett ärende till, jag måste gå i en affär till **2** affärsutveckling, trend; *täglicher* ~ daglig rutin; *der* ~ *ist schlecht* affärerna går dåligt; *reger* ~ livlig affärsverksamhet -**gebaren** *0 n* affärs|metod, -praktik -**gegend** -*en f, vard.* affärskvarter -**haus** -*er†n* affärshus, kontorsbyggnad; firma -**jahr** -*e n* räkenskapsår, verksamhetsår -**kosten** *pl* omkostnader; *auf* ~ på firman[s bekostnad] -**lage** -*n f* affärsläge; ekonomiskt läge, konjunktur -**leben** *0 n* affärsliv; *ins* ~ *eintreten* bli affärsman -**leiter** - *m, se Geschäftsführer* -**leitung** *0 f, se Geschäftsführung* -**mann** -*leute, ibl.* -**männer** *m* affärsman
geschäftsmäßig affärsmässig; *bildl.* mekanisk, opersonlig
Geschäftsordnung -*en f* arbets-, dag|ordning **Geschäftspapiere** *pl, post.* affärshand-

lingar **Geschäftsreise** -*n f* affärsresa **geschäftsschädigend** skadlig för affären (affärerna)
Geschäfts|schluß *0 m* stängningstid; *wann ist* ~ *?* när stänger affärerna (kontoret *etc.*)? -**stelle** -*n f* byrå, kontor, expedition -**straße** -*n f* affärsgata -**stunden** *pl* arbets-, affärs-, kontors|tid -**träger** - *m* chargé d'affaires **geschäftstüchtig** affärsbegåvad, duktig i affärer; ~ *sein* (*äv.*) ha affärssinne
Geschäfts|verkehr *0 m* affärs|verksamhet, -liv; *in* ~ *stehen* stå i affärsförbindelse -**viertel** - *n* affärs|centrum, -kvarter -**wagen** - *m* firmabil -**zeichen** - *n* (*i brev*) referensnummer -**zeit** -*en f, se Geschäftsstunden* -**zentr|um** -*en n* affärs|centrum, -kvarter -**zimmer** - *n* kontor; expedition -**zweig** -*e m* [affärs]bransch
geschah *se geschehen* **geschamig** *sty., österr.* blyg, försagd **gescheckt** skäckig, fläckig **geschehen** *geschah, geschähe, geschehen, geschieht s* **1** ske, hända, inträffa; göras; *ein Unglück ist* ~ det har hänt en olycka; *es geschieht ihm recht* det är rätt åt honom; *ich weiß nicht, wie mir geschah* jag vet inte vad som hände med mig; *wie ist das* ~ *?* hur gick det till?; *es wird dir nichts* ~ ingen kommer att göra illa dig, det är alldeles ofarligt; *was wird mit den Resten* ~ *?* (*äv.*) vad ska jag (*etc.*) göra med resterna?; *etw. muß* ~ *ngt måste göras; gern* ~ *!* ingen orsak!, för all del!; ~ *ist* ~ [vad som är] gjort är gjort; *etw.* ~ *lassen* (*äv.*) tolerera ngt; *das G~e kann man inte ungeschehen machen* vad som har skett kan inte göras ogjort **2** *es war um meine Ruhe* ~ *a)* nu var det slut med friden för mig, *b) vard.* nu blev jag ngt, nu var mitt tålamod slut; *es ist um mich* ~ jag är förlorad, det är ute med mig **Geschehen** *0 n* skeende; händelse[r] **Geschehnis** -*se n* händelse, tilldragelse
Gescheide - *n, jakt.* inälvor (*hos vilt*)
gescheit klok, intelligent; förnuftig; *du bist wohl nicht* ~ *?* är du inte riktigt klok?; *sei doch* ~ *!* var förnuftig!, var inte dum!; *aus etw.* ~ *werden* bli klok på ngt; *ich war so* ~ *wie zuvor* jag var lika klok som förut; *etw.* ~ *anfangen* angripa ngt på ett vettigt (förnuftigt *etc.*) sätt
Geschenk -*e n* present, gåva; *ein* ~ *des Himmels* en skänk från ovan; *e-m ein* ~ *machen* ge ngn en present; *e-m etw. zum* ~ *machen* (*högt.*) ge ngn ngt i present; *kleine* ~*e erhalten die Freundschaft* (*ung.*) med gåvor och gengåvor varar vänskapen längst **Geschenk|artikel** - *m* presentartikel **Geschenkgutschein** -*e m* presentkort **Geschenkpackung** -*en f* presentförpackning **Geschenkpaket** -*e n* gåvopaket **geschenkweise** som gåva, i present
geschert *sty., österr.* korkad; elak; *ein G~er* (*äv.*) en lantis
Geschichte 1 *0 f* historia; *die* ~ *des Altertums* antikens historia; ~ *geben* undervisa i historia; ~ *machen* göra historia **2** -*n f* historia, angelägenhet; *die ganze* ~ (*vard. äv.*) alltihop; *was kostet die ganze* ~ *?* (*vard.*) vad kostar hela härligheten?; *lustige* ~*n* (*äv.*) skämthistorier; *e-e schöne* ~ (*iron.*) en snygg historia; *wahre* ~ sannsaga; *da haben wir die* ~ *!* (*vard. ung.*) där har vi det!; *e-e* ~ *mit e-m haben* (*vard.*) ha en [kärleks]affär med ngn; *mach keine* ~*n!* gör inga dumheter!; *e-e große* ~ *aus etw. machen* göra stor affär av ngt; *das*

ist die alte ~ *(äv.)* det är det gamla vanliga; *das sind alte* ~*n* *(äv.)* det där har man hört förut; *das sind alles nur* ~*n* *(vard.)* det är lögn alltsammans; *die* ~ *ist für mich erledigt* *(vard.)* för mig är saken utagerad **Geschichtenbuch** -er† *n* bok med berättelser **Geschichtenerzähler** - *m* historieberättare; sagoförtäljare **geschichtlich** historisk **Geschichtsbuch** -er† *n* historiebok **Geschichtsforscher** - *m* historiker **Geschichtsklitterung** -en *f* historieförfalskning, partisk historieskrivning **geschichtslos** historielös **Geschichtsschreiber** - *m* historieskrivare, hävdatecknare **Geschichtswerk** -e *n* historiskt verk **Geschick 1** 0 *n* förmåga; [finger]färdighet, skicklighet; *natürliches* ~ fallenhet; *ins* ~ *bringen* få ordning (reda) på **2** -e *n* öde; *sein* ~ *selbst in die Hand nehmen* ta sitt öde i egna händer; *gütiges (gnädiges)* ~ nådig försyn **Geschicklichkeit** 0 *f* skicklighet, konstfärdighet **geschickt** kunnig, händig, skicklig; *sie ist* ~ *im Umgang mit Kindern* hon har ett gott handlag med barn **Geschiebe** 0 *n* **1** *geol.* rullsten **2** *vard.* trängsel **Geschiebelehm** 0 *m geol.* morän[lera] **geschieden** *se* **scheiden** **Geschieße** 0 *n* [ständigt] skjutande **Geschimpfe** 0 *n vard.* gräl[ande], gnat[ande] **Geschirr** -e *n* **1** servis, glas o. porslin; *feuerfestes* ~ eldfast gods; *das* ~ *abräumen* duka av; *das* ~ *abwaschen* diska; *das* ~ *abtrocknen* torka disken **2** seldon, sele; *sich ins* ~ *legen* *(bildl.)* lägga sig i selen, lägga manken till **3** [hand]redskap; apparater; lös utrustning **-macher** - *m* **1** sadelmakare **2** *dial.* keramiker **-schrank** -e† *m* porslinsskåp **-spülen** 0 *n* disk[ning] **-spüler** - *m, vard.*, **-spülmaschine** -*n f* diskmaskin **-tuch** -er† *n* porslinshandduk
geschissen *se* **scheißen** **geschlagen** *se* **schlagen**
Geschlecht 1 -er *n* kön; släkte; släkt, ätt; *språkv.* genus; *das andere* ~ det motsatta könet; *beiderlei* ~*s* av båda könen; *künftige* ~*er* kommande generationer; *das menschliche* ~ människosläktet; *sächliches* ~ neutrum; *aus altem* ~ av gammal familj; *von* ~ *zu* ~ från släktled till släktled (generation till generation) **2** 0 *n* könsorgan; könsdrift **Geschlechterfolge** -*n f* släktled, generationer **Geschlechterkunde** 0 *f* genealogi **geschlechtlich** sexuell, köns-, kön[s]lig; ~*e Aufklärung* sexualupplysning; ~ *verkehren* ha könsumgänge **Geschlechtlichkeit** 0 *f* sexualitet **geschlechtsabhängig** könspräglad **Geschlechtsakt** -e *m* könsakt **Geschlechtsgenosse** -*n* -*n m* person (individ) av samma kön **geschlechtskrank** könssjuk **Geschlechtskrankheit** -en *f* könssjukdom **geschlechtslos** könlös **Geschlechtsmerkmal** -e *n* könskaraktär **Geschlechtsname** -*ns* -*n m* familje-, släkt|namn; artnamn **Geschlechtsorgan** -e *n* könsorgan **Geschlechtspartner** - *m* sexualpartner **Geschlechtsprodukte** *pl* ägg o. sädesceller **geschlechtsreif** könsmogen **Geschlechtsreife** 0 *f* pubertet, könsmognad **geschlechtsspezifisch** köns|bunden, -orienterad, köns- **Geschlechts|tafel** -*n f* stam|träd, -tavla **-trieb** 0 *m* könsdrift **-umwandlung** -en *f, med.* könsbyte **-verhältnis** -*se n* könsproportion **-verirrung** -en *f* perversitet **-verkehr** 0 *m* könsumgänge **-wort** -er† *n, språkv.* artikel

geschliffen *se schleifen* **Geschliffenheit** 0 *f* elegans; *(stilistisk)* skärpa **Geschlinge** - *n* **1** *kokk.* hjärtslag **2** flät-, slinger|verk **geschlossen 1** stängd; [till]sluten **2** enhällig, samlad; sammanhängande; helgjuten; *adv. gemensamt,* utan undantag, samfällt; ~*e Ortschaft* tättbebyggt samhälle **Geschlossenheit** 0 *f* slutenhet; enhällighet *etc., jfr geschlossen* **Geschluchz[e]** 0 *n* snyftningar **Geschmack** -e† *(vard.* skämts. -er†) *m* smak; *an e¹w. (dat.)* ~ *finden (gewinnen), auf den* ~ *kommen* få smak för ngt, börja tycka om ngt; *mit* ~ smakfull; *je nach* ~ efter eget tycke; *nach meinem* ~ i min smak (mitt tycke); *die Geschmäcker sind verschieden (vard.)* smaken är olika **geschmackbildend** smakfostrande **geschmacklos** smaklös **Geschmacklosigkeit 1** 0 *f* smaklöshet **2** -en *f* smaklöst yttrande (sätt) **Geschmacksnerv** -en *m* smaknerv **Geschmacksrichtung** -en *f* smakriktning **Geschmack[s]sache** 0 *f* smaksak **Geschmackssinn** 0 *m* smaksinne **Geschmacksverirrung** -en *f* [exempel på] dålig smak; *das Haus ist e-e* ~ *(äv.)* huset är en kränkning av den goda smaken (stöter ens smaksinne) **geschmackvoll** smak-, stil|full **Geschmatze** 0 *n, vard.* smackande, smackningar **Geschmeide** - *n högt.* kostbart smide; [ädelt] smycke **geschmeidig** smidig; mjuk; vig; *bildl.* smidig, diplomatisk **Geschmeidigkeit** 0 *f* smidighet *etc., jfr geschmeidig* **Geschmeiß** 0 *n* ohyra; *bildl.* slödder; *jakt.* fågelträck **Geschmetter** 0 *n* smatter, smattrande **Geschmier[e]** 0 *n* smörja, goja; kludd, fuskverk, dålig målning *etc.* **Geschmorte(s)** *n, adj böjn., ung.* stekmat, stekt kött **Geschmuse** 0 *n, vard.* [oavbrutet] kel[ande] (pussande) **geschnäbelt** försedd med näbb; näbbformig **Geschnatter** 0 *n* [ihållande] snatter, snattrande **geschniegelt** [överdrivet] välvårdad; ~ *und gebügelt* prydlig, uppsträckt **Geschnüffel** 0 *n* vädrande; snokande **Geschöpf** -e *n* varelse; *bildl.* skapelse; *ein* ~ *der Phantasie* en fantasiskapelse; *das arme* ~*!* stackars människa!; *süßes* ~ söt varelse (flicka); ~ *des Gedankens* tankefoster **Gescho|ß** -*sse (sty., österr. äv. -ße) n* **1** projektil **2** våning; *im obersten* ~ *wohnen* bo högst upp **Geschoßbahn** -en *f* projektil-, kul|bana **Geschoßgarbe** -*n f* kulkärve **Geschoßwirkung** 0 *f* eldverkan **geschraubt** skruvad, konstlad **Geschrei** 0 *n* [ihållande] skrik, skrikande; bråk, oväsen; *ein großes* ~ *erheben a)* börja skrika högt, *b)* göra mycket väsen; *viel* ~ *und wenig Wolle* mycket skrik och lite ull; *viel* ~ *um etw. (äv.) mycket* skvaller om ngt **Geschreibsel** 0 *n, vard.* klotter; *bildl. (skriven)* smörja **geschuppt** fjällig
Geschütz -e *n* kanon, artilleripjäs; *schweres* ~ tungt artilleri; *grobes (schweres)* ~ *gegen e-n auffahren (vard.)* ta till storsläggan mot ngn **-bedienung** -en *f* kanonbetjäning, pjässervice **-donner** - *m* kanondunder **geschützt** *biol.* fridlyst, fredad **Geschützturm** -e† *m* kanon-, kulsprute|torn **Geschwader** - *n* eskader **Geschwaderflug** -e† *m* eskaderflygning **Geschwaderführer** - *m.,* sjö. eskaderchef **Geschwaderkommodore** -*s el.* -*n m, flyg.* flottiljchef **Geschwafel** 0 *n, vard.* svammel **geschwänzt** svansförsedd **Geschwätz** 0 *n* [löst] prat, pladder **Ge-**

schwatze *0 n,* **Geschwätze** *0 n* prat[ande] **geschwätzig** pratsam; skvalleraktig **Geschwätzigkeit** *0 f* prat|samhet, -sjuka **geschweift 1** svängd, böjd **2** svansförsedd **geschweige** ~ *denn* än mindre, för att inte tala om **geschwind** snabb, rask; *mach* ~*!* skynda dig!; *nicht so* ~*!* inte så fort! **Geschwindigkeit** *-en f* fart, hastighet, snabbhet; *die* ~ *herabsetzen* minska farten; *an* ~ *zunehmen* skjuta fart **Geschwindigkeits|begrenzung** *-en f,* **-beschränkung** *-en f* hastighetsbegränsning **-kontrolle** *-n f* hastighetskontroll **-messer** - *m* hastighetsmätare **Geschwindmarsch** *-e† m* ilmarsch **Geschwindschritt** *-e m* hastig marsch; *im* ~ *(äv.)* mycket fort **Geschwister** *pl* syskon; *die* ~ X *(äv.)* systrarna X **Geschwisterchen** - *n, du wirst bald ein* ~ *bekommen* du ska snart få en liten syster el. bror **Geschwisterkind** *-er n* syskonbarn **geschwisterlich** syskon-; broder-, syster|lig; som syskon **Geschwisterliebe** *0 f* syskonkärlek **geschwollen** svullen; *vard.* uppblåst, högtravande **Geschwollenheit** *0 f* svullnad; *vard.* uppblåsthet, inbilskhet **Geschworene(r)** *-n f, adj böjn.* jurymedlem; *die Geschworenen* juryn **Geschwulst** *-e† f* svulst, tumör; *gutartige (bösartige)* ~ godartad (elakartad) svulst **geschwungen** *se schwingen* **Geschwür** *-e n* **1** bulnad, böld, [varigt] sår **2** *bildl.* [långvarigt] missförhållande **geschwürig** sårig; full av var **gesegnet** *se segnen* **Geseich(e)** *0 n, vard.* [tomt] prat; klagan, gnäll **Geseier** *0 n,* **Geseire** *0 n, vard.* prat; klagan, gnäll **Geselchte(s)** *n, adj böjn., sty., österr.* rökt kött **Gesell** *-en -en m* [vandrande] gesäll (student) **Geselle** *-n -n m* **1** gesäll **2** karl, typ; *lustiger* ~ lustig sälle (kurre) **3** kamrat **gesell|en** *rfl* sälla sig [till]; [*zu*] *mir -te sich ein Fremder* en främling sällade (anslöt) sig till mig **Gesellen|jahre** *pl* gesäll|tid, -år **-prüfung** *-en f* gesällprov **-stück** *-e n (konkret)* gesällprov **-zeit** *0 f* gesäll|tid, -år **gesellig** sällskaplig; *der Mensch ist ein* ~*es Tier* människan är ett sällskapsdjur; ~*es Beisammensein (äv.)* samkväm; ~ *sein* vara sällskaplig av sig; ~ *lebende Tiere* djur som lever tillsammans (i flock) **Geselligkeit 1** *0 f* sällskaplighet; *die* ~ *lieben* tycka om att vara tillsammans med andra människor **2** *-en f* sällskaplig samvaro; *zu e-r* ~ *einladen* inbjuda till sällskaplig samvaro **Gesellschaft** *-en f* **1** samhälle, samfund; societet; *bürgerliche* ~ borgerligt samhälle; *offene* ~ *(sociol.)* öppet samhälle; *Dame der* ~ societetsdam **2** sällskap; umgänge; bjudning; *lustige* ~ *(fig.)* glatt lag; *e-m* ~ *leisten* göra (hålla) ngn sällskap; *in jds* ~ i ngns sällskap; *zur* ~ för sällskaps skull; *e-e* ~ *geben (besuchen)* ha (gå på) en bjudning; *viel in* ~ *gehen* gå på många bjudningar (tillställningar) **3** sällskap, förening; bolag; *gelehrte (wissenschaftliche)* ~ lärt (vetenskapligt) sällskap; *die* ~ *Jesu* Jesuitorden; *e-r* ~ *beitreten* gå in i en förening; ~ *mit beschränkter Haftung (förk. GmbH)* [aktie]bolag med begränsat ansvarighet **Gesellschafter** - *m* **1** sällskapsmänniska **2** bolagsman, kompanjon **Gesellschafterin** *-nen f* **1** sällskaps-

människa **2** sällskapsdam **gesellschaftlich 1** samhällelig, samhälls-, social; ~*e Stellung* samhällsställning; ~*e Struktur* social struktur **2** sällskaplig, sällskaps-; societets- **3** *DDR* samhällsnyttig **Gesellschaftsanzug** *-e† m* högtidsdräkt **gesellschaftsfähig** presentabel **gesellschaftsfeindlich** samhällsfientlig **Gesellschafts|form** *-en f* samhällsform **-klasse** *-n f* samhällsklass **-kleid** *-er n* aftonklänning **-kritik** *0 f* samhällskritik **gesellschaftskritisch** samhällskritisk **Gesellschafts|lehre** *0 f* **1** samhällsorientering **2** sociologi **-politik** *0 f* samhälls-, social|-politik **-reise** *-n f* sällskapsresa **-schicht** *-en f* samhälls|lager, -skikt **-spiel** *-e n* sällskapslek **-steuer** *-n f* bolagsskatt **-vertrag** *-e† m* **1** samhällsfördrag **2** bolagsordning **-wissenschaft** *-en f* sociologi, samhällsvetenskap **Gesenk** *-e n* **1** gruv|hål, -botten **2** sänke **Gesetz** *-e n* lag *(über +ack.* om; *vid naturlag: von* om); *die Mendelschen* ~*e* Mendels lagar; *er bestimmte das* ~ *des Handelns* han hade initiativet; *das* ~ *von Angebot und Nachfrage* lagen om tillgång o. efterfrågan; *das* ~ *der Schwerkraft* tyngdlagen; ~*e geben* stifta lagar; *gegen ein* ~ *verstoßen* bryta mot en lag; *nach dem* ~ enligt lagen **Gesetzblatt** *-er† n* författningssamling **Gesetzbuch** *-er† n* lagbok; *Bürgerliches* ~ *(i BRD)* civilrättslig lag[bok] **Gesetzentwurf** *-e† m* lagförslag **Gesetzeskraft** *0 f* laga kraft **gesetzeskundig** lag|-kunnig, -klok **Gesetzesnovelle** *-n f* lagändring, tillägg till lag **Gesetzesübertretung** *-en f* lagöverträdelse **Gesetzesvorlage** *-n f* lagförslag **gesetzgebend** lagstiftande **Gesetzgeber** - *m* lagstiftare **Gesetzgebung** *0 f* lagstiftning **gesetzkundig** laglok **gesetzlich** laglig; lagligen, i lag; ~*e Bestimmung* lagbestämmelse; ~*er Vertreter (äv.)* målsman; ~ *geschützt* lagligen skyddad *(om varumärke)*; ~ *vorgeschrieben* lagstadgad **Gesetzlichkeit** *0 f* laglighet **gesetzlos** laglös **Gesetzlosigkeit** *0 f* laglöshet **gesetzmäßig** laglig; lagbunden; enligt lagen; ~ *verlaufen* förlöpa regelbundet (enligt naturlagarna) **Gesetzmäßigkeit** *0 f* laglighet; lagbundenhet; *die* ~ *e-r Erscheinung (äv.)* ett fenomens regelbundenhet **gesetzt 1** stadgad, mogen **2** ~ *[den Fall], daß* antag att **Gesetztheit** *0 f* stadga, stadighet, mognad **Gesetzumgehung** *-en f* kringgående av lagen **gesetzwidrig** lagstridig, olaglig **Gesetzwidrigkeit** *0 f* lagstridighet, olaglighet **Geseufze** *0 n* [ständigt] suckande **Gesicht 1** *-er n* ansikte; uppsyn; min, grimas; utseende; *das* ~ *der Zeit (äv.)* tidskaraktären; *das gibt der Sache ein anderes* ~ det får saken att se annorlunda ut; *ein amtliches (frohes)* ~ *machen* se officiell (glad) ut; *ein langes* ~ *machen* bli lång i ansiktet; ~*er schneiden (ziehen)* göra grimaser; *das* ~ *verlieren (wahren)* tappa (bevara) ansiktet; *das* ~ *verziehen* grina illa; *ein* ~ *ziehen* se besviken (sårad) ut; *e-m wie aus dem* ~ *geschnitten sein* vara ngn upp i dagen (ngns avbild); *e-m etw. ins* ~ *sagen* säga ngn ngt rakt upp i ansiktet; *e-m etw. vom* ~ *ablesen* läsa ngt i ansiktet på ngn; *der Hut steht ihr gut zu* ~ hatten klär henne **2** *0 n* syn; *etw. zu* ~ *bekommen* få syn (sikte) på ngt; *das* ~

verlieren förlora synen; *aus dem ~ verlieren* förlora ur sikte **3** *-e n* syn, vision, uppenbarelse; *das Zweite ~ haben* vara klärvoajant (synsk)
Gesichts|ausdruck *-e† m* ansiktsuttryck **-creme** *-s f* ansiktskräm **-farbe** *0 f* ansiktsfärg **-feld** *-er n* synfält **-kreis** *-e m* synkrets, horisont (*äv. bildl.*) **-lage** *0 f, med.* ansiktsbjudning **-maske** *-n f* ansiktsmask (*äv. kosmetisk*) **-plastik** *-en f* plastisk ansiktsoperation; ansiktslyftning **-punkt** *-e m* synpunkt **-rose** *0 f, med.* ansiktsros **-sinn** *0 m* syn[sinne] **-täuschung** *-en f* synvilla **-verlust** *0 m* prestigeförlust; *ohne ~* (*äv.*) utan att tappa ansiktet **-wasser** *-† n* ansiktsvatten **-winkel** *- m* **1** ansiktsvinkel **2** synvinkel; *unter diesem ~ betrachtet* sedd från denna synpunkt **-zug** *-e† m* anlets-, ansikts|drag
Gesims *-e n* gesims; list[verk]; taklist; spiselkrans; klipphylla
Gesinde *- n* tjänstefolk; *åld.* pigor o. drängar
Gesindel *0 n* pack, slödder, löst folk **Gesindestube** *-n f, åld.* pig-, dräng|kammare
gesinnt sinnad; *anders ~ sein* ha en (vara av) annan uppfattning; *unfreundlich ~* ovänligt inställd; *wie ist er politisch ~?* var står han politiskt? **Gesinnung** *-en f* inställning, tänkesätt, uppfattning; åsikt; *aufrichtige ~* (*äv.*) ärlighet; *christliche ~* (*äv.*) kristlig anda; *gemeine ~* lågsinthet; *seine ~ wechseln* ändra åsikt **Gesinnungsgenosse** *-n -n m* meningsfrände **gesinnungslos** hållnings-, princip-, karaktärs|lös **Gesinnungslosigkeit** *0 f* hållningslöshet *etc., jfr gesinnungslos* **Gesinnungslump** *-en -en m, ung.* opportunist, person som vänder kappan efter vinden **Gesinnungslumperei** *-en f, ung.* opportunism, anpassning efter omständigheterna **Gesinnungsschnüffelei** *0 f, neds. ung.* åsiktskontroll, snokande (*för att få reda på ngns polit. uppfattning*) **gesinnungstreu** lojal
gesittet civiliserad, hyfsad, väluppfostrad, städad, bildad **Gesittung** *0 f* civilisation, städat sätt, bildning **Gesöff** *-e n, vard.* blask; svag (dålig) dryck (sprit) **gesondert** extra, separat **gesonnen** hågad, sinnad **Gesottene(s)** *n, adj böjn.* kokt kött
1 Gespan *gen. -[e]s el. -en, pl -e el. -en m, åld.* [arbets]kamrat
2 Gespan *-e m, hist.* (*ungersk*) ämbetsman
Gespann *-e n* spann; motorcykel med sidvagn; bil med släp; *bildl.* parhästar; *ausgezeichnetes ~* (*äv.*) utmärkt team; *ungleiches ~* omaka par **gespannt** spänd (*äv. bildl.*) **Gespanntheit** *0 f* spänning, spänd förväntan; spänt förhållande **Gespanschaft** *-en f, hist.* (*ungerskt*) förvaltningsområde **Gesparr** *0 n* sparrar, bjälklag **gespaßig** *sty., österr.* rolig **Gespenst** *-er n* spöke; gengångare; *ein ~ geht um* det spökar **Gespenstererscheinung** *-en f* spöksyn **Gespensterfurcht** *0 f* spökrädsla **Gespensterglaube** *-ns 0 m* tro på spöken **gespensterhaft** spök|aktig, -lik; *bildl. äv.* skrämmande **gespenstern 1** klä ut sig till spöke; [gå omkring o.] spöka **2** *s* röra sig spöklikt **Gespensterreich** *0 n* andevärld **Gespensterstunde** *-n f* spöktimme **gespenst|ig**, *-isch* spök|aktig, spök-; otäck **Gesperre** *- n* spärr|anordning, -mekanism, -verk **2** *jakt., das ~* hela fågelbeståndet **Gespiele 1** *-n -n m* lekkamrat; *neds.* älskare **2** *0 n* [oavbrutet] lekande (spelande) **Gespielin** *-nen f* [kvinnlig] lekkamrat; *neds.* älskarinna **Gespinst** *-e n* spånad; *bildl.* nät, system **Gespinstfaser** *-n f* spånadsfiber **Gespinstpflanze** *-n f* spånadsväxt **Gespons** *åld. el. skämts.* **1** *-e m* make; fästman **2** *-e n* maka; fästmö **Gespött** *0 n* hån, spott o. spe; *sich zum ~ machen* göra sig till ett åtlöje; *sein ~ mit e-m treiben* göra narr av ngn **Gespräch** [-e:ç] *-e n* samtal; samtalsämne; *mit e-m ins ~ kommen* råka i samspråk (etablera kontakt) med ngn; *ein ~ abnehmen* ta ett [telefon]samtal; *zum öffentlichen ~ (zum ~ der Stadt) werden* (*äv.*) komma i var mans mun; *das ~ auf etw. (ack.) bringen* (*äv.*) bringa ngt på tal **gesprächig** pratsam **Gesprächigkeit** *0 f* pratsamhet
Gesprächs|anmeldung *-en f, tel.* samtalsbeställning **-dauer** *0 f, tel.* samtalslängd **-einheit** *-en f, tel., se Gebühreneinheit* **-form** *-en f* samtals-, dialog|form **-gebühr** *-en f, tel.* samtalsavgift **-gegenstand** *-e† m* samtalsämne **-partner** *- m, ein ~* ngn att tala med; *die ~ im Samtalet; ich bin nicht der richtige ~ für Sie* det är inte mig Ni ska tala med **-[psycho]therapie** *-n f* samtalsterapi **-stoff** *-e m* samtalsämne; *ihnen war der ~ ausgegangen* de visste inte vad de skulle tala om **gesprächsweise** samtalsvis; *etw. ~ sagen* säga ngt under samtalets gång (i förbigående) **Gesprächszähler** *- m, tel.* samtalsräknare
gespreizt *bildl.* tillgjord, uppblåst, onaturlig **Gespreiztheit** *0 f* tillgjordhet, onaturligt sätt **Gespritze** *0 n* skvättande, stänk[ande] **Gespritzte(r)** *m, adj böjn., sty., österr.* vin blandat med kolsyrat vatten **Gespür** *0 n* känsla; *er hat kein ~ dafür* han har ingen känsla för det. **gest.** *förk. för gestorben*
Gest *0 m f, nty.* jäst
Gestade *- n, poet.* strand, kust
Gestalt *-en f* gestalt, skepnad; figur; person (*i bok e.d.*); *etw. (dat.) ~ geben* ge ngt form; *e-m Gedanken ~ geben* formulera en tanke; *der Plan nimmt ~ an* planen tar form (gestalt); *er ist e-e dunkle ~* han är en skum figur; *in ~ e-r Blume* i form av en blomma; *hübsch von ~* (*äv.*) vackert växt; *von hoher ~* lång till växten; *der Ritter von der traurigen ~* riddaren av den sorgliga skepnaden **gestalten 1** gestalta, forma; modellera; *den Abend festlich ~* ge kvällen en festlig utformning **2** *rfl* gestalta sig; *sich zu e-m Erfolg ~* utveckla sig till en framgång **Gestalter** *- m* skapare; formgivare **gestalterisch** skapande, konstruktiv **gestaltlos** formlös, amorf **Gestaltpsychologie** *0 f* gestaltpsykologi **Gestaltung** *-en f* gestaltning; formgivning, [ut]formning **gestaltungsfähig** formbar, plastisk **Gestaltungskraft** *-e† f* skapande kraft, framställningsförmåga **Gestaltungstrieb** *0 m* skapardrift **Gestaltungswille** *-ns 0 m* formvilja, skapande vilja
Gestammel *0 n* [oavbrutet] stammande, stamning **Gestampf[e]** *0 n* [oavbrutet] stampande **gestand** *se gestehen* **gestanden** *bildl.* erfaren, mogen **geständig** *der Angeklagte ist ~* den anklagade har erkänt; *in vollem Umfang ~ sein* ha avlagt full bekännelse **Geständnis** *-se n* bekännelse, erkännande; *e-m ein ~ machen* erkänna ngt för ngn **Gestänge** *0 n* stånganordning; system av stänger
Gestank *0 m* stank

Gestapo [-'sta:-] *0 f, förk. för Geheime Staatspolizei* gestapo *(nationalsocialisternas hemliga polis)*
gestatt|en tillåta *(e-m etw.* ngn ngt); ~ *Sie?* tillåter Ni?, förlåt!, får jag också se?, får jag [ta]?, får jag komma förbi? *etc.; wenn es die Zeit -et* om tiden så medger; *ist es -et, anzurufen?* kan jag få ringa?; *hiermit* ~ *wir uns, ... zu* härmed tar vi oss friheten att
Geste ['gɛ-, *äv.* 'gɛ:-] *-n f* gest *(äv. bildl.)*
gesteckt ~ *voll* proppfull **gestehen** *st* erkänna, medge *(e-m etw.* ngt för ngn); *seine Liebe* ~ tillstå (förklara) sin kärlek; *offen gestanden* uppriktigt talat **Gestehungskosten** *pl* produktions-, själv|kostnad[er] **Gestein** *-e n* berg[art], sten[ar]; *taubes* ~ *(gruv.)* varp, ofyndigt berg, avfallssten; *anstehendes* ~ *(geol.)* moderbergart **Gesteinsbohrer** - *m* sten-, berg|borr **Gesteinsfaser** *-n f* stenull **Gesteinskunde** *0 f* petrografi **Gestell** *-e n* **1** ställ, ställning; hylla; stativ; ram, chassi; stomme; underlag **2** *skogsv.* rågång **3** *vard.* räkel **Gestellung** *-en f* inställelse; *mil. äv.* inryckning **Gestellungsbefehl** *-e m* inkallelseorder
gestern i går; ~ *früh* [tidigt] i går morse; *von* ~ från i går, gårdagens; *er ist nicht von* ~ *(vard.)* han är inte född i går; *er ist von* ~ *übriggeblieben (skämts.)* han har festat om hela natten; *Ansichten von* ~ förlegade (gammalmodiga) åsikter **Gestern** *0 n* gårdag, dag som varit
Gestichel *0 n, vard.* pikar, gliringar **gestiefelt** klädd i stövlar; *der G~e Kater* Mästerkatten i stövlar; ~ *und gespornt (vard.)* klar för avfärd **gestielt** med stjälk, skaftad
Gestik ['gɛ-] *0 f, die* ~ *und die Mimik e-s Schauspielers* en skådespelares gester o. mimik
gestikulieren [g-] gestikulera
Gestion [g-] *-en f* förvaltning
Gestirn *-e n* himlakropp; stjärn|a, -bild **gestirnt** stjärnbeströdd **gestoben** *se stieben* **Gestöber** - *n* snöyra; blåsande, virvlande **gestochen** *se stechen* **gestockt** *dial.* sur *(om mjölk)* **Gestöhn[e]** *0 n* stönande **Gestotter** *0 n, vard.* stammande **Gestrampel** *0 n, vard.* *(spädbarns)* sparkande **Gesträuch** *-e n* busksnår, buskage **gestreckt** *se strecken* **gestreift** randig, strimmig; *(om trä)* ådrad **gestreng** *åld.* sträng; *die drei G~en Herren (11—13 maj)* järnnätterna
gestrig gårdagens, gårdags-; gammalmodig, reaktionär; *am ~en Tage* i går; *die ~e Zeitung* tidningen från i går; *Ihr G~es (hand.)* Ert brev av i går
gestromt strimmig **Gestrüpp** *-e n* snår *(äv. bildl.)* **Gestübe** *0 n* [kol]stybb **Gestühle** *0 n* [uppsättning] stolar; bänkar *(i kyrka e.d.)* **Gestümper** *0 n, vard.* fuskverk **Gestüt** *-e n* stuteri
Gesuch [-u:-] *-e n* ansökan, anhållan **gesucht 1** [lång]sökt; onaturlig, konstlad **2** eftersökt, -sökt **Gesuchtheit** *0 f* långsökthet; förkonstling **Gesudel** *0 n* kladd[verk], klotter **Gesumm** *0 n* surr; sorl **Gesumme** *0 n* [störande] surr **Gesums** *0 n, vard.* väsen, bråk
gesund *adj* [†] **1** frisk, kry; *e-n ~en Appetit haben* ha god aptit; *~es Herz* friskt (bra) hjärta; *ein ~es Mädchen* ett välskapat flickebarn; *in meinen ~en Tagen (äv.)* i min krafts dagar; *~es Urteil* gott omdöme; ~ *und munter* pigg o. kry; ~ *und munter wie ein Fisch im Wasser* pigg som en mört; ~ *schreiben* friskskriva; *aber sonst bist du ~? (vard.)* du är väl inte riktigt klok?; ~ *werden (äv.)* tillfriskna **2** sund, hälsosam; *~e Luft* hälsosam (bra) luft; *das ist für ihn ganz* ~ *(vard.)* det är en nyttig läxa för honom **gesundbeten** bota genom helbrägdagörelse **Gesundbeter** - *m* helbrägdagörare **Gesundbrunnen** - *m* hälsobrunn; *bildl. äv.* livgivande källa **gesunden 1** *s* tillfriskna, repa sig; hämta sig **2** *bildl.* sanera **Gesunde(r)** *m f, adj böjn.* frisk [person]; *die Gesunden* de friska **Gesundheit** *0 f* hälsa, sundhet; ~*!* prosit!; *die öffentliche* ~ folkhälsan; *seine* ~ *ist zerrüttet* hans hälsa (fysik) är undergrävd; *von zarter* ~ *sein (äv.)* vara ömtålig; *vor* ~ *strotzen* stråla av hälsa; *auf Deine ~!* [din] skål!; *auf jds* ~ *trinken* dricka en [välgångs]skål för ngn **gesundheitlich** hälso-; sanitär; hygienisk; vad hälsan beträffar; *wie geht es dir* ~*?* hur står det till [med hälsan]? **Gesundheits|amt** *-er† n,* **-behörde** *-n f* **1** hälsovårdsnämnd **2** medicinalstyrelse **gesundheitsfördernd** hälso|sam, -bringande, bra (nyttig) för hälsan **Gesundheitsfürsorge** *0 f* [allmän] hälsovård **gesundheitshalber** av hälsoskäl, för hälsans skull **Gesundheitslehre** *0 f* hälsovårdslära, hygien **Gesundheitspflege** *0 f* hälsovård, hygien **Gesundheitsrücksichten** *pl, aus* ~ av hälsoskäl **gesundheitsschädlich** hälso|-, -vådlig **Gesundheitswesen** *0 n* hälsovårdsväsen **Gesundheitszeugnis** *-se n* friskintyg **Gesundheitszustand** *0 m* hälsotillstånd **gesundmachen** *rfl, vard.* tjäna pengar, bli rik **gesundschrumpfen** *vard.,* göra lönsam genom inskränkning (nedbantning) **gesundstoßen** *st rfl, vard., se gesundmachen* **Gesundung** *0 f* tillfrisknande; *bildl.* återhämtning
get. *förk. för getauft* **Getäfel** *0 n* panel[ning], boasering **Getändel** *0 n* flört, nojs **Getier** *0 n, koll.* djur **getigert** tigerfläckig, tigrerad **Getobe** *0 n* [lek o.] ras, rasande, [högljutt] bråk[ande] **Getose** *0 n,* **Getöse** *0 n* [ihållande] larm, brus[ande], dån[ande] **getragen** *se tragen;* avmätt, långsam **Getrampel** *0 n* klamp[ande], stamp[ande] **Getränk** *-e n* dryck; *geistiges* ~ spritdryck, alkoholhaltig dryck **Getränkesteuer** *-n f* skatt på alkoholhaltiga drycker **Getrappel** *0 n* tramp, klapper, klapprande **Getratsch[e]** [-a:-] *0 n,* sladder **getrau|en** *rfl* våga; *das -e ich mich (mir) nicht* det vågar jag inte; *ich -e mich, zu sagen* jag vågar (tillåter mig) säga
Getreide - *n* spannmål, säd **-[an]bau** *0 m* spannmålsodling **-ernte** *-n f* spannmålsskörd **-händler** - *m* spannmålshandlare **-korn** *-er† n* sädeskorn **-land** *-er† n* **1** spannmåls|odlande (-exporterande) land **2** sädesåker **-schädlinge** *pl* djur o. svampar som skadar säden **-speicher** - *m* silo; spannmåls-, sädes|magasin **-wirtschaft** *0 f* spannmålsodling
getrennt [åt]skild; isär **getrenntgeschlechtig** *bot.* skildkönad **Getrenntschreibung** *0 f* särskrivning **getreu** trogen; *seinem Versprechen* ~ trogen sitt löfte; *~es Abbild (äv.)* verklighetstrogen avbild; ~ *bis in den Tod* trogen intill döden **Getreue(r)** *m, adj böjn.* trogen anhängare (vän), vapendragare **getreulich**

Getriebe—geweiht

trogen; exakt, samvetsgrann; *e-m ~ zur Seite stehen* troget stå vid ngns sida
Getriebe 1 - *n* växel; drev; utväxling; drivmekanism; maskineri; transmission; *automatisches ~* automatlåda **2** *O n* liv o. rörelse; *bildl.* maskineri; *im ~ der Großstadt* i storstadsvimlet **Getriebebremse** *-n f* växel[låds]-, transmissions|broms **Getriebelehre** *O f* kinematik **getrieben** *se treiben* **Getriebeöl** *-e n* växellådsolja **Getriebeschaden** -† *m* fel på växellådan
Getrippel *O n* trippande, [ljud av] lätta steg
getrost [-o:-] förtröstansfull, lugn; *sei ~!* (*äv.*) var vid gott mod!; *das kannst du' ~ tun* det kan du tryggt göra **getrösten** [-ø:-] *rfl, poet., sich e-r Sache* (*dat.*) ~ förlita sig på ngt
Getto *-s n* getto
Getue *O n* tillgjordhet, choser; *ohne ~* utan fjäsk (ceremonier) **Getümmel** *O n* trängsel, vimmel, tumult **Getuschel** *O n, vard.* tissel o. tassel **geübt** tränad, van, övad, skicklig
Gevatter *-s* (*äv. -n*) *-n m, åld.* gudfar; *~ stehen* stå fadder; *~ Tod* döden **Geviert** *-e n* fyrkant, kvadrat; *im ~* i fyrkant **Geviertmeter** - *m n* kvadratmeter **Gevögel** *O n* **1** *koll.* fåglar, fjäderfä **2** *vulg.* [ständigt] knullande
Gewächs [-ks] *-e n* **1** växt, planta; *eigenes ~* egen produktion (*av tobak etc.*); *64er ~* (*vin av*) 1964 års årgång; *seltsames ~* (*vard.*) konstig kropp **2** *med.* svulst, tumör **gewachsen 1** *se wachsen* **2** *e-m ~ sein* vara ngn vuxen **Gewächshaus** *-er*† *n* växthus **Gewächshauspflanze** *-n f* drivhusplanta
Gewaffen *O n, poet., koll.* vapen **gewagt** djärv, vågad; dristig; *ein ~es Unternehmen* (*äv.*) ett riskabelt företag **gewählt** utvald; vårdad (*om stil*) **gewahr** *eine[r] Sache* (*gen. el. ack.*) *~ werden* bli varse ngt **Gewähr** *O f* garanti, säkerhet; *für e-n ~ leisten* gå i god (borgen) för ngn **gewahren** *högt.* varsna, få syn på **gewähren 1** bevilja; tillåta; ge, lämna; *e-m etw. ~* bevilja ngn ngt; *e-m e-e Bitte ~* villfara ngns begäran; *Hilfe ~* hjälpa; *Obdach ~* ge (erbjuda) skydd (tak över huvudet); *e-m Zeit ~* ge ngn tid [på sig] **2** *e-n ~ lassen* låta ngn hållas (göra som han vill) **Gewährfrist** *-en f* garantitid **gewährleisten** *-ete, -et* garantera; *der Erfolg ist -et* framgången är säkrad, man kan vara säker (lita) på att det går bra **Gewährleistung** *-en f* garanti **Gewahrsam 1** *-e n, åld.* fängelse **2** *O m* förvar; vård; *etw. in ~ haben* ha vård om ngt; *in ~ nehmen a*) ta hand om, *b*) ta i fängsligt förvar **Gewährschaft** *O f* borgen, garanti **Gewährs|mann** *-männer el. -leute m* sagesman, källa **Gewährung** *O f* beviljande *etc., jfr gewähren*
Gewalt *-en f* **1** våld, övervåld; våldsamhet; *mit ~* med våld; *mit aller ~* (*äv.*) till varje pris; *der Winter naht mit ~* vintern närmar sig med rasande fart; *e-m ~ antun* förgripa sig på ngn; *e-r Frau ~ antun* våldta en kvinna; *seinen Gefühlen ~ antun* göra våld på sina känslor; *sich* (*dat.*) *~ antun* begå självmord **2** makt, välde, myndighet; *~ geht vor Recht* makt går före rätt; *elterliche ~* föräldramakt; *höhere ~* högre makt, force majeure; *richterliche ~* dömande makt; *~ über etw.* (*ack.*) *haben* (*äv.*) ha ngt i sitt våld; *die Stimme nicht in der ~ haben* inte ha kontroll över sin röst;

die ~ über den Wagen verlieren tappa herraväldet över bilen **Gewaltakt** *-e m* vålds|akt, -handling **Gewaltandrohung** *-en f* våldshot **Gewaltenteilung** *O f* maktfördelning (*Montesquieu*) **Gewalthaber** - *m* makthavare **Gewaltherrschaft** *O f* våldsregemente, tyranni **Gewaltherrscher** - *m* despot, tyrann **gewaltig 1** mäktig **2** våldsam, väldig, enorm; *sich ~ irren* (*vard.*) missta sig grundligt; *~er Irrtum* väldigt misstag **gewältigen** *gruv.* åter göra tillgänglig **Gewaltkur** *O f, vard.* hästkur; drastiska åtgärder (metoder) **Gewaltleistung** *-en f* [enorm] kraft|ansträngning, -prestation **gewaltlos** *O f* icke-våld **Gewaltmarsch** *-e*† *m* [lång o. strapatsrik] ilmarsch **Gewaltmaßnahme** *-n f* tvångsåtgärd, våldsmedel **Gewaltmensch** *-en -en m* hänsynslös o. brutal människa
gewaltsam våldsam, våldsföretag med våld; *etw. ~ deuten* (*ung.*) tyda ngt som man själv vill; *~ aufbrechen* bryta upp med våld, forcera **Gewaltstreich** *-e m* kupp **Gewalttat** *-en f* våldsdåd **Gewalttäter** - *m* våldsverkare **gewalttätig** våldsam, brutal **Gewalttätigkeit 1** *O f* brutalitet, våldsamhet] **2** *-en f* våldsdåd **Gewaltverzichtsabkommen** *-n* ickeangreppspakt, nonagressionspakt
Gewand *-er*† *el. poet. -e n* dräkt, klädnad; ornat; *die Zeitung erscheint in neuem ~* tidningen har fått ny utstyrsel (ett nytt ansikte) **Gewände** - *n* dörr-, fönster|infattning **gewanden** *åld. el. skämts.* klä [upp] **Gewandmeister** - *m, teat.* föreståndare för kostymateljé **gewandt** *se wenden*; skicklig, erfaren, rutinerad; belevad; *~er Stil* driven stil; *in etw.* (*dat.*) *~* skicklig i ngt **gewandt Gewandtheit** *O f* skicklighet *etc., jfr gewandt* **Gewandung** *-en f*, *högt.* klädnad; kostymarrangemang (*i konst e.d.*) **gewann** *se gewinnen* **Gewann** *-e n*, **Gewanne** - *n*, **Gewanneflur** *-en f* åkerjord (*som byn äger gemensamt*) **gewärtig** *e-r Sache* (*gen.*) *~ sein* vara beredd på (avvakta) ngt **gewärtigen** *etw. zu ~ haben* ha att vänta sig (få vara beredd på) ngt **Gewäsch** *O n, vard.* snack, tomt prat **Gewässer** - *n* vatten; farvatten; vattendrag; *stehendes ~* stillastående vatten **Gewässerkunde** *O f* vattenlära, hydro|logi, -grafi **Gewebe** - *n* väv; vävnad (*äv. anat. o. bildl.*); *~ der Nerven* nervvävnad **Gewebeflüssigkeit** *O f* lymfvätska **Gewebekultur** *-en f, biol.* vävnadskultur **Gewebelehre** *O f* vävnadslära, histologi **Gewebeverpflanzung** *-en f* transplantation [av vävnad] **Gewebsflüssigkeit** *O f* lymfvätska **Gewebstod** *O m* vävnadsdöd **Gewebsverpflanzung** *-en f* transplantation [av vävnad] **Gewebszüchtung** *-en f* vävnadskultur
geweckt vaken, kvicktänkt
Gewehr *-e n* **1** gevär; *~ ab!* för fot gevär!; *~ bei Fuß stehen a*) stå med gevär för fot, *b*) vila på hanen; *das ~ über!* på axel gevär!, *an die ~e!* i gevär! **2** *jakt.* huggtänder, betar (*på vildsvin*) **-abzug** *-e*† *m* avtryckare [på gevär] **-feuer** *O n* gevärseld **-granate** *-n f* gevärsgranat **-kolben** - *m* gevärskolv **-kugel** *-n f* gevärskula **-lauf** *-e*† *m* gevärspipa **-mündung** *-en f* gevärsmynning **-pyramide** *-n f* kopplade gevär **-schlo|ß** *-sser*† *n* lås på gevär **Geweih** *-e n* horn (*på hjort e.d.*) **geweiht** *jakt.* hornbärande

Gewerbe - *n* yrke; näring[sfång]; hantverk; [små]företag; industri; *aus allem 'ein ~ machen (vard.)* dra fördel av allting; *das ist ein undankbares ~ (vard.)* det är en otacksam uppgift; *dunkles ~* tvivelaktig verksamhet; *das horizontale ~ (vard.)* prostitutionen, de prostituerade **-aufsicht** *0 f* yrkesinspektion **-betrieb** *-e m* hantverksrörelse, *(mindre)* industriföretag **-fleiß** *0 m, durch den ~ entstanden (ung.)* tillkommen (skapad) genom flitigt arbete **-freiheit** *0 f* näringsfrihet **-gebiet** *-e n* industriområde **-krankheit** *-en f* yrkessjukdom **-lehrer** - *m* fack-, yrkes|lärare **-ordnung** *0 f* yrkesstadga **-recht** *0 n, jur.* näringsrätt **-schein** *-e m* tillståndsbevis för yrkesutövning **-schule** *-n f* fack-, yrkes|skola **-steuer** *-n f* företagsskatt; skatt på rörelse **-treibende(r)** *m f, adj böjn.* näringsidkare
gewerblich hantverks-; yrkes-, yrkesmässig; industri-, industriell; närings- **gewerbsmäßig** yrkesmässig, professionell **Gewerbsunzucht** *0 f, jur.* prostitution **Gewerbszweig** *-e m* rörelsegren
Gewerk *-e n* **1** *åld.* näringsfång; hantverk; skrå **2** *dial.* [ur]verk **Gewerkschaft** *-en f* **1** fackförening; *die ~ (äv.)* facket **2** gruvbolag **Gewerkschaft[I]er** - *m* fackförenings|medlem, -funktionär **gewerkschaftlich** fackförenings-, facklig
Gewerkschafts|bewegung *0 f* fackföreningsrörelse **-bonze** *-n -n m, vard.,* **-bo|ß** *-sse m, vard.* fackföreningspamp **-bund** *-e† m* facklig landsorganisation; *der Deutsche ~ (förk. DGB)* landsorganisationen i Västtyskland, västtyska LO; *der Freie Deutsche ~ (förk. FDGB)* landsorganisationen i Östtyskland, östtyska LO **-führer** - *m* fackföreningsledare **-gruppe** *-n f* fackklubb **-mitglied** *-er n* fackföreningsmedlem **-verband** *-e† m* fackförbund **-wesen** *0 n* fackförenings|väsen, -rörelse
Gewese **1** - *n, nty.* [stor] gård **2** *0 n, vard.* väsen; *mach kein ~ darum!* gör inte ngn affär av det!, bråka inte om det! **gewesen** *se sein*; förutvarande, före detta; *das G~e* det som varit **gewichst** *vard.* klipsk, fiffig
Gewicht **1** *-e n* vikt *(äv. bildl.)*; tyngd; lod; *durchschnittliches ~* medelvikt; *spezifisches ~* specifik vikt; *totes ~* dödvikt; *ein ~ von 1 Kilo haben* väga 1 kilo; *das hat aber ein ~ (vard.)* det är tungt så det förslår; *das ~ von e-m Bein aufs andere verlagern* flytta tyngden från det ena benet till det andra; *auf etw. (ack.) ~ legen, etw. (dat.) ~ beimessen* fästa vikt (avseende) vid ngt; *es fällt nicht ins ~* det är utan betydelse; *schwer ins ~ fallen* väga tungt; *im ~ von* till en vikt av; *nach ~ verkaufen* sälja efter vikt **2** *-er n, jakt.* horn **Gewichtheben** *0 n* tyngdlyftning **Gewichtheber** - *m* tyngdlyftare **gewichtig 1** tung; *vard.* tjock **2** viktig, betydelsefull; *~e Gründe* tungt vägande skäl; *~e Persönlichkeit* betydande person **Gewichtigkeit** *0 f* vikt, betydelse
Gewichtseinheit *-en f* viktenhet **Gewichtsklasse** *-n f, sport.* viktklass **gewichtslos 1** vikt-, tyngd|lös **2** betydelselös **Gewichtssatz** *-e† m* viktsats **Gewichtszoll** *-e† m* vikttull **Gewichtszunahme** *0 f* viktökning
gewieft *vard.* slug, listig, slipad; *in etw. (dat.) ~* styv i ngt **gewiegt** *vard.* erfaren, gammal o. van, rutinerad **Gewieher** *0 n* gnäggning[ar]; *vard.* gnägg, gapskratt **gewillt** *~ sein, etw.*

zu tun vara villig (beredd) att göra ngt; *er ist nicht ~, ... zu (äv.)* han vägrar att **Gewimmel** *0 n* vimmel, myller **Gewimmer** *0 n* kvidande, [svag] klagan (gråt) **Gewinde** - *n* **1** blomslinga, girland **2** *tekn.* gänga; gängning **Gewindebohrer** - *m* gängtapp **Gewindebolzen** - *m* gängad bult **Gewindegang** -e† *m* skruvgänga
Gewinn -*e m* vinst; avkastning; behållning, fördel, utbyte; *ich habe davon (dabei) keinen ~* jag vinner inte någonting på det; *aus etw. seinen ~ schlagen* vinna på ngt; *~ abwerfen* gå med (ge) vinst; *mit e-m großen ~ herauskommen (vard.)* få en stor vinst *(på tips etc.)*; *am ~ beteiligt* delaktig i vinsten **-anteil** *-e m* vinstandel; [aktie]utdelning; tantiem **-ausschüttung** -*en f* vinstutdelning, avkastning **-beteiligung** -*en f* vinstandel
gewinnbringend [vinst]givande, fördelaktig, lönande **gewinn|en** *gewann, gewönne (gewänne), gewonnen* **1** vinna; *sport. äv.* segra; få; [för]tjäna; *es -t den Anschein, als ob* det ser ut som om; *ein anderes Gesicht ~* få ett annat utseende; *jds Interesse ~* tillvinna sig ngns intresse; *in der Lotterie ~* vinna på lotteri; *die Oberhand ~* få (ta) överhand; *e-n Prozeß ~* vinna en process; *das rettende Ufer ~* nå den räddande stranden; *Wein aus den Trauben ~* utvinna vin ur druvorna; *bei jdm gewonnenes Spiel haben* nå sitt mål med ngn; *jdn für sich ~* vinna ngns sympatier; *was ist damit gewonnen?* vad vinner man *(etc.)* med det?, vad tjänar det till?; *wie gewonnen, so zerronnen (ung.)* lätt fånget, lätt förgånget **2** *gruv.* utvinna, bryta **3** vinna; *er -t bei längerer Bekanntschaft* han vinner vid närmare bekantskap; *an Bedeutung ~* vinna i betydelse; *an Boden ~* vinna terräng **gewinnend** vinnande, intagande **Gewinner** - *m* vinnare, segrare, pristagare **Gewinnliste** *-n f* vinst-, dragnings|lista; *auf der ~ stehen (äv.)* ha vunnit **Gewinnlos** *-e n* vinstlott **Gewinnquote** *-n f* utdelning *(på tips)* **Gewinnspanne** *-n f* vinstmarginal **Gewinnsucht** *0 f* vinningslystnad, snikenhet **gewinnsüchtig** vinningslysten, sniken **Gewinn-und-Verlust-Rechnung** *-en f* vinst- o. förlusträkning **Gewinnung** *0 f* **1** förvärvande **2** framställning, produktion; *gruv.* utvinning; *kem.* utvinnande **Gewinnvortrag** -*e† m* i ny räkning överförd vinst **Gewinnziehung** *-en f* vinstdragning
Gewinsel *0 n* gnäll[ande] *(äv. bildl.)* **Gewinst** *-e m, åld.* vinst **Gewirk** *-e n,* **Gewirke** - *n* trikå[vara]; trikåstickning **Gewirr** *-e n,* **Gewirre** - *n* härva, oreda, trassel; virrvarr
gewiß I *adj* **1** viss, säker; *seines Erfolges ~* säker på sin framgång; *dessen kannst du ~ sein* det kan du vara säker på **2** viss; *in gewisser Beziehung (Hinsicht)* i viss mån, på sätt o. vis; *ein gewisser Erfolg* en viss framgång; *sie hat ein gewisses Etwas* hon har ngt visst; *ein gewisser Jemand* en viss ngn (person); *ein gewisser Ort (gewisses Örtchen)* ett visst ställe *(toaletten)* **II** *adv* nog, väl; säkert, säkerligen, förvisso; *[aber] ~!* ja visst!; *ganz ~* alldeles säkert; *~ nicht* absolut inte; *als ~ annehmen* ta för säker; *du wirst ~ denken* du tror väl (nog) **Gewissen** *0 n* samvete; *sich (dat.)* kein *~ aus etw. machen* inte dra sig för ngt, inte göra sig samvete av ngt; *e-m ins ~ reden* vädja till ngns samvete; *wie das böse ~ aus-*

gewissenhaft—Giebelseite

sehen (*vard.*) se ut som om man hade dåligt samvete **gewissenhaft** samvetsgrann; ~ *prüfen* samvetsgrant pröva **Gewissenhaftigkeit** *0 f* samvetsgrannhet **gewissenlos** samvetslös **Gewissenlosigkeit** *0 f* samvetslöshet
Gewissens|angst *0 f* samvetsbetänkligheter **-bisse** *pl* samvetskval; *sich* (*dat.*) *keine* ~ *machen* inte ha några samvetskval **-ehe** *-n f* samvetsäktenskap **-frage** *0 f* samvets|fråga, -sak **-freiheit** *0 f* samvetsfrihet
gewissenshalber av samvetsskäl
Gewissens|konflikt *-e m* samvetskonflikt **-pauke** *-n f, vard.* moralpredikan **-qual** *-en f* samvetsagg **-ruhe** *0 f* samvetsfrid, lugnt samvete **-wurm** *0 m, skämts.* samvetskval; *der ~ plagt mich* jag har samvetskval **-zwang** *0 m* samvets-, åsikts|tvång **-zweifel** *pl* samvetsskrupler
ge'wisser'maßen så att säga, liksom, på sätt o. vis **Gewißheit** *0 f* visshet, säkerhet, förvissning; *mit voller ~* (*äv.*) alldeles säkert **gewißlich** *högt.* förvisso
Gewitter - *n* åska, åskväder; ovåder (*äv. bildl.*) **Gewitterfront** *-en f* åskfront **gewitterig** åskliknande, ovädersladdad, som före ett oväder **Gewitterluft** *0 f, es ist ~* det är åska i luften, det blir oväder **gewitter|n** *es -t* åskan går, det åskar **Gewitterschauer** - *m* åsk|skur, -by **gewitterschwül** åsktung, kvav; *es ist ~* det är åska i luften **Gewitterwolke** *-n f* åskmoln **Gewitterziege** *-n f, vulg.* satkärring **gewittrig** *se gewitterig*
Gewitzel *0 n* raljerande, raljeri **gewitzigt** *durch den Schaden ~* vis av skadan **gewitzt** slug, smart; förslagen
GewO *förk. för Gewerbeordnung* yrkesstadga **gewogen** *e-m ~ sein* vara ngn bevågen **Gewogenheit** *0 f* bevågenhet, välvilja
gewöhn|en 1 vänja, göra van (*an* + *ack.* vid); *ich bin daran -t* jag är van vid det **2** *rfl* vänja sig, bli van **Gewohnheit** *-en f* vana; *schlechte ~* (*äv.*) ovana; *die ~ haben, zu* ha för vana att; *das geht gegen meine ~* det är mot min vana; *~ tut alles* (*ung.*) man vänjer sig vid allt; *zur* [*lieben*] *~ geworden sein* ha blivit en [kär] vana; *aus ~* av [gammal] vana **gewohnheitsgemäß** som vanligt **gewohnheitsmäßig** vanemässig; av [gammal] vana **Gewohnheits|mensch** *-en -en m* vanemänniska **-recht** *0 n* sedvanerätt **-sache** *0 f* vanesak **-tier** *-e n, vard., der Mensch ist ein ~* människan är ett vanedjur **-trinker** - *m* alkoholist, vanedrinkare **-verbrecher** - *m* vaneförbrytare
gewöhnlich I *adj* **1** vanlig, alldaglig; *~er Arbeiter* vanlig [enkel] arbetare; *die ~e Verbindung* den ordinarie förbindelsen **2** tarvlig, vulgär; *gewöhnliches Benehmen* vulgärt uppförande **II** *adv* vanligen, vanligtvis; *wie ~* som vanligt; *für ~* i regel, i vardagslag, för det mesta; *~ kommt er* (*äv.*) han brukar komma **Gewöhnlichkeit** *0 f* **1** vanlighet **2** tarvlighet, vulgaritet, vulgärt sätt **gewohnt 1** [sed]vanlig; van; *zur ~en Stunde* vid samma tid som vanligt; *unser ~er Spaziergang* vår vanliga promenad; *die Sache geht ihren ~en Gang* saken går sin gilla gång **2** *ich bin es ~, zu* jag är van vid att **gewöhnt** *ich bin* (*habe mich*) *daran ~* jag har vant mig vid det **ge'wohnter'maßen** som vanligt, på vanligt sätt **Gewöhnung** *0 f* [till]vänjning (*an* + *ack.* vid);

durch langsame ~ genom att långsamt vänja sig (*etc.*)
Gewölbe - *n* valv; *~ des Himmels* himlavalv **Gewölk** *0 n* moln[samling] **Gewölle** - *n, zool.* spyboll **Gewühl 1** *0 n* trängsel, vimmel **2** roterande **gewunden** *se winden*
1 gewürfelt rutmönstrad, rutig
2 gewürfelt *dial.* klipsk
Gewürge *0 n* **1** kräkning[ar] **2** *vard.* knog, [planlöst] slit **Gewürm** *0 n, koll.* maskar; kräldjur; ohyra **Gewürz** *-e n* krydda **gewürzig** kryddad, aromatisk
Gewürz|kräuter *pl* kryddväxter **-nelke** *-n f* kryddnejlika **-pflanze** *-n f* kryddväxt **-wein** *-e m* kryddat (glödgat) vin
Geysir *-e m, se Geiser*
gez. *förk. för gezeichnet* undertecknad, signerad **gezackt** uddig, taggig **Gezähe** - *n* (*gruvarbetares*) redskap, förnödenheter **gezähnelt, gezähnt, gezähnt** tandad **Gezänk** *0 n,* **Gezanke** *0 n* [häftigt (ihållande)] gräl; träta, kiv **Gezappel** *0 n, vard.* sprattel, sprattlande **Gezeiten** *pl* tidvatten, ebb o. flod **-kraftwerk** *-e n* tidvattenskraftverk **-wechsel** *0 m* tidvattensväxling, växling mellan ebb o. flod
Gezelt *-e n, poet.* tält **Gezerre** *0 n* ryckande, slitande **Gezeter** *0 n* gällt skrik[ande], gastande; liv **Geziefer** *0 n, åld., koll.* skadedjur, ohyra **geziel** [*in*]*riktad*, direkt; målmedveten **geziem|en 1** *högt., ~ st ihm* det anstår (höves) honom **2** *rfl* vara passande (på sin plats); *wie es sich -t* som sig bör; *es -t sich nicht für ein Mädchen* det är inte passande för en flicka **geziemend** *högt.* passande, tillbörlig; *~ ablehnen* avböja på ett passande sätt; *mit ~em Respekt* med vederbörlig respekt **Geziere** *0 n* choser **geziert** tillgjord, affekterad, krystad **Geziertheit** *0 f* tillgjordhet, förkonstling **Gezirp[e]** *0 n* (*syrsas*) sirp **Gezisch[e]** *0 n* [ihållande] väsande (viskande) **Gezischel** *0 n* [väsande] viskningar; tissel o. tassel **gezogen** *se ziehen* **Gezücht** *-e n, neds.* avföda, byke **Gezüngel** *0 n* (*orms*) spelande med tungan; *das ~ der Flammen* eldtungornas slickande **Gezweig** *0 n* grenverk, kvistar **Gezwitscher** *0 n* kvitter, kvittrande **gezwungen** *bildl.* tvungen, krystad, konstlad; *stel* **ge'zwungener'maßen** av tvång **Gezwungenheit** *0 f* tvunget (konstlat) sätt, stelhet (*i uppträdandet*)
GG *förk. för Grundgesetz* grundlag **ggf.** *förk. för gegebenenfalls* eventuellt
Ghanaer - *m* ghanan **ghanaisch** ghanansk **Ghetto** *-s n* getto
Ghostwriter ['goustraɪtə] - *m* spökskrivare
GI ['dʒiː'aɪ] - *el. -s m, vard.* amerikansk soldat
1 Gicht *0 f* gikt
2 Gicht *-en f, gruv.* beskickning; uppsättningsmål (*på masugn*)
gichtbrüchig giktbruten
Gichtgas *-e n, gruv.* masungsgas
gich|tig, -tisch giktsjuk, lidande av gikt
Gichtknoten - *m* gikt|knuta, -knöl
Gickel - *m, dial.* tupp **gickeln, gickern** *dial.* fnissa, fnittra **gicks** *vard., ~ und gacks sagen* inte säga ett ljud **gicksen** *vard.* **1** slå över (*om röst*) **2** skrika till **3** knuffa[s]; sticka
Giebel - *m* **1** gavel **2** *vard.* kran (*näsa*) **Giebeldach** *-er† n* sadeltak **Giebelfenster** - *n* gavelfönster **gieb[e]lig** gavelförsedd **Giebel-**

seite -n f gavelsida **Giebelspitze** -n f gavelkrön **Giebelwand** -e† f gavelvägg
Giek|baum -e† m, sjö. mesanbom **-segel** - n, sjö. mesan
gienen dial. gäspa
Gieper 0 m, dial. begär, aptit **giepern** dial., nach etw. ~ vara sugen på ngt
Gier 0 f begär, lystnad, snikenhet, glupskhet; ~ nach Macht maktbegär; von e-r ~ nach etw. befallen werden gripas av begär efter ngt **gieren** 1 högt., nach etw. ~ ha starkt begär (trängta) efter ngt 2 sjö. o. flyg. gira; råka ur kursen **Gierfähre** -n f linfärja **Gierfalke** -n -n m jaktfalk **gierig** girig, glupsk, lysten; ~ auf etw. (ack.; nach etw.) sein känna lystnad (starkt begär) efter ngt; ~e Blicke lystna blickar **Gierigkeit** 0 f, se Gier
Giersch 0 m, bot. kirskål
Gießbach -e† m strid regnvattensbäck **gießen** goß, gosse, gegossen 1 gjuta; stöpa; Blei ~ stöpa bly (på nyårsafton); gegossenes Eisen gjutjärn; gegossenes Licht stöpt ljus; wie aus Erz gegossen dastehen stå som huggen i sten 2 slå, hälla; vattna; Blumen ~ vattna blommor; Kaffee in die Tasse ~ slå upp (servera) kaffe; Öl ins Feuer ~ gjuta olja på elden; auf das Tischtuch ~ spilla på duken; e-n hinter die Binde ~ (vard.) ta sig en sup (ett glas) 3 vard., es -t det öser ner, det spöregnar **Gießer** - m gjutare **Gießerei** 1 0 f gjutande 2 -en f gjuteri **Gießform** -en f gjutform **Gießkanne** -n f 1 vattenkanna 2 vard. snopp; sich (dat.) die ~ verbiegen få drypan (syffe) **Gießkannenprinzip** 0 n, etw. nach dem ~ verteilen ge alla lika mycket av ngt [utan hänsyn till behov] **Gieß|kelle** -n f, **-löffel** - m gjutskopa, stöpslev
Gift 1 -e n gift; etter; bildl. äv. ilska; darauf kannst du ~ nehmen (vard. bildl.) det kan du ta gift (vara säker) på; das ist ~ für mich det är rena fördärvet för mig; ~ und Galle speien (vard.) spy etter o. galla; sein ~ verspritzen (bildl.) a) göra giftiga anmärkningar, b) uttömma sin galla; ein blondes ~ (vard.) ett blont bombnedslag, en snygg blondin 2 0 m, dial., e-n ~ auf e-n haben vara förbannad på ngn
Gift|ampulle -n f giftampull **-becher** - m giftbägare **-drüse** -n f giftkörtel
gift|en vard. 1 es -et ihn det retar honom; sich ~ vara (bli) förbannad 2 skälla
giftfest immun mot gift **Giftfestigkeit** 0 f immunitet mot gift **giftfrei** giftfri **Giftgas** -e n giftgas **giftgrün** giftgrön, ilsket grön **gifthaltig** som innehåller gift[er] **giftig** giftig; bildl. äv. ettrig, hätsk; ~er Alter elak (ondskefull) gubbe; ~e Zunge (äv.) skarp tunga; ~e Bemerkungen (äv.) giftigheter; ~ antworten ge ett skarpt (giftigt) svar
Gift|kröte -n f, vard. giftblåsa (spydig person) **-mischer** - m gift|blandare, -mördare; skämts. apotekare; bildl. ränksmidare **-mörder** - m giftmördare **-müll** 0 m giftigt (miljöfarligt) avfall **-nudel** -n f 1 skämts. giftpinne (cigarr[ett]) 2 bildl. giftblåsa (spydig person) **-pfeil** -e m förgiftad pil (äv. bildl.) **-pflanze** -n f giftig växt **-pilz** -e m giftsvamp **-schlange** -n f giftorm **-schrank** -e† m giftskåp (äv. bildl.) **-spritze** -n f, vard. giftblåsa (spydig person) **-stäbchen** -n f giftpinne (cigarrett) **-stachel** -n m giftgadd; giftig tagg **-stoff** -e m gift[ämne] **-tier** -e n giftigt djur **-trank**

Giebelspitze—Gitarrist

-e† m förgiftad dryck **-weizen** 0 m förgiftat vete (t. råttbekämpning) **-wurzel** -n f giftig rot **-zahn** -e† m gifttand **-zettel** - m, skolsl. betyg
1 **Gig** [gɪk] 1 -s f n, sjö. gigg 2 -s n gigg (vagn)
2 **Gig** [gɪg] -s m, mus. gig
'**gigampfen** schweiz. gunga; pendla
Gigant [g-] -en -en m gigant, jätte **gigantisch** gigantisk, jättelik
Gigerl -[n] m n, sty., österr. sprätt, snobb
Gigolo ['ʒi:-, 'ʒɪgolo] -s m gigolo
gilben s, poet. gulna
Gilde -n f gille, skrå; korporation **Gildemeister** - m ordförande i ett gille (ett skrå, en korporation) **Gildenhalle** -n f gille-, skrå|hus
Gilet [ʒi'le:] -s n, dial. väst
giltig åld., se gültig
Gimmick -s m, äv. n [reklam]gimmick
Gimpel - m, zool. domherre; bildl. gröngöling, [lättlurad] dumbom
Gin [dʒɪn] -:· m gin
ging se gehen
Gingan ['gɪŋgan] -s m, **Gingham** [-əm] -s m gingham, bomullstaft
Ginster - m ginst
Gipfel - m 1 [bergs]topp, spets; bildl. höjdpunkt; das ist [doch] der ~! (vard.) det var höjden!; der ~ des Ruhms ärans höjder 2 topp|konferens, -möte **Gipfelgespräche** pl, polit. samtal på högsta nivå **Gipfelkonferenz** -en f, polit. topp|konferens, -möte **Gipfelkreuz** -e n kors på bergstopp **Gipfelleistung** -en f toppprestation **gipfeln** kulminera, nå sin (etc.) höjdpunkt **Gipfelpunkt** -e m höjdpunkt, toppunkt **Gipfeltreffen** - n, polit. topp|-konferens, -möte
Gips [g-] -e m gips; den Arm in ~ legen gipsa armen; in ~ liegen (med.) ligga i gipsvagga **-abgu|ß** -sse† m gipsavgjutning **-bein** -e n, vard. gipsat ben **-bett** -en f, med. gipsvagga **-binde** -n f, med. gipsbandage **-diele** -n f gips|-platta, -planka
gipsen gipsa **Gipser** - m gipsarbetare **gipsern** av gips, gips- **Gipskopf** -e† m, vard. dumhuvud **Gipskorsett** -e el. -s n, med. gipskorsett
Gipsplatte -n f gipsplatta **Gipsverband** -e† m gips|bandage, -förband
Gipüre -n f gipyr[spets]
Giraffe [gi-] -n f giraff
Giralgeld [ʒi'ra:l-] -er n, hand. pengar på girokonto **Girant** [ʒi'rant] -en -en m endossent **Girat** [ʒi'ra:t] -en -en m, **Giratar** [ʒira'ta:ɐ̯] -e m endossat **girierbar** [ʒi-] som kan gireras (överlåtas) **girieren** [ʒi'ri:rən] girera; endossera
Girl [gøːɐ̯l] -s n, vard. [balett]flicka
Girlande [gɪ-] -n f girland
Girlitz -e m, zool. gulhämpling
Giro [ʒi:ro] -s n giro; endossering; mit ~ versehen endossera **-konto|o** -en, -os el. -i n giro|konto, -räkning **-verkehr** 0 m girorörelse
girren kuttra [som en duva]
gis [gɪs] mus. 1 - - n giss 2 beteckning för gis-Moll giss-moll **Gis** beteckning för Gis-Dur Giss-dur
gischen åld. skumma, fräsa, fradga **Gischt** -e m el. -en f [våg]skum, fradga **gischten** högt., se gischen
gissen sjö., flyg. bestämma positionen
Gitarre [g-] -n f gitarr **Gitarrist** -en -en m gitarrist, gitarrspelare

Gitter - *n* galler (*äv. radio.*); spjäl-, galler|verk **Gitterbett** -*en n* spjälsäng (*för småbarn*) **Gitterfenster** - *n* gallerfönster **gitterförmig** gallerformad **Gitterleinen** *0 n* stramalj **Gittermast** -*e*[*n*] *m* fackverksmast **gittern** förse med galler **Gitterrost** -*e m* gallerrost **Gitterställchen** - *n* barnhage **Gitterwerk** -*e n* gallerverk **Gitterzaun** -*e*† *m* nätstaket **Glace** [gla:s] -*s* [gla:s] *f* [socker]glasyr; gelé **Glacé** [gla'se:] -*s m n* glacéläder -**handschuh** -*e m* glacéhandske; *jdn mit ~en anfassen* (*vard.*) behandla ngn med silkesvantar -**leder** *0 n* glacé|läder, -skinn **Glacis** [gla'si:] - - [gla'si:s] *n*, *mil.* glaci **Gladiator** -*en m* gladiator **Gladi'ole** -*n f, bot.* gladiolus **glamourös** [-u-] tjusig, stilig, bedårande **Glanz** *0 m* glans (*äv. bildl.*); *die Schuhe auf ~ polieren* blankpolera skorna, putsa skorna så att de glänser; *sich in vollem ~ zeigen* (*vard.*) visa sig i all sin glans; *e-e Prüfung mit ~ bestehen* klara en tentamen (examen) med glans; *mit großem ~* (*äv.*) med pomp o. ståt; *welcher ~ kommt da in meine Hütte?* (*skämts. ung.*) vad förskaffar min ringa boning den äran?; metallisher ~ metallglans **Glanzbürste** -*n f* glansborste **glänz|en** glänsa, glimma, blänka; *bildl.* lysa, briljera; *durch Abwesenheit ~* (*vard.*) lysa med sin frånvaro; *es ist nicht alles Gold, was -t* det är inte guld allt som glimmar **glänzend** glänsande, glansig; *bildl.* lysande, strålande, utmärkt; *~ bestehen* med glans bestå; *~ machen* polera; *~!* (*vard.*) finfint!, strålande! **Glanzidee** -*n f, vard.* strålande (utmärkt) idé **Glanzkohle** -*n f* vitrain, vitrit **Glanzleistung** -*en f* glansnummer, lysande prestation **Glanzlicht** -*er n* glansdager; *bildl. äv.* effekt (*i roman e.d.*); ljuspunkt **glanzlos** glanslös, matt **Glanz|papier** -*e n* glanspapper -**periode** -*n f, se Glanzzeit* -**punkt** -*e m* glans-, höjd|punkt -**rolle** -*n f* glansroll -**stück** -*e n* glansnummer; (*samlings*) dyrgrip **glanzvoll** glansfull, glänsande **Glanzwichse** -*n f* högglansskokräm; bonvax **Glanzzeit** -*en f* storhetstid, glansdagar **Glas 1** -*er*† (*vid måttsangivelse -*) *n* glas; glasögon; kikare; *ein ~ Kompott* en [glas]burk kompott; *zwei ~ Wein* två glas vin; *Brillen mit dicken Gläsern* glasögon med tjocka glas; *getrübtes* (*splitterfreies*) *~* matt (splitterfritt) glas; *scharfe Gläser* starka glasögon; *ein ~ über den Durst trinken* dricka ett glas för mycket; *durchs ~ gucken* (*vard.*) titta för djupt i glaset; *unter ~ und Rahmen* inom glas o. ram **2** -*en n*, *sjö.* glas; *es schlägt 4 ~en* det slår 4 glas **Glasaal** -*e m* glasål **glasartig** glasartad **Glas|auge** -*n n* emaljöga -**ballon** -*e el.* -*s m* damejeanne -**baustein** -*e m* betongglas -**bedeckung** -*en f* glastak -**bild** -*er n* glasmålning -**bläser** - *m* glasblåsare -**bruch** *0 m* glasskärvor -**dach** -*er*† *n* glastak **glasen 1** glasa, sätta glas i **2** *bildl.* stirra **3** *sjö.* slå ... glas **Glaser** - *m* glasmästare; *ist* (*war*) *dein Vater ~?* (*vard.*) var din far glasmästare? (*du skymmer utsikten*) **Glaserei 1** *0 f* glasmästaryrke **2** -*en f* glasmästarverkstad, glasmästeri **Glaserkitt** *0 m* fönsterkitt **Gläserklang** *0 m, poet., bei ~* vid glasens klang **Glasermeister** - *m* glasmästare **gläsern** av glas, glas-; *bildl.* spröd; glasartad, stel **Gläsertuch** -*er* † *n* glashandduk

Glas|fabrik -*en f* glasbruk -**faser** -*n f* glasfiber -**flügler** - *m, zool.* glasvingefjäril -**flu|ß** -*sse*† *m* glasfluss; glassmälta -**geschirr** -*e n* glasservis -**gespinst** *0 n* glasfiberväv -**glocke** -*n* glas|kupa, -klocka -**harfe** -*n f,* -**harmonik|a** -*as el.* -*en f, mus.* glasharmonika **glashart** hård (spröd) som glas, [glas]hård **Glashaus** -*er*† *n* glashus; växthus; *wer* [*selbst*] *im ~ sitzt, soll nicht mit Steinen werfen* man ska inte kasta sten när man [själv] sitter i glashus **glashell** glasklar, genomskinlig **Glashütte** -*n f* glas|hytta, -bruk **glasieren** glasera; lasera **glasig** glasartad (*äv. bildl.*); *tekn.* glasig **Glaskasten** -† *m* glasbur; glasmonter; drivbänk **Glaskirsche** -*n f* klarbär **glasklar** glas-, kristall|klar; solklar **Glas|kolben** -*m* glas|kolv, -retort -**körper** - *m*, *anat.* glaskropp -**kugel** -*n f* glaskula; glasretort -**maler** - *m* glasmålare -**papier** -*e n* glaspapper -**perle** -*n f* glaspärla -**platte** -*n f* glas|platta, -skiva -**pulver** *0 n* glasmjöl -**reiniger** - *m* **1** fönsterputsare **2** fönsterputsmedel -**rohr** -*e n* glas|rör, -tub, -kolv -**scheibe** -*n f* glas|ruta, -skiva -**scherbe** -*n f* glas|bit, -skärva -**schleifer** - *m* glasslipare -**schneider** - *m* glasskärar|e, -diamant -**schrank** -*e*† *m* vitrin, monter, glasskåp -**stein** -*e m* **1** betongglas **2** konstgjord ädelsten -**stöpsel** - *m* glaspropp -**sturz** -*e*† *m*, *sty., österr., schweiz.* glasklocka **Glast** *0 m, sty., schweiz. el. poet.* glans **Glasur** -*en f* glasyr **Glaswand** -*e*† *f* glasvägg **glasweise** glasvis; *Wein ~ ausschenken* servera vin i glas (*på restaurang etc.*) **Glaswerker** - *m* glas[bruks]arbetare **Glaswolle** *0 f* glasull **Glasziegel** - *m* betongglas **glatt** *adj* [†] **1** jämn, slät; glatt, hal; *~e Fassade* slät fasad; *~es Haar* slätt (rakt) hår; *~er Lauf* slätborrat lopp (*på skjutvapen*); *~er Stoff* slätt (omönstrat) tyg; *~es Vieh* välgödd o. glänsande boskap; *~ anliegen* sluta tätt; *~ durchschneiden* klippa rätt igenom; *e-e Summe ~ machen* (*vard.*) runda av en summa; *~ rasiert* slätrakad, *~ streichen* glätta; *~ stricken* sticka slätstickning **2** lätt, smidig; ren; *adv äv.* utan vidare, rent ut; *~e Absage* blankt avslag; *~ ins Gesicht* (*vard.*) rakt upp i ansiktet; *wir hatten e-e ~e Landung* landningen gick fint; *~e Lüge* ren lögn; *das ist ~ erfunden* det är rena påhittet (lögnen); *die Arbeit geht ~* arbetet går galant; *wenn alles ~ geht* om allt går som det ska; *etw. ~ leugnen* blankt neka till ngt; *er konnte ihn ~ schlagen* han kunde vinna en klar seger över honom **3** hal, inställsam; *~es Benehmen* inställsamt uppträdande **4** kvitt; *ich bin mit ihm ~* (*vard.*) jag har inget otalt med honom; *zwischen uns ist alles ~* vi är kvitt **Glätte** *0 f* jämn-, slät|het; halka; *bildl.* halhet, polityr; *die ~ des Stils* (*äv.*) den välpolerade stilen **Glatteis** *0 n* halka, halt väglag, isgata, glansis; *e-n aufs ~ führen* sätta ngn på det hala **glätt|en 1** glätta; polera; släta [till (ut)]; *das Meer -et sich* havet lägger sig **2** *bildl.* finslipa; lugna, dämpa **3** *schweiz.* stryka **'glatter'dings** utan vidare; *das ist ~ unmöglich* det är helt enkelt omöjligt **glattgehen** *st s* gå bra (fint, i lås) **Glattheit** *0 f, se Glätte* **glatt|hobeln** släthyvla -**legen** lägga slät (utan veck) -**machen** utjämna, göra slät; *bildl.* klara av, göra upp; betala -**randig** med slät kant, ej tandad -**rasiert** slätrakad -**schnei-**

den *st* planskära; jämna **-stellen** *hand.* likvidera **-streichen** *st* släta [ut]
Glattwal *-e m, zool.* rätval **Glattwalze** *-n f* slätplåtvals; *jordbr.* [slät]vält **glattweg** utan vidare, helt enkelt, rätt o. slätt **glattziehen** *st* sträcka, släta ut; *die Bettdecke* ~ lägga täcket slätt **glattzüngig** med hal tunga, hal
Glatze *-n f* kal hjässa, flint[skalle]; *e-e* ~ *haben* vara flintskallig **glatzig** [flint]skallig **Glatzkopf** *-e† m* flintskalle; flintskallig person **glatzköpfig** [flint]skallig
Glaube *-ns 0 m* tro (*an + ack.* på); tilltro (*an + ack.* till); *in gutem* (*im guten*) ~*n* i god tro; *im* ~*n, daß* i tro att; *bei e-m* ~*n finden* bli trodd av (vinna tilltro hos) ngn; *etw.* (*dat.*) *rechten* ~*n schenken* tro på (sätta tilltro till) ngt; *des* ~*ns sein, daß* tro (vara av den åsikten) att
glaub|en tro (*an + ack.* på); *e-m* ~ tro (lita på) ngn; *ich -e, ja* (*nein*) ja, det tror jag (nej, det tror jag inte); *ist er da?* — *ich -e nicht* är han här? — nej, det tror jag inte; *ich -e es dir* jag tror dig, det är nog sant som du säger; *das will ich* ~! det må du (*etc.*) tro!, det är [så] klart!; *e-n etw.* ~ *machen* inbilla ngn ngt, komma ngn att tro ngt; *ich -e mich verlassen* jag tror att jag är övergiven; *ich -e ihn zu sehen* jag tror mig se (att jag ser) honom; *ich -e ihn in Bonn* jag tror (antar) att han är i Bonn; *sich im Recht* ~ tro att man har rätt; *es ist kaum zu* ~ det är otroligt; *in dieser Sache wirst du noch daran* ~ *müssen* den här saken kommer att stå dig dyrt, vad den här saken beträffar får du stå ditt kast; *jeder wird daran* ~ *müssen* (*vard.*) alla måste dö; *wer's -t, wird selig!* (*vard.*) tro det den som vill! **Glauben** *0 m, se Glaube*
Glaubens|abfall *0 m* avfall från sin tro **-bekenntnis** *-se n* trosbekännelse (*äv. bildl.*) **-bruder** *-† m* trosfrände **-eifer** *0 m* trosnit **-freiheit** *0 f* tros-, religions|frihet **-gemeinschaft** *-en f* trossamfund **-genosse** *-n -n m* trosfrände (*äv. polit. e.d.*) **-kampf** *-e† m* trosstrid **-krieg** *-e m* religionskrig **-sache** *-n f* trossak; *das ist* ~ det är en trossak **-satz** *-e† m* tros|sats, -artikel, dogm **-spaltung** *-en f* [religiös] schism
glaubensstark stark i tron, trosstark **Glaubensstreiter** - *m* troskämpe **Glaubensverwandtschaft** *-en f* trosfrändskap **glaubensvoll** full av tro, förtröstansfull **glaubenswert** trovärdig, trolig **Glaubenszeuge** *-n -n m* martyr, trosvittne **Glaubenszwang** *0 m* trostvång **Glaubersalz** *0 n, kem.* glaubersalt
glaubhaft trovärdig; *e-m etw.* ~ *machen* få ngn att tro ngt **Glaubhaftigkeit** *0 f* trovärdighet **Glaubhaftmachung** *0 f, jur.* sannolikhetsbevisning **gläubig 1** troende **2** troskyldig, godtrogen **Gläubige(r)** *m f, adj böjn.* troende, frälst; medlem av religiöst samfund; *die Gläubigen* (*äv.*) församlingen **Gläubiger** - *m* borgenär, fordringsägare, kreditor **Gläubigerversammlung** *-en f* borgenärssammanträde **Gläubigkeit** *0 f* [fast] tro, tillförsikt; *relig. äv.* fromhet **glaublich** trolig, sannolik; *es ist kaum* ~, *daß* (*äv.*) jag har svårt för att tro att **glaubwürdig** trovärdig, tillförlitlig; rimlig **Glaubwürdigkeit** *0 f* trovärdighet; rimlighet
Glaukom *-e n, med.* grön starr, glaukom **glazial** glacial, istids-, från istiden **Glazial** *-e n* istid **Glaziologe** *-n -n m* glaciolog; istidsforskare; glaciärforskare **Glaziologie** *0 f* glaciologi; istids-, glaciär|forskning
gleich I *adj* **1** lik; *e-m in* (*an*) *etw.* (*dat.*) ~ *sein* vara lik (likna) ngn i ngt; ~ *mir kam er zu spät* liksom jag (i likhet med mig) kom han för sent **2** lika[dan], samma; jämn; ~ *und* ~ *gesellt sich gern* lika barn leka bäst; *ganz* ~, *ob* sak samma om; *dreimal drei* [*ist*] ~ *neun* tre gånger tre är lika med nio; *das* ~*e gilt für* detsamma gäller för; ~*er Lohn für* ~*e Arbeit* lika lön för lika arbete; *es ist mir* ~ (*vard.*) det gör mig detsamma (är mig likgiltigt); *das sieht ihm* ~ det är likt honom; *am* ~*en Strang ziehen* arbeta för samma sak (mål); *das kommt aufs* ~*e hinaus* det kommer på ett ut; *etw. ins* ~*e bringen* få ordning på ngt; *in* ~*em Abstand* lika långt bort, på samma avstånd; *im* ~*en Alter a*) i samma ålder, *b*) jämnårig; *wir sitzen beide im* ~*en Boot* vi sitter båda i samma båt; *in* ~*er Weise* på samma sätt; *unter* ~*en Bedingungen* på samma (lika) villkor; *zur* ~*en Zeit* samtidigt **II** *adv* **1** lika[dant]; ~ *alt* jämngammal; ~ *groß* jämnstor **2** strax, genast, med detsamma; ~! genast!; *bis* ~! hej så länge!; ~ *am Anfang* redan i början; ~ *daneben* alldeles bredvid; ~ *heute* redan i dag; *wie heißt er doch* ~? vad är det nu hon heter igen?; ~ *nach Eintreffen der Gäste* så snart som gästerna har (hade) kommit; *das habe ich doch* ~ *gesagt* det sa jag ju med detsamma; *das ist* ~ *geschehen* (*äv.*) det är lätt gjort; *wo habe ich ihn doch* ~ *gesehen?* var var det nu igen som jag såg honom? **III** *konj, åld., der wird leben, ob er* ~ *stürbe* han skall leva om han ock dör **gleichalt[e]rig** lika gammal, jämnårig **gleichartig** likartad; ~ *handeln* agera på samma sätt **Gleichartigkeit** *0 f* överensstämmelse, [stark] likhet '**gleichauf** [*äv.* '-'-] *sport.* lika **gleichbedeutend** liktydig; *das ist* ~ *mit e-r Absage* (*äv.*) det innebär avslag; ~*e Wörter* synonymer **Gleichbehandlung** *0 f* lika behandling **gleichberechtigt** likaberättigad, jämlik **Gleichberechtigung** *0 f* likaberättigande, jämlikhet **gleichbleiben** *st s* förbli oförändrad; *sich* (*dat.*) ~ vara (förbli) sig lik; *das bleibt sich gleich* det är sak samma, det gör ingen skillnad **gleichbleibend** oföränderlig, konstant **gleichbreit** jämnbred **Gleiche 1** *0 f, etw. in die* ~ *bringen* bringa ngt i jämvikt **2** *-n f, österr.* taklagsfest **gleichempfindend** samstämd, kongenial
gleichen *glich, gliche, geglichen* likna (*e-m* ngn); *sich wie Tag und Nacht* ~ vara varandra fullkomligt olika; *sich im Aussehen* ~ likna varandra till utseendet **Gleicher** *0 m, åld.* ekvator **gleicherbig** *biol.* homozygot '**gleicher|ge'stalt, -'maßen, -'weise** på samma sätt **gleichfalls** lika-, även|ledes, också; *danke* ~! tack detsamma! **gleichfarbig** likfärgad; *i samma färg* **gleichförmig** likformig; *bildl.* enformig, monoton **Gleichförmigkeit** *0 f* likformighet; *bildl.* enformighet, monotoni **gleich|geartet** likartad **-gelagert** jämförbar, liknande **-geschlechtlich 1** av samma kön **2** homosexuell **-gesinnt** likasinnad **-gestellt** likställd, jämspelt **-gestimmt** likstämd; *bildl.* samstämd
Gleichgewicht *0 n* jämvikt, balans; *politisches* ~, ~ *der Kräfte* maktbalans; *seelisches* ~ psykisk balans; *e-n aus dem* ~ *bringen* få ngn ur balans; *etw. ins* ~ *bringen* få ngt att stämma

(gå ihop); *das* ~ *halten* hålla jämvikten, balansera; *das* ~ *verlieren* ta överbalansen **Gleichgewichts|gefühl** *0 n* balanssinne **-lage** *0 f* jämviktsläge **-organ** *-e n* balansorgan **-sinn** *0 m* balanssinne **-störung** *-en f* jämviktsrubbning **-zustand** *0 m* jämviktsläge **gleichgültig** likgiltig (*gegen* för); liknöjd, kallsinnig; *Sport ist mir* ~ (*äv.*) jag bryr mig inte om sport; *es ist ganz* ~ (*äv.*) det spelar inte ngn roll **Gleichgültigkeit** *0 f* likgiltighet *etc.*, *jfr* **gleichgültig Gleichheit** *-en f* likhet; jämlikhet; ~ *vor dem Gesetz* likhet inför lagen; *die* ~ *von Mann und Frau* jämlikheten mellan man o. kvinna (könen) **Gleichheitszeichen** *- n* likhetstecken **Gleichklang** *0 m* samklang, harmoni **gleichkommen** *st s* kunna mäta sig med; *ihm kommt niemand an Fleiß gleich* ingen kan mäta sig med honom i flit; *das kommt e-m Mord gleich* det är ingenting mindre än ett mord; *e-m nicht* ~ (*äv.*) inte gå upp emot ngn **Gleichlauf** *0 m, tekn.* synkronism; jämn gång; *zum* ~ *bringen* synkronisera **gleichlaufend** jämnlöpande; synkront löpande; parallell **gleichläufig** *tekn.*, *se gleichlaufend* **gleichlautend** likalydande **gleichmachen** göra lika, anpassa; *bildl.* egalisera, likrikta, nivellera; *dem Erdboden* ~ jämna med marken **Gleichmacherei** *0 f* nivelleringslust, nivellering, likriktning **gleichmacherisch** egalitär, nivellerande, likriktande **Gleichmaß** *0 n* jämnmått, harmoni; balans; regelbundenhet; enformighet **gleichmäßig** jämn, regelbunden; konstant; proportionerlig, symmetrisk; ~ *verteilen* fördela jämnt **Gleichmäßigkeit** *0 f* jämnhet, regelbundenhet, symmetri **Gleichmut** *0 m* jämnmod **gleichmütig** [lugn o.] sansad; oengagerad **gleichnamig** med samma namn; *mat.* liknämnig **Gleichnis** *-se n* liknelse **gleichnishaft** i [form av] liknelser **gleichrichten** *elektr.* likrikta **Gleichrichter** *- m, elektr.* likriktare **Gleichrichterröhre** *-n f, radio.* likriktarrör **Gleichrichtung** *0 f, elektr.* likriktning **gleichsam** *högt.* liksom, så att säga **gleichschalten** *polit.* likrikta **Gleichschaltung** *0 f, polit.* likriktning **gleichschenk[e]lig** *mat.* likbent **Gleichschritt** *0 m, mil. im* ~, *marsch!* framåt marsch!; *im* ~ *marschieren* marschera i takt **gleichsehen** *st* likna (*e-m* ngn) **gleichseitig** liksidig **gleichsetzen** sätta lika högt; *mit e-m gleichgesetzt werden* jämföras med ngn **Gleichsetzungsglied** *-er n, språkv.* predikatsfyllnad **Gleichstand** *0 m* **1** *polit.* maktbalans **2** *sport. sie haben jetzt den* ~ *hergestellt* de ligger lika (har samma poäng) nu **gleichstehen** *st* stå lika; *e-m* ~₀ stå lika med (ha samma poäng som, stå på samma nivå som) ngn **gleichstellen** *e-n e-m* ~ jämställa ngn med ngn **Gleichstellung** *0 f* jämställande; jämställdhet **Gleichstrom** *0 m, elektr.* likström **Gleichstrom|generator** *-en m,* **-maschine** *-n f* likströmsgenerator **gleichtun** *st, es e-m* ~ *a)* efterlikna ngn, *b)* göra ngt lika bra som ngn **Gleichung** *-en f* ekvation; ~ *ersten Grades* ekvation av första graden **gleich'viel** [*äv.* '---] sak samma, hur som helst; ~, *wohin er sich auch wendet* vart han än vänder sig; ~, *ob wir es erfahren* det gör detsamma om vi får veta det **gleichwertig** likvärdig, ekvivalent **gleichwie** *högt.* liksom **gleichwink[e]lig** *mat.* likvinklig **gleich'wohl** likväl, likafullt

gleichzeitig I *adj* samtidig, samtida **II** *adv* samtidigt, på samma gång **Gleichzeitigkeit** *0 f* samtidighet **gleichziehen** *st, mit e-m* ~ *a)* komma i nivå med ngn, *b*) *sport.* komma upp jämsides med ngn; *mit e-m an Leistung* ~ uppnå samma prestationsnivå som ngn **Gleis** *-e n* [järnvägs]spår; *totes* ~ stickspår; *in ausgefahrenen* ~*en* (*bildl.*) i gamla nötta hjulspår (inkörda tankebanor); *etw. aufs tote* ~ *schieben* (*bildl.*) lägga ngt på is; *e-n auf ein totes* ~ *schieben* manövrera ut ngn, sätta ngn ur spel; *aus dem* ~ *kommen* komma ur gängorna; *aus dem* ~ *springen* spåra ur; *etw. wieder ins* [*rechte*] ~ *bringen* få ngt på rätt köl igen **Gleisbauer** *- m* räls-, ban||läggare **Gleiskette** *-n f* krypkedja, band **Gleiskettenschlepper** *- m* bandtraktor **gleislos** utan räls **Gleisner** *- m, åld.* hycklare **gleisnerisch** *högt.* hycklande; bedräglig **gleißen** *sv* (*dial. äv. gliß, geglissen*) *poet.* skimra, glänsa, blänka **Gleitbahn** *-en f* glidbana **Gleitboot** *-e n* planande båt **gleiten** *glitt, glitte, geglitten* **1** *s* glida; slinta; *bildl.* sväva **2** *vard.* flexa **gleitend** glidande; ~*e Lohnskala* glidande löneskala; ~*e Arbeitszeit* flexibel arbetstid, flextid **Gleit|er** *- m* glidflygplan **-fläche** *-n f* glidyta; anläggningsyta **-flug** *-e*† *m* glidflykt **-flugzeug** *-e n* glidflygplan **-kontakt** *-e m* glid-, släp||kontakt **-lager** *- n* glidlager **-laut** *-e m, språkv.* glidljud **-mittel** *- n* avföringsmedel; glidmedel; smörjmedel **-schutz** *0 m* glid-, slir||skydd **-wachs** *-e n* skidvalla (*för utförsåkning*) **-zeit** *-en f* flextid **-zeiturlaub** *0 m* kompensationsledighet **Glencheck** ['glɛntʃɛk] *-s m* skotskrutigt tyg **Gletscher** *- m* glaciär, jökel **-brand** *0 m,* ~ *haben* vara uppbränd av solen i högfjällen **-milch** *0 f* jökelvatten **-mühle** *-n f* jättegryta **-spalte** *-n f* glaciärspricka **-topf** *-e*† *m* jättegryta **glibberig** *nty.* hal, halkig, slipprig **glich** *se* **gleichen** **Glied** *-er n* **1** lem, led; länk; *künstliches* ~ protes; *männliches* ~ manslem; *der Schreck fuhr mir in die* ~ *er* skräcken slog sina klor i mig; *noch gesunde* ~ *er haben* (*äv.*) ha hälsan i behåll; *die* ~*er recken* (*strecken*) sträcka på sig (*innan man går upp*), räta på sig; *das Wetter* (*e-e Erkältung*) *steckt mir in den* ~*en* det känns som det skulle bli omslag i vädret (jag har en förkylning i antågande); *ins* ~ *treten* (*mil.*) ställa upp sig [på led] **2** medlem **3** *språkv.* satsdel; *mat.* term **Gliederbau** *0 m* Mann *von kräftigem* ~ en man med kraftiga lemmar **Gliederfuß[l]er** *- m* leddjur **Gliederkakt|us** *-een m* julkaktus **gliederlahm** uttröttad; förlamad (stel) av trötthet **Gliederlähmung** *-en f* förlamning (*av en el. flera lemmar*) **Gliedermaßstab** *-e*† *m* tumstock **gliedern** indela, ordna; systematisera; *sich in etw.* (*ack.*) ~ vara indelad i ngt **Gliederpuppe** *-n f* led-, modell||docka **Gliederreißen** *0 n* ledvärk, värk i lederna **Glieder|satz** *-e*† *m, språkv.* satsfogning **-schmerz** *-en m, se Gliederreißen* **-schwund** *0 m* atrofi **-tier** *-e n* leddjur **-ung** *-en f* indelning, disposition; struktur; organisation; segmentation **-wurm** *-er*† *m* ringmask **-zucken** *0 n* nervös[a] ryckning[ar], spasm[er] **Gliedmaßen** *pl* extremiteter, lemmar **Glied-**

satz -e† *m*, *språkv.* bisats **Gliedstaat** -en *m* delstat **gliedweise** på led; led för led
glimmen *glomm, glömme, geglommen, äv. sv* glimma, glöda **Glimmer** - *m*1 skimmer 2 *min.*
glimmer **glimm[e]rig** svagt glödande; milt lysande **glimmern** skimra; svagt glöda **Glimmlampe** -*n f* glimlampa **Glimmstengel** - *m*, *vard.* tagg, giftpinne (*cigarrett*)
Glimpf 0 *m*, *åld.*, *mit* ~ lindrigt, skonsamt **glimpflich** lindrig, skonsam; ~ *abgehen* gå någorlunda [väl]; *das Urteil ist* ~ *ausgefallen* domen blev mild; *e-n nicht* ~ *behandeln* inte vara nådig mot ngn; ~ *davonkommen* komma lindrigt undan; *mit e-m* ~ *verfahren* behandla ngn skonsamt
gliß *se gleißen* **glissando** *mus.* glissando **Glissando|o** -os *el.* -i *n*, *mus.* glissando
Glitschbahn -en *f*, **Glitsche** -*n f*, *nty.* skridskobana **glitschen** 1 *s*, *vard.* glida, halka, slinta 2 *h el. s*, *dial.* åka kana **glitsch[e]rig, glitschig** 1 hal, halkig, slirig 2 *das Brot ist* ~ (*dial.*) brödet är kladdigt (inte genomgräddat) **glitt** *se gleiten* **Glitt** -e *m*, *vard.* flextid **glitz[e]rig** *vard.* glittrande **glitzern** glittra, blinka, blänka **Glitzersachen** *pl*, *vard.* juveler, smycken
global global; *bildl.* omfattande, total, generell **Globalberechnung** -en *f* generellt överslag **Global|betrag** -e† *m*, **-summe** -*n f* totalsumma **Globetrotter** ['glo:bətrɔtə, 'glo:p-trɔtə] - *m* globetrotter **Glob|us** -en *el.* -usse *m* [jord]glob; *vard.* huvud, skalle
Glöckchen - *n* pingla, bjällra, liten klocka **Glocke** -*n f* klocka (*att ringa med o. bot.*); [ko]skälla; kupa; klock|kjol, -hatt; dykarklocka (*m. fl. klockformade ting*); *vard.* kubb (*hatt*); *er weiß, was die* ~ *geschlagen hat* (*vard.*) han vet vad klockan är slagen; *etw. an die große* ~ *hängen* basunera ut ngt **Glockenblume** -*n f* blåklocka **Glockenboje** -*n f* klockboj **glockenförmig** klockformig; kupig **Glockengeläut[e]** 0 *n* klock|klang, -ringning **Glockengießer** - *m* klockgjutare **Glockengut** 0 *n* klockmetall **Glockenheide** 0 *f*, *bot.* klockljung **glockenhell** klockren
Glocken|ist -en -en *m*, *åld.* klockspelare **-klang** -e† *m* klockklang **-läuten** 0 *n* klockringning **-mantel** -† *m* klockgjutform **-rock** -e† *m* klockkjol, klockad kjol **-schlag** -e† *m* klockslag; *auf den (mit dem)* ~ (*vard.*) på klockslaget **-schlägel** - *m*, **-schwengel** - *m* klockkläpp **-speise** -*n f* klockmetall **-spiel** -e *n* klockspel **-tierchen** - *n* klockdjur **-tonne** -*n f* klockboj **-turm** -e† *m* klock|torn, -stapel **-zeichen** - *n* klocksignal
glockig klockad (*om kjol*) **Glöckner** - *m*, *åld.* ringare; kyrkvaktare
glomm *se glimmen*
Gloria -s *n*, *kyrkl.* lovsång, gloria **Glorie** -*n f* [helgon]gloria; *bildl.* gloria, glans **Glorienschein** 0 *m* helgongloria; *bildl.* strålkrans, ljusskimmer **glorifizieren** glorifiera **Gloriole** -*n f* [helgon]gloria **glorios, glorreich** gloriös, ärorik, lysande
glosen *se glosten*
Glossar -e *n*, **Glossar|ium** -ien *n* glossarium **Glosse** -*n f* 1 glossa, ord-, text|förklaring 2 *vard.* [spe]glosa; *seine* ~*n machen* spydigt kommentera 3 [polemisk] kommentar (*i tidning*) **Glossenmacher** - *m* spydig människa; satiriker **glossieren** förse med kommentarer, kommentera

glosten *dial.* glöda, glimma
Glotzauge -*n n* utstående öga; ~*n* (*äv.*) glosögon; ~*n machen* (*vard.*) blänga förvånat **glotzäugig** glosögd, med utstående ögon **Glotze** -*n f*, *vard.* dumburk (*TV-apparat*) **glotzen** *vard.* glo, blänga, gapa; titta på TV **Glotzer** *pl*, *vard.* ögon **Glotz|kasten** -[†] *m vard.*, **-kiste** -*n f*, *vard.*, **-ophon** -e *n*, *vard.*, dumburk (*TV-apparat*)
Gloxinie -*n f*, *bot.* gloxinia
gluck *interj* kluck!; ~-~ *machen* (*vard.*) halsa, dricka direkt ur flaskan
Glück 0 *n* lycka; fram-, med|gång; tur; ~ *im Spiel* tur i spel; ~ *und Glas, wie leicht bricht das* (*ung.*) lycka o. glas går lätt i kras; ~ *auf* (*ab*)*!* lycka till! (*gruvarbetar- resp. flygarhälsning*); *kein* ~ (*äv.*) otur; *viel* ~*! * lycka till!; *viel* ~ *im neuen Jahr!* gott nytt år!; *mehr* ~ *als Verstand haben* (*vard.*) ha mer tur än skicklighet; *es ist ein wahres* ~, *daß* det är en välsignelse (evig tur) att; *es war ein* ~, *daß er kam* det var för väl att han kom; *das ist sein* ~ det var (är) tur för honom; *jeder ist seines* ~*es Schmied* man är sin egen lyckas smed; *e-m* ~ *wünschen* lyckönska ngn; *auf gut* ~ på måfå; *in* ~ *und Unglück zusammenhalten* hålla ihop i vått och torrt; *mit etw.* ~ *med lite tur; von* [*großem*] ~ *sagen* (*reden*) *können* kunna prisa sin lycka (skatta sin lycka); *sich vor* ~ *nicht fassen können* vara utom sig av lycka; *zum* ~ lyckligtvis; *zu seinem* ~ *sah es niemand* som tur var för honom var det ingen som såg det
Glück'ab 0 *n* (*flygarhälsning*), **Glück'auf** 0 *n* (*gruvarbetarhälsning*), *e-m ein herzliches* ~ *wünschen* önska ngn lycka till (framgång) **glückbringend** lycko|bringande, -sam
Glucke -*n f* ruvare; ligg-, kyckling|höna **glucken** klucka (*om höna*); vilja ruva; ligga på ägg; *bildl.* sitta hemma o. kura
glück|en *s* lyckas (*e-m* [för] ngn); *nicht geglückt* (*äv.*) misslyckad; *ihm -t alles han har tur i allt*; *nichts wollte* ~ *allt gick galet* (på tok)
glucker|n 1 klucka 2 *s das Bier -t aus der Flasche* ölet rinner kluckande ur flaskan
glückhaft tur-, lycko|sam
Gluckhenne -*n f* ligg-, kyckling|höna
glücklich lyckalig; lycklig; *ein* ~*es neues Jahr!* gott nytt år!; *e-e* ~*e Hand haben* vara skicklig; *sind die Leute* ~ *fort?* (*vard.*) har människorna äntligen gått?; *er hat* ~ *auch noch seinen Posten verloren* till råga på allt annat förlorade han sin anställning; ~ *heimgekehrt* lyckligen hemkommen **'glücklicher'weise** lyckligtvis, som tur var **Glücksache** 0 *f*, *se Glückssache*
Glücksbringer - *m* lyckobringare, person m. glatt budskap; maskot; amulett **Glücksbude** -*n f* tivoli-, marknads|stånd (*där man kan vinna pris*) **glück'selig** lycksalig; säll **Glück-'seligkeit** 0 *f* lycksalighet; sällhet
glucksen *vard.* 1 klucka; skratta kluckande 2 hicka
Glücks|fall -e† *m* lyckträff; lycklig slump; *im* ~ *können wir* ... om vi har tur kan vi ...; *ein* ~ (*äv.*) en skänk från ovan **-gefühl** -e *n* lyckokänsla **-göttin** -*nen f* lyckans gudinna **-güter** *pl*, *ung.* lyckans håvor; världens goda **-hand** -e† *f*, **-händchen** - *n* (*i folktro*) lyckobringande rot **-haube** -*n f* segerhuva **-kind** -er *n*, *se Glückspilz* **-klee** 0 *m* fyrväppling, lyckoklöver **-pille** -*n f*, *vard.* lyckopiller, lugnande medel **-pilz** -e *m* lyckans gullgosse; [*du*] ~*!* din

lyckans ost! **-rad** *-er*† *n* lyckohjul; tombolahjul **-ritter** - *m* lyckoriddare; *neds.* lycksökare **-sache** *0 f, das ist ~ går det så går det,* det beror på slumpen **-spiel** *-e n* hasardspel; lotteri **-stern** *-e m, er ist unter e-m ~ geboren* han är född under en lycklig stjärna **-strähne** *-n f, vard.* rad av lyckliga tillfälligheter, en tids tur **-tag** *-e m* lyckodag **-topf** *-e*† *m* tombola[urna]; *er hat in den ~ gegriffen* (*bildl.*) han har haft tur **glückstrahlend** strålande av lycka **Glücksumstand** *-e*† *m* lycklig omständighet **glück**|**-verheißend, -versprechend** lyckobådande, lovande **Glückwunsch** *-e*† *m* lyckönskan, gratulation; *herzlichen ~!* [jag] har den äran [att gratulera]!; *Glückwünsche zum Geburtstag* födelsedagsgratulationer **Glückwunschkarte** *-n f* gratulationskort **Glückwunschtelegramm** *-e n* lyckönskningstelegram **Glühbirne** *-n f* glödlampa **glühen 1** glöda; *bildl.* brinna, lysa, stråla; *im* (*vor*) *Fieber ~* vara brännhet av feber; *vor Wut ~* låga av vrede; *danach ~, sich zu rächen* törsta efter hämnd; *für e-e Sache ~* brinna för (vara glödande anhängare av) ngt **2**'glödga **Glühen** *0 n* **1** glödande **2** glödgning **glühend** glödande [het]; *bildl. äv.* brinnande, blossande; *wie auf ~en Kohlen* som på glödande kol; *~ machen* (*äv.*) glödga '**glühend'heiß** glödhet '**glühend'rot** blossande (glödande) röd **Glühfaden** -† *m* glödtråd **glühfrisch**|**en** *-te, glühgefrischt tekn.* färska, aducera **Glühfrischen** *0 n, tekn.* färskning '**glüh'heiß** glödhet **Glüh**|**hitze** *0 f* glödande hetta **-kerze** *-n f, tekn.* glödstift **-kopfmotor** *-en m* tändkulemotor **-lampe** *-n f* glödlampa **-licht** *-er n* glödljus **-ofen** -† *m, tekn.* glödugn **-strumpf** *-e*† *m* glödstrumpa (*för gaslampa*) **-ung** *-en f* glödgning; färskning **-wein** *-e m* vinglögg **-würmchen** - *n* lysmask **-zündung** *-en f, tekn.* glöd-, själv|tändning
Glukose *0 f* glukos
Glupschaugen *pl, nty.* glosögon; *~ machen* glo, blänga **glupschen** *nty.* glo, blänga
Glut *-en f* glöd; glödande hetta (sken); *die ~ des Abendhimmels* aftonrodnaden; *die ~ der Hundstage* rötmånadshettan; *die ~ der Scham* (*poet.*) skammens rodnad
Gluta|**mat** *0 n* glutamat **-min** *-e n, kem.* glutamin
Glutauge *-n n, poet.* flammande blick **gluten** vara glödhet; *~de Sonne* glödande (brännande) sol
Glu'ten *0 n, kem.* gluten
Gluthauch *0 m, poet.* glödhet vind (andedräkt); *der ~ der Leidenschaft* (*äv.*) lidelsens hetta **Gluthitze** *0 f* glödande hetta, glödhetta **glutrot** glödande röd
Glykol *-e n* glykol **Glykose** *0 f* glukos **Glyzerin** *0 n* glycerin **Gly'ci**|**je** *-n f, bot.* blåregn
GmbH *förk. för Gesellschaft mit beschränkter Haftung* (*ung.*) [aktie]bolag med begränsad ansvarighet
g-Moll - - *n* g-moll
Gnade *-n f* nåd; barmhärtighet; *Euer ~n* (*åld.*) Ers nåd; *aus ~ av* nåd; *~ für* (*vor*) *Recht ergehen lassen* låta nåd gå före rätt; *in ~n i* nåder; *von jds ~ leben* leva på nåder hos ngn; *König von Gottes ~n* (*hist.*) konung av Guds nåde **gnad**|**en 1** *åld.* vara nådig **2** *-e dir* [*Gott*]*!* [Gud] nåde dig!
Gnaden|**akt** *-e m, durch e-n ~* genom benådning **-bezeigung** *-en f* nådebetygelse **-bild** *-er n, kat.* undergörande [helgon]bild **-brot** *0 n* nådebröd; *bei e-m das ~ essen* (*äv.*) vara nådehjon hos ngn **-frist** *-en f* nådatid, respit **-gehalt** *-er*† *n, ung.* underhåll, nådebröd **-geschenk** *-e n* allmosa; [frivilligt] understöd **-gesuch** *-e n* nådeansökan
gnadenlos obarmhärtig; utan nåd **Gnadenmittel** *pl, relig.* nådemedel **Gnadenmutter** *0 f, kat.* jungfru Maria **gnadenreich** nåderik **Gnadenschu**|**ß** *-sse*† *m* nådaskott **Gnadenstoß** *-e*† *m* nådastöt **Gnadentod** *0 m* död genom dödshjälp **Gnadenwahl** *0 f, relig.* predestination **Gnadenweg** *0 m* nådeväg; *auf dem ~ i* nådeväg
gnädig nådig; mild; *~ davonkommen* (*vard.*) komma lindrigt undan; *wir wollen es ~ machen* (*vard.*) vi ska ha överseende; *~ sein* (*vard. äv.*) vara generös; *guten Tag, ~e Frau!* god dag, fru X!; *was wünschen Sie, ~e Frau?* vad önskar damen?; *die ~e Frau ist nicht zu Hause* (*från tjänstefolk*) frun är inte hemma; *meine G~e* min bästa fru, min nådiga; *die G~e* hennes nåd, nådig frun; *es ~ haben* (*sty., österr.*) ha bråttom
Gnatz *-e m, dial.* **1** skorv **2** vresig människa
Gneis *-e m* gnejs **gneisig** av gnejs; gnejsartad **gneißen** *österr.* märka, lägga märke till, uppmärksamma
Gnitte *-n f,* **Gnitze** *-n f, nty.* knott
Gnom *-en* *-en m* gnom; dvärg **Gnome** *-n f* tänkespråk, gnom **gnomenhaft** dvärgartad
Gnostizismus *0 m* gnosticism
Gnu *-s n, zool.* gnu
Goal [go:l] *-s n, österr., schweiz., sport.* mål **-keeper** [-ki:pə] - *m, österr., schweiz.* målvakt
Gobelin [gobə'lɛ̃:] *-s m* gobeläng
Gockel *- m,* **Gockelhahn** *-e*† *m, vard.* tupp
Göd *-en -en m, sty., österr.* fadder, gudfar
God[**e**]**l** *-n f,* **Goden** *- f, sty., österr.* fadder, gudmor
Goetheana *pl* arbeten av och om Goethe
Goi *Gojim m* icke-jude
Golatsche [-'la:-] *-n f, österr., ung.* syltbulle
Gold *0 n* guld (*äv. bildl.*); *18karätiges ~* 18 karats guld; *nicht mit ~ zu bezahlen sein* inte kunna betalas med pengar; *nicht mit ~ aufzuwiegen sein* vara värd sin vikt i guld; *es ist nicht alles ~, was glänzt* det är inte guld allt som glimmar **-ader** *-n f* guld**åder -ammer** *-n f* gulsparv **-barren** *- m* guldtacka **-barsch** *-e m, zool.* gärs **-bestand** *-e*† *m* guldreserv
goldbetreßt guldgalonerad **Gold**|**blatt** *-er*† *n,* **-blättchen** - *n,* **-blech** *-e n* bladguld **Gold**|**brasse** *-n f,* **-brassen** - *m, zool.* havsbraxen **goldbraun** guldbrun **Goldbutt** *-e m, zool.* röd|spotta, -spätta **Golddeckung** *-en f, bank.* guldtäckning **Gold**|**doublé** *-s n,* **-dublee** *-s n* gulddubblé **golddurchwirkt** invävd med guldtråd **golden** av guld, gyllene (*äv. bildl.*); *~es Armband* guldarmband; *~e Brille* guldbågade glasögon; *~es Herz* hjärta av guld; *~e Hochzeit* guldbröllop; *~er Mittelweg* gyllene medelväg; *der G~e Schnitt* gyllene snittet; *der G~e Sonntag* fjärde [söndagen i] advent; *~e Worte* visdomsord; *das G~e Zeitalter* guldåldern; *e-m ~e Berge versprechen* lova ngn guld o. gröna skogar; *~en Zeiten entgegengehen* gå mot gyllene tider **Goldesel** *0 m, vard.* outtömlig inkomstkälla **gold**|**-farben, -farbig** guldfärgad **Goldfasan** *-e*[*n*]

m **1** guldfasan **2** *vard. neds.* nazistisk partipamp **Goldfinger** - *m* ringfinger **Goldfisch** *-e m* **1** guldfisk **2** *vard.* rikt parti; *sich (dat.)* *e-n* ~ *angeln* [försöka] få en rik flicka på kroken **Goldfuchs** *-e† m* **1** guldfux **2** *åld.* guldmynt **goldführend** guld|förande, -haltig **goldgefaßt** (*om glasögon*) guldbågad **Gold|gehalt** *-e m* guldhalt **-gier** *0 f* guldtörst **-gräber** - *m* guldgrävare **-grube** *-n f* guldgruva (*äv. bildl.*) **-haar 1** *0 n, bot.* venus-, jungfru|hår **2** *-e n, högt.* gyllenblont hår **-hähnchen** - *n* kungsfågel **gold|haltig, -hältig** guldhaltig **Goldhamster** - *m* guldhamster **goldig** guldglänsande; *bildl.* rar; *vard.* gullig **Gold|käfer** - *m* **1** *zool.* guldbagge **2** *vard.* guldhöna (*rik flicka*) **-karpfen** - *m, zool.* ruda **-kind** *-er n, vard.* gullebarn **-lack** *0 m, bot.* gyllenlack, lackviol **-macher** - *m* alkemist, guldmakare **-macherei** *0 f,* **-macherkunst** *0 f* alkemi, guldmakeri **-makrele** *-n f* guldmakrill **-medaille** *-n f* guldmedalj **-medaillengewinner** - *m* guldmedaljör **-mine** *-n f* guldgruva **-plattierung** *-en f* guldplätering **-rahmen** - *m* guldram, förgylld ram **-regen** - *m* **1** *bot.* guldregn **2** [oväntat] välstånd **'gold'richtig** *vard.* prima, just, perfekt **Gold|schatz** *-e† m* guldskatt; *vard.* raring **-schläger** - *m* guldslagare, tillverkare av bladguld **-schmied** *-e m* guldsmed **-schnitt** *0 m* guldsnitt **-stück** *-e n* guldmynt; *bildl.* pärla **-waage** *-n f* guldvåg; *etw. auf die* ~ *legen* (*bildl.*) väga ngt på guldvåg **-währung** *0 f* guldmyntfot **-waren** *pl* guld|varor, -smycken, -saker **-wäsche** *0 f* guldvaskning **-wäscher** - *m* guldvaskare **-wäscherei** *0 f* guldvaskning **-wasser** *0 n, Danziger* ~ likör m. tillsats av bladguld **'Golem** *0 m* golem **1 Golf** *-e m* golf, havsbukt; *der* ~ *von Mexiko* Mexikanska golfen **2 Golf** *0 n* golf[spel] **-er** - *m* golfspelare **-hose** *-n f* golfbyxor **-platz** *-e† m* golfbana **-schläger** - *m* golfklubba **Golfstrom** *0 m, der* ~ Golfströmmen **Golgahta** *0 n* Golgata (*äv. bildl.*) **Goliath** *-s m, vard.* stor stark karl, goliat **Gon** *-e* (*vid måttsangivelse -*) *n, fack.* gon, nygrad **Gonade** *-n f, fack.* gonad, könskörtel **'Gondel** *-n f* gondol **Gondelbahn** *-en f* linbana (*m. gondoler*) **gondeln** *s, vard.* [sakta] åka [i] båt; [sakta] gå (åka, köra, resa *e.d.*) [omkring] (*utan mål*); *durch die Welt* ~ resa omkring (se sig om) i världen **Gondolier|e** [-'lje:rə] *-i m* gondoljär **Gong** *-s m n* gonggong **gong|en** slå på gonggong; *es -t* gonggongen går, det gongar **Gongschlag** *-e† m* gonggongslag; *beim* ~ *ist es 10 Uhr* (*i radio*) när gonggongen går är klockan 10 **Goniometrie** *0 f* goniometri, vinkelmätning **gönnen** unna (*e-m etw.* ngn ngt) **Gönner** - *m* gynnare, beskyddare **gönnerhaft** beskyddande, nedlåtande **Gönnermiene** *-n f* beskyddarmin; *mit* ~ (*äv.*) med nedlåtande vänlighet **Gönnerschaft** *0 f* beskyddarskap; *koll.* [samtliga] beskyddare; *unter der* ~ *von (äv.)* under beskydd av **Gonokokk|us** *-en m* gonokock **Gonorr|hoe, -höe** [gonɔ'rø:] *-n f* gonorré **gonorrhoisch** beroende på gonorré, gonorré-

Goodwill ['gud'wıl] *0 m* goodwill; gott rykte; välvilja
Göpel - *m,* **Göpelwerk** *-e n* **1** *åld.* [häst]vandring; uppfordringsverk; vinsch **2** *schweiz. vard.* urmodig symaskin, gammal cykel (bil *e.d.*) **gor** *se* **gären Gör** *-en n* **1** *nty.* [barn]unge; *die* ~*en barnen* **2** *se* **Göre Gording** *-s f, sjö.* gårding **gordisch** *der* ~*e Knoten* den gordiska knuten **Göre** *-n f, nty.* jänta, tjej; unge; slyna **Gorgonenhaupt** *-er† n* gorgonansikte (*äv. bildl.*) **Gorgonzola** *-s m* gorgonzola[ost] **Gorilla** *-s m* gorilla (*äv. bildl.*) **Gösch** *-en f, sjö.* gös (*flagga*); unionsmärke (*på flagga*) **Gosche** *-n f,* **Goschen** - *f, sty., österr.* mun; *e-e große* ~ *haben* (*vulg.*) vara stor i käften; *halt die* ~*!* (*vulg.*) håll käften! **Gose** *-n f* ljust (överjäst) öl **goß** *se* **gießen Gosse** *-n f* rännsten (*äv. bildl.*); *etw.* (*e-n*) *durch die* ~ *ziehen* (*vard.*) dra ngt (ngns goda namn) i smutsen; *e-n aus der* ~ *auflesen* (*ziehen*) (*vard.*) dra upp ngn ur dyn; *in der* ~ *enden* (*vard.*) sluta (dö) i rännsten; *sich in der* ~ *wälzen* (*vard.*) vältra sig i dyn **Gössel** -[*n*] *n, nty.* gässling **Gossenjargong** *0 m, ung.* slang **1 Gote 1** *-n -n m, dial.* fadder, gudfar **2** *-n f, dial.* fadder, gudmor **2 Gote** *-n -n m* got **'Gotik** *0 f* gotik **gotisch** gotisk **Gotisch** *0 n* **1** gotiska (*språk*) **2** gotisk stil (*skrift*) **Gott** *-er† m* Gud, gud; ~ *der Herr* Herren Gud; *der liebe* ~ vår Herre, Gud Fader; *der Mensch denkt,* ~ *lenkt* människan spår och Gud rår; *so wahr mir* ~ *helfe* så sant mig Gud hjälpe; *es steht in* ~*es Hand* det vilar i Guds hand; *um* ~*es willen!* för Guds skull!; *mein Vater,* ~ *habe ihn selig* min salig far; *den lieben* ~ *e-n frommen Mann sein lassen* (*vard. ung.*) ta dagen som den kommer; *den lieben* ~ *spielen* spela försyn; *so* ~ *will!* om Gud så vill!; *weiß* ~ sannerligen, verkligen; *ein Anblick für Götter* en syn för gudar; *leben wie* ~ *in Frankreich* (*vard.*) må som en prins i en badgarbod; *Götter in Weiß* (*neds.*) läkare; *ach* (*großer*) ~*!* herregud!; ~ *behüte* (*bewahre*)*! Gud förbjude!; grüß* ~*!* (*sty., österr.*) goddag!, adjö!; *helf* ~*!* prosit!; *leider* ~*es* (*vard.*) tyvärr, tråkigt nog; ~ *sei Dank!* gudskelov!; *da sei* ~ *vor* (*vard.*) det får inte ske (förbjude Gud); *vergelt's* ~*!* tack så mycket! **gottähnlich** gudalik **gottbegnadet** gudabenådad **gottbe'wahre** (*vard.*) absolut inte **Gotterbarmen** *0 n, vard., er sieht zum* ~ *aus* han ser förskräcklig (hemsk) ut **Götterbild** *-er n* gudabild, gudsbeläte **Götterbote** -*n* -*n m* gudarnas budbärare (*Hermes etc.*) **Götterdämmerung** *0 f, die* ~ Ragnarök **gottergeben** undergiven Guds vilja **Göttergestalt** *-en f* gudagestalt; *bildl.* gudomligt skön gestalt **göttergleich** gudalik **Göttermahl** *-er† el. -e n, vard.* gudaspis, härlig måltid **Göttersage** *-n f* gudasaga **Götterspeise** *-n f* **1** *myt.* ambrosia **2** fruktgelé **Götterspruch** *-e† m* guda-, orakel|svar **Göttertrank** *0 m, myt.* nektar; *skämts.* ljuvlig dryck **Gottesacker** *-† m, högt.* kyrkogård **Gottesanbeterin** *-nen f, zool.* bönsyrsa **Gottesdiener** - *m, poet.* präst, Guds tjänare **Gottesdienst** *-e m* gudstjänst **gottesdienstlich** kyrklig, gudstjänst- **Gottesfriede** *-ns 0 m, hist.* guds|fred, -frid **Gottesfurcht** *0 f* gudsfruktan **gottesfürchtig** gudfruktig

Gottes|gabe -*n f* Guds gåva **-gericht** -*e n* **1** gudsdom **2** Guds straffdom **-glaube** -*ns 0 m* gudstro **-gnade** -*n f* Guds nåd **-haus** -*er*† *n* kyrka; tempel **-herrschaft** *0 f* gudsvälde, teokrati **-lamm** *0 n* Guds lamm (*Jesus*) **-lästerer** - *m* hädare **gottes|lästerisch, -lästerlich** hädisk **Gotteslästerung** -*en f* hädelse **Gottesleugner** - *m* gudsförnekare **gottesleugnerisch** gudsförnekande **Gottes|leugnung** *0 f* gudsförnekelse **-lohn** *0 m, etw.* um *e-n* ~ *tun* göra ngt utan tanke på belöning **-mann** -*er*† *m* gudsman **-mutter** *0 f*, *die* ~ jungfru Maria, Guds moder **-sohn** *0 m, der* ~ Guds son **-staat** *0 m* gudsstat, teokrati **-urteil** -*e n, hist.* gudsdom **-verehrung** *0 f* gudsdyrkan **-wort** *0 n* gudsord, Guds ord **gottgefällig** Gud[i] behaglig **gottgeweiht** vigd åt Gud **gottgewollt** *es ist* ~ Gud har så velat **gottgläubig 1** *åld.* som tror på Gud, gudfruktig **2** *nat. soc.* konfessions|fri, -lös **Gottheit** -*en f* gudom, gudomlighet **Göttin** -*nen f* gudinna **göttlich** gudomlig, guda- (*äv. bildl.*); ~*er Anblick* syn för gudar; ~*e Gabe* gudagåva; *die* ~*e Gnade* Guds nåd; ~*e Schönheit* gudomlig skönhet; ~*er Trank* gudadryck **Göttlichkeit** *0 f* gudomlighet **gott'lob** *interj* gudskelov! **gottlos** gudlös, ogudaktig, ateistisk **Gottlosenbewegung** *0 f* ateistisk rörelse **Gottlose(r)** *m f, adj böjn.* gudlös människa, ateist **Gottlosigkeit** *0 f* gudlöshet, ogudaktighet **Gottmensch** -*en 0 m* gudamänniska (*Kristus*) **Gottsei'beiuns** [*äv.* -'---] *0 m* Satan **gott'selig** [*äv.* '---] *salig* i Gud **'gotts|er'bärmlich** *vard.*, **'jämmerlich** *vard.* förskräcklig, hemsk **Gottsucher** - *m* gudssökare **Gott'vater** *0 m* Gud Fader **gottverflucht** gudsförgäten, fördömd **gottvergessen** gudsförgäten, övergiven **gottverlassen** gudsförgäten; *bildl.* öde, tröstlös **Gottvertrauen** *0 n* gudsförtröstan **gottvoll** *bildl. vard.* gudomlig, härlig, festlig **Götze** -*n* -*n m* avgud **Götzenbild** -*er n* avgudabild **Götzendiener** - *m* avgudadyrkare **Götzendienst** *0 m* avgudadyrkan **Götzzitat** *0 n, er verwendete das* ~ han svor [: "slicka mig i röven!"] **Gouache** [guα(:)ʃ] -*n f, konst.* gouache **Gouda** ['gaυda] -*s m,* **Goudakäse** - *m* goudaost **Goudron** [gu'drõ:] *0 m n* asfalt, tjära (*för vägbeläggning*), permanentbeläggning **Gourmand** [gυr'mã:] -*s m* gourmand **Gourmet** [gυr'mɛ, -'me:] -*s m* gourmé **goutieren** [gu'ti:rən] smaka; goutera, finna behag i, gilla **Gouvernante** [guvεr'nantə] -*n f* guvernant **gouvernantenhaft** guvernantaktig **Gouvernement** [guvεrnə'mã:] -*s n* regering; förvaltning; guvernement, provins **Gouverneur** [guvεr'nø:ɐ] -*e m* guvernör **gr.** *förk. för groß* **Gr. 1** *förk. för Greenwich* **2** *förk. för Gros* **3** *förk. för Groß...* **Grab** -*er*† *n* grav; *bildl.* död, undergång; *das war das* ~ *seiner Liebe* (*äv. bildl.*) det var slutet på hans kärlek; *ein feuchtes* ~ *finden* drunkna, finna sin grav bland vågorna; *das bringt ihn noch ins* ~ det plågar livet ur honom; *du bringst mich 10 Jahre früher ins* ~ du lägger mig i en för tidig grav; *verschwiegen wie das* ~ tyst som muren; *seine Hoffnungen zu* ~*e tragen* skrinlägga sina förhoppningar **Grabbelei** -*en f, nty.* fingrande; rotande **grab-**

beln *nty.* gräva [fram], rota **Grabbeltisch** -*e m, vard.* [rea]disk **Grabdenkmal** -*er*† *el.* -*e n* grav|vård, -monument **Grabeland** -*er*† *n* [tillfällig] kolonilott **graben** *grub, grübe, gegraben, gräbst, gräbt* **1** gräva; gravera, rista; schakta; *sich* (*dat.*) *ein Loch in die Erde* ~ gräva sig ett hål i jorden **2** gräva (*nach Gold* efter guld) **3** *rfl* gräva sig [ner] **Graben** -† *m* dike; *sport., geol.* grav; gravsänka; skyttegrav; *e-n* ~ *ausheben* (*ziehen*) dika, gräva ett dike; *in den* ~ *fahren* köra i diket **-bagger** - *m* dikesgrävmaskin **-bruch** -*e*† *m, geol.* förkastningsgrav **-fieber** *0 n* skyttegravsfeber **-krieg** -*e m* skyttegravs-, ställnings|krig **-pflug** -*e*† *m* dikesplog **-rand** -*er*† *m* dikesren **-senke** -*n f, geol.* gravsänka **-sohle** -*n f* dikesbotten **Gräber** - *m* gravstickel **Gräberdienst** *0 m, mil. ung.* krigsgravskommission **Gräberfeld** -*er n* gravfält **Grabes|dunkel** *0 n*, **-nacht** *0 f, poet.* gravens mörker, gravlikt mörker; *hier* ~ *herrscht* ~ här är mörkt som i graven **-rand** *0 m, am* ~ på gravens rand **-ruhe** *0 f, bildl.* evig ro; *hier herrscht* ~ här är tyst som i graven **-stille** *0 f* gravens (*bildl.* gravlik) tystnad **-stimme** *0 f* gravlik stämma (röst) **Grab|geläut[e]** *0 n* själaringning (*äv. bildl.*) **-gesang** -*e*† *m* begravningspsalm; *bildl.* klago-, grav|sång **-hügel** - *m* grav|kulle, -hög; kummel **-legung** *0 f, relig.* gravläggning **-mal** -*er*† *el.* -*e n* grav|vård, -sten **-meißel** - *m* gravermejsel **-platte** -*n f* gravhäll **-rede** -*n f* tal vid graven **-schändung** -*en f* grav|skändning, -plundring **-schaufel** -*n f*, **-scheit** -*e n* skyffel, spade **grabschen** *se* **grapschen** **Grab|schrift** -*en f* inskrift på gravsten **-spruch** -*e*† *m, se föreg.*; bibelord (minnesdikt) vid graven **-stätte** -*n f* grav|plats] **-stichel** - *m* gravstickel **-stock** -*e*† *m* grävkäpp **-tuch** -*er*† *n* svepning **-ung** -*en f* [ut]grävning **Gracht** -*en f* [stads]kanal (*i Holland*) **grad** *vard., se* **gerade** **grad.** *förk. för graduiert* **Grad** -*e* (*vid måttsangivelse* -) *m* grad; *5* ~ *5* grader; *40* ~ *Fieber haben* ha 40 graders feber; *der* ~ *e-s Doktors* doktorsgraden; *Vetter dritten* ~*es* syssling; *der 20.* ~ *südlicher Breite* 20 graders sydlig bredd; *Winkel von 45* ~ 45 graders vinkel; *die Farbe könnte um einige* ~*e heller sein* färgen kunde vara några nyanser ljusare; *die Schrift ist um e-n* ~ *kleiner* (*typ.*) skriften är en stilgrad mindre; *bis zu e-m gewissen* ~*e* till en viss grad, i viss utsträckning; *in geringem* ~*e* i ringa mån; *das ist im höchsten* ~*e ärgerlich* (*äv.*) det är synnerligen förargligt **Gradation** -*en f, fack.* gradering, gradation **grade** *vard., se* **gerade** **Gradeinteilung** -*en f* gradering, skala, gradindelning; *mit* ~ (*äv.*) graderad **Gradient** -*en* -*en m, fack.* gradient, lutning **Gradiereisen** - *n* grader|järn, -mejsel **gradieren 1** *tekn. o. fack.* gradera **2** förstärka **Gradierwerk** -*e n, tekn.* graderverk **Grädigkeit** *0 f, kem.* styrka, koncentration **Gradmesser** - *m* gradmätare (*äv. bildl.*) **Gradnetz** -*e n* gradnät **Gradstrich** -*e m* grad-, skal|streck **Gradual|e** -*ien n, kat.* graduale **-lied** -*er n, kyrkl.* gradualpsalm

graduell gradvis, graduell **graduieren 1** ge (förläna) akademisk examen; avlägga (ta) akademisk examen **2** gradera **graduiert** med (som har) akademisk examen; *Ingenieur* (*grad.*) civilingenjör **Gradunterschied** -*e m* gradskillnad **gradweise** gradvis
Graecum ['grɛːkʊm] *0 n* [fyllnads]prövning i grekiska
Graf -*en* -*en m* greve
Graffel *0 n*, *sty.*, *österr.* skräp
'**Grafik** -*en f* grafik
Gräfin -*nen f* grevinna **gräflich** grevlig **Grafschaft** -*en f* grevskap
Grahambrot ['graːham-] -*e n* grahamsbröd
Grain [greɪn] -*s* (*vid måttsangivelse* -) *m* grain; (*juvelvikt*) 1/4 karat; (*guldvikt*) 1/12 karat
Gräkomanie *0 f* [överdriven] kärlek till [antikens] Grekland **Gräkum** *0 n*, *se Graecum*
Gral *0 m*, *der* [*Heilige*] ~ [den heliga] Graal
Gralsritter - *m* graalriddare
gram *högt. e-m* ~ *sein* vara gramse (förargad) på ngn **Gram** *0 m* grämelse, bekymmer; *vor* ~ *vergehen* (*äv.*) tyna bort av sorg **gräm|en 1** *es* -*t mich* det grämer (smärtar, bekymrar) mig; *das* -*t ihn wenig* (*äv.*) det bryr han sig inte om **2** *rfl, sich über etw.* (*ack.*) ~ gräma sig (sörja) över ngt; *sich zu Tode* ~ gräma (sörja) ihjäl sig **gramerfüllt** [djupt] sorgsen; med grämelse **gramgebeugt** nedbruten av sorg **gramgefurcht** förgrämd **grämlich** misslynt, surmulen; ~*er Alter* vresig gubbe **Grämlichkeit** *0 f* misslynthet, vresighet
Gramm -*e* (*vid måttsangivelse* -) *n* gram; 5 ~ 5 gram
Gram'matik -*en f* grammatik **grammatikalisch** grammatisk; grammatikalisk **Grammatiker** - *m* grammatiker **grammatisch** grammatisk; grammatikalisk; ~*er Wechsel* (*språkv.*) Verners lag
Grammatom -*e n*, *kem.* gramatom
Grammel -*n f*, *sty.*, *österr.*, ~*n* (*ung.*) grevar (*rester efter isterismältning*)
grammig 80~*es Papier* åttigramspapper
Grammkalorie -*n f*, *åld.* kalori **Grammolekül** -*e n* grammolekyl
Grammophon -*e n* grammofon -**nadel** -*n f* grammofonstift -**platte** -*n f* grammofonskiva
gram|versunken djupt olycklig -**voll** tärd av bekymmer
Grän [grɛːn] -*e* (*vid måttsangivelse* -) *n*, *se Grain*
Granadille -*n f* passionsfrukt
Granalien *pl* , *fack.* granulerad metall
Granat -*e m* **1** *zool.* räka **2** *min.* granat **Granatapfel** -† *m* granatäpple **Granate** -*n f, mil.* granat; *sport.* hårt skott **Granatenhagel** *0 m* granatregn **granatfarben** granatfärgad, djupröd **Granatfeuer** - *n* granateld **Granatsplitter** - *m* granat|skärva, -splitter **Granatstein** -*e m, min.* granat **Granattrichter** - *m* granathål **Granatwerfer** - *m* granatkastare
1 Grand *0 m, nty.* grus, grov sand
2 Grand [grãː, graŋ] -*s m, spel.* grand
Grande -*n* -*n m* (*spansk*) grand **Grandeur** [grãdøːʀ] *0 f* storhet, storslagenhet **Grandezza** [-'dɛtsa] *0 f* grandezza **grandios** grandios
granieren *fack.* granulera, korna
Granit -*e m* granit; *fest* (*hart*) *wie* ~ hård som sten; *auf* ~ *beißen* hugga i sten, inte komma ngn vart **granitartig** granitartad **graniten** av granit, granit-

Granne -*n f, bot.* agn; borst **grannig** *bot.* försedd med borst
grantig *sty., österr.* knarrig, retlig, sur
Granulation -*en f, fack.* granulation; granulering **granulieren** *fack.* granulera, korna
Grapefruit ['greːpfruːt] -*s f* grapefrukt
Graph 1 -*en* -*en m* grafisk framställning, diagram **2** -*e n, språkv.* graf **Graphem** -*e n, språkv.* grafem '**Graphik** -*en f* grafik **Graphiker** - *m* grafiker **graphisch** grafisk; ~*e Darstellung* (*äv.*) diagram
Graphit -*e m* grafit
Graphologe -*n* -*n m* grafolog **Graphologie** *0 f* grafologi **graphologisch** grafologisk **Grapho'statik** *0 f, byggn.* grafostatik
grapschen, grapsen *vard., sich* (*dat.*) *etw.* ~, *nach etw.* ~ rycka åt sig (nappa tag i) ngt; *e-n* ~ gripa [tag i] ngn; *etw.* ~ sno ngt
Gras -*er*† *n* **1** gräs; *darüber ist* ~ *gewachsen* (*vard.*) det är gömt o. glömt, det tänker ingen längre på; *ins* ~ *beißen* (*vard.*) bita i gräset; *er glaubt, er hört das* ~ *wachsen* (*vard.*) han tror att han är ngt alldeles särskilt (är särskilt klok); *wo er hintritt, da wächst kein* ~ *mehr* (*vard.*) *a*) han är en koloss till karl, *b*) han går för hårt fram **2** *vard.* gräs (*marijuana*) **Grasaffe** -*n* -*n m, bildl.* gröngöling **grasartig** grästartad **grasbewachsen** gräs|bevuxen, -beväxt **Grasbrand** -*e*† *m* gräsbrand **Grasbüschel** - *n* grästuva **Grasbutter** *0 f* sommarsmör **grasen 1** beta, gå på bete **2** *dial.* slå (klippa) gräs[et] **Graser** - *m, jakt.* tunga (*hos rådjur e.d.*)
Gras|fläche -*n f* gräs|matta, -äng -**fleck** -*e m* **1** gräsplätt **2** gräsfläck (*på tyg*) -**frosch** -*e*† *m* [vanlig] groda -**futter** *0 n* gräsfoder -**garten** -† *m* gräsbevuxen fruktträdgård -**halm** -*e m* grässtrå -**hüpfer** - *m, vard.* gräshoppa
grasig 1 gräsbevuxen **2** gräsartad
Gras|land *0 n* gräsmark; stäpp; betesmark -**leinen** - *n* rami[tyg] -**mäher** - *m,* -**mähmaschine** -*n f* gräsklippningsmaskin -**mücke** -*n f, zool.* sångare -**narbe** -*n f* grästorv -**pferdchen** - *n, vard.* gräshoppa -**platz** -*e*† *m* gräsbevuxen plats
Grass [graːs] *0 n, vard.* gräs (*marijuana*)
Grassamen -*n m* gräsfrö
grassieren grassera, härja
gräßlich gräslig, förskräcklig, avskyvärd **Gräßlichkeit** -*en f* gräslighet
Gras|steppe -*n f* grässtäpp, prärie -**stück** -*e n, dial.* liten gräsplan -**taft** -*e m,* -**tuch** -*er*† *n, se Grasleinen* -**wuchs** *0 m* gräsväxt; *dichter* ~ (*äv.*) tjockt gräs
Grat -*e m* **1** bergskam **2** grad, skarp kant, rägge, skägg **3** *byggn.* kryssnire, takrygg
Gräte -*n f* [fisk]ben; ~*n* (*vard.*) skäggstubb; *sich* (*dat.*) *die* ~*n brechen* (*vard.*) bryta benen av sig **Grätenschritt** -*e m, skidsport.* saxning
Grathobel - *m* spont-, fog|hyvel
Gratias ['graːtsi̯as] - - *n, relig.* tacksägelse **Gratifikation** -*en f* gratifikation
grätig benig (*om fisk*); *bildl.* stingslig
Gräting -*e el.* -*s f, sjö.* trall
gratinieren *kokk.* gratinera
gratis gratis; *Eintritt* ~ fritt inträde **Gratisanzeiger** - *m, schweiz.* gratis annonstidning **Gratisexemplar** -*e n* friexemplar
grätschbeinig [-ɛː-] *gymn.* med skrevande ben **Grätsche** -*n f, gymn.* gren[hopp]; *in die* ~ *gehen* skreva med benen **grätschen** *gymn.*

göra grenhopp; *die Beine ~ skreva med benen*
Grätschsprung -e† *m, gymn.* grenhopp
Gratulant -en -en *m* gratulant **Gratulation** -en *f* gratulation **gratulier|en** gratulera, lyckönska (*e-m* ngn); [*ich*] -*e!* (*äv.*) [jag] har den äran!; *du kannst dir ~, daß es gut ging* (*vard.*) du kan tacka din lyckliga stjärna att det gick bra; *zum Geburtstag ~* gratulera på födelsedagen
Gratwanderung -en *f* vandring på bergskam; *bildl.* balansgång
grau grå (*äv. bildl.*); obestämd; trist; *~es Elend* grå fattigdom, trista förhållanden; *das ~e Elend hat ihn überfallen* (*vard.*) han har blivit pessimist (ser dystert på läget); *in ~er Ferne* i en obestämd framtid; *~er Markt* grå marknad; *~ e Salbe* (*med.*) gråsalva; *~e Schwester* Elisabethsyster; *in ~er Vorzeit* i den grå forntiden; *vor ~en Zeiten* i längst förgången tid, för mycket länge sedan; *~e Zukunft* dyster framtid; *~ in ~* (*konst.*) grått i grått; *~ in ~ malen* (*bildl.*) svartmåla; *~ werden* gråna **Grau** 0 *n* grått; grå färg; gråhet; tristess **grauäugig** gråögd **Graubär** -en -en *m* grizzlybjörn
Graubart -e† *m, vard.* gråskägg **Graubrot** -e *n, dial.* bröd av samsikt **Grauchen** - *n, vard.* åsna
1 grauen 1 gråna **2** gry
2 grau|en *mir* (*mich*) -*t* [*es*] *vor dem Tag* jag gruvar mig för (fruktar) den dagen; *ich -e mich vor ihm* jag fruktar (är rädd för) honom
1 Grauen 0 *n, das ~ des Tages* morgongryningen
2 Grauen - *n* skräck, bävan; *das* (*die*) *~ des Krieges* krigets fasor **grauen|erregend, -haft, -voll** fasaväckande; fruktansvärd, fasansfull, förskräcklig, hemsk
Graufäule 0 *f, ung.* vindruvsröta **Graugans** -e† *f* grågås **Graugu|ß** -*sse*† *m* gjutjärn; grått gjutgods; gråjärn **grauhaarig** gråhårig
Graukopf -e† *m* gråhårsman, gråhårig person **graulen** *rfl, vard.* känna sig kuslig till mods, vara rädd; *sich vor etw.* (*dat.*) *~* känna obehag inför ngt, vara rädd för ngt
1 graulich fasaväckande, hemsk; *e-n ~ machen* (*vard.*) skrämma ngn, göra ngn [spök]rädd
2 graulich, gräulich gråaktig, skiftande i grått **graumeliert** gråsprängd; gråmelerad
Graupapagei -en *m* jaco
Graupe -n *f* gryn; *~n im Kopf haben* (*vard.*) ha högtflygande planer **graupel|n** *es* -*t* det faller trindsnö **Graupeln** *pl* trindsnö **Graupensuppe** -n *f* korngrynssoppa
graus *åld.* fasansfull
1 Graus 0 *m, åld.* grus, sand
2 Graus 0 *m* **1** *åld.* fasa **2** *vard., o ~! o fasa!; es war ein ~* det var hemskt **grausam** grym, obarmhärtig; bister (*om kyla*); *vard.* hemsk; *~es Schicksal* hårt öde
Grauschimmel - *m* grålle, gråskimmel
graus|en *mir* (*mich*) -*t vor etw.* (*dat.*) (*bei etw.*) jag fasar (fruktar) för ngt; *ich habe mir* (*mich*) *schon lange davor gegraust* det har jag länge varit rädd för **Grausen** 0 *n* fasa **grausenhaft** *se grauenhaft* **grausig** fasansfull, otäck; *vard.* hemsk; *der Film war ~ langweilig* (*vard.*) filmen var urtråkig **grauslich** *vard.* ryslig, ruskig, hemsk
Grau|spießglanz 0 *m, gruv.* antimonglans **-tier** -*e n, vard.* åsna **-werk** 0 *n* gråverk **-zone** -*n f, ung.* gränsområde (*mellan legalt o. illegalt*)
Graveur [gra'vø:ɐ̯] -*e m* gravör

gravid[e] [-v-] *med.* gravid **Gravidität** -en *f, med.* graviditet
Gravieranstalt [-v-] -*en f* gravyranstalt **gravieren** gravera **gravierend** *~er Umstand* graverande omständighet; *der Fehler ist nicht ~ felet är inte allvarligt* **Graviermaschine** -*n f* graveringsmaskin **Graviernadel** -*n f* gravernål **Gravierung** -*en f* gravering; gravyr
'**Gravis** [-v-] - - *m, språkv.* grav [accent] **Gravität** 0 *f, åld.* värdighet, gravitet **Gravitation** 0 *f* gravitation, tyngdkraft **Gravitationsfeld** -*er n* gravitationsfält **Gravitationsgesetz** 0 *n, das ~* gravitationslagen **gravitätisch** gravitetisk **gravitieren** gravitera; attraheras; luta [åt]
Gravur [-v-] -*en f* gravyr; [in]gravering **Gravüre** -*n f* gravyr
Grazie 1 0 *f* grace;.*mit ~* (*äv.*) graciöst **2** -*n f, die drei ~n* (*myt.*) de tre gracerna **grazil** gracil **graziös** graciös
Gräzist -en -en *m* person som specialiserat sig på grekisk forntid
Greenhorn ['gri:nhɔ:n] -*s n* gröngöling, nybörjare
Gregorianisch gregoriansk
Greif -e *el.* -en -en *m* **1** *myt.* grip **2** rovfågel
Greifbagger - *m* gripskopa **greifbar** gripbar; konkret; tillgänglig; *hand.* inne, på (i) lager; *~er Beweis* handgripligt bevis; *~e Formen annehmen* anta konkret form; *in ~e Nähe gerückt sein* (*bildl.*) vara inom räckhåll; *die Ware ist nicht ~* varan finns inte i lager **Greife** -*n f, sl.* hand **greif|en** *griff, griffe, gegriffen* **1** gripa, fatta, ta [fatt]; *e-n Ackord ~* slå an ett ackord; *den Dieb ~* gripa tjuven; *das ist zu hoch* (*niedrig*) *gegriffen* det är för högt (lågt) beräknat; *keine Oktave ~ können* inte kunna ta (täcka över) en oktav; *G~ spielen* (*ung.*) leka tafatt; *Geschichte, aus dem Leben gegriffen* sann berättelse ur livet; *das ist aus der Luft gegriffen* det är gripet ur luften; *zum G~ inom räckhåll, alldeles inpå; das ist mit Händen zu ~* det är solklart (klart som dagen) **2** gripa, fatta, ta, få tag; *die Reifen ~ nicht* däcken tar inte (får inget fäste); *e-m an die Ehre ~* angripa ngns ära; *das Lied -t ans Herz* visan går direkt till hjärtat; *an den Hut ~* ta åt hatten; *sich* (*dat.*) *an den Kopf* (*die Stirn*) *~* ta sig för pannan; *in die Tasten ~* spela piano; *nach e-m Buch ~ a*) sträcka ut handen efter en bok, *b*) ta till en bok; *nach dem Mond ~* försöka ta ner månen; *um sich ~* sprida sig, ta fart; *e-m unter die Arme ~* understödja ngn, ge ngn ett handtag; *zur Flasche ~* (*bildl.*) ta till flaskan, börja dricka; *zu anderen Maßnahmen ~* tillgripa andra åtgärder **Greifer** - *m* **1** *tekn.* gripskopa **2** *vard.* snut **Greiffähigkeit** 0 *f* gripförmåga **Greifvogel** -† *m* rovfågel **Greifzange** -*n f* griptång **Greifzirkel** - *m* krumcirkel
greinen *vard.* grina, lipa; gnälla
greis *högt.* gammal; ålderstigen; *~es Haar* grått (vitt) hår **Greis** -*e m* åldring, gamling, gubbe **Greisenalter** 0 *n* ålderdom, gubbålder **greisenhaft** gubbaktig, gammal [o. svag]
Greisenhaupt -*er*† *n* gubbhuvud (*äv. kaktusart*) **Greisin** -*nen f* åldring, gumma
grell gräll; skarp; hård; bländande; gäll
Grelle 0 *f*, **Grellheit** 0 *f* grällhet *etc.*, *jfr grell*
Gremi|um -*en n* organisation, organ; utskott; instans
Grenadier [grena'di:ɐ̯] -*e m, hist.* grenadjär,

infanterist [vid gardesregemente] **Grenadille** -*n f* passionsfrukt
Grenz|bahnhof -*e*† *m* järnvägsstation före (vid) gränsen, gränsstation **-baum** -*e*† *m* gränsbom **-begehung** -*en f, ung.* gränsbesiktning **-berichtigung** -*en f* gränsreglering **-bewohner** - *m* gränsbo **-bezirk** -*e m* gränsdistrikt
Grenze -*n f* gräns *(äv. bildl.); lantm.* rå; *die ~n meiner Geduld* gränserna för mitt tålamod; *die ~n der Stadt* stadens gränser; *die ~n einhalten, sich in den ~n halten* hålla måtta (sig inom det tillåtnas gränser); *über die grüne ~ gehen (vard.)* smyga sig över gränsen; *alles hat seine ~n (äv.)* det finns en gräns för allt (för hur långt man kan gå); *es kennt keine ~n* det är ingen hejd på det, det går över alla gränser; *meine Geduld ist nicht ohne ~n (äv.)* mitt tålamod kan ta slut; *seine ~n überschreiten* kräva för mycket av sig själv, åtaga sig för mycket; *das überschreitet alle ~n (äv.)* det är höjden; *die ~n wahren* veta var gränsen går **grenzen** gränsa *(an + ack.* till); *an Frechheit ~* gränsa till fräckhet **grenzenlos** gränslös, utan gränser, oändlig **Grenzer** - *m* 1 gränsbo 2 gränsvakt
Grenz|fall -*e*† *m* gränsfall **-gänger** - *m* 1 gränsgångare *(person som måste passera gränsen för att komma till sitt arbete)* 2 smugglare **-graben** -† *m* rådike **-konflikt** -*e m* gräns|tvist, -strid **-kontrolle** -*n f* gränskontroll **-land** *0 n* gräns|land, -område **-lehre** -*n f, tekn.* toleranstolk **-linie** -*n f* gräns-, rå|linje **-mark** -*en f* gräns|land, -trakt **-maß** -*e n, tekn.* tolerans **-mauer** -*n f* gränsmur; *bildl.* skiljemur **-reg[e]lung** -*en f* gränsreglering **-schutz** *0 m* gränsskydd; gränsskyddstrupper **-sperre** -*n f* gränsspärr **-stein** -*e m* gränssten, råmärke **-streitigkeit** -*en f* gränstvist, gränsstrid
grenzüberschreitend ~*er Verkehr* trafik över gränsen
Grenz|übertritt -*e m* 1 passerande av gränsen 2 gräns-, tull|station **-verkehr** *0 m* gränstrafik; *kleiner ~* lokal gränstrafik *(med passersedel)* **-verletzung** -*en f* gränskränkning **-wache** -*n f*, **-wächter** - *m* gränsvakt **-wert** -*e m* gränsvärde **-zeichen** - *n, lantm.* röse **-zwischenfall** -*e*† *m* gränsintermezzo
Gretchen|frage [-e:t-] *0 f* obehaglig (svår, avgörande) fråga **-frisur** -*en f* margaretaflåta
Greuel - *m* 1 avsky, fasa; *er ist mir ein ~* jag avskyr honom 2 ohygglighet; grymhet; *die ~ des Krieges* krigets fasor **Greuelmärchen** - *n* [osann] skräckhistoria **Greuelnachricht** -*en f* fasansfull nyhet, [osann] skräckrapport **Greuelpropaganda** *0 f* greuel-, hets|propaganda **Greueltat** -*en f* grymhet, gräslighet; vålds-, terror|dåd **greulich** avskyvärd, gräslig, hemsk
Greyerzer ['graiɛtsə] - *m* gruyère[ost]
Griebe -*n f* 1 *kokk.*, *~n* grevar 2 *dial.* munsår
Griebenfett -*e n* fett med grevar
Griebs -*e m, dial.* 1 kärnhus 2 hals, strupe, nacke
Grieche -*n* -*n* grek **Griechenland** *0 n* Grekland **Griechentum** *0 n* 1 grekiskt väsen 2 *das ~* grekerna **Griechin** -*nen f* grekinna **griechisch** grekisk **Griechisch** *0 n* grekiska [språket]; *jfr Deutsch*
grienen *nty., se grinsen*
gries *dial.* grå

Griesgram -*e m* bitvarg **gries|grämig, -grämisch, -grämlich** vresig, knarrig, grinig
Grieß -*e m* gryn; *med.* grus **-brei** -*e m* mannagrynsgröt **-suppe** -*n f* mannagrynsvälling
griff *se greifen* **Griff** -*e m* 1 handtag, skaft, grepp, knopp; fäste *(för händerna); ~ aus Holz* trähandtag 2 grepp, tag; handgrepp; *noch ein paar ~e, dann ist's fertig* ett par tag till så är det färdigt; *die Seide hat e-n weichen ~* sidenet känns mjukt; *den ~ heraus haben* ha det rätta greppet; *etw. im ~ haben* ha ngt i fingrarna, vara så rutinerad att ngt går av sig självt; ~*e klopfen (mil. sl.)* drilla gevärsexercis; *e-n falschen ~ tun* göra ett felgrepp; *e-n guten ~ tun* göra ett gott val; *e-n tiefen ~ in den Beutel tun* ta ett djupt grepp i pungen; *e-n ~ in die Kasse tun* låna i (göra ett tillgrepp ur) kassan; *das ist mit e-m ~ getan* det går i ett huj (går lätt) **griffbereit** lätt åtkomlig, till hands; ~ *liegen (äv.)* ligga framme **Griff- brett** -*er n, mus.* grepp-, grip|bräde; klaviatur
Griffel - *m* 1 griffel 2 *bot.* stift 3 *vard.* finger
griffest fast att ta i; hållfast **griffig** 1 hanterlig, som ligger bra i handen 2 som fäster (biter) bra; med bra [väg]grepp 3 ~*es Mehl (österr.)* grovt [o. luckert] mjöl **Griffloch** -*er*† *n* tonhål *(på blåsinstrument)* **Grifflochziegel** - *m* tegel med griphål **grifflos** utan handtag
Griffon [-'fõ:] -*s m* griffon[hund]
Grill -*s m* grill *(äv. på bil)*
Grille -*n f* 1 syrsa 2 nyck, konstigt infall; ~*n im Kopf haben (vard. ung.)* ha tomtar på loftet; ~*n fangen (vard.)* vara nere (dyster till sinnes); *e-m die ~n verjagen (vard.)* skingra ngns dystra tankar
grillen grilla **Grillenfänger** - *m* melankoliker, konstig kropp **grillenfängerisch, grillenhaft, grillig** melankolisk, dyster; konstig, snurrig, nyckfull **Grillkohle** -*n f* grillkol **Grillpart|y** -*ys el. -ies f* grillfest
Grimasse -*n f* grimas; *e-m ~n schneiden (ziehen)* göra grimaser (grimaser) åt ngn **grimassieren** grimasera **Grimbart** *0 m* grävling *(i fabeln)*
Grimm *0 m*, *högt.* [dold] vrede, [återhållet] raseri **Grimmdarm** -*e*† *m* grovtarm **Grimmen** *0 n* [mag]knip **grimmig** bister; rasande, ursinnig; förskräcklig
Grind -*e m, med.* skorv **grindig** skorvig **Grindwal** -*e m, zool.* grindval
grinsen flina, [kall]grina
grip'pal influensa- **Grippe** -*n f* influensa **Grippeimpfung** -*en f* vaccinering mot influensa **Grippewelle** -*n f* influensaepidemi **grippös** influensa-, influensaliknande
Grips -*e m, vard.* fattningsförmåga, förstånd; ~ *(keinen ~) haben* vara (inte vara) klyftig
gr.-kath. *förk. för griechisch-katholisch* grekisk-katolsk
grob *adj* † grov; stark, tjock; grovmalen; gropig *(om sjö);* grov[kornig]; otidig, rå; ~*e Angaben* ungefärliga uppgifter; ~*e Arbeit* grovgöra, grovarbete; ~*es Geschütz* grovt (tungt) artilleri; ~*es Geschütz gegen e-n auffahren* ta till storsläggan mot ngn; ~*er Kerl* grovhuggare; *etw. in ~en Linien festlegen* fastställa ngt i stora drag, dra upp riktlinjerna för ngt; *das ist die gröbste Lüge* det var (är) en grov lögn; *e-m ~ kommen (vard.)* vara grov mot ngn; *aus dem Gröbsten heraus sein (vard.)* ha kommit över det värsta **Grobblech** -*e n* grovplåt **grobgemahlen** grovmalen **Grobheit**

Grobian—großkariert

-en *f* grovhet; grov struktur; otidighet; *einander ~en an den Kopf werfen* (*vard.*) skälla på varandra, säga varandra oförskämdheter '**Grobian** *-e m* grobian, grovhuggare **grobjährig** (*om trä*) med stora årsringar **grobknochig** grovlemmad **grobkörnig** grov-, stor|kornig **gröblich** *bildl.* grov; *e-n ~ beleidigen* såra ngn svårt **grobschlächtig** klumpig, tölpaktig; plump; *~ gebaut* grovt byggd **Grobschmied** *-e m*, *åld.* grovsmed **Grobschnitt** *-e m* grovt skuren tobak **Gröfaz** *0 m, förk. för größter Feldherr aller Zeiten* (*iron.*) Hitler
Grog [-ɔk] *-s m* toddy; *steifer ~* stark toddy **groggy** ['grɔgi] groggy, vimmelkantig; slut **grölen** *vard.* skråla, skräna
Groll *0 m* groll, agg; *gegen e-n ~ hegen* hysa agg mot ngn, vara förargad på ngn **grollen 1** mullra; dåna; *man hört das G~ der Geschütze* man hör kanonerna mullra (kanonernas dån) **2** [*mit*] *e-m ~* hysa agg mot ngn, vara lömsk på ngn
Grönländer - *m* **1** grönländare **2** *åld.* kajak **Grönlandfahrer** - *m* grönlandsfarare (*pers. o. fartyg*); valfångstfartyg **grönländisch** grönländsk
Groom [gru:m] *-s m* **1** *åld.* betjänt, uppassare (*på hotell*) **2** ridknekt
1 Gros [gro:] - [gro:s] *n* flertal, majoritet, huvudstyrka
2 Gros [grɔs] *-se* (*vid måttsangivelse* -) *n* gross; 5 ~ 5 gross
Groschen - *m* groschen (*österr. mynt* = 1/100 *Schilling; gammalt ty. silvermynt; vard.* = 10 *Pfennig*); *bildl.* slant; *bei ihm fällt der ~ langsam* (*bildl.*) han har svårt för att fatta [galoppen]; *ein paar ~ nebenbei verdienen* tjäna lite extra, extraknäcka; *seine paar ~ zusammenhalten* hålla på slantarna; *seine paar ~* (*äv.*) hans besparingar; *der ~ ist gefallen!* nu gick det upp ett ljus! **Groschenblatt** *-er*† *n* sensationsblaska **Groschenroman** *-e m* kioskroman **groschenweise** en i taget, i småposter; *vard.* lite i taget, så småningom **groß** [gro:s] † **I** *adj* stor; lång (*t. växten*); *der G~e Bär* (*Wagen*) (*astron.*) Stora Björnen; *~er Bruder* storebror; *~e Schwester* storasyster; *meine größeren Geschwister* mina äldre syskon; *~e Fahrt* lång|färd, -tur, -resa; *~e Fahrt machen* hålla hög fart; *die ~en Ferien* sommarlovet; *in ~er Form* i högform; *~er Geist* stor ande, betydande människa; *den ~en Herrn spielen* spela herre; *~e Hitze* stark värme (hetta); *~es Kaliber* grov kaliber; *~e Kalorie* (*fys. åld.*) kilogramkalori; *~e Kälte* sträng kyla; *das G~e Los* högsta vinsten; *keine ~e Lust* inte stor (ingen vidare) lust; *e-n ~en Mund* (*e-e ~e Klappe*) *haben* (*vard.*) vara stor i käften; *die ~e Nummer* huvudnumret; *~e Pause* lång paus, *skol.* långrast; *~es Tier* (*vard.*) högdjur, pamp; *das ~e Wort führen* dominera samtalet (diskussionen); *~e Zehe* stortå; *kein ~er Sänger sein* inte sjunga något vidare (vara ngn större sångare); *ganz ~* (*sl.*) flott; *wie ~ ist er?* hur lång är han?; *er ist ~ darin* han är bra på det, det är hans styrka; *größer werden* (*äv.*) växa **II** *adv* stort; *~ und breit* omständligt, vitt o. brett, utförligt, mycket tydligt; *nichts ~ zu beraten* (*vard.*) inget särskilt att överlägga om; *~ von etw. denken* ha höga tankar om ngt; *etw. ~ herausbringen* (*vard.*) slå upp ngt stort

[i pressen]; *bei ihm geht es ~ her* (*vard.*) han lever på stor fot; *es lohnt nicht ~* (*vard.*) det lönar sig inget vidare; *nicht ~ davon reden* (*äv.*) tala tyst om det; *~ schreiben* skriva med stor bokstav; *das wird bei ihm ~ geschrieben* det står högt i kurs hos honom **III** *subst adj, die G~en und die Kleinen* stora o. små, vuxna o. barn; *die G~en des Landes* landets stormän; *G~es leisten* uträtta stora ting; *~ machen* göra det stora, bajsa; *im ~en* [*und*] *ganzen betrachtet* i stort sett, på det hela taget; *im ~en und kleinen* i stort som (och) i smått; *im ~en verkaufen* sälja en gros; *sich um ein ~es verändern* förändra sig i hög grad (starkt) **Großabnehmer** - *m* storkund **großangelegt** stort upplagd, i stor skala **großartig** stor|artad, -slagen, fenomenal, fantastisk; *~e Idee* underbar idé; *das ist ja ~!* (*vard.*) det är ju fantastiskt! **Großartigkeit** *0 f* storslagenhet **Großaufnahme** *-n f, foto.* närbild **großäugig** storögd **Großbauer** *-n* (*-s*) *-n m* storbonde **Großbehälter** - *m* container **Großbetrieb** *-e m* stor|företag, -industri; storjordbruk **Großbritannien** *0 n* Storbritannien **großbritannisch** brittisk **Großbuchstabe** *-ns -n m* stor bokstav, versal **großdenkend** högsint **großdeutsch** *hist.* stortysk **Großdeutsche(r)** *m f, adj böjn., hist.* stortysk
Größe [-ø:-] *-n f* storhet (*äv. mat. o. bildl.*); storlek; (*persons*) längd; omfång; format; rymd; volym; *astron.* magnitud, storleksklass; *von gleicher ~ sein* vara lika stor[a]; *von mittlerer ~* medelstor; *e-e ~ auf seinem Gebiet* en kapacitet (storhet) på sitt område **Großeinkauf** *-e*† *m* storköp **Großeltern** *0 f* far-, mor|föräldrar **Großenkel** - *m* barnbarnsbarn **Größenordnung** *-en f* storleksordning 'großen'teils till [en] stor del **Größenunterschied** *-e m* skillnad i storlek, storleks-, längd|skillnad **Größenverhältnis** *-se n* proportion, storleksförhållande **Größenwahn-[sinn]** *0 m* storhetsvansinne **größenwahnsinnig** storhetsvansinnig 'größer[e]n'teils till större delen **Großerzeugung** *0 f* massproduktion **Großfamilie** *-n f* storfamilj **Großfeuer** - *n* storbrand **großfigurig** stormönstrad, med stora figurer **Großflugzeug** *-e n* jätteflygplan; jumbojet **Großformat** *0 n* storformat **Großfresse** *-n f, vard.* skrytmåns **Großfürst** *-en -en m, hist.* storfurste **großfüttern** *vard.* uppföda, fostra **Großgemeinde** *-n f* storkommun **Großgrundbesitz** *0 m* storegendom; *der ~* (*äv. koll.*) *a*) storgodsen, *b*) storgodsägarna **Großgrundbesitzer** - *m* storgodsägare **Großhandel** *0 m* grosshandel **Großhandelsind|ex** *-izes el. -exe m* partiprisindex **Großhändler** - *m* grosshandlare **Großhandlung** *-en f* engros-, parti|affär **großherzig** storsint, ädelmodig **Großherzigkeit** *0 f* storsinthet, ädelmod **Großherzog** *-e*[†] *m* storhertig **Großhirn** *-e n, das ~* stora hjärnan **Großhirnrinde** *-n f* hjärnbark **Großhundert** *-e n, åld.* tio dussin **Großindustrie** *-n f* storindustri **Großindustrielle(r)** *m, adj böjn.* storindustriföretagare **Grossist** *-en -en m* grossist **großjährig** *åld.* myndig **Großjährigkeit** *0 f, åld.* myndighet **großkalib[e]rig** grovkalibrig **Großkampfschiff** *-e n, åld.* slagskepp **Großkampftag** *-e m* dag för stort slag (häftiga strider) **Großkapital** *0 n, das ~* storkapitalet **Großkapitalismus** *0 m* storkapitalism **groß-**

kariert 1 storrutig **2** *vard.* arrogant, högdragen **Großkind** *-er n, schweiz.* barnbarn **Großklima** *-s el. -te n* klimat inom ett större område, makroklimat **Großknecht** *-e m* fördräng **Großkotz** *-e m, vard.* skrävlare, viktigpetter **großkotzig** *vard.* skrävlande, struntviktig **Großkreis** *-e m* storcirkel **Großkundgebung** *-en f* massmöte **großmachen** *rfl, vard.* skryta **Großmacht** *-e† f* stormakt **großmächtig** *högt.* **1** stormäktig **2** [mycket] stor **Großmachtpolitik** *0 f* stormaktspolitik **Großmama** *-s f, vard.* far-, mor|mor **Großmannssucht** *0 f, ung.* skrytbegär **Großmars** *-e m el. -en f, sjö.* stormärs **großmaßstäb|ig, -lich** i stor skala (*om karta*) **Großmaul** *-er† n, vard.* skrävlare **großmäulig** *vard.* stor i käften, skrytsam **Großmut** *0 f* storsinthet, ädelmod **großmütig** storsint, ädelmodig **Großmutter** *-† f* **1** far-, mor|mor **2** *vard.* gumma **großmütterlich** far-, mor|moderlig; på (från) farmors (mormors) sida **großmütterlicherseits** på (från) farmors (mormors) sida **Großneffe** *-n -n m* brors (systers) sonson (dotterson) **Großnichte** *-n f* brors (systers) sondotter (dotterdotter) **Großoheim** *-e m,* **Großonkel** *- m* fars (mors) farbror (morbror) **Großpapa** *-s m, vard.* far-, mor|far **Großraum** *-e† m* **1** kontorslandskap **2** stort område; *im ~ München* i München m. omgivningar, i Stor-München **Großraumbüro** *-s n* kontorslandskap **großräumig** med stora rum; *bildl.* utbredd, som täcker ett stort område **Großraumwirtschaft** *0 f* gemensam marknad för flera länder (ett stort område) **Großreinemachen** *0 n* stor|städning, -rengöring (*äv. bildl.*) **Großsatz** *-e† m, språkv.* satsfogning **Großschiffahrtsweg** *-e m* farled för stortonnage; kanal- o. flodsystem för större båtar **Großschnauze** *-n f, vard.* skrytmåns, skrävlare **großschnauzig** stor i mun (truten), skrytsam; snorkig **großschreiben** *st* skriva med stor bokstav; *großgeschrieben werden* (*vard.*) *a*) vara mycket viktig, spela en stor roll, *b*) vara sällsynt (eftertraktad) **Großschreibung** *0 f* [skrivning med] stor bokstav **Großsegel** *- n, sjö.* storsegel **Großsprecher** *- m* storskrytare, skrävlare **Großsprecherei** *0 f* skryt, skrävel **großsprecherisch** skrävlande **großspurig** arrogant, högdragen, inbilsk, förmäten; skrävlande; högtravande **Großstadt** *-e† f* storstad **Großstädter** *- m* storstadsbo **Großstadtgewühl** *0 n* storstadsvimmel **großstädtisch** storstadsaktig, typisk för en storstad, storstads- **Großstadtpflanze** *-n f, vard. iron.* storstadsbarn, asfaltblomma **Großstadtpflaster** *0 n* storstaden [o. dess pulserande liv] **Großstadtverkehr** *0 m* storstadstrafik **Großsteingrab** *-er† n* megalitgrav **Großtante** *-n f* fars (mors) faster (moster) **Großtat** *-en f* stor|dåd, -verk, bedrift **Großteil** *-e m* flertal, majoritet '**größten'teils** till största delen **Größtmaß** *-e n* maximum; maximimått, största tillåtna mått '**größt-'möglich** *alltid böjt* största möjliga **Großtuer** *- m* storskrytare **Großtuerei** *0 f* skryt, skrävel **großtuerisch** skrytsam **großtun** *st* skryta, skrävla **Großtürke** *-n -n m, der ~* storturken, sultanen **Großtwert** *-e m* maximivärde, högsta värde **Großunternehmer** *- m* storföretagare **Großvater** *-† m* **1** far-, mor|far **2** *vard.* gubbe **großväterlich** far-, mor|-

Großkind—grün

faderlig; på (från) morfars (farfars) sida **großväterlicherseits** på (från) morfars (farfars) sida **Großvater|sessel** *- m, -stuhl -e†* *m* öronlappsfåtölj **Großverbraucher** *- m* storförbrukare **Großverdiener** *- m* höginkomsttagare **Großvieh** *0 n* storboskap **Großwetterlage** *-n f* väderleksläge inom stort område; *ung.* allmänt väderleksläge **Großwild** *0 n* storvilt **Großwildjagd** *-en f* storviltsjakt **Großwürdenträger** *- m* hög dignitär **großziehen** *st* dra upp, fostra **großzügig** generös, storstilad; liberal, vidsynt; *~e Hilfe* omfattande hjälp, hjälp i stor skala; *~e Planung* planering efter stora linjer; *~er Bau* rymlig byggnad **Großzügigkeit** *0 f* generositet, frikostighet; vidsynthet, tolerant väsen (sätt); storslagenhet
grotesk grotesk **Grotesk** *0 f, typ.* grotesk **Groteske** *-n f* **1** *konst.* grotesk **2** grotesk situation (handling, företeelse)
Grotte *-n f* [konstgjord] grotta
grub *se* graben **Grübchen** *- n* liten grop; [smil]-, [hak]grop; liten gruva **Grube** *-n f* **1** grop; hål; *e-m e-e ~ graben* (*bildl.*) gillra en fälla för ngn **2** gruva **3** *åld.* grav; *in die* (*zur*) *~ fahren* gå i graven (*dö*)
Grübelei *-en f* grubbel **grübeln** grubbla (*über + ack. el. dat.* över, på), fundera
Gruben|arbeiter *- m* gruvarbetare **-bau** *-e m* **1** gruva **2** gruvdrift **-betrieb** *0 m* gruvdrift; *~ unter Tage* underjordsbrytning **-bewetterung** *0 f* gruvventilation **-einbruch** *-e† m* gruvras **-gezähe** *0 n* gruvverktyg **-holz** *-er† n* gruv|stötta, -timmer; *koll.* [pit]props **-hund** *-e m* gruv-, malm|vagn **-lampe** *-n f* gruvlampa **-schmelz** *0 m* gropemalj, champlevé **-unglück** *-e n* gruvolycka **-zimmerung** *-en f* gruvbyggnad; förtimring [i orter, arbetsrum, schakt]
Grübler *- m* grubblare **grüblerisch** grubblande, inåtvänd
Grude **1** *0 f* brunkolsmörja **2** *-n f* spis som eldas med brunkol|smörja el. -[s]koks **-herd** *-e m,* **-ofen** *-† m, se* Grude 2
Gruft *-e† f* gravvalv, [familje]grav; krypta
grummeln *dial.* **1** dåna, mullra **2** mumla, muttra
Grum[me]t *0 n* andra slåtter, efterslåtter; *da geht das ~ vor dem Heu weg* (*vard.*) där gifter den yngre systern sig före den äldre **grumten** slå hö för andra gången
grün 1 grön (*äv. bildl.*); oerfaren; *die Ampel ist ~* (*vard.*) det är grönt [ljus]; *der G~e Donnerstag* skärtorsdagen; *das G~e Gewölbe* Gröna valvet (*konstsamling i Dresden*); *~e Grenze* obevakad gräns; *das G~e Herz Deutschlands* Tysklands gröna mittpunkt (*Thüringen*); *die G~e Insel* Den gröna ön (*Irland*); *e-n über ~en Klee loben* (*vard.*) berömma ngn väldigt; *~es Licht für e-n Plan haben* ha fått klartecken för en plan; *~e Liste* miljöpartis vallista; *~er Salat* grönsallad; *komm an meine ~e Seite* (*vard.*) kom [o. sätt dig] på min vänstra sida; *~er Tisch* skriv-, konferens|bord; *Entscheidung vom ~en Tisch aus* skrivbordsmässigt (verklighetsfrämmande) beslut; *~e Welle haben* ha grön våg (*i trafik*); *die G~e Woche* gröna veckan (*lantbruksutställning* [*i Berlin*]); *er kommt auf keinen ~en Zweig* han kommer inte på grön kvist; *sich ~ und blau* (*gelb*) *ärgern* (*vard.*) bli väldigt arg; *e-n ~ und blau* (*gelb*) *schlagen* (*vard.*) slå ngn

gul o. blå; ~ *wählen* rösta på miljöparti; *mir wird ~ und blau* (*gelb*) *vor den Augen* (*vard.*) jag är yr i huvudet (håller på att svimma, mår nästan illa); *er ist mir nicht ~* (*vard.*) han är inte god på mig; ~ *werden* bli grön, börja grönska, slå ut **2** färsk, omogen; *~e Heringe* färsk sill; *~es Holz* färskt (rått) virke; *~es Obst* [frukt]kart **Grün** -[s] *n* **1** grönt, grön färg; grönska; *bei Mutter ~ schlafen* (*vard.*) sova ute i det fria; *es ist dasselbe in ~* (*vard.*) det kommer på ett ut **2** (*i ty. kortsp.*) spader **3** *golf.* green **Grünanlage** *-n f* park[anläggning], plantering **grünbelaubt** täckt av frisk grönska **grünbewachsen** täckt av [grön] växtlighet **Grünblindheit** *0 f* grönblindhet **Grund** -e† *m* **1** grund; jord, mark; tomt; [sjö]-botten, dalbotten; bakgrund; grundfärg; ~ *unter den Füßen haben* bottna; *den ~ unter den Füßen verlieren* inte längre bottna; *etw.* (*dat.*) *auf den ~ gehen* gå till botten (grunden) med ngt; *etw.* (*dat.*) *auf den ~ kommen* komma underfund med ngt; *bis auf den ~ leeren* tömma i botten; *auf eigenem ~ und Boden stehen* stå på egen mark; *bis auf den ~ tauchen* dyka till botten; *aus dem ~ meines Herzens* ur djupet av mitt hjärta; *im ~ meines Herzens* (*äv.*) i själ o. hjärta, innerst inne; *im ~e des Tales* på dalbotten (botten av dalen); *in den ~ bohren* borra i sank; *im ~e* [*genommen*] i grund o. botten, i själva verket; *in ~ und Boden wirtschaften* totalt ruinera, i grunden missköta; *sich hübsch von dem dunklen ~ abheben* avteckna sig vackert mot den mörka bakgrunden; *von ~ auf ehrlich* alltigenom ärlig, bottenärlig; *von ~ auf neugebaut* nybyggd ända från grunden; *Heilung von ~ aus* fullständig läkning; *zu ~e, se zugrunde* **2** orsak, skäl, grund; grundval; ursprung; *Gründe anführen* argumentera, komma med argument, anföra skäl; *das hat schon seine Gründe* det har sina orsaker (skäl); *~ zum Weinen* skäl att gråta; *aus diesem ~* av denna orsak (*etc.*), på grund av detta; *ohne ~* utan orsak (skäl); *ohne Angabe des ~es* utan att ange ngt skäl **Grundabla|ß** *-sse*† *m* bottenavlopp (*ur fördämning e.d.*) '**grund'anständig** genomhederlig **Grund|anstrich** *0 m* grundmålning -**ausbildung** *0 f, mil.* grundutbildning **-bau 1** *0 m* terrasseringsarbete **2** *-ten m* grundbyggnad **-bedeutung** *-en f* **1** grundläggande betydelse **2** *språkv.* ursprunglig betydelse **-bedingung** *-en f* grundläggande villkor, grundvillkor **-begriff** *-e m* grund|begrepp, -princip **-besitz** *0 m* jordegendom, ägor, tomter, mark; *der ~* (*äv.*) jordägarna **-besitzer** - *m* mark-, tomt-, jord|ägare **-bestandteil** *-e m* grundbeståndsdel; elementarpartikel **-buch** *-er*† *n* jord|-register, -ebok; fastighetsregister; *Eintragung in das ~* lagfart **grund'ehrlich** genomhederlig **Grundeigentum** *0 n, se Grundbesitz* **Grundeigentümer** - *m, se Grundbesitzer* **Grundeinheit** *-en f* grundenhet **Grundeis** *0 n* bottenis **gründeln** (*om änder e.d.*) beta på botten med stjärten över vattnet **gründen** grunda (*äv. bildl.*); lägga grunden till; *e-e Familie ~* bilda familj; *ein Geschäft ~* öppna (starta) en affär; *e-e neue Partei ~* bilda ett nytt parti; *auf festem Boden gegründet* byggd på fast grund; *seine Hoffnungen auf etw.* (*ack.*) *~* bygga sina förhoppningar på ngt; *sich auf etw.* (*ack.*) *~* grunda (basera) sig på ngt, vila på ngt **Gründer** - *m* grundare, grundläggare, stiftare **Gründerjahre** *pl, die ~* gründertiden (*1871—73 i Tyskl.*) **Grunderwerb** *0 m* mark-, tomt-, jord|förvärv **Gründerzeit** *0 f, se Gründerjahre* '**grund'falsch** alltigenom oriktig, grundfalsk **Grund|farbe** *-n f* grund-, botten|färg **-fehler** - *m* avgörande (fundamentalt) fel, grundfel **-feste** *pl, etw. in seinen ~n* (*bis in seine ~*) *erschüttern* skaka ngt i sina grundvalar **-fläche** *-n f* grundyta, bas[yta]; golvyta; bottenyta **-form** *-en f* grundform; *språkv. äv.* infinitiv **-gebirge** - *n* urberg **-gebühr** -*en f* grundavgift **-gedanke** *-ns -n m* grundtanke, ledande tanke **-gehalt** *-er*† *n* grundlön '**grundge'scheit** mycket klok **Grundgesetz** *-e n* grundlag, författning '**grund'gütig** genomgod **Grundherr** -[e]*n* -*en m* mark-, tomt|ägare **grundieren** grundera, grunda, grundmåla **Grundierung** *-en f* grundering, grundmålning **Grundindustrie** -*n f* råämnes-, bas|industri **Grundirrtum** -*er*† *m* grundläggande (fundamentalt) misstag **Grundkapital** -*e, äv. -ien n* grund|kapital, -fond **Grundkenntnisse** *pl* bas-, grund|kunskaper **Grundlage** *-n f* grund[val], bas[is], underlag; *auf der ~ von* på basis (grundval) av; *die ~n bilden* bilda underlag; *jeder ~* (*gen.*) *entbehren* sakna varje grund; *wir müssen die Werbung auf e-e völlig neue ~ stellen* (*äv.*) vi måste lägga om reklamen helt o. hållet **Grundlagenforschung** *0 f* grundforskning **grundlegend** grundläggande, fundamental; väsentlig **Grundlegung** *-en f* grundlägg|ning, -ande (*äv. bildl.*) **gründlich** grundlig, ordentlig, noggrann; i grund; *~e Kenntnisse* (*äv.*) omfattande kunskaper; *~er Kenner* (*äv.*) initierad kännare; *~ untersuchen* noggrant undersöka; *es e-m ~ geben* (*vard.*) säga ngn sin mening rent ut **Gründlichkeit** *0 f* grundlighet, noggrannhet **Grundlinie** *-n f, mat.* bas[linje] **Grundloch** -*er*† *n* bottenhål **Grundlohn** -e† *m* grundlön **grundlos 1** bottenlös **2** ogrundad, grundlös; *~er Verdacht* (*äv.*) omotiverad misstanke **Grundlosigkeit** *0 f* **1** bottenlöshet, oframkomlighet **2** grundlöshet; *die ~ seines Verdachtes* det omotiverade i hans misstanke **Grundmauer** -*n f* grundmur **Grundmoräne** -*n f, geol.* bottenmorän **Grundnahrungsmittel** - *n* grundfödoämne, baslivsmedel **Grundnetz** -*e n* botten[släp]nät **Grundnorm** -*en f* standard; [grundläggande] norm **Grün'donnerstag** -*e m* skärtorsdag **Grund|ordnung** -*en f* grundläggande ordning (princip) **-plan** -*e*† *m* grundens plan; grund-, botten|plan **-platte** -*n f* bottenplatta, maskinram; grundplåt; sockel **-rechenart** -*en f, die vier ~en* de fyra räknesätten **-recht** -*e n* grundläggande rättighet; *die ~e* (*ung.*) de allmänna fri- o. rättigheterna **-regel** -*n f* grundregel **-rente** -*n f* **1** jordränta **2** minimipension **-ri|ß** -*sse m* **1** grund-, plan|ritning; horisontalprojektion **2** *bildl.* kortfattad framställning; *die deutsche Geschichte im ~* kortfattad framställning (grunddragen) av den tyska historien **-satz** -*e*† *m* grundsats, princip; *sein ~ heißt* **bei seinen Grundsätzen bleiben** hålla på sina principer; *Mensch mit* (*von*) *Grundsätzen* principmänniska **grundsätzlich** principiell; *ich rauche ~ nicht* av princip röker jag inte **Grundsatzprogramm** -*e n* programförklaring, princippro-

gram **Grundsatzurteil** -e n prejudikatbildande utslag **Grundschein** -e m livräddningscertifikat '**grund'schlecht** genom|dålig, -rutten; hemsk **Grundschleppnetz** -e n, se *Grundnetz* **Grundschuld** -en f hypotek; *mit ~ belastet* (*ung.*) intecknad **Grundschule** -n f, *die ~* (*ung.*) lågstadiet (*årskurs 1—4*) **Grundsee** -n f, sjö. grundbrott, bottenvåg **Grundseite** -n f, mat. bas[linje] **grundständig** bot. med jordblad **Grund|stein** -e m grundsten; *bildl. äv.* grundplåt, grund -**steinlegung** -en f läggande av grundstenen; *bei der ~* (*äv.*) när grundstenen lades (läggs) -**stellung** -en f normalläge; gymn. grundställning; *in ~ i givakt* -**steuer** -n f tomt-, fastighets-, jord|skatt -**stock** 0 m grundplåt -**stoff** -e m grundämne -**stoffindustrie** -n f råämnes-, bas|industri -**strich** -e m nedåtgående stapel (*i skrift*) -**stück** -e n tomt, fastighet -**stücksmakler** - m tomt-, fastighets|mäklare -**stufe** -n f **1** *skol. ung.* lågstadium (*årskurs 3—4*) **2** språkv. positiv -**tarif** -e m grundavgift -**them|a** -en n grundtema -**these** -n f grundläggande tes -**ton** -e† m grundton -**tugend** -en f kardinaldygd, främsta dygd -**übel** - n huvudsaklig brist; *das ~ bei der Sache ist* (*äv.*) det värsta med saken är -**umsatz** 0 m, biol. ämnesomsättning **Gründung** -en f **1** grund, fundament **2** grundning, fundamentering; grundläggning; stiftande; *~ e-r Familie* bildande av familj **Gründungsjahr** -e n stiftelseår **Gründungs|urkunde** -n f, -**vertrag** -e† m stiftelseurkund **Gründüngung** -en f, lantbr. gröngödsling **Grundursache** -n f huvudsaklig orsak '**grundver'kehrt** fullkomligt felaktig, alldeles fel '**grundver'schieden** i grunden olik, diametralt motsatt **Grund|wahrheit** -en f grundsanning, viktig sanning -**wasser** - n grundvatten -**wasserspiegel** - m grundvatten|nivå, -stånd -**wehrdienst** 0 m första värnpliktsutbildning, rekryt[utbildning] -**wissen** 0 n baskunskap[er] -**wort** -er† n, språkv. grundord; huvudord -**zahl** -en f grundtal -**zug** -e† m grunddrag
Grüne 0 f, åld. poet., *die ~* det gröna, den gröna färgen **grünen** grönska; frodas **Grüne(r)** m, adj böjn. **1** *vard.* snut **2** miljöaktivist, medlem i miljöparti **Grüne(s)** n, adj böjn., ins *Grüne fahren* fara ut i naturen; *im Grünen sitzen* sitta ute i det fria
Grün|fäule 0 f stubbröta -**filter** -en m, foto. grönfilter -**fink** -en -en m grönfink -**fläche** -n f gräs|matta, -plan; plantering -**futter** 0 n grönfoder -**gürtel** - m, bildl. parkanläggningar (*runt stadskärna*) -[**herz**]**holz** 0 n greenheartträ, dvärgtall -**horn** -er† n, bildl. gröngöling -**kohl** 0 m grönkål -**kram** 0 m, dial. grönsaker -**kreuz** 0 n, -**kreuzkampfstoff** -e m, mil. difosgen (*stridsgas*) -**land** 0 n betes-, ängs|mark
grünlich grönaktig; grön-
Grün|ling -e m, zool. grönfink; bot. riddarmusseron; bildl. gröngöling -**rock** -e† m, vard. skogvaktare, polis (*e.d. i grön uniform*), 'grönrock' -**schnabel** -† m ungtupp, gröngöling, spoling -**span** 0 m ärg; spanskgrönt; *~ ansetzen* ärga, bli ärgig; *mit ~ überzogen* ärgad -**specht** -e m, zool. gröngöling -**stein** -e m grönsten -**streifen** - m vägren; mittremsa (*på motorväg*)

grunzen grymta; vard. sova [o. snarka] **Grunzen** 0 n grymtning, grymtande
Grünzeug 0 n, vard. grönsaker; grönfoder; sopprötter; *das ~* (*äv.*) gröngölingarna
Grüppchen - n klunga, liten grupp; *in ~ i smågrupper*
1 Gruppe -n f grupp (*äv. mil.*), klunga, hop; flyg. eskader; *~n bilden* (*äv.*) dela upp sig i grupper (klungor, kotterier etc.); *in ~n einteilen* (*äv.*) gruppera
2 Gruppe -n f, **Grüppe** -n f, dial. dike; [vatten]ränna [i ladugård]
Gruppen|arbeit 0 f grupparbete -**aufnahme** -n f, -**bild** -er n grupp|foto, -bild -**dynamik** 0 f gruppdynamik -**ehe** -n f gruppäktenskap -**foto** -s n gruppfoto -**führer** - m gruppchef -**psychotherapie** -n f gruppterapi -**sex** 0 m gruppsex -**test** -s, äv. -e m grupptest -**therapie** -n f gruppterapi -**unterricht** 0 m undervisning i [små]grupp[er]
gruppenweise gruppvis, i grupper **gruppieren** gruppera; *um sich ~ samla omkring sig* **Gruppierung** -en f gruppering
Grus -e m grus; [kol]stybb
gruselig hemsk, kuslig **grusel|n** rfl känna sig kuslig till mods; *mir* (*mich*) -*t's* jag känner mig kuslig till mods, jag ryser; *mir* -*t's beim Gedanken* jag ryser vid blotta tanken **Gruselfilm** -e m skräckfilm **Gruseln** 0 n, *hier kann man das ~ lernen* här kan man lära sig vad det är att vara rädd **Grusical** ['gru:zik|] -s n, skämts. skräckfilm
Gruskohle -n f småkol; kolstybb
gruslig se gruselig
Gruß [-u:-] -e† m hälsning; *militärischer ~ honnör; e-m e-n ~ ausrichten* (*bestellen*) framföra en hälsning till ngn; *~ aus Bremen* minne (souvenir) från Bremen; *die Hand zum ~ bieten* räcka fram handen till hälsning; *e-n süßen ~ senden* skicka en sötsak [som hälsning]; *mit bestem ~* (*ung.*) högaktningsfullt; *der Deutsche ~* (*nat. soc.*) hitlerhälsningen; *der Englische ~·* (*relig.*) ängelns hälsning (*t. Maria*) **grüß|en** [-y:-] hälsa; *bildl.* skymta; *grüß Gott!* (*sty., österr.*) god dag!, adjö!; *grüß dich!* (*vard.*) hej!; *einander ~ hälsa på varandra; e-n ~ lassen a*) skicka hälsningar till ngn, *b*) låta hälsa ngn; *grüß ihn von mir hälsa honom från mig; militärisch ~ göra honnör; aus der Ferne ~ die Berge* i fjärran skymtar bergen (blir bergen synliga); *e-e Burg -t e-n vom Berg* anblicken av en borg möter en från berget **grußlos** utan att hälsa **Grußpflicht** 0 f, mil. hälsningsplikt
Grützbeutel - m, med. aterom **Grütze 1** -n f gryn; gröt; *rote ~* (*ung.*) pudding [med saftsås] **2** 0 f, vard. vett, förstånd; *wenig ~ im Kopf haben* inte vara särskilt klyftig **Grützkopf** -e† m, vard. **1** dumhuvud **2** skalle **Grützwurst** -e† f grynkorv; *ung.* pölsa, stångkorv
Gschaftlhuber - m, se *Geschaftlhuber*
gschamig se geschamig **gschert** se geschert
G-Schlüssel - m, mus. g-klav
gschupft sty., österr. överspänd, tokig **Gspaß** - m sty., österr. skoj, skämt; *nöje* **gspaßig** se gespaßig **Gspaßlabërin** pl, österr. bröst **Gspusi** -s n, sty., österr. flört (*äv. pers.*) **Gstanzl** -n n, sty., österr. [oanständig] skämtvisa
Guajakholz 0 n pockenholts, guajakträ **Guajakol** 0 n, med. guajakol
Guasch -en f, konst. gouache

Guatemaler - *m, österr.* guatemalan **guatemalisch** *österr.* guatemalansk **Guatemalteke** *-n -n m* guatemalan **guatemaltekisch** guatemalansk
guck|en kika, titta, se; *guck mal!* titta [bara]!; *-t mein Unterrock?* (*vard.*) hänger min underkjol under?; *aus dem Fenster* ~ titta ut genom fönstret; *aus der Tasche* ~ titta (sticka) fram ur fickan; *ihm -t der Schelm aus den Augen* man ser (det syns) på honom att han är en skojare; *sich* (*dat.*) *die Augen aus dem Kopf* ~ (*vard.*) titta ögonen ur sig; *durch ein Fernglas* ~ titta i en kikare; *dumm* ~ se dum ut, glo dumt; *Fernsehen* ~ titta på TV; *laß dir nicht in die Karten* ~ (*bildl.*) låt inte ngn titta i dina kort **Gucker** *vard.* **1** - *m* tittare, person som stirrar **2** - *m* kikare **3** *pl* ögon **Guckfenster** - *n* skvallerfönster, fönsterglugg **Gucki** *-s m* tittapparat för diabilder **Guckindieluft** *0 m, Hans* ~ person som inte ser sig för **Guckindiewelt** *0 m* pigg o. vaken krabat **Guckkasten** *-[†] m* tittskåp; *vard.* TV[-apparat] **Guckloch** *-e* *n* titt|glugg, -hål
Guerilla [ge'rīlja] *-s f* gerilla; gerillakrig; gerillatrupp **Guerillakämpfer** - *m* medlem av gerilla, gerillakämpe, partisan **Guerillakrieg** *-e m* gerillakrig **Guerillas** *pl* gerillasoldater
Gugel|hopf *-e m, schweiz.*, **-hupf** *-e m, sty., österr.* (*slags*) sockerkaka (*bakad med jäst*)
Guillotine [gijo-, gīljo'ti:nə] *-n f* giljotin **guillotinieren** giljotinera
Guineer - *m* guinean **guineisch** guineansk
'**Gulasch** *-e el. -s n, äv. m, kokk.* gulasch **Gulaschkanone** *-n f, skämts.* kokvagn
Gulden - *m* **1** *åld.* guld-, silver|mynt **2** gulden (*holl. mynt*) **gülden** *poet.* gyllene, av guld **güldisch** *gruv.* guldhaltig
Gully ['gulī] *-s m, äv. n* rännstens-, kloak|brunn **gültig** giltig, gällande, gångbar; *die Karte ist nicht mehr* ~ biljetten gäller inte längre; *das Gesetz wird* ~ *werden* lagen kommer att träda i kraft **Gültigkeit** *0 f* giltighet, gångbarhet; validitet; *keine* ~ *haben* inte gälla **Gültigkeitsdauer** *0 f* giltighetstid
Gummi 1 *-[s] m, äv. n* gummi; kautschuk **2** *-s m* rader|gummi; *vard.* gummi (*kondom*) **Gummiabsatz** *-e† m* gummiklack **Gummiarabikum** *0 n* gummi arabicum, arabiskt gummi **gummiartig** gummiartad **Gummi|ball** *-e† m* gummiboll **-band** *-er† n* gummi-, resår|band **-belag** *-e† m* gummibeläggning **-bereifung** *-en f* gummidäck (*koll.*) **-boot** *-e n* [uppblåsbar] gummibåt; [hopfällbar] kanot (*klädd med gummiduk*) **-dichtung** *-en f* gummipackning **-druck** *0 m* gummitryck; anilintryck **-elastikum** *0 n* kautschuk **gummier|en** gummera; *-t* gummerad, gummi- **Gummierung** *-en f* gummering **Gummi|faden** *-† m* gummitråd **-galosche** *-n f* galosch **-gutt** *0 n* gummigutta **-knüppel** - *m* gummibatong **-linse** *-n f, foto.* zoomlins **-mantel** *-† m* regn|kappa, -rock [av gummi] **-paragraph** *-en -en m, vard.* gummiparagraf **-puppe** *-n f* [uppblåsbar] gummidocka **-ring** *-e m* gummi|ring, -snodd **-sauger** - *m* napp [på nappflaska] **-schlauch** *-e† m* gummislang; innerslang **-schnur** *-e† f* gummi|band, -snodd **-schuh** *-e m, ung.* pampusch **-sohle** *-n f* gummisula **-stiefel** - *m* gummistövel **-überzug** *-e† m* kondom **-unterlage** *-n f*

gummiunterlägg **-zug** *-e† m* gummiband, resår
Gunst *0 f* gunst, ynnest; *e-m seine* ~ *bezeigen* (*entziehen*) visa (undandra) ngn sin gunst; *e-m e-e* ~ *erweisen* (*äv.*) visa ngn en stor vänlighet; *die* ~ *des Augenblickes* (*äv.*) det gynnsamma ögonblicket; *zu meinen* ~*en* till min förmån; *ich stehe bei ihm in* ~ jag står högt i kurs (gunst) hos honom (har hans ynnest); *es geht bei ihm nach* ~ (*äv.*) han är partisk **Gunstbeweis** *-e m*, **Gunstbezeigung** *-en f* ynnestbevis **Gunstgewerblerin** *-nen f, skämts.* prostituerad **günstig** gunstig, gynnsam, fördelaktig, förmånlig; tillfredsställande; ~*e Gelegenheit* (*äv.*) lämpligt tillfälle; *im* ~*sten Fall* i bästa fall; *es sieht* ~ *aus* (*äv.*) det ser lovande ut; *es hat sich* ~ *für mich entwickelt* det har utvecklat sig till min förmån; *nicht* ~ (*äv.*) olämplig **Günstling** *-e m* gunstling **Günstlingswirtschaft** *0 f* gunstlings-, favorit|system
Gurgel *-n f* strupe; *die Konkurrenz hat ihm die* ~ *zugeschnürt* (*abgedrückt*) konkurrensen har knäckt (ruinerat) honom; *e-m an die* ~ *fahren* (*äv.*) flyga på ngn; *bei der* ~ *packen* (*fassen*) ta struptag på; *die* ~ *spülen* (*skämts.*) fukta strupen; *sein ganzes Geld durch die* ~ *jagen* (*vard.*) supa upp alla sina pengar **gurgeln** gurgla [sig]; ge ifrån sig ett gurglande ljud; *e-n* ~ (*vard.*) ta sig ett glas, fukta strupen **Gurgelwasser** *-† n* gurgelvatten
Gurke *-n f* **1** gurka **2** *vard.* kran (*näsa*); [gammal] kärra (*bil*); ~*n båtar* (*skor*); *e-e drollige* ~ en kul typ **3** *vulg.* kuk **Gurkenkraut** *0 n, bot.* gurkört, stofferblomma **Gurkensalat** *-e m*, gurksallad
gurren kuttra
Gurt *-e, äv. -en m* **1** bälte; livrem; patronbälte **2** sadelgjord **Gurtband** *-er† n* spänsband **Gurtbogen** *-[†] m, byggn.* gördelbåge **Gürtel** - *m* **1** gördel; höfthållare; bälte; skärp; *den* ~ *enger schnallen* (*bildl. vard.*) dra åt svångremmen **2** *geogr.* bälte, zon **3** midja **-flechte** *0 f, se Gürtelrose* **-linie** *0 f* midja; *Schlag unter die* ~ slag under bältet (*äv. bildl.*) **-reifen** - *m* radialdäck **-rose** *0 f, med.* bältros **-schnalle** *-n f* bältspänne **-tier** *-e n, zool.* bälta
gurten 1 spänna fast sadel **2** *mil.* ladda, fylla (*patronbälte*) **3** sätta på sig [bil]bälte **gürten 1** spänna på bälte; spänna fast sadel **2** *rfl* spänna på sig bälte, omgjorda sig **Gurtförderer** - *m, tekn.* bandtransportör
Gusche *-n f, dial.* mun; käft
Gu|ß *-sse† m* **1** gjutning; gjutgods; göt; [*wie*] *aus e-m* ~ (*bildl.*) helgjuten **2** *med.* begjutning med kallt vatten; *vard.* [regn]skur; *in e-n* ~ *kommen* råka ut för en regnskur **3** slask, avlopp **4** *kokk.* glasyr **Gußarbeit** *-en f* gjutning; gjutet föremål **Gußbeton** *0 m* gjutbeton **Gußblock** *-e† m* göt; gjutgodsblock **Gußeisen** *0 n* gjutjärn **gußeisern** av gjutjärn, gjutjärns- **Gußglas** *-er† n* gjutet glas **Gußregen** - *m* hällregn **Gußstahl** *0 m* gjutstål **Gußstein** *-e m* vask, slask **Gußwaren** *pl* gjutgods
gustieren 1 *se goutieren* **2** *österr.* smaka [på], prova av **gustiös** *österr.* aptitlig, läcker **Gusto** *0 m* aptit, lust; smak; *auf etw. (ack.) e-n* ~ *haben* vara sugen på ngt; *das ist* [*nicht*] *nach meinem* ~ det är [inte] i min smak (passar mig [inte])

gut besser, best **I** adj god, bra; fin; snäll; skol. med utmärkt beröm godkänd; ~! bra!; also ~! överenskommet!; na, ~! då så!, gärna det!; schon ~! nej, det var ingenting!, det kan göra detsamma!, det blir nog bra!; ~ so! bravo!; ~er Anzug fin-, söndags|kostym; ~e Augen bra (skarpa) ögon; ~e Butter (äv.) rent (oblandat) smör; ~er Dinge sein vara på gott humör; auf ~ Glück på måfå, på vinst o. förlust; ~er Hoffnung sein vänta barn; ~e Qualität bra (hög) kvalitet; ~e Reise! lycklig resa!; ~e Stube finrum; e-e ~e (~ e-e) Stunde gott o. väl (drygt) en timme; e-m ~en Tag sagen (äv.) hälsa på ngn; ~er Teil stor del; ~ ankommen komma lyckligt fram; ~ aussehen se bra (frisk) ut; ~ bleiben hålla sig; sich ~ halten a) hålla sig bra, b) ha en god hållning, c) vara modig (i strid e.d.); ~ nach Hause kommen komma hem ordentligt; ich kann doch nicht ~ in dem Hut gehen jag kan inte gärna gå i den hatten; laβ ~ sein! (ung.) nu pratar vi inte mer om det!; ~ lernen ha lätt för att lära; sich (dat.) e-n ~en Tag machen göra sig en glad dag; das kann man sich ~ merken det är lätt att minnas; du hast ~ reden det är lätt för dig att säga, prata du bara; hinterher ist ~ reden det är lätt att vara efterklok; e-m ~ sein tycka om ngn; sei mir wieder ~! var inte arg på mig längre!; das ist ja alles ~ und schön, aber det kan så vara, men; es ist ~ möglich, aber det är mycket möjligt, men; für e-n Betrag ~ sein vara god för ett belopp; zu etw. ~ sein duga till ngt; mit e-m ~ stehen stå på god fot med ngn; du tätest ~ daran, zu gehen det vore bra om du gick; du hast ~ daran getan, zu du gjorde rätt i att **II** subst adj, das Gute det goda; das Gute an der Sache det fina i saken; die Guten (äv.) de rättfärdiga; du Guter! (ung.) vad du är snäll!; der (die) Gute (vard.) maken (makan); was bringst du Gutes? vad kommer du med för ngt gott (för goda nyheter)?; das ist zuviel des Guten det är för mycket av det goda; des Guten zuviel tun överdriva; alles Gute! lycka till!, har den äran!; im ~en vänskapligt, i godo; sich zum Guten wenden vända sig till det bästa **Gut** -er† n **1** das höchste ~ det högsta goda **2** gods; [lant]egendom; egendom, ägodel; varor; bewegliche Güter lösöre; unbewegliche Güter fast egendom; liegende Güter fastigheter; ~ und Blut opfern offra liv o. gods; unrecht ~ gedeiht nicht (ung.) orätt fånget lätt förgånget **3** sjö., stehendes (laufendes ~ stående (löpande) gods **Gutachten** - n [sakkunnig]utlåtande; bedömning; ein ~ einholen (äv.) inhämta yttrande; ein ~ abgeben (äv.) yttra sig som sakkunnig **Gutachter** - m expert, sakkunnig **gutachterlich** från (genom) en expert, expert- **gutachtlich** i form av [sakkunnig]utlåtande; sich ~ über etw. (ack.) äußern ge ett expertutlåtande (yttra sig som sakkunnig) om ngt **gutartig 1** välartad, beskedlig **2** med. godartad **Gutartigkeit** 0 f **1** välartat (snällt o. beskedligt) sätt **2** godartad beskaffenhet **gutbringen** oreg. gottskriva, kreditera 'gut'bürgerlich solitt borgerlig; ~ leben leva gott (men utan lyx); ~e Küche (ung.) god husmanskost **Gutdünken** 0 n gottfinnande, godtycke; nach ~ (äv.) efter behag; nach Ihrem ~ (äv.) som Ni finner för gott **Güte** 0 f **1** godhet; würden Sie die ~ haben, zu skulle Ni vilja vara snäll och; sich in ~ einigen komma överens i godo; e-m etw. in [aller] ~

sagen säga ngn ngt i all vänlighet; e-e ~ ist der anderen wert den ena tjänsten är den andra värd; durch ~ (åld. äv.) per bud; mit ~ (äv.) med lämpor; [ach] du meine ~! kors i all sin dar!, kära hjärtanes då! **2** kvali|té, -tet; geringe ~ låg kvalité; Ware zweiter ~ vara av andrasortering **Gütefaktor** -en m kvalitetsfaktor **Gütegrad** -e m kvalitetsgrad **Güteklasse** -n f kvalitet[sklass]; nach ~n eingeteilt indelad efter kvalitet **gütemäßig** kvalitativ **Gute'nachtku|ß** -sse† m godnattkyss **Güter|abfertigung** -en f godsexpedition **-aufzug** -e† m varuhiss **-bahnhof** -e† m godsbangård **-fernverkehr** 0 m fjärrgodstrafik **-gemeinschaft** -en f egendomsgemenskap; giftorättsgemenskap; die ~ aufheben (äv.) ha boskillnad **guterhalten** väl bibehållen, i gott skick **Güter|makler** - m mäklare **-recht** 0 n, eheliches ~ äkta makars egendomsrätt; gesetzliches ~ giftorätt **-schuppen** - m, **-speicher** - m godsmagasin **-stand** -e† m, jur. egendomsordning i äktenskapet **-trennung** -en f, in ~ leben (ung.) ha äktenskapsförord **-verkehr** 0 m gods|transport, -trafik **-wagen** - m gods-, transport|vagn **-zug** -e† m godståg **Güte|termin** -e m, **-verfahren** - n, ung. medlingsförsök **-zeichen** - n kvalitetsstämpel **Gutfinden** 0 n, schweiz., se Gutdünken **gutfundiert** väl underbyggd **gutgehen** st s, mir geht es gut jag mår bra; alles wird ~ allt kommer att gå bra **gutgehend** som går bra, inbringande, tönande **gutgelaunt** på gott humör **gutgemeint** välment **gutgesinnt 1** välsinnad, vänligt sinnad **2** rätt|-skaffens, -sinnig **gutgläubig** godtrogen; i god tro **Gutgläubigkeit** 0 f godtrogenhet **guthaben** oreg., e-n Betrag bei e-m ~ ha en summa till godo hos ngn **Guthaben** - n tillgodohavande, fordran **gutheißen** st god|-känna, -ta, gilla **gutherzig** godhjärtad **Gutherzigkeit** 0 f godhjärtenhet, ömsinthet **gütig** god, vänlig; godhjärtad; mit Ihrer ~en Erlaubnis med Ert benägna tillstånd; zu ~! alltför älskvärt (vänligt)!; erlauben Sie ~ st tillåter Ni godhetsfullt; würden Sie so ~ sein, zu skulle Ni vilja vara så vänlig och (ha godheten att) **gütlich 1** i godo; fredlig; e-e ~e Einigung en uppgörelse i godo; auf ~em Wege i godo (utan domstolsingripande) **2** sich (dat.) an etw. (dat.) ~ tun kalasa på (ta för sig av) ngt **gutmachen 1** återgälda; ein Unrecht ~ gottgöra en oförrätt **2** er hat dabei zehn Mark gutgemacht han tjänade tio mark på det **gutmütig** godmodig **Gutmütigkeit** 0 f godmodighet 'gut'nachbarlich ~es Verhältnis grannsämja **gutsagen** gå i god (borgen); für e-e Summe ~ (äv.) garantera en summa **Gutsbesitzer** - m godsägare **Gutschein** -e m [rabatt]kupong; presentkort; tillgodo|kort, -kvitto **gutschreiben** st gottskriva; e-m e-n Betrag ~ (äv.) kreditera ngn för ett belopp **Gutschrift** -en f gottskrivande, kreditering; tillgodohavande; zur ~ auf unser Konto att gottskrivas vårt konto **Guts|herr** -[e]n -en m godsägare **-herrschaft** -en f herrgårdsfamilj, herrskap (på gods) **-hof** -e† m [större] lantgård, gods **gut|situiert** väl|bärgad, -situerad **-sprechen** st, dial., **-stehen** st, dial., se gutsagen **Guttaperch̀a** [ɡuta'pɛrça] 0 f n guttaperka **Guttat** -en f **1** välgärning, god gärning **2** vän-

lighet **Guttempler** - *m* godtemplare **guttun** *st* **1** göra gott (nytta); *das tut gut!* det var (känns) skönt!; *die Luft wird dir* ~ luften kommer att göra dig gott; *in der Schule nicht* ~ vara dålig i skolan; *den Armen* ~ göra gott mot de fattiga; *das tut nicht gut* det är inte bra (nyttigt) **2** *dial.* utveckla sig väl, göra framsteg **gutunterrichtet** välinformerad **gutwillig** godvillig; foglig; ~, *aber unbegabt* villig men obegåvad
Guyaner - *m* guyanan **guyanisch** guyansk
Gymnasialbildung [g-] *0 f* gymnasieutbildning **Gymnasiallehrer** - *m* gymnasie-, lärove̊rks|-lärare, adjunkt **Gymnasiast** -*en* -*en m* gymnasie-, läroverks|elev **Gymnasi|um** -*en n* gymnasium, läroverk **Gym'nastik** *0 f* gymnastik; ~ *treiben* gymnastisera **Gymnastiker** - *m* gymnast **Gymnastin** -*nen f* [kvinnlig] sjukgymnast **gymnastisch** gymnastisk; gymnastik-
Gynäkologe [g-] -*n* -*n m* gynekolog **Gynäkologie** *0 f* gynekologi **gynäkologisch** gynekologisk; gynekolog-
Gyroskop [g-] -*e n* gyroskop

H [ha:] **1** - - *n* (*bokstav, ton*) h **2** beteckning för *H-Dur* H-dur **h 1** - - *n* (*bokstav, ton*) h **2** beteckning för h-Moll
1 ha *förk. för* Hektar
2 ha *interj* ha!; oj!
Haar -*e n* hår; hårstrå; *bot.* ludd; *jakt.* fäll; *ein* ~ *in der Suppe finden* hitta ngt att anmärka på; *sich in die* ~*e geraten* råka i luven på varandra; *mehr Schulden haben als* ~*e auf dem Kopf* vara skuldsatt upp över öronen; ~*e auf den Zähnen haben* ha skinn på näsan; *das* ~ *hängt ihr in die Stirn* håret hänger ner i pannan på henne; *an e-m* ~ *hängen* hänga på ett hår; *an den* ~ *herbeigezogen* långsökt; *keinem ein* ~ *krümmen* inte kröka ett hår på ngns huvud; *lange* ~*e, kurzer Verstand* (*ung.*) långt hår och kort minne; ~*e lassen müssen* (*bildl.*) sveda skinnet; *kein gutes* ~ *an e-m lassen* ta heder o. ära av ngn; *sich in den* ~*en liegen* ligga i luven på varandra; *sich* (*dat.*) *das* ~ *machen* [*lassen*] [låta] kamma (frisera) sig, [låta] lägga håret; *e-n an den* ~*en reißen* dra ngn i håret; *sich* (*dat.*) *das* ~ *schneiden* klippa håret; ~*e spalten* klyva hår, hänge sig åt hårklyverier; *um ein* ~ på ett hår när; *um kein* ~ *besser* inte ett dugg bättre; *darüber lasse ich mir keine grauen* ~*e wachsen* det struntar jag i (bryr jag mig inte om) -**ansatz** -*e*† *m* hårfäste -**ausfall** *0 m* hår|avfall, -fällning -**balg** -*e*† *m* hårsäck -**besen** - *m* tagel|borste, -viska -**beutel** - *m* hårpung -**breit** *0 n, um kein* ~ *weichen* inte vika en hårsmån **haaren** fälla hår, håra [av sig] **Haarentfern|er** - *m*, -**ungsmittel** - *n* hårborttagningsmedel **Haarersatz** *0 m* lös-

hår, [dam]peruk **Haaresbreite** *0 f* hårsmån; *um* ~ på ett hår när; *nicht um* ~ *weichen* inte vika en hårsmån **'haar'fein** hårfin **Haarfestiger** - *m* läggningsvätska **Haarfilz** -*e m* hårfilt **Haargarn** -*e n, ung.* nöthår **Haargefäß** -*e n* hårkärl, kapillär **'haarge'nau** ytterst noga, exakt; precis, på pricken **haarig 1** hårig; luddig **2** *vard.* kinkig, vansklig; pinsam, olustig; farlig; *dort ging es* ~ *zu* där gick det våldsamt till **Haarklammer** -*n f* hårklämma **'haar'klein** ytterst noga; in i minsta detalj **Haarklemme** -*n f* hårklämma **Haarkranz** -*e*† *m* hårkrans (*kring kal hjässa*); margaretafläta **Haarkünstler** - *m* hårkonstnär **Haarlack** -*e m* hårspray **Haarling** -*e m, zool.* pälsätare **haarlos** hårlös, kal
Haar|moos -*e n* björnmossa -**mücke** -*n f* hårmygga -**nadel** -*n f* hårnål -**nadelkurve** -*n f* hårnålskurva -**pflege** *0 f* hårvård -**puder** - *m* n **1** *hist.* puder (*för att göra håret vitt*) **2** torrschampo[neringsmedel] -**rauch** *0 m* sol-rök -**ri|ß** -*sse m* hårfin spricka (*i glasyr*) -**röhrchen** - *n* hår-, kapillär|rör
'haar'scharf knivskarp; ytterst noggrann; mycket nära; *das Auto fuhr* ~ *an mir vorbei* bilen nästan snuddade vid mig
Haar|schere -*n f* hår[klippnings]sax -**schleife** -*n f* rosett i håret -**schneidemaschine** -*n f* [elektrisk] hårklippnings|apparat, -sax -**schneiden** *0 n* hårklippning -**schneider** - *m* barberare, frisör -**schnitt** -*e m* klippning, frisyr; *kurzer* ~ (*äv.*) kortklippt hår -**schopf** -*e*† *m* hårtofs; kaluts -**schwund** *0 m* håravfall -**sieb** -*e n* hår-, tagel|sikt -**spalter** - *m* hårklyvare -**spalterei** -*en f* hårklyveri; ~ *treiben* klyva ord -**spange** -*n f* hårspänne -**spitze** -*n f* hårtopp -**spray** -*s m n* hårspray -**stern** -*e m* **1** *zool.* hårstjärna **2** *åld.* komet
haarsträubend hårresande
Haar|strich -*e m, typ.* hårstreck; (*i skrift*) stapel [ovanför linjen] -**teil** -*e n* postisch -**tolle** -*n f, se* Tolle -**tracht** -*en f* hårklädsel; frisyr -**trockner** - *m* hårtork[ningsapparat] -**wäsche** *0 f*, -**waschen** *0 n* hårtvättning, schamponering -**waschmittel** - *n* schampo[neringsmedel] -**wasser** -† *n* hårvatten -**wickel** - *m* papiljott -**wild** *0 n, jakt.* hårvilt -**wuchs** *0 m* hårväxt -**wurzel** -*n f* hårrot; *bis in die* ~*n erröten* rodna ända upp i hårfästet
Hab *0 n,* ~ *und Gut* ägodelar; *all mein* ~ *und Gut* allt vad jag äger o. har **Habe** *0 f* egendom; tillhörigheter; *meine gesamte* ~ allt vad jag äger; *bewegliche* (*fahrende*) ~ lösöre; *unbewegliche* (*liegende*) ~ fast egendom
haben hatte, hätte, gehabt, hast, hat **I** *huvudv* **1** ha; *ich hab's!* jag har det!; *je mehr man hat, je mehr man will* mycket vill ha mer; *nicht* ~ (*äv.*) sakna; *es hat* (*sty., österr.*) det finns (är) *wir* ~*'s ja* (*vard. ung.*) det har vi rå med; *das Alter* ~ ha åldern inne; *damit hat's nichts auf sich* det har inget att betyda; *was hast du davon?* vad har du för glädje av det?, *vad får du ut av det?*; *ich habe kein Geld bei mir* jag har inga pengar på mig; *es gut* (*eilig*) ~ ha det bra (ha bråttom); *es im Halse* ~ ha ont i halsen; *Kummer* ~ ha bekymmer; *etw. miteinander* ~ ha ngt ihop, ha ett kärleksförhållande; *etw. stehen* ~ ha ngt stående; *etw. Ware vorrätig* ~ ha en vara i lager; *es weit nach Hause* ~ ha långt hem; *woher hast du das?* var har du fått det ifrån (du hört det)?

2 få; *kann ich zwei Äpfel ~?* kan jag få två äpplen?; *es sind keine Karten mehr zu ~* det går inte att få några fler biljetter, biljetterna är slut; *das hat er von seiner Dummheit* det fick han för att han var så dum; *etw. von der Reise ~* få utbyte av resan **3** (*annan övers.*) *was hat er?* vad är det med honom?; *~ zu vara tvungen att; er hat zu gehen* han måste gå; *was habe ich zu bezahlen?* vad är jag skyldig?; *zu ~ sein* finnas, vara till salu; *es hat ihn!* han är fast (förälskad)!; *haste was kannste* [*davonlaufen*] (*vard.*) kvickt som tanken [springa sin väg]; *Angst* (*Hunger*) *~* vara rädd (hungrig); *er hat es so an sich, zu* han brukar; *es auf der Brust ~* vara sjuk i bröstet; *dafür ist er nicht zu ~* det går han inte med på (vill han inte vara med om); *davon habe ich gehabt* det har jag smakat på; *für Geld zu ~ sein* kunna köpas [för pengar], vara mottaglig för mutor; *~ Sie die Güte, zu* skulle Ni vilja vara vänlig och; *das Buch hat es in sich* boken är värdefull (ngt att bita i); *dieser Wein hat's in sich* det här vinet är starkare än man tror; *er hat's in sich* han är inte så dum som han ser ut; *es mit der Lunge ~* vara lungsjuk; *wir ~ den 20. März* (*Winter*) det är den 20 mars (vinter); *Gott hab' ihn selig!* Gud vare honom nådig!; *damit hat es noch gute Weile* det kommer att ta ett bra tag till **4** *rfl, vard.* göra sig till, sjåpa sig; *es hat sich* det är slut; *und damit hat sich's auch* och så är det inte mer med det; *hat sich was!* inte ett spår!, jo, vackert! **II** *hjälpv,* *ich habe geschrieben* jag har skrivit; *er hat ihr den Schlüssel gegeben* han gav (har givit) henne nyckeln **Haben** *0 n, hand.* 'kredit; *Soll und ~* debet o. kredit **Habenichts** *-e m* fattiglapp **Habenseite** *-n f* 'kreditsida; pluskonto
Haber *0 m, sty., österr., schweiz.* havre
Haberer - *m, österr.* kompis; kille
Habersack *-e†* *m* ränsel
Habgier *0 f* snikenhet **habgierig** sniken **habhaft** *e-r Sache* (*gen.*) *~ werden* få tag i (komma över) ngt; *des Diebes ~ werden* ta fast tjuven
Habicht *-e m* hök **Habichtskraut** *-er†* *n, bot.* [hök]fibbla **Habichts|pilz** *-e m,* **-schwamm** *-e†* *m* fjällig taggsvamp
Habilitation *-en f* förvärvande av docentkompetens **habilitieren** *äv. rfl* förvärva docentkompetens, kvalificera sig för docentur
Ha'bit *-e m, äv. n* ämbetsdräkt; *skämts.* kläder **habituell** habituell, sedvanlig 'Habitus *0 m* habitus, yttre gestalt; *med.* kroppskonstitution
Habsburger I - *m* habsburgare **II** *oböjl. adj* habsburgsk, habsburg-
Habschaft *-en f, åld.* egendom **Habseligkeit** *-en f* tillhörighet **Habsucht** *0 f* vinningslystnad **habsüchtig** vinningslysten
Haché [(h)a'ʃeː] *-s n, kokk.* haché
Hachse ['haksə] *-n f, kokk.* lägg; *vard.* ben
Hack *0 n, vard.* köttfärs **-bau** *0 m,* jordbr. hackbruk **-beil** *-e n* köttyxa **-block** *-e†* *m* huggkubbe **-braten** - *m, ung.* köttfärslimpa **-brett** *-er n* **1** skärbräde **2** *mus.* hackbräde
1 Hacke *-n f* hacka; *österr.* yxa
2 Hacke *-n f* [sko]klack; [strump]häl; *sich* (*dat.*) *die ~n nach etw. ablaufen* (*vard.*) springa benen av sig efter ngt; *die ~n zusammenschlagen* slå ihop klackarna; *dicht auf den ~n hack i häl* **hacken 1** hacka; hugga (*ved*); *auf etw.*

(*ack.*) *~* (*bildl.*) hacka på (kritisera, attackera) ngt; *auf dem Klavier ~* hamra på pianot **2** *sport.* ruffa **Hacken** - *m, se* **2 Hacke Hackepeter** *0 m* köttfärs; *bildl.* slarvsylta; *kokk.* biff tartar (*rå köttfärs m. kryddor*) **Hacker** - *m,* **Häcker** - *m, dial.* vingårdsarbetare **Häckerle** *0 n, kokk.* finhackad sill (*smörgåspålägg*) **Häckerling** *0 m* hackelse **Hackfleisch** *0 n* köttfärs; *ung. e-m ~ machen* göra slarvsylta av ngn **Hackfrucht** *-e† f, ung.* rotfrukt **Hackklotz** *-e†* *m* huggkubbe **Hackmesser** - *n* köttyxa; djungelkniv **Hackordnung** *-en f, biol.* hackordning **Häcksel** *0 m, äv. n* hackelse **häckseln** skära hackelse **Hacksteak** *-s n, ung.* pannbiff
Hader *0 m* tvist, träta **Haderlump** *-en -en m, sty., österr.* slusk **hadern** *mit e-m ~* tvista (bråka) med ngn; *mit dem Schicksal ~* knota mot ödet; *mit Gott ~* anklaga Gud **Hadern** - *m, sty., österr.* trasa; lump **Hadernpapier** *-e n* lumppapper
Hades *0 m, myt.* Hades
Hadschi *-s m* hadj, Meckapilgrim
Hafen *-† m* **1** hamn; *bildl. äv.* tillflykt[sort] **2** *dial.* kärl, kruka **Häfen** - *m, österr.* fängelse **Hafen|amt** *-er† n* hamnkontor **-bahn** *-en f* hamn|bana, -spår **-becken** - *n* hamnbassäng **-behörde** *-n f* hamnmyndighet **-damm** *-e† m* [hamn]pir; vågbrytare **-gebühren** *pl,* **-geld** *-er n* hamnavgift **-kapitän** *-e m* hamnkapten **-kneipe** *-n f* hamnkrog **-meister** - *m* hamnkapten **-polizei** *0 f* hamnpolis **-viertel** - *n* hamnkvarter
Hafer *0 m* havre; *ihn sticht der ~* han är övermodig **Haferbrei** *-e m* havregrynsgröt **Haferflocken** *pl* havregryn **Hafergrütze** *-n f* havregryn; havregrynsgröt
Haferl *-[n] n,* **Häferl** *-[n] n, österr.* **1** kopp **2** potta **Haferlschuh** *-e m, österr.* grov promenadsko
Hafer|mark *0 n* havremust **-mehl** *0 n* havremjöl **-motor** *-en m, vard. skämts.* häst **-pflaume** *-n f* krikon **-schleim** *-e m, ung.* havreavkok (*för sjukling*) **-suppe** *-n f, ung.* havrevälling **-wurzel** *-n f, bot.* äkta haverrot
Haff *-s el.* *-e n* haff (*grund strandsjö*)
Hafner - *m,* **Häfner** - *m, sty., österr., schweiz.* krukmakare; kakelugnsmakare **Hafnerei** *-en f* krukmakeri; verkstad för kakelugnstillverkning
Haft 1 *0 f* häkte, fängsligt förvar; *e-n in ~ nehmen* häkta ngn; *e-n aus der ~ entlassen* försätta ngn på fri fot; *sich in ~ befinden* vara häktad; *e-n in ~ behalten* hålla ngn i häkte (fängsligt förvar) **2** *-e[n] m, åld.* hake, spänne **Haftanstalt** *-en f* fångvårdsanstalt, fängelse **haftbar** *jur.* ansvarig **Haftbarkeit** *0 f, jur.* ansvarighet **Haftbefehl** *-e m* häktningsorder **Haftdauer** *0 f* häktningstid **Hafte** *-n f,* **Haftel** - *n* hake, häkta, hyska o. hake; spänne **häfteln** häkta fast **haft|en** **1** fästa, ta, häfta, fastna, sitta fast; *an den Schuhen -et Schlamm* lera har fastnat på skorna, skorna är leriga; *die Augen auf etw. (dat.) ~ lassen* låta blicken vila på ngt; *sie hat ihre Augen fest auf ngt; im Gedächtnis ~* fastna i minnet **2** *für* *~* ansvara för ngt; *für e-n Betrag ~* ansvara för ett belopp; *~der Gesellschafter* (*hand.*) komplementär, ansvarig delägare; *beschränkt ~der Gesellschafter* (*hand.*) kommanditdelägare **haftenbleiben** *st s* fastna [i minnet], bli kvar

Haftentlassung -en f frigivning [ur häkte] **haftfähig 1** jur. förmögen att undergå straff **2** vidhäftande, m. god vidhäftningsförmåga **Haftfähigkeit** 0 f, **1** jur. ung. förmåga att undergå sraff **2** vidhäftning[sförmåga] **Haftglas** -er† n, se Haftschale **Häftling** -e m häktad; fånge **Haftlinse** -n f, se Haftschale **Haftorgan** -e n, biol. häftorgan **Haftpflicht** -en f ansvar[ighet] **Haftpflichtversicherung** -en f ansvarighetsförsäkring; trafikförsäkring **Haftpsychose** -n f fängelsepsykos **Haftschale** -n f kontakt|lins, -glas **haftunfähig** jur. oförmögen att undergå straff **Haftung** 0 f **1** ansvar[ighet]; ~ für etw. übernehmen (äv.) ansvara för ngt **2** adhesion, vidhäftning[sförmåga] **Hafturlaub** -e m permission (från fängelse) **Haftvermögen** 0 n vidhäftningsförmåga **Haftzeher** - m gęcko[ödla] **Hag** -e m, poet. inhägnad; häck; hage **Hagebuche** -n f avenbok **Hagebutte** -n f nypon **Hagedorn** -e m hagtorn **Hagel** 0 m hagel (äv. böss-); bildl. skur; ein ~ von Steinen (Schimpfworten) en skur av stenar (skällsord) **'hagel'dicht** tät som hagel; die Schläge fielen ~ (äv.) slagen haglade **Hagelkorn** -er† n **1** hagel[korn] **2** med. vagel **hageln** hagla (äv. bildl.) **Hagelschauer** - m hagelskur **Hagelschlag** -e† m hagel|skur, -by **Hagelschloße** -n f, dial. hagel[korn] **Hagelschnur** -e† f äggvitesträng (i ägg) **Hagelversicherung** -en f hagelskadeförsäkring **Hagelzucker** 0 m pärlsocker **hager** mager[lagd]; ~es Gesicht (äv.) knotigt ansikte **Häger** - m, nty. sandbank (i flod) **Hagerkeit** 0 f magerhet **Hagestolz** -e m, åld. [äldre] ungkarl **Hagiographie** -n f hagiografi, helgonskildring **ha'ha** ínterj haha! **Häher** - m, zool. skrika (nöt-, lav- etc.) **Hahn** -e† m **1** tupp; [fågel]han[n]e; der rote ~ (bildl.) den röde hanen; wenn die Hähne krähen nu är tuppen gal, tidigt på morgonen; es wird kein ~ danach krähen inte en själ kommer att bry sig om (fråga efter) det; wie der ~ auf dem Mist som tuppen på sophögen; der ~ im Korb tuppen i hönsgården; wie zwei Hähne som två [ilskna] tuppar; e-m den roten ~ aufs Dach setzen tutta eld på ngns hus **2** hane (på gevär) **3** pl äv. -en kran; plugg; propp; vred; vindflöjel; den ~ aufdrehen öppna kranen **Hähnchen** - n tuppkyckling, ungtupp **Hahnen|balken** - m hanbjälke **-feder** -n f tuppfjäder **-fuß** -e† m, bot. ranunkel **-kamm** -e† m tuppkam (äv. bot.) **-kampf** -e† m tuppfäktning **-schrei** -e m [tuppens] galande; beim ersten ~ i hanegället **-sporn** -sporen m sporre [på tupp] **-tritt** -e m **1** frö, ärr (i ägg) **2** tuppfjät (vävmönster) **3** tuppsteg [hos häst] **Hahnrei** -e m, högt. hanrej **Hai** -e m, **Haifisch** -e m haj **Hain** -e m, poet. lund **-blume** -n f prins Gustavs öga **-buche** -n f avenbok **Haiti'aner** - m haitier **haitianisch** haitisk **Häkchen** - n **1** liten hake **2** apostrof; cedilj; anföringstecken **3** früh krümmt sich, was ein ~ werden will det skall böjas i tid som krokigt skall bli **Häkelarbeit** -en f virkning **Häkelei** -en f **1** virkning **2** gnabb, småkiv **hakeln** dial. **1** dra fingerkrok **2** knega **häkeln 1** virka **2** rfl retas, småkivas **Häkelnadel** -n f virknål

haken 1 hänga (sätta) [fast] **2** fastna, ha fastnat **Haken** - m **1** hake; krok; dyrk; fals; regel; ~ und Öse hyska o. hake; die Sache hat e-n ~ saken har en hake, det är inte så helt med den saken; da steckt der ~ det är det som är felet **2** apostrof; anföringstecken; krumelur, snirkel **3** sport. krok[slag] **4** e-n ~ schlagen göra en tvär vändning, (om hare) göra ett slag (kast) **Hakenbüchse** -n f hakebössa **hakenförmig** hakformig **Hakenkreuz** -e n hakkors **Hakenkreuzler** - m, vard. nazist **Hakennase** -n f kroknäsa **Hakenschlüssel** - m dyrk, haknyckel **Hakenschnabel** -† m kroknäbb **hakig** hakformig; krökt **Hala'li** -[s] n, jakt. halali **halb I** adj halv; ~ Berlin halva Berlin; e-e ~e Flasche (äv.) en halvflaska; mit ~em Herzen halvhjärtat; auf ~er Höhe des Berges halvvägs uppe på berget; ~e Maßnahme halvmesyr; der Junge ist schon ein ~er Mechaniker pojken är redan nägot av en mekaniker; ~e Note halvnot; mit ~em Ohr zuhören lyssna med ett halvt öra; ~e Stunde halvtimme; e-e und e-e ~e Stunde en o. en halv timme; ~e Tage arbeiten arbeta halvdag; auf ~em Wege halvvägs; ein H~er, e-e H~e, ein H~es (vard.) en halvliter [öl, vin e.d.], en halva, en halvbutelj; es ist nichts H~es und nichts Ganzes det är varken hackat eller malet **II** adv halvt, till hälften; ~ und ~ halvt om halvt, fifty-fifty, hälften var; ~ so alt wie hälften så gammal som; ~ angezogen sein vara halvklädd; ~ Ernst, ~ Scherz mitt emellan skämt o. allvar; ~ Kaffee, ~ Milch hälften kaffe o. hälften mjölk; ~e-~e machen dela lika; etw. ~ geschenkt bekommen få ngt nästan gratis; er schläft noch ~ han är inte riktigt vaken ännu; das ist nicht ~ so schlimm det är inte på långa vägar så farligt; die Zeit ist ~ um halva tiden har gått; sich ~ totlachen skratta sig halvt fördärvad; ~ voll (leer) halvfull (halvtom); frisch gewagt ist ~ gewonnen friskt vågat är hälften vunnet; ~ zuhören lyssna med ett halvt öra; fünf vor ~ zwei fem i halv två **Halbaffe** -n -n m halvapa **halbamtlich** officiös, halvofficiell **halbärm[e]lig** med halvlång ärm **halbautomatisch** halvautomatisk **Halbbad** -er† n sittbad **halbbedeckt** meteor. halvklar **halbbekleidet** halvklädd **Halbbild** -er n bröstbild **Halbbildung** 0 f halvbildning **halbblind** halvblind **Halbblut** 0 n halvblod (häst; människa) **Halbblütige(r)** m f, adj böjn. halvblod (människa) **Halbbruder** -† m halvbror **halbbürtig** ~e Geschwister halvsyskon; ~er Bruder (äv.) illegitim halvbror **Halbdunkel** 0 n halvmörker **Halbedelstein** -e m halvädelsten **halber** prep m. gen. för ... skull, med tanke på; der Ordnung ~ för ordningens skull **halberblindet** halvblind **halberwachsen** halvvuxen **Halberzeugnis** -se n, Halbfabrikat -e n halvfabrikat **halbfest** halvflytande **halbfett** typ. halvfet **Halbfinale** - n, sport. semifinal **Halbfranz** 0 n, ein Buch in ~ binden binda en bok i halvfranskt band **Halbfranzband** -e† m halvfranskt band **halbgar** halv|stekt, -kokt **halbgebildet** halvbildad **Halb|gebildete(r)** m f, adj böjn. halvbildad person **-gefrorene(s)** n, adj böjn. parfait **-gescho|ß** -sse n halv-, mellan|våning **-geschwister** pl halvsyskon **-gott** -e† er† m halvgud **-heit** -en f halv|het, -mesyr

halbherzig halvhjärtad **halbieren** halvera, tudela **Halbinsel** -n f halvö **Halbjahr** -e n halvår **halbjährig** halvårs-, halvårig, ett halvt år gammal (lång) **halbjährlich** som inträffar varje halvår; halvårsvis, med sex månaders mellanrum **Halbkreis** -e m halvcirkel **Halbkugel** -n f halvklot **halblang** halvlång; *mach es mal ~! (vard.)* ta till lagom! **Halbleder** 0 n, in ~ gebunden inbunden i halvfranskt band **Halblederband** -e† m halvfranskt band **halbleinen** av (i) halvlinne, halvlinne- **Halbleinenband** -e† m klotband **Halbleiter** - m, elektr. halvledare **Halblicht** 0 n halvmörker **Halb'linke(r)** m, adj böjn., sport. vänsterinner **halb'links** halvt [till] vänster; sport. i vänsterposition **Halb'links** - m, sport. vänsterinner **halbmast** ~ *flaggen* flagga på halv stång; *die Flagge [auf]* ~ *setzen* hissa flaggan på halv stång **Halbmesser** - m radie **Halbmetall** -e n metalloid **halbmilitärisch** halv-, para|militär **halbmonatig** halvmånads|gammal, -lång **halbmonatlich** var fjortonde dag [återkommande] **Halbmonatsschrift** -en f tidskrift som utkommer två gånger i månaden **Halbmond** -e m halvmåne **halbmondförmig** halvmånformig **halbnackt** halvnaken **halboffen** 1 halvöppen 2 öppen (*om anstalt*) **Halbpacht** -en f hälftenbruk **halbpart** ~ *machen* dela lika (fifty-fifty) **Halbpension** 0 f halvpension **Halb'rechte(r)** m, adj böjn., sport. högerinner **halb'rechts** halvt [till] höger; sport. i högerposition **Halb'rechts** - m, sport. högerinner **Halbrund** 0 n halv|cirkel, -krets **Halbschlaf** 0 m halvsömn; *im* ~ halvsovande **Halbschuh** -e m lågsko **Halbschwergewicht** 0 n lätt tungvikt **Halbschwergewichtler** - m lätt tungviktare **Halbschwester** -n f halvsyster **halbseiden 1** av (i) halvsiden, halvsiden- **2** feminin, homosexuell; lösaktig, omoralisk **Halbseidene(r)** m, vard. bög, homosexuell **Halbseitenblindheit** 0 f synskada (blindhet) på ena ögat **Halbseitenlähmung** 0 f hemiplegi, förlamning i ena kroppshalvan **halbseitig** halvsides- **halbsitzend** halvsittande **Halbstarke(r)** m, adj böjn., ung. knutte; raggare; ligist **Halbstiefel** - m stövlett, låg stövel **halbstock** se *halbmast* **Halbstoff** -e m pappersmassa [av lump]; ~ *aus Lumpen* lumptyg, halvylle **halbstündig** halvtimmeslång, halvtimmes- **halbstündlich** varje halvtimme [återkommande], två gånger i timmen **Halbstürmer** - m, sport. inner **halbtägig** en halv dags, halvdags- **halbtäglich** två gånger om dagen **halbtags** ~ *arbeiten* arbeta halva dagen **Halbtags|arbeit** 0 f, **-beschäftigung** 0 f halvdags-, halvtids|arbete **Halbteil** -e n, äv. m hälft **Halbton** -e† m halvton **halbtot** halvdöd; *sich* ~ *lachen (vard.)* nästan skratta ihjäl sig **halbverdaut** halvsmält (*äv. bildl.*) **Halbvokal** -e m halvvokal **halbvoll** halv|full, -besatt **Halbwahrheit** -en f halvsanning **Halbwaise** -n f faderlöst (moderlöst) barn **Halbware** -n f halvfabrikat **halbwegs** halvvägs; *e-m* ~ *entgegenkommen* möta ngn på halva vägen; *bist du fertig?* ~ är du klar? till hälften, inte riktigt; ~ *ordentlich* någorlunda ordentlig; *mach's* ~! ta till lagom! **Halbwelt** 0 f halvvärld, demimond **Halbwertszeit** -en f, fys. halveringstid; halvvärdetid **Halbwissen** 0 n ytliga kunskaper **halbwöchentlich** två gånger i veckan **Halbwolle** 0 f halvylle **halbwollen** av halvylle, halvylle-; ~ *es Tuch* halvylletyg **halbwüchsig** [-vy:ks-] halvvuxen; *H~er (ung.)* tonåring **Halbzeit** -en f, sport. halv|tid, -lek **Halbzeug** -e n halvfabrikat **Halde** -n f 1 sluttning 2 slagg|hög, -varp 3 upplag[splats]; *auf* ~ på lager **half** se *helfen* **Half** [ha:f] -s m, sport. halvback **Halfa** 0 f, **Halfagras** 0 n esparto-, alfa|gräs **Half-Back** ['ha:fbæk] -s m, schweiz. sport. halvback **Hälfte** -n f halva, hälft; *die* ~ *des Apfels* halva (hälften av) äpplet; *die größere (kleinere)* ~ (*vard.*) den större (mindre) delen; *auf der* ~ *des Weges* på halva vägen; *um die* ~ *kleiner* hälften så lång; *um die* ~ *größer* en halv gång till så stor; *den Apfel zur* ~ *essen* äta halva (hälften av) äpplet, äta äpplet till hälften; *meine bessere* ~ (*vard.*) min bättre (äkta) hälft **1 Halfter** - m n (*åld. -n f*) grimma; *am* ~ *führen* leda i grimman **2 Halfter** -n f el. - n [pistol]hölster **halftern** sätta grimma på **Halfterriemen** - m grimskaft **Hall** 0 m genljud, återskall, eko; *der* ~ *von Schritten* ljudet av steg **Halle** -n f hall **halle'luja** interj halleluja! **Halleluja** -s n halleluja; *ein* ~ *singen* sjunga halleluja **hallen** skalla, eka, ljuda **Hallen|bad** -er† n simhall **-meisterschaft** -en f inomhusmästerskap **-schwimmbad** -er† n simhall **-sport** -e m inomhusidrott **-turnier** -e n inomhus|tävling, -turnering **Hallig** -en f låg [liten] ö (*utanför Schleswig-Holstein*) **Hallimasch** -e m honungsskivling **Halljahr** -e n, bibl. jubelår **hallo** interj hallå!; hej!; hör hit! **Hallo** -s n hallå; *bildl. äv.* ståhej; *es gab ein großes* ~ (*äv.*) det blev en väldig uppståndelse; *mit viel* ~ (*äv.*) med buller o. bång **Hallodri** [-'lo:-] -[s] m, sty., österr. spelevink **Ha'llore** -n -n m hallor, arbetare i Halles saltverk **Halluzination** -en f hallucination **halluzinogen** hallucinogen **halluzinieren** hallucinera **Halm** -e m strå; *Getreide. auf dem* ~ växande gröda; *die Ernte auf dem* ~ *verkaufen* sälja skörden på rot **-frucht** -e† f säd, spannmål **Halogen** [-g-] -e n, kem. halogen **Hals** -e† m1 hals; nacke; *jakt.* [hund]skall; ~ *e-r Note* skaft på en not; *aus vollem* ~[e] av full hals; ~ *über Kopf (vard.)* hals över huvud, huvudstupa; *bleib mir damit vom* ~[e]! förskona mig från det!, låt mig slippa höra talas om det!; *e-r Flasche den* ~ *brechen (vard.)* slå upp en flaska; *das wird ihm den* ~ *brechen* det kommer att ta kål på honom; ~ *geben* ge hals (skall); *e-n auf dem* ~ [e] *haben (vard.)* ha fått ngn på halsen, få dras med ngn; *es hängt mir zum* ~ [e] *heraus (vard.)* det står mig upp i halsen; *den* ~ *nicht voll genug kriegen [können] (vard.)* inte kunna få nog; *e-n langen* ~ *machen (vard.)* nyfiket sträcka på halsen; *das Wasser reicht ihm bis an den* ~ (*äv.*) han sitter upp till halsen i svårigheter; *bis an den* ~ *in Schulden stecken (vard.)* skulder upp över öronen; *es bleibt ihm im* ~[e] *stecken* det fastnar i halsen på honom; *steifer* ~ stel nacke; *mir tut der* ~ *weh* jag har ont i halsen;

sich e-m an den ~ *werfen* kasta sig om halsen på ngn, *bildl.* hänga sig på ngn; *den ~ aus der Schlinge ziehen* dra huvudet ur snaran, klara sig **2** *-en m, sjö.* hals **-abschneider** - *m* ockrare, blodsugare **-arterie** *-n f* halspulsåder **-ausschnitt** *-e m* [hals]urringning, dekolletage **-band** *-er†n* halsband (*äv. hund-*); *am ~ führen* leda i halsband **-binde** *-n f* halsbindel; kravatt **-bräune** *0 f, med.* difteri; halsfluss **halsbrecherisch** halsbrytande **Halsbund** *-e†m* halslinning **halsen** *sjö.* gå över stag, vända **Hals|entzündung** *-en f* halsinflammation **-gericht** *-e n, hist.* domstol i livssak **-kette** *-n f* hals|kedja, -band (*äv. hund-*) **-länge** *-n f* halslängd **-leiden** - *n* halssjukdom **--Nasen-Ohren-Arzt** *-e† m* (*förk. HNO-Arzt*) öron-, näsa-, halsläkare **-schlagader** *-n f* halspulsåder **-schmerzen** *pl,* ~ *haben* ha ont i halsen **-schmuck** *0 m* hals|smycke, -kedja **halsstarrig** halsstarrig, oresonlig **Hals|tuch** *-er† n* halsduk, scarf -- **und Beinbruch** *interj* lycka till! **-weh** *0 n* halsont; ~ *haben* ha ont i halsen **-weite** *-n f* halsvidd **-wickel** - *m* omslag om halsen **-wirbel** - *m* halskota **-zäpfchen** - *n* tungspene
1 halt *interj* halt!; ~, *nun hab' ich's* stopp (tyst ett tag), jag har kommit på det
2 halt *adv, dial.* helt enkelt; nu en gång; *da kann man ~ nichts machen* det kan man faktiskt inte göra ngt åt; *es ist ~ so* det är nu en gång så
Halt *-e m* **1** halt, stopp, uppehåll, stillastående (*äv. bildl.*); *beim nächsten ~* vid nästa uppehåll, nästa gång vi (ni *etc.*) stannar; *e-m ~ gebieten* hejda (sätta stopp för, stoppa) ngn **2** fäste; stadga; [moralisk] ryggrad; *er ist mein einziger ~* han är mitt enda stöd; *keinen ~ finden* inte få ngt tag (*vid klättring e.d.*); *e-m Baum ~ geben* stötta ett träd; *~ an e-m haben* ha stöd i ngn; *er ist ohne ~* (*äv.*) honom är det inte sin ordning på; *den ~ verlieren* tappa taget **haltbar** håll|bar, -fast, slitstark; ~ *machen* (*äv.*) konservera **Haltbarkeit** *0 f* hållbarhet, slitstyrka; stabilitet **Haltbarkeitsdauer** *0 f* hållbarhet; sista förbrukningsdag **Haltebogen** -[†] *m, mus.* bindbåge **Haltebolzen** - *m* låsbult **Haltefeder** *-n f* stopp-, lås-, spärr|fjäder **Haltegurt** *-e m* säkerhetsbälte **Haltelinie** *-n f* stopp|gräns
halten *hielt, hielte, gehalten, hältst, hält* **1** hålla; hålla i, hålla fast; hålla kvar; *ich kann mir kein Auto ~* jag har inte råd att hålla mig med bil; *ein Kind im Arm ~* bära ett barn på armen; *haltet den Dieb!* ta fast tjuven!; *Freundschaft ~ vara vänner; Gericht ~* sitta till doms; *sich* (*dat.*) *e-n Hund ~* hålla sig med (ha) hund; *kühl ~* förvara kallt; *die Last ~ können* hålla för tyngden; *Mahlzeit ~* sitta till bords; *ein Mittagsschläfchen ~* sova middag; *Rast ~* rasta; *Ruhe ~* hålla sig lugn; *Unterricht ~* undervisa; *e-e Zeitung ~* ha (prenumerera på) en tidning **2** anse, tycka; *ich halte das für gut* jag tycker det är bra; *für wie alt ~ Sie mich?* hur gammal tror Ni att jag är?; *wofür ~ Sie mich?* vem tar Ni mig för?, vem tror Ni att jag är?; *e-n für etw. halten* anse ngn vara (som) ngt; *was ~ Sie davon?* vad anser Ni om det?; *wenig von e-m ~* ha låga tankar om ngn; *viel von etw. ~* sätta stort värde på ngt **3** *er hält es mit den Mädchen* han tycker om flickor; *wir ~ es so* vi brukar göra så; ~ *Sie es damit, wie Sie wollen!* gör som Ni tycker! **4** *rfl* hålla sig; *sich kaum ~ können* nästan inte kunna låta bli, ha svårt att bärga sig; *er läßt sich nicht ~* man kan inte hejda honom (hålla honom tillbaka); *sich gut ~* (*äv.*) stå sig; *das Geschäft hält sich* affären klarar sig; *das Wetter hält sich* vädret håller i (står) sig; *sich an e-n ~* vända sig till ngn, [försöka] ha (ta) kontakt med ngn; *sich an die Gesetze ~* (*äv.*) följa lagarna; *er wird sich auf diesem Posten nicht lange ~ können* på den posten kommer han inte att kunna hålla sig kvar länge; *sich für klug ~* tro att man är intelligent; *sich [nach] rechts ~* hålla åt höger **5** hålla; vara stark nog; stanna; *das Eis hält* isen håller (bär); *am Griff ~ hålla i skaftet; *~ *wir e-n Augenblick!* låt oss stanna ett ögonblick!; *gut gehalten* välhållen, väl bibehållen; *an sich* (*ack.*) ~ behärska sig; *auf etw.* (*ack.*) ~ sätta värde (hålla) på ngt; *auf sich* (*ack.*) ~ hålla på sig, vara mån om sin klädsel (hälsa *e.d.*); *zu e-m ~* hålla sig till ngn, vara lojal mot ngn **Halten** *0 n* hållande; *es gab kein ~ mehr* det fanns ingen hejd längre, man kunde inte längre hejda honom (dem *etc.*); *etw. zum ~ bringen* stoppa (hejda) ngt **Halteplatz** *-e† m* plats att stanna på; mötesplats (*på smal väg*); taxistation; tilläggsplats (*för båtar*) **Haltepunkt** -e *m, järnv.* anhalt, hållplats **Halter** - *m* **1** hållare; skaft; handtag; fäste **2** ägare [av husdjur]; innehavare; *der ~ des Wagens* (*äv.*) den som disponerar bilen **Halteriemen** - *m* stropp (*i buss e.d.*) **Halterung** *-en f* fäste, fästanordning
Halte|schraube *-n f* fäst-, ställ|skruv **-seil** *-e n* lina; rep; *sjö.* förtöjningslina **-signal** *-e n* stoppsignal **-stelle** *-n f* hållplats, station **-tau** *-e n* förtöjnings|lina, -tross **-verbot** *-e n* stoppförbud **-zeichen** - *n* stopp|signal, -tecken, -pliktsmärke
haltlos **1** hållnings-, karaktärs|lös **2** ogrundad, ohållbar **Haltlosigkeit** *0 f* **1** hållningslöshet **2** ohållbarhet **Haltmachen** stanna, stoppa; ~ *[lassen]* (*mil.*) [låta] göra halt; *vor nichts ~* (*bildl.*) inte rygga tillbaka för ngt **Haltsignal** *-e n,* se *Haltesignal* **Haltung** **1** *0 f* hållande (*av hund e.d.*) **2** *-en f* hållning; uppträdande; inställning; *hand.* tendens; ~ *annehmen* göra ställningssteg; *die ~ bewahren* hålla stilen; *e-e ~ einnehmen* inta en attityd; *die ~ verlieren* förlora självbehärskningen **Haltverbot** *-e n* stoppförbud
Ha'lunke *-n -n m* kanalje, bov; rackare **Hama'melis** *0 f, bot.* hamamelis, trollhassel **Hämatit** *-e m, min.* hematit, blodsten **Hämatologie** *0 f* hematologi, läran om blodet o. dess sjukdomar
Hamburger I - *m* **1** hamburgare, hamburgbo **2** [*äv.* 'hæmbə:gə] *kokk.* hamburgare **II** *oböjl. adj* från (i) Hamburg; hamburg-
Häme *0 f* försmädlighet[er], elakhet[er], sarkasm[er]
Hamen - *m, dial.* [fisk]håv; kasse; metkrok **hämisch** försmädlig, illvillig, ondskefull; ~ *grinsen* flina elakt; ~ *lächeln* le maliciöst
Hamit *-en -en m,* **Hamite** */f/* *-n -n m* hamit **hamitisch** hamitisk
Hämling *-e m* kastrat
Hämmchen - *n, kokk.* fläsklägg
Hammel -[†] *m* hammel (*kastrerad bagge*); *kokk.* får; *bildl.* fårskalle **-braten** - *m* fårstek

-fett 0 n fårtalg **-fleisch** 0 n fårkött **-keule** -n f fårbog **-herde** -n f, wie e-e ~ (bildl.) som en skock får **-sprung** -e† m, polit. discessus **Hammer** -† m **1** hammare (äv. anat.); [ordförande]klubba; ~ und Sichel (polit.) hammaren och skäran; unter den ~ kommen gå under klubban; das ist ein ~ (vard.) a) det är fantastiskt (toppen), b) det är hemskt (för jävligt) **2** vard. tabbe; e-n ~ haben vara knäpp **3** sport. slägga; kanon **4** vulg. kuk **hämmerbar** smidbar; som kan bearbetas med hammare **Hammer|fisch** -e m, **-hai** -e m hammarhaj **Hammerklavier** -e n hammarklaver **Hämmerlein** - n **1** liten hammare **2** åld. ond ande; poltergeist; Meister ~ bödeln, djävulen **hämmer|n 1** hamra, bulta, dunka; das Blut -t mir in den Schläfen blodet bultar i tinningarna på mig; an die Tür ~ bulta på dörren **2** hamra [på] **Hammer|schlag** -e† m **1** hammar-, klubb|slag **2** hammarslagg **-schmied** -e m hammar-, grov|smed **-stiel** -e m hammarskaft **-werfen** 0 n, sport. släggkastning **-werfer** - m släggkastare **-werk** -e n hammarsmedja **Hämoglobin** 0 n, med. hemoglobin **Hämophilie** -n f, med. blödarsjuka, hemofili **Hämorrhoiden** [hεmɔroˈiːdən] pl, anat. hemorrojder **Hämorrhoidenschaukel** -n f, vard. [gammal] kärra (cykel, bil e.d.) **Hampelmann** -er† m sprattelgubbe; bildl. marionett; pajas **hampeln** sprattla, dingla **Hamster** - m hamster **Hamsterer** - m, vard. hamstrare **Hamsterkauf** -e† m hamstringsköp **hamstern** hamstra **Hand** -e† f **1** hand; flache ~ handflata; hohle ~ kupad hand; die öffentliche ~ det allmänna, myndigheterna, stats-; im Besitz der öffentlichen ~ i allmän ägo, statsägd; rechter ~ (äv.) på höger hand, till höger; tote ~ (jur.) död hand, main morte; ~ aufs Herz! handen på hjärtat!; Hände hoch! upp med händerna!; Hände weg! bort med tassarna!; mit sind die Hände gebunden (bildl.) mina händer är bundna; e-m die ~ drücken (schütteln) trycka ngns hand (skaka hand med ngn); mit e-m ~ in ~ gehen gå hand i hand med ngn; mit etw. ~ in ~ gehen sammanfalla med ngt; die ~ mit im Spiel haben ha ett (sitt) finger med i spelet; ~ und Fuß haben vara väl genomtänkt (realistisk); die Sache hat weder ~ noch Fuß det är varken rim eller reson i det; die ~ auf der Tasche haben hålla i sina slantar, vara sparsam; e-e glückliche ~ haben vara skicklig, lyckas; e-e leichte ~ haben vara lätt på handen]; zwei linke Hände haben vara klumpig (tafatt, fumlig); e-e offene ~ haben vara frikostig; e-e schöne ~ haben (äv.) ha vacker handstil; die Hände über e-n halten hålla sin hand över ngn; die ~ küssen kyssa på hand[en]; küß' die ~! (österr. hälsning t. kvinna) goddag!, adjö!; e-m freie ~ lassen (geben) ge ngn fria händer; die letzte ~ an etw. (ack.) legen lägga sista handen vid ngt; die ~ an e-n legen bära hand på ngn; ~ ans Werk legen ta itu med arbetet; die ~ auf etw. (ack.) legen (äv.) beslagta (lägga vantarna på) ngt; die ~ für e-n ins Feuer legen gå i god för ngn; e-m die ~ fürs Leben reichen ge ngn sitt hjärta o. sin hand, gifta sig med ngn; seine Hände in Unschuld waschen två sina händer; die Hände über dem Kopf zusammenschlagen slå ihop sina händer (av häpnad e.d.) **2** (efter prep) an ~ (äv. anhand) seiner Auskünfte med ledning av hans upplysningar; e-n an der ~ führen leda ngn vid handen; e-m an die ~ gehen gå ngn till handa; etw. an der ~ haben ha ngt till hands (till sitt förfogande); e-n an die ~ nehmen ta ngn i handen; das liegt auf der ~ det är uppenbart; e-n auf Händen tragen bära ngn på sina händer; auf die [flache] ~ zahlen betala kontant; aus erster ~ direkt, utan mellanhänder, förstahands-; aus der freien ~ på fri hand; aus zweiter ~ erfahren få veta i andra hand; aus der ~ geben (legen) lägga ifrån sig (bort); aus der hohlen ~ trinken dricka ur handen; e-n bei der ~ fassen ta ngn i handen, fatta ngns hand; e-m in die Hände fallen a) falla i händerna på ngn, b) hindra ngn (från att göra ngt); in die falschen Hände geraten hamna i orätta händer; in der ~ haben (äv.) ha på hand; wir haben die Lage fest in der ~ vi har läget helt under kontroll; e-n in der ~ haben ha ngn i sin hand (sitt våld); etw. in Händen haben a) äga (förvara) ngt, b) behärska ngt; sich in der ~ haben ha herravälde över sig själv, behärska sig; die Augen in die ~ nehmen titta noga efter, försöka få syn på (ngt); die Beine in die ~ nehmen lägga benen på ryggen; sein Herz in beide Hände nehmen ta mod till sig, samla allt sitt mod; in festen Händen sein a) vara bunden, ha fast sällskap, b) inte vara till salu; in die ~ versprechen lova med handslag; mit kluger ~ klokt; mit leeren Händen tomhänt; mit starker ~ (äv.) med järnhand, hårt; bei etw. [mit] ~ anlegen lägga hand vid ngt, medverka till ngt; das ist doch mit Händen zu greifen det kan vem som helst begripa, det är uppenbart (klart som korvspad); das mache ich mit der linken ~ det gör jag med vänster hand (utan svårighet); sich mit Händen und Füßen wehren försvara sig med näbbar och klor; unter der ~ under hand; von ~ zu ~ ur hand i hand; von seiner Hände Arbeit av sina händers arbete; Ausgabe von letzter ~ sista av författaren reviderade upplagan; von ~ bearbeitet handgjord; die Arbeit geht ihr leicht von der ~ arbetet går undan för henne (fort o. lätt); von der ~ in den Mund leben leva ur hand i mun; etw. von der ~ weisen avvisa (avslå) ngt; das ist nicht von der ~ zu weisen det är inte otänkbart, det måste tas i beaktande; zur ~ till hands; zu Händen des (von) Herrn X herr X till handa; e-m zur ~ gehen gå ngn till handa; zu treuen Händen till förvaring; e-m etw. zu eigenen Händen übergeben överlämna ngt till ngn personligen **3** sport. hands **-akte** -n f dossier [med interna dokument] **-antrieb** 0 m manuell drift **-arbeit** -en f **1** handarbete **2** das ist ~ det är handgjort **2** kroppsarbete **-arbeiter** - m [kropps]arbetare **-aufheben** 0 n, polit. handuppräckning (vid omröstning) **-auflegen** 0 n, **-auflegung** -en f handpåläggning **-ausgabe** -n f, typ. handupplaga **-ball 1** 0 m handboll (sport) **2** -e† m handboll (boll) **-baller** - m handbollsspelare **-becken** - n [väggfast] handfat **handbedient** handmanövrerad **Handbesen** - m sopborste **Handbetrieb** 0 m **1** manuell drift; mit ~ manuell[t], med (för) handkraft **2** vard. skämts. onani **Handbewegung** -en f handrörelse, gest, åtbörd **Handbibliothek** -en f referensbibliotek **handbreit** handsbred **Hand|breit** - f handsbredd; e-e ~ hoch (äv.) en tvärhand hög **-breite** -n f handsbredd

-**bremse** -*n f* handbroms -**buch** -*er*† *n* handbok -**bücherei** -*en f* referensbibliotek -**bürste** -*n f* nagelborste -**druck** *0 m* handtryck, tryckning för hand **Händedruck** -*e*† *m* handtryckning **Handel 1** *0 m* handel, köpenskap; affär; butik; *e-n* ~ *abschließen* avsluta en affär; *e-n* ~ *betreiben* ha en butik; *im* ~ *sein* finnas på marknaden; *in den* ~ *bringen* lansera, marknadsföra; *mit e-m in den* ~ *kommen* göra affär med ngn; *mit e-m* ~ *treiben* driva handel med ngn **2** -† *m* tvist; slagsmål; *Händel suchen* söka gräl; *mit e-m Händel haben* ligga i tvist med ngn **hand|eln 1** handla, driva handel; *Wertpapiere werden an der Börse gehandelt* det handlas (man handlar) med värdepapper på börsen; *in* (*mit*) *e-r Ware* ~ handla med en vara **2** *Ware* ~ pruta; *ich -le nicht gern* jag tycker inte om att pruta; *mit sich* ~ *lassen a*) låta pruta med sig, *b*) låta tala med sig; *um e-e Ware* ~ pruta på en vara **3** handla, agera; *Zeit zum H*~ tid att handla; *wie ein Freund an e-m* ~ handla som en vän mot ngn, behandla ngn som en vän **4** *das Buch -elt von der* (*über die*) *Entdeckung* boken handlar om (behandlar) upptäckten **5** *rfl, es -elt sich um* det handlar (är fråga) om; *es -elt sich darum, ob* frågan är om; *worum -elt es sich?* vad gäller saken?, vad är det frågan om?
Handels|abkommen -*n* handelsavtal -**akademie** -*n f, österr. ung.* ekonomisk [gymnasie]linje -**artikel** - *m* [handels]vara -**attaché** -*s m* handelsattaché -**austausch** *0 m* handelsutbyte -**beschränkung** -*en f* handelsrestriktion -**beziehungen** *pl* handelsförbindelser -**bilanz** -*en f* handelsbalans -**brauch** -*e*† *m* affärskutym; usans, handelsbruk -**buch** -*er*† *n* handelsbok -**delegation** -*en f* handelsdelegation -**dünger** *0 m* konstgödsel **handels|einig, -eins** ~ *werden* komma överens (*om en affär*) **Handelserlaubnis** *0 f* tillstånd att driva handel **handels|fähig, -gängig** säljbar; lämplig att marknadsföra **Handelsgehilfe** -*n* -*n m* affärs-, kontors|anställd; biträde **Handelsgeist** *0 m* affärssinne **Handelsgericht** -*e n* handelsdomstol **handelsgerichtlich** ~ *eintragen* (*jur.*) registrera, införa i handelsregistret **Handels|geschäft** -*e n* affär[stransaktion] -**gesellschaft** -*en f* handelsbolag -**gesetzbuch** -*er*† *n, das* ~ (*förk. HGB*) [tyska] handelsbalken -**gesetzgebung** *0 f* handelslagstiftning -**haus** -*er*† *n* köpmanshus; handelsfirma -**herr** -[*e*]*n* -*en m* [stor] köpman -**ind|ex** -*exe el.* -*izes m* affärsindex -**kammer** -*n f* handelskammare -**klasse** -*n f* (*lagligen föreskriven*) kvalitetsklass; sortering -**leute** *se Handelsmann* -**makler** - *m* mäklare -**mann** -*leute el.* -*männer m* handelsman; små-, gårdfari|handlare; dörrknackare -**marine** *0 f* handelsflotta -**marke** -*n f* varu|märke, -beteckning -**ministeri|um** -*en n* handels|departement, -ministerium -**münze** -*n f* [guld]mynt [för kolonialhandel] -**niederlassung** -*en f* försäljningsfilial -**organisation** *0 f, die* ~ (*förk. HO*) den statliga handelsorganisationen [i DDR] -**recht** *0 n* handelsrätt -**register** - *n, ins* ~ *eintragen* införa i handelsregistret, registrera -**reisende**(**r**) *m f, adj böjn.* handelsresande -**richter** - *m* bisittare i handelsdomstol -**schule** -*n f* handels|skola, -institut -**spanne** -*n f, hand.* marginal -**sperre** -*n f* handels|-

spärr, -blockad -**stand** *0 m* köpmannakår -**straße** -*n f* handelsväg **handelsüblich** handelsmässig, bruklig inom affärslivet (handeln) **Händelsucht** *0 f* trätgirighet, grälsjuka **händelsüchtig** trätgirig, grälsjuk **Handels|unternehmen** - *n* affärsföretag -**verbot** -*e n* handelsförbud, förbud mot [att driva] handel -**verkehr** *0 m* handel; handelsförbindelse -**vertreter** - *m* representant, agent; handelsresande -**vertretung** -*en f* [handels]agentur -**vorrecht** -*e n* handelsprivilegium -**wert** -*e m* saluvärde -**wesen** *0 n* handelsväsen -**zeichen** - *n* varubeteckning -**zweig** -*e m* bransch, affärsgren **handeltreibend** handelsidkande **Händeringen** *0 n* vridande av sina (*etc.*) händer; *bildl.* förtvivlan **händeringend** *er steht* ~ *da* han står där o. vrider sina händer (*bönfallande el. förtvivlad*) **Händetrockner** - *m* handtorkningsapparat (*m. varmluft*) **Händewaschen** *0 n* handtvättning **Handfeger** - *m* sopborste [m. kort skaft] **Handfertigkeit** *0 f* händighet, fingerfärdighet **Handfessel** -*n f* hand|klove, -boja **handfest** handfast, kraftig; rejäl **Handfeuerlöscher** - *m* [hand]eldsläckare, handspruta **Handfeuerwaffe** -*n f* handeldvapen **Handfläche** -*n f* handflata **Handgalopp** -*e el.* -*s m* kort galopp **handgearbeitet** handgjord **Handgebrauch** *0 m, ung.* dagligt bruk; *zum* ~ (*äv.*) bekvämt tillgänglig **handgeformt** formad för hand **Handgeld** -*er n* handpenning; *åld.* städsel **Handgelenk** -*e n* handled; *ein lockeres* (*loses*) ~ *haben* (*vard.*) ha lätt för att slå till (ngn); *etw. aus dem* ~ *machen* (*tun, schütteln*) (*vard.*) göra ngt lekande lätt (utan besvär; *so einfach aus dem* ~ *geht das nicht* (*vard.*) så lätt (enkelt) är det inte **handgemein** ~ *werden* råka (komma) i handgemäng **Handgemenge** - *n* handgemäng; *ins* ~ *kommen* råka (komma) i handgemäng **Handgepäck** *0 n* handbagage **handgerecht** som ligger bra i handen, lätthanterlig **handgeschöpft** ~*es Papier* handgjort papper **Handgranate** -*n f* handgranat **handgreiflich** handgriplig; påtaglig; ~ *werden* gå handgripligt till väga; *e-m etw.* ~ *erklären* handgripligt förklara ngt för ngn **Handgreiflichkeit 1** *0 f* påtaglighet; åskådlighet **2** -*en f* handgriplighet; handgemäng **Handgriff** -*e m* grepp; handtag; handgrepp; *sie tut zu Hause keinen* ~ *hemma* rör hon inte ett finger (gör hon inte ett smack); *das ist nur ein* ~ det är lätt gjort; *er macht so manchen* ~ *für mich* han hjälper mig med det ena än det andra **handgroß** stor som en hand **Handhabe** -*n f* **1** handtag **2** *bildl.* grepp; anledning; hållpunkt **hand|hab|en** -*te, gehandhabt* hantera, sköta, bruka; handha; *wir wollen die Sache so* ~, *daß* vi ska ta itu med saken på så sätt att; *du hast es schlecht gehandhabt* du har skött det illa; *einfach zu* ~ lätt att hantera **Handhabung** -*en f* handhavande; *das Gerät zeichnet sich durch einfache* ~ *aus* utmärkande för apparaten är att den är så lätt skött (enkel att sköta) **Handharmonik|a** -*as el.* -*en f* drag|harmonika, -spel **Handhebel** - *m* spak, handtag **Handikap** [ˈhɛndikæp] -*s n* handikapp **handikap|en** -*te, gehandikapt* handikappa **händisch** *österr.* manuell **Hand|karre** -*n f*,

-karren - *m* skott-, drag|kärra **Handkoffer** - *m* [liten] resväska; *e-n zum ~ schlagen* (*vard.*) ge ngn ordentligt med stryk **Handkorb** *-e†* *m* [liten] korg (*med handtag*) **Handkurbel** *-n f* vev **Handku|ß** *-sse† m* kyss *m* f an handen, handkyss; *mit ~* (*äv.*) med nöje **Handlampe** *-n f* sladdlampa **Handlanger** - *m* hantlangare (*äv. bildl.*); *als ~ dienen* (*bildl.*) vara hantlangare **handlanger|n** *-te, gehandlangert, vard.* vara (arbeta som) hantlangare **Händler** - *m* handlande, handelsman **Handlesekunst** *0 f*, *die ~* kiromantin, konsten att spå i händerna **handlich 1** lätthanterlig, behändig, bekväm; *in ~er Nähe* i bekväm närhet **2** *schweiz.* flink, snabb, kvick **Handlichkeit** *0 f* lätthanterlighet **Handlinie** *-n f* linje i handen **Handlung** *-en f* **1** handling (*äv. i bok e.d.*), handlande, agerande, gärning **2** handel; handelsbod; handelshus **Handlungsart** *-en f*, *språkv.* aktionsart **Handlungsbevollmächtigte(r)** *m f, adj böjn.* befullmäktigat ombud **handlungsfähig 1** handlings-, arbets|duglig; *nicht ~* (*äv.*) handlingsförlamad **2** *jur.* med rättslig handlingsförmåga **Handlungsfähigkeit** *0 f, jur.* rättslig handlingsförmåga **Handlungsgehilfe** *-n -n m* handels-, kontors|anställd; affärsbiträde **Handlungsreisende(r)** *m f, adj böjn.* handelsresande **Handlungsvollmacht** *0 f* bemyndigande, fullmakt, prokura **Handlungsweise** *-n f* handlingssätt **Hand|mixer** - *m* elvisp **-orgel** *-n f, åld. el. schweiz.* dragspel; positiv **-pferd** *-e n* högerhäst (*av parhästar*); löshäst **-pflege** *0 f* handvård, manikyr **-puppe** *-n f* marionett, handdocka **-ramme** *-n f* jungfru (*för stenläggning*) **-reichung** *-en f* **1** hand|räckning, -tag, hjälp **2** rekommendation; riktlinje **-rücken** - *m* handrygg **-satz** *0 m, typ.* handsättning **-schaltung** *-en f* manuell växel[låda] **-schelle** *-n f* handboja **-schlag** *0 m* handslag; *e-n mit ~ begrüßen* hälsa ngn med ett handslag; *keinen ~ tun* (*vard.*) inte göra ett handtag (dugg) **-schreiben** - *n* handskrivelse **-schrift** *-en f* handstil; handskrift, manuskript; *e-e gute ~ schreiben* (*haben*) ha en snygg handstil; *er schreibt* (*hat*) *e-e kräftige ~* (*bildl. vard.*) han klipper till ordentligt **-schriftendeutung** *-en f* grafologisk tolkning, grafologi **-schriftenkunde** *0 f* paleografi **handschriftlich** handskriven **Hand|schuh** *-e m* handske, vante; *den ~ aufnehmen* (*bildl.*) ta upp den kastade handsken; *den ~ hinwerfen* (*bildl.*) kasta handsken; *e-n mit [seidenen] ~en anfassen* (*bildl.*) ta i ngn med silkesvantar **-schuhfach** *-er† n*, **-schuhkasten** *-† m* handskfack (*i bil*) **-schuhmacher** - *m* handskmakare **-schutz** *0 m* handskydd **-segel** - *n* skridskosegel **-stand** *-e† m, e-n ~ machen* stå på händerna **-steuerung** *-en f* manuell styrning (manövrering) **-stickerei** *-en f* broderi, handstickeri, handbrodering **-streich** *-e m* kupp; *im ~ nehmen* ta genom överrumpling **-stück** *-e n, gruv.* provbit, stuff **-tasche** *-n f* handväska **-taschendieb** *-e m* väskryckare **-teller** - *m, anat.* handflata **-trommel** *-n f* [liten] trumma (*som slås m. händerna*) **-tuch** *-er† n* handduk; *das ~ werfen* (*bildl.*) kasta in handduken **-umdrehen** *0 n, im ~* i en handvändning **-verkauf** *0 m* minut-, detalj|försäljning; försäljning av icke receptbelagda läkemedel **-vermittlung** *-en f, tel.* manuell koppling **-voll**

- *f* handfull (*äv. bildl.*), näve **-wagen** - *m* dragkärra **handwarm** ljummen **Handwäsche** *0 f* handtvätt **Handweber** - *m* handvävare **Handwerk** *-e n* hantverk; yrke; *sein ~ verstehen* kunna sina saker; *e-m das ~ legen* sätta stopp för ngn[s verksamhet]; *e-m ins ~ pfuschen* fuska i ngns yrke, *bildl.* inkräkta på ngns område **Handwerker** - *m* hantverkare; *er ist ein guter ~* (*äv.*) han är en skicklig yrkesman **handwerklich** hantverksmässig; *bildl.* schablonmässig, inte kreativ; *das H~e beherrschen* (*äv.*) behärska tekniken **Handwerksbursche** *-n -n m* **1** *åld.* [vandrande] gesäll **2** *dial.* tiggare, landstrykare **Handwerksgeselle** *-n -n m* gesäll **handwerksmäßig** hantverksmässig **Handwerkszeug** *0 n* verktyg, redskap **Handwinde** *-n f* handvinsch **Handwurzel** *-n f* handlov[e] **handzahm** *der Papagei ist ~* papegojan är [så] tam [att den äter ur handen] **Handzeichen** - *n* **1** [hand]tecken; handuppräckning **2** bomärke; signatur **Handzeichnung** *-en f* handteckning, frihandsteckning **Handzeitnahme** *0 f* manuell tidtagning **Handzettel** - *m* flygblad, reklamlapp **hanebüchen** [-y:-] *högt.* oerhörd, hårresande; *das ist ja ~!* det var (är) höjden! **Hanf** *0 m* hampa; *im ~ sitzen* må som en prins **hanfen**, **hänfen** av hampa, hamp- **Hanfleinen** - *n* hampväv **Hänfling** *-e m, zool.* hämpling; *bildl.* spinkig person **Hang** *-e† m* sluttning, slänt, backe **2** *0 m* fallenhet, böjelse; *~ zum Spiel* lust att leka; *~ zum Vergnügen* nöjeslystnad; *~ zum Studium* håg för studier; *er hat e-n ~ zur Übertreibung* han är böjd för överdrifter, han har en benägenhet för att överdriva **3** *0 m, gymn.* hängande ställning
'**Hangar** [*äv.* '-'-] *-s m* hangar
Hänge|backen *pl* hängande kinder **-bahn** *-en f* hänge-, lin|bana **-bauch** *-e† m* häng-, ister|-buk **-birke** *-n f* hängbjörk **-boden** *-† n* hylla, lave; loft; mellanbotten **-brücke** *-n f* hängbro **-brust** *-e† f*, **-busen** - *m* hängbröst **-kleid** *-er n* rak klänning **-kommission** *-en f* hängningskommitté (*på konstutställning*) **-leuchte** *-n f* hängarmatur **-leuchter** - *m* ljuskrona
hangeln *s o. h* gå av armgång **Hängematte** *-n f* hängmatta **hangen** *åld. el. dial.*, *se hängen 1*
Hangen *0 n, mit ~ und Bangen* med bävan
häng|en 1 (*åld. el. dial. äv. hangen*) hing, hinge, gehangen hänga; luta; vara oavgjord; *mit allem, was drum und dran -t* (*vard.*) med allt som hör ihop med det; *der Baum -t voller Äpfel* trädet dignar av äpplen; *die Beeren ~ am Strauch* bären hänger på busken; *ihm -t der Himmel voller Geigen* han ser allt i rosenrött (är i sjunde himlen); *mit ~den Ohren* slokörad; *der Prozeß -t* processen är [fortfarande] oavgjord (går inte framåt, har stagnerat); *~de Schultern* sluttande axlar; *am Trapez ~* hänga i trapets; *der Wagen -t nach der Seite* vagnen lutar åt sidan; *an e-m ~ vara fäst[ad] vid ngn; wie e-e Klette an e-m ~* (*vard.*) hänga efter ngn som en kardborre, hänga ngn i kjolarna; *es -t an en Faden* (*Haar*) det hänger på ett hår; *wir ~ an seinen Lippen* vi lyssnar spänt på honom; *woran -t es noch?* (*vard.*) vad är det som är fel (som fattas)?; *an der Strippe ~* (*vard.*) hänga i telefon; *wir ~ bei ihm mit 50 Mark* (*vard.*) vi är

Hängen—hart

skyldiga honom 50 mark; *es -t in der Luft* det ligger i luften; *er -t in Deutsch* han har dåliga resultat i tyska **2** *sv* hänga; *e-m den Brotkorb höher* ~ knappa in på staten för ngn; *sein Herz an etw.* (ack.) ~ fästa sig vid ngt; *den Mantel nach dem Winde* ~ vända kappan efter vinden; *sich* ~ hänga sig; *sich an e-n* ~ hänga sig på ngn, sluta sig till ngn, *sport.* få häng på ngn; *etw. an die große Glocke* ~ (*vard.*) basunera ut ngt; *etw. an den Nagel* ~ (*vard.*) ge upp ngt, ge ngt på båten; *sich an die Strippe* ~ (*vard.*) kasta sig på telefon **Hängen** *0 n, mit* ~ *und Würgen* (*vard.*) med nöd o. näppe **hängenbleiben** *st s* fastna, bli kvar; *skol.* bli kvarsittare; *ich blieb gestern abend wieder bei ihnen hängen* i går kväll blev jag sittande hos dem igen; *im Gedächtnis* ~ fastna i minnet **Hängende(s)** *n*, *adj böjn., gruv.* hängande **hängenlassen** *st* **1** glömma kvar **2** *den Kopf* ~ hänga med huvudet; *die Ohren* (*den Schwanz*) ~ sloka med öronen (svansen); *die Blumen lassen die Köpfe hängen* blommorna hänger med huvudet (slokar) **3** *e-n* ~ (*vard.*) lämna ngn i sticket **Hängeohren** *pl* slokören (*på häst*); hängande öron (*på hund*) **Hängepartie** *-n f* ej avslutat parti (*i schack*) **Hanger** - *m, sjö.* topprep **Hänger** - *m* **1** rakt skuren kappa ([barn]klänning) [med ledigt fall] **2** *vard.* släpvagn **Hängeschlo|ß** *-sser*† *n* hänglås **Hängetitten** *pl, vulg.* hängpattar **Hängeweide** *-n f, bot.* tårpil **Hängezeug** *-e n* gruvkompass **Hang-over** [hæŋ'ouvə] *0 m, vard.* baksmälla **Hangwind** *-e m, flyg.* hang-, upp|vind **Hannoveraner** [-v-, -f-] **I** - *m* hannoveranare (*äv. häst*) **II** *oböjl. adj* hannover[an]sk; av (från) Hannover **hannover[i]sch** [-f-], **hannöver[i]sch** [-f-] hannover[an]sk **Hans** *-e*† *m,* ~ *Dampf in allen Gassen* (*vard.*) viktigpetter; ~ *Dampf in allen Gassen sein* (*äv.*) vara beskäftig; ~ *im Glück* (*ung.*) Lyckoper; *heute bin ich* ~ *im Glück* i dag har jag tur; ~ *Guckindieluft* person som inte ser sig för; ~ *Huckebein* korpen; *der blanke* ~ (*sjö., poet.*) [den stormiga] Nordsjön; *ich will* ~ *heißen, wenn* (*vard.*) jag vill vara skapt som en nors om **Hansa** *0 f,* **Hanse** *0 f, die* ~ Hansan **Hanseat** *-en -en m* hanseat **hanseatisch** hanseatisk **Hänsel** *0 m,* ~ *und Gretel* Hans o. Greta **Hänselei** *-en f* drift, gyckel, skoj **hänseln** driva med, göra narr av; mobba; *sich nicht* ~ *lassen* inte låta huttla med sig **Hansestadt** *-e*† *f* hansestad **hansisch** hanseatisk; *die H~e Universität* universitetet i Hamburg **Hans|'narr** (*äv.* '--]*-en-en m* dummerjöns, narr -'**wurst** [*äv.* '--]*-e, skämts.* -*e*† *m* pajas -**wursterei** *-en f,* -**wurstiade** *-n f* narrstreck; burlesk **Hantel** *-n f* hantel **hanteln** träna med hantlar (hantel) **hantieren** hantera, handskas [med]; *mit etw.* ~ hålla på med ngt; *in der Küche* ~ hålla på i köket **haperig** *nty.* hackande; ojämn **haper|n** *vard., es -t am Material* det saknas material; *es -t mit der Versorgung* försörjningen fungerar dåligt; *im Lesen -t es bei ihm* han är dålig i läsning, det är klent beställt med hans läskunnighet **happen** *nty.* nafsa, snappa, bita **Happen** - *m, vard.* bit, tugga; *diesen* [*fetten*] ~ *wird er sich nicht entgehen lassen* detta fina tillfälle (denna

270

lönande affär) kommer han inte att låta gå sig ur händerna **Happening** ['hɛpənɪŋ] *-s n* happening **happig** *nty.* glupsk; *der Preis ist mir zu* ~ (*vard.*) priset är väl saftigt; *das ist ein bißchen* ~ (*vard.*) det är väl mycket begärt **Happy-End** ['hɛpi'|ɛnt] *-s n* happy end, lyckligt slut **happyenden** ['hɛpi'|ɛndn̩] (*end. i inf. o. pres.*) *vard.* sluta lyckligt **Harakiri** *-s n* harakiri **Hara|ß** ['ha-] *-sse m, fack.* spjällåda **Härchen** - *n* litet hår (*jfr Haar*); *biol.* flimmerhår; dun; *ihm wurde kein* ~ *gekrümmt* inte ett hår kröktes på hans huvud **Harde** *-n f, hist. ung.* härad **Hard stuff** ['hɑːdˈstaf] *0 m, sl.* tung narkotika **Hardware** ['hɑːdwɛə] *-s f* hård-, maskin|vara **Harem** *-s m* harem **hären** I *adj, högt.* av hår, hår- II [*sich*] ~ håra av sig, fälla hår **Häresie** *-n f* heresi, kätteri **Häretiker** - *m* heretiker, kättare **häretisch** heretisk, irrlärig, kättersk **Harfe** *-n f* harpa; *lantbr. äv.* hässja **harfen** *högt.* spela harpa **Harfenist** *-en -en m* harpist, harpspelare **Harfner** - *m, åld. se Harfenist* **Harke** *-n f* kratta, räfsa; raka; *vard.* kam; *ich werde ihm zeigen, was e-e* ~ *ist* jag ska minsann lära honom **harken** kratta, räfsa; *vard.* kamma **Harlekin** *-e m* harlekin **Harlekinade** *-n f* [harlekins]upptåg, gyckel **Harm** *0 m, högt.* **1** tärande sorg **2** kränkning **härmen** *rfl, högt.* sörja, gräma sig, harmas (*um* över); *darum* ~ *wir uns nicht* (*äv.*) det bekymrar oss inte (bryr vi oss inte om) **harmlos** harmlös, oförarglig, beskedlig; ~*e Krankheit* ofarlig sjukdom; ~*es Mittel* ofarligt medel; *sie ist nicht so* ~, *wie sie aussieht* hon är inte så oskyldig som hon ser ut **Harmlosigkeit** *0 f* harm-, men|löshet, oförarglighet; *in aller* ~ (*äv.*) i all oskuld **Harmonie** *-n f* harmoni **harmonieren** harmoniera, passa bra ihop **Har'monik** *0 f* harmonik, harmonilära **Harmonik|a** *-as el.* -*en f* **1** dragspel; munspel **2** bälg (*mellan järnvägsvagnar*) **harmonisch** harmonisk; proportionerlig **harmonisieren** harmonisera **Harmoni|um** *-en n* harmonium, kammarorgel **Harn** *0 m* urin; ~ *lassen* kasta vatten **Harnabgang** *-e*† *m, med.* inkontinens **Harnblase** *-n f* urinblåsa **Harndrang** *0 m* urinträngning **harnen** urinera **Harnisch** ['ha-] *-e m* harnesk; *e-n in* ~ *bringen* göra ngn rasande; *in* ~ *geraten* råka i harnesk, bli rasande **Harnlassen** *0 n* urinering **Harnorgan** *-e n* urinorgan **Harnröhre** *-n f* urinrör **Harnstoff** *-e m* urinämne **harntreibend** urindrivande **Harnwege** *pl* urinvägar **Harpune** *-n f* harpun **Harpunier** [-'niːg] *-e m* harpunerare **harpunieren** harpunera **Harpunierer** - *m* harpunerare **harren** *högt.* [ivrigt] vänta (*e-r Sache gen. el. auf etw. ack.* på ngt) **harsch** **1** hård, sträv; ovänlig, brysk **2** isig; ~*er Schnee* skarsnö **Harsch** *0 m* skare **harsch|en** *der Schnee -t* det blir skare **hart** *adj* † hård; fast; *bildl. äv.* sträng, svår, ansträngande; haltande (*om vers*); *adv äv.* nära; ~ *backbord* hårt babord; *es ist ein* ~*es Brot*

für mich, zu det faller sig svårt för mig att; ~*e Drogen* tung narkotika; ~*e Eier* hårdkokta ägg; ~*es Geld* klingande mynt; ~*e Getränke* sprit[drycker], starkvaror; *er hat ein* ~*es Herz* han är hårdhjärtad; *e-n* ~*en Kopf (Schädel) haben* vara envis; *e-n* ~*en Leib (Stuhl) haben* vara hård i magen; *ein* ~*es Muß sein* vara oundgängligen nödvändig; *e-n* ~*en Stand haben* ha en svår ställning; ~*e Währung* hårdvaluta; ~ *werden* (*äv.*) hårdna; ~ *an e-m vorbeifahren* köra tätt förbi ngn; ~ *an Betrug grenzen* närma sig (nästan vara) bedrägeri; ~ *an der Grenze wohnen* bo nära gränsen; *es geht* ~ *auf* ~ man sätter hårt mot hårt; *e-m* ~ *auf den Fersen sein* vara ngn tätt i hälarna; *der Boxer ist* ~ *im Nehmen* boxaren tål slag bra **Härte** *-n f* hårdhet; stränghet **Härtebad** *-er†* *n, tekn.* härdningsbad **Härtefall** *-e† m* ömmande fall, fall där ngn drabbas hårt (orättvist) **Härtegrad** *-e m* härdningsgrad; hårdhetsgrad **Härtemittel** - *n* härdningsmedel **härten** härda (*metall e.d.*) **Härteparagraph** *-en -en m* paragraf som föreskriver hänsyn till ömmande fall **Härte|probe** *-n f*, **-prüfung** *-en f* hårdhetsprov **Härter** - *m* härdare, härdningsmedel **Härteskal|a** *-en f* hårdhetsskala **Härtestufe** *-n f* hårdhetsgrad
Hartfaser *-n f* hårdfiber **Hartfaserplatte** *-n f* träfiberplatta, masonitskiva; ~*n* (*äv.*) masonit **Hartfett** *-e n* hårt fett **hartgekocht** hårdkokt (*äv. bildl.*) **Hartgeld** *0 n* mynt **hartgesotten** hårdkokt (*äv. bildl.*); ~*er Sünder* förhärdad syndare **Hartglas** *-er† n* härdat glas; hårdglas **Hartgummi** *-[s] m* ebonit, hårdgummi **Hartgu|ß** *-sse† m* hårt gjutgods; gjutstål; kokill|gjutning, -härdning **hartherzig** hårdhjärtad, kallhamrad **Hartherzigkeit** *0 f* hårdhjärtenhet **Hartholz** *-er† n* hårt virke, kärnvirke **harthörig 1** lomhörd **2** *er ist* ~ han låtsas inte höra, han reagerar inte **Hartkäse** - *m* ost (*utom mjukost*) **hartköpfig** tjock-, tjur|skallig, envis **Hartköpfigkeit** *0 f* tjock-, tjur|skallighet, envishet **hartleibig 1** förstoppad, med trög mage **2** snål, gnidig **Hartleibigkeit** *0 f* **1** förstoppning **2** snålhet **Hartlot** *-e n* hård-, slag|lod **hartmäulig** hårdmynt (*om häst*); *bildl.* tjurskallig, envis **Hartmond** *-e m, åld.* torsmånad, januari **hartnäckig** hårdnackad, envis **Hartnäckigkeit** *0 f* hårdnackenhet, envishet **Hartpapier** *-e n* papperslaminat, hårdpapper **Hartplatz** *-e† m, sport.* hård bana (*för tennis e.d.*) **Hartriegel** - *m, bot.* kornell **hartschalig** hårdskalig **Hartschier** [-'tʃi:ɐ̞] *-e m, hist.* livdrabant **Hartspiritus** *0 m* torrsprit **Hartung** *-e m, åld.* torsmånad, januari **Härtung** *-en f* härdning **Hartweizen** - *m* durra **Hartwurst** *-e† f* [starkt] rökt korv
Harz [ha:-] *-e n* harts, kåda **harzartig** hartsartad **harzen 1** hartsa **2** avsöndra kåda **3** samla kåda
Harzer I - *m* **1** harzbo **2** skummjölksost (*från Harz*) **II** oböjl. adj från (i) Harz; ~ *Roller* kanariefågel (*som uppföds i Harz*) **Harzholz** *0 n* töre **harzig** kådig, hartsig **Hasard** *0 n* hasard[spel] **Hasardeur** [hazar'døːɐ̞] *-e m* hasardspelare; *er ist ein* ~ (*äv.*) han sätter allt på spel (på ett kort) **hasardieren** spela ett högt spel, sätta allt på spel (på ett kort) **Hasardspiel** *-e n* hasard[spel] **Hasch** *0 n, vard.* hasch, brass **Haschee** [ha'ʃeː] *-s n* haché, hachis

1 haschen 1 fånga, ta fatt; hugga; snappa efter (*insekter*); *sie* ~ *sich* de leker tafatt; *das Glück läßt sich nicht* ~ lyckan låter inte fånga sig **2** *nach etw.* ~ försöka få tag i ngt, *bildl.* fika efter ngt; *nach Effekt* ~ försöka göra intryck; *nach Komplimenten* ~ fiska komplimanger; *sie* ~ *nach seinen Worten* de trängtar efter hans ord
2 haschen *vard.* hascha, röka (äta) hasch (brass)
1 Haschen *0 n,* ~ *spielen* leka tafatt **2 Haschen** *0 n, vard.* haschrökning **Häschen** - *n* **1** harunge, harpalt **2** *smeks., mein* ~ min lilla gris **Hascher** - *m, vard.* haschare, haschrökare **Häscher** - *m, åld., poet.* exekutionsbetjänt; lagens hantlangare; förföljare; byling **Hascherl** *-[n] n, vard., armes* ~ liten stackare **haschieren** *kokk.* hacka [i småbitar], göra haché av **Haschisch** *0 n, äv. m* haschisch **Hase** *-n -n m* hare (*äv. bildl.*); *falscher* ~ (*ung.*) köttfärslimpa; *alter* ~ (*vard.*) gammal räv; *furchtsamer* ~ kruka, harig person; *kein heuriger* ~ (*vard.*) ingen gröngöling; *da liegt der* ~ *im Pfeffer* (*vard. ung.*) det är det som är knuten; *dort wo sich* ~ *und Fuchs gute Nacht sagen* bortom all ära och redlighet, vid världens ände; *mein Name ist* ~, *ich weiß von nichts* jag har inte en aning [om det] **Hasel** *-n f* hassel **-huhn** *-er† n* järpe **-kätzchen** - *n* hasselhänge **-nu|ß** *-sse† f* hasselnöt **Hasenbalg** *-e† m* harskinn **Hasenfuß** *-e† m* hartass; *bildl. vard.* hare, feg stackare **hasenfüßig** harhjärtad, ängslig [av sig] **Hasen|herz** *-ens -en n, bildl. vard.* harhjärtad människa, hare **-kammer** *-n f, jakt.* harmark **-panier** *0 n, das* ~ *ergreifen* ta till harvärjan **-pest** *0 f, med.* harpest, tularemi **-pfeffer** *0 m* ragu på hare
hasenrein 1 *jakt.* harren (*om hund som ej följer harspår*) **2** *bildl.* fläckfri **Hasenscharte** *-n f* harläpp; harmynthet; *e-e* ~ *haben* vara harmynt **hasenschartig** harmynt **Häsin** *-nen f* harhona
Haspe *-n f* hake; hasp **Haspel** *-n f, äv.* - *m* haspel, [garn]vinda; vinsch **Haspelei** *-en f* haffsande; framspottande **haspeln 1** vinda (rulla) upp **2** haspla **3** spotta fram; hafsa ifrån sig
Haß *0 m* hat; *aus* ~ *av* hat; ~ *gegen e-n hegen* (*nähren*) hysa (bära) hat mot ngn; *in* ~ *entbrennen* förgås av hat **hassen** hata, avsky; *e-n bis auf* (*in*) *den Tod* ~ hata ngn som pesten **hassenswert** förhatlig **haßerfüllt** hatfull, hatisk, fylld av hat **häßlich** ful, missprydande; motbjudande, obehaglig; otäck; *sich von seiner* ~*sten Seite zeigen* visa sig från sin värsta (sämsta) sida; ~ *über e-n sprechen* tala illa om ngn; ~ *zu e-m sein* vara stygg mot ngn; ~ *wie die Nacht* ful som synden **Häßlichkeit** *0 f* fulhet *etc., jfr häßlich*
hast *se haben*
Hast *0 f* hast, brådska **haste** = *hast du, se haben* **hasten** *s* hasta, skynda [sig]; *zum Zug* ~ skynda sig till tåget **hastig** hastig, brådstörtad; överilad; ~ *sprechen* tala fort **hat** *se haben*
Hätschelkind [-ɛ:-] *-er n* sköteban **hätscheln** smeka, kela med; omhulda, skämma bort; fjanta för **hatschen** [-a:-] *s, dial.* hasa [omkring], gå [hasande]; linka

ha'tschi [äv. '--] *interj* attji!
hatte *se* haben
Hatz -en f **1** hetsjakt (*äv. bildl.*) **2** *vard.* jäkt, snärj; *das war e-e ~ det var ett väldigt liv*
Hau -e m **1** *åld.* hygge **2** *vard.* slag, hugg; *e-n ~ [mit der Wichsbürste] haben* ha en skruv lös, vara galen haubar avverkningsbar
Haube -n f **1** huva, hätta; mössa; huv; kåpa; *unter die ~ bringen* (*vard.*) gifta bort (*flicka*); *unter die ~ kommen* (*vard.*) bli gift **2** *zool.* tofs, fjäderbuske Haubenlerche -n f tofslärka Haubentaucher - m skäggdopping
Hau'bitze -n f haubits; *voll wie e-e ~* (*vulg.*) full som en kanon
Hauch -e m **1** [ut]andning; andetag; anda; fläkt; *den letzten ~ von sich geben* utandas sin sista suck **2** *ein ~ von Schwermut umgibt sie* en aura av svårmod omger henne; *der ~ e-s Lächelns* aningen av ett leende **3** tunn hinna 'hauch'dünn **1** florstunn, skir **2** *sport.* mycket knapp hauch|en andas; „*ja*", *-te er* "ja" viskade han; *an die Fensterscheibe* (*in die Hände*) *~ andas på rutan (i händerna)* Hauchlaut -e m, *fonet.* aspirata 'hauch'zart ytterst tunn (fin)
Haudegen - m [gammal] kämpe Haue **1** -n f, *sty., österr.* hacka **2** 0 f, *vard.* stryk hauen haute el. hieb, haute el. hiebe, gehauen (*dial.* gehaut) **1** hugga; fälla, slå; *vard.* klå [upp], ge stryk; *e-e Büste in Marmor ~* hugga en byst i marmor; *in den Felsen gehauen* inhuggen i klippan; *Fleisch ~* stycka kött; *mit e-m in dieselbe Kerbe ~* (*vard.*) vara inne på samma linje som ngn, göra gemensam sak med ngn; *e-n Nagel in die Wand ~* (*vard.*) slå i en spik i väggen; *e-n übers Ohr ~* (*vard.*) bedra (skörta upp) ngn; *e-m e-e* (*eins*) *hinter die Ohren ~* (*vard.*) ge ngn en örfil; *auf die Pauke ~* slå på stora trumman, skryta; *über die Schnur* (*die Stränge*) *~* hoppa över skaklarna; *in* (*auf*) *die Tasten ~* (*vard.*) hamra på tangenterna; *an die Wand ~* (*vard.*) slå (banka) i väggen; *die Wiese ~ slå ängen*; *sich ~* slåss; *das ist gehauen wie gestochen* (*vard.*) det är hugget som stucket **2** *s, das Flugzeug haute in den Acker* (*vard.*) flygplanet slog ner i åkern **3** *vard.* kasta, slänga; *das Geld auf den Kopf ~* slänga pengar omkring sig; *sich ein Stündchen aufs Ohr ~* ta sig en tupplur; *sich* (*dat.*) *ein paar Eier in die Pfanne ~* knäcka ett par ägg [o. steka dem]; *es hat mich fast vom Stuhl gehauen* jag trillade nästan av stolen av överraskning **4** *gruv.* bryta Hauer - m **1** gruvarbetare; *sty., österr.* vinodlare **2** *zool.* bete, huggtand Häuer - m, *sty., österr.* gruvarbetare
Häufchen - n, *der Hund setzte ein ~* (*vard.*) hunden gjorde en hög; *dasitzen wie ein ~ Unglück* (*vard.*) sitta där o. se olycklig (eländig) ut Haufe -ns -n m, *högt.*, *se* Haufen häufeln kupa (*potatis*); lägga i en hög (små högar) Haufen - m mängd, massa; hop, hög; skara; *mil.* grupp, avdelning; *der große ~* den stora massan; *ein ~ Geld* (*Arbeit*) en massa pengar (arbete); *e-n ~ machen* (*vard.*) göra en hög (*om hund*); *e-n über den ~ rennen* (*vard.*) springa omkull ngn; *über den ~ schießen* (*vard.*) skjuta ner; *in* (*zu*) *~ stapeln* stapla upp; *den Plan über den ~ werfen* kullkasta (omintetgöra) planen häufen **1** hopa; lägga (stapla, samla) i högar (på hög); *ein gehäufter Eßlöffel* en rågad matsked **2** *rfl* hopa

sig, hopas, samlas Haufendorf -er† n klungby haufenweise hög-, hop|vis; i mängd[er] Haufenwolke -n f cumulus-, stack|moln häufig talrik, ofta förekommande; ofta; *~e Besuche* täta besök; *~ besuchen* ofta besöka; *~er Fehler* vanligt fel Häufigkeit 0 f vanlighet; frekvens; *die ~ der Besuche* (*äv.*) de täta besöken Häufung -en f anhopning; hopande Hau|klotz -e† m **1** huggkubbe **2** okänslig person; drummel -meister - m förman (*vid skogsavverkning*)
Haupt -er† n huvud; *bildl.* ledare, överhuvud; *die Häupter der Berge* bergens toppar; *erhobenen* (*gesenkten*) *~es* med lyft (sänkt) huvud; *graues* (*greises*) *~* (*äv.*) gråhårsman; *die Häupter der Stadt* stadens fäder; *Reform an ~ und Gliedern* genomgripande reform; *e-n aufs ~ schlagen* grundligt besegra (slå) ngn; *zu Häupten jds* (*högt.*) vid ngns huvud[gärd], ovanför ngn[s huvud] -abschnitt -e m huvudavsnitt, viktigaste avsnitt (skede) -achse -n f huvudaxel; *mat.* storaxel -aktionär -e m största aktieägare -altar -e† m högaltare hauptamtlich avlönad; yrkes-
Haupt|anschlu|ß -sse† m, *tel.* huvudabonnemang -arbeit 0 f, *die ~* huvuddelen av arbetet, det huvudsakliga arbetet -augenmerk 0 n, *sein ~ auf etw.* (*ack.*) *richten* ägna särskild uppmärksamhet åt ngt -bahn -en f stam-, huvud|bana -bahnhof -e† m centralstation, huvudbangård -beruf -e m, *se* Hauptbeschäftigung hauptberuflich *~e Tätigkeit* huvudsaklig sysselsättning; *~ ist er Lehrer* till sitt egentliga yrke är han lärare Hauptbeschäftigung -en f huvudsaklig sysselsättning Hauptbuch -er† n, *hand.* huvudbok Hauptdarsteller - m innehavare av huvudroll; manlig (kvinnlig) huvudroll Haupteinkommen 0 n huvudinkomst
Häuptel -[n] n, *sty., österr.* huvud (*sallads- e.d.*) -salat -e m, *sty., österr.* huvudsallat
Haupterbe **1** -n -n m huvudarvinge **2** 0 n, *das ~* huvudparten av arvet
Hauptes|länge 0 f, *e-n um ~ überragen* vara huvudet högre än ngn
Haupt|fach -er† n huvudämne (*skol., univ.*) -farbe -f primärfärg; huvudfärg -fehler - m kardinalfel, största fel -frage -n f största (viktigaste) fråga, huvudfråga -gebäude - n huvud-, man|byggnad -geschäftsstelle -n f huvud|kontor, -expedition -geschäftsstunden pl, -geschäftszeit 0 f rusningstid (*i affär*) -gewinn -e m **1** *hand.* huvudsaklig vinst **2** högsta vinst; första pris -gewinner - m vinnare av högsta vinsten (första pris) -gläubiger - m största fordringsägare -grund -e† m huvud|orsak, -skäl -haar 0 n [huvud]hår -hahn -e† m huvudkran -kampflinie -n f, *mil.* huvudförsvarslinje -kreis -e m storcirkel; huvudkrets -last -en f huvudbörda -lehrer - m, *åld.* skolledare, rektor (*vid liten grundskola*) -leitung -en f huvud-, stigar|ledning -leute *se* Hauptmann
Häuptling -e m hövding häuptlings *åld.* huvudstupa, med huvudet före
Haupt|macher - m, *vard.* bas, chef, ledare -macht -e† f ledande makt; *mil.* huvudstyrka -mann *-leute* m **1** *mil.* kapten **2** anförare -masse -n f huvudmassa, flertal -merkmal -e n karakteristiskt drag, huvudkännetecken -mieter - m hyresgäst (*som hyr direkt av*

värden) **-nenner** - *m, mat.* gemensam nämnare **-person** *-en f* huvudperson **-post** *-en f,* **-postamt** *-er† n* huvudpost **-preis** *-e m* första pris (*i pristävling*) **-probe** *-n f* generalrepetition **-quartier** *-e n* högkvarter **-rechnungsart** *-en f, die vier ~en* de fyra räknesätten **-sache** *0 f* huvudsak; ~, *du bist wieder da! (vard.)* huvudsaken är att du är tillbaka!; *in der ~ i* huvudsak
hauptsächlich I *adj* huvudsaklig, väsentlig
II *adv* i huvudsak,, huvudsakligen
Haupt|satz *-e† m* huvudsats (*äv. språkv.*); huvudtes **-schiff** *-e n* mittskepp (*i kyrka*) **-schriftleiter** - *m, åld:* chefredaktör **-schuld** *0 f* största skuld **-schuldige(r)** *m f, adj. böjn.*, *der ~* den som har största skulden **-schuldner** - *m* huvudgäldenär **-schule** *-n f* 4—6-årig påbyggnadsskola (*på Grundschule*) **-schwierigkeit** *-en f* största svårighet **-spaß** *0 m, vard.* stort nöje; *ein ~ (äv.)* ngt jätteskoj **-stadt** *-e† f* huvudstad **-städter** - *m* huvudstadsbo
hauptstädtisch huvudstadsmässig, huvudstads-
Haupt|stärke *-n f, ihre ~* hennes starka[ste] sida **-straße** *-n f* huvud|led, -gata, -väg **-strecke** *-n f,* järnv. huvudlinje **-stück** *-e n* huvudavsnitt; huvudstycke (*äv. relig.*) **-sünde** *-n f, kat.* dödssynd **-tätigkeit** *-en f* huvudsaklig sysselsättning **-teil** *-e m* huvud|del, -part, största del **-tenor** *0 m* huvudtema **-treffer** - *m* högsta vinst **-tugend** *-en f* största dygd -- *und Staatsaktion 0 f, e-e ~ aus etw. machen (bildl.)* göra stor affär av ngt **-verfahren** - *n, jur. ung.* process **-verhandlung** *-en f, jur.* huvudförhandling **-verkehrsstraße** *-n f* huvud|väg, -led **-verkehrszeit** *0 f* rusningstid **-versammlung** *-en f* bolagsstämma **-wache** *-n f* [huvud]polisstation **-werk** *-e n* 1 (*konstnärs*) huvudverk 2 (*industris*) viktigaste anläggning, största fabrik **-wort** *-er† n,* språkv. substantiv **-wörterei** *0 f* substantivsjuka
hauptwörtlich *språkv.* substantivisk **Hauptzweck** *-e m* huvudändamål, viktigaste syfte
'**hau** 'ruck *interj, ung.* hugg i [o. dra]!; å hej!
Haus *-er† n* 1 hus; hushåll, hem; [furste-, handels]hus; (*snäckas*) skal, hus; parlament, kammare; [teater]publik; [stjärn]tecken; ~ *und Herd* hus o. hem; ~ *und Hof* allt man (*etc.*) äger o. har, gård o. grund; *das ~ des Herrn* Guds hus; *~ der Jugend (ung.)* ungdomsgård; ~ *Lindenhof* hotell (pensionat) Lindenhof; *das erste (größte) ~ am Platze (äv.)* det ledande hotellet (den största firman *etc.*) på orten; *Freund des ~es* vän i huset (t. familjen); *frei ~* fritt hemsänd; *das ganze ~ (äv.)* hela familjen; *das Hohe ~* parlamentet; *königliches ~* kungahus, kunglig familj; *öffentliches ~* bordell; *väterliches ~* föräldrahem; *die Kinder sind aus dem ~[e]* barnen är utflugna; *aus gutem ~[e] stammen* vara av god familj; *außer ~[e] essen* äta ute (på restaurang); *im ~ (äv.)* inomhus; *der Chef ist derzeit nicht im ~[e]* chefen är inte inne just nu; *mit der Tür ins ~ fallen (vard. ung.)* gå alltför rakt på sak; *ins ~ schicken* skicka hem (tillbaka); *nach ~[e]* hem[åt]; *er bringt 1000 Mark nach ~[e] (vard. äv.)* han tjänar 1 000 mark [netto]; *von ~[e] aus* ursprungligen, från början (födelsen); *von ~[e] aus reich* av rik familj; *Grüße von ~ zu ~ (i brev)* alla hälsar till alla; *vor ausverkauftem ~[e] spielen* spela för en utsåld salong; *zu ~[e] hemma; tu, als ob du zu ~[e] wärst* känn dig som hemma; *auf ihn kann man Häuser bauen* honom kan man absolut lita på; *e-m das ~ einlaufen (vard.)* ränna hos ngn; *e-m das ~ führen* sköta hushållet åt ngn; *das ~ auf den Kopf stellen (vard.)* vända upp o. ner på allt; *ein offenes ~ haben* föra öppet hus, vara mycket gästfri; *das ~ hüten (äv.)* stanna hemma 2 *vard.* person, människa; *hallo, altes ~!* hej, gamle gosse!; *fideles ~* glad lax; *gelehrtes ~* lärd person **-angestellte** *f, adj böjn.* hem|-hjälp, -biträde **-anschlu|ß** *-sse† m* serviseldning; *tel.* anknytning **-antenne** *-n f* centralantenn **-anzug** *-e† m* hemmadress **-apotheke** *-n f* medicinskåp, husapotek **-arbeit** *-en f* 1 hushålls|arbete, -göromål 2 *skol.* hemarbete; *schriftliche ~* hemskrivning **-arbeitstag** *-e m* (*förr lagstadgad*) månatlig ledighetsdag (*för yrkesarbetande husmödrar*) **-arrest** *0 m* husarrest **-arznei** *-en f, åld., se Hausmittel* **-arzt** *-e† m* husläkare; läkare (*på hem, kurhotell e.d.*) **-aufgabe** *-n f* [hem]läxa
hausbacken 1 *åld.* hembakad 2 *bildl.* präktig, 'hemväv'
Haus|bar *-s f* barskåp **-bedarf** *0 m* husbehov; *für den ~* för (till) husbehov **-besetzer** - *m* [hus]ockupant **-besetzung** *-en f* [hus]ockupation **-besitzer** - *m* husägare **-besuch** *-e m* hembesök **-bewohner** - *m, die ~* husets invånare **-bibliothek** *-en f* privat-, sjukhus-, hotell|bibliotek *e.d.* **-boot** *-e n* husbåt **-brand** *0 m* hushålls|bränsle, -kol **-bursche** *-n -n m* [hotell]vaktmästare
Häuschen - *n* 1 stuga, litet hus; [*ganz*] *aus dem ~ sein (geraten) (vard.)* vara (bli) utom sig, förlora fattningen, inte veta till sig (*av glädje e.d.*) 2 *dial.* [ute]dass
Haus|dame *-n f* husföreståndarinna, värdinna; sällskapsdam **-detektiv** *-e m* butikskontrollant **-diener** - *m, se Hausbursche* **-drachen** - *m, vard.* huskors **-durchsuchung** *-en f, österr., se Haussuchung*
hausen 1 *neds.* bo, ha sitt tillhåll 2 *vard.* husera, fara fram; *der Sturm hat schlimm gehaust* stormen har farit illa fram 3 *schweiz.* hushålla
Häuser|block *-e† el. -s m* kvarter **-flucht** *-en f,* **-reihe** *-n f* hus|länga, -rad **-viertel** - *n* kvarter
Hausflur *-e m* farstu, förstuga **Hausfrau** *-en f* 1 hus-, mat|mor, hemmafru 2 *sty., österr.* [hyres]värdinna **hausfraulich** husmoderlig
Haus|freund *-e m* vän till familjen, vän i huset **-friede** *-ns 0 m,* **-frieden** *-s 0 m* husfrid **-friedensbruch** *0 m* hemfridsbrott **-garten** *-† m* trädgård (*intill hus*) **-gast** *-e† m* husets (hotellets) gäst **-gebrauch** *0 m* husbehov; *Musik für den ~ betreiben (ung.)* musicera för sitt eget nöjes skull **-gehilfin** *-nen f* hem|-biträde, -hjälp **-geist** *-er m* hustomte (*äv. bildl.*)
hausgemacht hem|lagad, -gjord
Haus|genosse *-n -n m* hushållsmedlem **-gerät** *-e n* husgeråd; bohag **-gesinde** *0 n* tjänstefolk **-glocke** *-n f* portklocka **-halt** *-e m* hushåll 2 budget **-haltausschu|ß** *-sse† m* bevillningsutskott
haushalten *st* 1 hushålla, spara; *sie hält mit ihren Kräften nicht haus* hon sparar inte på krafterna 2 *åld.* hushålla, sköta hushållet
Haus|halter - *m,* **-hälter** - *m* hushållare; husföreståndare **haushälterisch** sparsam

Haushalt[s]ausschuß -ausschüsse m bevillningsutskott **-besteuerung** -en f sambeskattning **-debatte** -n f budgetdebatt **-defizit** -e n budgetunderskott **-führung** 0 f skötsel av hushållet **-geld** -er n hushållspengar **-gerät** -e n hushålls|apparat, -maskin **-jahr** -e n budgetår **-maschine** -n f hushållsmaskin **-mittel** pl [budget]anslag **-packung** -en f ekonomi-, hushålls|förpackning **-plan** -e† m budget **-tarif** -e m hushållstaxa
Haushaltung -en f hushållning, hushåll **Haushaltungskosten** pl hushållsutgifter **Haushaltungsschule** -n f hushållsskola **Haushaltungsvorstand** -e† m hushållsföreståndare; familjeöverhuvud
Haus-Haus-Verkehr 0 m transport från dörr till dörr **Hausherr** -[e]n -en m hus|fader, -bonde; hus-, hyres|värd; der ~ (äv.) herrn i huset **Hausherrin** -nen f hus-, mat|mor; [kvinnlig] hus-, hyres|värd; die ~ (äv.) frun i huset **haushoch** hög som ett hus; bildl. skyhög, kolossal; ~ schlagen överlägset slå; e-m ~ überlegen sein vara ngn skyhögt överlägsen **Haushofmeister** - m, åld. förvaltare (på större gods) **Haushuhn** -er† n tamhöns **Haushund** -e m tamhund; gårdvar **hausieren** sälja vid dörren, idka gårdfarihandel, nasa **Hausierer** - m gårdfarihandlare, dörrknackare, nasare **Hausierhandel** 0 m gårdfarihandel, dörrknackeri **Hausindustrie** -n f hemindustri **hausintern** intern, inom huset (företaget e.d.)
Haus|jacke -n f rökrock **-kapelle** -n f 1 slotts-, privat|kapell 2 privat musikkapell **-katze** -n f tamkatt; bildl. ung. stugsittare **-kleid** -er n hemmaklänning **-knecht** -e m, se Hausbursche **-knochen** - m, vard. portnyckel **-korrektor** -en m nollkorrekturläsare **-kreuz** 0 n, vard. huskors **-lehrer** - m informator
Häusler - m backstugusittare **Hausleute** pl 1 dial., die ~ värdparet, de man (etc.) hyr av 2 schweiz. el. åld. hyresgäster 3 portvaktspar **häuslich** huslig, hus-, hem-; ~e Arbeiten verrichten uträtta hushållsarbete; ~er Zwist (äv.) familje-, äktenskaps|gräl; sich bei e-m ~ einrichten slå sig ner hos ngn; ~es Leben hemliv; ~er Unterricht undervisning i hemmet; sich ~ niederlassen bosätta sig **Häuslichkeit 1** 0 f huslighet, hemkärlek **2** -en f hem, hemmiljö
Haus|macherart 0 f, nach ~ [som] hemlagad **-macherkost** 0 f husmanskost **-macherleinen** 0 n hemvärt linne **-macherwurst** -e† f hemgjord korv **-macht** 0 f [dynastisk] makt **-mädchen** - n husa, husjungfru **-mann** -er† m (jfr Hausleute) **1** portvakt **2** hemmaman **-mannskost** 0 f husmanskost **-marke** -n f 1 bomärke 2 hand. eget märke (fabrikat); egen tillverkning **3** husets vin **4** vard. favorit|rätt, -mat, -dryck etc. **-meier** - m, hist. major domus **-meister** - m portvakt **-miete** -n f [bostads]hyra **-mitteilung** -en f internt meddelande **2** kundtidning **-mittel** - n, med. huskur **-musik** 0 f musik i hemmet **-mutter** -† f husmor (på läger e.d.) **-ordnung** -en f ordningsregler (för hus, skola e.d.) **-pflanze** -n f rumsväxt **-pflege** 0 f 1 hjälp av hemsamarit **2** vård i hemmet **-putz** 0 m storstädning **-rat** 0 m husgeråd; bohag **-ratversicherung** -en f hemförsäkring **-recht** 0 n rätt till hemfrid; von seinem ~ Gebrauch machen visa fridstöraren på dörren **-rind** -er n tamboskap

-schlachtung -en f hemslakt **-schlüssel** - m port-, dörr|nyckel **-schneiderin** -nen f hemsömmerska **-schuh** -e m toffel, innesko **-schwein** -e n tamsvin
Hausse ['ho:s(ə), o:s] -n f hausse; auf ~ spekulieren spekulera i hausse
Haussegen - m bibelspråk (inom glas o. ram som välsignelse); der ~ hängt schief (vard.) det är osämja i familjen
Haussier [(h)o'sje:] -s m haussespekulant
Haus|stand 0 m hushåll; e-n eigenen ~ gründen grunda eget hushåll, sätta bo **-suchung** -en f hus|rannsakan, -undersökning **-telephon** -e n lokal-, snabb|telefon **-tier** -e n husdjur **-tochter** -† f hembiträde (som är familjemedlem) **-tor** -e n [inkörs]port **-trauung** -en f vigsel i hemmet **-tür** -en f port, ytterdörr **-tyrann** -en -en m, vard. hustyrann **-unterricht** 0 m undervisning i hemmet **-vater** -† m husfa[de]r, familjefar; föreståndare (för ungdomsgård, vandrarhem e.d.)
hausväterlich husfaderlig **Hausverwalter** - m vicevärd
Hauswart -e m, dial. portvakt **Hauswesen** 0 n, ung. hus o. hem; das ~ besorgen sköta huset (hushållet) **Hauswirt** -e m husägare; hyresvärd **Hauswirtschaft** 0 f 1 hushållning; självhushållning **2** DDR, ung. privatägd mark (boskap e.d.) **hauswirtschaftlich** rör hushållet, hushålls-, hushållnings- (jfr Hauswirtschaft) **Hauswirtschaftsschule** -n f, ung. fackskola för huslig ekonomi **Hauswurfsendung** -en f reklamförsändelse **Hauszeichen** - n bomärke **Hauszeitung** -en f, ung. husorgan **Hauszins** -e m, dial. [bostads]hyra
Haut -e† f 1 hud, skinn; hy; skal, hölje; hinna (på vatten e.d.); die ~ abziehen a) flå, b) skala, c) vard. grundligt lura; e-m die ~ gerben (vard.) ge ngn ordentligt med stryk; nur (bloß) noch ~ und Knochen sein (vard.) bara vara skinn o. ben; seine ~ zu Markte tragen (vard.) a) offra sitt skinn, b) skämts. arbeta som prostituerad (stripteasedansös e.d.); sich seiner ~ (gen.) wehren försvara sig; bis auf die ~ durchnäßt genomblöt in på bara kroppen; auf der faulen ~ liegen (vard.) ligga på latsidan; es ist, um aus der ~ zu fahren (vard.) det är så man kan spricka; niemand kann aus seiner ~ heraus (vard.) man kan inte ändra på sin natur; ihm ist nicht wohl in seiner ~ (vard.) han känner sig inte väl till mods; in keiner gesunden ~ stecken (vard.) vara sjuklig; ich möchte nicht in seiner ~ stecken (vard.) jag skulle inte vilja vara i hans kläder; mit heiler ~ davonkommen komma helskinnad undan; sich e-m mit ~ und Haar[en] verschreiben (vard.) förskriva sig åt ngn med hull o. hår; das Buch geht unter die ~ (vard.) boken griper en **2** vard., e-e ehrliche ~ en hederlig person (människa); e-e treue ~ sein (vard.) vara en trogen själ **Hautabschürfung** -en f skrubbsår **Hautarzt** -e† m hudläkare **Hautbräune** 0 f solbränna **Häutchen** - n [tunn] hinna **Hautcreme** -s f hudkräm **häuten 1** flå, dra skinnet av **2** r s f ömsa skinn, byta skal **hauteng** åtsittande, tajt **Hautfarbe** -n f hudfärg **hautfarben** hudfärgad **Hautflechte** -n f, med. revorm **Hautflügler** - m stekel **hautfreundlich** hudvänlig **Hautgewebe** - n hudvävnad **häutig** hudartad; hinnaktig; försedd med hud **Hautjucken** 0 n klåda **Hautkrebs** -e m hudcancer **Hautlehre** 0 f dermatologi **Hautmilbe** -n f kvalster

hautnah 1 hudnära; *vard.* verklighetsnära **2** *sport.*, ~ *gedeckt* starkt markerad
Haut|pflege *0 f* hudvård **-plastik** *-en f* hudtransplantation, plastisk kirurgi **-salbe** *-n f* hudsalva **-schrift** *0 f* dermografi; kraftig [snabbt övergående] hudreaktion **-transplantation** *-en f*, **-überpflanzung** *-en f*, **-übertragung** *-en f* hudtransplantation
Häutung *-en f* **1** skinnömsning **2** flående **hautverträglich** hudvänlig **Hautwolf** *0 m* skavsår
Havanna [-v-] -[s] *f* havanna (*cigarr*)
Havarie [-v-] *-n f* haveri **havarieren** haverera
Havarist *-en -en m* haverist; ägare till havererat fartyg
Haxe *-n f, sty.*, *se Hachse*
Hazienda|a *-as el.* *-en f* hacienda
Hb *förk. för* Hämoglobin **Hbf.** *förk. för* Hauptbahnhof
H-Bombe *-n f* vätebomb
he *interj*, *vard.* **1** hallå!, hör du! **2** va?
Hearing [ˈhɪərɪŋ] *-s n* hearing
Hebamme *-n f* barnmorska
Hebe|arm *-e m*, **-balken** - *m*, **-baum** *-e†* *m* hävarm **-bühne** *-n f* lyftanordning, hiss **-kran** *-e*[†] *m* lyftkran
Hebel - *m* hävstång; spak; *hier mußt du den* ~ *ansetzen* (*vard.*) det är här som du måste sätta in stöten; *alle* ~ *in Bewegung setzen* göra allt, sätta till alla klutar; *am längeren* ~ *sitzen* ligga bättre till, vara i överläge **Hebelarm** *-e m* häv[stångs]arm; *am längeren* ~ *sitzen* ligga bättre till, vara i överläge
heb|en *hob, höbe, gehoben* **1** lyfta, höja, häva; *dial.* hålla; *dial.* kassera in; *bildl. äv.* främja, befordra, öka; *die Augen* ~ lyfta blicken; *sich* (*dat.*) *e-n Bruch* ~ ådra[ga] sig ett bråck; *gern e-n* ~ (*vard.*) gärna ta sig ett glas; *die Stimme* ~ höja rösten; *ein Wrack* ~ lyfta (bärga) ett vrak; *beim Essen die Zähne* ~ (*vard.*) äta med avsmak; *e-e Tür aus den Angeln* ~ lyfta av en dörr; *aus den Angeln* ~ (*bildl.*) bringa ur jämvikt, i grunden ändra [på]; *aus der Taufe* ~ stå fadder för; *e-n aus dem Sattel* ~ (*äv.*) ta ifrån ngn makten; *e-n in den Himmel* ~ (*vard.*) höja ngn till skyarna; *es -t mich* (*vard.*) jag måste kräkas, det kväljer mig; *gehobene Position* upphöjd ställning; *gehobene Stimmung* animerad stämning, feststämning **2** *rfl* höja (lyfta, häva) sig; stiga; framträda; förbättras; *dial.* hålla sig fast; *sich wieder* ~ (*om konjunkturer e.d.*) gå uppåt igen, åter stiga; *drei gegen drei* [*das*] *-t sich* tre går jämnt ut i tre **Heber** - *m* **1** lyftanordning, hiss; hävert **2** tyngdlyftare
Hebe|schiff *-e n* bärgningsfartyg **-schmaus** *-e† m* taklags|fest, -öl **-stange** *-n f, se Hebearm* **-zeug** *-e n* lyftanordning
Hebräer - *m* hebré **hebräisch** hebreisk **Hebräisch** *0 n* hebreiska (*språk*)
Hebung *-en f* **1** lyftande *etc.*, *jfr heben*; lyftning, höjning; bärgning; ökning **2** *versl.* arsis
Hechel *-n f, text.* häckle; *e-n durch die* ~ *ziehen* (*bildl.*) häckla (kritisera, tala illa om) ngn
Hechelei *-en f* häcklande, småaktig kritik; skvaller **hecheln 1** häckla (*äv. bildl.*); *bildl. äv.* småaktigt klandra, tala illa om **2** (*om hund*) flåsa
Hecht 1 *0 m, vard.* tjock tobaksrök; dålig luft **2** *-e m* gädda; *ein toller* ~! (*vard.*) vilken lirare!; *blauer* ~ (*ung.*) kokt gädda; *der* ~ *im Karpfenteich sein* (*vard.*) sprida oro i lägret, röra om i ankdammen **Hechtbarsch** *-e m* gös **hechtblau** gråblå **hechten** *sport.* göra en pik; *fotb.* kasta sig [raklång] **hechtgrau** blågrå **Hechtsprung** *-e† m* huvudhopp framåt (*simhopp*); *gymn.* rakt hopp; *durch e-n* ~ (*bildl.*) genom att kasta sig framstupa **Hechtsuppe** *0 f, vard., hier zieht es wie* ~ här drar det ordentligt (är det korsdrag)
Heck 1 *-e el. -s n, sjö.* akter, häck; *flyg.* stjärtparti; bakvagn **2** *-e n, nty.* [grind i] inhägnad **1 Hecke** *-n f* **1** häck **2** törnrosnår **2 Hecke** *-n f* **1** (*fåglars*) liggtid, häckningstid, häckande **2** kull (*av fågelungar, möss etc.*) **3** häck|bur, -plats, rede **hecken** häcka; para sig; yngla av sig (*äv. bildl.*); lägga (ligga på) ägg; kläcka ägg
Hecken|rose *-n f* nypon[buske] **-schere** *-n f* häcksax **-schütze** *-n -n m* kryp-, tjuv|skytt **-zaun** *-e† m* häck (*som stängsel*)
Heckflagge *-n f* akterflagga **hecklastig** baktung, styrlastig **Hecklaterne** *-n f* akterlanterna **Heckmotor** *-en m* svansmotor **Heckpfennig** *-e m* lyckoslant **Heckraddampfer** - *m* hjulångare med akterhjul **Heckscheibe** *-n f* bakruta **Heckzeit** *-en f* (*fåglars*) liggtid
'heda *interj* hallå där!, hör hit!
Hede *-n f, nty.* blånor
Hederich *-e m* åkerrättika
Hedoniker - *m* hedonist **Hedonismus** *0 m* hedonism **Hedonist** *-en -en m* hedonist
Heer *-e n* här, armé; *bildl. äv.* härskara, mängd **-bann** *-e m, hist.* uppbåd
Heeres|bericht *-e m* krigskommuniké **-dienst** *0 m* krigstjänst (*i armén*) **-dienstvorschrift** *-en f* tjänsteregemente för krigsmakten **-führung** *-en f* arméledning; *die Oberste* ~ överkommandot **-gruppe** *-n f* armégrupp **-leitung** *-en f*, *se Heeresführung* **-lieferant** *-en -en m* leverantör t. armén **-verwaltung** *-en f* arméförvaltning
Heer|fahrt *-en f* härnad[ståg] **-führer** - *m* härförare **-säule** *-n f* marschkolonn **-schau** *-en f* trupprevy **-straße** *-n f, åld.* härväg **-wurm** *-e† m, zool.* luskung
Hefe *-n f* **1** jäst **2** bottensats, drägg; *bildl.* avskum **-brot** *-e n* bröd bakat med jäst **-kuchen** - *m* kaka bakad med jäst; *ung.* vete-, kaffe|bröd **-pilz** *-e m* jästsvamp
hefig jästliknande; jästblandad; jästsmakande; grumlig
Hefnerkerze *-n f, elektr.* hefnerljus
Heft *-e n* **1** skrivbok; häfte; nummer (*av tidskrift*) **2** *högt.* skaft, handtag, fäste; *das* ~ *in der Hand haben* ha makten, hålla i tyglarna (trådarna), ha läget i sin hand; *das* ~ *nicht aus der Hand geben* inte släppa ledningen (makten) **Heftchen** - *n* tunt häfte, broschyr; serietidning, magasin; [kupong]häfte **Heftel** - **1** *-e n* Haftel **2** *sty., Heftchen* **heftein** häkta fast **heften 1** fästa (*äv. bildl.*); häfta fast **2** häfta (*bok*) **3** tråckla [ihop] **4** *rfl* fästas, fästa sig, fastna; *sich an etw.* (*ack.*) ~ förknippas med ngt; *wir* ~ *uns an ihre Fersen* (*Sohlen*) vi följer dem tätt i hälarna **Hefter** - *m* [förvarings]pärm **Heftfaden** *-†* *m* tråckeltråd; *boktr.* häfttråd
heftig häftig, intensiv, våldsam; obehärskad; uppbrusande **Heftigkeit** *0 f* häftighet *etc.*, *jfr heftig*
Heft|klammer *-n f* [häft]klammer; gem **-pflaster** - *n* [häft]plåster **-stich** *-e m* tråckel-

stygn **-zwecke** *-n f* häftstift **-zwirn** *-e m* tråckeltråd
Hege *0 f* vård *(av djur o. växter)*
Hegemonie *-n f* hegemoni **hegemonisch** ledande, som har hegemonin
hegen 1 skydda, vårda, sörja för; ~ *und pflegen* omhulda, skydda o. vårda **2** ha, hysa *(tanke e.d.)*; *ein Gefühl* ~ hysa en känsla; *e-n Plan* ~ ha en plan **Heger** - *m* skogvaktare **Hegezeit** *-en f* fridlysningstid
Hehl *0 n m, kein*[*en*] ~ *aus etw. machen* inte försöka dölja ngt **hehlen** *åld.* dölja **Hehler** - *m* hälare **Hehlerei** *-en f* häleri
hehr *högt.* hög, upphöjd, sublim, majestätisk
hei *interj* oj!, hej! **heia** *barnspr.*, ~ *machen* sova **Heia** *0 f, barnspr.* säng; *jetzt aber ab in die* ~ *!* hopp i säng!
1 Heide *-n -n m* hedning
2 Heide *-n f* **1** hed; mo **2** *bot.* ljung **-korn** *0 n* bovete **-kraut** *0 n, bot.* ljung **-land** *0 n* hedlandskap
Heidelbeere *-n f* blåbär; *in die* ~*n gehen (vard.)* gå o. plocka blåbär **Heidelbeerkraut** *0 n* blåbärsris
Heidelerche *-n f* trädlärka
'Heiden|'**angst** *0 f, vard.* stor rädsla; *e-e* ~ *haben* vara [väldigt] skraj -'**arbeit** *0 f, vard.* jättearbete, förfärligt svårt arbete **-christ** *-en -en m* hednakristen -'**geld** *0 n, vard.* förfärligt mycket pengar; *es kostet ein* ~ det är jättedyrt -'**lärm** *0 m, vard.* förfärligt oväsen **heidenmäßig** *vard.* jätte|stor, -mycket, jätte-, oerhörd
Heiden|**röschen** - *n*, **-röslein** - *n* **1** solvända **2** vild-, nypon|ros
'**Heiden**|'**schreck** *0 m, vard.* stor skräck; *e-n* ~ *bekommen* bli förfärligt rädd (skraj) -'**spaß** *0 m, vard.* stort nöje; *e-n* ~ *an etw. (dat.) haben* ha okristligt roligt åt ngt, tycka ngt är jättekul **-spek'takel** *0 m, vard.* förfärligt liv **-tum** *0 n* hedendom; *das* ~ (*äv.*) hednavärlden
Heide|**röschen, -röslein** *se Heidenröschen etc.*
hei'di ~ *ging's los* åhej vad det gick; ~ *gehen (vard.)* vara puts väck; ~ *sein (vard.) a)* vara som bortblåst, *b)* ha gått åt pipan
Heidin *-nen f* hednisk kvinna
Heidjer - *m* hedbo *(på Lüneburger Heide)*
heidnisch hednisk
Heidschnucke *-n f* hedfår *(på Lüneburger Heide)*
Hei'duck *-en -en m, hist.* **1** betjänt **2** ungersk gränssoldat
Heiermann *-er† m, vard.* femma *(femmarksmynt)*
heik|**el 1** ömtålig, kinkig, knepig, känslig; *-ler Punkt* öm punkt **2** *dial.* kräsen **heiklig** *åld., se heikel*
heil oskadd, hel; åter frisk; *mit* ~*er Haut* helskinnad; *die Wunde ist wieder* ~ såret har läkts; *die Tasse ist* ~ koppen är hel (oskadd); *etw.* ~ *machen (vard.)* laga ngt **Heil** *0 n* **1** frälsning, salighet, nåd; *im Jahre des* ~*s 1500* i nådens år 1500 **2** lycka, välgång; hälsa; *sein* ~ *in etw. (dat.) suchen* söka sin räddning i (tillflykt till) ngt; *zu jds* ~ *gereichen* vara för ngns bästa; *sein* ~ *versuchen* pröva sin lycka; *e-m* ~ *und Segen wünschen* önska ngn lycka o. välgång; *Schi* ~ *!* lycka till [på skidturen]!; *dem Sieger* ~ *!* hell segraren! **Heiland** *-e m* frälsare **Heilanstalt** *-en f* sjuk-, vård|hem; mentalsjukhus **Heilanzeige** *-n f, med.* indikation **Heilbad** *-er† n* **1** medicinskt bad, hälsobad **2** kurort **heilbar** möjlig att bota, som kan botas (läkas) **heilbringend 1** läkande; välgörande **2** *relig.* som skänker frälsning **Heilbringer** - *m* frälsare **Heilbutt** *-e m* helgeflundra **heilen 1** bota; kurera; *vard.* avhjälpa *(skada); e-n von e-r Krankheit (e-m Irrtum)* ~ bota ngn för (från) en sjukdom (ta ngn ur hans villfarelse); ~*de Wirkung* läkande verkan **2** *s* läkas **Heilerde** *-n f, ung.* medicinsk jord *(för inpackning e.d.)* **Heilerfolg** *-e m* framgångsrikt botande, god läkning **Heilfieber** *0 n* feberterapi '**heil**'**froh** *vard.* väldigt glad **Heilfürsorge** *0 f, ung.* militärsjukvård **Heilgehilfe** *-n -n m* sjukvårdare **Heilgymnast** *-en -en m* sjukgymnast **Heilgymnastik** *0 f* sjukgymnastik
heilig helig; *der H*~*e Abend* julafton; *da soll das* ~*e Donnerwetter dreinfahren (vard. ung.)* må han ta det *(etc.)*!; ~*er Eifer* heligt nit; ~*e Einfalt! (vard.)* heliga enfald!, sancta simplicitas!; ~*er Himmel! (vard.)* Herre Gud!; *die H*~*e Jungfrau* Jungfru Maria; *die H*~*en Drei Könige* de tre vise männen; *die H*~*e Nacht* julnatten; *der H*~*e Petrus* Sankte Per; *das H*~*e Römische Reich Deutscher Nation (hist.)* Heliga romerska riket av tyska nationen **Heilig**'**abend** *-e m* julafton **heiligen** helga; hålla helig; *geheiligt (äv.)* helig **Heiligen**|**bild** *-er n*, **-figur** *-en f* helgonbild **Heiligenschein** *-e m* helgongloria **Heiligenschrein** *-e m* helgon-, relik|skrin **Heilige(r)** *m f, adj böjn.* helgon; *das ist aber ein sonderbarer (komischer) Heiliger (vard.)* det var mig en konstig kropp **Heilige**[**r**]**dreikönigstag** *-e m, am Heilige*[*n*]*dreikönigstag* på trettondagen **heilighalten** *st* helighålla, hålla i helgd **Heiligkeit** *0 f* helighet **heiligsprechen** *st* helig-, helgon|förklara, kanonisera **Heiligsprechung** *-en f* helig-, helgon|förklaring, kanonisering **Heiligtum** *-er† n* helgedom; tempel; relik **Heiligung** *-en f* helgande, helgelse
Heilklima *-s el. -te n* hälsosamt klimat **Heilkraft** *-e† f* läkekraft **heilkräftig** läkande, stärkande **Heilkraut** *-er† n* läkeört, medicinalväxt **Heilkunde** *0 f* läkekonst **heilkundig** läkekunnig **heillos** förskräcklig, gräslig, ohygglig; hopplös
Heil|**massage** *-n f* terapeutisk massage **-methode** *-n f* behandlingsmetod **-mittel** - *n* läke-, bote|medel **-mittellehre** *0 f* farmakologi **-pädagoge** *-n -n m* speciallärare **-pflanze** *-n f* läkeört, medicinalväxt **-praktiker** - *m* naturläkare **-quelle** *-n f* hälso|brunn, -källa **-ruf** *-e m, nat. soc.* heil-rop **-salbe** *-n f* läkande salva
heilsam hälsosam; *bildl. äv.* nyttig **Heilsarmee** *0 f, die* ~ Frälsningsarmén **Heilsbotschaft** *0 f, die* ~ frälsningsbudskapet, evangeliet **Heilschlaf** *0 m* läkande sömn **Heilschlamm** *-e m* medicinsk gyttja **Heilser**|**um** *-en el. -a n* serum **Heilsgeschichte** *0 f, die* ~ frälsningshistorien **heilsgewiß** viss om frälsning **Heilslehre** *-n f* frälsningslära **Heilsordnung** *0 f* nådens ordning **Heilstätte** *-n f* sanatorium **Heilung** *-en f* botande; läkning; tillfrisknande **Heilverfahren** *- n* behandlingsmetod; terapi **Heilwert** *-e m* terapeutiskt värde *(hos läkemedel)* **Heilwirkung** *-en f* läkekraft
heim hem **Heim** *-e n* hem *(äv. anstalt)*; asyl; klubbhus; ~ *und Herd* hem o. härd **Heim-**

abend -e m kvälls|träff, -samkväm **Heimarbeit** -en f hemarbete; hemslöjd; hemindustri **Heimat** 0 f hem|land, -trakt, -bygd, -ort, -vist; e-e zweite ~ ett andra hem; in die ~ fahren (äv.) resa hem; die ewige ~ (poet.) hinsides graven **heimatberechtigt** som har hemortsrätt **Heimat|dichtung** -en f bygde-, folklivs|diktning -**erde** 0 f fädernejord -**front** -en f hemmafront -**hafen** -† m, sjö. hemmahamn -**klänge** pl hemlandstoner -**kunde** 0 f hembygdskunskap -**kunst** 0 f bygdekonst -**land** -er† n 1 fosterland 2 homeland (Sydafrika) **heimatlich** hemlands-, hembygds-; ~er Boden fädernejord; es berührt mich ~ (ung.) det känns som hemma; meine ~en Bräuche min hembygds seder **heimatlos** hemlös, husvill **Heimatlose(r)** m f, adj böjn. hemlös, husvill; statslös, [politisk] flykting **Heimatmuse|um** -en n bygdegård, hembygdsmuseum **Heimatort** -e m, se Heimatsort **Heimatpflege** 0 f hembygdsvård **Heimatrecht** 0 n hemortsrätt **Heimatschuß** 0 m, den ~ erhalten bli skottskadad och hemförlovad **Heimatsort** -e m hem-, födelse|ort **Heimatstaat** -en m fädernesland; stat där man är medborgare **Heimattreffen** - n sammankomst (träff) med landsmän (jfr följ.) **Heimatvertriebene(r)** m f, adj böjn., polit. (vid krigsslutet) fördriven (tysk) från områden i Östeuropa; ung. östflykting **Heimatzeitung** -en f lokaltidning **heimbegeben** st, rfl bege sig hem **heimbegleiten** följa hem **heimbringen** oreg. bära (föra, köra etc.) hem; följa hem **heimeilen** s skynda [sig] (ila) hem **heimelig** hemtrevlig; förtrolig **Heimerziehung** 0 f uppfostran på hem (anstalt) **heimfahren** st 1 köra (skjutsa) hem 2 s fara (åka etc.) hem **Heimfahrt** 0 f hem|färd, -resa **Heimfall** 0 m återgång (av gods t. ägare vid arrendators död e.d.); övergång i statlig ägo (då laglig arvinge saknas) **heimfallen** st s hemfalla; tillfalla (staten då arvinge saknas) **heimfinden** st hitta hem **heimführen** leda hem (blind person e.d.); hemföra (som brud) **Heimgang** 0 m, bildl. hädanfärd **Heimgegangene(r)** m f, adj böjn., der Heimgegangene den hädangångne **heimgehen** st s gå hem; bildl. gå hädan **heimgeigen** vard., se heimleuchten 2 **heimholen** hämta hem **heimisch 1** inhemsk; inländsk; hembygds-; die ~e Pflanzenwelt den inhemska växtvärlden; ein Tier ~ machen plantera in ett djur; die Blume ist hier ~ blomman förekommer här 2 hemmastadd, som hemma **Heimkehr** 0 f hemkomst **heimkehren** s återvända hem **Heimkehrer** - m hemvändande (från krig) **Heimkino** 0 n, vard. 1 [privat] filmvisning 2 TV **heimkommen** st s komma hem **Heimkunft** 0 f hemkomst **Heimleiter** - m föreståndare (för hem e.d.) **heimleuchten 1** åld., e-m ~ lysa ngn på vägen hem 2 vard., e-m ~ säga ngn sitt hjärtas mening
heimlich 1 hemlig, förstulen, lönn-; i hemlighet, i smyg 2 österr., se heimelig '**heimlicher'weise** hemligen, i hemlighet **Heimlichkeit** -en f hemlighet; in aller ~ i största hemlighet **Heimlichtuer** - m hemlighetsmakare **Heimlichtuerei** -en f hemlighetsmakeri, smussel **heimlichtun** st vara hemlighetsfull, smussla **Heimmannschaft** -en f, sport. hemmalag **heimmüssen** oreg. vara tvungen

gå (fara) hem **heimnehmen** st, etw. mit ~ ta med sig ngt hem **Heimniederlage** -n f, sport. hemmaförlust **heimreisen** s resa hem **Heimsieg** -e m, sport. hemmaseger **Heimsonne** -n f kvartslampa **Heimstätte** -n f [eget] hem **heimsuchen** hemsöka (äv. bildl.) **Heimsuchung** -en f hemsökelse; sty. äv. husrannsakan **Heimsuper** - m, öty. radio[apparat] **Heimtrainer** - m, se Hometrainer **heimtrauen** rfl våga komma (sig) hem **Heimtücke** 0 f lömskhet, illistighet **heimtückisch** lömsk, illistig, bakslug, förrädisk, opålitlig, försåtlig **heimwärts** hemåt **Heimweh** 0 n hemlängtan **Heimwehr** 0 f, die ~ hemvärnet (österr. borgerlig paramilitär organisation under mellankrigstiden) **Heimwesen** - n, schweiz. bondgård, lantställe **heimzahlen** vedergälla; återgälda; das werde ich ihm ~ (vard.) det ska han få igen **heimzu** vard. på hemvägen **heimzünden** schweiz., se heimleuchten 2 **Hein** 0 m, Freund ~ Liemannen **Heini** -s m, vard. dumhuvud, idiot **Heinrich** 0 m Henrik; den flotten ~ haben (vard.) ha diarré; auf müden ~ machen (vard.) slöa, arbeta slött, slappa **Heinzelmännchen** - n tomte, nisse **Heirat** -en f giftermål, äktenskap **heiraten 1** gifta sig; aufs Land ~ gifta sig med ngn som bor på landet; in die Stadt (nach Schweden) ~ gifta sig o. flytta till staden (Sverige) 2 e-n ~ gifta sig med ngn; Geld ~ (vard.) gifta sig till pengar ·**Heiratsalter** 0 n giftasålder; im ~ sein vara giftasvuxen **Heiratsannonce** -n f äktenskapsannons **Heiratsantrag** -e† m frieri, giftermålsanbud; e-m e-n ~ machen fria till ngn **Heiratsanzeige** -n f äktenskapsannons; vigselannons **heiratsfähig** giftasvuxen **Heiratsgut** 0 n, österr. el. åld. hemgift **Heiratsinstitut** -e n äktenskapsförmedling **heiratslustig** giftaslysten **Heiratsplan** -e† m, Heiratspläne haben gå i giftastankar **Heiratsschwindler** - m solochvårman, solochvårare **Heiratsurkunde** -n f vigselattest (vid borgerlig vigsel) **Heiratsvermittler** - m äktenskapsmäklare **Heiratsvermittlung** -en f äktenskaps|förmedling, -byrå
heisa interj, se heißa
heischen högt. kräva, fordra; Hilfe ~ (äv.) be om hjälp
heiser hes **Heiserkeit** 0 f heshet
heiß 1 het; bildl. äv. häftig, våldsam, hetsig, lidelsefull, innerlig; vard. äv. brännande, farlig, konfliktladdad; im ~en Bemühen (Gebet, Wunsch) vereint förenade i ivrig strävan (innerlig bön, varm önskan); ~es Blut haben vara hetlevrad; ~en Dank! (vard.) tack så hemskt mycket!; der ~e Draht heta linjen; mit ~em Herzen lidelsefullt; ~e Höschen hot pants, [korta] shorts; ~er Ofen (vard.) vass (trimmad) kärra (båge); ~e Rhythmen heta rytmer; ~er Sommer (bildl.) het sommar; ~e Ware stöld-, smuggel|gods; ~e Würstchen (koll.) varm korv; ein Paar H~e (vard.) två varma korvar; ein ~es Eisen anfassen (aufgreifen) ta upp en brännande fråga (ett brännande ämne); dich haben sie wohl [als Kind] zu ~ gebadet! du är inte riktigt klok!; es wird nichts so ~ gegessen, wie es gekocht wird det blir inte så farligt när det kommer till kritan; was ich nicht weiß, macht mich nicht ~ ngt jag inte vet har man inte ont av; sie haben sich die Köpfe ~ geredet de diskuterade lidelsefullt: nicht ~ und nicht kalt sein vara varken

hackat eller malet; *das Kind ist ganz* ~ (*vard. äv.*) barnet har feber; *das Eisen schmieden, solange es* ~ *ist* smida medan järnet är varmt; *es überlief mich* ~ *und kalt, es lief mir* ~ *und kalt den Rücken hinunter* det gick kalla kårar längs ryggen på mig; *das Pflaster* (*der Boden*) *wurde ihm zu* ~ *unter den Füßen* (*vard.*) marken började brännas under fötterna på honom **2** *kärnfys.* [mycket] radioaktiv **3** *sport.* stor; ~*er Favorit* stor favorit **4** *vard.* kåt; ~ *sein* (*om hund, katt*) löpa
'**heiß[ssa]** *interj, åld.* hej[san]!; heja!
heißblütig varmblodig, lidelsefull, häftig; hetlevrad **Heißdampf** *-e*† *m* överhettad ånga
1 heiß|en *hieß, hieße, geheißen* (*heißen*) **1** heta, kallas; lyda, låta; *wie* ~ *Sie?* vad heter Ni?; *er -t nach seinem Großvater* han heter samma som sin farfar (morfar); *so wahr ich Joseph -e* så sant jag heter Joseph; *wenn es sich so verhält, -e ich Emil* (*Hans, Meier*) om det förhåller sig så är jag Kalle Anka; *wie -t das Zitat?* hur lyder citatet?; *im Abkommen* (*bei Böll*) *-t es i* avtalet (hos Böll) står (heter) det **2** betyda, innebära; *was soll das* ~? vad vill det säga?, vad ska det betyda?; *das will nicht viel* ~ det betyder inte mycket; *das will schon etw.* ~, *wenn* det har ngt att betyda när; *was -t Glück?* vad menas med lycka? **3** *opers. es -t, daß er tot ist* det påstås (sägs) att han är död; *jetzt -t es aufpassen* (*aufgepaßt*) nu gäller det att se upp **4** kalla; *sie haben das Kind nach seinem Vater Joachim geheißen* de har kallat barnet Joachim efter fadern; *e-n e-n Esel* ~ kalla ngn för en åsna; *das -e ich Freundschaft* (*glückliche sein*) det kallar jag vänskap (att vara lycklig) **5** bjuda, befalla; *e-n willkommen* ~ hälsa ngn välkommen; *wir* ~ *ihn kommen* vi bjuder (befaller) honom att komma; *wer hat dich kommen* ~ (*geheißen*)? vem har sagt till dig att komma? **6** *er hat etw. mitgehen* ~ (*vard.*) han har knyckt ngt
2 heiß|en *se hissen; -t Flagge!* (*sjö.*) hissa flaggan!
heißersehnt ivrigt efterlängtad **heißgeliebt** innerligt älskad **Heißhunger** *0 m* glupande hunger; *bildl.* stark åtrå, lystnad (*nach* efter) **heißhungrig** glupsk; hungrig som en varg **heißlaufen** *st s, äv. rfl* gå varm; *der Motor ist* (*äv. hat sich*) *heißgelaufen* motorn har gått varm
Heiß|leiter - *m* termistor **-luft** *0 f* varmluft **-luftdusche** *-n f* varmluftstork; hårtork **-luftheizung** *-en f* varmluftsuppvärmning **-mangel** *-n f* varmmangel **-sporn** *-e m* hetsporre
heißumstritten mycket omtvistad (omstridd) **Heißwasser** *0 n* varmvatten **-apparat** *-e m*, **-bereiter** - *m* varmvatten[s]beredare **-speicher** - *m* varmvatten[s]|behållare, -beredare **heiter 1** (*om vädret*) klar, solig; *wie ein Blitz aus* ~*em Himmel* (*bildl.*) som en blixt från klar himmel **2** munter, glad, livad; ~*es Gemüt* ljust sinnelag; ~*e Natur* leende natur; ~*e Stimmung* hög stämning; *das ist ja* ~! (*iron.*) det var ju muntert!; *das kann ja* ~ *werden* (*iron.*) det kan ju bli trevligt **Heiterkeit** *0 f* **1** klarhet **2** munterhet, gladlynthet **Heiterkeitserfolg** *-e m* skrattsuccé
Heizanlage *-n f* värme|anläggning, -central **heizbar** som kan uppvärmas, uppvärmbar **Heizdecke** *-n f* elektrisk[t uppvärmd] filt **Heizeffekt** *-e m* värmevärde **Heizelement** *-e n* [elektriskt] element **heiz|en 1** elda, värma; *der Ofen -t gut* kaminen värmer bra **2** elda [upp], upphetta, uppvärma **3** *rfl, das Haus -t sich gut* huset är lätt att värma upp **Heiz|er** - *m* eldare **-keller** - *m* pannrum [i källaren] **-kissen** - *n* [elektrisk] värmedyna **-körper** - *m* värmeelement **-kosten** *pl* uppvärmningskostnader **-kraftwerk** *-e n* värmekraftverk **-lüfter** - *m* värmefläkt **-material** *-ien n* bränsle **-öl** *-e n* bränn-, eldnings|olja **-platte** *-n f* värme-, kok|platta **-schlange** *-n f* värmeslinga **-sonne** *-n f* värmelampa **-stoff** *-e m* bränsle
Heizung 1 *0 f* eldning, uppvärmning **2** *-en f* värme[ledning], element; uppvärmningsanordning **Heizungsanlage** *-n f, se Heizanlage* **Heizungsmonteur** *-e m* värmeinstallatör **Heiz|werk** *-e n* fjärrvärmeverk **-wert** *-e m* värmevärde
Hekatombe *-n f* hekatomb
'**Hektar** [*äv. '-'-*] *-e* (*vid måttsangivelse -*) *n, äv. m* hektar
'**Hektik** *0 f* hektiskt liv, hektisk rörelse, stress **hektisch** hektisk
Hektogramm *-e* (*vid måttsangivelse -*) *n* hekto, hektogram **Hektograph** *-en -en m* hektograf **hektographieren** hektografera **Hektoliter** - *m n* hektoliter
Held *-en -en m* hjälte; *du bist mir ein schöner* ~ det där är verkligen ingen fjäder i hatten för dig; *er ist kein* ~ *im Rechnen* (*iron.*) han är inte ngn överdängare i räkning **Heldendarsteller** - *m, teat.* skådespelare som brukar spela hjälteroll **Heldendichtung** *-en f* hjältedikt[ning] **Heldengedenktag** *-e m, nat. soc.* minnesdag över de i världskrigen stupade **Heldengedicht** *-e n* hjältedikt **heldenhaft** hjältemodig, heroisk **Heldenkeller** - *m, soldatspr.* skyddsrum **Heldenlied** *-er n* hjältedikt **Heldenmut** *0 m* hjältemod **heldenmütig** hjältemodig
Helden|rolle *-n f* hjälteroll **-stück** *-e n, iron.* hjältedåd **-tat** *-en f* hjältedåd, bragd, stordåd **-tod** *0 m* hjältedöd, död på slagfältet **-tum** *0 n* hjältemod, heroism
Heldin *-nen f* hjältinna **heldisch** hjältemodig **Helfe** *-n f, väv.* solv
helfen *half, hülfe* (*sällan hälfe*), *geholfen* (*helfen*), *hilfst, hilft, hilf!* hjälpa (*e-m* ngn); *hilf dir selbst, so hilft dir Gott* hjälp dig själv så hjälper dig Gud; *ihm ist nicht zu* ~ honom går det inte att hjälpa; *wir haben ihm suchen helfen* (*geholfen*) vi hjälpte honom att söka; *wir* ~ *ihn suchen* vi hjälper till att söka honom; *ich werde* (*will*) *dir* ~ (*vard.*) jag ska minsann visa (lära) dig; *was kann das schon* ~! vad tjänar det till!; *das half* (*äv.*) det gjorde susen; *hier ist nicht mehr zu* ~ här är inget mer att göra; *das Mittel hilft gegen Kopfschmerzen* medlet hjälper mot huvudvärk; *sich* [*gegenseitig*] ~ hjälpas åt; *da hilft nichts, ich muß* det kan inte hjälpas, jag måste; *ich kann mir nicht* ~, *aber* jag rår inte för det, men; *wir wissen uns* (*dat.*) *zu* ~ vi kan klara (reda) oss, vi klarar saken; *ich wußte mir nicht anders zu* ~ jag kunde inte komma på ngt annat att göra (inte göra på annat sätt); *e-m auf die Fährte* ~ hjälpa ngn på spåret; *e-m auf die Sprünge* ~ hjälpa ngn att komma i gång (på traven); *e-m aus dem Mantel* ~ hjälpa ngn av med kappan; *e-m bei der Aufgaben* ~ hjälpa ngn med läxorna; *im Haushalt* ~ hjälpa till i

hushållet; *e-m in den Wagen* ~ hjälpa ngn in i bilen; *e-m über den Berg* ~ hjälpa ngn över det värsta **Helfer** - *m* hjälpare, medhjälpare, medarbetare; *bildl.* hjälpmedel; ~ *in der Not* räddare i nöden **Helfershelfer** - *m* medbrottsling, medhjälpare [i brottslig handling] **helfgott** *interj, sty., österr.* prosit!
Helge *-n f,* **Helgen** - *m* fartygs-, stapel|bädd
Helikon *-s n, mus.* helikon
Helikopter - *m* helikopter
Heliograph *-en -en m, astron.* heliograf **Heliotherapie** *0 f, med.* solljusbehandling, helioterapi **Heliotrop 1** *-e n, bot.* heliotrop **2** *-e m, min.* heliotrop **heliozentrisch** heliocentrisk
Heli'port *-s m* heliport, helikopterflygplats
Helium *0 n* helium
hell *se äv.* **Helle**(*s*) **1** ljus; klar; [ljus]stark; (*om ljud äv.*) ren, hög, klingande; *Kleid in ~em Blau* klänning i ljusblått; *~e Farben* ljusa färger; *~es Gelächter* klingande skratt; *~e Haare* (*äv.*) blont hår; *~es Licht* (*äv.*) starkt ljus; *bis in den ~en Morgen schlafen* sova till långt fram på dagen (länge); *am ~en Tag*[*e*] mitt på ljusa dagen; *es ist schon ~er Tag* det är redan ljusan dag; *es wird ~* (*äv.*) det ljusnar (dagas) **2** klok, intelligent, klyftig; klar, redig, tydlig; *~er Junge* (*äv.*) vaken pojke; *~er Kopf* klart (gott) huvud; *der Geisteskranke hat manchmal ~e Augenblicke* den sinnessjuke har då och då sina ljusa stunder **3** *vard.* fullständig, absolut; mycket, synnerligen, ytterst; *~e Begeisterung* våldsam förtjusning; *seine ~e Freude an etw.* (*dat.*) *haben* ha ett sant nöje i ngt; *in ~en Haufen* (*Scharen*) i stora skaror; *~er Neid* blek avund; *~e Tränen* bittra tårar; *das ist ja der ~e Wahnsinn* det är rena galenskapen; *~ entzückt* stormförtjust; *~ lachen* gapskratta **'hell'auf** *~ lachen* skratta till högt, gapskratta; *er ist ~ begeistert* han är mycket (synnerligen, ytterst) entusiastisk **helläugig** ljusögd **hellblau** ljusblå **helldunkel** *konst.,* klärobskyr **Helldunkel** *0 n, konst.* ljusdunkel, klärobskyr **helle** *dial.* klipsk, kvicktänkt, intelligent **Helle** *0 f* ljus, klarhet; *in strahlender ~ i* strålande ljus
Helle'barde *-n f* hillebard
Hellegat[**t**] *-en el. -s n, sjö.* durk, förrådsrum
hellen *rfl, poet.* ljusna
Hellene *-n -n m* hellen, grek **hellenisch** hellensk **hellenisieren** hellenisera **Hellenismus** *0 m* hellenism **hellenistisch** hellenistisk
Heller - *m* heller (*mynt*); *bildl.* öre; *dafür gebe ich keinen* [*roten*] *~* (*vard.*) det ger jag inte ett [rött] öre (korvöre) för; *auf ~ und Pfennig* (*vard.*) på öret, ytterst noga
Helle(**s**) *n, adj böjn., ein Helles* ett glas ljust öl; *er trat aus dem Schatten ins Helle* han gick ur skuggan in i ljuset **helleuchtend** klart (starkt) lysande **hell|farben, -farbig** ljus, med svag färg **hellgelb** ljusgul **hellgestreift** ljusrandig **hellhaarig** ljushårig **hellhäutig** ljushyad **hellhörig** lyhörd (*äv. bildl.*); *als er es zeigte, wurde ich ~* när han visade det blev jag uppmärksam (reagerade jag, hajade jag till) **Hellhörigkeit** *0 f* lyhördhet **hellicht** ljus; *am ~en Tag* mitt på ljusa dagen
Helligen *pl av* Helling
Helligkeit *0 f* klarhet, ljus, dager; ljusstyrka, lyskraft
Helling *-en el.* Helligen *f, äv. -e m, sjö.* stapelbädd

hellodernd med klar låga, klart flammande **hellsehen** *st., end. i inf* vara klärvoajant; *du kannst wohl ~* (*vard.*) du är visst tankeläsare **Hellseher** - *m* klärvoajant [person], fjärrskådare **hellsichtig** klar-, fram|synt **'hell-'wach** klarvaken
1 Helm *-e m* **1** skaft (*på verktyg*) **2** ror|kult, -pinne
2 Helm *-e m* **1** hjälm **2** skorstens-, torn|huv
He'lot *-en -en m,* **He'lote** *-n -n m* helot (*slav*)
Helsinki *0 n* Helsingfors
Helvetien [-v-] *0 n* Helvetia, Schweiz **Helvetier** - *m* helvetier, schweizare **helvetisch** helvetisk, schweizisk
hem [hɔm] *interj* h[u]m!
He-|man ['hi:mɛn] *-men m* he-man, karlakarl
Hemd *-en n* skjorta; linne; *~ aus Nylon* nylonskjorta; *härenes ~* (*botgörares*) tagelskjorta; *e-n bis aufs ~ ausziehen* klä av ngn in på bara skjortan; *kein ganzes ~ mehr auf dem Leibe haben* inte ens äga skjortan på kroppen; *das letzte* (*sein letztes*) *~ hergeben* ge bort sitt sista öre; *das ~ ist* (*liegt*) *mir näher als der Rock* (*ung.*) var o. en är sig själv närmast; *das ~ wechseln* byta skjorta; *seine Meinung wie sein ~ wechseln* byta åsikt lika ofta som man byter skjorta **-bluse** *-n f* skjortblus **-brust** *-ef* skjortbröst **-chen** - *n* liten skjorta; [tunt] linne **-einsatz** *-ef m* skjortbröst
Hemdenmatz *-e*[†] *m, vard.* skjortlasse **Hemdhose** *-n f* kombination (*underplagg*) **Hemdsärmel** - *m* skjortärm; *in ~n* i skjortärmarna **hemdsärmelig** i skjortärmarna; *bildl.* otvungen, ledig, nonchalant
Hemi|plegie *-n f, med.* hemiplegi **-sphäre** *-n f* hemisfär
Hemme *-n f, åld.* broms, hämsko **hemmen** hämma, hejda, stoppa; *e-n ~* (*äv.*) göra ngn hämmad; *durch Angst gehemmt* hämmad av rädsla; *e-n Wagen am Fahren ~* hindra en bil från att köra **Hemmklotz** *-et m* bromskloss
Hemmnis *-se n* hinder, motstånd **Hemmschuh** *-e m* broms-, häm|sko **Hemmstoff** *-e m, kem.* hämmande substans; inhibitor **Hemmung** *-en f* **1** hämmande; hämning; hinder; *an ~en leiden* lida av (ha) hämningar; *nur keine ~en!* (*vard. ung.*) känn er (dig) som hemma!, var inte blyg[a]!; *er hat keine ~en* (*äv.*) han är inte blyg av sig **2** (*i ur*) avfall **hemmungslos** hämningslös, ohejdad **Hemmungslosigkeit** *0 f* brist på hämningar, hämningslöshet **Hemmvorrichtung** *-en f* spärr[anordning]; broms, hämsko
Hend[**e**]**l** -[*n*] *n,* **Henderl** -[*n*] *n, sty., österr., kokk.* kyckling, broiler, unghöns
Hengst *-e m* hingst
Henkel - *m* öra, handtag, grepe **-glas** *-et n* glas (krus *e.d.*) med handtag **-korb** *-et m* korg med grepe **-topf** *-et m* gryta (*m. två öron*)
henken hänga (*avrätta*) **Henker** - *m* **1** bödel **2** *vard., hol' dich der ~!* må fan ta dig!; *scher' dich zum ~!* dra åt helvete!; *daraus werde der ~ klug!* det kan inte tusan (fan) begripa! **Henkersbeil** *-e n* bödelsyxa **Henkersfrist** *-en f* sista uppskov, galgenfrist **Henkershand** *0 f, durch* (*von*) *~ sterben* bli avrättad **Henkersmahlzeit** *-en f* (*dödsdömds*) sista måltid; *bildl.* avskedsmåltid
Henna *0 f n* henna
Henne *-n f* **1** höna **2** *Fette ~* (*bot.*) fetknopp
Hepa|'titis *-ti'tiden f, med.* hepatit, gulsot

her—heraufrufen

her hit, fram; *komm* ~*!* kom hit!; *Bier* ~*!* hit (fram) med öl!; ~ *damit!* hit med det!; *wo hat er das* ~*?* var har han fått det ifrån*?*; *er soll sofort* ~*!* han ska genast komma hit!; *hinter etw.* (*dat.*) ~ *sein* vara ute efter ngt, ligga efter ngt; *hinter den Mädchen* ~ *sein* vara svår på flickor; *hinter e-m Plan* ~ *sein* vara angelägen om att förverkliga en plan; *es ist lange* ~ *det är länge sedan*; *nebeneinander* ~ *gehen* gå bredvid varandra; *rings um e-n* ~ runt omkring ngn; ~ *ist ebensowit wie hin hit o. dit är lika långt; *von alters* ~ sedan gammalt; *von dort* (*links, weit, außen, oben etc.*) ~ därifrån (vänsterifrån, långt bortifrån, utifrån, uppifrån *etc.*); *das ist mir von früher* ~ *bekannt* det är mig bekant sedan tidigare, det har jag vetat länge; *von Süden* ~ söderifrån; *es zieht von der Tür* ~ det drar från dörren; *mit der Arbeit ist es nicht weit* ~ det är inte mycket bevänt med arbetet
her'ab ner, hit ner, nedåt, nedför; *die Treppe* ~ nedför trappan; *ins Tal* ~ ner i dalen; *von oben* ~ uppifrån o. ner, *bildl.* nedlåtande -**beugen** böja ner -**drücken** pressa ner -**fallen** *st s* falla (ramla) ner -**flehen** nedkalla; *Gottes Segen auf e-n* ~ nedkalla Guds välsignelse över ngn -**fließen** *st s* flyta neråt -**gehen** *st s* gå ner (*äv. bildl.*) -**hängen** *st* hänga ner -**kommen** *st s* komma ner -**laßbar** sänkbar -**lassen** *st s* släppa (sänka, fira *etc.*) ner; dra ner (*gardin e.d.*); *sich* ~, *etw. zu tun* nedlåta sig att göra ngt; *sich zu etw.* ~ sänka (nedlåta) sig till ngt; ~*d* nedlåtande (*gegen, zu* mot)
Herablassung *0 f* nedlåtenhet; *voller* ~ *sagte er* (*äv.*) mycket nedlåtande sade han **herablaufen** *st s* **1** springa ner **2** flyta (rinna) ner **herabregnen** *s* regna, falla, dala (*om löv e.d.*) **herabrollen** *s*, *Tränen rollen über ihre Wangen herab* tårar trillar nerför hennes kinder **herabschießen** *st* **1** skjuta ner **2** *s* slå ner (*om rovfågel*) **herabsehen** *st*, *auf e-n* ~ (*bildl.*) se ner på ngn **herabsetzen** minska, reducera, nedsätta; *die Ansprüche* ~ släppa efter på anspråken; *die Strafe* ~ sänka straffet; *e-n* ~ misskreditera ngn; *in ~der Weise* på förklenande sätt, ringaktande; *zu herabgesetzten Preisen* till nedsatta priser **Herabsetzung** *0 f* sänkning; minskning; förklenande behandling **herabsinken** *st s* falla, dala; sjunka **herabstimmen 1** *mus.* stämma lägre **2** *bildl.* deprimera, göra nedstämd **herabstoßen** *st* **1** *s* (*om rovfågel*) slå ner **2** knuffa ner **herabwürdigen** förnedra, nedvärdera; *sich* ~ förnedra sig **Herabwürdigung** *0 f* förödmjukelse, kränkning; nedvärdering **herabziehen** *st* dra ner (*äv. bildl.*)
He'raldik *0 f* heraldik **Heraldiker** - *m* heraldiker **heraldisch** heraldisk
her'an hit[åt], fram, närmare; ~ *sein* vara framme; *der Tag ist* ~ dagen är inne; *zu mir* ~*!* kom närmare (fram till) mig!; *nur* ~*!* kom närmare! **heranarbeiten** *rfl* arbeta sig fram (*an etw. ack.* till ngt) **heranbilden** utbilda, träna **Heranbildung** *0 f* utbildning, träning **heran|brechen** *st s* **1** se branden **2** *schweiz.* bryta in, börja, randas -**bringen** *oreg.* komma med; flytta (föra) fram (hit); *e-n an ein Problem* ~ göra ngn förtrogen med ett problem; *etw. an e-n* ~ föra (bära) fram till ngn -**eilen** *s* ila (skynda sig) fram -**führen 1** föra fram; *e-n an etw.* (*ack.*) ~ (*bildl.*) inviga ngn i ngt, utveckla ngns intresse för ngt; *die Lupe*

an das Auge ~ sätta luppen till ögat **2** *der Weg führt nahe an das Haus heran* vägen leder nästan ända fram till huset -**gehen** *st s* **1** gå fram (närmare) **2** *an etw.* (*ack.*) ~ ta itu med ngt -**holen** hämta fram (hit) -**kommen** *st s* komma fram (närmare), närma sig, nalkas; *an etw.* (*ack.*) ~ komma åt (över) ngt; *man kann nicht an ihn* ~ man får ingen kontakt med honom; *laß die Sache an dich* ~*!* avvakta hur saken utvecklar sig!, vänta o. se hur det går! -**lassen** *st, e-n an sich* (*ack.*) ~ släppa ngn inpå livet; *keinen an sich* (*ack.*) ~ (*äv.*) inte tillåta några närmanden -**locken** locka till sig -**machen** *rfl*, *vard.*, *sich an etw.* (*ack.*) ~ ta itu med ngt; *sich an e-n* ~ [försöka] närma sig (söka kontakt med) ngn -**nahen** *s* närma sig, nalkas; ~*d* (*äv.*) annalkande -**nehmen** *st, e-n* ~ sätta ngn i arbete; *e-n ordentlich* ~ sätta ngn på hårt prov -**pirschen** *rfl* smyga sig (*an etw. ack.* på ngt); lista sig fram [till] -**reichen** *an etw.* (*ack.*) ~ nå ngt; *du reichst noch längst nicht an ihn heran* du går inte på långa vägar upp mot honom -**reifen** *s* mogna; *zur Frau* ~ mogna till kvinna -**rücken 1** *den Stuhl* ~ flytta stolen närmare **2** *s an e-n* ~ flytta (maka) sig närmare ngn; *die Truppen rücken heran* trupperna rycker närmare -**schieben** *st* **1** skjuta (skjutsa) fram **2** *s*, *vard.* släpa (maka) sig fram **3** *rfl* släpa sig fram, närma sig -**sein** *oreg.* s vara framme; (*om tid*) vara inne -**tasten** *rfl* treva sig fram (*äv. bildl.*) -**tragen** *st* bära fram (hit); *an die Leitung wurde herangetragen* till ledningen framfördes -**trauen** *rfl*, *vard.* våga sig fram; *sich an etw.* (*ack.*) ~ våga sig på (ta itu med) ngt -**treten** *st s* komma (träda, gå) närmare; *bildl.* tränga sig på; *an e-n mit e-r Bitte* ~ vända sig med en begäran (vädja) till ngn -**wachsen** *st s* växa upp; *die ~de Generation* (*Jugend*) det uppväxande släktet; *H~de a*) ungdomar, *b*) *jur.* ungdomar (*18 t.o.m. 20 år*) -**wagen** *rfl* våga sig fram (närmare); *sich an etw.* (*ack.*) ~ våga sig på (ta itu med) ngt -**ziehen** *st* **1** dra fram, dra intill sig; anföra; tillkalla, anlita; *Nachfolger* ~ utbilda efterträdare; *Pflanzen* ~ dra upp växter; *die Mieter zu den Kosten mit* ~ låta hyresgästerna tå betala en del av kostnaderna; *Kapital* ~ dra till sig kapital **2** *s* vara i antågande, rycka fram (närmare); *das Unwetter zog schnell heran* ovädret kom snabbt närmare
Heranziehung *0 f, unter* ~ *von Experten* med anlitande av experter
her'auf upp, hit upp, uppåt; *hier* ~*!* kom upp hit!; *den Berg* ~ uppför berget; *vom Tal* ~ nedifrån dalen -**arbeiten** *rfl* arbeta sig upp (*äv. bildl.*) -**bemühen** *e-n* ~ be ngn att komma upp; *er war so freundlich, sich heraufzubemühen* han hjorde sig det besväret att komma upp -**beschwören** *st* fram|besvärja, -mana; *ein Unglück* ~ förorsaka en olycka -**bitten** *st*, *e-n zu sich* ~ be ngn komma upp till sig -**bringen** *oreg.* ta [med sig] upp -**dringen** *st s* tränga upp -**dürfen** *oreg., vard.* få komma upp -**eilen** *s*, *die Treppe* ~ skynda sig uppför trappan -**fahren** *st* **1** *s*, *den Berg* ~ köra uppför berget **2** *das Auto den Berg* ~ köra bilen uppför berget -**klettern** *s* klättra upp[för] -**kommen** *st s* komma (stiga) upp -**können** *oreg., vard.* kunna komma upp -**reichen 1** räcka (skicka) upp **2** *bis zu etw.* ~ (*vard.*) nå upp till ngt -**rennen** *oreg. s* springa upp[för] -**rufen** *st* **1**

von der Straße ~ ropa nerifrån gatan **2** fram|-kalla, -mana **-schaffen** *den Koffer* ~ bära upp kofferten **-schauen** titta upp **-schießen** *st* **1** skjuta upp *(e-n Ball* en boll) **2** *s* skjuta (rusa, strömma *e.d.*) upp **-sehen** *st* se upp **-setzen** höja, öka **-steigen** *st s* **1** stiga (gå, klättra) uppför **2** stiga upp; *der Tag will* ~ *(poet.)* dagen bryter in (randas) **-stürzen** *s* störta uppför **-wollen** *oreg., vard.* vilja komma upp **-ziehen** *st* **1** dra upp **2** *s* komma närmare, nalkas **3** *s* flytta upp **her'aus** ut, hitut, fram, ur; ~ *damit (mit der Sprache)!* ut med språket!; ~ *aus den Federn! (vard.)* upp ur sängen!; *zur Tür* ~ ut genom dörren; *etw.* ~ *haben* ha kommit på ngt, veta hur man skall göra ngt **-arbeiten** **1** utarbeta **2** *e-n Tag* ~ *(vard.)* arbeta in en dag **3** *rfl* arbeta (ta) sig ut **-beißen** *st, ein Stück* ~ bita av ett stycke; *sich (dat.) e-n Zahn* ~ bita av en tand **-bekommen** *st* **1** få bort (ur, ut) **2** få tillbaka *(växelpengar)* **3** *vard.* lösa, räkna ut, komma underfund med (på); *was hast du* ~ *?* vad har du fått det *(talet)* till? **-bilden 1** frambringa **2** *rfl* utveckla sig, uppstå **-bringen** *oreg.* **1** ta (bära, föra, följa) ut **2** *vard.* få bort **3** ge (släppa) ut; *etw. groß* ~ släppa ut o. göra stor reklam för ngt **4** *vard., man konnte nichts über ihn* ~ man kunde inte luska fram ngt om honom; *es war nichts aus ihr herauszubringen* det gick inte att få ur henne någonting **5** *vard.* lösa *(problem e.d.);* lista ut **6** få fram *(ljud e.d.)* **-dürfen** *oreg., vard.* få komma (gå) ut **-fahren** *st* **1** köra (skjutsa) ut **2** *s* fara (åka, köra) ut; *vard.* undslippa; *es fuhr mir heraus* det undslapp mig (slank ur mig) **-fallen** *st s* falla (ramla) ur (ut); *aus etw.* ~ *(äv.)* sticka av mot ngt **-finden** *st* **1** *äv. rfl* hitta ut; *ich finde* [*mich*] *aus dieser Sache nicht heraus* jag kan inte reda ut (klarar inte upp) den här saken **2** leta rätt på, hitta; *ich muß* ~, *ob* jag måste ta reda på om; *den Sinn der Worte nicht* ~ inte förstå ordens innebörd; *ich kann ihn* ~ *(äv.)* jag kan nu urskilja honom **-fischen** *vard. bildl.* fiska upp **Herausforderer** - *m* utmanare **herausfordern** utmana; *zur Kritik* ~ inbjuda till kritik; ~ *de Blicke* utmanande blickar **Herausforderung** -*en f* utmaning **herausfühlen** [intuitivt] känna, känna på sig **Herausgabe** *0 f* utgivande, utgivning; utlämning **herausgeben** *st* **1** räcka ut; lämna ut; ge tillbaka *(växel);* *e-m* ~ *(dial.)* inte bli ngn svaret skyldig **2** ge ut, publicera **Herausgeber** - *m* utgivare **heraus|gehen** *st s* **1** gå ut; *aus sich* ~ släppa sina hämningar **2** gå ur (bort) **-greifen** *st* välja [på måfå]; *um ein Beispiel herauszugreifen* för att ta ett exempel ur högen **-haben** *oreg. vard.* **1** ha fått (få) ut (bort); *e-n* ~ *wollen* vilja bli av med ngn **2** begripa, ha kommit på (underfund med); ha hittat lösningen **3** få tillbaka *(pengar)* **-halten** *st, ich möchte mich aus dieser Sache* ~ jag skulle vilja hålla mig utanför denna sak **-hängen 1** *st* hänga ute, vara uthängd; *es hängt mir zum Halse heraus (vard.)* det står mig upp i halsen **2** *sv* hänga ut (fram); *etw.* ~ [*lassen*] *(vard.)* skryta med ngt **-heben** *st* lyfta fram (ur, upp); fram|hålla, -häva; *die Farben heben sich gut heraus* färgerna avtecknar sig (framträder) bra; *aus der Menge* ~ skilja från mängden **-holen** hämta (ta) ut (upp, fram); *die Antwort aus ihm* ~ dra svaret ur honom; *das Letzte aus sich* ~ göra sitt yttersta; *hier ist nichts mehr herauszuholen*

här är inget mer att hämta; *e-m 100 Kronen* ~ [lyckas] få 100 kronor av ngn (plocka ngn på 100 kronor); *e-n Sieg* ~ [lyckas] vinna **-kehren** framhäva; *er kehrt immer den Schulmeister heraus* han är alltid så skolmästaraktig; *er kehrt immer den reichen Mann heraus* han måste alltid skryta med att han är så rik **-kennen** *oreg.* känna igen *(bland flera)* **-klingeln** *e-n* ~ ringa tills ngn öppnar (svarar [i telefon]) **-klopfen 1** *e-n* ~ knacka tills ngn öppnar **2** piska *(dammet)* ur **-kommen** *st s* **1** komma ut (fram); sippra ut; *vard.* bli [följden]; *sie kommt viel zu wenig heraus* hon kommer (går) ut alldeles för lite; *was kommt heraus?* vad blir talet?; *die Farben kommen gut heraus* färgerna framträder tydligt; *ganz groß herauskommen* göra succé; *das kommt auf dasselbe (auf eins) heraus* det kommer på ett ut; *wir kamen aus dem Fragen nicht heraus* vi kunde inte sluta fråga; *aus e-r Situation* ~ *(vard.)* komma (hitta en utväg) ur en situation; *bei der Arbeit ist nicht viel herausgekommen (vard.)* arbetet gav ett klent resultat; *das kommt dabei heraus, wenn (vard.)* så går det om, det blir följden av att; *was ist noch dabei herausgekommen? (vard.)* vad har man ytterligare kommit fram till?; *dabei kommt nichts Gutes heraus (vard.)* det leder inte till ngt gott; *der Verlag ist mit e-m neuen Buch herausgekommen (vard.)* förlaget har kommit ut med en ny bok; *das Los ist mit e-m Gewinn herausgekommen (vard.)* lotten har utfallit med vinst; *mit e-m Wunsch* ~ *(vard.)* [våga] komma fram med (klämma fram) en önskan **2** *vard.* komma av sig; ligga av sig; *beim Tanzen* ~ komma ur takten när man dansar **3** *vard., kortsp.* spela ut **-können** *oreg., vard.* kunna komma ut **-kratzen** skrapa ur **-kriechen** *st s* krypa ut **-kriegen** *vard., se herausbekommen* **heraus|langen 1** ta upp (fram) **2** *mit dem Arm* ~ sträcka ut armen **-lassen** *st* släppa ut, låta få komma ut **-laufen** *st* **1** springa ut **2** *Wasser ist herausgelaufen* vatten har runnit ut **-lesen** *st* **1** plocka ut **2** utläsa, sluta sig till *(etw. aus etw.* ~ *(äv.)* ngt av ngt) **-lösen** lösa ut; eliminera; *e-n Satz aus dem Zusammenhang* ~ bryta ut en mening ur sammanhanget **-lügen** *st rfl* ljuga sig fri **-machen** *vard.* **1** ta ut (bort) **2** *rfl* arta sig; växa till sig; krya på sig **-müssen** *oreg., vard.* vara tvungen att komma ut; *er muß heraus* han måste ut; *es muß heraus* det måste sägas **-nehmen** *st* ta ut (fram); *sich (dat.) etw.* ~ tillåta sig ngt; *sich (dat.) große Freiheiten* ~ ta sig stora friheter **-platzen** *s, laut* ~ [ofrivilligt] brista i skratt; *mit e-r Frage* ~ [plötsligt] kasta fram en fråga; „...", *platzte er heraus* "...", utbrast han **-pressen** pressa (krama, klämma) fram (ut, ur) **-putzen** pynta, pryda; *sich* ~ snygga (piffa) upp sig **-ragen** skjuta (sticka) fram (ut) **-reden** *rfl* urskulda sig; *sich aus etw.* ~ bortförklara ngt; *sich mit etw.* ~ skylla på ngt **-reißen** *st* riva (rycka) ut (loss); *Unkraut* ~ rycka upp ogräs; *e-m e-n Zahn* ~ *(vard.)* dra ut en tand på ngn; *e-n aus Schwierigkeiten* ~ *(vard.)* hjälpa ngn ur hans svårigheter; *sich wieder* ~ *(vard.)* rycka upp sig; *ich reiße mir deshalb kein Bein heraus (ung.)* det skulle jag inte två strån i kors för **-rennen** *oreg. s, vard.* springa ut **-rücken 1** dra (flytta) ut **2** *sie hat das Geld ungern herausgerückt (vard.)* hon pungade ovilligt ut med pengarna

3 *s, vard., mit e-m Wunsch* ~ klämma fram med en önskan **-rufen** *st* ropa (skrika, kalla) ut **-rutschen** *s* glida (halka, slinta, åka) ut (ur); *es ist mir herausgerutscht (vard.)* det slank ur mig
heraus|schälen 1 skala fram (bort) **2** *rfl, bildl.* så småningom framträda; *sich aus seinen Sachen* ~ ta av sig [ytter]kläderna **-schauen 1** titta fram (ut) **2** *bei diesem Geschäft schaut nicht viel heraus (vard.)* den här affären ger inte så mycket **-schießen** *st* **1** skjuta ut (bort) **2** *s* rusa ut; *aus dem Wasserhahn* ~ spruta fram ur vattenkranen **-schlagen** *st* **1** slå ut (*e-e Wand* en vägg) **2** *ich will aus der Sache keinen Vorteil für mich* ~ jag vill inte dra ngn fördel (slå mynt) av den saken; *e-e Menge Geld* ~ göra stora pengar **3** *s* slå ut; *die Flammen schlagen aus dem Fenster heraus* lågorna slår ut genom fönstret **-schreiben** *st, sich (dat.) etw. aus e-m Buch* ~ skriva av ngt ur en bok **-sein** *oreg. s, vard.* vara ute; vara ute ur; *aus allen Zweifeln* ~ ha övervunnit alla tvivel; *es ist nicht heraus, ob ich mitkommen kann* det är fortfarande ovisst om jag kan komma med; *du bist fein heraus, daß* du har tur som **-springen** *st s* hoppa ut (fram, ur); framträda; *vard.* springa (rusa) ut; *und was springt für mich dabei heraus? (vard.)* och vad tjänar jag på det? **-sprudeln 1** *er sprudelte die Worte nur so heraus* orden bara sprutade ur honom **2** *s, aus dem Felsen sprudelte e-e Quelle heraus* ur klippan sprang en källa fram **-stecken 1** sticka (räcka) ut; *e-e Fahne* ~ sätta upp en flagga **2** *vard.* framhäva **3** sticka (skjuta) ut **-stehen** *st* stå (sticka) ut (fram) **-stellen 1** ställa (sätta, flytta) ut; *besondere Merkmale* ~ framhäva speciella kännetecken; *etw. deutlich* ~ tydligt påvisa ngt; *groß herausgestellt werden* få en framträdande plats **2** *rfl* visa sig, komma fram; *sich als richtig* ~ visa sig vara riktig; *seine Schuld hat sich herausgestellt* hans skuld har uppdagats **-streichen** *st* stryka [ut]; *bildl.* framhålla, [överdrivet] berömma **-suchen** leta fram, välja ut **-treten** *st s* **1** träda ut; bryta sig ut (*aus e-r Schlange* ur en kö) **2** framträda, skjuta fram; *die Adern treten heraus* ådrorna framträder **-tun** *st, vard.* ta ut, plocka bort **-wachsen** *st s* växa ut (fram); *aus dem Kleid* ~ (*vard.*) växa ur klänningen; *es wächst mir zum Halse heraus (vard.)* det står mig ända upp i halsen **-winden** *st rfl* slingra sig ur **-wirtschaften** få ut, utvinna; *das hineingesteckte Geld* ~ få tillbaka de investerade pengarna **-wollen** *oreg., vard.* vilja [komma] ut **-würgen** *Schleim* ~ kräkas upp slem; *Worte* ~ pressa fram ord **-ziehen** *st* **1** dra ut; *aus e-m Buch* ~ excerpera ur en bok; *ein Messer* ~ dra kniv **2** *s* dra (tåga, flytta) ut
herb kärv, bitter, syrlig, besk; (*om vin*) torr; *bildl.* hård, sträng; ~*e Stimme* sträv röst; ~*er Mensch (äv.)* otillgänglig människa
Herbari|um *-en n* herbarium
herbe *åld., se herb* **Herbe** 0 *f, se Herbheit*
her'bei hit, dit, fram; ~! hjälp!, kom hit!
-bringen *oreg.* ta hit, komma med **-drängen** *rfl* tränga sig fram **-eilen** *s s* skynda fram (till, hit), komma [hit]skyndande **-fliegen** *st s, die Vögel fliegen von allen Seiten herbei* fåglarna kommer flygande från alla håll **-führen** *bildl.* föranleda, åstadkomma; få till stånd **-lassen** *st rfl* nedlåta sig, värdigas **-laufen** *st s* springa (skynda) till **-rufen** *st* ropa hit, tillkalla **-schaffen** skaffa fram, skaffa till rätta **-sehnen** längta efter, längtande se fram emot **-strömen** *s* strömma till; *die Menschen strömen von allen Seiten herbei* människorna strömmar till från alla håll **-stürzen** *s* komma störtande **-wünschen** längtande se fram emot; *Weihnachten* ~ önska att det snart är jul **-zaubern** trolla fram **-ziehen** *st* dra hit (fram); *an den Haaren herbeigezogen* långsökt **-zitieren** kalla hit
her|bekommen *st* få [hit]; *wo soll ich das* ~? var ska jag få det ifrån (få tag på det)? **-bemühen** *e-n* ~ besvära ngn [med] att komma [hit]; *darf ich Sie* ~? vill Ni vara så snäll o. komma hit? **-beordern** *e-n* ~ befalla ngn att komma [hit]
Herberge [hɛ-] *-n f* härbärge; värdshus; ~ *zur Heimat* Inre Missionens inackorderingshem **Herbergsmutter** -† *f* föreståndarinna för (husmor på) vandrarhem **Herbergsvater**-† *m* föreståndare för vandrarhem
her|bestellen *e-n* ~ avtala med (säga till) ngn att komma [hit] **-beten** *vard.* rabbla upp **Herb|heit** 0 *f,* **-igkeit** 0 *f* skärpa, bitterhet; (*om vin*) torrhet; *bildl.* stränghet, allvar
herbitten *st, e-n* ~ be ngn komma [hit]
Herbizid *-e n* herbicid, ogräsmedel
herbringen *oreg.* ha (föra, ta) [med sig] [hit]; *hergebracht* vanlig, traditionell, konventionell
Herbst *-e m* höst; *dial.* skörd[etid] (*för frukt, vin*); *im* ~ på hösten; [*im*] *vorigen* (*vergangenen*) ~ i höstas; *der* ~ *des Lebens* livets höst **Herbstanfang** 0 *m* början av hösten; höstdagjämning **herbstel|n** *es -t* det håller på att bli (lider mot) höst **herbsten 1** *se herbsteln* **2** *dial.* skörda vinet **Herbstfäden** *pl* sommartrådar, kringflygande spindelvävstrådar **Herbstfärbung** 0 *f* höstfärger **Herbstferien** *pl* höstlov **herbstlich** höst|lig, -lik, höst- **Herbstling** -*e m, dial.* **1** höstfrukt **2** kalv (*svamp*) **Herbstmonat 1** 0 *m, åld.* september **2** -*e m* höstmånad (*september – november*) **Herbstpunkt** 0 *m* höstdagjämningspunkt **Herbst-Tagundnachtgleiche** -*n f* höstdagjämning **Herbstzeitlose** -*n f, bot.* hösttidlösa
Herd [-e:-] -*e m* härd, spis, eldstad; ässja; *bildl.* centrum, härd; hem; *am häuslichen (heimischen)* ~ vid hemmets härd; *auf den* ~ *stellen* ställa på spisen; *zweiflammiger* ~ [gas]spis med två lågor; *entzündlicher* ~ inflammerat ställe; ~ *des Erdbebens* jordbävnings|härd, -centrum; *eigener* ~ *ist Goldes wert* egen härd är guld värd
Herdbuch -*er*† *n* stambok (*för djur*) **Herde** [-e:-] -*n f* hjord, flock; *mit der* ~ *laufen, der* ~ *folgen* följa hjorden **Herdenmensch** -*en* -*en m* hjord-, flock-, genomsnitts|människa **Herdentier** -*e n* hjorddjur; hjordmänniska **Herdentrieb** 0 *m* hjord-, flock|instinkt **Herdenvieh** 0 *n* hjordboskap; *das* ~ (*bildl.*) den stora massan **herdenweise** hjord-, flock|vis, i hjordar
Herd|frischen 0 *n, tekn.* härdfärskning **-platte** -*n f* spis[el]häll
hereditär hereditär, ärftlig
her'ein [hit]in; ~! kom in!; *nur* ~!, *immer* ~! stig på bara!; *von* [*dr*]*außen* ~ utifrån **-bekommen** *st, vard.* få in (*vara*) **-bitten** *st s* (*ngn*) stiga in **-brechen** *st s, die Nacht bricht herein* natten faller på; *das Unwetter bricht*

herein ovädret bryter lös; *das Unglück bricht über ihn herein* olyckan kommer över (hemsöker) honom **-bringen** *oreg.*, *den Stuhl mit ~ ta med sig stolen in; die Ernte ~* bärga skörden; *den Zeitverlust ~ (vard.)* ta igen tidsförlusten **Hereinfall** *-e† m, vard.* misslyckande, fiasko; bom **herein|fallen** *st s, vard.* ramla i; falla in (*om ljus*); *er fällt auf alles herein (vard.)* han åker dit på (låter sig luras av) allting; *darauf falle ich nicht herein (vard.)* den gubben går inte; *mit etw. ~ (vard. äv.)* misslyckas med ngt; *da bin ich schön hereingefallen! (vard.)* där blev jag grundligt lurad! **-geben** *st* bära (räcka) in **-holen** hämta (ta) in; *die Arbeit wieder ~* ta igen arbetet **-kommen** *st s* komma (slippa) in **-können** *oreg., vard.* kunna (få) komma in **-lassen** *st* låta (*ngn*) komma in; *laß niemanden herein!* släpp inte in ngn! **-laufen** *st* **1** springa in **2** rinna in **-legen 1** lägga in **2** *vard.* lura, dra vid näsan **-nehmen** *st* ta in **-nötigen** nödga (tvinga) att komma in **-platzen** *s* dimpa ner, dyka upp, komma överraskande **-rasseln** *s, vard., ich bin hereingerasselt* jag har blivit lurad (åkt dit) **-reißen** *st* **1** slita (rycka, dra) in **2** *vard., e-n ~* trassla till det för ngn **-reiten** *st* **1** *s* rida in **2** *se hereinreißen* **2** **-schauen** titta in **-schleichen** *st s* smyga in **-schneien 1** snöa in **2** *s, vard.* dimpa ner, dyka upp, komma överraskande **-spazieren** *s* promenera (gå) in; *hereinspaziert!* stig på!, kom in! **-stehlen** *st rfl* smyga sig in **-steigen** *st s* klättra in **-stürmen** *s*, **-stürzen** *s* storma (störta) in, komma inströrtande **-wollen** *oreg., vard.* vilja komma in **-ziehen** *st* **1** dra in **2** *es zieht herein* det drar in **3** *s* tåga (dra) in; flytta in

herfahren *st* **1** köra (skjutsa) [hit] **2** *s* åka (köra, fara) [hit] **Herfahrt** *0 f* hit|resa, -färd, -väg **herfallen** *st s, über e-n ~* störta (kasta) sig över ngn (*äv. bildl.*); *über etw. (ack.) ~ (äv.) a)* roffa åt sig ngt, *b)* kritisera ngt **herfinden** *st* hitta hit **Hergabe** *0 f* överlämnande, överlåtande **Hergang** *0 m* förlopp; *der ~ der Ereignisse* händelseförloppet

her|geben *st* **1** ge; ge ifrån sig; *gib bitte den Ball her!* var snäll o. ge mig bollen!; *das Buch gibt nicht viel her* boken har inte mycket att ge; *für diese Sache gebe ich meinen Namen (mich) nicht her* den saken lånar jag inte mitt namn till; *sich zu etw. ~* nedlåta sig till ngt **2** prestera; *alles, was der Wagen hergibt* allt vad bilen orkar (tål) **-gebracht** traditionellt, vedertagen **-gebrachter'maßen** enligt gammal sed, på traditionellt sätt **-gehen** *st s* **1** gå; *hintereinander ~* efter varandra; *neben e-m ~* gå bredvid ngn **2** *ich habe mich damit wirklich angestrengt, aber er geht her und macht alles kaputt* jag ansträngde mig verkligen med det, och så kommer (går) han och förstör allt **3** *vard., es ging hoch her* det gick livat till; *über den Wein ging es mächtig her* vinet gick man hårt åt; *es ging scharf über ihn her* han blev starkt kritiserad **4** *sty., geh her zu mir!* kom hit till mig! **-gehören** höra hit **-gelaufen** okänd; tvivelaktig, skum **-haben** *oreg., vard. wo hast du das her?* var har du fått det ifrån (tag på det)? **-halten** *st* hålla (räcka) fram; *den Rücken für etw. ~ müssen* vara syndabock för ngt; *~ müssen* tjäna som skottavla för åtlöjet **-holen** hämta [hit]; *weit hergeholte Gründe* långsökta skäl **-hören** *mal ~!* hör på (hit) ett slag!; *alle mal ~!* hör på allihop!

Hering *-e m* **1** sill; *vard.* lång räkel; *wie die ~e stehen (vard.)* stå som packade sillar; *grüner ~* färsk sill; *eingelegter (saurer, marinierter) ~* inlagd sill **2** tältpinne **Heringsbändiger** *- m, vard.* sillstrypare, specerihandlare **Heringskönig** *-e m, zool.* petersfisk **Heringssalat** *-e m* sillsallad **Heringsschwarm** *-e† m* sillstim **herjagen 1** *e-n vor sich (dat.)* ~ jaga ngn framför sig **2** *s, hinter e-m ~* springa efter (jaga) ngn **herkommen** *st s* **1** komma [hit] **2** komma [från]; komma [sig] av, härleda sig [från]; *wo kommst du her?* varifrån kommer (är, härstammar) du?; *das kommt von etw. anderem* her det beror på ngt annat; *wo soll denn das Geld ~?* varifrån tar (får) man pengarna? **Herkommen** *0 n* **1** härkomst, börd **2** tradition, sed, vana **herkömmlich** traditionell, sedvanlig; konventionell **herkriegen** *vard.* **1** *se herbekommen* **2** *nty.* hämta [fram] **Herkunft** *0 f* härkomst, börd; ursprung **Herkunftsbezeichnung** *-en f* ursprungsbeteckning **Herkunftsland** *-er† n* ursprungsland **herlangen** *vard.* langa hit **herlassen** *st, vard.* låta [få] komma hit, släppa hit **herlaufen** *st s, vard.* springa (gå) [hit]; *hinter e-m ~* springa (följa) efter ngn; *neben (vor) e-m ~* springa (gå) bredvid (före) ngn; *neben etw. (dat.) ~* gå utmed ngt **herleiern** *vard.* rabbla upp **herleihen** *st, vard.* låna ut **herleiten 1** leda [hit] **2** härleda; *sich vom Latein ~* härstamma från latinet **'Herlitze** [*äv. '--*] *-n f, bot.* kornell **hermachen** *vard.* **1** *der Anzug macht viel her* kostymen gör sig mycket bra; *er macht nichts von sich her* han gör inte mycket väsen av sig; *er macht viel von der Sache her* han gör stor affär (mycket väsen) av saken **2** *rfl, sich über e-n (das Essen) ~* kasta sig över ngn (maten); *sich über die Arbeit ~* ta itu med arbetet **Hermaphrodit** *-en -n m* hermafrodit **Herme** *-n f, konst.* herm **Herme'lin 1** *-e n, zool.* hermelin **2** *-e m* hermelin (*skinn*) **hermetisch** hermetisk **hermüssen** *oreg., das Geld muß her* jag (*etc.*) måste ha pengarna; *er muß her* han måste komma [hit] **her'nach** sedan, efteråt, hädanefter **hernehmen** *st* **1** ta ifrån; *dial.* ta; *wo soll ich das Geld ~?* var ska jag ta pengarna ifrån? **2** ta hårt på; *die Arbeit hat ihn sehr hergenommen* arbetet har tagit hårt på honom **3** *dial., e-n ~ a)* tala ngn till rätta, läxa upp ngn, *b)* klå upp ngn **'Hernie** *-n f* bråck, hernia **her'nieder** *poet.* ned[er] **-brechen** *st s, se herabstürzen* **-gehen** *st s, se niedergehen* **-steigen** *st s, se heruntersteigen* **her'oben** *sty., österr.* här uppe **He'roe** *-n -n m* heros, hjälte **Heroenkult** *-e m* hjältedyrkan **Heroenzeit** *-en f, myt.* hjältealder **1 He'roin** *-nen f* hjältinna **2 Hero'in** *0 n* heroin **Hero'ine** *-n f, teat.* hjältinna **Heroinismus** *0 m, med.* heroinism **he'roisch** heroisk **heroisieren** heroisera, förhärliga **Heroismus** *0 m* heroism **Herold** *-e m* härold **'Heros** *He'roen m* heros, hjälte **herostratisch** herostratisk

'**Herpes** *Her'petes m, med.* herpes **Herpetologie** *0 f* läran om kräldjuren, herpetologi **herplappern** rabbla upp
Herr *-n (ibl. -en) -en m* herre; husbonde; härskare; ~ *Professor* (*i tilltal*) professorn; *Gott der* ~ *Herren Gud*; *der* ~ *Jesus* Herren Jesus; ~ *du meine Güte!* (*vard.*) herre gud!, kors i alla mina dar!; *der* ~ *des Hauses* herrn i huset; ~ *der Lage* situationens herre; *aus aller ~en Länder*[*n*] från världens alla hörn; *Ihr* ~ *Vater* (*Gemahl*) Er far (make); *alter* ~ *a*) senior, gammal student, *b*) sport. oldboy; *mein alter* ~ (*vard.*) farsgubben; *der geistliche* ~ (*dial.*) prästen; *der hohe* ~ (*skämts.*) chefen; *der junge* ~ sonen i huset; *im ~n entschlafen sein* vara avsomnad i Herran; *e-n festen ~n haben* (*vard.*) ha stadigt sällskap; *nicht* ~ *seiner selbst sein* inte vara herre över sig själv; *den* [*großen*] *~n spielen wollen* vilja spela herre; *ich habe mit e-m Ihrer ~en gesprochen* jag har talat med en av herrarna hos Er (en av Era anställda); *ich habe ~n Braun getroffen* jag träffade herr Braun; *e-r Sache* (*gen.*) ~ *werden* bli herre över ngt; *wie der* ~, *so's Gescherr* sådan herre, sådan dräng **-chen** - *n* **1** husse **2** *vard.* ung man
herreichen räcka [hit] **Herreise** *0 f* hitresa **Herren|abend** -*e m* herrbjudning -**anzug** -*e*† *m* kostym **-begleitung** *0 f, sie war in* ~ hon var i herrsällskap **-doppel** - *n, sport.* herrdubbel -**einzel** - *n, sport.* herrsingel -**essen** - *n* herrmiddag **-fahrer** - *m* **1** *sport.* tävlingsförare med egen bil; amatör **2** *neds.* hänsynslös privatbilist **-fahrrad** -*er*† *n* herrcykel -**gesellschaft 1** -*en f* herrbjudning **2** *0 f, sie war in* ~ hon var i herrsällskap **-haus** -*er*† *n,* **1** *hist.* första kammare (*i Preußen, Österrike*) **2** herrgårdsbyggnad **-leben** *0 n* herremansliv, flott liv
herrenlos herrelös, utan ägare
Herren|magazin -*e n* herrtidning **-mensch** -*en -en m* härskarnatur **-moral** *0 f* herremoral **-partie** -*n f* herr|utflykt, -bjudning -**pilz** -*e m, dial.* karljohan[svamp], stensopp **-rad** -*er*† *n* herrcykel **-salon** -*s m* herrfrisör (*frisörsalong*) **-schnitt** -*e m,* ~ *tragen* (*om kvinna*) vara pojkklippt **-sitz** -*e m* **1** herresäte **2** *ridk.* herrsadel **-tier** -*e n,* ~*e* primater **-toilette** -*n f* herrtoalett **-welt** *0 f, skämts., die* ~ herrarna, männen
'**Herrgott** *0 m, unser* ~ Vår Herre; ~ [*sackerment*]*!* för tusan! **Herrgottsfrühe** *0 f, in aller* ~ mycket tidigt på morgonen, okristligt tidigt **Herrgottsschnitzer** - *m, sty., österr.* träsnidare (*som gör krucifix*)
herrichten 1 ställa (göra) i ordning; *ein Zimmer* ~ ställa i ordning ett rum **2** rusta upp, reparera, laga **3** *rfl, dial.* göra sig i ordning; *wie hast du dich denn hergerichtet?* vad du har styrt ut dig!
Herrin -*nen f* härskarinna; matmor **herrisch** befallande, myndig; barsk, tyrannisk, högdragen **herr'je[mine]** *interj, vard.* herreje!, [herre]jesses!, kors! **herrlich** härlig; *du siehst ja* ~ *aus!* (*iron.*) så du ser ut!; ~ *und in Freuden leben* leva i fröjd o. gamman **Herrlichkeit** -*en f* härlighet, glans, prakt; *das ist die ganze* ~ (*iron.*) det var hela härligheten; *gibt's noch mehr solche ~en?* finns det flera sådana goda saker?
Herrnhuter - *m* herrnhutare
Herrschaft 1 *0 f* [herra]välde; överhöghet;

makt; ~, *ist das schwer!* milda makter, så svårt det är!; *die* ~ *ausüben* utöva makten; *die* ~ *über den Wagen verlieren* tappa kontrollen (herraväldet) över bilen; *unter der* ~ *Karls XII.* under Karl XII:s regering **2** -*en f* herrskap, husbondfolk; *meine ~en!* mitt herrskap!, mina damer o. herrar!; *aber ~en, so geht das nicht!* mitt herrskap (kära Ni), så får det inte vara!; *sind die ~en zu Hause?* är herrskapet hemma?; *die hohen ~en* de kungliga (furstliga), godsägarfamiljen **3** -*en f,* [lant]gods **herrschaftlich** förnäm; herrskaps- **Herrschaftsverhältnisse** *pl* maktförhållanden **Herrschbegierde** *0 f* härsklystnad **herrsch|en** härska; råda; regera; grassera (*om sjukdom*); *es* -*t schlechtes Wetter* det är (råder) dåligt väder; ~*de Mode* (*Meinung*) rådande mode (mening) **Herrscher** - *m* härskare **Herrscher|geschlecht** -*er n,* -**haus** -*er*† *n* härskarätt, furstehus, dynasti **Herrschergewalt** *0 f* härskar-, regerings-, stats|makt **Herrschsucht** *0 f* härsklystnad **herrschsüchtig** härsklysten
her|rücken 1 flytta närmare; *den Stuhl* ~ flytta stolen närmare **2** *s, sie ist näher hergerückt* hon flyttade sig närmare -**rufen** *st* kalla [hit] -**rühren** *von etw.* ~ härröra från (bottna i, bero på) ngt; *es rührt noch von damals her, als* det härstammar från den tiden då -**sagen 1** rabbla (läsa) upp (*aus dem Kopf* utantill) **2** *das hat er nur so hergesagt* det var bara som han sa -**schaffen** skaffa (få) hit (fram) -**schauen** *dial.* titta hit[åt] -**schieben** *st, etw. vor sich* (*dat.*) ~ skjuta ngt framför sig -**schreiben** *st* **1** *du mußt deinen Namen* ~ du måste skriva dit ditt namn **2** *rfl, högt., sich von etw.* ~ härröra från (gå tillbaka till) ngt -**sehen** *st* titta hit[åt] -**sehnen** *vard. ung.* längtansfullt vänta på -**sein** *oreg. s* **1** *es ist schon ein Jahr her* det är nu redan ett år sedan; *wie lange ist es her?* hur länge sedan är det? **2** *wo ist er her?* varifrån är (kommer) han? **3** *mit der Arbeit ist es nicht weit her* det är inte mycket bevänt med arbetet **4** *hinter etw.* (*dat.*) ~ vara ute efter ngt, ligga efter ngt -**setzen** **1** sätta [hit]; *setz dich her zu mir!* sätt dig här bredvid (hos) mig!; *ich kann mich nicht länger* ~ *und warten* (*vard.*) jag kan inte längre sitta här o. vänta **2** *s, hinter e-m* ~ sätta efter ngn -**stammen** härstamma (*von från*) -**stellen 1** tillverka, framställa, fabricera, producera; åstadkomma; upprätta (*diplomatiska förbindelser*); *e-e Verbindung zu etw.* (*e-m*) ~ knyta förbindelse med ngt (ngn) **2** *vard.* ställa [hit]; *stell dich nicht her und schau zu* ställ dig (stå) inte där o. titta på; *ich kann mich nicht länger* ~ *und warten* jag kan inte stå här o. vänta längre **3** återställa; *er ist hergestellt* han är återställd (frisk igen); *die Ruhe wieder* ~ återställd lugnet **Hersteller** - *m* **1** tillverkare, producent **2** förlagsfaktor **Herstellung** *0 f* **1** tillverkning, produktion, framställning; upprättande (*av diplomatiska förbindelser*) **2** produktionsavdelning (*på förlag*) **Herstellungskosten** *pl* tillverkningskostnad[er] **Herstellungsland** -*er*† *n* tillverknings-, ursprungs|land **Herstellungsverfahren** - *n* tillverknings-, produktions|process, -metod **her|stürzen 1** *s* störta (rusa) hit (fram) **2** *rfl, sich über e-n* ~ störta sig över ngn -**tragen** *st* bära [hit], komma hit (fram) med; *etw. vor sich* (*dat.*) ~ bära ngt framför sig -**treiben** *st*

driva [hit]; *etw. vor sich (dat.)* ~ driva ngt framför sig
Hertz - - *n, fys.* hertz
her'üben *sty., österr.* på den här sidan
her'über [hit]över, hit[åt]; ~ *und hinüber* hit o. dit; *der Weg* ~ hitvägen **-bemühen** be att komma över [hit]; *würden Sie sich bitte hier* ~ ? vill Ni vara snäll o. komma hit? **-bringen** *oreg.* ta med [hit]; *über den Fluß* ~ sätta över floden **-geben** *st, würden Sie es mir bitte* ~ ? vill Ni vara snäll o. räcka över det till mig? **-kommen** *st s, kommen Sie heute zu uns herüber!* kom över till (o. hälsa på) oss i dag!; *ich kam aus Ostberlin herüber* jag kom över *(som flykting)* från Östberlin **-reichen 1** räcka över **2** räcka (nå) hit (fram) **-rücken 1** *rück den Stuhl zu mir herüber!* flytta (maka) stolen närmare mig (över till mig)! **2** *s, komm, rück näher herüber!* kom, flytta dig närmare mig! **-schaffen** flytta (sätta) över **-tragen** *st, der Wind trägt den Schall zu uns herüber* vinden för ljudet över till oss **-ziehen** *st* **1** dra hit (över); *e-n zu uns* ~ få över ngn på vår sida **2** *s* dra (flytta) hit
her'um [om]kring; *(i sms.)* hit o. dit, planlöst, i oändlighet; *dort* ~ *muß es sein* där någonstans måste det vara; *hinten* ~ *hereinkommen* komma in bakvägen (bakifrån); *die Reihe* ~ *(vard.)* laget runt; *gleich um die Ecke* ~ alldeles runt hörnet; *es kostet so um 10 Mark* ~ *(vard.)* det går då 10 mark; *um Ostern* ~ vid påsktiden; *um den Tisch* ~ runt (omkring) bordet; *immer um e-n* ~ *sein (vard.) a)* pyssla (sköta) om ngn, *b)* inte låta ngn vara ifred; *ich habe ihn* ~ *(vard.)* jag har fått honom dit jag vill; *5 Jahre sind* ~ *(vard.)* 5 år har gått **-albern** *vard.* [ständigt] fåna sig (flamsa) **-ärgern** *rfl, vard., sich mit e-m* ~ ständigt reta sig (vara förargad) på ngn **-balgen** *rfl, vard., sich mit e-m* ~ slåss *(bildl.* bråka) med ngn **-basteln** *vard.* pilla, knåpa *(an + dat.* med) **-bekommen** *st, vard.* **1** *e-n* ~ få ngn på andra tankar (att ändra åsikt), övertala ngn, vinna ngn [för sin sak] **2** *die Zeit* ~ få tiden att gå **-blicken** titta runt **-bringen** *oreg., vard.* **1** *ich bringe den Schlüssel nicht herum* jag kan inte vrida om nyckeln **2** *die Zeit* ~ slå ihjäl tiden, få tiden att gå **3** *e-n* ~ få ngn att ändra åsikt, vinna ngn [för sin sak] **4** *sie brachten überall herum, daß* de spred ut överallt att, de berättade överallt att **-bummeln** *vard.* **1** slå dank **2** *s* driva (stryka) omkring; *in der Stadt* ~ flanera i staden **-doktern** *vard., an e-m* ~ kvacka med ngn; *an etw. (dat.)* ~ experimentera (klåpa) med ngt **-drehen** vrida om (runt); *den Schlüssel* ~ vrida om nyckeln; *e-m die Worte im Munde* ~ *(vard.)* förvränga ngns yttranden; *der Magen dreht sich mir herum (vard.)* det vänder sig i magen på mig; *sich* ~ *(äv.)* göra helt om **-drücken** *rfl, vard.* **1** hålla till, trycka **2** *sich um etw.* ~ smita (slingra sig) från ngt **-drucksen** *vard.* inte vilja ut med språket **-fahren** *st, vard.* **1** *s* åka (fara, resa) omkring; *sich (dat.) mit den Händen im Gesicht* ~ ta sig åt ansiktet; *mit den Händen in der Luft* ~ fäkta med armarna **2** köra (skjutsa) omkring **-fingern** *vard., an etw. (dat.)* ~ fingra på ngt **-fragen** *vard.* fråga (höra sig för) [på alla håll], fråga runt **-führen 1** *im Haus* ~ visa omkring i huset **2** *e-e Mauer um das Grundstück* ~ bygga en mur kring tomten **3** *e-n an der Nase* ~ *(vard.)* dra ngn vid näsan **4** *der Weg führt um die Stadt herum* vägen leder runt staden
herum|geben *st* räcka omkring, skicka runt **-gehen** *st s, vard.* gå omkring (runt), promenera; cirkulera; [för]gå *(om tid); die Zeit ist schnell herumgegangen* tiden har gått fort; *die Photos* ~ *lassen* skicka runt korten; *die Sache geht mir im Kopf herum* jag kan inte låta bli att tänka på saken; *wie die Katze um den heißen Brei* ~ gå som katten kring het gröt **-greifen** *st, um etw.* ~ nå (räcka) runt omkring ngt, slå armarna omkring ngt **-haben** *oreg., vard., ich habe ihn herum* jag har fått honom dit jag vill, jag lyckades övertala honom **-hacken** *bildl. vard.* hacka *(auf + dat.* på) **-hängen** *st, vard., se rumhängen* **-hantieren** *vard.* rumstera om, hålla på [o. plocka] **-horchen** *vard.* höra sig för, rekognos[c]era **-huren** *vulg.* ligga med vem som helst **-kommen** *st s, vard.* **1** *um etw.* ~ komma (svänga) om[kring] (kring, runt) ngt; *sie kam um die Ecke herum* hon kom runt hörnet; *um den Stamm* ~ nå runt stammen; *in der Welt weit* ~ resa vida omkring i världen; *der Fall ist in der ganzen Stadt herumgekommen* fallet har blivit känt i hela staden **2** *um etw.* ~ inte slippa ifrån ngt **-kramen** *vard.* rota (gräva) *(in + dat.* i) **-kriegen** *vard., e-n* ~ vinna ngn [för sin sak], övertala ngn, få ngn att ändra åsikt **-kritisieren** *vard., an etw. (dat.)* ~ klanka på ngt **-laufen** *st s, vard.* **1** gå (ströva, springa) omkring; *frei* ~ gå lös *(om djur); wie ein Landstreicher* ~ se ut (vara klädd) som en landstrykare; *so kannst du nicht* ~ så får du inte gå omkring (se ut) **2** *um das Grundstück läuft ein Zaun herum* tomten omges av ett staket **-liegen** *st, vard.* ligga framme [o. skräpa]; *um etw.* ~ ligga [runt] omkring ngt, omge ngt; *faul* ~ ligga o. lata sig **-lungern** *vard.* [gå (ligga) o.] lata sig; slå dank; stryka (ströva) omkring **-machen** *vard., an etw. (dat.)* ~ greja (syssla, hålla på) med ngt **-murksen** *vard.* hålla på o. mixtra *(an + dat.* med) **-nörgeln** *vard.* ständigt o. jämt anmärka *(an + dat.* på) **-plagen** *rfl, vard.* [få] dras *(mit* med); knoga *(mit* med) **-raten** *st, vard.* [försöka] gissa **-rätseln** *vard.* fundera; försöka tyda **-reichen** *vard.* **1** skicka (räcka) runt **2** *um den Stamm* ~ nå runt stammen **-reißen** *st* **1** *das Steuer* ~ snabbt lägga (kasta) om rodret **2** *vard., die Nachricht hat mich herumgerissen* nyheten gjorde mig uppskakad **-reiten** *st s* rida omkring (runt); *auf etw. (dat.)* ~ ha ngt som käpphäst, inte vilja släppa ngt; *auf e-m Prinzip* ~ rida på en princip **-rühren** *vard.* [hela tiden] röra; *wir wollen in der alten Geschichte nicht wieder* ~ vi vill inte dra upp den gamla historien igen
herum|schauen *dial.* titta runt **-schlagen** *st* **1** *Papier um etw.* ~ slå in ngt i papper, slå papper omkring ngt **2** *rfl* slåss; *sich mit e-m Problem* ~ *(vard.)* brottas med ett problem **-schleppen** *vard.* släpa omkring (hit o. dit); *e-n Kummer mit sich* ~ släpa på ett bekymmer; *e-e Erkältung mit sich* ~ gå o. dra på en förkylning **-schließen** *st, vard.* vrida om *(nyckel)* **-schnüffeln** *vard., was schnüffelst du hier herum?* vad går du o. snokar efter? **-sein** *oreg. s, vard.* vara över (slut); *der Urlaub ist schnell herum* semestern tar fort slut; *die Nachricht ist in der ganzen Stadt herum* nyheten är ute över (har spritt sig i) hela

staden -setzen *Stühle im Kreis* ~ ställa stolar i en ring -sitzen *st, vard.* sitta [och hänga]; *um etw.* ~ sitta runt [omkring] ngt; *sitz nicht so herum!* sitt inte där o. häng (lata dig)! -spielen *vard., an etw. (dat.)* ~ [nervöst] leka med ngt -sprechen *st, rfl* komma ut, bli bekant; *so etw.* ~ *spricht sich schnell herum* sådant sprider sig fort -spritzen *vard.* stänka omkring -stehen *st, vard.* stå o. skräpa (hänga); *steh nicht so herum!* stå inte bara där! -stöbern *vard., in etw. (dat.)* ~ rota (snoka) i ngt -stochern *vard., im Essen* ~ sitta o. peta i maten; *in den Zähnen* ~ peta tänderna -stoßen *st, vard.* skicka hit o. dit; *als Kind ist er herumgestoßen worden* som barn skickades han från den ena till den andra -streichen *st s* stryka (smyga) omkring -streiten *st, rfl, vard.* kivas, käbbla -streunen *s, vard.* driva (stryka) omkring -suchen *vard.* söka här och där (överallt) -tanzen *s, vard., im Zimmer* ~ dansa (hoppa) omkring i rummet; *um den Maibaum* ~ dansa kring majstången; *e-m auf der Nase* ~ hunsa med ngn, göra som man vill med ngn -tappen *s, vard.* gå och famla -toben 1 *h o. s* springa (rusa, ränna) omkring (*uppspelt o. stojande*), tumla om 2 rasa, vara rasande (ursinnig) -tollen *h o. s, se herumtoben 1* -tragen *st, vard., ein Gerücht* ~ sprida ett rykte; *Klatsch* ~ springa med skvaller; *e-n Kummer mit sich* ~ bära på ett bekymmer -treiben *st, rfl* ströva (driva, loda) omkring, vagabondera, vara ute o. ranta; *sich bei anderen Leuten (in Kneipen)* ~ jämt o. ständigt hålla till hemma hos andra (på krogen) Herumtreiber - *m* lodare, vagabond herum|treten *st, vard., auf jds Herz* ~ såra ngn; *auf e-m* ~ klanka på ngn -trödeln *vard.* slösa bort sin tid, inte komma ur fläcken (*med arbete*) -tun *st, sty. vard.* lägga ner [onödigt] mycket arbete o. möda, anstränga sig; *da tun wir nicht mehr lang herum, sondern machen es einfach so* det är ingenting att fundera över utan vi gör helt enkelt så här -werfen *st* kasta om; *seine Sachen* ~ (*vard.*) slänga sina saker runt omkring (i en enda röra); *sich im Bett* ~ kasta sig av o. an i sängen -wickeln *Papier (e-e Schnur) um etw.* ~ slå in ngt i papper (binda ett snöre om ngt) -wirbeln 1 *e-n* ~ svänga runt med ngn; *der Wind wirbelt die Blätter herum* vinden virvlar omkring löven 2 *s* virvla (yra) omkring (runt) -wirtschaften *vard.* gå omkring o. stöka (pyssla) -wurschteln *vard.,* -wursteln *vard.* hålla på, söla -zanken *vard., er hatte immer herumzuzanken* han gruffade jämt; *sich* ~ kivas, gräla -ziehen *st* 1 dra omkring (runt); *e-e Schnur um etw.* ~ lägga (dra) ett snöre omkring ngt; *ein Zaun zieht sich um den Garten herum* det går (är) ett staket runt (ett staket omger) trädgården 2 *s, in der Welt* ~ dra omkring (runt) i världen; *um das Dorf* ~ vandra (tåga, dra) runt byn her'unten *sty., österr.* här nere; ner her'unter [hit] ner; ~ *mit dir!* kom ner!; *die Treppe* ~ nedför (utför) trappan -beten *vard.* rabbla [upp] -bemüh|en be att komma ner; *er hat sich -t* han hade vänligheten att komma ner -brennen *oreg.* 1 *s* brinna ner 2 *die Sonne brannte vom Himmel herunter* solen brände från himlen -bringen *oreg.* ta (bära, följa *etc.*) ner; *ein Geschäft* ~ missköta (ruinera, fördärva) en affär; *die Krankheit hat ihn heruntergebracht* sjukdomen har brutit ner honom; *er konnte das Essen nicht* ~ (*vard.*) han kunde inte få ner maten -drücken trycka (pressa) ner; *vard.* reducera, minska -fahren *st* 1 *s* fara (åka, köra) ner 2 *er hat das Auto in die Garage heruntergefahren* han körde ner bilen i garaget; *die Kapazität* ~ (*tekn.*) minska kapaciteten -fallen *st s* falla (ramla) ner -fliegen *st s, vard.* ramla ner -gehen *st s* 1 gå ner [för] 2 *vard., mit dem Kopf* ~ sänka (böja) huvudet 3 gå ner, minska -gießen *st* hälla ner; *vard.* ösregna -handeln *vard., fünf Mark vom Preis* ~ pruta fem mark på priset -hauen *oreg., vard.* 1 *e-m e-e* ~ ge ngn en örfil, klippa till ngn 2 kasta (skriva) ner -holen hämta ner; *ein Flugzeug* ~ (*vard.*) skjuta ner ett plan -klappen 1 fälla ner 2 *s* falla ner -kommen *st s* komma ned[för]; *die Firma ist heruntergekommen* det har gått utför med firman; *gesundheitlich* ~ försvagas till hälsan; *heruntergekommen aussehen* se nedgången ut; *heruntergekommen sein* (*äv.*) vara under isen -können *oreg., vard.* kunna (få) komma ner -krempeln vika (kavla) ner -langen *dial.* 1 räcka ner 2 *se herunterhauen 1* -lassen *st* släppa (fira, dra) ner; *die Schranken* ~ fälla bommarna -leiern *vard.* 1 rabbla [upp] 2 veva ner -machen *vard.* nedgöra, skälla ut -müssen *oreg., vard., die Farbe muß herunter* färgen måste bort -nehmen *st* ta ner (bort) -purzeln *s, vard.* ramla (trilla) ner -putzen *vard.* skälla ut -rasseln *vard.* 1 rabbla [upp] 2 *s* rassla ner -reißen *st* 1 *vard.* riva ner; *e-n* ~ nedgörande kritisera ngn 2 *vard.* göra, avverka 3 *dial.* slita ut -rufen *st, vard.* ropa ner -schalten växla ner -schlagen *st* 1 *Äpfel* ~ slå ner äpplen (*ur träd*); *den Kragen* ~ fälla ned kragen 2 *s, dial.* falla (ramla) ner -schrauben skruva ner; sänka -sein *oreg. s, vard.,* vara nere (*äv. bildl.*); deppa; vara slut (utarbetad); *das Fieber ist herunter* febern har gått ner; *das Geschäft ist herunter* affären går dåligt; *die Farbe ist herunter* färgen är borta -spielen *vard.* 1 spela utan känsla 2 bagatellisera, tona ner -steigen *st s* stiga (klättra) ner -stürzen 1 *s* störta (ramla) ner; *vard.* rusa ned[för] 2 hälla i sig, svepa -wirtschaften *vard.* missköta, ödelägga, ruinera -würgen *vard.* tvinga i sig -ziehen *st* 1 dra ner; dra i smutsen 2 *s* flytta ner; tåga [nerför] her'vor fram; ~ *mit euch!* kom fram! -angeln *vard.* fiska fram -blicken titta fram -brechen *st s* störta (rusa) fram; komma till uttryck; bryta (välla, titta) fram -bringen *oreg.* hämta (föra) fram; frambringa, alstra; producera; åstadkomma; *kein Wort* ~ inte få fram ett ord Hervorbringung -*en f* alster, produkt hervor|gehen *st s* 1 härstamma, komma; *5 Kinder sind aus der Ehe hervorgegangen* det föddes 5 barn i äktenskapet 2 framgå; *daraus geht hervor* därav framgår det 3 utgå (*als Sieger* som segrare) -heben *st* fram|hålla, -häva, betona -kehren fram|hålla, -häva -kommen *st s* komma fram -locken locka fram; *damit kann man inte fresta ngn hinter dem Ofen* ~ det kan man inte fresta ngn med -ragen 1 sticka upp, skjuta fram (ut) 2 vara framstående, utmärka sig -ragend framstående, utomordentlig, överlägsen, enastående Hervorruf -*e m, teat.* inropning hervor|rufen *st* 1 *teat.* ropa in 2 framkalla, förorsaka -schauen *dial.* titta (sticka) fram,

bli synlig **-schießen** *st* **1** *er schoß hinter der Mauer hervor* han sköt från ett ställe bakom muren **2** *s* skjuta (rusa, spruta) fram; dyka upp **-sehen** *st* titta (sticka) fram **-stechen** *st* stå (skjuta) ut (fram); avteckna sig, falla i ögonen; *das Rot sticht aus den übrigen Farben hervor* det röda sticker av mot de andra färgerna; *~d* framträdande, slående, bjärt **-stehen** *st* sticka fram (ut); *~de Zähne (Augen)* utstående tänder (ögon) **-treten** *st s* träda (stiga, gå) fram; framträda; *die Umrisse treten hervor* konturerna avtecknar sig **-tun** *st rfl, vard.* utmärka sig, briljera **-zaubern** trolla fram
herwärts hit-, här|åt **Herweg** *0 m* hitväg **herwinken** vinka hit (till sig) **herwollen** *oreg., vard.* vilja [komma] hit
Herz *-ens -en n* **1** hjärta; mod, sinne; *frohen (leichten, schweren, traurigen) ~ens* med glatt (lätt, tungt, sorgset) hjärta; *goldenes ~* hjärta av guld; *reinen (åld. reines) ~ens* med gott samvete; *alles, was das ~ begehrt* allt vad man kan önska sig (begära); *mir blutet das ~ (bildl.)* mitt hjärta blöder; *e-m das ~ brechen* krossa ngns hjärta; *mir dreht sich das ~ im Leib[e] herum* det gör mig ont i hjärtat; *e-m fällt (rutscht) das ~ in die Hose[n] (vard.)* ngn får byxångest (blir skraj); *sich (dat.) ein ~ fassen* ta mod till sig; *seinem ~en e-n Stoß geben* övervinna sin tvekan; *sein ~ gehört der Musik* han ägnar hela sitt intresse åt musik; *das ~ auf dem rechten Fleck haben* ha hjärtat på rätta stället; *nicht das ~ haben, etw. zu tun* inte ha hjärta [till] att göra ngt; *ein ~ für jdn haben* tycka om (hjälpa) ngn; *das ~ e-s Löwen haben* vara modig som ett lejon; *sein ~ an etw. (ack.) hängen* ägna sig helhjärtat åt ngt; *sein ~ hängt an etw. (dat.)* han är mycket fäst vid ngt; *im Grunde seines ~ens haßte er sie* innerst inne hatade han henne; *da lacht e-m das ~ im Leib[e]* då blir man riktigt glad; *seinem ~en Luft machen (vard.)* sjunga ut; *das ~ in die Hand (in beide Hände) nehmen* ta Gud i hågen, ta mod till sig; *das ~ schlug mir bis zum Hals [hinauf]* jag fick hjärtat i halsgropen; *e-m das ~ schwermachen* bereda ngn bekymmer, göra ngn ledsen; *ihr ~ ist aus Stein* hon har ett hjärta av sten; *ein ~ und e-e Seele sein* vara som ett; *wes das ~ voll ist, des geht der Mund über* vad hjärtat är fullt av, det talar ju munnen; *ihr stockte das ~ vor Schreck* hennes hjärta stod nästan stilla av skräck; *mir wird das ~ schwer* jag blir alldeles förtvivlad; *das ~ wollte ihm vor Freude zerspringen* hans hjärta var nära att brista av glädje; *e-n ans (an sein) ~ drücken* trycka ngn till sitt bröst; *es am (mit dem) ~[en] haben (vard.)* ha ngt åt hjärtat; *e-m am ~en liegen* ligga ngn varmt om hjärtat; *das Kind ist mir ans ~ gewachsen* jag har fäst mig vid barnet; *was hast du auf dem ~en?* vad har du på hjärtat?; *e-n auf ~ und Nieren prüfen* rannsaka ngn till hjärtan o. njurar; *aus tiefstem ~en* ur djupet av sitt (*etc.*) hjärta; *das ist mir aus dem ~en gesprochen* det är precis vad jag själv tycker o. tänker; *e-n ins ~ treffen (vard.)* djupt såra ngn; *mit halbem ~ en* halvhjärtat; *es nicht übers ~ bringen, etw. zu tun* inte kunna förmå sig (inte kunna med) att göra ngt; *von ~en gern* hjärtans gärna; *von ~en kommen* komma från hjärtat; *ich wünsche es dir von ganzem ~en·* jag önskar dig det av hela mitt hjärta;

sich (dat.) etw. zu ~en nehmen allvarligt beakta ngt, lägga ngt på hjärtat, ta ngt allvarligt **2** *mein ~* min älskling, mitt hjärta **3** centrum; *das ~ des Salats* det innersta av salladshuvudet; *im ~en Afrikas* i hjärtat av Afrika **4** *~ aus Marzipan* marsipanhjärta; *Tränendes ~ (bot.)* löjtnantshjärta **5** *kortsp.* hjärter; *5 ~* fem hjärter
'herzaller'liebst [alldeles] förtjusande; *mein ~es Kind* mitt allra käraste barn (hjärtebarn) **Herzallerliebste(r)** *m f, adj böjn.* hjärtanskär
Herzas *-se n* hjärteräss
herzaubern trolla fram (*äv. bildl.*)
herzbeklemmend djupt beklämmande **Herzbeutel** - *m* hjärtsäck **herzbewegend** djupt rörande
Herz|blatt *-er† n* **1** hjärtblad **2** slåtterblomma **3** hjärtegull, älskling **-blättchen** - *n* **1** litet hjärtblad **2** *mein ~* mitt lilla hjärtegull **-block** *-e† m, med.* hjärtblock **-blume** *-n f, bot.,* Tränende *~* löjtnantshjärta **-blut** *0 n, bildl.* hjärteblod **-bräune** *0 f, med.* angina pectoris **herzbrechend** hjärt|slitande, -skärande **Herzbube** *-n -n m* hjärterknekt **Herzchen** - *n*, *mein ~!* mitt hjärta!, min älskling! **Herzdame** *-n f* hjärterdam **Herzdrücken** *0 n, vard.*, *nicht an ~ sterben* vara rättfram, [öppet] säga vad man tänker **Herze** *-ns -n n, poet.* hjärta **herzeigen** *vard.* **1** visa [upp, fram] **2** peka hit[åt]
Herzeleid *0 n* hjärtesorg **herzen** *åld.* trycka till sitt hjärta, smeka; *sich ~* smekas
Herzens|angelegenheit *-en f* hjärteangelägenhet; *es ist mir e-e ~* det är en hjärtesak för mig **-angst** *-e† f* hjärtängslan **-brecher** - *m* hjärtekrossare **-bruder** *-† m* **1** älsklingsbror **2** mycket kär vän **-ergießung** *-en f*, **-ergu|ß** *-sse† m* bekännelse **-freude** *-n f* hjärtefröjd, innerlig glädje **-freund** *-e m* hjärtevän
herzensfroh hjärtinnerligt glad **Herzensgrund** *0 m, aus ~* av hela sitt (*etc.*) hjärta **herzensgut** hjärtegod
Herzens|güte *0 f* hjärtegodhet **-junge** *-n -n m* gullgosse, älskad pojke **-kind** *-er n* hjärtebarn **-lust** *0 f, nach ~* av hjärtans lust **-not** *0 f* djupt betryck **-qual** *-en f* djupt betryck; hjärtekval **-wunsch** *-e† m* innersta önskan **Herzentzündung** *-en f, med.* pankardit **herzerfreuend** innerlig glädjande **herzerfrischend** uppfriskande, vederkvickande, animerande **herzergreifend** hjärtgripande **herzerhebend** upplyftande **herzerquickend** *se herzerfrischend* **herzerschütternd** djupt uppskakande **Herzerweiterung** *-en f* hjärtförstoring **Herzfehler** - *m* hjärtfel **herzförmig** hjärtformig **Herzfrequenz** *-en f* hjärtfrekvens **Herzgegend** *-en f* hjärttrakt **herzgeliebt** innerligt älskad **Herzgrube** *-n f* maggrop **herzhaft** duktig, ordentlig, kraftig, rejäl; näringsrik, kraftig (*om mat*); *åld.* modig, behjärtad, oförskräckt; *~er Kuß* smällkyss; *~er Schluck* ordentlig klunk
herziehen *st* **1** dra [hit], flytta fram; *etw. hinter sich (dat.) ~* dra (släpa) ngt efter sig **2** *s* tåga [hit] **3.** *h o. s, über e-n ~* tala illa om ngn
herzig rar, sött, förtjusande **Herzinfarkt** *-e m* hjärtinfarkt **'herz'innig[lich]** hjärtinnerlig **Herz|insuffizienz** *-en f* hjärtinsufficiens -- **'Jesu-Fest** *-e n, kat.* Jesu hjärtas fest (*tredje fredagen efter pingst*) **-kammer** *-n f* hjärtkammare **-klappe** *-n f* hjärt|klaff, -valvel **-klappenfehler** - *m, med.* klaffel **-klaps** *0 m,*

vard. hjärt|fel, -slag, -kollaps **-klopfen** *0 n* hjärtklappning **-knacks** *0 m, vard.* hjärtfel **-könig** *-e m* hjärterkung **-krampf** *-e† m, med.* hjärtkramp (*i sht vid angina pectoris*) **herzkrank** hjärtsjuk **Herzkranzgefäße** *pl* kranskärl **Herzleiden** - *n* hjärt|lidande, -sjukdom **herzleidend** *er ist* ~ han har hjärtfel **herzlich** hjärtlig, innerlig; mycket; synnerligen; ganska, rätt så; *mein ~stes Beileid* mitt djupaste deltagande (*i sorgen*); *ich möchte dich ~st bitten* jag ber dig så vackert; ~ *gern* hjärtans gärna; *es ist mir* ~ *gleichgültig* det är mig rätt så likgiltigt; ~ *wenig* fasligt litet **'herz'lieb** innerligt kär; *mein ~es Kind* mitt hjärtans allra käraste barn **herzlos** hjärtlös, känslolös, grym **Herzlosigkeit** **1** *0 f* hjärtlöshet, känslolöshet **2** *-en f* hjärtlöst (känslolöst) yttrande, hjärtlös (känslolös) gärning **Herz-Lungen-Maschine** *-n f* hjärt-lungmaskin **Herzmittel** - *n* hjärtmedicin **Herzmuschel** *-n f, zool.* hjärtmussla
Herzog *-e[†] m* hertig **Herzogin** *-nen f* hertiginna **herzoglich** hertiglig **Herzogtum** *-er† n* hertigdöme
Herzschlag *-e† m* hjärtslag (*äv. med.*); puls; *der* ~ *stockte mir vor Schreck* mitt hjärta stannade av skräck; *e-n* ~ *lang* ett ögonblick; *bis zu meinem letzten* ~ till mitt sista andetag **Herzschmerzen** *pl,* ~ *haben* ha ont i hjärtat **Herzschrittmacher** - *m, med.* pacemaker **Herzschwäche** *-n f* hjärtinsufficiens **herzstärkend** hjärt|stärkande, -styrkande **Herzstärkung** *-en f* hjärtstärkande medel; *zur ~ nahm er diese Arznei* för att stärka hjärtat tog han denna medicin **Herzstück** *-e n, bildl.* kärnpunkt, central punkt **Herztöne** *pl* hjärttoner **Herztransplantation** *-en f* hjärttransplantation
her'zu hit[åt]; [hit] fram **-eilen** *s* skynda till (fram) **-kommen** *st s* komma fram (hit)
Herzverfettung *-en f* fettbildning kring hjärtat **Herzverpflanzung** *-en f* hjärttransplantation **Herzversagen** *0 n* hjärtkollaps **Herzweh** *0 n* ont i hjärtat; *bildl.* hjärtesorg **herzzerreißend** hjärtslitande
Hesse *-n -n m* hessare **hessisch** hessisk
Hetäre *-n f* hetär
Heterodoxie *-n f* irrlära, kätteri **heterogen** [-g-] heterogen **Heteronomie** *0 f* osjälvständighet, avhängighet **Heterosexualität** *0 f* heterosexualitet **heterosexuell** heterosexuell
Hethiter - *m* hettit **hethitisch** hettitisk **Hettiter** - *m* hettit
Hetz *0 f, österr., das war e-e* ~ det var verkligen roligt **Hetzartikel** - *m* hetsartikel **Hetzblatt** *-er† n* hetspropagandistiskt smutsblad (organ, flygblad *e.d.*) **Hetze** *-n f* 1 jakt, hast, brådska, stress **2** hets, uppvigling **3** hetsjakt **hetz|en 1** hetsa, jaga; *den Hund auf e-n* ~ bussa hunden på ngn; *der Unternehmer -t seine Arbeiter* företagaren driver på sina arbetare **2** arbeta fort, jäkta, skynda sig; *sie -t den ganzen Tag* hon jäktar hela dagen **3** hetsa, agitera (*gegen* mot); *zum Krieg* ~ (*äv.*) bedriva krigshets **4** *s* rusa, jäkta, skynda sig; *zum Bahnhof* ~ skynda sig till stationen **Hetzer** - *m* hetsare, agitator, uppviglare **Hetzerei 1** *0 f* jäkt, stress; *vard.* hets, uppvigling **2** *-en f* uppviglande tal (handling) **hetzerisch** hetsande, agitatorisk **Hetzjagd** *-en f* **1** hetsjakt (*äv. bildl.*) **2** stress, jäkt **Hetzkampagne** *-n f* hetskampanj **Hetzorgan** *-e n, se Hetzblatt*

Hetzpeitsche *-n f* [jakt]piska; *die* ~ *des Fließbandes* löpande bandets gissel **Hetzpropaganda** *0 f* hetspropaganda **Hetzschrift** *-en f, se Hetzblatt*
Heu *0 n* **1** hö; ~ *machen* arbeta med hö[e]t, slå (räfsa, skörda, bärga) hö[e]t; *Geld wie* ~ (*vard.*) pengar som gräs; *sein* ~ *im trockenen haben* ha sitt på det torra **2** *vard.* stålar; *der hat vielleicht* ~*!* oj, vad pengar han har! **3** *sl.* gräs (*marijuana*) **-boden** *-† m* höskulle **Heuchelei** *-en f* hyckleri, skrymteri **heucheln** hyckla, låtsas; *sein Zorn war geheuchelt* hans vrede var låtsad **Heuchler** - *m* hycklare, skrymtare **heuchlerisch** hycklande
Heudiele *-n f, schweiz.* höskulle **heuen** *dial.* arbeta med (slå, räfsa, skörda, bärga) hö[e]t **heuer** *sty., schweiz.* i år
1 Heuer - *m* slåtterkarl
2 Heuer *-n f, sjö.* hyra **Heuerbaas** *-e m, sjö.* mönstringsförrättare **Heuerbüro** *-s n, sjö.* sjömansförmedling **heuern** *sjö.* **1** mönstra **2** hyra (*fartyg*)
Heue[r]t *-e m, åld.* hömånad, juli
Heuervertrag *-e† m, sjö.* hyra
Heuet *0 m f, sty., schweiz.* höskörd **Heu|feim** *-e m,* **-feime** *-n f,* **-feimen** - *m, dial.* höstack, hövolm **Heufieber** *0 n* hösnuva **Heugabel** *-n f* högaffel **Heuhüpfer** - *m, vard.* gräshoppa
Heulaffe *-n -n m, zool.* vrålapa **Heulboje** *-n f* **1** *sjö.* ljudboj **2** *vard.* [skränig] popsångare **heul|en** tjuta, vråla, yla; *vard.* [stor]gråta; *der Wind* ~*t* vinden tjuter; *das* ~*de Elend kriegen* bli utom sig av förtvivlan; *wie das* ~*de Elend zussehen* se alldeles förgråten ut; *es ist zum H~* det är så man kan gråta det **Heuler** - *m, vard.* **1** tjut **2** [tjutande] fyrverkeripjäs **3** *das ist der letzte* ~*!* det var (är) toppen (häftigt, botten, hemskt)! **Heulerei** *0 f* [ständig] gråt, tjut[ande], ylande .**Heulpeter** - *m, vard.* grinolle, lipsill **Heulsuse** *-n f, vard.* lip|sill, -lisa **Heultonne** *-n f, se Heulboje* **Heultrine** *-n f, vard., se Heulsuse*
Heu|macher - *m* slåtterkarl **-mahd** *-en f* slåtter **-monat** *-e m,* **-mond** *-e m, åld.* hömånad, juli **-pferd** *-e n, se Heuschrecke* **-reiter** - *m, österr.,* **-reuter** - *m, sty.* hässja
heurig *sty., österr., schweiz.* årets, denna säsongs **Heurige(r)** *m, adj böjn, österr.* årets vin; [musik]restaurang (*där årets vin serveras*) **Heu'ristik** *0 f* heuristik **heuristisch** heuristisk
Heu|schober - *m, sty., österr.* höstack, hövolm **-schrecke** *-n f* gräshoppa **-stadel** -[†] *m, sty., österr., schweiz.* hölada
heut *vard.,* **heute** i dag; nuförtiden, i våra dagar; ~ *früh* (*morgen*) i morse; ~ *vormittag* i dag på förmiddagen, i förmiddags; ~ *abend* i kväll; ~ *in e-m Jahr* i dag om ett år; ~ *über 8 Tage* i dag om 8 dagar; ~ *vor 8 Tagen* i dag för 8 dagar sedan; *das ist noch* ~ *so* så är det än i dag; *lieber* ~ *als morgen* (*äv.*) ju förr desto bättre; *ab* ~*, von* ~ *an* från o. med i dag, från dags dato; *von* ~ *auf morgen* (*äv.*) helt plötsligt, oväntat; *ein Mensch von* ~ en modern människa; *die Zeitung von* ~ dagens tidning **Heute** *0 n, das* ~ nutiden, våra dagar; *das* ~ *und das Morgen* (*äv.*) dagen o. morgondagen, det närvarande o. det kommande **heutig** dagens; aktuell, nuvarande; *der* ~*e Tag* den dag som i dag är; *mit der* ~*en Post* med dagens post; *mein* ~*er Brief* mitt brev av

i dag (av dagens datum) **'heutigen'tags, heutzutage** nu för tiden, i våra dagar, i dag **Heu|wagen** - *m* höskrinda **-wender** - *m* hövändare, höspridare **-wurm** *-er*† *m* druvvecklares larv
Hexachord *-e m n, mus.* hexakord **Hexaeder** - *n, mat.* hexaeder **hexagonal** sex|kantig, -vinklig **Hexagramm** *-e n* sexuddig stjärna, davidsstjärna **Hexameter** - *m* hexameter **hexametrisch** hexametrisk
Hexe *-n f* häxa, trollpacka; *vard. äv.* ragata; *bildl. äv.* [mitt lilla] troll **hexen** trolla; *wie gehext (vard.)* som genom ett trollslag; *ich kann doch* [*auch*] *nicht* ~ *(vard.)* jag kan ju inte trolla; *Regen* ~ trolla fram regn **Hexenbesen** *- m, bot.* häx|kvast, -svans **hexenhaft** häxlik, troll-
Hexen|häuschen - *n* pepparkakshus **-jagd** *-en f* häxjakt *(äv. bildl.)* **-kessel** - *m* häxkittel **-kraut** *-er*† *n* häxört **-küche** *-n f* häxkök **-mehl** *0 n* nikt **-milch** *0 f* **1** *vard.* saft av törelväxter **2** *med.* häxmjölk **-pilz** *-e m* eldsopp **-schuß** *0 m* ryggskott **-stich** *0 m* **1** *vard., se föreg.* **2** *sömn.* kråkspark **-verbrennung** *-en f* brännande av häxor **-wahn** *0 m* häxtro **-werk** *0 n* häxeri, trolleri **-zirkel** - *m* magisk cirkel
Hexer - *m* häxmästare, trollkarl **Hexerei** *-en f* häxeri, trolldom, svartkonst
Hexode *-n f, elektr.* hexod
HF *förk. för* Hochfrequenz högfrekvens **.Hg., Hgb.** *förk. för* Herausgeber utgivare **HGB** *förk. för* Handelsgesetzbuch
Hiatus - - *m språkv.* hiatus, vokalmöte
Hibernation *-en f, med.* hibernation
Hibisk|us *-us -en m, bot.* hibiskus
hick *interj* hick! **Hicker** - *m,* **Hickerchen** - *n, vard.* hicka **hicksen** *dial.* ha hicka, hicka
hie ~ *und da a)* här o. där, *b)* då o. då
hieb *se hauen* **Hieb 1** *-e m* hugg, slag, rapp; huggsår; *bildl.* pik; ~*e (vard.)* stryk; *e-n* ~ *haben (vard.)* inte vara riktigt klok; *e-n* ~ *einstecken* bli pikad, få en gliring; *auf e-n* ~ *(vard.)* i ett slag (drag); *auf den ersten* ~ *fällt kein Baum (ung.)* man måste ge sig till tåls **2** *0 m* avverkning
hiebei *sty., österr. el. åld., se hierbei*
hiebfest *hieb- und stichfest* oanfäktbar, vattentät **Hiebwaffe** *-n f* huggvapen **Hiebwunde** *-n f* huggsår
hiedurch *sty., österr. el. åld., se hierdurch*
hielt *se halten*
hie'nieden *poet.* härnere, på denna sidan graven
hier här; ~*!* *(vid upprop)* ja!; ~ *und da a)* här o. där, *b)* då o. då; ~ [*spricht*] *Karl Maska (i telefon)* [det är] Karl Maska; *wo ist* ~ *die Post?* var ligger posten?; *das Buch* ~ den här boken; *es steht mir bis* ~ *(vard.)* det står mig upp i halsen; *er ist ein bißchen* ~ *(vard.)* han har en skruv lös; ~ *muß ich dir recht geben* på den punkten måste jag ge dig rätt; *kommst du nach* ~ *?* kommer du hit?; ~ *drüben* på den här sidan; ~ *entlang* bort här vägen; *das Geschäft muß* ~ *herum liegen (vard.)* affären måste ligga här någonstans; *von* ~ härifrån; *von* ~ *an* från o. med nu **'hieran** [*äv.* '-'-] härvid, härpå; *wenn ich* ~ *denke* när jag tänker på det; ~ *erinnere ich mich* det minns jag; ~ *anknüpfen* anknyta till det
Hierarchie [hjerar'çi:] *-n f* hierarki **hierarchisch** hierarkisk **hieratisch** hieratisk, prästerlig

'hier|auf [*äv.* '-'-] härpå; härefter; till följd härav **-aus** [*äv.* '-'-] härav, härur; *alle* ~ *entstehenden Verbindlichkeiten* alla på grund härav uppkomna förpliktelser; ~ *geht hervor* härav framgår det **-behalten** *st* behålla [här], hålla kvar **-bei** [*äv.* '-'-] härvid, härpå, härvidlag, i detta sammanhang **-bleiben** *st s* stanna [kvar] [här] **-durch** [*äv.* '-'-] härigenom, härmed, på detta sätt **-für** [*äv.* '-'-] härför, härtill; ~ *zu gebrauchen* att användas till det; ~ *hat er kein Verständnis* det har han ingen förståelse för
'hier'gegen [*utpekande* '---] häremot; ~ *ist nichts einzuwenden* det kan man inte invända ngt mot **'hier'her** [*utpekande* '--] hit, hitåt; *bis* ~ *ist alles gut gegangen (äv.)* hitintills har allt gått bra; *bis* ~ *und nicht weiter!* hit men inte längre!; ~*!* kom [hit]! **'hierher'auf** [*utpekande* '---] hit upp; den här vägen upp **hier'her|bemühen** [*äv.* '-'----] be *(ngn)* komma hit; *darf ich Sie bitten, sich hierherzubemühen* får jag besvära Er att komma hit **-bringen** *oreg.* ta (hämta *etc.*) hit **-gehören** *er gehört hierher* han hör hemma här (hör hit, hör till oss); *es gehört nicht hierher* det hör inte hit **-legen** *ich lege es hierher* jag lägger det här (hit)
'hier|her'um [*utpekande* '---] här någonstans, häromkring, här i trakten; *der Weg geht* ~ vägen går runt det här hörnet (huset *etc.*) **-'hin** [*utpekande* '--] hit[åt], häråt **-hin'aus** [*utpekande* '---] hit ut; den här vägen ut
'hier|in [*äv.* '-'-] häri; ~ *gebe ich dir recht (äv.)* i det hänseendet ger jag dit rätt **-lands** [*äv.* '-'-] här i landet, hos oss **-mit** [*äv.* '-'-] härmed; härav; ~ *bin ich einverstanden* det är jag med på **-nach** [*äv.* '-'-] härefter; sedan
Hieroglyphe [hjero'gly:fə] *-n f* hieroglyf *(äv. bildl.)* **hieroglyphisch** hieroglyfisk
'hier'orts [*utpekande* '--] här [på platsen], hos oss **hiersein** *oreg., s (sammanhrivs end. i inf o. perf part)* vara här **'Hiersein** *0 n* härvaro **'hier'selbst** [*äv.* -'-] *åld.* härstädes **'hierüber** [*äv.* '-'-] häröver, härät; ~ *sprechen w̰ir später* det talar vi om senare; ~ *ärgere ich mich* det är jag förargad över **'hierum** [*äv.* '-'-] härom; häromkring här **'unter** [*utpekande* '---] härunder, häribland; ~ *fallen folgende Beispiele (äv.)* hit hör följande exempel **'hiervon** [*äv.* '-'-] härav, härom; ~ *verstehe ich nichts* det begriper jag ingenting av **'hierzu** [*äv.* '-'-] härtill; ~ *gehören auch* hit hör även; ~ *möchte ich bemerken* till detta (härtill) skulle jag vilja anmärka **'hierzu'lande** [*utpekande* '----] här i landet, hos oss
hiesig härvarande, lokal, ortens; *meine* ~*en Freunde* mina vänner här i trakten; *die* ~*en Verhältnisse* de lokala förhållandena; *der* ~*e Wein* ortens (traktens) vin; *er ist kein H*~*er* han är inte härifrån; *nur für die H*~*en* blott för traktens egna
hieß *se 1 heißen*
hieven [-vn̩] *sjö.* hiva
Hifthorn *-er*† *n, åld.* jakthorn
high [haı] *sl.* hög, flummig, påtänd **Highbrow** [-braʊ] ~ *m, skämts. el. neds.* intellektuell, intelligenssnobb
hi'hi, hihi'hi *interj* haha!
Hijacker ['haɪdʒɛkɐ] - *m* [flygplans]kapare
Hilfe *-n f* hjälp; hjälpmedel; hjälp[reda]; [*zu*] ~*!* hjälp!; *Erste* ~ första hjälpen *(vid olycksfall)*; *e-e* ~ *haben* ha hjälp i hushållet; *e-m e-e*

große ~ sein vara ngn till stor hjälp; *e-m ~n geben (gymn.)* ge ngn stöd; *mit ~ e-r Sache (gen.)* med hjälp av ngt; *um ~ rufen* ropa på hjälp; *jds Gedächtnis zu ~ kommen* hjälpa ngns minne på traven; *e-m zu ~ kommen* komma ngn till hjälp, undsätta ngn; *du bist mir e-e schöne ~ (iron.)* dig har man inte mycket hjälp av **hilfebedürftig** hjälpbehövande, i behov av hjälp **hilfebringend** hjälpande, som hjälper **Hilfeersuchen** - *n* vädjan om hjälp **hilfeflehend** bönfallande [om hjälp] **Hilfeleistung** -en *f* hjälp, assistans **Hilferuf** -e *m* nödrop, rop på hjälp **Hilfestellung** -en *f, gymn., e-m ~ geben* ge ngn stöd, *bildl.* hjälpa ngn [på traven] **hilfesuchend** hjälpsökande **hilflos** hjälplös; tafatt **Hilflosigkeit** 0 *f* hjälplöshet; tafatthet **hilfreich** hjälpsam; *e-m e-e ~e Hand bieten* räcka ngn en hjälpande hand **Hilfsaktion** -en *f* hjälpaktion **Hilfsarbeiter** - *m* diversearbetare, hantlangare **hilfsbedürftig** hjälpbehövande, i behov av hjälp **Hilfsbedürftigkeit** 0 *f* hjälpbehov, behov av hjälp **hilfsbereit** hjälpsam, tjänstvillig
Hilfs|bereitschaft 0 *f* hjälpsamhet, tjänstvillighet **-dienst** 0 *m, ung.* hjälporganisation **-gelder** *pl* penningunderstöd **-kraft** -e† *f* medhjälpare, assistent; *wissenschaftliche ~ (univ. ung.)* amanuens **-lehrer** - *m* extralärare, vikarie **-linie** -*n f, mat.* hjälplinje **-maßnahme** -*n f* hjälpåtgärd **-mittel** - *n* hjälpmedel; stöd[åtgärd] **-motor** -en *m* hjälpmotor **-prediger** - *m* hjälppräst, pastorsadjunkt **-quelle** -*n f* material; resurs; hjälpmedel **-schiff** -e *n* hjälp|kryssare, -fartyg **-schule** -*e f* specialskola *(för [mentalt] handikappade barn)* **-sprache** -*n f (konstgjort)* hjälpspråk *(esperanto)* **-truppe** -*n f* hjälptrupp **-verb** -en *n, språkv.* [temporalt] hjälpverb **-werk** -e *n* hjälp|aktion, -organisation **hilfswillig** villig att hjälpa, hjälpsam **Hilfswillige(r)** *m, adj böjn.* frivillig [i Wehrmacht] *(från ockuperat land)* **Hilfszeitwort** -er† *n, se Hilfsverb*
Himbeere [hɪ-] -*n f* hallon **himbeer|farben, -farbig** hallonfärgad **Himbeergeist** 0 *m* hallonbrännvin **Himbeerpocken** *pl* framboësi **Himbeersaft** 0 *m* hallonsaft **Himbeerzunge** 0 *f, med.* smultrontunga
Himmel - *m* **1** himmel; *~ auf Erden* himmelrike på jorden; *die Fügung des ~s* försynens skickelse; *ein Geschenk des ~s* en skänk från ovan; *[ach] du lieber ~! (vard.)* milda makter!; *~ noch [ein]mal!, ~, Arsch und Zwirn (Wolkenbruch)!* fan [anamma]!; *eher stürzt der ~ ein, als daß (vard.)* det är fullkomligt otänkbart att; *der ~ hängt ihm voller Geigen* han ser allt i rosenrött; *soweit der ~ reicht* så långt ögat når, överallt; *dem ~ sei Dank* himlen vare lovad; *~ und Hölle (Erde) in Bewegung setzen* riva upp himmel o. jord; *das weiß der [liebe] ~ (vard.)* det vete gudarna; *weiß der ~, er hat wieder recht! (vard.)* han har faktiskt rätt igen!; *aus heiterem ~ (vard.)* alldeles oväntat; *aus allen ~n fallen (stürzen, gerissen werden)* bli grymt besviken, komma ner på jorden igen; *Gott im ~! (vard.)* milda makter!; *e-n in den ~ heben (vard.)* höja ngn till skyarna; *in den ~ ragen* resa sig mot skyn; *sie ist im ~* hon är i himlen *(död)*; *im sieb[en]ten ~ sein (vard.)* vara i sjunde himlen; *um [des] ~s willen! (vard.)* för Guds skull!; *unter [Gottes*

freiem ~ schlafen sova under bar himmel (i det fria); *unter südlichem ~ leben* bo i södern; *etw. fällt nicht einfach vom ~ ngt* kommer inte av sig självt; *es ist noch kein Meister vom ~ gefallen* ingen föds mästare, alla barn i början; *es schreit (vard.: stinkt) zum ~* det är himmelskriande **2** baldakin **himmel'an** *poet.* [upp] mot himlen **'himmel'angst** *vard., mir wurde ~* jag blev himla rädd **Himmelbett** -en *n* himmelssäng **himmelblau** himmelsblå **'Himmel'donner'wetter** *interj, vard., ~ noch [ein]mal!* tusan också! **Himmelfahrt** 0 *f, Christi ~* Kristi himmelsfärd[sdag]; *Mariä ~ (kat.)* Marie himmelsfärd[sdag] *(15 aug.)* **Himmelfahrtskommando** -s *n* självmordsuppdrag; personer som deltar i självmordsuppdrag **Himmelfahrtsnase** -*n f, skämts.* norrköpings-, upp|näsa **'himmel'hoch** skyhög; *jauchzend* jublande i högan sky **Himmelhund** -e *m, vulg.* hjäkel; gåpåare **himmeln 1** *vard.* titta svärmisk, himla med ögonen **2** *vulg.* kola av **Himmelreich** 0 *n* himmelrike **Himmels|achse** 0 *f* världsaxel **-äquator** 0 *m* himmelsekvator **-bahn** -en *f (himlakropps)* bana på himlen **-bogen** 0 *m, poet.* himlapäll **-braut** -e† *f, poet.* nunna **-brot** 0 *n, bibl.* manna
Himmel|schlüssel - *m, äv. n,* **-schlüsselchen** - *n, bot.* gullviva **himmelschreiend** himmelskriande
Himmels|erscheinung -en *f* ljusfenomen på himlen *(norrsken e.d.)* **-feste** 0 *f, poet.* himla|fäste, -päll **-gegend** -en *f* väderstreck **-gewölbe** 0 *n, poet.* himlavalv, firmament **-glob|us** -en *m* himmelsglob **-gucker** - *m, skämts.* stjärnkikare *(astronom)* **-karte** -*n f* stjärnkarta **-königin** 0 *f, kat.* himladrottning *(jungfru Maria)* **-körper** - *m* himlakropp **-kreis** -e *m* [tänkt] cirkel på himlavalvet **-kugel** 0 *f* himlavalv **-kunde** 0 *f* astronomi **-leiter** 0 *f* **1** himlastege **2** *bot.* blågull **-mechanik** 0 *f* celest mekanik **-pol** -e *m* himmelspol **-richtung** -en *f* väderstreck **-schlüssel** - *m, äv. n,* **-schlüsselchen** - *n, bot.* gullviva **-schreiber** - *m, vard.* flygplan (pilot) som utför luftskrift (rökskrift) **-schrift** -en *f* reklam i form av luftskrift (rökskrift) **-strahlung** -en *f* atmosfärisk strålning **-strich** -e *m, högt.* himmelsstreck, zon, trakt
himmel[s]stürmend himlastormande **Himmel[s]stürmer** - *m* himmels-, himla|stormare; *skämts.* astronaut
Himmels|tür 0 *f, poet., die ~* himlens port **-wagen** 0 *m, der ~ der* Karlavagnen **-zeichen** - *n* stjärnbild [i djurkretsen] **-zelt** 0 *n, poet.* himlapäll **-ziege** -*n f* **1** *zool.* beckasin **2** *vard.* gudsnådeligt fruntimmer
himmelwärts upp mot himlen **'himmel'weit** himmelsvid **himmlisch** himmelsk; gudomlig; underbar; *~e Fügung* försynens skickelse; *die H~en* gudarna; *es war [einfach] ~* det var [helt enkelt] himmelskt (gudomligt)
hin [hɪn] (hit, hän, bort; *se äv. hinsein; ~ und her* hit o. dit, kors o. tvärs, fram o. tillbaka; *Hin und Her a)* kommande o. gående, *b)* evigt dividerande (diskuterande); *~ und her* reden tala för o. emot (fram o. tillbaka); *es langt nicht ~ und nicht her (vard.)* det räcker varken till det ena eller det andra; *~ und zurück* o. då; *~ und zurück* tur o. retur; *ein paar Tage ~ oder her* några dagar mer eller mindre (till eller ifrån); *das ist ~ wie her (vard.)* det är

sak samma, det kommer på ett ut; *Regen* ~, *Regen her, ich muß es tun* regna mej hit o. regna mej dit, jag måste göra det; *wo gehst du* ~ *? (vard.)* vart ska du gå?; *am Park* ~ utmed (längs efter) parken; *auf die Gefahr* ~, *zu med risk att; auf die Zukunft* ~ *planen* planera för framtiden; *etw. auf etw. (ack.)* ~ *untersuchen* undersöka ngt med avseende på ngt; *ich tat es auf ihren Rat* ~ jag gjorde det på hennes inrådan; *ist es weit bis* ~ *?* är det långt dit?; *gegen Abend* ~ framåt kvällen; *nach außen* ~ utåt; *nach dem Meer* ~ åt (bort mot) havet; *nach rechts* ~ åt höger [till]; *nach Osten* ~ österut; *nach unten* ~ nedåt; *über etw. (ack.)* ~ fram över ngt; *über (durch) viele Jahre* ~ i åratal; *vor sich (ack.)* ~ *blicken* titta rakt ut i luften; *vor sich (ack.)* ~ *reden* tala för sig själv; *bis zum Park* ~ ända [fram] till parken; *zur Straße* ~ åt gatan [till]
hin'ab ner [dit], dit ner, nedför, nedåt; *den Berg* ~ nedför (utför) berget **-blicken** se ner **-steigen** *st s* stiga (gå) ner (nerför) **-ziehen** *st* **1** dra ner **2** *s* tåga ner[för]
hin'an högt. upp[för]; *den Berg* ~ uppför berget
hinarbeiten *auf etw. (ack.)* ~ arbeta för (sträva efter) ngt
hin'auf upp [dit], ditupp, uppför; *den Berg* ~ uppför berget **-arbeiten** *rfl* arbeta sig upp *(äv. bildl.)* **-befördern** befordra (transportera) upp **-bemühen 1** *e-n* ~ be ngn följa med (komma) upp **2** *rfl* göra sig besvär med att komma upp **-dürfen** *oreg., vard.* få gå (komma) upp **-fahren** *st* **1** *s, den Fluß* ~ fara uppför floden; *mit dem Fahrstuhl* ~ ta hissen upp **2** *e-n* ~ köra ngn upp **-finden** *st, wirst du [dich] allein* ~ *?* hittar du själv dit upp? **-führen 1** *ich führe Sie hinauf* jag följer med (ledsagar) Er dit upp **2** *führt dieser Weg zum Dorf hinauf?* går (leder) den här vägen upp till byn? **-gehen** *st s* gå uppför; gå upp; *vard.* stiga, öka; *die Straße geht bis zum Gipfel hinauf* vägen leder upp till toppen; *auf 2000 Meter Höhe* ~ *(om flygplan)* stiga till 2000 meter; *mit dem Tempo* ~ öka tempot **-gelangen** *s,* **-kommen** *st s* komma upp **-können** *oreg., vard.* kunna komma upp **-kriechen** *st s* krypa upp[för] **-langen** *vard.* räcka (nå) upp; *er langte bis ans Netz hinauf* han nådde upp till [bagage]nätet **-lassen** *st* låta stiga (gå, komma) upp **-müssen** *oreg., vard., ich muß hinauf* jag måste gå (kila, komma) dit upp **-nehmen** *st, e-n zu sich* ~ ta ngn med sig upp **-reichen** räcka (nå) upp **-schaffen 1** ta upp **2** *rfl, schweiz.* arbeta sig upp **-schalten** växla upp **-schnellen** *s* skjuta i höjden *(om pris)* **-schrauben** öka, höja **-setzen** sätta upp; öka, höja **-treiben** *st* driva upp **-tun** *st, vard.* sätta (ställa, lägga) upp **-ziehen** *st* **1** dra upp; *etw. den Hang* ~ dra ngt uppför backen; *der Weg zieht sich den Hang hinauf* vägen går uppför backen **2** *s* flytta upp; tåga upp[för]; *in die vierte Etage* ~ flytta fyra trappor upp
hin'aus [dit] ut; utåt; ~ *mit dir!* ut med dig!; ~ *aufs Meer* ut på [öppna] havet; *auf Monate* ~ för flera månader framåt; *das Schiff war schon aus dem Hafen* ~ båten hade redan lämnat hamnen; *durch die Tür* ~ ut genom dörren; *nach vorn (hinten)* ~ *wohnen* bo åt gatan (gården); *über etw. (ack.)* ~ utöver ngt; *über die 50* ~ *sein* vara över 50 år; *bis über*

Mittag ~ till en bit in på eftermiddagen; *zum Fenster* ~ ut genom fönstret **-begleiten** följa ut (till dörren) **-beugen** *rfl, sich zum Fenster* ~ luta sig ut genom fönstret **-bringen** *oreg.* ta (bära) ut; följa ut (till dörren); *es nicht über den Leutnantsrang* ~ inte komma längre än till fänriksgrad **-dürfen** *oreg.* få [gå, komma] ut **-ekeln** *vard., er wurde aus dem Betrieb hinausgeekelt* han blev så trakasserad att han lämnade företaget (slutade) **-fahren** *st* **1** *s* köra (fara, åka) ut; *über etw. (ack.)* ~ köra (fara) förbi ngt **2** köra (skjutsa) ut **-fenstern** *vard.* slänga (kasta) ut **-feuern** skjuta ut; *vard.* slänga (kasta) ut **-finden** *st* hitta ut **-fliegen** *st s* flyga ut; *vard.* ramla ut; *vard.* bli utslängd, få sparken **-führen** föra (leda) ut; *die Tür führt auf den Hof hinaus* dörren går (leder) till gården **-gehen** *st s* gå ut; *das Fenster geht auf den Hof (nach Süden) hinaus* fönstret vetter mot gården (mot söder); *seine Forderung geht über das hinaus* hans anspråk sträcker sig längre än så (överskrider det) **-graulen** *vard.* frysa ut **-kommen** *st s* **1** komma ut **2** *vard.* gå ut; *es kommt auf dasselbe (eins) hinaus* det kommer på ett ut **-können** *oreg., vard.* kunna komma ut **-lassen** *st, vard.* låta gå ut, släppa ut **-laufen** *st s* **1** springa ut **2** *auf etw. (ack.)* ~ gå ut på (resultera i) ngt; *ich sehe, worauf es hinausläuft* jag ser vartåt det lutar; *es läuft auf dasselbe (eins) hinaus* det kommer på ett ut **-müssen** *oreg., vard.* behöva gå ut; vara tvungen att gå (åka *etc.*) ut **-scheren** *rfl, vulg., scher dich hinaus!* stick!, dra åt helvete! **-schieben** *st* **1** skjuta ut; skjuta upp (fram); *den Urlaub um e-e Woche* ~ skjuta på semestern en vecka; *den Bescheid* ~ dröja med att ge besked, skjuta på beskedet **2** *rfl* dra sig ut; bli uppskjuten (fördröjd) **-schießen** *st* **1** skjuta ut **2** *s* skjuta (rusa, störta) ut; *übers Ziel* ~ *(bildl.)* skjuta över målet **-sein** *oreg.* **1** *s, über etw. (ack.)* ~ överskrida ngt; *über die 50* ~ vara över 50 år; *sie ist schon hinaus (vard.)* hon har redan gått ut; *über etw. (ack.) bin ich hinaus* det har jag vuxit ifrån (kommit över) **-setzen** sätta (ställa) ut; *sich* ~ flytta sig ut, gå ut o. sätta sig; *e-n* ~ *(vard.)* kasta ut ngn **-sollen** *oreg., vard.* vara tvungen att gå (åka *etc.*) ut; *wo soll das noch hinaus?* vad är meningen med det?, vad går det ut på?, vart ska det leda? **-springen** *st s* **1** hoppa ut **2** *vard.* rusa (springa) ut **-stehlen** *st, rfl* smyga sig ut **-stellen** ställa ut; *sport.* utvisa **-stürzen 1** *s* störta (ramla) ut; rusa ut **2** *rfl* kasta sig ut **-wachsen** *st s* växa upp; *über etw. (ack.)* ~ växa ifrån ngt; *über sich [selbst]* ~ överträffa sig själv **-werfen** *st* kasta ut *(äv. bildl.)*; *er ist hinausgeworfen worden* han har fått sparken; *das Geld zum Fenster* ~ *(bildl.)* kasta pengarna i sjön **-wollen** *oreg.* vilja komma (gå *etc.*) ut; *hoch* ~ ha högtflygande planer; *ich weiß, worauf sie* ~ jag vet vart de vill komma (vad de är ute efter) **-ziehen** *st* **1** dra ut; fördröja, förhala, dra ut på; *seinen Urlaub* ~ utsträcka sin semester **2** *s, aufs Land* ~ flytta ut på landet; *ins Feld* ~ dra [ut] i fält **-zögern** för|hala, -dröja
hin|begleiten ledsaga (följa med) [dit] **-bemühen** *e-n* ~ be ngn att gå (komma) [dit] **-bestellen** *e-n* ~ beordra ngn att komma [dit], kalla [dit] ngn **-biegen** *st, vard.* **1** klara av, fixa **2** *e-n* ~ få (sätta) fason på ngn **-blättern**

vard., *e-e große Summe* ~ punga ut med en stor summa
Hinblick *0 m*, *im* (*in*) ~ *auf* (+*ack*.) med hänsyn till, med tanke på, i betraktande av; med avseende på, beträffande **hinblicken** titta (se) dit **hinbringen** *oreg.* ta (föra, transportera) [dit]; ledsaga (följa med) [dit]; *vard.* klara av, greja; *sein Leben kümmerlich* ~ leva i knappa omständigheter; *e-n mit dem Wagen* ~ köra dit ngn i bilen; *die Zeit mit Arbeit* ~ tillbringa (fördriva) tiden med att arbeta **hindämmern** *s*, *se dahindämmern*
Hinde -*n f*, *poet.* hind
hin|deichseln *vard.* klara av, greja **-denken** *oreg.*, *vard.*, *wo denkst du hin?* vad tänker du på?, där har du fel!
hinderlich hindrande, hämmande, störande; till hinders, i vägen (*e-m* för ngn) **hindern** hindra; störa; *åld.* förhindra; *e-n am Lesen* ~ hindra ngn från att läsa **Hindernis** -*se n* hinder; spärr; *e-m* ~*se in den Weg legen* lägga hinder i vägen för ngn; *es war e-e Fahrt mit* ~*sen* det var en färd med [många] svårigheter **Hindernisfeuer** - *n*, *flyg.* hinderljus **Hindernislauf** -*e†* *m* hinderlöpning **Hindernisrennen** - *n* hinder|ridning, -löpning **Hinderungsgrund** *0 m*, *ich sehe keinen* ~, *das zu tun* jag kan inte finna något skäl som kan hindra mig från att göra det **hindeuten** *auf etw.* (*ack*.) ~ peka (tyda) på ngt **Hindi** *0 n* hindi (*språk*) '**Hindu** -[*s*] -[*s*] *m* hindu **Hinduismus** *0 m* hinduism **hinduistisch** hinduisk
hin'durch *quer durch den Wald* ~ tvärs igenom skogen; *den ganzen Tag* ~ dagen i ända; *Tage* ~ dag efter dag; *das ganze Jahr* ~ året om; *Jahre* ~ i åratal **-arbeiten** *rfl*, *sich durch etw.* ~ arbeta sig igenom ngt **-gehen** *st s* gå [rakt] igenom **-ziehen** *st* **1** dra (trä) igenom **2** *s* dra (tåga) igenom **3** *rfl*, *dieser Gedanke zieht sich durch den ganzen Roman hindurch* denna tanke går som en röd tråd genom hela romanen
hindürfen *oreg.* få komma (gå *etc.*) dit
hin'ein [dit] in, in dit, i; ~ *ins Bett!* hopp i säng!; *bis ins Haus* ~ ända in i huset; *bis tief in die Nacht* ~ till långt fram på natten; *von draußen* ~ utifrån [o. in]; *zur Tür* ~*!* in genom dörren! **-arbeiten** *rfl* arbeta sig in; sätta sig in (*in etw.* (*ack*.)) i ngt) **-denken** *oreg.*, *rfl*, *sich in etw.* (*ack*.) ~ tänka (sätta) sig in i ngt; *sich in jds Lage* ~ tänka sig in i ngns situation **-dürfen** *oreg.* få komma (gå) in **-fahren** *st* **1** *s*, *in den Hof* ~ köra in på gården; *in jds Auto* ~ (*vard.*) krocka med (köra på) ngns bil; *mit der Hand ins Haar* ~ köra fingrarna genom håret **2** *das Auto in die Garage* ~ köra in bilen i garaget **-fallen** *st s* **1** falla in (*om ljus*); *ins Wasser* ~ falla i vattnet **2** *vard.* låta lura sig; *wer andern e-e Grube gräbt, fällt selbst hinein* den som gräver en grop åt andra faller själv däri **-finden** *st* hitta in; *sich in die Arbeit* ~ göra sig förtrogen med (komma in i) arbetet **-fliegen** *st s* **1** flyga in **2** *vard.* åka dit, låta lura sig; *damit kannst du* ~ det kan du få obehag av; *bei der Prüfung* ~ ha otur (bli kuggad) i examen **-fressen** *st* **1** *rfl* äta sig in **2** *etw. in sich* (*ack*.) ~ (*vard.*) glupskt äta (proppa i sig) ngt; *seinen Ärger in sich* (*ack*.) ~ svälja förtreten **-geheimnissen** *vard.* tolka (läsa) in (*ngt som inte är där*) **-gehen** *st s* gå in; *bildl.* rymmas, gå in **-geraten** *st s*, *in*

etw. (*ack*.) ~ bli inblandad i (hamna i, råka in i) ngt **-greifen** *st* sticka in (ner) handen **-hängen** hänga in; *sich in etw.* (*ack*.) ~ (*vard.*) lägga sig i ngt **-knien** *rfl*, *vard.* ge sig i kast (*in etw.*: (*ack*.) med ngt) **-kommen** *st s* komma in; *in etw.* (*ack*.) ~ råka (komma) in i ngt; *in Wut* ~ bli rasande; *kommen die Tassen in den Schrank hinein?* (*vard.*) ska kopparna in i skåpet? **-können** *oreg.* kunna komma (gå) in **-lachen** *in sich* (*ack*.) ~ småskratta [för sig själv] **-lassen** *st* släppa in **-leben** *in den Tag* ~ leva för dagen **-legen 1** lägga in; *Gefühl in den Vortrag* ~ inlägga känsla i föredraget; *e-e neue Bedeutung* ~ tolka in en ny betydelse **2** *vard.* lura, dra vid näsan **-lesen** *st* läsa (tolka) in; *sich in etw.* (*ack*.) ~ göra sig förtrogen med (sätta sig in i) ngt **-leuchten** lysa in; *in e-e dunkle Sache* ~ kasta ljus över en dunkel angelägenhet **-passen** passa in; få plats **-platzen** *s*, *vard.* plötsligt dyka upp **-pumpen** pumpa in (*äv. bildl.*) **-ragen** räcka (skjuta) fram (in, ned, ut, i) **-reden** *in etw.* (*ack*.) ~ lägga sig i ngt; *sich in Wut* ~ hetsa upp sig till vrede **-reiten** *st* **1** *s* rida in **2** *vard.*, *e-n* ~ ställa till tråkigheter för ngn, försätta ngn i en svår situation **-rennen** *oreg. s*, *er rennt in sein Unglück hinein* han störtar sig i olycka **-riechen** *st*, *vard.*, *in etw.* (*ack*.) ~ (*bildl.*) nosa på ngt **-schauen** titta in **-schliddern** *s*, **-schlittern** *s* rutscha (glida, halka) in; *vard.* råka in **-sehen** *st* titta in **-spielen** *sport. o. bildl.* spela in **-springen** *st s* **1** hoppa in **2** *vard.* springa in **-stecken** stoppa in; *Geld in etw.* (*ack*.) ~ (*vard.*) sätta in (investera, placera) pengar i ngt; *überall die Nase* ~ (*vard.*) lägga sin näsa i blöt överallt **-steigern** *rfl* **1** *sich in etw.* (*ack*.) ~ gräva ner sig i ngt **2** *sich in große Erregung* ~ bli mer o. mer upprörd **-stürzen 1** *s* störta [ner], ramla **2** *s* störta (rusa) in **3** kasta, störta **4** *rfl* kasta (störta) sig **-treiben** *st* **1** driva (mota) in **2** *s* driva (flyta) in **-treten** *st s* gå in; trampa [ner] **-tun** *st* lägga (ställa, sätta) in (i); *e-n Blick ins Zimmer* ~ kasta en blick in i rummet **-versetz|en** *rfl*, *sich in etw.* (*ack*.) ~ sätta (leva) sig in i (föreställa sig) ngt; *sich ins Mittelalter -t fühlen* känna sig förflyttad till medeltiden **-wachsen** *st s* växa in; *in e-e Hose* ~ växa i ett par byxor **-werfen** *st* **1** kasta in; *ins Gefängnis* ~ kasta i fängelse **2** *rfl* kasta sig (*ins Wasser* i vattnet) **-ziehen** *st* **1** dra (släpa) in; *e-n in etw.* (*ack*.) *[mit]* ~ dra (blanda) in ngn i ngt **2** *s* dra (tåga) in; *in die Stadt* ~ (*äv.*) flytta in till staden
hinfahren *st* **1** *s* fara (åka, köra) [dit, bort]; *åld.* dö; *mit der Hand über etw.* (*ack*.) ~ stryka med handen över ngt; *an etw.* (*dat*.) ~ fara utmed (längs med) ngt; *fahr hin!* farväl! **2** köra (skjutsa) [dit] **Hinfahrt** *0 f* dit-, bort|resa| *Hin-* och *Rückfahrt* **0** *m* retur **hinfallen** *st s* falla (ramla) [omkull]; *der Länge nach* ~ falla raklång; *vor jdm* ~ falla ner på sina knän (sitt ansikte) inför ngn; *der Teller ist ihm hingefallen* han tappade tallriken [i golvet] **hinfällig 1** skröplig, bräcklig **2** *die Verabredung ist* ~ *geworden* avtalet har blivit ogiltigt **hinfinden** *st* hitta dit **hin|fläzen**, **-flegeln** *rfl*, *vard.* vräka sig **hinfliegen** *st* **1** *s* flyga [dit]; *über das Meer* ~ flyga över havet **2** *s*, *vard.* trilla, ramla omkull **3 Medikamente zur Unfallsstelle** ~ flyga (transportera) medicin till olycksplatsen **Hinflug** *0 m* dit-, ut|resa (*m.*

flyg) **hin'fort** *högt.* hädanefter, från o. med nu
hinführen leda [dit]; *die Straße führt zur Stadt hin* vägen leder till staden; *die Straße führt am Ufer hin* vägen går utmed stranden; *wo soll das ~ ? (vard.)* var ska det sluta ?, vart ska det leda ? **hin'für** *åld.*, *se hinfort*
hing *se hängen 1*
Hingabe *0 f* över|lämnande, -låtande; hängivenhet, passion; självuppoffring; *ihre rasche ~ erstaunte ihn* han blev förvånad över att hon gav sig åt honom så snabbt **Hingang** *0 m, högt.* bortgång, död **hingeben** *st* **1** ge bort; offra **2** lämna, ge **3** *rfl* ägna sig; hänge sig; *sie gab sich ihm hin* hon gav sig åt honom; *gib dich darüber keiner Täuschung hin* gör dig inga falska förhoppningar om det **Hingebung** *0 f* hängivenhet **hin'gegen** däremot, å andra sidan
hin|gegossen *vard.*, *auf e-m Sofa ~ daliegen* ligga behagligt utsträckt på en soffa **-gehen** *st s* gå [dit]; gå bort (*dö*); *wo gehst du hin?* vart går du ?; *der Tag geht hin* dagen förflyter (förgår); *etw. ~ lassen* låta ngt passera, tolerera ngt; *diesmal mag es ~ det får gå för den här gången* **-gehör|en** *das Buch gehört hier hin* boken ska stå (vara, ligga) här (har sin plats här); *wissen, wo man -t veta var man hör hemma* **-gelangen** *s* komma fram, anlända **-geraten** *st s* hamna, råka komma **-gerissen** hän|förd, -ryckt, betagen **-geschieden** *se hinscheiden* **-haben** *oreg., vard.*, *wo willst du es ~?* var vill du ha det? **-halten** *st* **1** räcka fram; *e-m die Hand ~* sträcka fram handen mot ngn; *seinen Kopf für etw. ~ müssen* få bära hundhuvudet för ngt **2** uppehålla, fördröja **-hängen 1** *sv, vard.* hänga [dit] **2** *st, vard.*, *~ lassen* inte bry sig om, skjuta upp **-hau|en** *haute hin, hingehauen, vard.* **1** *mit dem Hammer auf etw. (ack.) ~* slå med hammaren på ngt; *wo du -st, wächst kein Gras mehr (skämts.)* du går fram som en ångvält **2** *die Tasche ~* slänga ifrån sig väskan; *etw. ~ a)* [plötsligt] sluta med (ge upp) ngt, *b)* slarva ifrån sig ngt, *c)* slänga ur sig ngt; *den Gegner ~* fälla motståndaren; *es hat mich hingehauen* jag ramlade; *das hat mich hingehauen* det gjorde mig mållös; *sich ~* kasta sig på marken, knyta sig, gå o. lägga sig **3** *vard.*, *das haut nicht hin* det går (fungerar) inte; *die Sache wird schon ~* det ordnar sig nog **4** *s, vard.*, *der Länge nach ~* falla raklång [o. slå sig] **-horchen** *vard.*, **-hören** lyssna **-huschen** *s, er huschte zur Tür hin* han sprang ljudlöst till dörren
Hinkebein *-e n, vard.* halt stackare; skadat ben (*som man haltar på*) **hink|en 1** halta (*auf + dat., mit* på); *der Vergleich -t* liknelsen haltar **2** *s* halta [iväg]; *er ist über die Straße gehinkt* han haltade över gatan
hinknien 1 *s* falla på knä **2** *rfl* falla på knä
hinkommen *st s* **1** komma [dit]; *bildl.* ta vägen, bli av; *es wird schon ~ (vard.)* det ordnar sig nog (blir nog bra); *er wird ~ (vard.)* reda (klara) sig på (med) ngt; *wo kommen die Bücher hin? (vard.)* var ska böckerna vara?; *wo kommen (kämen) wir da hin?* var skulle det sluta?, var skulle vi hamna?, hur skulle det gå (bli)?; *wo ist es hingekommen? (vard.)* vart har det tagit vägen? **2** *das Gewicht kommt ungefähr hin* vikten stämmer ganska bra **hinkönnen** *oreg., vard.* kunna komma (gå *etc.*); dit **hinkriegen** *vard.*, *das werden wir schon ~*

det ska vi nog fixa (greja) **Hinkunft** *0 f, österr.*, *in ~* i fortsättningen, framdeles **hin|langen** *vard.* **1** *nach etw. ~* sträcka sig efter ngt; *ausgiebig ~* ta för sig ordentligt **2** *der Wein langt nicht hin* vinet räcker inte **-länglich** tillräcklig **-lassen** *st* låta [få] gå [dit], släppa dit **-laufen** *st s* springa (gå) [dit]; *vard.* ränna **-leben** framleva (sina dagar) **-legen 1** *leg das Messer sofort hin!* lägg ifrån dig kniven med detsamma!; *den Hörer ~* lägga på luren; *er mußte 2000 Mark ~* (*vard.*) han fick punga ut med 2000 mark; *das Kind um 8 Uhr ~* lägga barnet klockan 8; *er hat den Faust großartig hingelegt (vard.)* han spelade Faust storartat; *er hat es nur so hingelegt* han gjorde det säkert o. elegant; *es hätte mich beinahe hingelegt (vard.)* jag blev nästan mållös; *da legst du dich [lang] hin! (vard.)* det var som tusan (fan)! **2** *rfl* lägga sig; ramla [omkull] **-leiten, -lenken** *das Gespräch (die Gedanken) auf etw. (ack.) ~* leda samtalet i riktning mot ngt (rikta tankarna på ngt) **-lümmeln** *rfl, vard.* vräka sig **-machen** *vard.* **1** ha sönder; *vulg.* döda *den Vorhang ~* sätta upp (fast) gardinen **3** *der Hund hat etw. hingemacht* hunden har gjort ngt **4** *mach hin, wir müssen fahren! (dial.)* skynda dig, vi måste åka! **5** *s* ge sig av (i väg); *er ist schon vor 2 Jahren nach Indien hingemacht* han stack redan för 2 år sedan till Indien **-metzeln, -morden** slakta, massakrera, meja ner **-müssen** *oreg., vard.* vara tvungen att gå (fara *etc.*) dit; *ich muß hin* jag måste dit
Hinnahme *0 f, ung.* accepterande; *durch ~ der Sache* genom att tåla (finna sig i) saken **hinnehmen** *st* **1** *e-n mit ~* ta med sig ngn [dit] **2** tåla, finna sig i; *es ruhig ~ (äv.)* ta det kallt; *es als unabänderlich ~* ta det som ngt oåterkalleligt **hineigen 1** böja [dit] **2** *zu der Auffassung ~, daß* luta (tendera) åt den uppfattningen att **3** *rfl* böja (luta) sig (*zu mot*)
hinnen *åld., von ~* hädan
hin|opfern [meningslöst] offra **-passen** *vard.* passa [dit, in] **-pfeffern** *vard.* **1** kasta ifrån sig; slänga [dit] **2** kasta (slänga) ur sig **-pflanzen 1** plantera (sätta) [dit] **2** *rfl, vard.* ställa sig bredbent o. stadigt **-plumpsen** *s, vard.* trilla pladask **-purzeln** *s, vard.* dimpa omkull **-raffen** rycka bort **-reden 1** prata i vädret; *vor sich (ack.) ~* tala för sig själv **2** *das hat er nur so hingeredet* han sa bara så utan att tänka sig för **-reiben** *st, sty., e-m etw. ~* låta ngn få äta upp ngt **-reichen 1** lämna (räcka) fram **2** räcka till, vara tillräcklig; *mit etw. ~* klara sig med (på) ngt; *~d* tillräcklig
Hinreise *0 f* dit-, ut|resa **hinreißen** *st* rycka med sig, entusiasmera; *ich ließ mich ~, zu* jag tappade besinningen och; *~d* hänförande, förtjusande, fascinerande, överväldigande; *hingerissen* hänryckt, betagen **hinrichten 1** avrätta **2** *e-m etw. ~ (vard.)* lägga (ställa) fram ngt åt ngn **Hinrichtung** *-en f* avrättning **hinsagen** kasta fram; *das ist nur so hingesagt (vard.)* det betyder ingenting [särskilt]; *das sagt sich so leicht hin (vard.)* det är lätt sagt **hinsausen** *s, vard.* **1** rusa (susa, kila) [dit] **2** ramla [omkull] **hinschaukeln** *vard.* fixa, ordna **hinscheiden** *st s, högt.* skiljas hädan **Hinscheiden** *0 n, högt.* bortgång, hädanfärd **hin|schlachten** slakta, massakrera **-schlagen** *st* **1** *s* ramla [i backen]; *da schlag e-r lang hin!* det var som tusan!, otroligt! **2** slå till

hinschleichen—hinterfotzig

[där] **-schleichen** *st* **1** *s* smyga sig [fram, dit] **2** *rfl* smyga sig [fram, dit] **-schleppen 1** släpa (dra) [dit, fram] **2** *rfl* släpa sig [dit, fram]; *die Verhandlungen schleppten sich über Monate hin* förhandlingarna drog ut på tiden i flera månader; *es schleppt sich hin (äv.)* det går trögt **-schludern** *vard.*, *e-e Arbeit* ~ hafsa ifrån sig ett arbete **-schmeißen** *st, vard., se hinwerfen* **-schmelzen** *st s* smälta [bort] **-schmieren** *vard.* klottra [dit, ner] **-schreiben** *st* skriva (sätta) [dit] **-schwinden** *st s* minska, avta, försvinna **-segeln** *s* **1** *zum Steg* ~ segla till bryggan; *an der Küste* ~ segla utmed (följa) kusten **2** *vard.* trilla omkull **-sehen** *st* se (titta) på; *genauer* ~ titta närmare; *ohne hinzusehen* utan att titta [efter]
Hinsehen *0 n, vom bloßen* ~ vid blotta åsynen
hinsein *oreg. s, vard.* vara borta, ha kommit bort; vara sönder; vara slut (utmattad); vara död; *(om företag)* ha gått omkull; *bis zu Weihnachten ist es noch lange hin* det är ännu långt till jul; *sie ist gerade zu ihm hin* hon har just givit sig iväg till honom; *von etw.* ~ *(äv.)* vara hänförd av ngt **hinsetzen 1** sätta (ställa) [dit, ner] **2** *rfl* sätta sig [ner]; *als ich das hörte, hätte ich mich beinahe hingesetzt* när jag hörde det tappade jag nästan hakan **Hinsicht** *0 f* hän-, av|seende; *in gewisser* ~ på sätt o. vis; *in jeder* ~ i alla avseenden; *in politischer* ~ *(äv.)* politiskt sett, vad politiken beträffar; *in* ~ *auf etw. (ack.)* med avseende (tanke) på ngt, beträffande ngt **hinsichtlich** *prep m. gen.* med avseende på, beträffande; ~ *seiner Gesundheit (äv.)* vad hans hälsa beträffar
hin|siechen *s* tyna bort **-sinken** *st s* segna ner **-sollen** *oreg., vard., ich soll hin, aber* jag ska (måste) gå (fara *etc.*) dit, men; *wo soll ich damit hin?* var ska jag göra av det? **-sprechen** *st* löst framkasta **-stellen 1** ställa (sätta) [dit], placera; ställa (sätta) ner (ifrån sig); *e-m etw.* ~ ställa (sätta) fram ngt åt ngn; *e-n als Vorbild* ~ framställa ngn som förebild; *er hat es so hingestellt, als habe er* han framställde det som om han hade **2** *rfl* ställa sig; *sich als etw. (nom., åld. ack.)* ~ framställa (beteckna, karakterisera) sig själv som ngt **-sterben** *st s* dö [bort] **-steuern 1** *das Schiff zum Ufer* ~ styra båten in mot strand **2** *s, das Schiff steuert zum Ufer hin* båten styr in mot strand; *wir steuerten zum Speisesaal hin* vi styrde stegen mot (till) matsalen; *auf etw. (ack.)* ~ *(bildl.)* sikta på ngt **-strecken 1** *e-m etw.* ~ räcka ngn ngt, sträcka fram ngt mot ngn **2** *e-n* ~ *(poet.)* sträcka ngn till marken **3** *rfl* sträcka ut sig, lägga sig [raklång] *(auf etw. (dat. el. ack.)* på ngt) **-stürzen** *s* **1** ramla [omkull], störta till marken **2** *zum Ausgang* ~ rusa till utgången **hint'an|halten** *st* hålla tillbaka, förhindra **-setzen** efter-, åsido|sätta, försumma, ignorera **-stehen** *st* [få] stå tillbaka, komma i andra rummet **-stellen** [låta] stå tillbaka
hinten bak, bakom, baktill, i bakgrunden; *ganz* ~ längst bak (bort); ~ *im Buch* i slutet av boken; ~ *in China* långt borta i Kina; ~ *im Garten* långt nere i trädgården; *nach* ~ bakåt; *das Zimmer geht nach* ~ *hinaus* rummet vetter mot baksidan (åt gården); *von* ~ bakifrån; *e-n am liebsten von* ~ *sehen (vard.)* inte vilja ha med ngn att göra; *etw. von vorn und* ~ *betrachten* betrakta ngt från alla sidor; *von vorn bis* ~ *lesen* läsa från pärm till pärm; *sich* ~ *anstellen* ställa sig bak i kön; ~ *ausschlagen*

sparka bakut; ~ *bleiben (vard.)* bli efter, komma på efterkälken; ~ *ein paar draufkriegen (vard.)* få ett par daskar i ändan; ~ *einsteigen! påstigning bak!; das wird* ~ *erklärt* det förklaras nedan; ~ *Augen haben (vard.)* märka (se) allting, ha ögon i nacken; *sie hat* ~ *und vorn nichts (vard.)* hon är som en planka; *es hieß Herr X* ~ *und Herr X vorn (vard.)* det var herr X hit o. herr X dit; *e-m* ~ *hineinkriechen (vulg.)* slicka röven på ngn; ~ *nicht mehr hochkönnen (vard.)* sitta illa till, vara alldeles slut; *da (dort)* ~ *kommt er* där borta kommer han; *das Geld reicht weder* ~ *noch vorn*[e] *(vard.)* pengarna räcker ingenstans; ~ *sein (vard.)* vara [lite] bakom (efterbliven); *das ist vorne so hoch wie* ~ *(vard.)* det är sak samma; *nicht wissen, wo* ~ *und vorn*[e] *ist (vard.)* veta varken ut eller in, vara desorienterad **hinten'an-** *se hintan-* **hinten'drauf** *vard.* bak-[på]; *e-m ein paar* ~ *geben* ge ngn ett par daskar i ändan **hintenheraus** ~ *wohnen* bo åt gården **hintenherum** *vard.* bakvägen; *bildl.* på smygvägar; *etw.* ~ *kaufen* köpa ngt under disken (svart, hemligt o. illegalt) **hintenhin** bakåt, åt baksidan **hinten'nach** *dial.* efteråt **hinten'über** baklänges; *sich* ~ *beugen* böja sig bakåt **hinten'überfallen** *st s* falla baklänges **hinten'überkippen** *s* välta (tippa) bakåt, ta överbalansen
hinter I *prep m. dat. vid befintl., m. ack. vid riktn.* bakom; efter; bortom; *e-r* ~ *dem anderen gehen* gå bakom (efter) varandra; *e-e Arbeit* ~ *sich (ack.) bringen* göra undan (avverka) ett arbete; *sich* ~ *die Arbeit machen* lägga manken till, ta itu ordentligt med arbetet; *5 Kilometer* ~ *sich (dat.) haben* ha tillryggalagt 5 kilometer; ~ *etw. (dat.) stecken* ligga bakom ngt; *das Schlimmste haben wir* ~ *uns (dat.)* vi har kommit över det värsta; *e-n* ~ *sich (dat.) lassen (äv.)* överträffa (distansera) ngn; ~ *e-m Mädchen her sein* springa efter en flicka; ~ *e-m Dieb her sein* vara efter (leta efter, förfölja) en tjuv; *er ist sehr* ~ *seinen Sachen her* han är noga med sina saker; ~ *etw. (ack.) kommen* komma på ngt; *sich* ~ *e-n stecken (äv.)* söka stöd (hjälp) hos ngn **II** *adj*, alltid böjt bakre, bortre
Hinter|achsantrieb *0 m* bakhjulsdrift **-achse** *-n f* bakaxel **-backe** *-n f, vard.* skinka (kroppsdel) **-bänkler** - *m, vard.* inaktiv parlamentsledamot **-bein** *-e n* bakben; *sich auf die* ~ *e stellen (setzen) (äv.) a)* sätta sig på tvären, *b)* anstränga sig, lägga ner mycket arbete
Hinter|'bliebenenrente *-n f* familjepension t. änka o. barn **-'bliebene(r)** *m f, adj böjn.*, *der (die) Hinterbliebene* den efterlevande maken (makan); *die Hinterbliebenen* de kvarlevande
hinterbringen *oreg.* **1** ['----] *dial., keinen Bissen* ~ inte få ner en matbit; *etw.* ~ ta [med sig] ngt till bakre rummet (dit bort *e.d.*) **2** [--'--] *e-m etw.* ~ avslöja ngt [hemligt] för ngn **Hinterbühne** *-n f, die* ~ bakre delen av scenen **Hinterdeck** *-s n, sjö.* akterdäck **hinter'drein** *se hinterher* **hinterein'ander** bakom (efter) varandra; *6 Stunden* ~ 6 timmar i sträck; ~ *hergehen* gå efter varandra **hinterein'andergehen** *st s* gå efter varandra **hinterein'anderschalten** *elektr.* seriekoppla **Hinterein'anderschaltung** *-en f* seriekoppling **Hintere(r)** *m, adj böjn., vard.* bak, ända, stjärt **Hinterflügel** - *m, zool.* bakvinge **hinterfot-**

zig *vulg.* lömsk, illistig, försåtlig, bakslug, ouppriktig **Hinter|front** *-en f* 1 baksida 2 *vard.* rygg **-fuß** *-e†* m bakfot **-gaumen** - *m* bakre del av gommen **-gaumenlaut** *-e m, fonet.* velar **-gebäude** - *n* gårdsbyggnad **-gedanke** *-ns -n m* baktanke, undermening **hintergehen** *st* 1 ['----] *s, dial.* gå åt baksidan (till ett bakre rum) 2 [--'--] *e-n* ~ gå bakom ryggen på (bedra) ngn **Hintergestell** *-e n, vard.* akterkastell, häck **Hintergrund** *-e†* m bakgrund (*äv. bildl.*); fond; *etw.* im ~ **haben** (*vard.*) ha ngt i bakkfickan; *in den* ~ *treten* förlora i betydelse **hintergründig** mångtydig, dubbelbottnad, gåtfull **Hintergrundmusik** *0 f* bakgrundsmusik; skvalmusik, musak **Hinterhalt** *-e m* bakhåll, försåt, snara; *in e-n* ~ *fallen* råka i bakhåll; *im* ~ *haben* (*vard.*) ha i bakfickan; *im* ~ *liegen* ligga i bakhåll **hinterhältig** lömsk, försåtlig, illvillig **Hinterhand** *-e† f* 1 bakdel (*på häst, hund e.d.*) 2 *kortsp.* efterhand; *in der* ~ *sein* (*sitzen*) sitta i efterhand 3 *sport.* backhand **Hinterhaupt** *-er† n, anat.* bakhuvud **Hinterhaupt[s]bein** *-e n* nackben **Hinterhaupt[s]lage** *-n f, med.* nackbjudning **Hinterhaus** *-er† n* gårdshus **hinter'her** *f* efteråt, senare 2 bakom, [bak]efter **-gehen** *st s, e-m* ~ gå bakom ngn **-kommen** *st s* komma efter **-laufen** *st s, e-m Mädchen* ~ springa efter en flicka **-sein** *oreg. s, vard.* 1 *e-m* ~ vara efter (förfölja) ngn; *scharf* ~, *daß alles stimmt* verkligen anstränga sig att få allt att stämma 2 *in* (+ *dat., mit*) *etw.* ~ ha kommit på efterkälken med ngt **Hinterhof** *-e† m* bakgård **Hinterkastell** *-e n, vard.* akterkastell, häck **Hinterkopf** *-e† m* bakhuvud; *etw. im* ~ *haben* ha ngt i bakhuvudet **Hinterlader** - *m* 1 bakladdare 2 *vard.* bög (*homosexuell*) **Hinterland** *0 n* uppland **hinterlassen** *st* 1 [--'--] lämna efter sig; efterlämna, lämna i arv; *so kannst du die Arbeit nicht* ~ så kan du inte lämna arbetet; ~*e Werke* efterlämnade arbeten; *e-e Nachricht* ~ lämna ett meddelande [efter sig] 2 ['----] *dial.* låta komma bakom **Hinter'lassenschaft** *-en f* kvarlåtenskap **Hinter'lassung** *0 f, unter* ~ *vieler Schulden* kvarlämnande många skulder **hinterlastig** baktung **Hinterlauf** *-e† m, jakt.* bakben **hinterlegen** 1 [--'--] deponera, lämna i förvar 2 ['----] *dial.* lägga bakom **Hinter'legung** *-en f* deposition **Hinterleib** *-er m* bakkropp **Hinterlist** *0 f* bakslughet, försåt, lömskhet **hinterlistig** bakslug, försåtlig, lömsk **Hinterlistigkeit** 1 *0 f* bakslugt sätt, bakslughet 2 *-en f* bakslug gärning (handling) **hinterm** = *hinter dem* **Hintermann** *-er† m, vard.* anstiftare; den som står bakom [o. drar i trådarna]; [hemlig] sagesman; *mein* ~ den som sitter (står, kör *e.d.*) bakom mig **Hintermannschaft** *-en f, sport.* försvar **hintern** = *hinter den* **Hintern** - *m, vard.* bak, ända, stjärt; *sich auf den* ~ *setzen a*) sätta sig på ändan, *b*) sätta sig ner [o. arbeta, läsa *e.d.*], sitta vid; *den* ~ *betrügen* (*vulg.*) spy; *e-m in den* ~ *kriechen* (*vulg.*) slicka röven på ngn; *e-m* (*e-n*) *in den* ~ *treten* ge ngn en spark där bak (*äv. bildl.*) **Hinterpforte** *-n f* bak|port, -dörr **Hinterpfote** *-n f* bak|tass, -fot **Hinterpommer** *-n -n m, vard.* bög (*homosexuell*) **Hinterpranke** *-n f, jakt.* bakben **Hinterrad** *-er† n* bakhjul **Hinterradachse** *-n f* bakaxel **Hin-**

terradantrieb *0 m* bakhjulsdrift **hinterrücks** bakifrån; baklänges; *bildl.* lömskt **hinters** = *hinter das* **Hintersa|ß** *-ssen -ssen m*, **Hintersasse** *-n -n m* torpare; backstugusittare **Hintersatz** *-e† m, språkv.* eftersats (*huvudsats i konditional satsfogning*); *log.* konklusion, slutsats **Hinterschiff** *-e n, sjö.* akterskepp **Hinterseite** *-n f* baksida; *vard.* bak **hintersinnig** 1 dubbelbottnad, med undermening 2 grubblande, tungsint **Hintersitz** *-e m* baksäte **hinterst** *alltid böjt* bakersta, bortersta **Hinterste(r)** *m, adj böjn., vard.* bak[del], ända **Hintersteven** *-n m, sjö.* akterstäv; *vard.* bak[del] **Hinterteil** *-e n, äv. m* 1 *vard.* bak[del] 2 bakre del **Hintertreffen** *0 n, ins* ~ *kommen* (*geraten*) råka i underläge, komma på efterkälken, bli efter **hinter'treiben** *st* omintetgöra, förhindra; torpedera (*förslag*); *jds Pläne* ~ korsa ngns planer **Hintertreppe** *-n f* baktrappa **Hintertreppenpolitik** *0 f* (*inskränkt*) intrigerande politik **Hintertreppenroman** *-e m* kolportage-, pig|-roman **Hintertür** *-en f* bakdörr; *bildl.* kryphål; *durch e-e* ~ *hereinkommen* (*bildl.*) komma in på omvägar (smygvägar); *sich* (*dat.*) *e-e* ~ *offenhalten* hålla retratten öppen **Hinterviertel** - *n, slakt.* bakfjärding; *vard.* bak[del] **Hinterwäldler** - *m* människa från obygden, inskränkt människa, lantis; *ein* ~ *sein* (*äv.*) vara efter sin tid (bortkommen, världsfrämmande, lantlig) **hinterwäldlerisch** inskränkt, världsfrämmande, lantlig; oborstad **hinterwärts** *åld.* bakåt; bakifrån; bakom **hinterziehen** *st* 1 [--'--] undansnilla, förskingra; smita från (*skatt*) 2 ['----] *dial.* dra bakåt 3 ['----] *s, dial.* flytta till bakre rum (*e.d.*) **Hinter'ziehung** *-en f* försnillning, förskingring; undanhållande **Hinterzimmer** - *n* bakre (bortre) rum, rum åt gården; extra (bakre) rum (*i restaurang*) **hintragen** *st* bära [dit], frambära **hintreten** *st* 1 sätta sin fot, trampa 2 *vor e-n* ~ träda inför ngn, stiga fram till ngn **Hintritt** *0 m, åld.* hädanfärd **hintun** *st, vard.* sätta, lägga, ställa; göra av; *ich weiß nicht, wo ich ihn* ~ *soll* jag kan inte komma på vem han är, jag kan inte placera honom **hin'über** över dit, över [till andra sidan]; ~ *und herüber* fram o. tillbaka; *er ist* ~ (*vard.*) han är borta (*död*); *se äv.* *hinübersein* **-bemühen** 1 be att gå (komma) över 2 *rfl* vara [så] snäll o. gå (komma) över **-bringen** *oreg.* ta (bära, föra *etc.*) över [dit]; *e-n* ~ *bringen* få över ngn (*över flod e.d.*) **-dürfen** *oreg., vard.* få gå (komma, fara *etc.*) över [dit] **-fahren** *st* 1 *s* fara (åka, köra) över [dit]; *nach Schweden* ~ åka (resa) över till Sverige 2 köra (skjutsa) över [dit] **-fliegen** *st* 1 *s* flyga över [dit]; *der Ball flog in den Nachbargarten hinüber* bollen hamnade (föll ner) i grannens trädgård 2 flyga (transportera) över [dit] **-führen** *e-n über die Straße* ~ hjälpa ngn över gatan; *die Tür führt ins kleine Zimmer hinüber* dörren leder till det lilla rummet **-geben** *st, e-m etw.* ~ räcka över ngt till ngn **-gehen** *st s* gå över [dit]; *bildl.* gå bort (dö) **-kommen** *st s* 1 komma över [dit] 2 *vard.* komma över, hälsa på **-lassen** *st* låta gå (fara *etc.*) över [dit] **-laufen** *st s, bitte lauf schnell einmal zum Geschäft hinüber!* (*vard.*) kila över till affären, är du snäll! **-müssen** *oreg., vard., ich muß hinüber* jag måste gå (fara *etc.*) över [dit] **-reichen** 1 räcka (nå) över [dit] 2 räcka

hinüberretten—hinzubekommen

över; *bitte reich ihm das Brot hinüber!* räck honom brödet! **-retten** rädda över [dit]; *in e-e neue Zeit* ~ rädda över till en ny tid **-schallen** *s el. h, es schallt bis in die andere Wohnung hinüber* det hörs in i den andra lägenheten **-schlafen** *st s* insomna (*dö*) **-schlummern** *s* stilla insomna (*dö*) **-sein** *oreg. s, vard.* **1** vara död; vara slut; vara trasig (utsliten); vara skämd (dålig); ha somnat, ha förlorat medvetandet; vara full (drucken) **2** *er ist gerade hinüber zu ihnen* han har just gått (åkt *etc.*) över till dem **-setzen 1** sätta (ställa) över [dit]; *e-n über den See* ~ sätta ngn över sjön **2** *s* sätta (hoppa) över [dit]; *mit e-m Sprung über etw.* (*ack.*) ~ ta ett språng (hoppa) över ngt **-spielen** *ins Rote* ~ ha en dragning åt rött; *in e-e andere Farbe* ~ skimra i en annan färg **-springen** *st s* **1** hoppa över [dit]; *über den Graben* ~ hoppa över diket **2** *vard.* kila över (*t. affär e.d.*) **-tun** *st, vard.* ställa (sätta, lägga) över [dit] **-wechseln** *s* **1** *jakt.* växla **2** gå över (*äv. bildl.*) **-wollen** *oreg.* vilja gå (åka *etc.*) över [dit] **-ziehen** *st* **1** dra över [dit]; *er zog ihn zu sich hinüber* han drog honom över till sig **2** *s* flytta över [dit]; dra (tåga) över [dit]; *über etw.* (*ack.*) ~ tåga (marschera) över ngt **3** *rfl* sträcka sig; dra sig; *die Wiese zieht sich bis zum Wald hinüber* ängen sträcker sig [fram] till skogen

'Hin und 'Her *0 n* kommande o. gående; evigt dividerande (parlamenterande); fram o. tillbaka; *nach vielem* ~ efter många om o. men **Hinund'hergerede** *0 n* dividerande, parlamenterande **hin- und herlaufen** *st s* springa (gå) [dit] fram o. tillbaka **Hin- und Herreise** *0 f* tur- o. returresa **hin- und herreisen** *s* resa dit o. tillbaka **Hin- und Herweg** *0 m* väg dit o. tillbaka (hem igen) **Hin- und Rückfahrt** *0 f* tur o. retur, resa fram o. tillbaka

hin'unter ner [dit], dit ner; *den Berg* ~ nedför berget; *die Treppe* ~ utför (nedför) trappan; *die Straße* ~ nedåt gatan; *den Fluß* ~ utför (nedför) floden, med strömmen; ~ *mit ihm!* ned med honom! **-befördert** transportera (forsla) ner; *mit e-m Fußtritt die Treppe* ~ (*vard.*) sparka utför trappan **-bringen** *oreg.* **1** ta (föra) ner; *ich bringe dich zur Haustür hinunter* jag följer med dig ner till porten; *das Gepäck* ~ ta ner bagaget **2** *vard., e-n Bissen* ~ få ner en tugga **-dürfen** *oreg.*, *zum Spielen* ~ få gå ner o. leka **-fahren** *st* **1** *s* fara (åka) ner[för] **2** köra ner **-führen** *der Weg führt zur See hinunter* vägen leder (för) ner till havet **-gehen** *st s* gå ner; *die Treppe* ~ gå nerför trappan **-gießen** *st* slå (hälla) ner; *ein Glas Wein* ~ (*vard.*) stjälpa (hälla) i sig ett glas vin **-können** *oreg.* kunna komma (klättra *etc.*) ner **-lassen** *st* fira (släppa, hissa) ner; *e-n* ~ (*vard.*) låta ngn få gå (komma *etc.*) ner **-laufen** *st s* **1** springa (gå) ner; *die Treppe* ~ springa nedför trappan **2** rinna ner **3** *es lief ihr eiskalt den Rücken hinunter* det gick en kall kåre längs ryggen på henne **-müssen** *oreg., vard., ich muß hinunter* jag måste gå (åka *etc.*), *ich muß hinunter* jag måste gå (åka *etc.*) ner **-reichen** räcka (nå) ner **-reißen** *st* riva ner; *e-n mit* ~ dra ngn med sig (*i fallet*) **-schaffen** *das Gepäck* ~ ta ner bagaget **-schalten** växla ner **-schlingen** *st, vard.* kasta i sig, sluka **-schlucken** svälja [ner]; *seinen Ärger* ~ svälja sin förtret **-stürzen 1** *s* störta (ramla) ner; *zum Eingang* ~ rusa ner till ingången **2** kasta (knuffa) ner; *ein Glas*

Bier ~ svepa [i sig] ett glas öl; *sich* ~ (*äv.*) kasta sig ner (*begå självmord*) **-wollen** *oreg.*, *vard.* vilja komma (gå *etc.*) ner **-würgen** truga (pressa) i sig (*mat*); *bildl.* svälja **-ziehen** *st* **1** *s* flytta ner; tåga (marschera) ner **2** dra (föra, transportera) ner **hinwagen** *rfl* våga sig [dit] **hinwärts** på vägen dit **Hinweg** *0 m* dit-, bort|väg **hin'weg** i väg, bort, undan, ur vägen; *etw.* *über jds Kopf* ~ *tun* göra ngt över huvudet på ngn (utan att rådfråga ngn) **-gehen** *st s*, *über etw.* (*ack.*) ~ gå fram över ngt, *bildl.* lämna ngt utan beaktande; *lachend über etw.* (*ack.*) ~ (*äv.*) skratta bort (ta lätt på) ngt **-helfen** *st, e-m über etw.* (*ack.*) ~ hjälpa ngn över ngt **-kommen** *st s, über etw.* (*ack.*) ~ komma över ngt **-reden** *er redete über die Köpfe seiner Zuhörer hinweg* han talade över huvudet på sina åhörare; *sie hat über diese Tatsachen hinweggeredet* hon tog inte alls upp (låtsades inte om) dessa fakta när hon talade; *diese Tatsachen lassen sich nicht* ~ dessa fakta går inte att prata bort **-sehen** *st, über etw.* (*ack.*) ~ bortse från (blunda för) ngt; *über die Köpfe der Zuschauer* ~ se över huvudena på åskådarna **-sein** *oreg. s, über etw.* (*ack.*) ~ ha kommit över ngt, ha lämnat ngt bakom sig **-setzen 1** *rfl, sich über etw.* (*ack.*) ~ (*bildl.*) sätta sig över ngt **2** *s el. h, über ein Hindernis* ~ sätta över ett hinder **-täuschen** *e-n über etw.* (*ack.*) ~ vilseleda ngn i fråga om ngt, dölja ngt för ngn; *sich über etw.* (*ack.*) ~ (*bildl.*) blunda för ngt

Hinweis *-e m* hänvisning (*auf* + *ack.* till); påpekande; råd, tips, upplysning; *es gibt nicht den geringsten* ~ *dafür, daß* det finns absolut ingenting som tyder på att **hin|weisen** *st* visa, peka (*auf* + *ack.* på); påpeka; *es besteht Veranlassung, darauf hinzuweisen, daß* det finns (man har) anledning påpeka att; *alles weist darauf hin, daß* allting tyder (pekar) på att; ~*des Fürwort* demonstrativt pronomen **-welken** *s, bildl.* tyna bort **-wenden** *sv el. oreg.* **1** *rfl* [hän]vända sig (*an* + *ack.* till) **2** *den Kopf zu e-m* ~ vända huvudet mot ngn **-werfen** *st* **1** kasta [ifrån sig], kasta (slänga) bort; slänga fram; *bildl.* framkasta; *dem Hund e-n Knochen* ~ kasta till hunden ett ben; *e-n* ~ kasta omkull ngn; *einige Zeilen* ~ kasta ner några rader; *seine Arbeit* ~ (*vard.*) lämna sitt arbete oavslutat, sluta [jobbet] **2** *rfl* kasta sig ner (till marken) **hin'wieder[um]** återigen, i gengäld, å andra sidan **hinwollen** *oreg.* vilja gå (komma *etc.*) dit; *wo willst du hin?* vart skall du [ta vägen]? **Hinz** *0 m*, ~ *und Kunz* kreti och pleti, alla **hin|zählen** räkna upp (*på bordet e.d.*) **-zaubern** trolla fram (*måltid e.d.*), åstadkomma **-zeigen** *auf etw.* (*ack.*) ~ visa (peka) på ngt **-ziehen** *st* **1** dra [dit]; *etw. zu sich* ~ dra ngt till sig; *es zieht mich zu ihm hin* jag dras till honom; *die Blicke zu sich* ~ dra blickarna till sig **2** *s* flytta [dit]; tåga (marschera, dra) [dit] **3** förhala, dra ut på [tiden med] **4** *rfl* dra ut på tiden; *der Prozeß hat sich jahrelang hingezogen* processen släpade sig fram i åratal; *die Versammlung zieht sich hin* sammanträdet drar ut på tiden **5** *rfl* sträcka (utbreda) sig **-zielen** *bildl., auf etw.* (*ack.*) ~ syfta till (avse) ngt; *der Plan zielt darauf hin, zu* planen går ut på att **hin'zu** [där]till, ytterligare **-bekommen** *st* få

dessutom (på köpet) **-denken** *oreg.* i tankarna tillägga **-drängen** *rfl* tränga sig fram **-eilen** *s* skynda till **-erwerben** *st* köpa till **-fügen** till|foga, -lägga; tillsätta **-geben** *st* blanda i, tillsätta **-gesellen** *rfl* sälla (sluta) sig (*e-m* till ngn) **-kommen** *st s* komma dit (fram); komma till (ytterligare), till|komma, -stöta; *5 Personen sind hinzugekommen* det kom ytterligare 5 personer; *hinzu kommt noch, daß* därtill kommer även att; *zu etw.* ~ (*äv.*) ansluta sig till (delta i) ngt **-laufen** *st s* skynda till, springa dit (fram) **-legen** tillfoga **-lernen** *er hat noch viel hinzugelernt* han har lärt sig en hel del till **-nehmen** *st, einige* ~ ta med några till; *wir können noch einige Personen* ~ vi har plats för några personer till **-rechnen** räkna (lägga) till **-setzen** till|foga, -sätta; blanda i **-treten** *st s* gå fram; till|komma, -stöta; *einige Personen sind hinzugetreten* några personer kom till (anslöt sig) **-tun** *st, vard.* till|-sätta, -foga; lägga till **-wählen** ytterligare välja **-zählen** *die* ~, *die nicht da waren* räkna (lägga) till dem som inte var där **-ziehen** *st, e-n Arzt* ~ tillkalla (anlita) en läkare
Hinzuziehung *0 f* konsultation
'**Hiob** *0 m* Job **Hiobs|botschaft** *-en f*, **-post** *-en f* jobspost
Hippe *-n f* 1 krum-, trädgårds|kniv; (*dödens*) lie **2** get **3** *neds.* häxa, kärring
Hippie *-s m* hippie
Hippodrom *-e m n* hippodrom
Hirn *-e n* hjärna; *vard.* förstånd, huvud; *sich* (*dat.*) *das* ~ *zermartern* bråka sin hjärna **-akrobat** *-en -en m, vard.* intellektuell **-anhang** *-et† m*, **-anhangsdrüse** *-n f* hypofys, undre hjärnbihang **-arbeit** *0 f* intellektuellt arbete, tankearbete **-blutung** *-en f* hjärnblödning **hirngeschädigt** hjärnskadad **Hirngespinst** *-e n* hjärnspöke, fantasifoster **Hirnhautentzündung** *-en f* hjärnhinneinflammation, meningit **Hirnholz** *0 n* tvärträ **Hirnkasten** -*†m, vard.* hjärnkontor **hirnlos** *vard.* dum, idiotisk, huvudlös **Hirn|schädel** - *m*, **-schale** *-n f* hjärn-, huvud|skål, skalle **Hirnschmalz** *0 n, vard.* förstånd; *viel* ~ *verbrauchen* gnugga geniknölarna **Hirntumor** *-e m* hjärntumör **hirnverbrannt** vansinnig, dum, idiotisk
Hirsch *-e m* **1** hjort; ~*e* (*äv.*) hjortdjur **2** *so ein* [*dummer*] ~*!* (*vard.*) en sådan dumbom! **3** *vard.* hoj; moppe; båge **4** *vard.* hanrej **-fänger** - *m* hirschfängare **-geweih** *-e n* hjort|horn, -krona **-horn** *0 n* hjorthorn (*ämne*) **-hornsalz** *0 n* hjorthornssalt **-käfer** - *m* ekoxe **-kuh** *-e† f* hind **-leder** *0 n* hjortläder
hirschledern av hjortläder **Hirschrücken** - *m, kokk.* hjortsadel **Hirschzunge** *-n f, bot.* hjorttunga
Hirse *-n f, bot.* hirs
Hirt *-en -en m* **1** herde (*äv. bildl.*) **2** *dial.* karl
Hirte *-n -n m* **1** högt. *se Hirt* **2** *der Gute* ~ (*bibl.*) den gode herden
Hirten|amt *0 n, kat.* herda-, herde|kall **-brief** *-e m, kat.* herdabrev **-gedicht** *-e n* herdedikt, pastoral **-hund** *-e m* vallhund **-junge** *-n -n m* vall-, herde|pojke **-mädchen** - *n* vallflicka **-stab** *-e† m* herdestav, biskopsstav **-täschelkraut** *0 n, bot.* lomme **-volk** *-er† n* herde-, nomad|folk
Hirtin *-nen f* herdinna
his [hɪs] - - *n, mus.* hiss
hispanisieren [-sp-] förspanska
hissen hissa (*flagga, segel e.d.*)

Histamin *0 n, med.* histamin
Histologie *0 f, med.* histologi
Histörchen - *n* [pikant] anekdot, rolig historia **Historie** -*n f* historia **Historienmaler** - *m* historiemålare **His'torik** *0 f* historia; historisk metodik **Historiker** - *m* historiker **historisch** historisk; ~*er Materialismus* materialistisk historieuppfattning
Hit [hɪt] *-s m* **1** *vard.* schlager; hit; succé **2** *sl.* dos (*narkotika*)
Hitler|gruß -*e† m* hitlerhälsning **--Jugend** *0 f* Hitler-Jugend (*nazistisk ungdomsorganisation*)
Hitze *0 f* **1** hetta, [stark] värme; *bildl. äv.* lidelse; *ist hier e-e* ~*!* vad det är hett här!; *bei schwacher* (*starker*) ~ *braten* steka vid svag (stark) värme; *in* ~ *geraten* (*bildl.*) brusa upp, hetsa upp sig; *sich in* ~ *reden* tala sig varm; *in der* ~ *des Gefechtes* i stridens hetta; *vor* ~ *vergehen* (*vard.*) hålla på att förgås (dö) av hetta; *fliegende* ~ (*med.*) blodvallning[ar] **2** löptid **Hitzeausschlag** -*e† m* värme-, friesel|-utslag **hitzebeständig** värmebeständig **Hitzebläschen** - *n, se Hitzeausschlag* **hitzeempfindlich** värmekänslig **Hitzeferien** *pl* [skol]lov på grund av värmebölja **hitzefrei** *wir haben* ~ vi har lov (arbetar inte) på grund av värmen **Hitzeperiode** -*n f* 1 värmebölja **2** löptid **Hitzewallung** *-en f* blodvallning **-welle** *-n f* värmebölja **hitzig** **1** *bildl.* het; hetsig; hetlevrad; *nur nicht so* ~*!* (*vard.*) ta det lugnt!; ~ *werden* brusa upp **2** löpsk **Hitzkopf** -*e† m* brushuvud **hitzköpfig** hetlevrad, häftig [av sig] **Hitzpocken** *pl, se Hitzeausschlag* **Hitzschlag** *0 m* värmeslag
Hiwi *-s m, vard.* (*förk. för Hilfswillige(r)*) **1** *se Hilfswillige(r)* **2** amanuens **3** underhuggare, medhjälpare
HJ [ha:'jɔt] *förk. för Hitler-Jugend* **HK** *förk. för Hefnerkerze* **hl** *förk. för Hektoliter* **hl., Hl.** (*pl hll. Hll.*) *förk. för heilig, Heilige(r)*
hm *interj* hm!; hum!
H-Milch ['ha:-] *0 f* H-mjölk
HO [ha:'|'o:] *0 f, DDR, förk. för Handelsorganisation; in der* ~ *einkaufen* handla i en statlig butik
hob *se heben*
Hobby [-i] *-s n* hobby **-raum** -*e† m* hobbyrum
Hobel - *m* hyvel **Hobelbank** -*e† f* hyvelbänk **Hobel|eisen** - *n*, **-messer** - *n* hyveljärn **hobeln 1** hyvla **2** *vulg.* knulla **Hobelspan** -*e† m* hyvelspån **Hobler** - *m* arbetare vid hyvelmaskin; *vard.* hyvel[maskin]
Ho'boe -*n f, åld.* oboe
hoch [-o:-] (*jfr höher, höchst*) hög; ~ *a*) hurra!, *b*) upp med dig!; *in hoher Blüte* i full blom; *das hohe C* höga c; *hohe Ehre* stor ära; *hoher Feiertag* stor (viktig) helg[dag]; *Hände* ~*!* upp med händerna!; *das hohe Haus* parlamentet; *die hohen Herrschaften a*) kunga-, furste|familjen *e.d., b*) *vard.* de överordnade, chefen med familj; *die hohe Jagd* jakten på högvilt; *drei Mann* ~ (*skämts.*) tre man högt; *in hohem Maße* i hög grad, i stor utsträckning; *hohe Miete* hög hyra; *die Nase* ~ med näsan i vädret; *im hohen Norden* i höga Norden; *hohe Schuhe a*) höga skor (*som går högt upp*), *b*) *sty.* högklackade skor; *die hohe Schule* (ridk. *o. bildl.*) den högre skolan; *auf hoher See* ute på öppna havet; *hoher Sommer* högsommar; *hohe Strafe* strängt straff; *hohes Tier* (*vard.*) högdjur; *drei Treppen* ~ *wohnen* bo

tre trappor upp; *hohe Wolken* höga moln; ~ *und niedrig* hög o. låg, var o. en; *zwei* ~ *drei* två upphöjt till tre; *nach Kiruna* ~ *(vard.)* upp till Kiruna; *die See geht* ~ sjön går hög (vräker); *es ging* ~ *her* det gick livligt till, glädjen stod högt i tak; ~ *gewinnen* vinna stort (med stort försprång); *wenn es* ~ *kommt* *(vard.)* på sin höjd; *der Schnee liegt e-n Meter* ~ snön ligger en meter djup; *das ist mir (für mich) zu* ~ *(vard.)* det är för krångligt för mig, det övergår mitt förstånd; *er ist* ~ *begabt* han är mycket begåvad; *zu* ~ *gegriffen sein* vara för högt tilltagen; *die Berge sind 2000 Meter* ~ bergen är 2000 m höga; *wie* ~ *ist der Preis?* vad kostar det?; *ein hoher Siebziger sein (vard.)* vara långt över sjuttio; ~ *willkommen sein* vara mycket välkommen; *ist der Stuhl* ~ *genug?* är stolen hög nog för dig *(etc.)?; es ist hohe Zeit* det är hög tid; ~ *spielen* spela ett högt spel; *wie* ~ *steht das Thermometer?* hur mycket visar termometern?; *in hohem Ansehen stehen* ha gott anseende; *die Sonne steht* ~ solen står högt på himlen; *den Kopf* ~ *tragen* bära huvudet högt; ~ *und heilig versprechen* lova dyrt o. heligt; ~ *hinaus wollen (vard.)* vilja bli någonting, ha stora planer; *zu* ~ *hinaus wollen (vard.) a)* ha alltför högtflygande planer, *b)* åtaga sig för mycket **Hoch** *-s* **n 1** *meteor.* högtryck **2** leve, hurra; *ein* ~ *auf e-n ausbringen* utbringa ett leve för ngn **hochachtbar** synnerligen respektabel **hochachten** högakta; ~ *d (åld.)* högaktningsfull **Hochachtung** *0 f* högaktning; *mit vorzüglicher* ~ med utmärkt högaktning **hochachtungsvoll** högaktningsfull **Hochadel** *0 m* högadel **hochaktuell** högaktuell **Hochaltar** *-e†* m högaltare **Hochamt** *-er† n, kat.* högmässa **Hochantenne** *-n f* takantenn **Hochbahn** *-en f järnv.* högbana **Hochbau** *-ten m* byggnation ovan jord; *Hoch- und Tiefbau* byggnation ovan o. under jord **hochbegabt** högt begåvad **hochbeglückt** mycket lycklig **Hochbehälter** - *m* vattentorn, högreservoar **hochbeinig** hög-, lång|bent **hochbejahrt** ålderstigen **hochberühmt** mycket berömd **hochbesteuert** högt beskattad **hochbetagt** ålderstigen, mycket gammal **Hochbetrieb** *0 m* livlig verksamhet, rush, rusning; *wir haben heute* ~ vi har jättemycket att göra idag; *hier herrscht* ~ här går det livligt till (sjuder det av aktivitet) **hochbezahlt** välbetald; högavlönad **Hochbild** *-er n* relief **Hochblüte** *0 f* blomstring[stid]; *die Bäume standen in* ~ träden stod i full blom **hochbringen** *oreg.* ta (föra, transportera) upp; *e-n Kranken wieder* ~ få en sjuk på fötter; *ein Geschäft* ~ arbeta upp ett företag; *diese Bemerkung brachte ihn hoch (vard.)* han blev upprettad över (retade sig på) detta yttrande; *e-n* ~ ~ *(vard.)* få stånd **Hochbrücke** *-n f* högbro **Hochbunker** - *m* bunker ovan jord **Hochburg** *-en f, bildl.* högborg **hochbusig** högbarmad **hochdeutsch** högtysk **Hochdeutsch** *0 m* högtyska **Hochdruck 1** *0 m, meteor., tekn., bildl.* högtryck; *med.* högt blodtryck; *mit (unter)* ~ *arbeiten (vard.)* arbeta för högtryck **2** *0 m, boktr.* hög-, relief|tryck **3** *-e m* [alster i] hög-, relief|tryck **Hochdruckgebiet** *-e n* högtrycksområde **Hochebene** *-n f* hög|slätt, -platå **Hoch'ehrwürden** *0 f, Eure (Euer)* ~ ers högvördighet *(tilltal t. prot. högre präster)* **hoch'ehrwürdig** högvördig **hochempfindlich** högkänslig **hochentwickelt** högt utvecklad, avancerad **hocherfreut** mycket (ytterst) glad, överförtjust **hochfahren** *st* **1** *s* åka (köra) upp; fara (rusa) upp; brusa upp **2** *jdn nach Hamburg* ~ köra ngn upp till Hamburg *(söderifrån)* **hochfahrend** högdragen, arrogant **hochfein** mycket fin, utsökt, tiptop, finfin **Hochfinanz** *0 f* storfinans **Hochfläche** *-n f* hög|slätt, -platå **hochfliegend** högtflygande **Hochflut** *-en f* hög-, spring|flod; *bildl.* uppsjö, överflöd **Hochform** *0 f* hög-, topp|form **Hochformat** *-e n* höjdformat, stående format **hochfrequent** högfrekvent **Hochfrequenz** *0 f* högfrekvens **hochgeachtet** högaktad **hochgebildet** högt bildad **Hochgebirge** - *n* högfjäll; [hög] bergskedja **Hochgebirgspflanze** *-n f* fjäll-, alp|växt **hochgeboren** av hög börd **hochgeehrt** högt ärad **Hochgefühl** *-e n* upplyftande (inspirerande, jublande) känsla **hochgehen** *st s* **1** gå upp, stiga; *die Preise gehen hoch* priserna stiger; *die Treppe* ~ *(vard.)* gå uppför trappan; *die Bombe geht hoch* bomben exploderar; *die Terroristen ließen die Botschaft* ~ *(vard.)* terroristerna sprängde ambassaden i luften; *er ging hoch (vard.)* han exploderade (blev rasande) **2** *vard., der Rauschgiftring ist hochgegangen* knarkligan har sprängts; *e-n* ~ *lassen* tjalla på ngn; *er ist hochgegangen (äv.)* han har sytts in **hochgeistig** på hög [intellektuell] nivå **hochgelahrt** *skämts.* höglärd **hochgelegen** högt belägen, höglänt **hochgelehrt** höglärd, mycket lärd **hochgemut** vid gott mod **Hochgenuß** *0 m, es ist mir ein* ~ det är mig en sann njutning **Hochgericht** *-e n, hist.* **1** domstol i livssaker **2** avrättningsplats, galgbacke **hoch|geschätzt** högt uppskattad **-geschlossen** höghalsad, knäppt ända upp i halsen **-gesinnt** högsint **-gespannt 1** *elektr.* högspänd **2** *bildl.* mycket spänd; ~ *e Erwartungen* högt spända förväntningar **3** *tekn.* under högt tryck **-gesteckt** högtflygande **-gestellt** *bildl.* högt uppsatt **-gestimmt** högstämd **-gestochen 1** [intellektuellt] krävande, svårförståelig; konstlad, uppstyltad **2** inbilsk **-gewachsen** högväxt **-giftig** mycket giftig **Hochglanz** *0 m* högglans; *auf* ~ *polieren* högglanspolera; *die Wohnung auf* ~ *bringen* göra våningen skinande ren **Hochglanzabzug** *-e† m, foto.* blank kopia **hochgradig** höggradig *(äv. bildl.)* **hochhackig** högklackad **hochhalten** *st* hålla upp (högt); *bildl.* vörda, sätta högt **Hochhaus** *-er† n* höghus **hochheben** *st* lyfta [upp] **hochherrschaftlich** mycket förnäm (elegant) **hochherzig** ädelmodig, storsint **Hochherzigkeit** *0 f* ädelmod **hochindustrialisiert** högindustrialiserad **hochintelligent** högintelligent **hochinteressant** *vard.* högintressant **Hochjagd** *-en f* storviltsjakt **hochjagen 1** skrämma (jaga) upp **2** rusa *(motor)* **hochkämmen** kamma upp **hochkant** ~ *stellen* ställa på högkant; ~ *hinausfliegen (vard.)* kastas ut, få sparken **hochkarätig 1** med många (hög) karat **2** *vard.* högkvalificerad; mycket framstående, prominent; topp- **Hochkirche** *0 f, die* ~ högkyrkan *(i England)* **hochklappen** fälla (slå) upp **hochkommen** *st s, vard.* **1** komma upp **2** bli bra (frisk) **3** komma sig upp **4** *ihm kam das Essen hoch* han fick upp maten; *wenn ich sowas höre, kommt mir die Galle hoch* när jag hör något sådant blir jag förbannad (äcklas jag) **Hochkonjunktur** *-en f* högkonjunktur **hochkönnen** *oreg., vard.* kunna komma upp **hochkrempeln** kavla (vika) upp **Hochland** *-e*† *el.* *-e n* högland **Hochländer** - *m* högländare (*i Skottland*) **hochländisch** högländsk **Hochlautung** *0 f* (*normerat*) [tyskt] standarduttal **hochleben** er lebe hoch! han leve!; *e-n* ~ *lassen* utbringa ett leve för ngn **Hochleistung** *-en f* stor prestation[sförmåga] **Hochleitung** *-en f* luftledning **höchlich** [-ø:-] högeligen; storligen **höchlichst** i högsta grad **Hochmeister** - *m, hist.* stormästare **hochmodern** högmodern **hochmögend** *åld.* [stor]mäktig **hochmolekular** *kem.* högmolekulär **Hochmoor** *-e n* hög-, vit-, djup|mosse **Hochmut** *0 m* hög|mod, -färd; ~ *kommt vor dem Fall* högmod går före fall **hochmütig** hög|färdig, -modig, -dragen **hochnäsig** högfärdig, mallig **hochnehmen** *st* **1** lyfta (hålla) upp **2** *bildl.* driva (skoja) med, lura; skörta upp **3** *sl.* häkta **Hochofen** -† *m* masugn **Hochparterre** *-s n* en halv trappa upp [belägen våning] **hochpreisen** *st* lovorda **hochprozentig** högprocentig **hochqualifiziert** högt kvalificerad **Hochrad** *-er*† *n* höghjuling (*cykel*) **hochragend** som sträcker sig högt upp; reslig **hochrechnen** göra en prognos **Hochrechnung** *-en f* prognos **Hochrelief** *-s el.* *-e n* högrelief **hochrot** högröd **Hochruf** *-e m* leve-, hurra|rop **Hochsaison** *-s f* högsäsong **hochschätzen** högakta, högt värdera, sätta stort värde på **Hochschätzung** *0 f* hög uppskattning **hochschieben** *st* skjuta uppåt **hochschlagen** *st* slå (fälla) upp **hochschnellen** *s* fara (skjuta) upp; (*om pris*) skjuta i höjden **hochschrauben** skruva upp **Hochschulabschlu|ß** *-sse*† *m* högskoleexamen, akademisk examen **Hochschule** *-n f* högskola; ~ *für Musik* musikhögskola; *landwirtschaftliche* ~ lantbrukshögskola; *pädagogische* ~ lärarhögskola **Hochschüler** - *m* högskolestuderande, student **Hochschulreife** *0 f* högskolebehörighet **Hochschulstudi|um** *-en n* högskolestudier, akademiska studier; *mit abgeschlossenem* ~ med högskoleexamen, med akademisk examen **hochschwanger** höggravid **Hochsee** *0 f, die* ~ öppna havet **Hochseefischerei** *0 f* havsfiske **Hochseeschiffahrt** *0 f* ocean|trafik, -fart **hochselig** salig, avliden **Hochsinn** *0 m* storsinthet **Hochsitz** *-e m, jakt.* (*upphöjt*) jaktstånd **Hochsommer** - *m* högsommar **Hochspannung** *-en f* högspänning; *bildl.* stark spänning **Hochspannungsblitzgerät** *-e n* elektronblixt[apparat] **Hochspannungsleitung** *-en f* högspänningsledning **hochspielen** *e-n* ~ skjuta ngn i förgrunden, göra ngn populär; *etw.* ~ göra stor affär av ngt **Hochsprache** *0 f* standardspråk **Hochsprung** *-e*† *m* höjdhopp **hochspülen** *vard., hochgespült werden* flyta upp, komma upp till ytan, dyka upp **höchst** [-ø:-] **I** *adj* (*superl. av hoch, alltid böjt*) högst; *es ist* ~*e Zeit* det är hög tid; *an* ~*er Stelle vorsprechen* vända sig till den högsta myndigheten (till chefen); *aufs* ~*e überrascht* synnerligen överraskad; *die Spannung ist aufs* ~*e gestiegen* spänningen har nått sin höjdpunkt; *in* ~*em Grade* i högsta grad; *Hilfe in der* ~*en Not (äv.)* hjälp när nöden är som störst; *zu seiner* ~*en Zufriedenheit* till hans synnerliga belåtenhet **II** *adv* högst, i högsta grad, mycket **hochstämmig** högstämmig **Hochstand** *-e*†

m, jakt. (*upphöjt*) jaktstånd **Hochstapelei** *-en f* svindel, bedrägeri **hochstapel|n** *-te, gehochstapelt* låtsas vara rik (av börd *e.d.*); svindla; skryta **Hochstapler** - *m* svindlare, bedragare **Höchst|belastung** *-en f* maximibelastning **-betrag** *-e*† *m* maximi|belopp, -värde **-bietende(r)** *m f, adj böjn.* högstbjudande **hoch|stehen** *st* stå [rakt] upp; spreta [ut] **-stehend** högtstående, hög **-steigen** *st s* klättra (stiga) upp **'höchst'eigen** *åld. el. skämts., in* ~*er Person* i egen hög person **hochstellen** lyfta (resa, flytta) upp; ställa på högkant; fälla upp (*krage*) **höchstempfindlich** superkänslig **höchstens** högst, på sin höjd **Höchstfall** *0 m, im* ~ högst, på sin höjd, i bästa fall **Höchstgeschwindigkeit** *-en f* topp-, maximi|hastighet; [*zulässige*] ~ högsta tillåtna hastighet **Hochstickerei** *-en f* klumpsöm **Hochstift** *-e*[*r*] *n* ärkestift **hochstilisieren** haussa (blåsa) upp **Hochstimmung** *0 f* hög stämning **Höchstlast** *-en f* maximibelastning; tillåten last **Höchstleistung** *-en f* maximieffekt, högsta effekt; maximal prestation; *sport.* rekord **Höchstmaß** *-e n* maximum; *ein* ~ *an Geduld* maximalt tålamod **'höchst'möglich** (*alltid böjt*) högsta möjliga **'höchst'persönlich** i egen hög person **Höchstpreis** *-e m* maximipris **Hochstraße** *-n f* bilväg på bropelare; viadukt **hochstrebend** högtsträvande **Höchstsatz** *-e*† *m* högsta avgiftsklass, maximi|avgift, -belopp **Höchstspannung** *-en f* högspänning (*över 100 000 volt*) **Höchststufe** *-n f, språkv.* superlativ **'höchstwahr'scheinlich** med all sannolikhet **Höchstwert** *-e m* maximum, högsta värde **Hochtal** *-er*† *n* högt beläget dal **Hochton** *-e*† *m, fonet.* huvud|ton, -tryck **hochtönend** högtravande **hochtonig** *fonet.* starkt betonad **Hochtour** *-en f* **1** fjälltur **2** *auf* ~*en arbeiten* (*laufen*) (*om motor e.d.*) arbeta (gå) för fullt (på högt varv); *bildl.* vara i full gång, arbeta för högtryck; *e-n auf* ~*en bringen* (*vard.*) driva på ngn **hochtourig** högvarvig **Hochtourist** *-en m* alpinist **hochtrabend** högtravande **hochtragen** *st, vard.* bära upp **hochverehrt** högt ärad **Hochverrat** *0 m* högförräderi **Hochverräter** - *m* högförrädare **hochverräterisch** högförrädisk **Hochwald** *-er*† *m* timmerskog; skog med höga träd (*o. liten undervegetation*) **Hochwasser** - *n* högvatten **hochwertig** högvärdig **Hochwild** *0 n* högvilt **hochwillkommen** mycket välkommen **hochwohlgeboren** *åld.* högvälboren **Hochwürden** *0 f, Eure* (*Euer*) ~ ers högvördighet (*tilltal t. kat. o. högre prot. präster*) **hochwürdig** högvördig; ~*ster Herr, se Hochwürden* **Hochzahl** *-en f, mat.* exponent **Hochzeit** *-en f* **1** ['hɔx-] bröllop (*äv. typ.*); *grüne* ~ bröllop[sdag]; *silberne* ~ silverbröllop; ~ *feiern* (*halten, machen*) fira bröllop; *nicht auf zwei* ~*en tanzen können* (*vard.*) inte kunna göra flera saker (vara på flera ställen) samtidigt **2** ['ho:x-] blomstringstid, glansperiod; *e-e* ~ *der Literatur* in litteraturens höjdpunkt **Hochzeiter** - *m* brudgum **Hochzeiterin** *-nen f* brud **hochzeitlich** bröllops- **Hochzeits|feier** *-n f* bröllopsfest **-flug** *-e*† *m* (*vissa insekters*) parningsflykt **-geschenk** *-e n* lysnings-, bröllops|present **-gesellschaft** *-en f*

bröllopsgäster **-kleid** *-er n* **1** brudklänning **2** *zool.* parningsskrud **-nacht** *-e†* *f* bröllopsnatt **-reise** *-n f* bröllopsresa **-zug** *-e† m* brudfölje, bröllopståg
hochziehen *st* **1** dra upp; *die Augenbrauen ~* höja (lyfta) på ögonbrynen; *die Nase ~* snörvla; *ein Flugzeug ~* snabbt stiga med ett flygplan **2** *s, ein Unwetter zog hoch* ett oväder steg upp (närmade sig) **Hochzucht** *0 f* avel av förstklassiga djur; odling av högklassigt utsäde (e.d.) **hochzüchten** dra upp [fina avelsdjur, högklassiga kulturväxter]; utveckla
Hocke *-n f* **1** *in der ~ sitzen* sitta på huk **2** *gymn.* mellanhopp **3** *nty.* sädesskyl **4** *nty.* ryggbörda, lass **hocken 1** *h, sty. s* sitta på huk; *vard.* sitta [o. kura]; *auf dem Stuhl ~ bleiben* sitta kvar på stolen; *er ist auf seinen Waren ~ geblieben* han blev inte av med sina varor; *im Gasthaus ~ bleiben* (*vard.*) sitta kvar o. hänga (bli sittande) på krogen; *über den Büchern ~* (*vard.*) hänga med näsan över böckerna; *immer zu Hause ~* (*vard.*) jämt sitta hemma **2** *s, gymn.* göra mellanhopp **3** *rfl, sich auf den Boden ~* sätta sig på huk på marken; *komm, hock dich zu mir!* kom o. sätt dig hos mig!
Hocker *- m* pall, taburett; barstol
Höcker *- m* **1** puckel; *e-n ~ haben* (*äv.*) vara puckelryggig **2** gupp, upphöjning **höckerig 1** puckelryggig **2** ojämn, guppig **Höckerschwan** *-e† m* knölsvan
Hockey ['hɔki, 'hoke] *0 n* hockey **-schläger** *- m,* **-stock** *-e† m* hockeyklubba
Hode *-n -n m el. -n f,* **Hoden** *- m* testikel
Hodenbruch *-e† m* pungbråck **Hodensack** *-e† m, anat.* pung
Hof *-e† m* **1** gård, gårdsplan **2** [bond]gård **3** hov; *am (bei) ~[e]* vid hovet; *e-m den ~ machen* göra ngn sin kur, uppvakta ngn **4** meteor. ljusgård **Hofamt** *-er† n, hist.* ämbete vid hovet, hovsyssla **Hofbesitzer** *- m* gårds-, hemmans|ägare **hoffähig** presentabel [vid hovet] **Hoffähigkeit** *0 f* rätt att presenteras vid hovet
Hoffart ['hɔfart] *0 f* högdragenhet **hoffärtig** högdragen
hoffen hoppas (*auf etw.* (*ack.*) på ngt); *ich will es ~!* det vill jag hoppas!; *ich will nicht ~, daß du weggehst* jag hoppas verkligen att du inte går din väg; *~ wir das Beste!* låt oss hoppas på det bästa!; *wir ~ auf ein baldiges Wiedersehen* (*äv.*) vi hoppas att snart få ses igen; *wer hätte das zu ~ gewagt!* vem hade vågat hoppas det! **Hoffen** *0 n* hopp; *alles ~ war vergebens* (*äv.*) det tjänade ingenting till att hoppas **hoffentlich** förhoppningsvis; *~ ist er gesund* [jag] hoppas han är frisk; *bekommen wir schönes Wetter? ~!* blir det vackert väder? ja, det hoppas jag!; *hat der Zug Verspätung? ~ nicht!* är tåget försenat? hoppas inte det!
höfflich *gruv., das Gebiet ist ~* området lovar rik avkastning
Hoffnung *-en f* hopp, förhoppning, förväntning; *~ auf Regen* hopp om regn; *das Kap der Guten ~* Godahoppsudden; *dieser Künstler berechtigt zu großen ~en* man kan vänta sig mycket av den här konstnären; *es besteht keine ~ mehr* det finns inte längre ngt hopp; *meine ~en wurden enttäuscht* mina förhoppningar sveks; *e-m ~[en] machen* inge ngn hopp; *sich* (*dat.*) *falsche ~en machen* göra sig falska förhoppningar; *~ schöpfen* få nytt hopp; *guter*

(*in [der]*) *~ sein* vara i omständigheter; *seine ~ auf etw.* (*ack.*) *setzen* sätta sitt hopp till ngt **hoffnungs|freudig, -froh** hoppfull, optimistisk **hoffnungslos** hopplös; ohjälplig **Hoffnungslosigkeit** *0 f* hopplöshet **Hoffnungs|schimmer** *- m,* **-strahl** *-en m* glimt (stråle) av hopp **hoffnungsvoll** hoppfull; förhoppningsfull
Hofgänger *- m* daglönare, dagsverkare **Hofgebäude** *- n* gårdshus **hofhalten** *st* hålla hov **Hofhaltung** *-en f* hovhållning **Hofherr** *-[e]n -en m* gods-, gårds|ägare **Hofhund** *-e m* gårdvar **hofieren** *e-n ~* kurtisera ngn, smickra ngn, ställa sig in hos ngn, fika efter ngns gunst **höfisch** hövisk; hovmannalik **Hofkanzlei** *-en f* hov|expedition, -kansli **Hofkirche** *-n f* slottskyrka **Hofleute** *pl* **1** gårdsfolk **2** hov|män, -folk **höflich** hövlig, artig **Höflichkeit 1** *0 f* hövlighet, artighet; *da[rüber] schweigt des Sängers ~* det ska vi tala tyst om **2** *-en f* komplimang, artighet **Höflichkeitsbesuch** *-e m* artighetsvisit **Höflichkeits|floskel** *-n f,* **-formel** *-en f* artighetsfras **höflichkeitshalber** av artighet **Hoflieferant** *-en -en m* hovleverantör **Höfling** *-e m* **1** hovman **2** *se Hofschranze*
Hof|macher *- m, åld.* kurtisör, uppvaktande [kavaljer] **-mann** *-leute m, åld.* hovman **-meister** *- m, åld.* **1** godsförvaltare **2** informator **-narr** *-en -en m* hovnarr *-rat* *-e† m* **1** *hist.* hovråd **2** *vard.* byråkrat **-raum** *-e† m* gård[sutrymme] **-schauspieler** *- m* skådespelare vid kunglig scen **-schranze** *-n f el. -n -n m* [servil, krypande] hovman **-staat** *-0 m* hovstat **-theater** *- n* hovteater, kunglig teater **-trauer** *0 f* hovsorg; *~ haben* (*vard.*) ha sorgkanter [på naglarna] **-tür** *-en f* gårdsdörr
HO-Geschäft *-e n, DDR* affär (*tillhörande den statliga handelsorganisationen*)
hohe *se hoch* **Höhe** *-n f* **1** höjd; *e-e ~ von 10 Metern* en höjd av 10 meter; *das ist ja die ~!* (*vard.*) det är höjden!; *das Flugzeug gewinnt rasch [an] ~* flygplanet stiger snabbt; *auf der ~ seiner Jahre* i blomman av sin ålder; *auf derselben ~ wie* i höjd med; *auf der ~ [der Zeit] sein* vara välinformerad, hålla sig à jour (*inom sitt ämne*); *nicht ganz auf der ~ sein* (*vard.*) inte vara riktigt i form, inte må riktigt bra; *in (bei) 1000 m ~* (*in* (*vid*) 1000 meters höjd; *in gleicher ~ mit* på samma nivå som, i jämnhöjd med; *ein Unternehmen in die ~ bringen* sätta ett företag på fötter, arbeta upp ett företag; *in die ~ gehen* (*vard.*) brusa upp, bli förbannad; *die Preise gehen in die ~* priserna stiger; *in die ~ heben* lyfta [upp]; *in die ~ treiben* driva upp (i höjden); *lichte ~* fri höjd **2** höjd, storlek, nivå, omfattning; *die ~ der Einkommens* inkomstens storlek; *die ~ der Geschwindigkeit* hastigheten; *die ~ der Leistungen* nivån på prestationerna; *die ~ des Schadens* skadans omfattning; *e-e Schuld in ~ von 10 Mark* en skuld på (på ett belopp av, uppgående till) 10 mark **Hoheit 1** *0 f* höghet, upphöjdhet; suveränitet **2** *-en f* (*titel*) höghet; *Eure ~* Ers höghet; *Königliche ~* Ers kungliga höghet **hoheitlich** hög, furstlig; suverän **Hoheits|abzeichen** *- n* nationalitetsmärke **-gebiet** *-e n* territorium **-gewässer** *pl* territorialvatten **-recht** *-e n* maktbefogenhet, höghetsrätt[ighet] **-träger** *- m, nat. soc.* högre partifunktionär (*m. viss maktbefogenhet*) **hoheitsvoll** majestätisk, värdig **Hoheits-**

zeichen - *n* symbol för statsmakten; nationalsymbol; *flyg.* nationalitetsmärke **Hohe'lied** *gen. Hohenlied*[*e*]*s 0 n, das* ~ (*bibl.*) Höga Visan; *ein* ~ (*Hoheslied*) *der Liebe* en kärlekens höga visa **Hohen'astheimer** - *m, vard. skämts.* äppelvin
Höhendifferenz -*en f* höjd-, nivå|skillnad
Höhenflosse -*n f, flyg.* stabilisator **höhengleich** i samma plan; ~*e Kreuzung* plankorsning
Höhen|klima -*s el.* -*te n* fjäll-, bergs|klimat -**krankheit** -*en f* berg-, höjd|sjuka -**kurort** -*e m* högt belägen kurort, luftkurort -**lage** -*n f* höjd [över havet] -**leitwerk** -*e n, flyg.* höjdstyrverk -**linie** -*n f* isohyps, höjdkurva -**luft** *0 f* bergsluft; luft i de högre luftlagren -**luftkurort** -*e m*, *se Höhenkurort* -**messer** - *m* höjdmätare -**rücken** - *m* [berg]ås -**ruder** - *n, flyg.* höjdroder -**schreiber** - *m* [registrerande] höjdmätare -**sonne** -*n f* 1 högfjällssol **2** kvartslampa -**steuer** - *n, flyg.* höjdroder -**strahlung** -*en f* kosmisk strålning -**unterschied** -*e m* höjd-, nivå|skillnad -**vieh** *0 n* alp-, fjäll|-boskap -**weg** -*e m* väg på bergskam -**wind** -*e m* vind i de övre luftlagren -**zug** -*e*† *m* bergskedja, ås
Hohe'priester *gen. Hohenpriesters, pl Hohenpriester m* överstepräst; *ein Hoherpriester* (*einige* ~) en överstepräst (några överstepräster)
Höhepunkt -*e m* höjdpunkt, kulmen; *seinen* ~ *erreichen* (*äv.*) kulminera; *der* ~ *e-r Entwicklung* höjdpunkten på (kulmen av) en utveckling
höher (*jfr hoch*) högre; *e-e Treppe* ~ en trappa högre [upp]; ~*e Tochter* (*åld.*) flicka från bättre familj; ~*e Schule* (*äv.*) gymnasium; ~ *bieten* bjuda över; *Preise* ~ *treiben* driva priser i höjden, driva upp priser; *das Herz schlägt mir* ~ mitt hjärta slår snabbare; ~*e Gewalt* force majeure **Höherentwicklung** *0 f* [gynnsam] utveckling, utveckling till det bättre, framåtskridande
Hoher'priester *se Hohepriester*
höherschrauben *die Preise* ~ höja priserna
Höherstufe -*n f, språkv.* komparativ **höherstufen** flytta upp i lönegrad, befordra **Höherversicherung** -*en f* [frivillig] tilläggsförsäkring (*t. pension*)
hohes *se hoch* **Hohes'lied** *se Hohelied*
hohl [i]hålig; konkav; inbuktad; urholkad; *bildl.* tom; ~*e Stimme* dov röst; ~*e Wangen* (*Augen*) infallna kinder (ögon); *er hat e-n* ~*en Kopf* han är tom i huvudet; ~*e Hand* kupad hand; ~*e Worte* tomma ord; ~ *klingen* låta ihåligt **Hohlader** -*n f* hålven **hohläugig** hålögd
Höhle -*n f* håla, grotta; gryt, lya, ide; *vard.* lya, kyffe; *sich in die* ~ *des Löwen begeben* (*wagen*) bege sig (våga sig) in i lejonkulan **höhlen** urholka **Höhlenasseln** *pl, zool.* gråsuggor **Höhlenbewohner** - *m* grottinvånare **Höhlenkunde** *0 f* grottforskning, spelelogi **Höhlenmalerei** -*en f* grottmålning **Höhlenmensch** -*en* -*en m* grottmänniska **Höhlentempel** - *m* grottempel, klipptempel
Hohl|fläche -*n f* konkav yta -**fuß** -*e*† *m* för högt fotvalv -**glas** *0 n, fack.* volymglas -**heit** *0 f* ihålighet; *innere* ~ (*bildl.*) inre tomhet -**kehle** -*n f, snick.* hålkäl -**kopf** -*e*† *m* dumhuvud
hohlköpfig dum, andefattig
Hohl|körper - *m* ihålig kropp -**kreuz** *0 n, anat.* svankrygg -**kugel** -*n f* ihålig kula -**leiste** -*n f* hålkäl -**maß** -*e n* rymdmått -**münze** -*n f* brakteat -**nadel** -*n f* kanyl -**naht** -*e*† *f* hålsöm -**raum** -*e*† *m* hålrum -**saum** -*e*† *m* hålsöm (*m. samtidig fållning*)
hohlschleifen *st* skålslipa; *hohlgeschliffen* (*äv.*) konkavt slipad **Hohlspiegel** - *m* konkav spegel **Hohlstein** -*e m* håltegel **Hohltiere** *pl* kavitetsdjur
Höhlung -*en f* hålighet, kavitet; urgröpning
Hohlvene -*n f* hålven **hohlwangig** med insjunkna kinder **Hohlweg** -*e m* hålväg **Hohlwelle** -*n f* urborrad axel, röraxel **Hohlziegel** - *m* håltegel; kupad tegelpanna
Hohn *0 m* hån; ~ *und Spott* spott o. spe; *e-m etw. zum* ~*e tun* göra ngt mot ngn på trots (på pin kiv) **höhnen** håna **Hohngelächter** *0 n* hånskratt **höhnisch** hånfull, försmädlig; ~*es Grinsen* hångrin **hohnlächeln** *hohnlächelte el. lächelte hohn, hohngelächelt* håle **Hohnlacheln** *0 n* hånleende **hohnlachen** *hohnlachte el. lachte hohn, hohngelacht* hånskratta; *etw.* (*dat.*) ~ strida mot (stå i motsats till) ngt **hohnsprechen** *hohnsprach el. sprach hohn, hohngesprochen, etw.* (*dat*) ~ håna ngt, vara ett hån (strida) mot ngt
ho'ho *interj* ha!, haha! **hoi** *interj* oj!, vadnudå!
höken *se hökern* **Höker** - *m, åld.* torghandlare, gatuförsäljare **Hökerei** *0 f, åld.* torghandel **Hökerfrau** -*en f, åld.* torg|handlerska, -gumma **hökern** stå o. sälja på torget, schackra **Hökerweib** -*er n, åld. se Hökerfrau*
Hokus'pokus *0 m* hokuspokus
HO-Laden -† *m, se HO-Geschäft*
hold huld, ljuv, älsklig; *e-m* ~ *sein* vara ngn huld; *das Glück ist ihm* ~ (*äv.*) lyckan ler mot honom **Holde 1** -*n f* huldra, älva; *die* ~*n* (*myt.*) de dödas andar **2** *f, adj böjn., vard., seine* ~ hans flickvän
Holder - *m, sty.* fläder
Holding ['houldiŋ] -*s f*, **Holdinggesellschaft** -*en f* holdingbolag
holdselig ljuv, överjordiskt skön, älsklig, älskvärd **Holdseligkeit** *0 f* ljuv[lig]het *etc., jfr holdselig*
holen hämta; *Atem* ~ hämta andan; *Brot vom Bäcker* ~ [gå och] köpa bröd hos bagaren; *Hilfe* ~ (*äv.*) skaffa hjälp; *dabei ist nichts zu* ~ (*vard.*) det vinner man ingenting på, det tjänar ingenting till; *e-n Preis* ~ (*vard.*) vinna ett pris; *sich* (*dat.*) *etw.* ~ skaffa sig ngt; *sich* (*dat.*) *die Grippe* ~ (*vard.*) få (åka på) influensa; *sich* (*dat.*) *Rat bei* (*von*) *e-m* ~ inhämta ngns råd; *hol's der Teufel!* må fan ta det!; *hol dich der Teufel!* dra åt helvete!
Holk -*e*[*n*] *f m*, *se Hulk*
'hollen *interj* oj!
Holland *0 n* Holland; *nun ist* ~ *in Not* (*Nöten*) (*vard. ung.*) nu ligger vi (*etc.*) illa till, nu är goda råd dyra **Holländer I** - *m* **1** holländare; *der Fliegende* ~ Den flygande holländaren **2** *tekn.* holländare **3** fyrhjuling (*kärra för barn*) **4** holländsk dansk **II** *adj* ~, *den* ~ *machen* sticka, fly **II** *oböjl. adj* holländsk, hollands- **Holländermühle** -*n f* **1** holländsk väderkvarn **2** *tekn.* holländare **Holländern** *bokh.* hollända **holländisch** holländsk; ~*e Soße* hollandaise[sås]
Holle -*n f* **1** *jakt.* (*fågels*) fjäderbuske, hårtofs **2** *Frau* ~ *schüttelt ihre Betten aus* (*poet.*) det snöar
Hölle -*n f* helvete; *dial.* plats mellan kakelugn o. vägg; *die* ~ *ist los* (*vard.*) helvetet är löst;

e-m die ~ *heiß machen* sätta åt ngn, låta ngn få veta att han (hon) lever, skrämma ngn; *zur* ~ *mit* åt helvete med; *e-m das Leben zur* ~ *machen* göra livet till ett helvete för ngn; *scher dich zur* ~*!* dra åt helvete!
'**Höllen**|'**angst** -e† *f, vard.* fruktansvärd rädsla; *e-e* ~ *haben* vara ohyggligt rädd -'**brand** *0 m, vard.* helvetisk törst (*efter sprit*) -**brut** *0 f* djävulens avföda -'**durst** *0 m, vard.* helvetisk törst -**fahrt** -en *f, relig.* nedstigande till dödsriket; helvetesfärd -**fürst** -en *0 m* mörkrets furste -**hund** *0 m, myt., der* ~ Cerberus -'**lärm** *0 m, vard.* helvetiskt oväsen -**maschine** -*n f* helvetesmaskin -'**pein** *0 f, vard.* svår pina -'**qual** -en *f, vard.* helveteskval, olidlig plåga -'**schmerz** -en *m, vard.* infernalisk smärta -**spek'takel** - *m, vard.* helvetiskt oväsen -'**tempo** *0 n, vard.* helvetisk fart
Holler - *m, dial.* fläder
Hollerith|**karte** -*n f* hålkort -**maschine** -*n f* hålkortsmaskin
höllisch 1 helvetisk, infernalisk; *das* ~*e Feuer* helvetets eld, den eviga elden **2** *vard.* fantastisk, enorm
Hollywoodschaukel ['hɔliwud-] -*n f* hammock
1 Holm -*e m, nty.* holme
2 Holm -*e m* **1** [yx]skaft; skalm **2** *flyg.* vingbalk; *byggn.* hammarband; tvärbjälke; ledstång; ståndare (*på stege*); *gymn.* stång
Hologramm -*e n* hologram **Holographie** *0 f* holografi **holographisch 1** holografisk **2** egenhändigt skriven [o. undertecknad)
holperig ojämn, knagglig (*äv. bildl.*); guppig **holpern 1** skaka, skumpa; *bildl.* staka sig; *die Verse* ~ verserna haltar **2** *s* skumpa [fram] (*om vagn e.d.*); snubbla (stappla) [fram] **holprig** *se holperig*
holterdie'polter hals över huvud
Ho'lunder - *m* fläder
Holz 1 *0 n* trä; virke; timmer; ved; *dial., jakt.* skog; *mus. koll.* träblåsare; ~ *auflegen* (*nachlegen*) lägga ved på elden; ~ *fällen* fälla träd; ~ *machen* hugga (såga) ved; ~ *sägen* (*vard.*) dra timmerstockar, snarka; *wie ein Stück* ~ *dastehen* stå stel som en pinne; *sie hat* [*viel*] ~ *vor der Hütte* (*Tür*) (*vard.*) hon har stora bröst; ~ *auf sich* (*dat.*) *hacken lassen* säga ja o. amen till allting; *30 Mark für die Eintrittskarte ist viel* ~ (*vard.*) 30 mark för inträdesbiljetten är en hel del; ~ *in den Wald tragen* bära uggior till Aten **2** -*er*† *n* träslag; trävaror; träföremål; *sport.* slagträ; kägla; [mål]stolpe; *aus feinem* ~ [*geschnitzt*] *sein* vara känslig (finkänslig); *aus dem gleichen* ~ [*geschnitzt*] *sein* vara stöpt i samma form; *aus härterem* ~ [*geschnitzt*] *sein* vara av hårdare virke **Holzapfel** -† *m* vildäpple **Holzapfelbaum** -*e*† *m* vildapel **Holzarbeiter** - *m, se Holzfäller* **holzarm** skogfattig; med litet trävirke
Holz|**art** -en *f* träslag -**bank** -*e*† *f* **1** virkesstapel **2** träbänk -**bau** -*ten m* träbyggnad -**bearbeitung** *0 f* trä|bearbetning, -förädling -**bein** -*e n* träben -**beize** -*n f* trädbets -**bildhauer** - *m* trä|snidare, -skulptör -**birne** -*n f* vildpäron -**bläser** - *m, mus.* träblåsare -**blasinstrument** -*e n* träblåsinstrument -**bock** -*e*† *m* **1** [trä]bock **2** *zool.* fästing -**bohrer** - *m* **1** träborr **2** *zool.* träfjäril; barkborre -**brandmalerei** -*en f* glödritning -**brüter** - *m, zool.* barkborre -**bündel** - *n* vedknippe **Hölzchen** - *n* träpinne; [tänd]sticka; *vom* ~

aufs Stöckchen kommen avlägsna sig från ämnet, vara vidlyftig (*i samtal*) **Holzdiele** -*n f* trägolv; [golv]planka **holzen 1** fälla träd, avverka **2** slå; slåss; *sport.* ruffa **3** *h o. s, jakt.* klättra (flyga *e.d.*) upp i träd **Holzerei** -en *f* slagsmål; *sport.* ruff **hölzern** av trä, trä-; *bildl.* tafatt, klumpig, osmidig, träaktig
Holz|**essig** *0 m* trä|ättika, -syra -**fachschule** -*n f, ung.* träteknisk linje -**fäller** - *m* timmerhuggare, skogsarbetare -**faser** -*n f* träfiber -**faserplatte** -*n f* träfiber|platta, -skiva -**fäule** *0 f* träröta -**floß** -*e*† *n* timmerflotte -**flößerei** *0 f* timmerflottning
holzfrei ~*es Papier* träfritt papper **Holzgas** -*e n* gengas **Holzgasgenerator** -*en m* gengasaggregat **Holzgeist** *0 m* träsprit **Holzgerechtigkeit** *0 f* avverkningsrätt **Holzgewächs** -*e n* vedväxt **Holzhacker** - *m* **1** *sty., österr., se Holzfäller* **2** *sport.* ojust spelare (*som ruffar*) **holzhaltig** ~*es Papier* trähaltigt papper **Holzhammer** -† *m* träklubba; *e-m etw. mit dem* ~ *beibringen* (*vard.*) [omilt] hamra in ngt i ngn; *eins mit dem* ~ *abgekriegt haben* (*vard.*) inte vara vidare klyftig **Holzhauer** - *m, dial., se Holzfäller* **holzig** träig
Holz|**industrie** -*n f* trävaruindustri -**klotz** -*e*† *m* huggkubbe; träkloss; träkubb -**knecht** -*e m, se Holzfäller* -**kohle** -*n f* träkol -**kohlengrill** -*s m* träkolsgrill -**kopf** -*e*† *m* **1** trähuvud **2** *vard.* träskalle -**kreuz** -*e n* träkors -**leim** -*e m* trälim -**malerei** -*en f* målning på trä -**mehl** *0 n* trämjöl -**nagel** -† *m* pligg -**pantine** -*n f, dial.* trä|toffel, -sko -**pflaster** *0 n* trä[kubbs]beläggning -**plastik** -*en f* träskulptur -**riese** -*n f,* -**rutsche** -*n f* timmerränna -**scheit** -*e*[*r*] *n* vedträ -**schimmel** *0 m* träröta -**schlag** -*e*† *m* **1** hygge **2** fällning, avverkning -**schliff** *0 m* slipmassa, träslip; mekanisk massa -**schneider** - *m* xylograf, träsnittare -**schnitt** -*e m* träsnitt -**schnitzer** -*en f* träsnidare -**schnitzerei** -*en f* träsnideri -**schuh** -*e m* träsko -**schuppen** -*m* **1** vedbod **2** träskjul -**schutz** *0 m* konservering (impregnering) av trä -**schwamm** -*e*† *m* husswamp -**span** -*e*† *m* träspån; trästicka -**spiritus** -*se m* träsprit -**splitter** -*e m* trä|sticka, -flisa -**stich** -*e m* (*med stickel utfört*) träsnitt -**stift** -*e m* pligg -**stoff** *0 m* **1** lignin **2** trä-, pappers|massa -**stoß** -*e*† *m* vedtrave; bål -**täfelung** -*en f* boasering, panel -**taube** -*n f* ringduva -**teer** *0 m* trätjära
Holzung -en *f* **1** avverkning **2** skog; dunge **holzverarbeitend** träförädlande
Holz|**verarbeitung** *0 f* träförädling -**verband** -*e*† *m,* -**verbindung** -*en f* trä|fog, -skarv, sammanfogning av trä -**verkleidung** -*en f* boasering, brädfodring, träbeklädnad -**verkohlung** *0 f* kolning [av trä], trädestillation -**verzuckerung** *0 f* träförsockring -**waren** *pl* trä-, slöjd|varor -**weg** *0 m* timmerväg; *da bist du auf dem* ~ *der du hast on* du fått om bakfoten -**wespe** -*n f* trä-, ved|stekel -**wirtschaft** *0 f* skogsbruk, skogsindustri -**wolle** *0 f* träull -**wurm** -*er*† *m* **1** trämask **2** *vard.* snickare, timmerman -**zucker** *0 m* träsocker
Ho'mer *0 m* Homeros **homerisch** homerisk; ~*es Gelächter* homeriskt skratt
Hometrainer ['hɔumtrɛ:nə] - *m* motionsredskap [för hemmabruk]; motionscykel *e. d.*
homo *vard.* homo[sexuell] **Homo** -*s m, vard.* homosexuell [person] **Homoerotismus** *0 m* homosexualitet

homogen [-g-] homogen **homogenisieren** homogenisera **Homogenität** 0 f homogenitet **homolog** homolog **Homonym** -e n homonym, likalydande ord **Homöopath** -en -en m homeopat **Homöopathie** 0 f homeopati **homöopathisch** homeopatisk **homophil** homosexuell **Homosexualität** 0 f homosexualitet **homosexuell** homosexuell **Homosexuelle(r)** m adj böjn. homosexuell [person] **Homunkul|us** -i el. -usse m homunkulus (konstgjord liten människa) **Honduraner** - m honduran **honduranisch** honduransk **honen** bryna, [fin]slipa, polera **honett** högt. honnett, hederlig, anständig **Honig** -e m honung; e-m ~ um den Bart (Mund) schmieren (vard.) smickra ngn **Honigbiene** -n f honungs-, tam|bi **Honigbrot** -e n 1 honungssmörgås 2 se Honigkuchen **honigfarben** honungsfärgad **Honig|gras** -er† n, bot. luddtåtel -**kuchen** - m [mjuk] honungspepparkaka -**kuchenpferd** 0 n, wie ein ~ grinsen (strahlen) (vard.) vara jätteglad, stråla över hela ansiktet -**monat** -e m, åld., -**mond** -e m, skämts. smekmånad -**schleuder** -n f honungsslungare -**seim** 0 m jungfruhonung '**honig'süß** honungssöt; honungs|ljuv, -len **Honigtau** 0 m honungsdagg **Honigwabe** -n f honungsfylld vaxkaka **Honigwein** 0 m mjöd **Honneurs** [(h)ɔ'nø:ɐ̯s] pl, die ~ machen göra les honneurs, sköta värdskapet **Honorar** -e n honorar, arvode **Honoratioren** pl honoratiores **honorieren** 1 e-n Wechsel ~ honorera (inlösa) en växel 2 honorera; e-m etw. ~ honorera ngn för ngt **ho'norig** 1 ärlig, anständig 2 frikostig **hopfen** tillsätta humle till **Hopfen** - m humle; bei ihm ist ~ und Malz verloren (vard.) han är oförbätterlig, honom går det inte att hjälpa -**bau** 0 m humleodling -**dolde** -n f humlekotte -**garten** -† m humlegård -**klee** 0 m lusern -**stange** -n f humlestör (äv. bildl.), humlestång **hopp** interj hopp!; skynda på!, kom igen!; bei ihm muß es ~ ~ gehen för honom måste det gå undan **hoppeln** s skutta (om hare); skaka, skumpa (om fordon) '**Hoppel'poppel** - n, dial. 1 bondomelett 2 äggtoddy **hoppen** s, nty. hoppa **hoppla** interj hoppla!, hoppsan! **hoppnehmen** st, vard., e-m ~ a) ta fast (gripa) ngn, b) klå ngn [på pengar] **hops 1** interj hopp! II adv, vard. plötsligt, ett tu tre, snabbt; ~ sein a) ha gått sönder, b) ha försvunnit, vara borta, c) vara död **Hops** -e n, vard. [litet] hopp, skutt **hopsa[sa]** interj hopp!, hoppla! **hopsen** 1 s hoppa o. skutta 2 vard. knulla **Hopser** - m, vard. 1 hopp, skutt 2 snabb dans, hoppdans **hopsgehen** st s, vard. 1 dö 2 gå sönder; försvinna, gå förlorad 3 åka fast **Hörapparat** -e m hörapparat **Ho'raz** 0 m Horatius **hörbar** hörbar **Hörbarkeit** 0 f hörbarhet **Hörbereich** -e m hörvidd, hörbarhetsområde **Hörbild** -er n dramatiserat radioreportage **Hörbrille** -n f hörglasögon **horchen** lyssna (auf +ack. på); an der Tür ~ [stå o.] lyssna vid dörren **Horcher** - m [hemlig] lyssnare; der ~ an der Wand hört seine eigne Schand (ung.) den som lyssnar i smyg får höra ngt otrevligt **Horchgerät** -e n, mil. lyssnarapparat **Horchposten** - m, mil. lyssnarpost
1 Horde -n f hord; skara
2 Horde -n f spjälverk; [frukt]häck, [tork]olla
Horen pl, myt. horer
hör|en 1 höra; få höra; gut (schlecht) ~ höra bra (illa); schwer ~ vara lomhörd; etw. Neues ~ få höra ngt nytt; hör (~ Sie) mal! (vard.) a) hör nu!, b) nej, vet du (Ni) vad!; er fuhr so schnell, daß uns H~ und Sehen verging han körde så fort att vi blev alldeles vimmelkantiga; ich habe sie kommen ~ (gehört) jag hörde henne (dem) komma; er -t sich gern reden han tycker om att höra sin egen röst; ich habe sagen ~, daß jag har hört sägas att; an ihrer Stimme konnte man ~, daß på hennes röst kunde man höra att; nach allem, was ich gehört habe efter vad jag har hört; von sich ~ lassen [låta] höra av sig; von e-m ~ höra av (från) ngn; er hat von mir ganz schön zu ~ gekriegt (vard.) han fick minsann veta vad han gick för **2** lyssna på; Radio ~ lyssna på radio; bei e-m [Vorlesungen] ~ gå på ngns föreläsningar; man muß beide Parteien ~ man måste höra båda parter; das läßt sich ~! det låter höra sig (bra)! **3** lyssna (auf etw. ack. till ngt); rätta sig (auf etw. ack. efter ngt); wer nicht ~ will, muß fühlen (ung.) vill man inte lyssna till råd får man ta konsekvenserna; der Hund -t auf den Namen Rigo hunden heter (lystrar till namnet) Rigo; der Junge will nicht ~ (vard.) pojken vill inte lyda **Hörensagen** 0 n hörsägen, rykte; etw. nur vom ~ kennen bara ha hört talas om ngt **Hörer** - m 1 åhörare, lyssnare; kursdeltagare; verehrte Hörerinnen und ~! mina damer o. herrar!, ärade lyssnare! 2 [telefon]lur; den ~ abnehmen (auflegen) lyfta på (lägga på) luren **Hörerbrief** -e m lyssnarbrev, brev från [en] lyssnare; ~e (äv.) lyssnarpost **Hörerschaft** 0 f lyssnare, åhörare, auditorium **Hör|fähigkeit** 0 f hörsel, hörselsinne -**fehler** - m 1 hörfel, missuppfattning 2 e-n ~ haben höra dåligt -**folge** -n f radioserie -**frequenz** -en f tonfrekvens -**funk** 0 m [ljud]radio -**funkgenehmigung** -en f radiolicens -**gerät** -e n hörapparat **hörgeschädigt** hörselskadad **Hörgrenze** -n f hörseltröskel **Hörhilfe** -n f hörapparat **hörig 1** hist. livegen **2** totalt undergiven **Hörige(r)** m f, adj böjn. livegen **Hörigkeit** 0 f 1 hist. livegenskap 2 absolut beroende, viljelös underkastelse
Horizont -e m horisont (äv. bildl.) **horizontal** horisontal, horisontell; ~es Gewerbe (vard.) prostitution **Horizontale** -n el. adj böjn. f 1 horisontal|linje, -plan, -läge; sich in die ~ begeben (vard.) lägga sig [ner] 2 vard. prostituerad **Hormon** -e n hormon **hormonal** hormonell, hormonal, hormon- **Hormonpräparat** -e n hormonpreparat **Hörmuschel** -n f hörtelefon
Horn 1 -er† n horn (äv. mus.); sich (dat.) die Hörner ablaufen (abstoßen) (vard.) stånga hornen av sig; e-m Ehemann Hörner aufsetzen (vard.) sätta horn på en äkta man; sich (dat.) ein ~ stoßen (vard.) få en bula i pannan; ins gleiche ~ wie jd blasen (tuten) (vard.) instämma med (stödja) ngn **2** -e n horn[ämne] **hornartig** hornlaktig, -artad **Hornberger** oböjl. adj, wie das ~ Schießen ausgehen bli pannkaka av, vara (bli) ett fiasko **Hornblende** 0 f hornblände **Hornbrille** -n f hornbågade glasögon

Hörnchen - *n* **1** litet horn **2** giffel **3** ekorre; ekorrdjur '**horn'dumm** *vard.* dum som ett spån, mycket dum **hörnen 1** *gehörnt* horn|försedd, -prydd **2** *vard.* sätta horn på, bedra (*äkta man*) **3** *rfl* fälla (byta) hornen **Hörnerklang** -e† *m* horn|klang, -låt **hörnern** av horn, horn-; [försedd] med hornhud; *der H~e Siegfried* Sigurd Fafnesbane, Sigfrid med Hornhuden
Hörnerv -en *m* hörselnerv
Horn|fisch -e *m*, *se Hornhecht* **-haut** -e† *f* **1** (*ögats*) hornhinna **2** hård o. valkig hud, förhårdnad **-hautentzündung** -en *f* hornhinneinflammation **-hauttrübung** -en *f* grumling av hornhinnan **-hautübertragung** -en *f* hornhinnetransplantation **-hecht** -e *m* horn-, näbb|gädda
hornig av hornhud, hornhuds- **Hor'nisse** [äv. '---] -n *f* bålgeting **Hor'nist** -en -en *m* hornblåsare **Hornklee** 0 *m*, *bot.* käringtand **Hornochse** -n -n *m*, *vard.* nöt, tjockskalle **Horn|tier** -e *n*, **-träger** - *m* slidhornsdjur, hornbärande djur
Hornung -e *m*, *åld.* göjemånad, februari
Horn|vieh 1 0 *n* hornboskap **2** *-viecher n*, *vard.* nöt, dumskalle
Hörorgan -e *n* hörselorgan
Horoskop -e *n* horoskop; *e-m das ~ stellen* ställa ngns horoskop
hor'rend ryslig, hemsk **horribel** *åld.* horribel, fasansfull; oerhörd
Hörrohr -e *n* **1** stetoskop **2** hörlur (*för hörselskadad*)
Horror 0 *m* fasa, skräck; avsky **-film** -e *m* skräckfilm; bloddrypande film **-trip** -s *m*, *sl.* snedtändning
Hör|saal -säle *m* hörsal **-schwelle** -n *f* hörseltröskel
Horsd'oeuvre [ɔr'dœ:vr] -[s] -[s] *n* förrätt
Horse [hɔ:s] 0 *n*, *sl.* heroin, horse, h
Hörspiel -e *n* hörspel, radiopjäs; radioteater
Horst -e *m* **1** [rovfågels]bo **2** *geol.* horst **3** flygbas **horsten** bygga bo (*om rovfågel*)
Hort -e *m* **1** *poet.* skatt **2** *högt.* skydd, värn, bålverk; tillflyktsort; hemvist **3** fritidshem **horten** samla [på hög], lagra
Hortensie -n *f* hortensia
Hortnerin -nen *f* fritidspedagog **Hortung** -en *f* lagring, ansamling
Hör|vermögen 0 *n* hörsel **-weite** 0 *f* hörhåll; *in ~* inom hörhåll
Höschen - *n* **1** små (korta) byxor; *heiße ~ (vard.)* [korta] shorts, hotpants **2** pollenklump (*på bis bakben*)
Hose -n *f* **1** byxor, byxa; *e-e ~, ~n* [ett par] byxor; *kurze ~[n]* kortbyxor, shorts; *lange ~[n]* långbyxor; [*zu Hause*] *die ~n anhaben (vard.)* vara den som bestämmer (vara herre) i huset; *ihm geht die ~ mit Grundeis, seine ~n sind voll, er hat die ~[n]* [*gestrichen*] *voll (vard.)* han är [skit]skraj; *in die ~n gehen (vard.)* misslyckas; *die ~n hochkrempeln* kavla upp byxbenen; *nicht aus der ~ kommen können (vard.)* vara hård i magen; *in die ~[n] machen, die ~ vollmachen (vard.)* göra på sig; [*vor Angst*] *in die ~n machen (vard.)* vara rädd, inte våga; *sich auf die ~n setzen (vard.)* vara flitig, sitta o. jobba (plugga); *er die ~n strammziehen (spannen) (vard.)* ge ngn smisk; *sie trägt die ~n auf halbmast (vard.)* hennes byxor flaggar på halv stång; *die ~n voll krie-*

gen (vard.) få smisk **2** *~n* benmuskulatur (*på häst*); fjäderskrud (*på fågelben*)
Hosen|anzug -e† *m* byx|dress, -dräkt **-aufschlag** -e† *m* uppslag (*på byxben*) **-bandorden** - *m* strumpebandsorden **-bein** -e *n* byxben **-boden** -† *m* byxbak; *sich auf den ~ setzen* sätta sig ner på sin bak o. plugga **-bund** -e[†] *m* byxlinning **-kacker** - *m*, *vulg.* **1** feg jävel **2** gubbjävel **-kerl** 0 *m*, *vard.* kuk **-klammer** -n *f* cykelspänne **-klappe** -n *f* byx|klaff, -lucka (*på småbarnsbyxor*) **-knopf** -e† *m* **1** byxknapp **2** *vard.* oväsentlighet, småsak **-latz** -e[†] *m* främre byxklaff (*på Lederhosen*); *dial.* gylf **-matz** -e† *m*, *vard.* byxlasse **-naht** -e† *f* byxsöm **-rock** -e† *m* byxkjol **-rolle** -n *f* manlig roll (*spelad av kvinna*) **-scheißer** - *m*, *vulg., se Hosenkacker* **-schlitz** -e *m* gylf **-schnalle** -n *f* byxspänne **-spanner** - *m* byxsträckare **-tasche** -n *f* byxficka **-träger** *pl* [byx]hängslen **-türchen** - *n*, *vard.* gylf
hosianna *interj* hosianna! **Hosianna** -s *n* hosianna
Hospital [-sp-] -e[r†] *n* **1** (*mindre*) sjukhus **2** *åld.* vårdhem; ålderdomshem **hospitalisieren** [tvångs]inta (*på sjukhus e.d.*) **Hospitalismus** 0 *m* **1** sjukhussjuka **2** hospitalisering **Hospitalschiff** -e *n* lasarettsfartyg **Hospitant** -en -en *m* hospitant; auskultant **Hospitation** -en *f* auskultation **hospitieren** hospitera; auskultera **Hos'piz** -e *n* härbärge; hospits; *christliches ~* missionshotell
Hos'te|ß [*äv.* '--] *-ssen f* **1** värdinna (*på utställning e.d.*); flyg-, mark|värdinna **2** "massös" (*prostituerad*)
Hostie ['hɔstjə] -n *f* hostia, oblat
Hotel -s *n* hotell **Hotelboy** -s *m* piccolo, hotellpojke **Hotelfachschule** -n *f* hotell- o. restaurangskola **Hotelhalle** -n *f* foajé, hotellvestibul **Hotelier** [-'lje:] -s *m* hotell|ägare, -innehavare **Hotelkette** -n *f* hotellkedja
hott *interj* hoppla!; *einmal ~ und einmal har sagen (vard.)* ständigt ändra sin uppfattning (åsikt), inte veta vad man vill **Hottegaul** -e† *m*, *barnspr.*, **Hotte'hü** -s *n*, *barnspr.* toto
hotten *vard.* hotta
Hottentotte -n -n *m* hottentott
Hottepferdchen - *n*, *barnspr.* toto
Hovercraft ['hoːvɛkraːft] -s *n* sväv-, luftkudde|farkost
Hr[n]. *förk. för Herr[n]* herr **hrsg.** *förk. för herausgegeben* utg., utgiven **Hrsg.** *förk. för Herausgeber* utgivare
hu *interj* hu!, usch!
hü *interj* hoppla!; *einmal ~ und einmal hott sagen (vard.)* ständigt ändra sin uppfattning (åsikt), inte veta vad man vill
Hub -e† *m*, *tekn.* **1** [kolv]slag; slaglängd **2** hävning; lyftning[srörelse] **-brücke** -n *f* lyftbro
Hube -n *f*, *dial., se Hufe*
Hübel - *m*, *dial.* kulle; upphöjning
hüben på den här sidan; *~ und (wie) drüben* på båda sidorna, både här o. där
Huber - *m*, *dial., se Hufner*
Hubhöhe -n *f* lyfthöjd **Hubkarren** - *m* [gaffel]truck
Hübner - *m*, *dial., se Hufner*
Hubraum -e† *m* slag-, cylinder|volym
hübsch 1 vacker, söt; *das ist nicht ~ von dir* det var inte snällt av dig **2** *vard.* ansenlig, betydande, ganska stor (mycket); *ein ~es Stück Weg* en bra bit (väg); *es ist ganz ~ kalt* det är

ganska (mycket) kallt; *er spielt ganz ~ Trompete* han spelar trumpet ganska hyggligt; *seid ~ brav!* var nu riktigt snälla!; *bleib mir ~ gesund!* jag hoppas du håller dig frisk! **3** *iron.* snygg; *das ist ja e-e ~e Geschichte* det var en snygg historia
Hub|schrauber - *m* helikopter **-stapler** - *m* [gaffel]truck
huch *interj* u!, usch!
Huchen [-u:-] - *m* donaulax
Hucke *-n f* **1** *dial.* ryggbörda **2** *vard.*, *e-m die ~ voll hauen* spöa upp ngn; *sich (dat.) die ~ voll saufen* supa sig full; *e-m die ~ voll lügen* proppa ngn full med lögner **hucken** *dial.* **1** *sich (dat.). etw. auf den Rücken ~* lyfta upp ngt på ryggen **2** bära på ryggen **huckepack** *ein Kind ~ tragen (vard.)* bära ett barn (låta ett barn rida) på ryggen **Huckepackverkehr** *0 m* biltågstrafik
Hude *-n f, nty.* betesmark **Hudelei** *-en f, dial.* **1** hafs-, fusk|verk; slarv **2** förargelse, trassel **3** lismande, smicker **hudeln** *dial.* **1** slarva, fuska; *nur nicht ~!* ta det lugnt! **2** trakassera
Huf *-e m* hov; klöv
Hufe *-n f, hist.* mantal
Huf|eisen - *n* hästsko **-eisenmagnet** -[e]*s el.* *-en -e*[*n*] *m* hästskomagnet **-lattich** *0 m* hästhov[sört], tussilago **-nagel** -† *m* [hästsko]söm **Hufner** - *m, hist.*, **Hüfner** - *m, hist.* innehavare av ett mantal
Huf|schlag -*e*† *m* **1** hovslag **2** spark med hoven **-schmied** *-e m* hovslagare **-schmiede** *-n f* hovslageri
Hüftbein *-e n* höftben **Hüftbeinkamm** -*e*† *m* höftkam **Hüfte** *-n f* höft; länd; *sich* [*beim Gehen*] *in den ~n wiegen* vagga på höfterna [när man går] **Hüftgelenk** *-e n* höftled **Hüft|-gürtel** - *m*, **-halter** - *m* höfthållare
Huftier *-e n* hovdjur
Hüftknochen - *m* höftben **hüftlahm** lam i höften (höfterna) **Hüftnerv** *-en m* höft-, ischias|nerv **Hüftweh** *0 n* ischias
Hügel - *m* kulle, backe, höjd, jordhög **hügel'ab** utför (nedför) kullen **hügel|'an, -'auf** uppför kullen; *~ und hügelab* upp- o. nedför kullen **hügelig** kullig, backig, kuperad **Hügelland** *-er*† *n* kuperat land
Hugenotte *-n -n m* hugenott
hüglig *se hügelig*
Hugo *-s m, vard.* fimp
Huhn *-er*† *n* höns; höna; *fideles ~ (vard.)* livad själ; *er geht* [*immer*] *mit den Hühnern zu Bett (vard.)* han brukar lägga sig tidigt; *danach kräht kein ~ und kein Hahn* det bryr sig ingen människa om; *da lachen ja die Hühner! (vard.)* det är rena löjan (är urlöjligt)!; *sie ist ein verrücktes ~ (vard.)* hon är tokig (en toka); *aussehen, als hätten e-m die Hühner das Brot weggefressen (vard.)* se ut som om man hade sålt smöret och tappat pengarna **Hühnchen** - *n* kyckling; *mit e-m ein ~ zu rupfen haben (vard.)* ha en gås oplockad med ngn
Hühner|auge *-n n* liktorn; *e-m auf die ~n treten (vard.)* trampa ngn på liktornarna **-brühe** *-n f* hönsbuljong **-brust** -*e*† *f, med.* höns-, gås-, kål|bröst; *vard.* hönsbröst **-dieb** *-e m* **1** hönstjuv **2** *vard.* skojare **-farm** -*e f* hönseri **-habicht** *-e m* duvhök **-haltung** *0 f* hönsskötsel **-haut** *0 f, dial.* gås-, höns|hud **-hof** *-e*† *m* hönsgård **-hund** *-e m, se Vorstehhund* **-jagd** *-en f* rapphönsjakt **-leiter** *-n f* hönsstege; *vard.* trång trappa **-stall** -*e*† *m* hönshus **-steige**

-n f, sty., österr., **-stiege** *-n f, se Hühnerleiter* **-suppe** *-n f* hönsbuljong **-vogel** -† *m* hönsfågel **-zucht** *0 f* **1** hönsavel **2** hönseri **-züchter** - *m* hönsuppfödare
hu'hu *interj* **1** hallå!, hoho! **2** brr[r]!, usch! **3** buh! **hui** *interj* hejsan!; huj!; *in e-m (im) H~ (vard.)* i ett nafs; *oben ~, unten pfui (vard. ung.)* snygg utanpå men smutsig inunder
Huka *-s f (indisk)* vattenpipa
Huld *0 f* huldhet, nåd; *in jds ~ stehen* stå i gunst hos ngn **Hulda** *-s f, vard. neds.* brud, kärring **huldigen 1** hylla (*e-m* ngn); *e-r Ansicht (dat.) ~* hylla (omfatta) en åsikt; *e-r Frau (dat.) ~* ägna en kvinna sin hyllning; *dem Fortschritt ~* vara en vän av framåtskridandet **2** *hist.*, *e-m ~* svära ngn trohetsed **Huldigung** *-en f,* **1** *hist.* trohetsed **2** hyllning[sgärd]; *e-m seine ~ darbringen* bringa ngn sin hyllning **Huldin** *-nen f* **1** skämts. flicka **2** huldra **huld|reich, -voll** huld, nådig, bevågen
Hülfe *-n f, åld., se Hilfe*
Hulk *-e*[*n*] *f m* holk (*avriggat fartyg*)
Hüllblatt -*er*† *n, bot.* svepeblad **Hülle** *-n f* **1** hölje; täckelse; fodral, omslag; kuvert; *die ~n fallen lassen, sich aus seinen ~n schälen (vard.)* klä av sig; *irdische (sterbliche) ~* jordiska kvarlevor; *~ des Schweigens* tystnadens slöja; *Geld in ~ und Fülle haben* ha massor av pengar (pengar i överflöd) **2** *bot.* svepe, hylle **hüllen** hölja, svepa [in]; *etw. in Papier ~* svepe papper om ngt; *sich in seinen Mantel ~* svepa in sig i sin kappa; *sich in Schweigen ~* omge sig med tystnad, tiga **hüllenlos** utan hölje, oskyddad, naken **Hüllwort** *-er*† *n,* språkv. eufemism
Hülse *-n f* hylsa, fodral, slida, kapsel; *bot.* balja, skal, skida, fröhus **hülsen** sprita (*ärter*) **Hülsenfrüchte** *pl* balj-, skid|frukter **Hülsenfrücht[l]er** - *m* baljväxt **Hülsenwurm** *-er*† *m, zool.* dynt, blåsmask
hum *interj* hum!, hm!
human human **Humaniora** *pl* klassiska studier **humanisieren** humanisera, göra mänsklig[are] **Humanismus** *0 m* humanism **Humanist** *-en -en m* humanist **humanistisch** humanistisk; *~es Gymnasium* latinläroverk (*m. helklassisk linje*) **humanitär** humanitär **Humanität** *0 f* humanitet
Humbug *0 m* humbug; *~ reden (äv.)* prata smörja (nonsens)
Humidität *0 f* fuktighet
Hummel *-n f* humla; *wilde ~ (skämts.)* yrhätta; *~n im (unterm) Hintern haben (vard.)* ha myror i byxorna
Hummer - *m* hummer **Hummerschere** *-n f* hummerklo
Hu'mor *0 m* humor; glatt humör **Humoreske** *-n f* humoresk **hu'morig** med humor, glad o. gemytlig **Humorist** *-en -en m* humorist **humoristisch** humoristisk **hu'morlos** utan humor, humorfri **hu'morvoll** humoristisk, med (som har) sinne för humor
hu'mos humusrik; av humus
humpeln 1 *h el. s* linka, halta; *das Geschäft humpelt (vard.)* affären går dåligt **2** *s* linka (halta) fram
Humpen - *m* stop, stånka
Humus *0 m* humus, mull, mylla **-boden** -† *m,* **-erde** -*e f* matjord, mylla **-klosett** -*s el. -e n* mulltoa
Hund *-e m* **1** hund; *Vorsicht, bissiger ~!* varning för hunden!; *ein dicker ~ (vard.) a)* en

Hündchen—Hungertuch

oförskämdhet, en fräckhet, *b*) en grov tabbe; *fliegende ~e* flygande hundar; *der Große (Kleine) ~ (astron.)* Stora (Lilla) Hunden; *weiße ~e (på havet)* vita gäss; *den letzten beißen die ~e* den som kommer sist får det sämst; *bekannt sein wie ein bunter ~ (vard.)* vara känd överallt; *~e, die [viel] bellen, beißen nicht* tomma tunnor skramlar mest; *auf den ~ bringen (vard.)* ruinera, störta i fördärvet; *frieren wie ein junger ~ (vard.)* frysa som en hund; *vor die ~e gehen (vard.)* gå under, bli förstörd; *mit allen ~en gehetzt sein (vard.)* vara en gammal räv; *kommt man über den ~, kommt man auch über den Schwanz* har man klarat så mycket klarar man nog också resten; *es ist, um junge ~e zu kriegen* det är så att man kan bli förtvivlad; *wie ein ~ leben (vard.)* leva som en hund; *da liegt der ~ begraben (vard.)* det är just knuten; *damit lockt man keinen ~ hinterm Ofen hervor (vard., ung.)* det låter inte precis lockande, med det kan man inte väcka ngns intresse; *müde sein wie ein ~ (vard.)* vara dödstrött; *von dem nimmt kein ~ ein Stück Brot mehr (vard.)* alla föraktar honom djupt; *auf dem ~ sein (vard.)* vara ruinerad (slut); *das ist unter dem (allem) ~ (vard.)* det är uruselt (under all kritik); *den ~ spazieren führen* gå ut med hunden; *da wird der ~ in der Pfanne verrückt! (vard.)* det är ju helt otroligt! 2 *vard.* människa, man; *armer ~* stackars krake; *du ~!* din fähund!; *feiner ~ a)* snofsig karl, *b)* bra (rejäl) karl; *kein ~* inte en människa; *krummer ~* skum typ; *du verrückter ~!* din galning! 3 *gruv.* vagn **Hündchen** - *n* liten hund; hundvalp **'Hunde'arbeit** -*en f, vard.* hundgöra **Hundeart** -*en f* hundras **Hundeauge** -*n n* hundöga (*äv. bildl.*) **Hundeblume** -*n f* maskros **'hunde'elend** *mir ist ~* [*zumute*] jag känner mig eländig
Hunde|fänger - *m* hundfångare **-flöhen** 0 *n, vard., diese Arbeit ist immerhin besser als ~* det finns jobb som är värre än det här; *es ist zum ~* det är så att man kan bli förtvivlad **-fraß** 0 *m, vard.* uselt käk **-futter** 0 *n* hundfoder **-gespann** -*e n* hundspann **-hütte** -*n f* hundkoja; *bildl.* kyffe
'hunde'kalt *vard.* svinkall
'Hunde|'kälte 0 *f, vard., es ist e-e ~* det är svinkallt **-klosett** -*s el. -e n* hundtoalett **-kuchen** - *m* hundkex **-leben** 0 *n* eländigt liv **-leine** -*n f* [hund]koppel **-loch** -*er† n, vard.* kyffe **-lohn** -*e† m; vard.* svältlön **-marke** -*n f* 1 hundskattemärke 2 *vard.* identitetsbricka; polisbricka
hundemäßig *vard.* urusel **'hunde'müde** *vard.* dödstrött
hundert hundra; *an die ~ Personen* bortåt hundra personer; *da war ich auf ~ (vard.)* då var jag rasande **Hundert 1** -*e n* hundra[de], hundratal; *fünf von (vom) ~* fem procent; *einige ~ Personen* några hundra personer; ~*e von Personen* hundratals personer; *das kann von ~en nur e-r det* är bara en på hundra som kan det; *in die ~e gehen* gå på hundratals kronor (e.d.); *zu ~en* i hundratal 2 -*en f* (*talet*) hundra **Hundertel** - *n, österr.* hundradel **Hunderter** - *m, mat.* hundratal; *vard.* hundralapp **'hunderter'lei** *oböjl. adj* hundra slags; *an ~ denken müssen* behöva tänka på hundratals olika saker **hundertfach** hundrafaldig; *um das H~ egrößer* hundra gånger större **Hundertfünfund'siebziger** - *m, vard.* homofil **hundert'fünfzigprozentig 1** hundra femtioprocentig **2** *vard.* överdriven, fanatisk **Hundert'jahrfeier** -*n f* hundraårs|fest, -jubileum **hundertjährig** hundraårig; *der H~e Krieg (hist.)* hundraårskriget **Hundertjährige(r)** *m f, adj böjn.* hundraåring **hundertkarätig** *vard.* absolut pålitlig **Hundertkilo'metertempo** 0 *n, im ~ a)* med en hastighet av 100 km, *b) vard.* i rasande fart **hundertmal** hundra gånger; hundratals gånger **hundertprozentig** hundraprocentig; *es gefällt mir nicht ~* jag är inte alldeles nöjd med det **Hundertsatz** -*e† m* procentsats **hundertste** hundrade; *kaum der H~* knappt en på hundra; *er kam vom H~n ins Tausendste* när han började berätta tog det aldrig slut **hundertstel** *oböjl. adj* hundra[de]dels **Hundertstel** - *n* hundra[de]del **'hundert'tausend** hundratusen; *H~e von Menschen* hundratusentals människor **'hundertund'eins** hundraett
Hundeschau -*en f* hundutställning **Hundeschnauze** -*n f* hundnos; *kalt wie e-e ~ sein (vard.)* vara kall som is (känslokall), vara fullkomligt oberörd **hundeschnäuzig** *vard.* känslokall; hänsynslös, taktlös
Hunde|sperre -*n f* förbud att låta hundar gå lösa o. utan munkorg **-staupe** 0 *f, veter.* valpsjuka **-steuer** 0 *f* hundskatt **-wache** -*n f, sjö.* hundvakt **-wetter** 0 *n, vard.* hund-, bus|väder **-zucht** 0 *f* hunduppfödning **-zwinger** - *m* kennel, hundgård
Hündin -*nen f* tik, hynda **hündisch 1** hundaktig, krypande, servil; *~e Treue (äv.)* absolut trohet **2** nedrig, elak **Hündlein** - *n, se Hündchen* **Hundsfott** -*e el. -er† m, vard.* usling, fähund **Hundsfötterei** -*en f, vard.* skurkstreck **hundsföttisch** *vard.* fä-, skurk|aktig **'hundsge'mein** *vard.* **1** väldigt elak, gemen, nedrig **2** rå, vulgär **3** *~ kalt* svinkall **'Hundsge'meinheit** 0 *f, vard.* nedrighet, oförskämdhet **hundsmäßig** *vard., e-e ~e Gemeinheit* en nedrighet; *mir ist es ~ schlecht* jag mår jävligt illa **'hundsmise'rabel** *vard.* urusel **'hunds'müde** *vard.* dödstrött **Hundspetersilie** -*n f* vildpersilja **Hundsstern** 0 *m, der ~* Hundstjärnan, Sirius **Hundstage** *pl* rötmånad **Hundsveilchen** - *n* ängsviol **Hundswut** 0 *f, åld.* vattuskräck, rabies **hundswütig** *åld.* rabiessmittad, galen
Hüne -*n m* jätte, bjässe **Hünengestalt** -*en f* kämpagestalt **Hünengrab** -*er† n* jättehög (*forngrav*) **hünenhaft** jätte-, kämpa|lik
Hunger 0 *m* hunger; svält; ~ *haben* vara hungrig; *an (vor) ~ sterben, ~s sterben* dö av hunger, svälta ihjäl; *~ nach (äv.)* åtrå (begär, törst) efter; ~ *ist der beste Koch* hungern är den bästa kryddan **-blockade** -*n f* hungerblockad **-blümchen** - *n,* **-blume** -*n f* nagelört **-jahr** -*e n* nödår **-künstler** - *m* svältkonstnär **-kur** -*en f, med.* svältkur **-leider** - *m, vard.* fattigstackare (sate) **-lohn** -*e† m* svältlön
hunger|n hungra, svälta; *nach Liebe ~* törsta efter kärlek; *mich -t, es -t mich* jag är hungrig; *ein Tier ~ lassen* svältföda ett djur; *sich zu Tode ~* svälta ihjäl **Hungerpfoten** *pl, an den ~ saugen (vard.)* suga på ramarna **Hungerquelle** -*n f* tidvis sinande källa **Hungerration** -*en f* svältranson **Hungersnot** -*e† f* hungersnöd **Hungerstreik** -*s m* hungerstrejk; *in den ~ treten* [börja] hungerstrejka **Hungertod** 0 *m* svältdöd; *den ~ erleiden* dö av hunger **Hungertuch** 0 *n, am ~ nagen*

(vard.) halvsvälta, suga på ramarna **Hungerturm** -e† m, hist. fängelsetorn (där fångarna fick svälta ihjäl) **hungrig** hungrig (nach efter) **Hunne** -n -n m hunn[er]; barbar; bildl. äv. seg människa, människa med järnhälsa **Hunnenkönig** -e m hunnerkonung **hunzen** dial., e-n ~ hunsa [med] ngn, skälla ut ngn **Hupe** -n f signalhorn, tuta **hupen** ge signal, tuta **Hupf** -e m, dial. hopp **Hupfdohle** -n f, vard. dansös **hupfen** s, se hüpfen; es ist gehupft wie gesprungen (vard.) det är hugget som stucket **hüpf|en** s hoppa, skutta; das Herz -t ihm vor Freude hans hjärta spritter av glädje **Hupfer** - m, **Hüpfer** - m litet språng (hopp) **Hüpferling** -e m loppkräfta **Hüpfmaus** -e† f hoppmus
Hupkonzert -e n, vard. häftigt tutande
Hürchen - n, neds. [ung] hora
Hürde -n f 1 sport. hinder; häck; e-e ~ nehmen (bildl.) klara av ett hinder 2 (flyttbart) stängsel (för får e.d.); fålla 3 se 2 Horde **Hürdenlauf** -e† m häcklöpning **Hürdenrennen** - n hinderlöpning
Hure -n f hora, sköka, prostituerad **huren** hora; ligga med horor **Hurenbock** -e† m horbock **Hurenhaus** -er† n bordell **Hurenkind** -er n, typ. horunge **Hurer** - m horbock **Hurerei** -en f hor, otukt
Huri -s f ho[u]ri
hürnen åld. av horn, horn-
hur'ra [äv. '--] interj hurra! **Hurra** -s n hurra[rop]; ein ~ auf e-n ett leve för ngn **Hurrapatriot** -en -en m chauvinist **Hurrapatriotismus** 0 m chauvinism
'**Hurrikan** -e m orkan
hurtig åld. el. dial. hurtig, rask; ~, ~! raska på!
Husar -en -en m husar **Husaren|streich** -e m, -**stück** -e n djärv kupp (handling)
husch interj vips!, bums!; schas!; ~ ins Bettchen! bums i säng! **Husch** 0 m, im (in einem) ~ erledigen (vard.) i ett huj klara av; auf e-n ~ besuchen (vard.) titta in på ett litet tag (i förbifarten) hos **Husche** -n f, dial. regnby, snöby **huschelig** dial. slarvig, flyktig, ytlig **huscheln** dial. **1** slarva ifrån sig **2** s, se huschen **3** rfl, sich in die Kissen ~ krypa ihop bland kuddarna, göra det bekvämt åt sig; sich in den Mantel ~ svepa kappan omkring sig, svepa in sig i kappan **husch|en** s röra sig [snabbt o.] ljudlöst; e-e Libelle -te übers Wasser en slända svävade över vattnet; e-e Schlange -te über den Weg en orm gled över vägen **huschlig** se huschelig
Hüsing -en f **1** sjö. hysing **2** nty. bostad, hem
'**hussa** interj buss [på]!
Hussit -en -en m hussit
hüsteln [-y:-] småhosta, hosta till **hust|en** [-u:-] hosta; ha hosta; der Motor -et (vard.) motorn hackar; auf etw. (ack.) ~ (vard.) strunta i ngt; ich werde dir eins ~ (vard.) det får du allt se dig om efter **Husten** 0 m hosta **Hustenbonbon** -s m n bröstkaramell **Husten|medizin** -en f, -**mittel** - n hostmedicin **Hustenreiz** 0 m retning i halsen **Huster** - m, vard. hostning
1 Hut -e† m hatt; ~ und Mantel (äv.) ytterkläder; ~ ab vor ihm! heder åt honom!; den ~ abnehmen (aufsetzen) ta av (sätta på) sig hatten; mehrere Leute unter e-n ~ bringen (vard.) förena stridiga viljor (olika åsikter, intressen); e-m eins auf den ~ geben (vard.) tillrättavisa (skälla ut) ngn; da geht e-m der ~ hoch (vard.) då tappar man tålamodet (blir man rasande); mit etw. nichts am ~ haben (vard.) inte ha ngt att göra med (inte bry sig om) ngt; den ~ herumgehen lassen låta hatten gå runt; unter e-n ~ kommen (vard.) komma överens, bli ense; etw. aus dem ~ machen (vard.) improvisera (trolla fram) ngt; seinen ~ nehmen müssen vara tvungen att avgå; das ist ein alter ~ (vard.) det är inte precis ngn nyhet (en gammal historia); das kannst du dir an den ~ stecken (vard.) det kan du dra åt skogen med (kan du behålla); an den ~ tippen ta åt hatten (som hälsning); vor e-m den ~ ziehen lyfta på hatten för ngn
2 Hut 0 f vård, [be]skydd; in guter ~ sein vara i goda händer (gott förvar); vor e-m auf der ~ sein vara på sin vakt för ngn
Hutablage -n f hatthylla **Hütchen** - n **1** liten hatt, hätta **2** kapsyl
Hütejunge -n -n m vallpojke **hüten** **1** vakta, passa, skydda; das Bett (Haus) ~ hålla sig i sängen (inomhus); Kinder ~ se efter barn; sich [vor e-m] ~ akta sig [för ngn]; ich werde mich ~, es zu tun (äv.) det skulle inte falla mig in att göra det **2** valla (boskap) **Hüter** - m **1** vaktare, vårdare, beskyddare; ein ~ des Gesetzes en lagens väktare **2** sport. målvakt
Hut|form -en f **1** hattform **2** hattstock -**macher** - m hattmakare -**nadel** -n f hattnål -**pilz** -e m hattsvamp -**schachtel** -n f hattask
Hutsche -n f **1** sty., österr. gunga **2** dial. [fot]pall **hutschen** sty., österr. **1** äv. rfl gunga **2** rfl gå si nväg
Hut|schnur -e† f hattsnodd; das geht [mir] über die ~ (vard.) det går för långt -**ständer** - m hatt|ställ, -pinne
Hütte -n f **1** hydda, koja; ruckel; skjul; stuga (jakt-, i fjällen e.d.); hier laßt uns ~n bauen (vard.) här stannar vi **2** sjö. hytta **3** hytta, bruk **Hütten|arbeiter** - m hytt-, bruks|arbetare -**kunde** 0 f hytt|konst, -kunskap, metallurgi -**mann** -er† m -**männer** m bruks-, hytt|arbetare, -anställd -**werk** -e n hytta, bruk -**werker** - m, se Hüttenarbeiter -**wesen** 0 n hytt-, bruks|drift
Hüttrach 0 n, österr. arsenik
Hutung -en f, **Hutweide** -n f [dålig] betesmark (i sht för får)
Hutzel -n f, dial. **1** torkad frukt (i sht päron) **2** liten skrumpen gumma **3** grankotte **hutzelig** vard. skrumpen, rynkig, skrynklig, vissen **Hutzelmännchen** - n, se Heinzelmännchen **hutzeln** dial. **1** torka **2** s skrumpna, torka **Hutzelweibchen** - n liten skrumpen gumma **hutzlig** se hutzelig
Hutzucker 0 m toppsocker
HwG-Mädchen [ha:ve:'ge:-] - n, sl., förk. för Mädchen mit häufig wechselndem Geschlechtsverkehr **1** (ung.) flicka som ofta byter partner **2** prostituerad
Hyäne -n f hyena (äv. bildl.)
Hyazinth -e m, min. hyacint **Hyazinthe** -n f, bot. hyacint
hybrid hybrid **Hybride** -n f el. -n -n m hybrid **hybridisieren** korsa, hybridisera
Hybris 0 f hybris, övermod
Hydr|a -en f hydra **Hydrant** -en -en m vatten-, brand|post **Hydrat** -e n, kem. hydrat **Hy-'draulik** 0 f hydraulik; hydrauliskt system **hydraulisch** hydraulisk **Hydrazin** -e n, kem.

hydrazin **Hydrid** *-e n, kem.* hydrid **hydrieren** *kem.* hydrera **Hydrierung** *-en f, kem.* hydrering
Hydro|chinon *0 n* hydrokinon **-dynamik** *0 f* hydrodynamik **-lyse** *-n f, kem.* hydrolys **-mechanik** *0 f* hydromekanik **-meter** - *n* vattenmätare **-phor** *-e m* hydrofor **-technik** *0 f* hydro-, vattenbyggnads|teknik **-therapie** *-n f, med.* hydroterapi
Hygiene *0 f* hygien **hygienisch** hygienisk **hygienisieren** *rfl, vard.* tvätta sig, göra sig ren
Hygrometer - *n* hygrometer, fuktighetsmätare **hygroskopisch** *kem.* hygroskopisk
Hymen - *n, äv. m* hymen, mödomshinna
Hymne *-n f,* **Hymn|us** *-en m* hymn **hymnisch** hymn-
Hyperbel *-n f* **1** *mat.* hyperbel **2** hyberbol, överdrift **hyperbolisch 1** *mat.* hyperbelformig **2** hyperbolisk **Hyperboreer** - *m* hyperboré **hyperboreisch** hyperboreisk **hyperkorrekt** hyperkorrekt **hyperkritisch** överdrivet kritisk **hypermodern** hypermodern **hypernervös** hypernervös **Hyperonen** *pl* hyperoner **Hyperonym** *-e n, språkv.* hyperonym **hypersensibel** mycket sensibel (känslig) **Hypertrophie** *-n f* **1** *fysiol.* hypertrofi, förstoring *(av ett organ)* **2** över|drift, -mått
Hypnose *-n f* hypnos **hypnotisch** hypnotisk **Hypnotiseur** [-'zø:g] *-e m* hypnotisör **hypnotisieren** hypnotisera **Hypnotismus** *0 m* hypnotism
Hypochonder [-x-] - *m* hypokonder **Hypochondrie** *0 f* hypokondri **hypochondrisch** hypokondrisk **Hypokrisie** *-n f* hyckleri **Hypokrit** *-en -en m, åld.* hypokrit, hycklare **hypokritisch** *åld.* hycklande **Hyponym** *-e n, språkv.* hyponym **Hypophyse** *-n f, anat.* hypofys **Hypotenuse** *-n f, mat.* hypotenusa **Hypothek** *-en f* **1** hypotek, inteckning; *mit ~en belasten (äv.)* inteckna; *e-e ~ aufnehmen* ta upp ett hypotek **2** *vard.* börda, belastning **Hypothe'kar** *-e m* hypoteksinnehavare **hypothekarisch** som hypotek, hypoteks- **Hypothekenbank** *-en f* hypoteksbank **Hypothekenbrief** *-e m* inteckningsbevis **hypothekenfrei** utan hypotek, hypoteksfri, ej belånad **Hypothekengläubiger** - *m* hypoteksinnehavare
Hypothese *-n f* hypotes, antagande **hypothetisch** hypotetisk
Hysterie *-n f* hysteri **Hysteriker** - *m* hysteriker **hysterisch** hysterisk **hysterisieren** göra hysterisk **Hz** *förk. för Hertz*

I - - *n (bokstav)* i; *das Tüpfelchen (der Punkt) auf dem i* pricken över i
i *interj* usch!; *~ bewahre (wo)! (vard.)* inte alls!, aldrig i livet!

i. *förk. för in, im; Freiburg i. Br.* Freiburg im Breisgau **i.A., I.A.** *förk. för im Auftrag* enligt uppdrag
i'ahen skria *(om åsna)*
I-Ausweis *förk. för Identitätsausweis*
ib[d]. *förk. för ibidem*
I'berer - *m* iber **iberisch** iberisk **Iberoamerikaner** - *m* latinamerikan
ibid. *förk. för ibidem* ibid. **ibidem** ibidem, på samma plats, i förut anförd skrift
Ibis *-se m, zool.* ibis
ich jag; *(gen. meiner, åld. mein* mig; *dat. mir* [åt, till, för] mig; *ack. mich* mig); ~ *bin's* det är jag; ~, *der ~ sie liebe* jag som älskar henne; ~ *Esel!* jag min åsna!; *immer ~!* [det är] alltid jag! *(som får skulden etc.)*; ~ *an deiner Stelle hätte* i ditt ställe hade jag; *mir nichts, dir nichts* helt plötsligt, utan vidare; *von mir aus* för min del, *vard.* gärna för mig; *erbarme dich mein[er]* förbarma dig över mig; *sei mir nicht so eigensinnig!* var inte så egensinnig!; *mir tut die Hand weh* jag har ont i handen; *mir zerbrach das Glas* glaset gick sönder för mig, jag råkade slå sönder glaset; *mir ist kalt* jag fryser; *du bist mir der Rechte (vard.)* du var just den rätte **Ich** -[s] *n* jag; *mein ganzes* ~ hela mitt jag; *sein besseres* ~ hans bättre jag **Ichbewußtsein** *0 n* jagmedvetande **ichbezogen** egocentrisk, jagbetonad **Ichform** *0 f* jagform; *Erzählung in der* ~ berättelse i jagform **Ich-Laut** *-e m* [tyskt] ichljud **Ichsucht** *0 f, högt.* självtiskhet **ichsüchtig** *högt.* självisk
Ichthyologie [-ç-] *0 f* iktyologi
ideal 1 idealisk **2** ideal- **3** ideell **Ideal** *-e n* ideal; *ein ~ von e-m Freund* en idealisk vän **Idealfall** *-e† m* idealfall **idealisieren** idealisera **Idealismus** *0 m* idealism **Idealist** *-en -en m* idealist **idealistisch** idealistisk **Idealkonkurrenz** *0 f, jur.* brottskonkurrens **Ideallösung** *-en f* bästa lösning
Idee *-n f* **1** idé; föreställning, tanke; *e-e fixe* ~ en fix idé; *keine schlechte ~!* det var (är) ingen dålig idé!; *ich habe e-e* ~ *(äv.)* jag vet vad vi *(etc.)* kan göra; *keine ~ von etw. haben* inte ha ngn aning om ngt; *das ist e-e ~ von Schiller (vard.)* det var (är) ett mycket bra förslag **2** aning, smula; *e-e ~ lauter reden* tala en aning högre **ideell** ideell **Ideenassoziation** *-en f* idéassociation **Ideenflucht** *0 f, psykol.* idéflykt **Ideengut** *0 n* idéer, tankar **ideenlos** idéfattig, fantasilös **ideenreich** idérik, fantasifull **Ideenverbindung** *-en f* idéassociation
Iden pl *(i romersk kalender)* die ~ idus
Identifikation *-en f* identifiering; identifikation **identifizieren** identifiera **Identifizierung** *-en f* identifiering **identisch** identisk **Identität** *0 f* identitet **Identitäts|ausweis** *-e m, österr.,* **-karte** *-n f, österr. ung.* identitetskort **Identitätskrise** *-n f* identitetskris
Ideogramm *-e n* ideogram **Ideologe** - *n m* ideolog **Ideologie** *-n f* ideologi **ideologisch** ideologisk **ideologisieren** ge en ideologisk innebörd
Idiolekt *-e m, språkv.* idiolekt **Idiom** *-e n, språkv.* idiom **idiomatisch** *språkv.* idiomatisk **Idiosynkrasie** *-n f* idiosynkrasi **idiosynkratisch** idiosynkratisk, överkänslig **Idiot** *-en m* idiot *(äv. bildl.)* **Idiotenanstalt** *-en f, neds.* dårhus **Idioten|hang** *-e† m, vard.*, **-hügel** - *m, vard.* nybörjarbacke *(för skidåkare)* **idiotensicher** *vard.* idiotsäker **Idiotie**

-n f idioti (äv. bildl.) **Idiotik|on** -a el. -en n dialektlexikon **idiotisch** idiotisk (äv. bildl.) **Idiotism|us** -en m **1** idioti **2** språkv. dialekt-, språk|egenhet
Idol -e n idol **Ido[lo]latrie** 0 f avgudadyrkan
Idyll -e n idyll **Idylle** -n f, litt., konst. idyll **idyllisch** idyllisk
I G förk. för a) Industriegewerkschaft, b) (i firmanamn) Interessengemeinschaft 2
Igel - m **1** igelkott; bildl. motspänstig person **2** lantbr. drillharv **3** (slags) chokladtårta (m. mandelpiggar) **Igelstachel** -n m **1** igelkottstagg **2** vard. cocktailpinne
i'gitt interj usch!
Iglu -s m n iglo[o]
Igno'rant [-gn-] -en -en m ignorant, okunnig människa **Ignoranz** 0 f okunnighet **ignorieren** ignorera
IHK förk. för Industrie- und Handelskammer
Ihle -n -n m [mager, dålig] sill
ihm se er, 1 es; ich drückte ~ die Hand jag tryckte hans (dess) hand **ihn** se er **ihnen** se sie 2; I~, se Sie I **ihr** pron **I** pers. **1** se sie 1 **2** 2 pers. pl ni; (gen. euer er; dat. euch [åt, till, för] er; ack. euch er; Ihr Lieben! (i brev) Kära Ni! **3** Ihr (åld., i tilltal) Ni **4** gen. pl av sie, åld., ~ aller Leben allas deras liv **II** poss. **1** (ägaren är fem. sg; för böjn. jfr mein) hennes, sin, dess; Ihre Majestät hennes majestät; der Ihre hennes man; die Ihren hennes anhöriga; sie hat ~en Zug verpaßt hon missade sitt tåg; ich lese in ~em Buch jag läser i hennes bok; das ist nicht mein Kind, sondern ~[e]s det är inte mitt barn utan hennes **2** (ägaren är pl) deras, sin; Eltern mit ~en Kindern föräldrar med sina barn; das sind nicht unsere Kinder, sondern ~e det är inte våra barn utan deras **3** Ihr (ägaren el. ägarna tilltalas m. Sie) Er; ist das I~e Pfeife, Herr Professor? är det professorns pipa?; mit freundlichen Grüßen Ihre Hertha Berger med vänliga hälsningar Er Hertha Berger; wir freuen uns über Ihr zahlreiches Erscheinen vi är glada över den stora anslutningen; das ist seine Angelegenheit und nicht die Ihre det är hans sak och inte Er **ihrer** pers. pron, se sie 1, 2; I~, se Sie I; wir gedenken ~ vi tänker på henne (dem) **'ihrer'seits 1** för hennes (dess, deras, sin) del, å hennes (etc.) sida **2** I~ för Er del, å Er sida **'ihres'gleichen** oböjl. pron **1** hennes (dess, deras, sin) like, hennes (dess, deras, sina) likar, en sådan (sådana) som hon (de) **2** I~ Er like, Era likar, en sådan (sådana) som Ni **'ihret'|halben, -'wegen 1** för hennes (dess, deras, sin) skull **2** I~ för Er skull **'ihret'willen** um ~, se ihrethalben **ihrig** se ihr II **Ihro** oböjl. pron., åld. Ers, Deras, Hans, Hennes **ihrzen** tilltala med "Ihr" (se ihr I 3)
i.J. förk. för im Jahre år
Ikone -n f ikon **Ikonographie** 0 f ikonografi **Ikonoklast** -en -en m ikonoklast
Ikt|us -us el. -en m, versl. iktus, tonvikt
i.L. förk. för in Liquidation i likvidation
Ilex 0 f järnek
Iliade 0 f, die ~ Iliaden **'Ilias** 0 f, se Iliade
'illegal illegal **Illegali'tät** 0 f [äv. '-----] illegalitet **'illegitim** illegitim **Illegitimi'tät** 0 f [äv. '------] illegitimitet **'illiberal** illiberal **Illiberali'tät** 0 f [äv. '------] illiberalitet, trångsynthet **illoyal** ['ɪloaja:l] illojal
Illumination -en f illumination; festbelysning **illuminieren** illuminera, eklärera

Illusion -en f illusion; darüber mache ich mir keine ~en det gör jag mig inga illusioner om **illusionistisch** illusionistisk; ~es Bühnenbild scenbild med perspektivisk djupverkan **illusorisch 1** illusorisk; skenbar **2** gagnlös **illuster** illuster **Illustration** -en f illustration **Illus'trator** -en m illustratör **illustrieren** illustrera **Illustrierte** f, adj. böjn. (äv. zwei ~n) veckotidning
Iltis -se m iller
im = in dem
I.M. förk. för a) Ihre Majestät, b) Innere Mission
Image ['ɪmɪtʃ, -dʒ] -s n image, bild, framtoning **imaginabel** [-g-] tänkbar **imaginär** [-g-] imaginär, skenbar
Imam -e el. -s m imam
imbezil[l] imbecill **Imbezillität** 0 f imbecillitet
Imbi|ß -sse m lätt måltid, mellanmål, matbit **Imbiß|halle** -n f, **-stube** -n f, ung. [snack]bar, servering
Imitation -en f imitation **Imi'tator** -en m imitatör **imitieren** imitera
Imker - m biodlare, biskötare **Imkerei** -en f biodling, biskötsel **imkern** bedriva biodling **immanent** immanent, inneboende; etw. (dat.) ~ sein (äv.) höra till ngt
Immatrikulation -en f, univ. inskrivning **immatrikulieren** univ. inskriva; sich ~ skriva in sig (an +dat. vid)
Imme -n f, poet. bi
Immediat|eingabe -n f, **-gesuch** -e n ansökan direkt till högsta myndighet (statsöverhuvud)
im'mens ofantlig; ~es Glück haben (vard.) ha en fantastisk tur **immensurabel** omätbar
immer 1 alltid, ständigt, jämt; ~ dasselbe alltid samma sak; ~ noch, noch ~ fortfarande; sie ist doch ~ noch deine Mutter hon är ju i alla fall din mamma; ~ wenn er kommt (äv.) varje gång han kommer; ~ wieder om o. om igen; für ~, ~ und ewig för alltid (all framtid); mach es wie ~ gör som du brukar **2** allt; es wird ~ dunkler det blir allt mörkare **3** i sänder, i taget; sie nahm ~ zwei Treppenstufen auf einmal hon tog två trappsteg i taget **4** än, också; was ~ sie gesagt haben mag vad hon än har sagt; wo ~ var än, var som helst **5** bara; so schnell ich ~ konnte så fort jag bara kunde; so viel du ~ magst så mycket du bara orkar **6** vard., laß sie nur ~ kommen låt henne (dem) bara komma; was treibst du denn ~? vad har du för dig nu för tiden?; ~ langsam voran! ta det bara lugnt!; geh schon ~ voraus, ich komme nach gå i förväg du, jag kommer efter **'immer'dar** för alltid (all framtid) **'immer'fort** oavbrutet, i ett **immergrün** vintergrön **Immergrün** -e n, bot. vintergröna **'immer'hin** åtminstone; i alla fall, trots allt; mag es ~ spät werden även om det blir sent **'immer-'während** [be]ständig, evinnerlig; ~er Kalender evighetskalender **'immer'zu** vard. i ett (kör), ständigt, jämt, i tid o. otid
Immigrant -en -en m immigrant, invandrare **Immigration** -en f immigration, invandring **immigrieren** s immigrera, invandra **imminent** hotande, [nära] förestående **Immission** -en f immission
'immobil [äv. --'-] 0 f orörlig **2** icke på krigsfot **Immobiliarkredit** -e m lån mot säkerhet i fast egendom **Immobilien** pl fast egendom **Immobilienhändler** - m fastighetsmäklare

Immobilismus *0 m* orörlighet 'immoralisch [*äv.* --'--] omoralisk **Immortelle** *-n f, bot.* eternell, evighetsblomma
immun immun **immunisieren** immunisera **Immunität** *0 f* immunitet (*äv. jur.*)
Impedanz *-en f, elektr.* impedans
'**Imperativ** [*äv.* ---'-] *-e m, språkv., filos.* imperativ **Imperator** *-en m* imperator, kejsare **imperatorisch** imperatorisk; myndig
Imperfekt *-e n, språkv.*, **Imperfekt|um** *-a n, språkv.* imperfektum
Imperialismus *0 m* imperialism **Imperialist** *-en -en m* imperialist **imperialistisch** imperialistisk **Imperi|um** *-en n* imperium
impertinent impertinent, näsvis **Impertinenz** *0 f* impertinens, näsvishet
Impetus *0 m* motivation, impuls; fart, schvung
Impfausweis *-e m* vaccinationsintyg **impfen** ympa (*äv. trädg.*), vaccinera; *geimpft werden* (*äv.*) bli indoktrinerad; *ich muß sie noch* ~ (*vard.*) jag måste först tala om för henne hur hon ska göra
Impf|ling *-e m* person som skall vaccineras; vaccinerad person -**pflicht** *0 f* vaccinationsplikt -**reis** *-er n* ympkvist -**schein** *-e m* vaccinationsintyg -**stoff** *-e m* vaccin, ympämne -**ung** *-en f* vaccination, ympning -**zeugnis** *-se n* vaccinationsintyg -**zwang** *0 m* vaccinationstvång
Implantat *-e n, med.* implantat **Implantation** *-en f, med.* implantation **implantieren** *med.* implantera
implizieren implicera **implizit** *adv* implicit im'plizite *adv* implicit
implodieren *s, fys.* implodera **Implosion** *-en f, fys.* implosion
Impondera'bilien *pl* imponerabilier, ovägbara faktorer **imponieren** imponera (*e-m* på ngn) **Imponiergehabe** *0 n, das ist* ~ (*bildl.*) det är för att imponera (göra intryck)
Import *-e m* import, införsel **Importbeschränkung** *-en f* importrestriktion **Importe** *-n f* 1 *pl* importvaror 2 importcigarr **Importeur** [-pɔr'tø:g] *-e m* importör **importieren** importera, införa **Importstopp** *0 m* importstopp **Importüberschu|ß** *-sse*† *m* importöverskott **Importverbot** *-e n* importförbud **Importware** *-n f* importvara
imposant imposant, imponerande
'**impotent** [*äv.* --'-] **1** impotent **2** oduglig **Impotenz** *0 f* **1** impotens **2** oduglighet, oförmåga
imprägnieren [-gn-] impregnera, indränka **imprakti'kabel** [*äv.* '-----] ej praktikabel, ogenomförbar
Impresar|io *-ios el. -i el. -ien m* impres[s]ario
Impression *-en f* [sinnes]intryck **Impressionismus** *0 m* impressionism **Impressionist** *-en -en m* impressionist **impressionistisch** impressionistisk **Im'press|um** *-en n,* [ruta med] tryckort, tryckär o. förläggarens (boktryckarens) namn (*i bok*); redaktionell ruta (*i tidning*) **impri'matur** *typ.* imprimatur, får tryckas **Impri'matur** *0 n, typ.* imprimatur, tryckningstillstånd
Impromptu [ɛ̃prɔ̃'ty:] *-s n, mus.* impromptu
Improvisation [-v-] *-en f* improvisation **Improvi'sator** *-en m* improvisatör **improvisieren** improvisera **Improvisierung** *-en f* improvisation
Impuls *-e m* impuls **impulsiv** impulsiv
im'stande ~ *sein, etw. zu tun* vara i stånd att göra ngt; *er ist* ~ *und sagt es weiter* (*vard.*) han kan mycket väl föra det vidare; *dazu bin ich nicht* ~ det är jag inte i stånd till
1 in [ɪn] *prep m. dat. vid befintl., m. ack. vid riktn.* (*im* = *in dem; ins* = *in das*) **1** *rumsbet. i,* in i, på, till, in till; ~*s Buch schauen* titta i boken; ~ *einiger Entfernung stehen* stå på något avstånd; ~ *Hörweite* inom hörhåll; *im Hotel wohnen* bo på hotell; ~ *den Keller gehen* gå ner i källaren; ~*s Kino gehen* gå på bio; *im Krankenhaus liegen* ligga på sjukhus; ~ *e-e Partei eintreten* gå in i ett parti; *Mitglied* ~ *e-r Partei sein* vara medlem i ett parti; *den Mantel* ~ *den Schrank hängen* hänga in i rocken i skåpet; *nach Stockholm* ~ *die Schule fahren* åka till skolan i Stockholm; ~*s Schwedische übersetzen* översätta till svenska; ~ *die Schweiz reisen* resa till Schweiz; ~ *der Schweiz sein* vara i Schweiz; ~ *die Stadt fahren* åka in till stan; ~ *Stockholm ankommen* komma fram (anlända) till Stockholm; ~ *Stockholm sein* vara i Stockholm; *willkommen* ~ *Stockholm* välkommen till Stockholm; ~ *der Pillweinstraße wohnen* bo på Pillweinstraße; ~ *e-r Wohngemeinschaft wohnen* bo i kollektiv; *im Zentrum wohnen* bo i centrum **2** *tidsbet.* inom, på, under, i, om; *im Augenblick* för ögonblicket; *im August* i augusti; *im Herbst* på hösten, om hösten, i höst, i höstas; *erst im Herbst* först till hösten; *diese Arbeit wird sich bis* ~ *den Herbst hineinziehen* det här arbetet kommer inte att vara färdigt förrän i höst; *im Jahre 1984* [år] *1984*; *zweimal im Jahr* två gånger om året; ~ *1984* (*vard.*) 1984; ~ *diesem Jahr* i år; *im nächsten Jahr* nästa år; ~ *den achtziger Jahren des 19. Jahrhunderts* på 1880-talet; ~ *der Nacht sind alle Katzen grau* om natten är alla katter grå; *bis tief* ~ *die Nacht* till långt fram på natten; [*heute*] ~ *acht Tagen* [i dag] om åtta dagar; *ich habe diese Arbeit* ~ *einigen Tagen geschafft a*) jag har klarat av det här arbetet om några dagar, *b*) jag klarade av det här arbetet på några dagar; *das Wetter wird* ~ *den nächsten Tagen schön werden* vädret blir säkert fint [under] de närmaste dagarna; *das kann man* ~ *e-r Woche nicht schaffen* det kan man inte klara av inom (på) en vecka **3** (*annan bet.*) *im Bedarfsfalle* vid behov; ~ *Büchern handeln* handla med böcker; ~ *Deutsch verfaßt* skriven på tyska; ~ *der Hoffnung, schlafen zu können* i hopp om att kunna sova; *das brachte die Lawine* ~*s Rollen* detta satte lavinen i rullning; ~ *Stiefeln gehen* gå i stövlar; *sich* ~ *e-n verlieben* förälska sig i ngn; *seine Freude verwandelte sich* ~ *großen Kummer* hans glädje förvandlades till stor sorg; *e-e neue Gesellschaft ist im Werden* ett nytt samhälle är i vardande (håller på att växa fram)
2 in [ɪn] *vard.*, ~ *sein* vara inne (modern)
'**inadäquat** [*äv.* ---'-] inadekvat '**inakkurat** [*äv.* ---'-] inexakt '**inaktiv** [*äv.* --'-] inaktiv; *mil.* ej i aktiv tjänst **inaktivieren** [-v-] göra overksam; pensionera '**inakzeptabel** [*äv.* ---'--] oantagbar, oacceptabel
In'angriffnahme *0 f* igångsättande, påbörjande; *bei* ~ *der Arbeit* när arbetet ska påbörjas [de]s **In'anspruchnahme** *0 f* ianspråktagande, anlitande; *durch zu häufige* ~ (*äv.*) genom att alltför ofta tas i anspråk (anlitas); *infolge starker* ~ (*äv.*) till följd av en stor arbetsbörda

'**inartikuliert** [äv. ----'-] oartikulerad
In'augenscheinnahme 0 f skärskådande, [kritisk] granskning
Inauguraldissertation -en f doktorsavhandling **Inauguration** -en f [högtidlig] installation **inaugurieren** [högtidligen] installera; införa; österr. inviga
Inbegriff 0 m inbegrepp **inbegriffen** inbegripen, medräknad
Inbe'sitznahme -n f besittningstagande **Inbe'triebnahme** -n f idrifttagande; driftstart; öppnande **Inbe'triebsetzung** -en f start[ande], igångsättande
Inbrunst 0 f innerlighet, lidelse, [inre] glöd; mit ~ beten (arbeiten) lidelsefullt bedja (arbeta) **inbrünstig** innerlig, lidelsefull, brinnande
incl. förk. för inclusive = inklusive
indefi'nit [äv. '----] språkv. indefinit **Indefinitpronom|en** -en el. -ina n, språkv., **Indefi-'nit|um** -a n, språkv. åld. indefinit pronomen
'**indeklinabel** [äv. ---'--] språkv. oböjlig '**indelikat** [äv. ---'-] ofin, taktlös
in'dem I konj **1** under det att, medan, när **2** genom att **II** adv under tiden
Indemnisation -en f skadestånd, ersättning **Indemnität** 0 f indemnitet
Inder - m indier
in'des, in'dessen I konj **1** under det att, medan **2** medan däremot **II** adv **1** under tiden **2** däremot, emellertid, dock
indetermi'niert [äv. '-----] obestämd; obeslutsam **Indeterminismus** 0 m, filos. indeterminism
In|dex 1 -dexe el. -dizes m index; register **2** -dexe m, kat., ein Buch auf den ~ setzen sätta en bok på index (svarta listan), förbjuda en bok **Indexlohn** -e† m indexlön **Indexzahl** -en f indextal
'**indezent** [äv. --'-] taktlös, ofin, opassande **Indezenz** -en f brist på takt[känsla], taktlöshet
Indianer - m indian **Indianerkrapfen** - m, österr. (slags) chokladglaserad gräddbakelse **Indianersommer** - m indiansommar **indianisch** indiansk **Indianist** -en -en m indian|-kännare, -forskare
'**Indier** - m, åld. indier
'**indifferent** [äv. ---'-] indifferent; liknöjd; obestämd **Indifferenz** 0 f indifferens; likgiltighet
Indignation [-gn-] 0 f indignation **indignier|en** förtörna; -t indignerad
Indigo 0 m n indigo
Indikation -en f, med. indikation '**Indikativ** -e m, språkv. indikativ '**indikativisch** [äv. ---'--; -v-] språkv. indikativisk **Indikator** -en m, tekn. indikator '**indirekt** [äv. --'-] indirekt, medelbar
indisch indisk; ~e Vogelnester (kokk.) kinesiska svalbon
'**indiskret** [äv. --'-] indiskret, taktlös, närgången, ogrannlaga **Indiskretion** -en f, e-e ~ begehen göra sig skyldig till en indiskretion (en indiskret handling) '**indiskutabel** [äv. ---'--] otänkbar, ej värd att övervägas '**indispensabel** [äv. ---'--] oumbärlig '**indisponiert** [äv. ---'-] indisponerad (om sångare); inte upplagd, opasslig '**Indisposition** [äv. -----'-] 0 f indisposition, opasslighet '**indisputabel** [äv. ---'--] odisputabel '**Indisziplin** [äv. ----'-] 0 f brist på disciplin '**indiszipliniert** [äv. ----'-] odisciplinerad

Individualisation [-v-] -en f individualisering **individualisieren** individualisera **Individualismus** 0 m individualism **Individualist** -en -en m individualist **individualistisch** individualistisk **Individualität** -en f individualitet **Individualverkehr** 0 m privatbilism **individuell** individuell **Individu|um** -en n individ; verdächtiges ~ (vard.) skum individ (typ, figur)
In'diz -ien n indicium '**Indizes** pl av Index **indizieren 1** indikera, peka på **2** kat. sätta på index, förbjuda (bok) **Indizi|um** -en n indicium
indochinesisch indokinesisk **Indoeuropäer** - m indoeuropé **Indogermane** -n -n m indoeuropé **indogermanisch** ~e Sprachen indoeuropeiska språk
Indoktrination -en f indoktrinering **indoktrinieren** indoktrinera
'**indolent** [äv. --'-] indolent (äv. med.) **Indolenz** 0 f indolens
Indologe -n -n m indolog **Indonesier** - m indonesier **indonesisch** indonesisk **indopa-'zifisch** der ~e Raum området kring Indiska oceanen o. Stilla havet
Indossament -e n endossement **Indossant** -en -en m endossent **indossieren** endossera
Induktanz 0 f, elektr. induktans **Induktion** -en f elektr., filos. induktion **induk'tiv** [äv. '---] elektr., filos. induktiv
indul'gent överseende **Indul'genz** -en f överseende; eftergivenhet; eftergift (av straff); kat. avlat
industrialisieren industrialisera **Industrialisierung** 0 f industrialisering **Industrialismus** 0 m industrialism
Industrie -n f industri **-anlage** -n f industrianläggning **-arbeiter** - m industriarbetare **-bahn** -en f industribana **-gebiet** -e n, **-ge-lände** - n industriområde **-gewerkschaft** -en f industriarbetarförbund **-kapitän** -e m, vard. industripamp
industriell industriell; ~er Betrieb (äv.) industriföretag **Industrielle(r)** m f, adj böjn. industri|man, -idkare, -företagare
Industrie|nation -en f, se Industriestaat **-papiere** pl industriaktier **-pflanzen** pl industriväxter (t. ex. sockerbetor) **-staat** -en m industri|stat, -land **-- und Handelskammer** -n f handelskammare **-verband** -e† m industriförbund
induzieren elektr., filos. inducera
'**ineffektiv** [äv. ---'-] '**ineffiziert** '**ineffizient** [äv. ---'-] verkningslös, ineffektiv; olönsam '**Ineffizienz** [äv. ---'-] -en f ineffektivitet; olönsamhet
inein'ander i varandra (vartannat); ~ aufgehen gå upp i varandra, smälta samman **-fügen** foga samman (ihop) **-greifen** st gripa in i varandra **-laufen** st s flyta i varandra **-passen** passa in i varandra **-schieben** st skjuta in i varandra
inert inert; overksam, slapp '**inessentiell** [äv. ----'-] oväsentlig '**inexakt** [äv. --'-] inexakt
infam infam, gemen, nedrig **Infamie** -n f gemenhet, nedrighet, ärelöshet
Infanterie -n f infanteri **Infanterist** -en -en m infanterist **infanteristisch** infanteri- **infantil** infantil
Infarkt -e m, med. infarkt **Infekt** -e m, med. infektion[ssjukdom] **Infektion** -en f infektion **infektiös** infektiös, infektions- **Inferiorität**

infernalisch—inkompetent 312

0 f mindervärdighet; underlägsenhet; underordnad ställning
infernalisch infernalisk **Inferno** *0 n* inferno
Infight ['ínfa̱it] *-s m,* **Infighting** *-s n, boxn.* närkamp
Infiltration *-en f* infiltration; inträngande **infiltrieren** infiltrera; tränga in i
infi'nit [*äv.* '---] *språkv.* infinit **Infinitesi'malrechnung** *-en f* infinitesimalkalkyl '**Infinitiv** [*äv.* ---'-] *-e m, språkv.* infinitiv
infizieren *med.* infektera; *sich bei e-m ~* smittas av ngn
in fla'granti på bar gärning
Inflation *-en f* inflation **inflationär, inflationistisch** inflationistisk; inflatorisk **inflationshemmend** inflationshämmande **Inflationsrate** *-n f* inflation[stakt] **inflationstreibend** inflationsdrivande, inflatorisk **inflatorisch** *se inflationär*
'**inflexibel** [*äv.* --'--] inte böjbar; oböjlig (*äv. språkv.*); inflexibel
Influenz *-en f, elektr. o. bildl.* influens; inverkan **Influenza** *0 f, åld.* influensa
Info *-s n, vard.* skriftligt meddelande, info
in'folge I *prep m. gen.* till följd av, på grund av; *~ Vertragsabschluß* på grund av att ett avtal har (hade) träffats **II** *adv, ~ von Straßenglätte* på grund av hal vägbana **infolge'dessen** till följd (på grund) därav (härav), därför, av det skälet
Informant *-en -en m***1** sagesman **2** *språkv.* informant **Information** *-en f* information, upplysning (*über* +*ack.* om); *~en einholen* inhämta upplysningar **Informationsbank** *-en f* databank **Informationsbesuch** *-e m* studiebesök **Informationsfluß** *0 m* informationsflöde **Informationsreise** *-n f* studieresa **Informationsstand** *-e† m* **1** information[sdisk] **2** *sein ~ war niedrig* han var dåligt informerad **Informator** *-en m* **1** informator, person som lämnar upplysningar **2** *åld.* informator **informatorisch** informativ, upplysande **informieren** **1** informera, upplysa (*über* + *ack.* om) **2** *rfl* informera sig, göra sig underrättad, inhämta upplysningar (*über* + *ack.* om)
Infragrill *-s m* infragrill '**infrarot** infraröd '**Infrarot** *0 n* infrarött '**Infrarotbestrahlung** [*äv.* --'----] *-en f, med.* bestrålning med infraröda strålar '**Infrarotgrill** [*äv.* --'--] *-s m* infragrill '**Infraschall** *0 m* infraljud **Infrastruktur** *-en f* infrastruktur
Infusion *-en f, med.* infusion **Infusionstierchen** *- n* infusionsdjur **Infusorienerde** *0 f* kiselgur, infusoriejord
Ing. *förk. för Ingenieur* ing., ingenjör
In'ganghaltung *0 f, die ~ der Produktion* upprätthållandet av produktionen; *zur ~ der Maschine* (*ung.*) för att hålla maskinen i gång **In'gangsetzung** *0 f* igångsättning, start; *die ~ der Maschine* (*äv.*) när maskinen startas (startades) **Inge'brauchnahme** *0 f* tagande i bruk; *bei der ~* när den (det *etc.*) tas (togs) i bruk
Ingenieur [ɪnʒe'niø:ɐ̯] *-e m* ingenjör **-bau 1** *0 m* ingenjörskonst **2** *-ten m* ingenjörsarbete **-büro** *-s n* ingenjörs-, konsult|firma
ingeniös [-ng-] sinnrik; uppfinningsrik **Ingeniosität** *0 f* uppfinningsrikedom **Ingeni|um** *-en n* ingenium, begåvning, geni
ingezüchtet inavlad

In'grediens *Ingredi'enzien n,* **Ingredi'enz** *-en f* ingrediens
In'gre|ß *-sse m, åld.* in-, till|träde
Ingrimm *0 m* [dov] vrede, [intensiv] förbittring **ingrimmig** förbittrad, sjudande av [undertryckt] vrede
Ingwer *0 m* ingefära; ingefärslikör
Inh. *förk. för Inhaber* **Inhaber** *- m* innehavare; *~ e-s Rekords* rekordhållare **Inhaberpapier** *-e n* innehavarpapper; handling ställd på innehavaren
inhaftieren anhålla; sätta i häkte **Inhaftierung** *-en f* anhållande; häktning
Inhalation *-en f, med.* inhalation **inhalieren 1** *med.* inhalera; *vard.* dra halsbloss **2** *skämts.* äta, dricka (*sprit*)
Inhalt *-e m* innehåll; rymd, volym **inhaltlich** vad innehållet beträffar, i fråga om innehållet **Inhaltsangabe** *-n f* innehålls|uppgift, -deklaration, -redogörelse
inhalt[s]|arm innehållsfattig; *bildl. äv.* intetsägande **-leer, -los** innehållslös **-reich** innehållsrik **-schwer** innehållsdiger **Inhaltsverzeichnis** *-se n* innehållsförteckning **inhalt[s]voll** innehållsrik
inhä'rent inherent, ingående i (*ngts*) väsen **inhibieren** *åld.* förhindra **Inhibierung** *-en f, åld.,* **Inhibition** *-en f, åld.* hinder; förbud '**inhomogen** [*äv.* ---'-] icke homogen '**inhuman** [*äv.* --'-] inhuman, omänsklig **Inhumanität** *0 f* inhumanitet, omänsklighet
Initial *-e n,* **Initialbuchstabe** *-n*[*s*] *-n m,* **Initiale** *-n f* initial, anfang, begynnelsebokstav **Initiant** *-en -en m* initiativtagare **Initiation** *-en f* initiation, invigning **Initiative** [-v-] *-n f* **1** initiativ; *auf ~ des Chefs* på initiativ av chefen; *aus eigener ~* på eget initiativ **2** *parl.* initiativ[rätt] **3** *se Bürgerinitiative* **Initiativgruppe** [-f-] *-n f* aktionsgrupp **Initiativrecht** *0 n* initiativrätt **Initiator** *-en m* initiativtagare **initiieren 1** initiera, ta initiativ till **2** initiera, inviga
Injektion *-en f* injektion **Injektor** *-en m, tekn.* injektor **injizieren** injicera, ge en injektion **injungieren** [-ŋg-] *åld.* ålägga, föreskriva
Injurie *-en f* ärekränkning, injurie
Inka *-*[*s*] *m* inka
inkar'nat *åld. konst.* köttfärgad **Inkarnation** *-en f* inkarnation, förkroppsligande **Inkarnatklee** *0 m* blodklöver **inkarniert** inkarnerad **Inkass|o** *-os, österr. -i n* inkasso, inkassering, indrivning **Inkassobüro** *-s n* indrivningsbyrå **Inkassogebühr** *-en f* inkasserings-, indrivnings|avgift
inkl. *förk. för inklusive*
Inklination *-en f* inklination; böjelse; *fys. äv.* lutning[svinkel] **inklinieren** inklinera; luta (*zu* åt)
inklusive [-və] **I** *prep m. gen.* inklusive; *~ des Honorars* inklusive honoraret; *~ Trinkgeld* inklusive dricks[pengar] **II** *adv,* bis Mai *~* t.o.m. maj
inkognito [-gn-] inkognito **Inkognito** *-s n* inkognito; *das ~ lüften* (*wahren*) avslöja (bevara) sitt inkognito
'**inkohärent** [*äv.* ---'-] inkoherent, osammanhängande
In'kohlung *0 f, geol.* förkolning
inkommensurabel inkommensurabel, ojämförbar
inkommodieren *åld.* besvära
'**inkompetent** [*äv.* ---'-] inkompetent; obehö-

rig **Inkompetenz** *-en f* inkompetens; obehörighet '**inkonsequent** [*äv.* ---'-] inkonsekvent **Inkonsequenz** *-en f* inkonsekvens '**inkonsistent** [*äv.* ---'-] obeständig; inkonsekvent '**Inkontinenz** [*äv.* ---'-] *0 f, med.* inkontinens '**inkonvenient** [*äv.* ---'-] **1** otillständig, opassande, oläglig **2** obekväm **Inkonvenienz** *-en f* **1** otillbörlighet, oläglighet **2** obekvämhet **Inkorporation** *-en f* inkorporering, införlivande **inkorporieren** inkorporera, införliva '**inkorrekt** [*äv.* --'-] inkorrekt, felaktig **Inkorrektheit** *-en f* inkorrekthet, felaktighet **In'kraft|setzen** *0 n,* **-setzung** *0 f, bei ~ des Gesetzes* när lagen sätts (sattes) i kraft **-treten** *0 n, Tag des ~s* dag för ikraftträdandet, den dag då det (den *etc.*) träder (trädde) i kraft **Inkreis** *-e m* inskriven cirkel **inkriminieren** anklaga, beskylla **Inkrustation** *-en f, geol. o. konst.* inkrustation **inkrustieren** *geol. o. konst.* inkrustera **Inkubation** *-en f* inkubation **Inkubationszeit** *-en f* inkubationstid **Inkubator** *-en m* **1** kuvös **2** apparat för odling av bakterier '**Inkulanz** [*äv.* --'-] *0 f, hand.* bristande tillmötesgående **Inkunabel** *-n f* inkunabel '**inkurabel** [*äv.* --'--] *med.* som ej går att bota, obotlig **Inland** *0 n* inland *mots. utland; im ~ inlands; im ~ hergestellt* (*ung.*) inhemsk tillverkning; *im In- und Ausland* inom- o. utomlands **Inlandeis** *0 n* inlandsis **Inländer** *- m* infödd **inländisch** inländsk, inhemsk, inrikes; *~er Verkehr* inrikestrafik **Inlandsabsatz** *0 m* avsättning på hemmamarknaden **Inlandsgeschäft** *-e n* affär inom landet **Inlandsmarkt** *0 m* hemmamarknad **Inlandsporto** *-s n* inrikesporto **Inlaut** *-e m,* språkv. inljud **inlautend** *språkv.* i inljud **Inlett** *-e n* bolster-, kudd|var; bolstertyg **inliegend** inneliggande **in'mitten** *prep m. gen.* mitt i (bland) **inne|haben** *oreg.* inneha **-halten** *st* **1** iaktta, efterleva; *die Grenzen des guten Geschmacks ~* hålla sig inom gränserna för god smak **2** *in* (*mit*) *der Arbeit ~* upphöra med (hejda sig i) arbetet, sluta arbeta
innen in[ut]i, invändigt, på insidan; *nach ~* [*zu, hinein*] inåt; *von ~* [*heraus*] utåt, inifrån; *~ und außen* utan o. innan
Innen|ansicht *-en f* interiör, inomhusbild **-anstrich** *-e m* inomhusmålning **-antenne** *-n f* inomhusantenn **-architekt** *-en -en m* [hem]inredningsarkitekt **-architektur** *0 f* interiörarkitektur; heminredning **-ausstattung** *-en f* inredning **-bahn** *-en f, sport.* innerbana **-dienst** *0 m, ~ haben* arbeta på sitt kontor (sin institution *e.d.*) (*mots. t. på fältet*) **-durchmesser** *- m* inre diameter, innerdiameter **-einrichtung** *-en f* [rums]inredning **-fläche** *-n f* inre yta **-leben** *0 n* inre liv **-leitung** *-en f, elektr.* inomhusledning **-ministerium** *-en n* inrikes|ministerium, -departement **-politik** *0 f* inrikespolitik
innenpolitisch inrikespolitisk
Innen|seite *-n f* in[ner]sida; avigsida; *die ~ nach außen* avigan (avigsidan) utåt; *auf der ~ der Tasse* (*des Stoffes*) på koppens insida (tygets avigsida) **-stadt** *0 f* innerstad, centrum, city **-stürmer** *- m, sport.* inner **-wand** *-e† f* innervägg **-welt** *0 f* inre värld **-winkel** *- m* inre vinkel
inner (*alltid böjt*) inre, invärtes, inner-; *~e Abteilung* (*Station*) avdelning för invärtesmedicin

(*på sjukhus*); *~e Angelegenheiten* inre (inrikespolitiska) angelägenheter; *~er Durchmesser* invändig diameter; *~e Medizin* invärtesmedicin; *etw. für den ~en Menschen tun* (*vard.*) sörja för det lekamliga välbefinnandet **Innerasien** *0 n* Centralasien **innerbetrieblich** intern, inom företaget (firman) **innerdeutsch** **1** inom Tyskland, inhemsk **2** *der ~e Handel* handeln mellan BRD o. DDR **innerdienstlich** intern, som hör till tjänsten **Innereien** *pl* inälvor **Innere(s)** *n, adj böjn., das Innere* det inre; *Minister des Inneren* inrikesminister; *e-m sein Inneres öffnen* öppna sitt innersta för ngn; *im Inneren denkt er anders* i själ o. hjärta tänker han annorlunda
innerhalb I *prep m. gen.* (*el. m. dat.* när *gen.* *ej klart framträder*) inom, innanför, in[ut]i; *~ des Möglichen* inom det möjligas gränser; *~ der Schären* inomskärs; *~ 10 Tagen* inom 10 dagar; *~ dreier Tage, ~ drei Tagen* inom tre dagar **II** *adv* in[ut]i; *~ von drei Tagen* inom tre dagar
innerlich invärtes, inre; inåtvänd, eftertänksam; *zur ~en Anwendung* för invärtes bruk; *~ betroffen* träffad i sitt (hans *etc.*) inre (innersta); *~ lachen* (*äv.*) skratta i smyg; *~ veranlagt* (*äv.*) introspektiv[t lagd] **Innerlichkeit** *0 f* själsligt djup **innerpolitisch** inrikespolitisk **innersekretorisch** inresekretorisk **innerstaatlich** inomstatlig, inrikespolitisk **Innerste(s)** *n, adj böjn., das Innerste* det innersta, den innersta delen; *bis ins Innerste vordringen* (*äv.*) tränga längst in (*i landet e.d.*); *er ist im Innersten gekränkt* han är kränkt i sitt innersta
innervieren *med.* innervera; *bildl.* stimulera **inne|sein** *oreg. s, e-r Sache* (*gen.*) *~* vara med-' veten om ngt **-werden** *st s* bli medveten (*etw. gen.* om ngt) **-wohnen** *etw.* (*dat.*) *~* finnas (vara inneboende) i ngt; *die dieser Bewegung ~den Gedanken* de tankar som präglar (tankarna bakom) denna rörelse
innig innerlig, hjärtlig, varm, intim; *~er Wunsch* (*äv.*) uppriktig önskan; *aufs ~ste wünschen* innerligt önska; *~ lieben* (*äv.*) högt älska **Innigkeit** *0 f* innerlighet **inniglich** *poet.* innerlig
Innovation [-v-] *-en f* innovation
Innung *-en f, ung.* skrå, hantverksgille; *er blamiert die ganze ~* (*vard.*) han skämmer ut hela bunten (allesammans, hela familjen *etc.*) **Innungskrankenkasse** *-n f, ung.* frivillig sjukförsäkringskassa för hantverkare (*e.d.*) **Innungsmeister** *- m* ordförande i hantverksgille **Innungswesen** *0 n* skråväsen
'**inoffensiv** [*äv.* ---'-] inoffensiv '**inoffiziell** [*äv.* ---'-] inofficiell
Inokulation *-en f* vaccination; *bot.* ympning, inokulering **inokulieren** vaccinera; *bot.* ympa, inokulera
'**inoperabel** [*äv.* ---'--] *med.* som ej går att operera
'**inopportun** [*äv.* ---'-] inopportun, oläglig, olämplig **Inopportunität** *0 f* olämplighet, olämplighet
in petto *vard., etw. ~ haben* ha ngt i bakfickan (på hjärtat) **in praxi** i praktiken **in puncto** *~ Kleidung* vad klädseln beträffar, i fråga om klädseln; *~ puncti* vad kyskheten beträffar
Input ['ɪnpʊt] *-s m, äv. n* **1** insats (tillförsel) av råvaror (produkter *e.d.*) **2** databeh. *a)* input, in[gångs]data, *b)* inmatning

inquirieren förhöra; undersöka; utforska **Inquisition** -en f inkvisition **Inquisitor** -en m inkvisitor **inquisitorisch** inkvisitorisk
ins = in das
Insasse -n -n m**1** passagerare, resenär **2** die ~n des Altersheimes de som bor på ålderdomshemmet; die ~n des Mietshauses de som bor i huset, hyresgästerna; die ~n des Gefängnisses fångarna, internerna
insbe'sond[e]re särskilt, i synnerhet
Inschrift -en f inskrift **inschriftlich** som (genom) inskrift; inskrifts-
In'sekt -en n insekt
In'sekten|forscher - m entomolog, insekt[s]|-kännare, -forskare **-fresser** - m insekt[s]ätare **-gift** -e n insekt[s]gift **-kunde** 0 f entomologi **-pulver** - n insekt[s]pulver **-staat** -en m insekt[s]samhälle **-stich** -e m insekt[s]bett **-vertilgungsmittel** - n insektsbekämpningsmedel
Insektizid -e n insekticid, insektsbekämpningsmedel
Insel -n f **1** ö **2** refug[e] **Inselbahnhof** -e† m järnvägsstation (med spår på båda sidor) **Inselberg** -e m ensamt berg **Inselbewohner** - m öbo **inselförmig** öformad **Inselland** -er† n örike
Insemination -en f insemination
'**insensibel** [äv. --'--] med. okänslig
Inse'rat -e n annons; ein ~ aufgeben sätta in en annons **Inseratenteil** -e m annons|sida, -sidor **Inserent** -en -en m annonsör **inserieren** annonsera **Insertion** -en f **1** annonsering **2** bot. o. med. insertionsställe
insge'heim i hemlighet (smyg) **insge'samt** åld., **insge'samt** tillsammans, inalles
Insiegel - n **1** åld. insegel **2** jakt. spår (av älg-, hjort|djur e.d.)
Insignien ['zıgniən] pl insignier **insimulieren** åld. [grundlöst] anklaga, misstänkliggöra **insinuieren 1** insinuera **2** rfl smickra in sig **insistieren** insistera **inskribieren** österr. skriva in sig (an + dat. vid) **Inskription** -en f **1** inskrift **2** österr. inskrivning
insofern I [-'--] adv i så måtto, såtillvida **II** [--'-] konj såtillvida som, försåvitt, såvida, i den mån som
'**insolvent** [äv. --'-] insolvent **Insolvenz** -en f insolvens
in'sonderheit åld. i synnerhet **insoweit I** [-'--] adv, se insofern I **II** [--'-] konj, se insofern II
Inspekteur [-spɛk'tø:ɐ̯] -e m inspektör **Inspektion** -en f inspektion **In'spektor** -en m **1** inspektör **2** inspek'tor **3** [polis]kommissarie
Inspiration [-sp-] -en f inspiration **Inspi'rator** -en m inspiratör **inspirieren** inspirera
Inspizient -en -en m, teat. e.d. inspicient **inspizieren** inspektera
Installateur [-stala'tø:ɐ̯] -e m installatör, montör **Installation** -en f installation **installieren** installera (äv. i ämbete); inmontera **in'stand** i [gott] stånd (skick); ~ halten hålla i [gott] stånd (skick), underhålla; ~ setzen sätta i stånd, rusta upp, reparera; e-n ~ setzen, zu möjliggöra för ngn att **Instandhaltung** 0 f underhåll
inständig enträgen; ~ bitten (äv.) bönfalla **Inständigkeit** 0 f enträgenhet
Instand|setzung 0 f, **-stellung** 0 f, schweiz. iståndsättning, upprustning, reparation, iordningställande
Instanz [-st-] -en f instans **Instanzenweg** 0 m tjänsteväg

Instillation [-st-] -en f, med. instillation **instillieren** med. instillera
Instinkt [-'st-] -e m instinkt; aus ~ (äv.) instinktivt; die niedrigsten ~e de lägsta drifterna; ~ in e-r (für e-e) Sache haben ha en instinktiv känsla för en sak **instinktiv** instinktiv **instinktlos** omdömeslös, klumpig **instinktsicher** med omdöme, omdömesgill
instituieren [-st-] in-, upp|rätta, etablera **Institut** -e n institut; univ. institution **Institution 1** 0 f installation (i ämbete e.d.) **2** -en f institution **institutionalisieren 1** institutionalisera **2** rfl bli till en institution, utbilda (etablera) sig **institutionell** institutionell; institutions-
Inst|mann [-st-] -leute m, åld. statare
instruieren [-st-] instruera **Instruktion** -en f instruktion **instruktionsgemäß** enligt instruktion **instruktiv** instruktiv
Instrument [-st-] -e n instrument; ein ~ der Macht ett maktens redskap **instrumental** instrument|al, -ell **Instrumentalbegleitung** -en f ackompanjemang (av sång etc.) på [ett] instrument **Instrumentar** -e n, **Instrumentari|um** -en n instrumentarium, [vetenskaplig] instrumentutrustning, [alla] behövliga instrument; samtliga [musik]instrument
Instrumenten|brett -er n instrumentbräde **-flug** -e† m instrument-, blind|flygning **-macher** - m instrumentmakare **-tafel** -n f instrumentbord
instrumentieren [-st-] instrumentera
Insubordination -en f insubordination[sbrott]
'**Insuffizienz** [äv. ---'-] -en f otillräcklighet; med., jur. insufficiens
Insulaner - m öbo **insular** insulär
Insulin 0 n insulin
Insurgent -en -en m insurgent, upprorsmakare **Insurrektion** -en f uppror, insurrektion
inszenieren inscenera, iscensätta, sätta upp; regissera; e-n Skandal ~ ställa till med en skandal **Inszenierung** -en f inscenering
intakt intakt, oskadad
Intarsi|a -en f, **Intarsie** -n f intarsia, inläggning **intarsieren** göra inläggningar
in'teger oförvitlig **Integral** -e n integral **Integralrechnung** -en f integral|räkning, -kalkyl **Integration** -en f integration **integrierbar** som kan integreras **integrieren** integrera **Integrität** 0 f integritet; oförvitlighet
Intellekt 0 m intellekt **Intellektualismus** 0 m intellektualism **intellektuell** intellektuell **Intellektuelle(r)** m f, adj böjn. intellektuell **intelligent** intelligent **Intelligenz** 0 f **1** intelligens **2** intelligent[s]ia **Intelligenzler** - m, neds. intellektuell **Intelligenz|prüfung** -en f, se Intelligenztest **-quotient** -en -en m intelligenskvot **Intelligenztest** -e el. -s m intelligens|test, -undersökning
Intendant -en -en m **1** mil. intendent **2** teater-, radio-, TV-|chef **Intendantur** -en f **1** mil. intendentur **2** se Intendanz **Intendanz** -en f teater-, radio-, TV-|chefs ämbete (ämbetslokaler); teater-, radio-, TV-|styrelse **intendieren** ha för avsikt, sträva efter **Intensität** 0 f intensitet **intensiv** intensiv **intensivieren** [-v-] intensi|fiera, -vera **Intensivierung** [-v-] 0 f intensi|fiering, -vering **Intensiv[pflege]station** -en f intensiv[vårds]avdelning **Intention** -en f intention, avsikt **intentional** avsiktlig, målinriktad **intentionieren** ha för avsikt

Interaktion *0 f* interaktion **interalliiert** interallierad; ~*e Spannungen* spänningar mellan de allierade **Intercityzug** -*e*† *m, ung.* expresståg **Interdikt** -*e n, kat.* interdikt **Interdiktion** -*en f, åld.* förbud **interdisziplinär** tvärvetenskaplig **interessant** intressant; *sich* ~ *machen (äv.)* göra sig märkvärdig; *jetzt wird's erst* ~! nu börjar det bli spännande! **Interesse** -*n n* intresse *(für* för; *an* + *dat.* i, för); ~ *an etw. (dat.) haben (äv.)* vara intresserad av ngt; *im* ~ *jds (äv.)* till förmån för ngn **interesselos** utan intresse **Interessengebiet** -*e n* intresseområde **Interessengemeinschaft** -*en f* **1** intressegemenskap **2** syndikat, kartell **Interessengruppe** -*n f* intresseorganisation; *polit.* påtryckningsgrupp **interessenlos** som saknar intressen **Interessensphäre** -*n f* intressesfär **Interessent** -*en* -*en m* intressent; spekulant **Interessenverband** -*e*† *m, se Interessengruppe* **interessier|en** intressera; *e-n an e-r (für e-e) Sache* ~ intressera ngn för ngt; *sich fürs Theater* ~ *(äv.)* vara teaterintresserad; *sportlich* -*t sein* vara idrottsintresserad; *daran bin ich nicht* -*t* det intresserar mig inte **Interferenz** -*en f* interferens **interferieren** interferera **interfraktionell** ~*e Beratungen* överläggningar mellan riksdagsgrupper[na] (parlamentsgrupper[na]) **intergalaktisch** intergalaktisk **interglazial** mellan istiderna, interglacial **Interieur** [ěte'rjø:g] -*e el.* -*s n* interiör 'Interim -*s n* provisorium; mellan-, övergångs|tid **interimistisch** interimistisk **Interimsaktie** -*n f* interims-, tecknings|bevis [på aktie] **Interimslösung** -*en f* provisorisk lösning, lösning tills vidare **Interimsregierung** -*en f* interimsregering **Interimsschein** -*e m, se Interimsaktie* **Interjektion** -*en f, språkv.* interjektion **interkantonal** *schweiz.* mellan kantonerna **interkonfessionell** ~*e Zusammenarbeit* samarbete mellan konfessionerna (olika konfessioner) **interkontinental** interkontinental **Interkontinentalrakete** -*n f* interkontinentalrobot **Interläden** *pl, se Intershop* **Interlockmaschine** -*n f, text.* interlockmaskin **Interludi|um** -*en n, mus.* mellanspel **intermediär** intermediär, mellanliggande **Intermezz|o** -*os el.* -*i n* intermezzo **intermittierend** intermittent, periodvis återkommande, ojämn **intern** intern; *med.* invärtes **Interna** *pl av Internum* **Internat** -*e n* internat[skola] **international** internationell **Internationale** -*n f, polit.* international; *die* ~ internationalen *(sång)* **international|e(r)** *m f, adj böjn., sport.* landslags|spelare, -man **internationalisieren** internationalisera **Internationalisierung** -*en f* internationalisering **Internationalismus** *0 m* internationalism **Internationalität** *0 f* internationalitet, överstatlighet **Interne(r)** *m f, adj böjn.* internselev **internieren** internera; isolera *(sjuk person)* **Internierte(r)** *m f, adj böjn.* internerad person, intern **Internierungslager** - *n* internatingslager **Internist** -*en* -*en m* **1** invärtesläkare **2** *åld.* internatselev **Intern|um** -*a n* intern angelägenhet **interparlamentarisch** interparlamentarisk **Interpellant** -*en* -*en m* interpellant **Interpellation** -*en f* interpellation **interpellieren** interpellera

interplanetar[isch] interplanetarisk **Interpolation** -*en f, mat.* interpol|ation, -ering **interpolieren** interpolera **Inter'pret** -*en* -*en m* [ut]tolkare; tolk **interpretieren** interpretera, förklara, tolka **interpunktieren** *språkv.* interpunktera **Interpunktion** -*en f, språkv.* interpunktion **Interregn|um** [-rɛgn-] -*en el.* -*a n* interregnum **interroga'tiv** *språkv.* interrogativ **Interroga'tiv** -*e n,* -**pronom|en** -*en el.* -*ina n,* **Interroga'tiv|um** [-v-] -*a n, språkv.* interrogativt pronomen **Interruptus** *0 m, vard.* coitus interruptus **intersexuell** med drag av båda könen **Inter|shop** -*shops el.* -*läden m, DDR* affär där in- o. utländska [kvalitets]varor säljs mot västvaluta **interterritorial** mellanstatlig **interurban** interurban **Intervall** [-v-] -*e n* intervall **intervenieren** [-v-] intervenera **Intervent** -*en* -*en m* person (makt) som intervenerar **Intervention** -*en f* intervention **Interview** [ɪnte'vju:, *äv.* '----] -*s n* intervju **inter'viewen** [*äv.* '-----] intervjua **Interviewer** - *m* intervjuare **Interviewte(r)** *m f, adj böjn., der Interviewte* den intervjuade **Interzession** -*en f* övertagande av skuldförbindelse, borgen **interzonal** interzonal, interzon-; mellan [ockupations]zonerna [i Tyskland] *(efter 1945)*; mellan BRD o. DDR **Interzonenabkommen** - *n* avtal mellan ockupationszonerna (mellan BRD o. DDR) **Interzonenverkehr** *0 m* trafik mellan ockupationszonerna (BRD o. DDR) **Inthroni|sation** -*en f,* -**sierung** -*en f* upphöjande på tronen; installation *(av påve, biskop e.d.)* **intim** intim; nära; ~*er Freund* nära vän; ~*e Hygiene* intimhygien; ~*er Kenner* verklig kännare; ~*e Kenntnisse* grundliga (djupgående) kunskaper; *seine* ~*sten Wünsche* hans innersta (hemligaste) önskningar; *mit e-m* ~ *werden (sein)* ha intimt (sexuellt) umgänge m. ngn **Intim|bereich** -*e m* **1** underliv **2** *se Intimsphäre* -**feind** -*e m, ung.* ärkefiende -**hygiene** *0 f* intimhygien -**ität** -*en f* intimitet, förtrolighet -**kenner** - *m* verklig (grundlig) kännare -**leben** *0 n* sexualliv -**massage** -*n f* "toppmassage" *(masturbation e.d.)* -**sphäre** -*n f* privatliv; inre liv 'Intim|us -*i m* nära vän **Intimverkehr** *0 m, mit e-m* ~ *haben* ha sexuellt umgänge med ngn **'intolerant** [*äv.* ---'-] intolerant **Intoleranz** *0 f* intolerans **Intonation** -*en f, mus., fonet.* intonation **intonieren** *mus., fonet.* intonera **Intoxikation** -*en f, med.* intoxikation, förgiftning **Intransigenz** *0 f* omedgörlighet, intransigens **intransitiv** *språkv.* intransitiv **Intransi|tiv** -*tive n,* -**tivum** [-v-] -*tiva n, språkv.* intransitivt verb **intravenös** [-v-] intravenös **intrigant** intrigant **Intrigant** -*en* -*en m* intrigör, intrigmakare **Intrige** -*n f* intrig **intrigieren** intrigera **intrikat** *åld.* intrikat **Introduktion** -*en f* introduktion **introduzieren** introducera **Introspektion** [-sp-] -*en f* introspektion **introvertiert** [-v-] introvert **Intuition** -*en f* intuition **intuitiv** intuitiv **intus** *vard., etw.* ~ *haben* ha fått i sig (ätit, druckit) ngt; *e-e Aufgabe* ~ *haben* kunna (ha förstått) en läxa; *er hat e-n* ~ han är i gasen, han har tagit sig en jäkel **invadieren** [-v-] invadera

invalid[e] [-v-] invalidiserad **Invalide** -n -n m invalid **Invalidenrente** -n f invalidpension **Invalidenversicherung** -en f invaliditetsförsäkring **Invalidität** 0 f invaliditet
Invar [-v-] 0 n, kem. invar '**invariabel** [äv. --'--] invariabel, oföränderlig **Invariante** -n f, matem. oföränderlig storhet
Invasion [-v-] -en f invasion **Invasor** -en m inkräktare, erövrare
Invektive [ɪnvɛk'tiːvə] -n f invektiv, smädelse
Inven'tar [-v-] -e n inventarium; hand. inventarieförteckning; lebendes ~ levande inventarier (djur); ein ~ aufnehmen (hand.) inventera; zum lebenden ~ gehören (vard.) vara ett gammalt inventarium **Inventar|aufnahme** -n f, **-isation** -en f inventering **inventarisieren** inventera **inventieren** åld. **1** uppfinna **2** inventera **Invention** -en f, åld. uppfinning **Inventur** -en f inventering **Inventur[aus]verkauf** -e† m lagergallring, inventeringsrealisation
Inversion [-v-] -en f inversion; omkastning, omvändning; omvänd ordföljd
Invertebrat [-v-] -en -en m, zool. invertebrat, ryggradslöst djur **invertieren** invertera
investieren [-v-] **1** investera **2** installera (i ämbete) **Investierung** -en f, **Investition** -en f investering **Investitionsgüter** pl, hand. fast realkapital, produktionsmedel **Investitionshilfe** -n f investeringsstöd **Investitionslenkung** -en f investeringsstyrning **Investitionsplanung** -en f investeringsplanering **Investitur** -en f investitur, installation (i ämbete) **Investmentgesellschaft** -en f investmentbolag
in vino veritas i vinet [är, ligger] sanningen
invisibel ['ɪnvi-, äv. --'--] osynlig
Invokation [-v-] -en f invokation, åkallan **Invo'kavit** [-v- -v-] 0 m, [der Sonntag] ~ första söndagen i fastan **involvieren** [-v- -v-] involvera, dra med sig
inwärts inåt **inwendig** invändig; på insidan, inuti; der ~e Mensch (bildl.) den inre människan; in- und auswendig können kunna utan o. innan **inwie|'fern, -'weit** i vilken (vad) mån **Inwohner** - m **1** österr. hyresgäst **2** åld. invånare
In'zahlungnahme 0 f, wir bieten Ihnen die ~ Ihres alten Wagens (ung.) vi tar Er gamla bil i inbyte **Inzest** -e m incest **Inzision** -en f, med. incision, insnitt **Inzucht** 0 f inavel **in'zwischen** under [mellan]tiden; sedan dess
IOK förk. för Internationales Olympisches Komitee Internationella olympiska kommittén
Ion [i̯oː] n el. 'iːɔn] -en ['i̯oːnən] n jon **Ionisation** [i̯o-] -en f jonisering
ionisch ['i̯oː-] jonisk
ionisieren [i̯o-] jonisera **Ionosphäre** 0 f jonosfär
Iota ['i̯oːta] -s n jota
Ipsation -en f onani
I-Punkt -e m prick över i; etw. bis auf den [letzten] ~ ausführen (klären) utföra ngt till punkt o. pricka (grundligt klara upp ngt)
IQ [iː'kuː, äv. aɪ'kjuː] -[s] m, förk. för Intelligenzquotient IQ **i.R.** förk. för im Ruhestand pensionerad
I'rak [äv. '--] 0 m, [der] ~ Irak **Iraker** - m iraker **irakisch** irakisk **Iran** 0 m, [der] ~ Iran **Iran[i]er** - m iran **iranisch** iransk
irden av [bränd] lera, ler-; ~es Geschirr lergods **Irden|geschirr** -e n, -ware -n f lergods

irdisch jordisk; av denna världen; die ~en Freuden denna världens fröjder; e-n der ~en Gerechtigkeit überantworten överlämna ngn åt rättvisan; den Weg alles I~en gehen dö; das ~e Dasein jordelivet
Ire -n -n m irländare
'**irgend** över huvud taget, som helst, alls, bara; ~ jemand någon [som helst]; er hat ~ etw. gesagt han sa någonting; ~ so ein Kerl (vard.) en sån där karl, något slags karl; wenn ich ~ kann om jag på ngt sätt (över huvud taget, bara) kan; so schnell wie ~ möglich så fort som det någonsin går (det bara är möjligt) -'**ein** (fören. ~, ~e, ~; självst. ~er, ~e, ~es) någon [som helst]; ~ Buch (äv.) vilken bok som helst; besteht ~e Hoffnung? finns det ngt [som helst] hopp? -**ein'mal, -'wann** någon gång, förr eller senare; när som helst -'**was** vard., se irgend (etw.) -'**welch|er** (-e, -es) någon, vilken som helst; -e Geschäfte något slags affärer; ohne -e Absichten utan några som helst avsikter -'**wer** (gen. -wessen, dat. -wem, ack. -wen) [över huvud taget] någon; sie ist nicht ~ hon är inte vem som helst -'**wie** på ett eller annat (något) sätt -'**wo** någonstans, på något ställe -**wo'her** någonstans ifrån -**wo'hin** någonstans, vart som helst, till något ställe -**wor'an** på något [vad det vara månde]
Irin -nen f irländska (kvinna)
Iris - f, anat. o. bot. iris -**blende** -n f, foto. irisbländare
irisch irländsk **Irisch** -[s] 0 n iriska [språket]; jfr Deutsch
irisieren irisera, skifta i regnbågens färger
Irland 0 n Irland **Irländer** - m irländare **irländisch** irländsk
Ironie 0 f ironi **Ironiker** - m ironiker **ironisch** ironisk **ironisieren** ironisera (etw. över ngt)
irr se irre
'**irrational** [äv. ---'-] irrationell (äv. mat.) '**irrationell** [äv. ---'-] irrationell
irre 1 [sinnes]|förvirrad, -rubbad, galen; an e-m ~ werden bli osäker på (inte veta var man har) ngn, förlora tilltron till ngn; ~ vor Angst sein vara från vettet av rädsla; wie ein I~r arbeiten (vard.) arbeta som en galning **2** vard. otrolig, fantastisk; vansinnig; das ist ja ~! det är ju inte klokt!; e-e ~ Hitze en jäkla värme; ~ heiß vansinnigt varm; ~ spannend jättespännande **Irre** 0 f villospår; in die ~ führen vilseleda; in die ~ gehen gå vilse, ta miste
'**irreal** [äv. --'-] irreal **Irreali'tät** 0 f overklighet
irrefahren st s fara (köra, åka) vilse **irreführen** vilse-, miss|leda, förvilla; sich leicht ~ lassen vara lättlurad (lätt att lura); ~de Angaben vilseledande (missvisande) uppgifter **Irreführung** 0 f vilseledande **irregehen** st s gå vilse; bildl. missta sig
'**irregulär** [äv. ---'-] irregulär
irreleiten leda vilse; vilse|leda, -föra
irrelevant ['ɪrelevant, äv. ---'-] irrelevant
irremachen för|villa, -virra; du hast mich irregemacht (vard. äv.) du har virrat bort mig; das macht mich an ihm irre det får mig att tvivla på honom **irr|en 1** s irra [omkring] **2** missta sig, ta (ha) fel; der Vergleich -t jämförelsen haltar; I~ ist menschlich det är mänskligt att fela **3** rfl missta sig, ta (ha) fel, räkna

fel; *wenn ich mich nicht -e* om jag inte misstar mig; *sich in der Person ~ ta* fel på person; *ich habe mich in ihm geirrt* jag har misstagit mig på honom **Irrenanstalt** *-en f* hospital; *vard.* dårhus **Irrenarzt** *-e†* m psykiater **Irrenhaus** *-er† n, se Irrenanstalt* **Irrenhäusler** *- m, vard.* dårhushjon **Irre(r)** *m f, adj böjn.* sinnesförvirrad person, galning; dåre **irrereden** yra, tala förvirrat **Irresein** *0 n* sinnesförvirring, vansinne
'**irresolut** [*äv.* ---'-] obeslutsam, tveksam, obestämd
Irrfahrt *-en f* irrfärd **Irrgang** *-e†* m irrgång **Irrgarten** *-† m* labyrint **Irrglaube** *-ns 0 m* vantro **irrgläubig** icke rättrogen **Irrgläubige(r)** *m f, adj böjn.* icke rättrogen [person] **irrig** oriktig, felaktig; *es ist ~, anzunehmen* det är felaktigt att anta; *~e Auffassung* (*äv.*) missuppfattning
Irrigation *-en f* **1** irrigation, konstbevattning **2** *med.* sköljning; lavemang **Irrigator** *-en m, med.* irrigator, sköljkanna
'**irriger'weise** av misstag
irritieren irritera
Irrläufer *- m* skrivelse (tjänsteärende, försändelse) på avvägar (som kommit fel) **Irrlehre** *-n f* irrlära **Irrlicht** *-er n* irrbloss **irrlicht|elieren** *-elierte,* geirrlichteliert, *-ern -erte, geirrlichtert* fladdra som ett irrbloss, röra sig [ljudlöst] av o. an **Irr|nis** *-se f, åld.,* **-sal** *-e n, poet.* räcka av misstag, förvirring **Irrsinn** *0 m* vanvett **irrsinnig** vanvettig; *er ist ~ geworden* han har blivit galen; ~ *teuer* (*vard.*) vansinnigt dyr **Irrtum** *-er† m* misstag, villfarelse; *e-n ~ begehen* begå (göra) ett misstag; *sich als ~ erweisen* visa sig vara ett misstag; *im ~ sein* missta sig, ha fel **irrtümlich** felaktig, oriktig; av misstag; *~ war ich der Meinung* (*äv.*) jag hade fel när jag trodde '**irrtümlicher'weise** av misstag **Irrung** *-en f, poet.* förvillelse **Irrwahn** *0 m* vantro **Irrweg** *-e m* villoväg; *auf ~e geraten* (*äv.*) råka på avvägar **Irrwisch** *-e m* irrbloss; *bildl.* hoppetossa, vildbasare
isabell|farben, -farbig isabell[a]färgad
Ischialgie [ɪsçi̯al'gi:] *0 f,* **Ischias** ['ɪʃi̯as *el.* 'ɪsçi̯as] *0 m n, med. f* ischias
Isegrim 1 *0 m* (*i djurfabel*) [Mäster] Gråben **2** *-e m bildl.* brumbjörn
Is'lam [*äv.* '--] *0 m* islam **islamisch** islamisk, islamistisk **Islamit** *-en -en m* muhammedan, muslim **islamitisch** *se islamisch*
Island *0 n* Island **Isländer** *- m* islänning **isländisch** isländsk **Isländisch** *0 n* isländska [språket]; *jfr Deutsch*
Ism|us *-en m, neds.* ism, [ytterlighets]riktning
Isobare *-n f* isobar
Isolation *-en f* isol|ation, -ering **Isolationismus** *0 m* isolationism **Isolationist** *-en -en m* isolationist **isolationistisch** isolationistisk **Isolationshaft** *0 f* fängsligt förvar i isoleringscell **Isolator** *-en m* isolator **Isolierband** *-er† n* isoleringsband **isolieren** isolera **Isolier|haft** *0 f, se Isolationshaft* **-kanne** *-n f* termoskanna **-material** *-ien n* isolations-, isolerings|material **-station** *-en f* isoleringsavdelning **-stoff** *-e m* isoleringsämne **-ung** *-en f* isolering **-zange** *-n f* isolerad tång **-zelle** *-n f* isoleringscell
Iso|merie *0 f* isomeri **-metrie** *0 f* isometri **-morphie** *0 f* isomorfi **-therme** *-n f* isoterm **-top** *-e n* isotop

isozyklisch isocyklisk
Israeli *-s m* israel **israelisch** israelisk **Israelit** *-en -en m* israelit **israelitisch** israelitisk
ist *se 1 seiñ* **Ist-Aufkommen** *- n* faktiska skatteintäkter **Ist-Bestand** *-e† m* verklig kassabehållning (tillgång [på vara])
Isth|mus *-men m* näs; *der ~* Korintiska näset **Ist-Stärke** *-n f, mil.* verkligt antal
'**Itaker** *- m, neds.* italienare **Italer** *- m, hist.* italer **Italien** *0 n* Italien **Italiener** *- m* italienare **italienisch** italiensk **Italienisch** *-[s] 0 n* italienska [språket]; *jfr Deutsch*
item *adv, vard.,* ~, *ich kann es nicht* kort sagt, jag kan det inte; ~ *möchte ich hervorheben* vidare skulle jag vilja påpeka **Item** *-s n* **1** [ytterligare] punkt **2** detalj, beståndsdel **3** uppgift
Iteration *-en f* iteration, upprepning **iterativ** iterativ
I-Tüpfelchen *- n* prick över i; *jfr I-punkt* **I-Tüpfel-Reiter** *- m, österr.* pedant
Itzig *-e m, neds.* jude **itzo, itzt** *åld.* nu
i.V., I.V. *förk. för a) in Vollmacht* enligt fullmakt, *b) in Vertretung* enligt (på) uppdrag
'**Iwan** *-s m, vard.* ryss

J [jɔt, *österr.* je:] **1** - - *n* j (*bokstav*) **2** *förk. för Joule* **J.** *förk. för Jahr*[*e*]
ja 1 ja, jo, jaha!; *willst du nicht?* — ~*!* vill du inte? — jo!; *ich glaube ~* det tror jag; *er nicht, ich ~* inte han men jag; *aber* (*o*) ~*!,* ~ *freilich* (*gewiß, natürlich)!* ja (jo) visst!; *nun* (*na*) ~ nåja; *wenn ~, dann tust du* (*ung.*) om så är fallet, då gör du; ~ *hör mal!* hör på nu!; *er schätzt,* ~ *liebt sie* han uppskattar, ja till och med älskar henne; ~ *sagen* (*äv.*) jaka **2** ju; *das ist es ~!* det är ju[st] det!; *das ist ~ nicht so schlimm* det är ju inte så farligt **3** beton. för all del, för allt i världen; *tu das ~ nicht!* gör det för allt i världen inte!; *damit es ~ alle hören* så att alla verkligen får höra det; *sei ~ still!* nu är du så god o. håller dig tyst! **4** ~, *weißt du denn nicht ...?* vet du faktiskt inte ...?; *du bleibst doch noch ein bißchen,* ~*?* du stannar väl en stund till, eller hur? **Ja** *-*[*s*] *-*[*s*] *n* ja; *mit ~ antworten* (*stimmen*) svara (rösta) ja; *das ~ sprechen* säga ja (*vid vigsel e.d.*)
Jabo *-s m, förk. för Jagdbomber* jaktbomb-, attackflyg|plan
Jabot [ʒa'bo:] *-s n* jabot, halskrås
jach *åld. för jäh*
Jacht *-en f* jakt **-klub** *-s m* segel|sällskap, -klubb
Jacke *-n f* jacka; kofta; *e-m die ~ vollügen* (*vard.*) proppa ngn full med lögner; *e-m die ~ vollhauen* (*vard.*) ge ngn stryk; *das ist ~ wie Hose* (*vard.*) det är hugget som stucket; *e-e warme ~* (*vard. äv.*) en konjak; *sich* (*dat.*) *die*

~ **begießen** (*vard. äv.*) supa sig full; *aus der ~ gehen* (*vard.*) brusa upp
Jäckel - *m, vard.* dumbom
Jackenkleid -*er n* klänning med jacka, dräktklänning
Jacketkrone ['dʒɛkɪt-] -*n f* jacketkrona
Jackett [ʒa'kɛt] ˇ-*s el.* -*e n* blazer, kavaj; *e-n unter das ~ brausen* (*vard.*) ta sig en öl (sup)
Jacquard [ʒa'ka:r] -*s m* jacquard[tyg]
Jade ['ja:də] *0 m, äv. f, min.* jade
Jagd [-a:-] -*en f* **1** jakt; jaktmark; jakträtt; *auf e-n ~ machen* förfölja ngn; *~ nach Gold* (*dem Glück*) jakt efter guld (lyckan); *hohe ~* högvilt[s]jakt; *niedere ~* jakt på småvilt; *auf die ~ gehen* gå på jakt; *die ~ geht auf* jaktsäsongen börjar; *auf etw.* (*ack.*) *~ machen* anställa jakt på ngt **2** *das ist e-e ~!* (*vard.*) ett sånt jäkt! **jagdbar** jaktbar, lovlig **jagdberechtigt** *ung.* som innehar jakträtt
Jagd|bezirk -*e m* jaktmark **-bomber** - *m* jaktbombplan, attackflygplan **-falke** -*n* -*n m* jaktfalk **-flieger** - *m* jaktflygare **-flugzeug** -*e n* jaktflygplan **-folge** *0 f* rätt att förfölja skadskjutet djur in på annans jaktmark **-frevel** - *m* olaga (olovlig) jakt
jagdgerecht jägarmässig
Jagd|gerechtigkeit -*en f* jakträtt **-geschwader** - *n* jaktplaneskader **-gewehr** -*e n* jaktgevär **-gründe** *pl, in die ewigen ~ eingehen* (*vard.*) gå till de sälla jaktmarkerna **-haus** -*er*† *n* jaktstuga **-herr** -[*e*]*n* -*en m* jakträttsinnehavare **-panzer** - *m* pansarfordon (*m. pansarvärnskanon*) **-pa|ß** -*sse*† *m, se Jagdschein* **-rennen** - *n* steeplechase **-schein** -*e m* jaktlicens (*efter avlagt jaktprov*); *e-n* (*den*) *~ haben* (*vard.*) vara femfemma **-schutz** *0 m* **1** jaktvård **2** *mil.* jaktplaneskort; *unter ~ fliegen* ha jaktplaneskort **-staffel** -*n f* jaktplansdivision **-stock** -*e*† *m,* **-stuhl** -*e*† *m* jaktstol **-waffe** *0 f* jaktflyg **-zeug** -*e n* jaktutrustning (*i sht för klappjakt*)
jag|en *n* jaga; förfölja; driva, hetsa; *Elche ~ jaga älg; ein Ereignis -t das andere* händelserna inträffar slag i slag; *wie gejagt lief er davon* han sprang därifrån som om han hade eld i baken; *damit kannst du mich ~* (*vard. ung.*) det är det värsta jag vet; *aus dem Bett ~* köra upp ur sängen; *e-n aus dem Dienst ~* ge ngn sparken; *e-m das Messer durch die Brust ~* stöta kniven i bröstet på ngn; *sein Geld durch die Gurgel* (*Kehle*) *~* (*vard.*) dricka (supa) upp sina pengar; *sich* (*dat.*) *e-e Kugel durch den Kopf ~* skjuta sig en kula för pannan; *in die Flucht ~* jaga på flykten; *den Ball ins Netz ~* (*sport.*) skjuta [bollen i] mål; *e-n in den Tod ~* driva ngn i döden **2** *nach Ruhm ~* jaga (fika) efter åra **3** *s* jaga, rusa, jäkta; *die Wolken ~ am* (*über den*) *Himmel* molnen jagar över himlen **Jagen 1** *0 n* jakt, jagande; *jäkt*[*ande*] **2** - *n* [av rågångar begränsat] skogsområde **Jäger** - *m* **1** jägare; skogvaktare; *der Wilde ~* (*myt.*) Oden **2** *infanterist, fältjägare;* jaktflygare; jaktplan **Jägerei** *0 f* jakt[konst]; jägar|liv, -yrke **Jägerlatein** *0 n* jägarslang; [fantastiska] jakthistorier **jägerlich** *auf ~ e Art* på jägarsätt, som jägare brukar **Jägerprüfung** -*en f* jaktprov **Jägers|mann** -*leute m, åld.* jägare
'**Jaguar** -*e m* jaguar
jäh 1 plötslig; häftig; *~er Zorn, se Jähzorn* **2** [tvär]brant; *~ abfallend* bråddjup; *es fällt ~ ab* det stupar brant ner **Jähe** *0 f,* **Jäheit** *0 f*

1 plötslighet; häftighet **2** branthet **jählings 1** plötsligt, huvudstupa **2** [tvär]brant, tvärt
Jahr -*e n* år; *das ~ der Frau* kvinnoåret; *der Sportler des ~es* årets idrottsman; *er ist 80 ~e* [*alt*] han är 80 år; *seine ~e spüren* känna av åren (åldern); *seine ~e voll haben* ha åren inne, ha nått pensionsåldern; *alle ~e alla* (varje) år; *dieses ~* (*äv.*) i år; *ein halbes ~* (*äv.*) ett halvår; *alle halbe*[*n*] *~e* varje halvår; *nächstes* (*im nächsten*) *~* nästa år; *e-m ein gutes neues ~ wünschen* önska ngn [ett] gott nytt år; *es ist viele ~e her,* seit det är många år sedan; *voriges* (*im vorigen*) *~* förra året, i fjol; *im Mai vorigen ~es* i maj förra året; *hoch an ~en* gammal; *bei ~en sein* vara till åren; *bei seinen ~en* vid hans ålder; *~ für* (*um*) *~* år efter år, varje år; *für seine 90 ~e ist er ziemlich gesund* för att vara 90 år är han ganska kry; *im ~e 1500* år 1500; *in 50 ~en* om (på) 50 år; *in den 30er ~en* på trettiotalet; *einmal im ~* en gång om året; *in den besten ~en sein* vara i sina bästa år; *in die ~e kommen* komma till åren; *nach ~en* efter många år, efter åratal; *mit den ~en ist er vernünftiger geworden* med åren har han blivit klokare; *noch nach ~ und Tag* ännu efter många år (lång tid); *seit ~en* sedan åratal tillbaka, på åratal; *seit ~ und Tag* sedan åratal, på år och dag; *von ~ zu ~* från år till år, för varje år; *Kinder bis zu 16 ~en* barn upp till 16 år **jahr'aus** -, *jahr'ein* år ut o. år in, år efter år **Jahrbuch** -*er*† *n* årsbok **Jährchen** -, *skämts.* år **jahrelang I** *adj* årslång **II** *adv* i (på) åratal **jähr|en** *rfl, es -t sich heute zum fünftenmal, daß* i dag är det precis fem år sedan som; *morgen -t sich ihr Todestag* i morgon är det precis ett år sedan hon dog
Jahres|abschluß -*abschlüsse m* **1** slut på året (skolåret), årsslut **2** *hand.* bokslut **-anfang** -*e*† *m* början på året, nyår **-ausgleich** *0 m* [beräkning av] slutlig skatt: *vard.* slutskattesedel **-ausklang** *0 m* slut på året, årsslut **-beitrag** -*e*† *m* årsavgift **-bericht** -*e m* årsberättelse **-bestleistung** -*en f, sport.* årsbästa [prestation] **-einkommen** -*n* årsinkomst **-ende** *0 n* årsslut **-frist** *0 f* ett års tid; *binnen* (*in, innerhalb*) *~* inom [loppet av] ett år; *nach ~* efter ett år[s förlopp] **-hälfte** -*n f* halvår **-mittel** - *n* årsgenomsnitt **-rente** -*n f* årlig pension **-ring** -*e m* årsring **-tag** -*e m* årsdag **-tagung** -*en f* årsmöte **-umsatz** -*e*† *m* årsomsättning, årlig omsättning **-wechsel** - *m,* **-wende** -*n f* årsskifte; *zum Jahreswechsel die besten Wünsche!* gott nytt år! **-zahl** -*en f* årtal **-zeit** -*en f* årstid; *zu dieser ~* vid denna tid på året
jahreszeitlich beroende på årstiden; säsongs-**Jahr'fünft** -*e n* femårsperiod **Jahrgang** -*e*† *m* årgång, *mil.* årsklass **Jahr'hundert** -*e n* århundrade, sekel; *im 9. ~* på 800-talet; *nach ~en* efter hundratals år **jahr'hundertealt** flera hundra år gammal **jahr'hundertelang** sekellång; i flera hundra år **Jahr'hundertfeier** -*n f* hundraårsfest **Jahr'hundertwende** -*n f* sekelskifte **jährig** *åld.* årsgammal, ettårig **jährlich I** *adj* årlig; *~er Beitrag* årsavgift; *zweimal ~* två gånger om året (per år) **Jährling** -*e m* årsgammalt djur, fjolårsunge *etc.* **Jahrmarkt** -*e*† *m* marknad (*som äger rum en el. flera gånger per år*), tivoli **Jahr'tausend** -*e n* årtusende **Jahr'tausendfeier** -*n f* tusenårsfest **jahr'tausendelang**

som varar (pågår) i årtusenden; i tusentals år (årtusenden) **Jahrweiser** - *m, högt.* kalender
Jahr'zehnt *-e n* årtionde **jahr'zehntelang** som pågår i flera decennier; i tiotals år
Jähzorn *0 m* häftig (plötslig, uppbrusande) vrede; *im* ~ i hastigt mod, i vredesmod **jähzornig** häftig, snar till vrede; *er ist* ~ *(äv.)* han har ett häftigt humör
Jak [jak] *-s m, zool.* jak
Jakarandaholz [jaka'randa-] *-er*† *n* jakaranda, palisanderträ
Jakob *das ist [auch nicht] der wahre* ~ *(vard. ung.)* det är [inte heller] det rätta [sättet] **Ja'kobi** *0 n, an (zu)* ~ på Jakobsdagen *(25 juli)* **Jakobiner** - *m* jakobin **Jakobinermütze** *-n f, hist.* frygisk mössa **Jakobsleiter** *-n f* jakobsstege *(äv. sjö.)*
Jalousette [ʒalu'zɛtə] *-n f* persienn **Jalousie** [ʒalu'ziː] *-n f* jalusi, persienn
Jam [dʒæm] *-s n, äv. f* marmelad
Jamaika *0 n* Jamaica **Jamaikaner** - *m* jamaican **jamaikanisch** jamaicansk **Jamaikapfeffer** - *m* kryddpeppar
Jamben *se Jambus* **jambisch** jambisk
Jamboree [dʒæmbəˈriː] *-s n* jamboree
Jamb|us *-en m* jamb
Jammer *0 m* jämmer, klagan; elände; *ein Bild des* ~*s* en eländig anblick; *er bot ein Bild des* ~*s* han såg för eländig (ynklig) ut; *es ist ein* ~ *(äv.)* det är synd o. skam; *es wäre ein* ~, *wenn* det vore skada om; *es ist ein* ~, *zu sehen, wie* det är trist (gör en ont) att se hur; *es ist ein* ~ *um* det är skada (synd) på **Jammerbild** *-er n* ynklig (ömkansvärd) syn **Jammergestalt** *-en f* jämmerlig (bedrövlig, ynklig) figur **Jammerlappen** - *m, vard.* krake, ynkrygg **jämmerlich** jämmerlig, bedrövlig, eländig; ~*e Behausung* usel bostad; ~*es Benehmen* ynkligt (fegt) beteende; ~ *aussehen* se [för] eländig ut; ~ *weinen* gråta bittert **Jämmerlichkeit** *0 f* jämmerlighet *etc., jfr jämmerlich* **Jämmerling** *-e m, vard.* krake, ynkrygg **jammer|n** jämra sig, klaga *(um, über + ack.* över; *nach* för att få); *er muß immer* ~ *(äv.)* han är aldrig nöjd; *nach Wasser* ~ jämrande be om vatten; *über etw. (ack.)* ~ [be]klaga [sig] över ngt; *um e-n Toten* ~ klaga över en död, sörja en död högt; *er -t mich* jag tycker synd om honom, det gör mig ont om honom; *es -t e-n* man känner medlidande **Jammern** *0 n* jämrande, klagolåt; *es erhob sich ein großes* ~ det hördes höghjudd klagan **'jammer'schade** synd o. skam; *es ist* ~ *um ihn* det är [verkligen] skada på honom **Jammertal** *0 n* jämmerdal **jammervoll** jämmerlig
Jamswurzel *-n f, bot.* jams[rot]
Jan'hagel *[äv.* '---] *0 m, åld.* pöbel, pack
Jani'tschar *-en -en m, hist.* janitsjar
Janker - *m, sty., österr.* [folkdräkts]jacka
'Jan 'Maat *-e*[*n*] *m, skämts.* matros
'Jänner - *m sty., österr.,* **'Januar** *-[s] -e m* januari; *Anfang* ~ i början på januari; *den (am) 1.* ~ den 1 januari; *im* ~ i januari
Januskopf *-e*† *m* janushuvud
Japaner - *m* japan **japanisch** japansk **Japanisch** -[*s*] *0 n* japanska [språket]; *jfr Deutsch* **Japanlack** *-e m* japanlack
jappen *nty., se japsen*
Japs *-en -e*[*n*] *m, neds.* japan
japsen snappa efter luft, kippa efter andan
Jardiniere [ʒardiˈnjɛːrə] *-n f* **1** jardinjär, blomsteruppsats **2** färska grönsaker (*t. kött, i soppa)*

Jargon [ʒarˈgõː] *-s m* jargong
Jarl *-s el.* -*e m, hist.* jarl
Jasager - *m* jasägare
Jas'min [j-] *-e m* jasmin; *falscher* ~ schersmin
Jaspis *-se m, min.* jaspis
jäten rensa **Jäthacke** *-n f* ogräs-, rens|hacka
Jauche *-n f* **1** gödselvatten **2** *med.* varig illaluktande vätska **3** *vard.* blask, soppa, usel dryck **jauchen 1** gödselvattna **2** *med.* utsöndra varig illaluktande vätska **Jauche[n]grube** *-n f* gödselbrunn **jauchig 1** lik gödselvatten; full av gödselvatten **2** *med.* utsöndrande var, varig
jauchzen jubla; *e-m* ~ jubla mot (jublande hylla) ngn **Jauchzen** *0 n* jubel **Jauchzer** - *m* jubelrop
jaulen tjuta *(om hund)*; gnälla högt
Jause *-n f, österr.* mellanmål **jaus[n]en** *österr.* äta [mellanmål]
Javaner [-v-] - *m* javan[es] **javanisch** javan[es]isk
ja'wohl ja (jo) [visst]; ja (jo) då, jaha **Jawort** *0 n* ja[ord]; *das* ~ *geben* svara ja *(på frieri)*
Jazz [dʒæz, dʒɛs, jats] *0 m* jazz -**band** [-bɛnt] *-s f* jazzband
1 je I *adv* **1** ~ *und* ~ alltid, städse, *äv.* ibland; *seit* [*eh und*] ~ i alla tider **2** någonsin; *wer hätte das* ~ *gedacht ?* vem hade någonsin kunnat tro det?; *besser denn (als)* ~ *zuvor* bättre än någonsin tidigare **3** var[dera], åt gången; ~ *drei Stück* tre styck var (åt gången); *fünf Tüten zu* ~ *zwei Kilo* fem påsar med två kilo i varje; ~ *fünf und fünf* fem o. fem **II** *prep m. ack.* per; ~ *Person fünf Stück* fem styck per person; ~ *erwachsenen (äv. erwachsener) Teilnehmer* per vuxen deltagare **III** *konj* ju, dess, desto; ~ *länger,* ~ *schlimmer (ung.)* allt värre med tiden; ~ *eher, desto (um so) besser* ju förr desto bättre; ~ *nach den Umständen* allt efter omständigheterna; ~ *nachdem* ... det beror alldeles på ...; ~ *mehr man hat,* ~ *mehr man will* mycket vill ha mer
2 je *interj, ach (o)* ~*!* herre jösses!, ojojoj då!
Jeans [dʒiːnz] *pl* jeans; ~ *aus Kord* manchesterjeans
jeck *dial.* inte riktigt klok, tokig
jedenfalls i varje (alla) fall **jed|er** (*-e -es*) var o. en, varje, varenda; [*ein*] ~ var o. en, vem som helst; *wohl ein* ~ *(äv.)* lite till mans; *-er, der kommt* var o. en som kommer; *sie gab -em ein Buch* hon gav var o. en en bok (dem var sin bok); *-er beliebige* första bästa; *-er zweite* varannan; *ich erwarte ihn -en Augenblick* jag väntar honom vilket ögonblick som helst; *-es Ding hat zwei Seiten* allting har två sidor; *-es der Kinder (äv.)* varje barn; *-e fünf Minuten* var femte minut; *an -em Ort (äv.)* var som helst; *auf -en Fall* i varje fall, under alla omständigheter; *in -er Hinsicht (äv.)* i alla avseenden; *ohne -en Zweifel* utan ngt som helst tvivel; *unter -er Bedingung* på vilka villkor som helst; *zu -er Zeit* när (vid vilken tidpunkt) som helst **'jeder'lei** *oböjl. adj* alla (allt) slags **jedermann** var o. en, envar, vem som helst; *er ist* ~*s Feind* han är ovän med alla **'jeder'zeit** alltid, när som helst, vid varje tillfälle **'jedes'mal** varje gång, jämt; ~, *wenn* alltid när
je'doch dock, likväl, emellertid; *ich habe ihn darum gebeten, er hat* ~ *nichts getan* jag bad honom om det men han har inget gjort
'jed'wed|er (*-e -es*) *högt., se jeder*
Jeep [dʒiːp] *-s m* jeep

jeglich|er (*-e -es*) *högt., se jeder*
jeher ['-- *el.* '-'-] *von* (*seit*) ~ i alla tider, från början, sedan gammalt **Je'längerje'lieber** - *n* kaprifol[ium] **jemals** någonsin, någon gång; *kaum* ~ nästan aldrig
jemand (*gen.* -[*e*]*s*, *dat.* -[*em*], *ack.* -[*en*], *pl 0*) någon; *ist* ~ *da gewesen?* har det varit någon här?; *fehlt* ~? saknas någon (några)?; *er ist* [*so*] ~, *der han är en sådan som*; ~ *Fremdes* någon främmande; *ein gewisser J*~ en viss person
Jemen *0 m*, [*der*] ~ Jemen **Jemenit** *-en -en m* jemenit **jemenitisch** jemenitisk
'**jemine** *interj* herre jemine!
Jenaer Glas *0 n* jenaglas
jen|er (*-e -es*) denne, den där, den förre; *bald dieser, bald -er* än den ena än den andra; *auf -er Seite der Straße* på andra sidan gatan; *in -em Leben* i livet efter detta
jenisch *sl.* **1** klok, slug **2** *die ~e Sprache* tjuvspråket, rotvälska
jenseitig hinsides; på andra sidan [belägen]; *das ~e Ufer* den motsatta stranden **jenseits I** *prep m. gen.* på andra sidan [om], bortom **II** *adv* på andra sidan; ~ *von Gut und Böse* bortom ont o. gott **Jenseits** *0 n*, *das* ~ livet efter detta (bortom graven); *ins* ~ *befördern* förpassa in i evigheten
Jeremiade -*n f* jeremiad; *e-e große* ~ *anstimmen* stämma upp en högljudd klagosång
Jersey ['dʒø:ɐ̯zi] **1** *-s m* jersey **2** *-s n* jerseyskjorta (*m̃. lång ärm*)
jerum *interj* herre jemine!
Jesuit -*en -en m* jesuit **Jesuitenorden** *0 m*, *der* ~ jesuiterorden **Jesuitentum** *0 n* jesuitism **jesuitisch** jesuitisk
Jesus|bewegung *0 f*, *die* ~ Jesusrörelsen -**kind** *0 n*, *das* ~ Jesusbarnet -**latschen** *pl, skämts.* (*enkla*) sandaler
Jet [dʒɛt] *-s m* jet[flyg]plan
Jeton [ʒɔ'tõ:] *-s m* jetong
Jett [dʒɛt, *äv.* jɛt] *0 m n*, *min.* gagat, jet
jetten ['dʒɛtn̩] *vard.* **1** *s* flyga [m. jetplan] **2** flyga (transportera) [m. jetplan]
jetzig nuvarande, nu rådande (gällande); *unter den ~en Verhältnissen* under nuvarande förhållanden **jetzo** *åld., se jetzt* **jetzt** nu, nuförtiden, för närvarande; *ich habe* ~ *keine Zeit* jag har inte tid nu; *was ist denn* ~ *schon wieder los?* vad står nu på igen?; *bis* ~ hit[in]tills; *für* ~ för den här gången; *von* ~ *ab* (*an*) från o. med nu; *erst* ~ inte förrän nu; *gleich* ~ meddetsamma; *noch* ~ (*äv.*) än i dag, fortfarande **Jetzt** *0 n*, **Jetztzeit** *0 f* nu[tid] '**jetzund** *åld., se jetzt*
jeweilen *schweiz., se jeweils* **jeweilig** förhandenvarande, rådande; respektive; *der ~e Vorsitzende* den som för närvarande (tillfället) är ordförande **jeweils** varje gång; vid varje tillfälle; alltid; *die* ~ *gültigen Vorschriften* de gällande föreskrifterna
jiddeln tala med jiddisk brytning; blanda in jiddisch (*i sitt tal*) **jiddisch** jiddisk, judetysk **Jiddisch** *0 n* jiddisch, judetyska; *jfr Deutsch*
Jiu-Jitsu ['dʒi:u'dʒɪtsu] *0 n* jiujitsu, jujutsu
Job [dʒɔp] *-s m, vard.* [tillfälligt] jobb **jobben** ['dʒɔbn̩] *vard.* jobba [tillfälligt] **Jobber** -*m̃ 1* [börs]jobbare **2** *vard.* jobbare (*pers. som jobbar tillfälligt*)
Joch -*e* (*vid måttsangivelse i bet. 2 o. 3* -) *n* **1** ok (*äv. bildl.*); *das* ~ *abschütteln* (*bildl.*) kasta av oket; *e-n ins* ~ *spannen* (*bildl.*) låta ngn

ligga i selen **2** spann; *fünf* ~ *Ochsen* fem oxspann **3** plogland **4** *geogr.* sadel, [bergs]pass **5** tvärbjälke; brokonsol; *arkit.* travé -**bein** *-e n* okben -**brücke** *-n f* pålbro
Jockei -*s m*, **Jockey** ['dʒɔke, 'dʒɔki *äv.* 'dʒɔkai̯, 'jɔkai] -*s m* jockey
Jod [jo:t] *0 n* jod -**bad** -*er*† *n* kurort (*m. jodhaltigt vatten*), jodbad
Jodel -[†] *m, dial.* joddling **jodeln** joddla **Jodler** - *m* **1** joddlare **2** joddling
Jodtinktur *0 f* jodsprit
Joga *0 m n* yoga **Jogging** ['dʒɔgɪŋ] *0 n, sport.* joggning
Joghurt ['jo:gʊrt] -[*s*] *m n* yoghurt
Jogi -*s m* yogi
Johannes *0 m, vard.* snopp
Johannis|beere -*n f* vinbär -**brot** *0 n, bot.* johannesbröd -**fest** -*e n* midsommarfest (*24 juni*) -**feuer** - *n* midsommareld -**käfer** - *m* lysmask -**kraut** -*er*† *n* johannesört -**nacht** -*e*† *f* midsommar|afton, -natt (*23 juni*) -**tag** -*e m* midsommardag (*24 juni*) -**trieb** -*e m* [mid]sommarskott; *bildl.* andra vår -**vögelchen** - *n*, -**würmchen** - *n* lysmask
Johanniter - *m, hist.* johannit[erriddare]
johlen skråla, skråna
Joint [dʒɔɪnt] -*s m* joint, marijuana-, hasch|-cigarrett; *vard. äv.* cig, tagg
Jo-'Jo -*s n* jojo **Joker** ['jo:kɐ, *äv.* 'dʒo:kɐ] -*s m* joker **Jokus** *0 m, vard.* skämt, skoj; ~ *machen* skoja
Jolle -*n f* jolle
Jom Kippur ['jo:m kɪ'puːɐ̯] - - *m* (*judisk*) försoningsdag
Jongleur [ʒɔŋg'l-, *äv.* ʒõ'glø:ɐ̯] -*e m* jonglör **jonglieren** jonglera; *bildl. äv.* trolla
Jonny ['dʒɔni] *0 m, vard.* snopp
Joppe -*n f* [kort] rock, jacka, tröja
'**Jordan** *0 m, vard.* über den ~ gehen omkomma, dö **Jordanier** - *m* jordanier **jordanisch** jordansk
Jöre -*n f, berl., se Göre*
Josef[s]ehe -*n f* platoniskt äktenskap
Jot [jot] - - *n* (*bokstav*) j **Jota** -*s n* (*grek. bokstav*) jota (*äv. bildl.*); *kein* (*nicht ein, um kein*) ~ *weichen* inte vika en tum
Joule [ʒu:l] *0 n äv.* dʒaul] - *n, fys.* joule
Jour [ʒu:ɐ̯] -*s m* mottagnings-, visit|dag **Journaille** [ʒur'nalʝə *äv.* -'nai] *0 f* sensationspress **Journal** -*e n* journal; tidning, tidskrift; *hand.* liggare, dagbok **Journaldienst** *0 m, österr.* jour[tjänst] **Journalismus** *0 m* journalism **Journalist** -*en -en m* journalist **Journa'listik** *0 f* journalistik **journalistisch** journalistisk
jovial [-v-] jovial **Jovialität** *0 f* jovialitet
jr. *förk. för junior*
Jubel *0 m* jubel -**feier** -*n f*, -**fest** -*e n* jubileum, jubelfest -**greis** -*e m* [gammal] jubilar; *vard.* pigg gubbe -**hochzeit** -*en f* silver-, guld-, diamant|bröllop -**jahr** -*e n* jubelår; *alle ~e* [(*ein*)*mal*] (*vard.*) mycket sällan **jubeln** jubla **Jubelpaar** -*e n* silver-, guld-, diamant|bröllopspar **Jubelperser** *pl, vard. neds. ung.* köpta åhörare (mötesdeltagare, demonstranter *e.d.*) (*som applåderar, låtsas begeistring*) **Jubilar** -*e m* jubilar **Jubi'late** *relig.*, [*der Sonntag*] ~ tredje söndagen efter påsk **Jubi'läum** -*en n* jubileum; *ein* ~ *feiern* fira jubileum, jubilera **jubilieren** drilla (*om fågel*); jubla; *skämts.* jubilera
juchen *dial., se jauchzen* **juch'he, juch'hei,**

juch'hei|rassa[ssa], -sa, -ßa *interj* hejsan!, tjo[san]!, hurra!
juchten av juftläder, av ryssläder **Juchtenleder** - *n* ryss-, juft|läder
juchzen tjoa; jubla **Juchzer** - *m* tjoande; glädjetjut
juck|en klia; *es -t mich, es zu tun (vard.)* jag har stor lust att göra det; *mir (mich) -t der Rücken, es -t mir (mich) auf dem (am) Rücken* det kliar på ryggen på mig; *das Kleid -t mich* klänningen kliar; *mir -t es in den Fingern (bildl.) a)* det kliar i fingrarna på mig, *b)* jag skulle kunna klappa till dig; *dich -t wohl das Fell? (vard.)* ska du ha smörj?, tigger du stryk?; *sich ~ (vard.)* klia sig; *laß ~! (dial.)* kom igen!, sätt igång!, raska på! **Jucken** *0 n* klåda **Juck|pulver** - *n* klipulver **-reiz** *0 m* klåda
Ju'däa *0 n* Judéen **Judaismus** *0 m* judaism, judendom **Judaslohn** *0 m* judas|lön, -pengar
Jude *-n -n m* jude **jüdeln** *se jiddeln*
Juden|bart *0 m, bot.* judeskägg, Arons skägg **-christ** *-en -en m* judekristen **-deutsch** *0 n, åld. el. neds.* judetyska, jiddisch *(språk)* **-dorn** *-e m, bot.* judetörne **-feind** *-e m* antisemit **-schule** *0 f, vard., hier geht es zu (herrscht ein Lärm) wie in e-r ~!* vilket förfärligt liv det är här! **-stern** *-e m, nat. soc.* jude-, davids|stjärna **-tum** *0 n* judendom **-verfolgung** *-en f* judeförföljelse **-viertel** - *n* judekvarter, getto
'Judika *relig. [der Sonntag] ~* femte söndagen i fastan
Jüdin *-nen f* judinna **jüdisch** judisk; *nur keine ~e Hast! (vard.)* ta det lugnt!
judiziell judiciell
1 Judo *0 n, sport.* judo
2 Judo *-s m, se Jungdemokrat*
Jugend *0 f* ungdom; *von ~ auf (an)* alltifrån ungdomen; *~ hat keine Tugend (ung.)* ungdom o. visdom följs sällan åt **-alter** *0 n* ungdom[sår] **-amt** *-er†* *n* barnavårdsnämnd **-arbeitslosigkeit** *0 f* ungdomsarbetslöshet **-arrest** *-e m, ung.* ungdomsarrest *(frihetsberövande för mindre förseelse)* **-bewegung** *0 f, die ~* [den tyska] ungdomsrörelsen *(1900 — 1930)* **-buch** *-er†* *n* ungdomsbok
jugendfrei barntillåten *(om film)*
Jugend|freund *-e m* **1** ungdoms-, barndoms|vän; *er ist ein ~ (äv.)* han tycker om ungdomar **2** *DDR* FDJ-medlem **-frische** *0 f* ungdomlig fräschhet (friskhet) **-funk** *0 m* [radions] ungdoms- o. barnprogram **-fürsorge** *0 f, åld., se Jugendhilfe* **-gruppe** *-n f* ungdoms|organisation, -förbund, -grupp **-heim** *-e n* ungdomsgård **-herberge** *-n f* vandrarhem, ungdomshärbärge **-hilfe** *0 f, ung.* barnavård o. ungdomsskydd **-hof** *-e†* *m* **1** skola för ungdomsledare **2** *se Jugendwerkhof* **-kleid** *-er n* ungfägeldräkt **-kriminalität** *0 f* ungdomskriminalitet **-leiter** - *m* ledare för ungdoms|organisation (-förbund, -grupp) **-leiterin** *-nen f, ung.* förskollärare
jugendlich ungdomlig; *~er Verbrecher* ungdomsförbrytare; *~e Naive (teat.)* ingeny; *im ~en Alter* under ungdomen, i unga år; *~ aussehen* se ung ut **Jugendliche(r)** *m f, adj böjn., ung.* tonåring *(jur.: 14—17, ej fyllda 18 år); Jugendliche (äv.)* ungdomar; *Jugendliche haben keinen Zutritt, für Jugendliche nicht zugelassen* minderåriga äga ej tillträde, barnförbjuden; *Jugendliche zugelassen* barntillåten
Jugendlichkeit *0 f* ungdomlighet

Jugend|liebe *-n f* ungdomskärlek **-meister** - *m, sport.* juniormästare **-pflege** *0 f, åld., se Jugendhilfe* **-pfleger** - *m* person som arbetar m. ungdom **-ring** *-e m, ung.* samarbetsorgan för ungdomsförbund o. -organisationer **-schriften** *pl* ungdomslitteratur **-schriftsteller** - *m* ungdomsboksförfattare **-schutz** *0 m* ungdomsskydd **-sendung** *-en f* ungdomsprogram *(i radio el. TV)* **-stil** *0 m, konst.* jugendstil **-strafanstalt** *-en f* ungdomsfängelse **-strafe** *-n f* frihetsstraff *(i ungdomsfängelse)* **-verband** *-e† m* ungdoms|förbund, -organisation **-verbot** *0 n, dieser Film hat ~* denna film är barnförbjuden **-weihe** *-n f* **1** *(frireligiös)* invigning *(i st. för konfirmation)* **2** *DDR* [kommunistisk] ungdomsinvigning **-werkhof** *-e† m, DDR* ungdomsvårdsskola **-wohlfahrt** *0 f, se Jugendhilfe* **-wohnheim** *-e n, ung.* bostadshotell för ungdom **-zeit** *0 f* ungdom; *in seiner ~* i hans unga år **-zentr|um** *-en n* ungdomsgård
Jugoslawe *-n -n m* jugoslav **Jugoslawien** *0 n* Jugoslavien **jugoslawisch** jugoslavisk
Ju'jube *-n f* judetörne; jujuber, bröstbär
Jul *-[s] 0 n, se Julfest*
Ju'lei *[äv. '--] -[s] -s m* Juli
Julfest *0 n (hednisk)* jul[fest]
Juli *-[s] -s m* juli; *im ~* i juli **julianisch** juliansk **Julienne** *[ʒy'ljɛn] 0 f*, **Juliennesuppe** *-n f (klar)* grönsakssoppa **Juliusturm** *0 m, bildl.* oräntabel statsfinansiell reserv
Jul|klapp *0 m* julklapp **-monat** *-e m*, **-mond** *-e m, åld.* julmånad
Jumbo[-Jet] *[-dʒet] -s m* jumbojet[t]plan
jumpen ['dʒampn̩ *äv.* 'jʊmpn̩] *s, vard.* hoppa
Jumper ['jʊmpɐ, *äv.* 'dʒampɐ; *sty., österr.* 'dʒɛmpɐ] - *m* jumper
jun. *förk. för* junior
jung *adj*† ung; ny; *~ und alt* gammal o. ung; *~ heiraten* gifta sig ung; *der ~e [Herr] Maska* unge [herr] Maska; *sie ist ~ gestorben* hon dog ung; *sie ist wieder ~ geworden* hon har blivit ung på nytt; *er ist 30 Jahre ~ (skämts.)* han är 30 år [gammal]; *wer ist der jüngere von den beiden?* vem är yngst av de två?; *er ist auch nicht mehr der jüngste* han är inte så [pur]ung längre; *~ gewohnt, alt getan* det man har lärt sig som ung det sitter i; *so ~ kommen wir nicht mehr zusammen (ung.)* stanna kvar, ta dig ett glas till; *~ an Jahren* ung till åren; *sein jüngstes Buch* hans senaste bok; *jüngeren Datums* av yngre (senare) datum; *die jüngsten Ereignisse* de senaste händelserna; *~es Gemüse a)* färska grönsaker, *b) vard.* småungar; *das Jüngste Gericht* yttersta domen; *e-e der jüngsten Methoden* en av de nyaste metoderna; *unsere neue Mitarbeiterin ist e-e ganz J~e* vår nya medarbetare är mycket ung; *~er Wein a)* ungt vin, *b)* vin som fortfarande smakar ungt; *in ~en Jahren* i unga år; *in jüngster Zeit* på senare tid, på sistone; *sie konnten das von ~ an* de kunde det från barndomen (ungdomen) **Jungbrunnen** - *m, myt.* ungdomskälla; *bildl.* kraftkälla **Jungdemokrat** *-en -en m (förk. Judo)* medlem av FDPs ungdomsförbund **Junge** *-n -n (vard. Jung[en]s) m* pojke; lärling; *vard.* grabb, kille; *~, ~! (förvåning)* du store tid!, milda makter!; *alter ~!* gamle gosse!; *ein grüner ~ sein (vard.)* vara en gröngöling (ny o. grön); *blaue Jungs (vard.).*blåjackor; *schwerer ~ (vard.)* förbrytare, bov; *als ~ war ich (äv.)* då jag var pojke var jag

Jüngelchen - *n, vard.* snorvalp **jungen** få ungar **jungenhaft** pojkaktig **Jungenschule** -*n f* pojkskola **Jungenstreich** -*e m* pojkstreck **Jünger** - *m* lärjunge, anhängare **Jüngerschaft** *0 f* lärjunge-, anhängar|skara **Junge(s)** *n, adj böjn. (djurs)* unge; *Junge werfen* få ungar
Jungfer -*n f* jungfru, [ung]mö, fröken; ~ *im Grünen (bot.)* jungfrun i det gröna; *alte* ~ gammal ungmö (nucka) **jüngferlich** pryd, sipp **Jungfernbraten** - *m, kokk. ung.* helstekt fläskfilé (viltfilé) **Jungfernfahrt** -*en f* jungfruresa **jungfernhaft** pryd, sipp **Jungfern|häutchen** - *n* mödomshinna -**hering** -*e m (slags)* matjesill -**kranz** -*e† m* brudkrans -**rebe** -*n f, bot.* vildvin -**rede** -*n f* jungfrutal -**reise** -*n f* jungfruresa -**schaft** *0 f* jungfru-, mö|dom; *die* ~ *verlieren* förlora oskulden -**zeugung** -*en f, teol.* jungfrufödsel; *biol.* partenogenes
Jungfrau -*en f* jungfru, mö; *die* ~ *Maria* jungfru Maria **jungfräulich** jungfrulig; flickaktig; oberörd **Jungfräulichkeit** *0 f* jungfrulighet; renhet **Jungfrauschaft** *0 f, åld.* jungfru-, mö|dom; jungfrulighet
Jung|geselle -*n* -*n m* ungkarl -**gesellenbude** -*n f, vard.* ungkarlslya -**gesellendasein** *0 n* ungkarlstillvaro -**gesellin** -*nen f* ogift kvinna **Junghering** -*e m (slags)* matjesill **Junglehrer** - *m (ännu ej utexaminerad)* lärare, lärarkandidat
Jüngling -*e m* yngling
Jung|mädel - *n, nat. soc.* medlem av Hitlerjugend för flickor *(10—14 år)* -**mann** -*er† m* yngling, ung man; rekryt; *sport.* junior -**mannschaft** -*en f, sport.* juniorlag -**sozialist** -*en* -*en m (förk. Juso)* medlem av SPDs ungdomsförbund
jüngst I *adj, se jung II adv* nyligen, häromsistens, för kort tid sedan **Jungsteinzeit** *0 f, die* ~ yngre stenåldern **jungsteinzeitlich** neolitisk **jüngstens, jüngst'hin** häromsistens **Jungtier** -*e n* ungdjur **jungverheiratet** nygift **Jungvolk** *0 n* **1** *åld.* ungdomar **2** *nat. soc.* underavdelning av Hitlerjugend för pojkar *(10—14 år)* **Jungwähler** - *m* förstagångsväljare **Jungwald** -*er† m* ungskog **Jungwild** *0 n* ungvilt
Juni -[*s*] -*s m* juni; *im* ~ i juni -**käfer** - *m, zool.* pingborre
'junior *oböjl. adj* junior, den yngre **'Junior** *Juni'oren m* junior; *skämts.* son **Juniorchef** -*s m (i firman arbetande)* son till chefen
Junker - *m* junker, [adlig] storgodsägare -**tum** *0 n* junkerdöme; lantadel
Junkie [ˈdʒʌŋki] -*s m, sl.* knarkare
'Junktim -*s n* hopkoppling *(av lagförslag el. åtgärder att antas el. avslås i klump)*
Ju'no [*äv.* '--] -[*s*] -*s m* juni **junonisch** junonisk
Junt|a [ˈxʊ-, ˈjʊ-] -*en f* junta
Jüpchen - *n, dial.* babykofta
Jupiterlampe -*n f* [film]strålkastare
1 Jura *pl av Jus* juridik; ~ *studieren* läsa juridik
2 Jura *0 m, geol.* jura; *der* ~ Jura[bergen]
juridisch *österr.* juridisk **Jurisdiktion** -*en f* jurisdiktion, rättskipning **Jurisprudenz** *0 f* jurisprudens, juridik **Jurist** -*en* -*en m* jurist **Juristerei** *0 f, vard.* juridik, juristyrke **juristisch** juridisk; ~*e Person* juridisk person
Juror [ˈjuːrɔr, *äv.* ˈjuːroːɐ̯] -*en m* jurymedlem **Jurorenkomitee** -*s n, österr.* jury

Jurte -*n f* jurt[a] *(asiatiskt nomadtält)*
Jury [ˈʒyːriː, *äv.* ˈʒyːriː, ˈdʒuːri, ˈjuːri] -*s f* [tävlings]jury
1 Jus *Jura n* juridik; *Jus studieren (österr., schweiz.)* läsa juridik
2 Jus [ʒyː] *0 f, sty., schweiz. n* **1** *kokk.* sky, jus **2** *schweiz.* juice
Juso -*s m, se Jungsozialist*
just *åld., poet.* just; ~ *an dem Abend* precis den kvällen **justaˈment** just, precis; ~ *nicht* nu mindre än någonsin, allra minst nu
justieren [jʊsˈtiː-] justera, [noga] ställa in; *boktr.* sluta ut **Justieren** *0 n* justering **Justierer** - *m* justerare **Justierschraube** -*n f* justerskruv **Justitiˈar** -*e m* juridisk ombudsman **Justiz** *0 f* justis, rättskipning, rättsvård -**irrtum** -*er† m* felaktigt domslut -**ministeri|um** -*en n* justitie|ministerium, -departement -**mord** -*e m* justitiemord -**rat** -*e† m (förr titel för)* domare (advokat *e.d.*) -**vollzugsanstalt** -*en f* fängelse, fångvårdsanstalt
Jute *0 f* jute
Jüte -*n* -*n m* jylländing
Jutefaser -*n f* jutefiber
jütisch jylländsk **Jütland** *0 n* Jylland **Jütländer** - *m* jylländing
juvenalisch [-v-] satirisk, hånfull
juvenil [-v-] juvenil
Juwel -*en, bildl.* -*e, n m* juvel; *bildl. (enbart n) äv.* pärla **Juwelier** [-ˈliːɐ̯] -*e m* juvelerare, guldsmed **Juwelierarbeit** -*en f* guldsmedsarbete **Juwelierwaren** *pl* juvelervaror
Jux -*e m, vard.* skoj, skämt, upptåg; *aus* ~ på skoj **juxen** *vard.* skoja, gyckla
j.w.d. *skämts. förk. för janz (ganz) weit draußen; er wohnt* ~ han bor väldigt långt bort

K [kaː] - - *n (bokstav)* k **k.** *förk. för a) kaiserlich* kejserlig, *b) königlich* kungl., kunglig
Kaaba *0 f, relig.* Kaba
kaaken *dial.* rensa [sill]
Kaˈbache -*n f,* **Kaˈbacke** -*n f* [hus]ruckel; [illa beryktad] krog
Kaˈbale -*n f* kabal, sammansvärjning, intrig **Kabarett** -*s äv.* -*e n* **1** kabaré[lokal] **2** kabaré, smörgåsbricka **Kabarettist** -*en* -*en m* kabaréartist **kabarettistisch** i kabaréform, kabaré-
Kaˈbäuschen - *n, dial.* litet hus (rum) **'Kabbala** [*äv.* ˈ--ˈ] *0 f* kabbala **Kabbelei** -*en f, dial.* kiv, käbbel **kabbelig** *sjö.* krabb **kabbel|n 1** *rfl, dial.* kivas, munhuggas **2** *sjö. die See* -*t* sjön är krabb
Kabel - *n* kabel; *åld.* kabeltelegram -**bericht** -*e m, åld.* telegrafisk rapport -**bruch** -*e† m* kabelbrott -**dampfer** - *m* kabelfartyg -**dienst** -*e m, åld.* transocean telegramservice -**fernsehen** *0 n* kabel-TV
Kabeljau -*e el.* -*s m* stortorsk
Kabellänge -*n f, sjö.* kabellängd **kabeln** kabla

skicka [ett] kabeltelegram **Kabelschuh** -e m
kabelsko **Kabelvision** 0 f kabel-TV
Kabine -n f hytt, kabin; proyrum **Kabinenkoffer** - m garderobskoffert **Kabinenroller** - m minibil [m. plexiglashuv]
Kabinett -e n kabinett (äv. mynt-, konst-); polit. äv. ministär **Kabinettsfrage** -n f kabinetts-, förtroende|fråga **Kabinettssitzung** -en f konselj, statsråd **Kabinettstück** -e n, konst. praktpjäs; bildl. praktstycke, paradnummer; sich (dat.) ein ~ leisten (vard.) göra bort sig **Kabinettwein** -e m vin av bättre kvalité (endast av fullmogna druvor)
Kabrio -s n, **Kabriolett** -s el. -e n cabriolet; åld. kabriolett
Ka'buff -e el. -s n, dial. [mörkt] kyffe, förvaringsrum, skrubb **Ka'buse** -n f, nty. kyffe; sjö. kabyss
Kachel -n f kakel **kacheln 1** [be]klä med kakel **2** vard. knulla **Kachelofen** -† m kakelugn
Kacke 0 f, vulg. lort, skit **kacken** vulg. skita
'**kackfi'del** vulg. skitglad
Kadaver [-vɐ] - m kadaver **Kadavergehorsam** 0 m kadaverlydnad, blind lydnad
Kadenz -en f, mus. kadens
Kader - m 1 kader 2 sport. trupp 3 bildl. kärngrupp
Kadett -en -en m kadett; vard. gosse, kille; du bist mir ein schöner ~! du är allt en snygg gosse!; die ~en (hist.) [ryska] kadettpartiet **Kadetten|anstalt** -en f, åld., **-schule** -n f, åld. kadettskola
Kadi - m (muselmansk) domare; e-n vor den ~ schleppen (bringen) (vard.) dra ngn inför rätta
Kadmium 0 n kadmium
kaduzieren hand. ogiltigförklara, förklara förverkad
Käfer - m 1 skalbagge 2 vard. bubbla (VW) 3 vard. ung flicka; hübscher ~ sötnos
Kaff 1 0 n, nty. agnar; skräp; struntprat **2** -s el. -e n vard. håla, avkrok
'**Kaffee** [äv. -'-] **1** -s m kaffe; grüner ~ orostat kaffe; ~ verkehrt (dial.) mer mjölk än kaffe; schwarzer ~ kaffe utan grädde (mjölk); beim ~ vid kaffet; e-n zum ~ einladen bjuda [hem] ngn på kaffe; dir haben sie wohl was in den ~ getan? (vard.) är du inte riktigt klok?; das ist kalter ~ (vard.) det är (var) inget nytt (gammal skåpmat) **2** -s n kafé; ins ~ gehen gå på kafé **-automat** -en -en m kaffebryggare **-baum** -e† m kaffe|buske, -träd **-bohne** -n f kaffeböna; vard. stjärt **--Ersatz** 0 m kaffesurrogat **-garten** -† m, åld., kafé (konditori) med utomhusservering **-haube** -n f kaffe|huv, -värmare **-haus** [-'--] -er† n, i sht österr. kafé; kaffeservering **-kanne** -n f kaffekanna **-klatsch** 0 m, vard., ibl. neds. kaffe|rep, -junta **-kränzchen** - n kaffe|rep, -bjudning; deltagare i kafferep **-maschine** -n f kaffebryggare **-mütze** -n f kaffevärmare **-pause** -n f kafferast **-satz** 0 m kaffesump **-schwester** -n f, vard. kaffemoster **-sieder** - m, österr. neds. kaféägare **-tante** -n f, vard. kaffe|tant, -moster **-tasse** -n f kaffekopp
Kaffein 0 n koffein
Kaffer 1 -n -n m kaffer **2** - m el. -n -n m, vard. dumhuvud, idiot **Kaffernkorn** 0 n negerhirs, kafferkorn, durra
Käfig -e m bur **Ka'filler** - m, se Abdecker
kafka'esk kafkalikande, mardrömsaktig
'**Kaftan** -e el. österr. -s m kaftan

Käfterchen - n, dial. skrubb
kahl kal, naken; bar; skallig **kahlfressen** st kaläta **Kahlheit** 0 f kalhet, kalt utseende **Kahlhieb** -e m kalhuggning **Kahlkopf** -e† m flintskalle (äv. person), kalt huvud **kahlköpfig** flintskallig, kal **kahlscheren** st, e-n ~ klippa (raka) av allt hår på ngn **Kahlschlag** -e† m kal|huggning, -hygge; vard. skämts. flintskalle **Kahlwild** 0 n, jakt. hjortdjur utan horn (hon- o. ungdjur)
Kahm 0 m, **Kahmhaut** -e† f mögel (på vätska) **kahmig** möglig (om vätska)
Kahn -e† m **1** båt, eka, roddbåt; pråm; vard. skuta; Kähne (äv. vard. om skor) båtar, pråmar **2** dial. slaf; in den ~ gehen (steigen) koja (gå t. sängs) **3** vard. kurra (arrest) **-fahrt** -en f båttur
Kai [kai̯] -s m kaj
'**Kaiman** -e m kajman
Kains|mal ['kai̯ns-, äv. 'ka:ɪns-] -e el. -er† n, -zeichen - n kainsmärke
Kaiser - m kejsare; sich um des ~s Bart streiten tvista om påvens skägg; ich bin ~! (barnspr.) jag blev först klar! **-adler** - m kejsarörn (äv. her.) **-granat** -e m, se Kaiserhummer **-haus** -er† n kejsarfamilj **-hummer** - m havskräfta, kejsarhummer
kaiserlich kejserlig; die K~en de kejserliga (trupperna under 30-åriga kriget)
Kaiser|mantel -† m, zool. silverstreckad pärlemorfjäril **-reich** -e n kejsar|rike, -döme **-schmarren** - m, österr. kokk. russinpannkaka (i småbitar) **-schnitt** -e m, med. kejsarsnitt **-tum** -er† n kejsardöme
'**Kajak** -s m kajak **-zweier** - m tvåmanskajak
Kaje -n f, nty. kaj
Kajüte -n f, sjö. kajuta **Kajütspassagier** -e m hyttpassagerare
'**Kakadu** -s m kakadu[a]
Kakao [ka'kau̯, äv. ka'ka:o] -s m kakao; [drick]choklad; e-n durch den ~ ziehen (vard.) förlöjliga ngn **-butter** 0 f kakao|smör, -fett **-pulver** - n kakao[pulver]
kakeln nty. kackla, snattra (äv. bildl.)
'**Kakerlak** -s el. -en, pl -en m kackerlacka
Kakiflaume -n f kakiplommon, persimon
Kakophonie -n f kakofoni **kakophonisch** kakofonisk
Kaktee -n f, **Kakt|us** -een (vard. äv. -usse) m **1** kaktus **2** vard. hög (exkrement)
Kalabreser - m (bredbrättad toppig) filthatt
Kalamität -en f svår knipa, nödsituation, kalamitet, olycka
'**Kalauer** - m ordlek, enkel (dålig) vits
Kalb -er† n **1** kalv; ~ Moses (vard.) dumhuvud, enfaldig stackare; Augen machen (glotzen) wie ein [ab]gestochenes ~ (vard.) fånstirra, glo förvånat **2** våp **Kalbe** -n f kviga **kalben** kalva (äv. om glaciär) **Kalberei** -en f, vard., **Kälberei** -en f, vard. flams, larv **kalbern 1** vard. leka o. rasa [som en kalv på grönbete], vara uppsluppen (flamsig), larva sig **2** schweiz. kalva **kälbern 1** se kalbern **2** vard. kräkas **Kälberne(s)** n, adj böjn., sty., österr. kalv[kött] **Kalbfell** -e n, se Kalbsfell **Kalbfleisch** 0 n kalv[kött] **Kalbin** -nen f, sty., österr. kviga
Kalbs|braten - m kalvstek **-bries** -e n, **-brieschen** - n, **-bröschen** - n kalvbräss **-brust** 0 f kalvbringa **-fell** -e n kalvskinn; åld. trumma **-hachse** -n f, kokk., **-haxe** -n f, sty., kokk. kalvlägg **-kopf** -e† m kalvhuvud; vard. dumhuvud, fårskalle **-leber** -n f kalvlever **-milch**

Kalbsnuß—Kamin

0 f, kokk. kalvbräss **-nu|ß** *-sse*† *f, slaktar. ung.* fransyska **-schnitzel** - *n* kalvschnitsel
Kal'daunen *pl* [ätliga] inälvor
Kalebasse *-n f* kale-, kala|bass
Kaleidoskop *-e n* kalejdoskop **kaleidoskopisch** kalejdoskopisk
Kalendari|um *-en n* kalendarium **Kalender** - *m* kalender, almanacka; *sich (dat.) etw. im* ~ [*rot*] *anstreichen* pricka för ngt i almanackan, *bildl.* sätta kors i taket för ngt **Kalenderuhr** *-en f* datumklocka
Kalesche *-n f* kalesch
Kalfakter - *m*, **Kalfaktor** *-en m* **1** passopp; portvakt; skolvaktmästare; pannskötare; fånge *(som hjälper fångvaktare m. vissa arbeten)* **2** *dial.* spion, angivare, lismare
kal'fatern *sjö.* kalfatra
Kali *-s n* kali; kalium
Kaliber - *n* kaliber; storlek; *bildl. äv.* slag, sort, art, format **kalibrieren** kalibrera
Kalif *-en -en m* kalif **Kalifat** *-e n* kalifat **kalifornisch** kalifornisk
Kalilauge *-n f* kalilut **Kalisalz** *-e n* kalisalt
Kalium *0 n* kalium
Kalk *-e m* kalk; *mit ~ tünchen* kalka, kalkstryka; *der ~ rieselt* [*schon*] *bei ihm (vard.)* han är väldigt gammal (senil) **Kalkanstrich** *-e m* kalkning, kalkstrykning **Kalkboden** -† *m* kalkhaltig jord, kalkjord **Kalkbrennerei** *-en f* **1** kalkbränning **2** kalk|bränneri, -bruk **Kalkbruch** *-e*† *m* kalkbrott **Kalkei** *-er n* ägg *(konserverat i vattenglas e.d.)* **kalken** kalka, kalkstryka, vitmena **Kalkgrube** *-n f* kalkgrop **kalkig** kalk|haltig, -artad, -färgad; *~es Licht* kallt vitt sken (ljus) **Kalklunge** *-n f, med.* kalklunga **Kalkmangel** -† *m, med.* kalkbrist **Kalkmörtel** - *m* kalkputs **Kalkofen** -† *m* kalkugn **Kalkstein** *-e m* kalksten **Kalkstickstoff** *0 m* kalkkväve
Kalkül 1 *-e n, äv. m* kalkyl, beräkning; *etw. ins ~* [*einbe*]*ziehen* ta med ngt i beräkningen, räkna m. ngt **2** *-e m, mat.* kalkyl **Kalkulation** *-en f* kalkylering, kalkyl[ation] **Kalkulator** *-en m* kalkylator **kalkulieren 1** kalkylera, beräkna **2** tänka; bedöma [situationen]; anta
Kalla *-s f, bot.* kalla
Kalle *-n f, sl.* **1** brud; *seine ~ (äv.)* hans tjej **2** gnoa *(prostituerad)*
Kalligraph *-en -en m* kalligraf, skönskrivare **Kalligraphie** *0 f* kalligrafi **kalligraphisch** kalligrafisk
Kallus *-se m, med. o. bot.* kallus
Kalme *-n f* stiltje **Kalmen|gürtel** - *m*, **-zone** *-n f* stiltjebälte **kalmieren** *åld.* kalmera, lugna
Kalorie *-n f* kalori; *große ~ (åld.)* kilogramkalori; *kleine ~ (åld.)* kalori **kalorienarm** kalori|fattig, -snål **kalorienreich** kaloririk
Kalotte *-n f* kalott
kalt *adj*† kall, kylig; *bildl. äv.* kallsinnig; *~er Empfang* kyligt mottagande; *~e Füße haben (äv.)* vara kall om fötterna; *der ~e Krieg* kalla kriget; *~e Miete* kallhyra; *~e Platte* kallskuret; *~er Schweiß* kallsvett; *~ essen* äta kall mat (ngt kallt); *das läßt ihn ~* det bryr han sig inte om (struntar han i); *~ löten* kallöda; *~ schlafen* ha kallt i sovrummet; *mir ist ~* jag fryser; *es überlief mich ~* det gick kalla kårar över ryggen på mig; *~ werden (äv.)* kallna, svalna; *mir wird ~* jag börjar frysa **kaltbleiben** *st s, vard.* förbli kall (oberörd) **Kaltblut** *0 n* kallblod[ig häst] **Kaltblüter** - *m*

kallblodigt (växelvarmt) djur **kaltblütig** kallblodig **Kaltblütigkeit** *0 f* kallblodighet
Kälte *0 f* köld, kyla; känslokyla; *wir haben 5 Grad ~* det är 5 grader kallt hos oss; *vor ~ zittern* darra av köld **-beständigkeit** *0 f* köldbeständighet **-einbruch** *-e*† *m* temperaturfall, köldknäpp **-gefühl** *0 n* köldförnimmelse, känsla av kyla **-grad** *-e m* **1** *vard.* köld-, minus|grad **2** *den Kühlschrank auf e-n bestimmten ~ einstellen* ställa in kylskåpet på en viss temperatur **-maschine** *-n f* frys-, kyl|maskin **kalten** *s, åld.* kallna **kälten** *åld.* [av]-kyla
Kälte|pol *-e m* köldpol **-schutzmittel** - *n* frostskyddsvätska; kylarvätska **-steppe** *-n f* tundra **-technik** *0 f* kylteknik **-tod** *0 m* död genom förfrysning; *den ~ sterben* frysa ihjäl **-welle** *-n f* köldvåg
Kaltfront *-en f* kallfront **Kalthaus** *-er*† *n, trädg.* kallhus **kaltherzig** känslokall **kaltlächelnd** kallgrinande **kaltlassen** *st, vard.* lämna oberörd; *es läßt mich kalt (äv.)* det struntar jag i, det är mig likgiltigt **Kaltleim** *-e m* kallim **Kaltluft** *0 f* kalluft **kaltmachen** *vard.* göra av med *(döda)* **Kaltmamsell** *-en el. -s f* kallskänka **Kaltmiete** *0 f* kallhyra **Kaltnadelarbeit** *-en f* torrnålsgravyr **kaltschnäuzig** *vard.* kallsinnig, oberörd, nonchalant **kaltsinnig** kallsinnig **kaltstellen** *vard., e-n ~* skjuta ngn åt sidan, beröva ngn hans inflytande, sätta ngn ur spel **kaltwalzen** kallvalsa **Kaltwalzen** *0 n* kallvalsning **Kalt'wasserkur** *-en f* kallvatten[s]kur **Kaltwelle** *-n f* kallpermanent[ning]
Kalvarienberg [-'va:-] *-e m, relig.* kalvarieberg; *der ~ Golgata*
Kalvinismus [-v-] *0 m* kalvinism **Kalvinist** *-en -en m* kalvinist **kalvin[ist]isch** kalvin[isti]sk
Kalzeolarie *-n f* toffelblomma
kalzinieren *kem.* kalcinera **Kalzinierofen** -† *m* kalcineringsugn **Kalzit** *-e m* kalkspat, kalcit **Kalzium** *0 n* kalcium
kam *se kommen*
Kamarill|a [-'rıl[j]a] *-en f* kamarilla, hovparti, klick
Kambrik ['kam-, *äv.* 'keım-] *0 m* kambrik
kambrisch *geol.* kambrisk **Kambrium** *0 n*, *geol.* kambrium
Kamee [ka'me:(ə)] *-n f* kamé
Kamel *-e n* kamel; *bildl.* åsna, idiot **'Kämelgarn** *- n* kamelhårs-, mohär|garn **Kamelhaar** *0 n* kamel|hår, -ull
Kamelie *-n f, bot.* kamelia
Kamellen *pl, vard., alte (olle) ~* gamla historier, gammal skåpmat
Kamel|treiber - *m* kameldrivare; *vard. neds.* arab **-ziege** *-n f* angoraget
Kamera *-s f* kamera
Kamerad *-en -en m* kamrat **Kameradschaft 1** *0 f* kamratskap **2** *-en f* kamratkrets **kameradschaftlich** kamratlig **Kameradschaftsehe** *-n f* kamratäktenskap
Kamera|mann *-männer el. -leute m film., telev.* kameraman
'Kameruner [*äv.* --'---] **1** - *m* kamerunare **2** - *f, dial.* jordnöt **3** - *m, dial. kokk.* klenät **kamerunisch** kamerunsk
Kamille *-n f, bot.* kamomill **Kamillentee** *0 m* kamomillte
Kamin *-e m* **1** [öppen] spis; *dial.* skorsten; *dein Geld kannst du in den ~ schreiben (vard.)* dina pengar får du vänta förgäves på **2** *(alpi-*

nistterm) kamin **-feger** - *m, dial.,* **-kehrer** - *m, dial.* sotare
Kamm -*e*† *m* **1** kam (*äv. tupp-, bergs-, våg-*); *dir schwillt der* ~ (*vard.*) kammen sväller på dig, du morskar upp dig, du blir arg; *man kann nicht alles über e-n ~ scheren* man får inte (det går inte att) skära allt över en kam **2** manke, nacke, manfäste; *slaktar.* hals, bog **3** väv|kam, -sked **-eidechse** -*n f, zool.* leguan
Kämmelgarn -*e n* kamelhårs-, mohär|garn **kämmen** kamma; karda; häckla; *sich* (*dat.*) *das Haar* ~ kamma håret
Kammer -*n f* kammare (*äv. biol., med., tekn., parl.*); *jur.* [avdelning av] domstol; *mil.* persedelförråd; (*på handeldvapen*) patronläge; *sjö.* hytt **Kammerdiener** - *m, åld.* kammartjänare **Kämmerei** -*en f, åld.* drätselkammare **Kämmerer** - *m* stads-, kommunal|kamrer **Kammer|frau** -*en f, åld.* kammar|fru, -jungfru **-gericht** -*e n, hist. ung.* högsta domstol; (*i Berlin ung.*) hovrätt **-herr** -[*e*]*n* -*en m, åld.* kammarherre **-jäger** - *m* **1** *hist.* (*furstes*) livjägare **2** *åld.* ohyre-, skadedjurs|utrotare (*i bostad*) **-kätzchen** - *n, åld. skämts.*, **-mädchen** - *n, åld.* kammarjungfru **-musik** *0 f* kammarmusik **-sänger** - *m* kammar-, hov|sångare **-spiel** -*e n, teat.* kammarspel **-ton** -*e*† *m, mus.* kammar-, normal|ton
Kammertuch -*e n* kambrik
Kammerzofe -*n f, åld.* kammarjungfru
Kammgarn -*e n* kamgarn **Kammgebirge** - *n* bergskedja (*m. tydlig kam*) **Kammgriff** -*e m, gymn.* undertag **Kammolch** -*e m* stor vattenödla **Kammrad** -*er*† *n* kamhjul, hjul med träkuggar **Kammstück** -*e n, slaktar.* stycke av bogen (halsen)
Kamp -*e*† *m* **1** *dial.* inhägnad [betes]mark **2** *skogsv.* plantskola
Kampagne [-'panjə] -*n f* kampanj; *åld.* fälttåg
Kämpe -*n* -*n m, åld. el. skämts.* kämpe
Kampf -*e*† *m* kamp, strid; *sport. äv.* match, tävling; *der ~ ums Dasein* kampen för tillvaron **-abschnitt** -*e m* strids-, front|avsnitt **-ansage** -*n f, bildl.* krigsförklaring **-bahn** -*en f* tävlingsbana, arena
kampfbereit färdig för strid, stridsberedd **kämpfen 1** kämpa, strida; *sport. äv.* tävla; *mit den Tränen ~* kämpa mot tårarna; *mit e-m Lächeln ~* försöka låta bli att le, försöka undertrycka ett leende; *um sein Leben ~* kämpa för sitt liv **2** *rfl* kämpa sig [fram]
Kampfer *0 m* kamfer
1 Kämpfer - *m* kämpe; soldat (*i strid*); *sport.* fighter; tävlingsdeltagare; *alter ~* (*vard.*) gammal partimedlem, veteran
2 Kämpfer - *m* **1** *arkit.* anfangssten **2** *byggn.* tvärpost
Kampferfahrung *0 f* strids-, tävlings|erfarenhet **kämpferisch** stridbar, aggressiv, militant; vad kampandan (kamplusten) beträffar; *e-e ~e Mannschaft* ett lag med kämpaglöd **Kämpfernatur** -*en f* kämpanatur **kampferprobt** strids-, tävlings|van
Kampfferspiritus *0 m* kamfersprit
Kampfeslust *0 f, se Kampflust* **kampffähig** kamp-, strids|duglig
Kampf|flieger - *m* stridsflygare; *vard.* stridsflygplan **-flugzeug** -*e n* stridsflygplan **-front** -*en f* [enhets]front **-gas** -*e n* stridsgas **-gefährte** -*n* -*n m* stridskamrat, vapenbroder **-geist** *0 m* kampanda, kämpaglöd, fighting spirit **-genosse** -*n* -*n m, se Kampfgefährte* **-ge-**
richt -*e n, sport.* [tävlings]jury **-getümmel** *0 n*, **-gewühl** *0 n* stridsvimmel **-gruppe** -*n f* stridsgrupp; specialstyrka; *DDR* beväpnad arbetargrupp **-hahn** -*e*† *m* stridstupp (*äv. bildl.*) **-handlung** -*en f* stridshandling **-läufer** - *m, zool.* brushane **-lied** -*er n* kampsång **-linie** -*n f* stridslinje, front
kampflos utan strid **Kampflust** *0 f* kamp-, strids|lust, -lystnad **kampflustig** kamp-, strids|lysten
Kampf|maßnahme -*n f* stridsåtgärd **-mittel** - *n* stridsmedel, vapen; stridsåtgärd **-platz** -*e*† *m* stridsplats, slagfält; tävlingsbana **-preis** -*e m, hand.* kampanjpris **-richter** - *m* [tävlings]domare **-schwimmer** - *m, mil.* grodman
kampfstark stark [i strid] **Kampfstoff** -*e m* (*radioaktivt, kemiskt el. biologiskt*) stridsmedel **kampfunfähig** stridsoduglig **Kampfwagen** - *m, åld.* stridsvagn
kampieren kampera; *vard.* kinesa, övernatta
Ka'muffel - *n, neds.* dumhuvud, idiot
Kanaa|näer - *m,* **-niter** - *m* kanané **kanaanäisch** kananeisk **kanaanitisch** kananitisk
Ka'nadier - *m* kanadensare (*äv. kanot*) **kanadisch** kanadensisk
Kanaille [ka'naljə] **1** -*n f* kanalje **2** *0 f* pöbel, pack
Kanake -*n* -*n m* **1** kanak; polynesier **2** *vard.* idiot **3** *vard. neds.* svartskalle (*utlänning*)
Kanal -*e*† *m* kanal; rörledning; [kloak]rör; *er hat den ~ voll* (*vard.*) *a*) det står honom upp i halsen, *b*) han är full **Kanalisation** -*en f* **1** kanalisering **2** anläggande av avlopp (kloaker); avlopps-, kloak|system **kanalisieren 1** kanalisera (*äv. bildl.*); göra segelbar **2** förse m. avlopp **Kanalschalter** - *m, radio., telev.* kanalväljare
'Kanapee -*s n* **1** *kokk.* kanapé, smördegsbakelse; smörgås **2** *åld. el. iron.* kanapé, soffa
Ka'nari -[*s*] *m, sty., österr.,* **Kanarienvogel** -*†m* kanariefågel **kanarisch** *die K~en Inseln* Kanarieöarna
1 Kanaster - *m, åld., se Knaster*
2 Kanaster *0 n, kortsp.* canasta
Kandare -*n f* kandar (*betsel*); *e-n an die ~ nehmen* (*bildl.*) hålla ngn i strama tyglar
Kandelaber - *m* kandelaber; flerarmad gatlykta
Kandelzucker *0 m, dial.* kandisocker
Kandidat -*en* -*en m* kandidat; sökande; student som förbereder sig för [slut]examen; examinand (*i slutexamen*) **Kandidatur** -*en f* kandidatur **kandidieren** kandidera
kandieren kandera **Kandis** *0 m,* **Kandiszucker** *0 m* kandi-, bröst|socker
Kaneel -*e m* kanel
Kanevas ['kanəvas] -[*ses*] -[*se*] *m* kanfas
Känguruh -*s n* känguru
Kanin -*e n* kanin (*skinn*) **Kaninchen** - *n* kanin **Kaninchenbau** -*e m* kaninhåla
Ka'nister - *m* dunk, [metall]behållare
Kanker - *m, zool., se Weberknecht* **kan'kros** *med.* cancerartad
kann *se können* **Kann-Bestimmung** -*en f* ej bindande föreskrift
Kännchen - *n* liten kanna, litet kärl **Kanne** -*n f* **1** kanna, kärl; *es gießt wie aus (mit) ~n* (*vard.*) det öser ner; *in die ~ steigen a*) *stud.* [vara tvungen att] dricka ur [sitt öl], *b*) *vard.* dricka (tåla) en hel del **2** *sl.* lur (*saxofon*) **Kannegießer** - *m, iron.* kannstöpare **Kannegießerei** *0 f, iron.* kannstöperi **kannegießer|n** -*te, gekannegießert, iron.* kannstöpa

kannelieren kannelera, räffla **Kannelierung** -en f kannelering **Kannelur** -en f, **Kannelüre** -n f kannelyr
kannenweise kannvis, i kannor
Kannibale -n -n m kannibal; neds. brutal person **kannibalisch** kannibalisk; neds. grym, brutal; skämts. oerhörd, fantastisk; sich ~ wohl fühlen ha det bra, må jättebra **Kannibalismus** 0 m kannibalism
kannte se kennen
Kann-Vorschrift -en f ej bindande föreskrift
'**Kanon** -s m kanon (äv. mus.); rättesnöre
Kanonade -n f kanonad **Kanone** -n f kanon; vard. skämts. revolver; auf seinem Gebiet ist er e-e ~ (vard.) han är en överdängare (expert) på sitt område; e-e große ~ en av de stora kanonerna, ett stort namn, en stjärna; unter aller ~ (vard.) under all kritik **Kanonenfutter** 0 n kanon|föda, -mat **Kanonenofen** -† m kanonugn, rund plåtugn **Kanonenschlag** -e† m (i fyrverkeri) kanonskott **Kanonenstiefel** - m hög kragstövel **Kanonier** [-'niːɐ̯] -e m kanonjär **kanonieren 1** åld. [be]skjuta [m. kanoner] **2** sport. skjuta ett kanonhårt skott **Kanoniker** - m, **Kanonik|us** -er m kanik; ledamot av domkapitel **Kanonisation** -en f kanonisering **kanonisch** kanonisk **kanonisieren** kanonisera
Kanossagang -e† m kanossavandring; e-n ~ antreten [vara tvungen att] gå till Canossa
Kantate 1 -n f kantat **2** [der Sonntag] ~ fjärde söndagen efter påsk
Kante -n f **1** kant, rand; väv. list; Geld auf die hohe ~ legen (vard.) lägga pengar på hög, lägga undan pengar; an allen Ecken und ~n (vard.) på alla håll o. kanter **2** dial. trakt
Kantel - m n, åld. fyrkantig linjal **kanten** stjälpa, ställa på kant; baxa; kantställa (skidor) **Kanten** - m, nty. skalk, [bröd]kant **Kantenball** -e† m kantboll (i bordtennis)
Kanter - m, ridk. kort galopp **Kantersieg** -e m, sport. lätt [överlägsen] seger (vinst)
Kanthaken - m **1** tekn. kanthake **2** e-n beim ~ fassen (nehmen) (vard.) ställa ngn t. svars, tala ngn t. rätta **Kantholz** -er† n kantat (kantsågat) virke **kantig** kantig
Kantilene -n f, mus. cantilena
Kantine -n f personal|restaurang, -matsal; kantin, marketenteri
Kanton -e m kanton **kantonal** kantonal, kanton- **Kantonist** -en -en m **1** åld. rekryt **2** er ist ein unsicherer ~ (vard.) honom kan man inte lita på **Kantönligeist** 0 m, schweiz. ung. provinsialism
Kantor -en m kantor **Kantorei** -en f **1** kantorsbostad **2** kyrkokör
Kantschu -s m piska (av läderremmar)
Kantstein -e m, nty., se Bordstein
Kantus -se m, stud. sång
'**Kanu** [äv. -'-] -s n kanot
Kanüle -n f, med. kanyl
Kanute -n -n m kanotist
Kanzel -n f **1** prediksstol **2** förarkabin, cockpit **3** jakt. [upphöjt] jaktstånd **4** åld. kateder -**dach** -er† n, -**deckel** - m baldakin, predikstolshimmel
kanzellieren åld. stryka över (ngt skrivet), annullera
Kanzelmißbrauch 0 m, ung. missbruk av predikoämbetet **Kanzelredner** - m predikant
Kanzelschwalbe -n f, neds. trägen kyrkobesökerska

kanzerogen [-g-] med. cancerogen, cancerframkallande **kanzerös** med. cancerartad
Kanzlei -en f kansli; (i sht advokats) kontor -**beamte(r)** m, adj böjn. kanslist -**deutsch** 0 n, neds. kanslityska -**format** -e n, åld. folioformat -**papier** 0 n, åld. normalpapper -**sprache 1** -en f kanslispråk **2** 0 f, se Amtssprache -**stil** 0 m kanslistil
Kanzler - m kansler **Kanzlerschaft** 0 f kanslerskap, kanslersämbete **Kanzlist** -en -en m, åld. kanslist
Kaolin -e n m kaolin
Kap [kap] -s n kap, udde
kapabel åld. kapabel, skicklig
Kaˈpaun -e m kapun
Kapazitanz -en f, elektr. kapacitans **Kapazität** -en f **1** kapacitet **2** fattningsförmåga
Kapee 0 n, vard., schwer von ~ sein ha svårt för att fatta
Kapelle -n f kapell (äv. mus.) **Kapellmeister** - m kapellmästare
1 Kaper -n f kapris
2 Kaper - m kapare **Kaperbrief** -e m kaparbrev **Kaperei** -en f kaperi, sjöröveri **kapern** kapa; sich (dat.) etw. ~ (vard.) lägga vantarna på (bemäktiga sig) ngt; e-n für etw. ~ (vard.) vinna ngn för ngt; sie hat sich (dat.) e-n Millionär gekapert (vard.) hon har fått en miljonär på kroken **Kaperschiff** -e n kapare, sjörövarfartyg **Kaperung** -en f kapning, kaperi
kapholländisch kapholländsk; ~e Sprache (äv.) afrikaans
kapieren vard. fatta, begripa
Kapillare -n f kapillär-, kapillar|rör; kapillär
Kapillargefäß -e n hårrörs-, kapillär|kärl, -rör **Kapillarität** 0 f kapillaritet, kapillär-, hårrörs|kraft
kapital kapital; ~er Irrtum (äv.) enormt misstag; ~er Hirsch (jakt.) kapital (stor o. grann) hjort **Kapital** -e el. -ien n kapital; tillgång (äv. bildl.); geistiges ~ andliga tillgångar; aus etw. ~ schlagen slå mynt av ngt **Kapitäl** -e n kapitäl **Kapitalabwanderung** 0 f kapitalflykt **Kapitalanlage** -n f investering, kapitalplacering **Kapitalaufstockung** -en f höjning av aktiekapitalet **Kapitalausfuhr** 0 f kapitalexport **Kapitalbuchstabe** -n[s] -n m versal, stor bokstav **Kapitälchen** - n, boktr. kapitäl
Kapitale -n f huvudstad
Kapital|einlage -n f insatt kapital, kapitalinsats -**erhöhung** -en f kapital|ökning, -höjning -**ertrag** -e† m avkastning på kapitalet -**ertragsteuer** -n f skatt på kapitalinkomst -**fehler** - m huvud-, kardinal|fel, grundläggande fel; jätteblunder -**flucht** 0 f kapitalflykt -**geber** - m finansiär -**gesellschaft** -en f kapitalbolag
kapitalintensiv kapitalintensiv **Kapitalisation** -en f kapitalisering **kapitalisieren** kapitalisera **Kapitalismus** 0 m kapitalism **Kapitalist** -en -en m kapitalist **kapitalistisch** kapitalistisk **kapitalkräftig** kapitalstark **Kapitalmarkt** -e† m kapitalmarknad **Kapitalverbrechen** - n svårt brott **Kapitalvermögen** - n kapitaltillgångar, förmögenhet i kapital
Kapitän -e m kapten; befälhavare; flyg. äv. chefspilot; sport. äv. lagkapten; ~ zur See kommendör; ~ der Landstraße (vard.) långtradarchaufför **Kapitän-leutnant** -s el. -e m kapten (i flottan)
Kapitel - n **1** kapitel; bildl. äv. sak, angelägen-

het 2 domkapitel; ordenskapitel **kapitelfest** bibelsprängd; ~ *sein* vara säker i sina stycken
Kapitell *-e n* kapitäl
kapiteln *dial.* tillrättavisa, skälla ut
Kapitol *0 n, das* ~ Capitolium **kapitolinisch** kapitolinsk
Kapitulant *-en -en m* **1** *åld.* soldat (*som kvarstår i tjänsten utöver den avtalade tiden*) **2** *DDR, ein* ~ *sein* kapitulera, ge med sig [lätt]
Kapitular *-e m* ledamot av kapitel, kapitular
Kapitulation *-en f* kapitulation (*jfr kapitulieren*) **kapitulieren 1** kapitulera, ge sig; *vor Schwierigkeiten* ~ ge upp inför svårigheter **2** *åld.* [re]kapitulera, utfästa sig att kvarstå i militärtjänst
Kaplan *-e† m* kaplan
Kapland ['kap-] *0 n, das* ~ Kaplandet
Kapo ['kapo] *-s m* **1** kapo (*koncentrationslägerfånge som tjänstgör som uppsyningsman*) **2** *soldatsl.* underofficer
Kapok ['ka(:)-] *0 m* kapock
ka'pores ~ *gehen a*) *vard.* gå sönder, *b*) *vulg.* kola vippen
Kapotte *-n f*, **Kapotthut** *-e† m* kapott[hatt]
Käppchen *- n* kalott; liten mössa **Kappe** *-n f* **1** mössa, luva, huva, hätta; *etw. auf seine* [*eigene*] ~ *nehmen* (*vard.*) ta ngt på sitt ansvar; *das geht auf seine* ~ (*vard.*) det får han stå för **2** kåpa, huv; kapsel, lock, kapsyl; hylsa, hatt **3** tåhätta; bakkappa **4** *arkit.* valvkupa **5** *mat.* kalott (*på sfär*)
kappen 1 kapa [av], toppa (*träd*); kastrera (*tupp*) **2** *vard.* haffa, fånga **3** (*om tupp*) betäcka
Kappes *0 m, dial.* vitkål; *bildl.* strunt[prat], smörja
Kapp|hahn *-e† m* kapun **-hengst** *-e m* valack
'Käppi *-s n* båtmössa
Kappnaht *-e† f* fällsöm
Kappus *0 m, se Kappes*
Kappzaum *-e† m* kapson
Kaprice [-'pri:sə] *-n f* kapris, nyck
Kapriole *-n f* kapriol, krumsprång; nyckfullt påhitt
kaprizieren *rfl, sich auf etw.* (*ack.*) ~ få ngt för sig, egensinnigt framhärda i ngt **kapriziös** kapriciös, nyckfull, ombytlig
Kapsel *-n f* kapsel; etui; ask **kapseln** [in]kapsla
Kapstadt [kap-] *0 f, die* ~ Kapstaden
Kap'tein *-s m, nty.*, **'Käpten** *-s m, nty.* [sjö]kapten
kaputt trasig, sönder, kaputt; *vard.* trött, slut; *bei ihm ist was* ~ (*vard.*) han har en skruv lös **-gehen** *st s* gå sönder; (*om växt*) dö; *bildl.* spricka; gå omkull; *ich gehe kaputt, wenn ich allein bin* jag blir fullkomligt förstörd när (om) jag är ensam **-lachen** *rfl* skratta sig fördärvad **-machen** ha sönder, förstöra; *bildl.* ruinera, ta kål på **-schlagen** *st* slå sönder
Kapuze *-n f* kapuschong **Kapuziner** *- m* **1** kapucin[er]munk **2** *österr.* kaffe m. grädde **Kapuzinerkresse** *-n f* indiankrasse **Kapuzinerorden** *0 m* kapucin[er]orden **Kapuzinerpilz** *-e m* björk-, sträv|sopp **Kapuzinerpredigt** *-en f* straffpredikan
Kar *-e n* kar, nischdal
Karabiner *- m* **1** karbin **2** *österr.* karbinhake
Karabinier|e [-bi'nje:rə] *-i m* karabinjär
Ka'racho *0 n, vard.* kläm, fart, schvung; *mit* ~ med världens fart
Karaffe *-n f* karaff[in]
Karambolage [-'la:ʒə] *-n f* **1** *vard.* krock; *åld.*

bråk, gräl **2** karambolage **karambolieren 1** *h el. s* krocka **2** karambolera
Karamel [-'mɛl] *0 m* karamell (*smält socker*) **Karamelbier** *-e n* (*slags*) svagdricka **Karamelle** *-n f* [kola]karamell
Karat *-e* (*vid måttsangivelse* -) *n* karat
Karate *0 n* karate
Karavelle [-v-] *-n f*, *sjö.* karavel
Karawane *-n f* karavan **Karawanenstraße** *-n f* karavanväg **Karawanserei** *-en f* karavanseraj
Karbatsche [-'ba:-] *-n f* karbas (*piska*) **karbatschen** piska upp
Karbid *-e n* karbid **Karbol** *0 n* karbol **Karbolmäuschen** *- n, vard.* [söt o. trevlig] sjuksyster
Karbon *0 n, geol.* karbon
Karbonade *-n f, dial.* kotlett **Karbonado** *-s m* karbon, svart [industri]diamant
Karbonat 1 *-e m, se Karbonado* **2** *-e n* karbonat **Karborund** *0 n* karborundum
Karbunkel *- m, med.* karbunkel
karburieren *tekn.* karburera
Karda'mom *-e*[*n*] *m n* kardemumma
Kar'dan [*äv.* '---] *-e m* kardanaxel **Kardangelenk** *-e n* kardanknut **kardanisch** ~*e Aufhängung* kardansk upphängning **Kardanwelle** *-n f* kardanaxel
Kardätsche [-'dɛ:-] *-n f* ryktborste **kardätschen** rykta (*häst*)
Karde *-n f* **1** *bot.* kardvädd **2** *väv.* karda, ullkam **kard[ier]en** *väv.* karda
kardinal *åld.* viktig, väsentlig, huvud-, kardinal-
Kardinal *-e† m* **1** kardinal **2** vitvinsbål (*m. pomerans*) **-fehler** *- m* kardinalfel **-punkt** *-e m* huvudpunkt **-tugenden** *pl, filos.* kardinaldygder **-zahl** *-en f* kardinal-, grund|tal
Kardiogramm *-e n, med.* kardiogram
Karelier *- m* karelare **karelisch** karelsk
Karenz *-en f*, **Karenzzeit** *-en f* karenstid
karessier|en *åld.* smeka, karessera; *er -t mit ihr* han tar ett förhållande med henne
Karfiol [-'fjo:l] *0 m, sty., österr.* blomkål
Kar'freitag *-e m* långfredag
Kar'funkel *- m*, **Karfunkelstein** *-e m, miner.* karbunkel
karg *adj, äv.* † karg, fattig, torftig, knapp; ~*er Boden* mager jord[mån]; *mit etw.* ~ *sein* vara sparsam (snåla) med ngt **kargen** *högt.* snåla, vara sparsam (*mit med*) **kärglich** karg, ringa, torftig, knapp; ~ *bemessen* snålt tilltagen; ~*es Leben* fattigt liv
Kargo *-s m, sjö.* [skepps]last
karibisch karibisk
karieren ruta, göra rutig **kariert** rutig; *vard.* virrig, vettlös; ~*es Papier* rutat papper, rutpapper; ~ *schauen* (*vard.*) se ut som ett frågetecken, se dum ut
Karies ['ka:ri̯ɛs] *0 f* karies, tandröta
Karikatur *-en f* karikatyr **Karikaturenzeichner** *- m*, **Karikaturist** *-en -en m* karikatyrtecknare, karikatyrist **karikaturistisch** karikatyr|artad, -mässig **karikieren** karikera
kariös angripen av karies, karierad
'Karitas *0 f* **1** människokärlek, [kristlig] kärlek, kärlek till nästan, välgörenhet **2** *förk. för Deutscher Caritasverband* [ty.] Caritasförening
karitativ humanitär, välgörenhets-, barmhärtighets-
Karline *-n f dial. neds.* [dum] jänta (kärring)
kar'jolen *s, se karriolen*
karlingisch karolingisk **Karlsbader** *oböjl. adj* karlsbad-; ~ *Salz* karlsbadersalt

Karma[n] *0 n, relig.* karma **Karmelit** *-en -en m,* **Karmeliter** - *m* karmelit[er]munk **Karmelitergeist** *0 m, ung.* citronmelissliniment **Karmelit[er]in** *-nen f* karmelit[er]nunna **Karmeliterorden** *0 m* karmelit[er]orden **Karmesin** *0 n* karmosin[rött] **Karmin** *0 n* karmin[rött] **karmosieren** *fack.* omge med små ädelstenar
Karneol *-e m, miner.* karneol
Karner - *m* **1** [kyrkogårdskapell m.] benhus **2** *slaktar.* förvaringsrum för kött; rökeri
'Karneval [-v-] *-e el.* *-s m* karneval **Karnevalist** *-en -en m* karnevalsdeltagare **Karnevalszug** *-e†* m karnevalståg
Kar'nickel - *n* **1** *dial.* kanin **2** *vard.* syndabock
Karnies [-'ni:s] *-e n, arkit.* karnis
Kärntner I - *m* invånare i Kärnten **II** *oböjl. adj* från (i) Kärnten
Karo *-s n* ruta (*i mönster*); *kortsp.* ruter
karolingisch karolingisk **karolinisch** karolinsk
Karosse *-n f* kaross; *skämts.* bil; *vard.* karosseri **Karosserie** *-n f* karosseri
Karotin *0 n, kem.* karotin **Karotte** *-n f* karott (*morot*)
Karpaten *pl, die* ~ Karpaterna
Karpfen - *m* karp **-teich** *-e m* karpdamm; *der Hecht im* ~ *sein* (*ung.*) sprida oro i lägret **-zucht** *0 f* karpodling
karrarisch ~*er Marmor* carraramarmor
Karre *-n f* kärra; *alte* ~ gammal kärra (hoj); *e-m an die* ~ *fahren* (*vard.*) göra ner ngn; *die* ~ *laufen lassen* (*vard.*) strunta i allthop; *sich vor jds* ~ *spannen lassen* gå ngns ärenden, arbeta för ngns sak; *die* ~ *steckt im Dreck* (*vard.*) saken har kört fast, det har trasslat t. sig; *e-m die* ~ *aus dem Dreck ziehen* (*vard.*) hjälpa ngn att reda upp saken
Karree [ka're:] *-s n* **1** fyrkant **2** *vard.* kvarter
karren 1 *Sand* ~ köra (transportera) sand [i kärra] **2** *s, vard.* åka, köra (*bil e.d.*)
1 Karren - *m, se* Karre
2 Karren *pl, geol.* karren (*sprickbildningar karstområden*)
Karrengaul *-e†* m åkarkamp; *bildl.* arbetshäst
Karrete *-n f, dial.* karet, vagnsskrälle **Karrette** *-n f, schweiz.* skottkärra; shoppingvagn; *mil.* smalspårig transportvagn
Karriere [ka'riɛ:rə, -'riɛ:rə] *-n f* karriär; *ridk.* full galopp **Karrieremacher** - *m,* **Karrierist** *-en -en m* karriärist, karriärmakare
karriolen *s, vard.* åka (flänga, fara) omkring (hit o. dit, planlöst)
Kar'samstag *-e m* påskafton
1 Karst *-e m, geol.* karst|berg, -bildning
2 Karst *-e m, dial.* potatis-, jord|hacka
Kartätsche [-'tɛː-] *-n f* kartesch **kartätschen** [be]skjuta med kartescher
Kartause *-n f* kartusian[er]kloster **Kartäuser** - *m* **1** kartusian[er], kartusian[er]munk **2** *se följ.* **Kartäuserlikör** *-e m* chartreuse[likör] **Kartäuserorden** *0 m* kartusian[er]orden
Karte *-n f* **1** kort; *seine* ~ *nicht aufdecken* ([*offen*] *auf den Tisch legen*) (*bildl.*) lägga korten på bordet; *alle* ~*n in der Hand behalten* inte spela ut sina trumf; ~*n legen* (*schlagen*) (*dial.*) spå i kort; *alles auf e-e* ~ *setzen* sätta allt på ett kort; *auf die falsche* ~ *setzen* satsa på fel häst; *e-m in die* ~*n sehen* (*bildl.*) titta i ngns kort; *mit verdeckten* ~*n spielen* (*bildl.*) göra ngt i hemlighet, dölja sina avsikter, inte vara uppriktig **2** karta, [sjö]kort (*von över*) **3** matsedel; vinlista; *nach der* ~ *essen* äta à la carte **4** biljett; *sich* (*dat.*) *e-e* ~ *besorgen* skaffa biljett **5** kortlek
Kartei *-en f* kortregister, kartotek **Karteikarte** *-n f* register-, kartoteks|kort
Kartell *-e n* kartell
karten *vard.* spela kort
Karten|ausgabe *-n f* kort-, biljett|utlämning **-bild** *-er n* kartbild **-blatt** *-er†* n **1** kartblad **2** [spel]kort **-haus** *-er†* n **1** *sjö.* karthytt **2** korthus **-kunde** *0 f* kartografi; kart|kunskap, -kännedom **-kunststück** *-e n* kortkonst **-legen** *0 n* konsten att spå i kort **-legerin** *-nen f* spågumma **-lesen** *0 n* kartläsning **-schalter** - *m* biljettlucka **-spiel** *-e n* **1** kortspel **2** kortlek **-spieler** - *m* kortspelare **-ständer** - *m* kart|ställ, -hållare, -hängare **-tasche** *-n f* kartfodral; kartfack **-werk** *-e n* kartverk, atlas
Karthager - *m* kartager **karthagisch** kartagisk
kartieren 1 kartlägga **2** föra in i kartotek
Kartoffel *-n f* **1** potatis; *neue* ~*n* färsk potatis; *süße* ~*n* sötpotatis; ~*n legen* sätta potatis; ~*n abgießen* (*vard.*) kissa; *die* ~*n von unten ansehen* (*wachsen sehen*) (*vard.*) vara både död o. begraven; *rein in die* ~*n, raus aus den* ~*n* (*vard.*) än så, än hit än dit **2** *vard.* potatisnäsa; [stort] hål i strumpan; rova (*klocka*); dålig (mjuk) [fot]boll **-acker** *-†* m potatis|åker, -land **-bofist** *-e m,* **-bovist** *-e m* allmän rottryffel **-brei** *0 m* potatismos **-käfer** - *m* koloradobagge **-kloß** *-e†* m, kokk. (slags) potatisbulle **-kraut** *0 n* potatisblast **-mehl** *0 n* potatismjöl **-miete** *-n f* potatisstuka **-mus** *0 n* potatismos **-puffer** - *m* raggmunk, råraka **-püree** *0 n* potatismos **-salat** *-e m* potatissallad **-schäler** - *m,* **-schälmesser** - *n* potatisskalare **-stärke** *0 f* potatisstärkelse **-walzmehl** *0 n* potatismjöl (*av torkad mald potatis*)
Kartograph *-en -en m* kartograf **Kartographie** *0 f* kartografi **kartographisch** kartografisk
Karton [-'tɔŋ, -'tõ: *sty., österr., schweiz.* -'tɔ:n] *-s ibl.* - *e m* kartong; *nicht alle im* ~ *haben* (*vard.*) inte vara riktigt klok; *jdm e-e von den* ~ *hauen* (*vulg.*) slå ngn på käften **Kartonage** [-'na:ʒə] *-n f* kartonnage; pappask; bokband av papp **kartonier|en** kartonnera; *-t* kartonnerad, i pappband
Kartothek *-en f* kartotek
Kartusche *-n f* kartusch; *mil. äv.* kardus
Karussell *-e el. -s n* karusell
Karwoche *-n f* påskvecka, stilla vecka
Karyatide *-n f, arkit.* karyatid
Karzer - *m, åld.* kvarsittning, karcer (*gymnasie- o. universitetsarrest*)
karzinogen [-g-] *med.* cancerogen, cancerframkallande **Karzinom** *-e n, med.* karcinom
Kas, Käs *-[e] m, sty., österr., se* Käse
'Kasack *-s m* kasack[blus]
Kasche'lott *-e m zool.* kaskelot[t]
Ka'schemme *-n f, vard.* skumt ställe, gangstersjapp
kaschen *vard.* gripa, haffa; sno
Käschen - *n* [liten] ost
Käscher - *m* håv **kaschieren** kaschera (*äv. bokb.*), hemlighålla, dölja
'Kaschmir *-e m, text.* kaschmir
Kaschube *-n* - *n* **1** kasjub, kassub (*folkslag*) **2** *dial., se Hinterwäldler* **kaschubisch** kasjubisk
Käse - *m* ost; *vard.* smörja, strunt; *weißer* ~

(*dial.*) kvarg **Käseblatt** *-er*† *n* **1** *vard.* [lokal]-blaska **2** *skolsl.* betyg **käsebleich** sjukligt (grådaskigt) blek, glåmig **Käse|brot** *-e n,* **-brötchen** - *n* ostsmörgås **Käseglocke** *-n f* ostkupa **Kasein** [kaze'i:n] *0 n* kasein **Käsekuchen** - *m* (*slags*) kvargtårta **Käsemade** *-n f* ostmask
Kasematte *-n f, mil.* kasematt
Käsemesser - *n* ostkniv; *dial.* slö kniv **Käsemilbe** *-n f, zool.* [ost]or **käsen** **1** ysta, bereda ost **2** *s el. h* ysta sig **Käserei** **1** *0 f* ystning **2** *-en f* mejeri med osttillverkning
Kaserne *-n f* kasern **Kasernenhofblüte** *-n f* kasernblomma, militär stilblomma **Kasernenhofton** *0 m, im ~ reden* (*vard.*) ryta som en korpral **kasernieren** kasernera, inkvartera i kasern
Käsestange *-n f* oststång **Käsestoff** *0 m* ostämne, kasein **Käsewasser** *0 n* vassla **'käse'weiß** *vard.* likblek **käsig** ostartad; *vard.* sjukligt blek, glåmig
Kasino *-s n* **1** kasino **2** officersmäss; lunchrum; klubbhus
Kaskade *-n f* kaskad
Kasko *-s m* **1** *sjö.* kasko, skrov **2** kaskoförsäkring **-versicherung** *-en f* kaskoförsäkring
Kasper - *m* kasper, pajas **Kasperl** *-*[*n*] *m n, österr.,* **Kasperle** - *n m* kasper **Kasperl[e]theater** - *n* kasperteater **kaspern** *vard.* spela kasper (pajas)
Kass|a *-en f, österr., se Kasse* **Kassageschäft** *-e n* kassaaffär **Kassakurs** *-e m* loconotering
Kassandraruf *-e m* kassandraspådom (*olycksprofetia*)
Kassation *-en f* **1** kassation **2** *åld.* avsättning (*från tjänst*) **Kassationshof** *-e*† *m* kassationsdomstol
Kassazahlung *-en f* kontantbetalning
Kasse *-n f* **1** kassa; *gegen ~* [per] kontant; *wir haben getrennte ~* vi har skilda kassor; *~ machen* (*hand.*) avsluta kassan; *gut* (*schlecht*) *bei ~ sein* (*vard.*) ha gott (ont) om pengar; *e-n Griff in die ~ tun* (*vard.*) förskingra; *in meiner ~ herrscht Ebbe* (*vard.*) det är ebb i kassan; *e-n zur ~ bitten* (*vard.*) kräva ngn på pengar **2** sparkassa, bank; försäkrings-, sjuk|-kassa
Kasseler *0 n,* **Kasseler Rippe[n]speer** *0 n m, kokk.* kass[e]ler
Kassen|arzt *-e*† *m, ung.* försäkrings-, sjuk|-kasseläkare **-beamte(r)** *m, adj böjn.* kassör **-bestand** *-e*† *m* kassabehållning **-bote** *-n -n m, ung.* bankbud **-brille** *-n f, vard.* [enkla (o. billiga)] glasögon (*som försäkringskassan betalar*) **-buch** *-er*† *n* kassabok **-erfolg** *e m* (*om film e.d.*) kassa|succé, -framgång **-führer** - *m* kassör **-patient** *-en -en m, ung.* patient som är med i försäkringskassan **-reißer** - *m, vard., se Kassenerfolg* **-schlager** - *m, vard.* kassa-succé; försäljningsframgång **-stück** *-e n* kassaⁿ¹⁵ **-sturz** *-e*† *m* genomgång av kassan; *~ machen* (*äv.*) gå igenom kassaböckerna **-verwalter** - *m,* **-wart** *-e m* [förenings]-kassör **-zettel** - *m* nota, [kassa]kvitto
Kasserolle *-n f* [stek]gryta, kastrull
Kassette *-n f* **1** skrin **2** kassett
Kassetten|fernsehen *0 n* kassett-TV **-gerät** *-e n,* **-recorder** - *m* kassettbandspelare **kassettieren** *arkit.* kassettera
Ka'ssiber *-n m* hemligt brev (*inom el. från fängelse*) **kassibern** skriva (skicka) hemligt brev (meddelande) (*t. annan fånge el. utomstående*)
Kassier [-'si:g̱] *-e m, sty., österr., schweiz.* kassör
kassieren **1** kassera in, inkassera; ta betalt **2** *vard.* få (*kritik*), ta emot **3** *vard.* lägga beslag på, ta [ifrån] (*körkort*); haffa, ta (*brottsling*) **4** annullera, upphäva (*dom*) **5** avskeda (*tjänsteman*) **Kassierer** - *m* kassör **Kassier[er]in** *-nen f* kassörska **Kassierung** *-en f* **1** kassering **2** *jur.* kassation
Kaßler *0 n, se Kasseler*
Kastagnette [-stan'jɛtə] *-n f* kastanjett **Kastanie** [-s'ta:-] *-n f* kastanj[e]; kastanjeträd; *für e-n die ~n aus dem Feuer holen* (*vard.*) krafsa kastanjerna ur elden åt ngn
Kästchen - *n* **1** *se Kasten* **2** ruta
Kaste *-n f* kast (*ståndsklass*)
kasteien *rfl* späka sig **Kasteiung** *-en f* späkning
Kastell *-e n* kastell **Kastellan** *-e m* kastellan **kastelln** *sty.,* **kästeln** göra rutig, ruta
Kasten *-*† *äv.* - *m* låda, box, binge; back (*öl*); monter; *sty., österr., schweiz.* skåp; *vard.* brevlåda; *sport.* målbur; *gymn.* plint; *e-e Woche ~* (*vard.*) en vecka i finkan (buren); *alter ~* (*vard.*) gammalt ruckel (*hus*), gammalt skrälle (*bil*), gammal skorv (*båt*); *etw. auf dem ~ haben* (*vard.*) ha mycket inombords, vara intelligent **Kastenbrot** *-e n* formbröd
Kastengeist *0 m* kastanda
Kastenwagen - *m* **1** skåpbil **2** öppen godsvagn med höga sidor
Kastenwesen *0 n* kastväsen
Kastigation *-en f, åld.* tuktan **kastigieren** *åld.* tukta
Kastoröl *0 n* ricinolja
Kastrat *-en -en m* kastrat **Kastration** *-en f* kastrering **kastrier|en** kastrera; *-te Zigarette* (*vard.*) filtercigar[r]ett
Kasu'ar *-e m, zool.* kasuar
Kasuist *-en -en m* **1** *filos.* kasuist **2** hårklyvare **Kasu'istik** *0 f* **1** *filos.* kasuistik **2** spetsfundighet **kasuistisch** **1** *filos.* kasuistisk **2** spetsfundig
Kasus - *m* **1** *språkv.* kasus **2** kasus, fall
Katafalk *-e m* katafalk **Katakombe** *-n f* katakomb
Katalane *-n -n m* katalan **katalanisch** katalansk
Katalog *-e m* katalog; förteckning, lista **katalogisieren** katalogisera
Katalonier - *m* katalan **katalonisch** katalansk
Katalysator *-en m* katalysator **Katalyse** *-n f* katalys **katalysieren** katalysera **katalytisch** katalytisk
Katamaran *-e m, äv. n* katamaran
Katapult *-e n, äv. m* katapult **katapultieren** **1** starta (skjuta ut) m. katapult **2** *rfl* skjuta ut sig m. katapult **Katapultsitz** *-e m* katapultstol
'**Katar** *0 n* Qatar
Katarakt 1 *-e m* katarakt **2** *-e f, med.* katarakt, grå starr
Katarer - *m* qatarier **katarisch** qatarisk
Katarrh *-e m* katarr **katarrhalisch** katarral, katarrartad
Ka'taster - *m, äv. n* jordebok, fastighets-, jord|-register **Katasteramt** *-er*† *n* fastighetsregister **katastrophal** katastrofal **Katastrophe** *-n f* katastrof **Katastrophenfall** *0 m, im ~* i händelse av katastrof
Katatonie *-n f, med.* katatoni

Kate—Kaufleute 330

Kate -n f, dial. stuga, koja, torp
Katechese -n f 1 hednamission 2 kristendomsundervisning **Katechet** -en -en m kateket **Katechism|us** -en m 1 katekes 2 katekisation **Katechumene** -n -n m 1 kateku̇men 2 konfirmand, läsbarn
Kategorie -n f kategori **kategorisch** kategorisk **kategorisieren** kategorisera
Katen - m, dial., se Kate
1 Kater - m [han]katt; der Gestiefelte ~ Mästerkatten i stövlar; verliebt wie ein ~ kär som en klockarkatt
2 Kater - m, vard. baksmälla; e-n ~ haben vara bakfull
Kater|frühstück -e n, ung. sillfrukost (efter genomfestad natt) **-idee** -n f vansinnig idé, tokigt infall
katexochen [-'xe:n] par excellence; av renaste vatten; er war der Kommunist ~ han var den typiske kommunisten
Kat|fisch ['kat-] -e m havskatt **-gut** [-gʊt] 0 n, med. kat[t]gut
kath. förk. för katholisch
Katharsis 0 f katarsis
Katheder - n, äv. m kateder **-blüte** -n f katederblomma **-weisheit** -en f kateder-, kammar|-visdom
Kathedrale -n f katedral
Kathete -n f, mat. katet **Kaṭheter** - m, med. kateter **katheter[isiere]n** med. katetrisera
Kathode -n f katod **Kathodenstrahlen** pl katodstrålar
Kathole -n -n m, vard. neds. katolik **Katholik** -en -en m katolik **Katholikentag** -e m, Deutscher ~ kongress av tyska katoliker (vartannat år) **katholisch** katolsk; die K~en (vard.) katolikerna **katholisieren** göra katolsk, omvända till katolicismen **Katholizismus** 0 m katolicism
'Kation Kati'onen n, fys. o. kem. katjon
Kätner - m, dial. torpare, backstugusittare
Katode -n f, se Kathode
Kätscher - m håv
Kat'tun -e m 1 kattun 2 e-m ~ geben (vard.) skälla ut ngn, klå upp ngn; ~ kriegen (vard.) a) få en utskällning, få stryk, b) mil. sl. utsättas för massiv beskjutning **kattunen** av kattun, kattun[s]-
Katz 0 f, mit jdm ~ und Maus spielen (vard.) leka katt o. råtta m. ngn; für die ~ sein (vard.) vara bortkastad (förgäves), inte hjälpa **katzbalg|en** -te, gekatzbalgt rfl, vard. slåss [på lek]
Katzbalgerei -en f, vard. [lekfullt] slagsmål
Katzbuckelei -en f krumbuktande, kryperi, bugande o. bockande **katzbuckel|n** -te, gekatzbuckelt krumbukta sig, krypa, fjäska
Kätzchen - n 1 kattunge, liten katt 2 bot. hänge; kisse (hos sälg) 3 vard. tjej, brud 4 vard. fitta, mus
Katze -n f 1 katt[a], kattdjur; die ~n (äv.) kattsläktet; das hat die ~ gefressen (vard.) det har kommit bort [på oförklarligt sätt]; die ~ im Sack kaufen (vard.) köpa grisen i säcken; die ~ aus dem Sack lassen (vard.) röja en hemlighet, lägga korten på bordet; die ~ läßt das Mausen nicht det är svårt att lära gamla hundar sitta; in der Nacht sind alle ~n grau i mörkret är alla katter grå; das trägt die ~ auf dem Schwanz fort det får rum på en lillfingernagel, det är en småsak 2 bildl. katta 3 vulg. fitta 4 dial. el. åld. penningpung, portmonnä 5 sjö., neunschwänzige ~ niosvansad katt **Katzel-**

macher - m, österr. neds. spagetti, gipsgubbe (italienare) **Katzenauge** -n n kattöga (äv. min. o. reflex) **Katzenbär** -en -en m panda **Katzenbuckel** - m krökt rygg; e-n ~ machen kröka rygg **Katzendreck** 0 m, vard. kattlort; bildl. småsak, strunt **Katzenfell** -e n kattskinn **katzenfreundlich** inställsam, lismande **Katzen|gold** 0 n kattguld **-hai** -e m storfläckig rödhaj **-jammer** 0 m, vard. baksmälla; moralischer ~ (äv.) bondånger; er hat den (e-n) ~ a) han är bakfull, b) han har dåligt samvete **-kopf** -e† m, vard. 1 kullersten 2 sittopp **-kraut** 0 n 1 valeriana 2 bot. kattmynta **-machen** 0 n, das geht wie's ~ (vulg.) det är gjort i en handvändning (en enkel match) **-musik** 0 f, vard. neds. kattmusik, oljud **-pfötchen** - n kattass; bot. kattfot; sjö. krusning (på vattnet) **-pfote** -n f kattass; sjö. krusning (på vattnet) **-sprung** -e† m, vard. tuppfjät; es ist nur ein ~ bis dorthin det ligger bara ett stenkast härifrån **-tisch** -e m, vard. barnbord (matbord); am ~ essen müssen (äv.) inte få äta med de stora **-wäsche** 0 f, vard. kattvask, slarvig tvättning; ~ machen tvätta sig nödtorftigt **-zunge** -n f kattunga (äv. choklad)
Katz|off, -uff -s m, dial., se Fleischer
kaudern dial. 1 kackla (som en kalkon) 2 tala rotvälska 3 nasa, bjuda ut varor på dörren **Kauderwelsch** 0 n rotvälska **kauderwelsch|en** -te, gekauderwelscht tala rotvälska (otydligt, svårförståeligt); e-e Sprache ~ rådbråka ett språk
kaudinisch durch das ~e Joch gehen (bildl.) gå under [det kaudinska] oket
Kaue -n f, gruv. 1 lave 2 tvätt- o. omklädningsrum
kauen tugga (an + dat. på); [die] Nägel (an den Nägeln) ~ bita på naglarna; die Worte (Silben) ~ dra [ut] på orden, tala långsamt; e-m etw. zu ~ geben (bildl.) ge ngn ngt att bita i; an etw. (dat.) ~ (bildl.) knoga (inte komma tillrätta) med ngt
kauern 1 sitta på huk (hopkrupen) 2 rfl huka sig ned
Kauf -e† m köp; ~ auf Teilzahlung (Raten) avbetalningsköp; ~ auf Abruf köp för leveranser vid anfordran; ~ auf (zur) Probe öppet köp; günstiger ~ fördelaktigt köp; leichten ~s davonkommen slippa billigt undan; etw. in ~ nehmen finna sig i ngt; etw. zum ~ anbieten utbjuda ngt till salu **Kaufabschlu|ß** -sse† m avslut av köp, köpslut **Kaufauftrag** -e† m köporder **Kaufbrief** -e m köpebrev **kaufen** köpa; handla; vard. muta; auf Raten (vard. Stottern) ~ köpa på avbetalning; dafür kann ich mir nichts ~! (vard.) vad ska jag med det till?, det kan jag vara utan!; den werde ich mir ~! (vard.) den ska få veta att han lever!, den ska jag tala allvar med! **Käufer** - m köpare; kund
Kauf|fahrer - m, åld., **-fahrteischiff** -e n, åld. kofferdist, kofferdifartyg **-frau** -en f [kvinnlig] affärsföretagare, handelsidkerska **-geld** -er n köpe|summa, -skilling **-gesuche** pl (annonsrubrik) önskas köpa **-halle** -n f varuhus (i ett plan) **-haus** -e† n varuhus **-hausdetektiv** -e m butikskontrollant **-herr** -[e]n -en m, åld. storköpman, innehavare av stor firma **-kraft** 0 f köpkraft
kaufkräftig köp|kraftig, -stark **Kaufladen** -† m [liten] butik, handelsbod **Kaufleute** se

Kaufmann **käuflich** till salu; ~*er Beamter* mutbar (besticklig) tjänsteman; ~ *erwerben* förvärva genom köp; ~*e Liebe* prostitution; ~*es Mädchen* prostituerad **kauflustig** köplysten; *ein K~er (äv.)* en spekulant **Kauf|mann** -*leute* *m* köpman, handels-, affärs|man; *zum ~ gehen (vard. äv.)* gå o. handla **kaufmännisch** köpmanna-, affärs|mässig, köpmans-, affärs-, handels-; ~*er Angestellter (handelsutbildad)* kontorsanställd (affärsanställd); ~ *veranlagt sein* ha affärssinne (affärsbegåvning) **Kaufmannschaft** *0 f* köpmanskår **Kaufmannsdeutsch** *0 n* affärstyska **Kaufmannsgehilfe** -*n* -*n m* kontors-, affärs|biträde **Kaufmannsladen** -† *m, se Kaufladen* **Kaufmannssprache** -*n f* affärsspråk **Kaufpreis** -*e m* köpe|summa, -skilling, pris **Kaufvertrag** -*e†* *m* köpe|avtal, -kontrakt **Kaufwert** -*e m* handelsvärde
Kaugummi -[*s*] *m, äv. n* tuggummi
Kaukasier - *m* kaukasier **kaukasisch** kaukasisk
Kaulbarsch -*e m, zool.* [snor]gärs **Kaule** -*n f, dial.* **1** kula **2** hål, grop **Kaulkopf** -*e†* *m, zool.* **1** stensimpa **2** [snor]gärs **Kaulquappe** -*n f* grodlarv
kaum knappt, knappast; näppeligen; ~ ..., *als (da, so)* knappt ... förrän; *sie hatte ~ im Kino Platz genommen, als das Licht ausging* (da el. so ging das Licht aus) hon hade knappt tagit plats i biografsalongen förrän ljuset släcktes; ~, *daß er angefangen hatte, wurde er unterbrochen* han hade just (nätt o. jämnt) börjat när han blev avbruten; *er war sehr erregt,* ~ *daß er reden konnte* han var mycket upprörd o. fick knappt fram ett ord, han var så upprörd att han nästan inte kunde tala; *ich hätte ihn* ~ *wiedererkannt* jag hade nästan inte känt igen honom; ~ *glaublich (äv.)* föga trolig, nästan otrolig; *ich kann es* ~ *glauben (äv.)* jag har svårt för att tro det; *kommt er?* — [*wohl*] ~ kommer han? — förmodligen inte
Kau|magen -[†] *m, zool.* muskelmage -**muskel** -*n m* tuggmuskel
Kaupelei -*en f, dial.* smyg-, bytes|handel **kaupeln** *dial.* driva smyghandel (byteshandel), smyghandla
Kauri -*s m el. f* kauri[snäcka] -**fichte** -*n f* kauri gran -**schnecke** -*n f* kauri[snäcka]
kausal kausal, orsaks- **Kausalgesetz** *0 n, das* ~ kausal[itets]lagen **Kausalität** -*en f* kausalitet, orsakssammanhang **Kausalitäts|gesetz** *0 n,* -*prinzip* *0 n, se Kausal\gesetz,* -*prinzip* **Kausalnexus** - *m* kausalsammanhang **Kausalprinzip** *0 n, das ~* kausalitetsprincipen **Kausalsatz** -*e†* *m, språkv.* kausalsats **Kausalzusammenhang** -*e†* *m* orsakssammanhang
'**kausativ** [*äv.* --'-] *språkv.* kausativ **Kausativ** -*e n, språkv.,* **Kausa'tiv|um** [-v-] -*a n, språkv. åld.* kausativ[t verb]
Kausche -*n f, sjö.* kaus[ring]
'**Kaustik** *0 f* **1** *opt.* kaustika **2** *med.* kauterisation **kaustisch** *kem.* kaustik; *bildl.* sarkastisk
Kautabak -*e m* tuggtobak
Kau'tel -*en f, jur.* förbehåll; ~*en einlegen* reservera sig
Kauterisation -*en f, med.* kauterisering **kauterisieren** *med.* kauterisera
Kaution -*en f* kaution; borgen; garanti[summa]
Kautsch *se Couch*
kautschieren *se kautschutieren* **Kautschuk** -*e m* kautschuk, rågummi **Kautschukparagraph** -*en* -*en m, vard., se Gummiparagraph* **kautschutieren** överdra med kautschuk; tillverka av kautschuk
Kauwerkzeug -*e n* tugg|verktyg, -apparat
Kauz -*e†* *m* **1** *zool.* [liten] uggla **2** kurre, prick, figur; *komischer ~* kuf, underlig kurre **3** *dial.* hårknut **kauzig** egendomlig, underlig, konstig
Kavalier [kava'li:g] -*e m* kavaljer, gentleman; *er ist immer ~* han är alltid artig (uppmärksam) mot damerna **kavaliermäßig** *se kavaliersmäßig* **Kavaliersdelikt** -*e n, ung.* oskyldig (inte vanärande) förseelse **kavaliersmäßig** gentlemanna-, kavaljers|mässig, artig **Kavaliersschnupfen** *0 m, skämts.* drypan *(gonorré)* **Kavaliersstart** -*e el.* -*s m* rivstart **Kavaliers-[taschen]tuch** -*er†* *n* näsduk [i bröstfickan]
Kavalkade [-v-] -*n f* kavalkad
Kavallerie [-v-] -*n f* kavalleri **Kavallerist** -*en* -*en m* kavallerist
Kavatine [-v-] -*n f, mus.* cavatina
Kaverne [-v-] -*n f* **1** *med.* hålighet, kavern **2** bergrum **kavernös** kavernös
Kaviar ['ka:v-] -*e m* kaviar -**brot** -*e n, ung.* pain riche -**brötchen** - *n* kaviarsmörgås
Kavität [-v-] -*en f* kavitet, hålighet
Kebse [-e:-] -*n f,* **Kebs|frau** -*en f,* -**weib** -*er n* frilla, konkubin
keck käck; framfusig; uppnosig, näsvis; respektlös, obekymrad
keckern ge ifrån sig ett gnäggande läte; *bildl.* smattra
Keckheit -*en f* käckhet *etc., jfr keck*
Keeper ['ki:pɐ] - *m, sport.* målvakt
Kees -*e n, sty., österr.* glaciär
'**Kefir** *0 m* kefir
Kegel - *m* **1** kägla; kon; ~ *schieben* spela kägla (käglor); *e-n ~ machen (jakt., om hare e.d.)* sitta (sätta sig) på bakbenen **2** *typ.* kägel **3** *mit Kind und ~* med barn o. blomma **Kegelaufsteller** - *m, se Kegeljunge* **Kegelbahn** -*en f* kägelbana **Kegelberg** -*e m* kägelformigt berg **kegelförmig, kegelig** kägelformig; konisk **Kegeljunge** -*n* -*n m* kägel|-resare, -pojke **Kegelkugel** -*n f* kägelklot **Kegelmantel** -† *m* mantelyta hos kon **kegeln 1** spela (slå) kägla (käglor) **2** *jakt. (om hare e.d.)* sitta (sätta sig) på bakbenen **3** *s, vard.* rulla runt, trilla omkull **Kegelprojektion** -*en f* konisk [kart]projektion **Kegelrad** -*er†* *n* koniskt kugghjul **kegel|scheiben** *schob Kegel, Kegel geschoben sty., österr.,* -**schieben** *schob Kegel, Kegel geschoben* spela kägla (käglor); *Petrus schiebt Kegel (ung.)* Tor är ute o. kör med sina bockar **Kegelschnitt** -*e m, mat.* kägelsnitt, konisk sektion **Kegelspiel** -*e n* kägelspel **Kegelstumpf** -*e†* *m* stympad kon **Kegelventil** -*e n* konisk ventil, kägelventil **Kegler** - *m* kägelspelare **kegelig** *se kegelig*
Kehldeckel - *m* struplock **Kehle** -*n f* **1** strupe; *aus voller ~* för full hals; *e-m die ~ durchschneiden* skära halsen av ngn; *das Wasser geht ihm bis an die ~, ihm geht's an die ~* han är ute (ligger illa till ekonomiskt); *e-e ausgepichte ~ haben (vard.)* tåla en hel del *(sprit)*; *e-e rauhe ~ haben* vara hes; *e-e trockene ~ haben* vara torr i halsen; *er hat immer e-e trockene ~ (vard.)* han är alltid törstig *(efter sprit)*; *sein Geld durch die ~ jagen (vard.)* dricka (supa) upp sina pengar; *mir ist etw. in*

die falsche ~ *gekommen* jag har fått ngt i vrångstrupen (galen strupe); *er hat es in die falsche* ~ *gekriegt* han missuppfattade det o. tog illa upp; *sich (dat.) die* ~ *aus dem Hals schreien (vard.)* skrika sig fördärvad; *es blieb mir in der* ~ *stecken* det fastnade i halsen på mig; *die Angst schnürte mir die* ~ *zu* min strupe sammansnördes av ångest **2** hålkäl, rundad ränna **3** *mil.* ryggsida (*av befästning*) **kehlen 1** käla, urholka, förse med hålkäl **2** rensa [fisk] **Kehlhobel** - *m* käl-, sims|hyvel **kehlig** guttural
Kehl|kopf -*e*† *m* struphuvud **-kopfkrebs** -*e m* strupcancer **-kopfmikrophon** -*e n* strupmikrofon, laryngofon **-kopfspiegel** - *m* strup[huvud]spegel, laryngoskop **-lappen** - *m* slör (*haklapp på hönsfågel*) **-laut** -*e m* strup-, guttural|ljud **-leiste** -*n f* hålkäl, källist **Kehlung** -*en f* kälning, sims, hålkäl
'Kehraus *0 m* sista dans; slut; [*den*] ~ *machen* städa upp (*efter fest*), sluta (*fest*) **Kehrbesen** - *m* sopkvast **Kehrblech** -*e n* sopskyffel
Kehre -*n f* skarp krök (kurva); *ich bin an der* ~ det är min tur
1 kehren sopa; *vor seiner eigenen Tür* ~ sopa rent för egen dörr
2 kehr|en 1 vända, rikta; -*t!* helt om!; *in sich gekehrt (bildl.)* inåtvänd; *das Unterste zu oberst* ~ vända upp o. ner på allt **2** *s* återvända **3** *rfl* vända sig; *schließlich -te sich noch alles zum besten (äv.)* till slut blev allting bra (rättade allting till sig); *sich an etw. (ack.) nicht* ~ inte bry sig om (strunta i) ngt
Kehricht *0 m, äv. n* sopor, skräp; *das geht dich e-n feuchten* ~ *an (vard.)* det angår dig inte ett dugg **-eimer** - *m* sop-, slask|hink **-haufen** - *m* sophög **-schaufel** -*n f* sopskyffel
Kehrmaschine -*n f* sopmaskin
Kehr|platz -*e*† *m, schweiz.* vändplats **-reim** -*e m* omkväde, refräng **-schleife** -*n f* vändslinga **-seite** -*n f* avig-, från|sida; *vard.* rygg, bak; *e-m die* ~ *zuwenden* vända ngn ryggen; *die* ~ *der Medaille (bildl.)* medaljens frånsida; *die* ~ *e-r Münze* baksidan på ett mynt
kehrtmachen göra helt om; *nach e-m Kilometer machte er kehrt* efter en kilometer vände han [om] **Kehrwert** -*e m, mat.* inverterat värde
keifen [skrika o.] gräla, skälla **Keiferei** -*en f* [ihållande] gräl, skällande
Keil -*e m* kil; *auf e-n groben Klotz gehört ein grober* ~ (*ung.*) sådant läder ska sådan smörja ha (*man besvarar en grovhet med en annan*); *ein* ~ *treibt den anderen (ung.)* tvång föder tvång; *e-n* ~ *zwischen zwei Menschen treiben* skapa söndring (driva in en kil) mellan två människor **-absatz** -*e*† *m* kilklack **-bein** -*e n* kilben
Keile *pl, vard.* stryk; *es setzt* ~ det vankas stryk **keilen 1** kila, driva in en kil i, klyva medelst kil **2** slå bakut (*om häst*); knuffa **3** *vard.* värva [som medlem] **4** *rfl* tränga sig [fram] (*genom folksamling*); *vard.* slåss **Keiler** - *m* vildsvinsgalt **Keilerei** -*en f, vard.* slagsmål
Keil|haue -*n f* kilhacka **-hose** -*n f* [avsmalnande] [skid]byxor (*m. hälla under foten*) **-riemen** - *m* kilrem; fläktrem (*i bil*) **-schrift** *0 f* kilskrift
Keim -*e m* grodd, brodd; embryo; [sjukdoms]alstrande] bakterie, mikrob; *bildl. äv.* frö; *etw. im* ~ *ersticken* kväva ngt i sin linda; ~*e treiben* gro; *den* ~ *des Todes in sich tragen (äv.)* vara dödsmärkt **Keimblatt** -*er*† *n, bot.* hjärtblad; *zool.* groddblad **Keimdrüse** -*n f* könskörtel, gonad **keimen** gro, spira (*äv. bildl.*) **keimfähig** grobar **keimfrei** steril, bakteriefri **Keimling** -*e m* grodd[planta]; embryo **Keimschädigung** -*en f* genetisk skada, fosterskada **keimtötend** bakteriedödande **Keimträger** - *m* bacill-, smitt|bärare **Keimung** -*en f* groning **Keimzelle** -*n f* könscell, gamet; groddcell; *bildl.* kärna, embryo, frö
kein (*självst.* ~*er*, ~*e*, ~[*e*]*s, pl* ~*e; fören.* ~, ~*e*, ~, *pl* ~*e*) ingen, inte någon; ~*er von beiden* ingendera, inte någondera; *gar* ~*er* ingen alls; [*nur*] ~*e Angst!* var inte rädd!; *er hat* ~*e Begabung (äv.)* han saknar begåvning; *auf* ~*en Fall* absolut inte, under inga omständigheter; ~ *Geld* inga pengar; *Geld hat er* ~*s* pengar har han inga; *er ist noch* ~*e acht Jahre alt (vard.)* han är inte ens åtta år gammal; *er ist* ~ *Kind mehr* han är inte längre något barn; *er hat* ~*e Lust* han har ingen (inte) lust; ~ *Mensch (einziger)* inte en människa (någon enda); *an* ~*er Stelle* ingenstans; ~*e ganze Stunde (vard.)* knappt (inte fullt) en timme; ~ *Wort sagen* inte säga ett ord **'keiner-'lei** oböjl. *adj* inte någon som helst, ingen alls; ~ *Schmerzen* inte några smärtor alls, inga som helst smärtor; *ich mache mir* ~ *Gedanken darüber* jag bekymrar mig inte alls om det **'keiner'seits** inte på (från) någon[dera] sida[n] **'keines'falls** inte under några omständigheter, absolut inte **'keines'wegs** inte på något vis, inte alls; *sie ist* ~ *so nett, wie man sagt* hon är visst inte så trevlig som man säger **keinmal** inte någon [enda] gång, aldrig
Keks [-e:-] -[*e*] *m n* **1** [små]kaka; käx **2** *vard.* skalle; *du hast wohl e-n weichen* ~ du är visst inte riktigt klar i knoppen
Kelch -*e m* kalk (*äv. bot.*) **-blatt** -*er*† *n* foderblad **-glas** -*er*† *n* högt o. smalt glas på fot **Kelim** -[*s*] *m* kelim (*bonad*)
Kelle -*n f* **1** slev, skopa; (*polisens*) stoppspade; *järnv.* semafor, signalspade **2** murslev **3** *jakt.* [bäver]svans **Kellenknirps** -*e m, vard. skämts.* **1** skolpolis **2** kökselv
Keller - *m* källare (*äv. krog*); *e-n guten* ~ *haben (vard.)* ha en bra vinkällare **Keller|abfüllung** -*en f,* **-abzug** -*e*† *m, ung.* original-, slotts|tappning **Kellerassel** -*n f, zool.* gråsugga **Kellerei** -*en f* vinkällare (*m. vinberedning*)
Keller|geschoß -*geschosse n* källar-, suterräng|våning **-hals** -*e*† *m* **1** källarhals **2** *bot.* tibast **-loch** -*er*† *n* källarhåla **-meister** - *m* föreståndare för vinkällare (vinlager) **-schwamm** -*e*† *m* källarsvamp **-wechsel** - *m, bank.* ackommodationsväxel **-wohnung** -*en f* källarbostad, lägenhet i källarplanet
Kellner - *m* kypare, servitör **Kellnerin** -*nen f* uppasserska, servitris **Kellnerlehrling** -*e m* servitörselev **kellnern** *vard.* arbeta [extra] som servitör (servitris), hjälpa till med servering
Kelte -*n* -*n m* kelt
Kelter -*n f* vin-, frukt|press **keltern** pressa (*vin, frukt*)
keltisch keltisk
Keme'nate -*n f* **1** *hist.* borggemak (*m. eldstad*), frustuga **2** *vard.* bostad, sängkammare
Kenia *0 n* kenya **Kenianer** - *m* kenyan **kenianisch** kenyansk
kenn|en *kannte, kennte, gekannt* **1** känna, vara bekant med; känna till, veta; känna igen; *wir*

~ uns schon lange vi har känt varandra länge; woher ~ wir uns? var har vi träffats tidigare?; die beiden ~ sich nicht mehr (äv.) de ignorerar varandra, de låtsas att de inte känner igen varandra; kein Mitleid ~ inte känna ngt medlidande; keine Rücksicht ~ (äv.) inte ta ngn hänsyn; e-n vom Sehen ~ känna ngn till utseendet; ich -e ihn nur als anständig så vitt jag vet är han en anständig människa; wie ich ihn -e, tut er das nicht om jag känner honom rätt gör han inte det; da -st du mich aber schlecht (vard.) då känner du mig dåligt; sich vor Wut nicht mehr ~ vara utom sig av vrede; von diesem Schriftsteller -e ich nichts den här författaren har jag inte läst ngt av; ich -e ein gutes Mittel gegen Kopfschmerzen jag vet ett bra medel mot huvudvärk; er -t keine Furcht (äv.) han vet inte vad fruktan vill säga; seine Liebe -t keine Grenzen (äv.) det finns inga gränser för hans kärlek; in diesem Land -t man keinen Winter i det här landet vet man inte vad vinter är; das Land -t lange Winter landet har långa vintrar; das ~ wir schon (vard.) a) det har vi hört (varit med om) förut, det är inte ngt nytt för oss, b) den här undanflykten har vi hört förut; da -e ich nichts på den punkten låter jag inte hejda mig av ngt, där tar jag ingen hänsyn; es nicht anders ~ inte vara van vid ngt annat; ich -e sie an der Stimme jag känner (kan känna) igen henne på rösten 2 kunna, behärska; förstå sig på; sein Handwerk ~ kunna sitt yrke (sina saker) **kennenlernen** lära känna, bli bekant med; der wird mich noch ~! (vard.) han ska få se vem han stungit haver!, honom ska jag minsann ge! **Kenner** - m kännare; expert **Kennerblick** -e m kännarblick **Kennermiene** -n f kännarmin **Kennermund** 0 m, aus ~ [e] från en kännare (expert) **Kennerschaft** 0 f sakkunskap, expertis, sakkunnighet **Kenn|farbe** -n f kännetecknande färg -**karte** -n f, se Personalausweis -**leuchte** -n f, -**licht** -er n 1 flyg. lanterna 2 utryckningslampa -**marke** -n f identitetsbricka; bildl. kännetecken -**melodie** -n f signaturmelodi **kenntlich** urskiljbar, igenkännlig; an der Farbe ~ sein kännas igen på färgen; etw. ~ machen [ut]märka (karakterisera) ngt **Kenntnis** 1 0 f kännedom, vetskap; das entzieht sich meiner ~ det undandrar sig min kännedom, det vet jag inte; von etw. ~ nehmen ta notis om ngt; e-m etw. zur ~ bringen underrätta ngn om ngt; zur ~ nehmen a) hand. notera, ta del av, b) ta ad notam; e-n von etw. in ~ setzen låta ngn få veta (kännedom om) ngt; ohne ~ der näheren Umstände (äv.) utan att känna till de närmare omständigheterna 2 ~ se (pl) kunskap[er] **kenntnislos** okunnig, utan kunskaper **Kenntnisnahme** 0 f kännedom; nach ~ Ihres Briefes (äv.) efter att ha tagit del av Ert brev; zur ~ för kännedom **kenntnisreich** kunskapsrik, [sak]kunnig **Kennummer** -n f sifferkod **Kennung** -en f kännetecken; landmärke; fyrkaraktär **Kennwort** -ert n lösen, paroll; signatur; (i annons) svar till **Kennzahl** -en f sifferkod; tel. riktnummer **Kennzeichen** - n kännetecken; märke; [polizeiliches] ~ registreringsnummer (på fordon) **Kennzeichenschild** -er n registreringsskylt (på fordon) **kennzeichn|en** -ete, gekennzeichnet [ut]märka; karakterisera; markera; es -et seine Güte det är karakteristiskt för hans godhet; in e-r Liste durch Kreuze ~ pricka för med kors på en lista; ~d karakteristisk, typisk **Kennzeichnung** -en f karakterisering; [ut]märkning, markering **Kennziffer** -n f 1 sifferkod 2 mat. karakteristika **Kenotaph** -e n cenotafium, minnesvård **Kentaur** -en -en m, myt. kentaur **kentern** 1 s kantra 2 (om vind e.d.) slå om, kantra **Ke'ramik** 1 0 f keramik; lergods 2 -en f keramik|sak, -föremål, -arbete **Keramiker** - m keramiker **keramisch** keramisk **Keratin** -e n keratin, hornämne **Keratoplastik** -en f, med. hornhinnetransplantation 1 **Kerb** -en f, dial., se Kirchweih 2 **Kerb** -e m, tekn. skåra, skärning **Kerbe** -n f skåra, snitt, hack, jack, inskärning; in die gleiche ~ hauen (vard.) vara inne på samma linje, göra gemensam sak **Kerbel** 0 m, **Kerbelkraut** 0 n, bot. körvel **kerben** karva, skåra, räffla, tanda **Kerberos** 0 m Cerberus **Kerb|holz** 0 n, etw. auf dem ~ haben (vard.) ha ngt på sitt samvete, ha ett kriminellt förflutet -**schnitt** -e m karvsnitt -**tier** -e n insekt **Kerf** -e m insekt **Kerker** - m fängelse; österr. äv. straffarbete -**meister** - m (förr) fångvaktare **Kerl** -e, dial. äv. -s m, vard. 1 karl, man; människa, person; sie hat e-n ~ hon har en älskare; er (sie) ist ein anständiger ~ det är en anständig människa; der arme ~! stackars människa!; ein armer ~ (äv.) en fattig stackare; ein ganzer ~ en riktig karl; guter ~ hygglig prick; gerieben ~ slipad kanalje 2 praktexemplar **Kern** -e m kärna; bildl. äv. kärnpunkt; der ~ der Sache det väsentliga i saken; er hat doch e-n guten ~ i grund o. botten är han en bra karl; in ihm steckt ein guter ~ det är gott gry i honom; sein Vorschlag hat e-n brauchbaren ~ det finns en hel del som kan användas i hans förslag **Kernarbeitszeit**. -en f fixtid **Kernbeißer** - m, zool. stenknäck **Kernbrennstoff** -e m kärnbränsle **kernen** 1 dial. kärna [smör] 2 kärna ur **Kernenergie** 0 f kärnkraft **Kernfach** -ert n, skol. viktigt (obligatoriskt) ämne **Kernfamilie** -n f kärnfamilj 'kern'fest mycket fast (stadig, solid) **Kernforschung** -en f kärnforskning **Kernfrage** -n f central (väsentlig) fråga, kärnfråga **Kernfrucht** -et f kärnfrukt **Kernfusion** -en f [kärn]fusion **Kerngehäuse** - n kärnhus 'kernge'sund kärnfrisk **Kernhaus** -ert n kärnhus **Kernholz** 0 n kärn|ved, -virke **kernig** 1 kärnig, full av kärnor 2 bildl. kärnfull; robust, kraftig, spänstig **Kernkraft** -et f kärnkraft **Kernkraftgegner** - m kärnkraftsmotståndare **Kernkraftwerk** -e n kärnkraftverk **Kernladung** -en f kärnladdning **kernlos** kärnfri, utan kärna (kärnor) **Kern|obst** 0 n kärnfrukt -**pflichtfach** -ert n, skol. obligatoriskt ämne -**physik** 0 f kärnfysik -**problem** -e n väsentligt problem, kärnproblem -**punkt** -e m kärnpunkt -**reaktion** -en f kärnreaktion -**reaktor** -en m kärnreaktor -**schatten** - m kärnskugga -**schleife** -n f kromosom, kärntråd -**seife** -n f [enkel] tvål -**spaltung** -en f kärnklyvning -**spruch** -et m kärnord -**teilung** -en f, biol. kärndelning -**truppe** -n f kärntrupp -**verschmelzung** -en f [kärn]fusion -**waffen** pl kärn-, atom|vapen **kernwaffenfrei** kärnvapenfri **Kernwaffen-**

versuchsstopp -s m provstopp **Kernzeit** -en f fixtid **Kernzerfall** 0 m radioaktivt sönderfall
Kerosin 0 n fotogen; flygbränsle
Kerze -n f 1 [stearin]ljus 2 tändstift 3 sport. höjdboll, lobb; gymn. skulderstående 4 åld. candela (måttenhet); e-e Lampe von 25 ~n (äv.) en 25-wattslampa 'kerzenge'rade spikrak, som ett tänt ljus
Kerzen|gießer - m ljusstöpare **-halter** - m ljushållare (för julgran) **-leuchter** - m ljusstake **-licht** 0 n ljussken (från levande ljus); bei ~ arbeiten arbeta vid skenet av levande ljus **-macher** - m ljusstöpare **-schlüssel** - m tändstiftsnyckel **-zieher** - m ljusstöpare
Kescher - m [fisk]håv **keschern** fånga med håv, håva
keß käck; flott, stilig, tjusig; respektlös, djärv, vågad
Kessel - m 1 kittel (äv. geogr.), gryta; [ång]panna 2 kitteldal 3 gryt, lya; (vildsvins) läger 4 mil. säck, ficka **-flicker** - m, åld. kittelflickare **-haus** -er† n pannhus **-jagd** -en f, ung. drevjakt **-pauke** -n f, mus. puka **-raum** -e† m pannrum **-schlacht** -en f inringningsslag **-schmied** -e m kittelmakare **-stein** 0 m pannsten **-treiben** - n, ung. drevjakt; bildl. hetsjakt, förtalskampanj; ein ~ gegen e-n veranstalten angripa ngn från alla sidor (håll o. kanter) **-wagen** - m tank-, cistern|vagn
Keßheit 0 f käckhet etc., jfr keß
Ketchup ['kɛtʃap el. -əp] -s m el. n ketchup
Kettbaum -e†ʺ m väv-, varp|bom **Kette** -n f 1 kedja (äv. bildl.); kätting; boja; bildl. äv. rad; e-n in ~n legen lägga (slå) ngn i bojor;seine ~n sprengen spränga sina bojor; e-n Hund an die ~ legen binda en hund; e-e ~ von Hotels en hotellkedja; e-e ~ von Unglücksfällen en rad [av] olycksfall 2 varp 3 kull (av hönsfåglar) 4 mil. formation (av tre flygplan) **ketteln** maska av; sy ihop (stickat plagg) **ketten** fjättra, fastkedja; e-n an sich (ack.) ~ binda ngn vid sig; wir sind aneinander gekettet vi är bundna vid varandra; sich an e-n ~ hänga (haka) sig fast vid ngn
Ketten|antrieb -e m kedjedrift **-baum** -e† m väv-, varp|bom **-blume** -n f maskros **-brief** -e m kedjebrev **-bruch** -e† m, mat. kedjebråk **-brücke** -n f hängbro **-faden** -† m varptråd **-fähre** -n f dragfärja **-fahrzeug** -e n bandfordon **-gebirge** - n kedjeberg, bergskedja **-geschäft** -e n kedjebutik **-glied** -er n kedjelänk **-handel** 0 m kedjehandel (m. många mellanhänder) **-hund** -e m bandhund **-laden** -† m kedjebutik **-panzer** - m ringbrynja **-rad** -er† n kedjehjul **-raucher** - m kedjerökare **-reaktion** -en f kedjereaktion **-reim** -e m (slags) kedjerim **-säge** -n f motorsåg **-schlu|ß** -sse† m, log. kedjeslut **-schutz** 0 m kedjeskydd (på cykel e.d.) **-stich** -e m kedjestygn
Kettfaden -† m varptråd
Ketzer - m heretiker, kättare **Ketzerei** -en f heresi, kätteri **Ketzergericht** -e n kättardomstol **ketzerisch** heretisk, kättersk **ketzern** vara (skriva, tala) kätterskt
keuchen 1 flåsa, flämta, kippa efter andan; mit ~dem Atem flåsande, med andan i halsen 2 s röra sig (gå, komma e.d.) flåsande **Keuchhusten** 0 m kikhosta
Keule -n f 1 klubba; chemische ~ (slags) tårgasapparat 2 gymn. (kägelliknande) klubba 3 slaktar. o. kokk. lår, kyl, bog **Keulenschlag** -e† m klubbslag (äv. bildl.) **Keulenschwingen** 0 n gymnastik med klubbor
Keuper 0 m, geol. keuper
keusch kysk **Keuschheit** 0 f kyskhet
Kfz förk. för Kraftfahrzeug motorfordon **kg** förk. för Kilogramm kilo **KG** förk. för Kommanditgesellschaft kommanditbolag **kgl.** förk. for königlich kgl., kungl., kunglig
K-Gruppe -n f, die ~n grupperna på vänsterkanten (t. vänster om det etablerade kommunistpartiet)
k.g.V. förk. för kleinstes gemeinsames Vielfaches minsta gemensamma dividend
Khaki 1 0 m kaki[tyg] 2 0 n kaki[färg] **khaki|-farben, -farbig** kakifärgad
Khan -e m kan (österländsk furste)
Kibbuz -e el. -im m kibbutz
Kiberer - m, österr. vard. snut, [kriminal]polis
Kichererbse -n f kikärt
kichern fnittra, fnissa
Kick -s m, sl. 1 sport. spark 2 kick **kicken** vard. kicka, lira [fotboll]; sparka **Kicker** - m, vard. [fotbolls]lirare **Kicks** -e m, vard. 1 falsk ton 2 ung. miss, felspark (i fotboll e.d.) **Kickstarter** - m kickstart (på motorcykel)
kidnappen ['kɪtnɛpṇ] kidnappa, röva bort **Kidnapper** - m kidnappare **Kidnapping** -s n kidnapp[n]ing
'**Kiebitz** -e m 1 zool. vipa 2 åskådare (vid kortspel e.d. som oombedd ger råd) **kiebitzen** titta på [o. lägga sig i] (kortspel e.d.)
1 **Kiefer** -n f tall, fura
2 **Kiefer** - m käke **Kieferhöhle** -n f käkhåla **kiefern** av furu, furu- **Kiefernharz** 0 n terpentin **Kiefernnadel** -n f tallbarr **Kiefernschwärmer** - m, zool. tallsvärmare **Kiefernzapfen** - m tallkotte
Kieke -n f, nty. fyrfat; fotvärmare **kieken** nty. titta, kika **Kieker** - m, nty. kikare; e-n auf dem ~ haben (vard.) a) hålla ögonen på ngn, b) ständigt kritisera ngn, c) intressera sig för ngn
Kiekindiewelt -s m, vard. [pigg o. vaken] byting ([barn]unge); tuppkyckling, gröngöling
1 **Kiel** -e m 1 zool. vingpenna 2 gåspenna (att skriva med)
2 **Kiel** -e m köl; auf ebenem ~ på rätt köl **kiel|hol|en** -te, gekielholt kölhala **Kiellinie** -n f, sjömil. kolonn **kiel'oben** med kölen i vädret **Kielschwein** -e n kölsvin **Kielwasser** 0 n kölvatten (äv. bildl.)
Kieme -n f gäl; sich (dat.) e-e zwischen die ~n stecken (vard.) tända en cigarett **Kiemenatmer** - m djur som andas med gälar
Kien 0 m kådigt trä, tallved, töre; auf dem ~ sein (dial.) vara på alerten (sin vakt) **Kienapfel** -† m tallkotte **Kienholz** 0 n kådigt trä, tallved, töre **kienig** kådig, kådrik **Kienruß** 0 m kienrök **Kienspan** -e† m törvedssticka **Kienteer** 0 m trätjära **Kienzapfen** -† m tallkotte
Kiepe -n f, dial. rygg-, bär|korg **Kiepenhut** -e† m kapott[hatt]
Kies -e m 1 grus, singel; min. kis; mit ~ bestreuen grusa 2 vard. stålar **Kiesboden** -† m grus|grund, -jord **Kiesel** - m kisel, kiselsten **Kieselerde** 0 f kiseldioxid **Kieselgur** 0 f kiselgur **Kieselsäure** 0 f kiselsyra **Kieselstein** -e m kiselsten
kiesen kor, köre, gekoren åld. poet. kora, välja
Kies|grube -n f grustag, sandgrop **-sand** 0 m

grus **-straße** *-n f* grusväg **-weg** *-e m* grus|-gång, -väg, grusad väg
Kif [kıf] *0 m* kif (*slags cannabis*) **kiffen** *sl.* röka brass
kikeri'ki *interj* kuckeliku! **Kikeriki 1** *-s m barnspr.* tupp **2** *-s n* kuckeliku (*galande*)
'kille'kille *bei (mit) e-m* ~ *machen* kittla ngn
killen *vard.* döda **Killer** - *m, vard.* killer, [lejd] mördare
Kilo *-s* (*vid måttsangivelse* -) *n*, **-gramm** *-e* (*vid måttsangivelse* -) *n* kilo; 5 ~ 5 kilo **-[gramm]kalorie** *-n f* kilokalori
Kilometer - *m n* kilometer **-fresser** - *m, vard.* kilometerslukare **-geld** *-er n* kilometerersättning **-pauschale** *0 f* (*i deklaration*) schablonavdrag för bil **-stand** *0 m* mätarställning (*på fordon*) **-stein** *-e m* kilometer|sten, -stolpe
kilometerweit på en kilometers (flera kilometers) avstånd (håll); ~ *gehen* gå flera (en) kilometer **Kilometerzähler** - *m* vägmätare (*på fordon*), kilometerräknare **kilometrieren** förse med kilometerbeteckningar (*väg; flod*) **kilometrisch** kilometer-; i kilometer
Kilo|ohm - *n* kiloohm **-volt** - *n* kilovolt **-watt** - *n* kilowatt **-wattstunde** *-n f* kilowattimme
Kilt *-s m* kilt
Kimber *pl* cimbrer
Kimm *0 f* 1 *skeppsb.* slag **2** *sjö.* [havs]horisont
Kimme *-n f* 1 siktskåra (*på skjutvapen*); *e-n auf der* ~ *haben* (*vard.*) lägga an på ngn **2** *vulg.* *e-m in die* ~ *treten* sparka ngn i arslet **Kimmung** *-en f, sjö.* 1 [havs]horisont 2 hägring
Ki'mono [*äv.* '---] *-s m* kimono
Kinästhesie *0 f* kinestesi
Kind *-er n* barn; ~*er*, ~*er!* (*ung.*) ja, jag säger då det!; *Berliner* ~ äkta (genuin, infödd) berlinare; ~ *der Liebe* kärleksbarn; *mein liebes* ~! kära barn!; ~ *des Todes* dödens lammunge; *von* ~ *an* (*auf*) ända sedan barndomen; *bei ihnen ist ein* ~ *angekommen* de har fått barn; *an* ~*es Statt annehmen* adoptera; *du bist wohl als* ~ *zu heiß gebadet worden* du är inte riktigt klok; *das* ~ *muß doch e-n Namen haben* (*bildl.*) ngt måste man ju kalla det; *e-r ein* ~ *machen* (*andrehen*) (*vard.*) göra ngn med barn; *sich bei e-m lieb* ~ *machen* (*vard.*) ställa sig in hos ngn; *das* ~ *beim rechten Namen nennen* (*vard.*) kalla en sak vid dess rätta namn, tala rent ut; *e-m ein* ~ *in den Bauch reden* intala (inbilla) ngn ngt; ~*er und Narren sagen die Wahrheit* av barn o. dårar får man höra sanningen; *wir werden das* ~ *schon schaukeln* (*vard.*) vi ska nog klara av saken; *kein* ~ *von Traurigkeit sein* inte vara ngn tråkmåns; *kein* ~ *mehr sein* inte längre vara ngt barn; *sei kein* ~! var inte barnslig!; *jds liebstes* ~ *sein* (*bildl.*) vara ngns älsklingsbarn; *das ist ein totgeborenes* ~ (*bildl.*) det (förslaget) är dödfött; *aus* ~*ern werden Leute* även barn blir vuxna, liten blir stor [en gång]
Kindbett *0 n, åld.*, *se* **Wochenbett Kindchen** - *el. Kinderchen n* småbarn, barnunge, pyre; *mein* ~! (*ung.*) min lilla vän! **Kindelbier** *0 n, nty.* dopkalas
Kinder|arbeit *0 f* barnarbete **-arzt** *-e*† *m* barnläkare **-auto** *-s n* leksaksbil **-beihilfe** *-n f* barnbidrag **-bett** *-en n* barnsäng **-bewahranstalt** *-en f, åld.* barnhem **-chen** *pl av* **Kindchen -dorf** *-er*† *n* barnby (*för hemlösa barn*) **Kinderei** *-en f* barnslighet **Kinderermäßigung** *-en f* 1 skattenedsättning för barnfamilj 2 nedsättning (*i biljettpris e.d.*) för barn, barnrabatt **kinderfeindlich** barnfientlig

Kinder|fernsehen *0 n* barnprogram (*i TV*), barn-TV **-fest** *-e n* barnbjudning **-frau** *-en f* (*äldre*) barnsköterska **-fräulein** - *n* barn|-fröken, -sköterska **-freund** *-e m* barnvän; *er ist ein* ~ (*äv.*) han är barnkär
kinderfreundlich som tycker om barn; barnvänlig
Kinder|funk *0 m* barnradio, barnprogram **-fürsorge** *0 f, ung.* (*samhällets*) barnomsorg **-garten** -† *m* lekskola **-gärtnerin** *-nen f* förskol|lärare, -lärarinna **-geld** *-er n* barnbidrag **-glaube** *-ns 0 m* barnatro **-heilkunde** *0 f* pediatrik **-heim** *-e n* 1 barnhem 2 skollovskoloni **-hort** *-e m* fritidshem **-jahre** *pl* barnaår **-kleidung** *-en f* barnkläder **-krankheit** *-en f* barnsjukdom (*äv. bildl.*) **-krippe** *-n f* daghem **-laden** -† *m* 1 privat (*antiauktoritärt*) daghem 2 barnkläges-, leksaks|affär **-lähmung** *-en f*, [*spinale*] ~ barnförlamning, polio
'kinder'leicht mycket lätt; *das ist* ~ det är hur lätt som helst, det är så enkelt att ett barn kan göra det **kinderlieb** barnkär, som tycker om barn **Kinderliebe** *0 f* kärlek till barn **kinderlos** barnlös
Kinder|losigkeit *0 f* barnlöshet **-mädchen** - *n* barnflicka **-mord** *-e m* barnamord **-mund** *0 m* barnamun **-narr** *-en -en m, er ist ein* ~ han är tokig i barn **-pflegerin** *-nen f* [examinerad] barnsköterska
kinderreich barnrik
Kinder|sachen *pl* barnkläder **-schreck** *0 m, er ist ein* ~ han är en skräck för barnen, barn är rädda för honom **-schuh** *-e m* barnsko; *die* ~*e ausgetreten haben* ha trampat ut barnskorna; *das Verfahren steckt noch in den* ~*en* metoden är fortfarande i begynnelsestadiet **-schutz** *0 m, ung.* (*samhällets*) barnavård **-schwester** *-n f* [examinerad] barnsköterska **-segen** *0 m, es war ihnen kein* ~ *beschert* de välsignades inte med några (fick inga) barn; *Ehe ohne* ~ barnlöst äktenskap **-sex** *0 m* barnsex; barnporr **-spiel** *-e n* barnlek; *bildl. äv.* småsak **-sprache** *0 f* barnspråk **-station** *-en f* barnavdelning (*på sjukhus*) **-sterblichkeit** *0 f* barnadödlighet **-stube** *-n f* 1 *åld.* barnkammare 2 *e-e schlechte* ~ *gehabt haben* ha fått en dålig uppfostran **-tagesstätte** *-n f* [barn]-daghem **-teller** - *m* (*på restaurang*) barn|portion, -tallrik **-wagen** - *m* barnvagn **-zeit** *-en f* barndomstid, barnaår **-zimmer** - *n* barnkammare **-zulage** *-n f*, **-zuschlag** *-e*† *m* barn-, familje|tillägg
Kindes|alter *0 n* barnaålder **-annahme** *-n f* adoption **-beine** *pl, von* ~*n an* alltifrån (ända från) barndomen, från barnsben **-entführung** *-en f* kidnapp[n]ing, bortrövande av [ett] barn **-kind** *-er n, åld.* barnbarn **-mißhandlung** *-en f* barnmisshandel **-mord** *-e m* barnamord **-nöte** *pl, åld.* förlossningsvärkar **-pflicht** *-en f* barns plikt (*mot föräldrarna*) **-raub** *0 m* barnarov, kidnapp[n]ing **-unterschiebung** *-en f* [avsiktligt] byte av nyfödda barn
kindgerecht barnvänlig **kindhaft** barnslig, naiv, som ett barn **Kindheit** *0 f* barndom; *in früher* ~ under den tidiga barndomen; *von* ~ *an* ända från barndomen **kindisch** barnslig, enfaldig, omogen; ~ *werden* (*äv.*) bli barn på nytt, gå i barndom[en] **kindlich** barnslig, naiv, barn[a]-; *bereits in* ~*em Alter* redan som barn; *sich* ~ *über etw.* (*ack.*) *freuen* glädja sig som ett barn åt ngt; ~*es Gemüt* barnasinne **kindschen** *dial.* vara barnslig, uppföra sig barnsligt **Kinds-**

kopf -e† *m, vard.* dumbom; *er ist ein richtiger* ~ *(äv.)* han är ett stort barn (bra barnslig)
Kindslage -*n f, med.* fosterläge **Kindsteil** -*e m, jur.* [barns] laglott **Kindswasser** *0 n, med.* fostervatten **Kindtaufe** -*n f* barndop
Kine'matik *0 f* kinematik **Kinematograph** -*en* -*en m* kinematograf **Kinematographie** *0 f* kinematografi **kinematographisch** kinematografisk **Ki'netik** *0 f, fys., kem.* kinetik **kinetisch** kinetisk
King -*s m, vard.* kung, ledare
Kinkerlitzchen *pl, vard.* strunt[saker]; krimskrams; *mach mir keine* ~*! (ung.)* sjåpa dig inte!, hitta inte på några dumheter!
Kinn -*e n* haka -**backe** -*n f,* -**backen** - *m, sty.* käke -**bart** -*e*† *m* hakskägg -**haken** - *m, boxn.* [krok]slag mot käken, uppercut -**lade** -*n f* käke, käkben
Kino -*s n* bio; *ins* ~ *gehen* gå på bio **Kinoarbeit** -*en f* [biograf]film **kinobegeistert** biobiten **Kinogänger** - *m, er ist ein eifriger* ~ han går ofta på bio **Kintopp** -*s äv.* -*e*† *m, äv. n, skämts.* bio
Kiosk [kiɔsk, *äv.* 'kiɔsk] -*e m* kiosk
Kipfel - *n,* **Kipferl** -[*n*] *n, sty., österr.* giffel
1 Kippe -*n f* **1** tipp **2** *gymn.* kipp **3** *das Glas steht auf der* ~ glaset är på vippen att falla (stjälper snart); *das Unternehmen steht auf der* ~ företaget befinner sig i en kritisk situation (är snart bankrutt); *mit ihm steht es auf der* ~ det står n. väger för honom; *es steht noch auf der* ~, *ob er mitkommt* det är fortfarande osäkert om han följer med
2 Kippe -*n f, vard.* fimp
kippelig ostadig, rank[ig] **kippeln** vicka, vippa, vackla; *mit dem Stuhl* ~ sitta o. väga på stolen
1 kippen 1 *s* [hålla på att] falla [omkull] (ta överbalansen, stjälpa, välta); *sie ist vom Stuhl gekippt* hon har ramlat av stolen **2** ställa på kant, luta på, tippa, stjälpa (välta) [omkull] **3** stjälpa ut, tippa; dumpa; *etw. vor die Tür* ~ slå (hälla) ut ngt utanför dörren **4** *vard.* tömma, svepa; *e-n* ~ ta sig ett glas **5** *sl.* skippa, spola
2 kippen *vard., e-e Zigarette* ~ fimpa en [halvrökt] cigarett
Kipper - *m, tekn.* tippare, tippvagn **Kippfenster** - *n* pivå-, perspektiv|fönster **kipplig** *se kippelig* **Kipplore** -*n f, järnv.* tippvagn **Kippflug** -*e*† *m* balansplog **Kippschalter** - *m* vipp|kontakt, -strömbrytare **kippsicher** tippsäker, som inte välter, stabil, stadig **Kippvorrichtung** -*en f* tippanordning **Kippwagen** - *m* tippvagn
Kirbe -*n f, sty., se Kirchweih*
Kirche -*n f* kyrka; *heute ist keine* ~ i dag är det ingen gudstjänst; *in die* ~ *gehen* gå i kyrkan; *mit der* ~ *ums Dorf gehen (fahren, laufen)* gå över ån efter vatten, krångla till det hela; *man muß die* ~ *im Dorf lassen* man får inte gå för långt (ska inte överdriva)
Kirchen|älteste(r) *m, adj böjn.* medlem av kyrkorådet -**austritt** -*e m* utträde ur kyrkan -**bann** *0 m, kat.* exkommunikation -**besuch** -*e m* kyrk[o]besök -**diener** - *m* kyrk|vaktare, -vaktmästare -**fahne** -*n f* kyrklig fana **kirchenfeindlich** antiklerikal
Kirchen|fürst -*en* -*en m* kyrkofurste -**gebet** -*e n* kyrkobön; kollekt[bön] -**gemeinde** -*n f* församling, socken -**gestühl** *0 n* kyrkbänkar -**hoheit** *0 f* [statens] överhöghet över kyrkan -**jahr** -*e n* kyrkoår -**kampf** -*e*† *m* strid mellan kyrka o. stat; *der* ~ nazisternas kamp mot kyrkan -**lehrer** - *m* kyrkofader -**licht** *0 n, kein großes* ~ *sein (vard.)* inte vara ngt ljus- [huvud] -**lied** -*er n* kyrkosång, koral, psalm -**maus** *0 f, vard., arm wie e-e* ~ fattig som en kyrkråtta -**musik** *0 f* kyrkomusik -**ordnung** -*en f* kyrko|ordning, -stadga -**patron** -*e m* **1** kyrkas skyddshelgon **2** *hist.* innehavare av patronatsrätt -**provinz** -*en f* ärkebiskops förvaltningsområde, kyrkoprovins -**rat** -*e*† *m* **1** konsistorium, kyrkoråd **2** konsistorieledamot, medlem av kyrkorådet -**raub** *0 m* stöld i kyrka, kyrkstöld -**recht** *0 n* kyrkorätt, kanonisk rätt -**register** - *n* kyrkobok -**schiff** -*e n, arkit.* [kyrk]skepp
kirchenslawisch ~*e Sprache* kyrkoslaviska
Kirchen|spaltung -*en f* schism [inom kyrkan] -**sprengel** - *m, ung.* socken, församling -**staat** *0 m, hist., der* ~ Kyrkostaten -**steuer** -*n f* skatt till kyrkan -**tag** -*e m, ung.* kyrkomöte -**tonart** -*en f* kyrkotonart -**uhr** -*en f* tornur -**vater** -*†* *m* kyrkofader -**verfolgung** -*en f* förföljelse mot kyrkan -**versammlung** -*en f* konsilium, kyrkomöte -**vorstand** -*e*† *m* kyrkostyrelse -**zucht** *0 f* kyrkotukt
Kirch|gang -*e*† *m* kyrkobesök -**gänger** - *m* kyrkobesökare -**geld** -*er n, (litet frivilligt)* bidrag t. kyrkan -**gemeinde** -*n f* församling -**hof** -*e*† *m, åld.* kyrkogård
kirchlich kyrklig
Kirch|ner - *m, åld.* kyrkvaktmästare -**platz** -*e*† *m* kyrkbacke -**spiel** -*e n,* -**sprengel** - *m, ung.* socken, församling -**tag** -*e m, österr., se Kirchweih* -**turm** -*e*† *m* kyrktorn -**turmpolitik** *0 f* trångsynt politik -**weih** -*en f* fest, årsmarknad *(t. minne av kyrkoinvigning)* -**weihe** -*n f* kyrkoinvigning
Kirgise -*n* -*n m* kirgis **kirgisisch** kirgisisk
Kirmes ['kɪrmɛs] -*sen f, dial., se Kirchweih*
Kirne -*n f, dial.* [smör]kärna **kirnen** *dial.* kärna [smör]
kirre *vard.* medgörlig, foglig, tam **kirren** *e-n* ~ fresta (locka) ngn, göra ngn medgörlig (spak)
Kirsch - *m* kirsch, körsbärsbrännvin **Kirschbaum** -*e*† *m* körsbärsträd **Kirschblüte** -*n f* körsbärsblom[ma]; *die* ~ *(äv.)* körsbärsträdens blomningstid **Kirsche** -*n f* körsbär; *mit ihm ist nicht gut* ~ *n essen (vard.)* han är svår att tas med, det är svårt att komma överens med honom **Kirschenbaum** -*e*† *m* körsbärsträd **Kirschgeist** *0 m* kirsch, körsbärsbrännvin **Kirschkernbeißer** - *m, zool.* stenknäck **Kirschkuchen** - *m, ung.* körsbärskaka **kirschrot** körsbärsröd **Kirschstein** -*e m* körsbärskärna **Kirschwasser** *0 n* kirsch, körsbärsbrännvin
Kirtag ['kɪr-] -*e m, österr., se Kirchweih*
Kismet ['kɪsmɛt] *0 n, relig.* kismet
Kissen - *n* kudde, dyna -**bezug** -*e*† *m* kuddvar, örngott -**schlacht** -*en f, vard.* kuddkrig
Kiste -*n f* **1** kista, låda; *in die* ~ *gehen (vard.)* gå o. lägga sig; *sie hat e-e große* ~ *(vard.)* hon har en stor bak **2** *vard.* kärra *(bil, flygplan)*; skorv (bår) **3** *vard.* sak, angelägenhet
Kisua'heli *0 n* swahili
Kita -*s f, förk. för Kindertagesstätte* dagis
Kitchenette [kɪtʃə'nɛt] -*s f* kokvrå
Kitsch *0 m* skräp, smörja, kitsch; *das Bild ist großer* ~ tavlan är rena hötgrskonsten; *das Buch ist* ~ boken är ett pekoral **kitschig** äck-

ligt sentimental, smaklös, pekoralistisk, kitschig
Kitt -e m **1** kitt **2** vard., der ganze ~ hela klabbet; ~ reden prata strunt
Kittchen - n, vard. kurra; ins ~ wandern åka i kurran
Kittel - m arbets-, skydds-, städ|rock; bussarong; blus; sty. kavaj, kort jacka; österr. kjol **-schürze** -n f ärmlös [skydds]rock
kitten kitta; ihre Ehe läßt sich nicht wieder ~ det går inte att lappa ihop deras äktenskap igen
Kitz -e n, **Kitze** -n f kid, killing
Kitzel 0 m **1** kittling, retning **2** begär, lystnad; e-n ~ nach etw. verspüren vara lysten på ngt
kitzelig se kitzlig **kitzel|n** kittla; kittlas; jds Eitelkeit ~ kittla (smickra) ngns fåfänga; es -t mich, es zu tun det kliar i fingrarna på mig att göra det, jag har lust att göra det; die Wolle -t yllet kittlas (kliar, sticks) **Kitzler** - m, anat. klitoris, kittlare **kitzlig 1** kittlig **2** kitslig, kinkig, vansklig
k.k. förk. för kaiserlich-königlich **KKW** förk. för Kernkraftwerk kärnkraftverk
kla'bastern dial. **1** s klampa (stövla) [omkring] **2** klå upp, slå **3** fumla
Kla'bautermann -er† m tomte, vätte; skeppstomte
klack interj pang!; klafs! **klacken 1** vard. klicka, knäppa **2** s, dial. smaska i golvet **klackern** dial. **1** klicka, klappra **2** s klappra [fram] **3** se gluckern; se kleckern **klacks** se klack **Klacks** -e m, vard. klick; bildl. småsak, lätt uppgift
Kladde -n f kladd[bok]; koncept
kladdera'datsch interj krasch!, pladask!
Kladdera'datsch 0 m, vard. **1** oreda, röra, kaos; krasch **2** gräl; skvaller; uppståndelse, skandal
klaffen 1 gapa, stå (vara) öppen; ~de Wunde gapande sår **2** nty. babbla, pladdra
kläffen gläfsa; vard. skälla **Kläffer** - m skällande hund; vard. grälsjuk människa, bråkmakare
Klafter - m n, ibl. -n f famn (ved) **klafterhoch** en famn hög; bildl. mycket hög **klafter|n** trava (ved i famn); der Adler -t zwei Meter (jakt.) örnen mäter två meter mellan vingspetsarna **klaftertief** en famn djup; bildl. mycket djup
klagbar som kan dras inför rätta; gegen e-n ~ werden väcka åtal mot ngn
Klage -n f **1** klagan, jämrande; laute ~n erheben klaga (jämra sig) högljutt **2** klagomål; über etw. (ack.) ~ führen klaga (framställa klagomål) över ngt; Grund zur ~ haben ha skäl att klaga; daß ich keine ~n höre! låt mig slippa skämmas för dig (er)! **3** jur. talan, yrkande; åtal; mål, process; besvär; ~ auf Scheidung yrkande om skadestånd; ~ auf Scheidung begäran om skilsmässa; jds ~ abweisen ogilla ngns talan; e-e ~ gegen e-n anstrengen anhängiggöra rättegång mot ngn; e-e ~ einreichen inge stämningsansökan, ta ut stämning; die ~ zurücknehmen nedlägga talan **-abweisung** -en f ogillande av talan **-frau** -en f gråterska **-geschrei** 0 n klago|rop, -skri **-laut** -e m klagoljud, klagande läte (ljud) **-lied** -er n klago|visa, -låt **-mauer** 0 f, bibl. o. bildl. klagomuren
klag|en 1 klaga, jämra sig, beklaga sig; (om djur äv.) skrika; über Kopfschmerzen ~ klaga över huvudvärk; er -t über den Tod seines Sohnes han sörjer sin döde son **2** jur. väcka åtal (gegen mot), dra inför rätta; ~de Partei kärande; auf Schadenersatz ~ begära skadestånd (inför domstol) **3** e-m sein Leid ~ klaga sin nöd för ngn **Kläger** - m, jur. kärande **Klageruf** -e m klagorop **Klageschrift** -en f, jur. stämningsansökan **Klageweg** 0 m, den ~ beschreiten vidta lagliga åtgärder, väcka åtal **Klageweib** -er n gråterska **kläglich 1** klagande **2** beklaglig, beklagansvärd; ömklig, miserabel, usel; bedrövlig; ~ versagen ömkligen misslyckas; ~ weinen gråta jämmerligt **klaglos 1** utan att klaga **2** felfri, perfekt
Kla'mauk 0 m, vard. oväsen, ståhej, bråk; ~ machen bråka, väsnas, föra väsen; um etw. ~ machen (äv.) slå på [reklam]trumman för ngt
klamm 1 [kall o.] fuktig **2** stel[frusen] **3** ~ sein (vard.) ha ont om pengar, vara [nästan] pank
Klamm -en f [bergs]klyfta, kanjon
Klammer -n f **1** [pappers]klämma, gem; klädnypa; tekn. krampa, klyka, klämma; med. agraff **2** sport. clinch **3** klammer; eckige ~ klammer, rak parentes; runde ~ [rund] parentes; ~ auf ... ~ zu (vid diktering) parentes ... slut på parentesen; in ~n inom klammer (parentes) **-äffchen** - n, vard. spätta (på bönpall) **-affe** -n -n m **1** spindelapa **2** se Klammeräffchen **-beutel** - n f m påse för klädnypor; mit dem ~ gepudert sein (vard.) vara alldeles från vettet, ha blivit tokig (galen) **-braut** -e† f, se Klammeräffchen
klammer|n 1 haka fast, fastspänna; med. fästa ihop m. agraff[er] **2** sport. låsa i närkamp (clinch) **3** rfl klamra (haka) sig fast (an + ack. vid)
'klamm'heimlich förstulen; i smyg
Kla'motte -n f **1** dial. trasig tegelsten, sten **2** vard. [grovkornig] fars **3** vard., ~n kläder, pinaler, pick o. pack, grejor, skräp **Klamottenkiste** -n f låda för gamla kläder (gammalt skräp); das stammt noch aus der ~ (vard.) det är urmodigt (gammalt som gatan)
Klampe -n f, sjö. knap; [båt]klamp
Klampfe -n f, vard. gitarr
kla'müsern nty. fundera ut; fundera över
klang se klingen
Klang -e† m klang, ton, ljud **-blende** -n f, radio. tonkontroll **-boden** -† m resonans-, klang|botten **-farbe** -n f, mus. klang[färg], timbre **-farberegler** - m, radio. tonkontroll **-fülle** 0 f klangfullhet **-körper** - m **1** fack. resonator **2** orkester **-kulisse** -n f ljudkuliss **klanglich** klanglig; i klangen, vad klangen beträffar **klanglos** klang-, ton|lös **Klangmalerei** 0 f, språkv. ljudhärmning **Klangregler** - m, radio. tonkontroll **klangrein** klangren **klangvoll** klang|full, -rik, klingande **Klangwirkung** -en f klangverkan
Klapf -e† m, dial. **1** smäll, knall, brak **2** örfil **Klappbett** -en n tält-, turist|säng; sängskåp **Klappbrücke** -n f klaffbro **Klappdeckel** - m [upp- o. ned]fällbart lock **Klappe** -n f **1** klaff; lucka; spjäll, ventil; flik, lock; bei mir ist e-e ~ runtergegangen (vard.) nu har jag fått nog, nu vill jag inte höra mer **2** vard. trut, klaff; e-e große ~ haben, die große ~ schwingen vara stor i truten; die ~ halten hålla truten **3** vard. slaf **4** österr. [telefon]anknytning **5** sl. pissoar **klappen 1** fälla [upp, ner]; den Deckel in die Höhe ~ fälla upp locket **2** slå, smälla, klappra **3** vard. klaffa, gå vägen, funka; nichts

hat geklappt (äv.) ingenting gick som det skulle **4** *dial.* haffa **Klappen** *0 n, vard.*, *zum ~ bringen* lyckligen slutföra; *wenn es zum ~ kommt* när det gäller (kommer t. kritan) **Klappenfehler** - *m, med.* klaffel **Klappenschrank** -e† *m, tel.* klaffjackväxel **Klappentext** -e *m* fliktext *(på bokomslag)* **Klapper** -*n f* skramla, skallra **'klapper'dürr** *vard.* skinntorr **Klapperei** *0 f* slamrande **Klappergestell** -e *n, vard.* människa som bara är skinn o. ben; gammalt skraltigt fordon, skrälle **klapperig** skröplig *(om person)*, skraltig *(om bil)* **Klapperkasten** -† *m, vard.* pianoskrälle; skröplig *(gammal)* skrivmaskin; bilskrälle; skraltig TV (radio) **Klapperlatschen** *pl, vard.* träskor **klappern** klappra, skramla, skallra; *vor Kälte mit den Zähnen ~* hacka tänder av köld; *auf der Maschine ~ (vard.)* knattra på maskin; *mit den Augen ~ (vard.)* klippa med ögonen **Klapperschlange** -*n f* **1** skallerorm **2** *vard.* satkärring; maskinskriverska **Klapperstorch** -e† *m, barnspr.* stork; *zu ihnen ist der ~ gekommen* de har fått besök av storken (har fått barn) **Klappleiter** -*n f* hopfällbar stege **Klappmesser** - *n* fällkniv **Klapprad** -er† *n* hopfällbar cykel **klapprig** *se klapperig* **Klappsessel** - *m* fällstol **Klappsitz** -e *m* klaffsits **Klappstuhl** -e† *m* fällstol **Klapptisch** -e *m* klaff-, fäll-, slag|bord **Klappverdeck** -e *n* sufflett **Klaps** -e *m, vard.* **1** [lätt] slag, dask; *e-m e-n ~ geben* daska till ngn **2** *e-n ~ haben* ha en skruv lös **Klapsbude** -*n f, vard.* dårhus **Klapsdoktor** -en *m, vard.* nervläkare, psykiater **klapsen** smälla (daska, klappa) till **klapsig** *vard.* snurrig, tokig **Klapsmann** -er† *m, vard.* dåre; patient på psykiatrisk avdelning **Klapsmühle** -*n f, vard.* dårhus **klar 1** klar; tydlig; [*na*] ~! ja visst!, så klart!, naturligtvis!; *ein K~er (ung.)* en snaps (sup); *e-n ~en Blick haben (äv.)* se klart; [*im Kopf*] *nicht mehr ~ sein* vara onykter; *e-n ~en Kopf behalten* hålla huvudet kallt; *das ist mir nicht ~* det begriper jag inte; *es ist mir ~* det står klart för mig; *e-m ~en Wein einschenken* tala rent ut med ngn, ge ngn rent besked; *mit etw. ins ~e kommen* bli på det klara med ngt; *sich (dat.) über etw. (ack.) ~ (im ~en) sein* vara på det klara med ngt **2** klar, färdig; *~ zum Start* startklar **Klar** - *n, österr.* äggvita **Kläranlage** -*n f* reningsverk **Klär|bassin** -*s n*, **-becken** - *n* avsättnings-, renings|bassäng **klarblickend** klarsynt **klären 1** klara upp; klarlägga, klara, ren[s]a; *sport.* rädda, få bort bollen **2** *rfl* klarna; bli klar; *die Frage hat sich geklärt* frågan har klarats upp (lösts) **klargehen** *st s, vard., das geht klar* det går bra (ordnar sig, fungerar); *ist es klargegangen?* gick det bra? **Klarheit** *0 f* klarhet, tydlighet; ~ *des Geistes* tanke|klarhet, -skärpa; ~ *in etw. (ack.) bringen (äv.)* kasta ljus över ngt; *über etw. (ack.) ~ gewinnen* komma t. klarhet över ngt **klarieren** klarera **Klarinette** -*n f* klarinett **Klarinettist** -en -en *m* klarinettist **Klarisse** -*n f*, **Klarissin** -nen *f* klarissinna (nunna) **klarkommen** *st s, vard.* klara [av]; *damit komme ich klar* det klarar jag av (kan jag få bukt med) **klarlegen** klar|lägga, -göra (*e-m etw.* ngt för ngn) **Klarlegung** -en *f* klarläggande **klarmachen 1** klar|göra, -lägga (*e-m etw.*

ngt för ngn) **2** göra klar *(zur Abreise* till avfärd) **Klärmittel** - *n* klarmedel **Klärschlamm** *0 m* slam från reningsverk **klarsehen** *st* se klart, fatta, förstå **Klarsichtbeutel** - *m* [genomskinlig] plastpåse **Klarsichtfolie** -*n f* plastfolie **Klarsichtscheibe** -*n f* klarsiktruta *(i bil)* **klarstellen** klar|-lägga, -göra **Klärung** *0 f* klarläggande, uppklarande; rening; *nach ~ der Lage (äv.)* när läget hade klarnat (luften hade rensats) **klarwerden** *oreg. s (sammanskrivs endast i inf o. particip) sich (dat.) über etw. (ack.)* ~ komma på det klara m. ngt; *jetzt wird mir manches klar!* nu förstår jag hur landet ligger!
klasse *vard.* jättebra, toppen **Klasse** -*n f* klass; klassrum; *Abteil erster ~* förstaklasskupé; *Schriftsteller zweiter ~ (äv.)* medelmåttig författare, andrarangsförfattare; *Hotel dritter ~* trejde klassens hotell; *das ist ~ (vard.)* det är toppen; *der Künstler ist große ~* det är en konstnär av stort format (hög klass); *er geht in die dritte ~* han går i tredje; *in dieselbe ~ gehen (äv.)* vara klasskamrater; *die besitzende ~* den besuttna klassen; *in ~n einteilen (äv.)* klassificera **Klassement** [-'mã:] -*s n* **1** klassificering, ordning, indelning **2** *sport.* placering **Klassen|älteste(r)** *m f, adj. böjn., skol. ung.* klassrepresentant; *äv.* ordningsman **-arbeit** -*en f* [skol]skrivning **-bewußtsein** *0 n, polit.* klassmedvetenhet **-buch** -er† *n* klassbok **-erste(r)** *m f, adj böjn., der Klassenerste* den som är bäst (den bästa) i klassen **-feind** -e *m, polit.*, **-gegner** - *m, polit.* klassfiende **-gesellschaft** *0 f* klassamhälle **-haß** *0 m, polit.* klasshat **-herrschaft** *0 f, polit.* klassvälde **-justiz** *0 f, polit.* av klassintressen påverkad rättskipning **-kampf** -e† *m, polit.* klasskamp **-lehrer** - *m*, **-leiter** - *m* klass|lärare, -föreståndare
klassenlos klasslös **Klassensprecher** - *m, skol.* klassrepresentant **Klassenunterschied** -e *m* klasskillnad **Klassenzimmer** - *n* klassrum **Klasseweib** -er *n, vard.* pangbrud **klassieren 1** klassificera **2** *gruv.* sortera **Klassifikation** -en *f* klassifikation **klassifizieren** klassificera
'Klassik *0 f* klassisk epok (stil) **Klassiker** - *m* klassiker **klassisch** klassisk; *das ist ja ~ (vard.)* det var (är) ju toppen **Klassizismus** *0 m* klassicism **klassizistisch** klassicistisk
klatsch *interj* klatsch!; plask! **Klatsch 1** -e *m* klatsch, smäll; *mit e-m ~ ins Wasser fallen* falla i vattnet med ett plask **2** *0 m, vard.* skvaller, [löst] prat **Klatschbase** -*n f, vard.* skvallerkäring **Klatsche** -*n f* **1** flugsmälla **2** *vard.* skvallerbytta **3** *skol.* moja **klatsch|en 1** smälla, slå, klappa; [*in die Hände*] ~ klappa [i] händerna, applådera; *e-m Beifall ~* applådera ngn; *e-m e-e ~* ge ngn en örfil; *der Regen -t* regnet smattrar; *mit der Peitsche ~* smälla med piskan **2** *vard.* skvallra; *e-m etw. ~* skvallra för ngn om ngt **Klatscherei** -en *f, vard.* skvaller, sladder **klatschhaft** skvalleraktig **Klatschmaul** -er† *n, vard.* skvallerbytta **Klatschmohn** *0 m* kornvallmo **klatsch'naß** *vard.* plaskvåt, drypande våt **Klatschnest** -er *n, vard.* skvallerhåla **Klatschrose** -*n f, se Klatschmohn* **Klatschsucht** *0 f, vard.* skvallersjuka **klatschsüch-**

tig *vard.* skvallersjuk **Klatschweib** *-er n*, *vard.* skvallerkäring
Klaubarbeit *-en f, gruv.* skrädning **klauben** *dial.* plocka (sortera) [ut]; *Worte ~* rida på ord
Klaue 1 *-n f* klo (*äv. tekn.*); klöv; *vard. neds.* hand; *vard. neds.* dålig handstil; *nimm deine ~n weg!* bort med tassarna!; *e-e fürchterliche ~ haben* ha en hemsk handstil; *an der ~ erkennt man den Löwen* man känner lejonet på klon; *e-n den ~n des Todes entreißen* rycka ngn ur dödens käftar; *e-n in seinen ~n halten* ha ngn i sina klor **2** *0 f, vard, auf ~ gehen* gå o. stjäla (sno) **klauen** *vard.* knycka, sno
Klauenvieh *0 n* klövdjur
klaufen *vard.* knycka, snatta (*i butik*)
Klaus *-e*[†] *m* **1** *sl.* dyrk **2** *schweiz.* dumskalle **3** *dial.*, *se Nikolaus*
Klause *-n f* **1** eremithydda, cell; *vard.* lya; *in meiner stillen ~* i min lugna vrå **2** trångt [bergs]pass
'Klausel *-n f* klausul
Klausner - *m* eremit **Klaustrophobie** *0 f, med.* klaustrofobi **Klausur** *-en f* **1** klausur **2** skrivning (*m. skrivvakt*) **Klausurarbeit** *-en f, se Klausur* **2 Klausurtagung** *-en f* sammanträde inför lyckta dörrar
Klaviatur [-v-] *-en f* **1** klaviatur **2** *bildl.* skala, register, mångfald **Klavichord** [klavi'kɔrt] *-e n* klavikord
Klavier [kla'viːɐ̯] *-e n* piano **-auszug** *-e*† *m* klaverutdrag **-bearbeitung** *-en f* bearbetning för piano **-begleitung** *-en f* pianoackompanjemang **-saite** *-n f* pianosträng **-schule** *-n f* pianoskola (*lärobok*) **-spieler** - *m* pianist **-unterricht** *0 m* piano|lektioner, -undervisning
Klebe *0 f, vard.* klister **-band** *-er*† *n* klisterremsa **-mittel** - *n* lim, klister, häftmedel
kleb|en 1 sitta (klibba, hänga) [fast]; fästa, fastna; *der Fliegenfänger -t voller Fliegen* flugfångaren är full av flugor; *das Hemd -t mir am Leibe, mein Hemd -t* skjortan klibbar på kroppen på mig; *ich -e* (*vard.*) jag är klibbig av svett (svettig o. smutsig), jag är klibbig om händerna [av svett]; *e-n ~ haben* (*dial.*) vara påstruken; *wir ~ am alten* vi håller fast vid det gamla; *an dieser Arbeit -t viel Schweiß* detta arbete har kostat mycken möda; *an Einzelheiten ~* hänga upp sig på småsaker; *an seinem Posten ~* sitta som fastklistrad på sin post; *am Radio ~* sitta klistrad vid radion; *an der Scholle ~* vara bunden vid torvan; *im Wirtshaus ~* [bli] sitta[nde] på krogen **2** klistra (limma) [ihop]; [*Versicherungsmarken*] *~* (*förr*) betala [social]försäkringsavgifter (*genom att klistra in märken i en bok*); *e-m e-e ~* (*vard.*) ge ngn en örfil **klebenbleiben** *s* fastna; *ewig ~* aldrig gå sin väg, stanna kvar i evigheter; *er bleibt kleben* (*skol.*) han får sitta kvar (blir kvarsittare) **Kleber** - *m* **1** *bot.* gluten **2** *vard.* klister, bindemedel **3** *skol.* kvarsittare **kleberig** *se klebrig* **Klebestreifen** - *m*, *se Klebstreifen* **Klebezettel** - *m* [klister]lapp, etikett **Klebkraut** *0 n* (*klibbig*) salvia; snärj|-måra, -gräs **klebrig** klibbig; *neds.* slipprig, motbjudande **Klebstoff** *-e m* klister, lim, bindemedel **Klebstreifen** - *m* klisterremsa, tejp
klecker|n *vard.* **1** spilla; *Suppe aufs Tischtuch ~* spilla soppa på bordduken; *es -te ununterbrochen Fehler* gång på gång blev det fel **2** *die Arbeit -t* arbetet går långsamt framåt (*på*

grund av avbrott); *die Bestellungen ~* beställningarna droppar in [en i taget] **3** *s* droppa [ner] **kleckerweise** i småportioner; *~ eintreffen* droppa in [en i taget] **Klecks** *-e m* fläck, [bläck]plump; *vard.* klick (*smör e.d.*) **klecksen** plumpa, kladda, kludda **Kleckser** - *m*1 fläck, plump **2** *vard.* lortgris; målarkludd; pennfäktare **Kleckserei** *-en f, neds.* kludd, kluddande, plumpande; klotter **klecksig** *neds.* full av plumpar, kluddig
Kle|dage [-'da:ʒə], **-dasche** [-'da:ʃə] -*n f, dial. vard.* kläder
Klee *0 m* klöver; *e-n über den grünen ~ loben* höja ngn till skyarna **-blatt** -*er*† *n* klöverblad; *sauberes ~* (*iron.*) tre sköna figurer; *vierblättriges ~* fyrväppling **-blattbogen** -[†] *m, arkit.* klöverbladsformad båge **-salz** *0 n* surt kaliumoxalat, syrsalt, bläckpulver **-säure** *0 f* oxalsyra
Klei *0 m* fruktbar lerjord, marskjord
kleiben *dial.*, *se kleben* **Kleiber** - *m, zool.* nötväcka
Kleid 1 *-er n* klänning; *~er* (*äv.*) kläder; *~er machen Leute* kläderna gör mannen **2** *0 n* [ämbets]dräkt, uniform, skrud; [fjäder]skrud; fäll; *der Winter hat der Landschaft ein weißes ~ angezogen* vintern har klätt landskapet i vitt **kleid|en** klä[da]; *die Kinder anständig ~* (*äv.*) hålla barnen m. ordentliga kläder; *sich schlecht ~* klä sig illa; *sie ist (geht) gut gekleidet* hon är välklädd; *es -et ihn* det klär (passar) honom
Kleider|ablage *-n f* kapprum, garderob **-bügel** - *m* klädhängare, galge **-bürste** *-n f* klädesborste **-haken** - *m* klädhängare (*krok*) **-laus** *-e*† *f* klädlus **-marder** - *m, vard.* klädtjuv **-motte** *-n f* klädmal **-schrank** *-e*† *m* klädskåp **-ständer** - *m* (*fristående*) klädhängare **-stoff** -*e m* [klännings]tyg
kleidsam klädsam **Kleidung** *0 f* klädsel, [klädel]dräkt; kläder **Kleidungsstück** *-e n* klädes|plagg, -persedel
Kleie *-n f* kli
1 kleiig kliartad; klihaltig
2 kleiig lerartad; lerhaltig
klein (*jfr äv. Kleine(r) o. Kleine(s)*) liten; *~e Anzeigen* småannonser; *ein ~*[*es*] *bißchen* (*~ wenig*) en smula, litet grand; *sein ~er Bruder* hans lillebror (yngre bror); *~e Buchstaben* små bokstäver; *~er Finger* lillfinger; *~es Gehalt* (*äv.*) låg lön; *ein ~er Geist* en småskuren människa; *~es Geld* småpengar; *K~ Gerhard* (*Maria*) lille Gerhard (lilla Maria); *~ Leute a*) småfolk, *b*) barn; *ein ~er Mann* (*äv.*) en vanlig människa; *~e Schritte* (*äv.*) korta steg; *~es Tier* (*äv.*) ungdjur; *das ~ere Übel* det mindre onda; *der ~e Zeiger* lilla visaren; *groß und ~* var o. en, alla; *~, aber oho* (*vard.*) liten men naggande god; *~ anfangen* (*vard.*) börja från början (med två tomma händer); *~ beigeben* ge med sig; *haben Sie es ~?* har Ni jämna pengar?; *die K~en hängt man, die Großen läßt man laufen* småkurrarna åker dit, men de stora bovarna går fria; *ein ~es Geschäft machen* göra litet, kissa; *kurz und ~ schlagen* slå sönder o. samman; *ein Wort ~ schreiben* skriva ett ord med liten [begynnelse]bokstav; *die Flamme auf ~ stellen* (*drehen*) vrida ner lågan; [*ganz*] *~* [*und häßlich*] *werden* (*vard.*) bli alldeles förlägen (spak); *bei ~em* (*nty.*) så småningom; *im ~en* i detalj, i smått, i liten skala, i miniatyr, *hand.* i minut; *im K~en wie*

im Großen i smått som i stort; *bis ins K~ste* (*~ste*) in i minsta detalj; *in e-r ~en Stunde* [in]om en knapp timme; *um ein ~es a*) en aning, en smula, *b*) nästan; *von ~ auf* ända sedan barndomen, alltsedan jag (*etc.*) var liten **Klein** *0 n* [fötter, hals o.] kräs **-anzeige** *-n f* småannons **-arbeit** *0 f* detaljarbete **Klein'asien** *0 n* Mindre Asien **Klein|auto** *-s n* småbil, minibil **-bahn** *-en f* smalspårig järnväg, lokalbana **-bauer** *-n* (*-s*) *-n m* små|brukare, -bonde **kleinbekommen** *st, etw.* ~ få (lyckas ha sönder) ngt i småbitar; *das Geld* ~ [lyckas] göra av med pengarna **Kleinbetrieb** *-e m* småföretag, liten rörelse; småbruk **Kleinbildkamera** *-s f* småbildskamera **Kleinbuchstabe** *-ns -n m* liten bokstav **Kleinbürger** - *m* småborgare **kleinbürgerlich** småborgerlig **Kleinbürgertum** *0 n* småborgerlighet; *das* ~ (*äv.*) småborgarna **Kleinbus** *-se m* små-, mini|buss **Kleinchen** - *n* barnunge **Kleincomputer** - *m* minidator **kleindenkend** små|sinnad, -sint,-skuren **kleindrehen** *vard.* skruva ner **Kleine** *f, adj böjn., se Kleine(r)* **Kleinempfänger** - *m* liten [radio]mottagare **Kleine(r)** *m f, adj böjn.*, *der Kleine* den lille [pojken]; *unser Kleiner* vår lille (yngre) son; *die Kleine* den lilla [flickan]; *die Kleinen* småttingarna, barnen; *unsere Kleine* vår lilla (yngre) dotter; *unser Kleinster* vår minste (yngste) [son]; *unsere Kleinste* vår minsta (yngsta) [dotter]; *du, Kleiner!* (*vard.*) du, grabben!; *e-e hübsche Kleine* (*vard.*) en snygg tjej **Kleine(s)** *n, adj böjn., das Kleine* den lilla, det lilla barnet; *unser Kleines* vårt lilla barn; *sie erwartet was Kleines* (*vard.*) hon väntar en liten (barn); *das Kleine der Katze* kattungen **Kleinfahrzeug** *-e n* litet fordon; småbil **Kleinfamilie** *-n f* kärnfamilj **Kleingarten** *-† m, ung.* koloniträdgård **Kleingeld** *0 n* småpengar; växel|pengar, -mynt; *das nötige* ~ *haben* (*vard. skämts.*) ha tillräckligt med pengar **kleingewachsen** småvuxen **Kleingewerbe** - *n* små|-industri, -hantverk **kleingläubig** klentrogen **kleinhacken** finhacka, hacka smått (fint) **Klein|handel** *0 m* minut-, detalj|handel **-händler** - *m* detalj-, små|handlare **-heit** *0 f* liten storlek, litenhet, obetydlighet **-hirn** *-e n, das* ~ lilla hjärnan **-holz** *0 n*, ~ *machen a*) spänta stickor, *b*) slå sönder [hela] inredningen, *c*) krascha (*m. flygplan*); *ich mache ~ aus dir* jag ska göra slarvsylta av dig **-igkeit** *-en f* småsak, bagatell; petitess; liten sak (bit, present, slant *etc.*); *das ist keine* ~ (*vard.*) det var (är) inte småpotatis; *es kostet die ~ von 100 Mark* (*iron.*) det kostar bara en bagatell på 100 mark **-igkeitskrämer** - *m* pedant **-igkeitskrämerei** *-en f* pedanteri, småaktighet **Kleinkalibergewehr** *-e n* salongsgevär **kleinkalibrig** finkalibrig **kleinkariert 1** smårutig **2** *vard.* inskränkt, trångsynt, småaktig, kälkborgerlig **Kleinkind** *-er n* småbarn **Klein'kinderbe'lustigungswasser** *-† n, skämts.* läsk **kleinkörnig** småkornig **Kleinkram** *0 m, vard.* småkrafs; småsaker **Kleinkrieg** *-e m* **1** småkrig, gerillakrig **2** gräl, slitningar **kleinkriegen** *vard.*, *e-n* ~ få bukt med (kuva) ngn, nedslå modet på ngn; *etw.* ~ få sönder ngt [i småbitar]; *hast du den Apparat endlich kleingekriegt?* (*iron.*) har du äntligen lyckats ha sönder apparaten?; *Geld* (*Vermögen*) ~ (*skämts.*) lyckas göra av med (få slut på) pengar (förmögenhet) **Kleinkunst** *0 f* **1** kleinkunst,

småkonst **2** kabarékonst **Kleinkunstbühne** *-n f* kabaré[lokal] **kleinlaut** ~ *werden* bli förlägen [så att man stämmer ner tonen]; ~ *sein* vara foglig, ha dämpat ner sig **Kleinlebewesen** - *n* mikroorganism **kleinlich** små|aktig, -sint **Kleinlichkeit** *0 f* småsinthet **kleinmachen 1** *Holz* ~ hugga ved **2** *vard. se kleinkriegen*; *e-n Geldschein* ~ växla en sedel **Kleinmalerei** *-en f* miniatyrmåleri; *bildl.* detaljerad skildring **Kleinmut** *0 m* klenmod, försagdhet, modlöshet **kleinmütig** klenmodig, försagd, modlös **'Kleinod** *-e el. Klei'nodien n* klenod, skatt **Kleinomnibus** *-se m* minibuss **Kleinrentner** - *m* pensionär (*m. låg pension*); *geistiger* ~ (*vard.*) inskränkt (andefattig) person **Kleinrusse** *-n -n m* lillryss **kleinrussisch** lillrysk, ukrainsk **kleinschneiden** *st* skära i småbitar; *kleingeschnitten* finskuren **kleinschreiben** *st* skriva m. liten [begynnelse]bokstav; *kleingeschrieben werden* (*vard.*) inte anses vara viktig, spela [en] liten roll **Klein|schreibung** *0 f* [skrivning m.] liten [begynnelse]bokstav **-sparer** - *m* småsparare **-staat** *-en m* småstat **-staaterei** *0 f, polit.* partikularism **-stadt** *-e† f* småstad **-städter** - *m* småstadsbo **kleinstädtisch** småstadsaktig, småstads- **Kleinstbetrag** *-e† m* mycket litet belopp, minimibelopp, lägsta belopp **kleinstellen** skruva ner, ställa på sparlåga **Kleinst|kind** *-er n* baby **-maß** *-e n* minimimått **-motor** *-en m* miniatyrmotor **-wohnung** *-en f* mycket liten etta (*m. kokvrå, bad el. dusch*) **Klein|tier** *-e n* mindre [hus]djur **-verdiener** - *m* låginkomsttagare **-verkauf** *0 m* detaljförsäljning, minuthandel **-vieh** *0 n* småboskap; ~ *macht auch Mist* (*ung.*) små smulor är också bröd **-wagen** - *m* småbil **-wohnung** *-en f* liten etta (*m. kokvrå, bad el. dusch*) **Kleister** - *m* **1** klister **2** *vard.* skräp, rask **kleist[e]rig** klistrig, kladdig, full av klister **kleistern** *vard.* **1** klistra; *Butter aufs Brot* ~ bre på tjockt m. smör på brödet **2** *e-m e-e* ~ ge ngn en örfil **Kle'matis** [*ibl.* '---] *-f, bot.* klematis **Klementine** *-n f* clementin **Klemme** *-n f* klämma, klämskruv; *med.* agraff; *sl.* kåk, fängelse; *bildl.* klämma, knipa **klemm|en 1** klämma [fast], fästa; *sich* (*dat.*) *den Finger* ~ klämma [sig i] fingret; *sich hinter die Arbeit* ~ lägga manken till, hugga i med arbetet, jobba hårt; *ich werde mich hinter ihn* ~ jag ska försöka bearbeta honom **2** *die Tür* -*t* dörren sitter fast (har fastnat) **3** *vard.* knycka (*e-m'etw.* ngt från ngn) **Klemmenspannung** *-en f* polspänning **Klemmschraube** *-n f* kläm-, spänn-, ställ|skruv **Klemmspannung** *-en f, se Klemmenspannung* **Klempner** - *m* bleck-, plåt|slagare; rörmakare **Klempnerei** *-en f* [bleck- o.] plåtslageri; rörmokeri **klempnern** vara plåtslagare (rörmokare); hålla på med plåtslageriarbete (rörmokeri; rörläggning) **klengen** *skogsv.* klänga **Klepper** - *m* hästkrake **Klepper|boot** *-e n* [hopfällbar] gummikanot, faltbåt **-mantel** *-† m* regnrock (*av gummi*) **Kleptomane** *-n -n m* kleptoman **Kleptomanie** *0 f* kleptomani **kleptomanisch** kleptoman

klerikal klerikal **Klerikalismus** *0 m* klerika-

lism **Kleriker** - *m* [katolsk] präst **Klerus** *0 m* klerus, prästerskap
Klette -*n f* kardborre (*äv. bildl.*); *wie die* ~*n zusammenhalten* (*vard.*) hänga ihop som ler o. långhalm
Kletterei -*en f* klättring **Klettereisen** - *n* stolpsko, klätterjärn **Kletterer** - *m* klättrare **Kletterfuß** -*e*† *m, zool.* klätterfot **Klettergarten** -† *m* klipparti (*övningsplats för bergbestigare*) **Klettergerüst** -*e n* **1** *gymn.* klätterredskap **2** klätterställning (*för barn*) **Klettermaxe** -*n* -*n m, vard.* **1** fasadklättrare **2** barn som klättrar överallt **klettern** *s* klättra; *bildl. äv.* stiga; *es ist, um auf die Bäume zu* ~ (*vard.*) det är så man kan gå upp i limningen **Kletterpflanze** -*n f* kläng-, slinger|växt **Kletterschuh** -*e m* klättersko (*för bergbestigning*)
klick *interj* klick!; *da machte es bei ihr* ~ (*vard.*) då fattade hon äntligen **klick|en** säga klick; *die Fotografen* -*ten andauernd* (*vard.*) fotograferna plåtade i ett kör **klickern** *dial.* **1** spela kula **2** klirra, skramla **Klicks** -*e m* klick[ning]; *es gab e-n* ~ det hördes ett klick
Klient -*en* -*en m* klient **Klientel** -*en f* klientel **klieren** *dial.* klottra
Kliff -*e n* klippa, [klipp]brant
kliff, klaff *interj* vov vov!
'**Klim|a** -*as el. Kli'mate n* klimat **Klimaanlage** -*n f* [anläggning för] luftkonditionering **Klimakterium** *0 n, med.* klimakterium **Klimakunde** *0 f* klimatologi **Klimakurort** -*e m* luftkurort **klimatisch** klimatisk, klimat- **klimatisieren** luftkonditionera **Klimatisierung** -*en f* luftkonditionering **Klimawechsel** - *m* klimat|ombyte, -förändring
Klimax *0 f* **1** klimax **2** *med.* klimakterium **Klimbim** [klɪm'bɪm] *0 m, vard.* **1** väsen, hallå; bråkig tillställning **2** skräp; nonsens, strunt- [prat]; *der ganze* ~ hela klabbet
klimmen *klomm, klömme, geklommen s* klättra, klänga **Klimmzug** -*e*† *m, gymn.* armhävning
Klimperei -*en f, vard.* [piano]klink; (*dåligt*) knäppande (*på gitarr e.d.*) **Klimperkasten** -† *m, vard.* pianoskrälle **klimpern 1** klinka, knäppa (*auf* +*dat.* på) **2** skramla (*mit Geld in der Tasche* med pengar i fickan)
kling *interj* kling!; *mit K*~*, Klang und Gloria* för full musik, m. pukor o. trumpeter
Klinge -*n f* klinga; *tekn. äv.* blad; *e-e* [*gute*] ~ *führen* (*schlagen*) *a*) vara en bra fäktare, *b*) ta ett krafttag, kämpa, *c*) *vard.* ha god aptit; *die* ~*n miteinander kreuzen* korsa sina klingor; *vor die* ~ *fordern* utmana
Klingel -*n f* ringklocka, pingla -**beutel** - *m* kollekthåv-**draht** -*e*† *m* ringledningstråd -**fahrer** - *m, vard.* inbrottstjuv (*som ringer på för att höra om ngn är hemma*) -**fee** -*n f, skämts.* **1** [kvinnlig] telefonist **2** husa; städerska (*på hotell*) -**knopf** -*e*† *m* ringledningsknapp **klingel|n 1** ringa, pingla; *nach e-m* ~ ringa på ngn; *bei e-m* ~ ringa på hos ngn; *es* -*t bei ihm* det går upp ett ljus för honom **2** (*om motor*) knacka, spika **Klingelschnur** -*e*† *f* klocksträng; *vard.* ringledningstråd **Klingelzeichen** - *n* ljudsignal **Klingelzug** -*e*† *m* klockstrång
klingen *klang, klänge, geklungen* **1** klinga, ljuda; *die Stimmen* ~ *durch das ganze Haus* rösterna hörs i hela huset; *in e-m e-e Saite zum K*~ *bringen* slå an en sträng hos ngn **2** låta, förefalla **kling'ling** *interj* kling[eling]!
'**Klinik** -*en f* klinik, sjukhus **Kliniker** - *m* klini-

ker (*lärare el. med. stud.*) **Klinik|um** -*a el.* -*en n* klinisk kurs **klinisch** klinisk
Klinke -*n f* dörr|klinka, -handtag; hake, spärr; *tel.* jack; ~*n putzen* (*vard.*) nasa, knacka dörr; *e-m die* ~ *in die Hand drücken* (*vard.*) kasta ut ngn **klinken** *an der Tür* ~ trycka ner dörrhandtaget **Klinkenputzer** - *m, vard.* nasare, dörrknackare
Klinker - *m* klinker[tegel] **Klinkerboot** -*e n* klinkbyggd båt
Klinomobil -*e n* ambulans (*som man kan operera i*)
klipp *vard.*, ~ *und klar* klar o. tydlig
Klipp -*s m* clip[s]; klämma, hållare
Klippe -*n f* klippa; *bildl. äv.* stötesten, svårighet; *alle* ~*n vermeiden* (*äv.*) undvika alla blindskär; *an dieser* ~ *wird es scheitern* det är på detta som det kommer att stranda **Klippenküste** -*n f* klippkust **klippenlos** utan klippor **klippenreich** klippig
Klipper - *m* klipper[skepp]
Klippfisch -*e m* klippfisk **klippig** klippig
Klippschule -*n f* **1** *neds.* dålig skola **2** *nty.*, *se Grundschule*
Klips -*e m* clip[s]
klirr *interj* klirr!; krasch! **klirren** klirra; *die Scheiben* ~ fönsterrutorna skallrar; *mit den Schlüsseln* ~ skramla med nycklarna; ~*de Kälte* bitter (sträng) kyla **Klirrfaktor** -*en m, elektr.* distorsionsfaktor
Klischee -*s n* kliché (*äv. bildl.*) **klischeehaft** klichéartad **klischieren 1** klichera **2** *neds.* härma, imitera **3** skildra (beskriva) klichéartat
Klistier [-s'tiːɐ] -*e n, med.* lavemang **klistieren** *med., e-n* ~ ge ngn ett lavemang
'**Klitoris** [*äv.* 'kliː-] - *el. Kli'torides f* klitoris **klitsch** *interj* klatsch! **Klitsch** -*e m, dial.* **1** grötig (degig) massa; degigt bröd **2** dask, lätt slag **Klitsche** -*n f, vard.* **1** liten (olönsam) lantgård; fattig by; litet företag **2** usel teater **klitschig** *dial.* degig (*om bröd*) '**klitsch'naß** *vard.* genomblöt
klittern 1 skarva ihop **2** kompilera **3** rycka ur (*ngt*) ur sitt sammanhang, återge felaktigt
'**klitze'klein** *vard.* pytteliten
Klivie [-v-] -*n f, bot.* clivia
Klo -*s n, vard.* toa, klosett **Kloake** -*n f* kloak (*äv. biol.*); avloppsledning **Kloakentier** -*e n, zool.* kloakdjur
Kloben - *m* **1** [ved]kubb, kloss, klamp; *vard.* oborstad person **2** [skruv]tving, klove **3** *dial.* dörrhake, gångjärn, krok **4** *dial. vard.* pipa **klobig** [stor o.] klumpig, grov, grovhuggen
klomm *se* **klimmen**
Klon -*e m, biol.* klon
klönen *nty.* prata [i all gemytlighet]
klopf|en knacka, bulta, klappa, slå; *es* -*t* det knackar; *Fleisch* ~ bulta kött; *das Herz* -*t ihm* hjärtat klappar på honom; *der Motor* -*t* motorn knackar (spikar); *Teppiche* ~ piska mattor; *an die Tür* ~ knacka på dörren; *e-m auf die Finger* ~ (*bildl.*) slå ngn på fingrarna; *e-m* (*e-n*) *auf die Schulter* ~ klappa ngn på axeln; *das Blut* -*t ihm in den Schläfen* blodet bultar i tinningarna på honom; *e-n Nagel in die Wand* ~ slå i en spik i väggen; *mit dem Fuß den Takt* ~ stampa takten **Klopfer** - *m* **1** mattpiskare **2** portklapp **3** *vard.* ~ *haben* (*sty., österr.*) vara tokig **Klopffechter** - *m, neds.* professionell fäktare; person som slåss mot betalning; påstridig pennfäktare **klopffest**

knackningsfri (*om bensin*) **Klopfkäfer** - *m*, *zool.* dödsur
Kloppe *0 f, nty.*, ~ *kriegen* få stryk **Klöppel** - *m* **1** kläpp **2** [trä]klubba; knyppelpinne; trumpinne **Klöppelarbeit** -*en f* **1** knyppling **2** knypplad spets **Klöppelkissen** - *n* knyppeldyna **klöppeln** knyppla **Klöppelspitze** -*n f* knypplad spets
kloppen *nty.* **1** knacka; hugga, slå **2** *rfl* slåss **Klöpplerin** -*nen f* knypplerska
Klops -*e m, dial.* (*slags*) köttbulle, frikadell
Klosett -*s, äv.* -*e n* klosett -**papier** -*e n* toalettpapper
Kloß [-o:-] -*e*† *m* **1** [jord]koka, -klump **2** *kokk.* (*slags*) kött-, potatis|bulle, klimp; *grüner* ~ *potatisbulle* (*av råriven potatis*); *e-n* ~ *im Halse haben* (*bildl.*) ha en klump i halsen **Kloßbrühe** *0 f, klar wie* ~ (*vard.*) klart som korvspad **Klößchen** [-ø:-] - *n, se Kloß* 2
Kloster [-o:-] -† *n* **1** kloster **2** *vard.* toalett **3** *sl.* flickskola **Klosterbruder** -† *m* munk; lekmannabroder **Klosterfrau** -*en f, åld.* nunna **Klosterfräulein** - *n* **1** i kloster uppfostrad adelsfröken **2** *se Stiftsdame* **klösterlich** [-ø:-] klosterlig **Klosterschwester** -*n f* nunna; lekmannasyster
klötern *nty.* **1** skramla, rassla **2** kissa
Klotz -*e*† *m* **1** kloss, klots, kubb; *wie ein* ~ *dastehen a*) stå stel som en pinne, *b*) stå där som en [annan] idiot; *wie ein* ~ *schlafen* sova som en stock; *sich* (*dat.*) *e-n* ~ *ans Bein binden* skaffa sig en black om foten **2** *vard.* luns, drummel, tölp **klotzen** *dial.* **1** satsa (arbeta) hårt; ta till storsläggan **2** *s* klampa **klotzig 1** klumpig, grov, massiv **2** *vard.* enorm; *es ist* ~ *kalt* det är jättekallt; ~ *viel Geld* pengar som gräs **Klotzkopf** -*e*† *m, vard. neds.* dåre, idiot **klotzköpfig** *vard. neds.* idiotisk, urdum
Klub [-u-] -*s m* **1** klubb **2** klick, gäng **Klübchen** - *n* klick, gäng **Klubgarnitur** -*en f* soffgrupp **Klubhaus** -*er*† *n* klubbhus **Klubsessel** - *m* klubb-, läder|fåtölj
kluck *interj* kluck! **kluckern** klucka
1 Kluft -*e*† *f* klyfta, spricka (*äv. bildl.*)
2 Kluft -*en f, vard.* kläder, uniform; *sich in* ~ *werfen* (*schmeißen*) rigga om, klä sig fin **klüftig** *kl, vard.* full av klyftor; *gruv.* full av sprickor
klug *adj* † klok; ~*e Ansicht* (*äv.*) förnuftig åsikt; ~*er Kopf* intelligent (klok) människa; ~ *wie die Schlange* listig som en orm; *das Ei will klüger sein als die Henne* ägget vill lära hönan värpa; *der Klügere gibt nach* den klokaste ger efter; ~ *werden* (*äv.*) bli förståndig; *aus etw. nicht* ~ *werden* inte bli klok (begripa sig) på ngt; *aus ihm werde ich nicht* ~ honom blir jag inte klok på (förstår jag mig inte på); *durch Schaden wird man* ~ av skadan blir man vis **Klügelei** -*en f* spetsfundighet **klügeln** grubbla, spekulera, fundera **'kluger'weise** klokt nog **Klugheit** *0 f* klokhet **Klügler** - *m* **1** grubblare **2** hårklyvare **klüglich** klokt nog **klugreden** *vard.* vilja veta bättre, låtsas vara expert **Klugredner** - *m, vard.* besserwisser, viktigpetter **klug|scheißen** *st, vard. neds.*, -**schnacken** *nty., se klugreden* **Klugschnakker** - *m, nty., se Klugredner*
Klump -*e*[†] *m, nty.* **1** klimp **2** *den Wagen zu* (*in*) ~ *fahren* (*vard.*) helkvadda bilen; *in* (*zu*) ~ *hauen* (*vard.*) slå sönder o. samman
'**Klumpatsch** *0 m, vard. neds.* smörja; *soll ich den ganzen* ~ *mitbringen?* ska jag ta med mig hela rasket (hela klabbet, alltsammans)?

klumpen klumpa (klimpa) sig, bilda klumpar **Klumpen** - *m* klump, klimp; ~ *Erde* (*äv.*) jordkoka; ~ *Gold* guldklump; *die Soße hat* ~ det är klumpar i såsen **klümperig** *dial.* klimpig **Klumpfuß** -*e*† *m* klumpfot **klumpfüßig** klumpfotad **klumpig 1** klumpig, ovig **2** full av klumpar **klümprig** *se klümperig*
Klüngel - *m* **1** klick, kotteri **2** *dial.* [blom]vippa; klase
Klunker -*n f el.* - *m., dial.* **1** tofs, ngt som dinglar; ~*n* (*vard. äv.*) briljanter, smycke[n] **2** klump
Klunse -*n f, dial.* spricka, rämna
Kluppe -*n f* **1** [gäng]kloppa **2** *sty., österr.* klädnypa
Klüse -*n f, sjö.* klys
Klusil -*e m, fonet.* klusil
klütern *nty.* knåpa, pyssla
Klüver [-v-] - *m, sjö.* klyvare -**baum** -*e*† *m, sjö.* klyvarbom
km *förk. för Kilometer* **k.M.** *förk. för kommenden Monats* nästföljande månad **kn** *förk. för Knoten* knop
knabbern knapra (*etw. el. an etw.* + *dat.* på ngt); *daran wird er noch lange zu* ~ *haben* (*vard.*) det kommer han att få äta upp länge, det kommer att dröja länge innan han kommer över (klarar av) det; *nichts mehr zu* ~ *haben* (*vard.*) inte ens ha pengar till maten, vara pank; *etw. zum K~* ngt gott att knapra på
Knabe -*n* -*n m* gosse, pojke; *alter* ~! gamle gosse!; *komischer* ~ konstig figur; *er ist schon ein alter* ~ han är redan en äldre man **Knabenalter** *0 n* gossålder; *im* ~ (*äv.*) då jag (*etc.*) var barn (pojke) **knabenhaft** gossaktig **Knabenkraut** *0 n* nyckelblomster **Knabenliebe** *0 f* pederasti, gossekärlek **Knabenzeit** *0 f* gossår **Knäblein** - *n* gossebarn
knack *interj* knack! **Knack** -*e*† *m* knack[ande ljud], knäpp; *es gab e-n* ~ det knäppte till (hördes ett knäpp)
Knäckebrot -*e n* knäckebröd **knacken 1** knaka, knarra, knastra, knäppa **2** knäcka (*e-e Nuß* en nöt); *vard.* klämma sönder (*Läuse* löss); *vard.* bryta upp (*lås e.d.*); *e-n Kode* ~ (*vard.*) knäcka (lösa) en kod; *e-n Geldschrank* ~ (*vard.*) spränga ett kassaskåp **3** *s* gå av; brista, spricka (*m. knakande ljud*) **Knacker** - *m* **1** knackvurst **2** nötknäppare **3** *vard.* kassaskåpssprängare; *hack* (*i skiva*); *alter* ~ gubbstrutt '**knacke'voll** *vard.* sprängfull **Knacki** -*s m, sl.* kåkfarare **knackig** *vard.* **1** knaprig **2** *vard.* ~ *kalt* jättekall **Knacklaut** -*e m, fonet.* knacklaut **Knackmandel** -*n f* krakmandel **knacks** *interj* knack! **Knacks** -*e m, vard.* knäpp, knäck; spricka; skada, defekt; *das Glas hat e-n* ~ glaset är sprucket; *e-n* ~ *weghaben* ha en skruv lös; *er hat e-n* ~ (*äv.*) det är fel på honom, hans nerver är i oordning, hans hälsa är i olag **Knackwurst** -*e*† *f* knackvurst
Knall -*e m* knall, smäll, detonation; *bildl.* gräl, skandal; *du hast ja e-n* ~ (*vard.*) du har en skruv lös (är inte klok); ~ *und Fall* (*vard.*) knall o. fall '**knall'blau 1** skarpt blå **2** *vard.* asfull **Knallbonbon** -*s n m* smällkaramell **Knallbüchse** -*n f, vard.* gevär **knall|en 1** knalla, smälla; *bei ihnen hat es mal wieder geknallt* (*vard.*) de har grälat igen **2** *s* kasta; smälla; *den Hörer auf die Gabel* ~ slänga på telefonluren; *e-m e-e* ~ ge ngn en örfil; *e-m eins*

auf den Pelz ~ skjuta på ngn **3** *s, das Auto -t gegen die Hauswand* bilen brakar in i husväggen; *die Tür -t ins Schloß* dörren faller i lås med en smäll '**knall'eng** *vard.* tajt **Knaller** - *m, vard.* pistol, gevär, smällare **Knallerbse** *-n f* rysk smällare **Knallfrosch** *-e† m* [hoppande] groda (*fyrverkeripjäs*) **Knallgas** *0 n* knallgas '**knall'hart** *vard.* benhård '**knall'heiß** *vard.* jättehet **knallig** *vard.* bjärt, skrikig (*om färg*); häftig (*om motsättning*); ~e *Reklame machen* ställa till med ett reklamjippo; *es ist* ~ *heiß* det är jättehett; ~*e Jeans* tajta jeans **Knall|kopf** -*e† m, neds.*, -**kopp** -*e† m, neds.* idiot **Knallkorken** - *m* champagnekork '**knall'rot** *vard.* knallröd **Knalltüte** *-n f, vard.* komiker; *neds.* galning, idiot '**knall'voll** *vard.* smockfull; *bildl.* stup-, knall|full
knapp 1 knapp; torftig; ~*e Kost* mager kost; ~*e Zeiten* dåliga tider; *und nicht zu* ~! (*vard.*) om!, väldigt!; *seine Zeit ist* ~ *bemessen* (*äv.*) han har ont om tid; *die Kohlen sind* ~ *geworden* det har blivit ont om kol; ~ *an der Straße liegen* ligga helt nära vägen; ~ *bei Kasse sein* ha ont om pengar; *es geht bei ihm* ~ *zu* (*her*) (*vard.*) han har det knapert; *mit* ~*er Mühe und Not m.* knapp nöd, nätt o. jämnt; ~ *nach der Ankunft* strax efter ankomsten; *nach e-r* ~*en* (~ *e-r*) *Stunde* efter en knapp (knappt en) timme **2** kortfattad, koncis **3** snäv, trång; *der Rock sitzt* ~ kjolen sitter trångt (snävt) **Knappe** *-n -n m* **1** *hist.* knape, väpnare **2** (*utlärd*) gruvarbetare
knappen *dial.* **1** klappra, skallra **2** nafsa [till] (*om hund*)
knappern *se* **knabbern**
knapphalten *st, die Kinder mit Geld* ~ ge barnen mycket litet pengar; *e-e Ware* ~ se till att det är ont om en vara **Knappheit** *0 f* knapphet *etc.*, *jfr knapp* **Knappschaft** *-en f* **1** gruvarbetarförening **2** gruvarbetarstam **Knappschaftskasse** *-n f* försäkringskassa för gruvarbetare
knapsen *vard.* knussla, snåla
Knarre -*n f* harskramla; *mil. sl.* knallpåk **knarren** knarra
1 Knast -*e† m, nty.* **1** kvist (*i virke*) **2** tjock skiva bröd
2 Knast -*e*[†] *m, vard.* fängelse[straff]; ~ *schieben* sitta på kåken -**bruder** -† *m, vard.* **1** kåkfarare, fängelsekund **2** kompis [på kåken] -**burg** -*en f, vard.* kåk, fängelse
1 Knaster - *m* [*åld.* bra, *vard.* dålig] tobak;
2 Knaster - *m, dial.*, -**bart** -*e† m, dial.*, -**er** - *m, dial.* brumbjörn, bitvarg
knastern **1** *dial.* knorra, brumma **2** röka [pipa]; bolma, ryka **Knasti** -*s m, sl.* fånge **Knastologe** -*n -n m, vard.* kåkfarare
Knatsch [-a:-] *0 m, dial.* bråk, oväsen, uppståndelse **knatschen** *dial.* gnälla, kinka (*om barn*)
knattern 1 knattra, smattra, knastra **2** knattra [i väg]
Knäuel - *m n* **1** nystan; *bildl.* skock, gytter; *sich zu e-m* ~ *ballen* (*äv.*) gyttra ihop sig **2** *bot.* knavel **Knäuelgras** *0 n, bot.* hundäxing **knäueln** *rfl* gyttra ihop sig
Knauf -*e† m* knapp, knopp, kula
Knaul -*e*[†] *m n, dial., se* **Knäuel knäulen** *rfl*, *se* **knäueln Knaulgras** *0 n, bot.* hundäxing
knaup[e]lig *dial.* besvärlig, knepig **knaupeln** *dial.*, *Knochen* ~ gnaga av ben; *an den Fingernägeln* ~ bita på naglarna; *an etw.* (*dat.*) ~ försöka knyta upp ngt; *an e-m Problem* ~ jobba m. (försöka lösa) ett problem
Knauser - *m, vard.* snål|varg, -jåp **Knauserei** *-en f, vard.* knussel, snålhet **knauserig** *vard.* knusslig, gnidig, snål **knausern** *vard.* knussla, snåla **knausrig** *se* **knauserig**
1 knautschen 1 *vard.* skrynkla [till], knöla ihop **2** skrynkla sig **3** *sportsl.* [hård]träna
2 knautschen *dial.* **1** gnissla **2** gnälla
1 knautschig *vard.* skrynklig
2 knautschig *dial.* gnällig
Knautschkommode -*n f, vard.* dragspel **Knautschzone** -*n f* deformationszon (*i bilkaross*)
Knebel - *m* **1** munkavle **2** tunga (*på såg*); pinne (*att bära paket med*) **3** tvärslå; vred **Knebelbart** -*e† m* knävelborr **knebeln** sätta munkavle på; tysta ner; *die Presse* ~ sätta munkorg på pressen; *die Entwicklung* ~ strypa utvecklingen **Knebelschraube** -*n f* vingskruv
Knecht -*e m* dräng; *åld.* tjänare; *hist. äv.* träl **knechten** underkuva, förslava; *geknechtetes Volk* undertryckt (kuvat) folk **knechtisch** underdånig, krypande **Knechtschaft** *0 f* träldom, slaveri **Knechtung** *0 f* förtryck, [under]kuvande
Kneif -*e m* (*olika hantverkares*) [arbets]kniv **kneif|en** *kniff, kniffe, gekniffen* **1** nypa, klämma [fast], knipa [fast]; *e-n* ~ nypa ngn; *e-n* (*e-m*) *in den Arm* ~ nypa ngn i armen; *der Hund -t den Schwanz zwischen die Beine* hunden sticker svansen mellan benen **2** *die Schuhe* ~ skorna klämmer; *der Bauch -t* det kniper i magen **3** *vard.* [fegt] smita, dra sig ur spelet; *K*~ *gibt's nicht* (*ung.*) ingen får smita (dra sig undan) **Kneifer** - *m* pincené **Kneifzange** -*n f* knip-, hov-, avbitar|tång
Kneipabend -*e m* ölafton (*i studentförening*); hippa **Kneipbruder** -† *m* supbroder **Kneipe** -*n f* **1** *vard.* krog; *neds.* sylta **2** *stud.* sexa, hippa **kneipen** *vard.* dricka [öl] **Kneiperei** -*en f,* [öl]drickande, rumlande, festande **Kneiplied** -*er n* dryckesvisa
Kneippkur -*en f* kneippkur (*slags hälsokur*)
Kneiptour -*en f, vard.* krogrond; *e-e* ~ *machen* gå krogrond
Kneller *0 m, vard.* (*dålig*) tobak
knetbar knådbar **Knete** *0 f, vard.* **1** stålar, pengar **2** knådbar massa, plastillin **3** *in der* ~ *sein* ha mycket att göra, vara stressad **kneten** knåda; *med.* massera **Knetkur** -*en f* massage[behandling] **Knetmasse** -*n f* knådbar massa, plastillin
Knick 1 -*e m* knäck, bräcka, spricka; krök, böjning; hundöra (*i bok*); veck **2** -*e m, nty.* häck (*mellan fält e.d.*); jordvall **Knickebein** *0 m* ägglikörfyllning (*i choklad*) **Knickei** -*er n* sprucket ägg **knicken 1** knäcka (*äv. bildl.*), bräcka; (*skarpt*) vika; *das Bein* ~ böja benet; *e-n Floh* ~ (*vard.*) krossa en loppa (*mot nageln*); *geknickt sein* vara nedslagen (moloken) **2** *s* knäckas, bräckas; *das Ei ist geknickt* ägget är spräckt
1 Knicker - *m* (*liten*) jaktkniv
2 Knicker - *m, vard.* snåljåp
3 Knicker - *m, nty.* spelkula
Knickerbocker[s] [*äv.* 'nɪk-] *pl* knickerbockers, knä-, golf|byxor
knickerig *vard.* knusslig, gnidig **knickern** *vard.* knussla, snåla, vända på slanten **knickrig** *se* **knickerig**

Knicks -e m nigning, knix; e-n tiefen ~ machen (äv.) niga djupt **knicksen** knixa, niga
Knickung -en f bristning, bristande; böjning; knäckning
Knie - [pl 'kni:(ə)] n knä; krök; ihm schlottern die ~ han darrar i knävecken; e-n auf ~n bitten be ngn på sina bara knän; auf die ~ fallen falla på knä; in die ~ brechen (bildl.) bryta samman; in die ~ gehen (bildl.) ge efter, kapitulera; e-n in (auf) die ~ zwingen tvinga ngn på knä; etw. übers ~ brechen (vard.) forcera (hafsa ifrån sig) ngt **Kniebeuge** -n f, gymn. knäböjning **Kniefall** -e† m knäfall **kniefällig** vor e-m ~ werden falla på knä för ngn; e-n ~ um etw. bitten be ngn om ngt på sina bara knän **kniefrei** knäkort **Kniegeige** -n f [viola da] gamba **Kniegelenk** -e n knäled (äv. tekn.) **Kniehebel** - m vinkelhävstång **kniehoch** knähög **Knieholz** 0 n dvärgtall **Kniehose** -n f knäbyxor **Kniekehle** -n f knäveck **knien** ['kni:(ə)n] **1** h, sty. s stå (ligga) på knä **2** rfl falla på knä; sich in etw. (ack.) ~ syssla intensivt (ta i ordentligt) m. ngt
kniepig vard. snål
Knieriemen - m knä-, spann|rem **Knierohr** -e n knärör, rörkrök
Knies 0 m, vard. smuts; bildl. träta, bråk
Kniescheibe -n f knäskål **Knieschützer** - m knäskydd **Kniestrumpf** -e† m trekvarts-, knä|strumpa **Kniestück** -e n, tekn. knästycke, rörkrök **knietief** ända upp t. knäna **Knieverletzung** -en f knäskada **Kniewärmer** - m knävärmare **knieweich 1** smidig (mjuk) i knäna **2** knäsvag, utmattad
kniff se kneifen **Kniff** -e† m **1** nyp[ning] **2** [skarpt] veck; e-n ~ in die Seite machen vika ett hundöra på sidan **3** knep, trick; es ist ein ~ dabei det är ngt knep med det **Kniffelei** -en f, vard. knep-, knåp|göra **kniff[e]lig** knepig, knivig, besvärlig, kinkig **kniffen** vika; vecka
Knigge 0 m [etikett]handbok; er hat den ~ nie gelesen han vet inte hur man ska uppföra sig (har inget folkvett)
Knilch -e m, vard. knöl, drummel **Kniller** - m, vard., se Knüller
knipsen vard. knäppa; klippa (biljett); plåta, fotografera **Knipser** - m, vard. **1** strömbrytare, kontakt **2** nagelklippare; cigarrsnoppare; biljettång; biljettklippare **3** fotograf **Knipsschalter** - m, vard. strömbrytare, kontakt **Knipszange** -n f, vard. biljettång
Knirps -e n **1** vard. byting, pys; neds. knatte, plutt **2** hopfällbart paraply **knirpsig** vard. liten
knirschen knarra, knastra; gnissla; mit den Zähnen ~ gnissla (skära) tänder
Knistergold 0 n flitterguld **knister|n** knastra, knaka, spraka, frasa, prassla; es -t im Gebälk det knakar i fogarna
Knittel - m, se Knüppel **Knittelvers** -e m knittelvers **Knitter** - m skrynkla, rynka **knitterarm** nästan skrynkelfri **knitter|fest, -frei** skrynkelfri **knitt[e]rig** vard. som lätt blir skrynklig; skrynklig **knittern** skrynkla; bli skrynklig
knitz sty. smart, fiffig, slug
Knobel - m, dial. **1** se Knöchel **2** tärning **Knobelbecher** - m **1** tärningsbägare **2** mil. sl. marschkänga **knobeln 1** kasta tärning, dra [lott], singla slant **2** vard. fundera
Knoblauch [-o:p-, -ɔp-, äv. -b-] 0 m vitlök **-butter** 0 f vitlökssmör **-zehe** -n f vitlöksklyfta

Knöchel - m knoge; ankel, fotknöl, vrist **Knochen** - m**1** ben (i skelettet); benknota; köttben; Fleisch ohne ~ benfritt kött; seine müden ~ ausruhen (vard.) vila sin trötta kropp; die alten ~ wollen nicht mehr (vard.) den här gamla kroppen orkar inte mer; mir tun sämtliche ~ weh (vard.) jag känner mig alldeles mörbultad; nimm deine ~ zusammen! (vard.) ta dig samman!, samla dig!; harter ~ (vard.) svår uppgift; das geht auf die ~ (vard.) det känns i kroppen; sich bis auf die ~ blamieren (vard.) blamera sig ordentligt; konservativ bis auf (in) die ~ konservativ ut i fingerspetsarna (ända in i märgen); naβ bis auf die ~ våt inpå bara kroppen; die Angst fuhr ihm in die ~ (vard.) han blev dödsförskräckt; die Angst saβ ihm noch in den ~ (vard.) rädslan satt fortfarande kvar i kroppen på honom; mit heilen ~ davonkommen (vard.) komma helskinnad undan **2** vard. karl; alter ~! gamle gosse!; müder ~ (ung.) slöfock **-arbeit** 0 f, vard. slitgöra **-bau** 0 m benbyggnad **-brecher** - m vard. slagskämpe, benknäckare **-bruch** -e† m benbrott, fraktur **-brüchigkeit** 0 f, med. benskörhet
'knochen'dürr vard. benig, skinntorr **Knochenerweichung** 0 f, med. benuppmjukning (genom urkalkning) **Knochen|fäule** 0 f, **-fraß** 0 m benröta **Knochengerüst** -e n benstomme, skelett; vard. benrangel (mycket mager pers.) **'knochen'hart** vard. ben-, sten|hård **Knochenhaut** 0 f benhinna **Knochenkotzen** 0 n, vulg., es ist zum ~ det är så man kan spy **knochenlos** utan ben; bildl. utan stadga **Knochenmann** 0 m, der ~ benrangelsmannen **Knochenmark** 0 n benmärg **Knochenmehl** 0 n benmjöl **Knochenmühle** -n f benkvarn; bildl. ung. grottekvarn **Knochensplitter** - m ben|flisa, -skärva **'knochen'trocken** vard. snustorr **Knochentuberkulose** 0 f bentuberkulos **knöcherig** av ben, ben-; benartad **knöchern 1** av ben, ben- **2** se knochig benig, knotig, grovlemmad **knöchrig** se knöcherig
knockout [nɔk|'aut] e-n ~ schlagen slå knockout på ngn **Knockout** -s m knockout (äv. bildl.)
Knödel - m kokk., sty., österr. knödel (slags kroppkaka) **knödeln** vard. tala (sjunga) med grötig röst
Knofel 0 m, dial. vitlök
Knolle -n f [rot]knöl; vard. utväxt; vard. [stor o. tjock] näsa, kran; vard. böteslapp (på bil e.d.) **Knollen** - m **1** klump **2** se Knolle **Knollenblätter|pilz** -e m, **-schwamm** -e† m (olika slags) giftig svamp; Weiβer ~ vit flugsvamp **Knollengewächs** -e n växt med rotknölar **knollig** knölig, med knölar
Knopf -e† m **1** knapp; knopp, [liten] ratt, huvud (på knappnål e.d.); es sich (dat.) an den Knöpfen abzählen (vard.) räkna på o. nej (få knappar) **2** sty., österr., schweiz. knut; [blom]knopp **3** vard. prick; kleiner ~ liten parvel; reicher ~ rik knös; ulkiger ~ lustig prick **4** pl, vard. slantar **Knopfdruck** 0 m tryckning på knappen **knöpfen** knäppa **Knopfleiste** -n f, verdeckte ~ dold knäppning **Knopfloch** -er† n knapphål; aus allen (sämtlichen) Knopflöchern platzen (vard.) ha blivit för tjock; aus allen (sämtlichen) Knopflöchern stinken (vard.) lukta mycket illa (starkt) **Knöpfstiefel** - m knäppkänga, stövel med knäppning

Knopp -e† *m, vard.* prick (*person*)
knorke *dial.* toppen, jättebra, helvass
Knorpel - *m* brosk **knorp[e]lig** broskartad; broskig **Knorpelkirsche** -*n f* bigarrå
Knorren - *m* stubbe; knöl (*i trä*) **knorrig** knölig, knotig; *bildl.* vresig, knarrig **Knorz** -*e m, dial., se Knorren*
Knösel - *m, dial.* [kort] pipa
Knospe -*n f* knopp **knospen** knoppas (*äv. bildl.*) **knospenartig** som en knopp, knopplik **knospig** full m. knoppar **Knospung** -*en f* knoppning
Knote -*n* -*n m, åld.* drummel, knöl, tölp **knoten** knyta [ihop] **Knoten** - *m* **1** knut; *da steckt der* ~ *det är det som är knuten* (den ömma punkten); *bei ihm ist der* ~ *noch nicht gerissen* (*vard.*) han har ännu inte fått upp ögonen (fattat) **2** *sjö.* knop **3** *med.* knuta, knöl **4** *bot.* led; kvist (*i trä*) **5** *fack.* knut-, skärnings|punkt **6** *astron.* nod **7** intrig (*i bok e.d.*) **Knotenpunkt** -*e m* knutpunkt **Knotenschrift** *0 f* knutskrift (*hos inkas etc.*) **Knotenstock** -e† *m* knölpåk **Knöterich** -*e m, bot.* pilört **knotig** knotig; full med knutar; kvistig
Know-how [noʊ'haʊ] *0 n* know-how, [tekniskt] kunnande
Knubbe -*n f, nty.* **1** *se Knorren* **2** knopp **3** svulst, svullnad **Knubben** - *m, dial.* **1** *se Knubbe* **2** liten [tjock] person, knubbis, fetknopp
knud[d]eln *dial.*1 skrynkla ihop 2 krama, pussa
Knuff -e† *m, vard.* (*lätt*) slag, knuff **knuffen** *vard.* knuffa
Knülch -*e m, vard.* knöl, otrevlig typ
knüll[e] *vard.* knall, full; *ich bin* ~ (*äv.*) jag är slut (utsjasad); *es ist* ~ det är toppen **knüllen** **1** skrynkla [ihop]; *ein Papier* ~ krama ihop ett papper **2** skrynkla sig **Knüller** - *m, vard.* sensation, succé, schlager, pangsak
Knüpfarbeit -*en f* [handarbete i] fileknytning **knüpfen 1** knyta, binda; *Teppiche* ~ knyta mattor; *enger* ~ knyta åt [hårdare]; *e-n an den Galgen* ~ (*vard.*) hänga ngn; *etw. an etw.* (*ack.*) ~ knyta fast ngt vid ngt; *Hoffnungen an etw.* (*ack.*) ~ knyta förhoppningar vid (till) ngt **2** *rfl, sich an etw.* (*ack.*) ~ vara förknippad m. ngt; *an ihn* ~ *sich große Hoffnungen* det knyts (man knyter) stora förhoppningar vid honom; *daran* ~ *sich keinerlei Bedingungen* det är inga som helst villkor förbundna m. det
Knüpfteppich -*e m* handknuten matta
Knüppel - *m* **1** [knöl]påk, batong; kubb[e], runt vedträ; *der* ~ *liegt beim Hund* (*ung.*) det kommer surt efter; *e-m e-n* ~ *zwischen die Beine werfen* (*ung.*) sätta krokben för ngn **2** växelspak (*i bil*); *flyg.* [styr]spak **3** *vulg.* kuk **4** *dial.* (*slags*) franskbröd **Knüppelbrücke** -*n f* (*slags*) träbro **Knüppeldamm** -e† *m* kavelbro '**knüppel'dick** *vard.* proppfull; *es kommt immer gleich* ~ (*ung.*) allt [elände] kommer på en gång; *die Angriffe kamen* ~ anfallen kom stup i ett '**knüppel'dicke'voll** *vard.* propp-, spräng|full '**knüppel'hart** *vard.* stenhård **Knüppelhieb** -*e m* batongslag **Knüppelholz** -e† *n* rund|timmer, -virke **knüppeln 1** slå [m. batong], prygla **2** *vulg.* knulla **Knüppelschaltung** -*en f* golvväxel '**knüppel'voll** *vard.* proppfull
knuppern *dial., se knabbern*
knurr|en morra; *bildl.* knorra, knota; *mir -t der Magen* det kurrar i magen på mig, jag är hungrig **Knurrhahn** -e† *m, zool.* knorrhane; *bildl.* vresig (surmulen) person **knurrig** knarrig, vresig, knorrande
knüseln *dial.* **1** smutsa ner **2** skrynkla
Knusperchen - *n, vard.* (*knaprig*) kex, kaka; nöt, bränd mandel *etc.* **Knusperhäuschen** - *n* pepparkakshus (*i saga*) **knusperig** *se knusprig* **knuspern** *dial.* knapra **knusprig** knaprig, frasig; ~*es Mädchen* (*vard.*) läcker brud
Knust [-uː-] -e[†] *m, dial.* kant (*på brödet*)
Knute -*n f* knutpiska; *unter jds* ~ *stehen* (*bildl.*) vara underkuvad av ngn, vara ngns slav **knuten** piska [m. knutpiska]; förtrycka, förslava
knutschen [-uː-] *vard.* krama[s] o. pussa[s], hångla [med] **Knutscherei** *0 f, vard. neds.* pussande, hångel **Knutschfleck** -*e m, vard.* sugmärke
Knüttel - *m* [knöl]påk -**vers** -*e m* knittelvers
k.o. [kaːˈ|oː] *förk. för knockout* **1** *boxn.* k.o., knockout **2** *vard.* slut **K.o.** - *m, boxn.* k.o., knockout
'**Koadjutor** [äv. --ˈ--] -*en m* koadjutor (*kat. biskops medhjälpare*)
koagulieren *h el. s* koagulera
koalieren, koalisieren bilda koalition **Koalition** -*en f* koalition **Koalitions|freiheit** *0 f*, -**recht** *0 n* föreningsrätt **Koalitionsregierung** -*en f* koalitionsregering
Kob [kɔp] -*s m, vard., förk. för Kontrollbereichsbeamter* kvarterspolis
Kobalt *0 n, min.* kobolt -**blau** *0 n* koboltblått -**bombe** -*n f* koboltbomb -**kanone** -*n f, med.* koboltkanon
Ko Be -[s] *m, vard., förk. för Kontrollbereichsbeamter* kvarterspolis
Koben - *m* kätte, svinstia **Kober** - *m, dial.* **1** [matsäcks]korg **2** värd
Kobold -*e m* [hus]tomte
Ko'bolz *0 m, dial.* kullerbytta; [*e-n*] ~ *schießen* (*schlagen*) slå kullerbytta **kobolzen** *dial.* slå kullerbytta|a, -or
Kobra -*s f* kobra
Koch -e† *m* kock; *ein guter* ~ *sein* (*äv.*) laga god mat; *Hunger ist der beste* ~ hungern är den bästa kryddan; *viele Köche verderben den Brei* ju flera kockar dess sämre soppa **Kochapfel** -† *m* matäpple **Kochapparat** -*e m, se Kocher* **kochbeständig** kokäkta, som tål att kokas **Kochbirne** -*n f* syltpäron **Kochbuch** -er† *f* kokbok **Kochbutter** *0 f* matsmör **kochecht** *se kochfest* **köcheln** puttra; *skämts.* laga mat **kochen 1** koka (*äv. bildl.*), laga mat; *vor Zorn* ~ koka av vrede **2** koka (*Kartoffeln* potatis); *es wird nichts so heiß gegessen, wie es gekocht wird* (*ung.*) det blir nog inte så farligt när allt kommer omkring **kochendheiß** kokhet '**Kochend'wasserautomat** -*en* -*en m* varmvattenberedare (*som lämnar kokande vatten*) **Kocher** - *m* gas-, sprit|kök, kokare
Köcher - *m* koger -**fliege** -*n f, zool.* laxmygga, nattslända
kochfertig färdiglagad, som bara behöver värmas upp (kokas) **kochfest** kokhärdig, som tål att kokas **Kochfett** -*e n* matfett **Kochflasche** -*n f* kokflaska; *kem.* kolv **Kochgelegenheit** -*en f* kokmöjlighet; *Zimmer mit* ~ (*äv.*) rum m. tillgång t. kök **Kochgeschirr** -*e n* kokkärl **Kochherd** -*e m* spis **Köchin** -*nen f* kokerska; *e-e gute* ~ *sein* (*äv.*) laga god mat **Koch|kiste** -*n f* koklåda -**löffel** - *m* slev; *den* ~ *schwingen* (*skämts.*) laga mat -**nische** -*n f* kokvrå -**platte** -*n f* kokplatta -**rezept** -*e n*

[matlagnings]recept **-salz** *0 n* koksalt **-topf** **-e†** *m* gryta, kastrull **-wäsche** *0 f* vittvätt
Koda *-s f, mus.* koda
kodderig *dial.* sjabbig; fräck, oförskämd, framfusig; *mir ist* ~ jag mår illa **koddern** *dial.* **1** skölja (tvätta) upp **2** spotta ut; spy **koddrig** *se* **kodderig**
Kode [ko:t] *-s m* kod
Kodein *0 n* kodein
Köder - *m* agn, [lock]bete; *auf den* ~ *anbeißen* (*äv. bildl.*) nappa på kroken **ködern** agna; *bildl.* locka, fresta; *den werde ich mir* ~ honom ska jag fånga (få på kroken)
Kod|ex *-exe el.* *-izes m* kodex **kodieren** koda **kodifizieren** kodifiera
Kodizill *-e n* kodicill, tillägg (*t. testamente*)
Koedukation *0 f* samundervisning **Koeffizient** *-en -en m* koefficient **Koexistenz** *0 f, polit.* samexistens **koexistieren** *polit.* samexistera
Kofen - *m, åld.* kätte, svinstia
Koffein *0 n* koffein
Koffer - *m* **1** resväska, koffert, kappsäck; *den* ~ *packen* (*vard.*) ge sig iväg; *die* ~ *packen müssen* (*können, dürfen*) (*vard.*) få sparken **2** *so ein* ~*!* (*vard.*) vilken grej! **3** *e-n* ~ *stehenlassen* (*vard.*) släppa en brakskit **4** *soldatsl.* projektil; *mit schweren*~*n schießen* skjuta med tunga granater **-apparat** *-e m* bärbar apparat, transistor, reseradio **-empfänger** - *m,* **-gerät** *-e n, se* *Kofferapparat* **-kuli** *-s m* bagagekärra **-radio** *-s n, se* *Kofferapparat* **-raum** *-e† m* bagage-, bak|lucka (*i bil*)
Kog *-e† m, se* *Koog*
Kogel - *m, sty., österr.* kupolformad bergstopp
Kogge *-n f, sjö.* kogg
Kognak ['kɔnjak] *-s el.* *-e m* konjak **-pumpe** *-n f, vard. skämts.* pump (*hjärta*)
kogni'tiv [-gn-] kognitiv
Kohabitation *-en f, med.* könsumgänge
kohärent koherent, sammanhängande **Kohärenz** *0 f* koherens, samband, sammanhang
Kohäsion *0 f* kohesion
Kohl 1 *-e m* kål; *aufgewärmter* ~ (*vard.*) skåpmat, gammal historia; *das macht den* ~ *auch nicht fett* (*vard.*) det gör varken till eller från, det hjälper inte **2** *0 m, vard.* prat, dumheter, nonsens; *so ein* ~*!* en sån smörja! **-dampf** *0 m, vard.* hunger; ~ *schieben* vara hungrig
Kohle *-n f* **1** kol; *weiße* ~ vattenkraft; *feurige* (*glühende*) ~*n auf jds Haupt sammeln* samla glödande kol på ngns huvud; [*wie*] *auf* [*glühenden*] ~*n sitzen* sitta som på nålar **2** ~*n* (*vard.*) stålar
Kohlefadenlampe *-n f* koltrådslampa
1 kohlen kola (*träkol*); förkolna; karbonisera; *sjö.* bunkra, kola
2 kohlen *vard.* prata strunt (smörja)
Kohlenabbau *0 m* kolbrytning
Kohlen|anzünder - *m* kol-, bras|tändare **-arbeiter** - *m* kolgruv[e]arbetare **-becken** - *n* **1** fyrfat, kolpanna **2** *geol.* kol|lager, -flöts **-bergbau** *0 m* kolbrytning **-bergwerk** *-e n* kolgruva **-brenner** - *m* kolare **-bunker** - *m* kol|box, -bunker **-dioxyd** *0 n* koldioxid **-fadenlampe** *-n f* koltrådslampa **-flöz** *e n* kolflöts **-grus** *0 m* kolstybb **-hydrat** *-e n* kolhydrat **-kasten** -[†] *m* kol|box, -lår **-lager** - *n* **1** kolupplag **2** *geol.* kol|lager, -flöts **-meiler** - *m* kolmila **-oxyd** *0 n* koloxid **-pott** *0 m, vard., der* ~ Ruhrområdet **-revier** *-e n* koldistrikt
kohlensauer kolsyrad

Kohlen|säure *0 f* kolsyra **-station** *-en f, sjö.* kol[nings]-, bunkrings|station **-staub** *0 m* kol|damm, -pulver **-stift** *-e m* kolstift; kolspets (*i båglampa*); kol (*i elektrisk maskin*) **-stoff** *0 m, kem.* kol **-stoffverbindung** *-en f* kolförening **-trimmer** - *m, sjö.* kollämpare **-wagen** - *m* vagn för koltransport; *järnv.* tender **-wasserstoff** *0 m* kolväte **-zeche** *-n f* kolgruva
Kohlepapier *-e n* karbon-, kol|papper **Köhler** - *m* **1** kolare **2** *zool.* gråsej, havslax **Köhlerei** *-en f* **1** kolning **2** kolmila **Köhlerglaube** *-ns 0 m* kolartro **Kohleverflüssigung** *0 f* överföring av kol i flytande form **Kohlezeichnung** *-en f* kolteckning
Kohl|kopf *-e† m* kålhuvud **-meise** *-n f* talgoxe **-rabe** *-n -n m* korp **-rabi** [-'--] -[*s*] *m* kålrabbi **-roulade** *-n f* kåldolma **-rübe** *-n f* kålrot; *vard. skämts.* huvud
'**kohl'schwarz** kolsvart
Kohlweißling *-e m* kålfjäril
Kohorte *-n f, hist.* kohort; *neds.* gäng, grupp
Koinzidenz *-en f* koincidens, sammanträffande **koinzidieren** sammanfalla
koitieren [koi'tiːrən] ha samlag [med] **Koitus** - *el.* *-se m* coitus, samlag
Koje [-oː-] *-n f* **1** *sjö. o. vard.* koj **2** stånd (*på utställning*)
Kojote *-n -n m* koyot, prärievarg
Kokain *0 n* kokain **Kokainist** *-en -en m* kokainist
Kokarde *-n f* kokard
kokeln *dial.* leka med eld[en] **koken** förkoksa; framställa koks **Kokerei 1** *0 f* koksning **2** *-en f* koksverk
kokett kokett **Koketterie** *0 f* kokettteri, behagsjuka **kokettieren** kokettera; *mit der Gefahr* ~ leka m. faran
Kokille *-n f* kokill (*gjutform*)
Kokke *-n f, Kokk|us** *-en m, med.* kock
Kökkenmöddinger ['k-] *pl, arkeol.* kökkenmöddinger
Kokon [ko'kõː, *äv.* ko'kɔŋ] *-s m* kokong
Kokos - *f* kokospalm **-butter** *0 f* kokosfett **-faser** - *n f* kokosfiber **-fett** *0 n* kokosfett **-läufer** - *m* gångmatta av kokos[fiber] **-palme** *-n f* kokospalm
Kokotte *-n f* kokott
Koks [-oː-] **1** *-e m* koks **2** *0 m, vard.* stålar, kontanter **3** *0 m, sl.* koks, snö (*kokain*) **4** *0 m, vard.* strunt[prat], nonsens **Kokse** *-n f, sl.* [kvinnlig] kokainist **koksen 1** *vard.* sova [tungt] **2** *sl.* sniffa kokain **Kokser** - *m, sl.* kokainist
Kolatsche [-'laː-] *-n f, österr.* bulle (*m. fyllning*)
Kolben - *m* **1** kolv; *tekn. äv.* kanna, pistong **2** *vard.* tjock näsa **3** *vulg.* kuk **-fresser** - *m, der Motor hat e-n* ~ bekommen motorn har skurit **-hirse** *0 f* kolvhirs **-hub** *-e† m* kolvslag **-motor** *-en m* kolvmotor **-ring** *-e m* kolv-, kann|-ring
Kolchos ['kɔlçɔs] *-e* [kɔl'çoːzə] *-n, äv. n,* **Kol'chose** *-n f* kolchos
Kolibakterie *-n f* kolibakterie
Kolibri *-s m* kolibri
'Kolik [*äv.* -'-] *-en f* kolik
Kolk *-e m, geogr.* göl, vattenhål; fördjupning i flodbotten
Kolkrabe *-n -n m* korp
kollabieren kollapsa, falla ihop
Kollaborateur [-'tøːɐ̯] *-e m* kollaboratör, quisling **kollaborieren** kollaborera, samarbeta [m. fienden]

'Kollaps [äv. -'-] -e m kollaps
kollationieren kolla[tionera]
Kol'leg -s, ibl. -ien n 1 univ. föreläsning[sserie] (über + ack. om) 2 ung. vuxengymnasium
Kollega -s m, vard., Kollege -n -n m kollega; [arbets]kamrat, ämbetsbroder Kollegenrabatt -e m förlagsrabatt Kolleggeld -er n föreläsningsavgift Kollegheft -e n kollegieblock kollegial kollegial; kamratlig Kollegialgericht -e n domstol bestående av flera domare Kollegi|um -en n kollegium; team; ein ~ von Ärzten ett läkarlag
Kollekte -n f kollekt Kollekteur [-'tø:ɐ̯] -e m, åld. [penning]insamlare (för välgörande ändamål); lottförsäljare Kollektion -en f kollektion kollek'tiv kollektiv Kollektiv -e, äv. -s n kollektiv; grupp, team kollektivieren [-v-] kollektivisera Kollektivismus [-v-] 0 m kollektivism Kollektivist [-v-] -en -en m kollektivist Kollektivschuld 0 f kollektiv skuld Kollektiv|um [-v-] -a n, språkv. kollektiv Kollektivvertrag -e† m 1 (av flera stater ingånget) kollektivt avtal 2 kollektivavtal Kollektivwirtschaft -en f kolchos Kollektor -en m kollektor
1 Koller - n kyller; cape, krage
2 Koller - m 1 veter. koller 2 vard. vansinne, raseri, vredesutbrott; e-n ~ bekommen få snurren; e-n ~ haben inte vara riktigt klok kollerig vard. rasande
1 kollern 1 veter. ha koller 2 vard. rasa, vara tokig
2 kollern (om kalkon, höns) klucka; (duva) kuttra; (om mage) kurra
3 kollern dial. 1 s rulla, trilla 2 rfl rulla (vältra) sig
Kolli pl kolli[n]
kollidieren 1 s krocka, kollidera (om fordon) 2 bildl. kollidera
Kollier [kɔ'lie:] -s n collier, koljé; smal pälskrage
Kollision -en f kollision, krock (äv. bildl.) Kollisionskurs 0 m kollisionskurs
Koll|o -os el. -i n kolli
Kollodium 0 n kollodium Kolloid -e n, kem. kolloid kolloid[al] kolloid[al]
Kolloqui|um -en n kollokvium, vetenskapligt samtal; symposium; österr. tentamen [i samtalsform]
kollrig se kollerig
Kölner 1 - m kölnbo II oböjl. adj från (i) Köln, Köln-; der ~ Dom Kölnerdomen kölnisch från Köln, Köln-; K~ Wasser eau-de-cologne
Kol|on -ons el. -a n 1 versl., anat. kolon 2 åld. kolon (skiljetecken)
kolonial kolonial Kolonialhandel 0 m handel med kolonierna Kolonialismus 0 m kolonialism Kolonialkrieg -e m kolonialkrig Kolonialwaren|geschäft -e n, -handlung -en f kolonialvaruaffär Kolonie -n f koloni Kolonisation -en f kolonisering, kolonisation Koloni'sator -en m 1 kolonisatör 2 kolonist kolonisieren 1 kolonisera 2 exploatera, öppna, nyodla Kolonist -en -en m kolonist
Kolonnade -n f kolonnad Kolonne -n f 1 kolonn 2 grupp, trupp; arbetslag 3 typ. kolumn, spalt
Kolophon -e m kolofon Kolophonium 0 n kolofonium
Koloradokäfer - m colorado[skal]bagge
Koloratur -en f, mus. koloratur kolorieren

kolorera, färglägga Kolorit -e, äv. -s n kolorit; bildl. äv. karaktär, atmosfär
Kolo|ß -sse m koloss kolossal kolossal Kolosserbrief 0 m, der ~ (bibl.) kolosserbrevet
Kolportage [-'ta:ʒə] -n f 1 kolportage, sensations-, skräp|litteratur 2 ryktesspridning Kolporteur [-'tø:ɐ̯] -e m 1 åld. kolportör 2 ryktesspridare kolportieren 1 åld., Bücher ~ sälja böcker (som kolportör) 2 Nachrichten ~ muntligt sprida nyheter; ein Gerücht ~ sätta ett rykte i omlopp
Kolter dial. 1 - n plogkniv 2 - m el. -n f [säng]täcke
Kolumbari|um -en n kolumbarium
Kolumbianer - m colombian kolumbianisch colombiansk
Kolumbien 0 n Colombia
Kolumne -n f kolumn, spalt; typ. äv. [bok]sida
Köm -s m, nty. kumminbrännvin
1 Koma -s f, astron., opt. koma
2 Koma -s el. -ta n, med. koma
Kombattant -en -en m, åld. kombattant, kämpe
Kombi -s m, vard. kombi[bil] Kombinat -e n kombinat Kombination -en f 1 kombination; sport. äv. kombinationsspel 2 overall, udda kavaj o. byxor Kombinationsgabe 0 f kombinationsförmåga Kombinationsspiel -e n, sport. kombinationsspel kombinieren kombinera Kombiwagen - m kombibil, herrgårdsvagn Kombizange -n f kombinationstång
Kom'büse -n f, sjö. kabyss
kombus'tibel åld. brännbar
Komestibilien pl, åld. matvaror, livsmedel
Komet -en -en m komet kometenhaft kometlik Kometenschweif -e m kometsvans
Komfort [-'fo:ɐ̯] 0 m komfort; Wohnung mit allem ~ våning m. alla bekvämligheter komfortabel komfortabel, bekväm, skön
'Komik 0 f komik; die ~ e-r Situation det komiska i en situation; e-e Szene von unwiderstehlicher ~ (äv.) en oemotståndligt komisk scen Komiker - m komiker
Kominform 0 n, polit. kominform Komintern 0 f, polit. komintern
komisch 1 komisk, lustig 2 konstig; mir ist ~ jag kanner mig konstig; das ist ~ (äv.) det var (är) underligt
Komitee -s n kommitté
Komma -s el. -ta n komma
Kommandant -en -en m kommendant Kommandantur -en f kommendantur Kommandeur [-'dø:ɐ̯] -e m befälhavare kommandieren 1 kommendera, befalla 2 föra befäl Kommandite -n f 1 åld. kommanditbolag 2 filial Kommanditgesellschaft -en f kommanditbolag Kommanditist -en -en m kommanditdelägare, kommanditär Kommand|o -os el. österr. -en n kommando; das ~ führen ha kommandot Kommandobrücke -n f kommandobrygga Kommandogerät -e n, mil. centralinstrument för artilleristiska beräkningar Kommandogewalt 0 f, mil. befälsrätt; kommando Kommassation -en f, ung. ägoreglering
komm|en kam, käme, gekommen s 1 komma; die Bohnen ~ bönorna kommer upp (har grott); der Bus -t und -t nicht bussen kommer ju aldrig nån gång; ein Gewitter -t det blir åska; -t Zeit, -t Rat kommer tid kommer råd; er kam gegangen (singend) han kom gående (sjungande); nun, komm schon! (vard.) äsch, var inte dum!; komm, sei lieb! seså, var snäll!;

wer zuerst -t, mahlt zuerst den som kommer först t. kvarnen får först mala; *jetzt ist der Augenblick gekommen (äv.)* nu är ögonblicket inne; *ist Post [für mich] gekommen?* finns det ngn post [t. mig]; *ich -e, [um] die Bücher abzuholen* jag kommer för att hämta böckerna; *wie weit sind wir gekommen?* hur långt har vi hunnit?; *wohin kämen wir denn, wenn wir* hur skulle det se ut om vi; *du -st wie gerufen* du kommer som efterskickad; *das durfte nicht ~ (vard.)* det borde inte ha sagts; *e-n Arzt ~ lassen* skicka efter en läkare; *[sich (dat.)] ein Taxi ~ lassen* beställa (ringa efter) en taxi; *dahin darf er es nicht ~ lassen* han får inte låta det gå därhän; *was auch immer ~ mag* vad som än må hända; *das habe ich schon lange ~ sehen* jag har länge vetat att det skulle hända, det har jag länge anat; *es kam alles ganz anders* allting blev helt annorlunda; *es wird noch ganz anders ~* värre kommer det att bli; *wenn es hoch -t* på sin höjd; *es mag ~, was da will* hända vad som hända vill; *es -t noch so weit, daß* det går (kommer) därhän att; *es ist so weit gekommen, daß* det har gått så långt att; *es kam mir, daß (vard.)* jag kom på att; *da soll mir e-r ~ und sagen* ingen ska försöka inbilla mig; *-t dir mein Besuch unpassend?* kommer jag olämpligt?; *mir kam der Gedanke, daß* tanken kom för mig (jag kom att tänka på) att; *ihm sind viele Ideen gekommen* han har fått många idéer; *ihm ~ die Tränen schnell* han gråter lätt 2 *am ~den Montag* nästa (kommande) måndag; *~der Mann* kommande (lovande) man, framtidsman, löfte 3 *m. prep; an etw. (ack.) ~* [råka] komma åt (emot) ngt; *ich -e an die Reihe* det är min tur; *das Gebiet kam an Österreich* området tillföll Österrike; *ich -e nicht darauf* jag kommer inte på det; *im Herbst -t er aufs Gymnasium (zur Schule)* i höst börjar han på gymnasiet (i skolan); *auf 100 Personen ~ 50 Raucher* på 100 personer går det 50 rökare; *auf die Welt ~* komma till världen; *auf etw. (ack.) zu sprechen ~* komma att tala om (komma in på) ngt;*˜auf e-n nichts ~ lassen* inte låta ngn tala (inte tåla att det talas) illa om ngn; *hinter etw. (ack.) ~* komma på (underfund med) ngt, lista ut ngt; *in Bewegung ~* sätta sig i rörelse; *in Gefahr ~* råka i fara; *ins Krankenhaus ~* komma på sjukhus; *ins Rollen ~* komma i rullning, börja rulla; *~ Sie oft ins Theater?* har Ni ofta tillfälle att gå (kommer Ni ofta) på teatern?; *in Wut ~* råka i raseri; *er kam neben sie zu sitzen* han kom att sitta (råkade sätta sig) bredvid henne; *ein Unglück ist über ihn gekommen* han har drabbats av en olycka; *Verzweiflung kam über ihn* förtvivlan kom över honom; *der Zug -t über München* tåget går över (kommer via) München; *um etw. ~* gå miste om ngt, bli av med (mista) ngt; *unter ein Auto ~* komma (hamna) under en bil; *wenn er sich nicht anstrengt, wird er nie zu etw. ~ (vard.)* om han inte anstränger sig kommer han aldrig ngn vart (blir det aldrig ngt av honom); *zur Anwendung ~* komma t. användning; *zum Ausbruch ~* bryta ut; *endlich -e ich dazu, ihm zu schreiben* äntligen har jag tid att skriva t. honom; *wie ~ denn wir dazu, das zu tun?* varför ska just vi göra det?; *wie ~ wir zu der Ehre?* vad förskaffar oss den äran?; *zu Erfolg ~* vinna framgång; *zu Fall ~* falla; *zu Gelde ~* få (tjäna) pengar; *wieder zu Kräften ~* åter-

vinna krafterna; *es -t zum Krieg* det blir krig; *ich -e zu gar nichts* jag hinner inte med någonting; *-e ich hier zur U-Bahn?* är det här vägen t. tunnelbanan?; *es kam zu Unruhen (äv.)* det utbröt oroligheter 4 komma sig; *wie -t es, daß* hur kommer det sig att; *sein Husten -t vom Rauchen* hans hosta beror på (kommer av) rökningen; *das -t davon! (ung.)* så går det!, vad var det jag sa! 5 *vard.* bete sig, uppföra sig; *er kam seiner Mutter frech* han var fräck mot sin mamma; *so lasse ich mir nicht ~* så får man inte bära sig åt mot mig; *so darf er mir nicht ~* det tål jag inte av honom 6 få sin plats; *das Buch -t ins Regal* boken skall stå i hyllan; *die Löffel ~ ins Fach* skedarna skall ligga i facket; *das Sakko -t an den Kleiderbügel* kavajen skall hänga på galgen 7 *vard.* kosta; *die Ware -t auf 100 Mark* varan kostar (går på) 100 mark; *die Zeche -t [mich] e-n Hunderter* notan går på en hundralapp [för mig] 8 *vard.* komma *(få orgasm); ich -e nur mit ihr* det går bara för mig med henne; *mir -t's* det går för mig, jag kommer **Kommen** 0 *n* kommande; *sich auf sein ~ freuen* glädja sig åt att han kommer; *e-e Krise ist im ~* en kris är under uppsegling; *wieder im ~ sein* åter bli modern **kommensurabel** kommensurabel, jämförbar **Komment** [ko'mä:] *-s m* [bok om] seder o. bruk (regler) *(inom studentförening)* **Kommentar** *-e m* kommentar **kommentarlos** utan kommentar[er] **Kommentator** *-en m* kommentator **kommentieren** kommentera **Kom'mers** *-e m (studenters)* dryckeslag, gask **Kommersbuch** *-er† n* studentsångbok **Kommerz** 0 *m* kommers **kommerzialisieren** 1 kommersialisera 2 omvandla statliga skulder t. privata **Kommerzialrat** *-e† m, österr., se Kommerzienrat* **kommerziell** kommersiell **Kommerzienrat** *-e† m* kommerseråd *(som hederstitel)* **Kommili'tone** *-n -n m, univ.* student-, studiekamrat **Kommis** [-'mi:] - [-'mi:s] *m, åld.* [affärs]biträde **Kommiß** [-'mɪs] 0 *m, vard., der ~* kommissen, det militära; *beim ~ sein* ligga i lumpen **Kommissar** *-e m,* **Kommissär** *-e m, sty., schweiz., österr.* kommissarie **Kommissariat** *-e n* kommissariat; *österr.* polisstation **kommissarisch** ställföreträdande; *~er Leiter e-s Betriebs (äv.)* provisorisk ledare av ett företag **Kommißbrot** *-e n* [fyrkantigt] fullkornsbröd **Kommission** *-en f* 1 kommission 2 *schweiz.,* *~en machen* g o. handla **Kommissionär** *-e m* kommissionär **Kommissionsware** *-n f* kommissionsgods **Kommissori|um** *-en n* fullmakt för kommissionär; specialuppdrag **Kommittent** *-en -en m* uppdragsgivare *(t. kommissionsaffär)* **kommittieren** ge i uppdrag, sända som befullmäktigad **kom'mod** *österr.* bekväm **Kommode** *-n f* byrå **kommun** gemensam; vanlig, vardaglig **kommunal** kommunal **Kommunalabgaben** *pl* kommunalskatt **Kommunalpolitik** 0 *f* kommunalpolitik **Kommunalwahl** *-en f* kommunalval **Kommune** *-n f* 1 kommun 2 *die Pariser ~* pariskommunen 3 kollektiv *(storfamilj)* 4 *die ~ (åld. neds.)* de röda, kommunisterna **Kommunikant** *-en -en m* 1 *kat.* nattvardsgäst 2 *språkv.* talare, deltagare i talsituationen **Kommunikation** *-en f* kommunikation **kommunikativ** kommunikativ, kommunikations-; meddelsam **Kommunion** *-en f, kat.*

nattvard **Kommuniqué** [kɔmyni'ke:, *äv.* kɔmu-] *-s n* kommuniké
Kommunismus *0 m* kommunism **Kommunist** *-en -en m* kommunist **kommunistisch** kommunistisk **kommunizieren 1** begå nattvarden **2** kommunicera; ~*de Röhren* kommunicerande kärl
Kommutator *-en m, elektr.* kommutator **kommutieren** [ut]byta; *elektr.* kommutera
Komödiant *-en -en m* komediant; *bildl.* hycklare **Komödiantentum** *0 n* komediantskap; hyckleri **Komödie** [-'mø:djə] *-n f* komedi; hyckleri; *e-m e-e* ~ *vorspielen* (*bildl.*) spela teater för ngn, försöka lura ngn
Kompagnon [kɔmpan'jõ:, 'kɔmpanjõ, *äv.* 'kɔmpanjɔŋ] *-s m* kompanjon
kompakt kompakt
Kompanie *-n f* kompani **-chef** *-s m, mil.,* **-führer** *- m, mil.* kompanichef **-geschäft** *-e n* gemensam affär
komparabel komparabel, jämförlig **Komparation** *-en f, språkv.* komparation '**Komparativ** [*äv.* ---'-] *-e m, språkv.* komparativ **komparieren 1** *språkv.* komparera **2** *åld.* jämföra
Kom'parse *-n -n m* statist **Komparserie** *-n f* (*samtliga*) statister
'**Kompa**|**ß** *-sse m* kompass **Kompaßhäuschen** *- n, sjö.* nakterhus
kompatibel kompatibel **Kompatibilität** *0 f* kompatibilitet
kompendi|**arisch, -ös** *åld.* kortfattad, sammanträngd; i kompendieform **Kompendi**|**um** *-en n* kompendium, sammandrag
Kompensation *-en f* kompensation **Kompensationsgeschäft** *-e n* bytesaffär; kompensationsaffär **Kompensator** *-en m* kompensator; expansionsförbindning (*på rör*) **kompensieren** kompensera
kompetent kompetent; behörig **Kompetenz** *-en f* kompetens (*äv. språkv.*); behörighet **Kompetenz**|**konflikt** *-e m,* **-streitigkeit** *-en f* kompetensstrid, behörighetskonflikt
Kompilation *-en f* kompilation, kompilering **kompilieren** kompilera
Komplement *-e n* komplement **komplementär** komplementär **Komplementärfarbe** *-n f* komplementfärg **komplementieren** komplettera
Komplet [kõ-, kɔm'ple:] *-s n* complet, ensemble **komplett 1** komplett, fullständig **2** *österr.* full[belagd] **komplettieren** komplettera
komplex komplex **Komplex** *-e m* komplex; *an ~en leiden* ha komplex **komplexbeladen** komplexfylld
Komplice [-'pli:tsə, *äv.* -'pli:sə] *-n -n m* medbrottsling
Komplikation *-en f* komplikation
Kompliment [-'mɛnt] *-e n* komplimang; *~e machen* säga komplimanger; *er für etw.* ~*e machen* komplimentera ngn för ngt **komplimentieren** följa [under artighetsbetygelser]
Komplize [-'pli:-] *-n -n m* medbrottsling **komplizieren** komplicera **Kompliziertheit** *0 f* komplicerad beskaffenhet; *die* ~ *der Lage* det komplicerade i läget
Komplott *-e n, vard. äv. m* komplott, sammansvärjning **komplottieren** *åld.* sammansvärja sig
Komponente *-n f* komponent **komponieren 1** komponera **2** sammanställa, utforma **Komponist** *-en -en m* kompositör, tonsättare **Komposition** *-en f* **1** komposition **2** sammanställning, utformning, uppbyggnad **komposi**|**tionell, -torisch** kompositorisk **Kom'posit**|**um** *-a, äv. -en n, språkv.* kompositum, sammansättning
Kompost *-e m* kompost **kompostieren** kompostera
Kompott *-e n* kompott
kompreß kompakt, sammanpressad **Kompresse** *-n f* kompress; *e-m e-e* ~ *machen* lägga en kompress på ngn **Kompressibilität** *0 f* kompressibilitet, sammantryckbarhet **Kompression** *-en f* kompression **Kompressor** *-en m, tekn.* kompressor **komprimieren** komprimera, sammanpressa
Kompromi|**ß** *-sse m, ibl. n* kompromiss; *e-n* ~ *schließen* ingå en kompromiss, kompromissa **Kompromißler** *- m, neds.* person som snabbt (alltid) kompromissar, kompromissare **kompromißlos** kompromisslös **kompromittieren** kompromettera
Komso'mol *0 m* komsomol **Komso'molze** *-n -n m* komsomolmedlem
Komte|**ß** *-ssen f,* **Komtesse** [kɔm'tɛs(ə), *äv.* kõ'tɛs] *-n f* comtesse (*ogift dotter t. greve*)
Kondemnation *-en f* **1** *åld.* fördömande **2** *sjö.* utdömande (*av fartyg*)
Kondensat *-e n* kondensat **Kondensation** *-en f* kondensation **Kondensator** *-en m, elektr.* kondensator **kondensieren** *h el. s* kondensera[s] **Kondensmilch** *0 f* kondenserad mjölk, kondensmjölk **Kondensor** *-en m, tekn.* kondensor **Kondensstreifen** *- m* kondensstrimma **Kondenzwasser** *0 n* kondensvatten
kon'ditern 1 *vard.* arbeta som konditor **2** *dial.,* ~ *gehen* [ofta] gå på konditori
Kondition *-en f* kondition (*äv. hand.*); villkor **konditional** *språkv.* konditional, villkors- **Konditional** *-e m, språkv.,* **Konditional**|**is** *-es m, språkv.* konditionalis **konditionell** vad konditionen (prestationsförmågan) beträffar **konditionieren** *tekn.* konditionera **konditionsschwach** i (med) dålig kondition **konditionsstark** i (med) god kondition **Konditionstraining** *-s n* konditionsträning
Konditor *-en m* konditor **Konditorei** *-en f* konditori
Kondolenz *0 f* kondoleans **Kondolenzbesuch** *-e m* kondoleansvisit **kondolieren** kondolera (*e-m* ngn)
Kondom *-e* (*ibl. -s*) *n m* kondom
'**Kondor** *-e m* kondor
Kondottier|**e** [-'tje:rə] *-i m, hist.* kondottiär
Kon'dukt *-e m* (*högtidligt*) följe, begravningsfölje **Kondukteur** [-'tø:ɐ̯] *-e m, schweiz. el. åld.* konduktör **Kon'duktor** *-en m, elektr.* konduktor
Konen *se Konus*
Konfekt *-e n* konfekt; *sty., österr., schweiz.* små|bröd, -kakor
Konfektion *0 f* konfektion; *in der* ~ *arbeiten* arbeta inom konfektionsindustrin **Konfektionär** *-e m* konfektionär, konfektionsman **Konfektioneuse** [-'nø:zə] *-n f* (*kvinnlig*) konfektionär **Konfektionsanzug** *-e*[*t m* konfektionskostym, färdigsydd kostym
Konferenz *-en f* konferens, sammanträde **Konferenzschaltung** *-en f* [koppling av] gruppsamtal **konferieren 1** konferera **2** vara konferencié (*programledare*)
Konfession *-en f* konfession **konfessionslos**

konfessionslös **Konfessionsschule** -*n f* konfessionell skola
Konfetti 0 *n* konfetti
konfidentiell *åld.* konfidentiell, förtrolig **Konfiguration** -*en f* konfiguration
Konfirmand -*en* -*en m, prot.* konfirmand **Konfirmandenunterricht** 0 *m, prot.* konfirmationsundervisning **Konfirmation** -*en f, prot.* konfirmation **konfirmieren** *prot.* konfirmera
Konfiserie [*äv.* kö-] -*n f, schweiz.* konditori
Konfiskation -*en f* konfiskation **konfiszieren** konfiskera
Konfitüre -*n f* marmelad, sylt (*m. hela frukter*)
Konflikt -*e m* konflikt **konfliktgeladen** konfliktladdad **Konfliktstoff** -*e m* konfliktanledning
Konföderation -*en f* konfederation **konföderieren** *äv. rfl* sammansluta sig, ingå förbund
konform konform, överensstämmande; *mit e-m ~ gehen* (*sein*) vara överens med ngn
Konformismus 0 *m* konformism **Konformist** -*en* -*en m* konformist (*äv. kyrkl.*) **Konformität** 0 *f* konformitet
Konfrontation -*en f* konfrontation **konfrontieren** konfrontera
konfus konfys, virrig, förbryllad **Konfusion** -*en f* konfusion, förvirring; oklarhet **Konfusionsrat** -*e*† *m, skämts.* virrig (tankspridd) person
konfuzianisch konfuciansk **Konfuzianismus** 0 *m* konfucianism
kongenial [-g-] kongenial **Kongenialität** 0 *f* kongenialitet, själsfrändskap
kongenital [-g-] *med.* medfödd
Kongestion [-g-] -*en f, med.* kongestion
Konglomerat -*e n* konglomerat (*äv. min. o. bildl.*)
Kongo 0 *m*, [*der*] ~ Kongo **Kongolese** -*n* -*n m* kongoles **kongolesisch** kongolesisk
Kongregation -*en f, kyrkl.* kongregation
Kongre|ß -*sse m* kongress
kongruent kongruent, överensstämmande, lika **Kongruenz** 0 *f* kongruens **kongruieren** kongruera, överensstämma, sammanfalla
Koni'feren *pl, bot.* barrträd
König -*e m* konung, kung; *der ~ der Wüste* (*poet.*) djurens konung; *die Heiligen Drei ~e* de tre vise männen **Königin** -*nen f* drottning; *schack. äv.* dam **'Königin'witwe** -*n f* änkedrottning **königlich** kunglig, konungslig; *das ~e Haus* kungahuset; *sich ~ amüsieren* roa sig kungligt **Königreich** -*e n* kungarike **Königsadler** - *m* kungsörn **königsblau** kungs-, kobolt|blå **Königshaus** -*er*† *n* kungahus **Königskerze** -*n f, bot.* kungsljus **Königskuchen** - *m* (*mjuk*) [frukt]kaka **Königsschießen** 0 *n* skyttetävling (*där segraren blir skyttekung*) **königstreu** kungatrogen **Königswasser** 0 *n, kem.* kungsvatten **Königtum** -*er*† *n* kungadöme
konisch konisk, kägelformig
Konjugation -*en f, språkv.* konjugation **konjugieren** *språkv.* konjugera **Konjunktion** -*en f, språkv., log., astron.* konjunktion **Konjunktiv** -*e m, språkv.* konjunktiv
Konjunktur -*en f* konjunktur **Konjunkturabschwächung** -*en f* konjunkturavmattning **Konjunkturaufschwung** -*e*† *m* konjunkturuppsving **konjunkturell** konjunkturell, konjunktur-
Konjunktur|flaute -*n f* lågkonjunktur -**ritter** - *m, ung.* opportunist -**rückgang** -*e*† *m* konjunkturnedgång -**schwankungen** *pl* konjunkturväxlingar -**spritze** -*n f* konjunkturstimulerande åtgärd[er]
konkav konkav **Konkavität** [-v-] 0 *f* konkavitet **Konklave** [-v-] -*n n, kyrkl.* konklav **konkludieren** konkludera, dra en slutsats, sluta sig till **Konklusion** -*en f* konklusion, slutsats **Konkordanz** -*en f* konkordans **Konkordat** -*e n, hist.* konkordat
konkret konkret **konkretisieren** konkretisera **Konkret|um** -*a n, språkv.* konkret [substantiv]
Konkubinat -*e n* 1 konkubinat 2 *jur.* samboende **Konkubine** -*n f* konkubin; älskarinna
Konkurrent -*en* -*en m* konkurrent **Konkurrenz** 1 0 *f* konkurrens; *e-m ~ machen* konkurrera med ngn; *die ~* (*äv.*) konkurrenterna 2 -*en f* tävling **Konkurrenzbetrieb** -*e m* konkurrentföretag **konkurrenzfähig** konkurrens|duglig, -kraftig **konkurrenzlos** utan konkurrens **Konkurrenzunternehmen** - *n* konkurrentföretag **konkurrieren** konkurrera
Konkurs -*e m* konkurs; [*den* (*seinen*)] ~ *anmelden* begära sig i konkurs; *in ~ gehen* gå i konkurs -**eröffnung** -*en f* inledande av konkurs[förfarande] -**gläubiger** - *m* konkursborgenär -**masse** -*n f* konkurs|bo, -massa -**ordnung** -*en f, ung.* konkurslag -**verfahren** - *n* konkurs[förfarande]; *im ~ eröffnen* inleda ett konkursförfarande -**verwalter** - *m* konkursförvaltare
können *konnte, könnte, gekonnt* (*können*), *kann, kannst, kann* kunna; få; *gekonnt* skickligt gjord], mästerlig, fulländad; *er ging so schnell* [,*wie*] *er konnte* han gick så fort han kunde; *~ wir?* kan (får) vi börja (gå *etc.*)?; *du kannst mich* [*mal*]! (*vard.*) dra åt helvete!, äh, kyss mig!; *mir kann keiner* (*vard.*) det är ingen som sätter sig på min näsa; *was er alles kann!* (*äv.*) vad han är duktig!; *ehe er antworten konnte, war sie weg* innan han hann svara var hon borta; *er kann jeden Augenblick kommen* han kan komma vilket ögonblick som helst; *keiner konnte aus dem Zimmer* ingen kunde komma ut ur rummet; *er kann gut* (*kein*) *Englisch* han kan engelska bra (ingen engelska); *sie kann gut Auto fahren* hon kör bil bra; *für etw. nichts ~* inte rå för ngt; *kann ich herein?* får jag komma in?; *wo kann man hier mal?* (*vard.*) var ligger toaletten?; *ich kann das nicht mehr hören* (*vard.*) jag orkar inte höra det längre; *kann man in den Hof?* kan man (får man, går det att) gå ut på gården?; *ich habe nicht kommen ~* jag kunde inte komma; [*es*] *mit e-m ~* (*vard.*) komma bra överens med ngn; *kannst du noch?* (*vard.*) orkar du mer (längre)?; *man konnte noch so laut rufen, niemand antwortete* det hjälpte inte hur högt man än ropade, ingen svarade; *kann sein!* (*vard.*) kanhända!, kanske det!; *es kann sein, daß* det är möjligt (kan tänkas, kan så vara) att; *er hätte es tun ~* han hade kunnat göra (kunde ha gjort) det; *er kann e-m wirklich leid tun* (*vard.*) det är verkligen synd om honom; *da kannst du lange warten då* får du allt vänta länge **Können** 0 *n* kunnande, förmåga; kännedom; *mit seinem ~ ist es nicht weit her* det är inte mycket bevänt med hans kunskaper **Könner** - *m* expert (*auf + dat. på*); *er ist kein großer ~* (*äv.*) han vet (kan) inte vidare mycket; *ein ~ sein* (*äv.*) kunna sina saker
Kon'nex -*e m* förbindelse, sammanhang; *ich*

habe mit ihm keinen ~ (*vard.*) jag har ingen kontakt med honom **Konnexion** *-en f, högt.* [inflytelserik] förbindelse
Konnivenz [-v-] *0 f* tyst accepterande, överseende
Konnossement *-e n, sjö.* konossement, fraktsedel
Konnotation *-en f, språkv., log.* konnotation
konnte se **können**
Konquistador [-k(v)ıs-] *-en -en m, hist.* conquistador
Konrektor *-en m* biträdande rektor
Konsekration *-en f, kat.* [biskops]invigning, konsekration
konseku'tiv [*äv.* '----] *språkv.* konsekutiv, följd- **Konsekutivsatz** *-e† m, språkv.* konsekutiv bisats
Kon'sens *-e m* **1** samstämmighet, enighet **2** *åld.* tillåtelse, samtycke
konsequent konsekvent **Konsequenz** *-en f* konsekvens
konserva'tiv [-v-; *äv.* '----] konservativ **Konservative(r)** [-v- -v-] *m f, adj böjn.* konservativ
Konservati[vi]smus *0 m* konservatism **Konservator** *-en m* konservator **Konservatorist** *-en -en m* konservatorieelev **Konservatori|um** *-en n* konservatorium **Konserve** *-n f* konserv; *Musik aus der* ~ (*vard.*) burkad (inspelad) musik **Konserven|büchse** *-n f,* **-dose** *-n f* konservburk **Konservenöffner** *- m* konservöppnare **konservier|en** konservera; *gut -t sein* (*äv.*) vara väl bibehållen
Konsignation [-gn-] *-en f, hand.* konsignation **konsignieren** *hand.* konsignera
Konsiliararzt *-e† m,* **Konsiliari|us** *-i m (av behandlande läkare tillkallad)* kollega **Konsili|um** *-en n* **1** konsultation (*mellan flera läkare*) **2** konsultationsgrupp
konsistent konsistent; fast, stabil **Konsistenz** *0 f* konsistens; fasthet[sgrad], stabilitet
Konsistorialrat *-e† m* medlem av konsistorium **Konsistori|um** *-en n, kyrkl.* konsistorium
konskribieren *åld.* inkalla [t. militärtjänst]
Konsole *-n f* konsol **konsolidieren** konsolidera; *sich* ~ konsolidera sig
Konsommee [kõ-] *-s f n* konsommé
Konsonant *-en -en m, språkv.* konsonant **Konsonanz** *-en f, mus.* konsonans
Konsorte *-n -n m* **1** *hand.* medlem av konsortium **2** *vard.* stallbroder, medbrottsling **Konsorti|um** *-en n* konsortium
Konspekt [-sp-] *-e m* sammandrag, [innehålls]-översikt
Konspikuität [-sp-] *0 f, åld.* åskådlighet
Konspirant [-sp-] *-en -en m* **Konspirateur** [-'tø:g] *-e m,* **Konspirator** *-en m,* konspiratör **konspirieren** konspirera
konstant [-st-] konstant **Konstante** *f, adj böjn. el.* **-n f** konstant **Konstanz** *0 f* konstans
konstatieren konstatera
Konstellation [-st-] *-en f* konstellation
Konsternation [-st-] *-en f, åld.* bestörtning, konsternation **konsternieren** konsternera
Konstipation [-st-] *-en f, med.* förstoppning, konstipation
konstituieren [-st-] konstituera **Konstitution** *-en f* konstitution **konstitutionell** konstitutionell **konstitutiv** konstitutiv, grundläggande, väsentlig
konstruieren [-st-] konstruera **Konstrukteur** [-'tø:g] *-e m* konstruktör **Konstruktion** *-en f*

konstruktion **konstruk'tiv** konstruktiv; ~*es Mißtrauensvotum* (*parl.* BRD) misstroendeförklaring mot förbundskanslern (*genom val av ny förbundskansler*)
Konsul *-n m* konsul **konsularisch** konsulär, konsulats- **Konsulat** *-e n* konsulat **Konsult** *-e n, åld.* **1** beslut **2** utlåtande **Konsultation** *-en f* konsultation; rådgivning; undersökning; överläggning **konsultativ** konsultativ **konsultieren** konsultera, rådfråga; överlägga med
Konsum 1 [-'-] *0 m* konsumtion **2** ['--, österr. -'-] *-s m* konsum[butik] **Konsument** *-en -en m* konsument **Kon'sumgenossenschaft** *-en f* konsumentförening **Kon'sumgesellschaft** *0 f* konsumtions-, pryl|samhälle **Kon'sumidiot** *-en -en m* okritisk (lätt påverkbar) konsument **konsumieren** konsumera, förbruka **Konsumtion** *0 f* konsumtion **Kon'sumverein** *-e m* konsumentförening
Kontagion *-en f, med.* smitta **kontagiös** *med.* kontagiös, smittosam
Kontakt *-e m* kontakt **Kontaktabzug** *-e† m, foto.* kontaktkopia **Kontaktanzeige** *-n f* kontaktannons **Kontaktbereichsbeamte(r)** *m, adj böjn.* kvarterspolis **kontakten** kontakta **kontaktfreudig** som har lätt att få kontakt **Kontaktglas** *-er† n* kontaktlins **Kontakthof** *-e† m* mötesplats utanför bordell (*för prostituerade o. deras kunder*) **kontaktieren** kontakta
Kontakt|kopie *-n f, foto.* kontaktkopia **-linse** *-n f* kontaktlins **-person** *-en f* **1** kontaktperson **2** *med.* eventuell smittbärare **-schale** *-n f* kontaktlins **-scheu** *0 f* rädsla för mänskliga kontakter **-schwierigkeiten** *pl* kontaktsvårigheter **-stecker** *- m* stickkontakt **-studi|um** *-en n, univ. ung.* fortbildningskurs (*för att hålla sig à jour inom sitt ämne*)
Kontamination *-en f* **1** *språkv.* kontamination **2** [radioaktiv] förorening, nedsmutsning, nedsmittning **kontaminieren 1** *språkv.* kontaminera **2** förorena, smitta (smutsa) ner [radioaktivt]
kontant kontant **Kontanten** *pl* kontanter
Kontemplation *-en f* kontemplation
Konten se **Konto**
Kontenance [kõtə'nä:s(ə)] *0 f* kontenans
Konter|admiral *-e[†] m* konteramiral **-angriff** *-e m* kontring **-bande** *0 f* kontraband
'Konterfei [*äv.* -'--] *-s, äv. -e n, åld. el. skämts.* konterfej **'konterfeien** [*äv.* --'--] *åld. el. skämts.* avbilda, [av]konterfeja
Kontermine *-n f* kontramina; *bildl.* motåtgärd **kontern** *boxn.* kontra[slå]; *sport. o. bildl.* kontra **Konterrevolution** *-en f* kontrarevolution **Konterschlag** *-e† m, boxn.* kontraslag; *sport. o. bildl.* kontring **Kontertanz** *-e† m* kontradans
'Kontext [*äv.* -'-] *-e m, språkv.* kontext; *bildl.* sammanhang
Konti se **Konto kontieren** kontera
Konti'nent [*äv.* '----] *-e m* kontinent **kontinental** kontinental **Kontinentalsperre** *0 f, hist., die* ~ kontinentalsystemet
Kontingent [-g-] *-e n* kontingent, andel, kvot **kontingentieren** kontingentera; ransonera
kontinuierlich kontinuerlig **Kontinuität** *0 f* kontinuitet
Kont|o *-en, äv. -os el. -i n* konto; *diese Runde geht auf mein* ~ (*vard.*) den här [om]gången betalar jag; *das geht (kommt) auf sein* ~ (*vard.*) det får vi skriva på hans konto, det är hans

fel (förtjänst); *etw. auf dem ~ haben (vard.)* ha ngt på sitt samvete, ha gjort sig skyldig t. ngt **Kontoauszug** -e† *m* kontoutdrag **Kontoinhaber** - *m* kontoinnehavare **Kontokorrent** -*e n* kontokurant **Kontor** -*e n* försäljningsfilial [utomlands]; *åld.* kontor; *Schlag ins ~ (vard.)* obehaglig överraskning **Kontorsionist** -*en -en m* ormmänniska **kontra I** *prep m. ack.* kontra **II** *adv* [e]mot; *immer ~ sein* alltid vara mot allting (i opposition) **Kontra** -*s n, ung.* motsats; ~ *[an]geben (kortsp.)* dubbla; *e-m ~ geben (vard.)* opponera sig mot ngn, ge ngn svar på tal **Kontraalt** -*e m* kontraalt **Kontraba|ß** -*sse*† *m* kontrabas **Kontradiktion** -*en f* kontradiktion, motsägelse **kontradiktorisch** kontradiktorisk, motsägande **Kontrahent** -*en -en m* kontrahent; motståndare (*i spel*) **kontrahieren 1** *med.* kontrahera, sammandraga [sig] **2** *hand.* kontrahera, träffa (*avtal e.d.*) **3** *stud.* utmana på duell
Kontrakt -*e m* kontrakt **kontraktbrüchig** ~ *werden* begå kontraktsbrott, bryta [ett] kontrakt
Kontraktion -*en f* kontraktion, sammandragning **kontraktlich** kontraktsenlig, genom kontrakt
Kontrapunkt 0 *m, mus.* kontrapunkt; *bildl.* kontrast, motpol **kontrapunktisch** *mus.* kontrapunktisk; *bildl.* som motpol (kontrast)
konträr konträr **kontrasignieren** kontrasignera
Kontrast -*e m* kontrast **Kontrastbrei** -*e m, med.* kontrastmedel **kontrastieren** kontrastera **kontrastiv** *språkv.* kontrastiv, jämförande **Kontrastmittel** - *n, med.* kontrastmedel **Kontrastprogramm** -*e n, radio., telev.* program som utgör ett alternativ till ett annat, alternativt program
kontrazeptiv *med.*, ~ *es Mittel* preventivmedel **Kontribution** -*en f* kontribution, krigsskatt **Kontrollabschnitt** -*e m* kontramärke **Kontrolle** -*n f* kontroll **Kontroller** - *m, elektr.* kontroller **Kontrolleur** -['lø:ɐ] -*e m* kontrollör **kontrollierbar** kontrollerbar **kontrollieren** kontrollera
Kontroll|karte -*n f* tidkort -**lampe** -*n f*, -**leuchte** -*n f* kontroll-, varnings-, indikerings|lampa -**liste** -*n f* checklista -**mädchen** - *n, sl.* prostituerad (*som är registrerad hos polisen*) -**punkt** -*e m*, -**station** -*en f*, -**stelle** -*n f* kontroll[ställe], kontrollstation; gränsövergångsställe
kontrovers [-v-] **1** motsägande, motsatt **2** kontroversiell **Kontroverse** -*n f* kontrovers **Kontumazialverfahren** - *n, jur.* tredskoförfarande
Kontur -*en f* kontur **konturenlos** konturlös **konturieren** konturera, antyda
Kontusion -*en f, med.* kontusion
Kon|us -*usse el.* -*en m* kon
Konvent [-v-] -*e m* konvent **Konvention** -*en f* konvention **Konventionalstrafe** -*n f, jur.* konventionalstraff **konventionell** konventionell
konvergent [-v-] konvergent; sammanlöpande, överensstämmande **Konvergenz** -*en f* konvergens **konvergieren** konvergera; löpa ihop, närma sig varandra, överensstämma
Konversation [-v-] -*en f* konversation **konversieren** konversera **Konversion** -*en f* kon-

version **Konverter** - *m* konverter **Konvertibilität** 0 *f*, **Konvertierbarkeit** 0 *f* konvertibilitet **konvertieren** *h (relig. äv. s)* konvertera
Konvertit -*en -en m* konvertit
konvex [-v-] konvex
Konvikt [-'vɪkt] -*e n* studenthem (*för teol. stud.*); *österr.* [katolskt] internat **Konviktuale** -*n -n m* student (gymnasist) (*i konvikt*)
Konvoi [kɔn'vɔy, *äv.* '--] -*s m* konvoj
Konvolut [-v-] -*e n* bunt, konvolut; [samlings]pärm
Konvulsion [-v-] -*en f, med.* konvulsion, krampanfall **konvulsivisch** [-v- -v-] konvulsivisk
konzedieren medge, bevilja
Konzentrat -*e n* koncentrat **Konzentration** -*en f* koncentration **Konzentrationslager** - *n* koncentrationsläger **konzentrieren** koncentrera; *sich ~* koncentrera sig **konzentriert** koncentrerad **konzentrisch** koncentrisk
Konzept -*e n* koncept; *e-n aus dem ~ bringen* få ngn att tappa koncepterna, bringa ngn ur fattningen; *aus dem ~ kommen (geraten)* tappa koncepterna (fattningen), komma av sig; *im ~ fertig* färdig i koncept; *nicht ins ~ passen* inte passa in [i planerna] **Konzeption** -*en f* konception (*äv. med.*)
Konzern -*e m* koncern **Konzernierung** -*en f* koncernbildning
Konzert -*e n* konsert **konzertant** konsertant **konzertier|en** konsertera, ge konsert[er], spela; -*t* gemensam, samordnad **Konzertmeister** - *m* konsertmästare
Konzession -*en f* koncession; *zu keinen ~en bereit* inte beredd t. några eftergifter **Konzessionär** -*e m* koncessions[inne]havare **konzessionieren** koncessionera, ge koncession för (tillstånd t.) **konzessiv** *språkv.* koncessiv, medgivande **Konzessivsatz** -*e*† *m, språkv.* koncessiv bisats
Konzil -*e el. -ien n* konsilium, kyrkomöte **konziliant** konciliant **konzipieren** koncipiera (*äv. med.*)
konzis koncis
Koog *Köge m, nty.* polder, koog (*utdikat marskland*)
Kooperateur -['tø:ɐ] -*e m* samarbetspartner **Kooperation** 0 *f* samarbete, kooperation **kooperativ** samarbetsvillig; gemensam **Kooperative** [-və] -*n f, DDR, se Genossenschaft* **kooperieren** sam|verka, -arbeta, kooperera
Koordinate -*n f, mat.* koordinat **Koordinatenachse** -*n f* koordinataxel **Koordinatensystem** -*e n* koordinatsystem **koordinieren** koordinera, samordna
Kopeke -*n f* kopek
Kopenhagen 0 *n* Köpenhamn **Kopenhagener I** - *m* köpenhamnsbo **II** *oböjl. adj* från (i) Köpenhamn
Köpenickiade -*n f* köpenickiad
Köper - *m, text.* kypert[bindning]
kopernikanisch kopernikansk
Kopf -*e*† *m* huvud (*äv. brev-, knappnåls-, pip-, sallads-* etc.); *bildl.* ledare, hjärna; *~ hoch!* upp med hakan!; *~ oder Zahl* krona eller klave; *zwei Köpfe Salat* två salladshuvuden; *er wird dir nicht gleich den ~ abreißen (vard.)* han bits inte; *seinen ~ aufsetzen* sätta sig på tvären, vilja få sin vilja fram; *e-n kühlen ~ behalten* hålla huvudet kallt; *den ~ oben behalten* hålla modet (humöret) uppe; *mir brummt der ~ (vard.)* jag har en dånande huvudvärk; *~ und Kragen dransetzen* våga liv

o. lem; *seinen ~ durchsetzen* driva sin vilja igenom; *sich (dat.)* den ~ einrennen köra huvudet i väggen; *jds ~ fordern* kräva ngns huvud på ett fat; *e-n dicken (schweren)* ~ *haben* a) ha huvudvärk, b) vara bakfull; *e-n harten* ~ *haben* vara envis; *e-n heißen ~ haben* vara het på pannan, ha feber; *den ~ hängen lassen* hänga m. huvudet; *mir raucht der ~ (vard.)* jag tänker så det knakar; *sie reden sich die Köpfe heiß* de diskuterar livligt; *den ~ schütteln* skaka på huvudet; *mir schwirrt der ~* det går runt i huvudet på mig, jag är alldeles förvirrad; *ein kluger ~ sein* ha ett gott huvud; *mein ~ ist schwer* mitt huvud känns tungt; *das Publikum war.einige hundert Köpfe stark* publiken uppgick t. några hundra personer; *ich weiß nicht, wo mir der ~ steht* jag vet varken ut eller in; *mir steht der ~ nicht danach* det har jag ingen lust med; *den ~ hoch tragen* bära huvudet högt; *den ~ unterm Arm tragen (vard.)* vara jättesjuk; *sie hat ihm den ~ verdreht* hon har förvridit huvudet på honom; *den ~ verlieren* tappa huvudet; *ihm wächst der ~ durch die Haare (vard.)* han börjar bli flintskallig; *sich (dat.) den ~ waschen* tvätta håret; *e-m den ~ waschen (vard. äv.)* skälla ut ngn; *sich (dat.) den ~ zerbrechen (vard.)* bry sin hjärna; *e-m den ~ zurechtsetzen (vard.)* få ngn att ta reson; *~ an ~ stehen* stå skuldra vid skuldra; *e-m Beleidigungen an den ~ werfen* kasta förolämpningar i ansiktet på ngn; *eins auf den ~ bekommen* få en skrapa; *auf den ~ entfallen 10 Kronen* det blir 10 kronor per person; *nicht auf den ~ gefallen sein (vard.)* inte vara född i går; *auf den ~ hauen (vard.)* göra av med, spendera; *e-m auf dem ~ herumtrampeln (vard. ung.)* sätta sig på näsan på ngn; *e-m auf den ~ kommen (vard.)* skälla ut ngn; *ich lasse mir nicht auf den ~ spucken (vard.)* jag låter ingen sätta sig på näsan på mig; *auf dem ~ stehen* stå på huvudet (upp o. ner); *etw. auf den ~ stellen (vard.)* a) vända upp o. ner på ngt, b) förvränga (vända ut o. in på) ngt; *e-m etw. auf den ~ zusagen* säga ngn ngt utan omsvep (rätt upp i ansiktet); *aus dem ~ aufsagen* deklamera utantill; *es will (geht) mir nicht aus dem ~* jag får det inte ur mitt huvud; *sich (dat.) etw. aus dem ~ schlagen* slå ngt ur hågen, ge upp tanken på ngt; *das werde ich mir durch den ~ gehen lassen* det skall jag tänka över (på); *sich (dat.) e-e Kugel durch den ~ jagen (schießen)* skjuta sig en kula för pannan; *plötzlich schoß mir durch den ~, daß* plötsligt slog mig den tanken (kom jag att tänka på) att; *andere Dinge im ~ haben* ha annat att tänka på; *etw. geht mir im ~ herum (vard.)* ngt mal i huvudet på mig; *sich (dat.) etw. in den ~ setzen* [absolut] få för sig ngt; *es stieg ihm in den (zu) ~* det steg honom åt huvudet; *das will (geht) mir nicht in den ~ [hinein]* det kan jag inte få in i mitt huvud (fatta); *mit bloßem ~ (äv.)* barhuvad; *mit dem ~ vorne* huvudstupa; *mit dem ~ durch die Wand wollen* absolut vilja få sin vilja fram; *pro ~* per person, per capita; *bis über den ~ in Arbeit stehen (vard.)* ha arbete upp över öronen; *es geht um ~ und Kragen* det gäller livet (existensen); *von ~ bis Fuß* från topp t. tå; *wir vor den ~ geschlagen (vard.)* som träffad av blixten; *e-n vor den ~ stoßen (vard.)* stöta ngn för huvudet **-arbeit** *0 f* intellektuellt arbete, tankearbete **-bahnhof** -e† *m* säck-, änd|-

bangård **-ball** -e† *m, fotb.* nickning **-bedekkung** *-en f* huvudbonad
Köpfchen - *n* **1** litet huvud; *bildl.* förstånd; ~ *haben* ha huvudet på skaft, vara smart **2** *bot.* huvud *(blomställning)* **köpfen 1** halshugga **2** toppa, skära spetsen (toppen) av **3** *fotb.* *den Ball ~ nicka (skalla)* bollen **Kopfende** -*n n* huvud|gärd, -ända **Kopfeslänge** -*n f, se Kopflänge*
Kopf|füßer - *m* bläckfisk **-geld** -*er n* belöning *(för gripande av brottsling)* **-grippe** *0 f, vard.* hjärninflammation; influensa med huvudvärk **-hänger** - *m, vard.* modfälld (sorgmodig) figur **-hängerei** *0 f, vard.* modlöshet
kopfhängerisch *vard.* modlös, dyster
Kopf|haus -er† *n* ändhus *(i radhuslänga)* **-haut** -e† *f* huvudsvål, hårbotten **-hörer** - *m* hörlur **-kissen** - *n* huvudkudde **-lage** -*n f, med.* huvudbjudning **-länge** -*n f* huvudlängd; *e-e ~ größer sein (äv.)* vara huvudet högre
kopflastig *sjö., flyg.* förlastad, framtung; *vard.* plakat, stupfull **Kopflaus** -e† *f* huvudlus **kopf-, köpf|lings** m. huvudet före, huvudstupa; *på* huvudet **kopflos** huvudlös *(äv. bildl.);* ~e *Flucht (äv.)* blind (panikartad) flykt **Kopf|nicken** *0 n* nick[ning] **-nu|ß** *-sse† f, vard.* **1** [lätt] sittopp **2** *bildl.* hård not att knäcka **-polster** - *n, österr.* huvudkudde **-putz** *0 m* huvud-, hår|prydnad **-quote** -*n f* andel per person **-rechnen** *0 n* huvudräkning **-salat** -e *m* huvudsallat
kopfscheu *vard.* skygg, ängslig; *e-n ~ machen* göra ngn konfys (osäker), skrämma ngn **Kopfschmerz** -*en m* huvudvärk; *~en haben* ha huvudvärk (ont i huvudet); *deswegen mache ich mir keine ~en* det bekymrar jag mig inte för **Kopfschuppen** *pl* mjäll **Kopfschütteln** *0 n* huvudskakning, skakande på huvudet **Kopfsprung** -e† *m* dykning, huvudhopp **Kopfstand** -e† *m, gymn.* huvudstående; *e-n ~ machen* stå (ställa sig) på huvudet **kopfstehen** *st* **1** stå på huvudet **2** vara förvirrad (uppjagad, överraskad, bestört)
Kopf|stein -*e m* kullersten **-steuer** -*n f* huvudskatt **-stimme** -*n f* falsett **-stoß** -e† *m, fotb.* nickning, skallning; skalle **-stück** -*en n, kokk.* frambit *(på fisk)* **-stütze** -*n f* nackstöd *(i bil)* **-tuch** -er† *n* sjalett
kopf'über huvudstupa, hals över huvud **Kopfwäsche** -*n f* **1** hårtvättning **2** *vard.* utskällning **Kopfwasser** -† *n* hårvatten **Kopfweh** *0 n, vard.* huvudvärk **Kopfzahl** -*en f* antal personer (individer) **Kopfzerbrechen** *0 n* huvudbry
Kopie [-'pi:, *österr.* 'ko:pjə] -*n* [-'pi:ən, *österr.* 'ko:pjən] *f* kopia **kopieren** kopiera **Kopierer** - *m, vard.* kopieringsapparat **Kopiergerät** -*e n* kopieringsapparat; kopieringsmaskin **Kopierpresse** -*n f, åld.* kopiepress **Kopierrahmen** - *m, foto.* kopieringsram **Kopierstift** -*e m* kopie-, anilin|penna
Kopilot -*en -en m* andrepilot
kopiös *åld. el. med.* kopiös, riklig
Kopist -*en -en m* kopist
Koppe -*n f* **1** *dial., se Kuppe* **2** *zool.* stensimpa **Koppel 1** -*n f* inhägnad betesmark, hage **2** -*n f* koppel (hundar); spann (hästar, hundar) **3** - *n* koppel, livrem
koppelgängig ~er *Hund* linförig hund **Koppelmanöver** - *n* dockning *(av rymdskepp)* **koppeln** koppla [ihop]; binda samman (ihop); docka *(rymdskepp);* *bildl.* kombinera

Koppelung -*en f*, *se Kopplung* **Koppelweide** -*n f* inhägnad betesmark, hage
kopp'heister *nty*. huvudstupa, hals över huvud; *es geht ~ det går åt pipan*; ~ *schießen* slå kullerbytta
Kopplung -*en f* samman|kopplande, -koppling, förbindning; dockning **Kopplungsmanöver** - *n*, *se Koppelmanöver*
Kopra *0 f* kopra
Koproduktion -*en f* samproduktion
Kopte -*n* -*n m* kopt[er] **koptisch** koptisk
Kopula -*s el*. -*e f* 1 *språkv*. kopula 2 *biol*. kopulation, parning **Kopulation** -*en f* 1 *biol*. kopulation, parning; coitus, samlag; *trädg*. kopulation, skarvympning 2 *åld*. *el*. *dial*. vigsel **kopulativ** *språkv*. kopulativ, samordnande **kopulieren** 1 *biol*. kopulera, para sig; ha samlag; *trädg*. kopulera, skarvympa 2 *åld*. *el*. *dial*. viga 3 *språkv*. kombinera (*satser e.d.*) [*m*. konjunktion]
kor *se küren*, *kiesen*
Koralle -*n f* korall **korallen** korall-, av korall[er]; korallröd **Korallenpilz** -*e m* fingersvamp **Korallenriff** -*e n* korallrev
koram *e-n* ~ *nehmen* (*åld*.) ställa ngn t. svars, bryskt tillrättavisa ngn
Ko'ran [*åv*. 'ko:ra(:)n] -*e m* koran
Korb -*et m* korg (*åv*. *mast*-, *hiss*- *e.d*.); gondol (*på ballong*); skål (*på sabel*); *fäkt*. ansiktsmask; *e-n* ~ *bekommen*, *sich* (*dat*.) *e-n* ~ *holen* (*bildl*.) få korgen, bli avvisad (nobbad) **Korbball** *0 m* korgboll **Korbblütler** - *m*, *bot*. korgblommig växt **Körbchen** - *n* 1 liten korg; blomkorg; hundkorg; *husch*, *ins* ~! (*vard*.) marsch i säng! 2 kupa (*på behå*) **Korbflasche** -*n f* damejeanne, korgflaska **Korb|flechter** - *m*, -**macher** - *m* korgmakare **Korbwaren** *pl* korg|varor, -makeriarbeten **Korbweide** -*n f*, *bot*. korgpil **korbweise** i korgar
Kord -*e m* manchester[sammet]; cord (*åv*. *i bildäck*) **Kordel** -*n f* snodd, snöre; galon (*på uniform*)
kordial *åld*. kordial, hjärtlig
Kordon [kɔr'dõ:, *österr*. -'dɔːn] -*s* (*österr*. -*e*) *m* kordong (*åv*. *bot*.)
Kordsamt *0 m* manchestersammet
Koreaner -*m* korean **koreanisch** koreansk
Koreferat -*e n*, *se Korreferat*
kören utvälja (*handjur*) till avel
Korinthe -*n f* korint **Korinthenkacker** - *m*, *vulg*. småaktig (pedantisk) människa, pedant **Korintherbrief** -*e m*, *bibl*. korint[i]erbrev **korinthisch** korintisk (*äv*. *konst*.)
Kork -*e m* kork **Korkeiche** -*n f* korkek **korken I** *adj* kork-, av kork **II** *v* korka igen; korka upp
Korken - *m* [flask]kork; *e-n* ~ *abschießen* (*steigen lassen*) (*vard*.) göra bort sig, säga ngt opassande **-zieher** - *m* korkskruv **-zieherhosen** *pl*, *vard*. opressade [o. för långa] byxor **-zieherlocke** -*n f* korkskruvslock
Kork|gürtel -*n m* simbälte (*av kork*) **-platte** -*n f*, *byggn*. korksskiva **-sohle** -*n f* korksula **-weste** -*n f* flytväst (*av kork*) **-zieher** - *m*, *dial*. korkskruv **-zieherhosen** *pl*, *dial*., *se Korkenzieherhosen* **-zieherlocke** -*n f*, *dial*. korkskruvslock
Kormo'ran -*e m*, *zool*. kormoran, storskarv
Korn 1 *0*, *ibl*. -*e n* [bröd]säd, *i sht* råg, spannmål; *die Flinte ins ~ werfen* kasta yxan i sjön 2 *0 n* kornig yta; *foto*., *min*. korn[ighet] 3 -*er*† *n* [sädes]korn, frö; korn (*liten del av ngt*) 4 -*e n* korn, sikte (*på skjutvapen*); *etw*. *aufs ~ nehmen a*) sikta på ngt, *b*) *vard*. ta upp (behandla) ngt, polemisera mot ngt; *e-n aufs ~ nehmen* (*vard*.) skarpt iaktta ngn, hålla ögonen på ngn 5 - *m*, *vard*. sädesbrännvin; *e-n ~ trinken* ta [sig] en snaps (sup) **Kornähre** -*n f* sädesax **Kornblume** -*n f* blåklint **kornblumenblau** 1 blåklints-, korn|blå 2 *vard*. stupfull **Kornbranntwein** -*e m* sädesbrännvin **Körnchen** - *n* litet korn; grand, gnutta; *etw*. *mit e-m ~ Salz verstehen* ta ngt m. en nypa salt; *ein ~ Wahrheit* ett uns sanning
Kornelkirsche [-'ne:-] -*n f*, *bot*. körsbärskornell
körnen 1 granulera, korna, göra kornig 2 körna 3 *jakt*. locka [t. sig] (*djur genom att strö ut korn e.d.*) **Körner** - *m*, *tekn*. körnare
Körnerfresser - *m*, *zool*. fröätare
Kornett -*e el*. -*s* 1 *n*, *mus*. kornett 2 *m*, *hist*. kornett, fänrik
Kornfeld -*er n* sädesfält **körnig** kornig, granulerad
Korn|käfer - *m*, *zool*. kornvivel **-kammer** -*n f* kornbod **-motte** -*n f*, *zool*. kornmal **-rade** -*n f*, *bot*. åkerklätt **-rose** -*n f*, *dial*. kornvallmo **-wurm** -*er*† *m*, *Schwarzer ~ kornvivel*; *Weißer ~* kornmal
Koron|a -*en f* 1 *astron*. korona 2 *vard*. [åhörar]krets; glatt lag, gäng **Koronargefäße** *pl*, *med*. kranskärl
Körper - *m* 1 kropp (*åv*. *fys*., *mat*., *kem*.); *sjö*. skrov 2 fyllighet (*hos färg*) 3 *se Körperschaft* **Körperbau** *0 m* kroppsbyggnad **körperbehindert** rörelsehindrad, [fysiskt] handikappad **Körperbehinderte(r)** *m f*, *adj böjn*. handikappad **Körpererzieher** - *m*, *i sht DDR* gymnastiklärare **Körpererziehung** *0 f*, *i sht DDR* gymnastik **körperfremd** främmande för kroppen **Körperfülle** *0 f* kroppens **körpergerecht** kroppsriktig **körperhaft** reell, verklig, konkret **Körperhaltung** -*en f* [kropps]hållning **Körperkraft** -*e*† *f* kroppsstyrka; *Körperkräfte* kroppskrafter **Körperkultur** *0 f* kroppsvård, hygien; *DDR* ung. fysisk fostran **körperlich** kroppslig, fysisk; materiell; ~ *e Vorzüge* fysiska företräden; ~ *e Arbeit* kroppsarbete **Körperlichkeit** *0 f* kroppslighet, realitet **Körpermaße** *pl* **körpernah** åtsittande, figursydd
Körper|pflege *0 f* kroppsvård, hygien **-pflegemittel** - *n*, *vanl*. *pl* hygienartikel **-saft** -*e*† *m* kroppsvätska **-schaft** -*en f* korporation; förening; *gesetzgebende ~* lagstiftande församling **-schaft[s]steuer** -*n f* skatt på juridisk person, bolagsskatt **-schlagader** -*n f*, *med*. aorta **-schwäche** *0 f* kroppslig svaghet **-sprache** *0 f* kroppsspråk **-strafe** *0 f* aga **-verletzung** -*en f* kroppsskada; *schwere (vorsätzliche) ~* misshandel
Korporal -*e*[†] *m åld*. underofficer; *schweiz*. korpral
Korporation -*en f* korporation; [student]förening **korporativ** korporativ; korporations-, förenings-
Korps [ko:ɐ̯] - [ko:ɐ̯s] *n* kår; [student]förening **-bruder** -† *m* medlem av samma studentförening **-geist** *0 m* kåranda **-student** -*en* -*en m* medlem av studentförening
korpulent korpulent, fyllig
Korpulenz *0 f* korpulens, fyllighet
Korps|us 1 -*usse m*, *vard*. kropp[shydda] 2 -*usse m* Kristusfigur (*på krucifix*) 3 -*ora n*, *språkv*.

text-, material|samling, korpus **4** *0 n, mus.* resonanslåda
Korpuskel *-n n, äv. f* korpuskel
Kor'ral *-e m* inhägnad *(för vilda djur)*
Korreferat *-e n* andra föredragning (referat)
Korreferent *-en -en m* medföredragande, andra referent; andra sakkunnig
korrekt korrekt **Korrektheit** *0 f* korrekthet
Korrektion *-en f, åld.* korrektion, rättelse; rättning; [för]bättring; reglering **Korrektiv** *-e n* rättelsemedel, motvikt, korrektiv **Korrektor** *-en m* korrekturläsare
Korrektur *-en f* korrektur; rättning; rättelse; [för]ändring **-abzug** *-e†* m korrekturavdrag **-fahne** *-n f* spaltkorrektur **-lesen** *0 n* korrekturläsning **-zeichen** *- n* korrekturtecken
Korrelat *-e n* korrelat **Korrelation** *-en f* samband, växelförhållande, korrelation
Korrepe'titor *-en m, mus.* repetitör *(för sångare)*
korrespektiv *jur.* gemensam, inbördes *(om testamente)*
Korrespondent *-en -en m* korrespondent **Korrespondenz** *-en f* korrespondens **Korrespondenzbüro** *-s n* nyhets-, telegram|byrå **Korrespondenzschach** *0 n* korrespondensschack **korrespondieren** **1** korrespondera, brevväxla **2** motsvara; *mit etw.* ~ stämma överens med ngt
'**Korridor** *-e m* korridor, gång
Korrigend [-g-] *-en -en m, åld., se Sträfling* **Korrigenda** *pl, åld.* tryckfel **korrigierbar** som kan korrigeras (rättas) **korrigieren** korrigera, rätta [till]
korrodieren *h o. s* korrodera **Korrosion** *-en f* korrosion **korrosions|beständig, -fest** korrosionsbeständig
korrumpieren korrumpera **korrumpiert** *(om text)* korrumperad **korrupt** korrumperad **Korruption** *-en f* korruption
Kor'sar *-en -en m* korsar; korsarfartyg
Korse *-n -n m* korsikan
Korsett *-s, äv. -e n* korsett **-stab** *-e† m,* **-stange** *-n f* planschett
korsisch korsikansk
Korso *-s m* festtåg, procession; demonstrationståg *(m. bilar)*
Kortison *0 n* cortison
Ko'rund *-e m, min.* korund; *roter* ~ rubin; *blauer* ~ safir
Korvette [-v-] *-n f, sjö.* korvett **Korvettenkapitän** *-e m* örlogskapten
Koryphäe [-'fɛ:ə] *-n f (åld. -n -n m)* koryfé; kapacitet; *auf seinem Gebiet* framstående fackman på sitt område
Kosak [-'sak] *-en -en m* kosack
Koschenille [-'nɪljə] **1** *0 f kem.* koschenill **2** *-n f, se följ.* **Koschenilleschildlaus** *-e†* f koschenill-, sköld|lus
'**koscher** [-o:-] **1** *jud.* koscher **2** *vard.* just; *da ist etw. nicht ganz* ~ det är ngt skumt med det, där är det ngt som inte stämmer
K.-o.-Schlag *-e† m, boxn.* knockoutslag
Koseform *-en f* smeksam form av namnet, smeknamn **kosen** smeka[s]; *sich* ~ smekas; *mit e-m* ~ kela med ngn **Kosename** *-ns -n m* smeknamn **Kosewort** *-e[r†] n* smeksamt (ömt) ord, smekord
Kosinus *- el. -se m, mat.* kosinus
Kos'metik *0 f* skönhetsvård, kosmetik **Kosmetikerin** *-nen f* skönhetsexpert; *(i tidningsannonser omskr. för)* prostituerad **Kosme-**

tik|um *-a n* skönhetsmedel **kosmetisch** kosmetisk; ~*e Operation* plastisk operation
kosmisch kosmisk
Kosmo|drom *-e n* [rysk] rymdstation, kosmodrom **-gonie** *-n f* kosmogoni **-logie** *-n f* kosmologi **-naut** *-en -en m* kosmonaut **-polit** *-en -en m* kosmopolit
kosmopolitisch kosmopolitisk **Kosmos** *0 m* kosmos
Kos'sat *-en -en m,* **Kos'säte** *-n -n m, hist.*, *se Kätner*
Kost *0 f* kost, föda, näring; *freie* ~ *und Wohnung* fritt vivre; *geistige* ~ andlig föda; *schmale* ~ svältkost; *e-n in* ~ *geben* inackordera ngn i maten; *e-n in* ~ *nehmen* ta ngn som inackordering i maten **kostbar** dyrbar, värdefull; *sich* ~ *machen (vard.) a)* göra sig oumbärlig, *b)* sällan (aldrig) visa sig (dyka upp) **Kostbarkeit 1** *0 f* [stort] värde, dyrbarhet **2** *-en f* dyrgrip, dyrbarhet
1 kosten smaka [på]; smaka av; pröva [på]
2 kost|en kosta; *es -e, was es wolle* kosta vad det [kosta] vill; *ich habe mich (mir) die Reise etw.* ~ *lassen (vard.)* jag snålade inte på pengar (jag pungade ut med en hel del) för resan; *es -ete ihn (ihm) das Leben* det kostade honom livet; *der Krieg -ete viele Menschenleben (äv.)* kriget krävde många människoliv; *es -et uns e-e Stunde* det tar oss en timme; *es -et nicht die Welt (vard.)* det är inte så farligt dyrt (inte hela världen) **Kosten** *pl* kostnad[er]; omkostnad[er]; *auf meine* ~ på min bekostnad; *auf seine* ~ *kommen a)* få sina [om]kostnader täckta, *b)* tycka det var mödan värt, ha roligt; *das geht auf* ~ *deiner Gesundheit* det sker på bekostnad av din hälsa **Kostenanschlag** *-e† m* kostnads|förslag, -beräkning **Kostenaufwand** *0 m* kostnad, utgift; *mit e-m* ~ *von* till en kostnad av **kostenaufwendig** kostnadskrävande, dyr **Kostendruck** *0 m* negativ kostnadsutveckling **Kostenexplosion** *-en f* explosionsartad kostnadsökning **Kostenfrage** *-n f* kostnads-, pris|fråga **kostenfrei** *o.* **kostenlos kostenintensiv** kostnadskrävande **kostenlos** kostnadsfri, gratis, utan kostnad **kostenpflichtig** *jur.* avgiftsbelagd, mot kostnad; skyldig att betala; *e-e Klage* ~ *abweisen* ogilla en talan o. ålägga *(part)* att bestrida rättegångskostnader **Kostenpunkt** *-e m, vard.* kostnad[sfråga], pris **kostensparend** kostnadsbesparande **Kostensteigerung** *-en f* kostnads|stegring, -ökning **Kostenvoranschlag** *-e† m* kostnads|förslag, -beräkning
Kost|gänger *- m* inackordering [i maten] **-geld** *-er n* pengar t. maten
köstlich läcker, utsökt, härlig, underbar, förtjusande, kostlig, dyrbar
Kostpreis *-e m* självkostnadspris
Kostprobe *-n f* smak|bit, -prov *(äv. bildl.)*
kostspielig kostsam, dyr[bar]
Kostüm *-e n* dräkt; folkdräkt; [maskerad]kostym **kostümieren** kostymera, klä ut
Kostverächter *- m* kostförsäktare
Kot *0 m* **1** träck, exkrementer, spillning **2** smuts, gyttja
'**Kotangens** *- m, mat.* kotangent
Ko'tau *-s m (djup kinesisk)* bugning; *vor e-m e-n* ~ *machen (bildl.)* krypa (förödmjuka sig) för ngn
Kotblech *-e n* stänkskärm
1 Kote *-n f, nty., se Kate*
2 Kote *-n f, geogr.* höjd

Kötel -s m nty. **1** diminutiv av Kot; böna (spillning) **2** fräckt barn
Kotelett [kɔt'let, äv. kotə-, äv. 'kɔt-] -s, ibl. -e n kotlett **Koteletten** pl polisonger
Köter - m hundracka, jycke
Kotflügel - m stänkskärm
Ko'thurn -e m teat. koturn; auf hohem ~ [einher]schreiten tala patetiskt
kotig skitig, lortig, smutsig
Kotillon ['kɔtɪljõ, kotɪl'jõ:] -s m kotiljong
Kötner - m, nty., se Kätner
Koton [ko'tõ:] -s m bomull
Kotsa|ß -ssen -ssen m, **Kotsasse** -n -n m, nty., se Kossat
1 Kotze -n f, sty., österr. **1** [tjock] yllefilt **2** se Umhang
2 Kotze 0 f, vulg. spya; die ~ kriegen äcklas, känna vämjelse
Kötze -n f, dial. bärkorg, kont
'kotz'elend vulg. jätte-, skit|dålig **kotz|en 1** vulg. kräkas, spy; es ist zum K~ det är så man kan kräkas **2** vard., der Motor -t motorn hostar **Kotzen** - m, sty., österr., se 1 Kotze **kotz[er]ig** vulg., mir ist ~ jag är spyfärdig
KPD förk. Kommunistische Partei Deutschlands
Krabbe -n f krabba; räka; vard. tös, sötnos
Krabbelei 0 f, vard. **1** kravlande **2** kliande **krabbelig** vard. kittlig; som kittlar; die Hose ist ~ byxorna sticks **Krabbelkind** -er n barn i krypåldern **krabbel|n 1** vard. klia, kittla; es -t mich am Rücken det kliar på ryggen på mig; der Stoff -t [mich] tyget kliar (sticks) **2** s krypa, kräla, kravla; das Kind -t auf den Sessel barnet klättrar (kravlar sig) upp på stolen; ein Insekt -t mir über die Hand en insekt kryper över handen på mig **krabblig** se krabbelig
krach interj pang! **Krach** -e el. -s, vard. äv. -e† m oväsen, buller; brak, smäll, skräll; bråk, gräl; vard. [ekonomisk] krasch; ~ schlagen (machen) (vard.) [börja] bråka (skälla), ställa t. bråk; es gibt ~ (vard.) det blir bråk; mach nicht solchen ~! för inte ett sådant oväsen!; mit e-m ~ haben (vard.) vara osams med ngn **krach|en 1** knaka, braka, dåna, knalla, smälla; dänga, drämma; vard. krascha, göra bankrutt; halt den Mund oder es -t! (vard.) om du inte är tyst nu så smäller det!; er arbeitet, daß es nur so -t (vard.) han sliter som ett djur **2** rfl, vard. gräla **3** s braka [ihop], rämna, spricka; der Wagen -te gegen e-n Baum bilen krockade med ett träd **Kracher** - m, vard. **1** smällare **2** neds. gubbe, gubbstrutt **Kracherl** -[n] n, sty., österr. läsk **krachig** frasig, knaprig **Krachlederne** f, adj böjn., sty., se Lederhose
Krachmandel -n f, dial. krakmandel
krächzen kraxa; bildl. äv. tala (säga) med hes röst; vard. hosta
Kracke -n f, nty. [häst]krake
kracken ['krakn̩, 'krɛkn̩] kem. kracka **Kracken** 0 n krackning
Krad -er† n, mil. förk. för Kraftrad mc, motorcykel **-melder** - m, mil. motorcykelordonnans
kraft prep m. gen. i kraft av, i enlighet med
Kraft -e† f kraft (äv. pers.), styrka; förmåga; treibende ~ (äv.) drivkraft; Kräfte sparen spara sina krafter; er ist am Ende seiner Kräfte han förmår (orkar) inte mera; außer ~ setzen sätta ur kraft, annullera; gut bei Kräften sein vara vid god vigör; was in meinen Kräften steht vad som står i min förmåga; in ~ treten träda i kraft; mit seinen Kräften sparsam umgehen spara på krafterna; nach [besten] Kräften efter [bästa] förmåga; es geht über meine Kräfte det överstiger mina krafter (min förmåga); vor (von) ~ strotzen överflöda (sprudla) av kraft; zu Kräften kommen hämta sig, få nya krafter **-akt** -e m kraft|prestation, -tag **-anstrengung** -en f kraftansträngning **-aufwand** 0 m kraft|ansträngning, -förbrukning **-ausdruck** -e† m kraftuttryck **-brühe** -n f [stark] buljong **-droschke** -n f, åld. droskbil **Kräfte|bedarf** 0 m behov av arbetskraft **-messen** 0 n, se Kraftprobe **-paar** -e n, fys. kraftpar **-parallelogramm** -e n, fys. kraftparallellogram
Kraftersparnis 0 f kraftbesparing
Kräfteverhältnis -se n styrkeförhållande
Kraft|fahrer - m [motor]förare, bilist, chaufför **-fahrzeug** -e n motorfordon **-fahrzeugbrief** -e m, ung. besiktningsinstrument **-fahrzeugkennzeichen** - n registreringsnummer **-fahrzeugschein** -e m besiktningsinstrument **-fahrzeugsteuer** -n f fordonsskatt **-feld** -er n, fys. kraftfält **-futter** 0 n kraftfoder
kräftig kraftig, kraftfull, stark; e-n ~ verprügeln klå ngn ordentligt; ~er Witz grov vits **kräftigen 1** stärka, styrka, göra stark **2** rfl stärka (styrka) sig; hämta krafter **Kräftigkeit** 0 f kraft, styrka **Kräftigung** 0 f stärkande
Kraftleistung -en f [kraft]prestation, krafttag **kraftlos 1** kraftlös, svag, utan kraft **2** jur. ogiltig
Kraft|loserklärung -en f, jur. ogiltigförklaring, mortifikation **-losigkeit** 0 f **1** kraftlöshet **2** jur. ogiltighet **-meier** - m, vard., se Kraftprotz **-mensch** -en **-en** m stark människa, kraftkarl **-messer** - m dynamometer **-post** 0 f postbuss; befordran m. postbuss **-probe** -n f kraft|prov, -mätning **-protz** gen. -es el. -en, pl -e[n] m, neds. ung. muskelknutte, person som prålar med sin styrka **-quelle** -n f kraftkälla **-rad** -er† n motorcykel **-speicher** - m ackumulator **-stoff** -e m motorbränsle **-stoffanzeiger** - m, **-stoffmesser** - m bränsle-, bensin|mätare **-strom** 0 m trefasström
kraftstrotzend svällande (pösande) av kraft
Krafttraining -s n styrketräning **Kraftverkehr** 0 m motortrafik **kraftvoll** kraftig, kraftfull **Kraftwagen** - m bil **Kraftwerk** -e n kraftverk **Kraftwort** -er† n kraft|ord, -uttryck
Kragdach -er† n konsoltak **Krage** -n f konsol
Krägelchen - n liten krage **Kragen** - m, sty., österr., schweiz. äv. -† m krage; dial. nacke, hals (på djur); dial. flaskhals; jetzt platzt mir der ~ (vard.) nu har jag fått nog; da kann e-m der ~ platzen (vard.) det är så att man kan explodera; e-n beim (am) ~ nehmen (vard.) ta ngn i kragen; es geht ihm an den ~ (vard.) nu kommer han att räka illa ut, nu gäller det livet för honom **Kragenweite** -n f kragnummer; sie ist nicht meine ~ (vard.) hon är inte min typ **Kragträger** - m konsol
Krähe -n f kråka; e-e ~ hackt der anderen kein Auge aus den ena korpen hackar inte ut ögat på den andra **kräh|en** gala; vard. tala gällt, skrika; (om småbarn) jollra, utstöta glädjerop; es -t kein Hahn danach (vard.) det frågar inte en själ efter, ingen bryr sig om det **Krähenauge** -n n, dial. vårta; liktorn **Krähenbeere** -n f kråkbär **Krähenfüße** pl, vard. **1** kråkspark (rynkor kring ögonen) **2** kråkfötter

(*dålig handstil*) **Krähennest** -*er n* kråkbo; *sjö.* mast-, utkiks|korg **Krähwinkel** *0 n* kråkvinkel **krähwinklig** kälkborgerlig, småstadsaktig, inskränkt
Krake -*n* -*n m* **1** (*åttaarmad*) bläckfisk **2** sjöodjur
Kra'keel *0 m, vard.* krakel, gräl, bråk; *da ˉgibt's e-n ~* då blir det bråk **kra'keelen** *vard.* skrika, bråka, gräla, ställa t. bråk (gräl) **Kra-'keeler** - *m, vard.* bråk|makare, -stake
Krakel - *m, vard.* streck; klotter
Krakelee [-kə'le:] -*s n f* krackelyr
Krakelei -*en f, vard.* klotter **krakelig** *vard.* klottrig, svårläst **krakeln** *vard.* skriva kråkfötter, klottra
Krakelüre -*n f* krackelyr
kraklig *vard.*, *se krakelig*
Kral -*e, äv.* -*s m* kral
Kralle -*n f* klo; *etw. nicht aus den ~n lassen* inte släppa taget om ngt (ngt ifrån sig) **krallen 1** *rfl, sich an etw.* (*ack.*) ~ (*m. klorna, fingrarna*) klänga (klamra, hålla) sig fast vid ngt **2** [*sich* (*dat.*)] *etw. ~* (*vard.*) ta (knycka) ngt; [*sich* (*dat.*)] *e-n ~* (*vard.*) *a*) ställa ngn t. svars, *b*) haffa (gripa) ngn **3** *die Finger ~* kröka fingrarna; *die Finger in etw.* (*ack.*) ~ borra ner fingrarna i ngt; *die Hand um etw. ~* ta ett hårt tag om (hålla i) ngt **krallig** kloliknande; kloförsedd
Kram *0 m* **1** *vard.* kram, krimskrams, skräp, strunt; tillhörigheter, prylar; *der ganze ~ alla grejorna*; *e-m in seinen ~ hineinreden* lägga sig i ngns angelägenheter; *das paßt ihm nicht in den ~* det passar honom inte; *ich habe den ~* satt jag är trött på det (hela historien, arbetet etc.); *macht wegen uns keinen* (*nicht viel*) ~ gör er inte något [extra] besvär för vår skull **2** *dial.* innanmäte (*på slaktdjur*)
Kram'bambuli -[*s*] *m, stud.* sprit, alkohol, dricka
kramen leta [fram], snoka; *in etw.* (*dat.*) ~ gräva i ngt (*äv. bildl.*) **Kramer** - *m, dial.*, **Krämer** - *m, dial. el. åld.* handelsman, krämare; *neds.* krämarsjäl, krämare **Krämergeist** *0 m* krämaranda, småaktighet **krämerhaft** krämaraktig, småskuren **Krämerseele** -*n f* krämarsjäl, småskuren människa **Kramladen** -† *m* diverseshandel
Krammets|beere -*n f, dial.* enbär **-vogel** -† *m, dial.* björktrast
Krampe -*n f* krampa **krampen** fästa m. krampa (*an* +*ack.* vid) **Krampen** - *m* **1** krampa **2** *sty.*, *österr.*, *se Spitzhacke*
Krampf -*e*† *m* kramp, spasm; *e-n ~ im Bein haben* ha kramp i benet **2** *0 m, vard.* krampaktiga (meningslösa) ansträngningar (försök), meningslöshet; *das ist ja alles ~* (*äv.*) det är ju bara smörja (dumheter) **Krampfader** -*n f* åderbrock **krampfartig** krampliknande **krampfen** krampaktigt gripa tag i; [*sich*] ~ dra sig samman krampaktigt; *sich* (*dat.*) *etw. ~* (*dial.*) ta (tillskansa sig) ngt; *die Hände um etw. ~* krampaktigt hålla i ngt; *die Finger in etw.* (*ack.*) ~ [borra in fingrarna o.] klamra sig fast vid ngt **krampfhaft** krampaktig; ~*e Zuckungen* (*äv.*) konvulsioner; ~*es Lächeln* (*äv.*) tvunget (forcerat) leende **krampfig, krämpfig** krampliknande; krampaktig, tvungen **krampflösend** krämplösande
1 Kramp|us -*i m, med.* [muskel]kramp
2 Krampus -*se m, österr.* Krampus (*djävul som åtföljer St. Nikolaus 6 dec.*)
Kran -*e*[†] *m* **1** [lyft]kran **2** *dial.* [lednings]kran **Kran-, Krän|beere** -*n f, åld.* lingon
krängen *sjö.* känga
Kranich -*e m* trana
Krani|um -*a el.* -*en n, anat.* kranium, skalle
krank *adj* †**1** sjuk; *subst. adj, se Kranke*(*r*); *auf den Tod ~ sein* vara dödssjuk; *nach e-m ~ sein* vara sjuk av längtan efter ngn; *e-n ~ schreiben* sjukskriva ngn; *sich ~ lachen* skratta sig fördärvad; *sich ~ melden* sjukanmäla sig; *das macht mich ~* (*vard.*) det går mig på nerverna (gör mig galen) **2** *jakt.* skadskjuten **Kränkelei** *0 f* [ständig] sjuklighet, klenhet **kränkeln** vara sjuklig (klen) **kranken** *åld. el. dial.*, *an etw.* (*dat.*) *~* lida av ngt
kränken 1 kränka, såra **2** *rfl, sich über etw.* (*ack.*) ~ gräma sig över ngt
Kranken|anstalt -*en f* sjukhus, lasarett **-auto** -*s n* ambulans **-bericht** -*e m* remiss **-bett** -*en n* sjukbädd **-blatt** -*er*† *n* sjukjournal **-fahrstuhl** -*e*† *m* rullstol **-geld** -*er n* sjuk|penning, -ersättning **-geschichte** -*n f* sjukdomshistoria **-gymnast** -*en* -*en m* sjukgymnast **-haus** -*er*† *n* sjukhus; *im ~ sein* på sjukhus[et] **-hausarzt** -*e*† *m* sjukhusläkare **-hausbehandlung** -*en f* sjukhusvård **-hauseinweisung** -*en f* remiss (*t. sjukhus*)
krankenhausreif *e-n ~ schlagen* brutalt misshandla ngn (*så denne måste till sjukhus*)
Kranken|kasse -*n f* sjuk-, försäkrings|kassa **-lager** -*en* sjukläger; *nach langem ~ sterben* dö efter långvarigt sängliggande; *die Grippe warf ihn aufs ~* influensan tvingade honom att stanna i sängen (inta sängläge) **-pflege** *0 f* sjukvård **-pfleger** - *m* sjukvårdare **-pflegerin** -*nen f* sjuksköterska **-schein** -*e m, ung.* sjukförsäkringsbesked (*om rätt t. behandling*) **-schwester** -*n f* sjuksköterska **-stand** *0 m* antal sjukskrivna (sjuka); *ein hoher ~* (*äv.*) en hög sjukfrånvaro; *im ~ sein* (*österr.*) vara ˈ sjuk[skriven] **-stuhl** -*e*† *m* rullstol **-versicherung** -*en f* sjukförsäkring **2** sjukförsäkringskassa **-wache** -*n f* [natt]vak (*hos sjuk*) **-wagen** - *m* ambulans **-wärter** - *m* sjukvårdare
Kranke(**r**) -*n f, adj böjn.* sjuk [person], sjukling, patient **krankfeiern** *vard.* fira, sjukskriva sig (*utan att vara sjuk*) **krankhaft** patologisk, sjuklig
Krankheit -*en f* sjukdom; *die englische ~* engelska sjukan; [*hin*]*fallende ~* fallandesjuka, epilepsi **Krankheitsbild** -*er n* sjukdomsbild, syndrom **krankheitserregend** sjukdomsalstrande, patogen **Krankheitserreger** - *m* sjukdomsalstrare **Krankheitserscheinung** -*en f* sjukdomssymptom **Krankheitsgeschichte** -*n f, se Krankengeschichte* **krankheitshalber** pga grund av sjukdom **Krankheitssymptom** -*e n* sjukdomssymptom **Krankheitsursache** -*n f* sjukdomsorsak **Krankheitsverlauf** *0 m* sjukdomsförlopp
kranklachen *rfl, vard.* skratta sig fördärvad **kränklich** sjuklig, klen **krankmachen** *se krankfeiern* **Krankmeldung** -*en f, ung.* sjukskrivning **krankschießen** *st, jakt.* skadskjuta
Kränkung -*en f* skymf, förödmjukelse, kränkning
Kranz -*e*† *m* **1** krans (*äv. bakverk o. tekn.*); ring, krets **2** margaretafläta **Kranzader** -*n f* kranskärl **Kränzchen** - *n* **1** liten krans **2** [kaffe]junta, sällskap; *sich zum ~ treffen* gå på kafferep, ha träff **kränzen** bekransa
Kranzgefäß -*e n* kranskärl **Kranzjungfer** -*n*

f, dial. brudtärna **Kranznaht** -e† *f, med.* kron-, krans|sutur
Kranzspende -n *f* [begravnings]krans; *von ~n bitte abzusehen* kransar undanbedes
Kräpfel - *m, sty.,* **Krapfen** - *m, sty., österr., kokk. (slags)* munk
Krapp 0 *m, kem., bot.* krapp
Kräppel - *n, dial., se Krapfen*
kraß krass; grov; skarp; extrem, utpräglad; *krasser Anfänger* fullständig nybörjare; *krasser Fuchs (stud.)* recentior; *in krassem Gegensatz zu etw.* stehen stå i skarp kontrast (motsats) t. ngt
Krater - *m* krater
Kratt -e *m n, nty.* snårskog *(av ekbuskar)*
Kratzbeere -n *f, dial., se Brombeere* **Kratzbürste** -n *f, vard.* motspänstig människa (flicka) **kratzbürstig** vresig, tvär, motspänstig **Kratze** -n *f* skrapa, skrapjärn; raka; handkarda **Krätze 1** -n *f, dial.* kont, mes **2** 0 *f* avfall, slagg **3** 0 *f, med.* skabb **Kratzeisen** - *n* [fot]skrapa **kratz|en** skrapa, riva, klösa; *die Feder* -*t* pennan raspar; *auf der Geige ~ (vard.)* gnida på fiol[en]; *der Hund* -*te an der Tür und wollte herein* hunden krafsade på dörren för att bli insläppt; *es -t mir (mich) im Hals* det känns skrovligt i halsen på mig; *der Rauch -t im Hals* röken irriterar halsen; *Zeichen in die Wand ~* rista in tecken i väggen; *das -t mich nicht (vard.)* det stör mig inte (bryr jag mig inte om); *sich (dat.) den Bart ~ (vard.)* raka sig; *sich (dat.) den Kopf ~* klia sig i huvudet **Kratzer** - *m* **1** skrapa **2** *vard.* skråma, repa
Krätzer - *m* **1** *neds.* surt vin *(som river i halsen)* **2** rödvin, rosévin *(från Sydtyrolen)* **Kratzfuß** -e† *m, skämts.* bugning; *e-n ~ machen* skrapa med foten *(vid bugning)* **kratzig** sträv; *der Stoff ist ~* tyget kliar **krätzig** skabbig **Kratzmalerei** -en *f, konst.* sgraffito
Krätzmilbe -n *f* skabbdjur
krauchen s **1** *dial., se kriechen* **2** *vard.* gå (röra sig) *(m. viss möda),* kravla [sig]
kraueln *dial., se krauen* **krauen** *(smeksamt)* klia *(hund bakom öronen)* **Kraul** 0 *n* crawl
1 kraulen *se krauen*
2 kraulen *h o. s* crawla **Krauler** - *m* crawl-[simm]are **Kraulstil** 0 *m* crawlsim
kraus 1 krusig, krullig; rynkad; *die Stirn ~ ziehen* rynka pannan **2** *~e Gedanken* virriga (orediga, förvirrade) tankar **Krausbeere** -n *f, dial. el. åld., se Stachelbeere* **Krause 1** -n *f* krås -n *f, vard.* krull, permanent; *in meinem Haar ist keine ~ mehr* jag har inte ngn permanent kvar **Kräuselkrankheit** -en *f, bot.* krussjuka **kräusel|n 1** krusa, krulla, locka; rynka **2** *dieser Stoff -t leicht* det här tyget skrynklar sig lätt **3** *rfl* krusas, krusa (krulla, locka) sig; rynka sig; *ihr Haar* -*t sich von Natur* hon har självlockigt hår; *sich um etw. ~* ringla sig omkring ngt **Krauseminze** 0 *f, bot.* krusmynta **kraus|en 1** rynka, krusa, locka; permanenta **2** *dieser Stoff -t leicht* det här tyget skrynklar sig lätt **3** *rfl* rynkas; skrynkla sig lätt **Kraushaar** -e *n* krulligt (lockigt) hår **kraushaarig** krullhårig, [små]lockig **Krauskohl** 0 *m, dial.* kruskål **Krauskopf** -e† *m* **1** krushuvud, människa med krulligt hår **2** *tekn.* sänkborr, försänkare **krausköpfig** krullhårig, [små]lockig
1 Kraut 1 -er† *n* ört, medicinal-, krydd|växt; *vard., ofta neds.* tobak; *dagegen ist kein ~ gewachsen (vard.)* det finns det ingen bot för

2 0 *n* blast; [lingon-, blåbärs]ris; *i sht sty., österr.* [vit]kål; *ins ~ schießen* ränna i höjden, *bildl. äv.* utveckla (utbreda) sig [okontrollerbart]; *Wurst mit ~* korv med surkål; *wie ~ und Rüben (vard.)* huller om buller; *das macht das ~ auch nicht fett (vard. ung.)* det hjälper inte upp saken **3** 0 *n, dial.* gelé *(av frukt- el. grönsakssaft)* **4** -*s m (neds. amer.* benämning på) tysk
2 Kraut 0 *m, nty. koll.* räkor
krautartig örtartad, ört- **krauten** *dial.* rensa
Krauter - *m* **1** *ein alter ~ (skämts.)* en gammal särling (enstöring) **2** *vard. neds.* små|hantverkare, -företagare *(e.d.)* **Kräuterbad** -er† *n bad (m. örter)* **Kräuterbuch** -er† *n* örtabok
Krauterer - *m, se Krauter*
Kräuter|essig -e *m* kryddättika **-frau** -en *f,* **-hexe** -*n f, vard.* kvinna som samlar [läke]-örter, läkeörtskunnig kvinna **-käse** - *m* kryddost **-kissen** - *n (m. doftande örter fylld liten)* kudde **-tee** -*s m* örtte **-weib** -*er n, åld., se Kräuterfrau*
Krautfäule 0 *f* potatis[blast]mögel
Krautfischer - *m, nty.* räkfiskare
Kraut|fresser - *m, vard. neds.* tysk **-garten** -† *m, dial.* krydd-, köks|trädgård **-hobel** - *m, sty., österr.* kål-, grönsaks|hyvel
Kräuticht -e *n, åld.* [potatis]blast, avfall *(efter skörden)*
Kraut|junker - *m, neds.* lantjunkare **-kopf** -e† *m, sty., österr.* kålhuvud
Krautnetz -e *n, nty.* räknät
Krautrock 0 *m, sl.* tysk rockmusik
Krawall 1 -e *m* kravall **2** 0 *m, vard.* oväsen, bråk; *~ machen (schlagen)* bråka, klaga (protestera) [högljutt] **Krawaller** - *m, vard.,* **Krawallmacher** - *m, vard.* bråk|makare, -stake
Krawatte -n *f* slips, kravatt, halsduk; *brottn.* kravattgrepp; *e-n hinter die ~ gießen (vard.)* ta sig en tår på tand; *e-m die ~ zuziehen (vard.)* strypa (hänga) ngn **Krawattenmacher** - *m, vard.* blodsugare, ockrare **Krawattennadel** -n *f* kråsnål **Krawattenzwang** 0 *m* slipstvång
Kraxe -n *f, sty., österr.* mes, bärkorg **kraxeln** *s, sty., österr.* [mödosamt] klättra *(i berg)* **Kraxler** - *m, sty., österr.* bergsklättrare, bergbestigare
Kreation 1 0 *f* skapande **2** -en *f* kreation, modeskapelse **kreativ** kreativ **Kreativität** [-v-] 0 *f* kreativitet **Krea'tur** -en *f* [skapad] varelse; neds. varelse *(föraktlig varelse)*
Krebs [-e:-] -*e m* **1** kräfta *(äv. astron.)* **2** kräfta, cancer **3** *boktr., ~e* returexemplar, returer **4** *sl.* fiktjuv **krebsartig** kräftartad, cancerös **krebsen 1** fånga kräftor **2** *vard.* knoga, slita; *~ gehen (dial.)* försöka sno åt sig en fördel **3** *s* [mödosamt] krypa (klättra) **krebs|erregend, -erzeugend** cancerframkallande, cancerogen **Krebsforschung** -en *f* cancerforskning **Krebsgang** 0 *m* kräftgång **Krebsschwulst** -e† *f* kräftsvulst **Krebsgeschwür** -e *n* kräftsår **krebsrot** röd [som en kräfta] **Krebsschaden** -† *m, bildl.* kräftskada **Krebsschere** -n *f* kräftklo **Krebsschwanz** -e† *n* kräftstjärt **Krebsvorsorge** 0 *f* cancerprofylax; förebyggande cancerundersökning
Kre'denz -en *f* serveringsbord, byffé; skåp **kredenzen** *högt.* kredensa
1 'Kredit -*s n* 'kredit
2 Kre'dit 1 -*e m* kre'dit; *bei der Bank e-n ~ aufnehmen* ta ett lån hos banken; *auf ~* på kredit **2** 0 *m* [gäldenärs] anseende, förtroende **Kre-**

dit|anstalt -en f, -bank -en f kredit|anstalt, -institut **Kreditbrief** -e m kredit|iv, -brev **kreditfähig** solvent, kreditvärdig **Kreditgeber** - m kreditor **Kreditgenossenschaft** -en f kreditförening **Kreditgewährung** 0 f kreditgivning **kreditieren 1** e-m e-n Betrag ~ ge ngn en kredit på ett belopp **2** kreditera; e-m etw. ~ kreditera (gottskriva) ngn för ngt **Kreditiv** -e n kreditiv[brev] '**Kredi|tor** -'*toren* m kreditor, fordringsägare **kreditunwürdig** insolvent **kreditwürdig** solvent, kreditvärdig **Kredo** -s n kredo, trosbekännelse **kregel** nty. kry, pigg, munter **Kreide** -n f krita (äv. geol.); bei e-m in die ~ geraten (kommen) (vard.) skaffa sig skulder hos ngn; bei e-m mit etw. in der ~ stehen (sein, sitzen) (vard.) vara skyldig ngn ngt; bunte ~ färgkrita '**kreide**'**bleich** krit-, lik|blek **kreiden 1** blanda i (tillsätta) krita **2** skriva (rita, märka ut) m. krita, krita **Kreidestift** -e m [färg]krita '**kreide**'**weiß** kritvit; likblek **Kreidezeichnung** -en f kritteckning **kreidig** kritig; kritvit **kreieren** [kre'i:-] kreera, skapa, gestalta **Kreis** -e m **1** cirkel, ring; krets (äv. elektr.); grupp; störe meine ~e nicht! rubba inte mina cirklar!; e-n ~ ziehen (schlagen) rita en cirkel; der Vogel zieht seine ~e fågeln kretsar; der Skandal zog immer weitere ~e skandalen växte, fler o. fler blev indragna i skandalen; aus wohlunterrichteten ~en ur välunderrättade källor; alles dreht sich mir im ~ allting snurrar runt för mig; im ~e der Freunde i vänkretsen; sich im ~ um e-n setzen (äv.) sätta sig runt omkring ngn; e-n ~ um etw. schließen slå en ring omkring ngt **2** [förvaltnings]distrikt **Kreisabschnitt** -e m, mat. cirkelsegment **kreisangehörig** (om stad) som ingår i distrikt **Kreisarzt** -e† m, ung. provinsialläkare **Kreisausschnitt** -e m, mat. cirkelsektor **Kreisbahn** -en f kretslopp, bana **Kreisbewegung** -en f cirkelrörelse, cirkulation, rotation **kreischen 1** skria, skrika gällt **2** gnissla **Kreisdurchmesser** - m diameter **Kreisel** - m **1** snurra; gyro[skop] **2** rondell **Kreiselkompa**|**ß** -sse m gyrokompass **kreiseln 1** leka m. snurra **2** h o. s snurra [runt], rotera **Kreiselpumpe** -n f centrifugalpump **kreisen 1** h o. s kretsa, cirkla, rotera, cirkulera; e-e Flasche ~ lassen låta en flaska gå [laget] runt **2** mit den Armen ~ svänga runt med armarna **kreisförmig** cirkelform|ad, -ig, rund **kreisfrei** (om stad) som ej ingår i distrikt, självständig (i förvaltningshänseende) **Kreiskolbenmotor** -en m wankelmotor **Kreislauf** -e† m krets-, om|-lopp, cirkulation (äv. med.) **Kreislaufstörung** -en f, med. cirkulationsrubbning **Kreislinie** -n f cirkel|linje] **Kreisproze**|**ß** -sse m kretslopp, rotationsprocess, kontinuerlig process **kreisrund** cirkelrund **Kreissäge** -n f **1** cirkelsåg **2** vard. halmtak (hatt) **Kreisschlu**|**ß** -sse† m, log. cirkelslut
kreißen få (ha) värkar **Kreiß**|**saal** -säle m förlossningsrum
Kreis|**stadt** -e† f, ung. distriktshuvudstad -**tag** -e m, ung. distriktsfullmäktige -**verkehr** 0 m [trafik i] rondell -**zahl** 0 f, mat. pi
Krem [kre:m] -s f, vard. äv. -e el. -s m kräm
Kremation -en f kremering **Krematori**|**um** -en n krematorium **kremieren** kremera
Krempe -n f [hatt]brätte

1 Krempel 0 m skräp, smörja; der ganze ~ (äv.) hela rasket
2 Krempel -n f karda **Krempelband** -er† n kardband
1 krempeln vika (kavla) [upp]
2 krempeln karda
Kremser - m (öppen flersitsig hästdragen) vagn **Kremser Weiß** 0 n (slags) blyvitt
Kren 0 m, sty., österr. pepparrot
krenelieren åld. krenelera
krengen sjö. kränga
Kreole -n -n m kreol **kreolisch** kreolsk
Kreosot 0 n kreosot **krepieren** s **1** krevera, explodera **2** vard. (om djur) krepera, [själv]dö; vulg. (om människa) kola [av]
Krepp -e el. -s m kräpp (tyg) **kreppartig** kräppartad, kräpp- **kreppen** kräpp[er]a, krusa **kreppig** av kräpp; kräppartad **Kreppsohle** -n f kräpp[gummi]sula
Krescend|**o** [-'ʃɛn-] -i el. -os n, mus. crescendo
kreß orange **Kresse** -n f krasse (äv. smörgås-, krydd-)
Kres'**zenz** -en f härkomst, ursprung (i sht om vin)
Kreter - m kretensare **Krethi und Plethi** pl, äv. sg, vard. kreti o. pleti
Kretin [kre'tɛ̃:] -s m, med. kretin; vard. idiot **Kretinismus** [-tı'n-] 0 m, med. kretinism **Kreton** [-'to:n] -e m, österr., **Kretonne** [-'tɔn] -s f el. m kretong
'**Kretsch**|**am,** -**em** -e m, dial. krog, värdshus **Kretsch**|**mar,** -**mer** - m, dial. krogvärd
Kretzer -n m rödvin, rosévin (från Sydtyrolen) **kreuch**[**s**]**t** åld., 2 (3) pers. sg pres av kriechen **kreuz** ~ und quer kors o. tvärs, hit o. dit; in die K~ und [die]Quer[e] laufen [planlöst] springa hit o. dit
Kreuz -e n **1** kors (äv. mus.); kryss; korstecken; bildl. kors, lidande, börda; das Eiserne ~ Järnkorset; das ~ des Südens, das Südliche ~ (astron.) Södra korset; zu ~e kriechen krypa till korset; über[s] ~ legen lägga i kors; drei ~e machen (setzen) sätta tre kors (sitt bomärke); drei ~e hinter etw. (e-m) machen (ung.) göra ett kors i taket för att ngt är över (för att man blivit av med ngn); das ~ predigen (hist.) predika korståg; das ~ (das Zeichen des ~es) schlagen (machen) göra korstecknet; ans ~ schlagen (nageln) korsfästa; es ist ein ~ (vard.) det är ett elände; mit e-m über[s] ~ sein (stehen) vara osams med ngn **2** korsrygg; mir tut das ~ weh jag har ont i [kors]ryggen; aufs ~ fallen (vard.) sätta en rova; e-n aufs ~ legen (vard.) a) kasta ner ngn på rygg, b) sätta på ngn (ligga m. ngn), c) överrumpla ngn, lura ngn **3** [motorvägs]korsning **4** kortsp. klöver -**abnahme** -n f [Kristi] nedtagning från korset -**band** -er† n korsband (äv. anat.) -**bein** -e n, anat. korsben -**blume** -n f **1** arkit. korsblomma **2** bot., Gemeine ~ jungfrulin -**blütler** -n m korsblommig växt
'**kreuz**'**brav** vard. genompräktig '**Kreuz**'**donner**'**wetter** interj, vard. förbannat! **Kreuzdorn** 0 m, bot. brakved '**kreuz**'**dumm** vard. dum som ett spån **Kreuzeck** 0 n, sport. kryss **kreuzen 1** kors av (om. biol.), [lägga i kors, korsa, gå över; (om vägar e.d.) korsa varandra **2** h o. s, sjö. kryssa **3** rfl korsas, korsa sig, korsa varandra; (om blickar) mötas; (om åsikter) divergera, gå isär; unsere Ansichten ~ sich vi är inte överens, vi har olika åsikter; die Briefe haben sich gekreuzt (äv.) breven har gått

om varandra **Kreuzer** - *m* **1** kreuzer (*gammalt skiljemynt*) **2** kryssare **Kreuzerhöhung** *0 f* korsets upphöjelse[fest] (*14 sept.*) **Kreuzestod** *0 m* död på korset **kreuzfahren** *st s*, *vard.* göra en kryssning **Kreuzfahrer** - *m* korsfarare **Kreuzfahrt** *-en f* **1** korståg **2** kryssning **Kreuzfeuer** *0 n* korseld (*äv. bildl.*) '**kreuzfi'del** *vard.* uppsluppen, glad o. livad **Kreuzgang** *-e*† *m* kors-, pelar|gång **Kreuzgelenk** *-e n* kardan[knut] **Kreuzgewölbe** - *n* kryssvalv **Kreuzhacke** *-n f* korp (*hacka*) **Kreuzheer** *-e n* korstågshär **kreuzigen** korsfästa **Kreuzigung** *-en f* korsfästelse **Kreuzknoten** - *m*, *sjö.* råbandsknop **Kreuzkraut** *-er*† *n*, *bot.* korsört **kreuzlahm** ländbruten; *bildl.* utmattad, slut; *kreuz- und lendenlahm* (*vard.*) alldeles ledbruten
Kreuz|otter *-n f* huggorm **-ritter** - *m* korsriddare **-schmerz** *-en m* ont i [kors]ryggen **-schnabel** -† *m*, *zool.* korsnäbb -'**schockschwere'not** *interj*, *åld.* alldeles förbannat! **-spinne** *-n f* korsspindel **-stich** *-e m* korsstygn
Kreuzung *-en f* korsning (*äv. biol.*); *an der ~ halten* (*abbiegen*) stanna (svänga) i [gatu]korsningen; *niveauverschiedene ~* planskild korsning; *niveaugleiche ~* plankorsning '**kreuz'unglücklich** *vard.* jätteolycklig **kreuzungsfrei** korsningsfri; *~e Straße* (*äv.*) väg med planskild korsning **Kreuzverhör** *-e n* korsförhör **Kreuzweg** *-e m* **1** *relig.* korsets (lidandets) väg, väg till Golgata **2** korsväg; *am ~ stehen* stå vid korsvägen (skiljevägen) **Kreuzweh** *0 n*, *vard.* ont i [kors]ryggen **kreuzweise** i kors, korsvis; *du kannst mich ~!* (*vulg.*) dra åt helvete! **Kreuzworträtsel** - *n* korsord **Kreuzzeichen** - *n* korstecken **Kreuzzug** *-e*† *m* korståg
Krevette [-v-] *-n f* räka
kribbelig *vard.* otålig, nervös; *es macht mich ganz ~* det är så det kryper i [kroppen på] mig **Kribbelkrankheit** *0 f*, *med.* ergotism, mjöldrygeförgiftning **Kribbelmücke** *-n f* knott **kribbel|n** **1** klia, kittla; *die Wolle -t* yllet sticks; *es -t mir* (*mich*) *in der Nase* det kliar i näsan på mig (*jag vill nysa*); *es -t mir in den Fingern* (*bildl. vard.*) det kliar i fingrarna på mig **2** *s* vimla, myllra; *es -t und krabbelt* det krälar o. kryper **kribblig** *se kribbelig*
Kribskrabs *0 m n*, *dial.* krimskrams, skräp, strunt; kråkfötter; villervalla; obegripligt prat **Krick** *-e m*, *se Kriek* **Krickel** *-[n] n*, *jakt.* gemshorn **Krickelkrakel** *0 n*, *vard.* kråkfötter **krickeln 1** *dial.* bråka, kvirra (*kverulera*) **2** *vard.* klottra (*skriva kråkfötter*) **Krickente** *-n f* krick|a, -and
Kricket *0 n*, *sport.* kricket
Krida *0 f*, *österr.* [bedräglig] konkurs
Kriebel|krankheit *0 f*, *med.* ergotism, mjöldrygeförgiftning **-mücke** *-n f* knott
Krieche *-n f*, *dial.* krikon[träd]
kriechen *kroch*, *kröche*, *gekrochen* **1** *s* krypa, kräla; krypköra; *e-m auf den Leim ~* (*vard.*) fastna i ngns garn **2** *s el. h* krypa, lisma; *vor e-m ~* krypa för ngn **Kriecher** - *m* lismare, smilfink **Kriecherei** *-en f* krypperi, servilitet **kriecherisch** krypande, lismande, servil **Kriechpflanzen** *pl* marktäckande växter **Kriechspur** *-en f* krypfil (*på motorväg*) **Kriechtier** *-e n* kräldjur, reptil
Krieg *-e m* krig; *der kalte ~* det kalla kriget; *e-m den ~ erklären* förklara ngn krig; *es gibt ~* det blir krig; *vom ~ verwüstet* krigshärjad; *in den ~ ziehen* dra ut i krig **kriegen 1** *åld.* föra krig **2** *vard.* få; *das Buch ist nicht mehr zu ~* boken går inte att få längre; *die Polizei hat den Dieb gekriegt* polisen har tagit tjuven; *Durst ~* bli törstig; *etw. satt ~* tröttna på ngt; *e-n Schrecken ~* bli rädd; *er ist nicht tot zu ~* det går inte att ta kål på honom; *den Zug ~* hinna med tåget; *etw. zu fassen ~* [lyckas] få tag i ngt; *etw. geschenkt ~* få ngt i present; *etw. geschickt ~* få ngt med posten; *na, warte, wenn ich dich kriege!* vänta bara tills jag får fatt i dig!; *das werden wir schon ~!* det ska vi nog klara!; *sich ~* få varandra; *sich ~ lassen* låta sig tas (fångas); *was ~ Sie?* vad får det lov att vara?; *was ~ Sie dafür?* hur mycket kostar det?; *es nicht über sich* (*ack.*) *~, etw. zu tun* inte förmå sig (kunna med) att göra ngt; *e-n dazu ~, etw. zu tun* förmå (få) ngn att göra ngt
Krieger - *m* krigare **Kriegerdenkmal** *-er*† *el.* *-e n* krigsmonument (*över stupade*) **kriegerisch** krigisk; militär **Kriegerverein** *-e m*, *ung.* veteranförening **Kriegerwitwe** *-n f* krigsänka **kriegführend** krigförande **Kriegführung** *0 f* krigföring **Kriegsakademie** *-n f* krigshögskola **Kriegsausbruch** *0 m* krigsutbrott **Kriegsbedarf** *0 m* krigsförnödenheter **Kriegsbeil** *-e n* stridsyxa; *das ~ begraben* (*bildl.*) gräva ner stridsyxan **Kriegsbemalung** *-en f* krigsmålning **kriegsbereit** redo för krig
Kriegs|beschädigte(r) *m f*, *adj böjn.* invalid **-beute** *0 f* krigsbyte **-dienst** *0 m* krigstjänst, värnplikt **-dienstverweigerer** - *m* värnpliktsvägrare **-entschädigung** *-en f* krigsskadeersättning **-erklärung** *-en f* krigsförklaring **-fall** *0 m*, *im ~* [e] i händelse av krig **-freiwillige(r)** *m*, *adj böjn.* [krigs]frivillig **-fuß** *0 m*, *mit e-m auf [dem] ~ stehen* (*leben*) ligga (leva) i fejd med ngn; *er steht noch immer auf [dem] ~ mit der Grammatik* (*vard.*) han är fortfarande svag i grammatik **-gefahr** *0 f* krigs|fara, -risk **-gefangene(r)** *m f*, *adj böjn.* krigsfånge **-gericht** *-e n* krigs|rätt, -domstol **-gewinnler** - *m* krigsjobbare, gulasch[baron] **-hafen** -† *m* örlogshamn **-handlung** *-en f* krigshandling **-handwerk** *0 n* krigaryrke; *das ~ gelernt haben* vara en erfaren soldat **-herr** *-[e]n -en m*, *oberster ~* överbefälhavare **-hetzer** - *m* krigshetsare **-hinterbliebene(r)** *m f*, *adj böjn.* efterlevande (*t. stupad soldat*) **-knecht** *-e m åld.* krigsbuss, soldat **-krüppel** - *m* krigsinvalid **-list** *-en f* krigslist
kriegslustig krigslysten **Kriegsmarine** *-n f* örlogs-, krigs|flotta **Kriegsministeri|um** *-en n* krigsministerium **kriegsmüde** krigstrött **Kriegs|pfad** *0 m*, *auf dem ~* på krigsstigen **-rat** *0 m* krigsråd (*äv. bildl.*) **-recht** *0 n* krigslagar (*folkrättsliga regler för krigföring*) **-schaden** -† *m* krigsskada **-schauplatz** *-e*† *m* krigsskådeplats **-schiff** *-e n* krigs-, örlogs|fartyg **-schuld 1** *0 f*, *die ~* skulden till kriget **2** *~en* (*pl*) krigsskulder **-stärke** *0 f* krigsstyrka **-tanz** *-e*† *m* krigsdans
kriegstauglich duglig till krigstjänst, krigsduglig **Kriegstreiber** - *m* krigshetsare **kriegsuntauglich** oduglig till krigstjänst **Kriegsverbrecher** - *m* krigsförbrytare **Kriegsversehrte(r)** *m f*, *adj böjn.* krigsinvalid **kriegsverwendungsfähig** duglig till krigstjänst **Kriegswaise** *-n f* (*genom kriget*)

faderlöst barn; *sie ist* ~ hon har förlorat sin far i kriget **kriegswichtig** krigsviktig; *~e Ziele* militärt (strategiskt) viktiga mål
Kriegs|wirtschaft *0 f* krigshushållning **-zeit** *-en f* krigstid; *in ~en* i krigstid **-zug** *-e†* m fälttåg **-zustand** *0 m* krigstillstånd **-zwecke** *pl, för* ~ för krigsändamål
Kriek *-e m* [litet] vattendrag; liten bukt (hamn)
Kriekente *-n f, se Krickente*
Krim [-1-] *0 f, die* ~ Krim
Krimi [*äv.* -1-] *-[s] m, vard.* deckare, detektivroman, deckar|film, -pjäs **kriminal** *åld., se strafrechtlich* **Kriminal-***e n, österr.* fångvårdsanstalt **Kriminalbeamte(r)** *m, adj böjn.* kriminal|-polis, -konstapel **Kriminale(r)** *m, adj böjn.*, **Kriminaler -** *m, vard.* kriminalare **Kriminalfilm** *-e m* deckare, deckarfilm **Kriminalgericht** *-e n, åld., se Strafgericht* **kriminalisieren** *e-n* ~ driva ngn in i brottslighet, göra ngn kriminell; *etw.* ~ beteckna ngt som kriminellt **Kriminalist** *-en -en m* **1** lärare (professor) i straffrätt **2** kriminalare, anställd vid kriminalpolisen **Kriminalität** *0 f* kriminalitet, brottslighet **Kriminalmuse|um** *-en n* polismuseum **Kriminalpolizei** *0 f* kriminalpolis **Kriminalrecht** *0 n, åld., se Strafrecht* **Kriminalroman** *-e m* deckare, detektivroman **kriminell** kriminell, brottslig; *vard. äv.* hänsynslös, oförskämd **Kriminelle(r)** *m f, adj böjn.*, brottsling **Kriminologie** *0 f* kriminologi
Krimmer - *m* lammskinn (*från Krim*); krimmer (*persianimitation*)
krimpen 1 *dial.* krympa **2** *sjö.* (*om vind*) slå om (*på n. halvklotet moturs, på s. medurs*)
Krimskrams *0 m, vard.* krimskrams, skräp, smörja; småsak, bagatell
Kringel - *m* **1** (*liten*) ring, rundel, snirkel, krusidull **2** kringla (*bakverk*) **kringelig** ringlande, slingrande, snirklad; *sich* ~ *lachen* (*vard.*) skratta mycket (hjärtligt), skratta sig fördärvad **kringeln** göra (rita) snirklar; *den Schwanz* ~ slå knorr på svansen; *sich* ~ ringla sig (*lockar*); *sich* [*vor Lachen*] ~ (*vard.*) vrida sig av skratt; *es ist zum K~* (*vard.*) det är så man kan skratta ihjäl sig **kringlig** *se kringelig*
Krinoline *-n f* krinolin
Kripo *0 f, förk. för Kriminalpolizei* krim, kriminalpolis
Krippe *-n f* **1** krubba (*äv. jul-*); *an der* ~ *sitzen* (*vard.*) sitta vid köttgrytorna **2** dagis **krippen** *åld.* laga (*damm*) med flätverk **Krippenspiel** *-e n* julspel (*om Jesu födelse*)
Krise *-n f* kris **krisel|n** *es -t* det börjar bli kritiskt, en kris hotar, situationen är kritisk; *es -t bei ihm* han befinner sig i en kris **krisenanfällig** som ofta (lätt) drabbas av kriser, instabil, osäker **krisenfest** stabil, säker, som ej är känslig för kriser **krisenhaft** krisartad **Krisenmanagement** *0 m* kris|åtgärder, -politik **krisensicher** *se krisenfest* **Krisenstab** *-e† m* krisgrupp **Krisenzeit** *-en f* kristid **Kris|is** *-en f, med.* kris
Kristall 1 *-e m* kristall **2** *0 n* kristall (*slipat glas*) **Kristalldetektor** *-en m* kristall|detektor, -mottagare **Kristalleis** *0 n* kristall-, konst|is **kristallen** av kristall[glas], kristall-; kristallklar **Kristallgitter -** *n, kem.* kristallgitter **Kristallglas** *-er† n* kristallglas **kristallhell** kristallklar **kristallin[isch]** kristallinisk **kristallisch** kristallisk, av kristall, kristall-; kristallklar **kristallisieren 1** kristallisera[s] **2** *rfl* kristallisera sig, kristalliseras **Kristall-**

nacht *0 f, hist., die* ~ kristallnatten (*9—10 nov. 1938*)
Kriteri|um *-en n* kriterium
Kritik *-en f* kritik; recension (*über* + *ack.* av); ~ *an e-m* (*etw.*) üben kritisera ngn (ngt); *unter aller* ~ (*vard.*) under all kritik; *auf heftige* ~ *stoßen* möta stark kritik; *gute ~en bekommen* få god kritik **Kriti'kaster -** *m, neds.* småaktig kritiker **Kritiker -** *m* kritiker; recensent **kritiklos** kritiklös, utan kritik, okritisk **Kritikus** *-se m, åld. el. skämts. el. neds.* kritiker **kritisch** kritisk; *das ~e Alter der Frau* kvinnans kritiska ålder (*klimakteriet*) **kritisieren** kritisera; recensera; *er hat an allem etw. zu* ~ han har ngt att anmärka på allting
Krittelei *-en f* småaktig kritik, kverulans, felfinneri **Kritteler -** *m* småaktig kritiker, kverulant, felfinnare **kritteln** klanka (*an* + dat. på); kverulera, kvirra **Krittler -** *m, se Kritteler*
Kritzelei *-en f, vard.* klotter, kråkfötter **kritzelig** *vard.* klottrig **kritzeln** *vard.* klottra; skriva kråkfötter **kritzlig** *se kritzelig*
Kroate *-n -n m* kroat **kroatisch** kroatisk
Kroatzbeere *-n f, dial., se Brombeere*
kroch *se kriechen*
'**Krocket** [*äv.* -'-] *0 n* krocket **-schläger -** *m* krocketklubba
Krokant *0 m* krokant **Krokette** *-n f, kokk.* krokett
Kroki *-s n* **1** [kart]skiss **2** *konst.* croquis, kroki
Krokodil *-e n* krokodil **Krokodilstränen** *pl, vard.* krokodiltårar
Krokus *-[se] m* krokus
kroll *dial.* krullig, lockig **Krolle** *-n f, dial.* lock
Krone *-n f* krona (*äv. blom-, träd-, horn-, tand-, ljus-, mynt, kungamakt m.m.*); krön; [våg]topp; *bildl. äv.* höjd, fulländning; *die* ~ *des Frauen* en krona bland kvinnor; *die* ~ *des Ganzen ist* kronan på verket är; *das setzt allem die* ~ *auf* (*vard.*) det är verkligen höjden; *es wird dir keine Perle* (*kein Stein*) *aus der ~ fallen* (*vard.*) det går inte din ära för när (tappar du inte ansiktet för); *e-m in die* ~ *fahren* (*vard.*) förarga ngn; *was ist ihm in die* ~ *gefahren?* (*vard.*) vad har det tagit åt honom?; *e-n in der* ~ *haben* (*vard.*) vara i hatten (på lyran); *die* ~ *niederlegen* nedlägga kronan, abdikera; *das ist ihm in die* ~ *gestiegen* (*vard.*) det har stigit honom åt huvudet **krönen** kröna; *den Sieger mit dem Lorbeerkranz* ~ lagerkransa segraren **Kronen|korken -** *m,* **-verschlu|ß** *-sse† m* kronkork, kapsyl
Kron|erbe *-n -n m* tronarvinge **-juwelen** *pl* kronjuveler **-korken -** *m, se Kronenkorken* **-land** *-er† n* arvland **-leuchter -** *m* ljuskrona; *e-m geht ein* ~ *auf* (*vard.*) slanten trillar hos (det går upp ett ljus för) ngn **-prinz** *-en -en m* kronprins **-rat** *0 m* konselj
Kronsbeere *-n f, dial.* lingon **Krönung** *-en f* kröning; *die ~ e-r Laufbahn* krönet (höjdpunkten) på en karriär **Kronzeuge** *-n -n m* kronvittne
Kropf *-e† m* **1** *zool.* kräva **2** *med.* struma **kröpfen 1** böja (kröka) i vinkel **2** *jakt.* äta (*om* [*rov*]*fågel*) **3** *dial., Gänse* ~ göda (tvångsmata) gäss **Kröpfer -** *m* krävduva **kropfig, kröpfig 1** strumös, strumaaktig, -artad **2** *bot.* förkrympt **Kropftaube** *-n f* krävduva
Kroppzeug *0 n* **1** *dial.* [barn]ungar; smådjur **2** *vard.* pack, slödder; skräp
kroß *dial.* knaprig
Krösus *-se m* krösus

Kröte—Kugelausschnitt

Kröte -n f **1** padda **2** vard. [litet] barn, tös; vard. neds. giftblåsa; so e-e ~! en sån rackare (flicka)!; nette kleine ~ sötnos; giftige ~ markatta **3** vard., ~n spänn, stålar
Krucke -n f, jakt. gemshorn **Krücke** -n f **1** krycka (äv. handtag); an ~n på kryckor **2** vard. nolla, odugling; skrälle
krud[e] plump, ohyfsad, grov; åld. rå
Krug -e† m **1** krus, kanna; der ~ geht so lange zum Wasser (Brunnen), bis er bricht krukan går så länge efter vatten tills den brister **2** nty. [by]krog
Kruke -n f, nty. **1** kruka, krus **2** vard. konstig kropp
Krüllschnitt 0 m medelgrovt skuren tobak
Krume -n f **1** [bröd]smula **2** inkråm (i bröd) **3** matjord **Krümel** - m **1** smula **2** vard. litet barn, pyre **krümelig** smulig, som smular sig **Krümelkacker** - m, vulg. pedant **krümeln** smula; smula sig **krümlig** se krümelig
krumm (dial. †) **1** krokig, buktig, krökt, böjd; ~e Beine haben vara hjulbent; ~e Finger machen (vard.) vara långfingrad; ~er Hund! (ung.) fähund!; e-n ~en Rücken machen kröka rygg; ~ biegen böja, kröka; ~ gehen gå krokig (kutryggig); sich ~ und schief lachen (vard.) skratta sig fördärvad; ~ und lahm schlagen slå sönder o. samman; ~ sitzen sitta kutryggig; ~ werden krokna, bli böjd (av år) **2** vard. oärlig, skum; etw. auf die ~e Tour versuchen (vard.) försöka fiffla med ngt; ~e Wege gehen (vard.) gå krokvägar **krummbeinig** hjulbent **Krümme** -n f, åld. böjning, krök **krümm|en 1** kröka, böja; er wird dir kein Haar ~ han kommer inte att kröka ett hår på ditt huvud **2** rfl kröka (böja) sig, krökas, böjas; vrida sig; bågna; der Pfad -t sich stigen slingrar sig (vindlar); sich ~ und winden (vard.) slingra sig (göra undanflykter); sich vor Lachen ~ kikna av skratt; sich vor Schmerzen ~ vrida sig av smärta **Krumme(r)** m, adj böjn., jakt. hare **Krümmer** - m, tekn. knä, krök, krumstycke **krummgehen** st s, vard. gå snett, sluta illa **Krummholz** 0 n bergtall
krumm|lachen rfl, vard. skratta sig fördärvad **-legen** rfl, vard. snåla, leva sparsamt **-liegen** st, vard. [vara tvungen att] snåla, dra åt svångremmen **-linig** kroklinjig, böjd **-nasig** kroknäst **-nehmen** st, vard. ta illa upp
Krummsäbel - m kroksabel **Krummstab** -e† m [biskops]kräkla **Krümmung** -en f krök[ning], böjning, kurva
Krumpel, Krümpel -n f, dial. skrynkla **krumpelig, krümpelig** dial. skrynklig, rynkig **krumpeln, krümpeln** dial. skrynkla
krumpfecht krympfri **krumpfen** krympa
krumplig se krumpelig
Krupp 0 m, med. krupp
Kruppe -n f, anat. korsrygg (på häst) **Krüppel** - m krympling, invalid, handikappad; e-n zum ~ schlagen slå ngn fördärvad **krüppelhaft, krüpp[e]lig** ofärdig, lytt, invalidiserad; förkrympt
kruppös med. kruppös, krupppartad
Kruska 0 f kruska
Krustazee [-'tse:ə] -n f, zool. krustacé, kräftdjur **Kruste** -n f skorpa, kant, skal; (knaprig) svål; [socker]glasyr **Krustentier** -e n, zool. kräftdjur **krustig** försedd med skal (skorpa), skorplinande
'**Kruzifix** [äv. --'-] -e n krucifix **Kruzi'türken** interj, vard. tusan också!

Kryolith gen. -s el. -en, pl -e[n] m, min. kryolit
Krypt|a -en f krypta **kryptisch** oklar, svår att tyda, kryptisk **Kryptogame** -n f kryptogam
Kubaner - m kuban **kubanisch** kubansk
Kübel - m bytta, så; (slask-, is-) hink; es gießt [wie] mit (aus) ~n (vard.) det ösregnar **Kübelmann** -en m, schweiz. vard. sopgubbe **kübeln** vard. **1** slå ut, tömma **2** gå på toa[letthink] **3** stjälpa i sig (sprit) **4** spy **Kübelpflanze** -n f prydnadsväxt (i träbytta e. d.) **Kübelwagen** - m **1** jeep, terränggående bil **2** järnv. cisternvagn
kubieren mat. kubera, upphöja till tredje potens **Kubikmeter** - m, äv. n kubikmeter **Kubikwurzel** -n f, mat. kubikrot **Kubikzentimeter** - m, äv. n kubikcentimeter **kubisch** kubisk; mat. i tredje potens; ~e Gleichung tredjegradsekvation **Kubismus** 0 m kubism **Kubist** -en -en m kubist **kubistisch** kubistisk **Kub|us** -en m kub; mat. tredje potens
Küche -n f kök; bürgerliche ~ husmanskost; warme (kalte) ~ varma (kalla) rätter; die ~ besorgen sköta köket (matlagningen); was ~ und Keller zu bieten haben vad huset förmår; e-e gute ~ führen ha ett gott bord; in [des] Teufels ~ kommen (vard.) råka ordentligt i klämman
Kuchen [-u:-] - m [mjuk] kaka; [ja] ~! (vard.) jo pytt!, det blir (blev) inte av! **-bäcker** -m finbagare, konditor
Küchenbenutzung 0 f, mit ~ med del i kök
Kuchenblech -e n bakplåt
Küchen|bulle -n -n m, vard. kock **-dragoner** - m, vard. köksbjörn **-fahrplan** -e† m, vard., se Küchenzettel **-fee** -e f, vard. "köksfe" (kokerska) **-garten** -† m köksträdgård **-geräte** pl husgeråd, köks|utensilier, -redskap **-geschirr** -e n köksporslin, vardagsservis **-herd** -e m [köks]spis **-hilfe** -n f köksbiträde **-kraut** -er† n kryddväxt **-maschine** -n f hushållsmaskin **-meister** - m köksmästare
Kuchen|platte -n f kak-, tårt|fat **-rad** -er† n kaksporre
Küchen|schabe -n f kackerlacka **-schelle** -n f, bot., gewöhnliche ~ backsippa **-tuch** -er† n, se Geschirrtuch **-waage** -n f hushållsvåg **-zettel** - m matsedel; wöchentlicher ~ veckomatsedel
Küchlein [-y:-] - n, åld. el. poet., se Küken
kucken nty., se gucken
Kücken -n, österr., se Küken
'**kuckuck** interj kuku! **Kuckuck** -e m **1** gök; der ~ ruft göken gal; zum ~! (vard.) för katten!; ein ~ ~? (vard.) hur i all världen?; e-n zum ~ wünschen (vard.) önska ngn dit pepparn växer; hol dich der ~! (vard.) dra åt skogen!; [das] weiß der ~ (vard.) det vete fåglarna **2** skämts. utmätningslapp **Kuckucksblume** -n f nyckelblomster **Kuckucksei** -er n gökägg; e-m ein ~ ins Nest legen (vard.) ge ngn en tvivelaktig gåva, bereda ngn en obehaglig överraskning **Kuckucksuhr** -en f gökklocka, gökur
Kuddelmuddel 0 m n, vard. virrvarr
1 Kufe -n f med[e]; skida (på flygplan)
2 Kufe -n f, dial. balja, bytta
Küfer - m **1** källarmästare (i vinkällare) **2** dial. tunnbindare
Kuff -e f, sjö. koff
Kugel -n f **1** kula, klot; mat. äv. sfär; e-e ruhige ~ schieben (vard.) ta det lugnt [i arbetet]; ~ stoßen (sport.) stöta kula; die ~ ging ins Tor (fotb. e.d.) bollen hamnade i mål **2** anat. ledhuvud **3** kokk. ung. fransyska **-abschnitt** -e m, mat. sfäriskt segment, klotsegment **-aus-**

schnitt -*e m, mat.* sfärisk sektor, klotsektor **-dreieck** -*e n, mat.* sfärisk triangel **-fang** -*e*† *m* kulfång, skottva; skottskydd
kugelfest skottsäker **Kugelfläche** -*n f, mat.* sfärisk yta, klotyta **Kugelform** *0 f* klotform, sfärisk form **kugelförmig** klotformad, sfärisk **Kugelgelenk** -*e n* kulled **Kugelhagel** *0 m* kulregn **kugelig** klot-, kul|formad, sfärisk **Kugel|kalotte** -*n f*, **-kappe** -*n f, mat.* sfärisk kalott **Kugelkopf** -*e*† *m* kula (*på skrivmaskin*) **Kugellager** - *n* kullager **kugeln 1** *s* rulla; trilla **2** [låta] rulla; *es ist zum K~* (*vard.*) det är så man kan skratta ihjäl sig **3** *rfl* rulla (vältra) sig; *sich ~ vor Lachen* (*vard.*) vrida sig (vika sig dubbel) av skratt **Kugelregen** *0 m* kulregn '**kugel'rund** klotrund (*äv. bildl.*) **Kugelschreiber** - *m* kulspetspenna **Kugelsegment** -*e n, mat.* sfäriskt segment, klotsegment **Kugelsektor** -*en m, mat.* sfärisk sektor, klotsektor **kugelsicher** skott-, kul|säker **Kugelstoßen** *0 n, sport.* kulstötning **Kugelwechsel** *0 m* skottväxling (*vid duell*) **kuglig** *se kugelig*
Kuh -*e*† *f* ko, kossa; *blinde ~* blindbock; *du blöde* (*dumme*) *~!* ditt [dumma] nöt!; *melkende ~* mjölkko (*äv. bildl.*); *da steht er nun wie die ~ vorm neuen Tor* (*vard.*) där står han o. bligar som en ko på en nymålad grind **-blume** -*n f, vard.* kabb[e]leka; maskros **-dorf** -*er*† *n, vard. neds.* håla **-dreck** *0 m, vard.,* **-fladen** - *m* komocka, kolort **-fuß** -*e*† *m* kofot; *mil. sl.* gevär **-glocke** -*n f* koskälla **-handel** *0 m, vard.* kohandel **-haut** -*e*† *f* kohud; *das geht auf keine ~* (*vard.*) det trotsar all beskrivning (överträffar allt)
kuhhessig (*om djur*) kobent **Kuhkaff** -*e el. -s n, vard. neds.* håla **Kuhkopf** -*e*† *m, vard.* dumhuvud, idiot
kühl sval, kylig; *bildl. äv.* kall, likgiltig; *e-n ~en Kopf behalten* hålla huvudet kallt; *mir wird ~* (*vard.*) jag börjar frysa (bli kall); *e-e ~e Blonde* (*vard.*) ett glas ljust öl; *im K~en* i skuggan, där det är svalt **Kühlanlage** -*n f* kyl|anläggning, -system **Kühlbox** -*en f* kyl[skåp] **Kuhle** -*n f, vard.* grop, hål, göl
Kühle *0 f* svalka, kyla, kylighet; *bildl. äv.* köld, likgiltighet **kühlen** [av]kyla, svalka (*äv. bildl.*); *sein Mütchen an e-m ~* (*vard.*) låta sitt dåliga humör gå ut över ngn; *sich* (*dat.*) *die Stirn ~* svalka sin panna; *seine Rache ~* ta hämnd, hämnas
Kühler - *m* kylare **-figur** -*en f* kylar|figur, -prydnad **-grill** -*s m* kylargrill **-haube** -*n f* kylar-, motor|huv
Kühl|flüssigkeit -*en f* kylvätska **-haus** -*er*† *n* kylhus **-kette** -*n f* fryskedja **-mittel** - *n* kylmedel **-rippe** -*n f, tekn.* kylfläns **-schiff** -*e n* **1** kylfartyg **2** (*i bryggeri*) kyl|skepp, -tank **-schlange** -*n f* kylslinga **-schrank** -*e*† *m* kyl|skåp, kyl **-tasche** -*n f* kylväska
Kühlte -*n f, sjö.* lätt till frisk bris
Kühl|truhe -*n f* frysbox **-ung 1** -*en f* kylanläggning; kylning **2** *0 f* svalka, svalkande luft **-wagen** - *m* kylvagn **-wasser** -*†* *n* kylvatten
Kuh|magd -*e*† *f* la[du]gårdspiga **-mist** *0 m* kogödsel
kühn djärv, tapper **Kühnheit** *0 f* djärv-, tapper|het **kühnlich** *adv, åld.* djärvt; *~ behaupten* (*äv.*) djärvas påstå
'**Kuh|pilz** -*e m* kosvamp, örsopp **-pocken** *pl* kokoppor **-reigen** - *m,* **-reihen** - *m., ung.*

vallåt **-röhrling** -*e m, se Kuhpilz* **-schelle** -*n f,* *se Küchenschelle* **-stall** -*e*† *m* la[du]gård **kuhwarm** spenvarm
Ku'jon -*e m* skurk **kujonieren** *vard.* kujonera, trakassera, hunsa
k.u.k. ['ka:|ʊnt'ka:] *förk. för kaiserlich und königlich* kejserlig-kunglig (*i dubbelmonarkin Österrike-Ungern*)
Küken - *n* kyckling; *vard.* [oerfaren] flickunge, flicksnärta
Kukumer [ku'kʊ-] -*n f, dial.* gurka
Kukuruz ['kʊ-, *äv.* 'kuː-] *0 m, österr.* majs
Kulak [-'lak] -*en -en m* kulak (*rysk storbonde*)
ku'lant *hand.* tillmötesgående; fördelaktig **Kulanz** *0 f* tillmötesgående; *die ~ der Bedingungen* det förmånliga i villkoren
Kule -*n f, se Kuhle*
Kuli -*s m* **1** kuli **2** *vard.* kulspetspenna
kulinarisch kulinarisk
Kulisse -*n f* kuliss (*äv. bildl.*) **Kulissenschieber** - *m, vard.* scenarbetare
Kulleraugen *pl, vard.* ögon stora som tefat; *~ machen* titta stort (förvånat, naivt) **kullern 1** *s* rulla; trilla **2** rulla (*boll*); *mit den Augen ~* rulla med ögonen **3** *rfl, sich ~ vor Lachen ~* vrida sig av skratt
Kulm -*e m n* (*rundad*) bergstopp
Kulmination -*en f* kulmination, höjdpunkt **kulminieren** kulminera
Kult -*e m* kult, dyrkan; *mit etw. e-n* [*richtigen*] *~ treiben* ägna ngt en [veritabel] dyrkan, avguda ngt **kultisch** kult-; *~e Gegenstände* kultföremål **kultivierbar** [-v-] odlingsbar **kultivieren** [-v-] kultivera; [upp]odla **kultiviert** kultiverad, vårdad **Kultstätte** -*n f* kultplats
Kultur -*en f* kultur; odling; *in ~ nehmen* odla upp **-abkommen** - *n* avtal om kulturutbyte **-austausch** *0 m* kulturutbyte **-banause** -*n* -*n m, neds.* kulturellt ointresserad (okunnig) person, barbar **-betrieb** *0 m, vard.* kulturliv **-beutel** - *m* toalettväska
kulturell kulturell, kultur- **kulturfähig** odlingsbar **kulturfeindlich** kulturfientlig **Kulturgeschichte** *0 f* kulturhistoria **kulturgeschichtlich** kulturhistorisk **Kulturgut** -*er*† *n* kulturminne **Kulturhaus** -*er*† *n* kulturhus; kulturinstitut **Kulturkampf** *0 m, der ~* kulturkampen (*Bismarcks kamp mot kat. kyrkan 1871—87*) **Kulturland** -*er*† *n* **1** kulturland **2** odlat land **Kulturleben** *0 n* kulturliv **kulturlos** utan kultur, okultiverad
Kultur|ministerium -*ministerien n, i sht DDR, se Kultusministerium* **-palast** -*e*† *m* (*stort*) kulturhus **-pflanze** -*n f* kulturväxt **-politik** *0 f* kulturpolitik **-revolution** -*en f* kulturrevolution **-schaffende**(**r**) *m f, adj böjn.* kulturarbetare **-schicht** -*en f, arkeol.* kulturlager **-schock** -*e el. -e m* kulturchock **-stufe** -*n f* kulturnivå **-zentr|um** -*en n* kulturcentrum; kulturhus
Kultus *Kulte m* **1** kult **2** kulturella frågor (angelägenheter), kulturfrågor **-minister** - *m* kultur-, ecklesiastik|minister **-ministeri|um** -*en n* kulturministerium, ecklesiastikdepartement
Kumm -*e m, nty.*, **Kumme** -*n f, nty.* (*djup*) [trä]skål, tråg
Kümmel - *m* **1** kummin **2** kumminbrännvin **kümmeln 1** krydda med kummin **2** *vard.* supa; *e-n ~* ta sig en sup **Kümmeltürke** -*n* -*n m, vard. neds.* **1** turk, turkisk invandrare **2** bracka; *wie ein ~ arbeiten* arbeta som en slav

Kummer *0 m* sorg, bekymmer; *aus (vor)* ~ av sorg; *was hast du denn für* ~ *?* vad är det som bekymrar (oroar) dig?, har du problem med ngt?; *ich bin* ~ *gewöhnt (vard.)* sånt är jag van vid, det är inte så farligt; *sein Gesicht in* ~ *legen* lägga ansiktet i bekymrade veck **kummerfrei** bekymmerslös, utan bekymmer **Kummerkasten** -[†] *m, vard.* (*hos myndighet, organisation e.d.*) brevlåda för klagomål o. förslag **kümmerlich** torftig, eländig, knapp, klen; ~*er Lohn* usel lön; ~ *leben* leva i knappa omständigheter; *sich* ~ *durchschlagen* slå sig fram så gott man kan **Kümmerling** -*e m* förkrympt varelse (djur, växt); efterbliven [individ] **kümmer|n 1** bli efter, inte utvecklas, tyna [bort] **2** angå, bekymra; *was* -*t's mich?* vad angår det mig?; *das* -*t ihn nicht* det rör honom inte **3** *rfl, sich um etw.* ~ ta hand om (sig an) ngt, sköta om ngt, bry (bekymra) sig om ngt; *darum* -*e ich mich nicht (äv.)* det struntar jag i; -*e dich um deine eigenen Angelegenheiten!* sköt dina egna affärer (lägg inte näsan i blöt)! **Kümmernis** -*se f* bekymmer, problem, sorg **kummervoll** full av bekymmer, bekymrad
Kummet -*e n, se Kumt*
Kumpan -*e m* medbrottsling, medhjälpare, kumpan; kamrat, kompis **Kumpanei** *vard.* **1** -*en f, die ganze* ~ hela gänget (bandet) **2** *0 f* vänskap, kamratskap **Kumpel** - (*vard. äv.* -*s*) *m* gruvarbetare; *vard.* arbetskamrat, kompis
Kumt -*e n* bogträ, loka
Kumulation -*en f* kumul|ering, -ation **kumulativ** kumulativ **kumulieren** kumulera, lägga ihop, hopa
Kumul|us -*i m*, **Kumuluswolke** -*n f* cumulusmoln
kund *åld., e-m etw.* ~ *und zu wissen tun* göra ngn ngt veterligt
kündbar uppsägbar; *vierteljährlich* ~ som kan sägas upp varje kvartal
1 Kunde -*n* -*n m* **1** kund; *Dienst am* ~*n* [kund]service **2** *sl.* landstrykare; *vard.* karl, typ; *übler* ~ (*vard.*) ful fisk; *geriebener* ~ (*vard.*) fullfjädrad rackare
2 Kunde -*n f, poet.* underrättelse; nyhet; *sichere* ~ *von etw. haben* ha säker kännedom om ngt; *e-m von etw.* ~ *geben* underrätta ngn om ngt **künden 1** *åld.* kungöra, meddela, tillkännage; *von etw.* ~ förtälja om ngt **2** *i sht schweiz.* säga upp
Kunden|beratung -*en f* kundupplysning -**dienst** *0 m* kund|tjänst, -service -**fang** *0 m, neds., auf* ~ [*aus*]*gehen* ragga kunder -**kartei** -*en f* kundregister -**sprache** *0 f* tjuvspråk -**werbung** *0 f* kundvärvning; ackvirering **Künder** - *m* förkunnare **kundgeben** *st* **1** meddela, tillkännage; *e-e Neuigkeit* ~ offentliggöra en nyhet; *seine Gefühle* ~ uppenbara sina känslor **2** *rfl* visa (yttra) sig **Kundgebung** -*en f* **1** tillkännagivande; yttring **2** demonstration, möte; manifestation **kundig** kunnig, erfaren; *des Deutschen* ~ *sein* behärska tyska; *e-r Sache (gen.)* ~ hemmastadd i ngt; *mit* ~*er Hand* med van hand; *die K~en* experterna, de initierade, folk som vet [besked]
kündigen *åld.* säga upp; *er hat gekündigt* han har sagt upp sig; *ihm ist gekündigt worden* han har blivit uppsagd; *e-m die Freundschaft* ~ säga upp bekantskapen med ngn **Kündigung** -*en f* uppsägning[stid] **Kündigungsfrist** -*en f* uppsägningstid **Kündigungsschutz** *0 m, ung.*

anställningstrygghet; *werdende Mütter genießen* ~ (*äv.*) blivande mödrar får ej avskedas [på grund av havandeskap] **kundmachen** *poet., se bekanntmachen*
1 Kundschaft 1 *0 f* kunder, kundkrets **2** -*en f, dial.* kund
2 Kundschaft -*en f, åld.* **1** underrättelse, meddelande **2** *se Erkundung* **kundschaften** *åld.* speja, rekognoscera **Kundschafter** - *m* kunskapare, spejare, spanare **kundtun** *st* **1** tillkännage, uppenbara, meddela **2** *rfl* visa (yttra) sig **kundwerden** *st s, åld.* bli känd (bekant); *e-r Sache (gen.)* ~ bli medveten om ngt, [börja] förstå ngt
künftig I *adj* framtida, [till]kommande; ~*er Dichter* blivande diktare; *mein K~er* min tillkommande (blivande make); *das* ~*e Jahr* nästa år **II** *adv* hädanefter, från o. med nu -**hin** framdeles, hädanefter
kungeln *neds., um etw.* ~ göra upp om (besluta) ngt bakom lyckta dörrar (i hemlighet)
Kunkel -*n f, dial.* spinnrock
Kunst -*e†* *f* konst; färdighet; *die* ~ *zu lesen* konsten att läsa; *die* ~ *des Singens* sångkonsten; *die Schwarze* ~ *a)* svartkonsten, *b)* skämts. boktryckarkonsten; *was macht die* ~ ? hur har du det?; *das ist keine* ~ (*vard.*) det är ingen konst; *jetzt bin ich mit meiner* ~ *am Ende* nu kan jag inte mer, nu vet jag inte längre vad jag ska göra; *seine Künste zeigen* (*beweisen*) visa vad man (*etc.*) kan -**akademie** -*n f* konstakademi -**ausstellung** -*en f* konstutställning -**beflissene(r)** *m f, adj böjn., åld.* blivande konstnär, konststuderande; *skämts.* person som helhjärtat ägnar sig åt konst -**blatt** -*er†* *n* reproduktion av konstverk, konsttryck -**darm** -*e†* *m* konstgjort korvskinn -**dünger** - *m* konstgödsel -**eis** *0 n* konstis
Künstelei -*en f* förkonstling, tillgjordhet, manér **künsteln** vara konstlad, uppträda konstlat **Kunsterzeugnis** -*se n* konst[hantverks]produkt **Kunsterzieher** - *m* teckningslärare **Kunstfaser** -*n f* syntet-, konst|fiber **Kunstfehler** - *m* felbehandling (*inom sjukvården*); *skämts.* tabbe, misstag **kunstfertig** konstfärdig, skicklig **Kunstflug** *0 m* konstflygning, avancerad flygning **Kunstgegenstand** -*e†* *m* konst|sak, -föremål **kunstgerecht** konstmässig, riktig, enligt konstens alla regler **Kunstgewerbe** *0 n* konst|hantverk, -industri **Kunstgewerbler** - *m* konsthantverkare **kunstgewerblich** konst|hantverksmässig, -industriell
Kunst|glied -*er n* protes, konstgjord lem -**griff** -*e m* konstgrepp, knep, finess, trick -**handel** *0 m* konsthandel -**händler** - *m* konsthandlare -**handlung** -*en f* konst|handel, -affär -**handwerk** *0 n* konst|hantverk, -industri -**handwerker** - *m* konsthantverkare -**harz** -*e n* konstharts -**jünger** - *m, skämts.* konststuderande, blivande konstnär -**kniff** -*e m, se Kunstgriff* -**lauf** *0 m* konståkning -**leder** *0 n* läderimitation, konstläder
Künstler - *m* konstnär **künstlerisch** konstnärlig
Künstler|kolonie -*n f* konstnärs|kvarter, -koloni -**mähne** -*n f, vard.* långt, ymnigt hårsvall -**name** -*ns* -*n m* pseudonym -**pech** *0 n, vard.* otur, missöde -**schaft** *0 f* **1** (*samtliga*) konstnärer **2** konstnärskap -**tum** *0 n* konstnärskap
künstlich konstgjord, artificiell; konstlad,

oäkta; ~e Atmung konstgjord andning; ~e Besamung insemination; ~es Gebiß lös|gom, -tänder; sich ~ aufregen (vard.) hetsa upp sig i onödan **Kunstliebhaber** - *m* konstälskare **kunstlos** okonstlad, enkel **Kunstmaler** - *m* konstnär, målare **Kunstpause** -*n f* konstpaus **kunstreich** konst|rik, -full; skicklig **Kunst|reiter** - *m* konstberidare **-schaffende(r)** *m f, adj böjn.* konstnär **-schreiner** - *m, dial.* finsnickare **-schule** -*n f* konstskola **-seide** -*n f* konst|siden, -silke **-sinn** *0 m* sinne för konst
kunstsinnig som har sinne för konst
Kunst|sprache -*n f* konstgjort språk, [internationellt] hjälpspråk **-springen** *0 n* simhopp **-stoff** -*e m* syntetiskt material, plast **-stoffboot** -*e n* plastbåt **-stopfen** *0 n* konststoppning **-stück** -*e n* konststycke; *das ist kein ~ (vard.)* det är [väl] ingen konst; ~! *(vard.)* det var väl ingen konst (inte så svårt)! **-tischler** - *m* finsnickare **-töpfer** - *m* keramiker, konsthantverkare *(som gör keramik)* **-turnen** *0 n* elitgymnastik **-verstand** *0 m* förståelse för konst
kunstverständig som förstår sig på konst **kunstvoll** konst|full, -färdig, skicklig **Kunstwerk** -*e n* konstverk **Kunstwert** -*e m* 1 konstnärligt värde 2 [värdefullt] konstföremål **Kunstwissenschaft** *0 f, ung.* estetik, konstteori **Kunstwort** -*er†* *n* nykonstruerat ord, hybridord
kunterbunt rörig, brokig; ~*es Durcheinander* brokig röra; *die Sachen liegen ~ durcheinander* sakerna ligger i en enda röra
Kunz *se Hinz*
Küpe -*n f* kyp, färg|bad, -kar
Kupee -*s n* kupé
Kupfer *1 0 n* koppar; koppar|föremål, -pengar 2 - *n, äv. m* kopparstick **-bergwerk** -*e n* koppargruva **-blech** -*e n* kopparplåt **-druck** -*e m* koppartryck
kupfer|farben, -farbig kopparfärgad **Kupfergeld** *0 n* kopparpengar **Kupferglanz** *0 m* kopparglans **kupferhaltig** kopparhaltig **Kupferhütte** -*n f* koppar|verk, -hytta **kupferig** koppar|aktig, -färgad **Kupferkies** -*e m* kopparkis **Kupfermine** -*n f* koppargruva **kupfern** av koppar, koppar-; kopparfärgad **Kupfernase** -*n f, vard.* röd näsa **kupferrot** koppar|röd, -färgad **Kupferschmied** -*e m* kopparslagare (*smed*) **Kupferstecher** - *m* kopparstickare; *mein lieber Freund und ~! (vard.)* din gamle skojare! **Kupferstich** -*e m* kopparstick **Kupfervitriol** *0 n* koppar|vitriol, -sulfat **kupfrig** *se kupferig*
kupieren kupera, stubba (*svans*); vingklippa (*fågel*); beskära (*buske*); *med.* kupera **kupiert** kuperad
Kupon [ku'põ:] -*s m* kupong **-[ab]schneider** - *m, neds.* kupongklippare
Kuppe -*n f 1* (*rundad*) bergstopp **2** (*rundad*) topp (*på finger e.d.*); huvud (*på knappnål, spik e.d.*) **3** *sl.* (*prostituerads*) intäkter
Kuppel -*n f* kupol **-dach** -*er† n* kupoltak, välvt tak
Kuppelei -*en f* koppleri **Kuppelmutter** -*† f* kopplerska **kuppeln 1** koppla [till (ihop)], förbinda, kombinera; *tekn. äv.* använda (trampa ur) kopplingen **2** *dial.* bedriva koppleri **Kuppelung** -*en f, se Kupplung*
kuppen toppa (*träd*); klippa (skära) av **kuppig** kuperad

Kuppler - *m* kopplare **Kupplerin** -*nen f* kopplerska **kupplerisch** *neds.* kopplar-, som en kopplare **Kupplung** -*en f, tekn.* koppling; kopplingspedal; *die ~ betätigen* använda kopplingen, trampa ur; *schleifende ~* slirande koppling **Kupplungsautomat** -*en -en m* automatkoppling **Kupplungsscheibe** -*n f* kopplingslamell
Kur -*en f* kur; *e-e ~ machen* genomgå en kur; *zur ~ fahren* fara till en kurort för behandling; *e-n in die ~ nehmen (vard.)* ta ngn under behandling, göra ngn förebråelser
Kür -*en f, sport.* valfri övning
kurabel *med.* botbar, som går att bota
kurant *åld.* gällande, gångbar
kuranzen *åld., se kujonieren*
'Küra|ß -*sse m* kyrass, bröstharnesk **Kürassier** [kyra'siːɐ̯] -*e m* kyrassiär
Kurat -*en* -*en m (katolsk)* [hjälp]präst **Kura'tel** -*en f, jur.* kuratel, förmyndarskap; *e-n unter ~ stellen* sätta ngn under förmyndare **kurativ** *med.* kurativ, botande, läkande **Kurator** -*en m 1 ung.* förvaltare *(av stiftelse e.d.)* **2** *univ. ung.* förvaltningstjänsteman, intendent **3** *åld.* förmyndare **Kuratori|um** -*en n 1* styrelse (*för stiftelse e.d.*) **2** *univ. ung.* kansli
Kurbad -*er† n* kurort (*m. bad*)
Kurbel -*n f* [start]vev **Kurbel|gehäuse** - *n,* -**kasten** -[†] *m* vevhus **kurbeln 1** veva; *vard.* ratta (*bil*); *sl.* filma, spela in; *vard.* rulla (*cigarett*) **2** *s o. h, vard.* åka, cykla [varv efter varv]; kretsa (*om flygplan*) **Kurbelwelle** -*n f* vevaxel **Kürbis** -*se m 1* pumpa, kurbits **2** *vard.* skalle **Kurde** -*n* -*n m* kurd **kurdisch** kurdisk
kuren *vard.* ta en kur
küren *sv (åld. kor, köre, gekoren)* välja, utse **Kürettage** [kyrɛ'taːʒə] -*n f, med.* skrapning **Kürette** -*n f, med.* skrapa
Kurfürst -*en* -*en m* kurfurste **Kurfürstentum** -*er† n* kurfurstendöme **kurfürstlich** kurfurstlig
Kur|gast -*e† m* kur-, bad|gäst **-haus** -*er† n, ung.* badorthotell, societetshus
Kurie *0 f* kuria
Kurier [ku'riːɐ̯] -*e m* kurir
kurieren kurera; *e-n von e-r Krankheit ~* bota ngn för en sjukdom
kurios kuriös, besynnerlig **kuri'oser'weise** märkvärdigt (besynnerligt) nog **Kuriosität** -*en f* kuriositet **Kuriositätenkabinett** -*e n* kuriosakabinett **Kurios|um** -*a n* kuriosum **Kurkapelle** -*n f* bad-, kur|ortsorkester **kurländisch** kurländsk
Kurlaub -*e m* semester i kombination med kur
Kürlaufen *0 n* friåkning (*på skridsko*)
Kurort -*e m* kur-, bad|ort **Kurpark** -*s el.* -*e m* brunnspark, park (*på kurort*) **kurpfusch|en** -*te, gekurpfuscht* kvack[salv]a **Kurpfuscher** - *m* kvacksalvare
Kurprinz -*en* -*en m* arvprins (*i kurfurstendöme*) **1 Kurre** -*n f* (*slags*) nät
2 Kurre -*n f, dial.* kalkonhöna
Kur'rende -*n f 1 hist.* (*kringvandrande*) djäknekör **2** *prot.* ungdoms-, student|kör
Kur'rentschrift -*en f, åld.* skrivstil
Kurrhahn -*e† m, dial.* kalkontupp **kurrig** *dial., se mürrisch*
Kurs -*e m 1* kurs (*äv. ekon. o. läro-*); *~ für Anfänger* nybörjarkurs; *außer ~* (*om mynt*) ur cirkulation; *außer ~ kommen* förlora sin popularitet; *außer ~ setzen a*) dra in, *b*) avsätta;

hoch im ~ *stehen* stå högt i kurs; *vom* ~ *abweichen* råka ur kurs **2** *sport.* [tävlings]bana
Kur|saal -*såle m* (*på kurort*) sal (*för evenemang*) **Kursänderung** -*en f* kursändring **Kursanstieg** -*e m* kursstegring **Kur'sant** -*en* -*en m, DDR* kursdeltagare **Kursbericht** -*e m* kurslista **Kursbuch** -*er*† *n* tidtabell
Kurschatten - *m, vard.* bad-, kur|ortsvän[inna]
Kürschner - *m* körsnär **Kürschnerei 1** -*en f* körsnärsverkstad **2** *0 f* körsnärsyrke
Kurseinbruch -*e*† *m* kraftigt kursfall **kursieren** *h, äv. s* vara i omlopp, cirkulera **Kursist** -*en* -*en m, DDR* kursdeltagare **kursiv** kursiv **Kursive** [-və] -*n f,* **Kursivschrift** -*en f* kursiv-[stil]
Kurs|korrektur -*en f* kursändring **-notierung** -*en f* kursnotering
kursorisch fortlöpande; ~*es Lesen,* ~*e Lektüre* kursivläsning **Kursrückgang** -*e*† *m* kursfall **Kursschwankung** -*en f* kursfluktuation **Kurssteigerung** -*en f* kursstegring **Kurssturz** -*e*† *m* plötsligt kursfall, baisse **Kursteilnehmer** - *m* kursdeltagare
Kurs|us -*e m* [ämnes]kurs; *der* ~ (*äv.*) kursdeltagarna **Kurswagen** - *m* direktvagn, genomgående vagn **Kurswechsel** - *m* kursändring **Kurswert** -*e m* kursvärde **Kurszettel** - *m* kurslista
Kurtage [-'ta:ʒə] -*n f* kurtage, mäklararvode
Kurtaxe -*n f* kurtaxa (*avgift för bad- el. kurortsbesökare*)
Kurtisane -*n f* kurtisan
Kür|turnen *0 n, gymn.* valfria övningar **-übung** -*en f, sport.* valfri övning
Kurve [-v- *el.* -*f*-] -*n f* kurva, sväng; *e-e Frau mit* ~*n* (*vard.*) en kvinna med yppiga former; *die* ~ *kratzen* (*vard.*) diskret försvinna, sticka; *die* ~ *kriegen* (*schaffen*) (*vard.*) klara av det hela [till slut]; *die* ~ *raushaben* (*weghaben*) (*vard.*) ha kläm på det hela **kurv|en 1** *s* fara (köra, flyga) i kurvor (krokar), kretsa [omkring]; *vard.* [planlöst] gå (åka) omkring, resa runt; *der Radfahrer* -*te um die Ecke* cyklisten åkte [i hög fart] runt hörnet **2** *rfl* kröka sig **Kurvenfahren** *0 n* kurv|tagning, -körning **kurvenförmig** kurvformig, svängd **Kurvenlineal** -*e n* kurvmall **Kurvenmesser** - *m* kurvimeter, måthjul (*för avstånd på karta*) **kurvenreich** kurvig, rik på kurvor; *vard.* med yppiga former **Kurventechnik** *0 f* kurvteknik **kurvig** böjd, krokig; rik på kurvor, kurvig
Kurwürde *0 f* kurfurstevärdighet
kurz *adj* † kort; ~*en Atem haben* vara andfådd, inte kunna hänga med; *ein* ~*es Gedächtnis haben* (*vard.*) ha dåligt minne; ~*en Prozeß mit e-m machen* göra processen kort med ngn; *e-n* ~ *abfertigen* snäsa av ngn; *sich* ~ *entschließen* fatta ett raskt beslut; *sich* ~ *fassen* fatta sig kort; *zu* ~ *kommen* få för litet, bli eftersatt; *den Aufenthalt kürzer machen* förkorta uppehållet; *das Kleid kürzer machen lägga* (sy) upp klänningen; *um es* ~ *zu sagen* kort sagt; *das Haar* ~ *tragen* ha kortklippt hår; ~ [*und gut*] kort o. gott, kort sagt; ~ *und bündig sagen* säga rättfram (rakt på sak); ~ *und klein schlagen* (*vard.*) slå sönder o. samman; ~ *angebunden* korthuggen, tvär, vresig; *seine Zeit ist* ~ *bemessen* hans tid är kort tillmätt; ~ *entschlossen* helt resolut, utan betänkande; *auf dem kürzesten Wege* (*äv.*) så fort som möjligt;

~ *darauf* en kort tid därefter; *binnen* ~*em* snart, inom kort; ~ *nachdem er gegangen war* en kort stund efter det att han hade gått; *seit* ~*em* sedan en kort tid [tillbaka]; *über* ~ *oder lang* förr eller senare; *vor* ~*em* nyligen, för en kort tid sedan; ~ *vorher* (*nachher*) strax före (efteråt) **Kurzarbeit** *0 f* korttidsarbete **kurzarbeiten** ha korttidsarbete **kurzärm[e]lig** kortärmad, med korta ärmar **kurzatmig** andfådd, astmatisk **Kurzatmigkeit** *0 f* andfåddhet, andnöd **kurzbeinig** kortbent
Kürze 1 *0 f* korthet; knapphet; *in* ~ inom kort, snart; *in aller* ~ i största korthet **2** -*n f* kort stavelse **Kürzel** - *n* sigel, förkortning[stecken] **kürzen** korta [av], förkorta, göra kortare; *um sich* (*dat.*) *die Zeit zu* ~ för att fördriva tiden; *e-m das Gehalt* ~ minska lönen för ngn **Kurze(r)** *m, adj böjn., vard.* **1** kortslutning **2** [liten] sup '**kurzer'hand** utan vidare, på rak arm (stående fot), hastigt o. lustigt **kürzertreten** *st* inskränka sig, snåla **Kurzfassung** -*en f* förkortad version **Kurzfilm** -*e m* kortfilm **Kurzflügler** *pl, zool.* kortvingar **Kurzform** -*en f* kortform (*av ord*), förkortad form **kurzfristig** kortfristig; med kort varsel; *etw.* ~ *erledigen* uträtta ngt omgående **kurzgefaßt** kortfattad **Kurzgeschichte** -*n f* novellett **kurzgeschnitten** kortklippt **kurzhaarig** korthårig **kurzhalten** *st, e-n* ~ hålla ngn kort **kurz'hin** *åld.* i förbigående **kurzköpfig** kortskallig **kurzlebig** kortlivad; *bildl. äv.* efemär, kortvarig **Kurzlebigkeit** *0 f* kort varaktighet, kort livstid **kürzlich** för kort tid sedan, nyligen **Kurz|meldung** -*en f,* -**nachricht** -*en f* [nyhets]telegram (*i radio e.d.*) **Kurzparken** *0 n* korttidsparkering **kurzschließen** *st* kortsluta **Kurzschlu|ß** -*sse*† *m* **1** kortslutning **2** felaktig slutsats **3** affektbetonad rubbning, tillfällig sinnesförvirring **Kurzschlußhandlung** -*en f, psykol.* kortslutningshandling **Kurzschrift** -*en f* stenografi **kurzschriftlich** stenografisk **kurzsichtig** *med.* närsynt; *bildl.* kortsynt **kurzsilbig 1** *språkv.* kortstavig, med korta stavelser **2** *åld.* ordkarg, enstavig **kurzstämmig** låg-, kort|stammig **kurzstielig** kort|stjälkig, -stammig **Kurzstrecke** -*n f* kort sträcka; *sport.* kort distans **Kurzstreckenlauf** -*e*† *m* kortdistans-, sprinter|lopp **Kurzstreck|enläufer** - *m,* -**ler** - *m* kortdistanslöpare, sprinter **Kurzstunde** -*n f* 40-(45)-minuterslektion **kurztreten** *st* **1** marschera med korta steg **2** inskränka sig; hålla sig lugn, akta sig **kurz'um** kort sagt **Kürzung** -*en f* **1** förkortning **2** nedskärning, minskning, sänkning **3** nedstrykning (*av text*) **Kurzurlaub** -*e m* kort semester **Kurzwaren** *pl* korta varor, sybehör **Kurzwarenhändler** - *m* kortvaruhandlare **kurz'weg** (*äv.* '-'-] kort o. gott, utan vidare, hastigt o. lustigt **Kurzweil** *0 f* förströelse, tidsfördriv **kurzweilig** underhållande, roande **Kurzwelle** -*n f* **1** kortvåg; ~*n* korta vågor **2** kortvågsbehandling **Kurzwellensender** - *m* kortvågssändare **Kurzwellentherapie** - *m f* kortvågsbehandling **kurzwellig** kortvågig **Kurzwoche** -*n f* kortare arbetsvecka (*an sex dagar*) **Kurzwort** -*e*† *n* förkortning **Kurzzeitgedächtnis** *0 n, psykol.* korttidsminne **kurzzeitig** kortvarig, korttids-; för en kort tid
kusch *interj* kusch! (*t. hund*); *österr. vulg.* håll käften! **kuschelig** [varm o.] mysig, skön **kuscheln** *rfl* smyga sig (*an e-n* intill ngn); *sich*

aneinander ~ trycka sig intill varandra; *sich in e-n Sessel* ~ kura ihop sig i en stol **Kuscheltier** *-e n* kramdjur **kuschen 1** *äv. rf/* kuscha, lägga sig ner (*om hund*) **2** hålla sig lugn, vara tyst [o. lydig], ge efter **kuschlig** *se kuschelig*
Kusine *-n f* (*kvinnlig*) kusin
Ku|ß *-sse†* m kyss, puss **kußecht** kyssäkta **küssen** kyssa; *sich* ~ kyssas, pussas **Küsserei** *-en f, vard.* pussande **küsserig** kysslysten; *mir ist* ~ jag har lust att pussas (kyssa ngn) **kußfest** kyssäkta **Kußhand** *-e† f* slängkyss; *e-m e-e* ~ (*Kußhände*) *zuwerfen* ge ngn en slängkyss; *mit* ~ (*vard.*) hjärtans gärna **Kußhändchen** *- n, se Kußhand* **küßlich** *poet.* kysstäck **küßrig** *se küsserig*
Küste *-n f* kust
Küsten|artillerie *-n f* kustartilleri **-batterie** *-n f* kustbatteri **-bevölkerung** *-en f* kustbefolkning **-bewohner** *- m* kustbo **-[fracht]-fahrt** *0 f* kustfart **-gebiet** *-e n* kustområde; *im* ~ (*äv.*) i kustbandet **-gewässer** *- n*, **-meer** *-e n* territorialvatten **-schiffahrt** *0 f* kustfart **-schutz** *0 m* skyddsanordningar vid kusten (*mot havet*) **-streifen** *- m* kustremsa **-strich** *-e m* kuststräcka **-wache** *-n f* kustbevakning
Küster *- m, se Kirchendiener* **Küsterei** *-en f* klockar|gård, -bostad
'**Kustos** *Kus'toden m* **1** *ung.* intendent (*vid museum, bibliotek e.d.*) **2** *boktr.* kustod
Kutschbock *-e† m* kuskbock **Kutsche** *-n f* [häst]droska; *vard.* gammal kärra (*bil*) **kutschen 1** *s,* köra, åka; *åld.* köra i vagn (droska) **2** *vard.* köra, skjutsa; *åld.* köra med vagn (droska) **Kutscher** *- m* kusk **Kutscherbock** *-e† m* kuskbock **Kutschermanieren** *pl, vard.* dåligt sätt, drängfasoner **Kutschersitz** *-e m* kuskbock **kutschieren 1** *s* åka i vagn (droska); *vard.* åka, köra (*i bil e.d.*) **2** köra (skjutsa) med vagn (droska); kuska, köra; *vard.* skjutsa; *vard.* ratta (*bil*) **Kutschpferd** *-e n* vagnshäst **Kutschwagen** *- m* [häst]droska
Kutte *-n f* [munk]kåpa; *vard.* kappa, parkas *e.d.*
Kuttelflecke *pl, sty., österr.*, **Kutteln** *pl, sty., österr.* [ätliga] inälvor (*av nötboskap*)
Kutter *- m* kutter; livbåt
Kuvert [-'ve:ɐ̯, -'vɛ:ɐ̯, *dial. äv.* -'vɛrt] *-s el. -e n* kuvert **kuvertieren** kuvertera, lägga i kuvert **Kuvertüre** *-n f, kokk.* (*slags*) glasyr
Küvette [-v-] *-n f, åld.* **1** kyvett (*litet glaskärl*) **2** inre urboett
Kux *-e m* bergverksandel, gruvaktie
k.v. *förk. för kriegsverwendungsfähig* duglig t. krigstjänst **KVP** *DDR, förk. för Kasernierte Volkspolizei* **kWh** *förk. för Kilowattstunde* kilowattimme
Kyber'netik *0 f* cybernetik **kybernetisch** cybernetisk
Kyklop *-en -en m, myt.* cyklop
Kyniker *- m* kyniker
Kynologe *-n -n m* kynolog, hundkännare
Kyrie *-s n, relig.* Kyrie; *das* ~ *singen* sjunga 'Herre förbarma dig'
kyrillisch kyrillisk
KZ [ka(:)'tsɛt] *-[s] -[s] n, förk. för Konzentrationslager* koncentrationsläger **KZler** *- m* koncentrationslägerfånge

L

L *- - n* (*bokstav*) **1 l** *förk. för Liter* liter **l.** *förk. för links* v., [till] vänster
Lab *-e n* löpe
Laban *-e m, ein langer* ~ (*vard.*) en lång drasut
Labbe *-n f, dial.* tjock läpp, hängläpp; mun **labberig** *vard.* **1** blaskig, fadd, vattnig **2** sladdrig, slapp, mjuk **3** *ihm ist ganz* ~ [*zumute*] han mår illa **labbern** *nty.* **1** hänga o. fladdra (*om segel*) **2** lapa, sörpla **3** prata strunt, svamla **labbrig** *se labberig*
Labe *0 f* vederkvickelse **-flasche** *-n f* (*racercyklists specialmonterade*) dryckesflaska
Label [lɛɪbl] *-s n, rekl.* klisterlapp, etikett; skivetikett; *das* ~ *wechseln* (*vard., om artist*) byta skivmärke (producent)
laben vederkvicka (*e-n mit etw.* ngn med ngt); *sich an etw.* (*dat.*) ~ läska (vederkvicka) sig med ngt; ~ *der Trunk* (*äv.*) uppfriskande dryck; *sich an e-m Anblick* ~ njuta av en anblick
Laber'dan *-e m* kabeljo
labern *vard.* [bara] prata på, babbla, prata strunt
Labe|trank *-e† m, poet. åld.*, **-trunk** *-e† m, poet. åld.* vederkvickande dryck
labial *med., fonet.* labial, läpp- **Labial** *-e m, fonet.*, **Labiallaut** *-e m, fonet.* labial-, läpp|ljud **labil** labil, instabil, obeständig, osäker **Labilität** *0 f* labilitet *etc., jfr labil*
Lab|kraut *-er† n* måra **-magen** *-[†] m* löpmage
La'bor *-s el. -e n* labb, laboratorium **Laborant** *-en -en m* laborant **Laboratori|um** *-en n* laboratorium **laborieren** *vard., an etw.* (*dat.*) ~ arbeta på ngt, traggla med ngt; *an e-r Krankheit* ~ lida av (dras med) en sjukdom
Labsal *-e n* (*sty., österr. äv. f*) vederkvickelse, lisa
Labskaus *0 n, kokk.* lapskojs
Labung *-en f* vederkvickelse, ngt som läskar (lindrar, vederkvicker)
Labyrinth *-e n* labyrint (*äv. anat.*); *bildl. äv.* virrvarr **labyrinthisch** labyrintisk
Lachanfall *-e† m* skrattanfall
1 Lache *-n f, skogsv.* bläcka; skåra (*för avtappning av kåda*)
2 Lache [-a:-] *-n f* pöl
3 Lache *0 f, vard.* skratt; *e-e höhnische* ~ *anschlagen* brista ut i hånskratt **lächel|n** [små]le (*über + ack.* åt); *das Glück -t ihm* (*poet. åld.*) lyckan ler mot honom; *höhnisch* ~ hånle **Lächeln** *0 n* [små]leende
1 lachen *skogsv.* bläcka, märka; skåra
2 lach|en skratta (*über + ack.* åt); ~ *de Erben* (*vard.*) lyckliga arvingar; *sich* (*dat.*) *eins* ~ (*vard.*) skratta i smyg; *sie -te der Gefahr* (*gen., åld.*) hon lät sig inte skrämmas av (skrattade åt) faran; *das Glück -t ihm* (*poet. åld.*) lyckan ler mot honom; *er hat* (*kann*) *gut* (*leicht*) ~ (*vard.*) honom rör det ju inte, han kan ju skratta åt det; *herzlich* ~ [*müssen*] (*äv.*) få sig ett gott skratt; *lauthals* ~ gapskratta; *leise vor sich hin* ~ småskratta för sig själv; *ich habe bei ihm nichts zu* ~ (*vard.*) jag har det inte lätt med honom; *sich schief* (*krank*) ~ (*vard.*) skratta

sig [alldeles] fördärvad; *die Sonne -t* solen ler (strålar); *Tränen* ~ skratta så att tårarna rinner; *wer zuletzt -t, -t am besten* skrattar bäst som skrattar sist; *daß ich nicht -e!* jag måste verkligen skratta!, nej, håll i mig!, det är ju helt vansinnigt (absurt, skrattretande)!; *das wäre ja (doch) gelacht, wenn (vard.)* det vore ju löjligt om **Lachen** *0 n* skratt; *es ist doch zum* ~ *(vard.)* det är ju löjligt (skrattretande); *e-n zum* ~ *bringen* få ngn att skratta; *mir ist nicht zum* ~ *[zumute]* litet **Lachhaftigkeit** *0 f, die* ~ *der Sache* det skrattretande i saken **Lachkrampf** -e† *m* skrattparoxysm, krampaktigt (hysteriskt) skratt; *beinahe e-n* ~ *bekommen* hålla på att skratta sig fördärvad **Lachlust** *0 f* lust att skratta, skrattlust **lachlustig** skrattlysten **Lachmöwe** -*n f* skrattmås **Lachmuskel** -*n m* skrattmuskel
Lachs [-ks] *-e m* lax, havslax
Lachsalve -*n f* skrattsalva
Lachs|brot *-e n*, **-brötchen** - *n* laxsmörgås
Lachsfang *0 m* laxfiske **lachs|farben**, **-farbig** laxfärgad **Lachsforelle** *-n f* lax|forell, -öring **Lachsschinken** - *m* laxskinka (*särskilt fin rökt skinka*)
Lachtaube *-n f* skrattduva
Lack *-e m* lack; *der* ~ *ist ab (vard.)* det är inte längre fräscht (attraktivt); *fertig ist der* ~ *(vard.)* saken är klar
Lackaffe *-n -n m, vard.* modelejon, snobb
Lackbenzin *0 n* lacknafta, mineralterpentin **Lack[e]l** -[*n*] *m, sty., österr.* drummel, dummerjöns
lacken lackera; [*sich (dat.)*] *die Fingernägel* ~ måla naglarna **Lackfarbe** *-n f* lackfärg **lakkieren 1** lackera; [*sich (dat.)*] *die Fingernägel* ~ måla naglarna; *e-m e-e* ~ *(vard.)* ge ngn en örfil **2** *vard.* lura; *wenn es schief geht, bist du der Lackierte* går det galet är det du som åker dit **Lackierer** - *m* lackerare **Lackiererei 1** -*en f* lackeringsverkstad **2** *0 f, vard.* lackering[sarbete] **lackiert** *vard.* utstyrd, polerad, snobbig **Lackierung** *-en f* lack[ering] **Lackleder** *0 n* lackläder **lackmeiern** *se gelackmeiert*
Lackmus *0 n m* lackmus **-papier** *-e n* lackmuspapper
Lackschuh *-e m* lacksko
Lade *-n f, dial.* [utdrags]låda; *dial. åld.* kista, låda
Lade|aggregat *-e n* laddningsaggregat, batteriladdare **-baum** *-e† m* lastbom **-bühne** *-n f, se Laderampe* **-fläche** *-n f* **1** lastyta **2** lastflak **-gerät** *-e n* laddningsaggregat, batteriladdare **-gut** *-er† n* last, frakt **-hemmung** *-en f* laddningshinder (*på vapen*); ~ *haben (vard.)* inte fatta, ha svårt att klämma fram med det; *der Fotoapparat hat* ~ *(vard.)* kameran fungerar ej **-kontrolle** *-n f, vard.*, **-kontrolleuchte** *-n f* laddningslampa **-kran** *-e*[†] *m* lastkran **-linie** *-n f, sjö.* lastlinje
1 laden *lud, lüde, geladen, lädst, lädt* **1** lasta; *Haß auf sich (ack.)* ~ ådraga sig hat; *ein Verbrechen auf sich (ack.)* ~ belasta sig med (begå) ett brott; *er hat schwer (ganz schön) geladen (vard.)* han är packad (full) **2** ladda; *scharf geladen* skarpladdad; *die Kamera* ~ ladda (sätta i film i) kameran
2 laden *lud, lüde, geladen, lädst, lädt* [in]bjuda; *für geladene Gäste* för inbjudna gäster, (*om föreställning e.d.*) abonnerad; *e-n als Zeugen* ~ inkalla ngn som vittne; *e-n vor Gericht* ~ instämma ngn inför rätta; *e-n zu sich* ~ bjuda hem ngn; *e-n zu e-r Versammlung* ~ inbjuda ngn till ett möte
Laden 1 -† *m* butik, affär; *e-n* ~ *eröffnen (aufmachen)* öppna [en] affär; *e-n* ~ *eröffnen (vard.)* göra sig viktig, skryta **2** *0 m, vard., der* ~ *klappt* det klaffar, saken går bra; *den* ~ *hinschmeißen* strunta i saken, resignera, ge upp; *den* ~ *schmeißen* klara skivan, sköta ruljangsen; *den* ~ *zumachen* slå igen [butiken] **3** -[†] *m* jalusi; fönsterlucka **4** -† *m, sportsl.* mål **-besitzer** - *m* butiksinnehavare **-dieb** *-e m* butiksråtta, snattare **-diebstahl** *-e† m* butiksstöld, snatteri **-fenster** - *n* skyltfönster **-geschäft** *-e n* butik[srörelse] **-hüter** - *m, vard.* hyllvärmare (*svårsåld vara*) **-kette** *-n f* butikskedja **-mädchen** - *n, vard.* butiksflicka, elev (*i affär*) **-preis** *-e m* detaljhandelspris **-schluß** *0 m* butiksstängning, stängningsdags **-schwengel** - *m, vard.* [bod]knodd **-straße** *-n f* affärsgata, [gålgata med affärer **-tisch** *-e m* [butiks]disk **-tochter** -† *f, schweiz. (kvinnlig)* expedit **-verkauf** *-e† m* försäljning i detalj, detaljhandelsförsäljning
Ladeplatz *-e*† *m* last[nings]plats **Lader** - *m* **1** lastare, lastningsarbetare **2** [fordon med] lastningsanordning **3** laddningsaggregat; kompressor **Laderampe** *-n f* last|kaj, -brygga **Laderaum** *-e*† *m, sjö.* lastrum **Ladestock** *-e*† *m* **1** *åld.* laddstake **2** *er sieht aus, als ob er e-n* ~ *verschluckt hätte* han ser ut som om han hade svalt en eldgaffel **Ladestreifen** - *m* laddram, patronband
lädier|en skada; *er sieht recht -t aus (äv.)* han ser ganska färdig (medtagen, utpumpad) ut; *sein Ansehen ist stark -t* hans anseende har fått en svår knäck (har skamfilats)
la'dinisch rätoromansk
Ladnerin *-nen f, sty., österr. (kvinnlig)* expedit **1 Ladung** *-en f* **1** last; frakt; *die* ~ *löschen* lossa lasten **2** laddning *(äv. fys.)*; *geballte* ~ *(mil.)* buntladdning **3** *vard., e-e* ~ *Wasser* en massa vatten; *die ganze* ~ *ins Gesicht bekommen* få hela smörjan i ansiktet
2 Ladung *-en f, jur.* kallelse
La|dy ['leɪdɪ] *-dys, äv. -dies f* **1** lady, dam **2** *sl.* gräs, brass **Ladykiller** - *m* kvinnojusare, charmör **ladylike** [-laɪk] ladylike; *das ist nicht* ~ så gör inte en dam
Lafette *-n f* lavett
1 Laffe *-n -n m* sprätt, snobb, fjant
2 Laffe *-n f, dial.* **1** skedblad **2** slask, avlopp
lag *se liegen*
Lage *-n f* **1** läge *(äv. mus.)*, position, ställning, situation; *oberer* ~ *(mus.)* höjdläge; *unangenehme* ~ obehaglig situation; *e-e gute* ~ [vin från] bra [beläget] odlingsområde; *in allen* ~*n des Lebens* i livets alla skiften; *in höheren* ~*n des Berges (äv.)* högre upp på berget; *sich in bedrängter* ~ *befinden* vara i trångmål; *in die* ~ *kommen, etw. zu tun* bli i stånd att göra ngt; *nicht in der* ~ *sein, etw. zu tun (äv.)* inte kunna göra ngt; *e-n in die* ~ *versetzen, etw. zu tun* hjälpa ngn att göra ngt; *versetzen Sie sich in*

meine ~ tänk Er in i min situation; *nach* ~ *der Dinge* i sakernas nuvarande läge, såsom sakerna nu står (stod) **2** skikt, lager; *geol.* lagring, skiktning; *boktr.* [pappers]lägg **3** *mil.* salva **4** *vard.*, *e-e* ~ *Bier* en omgång öl **-bericht** *-e m* lägesrapport **-besprechung** *-en f* konferens (diskussion) om läget **Lagenschwimmen** *0 n*, *sport.* medley **lagenweise** varvtals, i varv **Lageplan** *-e†* *m* grundplan, karta (*över stad e.d.*) **Lager** - *n* **1** läger; [*s*]*ein* ~ *abbrechen* bryta upp; [*s*]*ein* ~ *aufschlagen* slå läger; *er steht in unserem* ~ han hör till oss (står på vår sida) **2** *pl äv.* -† lager, förråd; *frei (ab)* ~ *fritt* (från) [säljarens] lager; *auf (am)* ~ *haben* ha på lager, lagerhålla; *e-e Überraschung auf* ~ *haben* (*vard.*) ha en överraskning i bakfickan **3** *geol.* lager (*äv. tekn.*), skikt **-arbeiter** - *m* lagerarbetare **-bestand** *-e†* *m* lagerbehållning, inneliggande lager; *den* ~ *aufnehmen* inventera lagret **-bier** *-e n* lager[öl] **lagerfähig** som tål lagring, lagringsduglig **Lager|feuer** - *n* läger|bål, -eld **-führer** - *m* föreståndare (*för tältläger, koloni e.d.*) **-gebühr** *-en f*, **-geld** *-er n* lagringsavgift **-haltung** *0 f* lagerhållning **-haus** *-er†* *n* lager[hus], upplag, magasin, depå, förråd **Lagerist** *-en -en m* **1** lagerbiträde **2** *se Lagerverwalter* **Lagerleben** *0 n* lägerliv **Lagerleiter** - *m* lägerchef, föreståndare (*för tält-, flykting|-läger e.d.*) **Lagermeister** - *m*, *se Lagerverwalter* **lager|n 1** lägra sig, slå läger; ligga; *die Wolken* ~ *über dem Gebirge* molnen lägrar sig (hänger tungt) över bergen **2** lägga; *den Kopf des Kranken hoch* ~ lägga den sjukes huvud högt **3** lagra[s], förvara[s], magasinera[s]; *die Ware -t im Keller* varan lagras i källaren **4** *der Fall ist anders gelagert* fallet ligger annorlunda till **5** *rfl* lägga (sätta) sig; lägra sig, slå sig ner; *das Getreide -t sich* säden lägger sig (*på grund av regn*); *sich im (ins) Gras* ~ sträcka ut sig (lägga sig) i gräset **Lager|obst** *0 n* vinterfrukt **-platz** *-e†* *m* **1** lägerplats **2** lager-, upplags|plats **-raum** *-e†* *m* lager-, förråds|rum, lagerutrymme **-schein** *-e m* lagerbevis **-statt** *0 f* [vilo]läger, säng **-stätte** *-n f* **1** [malm]förekomst, -fyndighet **2** [vilo]-läger, säng **-ung** *-en f* **1** [upp]lagring, magasinering, uppläggning **2** *geol.* lagring, skiktning **3** *tekn.* lager **-verwalter** - *m* lager-, förråds|-förvaltare, -föreståndare, lagerchef **Lagune** *-n f* lagun **lahm** lam (*äv. bildl.*), förlamad, ofärdig; *vard.* trött, stel; *vard. neds.* matt, svag, tråkig; *hand.* trög, matt; ~*er Beweis* haltande (svagt) bevis; ~*e Entschuldigung* lam (svag) ursäkt; ~*er Witz* uddlös vits; *er geht* ~ han haltar; *der Film ist* ~ filmen är tråkig; *mir ist der Rücken* ~ *vom vielen Bücken* jag är alldeles stel i ryggen för att jag har böjt mig så mycket **lahmarschig** *vulg.* trög, slapp, temperament[s]lös, tråkig **Lähme** *0 f*, *i sht veter.* lamhet **lahm|en** *auf (an) dem linken Fuß* ~ halta på vänster fot; *das Bein -t* benet släpar **lähmen** förlama; paralysera; *bildl. äv.* lamslå **lahmlegen** lamslå, försätta ur funktion, stoppa **Lahmlegung** *-en f* lamslående **Lähmung** *-en f* förlamning; paralysi; *bildl. äv.* lamslående; *halbseitige* ~ hemiplegi **Laib** *-e m* rund (oval) limpa; *ein* ~ *Käse* en hel ost **Laibung** *-en f*, *arkit.* intrados, insida av valv (båge *etc.*)

Laich *-e m*, *zool.* rom **Laiche** *-n f*, *zool.* lektid **laichen** *zool.* leka, lägga rom **Laichkraut** *-er† n, bot.* nate **Laichplatz** *-e† m, zool.* lekplats **Laichwanderung** *-en f, zool.* [fisk]vandring till lekvatten **Laichzeit** *-en f, zool.* lektid **Laie** *-n -n m* lekman; *bildl. äv.* amatör; *blutiger* ~ *sein* (*vard.*) inte vara insatt ett dugg, vara rudis **Laienbruder** -† *m* lekmannabroder, tjänande broder (*i kloster*) **laienhaft** lekmanna-, amatör|mässig, dilettantisk **Laienrichter** - *m, se Schöffe* **Laienschwester** *-n f* lekmannasyster (*i kloster*) **Laienspiel** *-e n* amatör|föreställning, -pjäs **Laienspielgruppe** *-n f* amatörteatergrupp **Lakai** *-en -en m* lakej (*äv. bildl.*) **lakaienhaft** lakejaktig, servil **Lake** *-n f* [salt]lake **Laken** - *n*, *dial.* lakan; badhandduk **lakonisch** lakonisk **La'kritz** *-e m n, dial.*, **La'kritze** *-n f* lakrits **Laktose** *0 f* laktos, mjölksocker **Lakune** *-n f* lakun, lucka, tomrum **lala** ['la'la] *vard.*, *so* ~ någotsånär, någorlunda; *wie geht es dir?* — *so* ~*!* hur mår du? — så där! **Lälle** *-n f*, *schweiz.* tunga **lallen** lalla, jollra, sluddra **1 Lama** *-s n, zool.* lama[djur] **2 Lama** *-s m* lama (*tibetansk munk*) **Lamaismus** *0 m* lamaism (*tibetansk buddism*) **Lamäng** [la'mɛŋ] *0 f, vard.* hand; *aus der [kalten]* ~ på rak arm; *nicht in die [kalte]* ~*!* aldrig!, under inga omständigheter!, det kan det inte bli tal om! **Lambskin** ['læmskɪn] *-s n* lammskinnsimitation (*av tyg*) **Lamé** *0 m* lamé **Lamelle** *-n f* lamell **lamellenförmig** lamellformig **Lamellenkupplung** *-en f* lamellkoppling **Lamentation** *-en f* lamentation, veklagan; *die* ~*en* Jeremias klagovisor **lamentieren** *vard. neds.* klaga (*über* +*ack.* över), gnälla, jämra (beskärma) sig **La'mento** *-s n, vard. neds.* jämmer, gnäll; *ein großes* ~ *über etw.* (*ack.*) *anstimmen* beklaga sig vitt o. brett (stämma upp högljudda klagovisor) över ngt **La'metta** *0 n* julgransglitter; *vard.* lullull (*ordnar*), bjäfs **Lamm** *-er† n* lamm (*äv. bildl.*); killing **Lammbraten** - *m* lammstek **lammen** lamma **Lämmergeier** - *m* lammgam, skäggam **Lämmerschwänzchen** *0 n, vard.*, *das Herz klopfte wie ein* ~ hjärtat bultade våldsamt; *ihm geht das Maul wie ein* ~ han pratar i ett **Lämmerwolke** *-n f* makrillmoln **Lamm[e]sgeduld** *0 f, vard.*, *e-e* ~ *mit e-m haben* ha ett änglalikt tålamod med ngn **Lammfell** *-e n* lammskinn **Lammfleisch** *0 n* lammkött '**lamm'fromm** from som ett lamm **1 Lampe** *-n f* lampa, lykta; *e-n auf die* ~ *gießen* (*vard.*) ta sig en sup; *e-n auf der* ~ *haben* (*vard.*) vara på snusen **2 Lampe** *0 m, Meister* ~ Jösse hare **Lampen|fieber** *0 n* rampfeber **-glocke** *-n f* lampkupa **-licht** *0 n* lamp|sken, -ljus **-schirm** *-e m* lampskärm **-zylinder** - *m* lampglas **Lampion** [lam'pi̯ɔŋ, -'pi̯ɔ̃:, *österr.* -'pi̯oːn] *-s m*, *ibl. n* kulört lykta, papperslykta **lancier|en** [lɑ̃'siːrən] lansera; sprida ut (*rykte*); *er hat seinen Sohn in die Direktion -t* han har

fått (myglat) in sin son i styrelsen, han har fixat en styrelsepost till sin son **Land** -er† (*poet. äv. -e*) *n* land (*äv. polit.*); mark, jord; (*tysk*) delstat; (*österrikiskt*) [förbunds]land; *andere Länder, andere Sitten* (*ung.*) man får ta seden dit man kommer; *aller Herren Länder* all världens länder; *flaches* ~ slättland; *fruchtbares* ~ fruktbar mark (jord); *das Gelobte* ~ det förlovade landet; *ein Stückchen* ~ en jordbit, ett stycke land; *das* ~ *bebauen* (*bestellen*) bruka (odla) jorden; ~ *sehen* se land, *bildl.* se en utväg (chans); ~ *in Sicht!* land i sikte!; *festes* ~ *unter den Füßen haben* ha fast mark under fötterna; *an* ~ *gehen* gå i land; *etw. an* ~ *ziehen* (*vard.*) lägga vantarna på ngt; *sie hat sich* (*dat.*) *e-n Millionär an* ~ *gezogen* (*vard.*) hon har fått en miljonär på kroken; *auf dem platten* (*flachen*) ~*e* på rena rama bondlandet, på vischan; *aufs* ~ *ziehen* flytta till landet; *außer* ~*es gehen* fara utomlands, lämna landet; *in unseren* ~*en* inom våra landamären; *viele Jahre sind ins* ~ *gegangen* det har gått många år sedan dess; *in fernen* ~*en* i fjärran länder; *über* ~ *gehen* gå genom terrängen; *vom* ~*e från* land[sidan]; *e-e Unschuld vom* ~*e* en oskuld från landet; *zu Wasser und zu* ~*e* till lands o. till sjöss **land'ab** *se landauf* **Land'ammann** -er† *m, schweiz.* 'landammann' (*kantons regeringschef*) **Landarbeit** -en *f* lant-, jordbruks|arbete **Landarbeiter** - *m* lant-, jordbruks|arbetare
'Landauer - *m* landå
land'auf ~, *land'ab* allestädes, överallt **Landaufenthalt** 0 *m* lantvistelse **land'aus** ~, *land-'ein* allestädes, överallt **Landbau** 0 *m* jordbruk **Landbesitz** -*e m* lant-, jord|egendom **Landbewohner** - *m* lantbo **Landbrot** -*e n, se Bauernbrot*
Lände -*n f, dial.* landningsplats **Landebahn** -en *f* landningsbana **Landebrücke** -*n f, se Landungsbrücke* **Landeerlaubnis** 0 *f* landningstillstånd
Landei -er *n* **1** lantägg **2** *vard.* lantlolla **land'ein** *se landaus* **land'einwärts** inåt land[et]
Landeklappe -*n f, flyg.* vingklaff **land|en 1** *s* landa; gå ner; lägga till; *vard.* komma fram; *vard.* hamna; *er kann bei ihr nicht* ~ (*vard.*) han har ingen framgång hos henne; *schreib, wenn du zu Hause gelandet bist* (*vard.*) skriv när du har kommit hem; *der Wagen -ete auf* (*in*) *e-m Acker* (*vard.*) bilen hamnade på en åker **2** landsätta; *e-e Linke am Kinn* ~ (*boxn.*) få in en vänster mot hakan; *e-n Sieg* ~ (*vard.*) vinna en seger; *e-n Coup* ~ (*vard.*) lyckas (gå i land) med en panggrej
Landenge -*n f* näs
Lande|piste -*n f* landningsbana **-platz** -*e*† *m* [liten] flygplats, helikopterplattform; landningsplats
Ländereien *pl* storgods, stora ägor (marker) **Länderkampf** -*e*† *m, sport.* landskamp **Länderkunde** 0 *f, ung.* [regional]geografi **länderkundlich** *ung.* [regional]geografisk **Länder|-spiel** -*e n, sport.*, **-vergleich** -*e m, sport.* landskamp
Landes|amt -*er*† *n* ämbetsverk (*i delstat*) **-angehörigkeit** 0 *f* medborgarskap, nationalitet **-aufnahme** -*n f, se Landesvermessung* **-bischof** -*e*† *m* biskop (*i evangelisk tysk delstatskyrka*) **-brauch** -*e*† *m, se Landessitte* **-ebene** 0 *f, auf* ~ på delstatsnivå (förbundslandsnivå)

landeseigen 1 delstatsägd, som ägs av delstat[en] (förbundsland[et]) **2** karakteristisk, typisk (*för visst land*); *die* ~*en Sitten* landets seder **Landesfarben** *pl* nationalfärger; *seine* ~ (*äv.*) hans lands färger **landesflüchtig** landsflyktig
Landes|fürst -*en* -*en m* landsherre, monark **-gericht** -*e n, österr. ung.* tingsrätt (*i huvudstad i förbundsland*) **-hauptmann** -*hauptleute el.* -*hauptmänner m, österr.* regeringschef, ministerpresident (*i förbundsland*) **-herr** -[*e*]*n* -*en m* landsherre, monark **-kirche** -*n f* **1** statskyrka **2** evangelisk kyrka, evangeliskt samfund (*i ty. delstat*) **-kultur** 0 *f, ung.* jordbruksrationalisering **-kunde** 0 *f, ung.* realia
landes|kundig som är förtrogen med förhållandena i landet **-kundlich** som rör kunskapen om ett land, realia-
Landes|mutter -†*f* landsmoder **-planung** 0 *f, ung.* regionplanering **-produkt** -*e n* ett lands egen produkt, inhemsk produkt **-recht** 0 *n, jur.* delstatsrätt **-regierung** -*en f* delstats-, förbundslands|regering **-sitte** -*n f* landets sed **-sprache** -*n f, die* ~ *beherrschen* behärska landets språk
Landestelle -*n f* landningsplats
Landestrauer 0 *f* landssorg **landesüblich** bruklig, gängse; *das ist hier nicht* ~ (*äv.*) så brukar vi inte göra här, det är inte brukligt här [i landet] **Landesvater** -† *m* landsfader **Landesvermessung** -*en f* triangulering; lantmäteri **Landesverrat** 0 *m* landsförräderi **Landesverräter** - *m* landsförrädare **landesverräterisch** landsförrädisk **Landesversicherungsanstalt** -*en f, BRD* försäkringskassa (*för pension o. sjukförsäkring*) **Landesverweisung** -*en f* utvisning **landesweit** i (över) hela landet
Landeverbot -*e n* landningsförbud
landfein *sich* ~ *machen* (*sjö.*) göra sig snygg för att gå i land **Landflucht** 0 *f* flykt från landsbygden **Landfrauenschule** -*n f* lanthushållsskola (*för kvinnor*) **landfremd** ej hemmahörande i landet, främmande
Land|friede -*ns* -*n m,* **-frieden** - *m, hist.* landsfred **-friedensbruch** -*e*† *m* **1** *hist.* brott mot landsfreden **2** *jur.* störande av allmän ordning, upplopp **-funk** 0 *m* [radio]program för landsbygden **-gang** -*e*† *m* **1** landpermission **2** landgång **-gemeinde** -*n f* landskommun **-gericht** -*e n, ung.* hovrätt **-gerichtspräsident** -*en* -*en m, ung.* hovrättspresident **-graf** -*en* -*en m, hist.* lantgreve **-gut** -*er*† *n* gods, lantegendom **-haus** -*er*† *n* lanthus, villa **-heim** -*e n* internatskola (*på landet*); skolhem (*på landet*) **-jäger** - *m* **1** (*slags*) rökt korv **2** *åld.* lantpolis, gendarm **-karte** -*n f* karta **-klima** 0 *n* fastlandsklimat **-kommune** -*n f* kollektiv (*på landet*) **-kreis** -*e m, ung.* storkommun **-krieg** -*e m* markkrig
landläufig allmän, vanlig, gängse **Landleben** 0 *n* lantliv
Ländler - *m* (*folkdans i 3/4-takt*) ländler **Landleute** *pl, se Landmann* **ländlich** lantlig, lant-; rustik; ~*er Stil* allmogestil **'ländlich--'sittlich** (*ofta iron.*) enkel, [primitivt] ofördärvad
Land|luft 0 *f* lantluft **-macht** -*e*† *f* landmakt **-mann** -*leute m* lantman, bonde; *pl äv.* lantfolk **-marke** -*n f, sjö.* landmärke, båk **-maschine** -*n f* lantbruksmaskin **-messer** - *m* lantmätare **-nahme** 0 *f* erövring (besittnings-

tagande) av nytt land (*för uppodling el. kolonisering*) **-partie** *-n f* utflykt (utfärd) på landet (i det gröna) **-pfarrer** - *m* lantpräst **-pfleger** - *m, bibl.* ståthållare **-plage** *-n f* landsplåga; skämts. plågoris **-pomeranze** *-n f, vard.* lantlolla **-rat** *-e†m* **1** 'lantråd' (*högsta ämbetsman i Landkreis*) **2** *schweiz.* kantonregering **-ratte** *-n f, vard.* landkrabba **-recht** *0 n, hist.* landslag **-regen** - *m, ung.* rotblöta, dagsregn **-rükken** - *m* ås, landhöjd **-schaft** *-en f* landskap, natur, trakt; *bildl.* läge, situation **-schafter** - *m* landskapsmålare
landschaftlich landskaps-; dialektal, regional; ~ *schön liegen* vara vackert belägen vad landskapet beträffar
Landschafts|architekt *-en -en m* landskapsarkitekt **-garten** *-†m* engelsk park **-gärtner** - *m* trädgårdsarkitekt **-pflege** *0 f* landskapsvård
Landschulheim *-e n, se Landheim* **Landser** - *m, mil. sl.* basse, menig **Landsitz** *-e m* lantgods **Landsknecht** *-e m, hist.* landsknekt **Lands|mann** *-leute m* landsman **Landsmännin** *-nen f* landsmaninna **Landsmannschaft** *-en f* **1** *univ. ung.* nation **2** (*i BRD*) förening av landsmän (*i sht av tyska flyktingar från Östeuropa*) **landsmannschaftlich** landsmanna-; ~*e Korporation* (*univ. ung.*) nation; ~*es Treffen* möte av landsmän (*se Landsmannschaft 2*)
Land|spitze *-n f* udde **-stadt** *-e† f* (*mindre*) landsortsstad **-störzer** - *m, åld., se Landstreicher* **-straße** *-n f* landsväg **-streicher** - *m* landstrykare, luffare, lösdrivare **-streicherei** *0 f* lösdriveri **-strich** *-e m* landsända, trakt **-sturm** *0 m, mil.* landstorm **-tag** *-e m* delstats-, förbundslands|parlament **-ung** *-en f* landning; landsättning; *zur* ~ *ansetzen* göra klart för landning
Landungs|brücke *-n f* [landnings]brygga, tilläggsplats; landgång **-platz** *-e†m* landningsplats **-steg** *-e m* [mindre] brygga; [liten] landgång **-stelle** *-n f* landningsplats
Landurlaub *-e m, sjö.* landpermission **Landvermessung** *-en f, se Landesvermessung* **Landvogt** *-e† m, hist.* (*riksomedelbar*) fogde **Landvolk** *0 n* lant|bor, -folk **landwärts** in mot land
Land|weg 1 *-e m* väg över fält, markväg **2** *0 m, auf dem* ~ *reisen* resa landvägen; *den* ~ *benutzen* ta landvägen **-wehr** *-en f* lantvärn **-wein** *-e m* lantvin, traktens vin **-wind** *-e m* landvind **-wirt** *-e m* lant-, jord|brukare, bonde **-wirtschaft 1** *0 f* lant-, jord|bruk, agrikultur **2** *-en f, vard.* (*mindre*) bondgård
landwirtschaftlich lant-, jord|bruks-, agrikulturell; ~*er Betrieb* jordbruk; ~*e Maschine* jordbruksmaskin **Landwirtschaftskammer** *-n f, ung.* hushållningssällskap **Landwirtschaftsministeri|um** *-en n* jordbruks|ministerium, -departement **Landzunge** *-n f* landtunga, udde
1 lang † **I** *adj* lång; långvarig; ~*e Finger machen* (*vard.*) vara långfingrad, stjäla; ~*e Hosen* långbyxor; *den lieben* ~*en Tag nichts tun* inte göra någonting på hela långa dagen; *die Zeit wird ihm* ~ tiden blir honom lång; *länger machen* göra längre, förlänga; *des* ~*en [und breiten]* vitt o. brett, utförligt, omständligt; *seit* ~*em* sedan länge; *ich bin so froh wie seit* ~*em nicht* så glad har jag inte varit på länge (mången god dag); *vor* ~*en Jahren* för många år sedan; *vor noch nicht* ~*er Zeit* för inte så

länge sedan **II** *adv* (*jfr lange*) **1** länge; ~ *anhaltender Beifall* långvarigt bifall **2** ~ *und breit* vitt o. brett, utförligt, omständligt **3** *fünf Jahre* ~ i (under) fem års tid, [i (under)] fem år; *viele Jahre* ~ i åratal; *mein Leben* ~ hela mitt liv, så länge jag lever; *das werde ich mein Leben* ~ *nicht vergessen* (*äv.*) det kommer jag aldrig att glömma; *die ganze Woche* ~ hela [långa] veckan **4** *dial., wir müssen hier* ~ vi måste ta den här vägen; *am Ufer* ~ utmed (längs) stranden; *wissen* (*sehen*), *wo es* ~ *geht* (*vard.*) veta vad man (*etc.*) ska göra (hur man *etc.* ska bära sig åt) **5** *prep m. ack., dial.* utefter; *den Fluß* ~ längs floden
langärm[e]lig långärmad **langatmig** långrandig, tradig, omständlig **Langbein** *-e n, vard.* långbent person; *Meister* ~ storken **lange** † (*jfr lang, längst, längstens*) länge, [under] lång tid; *es ist noch* ~ *nicht fertig* det är inte färdigt på länge än (långt ifrån färdigt); *es ist* ~ *her* det är länge sedan; *er ist* ~ *nicht so alt wie sie* han är inte på långa vägar lika gammal som hon; *das ist* ~ *genug für ihn* (*vard.*) det räcker mer än väl för honom; *es nicht länger aushalten* inte stå ut längre; *sich* ~ *bitten lassen* (*äv.*) låta truga sig; *da fragt man nicht erst* ~ (*vard.*) då ber man inte först om lov; *es geschah erst* ~ *danach* det hände först mycket senare (lång tid senare); *ich habe schon* ~ *nichts von ihm gehört* jag har inte hört av honom på länge; *da kannst du* ~ *warten* det kommer nog att dröja (får du titta i månen efter); *das weiß ich schon* ~ det har jag vetat (känt till) länge
Länge *-n f* **1** längd; longitud; lång stavelse; *auf die* ~ (*vard.*) i längden, i det långa loppet; [*auf* (*unter*)] *5° östlicher* ~ på 5° östlig longitud; *in* ~*n von* i längder av; *es mißt 5 Meter in der* ~ det är 5 meter långt; *manches Gesicht zog sich in die* ~ många blev långa i ansiktet; *die Sache zieht sich in die* ~ saken drar ut på tiden; *mit 5* ~*n siegen* vinna med 5 längder; *der* ~ *nach* på längden; *der* ~ *nach hinfallen* falla raklång; *um* ~*n gewinnen* (*vard.*) vinna stort (en solklar seger); *von 5 Meter* ~ (*äv.*) 5 meter lång **2** långör, långtråkigt ställe **längelang** *vard.* raklång
lang|en *vard.* **1** räcka till, försla; *danke, es -t* [*mir*] tack, det räcker [åt mig]; *es -t nicht hin und nicht her* (*nicht hinten und nicht vorn*) det räcker ingenstans, det kan man inte klara sig på; *jetzt -t's mir aber* nu har jag fått nog; *damit -e ich e-e Woche* det klarar jag mig en vecka på **2** räcka, as; *bis an die Decke* ~ nå ända upp till taket **3** sträcka sig (*nach* efter); ta; *in die Tasche* ~ stoppa handen i fickan (*för att ta fram ngt*); *er -te in den Brief aus der Schublade* han hämtade (tog) fram brevet ur lådan; *das Buch vom Regal* ~ ta ner boken från hyllan; *die Polizei hat sich ihn gelangt* polisen har tagit honom; *ich werde ihn mir* ~ jag ska nog ta hand om honom (låta honom veta att han lever) **4** *e-m e-e* ~ ge ngn en sittopp (örfil)
längen 1 förlänga; dryga (späda) ut **2** *rfl* bli längre
Längengrad *-e m* längdgrad, longitud[grad] **Längenkreis** *-e m, geogr.* meridian **Längenmaß** *-e n* längdmått **Längenwachstum** *0 n* tillväxt på längden; *skogsv.* höjdtillväxt **längerfristig** relativt långfristig, på längre sikt
Langette *-n f,* **Langettenstich** *-e m* langett[söm] **langettieren** langettera

Lange[n]weile *0 f* leda; ~ *haben* ha tråkigt; *ich tue es aus* ~ (*Langerweile*) jag gör det därför att jag har [lång]tråkigt; *sich* (*dat.*) *mit Lesen die* ~ *vertreiben* (*äv.*) slå ihjäl tiden med läsning **Langezeit** *0 f, schweiz.* [hem]längtan **Langfinger** - *m,* (*ofta skämts.*) [fick]tjuv **langfing[e]rig** långfingrad (*äv. bildl.*) **Langfisch** *-e m* långa **langfristig** långfristig, på lång sikt; ~*e Vorhersage* långtidsprognos **langgeh|en** *st s, vard., am Ufer* ~ gå utmed stranden; *wissen, wo's -t* veta vad man (*etc.*) ska göra (hur man *etc.* ska bära sig åt) **langgestreckt** lång[sträckt] **langgezogen** ut-, lång|dragen **Langhaardackel** - *m* långhårig tax **langhaarig** långhårig **Langhaus** -*er†* *n* långskepp (*i kyrka*) **lang'hin** långt bort **Langholz** *0 n, skogsv.* långvirke; *byggn.* längdträ **Langholzwagen** - *m* stockvagn **langjährig** mångårig **langköpfig** långskallig **Langlauf** *0 m* längdlöpning (*på skidor*) **Langläufer** - *m* längdlöpare (*på skidor*) **langlebig** långlivad, med lång livslängd; ~*e Konsumgüter* varaktiga konsumtionsvaror **Langlebigkeit** *0 f* lång livslängd, långt liv **langlegen** *rfl, vard.* lägga sig ner, sträcka ut sig på sängen (*etc.*) **länglich** avlång, långsträckt **'länglich'rund** oval

langliegen *st, vard.* ligga [o. dra sig] i sängen (*e.d.*) **langmachen** *vard.* 1 sträcka ut 2 *rfl* lägga sig ner, sträcka ut sig på sängen (*e.d.*) **langmähnig** *vanl. neds.* långhårig **Langmut** *0 f* lång-, tål|modighet, tålamod **langmütig** lång-, tål|modig **Langmütigkeit** *0 f, se Langmut*

Langobarde -*n* -*n m* langobard **Lang|ohr** -*en n, skämts.* långöra (*hare, kanin, åsna*) **-pa|ß** -*sse†* *m, sport.* långpassning **längs I** *prep. m. gen., mera sällan dat.* längs, utmed **II** *adv* på längden **Längsachse** -*n f* längdaxel

langsam långsam, sakta; trög; *adv. äv.* så småningom; [*sehr*] ~ *denken* (*äv.*) vara trögtänkt; *immer schön* ~*!* (*vard.*) ta det så vackert!; ~, *aber sicher* (*vard.*) långsamt men säkert; *das geht mir zu* ~ det går för långsamt (inte tillräckligt fort) för mig; ~*er werden* (*äv.*) sakta sig; *die Uhr geht zu* ~ klockan drar sig efter (går för sakta) **Langsamkeit** *0 f* långsamhet; tröghet **langschäd[e]lig** långskallig **Langschäfter** - *m* högskaftad stövel **Langschiff** -*e n* långskepp (*i kyrka*) **Langschläfer** - *m* sjusovare **Langschrift** *0 f* vanlig skrift (*i motsats t. stenografi*) **Langseite** -*n f* långsida

längsgestreift randig på längden **Langspielplatte** -*n f* LP-skiva

Längsrichtung -*en f* längdriktning **längsschiffs** *sjö.* långskepps **Längsschnitt** -*e m* längd|snitt, -skärning, -projektion, -sektion **Längsseite** -*n f* långsida **längsseits** *prep m. gen. o. adv, sjö.* långsides

längst I *adj, superl. t. lang, alltid böjt* längst **II** *adv* sedan (redan) länge; för länge sedan; *ich weiß es* ~ det har jag vetat länge; *er sollte* ~ *da sein* han skulle ha varit här för länge sedan; *das ist* ~ *nicht so schön* det är långt ifrån (inte på långa vägar) lika vackert; *es ist* ~ *vorbei* det är förbi för länge sedan **längstens** *vard.* högst, på sin höjd; senast; sedan länge; *in* ~ *drei Stunden* om senast tre timmar; *ich bin* ~ *drei Stunden dort gewesen* jag var där i högst

tre timmar; *das ist mir* ~ *bekannt* det har jag länge känt till **langstielig 1** med lång stjälk, med långt skaft 2 *vard.* tradig, tråkig; ~*er Kerl* tråkmåns **Lang|strecke** -*n f* lång sträcka; *sport.* långdistans **-streckenflug** -*e†* *m* långdistansflygning **-streckenläufer** - *m, sport.,* **-streckler** - *m, sport.* långdistanslöpare **Längswand** -*e†* *f* långvägg **Langtagspflanze** -*n f* långdagsväxt **Languste** -*n f, zool.* langust **Langweile** *0 f, se Lange[n]weile* **langweil|en** -*te, gelangweilt* **1** tråka ut 2 *rfl* ledas, ha tråkigt; *ich habe mich sehr gelangweilt* jag hade mycket tråkigt **Langweiler** - *m, vard.* tråkig människa, tråkmåns; slöfock **langweilig** [lång]tråkig, trist, monoton, tjatig; *vard.* tidsödande, trög; ~*er Kerl* tråkmåns, slöfock; *sei doch nicht so* ~*!* (*äv.*) skynda på!; *es schmeckt* ~ (*vard.*) det smakar ingenting (har en fadd, tråkig smak) **Langwelle** -*n f* långvåg **langwellig** långvågig **langwierig** långvarig [o. komplicerad] **Langzeile** -*n f, versl.* långrad **Langzeitgedächtnis** *0 n, psykol.* långtidsminne **Lanolin** *0 n* lanolin **Lanze** -*n f* lans; *e-e* ~ *für e-n brechen* (*einlegen*) bryta en lans för ngn **Lanzenreiter** - *m, hist.* lansiär **Lanzette** -*n f, med.* lansett **Lanzettfischchen** - *n* lansettfisk **lanzettförmig** lansettformig **lanzettlich** *bot.* lansettlik **Laote** -*n* -*n m* laotier **laotisch** laotisk **lapidar** lapidarisk, korthuggen, kort o. träffande **Lapis'lazuli** - *m* lapis lazuli, lasursten **Lapp** -*en* -*en m, sty.-, österr.* drummel, enfaldig stackare **Lap'palie** -*n f* lappri, små-, strunt|sak, bagatell **Lappe** -*n* -*n m* lapp, same **Lappen** - *m* **1** lapp, trasa; slamsa; *vard.* sedel; *blauer* ~ hundramarkssedel, hundring; *grüner* ~ tjugomarkssedel **2** [hud]flik; slör (*på fågel*); *anat., bot.* lob **3** *jakt.* jaktttyg; *e-m durch die* ~ *gehen* (*vard.*) slinka ur händerna (genom fingrarna) på ngn, undkomma ngn **läppen** *tekn.* [fin]polera, lappera **Lappenzelt** -*e n* lappkåta **Lapperei** -*en f, vard.,* **Läpperei** -*en f, vard., se Lappalie* **läppern 1** *dial.* dricka i små klunkar, smutta på 2 *dial., es -t mich nach etw.* jag har lust på ngt **3** *vard., es -t sich* det blir en hel del så småningom **lappig** *vard.* **1** sladdrig **2** obetydlig; ~*e Summe* struntsumma **lappisch** lapsk **läppisch** fjollig, dum, barnslig; ~*es Benehmen* fjantigt uppträdande; *das ist* ~ det är löjligt **Lappländer** - *m* lapp, same **lappländisch** lapsk, samisk **Lapsus** - *m* lapsus, felsägning, felskrivning, blunder **Lärche** -*n f* lärkträd **Larghett|o** -*os el.* -*i n, mus.* larghetto **largo** *mus.* largo **Larg|o** -*os el.* -*hi n, mus.* largo **lari'fari** *vard.* slarvig, ytlig; ~*!* dumheter!, prat! **Larifari** *0 n, vard.* nonsens; *das ist alles* ~ det är bara [strunt]prat **Lärm** *0 m* buller, oväsen, larm; ~ *schlagen a*) slå larm, *b*) göra stort väsen, bråka, protestera; ~ *machen* föra oväsen, bråka; *viel* ~ *um nichts* mycket väsen för ingenting **Lärmbekämpfung** *0 f* bullerbekämpning **Lärmbelästigung** *0 f* bullerplåga **lärmen** bullra,

stimma, bråka, väsnas; ~d bråkig, bullrig (etc.) **Lärmmacher** - m, vard. bråk|makare, -stake **Lärmpegel** 0 m bullernivå **Lärmschutz** 0 m bullerskydd
Lärvchen [-f-] - n **1** se Larve **2** neds. sött [intetsägande] ansikte; snygging, docka **Larve** [-f-] -n f **1** zool. larv **2** [ansikts]mask; [intetsägande] ansikte; täckmantel; e-m die ~ vom Gesicht reißen avslöja (demaskera, rycka masken av) ngn; e-e hübsche ~ (äv.) ett sött ansikte
las se lesen
lasch 1 slapp[hänt], slak, matt; ~e Maßnahmen lama åtgärder **2** dial. fadd, smaklös
Lasche -n f plös (på sko); flik (på kuvert); tekn. lask-, skarv|[järn] **laschen 1** tekn. laska, skarva **2** sjö. surra [fast]
Laschheit 0 f slapp[hänt]het etc., jfr lasch
Laser ['leizə] - m, fys. laser -**strahl** -en m laserstråle
lasieren lasera
Läsion -en f, med. [kropps]skada
laß högt. slapp, trög, trött, matt
lassen ließ, ließe, gelassen (lassen), läßt, läßt **1** låta; fallen ~ släppa, låta falla; er läßt fragen han hälsar o. frågar; laß[t] (~ Sie) uns gehen! låt oss gå!; er läßt Sie grüßen han hälsar to Er; seine Worte ~ mich hoffen, daß hans ord kommer (får) mig att hoppas att; von sich hören ~ låta höra av sig; laß sie nur kommen de kan gott komma; ich habe mir ein Kleid machen ~ jag har låtit sy [mig] en klänning; ich habe mir sagen ~, daß jag har hört sägas (fått veta) att; sich von seiner Gattin scheiden ~ skilja sig från sin maka; sich (dat.) e-n Zahn ziehen ~ låta dra ut en tand, få en tand utdragen; laß sie nur erst einmal erwachsen sein! vänta bara tills hon blir vuxen! **2** låta, tillåta; laßt [få] behålla; låta gå ut (in), släppa ut (in); laß mich doch bitte ausreden! var snäll o. låt mig tala till punkt!; sich (dat.) etw. nicht bieten ~ inte finna sig i (tåla) ngt; laß dich nicht erwischen! se till att du inte åker fast!; das lasse ich mir nicht gefallen det tolererar jag inte; er läßt sich (dat.) nichts sagen han slår dövörat till (tar inte reson); laß dir das gesagt sein! lyssna (tro) på mig!, kom ihåg det!; laß ihm seinen Glauben låt honom [få] behålla sin tro, ta inte hans tro ifrån honom; laß ihm das Vergnügen unna honom det nöjet; e-m seinen Willen ~ låta ngn få sin vilja fram; laß dir Zeit! ta god tid på dig!, ta det lugnt!; das muß man ihm ~ det får man [verkligen] medge (erkänna) beträffande honom; sie läßt ihn nicht (vard.) han får inte ligga med henne; sie ließ ihn nicht herein hon släppte inte in honom; lassen wir das! vi talar inte mer om det!; die Kinder auf die Straße ~ släppa ut barnen på gatan; etw. aus dem Fenster ~ släppa ut (hissa ner) ngt genom fönstret; die Kinder ins Kino ~ låta barnen gå på bio; frische Luft ins Zimmer ~ släppa in frisk luft i rummet; e-n ~ (vard.) släppa sig **3** låta, låta vara (ligga) [kvar], lämna [kvar]; laß mich [sein]! låt mig vara!; wo habe ich nur meinen Schlüssel gelassen? var har jag gjort av min nyckel!?; die Tür offen ~ låta dörren stå (lämna dörren) öppen; alles stehen ~ lämna allting kvar; den Brief ungeschrieben ~ (äv.) inte skriva brevet; die Katze am Leben ~ låta katten få leva; es beim alten ~ låta det förbli vid det gamla; das läßt alles weit hinter sich det över-

träffar allt; e-n in Frieden ~ lämna ngn i fred; laß das Wasser in der Wanne låt vattnet vara kvar i karet; viel Geld im Wirtshaus ~ göra av med mycket pengar på krogen; laß die Kiste unter dem Bett liegen låt lådan ligga kvar under sängen; von seinem Land ~ müssen tvingas lämna (avstå från) sitt land; das Auto zu Hause ~ lämna bilen hemma **4** låta bli; laß das! låt bli!; tu, was du nicht ~ kannst gör som du vill (men jag är inte med på det); etw. sein ~ (vard.) sluta [med] ngt (göra ngt annat i stället); das Heulen ~ sluta gråta; er kann das Rauchen nicht ~ han kan inte låta bli att (sluta) röka **5** överlåta, låna, sälja; ge, låta; e-m etw. billiger ~ låta ngn få ngt billigare; ich kann dir das Buch bis morgen ~ du kan ha boken till i morgon; das (sein) Leben ~ låta (offra, ge) sitt liv; Wasser ~ kasta vatten **6** sich nicht zu ~ wissen inte veta till sig, vara utom sig, inte kunna lugna sig **7** (i förb. m. sich + inf.) hier läßt es sich aushalten sämre kan man ha det; die Teile ~ sich leicht auswechseln delarna går lätt att byta ut; es läßt sich nicht beschreiben det är obeskrivligt; das läßt sich denken det kan tänkas (är tänkbart); das läßt sich essen det är ätbart, det smakar bra; das läßt sich hören det låter höra sig, det är acceptabelt; es läßt sich nicht leugnen, daß man kan inte neka till att, det går inte att förneka att; das läßt sich machen det låter sig göra[s], det låter göra sig; der Wein läßt sich trinken vinet är drickbart; der Stoff läßt sich waschen tyget tål att tvättas
Laßheit 0 f, åld. trög-, loj|het
lässig 1 nonchalant, obesvärad; slapp, slarvig; dial. utan svårighet **2** vard. toppen **läßlich 1** obetydlig, ringa; ~e Sünden småsynder **2** tolerant
Lasso -s n , äv. m lasso
Last -en f **1** last, börda, tyngd (äv. bildl.); belastning (äv. elektr.); ~ der Beweise bevisbörda; die ~ der Jahre årens tyngd; des Tages ~ und Mühe dagens tunga o. möda; süße ~ (vard.) ljuv börda; du wirst deine liebe ~ mit ihm haben (vard.) du kommer att få problem (mycket besvär) med honom; mir fiel e-e ~ von der Seele en sten föll från mitt bröst; e-m zur ~ fallen (werden) ligga ngn till last, vara en börda för ngn; e-m etw. zur ~ legen lägga ngn ngt till last, tillvita ngn ngt; sich (dat.) selbst zur ~ sein vara en plåga för (inte stå ut med) sig själv; zu jds ~en på ngns bekostnad **2** hand., auf dem Haus liegen hohe ~en huset är högt intecknat; zu Ihren ~en till Ert debet; die Kosten gehen zu unseren ~en kostnaderna debiteras oss (vårt konto) **3** -en m pålagor, skatter **4** sjö. lastrum **Lastanhänger** - m släp[vagn] **Lastauto** -s n lastbil **lastbar** som kan bära en last; ~es Tier lastdjur **last|en** auf e-m ~ tynga [på] ngn, vila [tungt] på ngn; auf den Dächern -et viel Schnee (äv.) det ligger mycket snö på taken; Schulden ~ auf dem Haus huset är intecknat (belastat med skulder); es -et ein Fluch auf dem Hause det vilar en förbannelse över huset; auf seinen Schultern -et die ganze Arbeit (äv.) han får göra allt arbete; ~de Stille tryckande tystnad **Lastenaufzug** -e† m last-, varu|hiss **Lastenausgleich** 0 m, BRD krigsskadeutjämning, kompensation till krigsdrabbade personer **lastenfrei** gravationsfri, utan hypotek (pålagor) **Lastensegler** - m lastglidflygplan (för trupp- o. materieltransport)

1 Laster - *n* **1** last (*fördärvlig vana*) **2** *vard.*, *ein langes* ~ en lång räkel
2 Laster - *m*, *vard.* lastbil
Lästerer - *m* smädare, hädare; baktalare; kverulant
lasterhaft *neds.* lastbar **Lasterhöhle** -*n f*, *vard.* lastens håla, syndens näste **Lasterleben** *O n*, *neds.* *el.* *skämts.* lastbart liv (leverne)
lästerlich hädisk; smädlig; ~*es Leben* osedligt leverne; *ein* ~*es Geld* (*vard.*) jättemycket pengar **Lästermaul** -*er*† *n*, *vard.* bak|dantare, -talare; *ein* ~ *haben* ha en elak tunga **lästern** häda; smäda; *über e-n* ~ baktala (skvallra om, gnälla över) ngn **Lästerung** -*en f* hädelse; smädelse **Lästerzunge** -*n f*, *vard.*, *se Lästermaul*
Last|esel - *m* packåsna (*äv. bildl.*) **-fahrer** - *m* lastbilschaufför **-fuhre** -*n f* **1** lass **2** körning
lätisg påträngande, störande, obehaglig, besvärlig, betungande, tröttsam; *ist dir der Rauch* ~? besvärar röken dig?; *e-m* ~ *fallen* vara ngn till besvär, störa ngn; *die Sache wird mir langsam* ~ jag börjar [så småningom] bli trött på saken **Lästigkeit** *0 f* besvärlighet *etc.*, *jfr lästig*
Last|kahn -*e*† *m* last|båt, -pråm **-kraftwagen** - *m* lastbil **-kraftwagenfahrer** - *m* lastbilschaufför **-schrift** -*en f* debitering **-tier** -*e n* lastdjur **-träger** - *m* bärare (*ist sht i Orienten*) **-wagen** - *m* lastbil **-zug** -*e*† *m* långtradare med [flera] släp[vagnar]
La'sur -*en f* lasur[färg]; lasering **-stein** -*e m* lapis lazuli
lasziv lasciv, oanständig; ~*er Blick* [sömnig o.] sensuell blick
Lä'tare *0* [*der Sonntag*] ~ midfastosöndagen
Latein *0 n* latin; *ich bin mit meinem* ~ *am* (*zu*) *Ende* jag vet inte vad jag ska ta mig till, jag vet mig ingen levande råd **Lateiner** - *m*, *skol.* latinare **Lateinersegel** - *n* latinsegel **lateinisch** latinsk; ~*e Schrift a*) vanlig (*ej tysk*) skrivstil, *b*) *typ.* antikva **Lateinschule** -*n f*, *åld.* latinskola **Lateinsegel** - *n* latinsegel
latent latent; ~*e Wärme* bunden värme **Latenz** *0 f* latens, latent tillstånd
lateral lateral (*äv. fonet.*), sido- **Lateral** -*e m*, *fonet.* lateral
Laterne -*n f* lanterna, lykta; kulört lykta; gatlykta; *arkit.* lanternin; *geh mir aus der* ~! (*vard.*) gå ur (du står i) ljuset för mig!; *das kannst du mit der* ~ *suchen* (*vard.*) det får du söka [efter] med ljus och lykta; *mit dem Niederlage übernimmt die Mannschaft die rote* ~ (*sport.*) efter förlusten ligger laget sist [i serien] **Laternengarage** -*n f*, *skämts.* parkeringsplats intill gatlykta **Laternenparker** - *m*, *skämts.* person som [alltid] parkerar på gatan **Laternenpfahl** -*e*† *m* lyktstolpe; *Wink mit dem* ~ (*vard.*) [alltför] tydlig vink
Lat|ex -*izes m* latex
Latifundi|um -*en n*, *hist.* latifundium, storgods
Latiner - *m*, *hist.* latiner **latinisieren** latinisera **Latinism|us** -*en m*, *språkv.* latinism **Latinum** *0 n*, *univ.* [kompletterings]kurs i latin; *großes* (*kleines*) ~ (*skol.*) [student]examen i latin (*efter 8* (*3*) *års studier*)
Latrine -*n f* **1** latrin **2** *se följ.* **Latrinen|gerücht** -*e n*, *vard.*, **-parole** -*n f*, *vard.* skitsnack, löst rykte
Latsch [-a:-] -*e m* **1** *vard.*, *se Latschen* **2** *vard.* person med dålig hållning, person som släpar fötterna efter sig, slashas **3** *dial.* [kaffe]blask

1 Latsche [-a:-] -*n f* **1** *vard.*, *se Latschen* **2** *vard.* slarva **3** simfot (*på fågel*)
2 Latsche [-a-] -*n f* bergtall
latschen [-a:-] *vard.* **1** *s* gå, traska; gå släpigt, sjava, släpa med fötterna **2** *e-m e-e* ~ smälla till ngn **Latschen** - *m*, *vard.* [gammal, bekväm, nedkippad] toffel (sko); *wie ein paar alte* ~ *zusammenpassen* (*dial.*) passa ihop som hand i handske; *aus den* ~ *kippen* (*vard.*) *a*) svimma, *b*) bli överraskad, förlora fattningen
Latschenkiefer -*n f* bergtall
latschig [-a:-] *vard.* slarvig, vårdslös, slapp; ~*er Gang* släpande (hasande) gång
Latte -*n f* spjäla, läkt, ribba (*äv. sport.*); *vulg.* [stå]kuk; *die* ~*n* (*sl.*) skidorna; *e-e lange* ~ (*vard.*) en lång räkel; *e-n auf der* ~ *haben* (*vard.*) *a*) vara packad (full), *b*) vilja komma åt (inte tåla) ngn; *etw. auf der* ~ *haben* (*vard.*) kunna (behärska) ngt; [*sie*] *nicht alle auf der* ~ *haben* (*vard.*) inte vara riktigt klok; *e-e ganze* ~ *Schulden* (*vard.*) en hel radda skulder; *e-e lange* ~ *von Wünschen* en lång rad önskningar **Latten|kiste** -*n f* spjällåda **-rost** -*e m* trall **-schu|ß** -*sse*† *m*, *sport.*, **-treffer** - *m*, *sport.* ribbskott **-verschlag** -*e*† *m* spjäl|vägg, -bur **-zaun** -*e*† *m* spjälstaket
Lattich -*e m*, *bot.* sallat, sallad
La'tüchte -*n f*, *vard. skämts.* lykta; *geh mir aus der* ~! gå ur (du står i) ljuset för mig!
Lat'werge -*n f* **1** *med.* mos (*som läkemedel*) **2** *dial.* plommon-, frukt|mos
Latz -*e*† *m*, *österr. äv.* -*e* haklapp; bröstlapp; isättning; gylf; (*främre*) byxklaff (*på Lederhosen*); *e-m e-e* (*e-n*, *eins*) *vor den* ~ *knallen* (*donnern*, *ballern*) (*vard.*) *a*) skälla ut ngn, *b*) ge ngn en snyting **Lätzchen** -*n* haklapp **Latzhose** -*n f* byxor (*m. bröstlapp*), snickarbyxor
lau ljum; *bildl. äv.* matt, halvhjärtad
Laub *0 n* löv[verk]; *mit* ~ *schmücken* (*äv.*) löva **-baum** -*e*† *m* lövträd **-dach** *0 n* lövvalv
1 Laube -*n f* **1** *ung.* kolonistuga **2** övertäckt uterum; berså; [*und*] *fertig ist die* ~ (*vard.*) så var det med den saken **3** arkad **4** *teat.* loge
2 Laube -*n* - *m*, *zool.* löja
Lauben|gang -*e*† *m* svalgång; arkad; pergola **-kolonie** -*n f*, *ung.* kolonistugeområde
Laub|fall *0 m* löv-, blad|fällning **-frosch** -*e*† *m* lövgroda **-gewinde** - *n* feston, lövgirland **-heuschrecke** -*n f*, *zool.* vårtbitare **-holz** -*er*† *n* lövträ; *Laubhölzer* (*koll.*) lövträd **-hüttenfest** -*e n*, *jud. relig.* lövhyddohögtid **-moos** -*e n* blad-, löv|mossa **-säge** -*n f* lövsåg **-werk** *0 n* löv-, blad|verk (*äv. konst.*); bladornament
Lauch -*e m* **1** lök (*växt*) **2** *dial.* purjulök
'Laudanum *0 n* smärtstillande medel; *i sht* opium[droppar]
'Laue[ne] -*n f*, *schweiz.*, *se Lawine*
Lauer *0 f*, *auf der* ~ *liegen* ligga på lur, lurpassa; *sich auf die* ~ *legen* lägga sig på lur **lauern** ligga på lur, lurpassa; *auf e-n* ~ lura (passa, ivrigt vänta) på ngn; ~*de Gefahr* (*äv.*) hotande fara
Lauf -*e*† *m* **1** lopp; (*bildl. o. om maskin äv.*) gång; (*på skjutvapen äv.*) pipa; *sport. äv.* heat, omgång; *der obere* ~ *des Flusses* flodens övre lopp; *das ist der* ~ *der Welt* sådan är världens gång; *e-r Sache* (*dat.*) *freien* ~ *lassen* ge fritt utlopp åt ngt, låta ngt ha sin gång; *die Sache nimmt ihren* ~ saken går sin gilla gång; *in vollem* ~ i full fart; *im* ~*e des Gespräches* under samtalets gång; *im* ~ *des*

Monats under månadens lopp; *im ~ der Zeit* med tiden; *e-n im ~ einholen* springa ifatt ngn; *sich in ~ setzen* börja springa (gå); *atemlos vom schnellen ~* andfådd av att ha (för att jag etc. hade) sprungit fort; *e-m vor den ~ kommen* komma inom skotthåll för ngn **2** *astron.* omlopp, bana **3** *mus.* löpning, rulad **4** *jakt.* ben *(på hund o. vilt)* **-achse** *-n f, tekn.* löpaxel **-bahn** *-en f* **1** [levnads]bana; *glänzende ~* lysande karriär **2** *sport.* löparbana **3** *astron.* [omlopps]bana **-bursche** *-n -n m* springpojke **laufen** *lief, liefe, gelaufen, läufst, läuft* **1** *s* springa, löpa; gå; åka; *gelaufen kommen* komma springande; *er lief, was er nur konnte* han sprang allt vad han orkade; *wir sind gelaufen, nicht gefahren* vi har gått, inte åkt; *das Kind kann ~* barnet kan gå; *es sind zwei Stunden bis dorthin zu ~* man går dit på två timmar; *das Buch läuft gut (vard.)* boken säljer (går) bra; *die Polizei ließ ihn ~* polisen lät honom löpa (släppte honom); *der Zuhälter läßt zwei Miezen ~ (vard.)* hallicken har två brudar som går på gatan; *Stenmark ist phantastisch gelaufen* Stenmark gjorde ett fenomenalt åk; *am Stock ~* gå med käpp; *auf Grund ~* gå på grund; *auf e-e Mine ~* gå på en mina; *aus dem Hafen ~* löpa ut ur hamnen; *jeden Abend ins Kino ~* ränna på bio varje kväll; *in e-m Rennen ~ (äv.)* starta (delta) i ett lopp; *nach diesem Geschenk bin ich lange gelaufen (vard.)* jag sprang benen av mig för att få tag i den här presenten **2** *s* gå, *bildl. äv.* röra sig, vara i gång, löpa, pågå; *der Apparat läuft wieder* apparaten fungerar igen; *die Dinge ~ lassen (vard.)* låta sakerna ha sin gång; *die Erde läuft um die Sonne* jorden rör sig (kretsar) kring solen; *der Faden läuft auf die Spule* tråden rullas upp på spolen; *heuer ~ 2 Millionen Fahrzeuge vom Fließband* i år produceras 2 miljoner fordon på (lämnar 2 miljoner fordon) löpande bandet; *der Film läuft schon* filmen har redan börjat; *der Film läuft bereits die dritte Woche* filmen har redan gått (visats) i tre veckor; *der Film ist gestern über den Bildschirm gelaufen (vard.)* filmen visades i TV i går; *ihre Finger liefen über die Tasten* hennes fingrar gled (löpte) över tangenterna; *das Gerücht lief schnell durch den ganzen Betrieb* ryktet spred sig snabbt över hela företaget; *die Maschine läuft* maskinen går (är i gång); *der Motor läuft ruhig* motorn går tyst; *das Rad läuft* hjulet roterar; *das Radio läuft* radion är på; *die Verhandlungen ~ noch* förhandlingarna pågår än; *der Wagen ist nur 2000 Kilometer gelaufen* bilen har bara gått 200 mil; *die Zeit läuft* tiden går; *ein Zittern läuft durch ihren Körper* det går en skälvning genom hennes kropp; *es läuft ihm kalt über den Rücken* det går kalla kårar över ryggen på honom; *ich möchte wissen, wie es gelaufen ist! (vard.)* tala om hur det har gått!; *um 5 Uhr ist alles gelaufen (vard.)* allt är klappat o. klart (avklarat, slut) kl. 5; *ich weiß, wie's läuft (vard.)* jag vet hur man gör (hur det går till) **3** *s* löpa, gälla, vara giltig; *das Abonnement läuft noch ein Jahr* prenumerationen gäller ett år till; *der Vertrag läuft noch* kontraktet är fortfarande giltigt (gäller ännu); *das Auto läuft auf seinen Namen* bilen är registrerad i hans namn; *der Wechsel läuft auf seinen Namen* växeln är utställd på honom (löper i hans namn); *unter dem Namen ... ~* gå under nam-

net ..., betecknas ... **4** *s* flyta, rinna; läcka; *die Nase läuft* näsan rinner; *das Ohr läuft* det kommer sekret (var) ur örat; *der Topf läuft* grytan läcker; *Wasser in die Wanne ~ lassen* tappa upp vatten i badkaret **5** *s* gå, sträcka sig; *die Küste läuft von Norden nach Süden* kusten sträcker sig från norr till söder; *der Weg läuft am Ufer entlang* vägen går utmed stranden **6** *s o. h* åka; *Ski (Schlittschuh, Rollschuh) ~* åka skidor (skridskor, rullskridskor) **7** *sich (dat.) die Füße wund ~* få skoskav; *sich (dat.) Blasen ~* gå så att man får blåsor på fötterna **8** *rfl, in diesen Schuhen läuft es sich gut* man går bra i de här skorna; *sich müde ~* gå (springa) sig trött; *hier läuft es sich schlecht* det är jobbigt (inte skönt) att gå här **laufend** löpande; *adv äv.* ständigt; *~e Ausgaben* löpande utgifter; *am ~en Band (bildl.)* på löpande band; *~es Konto* checkräkning; *~es Meter* löpmeter; *der ~e Monat* innevarande månad; *mit ~em Motor* med motorn i gång; *~ zu tun haben* ständigt (oavbrutet) vara sysselsatt; *e-n auf dem ~en halten* hålla ngn à jour (underrättad); *auf dem ~en sein* vara à jour, ha hunnit med vad man ska **laufenlassen** *st, vard.* låta löpa, släppa **Läufer** - *m* **1** löpare *(äv. sport., schack.)*; *ein guter ~ sein (äv.)* springa bra **2** [bord]löpare; gångmatta **3** *tekn.* löpare; rotor; *byggn.* löpsten **4** *fotb.* halvback **5** *zool.* ungsvin; springfågel **Läuferei** *-en f, vard.* spring, rännande; *viele ~en haben (äv.)* ha många ärenden; *er hat viele ~en damit (deswegen) gehabt (äv.)* han har haft mkt besvär med det

Lauf|feuer - *n* löpeld; *sich wie ein ~ verbreiten* sprida sig som en löpeld **-fläche** *-n f* glid-, slit-, löp-, friktions|yta **-frist** *-en f, se Laufzeit* **-gang** *-e† m* **1** passage, gång **2** landgång **-geschäft** *0 n, sl.* prostitution **-gewicht** *-e n (på våg)* skjut-, glid|vikt **-gewichtswaage** *-n f* besman **-gitter** - *n* barnhage **-graben** -† *m* löpgrav **-hund** -*e m* spårhund

läufig löpsk; brunstig

Lauf|junge *-n -n m* springpojke **-käfer** - *m, zool.* jordlöpare **-katze** *-n f, tekn.* löpvagn, telfer, [transport]tralla **-kraftwerk** *-e n* vattenkraftverk *(utan damm)* **-kundschaft** *0 f* strökunder **-mädchen** - *n* springflicka **-masche** *-n f* löpmaska **-paß** *0 m, e-m den ~ geben* ge ngn respass (sparken), ge ngn på båten; *sie hat ihm den ~ gegeben (äv.)* hon har slagit upp med honom **-richtung** *-en f* rörelseriktning **-schiene** *-n f* löpskena **-schrift** *0 f* ljusskrift *(i ljusjournal o.d.)* **-schritt** *0 m* språngmarsch; *sich im ~ nähern* närma sig i språngmarsch **-schuh** -*e m* [bekväm] sko *(för promenad e.d.)*; *sport.* löpar-, spik|sko **-stall** *-e† m* barnhage **-steg** *-e m* estrad *(för mannekänger)* **-stuhl** *-e† m* gåstol **-vogel** -† *m* springfågel *(struts e.d.)* **-werk** *-e n* [driv]mekanism; gångverk *(i ur); vard.* ben **-zeit** *-en f* giltighetsperiod; *hand. o. zool.* löptid; spel-, visnings|tid; *(klockas, maskins)* gångtid; tid *(förlopp); in Wien betrug die ~ dieses Filmes fünf Wochen* i Wien gick (visades) den här filmen i fem veckor **-zettel** - *m* **1** rundskrivelse, cirkulär; cirkulationslista **2** checklista, kontrollista **Lauge** *-n f* lut; *die ~ seines Spottes* hans bitande hån **laugen** luta, lägga i (behandla med) lut **laugenartig** lutaktig, alkalisk **Laugensalz** *0 n, åld.* pottaska **laugig** lutaktig

Lauheit *0 f,* **Lauigkeit** *0 f, åld.* ljumhet (*äv. bildl.*) **Laumann** -er† *m, vard.* mähä
Laune -n f **1** humör, lynne; *guter (schlechter)* ~ *sein, gute (schlechte)* ~ *haben* vara på gott (dåligt) humör; *nicht in (bei)* ~ *sein* vara ur (på dåligt) humör; *dazu hab' ich keine* ~ det har jag ingen lust med (till); *je nach* ~ som man har lust; *Mensch, macht das* ~! det var (är) jätteroligt! **2** nyck, infall; *die* ~n *des Schicksals* ödets nyck; *er hat so seine* ~n han har sina nycker; *etw. aus e-r* ~ *heraus tun* göra ngt på grund av ett [plötsligt] infall **launenhaft** lynnig, nyckfull; obeständig (*om väderlek*) **Launenhaftigkeit** *0 f* lynnig-, nyckfull|het **launig** vitsig, skämtsam, spirituell, humoristisk **launisch** lynnig, nyckfull; obeständig
Laure'at -en -en *m* **1** poeta laureatus **2** person som belönats med ett pris (en utmärkelse), pristagare
Laus -e† *f* lus; *e-m e-e* ~ *in den Pelz (ins Fell) setzen (vard.) a)* bereda ngn svårigheter, göra så att ngn råkar illa ut, *b)* göra ngn misstänksam; *ihm ist e-e* ~ *über die Leber gelaufen (vard.)* han är på dåligt humör; **Läuse** knacken knäppa löss **-allee** -n f, se *Lauseallee* **-bub** -en -en *m* rackarunge; busfrö **-büberei** -en f tjuvpojksstreck
Lauschangriff -e *m* inmontering av hemliga avlyssningsapparater; hemlig avlyssning **lauschen** lyssna (*e-m* på ngn); tjuvlyssna; *an der Tür* ~ lyssna vid dörren **Lauscher** - *m* **1** lyssnare; tjuvlyssnare; *der* ~ *an der Wand hört seine eigene Schand* den som tjuvlyssnar får stå ut med att höra ngt oförrdelaktigt om sig själv **2** *jakt.* öra *(på [hög]vilt)* **lauschig** stilla o. gemytlig (ostörd)
Lauseallee -n f, vard. 'lusränna' (*rak bena*)
Lausebengel -[s] *m, vard.* rackarunge, tjuvpojke, satunge, busfrö **Lause-, Läuse|forke** -n f, vard., **Lause-, Läuse|harke** -n f, vard. 'lusräfsa' (*kam*) **Lausejunge** -n -n *m, se Lausebengel* **'lause'kalt** *vard.* svinkall **Lausekerl** -e *el. -s m, vard.* odåga, lymmel; *se äv. Lausebengel* **Läusekraut** *0 n, bot.* spira **laus|en** lusa; *e-n* ~ *a)* plocka löss på (lusa av) ngn, *b) vard.* plocka (skinna) ngn, *c) vard.* [kropps]visitera ngn; *ich dachte, mich -t der Affe, als (vard.)* jag trodde jag såg i syne (jag skulle trilla av pinn) när **Lausepack** *0 n, vard.* pack, slödder **Lauser** - *m, dial., se Lausebengel* **Lause-, Läuse|rechen** - *m, se Lauseforke* **lausig** *vard.* futtig, usel; hemsk; *ein paar* ~e *Groschen* ett par futtiga (fattiga) ören; ~e *Zeiten* usla tider; ~e *Sache* otrevlig historia; ~ *viel Geld* väldigt mycket pengar; ~ *kalt* svinkall **Lausrechen** - *m, se Lauseforke*
1 laut *adj* hög[ljudd], ljudlig; ~er *Mensch* högröstad (bullersam) människa; *mit* ~er *Freude* med hörbar glädje; *im Walde ist es* ~ *(jakt.)* det är vindstilla i skogen (*så att alla ljud hörs tydligt*); ~ *werden a)* bli högljudd, *b)* bli bekant, komma ut; ~ *werden lassen* yppa, röja; *Stimmen wurden* ~, *daß* röster höjdes för att; *e-e* ~e *Wohnung* en lyhörd lägenhet; ~ *von etw. sprechen* tala högt om ngt
2 laut *prep m. gen., äv. dat. o. nom.* enligt, i enlighet med; ~ *unseres Schreibens (unserem Schreiben)* enligt vårt brev; ~ *Schreiben vom 1. Juni* enligt brev av den första juni; ~ *Berichten* enligt rapporter
Laut -e *m* ljud; ~ *geben* ge skall; *heimatliche* ~e *hemlandstoner* **lautbar** ~ *werden (åld.)* bli bekant (känd), ryktas **Lautbildung** *0 f, språkv.* artikulation
Laute -n f luta
laute|n 1 lyda; låta; *die Antwort -t günstig* svaret är gynnsamt; *das Urteil -t auf ein Jahr Gefängnis* domen lyder på ett års fängelse; *der Wechsel -t auf seinen Namen* växeln är utställd på hans namn **2** *språkv.* uttala **läute|n 1** ringa [i], klämta [i]; *von etw.* ~ *hören* få nys om ngt **2** *dial.* ringa; *das Telefon -t* det ringer i telefonen, telefonen ringer; *es -t an der Tür* det ringer på dörren; *an der Tür* ~ ringa på dörren; *[nach] e-m* ~ ringa på ngn **Lautenist** -en -en *m,* **Lauten|schläger** - *m, åld., -spieler* - *m* lutspelare
lauter 1 ren, oblandad; uppriktig, ärlig; ~e *Absichten* ärliga avsikter; *die* ~e *Wahrheit* rena [rama] sanningen; ~e *Flüssigkeit (äv.)* klar (genomskinlig) vätska **2** oböjl. idel, bara; *das sind* ~ *Lügen* det är inget annat än lögn[er] (idel lögner) **Lauterkeit** *0 f* renhet, äkthet; uppriktighet, ärlighet **läutern 1** rena, klara, filtrera, raffinera; *bildl. äv.* luttra **2** *rfl* luttras **Läuterung** *0 f* rening, klarning, raffinering; luttring
Läutewerk -e *n* [akustisk] larmapparat, ringklocka; *järnv.* ringverk **lautgemäß** *språkv.* fonetisk, ljudenlig **Lautgesetz** -e *n, språkv.* ljudlag **lautgetreu** ljudenlig, fonetisk **lauthals** för full hals **lautieren** *språkv.* ljuda **Lautiermethode** *0 f, die* ~ ljudmetoden **Lautlehre** *0 f, språkv.* ljudlära, fonetik o. fonologi **lautlich** fonetisk, ljudenlig **lautlos** ljudlös **laut|malend** *språkv., -nachahmend språkv.* ljudmålande, onomatopoetisk **Lautschrift** -en f fonetisk skrift, ljudskrift **Lautsprecher** - *m* högtalare **lautstark** hög|ljudd, -röstad **Lautstärke** -n f **1** ljudstyrka, volym **2** högljuddhet, oväsen **Lautstärkeregler** - *m* volymkontroll **lauttreu** *se lautgetreu* **Lautung** -en f, språkv. **1** artikulation **2** form **Lautveränderung** -en f, *se Lautwandel* **Lautverschiebung** -en f, språkv. ljudskridning **Lautwandel** *0 m, språkv.* ljudförändring **Läutwerk** -e *n, se Läutewerk*
lauwarm ljum[men]
Lav|a [-v-] -en f lava
Lavendel [-v-] - *m* lavendel
1 lavieren [-v-] **1** sjö. åld. kryssa **2** bildl. manövrera (lotsa) fram, balansera; *sich aus etw.* ~ *(äv.)* klara av ngt
2 lavieren [-v-] *konst.* lavera **Lavoir** [-'vɔa:ɐ̯] -s *n,* österr. *el. åld.,* **Lavor** [-'vo:ɐ̯ *el.* -'fo:ɐ̯] -s *n, sty.* lavoar
Law and order ['lɔ: ənd 'ɔ:də] lag o. ordning
Lawine -n f lavin (*äv. bildl.*), [snö]skred **lawinenartig** lavinartad (*äv. bildl.*) **Lawinengalerie** -n f lavingalleri (*vägskydd*) **Lawinenschnur** -e† f (*röd*) skyddslina (*för skidåkare*)
lax slapp, hållningslös **'Laxans** La'xan|tia *el. -zien n,* **Laxativ** -e *n,* **Laxativ|um** [-v-] -a *n* laxativ **Laxheit** -en f slapp-, hållningslös|het
Layout [leɪ'aʊt, *äv.* '--] -s *n* layout
Lazarett -e *n* militär-, fält|sjukhus **Lazarus** -se *m, vard.,* armer ~ [sjuk] stackare
leasen ['li:zn] leasa **Leasing** -s *n* leasing
Lebe'hoch -s *n* leverop; *ein* ~ *auf e-n ausbringen* utbringa ett leve för ngn **'lebelang** *mein* ~ i hela mitt liv **Lebemann** -er† *m* lebe-

man, vivör **lebemännisch** som en lebeman, flott o. lättsinnig
leb|en leva; *die L~den und die Toten* levande o. döda; *~ und ~ lassen* leva o. låta [andra] leva; *fleischlos ~ (äv.)* vara vegetarian; *seiner Gesundheit (dat.) ~* leva för sin hälsa; *für sein Kind ~* leva för sitt barn; *in dem Glauben ~, daß* leva i den tron att; *von Gemüse ~* leva på grönsaker; *von der Luft ~* leva på luft; *nicht mehr lange zu ~ haben* inte ha långt kvar; *nichts zu ~ haben* inte ha ngt att leva av; *zu ~ wissen* förstå att leva livet; *sein Leben noch einmal ~* leva om sitt liv; *sein eigenes Leben ~* leva sitt eget liv; *hier ~de Freunde* vänner som bor här; *auf dem Lande ~* bo på landet; *-[e] wohl!* farväl!, lev väl!; *es -e die Braut!* leve bruden!; *sie -e hoch!* leve hon!, hon leve!; *ich kann ohne dich nicht ~ (äv.)* jag klarar mig inte utan dig; *wie geht es Dir? — man -t! (vard.)* hur mår du? — jotack, man klarar sig!; *hier ~ es sich gut* här lever man gott; *sie ~ jetzt getrennt (äv.)* de har separerat; *wie lange ~ Sie schon hier?* hur länge har Ni bott här?; *-t er noch? (äv.)* är han ännu i livet?
Leben - *n* liv; levnad; *reges ~* liv o. rörelse; *~ in etw. (ack.) bringen (vard.)* sätta liv i ngt; *~ in die Bude bringen (vard.)* sätta sprätt på sällskapet; *und koste es mein ~!* om det så kostar mig livet!; *sein ~ lassen* sätta livet till; *seinem ~ ein Ende machen (setzen)* göra av med sig, begå självmord; *sich (dat.) das ~ nehmen* ta livet av sig; *e-m Kind das ~ schenken* skänka livet åt (föda) ett barn; *e-n am ~ erhalten* hålla ngn vid liv; *es geht ihm ans ~* det gäller livet för honom; *am ~ sein* vara vid liv; *ein Kampf auf ~ und Tod* en strid på liv o. död; *Erzählung aus dem ~ gegriffen* berättelse ur levande livet; *sich durchs ~ schlagen* slå sig fram; *etw. für sein ~ gern tun (vard.)* väldigt (hemskt) gärna göra ngt; *nie im ~!, im ~ nicht! (vard.)* aldrig i livet!; *etw. ins ~ rufen* börja med (starta) ngt, ta initiativet till ngt; *ins ~ treten* stå ut i livet; *ins ~ zurückrufen* återkalla till livet; *mit dem ~ davonkommen* undkomma med livet [i behåll]; *e-m nach dem ~ trachten* trakta efter ngns liv, vilja döda ngn; *e-n ums ~ bringen* ta livet av ngn; *es geht ums ~* det gäller livet; *ums ~ kommen* omkomma; *zeit meines ~s, mein ~ lang* i hela mitt liv; *alles, was zum ~ gehört* allt vad som hör till livets nödtorft **lebendgebärend** som föder levande ungar **Lebendgewicht** *0 n* levande vikt **le'bendig** levande; livlig; *bei ~em Leibe verbrennen* omkomma i lågorna, brännas levande; *dastehen wie ein ~es Fragezeichen* stå som ett levande frågetecken; *~e Diskussion* livlig diskussion; *~ erzählen (äv.)* berätta medryckande **le'bendiggebärend** som föder levande ungar **Le'bendigkeit** *0 f* liv, livlighet; *die ~ seiner Erzählung (äv.)* det medryckande i hans berättelse, hans livfulla berättelse
Lebens|abend *0 m* livsafton **-ader** *-n f* livsviktig förbindelselinje, pulsåder **-alter** - *n* [levnads]ålder **-angst** *0 f* livsångest **-arbeit** *-en f* livsverk **-art** *-en f* folkvett, hyfs; livsstil, levnadssätt; *er hat keine ~* han har inte ngt fint sätt (är rätt ohyfsad) **-aufgabe** *-n f* livsuppgift; *es sich (dat.) zur ~ machen, zu* göra det till sin livsuppgift att **-bahn** *-en f* levnadsbana, väg, liv **-baum** *-e† m, bot. o. bildl.* livsträd **-bedingungen** *pl* livsvillkor

lebens|bedrohend, -bedrohlich livs|hotande, farlig **Lebensbedürfnisse** *pl* livsförnödenheter **lebensbejahend** livsbejakande **Lebens|bejahung** *0 f* livsbejakelse **-beschreibung** *-en f* biografi **-bild** *-er n* levnadsteckning **-bund** *0 m, poet.*, *den ~ schließen* knyta hymensband *(gifta sig)* **-chance** *-n f* chans att överleva **-dauer** *0 f* livslängd; *auf ~* på livstid **lebensecht** verklighetstrogen, realistisk, äkta **Lebens|elixier** -*e n* livselixir **-ende** *0 n* död; *bis ans ~* till döddagar **-erfahrung** -*en f* livserfarenhet **-erinnerungen** *pl* minnen; *seine ~ schreiben* skriva sina memoarer **-erwartung** *0 f* [sannolik] livslängd; *mittlere ~* medellivslängd; *die ~ nimmt zu* livslängden ökar; *dieser Motor hat keine hohe ~ (äv.)* denna motor kommer [nog] inte att hålla så länge **Lebensfaden** *0 m* livstråd **lebensfähig** livsduglig; *nicht ~ (bildl. äv.)* dödfödd **lebensfern** verklighetsfrämmande, orealistisk **Lebensfrage** -*n f* livsfråga, livsviktig (vital) fråga **lebensfremd** världs-, verklighets|främmande **Lebensfreude** *0 f* livsglädje **lebensfroh** levnadsglad **Lebensführung** -*en f* livsföring **Lebensgefahr** *0 f* livsfara; *etw. mit (unter) ~ tun* göra ngt med fara för livet (eget liv) **lebensgefährlich** livsfarlig **Lebens|gefährte** -*n -n m* livsledsagare **-gefühl** *0 n* livs|känsla, -glädje **-geist** *0 m* livsvilja **-geister** *pl* livsandar **-gemeinschaft** -*en f* livsgemenskap; *biol.* symbios; *in ~ leben* leva ihop, sammanbo **-geschichte** -*n f* levnads|historia, -beskrivning **lebensgroß** i kroppsstorlek; *etw. ~ abbilden* avbilda ngt i naturlig storlek **Lebens|größe** *0 f* kroppsstorlek, naturlig storlek; *in voller ~ (vard. äv.)* i egen [hög] person **-haltung** *0 f* levnadsstandard; *bescheidene ~ (äv.)* enkel livsföring; *die ~ ist teurer geworden* levnadskostnaderna har ökat **-haltungsind|ex** -*exe el. -izes n* levnadskostnadsindex **-haltungskosten** *pl* levnadskostnader **-interesse** -*n n* vitalt intresse, livsintresse **-jahr** -*e n* levnadsår **-kamerad** -*en -en m* livskamrat **-kampf** *0 m, der ~* kampen för tillvaron **lebensklug** levnadsklok **Lebenskosten** *pl* levnadskostnader **lebenskräftig** livskraftig **Lebenslage** -*n f* situation i livet; *in allen ~n* i alla lägen **lebenslang** livslång **lebenslänglich** livslång; *~e Rente* livränta; *zu ~em Zuchthaus verurteilen* döma till livstids straffarbete; *~ bekommen (vard.)* få livstid **Lebenslauf** -*e† m* 1 levnadslopp 2 *(skriftlig)* levnadsbeskrivning, meritförteckning **Lebenslicht** -*er n* ljus *(i födelsedagstårta)*; *bildl.* livslåga; *e-m das ~ ausblasen (vard.)* släcka ngns livslåga, döda ngn **Lebenslüge** -*n f* livslögn **Lebenslust** *0 f* livslust **lebenslustig** levnadsglad **Lebensmittel** *pl* livsmedel **-geschäft** -*e n* livsmedels|affär, -butik **-industrie** -*n f* livsmedelsindustri **-karte** -*n f* ransoneringskort *(för livsmedel)* **-versorgung** -*en f* livsmedelsförsörjning **-vergiftung** -*en f* matförgiftning **lebensmüde** livstrött, trött på livet **Lebensmut** *0 m* levnadsmod, optimism **lebensnah** livsnära, verklighetsnära, levande, realistisk **Lebensnerv** -*en m* livsnerv **lebensnotwendig** livs|viktig, -nödvändig **lebenspendend** livgivande **lebensprühend** sprudlande av liv
Lebens|qualität *0 f* livskvalitet **-raum** -*e† m*

livsrum; *biol.* biotop **-regel** *-n f* levnadsregel, rättesnöre **-retter** - *m* livräddare **-saft** *0 m, poet.* blod, livssaft **-standard** *0 m* levnadsstandard **-stellung** *-en f* anställning på livstid **-stil** *-e m* livsstil, levnadssätt **lebenstüchtig** livsduglig, som reder sig **Lebensüberdruß** *0 m* livsleda **lebensüberdrüssig** trött på livet **Lebensunterhalt** *0 m* [livs]uppehälle, levebröd **lebensverneinend** livsförnekande **Lebensverneinung** *0 f* livsförnekelse **Lebensversicherung** *-en f* livförsäkring; *e-e ~ abschließen* teckna en livförsäkring **lebensvoll** livfull, levande **lebenswahr** verklighetstrogen, realistisk **Lebens|wandel** *0 m* vandel; *e-n schlechten ~ führen* leva ett dåligt liv; *früherer ~* tidigare leverne **-wasser** *0 n, vard.* skämts. livets vatten (*brännvin*) **-weg** *-e m* levnadsbana, liv, väg; *den gemeinsamen ~ antreten* gifta sig **-weise** *-n f* livsstil, levnadssätt; *gesunde ~* sunt liv **-werk** *-e n* livsverk **lebenswert** värd att leva **lebenswichtig** livsviktig, vital **Lebens|wille** *-ns 0 m,* **-willen** *0 m* livsvilja **Lebenszeichen** - *n* livstecken **Lebenszeit** *0 f* livstid **lebenszerstörend** *se lebenzerstörend* **Lebens|ziel** *-e n,* **-zweck** *-e m* livsmål **lebenverneinend** livsförnekande **lebenzerstörend** dödande, som sprider död o. förintelse
Leber *-n f* lever; *frei (frisch) von der ~ weg sprechen (vard.)* tala rent ut, öppet säga vad man *(etc.)* tänker **-blümchen** - *n* blåsippa **-entzündung** *-en f* hepatit **-fleck** *-e m* leverfläck **-käse** *0 m, sty., österr. (slags bakad)* [lever]korv **-knödel** - *m, sty., österr. (slags kokt)* leverbulle **-krebs** *0 m* levercancer **-pastete** *-n f* leverpastej **-tran** *0 m* levertran, fiskleverolja **-wurst** *-e† f* leverkorv; *die gekränkte (beleidigte) ~ spielen (sein) (vard.)* låtsas vara stött [i kanten], spela förnärmad
Lebe|schön ~ *machen* (*vard.*) njuta av livet (*i stället för att arbeta*) **-welt** *0 f* **1** *ung.* folk i farten (som lever för sina nöjen), vivörer **2** liv, djur- o. växtliv, fauna o. flora **-wesen** - *n* levande väsen (varelse), organism
Lebe'wohl *-s el. -e n* farväl; *e-m ~ sagen* ta farväl (avsked) av ngn
lebhaft livlig, livfull; *~er Beifall* kraftig applåd; *~es Interesse zeigen* visa starkt intresse; *etw. ~ empfinden* känna ngt intensivt; *zu meinem ~en Staunen* till min stora häpnad; *ein bißchen ~, bitte! (vard.)* skynda då på! **Lebhaftigkeit** *0 f* livlighet, livfullhet
Lebkuchen - *m (slags)* pepparkaka
leblos livlös; orörlig **Leblosigkeit** *0 f* livlöshet; orörlighet **Lebtag** *0 m, vard., das habe ich mein ~ nicht gesehen* det har jag aldrig sett i hela mitt liv **Lebzeiten** *pl, zu (bei) ~ des Bruders* under broderns livstid, medan brodern levde
Lebzelten - *m, dial. (slags)* pepparkaka
lechzen [ivrigt] längta (trängta) (*nach* efter); *nach Blut ~* törsta efter blod
leck läck **Leck** *-e n* läcka; *ein ~ abdichten* täta en läcka **Leckage** [lε'ka:ʒə] *-n f* **1** läcka **2** läckage, förlust genom läckning (avdunstning) **Lecke** *-n f* [salt]sleke
1 lecken läcka, vara läck
2 leck|en slicka (*an + dat.* på); *die Katze -t Milch* katten lapar mjölk; *sich (dat.) die Lippen ~* slicka sig om munnen; *sich (dat.) alle*

[*zehn*] *Finger nach etw. ~ (vard.)* slicka sig om munnen efter ngt; *leck mich [am Arsch]! (vulg.)* dra åt helvete!
lecker läcker **Lecker** - *m* **1** *åld.* läckergom; person som är förtjust i godsaker (sötsaker) **2** *jakt.* tunga **3** *dial., se Lutscher* **Leckerbissen** - *m* läcker-, god|bit **Leckerei** *-en f, vard.* läckerhet; *~en* (*i sht*) sötsaker **Leckerli** - *n, schweiz. (slags)* pepparkaka **Leckermaul** *-er† n, vard.* läckergom; person som är förtjust i godsaker (sötsaker) **leckern** *vard.* **1** snaska **2** *es -t mich nach etw.* jag är sugen på ngt
led. *förk. för ledig* og., ogift
Leder - *n* läder, skinn; *sport. vard.* läderkula, fotboll; *dieser Braten ist das reinste ~* den här steken är seg som läder; *das Fenster mit dem ~ putzen* putsa fönstret med sämskskinnet; *e-m das ~ gerben (versohlen)* ge ngn på huden; *e-m ans ~ wollen* vilja åt (attackera) ngn; *am ~ bleiben (sport.)* behålla bollen; *in ~ gebunden* inbunden i skinnband; *vom ~ ziehen a) hist.* dra blankt, *b) bildl.* gå till attack **Lederband** *-e† m* [bok i] skinnband **Lederinband** *-e† m* skinnband; *e-n ~ haben* vara skinnbunden **Lederhaut** *-e† f, anat.* **1** läderhud **2** senhinna (*i ögat*) **Lederhose** *-n f* 'lederhosen'; skinnbyxor **lederig** läderartad **Lederjacke** *-n f* skinn-, läder|jacka **ledern I** *adj* av läder (skinn, läder), skinn-; (*om kött*) seg [som läder]; skinntorr (*äv. bildl.*); *vard.* tråkig, snustorr **II** *v* **1** putsa (polera) med [sämsk]-skinn **2** garva **3** klä med läder (skinn) **4** *dial.* ge på huden, klå upp **Lederriemen** - *m* läderrem **Lederschnitt** *-e m* läderplastik **Lederschuh** *-e m* läder-, skinn|sko **Ledersessel** - *m* skinnfåtölj **Lederzeug** *0 n* skinn-, läder|varor
ledig 1 ogift; *~es Kind* utomäktenskapligt barn **2** *dial.* fri; *~es Pferd* häst utan ryttare; *aller Sorgen ~ sein* vara fri från alla bekymmer; *~ liegen* ligga i träda **3** *sjö.* obefraktad **4** *gruv.* ofyndig; *~es Gestein (äv.)* varp **Ledigenheim** *-e n* servicehus för ogifta; hem för lärlingar o. gesäller; ungkarlshotell **Ledigensteuer** *-n f* ungkarlsskatt **lediglich** blott, uteslutande, endast, ingenting annat än
ledrig läderartad
Lee *0 f, sjö.* lä
leer tom, innehållslös; *~e Flasche (äv.)* tomflaska; *~e Wohnung* omöblerad (obebodd) våning; *~e Seite* blank (oskriven) sida; *~e Straße* folktom gata; *~er Tisch (äv.)* ledigt bord; *~ laufen* gå på tomgång; *~ ausgehen* bli utan (lottlös), inte få ngt med; *die Flasche ~ machen* tömma flaskan; *mit ~eh Händen kommen* komma tomhänt; *vor e-m ~en Haus spielen* spela för tomt hus; *~ an etw. (dat.) sein* vara utan (sakna) ngt; *ins L~e starren* stirra ut i tomma intet; *der Schlag ging ins L~e* slaget missade; *der Rat ging ins L~e* rådet vann inte gehör **Leere** *0 f* tomhet, tomrum, vakuum **leeren 1** tömma; *das Wasser in den Ausguß ~ (dial.)* hälla vattnet i slasken **2** *rfl* tömmas **Leerfahrt** *-en f* tomkörning, körning utan last (frakt) **Leergut** *-er† n* tom|glas, -förpackning **Leerheit** *0 f* tomhet **Leerlauf** *0 m* tomgång; *bildl.* förspilld möda, tidsspillan; *im ~ fahren* rulla på tomgång **leerlaufen** *st s* tömmas, bli tom **leerstehend** tom; *~es Zimmer* omöblerat (obebott, outhyrt) rum **Leertaste** *-n f* mellanslagstangent **Leerung** *-en f* tömning **Leerzimmer** - *n* omöblerat

[hyres]rum **Leerzug** *-e*† *m* tomt tåg, tåg med tomma vagnar
Leeseite *0 f, sjö.* läsida **leewärts** *sjö.* lävart
Lefze *-n f* [djur]läpp
legal legal, laglig **legalisieren** legalisera **Legalität** *0 f* legalitet
legas'then ordblind, med läs- o. skrivsvårigheter **Legasthenie** *-n f* ordblindhet, läs- o. skrivsvårigheter **legasthenisch** *se legasthen*
Legat 1 *-en -en m* legat (*påvligt sändebud, romersk fältherre*) **2** *-e n* legat, testaments|gåva, -förordnande **Legatar** *-e m* legatar[ie], legattagare **Legation** *-en f* legation
legato *mus.* legato **Legat|o** *-os el. -i n, mus.* legato
Lege|henne *-n f*, **-huhn** *-er*† *n* värphöna
leg|en 1 lägga; *sport.* fälla; *etw.* ~ lägga ifrån sig ngt (ngt åt sidan); *die Henne -t* [*Eier*] hönan lägger ägg (värper); *Feuer* ~ anlägga eld; *e-n neuen Fußboden* ~ lägga in ett nytt golv; *sie läßt sich* (*dat.*) *die Haare* ~ hon lägger håret; *den Hund an die Kette* ~ koppla (binda) hunden [vid kedjan]; *Kabel* (*Rohre*) ~ lägga ner kablar (rör); *Karten* ~ spå i kort; *e-n in Ketten* ~ slå ngn i bojor; *den Kopf an das Kissen* ~ (*äv.*) luta huvudet mot kudden; *die Leiter an den Baum* ~ resa stegen mot trädet; *Minen* ~ lägga ut minor; *Schlingen* ~ sätta ut snaror; *Wert auf etw.* (*ack.*) ~ sätta värde på ngt **2** *dial.* sätta, så; *Kartoffeln* ~ sätta potatis **3** *rfl* lägga sig; *leg dich!* (*t. hund*) ligg!; *sich schlafen* ~ lägga sig o. sova; *der Wind -t sich* (*äv.*) vinden avtar (mojnar); *die Krankheit hat sich auf die Leber gelegt* sjukdomen har slagit sig på levern; *das -t sich mir auf die Seele* det tynger mitt sinne; *der Nebel -t sich auf die Stadt* dimman sänker sig över staden; *sich zu Bett* ~ gå o. lägga sig, gå till sängs **4** *rfl, sich auf etw.* (*ack.*) ~ ägna sig åt (slå sig på) ngt; *sich aufs Bitten* ~ ta sin tillflykt till böner
legendar *åld.*, **legendär** legendarisk **Legende** *-n f* **1** legend; *es ist e-e* ~ (*äv.*) det är en ren myt (felaktig uppfattning) **2** teckenförklaring (*på kartor etc.*); bildtext **3** (*på mynt, medalj äv.*) legend **Legendenspiel** *-e n* mirakelspel
leger [le'ʒeːɐ̯] **1** otvungen, okonventionell, obesvärad; bekväm **2** legär, lättvindig
Leger *- m* **1** golvläggare, plattsättare (*e.d.*) **2** värphöna **Lege|röhre** *-n f, zool.*, **-scheide** *-n f, zool.*, **-stachel** *-n m, zool.* äggläggningsrör
Legezeit *-en f* värpningstid **Legföhre** *-n f, dial.* bergtall **Leghenne** *-n f* värphöna
legieren 1 legera **2** *kokk.* [av]reda **Legierung** *-en f* legering
Legion *-en f* legion; *die* ~ (*äv.*) främlingslegionen; *e-e* ~ *von Fragen* ett stort antal (en massa) frågor; *ihre Zahl war* ~ deras antal var legio
Legionar *-e m, rom.* **Legionär** *-e m* legionär, frivillig, legosoldat, främlingslegionär
legislativ legislativ, lagstiftande **Legislative** [-və] *-n f* lagstiftande församling, legislatur **legislatorisch** lagstiftande **Legislatur** *-en f* **1** legislatur; lagstiftning; *åld.* lagstiftande församling **2** *se följ.* **Legislaturperiode** *-n f* (*lagstiftande församlings*) mandattid **legitim** legitim (*äv. om barn*), laglig; rättmätig **Legitimation** *-en f* legitimation; berättigande; ~ *e-s Kindes* legitimering av ett barn **legitimieren** legitimera (*äv. barn*); *sich* ~ legitimera sig **Legitimität** *0 f* legitimitet; rättmätighet

Leguan [le'guaːn], *äv.* 'leː-] *-e m, zool.* leguan
Lehen *- n, hist.* förläning **Lehenswesen** *0 n, hist.* länsväsen
Lehm *-e m* (*sandhaltig*) lera **Lehmboden** *-*† *m* ler|jord, -grund **Lehmgrube** *-n f* ler|tag, -grop **lehmhaltig** ler|blandad, -haltig **lehmig** lerig
Lehn *- n, se Lehen*
Lehne *-n f* **1** arm-, rygg|stöd, stolskarm **2** *sty., österr., schweiz.* [bergs]sluttning
1 lehnen *dial. el. åld.* förläna; låna
2 lehnen 1 *etw. an* (*gegen*) *etw.* (*ack.*) ~ luta (stödja, ställa *etc.*) ngt mot ngt **2** *an etw.* (*dat.*) ~ luta (stödja) sig mot ngt; *sich aus dem Fenster* ~ luta sig ut genom fönstret
Lehnsdienst *0 m, hist.* vasalltjänst
Lehnsessel *- m* länstol, fåtölj
Lehns|mann *-leute el. -männer, ibl. -mannen m, hist.* läntagare, vasall **Lehnswesen** *0 n, hist.* länsväsen **Lehnwort** *-er*† *n, språkv.* låneord
Lehr|amt *-er*† *n* lärar|befattning, -tjänst **-amtsanwärter** *- m* lärarkandidat (*ung. för grundskolan*) **-amtskandidat** *-en -en m* lärarkandidat (*ung. för gymnasiet*) **-anstalt** *-en f* läroanstalt **-auftrag** *-e*† *m, univ.* uppdrag att föreläsa **-ausbilder** *- m, DDR* (*pedagogiskt skolad*) fackarbetare som utbildar lärlingar **-befähigung** *0 f* lärarkompetens (*ung. för grundskolenivå*) **-berechtigung** *0 f* lärarkompetens (*ung. för gymnasie- o. högskolenivå*) **-beruf** *-e m* **1** yrke som kräver utbildning **2** läraryrke **-betrieb** *-e m* **1** företag som tar emot lärlingar **2** *der* ~ *fängt im September wieder an* undervisningen sätter i gång igen i september **-brief** *-e m* **1** lär-, gesäll|brev **2** studiebrev **-bub** *-en -en m, sty., österr., schweiz.* lärling **-buch** *-er*† *n* lärobok
Lehre *-n f* **1** lära; lärlings-, utbildnings|tid; [yrkes]undervisning; *die kommunistische* ~ den kommunistiska läran; *die Kopernikanische* ~ det kopernikanska systemet; *e-m e-n in die* ~ *geben* sätta ngn i lära hos ngn; *bei e-m in der* ~ *stehen* (*sein*) gå (vara) i lära hos ngn **2** lärdom, läxa; *heilsame* ~ hälsosam läxa; *e-m gute* ~*n geben* ge ngn goda råd; *die* ~ *aus etw. ziehen* ta (dra) lärdom av ngt; *laß es dir zur* ~ *dienen!* låt det bli dig en läxa (dig till lärdom)! **3** *tekn.* tolk; mall[bräde]
lehren lära [ut], undervisa; *e-n etw.* ~ lära ngn ngt; *e-n* (*ibl. e-m*) *schwimmen* (*das Schwimmen*) ~ lära ngn simma; *mir ist* (*ich bin*) *das in der Schule nicht gelehrt worden* det har jag inte fått lära mig i skolan; *ich werde dich* ~ (*vard.*) jag ska minsann lära (visa) dig; *die Erfahrung lehrt, daß* erfarenheten visar att; *die Zukunft wird es* ~ det får framtiden utvisa; *Deutsch an der Universität* ~ föreläsa (undervisa) i tyska vid universitetet
Lehrer *- m* lärare; ~ *an e-r Schule* lärare vid en skola; ~ *für Englisch* lärare i engelska, engelsklärare **Lehrerbildungsanstalt** *-en f, åld. ung.* folkskoleseminarium **lehrerhaft** *neds.* docerande, skolmästaraktig **Lehrerin** *-nen f* lärarinna
Lehrer|kollegium *-kollegien n* lärar|kollegium, -kår (*vid en skola*) **-konferenz** *-en f* lärarkonferens, kollegium **-mangel** *0 m* lärarbrist **-schaft** *0 f* lärar|kår, -personal **-schwemme** *0 f, vard.* läraröverskott **-semi-**

Lehrerzimmer—leicht

nar *-e n, åld., se Lehrerbildungsanstalt* **-zimmer** - *n* lärar-, kollegie|rum **Lehr|fach** *-er† n* **1** läro-, undervisnings|ämne **2** *er will ins* ~ han vill bli lärare **-film** *-e m* skol-, undervisnings|film **-freiheit** *0 f* lärofrihet **-gang** *-e† m* [läro]kurs (*für i*) **-gebäude** - *n* lärobyggnad **-gegenstand** *-e† m, österr.* ämne **-geld** *-er n* lärpengar; *laß dir dein* ~ *zurückzahlen!* (*vard.*) du kan ju ingenting!, du har ju inte lärt dig någonting!, det här kan du inte!; ~ *zahlen* betala [dyra] lärpengar **lehrhaft 1** lärorik **2** *neds.* docerande **Lehr|herr** *-[e]n -en m* (*lärlings*) arbetsgivare (mästare) **-jahr** *-e n* läroår, lärlingsår **-junge** *-n -n m* lärling **-kombinat** *-e n, DDR* (*stor*) lärlingsverkstad **-körper** - *m* lärarkår (*i en skola*) **-kraft** *-e† f* lärarkraft; *tüchtige* ~ duktig lärare **-ling** *-e -e m* lärling, elev **-lings[wohn]heim** *-e n* lärlingshem; *ung.* ungdomshotell **-mädchen** - *n* (*kvinnlig*) lärling, lärflicka **-meister** - *m* läro|mästare, -fader **-methode** *-n f* undervisningsmetod **-mittel** - *n* läro-, undervisnings|medel; undervisningsmaterial **-mittelfreiheit** *0 f* gratis [tillhandahållande av] läromedel **-plan** *-e† m* läro-, kurs|plan **-probe** *-n f* (*lärarkandidats*) provlektion (*som betygsätts*) **lehrreich** lärorik **Lehr|saal** *-säle m* hörsal; (*stort*) klassrum **-satz** *-e† m* lärosats **-stelle** *-n f* lärlingsplats **-stoff** *0 m* lärostoff **-stuhl** *-e† m* lärostol, professur **-stunde** *-n f* lektion[stimme] **-tochter** *-† f, schweiz., se Lehrmädchen* **-veranstaltung** *-en f* kurs, föreläsning **-verhältnis** *-se n, in e-m* ~ *stehen* vara lärling, ha lärlingskontrakt **-vertrag** *-e† m* lärlings|kontrakt, -avtal **-weise** *-n f* lärosätt, undervisningsmetod **-werkstatt** *-en† f,* **-werkstätte** *-n f* lärlingsverkstad **-wirtschaft** *-en f* jordbruk som tar emot lärlingar **-zeit** *-en f* läro-, lärlings|tid

Leib *-er m* kropp; *konkr.* liv; mage; *der* ~ (*äv.*) veka livet; ~ *und Leben* liv o. lem; *der* ~ *des Herrn* Herrens lekamen; *gesegneten* (*schweren*) ~*es sein* vara i välsignat tillstånd; *lebendigen* ~*es* levande; *e-n harten* ~ *haben* vara hård i magen; *er hat die Folgen am eigenen* ~ *zu spüren bekommen* följderna blev kännbara för honom, han fick personligen (själv) känna på följderna; *am ganzen* ~ *zittern* darra i hela kroppen; *er hatte nichts auf dem* ~ (*äv.*) han var naken; *keinen trockenen Faden auf dem* ~ *haben* (*äv.*) vara genomblöt; *kaum noch ein Hemd auf dem* ~ *haben* inte ens äga skjortan på kroppen, vara utfattig; *die Rolle ist ihm* [*wie*] *auf den* ~ *geschrieben* rollen är som skriven för honom; *e-m auf den* ~ *rücken* rycka ngn in på livet; *sich* (*dat.*) *die Lunge aus dem* ~*e schreien* skrika sig fördärvad; *e-n bei lebendigem* ~*e verbrennen* bränna ngn levande; *nichts im* ~*e haben* inte ha fått ngt till livs; *den Teufel im* ~*e haben* (*äv.*) vara full i fan; *die Krankheit steckt ihm im* ~*e* han håller på att bli sjuk, han går o. drar på en sjukdom; *mit* ~ *und Seele* med liv o. lust, med kropp o. själ, helhjärtat; *bleib mir nicht vom* ~*e!* låt mig vara i fred för det där!; *sich* (*dat.*) *e-n vom* ~*e halten* hålla ngn från livet på sig, hålla sig på distans från (undvika) ngn; *e-n vor den* ~ *stoßen* ge ngn en knuff i magen; *e-m zu* ~*e gehen* angripa ngn, gå ngn in på livet; *e-m*

Problem zu ~*e gehen* gå ett problem in på livet, angripa (ta itu med) ett problem **Leibarzt** *-e† m* liv|läkare, -medikus **Leibbinde** *-n f* maggördel **Leibchen** - *n, åld.* livstycke; *dial.* [under]tröja, T-shirt **leibeigen** livegen **Leibeigene(r)** *m f, adj böjn.* livegen **Leibeigenschaft** *0 f* livegenskap **leib|en** *wie er -t und lebt* som han går o. står, precis som han verkligen är, i sin prydno **Leibes|erbe** *-n -n m* bröstarvinge **-erzieher** - *m* gymnastiklärare **-erziehung** *0 f, skol.* gymnastik **-frucht** *-e† f* foster **-kräfte** *pl, aus* (*nach*) ~*n* av alla krafter, allt vad man (*etc.*) orkar **-übungen** *pl* kroppsövningar, gymnastik **-umfang** *0 m, von beträchtlichem* ~ tämligen korpulent **-visitation** *-en f* kroppsvisitation; *bei e-m e-e* ~ *vornehmen* kroppsvisitera ngn

Leibgarde *-n f* livgarde **Leibgedinge** - *n* **1** livstidsunderhåll (*i sht t.* änkor ur högre samhällsskikt) **2** undantag (*åt gamla*) **Leibgericht** *-e n* liv-, älsklings|rätt **Leibgetränk** *-e n* favorit-, älsklings|dryck **leib'haftig** [*äv.* '---] livslevande, verklig, i egen [hög] person; *der* ~*e Güte* den personifierade godheten; *der L*~*e* hin håle; *sie hat doch* ~ *den Lehrer geküßt* (*vard.*) helt otroligt, men hon kysste faktiskt läraren **Leibjäger** - *m* livjägare **leiblich 1** kroppslig, lekamlig; *sein* ~*es Wohl* hans lekamliga välbefinnande; *die* ~*e Hülle des Toten* den dödes stoft (jordiska kvarlevor) **2** köttslig; *mein* ~*es Kind* mitt eget barn

Leib|pacht *-en f* arrende på livstid **-rente** *-n f* livränta **-schmerzen** *pl,* **-schneiden** *0 n, dial.* ont i magen, magknip **-speise** *-n f* liv-, älsklings|rätt **-ung** *-en f, se Laibung* **-wache** *-n f* livvakt **-wäsche** *0 f* underkläder **-weh** *0 n* ont i magen, magknip

Leich *-en f, sty., österr.* begravning **Leichdorn** *-e el. -er† m, dial. a*) vårta, *b*) liktorn **Leiche** *-n f* **1** lik (*äv. typ.*); *über* ~*n gehen* gå över lik, vara fullkomligt hänsynslös; *nur über meine* ~*!* (*vard.*) över min döda kropp!, aldrig i livet!; *er sieht aus wie e-e* ~ *auf Urlaub* (*vard.*) han ser jättedålig (blek o. eländig) ut **2** *dial.* begravning; *zu jds* ~ *gehen* gå på ngns begravning

Leichen|acker *-† m, dial.* kyrkogård, begravningsplats **-auto** *-s n* likbil **-begängnis** *-se n* likbegängelse **-beschau** *0 f* likbesiktning **-bestatter** - *m* begravningsentreprenör **-bestattung** *-en f* begravning **-bitter** - *m* likbjudare **-bittermiene** *0 f, bildl.* likbjudarmin **'leichen'blaß** likblek, blek som ett lik **Leichen|flecke** *pl* likfläckar **-fledderer** - *m* likplundrare (*äv. ngn som stjäl från sovande, redlöst berusad el. medvetslös*) **-frau** *-en f* liksveperska **-geruch** *0 m* liklukt **-halle** *-n f,* **-haus** *-er† n* bårhus; gravkapell **-öffnung** *f* obduktion **-raub** *0 m* **1** likplundring **2** bortrövande av [ett] lik **-schändung** *-en f* likskändning **-schau** *0 f* likbesiktning **-schauhaus** *-er† n* bårhus (*för oidentifierade lik*) **-schmaus** *-e† m* begravningskalas, gravöl **-starre** *0 f* likstelhet **-tuch** *-e† n* svepning; bårtäcke **-verbrennung** *-en f* likbränning, eldbegängelse **-wagen** - *m* lik|vagn, -bil **-zug** *-e† m* liktåg, begravningsprocession **Leichnam** *-e m* lik

leicht 1 lätt, lätt-; ~*en Absatz finden* vara lättsåld, sälja bra; ~*en Kaufes davonkommen* komma billigt undan; ~*es Mädchen* lättfärdig flicka; ~ *e Musik* (*äv.*) underhållningsmusik; *e-n* ~*en Schlaf haben* sova lätt; *etw. auf die* ~*e Schulter* (*von der* ~*en Seite*) *nehmen* ta ngt lätt[vindigt]; ~ *e Zigarre* (*äv.*) svag cigarr; *es geht* ~ *auf* den går lätt att öppna; *die Maschine ist* ~ *zu bedienen* maskinen är lättskött; *gewogen und zu* ~ *befunden* vägd och befunnen för lätt; ~ *bekleidet* (*äv.*) tunnklädd; *der Wagen fährt sich* ~ bilen är lättkörd; *er war* ~ *irritiert* han var en aning irriterad; *er lernt* ~ han har lätt för att lära [sig]; *das Buch liest sich* ~ boken är lättläst; *sich* (*dat.*) *etw.* ~ *machen* göra ngt enkelt för sig; *e-n um 10 Kronen* ~*er machen* (*vard.*) lätta ngn på en tia; *es ist* ~ *möglich* det är mycket möjligt, det kan [mycket väl] hända; ~ *reizbar* snarstucken; *das kannst du* ~ *sagen, du hast* ~ *reden* det går lätt för dig att säga så, det kan du säga; *das ist* ~ *gesagt* (*äv.*) så enkelt är det inte; ~*er gesagt als getan* lättare sagt än gjort; *es hat* ~ *geschneit* det har snöat litet grand; *jetzt ist mir* ~*er* (*vard.*) nu känner jag mig lättad; *nichts ist* ~*er als das* ingenting kunde vara lättare; *das ist mir ein* ~*es* det är en smal (enkel) sak för mig; *das wird so* ~ *nicht wieder vorkommen* det kommer knappast att hända en gång till **2** *sty., österr.* kanske, eventuellt, händelsevis **Leichtathlet** *-en -en m* friidrottsman, friidrottare **Leichtathletik** *0 f* friidrott **leichtathletisch** friidrottslig **Leichtbauplatte** *-n f* lätt byggplatta **leichtbekleidet** lätt-, tunn|klädd **Leichtbeton** *-s el. -e m* lättbetong **leichtblütig** lätt-, glad|lynt, sangvinisk **leichtentzündlich** lättantändlig **Leichter** - *m, sjö.* läktare **leichtern** *sjö.* lätta (*fartyg på last*), läktra **leichtfallen** *st s, es fällt mir leicht* det faller sig lätt för mig; *Mathematik fällt ihm leicht* han har lätt för matematik **leichtfertig** tanklös, oöverlagd; slarvig; lätt|färdig, -sinnig **leichtflüchtig** lättflyktig **leichtflüssig** lättflytande **Leichtfuß** -*e†* *m* kvinnotjusare; *Bruder* ~ spelevink[er], lättsinnig människa **leichtfüßig** lättfotad **leichtgängig** lätt|manövrerad, -skött, -hanterlig **Leichtgewicht 1** *0 n, sport.* lättvikt **2** *-e n, sport.* lättviktare; *sie ist ein* ~ (*vard.*) hon väger [jätte]litet **leichtgewichtig** lätt, som väger [mycket] litet **Leichtgewichtler** - *m, sport.* lättviktare **leichtgläubig** lättrogen **Leichtgläubigkeit** *0 f* lättrogenhet **Leichtgut** *0 n, sjö.* lätt o. skrymmande gods **Leichtheit** *0 f* lätthet **leichtherzig** sorglös, obekymrad, obetänksam **leicht'hin** utan vidare (omständigheter); *etw.* ~ *sagen* (*äv.*) säga ngt i förbigående **Leichtigkeit** *0 f* lätthet; *mit* ~ (*äv.*) utan svårighet **Leichtindustrie** *-n f, DDR* konsumtionsvaruindustri **leichtlebig** sorglös, lättsinnig **Leichtlohngruppe** *-n f* låglönegrupp **leichtmachen** *sich* (*dat.*) ~ göra det lätt för sig, inte anstränga sig; *e-m etw.* ~ underlätta ngt (göra ngt lättare) för ngn **Leichtmatrose** *-n -n m* lättmatros **Leichtmetall** *-e n* lättmetall **leichtnehmen** *st, etw.* ~ ta ngt lätt **Leichtsinn** *0 m* lättsinne **leichtsinnig** lättsinnig **leichttun** *st, vard., sich* (*dat., ibl. ack.*) *mit etw.* ~ lätt klara av (gå i land med) ngt; *ich habe mir* (*ibl. mich*) *nicht gerade leichtgetan dabei* (*äv.*) det var inte ngn enkel match precis **leichtverdaulich** lättsmält (*äv. bildl.*) **leichtverkäuflich** lättsåld **leichtverletzt** med lättare (mindre) skador, lindrigt skadad **leichtverwundet** lätt skadad (sårad) **leid** *es tut mir* ~, *daß* jag är ledsen (beklagar) att; *tut mir* ~, *aber ich kann nicht kommen* (*äv.*) tyvärr kan jag inte komma; *es tut e-m* ~, *zu sehen, wie* det gör en ont att se hur; *er tut mir* ~ jag tycker synd om honom; *etw.* ~ *sein* (*haben*) (*vard.*) vara trött (ha tröttnat) på ngt; *etw.* ~ *werden* (*vard.*) tröttna (bli trött) på ngt; *seine Arbeit ist ihm* ~ han är trött (har tröttnat) på sitt arbete; *es wird dir* ~ *tun* du kommer att ångra dig; *seine Worte waren ihm* ~ han ångrade sina ord **Leid** *0 n* ont, sorg, smärta, olycka, nöd; *e-m ein* ~ *antun* bereda ngn sorg (smärta); *sich* (*dat.*) *ein* ~ *antun* bära hand på sig själv; *e-m sein* ~ *klagen* klaga sin nöd (utgjuta sina bekymmer) för ngn; *geteiltes* ~ *ist halbes* ~ delad smärta är halv smärta; *um e-n* ~ *tragen* bära sorg efter (sörja) ngn **Leideform** *-en f, språkv.* passiv [form], passivum **leide|n** *litt, litte, gelitten* lida, utstå, tåla; *keinen Aufschub* ~ inte tåla ngt uppskov; [*großen*] *Hunger* ~ svälta; *Mangel* (*Not*) ~ lida brist (nöd); *e-n* ~ acceptera (tycka om) ngn; *e-n gut* ~ *können* tycka bra om ngn; *gut gelitten sein* vara omtyckt; *ich kann niemanden um mich* ~ (*äv.*) jag står inte ut med att ha ngn omkring mig; *e-n nicht* ~ *können* inte kunna tåla (kunna med, tycka om) ngn; *sie kann* (*mag*) [*es*] *nicht* ~, *wenn man sie stört* hon tål inte att man stör henne; *er hatte viel zu* ~ han fick utstå mycket; *es -t mich hier nicht länger* jag står inte ut här längre, här vill jag inte stanna längre; *an e-r Krankheit* ~ lida av en sjukdom; *an Zucker* ~ vara sockersjuk; *die Blume hat durch den Frost gelitten* blomman har skadats (farit illa) av frosten; *unter der Hitze* ~ lida (besväras) av värmen; *die Qualität -t darunter* kvaliteten blir lidande på det **Leiden** *-n* lidande; sjukdom; *ein langes* ~ (*vard.*) en lång människa; *wie das* ~ *Christi aussehen* (*vard.*) se jättedålig (eländig) ut, se ut som Kristi lidande; *es ist immer das alte* ~ (*vard.*) det är samma gamla visa **leidend** lidande; sjuk[lig] **Leidener** oböjl. adj, ~ *Flasche* leiden-, leidner|-flaska **Leidenschaft** *-en f* lidelse, passion; *in* ~ *zu e-m entbrennen* upptändas av lidelse för ngn **leidenschaftlich** lidelsefull, passionerad; ~ *gern* (*vard.*) förfärligt gärna; ~ *gern jagen* vara en passionerad jägare (väldigt förtjust i att jaga) **leidenschaftslos** lidelsefri **Leidens|gefährte** *-n -n m*, **-genosse** *-n -n m* olyckskamrat **-geschichte** *-n f* lidandeshistoria **-weg** *-e m* lidandesväg **-woche** *0 f, se Karwoche* **-zeit** *0 f* tid av lidande **leider** tyvärr; ~ *Gottes* tråkigt nog, sorgligt att säga, tyvärr **leidig** otrevlig, besvärlig; *das ist e-e* ~*e Sache* det är en otrevlig (dum) historia; *ein* ~*er Trost* en klen tröst **leidlich** dräglig, skaplig, hjälplig, försvarlig, hyfsad; *adv äv.* någorlunda, något så när **leidtragend** lidande; sörjande; *die Kinder waren der* ~*e Teil bei der Scheidung* det var barnen som fick utstå mest lidande vid skilsmässan **Leidtragende(r)** *m f, adj böjn., die Leidtragenden* de sörjande; *der* (*die*) *Leidtragende sein* vara [det oskyldiga] offret (den som får sitta emellan) **leidvoll** full av

lidande **Leidwesen** *0 n, zu meinem* ~ till min ledsnad, tyvärr
Leier *-n f* **1** *mus.* lyra; positiv; *es ist immer die alte* ~ (*vard. neds.*) det är alltid samma gamla visa **2** *vard.* vev **Leierkasten** *-*[†] *m, vard.* positiv **Leier[kasten]mann** *-er*† *m* positivhalare **leiern** *vard.* **1** veva [upp, ner] **2** *an e-r Kurbel* ~ dra en vev **3** spela (veva) på positiv **4** entonigt rabbla upp
Leih|amt *-er*† *n* pant|bank, -lånekontor **-auto** *-s n* uthyrnings-, hyr|bil **-bibliothek** *-en f,* **-bücherei** *-en f* (*kommersiellt*) lånebibliotek **Leihe** *-n f* **1** lån **2** *vard.* pantbank **leihen** *lieh, liehe, geliehen* låna [ut]; *e-m etw.* ~ låna ngn ngt (ut ngt till ngn); [*sich*(*dat.*)] *etw.* ~ låna ngt; *etw. geliehen bekommen* få ngt till låns **Leihgebühr** *-en f* låneavgift (*på bibliotek*) **Leihhaus** *-er*† *n* pantbank; *etw. aufs* ~ *tragen* bära ngt till pantbanken, stampa på ngt **Leihkarte** *-n f* låntagarkort **Leihkauf** *-e*† *m* hyresköp **Leihschein** *-e m* **1** pantkvitto **2** låneblankett **Leihwagen** - *m* uthyrnings-, hyr|bil **leihweise** till låns; *e-m etw.* ~ *überlassen* låna ut ngt till ngn
Leim *-e m* lim, klister; *e-m auf den* ~ *gehen* (*kriechen*) (*vard.*) låta lura sig av ngn; *e-n auf den* ~ *führen* (*locken*) (*vard.*) lura ngn; *aus dem* ~ *gehen* (*vard.*) gå upp i limningen, gå sönder, *bildl. äv.* ta slut; *sie ist aus dem* ~ *gegangen* (*vard.*) hon har lagt på hullet **leimen** limma [ihop], klistra [ihop]; *vard.* narra, lura; *ihre Ehe ist nicht mehr zu* ~ (*vard.*) deras äktenskap kan inte lappas ihop längre **Leimfarbe** *-n f* limfärg **Leimgürtel** - *m* limring (*runt träd*) **leimig** limaktig, limmig, klibbig
Leim|kraut *0 n, bot.* glim **-ring** *-e m, se Leimgürtel* **-rute** *-n f* limspö (*för fågelfångst*) **-sieder** - *m* **1** *åld.* limkokare **2** *neds.* tråk-, trög|måns; klumpig (slapp) människa **-stange** *-n f, se Leimrute* **-tiegel** - *m,* **-topf** *-e*† *m* limpanna
Lein *-e m* lin **Leine** *-n f* lina, rep, snöre, rev; [hund]koppel; *e-n Hund an die* ~ *nehmen* koppla en hund; *an der* ~ *führen* leda i koppel; *von der* ~ *lassen* släppa lös; *e-n an der* [*kurzen*] ~ *haben* (*halten*) (*vard.*) hålla ngn i ledband, hålla efter ngn, lämna ngn litet frihet; *die Wäsche hängt auf der* ~ tvätten hänger på [kläd]strecket; ~ *ziehen* (*vard.*) ge sig i väg, smita, sticka **leinen** av linne, linne- **Leinen** - *n* lin; linne[väv]; *in* ~ *gebunden* bunden i klotband (linneband)
Leinen|band *-e*† *m* [bok i] klotband (linneband) **-papier** *-e n* linnepapper **-schuh** *-e m* tygsko **-weber** - *m* linnevävare **-zeug** *0 n* linne (*tyg*) **-zwang** *0 m, hier herrscht* ~ hundar måste föras i koppel här
Leineweber - *m, åld.* linnevävare
Lein|kraut *0 n, Gemeines* ~ gulsporre **-kuchen** - *m* linfrökaka **-öl** *0 n* linolja **-pfad** *-e m* pråmdragar-, drag|väg **-saat** *0 f,* **-samen** - *m* linfrö **-tuch** *-er*† *n* linneduk; lakan **-wand** **1** *0 f* lärft, linne[väv] **2** *-e*† *f* projektionsskärm, biografduk; *konst.* duk; *von der* ~ *her kennen* känna från vita duken; *den Roman auf die* ~ *bringen* filma[tisera] romanen **-wandbindung** *-en f, text.* (4-, fyr|skaft **-wandgröße** *-n f, vard.* filmstjärna **-weber** - *m* linnevävare **-zeug** *0 n* linne (*tyg*)
leis[e] tyst, svag, sakta, mild; *mit leiser Stimme* (*äv.*) lågmält; *das Radio leiser stellen* skru-

va ner radion; *nicht die leiseste Ahnung* inte den ringaste aning; *nicht die leiseste Andeutung* inte den minsta antydan; *leiser Schlaf* lätt sömn; *leiser Regen* fint regn; *leise berühren* lätt vidröra; *nicht im leisesten* inte det ringaste (minsta), inte alls **Leisefuß** *-e*† *m, se Leisetreter* **leisetreten** *st s, neds.* hålla inne med sin mening [o. foga sig], undvika uppmärksamhet, hålla sig i skymundan, ligga lågt **Leisetreter 1** - *m, er ist ein* ~ (*neds.*) han håller tyst med sin mening (vågar inte opponera sig), han håller sig i skymundan **2** *pl* skor [m. mjuka sulor] (*som man går tyst i*)
Leiste *-n f* **1** list, bård **2** *anat.* ljumske **3** (*alpinism*) klipp|avsats, -hylla
leiste|n 1 åstadkomma, prestera, göra; *Außerordentliches* ~ nå utomordentliga resultat; *Beistand* ~ bistå; *für e-n Bürgschaft* ~ gå i borgen (borga) för ngn; *e-m e-n Dienst* ~ göra ngn en tjänst; *e-n Eid* ~ avlägga en ed; *Ersatz* ~ ersätta; *e-m Befehl Folge* ~ efterkomma en befallning; *Gehorsam* ~ lyda; *e-m Genugtuung* ~ ge ngn upprättelse; *e-m Gesellschaft* ~ hålla ngn sällskap; *Hilfe* ~ hjälpa; *der Motor -t 70 PS* motorn är på 70 hästkrafter; *Verzicht auf etw.* (*ack.*) ~ avstå från (försaka) ngt; *Widerstand* ~ göra motstånd; *Zahlung* ~ erlägga likvid **2** *sich* (*dat.*) *etw.* ~ *können* ha råd med (till) ngt; *jetzt kann er sich keine Fehler mehr* ~ (*äv.*) nu får han inte göra några fler fel; *sich* (*dat.*) *e-e Flasche Wein* ~ kosta på (unna) sig en flaska vin; *sich* (*dat.*) *e-e Frechheit* ~ tillåta sig en fräckhet; *was hast du dir da geleistet?* vad har du ställt till med?
Leisten - *m* läst; skoblock; *Schuster, bleib bei deinem* ~! skomakare bliv vid din läst!; *alles über e-n* ~ *schlagen* (*vard.*) skära allt över en kam
Leisten|bruch *-e*† *m, med.,* **-hernie** *-n f, med.* ljumskbråck
Leistung 1 *0 f* presterande, fullgörande; betalning; *zur* ~ *des Wehrdienstes bereit sein* vara beredd att göra värnplikten **2** *-en f* prestation, insats, arbete; kapacitet; (*företags*) produktion[skapacitet]; *fys.* effekt; *tekn.* motorstyrka; *reife* ~! (*sl.*) jättefint!, toppen! **3** *-en (pl)* förmåner; tjänster **Leistungsabfall** *0 m* prestationsförsämring, effektminskning **Leistungsanstieg** *0 m* prestations-, resultat|-förbättring, effektökning **Leistungsbilanz** *0 f* bytesbalans **Leistungsdurchschnitt** *-e m* [betygs]genomsnitt **leistungsfähig** effektiv, prestationsduglig, som kan nå (når) goda resultat; solvent **Leistungsfähigkeit** *0 f* prestationsförmåga; effektivitet, kapacitet **leistungsgerecht** ~ *bezahlen* betala efter prestation (utfört arbete)
Leistungs|gesellschaft *0 f* prestationssamhälle **-klage** *-n f, jur.* fullgörelsetalan **-knick** *0 m* [markant] nedgång i prestationsförmågan **-kraft** *0 f, se Leistungsfähigkeit* **-kurs** *-e m, skol. ung.* särskild kurs **-lohn** *0 m, i sht DDR* prestationslön **-nachweis** *-e m* betyg, intyg, meritförteckning **-prinzip** *0 n* prestationstänkande **-prüfung** *-en f, skol.* kunskaps|-prov, -kontroll
leistungsschwach svag, ineffektiv, svagpresterande, med låg effekt **Leistungssport** *0 m* elitidrott **Leistungsstand** *0 m, ung.* [prestations]nivå; prestationer, färdigheter **leistungsstark** stark, effektiv, som når bra

resultat, med hög effekt **Leistungssteigerung** *-en f* effektökning, förbättring av prestationerna **Leistungsvermögen** *0 n, se Leistungsfähigkeit* **Leistungszulage** *-n f, ung.* ackordstillägg **Leistungszwang** *-e†* m prestationstvång
Leitartikel - *m* ledare **leitartikel|n** *-te, geleitartikelt, vard.* skriva [en] ledare **Leit|artikelschreiber** - *m,* **-artikler** - *m, vard.* ledarskribent **Leitbild** *-er n* förebild, ideal
Leite *-n f, sty., österr.* bergsluttning
leiten leda, vägleda, [an]föra, dirigera; *etw. in die Wege* ~ bana väg för (förbereda, initiera, starta) ngt **leitend** ledande; ~*er Angestellter* chefstjänsteman; *e-e* ~*e Hand* en vägledande hand
1 Leiter - *m* ledare (*äv. fys.*); chef, föreståndare
2 Leiter *-n f* stege **-baum** *-e†* m (*steges*) sido|-stång, -bom **-sprosse** *-n f* stegpinne **-wagen** - *m* skrinda
Leitfaden *-†* m introduktion, [kortfattad] handledning **leitfähig** *fys., tekn.* ledande **Leitfähig|keit** *0 f* ledningsförmåga **-feuer** - *n, sjö.* ledfyr **-fossil** *-ien n, geol.* ledfossil **Leit|geb** *-en -en m, dial.,*-**geber** - *m, dial., se Wirt* **Leit|gedanke** *-ns -n m* ledande tanke, grundtanke **-hammel** - *m* skällgumse; *neds.* ledare (*som massan följer blint*) **-hund** *-e m* ledar-, blind|hund **-karte** *-n f* ledkort **-linie** *-n f (gul el. vit)* streckad linje (*på vägbana*); *bildl.* riktlinje, [ledande] princip **-motiv** *-e n* ledmotiv **-planke** *-n f* skydds-, väg|räcke **-satz** *-e†* m ledande princip **-seil** *-e n* ledlina, koppel **-spruch** *-e†* m motto, valspråk **-stand** *-e†* m kontrollrum **-stelle** *-n f* [ledning]central **-stern** *-e m* ledstjärna **-strahl** *-en m, fys.* ledstråle; *geom.* radius vektor **-studie** *-n f* pilotstudie **-tier** *-e n, zool.* ledardjur **-trieb** *-e m, bot.* huvud-, topp|skott
Leitung *-en f, abstr. o. konkr.* ledning; [telefon]linje; ~ *e-s Unternehmens* ledning för ett företag, företagsledning; *unter der* ~ *von* under ledning av; *e-e lange* ~ *haben* (*vard.*) ha svårt för att fatta, vara trögtänkt; *bei e-m Spiel die* ~ *haben* (*sport.*) vara domare i en match; *e-e* ~ *legen* dra en ledning; *die* ~ *ist frei* (*tel.*) det är ledigt (*linjen är inte upptagen*); *die* ~ *ist tot* (*vard.*) det hörs ingenting (*i telefon*); *es ist jd in der* ~ (*vard.*) *a*) det är ngn mer på linjen, *b*) ngn avlyssnar vårt [telefon]samtal; *gehen Sie bitte aus der* ~*!* (*vard.*) vill Ni vara snäll o. lägga på luren!
Leitungs|draht *-e†* m ledningstråd **-hahn** *-e†* m [vatten]kran **-heimer** *0 m, vard.* vattenledningsvatten **-kraft** *-e† f* ledande kraft **-mast** *-e[n]* m ledningsstolpe **-netz** *-e n* ledningsnät **-schnur** *-e† f, elektr.* sladd **-vermögen** *0 n, se Leitfähigkeit* **-wasser** *0 n* vattenledningsvatten
Leit|vermögen *0 n, se Leitfähigkeit* **-werk** *-e n 1 flyg.* [samtliga] roder, styrinrättning **2** *sjö.* ledverk **3** *databeh.* kontroll-, styr|enhet **-zahl** *-en f, foto.* ledtal
Lektion *-en f* lektion, föreläsning; pensum; *heilsame* ~ (*bildl.*) hälsosam läxa; *e-m e-e* ~ *erteilen* (*bildl.*) ge ngn en läxa **Lektor** *-en m* **1** [universitets]lektor **2** lektör (*på bokförlag*) **Lektüre** *-n f* lektyr, läsning; *bei der* ~ *des Buches merkte ich* (*äv.*) när jag läste boken märkte jag

Lemma *-ta n* **1** lemma, uppslagsord **2** *log.* lemma, premiss **3** *mat.* lemma, hjälpsats
Lemming *-e m, zool.* lämmel
Lemur *-en -en m,* **Lemure** *-n -n m* **1** *myt.* lemur **2** *zool.* lemurid
Lende *-n f* länd **Lendenbraten** - *m* oxfilé **lendenlahm** *veter.* korslam; *bildl.* lam, svag, dålig **Lendenschurz** *-e m* höftskynke
Leng[fisch] *-e m, zool.* långa
Leninismus *0 m* leninism **Leninist** *-en -en m* leninist **leninistisch** leninistisk
lenkbar styrbar; *bildl.* lättstyrd (*foglig*), lättuppfostrad **lenk|en** styra, leda, rikta, länka; *der Mensch denkt, Gott -t* människan spår men Gud rår; *ein Auto* ~ (*äv.*) köra en bil; *die Aufmerksamkeit auf etw.* (*ack.*) ~ rikta (fästa) uppmärksamheten på ngt; *Aufmerksamkeit auf sich* ~ tilldra sig uppmärksamhet; *den Verdacht auf e-n* ~ rikta misstankarna mot ngn; *seine Schritte heimwärts* ~ styra (vända) stegen hemåt; *in neue Bahnen* ~ leda in på nya vägar (banor) **Lenker** -' *m* **1** ratt, styre, styrstång; *sich* (*dat.*) *den goldenen* ~ *verdienen* (*vard.*) fjäska, ställa sig in **2** förare (*av fordon*), bilist, [motor]cyklist *e.d.* **3** ledare, anförare **Lenkrad** *-er† n* ratt **Lenkradschaltung** *-en f* rattväxel **Lenkradschlo|ß** *-sser† n* rattlås **Lenksäule** *-n f* rattstång **Lenkstange** *-n f* styre, styrstång **Lenkung 1** *-en f* styrning[sanordning] **2** *0 f* ledande, ledning, styrande, styrning, förande
lenz *sjö.* läns, tom
Lenz *-e m, poet.* vår; *e-n ruhigen* (*faulen, schönen*) ~ *haben* (*schieben*) (*vard.*) ha det skönt, ha (ta) det lugnt, föra ett angenämt liv, ha ett lätt o. bekvämt leben; *sich* (*dat.*) *e-n schönen* ~ *machen* (*vard.*) ordna det bra för sig, ta det lugnt, ha det skönt, lata sig; *sie zählt 16* ~*e* (*skämts.*) hon är 16 vårar
1 lenzen *poet., es lenzt* det våras (blir vår)
2 lenzen *sjö.* **1** länsa, länspumpa **2** länsa (*undan för vinden*)
Lenzing *-e m, åld.* mars **lenzlich** *poet.* vår|lik, -lig **Lenzmonat** *-e m, poet.* vårmånad; mars
Lenzpumpe *-n f* länspump
Leopard *-en -en m* leopard
Lepra *0 f* lepra, spetälska **lep|ros, -rös** leprös, spetälsk
Lerche *-n f* lärka **Lerchensporn** *-e m, bot.* nunneört
Lernaktiv *-e n, DDR skol.,* (*frivillig*) studiegrupp (*med studerande o. lärare*), arbetsgrupp **lernbar** som går att lära sig **Lernbegier[de]** *0 f* läslust, iver att lära sig [ngt] **lernbegierig** ivrig att lära sig [ngt], vetgirig **lernbehindert** som har inlärningssvårigheter, mindre begåvad, svagpresterande **Lerneifer** *0 m* iver att lära sig [ngt]; *ibl.* flit **lerneifrig** ivrig att lära sig [ngt]; *ibl.* flitig
lern|en 1 lära [sig], läsa; *auswendig* ~ lära sig utantill; *leicht* (*schwer*) ~ ha lätt (svårt) för att lära [sig]; *e-e Sprache* ~ lära sig ett språk; *dieses Lied -t sich leicht* (*läßt sich leicht* ~) den här visan går lätt att lära sig; *mancher -t's nie!* (*vard.*) somliga lär sig aldrig!; *sie muß vier Jahre* ~ hennes utbildningstid är fyra år; *sie -t noch* (*äv.*) hon är inte färdigutbildad ännu (går fortfarande i skolan); *er hat Tischler gelernt* (*vard.*) han har utbildat sig till snickare; *er -t auf Tischler* (*vard.*) han utbildar sig till snickare; *Vater -t mit ihr* (*vard.*) pappa läser med henne; *bei e-m Deutsch* ~ läsa (ta lektioner i)

tyska för ngn; *gelernter Arbeiter* [yrkes]utbildad arbetare; *gelernt ist gelernt* (*ung.*) det märks att du (*etc.*) kan det här **2** *dial. el. vard., e-m etw.* ~ lära ngn ngt
Lern|mittel - *n* undervisningsmateriel, läromedel **-mittelfreiheit** *0 f* fritt undervisningsmateriel, fria läromedel **-motivation** *0 f* motivation att lära sig [ngt] **-proze|ß** *-sse m* **1** inlärning[sprocess] **2** *bildl.* lärotid **-psychologie** *0 f* inlärningspsykologi **-schwester** *-n f* sjuksköterskeelev **-stoff** *-e m* lärostoff **-zeit** *-en f* lärotid **-ziel** *-e n* studiemål
Lesart *-en f* läsart, version **lesbar** läsbar; läslig
Lesbe *-n f, vard.*, **Lesbierin** *-nen f* lesbisk kvinna **lesbisch** lesbisk
Lese *-n f* **1** [vin]skörd **2** axplock, urval **Lesebrille** *-n f* läsglasögon **Lesebuch** *-er†* *n* läsebok **Lesefertigkeit** *0 f* läsförmåga **Lesehalle** *-n f* bibliotek; läsesal **lesehungrig** läshungrig **Leselampe** *-n f* läslampa
lesen *las, läse, gelesen, liest, liest, lies!* **1** läsa; föreläsa; *das Buch wird viel gelesen* (*äv.*) det är en mycket läst bok; *seine Handschrift ist leicht zu* ~ hans handstil är lättläst, det går lätt att läsa hans handstil; *Korrekturen* ~ (*äv.*) korrekturläsa; *er liest* [*über*] *moderne Lyrik* han föreläser om modern lyrik; *wie* ~ *Sie dieses Wort?* (*äv.*) hur tyder Ni detta ord? **2** *rfl, das Buch liest sich schwer* (*leicht*) boken är svårläst (lättläst) **3** plocka, skörda; rensa, sortera **lesenswert** läsvärd **Leseprobe** *-n f* läsprov; *teat.* kollationering **Leser** - *m* **1** läsare **2** plockare (*jfr lesen* 3) **Leseratte** *-n f, vard.* bokmal **Leserbrief** *-e m* insändare **Leserei** *0 f* [evinnerligt, planlöst] läsande **Leserkreis** *-e m* läsekrets; *großer* ~ (*äv.*) många läsare **leserlich** läslig **Leserschaft** *0 f* läsekrets; *die* ~ (*äv.*) läsarna **Leserzuschrift** *-en f* insändare **Lese|stoff** *-e m* lektyr, läsning **-stück** *-e n* läsestycke **-übung** *-en f* läsövning **-wut** *0 f* [stor] läshunger **-zeichen** - *n* bokmärke **-zirkel** - *m* läsecirkel (*för tidskrifter*); firma som lånar ut tidskrifter
Lesother - *m* lesothier **lesothisch** lesothisk
Lesung *-en f* läsning (*äv. parl.*); uppläsning
letal *med.* letal, dödlig, dödande
Lethargie *0 f* letargi, slöhet, håglöshet **lethargisch** letargisk, slö, håglös **Lethe** *0 f, myt.* Lethe; *bildl.* glömska
letschert *sty., österr.* mjuk, matt, slapp; fadd
Lette *-n -n m* lett
Letten - *m* [keramik]lera
Letter *-n f* bokstav; *typ.* typ **Letternmetall** *-e n* stil-, typ|metall
lettig lerhaltig, lerig
lettisch lettisk
Lettner - *m* korskrank
letz **1** *sty., schweiz.* bakvänd, fel **2** *österr.* besvärlig, jobbig, dålig **letzen** *poet., se laben*
letzt (*alltid böjt*) sista, senaste; *die* ~*en Dinge* de yttersta tingen; ~*en Endes* (*vard.*) slutligen, när allt kommer omkring; ~*es Mal, beim* ~*en Mal*[*e*] förra (senaste) gången, sist; *die* ~*en Nachrichten* de senaste nyheterna; *die* ~ *Nachrichten des Abends* kvällens sista nyhetssändning; ~*e Qualität* lägsta kvalitet; ~*e Woche* förra veckan, sistlidna vecka; *der* ~*ere* den senare, den sistnämnda; *als* ~*er kommen* komma sist; *er ist* (*wurde*) ~*er han är* (blev) sist; *er war der L*~*e in der Klasse* han var

sämst i klassen; *das L*~*e hergeben* ge sitt yttersta; *das wäre noch das L*~*e!* det kommer aldrig i fråga (på frågan)!, aldrig i livet!; *dieser Film war wirklich das L*~*e* (*vard.*) filmen var urdålig (botten); *das ist das L*~*e an Frechheit* det är höjden av fräckhet; *das hat ihm das L*~*e an Kraft abverlangt* det krävde hans sista krafter; *am L*~*en des Monats* den sista [i månaden]; [*am*] ~*en Sonntag* (*äv.*) förra söndagen; *bis aufs* ~*e* fullständigt, totalt; *bis auf den* ~*en Heller* (*vard.*) till sista öret; *bis ins* ~*e* in i minsta detalj; *in* ~*er* (*der* ~*en*) *Zeit* på sistone, på senare tid; *mit der* ~*en Perfektion* med yttersta (största) perfektion; *es geht ums* ~*e* det gäller allt (liv eller död); *bis zum* ~*en* till det yttersta; *zum* ~*en Mal*[*e*] för sista gången **Letzt** *0 f, zu guter* ~ till sist (slut) **'letzt'endlich** till slut (sist), slutligen **letztemal** *zum* ~ för sista gången; *beim* ~ förra gången, sist **letzt|ens** **1** slutligen; *drittens und* ~ för tredje o. sista gången **2** nyligen, häromdagen **-genannt** sistnämnd **-händig** *die* ~*en Änderungen* (*ung.*) de sista personligen företagna ändringarna -'**hin** **1** nyligen, häromsistens; på sistone **2** *se letztlich* **-jährig** fjolårs-, förra årets; i fjol **-lich** till slut (sist), slutligen, när allt kommer omkring **-malig** sista **-mals** för sista gången, sist **-möglich** sista möjliga
Letztverbraucher - *m* konsument **letztwillig** testamentarisk; ~*e Verfügung* testamente, sista vilja
Leu *-en -en m, poet. åld.* lejon
Leucht|boje *-n f* lysboj **-bombe** *-n f* lysbomb **Leuchte** *-n f* ljus (*äv. bildl.*), lampa, lykta; *er ist keine* ~ han är inte ngt ljushuvud (vidare klyftig) **leuchten** lysa, skina; glänsa; *die Augen* ~ ögonen strålar; *e-m ins Gesicht* ~ lysa ngn i ansiktet; ~*des Beispiel* lysande exempel **Leuchter** - *m* ljus|krona, -stake
Leucht|farbe *-n f* lysfärg **-feuer** - *n* fyr **-gas** *0 n* lysgas **-gescho|ß** *-sse n, se Leuchtkugel* **-käfer** - *m* lysmask **-kugel** *-n f* signalljus, lysprojektil **-öl** *0 n* [flyg]fotogen **-pistole** *-n f* signalpistol **-reklame** *0 f* ljusreklam **-röhre** *-n f* lysrör **-schiff** *-e n* fyrskepp **-schirm** *-e m* fluorescerande skärm, fluorescensskärm **-schrift** *-en f* ljusskrift **-spurgescho|ß** *-sse n* spårljusprojektil **-stoff** *-e m* lysämne **-stofflampe** *-n f* lys[ämnes]rör, fluorescenslampa **-stoffröhre** *-n f* lysrör **-tonne** *-n f* lysboj **-turm** *-e†* *m* fyrtorn **-uhr** *-en f* klocka (*med självlysande urtavla*) **-zeiger** - *m* självlysande visare **-zifferblatt** *-er†* *n* självlysande [ur]tavla
leugnen förneka, bestrida; *es ist nicht zu* ~ det kan inte förnekas, man kan inte förneka
Leukämie [lɔy-] *-n f, med.* leukemi **Leukozyten** *pl, med.* leukocyter, vita blodkroppar
Leumund *0 m* rykte; *böser* ~ förtal **Leumundszeugnis** *-se n* **1** *ung.* intyg över tilltalads vandel **2** *schweiz., se Führungszeugnis*
Leutchen *pl, vard., se Leute; die guten* ~ de snälla människorna
Leute *pl* **1** folk, människor, personer; *Kleider machen* ~ kläderna gör mannen; *armer* ~ *Kind* fattigmansbarn; *die jungen* ~ (*äv.*) ungdomarna; *kleine* ~ enkelt folk, småfolk; *wenn du das tust, dann sind wir geschiedene* ~*!* om du gör det vill jag inte längre ha med dig att göra (är det slut mellan oss)!; *es ist ja nicht wie bei armen* ~*n* (*vard.*) här finns ju allt man kan

önska sig; *unter die ~ bringen (vard.)* föra (sprida) ut; *unter ~ gehen* gå ut bland folk, träffa människor; *unter die ~ kommen (vard.)* bli känd, komma ut; *vor allen ~n* inför alla människor, offentligt **2** personal, medarbetare; man, underlydande, manskap; *åld.* tjänstefolk; *das Unternehmen braucht neue ~* företaget behöver nya medarbetare (nytt folk); *wir haben einige gute ~ in unserer Nationalmannschaft* det finns några duktiga spelare i vårt landslag **leutescheu** folkskygg **Leuteschinder** - *m* slavdrivare, människoplågare **Leutestube** *-n f, åld.* rum för tjänstefolk
Leutnant *-s, ibl. -e m* fänrik; *~ zur See* fänrik i flottan
leutselig folklig, förbindlig, välvillig, vänligt nedlåtande **Leutseligkeit** *0 f* folklighet *etc., jfr leutselig*
Levante [-v-] *0 f, die ~* Levanten **Levantiner** *- m* levantin
Level [lɛvl] *-s m* nivå
Levit [-v-] *-en -en m* **1** levit **2** *e-m die ~en lesen* läsa lagen för ngn
Lev'koje [-f-] *-n f* lövkoja
Le|x *-ges f* lag, lex
Le'xem *-e n, språkv.* lexem
lexigraphisch lexikografisk '**Lexik** *0 f, språkv. (ett språks)* ordförråd **Lexika** *pl, se Lexikon* **lexikal[isch]** lexikal[isk] **Lexiken** *pl, se Lexikon* **Lexikograph** *-en -en m* lexikograf **lexikographisch** lexikografisk **Lexi|kon** *-ka el. -ken n* uppslags|bok, -verk, lexikon; *åld.* ordbok, lexikon
Lezithin *0 n, kem.* lecitin
lfd. *förk. för laufend* löpande, löp-
Liaison [liɛ'zõ:] *-s f* [kärleks]förbindelse; *bildl.* samarbete
Liane *-n f* lian
Lias *0 m f, geol.* lias[formation]
Libanese *-n -n m* libanes **libanesisch** libanesisk **Libanon** *0 m, [der] ~* Libanon
Libelle *-n f* **1** *zool.* trollslända **2** vattenpass **liberal** liberal **liberalisieren** liberalisera; *hand.* ['upphäva [import]restriktioner [för] **Liberalisierung** *-en f* liberalisering **Liberalismus** *0 m* liberalism **liberalistisch** liberal[istisk] **Liberalität** *0 f* liberalitet
Liberianer - *m* liberian, liberier **liberianisch** liberi[an]sk
Libertinismus *0 m* libertinism, liderlighet, utsvävande liv
'**Libido** *0 f* libido
Librettist *-en -en m* librettist, textförfattare **Librett|o** *-os el. -i n* libretto
Libyer - *m* libyer **libysch** libysk
Lic. *förk. för Lizentiat*
licht 1 ljus; *~es Blau* ljusblått; *es wird ~ det* ljusnar; *es ist schon ~er Tag* det är redan ljusan dag **2** gles; *der Wald wurde ~er* skogen glesnade; *~e Stelle im Walde* [skogs]glänta **3** *~e Breite (Weite)* inre bredd (diameter); *~e Höhe* fri (inre, öppen) höjd **Licht** *-er, åld. el. poet. -e, n* **1** ljus; lyse, sken, dager, belysning; [stearin]-ljus; *das ~ des Mondes* månens sken, månskenet; *die Rechnung fürs ~ (vard.)* eräkningen; *künstliches ~* artificiell belysning; *natürliches ~ dagsljus; *offenes ~* öppen eld; *ihm ging ein ~ auf (vard.)* det gick upp ett ljus för honom; *e-m ein ~ aufsetzen (vard.)* öppna ögonen på ngn; *die ~er ausblasen* blåsa ut ljusen; *~ in etw. (ack.) bringen* kasta ljus över (klarlägga)

ngt; *das ~ einschalten (äv.)* tända lampan; *das ~ der Welt erblicken* se (skåda) dagens ljus; *grünes ~ geben* ge klartecken; *sein ~ leuchten lassen* inte sätta sitt ljus under skäppan, inte sticka under stol med vad man kan; *~ machen* tända ljuset; *das ~ scheuen* sky ljuset, ha ngt att dölja; *kein großes ~ sein (vard.)* inte vara ngt ljushuvud; *ein neues ~ auf etw. (ack.) werfen* kasta nytt ljus över ngt; *etw. ans ~ bringen (holen, ziehen)* bringa ngt i dagen; *ans ~ kommen* komma i dagen; *bei ~ besehen* vid närmare betraktande; *e-n hinters ~ führen* föra ngn bakom ljuset; *etw. in rosigem ~ darstellen* visa ngt i en fördelaktig dager; *etw. ins rechte ~ setzen (rücken)* ställa ngt i dess rätta dager; *e-m im ~ stehen* skymma ngn; *sich (dat.) selbst im ~ stehen* skada sig själv **2** *jakt.* öga *(på vilt)* **Lichtableser** - *m, vard.* elavläsare **Lichtanlage** *-n f* belysningsanläggning **lichtarm** ljusfattig, mörk **Lichtbad** *-er† n, med.* ljusbad **Lichtbehandlung** *-en f, med.* ljusbehandling **lichtbeständig** ljus|äkta, -beständig **Lichtbild** *-er n* foto[grafi]; ljus-, dia|-bild; passfoto **Lichtbildervortrag** *-e† m* föredrag med diabilder **Lichtbildner** - *m, åld.* fotograf **lichtblau** ljusblå **Lichtblick** *-e m, bildl.* ljuspunkt **lichtblond** ljusblond **Lichtbogen** *-[†] m* ljusbåge **Lichtbogenlampe** *-n f* båglampa **Lichtbogenschweißung** *0 f* bågsvetsning **lichtbraun** ljusbrun **Lichtbrechung** *-en f* refraktion, ljusbrytning **Lichtbündel** *- n* ljusknippe **lichtdicht** *se lichtundurchlässig* **Lichtdruck** *-e m* **1** ljustryck, fototypi **2** strålningstryck **lichtdurchlässig** transparent, ljusgenomsläpplig **Lichte** *-n f* inre diameter; fri höjd **lichtecht** ljusäkta **lichtelektrisch** fotoelektrisk; *~e Zelle* fotocell **lichtempfindlich** ljuskänslig; överkänslig för ljus **1 lichte|n** göra gles[are], tunna ur, gallra; *das Haar -t sich* håret glesnar; *das Dunkel -t sich a)* det ljusnar, *b) bildl.* dunklet skingras
2 lichten *sjö.* lätta **Lichter** - *m* pråm, läktare **Lichterbaum** *-e† m* julgran '**lichter'loh** *~ brennen* stå i ljusan låga; *sein Herz brannte ~* han var upp över öronen förälskad **Lichtermeer** *0 n* ljushav
lichtern *sjö., se leichtern*
Lichtgeschwindigkeit *0 f* ljushastighet **lichtgrün** ljusgrön **Lichthalter** - *m, dial.* ljus|-stake, -hållare **Lichthof** *-e† m* ljusgård **Lichthupe** *-n f* ljustuta **Lichtjahr** *-e n* ljusår **Lichtkegel** - *m* ljuskägla **Lichtlehre** *0 f* optik **Lichtleitung** *-en f, vard.* elledning **lichtlos** mörk, utan ljus
Licht|mann *-er† m, vard.* elavläsare **-maschine** *-n f* generator *(i bil)* **-mast** *-e[n] m* belysnings|mast, -stolpe, lyktstolpe **-meß** *0 f, Mariä ~* kyndelsmässodagen *(2 februari)* **-netz** *-e n, vard.* elnät **-orgel** *-n f* ljusorgel **-pause** *-n f* ljuskopia **-punkt** *-e m* ljuspunkt *(äv. bildl.)*, lysande punkt **-quant** *-en n, fys.* foton, ljuskvant **-quelle** *-n f* ljuskälla **-rechnung** *-en f, vard.* elräkning **-reklam** *0 f* ljusreklam **-schacht** *-e† m* ljusschakt **-schalter** - *m* ljuskontakt, strömbrytare **-schein** *0 m* ljussken
lichtscheu ljusskygg *(äv. bildl.)*
Licht|schimmer *0 m* ljusskimmer **-seite** *-n f* ljus (fördelaktig) sida; *die ~ des Lebens* livets solsida **-spiel** *-e n* film **-spielhaus** *-er† n*, **-spieltheater** - *n* biograf[teater] **-stärke** *-n f*

ljusstyrka **-strahl** *-en m* ljusstråle (*äv. bildl.*) **-streifen** - *m* ljusstrimma **-strom** *-e*† *m* ljusflöde
lichtundurchlässig ogenomskinlig, ljustät
Lichtung *-en f* glänta (*i skog*), öppning **lichtvoll** ljus; *bildl.* klar, uppenbar; ~*e Zukunft* ljus framtid **Lichtwelle** *-n f* ljusvåg **Lichtwirkung** *-en f* ljuseffekt **Lichtzeichen** - *n* ljussignal
Lid *-er n* ögonlock
Lidschatten - *m* ögonskugga
lieb *se äv. lieber, liebst* **1** kär, älskad; angenäm, välkommen; ~*er Adolf!* käre Adolf!; *das ~e Brot* vårt dagliga bröd; *mein ~ster Freund* min käraste (bästa) vän; *um des ~en Friedens willen* för husfridens skull; *das ~e Geld* de välsignade (evinnerliga) pengarna; *du ~er Himmel* (~*e Zeit*)! du store (milde) tid!; *das weiß der ~e Himmel!* det vete fåglarna!; *sich bei e-m ~ Kind machen* (*vard.*) ställa sig in hos ngn; *manch ~es Mal* mången gång, gärna o. ofta; *wenn dir dein Leben ~ ist* om livet är dig kärt; *damit haben wir unsere ~e Not* med det har vi al möda i världen; *die ~e Sonne* solen; *den ~en langen Tag* hela långa dagen; *das ist mir gar nicht ~* (*äv.*) det tycker jag inte alls om; *es wäre mir ~* (*lieber*), *wenn du* jag skulle gärna (hellre) se att du, det vore bra om du **2** rar, snäll, god, älskvärd; ~*er Kerl* snäll (rar) människa; *das ist sehr ~ von dir* det var mycket snällt av dig; *bist du heute ~ gewesen?* har du varit snäll i dag?; *sei schön ~!* var nu snäll!; *sei so ~ und komm* var så snäll och kom **3** *subst. adj, mein Lieber* kära (snälla) du, kära vän; *meine Lieben a*) kära (snälla) ni, kära vänner, *b*) mina kära; *e-m viel Liebes tun* göra ngn mycket gott, vara mycket snäll (god) mot ngn
Lieb *0 n, poet. åld.* käraste, käresta, älskade
liebäugeln *-te, geliebäugelt* flörta; *mit dem Gedanken ~, zu* leka med tanken att; *mit dem Kauf e-s Wagens ~* leka med tanken (ha planer på) att skaffa sig bil **liebbehalten** *st* [alltid] hålla kär (tycka om), inte glömma bort **Liebchen** *- n* **1** *åld.* käresta, älskling **2** *neds.* älskarinna **Liebe 1** *0 f* kärlek; *Brennende ~* (*bot.*) löjtnantshjärta; *käufliche ~* prostitution; *aus ~ av kärlek; ~ auf den ersten Blick* kärlek vid första ögonkastet; *alte ~ rostet nicht* gammal kärlek rostar aldrig; *die ~ geht durch den Magen* vägen till mannens hjärta går genom magen; *~ machen* (*vard.*) älska, ligga med varandra **2** *0 f* [vän]tjänst, vänlighet; *tu mir die ~ und mach das!* (*äv.*) var snäll och gör det! **3** *-n f, vard.* kärlek[sförhållande]; *meine erste ~* min första kärlek **liebebedürftig** i behov av kärlek **Liebediener** - *m* lismare **Liebedienerei** *0 f* inställsamhet, kryperi **liebedienerisch** inställsam, krypande **liebediener|n** *-te, geliebedienert* vara inställsam, fjäska, lisma **liebeleer** utan kärlek **Liebelei** *-en f* [ytlig] kärlekshistoria, flört **liebeln 1** *åld.* flörta **2** *jakt.* klappa, smeka
lieb|en 1 älska; hålla av, tycka om; *sie ~ sich* (*einander*) de älskar varandra; *ich -e es nicht, wenn* jag tycker inte om när; *~d gern* hjärtans gärna **2** älska med (*ligga med*); *sich ~* älska [med varandra] **liebenlernen** lära sig att tycka om (älska) **liebenswert** sympatisk; *~er Mensch* människa som man måste tycka om **liebenswürdig** älskvärd, vänlig; *seien Sie so ~ und* vill Ni vara snäll och **'liebenswürdiger'weise** älskvärt nog **Liebenswürdigkeit** *-en f* älskvärdhet, vänlighet; *würden Sie* [*bitte*] *die ~ haben, das Fenster zu schließen* vill Ni vara snäll och stänga fönstret
lieber I *adj* (*komp. t. lieb*) **II** *adv* (*komp. t. gern*) hellre; *je eher, desto ~* ju förr desto bättre (hellre); ~ *nicht!* helst inte!; ~ *spät als nie* bättre sent än aldrig; *etw. ~ haben* (*mögen, sehen*) tycka bättre om (föredra) ngt; *er hätte ~ nicht gehen sollen* (*äv.*) det hade varit bättre om han inte hade gått
Liebes|abenteuer - *n* kärleksäventyr **-apfel** -† *m* **1** *åld.* kärleksäpple (*tomat*) **2** äpple med röd sockerglasyr **-bedürfnis** *0 n* kärleksbehov **-brief** *-e m* kärleksbrev **-dienerin** *-nen f* prostituerad **-dienst** *-e m* väntjänst **-erklärung** *-en f* kärleksförklaring **-gabe** *-n f* gåva (*i sht t. nödlidande, flyktingar, fångar o.d.*) **-geschichte** *-n f* kärlekshistoria **-geständnis** *-se n* kärleksförklaring **-glück** *0 n* kärlekslycka **-gott** *-er†* *m* kärleksgud **-heirat** *-en f* äktenskap av kärlek **-kraft** *0 f* potens
liebeskrank kärlekskrank
Liebes|kummer *0 m* kärleks|bekymmer, -sorg **-leben** *0 n* kärleksliv **-leute** *pl, åld.* älskande, kärlekspar **-lied** *-er n* kärleks|visa, -sång **-mahl** *-er*† *el. -e n* (*kristlig*) kärleksmåltid; *mil.* festmåltid **-müh[e]** *0 f, das ist verlorene* (*vergebliche*) *~* kärt besvär förgäves, det är bortkastad möda **-nest** *-er n* kärleksnäste **-paar** *-e n* kärlekspar, älskande par **-spiel** *-e n* förspel; parningslek **-tätigkeit** *0 f, se Mildtätigkeit* **-töter** *pl, vard. skämts.* damunderbyxor m. långa ben; långkalsonger **-trank** *-e*† *m* kärleksdryck
liebestrunken *poet.* rusig av kärlek **Liebesverhältnis** *-se n* kärleks|förhållande, -förbindelse **Liebeswerk** *-e n* kärleks-, barmhärtighets|verk **liebevoll** kärleksfull
liebgewinnen *st* få kär, fatta kärlek till, komma att tycka om **liebgeworden** *ein ~er Gegenstand* ett kärt föremål **liebhaben** *oreg.* ha kär, hålla av, tycka om **Liebhaber** - *m* älskare; beundrare; *åld.* dilettant, amatör; *ein Programm für die ~ des Jazz* ett program för jazzvännerna; *die Ware fand viele ~* (*äv.*) varan väckte livligt intresse (fann livlig avsättning) **Liebhaberausgabe** *-n f* bibliofilupplaga **Liebhaberei** *-en f* hobby; *etw. aus ~ tun* göra ngt som amatör (av rent intresse) **Liebhaberpreis** *-e m* samlarpris **Liebhabertheater** - *n, åld.* amatörteater **Liebhaberwert** *0 m* affektionsvärde **lieb'kosen** [*äv.* '---] *liebkoste,* [*ge*]*liebkost* smeka, kela med **Liebkosung** *-en f* smekning **lieblich 1** ljuv, ljuvlig, älsklig; *das ist ja ~* (*vard. iron.*) det var (är) ju snyggt **2** [mild o.] halvtorr (*om vin*) **Lieblichkeit** *0 f* ljuvlighet *etc., jfr lieblich* **Liebling** *-e m* älskling; gunstling, favorit
Lieblings|beschäftigung *-en f* älsklings-, favorit|sysselsättning **-buch** *-er*† *n* älsklingsbok **-gericht** *-e n* älsklings-, favorit|rätt **-schriftsteller** - *m* älsklings-, favorit|författare
lieblos hjärtlös, kärlekslös, kall, utan kärlek (omsorg) **Lieblosigkeit** *-en f* kärlekslöshet *etc., jfr liebios* **liebreich** kärleksfull; ljuv (*om doft*) **Liebreiz** *0 m* behag, charm **liebreizend** behagfull, tjusande, charmfull **Liebschaft** *-en f* kärlekshistoria; *meine erste ~* min första kärlek **liebst I** *adj* (*superl. t. lieb; alltid böjt*) **II** *adv* (*superl. t. gern*) *am ~en* helst **Liebste(r)** *m f, adj böjn., åld.* älskade
Liebstöckel - *n el. m, bot.* libsticka

liebwert *åld. el. skämts.* högt uppskattad, kär
Liechtensteiner - *m* liechtensteinare **liechtensteinisch** liechtensteinsk
Lied *-er n* visa, sång; *das ~ der Nachtigall* näktergalens sång; *es ist immer dasselbe (das alte, das gleiche) ~* det är alltid samma gamla visa; *davon kann ich ein ~ singen (vard.)* det vet jag av egen [bitter] erfarenhet; *das ist das Ende vom ~* det var slutet på visan **Liederabend** *-e m* visafton **Liederbuch** *-er† n* sång-, vis|bok **Liederdichter** - *m* visdiktare
Liederjan *-e m, vard.* 1 slarver 2 rumlare, liderlig karl **liederlich** 1 liderlig, utsvävande; *ein ~es Leben führen* leva ett utsvävande liv 2 oordentlig, slarvig **Liederlichkeit** *0 f* 1 liderlighet, lösaktighet 2 slarv[ighet]
Lieder|macher - *m* vis|diktare, -sångare *(som skriver visorna själv)*, trubadur **-sänger** - *m* vissångare **-tafel** *-n f* sångförening
Liedrian *-e m, se Liederjan*
lief *se laufen*
Lieferant *-en -en m* leverantör **Lieferauto** *-s n* paket-, skåp|bil **lieferbar** som kan (skall) levereras, färdig för leverans; *die Ware ist sofort ~ varan är leveransklar* **Lieferbedingungen** *pl* leveransvillkor **Lieferer** - *m* leverantör **Lieferfrist** *-en f* leveranstid **liefern** leverera, av-, över|lämna, tillhandahålla; ge, frambringa, producera; *e-e Schlacht ~* leverera batalj; *ein hervorragendes Spiel ~ (sport.)* spela utomordentligt; *Beweise ~* ge bevis; *den Beweis ~, daß* bevisa att; *Waren ins Haus ~* köra hem (komma hem med) varor; *wenn es so ist, dann bin ich geliefert (vard.)* om det är på det sättet ligger jag illa till **Lieferschein** *-e m* följesedel, leveransnota **Lieferung** *-en f* 1 leverans 2 häfte (band, del) *(av bok som utges häftesvis osv.)*; *in ~en erscheinen* komma ut häftesvis *etc.* **Lieferungsbedingungen** *pl* leveransvillkor **Lieferungsfrist** *-en f* leveranstid **Lieferungsgeschäft** *-e n, hand.* terminsaffär **Lieferungsort** *-e m, se Erfüllungsort* **lieferungsweise** häftesvis *etc.*, *jfr Lieferung* 2 **Lieferwagen** - *m* paket-, skåp|bil **Lieferzeit** *-en f* leveranstid
Liege *-n f* schäslong **-geld** *-er n, sjö.* liggedagsersättning **-kur** *-en f* liggkur
lieg|en *lag, läge, gelegen, h (sty., österr., schweiz. s)* 1 ligga; *ein einsam ~des Haus* ett ensligt liggande hus; *~de Schrift* kursiv (lutande) stil; *was -t, -t* tagt kort ligger; *wie ~ die Dinge?* hur ligger saker o. ting till?; *der Stoff -t 90 cm breit* tyget ligger på 90 cm bredd; *gut ~ (äv.)* ligga bra till; *ich habe viel Arbeit ~* jag har mycket arbete liggande; *laß die Tankstelle links ~* du ska ha macken till vänster; *hast du die Tasche irgendwo ~ sehen?* har du sett väskan någonstans?; *der Tisch -t voller Bücher* bordet är fullt av böcker; *ganz vorn (an der Spitze) ~* ligga i täten; *der Hund -t an der Kette* hunden är bunden; *die Leiter -t an der Wand* stegen står lutad mot väggen; *auf e-e Bank ~ (schweiz.)* lägga sig på en bänk; *auf dem (am) Boden ~* ligga på golvet; *der Wein -t auf Flaschen* vinet är buteljerat (tappat på flaskor); *e-e große Verantwortung -t auf mir* det vilar ett stort ansvar på mig; *auf den fünften Platz ~ (äv.)* vara femma; *der Wagen -t gut auf der Straße* bilen ligger bra på vägen; *den ganzen Tag auf der Straße ~* hålla till på gatan hela dagen; *das lag nicht in meiner Absicht* det var inte min avsikt; *im (zu) Bett ~* ligga i sängen;

krank im (zu) Bett ~ ligga sjuk (till sängs); *der Schreck -t mir noch in allen Gliedern* jag har fortfarande skräcken i kroppen; *es -t nicht in meiner Macht* det står inte i min makt; *das Essen -t mir schwer im Magen* maten ligger som en klump i magen på mig; *im Wirtshaus ~* jämt sitta på krogen; *Nebel -t über (auf) der Wiese* det ligger dimma över ängen; *zur Straße ~* vetta åt gatan 2 bero; *woran -t es?* vad beror det på?; *es -t ganz allein an (bei) dir, ob* det beror helt o. hållet på dig om; *es lag an ihm (äv.)* det var hans fel; *an mir soll es nicht ~* mig skall det inte hänga på 3 *diese Arbeit -t mir nicht* jag är inte så förtjust i det här arbetet; *es -t mir nicht, mich dauernd anzupreisen* jag tycker inte om att jämt göra reklam för mig själv; *das -t mir nicht* det ligger inte för honom, det passar honom inte; *es -t e-m viel an etw. (dat.)* ngn är mycket angelägen (mån) om ngt; *es -t mir viel daran* jag sätter stort värde på det **liegenbleib|en** *st s* bli liggande, ligga kvar; *es bleibt liegen (äv.)* det görs ingenting åt det; *im Bett ~* stanna kvar i sängen; *paß auf, daß dein Schirm nicht -t!* pass på så att du inte glömmer [kvar] ditt paraply!; *das kann bis morgen ~ (äv.)* det kan vänta (uppskjutas) till i morgon **Liegende(s)** *n, adj böjn.*, *gruv.* liggande **liegenlassen** *st* låta ligga (lämna) kvar; *den Schirm im Gasthaus ~* glömma [kvar] paraplyt på krogen; *e-n links ~ (vard.)* ignorera (ej låtsas om) ngn; *das Haus rechts ~* ha huset på höger hand; *die Sache einige Zeit ~* låta saken vila en tid **Liegenschaft** *-en f* fastighet
Liege|platz *-e† m* förtöjnings-, ankar|plats **-sitz** *-e m* säte med nedfällbart ryggstöd **-statt** *-en† f*, **-stätte** *-n f* [vilo]läger **-stuhl** *-e† m* liggstol **-stütz** *-e m, gymn.* stupfallande ställning; *10 ~e machen* göra 10 armhävningar **-tag** *-e m, sjö.* liggedag **-wagen** - *m, järnv.* liggvagn **-wiese** *-n f* äng *(för solbad e.d.); vard. skämts.* schäslong (säng *e.d.*) **-zeit** *-en f, sjö.* ligg[e]tid, liggedagar
lieh *se leihen*
Liek *-en n, sjö.* lik
Lieschen - *n, vard. neds.* fruntimmer, flicka; *Fleißiges ~ (bot.)* Flitiga Lisa; *~ Müller (ung.)* anspråkslös (vanlig) kvinna (flicka); *die Ansichten ~ Müllers (ung.)* genomsnittstyskans åsikter
Lieschgras *-er† n, bot.* timotej
Liese *-n f* 1 *(trång)* bergsklyfta 2 *vard. neds.* fruntimmer, flicka; *dumme ~* dumsnut
Liesen *pl, nty.* svinister
ließ *se lassen*
Lift 1 *-s el. -e m* hiss; lift 2 *-s m n, med.* ansiktslyftning **Liftboy** *-s m* hisspojke **liftein** *s o. h, dial., se liften 1* **liften 1** *s o. h* åka skidlift 2 lyfta; höja; *die Gesichtshaut ~* göra en ansiktslyftning; *die Preise um zwei Prozent ~* höja priserna med två procent; *etw. mit dem Gabelstapler ~* lyfta ngt med trucken; *sich ~ lassen (vard.)* [låta] göra en ansiktslyftning
Lig|a *-en f* liga *(äv. sport.)*
Ligatur *-en f* ligatur
ligurisch ligurisk
Liguster - *m, bot.* liguster **-schwärmer** - *m* liguster|fjäril, -svärmare
liier|en *rfl* förena (liera) sig; *mit e-m -t sein (äv.)* ha ett kärleksförhållande med ngn
Likör *-e m* likör
lila *oböjl. adj* lila[färgad]; *~ (vard.: ~[n]e) Unter-*

Lila—Lippe

wäsche lila underkläder; *es geht mir ~ (vard.)* jag mår drägligt (så där) **Lila** *0 n* lila [färg] **lila|farben, -farbig** lila[färgad]
Lilie *-n f* lilja **lilienweiß** liljevit
Lilipu'taner - *m* lilleputt '**Liliputformat** *0 n* mini[atyr]format
Limburger I - *m* limburgost II *oböjl. adj, ~ Käse, se I*
Limes - *m, mat.* limes, gränsvärde **Limit** ['lımıt] *-s el. -e n* gräns; *hand.* limit; *er hat das ~ für das Finale nicht erreicht (sport.)* han kunde inte kvalificera sig till finalen **limitieren** begränsa
Limo *-[s] f n, vard.*, **Limonade** *-n f* lemonad, läsk[edryck] **Limone** *-n f* limon, citron
Limousine [-mu-] *-n f* limousine
lind mild
Linde *-n f* lind **linden** av lindträ, lind- **Lindenbaum** *-e† m* lind **Lindenblüte** *-n f* lindblom[ma]; *die ~ (äv.)* lindarnas blomningstid **Lindenblütentee** *0 m* lindblomste
lindern lindra, mildra, lätta **Linderung** *0 f* lindring **Lind|heit** *0 f,* **-igkeit** *0 f* mildhet
Lindwurm *-er† m* lindorm
Lineal *-e n* linjal; *als ob er ein ~ verschluckt hätte* som om han hade svalt en eldgaffel, stel som en pinne **linear** lineär, linjär, rätlinjig, linear- **Linearzeichnung** *-en f* linearritning
Linguist [lɪŋ'gʊɪst] *-en -en m* lingvist **Lin'guistik** *0 f* lingvistik **linguistisch** lingvistisk
liniar *se linear*
Linie *-n f* linje; *die ~n ihres Gesichts (äv.)* hennes ansiktsdrag; *die ~n der Hand* linjerna i handen; *die ~ passieren (sjö.)* passera linjen (ekvatorn); *die ~ 4* linje 4, fyran; *die männliche (weibliche) ~ (äv.)* mans|linjen, -sidan (kvinno|linjen, -sidan); *e-e mittlere ~ halten* gå en medelväg; *auf die [schlanke] ~ achten (vard.)* tänka på den slanka linjen; *auf der gleichen ~ liegen* ligga på samma plan; *etw. auf e-e (die gleiche) ~ mit etw. stellen* jämställa ngt med ngt; *auf der ganzen ~* över hela linjen, överallt, totalt; *in ~ (mil.)* på linje; *in e-r ~ stehen* stå (ligga) i rad; *in erster ~* i första hand, framför allt; *in gerader ~ von e-m abstammen* härstamma i rätt nedstigande led från ngn; *in vorderster ~ stehen* stå i främsta ledet
Linien|blatt *-er† n* radpapper **-dienst** *0 m* linjetrafik **-flug** *0 m* reguljärt flyg **-führung** *0 f* linjeföring **-papier** *-e n* linjerat papper **-richter** - *m, sport.* linjedomare **-schiff** *-e n* linjefartyg
linientreu *neds.* rättrogen, partitrogen **Linienverkehr** *0 m* linje|trafik, **-fart lin[i]ieren** linjera **Lin[i]ierung** *-en f* linjering
Liniment *-e n, med.* liniment
link *adj* **1** *alltid böjt* vänster; avig; *~er Außenstürmer (sport.)* vänsterytter; *er gehört zum ~en Flügel der Partei* han tillhör partiets vänsterflygel; *mit dem ~en Fuß zuerst aufstehen* vakna på fel sida; *e-e ~e Gerade* en rak vänster; *~er Hand* till vänster, på vänster sida; *zwei ~e Hände haben* vara tafatt; *die ~e Seite* a) vänstersidan, b) avigsidan, avigan; *~e Zeitungen* vänstertidningar **2** *vard.* skum, suspekt; lömsk **linken** *vard.* lura **Linke(r)** *m f, adj böjn., die Linke a)* vänstra handen, *b) polit. o. boxn.* vänstern; *der Linke (sportsl.)* vänsterytter; *die Linken* vänstern; *er ist ein Linker* han tillhör vänstern (är vänster); *e-m zur Linken sitzen* sitta till vänster om ngn (på ngns vänstra sida) **linker|hand, -seits** till vänster,

på vänster sida **linkisch** tafatt, klumpig, fumlig
links I *adv* [till] vänster; avigt; *die zweite Tür ~* andra dörren till vänster; *~ von dir (vom Haus)* till vänster om dig (huset); *~ um!* vänster om!; [*nach*] *~ abbiegen* svänga åt vänster; *den Stoff* [*von*] *~ bügeln* stryka tyget på avigsidan; *e-n* [*auf*] *~ drehen (vard.)* noggrant undersöka (pröva, utfråga *e.d.*) ngn; *~ essen (vard.)* äta med vänster hand; *~ sein (vard.)* a) vara vänster, tillhöra vänstern, b) vara vänsterhänt; *~ stehen (äv.)* vara vänster, tillhöra vänstern; *zwei rechts, zwei ~ stricken* sticka två aviga o. två räta; *mit ~ (vard.)* lekande lätt, med vänster hand; *von ~* från vänster, vänsterifrån; *von ~ nach rechts* från vänster till höger II *prep m. gen.*; *~ des Hauses* till vänster om huset; *~ des Rheins* på Rhens vänstra sida **Linksabbieger** - *m* trafikant som svänger åt vänster **Linksabweichler** - *m, neds.* vänsteropportunist **Linksanwalt** *-e† m, vard.* brännvinsadvokat, dålig advokat **links'außen** 1 *sport.* längst ut på vänstra sidan (*av planen*), i vänsterytterposition 2 *~ stehen (polit.)* tillhöra yttersta vänstern **Links'außen** - *m, sport.* vänsterytter **Linksdrall** *0 m* 1 *fack.* vänstertvinning, tvinning motsurs; vänsterräffling, räffling motsurs 2 *vard.* benägenhet att gå (dra sig) till vänster 3 *polit.* vänstervridning **linksdrehend** vänstergängad; *kem.* vänstervridande **Linkser** - *m, dial.* vänsterhänt [person] **Linksextremist** *-en -en m* vänsterextremist **linksgängig** vänstergängad **linksgerichtet** vänsterorienterad **linksgewebt** *vard.* homosexuell **Linksgewinde** - *n* vänstergänga **Linkshänder** *-en m* vänsterhänt [person] **linkshändig** vänsterhänt; med vänster hand **Linkshändigkeit** *0 f* vänsterhänthet 'links'her *åld.* vänsterifrån, från vänster '**links-her'um** åt vänster, motsurs 'links'hin *åld.* åt vänster **Links'innen** - *m, sport.* vänsterinner **Linksintellektuelle(r)** *m f, adj böjn.* vänsterintellektuell **Linkskurve** *-n f* vänster|kurva, -sväng **linkslastig** 1 för tungt lastad på vänster sida 2 *polit. neds.* vänstervriden **linksläufig** 1 vänstergängad 2 som läses (skrivs) från höger till vänster **Linkslenker** - *m* vänsterstyrt fordon **linksorientiert** vänsterorienterad **Linkspartei** *-en f* vänsterparti **linksradikal** vänsterradikal **Linksruck** *0 m, polit., bei den Wahlen kam es zu e-m ~* valen medförde en kraftig förskjutning åt vänster, det blåste en kraftig vänstervind i valen **linksrum** *vard.* åt vänster, motsurs **linksseitig** *el. vard.* **linksseits** till vänster [*äv. -*'-] *~ kehrt!* helt vänster om! **Linksverbinder** - *m, sport.* vänsterinner **Linksverkehr** *0 m* vänstertrafik
Linnen *0 n, åld., se Leinen*
Li'noleum *0 n* linoleum, korkmatta **Linol[eum]schnitt** *-e m* linoleumsnitt
Linon [li'nõ:, 'lɪnɔn] *-s m* linong (*tyg*)
Linse *-n f fys., anat., bot.* lins; *vard.* objektiv, kamera; *~n (vard.)* stålar, mynt **linsen** *vard.* kika, tjuvtitta; *bei der Klassenarbeit ~* fuska på skrivningen (*skriva av kamrat*) **Linsenfleck** *-e m* leverfläck **linsenförmig** lins|formad, -formig **Linsengericht** *-e n (mest bibl.) seine Erstgeburt für ein ~ hergeben* sälja sin förstfödslorätt för en grynvälling
Lippe *-n f* läpp (*åld. bot.*); *vard.* munläder; *sich (dat.) auf die ~n beißen* bita sig i läppen; *die Worte drängen sich ihm auf die ~n han har*

svårt att hålla tillbaka orden; *von den* ~*n lesen* läsa på läpparna; *e-e* [*dicke, große*] ~ *riskieren* (*vard.*) [våga] säga vad man (*etc.*) tycker, ta munnen full; *das Wort schwebt* (*liegt*) *mir auf den* ~*n* jag har ordet på tungan
Lippen|bekenntnis *0 n* läpparnas bekännelse, tomma ord **-blütler** - *m, bot.* läppblomstrig växt **-laut** *-e m, fonet.* läppljud, labial **-pfeife** *-n f, mus.* labialpipa **-spalte** *-n f* harläpp **-stift** *-e m* läppstift **-zahnlaut** *-e m, fonet.* labiodental
li'quid 1 *kem.* flytande **2** *hand.* likvid **Liquid** *-e m, fonet.,* '**Liquid|a** *-ä el. Li'quiden f, fonet.* likvida **Liquidation** *-en f* **1** räkning **2** likvidation; *in* ~ *treten* träda i likvidation **Liquidator** *-en m* likvidator **liquide** *se liquid* **liquidieren 1** *ekon.* likvidera; avveckla, upplösa; omsätta i kontanter; betala; tillgodoräkna sig, ta betalt för **2** *jur.* träda i likvidation **3** likvidera, avrätta; *bildl.* utplåna, undanröja **Liquidierung** *-en f* likvidering **Liquidität** *0 f* likviditet **Liquiditätskrise** *-n f* likviditetskris
Li'sene *-n f, arkit.* lisen
lispeln 1 läspa **2** viska; (*om vind*) susa
List *-en f* list; *mit* ~ *und Tücke* (*vard.*) med lock o. pock
Liste *-n f* lista, förteckning; *auf der schwarzen* ~ *stehen* stå på svarta listan; *auf die schwarze* ~ *setzen* (*äv.*) svartlista
1 listen lista
2 listen *sport.* lura
listenmäßig enligt listan (listorna, förteckning|en, -arna)
Listenpreis *-e m* list-, katalog|pris
listenreich full av list
Listenwahl *-en f, polit.* listval
listig listig, slug
Litanei *-en f* litania (*äv. bildl.*); långrandig (monoton) uppräkning; *er betet immer dieselbe* ~ *her* (*bildl.*) han kommer alltid med samma gamla [klago]visa
Litauer ['liː-, *äv.* 'lɪ-] - *m* litauer **litauisch** litauisk
Liter ['liː, *äv.* 'lɪ-] - *m, äv.* n liter
Literarhistoriker - *m* litteraturhistoriker **literarhistorisch** litteraturhistorisk **literarisch** litterär, litteratur- **Literat** *-en -en m, ofta neds.* författare
Literatur *-en f* litteratur; *schöne* ~ skönlitteratur; *über dieses Gebiet gibt es wenig* ~ det har inte skrivits mycket om det här området **-angaben** *pl* litteraturförteckning **-denkmal** *-er†* *el.* *-e n* litterärt minnesmärke **-geschichte** *0 f* litteraturhistoria **-hinweise** *pl* litteraturhänvisning **-nachweise** *pl* litteraturförteckning **-papst** *-e† m, iron., skämts.* litterär påve (*ledande kritiker*) **-sprache** *0 f* litteraturspråk, skriftspråk **-zeitschrift** *-en f* litterär tidskrift
Literflasche *-n f* literbutelj **Litermaß** *-e n* litermått **literweise** litervis
Litfaßsäule ['lɪf-] *-n f* annonspelare
Lithium *0 n, kem.* litium **Litho|graf, -graph** *-en -en m* litograf **-grafie, -graphie** *-n f* litografi **litho|grafieren, -graphieren** litografera **litho|grafisch, -graphisch** litografisk
litt *se leiden*
Liturgie *-n f* liturgi **liturgisch** liturgisk
Litze *-n f* **1** träns, snodd **2** *väv.* solv **3** lednings-, litz|tråd
live [lajf, laɪv] *radio., telev.* direkt[sänd], i (som) direktsändning; ~ *senden* direktsända **Live-**

-Sendung *-en f, radio., telev.* direktsändning **Livländer** ['liːf-] - *m* liv-, liff|ländare **livländisch** liv-, liff|ländsk
Livree [li'vreː] *-n* [-eːən] *f* livré **livriert** livréklädd
Lizentiat *-en -en m, åld.* [teologie] licentiat **Lizenz** *-en f* licens; *in* ~ på licens; *in* ~ *herstellen* licenstillverka **Lizenzgebühr** *-en f* licens[avgift]; royalty **lizenzieren** licens[i]era, bevilja licens på (för) **Lizenzinhaber** - *m* licensinnehavare **Lizitant** *-en -en m* person som bjuder på en auktion **Lizitation** *-en f* auktion **lizitieren** auktionera bort
Lkw, LKW [ɛlkaː'veː, *äv.* '---] *-s* (*ibl.*) - *m förk. för Lastkraftwagen* lastbil **lmA** [ɛl|m'|aː] *vard., förk. för leck mich am Arsch!* kyss mig i arslet!, dra åt helvete!
1 Lob *-e n* beröm, lovord; *Gott sei* ~ *und Dank* gudskelov; *e-m ein* ~ *aussprechen* (*erteilen*) ge ngn beröm, berömma ngn; *es gereicht ihm zum* ~*e* det hedrar honom
2 Lob [lɔb] *-s m, sport.* lobb
Lobb|y [-i] *-ys el. -ies f m* **1** lobby, påtryckningsgrupp **2** lobby, korridor; [hotell]vestibul
Lobelie *-n f, bot.* lobelia
loben berömma, prisa; *das lob' ich mir* det faller mig på läppen; *da lob' ich mir ein Glas Rotwein* (*ung.*) tacka vet jag ett glas rödvin; *der Name des Herrn sei gelobt* lovat vare Herrens namn; *sich* ~*d über etw.* (*ack.*) *aussprechen* uttala sig lovordande om ngt **lobenswert** lovvärd, berömvärd, som förtjänar beröm **lobesam** *åld.* lovvärd, förtjänstfull **Lobeserhebung** *-en f* lovprisande **Lobeshymne** *-n f, bildl.* lovsång **Lobgesang** *-e† m* lovsång (*auf* + *ack.* över) **Lobhudelei** *-en f* överdrivet beröm, grovt smicker **lobhudel|n** *-te, gelobhudelt* grovt smickra, överdrivet prisa (*e-m, e-n* ngn) **löblich** berömlig, lov-, heder|värd; ~*e Absicht* vällovlig avsikt **Loblied** *-er n* lovsång (*auf* + *ack.* över) **Lobpreis** *0 m, zum* ~ *Gottes* till Guds ära **lob|preisen** *-preiste el. -pries, gelobpreist el. -gepriesen, zu* ~ [lov]prisa **Lobpreisung** *-en f* lovprisning; *relig.* doxologi **Lobrede** *-n f* lovtal (*auf* + *ack.* över), panegyrik **Lobredner** - *m* lovtalare, panegyriker **lobrednerisch** överdrivet rosande, prisande, panegyrisk **lob|singen** *-sang, -gesungen, zu* ~ lovsjunga (*e-m* ngn)
Loch *-er† n* hål; grop; öppning; (*djurs*) håla, gryt; *vard.* kyffe, hål; *vard.* kurra, finka; *vulg.* arsel, fitta; *schwarzes* ~ (*astron.*) svart hål; *e-m ein* ~ (*Löcher*) *in den Bauch fragen* (*vard.*) hålla på att fråga ihjäl ngn; *ein* ~ (*Löcher*) *in die Luft gucken* (*starren*) (*vard.*) stirra rakt ut i luften, drömma; *ein* ~ *im Magen haben* (*vard.*) vara väldigt hungrig, äta väldigt mycket; *e-m zeigen, wo der Zimmermann das* ~ *gelassen hat* (*vard.*) visa ngn på dörren, köra ut ngn; *auf dem letzten* ~ *pfeifen* (*vard.*) sjunga på sista versen; *jetzt pfeift der Wind aus e-m anderen* ~ (*vard.*) nu blir det annat ljud i skällan; *das hat ein großes* ~ *in den Geldbeutel gerissen* (*vard.*) det har gjort ett stort hål i kassan (kostat mycket pengar); *wie ein* ~ *saufen* (*vard.*) supa som en borstbindare; *den Gürtel* [*um*] *ein* ~ *enger schnallen* (*bildl.*) dra åt svångremmen; *es ist ein* ~ *im Strumpf* det har gått hål på strumpan; *im* ~ *sitzen* (*äv.*) sitta inne (i fängelse); *e-n ins* ~ *stecken* sätta ngn i finkan; *sich* (*dat.*) *ein* ~ *in den Kopf stoßen* göra sig illa (få ett sår) i huvudet; *ein* ~ *mit dem*

anderen zustopfen betala en skuld genom att skaffa sig en ny **Locheisen** - *n* hål|järn, -mejsel, -stamp **lochen** slå hål [i], punsa, perforera; *Fahrkarten* ~ klippa biljetter **Locher** - *m* **1** hålslag **2** perforator **3** stansoperatör **löcherig** full av hål; hålig; porös **Locherin** -*nen f* stansoperatris **löchern** *vard.*, *e-n* ~ tjata på ngn, inte lämna ngn i fred **Lochkamera** -*s f* camera obscura, hålkamera **Lochkarte** -*n f* hålkort **Lochkartenmaschine** -*n f* hålkortsmaskin **Lochmaschine** -*n f* hålstansningsmaskin **löchrig** *se löcherig*
Loch|schwager -† *m, vulg. skämts.*, *er ist mein* ~ (*ung.*) vi har en gemensam sängkamrat (*ligger med samma tjej*) **-stein** -*e m*, *se Hohlziegel* **-stickerei** -*en f* engelskt broderi **-streifen** - *m* hålremsa **-ung** -*en f* **1** hålslagning, punsning, perforering **2** hål **-zange** -*n f* hål-, klipp|tång, biljettång
1 Locke -*n f* [hår]lock
2 Locke -*n f, jakt.* lock|pipa, -fågel
1 locken locka, lägga i lockar; *sich* ~ locka sig; *gelocktes Haar* lockigt hår; *sich* (*dat.*) *das Haar* ~ *lassen* låta locka håret
2 locken locka [på]; *es lockt mich, es zu tun* jag känner mig frestad (det lockar mig) att göra det; ~*des Angebot* frestande erbjudande
löcken *högt.* sätta sig emot, opponera sig; *wider* (*gegen*) *den Stachel* ~ spjärna mot udden
Locken|haar -*e n* lockigt hår **-kopf** -*e*† *m* lockigt huvud; person med lockigt hår, krushuvud **-wickel** - *m*, **-wickler** - *m* papiljott
locker lös, lucker, porös, mjuk, slapp, glapp; lösaktig, lättsinnig; *sich* ~ *bewegen* röra sig ledigt (avspänt); ~ *lassen* släppa efter; *etw.* ~ *machen* lossa på ngt; ~ *sein* (*äv.*) glappa; ~ *werden* lossna, slakna; *e-e* ~*e Hand haben* ha lätt för att slå till (ge en örfil); ~*er Bruder* (*Zeisig, Vogel*) (*vard.*) slarver, rumlare; ~*e Disziplin* slapp disciplin; ~*e Sitten* lösa seder **Lockerheit** 0 *f* löshet *etc., jfr locker* **lockerlassen** *st, vard.* ge efter; *du darfst nicht* ~ du får inte ge tappt (upp), du måste stå på dig **lockermachen** *vard.*, *100 Mark* ~ punga ut med (släppa till) 100 mark; *ich habe bei ihm 100 Mark lockergemacht* jag har fått honom att punga ut med 100 mark **lockern 1** lossa [på], lösa; luckra [upp]; släppa efter på; mjuka upp; *die Zügel* ~ (*bildl.*) ge friare tyglar **2** *rfl* lossna, slappna, bli lösare (lucker), lätta **Lockerschnee** 0 *m, fack.*, *se Pulverschnee* **Lockerung** -*en f* loss[n]ande; uppmjukning; *e-e* ~ *der Vorschriften ist eingetreten* det har skett en uppluckring av föreskrifterna, föreskrifterna har mjukats upp
lockig lockig
Lockmittel - *n* lock|medel, -bete, -fågel
Lockout [lɔk'|aut] -*s n, äv. m, ibl. f* lockout
Lock|ruf -*e m* lock|rop, -ton **-speise** -*n f, högt.* lockbete **-spitzel** - *m* provokatör **-ung** -*en f* lockelse, frestelse **-vogel** -† *m* lockfågel (*äv. bildl.*)
loco *hand.* loko
Lodde -*n f, zool.* lodda
Loddel - *m, vard.* hallick **lodderig** *se lotterig*
Loden - *m* loden[tyg] **-mantel** -† *m* loden|-kappa, -rock
lodern flamma, blossa; ~*de Leidenschaft* glödande lidelse
Löffel - *m* **1** sked; *e-n über den* ~ *barbieren* (*vard.*) dra ngn vid näsan, lura ngn; *er hat die*

Weisheit auch nicht mit ~*n gefressen* (*vard.*) ngt större ljus är han inte; *den* ~ *sinken lassen* (*wegwerfen, abgeben*) (*vard.*) kola av (*dö*) **2** öra (*på hare o. kanin, vard. äv. på människa*); *eins hinter die* ~ *kriegen* (*vard.*) få en örfil; *sich* (*dat.*) *etw. hinter die* ~ *schreiben* (*vard.*) skriva upp (komma ihåg) ngt; *die* ~ *spitzen* (*vard.*) spetsa öronen **Löffelbagger** - *m* grävmaskin **Löffelente** -*n f, zool.* skedand **Löffelerbsen** *pl* (*tjock*) ärtsoppa **löffeln 1** äta med sked, sleva i sig **2** *vard.* fatta **3** *e-m e-e* ~ (*vard.*) örfila ngn **Löffelreiher** - *m, zool.* skedstork **Löffelstiel** -*e m* skedskaft **löffelweise** skedvis
log *se lügen*
Log [lɔk] -*e n, sjö.* logg
Logarithmentafel -*n f* logaritmtabell **logarithmieren 1** beräkna logaritmen för **2** räkna med logaritmer **logarithmisch** logaritmisk
Logarithm|us -*en m* logaritm
Logbuch -*er*† *n, sjö.* loggbok
Loge ['loːʒə] -*n f* loge; portvakts-, portier|loge
Logenbruder -† *m* ordensbroder **Logen|-diener** - *m*, **-schließer** - *m* [teater]vaktmästare
Logge -*n f, sjö.* logg **loggen** *sjö.* logga
Logger - *m, sjö.* loggert
Loggi|a ['lɔdʒ(i̯)a] -*en f* loggia
Logierbesuch [loˈʒiːɐ̯-] -*e m* nattgäst[er]; *wir haben* ~ vi har gäster som ligger över **logieren** logera, bo (*im Hotel* på hotell)
'Logik 0 *f* logik **Logiker** - *m* logiker
Logis [loˈʒiː] - [-iːs] *n* **1** logi **2** *sjö.* skans **logisch** logisk; [*das ist*] ~ (*vard.*) det är självklart **'logischer'weise** logiskt [sett]; naturligtvis **Lo'gistik** 0 *f* logistik
Logleine -*n f, sjö.* logglina
logo *vard., kommst du mit?* — ~! följer du med? — självklart!
Logo|griph -*s el.* -*en* -*e*[*n*] *m* logogryf (*slags ordgåta*) **-päde** -*n* -*n m* logoped **-pädie** 0 *f* logopedi
1 Loh -*en f, sty.* sank äng
2 Loh -*e m n, dial.* skogsdunge, småskog
Lohblüte 0 *f* trollsmör (*slemsvamp*)
1 Lohe -*n f* garvarbark, lo
2 Lohe -*n f, högt.* flamma, låga
1 lohen [lo]garva, barka
2 lohen *högt.* flamma, låga
lohgar [lo]garvad **Lohgerber** - *m* [lo]garvare
Lohn -*e*† *m* lön; avlöning; belöning; *bei e-m in* ~ [*und Brot*] *stehen* vara anställd hos ngn; *seinen* ~ *empfangen* (*äv.*) få sitt rättvisa straff **-abbau** 0 *m* [real]lönesänkning **-abhängige(r)** *m f, adj böjn.* löntagare **-abschluß** 0 *m* löneöverenskommelse **-abzug** -*e*† *m* löneavdrag **-aufwand** 0 *m* lönekostnader **-ausfall** -*e*† *m* lönebortfall **-ausgleich** 0 *m, ung.* kompensation för lönebortfall (*t. ex. vid sjukdom*) **-buch** -*er*† *n* avlöningsbok **-diener** - *m* extraanställd [mot timlön]; *pl* extrapersonal (*för fest e.d.*) **-empfänger** - *m* löntagare
lohn|en 1 löna; *es* -*t die Mühe* det lönar mödan; *die Stadt* -*t e-n Besuch* det lönar sig att besöka staden; *das Ergebnis* -*te die Mühe nicht* resultatet var inte värt besväret; *e-m etw.* ~ belöna ngn för ngt; *ich werde Ihnen die Mühe reichlich* ~ jag ska ge Er en ordentlig kompensation för besväret; *er hat es mir mit Undank gelohnt* jag har bara fått otack av honom för det; ~*d* lönande; *e-e* ~*de Ausstellung* en utställ-

ning som det lönar sig att gå på **2** *rfl* löna sig; *es -t sich nicht* det lönar sig inte, det är inte mödan värt (inte lönt) **löhnen** betala [lön till], avlöna
Lohn|erhöhung *-en f* löne|förhöjning, -ökning **-folgekosten** *pl* (*arbetsgivares*) [kostnader för] sociala avgifter **-forderung** *-en f* löne|-anspråk, -krav **-fortzahlung** *0 f* (*vid sjukdom*) full lön (*under 6 veckor*) **-gleichheit** *0 f* likalön **-herr** *-[e]n -en m, åld.* arbetsgivare **lohnintensiv** lönekrävande, med höga lönekostnader
Lohn|kampf *-e†* m lönestrid **-kosten** *pl* lönekostnader **-kutsche** *-n f, åld.* hyrdroska **--Preis-Spirale** *0 f* löne-pris-spiral **-runde** *-n f* avtalsrörelse, löneförhandlingar **-senkung** *-en f* löne|avdrag, -sänkning, reallönesänkning **-steigerung** *-en f, se Lohnerhöhung* **-steuer** *-n f* källskatt (*på lön*) **-steuerkarte** *-n f, ung.* debetsedel (*för löntagare*) **-stopp** *0 m* lönestopp **-streifen** - *m* löneremsa **-summensteuer** *-n f* arbetsgivaravgift **-tag** *-e m* avlöningsdag **-tüte** *-n f* avlöningskuvert
Löhnung *-en f* [av]löning
Lohnzettel - *m* lönebesked
Lohrinde *0 f* garvarbark
Loipe *-n f* skidspår (*för tävling*), bana
Lok [lɔk] *-s f* lok
lokal lokal, lokal-, orts-; ~*e Umstandsbestimmung* (*språkv.*) rumsadverbial
Lokal *-e n* lokal; ställe, [enklare] restaurang; *im* ~ *essen* äta på restaurang (ute) **-anästhesie** *-n f, med.* lokalbedövning **-bahn** *-en f* lokal-, förorts|tåg **-behörde** *-n f* lokal myndighet **-bericht** *-e m* lokalt reportage **-berichterstatter** - *m* ortskorrespondent **-blatt** *-er† n* lokal-, orts|tidning
Lokale(s) *n, adj böjn.* lokala meddelanden (*i tidning*) **Lokalisation** *-en f* lokalisering **lokalisieren** lokalisera **Lokalität** *-en f* lokalitet; skämts. visst ställe, toa
Lokal|journalist *-en -en m* lokalredaktör **-kenntnis** *-se f* lokalkännedom **-kolorit** *-e n* lokalfärg **-nachrichten** *pl* lokala meddelanden **-patriotismus** *0 m* lokalpatriotism **-stück** *-e n* teaterpjäs med lokal anstrykning **-termin** *-e m, jur.* syn på stället **-verbot** *0 n*, ~ *haben* vara portförbjuden (*på restaurang e.d.*) **-verkehr** *0 m* lokaltrafik **-zeitung** *-en f* lokal-, orts|tidning **-zug** *-e† m* lokaltåg
Lokativ *-e m, språkv.* lokativ
Lokführer - *m* lokförare
Lokogeschäft *-e n, hand.* lokoaffär **Loko|-mobil** *-e n*, **-mobile** *-n f* lokomobil **Lokomotive** [-və, vard. äv. -fə] *-n f* lokomotiv **Lokomotivführer** - *m* lok[omotiv]förare **Lokomotivschuppen** - *m* lok[omotiv]stall
Lokoware *-n f, hand.* lokovara
Lokus *-[se] m, vard.* visst ställe, toa
Lolch *-e m* rajgräs, repe
'Lombard [*äv. -'-*] *-e m n, bank.* lombardaffär; lombardlån **Lombarde** *-n -n m* lombard **Lombardei** *0 f, die* ~ Lombardiet **lombardfähig** *diese Obligationen sind* ~ dessa obligationer kan lämnas som säkerhet för ett lombardlån **Lombardgeschäft** *-e n* lombard|transaktion, -affär **lombardieren** belåna mot lombard; ge lombardlån på **lombardisch** lombardisk
Londoner I - *m* londonbo **II** *oböjl. adj* från (i) London, London-
Longdrink ['lɔŋ-] *-s m* grogg **Longe** ['lõ:ʒə] *-n f*

longerlina (*för hästdressyr*); lina (*vid simlektion e.d.*) **longitudinal** longitudinal
loopen ['luːpn̩] *flyg.* göra en lo[o]ping (lo[o]-pingar) **Looping** ['luːpɪŋ] *-s m, äv. n, flyg.* lo[o]ping
Lorbeer ['lɔr-] *-en m* lager (*äv. bildl.*); lager|-bärsblad, -krans, -kvist; *auf seinen* ~*en ausruhen* vila på sina lagrar; ~*en ernten* (*pflücken*) skörda lagrar **-baum** *-e† m* lager[träd] **-blatt** *-er† n* lagerbärsblad **-kranz** *-e† m* lagerkrans
Lorch *-e m, dial.*, **Lorche** *-n f, dial.* padda
Lorchel *-n f, bot.* murkla
Lord [lɔrt] *-s m* lord
Lore *-n f* öppen godsvagn; tippvagn
Lorgnette [lɔrn'jɛtə] *-n f* lornjett **Lorgnon** [lɔrn'jõː] *-s n* [enkel]lornjett
1 Lori *-s m* loriapa
2 Lori *-s m* loripapegoja
Lork *-e† m, nty.* padda
Lorke *0 f, dial.* blask (*kaffe*)
Lorokonto|o *-en, äv. -os el. -i n* lorokonto
los I *adj* **1** lös, loss, av; *der Hund ist* [*von der Leine*] ~ hunden är lös; *ich bin ihn* ~ (*vard.*) jag har blivit av med honom; *bei ihm ist e-e Schraube* ~ (*vard.*) han har en skruv lös; *ich bin mein Geld* ~ (*vard.*) jag har gjort av med mina pengar **2** *vard., was ist* ~ *?* a) vad står på?, b) vad sa du?; *was ist mit dir* ~ *?* hur är det fatt med dig?; *mit dir ist doch etw.* ~ det är ngt på tok med dig; *hier ist etw.* ~ a) här är ngt på tok, b) här händer det ngt; *im Winter ist hier nicht viel* ~ här är det rätt trist på vintern; *in diesem Club ist immer viel* ~ i den här klubben är det alltid ngt på gång (full rulle); *wo ist denn hier was* ~ *?* var roar man sig här [i stan *e.d.*]?; *es ist nicht viel mit ihm* ~ han är inget vidare (duger inte mycket till); *morgens ist mit ihm nichts* ~ på morgonen är han inte så pigg **II** *adv* **1** *auf die Plätze — fertig — *~*! klara — färdiga — gå!; *nun aber* ~*! sätt igång nu!, kom igen! **2** *vard., ich habe die Schraube* ~ jag har fått loss (bort) skruven; *er ist schon* ~, *um sie abzuholen* han har redan gått (åkt) för att hämta henne
Los *-e n* lott (*äv. jordlott, andelslott, öde*), lottsedel; *das Große* ~ *ziehen* (*gewinnen*) a) vinna högsta vinsten, b) ha en fantastisk tur; *durch das* ~ *entscheiden* avgöra genom lottning **losarbeiten** sätta i gång o. arbeta; *auf etw. (ack.)* ~ arbeta för ngt **losballern** *vard.* [plötsligt] börja skjuta **lösbar** löslig, löslig **los|bekommen** *st, vard.* få loss **-bellen** [plötsligt] börja skälla **-binden** *st* knyta upp, lösa, göra loss, lossa **-brausen** *s, vard.* rusa (susa) iväg **-brechen** *st* **1** bryta loss (av) **2** *s* lossna **3** *s* bryta (brista) lös (ut); *in Gelächter* ~ brista i skratt **-bringen** *oreg.* få loss **-brüllen** börja vråla (dåna)
Löschapparat *-e m* eldsläckare **Löscharbeit** *-en f* släckningsarbete **Löschblatt** *-er† n* läskpapper **Löscheimer** - *m* brandhink
1 löschen *sjö.* lossa
2 löschen släcka; utplåna, stryka; *hand.* avskriva; *e-e Firma* ~ stryka en firma ur handelsregistret; *etw. von der Tafel* ~ sudda ut ngt på svarta tavlan; *e-e Aufnahme auf dem Tonband* ~ radera en inspelning på bandet; *Tinte* ~ läska bläck; *das Löschblatt -t schlecht* läskpappret suger dåligt; *e-e Hypothek* ~ döda ett hypotek
Löscher - *m* **1** eld|släckare, -släckningsappa-

Löschgerät—Lot 392

rat **2** läsk|press, -plån **-gerät** *-e n* brandredskap, släckningsapparat **-hütchen** - *n* ljussläckare **-kalk** *0 m* släckt kalk **-kopf** *-e† m* raderhuvud *(på bandspelare)* **-mannschaft** *-en f* släckningsmanskap **-papier** *-e n* läskpapper **-teich** *-e m* branddamm
1 Löschung *-en f, sjö.* lossning
2 Lösch|ung *-en f* släckning *etc.*, *jfr 2 löschen* **-wasser** *0 n* vatten att släcka med; *Schaden durch ~* vattenskada *(efter brand)* **-zug** *-e† m* grupp brandbilar
los|donnern *vard.* **1** *s* köra i väg [med vrålande motor] **2** börja vråla (skälla) **-drehen** vrida loss (ur) **-drücken** fyra av *(skott)*
lose 1 lös; *~ Bebauung* gles bebyggelse; *e-e ~ Jacke* en löst sittande jacka; *~ Waren* varor i lös vikt; *in ~m Zusammenhang stehen* inte ha ngt närmare samband; *e-n Knoten ~ binden* knyta löst; *Bonbons ~ kaufen* köpa karameller i lös vikt; *das Haar ~ tragen* ha utslaget hår **2** lättfärdig, omoralisk; fräck; *du L~r!* din spjuver (rackare)!; *~ Reden führen (äv.)* skämta om allvarliga ting **Loseblattausgabe** *-n f* utgåva på lösa blad **Lösegeld** *-er n* löse|penning, -summa, lösen **loseisen** *vard.* befria, lösgöra; skaffa fram *(pengar)*; *e-n von seiner Arbeit ~* få ngn att slita sig från sitt arbete; *sich von e-m ~* göra sig kvitt ngn
1 losen dra (kasta) lott *(um* om)
2 losen *dial.* lyssna
lös|en 1 lösa, lossa [på], ta loss, upplösa, lösgöra; *e-n Schuß ~* lossa ett skott; *e-e Seite aus e-m Buch ~* ta ut en sida ur en bok; *e-e Verlobung ~* slå upp en förlovning; *e-n Vertrag ~* lösa (upphäva) ett kontrakt; *etw. in Wasser ~* lösa upp ngt i vatten; *e-m die Zunge ~* lossa på tungans band, få ngn att tala; *gelöste Glieder* avslappnade lemmar **2** *rfl* lösa sig, [upp]lösas; lossa, lossna, lätta, släppa; göra sig fri, frigöra sig; *der Knoten -te sich* knuten gick upp; *die Schrauben ~ sich* skruvarna lossnar; *ein Schuß -te sich* ett skott brann av; *die Schwierigkeit hat sich gelöst* svårigheten har lösts; *die Spannung hat sich gelöst* spänningen har lättat; *sich aus e-r Gruppe ~* lösgöra sig ur en grupp
Loser - *m, jakt.* öra *(på vilt)*
los|fahren *st s* **1** starta, fara i väg **2** *auf etw. (ack.)* ~ köra [rakt] mot ngt **3** *auf e-n ~* ryka på ngn **-gehen** *st s* **1** ge sig i väg, bryta upp, starta; *geh [mir] los!* lämna mig i fred! **2** *auf etw. (ack.) ~* gå i riktning mot ngt; *auf e-n mit dem Messer ~* gå lös på ngn med kniven **3** *vard.* börja, sätta i gång; *los geht's!* nu sätter vi i gång!; *jetzt geht's los!* nu börjas det! **4** *vard.* lossna, gå upp (ur) **5** gå av *(om skott)*; explodera **-haben** *oreg.*, *vard.*, *im Rechnen etw. ~* vara duktig i räkning **-hauen** *oreg., vard.* **1** hugga loss (av) **2** *auf e-n ~* [börja] slå ngn, gå lös på ngn **-heulen** börja tjuta **-kaufen** friköpa **-kommen** *st s, vard.* **1** komma loss, bli fri; komma i väg; *seine Gedanken kamen nicht davon los* han kunde inte släppa tankarna på det; *das Flugzeug ist nicht vom Boden losgekommen* flygplanet kunde inte lyfta **2** *auf e-n ~* komma emot (fram till) ngn **-koppeln** koppla loss, släppa lös **-kriegen** *vard.* få loss (av); *e-n (etw.) ~* bli av med ngn (ngt) **-lassen** *st* **1** släppa [taget]; frige; *den Hund ~* släppa lös hunden; *laß mich los!* släpp mig!; *nicht ~!* släpp inte taget!, håll fast!; *seine Blicke ließen sie nicht los* han släppte henne inte med blicken; *die Frage läßt mich nicht los* frågan lämnar mig ingen ro; *wie konnte man diesen Lehrer auf die Kinder ~? (vard.)* hur kunde man låta den här läraren ha hand om barnen? **2** *vard.*, *e-n Brief ~* skriva ett brev *(i en bestämd avsikt)*; *e-n Witz ~* dra en vits; *schreckliche Flüche ~* bryta ut i hemska svordomar **-latschen** *s, vard.* ge sig (traska) i väg **-laufen** *st s* börja springa **-legen** *vard.* [ivrigt] börja, sätta i gång [med], börja prata (berätta; skälla); *er legte sofort mit dem Plan los* han började genast prata om planen; *leg los!* sätt i gång!
löslich löslig **Löslichkeit** *0 f* löslighet
los|lösen 1 lossa, ta loss **2** *rfl* lossna; lösgöra sig **-machen 1** *vard.* lossa, lös-, fri|göra; *sich von etw. ~* göra sig fri från ngt; *e-n (etw.) ~ (vard.)* släppa, loss, festa om **2** *vard.* skynda sig **3** *sjö.* lägga ut **-müssen** *oreg.*, *vard.* vara tvungen att gå (åka) **-platzen** *s, vard.* brista i skratt; *platzte er los (äv.)* utbrast han **-poltern** börja mullra; *vard.* börja skälla **-reißen** *st* **1** slita (riva) loss **2** *rfl* slita sig **-rennen** *oreg. s* börja springa
Lö|ß *-sse m* löss[jord]
los|sagen *rfl*, *sich von e-m ~* bryta med ngn; *sich von e-r Partei (Religion) ~ (äv.)* ta avstånd från ett parti (avsvärja sig en religion) **-sausen** *s, vard.* rusa (susa) i väg
Lößboden *-[†] m* lössjord
los|schießen *st*, *vard.* **1** börja skjuta; börja prata, utbrista; *schieß los!* sätt i gång! **2** *s* börja springa, starta, rusa i väg; *auf e-n ~* rusa rakt på (störta sig mot) ngn **-schlagen** *st* **1** slå loss (av) **2** inleda anfallet **3** *vard.* sälja billigt, realisera **4** *auf e-n ~* [börja] slå ngn; ge sig på ngn **-schnallen** spänna av **-schrauben** skruva loss (ur) **-sprechen** *st* frikalla, befria; *e-n ~ (relig.)* ge ngn syndaförlåtelse (absolution); *e-n von e-r Verpflichtung ~* lösa ngn från en förpliktelse **-springen** *st* **1** *vard.* hoppa (gå) av, lossna **2** *auf e-n ~ (dial.)* hoppa på (kasta sig över) ngn **-steuern** *s, auf etw. (ack.)* ~ *a)* styra [kurs] mot ngt, *b)* sikta in sig på, rikta sig på ngt **-stiefeln** *s, vard.* ge sig i väg, bryta upp; stövla i väg **-stürmen** *s, auf e-n ~* storma (störta) mot ngn **-stürzen** *s, vard.* **1** störta i väg **2** *auf e-n ~* störta mot ngn
Lostag *-e m (enligt folktron)* viktig dag *(för väderleken)*
lostrennen lossa, sprätta loss
Lostrommel *-n f* tombolahjul
1 Losung *-en f* paroll, slagord, motto; bibelspråk *(för varje dag)*; *mil.* lösen[ord]
2 Losung *-en f, jakt.* spillning
3 Losung *-en f, hand.* dagskassa
Lösung *-en f* lösning *(abstr. o. konkr.)*; lösande; upplösning **Lösungsmittel** - *n* lösningsmedel
Losungswort *-e n* lösenord
Losverkäufer - *m* lottförsäljare
los|weinen börja gråta **-werden** *st s* bli kvitt, slippa ifrån, bli av med; *ich werde den Gedanken nicht los, daß* jag kan inte låta bli att tänka på att; *Geld ~ (äv.)* förlora pengar **-wettern** *vard.* börja skälla **-ziehen** *st s, vard.* **1** tåga i väg (bort), ge sig i väg **2** *über (gegen) e-n ~* racka ner på ngn, gräla på (skälla ut) ngn **-zittern** *s, vard.* ge sig i väg, bryta upp
Lot *-e n* **1** [murar]lod; lodlinje; *sjö.* [sänk]lod; *im ~* vertikal, lodrät; *etw. ins ~ bringen* ordna (klara upp) ngt; *e-n ins ~ bringen* få ngn att ta

sitt förnuft till fånga; *im* ~·*sein a*) vara bra (frisk), *b*) vara i ordning **2** *mat.* normal **3** *pl* -, *åld.* lod (*viktenhet*); *Freunde in der Not gehen hundert auf ein* ~ (*ung.*) i nöden prövas vännen **4** *tekn.* lödmetall
Lötapparat -*e m* lödapparat
loten *sjö.* loda; *byggn.* inställa i (avväga med) lod
löten löda
Lothringer ['lo:-] - *m* invånare i Lothringen
lothringisch lothringsk
Löt|kolben - *m* **1** lödkolv **2** *vard.* tjock o. röd näsa -**lampe** -*n f* blås-, löd|lampa
Lotleine -*n f*, *sjö.* lodlina
Lötnaht -*e*† *f* löd|fog, -skarv
Lotos - *m*, *bot.* lotus[blomma] -**sitz** 0 *m* lotusställning
lotrecht lodrät **Lotschnur** -*e*† *f*, *sjö.* lodlina
Lotse [-o:-] -*n* -*n m* lots **lotsen** lotsa; *e-n ins Kino* ~ få ngn [att gå] med på bio **Lotsenboot** -*e n* lotsbåt **Lotsenfisch** -*e m* lotsfisk **Lotsenkommandeur** -*e m*, *ung.* lotsdirektör
Lötstelle -*n f* löd|ställe, -skarv
Lotterbett -*en n* **1** kärleksbädd **2** *åld.* dyscha, soffa; *auf dem* ~ *liegen* lata sig **Lotterbube** -*n* -*n m*, *åld.* latmask **Lotterei** -*en f* lättja; lättsinne; slarv
Lotterie -*n f* lotteri; *in der* ~ *spielen* spela på lotteri -**einnehmer** - *m* lotteriombud -**spiel** -*e n* lotteri (*äv. bildl.*)
lotterig *vard.* slarvig, slafsig; lösaktig **Lotterleben** 0 *n* liderligt (oordentligt) leverne **Lotterwirtschaft** 0 *f* förfärlig oreda, slarv, misshushållning
Lotto -*s n* lotto
lottrig *se* lotterig
Lotung -*en f* lodning
Lötung -*en f* lödning
Lotus - *m*, *bot.* **1** käringstand **2** *se Lotos*
Louis ['lu:i] - ['lu:is] *m*, *vard.* hallick
Lounge ['laʊndʒ] -*s* [-ɪz] *f* sällskapsrum, vestibul
Löwe -*n* -*n m* lejon (*äv. bildl. o. astron.*); *in die Höhle des* ~*n gehen* våga sig in i lejonkulan; *nicht den schlafenden* ~*n wecken* inte väcka den björn som sover **Löwenanteil** -*e m* lejonpart; *sich* (*dat.*) *den* ~ *nehmen* ta lejonparten **Löwenbändiger** - *m* lejontämjare **Löwenmähne** -*n f* lejonman; *vard.* ymnigt hårsvall **Löwenmaul** 0 *m*, *bot.* lejongap **Löwenmut** 0 *m* lejonmod '**löwen'stark** stark som ett lejon **Löwenzahn** 0 *m*, *bot.* maskros **Löwenzwinger** - *m* lejongrop **Löwin** -*nen f* lejoninna, lejonhona
Loxodrome -*n f*, *mat.* loxodrom
loyal [loa'ja:l] lojal **Loyalität** 0 *f* lojalitet
LP -[*s*] *f* LP[-skiva] **LPG** -[*s*] *f*, *DDR*, *förk. för Landwirtschaftliche Produktionsgenossenschaft* **LSD** 0 *n* LSD **lt.** *förk. för laut* enl., enligt
Lübecker I - *m* invånare i Lübeck **II** *oböjl. adj* från (i) Lübeck, Lübeck[er]-
Luch [lu:x] -*e*† *f el.* -*e n*, *dial.* kärr, mosse, moras
Luchs [lʊks] -*e m* lo, lo|djur, -katt; loskinn; *Augen wie ein* ~ *falkögon; wie ein* ~ *aufpassen* iaktta med falkögon, noga passa på **Luchsauge** -*n n*, *bildl.* falköga **luchsen** *vard.* titta, lurpassa
Lücke -*n f* lucka, tomrum **Lückenbüßer** - *m* reserv, ersättare, utfyllnad, fyllnad[sgods]; spaltfyllnad **lückenhaft** ofullständig, brist-

fällig **lückenlos** utan luckor, komplett, fullständig
lud *se* laden
Lude -*n* -*n m* **1** *vard.* hallick **2** *åld.* lösdrivare
Luder - *n* **1** *jakt.* lockbete, åtel, luder **2** *vard.* kräk; *armes* ~ stackare; *so ein kleines* ~ en sån liten rackare; *dummes* ~ dum fan; *süßes* ~ sötnos **Luderjan** -*e m*, *se Liederjan* **Luderleben** 0 *n*, *se Lotterleben* **ludermäßig** *dial.* mycket; ~ *kalt* svinkall **ludern**, *åld.* föra ett liderligt leverne **Luderwirtschaft** 0 *f* slarv, oordentlighet
Ludolfsche Zahl 0 *f*, *mat.* pi
Lues ['lu:ɛs] 0 *f*, *med.* lues, syfilis **luetisch** *med.* luetisk, syfilitisk
Luft 0, *poet. äv.* -*e*† *f* luft (*äv. bildl.*); sky; atmosfär; [svag] vind, fläkt; utrymme, rörelsefrihet; andrum; *na*, [*dann*] *gute* ~! (*vard. iron.*) det var just snyggt!; *e-m die* ~ *abdrehen* (*vard.*) ruinera ngn; *halt die* ~ *an!* (*vard.*) *a*) sluta nu!, var tyst!, *b*) lägg av med dina överdrifter!; *gesiebte* ~ *atmen* (*vard.*) sitta inne (*i fängelse*); *e-n wie* ~ *behandeln* (*vard.*) behandla ngn som luft; *hier herrscht* (*ist*) *dicke* ~ (*vard. bildl.*) det är åska i luften, atmosfären är laddad; *tief* ~ *holen* andas djupt; *etw.* ~ *lassen* (*vard.*) lämna mellanrum (luft); *die* ~ *aus dem Glas lassen* (*vard.*) fylla på glaset; *seinem Ärger* ~ *machen* (*vard.*) ge luft åt sin ilska; *die* ~ *nachsehen* (*vard.*) kontrollera luften (*i däcken*); *der Vogel schwingt sich in die Lüfte* fågeln svingar sig mot skyn; *die* ~ *ist sauber* (*rein*) (*vard.*) kusten är klar; *sich* (*dat.*) *etw.* ~ [*ver*]-*schaffen* (*vard.*) skaffa sig rörelsefrihet; *mir bleibt die* ~ *weg* (*vard.*) jag är mållös; *e-n an die* [*frische*] ~ *befördern* (*setzen*) (*vard.*) kasta ut ngn; *an die* [*frische*] ~ *gehen* gå ut i friska luften; *aus der* ~ *gegriffen* (*geholt*) gripen ur luften; *sich in* ~ *auflösen* (*vard.*) gå upp i rök; *in die* ~ *fliegen* (*vard.*) flyga i luften, explodera; *schnell in die* ~ *gehen* (*vard.*) ha kort stubin; *etw. in die* ~ *jagen* (*sprengen*) spränga ngt i luften; *e-n in der* ~ *zerreißen* (*vard.*) totalt göra ner ngn; *ich könnte ihn in der* ~ *zerreißen* (*vard.*) jag skulle kunna göra slarvsylta av honom; *nach* ~ *ringen* kippa efter andan; *nach* ~ *schnappen* (*vard.*) ligga illa till ekonomiskt; *per* ~ med flyg; *per* ~ *reisen* flyga; *von* ~ *und Liebe leben* (*vard.*) leva på solsken och vackert väder -**abwehr** 0 *f* luftvärn -**alarm** -*e m* flyglarm -**angriff** -*e m* luft|angrepp, -anfall, flyg|-räd, -anfall -**aufnahme** -*n f* flygfoto -**ballon** -*s el.* -*e m* luftballong -**befeuchter** -*m* luftfuktare -**bild** -*er n* **1** flyg|foto, -bild **2** *poet.* hägring -**blase** -*n f* luft|bubbla, -blåsa -**brücke** -*n f* luftbro
Lüftchen - *n* [vind]fläkt; *es weht kein* ~ det är vindstilla
luftdicht lufttät **Luftdruck** 0 *m* **1** lufttryck **2** tryckvåg (*vid explosion*) **Luftdruckmesser** - *m* barometer **Luftdruckwelle** -*n f* tryckvåg **lüften 1** lufta, vädra **2** lyfta [på] **3** avslöja, röja **Lüfter** - *m* fläkt, ventilator
Luft|fahrt 0 *f* luftfart **2** -*en f* luftfärd, flygtur -**fahrtgesellschaft** -*en f* flygbolag -**fahrzeug** -*e n* luftfarkost, flygplan -**feuchte** 0 *f*, *fack.*, -**feuchtigkeit** 0 *f* luftfuktighet -**filter** - *m n* luft|filter, -renare -**fracht** -*en f* flygfrakt -**gas** 0 *n* gen[erator]gas -**gefahr** 0 *f*, *es ist* ~ det är fara för flyganfall
luft|gekühlt luftkyld -**getrocknet** lufttorkad **Luft|gewehr** -*e n* luftgevär -**hafen** -*m* flyg-

plats **-hauch** *0 m* vind|pust, -fläkt **-heizung** *-en f* uppvärmning med varmluft **-herrschaft** *0 f* luftherravälde **-hoheit** *0 f* höghetsrätt i luftrummet **-hülle** *-n f* atmosfär, lufthölje **-hunger** *0 m* starkt behov av luft (syre) **luftig 1** luftig; lätt (*om kläder*); *in ~er Höhe* högt uppe [i luften] **2** *~er Bruder* spelevink **Luftikus** *-se m, vard.* spelevink **Luftkampf** *-et m* luftstrid **Luftkissen** - *n* luftkudde (*äv. tekn.*) **Luftkissenfahrzeug** *-e n* luftkuddefarkost, svävare **Luftklappe** *-n f* luftventil; choke **luftkrank** luftsjuk **Luft|krankheit** *0 f* luftsjuka **-krieg** *-e m* luftkrig **-kühlung** *0 f* luftkylning **-kurort** *-e m* luftkurort **-kutscher** - *m, vard.* skämts. pilot **-landeeinheit** *-en f, mil.* luftburen enhet, luftlandsättningstrupp **-landetruppe** *-n f, mil.* luftlandsatt (flygburen) trupp **-landung** *-en f, mil.* luftlandsättning **luftleer** lufttom; *~er Raum* (*äv.*) vakuum **Luft|linie 1** *-n f* flygbolag **2** *0 f, in der ~* fågelvägen **-loch** *-er*† *n* lufthål; *vard.* luftgrop **-masche** *-n f* luftmaska **-matratze** *-n f* luftmadrass **-passagier** *-e m* flygpassagerare **-perspektive** *0 f, konst.* luftperspektiv **-pirat** *-en -en m* flyg[plans]kapare **-polster** - *n, se Luftkissen* **-post** *0 f* luft-, flyg|post **-raum** *-e*† *m* luftrum **-reise** *-n f* flygresa **-röhre** *-n f, anat.* luft|rör, -strupe **-röhrenkatarrh** *-e m, med.* luftrörskatarr **-röhrenschnitt** *-e m, med.* strupsnitt **-schacht** *-e*† *m* lufttrumma, ventilationsschakt **-schaukel** *-n f, dial., se Schiffschaukel* **-schiff** *-e n* luftskepp **-schiffahrt** *0 f* flygtrafik (*m. luftskepp*) **-schlangen** *pl* serpentiner **-schleuse** *-n f* luftsluss **-schlo|ß** *-sser*† *n* luftslott **-schraube** *-n f* propeller **-schutz** *0 m* luftskydd, civilförsvar **-schutzkeller** - *m*, **-schutzraum** *-e*† *m* skyddsrum **-seilbahn** *-en f* linbana **-sicherung** *0 f, se Flugsicherung* **-spieg[e]lung** *-en f* luftspegling, hägring **-sport** *0 m* flygsport **-sprung** *-e*† *m* luftsprång; *Luftsprünge machen* (*äv.*) göra (ta) glädjeskutt **-stewarde|ß** *-ssen f* flygvärdinna **-stützpunkt** *-e m, mil.* flygbas **-tanken** *0 n* tankning i luften **-taxe** *-n f*, **-taxi** *-[s] n* flygtaxi **luft|trocken** luft|torr, -torkad **-tüchtig** flygklar; flygduglig **Lüftung** *-en f* luftning; ventilation **Lüftungsanlage** *-n f* ventilationsanläggning **Luft|veränderung** *0 f* luftombyte **-verflüssigung** *0 f* luftkondensering, framställning av flytande luft **-verkehr** *0 m* luft-, flyg|trafik **-verkehrsgesellschaft** *-en f* flygbolag **-verschmutzung** *-en f* luftförorening **-verteidigung** *0 f* luftförsvar **-verunreinigung** *-en f* luftförorening **-waffe** *0 f* flygvapen **-warnung** *-en f* flyglarm **-wechsel** *0 m* luftombyte **-weg** *-e m* **1** flyg|väg, -linje; *auf dem ~* flygledes **2** *~e* (*med.*) luftvägar **-widerstand** *0 m* luftmotstånd **-ziegel** *-* *m* soltorkat tegel **-zufuhr** *0 f* lufttillförsel **-zug** *0 m* [luft]drag, fläkt
Lug *0 m*, *~ und Trug* lögn o. bedrägeri; *er ist voller ~ und Trug* han är lögnaktig o. oärlig
'**Lugaus** - *m, dial.* utsiktstorn
Lüge *-n f* lögn, osanning; *e-n der ~ beschuldigen* beskylla ngn för lögn (för att ljuga); *e-n ~n strafen* beslå ngn med lögn; *so sagt er, aber sein Aussehen straft ihn ~n* det säger han men hans utseende vederlägger hans ord; *e-n bei e-r ~ ertappen* ertappa ngn med en lögn; *~n*

haben kurze Beine (*ung.*) man kommer inte långt med att ljuga **lugen** *åld. el. dial.* **1** kika, titta, speja **2** titta (sticka) fram **lüg|en** *log, löge, gelogen* ljuga, narras; *e-m die Haut* (*Jacke, Ohren*) *voll ~* ljuga ngn full; *das Blaue vom Himmel ~, ~, daß sich die Balken biegen* ljuga som en häst travar; *das ist gelogen!* det är inte sant!; *ich will gern gelogen haben* jag önskar att det inte vore sant; *ich müßte ~, wenn ich sagen wollte* det vore inte sant om jag sade; *er -t wie gedruckt* han ljuger som en borstbindare; *wer einmal -t, dem glaubt man nicht, und wenn er auch die Wahrheit spricht* den som en gång har ljugit tror man inte, om han också talar sanning **Lügen|beutel** - *m, vulg.*, **-bold** *-e m* lögnare, lögnhals **-detektor** *-en m* lögndetektor **-feldzug** *-e*† *m* lögnkampanj **-gespinst** *-e n*, **-gewebe** - *n* vävnad av lögner **lügenhaft** lögnaktig, osann[färdig] **Lügen|-maul** *-er*† *n, vulg.*, **-peter** - *m, vard.* lögnare, lögnhals 'Luginsland *-e m* utsiktstorn; vakttorn **Lügner** - *m* lögnare **lügnerisch** lögnaktig, osann[färdig] **Luiker** - *m, med.* syfilitiker **luisch** *med.* luetisk, syfilitisk **Luk** [lu:k] *-e n*, sjö. lucka **Lu'karne** *-n f, dial.* tak|lucka, -fönster **Lukas** - *m* (*på tivoli*) apparat för styrketest; *hau den ~!* (*vard.*) kom igen!, ge honom vad han tål! **Luke** *-n f* tak|lucka, -fönster, lucka, glugg **lukrativ** lukrativ **lukullisch** lukullisk 'Lulatsch [-a(:)-] *-e m, vard.* lång räkel **Lulle** *-n f, vard.* tagg, cig **lullen 1** vyssja, lulla **2** *dial.* suga **3** *dial.* kissa **Luller** - *m sty.*, österr., *schweiz.* napp **lullern** *dial.* kissa **Lumb** *-e m, zool.* lubb **Lumbago** *0 f, med.* lumbago, ryggskott **lumbal** *med.* lumbal, länd- **Lumberjack** ['lʌmbədʒæk] *-s m* lumberjacka **Lum|en** *-en el.* -ina *n, fys., med., biol.* lumen; *bildl. åld.* ljus **Lumineszenz** *-en f, fys.* luminiscens **lumineszieren** *fys.* luminiscera **luminös** luminös, ljus, glänsande; tydlig **Lumme** *-n f, zool.* lom **Lummel** - *m, sty., se Lendenbraten* **Lümmel** - *m* **1** lymmel, knöl, drummel; *du ~!* (*vard.*) din rackare! **2** *vard.* snopp **Lümmelei** *-en f* slyngelaktighet, oförskämdhet **lümmelhaft** slyngel-, lymmel|aktig, oförskämd **lümmeln** *rfl, vard.* vräka sig **Lump** *-e m* kanalje, usling; *du kleiner ~!* (*vard.*) din lilla rackare! **Lum'pazius** *-se m, skämts.*, **Lum'pazivaga'bund|us** *-usse f, -en m* luffare, vagabond **lumpen** *vard.* **1** leva ett liderligt liv; svira **2** *sich nicht ~ lassen* (*vard.*) inte knussla **Lumpen** - *m* trasa; *dial.* skurtrasa; *pl äv.* paltor, lump; *e-n aus den ~ schütteln* (*vard.*) tillrättavisa ngn, säga ngn sitt hjärtas mening **-gesindel** *0 n* slödder, patrask **-händler** - *m* lumphandlare **-hund** *-e m*, **-kerl** *-e el. -s m* kräk **-pack** *0 n* slödder, pack **-proletariat** *0 n* trasproletariat **-sammler** - *m* **1** lumpsamlare **2** sista nattspårvagn (nattbuss *e.d.*) **-zeug** *0 n, vard.* slödder, patrask **Lumperei** *-en f* **1** lumpenhet, uselhet **2** *vard.* strunt, bagatell **lumpig 1** lumpen, usel **2** lumpig

lu'nar, lunarisch lunar, mån- **Lunatiker** - *m, med.* sömngångare **Lunatismus** *0 m, med.* somnambulism
Lunch [lan(t)ʃ] *gen.* -[e]*s el.* -, *pl* -[e]*s el.* -*e m* lunch **lunchen** äta lunch
Lunge -*n f* lunga; *eiserne* ~ *(med.)* järnlunga; *grüne* ~*n* parker, grönområden; *e-e gute* ~ *haben* ha goda lungor *(kunna skrika högt)*; *schone deine* ~! prata inte så mycket!; *sich (dat.) die* ~ *aus dem Halse schreien (vard.)* skrika mycket högt; *es auf (mit) der* ~ *haben (vard.)* ha ngt åt (på) lungorna; *auf (über, durch die)* ~ *rauchen* dra halsbloss; *schwach auf der* ~ *sein* ha klena lungor
Lungen|bläschen - *n* lungblåsa **-blutung** -*en f* lungblödning **-braten** - *m, österr.*, *se Lendenbraten* **-entzündung** -*en f* lunginflammation **-fell** -*e n* lungsäck **-flügel** - *m, der rechte (linke)* ~ den högra (vänstra) lungan **-haschee** -*s n, kokk. ung.* lungmos **-heilstätte** -*n f* [lungtuberkulos]sanatorium
lungenkrank lungsjuk **Lungenkraut** *0 n* lungört **Lungenkrebs** *0 m* lungcancer **lungenleidend** lungsjuk **Lungenschwindsucht** *0 f* lungsot **Lungentuberkulose** -*n f* lungtuberkulos **Lungenzug** -*e*† *m* halsbloss
Lungerer - *m* dagdrivare, lätting **lungern** *se herumlungern*
Lunte -*n f* **1** lunta *(elddon)*; ~ *riechen (vard.)* ana oråd **2** *jakt.* [räv]svans
lunzen *dial.* snegla [med halvöppna ögon], kika
Lupe -*n f* lupp; *e-n unter die* ~ *nehmen (vard.)* syna ngn i sömmarna; *etw. mit der* ~ *suchen können (vard.)* få leta efter ngt med ljus o. lykta **lupenrein** felfri, perfekt; mönstergill, äkta, ren[odlad]
lupfen *sty., österr., schweiz.*, **lüpfen** lyfta; *den Hut* ~ lyfta [lätt] på hatten
Lupine -*n f, bot.* lupin
Luppe -*n f, gruv.* smälta
Lupus - *el.* -*se m* **1** *med.* lupus **2** ~ *in fabula!* när man talar om trollen!
Lurch -*e m* amfibie, groddjur
Lusche -*n f* **1** *vard. ung.* lanka; *bildl.* nolla **2** *dial.* tagg, cig **3** *dial.* slampa, hora **luschig** *dial.* liderlig; slarvig
Lust -*e*† *f* **1** lust; glädje; håg; ~ *zum Studium* håg för studier; ~ *und Freude* glädje o. gamman; *es ist e-e wahre* ~ *det är ett sant nöje; wie du* ~ *hast* som du vill; *da kann e-m die* ~ *vergehen* då tappar man lusten; ~ *auf e-n Apfel* lust på ett äpple; *mit* ~ *und Liebe* med liv o. lust; *in* ~ *und Leid* i lust o. nöd; *nach* ~ *und Laune* som man *(etc.)* tycker (har lust); *die* ~ *an etw. (dat.) verlieren* tappa lusten för ngt **2** lusta, begär **Lustbarkeit** -*en f* förlustelse, nöje, lustbarhet **lustbetont** lustbetonad
Lüster - *m* **1** ljuskrona **2** lyster **3** alpacka *(tyg)* **4** metalliskt skimrande glasyr
lüstern lysten *(auf etw. (ack.), nach etw.* efter (på) ngt); vällustig **Lüsternheit** *0 f* lystnad, lystenhet
Lust|fahrt -*en f, åld.* lustfärd **-garten** -† *m, åld.* lustpark, prydnadsträdgård **-greis** -*e m, vard.* [gammal] snuskhummer **-haus** -*er*† *n* lusthus
lustig rolig, lustig; glad, munter; ~*e Geschichte* rolig historia; ~*e Person (teat.)* pajas, narr; *sich über e-n* ~ *machen* göra sig lustig över ngn; *das kann ja* ~ *werden (vard. iron.)* det kan bli trevligt; *solange du* ~ *bist (vard. äv.)* så

länge du har lust **Lüstling** -*e m* vällusting
lustlos olustig, håglös; *hand.* trög, matt
Lustmolch -*e m, vard.* [gammal] snuskhummer **Lustmord** -*e m* lust-, sexual|mord **Lustobjekt** -*e n* sexobjekt
lustrieren *relig.* högtidligt rena **lüstrieren** *text.* göra glansig, glätta **Lustschlo|ß** -*sser*† *n* lustslott **Lustseuche 1** *0 f, åld.* syfilis **2** -*n f* könssjukdom **Lustspiel** -*e n* lustspel **lustwandel|n** -*te, gelustwandelt s äv. h* lustvandra
Lustwiese -*n f, vard. skämts.* bred säng *(e.d.)*
Lutheraner - *m* lut[h]eran **'lutherisch** lut[h]ersk **Lutherrock** -*e*† *m, prot.* prästrock **Luthertum** *0 n* lut[h]erdom
lutschen 1 suga på; *ein Bonbon* ~ suga på en karamell **2** *an etw. (dat.)* ~ suga på ngt **Lutscher** - *m* klubba, slickepinne; *vard.* napp
lütt *nty.* liten
Lüttich *0 n* Liège
Luv *0 f, sjö.* lovart **luven** [-v- *el.* -f-] *sjö.* lova **Luvseite** *0 f, sjö.* lovart[s]sida **luvwärts** *sjö.* i lovart
Lux - *n, fys.* lux
Luxemburger - *m* luxemburgare **luxemburgisch** luxemburgsk
luxuriös lyxig, luxuös
Luxus *0 m* lyx **-artikel** - *m* lyxartikel **-ausgabe** -*n f* lyxupplaga **-auto** -*s n* lyxbil **-nutte** -*n f, vard.* lyxhora **-schlitten** - *m, vard.* lyxbil
Luzerne -*n f, bot.* lusern
luzid 1 klar, tydlig **2** *åld.* ljus, klar, genomskinlig **luzi'ferisch** djävulsk, diabolisk
LVA *fork. för Landesversicherungsanstalt*
Lyd[i]er - *m* lydier **lydisch** lydisk
lymphatisch *anat.* lymfatisk **Lymphdrüse** -*n f, åld.* lymfkörtel **Lymphe** -*n f* **1** lymfa **2** [smittkopps]vaccin **Lymphgefäß** -*e n* lymfkärl **Lymphknoten** - *m* lymfkörtel
lynchen ['lynçn, *äv.* 'lınçn] lyncha
Lyr|a -*en f, mus.* lyra **'Lyrik** *0 f* lyrik **Lyriker** - *m* lyriker **lyrisch** lyrisk
Lysol *0 n* lysol
Lyssa *0 f, med.* rabies
Lyze|um -*en n, åld.* flickskola

M

M 1 - - *n (bokstav)* m **2** *förk. för a) Mark* mark *(mynt), b) Mach* mach[tal] **M.** *förk. för Meereshöhe* höjd över havet **MA.** *förk. för Mittelalter* medeltid **M.A.** *förk. för Magister Artium (ung.)* fil. kand.
Mäander - *m, geogr., konst.* meander **mäandrisch** i meanderform
Maar -*e n* kratersjö
Maat -*e[n] m* furir *(i flottan); åld. ung.* bästeman
Mach - *n, fys.* mach[tal]
Ma'chandel - *m, nty.* **1** en[buske] **2** enbärsbrännvin **-baum** -*e*† *m, nty.* en[buske]

Machart -en f snitt, fason, stil; *das ist meine* ~ (*vard.*) det tycker jag om **machbar** genomförbar, möjlig att realisera; påverkbar **Mache** 0 f skådespeleri; *sl.* utformning; *das ist nur* ~ det är bara bluff; *etw. in der* ~ *haben* (*vard.*) hålla på med ngt, ha ngt i arbete; *e-n in die* ~ *nehmen* (*vard.*) *a*) ansätta (pressa) ngn, *b*) skälla ut ngn, *c*) klå upp ngn **mach|en 1** göra; tillverka, laga, åstadkomma, utföra, tjäna, sköta *m.fl.*; *was* -*st du derzeit?* vad sysslar du med nu för tiden?; *ich weiß nicht, was ich noch* ~ *soll* (*äv.*) jag vet inte vad jag ska ta mig till; *laß mich nur* ~! (*vard.*) låt mig ta hand om det!, det här klarar jag!; *was -t deine Frau?* (*äv.*) hur mår din fru?; *was macht deine Gesundheit?* hur är det med din hälsa?; *wie hast du es gemacht?* (*äv.*) hur har du burit dig åt?; *was -t die Kuh?* (*t. barn*) vad säger kossan?; *gemacht?* (*vard.*) ska vi säga så?; *gemacht!* (*vard.*) kör till!; *sich* (*dat.*) *e-n Anzug* ~ *lassen* låta sy sig en kostym; *etw. aus e-m* ~ (*äv.*) göra ngn till ngt; *e-n betrunken* ~ supa ngn full; *den Dolmetscher* ~ vara tolk; *sich* (*dat.*) *etw.* ~ tillägna sig ngt; *Essen* ~ laga mat; *ein Examen* ~ ta [en] examen; *wie man's -t, -t man's falsch* hur man än bär sig åt blir det galet; *sich* (*dat.*) *Feinde* ~ skaffa sig fiender; *ein Foto von e-m* ~ ta ett kort på ngn; *e-m Freude* ~ bereda ngn glädje, glädja ngn; *sie -t Gedichte* (*äv.*) hon skriver dikter; *Gefangene* ~ ta fångar; *Geld* ~ (*äv.*) tjäna pengar; *e-n etw. glauben* ~ få ngn att tro (inbilla ngn) ngt; *mach's gut!* (*vard.*) lycka till!, ha det så bra!; *sich* (*dat.*) *die Haare* ~ (*vard.*) kamma (fixa till) håret; *nun mach's nur halb!* (*vard.*) gör dig inte till!, överdriv inte!; *das -t Hunger* (*Durst*) det blir man hungrig (törstig) av; [*es*] *auf jung* ~ försöka verka ung; *ich will es kurz* ~ jag ska fatta mig kort; *seine Rede hat uns lachen gemacht* (~) hans tal fick oss att skratta; *er wird es nicht mehr lang* ~ (*vard.*) han har inte långt kvar (dör snart); *Lärm* ~ (*äv.*) föra oväsen; *Licht* ~ tända ljus[et]; *e-m Mut* ~ inge ngn mod; *dagegen kann man nichts* ~ det är det inget att göra åt; *-t nichts!* (*vard.*) det var inte så farligt!, det gör ingenting!; *mach dir nichts draus!* (*vard.*) bry dig inte om (strunt i) det!; *sich* (*dat.*) *nichts aus e-m* ~ (*vard.*) inte bry sig (tycka) om ngn; *es e-m recht* ~ göra ngn till lags (viljes); *e-e Rolle* ~ (*vard.*) spela en roll; *e-m zu schaffen* ~ bereda ngn bekymmer (sorg); *etw. schlimmer* ~ (*äv.*) förvärra ngt; *das Unternehmen -t Schuhe* (*äv.*) företaget tillverkar skor; *e-n Spaziergang* ~ ta en promenad; *das -t das Wetter* det beror på vädret; *e-n wütend* ~ (*äv.*) reta upp ngn; *das Zimmer* ~ städa [rummet]; *e-n zu etw.* ~ (*äv.*) utse (utnämna) ngn till ngt **2** *vard.* kosta; utgöra, bli, vara; *das -t 100 Mark* det blir 100 mark; *was -t das* (*es*)? hur mycket kostar det?, vad går det på?; *4 mal 3 -t 12* 4 gånger 3 är 12 **3** *vard.* kissa, bajsa; *in die Hose* ~ göra i byxorna **4** *vard.* ligga; *sie -t es mit jedem* hon gör det (ligger) med alla; *sie -te es ihm* hon tillfredsställde honom **5** *vard., in etw.* (*dat.*) ~ syssla med (jobba i, göra affärer i) ngt **6** *vard.* skynda sig; *nun mach schon!* skynda på nu!; ~, *daß* [*sa*] *att, se till att*; *mach, daß du weg kommst!* ge dig i väg!; *mach, daß du nach Hause kommst!* laga dig hem! **7** *s, vard.* åka; *sie sind aufs Land gemacht* de har åkt till landet

8 *rfl, sich schmutzig* ~ smutsa ner sig; *das wird sich* ~ *lassen* det låter sig göras (går att ordna); *wenn es sich gerade so -t* vid [ngt] tillfälle; *das Wetter scheint sich heute zu* ~ (*vard.*) det tycks arta sig med vädret i dag; *wie geht's?* — *danke, es -t sich!* (*vard.*) hur står det till? — tack, det knallar och går!; *die kranke Hand -t sich wieder* (*vard.*) den sjuka handen är bättre igen; *er -t sich gut in der Schule* (*vard.*) det går bra för honom i skolan; *der Hut -t sich gut zu diesem Mantel* hatten passar bra till den här kappan; *sich an etw.* (*ack.*) ~ ta itu (sätta i gång) med ngt; *sich auf den Weg* ~ ge sig i väg; *sich aus dem Staub* ~ sticka, avdunsta **Machenschaften** *pl* intriger, manipulationer, manövrer; *dunkle* ~ (*äv.*) dunkla stämplingar **Macher** - *m* **1** anstiftare, den som håller i trådarna; *der eigentliche* ~ *war X* (*äv.*) egentligen var det X som låg bakom **2** handlingskraftig person, drivande kraft **Macherlohn** -*e*† *m* arbetslön; *i sht* sylön **Machination** -*en f* intrig, ränker; *åld.* knep, trick
Macht -*e*† *f* makt; *åld.* här, trupp[er]; *Miß brauch der* ~ maktmissbruk; *die* ~ *der Gewohnheit* vanans makt; *die* ~ *der Wassermassen* kraften i vattenmassorna; ~ *geht vor Recht* makt går före rätt; *etw. ist e-e* ~ (*sl.*) ngt är häftigt (toppen); *an die* (*zur*) ~ *kommen* komma till makten; *an der* ~ *sein* ha (sitta vid) makten; *mit* ~ (*äv.*) *mit aller* ~ med all makt, av alla krafter **Machtballung** 0 f maktkoncentration **Machtbefugnis** -*se* f maktbefogenhet **Machtbereich** -*e m* makt|-sfär, -område **machtbesessen** maktlysten, besatt av makten
Macht|block -*e*† *el.* -*s m* maktblock **-ergreifung** 0 f maktövertagande **-faktor** -*en m* maktfaktor **-gier** 0 f maktlystnad **-haber** - *m* makthavare; *die* ~ (*äv.*) de makthavande **-hunger** 0 *m* makt|begär, -lystnad **mächtig I** *adj* mäktig; väldig, kraftig; *e-r Sprache* (*gen.*) ~ *sein* kunna ett språk; *seiner* [*selbst*] (*seiner Sinne*) *nicht* ~ *sein* inte vara herre över sig själv; *keines Wortes* ~ *sein* inte kunna få fram ett ord; *das Essen ist* ~ (*dial.*) maten är mäktig; ~*en Hunger haben* (*vard.*) vara väldigt hungrig; *ein* ~ *er Kerl* (*äv.*) en baddare till karl **II** *adv* kraftigt, väldigt, mäkta; *es hat* ~ *geregnet* (*vard.*) det har regnat kraftigt (väldigt); ~ *neugierig* (*vard.*) väldigt nyfiken **Mächtigkeit** 0 f **1** mäktighet *etc., jfr mächtig* **2** *gruv.* tjocklek
Machtkampf -*e*† *m* maktkamp **Machtkonzentration** 0 f maktkoncentration **machtlos** maktlös, vanmäktig
Macht|losigkeit 0 f maktlöshet, vanmakt **-mittel** - *n* maktmedel **-politik** 0 f maktpolitik **-position** -*en f* maktposition **-probe** -*n f* kraftmätning **-rausch** 0 *m* maktens berusning **-stellung** -*en f* inflytelserik ställning; *die* ~ *e-s Staates* en stats maktposition **-streben** 0 *n* maktsträvan **-übernahme** 0 f maktövertagande **-verhältnisse** *pl* makt|förhållanden, -balans **-verschiebung** 0 f maktförskjutning
machtvoll mäktig, kraftfull; med kraft (makt) **Machtvollkommenheit** 0 f maktfullkomlighet **Machtwechsel** 0 *m* maktskifte **Machtwort** -*e n* maktord, avgörande ord; *ein* ~ *sprechen* (*äv.*) säga ifrån

ma'chulle *dial.* **1** trött, slut; ~ *sein (vard. äv.)* vara pank **2** galen
Machwerk *-e n* fuskverk, dåligt jobb (arbete)
Machzahl *0 f, fys.* machtal
Macke *-n f* fel, defekt, skavank; *vard.* konstig (fix) idé, egendomlighet, galenskap; *e-e ~ haben* ha en skruv lös, vara galen **Macker** *- m* **1** *vard.* ledare **2** *nty.* jobbarkompis, medarbetare **3** *sl.* kille
Madagasse *-n -n m* madagass **madagassisch** madagassisk
Madam *-s el.* -*en f* madam
Mädchen *- n* flicka (*äv. käresta*); hembiträde; *altes (spätes)* ~ gammal jungfru; ~ *für alles* ensamjungfru, *skämts. äv.* allt i allo; *für kleine* ~ *müssen (vard.)* vara tvungen att gå på toa; *käufliches* ~ prostituerad **Mädchenfußball** *0 m, vard.* damfotboll **mädchenhaft** flickaktig **Mädchenhandel** *0 m* vit slavhandel **Mädchenhändler** *- m* vit slavhandlare **Mädchenname** *-ns -n m* flicknamn (*äv. familjenamn*) **Mädchenpensionat** *-e n* flickpension
Made *-n f* larv, fluglarv, mask (*i mat*); *wie die* ~ *im Speck leben (vard.)* må som en prins i en bagarbod
Madeira [ma'de:ra] *-s m* made[i]ra[vin]
Madel *-n n sty.*, österr., **Mädel** *- (nty. -s, sty., österr. -n) n, dial., se Mädchen*
Madenwurm *-er†* *m* springmask **madig** full av mask[ar]; *~er Apfel* maskätet äpple; *e-n ~ machen (vard.) a)* tala illa om ngn, *b)* göra narr av ngn; *e-m etw. ~ machen (vard.)* förta ngn lusten till ngt; *sich ~ machen (vard.)* göra sig impopulär
Madera *-s m, se Madeira*
Madjar *-en -en m* magyar
Madl *-n n, se Madel*
Madonn|a *-en f* madonna **madonnenhaft** madonnalik[nande] **Madonnenscheitel** *- m* mittbena
Madrigal *-e n, mus.* madrigal
Maestr|o [ma'estro] *-os, äv. -i m* maestro, mästare; *åld.* musiklärare
Mafa *-s f, DDR, förk. för Maschinenfabrik*
Maf[f]ia *-s f* maffia
mag *se mögen*
Magazin *-e n* **1** magasin, lager **2** [patron]magasin **3** magasin, tidskrift; program **magazinieren** magasinera, lagra
Magd [-a:-] *-e† f* piga; *die reine ~ den rena jungfrun* **Mägdelein** ['mɛ:-] *- n, poet. åld.* flicka **Mägdestube** *-n f* pigkammare **Mägdlein** *- n, se Mägdelein*
Magen *-[†] m* mage; magsäck; *dazu gehört ein guter ~ för det krävs det en stark mage, det måste man vara tjockhudad för; e-m hängt der ~ in die (den) Kniekehlen (vard.)* ngn är hungrig som en varg; *mir knurrt der ~ (vard.)* det kurrar i magen på mig; *seine Augen waren größer als der ~* han lade för sig mer än han orkade äta upp; *mein ~ streikt (vard.)* jag orkar inte mer, jag är proppmätt; *es dreht sich e-m der ~ um, wenn (vard.)* det vänder sig i magen på en när; *auf nüchternen ~* på fastande mage; *und das auf nüchternen ~! (vard. ung.)* det fattades bara det!, och det också!; *es im ~ haben (vard.)* ha ngt åt magen; *nichts im ~ haben (vard.)* vara tom i magen; *das Essen liegt mir [schwer] im ~* jag känner mig tung i magen av maten; *der Kerl liegt mir im ~ (vard.)* jag kan inte tåla (stå ut med) den karlen **-aushe-berung** *-en f, med.* magpumpning **-beschwerden** *pl* magbesvär, dålig mage **-bitter** *- m* besk **--Darm-Entzündung** *-en f, med.* --**Darm--Katarrh** *-e m, med.* gastroenterit, mag- och tarmkatarr **-drücken** *0 n, ~ haben* känna sig tung i magen *(av för mycket mat)* **-gegend** *0 f* magtrakt **-geschwür** *-e n* magsår **-grube** *-n f* maggrop **-katarrh** *-e m, med.* gastrit **-knurren** *0 n* kurr[ande] i magen; *bildl.* hunger **-krampf** *-e† m* magkramp **-krebs** *0 m* magcancer **-leiden** *- n* magåkomma **magenleidend** ~ *sein* vara magsjuk **Magen|saft** *0 m, med.* magsaft **-säure** *0 f, med.* magsyra **-schleimhautentzündung** *-en f, med.* gastrit **-schluß** *0 n, vard.* avslutning på måltid **-schmerzen** *pl, ~ haben* ha ont i magen **-verstimmung** *-en f* [lätt] matsmältningsrubbning
mager mager (*äv. bildl.*), magerlagd; *~es Ergebnis* klent resultat; *~e Mahlzeit* torftig måltid; ~ *werden (av.)* magra **Magermilch** *0 f* skummjölk
Magie *0 f* magi **'Magier** *- m* magiker, trollkarl **magisch** magisk; *von etw. ~ angezogen werden* oförklarligt dras t. ngt
Magister [-g-] *- m* **1** *åld., skämts. el. neds.* magister **2** *~ [Artium] (ung.)* filosofie kandidat **Magistrale** *-n f* [viktig] trafikled (*i storstad*) **Magistrat** *-e m, ung.* magistrat, kommunalförvaltning
Magm|a *-en n, geol.* magma
Magnat [-gn-] *-en -en m* magnat
Magnesia [-gn-] *0 f* magnesia, magnesiumoxid
Magnesium *0 n* magnesium
Magnet [ma'gne:t, *vard.* maŋ'ne:t] *gen. -en el. -[e]s, pl -e äv. -en m* magnet **Magnetband** *-er† n, databeh.* magnetband **Magnet|eisenerz** *0 n,* **-eisenstein** *0 m* magnetit, magnetisk järnmalm, svartmalm **Magnetfeld** *-er n* magnetfält **magnetisch** magnetisk; *~er Pol* magnetpol **Magnetiseur** [-'sø:ɐ] *-e m* magnetisör **magnetisieren** magnetisera **Magnetismus** *0 m* magnetism
Magnet|nadel *-n f* magnetnål **-ophon** *-e n* magnetofon, bandspelare **-pol** *-e m* magnetpol **-spule** *-n f* magnetspole **-stab** *-e† m* magnetstav **-tongerät** *-e n* bandspelare **-zündung** *-en f* magnettändning
Magnifikat [-'gni:-] *0 n* magnifikat *(lovsång)* **Magnifizenz** [-gn-] *-en f* magnificens *(titel för universitetsrektor)* **Magnitude** [-gn-] *-n f* magnitud
Mag|us *-i m, se Magier*
Magyar [ma'dja:ɐ] *-en -en m* magyar
mäh *interj* bä!
Maha'goni *0 n* mahogny
Maharadscha *-s m* maharadja
Mähbinder *- m, lantbr.* självbindare **Mahd 1** *-en f, dial.* slåtter **2** *-e† n, österr., schweiz.* alpäng **Mäher 1** *- m, dial.* slåtterkarl **2** *pl, se Mahd* **2 Mähdrescher** *- m* skördetröska
1 mähen bräka
2 mähen meja, slå *(gräs)*, skära *(säd)* **Mäher** *- m* **1** slåtterkarl, skördearbetare; ~ (*pl äv.*) slåtterfolk **2** *vard.* slåttermaskin
Mahl *-er† el. -e n* mål[tid]
mahl|en *sv (perf part gemahlen)* mala; *gemahlenes Fleisch (dial.)* köttfärs; *die Räder ~ im Sand* hjulen spinner (slirar) i sanden; *wer zuerst kommt, -t zuerst* den som först kommer får först mala **Mahlgut** *0 n* mäld

mählich *poet.* så småningom
Mahl|sand *O m* kvicksand **-stein** *-e m* kvarnsten **-strom** *-e† m* malström (*äv. bildl.*) **-zahn** *-e† m* kind-, oxel|tand
Mahlzeit *-en f* måltid; *gesegnete* ~*!* smaklig måltid!; ~*! a)* smaklig måltid!, *b) vard.* hej [då]! (*hälsning vid lunchtid*); [*prost*] ~*!* (*vard.*) det var en snygg historia!, nu (då) kan vi (*etc.*) hälsa hem!
Mähmaschine *-n f* slåttermaskin
Mahn|bescheid *-e m* betalningsföreläggande **-brief** *-e m* kravbrev
Mähne *-n f* man
mahnen 1 *e-n an etw.* (*ack.*) ~ påminna (erinra) ngn om ngt; *e-n wegen e-r Schuld* ~ (*äv.*) kräva ngn på en skuld **2** *e-n* ~, *etw. zu tun* uppmana ngn att göra ngt; *e-n zur Eile* ~ uppmana ngn att skynda sig; *etw.* ~*d sagen* säga ngt i förmanande ton **Mahner** - *m* **1** förmanare; manande röst **2** fordringsägare
Mahn|mal *-e ibl.* *-er† n* minnesmärke **-ruf** *-e m* manande ord **-schreiben** - *n* kravbrev **-ung** *-en f* uppmaning, anmodan; förmaning; påminnelse, erinran; krav[brev], betalningspåminnelse **-verfahren** - *n* lagsökning **-wort** *-e n* varning, [för]manande ord **-zeichen** - *n*, *se Warnzeichen*
Mahr *-e m* [natt]mara
Mähre *-n f* hästkrake
mähren *se mären*
Mai *gen.* - *el.* -[e]*s* (*poet. äv.* -*en*), *pl -e m* maj; *des Lebens* ~ (*poet.*) livets vår; *der Erste* ~ första maj; *am 17.* ~ *geboren sein* (*vard.*) vara litet till vänster (vara bög); *wie einst im* ~ som en gång i tiden **-baum** *-e† m* majstång **-blume** *-n f* liljekonvalj[e] **-bowle** *-n f* majbål (*vitt vin o. myskmadra*)
Maid *-en f, poet. el. iron.* [ung]mö, flicka
Maidemonstration *-en f* förstamajdemonstration
Maie *-n f* björkkvist, [ung] björk; [klädd] majstång
mai|en *poet. åld., es -t* det är (blir) maj
Mai|feier *-n f* förstamajfirande **-feiertag** *O m*, *der* ~ första maj **-fest** *-e n* vår-, maj|fest **-fisch** *-e m* (*slags*) sill **-glöckchen** - *n* liljekonvalj[e] **-käfer** - *m* ollonborre; *strahlen wie ein* ~ (*vard.*) stråla över hela ansiktet
maikäfern *vard. skämts.* **1** tveka **2** arbeta (*flitigt o. stilla*) **3** [sitta o.] fundera (*över tal som skall hållas*) **Maikundgebung** *-en f* förstamaj|möte, -demonstration
Mailand *O n* Milano **Mailänder I** - *m* milanobo **II** *oböjl. adj* från (i) Milano
Mairan *-e m, sty.* mejram
Mais *-e m* majs
Maisch *-e m,* **Maische** *-n f* mäsk **maischen** mäska
Mais|flocken *pl* cornflakes **-kolben** - *m* majskolv
Mai|wein *-e m, se Maibowle* **-wurm** *-er† m* majbagge
Maizena *O n* majsena[mjöl]
Majestät [-st-] **1** *-en f* majestät **2** *O f,* högt. majestätisk storhet (storslagenhet) **majestätisch** majestätisk **Majestätsbeleidigung** *-en f, jur. åld. el. iron.* majestätsbrott **Majestätsverbrechen** - *n, jur. åld.* majestätsbrott
Majolik|a *-en el. -as f* majolika
Majonäse *-n f* majonnäs
Major *-e m* major
'Majoran (*äv.* --'-) *-e m* mejram

Majo'rat *-e n* förstfödslorätt; egendom som ärvs genom förstfödslorätt **majo'renn** *jur. åld.* myndig **majorisieren** överrösta, behärska **Majorität** *-en f* majoritet, flertal
Majuskel *-n f* majuskel, versal, stor bokstav
makaber makaber
Makadam *-e m n* makadam **makadamisieren** makadamisera, belägga med makadam
Makel - *m* [skam]fläck, vank, fel, brist
Mäkelei *-en f* gnat, kverulans, småaktig kritik **mäkelig** gnatig, kverulantisk, gnällig; grätten, kräsmagad
makellos fläck-, fel|fri, utan vank (brist), oklanderlig **Makellosigkeit** *O f* fläckfrihet *etc.*, *jfr makellos*
mäkeln mäkla, vara verksam som mäklare **mäkeln** klanka, klandra, kverulera (*an etw.* (*dat.*) på ngt)
Make-up [me:k'|ap] *-s n* make-up
Makkabäer - *m* mackabé
Makkaroni 1 *pl* makaroner **2** *-s m, vard. neds.* spaghettigubbe (*italienare*) **Makkaronifresser** - *m, se Makkaroni 2*
Makler - *m* mäklare; medlare
1 Mäkler - *m, dial., se Makler*
2 Mäkler - *m* kverulant
Maklergebühr *-en f, hand.* kurtage, [mäklar]provision
mäklig *se mäkelig*
Mako ['ma-] *-s m f n,* **Makobaumwolle** *O f* mako- [bomull]
Ma'krele *-n f* makrill
Makro|analyse *-n f* makroanalys **-biologie** *O f* makrobiologi **-chemie** *O f* makrokemi **-klima** *-s el.* -*te n* makroklimat **-kosmos** *O m*, **-kosmus** *O m* makrokosmos
Makrone *-n f* makron (*slags mandelkaka*)
Makrophysik *O f* makrofysik **makroskopisch** makroskopisk **Makrosoziologie** *O f* makrosociologi
Makulatur *-en f* makulatur; ~ *reden* (*vard.*) prata strunt **makulieren** makulera
mal 1 gånger; *zwei* ~ *zwei ist vier* två gånger två är fyra **2** (*förk. för einmal*) *vard., komm* ~ *her!* kom hit ett slag!; *es ist nun* ~ *so* det är nu en gång så; *sag* ~, *bist du krank?* [säg,] du är väl inte sjuk [va]?; *er hat nicht* ~ *gegrüßt* han hälsade inte ens; *schnell* ~ *ins Kino gehen* slinka in på bio
1 Mal *-e n* gång; *das erste* ~, *daß* första gången som; *kein einziges* ~ inte en enda gång; *ein* ~ *ums* (*um das, übers, über das*) *andere*, *jedes zweite* ~ varannan gång; *beim ersten* ~ (*äv.*) vid första försöket; *für dieses* [*e-e*] ~ för den här gången; *mit e-m* ~[*e*] plötsligt; *zum ersten* (*letzten*) ~[*e*] för första (sista) gången; *zu wiederholten* ~ *en* upprepade gånger
2 Mal *-e el.* *-er† n* **1** *vanl. pl -e* fläck, märke (*i huden*), sår-, födelse|märke **2** *vanl. pl -er†* minnesmärke, monument **3** *pl -e, sport.* mål, mål|stolpe, -område; 'bas
ma'lad[e] *vard.* krasslig, opasslig
Malaga *-s m* malaga[vin]
Malaie *-n m* malaj **malaiisch** malajisk
Malaise [-'lɛ:zə] *-n f* **1** obehag, olust **2** otillfredsställande situation; problem, svårighet
Malaria *O f* malaria
Malawier - *m* malawier **malawisch** malawisk
Malaysier - *m* malaysier **malaysisch** malaysisk **Malediven** [-v-] *pl, die* ~ Maldiverna

Malediver - *m* maldiver **maldivisch** maldivisk
Male'fizkerl *-e m, vard.* **1** gåpåare **2** rackare
mal|en 1 måla; *Buchstaben* ~ pränta bokstäver; *die Sonne -t Kringel auf den Boden* det är solfläckar på marken, solen tecknar ett mönster (slingor) på marken; *sich (dat.)* **die Lippen** ~ måla läpparna; *die Lage zu schwarz* ~ utmåla situationen alltför mörk; *das ist wie gemalt* det är vackert som en tavla; *zum M~ schön* bildskön; *ein Anblick zum M~* en lustig syn **2** *rfl* stå målad, avspegla sig **Maler** - *m* målare **Malerei 1** *0 f* måleri **2** *-en f* målning, tavla **Malerin** *-nen f* målarinna '**malerisch** målerisk, pittoresk **Malgerät** *-e n* målarredskap **Malgrund** *-e† m, konst.* underlag *(för målning)*
Malheur [ma'lø:ɐ̯] *-e el.* *-s n* malör, missöde; *das ist kein* ~ *(av.)* det är inte så farligt
Malice [-'li:sə] *-n f, åld.* malis, förmädlighet, elakhet **maliziös** maliciös, försmädlig
Malier - *m* malier
maligne [-'lɪgnə] *med.* malign, elakartad
malisch malisk
maliziös maliciös, försmädlig, elak
Malkasten -† *m* färglåda, målarskrin
mall *nty.* **1** vriden *(äv. bildl.)* **2** *sjö.* *(om vind)* växlande, skiftande
Mall *-e n, sjö.* mall, modell
1 mallen *sjö.* arbeta efter mall
2 mallen *sjö. (om vind)* kasta om
Malm *0 m, geol. (lös)* kalksten *(från Jura)*
malmen mala [sönder]; *mit den Zähnen* ~ skära tänder
malnehmen *st* multiplicera; *2 mit 3 malgenommen, ergibt 6* 2 multiplicerat med 3 blir 6
Ma'loche *0 f, vard.* slit, släp **ma'lochen** *vard.* slita (arbeta) [hårt], knega **Ma'locher** - *m, vard.* knegare, jobbare
Malstrom -e† *m* malström *(äv. bildl.)*
Malteser - *m* **1** maltes[are] **2** malteserriddare **3** malteserhund **Malteserkreuz** *-e n* malteserkors *(äv. tekn.)* **maltesisch** maltesisk
Malthusianismus *0 m* malthusianism
Maltose *0 f* maltos, maltsocker
malträtieren malträtera, misshandla
Malvasier [-va'zi:ɐ̯] *0 m* malv[o]asir[vin]
Malve [-və] *-n f, bot.* malva **malven|farben, -farbig** malvafärgad
Malz *0 n* malt **-bier** *-e n (fylligt mörkt alkoholsvagt)* öl
Malzeichen - *n* gånger-, multiplikations|-tecken
malzen *åld.*, **mälzen** mälta, bereda till malt; *bereda malt av* **Malzkaffee** *0 m* maltkaffe *(slags surrogat)*
Mama ['mama, *högt.* ma'ma:] *-s f* mamma
Ma'machen *-n, smeks.* lilla mamma **Mammographie** *-n f, med.* mammografi
Mammon *0 m, neds.* mammon **Mammonsdiener** - *m* mammons|dyrkare, -tjänare
Mammut *-e el.* *-s n* mammut **-film** *-e m* mammut-, jätte-, kolossal|film
mampfen *vard.* mumsa *(m. munnen full)*
Mamsell *-en el.* *-s f* **1** *åld.* mamsell; hushållerska **2** *kalte* ~ kallskänka
1 man *obest. pron man;* ~ *nehme (i matrecept)* tag; ~ *sagt* man säger, det sägs; ~ *wende sich an (äv.)* hänvändelse görs till
2 man *adv, nty. vard.* bara; *der soll* ~ *kommen!* han skulle bara våga komma!; *denn* ~ *los!*

sätt i gång!, låt oss gå!, kom nu så går vi!; ~ *sachte!* ta det lugnt!; *aber* ~ *schnell!* skynda på bara!
m.A.n. *förk. för meiner Ansicht nach* enligt min åsikt
Mänade *-n f* menad, backant
Management ['mɛnɪdʒmənt] *-s n* **1** förvaltning, ledning **2** [företags]ledning **managen** ['mɛnɪdʒn] **1** *etw.* ~ *(vard.)* fixa (klara av) ngt, ordna ngt **2** *e-n* ~ vara manager för ngn, *vard.* lansera (föra fram) ngn **Manager** ['mɛnɪdʒɐ] - *m* **1** manager *(äv. sport e.d.)* **2** företagsledare, direktör **Managerkrankheit** *0 f, vard.* direktörssjuka
manch *(-er -e -es)* mången, en och annan; ~*e (pl)* somliga, åtskilliga, en del; ~ *einer* mången; ~ *ein Lehrer* mången lärare; ~*e Frau,* ~ *e-e Frau* mången kvinna; ~*es schöne Mädchen,* ~ *schönes Mädchen* mången vacker flicka; ~*e gute[n] Frauen,* ~ *gute Frauen* åtskilliga goda kvinnor; *er hat* ~*es zu erzählen* han har en hel del att berätta; ~ *liebes Mal* mången gång; *so* ~*es Mal* ofta '**manchen'orts** mångenstädes '**mancher'lei** *oböjl. adj* månge-, varje|handa **mancher'orten, 'mancher'orts** mångenstädes, litet varstans
Manchester ['mɛntʃɛstɐ, mɛn'tʃɛstɐ, man-.'tʃɛstɐ] *0 m* manchester[sammet] **-tum** *0 n* manchesterliberalism
manchmal ibland, då och då, emellanåt
Mandant *-en -en m, jur.* uppdragsgivare; *(advokats)* klient
Mandarin *-e m (kinesisk)* mandarin **Mandarine** *-n f* mandarin *(frukt)*
Mandat *-e n* mandat *(äv. polit.)*, uppdrag, fullmakt **Mandatar** *-e m* **1** mandatarie, befullmäktigad **2** *österr., se Abgeordneter* **Mandatsgebiet** *-e n* mandat|område, -land **Mandatsmacht** *-e† f* mandat[är]makt
1 Mandel *-[n] f* **1** *(gammalt mått)* 15 (16) [stycken] **2** [sädes]skyl *(m. ca 15 kärvar)*
2 Mandel *-n f, bot., anat., gruv.* mandel; *bittere (süße)* ~ bittermandel (sötmandel); *sich (dat.) die* ~ *herausnehmen lassen* ta bort mandlarna (tonsillerna) **Mandelbaum** *-e† m* mandelträd **Mandelentzündung** *-en f* mandelinflammation, angina, halsfluss **mandelförmig** mandelformad **Mandelgebäck** *-e n* mandelskuka **Mandelmühle** *-n f* mandelkvarn
Mandioka ['di̯o:-] *0 f* maniok
Mandl *-n n, dial.* **1** liten man (gubbe) **2** fågelskrämma **3** röse *(på bergstopp)*
Mandoline *-n f* mandolin
Man'dragora *Mandra'goren f,* **Mandra'gore** *-n f, bot.* mandragora, alruna
Mandrill *-e m* mandrill
Mandschu *-[s] m* mandsju **Mandschurei** *0 f, die* ~ Mandsjuriet
Manege [ma'ne:ʒə] *-n f* manege
Manen *pl, myt.* maner *(avlidnas andar)*
mang *nty., berlin. prep. m. dat.* vid befintl., *m. ack. vid riktn.* bland, [e]mellan
Mangan *0 n* mangan
Mange *-n f, dial.* mangel
1 Mangel *-n f* mangel
2 Mangel 1 *0 m* brist, ringa (dålig) tillgång, avsaknad; ~ *an Vitaminen* vitaminbrist; *an etw. (dat.)* ~ *haben* lida brist på ngt; *aus* ~ *(wegen* ~*s) an Beweisen* i (av) brist på bevis **2** -† *m* brist, fel, defekt, svaghet; *Mängel (äv.)* bristfälligheter; *mit Mängeln behaftet* brist-

fällig; *charakterliche Mängel* karaktärsfel **Mangelberuf** *-e m* bristyrke **Mangelerscheinung** *-en f* bristsymptom **mangelfrei** felfri **mangelhaft** bristfällig; dålig, underhaltig; *skol.* icke fullt godkänd **Mangelkrankheit** *-en f* bristsjukdom
1 mangeln mangla
2 mangel|n *es -t e-m an etw. (dat.)* ngn saknar (har ont om) ngt, det fattas ngn ngt; *ihm -te Mut* han saknade mod; *uns -te an nichts (äv.)* vi hade allt vi behövde; *es -t an Arbeitskräften* det råder brist på (är ont om) arbetskraft; *~de Aufmerksamkeit* bristande uppmärksamhet **Mängelrüge** *-n f* reklamation *(av felaktig vara)* **mangels** *prep m. gen.* i (av) brist på, i avsaknad av; *~ Beweis[en]* i (av) brist på bevis **Mangelware** *-n f* bristvara, vara (ngt) som det är ont om
mangen *sty.* mangla
Mango *Man'gonen el. -s f* mango[frukt] **Mangold** *-e m, bot.* mangold **Mangopflaume** *-n f* mango[frukt]
Manie *-n f* mani *(äv. med.)*; *vard. äv.* fluga, dille **Manier** [-'niːɡ] **1** *0 f* maner, manér; sätt; framställningssätt, stil; *neds.* förkonstling, tillgjordhet; *e-n auf gute ~ loswerden* bli kvitt ngn på ett smidigt (elegant) sätt; *in Zornscher ~, in der ~ Zorns* i Zorns manér **2** *-en f*, *~en* skick, beteende, later, fasoner, sätt; *feine ~en haben* ha ett fint sätt; *e-m ~en beibringen* lära ngn hyfs; *das ist keine ~ (vard.)* så gör man inte **manieriert** [-niːriːɡt] maniererad, sökt, tillgjord **Manierismus** *0 m, konst. o. litt.* manierism **manierlich** väluppfostrad; belevad; *~e Arbeit (äv.)* snyggt arbete; *sich ~ betragen* uppföra sig väl[uppfostrat]
manifest manifest; klar o. tydlig **Manifest** *-e n* manifest *(av. sjö.)* **Manifestant** *-en -en m, schweiz., österr.* mötesdeltagare, demonstrant **Manifestation** *-en f* manifestation **manifestieren** **1** manifestera, ådagalägga **2** *rfl* manifestera sig, visa (röja) sig, komma i dagen
Maniküre 1 *0 f* manikyr **2** *-n f* manikyrist **manikür|en** manikyrera; *-t werden* få manikyr
Manila *-s m* manila[tobak]
Manipulant *-en -en m* person (institution *e.d.*) som manipulerar (påverkar, styr) *(ngn)* **Manipulation** *-en f* manipulation; styrning, konstgrepp; manöver, ränker **Manipulator** *-en m* **1** *se Manipulant* **2** illusionist, manipulator **3** *tekn.* manipulator, manöverarm **manipulierbar** som går att manipulera **manipulieren** manipulera; påverka, styra; hantera [skickligt]; *etw. ~ (äv.)* fiffla med ngt
manisch manisk **--depressiv** manodepressiv **Manko** *-s n* brist; *hand.* deficit, [kassa]brist, underskott; undervikt
Mann 1 *-er†* *(vid måttsangivelse -) m* man; *make*; *~ [Gottes]!* människa [då]!; *ein ~, ein Wort (ung.)* en man står vid sitt ord; *alter ~* a) gammal man, gubbe, b) nedlagd gång *(i gruva)*; *der schwarze ~* sotarn *(att skrämma barn med)*; *tausend ~* tusen man; *ein ~ der Tat* n handlingens man; *alle ~ an Deck!* alle man på däck!; *der rechte ~ am rechten Ort* rätt man på rätt plats; *der ~ auf der Straße, der gemeine ~* mannen på gatan; *der ~ im Mond* gubben i månen; *ein ~ von Geist (Charakter, Stand)* en spirituell karl (karaktärsfast man, man av börd); *ein ~ von Welt* en världsman;

seinen ~ finden (äv.) finna en jämbördig (värdig) motståndare; *du hast wohl e-n kleinen ~ im Ohr (vard.)* du har väl en skruv lös (är väl inte riktigt klok); *alle ~ [hoch] (vard.)* allesammans, allihopa; *drei ~ hoch (vard.)* på tre man hand; *den starken ~ markieren (mimen) (vard.)* låtsas vara en kraftkarl; *~s genug sein, etw. zu tun* vara karl till att göra ngt; *selbst ist der ~* bra karl reder sig själv; *den lieben Gott e-n guten ~ sein lassen (vard. ung.)* ta dagen som den kommer, leva på Guds försyn; *wenn du so weitermachst, bist du ein toter ~ (vard.)* fortsätter du så där det snart slut med dig; *den wilden ~ spielen (machen) (vard.)* leva rövare; *seinen ~ stehen (stellen)* hävda sig, stå sig bra, göra bra ifrån sig; *sich als ~ zeigen* visa sig som en man; *~ an ~ (äv.)* tätt sammanpackade; *etw. an den ~ bringen (vard.)* få ngt sålt, bli av med ngt; *ein Mädchen an den ~ bringen (vard.)* gifta bort en flicka; *er will seine Witze an den ~ bringen (vard.)* han vill [få tillfälle att] dra sina vitsar; *wenn Not am ~ ist* i nödfall, när (om) det behövs; *sie lebt mit ihrem ~ in Scheidung* hon ligger i skilsmässa [med sin man]; *mit ~ und Maus untergehen* gå under med man och allt **2** *-en m* vasall; anhängare; *~en (sport.)* lag[kamrater]; *der Bundeskanzler und seine ~en* förbundskanslern och hans ministrar (kabinett)
Manna *0 n, äv. f* manna
mannbar manbar **Männchen** *-, ibl. Männerchen, n* **1** liten man; *ein altes ~* en liten gubbe; *~ (Männerchen) malen* rita gubbar **2** *zool.* han[n]e; *~ bauen (machen) (soldatspr.)* göra honnör; *~ machen* sätta sig (sitta) på bakbenen, *(om hund)* sitta vackert **Männeken** *- n, nty.*, *se Männchen* **mannen** *sjö.* langa, räcka från hand till hand **Mannequin** ['manəkɛ̃], *äv. -'-]* *-s n, ibl. m* mannekäng **Männerarbeit** *-en f* karlgöra **Männerart** *0 f* män[nen]s sätt [att uppträda]; *das ist so ~ (äv.)* så brukar karlar göra **Männerchen** *pl, se Männchen* **Männerchor** *-e† m* manskör **männermordend** *skämts.*, *~er Vamp* manslukerska **männerscheu** rädd för karlar **Männerstation** *-en f* manlig avdelning *(på sjukhus)* **Männerstimme** *-n f* mansröst **Männerwelt** *0 f, die ~* männens värld
Mannes|alter *0 n* mannaålder; *im besten ~ stehen* vara i sina bästa år **-kraft** *0 f* mannakraft, potens **-mut** *0 m* mannamod **-schwäche** *0 f* impotens **-stamm** *-e† m* manlig linje; *im ~ (äv.)* på manssidan **-stärke** *0 f* mannakraft, potens **-wort** *-e n* manligt ord; hedersord **-würde** *0 f* manlig värdighet **-zucht** *0 f* manstukt
mannhaft manlig, manhaftig **Mannhaftigkeit** *0 f* manlighet, manhaftighet **Mannheit** *0 f* högt. **1** manlighet **2** mannakraft, potens **mannig|fach, -faltig** mångfaldig **Mannigfaltigkeit** *0 f* mångfald
männiglich *åld. el. schweiz.* allmänt; var o. en, alla [o. envar]
Männin *-nen f* **1** *bibl.* kvinna **2** *poet.* amason, manhaftig kvinna **Männlein** *- n* **1** *se Männchen* **2** *~ und Weiblein (vard.)* män och kvinnor **männlich** manlig; maskulin *(äv. språkv.)*; karlaktig; av hankön; *-e Blüte* hanblomma; *-es Glied* manslem; *-e Linie* manslinje; *-er Reim* manligt rim **Männlichkeit** *0 f* **1** manlighet **2** *die ~ (skämts.)* herrarna **3** potens **4**

könsorgan **Mannloch** -er† n manhål **Mannsbild** -er n, vard. karl[slok] **Mannschaft** -en f manskap; besättning, bemanning; personal; sport. lag; vor versammelter ~ (vard.) inför alla **Mannschafts|führer** - m, sport. lag|ledare, -kapten **-geist** 0 m laganda **-kampf** -e† m lagtävling **-raum** -e† m, sjö. skans **-wagen** - m piketbil
mannsdick lika tjock som en man **Mannsen** - n, vard. karl **mannshoch** manshög **Mannshöhe** 0 f manshöjd **Mannsleute** pl, vard. manfolk, män **Mannsperson** -en f, vard. mansperson, karl **mannstoll** karltokig **Mannsvolk** 0 n, vard. manfolk, män **Mannweib** -er n, med. hermafrodit; vard. karlaktigt fruntimmer
Manometer - n manometer
Manöver [-v-] - n manöver; ein billiges ~ ett billigt trick **manövrieren** manövrera; bildl. äv. manipulera **manövrierfähig** manöverduglig **Manövrierfähigkeit** 0 f manövreringsförmåga, manöverduglighet
Mansarde -n f vinds|kupa, -rum, mansard **Mansardenwohnung** -en f vinds-, mansard|-våning
Mansch 0 m, vard. neds. tjock röra; gröt; snösörja **manschen** vard. gräva [sig]
Manchester 0 m manchester[sammet]
Manschette -n f manschett; hylsa; vard. handklove; ~n haben (vard.) darra på manschetten, gruva sig **Manschettenknopf** -e† m manschettknapp
Mantel -† m 1 kappa, [ytter]rock; mantel (äv. tekn., mil., zool., hand.); tekn. äv. kåpa, hölje; mat. mantel[yta]; ~ aus Wolle ylle|kappa, -rock; der ~ der Glocke klockfodralet; etw. mit dem ~ der christlichen Nächstenliebe bedecken (zudecken) kasta glömsans slöja över ngt; den ~ nach dem Wind[e] hängen (kehren, drehen) vända kappan efter vinden; e-m aus dem (in den) ~ helfen hjälpa ngn av (på) med rocken (kappan) 2 [gummi]däck 3 jur. ung. firmarättigheter **Mäntelchen** -n litet kappa etc., jfr Mantel; etw. (dat.) ein ~ umhängen skyla (släta) över ngt
Mantel|gesetz -e n ramlag **-kleid** -er n rockklänning **-krone** -n f, tandläk. jacketkrona **-möwe** -n f havstrut **-tarif** -e m, ung. ramavtal **-tier** -e n, zool. manteldjur
Mantille [-'til(j)ə] -n f mantilj
Mantisse -n f, mat. mantissa
Mantsch etc., se Mansch etc.
Manual -e n 1 mus. manual 2 åld. dagbok; handbok **manuell** manuell; ~e Fertigkeiten [praktiska] färdigheter **Manufaktur** -en f 1 åld. manufaktur 2 fabrik **Manufakturwaren** pl manufakturvaror **Manuskript** -e n manuskript
Maoismus 0 m maoism
Mappe -n f mapp; portfölj, [skol]väska; omslag; pärm **mappieren** åld. kartlägga
Mär -en f, åld. 1 budskap, underrättelse 2 saga
Marabu ['ma:-] -s m, zool. marabu[stork]
Maräne -n f, zool. sik
Marathonlauf -e† m maraton[lopp]
Marbel, Märbel -n f kula (t. kulspel)
Märchen - n saga; vard. påhitt **Märchenbuch** -er† n sagobok **Märchenerzähler** - m sagoberättare **märchenhaft** sagolik; fantastisk **Märchenwelt** 0 f sagovärld
Marder - m 1 zool. mård 2 vard. tjuv

Märe -n f, se Mär
Ma'relle -n f, se Marille
mären dial. 1 svamla, vara omständlig 2 söla, vara långsam
Margaretenblume -n f, bot. prästkrage
Margarine 0 f margarin
Marge ['marʒə] -n f 1 spännvidd, spelrum 2 hand. marginal
Margerite -n f, bot. prästkrage
Marginal|e -ien n, **Marginalie** -n f marginal-, rand|anmärkning
Marguerite [mar'gri:t] -n f, bot. prästkrage
marianisch kat. maria- **Marie** 0 f, vard. stålar (pengar)
Marien|bild -er n maria-, madonna|bild **-dienst** 0 m maria|kult, -dyrkan **-fäden** pl sommartråd, flygande spindelvävstråd **-glas** 0 n marienglas, spatig gips **-käfer** - m nyckelpiga **-kirche** -n f vårfrukyrka **-leben** - n, konst., litt. skildring av jungfru Marias liv
Marihuana [äv. -'xu̯a:-] 0 n marijuana
Ma'rille -n f, dial. aprikos
marin marin[-], havs- **Marinade** -n f, kokk. marinad
Marine 0 f marin, flotta; zur ~ gehen gå in vid flottan **-akademie** -n f sjökrigshögskola **-blau** 0 n marinblått **-infanterie** -n f marinsoldater **-maler** - m marinmålare **-offizier** -e m sjöofficer
Mariner - m, vard. flottist **Marinestation** -en f flottstation **Marinewerft** -en f örlogsvarv **marinieren** kokk. marinera
Marionette -n f marionett (äv. bildl.) **Marionettentheater** - m marionetteater
maritim maritim, marin
1 Mark - (om enstaka mynt -stücke, skämts. -er†) f mark (mynt); Deutsche ~ (förk. DM) tyska mark, D-Mark (i BRD); ~ [der Deutschen Demokratischen Republik] (förk. M) mark (i DDR)
2 Mark -en f, åld. gräns|land, -provins; ~ Brandenburg Brandenburg
3 Mark 0 n 1 märg (äv. bildl.); es geht mir durch ~ und Bein (skämts. Pfennig) det går genom märg och ben på mig; er hat kein ~ in den Knochen (vard.) a) han är svag (klen o. sjuklig), b) det är ingen ruter i honom; e-m das ~ aus den Knochen saugen (vard.) utnyttja (suga ut, ruinera) ngn; e-n bis ins ~ treffen såra ngn djupt, gå ngn djupt till sinnes 2 puré (av tomat e.d.), fruktkött
markant markant; [tydligt] markerad
Marke -n f 1 märke; fabriksmärke; modell 2 frimärke; ransoneringskupong 3 pollett; polisbricka; jetong; [spel]mark 4 sport. [rekord]notering 5 er ist e-e [komische] ~ (vard.) han är en underlig människa (typ) **Markenalb|um** -en† n frimärksalbum **Markenartikel** - m märkesvara **markenfrei** kupongfri **Markenname** -ns -n m märkesnamn **Markensammlung** -en f frimärkssamling **Markenschutz** 0 m skydd för varumärke, varumärkesskydd
Markenware -n f märkesvara
1 Märker - m brandenburgare
2 Märker pl, se 1 Mark
markerschütternd genomträngande, som går genom märg o. ben
Marketender - m marketentare **Marketenderei** -en f marketenteri
Marketing ['markətɪŋ] 0 n marknadsföring, marketing
Markgraf -en -en m, hist. markgreve

markier|en 1 markera; [ut]märka; framhåva, betona; *-tes Gesicht* markerat ansikte; *das dritte Tor -te Schachner* (*sport.*) tredje målet gjordes av Schachner; *der Spieler wurde genau -t* (*sport.*) spelaren var starkt markerad **2** *vard.* låtsas [vara], antyda; *den Dummen ~* spela dum
markig märg-, kärn|full
märkisch brandenburgsk
Markise *-n f* markis (*solskydd*)
Markknochen - *m* märg|ben, -pipa **marklos** utan märg; kraftlös
Markstein *-e m* gränssten, *ung.* röse; *bildl.* milstolpe; *ein ~ in der Geschichte* (*äv.*) en historisk vändpunkt
Markstück *-e n* mark (*mynt*)
Markt *-e† m* marknad (*äv. ekon.*); avsättningsområde; marknadsplats, [salu]torg; *der Gemeinsame ~* Europamarknaden; *der schwarze ~* svarta börsen; *heute ist ~* i dag är det torgdag (marknad); *etw. auf den ~ bringen* släppa ut ngt i marknaden (handeln), marknadsföra (salubjuda, torgföra) ngt; *den ~ drücken* pressa marknaden **Marktanalyse** *-n f* marknads|-analys, -undersökning **Marktanteil** *-e m* marknadsandel **Marktbude** *-n f* [salu]stånd **markten** köpslå (*um* om); pruta (*um* på) **marktfähig** säljbar **Marktflecken** - *m* municipalsamhälle, köping **Marktforschung** *0 f* marknadsundersökning **Marktfrau** *-en f* torg|fru, -gumma **marktgängig** lättsåld, efterfrågad **Marktgeld** *-er n* torg-, stånd|avgift **marktgerecht** marknadsmässig **Markthalle** *-n f* saluhall **Marktlage** *0 f* marknadsläge, ekonomiskt läge **Markt|lücke** *-n f*, **-nische** *-n f* nisch (*på marknaden*) **Marktplatz** *-e† m* marknadsplats, salutorg **Marktpreis** *-e m* marknadspris **Marktschreier** - *m* högljudd gatuförsäljare; skränfock **marktschreierisch** högljudd, påträngande, skrävlande **Marktschwankung** *-en f* marknadsfluktuation **Markttag** *-e m* torg-, marknads|-dag **Markttasche** *-n f* torgkasse **Marktverlauf** *0 m* marknadsutveckling **Marktwert** *0 m* marknadsvärde **Marktwirtschaft** *0 f* marknadshushållning; *freie ~* fri marknad[shushållning]; *soziale ~* fri marknadshushållning (*under visst statligt överinseende och socialpolitiskt ansvar*)
marlen *sjö.* märla **Marlleine** *-n f*, *sjö.* märling
Marmel 1 - *m*, *åld.* marmor **2** *-n f*, *dial.* kula (*t. kulspel*)
Marmelade *-n f* marmelad
marmeln *dial.* spela kula **Marmelstein** *-e m*, *åld.* marmor **Marmor** *-e m* marmor **marmorartig** marmorartad; marmorerad **Marmorbild** *-er n* marmorstaty **Marmorbruch** *-e† m* marmorbrott **marmorieren** marmorera **marmorn** av marmor, marmor- **Marmorpapier** *-e n* marmorerat papper **marmorweiß** vit som marmor, marmorvit
Marocain [-'kɛ̃:] *-s m n* crêpe marokäng (*tyg*) **ma'rode 1** *åld.* marschoduglig **2** *bildl.* utpumpad, slut, färdig **Marodeur** [-'døːɐ̯] *-e m* marodör **marodieren** marodera, plundra
Marokkaner - *m* marockan **marokkanisch** marockansk **Marokko** *0 n* Marocko
Ma'ron|e *-en*, *dial. äv. -i f* (*ätlig*) kastanj
Maroquin [-'kɛ̃:] *-s m n* marokäng (*skinn*)
Ma'rotte *-n f* egenhet; käpphäst; *~n* griller, tokerier

Marquis [mar'kiː] - [-'kiːs] *m* markis **Marquise** [mar'kiːzə] *-n f* markisinna
Mars *-e m*, *sjö.* märs
Mar'sala *-s m* marsala[vin]
Marsbewohner - *m* marsinvånare
marsch *interj* marsch!; *~!* *~!* språngmarsch!; *ohne Tritt ~!* på stället marsch!; *~, an die Arbeit!* (*vard.*) sätt fart o. börja jobba nu!
1 Marsch *-e† m* marsch (*äv. mus.*); *auf dem ~ sein* vara på marsch; *e-m den ~ blasen* (*bildl.*) ge ngn en uppsträckning
2 Marsch *-en f* marsk[land]
'**Marschall** *-e† m* marskalk
Marschbefehl *-e m* marsch-, uppbrotts|order **marschbereit** marschfärdig
Marsch|bewohner - *m* marsklandsbo **-boden** *-† m* marsk|jord, -land **-endorf** *-er† n* marsklandsby
marschfertig marschfärdig **Marschgepäck** *0 n*, *mil.* fältpackning **Marschgliederung** *-en f* marschordning **marschieren** *s* marschera; *bildl. äv.* vara på frammarsch **Marschkompa|ß** *-sse m* kompass för orientering **Marschland** *-er† n* marskland
marschmäßig *mil.* fältmässig **Marschquartier** *-e n* nattkvarter (*under marsch*) **Marschroute** *-n f* marschrutt; *bildl. äv.* taktik
Marseillaise [marsɛ'jɛːzə, marzɛ-] *0 f*, *die ~* marseljäsen
Marskorb *-e† m*, *sjö.* marskorg
Marstall ['mar-] *-e† m* hovstall
'**Marter** *-n f* marter, kval, tortyr **-gerät** *-e n*, *åld.* pino-, tortyr|redskap **-holz** *0 n*, *poet.*, *das ~* Kristi kors, korset
Marterl *-[n] n*, *sty.*, *österr.* minnes|stod, -tavla (*över förolyckad[e]*) **martern** plåga, pina, tortera; *sich ~* plåga sig **Martertod** *0 m* död genom tortyr; martyrdöd **Marterwerkzeug** *-e n*, *åld.* tortyrinstrument **Marterwoche** *-n f*, *poet.* påskvecka
martialisch [-'tsi̯a:-] martialisk, krigisk
Martin-Horn *-er† n* siren (*på utryckningsfordon*)
Mar'tini *0 n*, *se Martinstag*
Martins|gans *-e† f* mårtensgås **-horn** *-er† n*, *se Martin-Horn* **-tag** *-e m*, *der ~* mårtendagen, mårtensgås (*11 nov.*)
Martinstahl *0 m* martinstål
'**Märtyrer** - *m* martyr **Märtyrertum** *0 n*, **Mar'tyri|um** *-en n* martyrskap, martyrium
Marxismus *0 m* marxism **Marxismus-Leninismus** *0 m* marxism-leninism **Marxist** *-en -en m* marxist **marxistisch** marxistisk
Mary Jane ['mɛəri'dʒeɪn] *0 f*, *sl.* marijuana
März *gen.* -[es], *poet. äv.* -en, *pl* -e *m* mars
Märzbecher - *m*, *bot.*, *se Märzenbecher*
Märzen *0 n*, *se Märzenbier* **-becher** - *m*, *bot.* snöklocka; påsklilja **-bier** *-e n* marsöl (*slags starköl bryggt i mars*) **-flecken** *pl*, *schweiz.* fräknar
Märzfliege *-n f* hårmygga
Marzi'pan [*äv.* '---] *-e n*, *ibl. m* marsipan
märzlich marslik, mars- **Märzveilchen** - *n*, *bot.* luktviol
Masche *-n f* **1** maska; ögla; *sty.*, *österr.* rosett, knut; *~n anehmen* maska av; *~n aufnehmen* ta upp maskor, maska upp; *an deinem Strumpf läuft e-e ~* det har gått en maska på din strumpa; *durch die ~n des Gesetzes schlüpfen* hitta ett kryphål i lagen **2** metod; trick, knep; *die ~ raushaben* (*vard.*) veta hur man (*etc.*) bär (ska bära) sig åt **Maschendraht** *0*

m hönsnät **maschenfest** masksäker **maschig** bestående av maskor; nät- **Maschine** *-n f* **1** maskin; flygplan; ånglok; *vard.* motorcykel; *vard.* [bil]motor; *landwirtschaftliche* ~ lantbruksmaskin; *mit der ~ geschrieben* maskinskriven **2** *vard.* stor o. fet käring, tjockis **maschinegeschrieben** maskinskriven **maschinell** maskinell, mekanisk **Maschinenantrieb** *0 m, mit* ~ maskindriven **Maschinenbauingenieur** *-e m* maskiningenjör **Maschinenfabrik** *-en f* maskinfabrik; mekanisk verkstad **maschinengeschrieben** maskinskriven **Maschinengewehr** *-e n* kulspruta; *leichtes* ~ kulsprutegevär **Maschinenkanone** *-n f* automatkanon **maschinenmäßig** mekanisk, automatisk **Maschinen|meister** - *m* maskinmästare, förste maskinist **-pistole** *-n f* kulsprutepistol **-satz** *-e†* *m* **1** aggregat **2** *typ.* maskinsats **-schaden** *-†* *m* maskin-, motor|skada **-schlosser** - *m, ung.* fackarbetare (*på mekanisk verkstad*) **-schreiber** - *m* maskinskrivare **-schrift** *-en f* skrivmaskinsskrift **-und- -Traktoren-Station** *-en f, DDR (förk. MTS)* station för uthyrning av lantbruksmaskiner **-waffe** *-n f* automatvapen **-wärter** - *m* maskinskötare, maskinist **-wäsche** *0 f* maskintvätt **-wechsel** - *m* lokbyte **Maschinerie** *-n f* maskineri (*äv. bildl.*) **maschineschreiben** *schrieb Maschine, maschinegeschrieben* skriva [på] maskin **Maschinist** *-en-en m* maskinist; *sjö.* maskinchef **maschinschreiben** *st, österr., se maschineschreiben*
1 Maser ['meɪzə] - *m, fys.* maser
2 Maser *-n f* masur[bildning]; ådring **Maserholz** *-er† n* masur[trä, -virke, -ved] **maserig** ådrad, ådrig **masern** ådra **Masern** *pl, med., die* ~ mässlingen **Maserung** *-en f* ådring **Maske** *-n f* (*ansikts-, gas- etc.*) mask (*äv. teat., biol., foto.*); maskerad person; *bildl. äv.* förställning; *die* ~ *fallen lassen* (*bildl.*) kasta masken; ~ *machen* (*teat.*) lägga mask, sminka sig; *in der* ~ *e-s Freundes* under sken av att vara hans (*etc.*) vän; *unter der* ~ *der Freundschaft* under vänskapens täckmantel **Maskenball** *-e† m* maskeradbal **Maskenbildner** - *m, teat.* sminkör **Maskenzug** *-e† m* maskeradtåg **Maskerade** *-n f* **1** maskering **2** maskerad **maskieren** maskera; kamouflera, dölja; *sich als Clown* ~ klä ut sig till clown **Mas'kottchen** - *n*, **Mas'kotte** *-n f* maskot **masku'lin** maskulin (*äv. språkv.*) **'Maskulin|um** [*äv.* --'--] *-a n,* språkv. maskulinum **Masochismus** [-x-] *0 m* masochism **Masochist** *-en -en m* masochist **masochistisch** masochistisk
maß *se messen* **Maß** [ma:s] **1** *-e n* mått, dimension, proportion; måtta; mån; *ideale ~e* idealmått; *das rechte* ~ (*äv.*) lagom; *ein hohes* ~ *an Geduld* [ett] stort [mått av] tålamod; *e-n* ~ *nehmen* (*vard.*) *a)* läxa upp ngn, *b)* klå upp ngn; *das* ~ *überschreiten* gå för långt; *das überschreitet das* ~ *meiner Kräfte* det överstiger mina krafter; *das* ~ *ist voll* måttet är rågat, nu får det vara nog; *um das* ~ *des Unglücks voll zu machen* till råga på olyckan; *weder* ~ *noch Ziel kennen* inte känna några gränser; *auf das rechte* ~ *zurückführen* reducera till rimliga proportioner; [*bei*] *e-m die ~e nehmen* ta mått på ngn; *in dem ~e, wie* i samma mån som; *in gewissem ~e hat er recht* i viss mån har han rätt; *in stärkerem ~e als früher* i högre grad än tidigare; *mit* (*in*) *~en* med måtta; *ein Anzug nach* ~ (*äv.*) en måttbeställd kostym; *ohne* ~ *und Ziel* utan hejd, oförnuftig, måttlös; *über alle* (*die*) *~en* outsägligt, omåttligt **2** [*äv.* mas] *-e* (*vid måttsangivelse -*) *f, sty., österr.* liter (*öl*); *zwei* ~ [*Bier*] två stop (liter) öl **Massage** [ma'saːʒə] *-n f* massage **-institut** *-e n* massageinstitut **-salon** *-s m* **1** åld. massageinstitut **2** massagesalong, poseringsateljé (*slags bordell*) **-stab** *-e† m* massagestav **Massaker** - *n* massaker **massakrieren** massakrera
Maß|analyse *-n f, kem.* kvantitativ analys, titrering **-anzug** *-e† m* skräddarsydd kostym **-arbeit** *-en f* beställningsarbete; ~ *leisten* (*äv.*) utföra ett precisionsarbete
Masse *-n f* **1** massa (*äv. fys.*); mängd; *die breite* ~ den breda massan, den stora allmänheten; *die* ~ *der Befragten* flertalet (majoriteten) av de tillfrågade; *Vorräte in ~n* stora mängder förråd; *die* ~ *muß es bringen* (*ung.*) det är mängden som gör det; *die* ~ *rühren* (*kokk.*) röra smeten **2** *ekon., se Konkursmasse; jur., se Erbmasse 1*
Maßeinheit *-en f* mått[s]enhet
1 Massel *-n f* [järn]tacka
2 Massel *0 m, österr. n, vard.* tur, flax
Massen|andrang *0 m* enorm trängsel (rusning) **-anziehung** *0 f, fys.* gravitation **-arbeitslosigkeit** *0 f* massarbetslöshet **-artikel** - *m* massartikel **-defekt** *-e m, fys.* massförlust **-drucksache** *-n f* masskorsband **-erzeugung** *0 f,* **-fabrikation** *0 f,* **-fertigung** *0 f* massfabrikation **-grab** *-er† n* massgrav **-güter** *pl* **1** massprodukter **2** massgods **massenhaft** i massor, mass-; *hier gibt es* ~ *Beeren* (*vard.*) här finns det mängder med bär; ~ *Geld* (*vard.*) massor med pengar **Massen|herstellung** *0 f* massproduktion **-hysterie** *0 f* masshysteri **-karambolage** *-n f* seriekrock **-kundgebung** *-en f* massdemonstration, -möte **-medien** *pl* massmedia **-mensch** *-en -en m* massmänniska **-mörder** - *m* massmördare **-psychose** *-n f* masspsykos **-sterben** *0 n* massdöd **-tourismus** *0 m* massturism **-versammlung** *-en f* (*politiskt*) massmöte
massenweise massvis, i massor (mängder); ~ *Produktion* massproduktion **Massenzusammenstoß** *-e† m* seriekrock
Masseur [ma'søːʀ] *-e m* massör **Masseuse** [ma'søːzə] *-n f* **1** massös **2** prostituerad (*i massagesalong*)
Maßgabe *0 f* mått, proportion; *mit der folgenden* ~ med följande direktiv; *nach* ~ *seiner Kräfte* efter måttet av sina krafter **maß|gebend, -geblich** avgörande, tongivande, auktoritativ; *~e Kreise* tongivande (ledande) kretsar; *seine Meinung ist mir nicht* ~ hans åsikt är inte avgörande för mig; *von ~er Seite* (*äv.*) ur auktoritativ källa; *an ~er Stelle* på ledande håll; *~e Vorschriften* gällande föreskrifter; *er nahm an der Entwicklung* ~ *teil* han deltog på ett avgörande sätt i utvecklingen **maßgeschneidert** måttsydd; skräddarsydd (*äv. bildl.*) **maßhalten** *st* hålla måtta[n] **maßhaltig** *tekn.* som håller [det fastställda] måttet
1 massieren koncentrera, dra samman (*trupper*)
2 massier|en massera; *-t werden, sich* ~ *lassen* få (ta) massage
massig väldig, massiv, voluminös; *vard.*

mängder av, massvis; ~e Gestalt (äv.) omfångsrik gestalt; ~ Geld haben ha pengar i långa banor (massvis med pengar) **mäßig** [-ε:-] måttlig, moderat, lagom; ~e Preise (äv.) rimliga priser; ~er Schüler medelmåttig elev; ~ im Essen und Trinken måttlig i mat o. dryck **mäßig|en 1** moderera, dämpa, minska; seinen Schritt ~ sakta sina steg; den Ton ~ stämma ner tonen; seinen Zorn ~ lägga band på sin vrede; der gemäßigte Flügel der Partei partiets moderata flygel; gemäßigtes Klima tempererat klimat **2** rfl behärska sig; vara måttlig, hålla måtta; der Sturm -t sich stormen lägger sig **Mäßigkeit** 0 f moderation, måttlighet, måtta, återhållsamhet; medelmåttighet **Mäßigung** 0 f moderation, återhållsamhet; självbehärskning
massiv massiv; tung, stadig, kraftig; grov; ~ werden (vard.) bli oförskämd (grov i munnen) **Massiv** -e n, geol. [berg]massiv **Massivbau** -ten m sten-, tegel-, betong|byggnad
Maßkrug -e† m, sty., österr. stop, kanna (på 1 l öl) **Maß|lieb** -e n, bot., **-liebchen** - n, bot. bellis, tusensköna **maßlos** omåttlig, måttlös, utan måtta; obehärskad; ~e Wut gränslös vrede; ~ übertreiben överdriva hejdlöst **Maßlosigkeit** 0 f omåttlighet, övermått **Maßnahme** -n f åtgärd; halbe ~n halvmesyrer; ~n ergreifen vidta åtgärder **Maßregel** -n f åtgärd, föreskrift **maßregel|n** -te, gemaßregelt klandra, tillrättavisa, pricka; e-n Beamten ~ ådöma en ämbetsman ett disciplinstraff **Maßregelung** -en f tillrättavisning, prickning; disciplinstraff **Maßschneiderei** -en f beställningsskrädderi **Maßstab** -e† m **1** mätsticka, måttstock **2** bildl. måttstock, norm; kriterium; e-n anderen ~ anlegen anlägga en annan måttstock; an etw. (ack.) e-n hohen ~ anlegen bedöma ngt efter stränga principer; als ~ dienen (äv.) tjäna som mönster; er ist für mich kein ~ han är inte ngn förebild för mig **3** skala; im ~ 1:10 i skala 1:10; in kleinem (verkleinertem) ~ i liten (förminskad) skala; natürlicher ~ naturlig storlek **maß|stäbig, -stäblich** i skala **maßstab[s]|gerecht, -getreu** i rätta proportioner **maßvoll** måttfull, sansad, moderat **Maßwerk** 0 n, arkit. mas-, ros|verk
1 Mast -e[n] m mast (äv. sjö.); [lednings]stolpe; [flagg]stång
2 Mast -en f gödning; kraftfoder
Mastbaum -e† m, sjö. mast
Mastdarm -e† m ändtarm **mästen 1** göda **2** rfl, vard. göda sig; frossa (an +dat. på) **Mastfutter** 0 n kraftfoder **Masthähnchen** - n gödkyckling, broiler **mastig** dial. **1** mastig, fet **2** (om växt) fuktig
Mastix 0 m **1** mastix **2** (slags) vägbeläggning
Mastkorb -e† m, sjö. mastkorg
Mastkur -en f gödkur
'**Mastodon** Masto'donten n mastodont
Mastschwein -e n gödsvin **Mästung** -en f gödning
Masturbation -en f masturbation **masturbieren** masturbera
Mastvieh 0 n gödboskap
Masurk|a -en el. -as f masurka
Matador -e, äv. -en en m matador; bildl. huvudperson, kanon
Match [mεtʃ] -s el. -e n, äv. m match
Mate 0 m maté, matte
Mater -n f, typ. matris (äv. bildl.)

Material -ien n material; materiel; rollendes ~ (järnv.) rullande material, vagnpark; der Sänger hat gutes ~ sångaren har bra röstresurser **Materialfehler** - m materialfel **Materialisation** -en f materialisation **Materialismus** 0 m materialism **Materialist** -en -en m materialist **materialistisch** materialistisk **Materialprüfung** -en f materialprovning **Materialwarenhandlung** -en f, åld. speceributik **Materie** -n f materia, materie; innehåll; die ~ beherrschen behärska ämnet **materiell 1** materiell; in ~er Hinsicht (äv.) i ekonomiskt hänseende, vad ekonomin beträffar **2** materialistisk
matern typ. matrisera
Matetee 0 m maté, matte
Mathe 0 f, skol. matte **Mathematik** [-'ti:k, -'tɪk, österr. -'matɪk] 0 f matematik **Mathematiker** - m matematiker **mathematisch** matematisk
Matinee [-e:] -n [-e:ən] f matiné
Matjeshering -e m matjessill
Matratze -n f **1** madrass; die ~ belauschen (vard.) sova **2** vard. helskägg
Mätresse -n f mätress, älskarinna
matriarchalisch [-ç-] matriarkalisk **Matriarchat** [-ç-] -e n matriarkat **Matrikel** -n f matrikel; studentkatalog; österr. ung. mantalslängd **Matrize** -n f matris; stencil
Matrone -n f matrona **matronenhaft** matronaktig
Matrose -n -n m matros **Matrosenschenke** -n f sjömanskrog
matsch dial. **1** (om frukt) rutten, mosig **2** slut, utmattad **3** sport., kortsp. besegrad; e-n ~ machen vinna över ngn, göra slam; ~ werden förlora **Matsch** 0 m [snö|sörja, -slask] gyttja; mos **matschen** vard. (om barn) plaska; slaska **matschig 1** slaskig, sörjig **2** (om frukt) mjuk, mosig **Matschwetter** 0 n, vard. slask[väder]
matt matt (äv. schack.); orkeslös, svag; hand. äv. trög; ~e Entschuldigung lam ursäkt; e-n ~ setzen a) schack. göra ngn matt, b) bildl. oskadliggöra ngn **Matt** 0 n, schack. matt **mattblau** mattblå
1 Matte -n f matta (äv. sport.)
2 Matte -n f, poet. fjälläng
Mattglas 0 n matterat glas **Mattgold** 0 n matt guld **mattgolden** matt förgylld; av matt guld
Matthä|us gen. -i 0 m Matteus; bei ihm ist -i am letzten (vard.) a) han är pank, b) han är snart slut (har inte långt kvar)
Mattheit 0 f matthet etc., jfr matt **mattherzig** utan starka känslor (inre styrka) **mattieren** mattera **Mattigkeit** 0 f matthet **Mattlack** -e m matt lack **Mattscheibe** -n f **1** foto. mattskiva **2** bildskärm; TV-ruta; was gibt es heute auf der ~ ? (vard.) vad är det på TV i dag? **3** ~ haben (vard.) inte kunna tänka klart
Ma'tur 0 n, schweiz., **Ma'tura** 0 f, österr., schweiz. studentexamen **maturieren** österr., schweiz. ta studenten **Maturitätsprüfung** 0 f, schweiz., **Ma'turum** 0 n, åld. studentexamen
Matz -e[†] m, skämts. [liten] grabb **Mätzchen** - n, vard. ofog; trick; ~ machen a) göra rackartyg, b) tricksa; keine ~! inga dumheter!
Matze -n f, **Matzen** - m, jud. osyrat påskbröd
mau vard. dålig; mir ist ~ jag känner mig vissen; das Geschäft geht ~ affären går dåligt
mauen dial. jama

Mauer -n f mur; die [Berliner] ~ Berlinmuren; in den ~n unserer Stadt inom våra murar, i vår stad; wie e-e ~ stehen stå fast som en klippa **-absatz** -e† m utsprång, utskjutande del (på mur) **-anschlag** -e† m plakat, affisch **-arbeit** **-en** f, se Maurerarbeit **-assel** -n f gråsugga **-blümchen** - n, vard. panelhöna **-brecher** - m murbräcka
mauerfest pålitlig, säkert skyddad **Mauerkrone** -n f 1 murkrön 2 her. murkrona **mauern 1** mura 2 kortsp. maska, inte våga ta några risker 3 fotb. spela starkt defensivt **Mauer|schwalbe** -n f, **-segler** - m torn|svala, -seglare **Mauerspeise** 0 f murbruk **Mauerung** -en f 1 murning 2 mur[verk]
Mauke 0 f, dial., keine ~ zu etw. haben inte ha lust med ngt
Mauken pl, dial. fötter
Maul -er† n mun, käft (på djur), mule, nos; vard. el. vulg. käft, trut (på människa); tekn. käft, gap; das ~ [weit] aufreißen vara stor i truten (käften); e-m übers ~ fahren avbryta (säga emot, protestera mot) ngn; er ist nicht aufs ~ gefallen han är inte tappad bakom en vagn; ein loses ~ haben ha en elak tunga; halt's ~! håll käften!; das ~ hängen lassen, ein schiefes ~ ziehen se sur ut; e-m Honig ums ~ schmieren smörja ngn [med vackert tal]; drei hungrige Mäuler zu Hause zu stopfen haben ha tre hungriga munnar att mätta; alle Mäuler sind voll davon det är i var mans mun **Maulaffen** pl, ~ feilhalten stå o. gapa (glo) **Maulbeerbaum** -e† m mullbärsträd **Maulbeere** -n f mullbär **maulen** vard. tjura, hänga läpp, gnälla, knota **Maulesel** - m mulåsna **maulfaul** vard. ordkarg, tystlåten; ~ sein (äv.) ha tappat målföret **maulhängerisch** vard. surmulen, gnällig, som hänger läpp
Maul|held -en -en m, vard. skrävlare; ein ~ sein (äv.) vara stor i truten **-hobel** - m, vard. munspel **-korb** -e† m munkorg; nosgrimma; e-m e-n ~ anlegen (bildl.) sätta munkavle på ngn **-orgel** -n f, vard. munspel **-schelle** -n f, vard. örfil **-sperre** 0 f munlås; die ~ kriegen (vard.) tappa målföret **-tier** -e n mula -- und Klauenseuche 0 f mul- och klövsjuka **-werk** 0 n, vulg., se Mundwerk **-wurf** -e† m mullvad **-wurfshaufen** - m, **-wurfshügel** - m mullvadshög
maunzen vard. jama; (om barn) gnälla
Maure -n -n m mor (folk)
Maurer - m murare **Maurerarbeit** -en f murning, murararbete **Maurerei** 0 f murning, mureri **Maurerkelle** -n f murslev **Maurerklavier** -e n, vard. dragspel **Maurerpolier** -e m murar|bas, -förman
Mauretanier - m mauretanier **mauretanisch** mauretansk **maurisch** morisk **Mauritier** - m mauritier **mauritisch,** mauritisk
Maus -e† f 1 mus; bildl. sötnos; keine ~ (vard.) inte en katt, ingen; wie e-e gebadete ~ (vard.) genomblöt; weiße Mäuse (vard.) [vitklädda] trafikpoliser, schweiz. [vita] polisbilar; da beißt die ~ keinen Faden ab (vard.) det kan inte hjälpas (går inte att ändra) 2 vard. mus, fitta 3 keine Mäuse mehr haben (vard.) inte ha några stålar kvar 4 tum|dyna, -vulst
Mauschel - m, neds. [fattig] jude **mauscheln 1** vard., se jiddeln 2 vard. tala otydligt 3 göra skumma affärer (överenskommelser) 4 spela Mauscheln; vard. fuska (i kortspel) **Mauscheln** 0 n, kortsp. (slags) hasardspel

Mäuschen - n 1 liten mus; sötnos; da möchte ich ~ spielen (sein) (vard.) där skulle jag vilja vara med utan att ngn kunde se mig 2 anat. armbågsnerv, tjuvsena; sich (dat.) das ~ stoßen få änkestöten '**mäuschen'still** tyst som en mus, moltyst **Mäusebussard** -e m ormvråk **Mause-**, **Mäuse|falle** -n f råttfälla; bildl. äv. dödsfälla **Mäusefänger** - m råttfångare **Mäusefraß** 0 m, durch ~ beschädigt råttäten, skadad av möss **Mäusegerste** 0 f vildkorn **Mäusegift** -e n råttgift **Mause-**, **Mäuse|loch** -er† n råtthål; ich würde mich am liebsten in ein ~ verkriechen (vard.) helst skulle jag vilja sjunka genom jorden **mausen 1** ta råttor; die Katze läßt das M~ nicht (ung.) en gammal vana sitter i, det är svårt att lägga bort en ovana 2 vard. snatta, palla, knycka 3 dial. vulg. knulla
1 Mauser 0 f ruggning
2 Mauser - f mauserpistol
3 Mauser - m schweiz. råttfångare **Mauserei** 0 f snattande etc., jfr mausen 2, 3 **Mäuserich** -e m råtthane **Mauserin** -nen f, schweiz., die Katze ist e-e gute ~ katten är bra på att fånga råttor (en god råttfångare)
mausern 1 rugga 2 rfl rugga 3 rfl, vard. komma sig upp, förändras till sin fördel
'**mause'tot** stendöd **maus|farben**, **-farbig**, **-grau** råttgrå; bildl. färglös, tråkig **mausig** sich ~ machen (vard.) sticka upp, vara uppkäftig, malla sig
Mausole|um -en n mausoleum
Maut -en f, österr. 1 väg-, bro|avgift 2 se Mautstelle **-stelle** -n f, österr. station där vägavgift upptas
mauzen vard. jama; (om barn) gnälla
m.a.W. förk. för mit anderen Worten m.a.o., med andra ord
Maxe -n -n m, vard. typ, karl
maximal maximal; das ist ~ (vard.) det är toppen **Maximalbetrag** -e† m maximibelopp **Maxime** -n f maxim, grundsats **maximieren** maximera, göra så stor som möjligt **Maxim|um** -a n maximum; meteor. äv. högtryck **Maxirock** -e† m maxikjol
Maya -s el. - m medlem av mayafolket
Mayonnaise [majo'nεːzə] -n f majonnäs
Mazedonien 0 n Macedonien **Mazedonier** - m macedonier **mazedonisch** macedonisk
Mä'zen -e m mecenat **Mäze'natentum** 0 n mecenatskap
Mazurk|a [-z-] -en el. -as f masurka
Md. förk. för Milliarde[n] miljard[er] **MdA**, **M.d.A.** förk. för Mitglied des Abgeordnetenhauses ledamot av deputeradekammaren **MdB**, **M.d.B.** förk. för Mitglied des Bundestages ledamot av förbundsdagen **MdL**, **M.d.L.** förk. för Mitglied des Landtages ledamot av delstatsparlamentet (förbundslandsparlamentet) **MdV**, **M.d.V.** förk. för Mitglied der Volkskammer (DDR) ledamot av folkkammaren **m.E.** förk. för meines Erachtens enligt min mening
Me'chanik 0 f mekanik 2 -en f mekanism **Me'chaniker** - m mekaniker; verkstadsarbetare **me'chanisch** mekanisk (äv. bildl.) **mechanisieren** mekanisera **Mechanism|us** -en m mekanism; bildl. äv. sammanhang, process **mechanistisch** mekanistisk
Meckerei -en f, vard. klank, gnat, kverulans **Meckerer** - m, vard. kverulant **meckern 1** bräka (om get); skratta (tala) bräkande (gnäg-

gande) 2 *vard.* klanka, gnälla; *sie hat immer etw. zu* ~ hon har alltid ngt att klanka på
Medaille [me'daljə] *-n f* medalj **Medaillenträger** - *m* medaljör **Medailleur** [medal'jø:ɐ̯] *-e m* medaljgravör **Medaillon** [medal'jõ:] *-s äv. -e n* medaljong
Media *pl, se Medium* **-forschung** *0 f* mediaforskning
Mediä'vistik [-v-] *0 f, die* ~ vetenskapen om medeltiden
Medien *pl, se Medium* **-politik** *0 f* [mass]mediapolitik
Medikament *-e n* medikament **Medikamentenmißbrauch** *0 m* läkemedelsmissbruk **medikamentös** medicinsk **Medi'kaster** - *m, åld. neds.* kvacksalvare **Medikation** *-en f* utskrivning (ordination) av medikament[er] **Medi|kus** *-zi m, skämts.* läkare
medio, Medio ~ *März* i mitten av mars; *der M*~ mitten av månaden **medioker** medioker, medelmåttig **Mediokrität** *0 f* medelmåttighet **Mediothek** *-en f* mediatek
Meditation *-en f* meditation **meditativ** meditativ, begrundande
mediter'ran medelhavs- **meditieren** meditera
Medi|um *-en, ibl. -a n* medium (*äv. fys., kem., språkv.*)
Medizin *-en f* medicin; *Doktor der* ~ medicine doktor; *gerichtliche* ~ rättsmedicin
Medizinal|assistent *-en -en m* AT-läkare **-rat** *-e*† *m, ung.* medicinalråd **-wein** *-e m, ung.* tonikum **-wesen** *0 n* hälsovårdsväsen
Medizinmann *-er*† *m* medicinman
Medley ['mɛdlɪ] *-s n* potpurri
Meduse *-n f, zool. o. myt.* medusa
Meer *-e n* hav, ocean; *ein* ~ *von Tränen* (*äv.*) en tåreflod; ~ *von Licht* ljushav; *am offenen* ~ (*äv.*) i havsbandet; *100 m über dem* ~ 100 m över havet **-busen** - *m* havs|vik, -bukt **-enge** *-n f* sund
Meeres|arm *-e m* havs|arm, -bukt **-höhe** *0 f* havsnivå, höjd över havet **-kunde** *0 f* oceanografi, havsforskning **-leuchten** *0 n* mareld **-spiegel** *0 m* havsyta; *100 m über dem* ~ 100 m över havet **-stille** *0 f* lugn [på havet] **-straße** *-n f* **1** sund **2** farled, segelled **-strömung** *-en f* havsström
Meerfahrt *-en f, åld.* färd över (på) havet **Meerfrau** *-en f* havsfru, sjöjungfru **meergrün** havs-, sjö|grön
Meer|jungfrau *-en f* sjöjungfru **-kalb** *-er*† *n* sälhund **-katze** *-n f* markatta **-rettich** *-e m* pepparrot **-schaum** *0 m* sjöskum **-schwein** *-e n, zool.* tumlare **-schweinchen** - *n* marsvin
meer|umbrandet, -umschlungen, -umspült *poet.* havsomfluten **meerwärts** åt havet [till], mot havet **Meerwasser** *0 n* havsvatten **Meerweib** *-er n* havsfru **Meerzwiebel** *-n f* havs-, sjö|lök
Meeting ['mi:tɪŋ] *-s n* möte; *sport.* tävling
Mega|hertz - - *n, fys.* megahertz **-lith** [-'li:t, *äv.* -'lɪt] *gen.* -*s el.* -*en, pl -e*[*n*] *m, arkeol.* megalit, stenblock **-phon** *-e n* megafon
Megäre *-n f, myt.* megära, ragata
Mega|tonne *-n f* megaton **-watt** - *n* megawatt
Mehl *-e n* mjöl **mehlartig** mjölartad, mjölig **Mehlbrei** *-e m* mjöl|gröt, -välling **mehlig** mjölig
Mehl|käfer - *m* mjölbagge **-kloß** *-e*† *m* (*slags*) *i vatten kokt*) mjölbulle, klimp **-motte** *-n f* kvarnmott **-sack** *-e*† *m* mjölsäck; *bildl. äv.* klumpeduns **-schwitze** *-n f, kokk.* redning **-speise** *-n f* **1** mjölmat **2** *österr.* efterrätt; kaka **-suppe** *-n f* välling **-tau** *0 m* mjöldagg
mehr *oböjl. obest. pron o. adv* mer[a]; fler[a]; snarare; längre; *und andere* ~ med flera; *kein Wort* ~*!* inte ett ord till!; *bitte, nicht* ~*!* var snäll o. sluta!; *immer noch* ~ mer och mer; ~ *als die Hälfte* (*äv.*) över hälften; *er ist* ~ *Techniker als Geschäftsmann* han är snarare tekniker än affärsman; *ich liebe nichts* ~ *als* jag älskar ingenting högre än; *nicht* ~ *als* (*äv.*) bara; *nicht* ~ *lange* inte länge till; ~ *nach rechts* mer (längre) åt höger; *es besteht keine Hoffnung* ~ det finns inte längre ngt hopp; *je* ~ *man hat, je* ~ *man will* mycket vill ha mer; *ich habe* ~ *zu tun als* jag har mer (annat) att göra än; *ich kann nicht* ~ *a)* jag orkar inte mer (*är mätt*), *b)* jag orkar inte längre (*är slut, uttröttad*); ~ *sein* vara [för]mer; *er ist nicht* ~ han finns inte mer [i livet]; *es ist keiner* ~ *da* det är ingen kvar; *was willst du* ~*?* vad vill du ytterligare? **Mehr** *0 n* majoritet; plus; vinst; *ein* ~ *an Erfahrung* större erfarenhet; *ein* ~ *an Kosten verursachen* förorsaka merkostnader; *ein* ~ *beantragen* begära votering **Mehrarbeit** *0 f* **1** extraarbete **2** övertidsarbete **Mehraufwand** *0 m* merkostnad; extra ansträngning **Mehrausgabe** *-n f* merutgift, ökad utgift, utgiftsökning **mehrbändig** i flera band **Mehrbedarf** *0 m* ökat behov, större behov [än beräknat] **Mehrbelastung** *-en f* överbelastning, ytterligare belastning; *bildl. äv.* ökat tryck **Mehrbetrag** *-e*† *m* tilläggsbelopp, överskjutande belopp **mehrdeutig** flertydig **mehrdimensional** flerdimensionell **Mehreinnahmen** *pl* merinkomst, överskott **mehren 1** [ut]öka, förstora **2** *rfl* öka, bli allt fler[a]; förökas, föröka sig **mehrenteils** *österr.* merendels **Mehrer** - *m, åld.* främjare, person som utökar **mehrere** *obest. pron* flera, åtskilliga, ett flertal; ~*s* åtskilligt; *an* ~*n Orten* (*äv.*) flerstädes **mehrerlei** *oböjl. adj* flera slags, olika, diverse **Mehrerlös** *-e m* ökad avkastning, merinkomst **Mehrertrag** *-e*† *m* extravinst, överskjutande belopp **mehrfach** fler|dubbel, -faldig; *ich bin* ~ *gefragt worden* jag har tillfrågats flera gånger; *auf* ~*en Wunsch* på fleras önskan; *in* ~*er Hinsicht* i flera avseenden **Mehrfamilienhaus** *-er*† *n* flerfamiljshus **Mehrfarbendruck** *-e*† *m* flerfärgstryck **mehrfarbig** flerfärgad, i flera färger **Mehrfracht** *0 f* [avgift för] tilläggsfrakt **Mehrgebot** *-e n* högre bud (*på auktion o.d.*) **Mehrgewicht** *-e n* viktöverskott; övervikt **Mehrgitterröhre** *-n f* elektronrör med flera galler, flergallerrör **mehrgleisig** flerspårig **mehrglied[e]rig** flerledad **Mehrheit** *-en f* majoritet, flertal; *die* ~ *gewinnen* få majoritet; ~ *der Stimmen* röstmajoritet **mehrheitlich** majoritets-, med majoritet; huvudsakligen **Mehrheitsbeschlu|ß** *-sse*† *m* majoritetsbeslut **mehrjährig** flerårig; *bot.* perenn **Mehrkampf** *-e*† *m, sport.* mångkamp **mehrklassig** som består av flera klasser **Mehrkosten** *pl* merkostnad, extrautgifter **Mehrlader** - *m* repetergevär **Mehrleistung** *-en f* merprestation, prestationsökning **Mehrling** *-e m* en av tvillingar (trillingar *osv.*)
mehrmalig upprepad **mehrmals** fler[faldig]a

gånger **Mehrparteiensystem** *-e n* flerpartisystem **Mehrphasenstrom** *0 m* flerfasström **mehrphasig** flerfasig **mehrpolig** flerpolig **Mehrpreis** *-e m* pristillägg **mehrseitig** flersidig **mehrsprachig** flerspråkig **Mehrsprachigkeit** *0 f* flerspråkighet **mehrstellig** flersiffrig **mehrstimmig** flerstämmig **Mehrstufe** *-n f, språkv.* komparativ **Mehrstufenrakete** *-n f* flerstegsraket **mehrstufig** flerstegs-, i flera stadier, flergradig **mehrstündig** som varar i flera timmar, flera timmars **mehrtägig** som varar i flera dagar, flera dagars **mehrteilig** som består av flera delar, flerdels-, i flera delar **Mehrung** *0 f* [ut]ökning, förstoring **Mehrvölkerstaat** *-en m* stat med flera (olika) nationaliteter inom sina gränser **Mehrwert** *0 m* mervärde; överstigande värde **Mehrwertsteuer** *-n f* mervärdesskatt, moms **Mehrzahl** *0 f* flertal; *språkv.* pluralis **Mehrzweckgerät** *-e n* universalredskap, redskap med mångsidig användning **Mehrzylindermotor** *-en m* flercylindrig motor
meiden *mied, miede, gemieden* undvika
Meier - *m* **1** *åld.* arrendator; förvaltare; inspektor **2** *sty.* mejerist
Meierei *-en f* **1** *åld.* arrendegård **2** *sty.* mejeri
Meile *-n f* mil (*av varierande längd*) **meilenlang** milslång, mycket lång **Meilenstein** *-e m, åld.* milsten; *bildl.* milstolpe **meilenweit** mils|vid, -lång; miltals
Meiler - *m* mila (*äv. atom-*)
mein *pron* **1** *pers., se ich* **2** *poss.* (*fören.* ~, ~*e*, ~, *självst.* ~*er*, ~*e*, ~[*e*]*s el. der* (*die, das*) ~[*ig*]*e*) min; *die M*~[*ig*]*e* min fru (fästmö); *die M*~[*ig*]*en* de mina; *das M*~[*ig*]*e* min egendom; *ich werde das M*~[*ig*]*e tun* jag ska göra vad jag kan; ~ *ein und alles* mitt allt; *klein, aber* ~ (*ung.*) egen härd är guld värd
Meineid *-e m* mened **meineidig** menedig; ~ *werden* begå mened **Meineidige(r)** *m f, adj böjn.* menedare
mein|en **1** mena, anse, tro, tycka; *gut gemeinter Rat* välmenat råd; *-st du das im Ernst?* är det ditt allvar?, menar du verkligen det?; *das will ich* ~! (*vard.*) det tror jag det!, ja ja män!, det vill jag mena!; *das -e ich auch* det anser jag också; *sich im Recht* ~ anse sig ha rätt; *was -st du dazu?* vad anser (tycker, säger) du om det?, vad tycks?; *ich -e ja nur so!* (*vard.*) det var ju bara ett förslag!, jag tänkte bara!; *man sollte* ~ man hade kunnat vänta sig; *was* ~ *Sie?* (*vard. äv.*) vad sa Ni? **2** mena, avse, åsyfta; *welches Buch -st du?* vilken bok menar du (syftar du på)?; *er -t es nicht böse* han menar ingenting illa; *es gut mit e-m* ~ mena väl med ngn, vilja ngn väl; *wie -st du das?* (*äv.*) vad vill du säga med det?; *das Wetter -t es gut mit uns* (*vard.*) det är väldigt vackert väder, vädrets makter är oss nådiga
meiner *se ich*; *gedenke* ~! (*poet.*) tänk på mig! **'meiner'seits** för min del, å min sida; *ganz* ~! nöjet är helt på min sida! **'meines'gleichen** *oböjl. pron* min [jäm]like, en sådan (sådana) som jag **'meines'teils** vad mig beträffar, såvitt på mig ankommer, för min del; **'meinet'|halben, -'wegen** för min skull; gärna för mig; ~! kör till!; ~ *kann er es haben* (*vard.*) vad mig beträffar kan han få det **'meinet'willen** *um* ~ för min skull **meinige** *se mein* **2**
Meinung *-en f* mening, uppfattning, åsikt; *die öffentliche* ~ allmänna opinionen; *seine* ~ *ändern* ändra åsikt; *e-m* [*gehörig*] *die* ~ *sagen* säga ngn sitt hjärtas mening; *das ist auch meine* ~ (*äv.*) det tycker jag med; *der* (*anderer*) ~ *sein* vara av den åsikten (annan åsikt); *nach meiner* ~, *meiner* ~ *nach* enligt min åsikt (mening) **Meinungs|äußerung** *-en f* menings-, opinions|yttring; *das Recht der freien* ~ yttrandeoch tryckfriheten **-befragung** *-en f* opinionsundersökning **-forschung** *0 f* opinionsundersökning **-freiheit** *0 f* yttrande- och tryckfrihet **-macher** - *m* opinionsbildare **-streit** *-e m* kontrovers **-umfrage** *-n f* opinionsundersökning **-verschiedenheit** *-en f* meningsskiljaktighet, oenighet
Meiran *-e m* mejram
Meise *-n f, zool.* mes, tita; *du hast wohl eine* ~? (*vard.*) är du inte riktigt klok?
Meißel - *m* mejsel **meißeln** mejsla
Meiß[e]ner I - *m* invånare i Meissen **II** *oböjl. adj* från (i) Meissen; ~ *Porzellan* meissenporslin
meist I *adj* (*alltid böjt*) mest; *die* ~*en* de flesta; *die* ~*en Stimmen erhalten* få flest röster; *in den* ~*en Fällen* (*äv.*) i flertalet fall; *am* ~*en* mest; *das am* ~*en verkaufte Buch* den mest sålda boken **II** *adv* mesta-, meren|dels, för det mesta; ~ *kommt er früh* för det mesta (vanligtvis) kommer han tidigt **meistbegünstigt** mest gynnad **Meistbegünstigung** *0 f* behandling som mest gynnad nation **Meistbegünstigungsklausel** *-n f* mestgynnadnationsklausul **meistbeteiligt** mest intresserad (inblandad, delaktig) **meistbietend** högstbjudande; *er war der M*~*e* han bjöd mest (högst); *etw.* ~ *versteigern* auktionera bort ngt till högstbjudande **'meisten'orts** på de flesta ställen **meistens, 'meisten'teils** för det mesta, vanligtvis
Meister - *m* mästare; förman; verkmästare; ~ *Grimbart* grävling; ~ *Knieriem* (*Pfriem*) skomakare; ~ *Lampe* hare; ~ *Petz* björn; ~ *Urian* hin håle; ~ *Zwirn* skräddare; ~ *vom Stuhl* bevakande broder (*hos frimurare*); *es ist noch kein* ~ *vom Himmel gefallen* ingen föds mästare; *seinen* ~ *finden* finna sin överman; *na, ~, wie geht's?* (*vard. i tilltal*) hur mår du?; *Übung macht den* ~ övning ger färdighet; *seinen* (*den*) ~ *machen* (*vard.*) avlägga mästarprov; *zu des* ~*s Füßen sitzen* sitta vid mästarens fötter; *früh übt sich, was ein* ~ *werden will* (*ung.*) vill man bli mästare måste man börja i tid, här har vi en blivande mästare **Meisterarbeit** *-en f, se Meisterstück* **Meisterbrief** *-e m* mästarbrev **Meisterdieb** *-e m* mästertjuv **Meistergesang** *0 m, hist.* mästarsångarnas sång **meisterhaft** mästerlig **Meisterin** *-nen f* **1** mästarinna **2** mästares fru **meisterlich** mästerlig **meistern** bemästra, behärska **Meister|prüfung** *-en f* mästarprov (*för att få mästarbrev*) **-sänger** - *m, hist.* mästarsångare **-schaft** *-en f* mästerskap (*äv. sport.*) **-schule** *-n f, ung.* hantverksskola **-schütze** *-n* -*n m* mästerskytt **-singer** - *m, hist.* mästarsångare **Meistersleute** *pl* mästaren o. hans fru **Meisterstück** *-e n* **1** mästarprov **2** mästerstycke **Meisterwerk** *-e n* mästerverk
Meistgebot *0 n* högsta bud **meistgebräuchlich** vanligast **meistgenannt** oftast nämnd **meisthin** för det mesta, vanligtvis, mycket ofta **Meiststufe** *-n f, språkv.* superlativ
Melancholie [-ko'li:] *-n f* melankoli, svårmod

Melancholiker - *m* melankoliker **melancholisch** melankolisk, svårmodig
Melange [me'lā:ʒ(ə)] -*n f* **1** blandning **2** blandfärg **3** melerat garn **4** *österr.* kaffe med [hälften] mjölk
Melasse -*n f* melass
Melde -*n f, bot.* molla
Melde|amt -*er*† *n*, **-behörde** -*n f, se Einwohnermeldeamt* **-bogen** -[†] *m* anmälningsblankett **-fahrer** - *m*, **-gänger** - *m, mil.* rapportkarl **-hund** -*e m, mil.* rapporthund
melde|n 1 anmäla, rapportera; meddela; *wen darf ich ~?* vem får jag anmäla?; *er ist hier nicht gemeldet* han är inte [mantals]skriven här; *davon -t die Geschichte nichts* det förmäler inte historien; *aus Wien wird gemeldet* det meddelas från Wien; *er hat nichts zu ~* (*vard. äv.*) han har inget att säga till om; *Ihr Gespräch nach Ystad, bitte ~!* (*tel.*) klart till Ystad! **2** (*om hund*) ge skall **3** *rfl* anmäla sig; låta höra av sig; *skol.* räcka upp handen; *tel.* svara; *der Magen -t sich* magen gör sig påmind; *sich freiwillig ~* (*äv.*) anmäla sig som frivillig; *sich krank ~* sjukanmäla sig; *sich zu*[*m*] *Wort ~* begära ordet **Meldepflicht** 0 *f* anmälningsplikt **Melder** - *m, mil.* rapportkarl, ordonnans **Meldeschein** -*e m* anmälningsblankett **Meldeschluß** 0 *m* sista anmälningsdag **Meldestelle** -*n f, se Meldeamt* **Meldewesen** 0 *n, ung.* folkbokföring **Meldung** -*en f* anmälan; meddelande; nyhet, rapport, underrättelse; *mil.* avlämn|ade, -ing
melier|en melera; *sein Haar ist grau -t* (*äv.*) han är gråsprängd
Melioration -*en f* [jord]förbättring **meliorieren** förbättra (*i sht jord*)
Melisse -*n f, bot.* citronmeliss **Melissengeist** 0 *m* (*slags*) liniment
melk *åld.* mjölkande **Melkeimer** - *m* mjölkspann, stäva **melk|en** -*te* (*åld. molk*), gemolken (*äv. gemelkt*), -*st* (*åld. milkst*), -*t* (*åld. milkt*), *melk!* (*åld. milk!*) **1** mjölka (*äv. bildl.*) **2** *vulg.* runka **melkend** -*e Kuh* mjölkko (*äv. bildl.*) **Melker** -*m* mjölkare **Melkkübel** - *m* stäva **Melkmaschine** -*n f* mjölk[nings]maskin
Melodie -*n f* melodi; *~ e-s Liedes* melodi till en visa **melodiös, melodisch** melodiös, melodisk **Melodram|[a]** -*en n* melodram[a] **melodramatisch** melodramatisk
Melone -*n f* **1** melon **2** *vard.* plommonstop
Melonenbaum -*e*† *m* papaya[träd]
Meltau [-e:-] 0 *m* honungsdagg
Membran -*en f*, **Membrane** -*n f* membran
Memento -*s n* memento, påminnelse
Memme -*n f, vard.* mes, pultron, ynkrygg **memmenhaft** *vard.* mesig, sjåpig, feg
Memo -*s n, se Memorandum* **Memoiren** [me'mọa:rən] *pl* memoarer **Memorand|um** -*en el.* -*a n* inlaga, memorandum, promemoria **memorieren** memorera, lära sig utantill
Menage [me'na:ʒə] -*n f* **1** bord[s]ställ (*för ättika o.d.*); *åld.* mathämtare [m. insats] **2** *österr. åld.* hushåll **3** *österr. mil.* förplägnad **Menagerie** [-ʒə'ri:] -*n* [-i:ən] *f* menageri
mendeln *biol.* mendla, nedärvas enligt Mendels lagar
Menge -*n f* mängd, massa, kvantitet, volym; *e-e ~ Arbeit* en massa arbete; *e-e ~ reife*[*r*] *Äpfel* (*von reifen Äpfeln*) en massa mogna äpplen; *e-e ~ Leute sah* (*sahen*) *zu* många tittade på; *Geld in ~*[*n*] *haben* (*vard.*) ha peng-

ar i långa banor; *Obst in ~n* (*äv.*) mängder av frukt; *in rauhen ~n* (*vard.*) massvis, i långa banor; *jubelnde ~* jublande folkmassa
meng|en 1 blanda, röra ihop **2** *rfl* blandas, blanda sig; *-e dich nicht in diese Sache!* lägg dig inte i den här saken!
Mengenlehre 0 *f, mat.* mängdlära **mengenmäßig** kvantitativ, till kvantiteten **Mengenrabatt** -*e m* mängd-, kvantitets|rabatt
Mengfutter 0 *n* blandfoder **Mengkorn** 0 *n* blandsäd **Mengsel** - *n, dial.* blandning, röra
Menin'gitis *Meningi'tiden f, med.* meningit, hjärnhinneinflammation
Menisk|us -*en m, anat.* menisk
Men'kenke 0 *f, dial.* virrvarr; krångel; *mach keine ~!* krångla inte!
Mennige 0 *f* mönja **mennigrot** mönje|röd, -färgad
Mennonit -*en* -*en m* mennonit
Menopause -*n f, anat.* menopaus **Menor|rhö** -*en f*, **-rhöe** ['rø:]-*n* [-ø:ən]*f, med.* menstruation
Mens|a -*as el.* -*en f* studentrestaurang (*med billigare mat*)
Mensch 1 -*en* -*en m* människa; *vard. äv.* karl; *~en* (*år.*) folk; *des ~en Sohn* människosonen; *einzelner ~* (*år.*) individ; *jeder ~* (*äv.*) var och en; *junge ~en* (*äv.*) ungdomar; *kein ~* (*äv.*) ingen, inte en själ; *wie der erste ~* tafatt, klumpig, bortkommen; *~, ärgere dich nicht!* (*ung.*) fiaspel, ludo; *der ~ denkt, Gott lenkt* människan spår o. Gud rår; *hat der ~ Worte!* har man hört på maken!; *unter ~en kommen* komma ut bland folk; *wie ein ~ leben* leva som folk; *kein ~ muß müssen* (*ung.*) jag låter inte tvinga mig; *er ist auch nur ein ~* han är väl inte mer än människa; *kein ~ mehr sein* (*vard.*) vara alldeles slut **2** -*er n, vard. neds.* fruntimmer; *liederliches ~* liderligt stycke
Menschenaffe -*n* -*n m* människoapa **menschenähnlich** människolik[nande] **Menschenalter** - *n* mansålder **Menschenansammlung** -*en f* folksamling **Menschenart** 0 *f* människosätt; *das ist ~* (*år.*) det är en mänsklig svaghet **Menschenfang** 0 *m, se Bauernfängerei* **Menschenfeind** -*e m* människo|fiende, -föraktare, misantrop **menschenfeindlich** människofientlig, misantropisk **Menschenfloh** -*e*† *m* loppa (*som går på människor*) **Menschenfresser** - *m* kannibal, människoätare **Menschenfreund** -*e m* människovän, filantrop **menschenfreundlich** människovänlig, filantropisk
Menschen|gedenken 0 *n, seit ~ i* mannaminne **-gedränge** 0 *n* folkträngsel **-geschlecht** 0 *n, das ~* människosläktet **-gestalt** -*en f* människogestalt; *ein Teufel in ~* en djävul i människohamn **-gewimmel** 0 *n*, **-gewühl** 0 *n* folkvimmel **-hand** 0 *f, das liegt nicht in ~* det står inte i mänsklig makt **-haß** 0 *m* misantropi **-kenner** - *m* människokännare **-kenntnis** 0 *f* människokännedom **-kind** -*er n* människobarn, varelse **-kunde** 0 *f* antropologi **-leben** - *n* människoliv; *ein reiches ~* ett rikt liv
menschenleer folktom, öde **Menschenliebe** 0 *f* människokärlek, filantropi; *tätige ~* (*äv.*) kärlek till nästan **menschenlos** folktom, öde **Menschen|masse** -*n f*, **-menge** -*n f* folk|massa, -samling '**menschen'möglich** som står i mänsklig makt (förmåga); *wie ist das ~?* hur är det möjligt (för en människa)?; *nicht ~* absolut omöjligt **Menschenopfer** - *n*

1 människooffer 2 ~ *sind bei dem Unglück nicht zu beklagen* vid olyckan omkom inga människor (gick inga människoliv till spillo) **Menschenpflicht** *0 f* mänsklig plikt; *es ist* ~ det är var människas plikt **Menschenpotential** *-e n* mänskliga resurser **Menschenraub** *0 m* människorov, kidnapp[n]ing **Menschenrecht** *-e n, die* ~e de mänskliga rättigheterna **menschenscheu** folkskygg **Menschenscheu** *0 f* folkskygghet **Menschenschinder** - *m* människoplågare **Menschenschinderei** *-en f, vard.*, *das ist ja* ~ det är för mycket begärt (orimliga krav) **Menschenschlag** *0 m* människo|grupp, -typ **Menschenseele** *-n f* **1** människosjäl **2** *keine* ~ inte en själ (katt) **Menschenskind** ~*!* men kära du! **Menschensohn** *0 m, der* ~ Människosonen **Menschentum** *0 n* mänsklighet **menschenunwürdig** ovärdig [en människa], förnedrande **Menschenverstand** *0 m* mänskligt förstånd (förnuft); *gesunder* ~ sunt förnuft **Menschenwerk** *-e n* människoverk **Menschenwürde** *0 f* mänsklig värdighet **menschenwürdig** människovärdig
Menschewik *-en -en el. -i m* mensjevik
Menschheit *0 f* mänsklighet, människosläkte **menschlich** mänsklig; människovärdig; *nicht* ~ *(äv.)* omänsklig; ~*er Körper* människokropp; *Irren ist* ~ det är mänskligt att fela; *nach* ~*em Ermessen* mänskligt att döma; ~*es Versagen war schuld an dem Unfall* olyckan berodde på den mänskliga faktorn; *es sieht hier* ~ *aus (vard.)* det ser ordentligt ut här; *für den* ~*en Genuß nicht geeignet* otjänlig till människoföda; *ein* ~*es Rühren verspüren a)* känna mänskligt deltagande (medlidande), *b)* vara hungrig, känna hunger, *c) vard.* behöva gå på toaletten; ~ *kann ich es verstehen* från mänsklig synpunkt kan jag begripa det **Menschlichkeit 1** *0 f* mänsklighet, humanitet **2** *-en f* mänsklig[a] svaghet[er] **Menschwerdung** *0 f* människoblivande; *relig. äv.* inkarnation
'mensendieck|en *-te, gemensendieckt* göra gymnastik *(efter Mensendiecks system)*
Menstruation *-en f* menstruation **menstruieren** menstruera
Mensur *-en f, mus., fys., stud.* mensur; måttglas; *e-e* ~ *austragen* utkämpa en studentduell
mensurabel mätbar
mental mental **Mentalität** *-en f* mentalitet
Menthol *0 n* mentol
Mentor *-en m* rådgivare, handledare, mentor
Menü *-s n* **1** komplett måltid **2** *åld.* meny **Menuett** *-e, äv. -s n* menuett
mephisto'phelisch mefistofelisk, djävulsk
Mergel - *m, geol.* märgel
Meridian *-e m* meridian
Me'ringe *-n f*, **Me'ringel** - *n, schweiz.* maräng
Merino *-s m* merino|ull, -får, -tyg
Meriten *pl, högt.* meriter, förtjänster **meritorisch** *åld.* förtjänstfull
merkantil merkantil **Merkantilismus** *0 m* merkantilism, merkantilsystem
merkbar 1 märkbar **2** som man [lätt] kommer ihåg **Merkblatt** *-er† n* [blad m.] upplysningar **Merkbuch** *-er† n* anteckningsbok **merk|en 1** märka, lägga märke till; känna på sig; *wohl gemerkt (ung.)* nota bene; *sie -t aber auch alles!* hon märker då allt!, henne undgår då ingenting!; ~ *lassen* låta förstå; *er hat es sich (dat.) nicht* ~ *lassen, daß* han låtsades inte om att; *es an seinem Benehmen* ~ märka det på hans uppförande **2** minnas, komma ihåg; *sich (dat.) etw.* ~ komma ihåg (minnas) ngt, lägga ngt på minnet; ~ *Sie sich das! (vard.)* kom ihåg det!; *der Name ist leicht zu (läßt sich leicht)* ~ namnet är lätt att komma ihåg; *den Kerl werde ich mir* ~*! (vard.)* den karln ska jag nog komma ihåg! **Merkfähigkeit** *0 f* förmåga att minnas, minne **merklich** märkbar, påtaglig **Merkmal** *-e n* känne|tecken, -märke **Merkspruch** *-e† m (rimmad)* minnesregel
Mer'kur 1 *0 m, astron., myt.* Merkurius **2** *0 m n (alkemistisk benämning på)* kvicksilver **Merkurialismus** *0 m, med.* kvicksilverförgiftning
Merkwort *-er† n* stickord *(äv. teat.)* **merkwürdig** märkvärdig, märklig, konstig **'merkwürdiger'weise** märkvärdigt nog **Merkwürdigkeit** *-en f* märkvärdighet, konstighet **Merkzeichen** - *n* kännemärke, tecken; bokmärke **Merkzettel** - *m* minneslista
Mer'lan *-e m, zool.* vitling **Merle** *-n f, dial.* koltrast **Mer'lin** [*äv.* '--] *-e m* stenfalk
Merzvieh *0 n, lantbr.* utgallrad boskap
Mesalliance [meza'ljã:s] *-n f* mesallians
me'schugge *vard.* tokig
Mesmer - *m, schweiz.*, **Mesner** - *m, dial.* kyrkvaktmästare
'Meson *Me'sonen n, fys.* meson
Mesopotamier - *m* mesopotam[ier] **mesopotamisch** mesopotamisk
Meßband *-er† n* måttband **meßbar** mätbar **Meßbecher** - *m* mätglas **Meßbildverfahren** *0 n* fotogrammetri
Meßbuch *-er† n* mässbok **Meßdiener** - *m, kat., se Ministrant*
1 Messe *-n f, relig. o. hand.* mässa; *die Frankfurter* ~ mässan i Frankfurt
2 Messe *-n f (fartygs]mäss*
Messe|amt *-er† n* mässkontor **-gelände** - *n* mässområde **-halle** *-n f* mäss-, utställnings|hall
messen *maß, mäße, gemessen, mißt, mißt, miß!*
1 mäta *(äv. bildl.)*, mäta upp; *gemessenen Schrittes* med avmätta steg; *alle müssen mit gleichem Maß gemessen werden* alla måste behandlas (bedömas) på samma sätt (enligt samma kriterier); *ich habe die Straße [der Länge nach] gemessen (vard.)* jag stod då näsan på gatan; *die Temperatur des Kranken* ~ ta temperaturen på den sjuke; *an dir gemessen* jämfört med (i förhållande till) dig; *e-n [mit den Augen]* ~ *(äv.)* mönstra ngn; *e-n Stoff nach Metern* ~ mäta upp ett tyg i meter **2** mäta; *2 Meter* ~ mäta 2 meter, vara 2 meter lång (bred, hög *e.d.*) **3** *rfl, sich mit etw. (e-m) an (in) etw. (dat.)* ~ *können* kunna mäta sig med ngt (ngn) i ngt; *sich mit e-m* ~ *(äv.)* ha sina krafter med ngn
1 Messer - *m* mätare, mätinstrument
2 Messer - *n* kniv; *e-n ans* ~ *liefern (bildl. vard.)* utlämna ngn; *e-m das* ~ *an die Kehle setzen (vard.)* sätta kniven på strupen på ngn; *ihm sitzt das* ~ *an der Kehle (bildl. vard.)* han har kniven på strupen; *Kampf bis aufs* ~ strid på kniven; *es steht auf des* ~*s Schneide (bildl.)* det är ytterst tillspetsat (är nära avgörandet); *e-m das* ~ *in den Leib jagen (stoßen, rennen)* sticka kniven i ngn; *unter dem* ~ *bleiben (vard.)* dö under operationen; *e-n unters* ~ *nehmen (vard.)* [börja] operera ngn **-bänkchen** - *n* knivlägg[are] **-held** *-en -en m, neds.* knivskärare; *er ist ein* ~ *(äv.)* han har lätt för att ta

till kniven **-klinge** *-n f* knivblad **-rücken** - *m* knivsrygg
messerscharf 1 mycket vass; knivskarp **2** *bildl.* exakt; skarp; skarpsinnig; hård
Messer|schmied *-e m* knivsmed **-spitze** *-n f* knivspets, knivsudd **-stecher** - *m, neds., se Messerheld* **-stecherei** *-en f, neds.* knivslagsmål **-stich** *-e m* knivhugg
Messestand *-e† m* mässtånd, [utställnings]stånd
1 Meßgefäß *-e n* måttkärl, mätglas
2 Meßgefäß *-e n, relig.* kalk
1 Meßgerät *-e n* mätinstrument
2 Meß|gerät *-e n, kat.,* ~e mässattiraljer **-gewand** *-er† n* mässhake
Meßglas *-er† n* mätglas
messianisch messiansk
Messing *0 n* mässing **messingen** av mässing, mässings-
Meßinstrument *-e n* mätinstrument
Meß|kelch *-e m, relig.* kalk **-knabe** *-n -n m, se Ministrant*
Meßlatte *-n f* mät|sticka, -stång, -ribba
Meßopfer - *n, kat.* mässoffer
Meß|schnur *-e† f* mätlina, måttband **-stab** *-e† m* måttstav, mätsticka **-stange** *-n f, se Meßlatte* **-stelle** *-n f* mätpunkt **-stock** *-e† m, se Meßlatte*
meßtechnisch mätteknisk **Meßtisch** *-e m* mätbord **Meßtischblatt** *-er† n* kartblad (*i skala 1:25 000*) **Messung** *-en f* mätning **Meßwert** *-e m* mätvärde **Meßzahl** *-en f* index[tal] **Meßzylinder** - *m* mätcylinder, mensur
Mestize *-n -n m* mestis
Met *0 m* mjöd
Metabolismus *0 m* metabolism, ämnesomsättning
Metall *-e n* metall; *die Stimme hat* ~ rösten har en metallisk klang **Metallader** *-n f* malmåder **metallähnlich** metalliknande **Metallarbeiter** - *m* metallarbetare **metallartig** metallartad **metallen** av metall, metall-; *~er Klang* metallisk klang **Metaller** - *m vard.* metallarbetare, medlem i metall[arbetarförbundet] **Metallfolie** *-n f* metallfolie **Metallgeld** *0 n* mynt **metallhaltig** *gruv.* metallförande **metallisch** metallisk; *~er Glanz* metallglans **Metallkunde** *0 f* metallografi **Metalloid** *-e n* metalloid **Metallurgie** *0 f* metallurgi **metallurgisch** metallurgisk **metallverarbeitend** *~e Industrie* metallindustri
Metamorphose *-n f* metamorfos, förvandling
Metapher [-'ta-] *-n f* metafor, bildligt uttryck **metaphorisch** metaforisk, bildlig **Metaphy'sik** *0 f* metafysik **metaphysisch** metafysisk; översinnlig **Meta'psychik** *0 f* parapsykologi **metapsychisch** parapsykologisk **Metasprache** *-n f* metaspråk **Metastase** *-n f, med.* metastas
Mete'or [*äv.* '---] *-e m, ibl. n* meteor **meteorisch** meteor|isk, -lik **Meteorit** *gen. -s el. -en, pl -e*[n] *m* meteorit **Meteorologe** *-n -n m* meteorolog **Meteorologie** *0 f* meteorologi **meteorologisch** meteorologisk
Meter - *m, äv. n* meter; *e-e Mauer von 5* ~ *Höhe (äv.)* en fem meter hög mur **meterdick** metertjock **meterhoch** meterhög **Meterware** *-n f* metervara **Meterzentner** - *m, österr. åld.* 100 kg
Methan[gas] *0 n* metan, gruv-, sump|gas
Methanol *0 n* metanol, träsprit

Methode *-n f* metod; *es hat* ~ det är metod i det **Me'thodik** *0 f* metodik **methodisch** metodisk **Methodismus** *0 m, relig.* metodism **Methodist** *-en -en m* metodist
Methusalem *-s m* metusalem (*mycket gammal man*)
Methylalkohol *0 m* metylalkohol, träsprit
Metier [me'tje:] *-s n, vard.* yrke, hantverk; [*sich auf*] *sein* ~ *verstehen* kunna sin sak
Metrik ['me:-] *-en f* metrik, verslära **metrisch** metrisk; meter-; *~es System* metersystem
Metro ['me:-] *-s f* tunnelbana, metro **Metro|logie** *0 f* metrologi **-nom** *-e n, mus.* metronom **-pole** *-n f* metropol, huvudstad **-polit** *-en -en m, relig.* metropolit
Metr|um ['me:-] *-en el. -a n* meter, versmått
Mette *-n f, relig.* ottesång
Metteur [-'tø:ʀ] *-e m, typ.* ombrytare
Mettwurst *-e† f* med-, met|vurst
1 Metze *-n f, sty., österr.* kappe (*av växlande storlek*)
2 Metze *-n f, åld.* sköka
Metzelei *-en f* blodbad, massaker **metzeln** *neds.* meja (hugga) ner; *dial.* slakta **Metzelsuppe** *-n f, dial.* korvsoppa **Metzeltag** *-e m, dial.* slaktdag **metzen** *dial.* slakta; *åld.* hugga **metzgen** *dial.* slakta **Metzger** - *m, dial.* slaktare **Metzgerei** *-en f, dial.* köttaffär, charkuteri **Metzger[s]gang** *-e† m, dial.* onödigt ärende; *e-n* ~ *machen* gå förgäves (i onödan), inte ha ngn framgång
Meuchelmord *-e m* lönnmord **Meuchelmörder** - *m* lönnmördare **meucheln** lönnmörda **Meuchler** - *m, åld.* lönnmördare **meuchlerisch** lönn[mördar]-; svekfull **meuchlings** ur bakhåll; ~ *ermorden* lönnmörda
Meute *-n f* koppel [hundar]; vild hord (*av människor*); *die ganze* ~ *kam zu ihm (äv.)* hela gänget (alla hans kompisar) kom till honom **Meuterei** *-en f* myteri **Meuterer** - *m* myteri **meuterisch** *åld.* upproisk **meutern 1** göra myteri **2** *vard.* gnälla, protestera, opponera sig
Mexikaner - *m* mexikan[are] **mexikanisch** mexikansk
MEZ *förk. för mitteleuropäische Zeit* medeleuropeisk tid **MG** [em'ge:] *-[s] n förk. för Maschinengewehr* ksp, kulspruta
Miasm|a *-en n* smittämne; *~en* miasmer
miau *interj* mjau!, jam! **miau|en** *-te, -t* jama **mich** *se* ich
Michaeli[s] [mɪça'e:li(s)] *0 n* Mikaeli, mickelsmässa (*29 sept.*) **Michel** - *m* enfaldig (naiv) människa; (*beteckning för*) tysk; *der deutsche* ~ den tyska Mickel (*trög, godtrogen tysk*)
mick[e]rig *vard.* svag, sjuklig; ynklig, oansenlig
Mickymaus *0 f* Musse Pigg
Midgard ['mɪt-] *0 m, myt.* Midgård
mied *se* meiden
Mieder - *n* snörliv, korsett; livstycke (*i sht till folkdräkt*)
Mief *0 m, vard.* dålig luft **mief|en** *vard.,* lukta illa; *hier -t es (äv.)* här det dålig luft (känns det instängt) **Mief|kiste** *-n f, vard.,* **-koje** *-n f, vard.* säng **Miefquirl** *-e m, vard.* ventilator
Miene *-n f* min, uppsyn; *e-e feierliche* ~ *aufsetzen* anlägga en högtidlig uppsyn, se högtidlig ut; *er machte* ~, *sich auf ihn zu stürzen* han gjorde min av att vilja rusa på honom; *gute* ~ *zum bösen Spiel machen* hålla god min i elakt spel; *e-e saure* ~ *machen* göra sura mi-

ner; *ohne e-e ~ zu verziehen* utan att ändra en min **Mienenspiel** 0 *n* minspel
Miere -*n f, bot.* nörel
1 mies *vard.* dålig, usel; *sich ~ fühlen* känna sig vissen
2 mies *interj,* ~, ~ kiss, kiss
1 Mies -*e n, sty.* myr, kärr, träsk
2 Mies -*en f, dial.* kisse[miss]
Miese *f, adj böjn., vard.* **1** mark (*mynt*) **2** minus, brist, underskott; *in den ~n sein a)* ha dragit över sitt bankkonto, *b)* ha minuspoäng (*i vissa kortspel*)
Miesekatze -*n f, dial.* kisse[miss]
Miesepeter - *m, vard.* glädjedödare, kverulant
miesepet[e]rig *vard.* gnällig, sur **Miesling** -*e m, vard.* osympatisk (slapp) människa
miesmachen *vard.* göra ner, klanka på; *e-m etw.* ~ förstöra ngt för ngn **Miesmacher** - *m, vard.* pessimist, kverulant; *er ist ein ~* (*äv.*) han ser allt i svart **Miesmacherei** 0 *f, vard.* svartmålning
Miesmuschel -*n f* (*ätlig*) blåmussla
Miesnik -*s m, vard., se Miesling*
Miet|ausfall -*e†* *m* hyres|bortfall, -förlust
-auto -*s n* hyrbil; taxi
1 Miete -*n f, lantbr.* stuka
2 Miete -*n f* hyra; *kalte ~* kallhyra; *warme ~* hyra inklusive bränslekostnader; *bei e-m zur ~ wohnen* vara inneboende (hyresgäst) hos ngn **mietefrei** ~ *wohnen* bo hyresfritt **mieten** hyra; *sich* (*dat.*) *e-n Träger ~* leja en bärare **Mieter** - *m* hyresgäst **Mieterhöhung** -*en f* hyreshöjning **Mieterschutzgesetz** -*e n* hyreslag **Mietertrag** -*e† m* hyresavkastning
mietfrei *se mietefrei* **Mietgeld** -*er n, åld.* hyra **Miethaus** -*er† n* hyreshus **Mietkaserne** -*n f* hyreskasern **Mietkauf** -*e† m* hyrköp
Mietling -*e m* legoknekt; man som bara gör ngt mot ersättning **Mietpartei** -*en f* hyresgäst (*hushåll*) **Mietpreis** -*e m* hyra **Mietshaus** -*er† n* hyreshus **Mietskaserne** -*n f* hyreskasern **Mietsteigerung** -*en f* hyreshöjning **Mietstopp** 0 *m* hyresstopp **Mietvertrag** -*e† m* hyreskontrakt **Mietwagen** - *m* hyrbil; taxi **mietweise** mot hyra; *e-m etw. ~ überlassen* (*äv.*) hyra ut ngt till ngn **Mietwohnung** -*en f* hyreslägenhet **Mietwucher** 0 *m* hyresocker **Mietzins** -*e m, sty., österr., schweiz.* hyra
Miez -*en f,* **Miezchen** - *n* kisse[miss] **Mieze[katze]** -*n f* **1** kisse[miss] **2** *vard.* brud
Migräne -*n f* migrän **Migränestift** -*e m, skämts.* batong
Miko -*s m, vard., förk. för Minderwertigkeitskomplex* miko, mindervärdeskomplex
Mikro -*s n* mikrofon, mik **Mikroanalyse** -*n f* mikroanalys **Mikrobe** -*n f* mikrob **Mikrobiologie** 0 *f* mikrobiologi
Mikro|chemie 0 *f* mikrokemi **-fiche** [-'fi:ʃ] -*s n m, fack.* mikrofiche **-film** -*e m* mikrofilm **-fon** -*e n* mikrofon **-klima** -*s el.* -*te n* mikroklimat **-kopie** -*n f* mikrofotografi **-kosmos** 0 *m,* **-kosmus** 0 *m* mikrokosmos **-manie** -*n f* våldsam (sjuklig) självunderskattning **-meter** - *m el. n* mikrometer
'**Mikron** - *n, åld.* mikron
Mikro|organismus -*organismen m* mikroorganism, mikrob **-phon** -*e n* mikrofon **-photographie** -*n f* mikro|fotografi, -fotografering **-physik** 0 *f* mikrofysik **-skop** -*e n* mikroskop **-skopie** 0 *f* mikroskopi
mikroskopieren mikroskopera **mikrosko-**

pisch mikroskopisk **Mikrosoziologie** 0 *f* mikrosociologi **Mikrowellenherd** -*e m* mikrovågsugn
'**Milan** [*äv.* -'-] -*e m, se Gabelweihe, Rotmilan, Schwarzmilan*
Milbe -*n f* kvalster **milbig** full (angripen) av kvalster
Milch 0 *f* **1** mjölk; *entrahmte ~* skummjölk; *süße ~* sötmjölk; *viel ~ geben* (*äv.*) mjölka bra; *kondensierte ~* kondensmjölk **2** *bot.* mjölksaft **3** *zool.* mjölke **Milchabscheider** - *m* separator **milchartig** mjölkaktig
Milch|bar -*s f* mjölk|bar **-bart** -*e† m* gröngöling, ungtupp **-brei** -*e m* gröt (*kokt på mjölk*) **-brot** -*e n* bröd (*med mjölk som degspad*) **-bruder** -*† m, åld.* fosterbror (*som har haft samma amma*) **-drüse** -*n f* mjölkkörtel **-eiweiß** 0 *n, das ~* mjölkens äggvita
milchen I *v, dial.* mjölka; **~de Kuh** mjölkko
II *adj* av mjölk, mjölk- **Milcher** - *m* **1** *dial.* mjölkare **2** *se Milchling;*· *Milchner* **Milchfabrik** 0 *f, vard.* bröst **milch|farben, -farbig** mjölkfärgad
Milch|fieber 0 *n* mjölkfeber **-frau** -*en f, vard., die ~* frun i mjölkaffären **-gebirge** 0 *n, vard.* [stora] bröst **-gebi|ß** -*sse n* mjölktänder **-geschäft** -*e m* **1** mjölkaffär **2** *vard.* bröst **-glas** -*er†* mjölkglas (*äv. glassort*) **-hof** -*e† m* mejeri
milchig mjölkaktig
Milch|kaffee 0 *m* café au lait, kaffe med mjölk **-kalb** -*er† n* spädkalv **-kanne** -*n f* mjölkkanna; mjölkhämtare **-kuh** -*e† f* mjölkko (*äv. bildl.*) **-ling** -*e m, bot.* mjölk|skivling, -svamp, riska **-mädchenrechnung** 0 *f, e-e ~ machen* bygga luftslott, göra beräkningar i det blå **-mann** -*er† m* mjölk|bud, -försäljare **-mixgetränk** -*e n, ung.* milkshake **-ner** - *m* fiskhanne **-pulver** 0 *n* torrmjölk **-reis** 0 *m, ung.* risgrynsgröt **-reizker** - *m, bot.* mandelriska **-säure** 0 *f* mjölksyra **-schleuder** -*n f* separator **-schorf** 0 *m* mjölkskorv **-schwamm** -*e† m* **1** *bot.* mandelriska **2** *dial.* grädde **-schwester** -*n f, åld.* fostersyster (*som har haft samma amma*) **-seihe** -*n f,* **-seiher** - *m* silduk (*för mjölk*) **-straße** -*n f* vintergata **-suppe** -*n f* välling (*på mjölk*) **-topf** -*e† m* mjölk|tillbringare, -kastrull **-tuch** -*er† n, se Milchseihe* **-tüte** -*n f* mjölk|förpackning, -paket
milchweiß mjölk|vit, -färgad **Milchwirtschaft** 0 *f* mjölkhushållning **Milchzahn** -*e† m* mjölktand **Milchzentrifuge** -*n f* separator **Milchzucker** 0 *m* mjölksocker
mild 1 mild, lindrig; svag, lätt; ~*er Regen* sakta regn; ~*e Speise* lätt[kryddad] mat; *mit* ~*er Hand* (*äv.*) frikostigt; *du solltest* ~*er Saiten aufziehen* (*vard.*) du skulle anslå mildare tongångar **2** givmild; ~*e Gabe* allmosa **milde** *se mild* **Milde** 0 *f* mildhet *etc., jfr mild;* ~ *walten lassen* (*ung.*) låta nåd gå före rätt; *es mit* ~ *versuchen* försöka med godhet (vänlighet) **mildern 1** mild, lindra; ~*de Umstände* förmildrande omständigheter **2** *rfl* bli mildare, avta, minska **Milderung** -*en f* lindring, mildring **Milderungsgrund** -*e† m* förmildrande omständighet **mild|herzig, -tätig** barmhärtig, välgörande, givmild **Mildtätigkeit** 0 *f* barmhärtighet *etc., jfr mildtätig*
Milieu [mi'ljø:] -*s n* miljö, omgivning, bakgrund **milieugeschädigt** miljöskadad
militant militant, kämpande
Militär 1 0 *n* militär, krigsmakt; *zum ~ gehen*

bli soldat; ~ *einsetzen* sätta in militär **2** *-s m* militär, krigsman **Militärbündnis** *-se n* militärallians **Militärdienst** *0 m* militärtjänstgöring **militärdienstpflichtig** värnpliktig **Militärdiktatur** *-en f* militärdiktatur **militärfrei** frikallad (*från militärtjänst*) **Militärgeistliche(r)** *m, adj böjn.* militärpastor **Militärherrschaft** *0 f* militärdiktatur **militärisch** militär[isk]; ~ *grüßen* göra honnör; ~*e Ausrüstung* militärutrustning; ~*es Aussehen* martialiskt utseende; ~*e Dienstpflicht* värnplikt **Militarismus** *0 m* militarism **Militarist** *-en -en m* militarist **militaristisch** militaristisk **Militär|junt|a** *-en f* militärjunta **-kontrolle** *0 f* militär kontroll **-krankenhaus** *-er†* *n* militär-, fält|sjukhus **-person** *-en f* soldat, militärperson **-pflicht** *0 f* värnplikt **-pflichtersatz** *0 m, schweiz.* skatt som erläggs av den som ej gör värnplikt **-putsch** *-e m* militärkupp **-sanitätswesen** *0 n* militärt sanitetsväsen **-streife** *-n f* militärpatrull
Military ['mɪlɪtərɪ] *-s f* fälttävlan (*i ridning*)
Mi'liz *-en f* milis **-soldat** *-en -en m* milisman
Mill. *förk. för Million*[*en*] milj., miljon[er]
Mille - - *n, vard.* tusen [mark] **Milleni|um** *-en n* årtusende; tusenårs|fest, -rike **Milliardär** *-e m* militär|där, -dör **Milliarde** *-n f* miljard **Millibar** - *n, meteor.* millibar **Milligramm** *-e* (*vid måttsangivelse* -) *n* milligram **Milliliter** - *m,* äv. *n* milliliter **Millimeter** - *m,* äv. *n* millimeter **Millimeterbreite** *0 f, nicht um* ~ inte en hårsmån (det minsta) **Million** *-en f* miljon; ~*en kranke* (*kranker, von kranken*) *Menschen* miljontals sjuka människor; *der Verlust geht in die* ~*en* det rör sig om en miljonförlust, förlusten uppgår till mer än en miljon **Millionär** *-e m* miljonär **Milliönchen** - *n, skämts.* miljon **Millionending** *0 n, vard.* miljonaffär; *dieses Projekt ist ein* ~ detta projekt går på en miljon (flera miljoner) **millionenfach I** *adj* miljonfaldig **II** *adv* miljonfalt **millionenmal** miljoner gånger **millionenschwer** *vard.* som äger en miljon (miljoner), mycket rik **million[s]tel** miljondels **Million-[s]tel** - *n* miljondel
Milz *-en f, anat.* mjälte **-brand** *0 m* mjältbrand
Mime *-n -n m* skådespelare **mimen** spela (*roll*); *den Kranken* ~ (*vard.*) låtsas vara sjuk
Mimi ['mɪ-] *-s f, vard.* kussimurra (*vulva*)
'**Mimik** *0 f* **1** mimik **2** *vard.* konstruktion **Mimikry** ['mɪmɪkrɪ] *0 f* mimicry, skyddande förklädnad **mimisch** mimisk
Mimose *-n f* mimosa (*äv. bildl.*) **mimosenhaft** som en mimosa, överkänslig
Minarett *-e n* minaret
minder I *adj, alltid böjt* mindre; *M~er Bruder* franciskan[er]; ~*e Qualität* sekunda kvalitet; *Volksgruppe* ~*en Rechtes* (*ung.*) diskriminerad folkgrupp **II** *adv* mindre **minderbegabt** mindre begåvad **Minderbegabte(r)** *m f, adj böjn.* mindre begåvad; *Schule für Minderbegabte* (*ung.*) specialskola **minderbegütert** mindre bemedlad **minderbelastet** mindre svårt belastad (*om krigsförbrytare e.d.*) **minderbemittelt** mindre bemedlad; *geistig* ~ (*vard.*) dum, inskränkt **Minder|betrag** *-e†* *m* underskott **-beitrag** *-†* *m* franciskan[er] **-einnahme** *-en f* lägre (minskad) inkomst **-gewicht** *0 n* undervikt **-heit** *-en f* minoritet; *in der* ~ i minoritet **-heitsregierung** *-en f* minoritetsregering

minderjährig omyndig, minder-, under|årig **Minderjährigkeit** *0 f* omyndighet, minderårighet
mindern 1 minska, förminska, sänka **2** *rfl* avta, minska **Minderung** *-en f* [värde]minskning **minderwertig** mindervärdig, undermålig, sekunda **Minderwertigkeitskomplex** *-e m* mindervärdighetskomplex **Minderzahl** *0 f* minoritet; *in der* ~ i minoritet
mindest *alltid böjt* minst, ringast; *daran ist nicht im* ~*en zu denken* det kommer över huvud taget inte på fråga; *nicht das* ~*e* inte ett dugg; *zum* ~*en* åtminstone **Mindestbetrag** *-e†* *m* minimibelopp **Mindestbietende(r)** *m f, adj böjn.* lägstbjudande **mindestens** åtminstone; *es kostet* ~ *100 Mark* det kostar minst (lägst) 100 mark **Mindestforderung** *-en f* minimikrav **Mindestgebot** *-e n* lägsta bud **Mindestlohn** *-e†* *m* minimilön **Mindestmaß** *-e n* minimimått, minimum **Mindestzahl** *-en f* lägsta (*beslutmässiga*) antal; minimum
Mine *-n f* **1** gruva; stoll; *in den* ~*n arbeiten* (*äv.*) vara gruvarbetare **2** *mil.* mina; *auf e-e* ~ *laufen* gå på en mina; *e-e* ~ *legen* (*vard.*) spinna ihop en intrig, intrigera; *alle* ~*n springen lassen* (*vard.*) sätta till alla klutar; ~*n suchen* svepa minor **3** blyertsstift; patron (*för kulspetspenna*)
Minen|arbeiter - *m* gruvarbetare **-feld** *-e n* minfält **-leger** - *m* minutläggare **-räumboot** *-e n* [mindre] minsvepare **-suchboot** *-e n*, **-sucher** - *m* minsvepare **-suchgerät** *-e n* mindetektor **-werfer** - *m* min-, granat|kastare
Mineral *-e el. -ien n* mineral **Mineralbrunnen** - *m* mineralkälla **Mineralienkunde** *0 f* mineralogi **Mineraliensammlung** *-en f* mineralsamling **mineralisch** mineralisk **Mineraloge** *-n -n m* mineralog **Mineralogie** *0 f* mineralogi **mineralogisch** mineralogisk **Mineralöl** *-e n* mineralolja **Mineralquelle** *-n f* mineralkälla, hälsobrunn **Mineral|salz** *-e n*, **-stoff** *-e m* mineralsalt **Mineralwasser** *-†* *n* mineralvatten
Mineur [mi'nøːg] *-e m* **1** gruvarbetare **2** *mil.* minör
Mini ['mɪ-] *-s n, vard.* kortkort kjol (klänning) **Miniatur** *-en f* miniatyr[målning] **-ausgabe** *-n f* miniatyrupplaga **-maler** - *m* miniatyrmålare **-malerei** *-en f* miniatyrmålning
Minicar *-s m* [liten] taxi
Minierarbeit *-en f* minering **minieren** minera
Minigolf *0 n* minigolf **Minikleid** *-er n* kortkort klänning **Minima** *se Minimum* **minimal** minimal, obetydlig **Minimalbetrag** *-e†* *m* minimibelopp **Minimalforderung** *-en f* minimikrav **Minim|um** *-a n* minimum; ~ *an Aufwand* minsta (lägsta) möjliga insats (kostnader) **Minipille** *-n f* p-piller (*m. låg hormonhalt*) **Minirock** *-e†* *m* kortkort kjol **Minispion** *-e m* [mycket liten] avlyssningsapparat
Minister - *m* minister, statsråd; ~ *des Inneren* inrikesminister; ~ *für Auswärtige Angelegenheiten* utrikesminister; ~ *ohne Geschäftsbereich* minister utan portfölj; *zum* ~ *ernannt* utnämnd till minister **Ministerbank** *-e†* *f, ung.* statsrådsbänk **ministeriell** ministeriell **Ministerialbeamte(r)** *m, adj böjn.* departementstjänsteman **Ministerialdirektor** *-en m, ung.* kansliråd, byråchef **Ministerial|dirigent** *-en -en m*, **-rat** *-e†* *m, ung.* kanslisekrete-

rare **ministeriell** ministeriell **Ministeri|um** -*en n* ministerium, departement **Ministerpräsident** -*en* -*en m* **1** stats-, premiär|minister **2** regeringschef (*i vty. delstat.*) **Ministerrat** -*e†* *m* regering; ministär; statsråd; konselj; ministerråd (*i EG*) **Ministersessel** - *m, bildl.* [minister]taburett
Ministrant -*en* -*en m, kat.* ministrant
Mink -*e m, zool.* mink
Minna -*s f vard.* piga; *e-n zur ~ machen* skälla ut ngn; *die grüne ~* Svarta Maja (*polisens fångbil*)
Minne **0** *f, litt. hist.* hövisk kärlek **Minnedienst** **0** *m* **1** *hist.* hövisk dyrkan **2** *vard.* träff, rendezvous **Minnelied** -*er n litteraturhist.* kärleks|dikt, -visa **minnen** *poet.* [hövisk*t*] älska **Minnesang** **0** *m litt. hist.* minnesång **Minne|sänger** - *m,* -**singer** - *m, litt. hist.* minnesångare **minniglich** *poet. åld.* ljuv; älskande, kärleksfull
minoisch minoisk
minorenn *åld.* minderårig **Minorennität** **0** *f, åld.* minderårighet **Minorit** -*en* -*en m* minorit (*franciskan*[*er*]) **Minorität** -*en f* minoritet **Minuend** -*en* -*en m, mat.* minuend **minus I** *konj* minus; *fünf ~ drei ist* (*macht, gibt*) *zwei* fem minus tre är två **II** *prep m. gen.* minus; *der Betrag ~ MwSt.* beloppet minus moms **III** *adv* minus; *die Temperatur beträgt ~ drei Grad* (*drei Grad ~*) temperaturen är minus tre grader **Minus** - *n* minus, underskott; deficit; brist, nackdel **Minusbetrag** -*e†* *m* brist, deficit **Minuskavalier** -*e m, vard.* man som uppträder oartigt (*mot kvinnor*) **Minuskel** -*n f, typ.* minuskel **Minuspol** -*e m* minuspol **Minuspunkt** -*e m* **1** minuspoäng **2** minus, nackdel **Minuszeichen** - *n* minus[tecken]
Minute -*n f* minut; *auf die ~* på minuten, punktligt; *in letzter ~* i sista minuten **minutenlang** flera minuter [lång] **Minutenzeiger** - *m* minutvisare **minutiös** minutiös **minütlich** [för] varje minut **minuziös** minutiös
Minze -*n f, bot.* mynta
mir *se ich*
Mirabelle -*n f* mirabell[plommon]
Mirakel - *n* **1** mirakel, under **2** mirakelspel **Mirakelspiel** -*e n* mirakelspel **mirakulös** mirakulös
Misanthrop -*en* -*en m* misantrop, människofiende **Misanthropie** **0** *f* misantropi, människohat **misanthropisch** misantropisk
mischbar blandbar **Mischbatterie** -*n f* blandningskran, blandare **Mischblut** **0** *n* halvblod **Mischehe** -*n f* blandäktenskap **mischen 1** blanda [till]; *film.* mixa; *Wasser in den Wein ~* blanda vatten i vinet; *gemischte Schule* samskola **2** *rfl* blanda sig; blandas; *sich in e-e Angelegenheit ~* lägga sig i en angelägenhet; *sich unter die Menge ~* blanda sig i mängden **Mischer** - *m* blandare; mixer
Misch|farbe -*n f* blandfärg -**futter** **0** *n* blandfoder -**getränk** -*e n* (*om dryck*) blandning, shake e.d. -**gewebe** - *n* blandfiberväv -**ling** -*e m, bot.* hybrid; *zool.* korsning, blandras, bastard; (*om människa äv.*) halvblod -**masch** -*e m, vard.* mischmasch, blandning, röra -**maschine** -*n f* [cement-, betong]blandare
Misch|'poche [-o:-] **0** *f,* -**'poke** **0** *f, neds.* **1** familj, släkt **2** slödder, pack
Misch|pult -*e n, film.* mixerbord -**saat** -*en f* blandsäd -**ung** -*en f* blandning; *bildl. äv.* röra

-**volk** -*er†* *n* blandfolk -**wald** -*er†* *m* blandskog
Mise -*n f* **1** insats (*i spel*) **2** engångspremie (*för t.ex. livförsäkring*)
Miselsucht **0** *f, åld.* spetälska
miserabel miserabel, dålig, eländig, usel **Misere** [-'ze:rə] -*n f* misär, nöd, elände **Miseri-'cordias 'Domini** [*der Sonntag*] *~* andra söndagen efter påsk **Miserikordienbild** -*er n, relig.* bild av den lidande Kristus
Misogyn *gen.* -*s el.* -*en, pl* -*e*[*n*] *m* kvinnohatare
Mispel -*n f, bot.* mispel
mißachte|n [-'--] *perf part -t* [*äv.*'---] *el. ge-'mißachtet* **1** miss-, ring|akta, förakta **2** inte bry sig om, ignorera **'Mißachtung** **0** *f* missaktning *etc., jfr mißachten*
Mis'sal -*e n,* **Missal|e** -*en el.* -*ien n, kat.* missale (*mässbok*)
'mißbehag|en misshaga; *es -t mir* det misshagar mig **'Mißbehagen** **0** *n* miss|hag, -nöje, olust **'Mißbildung** -*en f* missbildning **miß-'billigen** (*perf part mißbilligt, inf zu ~*) ogilla **'Mißbilligung** **0** *f* ogillande **'Mißbrauch** **0** *m* **1** missbruk **2** våldtäkt **miß'brauchen** (*perf part mißbraucht, inf zu ~*) **1** missbruka **2** våldta, våldföra sig på **'mißbräuchlich** oegentlig, felaktig; *~e Anwendung* (*äv.*) missbruk; *~ benutzen* missbruka **miß'deuten** (*perf part mißdeutet, inf zu ~*) misstyda, vantolka **'Mißdeutung** -*en f* miss-, fel-, van|tolkning **missen 1** und-, av|vara; *etw. nicht ~ können* (*äv.*) inte kunna klara sig utan ngt **2** sakna **'Mißerfolg** -*e m* motgång, misslyckande; *e-n ~ haben* (*äv.*) misslyckas, göra fiasko **'Mißernte** -*n f* missväxt, felslagen skörd
Misse|tat -*en f* missdåd, illgärning -**täter** - *m* missdådare, illgärningsman, delinkvent
miß'fallen *st* misshaga (*e-m* ngn) **'Mißfallen** **0** *n* miss|hag, -nöje
'mißfällig *~e Äußerung* uttalande av missnöje; *sich ~ über etw.* (*ack.*) *äußern a*) yttra sig ringaktande om ngt, *b*) uttala sitt missnöje med ngt **'miß|farben,** -**farbig** missfärgad **'miß|-förmig,** -**gebildet** missbildad, vanskapt **'Mißgeburt** -*en f* missfoster (*äv. bildl.*) **'mißgelaunt** misslynt, på dåligt humör **'Mißgeschick** -*e n* missöde, otur; olycka; *vom ~ verfolgt* förföljd av otur **'mißgestalt[et]** vanskapt, missbildad, deformerad **'mißgestimmt** förstämd, i misstämning **miß'glükken** *s* misslyckas **miß'gönnen** missunna, avundas (*e-m etw.* ngn ngt) **'Mißgriff** -*e m* miss|grepp, -tag **'Mißgunst** **0** *f* missunnsamhet, avund **'mißgünstig** avundsam **miß'handeln** misshandla **Miß'handlung** -*en f* misshandel; *~en erleiden* (*äv.*) bli misshandlad **'Mißheirat** -*en f* mesallians **'Mißhelligkeit** -*en f* misshällighet
Missile ['mɪsɪl *āt.* 'mɪs|] -*s n, mil.* missil
Mission -*en f* mission; *dipl. äv.* uppdrag; *~ betreiben* (*ät.*) missionera **Missionar** -*e m,* **Missionär** -*e m, österr.* missionär **missionieren** missionera **Missionsanstalt** -*en f* utbildningsanstalt för missionärer
'Mißklang -*e†* *m* missljud; *bildl. äv.* disharmoni **'Mißkredit** **0** *m* misskredit; *in ~ bringen* (*äv.*) misskreditera **miß'lang** *se mißlingen* **'mißlaunig** misslynt, ur humör **miß'leiten** *perf part äv.* '*mißgeleitet* vilse|leda, -föra **'mißlich** vansklig; *~e Lage* (*äv.*) prekärt läge; *es sieht ~ aus* det ser illa ut **'Mißlichkeit** -*en f*

vansklighet, tråkig sak '**mißliebig** misshaglig; *sich ~ machen* (*äv.*) göra sig impopulär **miß-'lingen** *mißlang, mißlänge, mißlungen, s* misslyckas (*e-m* för ngn); *es ist mir mißlungen* (*äv.*) jag har misslyckats med det **Miß'lingen** *0 n* misslyckande '**Mißmut** *0 m* missmod '**mißmutig** missmodig **miß'raten** *st s* **1** misslyckas; *es ist mir ~ det har misslyckats för mig* **2** vanartas; *~es Kind* vanartigt barn '**Mißstand** -*e*† *m* missförhållande '**Mißstimmung** -*en f* misstämning; disharmoni '**Mißton** -*e*† *m* falsk ton, missljud; *keinen ~ aufkommen lassen* inte låta det uppstå ngt missljud **miß'trauen** misstro (*e-m* ngn); *wir ~ diesem Frieden* (*äv.*) vi tror inte på denna fred '**Mißtrauen** *0 n* misstro[ende], skepsis, misstänksamhet '**Mißtrauensantrag** -*e*† *m* yrkande om misstroendeförklaring '**Mißtrauensvot|um** -*en el.* -*a n* misstroende|förklaring, -votum '**mißtrauisch** miss|trogen, -tänksam, vantrogen '**Mißvergnügen** *0 n* missnöje '**mißvergnügt** miss|nöjd, -belåten '**Mißverhältnis** -*se n* missförhållande; disproportion, obalans '**mißverständlich** oklar, som kan missförstås '**Mißverständnis** -*se n* miss|förstånd, -uppfattning '**mißverstehen** *st* missförstå; *in nicht mißzuverstehender Weise* på ett sätt som inte kan (kunde) missförstås **miß'wachsen** *se mißgebildet* '**Mißweisung** -*en f, fys.* missvisning, deklination '**Mißwirtschaft** *0 f* misshushållning, van|hävd, -styre '**Mißwuchs** *0 m* missbildning

1 Mist *0 m, sjö.* lätt dimma, mist

2 Mist *0 m* dynga, gödsel[stack], spillning, träck; *bildl. vard.* strunt, smörja, skräp; *Geld wie ~* (*vard.*) pengar som gräs; *wie der Hahn auf dem ~* som tuppen på gödselstacken; *so ein ~!* (*vard.*) ett sådant elände!; *verdammter ~!* (*vard.*) fan också!; *~ machen* (*vard. äv.*) göra dumheter, ställa till med ngt; *Kleinvieh macht auch ~* (*ung.*) många bäckar små gör en stor å; *den ~ satt haben* (*vard.*) vara trött på eländet, ha fått nog; *das ist nicht auf seinem ~ gewachsen* (*vard. ung.*) det har han inte hittat på själv; *auf den ~ werfen* (*vard.*) slänga [på sophögen] -**beet** -*e n* drivbänk

Mistel -*n f, bot.* mistel

misten 1 mocka **2** gödsla **Mistfink** -*en* -*en m, vard.* **1** smutsgris **2** snuskhummer **3** fähund **Mist|forke** -*n f, nty.*, -**gabel** -*n f* dynggrep[e] **Misthaufen** -*m* gödselstack, dynghög **Misthund** -*e m, vard.* fähund

1 mistig *sjö.* dimmig

2 mistig lortig, dyngig; *bildl. vard.* dålig, usel; *~es Wetter* hundväder **Mistkäfer** - *m, zool.* tordyvel **Mistkerl** -*e m, vard.* fähund **Mistkübel** -*m, österr.* sop|hink, -tunna

Mistral -*e m* mistral

Miststück -*e n, vard.* gement stycke **Mistvieh** *0 n, vard.* fähund **Mistwetter** *0 n, vard.* busväder

mit I *prep m. dat.* **1** med, tillsammans med; *e-e Vase ~ Blumen* en vas med blommor [i]; *was ist ~ dir los?* hur är det fatt med dig?; *sich gut ~ e-m verstehen* komma bra överens med ngn; *Verkehrsunfälle ~ Kindern* trafikolyckor med barn [inblandade]; *~ der Bahn senden* skicka med (på, per) järnväg; *willst du ~ uns essen?* vill du äta [tillsammans] med oss? **2** på; *~ dem Glockenschlag 5* på slaget 5; *~ e-m Mal* på en gång, plötsligt; *~ der Maschine schreiben* skriva [på] maskin; *~ den Achseln zucken* rycka på axlarna **3** vid; *~ einsetzender Dunkelheit* vid mörkrets inbrott; *~ zehn Jahren* vid tio år[s ålder]; *ein Mann ~ Namen* en man vid namn **4** i; *~ der Absicht zu i* avsikt att; *~ Gold bezahlen* betala i guld; *~ dem Vornamen heißen* heta i förnamn; *zwei Fliegen ~ e-r Klappe schlagen* slå två flugor i en smäll **5** *annan prep;* *~ etw. Ernst machen* göra allvar av ngt; *e-n ~ etw. verschonen* förskona ngn från ngt; *~ der Hand gemacht* gjord för hand; *~ jedem Tag* för varje dag; *der Preis beträgt 40 Mark ~ Bedienung* det kostar 40 mark inklusive betjäning; *geöffnet Montag ~ Freitag* (*dial.*) öppet måndag till och med fredag; *~ Füßen treten* (*bildl.*) trampa under fötterna; *er hat es ~ dem Herzen* han har ngt åt hjärtat **6** (*annan översättning*); *~ beginnendem Frühling* när våren börjar; *~ e-m in e-r Klasse sein* gå i samma klass som ngn; *~ dem Auto fahren* åka bil; *~ Butter kochen* använda smör i matlagningen; *~ Ja antworten* svara ja; *~ dem Strom rudern* (*äv.*) ro medströms; *~ 100 Stundenkilometern fahren* köra 100 km i timmen **II** *adv* **1** med, också; *~ arbeiten* vara med [ett tag] och arbeta; *die Kosten sind ~ berechnet* kostnaderna är inräknade; *das mußt du ~ berücksichtigen* det måste du också ta med i beräkningen; *das gehört ~ dazu* det hör med (till) [också]; *das gehört ~ zu deinen Aufgaben* det ingår också i dina uppgifter; *was hatte er ~?* vad hade han [tagit] med sig?; *da kann er nicht ~* (*vard.*) där hänger han inte [längre] med; *sie muß ~* (*vard.*) hon måste [följa, komma *etc.*] med; *da habe ich nichts ~ zu schaffen* (*vard.*) det har jag inte med att göra; *komm doch 'mal ~ vorbei!* (*vard.*) titta in vid tillfälle (när det passar)! **2** *med superl., vard.*; *das ist ~ das beste, was wir haben* det är bland det bästa vi har; *das ist ~ das wichtigste der Bücher* det är en av de viktigaste böckerna **Mitangeklagte(r)** *m f, adj böjn.* medanklagad **Mitarbeit** *0 f* medverkan; medarbetarskap **mitarbeiten** med|arbeta, -verka; vara medarbetare; *im Unterricht besser ~* delta mer aktivt i undervisningen **Mitarbeiter** - *m* medarbetare; anställd; *freier ~* (*äv.*) frilans **mitbekommen** *st* **1** få med [sig] **2** få i hemgift, medföra (*i boet*) **3** snappa upp, höra; *das habe ich nicht ~* det begrep jag inte **mitbenutzen** också använda, använda gemensamt **Mitbesitz** *0 m* samägande, [an]del i egendom **Mitbesitzer** - *m* delägare **mitbestimm|en** delta i (ha inflytande över) beslutsprocessen, vara medbestämmande, ha ett ord med i laget, vara med och bestämma; -*tes Unternehmen* (*vard.*) företag där medbestämmandelagen tillämpas **Mitbestimmung** *0 f* medbestämmande[rätt] **Mitbestimmungsgesetz** -*e n* medbestämmandelag **Mitbewerber** - *m* medtävlare; konkurrent, rival; *~ um e-e Stellung* medsökande till en plats **Mitbewohner** - *m*, *~ des Zimmers* rumskamrat; *~ des Hauses* annan hyresgäst i huset, person som man delar hus med **mitbringen** *oreg.* ha (ta) med sig, medföra; *hast du Brot mitgebracht?* (*äv.*) har du handlat bröd?; *e-n Freund ~* ha [tagit] en vän med sig; *keine Fähigkeiten für etw. ~* inte ha några förutsättningar för ngt; *ein Kind aus erster Ehe ~* föra med sig ett barn ur sitt första äktenskap **Mitbringsel** - *n, vard.* liten present (*som man har*

med sig hem) **Mitbruder** -† *m* medmänniska, nästa **Mitbürger** - *m* (*i tilltal*) medborgare; medmänniska **mitdürfen** *oreg.*, *vard.* få följa (komma) med
Miteigentümer - *m* [med]delägare **mitein-'ander** med varandra, tillsammans; *alle* ~ allesamman[s]; *das haben sie* ~ *gemein* det har de gemensamt **mitempfinden** *st* känna med, också känna **Miterbe** *-n -n m* medarvinge **miterleben** vara med om [att uppleva] **mitessen** *st* äta med (*ngn*); *die Schale* ~ äta skalet [med] **Mitesser** - *m* **1** pormask **2** *vard. skämts.* gäst **mitfahren** *st s* fara (åka, följa) med; *er ließ mich* ~ (*äv.*) jag fick skjuts av honom **Mitfahrer** - *m* medpassagerare **Mitfahrerzentrale** *-n f* förmedling av [betalande] medresenärer åt bilister **Mitfreude** *0 f* gemensam (delad) glädje; ~ *empfinden* också glädja sig **mitfühlen** *mit e-m* ~ känna med ngn; *jds Schmerz* ~ känna med ngn i hans smärta; ~*der Mensch* deltagande människa **mitführen** föra (ha) med [sig]
Mitgabe *-n f* hemgift **mitgeben** *st* **1** skicka med (*e-m etw.* ngn ngt) **2** ge i hemgift **mitgefangen** *se mitgehen 1* **Mitgefangene(r)** *m f, adj böjn.* medfånge **Mitgefühl** *0 n* medkänsla **mitgehen** *st s* **1** följa (gå) med; *etw.* ~ *heißen* (*lassen*) (*vard.*) knycka ngt; *mitgegangen, [mitgefangen,] mitgehangen* (*ung.*) den som sig i leken ger får leken tåla **2** *bildl.* följa med, låta sig ryckas med **mitgenommen** medtagen; medfaren **Mitgift** *-en f* hemgift **Mitglied** *-er n* medlem, ledamot; *ordentliches* ~ ordinarie medlem **Mitgliedsbeitrag** *-e† m* medlemsavgift **Mitgliedschaft** *0 f* medlemskap **mithaben** *oreg.* ha med [sig] **mithalten** *st* vara (hänga) med; *e-e Zeitung* ~ vara medprenumerant på en tidning; *die kleinen Unternehmen können mit den großen nicht mehr* ~ småföretagen kan inte längre konkurrera med storföretagen; *wacker* ~ stå sig gott **mithelfen** *st* hjälpa (*e-m* ngn); *hilf mit!* hjälp till!; *alle müssen* ~ (*äv.*) alla måste hjälpas åt **Mitherrschaft** *0 f* medregentskap **Mithilfe** *0 f* med|hjälp, -verkan **mit'hin** alltså, följaktligen **mithören** [också] höra; råka få höra; avlyssna **Mitinhaber** - *m* delägare
Mitkämpfer - *m* medkämpe **mitklingen** *st* klinga med, genljuda; *die Freude klang in seiner Stimme mit* (*äv.*) man hörde glädjen i hans röst **mitkommen** *st s* komma (följa, hinna) med; *in der Schule nicht* ~ inte kunna följa med i skolan; *ich komme nicht mit* (*äv.*) jag hänger inte med **mitkönnen** *oreg.*, *vard.* kunna följa med; *da kann ich nicht mit* (*äv.*) jag övergår mitt förstånd, nu hänger jag inte med; *mit seinem Reichtum kann ich nicht mit* hans rikedom kan jag inte konkurrera med **mitkriegen** *vard.*, *se mitbekommen* **mitlassen** *st*, *vard.* låta få följa med **mitlaufen** *st s* springa (följa) med; *diese Arbeit läuft täglich mit* detta arbete utförs dagligen vid sidan om; ~ *lassen* (*vard.*) knycka ngt **Mitläufer** - *m* medlöpare **Mitlaut** *-e m*, *språkv.* konsonant **Mitleid** *0 n* medlidande **mitleiden** *st*, delta i lidandet, känna deltagande **Mitleidenschaft** *0 f, in* ~ *ziehen* skada, (*ofördelaktigt*) påverka; *er wurde in* ~ *gezogen* han blev inblandad [i saken] **mitleidig** medlidsam, deltagande **mitleid[s]los** utan medlidande, obarmhärtig **Mitleid[s]losigkeit** *0 f* brist på medlidande,

obarmhärtighet **mitleid[s]voll** medlidsam, full av deltagande **mitlesen** *st* [också] läsa; tjuvläsa; *laß mich den Brief* ~*!* får jag med läsa brevet! **mitmachen** *die Mode* ~ följa [med] modet; [*bei*] *etw.* ~ delta i ngt; *laß mich* ~*!* låt mig vara med!; *die Arbeit des kranken Kollegen* ~ (*vard.*) göra den sjuka arbetskamratens arbete också; *nicht mehr* ~ inte [vilja] vara med längre, dra sig ur leken; *nicht mehr lange* ~ (*vard.*) inte ha långt kvar (*snart dö*) **Mitmensch** *-en -en m* medmänniska **mitmischen** *vard.* ha ett finger med i spelet; *bei etw.* ~ delta (vara med) i ngt; *er will immer* ~ han vill alltid lägga sig i **mitmüssen** *oreg.*, *vard.* vara tvungen att följa med; *ich muß mit* jag måste med **Mitnahme** *0 f* medtagande **mitnehmen** *st* ta med [sig]; *alle Gelegenheiten* ~ tillvarata alla tillfällen; *e-n* ~ (*äv.*) skjutsa ngn; *e-e Stadt auch noch* ~ i förbifarten också besöka en stad; *der Dieb hat 700 Mark mitgenommen* tjuven tog (stal) 700 mark; *etw. zu essen* ~ (*äv.*) ta med matsäck; *das hat ihn sehr mitgenommen* det tog hårt på honom; *hast du etw. aus der Vorlesung mitgenommen?* lärde du dig (fick du ut) ngt [nytt] på (av) föreläsningen?; *mitgenommen* med|tagen, -faren **mit'nichten** ingalunda
Mitr|a *-en f* mitra
mitrechnen [hjälpa till med att] räkna, kontrollräkna; in[be]räkna, ta med i räkningen **mitreden** delta i samtalet; *du kannst da nicht* ~ du kan inte yttra dig om det; *überall* ~ *wollen* (*vard.*) vilja lägga sig i allting; *ein Wörtchen mitzureden haben* ha ett ord med i laget; *nichts mitzureden haben* inte ha ngt att säga till om **mitreisen** *s* resa med; *mit e-m* ~ resa med ngn **Mitreisende(r)** *m f, adj böjn.* medresande, reskamrat **mitreißen** *st* rycka med [sig]; *andere in sein Unglück* ~ dra andra med i sin olycka **mit'sammen** *dial.* tillsammans, gemensamt **mit'samt** *prep m. dat.* tillika med **mitschicken** skicka med **mit|schleifen, -schleppen** släpa (ta) med [sig] **mitschneiden** *st* banda, spela in [på band] **mitschreiben** *st* anteckna (*efter diktamen*); *die Prüfungsarbeit* ~ delta i skrivningen **Mitschuld** *0 f* medbrottslighet, delaktighet (*i brott*) **mitschuldig** medbrottslig, delaktig **Mitschuldige(r)** *m f, adj böjn.* medbrottsling **Mitschüler** - *m* skol-, klass|kamrat **mitsein** *oreg. s* vara med **mitsingen** *st* sjunga med; *mit e-m* ~ sjunga med ngn **mitsollen** *oreg.* skola följa med; *der Koffer soll mit* väskan ska med **mitspielen** leka (spela) med; *darf ich* ~ *?* får jag vara med o. leka (spela)?; *nicht mehr* ~ (*äv.*) inte [vilja] vara med längre, dra sig ur leken; *viele Gründe spielen mit* många orsaker spelar in; *das Schicksal hat ihm hart mitgespielt* ödet har gått illa åt honom; *er spielt in der Mannschaft X mit* han spelar för X-laget **Mitspieler** - *m* medspelare **Mitsprache** *0 f* medbestämmande **Mitspracherecht** *0 n* medbestämmanderätt **mitsprechen** *st* **1** vara med o. yttra sig; delta i ett beslut **2** *ein Gebet* ~ läsa med i en bön **3** *verschiedene Gründe sprechen mit* olika orsaker spelar in **Mitstreiter** - *m* medkämpe **mitstricken** *vard.*, *etw.* ~ medverka i ngt
mittag *heute* ~ i dag vid tolvtiden (vid middagstiden, klockan tolv), i middags; *gestern* ~ i går middag **Mittag 1** *-e m* middag[stid] (*kl.*

12 på dagen); *des ~s vid middagstiden; es geht auf ~ zu* klockan är snart tolv; *zu ~ essen* äta lunch **2** *0 m, vard.* lunchrast; *~ machen* ta lunchrast **3** *0 n, vard.* lunch; *~ essen* (*kochen*) äta (laga) lunch **4** *0 m, åld.* söder **Mittag|-brot** *0 n, dial.*, **-essen** *0 n* lunch **mittägig** vid middagstiden (lunchtiden); lunch-, middagsmittäglich som äger rum [dagligen] vid tolvtiden; vid tolvtiden (middagstiden) **mittags** vid tolvtiden (middagstiden), mitt på dagen, på middagen
Mittags|gast -e† *m* lunchgäst **-glut** *0 f*, **-hitze** *0 f* middagshetta **-höhe** -*n f* middags-, meridian|höjd **-kreis** -*e m*, **-linie** -*n f* meridian, middagslinje **-mahl** -*er*† *el.* -*e n*, **-mahlzeit** -*en f* lunch **-pause** -*n f* lunchrast **-schlaf** *0 m, seinen ~ halten* sova middag **-schläfchen** - *n* middagslur **-tisch** -*e m* lunchbord; *gutbürgerlicher ~* bättre husmanskost; *~ für Studenten* matställe för studenter **-zeit** -*en f* **1** lunchtid; *um die ~* kring middagstiden (tolvtiden) **2** lunchrast
Mittäter - *m* medbrottsling **-schaft** *0 f* medbrottslighet; *die ~ abstreiten* förneka delaktigheten (*i brott*)
Mitte -*n f* **1** mitt; centrum; *das Reich der ~* Mittens rike (*Kina*); *~ des Monats* i mitten av (mitt i) månaden; *die bürgerliche ~* mittenpartierna; *die goldene ~* den gyllene medelvägen; *er ist ~* [*der*] *Vierzig* han är några och fyrtio (omkring fyrtiofem) [år]; *auf der ~ des Weges* halvvägs; *ab durch die ~!* (*vard.*) försvinn!; *in der ~ der Stadt* mitt i staden; *willkommen in unserer ~!* välkommen i vår krets (bland oss)!; *in der ~ zwischen Malmö und Lund* mitt emellan Malmö och Lund; *e-n in die ~ nehmen* ta ngn mellan sig; *in der ~ stehen* stå i mitten (*äv. bildl.*) **2** *åld.* midja
mitteilen 1 meddela, delge, tillkännage **2** *rfl, sich e-m ~* anförtro sig åt ngn; *seine Freude teilte sich dem anderen mit* hans glädje smittade av sig på de andra **mitteilsam** meddelsam **Mitteilung** -*en f* meddelande; kommuniké; *e-m e-e ~ machen* meddela ngn ngt; *vertrauliche ~* (*äv.*) förtroende **Mitteilungsbedürfnis** *0 n* behov att prata (meddela sig) med ngn (andra)
mittel 1 *se mittler* **2** *vard.* medelmåttig, ganka [bra, illa]; *wie gefällt es dir? — na, so ~!* vad tycker du om det? — tja, så där!
Mittel - *n* **1** medel (*äv.* läke-); *pl äv.* pengar, resurser; *flüssige ~* likvida medel; *das letzte ~* sista utvägen; *~ zum Zweck* medel för att nå målet; *neue ~ bewilligen* bevilja nya anslag; *meine ~ erlauben mir das nicht* (*äv.*) det har jag inte råd med; *~ und Wege finden* (*äv.*) finna på råd; *zu anderen ~n greifen* tillgripa andra åtgärder; *der Zweck heiligt die ~* ändamålet helgar medlen; *über seine ~ leben* leva över sina tillgångar; *e-m ein ~ verschreiben* skriva ut ett läkemedel åt ngn **2** medel|värde, -tal, genomsnitt; *fys.* medium; *im ~* i genomsnitt **Mittelalter** *0 n* **1** medeltid **2** *er ist ~* (*vard.*) han är i medelåldern **mittelalt[e]rig** *e-e ~e Frau* en medelålders kvinna **mittelalterlich 1** medeltida, medeltids-, medeltidens; *bildl. äv.* medeltidsaktig **2** *e-e ~e Frau* en medelålders kvinna **Mittelamerika** *0 n* Mellanamerika **mittelbar** medelbar, indirekt **Mittelbau** -*ten m* huvudbyggnad, centralparti **Mittelbetrieb** -*e m* medelstort företag **Mittelchen** - *n*

knep, trick; *neds.* huskur **Mitteldeutschland** *0 n, geogr.* mellersta Tyskland; *polit.* Östtyskland **Mittelding** *0 n, vard.* mellanting, ngt mitt emellan **Mittelernte** -*n f* medelgod skörd **Mitteleuropäer** - *m* mellaneuropé **mitteleuropäisch** mellaneuropeisk; *~e Zeit* medeleuropeisk tid **mittelfein** medelfin **Mittelfinger** - *m* långfinger **mittelfristig** bank. medelfristig **Mittelfuß** *0 m, anat.* mellanfot **Mittelgang** -*e*† *m* mittgång **Mittelgebirge** - *n* medelhögt berg[massiv] (*upp t. 2000 m*) **Mittelgewicht** *sport.* **1** *0 n* mellanvikt **2** -*e n* mellanviktare **Mittelgewichtler** - *m*, *sport.* mellanviktare **Mittelglied** -*er n* mellan|led, -länk **mittelgroß** medel-, mellan|stor **Mittelgröße** -*n f* medel-, mellan|storlek **mittelgut** *vard.* medelgod, genomsnittlig **Mittelhand** *0 f* mellanhand; *in der ~ sein* (*kortsp.*) sitta på (i) mellanhand **mittelhochdeutsch** medelhögtysk **Mittelhochdeutsch** *0 n* medelhögtyska **Mittelklasse** -*n f* **1** medelklass **2** mellanklass **3** medelgod kvalitet **Mittelklassewagen** - *m* mellanstor bil, bil i mellanklassen **mittelländisch** medelhavs- **Mittelläufer** - *m, sport.* centerhalv[back] **Mittellinie** -*n f* mitt-, centrum|linje, axel **Mittelloge** -*n f* fondloge **mittellos** medellös **Mittellosigkeit** *0 f* medellöshet **Mittelmächte** *pl, die ~* (*hist.*) centralmakterna **Mittelmaß** -*e n* medelmåtta **mittelmäßig** medelmåttig **Mittelmeer 1** -*e n, geogr.* medelhav **2** *0 n, das ~* Medelhavet **mittelmeerisch** medelhavs- **mittelniederdeutsch** medellågtysk **Mittelniederdeutsch** *0 n* medellågtyska **Mittelohr** *0 n* mellanöra **mittelprächtig** *vard.* medelmåttig; *wie geht es dir? — na, so ~!* hur mår du? — tja, så där! **Mittelpunkt** -*e m* medelpunkt, centrum **mittels** *prep m. gen.* [för]medels[t], genom, med [hjälp av] **Mittelscheitel** - *m* mittbena **Mittelschicht** -*en f* mellanskikt, medelklass **Mittelschiff** -*e n, arkit.* mitt-, lång|skepp **Mittelschule** -*n f* **1** *se Realschule* **2** *österr., schweiz.* gymnasium **Mittels|mann** -*männer el.* -*leute m* mellanhand, förmedlare **Mittelsorte** -*n f* mellan|sort, -kvalitet **Mittelsperson** -*en f* mellanhand, förmedlare **mittelst I** *prep, se mittels* **II** *superl. av mittler, alltid böjt* mellersta **Mittelstadt** -*e*† *f* medelstor stad **Mittelstand** *0 m* medelklass **mittelständisch** medelklass- **Mittelsteinzeit** *0 f* mellanstenålder **Mittelstimme** -*n f, mus.* mellanstämma **Mittelstrecke** -*n f* medeldistans **Mittel|streckenläufer** - *m*, **-streckler** - *m*, *vard.* medeldistans[löp]are **Mittelstreifen** - *m* mittremsa (*mellan körbanor*) **Mittelstück** -*e n* mellanstycke **Mittelstufe** -*n f* mellanstadium; *ung.* årskurs 4—6 (*på ty. gymnasium*) **Mittelstürmer** - *m* center[forward] **Mittelwache** -*n f, sjö.* hundvakt (*0—4*) **Mittelweg** -*e m* medelväg **Mittelwelle** -*n f, radio.* mellanvåg **Mittelwert** -*e m* medelvärde **Mittelwort** -*er*† *n, språkv.* particip; *erstes* (*zweites*) *~* presens (perfekt) particip
mitten *adv* mitt; *~ entzwei* mitt itu; *~ hindurch* tvärs igenom; *~ am Tag* mitt på [ljusa] dagen; *~ im Leben* mitt uppe i livet; *~ ins Herz* (*Schwarze*) *treffen* träffa mitt i hjärtat (prick) **mitten'drin** *vard.* i mitten, mitt i bland **mitten'drunter** *vard.* mitt ibland dem, däribland **mitten'durch 1** mitt itu (av) **2** *vard.* medelmåttig **mitten'mang** *nty.* mitt ibland

Mitternacht *0 f***1** midnatt; *es schlägt ~ klockan slår tolv på natten; um ~* vid midnatt **2** *åld.* norr **mitter|nächtig, -nächtlich** midnatts-; nattlig; *zu ~er Stunde* vid midnattstiden, sent på natten **mitternachts** vid midnatt **Mitternachtsmission** *-en f* midnattspatrull från inre missionen (*uppsöker ungdom på glid*) **Mitternachtssonne** *0 f* midnattssol **Mittfasten** *pl* midfasta
mittler *adj, alltid böjt* mellersta, mellan-, medel-; genomsnittlig; *Mann im ~en Alter (in ~en Jahren)* medelålders man; *~er Beamter* tjänsteman i mellanställning; *~er Betrieb* medelstort företag; *das ~e Fenster (äv.)* fönstret i mitten; *~e Geschwindigkeit (Temperatur)* medelhastighet (medeltemperatur); *~e Linie (äv.)* kompromiss; *der M~e Osten, se Osten; ~e Qualität* medelgod kvalitet, mellankvalitet; *~e Reife (ung.)* realexamen; *~e Stadt* mellanstor stad **Mittler** - *m* [för]medlare '**mittler'weile** under tiden
mittragen *st* också bära, hjälpa till att bära; *die Verluste ~* dela förlusterna; *jds Schmerz ~* dela (deltaga i) ngns smärta
mittschiffs *sjö.* midskepps **Mittsommer** - *m* midsommar
mittun *st, dial., bei etw. ~* delta i (vara med om) ngt; *seine Arbeit ~* göra hans arbete också **Mittwinter** - *m* midvinter **Mittwoch** *-e m* onsdag **mittwochs** om (på) onsdagarna
mit'unter ibland, emellanåt '**mitunter|schreiben** *st,* -**zeichnen** också skriva under, medundertecknas, kontrasignera **mitverantwortlich** medansvarig **mitverdienen** *seine Frau muß ~* hans fru måste också arbeta [o. tjäna pengar] **Mitverschworene(r)** *m f, adj böjn.* medsammansvuren **Mitwelt** *0 f* samtid **mitwirken** medverka; *es wirkten mit ...* medverkande var ...; *an der Aufklärung e-s Diebstahls ~* bidra till upp-klarandet av en stöld **Mitwirkende(r)** *m f, adj böjn.* medverkande **Mitwirkung** *0 f* med-, sam|verkan **Mitwissen** *0 n* (*hemlig*) vetskap; *ohne mein ~* utan min vetskap **Mitwisser** - *m, e-n zum ~ machen* inviga ngn i sin hemlighet (sitt brott); *die ~ des Planes* de invigda i (som känner till) planen; *e-n ~ beseitigen (äv.)* undanröja ett vittne (en medbrottsling) **Mitwisserschaft** *0 f* [hemlig] vetskap (kännedom) (*om [planerat] brott*) **mitwollen** *oreg.., vard.* vilja följa (komma) med **mitzählen** räkna med, kontrollräkna; *in[be]räkna; das zählt nicht mit* det räknas inte (hör inte hit); *er zählt nicht mehr mit (äv.)* han är ur leken **mitziehen** *st s* marschera med, ansluta sig, hänga med
Mixbecher - *m* cocktailshaker; blandnings-skål (*för hushållsmaskin*) **mixen** blanda [till] **Mixer** - *m* **1** bartender **2** *film.* ljudingenjör **3** hushållsmaskin, mixer **Mixgetränk** *-e n* blanddryck **Mixpickles** [-pɪkls] *pl* pickels **Mixtur** *-en f* mixtur, blandning
Mnemo'technik *0 f* mnemoteknik **mnemotechnisch** mnemoteknisk
Moabiter - *m* **1** *hist.* moabiter **2** invånare i Moabit (*stadsdel i Berlin*)
Mob [mɔp] *0 m* mobb, pöbel
Möbel - (*österr., schweiz. äv. -n*) *n* möbel, *pl äv.* möblemang; *altes ~ (vard.)* gammalt inventarium **-stück** *-e n (enstaka)* möbel **-wagen** - *m* möbel[transport]vagn, flyttbil; *fliegender ~ (mil. sl.)* transport[flyg]plan

mobil mobil, rörlig; pigg, spänstig; *mil.* stridsberedd; *~er Besitz* lösöre; *~ machen* mobilisera; *wieder ~ sein (vard.)* åter vara på benen (*efter sjukdom*) **Mobil** *-e n, vard.* bil **Mobili'ar** *-e n* möblemang, inredning **Mobiliarvermögen** - *n* lösöre **Mobilien** *pl* lös|öre, -egendom **mobilisieren** mobilisera (*äv. bildl.*) **Mobilisierung** *-en f* mobilisering (*äv. bildl.*) **Mobilist** *-en -en m, vard.* bilist **Mobilität** *0 f* rörlighet, mobilitet **mobilmachen** mobilisera (*äv. bildl.*) **Mobilmachung** *-en f* mobilisering (*äv. bildl.*)
möblier|en möblera; *-t wohnen (vard.)* hyra möblerat; *-ter Herr (vard.)* inneboende **Möblierung** *-en f* möblering, möblemang
mochte *se* **mögen Möchtegern** *-e el. -s m, vard.,* nur ein ~ sein bara vilja men inte kunna **Mockturtlesuppe** ['mɔktœrt|-] *-n f* falsk sköldpaddssoppa
modal språkv., *mus.* modal **Modalität** *-en f* modalitet; tillvägagångssätt **Modalverb** *-en n,* språkv. modalt hjälpverb
Modder *0 m, nty.* slamm, dy, modd, sörja **modd[e]rig** *nty.* slammig, dyig, moddig, sörjig
Mode *-n f* mod[e]; *die neueste ~* sista modet; *neue ~ einführen* komma med nya påfund; *jede ~ mitmachen (vard.)* följa modets alla växlingar (nycker); *lange Röcke sind die große ~* det är inne (toppenmodernt) med långa kjolar; *die neuesten ~n zeigen* visa de senaste modellerna; *aus der ~ kommen* bli omodern; *in der ~ sein* vara modern (på modet); *mit (nach) der ~ gehen* följa [med] modet; *sich nach der neuesten ~ kleiden* klä sig efter sista modet **Modeartikel** - *m* mode|artikel, -vara **Modeausdruck** *-e†* *m* uttryck på modet, mode-ord **modebewußt** modemedveten **Modedame** *-n f* modemedveten dam; *neds.* modedocka **Modegeck** *-en -en m, neds.* modelejon '**Model** - *m* trä|schablon, -form **Modell** *-e n* **1** modell; mönster; *ein ~ entwerfen* rita en modell; *~ vorführen* visa modellkänningar **2** modell; poseringsflicka **Modellfall** *-e†* *m* skolexempel, typiskt exempel (*für* på) **modellhaft** som utgör modell (mönster, förebild) **Modellierbogen** -[†] *m* urklippsark (*för modellbygge*) **modellieren** modellera **Modellierer** - *m* modellör **Modelliermasse** *0 f* modellermassa, plastellin[a] **Modellierton** *0 m* modellera **Modellierung** *-en f* modellering **Modellkleid** *-e n* modellklänning **Modellpuppe** *-n f* skyltdocka; provdocka **Modellschreiner** - *m* modellsnickare **Modellversuch** *-e m* modell|försök, -prov, försök med modeller **modeln** [om]forma
Modengeschäft *-e n* modeaffär **Modenhaus** *-er†* *n* modehus **Modenschau** *-en f* mode-, mannekänguppvisning **Modenzeitung** *-en f* modejournal **Modepuppe** *-n f, bildl. vard.* modedocka
Moder *0 m* **1** förruttnelse **2** *dial.* dy, gyttja
moderat moderat, måttfull **Moderation** *0 f* **1** *åld.* moderation, måtta **2** *telev., radio.* programledning **Moderator** *-en m* **1** regulator; bromssubstans (*vid kärnreaktion*) **2** *radio., telev.* program-, diskussions|ledare
Modergeruch *-e†* *m* lukt av förruttnelse
moderieren 1 *åld.* moderera **2** *telev., radio.* vara programledare [för]
moderig unken, rutten, möglig

1 'modern *s el. h* [för]multna, ruttna
2 modern modern **Moderne** *0 f, die* ~ *a*) nutiden, [nu]tidsandan, *b*) modernismen **modernisieren** modernisera **Modernität** *0 f* modernitet
Mode|schmuck *0 m* mode-, simili|smycken **-schöpfer** - *m* modeskapare **-schriftsteller** - *m* författare på modet **-torheit** *-en f* modegalenskap **-ware** *-n f* mode|vara, -artikel
Modifikation *-en f* modifikation **modifizieren** modifiera
modisch modebetonad; *sich ~ frisieren* ha en modefrisyr; *sich ~ kleiden* klä sig efter sista modet **Modistin** *-nen f* modist
modrig *se* **moderig**
Modul 1 ['--] *-n m* modul, proportionstal, enhetsmått **2** [*'*-] *-en, elektr.* modul **Modulation** *-en f* modulering, modulation **modulieren** modulera
Mod|us [*äv.* -ɔ-] *-i m* modus (*äv. språkv.*); sätt
Mofa *-s n* (*mindre*) moped **mofeln** *s el. h, vard.* åka moped
Mogelei *-en f, vard.* fusk, fiffel **mogeln** *vard.* fuska, fiffla
mögen *mochte, möchte, gemocht* (*mögen*), *mag, magst, mag* **l** *hjälpv* **1** kunna, få; *ich mag (äv.)* jag må; *was mag das bedeuten?* vad kan det betyda?; *er mag noch so viel bitten!* han må (kan, får) be hur mycket som helst!; *wie mag es ihm gehen?* hur kan det stå till med honom?; *möge dein Wunsch in Erfüllung gehen!* måtte din önskan gå i uppfyllelse!; *für dieses Mal mag es hingehen* för den här gången kan det få passera; *möchte er doch kommen!* måtte han bara komma!; *er mag nur kommen!* låt honom bara komma!; *es mag kommen, was* [*da*] *will, ich bleibe dabei* vad som än händer så håller jag fast vid det; *er mag mich nicht leiden* han kan inte med mig; *er mag sich in acht nehmen!* han ska akta sig!; *kommst du?* – [*das*] *mag sein!* kommer du? – kanhända!, kanske!; *er mag etwa 60 Jahre sein* han kan väl (torde) vara omkring (är ungefär) 60 år; *wie dem auch sein mag* hur det än må förhålla sig med det; *wenn es auch warm sein mag, gehe ich nicht baden* även om det är varmt går jag inte och badar; *es mag sein, daß es warm ist* det må vara hur varmt det vill, jag går inte och badar; *er mag es tun* han kan (får) göra det; *was ich auch tun mag* vad jag än gör (tar mig till); *der Teufel mag wissen, wie (vard.)* det vete fan hur; *er mag wollen oder nicht, er muß es doch tun* antingen han vill eller inte måste han göra det; *er bat ihn, er möge (möchte) ihm den Weg zeigen* han bad honom att han skulle visa honom vägen **2** *vilja; er mag keine Eier* [*essen*] han tycker inte om [att äta] ägg; *ich mag nicht nach Hause* [*gehen*] jag vill inte [gå] hem; *Mama, ieh mag nicht mehr!* mamma, jag orkar inte mer!; *ich hätte lachen mögen* jag hade (skulle ha) velat skratta; *ich habe es nicht tun mögen* jag tyckte inte om att göra det **3** *möchte (vanl.)* skulle vilja, skulle kunna; *ich möchte nach Hause* ja, skulle vilja gå (åka *etc.*) hem; *ich möchte ein Glas Wein* jag skulle vilja ha ett glas vin; *möchten Sie noch etw. Kaffee?* vill Ni ha lite mera kaffe?; *man möchte lachen* det är så att man får lust att skratta; *man möchte meinen, daß* man skulle kunna tro att; *möchtest du mitkommen? (äv.)* har du lust att följa med?; *ich möchte Herrn Maska sprechen* jag skulle vilja

tala med herr Maska; *ich möchte wissen (äv.)* jag undrar **ll** *huvudv* tycka om; *ich mag dich* jag tycker om dig; *ich mag dich nicht (äv.)* jag kan inte med dig; *ich mag kein Bier* jag tycker inte om öl
Mogler - *m, vard.* fifflare, fuskare
möglich möjlig; *alle ~en Blumen* alla möjliga blommor; *nicht ~!* verkligen?, det menar du inte?; *so bald wie* (*als*) ~, *~st bald* så snart som möjligt, snarast möjligt; *im Bereich des M~en* inom det möjligas gränser; *wo ~* om möjligt; *etw. ~ machen* möjliggöra ngt; *es ist ~, daß er kommt (äv.)* kanske kommer han; *es ist mir nicht ~ (äv.)* jag kan inte; *das ist eher ~* det är troligare; *das ist gut (leicht) ~* det är mycket möjligt; *das ist* [*wohl*] ~ det kan hända; *nur das M~e verlangen (äv.)* bara begära vad som rimligt är **'möglichen'falls** möjligen, om möjligt **'möglicher'weise** möjligtvis, kanske **Möglichkeit** *-en f* möjlighet; *keine andere ~ haben, als (äv.)* inte ha ngt annat val än; *die letzte ~ wäre (äv.)* sista utvägen vore; *es gibt zwei ~en (äv.)* det finns två alternativ; *es besteht die ~, daß* det är möjligt att; *nach ~* så vitt möjligt
Möglichkeitsform *-en f, språkv.* konjunktiv
Mohair [mo'hɛːɐ̯] *-e el. -s m* mohär[garn]
Mohammedaner - *m* muselman, muhammedan **mohammedanisch** muslimsk, muhammedansk
Mohär *-e el. -s m* mohär[garn]
Mohikaner - *m* mohikan; *der letzte ~ (vard.) a*) den siste [mohikanen], *b*) sista slanten
Mohn *-e m,* **Mohnblume** *-n f* vallmo **Mohnöl** *0 n* vallmo[frö]olja
Mohr *-en -en m, åld.* morian, neger; *der ~ hat seine Schuldigkeit getan, der ~ kann gehen* moren har gjort sin tjänst, moren kan gå; *e-n ~en weiß waschen wollen* vilja göra svart till vitt, försöka det omöjliga
Möhre *-n f* morot
Mohren|kopf *-e†* *m* (*slags*) chokladbakelse **-wäsche** *0 f, vard.* [försök till] rentvagning (rättfärdigande)
Mohrrübe *-n f, nty.* morot
Moiré [mɔa'reː] *-s n* moaré **moirieren** [mɔaˈriːrən] (*äv.*) vattra, moarera
mo'kant hånfull
Moka'ssin [*äv.* '---] *-s el. -e m* mockasin
Mokick *-s n* moped (*m. kickstart*)
mokieren *rfl, sich über e-n ~* göra sig lustig över ngn
Mokka - *s m* mocka[kaffe], starkt kaffe
Molch *-e m* stjärtgroddjur; vattenödla; *langweiliger ~ (vard.)* tråkmåns
1 Mole *-s m* pir, vågbrytare, molo
2 Mole *-n f, med.* mola
Molekül *-e n* molekyl **molekular** molekylär **Molekulargewicht** *-e n* molekylvikt
Molenkopf *-e†* *m* pirhuvud
Moleskin ['moːlskin] *-s m n* mollskinn
Molgewicht *-e n* molekylarvikt
molk se melken **Molke** *0 f,* **Molken** *0 m, dial.* vassla **Molkerei** *-en f* mejeri **molkig** vasslig
1 Moll - - *n* moll; *in ~ stehen* gå i moll; *auf ~ gestimmt sein (vard.)* vara deppig
2 Moll *-e el. -s m* bomullsflanell
Molle *-n f* **1** *dial.* [glas] öl; *e-e ~ zischen* ta sig en öl; *es gießt mit ~n* det ösregnar **2** *nty.* [bak]tråg; *dial.* säng **Mollenfriedhof** *-e†* *m, dial.* [öl]mage
Möller - *m* [masugns]beskickning **möllern**

blanda malm o. beskickningsämnen; beskicka (*masugn*)
mollig 1 varm, mjuk, behaglig; *hier ist es ~ warm* här är det varmt o. skönt **2** mullig, knubbig
Molluske -*n f, biol.* mollusk, blötdjur
Moloch [*äv.* 'mɔ-] -*e m, myt., bildl.* molok
Molotowcocktail [-f-] -*s m* molotovcocktail **molsch** *se mulsch*
Moltebeere -*n f* hjortron
Molton ['mɔltɔn] -*s m* bomullsflanell
'**molum** *dial.* full, berusad
Molybdän *0 n, kem.* molybden
Moment 1 -*e m* ögonblick, moment; *e-n ~, bitte!* vänta ett slag!; *~* [*mal*]! stopp (vänta) *ett tag!; hast du e-n ~ Zeit* [*für mich*]? har du tid ett ögonblick [med mig]?; *sie kann jeden ~ kommen* hon kan dyka upp när som helst; *den richtigen ~ erwischen* gripa tillfället i flykten; *den richtigen ~ verpassen* försitta tillfället; *im ~ just* nu, för ögonblicket; *im letzten ~* i sista stund **2** -*e n* faktor, omständighet, synpunkt, moment **momentan I** *adj* ögonblicklig, momentan, temporär, kortvarig **II** *adv* för ögonblicket, just nu **Momentaufnahme** -*n f, foto.* ögonblicksbild **momentweise** tidvis
Monade -*n f, filos.* monad
Monarch -*en* -*en m* monark **Monarchie** -*n f* monarki **monarchisch** monarkisk **Monarchismus** *0 m* monarkism **Monarchist** -*en* -*en m* monarkist **monarchistisch** monarkistisk
monastisch munkaktig, munk-, kloster-
Monat -*e m* månad; *im ~ Mai* i maj [månad] **monatelang** månadslång, som varar (varade) flera månader; *i* [flera] månader **monatlich** månatlig, varje månad, i månaden, per månad
Monats|binde -*n f* dambinda **-blutung** -*en f* menstruation **-budget** -*s n, skämts.* månadspengar **-erdbeere** -*n f* månadssmultron **-erste(r)** *m, adj böjn., der Monatserste* den första [i månaden] **-fluß** *0 m, åld.* månadsrening (*menstruation*) **-frist** *0 f* en månads tid; *binnen ~ inom* en månad **-gehalt** -*er† n* månadslön **-geld** -*er n* månadspengar **-karte** -*n f* månads|kort, -biljett **-rate** -*n f* [månatlig] avbetalning **-schrift** -*en f* månatligen utkommande tidskrift, månadstidning **-wechsel**- *m* månatligt [studie]bidrag [från föräldrar]
monat[s]weise månadsvis, månatligen
Mönch -*e m* **1** munk **2** *jakt.* hjort (*utan krona*) **mönchisch** munklik, munk- **Mönchsgeier** - *m* grågam **Mönchskutte** -*n f* munkkåpa **Mönchsorden** - *m* munkorden **Mönch[s]tum** *0 n* **1** munkväsen **2** munkaktighet **Mönchswesen** *0 n* munkväsen
Mond [-oː-] -*e m* måne (*äv. flint o. på nagel*); *poet.* månad; *abnehmender* (*zunehmender*) *~* avtagande (tilltagande) måne; *Sichel des ~*[*e*]*s* månskära; *der Mann im ~* gubben i månen; *den ~ am hellen Tage suchen* (*vard.*) anstränga sig förgäves; *auf* (*hinter*) *dem ~ leben* (*vard.*) leva i en annan värld, vara verklighetsfrämmande; *da kann er in den ~ gucken* (*vard.*) det kan han kika i månen efter (blir han utan); *die Uhr geht nach dem ~* (*vard.*) klockan går alldeles fel (uppåt väggarna); *nach dem ~ greifen* (*vard.*) försöka ta ner månen, vilja det omöjliga
mondän mondän

Mondaufgang -*e† m* månens uppgång **Mondauto** -*s n* månbil **Mondbahn** -*en f* månbana **mond|beglänzt** *poet.*, **-beschienen** *poet.* månbelyst **Möndchen** - *n* liten måne; [litet] månformigt föremål (*giffel e.d.*); måne (*på nagel*) **Monden|glanz** *0 m, poet.*, **-schein** *0 m, poet*., **Mondesglanz** *0 m, poet.* månens sken (glans), månsken **Mondfähre** -*n f* månlandare **Mondfinsternis** -*se f* månförmörkelse **Mondflug** -*e† m* månfärd **mondförmig** månformig **mondhell** månljus **Mond|jahr** -*e n* månår **-kalb** -*er† n, vard.* jubelidiot **-landefähre** -*n f* månlandare **-landung** -*en f* månlandning **-licht** *0 n* månsken **-mobil** -*e n* månbil **-nacht** -*e† f* månljus natt **-phase** -*n f* månfas; *die ~n* månens faser **-schein** *0 m* månsken; *du kannst mir* [*mal*] *im ~ begegnen* jag vill inte ha med dig att göra, låt mig vara [i fred] **-scheintarif** -*e m, BRD tel.* särskild (*lägre*) nattaxa **-schiff** -*e n, vard.* månfarkost **-sichel** -*n f* månskära **-sonde** -*n f* månsond **-stein** -*e m* månsten **-sucht** *0 f* somnambulism
mondsüchtig somnambul **Mondsüchtige(r)** *m f, adj böjn.* somnambul, sömngångare
Mondwechsel - *m* månskifte
Monegasse -*n* -*n m* monegask **monegassisch** monegaskisk, Monaco-
Mo'nem -*e n, språkv.* monem
monetär monetär, penning- **Mo'neten** *pl, vard.* stålar (*pengar*)
Mongole -*n* -*n m* mongol **Mongolei** *0 f, die ~* Mongoliet **mongolisch** mongolisk **Mongolismus** *0 m, med.* mongolism **mongoloid** (*äv. med.*)
monieren kritisera, anmärka (klaga) på, påtala
Monismus *0 m, filos.* monism **Monist** -*en* -*en m, filos.* monist
'**Monitor** *Moni'toren, ibl. Moni'tore, tekn., telev., sjö.* monitor '**Monit|um** -*a n* erinran, anmärkning, klagomål
mono mono **monochrom[atisch]** monokrom[atisk], enfärgad **monocolor** *österr., e-e ~e Regierung* en enpartiregering **Monoempfänger** - *m, radio.* monomottagare **monogam** monogam **Monogamie** *0 f* monogami, engifte **Monogramm** -*e n* monogram **Monographie** -*n f* monografi **monographisch** monografisk, i monografins form **Monokel** [-'nɔkl] -*n* monokel **Monokratie** -*n f* envälde **Monokultur** -*en f, lantbr.* monokultur **Monolog** -*e m* monolog **Monom** -*e n, mat.* monom **monoman** monoman **Monomane** -*n m* monoman **Monomanie** -*n f* monomani, fix idé **monophon** mono[fon] **Monophthong** -*e m, språkv.* monoftong, enkelt vokalljud **Monopol** -*e n* monopol; *das ~ auf e-e Ware haben* ha monopol på en vara **monopolisieren** monopolisera, lägga monopol på **Monopolisierung** -*en f* monopolisering **Monopolkapitalismus** *0 m, polit.* monopolkapitalism **Monopolstellung** *0 f* monopolställning **Monopoly** [mo'noːpoli] *0 n* monopol (*spel*) **Monotheismus** *0 m* monoteism **monotheistisch** monoteistisk **monoton** monoton, entonig **Monotonie** *0 f* monotoni, entonighet
Monster - *n* monster **-bau** -*ten m* jättebygge **-film** -*e m* **1** mastodontfilm **2** monsterfilm
Monstranz -*en f, kat.* monstrans

monströs 1 monstruös, vidunderlig; jätte-; otrolig, oerhörd, upprörande **2** *med.* monströs, missbildad **Monstrosität** *0 f* monstruositet *etc.*, *jfr monströs* **Monstr|um** *-en el.* *-a n* monster, vidunder, odjur; missfoster *(äv. bildl.)*
Monsun *-e m* monsun
Montag ['mo:-] *-e m* måndag; *[e-n] blauen* ~ *machen (vard.)* fira [från jobbet]
Montage [mɔn'ta:ʒə, *äv.* mõ'ta:ʒə] *-n f* montage, montering, hop-, upp|sättning, installation **-bau** *-ten m* elementbygge **-halle** *-n f* monteringshall
montäglich måndags-, som äger rum om måndagarna **montags** om (på) måndagarna **Montags|auto** *-s n*, **-wagen** - *m* måndagsexemplar *(av bil)*
mon'tan 1 som rör bergshantering, gruv- o. järnverks- **2** bergs-, fjäll- **Montanindustrie** *-n f* montan-, gruv|industri, bergshantering **Montanist** *-en -en m*, *ung.* gruvexpert **Montanunion** *0 f, die* ~ Europeiska kol- o. stålunionen
Monteur [mɔn'tø:g̣, *äv.* mõ-] *-e m* montör
montieren montera, sätta ihop (upp), installera; *die Lampe an die (der) Decke* ~ hänga (sätta) upp lampan i taket **Montierung** *-en f* montering *etc.*, *jfr montieren* **Montur** *-en f* **1** *åld.* mundering, uniform **2** *vard.* [arbets]kläder
Monument *-e n* monument **monumental** monumental **Monumentalbau** *-ten m* monumentalbyggnad **Monumentalität** *0 f* monumentalitet, storslagenhet
Moor *-e n* [torv]mosse, myr, kärr **Moorbad** *-er† n* [kurort för] gyttjebad **moorbaden** *(endast i inf)* ta gyttjebad **Moorboden** *-† m* torv-, myr|jord; sump-, träsk|mark **Moorhuhn** *-er† n* snöripa **moorig** sumpig, träskartad **Moorkultur** *0 f* myr-, moss|kultur **Moorschneehuhn** *-er† n* snöripa
1 Moos *-e n* **1** mossa; ~ *ansetzen (vard.)* bli mossig, föråldras **2** *pl äv. Möser, sty., österr., schweiz.* mosse, myr, kärr
2 Moos *0 n, vard.* stålar *(pengar)*
Moosbeere *-n f* tranbär **moosgrün** mossgrön **moosig 1** mossig **2** *sty., österr.* sumpig, sank
Mop [mɔp] *-s m* [golv]mopp
'Moped *[äv. -'-]* *-s n* moped
Moppel - *m, vard.* tjockis
moppen moppa
Mops *-e† m* **1** mops **2** *vard.* tjockis **3** *vard.*, *Möpse* stålar; *hundert Möpse* hundra mark **mopsen** *vard.* **1** knycka, snatta *(e-m etw.* ngt från ngn) **2** *rfl* ha tråkigt **'mopsfi'del** *vard.* glad [som en spelman], pigg [som en mört] **mopsig 1** *vard.* tjock, fet, uppsvälld **2** *vard.* trist, tråkig **3** *dial.* mopsig, uppkäftig, fräck
Moral *0 f* moral; *die ~ ist (äv.)* sensmoralen är **-apostel** - *m* moralpredikant **-gesetz** *-e n* moral-, sede|lag
Mora'lin *0 n, skämts.* hyckleri, skenhelighet; ~ *verspritzen* oja sig **mora'linsauer** *skämts.* skenheligt (påträngande) moralisk, moraliserande
moralisch moralisk; *e-n M~en haben (vard.)* vara deppig, ha samvetskval *(bondånger); e-e ~e Rede* ett moraliserande tal; *e-m ~ kommen (vard.)* hålla moralpredikan för ngn **moralisieren** moralisera **Moralist** *-en -en m* moralist, moralpredikant **Moralität 1** *-en f, litt.*

moralitet **2** *0 f* moralitet, sedlighet **Moralpauke** *-n f, vard.*, *se Moralpredigt.* **Moralprediger** - *m* moralpredikant **Moralpredigt** *-en f* moral|predikan, -kaka
Moräne *-n f* morän
Morast 1 *-e*[†] *m* moras, sumpmark **2** *0 m* dy, gyttja **morastig** sank; dyig
Moratori|um *-en n* moratorium, betalningsanstånd
morbid morbid, sjuklig **Morbidität** *0 f* **1** morbiditet, sjuklighet **2** *med. (antal)* sjukdomsfall **Morb|us** *-i m, med.* sjukdom
Morchel *-n f* murkla
Mord *-e m* mord *(an +dat.* på); *das ist [der reinste (reiner)]* ~ *(vard.) a)* det är (var) fruktansvärt (jobbigt), *b)* det är omöjligt (ett omöjligt (farligt) företag) **Mordanschlag** *-e† m* mordförsök **Mordbrenner** - *m, åld.* mordbrännare **Mordbube** *-n -n m, åld.* mördare **morden** mörda **Mörder** - *m* mördare **Mördergrube** *0 f, aus seinem Herzen keine* ~ *machen* vara mycket öppenhjärtig **Mörderhand** *0 f, durch (von)* ~ *sterben* dö för mördarhand **mörderisch** mordisk; ~*e Konkurrenz (vard.)* mördande konkurrens; ~*es Gedränge (vard.)* hemsk trängsel; ~*es Gewitter (vard.)* fruktansvärt oväder; ~ *fluchen (vard.)* svära så att det osar svavel **mörderlich** *vard.* fruktansvärd, hemsk **Mordgeselle** *-n -n m* **1** mördare **2** medbrottsling *(vid mord)* **Mordgier** *0 f* mordlust **Mordkommission** *-en f* mordkommission **Mordlust** *0 f* mordlystnad
'Mords|'angst *0 f, vard., e-e* ~ *haben* vara livrädd **-'arbeit** *0 f, vard.* förskräckligt arbete, jättejobb **-'ding** *-e*[*r*] *n, vard.* **1** jätteexemplar **2** panggrej **-'durst** *0 m, vard., e-n* ~ *haben* vara jättetörstig **-'gaudi** *0 f, vard., e-e* ~ *haben* ha jättekul **-'hunger** *0 m, vard., e-e* ~ *haben* vara jättehungrig **-'kerl** *-e m, vard.* bjässe, baddare; toppenkille **-'krach** *0 m, vard.* förskräckligt oväsen (bråk)
mordsmäßig *vard.* förfärlig, hemsk; jätte-; ~ *kalt* vansinnigt **'Mords'schrecken** *0 m, vard., e-n* ~ *bekommen* bli jätteskraj **Mordtat** *-en f* mord **Mordversuch** *-e m* mordförsök
Morelle *-n f* morell
Mores *pl, e-n* ~ *lehren (vard.)* lära ngn mores (att veta hut)
morganatisch morganatisk
morgen i morgon; ~ *früh (abend)* i morgon bitti (kväll); *gestern* ~ i går morse; *heute* ~ i morse, i dag på morgonen; *Sonntag* ~ söndag morgon; ~ *in acht Tagen* åtta dar i morgon; *für (nty. zu)* ~ till (för) i morgon; *der Stil von* ~ morgondagens stil **Morgen I** - *m* **1** morgon; *bildl. äv.* begynnande, gryning; *der* ~ *des Lebens (poet.)* livets vår; *[schönen]* ~*s* en vacker morgon; *des* ~*s* om mor[g]narna; *des* ~ *früh* tidigt på morgonen (om mor[g]narna); *guten* ~! god morgon!; *e-m guten* ~ *sagen (wünschen)* säga god morgon till (hälsa god morgon åt) ngn; *frisch wie der junge* ~ *(poet. ung.)* fräsch som en nyutsprucken ros; *bis in den hellen* ~ *hinein* till ljusan dag; *vom* ~ *bis zum Abend* från morgon till kväll **2** *ung.* tunnland *(25 – 34 ar)* **II** *0 m, åld.* öster; *im* ~ *der Welt* i Österlandet (Orienten) **III** *0 n* morgondag, framtid **Morgenausgabe** *-n f* morgonupplaga **Morgenblatt** *-er*† *n* morgontidning **morgend** *åld. el. poet.*, *se morgig* **Morgendämmerung** *-en f*

gryning **morgendlich** morgon- **Morgenfrühe** *0 f* tidig morgon; *in der* ~ tidigt på morgonen **Morgengabe** *-n f, hist.* morgongåva **Morgengrauen** *0 n* gryning; *beim (im)* ~ i gryningen **Morgengymnastik** *0 f* morgongymnastik **Morgenland** *0 n, åld.*, *das* ~ Österlandet **Morgenländer** - *m, åld.* oriental **morgenländisch** *åld.* österländsk, orientalisk **Morgenlicht** *0 n* morgonljus **Morgenluft** *0 f* morgonluft; ~ *wittern* vädra morgonluft **Morgenmuffel** - *m, vard., ein* ~ *sein* ha dåligt morgonhumör **Morgenrock** -e† *m* morgonrock **Morgen|rot** *0 n*, -**röte** *0 f* morgonrodnad; *bildl. äv.* gryning, begynnelse **morgens** på (om) morgonen (mor[g]narna) **Morgenstern** -e *m* morgonstjärna *(hist. äv. stridsklubba)* **Morgenstunde** -*n f* morgon|timme, -stund; *bis in die frühen* ~*n* till långt fram på småtimmarna; ~ *hat Gold im Munde* morgonstund har guld i mund **morgig** morgondagens, framtida; *der* ~*e Tag* morgondagen; *am* ~*en Tag* i morgon
'**Moritat** -*en f* skillingtryck, folkballad
Moritz *0 m, wie es sich der kleine* ~ *vorstellt* (*vard.*) (*skriven e.d.*) på ett ganska enkelt o. naivt sätt
Mormone -*n* -*n m* mormon
Morphem -*e n*, språkv. morfem
Morpheus ['mɔrfɔys] *0 m, in* ~ *Arme sinken* falla (sjunka) i Mȯrfei armar, falla i [lugn] sömn **Mor'phin** *0 n* morfin **Morphinismus** *0 m* morfinism **Morphinist** -*en* -*en m* morfinist '**Morphium** *0 n* morfin **Morphologie** *0 f* morfologi **morphologisch** morfologisk **morsch** murken, skör, rutten; ~ *werden* multna, murkna, ruttna; *alt und* ~ gammal o. bräcklig **morschen** högt. multna, murkna, ruttna
Morsealphabet *0 n* morsealfabet **morsen** morsera, morsetelegrafera
Mörser - *m* **1** mortel **2** mörsare **mörsern** stöta i mortel
Morsezeichen - *n* morsetecken
Mortalität *0 f* mortalitet, dödlighet
Mörtel - *m* murbruk -**kelle** -*n f* murslev
Mosaik -*en, äv.* -*e n* mosaik; *bildl. äv.* pussel **mosaikartig** mosaikartad
mosaisch mosaisk
Moschee [-'ʃe:] -*n* [-e:ən] *f* moské
Moschus *0 m* mysk -**bock** -*e*† *m, zool.* mysk|-bagge, -bock -**ochse** -*n* -*n m* myskoxe
Möse -*n f, vulg.* fitta
Mosel - *m, vard.*, -**wein** -*e m* mosel[vin]
mosern *vard.* [ständigt] klanka, gnata
Moskau *0 n* Moskva
Moskito -*s m* **1** moskit **2** mygga
Moskowiter - *m* moskovit
'**Moslem** -*s m* muslim **mosle'minisch, mos'lemisch** muslimsk
Most -*e m* **1** druvsaft (*för vinberedning*) **2** *dial.* (*alkoholfri*) fruktsaft, must **3** *sty., österr., schweiz.* (*alkoholsvagt*) fruktvin (*äv äpple o. päron*) **Mostapfel** -† *m* äpple (*t. must el. fruktvin*) **mosten** pressa (*frukt för vinberedning*); göra saft (must, vin)
Mostert *0 m, dial.*, **Mostrich** *0 m, dial.* senap
'**Motel** [*äv*. -'tɛl] -*s n* motell
Motette -*n f, mus.* motett
Motiv -*e n* motiv (*äv. konst. o. mus.*); bevekelsegrund, skäl **Motivation** [-v-] -*en f* motivation, motivering **motivieren** [-v-] *f* motivera **Motivierung** [-v-] -*en f* motivation, motivering
Moto-'Cross *0 n* motocross
'**Motor** [*äv*. -'-] *Mo'toren m* motor; *bildl. äv.* drivande kraft **Motorboot** -*e n* motorbåt **Motordefekt** -*e m* motorfel **Mo'torengeräusch** -*e n* motorljud **Mo'torenlärm** *0 m* motorbuller **Mo'torenöl** -*e n* motorolja **Motorfahrrad** -*er*† *n* (*mindre*) moped **Motorfahrzeug** -*e n, schweiz.* motorfordon **Motorgeräusch** -*e n* motorljud **Motorhaube** -*n f* motorhuv
Mo'torik *0 f* **1** motorik **2** rörelselära **motorisch** motorisk; vad motorn beträffar; *in angetrieben* motordriven **motorisier|en 1** motorisera; -*te Besucher* besökare med motorfordon **2** *rfl, vard.* skaffa sig bil (mc *e.d.*)
Motor|leistung -*en f* .motor|effekt, -styrka -**öl** -*e n* motorolja -**panne** -*n f, vard., se Motorschaden* -**rad** -*er*† *n* motorcykel -**radbraut** -*e*† *f, vard.* spätta -**roller** - *m* skoter -**säge** -*n f* motorsåg -**schaden** -† *m* motor|fel, -stopp -**schiff** -*e n* motorfartyg -**schlepper** - *m, tekn.* traktor -**schlitten** - *m* snöskoter -**sport** *0 m* motorsport
Motte -*n f* **1** mal; mott; *die* ~*n haben* (*vard.*) ha tbc; ~*n* [*im Kopf*] *haben* (*vard.*) ha griller i huvudet; [*ach,*] *du kriegst die* ~*n!* (*vard.*) du milde tid!; *von etw. angezogen werden wie die* ~*n vom Licht* dras till ngt som malen till ljuset; *von* ~*n zerfressen* malåten **2** *vard.* brud **motten|echt, -fest** malsäker **Mottenfraß** *0 m* malhål; *durch* ~ *beschädigt* malåten, skadad av mal **Mottenkiste** -*n f, åld. ung.* klädkista; *etw. aus der* ~ [*hervor*]*holen* (*bildl.*) damma av (ngt nytt plocka fram, ta upp) ngt **Mottensack** -*e*† *m* malpåse **mottensicher** malsäker **mottenzerfressen** malåten
Motto -*s n* motto
motzen *vard.* gnälla; *dial.* sura, tjurtiga
Mouche [muʃ] -*n f* musch
moussieren [muˈsiːrən] m[o]ussera
Möwe -*n f* mås
MP, MPi ['emˈpiː] -*s f, förk. för Maschinenpistole* kulsprutepistol **Mrd.** *förk. för Milliarde*[*n*] miljard[er] **Ms.** *förk. för Manuskript* manuskript **MTS** *DDR, förk. för Maschinen-und -Traktoren-Station*
Muck -*e m, vard., se Mucks*
Mucke -*n f* **1** *sty.* mygga **2** ~*n* (*pl, vard.*) griller; *er hat so seine* ~*n* han har sina idéer; *die Sache hat ihre* ~*n* saken har sina sidor; *der Motor hat* ~*n* motorn går ojämnt (har sina nycker)
Mücke -*n f* **1** mygga; ~*n* (*äv. koll.*) mygg; [*e-e*] ~ *machen* (*vard.*) sticka; *aus e-r* ~ *e-n Elefanten machen* (*vard.*) göra en höna av en fjäder **2** ~*n* (*vard.*) stålar; *zwanzig* ~*n* tjugo spänn (*mark*) **3** *sty.* fluga
Muckefuck *0 m, vard.* kaffesurrogat; blask **mucken** *vard.* knysta, mucka, knota, knorra **Mücken|dreck** *0 m* flugskit; *vard.* struntsak, bagatell -**klatsche** -*n f* flugsmälla -**schiß 1** *0 m* flugskit **2** *Mückenschisse* (*pl, dial.*) fräknar -**stich** -*e m* myggbett
Mucker - *m, vard., er ist ein* ~ han säger inte rent ut vad han tycker o. tänker, han är en krypare (hycklare) **Mucks** -*e m, vard.* knyst; *keinen* ~ *machen* vara knäpptyst, inte röra sig; *keinen* ~ *mehr machen* ha utandats sin sista suck; *keinen* ~ *sagen* (*von sich geben*) inte ge ett ljud ifrån sig (säga ett knyst) **mucksen**

Muckser—mümmeln

vard., [*sich*] *nicht* ~ *a*) inte röra sig ur fläcken, inte ge ett ljud ifrån sig, *b*) inte klaga (opponera sig) **Muckser** - *m*, *vard.*, *se Mucks* '**mucks'mäuschen'still** *vard.* knäpp-, döds|tyst, tyst som en [liten] mus
Mud[d] *0 m*, *nty*. **1** modd, slam, dy, gyttja **2** sump, bottensats **Muddel** *0 m*, *nty*. **1** sump; blask **2** göl **3** fuskverk, slarv **muddeln** *nty*. **1** arbeta slarvigt [o. planlöst] **2** gräva
müde trött, matt; *des Redens* (*das Reden*) ~ trött på att prata; ~ *machen* trötta; *die Luft macht* ~ (*äv.*) luften söker (tar); *ich bin es* ~, *zu* jag är trött på att; *zum Umfallen* (*Umsinken*) ~ *sein* (*vard.*) vara dödstrött **Müdigkeit** *0 f* trött-, matt|het; *keine* ~ *vorschützen!* (*vard.*) hugg i bara!
1 Muff -*e m* muff (*plagg*)
2 Muff *0 m*, *nty*. mögellukt, dålig (skämd) lukt
3 Muff -*e m*, *nty*. brumbjörn
Muffe -*n f* **1** *tekn.* [rör]muff **2** *vard.*, ~ *haben* vara skraj; *ihm geht die* ~ han är skraj **3** *vulg.* fitta
1 Muffel - *m* **1** *vard.*, brumbjörn **2** *vard.*, *er ist ein Krawattenmuffel* han är helt ointresserad av slipsar **3** *jakt.* mule
2 Muffel -*n f*, *tekn.* muffel
3 Muffel - *n*, *zool.* mufflon
1 muffelig *vard.* knarrig, ovänlig, sur
2 muffelig *vard.* unken
1 muffeln *vard.* vara sur, tjura; grumsa, morra
2 muffeln *dial.* lukta unket
3 muffeln *vard.* mumsa
müffeln *dial.* lukta unket
Muffelwild *0 n* mufflon[er]
muffen *dial.* lukta unket
1 muffig unken
2 muffig *ein* ~*es Gesicht machen* (*vard.*) se sur ut
mufflig *se 1 o. 2 muffelig*
Mufflon -*s m* mufflon
muh *interj* mu!; ~ *machen* mua
Mühe -*n f* möda, besvär; *mit Müh und Not* med nöd o. näppe; *verlorene* ~ bortkastad möda; *ich werde mir* ~ *geben*, *zu* jag skall verkligen bemöda mig (försöka) att; *er hat alle* ~, *das Lachen zu verbergen* han har all möda att dölja sitt skratt; *die* ~ *lohnt* [*sich*] det lönar mödan (sig); *es lohnt nicht die* ~, *es ist nicht der* (*die*) ~ *wert* det är inte mödan lönt; *e-m* ~ *machen* bereda (vålla) ngn besvär; *machen Sie sich keine* ~! (*äv.*) besvära Er inte!; *wenn es dir keine* ~ *macht* (*äv.*) om det inte är besvärligt för dig; *ich habe mir* ~ *damit gemacht* (*äv.*) jag lade ner mycket möda (arbete) på det; *es macht mir* ~, *es zu tun* (*äv.*) det faller sig svårt för mig att göra det; *die* ~ *kannst du dir sparen* det tjänar ingenting till, du vinner ingenting på det; ~ *auf etw.* (*ack.*) *verwenden* lägga ner möda på ngt **mühelos** utan möda, lätt **Mühelosigkeit** *0 f* lätthet
muhen råma, böla
mühen *rfl* bemöda (anstränga) sig **mühevoll** mödosam **Mühewaltung** *0 f* [vänligt] besvär, bemödande
Muhkuh -*e*† *f*, *barnspr.* kossa-mu
Mühlbach -*e*† *m* kvarnbäck **Mühle 1** -*n f* kvarn; *das ist Wasser auf seine* ~ då får (fick) han vatten på sin kvarn; *seine* ~ *steht selten still* (*vard.*) munnen går som en kvarn på honom **2** -*n f*, *vard.* [gammalt] skrälle, [gammal] kärra **3** *0 f* kvarnspel **Mühlenbereiter** -

m förman [på pappersbruk] **Mühlenflügel** - *m* kvarnvinge **Mühlenrad** -*er*† *n*, *se Mühlrad* **Mühlespiel** -*e n* kvarnspel **Mühlgerinne** - *n* kvarnränna **Mühlrad** -*er*† *n* kvarnhjul; *mir geht* [*es wie*] *ein* ~ *im Kopf herum* (*vard.*) jag är alldeles konfys, det går runt i huvudet på mig **Mühlstein** -*e m* kvarnsten **Mühlwehr** -*e n* stigbord (*i kvarndamm*)
Muhme -*n f*, *åld. el. skämts.* faster, moster; kvinnlig släkting, tant
Mühsal -*e f* möda, besvär[lighet]; *die* ~ *des Lebens* livets vedermöda **müh**|**sam**, -**selig** mödosam, besvärlig; med möda
Mulatte -*n* -*n m* mulatt
Mulde -*n f* **1** grop, svacka, [dal]sänka **2** *dial.* ho, tråg; *wie mit* ~*n regnen* (*gießen*) ösregna
Muli -*s n*, *sty.*, *österr.* mulåsna
1 Mull -*e m*, *nty*. mull
2 Mull -*e m* moll, förbandsgas
Müll *0 m* avfall, sopor; *radioaktiver* ~ radioaktivt avfall -**abfuhr** *0 f* **1** sop|hämtning, -tömning **2** renhållning[sverk] -**abladeplatz** -*e*† *m* soptipp -**auto** -*s n* sopbil -**beutel** - *m* soppåse
Mullbinde -*n f* gasbinda
Müll|**deponie** -*n f* avfallsupplag -**eimer** - *m* sop-, slask|hink -**entsorgung** *0 f* avfallskonvertering **2** konverteringsanläggning
Müller - *m* mjölnare **Müllerbursche** -*n* -*n m*, *åld.* mjölnardräng **Müllerei** -*en f* kvarn-[rörelse]
Müll|**kasten** -† *m* sop|tunna, -lår -**kippe** -*n f* soptipp -**kutscher** - *m*, *vard.*, -**mann** -**männer** *m*, *vard.* sop|gubbe, -hämtare -**schippe** -*n f* sopskyffel -**schlucker** - *m* sopnedkast -**tonne** -*n f* soptunna -**verbrennungsanlage** -*n f* sopförbränningsanläggning -**wagen** - *m* sopbil -**werker** - *m* renhållningsarbetare
Mulm *0 m* **1** [torr] lucker jord **2** murket trä **mulmig 1** lucker **2** *dial.* murken, rutten **3** *vard.* obehaglig, farlig, otäck; ~*e Sache* otrevlig historia; *mir wird* ~ jag känner obehag (blir skraj)
mulsch[ig] *dial.* mjuk [o. skämd] (*om frukt*)
Multi -*s m*, *vard.* multinationellt företag **multilateral** multilateral **multinational** multinationell **mul'tipel** multipel, mångfaldig **Multiple-choice-Verfahren** ['mʌltɪpl'tʃɔɪs-] - *n* multiple-choice-metod (-test), flervalstest **Multiplikand** -*en* -*en m*, *mat.* multiplikand **Multiplikation** -*en f*, *mat.* multiplikation **Multiplikator** -*en* -*en m* **1** *mat.* multiplikator **2** spridare [av information] **multiplizieren 1** *mat.* multiplicera **2** mångfaldiga, öka **3** *rfl* växa, stiga, öka
Mul|**us** -*i m*, *skämts.* student (*mellan studentexamen o. början på universitetsstudier*)
Mumie -*n f* mumie **mumienhaft** mumielik **mumifizieren** mumifiera, balsamera
Mumm *0 m*, *vard.* mod, beslutsamhet, energi, kraft; ~ *in den Knochen haben* ha ruter i sig
1 Mumme *0 f* mumma (*öl*)
2 Mumme -*n f*, *åld.* mask[erad person]
Mummel -*n f* näckros
Mummelgreis -*e m*, *vard.* bräcklig (tandlös) gubbe
Mümmelmann -*er*† *m*, *vard. skämts.* jösse (*hare*)
1 mummeln *dial.* svepa in
2 mummeln *dial.* **1** mumsa [på]; beta **2** mumla, sluddra **mümmeln** *dial.*, *se 2 mummeln*

mummen åld., se **1 mummeln** **Mummenschanz** 0 m maskerad; maskeraddräkt; maskering
Mumpitz 0 m, vard. nonsens, dumhet[er]
Mumps 0 m, dial. äv. f påssjuka
Münch[e]ner I - m münchenbo II oböjl. adj från (i) München, München-
Mund -er†, ibl. -e[†] m**1** mun; bildl. äv. läppar; den ~ aufmachen (auftun) (vard.) a) gapa, b) säga ngt, prata; er macht (tut) den ~ nicht auf (vard.) han säger inte ett ord; den ~ aufreißen (vard.) ta munnen full; ~ und Nase aufsperren (aufreißen) (vard.) stå o. gapa; e-n großen ~ haben (vard. äv.) vara stor i munnen; e-n losen ~ haben inte kunna låta bli att retas; den ~ auf dem rechten Fleck haben (vard.) vara slagfärdig; den ~ halten (vard.) hålla mun (tyst), tiga; du hast wohl deinen ~ zu Hause gelassen? (skämts.) har du tappat målföret?, varför säger du ingenting?; e-m den ~ wäßrig machen (vard.) få det att vattnas i munnen på ngn; e-m den ~ öffnen (stopfen) (vard.) få ngn att tala (tiga); sich (dat.) den ~ fusselig reden (vard.) prata sig torr i halsen; sein ~ steht ihm nie still (vard.) han pratar i ett; e-m den ~ verbieten förbjuda ngn att säga sin mening; sich (dat.) den ~ verbrennen (vard.) prata bredvid munnen; an jds ~ hängen hänga vid ngns läppar; an den ~ setzen (äv.) föra till läpparna; nicht auf den ~ gefallen sein (vard.) ha en välsmord tunga, vara slagfärdig; aus dem ~ riechen lukta illa ur munnen, ha dålig andedräkt; wie aus e-m ~e (äv.) som en man; er ist in aller Leute ~e han är i var mans mun (på allas läppar); das Wasser läuft mir im ~e zusammen (vard.) det vattnas i munnen på mig; e-m das Wort im ~ herumdrehen förvränga ngns ord; etw. ständig im ~e führen alltid köra med ngt; mit dem ~ vornweg sein (vard.) vara påflugen; e-m nach dem ~ reden hålla med (ställa sig in hos) ngn; e-m über den ~ fahren (vard.) snäsa (bita) av ngn; es sich (dat.) vom ~e absparen få ihop till ngt genom stora uppoffringar (att snåla med maten); e-m zu ~e reden lägga orden till rätta när man talar med ngn **2** mynning, öppning **Mundart** -en f dialekt **mundartlich** dialektal **Mundbrötchen** - n, dial., se Brötchen
Mündel - n el. m (om kvinna äv. -n f) myndling
Mündelgelder pl myndling[ar]s tillgångar **mündelsicher** (om penningplacering) säker (enligt förmyndarlagen)
munden e-m ~ smaka ngn, falla ngn i smaken **münde|n** s o. h mynna; die Straße -t auf den (dem) Platz gatan mynnar i (leder till) torget; der Fluß -t ins Meer floden mynnar ut i havet **mundfaul** vard. ordkarg, tystlåten **Mundfäule** 0 f, med. stomatit **mundgerecht** in ~en Stücken i lagom bitar (portioner); e-m etw. ~ machen lägga ngt till rätta (göra ngt acceptabelt) för ngn **Mundgeruch** 0 m [dålig] andedräkt **Mundharmonik|a** -as el.·-en f munspel **Mundhöhle** -n f munhåla
mündig myndig; für ~ erklären myndigförklara **Mündigkeit** 0 f myndig ålder, myndighetsålder **mündigsprechen** st myndigförklara
mündlich muntlig; muntligen **Mündlichkeitsprinzip** 0 n, jur. muntlighetsprincip **Mundpropaganda** 0 f muntlig[a] rekommendation[er] **Mundraub** 0 m snatteri (av livsmedel) **Mundschenk** -en -en m munskänk **Mundschutz** 0 m munskydd
M-und-S-Reifen - m (förk. för Matsch-und--Schnee-Reifen) vinterdäck
Mundstück -e n **1** munstycke **2** betsel **mundtot** e-n ~ machen 'tysta ngn **Mundtuch** -er† n, högt. servett **Mündung** -en f mynning **Mündungsfeuer** 0 n mynningsflamma **Mundvoll** - m munfull; zwei ~ två munnar fulla **Mundvorrat** -e† m proviant **Mundwasser** -† n munvatten **Mundwerk** 0 n, vard. munläder; ein flinkes (gutes) ~ haben ha gott munläder, vara slagfärdig **Mundwinkel** - m mungipa **Mund-zu-Mund--Beatmung** 0 f, die ~ munmotmunmetoden **Munition** 0 f ammunition; scharfe ~ skarp ammunition
Munizipi|um -en n, åld. stads|kommun, -förvaltning
munkel|n vard., man -t, daß det glunkas om att; im Dunkeln ist gut ~ (ung.) hemligheter trivs bäst i mörker; ich habe davon ~ hören jag har hört ryktas om det
Münster - n, ibl. m dom-, stifts|kyrka
munter munter, glad; pigg, livlig; vaken; er ist wieder ganz ~ han är pigg o. kry igen; e-n ~ machen väcka ngn; nur ~! sätt i gång!
Munterkeit 0 f munterhet, glättighet; livlighet
Münzamt -er† n myntverk **Münze** -n f **1** mynt; minnespenning; mit (in) klingender ~ bezahlen betala i klingande mynt (kontant); e-m mit (in) gleicher ~ heimzahlen betala ngn med samma mynt; etw. für bare ~ nehmen ta ngt för gott **2** mynt[verk] **münzen** mynta, prägla; das ist auf dich gemünzt det är (var) en pik åt dig, det gäller (gällde) dig **Münzensammlung** -en f myntsamling
Münz|fälscher - m falskmyntare **-fernsprecher** - m telefonautomat **-fuß** 0 m myntfot **-gaszähler** - m gasmätare (för polletter) **-kunde** 0 f numismatik **-sammlung** -en f myntsamling **-stätte** -n f myntverk **-tankautomat** -en -en m tankautomat **-verbrechen** - n brott mot myntlagen **-wesen** 0 n myntväsen **-wissenschaft** 0 f numismatik **-zähler** - m mätare (för polletter e.d.) **-zeichen** - n myntmärke
Muräne -n f, zool. murena
mürb dial., se mürbe **mürbe** mör; murken, skör; e-n ~ machen (vard.) göra ngn mör (foglig, medgörlig), övervinna ngns motstånd; ~ werden (äv.) ge upp **Mürbe** 0 f mör-, skör|-het **Mürbebraten** - m, nty. filé **Mürbeteig** -e m mördeg **Mürb|heit** 0 f, **-igkeit** 0 f, åld. mör-, skör|het
Murbruch -e† m, **Mure** -n f, **Murgang** -e† m jord-, sten-, slam|skred
muriatisch (om hälsokälla) koksalthaltig
Murks 0 m, vard. fusk[verk]; hier habe ich ~ gemacht (äv.) det här har gått åt pipan **murksen** **1** vard. arbeta illa (slarvigt); ich habe den ganzen Tag gemurkst arbetet har gått dåligt för mig hela dagen **2** dial. mörda
Murmel 0 f kula (t. spel)
1 murmel|n mumla, muttra; der Bach -t bäcken porlar (sorlar)
2 murmeln spela kula
Murmeltier -e n murmeldjur; wie ein ~ schlafen sova som en stock
murr|en knorra, knota (über + ack. över);

etw. ohne M~ tun göra ngt utan att knota; *das Gewitter -t* åskan mullrar **mürrisch** butter, vresig, surmulen, knarrig; *ein ~es Gesicht machen se butter ut; ~er Mensch (äv.)* brumbjörn **Murrkopf** -e† *m, åld.* brumbjörn
Mus -*e n, dial. äv. m* mos, puré; *wir wurden fast zu ~ gedrückt (vard.)* det blev nästan mos av oss; *e-n zu ~ machen (schlagen) (vulg.)* göra slarvsylta av ngn
1 Musche -*n f* musch
2 Musche -*n f, dial.* fnask
Muschel -*n f* **1** mussla; musselskal **2** hörlur; mikrofon **3** *vulg.* fitta **muschelig** musselformig **Muschelkalk** 0 *m, geol.* musselkalk **muscheln** *dial., se* mogeln
Muschelschale -*s f* musselskal
Muschi -*s f* **1** barnspr. kissemiss **2** *vard.* fitta
'**Muschik** [*äv.* -'-] -*s m* musjik
Musch'kote -*n* -*n m, neds.* basse
muschlig *se* muschelig
Muse -*n f* musa, sånggudinna; *die ~n (äv.)* de sköna konsterna; *die zehnte ~ (skämts.)* a) kabarén, b) filmen **museal** museal
'**Muselman** -*en*-*en m, åld. el. skämts.* muselman
'**muselmanisch** [*äv.* --'--] *åld.* muselmansk
'**Muselmann** -*er* † *m, åld. el. skämts.* muselman
Musen|sohn -*e*† *m, åld. el. skämts. ung.* musernas gunstling (*skald, student*) -**tempel** - *m, åld. el. skämts.* teater
Muse|um -*en n* museum **Museumsdorf** -*er*† *n* friluftsmuseum **museumsreif** *vard. iron.* museimässig **Museumswert** 0 *m, ~ haben* vara mycket värdefull; *sein Auto hat ja schon ~* hans bil är ju museimässig
Musical ['mju:zikl] -*s n* musikal
Musik 0 *f* **1** musik; *etw. in ~ setzen* sätta musik till ngt; *~ machen (äv.)* musicera, spela **2** *vard.* musik, orkester, band **Musikalien** *pl* musikalier **musikalisch** musikalisk **Musikalität** 0 *f* musikalitet **Musikant** -*en* -*en m* musikant **Musikantenknochen** - *m, der ~* tjuvsenan (*i armbågen*); *sich (dat.) den ~ stoßen* få änkestöten **musikantisch** musikantisk **Musikautomat** -*en* -*en m* musikautomat (*elektriskt piano, speldosa etc.*); jukebox **musikbegabt** musikbegåvad **Musikbox** [*äv.* 'mju:zik-] -*en f* jukebox **Musiker** - *m* musiker
Musik|erziehung 0 *f* musik (*skolämne*); musikundervisning -**hochschule** -*n f* musikhögskola -**instrument** -*e n* musikinstrument -**leben** 0 *n* musikliv -**lehrer** - *m* musiklärare -**liebhaber** - *m* musikälskare -**raum** -*e*† *m* musik|rum, -sal -**schrank** -*e*† *m, se Musiktruhe* -**stück** -*e n* musik|stycke, -nummer -**truhe** -*n f* radiogrammofon, musikmöbel
'**Musi|kus** -*zi, äv.* -*kusse m, skämts.* musiker **Musikwerk** -*e n* **1** musikverk **2** *se Musikautomat* **musisch** musisk; konstnärlig; ~*es Gymnasium (ung.)* musik- och konstlinje (*på gymnasium*); *die ~en Fächer (skol.)* musik o. teckning; *ein ~er Mensch* en konstnärssjäl
Musivarbeit -*en f* mosaikarbete **musivisch** [-v-] mosaikartad, mosaik-
Musizi *pl, se Musikus* **musizieren** musicera
Mus'kat -*e m* muskot[nöt] **Muska'teller** - *m* muskat[ell]vin **Muskatnu|ß** -*sse*† *f* muskotnöt
Muskel -*n m* muskel **Muskelatrophie** 0 *f, se Muskelschwund* **muskelbepackt** *vard.* muskulös
Muskel|faser -*n f* muskeltråd -**kater** 0 *m* träningsvärk -**kraft** -*e*† *f* muskel|kraft, -styrka -**mann** -*er*† *m, vard.* muskelknippe -**paket** -*e n, vard.* kraftiga muskler; muskelknippe -**protz** *gen.* -*en el.* -*es, pl* -*e[n] m, vard.* muskelknutte -**riß** -*risse m* muskelbristning -**schmerz** -*en m* muskelvärk -**schwund** 0 *m* muskel|förtvining, -atrofi -**zerrung** -*en f* muskelsträckning -**zuckung** -*en f* muskelryckning
Muskete -*n f* musköt **Musketier** [-'ti:ɐ] -*e m* musketör
muskulär *med.* muskel- **Muskulatur** -*en f* muskulatur **muskulös** muskulös
'**Muslim** -*s m* muslim
muß *se müssen* **Muß** 0 *n* tvång, nödvändighet; *es ist kein ~ (äv.)* det är inte obligatoriskt; *~ ist e-e harte Nuß* måste är en bitter ört, tvång är en plåga **Muß-Bestimmung** -*en f* obligatorisk föreskrift (bestämmelse)
Muße [-u:-] 0 *f* lugn o. ro; *etw. mit (in) ~ betrachten* betrakta ngt i lugn o. ro
Mußehe -*n f, vard., viele Ehen sind ~n* många äktenskap ingås p.g.a. att kvinnan väntar barn
Musse'lin -*e m* muslin
müssen *mußte, müßte, gemußt (müssen), muß, mußt, muß* måste, vara tvungen, få [lov att], nödgas; *nicht ~ (äv.)* inte behöva; *ich muß mal!* (*vard.*) jag måste gå på toa!, jag är nödig!; *der Knecht mußte hart arbeiten* drängen fick arbeta hårt; *jetzt muß ich aber gehen* nu måste jag (får jag lov att) gå; *Geld müßte man haben!* pengar skulle man ha!; *was habe ich da hören ~?* vad är det jag hör?; *das mußte ja so kommen* det måste ju gå därhän, det var ju inte så konstigt, det var inte oväntat; *er muß jeden Moment kommen* han kommer nog vilket ögonblick som helst; *man muß lachen, wenn man ihn sieht (äv.)* man kan inte låta bli att skratta när man ser honom; *ich habe lachen ~* jag måste (var tvungen att) skratta; *warum hat gerade mir so etw. passieren ~?* varför skulle det hända just mig?; *er bedauert, das sagen zu ~* han beklagar att behöva säga det; *das mußt du nicht sagen (nty.)* så får (ska) du inte säga; *das muß man sagen!* det må man [då] säga!; *diesen Film muß man gesehen haben* den här filmen bör (måste) man verkligen se; *so muß es gewesen sein* så måste det vara, så är (var) det nog; *wenn es unbedingt sein muß, komme ich mit* om det är absolut nödvändigt följer jag med; *er müßte eigentlich schon hier sein* han borde redan vara här; *so müßte es immer sein* så här skulle det alltid vara; *du mußt dich verhört haben* du måste (måtte) ha hört fel
Mußestunde -*n f* ledig stund (timme); *das habe ich in meinen ~n gemacht* det har jag gjort på min fritid **müßig** [-y:-] **1** sysslolös, overksam; *ein ~es Leben führen* leva ett lättjefullt liv; *für meine ~en Stunden* för mina lediga stunder; *~ herumsitzen* sitta o. lata sig **2** överflödig; *~e Frage* fåfäng fråga; *~es Gerede* tomt prat; *es ist ~, zu sagen* det är meningslöst att säga **Müßiggang** 0 *m* sysslolöshet; *~ ist aller Laster Anfang* lättjan är alla lasters moder **Müßiggänger** - *m* lätting, latmask, dagdrivare **müßiggehen** *st s* gå o. driva, vara sysslolös, lata sig
Musspritze -*n f, vard. skämts.* paraply
mußte *se müssen* **Muß-Vorschrift** -*en f* obligatorisk föreskrift

Muster - n **1** mönster; modell, förebild; *das ~ e-s Arztes* idealet för en läkare, en idealisk läkare; *ein ~ an Fleiß* ett mönster av flit; *~ für ein Kleid* mönster till en klänning; *nach berühmten ~n* efter kända förebilder **2** [varu]prov; *~ ohne Wert* prov utan värde, varuprov **Musterbeispiel** -e n typexempel, förebild **Musterbetrieb** -e m mönsterföretag **Musterbild** -er n mönster-, ideal|bild **Musterbuch** -er† n mönster-, prov|bok **Mustergatte** -n -n m exemplarisk äkta man **muster|- gültig, -haft** årsklass mönstergill, förebildlig, exemplarisk **Musterkarte** -n f provkarta **Musterklammer** -n f provpåsklämma **Musterknabe** -n -n m, neds. mönstergosse **Musterkollektion** -en f provkollektion **Mustermesse** -n f [industri]mässa **mustern 1** mönstra, granska; *von oben bis unten (von Kopf bis Fuß) ~* mönstra från topp till tå **2** *mil.* inspektera **3** mönstra; *der Jahrgang 1964 wird gemustert* årsklass 1964 mönstras (*inskrivs för värnpliktstjänstgöring*) **4** mönstra, förse med mönster **Musterrolle** -n f, *sjö.* sjömansrulla **Mustersammlung** -en f provkollektion **Musterschüler** - m mönsterelev, exemplarisk elev **Musterschutz** 0 m mönsterskydd **Musterung** -en f **1** granskning, mönstring; *åld.* inspektion **2** mönstring, mönster **3** mönstring (*av värnpliktiga*) **Musterwirtschaft** -en f mönsterjordbruk
Mut 0 m mod; *frohen (guten) ~es sein* vara vid gott mod; *e-m ~ machen (zusprechen)* intala ngn mod, uppmuntra ngn; *e-m den ~ nehmen* göra ngn modfälld (nedslagen); *den ~ sinken lassen* bli modfälld; *nur ~, es wird schon gehen* ryck upp dig (er), det går nog bra
Muta|bilität 0 f föränderlighet **-tion** -en f **1** *biol.* mutation **2** *med.* målbrott
Mütchen 0 n, *sein ~ an e-m kühlen* låta sitt dåliga humör gå ut över ngn
muten *gruv.* inmuta
muterfüllt modig, full av tillförsikt
mutieren 1 *biol.* mutera **2** *med.* vara i målbrottet
mutig modig **mutlos** modlös, nedslagen **Mutlosigkeit** 0 f modlöshet, misströstan **mutmaß|en** -te, *gemutmaßt* förmoda, anta **mutmaßlich** trolig, antaglig, förmodad; förmodligen; *~er Erbe* presumtiv arvinge **Mutmaßung** -en f förmodan, antagande, gissning
Muttchen - n [lilla] mamma **Mutter 1** -† f moder, mor, mamma; *die ~ Gottes* Guds moder, madonnan; *e-m die ~ ersetzen* vara i mors ställe för ngn; *wie e-e ~ zu e-m sein* vara som en mor för ngn; *sie wird ~* hon är med barn; *an ~s Rockschößen hängen (vard.)* hänga sin mor i kjolarna; *bei ~ Grün schlafen (vard.)* sova ute [i det fria]; *das schmeckt wie bei ~n (vard.)* det smakar som hemma (som hos mamma) **2** -† f moderbolag **3** -n f, *tekn.* mutter **Mutterberatungsstelle** -n f mödravårdscentral **Muttererde** 0 f matjord, mylla **Mütterchen** - n **1** lilla mamma (mor) **2** [liten] gumma (tant) **Muttererde** 0 f matjord, mylla **Mutterfreuden** pl moderskapets lycka; *~ entgegensehen* vänta barn; *~ genießen* ha fött barn **Mutterfürsorge** 0 f, *se Mutterschutz* **Müttergenesungsheim** -e n konvalescenthem för mödrar, mödrahem
Mutter|gesellschaft -en f moderbolag **-gottes [--'--]** 0 f, *die ~ Guds moder*, madonnan **-gottesbild** -er n maria-, madonna|bild **-haus** -er† n **1** *prot.* sjuksköterskeskola; *kat.* moderhus **2** moderbolag **-herrschaft** 0 f matriarkat **-instinkt** -e m modersinstinkt **-korn** 0 n mjöldryga **-kornvergiftung** -en f mjöldrygeförgiftning **-kraut** -er† n mattram **-kuchen** - m, *anat.* moderkaka **-land** -er† n moderland; ursprungsland (*för vara*) **-leib** -er m moderliv
mütterlich 1 moderlig; *~e Frau* moderlig kvinna **2** möderne-; *~es Erbteil* mödernearv **'mütterlicher'seits** på mödernet; *Großmutter ~* mormor; *Onkel ~* morbror **Mütterlichkeit** 0 f moderlighet **Mutterliebe** 0 f moderskärlek **mutterlos** moderlös
Mutter|mal -e n födelsemärke **-milch** 0 f modersmjölk; *mit der ~ einsaugen* insupa med modersmjölken **-mund** 0 m livmodermun **-pferd** -e n sto (*m. föl*) **-pflanze** -n f moderplanta **-recht** 0 n modernerätt, matriarkat **-ring** -e m pessar **-sau** -e† f [moder]sugga **-schaf** -e n tacka (*m. lamm*) **-schaft** 0 f moderskap **-schaftsgeld** 0 n, *ung.* föräldrapenning **-schaftsurlaub** -e m mammaledighet **-schiff** -e n moderfartyg **-schoß** 0 m modersköte **-schutz** 0 m lagar [o. förordningar] om skydd för blivande o. nyblivna mödrar; *ung.* föräldraförsäkring **-schwein** -e n [moder]sugga **-schwester** -n f, *åld.* moster **'mutter'seelenal'lein** mol allena **Muttermutter** -† f, *åld.* mormor **Muttersöhnchen** - n, *vard.* mammas gosse **Muttersprache** -n f modersmål **Mutterstelle** 0 f, *bei (an) e-m ~ vertreten* vara i mors ställe för ngn **Muttertag** -e m mors dag **Mutterwitz** 0 m **1** espri, slagfärdighet, fyndighet **2** intelligens, slughet **Mutti** -s f, *vard.* **1** [lilla] mamma **2** fru, äkta hälft **3** [äldre] kvinna, tant
mutual ömsesidig **Mutualität** 0 f ömsesidighet
Mutung -en f, *gruv.* inmutning
Mutwille -ns 0 m **1** övermod **2** illvilja; *etw. mit ~n tun* göra ngt avsiktligt **mutwillig 1** övermodig, lättsinnig **2** illvillig, avsiktlig; *etw. ~ tun* göra ngt avsiktligt
Mütze -n f mössa, luva; *der Berg hat e-e ~* berget har en hätta (*av snö el. moln*); *e-m nicht nach der ~ sein (vard.)* inte gilla ngn **Mützenschirm** -e m mösskärm
m.W. *förk. för meines Wissens* mig veterligt
MW *förk. för a) Megawatt* megawatt, *b) Mittelwelle* mellanvåg **MwSt.** *förk. för Mehrwertsteuer* moms, mervärdesskatt
Myalgie -n f, *med.* muskelvärk, myalgi **Mykologe** -n -n m mykolog **Mykologie** 0 f mykologi **Myo'kardinfarkt** -e m, *med.* hjärtinfarkt
Myopie 0 f, *med.* närsynthet
Myriade -n f myriad, tiotusental
Myriameter - m mil (*10 000 meter*)
Myrrhe -n f myrra **Myrrhentinktur** 0 f myrratinktur
Myrte -n f myrten
Mysterienspiel -e n mysteriespel **mysteriös** mysteriös, mystisk, gåtfull **Mysteri|um** -en n mysterium **Mystifikation** -en f mystifikation **mystifizieren** mystifiera **'Mystik** 0 f mystik **Mystiker** - m mystiker **mystisch** mystisk **Mystizismus** 0 m mysticism
Mythe -n f, *åld.* myt **mythenhaft, mythisch** mytisk **Mythologie** -n f mytologi **mytholo-**

gisch mytologisk **Myth|os** *-en m*, **Myth|us** *-en m* myt
My'zel *-ien n*, **Myzeli|um** *-en n* mycel[ium]
Myzetism|us *-en m, med.* svampförgiftning

N 1 - - *n (bokstav)* n **2** *förk. för a)* Norden N, nord, norr, *b)* Nahschnellverkehrszug 'n *vard.* = *1* ein
na *interj* nå!; ~, ~! så ja!; ~ *also!* ser man på!, där ser du (ni)!; ~, *ich danke!* jag betackar mig!; ~ *endlich!* äntligen!; ~ *gut!* kör till då!; ~, *hör mal!* nej men (nämen) hör på ett slag!, vad tar du dig till?; ~ *ja!* för all del!; ~, *komm schon!* men kom då!; ~, *so was!* har man sett (hört) på maken!; ~, *stimmt das?* stämmer det verkligen?; ~ *und?* och vad var det med det då?, än sen då?; ~, *und ob!* ja, det vill jag lova!; ~ *warte!* vänta bara!; ~, *wird's bald?* nå, hur blir det?
Nabe *-n f* nav
Nabel - *m* navel **-bruch** *-e† m* navelbråck **-schau** *0 f, vard.* **1** narcissm, egotripp; ~ *halten* hålla självrannsakan **2** exhibitionism **-schnur** *-e† f*, **-strang** *-e† m* navelsträng
'Nabob *-s m* nabob; *bildl. äv.* krösus
nach [-a:-] **I** *prep. m. dat.* **1** åt, till; ~ *Hause* hem; ~ *innen (außen)* inåt (utåt); ~ *dem Norden fahren (dial.)* resa norrut; ~ *oben (unten)* uppåt (neråt); ~ *rechts (links)* till (åt) höger (vänster); *von links* ~ *rechts* från vänster till höger; ~ *allen Richtungen* åt alla håll; ~ *der Stadt* till ([i riktning] mot) staden; *das Zimmer geht* ~ *der Straße* rummet vetter åt (mot) gatan; ~ *Wien fahren* resa till Wien **2** efter; ~ *Christi Geburt* efter Kristi födelse; *eins* ~ *dem anderen!* en sak i taget!; *wer kommt* ~ *Ihnen dran?* vems tur är det nu?; *Kaffee* ~ *dem Essen* kaffe på maten; ~ *langem Hin und Her* efter mycket diverande; *bitte,* ~ *Ihnen!* efter Er!; ~ *einigen Minuten* efter några minuter; *fünf Minuten* ~ *zwei* fem [minuter] över två; ~ *Ostern* efter påsk; *der oberste Beamte* ~ *dem Präsidenten* den högste ämbetsmannen [näst] efter presidenten; *der Reihe* ~ i tur o. ordning; *das Zimmer* ~ *e-m verlassen* lämna rummet efter ngn **3** enligt, efter; i; ~ *allem Anschein* efter allt att döma; *meiner Ansicht* ~, ~ *meiner Ansicht* enligt min åsikt; *Spaghetti* ~ *Bologneser Art* spaghetti bolognese; ~ *dem Gedächtnis* ur minnet; ~ *dem Gehör* efter gehör; ~ *unserem Geld kostet es* i våra pengar kostar det; ~ *Gewicht* efter vikt; *e-e Geschichte* ~ *dem Leben* en historia ur livet; *e-n* ~ *der Leistung bezahlen* betala ngn efter prestation; ~ *Litern (Metern)* i liter (meter); ~ *Marx* enligt Marx; *frei* ~ *Marcuse* fritt efter Marcuse; ~ *der neuesten Mode* enligt senaste modet; *e-n nur dem Namen* ~ *kennen* känna ngn bara till namnet;

seiner Sprache ~ *ist er Österreicher* av språket att döma är han österrikare; *wenn es* ~ *dir ginge* om du fick bestämma; *es riecht* ~ *Gas* det luktar gas; *das Essen schmeckt* ~ *gar nichts* maten smakar absolut ingenting **II** *adv, mir* ~*!* följ mig!; *ihm* ~*!* efter honom!; ~ *und* ~ så småningom, undan för undan, efter hand; ~ *wie vor* som förut, fortfarande; *man muß etw. haben, wo man sich* ~ *richten kann (vard.)* man måste ha ngt som man kan rätta sig efter **nachäffen** efterapa, härma *(e-m etw.* ngt hos ngn) **Nachäfferei** *-en f* efterapning, härmning **nachahmen** härma, imitera; *e-m etw.* ~ *(äv.)* ta efter ngt hos ngn; *etw.* ~ *(äv.)* efterbilda ngt **nachahmenswert** efterföljansvärd **Nachahmung** *-en f* efter|apning, -bildning, kopia, imitation **nachahmungswürdig** efterföljansvärd **nacharbeiten 1** arbeta in, ta igen **2** efterbehandla, bättra på **3** kopiera, efterbilda; *e-m* ~ ha ngn som förebild i sitt arbete; *etw.* ~ *(äv.)* gå igenom ngt steg för steg, göra om ngt
Nachbar ['na-] *-n (ibl. -s) -n m* granne; *guten Morgen, Herr* ~*!* god morgon, herr X!; *in* ~*s Garten* i grannens trädgård; *spitz (scharf) wie* ~*s Lumpi sein (vard.)* vara kåt om en marskatt **Nachbarin** *-nen f* [kvinnlig] granne, grannfru **Nachbarland** *-er† i* grannland **nachbarlich** angränsande, grann-; *gutes* ~*es Verhältnis* bra förhållande till grannarna (sina grannar) **Nachbarschaft** *0 f* grannskap, grannar; *die ganze* ~ *(äv.)* hela trakten; *gute* ~ *halten* ha god grannsämja; *sie wohnen in der* ~ de bor i närheten **Nachbarschaftshaus** *-er† n* gemenskapslokal[er] *(i bostadsområde e.d.)*, kvartersgård **Nachbarsleute** *pl* grannar, grannfolk **nach|behandeln** efterbehandla **-bekommen** *st* få ytterligare (efteråt, senare); *kunna köpa till; kann ich noch etw.* ~ *?* kan jag få lite till? **-bereiten** gå igenom [en gång till]; fördjupa, utvärdera **-bessern** bättra på, laga; förbättra i efterhand **-bestellen** efterbeställa, ytterligare beställa **-beten** *sv* läsa efter *(bön); e-e fremde Meinung* ~ *(vard.)* tanklöst upprepa en främmande åsikt
Nachbeter - *m, vard.* eftersägare, papegoja **nachbezahlen** *se nachzahlen* **nachbezeichnet** nedannämnd, nedan anförd **nachbilden** kopiera, efterbilda **Nachbildung** *-en f* kopia, efterbildning, imitation, reproduktion **nachblättern** *vard.* bläddra (titta) efter **nachbleiben** *st s, dial.* **1** *(om klocka)* gå efter **2** sacka (bli) efter, inte kunna följa med **3** bli (stanna) kvar, återstå **4** *skol.* sitta kvar **nachblicken** se (titta) efter *(e-m* ngn) **Nachblutung** *-en f* efterblödning **nachbohren 1** borra en gång till **2** *vard.* envisas, fråga igen **Nachbörse** *-n f* efterbörs **nachbörslich** *sv* efterbörsen **nachbringen** *oreg., e-m etw.* ~ komma efter med ngn med ngt; *bring es mir nach!* ta med det åt mig! **nachbrummen** *skol.* sitta kvar **nachdatieren 1** ante-, för|datera **2** datera i efterhand **nach'dem 1** sedan, efter det att; ~ *er gegessen hatte, ging er ins Kino* efter att ha ätit gick han på bio **2** *dial.* eftersom, då **3** *je* ~ alltettersom, beroende på; *willst du mitkommen?* — *je* ~*!* vill du följa med? — kanske!, det beror på!
nachdenken *oreg.* tänka efter, fundera *(über* + *ack.* på); *wenn Sie darüber* ~ om Ni tänker närmare på saken; *nach langem N*~ efter att ha tänkt efter en lång stund **nachdenklich 1**

eftertänksam, tankfull; *ein ~es Gesicht machen* se betänksam (fundersam, allvarlig) ut; *e-n ~ machen (stimmen) (äv.)* stämma ngn till eftertanke, ge ngn ngt att tänka på **2** tankeväckande, som väcker eftertanke **nachdichten** fritt bearbeta (översätta), omdikta **Nachdichtung** *-en f* fri bearbetning (översättning), omdiktning **nachdieseln** glödtända *(när motorn stängts av)* **nachdrängen** *h el. s* tränga på [bakifrån] **nachdrehen** ta om *(filmscen)* **Nachdruck 1** *0 m* eftertryck, betoning, tonvikt; *etw. mit ~ betreiben (äv.)* energiskt bedriva ngt; *mit ~ med eftertryck, eftertryckligt* **2** *-e m, typ.* till-, ny|tryck[ning]; faksimil; *~ verboten* eftertryck förbjudes **nachdrucken** trycka till, nytrycka; ge ut i faksimil **nachdrücklich** eftertrycklig, kraftig; *adv äv.* eftertryckligen **Nachdrücklichkeit** *0 f* eftertryck **nachdunkeln** *s* [så småningom] bli mörkare (mörkna) **Nachdurst** *0 m, e-n ~ haben* vara törstig *(dagen efter)* **nacheifern** *e-m ~* försöka efterlikna ngn **nacheilen** *s* skynda efter *(e-m* ngn) **nachein'ander** efter varandra **nachempfinden** *st* sätta sig in i ngns känslor; *e-m etw. ~* göra ngt under påverkan av ngn; *jds Schmerz ~ (äv.)* dela ngns smärta **Nachen** - *m, poet.* [liten] båt **nachentrichten** betala in senare (i efterskott) **Nacherbe** *-n -n m, jur.* arvinge i andra hand **nacherleben** själv uppleva (gå igenom); återuppleva **Nachernte** *-n f* efterskörd **nacherzählen** återberätta, referera **Nacherzählung** *-en f* återberättelse, fritt återgiven berättelse, referat [av en berättelse] **Nachf.** *förk. för Nachfolger* **Nach|fahr** *-en m,* **-fahre** *-n -n m* avkomling, ättling **nachfahren** *st 1 s* fara (köra, åka) efter *(e-m* ngn) **2** *h el. s, die Linien ~* följa linjerna **nachfassen 1** ta ett nytt tag **2** *mil.* hämta (ta) om [mat] **3** *vard.* följa upp, ställa ytterligare frågor **Nachfeier** *-n f* fest *(efter den riktiga festen)* **nachfliegen** *st s* flyga efter *(e-m* ngn) **Nachfolge** *0 f* efter|följd, -följelse, succession, efterträdande; *jds ~ antreten* tillträda arvet efter ngn, överta ngns ämbete (värdighet) **nachfolgen** *s* följa (komma) efter; *e-m ~ (äv.)* vara anhängare av ngn; *e-m im Amt ~* efterträda ngn i ämbetet; *sie ist dem Gatten bald nachgefolgt* hon följde snart sin make i graven; *~des Kapitel* [efter]följande kapitel **Nachfolgeorganisation** *-en f, pl.* (*ung.*) den organisation som sedan tar (tog) vid **Nachfolger** - *m* efter|följare, -trädare **nachfordern** ytterligare (efteråt) fordra (kräva) **Nachforderung** *-en f* ytterligare (senare) fordran (krav) **nachforschen** efterforska; göra efterforskningar; *e-r Sache (dat.) ~* undersöka (söka utforska) ngt **Nachforschung** *-en f* efterforskning **Nachfrage** *-n f* efterfrågning, förfrågan; *hand.* efterfrågan; *Angebot und ~* tillgång o. efterfrågan; *danke der [gütigen] ~!* tack för att Ni var så snäll o. frågade!, tack för Ert vänliga intresse! **nachfragen** förfråga sig, höra efter; fråga om; *diese Schuhe werden kaum noch nachgefragt (hand.)* det frågas knappast efter den sortens skor längre **Nachfrist** *-en f* uppskov, respit **nachfühlen** *e-m etw. ~* sätta sig in i hur ngn känner ngt; *das kann ich nicht ~ (äv.)* så känner jag det inte; *ich fühle es ihm nach (äv.)* på den punkten sympatiserar jag med honom, där förstår jag honom; *seine Freude ~ (äv.)*

dela hans glädje **nachfüllen** fylla på **Nachfüllung** *-en f* påfyllning **nachgären** *sv, äv. st, h el. s* efterjäsa **Nachgärung** *-en f* efterjäsning **nachgeben** *st 1 e-m etw.* **Suppe** *~* servera (ge) ngn lite soppa till **2** ge efter, ge vika; *die Mutter gibt ihm zuviel nach* mamman är för eftergiven mot honom; *e-m nichts ~* inte stå tillbaka för ngn; *der Kurs gibt nach* kursen faller; *der Stoff wird noch etw. ~* tyget kommer att töja sig (ge efter) litet **nachgeboren 1** född efter faderns död **2** född långt efter sina syskon (första barnet) **Nachgebühr** *-en f* lösen, straffporto; *mit ~ belegen* lösenbelägga **Nachgeburt** *-en f 1* efterbörd **2** *vulg.* kräk, idiot **Nachgefühl** *-e n* efterkänning, kvardröjande känsla **nachgehen** *st s 1 e-m ~* gå (följa) efter ngn; *e-r Sache (dat.) ~ a)* undersöka (utforska) en sak, *b)* ägna sig åt (syssla med) en sak; *seiner Arbeit ~* sköta sitt arbete; *diese Worte gingen mir lange nach* dessa ord förföljde mig länge (kunde jag inte glömma) **2** *die Uhr geht [um] e-e Viertelstunde nach* klockan går en kvart efter **nachgelassen** *~e Schriften* efterlämnade skrifter **nachgeordnet** underordnad **'nachge'rade 1** så småningom **2** egentligen **3** rentav, riktigt **nachgeraten** *st s* bli lik *(e-m* ngn) **Nachgeschmack** *0 m* eftersmak **'nachgewiesener-'maßen** bevisligen **nachgiebig 1** mjuk, böjlig, elastisk **2** medgörlig, undfallande, eftergiven, släpphänt **nachgießen** *st* fylla (hälla) på (i) **nachgrübeln** grubbla *(über + ack.* över, på) **nachhaken** *vard.* fråga [om (igen)]; *in etw. (dat.) ~* ta itu med ngt, försöka klarlägga ngt **Nachhall** *0 m* efterklang **nachhallen** *h el. s* ge en efterklang, fortsätta att ljuda, klinga efter **nachhalten** *st* fortfara, räcka, vara **nachhaltig** varaktig, ihållande **nachhängen** *st 1 etw. (dat.) ~ a)* hänge sig åt ngt, *b)* [gå o.] sörja över ngt; *seinen Gedanken ~* vara försjunken i sina tankar; *der Ruf, ein Dieb zu sein, hing ihm lange nach* ryktet om att han var en tjuv förföljde honom länge **2** *in Mathematik ~ (vard.)* ha blivit efter i matematik **Nach'hauseweg** *0 m* hemväg; *auf dem ~ på hemvägen* **nachhelfen** *st* hjälpa [till]; *e-m ~* hjälpa ngn [på traven], ge ngn ett handtag; *der Entwicklung ~* påskynda (forcera) utvecklingen; *seiner Schönheit durch Schminke ~* bättra på (hjälpa upp) sin skönhet med smink **nach'her** *[äv. '--]* efteråt, sedan, senare; *bis ~!* vi ses! **Nachherbst** *-e m* senhöst **nach'herig** senare, följande **Nachhilfe** *-n f 1* hjälp, handtag **2** *se Nachhilfestunde* **Nachhilfestunde** *-n f* extralektion; *e-m ~n geben (äv.)* läsa extra (privat) med ngn; *~n von e-m bekommen (äv.)* läsa extra för ngn **nachhinein** *im ~* efteråt **nachhinken** *s* halta efter; *bildl.* släpa efter; *im Unterricht ~* inte kunna hänga med (bli efter) i undervisningen **Nachholbedarf** *0 m, ung.* uppdämt behov, behov att ta igen **nachholen 1** hämta mera (flera, ytterligare); hämta efteråt **2** ta igen *(ngt försummat)* **Nachhut** *-en f, mil.* eftertrupp **nachimpfen** omvaccinera **nachjagen** *1 s, e-m ~* [snabbt] förfölja (sätta efter) ngn; *dem Geld ~* jaga efter pengar **2** *e-m ein Telegramm ~* [snabbt] försöka nå ngn med ett telegram **nachkaufen** köpa till **Nachklang** *-e† m* efterklang *(äv. bildl.).* **Nachklapp** *-s m, vard., se Nachtrag* **nachklingen** *st s* ge en efterklang, fortsätta att klinga (ljuda); *die Worte klangen lange in mir nach* (*äv.*) jag hörde länge genljudet av orden **Nachkomme** *-n -n m* avkomling, ättling; *~n* (*äv.*) avkomma **nachkommen** *st s* **1** komma (följa) efter (*e-m* ngn); komma efteråt (senare); *beim Diktat nicht ~* inte hinna med i diktamen **2** *e-m ~* besvara ngns skål **3** *etw.* (*dat.*) *~* efterkomma (hörsamma) ngt; *seinen Verpflichtungen ~* uppfylla (fullgöra) sina förpliktelser **Nachkommenschaft** *0 f* efterkommande, avkomlingar; avkomma **Nachkömmling** *-e m* senkommet barn, sladdbarn **Nachkrieg** *0 m* efterkrigstid **Nachkriegsgeneration** *-en f* efterkrigsgeneration **Nachkriegszeit** *-en f* efterkrigstid **Nachkur** *-en f* efterkur; *zur ~ in ein Bad fahren* resa till ett [hälso]bad som efterbehandling **nachladen** *st* ladda om **Nachla|ß** *-sse*[†] *m* **1** kvarlåtenskap; dödsbo; *literarischer ~* (*äv.*) efterlämnade verk **2** nedsättning; *~ gewähren* ge (bevilja) rabatt **3** eftergift **nachlassen** *st* **1** avta, minska, försvagas; *nicht ~!* ge inte tappt!; *meine Augen haben stark nachgelassen* (*äv.*) jag ser mycket sämre; *sein Eifer läßt nach* hans iver sjunker, han är inte så ivrig längre; *die Geschäfte lassen nach* affärerna mattas; *die Kräfte lassen nach* krafterna avtar; *die Schüler lassen nach* [*in ihren Leistungen*] *nach* elevernas prestationer försämras; *der Wind läßt nach* (*äv.*) vinden mojnar **2** *e-m* 10% *vom Preis ~* ge ngn 10% rabatt på priset; *bei dieser Ware wurden mir 5 Mark nachgelassen* jag fick 5 mark i rabatt på den här varan **3** efterskänka; *der Rest seiner Strafe wurde ihm nachgelassen* resten av hans straff efterskänktes **4** släppa (ge) efter på, lossa på; *ein Seil ~* fira (släcka) [på] en lina **Nachlassenschaft** *-en f*, *åld.* kvarlåtenskap **Nachlasser** - *m*, *se* **Erblasser Nachlaßgericht** *-e n* tingsrätt (*såsom första instans i arvsfrågor*) **nachlässig** vårdslös, slarvig, försumlig; ovårdad; likgiltig, ointresserad **Nachlässigkeit** *-en f* slarv, vårdslöshet *etc.*, *jfr nachlässig* **Nachlaßpfleger** - *m* god man, boutredningsman, stärbhusförvaltare **Nachlaßverbindlichkeiten** *pl* dödsbos skulder **Nachlaßverwalter** - *m*, *se Nachlaßpfleger* **Nachlaßverwaltung** *-en f* boutredning **nachlaufen** *st s* **1** springa (följa) efter (*e-m* ngn); *diese Kleider laufen sich nach* (*vard.*) de här klänningarna ser man överallt; *e-m Mädchen ~* springa (hänga) efter en flicka; *ich laufe niemandem nach* (*äv.*) jag tränger mig inte på ngn **2** (*om ur*) gå efter, visa för lite **nachleben** *e-m Vorbild ~* försöka leva upp till en förebild **Nachleben** *0 n* fortsatt liv (*i efterlevandes minne*) **nachlegen** lägga på mera (*ved på eld, mat på tallrik e.d.*) **nachlernen** ytterligare lära sig, ta igen (*i skolan*) **Nachlese** *-n f* andra skörd, efterskörd (*äv. bildl.*); *e-e ~ halten* göra en efterskörd **nachlesen** *st* **1** göra en efterskörd, plocka (samla) [upp] efteråt **2** läsa [om]; *e-e Stelle im Buch ~* slå upp o. kontrollera (kontrolläsa) ett ställe i boken **nachliefern** leverera senare (efteråt) **Nachlieferung** *-en f* efterleverans, kompletterande leverans **nachlösen** *e-e Fahrkarte ~* lösa biljett i efterhand (*på tåg e.d.*); *e-n Zuschlag ~* köpa tilläggsbiljett

nachm. *förk. för nachmittags* e.m., [på] eftermiddagen **nachmachen** *vard.* **1** imitera; *e-m etw. ~* göra om det ngn gör; *e-m alles ~* (*äv.*)

ta efter ngn i allt; *den Lehrer ~* härma läraren; *e-e Stimme ~* imitera en röst; *mach es mir nach* gör som jag, gör om det om du kan; *nachgemachtes Geld* falska pengar **2** *etw. ~* göra ngt senare (efteråt) **Nachmahd** *-en f*, *dial.* efterslåtter **nachmalig** senare; *J.K., der ~e Präsident J.K.*, sedermera president **nachmals** *åld.* senare **nachmessen** *st* kontrollmäta **nachmittag** *heute ~* i eftermiddag, [i dag] på eftermiddagen; *morgen ~* i morgon eftermiddag **Nachmittag** *-e m* eftermiddag; *am ~ des 1. Mai* på eftermiddagen den 1 maj; *des ~s* på eftermiddagen, (om) eftermiddagarna **nach|mittägig, -mittäglich** på eftermiddagen, eftermiddags- **nachmittags** på eftermiddagen, på (om) eftermiddagarna; *um drei* klockan tre på eftermiddagen; *sie treffen sich immer Dienstag* (*dienstags*) *~ de* träffas alltid på tisdagseftermiddagarna **Nachmittags|schlaf** *0 m*, **-schläfchen** - *n* eftermiddagslur **Nachnahme** *-n f* efterkrav, postförskott; *unter* (*als, per, mit*) *~ schicken* sända mot efterkrav (postförskott) **Nachname** *-ns -n m* efternamn **nachnehmen** *st* **1** ta ut genom efterkrav (postförskott) **2** ta om (mera) **Nachnutzen** *DDR* dra nytta (använda sig) av (*tidigare erfarenhet*) **nachplappern** *e-m alles ~* tanklöst (till leda) upprepa allt vad ngn säger **Nachport|o** *-os el. -i n* lösen[avgift] **nachprüfen** **1** eftergranska, kontrollera, undersöka **2** *da er krank war, wurde er nachgeprüft* eftersom han var sjuk fick han tentera vid ett senare tillfälle **nachräumen** *vard.*, *e-m ~* städa efter ngn **nachrechnen** **1** kontrollräkna, räkna en gång till **2** räkna efter (ngn) **Nachrede** *-n f* slutord, epilog; *üble ~* (*jur.*) förtal; *üble ~ über e-n führen* förtala ngn, tala illa om ngn; *in üble ~ geraten* (*äv.*) bli bakdantad **nachreden** **1** *e-m etw. ~* upprepa vad ngn har sagt **2** *e-m übel ~* utsätta ngn för ärerörigt förtal, tala illa om ngn; *man soll uns nicht ~*, *daß* man ska inte komma o. säga om oss att **nachreifen** *s* mogna efter, eftermogna **nachreisen** *s* resa efter **nachrennen** *oreg. s*, *vard.*, *se* **nachlaufen Nachricht** *-en f* **1** underrättelse, meddelande, nyhet, rapport **2** *e-n* nyheter (*i radio, TV*); *die ~en hören* (*sehen*) lyssna (se) på nyheterna **Nachrichten|agentur** *-en f*, **-büro** *-s n* nyhets-, telegram|byrå **-dienst** *-e m* underrättelsetjänst **2** nyhets-, telegram|byrå **3** nyhets|program, -sändning **-magazin** *-e n*, *ung.* nyhetsmagasin (*tidskrift*) **-satellit** *-en -en m* kommunikationssatellit **-sendung** *-en f* nyhetssändning **-sperre** *-n f*, *ung.* informationsförbud, nyhetsspärr **-sprecher** - *m* nyhetsuppläsare **-truppe** *-n f* signalkår; *~n* signaltrupper **-wesen** *0 n* nyhetsförmedling **Nachrichter** - *m* **1** *vard.* nyhets|jägare, -förmedlare **2** soldat i signaltrupperna **3** *åld.* skarprättare **nachrücken** *s* fortsätta framåt (bakåt); flytta [sig] efter; rycka (marschera) efter; *e-m Beamten ~* efterträda en tjänsteman; *auf den Posten des Direktors ~* avancera till direktör **Nachruf** *-e- m* nekrolog, minnesruna, eftermäle **nachrufen** *st*, *e-m etw. ~* ropa ngt efter ngn **Nachruhm** *0 m* postum berömmelse **nachrühmen** *e-m etw. ~*, *daß* man måste ge honom det erkännandet att **nachrüsten** komplettera

nachsagen 1 *e-m etw.* ~ upprepa ngt [som ngn har sagt] **2** *man sagt ihm Geiz nach* det påstås att han är snål; *man kann ihr nur Gutes* ~ man kan bara säga gott om henne; *das darfst du dir nicht* ~ *lassen* det ska du inte låta folk säga om dig **Nachsaison** *-s (sty. o. österr. äv. -en) f* eftersäsong **Nachsatz** *-e† m* tillägg; *språkv.* eftersats **nachschaffen** *st* efterbilda **Nachschau** *0 f,* ~ *halten* titta efter **nachschauen** *se nachsehen* **nachschenken** fylla på **nachschicken** skicka efter; eftersända; *sich (dat.) die Post* ~ *lassen* låta eftersända posten; *e-m e-n Fluch* ~ svära efter ngn **nachschieben** *st, vard., e-n Vorschlag* ~ komma med ett förslag till (ett nytt förslag); *Fragen* ~ ställa ytterligare frågor **Nachschlag** *-e† m1 mus.* efterslag **2** *sl.* påbackning *(av mat)* **Nachschlagebuch** *-er† n* uppslagsbok **nachschlagen** *st* **1** *ein Zitat* ~ slå upp ett citat; *in e-m Buch (vard. äv. ein Buch)* ~ se efter i (rådfråga) en bok **2** *s, das Kind schlägt der Mutter nach* barnet brås på modern **Nachschlagewerk** *-e n* uppslagsverk **nachschleichen** *st s* smyga [sig] efter (*e-m* ngn) **nachschleifen 1** *st* efterslipa, slipa en gång till **2** *sv, das kranke Bein* ~ släpa det sjuka benet efter sig **nachschleppen** *e-m etw.* ~ släpa ngt efter ngn; *das verletzte Bein* ~ dra (släpa) det sårade benet efter sig **Nachschlüssel** - *m* kopia [av nyckel], falsk nyckel **nachschmekken 1** ge (lämna) en eftersmak **2** *skämts.* gotta sig åt **nachschmeißen** *st, vard., se nachwerfen* **nachschnüffeln** *vard., se nachspionieren* **nachschreiben** *st* anteckna, skriva ner (upp, av), skriva stolpar till **nachschreien** *st, e-m etw.* ~ ropa ngt efter ngn **Nachschrift** *-en f* **1** postskriptum (*i brev*), efterskrift **2** anteckningar, stolpar, avskrift; *die* ~ *(äv.)* det upptecknade **Nachschub** *0 m* underhåll[stjänst]; tillförsel [av förnödenheter]; [nytt] materiel, förnödenheter, förstärkning[ar]; ~ *brauchen (äv.)* behöva mer[a] (påfyllning) **Nachschu|ß** *-sse† m, sport.* retur[skott] **nachschütten** fylla (ösa, slå) på; *Koks* ~ slå på mera koks **nachschwatzen** pladdra efter (*e-m* ngn) **nachschwätzen** *sty., österr., se nachschwatzen* **nachsehen** *st* **1** *e-m* ~ se efter ngn, följa ngn med blicken **2** se efter; se igenom, kontrollera, gå igenom, se över; *ein Wort im Lexikon* ~ slå upp ett ord i lexikon; *ich ließ das Auto* ~ jag har haft bilen på översyn **3** *das muß man ihm* ~ det får man förlåta honom **Nachsehen** *0 n, das* ~ *haben* bli lurad på konfekten, bli utan, dra det kortaste strået **nachsenden** *oreg., ibl. sv* skicka (sända) efter; *bitte* ~! *(på kuvert)* eftersändes! **Nachsendung** *-en f* eftersändning **nachsetzen** sätta efter (*e-m* ngn) **Nachsicht** *0 f* över-, und|seende, fördrag; ~ *haben (üben)* visa överseende, överse; *in so e-m Fall kenne ich keine* ~ *(äv.)* i ett sådant fall tar jag i med hårdhandskarna; *Vorsicht ist besser als* ~ *(ung.)* tänk först o. handla sen; *je mehr Einsicht, je mehr* ~ *(ung.)* av insikt kommer överseende **nach|sichtig, -sichtsvoll** överseende, ursäktande **Nach'sichtwechsel** - *m* eftersiktväxel **Nachsilbe** *-n f, språkv.* suffix **nachsinnen** *st, über etw. (ack.)* ~ fundera (tänka) på ngt, grubbla över ngt **nachsitzen** *st* sitta kvar (*efter lektionens slut*) **Nachsommer** - *m* eftersommar **Nachsorge** *0 f, med.* eftervård **Nachspeise** *-n f* efterrätt **Nachspiel** *-e*

n efterspel; *teat.* efterpjäs; *mus.* postludium, utgångsstycke; *gerichtliches* ~ rättsligt efterspel; *unangenehmes* ~ *(äv.)* obehagliga följder **nachspielen 1** spela om (senare); återge, härma; *die Melodie* ~ spela efter melodin **2** *der Schiedsrichter ließ* ~ domaren förlängde matchen **3** *kortsp., dieselbe Farbe* ~ följa färg **nachspionieren** *e-m* ~ spionera på ngn **nachsprechen** *st* säga efter, upprepa **nachspringen** *st s* **1** springa (följa) efter **2** hoppa efter **nachspülen** skölja en gång till, spola efter; *e-e Pille nehmen und mit Wasser* ~ ta ett piller o. skölja ner det med vatten **nachspüren** *e-m* ~ efterspana ngn; *e-r Fährte* ~ följa ett spår; *e-m Geheimnis* ~ försöka utforska en hemlighet **nächst** [-ε:-] **I** *prep m. dat.* **1** alldeles i närheten av, intill **2** näst [efter] **II** *adj (alltid böjt)* nästa, närmaste, följande; *als* ~*es* närmast, som nästa punkt; *wer kommt als* ~*er*? vem är i tur?; *der* ~*e beste* första bästa; *das* ~*e Mal, ~es Mal* nästa gång; *meine ~en Pläne* mina närmaste planer; *die* ~*e Straße rechts* nästa gata åt höger; *ich werde es in den* ~*en Tagen tun* jag ska göra det en av de närmaste dagarna; *die* ~*en Verwandten* närmaste anhöriga, de närmast anhöriga; *welches ist der* ~*e Weg? (vard.)* vilken är den närmaste vägen?; *das* ~*e, was ich tue, ist* det första som jag kommer att göra är; [am] ~*en Sonntag* nästa söndag; *am 1.* ~*en Monats* den 1:a i nästa månad; *er kommt ihm an Mut am* ~*en* i fråga om mod är han mest lik honom; *sie sitzt mir am* ~*en* hon sitter närmast mig; *bei* ~*er (bei der* ~*en) Gelegenheit* vid första [bästa] tillfälle; *im* ~*en Augenblick* i nästa ögonblick; *in der* ~*en Zukunft* inom den närmaste framtiden; *mit* ~*em (åld.)* inom det allra första, snarast [möjligt]; *der N*~*e* nästan (medmänniskan); *jeder ist sich selbst der N*~*e* var o. en är sig själv närmast **-besser** näst bäst **-best** *der* ~*e beste* första bästa **nachstehen** *st, e-m* ~ stå tillbaka för ngn, vara ngn underlägsen; *er steht ihr an Frechheit nicht nach* han är lika fräck som hon; *sie steht ihm in nichts nach* hon står inte efter honom i någonting **nachstehend** nedanstående, följande; *im* ~*en wird gezeigt (äv.)* här nedan visas **nachsteigen** *st s, e-m Mädchen* ~ *(vard.)* hänga efter (uppvakta) en flicka **nachstellen 1** reglera, justera; *die Uhr* ~ ställa tillbaka klockan **2** *e-m* ~ ligga i försåt för (lura på) ngn, förfölja (försöka fånga) ngn; *e-m Mädchen* ~ *(vard.)* hänga efter (uppvakta) en flicka **3** *ein Wort* ~ *(språkv.)* efterställa ett ord **Nachstellung** *-en f* förföljelse; *vard.* närmande, efterhängsenhet; *bei* ~ *der Präposition (språkv.)* vid efterställd preposition **nächstemal** *das* ~ nästa gång **Nächstenliebe** *0 f* kärlek till nästan; *etw. mit dem Mantel christlicher* ~ *bedecken* förbigå ngt med barmhärtig tystnad **nächst|enmal** *beim* ~ nästa gång **-ens** inom kort, snart; *vard.* om det fortsätter så här, en vacker dag **-folgend** närmast följande **-höher** närmast högre **-jährig** nästa års; *meine* ~*e Reise* den resa som jag gör nästa år, nästa års resa **-liegend** *die* ~*e Frage* frågan som ligger närmast till hands; *auf das N*~*e kommt man nicht* man kommer inte på det som ligger närmast till hands

nach|stoßen st **1** s följa (komma) efter **2** vard. gå (hänga) på **-streben** eftertrakta (etw. (dat.) ngt); e-m Vorbild ~ söka efterlikna en förebild **-stürmen** s störta (rusa) efter (e-m ngn) **-stürzen** s störta efter (e-m ngn); rasa efter (e-m ngn) **-suchen 1** se efter; leta efter **2** bei e-m um etw. ~ anhålla hos ngn om ngt **nacht** heute ~ i natt; gestern ~ i går natt; wir reisen Mittwoch ~ ab vi far på onsdag natt **Nacht** -e† f natt; bei Einbruch der ~ vid nattens inbrott; des ~s på (om) natten (nätterna); e-s ~s en natt; dumm wie die ~ dum som ett spån; gute ~! god natt!; na, dann gute ~! (vard.) det var illa!; häßlich wie die ~ ful som stryk; draußen war schwarze ~ ute var det kolmörkt; die Zwölf Nächte nätterna mellan jul o. trettondagen; wir haben uns die ~ um die Ohren geschlagen (vard.) vi har varit uppe hela natten; es wird ~ natten faller på, det blir mörkt; ihm wurde es ~ vor den Augen han förlorade medvetandet (svimmade); bei ~ und Nebel i hemlighet, i nattens dunkel; bei ~ sind alle Katzen grau i mörkret är alla katter grå; durch die ~ fahren köra genom nattens mörker; ~ für ~ natt efter natt; mitten in der ~ mitt i natten; in der letzten (vergangenen) ~ förra natten, under den gångna natten; in der ~ auf (zum) Dienstag natten till tisdag[en]; in der ~ von Montag auf Dienstag [på] natten mellan måndag o. tisdag; bis spät in die ~ (bis in die späte ~ hinein) arbeiten arbeta till långt in (fram) på natten; bei e-m über ~ bleiben stanna över natten hos ngn; sie wurde über ~ berühmt hon blev berömd över en natt; zur ~ på (om) natten (nätterna), nattetid; zu ~ essen äta middag **-angriff** -e m nattanfall **-arbeit** 0 f nattarbete **-asyl** -e n nattasyl **-blindheit** 0 f nattblindhet **-dienst** 0 m nattjour **Nachteil** -e m nackdel, men; e-m zum ~ gereichen vara till förfång för ngn; der Plan hat den ~, daß (äv.) planen har den haken att; daraus können mir ~e erwachsen det kan bli till nackdel (skada) för mig; sich e-m gegenüber im ~ befinden vara i underläge (handikappad) i förhållande till ngn, ha en ogynnsammare ställning än ngn **nachteilig** ofördelaktig, menlig, negativ, till skada **nächtelang** nätter igenom, natt efter natt **nachte|n** schweiz. el. poet., es -t det lider mot (blir) natt **nächtens** högt. nattetid **Nachtessen** - n, sty., schweiz. kvällsmat, middag **Nachteule** -n f, vard. nattuggla **Nachtfalter** - m **1** zool. nattfjäril **2** skämts. nattsuddare **nacht|farben, -farbig** natt-, djup|blå **Nacht|flug** -e† m nattflyg[ning] **-frost** 0 m nattfrost **-gebet** -e n aftonbön **-geschirr** -e n nattkärl **-gleiche** -n f dagjämning **-hemd** -en n natt|skjorta, -linne **-himmel** 0 m natthimmel **nächtig** högt. nattlig, natt-; nattmörk **Nachtigall** -en f näktergal; ~, ich hör dir trapsen (vard. ung.) nu gick (går) det upp ett ljus för mig **Nachtigallenschlag** 0 m näktergalens sång, näktergalsslag **nächtigen** österr. el. högt. övernatta **Nachtisch** 0 m efterrätt, dessert **Nachtkästchen** - n, sty., österr. nattduksbord **Nachtkerze** -n f, bot. nattljus **Nachtklub** -s m nattklubb **Nachtlager** - n nattläger; bivack **Nachtleben** 0 n nattliv **nächtlich** nattlig, natt-; om natten 'nächtlicher'weile högt. nattetid, om natten **Nachtluft** 0 f nattluft

Nachtmahl -e el. -er† n, sty., österr. middag, kvällsmål **nachtmahl|en** -te genachtmahlt sty., österr. äta middag (kvällsmål) **Nachtmahr** -e m nattmara **Nachtmensch** -en -en m nattmänniska **Nachtmusik** 0 f serenad **Nachtmütze** -n f **1** nattmössa **2** vard. slöfock, dumbom **nachtönen** klinga efter, fortsätta att ljuda **Nacht|portier** -s m nattportier **-quartier** -e n nattkvarter **Nachtrag** -e† m tillägg, supplement **nachtragen** st **1** e-m etw. ~ bära ngt efter ngn **2** e-m etw. ~ bära agg till ngn för ngt, inte kunna förlåta ngn ngt; er trägt e-m nichts nach (äv.) han är inte långsint **3** tillfoga, komplettera; sie wollte in ihrem (ihren) Brief noch etw. ~ hon ville tillägga en sak till i brevet **nach|tragend, -trägerisch** långsint **nachträglich** efteråt, senare; ~e Glückwünsche lyckönskningar i efterhand; ~e Zahlung efterskottsbetalning **Nachtrags|etat** -s m, -haushalt -e m tilläggsbudget **nachtrauern** [gå o.] sörja över (e-m ngn) **Nachtrupp** -s m eftertrupp **nachts** på (om) natten (nätterna) **Nachtschattengewächse** pl nattskatte-, potatis|-växter **Nachtschicht** -en f nattskift **nachtschlafend** vard., bei (zu) ~er Zeit mitt i natten **Nachtschränkchen** - n nattduksbord **Nachtschwalbe** -n f nattskärra **Nachtschwärmer** - m **1** zool. nattfjäril **2** skämts. nattsuddare **nachtschwarz** natt-, kol|svart **Nachtschwester** -n f nattsköterska **Nachtseite** -n f, bildl. skugg-, natt|sida **Nachtsichtigkeit** 0 f nattsynthet, nyktalopi **Nachtstrom** 0 m nattström (t. lägre taxa) **Nachtstunde** -n f, die ~n nattens timmar; in den ersten ~n tidigt på natten; zu vorgerückter ~ sent på natten, fram på småtimmarna **nachtsüber** på (under) natten **Nachttarif** -e m nattaxa **Nachttisch** -e m nattduksbord **Nachttopf** -e† m potta, nattkärl **Nachttresor** -e m nattfack

nachtun st, vard., etw. ~ härma (imitera, göra efter) ngt; niemand kann es ihm ~ (äv.) ingen är lika bra som han (går upp mot honom) **Nacht-und-Nebel-Aktion** -en f, ung. hemlig [o. lagvidrig] [polis]aktion (på natten), överrumplingsaktion **Nachturlaub** -e m nattpermission **Nachtwache** -n f **1** nattvakt (tjänstgöring); vaknatt (hos sjuk) **2** natt|patrull, -vakt **Nachtwächter** - m **1** nattvakt (person), väktare **2** vard. nolla, slöfock **3** vard. hund-, häst|lort e.d. **nachtwandel|n** -te, genachtwandelt, h el. s gå i sömnen **Nachtwandler** - m sömngångare **nachtwandlerisch** sömngångaraktig **Nachtzeit** 0 f, zur ~ nattetid, på (om) natten (nätterna) **Nachtzeug** 0 n, vard. nattsaker **Nachtzug** -e† m nattåg **Nachuntersuchung** -en f efterkontroll, senare undersökning **nachverlangen** ytterligare (i efterhand, kompletterande) vilja ha (kräva) **Nachversicherung** -en f tilläggsförsäkring **nachvollziehen** st tänka (sätta) sig in i, förstå **nachwachsen** st s växa upp (fram) igen **Nachwahl** -en f val efter ordinarie valdag; fyllnadsval **Nachwehen** pl **1** med. efterväkar **2** (obehagliga) efterkänningar **nachweinen** e-m (e-r Sache) ~ sörja över (e-m ngn); ich werde ihm keine Träne ~ jag tänker inte begråta honom **Nachweis** -e m bevis, påvisande; den ~ für etw. erbringen (liefern, führen) leda ngt i bevis,

bevisa (styrka) ngt; *der ~ der Echtheit des Bildes ist gelungen* man lyckades fastställa tavlans äkthet **nachweisbar** påvisbar **nachweisen** *st* **1** bevisa, styrka, konstatera, påvisa; *e-m den Diebstahl ~ bevisa* att ngn gjort sig skyldig till stölden; *ich habe ihm den Fehler nachgewiesen* jag visade att han hade begått felet; *er hat sein Alibi nachgewiesen* han kunde bevisa sitt alibi; *im Körper wurde Gift nachgewiesen* gift påvisades i kroppen **2** *e-m etw*. ~ anvisa ngn ngt, ge ngn anvisning på ngt **nachweislich** påvisbar, bevislig **Nachwelt** *0 f* eftervärld **nachwerfen** *st, e-m etw.* ~ kasta ngt efter ngn; *ein paar Münzen ~* kasta in några mynt till; *etw. nachgeworfen kriegen* (*vard.*) få ngt [nästan] gratis (utan ansträngning) **nachwinken** *e-m* ~ vinka efter ngn **nachwirken** verka efteråt, fortsätta att verka **Nachwirkung** *-en f* efter|verkan, -verkning **nachwollen** *oreg.* vilja följa efter (*e-m* ngn) **Nachwort** *-e n* slutord, efterskrift **Nachwuchs** *0 m* **1** *vard.* barn; *bei ihnen hat sich ~ eingestellt* de har fått tillökning i familjen **2** återväxt, [uppväxande] ny generation, efterkommande; *in diesem Beruf gibt es zuwenig ~* återväxten är dålig i det här yrket **Nachwuchskraft** *-e† f* ung talang, påläggskalv **Nachwuchstalent** *-e n* kommande stjärna, ung talang **nachzahlen** betala ytterligare (i tillägg, i mellanskillnad, i efterhand) **nachzählen** kontrollräkna **Nachzahlung** *-en f* efterbetalning **Nachzählung** *-en f* kontrollräkning **nachzeichnen 1** rita (teckna) av, kopiera **2** återge, skildra **nachziehen** *st* **1** dra (släpa) efter sig **2** *die schwachen Linien ~* tydligare markera de svaga linjerna; *die Lippen ~* bättra på läpparna (*m. läppstift*) **3** *e-e Schraube ~* dra åt en skruv ytterligare (efteråt) **4** *einige Blumen ~* odla ytterligare några blommor **5** *schack.* göra nästa drag **6** *vard. die Industrie zog mit Preiserhöhungen nach* industrin följde efter med prishöjningar **7** *s, e-m* ~ taga (flytta, följa) efter ngn **Nachzucht** *0 f* uppfödning, avel; avkomma, avelsdjur **Nachzug** *-e† m,* järnv. dubbleringståg **Nachzügler** *- m* **1** eftersläntrare; *ein ~ sein* (*äv.*) ha kommit på efterkälken, ligga efter **2** *se Nachkömmling*
'**Nackedei** *-s m, vard.* **1** naken unge **2** naken brud (person) **3** nudist **Nacke'donien** *0 n, vard.* badstrand för nakenbadare **Nackedonier** *- m, vard.* nakenbadare
Nacken *- m* nacke; *er mußte seinen ~ beugen* han måste foga sig; *e-m den ~ beugen* kväsa ngn; *e-n steifen ~ haben* vara stel i nacken; *e-m im ~ sitzen a*) vara i hälarna på (förfölja) ngn, *b*) sätta åt ngn; *ihm sitzt der Geiz* (*die Angst*) *im ~* han är mycket snål (rädd); *e-m den ~ steifen* uppmuntra ngn [att morska upp sig]; *den Kopf in den ~ werfen* kasta huvudet bakåt **nackend** *åld. el. dial.* naken
Nacken|haar *-e n* nackhår **-schlag** *-e† m, bildl.* bakslag, motgång
nackert *dial.* naken **Nackfrosch** *-e† m, vard.* [litet] naket barn **nackicht** *dial.*, **nackig** *dial.* naken **nackt** naken, bar, kal; *mit ~em Auge* med blotta ögat; *auf der ~en Erde schlafen* sova på bara marken; *mit ~en Füßen* (*äv.*) barfota; *das ~e Leben* *linken, ~e Lüge* osminkad (fräck) lögn; *ein ~es Schwert* ett blottat svärd; *~e Tatsachen* nakna fakta; *~e Wahrheit* osminkad sanning; *mit ~en Worten* rent ut, rakt på sak **Nacktbader** *- m* nakenbadare **Nacktfrosch** *-e† m, vard.* [litet] naket barn **Nacktheit** *0 f* nakenhet, kalhet **Nacktkultur** *0 f* nudism **Nacktmodell** *-e n* nakenmodell **nacktsamig** *bot.* nakenfröig **Nacktschnecke** *-n f* snigel (*utan hus*) **Nackttänzerin** *-nen f* nakendansös
Nadel *-n f* **1** nål; [strump]sticka; visare; [grammofon]stift; (*nålformig*) spets; *kalte ~* (*konst.*) torrnål; *etw. mit ~n anstecken* (*äv.*) nåla fast ngt; *es konnte keine ~ zur Erde* (*zu Boden*) *fallen* det var jättetrångt; *man konnte e-e ~ fallen hören* det var så tyst att man kunde höra en knappnål falla; *an der ~ hängen* (*sl.*) vara knarkare (heroinist), sila; *etw. mit heißer* (*der heißen*) *~ nähen* (*vard.*) sy ngt i flygande fläng; *wie auf ~n sitzen* sitta som på nålar; *e-n wie e-e ~ suchen* leta efter ngn överallt **2** barr; *die ~n verlieren* tappa barren, barra **-arbeit** *-en f* sömnad **-baum** *-e† m'* barrträd **-brief** *-e m* nålbrev **-düse** *-n f, tekn.* nålmunstycke **-einfädler** *- m* nålpåträdare
nadelförmig nålform|ad, -ig
Nadel|geld *-er n* nålpengar **-holz** *-er† n* barrträd[svirke] **-kissen** *- n* nåldyna **-kopf** *-e† m* knappnålshuvud **-lager** *- n, tekn.* nållager **-loch** *-er† n* nålsöga
Nadel|öhr *-e n* nålsöga **-spitze** *-n f* **1** nålsudd, nålspets **2** sydd spets **-stärke** *-n f* nålnummer **-stich** *-e m* nål|stick, -stygn (*äv. bildl.*); *mit ein paar ~en befestigen* fästa med ett par stygn; *e-m ~e versetzen* pika ngn **-wald** *-er† n* barrskog
Nadir ['-- *el.* -'-] *0 m, astron.* nadir
Nagel *-† m* **1** spik, stift, nagel; *e-n ~ im Kopf haben* (*vard.*) vara inbilsk (arrogant); *etw. an den ~ hängen* (*vard.*) ge upp ngt, ge ngt på båten, lägga ngt på hyllan; *Nägel mit Köpfen machen* (*vard.*) inte nöja sig med halvmesyrer; *den ~ auf den Kopf treffen* (*vard.*) slå huvudet på spiken **2** nagel; *nicht das Schwarze unterm ~* (*vard.*) inte ett skvatt; *die Arbeit brennt mir auf* (*unter*) *den Nägeln* (*vard.*) arbetet brådskar, jag är ruskigt pressad av arbetet; *sich* (*dat.*) *etw. unter den ~ reißen* (*ritzen*) (*vard.*) lägga vantarna på (snilla undan) ngt **-bett** *-en, äv. -e n* nagelbädd **-bohrer** *- m* spikborr **-brett** *-er n* (*fakirs*) spikbädd **-eisen** *- n* kofot **-feile** *-n f* nagelfil **-haut** *-e† f,* **-häutchen** *- n* nagelband **-heber** *- m* kofot
Nägel|kauen *0 n* nagelbitning **Nägel|kopf** *-e† m* spikhuvud **-lack** *-e m* nagellack
nageln 1 spika [fast (ihop)], pligga; *genagelte Schuhe* spikbeslagna skor **2** (*om motor*) knacka, spika '**nagel'neu** *vard.* splitterny **Nagel|probe** *-n f, die ~ machen* tömma glaset, vända botten upp på glaset; *bis auf die ~* till sista droppen **-reiniger** *- m* nagelpetare **-schere** *-n f* nagelsax **-schmied** *-e m* spiksmed **-schuh** *-e m* spikbeslagen sko, bergsko **-zange** *-n f* nageltång; *tekn.* hovtång
nagen gnaga (*an + dat.* på); *bildl.* tära; *nichts zu ~ und zu beißen haben* (*vard.*) suga på ramarna; *an der Unterlippe ~* bita sig i underläppen; *sich durch etw. ~* gnaga sig igenom ngt; *~der Zweifel* gnagande tvivel **Nager** *- m, zool.*, **Nagetier** *-e n, zool.* gnagare
nah *se nahe*
Näharbeit *-en f* sömnad[sarbete]

Nahaufnahme -n f närbild **Nahbrille** -n f läsglasögon **nahe I** adj o. adv †, jfr näher, nächst nära, närbelägen, närliggande, nära förestående; die ~ Abreise den nära förestående avresan; der N~ Osten Mellanöstern; der ~ Wald den närbelägna skogen; in ~r Zukunft inom en nära framtid; ~ am Strand nära (inte långt från) stranden; er ist ~ an siebzig (vard.) han är nästan sjuttio år; ~ daran sein, etw. zu tun vara nära (på väg, på vippen) att göra ngt; ~ bei der Kirche nära [intill] (strax bredvid) kyrkan; aus (von) nah und fern (fern und nah) från när o. fjärran; von ~m på nära håll; dem Tode ~ sein vara nära döden; e-m zu ~ treten kränka (såra) ngn **II** prep m. dat. nära; ~ der Stadt nära [intill] (strax bredvid) staden **Nähe** 0 f närhet, grannskap; hier in der ~ här i närheten; in greifbarer ~ inom räckhåll; bleib in meiner ~ stanna kvar i närheten av mig (nära mig); aus der ~ beobachten iaktta på nära håll; aus nächster ~ på mycket nära håll
'**nahe|'bei** [alldeles] i närheten, [strax] intill
-**bringen** oreg., e-m etw. ~ väcka ngns intresse (förståelse) för ngt; die Arbeit hat beide einander nahegebracht arbetet förde dem närmare varandra -**gehen** st s, e-m ~ smärta (djupt beröra) ngn; sich (dat.) etw. ~ lassen (äv.) ta vid sig av ngt -**kommen** st s, es dürfte der Wahrheit (dat.) ~ det torde komma sanningen nära; das kommt e-r Verleumdung (dat.) nahe det gränsar till förtal; wir sind uns (dat.) nahegekommen (äv.) vi har kommit på förtrolig fot med varandra -**legen** [till]råda, rekommendera (e-m etw. ngn ngt); e-m ~, zu verschwinden ge ngn det goda rådet att försvinna; diese Vorkommnisse legen die Vermutung nahe, daß på grund av dessa händelser har man skäl att anta att -**liegen** st s ligga nära till hands; ~des Problem närliggande problem; aus ~den Gründen (äv.) av lättförståeliga skäl
nahen s el. rfl närma sig, nalkas; ~d annalkande, antågande
nähen sy; e-e Wunde ~ sy ihop ett sår; e-n Knopf an etw. (ack.) ~ sy i en knapp i ngt; mit der Hand ~ sy för hand
näher närmare; ~e Angaben närmare (ytterligare, utförligare) uppgifter; die ~e Umgebung den närmaste omgivningen; des ~en närmare, i detalj; ~ heranrücken (äv.) närma sig; e-n ~ kennenlernen (äv.) bli närmare bekant med ngn; um der Sache (dat.) ~ zu kommen för att gå till botten med saken; dieser Weg ist ~ den här vägen är närmare; N~es erfahren Sie bei närmare upplysningar (besked) får Ni hos; N~es weiß ich nicht de närmare detaljerna (omständigheterna e.d.) känner jag inte till -**bringen** oreg., e-m etw. ~ väcka ngns förståelse (intresse) för ngt, väcka större förståelse (intresse) för ngt hos ngn
Näherei -en f sömnad
Naherholungsgebiet -e n strövområde, rekreationsområde (nära stad)
Näherin -nen f sömmerska
näherkommen st s, wir sind einander nähergekommen vi har kommit varandra närmare **näherliegen** st ligga närmare till hands **nähern** l etw. e-m ~ närma ngt till ngn, flytta ngt närmare ngn **2** rfl närma sig, nalkas (e-m ngn) **Näherrecht** 0 n, åld. förköpsrätt **näherstehen** st, e-m ~ stå ngn närmare, vara intimare med ngn **nähertreten** st s, e-m ~ komma i närmare kontakt med ngn; e-r Sache (dat.) ~ närmare befatta sig med (undersöka) en sak **Näherung** -en f **1** närmande **2** mat. approximation **Näherungswert** -e m, mat. approximativt värde **nahestehen** st, e-m ~ stå ngn nära, vara intim med ngn; ~d närstående, närbesläktad **nahetreten** st s, e-m ~ komma i nära kontakt med ngn '**nahe'zu** nästan, nära nog
Näh|faden -† m, -**garn** -e n sytråd
Nahkampf -e† m, mil. närstrid; sport. närkamp
Näh|kästchen - n syskrin; aus dem ~ plaudern (vard.) skvallra ur skolan -**kasten** -† m syskrin
nahm se nehmen
Näh|maschine -n f symaskin -**nadel** -n f synål
Nah'ost in ~ i Mellanöstern
Nährboden -† m jordmån (äv. bildl.); näringssubstrat (för bakteriekultur) **nähr|en 1** nära, föda, ge näring åt, amma; Groll ~ hysa agg **2** Milch -t mjölk är närande **3** rfl livnära sig; sich von seiner Hände Arbeit ~ försörja sig på sina händers arbete; sich von Gemüse ~ leva på (äta) grönsaker **nahrhaft** närande, näringsrik, kraftig; bildl. lukrativ; das ~e Gewerbe (skämts.) livsmedelsindustrin **Nährhefe** 0 f öljäst **Nährmehl** -e n berikat mjöl (för barnmat) **Nährmittel** pl, ung. spannmålsprodukter (gryn, pasta e.d.) **Nährmutter** -† f, åld., se Pflegemutter **Nährsalze** pl närsalter **Nährschaden** -† m (kronisk) skada på grund av felaktig näring **Nährstoff** -e m näringsämne **Nahrung** 0 f näring (äv. bildl.); geistige ~ andlig spis (föda); die ~ verweigern matvägra; den Gerüchten ~ geben ge näring åt skvallret; ~ und Kleider mat o. kläder
Nahrungs|aufnahme 0 f intagande av föda -**bedarf** 0 m näringsbehov -**mangel** 0 m brist på näring[smedel] -**mittel** -n näringsmedel, födoämne -**sorgen** pl näringsbekymmer; keine ~ haben inte ha några bekymmer för sin utkomst -**stoff** -e m näringsämne
Nähr|vater -† m, åld., se Pflegevater -**wert** 0 m näringsvärde; das hat keinen ~ (vard.) det är helt värdelöst (meningslöst)
Nahschnellverkehrszug -e† m ung. snabb-, pendeltåg (inom när-, lokal|trafiken)
Näh|seide -n f sysilke -**stich** -e m stygn -**stunde** -n f handarbetslektion
Naht -e† f söm; med. sutur; tekn. fog; e-e ~ (vard.) en massa, mycket; e-m auf die Nähte gehen (rücken) (vard.) sätta åt ngn; etw. auf der ~ haben (vard.) ha stålar, vara rik; er platzt aus allen Nähten (vard.) han är så tjock att alla sömmar spricker på honom **Nähterin** -nen f, åld. sömmerska **nahtlos** sömlös, utan fog (söm, skarv); bildl. kontinuerlig, jämn **Nahtstelle** -n f skarv[ställe]; bildl. övergång, skärningspunkt
Nahverkehr 0 m när-, lokal|trafik
Nähzeug 0 n sysaker, sybehör
Nahziel -e n näraliggande mål
Nähzwirn -e m (grov) sytråd
naiv naiv; okonstlad, naturlig; troskyldig, blåögd, aningslös, enfaldig; den N~en (die N~e) spielen låtsas vara (spela) ovetande (dum) **Naive** [-v-] adj böjn. f, teat. ingeny **Naivität** [-v-] 0 f naïvitet etc., jfr naiv **Naivling** -e m, vard. [alltför] godtrogen (naiv) människa

Najade -n f, myt. najad
Name -ns -n m namn; e-n falschen ~n angeben uppge falskt namn; in dem Gespräch fiel auch dein ~ i samtalet dök också ditt namn upp; sich (dat.) e-n ~n machen skapa sig ett namn; mein ~ ist Wimmer (äv.) jag heter Wimmer; wie ist Ihr [werter] ~? hur var namnet?; wie war doch gleich Ihr ~? förlåt, hur var namnet nu igen?; mein ~ ist Hase [ich weiß von nichts] (vard.) jag har inte en aning [om det]; seinen ~n unter das Dokument setzen (äv.) underteckna dokumentet; das Auto ist auf den (unter dem) ~n seiner Frau gemeldet bilen är registrerad på hans fru; der Hund hört auf den ~n Rigo hunden lystrar till namnet Rigo; etw. beim rechten ~n nennen nämna ngt vid dess rätta namn; im ~n des Gesetzes i lagens namn; viele Grüße, auch im ~n meines Vaters (i brev) många hälsningar också från min far; im eigenen ~ i eget namn; ein Mann mit ~n Karl en man vid namn Karl; e-n nur dem ~n nach kennen känna ngn bara till namnet; unter fremdem ~n reisen resa under antaget namn (inkognito) **Namen** - m, se Name **Namenänderung** -en f namnbyte **Namengebung** -en f **1** namngivning **2** se Namensweihe **namenlos 1** namnlös, anonym **2** ~es Leid obeskrivligt (outsägligt) lidande **Namennennung** -en f nämnande (utsättande) av namnet **Namenregister** - n namnregister **namenreich** som har många namn **namens I** adv, ein Mann ~ X en man vid namn X **II** prep m. gen., ~ der Regierung i regeringens namn **Namens|änderung** -en f namnbyte -**bruder** -† m namne -**fest** -e n namnsdag -**gebung** -en f, se Namengebung -**nennung** -en f, se Namennennung -**papier** -e n värdepapper utställt på viss person -**schild** -er n namn|plåt, -skylt -**schwester** -n f [kvinnlig] namne -**tag** -e m namnsdag -**vetter** -n m namne -**wechsel** - m namnbyte -**weihe** -n f, DDR, sozialistische ~ namngivning (i stället för dop) -**zeichen** - n (förkortad) namnteckning, 'kråka' -**zug** -e† m **1** namnteckning **2** monogram
namentlich I adj namn-; ~e Abstimmung omröstning med namnupprop **II** adv **1** med namn; ohne jeden einzelnen ~ zu nennen (äv.) ingen nämnd o. ingen glömd **2** framför allt, i synnerhet, särskilt, speciellt **Namenwechsel** - m namnbyte **namhaft 1** namnkunnig, känd, berömd **2** betydande, ansenlig **3** e-n ~ machen ta reda (uppge namnet) på ngn, nämna ngn **nämlich** [-ε:-] **I** adj, högt. samma; die ~e Frau samma kvinna **II** adv nämligen
nannte se nennen
na'nu interj vad nu då!; ~, da ist er ja! nej men titta, där är han ju!
'**Napalm** 0 n napalm -**bombe** -n f napalmbomb
Napf -e† m (liten) skål, bunke, spilkum -**kuchen** - m (slags) sockerkaka
Naphta 0 n, ibl. f nafta, berg-, rå|olja, petroleum **Naphtalin** 0 n naftalin
napoleonisch napoleonsk
Nappa -s, **Nappaleder** - n nappa[läder]
Narbe -n f **1** ärr **2** narv (på läder) **3** bot. märke **4** grästorv **narben** narva **Narben** - m narv **narbig 1** ärrig **2** narvig
Narde -n f nardus
Nargi'leh [äv. -'--] -[s] f el. -s n vattenpipa
Narkoanalyse -n f, med., psykol. narkoanalys

Narkomanie 0 f, med. narkomani **Narkose** -n f narkos **Narkose[fach]arzt** -e† m narkosläkare **Narkosemittel** - n narkosmedel **Narkotik|um** -a n **1** narkosmedel, narkotikum **2** narkotik|a, -um **narkotisch** narkotisk **Narkotiseur** [-'zø:r̩] -e m narkosläkare **narkotisieren** ge narkos, söva **Narkotismus** 0 m narkomani
Narr -en -en m narr; tok[stolle], dåre; pajas; e-n ~en an e-m gefressen haben (vard.) vara galen i ngn; e-n zum ~en halten (haben) göra narr av (driva med) ngn; ~en und Kinder sagen die Wahrheit av barn o. dårar får man höra sanningen; ich bin ein ~, daß ich ihm glaube jag är en idiot som tror på honom; den ~en spielen spela pajas
narrativ språkv. narrativ, **Nar'rator** [äv. --'-] -en m, litt. berättare
narren driva [gäck] med, lura **Narrenfest** -e n kostymfest **Narrenfreiheit** 0 f, während des Faschings herrscht ~ (ung.) under karnevalstiden får man ta sig extra friheter; er genießt (hat) ~ (bildl.) man har överseende med honom, han får göra lite som han vill **Narrenhaus** -er† n, åld. dårhus **Narrenkappe** -n f narrkåpa **Narrenseil** 0 n, e-n am ~ führen göra narr av (gyckla med) ngn, dra ngn vid näsan **narrensicher** vard. idiotsäker **Narrenstreich** -e m dår-, galen|skap **Narrentum** 0 n, se Narrheit **Narrenzepter** 0 n, bildl. dårarnas herravälde; Prinz Karneval führt das ~ Prins Karneval för spiran (härskar) **Narretei** -en f narraktigt upptåg (spratt); narraktighet, dårskap **Narrheit** -en f dumhet, dåraktighet **Närrin** -nen f narr, toka, fjolla **närrisch** narr-, dår|aktig, tokig, tokrolig; ~er Kauz (Kerl) toker; ~ vor Freude (vard.) alldeles galen av glädje; ~ verliebt sein (vard.) vara upp över öronen förälskad; ~ auf etw. (ack.) sein, ~ nach etw. sein vara tokig i ngt; bist du ~? (vard.) är du inte klok?
Narwal ['narva:l, äv. -val] -e m narval
Narzi|ß -sse m självupptagen person, narcissus **Narzisse** -n f narciss; Gelbe ~ påsklilja Weiße ~ pingstlilja **Narzißmus** 0 m narcissism
nasal nasal (äv. fonet.), näs- **Nasal** -e m, **Nasallaut** -e m, fonet. nasal, näsljud **nasalieren** fonet. nasalera
naschen snaska; gern ~ tycka om sötsaker (läckerheter); er hat vom Kuchen genascht han har tagit av kakan i hemlighet (snattat av kakan);'von allem nur ~ (bildl. ung.) bara nosa på allting (arbeten, studier etc.) **Nascher** - m, **Näscher** - m person som är svag för sötsaker (läckerheter), snaskgris **Näscherei 1** 0 f snaskande **2** -en f snask **Näscherei** -en f snask **naschhaft** förtjust i snask (läckerheter); ~ sein (äv.) vara en snaskgris **Nasch|katze** -n f, vard., -**maul** -er† n, vard. snaskgris **Naschsucht** 0 f [omåttligt] begär efter sötsaker (läckerheter) **Naschwerk** 0 n, åld. söt-, god|saker
Nase -n f **1** näsa; sich (dat.) die ~ begießen (vard.) ta sig ett [par] glas; e-e ~ bekommen (vard.) bli upplaxad (utskälld), få en uppsträckning; e-m e-e ~ drehen (vard.) skratta ut ngn; die richtige ~ für Geschäfte haben ha näsa för affärer; die ~ hängen lassen vara moloken; die ~ hoch tragen sätta näsan i vädret; ihm läuft die ~ (vard.) näsan rinner på honom,

han är snuvig; *mir paßt (gefällt) seine ~ nicht (vard.)* jag kan inte med (tål inte) honom; *sich (dat.) die ~ putzen (schneuzen)* snyta sig; *nicht weiter sehen als seine ~ [reicht] (vard.)* inte se längre än näsan räcker, vara kortsynt (korttänkt); *seine ~ in alles stecken (vard.)* lägga sin näsa i blöt; *steck die ~ ins Buch! (vard.)* sätt dig o. läs!; *von etw. die ~ [gestrichen] voll haben (vard.)* ha fått nog av (vara led på) ngt; *die ~ vorn haben (vard.)* vinna; *ich sah es dir an der ~ an, daß (vard.)* jag såg (det syntes) [med detsamma] på dig att; *faß dich an die eigene ~! (vard.)* sköt dig själv!; *e-n an der ~ herumführen (vard.)* dra ngn vid näsan, lura ngn; *das werde ich dir nicht auf die ~ binden! (vard.)* du ska inte tro att jag talar om det för dig!; *auf die ~ fallen (vard.)* ramla (stå) på näsan; *mit etw. voll auf die ~ fallen (vard.)* misslyckas kapitalt med ngt; *e-m eins (was) auf die ~ geben (vard.)* ge ngn en näsbränna; *er liegt seit zwei Wochen auf der ~ (vard.)* han är sängliggande (sjuk) sedan två veckor; *sich (dat.) etw. aus der ~ gehen lassen (vard.)* låta ngt gå sig ur händerna; *laß dir doch nicht jedes Wort aus der ~ ziehen! (vard.)* ska man verkligen behöva dra vartenda ord ur dig!; *durch die ~ reden* tala i näsan; *in der ~ bohren* peta sig i näsan; *dieser Hut sticht mir schon lange in die ~ (vard.)* den här hatten har jag länge gått o. tittat på; *mit langer ~ abziehen [müssen] (vard.)* få [stå där med] lång näsa; *muß man ihn immer mit der ~ auf alles stoßen?* hur tydligt måste man egentligen påpeka saker o. ting för honom (visa honom saker o. ting)?; *die Straße links und dann immer der ~ nach (vard.)* ta första gatan till vänster o. fortsätt sedan hela tiden rakt fram; *wenn es nicht nach seiner ~ geht (vard.)* om det inte går som han vill; *das ist nicht nach meiner ~ (vard.)* det är inte i min smak, det tycker jag inte om; *pro ~ (vard.)* per skaft (person); *über e-n die ~ rümpfen* rynka på näsan åt ngn; *e-m etw. unter die ~ reiben (vard.)* låta ngn få veta ngt, förebrå ngn ngt; *etw. vor der ~ haben (vard.)* ha ngt mitt framför näsan på sig; *mir ist der Zug vor der ~ weggefahren (vard.)* tåget gick mitt framför näsan på mig; *e-m die Tür vor der ~ zuschlagen (vard.) a)* slå igen dörren mitt framför näsan på ngn, *b)* tillbakavisa (avvisa) ngn **2** näsliknande, utskjutande del, *t.ex.* spets, nos, bog (*på fartyg*), näs, utsprång, pip, knagg **3** *zool.* broskmun **naselang** *se* **naselang näseln** tala i näsan, snörvla; *~de Aussprache* nasalt uttal **Nasenbein** -*e n* näsben **Nasenbluten** 0 *n,* ~ *haben* blöda näsblod **Nasenflügel** - *m* näsvinge **Nasenhöhle** -*n f* näshåla **Nasenkorrektur** -*en f (plastisk)* näs|korrigering, -operation **naselang** *alle ~ (vard.)* ideligen, jämt och ständigt **Nasen|länge** -*n f* noslängd; *mit e-r ~ gewinnen* (*hästsport.*) vinna med en noslängd; *e-n um e-e ~ schlagen (äv.)* vinna över ngn med ett mycket litet försprång **-laut** -*e m, fonet.* näsljud, nasal **-loch** -*er† n* näsborre; *e-m verliebte Nasenlöcher machen (vard.)* flörta hed ngn **-plastik** -*en f (plastisk)* näsoperation **-quetscher** -, *m vard.* **1** glasögon, pincené **2** likkista **-ring** -*e m* **1** nosring **2** näsring **-rücken** - *m* näsrygg **-scheidewand** -*e† f* nässkiljevägg **-schleimhautentzündung** -*en f, med.* snuva **-spitze** -*n f* näs|spets, -tipp; *das sieht man dir*

an der ~ an (vard.) det syns nästan (det ser man med detsamma) på dig; *nicht weiter sehen als die ~ reicht (vard.)* inte se längre än näsan räcker **-stüber** - *m* näsknäpp; *vard.* näsbränna, tillrättavisning **-wärmer** - *m, vard. (kort)* pipa **-wurzel** -*n f* näsrot **naseweis** näsvis; *~es Ding (vard.)* näbbgädda **Naseweis** -*e m* näsvis pojke (flicka); *so ein kleiner ~! (äv.)* en sån liten rackare! **nasführ|en** -*te, genasführt* dra vid näsan, lura; *man hat dich genasführt (äv.)* du har blivit lurad **Nashorn** -*er† n* noshörning **naslang** *se* **naselang**
naß *adj, äv.* † våt, blöt, fuktig; *mit nassen Augen* med tårar i ögonen, gråtande; *nasse Füße haben (äv.)* vara våt om fötterna; *ein nasses Grab finden* få (finna) sin grav i böljorna; *nasser Sommer* regnig sommar; *durch und durch (bis auf die Haut) ~* våt inpå bara kroppen, genomblöt; *für ~ (dial.)* gratis; *das Kind hat das Bett ~ gemacht* barnet har kissat i sängen; *genauso ~ wie vorher sein (vard.)* vara lika klok som förut **Naß** 0 *n, poet.* vätska, fluidum; vatten, regn, dryck *e.d.*
'Nassauer - *m* **1** invånare i Nassau **2** *vard.* snyltgäst **3** *vard.* regnskur **nassauern** *vard.* snylt[gäst]a
Nässe 0 *f* väta, *(stark)* fukt **nässen 1** väta [ner]; fukta; *das Bett ~* väta i sängen **2** *die Wunde näßt* såret vätskar [sig] **3** *jakt.* kasta vatten **naßfest** våtstark, fukthärdig **naßforsch** *ung.* säker i korken **naßgeschwitzt** genomsvettig **naßkalt** råkall, kall o. våt (fuktig) **näßlich** fuktig, en aning våt **Naßschleifen** 0 *n* vattenslipning **Naßschnee** 0 *m* blötsnö **Naßwäsche** 0 *f* otorkad tvätt **Naßzelle** -*n f* våtutrymme
Natalität 0 *f* nativitet
Nation -*en f* nation; *die Vereinten ~en* Förenta nationerna **national** nationell; *auf dem ~en Markt (äv.)* på den inhemska marknaden; *~ denken (äv.)* tänka patriotiskt
National|bank -*en f* central-, riks|bank **-charakter** 0 *m* nationalkaraktär **-china** ·0 *n* Nationalistkina **-einkommen** - *n* nationalinkomst **-elf** -*en f* fotbollslandslag **-feiertag** -*e m* nationaldag **-flagge** -*n f* nationalflagga **-gefühl** -*e n* nationalkänsla **-hymne** -*n f* nationalsång
nationalisieren 1 nationalisera, förstatliga **2** naturalisera, ge medborgarrätt åt **Nationalismus** 0 *m* nationalism **Nationalist** -*en -en m* nationalist **nationalistisch** nationalistisk **Nationalität** -*en f* **1** nationalitet, medborgarskap **2** nationell minoritet **Nationalitätenstaat** -*en m* stat som omfattar flera nationaliteter **Nationallig|a** -*en f, fotb.* (*i Österrike, Schweiz*) division **1 Nationalmannschaft** -*en f, sport.* landslag **Nationalmuse|um** -*en n* nationalmuseum **Nationalökonom** -*en -en m* nationalekonom **Nationalökonomie** 0 *f* nationalekonomi **nationalökonomisch** nationalekonomisk **Nationalpreis** -*e m, DDR* nationellt pris (*för vetenskaplig el. konstnärlig gärning*) **Nationalrat** 0 *m* nationalråd (*österr. o. schweiz. parlament*) **2** -*e† m* medlem av nationalrådet **Nationalsozialismus** 0 *m* nationalsocialism **Nationalsozialist** -*en -en m* nationalsocialist **nationalsozialistisch** nationalsocialistisk **Nationalspieler** - *m, sport.* landslagsspelare **Nationalstaat** -*en m*

nationalstat **Nationaltheater** - *n* nationalscen **Nationaltracht** -*en f* nationaldräkt **Nativität** [-v-] -*en f (i astrologi)* himlakropparnas ställning vid födelsen **NATO, Nato** *0 f, die* ~ NATO **Natrium** *0 n* natrium **Natron** *0 n* natron; *doppel[t]kohlensaures* ~ [natrium]bikarbonat **Natter** -*n f* snok; *e-e* ~ *am Busen nähren* nära en orm vid sin barm **Natternhemd** -*en n* ormskinn **Natur** -*en f* natur; *die* ~ *hat sie stiefmütterlich bedacht* hon är ful (vanskapt); *e-e eiserne* ~ *haben* ha en järnhälsa; *e-e gesellige* ~ *haben* vara sällskaplig av sig; *ihr Haar ist* ~ hennes hår är naturligt (*ej färgat e.d.*); *die Verletzung war leichter* ~ skadan var av lindrig art (lindrigt slag); *ihre* ~*en sind verschieden* de har olika läggning; *das liegt in der* ~ *der Sache* det ligger i sakens natur; *seiner* ~ *nach* till sin natur; *nach der* ~ *malen* måla efter naturen; *von* ~ *aus* av naturen; *wider die* ~ (*äv.*) onaturlig; *es ist (geht) mir wider (gegen) die* ~ det strider mot min natur, det bjuder (bär) mig emot; *es ist ihm zur zweiten* ~ *geworden* det har blivit hans andra natur **Naturalbezüge** *pl* naturaförmåner **Naturalien** *pl* **1** naturalier (*på museum e.d.*) **2** naturprodukter (*råvaror e.d.*); *in* ~ *bezahlen* betala in natura **naturalisieren 1** naturalisera, ge medborgarskap åt 2 *biol.* plantera in **Naturalismus** *0 m* naturalism **Naturalist** -*en -en m* naturalist **naturalistisch** naturalistisk; naturtrogen, verklighetsnära **Naturalleistung** -*en f* prestation in natura **Naturallohn** -*e†* *m* naturaavlöning, lön in natura **Naturalwerte** *pl, se Naturalien* **Naturalwirtschaft** *0 f* naturahushållning **Naturapostel** - *m, ung.* grönavägenmänniska **naturbelassen** äkta, ren, naturlig, utan tillsatser **Naturbühne** -*n f* friluftsscen, -teater **Naturbursche** -*n* -*n m, ung.* naturbarn **Naturdenkmal** -*er†, ibl.* -*e n* naturminnesmärke **nature** [na'ty:ɐ̯] *kokk., naturell kokk.* au naturel; *Schnitzel* ~ schnitsel [utan panering] **Naturell** -*e n* naturell, skaplynne, karaktär **Naturereignis** -*se n* naturtilldragelse **Naturerscheinung** -*en f* naturfenomen **Naturerzeugnis** -*se n* naturprodukt **naturfarben** naturfärgad **Naturforscher** - *m* naturforskare **Naturfreund** -*e m* naturvän **Naturgas** -*e n* naturgas **naturgegeben** naturlig, oundviklig **naturgemäß** naturenlig, naturlig; *adv äv.* följaktligen, naturligtvis **Naturgeschichte** *0 f* naturhistoria **naturgeschichtlich** naturhistorisk **Naturgesetz** -*e n* naturlag **naturgetreu** naturtrogen **Naturgottheit** -*en f* naturgudomlighet **Naturheilkunde** *0 f* naturläkekonst **Naturheilkundige(r)** *m f, adj böjn.* naturläkare **Naturist** -*en* -*en m* nudist **Naturkatastrophe** -*n f* naturkatastrof **Naturkind** -*er n* naturbarn **Naturkraft** -*e† f* naturkraft **Naturkunde** *0 f, åld. skol.* naturkunskap, biologi [o. geologi] **Naturlandschaft** *-en f* orörd natur **Naturlehre** *0 f, åld. skol.* fysik [o. kemi] **natürlich I** *adj* naturlig; ~*e Auslese* naturligt urval; ~*e Begabung* naturlig (medfödd) begåvning; ~*e Blumen* levande blommor; *das geht nicht mit* ~*en Dingen zu* det är ngt mystiskt med det, det går (står) inte rätt till; *in* ~*er Größe* i naturlig storlek; ~*es Hindernis* natur-

hinder; ~*es Licht* naturligt ljus, naturlig belysning, dagsljus; ~*e Person (jur.)* fysisk person; *e-s* ~*en Todes sterben* dö en naturlig död; ~ *sein (äv.)* vara otvungen (okonstlad); *es ist ganz* ~, *daß (äv.)* det är [själv]klart att **II** *adv* självklart, naturligtvis, förstås; ~ ..., *aber* visserligen ..., men **na'türlicher'weise** naturligtvis **Natürlichkeit** *0 f* naturlighet; självklarhet **Naturmensch** -*en* -*en m* **1** naturbarn **2** naturälskare **3** primitiv människa **naturnah[e]** som står naturen nära **Naturnotwendigkeit** -*en f* naturnödvändighet **Naturprodukt** -*e n* naturprodukt **Naturreich** -*e n* naturrike; *die drei* ~*e* naturen (*djur-, växt- o. stenriket*) **Naturreichtümer** *pl* naturrikedomar **naturrein** äkta, ren, naturlig, utan tillsatser **Natur|reis** -*e m* råris -**schätze** *pl* naturrikedomar -**schnitzel** - *n, kokk.* schnitsel [utan panering] -**schutz** *0 m* naturskydd; *unter* ~ *stehen* vara fridlyst -**schutzgebiet** -*e n* natur|skyddsområde, -reservat -**spiel** -*e n, ung.* naturens nyck; *äv.* missbildning -**talent** -*e n* naturbegåvning -**theater** - *n, åld.* friluftsteater -**trieb** -*e m* instinkt **naturverbunden** som står naturen nära; som gärna vistas i naturen **Naturwein** -*e m* rent vin (*utan sockertillsats*) **naturwidrig** naturvidrig, mot naturen **Naturwissenschaft** -*en f* naturvetenskap **Naturwissenschaftler** - *m* naturvetenskapsman, naturvetare **naturwissenschaftlich** naturvetenskaplig **naturwüchsig** [-vy:ks-] naturlig, ursprunglig **Naturwunder** - *n* naturens under **Naturzustand** *0 m* naturligt tillstånd **'nauf** *dial., se hinauf* **Nauruer** - *m* naurue **nauruisch** naurisk **'naus** *dial., se hinaus* **'Nautik** *0 f* nautik, sjömanskonst **Nautiker** - *m* nautiker **nautisch** nautisk **Navigation** [-v-] *0 f* navigation **Navigationsraum** -*e† m* navigationshytt **navigieren** navigera **Nazi** -*s m, neds.* nazist **Nazismus** *0 m, neds.* nazism **nazistisch** *neds.* nazistisk **NB** *fork. för notabene* NB, nota bene **n. Br.** *förk. för nördlicher Breite* n br., nordlig bredd **Nchf.** *förk. för Nachfolger* Eftr., Efterträdare **n. Chr.[G.]** *förk. för nach Christus (Christi Geburt)* e.Kr., efter Kristus **nd.** *förk. för niederdeutsch* lty., lågtysk **ne** [ne:] *vard., se nein* **'ne** [na] *vard.* = *eine* **Neandertaler** - *m* neandertalare **nebbich** *interj, vard.* än sen då!, vad gör det? **Nebbich** -*e m, jidd.* nolla **Nebel** - *m* dimma; [*kosmischer*] ~ nebulosa; *leichter* ~ (*äv.*) dis; *dichter (dicker)* ~ (*äv.*) tjocka; *das Fest fällt wegen* ~[*s*] *aus (skämts.)* festen blir inte av **Nebelbank** -*e† f* dimbank **Nebelboje** -*n f, sjö.* ljudboj **nebelfeucht** fuktig av dimma, dimmig o. fuktig **Nebelfleck** -*e m, astron.* nebulosa **Nebelglocke** -*n f, sjö.* mistklocka; *bildl.* (*lokal*) dimma (*som klockformigt täcker stad e.d.*) **nebelgrau** dimgrå **nebelhaft** dimlik, dimmig; otydlig, suddig; *e-e* ~*e Vorstellung* en dimmig föreställning **Nebelhorn** -*er† n* mistlur **nebelig** *se neblig* **Nebelkammer** -*n f* dimkammare **Nebelkappe** -*n f, myt.* osynlighetshätta **Nebelkrähe** -*n f (vanlig)* kråka **Nebel|lampe** -*n f,*

-**leuchte** -*n f*, -**licht** -*er n* dimljus **Nebelmond** -*e m, åld.* november **nebel|n 1** *es* -*t* det är (blir) dimma; *der See* -*t* dimma stiger upp ur sjön **2** bespruta (*m. växtskyddsmedel e.d.*) **Nebelpfeife** -*n f, sjö.* mistvissla **Nebelscheinwerfer** - *m* dimljus **Nebelschlußleuchte** -*n f* dimbakljus **Nebelschwaden** - *m* dimflik, rykande dimma **Nebelsignal** -*e n, sjö.* mistsignal **Nebelung** -*e m, åld.* november **Nebelwand** -*e† f* dim|bank, -vägg **neben** *prep m. dat. vid befintl., m. ack. vid riktn.* bredvid, vid sidan av, jämsides med, jämte; [för]utom; ~ *ihr hat er keine Chance (äv.)* i jämförelse med henne har han inte en chans; ~ *seiner Tätigkeit als (äv.)* samtidigt med sin verksamhet som **Nebenabsicht** -*en f* biavsikt **Nebenaltar** -*e† m* sidoaltare **Nebenamt** -*er† n* bisyssla; *er ist im* ~ *Studienberater* han innehar även tjänsten som studievägledare **nebenamtlich** som bisyssla; på deltid **neben'an** bredvid, [alldeles] intill **Neben|anschluß** -*anschlüsse m, tel.* sidoanslutning; extratelefon **-arbeit** -*en f* **1** extraarbete, arbete bredvid; extraknäck **2** mindre viktigt arbete -**ausgabe** -*n f* **1** extrautgift **2** (*tidnings*) specialupplaga (*för begränsad läsekrets*) **-ausgang** -*e† m* sidoutgång **-bahn** -*en f, järnv.* bibana **-bedeutung** -*en f* bibetydelse **neben'bei 1** dessutom; *sie arbeitet* ~ *als Kellnerin* hon extraknäcker som servitris; *ein paar Mark* ~ *verdienen* tjäna några mark på extraknäck **2** i förbigående; ~ *gesagt (bemerkt) (äv.)* inom parentes sagt **Nebenberuf** -*e m* bisyssla, extraknäck; *er ist im* ~ *Landwirt* han är bonde vid sidan av sitt ordinarie arbete **nebenberuflich** ~*e Arbeit* bisyssla; *sie arbeitet* ~ *als Dolmetscherin* hon har tolkning som bisyssla (extraknäcker som tolk) **Nebenbeschäftigung** -*en f* bisyssla, extraknäck **Nebenblatt** -*er† n, bot.* stipel **Nebenbuhler** - *m* rival **Nebenbuhlerschaft** 0 *f* rivalitet **nebenein'ander** bredvid varandra, sida vid sida, jämsides **Nebenein'ander** 0 *n* samtidig förekomst **nebeneinander'her** ~ *gehen* gå bredvid (jämsides med) varandra **nebenein'anderlegen** lägga bredvid varandra **nebenein'anderschalten** parallellkoppla **Neben|eingang** -*e† m* sidoingång **-einnahme** -*n f* bi-, extra|inkomst **-erwerb** 0 *m* bisyssla; biförtjänst; *ich bin auf* ~ *angewiesen (äv.)* jag måste extraknäcka; *als* ~ *dolmetschen (äv.)* ha tolkning som bisyssla, extraknäcka som tolk **-erzeugnis** -*se n* biprodukt **-fach** -*er† n* bi-, fyllnads|ämne **-fluß** -*flüsse m* biflod **-form** -*en f* biform, variant **-frage** -*n f* mindre viktig (underordnad) fråga **-frau** -*en f* bihustru **-gebäude** - *n* sidobyggnad, flygel, annex; uthus **-gedanke** -*ns* -*n m* bitanke **-geräusch** -*e n* biljud; störning **-geschmack** 0 *m* bismak **-gleis** -*e n, järnv.* sidospår **-handlung** -*en f* bihandling **-haus** -*er† n* grannhus **neben'her** *se nebenbei* **neben'hergehen** *st s* gå bredvid **neben'herlaufen** *st s* springa (gå) bredvid; löpa parallellt **neben'hin** i förbigående **Neben|höhle** -*n f, anat.* bihåla **-klage** -*n f, jur.* (*enskild målsägandes*) åtal (*jämsides med allmänna åklagarens*) **-kläger** - *m, jur.* målsägande (*vid allm. åtal*) **-kosten** *pl* **1** extrakostnader, oförutsedda utgifter **2** tillägg utöver bashyran **-leute** *pl, se Nebenmann* **-linie**

-*n f* **1** sido|linje, -gren **2** *järnv.* bibana **-mann** -*männer el.* -*leute m* sidoman, bänkkamrat, granne **-mensch** -*en* -*en m* **1** medmänniska **2** *se Nebenmann* **-niere** -*n f* binjure **nebenordnen** *språkv.* samordna **Neben|person** -*en f* biperson **-produkt** -*e n* biprodukt **-punkt** -*e m* punkt av mindre (underordnad) betydelse **-raum** -*e† m* **1** angränsande rum, rum bredvid **2** extra rum (utrymme) **-rolle** -*n f* biroll **-sache** -*n f* bisak; *das ist* ~ (*vard.*) det är [helt] oväsentligt **nebensächlich** oväsentlig, oviktig **Nebensächlichkeit** -*en f* oväsentlighet, bisak; *das ist e-e* ~ (*äv.*) det är av ringa betydelse **Nebensaison** -*s* (*sty. o. österr. äv.* -*en*) *f* lågsäsong **Nebensatz** -*e† m, språkv.* bisats **nebenschalten** parallellkoppla **Nebenschiff** -*e n* sidoskepp (*i kyrka*) **Nebensinn** 0 *m* bibetydelse, undermening **nebenstehend** [bred]vidstående **Nebenstelle** -*n f* **1** sidoanslutning, extratelefon **2** filial **Nebenstraße** -*n f* bi-, bak-, sido|gata **Nebenstrecke** -*n f, järnv.* sidospår **Nebentisch** -*e m* grannbord; *am* ~ *sitzt* vid bordet intill (bredvid) sitter **Nebenton** -*e† m* biton (*äv. språkv.*), biaccent **nebentonig** *språkv.* bitonig **Neben|tür** -*en f* **1** sidodörr **2** dörr bredvid **-verdienst** -*e m* biförtjänst, extrainkomst **-weg** -*e m* sidoväg **-winkel** - *m, geom.* sido-, supplement|vinkel **-wirkung** -*en f* bi|verkan, -verkning **-wohnung** -*en f* lägenhet bredvid **-zimmer** - *n, se Nebenraum* **-zweck** -*e m* bisyfte
neblig dimmig, töcknig **Neblung** -*e m, åld.* november
nebst [-e:-] *prep m. dat.* jämte, tillika med
nebu|los, -lös nebulös, dimmig, oklar
Necessaire [nesɛ'sɛ:ɐ̯] -*s n* necessär
Neck -*en* -*en m* nock, strömkarl
neck|en 1 reta; *e-n mit etw.* ~ bry ngn för ngt **2** *rfl* retas; *sie* ~ *sich (recipr)* de retas med varandra; *was sich liebt, das* -*t sich* (*ung.*) man gnabbas gärna med den man älskar
Necken - *m, se Neck*
Neckerei -*en f* [ständigt] retande, drift, gnabb, skämt **neckisch** skälmaktig, skojfrisk, lustig; kokett
nee *vard., se nein*
Neffe -*n* -*n m* bror-, syster|son; *pl äv.* syskonbarn
Negation -*en f* negation (*äv. språkv., log.*); förnekande, förkastande **negativ** negativ; *etw.* ~ *zu etw. stellen (äv.)* ställa sig avvisande till ngt; *sich* ~ *auswirken (äv.)* ha ogynnsamma följder; *ich bekam e-e* ~*e Antwort (äv.)* jag fick ett nej till svar; ~ *verlaufen (äv.)* inte ge några resultat **Negativ** -*e n, foto.* negativ **Negativ|um** [-v-] -*a n* negativ faktor (punkt, egenskap)
neger *österr. vard.,* ~ *sein* vara pank **Neger** - *m* neger; *den Weißen sind die schwärksten* ~ *um!* (*vard.*) det är helt otroligt! **-in** -*en f* negress **-kuß** -*sse† m, ung.* mums-mums **-schweiß** 0 *m, skämts.* negersvett (*dåligt kaffe*)
negieren negera (*språkv.*); *seine Schuld* ~ förneka sin skuld; ~*de Haltung* avvisande hållning; *e-n Befehl* ~ ignorera en order
Negligé [-'ʒe:] -*s n* negligé **negligieren** [-'ʒi:r-] negligera, försumma
negroid negroid
nehmen *nahm, nähme, genommen, nimmst,*

nimmt, nimm! ta[ga]; *e-m etw.* ~ ta ngt från ngn, beröva ngn ngt; *man nehme* (*i recept*) man tar, tag; *e-n* ~ (*vard.*) ta sig ett glas; *er weiß genau, wie er sie zu* ~ *hat* han vet precis hur han ska ta henne; *man muß ihn* ~, *wie er ist* man får ta honom som han är; *sich* (*dat.*) *noch einmal* ~ ta om (*av mat*); *e-n am Arm* ~ ta ngn i armen; *ich nahm die Briefe an mich* jag stoppade på mig (tog hand om) breven; *sie hat sich* (*dat.*) *e-n anderen genommen* (*äv.*) hon gifte sig med en annan; *Anstoß an etw.* (*dat.*) ~ (*äv.*) bli stött över ngt; [*sich* (*dat.*)] *e-n Anwalt* ~ (*äv.*) anlita advokat; *etw. auf Band* ~ spela in ngt på band; *etw. auf sich* (*ack.*) ~ ta ngt på sig; *e-n ungeahnten Aufschwung* ~ få ett oanat uppsving; *Gläser aus dem Schrank* ~ (*äv.*) plocka fram glas ur skåpet; *e-m die Aussicht* ~ skymma utsikten för ngn; *ich nehme dieses Buch* jag tar (köper) den här boken; *ich nehme nur Butter zum Braten* jag steker bara i smör; ~ *Sie meinen herzlichen Dank* mottag mitt hjärtliga tack; *er nimmt die Dinge, wie sie kommen* han tar saker o. ting som de kommer; *der Feind hat das Dorf genommen* fienden har intagit byn; *auf e-n Einfluß* ~ påverka ngn; *in etw.* (*ack.*) *Einsicht* ~ ta del av ngt; *der Vortrag nimmt kein Ende* föredraget slutar aldrig; *es wird ein schlimmes Ende mit ihm* ~ det kommer att sluta illa för honom; *etw. ernst* ~ ta ngt på allvar; ~ *wir den Fall, alles mißlänge* (*daß alles mißlingt*) antag att allt misslyckas; *e-m die Freude an etw.* (*dat.*) ~ fördärva glädjen över ngt för ngn; *sich* (*dat.*) *frei* ~ ta [sig] ledigt; *wir werden das Frühstück um acht Uhr* ~ vi kommer att äta frukost klockan åtta; *von weitem habe ich dich für Peter genommen* på långt håll tog jag dig för Peter; *was* ~ *Sie für e-e Stunde?* vad tar Ni i timmen?; *e-n nicht für voll* ~ (*vard.*) inte ta ngn på allvar; *wo* ~ *wir das Geld nur her?* var ska vi ta pengarna ifrån?; *der Spieler wurde hart genommen* spelaren tacklades hårt; *ein Hindernis* ~ (*äv.*) klara av ett hinder; *hart im N*~ *sein* tåla mycket; *etw. in Arbeit* ~ ta itu med ngt; *e-n Kaffee* ~ ta (dricka) en kopp kaffe; *sich* (*dat.*) *das Leben* ~ ta livet av sig; *ihr war die Lust genommen* hon hade tappat lusten; *sich* (*dat.*) *nicht* ~ *lassen, etw. zu tun* inte vilja avstå från att göra ngt; *das lasse ich mir nicht* ~ (*äv.*) det håller jag styvt på; *das Geschäft nimmt 300 Mark für das Kleid* affären tar 300 mark för klänningen; *sich* (*dat.*) *die Mühe* ~ göra sig besvär; *sie nimmt die Pille* hon använder p-piller; *seinen Rücktritt* ~ avgå; *du hast mir alle Sorgen genommen* du har befriat mig från alla bekymmer; ~ *Sie noch ein Stück Kuchen?* vill Ni inte ha en bit kaka till?; *er nimmt kein Trinkgeld* han tar inte emot dricks; *den Hut vom Kopf* ~ ta av sig hatten; *sie wollen ein Kind zu sich* ~ de vill adoptera ett barn; *sie nahm ihre alte Mutter zu sich* hon tog sin gamla mamma till sig; *ich habe heute noch nichts zu mir genommen* jag har inte ätit (druckit) ngt i dag ännu; *sich* (*dat.*) *e-n zum Vorbild* ~ ta ngn till förebild

Nehrung *-en f* landtunga (*mellan sjö o. haff*)
Neid *0 m* avund[sjuka]; *das muß der* ~ *ihm lassen* det måste erkännas, den rättvisan måste man göra honom **neiden** mißunna (*e-m etw.* ngn ngt) **Neider** - *m* avundsjuk människa; *er hat viele* ~ han har många avundsmän **Neid-**

hammel -[†] *m, vard.* avundsjuk människa **neidig** *dial.*, **neidisch** avundsjuk, missunnsam **Neidling** *-e m, vard., se Neidhammel* **neidlos** utan avund[sjuka] **Neidnagel** -† *m, se Niednagel* **Neidsack** -e† *m, vulg., se Neidhammel* **neidvoll** avundsjuk, full av avund-[sjuka]
Neige -*n f* rest, återstod; slut; *die* ~ *austrinken* dricka upp resten; *der Tag geht auf die* (*zur*) ~ dagen lider mot (närmar sig) sitt slut; *die Vorräte gehen auf die* (*zur*) ~ förråden är på upphällningen; *bis auf die* (*bis zur*) ~ *leeren* tömma i botten **neig|en 1** luta, böja, sänka; *den Kopf zum Gruß* ~ böja [på] huvudet till hälsning; *e-m sein Ohr* ~ (*åld.*) låna ngn sitt öra, höra på ngn **2** *zu etw.* ~ vara böjd för (luta åt, tendera till, ha benägenhet för) ngt; *zu*[*r*] *Korpulenz* ~ ha anlag för fetma; *ich -e zu der Ansicht, daß* jag lutar åt den åsikten att; *er -t zu Übertreibungen* han är fallen för överdrifter (överdriver gärna) **3** *rfl* slutta **4** *rfl* luta [sig], böja sig; *sich vor e-m* ~ buga sig för ngn; *die Sonne -t sich* solen dalar; *der Tag -t sich* dagen lider mot sitt slut; *der Urlaub -t sich dem Ende* semestern närmar sig sitt slut; *die Waagschale -t sich* vågskålen sänker sig **Neigung 1** *0 f* böjning; lutning; inklination **2** *0 f* benägenhet, tendens; ~ *zur Korpulenz* anlag för fetma; *die Papiere haben* ~ *zu steigen* (på börsen) papperen visar stigande tendens; *keine* ~ *spüren, etw. zu tun* inte vara hågad att göra ngt **3** *-en f* böjelse, dragning, sympati; *sie erwidert seine* ~ hon besvarar hans böjelse; ~ *zu e-m fassen* fatta tycke för ngn **Neigungs|ehe** *-n f*, **-heirat** *-en f* giftermål av kärlek, inklinationsparti **Neigungswinkel** - *m* inklinations-, lutnings|vinkel
nein nej; ~ *und abermals* ~*!* nej o. åter nej!; ~, *so ein Glück!* nej men vilken tur!; ~, *sowas!* det var värst!, har man sett (hört) på maken!; *du gehst doch jetzt noch nicht,* ~ *?* du går väl inte an, eller hur?; ~, *das geht entschieden zu weit!* det går sannerligen för långt!; *ein schwieriges,* ~ *unlösbares Problem* ett svårt, för att inte säga olösligt problem; *nicht nur süß,* ~ *sogar schön* inte bara söt utan rent av vacker; *aber* ~*!* nej då!, inte alls!, visst inte!; *o* ~*!* å nej!, nej då!; ~ *zu etw. sagen* säga nej till ngt; *nicht* ~ *sagen können* inte kunna säga nej **Nein** -[s] *n* nej; *mit* ~ *stimmen* rösta nej; *mit* [*e-m*] ~ *antworten* svara nej
'**nein** *dial., se hinein*
Nein|sager - *m* nejsägare **-stimme** -*n f* nejröst
Nekrolog -*e m* nekrolog **Nekrophilie** *0 f* nekrofili **Nekrop[s]ie** -*n f* likbesiktning
Nektar *0 m* nektar **Nektarine** -*n f* nektarin **nektarisch** *åld. poet.* ljuv som nektar, gudomlig
Nelke -*n f* nejlika **Nelkenpfeffer** *0 m* kryddpeppar **Nelkenwurz** *0 f* nejlikrot (*växt*)
Nelson -*s m, brottn.* nelson
Nemesis *0 f* nemesis
'**nen** *vard.* = *einen*
Nennbetrag -*e† m, se Nennwert* **nenn|en** *nannte, nennte, genannt* **1** kalla; nämna, omnämna; *ich heiße Karl, aber man -t mich Charly* jag heter Karl men kallas [för] Charly; *wie wollt ihr das Kind* ~ *?* vad ska ni kalla barnet?; *das Kind nach der Mutter* ~ uppkalla barnet efter modern; *man -t sie faul* (*e-n Faulpelz*)

nennenswert—nesteln

man kallar henne för lat (en latmask); *das -e ich Mut* det kan man kalla mod, det var (är) verkligen modigt; *er nannte sie beim (bei ihrem, mit ihrem) Vornamen* han tilltalade henne med förnamnet; „*-e mich du*", *flüsterte sie* "säg du", viskade hon; *er nannte einige Personen, die mitgemacht hatten* han namngav några personer som hade deltagit; *e-e nicht genannte Person* en icke namngiven person; *Beispiele ~ ge* exempel; ~ *Sie einige wichtige Punkte!* räkna upp några viktiga punkter!; *können Sie mir ein gutes Restaurant ~?* kan Ni rekommendera mig en bra restaurang?; *drei Teilnehmer ~ (sport.)* anmäla tre deltagare **2** *rfl* kalla sig; kallas, heta; *und sowas -t sich Maler (iron.)* och en sån där ska kalla sig (utger sig för att vara) målare **nennenswert** nämnvärd; *keine ~en Einnahmen (äv.)* inga inkomster att tala om **Nenner** - *m, mat.* nämnare; *etw. auf e-n [gemeinsamen] ~ bringen* finna den gemensamma nämnaren för ngt **Nennfall** *-e† m, språkv.* nominativ **Nennform** *-en f, språkv.* infinitiv **Nenn|gebühr** *-en f, sport.,* **-geld** *-er n, sport.* anmälningsavgift **Nennspannung** *-en f, elektr.* märkspänning **Nennung** *-en f* **1** [om]nämnande **2** *sport.* anmäl|an, -ning **Nennungsgeld** *-er n, sport.* anmälningsavgift **Nennungsschluß** *0 m, sport.* sista anmälningsdag **Nennwert** *-e m* nominellt värde; *zum ~ till pari* **Nennwort** *-er† n, språkv.* substantiv
Neofaschismus *0 m* nyfascism **Neofaschist** *-en -en m* nyfascist **Neoklassizismus** *0 m* neo-, ny|klassicism **Neokolonialismus** *0 m* nykolonialism **Neolithikum** *0 n, das ~* yngre stenåldern **neolithisch** neolitisk **Neologism|us** *-en m, språkv.* neologism
'Neon *0 n* neon
Neo|nazi *-s m,* **-nazist** *-en -en m* nynazist
'Neon|leuchte *-n f* neonlampa **-licht** *0 n* neonljus **-röhre** *-n f* neonrör
Neo|realismus *0 m,* **-verismus** *0 m* neorealism
Nepalese *-n -n m* nepales **nepalesisch** nepalesisk
Nephrit [-f-] *-e m, min.* nefrit **Ne'phritis** *Nephri'tiden f, med.* nefrit, njurinflammation
Nepotismus *0 m* nepotism
Nepp *0 m, vard.* uppskörtning, bedrägeri; *das ist der reinste ~* det är ren stöld (på tok för mycket, lurendrejeri) **neppen** *vard.* skörta upp, lura, klå (*på pengar*) **Nepperei** *0 f, vard.* uppskörtning, klåsystem **Nepplokal** *-e n, vard.* skojarhåla (*där man tar överpriser*), ställe där man blir uppskörtad
Nep'tun *0 m* Neptunus
nergeln *åld., se nörgeln*
Nerv *-en* [-f-] *m* nerv; *bot. äv.* åder; *die ~en behalten* ha nerverna under kontroll, behålla fattningen; *er geht mir auf die ~en (vard.)* han går mig på nerverna; *den ~ haben, etw. zu tun (vard.)* vara tillräckligt kall (modig, fräck) för att göra ngt; *er hat [vielleicht] ~en! (vard.)* att han har mage till det (vågar)!, han är sannerligen inte [buska]blyg!; *keine ~en kennen (vard.)* inte veta vad nerver vill säga; *das kostet ~en* det tar på nerverna; *ich bin mit den ~en fertig (herunter) (vard.)* mina nerver är alldeles slut (förstörda); *e-m den ~ töten (vard.)* göra ngn galen; *die ~en verlieren* tappa självbehärskningen **nerv|en** [-f-] *vard., er -t mich*

han går mig på nerverna; *das -t* det tar (sliter) på nerverna; *ihr Sohn hat sie genervt, ins Kino gehen zu dürfen* sonen tjatade [hela tiden] på henne för att få gå på bio **Nervenarzt** *-e† m* nervläkare, neurolog **nervenaufreibend** nerv|påfrestande, -slitande, enerverande
Nerven|bahn *-en f* nervbana **-beruhigungsmittel** - *n* nervlugnande medel **-bündel** - *n* nervknippe (*äv. bildl.*) **-entzündung** *-en f* neurit, nervinflammation **-fieber** *0 n, åld.* tyfus **-gift** *-e n* nervgift **-heilanstalt** *-en f* mentalsjukhus **-heilkunde** *0 f* neurologi **-kitzel** *0 m, vard.* spänning, nervpirrande upplevelse **-klinik** *-en f* **1** neurologisk klinik **2** *vard.* psykiatrisk klinik **-knoten** *-en m,* **-kostüm** *-e n, vard.* nervsystem; *ein schwaches ~ haben* ha dåliga nerver
nervenkrank nervsjuk
Nerven|krankheit *-en f* nervsjukdom; neuros, mentalsjukdom **-krieg** *-e m* nervkrig **-mühle** *-n f, vard.* nervpåfrestande (enerverande) arbete (arbetsplats) **-probe** *-n f* nerv|prov, -påfrestning **-sache** *0 f, das ist [e-e] reine ~ (vard.)* det är en ren nervsak **-säge** *-n f, vard., sie ist e-e ~* hon går en gräsligt på nerverna (är en plåga för omgivningen) **-sanatori|um** *-en n* mentalsjukhus **-schmerzen** *pl* neuralgi **-schock** *-s m* nervchock
nervenschwach neurastenisk, nervsvag **Nervenschwäche** *0 f* neurasteni, nervsvaghet
nervenstärkend nerv|styrkande, -stärkande
Nervensystem *-e n* nervsystem **Nervenzucken** *0 n* nervryckning[ar] **Nervenzusammenbruch** *-e† m* nervsammanbrott **nervig** [-f-, *äv.* -v-] kraftig, spänstig, senig **nervlich** vad nerverna beträffar, nerv-; *~ völlig am Ende sein* vara helt slut i nerverna **nervös** [-v-] nervös; nerv- **Nervosität** [-v-] *0 f* nervositet **nervtötend** nervpåfrestande, enerverande
Nerz *-e m* mink, nerts (*äv. pälsverk*) **-farm** *-en f* minkfarm **-mantel** *-† m* minkpäls
Nessel 1 *-n f* nässla; *mich hat e-e ~ gebrannt* jag har bränt mig på en nässla; *wie auf ~n sitzen (vard.)* sitta som på nålar; *sich in die ~n setzen (vard.)* råka i klistret **2** - *m* nättelduk **-ausschlag** *-e† m* nässelutslag **-fieber** *0 n* nässelfeber **-sucht** *0 f* nässelutslag **-tiere** *pl* nässeldjur
Nessus|gewand *-er† n,* **-hemd** *-en n, myt.* nessosmantel
Nest *-er n* **1** bo, näste, rede; *vard.* krypin; *ein ~ ausheben* plundra ett fågelbo; *Vögel bauen ~er* fåglar bygger bo; *sich (dat.) ein ~ bauen (bildl.)* sätta bo; *sein eigenes (das eigene) ~ beschmutzen* kacka i eget bo; *wir wollten euch besuchen, fanden aber das ~ leer (vard.)* vi ville hälsa på er men ingen var hemma; *sich ins warme (gemachte) ~ setzen (vard.)* gifta sig till pengar, ordna det bra för sig **2** *vard.* näste, tillhåll; *als die Polizei kam, war das ~ leer* när polisen kom var fågeln utflugen (fågelrna utflugna); *ein ~ ausheben* göra en raid mot (spränga) ett förbrytarnäste; *ein ~ von MG-Schützen* ett kulsprutenäste **3** *vard.* säng; *ins ~ gehen* knyta sig, krypa till kojs **4** *vard.* [småstads]håla **5** [hår]knut, hårpung **6** näste, klunga, klump, koloni **-bau** *0 m* bobygge **-beschmutzer** - *m, neds.* person som kackar i eget bo **-ei** *-er n* bo-, bal|ägg
nesteln knåpa, pilla (*an + dat.* på)

Nest|häkchen - *n, vard.*, **-küken** - *n, vard.*, *das* ~ minst[ing]en, lillen, lillan **-ling** *-e m (ej flygfärdig)* fågelunge
Nestor *-en m* nestor
nestwarm *~e Eier* ruvningsvarma ägg **Nestwärme** *0 f, Kinder brauchen* ~ barn behöver kärlek o. värme (trygghet)
nett 1 vänlig, trevlig, snäll; snygg, prydlig; ~, *daß du anrufst!* det var snällt att du ringde!; *die Gäste sollen es* ~ *haben bei uns (äv.)* gästerna skall trivas hos oss; *du siehst* ~ *aus mit der neuen Frisur* du är snygg i din nya frisyr; *das ist aber* ~ *von dir!* det var verkligen snällt av dig! **2** *vard., e-e ~e Summe* en ordentlig (ansenlig) summa **3** *vard. iron.* otrevlig; *das ist e-e ~e Geschichte!* det var en snygg historia!; *das kann ja* ~ *werden!* det kan ju bli trevligt!
Nettigkeit *-en f* trevligt sätt; vänlighet, älskvärdhet; *er sagte mir ein paar ~en* han sa mig ett par komplimanger (älskvärdheter)
netto netto
Netto|einkommen - *n* nettoinkomst **-ertrag** *-e† m* netto|vinst, -avkastning **-gehalt** *-e† n (tjänstemans)* nettolön **-gewicht** *-e n* nettovikt **-lohn** *-e† m (arbetares)* nettolön **-preis** *-e m* nettopris **-registertonne** *-n f* nettoregisterton
Netz *-e n* **1** nät; garn, not; *seine ~e auswerfen (bildl.)* kasta (lägga) sina krokar; *der Ball berührte das* ~ *(i tennis o.d.)* bollen tog i nät; *sie trägt ein* ~ *über dem Haar* hon har hårnät; *der Polizei durch das* ~ *gehen* slippa igenom polisens nät; *e-m ins* ~ *gehen* fastna i ngns nät; *die Tasche ins* ~ *legen* lyfta upp väskan i [bagage]nätet; *der Ball war im* ~ *(fotb. e.d. äv.)* bollen var i mål; *er hat sich im* ~ *seiner Lügen verstrickt* han har snärjt in sig i sina lögner; *mit dem* ~ *einkaufen gehen* gå o. handla med nätkassen; *Schmetterlinge mit dem* ~ *fangen* fånga fjärilar med håv **2** nät[verk], system; *ein* ~ *von Kanälen* ett nät av kanaler; *an das ~ anschließen* ansluta till nätet **Netzanschlu|ß -sse†** *m* nätanslutning **Netzanschlußgerät** *-e n, se Netzgerät* **netzartig** nät|formad, -liknande **Netzauge** *-n n, zool.* fasettöga **Netzball** *-e† m (i tennis e.d.)* nätboll
netzen *högt.* väta, fukta; *dial.* vattna
Netz|fahrkarte *-n f, se Netzkarte* **-flügler** - *m, zool.* nätvinge **-gerät** *-e n* nät|anslutningsaggregat, -del, strömförsörjningsdel **-haut** *-e† f, anat.* näthinna **-hautentzündung** *-en f* näthinneinflammation **-karte** *-n f* års-, månads|kort *e.d.* **-magen** -[†] *m* nätmage **-plantechnik** *0 f* nätplanering **-spannung** *-en f* nätspänning **-werk** *-e n* nät[verk] **-werktechnik** *0 f* nätplanering

neu ny; färsk; ~ *erschienenes Buch* nyutkommen bok; *e-e ~e Flasche Wein bestellen* beställa en flaska vin till; *~e Kartoffeln* färsk potatis; *die ~e Literatur (äv.)* den moderna litteraturen; *die ~este Mode* senaste modet; *~[er]e Sprachen* moderna språk; *das N~este auf dem Markt* det nyaste (senaste) på marknaden; *das N~este vom N~en (vard.)* senaste nytt, det allra nyaste, sista skriket; *Möbel* ~ *beziehen* klä om möbler; *das Geschäft nach dem Umbau* ~ *eröffnen* åter öppna affären efter ombyggnaden; *was gibt es N~es?* vad nytt?; *sich* ~ *gekräftigt fühlen* känna sig styrkt på nytt; *ich bin noch* ~ *in der Arbeit (äv.)* jag är fortfarande ovan vid arbetet; *das ist mir* ~ det var en nyhet

för mig; *sie ist nicht mehr ganz* ~ *(vard.)* hon är inte purung längre; *aufs ~e, von ~em* på nytt, ånyo; *die Wohnung auf* ~ *herrichten* renovera lägenheten; *in ~erer Zeit* på senare tid[en]; *seit ~estem* sedan en kort tid [tillbaka], på senare tid[en] **Neuanfertigung** *-en f* nytillverkning **Neuankömmling** *-e m* nykomling **neuartig** ny, modern, av nytt slag **Neuaufbau** *0 m* återuppbyggnad **Neuaufführung** *-en f* nyinstudering **neuaufgelegt** utkommen i ny upplaga; omtryckt **Neuauflage** *-n f* ny upplaga **Neuaufnahme** *-n f* **1** nyintagning; nyintagen [person] **2** omtagning *(av film e.d.)* **neubacken** *se frischbacken*
Neu|bau 1 *-ten m* ny-, om-, återupp|byggnad; nybygge; ny byggnad; *in e-m* ~ *wohnen (i BRD)* bo i ett nytt hus *(byggt efter 1/12 1949)* **2** *-ten el. -e m, tekn.* ny modell **-bauer** *-n -n m (i DDR)* ny bonde *(efter 1945 års jordreform)* **-bauwohnung** *-en f* ny lägenhet *(i hus byggt efter 1/12 1949)* **-bearbeitung** *-en f* bearbetning, omarbetning **-belebung** *-en f* nytt uppsving; återupplivande **-bildung** *-en f* nybildning; ombildning *(av regering)*; språkv. *äv.* neologism **-bruch** *-e† m, lantbr.* nyodling **-bürger** - *m* ny[inflyttad] medborgare
neudeutsch *die ~e Gesellschaft* det moderna tyska samhället **Neudruck** *-e m* om-, ny|tryck **Neueinstellung** *-en f* nyanställning; nyanställd *(arbetskraft)* **Neuentdeckung** *-en f* **1** ny (nyligen gjord) upptäckt **2** återupptäckt **Neuentwicklung** *-en f* **1** *die* ~ *von Produkten* utvecklingen av nya produkter **2** ny produkt, nyhet **neuerdings 1** nyligen, på senare tid **2** *sty., österr., schweiz.* på nytt, än en gång **Neuerer** - *m* förnyare, nyskapare, innovatör; reformator **neuerlich** upprepad, förnyad; ånyo; nyligen **Neuerscheinung** *-en f* nyutkommen bok (skiva *e.d.*), nyhet **Neuerung** *-en f* nyskapande, förnyelse; förändring, reform; nyhet, innovation **Neu|erwerb** *0 m*, **-erwerbung** *-en f* nyförvärv **neuestens** helt nyligen; på sistone **Neu'fundland** *0 n* Newfoundland **Neu'fundländer** - *m* **1** newfoundländare **2** newfoundlandshund **neugebacken** *vard.* nybliven **neugeboren** nyfödd; pånyttfödd **Neugeburt** *-en f* pånyttfödelse **Neugestaltung** *-en f* ny-, om|gestaltning, nydaning **Neugier[de]** *0 f* nyfikenhet **neugierig** nyfiken **Neugliederung** *-en f* omdisposition, nyindelning **Neugrad** *-e (vid måttsangivelse -) m, mat.* nygrad **neugriechisch** nygrekisk **Neugui'nea** *0 n* Nya Guinea **Neuheit** *-en f* nyhet; *der Reiz der* ~ nyhetens behag **neuhochdeutsch** nyhögtysk **Neuigkeit** *-en f* nyhet '**Neujahr** [*äv*. -'-] *-e n* nyår[sdag]; *Prosit* ~*!* Gott Nytt År!
Neujahrs|glückwunsch *-e† m* nyårsönskan **-karte** *-n f* nyårskort **-tag** *-e m* nyårsdag **-wunsch** *-e† m* nyårsönskan
Neukonstruktion *-en f* nykonstruktion **Neuland** *0 n* **1** nyodling, nybruten mark **2** nytt (outforskat) område (land); *das ist* ~ *für mich* det är ett nytt (okänt) område för mig **neulich** nyligen, härom|dagen, -sistens; ~ *abends* häromkvällen **Neuling** *-e m* nykomling; nybörjare **neumodisch** *(ofta neds.)* nymodig, modern **Neumond** *0 m* nymåne
neun *(jfr drei o. sms.)* nio; *alle ~[e] schieben (werfen) (spel.)* slå bataljon; *alle ~[e]! (äv.)* pang! **Neun** *-en f (jfr Drei o. sms.)* nia; *mit der*

~ *fahren* (*vard.*) åka med nian (*buss e.d.*); *ach, du grüne* ~ *e!* (*vard.*) det här var månljust! **Neunauge** -*n n, zool.* nejonöga **neune** *vard., se neun* **Neuneck** -*e n* niohörning **Neuner** - *m, vard.* nia; *mit dem* ~ *fahren* åka med nian (*buss e.d.*) **neunerlei** *oböjl. adj* nio slags *etc., jfr dreierlei* **neunfach** niofaldig **neunmal** nio gånger **neunmalklug** *vard.* förnumstig **neunschwänzig** ~*e Katze* niosvansad katt (*piska*) **neunte** nionde **neuntel** niondels **Neuntel** - *n* niondel **neuntens** för det nionde **Neuntöter** - *m, zool.* törnskata **neunzehn** (*jfr drei*[*zehn*] *o. sms.*) nitton **neunzehnte** nittonde **neunzig** (*jfr drei*[*ßig*] *o. sms.*) nittio **neunzigste** nittionde
Neu|ordnung -*en f* nyordning, omorganisation **-organisation** -*en f* ny-, om|organisation **-philologe** -*n* -*n m* nyfilolog **-produktion** -*en f* nyproduktion
Neuralgie [nɔy-] -*n f* neuralgi, nervsmärta **neuralgisch** ñeuralgisk; *bildl.* känslig **Neurasthenie** -*n f* neurasteni **neurasthenisch** neurastenisk
Neureg[e]lung -*en f* ändring, om-, ny|reglering **neureich** nyrik **Neureiche(r)** *m f, adj böjn.* nyrik [person], uppkomling **Neuries** -*e* (*vid måttsangivelse -*) *n* 1000 ark [tryck]papper; *5* ~ *5000* ark papper
Neurochirurg [nɔy-] -*en* -*en m* neurokirurg **Neurochirurgie** *0 f* neurokirurgi **Neurologe** -*n* -*n m* neurolog, nervläkare **Neurologie** *0 f* neurologi **Neurose** -*n f* neuros **Neurotiker** - *m* neurotiker **neurotisch** neurotisk
Neuschnee *0 m* nysnö **Neu'seeland** *0 n* Nya Zeeland **Neu'seeländer** - *m* nyzeeländare **neu'seeländisch** nyzeeländsk **Neusiedler** - *m* nybyggare **Neusilber** *0 n* nysilver **neusilbern** av nysilver **Neusprachler** - *m* nyfilolog **neusprachlich** nyspråklig; *der* ~*e Unterricht* undervisningen i (*moderna*) främmande språk **Neustadt** *0 f, die* ~ nya staden (*motsats: Gamla stan*) **neustens** *se neuestens* **neutestamentlich** nytestamentlig **Neutöner** - *m* modern tonsättare; modernist, avantgardist
Neutra [nɔy-] *se Neutrum* **neutral** neutral **Neutrale(r)** *m, adj böjn.* **1** neutral [person, stat *etc.*] **2** *sportsl.* domare **Neutralisation** -*en f* neutralis|ering, -ation **neutralisieren** neutralisera **Neutralität** *0 f* neutralitet **Neutralitätspolitik** *0 f* neutralitetspolitik **Neutren** *se Neutrum* **Neutron** *Neu'tronen n* neutron **Neutronenbombe** -*n f* neutronbomb **Neutr|um** -*a, äv.* -*en n* **1** *språkv.* neutrum **2** *person* utan erotisk dragningskraft; *sie war ein* ~ *für mich* jag attraherades inte av henne **3** *ein* ~ *sein* undvika att ta ställning (fatta beslut)
neuvermählt nygift **Neuwagen** - *m* ny bil **Neuwahl** -*en f* ny-, om|val **Neuwert** *0 m* **1** återanskaffningsvärde **2** *der* ~ *des Motorrads beträgt 8000 Mark* som ny kostar motorcykeln 8000 mark **neuwertig** så gott som ny **Neuwertversicherung** -*en f* nyvärdesförsäkring **Neuwort** -*er†, n, språkv.* nybildat ord, neologism **Neuzeit** *0 f, die* ~ nyare tiden **neuzeitlich** nyare tidens; nutida, modern **Neuzulassung** -*en f* nyregistrering; *die Zahl der* ~*en steigt* antalet nyregistrerade fordon ökar **Neuzustand** *0 m, sich im* ~ *befinden* vara [som] ny
Nexus - - *m* sammanhang, förbindelse

NF *DDR, förk. för Nationale Front* **nhd.** *förk. för neuhochdeutsch* nyhögtysk **Nibelungentreue** *0 f* trohet intill döden **Nicaraguaner** - *m* nicaraguan **nicaraguanisch** nicaraguansk
nicht inte, icke, ej; o-; ~, *daß ich keine Lust hätte, aber ich möchte lieber gehen* inte för att jag vet har lust men jag vill hellre gå; *nur* ~ *so aufgeregt!* ta det lugnt bara!; *er auch* ~ inte han heller; *bitte* ~*!* var snäll o. låt bli!; *bitte* ~ *berühren!* får ej vidröras!; *etw. noch* ~ *Dagewesenes* ngt som aldrig förr funnits; ~ *doch!* nej [inte alls]!; ~ *einer* (*högt.*) ingen [alls]; *die Pilze sind* ~ *eßbar* svampen är inte ätlig; *bevor* (*ehe, solange*) *die Hausaufgaben* ~ *fertig sind, dürft ihr* ~ *spielen* så länge läxorna inte är gjorda får ni inte leka; *ganz und gar* ~ absolut inte, inte alls; *das gibt's doch* ~*!* det är väl aldrig möjligt!; *gefällt dir das* ~ *auch?* tycker inte du också om det?; ~ *zu glauben!* otroligt!; *Geld habe ich* ~ pengar har jag inga (inte); *du bist doch* ~ *etwa krank?* du är väl inte sjuk?; ~ *mehr und* ~ *weniger* (*äv.*) varken mer eller mindre; *seine* ~ *mißzuverstehenden Andeutungen* hans antydningar som inte kan (kunde) missförstås; *er trinkt* ~ *Bier noch Wein* (*högt.*) han dricker varken öl eller vin; *sie studiert* ~ *nur, sondern sie arbeitet auch* hon inte bara studerar utan arbetar också; *was du* ~ *sagst!* nej, vad säger du?, det menar du inte!; „*Ist das wahr?*" — „*N*~ *die Spur!*" "Är det sant?" — "Nej, inte alls!"; ~ *wahr?* eller hur?; *das ist doch deine Schwester,* ~*?* det här är väl din syster, eller hur?; ~ *daß ich wüßte* inte vad jag vet, inte mig veterligt **Nichtachtung** *0 f* miss-, ring|aktning; *e-n mit* ~ *strafen* behandla ngn som luft **nichtamtlich** inofficiell **Nicht'angriffspakt** -*e m* nonaggressionspakt, icke-angreppspakt **nichtarbeitend** inte [yrkes]arbetande **Nichtarier** - *m, nat. soc.* icke-arier **Nichtbeachtung** *0 f* försummande, ignorering; *bei* ~ *der Verkehrsvorschriften* vid underlåtenhet att iaktta trafikbestämmelserna **nichtbeamtet** inte anställd som tjänsteman (ämbetsman) **Nichtbefolgung** *0 f, die* ~ *dieser Anweisung wird bestraft* underlåtenhet att iaktta denna föreskrift beivras **nichtberufstätig** inte yrkesarbetande **Nichtchrist** -*en* -*en m* icke-kristen
Nichte -*n f* brors-, syster|dotter
nichtehelich *jur.* utomäktenskaplig **Nichteinhaltung** *0 f,* ~ *e-s Abkommens* uraktlåtenhet att hålla ett avtal **Nichteinmischung** *0 f* nonintervention, icke-inblandning **Nichterfüllung** *0 f, bei* ~ *des Vertrags* vid underlåtenhet att fullgöra kontraktet **Nichterscheinen** *0 n* uteblivande, frånvaro **nichteuklidisch** *mat.* icke-euklidisk **nicht|existent, -existierend** icke-existerande **Nichtfach|mann** -*leute, ibl.* -*männer m* icke fackman; lekman **nichtflektierbar** *språkv.* oböjlig **Nichtgefallen** *0 n, bei* ~ *Umtausch gestattet* (*ung.*) full bytesrätt **Nichtgewünschte(s)** *n, adj böjn., Nichtgewünschtes bitte streichen!* stryk det som inte önskas!
nichtig 1 värdelös, intig, oviktig; ~*er Einwand* betydelselös invändning; ~*e Hoffnung* fåfäng förhoppning **2** *jur., ung.: etw. für* ~ *erklären* ogiltigförklara ngt **Nichtigkeit 1** *0 f* värdelöshet, intighet; *die* ~ *des Irdischen* jordelivets fåfänglighet **2** -*en f* struntsak, bagatell **3** *0 f,*

jur. ogiltighet, nullitet **Nichtigkeitsklage** *-n f, jur.* besvär över domvilla, nullitetsbesvär **nichtkriegführend** icke-krigförande **nichtleitend** *fys.* icke-ledande, isolerande **Nichtleiter** - *m, fys.* icke-ledare, oledare, isolator **Nichtmetall** *-e n* icke-metall, metalloid **Nichtmitglied** *-er n* icke-medlem **nichtöffentlich** icke offentlig; intern; privat **nichtorganisiert** oorganiserad **nichtpaktgebunden** *DDR* alliansfri **Nichtraucher** - *m* **1** ickerökare **2** kupé för ickerökare **nichtrostend** rostfri
nichts ingenting, inte något (någonting), intet; ~ *als* ingenting annat än; ~ *als die Wahrheit sagen* bara säga sanningen; ~ *weniger als* allt annat än; ~ *für ungut!* ta inte illa upp!; ~ *da!* (*vard.*) aldrig i livet!, sällan!; ~ *zu danken!* [det är] ingenting att tala om!, ingen orsak!; *mir* ~, *dir* ~ utan vidare, helt plötsligt (ogenerat); *jetzt aber* ~ *wie heim!* (*vard.*) nu går vi direkt hem!; *das geht dich* ~ *an* det angår dig inte; *das hilft* (*nützt*) *ihr* ~ det hjälper henne inte; *das macht* ~ det gör inget; *er macht sich* (*dat.*) ~ *daraus* han bryr sig inte om (struntar i) det; *das schadet* (*taugt*) ~ det skadar (duger) inte); *das ist* ~ det är ingenting att ha (duger inte); *da ist* ~ *zu machen* det är ingenting att göra åt; *damit ist es* ~ det blir inte av; *wenn es weiter* ~ *ist* om det inte är något värre (annat), om det bara är det; *der Hund tut* ~ hunden bits inte; *das tut* ~ *zur Sache* det hör inte hit; *ich will mit ihm* ~ *mehr zu tun haben* jag vill inte ha något mer med honom att göra; *daraus wird* ~ det blir inte av; *sich für* ~ *und wieder* ~ *beeilen* skynda sig förgäves (till ingen nytta); *in* ~ i intet avseende; *das Geschenk sieht nach* ~ *aus* (*vard.*) presenten ser inte mycket ut; *sonst* ~ *?* ingenting annat?; *um* ~ inte på minsta vis (sätt), inte ett dugg; *viel Lärm um* ~ mycket väsen för ingenting; *weiter* ~ *?* var det allt?; *wie* ~ blixtsnabbt; *es zu* ~ *bringen* inte lyckas bli något, inte ha framgång **Nichts 1** *0 n, filos.* intet; *aus dem* ~ *kommen* komma från ingenstans **2** *0 n* bagatell, obetydlighet; *etw. für ein* ~ *kaufen* köpa ngt för en struntsumma; *vor dem* ~ *stehen* vara [alldeles] utblottad, stå på ruinens brant, inte se ngn framtid; *ein* ~ *von e-m Bikini* en pytteliten bikini **3** *-e n* nolla, obetydlig person **nichtsahnend** *se ahnungslos* **nichtsbedeutend** obetydlig, betydelselös
Nichtschwimmer - *m* **1** icke simkunnig [person]; *er ist* ~ han kan inte simma **2** bassäng för icke simkunniga, barnbassäng
nichtsdesto|'minder, -'trotz *vard.,* -'**weniger** inte desto mindre, trots det[ta] (allt), ändå
Nichtsein *0 n* icke-vara
Nichtskönner - *m* okunnig person, klåpare **Nichtsnutz** *-e m* odåga, oduglig **nichtsnutzig** oduglig, värdelös, slarvig, usel; *ein* ~ *er Junge* en odåga till pojke **nichtssagend** intetsägande
nichtstaatlich inte statlig, privat-
Nichtstuer - *m* dagdrivare, lätting **Nichtstuerei** *0 f* dagdriveri **nichtstuerisch** lättjefull, dagdrivaraktig **Nichtstun** *0 n* overksamhet, sysslolöshet, dagdriveri **nichtswürdig** föraktlig, gemen **Nichtswürdigkeit** *-en f* gemenhet, nedrighet
Nichtübereinstimmung *0 f* brist på överensstämmelse; motsättning, skiljaktighet **nichtverbal** icke verbal **Nichtweiterverbreitung** *0 f* ickespridning **Nichtwissen** *0 n* okunnighet **Nichtzahlung** *-en f* utebliven betalning; *bei* ~ (*äv.*) i brist på (frånvaro av) betalning **nichtzielend** *språkv.* intransitiv **Nichtzutreffende(s)** *n, adj böjn., Nichtzutreffendes bitte streichen* stryk det ej tillämpliga
1 Nickel 1 *0 n* nickel (*metall*) **2** - *m, åld.* nickelmynt; tiopfennigslant
2 Nickel - *m, dial.* egensinnigt barn, problembarn
Nickel|münze *-n f* nickelmynt **-stahl** *0 m* nickelstål
nicken 1 nicka, vippa; *den Ball ins Netz* ~ (*sportsl.*) nicka bollen i mål; *Beifall* ~ nicka bifall; *mit dem Kopf* ~ nicka på huvudet **2** *vard.* nicka till, [sitta o.] [halv]sova
1 Nicker - *m, vard.* **1** nick[ning] **2** receptionschef **3** *se.Nickerchen*
2 Nicker - *m* (*slags*) jaktkniv
Nickerchen - *n, vard.* [tupp]lur; *ein* ~ *machen* ta sig en [tupp]lur
Nickfänger - *m* (*slags*) jaktkniv
Nickhaut *-e† f, anat.* blinkhinna
Nicki *-s m* (*slags*) [bomulls]tröja
Nidel *0 m f, schweiz.* grädde
nie aldrig; ~ *und nimmer* aldrig någonsin (i livet)
nieder I *adj* låg; *ein* ~*er Beamter* en lägre tjänsteman; *von* ~*er Geburt* av låg börd; ~*e Jagd* jakt på småvilt; ~*e Tiere* lägre djur **II** *adv* ner, ned; ~ *mit den Unterdrückern!* ner med förtryckarna! **-beugen 1** böja [ner] **2** *rfl* böja sig [ner] **-brechen** *st* **1** bryta ner, riva **2** *s* bryta (störta) samman, rasa, falla (sjunka) ihop **-brennen** *oreg.* **1** bränna ner **2** *s* brinna ner **-brüllen** *vard.* överrösta, bua ut **-bügeln 1** *vard.* hårt kritisera, köra över, platta till **2** *sportsl.* köra över **-deutsch** platt-, låg|tysk **Niederdeutsch** *0 n* platt-, lågtyska **niederdonnern 1** *s* braka ner **2** *vard.* hårt kritisera, skälla ut **Niederdruck** *-e† m* lågtryck **niederdrücken 1** trycka ner **2** trycka [ner], tynga [ner], deprimera; *niedergedrückt* (*äv.*) nedstämd **niederdrückend** nedstämmande, deprimerande **niederfahren** *st s* fara ner **niederfallen** *st s* falla ner **Niederflurwagen** - *m* (*låg*) spårvagn (*utan fotsteg*) **Niederfrequenz** *-en f* lågfrekvens **Niedergang 1** *0 m* förfall, ned-, under|gång **2** *-e† m, sjö.* brant trappa, lejdare **Niedergedrücktheit** *0 f* nedslagenhet
nieder|gehen *st s* **1** gå ner, landa **2** *ein Gewitterregen geht nieder* ett åskregn faller; *die Lawine geht ins Tal nieder* lavinen störtar ner i dalen; *der Theatervorhang geht nieder* ridån går ner **3** *boxn.* gå i golvet **-geschlagen** nedslagen, modfälld, moloken **-halten** *st* hålla ner (nere); *bildl.* kuva, undertrycka **-hauen** *oreg.* slå till marken, hugga ner **-holen** hala ner (*segel o.d.*)
Nieder|holz *0 n* under-, busk|vegetation **-jagd** *0 f* jakt på småvilt
nieder|kämpfen kämpa ner; *bildl.* hålla tillbaka, undertrycka **-kauern** *rfl* huka sig ner **-knallen** *vard.* skjuta ner **-knien 1** *h el. s* falla på knä; lägga sig på knä **2** *rfl* falla på knä; lägga sig på knä **-knüppeln** klubba (slå) ner **-kommen** *st s* nedkomma

Niederkunft -e† *f* nedkomst **Niederlage** -*n f* 1 nederlag 2 nederlag; filial **Niederlande** *pl*, *die* ~ Nederländerna **Niederländer** - *m* nederländare **niederländisch** nederländsk **niederlassen** *st* 1 *den Vorhang* ~ låta ridån falla (gå ner) 2 *rfl* sätta sig; *sie ließ sich auf e-e (e-r) Bank nieder* hon satte sig på en bänk; *sich am Tisch* ~ sätta sig (slå sig ner) vid bordet; *sich auf die Knie* ~ falla på knä, lägga sig på knä 3 *rfl, sich in Bonn* ~ slå sig ner (bosätta sig) i Bonn; *sich als Arzt* ~ etablera sig som läkare **Niederlassung** 1 0 *f* bosättning; etablering, öppnande (*av rörelse e.d.*) 2 -*en f* nybygge, koloni; *hand.* filial **niederlegen** 1 lägga ner (ifrån sig); nedlägga (*mandat e.d.*); *die Waffen* ~ lägga ner vapnen; *die Arbeit* ~ lägga ner arbetet, strejka 2 lägga; *das Kind* ~ lägga barnet 3 *ein Haus* ~ riva ett hus; *e-n Baum* ~ fälla ett träd 4 deponera 5 ned|skriva, -teckna 6 *rfl* lägga sig [ner] **Niederlegung** -*en f* ned|läggning, -läggande *etc.*, *jfr niederlegen* **nieder|machen** *vard.* slakta, meja ner -**mähen** meja (skjuta) ner -**metzeln** slakta, meja ner -**prasseln** *s, der Regen prasselt auf das Dach nieder* regnet smattrar mot taket; *Flüche prasseln auf ihn nieder* förbannelser haglar över honom -**reißen** *st* riva [ner] (*äv. bildl.*) -**ringen** *st, se niederkämpfen* -**schießen** *st* 1 skjuta ner 2 *s* störta (slå) ner **Niederschlag** -e† *m* 1 (*ofta pl*) nederbörd; *radioaktiver* ~ radioaktivt nedfall 2 [ut]fällning, bottensats 3 *boxn.* nedslagning; *beim dritten* ~ *kam der Boxer nicht wieder hoch* tredje gången boxaren slogs ner (gick i golvet) kunde han inte resa sig mera 4 *seinen* ~ *in etw.* (*dat.*) *finden* ta sig (komma till) uttryck i ngt, resultera (redovisas) i ngt **niederschlagen** *st* 1 slå ner; *bildl. äv.* kuva; *der Hagel hat das Getreide niedergeschlagen* haglet slog ner säden; *den Aufstand* ~ (*äv.*) kväva upproret 2 *jur.* lägga ner, inställa; *e-e Forderung* ~ avvisa en fordran; *die Strafe* ~ efterskänka straffet 3 lugna; *das Fieber* ~ sätta ner febern 4 *den Blick* ~ slå ner blicken 5 *kem.* fälla ut 6 *rfl* kondenseras; *kem.* utfällas, avsätta sig; *der Nebel schlägt sich als Tau nieder* dimman faller ut som dagg; *die lange Erfahrung schlägt sich in ihrer Arbeit nieder* den långa erfarenheten kommer till uttryck i hennes arbete **niederschlagsarm** nederbördsfattig **niederschlagsfrei** *morgen wird es* ~ *sein* i morgon blir det uppehållsväder **Niederschlagsmenge** -*n f* nederbördsmängd **Niederschlagsmesser** -*m* regnmätare **niederschlagsreich** nederbördsrik **Niederschlagung** -*en f* 1 undertryckande; krossande 2 *jur.* nedläggande (*av talan*); ~ *e-s Verfahrens* (*äv.*) åtalseftergift **niederschmettern** (*våldsamt*) slå ner; *bildl.* [för]krossa **niederschreiben** *st* skriva ner **niederschreien** *st* överrösta **Niederschrift** -*en f* nedskrift; protokoll **niedersehen** *st* titta ner **niedersetzen** 1 sätta ner 2 *rfl* sätta sig **niedersinken** *st s* sjunka (segna) ner; sjunka **niedersitzen** *st s, dial.* slå sig ner **Niederspannung** -*en f, elektr.* lågspänning **niederst** *adj* (*alltid böjt*) lägst **nieder|stechen** *st* sticka ner, knivskära -**steigen** *st s* stiga ner; *die Treppe* ~ gå (stiga) nedför trappan -**stellen** ställa ner -**stimmen** rösta ner -**stoßen** *st* 1 stöta ner 2 *s* slå ner

(*på byte*) -**strecken** 1 fälla till marken, skjuta (slå) ner 2 *rfl* sträcka ut sig, lägga sig -**stürzen** *s* störta ner; falla till marken -**tourig** *tekn.* lågvarvig **Niedertracht** 0 *f* gemenhet, nedrighet **niederträchtig** gemen, nedrig, skändlig; ~*e Kälte* (*vard.*) hemsk kyla; *es tut* ~ *weh* (*vard.*) det gör fruktansvärt ont **Niederträchtigkeit** -*en f* gemenhet, nedrighet **niedertrampeln** *vard.*1 trampa ner 2 *e-n Redner* ~ (*vard.*) stampa så att det inte hörs vad en talare säger **niedertreten** *st* trampa ner; trampa fast (till); nöta (*matta*), slita ut (*klackar*); *niedergetretene Schuhe* utgångna skor **Niederung** -*en f* dalsänka, lågland; *in den* ~*en der Gesellschaft* på samhällets botten; *er kannte auch die* ~*en des Lebens* han kände också till livets avigsidor; *sich nicht mit* ~*en befassen* inte befatta sig med enklare ting **Niederwald** -*er*† *m* lågskog **niederwalzen** jämna med marken, krossa; *bildl.* göra ner, köra över **niederwärts** *högt.* nedåt **Niederwasser** 0 *n* lågvatten **niederwerfen** *st* kasta ner (till marken); slå ner, kuva; besegra; *die Krankheit warf ihn nieder* sjukdomen gjorde honom sängliggande; *die Nachricht hat ihn niedergeworfen* han skakades (knäcktes) av nyheten; *sich vor e-m* ~ kasta sig ner (på knä) inför ngn **Niederwerfung** 0 *f* underkuvande *etc.*, *jfr niederwerfen* **Niederwild** 0 *n* småvilt **niederzwingen** *st* tvinga ner, nedkämpa, besegra

niedlich söt, näpen, nätt, trevlig; *das kann ja* ~ *werden* (*iron.*) det kan bli en snygg historia (snyggt) **Niedlichkeit** 0 *f* näpenhet

Niednagel -† *m* trasigt nagelband, nagelrot **niedrig** låg; *bildl. äv.* lågsinnad, gemen; ringa; *Schuhe mit* ~*en Absätzen* lågklackade skor; *die Lampe* ~*er hängen* (*äv.*) sänka lampan; *die* ~*en Instinkte im Menschen* (*äv.*) människans lägre instinkter; *von* ~*er Herkunft* av låg börd; *von* ~*em Wuchs* lågväxt; ~ *gesinnt* lågsinnad, simpel **Niedrighaltung** 0 *f, die* ~ *der Kosten ist schwierig* det är svårt att hålla kostnaderna nere **Niedrigkeit** 0 *f* låghet; ringhet; nedrighet; *die* ~ *seiner Beweggründe* simpelheten i hans bevekelsegrunder **Niedriglohn** -*e*† *m* låglön **Niedrigpreis** -*e m* lågpris **niedrigstehend** lågtstående **Niedrigwasser** 0 *n* lågvatten

niellieren *konst.* niellera

niemals aldrig **niemand** ingen, inte någon; *er ist* ~[*e*]*s Feind* (*äv.*) han har inga fiender; *sie wollte mit* ~[*em*] *von uns reden* hon ville inte tala med någon av oss; *ich habe* ~[*en*] *gesehen* jag har inte sett ngn; *ein N*~ *sein* vara alldeles okänd (betydelselös), vara en främling (nolla); *sonst* (*weiter*) ~, *sonst* ingen annan; *es kann* ~ *ander*[*e*]*s gewesen sein als du* det kan inte ha varit ngn annan än du; *sie wollte* ~ *anders* (~*en anders,* ~ *anderen*) *treffen als dich.* (*äv.*) hon ville bara träffa dig **Niemandsland** 0 *n* ingenmansland

Niere -*n f* njure; *das geht ihm an die* ~*n* (*vard.*) det tar honom hårt **Nierenbecken** - *n* njurbäcken **Nierenfett** 0 *n* njurtalg **nierenförmig** njurformad

Nieren|kolik -*en f* njur[stens]kolik -**krankheit** -*en f,* -**leiden** - *n* njursjukdom -**schrumpfung** 0 *f,* -**schwund** 0 *m* njur|skrumpning, -atrofi -**stein** -*e m* njursten

-stück *-e n, kokk.* [kalv]stek (*med kvarsittande njurar*) **-tisch** *-e m* njurformat bord **-transplantation** *-en f* njurtransplantation
nieseln dugga **Nieselpriem** *-e m, vard.* tråk-, trög|måns, dummerjöns **Nieselregen** - *m* duggregn
niesen nysa; *ich werde dir eins ~! (vard.)* det kan du glömma!, det gör jag aldrig! **Niespulver** - *n* nyspulver **Niesreiz** *0 m* lust att nysa
Nießbrauch *0 m, jur.* nyttjanderätt **Nießbraucher** - *m, jur.* nyttjanderätts[inne]havare **Nießnutz** *0 m, jur.* nyttjanderätt **Nießnutzer** - *m, jur.* nyttjanderätts[inne]havare
Nieswurz *-en f, bot.*, *Grüne ~* [grön] prustrot; *Schwarze ~* julros
Niet *-e m, äv. n, tekn.* nit
1 Niete *-n f* **1** nit[lott]; *das Stück war e-e ~ (vard.)* pjäsen gjorde fiasko **2** *vard.* odugling, nolla
2 Niete *-n f, tekn.* nit **nieten** nita **Nietenhose** *-n f* jeans **Niethammer** -† *m* nithammare **Nietkopf** *-e*† *m* nithuvud **Nietnagel** -† *m* nit '**niet- und 'nagelfest** *vard. ung.* fastspikad; *alles, was nicht ~ ist* allt som inte sitter ordentligt fast, allt flyttbart
Nife *0 n* nife (*jordens kärna*)
Niflheim ['niː-, *äv.* 'nɪ-] *0 n, myt.* Nifelhem '**nigel'nagel'neu** *schweiz. vard.* splitterny
Nigerianer - *m* nigerian **nigerianisch** nigeriansk
Nigger - *m, neds.* nigger
Nihilismus *0 m* nihilism **Nihilist** *-en -en m* nihilist **nihilistisch** nihilistisk
Nikolaus ['nɪ-, *äv.* 'niː-] *-e m* **1** St Nikolaus **2** *se följ.* **Nikolaustag** *-e m, der ~* Nikolausdagen (*6 dec. då St Nikolaus belönar snälla barn*) **Nikilo** ['nɪ-] *-s m, sty., österr., se Nikolaus*
Nikotin *0 n* nikotin **nikotinarm** med låg nikotinhalt **nikotinfrei** nikotinfri **Nikotingehalt** *0 m* nikotinhalt **nikotinhaltig** nikotinhaltig **Nikotinismus** *0 m*, **Nikotinvergiftung** *-en f* nikotinförgiftning
Nil *0 m, der ~* Nilen
Nille *-n f, vulg.* kuk
Nilpferd *-e n* flodhäst
Nimbostrat|us *-i m, meteor.* nimbostratus **Nimbus 1** *-se m, konst.* nimbus, strålkrans, gloria **2** *0 m, bildl.* nimbus, anseende, rykte **3** *-se m, åld.* nimbus, regnmoln
nimmer 1 aldrig **2** *sty., österr.* inte mera (längre); *das will ich ~ tun* det skall jag aldrig mer göra **Nimmerleinstag** *0 m, vard., du wirst es am ~ kriegen* du får det när det blir sju torsdagar i en vecka **nimmermehr 1** aldrig **2** *sty., österr.* aldrig mer '**nimmer'müde** outtröttlig **nimmersatt** omättlig **Nimmersatt** *-e m* **1** *vard.* storätare; *er ist ein ~* han får aldrig nog (blir aldrig mätt) **2** *zool.* (*slags*) ibis **Nimmer-'wiedersehen** *0 n, auf ~ verschwinden (vard.)* försvinna för alltid
Nimrod *-e m* nimrod (*passionerad jägare*)
Nippel - *m* **1** *tekn.* nippel; smörjnippel **2** *vard.* propp; tapp; kontakt **3** *vard.* snopp
nippen läppja, smutta (*an +dat., von* på)
Nippes ['nɪp(ə)s, nɪp] *pl* nipper
Nippflut *-en f* nipflod
Nippsachen *pl* nipper
nirgend[s] ingenstans **-her** ingenstans ifrån **-hin** ingenstans, åt inget håll **-wo** ingenstans
Nirwana *0 n* nirvana

Nische [-iː-] *-n f* nisch (*äv. biol.*)
Ni|ß *-sse f,* **Nisse** *-n f* lusägg, gnet
Nissenhütte *-n f* barack, nödbostad (*av korrugerad plåt*)
nissig full av gnetter
nisten [bygga] bo, häcka **Nistkasten** -† *m* fågelholk **Nistzeit** *-en f* häckningstid
'**Niton** *0 n, åld.* radon **Nitrat** *-e n, kem.* nitrat **nitrieren** *kem.* nitrera; *tekn.* nitrerhärda **Nitrit** *-e n, kem.* nitrit **Nitrogen[ium]** [-g-] *0 n, kem.* kväve, nitrogen **Nitroglyzerin** *0 n, kem.* nitroglycerin **Nitrum** *0 n, åld.* salpeter
nitsche'wo *interj, vard.* det gör ingenting!
Niveau [ni'voː] *-s n* nivå; *das ~ des Wassers* vattenståndet; *er hat ~* han är en kultiverad (bildad) människa; *das Buch hat ~* boken är av hög klass (håller en hög standard); *das Haus liegt auf gleichem ~ mit der Straße* huset ligger i nivå med gatan; *seine Leistungen liegen über dem allgemeinen ~* hans prestationer ligger över genomsnittet **niveaufrei** *~e Kreuzung* planskild korsning **niveaugleich i sam-**ma nivå (plan); *~e Kreuzung* plankorsning **Niveaukreuzung** *-en f* plankorsning **niveaulos** medelmåttig, slätstruken, utan klass **niveauverschieden** *se niveaufrei* **niveauvoll** av hög klass, med stil
Nivellement [nivɛlə'mãː] *-s n* nivellering; *lantm. äv.* avvägning[sresultat] **nivellieren** nivellera, utjämna; *lantm. äv.* avväga **Nivellierung** *-en f* nivellering, utjämning; *lantm. äv.* avvägning
nix *vard., se nichts*
Nix *-e m* näck **Nixe** *-n f* sjöjungfru **nixenhaft** som en sjöjungfru
n.J. *förk. för nächsten Jahres* nästa år **nm.** *förk. för nachmittags* e.m., eftermiddag[en]
n.M. *förk. för nächsten Monats* [i] nästa månad
Noah *0 m* Noa[k]; *die Arche ~* Noa[k]s ark **nobel 1** nobel, förnäm, ädel, storsint **2** elegant, lyxig, flott **3** frikostig, generös **Nobel** *0 m* Nobel (*lejon i fabel*) **Nobelgarde** *0 f, die ~* påvliga livgardet **Nobelhotel** *-s n* lyxhotell **No'bel|preis** *-e m* nobelpris -**preisträger** - *m* nobelpristagare -**stiftung** *0 f, die ~* nobelstiftelsen
nobilitieren adla, nobilisera
Nobis|krug *-e*† *m* helvete -**wirt** *-e m* djävul
Noblesse [-ɛs(ə)] **1** *-n f, åld.* adel, nobless **2** *0 f* ädelhet, förnämhet, elegans, nobless
noch I *adv* än[nu], fortfarande; ytterligare, dessutom, till; kvar; nog; *~ ehe sie* (*ehe sie ~*) *antworten konnte, legte er auf* innan hon hann svara lade han på luren; *~ gestern* (*gestern ~*) *habe ich mit ihr gesprochen* så sent som i går talade jag med henne; *das existiert ~ heute* (*heute ~*) det existerar fortfarande (än i dag); *~ heute abend werde ich ihn besuchen* redan i kväll skall jag besöka honom; *~ immer* ännu, fortfarande, alltjämt; *~ nicht* inte än; *~ nie* [ännu] aldrig; *das muß ~ bewiesen werden* det återstår att bevisa; *ich habe ~ Zeit* (*äv.*) jag har inte bråttom; *da kannst du ~ lachen?* det har du mage (det var väl inget) att skratta åt?; *sie hat den 1. Weltkrieg ~ miterlebt* hon har [t.o.m.] varit med om första världskriget; *es regnet kaum ~* det regnar knappast (nästan inte alls) längre; *sie ist schöner ~ als Helena* hon är ännu vackrare än Helena; *das ist ~ Qualität* det kan man kalla (är verkligen) kva-

litet; *weißt du ~ ...?* minns du [den gången] *...?; ~! (barnspr.)* mera!; *auch das ~!* det också!; *~ dazu* till på köpet; *dumm und dazu ~ (~ dazu) frech* dum och dessutom fräck; *~ einer* en till; *~ eines möchte 'ich sagen* det var en sak till som jag skulle vilja säga; *~ ein Bier?* [vill du *(etc.)* ha] en öl till?; *~ einmal* en gång till; *~ einmal so hoch wie* dubbelt så hög som; *das ist ~ einmal gut gegangen! (vard. äv.)* det var nära ögat!; *er hat es ~* [*ein*]*mal getan* han gjorde det en gång till (gjorde om det); *vielleicht kann ich es ~ mal gebrauchen* jag kan kanske använda den en annan gång; *ich möchte ~ etw. fragen* jag skulle vilja fråga en sak till; *darf es ~ etw. sein?* får det lov att vara ngt mera?; *ich bleibe ~ ein Weilchen* jag stannar ett tag till; *es dauert ~ zwei Minuten* det dröjer två minuter till; *das fehlte ~!* det fattades bara det!, och det till råga på allt!; *der hat mir gerade ~ gefehlt!* vad skulle han dyka upp för?; *wer war ~ da?* vilka andra var där?; *nur ~ hübscher werden* bli allt vackrare; *was willst du ~?* vill du ngt mer (annat)?; *ich habe nur ~ 1 Mark* jag har bara en mark kvar; *ist es ~ weit?* är det långt kvar?; *er wird schon ~ kommen* han kommer nog; *er hat Geld ~ und ~ (vard. ~ und nöcher)* han har pengar i överflöd; *das wirst du ~ bereuen* det kommer du att [få] ångra; *du kannst ~ so sehr bitten, aber es wird dir nichts nützen* du kan be hur mycket du vill men det tjänar ingenting till; *ich muß erst ~ duschen* jag måste duscha först; *gerade ~ zurechtkommen* komma i sista ögonblicket; *wie heißt er ~?* vad heter han nu igen?; *das habe ich gerade ~ geschafft* jag klarade precis av det; *du kommst ~ zu spät, wenn du dich nicht beeilst* du kommer för sent om du inte skyndar dig; *niemand, mag er ~ so stark sein, kann das heben* ingen, hur stark han än må vara, kan lyfta det **II** *konj, weder (nicht)* ... *~* varken ... eller **-malig** upprepad; *~e Überprüfung (äv.)* dubbel-, extra|kontroll **-mals** en gång till, än en gång; *er braucht Ruhe und ~ Ruhe* han behöver lugn och åter lugn
Nock 1 *-e n, äv. -en f, sjö.* nock **2** *-e m, sty., österr.* klippa; klipptopp
Nöck *-en -en m* näck
Nocke *-n f, se 2 Nocken*
1 Nocken - *m, tekn.* kam
2 Nocken - *f, sty., österr.* **1** *se Nockerl* **2** högfärdsblåsa
Nockenwelle *-n f, tekn.* kamaxel
Nockerl *-*[*n*] *n, sty., österr.* **1** *kokk. (slags)* klimp; *Salzburger ~n (slags)* efterrättssufflé **2** *vard.* [dum] jänta
nölen *nty.* söla **Nöl|peter** *- m, nty.,* **-suse** *-n f, nty.* sölkorv
Nom. *förk. för Nominativ* nominativ
Nomade *-n -n m* nomad **Nomadendasein** *0 n* nomadliv **nomadenhaft** nomadisk **Nomadenleben** *0 n* nomadliv **nomadisch** nomadisk **nomadisieren** nomadisera; leva som nomad[er]; göra till nomad[er]
Nom|en *-ina n, språkv.* substantiv; nomen **Nomenklatur** *-en f* nomenklatur **Nomina** *pl, se Nomen* **nominal 1** språkv. substantivisk; nominal **2** *ekon.* nominell
Nominal|betrag *-e† m* nominellt belopp **-einkommen** - *n* nominell inkomst **-form** *-en f, språkv.* nominalform, infinit verbform **-lohn** *-e† m* nominell lön **-phrase** *-n f, språkv.* nominalfras **-stil** *0 m, språkv.* stil med många substantiv (nominaliseringar) **-wert** *-e m* nominellt värde, namnvärde
Nominativ *-e m, språkv.* nominativ **nominell** nominell *(äv. ekon.),* till namnet **nominieren** nominera
Nona'gon *-e n, mat.* niohörning
Nonchalance [nōʃa'lã:s] *0 f* nonchalans, otvungenhet **nonchalant** [-'lã:, -'lant] nonchalant, otvungen, obekymrad
None *-n f* **1** nionde timme *(kl. 15)*; *kat.* bönestund *(den nionde timmen)* **2** *mus.* nona
nonfigura'tiv *konst.* nonfigurativ
Noni|us *-en, äv. -usse m, tekn.* nonie
Nonkonfor'mismus *0 m* nonkonformism **Nonkonformist** *-en -en m* nonkonformist
Nonne *-n f* **1** nunna **2** *zool.* barrskogsnunna **3** nunnetegel **nonnenhaft** nunnelik **Nonnenkloster** *-† n* nunnekloster
Nonplus'ultra *0 n, das ~* det yppersta, det oöverträffbara, toppen; *das ~ an Mut* höjden av mod
Nonsens *0 m* nonsens
nonstop [-'st-, *äv.* -'ʃt-] nonstop; utan avbrott (paus); *~ fliegen* flyga direkt (utan mellanlandning) **Nonstopflug** *-e† m* nonstop-, direkt|flygning
nonver'bal icke verbal
Noppe *-n f* noppa **noppen 1** noppa **2** förse med noppor
Nord 1 nord; *aus (von) ~ från norr; Hamburg ~* Hamburg nord **2** *-e m* nordan[vind] **'Nordat'lantikpakt** *0 m, der ~* NATO **norddeutsch** nordtysk **Norddeutschland** *0 n* Nordtyskland, norra Tyskland **Norden** *0 m* **1** norr; *von (aus) ~* från norr, norrifrån; *nach ~* mot norr, norrut, norröver **2** *im ~ der Stadt* i norra delen av staden; *im ~ von Italien (äv.)* i norra Italien **3** *der ~ a)* Norden, *b)* nordliga länder; *aus dem ~ (äv.)* från norr, norrifrån **Nordersonne** *0 f, sjö.* midnattssol **nordisch** nordisk; *~e Sprachen* nordiska språk **Nordist** *-en -en m* nordist **Nor'distik** *0 f* nordiska språk **Nordländer** - *m* nordbo **Nordland|fahrt** *-en f,* **-reise** *-n f* resa i ett nordiskt land, resa till Norden **nördl. Br.** *förk. för nördlicher Breite* n br., nordlig bredd **nördlich I** *adj* nordlig, norra; *~e Breite* nordlig bredd; *~er Kurs* nordlig kurs *(mot norr); ~er Wind* nordlig vind *(från norr); die ~en Länder (äv.)* de nordiska länderna; *das ~e Spanien* norra [delen av] Spanien; *weiter ~* längre norrut (mot norr); *~ von Bonn* norr om Bonn **II** *prep m. gen.* norr om Bonn **Nordlicht** *-er n* **1** norrsken **2** *iron. el. neds.* nordtysk *(politiker e.d.)* **Nord|nord'ost 1** nordnordost **2** *-e m* nordnordostlig vind **Nordnord'osten** *0 m* nordnordost **Nordnord'west 1** nordnordväst **2** *-e m* nordnordvästlig vind **Nordnord'westen** *0 m* nordnordväst **Nord'ost 1** nordost, nordöst **2** *-e m* nordost[vind] **Nord'osten** *0 m* **1** nordost, nordöst **2** *der ~* nordöstra delen; *im ~ (äv.)* i nordost; *im ~ Deutschlands* i nordöstra Tyskland **nord'östlich I** *adj* nordostlig, nordöstlig, nordöstra; *jfr nördlich; ~ von Bonn* nordost om Bonn **II** *prep m. gen.* nordost om **Nord'ostwind** *-e m* nordost[vind] **Nordpol** *-e m* nordpol **Nordpolexpedition** *-en f* nordpolsexpedition **Nordsee** *0 f, die ~* Nordsjön **Nordsee|garnele** *-n f,* **-krabbe** *-n f* sand-, häst|räka **Nordstern** *0 m, der ~* Polstjärnan

Nord-'Süd-Dialog *0 m* nord-syd-dialog
Nord-'Süd-Gefälle *0 n* [ekonomiska] skillnader mellan norr och söder (i- och u-länder) **nord'südlich** nordsydlig **nordwärts 1** norrut, åt norr **2** i norr **Nord'west 1** nordväst **2** *-e m* nordväst[vind] **Nord'westen** *0 m* **1** nordväst **2** *der* ~ nordvästra delen; *im* ~ (*äv.*) i nordväst; *im* ~ *Deutschlands* i nordvästra Tyskland **nord'westlich I** *adj* nordvästlig, nordvästra; *jfr nördlich*; ~ *von Bonn* nordväst om Bonn **II** *prep m. gen.* nordväst om **Nord-'westwind** *-e m* nordväst[vind] **Nordwind** *-e m* nordan[vind]
Nörgelei *-en f* gnällande, klank, klandersjuka, småaktig kritik, kverulans **nörgelig** gnällande, klandersjuk, (*småaktigt*) kritisk **nörgeln** gnälla (*an* + *dat.*, *über* + *ack.* över), gnata, kverulera; *er muß an allem* ~ han måste anmärka på allt **Nörgler** - *m* kverulant, gnatmåns, felfinnare, klandersjuk människa **nörglerisch**, **nörglig** *se nörgelig*
Norm *-en f* **1** norm; rättesnöre, måttstock; standard; *von der* ~ *abweichen* (*äv.*) avvika från det normala **2** [arbets]norm, [norm för] arbetsprestation **3** *sport.*, *die* ~ *liegt bei 10,5 Sekunden* kvalificeringstiden ligger på 10,5 sekunder **4** *bokb.* arksignatur **normal** normal; vanlig; *bist du noch* ~? (*vard.*) är du inte riktigt klok? **Normal** *-e n* **1** normalmått (*likare*) **2** *vard.*, *se Normalbenzin* **Normalbenzin** *-e n* regular **Normale** *-n el. adj böjn. f, mat.* normal **normalerweise** i vanliga fall, vanligtvis, normalt **Normalfall** *-e† m* normalfall; *im* ~ i normala (vanliga) fall, normalt, vanligtvis **normalisieren 1** normalisera **2** *rfl* normaliseras, bli normal [igen] **Normalnull** *0 f* normalhöjdplan **normalsichtig** med normal syn, normalsynt **Normalspur** *-en f* normalspår **normalspurig** normalspårig **Normalton** *0 m, mus.* kammar-, normal|ton **Normaluhr** *-en f* normalur **Normalverbraucher** - *m* genomsnittskonsument; [*geistiger*] ~ genomsnittsmänniska, person utan speciella intellektuella krav **Normalzeit** *0 f* normaltid **Normalzustand** *-e† m* normalt tillstånd
Normanne *-n -n m* normand **normannisch** normandisk
normativ normativ **normen** normera, standardisera **Normenausschu|ß** *-sse† m* standardiseringskommitté **normieren** normera, standardisera **Norm[ier]ung** *-en f* normering, standardisering **normwidrig** normstridig, mot alla normer
Norne *-n f, myt.* norna
Norwegen ['nɔr-] *0 n* Norge **Norweger** - *m* norrman **Norwegerin** *-nen f* norska (*kvinna*) **norwegisch** norsk **Norwegisch** *0 n* norska (*språk*)
Nostalgie *0 f* **1** nostalgi **2** *åld.* hemlängtan **nostalgisch** nostalgisk
Nostrifikation *-en f* **1** *jur.* naturalisation **2** auktorisation, godkännande (*av utländsk examen*) **nostrifizieren 1** *jur.* naturalisera **2** auktorisera, godkänna (*utländsk examen*) **Nostrokont|o** *-en, äv. -os el. -i n, bank.* nostrokonto
not *eins ist* ~ en sak är nödvändig; *Eile tut* ~ det är nödvändigt att skynda sig, man (*etc.*) måste skynda sig **Not** *-e† f* **1** nöd; nödsituation, trångmål; *die Nöte des Alltags* vardagens bekymmer; ~ *bricht Eisen* i en nödsituation klarar man av enorma svårigheter; *in der* ~ *frißt der Teufel Fliegen* (*vard.*) i en nödsituation duger vad som helst; ~ *kennt kein Gebot* nöden har ingen lag; *er kennt keine* ~ han har det bra ställt; ~ *macht erfinderisch* nöden är uppfinningarnas moder; *wenn die* ~ *am größten*, *ist Gottes Hilf' am nächsten* när nöden är störst är hjälpen närmast; *in* ~ *sein* (*äv.*) ha det svårt; *in Nöten sein* vara i svårigheter, ha problem **2** nöd, möda; *seine* [*liebe*] ~ *haben* ha besvär (svårigheter), ha all möda i världen; *mit knapper* (*genauer*) ~ med knapp nöd, nätt och jämnt; *ohne* ~ utan vidare, utan svårighet **3** nödvändighet; *es hat keine* ~ det behövs inte (är inte nödvändigt); *damit hat es keine* ~ det är inte ingen fara (inte bråttom) med; *wenn* ~ *am Mann ist* när (om) det behövs (kniper); *aus der* ~ *e-e Tugend machen* göra en dygd av nödvändigheten; *ohne* ~ *tue ich das nicht* utan tvingande skäl (om det inte är absolut nödvändigt) gör jag det inte; *zur* ~ i nödfall, till nöds, om det är nödvändigt (behövs)
Nota *-s f* **1** *åld.* anmärkning, anteckning **2** *hand.* nota, räkning; uppdrag; *in* ~ *geben* ge i uppdrag **notabel** notabel **Notabilität** *-en f* notabilitet
Not|abitur *-e n* [tidigarelagd] studentexamen (*i krigstid för inkallade gymnasister*) **-anker** - *m* nöd-, reserv|ankare
Notar *-e m* notarius publicus **Notariat** *-e n* **1** notarius publicus kontor (expedition) **2** befattning som notarius publicus **notariell**, **notarisch** ~ *beglaubigt* bevittnad av notarius publicus
Not|arzt *-e† m* jourläkare; ambulansläkare **-aufnahme** *-n f* **1** [expedition för] upptagande av flykting (*från DDR i vty. flyktingläger*) **2** akut|mottagning, -avdelning; *Betten für* ~*n* sängar för akutfall **-ausgang** *-e† m* nöd-, reserv|utgång **-behelf** *-e m* nödfalls|utväg, -åtgärd, nödlösning; *das ist nur ein* ~ (*äv.*) det tar (använder) man (*etc.*) i brist på bättre **-bremse** *-n f* nödbroms; *die* ~ *ziehen a*) dra i nödbromsen, *b*) *sport.* som sista utväg fälla (*e.d.*) motspelare **-brücke** *-n f* provisorisk bro **-dienst** *0 m* jourtjänst **-durft** *0 f* **1** nödtorft **2** *seine* ~ *verrichten* göra sitt tarv; *seine große* (*kleine*) ~ *verrichten* tömma tarmen (blåsan) **notdürftig** nödtorftig
Note *-n f* **1** *mus.* not[tecken]; [*wie*] *nach* ~*n* (*vard.*) perfekt, utan mankemang, som smort, efter noter; *e-n nach* ~*n verprügeln* ge ngn stryk efter noter (ett rejält kok stryk); *etw. in* ~*n setzen* sätta musik till ngt **2** betyg[sgrad]; *sport.* poäng; *gute* ~*n haben* ha fina betyg; *die* ~ *Eins bekommen* få en femma; *gern schlechte* ~*n austeilen* (*bildl.*) gärna kritisera **3** sedel **4** *dipl.* not **5** prägel, egenart, stil, karaktär
Noten|ausgabe *-n f* sedelemission **-austausch** *0 m, dipl.* notväxling **-bank** *-en f* sedelutgivande bank, centralbank **-blatt** *-er† n* notblad **-durchschnitt** *0 m* betygsmedelvärde **-heft** *-e n* nothäfte **-papier** *-e n* notpapper **-pult** *-e n* notställ **-schlüssel** - *m, mus.* klav **-schrift** *0 f* notskrift **-ständer** - *n* notställ **-stecher** - *m, mus.* notstickare **-system** - *e n* betygssystem **-wechsel** - *m, dipl.* notväxling **-zeichen** - *n* nottecken
Notfall *-e† m* nödfall; *im* ~ i nödfall **Notfall-arzt** *-e† m, se Notarzt* **Notfalldienst** *0 m*

jour[tjänst] **notfalls** i nödfall, om så erfordras **Notfeuer** - *n* **1** [eld som] nödsignal **2** eld (*mot farsot el. onda andar*) **Notflagge** -*n f* nödflagg[a] **notgedrungen** nödtvungen; av nödtvång
Not|geld *0 n* nödmynt (*äv. sedel*) **-groschen** - *m* sparad slant (*för svåra tider*) **-hafen** -† *m* nödhamn **-helfer** - *m* hjälpare i nöden; *die 14 ~* (*kat.*) de 14 nödhjälparna **-hilfe** *0 f* första hjälp (*vid olycksfall*); *jur.* nödhjälp
notier|en 1 notera, skriva upp; [*sich (dat.*)] *ein Datum ~* anteckna ett datum **2** *ekon.* notera; *die Anleihe* -*t 100* lånet noteras (står) i 100 **Notierung** -*en f* notering **notifizieren** *åld. el. dipl.* notificera, meddela
nötig nöd[vänd]ig, behövlig; *er hat Urlaub ~* han behöver semester; *wenn ~, kommt er om det behövs kommer han*; *du hast es nicht ~ anzugeben* du behöver inte skryta; *hast du das ~?* behöver du göra det?, det behöver du väl inte göra?; *es ist nicht ~, daß er kommt* (*äv.*) han behöver inte komma; *das wäre doch nicht ~ gewesen!* det hade du (*etc.*) inte behövt!; *das N~e besorgen* ordna det som behövs (är nödvändigt) **nötigen** nödga, tvinga; truga; *sich ~ lassen* (*äv.*) vara nödbedd; *genötigt sein* vara tvungen, nödgas **'nötigen'falls** om så är (blir) nödvändigt, om så behövs (erfordras), eventuellt **Nötigung** -*en f* **1** *jur.* rättsstridigt tvång **2** trugning **3** *högt.* nödvändighet; *es besteht keine ~, das zu tun* (*äv.*) det finns ingen anledning att göra det; *keine ~ empfinden, etw. zu tun* (*äv.*) inte känna sig föranlåten att göra ngt
Notiz [-'ti:-, *äv.* -'tı-] -*en f* **1** notis, anteckning; [*sich (dat.*)] *~en machen* göra anteckningar; *e-e kurze ~ bringen* ta in en kort notis (*i tidning*); *von etw. ~ nehmen* ta notis om ngt **2** *ekon.* notering **-block** -*s m* anteckningsblock **-buch** -*er*† *n* anteckningsbok
Notjahr -*e n* nödår **Notlage** -*n f* nödläge **notland|en** -*ete, notgelandet, notzulanden* **1** *s* nödlanda **2** nödlanda med **Notlandung** -*en f* nödlandning **notleidend** nödlidande
Not|leiter -*n f* brandstege **-lösung** -*en f* nödlösning **-lüge** -*n f* nödlögn **-maßnahme** -*n f* kris[tids]åtgärd, nödfalls-, beredskaps|åtgärd **-nagel** -† *m*, *vard.* ersätare, reserv **-opfer** - *n* extraskatt (*för att avhjälpa nöd*[*läge*]); *~ Berlin* skatt till förmån för Västberlin
notorisch notorisk; -*er Lügner* (*äv.*) ökänd lögnare; *~er Verbrecher* vaneförbrytare; *er ist ~ pleite* han är alltid pank; *es ist ~, daß det* är allmänt känt att
Not|pfennig -*e m* sparad slant (*för svåra tider*) **-quartier** -*e n* provisorisk inkvartering, nödbostad **-ruf** -*e m* nöd[an]rop; SOS-alarmering; larmtelefonnummer **-rufmelder** - *m* SOS-knapp (*på telefonautomat*) **-rufnummer** -*n f* larmtelefonnummer **-rufsäule** -*n f* vägtelefon, hjälptelefon (*vid motorväg e.d.*) **-schlachtung** -*en f* nödslakt **-schrei** -*e m* nödrop **-signal** -*e n* nödsignal **-situation** -*en f* nödsituation **-sitz** -*e m* reserv|sits, -säte (*i bil*) **-stand** -*e*† *m* nödläge; undantagstillstånd **-standsarbeit** -*en f* beredskapsarbete **-standsgebiet** -*e n* nödlidande område; *im Gebiet zum ~ erklären* (*äv.*) förklara ett område för katastrofområde **-taufe** -*n f* nöddop **nottauf|en** -*te, notgetauft, notzutaufen* förrätta nöddop av

Notturn|o -*i el.* -*os n, mus.* nocturne
Notunterkunft -*e*† *f* provisorisk inkvartering, nödbostad **Notverband** -*e*† *m* provisoriskt förband, nödförband **notwasser|n** -*te, notgewassert, notzuwassern, s flyg.* nödlanda [på vattnet] **Notwehr** *0 f* nödvärn
notwendig nödvändig; *ich muß mal ~* (*vard.*) jag behöver [gå på toa]; *ich muß ~ verreisen* jag måste absolut resa [bort]; *etw. ~ brauchen* väl behöva ngt; *das N~e veranlassen* vidta nödvändiga åtgärder, se till att vad som måste göras blir gjort **'notwendigen'falls** vid behov, om så erfordras **'notwendiger'weise** nödvändigtvis
Not|wendigkeit -*en f* nödvändighet; *die ~ e-r Sache* det nödvändiga i en sak **-wohnung** -*en f* nödbostad **-zeichen** - *n* nödsignal **-zeit** -*en f* nöd-, kris|tid **-zucht** *0 f, jur.* våldtäkt **notzüchtig|en** -*te, genotzüchtigt, notzuzüchtigen, jur.* våldta
Nougat ['nu:gat] -*s m, äv. n* n[o]ugat
1 Nova *se Novum*
2 Nov|a [-v-] -*ä f, astron.* nova
Novelle [-v-] -*n f* **1** novell **2** *jur., polit.* ändring, tillägg (*i lagförslag e.d.*) **Novellette** -*n f* novellett, kort novell **novellieren** *jur., polit.* göra ändring (tillägg) i (*lagförslag e.d.*), ändra, komplettera **Novellist** -*en* -*en m* novellist, novellförfattare **novellistisch** novellistisk
November [-v-] -[*s*] - *m* november
Novität [-v-] -*en f* novitet, nyhet **Novize** -*n* -*n m* novis (*äv. kat.*); nybörjare, nykomling **Novocain** *0 n* novocain **Nov|um** [*äv.* 'nɔ-] -*a n* nyhet, nytt moment (faktum)
NS *förk. för a*) *Nachschrift* PS, efterskrift, *b*) *Nationalsozialismus* nationalsocialism
NSDAP *förk. för Nationalsozialistische Deutsche Arbeiterpartei* **N.T.** *förk. för Neues Testament* NT, Nya Testamentet
nu *vard., se nun* **Nu** *0 n, im* (*in e-m*) *~* (*vard.*) i ett huj, genast, ett tu tre; *in diesem ~* i detta ögonblick
Nuance ['nÿaːsə] -*n f* nyans, skiftning; *um e-e ~ anders* bara en aning annorlunda **nuancenlos** nyansfattig, onyanserad **nuancenreich** nyanserad, rik på skiftningar **nuancieren** nyansera
'nüber *dial., se hinüber*
Nubier - *m* nubier
nüchtern 1 nykter; *bildl. äv.* saklig, fantasilös, tråkig; *~ werden* (*äv.*) nyktra till **2** fastande; *auf ~en Magen* på fastande mage **3** smaklös, fadd; *~ schmecken* ha en fadd smak, inte smaka mycket **Nüchternheit** *0 f* **1** nykterhet (*äv. bildl.*) **2** faddhet
Nucke -*n f, nty.*, **Nücke** -*n f, nty.* nyck, infall; *das Pferd hat seine ~n* hästen är istadig
Nuckel - *m, dial.* [tröst]napp **nuckeln** *vard.* **1** suga (*i sht om spädbarn*) **2** smutta på, dricka
Nuckelpinne -*n f, vard.* rishög, [gammal] skorv
nuckisch *nty.*, **nückisch** *nty.* nyckfull, besynnerlig
Nudel -*n f* **1** makaron, nudel, vermicell **2** (*slags*) gödningsfoder (*för gäss*) **3** *dial.* (*slags*) munk (*bakverk*) **4** *vard., e-e dicke ~* en tjockis; *e-e lustige ~* en rolig prick; *e-e giftige ~* en giftblåsa **Nudelbrett** -*er n* **1** *dial.* bakbräde (*för nudeldeg*) **2** *vard.* liten scen (teater) **'nudel'dick** *vard.* tjock o. rund **Nudelholz** -*er*† *n* [bröd]kavle **nudeln 1** göda [gäss]; *wie genu-*

delt sein (vard.) vara proppmätt **2** *åld.* kavla ut **3** *dial.* krama '**nudel**'**satt** *vard.* proppmätt **Nudelsuppe** *-n f* soppa med vermiceller **Nudeltopf** *0 m, der Saal war der reinste* ~ *(vard.)* salen var proppfull **Nudelwalker** *- m, sty., österr.* [bröd]kavle
Nudismus *0 m* nudism, nakenkultur **Nudist** *-en -en m* nudist **Nudität** *-en f* nakenhet; *bildl.* slipprighet
'**Nugat** *-s m, äv. n* n[o]ugat
nuklear nukleär, kärn-; kärnvapen-; *~er Angriff* kärnvapenanfall; *~e Streitkräfte* stridskrafter utrustade med kärnvapen; *~e Waffen* kärnvapen **Nuklearkrieg** *-e m* kärnvapenkrig **Nuklearwaffe** *-n f* kärnvapen **Nukleinsäure** *-n f* nukleinsyra
null noll; *~ Fehler (Punkte)* noll (inga) fel (poäng); *~ Grad* noll grader; *~ und nichtig* ogiltig, ur kraft, annullerad **Null 1** *-en f* noll[a], nollpunkt; *Nummer ~ (vard.)* toa; *die Stunde ~* timmen noll *(början av ny epok)*; *die Zahl ~* talet noll; *~ Komma nichts (vard.)* inte ett dugg, ingenting alls; *in ~ Komma nichts (vard.)* i en handvändning, jättesnabbt; *~ für ~ aufgehen* stämma på pricken; *e-e glatte (vollkommene, reine) ~ sein (vard.)* vara en riktig nolla; *das Ergebnis ist gleich ~* resultatet är lika med noll; *das Thermometer steht auf ~* termometern står på noll **2** *-s m, äv. n, kortsp.* noll[e] **nullacht**'**fünfzehn** *obojl. adj* schablonmässig, vanlig, dussin-; *dieses Kleid ist ~* den där klänningen sitter på varenda människa **Nullage** *-n f, se Nullstellung* **Nulleiter** *- m, elektr.* nolledning **nullen 1** *elektr.* nolla, inställa på nolledning **2** *vard.* fylla ett jämnt tiotal år **Null-Null** *-[s] n, vard.* toa **Nullpunkt** *-e m* nollpunkt **Nullstellung** *-en f* nollställning; nolläge **Nulltarif** *-e m* nolltaxa **Nullwachstum** *0 n, ekon.* nolltillväxt
Nulpe *-n f, vard.* dumhuvud, tråkmåns, nolla
Numeral|**e** *-ien el. -ia n, språkv.* räkneord **numerieren** numrera **Numerierung** *-en f* numrering **nu**'**merisch** numerisk, numerär; i siffror **Numero** ['nu-, *äv.* 'nu:-] *-s n* numro **Numer**|**us** ['nu-, *äv.* nu:-] *-i m, språkv., mat.* numerus **Numerus clausus** *- m, univ.* spärr; *dieses Studienfach unterliegt dem ~* detta ämne är spärrat, denna linje är spärrad
Numis'**matik** *0 f* numismatik **Numismatiker** *- m* numismatiker **numismatisch** numismatisk
Nummer *-n f* **1** nummer *(äv. bildl.)*; *Fräulein ~ (vard.)* nummerflicka; *e-e schlechte ~ bekommen (dial.)* få dåligt betyg; *e-e große (dicke) ~ haben (vard.)* vara populär (uppskattad), ligga väl till; *nur e-e ~ sein* bara vara ett nummer; *auf der Platte sind viele gute ~n (vard.)* det är många bra låtar på skivan; *auf ~ Sicher gehen (vard.)* ta det säkra för det osäkra, inte ta några risker; *auf ~ Sicher sitzen (sein) (vard.)* sitta inne (bakom lås o. bom); *die Schuhe gibt es nur in großen ~n* skorna finns bara i stora storlekar; *unter der ~ 5063 zu erreichen sein* träffas på nummer 5063 **2** *vard., er ist e-e ~ für sich* han är lite speciell (ett original); *du bist mir e-e feine ~* du är just en snygg figur; *du bist e-e tolle ~* du är en toppen; *e-e ubige ~* en lustig (skojig) typ **3** *vulg., e-e ~ schieben (machen)* ta sig ett nummer '**nummerisch** *se* **numerisch nummern** numrera **Nummerngirl** *-s n* nummerflicka **Num-**

mernsalat *0 m, vard., der Computer produzierte ~* datamaskinen spottade ut ett virrvarr av siffror (tal) **Nummernscheibe** *-n f, tel.* nummer-, finger|skiva **Nummernschild** *-er n* nummer|plåt, -skylt
nun I *adv* **1** nu; *~ gerade!* nu mer än någonsin!, just (bara) därför!; *~ und nimmer[mehr]* aldrig i livet (någonsin); *von ~ an* från och med nu (då), hädanefter, därefter; *was ~ ?* vad gör vi *(etc.)* nu då?; *was sagst du ~ ? (vard.)* vad säger du nu då?, det hade du inte väntat dig, va?; *sie hat es sich ~ anders überlegt* hon har ändrat sig nu (under tiden) **2** ~, *~ !* se så!, sakta i backarna!, nå ja!; *~ denn, prost!* nu skålar vi!; *~ gut (schön)!* okej!; *weißt du das nicht ? — ~ gut (schön), ich will es dir sagen!* vet du inte det ? — då får jag väl tala om det för dig!; *~ los!* iväg nu [bara]!; ~, *wird's bald?* nå, hur blir det?; ~, *was sagst du dazu ?* nå, vad säger du om det?; *da habe ich mich ~ angestrengt, und es war umsonst* jag hade verkligen ansträngt mig men det var förgäves; *hältst du das ~ für richtig?* det kan du väl ändå inte tycka är rätt?; *kommst du ~ mit oder nicht ?* [bestäm dig,] kommer du med eller inte?; *mußt du das ~ ausgerechnet jetzt machen?* måste du [verkligen] göra det just nu?; *wenn es ~ regnet?* men om det regnar?; *wenn er das ~ dem Lehrer gesagt hat?* tänk om han har berättat det för läraren?; *das ist ~ mal so!* det är nu en gång så!; *das war ~ wirklich so!* det var [ju] verkligen så! **II** *konj* nu då, då ... nu; *när* **-mehr** ['-'-] *högt.* nu, från och med nu, hädanefter; *der Streik dauert ~ schon e-n Monat* strejken har nu pågått i en månad **-mehrig** ['-'--] *högt., se jetzig*
'**nunter** *dial., se hinunter*
Nunti|**us** *-en m* [påvlig] nuntie
nur 1 bara, blott, endast; *~ Geduld!* tålamod bara!; *alle, ~ er nicht* alla utom (men inte) han; *~ sie (äv.)* ingen annan än hon; *nicht ~ ..., sondern auch* inte bara ... utan också; *warum ~ ?* men varför?; *wer ~ ?* vem i all världen?; *kommst du mit? — aber ~ !* följer du med? — ja visst!, jo då!, om!; *ohne auch ~ zu antworten* utan att ens svara; *was wollte ich dich ~ fragen?* vad var det nu jag skulle fråga dig om?; *was hat er ~ ?* vad är det med honom [egentligen]?; *wie kam er ~ hierher?* hur bar han sig åt för att komma hit?, hur kom han hit egentligen?; *wenn er ~ käme!* om han bara ville komma!; *komm mir ~ nicht mit solchen Ausreden!* kom bara inte med sådana undanflykter!; *ich helfe ihm, so oft ich ~ kann* jag hjälper honom så ofta jag bara (någonsin) kan; *es regnete ~ so (vard.)* det regnade som bara den; *sag ihr ~, daß du sie gern hast* tala du om för hene att du tycker om henne; *ich habe das ~ so gesagt* jag sa det utan att tänka mig för (kastade bara ur mig det); *es ist ~ ein Glück, daß* det var i alla fall tur att; *ich bin auch ~ ein Mensch* jag är inte mer än en människa; *das ist ~ recht und billig* det är inte mer än rätt; *man kann ~ staunen* man kan inte annat än bli förvånad; *tue es ~ nicht!* gör det inte för allt i världen!; *warum hat sie das ~ getan?* varför i fridens namn gjorde hon det?; *versuch ~!* försök bara!; *er bekommt alles, was er ~ will* han får allt han vill [ha] **2** men; *ich würde gerne kommen, ~ habe ich leider keine Zeit* jag skulle gärna komma, men jag

har tyvärr inte tid; *unser Urlaub war schön*, ~ *daß es zu kalt war* vår semester var härlig, det var bara det att det var för kallt **Nürnberger I** - *m* nürnbergbo **II** *oböjl.* adj i (från) Nürnberg; *e-m etw.* **mit dem ~ Trichter beibringen** lära ngn ngt med rena korvstoppningsmetoden **nuscheln** *vard.* sluddra, tala (säga) otydligt **Nu|ß** *-sse*† *f* **1** nöt; val-, hassel|nöt; *e-e harte ~ zu knacken bekommen* (*vard.*) få en hård nöt att knäcka **2** *vard.*, *er ist e-e taube ~* han är en fullkomlig oduglig; *du dumme ~!* din idiot! **3** *vard.* skalle; *e-m eins* (*e-e*) *vor die ~ geben* slå ngn på käften **4** *slaktar. ung.* fransyska **5** *dial.* sittopp **6** *tekn.* hylsa **-baum** *-e*† *m* valnötsträd **-baumholz** *-er*† *n* valnötsträ **-butter** 0 *f* **1** jordnötssmör **2** *kokk.* upphettat [nötbrunt] smör **-gebäck** *-e n* nötkaka **-kern** *-e m* nötkärna **-knacker** - *m* **1** nötknäppare **2** *dial.* stofil **-öl** *-e n* nöt-, valnöts-, hasselnöts|olja **-schale** *-n f* nötskal (*äv. om båt*)
Nüster [*äv.* -y:-] *-n f* näsborre (*i sht hos häst*)
Nut *-en f*, **Nute** *-n f* räffla, ränna, not **nuten** nota, förse med not
Nutrition 0 *f*, *med.* näring, nutrition
Nutsch [-u:-] *-e m, dial.* [tröst]napp **Nutsche** *-n f, kem.* sugfilter **nutschen 1** *dial.* suga **2** *kem.* filtrera (*m. sugfilter*)
Nutte *-n f, vard.* fnask **nuttig** *vard.*, *~ aussehen* se ut som ett fnask
nutz *se nütze* **Nutz** 0 *m, zu jds ~ und Frommen* (*skämts.*) till ngns gagn (båtnad) **Nutzanwendung** *-en f* praktisk användning **nutzbar** användbar, möjlig att utnyttja; *sich* (*dat.*) *etw. ~ machen* använda (utnyttja) ngt; *den Boden ~ machen* odla upp marken **Nutzbarkeit** 0 *f* användbarhet **Nutzbarmachung** 0 *f* exploatering, användning, utnyttjande; utbyggnad (*av vattenkraft e.d.*) **Nutzbau** *-ten m, se Zweckbau* **nutzbringend** nyttobringande, nyttig, gagnelig; *das Kapital ~ anlegen* placera kapitalet vinstbringande (lönande) **nütze** nyttig; *das ist zu nichts ~* det duger inte ngt till (är till ingen nytta); *er ist zu nichts ~* han är oduglig, honom har man ingen nytta av **Nutzeffekt** 0 *m* nyttoeffekt **nutzen, nützen 1** vara nyttig (till nytta, till [stor] hjälp), gagna, hjälpa; *was nützt das?* vad tjänar det till?, vad ska det vara bra för?; *es nutzt alles nichts, wir müssen jetzt anfangen* (*vard.*) det hjälps inte, nu måste vi börja; *was nützt es, daß er versucht?* vad hjälper det att han försöker?; *das Medikament nützt bei* (*gegen*) *Kopfschmerzen* (*äv.*) medicinen är bra mot huvudvärk; *falls dir das Buch etw. ~ kann* om boken kan vara dig till ngn hjälp; *seine Sprachkenntnisse haben ihm sehr genutzt* han har haft stor nytta av sina språkkunskaper **2** utnyttja, använda, begagna; exploatera; *die Gelegenheit ~* (*äv.*) ta tillfället i akt **Nutzen** 0 *m* nytta, gagn, fördel; vinst; *e-m von ~ sein* vara ngn till nytta; *seine Sprachkenntnisse waren ihm sehr von ~* han hade stor nytta av sina språkkunskaper; *es wäre von ~, wenn du dabei wärst* (*äv.*) det vore bra om du kunde vara med; *mit ~ verkaufen* sälja med vinst; *aus etw. ~ ziehen* dra nytta av ngt **Nutzfahrzeug** *-e n* trafikbil **Nutzgarten** -† *m* köksträdgård **Nutzholz** -*er*† *n* gagn-, slöjd|virke **Nutzlast** *-en f* nyttolast **Nutzleistung** *-en f* nyttoeffekt **nützlich** nyttig, användbar; *kann ich Ihnen in* (*mit*) *etw.*

~ sein? kan jag hjälpa Er med ngt?; *sich ~ machen* (*äv.*) göra nytta **Nützlichkeit** 0 *f* nytta, användbarhet **Nützlichkeitsprinzip** 0 *n* utilism **Nützlichkeitsstandpunkt** *-e m* nyttosynpunkt **Nützling** *-e m* nyttigt djur **nutzlos** onyttig, gagnlös, fåfäng; *es war alles ~* alltsammans var till ingen nytta; *~ aufs Spiel setzen* (*äv.*) i onödan riskera; *~es Unterfangen* fåfängt företag; *sich ~ fühlen* (*äv.*) känna sig överflödig **Nutzlosigkeit** 0 *f* gagnlöshet; *die ~ dieses Unternehmens* det fåfänga i detta företag **nutznießen** *högt.* dra nytta (*von av*) **Nutznießer** - *m*, *er war ein ~ der Verhältnisse* han profiterade på (drog nytta av) förhållandena **Nutznießung** 0 *f* **1** *högt.* nytta **2** *jur.* nyttjanderätt **Nutzpflanze** *-n f* nyttoväxt **Nutzung** 0 *f* användning, utnyttjande; exploatering; *e-m etw. zur ~ überlassen* (*äv.*) låta ngn använda (*etc.*) ngt **Nutzungsrecht** 0 *n, jur.* nyttjanderätt **Nutzwasser** 0 *n* vatten för industriella ändamål **Nutzwert** *-e m* nytto-, bruks|värde
NVA *DDR, förk. för Nationale Volksarmee*
Nylon ['nailɔn] **1** 0 *n* nylon **2** *~s* (*pl*) nylonstrumpor **-strumpf** *-e*† *m* nylonstrumpa
Nymphe *-n f* nymf (*äv. zool.*) **Nymphomanie** 0 *f* nymfomani **Nymphomanin** *-nen f* nymfoman

O 1 - - *n* (*bokstav*) o **2** *förk. för Ost*[*en*] O, Ö, öst[er], ost **o** *interj* o!; *~ ja!* jo då (visst)!; *~ doch!* jo visst!; *~ nein!* nej då!, å nej!; *~ weh!* oj oj!; *~ daß er doch käme!* [ack,] måtte han komma!
Oase *-n f* oas; *bildl. äv.* tillflykt[sort]
1 ob [ɔp] *konj* om, huruvida; *er kleidet sich, als ~ er ein Künstler wäre* han klär sig som om han vore konstnär; *er tat, als ~ er mich nicht sähe* han låtsades att han inte såg mig; *sie mußten arbeiten, ~ es ihnen paßte oder nicht* de var tvungna att arbeta vare sig de gillade det eller ej; *~ es wohl regnen wird?* jag undrar om det blir regn?; *~ ... auch* även om, om ... också; *~ alt, ~ jung, alle müssen ...* alla, vare sig de är gamla eller unga, måste ...; "*freust du dich?"* — *„und ~!"* "är du glad [över det]?" — "det kan du tala på!", "om!", "jo visst!"; *und ~ ich sie kenne!* du må tro att jag känner henne!
2 ob [ɔp] *prep* **1** *m. gen., ibl. dat., högt. för* ... skull, på grund av **2** *m. dat., schweiz. el. åld.* ovan[för]
OB *förk. för Oberbürgermeister* **o.B.** *förk. för ohne Befund* u.a., utan anmärkning
'**Obacht** 0 *f, sty.,* ~, *da kommt ein Auto!* se upp (akta dig), det kommer en bil!; *auf etw.* (*ack.*) *~ geben* ge akt på (passa) ngt
Obdach ['ɔp-] 0 *n* tak över huvudet, husrum, bostad **obdachlos** husvill, hem-, bostads|lös;

~ *sein* (*äv.*) sakna tak över huvudet **Obdachlose(r)** *m f, adj böjn.* husvill (hemlös, bostadslös) [person]
Obduktion *-en f* obduktion **obduzieren** obducera
O-Beine *pl, vard.,* ~ **haben** vara hjulbent **O--beinig** *vard.* hjulbent
Obelisk *-en -en m* obelisk
oben uppe, upptill; ovan[för], ovanpå; ~ denna sida upp!; *ganz* ~ hög[s]t (längst) upp[e]; *siehe* ~ se ovan; *wie* ~ som ovan; *er ist noch* ~ (*vard. äv.*) han är fortfarande uppe i lägenheten (*e.d.*); ~ *abschneiden* skära av upptill; ~ *am Tisch* vid övre bordsändan, överst vid bordet; *er ist* ~ *beliebt* (*vard.*) han är omtyckt av sina överordnade (chefen); *der Tisch ist* ~ *furniert* bordets ovansida är fanerad; ~ *links* (*äv.*) högst upp till vänster; ~ *ohne* (*vard.*) topless; ~ *sein* (*äv.*) ha nått toppen; *mir steht die Sache bis* [*hier*] ~ saken står mig ända upp i halsen; *in Kiruna* ~ (*vard.*) uppe i Kiruna; *nach* ~ uppåt; *der Taucher kommt nach* ~ dykaren kommer upp [till ytan]; *nach* ~ *wollen* (*äv.*) vilja komma upp sig; *von* ~ upp-, ovan|ifrån, från ovan; *Befehl von* ~ order från högre ort; *er ist von da* ~ (*vard.*) han är uppifrån [landet]; *e-n von* ~ *bis unten ansehen* se på ngn uppifrån o. ner; *von* ~ *bis unten schmutzig sein* vara smutsig över hela kroppen (från topp till tå); *e-n von* ~ *herab ansehen* se ner (nedlåtande, von oben) på ngn; *etw. von* ~ *nach unten kehren* vända upp o. ner på ngt
'oben|'an överst, främst -**'auf 1** *dial., se obendrauf* **2** pigg, frisk, på gott humör; själv|medveten -**'drauf** ovanpå, överst -**'drein** dessutom, till på köpet, till yttermera visso; ~ *noch* till råga på allt -**erwähnt**, -**genannt** ovannämnd -**'hin** ytligt, flyktigt; *e-n Einwand* ~ *abtun* (*äv.*) helt kort (i förbifarten) avfärda en invändning -**hin'aus** ~ *wollen* sikta högt -**stehend** ovanstående
ober I *prep m. dat., österr., se über* **II** *adj* (*alltid böjt*) övre; ~*es Bett* översäng; *die* ~*en Klassen* de högre klasserna
Ober 1 - *m* kypare, vakt-, hov|mästare **2** - *m* (*i ty. kortlek* kort motsvarande) dam -**arm** -*e m* överarm -**arzt** -*et m* överläkare (*chef för specialavdelning*) -**aufsicht** *0 f* överinseende -**bau** -*ten m* överbyggnad -**befehl** *0 m* överbefäl -**befehlshaber** - *m* överbefälhavare -**begriff** -*e m* överordnat begrepp -**bekleidung** *0 f* överkläder (*motsats underkläder*) -**bett** -*en n* [bolster]täcke, duntäcke -**bewußtsein** *0 n* [vaket] medvetande (*mots.: undermedvetande*) -**boden** -† *m* **1** ytjord **2** övre vind -**bürgermeister**- *m, ung.* kommunstyrelses ordförande (*i större städer*); (*förr*) borgmästare -**deck** -*e el.* -*s n* **1** över-, huvud|däck **2** övervåning (*i tvåvåningsbuss*)
oberdeutsch *språkv., die* ~*en Mundarten* de sydtyska dialekterna (*i södra Tyskland, Österrike o. Schweiz*) **oberfaul** *vard.* [väldigt] skum **Oberfläche** -*n f* yta
Oberflächen|behandlung -*en f* ytbehandling -**härtung** -*en f* ythärdning (*av arbetsstycke*) -**spannung** -*en f* ytspänning -**struktur** -*en f* ytstruktur (*äv. språkv.*)
oberflächlich ytlig (*äv. bildl.*), belägen på ytan; ~*e Bekanntschaft* (*äv.*) flyktig bekantskap; ~*er Schaden* (*äv.*) ytskada; *etw.* ~ *lesen* skumma ngt; *sie hat das Problem nur* ~ *behandelt* (*äv.*) hon gick inte på djupet med problemet **Oberflächlichkeit** *0 f* ytlighet **Oberförster** - *m, ung.* skogsmästare **obergärig** överjäst (*om öl*) **Obergescho|ß** -*sse n* övervåning **Obergrenze** -*n f* övre (översta) gräns **oberhalb I** *prep m. gen.* ovanför **II** *adv,* ~ *von* ovanför
Ober|hand *0 f, die* ~ *gewinnen* få övertaget (överhand) -**haupt** -*er† n* överhuvud, ledare -**haus** -*er† n, parl.* överhus; första kammare -**haut** *0 f* överhud -**hemd** -*en n* [herr]skjorta -**herrschaft** *0 f* överhöghet, suveränitet, ledning; *die* ~ *gewinnen* (*äv.*) få överhand -**hirte** -*n -n m, bildl.* [andlig] herde (ledare) -**hitze** *0 f* övervärme -**hoheit** *0 f* överhöghet **Oberin** -*nen f* **1** abbedissa, föreståndarinna **2** *se Oberschwester* **oberirdisch** ovanjords-; ovan jord
Ober|italien *0 n* Norditalien -**kante** -*n f* överkant, övre kant; *das steht mir bis* [*zur*] ~ *Unterlippe* (*vard.*) det står mig upp i halsen -**kellner** - *m* hovmästare -**kiefer** - *m* överkäke -'**kirchenrat** -*e† m* **1** (*prot. kyrkas högsta styrelse*) *ung.* konsistorium **2** (*medlem av högsta kyrkostyrelsen*) *ung.* konsistoriemedlem -**klasse** -*n f* **1** högre [skol]klass **2** högre klass, överklass -**kleidung** *0 f, se Oberbekleidung* -**kommandierende(r)** *m, adj böjn.* överbefälhavare -**kommando** -*s n* överkommando -**körper** - *m* överkropp -**land** *0 n, ung.* högland -'**landesgericht** -*e n, ung.* hovrätt (*tredje instans i BRD*)
oberlastig *sjö.* för högt lastad, för tung upptill
Ober|lauf *m* (*flods*) övre lopp -**leder** -*n* ovanläder -**lehrer** - *m* **1** *se Studienrat* **2** *ung.* överlärare (*hederstitel för* [*grundskole*]*lärare*) -**leitung** -*en f* **1** luft-, kontakt|ledning **2** högsta ledning -**leitungsomnibus** -*se m* trådbuss -**leutnant** -*s, ibl.* -*e m* löjtnant -**licht 1** *0 n* överljus **2** -*er n* överljus, taklampa **3** -*er ibl.* -*e n* takfönster, överljus|fönster -**lip**|**a** -*en f, sport.* division 2 -**lippe** -*n f* överläpp -'**postdirektion** -*en f, ung.* generalpoststyrelse -**prim**|**a** -*en f* sista ring -**primaner** - *m* elev i sista ring -**realschule** -*n f, se Realgymnasium*
Obers *0 n, österr.* [visp]grädde
Oberschenkel - *m* lår -**bruch** -*e† m* lårbensbrott -**hals** -*e† m* lårbenshals -**knochen** - *m* lårben
Oberschicht -*en f* **1** över-, yt|skikt **2** över|-, överklass, -skikt **oberschlau** *vard. iron., du bist mir ein O*~*er* du tycker allt att du är bra smart **Ober|schule** -*n f* högre allmänt läroverk, gymnasium -**schulrat** -*e† m, ung.* undervisningsråd -**schwester** -*n f* över-, avdelnings|sköterska -**seite** -*n f* ovansida -**sekund**|**a** -*en f* årskurs 7 (*i tyskt gymnasium*)
oberst *adj* (*alltid böjt*) översta; *das O*~*e zuunterst kehren* (*vard.*) vända upp o. ner på allt[ing] **Oberst** -*en* (*el.* -*s*) -*en* (*äv.* -*e*) -*e m* överste
Ober|staatsanwalt -*e† m, ung.* förste åklagare (*vid annan instansens domstol*) -**stadtdirektor** -*en m, ung.* kommunstyrelses ordförande -**steiger** - *m* gruvfogde -**stimme** -*n f, mus.* överstämma
'**Oberst'leutnant** -*s, ibl.* -*e m* överstelöjtnant **Ober|stock** -*stockwerke m* övervåning -**stübchen** *0 n, vard.* skalle; *er ist im* ~ *nicht* [*ganz*] *richtig* han är inte riktigt klok [i skallen]

-'**studiendirektor** -*en m* **1** [gymnasie]rektor **2** (*i DDR högsta hederstitel för*) lärare -'**studienrat** -*e*† *m* **1** *ung.* lektor (*vid gymnasium*) **2** (*i DDR hederstitel för*) lärare -**stufe** -*n f, die* ~ de tre sista årskurserna (*i gymnasium el. realskola*) -**tasse** -*n f* kopp -**teil** -*e n, äv. m* överdel -**terti**|**a** -*en f* årskurs 5 (*i tyskt gymnasium*) -**ton** -*e*† *m*, *mus.* överton
Ober'volta *0 n* Övre Volta **Obervoltaer** - *m* voltan **obervoltaisch** voltansk
Ober|**wasser** *0 n* **1** överfallsvatten (*vid kvarn*); uppdämt vatten (*vid sluss e.d.*) **2** ~ **haben** (*vard.*) ha turen på sin sida, segla i medvind -**weite** -*n f* övervidd; *sie hat e-e große* ~ (*vard.*) hon har stora bröst -**welt** *0 f, myt.* människans värld; *sich noch in der* ~ *befinden* fortfarande vara i livet
ob'gleich fast[än], ehuru
Obhut ['ɔp-] *0 f* [be]skydd, vård; *e-n in seine* ~ *nehmen* ta ngn i sitt beskydd; *sie nahmen das Kind in ihre* ~ (*äv.*) de tog hand om barnet
obig ovan|stående, -nämnd
Objekt -*e n* **1** objekt (*äv. språkv.*), föremål **2** hand. [förmögenhets]objekt, fastighet; *österr.* byggnad; *DDR* anläggning, inrättning **objektiv 1** objektiv, saklig, opartisk **2** faktisk, verklig **Objektiv** -*e n, opt.* objektiv **Objektivismus** [-v-] *0 m, filos.* objektivism **Objektivität** [-v-] *0 f* objektivitet, saklighet, opartiskhet **Objektsatz** -*e*† *m, språkv.* objekt[s]sats **Objektschutz** *0 m* bevakning (försvar) av viktiga byggnader (anläggningar *e.d.*) (*genom försvar, polis e.d.*)
obliegen ['ɔp-, *äv.* -'--] *liegt ob* (*obliegt*), *lag ob* (*oblag*), *obgelegen, obzuliegen* **1** åligga (*e-m* ngn) **2** *åld., etw.* (*dat.*) ~ ägna sig åt ngt **Obliegenheit** -*en f* åliggande
obligat 1 oumbärlig, nödvändig; obligatorisk **2** *mus.* obligat; ~*e Violine* obligatviolin **Obligation** -*en f, ekon.* obligation **obligatorisch** obligatorisk '**Obligo** -*s n, hand.* obligo, förbindelse, förpliktelse; *ohne* ~ (*äv.*) utan ansvar
Ob|**mann** ['ɔp-] -*männer el. -leute m* ordförande; förtroendeman, ombudsman; *sport.* [jury]ordförande, högsta tävlingsdomare
O'boe -*n f, mus.* oboe **O'boer** -, **Obo'ist** -*en* -*en m* oboist, oboeblåsare
'**Obolus** - *el.* -*se m* **1** obol **2** slant, skärv
Obrigkeit -*en f* överhet; *sich bei seiner* ~ *beschweren* (*skämts.*) klaga hos sin[a] överordnade (chefen) **obrigkeitlich** från överhetens sida, överhets-; ~*e Gewalt* (*äv.*) regeringsmakt **Obrigkeitsdenken** *0 n* auktoritetstro **Obrigkeitsstaat** -*en m* totalitär (auktoritär) stat
O'brist -*en* -*en m* **1** *åld.* överste **2** *neds., die chilenischen* ~*en* den chilenska juntan
ob'schon *högt.* ehuru, fast[än]
Observation [-v-] -*en f* **1** observation **2** övervakning **Observatori**|**um** -*en n* observatorium **observieren 1** observera **2** övervaka, skugga
ob'siegen [*äv.* 'ɔp-] *obsiegt* (*siegt ob*), *obsiegte* (*siegte ob*), *obsiegt* (*obgesiegt*), *zu obsiegen* (*obzusiegen*) *högt.* segra, vinna
obskur obskyr, skum **Obskurantismus** *0 m* obskurantism, upplysningsfientlighet
obsolet obsolet, föråldrad
Obst [o:-] *0 n* frukt; *danke für* ~ *und Südfrüchte!* (*vard.*) nej tack, det vill jag inte ha!, det vill jag inte veta av! -**bau** *0 m* fruktodling -**baum** -*e*† *m* fruktträd -**ernte** -*n f* fruktskörd -**frau** -*en f, vard.* fruktförsäljerska -**geist** -*e m* fruktbrännvin (*calvados e.d.*) -**händler** - *m* frukthandlare
obstinat obstinat, motspänstig
Obst|**ler** - *m, dial.* **1** frukthandlare **2** *se Obstgeist* -**pflücker** - *m* fruktplockare (*äv. redskap*)
obstruieren obstruera, göra obstruktion **Obstruktion** -*en f* obstruktion **Obstruktionstaktik** -*en f* obstruktionstaktik
Obst|**schale** -*n f* **1** fruktskal **2** fruktskål -**schaumwein** -*e m* m[o]usserande vin (*av frukt*) -**schwemme** -*n f* överskott av frukt -**tag** -*e m* fruktdag (*då man endast äter frukt*), *ung.* bantningsdag -**teller** - *m* fruktassiett -**wasser** -† *n, se Obstgeist* -**wein** -*e m* fruktvin
obszön obscen, oanständig; *vard.* fruktansvärd, hemsk **Obszönität** -*en f* obscenitet, oanständighet
Obus -*se m, förk. för Oberleitungsomnibus* trådbuss
obwalten ['ɔp-, *äv.* -'--] *waltet ob* (*obwaltet*), *waltete ob* (*obwaltete*), *obgewaltet, obzuwalten*, *högt.* råda; *unter den* ~*den Umständen* under rådande omständigheter
ob'wohl, ob'zwar ehuru, fast[än], trots att **och** *interj, vard., se ach*
Ochlokratie -*n f* pöbelvälde
Ochs [ɔks] -*en* -*en m, dial. o. vard.*, **Ochse** -*n* -*n m* **1** oxe; *er stand da wie der* ~ *vorm Berg* (*neuen Tor, Scheunentor*) (*vard.*) han stod där o. visste varken ut eller in (inte vad han skulle ta sig till); *er taugt dazu wie der* ~ *zum Seiltanzen* (*vard.*) han är alldeles olämplig till det; *den Ochsen hinter den Pflug spannen* (*vard.*) spänna vagnen framför hästen, bära sig bakvänt åt **2** *vard.* nöt; *du blöder* ~*!* din jävla idiot! **ochsen** *vard.* plugga
Ochsen|**maulsalat** -*e m, ung.* italiensk sallad -**schwanzsuppe** -*n f* oxsvanssoppa -**tour** -*en f, vard.* **1** slitgöra **2** die ~ machen (*bildl.*) gå den långa vägen -**ziemer** -*n f* piska [av oxhud] -**zunge** -*n f, kokk.* oxtunga
Ochserei -*en f, vard.* **1** evigt pluggande **2** dumhet
Ocker - *m n* ockra
od. *förk. för oder el.*, eller
öd *se öde*
Odaliske -*n f* odalisk, haremsslavinna
Odds *pl, sport.* odds
Ode -*n f* ode
öde 1 öde, obebodd, folktom, övergiven **2** o-fruktbar, karg **3** trist, tom, tråkig **Öde** -*n f* **1** enslighet, övergivenhet, ödslighet **2** öde trakt, ödemark, ofruktbar mark **3** tomhet, tristess, tråkighet
'**Odem** *0 m, poet., se Atem*
Ö'dem -*e n, med.* ödem
öden 1 *vard.* tråka ut **2** *dial.* rö[d]ja
oder eller; *entweder ... ~ antingen ... eller; er heißt Maska* ~ *so* han heter Maska eller någonting sådant; *jetzt folgst du mir,* ~ *es passiert was!* nu lyder du, annars!; *du hast dich doch nicht besonders angestrengt,* ~ *?* du har väl inte ansträngt dig särskilt mycket, eller [hur]?; *du kommst doch auch mit,* ~ *?* du följer väl också med, inte sant?
Odeur [o'dø:ɐ̯] -*s el.* -*e n* doft; *vard.* lukt
Odin *0 m, myt.* Oden

odios, odiös odiös, förhatlig
Ödipuskomplex -e m, psykol. oidipuskomplex
Odium 0 n 1 hat 2 [skam]fläck
Ödland -er† n ofruktbart land, obebyggd trakt
Odontologie 0 f odontologi **odontologisch** odontologisk
Odyssee -n f odyssé
OECD 0 f, die ~ OECD
Ofen -† m kamin; ugn; dial. [köks]spis; heißer ~ (vard.) vass båge (kärra); jetzt ist der ~ aus! (vard.) nu är det klippt!; jetzt ist bei mir der ~ aus! (vard.) nu har jag fått nog!; immer hinter dem ~ hocken vara en stugsittare, aldrig gå ut; damit kann man keinen Hund hinter dem ~ hervorlocken (vard.) det låter inte vidare lockande, det nappar nog ingen på **Ofenbank** -e† f [kakel]ugnsbänk **Ofenblech** -e n häll **ofenfertig** ~es Holz ved (i lagom storlek för kamin e.d.) **ofenfrisch** ugnsfärsk, alldeles färsk; bildl. splitterny, pinfärsk **Ofen|gabel** -n f, dial., **-haken** - m, dial. eldgaffel **-hocker** - m, vard. stugsittare **-klappe** -n f 1 ugnsspjäll 2 se Ofentür **-loch** -er† n 1 eldningslucka, kaminöppning 2 kaminrörshål **-rohr** -e n kamin-, [kakel]ugns|rör **-röhre** -n f [värme]ugn **-schirm** -e m eldskärm **-setzer** - m kakelugnsmakare **-tür** -en f [kakel]ugns-, kamin|lucka
ofenwarm das Brot ist noch ~ brödet är fortfarande varmt
offen öppen (äv. bildl. o. språkv.); oavgjord, oviss; uppriktig, frimodig; ohöljd; ledig, vakant, tom; die Angelegenheit ist ~ ärendet är inte avgjort; ~e Anstalt öppen anstalt; die Bahnschranken sind ~ bommarna är uppe; ~e Beine haben ha bensår; ~er Biß (tandläk.) öppet bett; ~er Brief öppet brev; auf ~er Bühne (Szene) för öppen ridå; bei ~em Fenster schlafen sova för öppet fönster; ~es Geheimnis offentlig hemlighet; ~er Hafen öppen (isfri) hamn; mit ~er Hand geben vara generös (frikostig); sie hat ein ~es Haus hon är gästfri; die Jagd ist ~ (jakt.) jakten är lovlig; mit ~em Mantel med uppknäppt kappa (rock); bei ihm findet man ein ~es Ohr han är villig att lyssna, hos honom finner man förståelse; ~e Rechnung obetald räkning; auf die ~e See hinausfahren fara ut på öppna havet; die Tür war e-n Spaltbreit ~ dörren stod på glänt; ~e Stellen lediga platser; auf ~er Strecke (äv.) långt från all bebyggelse, mitt på vägen; Tag der ~en Tür öppet hus (besöksdag för allmänheten); ~e Wunde öppet sår; ~er Wein (ung.) vin direkt från fat; weit ~ vidöppen; das Geschäft hat (ist) sonntags ~ affären har söndagsöppet; das Buch liegt ~ auf dem Tisch boken ligger uppslagen på bordet; etw. ~ sagen (äv.) säga ngt rent ut; ~ gesagt uppriktigt sagt; ~ für (gegenüber) etw. sein vara öppen för ngt; die Teilnahme am Wettkampf ist ~ für tävlingen står öppen för; ~ verkaufen (dial.) sälja i lös vikt **'offenbar** [äv. --'-'] uppenbar, tydlig; adv äv. uppenbarligen, tydligen; es ist ~ (äv.) det ligger i öppen dag **offen'bar|en1** uppenbara; ein Geheimnis ~ röja (yppa) en hemlighet 2 rfl uppenbara sig; seine Worte -ten sich als Lüge hans ord visade sig vara lögn; sich e-m ~ anförtro sig åt ngn **Offen'barung** -en f 1 uppenbarande, avslöjande 2 relig. uppenbarelse **Offen'barungseid** -e m, jur. manifestationsed **offenbleiben** st s stå öppen (äv. bildl.)

offenhalten st, etw. ~ hålla ngt öppet; die Augen ~ (äv.) ha ögonen med sig; ich muß mir diese Möglichkeit ~ jag måste förbehålla mig den möjligheten; e-m e-e Stelle ~ hålla en plats reserverad åt ngn **Offenheit** 0 f öppenhet, uppriktighet **offenherzig** 1 öppenhjärtig 2 skämts. [mycket] djupt urringad (om klänning) **Offenherzigkeit** 0 f öppenhjärtighet **'offenkundig** [äv. --'--] uppenbar, klar, påtaglig; es ist ~ (äv.) det ligger i öppen dag; ~ werden bli känd **Offenkundigkeit** 0 f, die ~ dieser Tatsachen det uppenbara i dessa fakta **offenlassen** st lämna öppen (äv. bildl.); e-e frei gewordene Arbeitsstelle ~ inte tillsätta ngn ny en plats som blivit ledig; sie hat offengelassen, ob sie mitgeht oder nicht hon lät det stå öppet om hon skulle gå med eller ej **offenlegen** etw. ~ redogöra för ngt **offenliegen** st finnas tillgänglig, ligga framme **'offensichtlich** [äv. --'--] påtaglig, tydlig, uppenbar; adv äv. tydligen
offen'siv [äv. '---] offensiv **Offen'sive** [-v-] -n f offensiv **Offensivkrieg** -e m angreppskrig
offenstehen st stå öppen (äv. bildl.); die Rechnung steht offen räkningen är inte betald; die Stelle steht offen platsen är ledig (inte tillsatt)
'öffentlich offentlig, allmän; ~er Dienst offentlig (statlig o. kommunal) tjänst; ~er Fernsprecher telefonautomat; ~es Geheimnis offentlig hemlighet; die ~e Hand det allmänna; ~es Haus bordell; e-e Person des ~en Lebens en allmänt känd person (politiker e.d.); ~er Verkehr kollektivtrafik; die Wächter der ~en Ordnung (äv.) ordningsmakten; er tritt zum erstenmal ~ auf han uppträder för första gången inför publik **Öffentlichkeit** 0 f offentlighet; allmänhet; die breite ~ den stora allmänheten; das Prinzip der ~ offentlighetsprincipen; an die ~ kommen (äv.) bli känd, läcka ut; in aller ~ inför allas blickar (ögon), helt offentligt; unter Ausschluß der ~ inför lyckta dörrar **Öffentlichkeitsarbeit** 0 f 1 PR[-arbete] 2 DDR, ung. [åtgärder för] samhällelig information **Öffentlichkeitsgrundsatz** 0 m offentlighetsprincip **öffentlich-rechtlich** jur. offentligrättslig
Offerent -en -en m, hand. offerent **offerieren** 1 offerera 2 e-m e-e Zigarette ~ bjuda ngn på en cigarrett 3 rfl, sich als Dolmetscher ~ erbjuda sig att vara tolk **Offert** -e n, österr., **Offerte** -n f offert, anbud
Offizial|delikt -e n, jur., **-vergehen** - n, jur. brott (delikt) som faller under allmänt åtal **-verteidiger** - m, jur. offentlig försvarare
offiziell officiell
Offizier [-'tsi:ɐ] -e m officer; schack. [huvud]pjäs; Erster ~ (i marinen) sekond, (i handelsflottan) förste styrman **Offiziersanwärter** - m officersaspirant **Offiziersbursche** -n -n m kalfaktor **Offizierskasino** -s n officersmäss
Offizin -en f officin (i apotek; tryckeri) **offiziös** officiös, halvofficiell
öffne|n 1 öppna; die Augen ~ (äv.) slå upp ögonen; die Bluse ~ (äv.) knäppa upp blusen; e-e Flasche Wein ~ (äv.) slå upp en flaska vin; e-e Leiche ~ (äv.) obducera ett lik; e-m ~ öppna för ngn; hier ~! öppnas här!; das Geschäft wird um (ist ab) neun Uhr geöffnet affären öppnas (öppnar) klockan nio 2 rfl öppna sig, öpp-

nas; *die Tür -te sich (äv.)* dörren gick upp; *sich e-m ~ anförtro sig åt ngn,* öppna sig för ngn **Öffner -** *m* öppnare **Öffnung 1** *0 f* öppnande; *bildl.* öppning; *die ~ e-r Leiche* obduktionen av ett lik **2** *-en f* öppning, mynning **Öffnungszeit** *-en f* öppettid
Offsetdruck *-e m* offset[tryck]
O-förmig o-formad
oft *adv* † ofta, många gånger; *~ und ~* ganska ofta, många gånger; *soundso ~* otaliga (hundratals) gånger; *so ~ ich dort gewesen bin, war er nicht da* varje gång jag var där var han inte där; *ein sich ~ wiederholendes Ereignis* en ofta återkommande händelse; *wie ~ muß ich dir das noch sagen?* hur många gånger ska jag behöva säga det till dig? **öfter 1** oftare **2** upprepad; ofta förekommande; flera gånger, [ganska] ofta; *des ~en gång på gång,* upprepade (flera) gånger, [ganska] ofta **öfters** flera gånger, [ganska] ofta **oftmalig** ofta förekommande, vanlig, ofta upprepad **oftmals** upprepade (flera) gånger, [ganska] ofta, allt som oftast
oh *interj* o!, åh!
Oheim *-e m, åld.* mor-, far|bror
1 Ohm *-e m, åld. el. dial.* mor-, far|bror
2 Ohm *- n, fys.* ohm
ohne *prep m. ack.* **1** utan; *~ Arbeit* utan arbete, arbetslös; *Preis ~ Mehrwertsteuer* pris exklusive moms; *~ mein Wissen (äv.)* mig ovetande; *~ weiteres* utan vidare; *~ schlafen* sova utan pyjamas (naken); *dieser Plan ist durchaus nicht ~ (vard.)* den här planen är inte alls dum; *er ist nicht ~* han har sina fördelar; *diese Krankheit ist gar nicht so ~ (vard.)* den här sjukdomen är inte alls så oskyldig som man skulle kunna tro, man måste se upp med den här sjukdomen **2** *~ daß* utan att; *~ zu* utan att **ohne**|'**dem** *åld.,* -'**dies** *se ohnehin* **ohne**-'**gleichen** utan like, makalös, enastående **Ohne'haltflug** *-e*† *m* nonstopflygning **ohne-'hin** ändå, i alla fall **Ohne'michel** *- m, vard.* människa som inte vill engagera sig (*politiskt e.d.*) **Ohne-'mich-Standpunkt** *0 m, auf dem ~ stehen* inte vilja engagera sig (*politiskt e.d.*), bara intressera sig för sina egna angelägenheter **ohne'weiters** *österr.* utan vidare
Ohnmacht *-en f* vanmakt; svimning; *in ~ fallen* svimma **ohnmächtig** vanmäktig, maktlös; avsvimmad; *~ werden* svimma **Ohnmachtsanfall** *-e*† *m* svimningsanfall
o'ho *interj* åhå!; *klein, aber ~ (vard.)* liten men naggande god
Ohr *-en n* öra; *die ~en auftun (aufsperren) (vard.)* lyssna noga (ordentligt); *ein offenes (geneigtes, williges) ~ finden* finna gehör (ett villigt öra); *e-m eins (ein paar) hinter die ~en geben (vard.)* örfila ngn; *es gibt gleich rote ~en! (vard.)* vänta bara, snart får du en örfil!; *das Lied geht ins (bleibt im) ~* man kommer lätt ihåg visan; *gute (schlechte) ~en haben* ha god (dålig) hörsel; *wo hast du denn deine ~en? (vard.)* du måste höra upp bättre!; *ein [feines] ~ für etw. haben (äv.)* vara lyhörd för ngt; *~en wie ein Luchs haben* ha mycket god hörsel; *viel um die ~en haben (vard.)* ha mycket att stå i; *er hat es [faustdick, knüppeldick] hinter den ~en (vard.)* han är inte så oskyldig som (slugare än) han ser ut; *halt die ~en steif! (vard.)* ge inte upp!, stå på dig!; *e-n übers ~ hauen (vard.)* lura ngn; *sich aufs ~ hauen (le-*

gen) (vard.) krypa till kojs; *die ~en hängenlassen (vard.)* vara deppig (moloken); *zum e-n ~ herein-, zum anderen wieder hinausgehen (vard.)* gå in genom ena örat och ut genom det andra; *auf diesem (dem) ~ höre ich schlecht (nicht) (vard.)* det vill jag inte höra talas om; *e-m die ~en voll jammern (blasen) (vard.)* inte lämna ngn i fred med sitt ständiga klagande (prat); *e-m die ~en kitzeln (pinseln) (vard.)* smickra ngn; *haben dir nicht die ~en geklungen? (vard.)* kände du inte på dig att vi tänkte på (talade om) dig?; *es ist mir zu ~en gekommen* det har kommit till mina öron (min kännedom); *e-m die ~en langziehen (vard.)* dra ngn i öronen, skälla ut ngn; *e-m sein ~ leihen* låna ngn sitt öra; *e-m in den ~en liegen (vard.)* tjata på ngn; *lange ~en machen (vard.)* lyssna nyfiket; *e-n bei den ~en nehmen (vard.)* dra ngn i öronen, skälla ut ngn; *tauben ~en predigen* tala för döva öron; *sich (dat.) etw. hinter die ~en schreiben (vard.)* lägga ngt ordentligt på minnet; *mit den ~en schlackern (vard.)* vara mållös (rådvill); *die ~en schmerzen mir* jag har ont i öronen; *noch feucht (noch nicht trocken) hinter den ~en sein (vard.)* inte vara torr bakom öronen ännu; *ganz ~ sein* vara idel öra; *sich (dat.) die Nacht um die ~en schlagen (vard.)* vara uppe (inte komma i säng på) hela natten; *auf den ~en sitzen (vard.)* inte lyssna; *die ~en spitzen (vard.)* spetsa öronen; *bis über die ~en in Schulden stecken (verliebt sein) (vard.)* ha skulder (vara kär) upp över öronen; *die ~en auf Durchfahrt (Durchzug) stellen (vard.)* låta allt gå in genom ena örat och ut genom det andra; *von e-m ~ zum anderen strahlen (vard.)* stråla över hela ansiktet; *seinen ~en nicht trauen (vard.)* inte våga tro sina öron; *wasch dir die ~en! (vard. äv.)* har du knäck i lurarna?; *mit halbem ~ zuhören* lyssna med ett halvt öra **Öhr** *-e n* öga (*på nål*) **Ohrenbeichte** *-n f, kat.* öronbikt **ohrenbetäubend** öronbedövande **Ohren**|**bläser** *- m, vard.* (hemlig) bakdantare, skvallerspridare, förtalare **-entzündung** *-en f* öroninflammation, olit **-fluß** *0 m* öronflytning **-klappe** *-n f* öron|lapp, -skydd **-klingen** *0 n, ich habe ~* det ringer i öronen på mig **-kriecher** *- m* **1** *zool.* tvestjärt **2** *vard.* smickrare **-laufen** *0 n* öronflytning **-leiden** *- n* öronsjukdom **-sausen** *0 n* öronsusning[ar] **-schmalz** *0 n* örvax **-schmaus** *0 m, vard.* fröjd för örat (*musik e.d.*) **-schmerzen** *pl, ~ haben* ha ont i örat (öronen) **-schützer** *0 f* öronskydd **-sessel** *- m* öronlappsfåtölj **-spiegel** *- m* öronspegel **-wärmer** *pl* öronskydd **-zeuge** *-n -n m* örovittne
Ohrfeige *-n f* örfil **ohrfeigen** örfila [upp] **Ohr**|**feigengesicht** *0 n, vard.* stryktäckt utseende; *ein ~ haben* se stryktäck ut **-fluß** *0 m* öronflytning **-läppchen** *- n* örsnibb **-muschel** *-n f* öronmussla **-pfropf** *-e m, med.* vaxpropp **-ring** *-e m* örhänge, örring **-schmuck** *0 m* ör[on]smycke **-speicheldrüse** *-n f* öronspottkörtel **-speicheldrüsenentzündung** *-en f* påssjuka **-trompete** *-n f* örontrumpet **-waschel** *-n n, sty., österr.* örsnibb; öra **-wurm** *-er*† *m* **1** *zool.* tvestjärt **2** smickrare **3** örhänge (*schlager*)
o.J. *fork. för ohne Jahr* u.å., utan [angivet] årtal
o'je[mine] *interj,* **o'jerum** *interj, åld.* jesses!, å du min skapare!

o.k., O.K. *förk. för okay* OK, okej
Okarin|a *-as el. -en f, mus.* okarina
okay [o'keː, 'ouˈkeɪ] *vard.* **I** *adv, ~ ?* OK?, ska vi säga så?; *~! * OK!, bra!, kör för det! **II** *adj* OK, bra, helt i sin ordning; *ich bin wieder ~* jag mår bra igen; *es ist ~ (äv.)* det är grönt (OK), vi *(etc.)* har fått klarsignal **Okay** *-s n, vard.* OK, klarsignal, godkännande
Okkasion *-en f* **1** *hand.* [extra]erbjudande **2** *åld.* tillfälle
Okklusiv *-e m, språkv.*, *se Verschlußlaut*
okkult ockult **Okkultismus** *0 m* ockultism **Okkultist** *-en -en m* ockultist **okkultistisch** ockultistisk
Okkupant *-en -en m* ockupant **Okkupation** *-en f* ockupation **okkupieren** ockupera
Öko-Bewegung *-en f, die ~* miljörörelsen
Ökologie *0 f* ekologi **ökologisch** ekologisk
Ökonom *-en -en m* **1** ekonom **2** lantbrukare; [gods]förvaltare **Ökonomie 1** *0 f* ekonomi; sparsamhet, hushållning **2** *-n f* ekonomisk struktur, ekonomi, näringsliv **3** *-n f, österr. el. åld.* lantbruk **ökonomisch** ekonomisk; sparsam **Ökosystem** *-e n* ekosystem
Oktanzahl *-en f* oktan|tal, -värde
Oktav *-e n* oktav *(format)* **Oktave** [-və] *-n f, mus.* oktav
Oktett *-e n, mus.* oktett
Oktober *-[s]* - *m* oktober **-fest** *-e n* oktoberfest (*i München*)
oktroyier|en [ɔktrŏaˈjiːrən] *åld., e-m etw. ~* [rättsstridigt] påtvinga ngn ngt; *-te Verfassung* oktrojerad författning
Okular *-e n* okular **Okulation** *-en f, trädg.* okulering, ympning '**Okuli** *0 m, [der Sonntag*] *~* tredje söndagen i fastan **okulieren** *trädg.* okulera, ympa **Okulierung** *-en f, trädg.* okulering, ympning
ökumenisch ekumenisk
OKW *förk. för Oberkommando der Wehrmacht*
'**Okzident** [*äv.* --'-] *0 m* **1** *der ~* Occidenten, Västerlandet **2** *åld.* väst[er] **okzidental[isch]** **1** västerländsk **2** *åld.* västlig, västra
Öl *-e n* olja; *~ auf die Lampe gießen (vard.)* ta sig en sup; *~ auf die Wogen gießen* gjuta olja på vågorna; *~ ins Feuer gießen* gjuta olja på elden; *in ~ malen (braten)* måla (steka) i olja; *mit ~ heizen* elda med olja; *nach ~ bohren* borra efter olja; *~ wechseln* byta olja; *sich mit ~ einreiben* olja in sig **-baron** *-e m, vard.* oljeschejk **-baum** *-eꝉ m* olivträd **-bedarf** *0 m* oljebehov **-behälter** - *m* olje|behållare, -tank **-berg** *0 m, der ~ (bibl.)* Oljeberget **-bild** *-er n* oljemålning **-bohrinsel** *-n f* oljeborrplattform **-boykott** *-s, äv. -e m* oljebojkott
Oldie ['ouldi] *-s m, vard.* **1** gamling **2** gammal schlager (film) *(som där är aktuell)*
Öldruck 1 *-e m* oljetryck **2** *0 m, tekn.* oljetryck **-bremse** *-n f* hydraulisk broms
Oldtimer ['oʊldtaɪmə] - *m* **1** gamling **2** *ein ~* en som är gammal i gamet, en gammal o. erfaren medarbetare (spelare *e.d.*) **3** veteranbil, gammalt fordon (*e.d.*)
Oleander - *m, bot.* oleander, nerium
ölen olja, smörja; olja in; *es geht wie geölt* det går som smort **ölexportierend** oljeexporterande **Ölfarbe** *-n f* oljefärg **Ölfeld** *-er n* oljefält **Ölfeuerung** *-en f* oljeeldning **Ölfilm** *-e m* olje|hinna, -skikt, -film **Ölfunzel** *-n f, vard.* oljelampa
OLG *förk. för Oberlandesgericht*
Ölgemälde - *n* oljemålning **Ölgesellschaft** *-en f* oljebolag **Ölgötze** *0 m, vard.*, *wie ein ~ dasitzen* sitta där som en [annan] träbock **ölhaltig** oljehaltig **Ölhaut** *-eꝉ f* **1** *se Ölfilm* **2** oljeimpregnerat tyg; regnrock **Ölheizung** *-en f* oljeeldning **ölhöffig** förmodligen rikligt oljeförande **ölig** oljig *(äv. bildl.)*
Oligarchie *-n f* oligarki, fåmannavälde, klickvälde **oligarchisch** oligarkisk
Olim *skämts., zu ~s Zeiten* för mycket länge sedan, på kung Orres tid
Ölimport *-e m* oljeimport
oliv *oböjl. adj* olivfärgad **Olive** [-və] *-n f* **1** oliv **2** olivträd **Olivenbaum** *-eꝉ m* olivträd **Olivenöl** *0 n* olivolja
Öl|käfer - *m, zool.* majbagge **-krise** *-n f* oljekris **-kuchen** - *m* oljekaka
oll *dial., se alt*
Öl|lampe *-n f* oljelampa **-leitung** *-en f* oljeledning **-malerei** *0 f, abstr.* oljemålning **-meßstab** *-eꝉ m* oljesticka **-motor** *-en m, åld.* dieselmotor **-mühle** *-n f* olje|kvarn, -slageri **-multi** *-s m, vard.* multinationellt oljebolag **-ofen** *-ꝉ m* fotogenkamin **-papier** *-e n* oljat papper, oljepapper **-pest** *0 f* svår nedsmutsning av vattendrag genom oljeutsläpp, [svår] oljeförorening
ölproduzierend oljeproducerande
Öl|pumpe *-n f, motor.* oljepump **-quelle** *-n f* oljekälla **-saat** *-en f* oljeväxtfrön **-sardine** *-n f* sardin i olja **-scheich** *-s el. -e m* oljeschejk **-schicht** *-en f, se Ölfilm* **-schiefer** *0 m* oljeskiffer **-stand** *-eꝉ m* oljenivå **-süß** *0 m, åld.* glycerin **-tank** *-s el. -e m* oljetank **-tanker** - *m* oljetanker **-teppich** *-e m* olje|utsläpp, -bälte **-ung** *-en f* **1** oljning, smörjning **2** *die Letzte ~ (kat.)* sista smörjelsen **-wanne** *-n f* olje|sump, -tråg **-wechsel** - *m* oljebyte
Olymp *0 m, der ~ a) myt.* Olympen, *b) vard.* hyllan *(på teater)* **Olympia** *0 n* Olympia; *~ beginnt (högt.)* olympiaden (de olympiska spelen) börjar **Olympiade** *-n f* **1** olympiad, olympiska spel **2** olympiad *(tidrymd av fyra år)* **3** *i sht DDR* [kunskaps]tävling **Olympiafahrkarte** *-n f, vard., durch diese Leistung erwarb er die ~* genom denna prestation kvalificerade han sig till olympiaden **Olympiamedaille** *-n f* olympisk medalj **olympiareif** *ihre Leistung ist ~* med en sådan prestation har hon också stora chanser i olympiaden **Olympiasieger** - *m* olympiasegrare **olympiaverdächtig** *vard.* utmärkt **Olympier** - *m* olympier, gudalik mästare **Olympionike** *-n -n m* **1** olympiasegrare, olympier **2** olympiadeltagare, olympier **olympisch** **1** olympisk, hörande till olympen; gudomlig, himmelsk **2** olympisk; *O~e Spiele* olympiska spel, olympiad; *~er Rekord* olympiskt rekord
Öl|zeug *0 n* olje|kläder, -ställ **-zweig** *-e m* olivkvist *(äv. bildl.)*
Oma *-s f* **1** *barnspr.* farmor, mormor **2** *vard.* tant, gumma **Omama** *-s f, barnspr., se Oma 1*
Omaner - *m* omanier **omanisch** omansk
Ombrometer - *n, meteor.* regnmätare
Ombuds|mann -*männer n. -leute m, ung.* [justitie]ombudsman
Omelett [ɔm(ə)ˈlɛt] *-s el. -e n,* **Omelette** [-ˈlɛt] *-n f, se Eierkuchen*
Om|en *-en el. -ina n* omen
Omi *-s f, vard., se Oma 1*
ominös **1** ominös, olycksbådande **2** dubiös, ökänd
Omnibus *-se m* [omni]buss; *doppelstöckiger ~*

Omnibusbahnhof—orakeln

dubbeldäckare **-bahnhof** -e† *m* bussterminal **-haltestelle** -*n f* busshållplats **-linie** -*n f* busslinje **-schaffner** - *m* busskonduktör
omni|po'tent allsmäktig **-prä'sent** allestädes närvarande
Onanie *0 f* onani **onanieren** onanera **Onanist** -*en* -*en m* onanist
Ondit [õ'di:] -*s n* rykte; *e-m* ~ *zufolge* enligt vad ryktet förmäler
Ondulation -*en f* ondulering **ondulieren** ondulera
Onkel - (*vard*. -*s*) *m* **1** farbror, morbror; *barnspr*. farbror, gubbe; *vard*. gubbe, typ **2** *dicker* ~ (*vard*.) storå; *über den großen* ~ *gehen* (*vard*.) gå inåt med tårna **Onkelehe** -*n f* 'farbrorsäktenskap' (*änkas sammanboende med man som hon inte gifter sig med för att inte gå miste om änkepension e.d*.) **onkelhaft** farbroderlig, [överlägset] beskyddande **onkeln** *vard*. gå inåt med tårna
Onkologie *0 f* onkologi, vetenskapen om tumörsjukdomar
onomatopoetisch *språkv*. onomatopoetisk **Onomatopöie** -*n f, språkv*. ljudhärmning
Ontologie *0 f, filos*. ontologi
'Onyx -*e m* onyx
OP [o'pe:] -[*s*] *m, förk. för Operationssaal*
Opa -*s m* **1** *barnspr*. farfar, morfar **2** *vard*. gubbe
opak opak **Opakglas** *0 n* opakt glas
Opal -*e m* opal **opalisieren** opalisera, skimra som opal
Opapa -*s m, barnspr*., *se Opa 1*
Op-art ['ɔp|a:ɐ̯t] *0 f* opkonst
Open-air-Festival ['oʊpn 'ɛ:ɐ̯-] -*s n* utomhus-[musik]fest, parkfest
Oper -*n f* opera; *in die* ~ *gehen* gå på operan; *zur* ~ *gehen* bli opera|sångare (-sångerska); ~*n reden* (*vard*.) prata en massa strunt **Opera** *pl, se Opus* **operabel 1** användbar, praktiskt genomförbar **2** *med*. opererbar, operabel **Operateur** [-'tø:ɐ̯] -*e m* **1** operatör (*läkare; databeh*.; *på bio*) **2** kameraman **Operation** -*en f, med., mil., mat*. operation; *bildl. äv*. handling, företag; verksamhet; *sich e-r* ~ *unterziehen* undergå en operation **Operationsbas|is** -*en f* operationsbas **Operations|raum** -*e*† *m*, **-saal** -*säle m* operationssal **Operationsschwester** -*n f* operationssköterska **Operationstisch** -*e m* operationsbord **operativ 1** operativ, operations-; ~ *entfernen* avlägsna genom operation, operera bort **2** *mil*. operativ; strategisk **3** [omedelbart] verksam, aktiv **Ope'rator** [*äv*. 'ɔpərɛɪtə] -*en, äv*. -[*s*] *m, databeh. operatör*
Operette -*n f* operett **Operettensänger** - *m* operettsångare
operierbar *med*. opererbar, operabel **operieren** *med., mil*. operera; *bildl. äv*. handla, gå till väga; *e-n am Magen* ~ operera magen på ngn; *e-n wegen e-s Magengeschwürs* ~ operera ngn för magsår; *mit etw*. ~ handskas (arbeta) med ngt, använda ngt
Opernball -*e*† *m* operabal **Opernbühne** -*n f* operascen **Opern|glas** -*er*† *n*, **-gucker** - *m*, *vard*. teaterkikare **opernhaft** opera|aktig, -artad **Opernhaus** -*er*† *n* operahus **Opernsänger** - *m* operasångare **Opentheater** - *n* operahus
Opfer -*n* offer; offergåva; uppoffring; *die* ~ *des Erdbebens* offren för jordbävningen; *den Göttern* ~ *bringen* offra till gudarna; *für etw*. ~ *an Geld und Zeit bringen* offra tid o. pengar

för ngt; *e-m Mörder zum* ~ *fallen* falla offer för en mördare; *dem Rotstift zum* ~ *fallen* strykas; *der Spitzhacke zum* ~ *fallen* rivas; *kein[e]* ~ *für e-n scheuen* inte sky några offer för ngn; *ein* ~ *der Flammen werden* bli lågornas rov; *das* ~ *e-s Verkehrsunfalls werden* falla offer för en trafikolycka, förolyckas i trafiken **opferbereit** offervillig **Opferbereitschaft** *0 f* offervillighet **Opferbüchse** -*n f* kollektbössa **opferfreudig** offervillig, oegennyttig **Opfergabe** -*n f* offer|gåva, -gärd **Opfergeld** -*er n* kollekt **Opferlamm** -*er*† *n* offerlamm (*äv. bildl*.); *das* ~ *Lammet*, Guds lamm; *das* ~ *sein* (*äv*.) vara det oskyldiga offret (den som råkar illa ut); *wie ein* ~ (*äv*.) fogligt, undergivet **Opfermut** *0 m* mod att offra **opfern 1** offra; *den Göttern* ~ offra till gudarna; *sein Leben für etw*. ~ offra livet för ngt **2** *rfl* offra sig; *vard*. uppoffra sig **Opferpfennig** -*e m* offrad slant, allmosa **Opferstock** -*e*† *m* offerstock (*kollektbössa*) **Opfertod** *0 m* offerdöd **Opferwille** -*ns 0 m* offervilja **opferwillig** offervillig
Ophthalmologe [ɔf-] -*n* -*n m* oftalmolog, ögonläkare
Opiat -*e n* opiat, opiumpreparat **Opium** *0 n* opium **Opiumhöhle** -*n f* opiumhåla **Opiumpfeife** -*n f* opiumpipa
Opossum -*s n, zool*. opossum
Opponent -*en* -*en m* opponent, motståndare **opponieren** opponera [sig]
opportun opportun, läglig, lämplig [för tillfället] **Opportunismus** *0 m* opportunism **Opportunist** -*en* -*en m* opportunist **opportunistisch** opportunistisk **Opportunität** *0 f* opportunitet
Opposition -*en f* opposition (*äv. astron*.); ~ *machen* (*äv*.) opponera [sig]; *in die* ~ *gehen* (*äv*.) bli oppositionsparti **oppositionell** oppositionell; ~*e Parteien* (*äv*.) oppositionspartier **Oppositionsführer** - *m* oppositionsledare **Oppositionspartei** -*en f* oppositionsparti **Oppositionspolitiker** - *m* oppositionspolitiker **Oppositionswort** -*er*† *n, språkv*. antonym
OP-|Saal [o'pe:-] **-Säle** *m* operationssal **--Schwester** -*n f* operationssköterska
Optant -*en* -*en m* optant **Optativ** -*e m, språkv*. optativ **optieren 1** optera (*välja medborgarskap*) **2** *jur*. ta option
'Optik 1 *0 f* optik **2** *0 f* optisk framställning, bild; synvinkel; optisk effekt, optiskt intryck, synintryck, utseende; *etw. in subjektiver* ~ *schildern* skildra ngt subjektivt **3** -*en f* objektiv, optisk utrustning **Optiker** - *m* optiker
Optima *pl, se Optimum* **optimal** optimal, bästa möjliga **optimalisieren**, **optimieren** optimera, utforma på bästa möjliga sätt **Optimismus** *0 m* optimism **Optimist** -*en* -*en m* **1** optimist **2** optimistjolle **optimistisch** optimistisk **Optim|um** -*a n* optimum, bästa möjliga tillstånd (*e.d*.); *mit e-m* ~ *an Präzision* med optimal precision
Option -*en f* option, *jfr optieren*
optisch optisk; ~*e Täuschung* optisk villa, synvilla
opu'lent rik[lig], yppig, utmärkt
Op|us -*era n* opus, verk
Orakel - *n* orakel; *in* ~*n sprechen* tala i gåtor **orakelhaft** orakelmässig, dunkel **orakeln** *vard*. tala som ett orakel, tala i dunkla antydningar, spå

oral 1 *med., anat., språkv.* oral; *med. äv.* som tas genom munnen; *anat. äv.* mun-; ~e *Verhütungsmittel* orala preventivmedel; ~er *Verkehr* oralt könsumgänge 2 *fack.* muntlig **Oralverkehr** *0 m* oralt könsumgänge
orange [o'rã:ʒ(ə)] *äv.* o'raŋʒ(ə)] *oböjl. adj (vard. äv.* böjt) orange[färgad] **Orange 1** *0 n* orange (*färg*) 2 *-n f, i sht dial.* apelsin **Orangeade** [orã'ʒa:də *äv.* oraŋ'ʒa:də] *-n f* apelsindryck; läskedryck med apelsinsmak **Orangeat** [-'ʒa:t] *-e n* kanderat apelsinskal **orangen, orange[n]|farben, -farbig** orange[färgad] **Orangerie** [-'ri] *-n f* orangeri
'Orang-'Utan *-s m* orangutang
oratorisch oratorisk, vältalig, retorisk; oratorie- **Oratori|um** *-en n* **1** *mus.* oratorium **2** kapell, bön|hus, -sal, oratorium **3** oratorianer, oratoriepräster
Orbit *-s m (satellits e.d.)* [omlopps]bana **Orbitalstation** *-en f* rymdstation
Orchester [-k-, *äv.* -ç-] - *n* orkester **Orchestergraben** -† *m* orkesterdike **Orchesterleiter** - *m* orkesterledare **Orchestermusik** *0 f* orkestermusik **orchestral** orkestral, orkester-, satt för orkester; ~ *begleiten* ackompanjera med orkester **orchestrieren** orkestrera, instrumentera, arrangera (bearbeta) för orkester
Orchidee [ɔrçi'de:(ə)] *-n f* orkidé
Orden - *m* orden
Ordens|band -er† *n* **1** ordensband **2** *zool.* ordens|fly, -band **-bruder** -† *m* ordensbroder **-geistliche(r)** *m, adj böjn., kat.* präst (*som tillhör munkorden*) **-kleid** *-er n* ordensdräkt **-regel** *-n f* ordensregel **-tracht** *-en f* ordensdräkt **-verleihung** *-en f* ordens|utdelning, -förläning
'ordentlich 1 ordentlig; ordningsam, noggrann; skötsam, rättskaffens; *vard. äv.* rejäl, riktig; *e-e* ~*e Leistung* (*vard.*) en verklig prestation; *ganz* ~ *verdienen* (*vard.*) tjäna ganska bra [med pengar]; *greif nur* ~ *zu!* (*vard.*) ta för dig ordentligt!; *das Kind spricht schon recht* ~ barnet talar redan ganska bra **2** ordinarie; ~*er Professor* (*ordinarie*) professor **Ordentlichkeit** *0 f* ordentlighet
Order 1 *-s el. -n f* order, befallning, instruktion; ~ *parieren* lyda [order] **2** *-s f, hand.* order, beställning, uppdrag **Orderbuch** -er† *n, hand.* orderbok **ordern** *hand.* beställa
Ordinal|e *-ia n,* **Ordinalzahl** *-en f* ordningstal **ordinär 1** tarvlig, vulgär, rå, simpel; *ein* ~*es Parfüm* en billig parfym **2** vanlig, ordinär **Ordinariat** *-e n* **1** (*ordinarie*) professur **2** *kat.* biskoplig förvaltningsmyndighet **Ordinari|us** *-en m* **1** (*ordinarie*) professor **2** klassföreståndare **3** *kat.* ordinarius **Ordinate** *-n f, mat.* ordinata **Ordination** *-en f* **1** ordination, prästvigning **2** *med.* ordination, (*läkares*) föreskrift; mottagning **ordinier|en 1** ordinera, prästviga **2** *med.* ordinera; *der Arzt -t* (*äv.*) doktorn har mottagning
ordnen 1 ordna, ställa i ordning; *der Größe nach* ~ ordna efter storlek; *seine Angelegenheiten* ~ ordna upp (reda ut) sina angelägenheter; *seine Gedanken* ~ (*äv.*) fundera, systematisera sina tankar; *sein Haar* ~ ordna (snygga till) håret [på sig] **2** *rfl* ordna (ställa upp) sig **Ordner** - *m* **1** ordnings|man, -vakt **2** [samlings-, brev]pärm **Ordnung** *-en f* **1** ordnande, uppordnande **2** ordning; *alphabetische* ~ alfabetisk ordning; *hier herrscht ja e-e schöne* ~! (*iron.*) vilken röra!; *in* ~! (*vard.*) OK!, all right!, bra!; *in bester* (*schönster*) ~ (*vard.*) i bästa (sin) ordning; *etw. in* ~ *bringen* (*vard.*) *a*) ordna ngt, ställa ngt i ordning, *b*) laga (reparera) ngt, *c*) ordna (klara) upp ngt; *e-n in* ~ *bringen* (*vard.*) se till att ngn blir frisk; *das finde ich ganz in [der]* ~ (*vard.*) det tycker jag är helt i sin ordning (helt riktigt, OK); *das geht in* ~ (*vard.*) *a*) det ska bli (ske), *b*) det ordnar sig; *wieder in* ~ *kommen a*) åter komma i rätt ordning, *b*) åter komma i ordnade förhållanden, bli normal (bra) igen; *in* ~ *sein* (*vard.*) *a*) vara bra (OK), *b*) vara frisk, må bra; *ist dein Paß in* ~ ? har du ett giltigt pass?; *hier ist etw. nicht in* ~ (*vard.*) det står inte rätt till, det är ngt fel (på tok) här; *die Maschine ist nicht in* ~ (*vard. äv.*) maskinen krånglar (är trasig); *der neue Mitarbeiter ist in* ~ (*vard.*) den nya medarbetaren är all right (OK) **3** ordning, disciplin; samhällsordning; föreskrift, stadga, lag; *die öffentliche* ~ den allmänna ordningen; *die* ~ *in der Klasse* ordningen (disciplinen) i klassen; *ein Kind braucht seine* ~ ett barn behöver ordnade förhållanden; *e-n zur* ~ *rufen* återkalla ngn till ordningen **4** *mil.* ordning, formering; *biol.* ordning; *mat.* grad, ordning; *ein Mißerfolg erster* ~ (*vard.*) ett första klassens fiasko **Ordnungsdienst** *0 m* **1** vakttjänst **2** ordningsvakt **Ordnungsfimmel** *0 m, vard.* ordningsmani **ordnungsgemäß** vederbörlig, som sig bör; *ein Formular* ~ *ausfüllen* fylla i ett formulär ordentligt (på föreskrivet sätt, vederbörligen) **ordnungshalber** för ordningens skull **ordnungshüter** - *m, skämts.* ordningens upprätthållare, polis **Ordnungsliebe** *0 f* ordningssinne **ordnungsmäßig 1** *vard.,* se *ordnungsgemäß* **2** *etw.* ~ *einteilen* systematisera ngt **Ordnungsruf** *-e m, parl.* kallande till ordningen; *e-m e-n* ~ *erteilen* kalla ngn till ordningen **Ordnungsstrafe** *-n f, ung.* böter (straff) för ordningsförseelse **ordnungswidrig** stridande mot ordningen **Ordnungszahl** *-en f* ordningstal
Ordonnanz *-en f* **1** *mil.* ordonnans **2** *åld.* order
Öre - *n äv. f* öre
O'regano *0 m* oregano
Organ *-e n* organ (*äv. tidning e.d.*); språkrör; *ein* ~ *verpflanzen* transplantera ett organ; [*k*]*ein* ~ *für etw. haben* [inte] vara mottaglig för ngt; *ein angenehmes* ~ *haben* (*vard. äv.*) ha en angenäm röst; *ausführendes* ~ exekutivt organ **-bank** *-en f, med.* organbank
Organ'din *0 m, österr.,* **Or'gandy** [-i] *0 m* organdi
Organempfänger - *m, med.* patient som mottar transplanterat organ **Organisation 1** *0 f* organiserande, organisering, organisation **2** *-en f* organisation **Organi'sator** *-en m* organisatör **organisatorisch** organisatorisk **organisch** organisk **organisier|en 1** organisera; *-ter Arbeiter* organiserad arbetare; *die Arbeit* ~ (*äv.*) lägga upp arbetet; *das -te Verbrechen* bekämpfen bekämpa den organiserade brottsligheten; *etw. neu* ~ omorganisera ngt **2** *vard.* fixa, ordna, skaffa fram; *ich habe mir e-n billigen Fernseher -t* jag har fixat en billig TV åt mig **3** *rfl* organisera sig; *sich gewerkschaftlich* ~ (*äv.*) gå med i en fackförening **Organism|us** *-en m* organism **Organist** *-en m* organist **Organkonserve** *-n f, med.* konserverat organ (*för transplantation*) **Organmandat** *-e*

n, österr. ung. böter *(strafföreläggande utfärdat av polis)* **Organschwund** *0 m, med.* atrofi
Organspender - *m, med.* donator, organgivare
Orgasm|us *-en m* orgasm **orgastisch** orgasm-
Orgel *-n f* orgel **Orgelbauer** - *m* orgelbyggare **orgeln 1** spela orgel *(positiv); vard.* dåna, brusa **2** *jakt. (om hjort)* böla *(i brunst)* **3** *vulg.* knulla **Orgelpfeife** *-n f* orgelpipa; *die Kinder standen da wie die ~n (skämts.)* barnen stod där tripp trapp trull **Orgelpunkt** *-e m, mus.* orgelpunkt
orgiastisch orgiastisk, hämningslös **Orgie** *-n f* orgie; *sein Haß feiert [wahre] ~n* hans hat känner inga gränser
'**Orient** *[äv. -'-] 0 m* **1** *der ~* Orienten **2** *åld.* öst[er] **Orientale** *-n -n m* oriental **orientalisch** orientalisk **Orientalist** *-en -en m* orientalist
orientier|en 1 orientera; informera, underrätta; *links -t sein* vara vänsterorienterad; *darüber bin ich nicht -t (äv.)* det har jag inte reda på; *der Redner -t auf diese Fragen (öty.)* talaren fäster uppmärksamheten på dessa frågor; *die Politik -t auf diese Punkte (öty.)* politiken koncentrerar sig på (syftar till) dessa punkter **2** *rfl* orientera sig; *sich an e-m Vorbild ~ ta* efter en förebild; *sich auf die neuen Probleme ~ (öty.)* ha sin uppmärksamhet riktad (koncentrera sig) på de nya problemen; *sich in der Stadt leicht ~ können (äv.)* hitta bra i staden; *sich über die Lage ~* orientera (informera) sig om läget **Orientierung** *0 f* orientering; information; inriktning; *e-e gute ~ haben* ha bra orienteringsförmåga (lokalsinne); *die ~ verlieren* tappa orienteringen; *seine politische ~ ist links* han är vänsterorienterad; *die ~ auf diese Probleme ist notwendig (öty.)* det är nödvändigt att fästa uppmärksamheten (koncentrera sig) på dessa problem; *zu Ihrer ~ für Er* information **Orientierungslauf** *-e† m, sport.* orientering[stävling] **Orientierungssinn** *0 m* orienteringsförmåga, lokalsinne
O'rigano *0 m* oregano
original 1 äkta, autentisk, original-, ursprunglig; *etw. ~ übertragen* direktsända ngt **2** originell, självständig, skapande **Original** *-e n original (äv. person); etw. im ~ lesen* läsa ngt i original (på originalspråket) **Originalausgabe** *-n f* första upplaga, originalupplaga **Originaldokument** *-e n* original|dokument, -handling **Originalflasche** *-n f* originalflaska **originalgetreu** trogen mot originalet **Originalität** *0 f* originalitet **Originalpackung** *-en f* originalförpackning **Originalübertragung** *-en f* direktsändning **originär** nyskapande, ny; ursprunglig **originell** originell
Orkan *-e m* orkan **orkanartig** orkan|artad, -lik
Orkus *0 m, myt., der ~* Orcus, underjorden; *e-n in den ~ schicken (högt.)* förinta (likvidera) ngn
Ornament *-e n* ornament **ornamental** ornamental **ornamentieren** ornamentera **Orna'mentik** *0 f* ornamentik
Ornat *-e m* ornat
Ornithologe *-n -n m* ornitolog **Ornithologie** *0 f* ornitologi **ornithologisch** ornitologisk
Ort 1 *-e m* plats, ställe; *~ und Zeit* tid och plats; *die Einheit von ~ und Zeit* tidens och rummets enhet *(i tragedi); der ~ des Verbre-* *chens* brottsplatsen; *anderen ~[e]s* någon annanstans; *gewisser (bewußter, stiller) ~ (vard.)* visst ställe *(toa);* höheren *~[e]s* på högre ort; *es ist hier nicht der ~, zu* här är inte rätta platsen att; *an ~ und Stelle a)* på platsen (stället, ort och ställe), *b)* på stället (fläcken), genast; *sie sind endlich an ~ und Stelle (äv.)* de har äntligen kommit fram; *an allen ~en (äv.)* överallt; *an e-m dritten ~ (äv.)* på neutral mark; *an keinem ~ (äv.)* ingenstans; *an öffentlichen ~en* på allmän plats; *sind wir hier am rechten ~?* har vi kommit rätt?; *e-e Bemerkung am unrechten ~* ett påpekande på fel ställe **2** *-e m* ort *(by e.d.);* **ein größerer *~ (äv.)*** ett större samhälle; *hier am ~* här på orten **3** *-er† m* ort; *der astronomische (geometrische) ~* den astronomiska (geometriska) orten **4** *-e m, äv., schweiz. hist.* kanton **5** *-e m, äv., åld., f* Ahle **6** *-er† n, gruv.* ort; *vor ~ a) ung.* på brytningsstället, *b) vard.* direkt på platsen
Örtchen - *n 1 se Ort* **2** *vard., gewisses ~* visst ställe *(toa)* **orten** lokalisera; *ein Schiff ~* fastställa ett fartygs position
orthodox ortodox, renlärig, rättrogen; *die ~e Kirche* ortodoxa kyrkan **Orthodoxie** *0 f* ortodoxi **Orthographie** *-n f* ortografi, rättstavning **orthographisch** ortografisk; *~er Fehler* stavfel **Orthopäde** *-n -n m* ortoped **Orthopädie** *0 f* ortopedi **orthopädisch** ortopedisk
Orthoptistin *-nen f* ortoptris
örtlich lokal; *~e Betäubung (med.)* lokalbedövning; *das ist ~ verschieden* det är olika på olika platser (orter) **Örtlichkeit** *-en f* trakt, område, ort, ställe, lokalitet, plats; *gewisse ~ (vard.)* visst ställe *(toa)*
Ortolan *-e m, zool.* ortolansparv
Ortsangabe *-n f* uppgift om adressort (platsen); *ohne ~ (äv.)* utan adress **ortsansässig** bosatt på orten; *die O~en* ortsbefolkningen **Ortsbestimmung** *-en f* **1** lokalisering, positionsbestämning, ortspejling **2** *språkv.* rumsadverbial **ortsbeweglich** *tekn.* flyttbar, mobil, ej inbyggd **Ortschaft** *-en f* samhälle, ort, by **ortsfest** *tekn.* inbyggd, stationär **ortsfremd** främmande på orten; *ich bin hier ~ (äv.)* jag hittar (bor) inte här **Ortsgedächtnis** *0 f* lokalminne **Ortsgespräch** *-e n, tel.* lokalsamtal **Ortsgruppe** *-n f (förenings e.d.)* lokalavdelning **Ortskenntnis** *0 f* lokalkännedom **Ortsklasse** *-n f* dyrortsgrupp **Ortskrankenkasse** *-n f* lokal försäkringskassa (sjukkassa) **ortskundig** hemmastadd *(på orten); ~ sein (äv.)* ha lokalkännedom **Ortsname** *-ns -n m* ortsnamn **Ortsnetzkennzahl** *-en f, tel.* riktnummer **Ortspolizei** *0 f* lokal polismyndighet **Ortssinn** *0 m* lokalsinne **ortsüblich** bruklig (gängse) [på orten] **Ortsverkehr** *0 m, Geschwindigkeitsbegrenzung im ~* lokal hastighetsbegränsning; *Telefongespräch im ~* lokalsamtal **Ortswechsel** *0 m, er braucht e-n ~* han behöver byta miljö **Ortszeit** *-en f* lokaltid **Orts|zulage** *-n f, -zuschlag* *-e† m* ortstillägg
Ortung *-en f* lokalisering
Oscar *-[s] m* oscar *(pris)*
Öse *-n f* **1** ögla; öljett; hammaröga; *Haken und ~* hyska och hake **2** *sjö.* öga
ösen *ryp.* ösa
Oskar *0 m, frech wie ~* inte precis blyg av sig, framfusig och fräck
Osmane *-n -n m* osman **osmanisch** osmansk

Osmose -n f osmos **osmotisch** osmotisk
Ost [ɔst äv. o:st] **1** ost, öst[er]; *der Konflikt zwischen ~ und West* konflikten mellan öst och väst; *Hamburg ~ Hamburg öst* **2** -e m ost, ostan-, östan|[vind] **Ostagent** -en -en m öststatsagent **Ostblock** 0 m, polit., der ~ östblocket **Ostblockstaaten** pl, die ~ öststaterna **ostdeutsch** östtysk (*jfr Ostdeutschland*) **Ostdeutschland** 0 n **1** östra Tyskland (*före 1945*) **2** Östtyskland, DDR **Ost'elbier** - m, hist. storgodsägare öster om Elbe **Osten** (*jfr Norden*) 0 m **1** öster **2** der ~ Östern; *der Nahe ~* Mellanöstern; *der Mittlere ~* sydvästra Asien (*Iran t.o.m. Främre Indien*); *der Ferne ~* Fjärran Östern **3** polit., der ~ öst[blocket]
ostentativ ostentativ, utmanande, skrytsam
Osteologie 0 f osteologi
Oster|blume ['o:-] -n f backsippa (*m.fl. vårblommor*) **-ei** -er n påskägg **-feiertag** -e m, *der erste ~* påskdagen; *der zweite ~* annandag påsk **-fest** -e n påsk **-glocke** -n f påsklilja **-hase** -n -n m påskhare
Oste'ria -s f, **Osterie** [-'ri:] -n [-'ri:ǝn]f osteria (*italiensk vinstuga*)
Osterlamm ['o:-] -er† n påskalamm **österlich** påsklik, påsk- **Osterluzei** -en f, bot. hålrot **Ostermarsch** -e† m (*vid påsk*) fredsdemonstration (*mot kärnvapen*) **Oster|monat** -e m, **-mond** -e m, åld. april, gräsmånad **'Oster- 'montag** -e m annandag påsk **Ostern** - n el. pl påsk; *vorige ~ i påskas*; *frohe ~!* glad påsk!; *~ fällt (ist) heuer früh* påsken infaller tidigt i år; *wenn ~ und Pfingsten auf e-n Tag fallen (vard.)* när det blir sju torsdagar i en vecka, aldrig
Österreich ['ö:-] 0 n Österrike **Österreicher** - m österrikare **österreichisch** österrikisk
'Oster|'samstag -e m, **-'sonnabend** -e m påskafton **-'sonntag** -e m påskdag **-verkehr** 0 m påsktrafik **-woche** -n f påskvecka
osteuropäisch östeuropeisk **Ostflüchtling** -e m östflykting, i sht östtysk flykting **Ostgebiet** -e n **1** östra del **2** die deutschen ~e de tyska områdena öster om Oder-Neiße (*före 1945*) **ostisch** ~e Rasse alpin ras **Ostjude** -n -n m östeuropeisk jude **Ostkirche** -n f, die ~ den ortodoxa kyrkan **Ostler** - m, vard. östtysk (*DDR-bo*) **östlich** (*jfr nördlich*) **I** adj östlig, östra; *~ von Bonn* öster om Bonn; *weiter ~ längre* österut (mot öster); *die ~en Machthaber* makthavarna i öst[blocket] **II** prep m. gen. öster om
Ost|mark 1 0 f nat. soc. Österrike **2** -en f, hist. (*tyskt*) gränsland mot öster (*Posen etc.*) **3** -f, vard. östtysk mark (*valuta*) **-nordost** [--'-] **1** ostnordost **2** -e m ostnordost (*vind*) **-nordosten** [--'--] 0 m ostnordost **-politik** 0 f, die Bonner ~ BRDs politik gentemot öststaterna (*östblocket*) **-punkt** -e m, geogr. öst-, morgon|punkt **-see** 0 f, die ~ Östersjön **-südost** [--'--] **1** ostsydost **2** -e m ostsydost (*vind*) **-südosten** [--'--] 0 m ostsydost **-teil** -e m östra del **-ung** 0 f (*kyrkas*) orientering i öst-väst
ostwärts 1 österut, åt öster (ost) **2** i öst[er] **Ost-'West-Konflikt** 0 m, der ~ konflikten mellan öst o. väst **Ostwind** -e m östan-, ostan|[vind] **ostzonal 1** östzons-, från (inom, hörande till) östzonen **2** (*ofta neds.*) östtysk (*DDR-*) **Ostzone** 0 f, die ~ a) östzonen (i

Tyskland efter andra världskriget), b) (*ofta neds.*) Östtyskland (*DDR*)
oszillieren fys. oscillera; bildl. pendla, växla **Oszillograph** -en -en m, fys. oscillograf
Otiater - m öronläkare **O'titis** Oti'tiden f, med. otit, öroninflammation **Otologe** -n -n m öronläkare
1 Otter -n f, se Viper
2 Otter - m utter
Ottern|brut 0 f, **-gezücht** 0 n, bildl. huggormars avföda
Otto -s m **1** vard., *das ist vielleicht ein ~!* vilken bamse!, vilket jätteexemplar!; *sie hat e-n mächtigen ~* hon har [jätte]stora bröst **2** vard., *den flotten ~ haben* ha diarré **3** *~ Normalverbraucher* (*ung.*) genomsnittstysk (*ung. Medelsvensson*)
Ottomane -n f ottoman (*soffa*)
Ottomotor -en m ottomotor
out [aut] **1** österr. el. åld., *der Ball ist ~* bollen är ute **2** *~ sein* (*vard.*) vara ute (*inte längre modern*) **Outlaw** ['autlo:, 'autlɔ:] -s m fredlös (fågelfri) person; laglös person **Output** ['autput] -s m äv. n **1** produktion, tillverkning **2** databeh. utdata, utmatningsdata; utmatning **3** elektr. uteffekt
outrieren [u'tri:rǝn] [o]utrera, överdriva **Outsider** ['autsaidǝ] - m, se Außenseiter **Ouvertüre** [uver-] -n f, mus. [o]uvertyr
oval [-v-] oval **Oval** -e n oval
Ovar [-v-] -e n, med. äggstock **Ovari|um** -en n **1** med. äggstock **2** bot. fruktämne
Ovation [-v-] -en f ovation, hyllning
Overall ['ouvǝrɔ:l] -s m overall **Overflow** ['ouvǝflou] 0 m, databeh. overflow, spill **Overkill** ['ouvǝkil] 0 n äv. m, mil. överdödande kapacitet
O'vid [-v-] Ovidius
Ovidukt [-v-] -e m, med. äggledare, ovidukt **Ovulation** -en f, med. ägglossning, ovulation **Ovulationshemmer** - m, med. p-piller
Oxalsäure -n f oxalsyra
Oxer - m **1** ridk. (*slags*) hinder **2** stängsel (*mellan betesmarker*)
Oxid etc., se Oxyd etc. **Oxyd** -e n oxid **Oxydation** -en f oxidering, oxidation **oxydieren** h äv. s oxidera **Oxygen[ium]** [-g-] 0 n, kem. oxygen, syre
'Ozean -e m ocean **Ozeandampfer** - m oceanångare **Ozeanien** 0 n Oceanien (*Söderhavsarna*) **ozeanisch 1** havs-, ocean-; *~s Klima* havsklimat **2** oceanisk (*som hör till Oceanien*) **Ozeanographie** 0 f oceanografi, [djup]havsforskning
Ozelot ['o:tʂelɔt, äv. 'ɔʦ-] -e el. -s m, zool. ozelot
Ozon 0 m äv. n **1** ozon **2** vard. frisk luft **ozonisieren** ozonisera, tillsätta ozon till **ozonreich** ozonrik **Ozonschicht** 0 f ozonskikt

P - - n p (*bokstav*)
p. *förk. för* Pagina sida **P.** *förk. för* a) Pastor pastor, b) Pater pater
Pa [pa:] -s m, *vard.* pappa
pa. *förk. för* prima prima **p.A.** *förk. för* per Adresse c/o
paar I *indef.* **pron,** ein ~ ett par, några [få]; ein ~ hundert några hundra; ein ~ kriegen (*vard.*) bli örfilad, åka på stryk; die ~ Pfennige de futtiga slantarna; in den ~ Tagen på dessa få (fattiga) dagar **II** *adj, biol.*, se paarig **Paar** -e (*vid måttsangivelse* -) n par; das glückliche ~ (*äv.*) de nygifta; ein ~ Würstchen två [varm]korvar; 5 ~ Unterhosen (*vard.*) 5 [par] underbyxor; ein ~ werden (*äv.*) gifta sig; ein ~ Schuhe kostet (*kosten*) 90 Mark ett par skor kostar 90 mark; e-n zu ~en treiben hårt ansätta ngn, slå ngn [på flykten] **paaren 1** para; para ihop (samman); *bildl.* förena; *bei ihm ist Strenge mit Güte gepaart* hos honom förenas stränghet med godhet; *zwei gleich starke Gegner* [miteinander] ~ ställa upp två jämnstarka motståndare mot varandra **2** *rfl* para sig; *bildl.* förena sig **Paarhufer** - m, *zool.* partåigt hovdjur **paarig** parvis [förekommande]; ~ gefiedert (*bot.*) parbladig **Paar|lauf** -e† m, **-laufen** 0 n paråkning (*på skridsko*) **paarmal** ein ~ ett par (några) gånger **Paarung** -en f parning; *bildl.* förening **2** durch die ~ gleich starker Mannschaften genom att ställa upp jämnstarka lag mot varandra **paarweise** parvis **Paarzeher** - m, *zool.* partåigt hovdjur
Pace [peɪs] 0 f, *sport.* **1** (*hästs*) gångart, passgång **2** hastighet, tempo (i *tävling*); [die] ~ machen bestämma farten, dra **-maker** ['peɪsmeɪkə] - m **1** *sport.* pacemaker, farthållare, hare **2** *med.* pacemaker, batterihjärta
Pacht -en f arrende; in ~ geben arrendera ut (bort); in ~ haben (*nehmen*) arrendera **pachten** arrendera; *bildl.* ha monopol på; das Glück gepachtet haben ständigt ha tur **Pächter** - m arrendator **Pachtgeld** -er n arrende[avgift] **Pachthof** -e† m arrendegård **Pachtung** -en f arrende[ring] **Pachtvertrag** -e† m arrende|avtal, -kontrakt **Pachtzins** -en m arrende[avgift, -summa]
Pa'chulke -n -n m, *dial.* oborstad typ, drummel
Pack 1 0 n, *vard.* pack, slödder, pöbel **2** -e[†] m packe, bunt **Päckchen** - n [små]paket; ein ~ Zigaretten ett paket cigarretter; *jeder hat sein ~ zu tragen* (*vard.*) var o. en har sina bekymmer (sitt kors att bära) **Packeis** 0 n packis **packen 1** packa [ihop]; der Saal ist gepackt voll (*vard.*) salen är packad med folk; das Instrument aus dem Kasten ~ packa upp instrumentet ur lådan; das Kind ins Bett ~ (*vard.*) stoppa barnet i säng; *etw. in Kisten ~* packa ner ngt i lådor; in Papier ~ slå in i papper; die Wäsche in den Schrank ~ lägga in kläderna i skåpet; die Bücher zu e-m Paket ~ göra ett paket av böckerna **2** gripa (hugga) tag i; ~des Buch fängslande (gripande, spännande) bok;

die Schule ~ (*vard.*) klara av skolan; den Zug gerade noch ~ (*vard.*) precis hinna med tåget; hast du es endlich gepackt? (*vard.*) har du äntligen fattat?; ihn hat es ganz schön gepackt (*vard.*) han har verkligen åkt dit, han är upp över öronen förälskad; der Hund packt ihn an der Hose hunden drar honom i byxorna; e-n am (*beim*) Kragen ~ ta ngn i kragen; von Schrecken gepackt werden gripas av skräck **3** *rfl* packa sig i väg; er soll sich ~ (*äv.*) han kan dra åt skogen **Packen** - m packe, bunt; ein ~ Arbeit (*vard.*) en massa arbete **Packer** - m **1** packare **2** flyttkarl **3** jakthund (*för vildsvinsjakt*) **Packerei 1** -en f packrum **2** 0 f [ständigt] packande
Pack|esel - m packåsna (*äv. bildl.*) **-film** -e m filmblock **-leinen** 0 n, **-leinwand** 0 f packlärft, säckväv **-papier** -e n kraft-, omslags|papper **-raum** -e† m packrum **-sattel** -† m packsadel **-tasche** -n f packväska **-ung** -en f **1** förpackning; e-e ~ Zigaretten ett paket cigarretter **2** inpackning; (*kosmetisk*) mask **3** *mil.* packning **4** (*vågs*) bärlager **5** *tekn.* tätning, packning **6** e-e tüchtige ~ kriegen (*vard.*) få ordentligt med stryk **-wagen** - m, *järnv.* bagage-, resgods|vagn
Pädagoge -n -n m pedagog **Päda'gogik** 0 f pedagogik **Pädagogik|um** -a n, *univ. ung.* pedagogisk tentamen (*inom ramen för lärarutbildningen*) **pädagogisch** pedagogisk; ~e Hochschule lärarhögskola
Padde -n f, *dial.* padda; groda
Paddel - n paddel **Paddelboot** -e n [paddel]-kanot **paddeln** h el. s **1** paddla **2** simma hundsim
Päderast -en -en m pederast **Päderastie** 0 f pederasti **Pädiater** - m pediatriker, barnläkare **Pädiatrie** 0 f pediatrik
paff I *interj* pang! **II** *adj, dial.*, se baff **Paffe** -n f, *sl.* cig **paffen** *vard.* bolma, blossa, röka
pag. *förk. för* Pagina sida
Page ['paːʒə] -n -n m **1** *hist.* page **2** [hotell]-pickolo **Pagenkopf** -e† m pagefrisyr
'Pagin|a -ae -ä f, *åld.* pagina, sida **paginieren** paginera, numrera sidorna i (*bok etc.*)
Pagode -n f pagod
pah *interj* äsch!; bah!
Paillette [paj'jetə] -n f paljett
Pair [pɛːɐ̯] -s m pär
Pak [pak] -[s] f *förk. för* Panzerabwehrkanone pansarvärnskanon
Paket -e n paket; ein ~ von Reformen ett reformpaket; ein ~ Aktien en aktiepost; das Baby hat ein ~ in der Hose (*vard.*) barnet har gjort i byxorna **Paketadresse** -n f adresslapp (*på paket*) **Paketannahme** -n f paketinlämning **Paketausgabe** -n f paketutlämning **Paketboot** -e n postbåt **paketieren** paketera **Paketkarte** -n f adresskort (*t. paket*) **Paketpost** 0 f **1** paketpost, postbefordran av paket **2** [postens] budbil[ar] **Paketschalter** - m paket|inlämning, -expedition **Paketzustellung** 0 f paketutsändning, hemsändning (*av paket*)
Pakistaner - m, **Pakistani** -[s] m pakistanare **pakistanisch** pakistansk
Pakt -e m pakt; avtal **paktieren** ingå en pakt; göra gemensam sak; sluta ett avtal
Pala'din (*äv.* '---] -e m **1** paladin (*Karl den stores riddare*) **2** följeslagare, anhängare
Palais [pa'lɛː] - [-ɛːs] n palats
Paläographie 0 f paleografi **Paläolithikum** 0

n paleolitisk tid, äldre stenåldern **paläolithisch** paleolitisk
Palast -e† *m* palats
Palästi'nenser - *m* palestinier **palästi'nensisch** palestinsk
Palastrevolution -en *f* palatsrevolution (*äv. bildl.*)
palatal *med.*, *språkv.* palatal **Palatal** -e *m* språkv. palatal
Pala'tschinke -*n f*, *österr.* tunnpannkaka (*m. sylt*)
Palaver [-v-] - *n*, *vard.* palaver, prat[ande] **palavern** *vard.* hålla palaver, prata i ett **palen** *nty.* sprita (*ärter*)
Paletot ['palǝto] -*s m* paletå
Palette -*n f* **1** palett **2** stort utbud, fylligt urval **3** [last]pall **paletti[si]eren** lägga på [last]pall
Palisade -*n f* påle; palissad, pålverk
'**Pallasch** -e *m* pallasch (*rak huggvärja*)
pa'lletti *vard.*, *alles* ~! allt är OK (bra, som det ska)!
Palliativ -e *n*, **Palliativ|um** [-v-] -a *n*, *med.* palliativ, lindrande medel
Pal'marum 0 *m*, [*der Sonntag*] ~ Palmsöndagen **Palmbaum** -e† *m*, *åld.* palm **Palme** -*n f* palm; *die* ~ *erringen* vinna segerpalmen, segra; *e-n auf die* ~ *bringen* (*vard.*) reta upp ngn; *auf die* ~ *gehen* (*vard.*) bli förbannad; *von der* ~ *herunterkommen* (*vard.*) lugna ner sig [igen]; *sich* (*dat.*) *e-n von der* ~ *schütteln* (*locken*) (*vulg.*) runka **Palmenhaus** -er† *n* palmhus **Palmenwedel** - *m*, *se* **Palmwedel Palmenwein** -e *m* palmvin **Palmfett** 0 *n* palmfett **Palmöl** 0 *n* palmolja **Palm'sonntag** [*äv.* '---] -e *m* palmsöndag **Palmwedel** - *m* palmblad (*av kottepalm*) **Palmwein** -e *m* palmvin
palpieren *med.* palpera
Pampa -*s f* pampa[s]
Pampelmuse -*n f*, *bot.* grapefrukt; pummelo
Pamphlet [-e:t] -e *n* pamflett
pampig 1 *dial.* degig, som en tjock gröt, som lervälling **2** *vard.* fräck, oförskämd **Pamps** 0 *m*, *dial.* tjock gröt
Panade -*n f*, *kokk.* **1** panering **2** panad
'**Panama** -*s m* **1** panama (*tyg*) **2** panamahatt **Pana'maer** - *m* panaman **panamaisch** panamansk
panamerikanisch panamerikansk
panaschieren rösta på kandidater från olika partier (*i samma val*)
panchromatisch pankromatisk
Paneel -e *n* panel **paneelieren** panela
Panflöte -*n f* panflöjt
1 Panier [-'ni:ɐ̯] -e *n* **1** åld. banér **2** högt. ordspråk, motto
2 Panier [-'ni:ɐ̯] 0 *f*, *österr.* panering **panieren** *kokk.* panera **Paniermehl** 0 *n* rivebröd
'**Panik** -en *f* panik **panikartig** panikartad **Panikmache** 0 *f*, *neds.* skrämselpropaganda, skapande av panikstämning **Panikstimmung** 0 *f* panikstämning **panisch** panisk
Panislamismus 0 *m* panislamism
Panje -*s m*, *åld. el. skämts.* polsk (rysk) bonde
Panne -*n f* **1** drift|störning, -stopp, maskin-, motor|fel, skada, [motor]stopp; *ibl.* punktering **2** missöde, malör, [liten] olycka; tabbe, fel **Pannendienst** 0 *m* vägtjänst (*hjälp t. bilister*)
Panoptik|um -en *n* vaxkabinett, panoptikon **Panoram|a** -en *n* panorama
panschen 1 späda ut (*vin el. mjölk m. vatten*);

förfalska **2** *vard.* plaska (*i vatten*) **Panscher** - *m* förfalskare (*av vin el. mjölk*)
Pansen - *m* **1** *zool.* vom **2** *nty.* mage
Pansflöte -*n f* panflöjt
Panslawismus 0 *m* panslavism **Panslawist** -en -en *m* panslavist **panslawistisch** panslavistisk **Pantheismus** 0 *m* panteism **Pantheist** -en -en *m* panteist **pantheistisch** panteistisk
Panther - *m* panter
Pantine -*n f*, *nty.* trä|sko, -toffel; *aus den* ~*n kippen* (*vard.*) *a*) svimma, *b*) tappa fattningen, bli alldeles paff
Pantoffel -*n m* toffel; *unter dem* ~ *stehen* (*vard.*) stå under toffeln; *sie schwingt den* ~ (*vard.*) hon bestämmer var skåpet ska stå -**blume** -*n f* toffelblomma -**held** -en -en *m*, *vard.* toffelhjälte -**kino** -*s n*, *vard.* TV -**tierchen** - *n* toffeldjur
Pantolette -*n f* slipper
Pantomime 1 -*n f* pantomim **2** -*n* -*n m* pantomimspelare **Panto'mimik** 0 *f* pantomimik **pantomimisch** pantomimisk
Pantry ['pɛntri] -*s f* pentry, kabyss
pantschen *se* **panschen Pantscher** - *m se Panscher*
Panzer - *m* **1** pansar; rustning; *der* ~ *der Schildkröte* sköldpaddans pansar **2** stridsvagn **Panzerabwehrkanone** -*n f* pansarvärnskanon **panzerbrechend** pansarbrytande (*om projektil*)
Panzer|echse -*n f* krokodil -**faust** -e† *f* pansarskott -**glas** 0 *n* pansarglas -**hemd** -en *n* pansarskjorta -**kampfwagen** - *m* stridsvagn -**kreuzer** - *m* pansarkryssare
panzern 1 [be]pansra **2** *rfl* klä sig i pansar; *sich gegen etw.* ~ (*bildl.*) väpna sig mot ngt
Panzer|platte -*n f* pansarplåt -**schiff** -e *n* pansarfartyg -**schrank** -e† *m* kassaskåp -**spähwagen** - *m* pansarspaningsbil, rekognosceringsfordon -**sperre** -*n f* pansarhinder -**truppe** -*n f* pansarförband -**ung** -en *f* **1** [be]pansring **2** pansar[plåt] -**wagen** - *m* **1** stridsvagn **2** pansrad [artilleriutrustad] vagn (*i pansartåg*) -**zug** -e† *m* pansartåg
Päonie [pɛ'o:niǝ] -*n f*, *bot.* pion
Papa ['papa, *högt.* pa'pa:] -*s m* pappa **Papachen** [pa'pa:-] -*n*, *vard.* pappsen
Papa'gei [*österr.* '---] *gen.* -en *el.* -*s*, *pl* -en *ibl.* -e *m* papegoja **papageienhaft** papegojaktig **Papageienkrankheit** 0 *f* papegojsjuka, psittacosis
Papchen - *n*, *vard.*, **Papi** -*s m*, *vard.* pappa, pappsen
Papier [-'pi:ɐ̯] -e *n* **1** papper; *nur auf dem* ~ *endast på papperet*; *etw. zu* ~ *bringen* skriva ner ngt **2** [viktigt] papper, dokument, handling; legitimationshandling; värdepapper; *seine* ~*e bekommen* (*vard.*) få sparken; *seine* ~*e in Ordnung haben* (*äv.*) ha klara papper; *seine* ~*e vorweisen* (*äv.*) legitimera sig **Papierbogen** -[†] *m* pappersark **Papierbrei** 0 *m* pappersmassa **Papierdeutsch** 0 *n*, *neds.* kanslityska **papieren 1** pappers-, av papper **2** pappers|artad, -liknande **3** torr, stel (*om stil*)
Papier|fabrik -en *f* pappers|bruk, -fabrik -**form** 0 *f*, *sport.*, *der* ~ *nach müßte er gewinnen* med tanke på hans senaste resultat borde han vinna -**geld** 0 *n* papperspengar, sedlar -**geschäft** -e *n*, -**handlung** -en *f* pappershan-

del **-handtuch** *-er†* n pappershandduk **-industrie** *-n f* pappersindustri **-korb** *-e† m* papperskorg; *anonyme Briefe wandern sofort in den* ~ anonyma brev åker direkt i papperskorgen **-kram** *0 m, vard., etw.* ~ *erledigen* klara av en del pappersarbete **-krieg** *0 m, vard.* pappersexercis
Papiermaché [papjema'ʃeː] *-s n* papjemaché
Papier|mühle *-n f* **1** *tekn.* holländare **2** pappersbruk **-sack** *-e† m* papperssäck **-schere** *-n f* papperssax **-schlange** *-n f* serpentin **-schnitzel** - *n el. m* pappersbit **-serviette** *-n f* pappersservett **-streifen** - *m* pappersremsa **-taschentuch** *-er† n* pappersnäsduk **-tiger** - *m, bildl.* papperstiger **-tüte** *-n f* papperspåse **-warenhandlung** *-en f* pappershandel
Papillote [papi'joːtə] *-n f* papiljott
Papismus *0 m* papism **Papist** *-en -en m* papist **papistisch** papistisk
papp *nicht mehr* ~ *sagen können (vard.)* vara proppmätt **Papp** *0 m, dial.* **1** [mjöl]klister **2** (*tjock*) välling, gröt
Pappband *-e† m* pappband **Pappbecher** - *m* pappersmugg **Pappdeckel** - *m*, *se Pappendeckel* **Pappe** *-n f* **1** papp, kartong **2** *vard., se Papp; das ist nicht aus (von)* ~ det var inte dåligt, det är det verkligen klass på; *er ist nicht aus (von)* ~ han är inte att leka med, honom ska man inte underskatta
Pappel *-n f* poppel
päppeln *vard.* mata, göda; *jds Eitelkeit* ~ smickra ngns fåfänga
pappen *vard.* **1** klistra (sätta) [fast] **2** (*om snö*) klabba
Pappendeckel - *m* pappskiva, kartong, papppärm
Pappenheimer - *m, vard., ich kenne meine* ~ jag känner mina pappenheimare
Pappenstiel *0 m, vard., das ist keinen* ~ *wert* det är inte värt en styver; *für e-n* ~ *verkaufen* sälja för en spottstyver, vräka bort; *das ist doch kein* ~ det är minsann inte småpotatis (småsaker)
papperla'papp *interj* prat!, dumheter!
pappig *vard.* klibbig, kladdig, klistrig, degig; (*om snö*) klabbig
Papp|kamerad *-en -en m, vard.* måltavla (*figur*) **-maché** [-ma'ʃeː] *-s n* papjemaché **-nase** *-n f* lösnäsa (*av papp*) **-schachtel** *-n f* pappask
Pappschnee *0 m* klabbsnö
Pappteller - *m* papperstallrik
Paprika *-[s] m* paprika (*grönsak, krydda*) **Paprikaschote** *-n f* paprika (*grönsak*) **paprizieren** *kokk.* tillsätta (krydda m.) paprika
1 Paps *0 m, dial., se Papp*
2 Paps *0 m, vard.* pappa, pappsen
Papst [-aː-] *-e† m* påve; *bildl. äv.* auktoritet; *päpstlicher sein als der* ~ vara överdrivet sträng (dogmatisk) **päpstlich** [-ɛː-] påvlig; *der P~e Stuhl* påvestolen **Papsttum** *0 n* påve|döme, -välde **Papstwahl** *-en f* påveval
Papyr|us *-i m* papyrus (*gräs; skrivmaterial; bokrulle*)
Parabel *-n f* parabel (*mat. o. liknelse*) **Parabolantenne** *-n f* parabolantenn **parabolisch** **1** parabel-, i liknelse[r] **2** *mat.* parabolisk
Parade *-n f* **1** *mil.* parad; *die* ~ *abnehmen* ta emot de paraderande trupperna **2** *ridk., fäkt.* parad; (*i bollspel*) [målvakts]parad, räddning; *e-m in die* ~ *fahren (vard.)* a) kullkasta ngns planer, b) säga emot ngn, sätta ngn på plat s **-beispiel** *-e n* paradexempel
Para'deiser - *m, österr.* tomat
Paraden|'titis *-ti'tiden f, se Parodontitis* **Paraden'tose** *-n f, se Parodontose*
Paradepferd *-e n* paradhäst; *bildl. äv.* paradnummer **Paradeschritt** *-e m, mil.* noggrann marsch **Paradestück** *-e n* paradnummer **paradieren** **1** paradera **2** *högt., mit etw.* ~ skryta med ngt
Para'dies *-e n* paradis (*äv. bildl.*) **Paradiesapfel** *-† m* **1** paradisäpple **2** *dial.* tomat; granatäpple **paradiesisch** paradisisk; himmelsk
Paradigm|a *-en el. -ata n* paradigm (*äv språkv.*)
paradox paradoxal **Paradox** *-e n* paradox **Paradoxie** *-n f* paradox[alt förhållande] **Pa'radox|on** *-a n* paradox
Paraffin *-e n* paraffin **paraffinieren** paraffinera
Paragraph *-en -en m* paragraf **Paraphen|dickicht** *0 n,* **-labyrinth** *0 n, neds.* paragrafdjungel **Paragraphenreiter** - *m neds.* **1** paragrafryttare **2** jurist **paragraphieren** indela i paragrafer **Paragraphzeichen** - *n* paragraftecken
Paraguayer - *m* paraguayare **paraguayisch** paraguay[an]sk
parallaktisch parallaktisk **Parallaxe** *-n f* parallax
parallel [-'leːl] parallell; ~ *laufen mit (zu) etw.* gå (löpa) parallellt med ngt **Parallele** *-n el. adj böjn., f* parallell; *e-e* ~ *zu etw. ziehen* dra en parallell till ngt, jämföra med ngt **Parallelfall** *-e† m* parallellfall **Parallelität** *0 f* parallellitet **Parallelklasse** *-n f* parallellklass **Parallelkreis** *-e m* parallellcirkel **parallellaufend** parallell[t löpande] **Parallelogramm** *-e n* parallellogram **parallelschalten** parallellkoppla **Parallelschaltung** *-en f* parallellkoppling **Parallelslalom** *-s m* parallellslalom **Parallelstraße** *-n f* parallellgata
Paralyse *-n f* paralysi **paralysieren** paralysera (*äv. bildl.*) **Paralytiker** - *m* paralytiker **paralytisch** paralytisk
paramilitärisch halvmilitär, militärliknande
Paranoia *0 f, med.* paranoia **paranoid** *med.* paranoid **Paranoiker** - *m, med.* paranoiker
Paranu|ß *-sse† f* paranöt
paraphieren *dipl.* parafera (*underteckna*) **Paraphrase** *-n f, språkv., mus.* parafras **paraphrasieren** *språkv., mus.* parafrasera **Paraple'gie** *-n f, med.* paraplegi **Parapsychologie** *0 f* parapsykologi
Parasit *-en -en m* parasit **parasit|är, -isch** parasitär, parasitisk
Parasol [-oːl] *-s m n, åld.* parasoll **Parasol[pilz]** *-e m* stolt fjällskivling
Parasympathikus *0 m, anat., der* ~ parasympatiska nervsystemet
parat parat, beredd, färdig; till hands
para'taktisch *språkv.* parataktisk **Para'taxe** *-n f språkv.* paratax
Paratyphus *0 m, med.* paratyfus
Pärchen - *n* (*älskande*) par
Pard *-en -en m, åld.* leopard
par'dauz *interj, åld.* hoppsan!, pladask!
'Pardel - *m, åld.* leopard **Pardelkatze** *-n f* **1** jägarart **2** ozelot **Parder** - *m, åld.* leopard
Pardon [-'dõː] *0 m, åld.* **1** pardon, nåd; förlåtelse **2** ~! förlåt!, ursäkta!
Par'dun *-s n,* **Par'dune** *-n f, sjö.* bardun

Parenthese -*n f* parentes (*äv. språkv.*) **parenthetisch** parentetisk (*äv. språkv.*)
Parfum [-'fœ̃:] -*s n,* **Parfüm** [-'fy:m] -*e el.* -*s n* parfym **Parfümerie** -*n f* parfymeri; parfymfabrik **parfümieren** parfymera **Parfümzerstäuber** - *m* rafräschissör
pari *zu (über, unter)* ~ till (över, under) pari; *ihre Chancen stehen* ~ de har lika stor chans
Paria -*s m* paria (*äv. bildl.*); utstött
1 parieren *vard.* lyda
2 parieren *sport.* parera, avvärja; rädda; *ridk.* hålla in, hejda, låta göra halt; *e-e Frage* ~ bemöta (svara på) en fråga
Parikurs -*e m* parikurs
Pariser I - *m* **1** parisare **2** *vard.* gummi (*kondom*) II oböjl. *adj* parisisk, Paris- **parisisch** parisisk
Parität *0 f* paritet (*äv. ekon.*), [jäm]likhet **paritätisch** likställd, likvärdig, likaberättigad, paritetisk; ~ *mit* (*äv.*) i paritet med; ~ *zusammengesetzt* partssammansatt
Park -*s, ibl.* -*e, schweiz.* -*e*† *m* park
Parka -*s m, äv. f* parkas
Park-and-ride-System ['pɑ:kənd'raɪd-] *0 n, das* ~ [systemet med] infartsparkering **Parkanlage** -*n f* parkanläggning **parkartig** park|-artad, -liknande **Parkdauer** *0 f* parkeringstid **Parkdeck** -*s n* våning [i parkeringshus], parkeringsdäck **park|en** parkera; *P*~ *verboten!* parkering förbjuden!; *sein Wagen -t immer dort* hans bil står alltid parkerad där **Parker** - *m* [bil]parkerare
Parkett -*e n* parkett[golv]; *teat.* parkett; *sich auf dem* ~ *bewegen können* kunna röra sig otvunget i sällskapslivet; *im* ~ *sitzen* sitta på parkett **Parkett[fuß]boden** -† *m* parkettgolv **parkettieren** parkettera, lägga parkettgolv i **Parkettleger** - *m* parkettläggare **Parkett|platz** -*e*† *m,* -**sessel** - *m,* -**sitz** -*e m* parkettsplats **Parkettstab** -*e*† *m* parkettstav
Parkgebühr -*en f* parkeringsavgift **Parkhaus** -*er*† *n* parkeringshus **parkieren** *schweiz.* parkera
Park|leuchte -*n f,* -**licht** -*er n* positionsljus (*för nattparkering*) -**lücke** -*n f* ledig parkeringsplats, parkeringsficka -**ometer** - *n, vard. m* parkeringsautomat -**platz** -*e*† *m* parkeringsplats -**scheibe** -*n f* (*på el. i bil*) visartavla (*för inställning av parkeringstidens början*) -**schein** -*e m* parkeringskvitto -**studi|um** -*en n, vard.* alternativa studier (*i väntan på studieplats*) -**sünder** - *m, vard.* felparkerare -**uhr** -*en f* parkeringsautomat -**verbot** -*e n* parkeringsförbud
Parlament -*e n* parlament **Parlamentär** -*e m* parlamentär, underhandlare **Parlamentarier** - *m* parlamentariker, parlamentsledamot **parlamentarisch** parlamentarisk **Parlamentarismus** *0 m* parlamentarism **parlamentieren 1** *åld.* parlamentera, underhandla, förhandla **2** *dial.* parlamentera, dividera, resonera **Parlamentsbeschlu|ß** -*sse*† *m* parlamentsbeslut **Parlamentsgebäude** - *n* parlamentsbyggnad
parlieren parlera, prata
Parmesan *0 m,* -**käse** - *m* parmesan[ost]
Parnaß *0 m* parnass
Parodie -*n f* parodi **parodieren** parodiera **Parodist** -*en* -*en m* parodiförfattare **parodistisch** parodisk
Parodon|'titis -*ti'tiden f, tandläk.* parodontit
Parodon'tose -*n f, tandläk.* parodontos

Parole -*n f* **1** paroll, slagord **2** lösen[ord]
Pa'roli *e-m* ~ *bieten* trotsa ngn, bjuda ngn spetsen
part. *förk. för parterre*
Part [-a-] -*s äv.* -*e m, teat.* roll; *mus.* stämma
Partei -*en f* **1** parti; läger; *jds* (*für e-n*) ~ *ergreifen* (*nehmen*) ta parti (ställning) för ngn; *in der* ~ *sein* vara partimedlem; ~ *sein* vara partisk; *über den* ~*en stehen* (*äv.*) vara opartisk **2** part; *die streitenden* ~*en* de stridande parterna; *vertragsschließende* ~ fördragsslutande part, kontrahent **3** hyresgäst, hushåll, familj -**abzeichen** - *n* partimärke -**ausschlu|ß** -*sse*† *m* uteslutning [ur parti] -**bas|is** -*en f, die* ~ partiets fotfolk -**bonze** -*n* -*n m* partipamp -**buch** -*er*† *n* parti-, medlems|bok -**chinesisch** *0 n, vard.,* (*ett partis speciella*) fikonspråk; *das ist für mich* ~ det är helt obegripligt för mig -**freund** -*e m* partivän -**führer** - *m* partiledare -**gänger** - *m* [parti]anhängare -**genosse** -*n* -*n m* partikamrat (*i sht medlem av NSDAP*)
parteiisch partisk **parteilich 1** parti-; ~ *handeln* (*i DDR*) agera (verka) i arbetarklassens (socialismens) intresse; ~*es Denken* (*i DDR*) klassbundet tänkande **2** partisk **parteilos** partilös **Parteimitglied** -*er n* partimedlem **Parteinahme** -*n f* partitagande **Parteiorgan** -*e n* parti|organ, -tidning **Parteipolitik** *0 f* partipolitik **parteipolitisch** partipolitisk **Parteiprogramm** -*e n* partiprogram **Parteitag** -*e m* partikongress **Parteivorsitzende(r)** *m f, adj böjn.* part.ordförande **Parteivorstand** -*e*† *m* partistyrelse **Parteizugehörigkeit** -*en f* partimedlemskap
parterre [par'tɛr] ~ *wohnen* bo på nedre botten **Parterre** -*s n* **1** bottenvåning; *im* ~ (*äv.*) på nedre botten **2** *teat.* [bortre] parkett **Parterrewohnung** -*en f* våning på nedre botten
Partie -*n f* **1** parti, del **2** parti, match; *e-e gute* ~ *liefern* spela bra **3** utflykt, utfärd; *mit von der* ~ *sein* (*vard.*) vara (hänga) med **4** parti, roll, stämma **5** *hand.* parti; *sie ist e-e gute* ~ hon är ett gott parti
partiell partiell
partie[n]weise i smärre partier (poster)
Partikel 1 -*n f, språkv.* partikel **2** - *n, äv.* -*n f* partikel (*smådel*) **partiku|lar, -lär** partikulär, enskild, del-, sär- **Partikularismus** *0 m, polit.* partikularism **partikularistisch** partikularistisk **Partikulier** [-'li:ɐ̯] -*e m* [flod]skeppare (*som äger sin båt*)
Partisan *gen.* -*s el.* -*en, pl* -*en m* partisan **Partisanenkrieg** -*e m* gerilla-, partisan|krig
partitiv *språkv.* partitiv; ~*er Genitiv* partitiv genitiv
Partitur -*en f, mus.* partitur
Partizip -*ien n, språkv.* particip **Partizipialkonstruktion** -*en f, språkv.* participialkonstruktion **partizipieren** *an etw.* (*dat.*) ~ ha del i (få del av) ngt **Partizipi|um** -*a n, språkv. åld.* particip
Partner ['par-] - *m* partner; sammanboende; moatjé; med-, mot|spelare; kompanjon, delägare; ~ *fürs Leben* livsledsagare; *die* ~ *in e-m Gespräch* deltagarna i ett samtal -**schaft** *0 f* kompanjonskap *etc., jfr Partner* -**stadt** -*e*† *f* vänort -**tausch** *0 m* partnerbyte (*vid gruppsex*)
partout [-'tu:] *vard.* partout, ovillkorligen, absolut
Part|y ['pɑ:ti] -*ys el.* -*ies f* party, fest

Parvenü [-v-] -s m parveny, uppkomling
Parze -n f, myt. parce (ödesgudinna)
Parzelle -n f parcell, jordlott **parzellieren** parcellera, [av]stycka
Pasch -e[†] m, spel., e-n ~ werfen slå allor
Pascha -s m pascha (äv. bildl.)
paschen 1 spela tärning **2** vard. smuggla **Pascher** - m, vard. smugglare
Paspel -n f, äv. - m passpoal **paspel[iere]n** förse med passpoal
Pasquill [-'kvɪl] -e n paskill, smädeskrift
Pa|ß -sse† m **1** pass; gefälschter ~ falskt pass; e-n ~ ausstellen (verlängern) utställa (förlänga) ett pass **2** [bergs]pass **3** sport. passning **4** passgång **5** spår, stig (upptrampad av djur) **passabel** passabel, skaplig **Passage** [-'saːʒə] -n f passage (äv. astron., mus., ridk.)
Passagier [-'ʒiːɐ̯] -e m passagerare; blinder ~ fripassagerare **-dampfer** - m passagerarångare **-flugzeug** -e n passagerarplan **-gut** -er† n resgods **-maschine** -n f passagerarplan **-schiff** -e n passagerar|fartyg, -båt
'Passah 0 n (judisk) påskfest
Paßamt -er† n passbyrå
Passant -en -en m **1** förbipasserande, [förbigående] fotgängare **2** dial. genomresande
Passat[wind] -e m passad[vind]
Paß|behörde -n f passmyndighet **-bild** -er n passfoto
Passe -n f, sömn. besparing
passé vard. passé, slut, ute **passen 1** passa; bei ~der Gelegenheit vid passande tillfälle; diese Schuhe ~ mir dessa skor passar [mig]; würde Ihnen Sonntag ~ ? skulle söndag passa ?; das könnte dir so ~ det skulle passa dig (du allt bra gärna vilja); dein Gesicht paßt mir nicht jag gillar inte din uppsyn; haben Sie's ~d? (vard.) har Ni jämna pengar?; das paßt nicht hierher det passar inte in (är olämpligt) här, det hör inte hit; ein Teil in ein anderes ~ passa in en del i en annan; der Wagen paßt nicht in die Parklücke bilen får inte plats i parkeringsfickan; sie ~ gut zusammen de passar bra för varandra (ihop); er paßt nicht zum Lehrer han passar inte till lärare; die Handschuhe ~ zum Mantel handskarna passar till kappan (rocken) **2** kortsp. passa, lägga sig; bildl. ge upp; ich mußte bei einigen Fragen ~ jag kunde inte svara på (var tvungen att hoppa över) en del frågor **3** sport., [den Ball] zum Tormann ~ passa till målvakten **4** dial. [överens]stämma; auf e-n ~ passa in på ngn **5** dial., auf e-n ~ a) passa (se till) ngn, b) passa (lura) på ngn, c) vänta på ngn **6** rfl, vard. passa sig, vara passande **Passepartout** [paspar'tuː] -s n passepartout **Paßform** -en f passform **Paßfoto** -s n passfoto **Paßgang** 0 m passgång **Paßgänger** - m passgångare **paßgerecht** som passar perfekt; som gjord för dig (etc.) **Paßhöhe** -n f passkrön
passierbar framkomlig **passier|en 1** s hända, inträffa; sie tut so, als sei überhaupt nichts -t hon låtsas som om ingenting hade hänt; mir ist ein Malheur -t det har hänt mig (jag har råkat ut för) ett missöde; in dieser Sache muß etw. ~ ngt måste göras i den här saken **2** passera, gå (fara e.d.) igenom (förbi, över); e-n ~ lassen (äv.) släppa igenom ngn **3** kokk., tennis. passera **Passiermaschine** -n f passeringsmaskin **Passierschein** -e m passersedel
Passion -en f **1** passion, lidelse; e-e ~ für etw.

haben (äv.) älska ngt; Golfspielen ist seine ~ golf är hans stora passion (intresse) **2** passion, lidande; die ~ Christi Kristi lidande (pina), Passionen **passioniert** passionerad, lidelsefull; ~er Junggeselle inbiten ungkarl **Passionssonntag** -e m, der ~ näst sista söndagen före påsk **Passionsspiel** -e n passionsspel **Passionswoche** -n f, die ~ påskveckan, stilla veckan
'passiv [äv. -'-] passiv (äv. språkv.); ~e Bestechung tagande av muta; ~es Wahlrecht valbarhet; ~er Widerstand passivt motstånd **'Passiv** -e [-və] n, språkv. passiv[um] **Pas'siva** [-v-] pl, **Pas'siven** [-v-] pl, hand. passiva, skulder **passivieren** [-v-] hand. föra upp på debetsidan **passivisch** [-v-] språkv. passiv **Passivität** [-v-] 0 f passivitet **Passivrauchen** 0 n passivt rökande **Passivsaldo** -en el. -os el. -i m debetsaldo **Passiv|um** [-v-] -a n, språkv. passivum
Paßkontrolle -n f passkontroll **paßlich** passande, lämplig; bekväm **paßrecht** se paßgerecht **Paßstelle** -n f passbyrå **Paßstraße** -n f väg över ett pass **Passung** -en f, tekn. passning
Passus - m passus
Paßzwang 0 m passtvång
Past|a -en f **1** tandkräm **2** se Paste **Paste** -n f **1** pasta; pastej; massa **2** farm. pasta
Pastell 1 0 n pastell; in ~ i pastell **2** -e n pastellmålning; pastell[färg] **-farbe** -n f pastellfärg
Pas'tete -n f pastej; krustad
Pasteurisation [-ø-] -en f pastörisering **pasteurisieren** [-ø-] pastörisera
Pastille -n f pastill, tablett
'Pastinak -e m, **Pasti'nake** -n f palsternacka
Pastmilch 0 f, schweiz. pastöriserad mjölk
'Pastor [äv. -'-] -en, dial. äv. -e[†] m pastor, präst, kyrkoherde **pastoral 1** pastoral, prästerlig, präst- **2** salvelsefull, högtidlig **3** pastoral, lantlig, idyllisk **Pastorale 1** -s n, äv. -n f, litt., konst., mus. pastoral, idyll **2** -s n, kat. biskopsstav, kräkla **Pastorat** -e n, åld. el. dial. **1** pastorat, prästämbete; pastorsexpedition **2** pastors-, präst|boställe
pas'tos 1 konst. past|os, -ös **2** tjock, trögflytande
Patchen - n gud-, fadder|barn **Pate** -n -n m **1** fadder, gudfar; bei e-m ~ sein (stehen) stå fadder åt ngn (äv. bildl.) **2** se Patenkind
Pa'tene -n f, kyrkl. paten
Paten|geschenk -e n faddergåva **-kind** -er n gud-, fadder|barn **-onkel** - m fadder, gudfar **-schaft** -en f fadderskap; bei e-m Kind die ~ übernehmen stå fadder åt ett barn **-stadt** -e† f fadder-, vän|ort
pa'tent 1 vard. duktig, trevlig **2** vard. praktisk, utmärkt **3** dial. fin, elegant **Patent** -e n **1** patent; patentbrev; patenträtt[ighet]; etw. zum ~ anmelden söka patent på ngt; ein ~ erteilen bevilja patent **2** fullmakt (som officer e.d.) **Patentamt** -er† n patentverk **patentamtlich** ~ geschützt patentskyddad
Patentante -n f fadder, gudmor
Patentanwalt -e† m patentombud **patentfähig** patenterbar **patentieren** patentera
Patent|inhaber - m patent[inne]havare **-lösung** -en f patentlösning **-recht 1** 0 n patenträtt **2** -e n patenträttighet **-rezept** -e n patent|medicin, -lösning **-schrift** -en f patentbeskrivning **-schutz** 0 m patentskydd

Pat|er -*er el.* -*res m, kat.* pater
Paternoster 1 - *n* paternoster, fadervår **2** - *m* paternosterhiss **-aufzug** -*e*† *m* paternosterhiss
pathetisch patetisk
Pathologe -*n* -*n m* patolog **Pathologie** *0 f* patologi **pathologisch** patologisk **Pathos** *0 n* patos
Patience [pa'sjä:s] -*n f* patience **Patient** [pa'tsi̯ɛnt] -*en* -*en m* patient
Patin -*nen f* fadder, gudmor
'**Patina** *0 f* patina **patinieren** patinera
Patriarch -*en* -*en m* patriark **patriarchalisch** patriarkalisk **Patriarchat** -*e n* patriarkat **Patriot** -*en* -*en m* patriot **patriotisch** patriotisk **Patriotismus** *0 m* patriotism **Patrize** -*n f, typ.* patris **Patrizier** - *m* patricier **patrizisch** patricisk
Patron -*e m* **1** [skydds]patron, skydds|herre, -helgon, beskyddare; patronus **2** *vard.*, *langweiliger* ~ tråkmåns; *übler* ~ ful fisk; *unverschämter* ~ oförskämd typ (jävel) **Patronat** -*e n* **1** beskyddarskap **2** *kyrkl.* patronatsrätt **Patrone** -*n f* **1** patron (*äv. t. penna*) **2** kassett (*för filmrulle*) **3** *text.* schablon, mönster **Patronenfüll|er** - *m, vard.*, **-halter** - *m* reservoarpenna (*för patron*) **Patronengurt** -*e m* **1** patronband (*t. kulspruta*) **2** patronbälte **Patronengürtel** - *m* patronbälte **Patronenhülse** -*n f* patronhylsa **Patronentasche** -*n f* patronväska
Patrouille [pa'trulj ə] -*n f* patrullering; patrull **patrouillieren** *h el. s* patrullera
patsch *interj* bums!, pladask! **Patsch** -*e m* **1** plask **2** *vard.* vägsmuts, modd
Patsche -*n f, vard.* **1** tass (*hand*) **2** vägsmuts, modd **3** knipa, klämma; *in der* ~ *sitzen* sitta i klistret; *e-m aus der* ~ *helfen* hjälpa ngn ur knipan **patsch|en 1** klafsa **2** klappa; *in die Hände* ~ klappa [i] händerna **3** *s, durch die Pfützen* ~ klafsa genom (gå o. plaska i) pölarna **4** *s, der Regen -t gegen das Fenster* regnet smattrar mot fönstret **Patschen** [-a:-]- *m, österr.* **1** toffel **2** punktering **Patsch|hand** -*e*† *f,* **-händchen** - *n, barnspr.* tass (*hand*) '**patsch[e]'naß** *vard.* genomblöt **Patschwetter** *0 n, vard.* slaskväder
patt *schack.* patt **Patt** -*s n, schack.* patt; *bildl.* dödläge
Patte -*n f* ärmuppslag; ficklock
patzen 1 *vard.* göra en miss (tabbe), missa **2** *österr.* kladda, plumpa **Patzer** - *m* **1** *vard.* miss, tabbe, fel **2** *vard.* klåpare **3** *österr.* klottrare **patzig 1** *vard.* mallig, snorkig, tvär, oförskämd, fräck **2** *österr.* kladdig
Pau'kant -*en* -*en m, stud.* duellant **Paukarzt** -*e*† *m, stud.* läkare vid duell **Paukboden** -† *m, stud.* fäktsal **Pauke** -*n f* puka; *auf die* ~ *hauen* (*vard.*) *a*) ta munnen full, skryta, *b*) festa om (slå runt) ordentligt; *mit* ~*n und Trompeten durchfallen* misslyckas kapitalt (köra) i examen; *e-n mit* ~ *n und Trompeten empfangen* ta emot ngn med pukor o. trumpeter **pauk|en 1** spela puka; slå på puka; *er -t auf den Klavier* han hamrar på pianot **2** *vard.* duellera, fäkta **3** *vard.* plugga **Paukenschlag** -*e*† *m* pukslag; *bildl.* dunder o. brak **Pauker** - *m* **1** pukslagare **2** *vard.* korvstoppare, lärare **3** *vard.* plugghäst **Paukist** -*en* -*en m* pukslagare
Pauperismus *0 m* pauperism
Pausbacken *pl* runda (tjocka) kinder **paus|-backig, -bäckig** med runda (tjocka) kinder
pauschal schablonmässig, klump-; ~*e Summe* klumpsumma; ~*er Preis* allt-i-ett-pris; *etw.* ~ *beantworten* svara på ngt i stora drag; ~ *behandeln* behandla i klump, skära över en kam
Pauschal|e -*en f, åld.* -*ien n* **1** klumpsumma; schablonbelopp; allt-i-ett-pris **2** *bildl.* generalisering **pauschalieren** slå ihop till en klumpsumma **pauschalisieren** skära [allt] över en kam, generalisera **Pauschalpreis** -*e m* allt--i-ett-pris **Pauschalreise** -*n f, ung.* paketresa **Pauschalsumme** -*n f, se Pauschale 1* **Pauschalurteil** -*e n* generalisering
1 Pause -*n f* paus, rast; avbrott; *5 Minuten* ~ 5 minuters paus; *5 Takte* ~ paus i fem takter; [*e-e*] ~ *machen* ta en paus
2 Pause -*n f* kopia **pausen** kalkera, kopiera **Pausenhof** -*e*† *m* skolgård **pausenlos** ständig[t], utan uppehåll **Pausenraum** -*e*† *m* uppehållsrum **Pausenzeichen** - *n, radio.* paussignal; *mus.* paustecken **pausieren** göra en paus (ett uppehåll); vila [sig], ta igen sig
Pauspapier -*e n* kalker-, [ljus]kopie|papper
Pavian [*pa:via:n*] -*e m* babian
Pavillon ['pavíljoŋ *äv.* -ljõ, -'jõ:] -*s m* **1** paviljong **2** (*stort fyrkantigt*) tält
Pa'zifik *0 m, der* ~ Stilla oceanen **pazifisch** stillahavs-; *der P~e Ozean* Stilla oceanen **Pazifismus** *0 m* pacifism **Pazifist** -*en* -*en m* pacifist **pazifistisch** pacifistisk **pazifizieren** pacificera
Pech 1 -*e n* beck; *wie* ~ *und Schwefel* (*vard.*) *som ler o.* långhalm **2** -*e n, sty., österr.* harts **3** *0 n* otur; ~ *im Spiel haben* ha otur i spel; ~ *bei der Prüfung haben* (*äv.*) kuggas; *dein* ~, *wenn du nicht zuhörst* (*vard.*) du får skylla dig själv om du inte lyssnar; *von* (*som*) ~ *verfolgt sein* ha en ständig otur, vara förföljd av otur **Pechblende** *0 f* pechblände **pechig** beck|ig, -artad; becksvart **Pechkohle** -*n f* beckkol **Pechnelke** -*n f* tjärblomster '**pech-['raben]'schwarz** becksvart **Pechsträhne** -*n f* rad av missöden **Pechvogel** -† *m* olycksfågel
Pedal -*e n* **1** pedal; *in die* ~*e treten* (*vard.*) trampa [iväg] (*på cykel*) **2** *vard.* pedal (*fot*) **-harfe** -*n f* pedalharpa **-ritter** - *m, vard.* pedalryttare (*cyklist*)
Pedant -*en* -*en m* pedant **Pedanterie** -*n f* pedanteri **pedantisch** pedantisk
Peddig[rohr] *0 n* peddigrotting
Pedell -*e m* pedell, vaktmästare (*vid univ. el. skola*)
Pediküre 1 *0 f* pedikyr **2** -*n f* pedikyrist **pediküren** ge pedikyr **Pedometer** - *n* stegräknare
Peep-Show ['pi:pʃou] -*s f* (*slags*) posering
'**Pegas|os, -us** *0 m* pegas; *den* ~ *besteigen* bestiga pegasen
Pegel - *m* **1** pegel, vattenståndsmätare **2** vattenstånd; nivå **-stand** -*e*† *m* vattenstånd
peilen pejla; loda; *die Lage* ~ (*vard.*) sondera terrängen; *über den Daumen* ~ (*vard.*) uppskatta på ett ungefär; *durchs Schlüsselloch* ~ (*vard.*) kika genom nyckelhålet **Peiler** - *m* **1** pejlare **2** pejlapparat **Peilgerät** -*e n* pejlapparat **Peil|stange** -*n f,* **-stock** -*e*† *m, sjö.* pejlstock **Peilung** -*en f* pejling; lodning
Pein *0 f* pina, kval, (*pinande*) smärta; *es ist e-e Leben zur* ~ *machen* göra livet till en pina för ngn **peinigen** pina, plåga **Peiniger** - *m* plågoande **Peinigung** -*en f* pinande **peinlich 1**

pinsam, obehaglig, penibel; *es ist mir ~, daß* (*äv.*) jag är ledsen att **2** [ytterst] noggrann, petig, pedantisk; *~ sauber* ytterst ren; *etw. ~ vermeiden* noga undvika ngt **Peinlichkeit** *0 f* **1** pinsamhet **2** noggrannhet, petighet
Peitsche *-n f* piska; *dem Pferd die ~ geben* driva på hästen med piskan **peitsch|en 1** piska (*äv. bildl.*) **2** *s, der Regen -t gegen (an) die Fenster* regnet piskar mot fönstren; *ein Schuß -te* ett skott smällde **Peitschenhieb** *-e m* piskrapp **Peitschenknall** *-e m* pisksmäll **Peitschenschnur** *-e† f* pisksnärt **Peitschenstiel** *-e m* piskskaft
pejora'tiv *språkv.* pejorativ, nedsättande
Pekinese *-n -n m* **1** Pekingbo **2** pekin[g]es[er] (*hund*)
Pektin *-e n* pektin
pekuniär pekunjär, ekonomisk
Pelargonie *-n f* pelargon[ia]
Pelerine *-n f* pelerin
'**Pelikan** [*äv.* --'-] *-e m* pelikan
Pelle *-n f, dial.* **1** skal; *Kartoffeln in (mit) der ~ kochen* koka potatis med skalen på; *e-m auf der ~ liegen (sitzen), e-m nicht von der ~ gehen* (*vard.*) hänga efter ngn som en kardborre; *e-m auf die ~ rücken* (*vard.*) *a)* flytta sig närmare ngn, *b)* tränga sig på ngn, ansätta (gå på, attackera) ngn **2** [korv]skinn **pell|en** *dial.* **1** skala; dra skinnet av; *das Kind aus den Kleidern ~* (*vard.*) klä av barnet; *wie aus dem Ei gepellt* (*vard.*) välklädd o. prydlig **2** *rfl, meine Haut -t sich* jag fjällar; *die Kartoffeln ~ sich gut* potatisen är*,*lättskalad; *sich aus den Kleidern ~* (*vard.*) klä av sig **Pellkartoffel** *-n f* skalpotatis
Pelz *-e m* päls; päls|kappa, -jacka (*e.d.*); luddigt fruktskal; *text.* ludd; *e-m den ~ waschen* (*vard.*) ge ngn på pälsen (stryk, en uppsträckning); *e-m eins auf den ~ brennen* (*vard.*) skjuta på ngn; *sich (dat.) die Sonne auf den ~ brennen lassen* (*vard.*) sola sig; *e-m eins auf den ~ geben* (*vard.*) ge ngn på pälsen (stryk); *e-m auf den ~ rücken, e-m auf dem ~ sitzen* (*vard.*) ansätta (pressa) ngn; *mit ~ füttern* pälsfodra **Pelzbesatz** *-e† m* päls|besättning, -bräm; *Mantel mit ~* pälsbrämad kappa **pelzig 1** pälsliknande; luddig **2** sträv (*i halsen*) **3** *dial.* torr, mjölig (*om äpple e.d.*)
Pelz|käfer - *m* pälsänger **-mantel** *-† m* päls-[kappa] **-motte** *-n f* pälsmal **-mütze** *-n f* pälsmössa **-robbe** *-n f* sjöbjörn, pälssäl **-stiefel** - *m* pälsstövel; pälsfodrad stövel **-tier** *-e n* pälsdjur **-werk** *0 n* pälsverk
Penalty ['pɛnlti] *-s m, sport.* straff[spark]
Penaten *pl* penater
Pendant [pã'dã:] *-s n* pendang, motstycke
Pendel - *n* pendel **Pendelachse** *-n f, se Schwingachse* **Pendelbewegung** *-en f* pendelrörelse **Pendellampe** *-n f* pendel[armatur] **pendeln 1** pendla, svänga [som en pendel] **2** *s* pendla (*mellan bostaden o. arbetsplatsen*) **Pendeltür** *-en f (slags)* svängdörr **Pendeluhr** *-en f* pendelur **Pendelverkehr** *0 m* pendeltrafik **Pendelzug** *-e† m* pendeltåg **Pendler** - *m* pendlare **Pendule** [pã'dy:lə] *-n f*, **Pendüle** [pɛn-] *-n f, åld.* pendyl
penetrant genomträngande, skarp (*i sht om lukt*); *~er Kerl* (*vard.*) påträngande typ; *es riecht ~ nach Petroleum* det luktar utpräglat fotogen **penetrieren** penetrera, genomtränga, tränga in i
peng *interj* bom!, pang!; bums!

penibel 1 noggrann, kinkig **2** *dial.* penibel, pinsam
Pen|is *-isse el. -es m, anat.* penis **Penisneid** *0 m, psykol.* penisavund
Penizillin *-e n* penicillin
Pen'nal *-e n* **1** *åld.* läroverk **2** *österr. el. åld.* pennskrin **Pennäler** - *m, vard.* gymnasist, [läroverks]elev
Pennbruder *-† m, vard.* **1** lodare, lösdrivare, luffare **2** sömntuta
1 Penne *-n f* **1** *vard.* kvart, sylta, övernattningsställe **2** *vard.* fnask
2 Penne *-n f, vard.* plugg (*skola*)
pennen *vard.* **1** kvarta, slafa, sova **2** ligga (*mit med*) **Penner** - *m, vard., se Pennbruder*
Pension [pã'zjo:n, *vard.* paŋ'zjo:n, *sty., österr., schweiz.* pɛn'zjo:n] *-en f* **1** pension (*för tjänsteman*); *in ~ gehen* (*äv.*) bli pensionerad, avgå med pension **2** pension[at], inackorderingsställe]; *halbe ~* halvpension; *volle ~* helpension; *bei e-m in ~ sein* vara inackorderad hos ngn **Pensionär** *-e m* **1** pensionär, pensionerad tjänsteman **2** *schweiz. el. åld.* pensionatsgäst, inackordering **Pensionat** *-e n* [flick]pension, internat **pensionieren** pensionera **Pensionierung** *-en f* pensionering **Pensionist** *-en -en m, sty., österr., se Pensionär 1* **Pensionsalter** *0 n* pensionsålder **pensionsberechtigt** pensionsberättigad **Pensionsberechtigung** *0 f* rätt till pension **Pensionsgast** *-e† m* pensionatsgäst, inackordering **Pensionskasse** *-n f* pensions|fond, -kassa **Pensionspreis** *-e m* inackorderingspris **pensionsreif** *vard.* mogen för pension
Pens|um *-en el. -a n* pensum
Pentagramm *-e n* pentagram, alfkors **Pen'tameter** - *m, versl.* pentameter
Pe'nunsen *pl*, **Pe'nunzen** *pl, vard.* stålar (*pengar*)
Pep [pɛp] *0 m, sl.* fart, kläm, sting
Peperoni *-f* peperoni
Pepita *-s n* pepita[mönster]; pepitamönstrat tyg
Pepsin *-e n, med., biol.* pepsin
per *prep m. ack.* per; *~ Adresse* c/o; *~ Bahn* med järnväg; *~ pedes* (*skämts.*) till fots, med apostlahästarna; *~ sofort* genast, omgående; *mit e-m ~ du sein* vara du med ngn; *~ 1. Mai liefern* leverera den 1 maj
Perborat *-e n, kem.* perborat
perdu [pɛr'dy:] *vard.* borta, slut
perennierend *bot.* perenn
perfekt 1 perfekt, fullkomlig; *~ im Nähen sein* vara perfekt på att sy **2** *vard., im Geschäft ~ machen* avsluta en affär; *sich ~ blamieren* totalt göra bort sig '**Perfekt** *-e n, språkv.* perfekt[um] **Perfektion** *0 f* perfektion, fullkomlighet **Perfektionismus** *0 m* perfektionism **Perfektionist** *-en -en m* perfektionist **perfektionistisch** perfektionistisk **per'fektisch** *språkv.* perfekt- '**perfektiv** [*äv.* --'-] *språkv., ~e Aktionsart* perfektiv aktionsart **perfektivisch** [-'ti:v-, *äv.* '----] *språkv.* **1** perfekt- **2** *åld., se perfektiv* **Per'fekt|um** *-a n språkv. åld.* perfekt[um]
perfid[e] perfid
Perforation *-en f* perforering **perforieren** perforera
Performanz *-en f, språkv.* performans
Pergament *-e n* pergament **pergamenten** av pergament, pergament-; pergamentartad

Pergamentpapier *-e n* pergamentpapper
Perga|min, -myn *0 n* pergamynpapper
Pergol|a *-en f* pergola
perhorreszieren tillbakavisa, förkasta
Periode *-n f* **1** period **2** menstruation; *sie bekommt (hat) ihre ~* hon får (har) mens **Periodik|um** *-a n* periodisk tidskrift **periodisch** periodisk **Periodizität** *0 f* periodicitet
peripher perifer[isk] **Peripherie** *-n f* periferi **peripherisch** *åld.* perifer[isk] **Periphrase** *-n f, ret.* perifras **Periskop** *-e n* periskop
Perkussion *-en f* **1** *med.* perkussion **2** *mus.* percussion, slag|verk, -instrument
Perle *-n f* pärla (*äv. bildl.*); *~n vor die Säue werfen (vard.)* kasta pärlor för svin[en]; *unsere ~ (vard.)* vårt hembiträde; *meine ~ (vard.)* min tjej; *es wird dir keine ~ aus der Krone fallen, wenn du es tust (vard.)* ditt rykte tar inte skada av att du gör det, du blir inte sämre av att göra det **perlen I** *v, h el. s* pärla **II** *adj* pärl-, av pärlor **perlenbesetzt** pärlbesatt **Perlenfischer** *- m* pärlfiskare **Perlen|halsband** *-et n,* **-[hals]kette** *-n f* pärlhalsband **Perlenschnur** *-et f* pärl[hals]band **Perlenstickerei** *-en f* pärlbroderi **Perlgraupe** *-n f* pärlgryn **Perlhuhn** *-et n* pärl|höna, -höns **perlig** pärlformig, som en pärla **Perlmuschel** *-n f* pärlmussla **Perl|'mutt** [*äv. '--*] *0 n,* **-'mutter** (*äv. '---*) *0 f n* pärlemor **perlmutte[r]n** av (som) pärlemor, pärlemor[s]- **'Perlon** *0 n* perlon
Perlstickerei *-en f* pärlbroderi
perlustrieren *österr.* undersöka, kroppsvisitera
Perlwein *-e m* mousserande vin **perlweiß** pärlvit, glänsande vit **Perlzwiebel** *-n f* syltlök
permanent permanent **Permanenz** *0 f* permanens; *in ~* permanent, utan avbrott
permeabel *fack.* genom|tränglig, -släpplig
Permutation *-en f* permutation **permutieren** permutera
perniziös elakartad, farlig; *~e Anämie (med.)* perniciös anemi
pero'ral *med.* peroral, genom munnen
Perpendikel *- m n* **1** perpendikel **2** pendel
perplex *vard.* perplex, förbluffad
Perron [pɛ'rõ:, *äv.* pɛ'rɔŋ] *-s m, dial. el. åld.* perrong
Persenning *-e[n] el. -s f* presenning
Perser *- m* **1** perser **2** persisk matta **Perserteppich** *-e m* persisk matta **Persianer** *- m* persian[päls]
Persiflage [-'fla:ʒə] *-n f* persiflage **persiflieren** persiflera, driva med, förlöjliga
Per'silschein *-e m, vard.* (*denazifieringskommissions*) intyg att partimedlem blott varit medlöpare; *e-m den ~ ausstellen (äv.)* rentvå ngn
persisch persisk
Person *-en f* person; *das Verb steht in der dritten ~* verbet står i tredje person; *~en sind nicht verletzt worden* det blev inga personskador; *die Dummheit in ~* sein vara den personifierade dumheten; *im ganzen Haus war keine ~* det fanns inte en människa i hela huset; *e-e hübsche ~ (äv.)* en vacker kvinna; *ich für meine ~* jag för min del; *du nimmst deine ~ viel zu ernst* du tar dig själv alldeles för allvarligt; *in [eigener] ~ (vard.)* i egen [hög] person; *Köchin und Stubenmädchen in e-r ~* kokerska o. husa i en o. samma person
Personal *0 n* personal **-abbau** *0 m* personal|-indragning, -inskränkning **-abteilung** *-en f* personalavdelning **-akte** *-n f, ung.* personakt **-ausweis** *-e m, ung.* identitetskort **-beschreibung** *-en f* personbeskrivning **-büro** *-s n* personalavdelning **-chef** *-s m* personalchef **-eingang** *-et m* personalingång **-einsparung** *-en f* personalindragning
Personalien *pl* personalier; *jds ~ feststellen* fastställa ngns identitet **personalintensiv** personal|intensiv, -krävande **Personalität** *0 f* personlighet **perso'naliter** *åld.* personligen **Personal|kosten** *pl* personalkostnader **-leiter** *- m* personalchef **-mangel** *0 m* personalbrist **-politik** *0 f* personalpolitik **-pronom|en** *-en el. -ina n, språkv.* personligt pronomen **-union** *-en f* personalunion **-vertretung** *-en f* personalrepresentation; personalrepresentant[er]
Persönchen *- n* liten [graciös] kvinna (flicka) **personell** personell; personal-; person-; personlig
Personen|aufzug *-et m* personhiss **-auto** *-s n* personbil **-beförderung** *0 f* personbefordran **-gedächtnis** *0 n* personminne **-kennzahl** *-en f,* **-kennzeichen** *- n,* **-kennziffer** *-n f* personnummer **-kraftwagen** *- m* personbil **-kult** *-e m* personkult **-name** *-ns -n m* personnamn **-schaden** *-t m* personskada **-stand** *0 m* civilstånd **-suchanlage** *-n f* personsökaranläggning **-verkehr** *0 m* persontrafik **-wagen** *- m* **1** person|vagn, -bil **2** *järnv.* person-, passagerar|vagn **-zug** *-et m* persontåg
Personifikation *-en f* personifikation **personifizieren** personifiera **persönlich** personlig; privat; *~e Angelegenheit* privat angelägenhet; *es Fürwort* personligt pronomen; *aus ~er Erfahrung* av egen erfarenhet; *der Chef ~* chefen själv (i egen hög person); *e-n ~ kennen* känna ngn personligen; *nimm das nicht ~!* ta det inte personligt!; *~ werden* gå in på personligheter **Persönlichkeit** *-en f* personlighet **Persönlichkeitskult** *-e m* personkult **Persönlichkeitsspaltung** *-en f* personlighetsklyvning
Perspektiv [-sp-] *-e* [-və] *n (liten)* kikare **Perspektive** [-v-] *-n f* perspektiv; (*bildl. äv.*) framtidsutsikter **perspektivisch** perspektivisk
Persuasion *-en f* övertalning[sförmåga]
Peruaner *- m* peruan **peruanisch** peruansk
Perücke *-n f* peruk **Perückenmacher** *- m* perukmakare
pervers [-v-] pervers; *vard. äv.* gräslig, hemsk **Perversion** *-en f* perversion **Perversität** *-en f* perversitet **pervertieren 1** pervertera, fördärva, förvandla **2** *s* perverteras, omvandlas
Perzent *-e (vid måttsangivelse -) n, österr.* procent
perzeptibel förnimbar **Perzeption** *-en f* perception **perzipieren** percipiera
Pesel *- m, nty.* finrum (*i bondstuga*)
pesen *s, vard.* kuta, springa
Pessar *-e n* pessar
Pessimismus *0 m* pessimism **Pessimist** *-en -en m* pessimist **pessimistisch** pessimistisk
Pest *0 f* pest; *wie die ~ arbeiten (vard.)* arbeta som fan (en dåre); *etw. wie die ~ hassen (vard.)* avsky ngt som pesten; *wie die ~ stinken (vard.)* lukta pyton; *e-m die ~ an den Hals wünschen (vard.)* svära ve o. förbannelse över ngn **pestartig** pestartad; förpestad; avskyvärd **Pest-**

beule -n f pestböld **pesten** vard. hetsa, rasa **Pestgestank** 0 m avskyvärd stank **Pesthauch** 0 m förpestad (giftig) ånga (luft); bildl. smittämne, livsfarligt inflytande **Pestilenz** -en f, åld. pest **pestilenzartig** vard., **pestilenzialisch** vard., se pestartig **Pestizid** -e n pesticid **pestkrank** pestsjuk **Pestseuche** -n f pestepidemi
Peter - m, dummer ~ (vard.) dumhuvud; langweiliger ~ (vard.) tråkmåns; e-m den Schwarzen ~ zuspielen (zuschieben) skjuta skulden på ngn, skjuta över ansvaret (hela bördan, hela arbetet) på ngn **Petermännchen** - n, zool. fjärsing **Petersfisch** -e m sanktpersfisk **Peter'silie** -n f persilja; ihm ist die ~ verhagelt (vard.) han ser ut som om han har sålt smöret och tappat pengarna **Peterspfennig** 0 m, hist., der ~ peterspenningen **Peterwagen** - m, vard. (polisens) radiobil
Petition -en f petition **petitionieren** petitionera, inkomma med petition **Petri** se Petrus **petrifizieren** h el. s, se versteinern **Petrijünger** - m, skämts. fiskare **Petrochemie** 0 f petrokemi **Petrographie** 0 f petrografi **Petroleum** 0 n 1 petroleum, bergolja 2 fotogen **Petroleumkocher** - m fotogenkök **Petroleumlampe** -n f fotogenlampa **Petrus** 0 m, Petri Heil! (ung.) god fiskelycka!
Petschaft ['pɛ-] -e n sigill[stamp] **petschieren** förse med sigill
Petticoat ['pɛtɪkoʊt] -s m styv (stärkt) underkjol
Petting -s n petting
petto se in petto
Petunie -n f, bot. petunia
Petz -e m, Meister ~ Nalle björn
1 Petze -n f, dial. tik, hynda
2 Petze -n f, skol. skvallerbytta **petzen** skol. skvallra **Petzer** - m, skol. skvallerbytta
peu à peu [pøø'pø] så småningom, pö om pö
pexieren dial., e-e Dummheit ~ begå en dumhet
Pf förk. för Pfennig
Pfad -e m [gång]stig; der ~ der Tugend dygdens väg **-finder** - m [pojk]scout
Pfaffe -n -n m, neds. präst, svartrock **Pfaffenhütchen** - n, bot. benved **pfäffisch** neds. präst-, prästaktig; salvelsefull
Pfahl -e† m påle, stör; stolpe; ein ~ im Fleisch en påle i köttet, en nagel i ögat; in meinen eigenen vier Pfählen (vard.) inom mina fyra väggar; Pfähle einrammen påla **Pfahlbau** -ten m pålbyggnad **Pfahlbürger** - m 1 hist., borgare utanför stadsmuren **2** neds. kälkborgare **pfählen 1** påla **2** spetsa på en påle **3** stödja med en stake (e.d.), stötta, störa **Pfahlgründung** -en f, byggn. pålning **Pfahlmuschel** -n f blåmussla **Pfahlwerk** -e n pålverk
Pfalz 1 0 f, die ~ Pfalz **2** -en f [kunga-, kejsar]borg, palats **Pfälzer I** - m 1 pfalzare **2** vin från Rhenpfalz **II** oböjl. adj pfalzisk **Pfalzgraf** -en -en m pfalzgreve **pfälzisch** pfalzisk
Pfand -er† n **1** pant; ein ~ geben (einlösen) lämna (lösa in en) pant **2** underpant, bevis; als ~ meiner Liebe som bevis på min kärlek **pfändbar** som kan pantförskrivas (tas i pant), utmätningsbar **pfänden** utmäta; e-n ~ göra utmätning hos ngn **Pfänder** - m, sty., se Gerichtsvollzieher **Pfänderspiel** -e n pantlek
Pfand|flasche -n f returflaska **-haus** -er† n, **-leihe** -n f pant|bank, -lånekontor; etw. auf

die Pfandleihe bringen stampa på ngt **-leiher** - m pantlånare **-sache** -n f pant **-schein** -e m pantkvitto **-siegel** - n utmätningslapp
Pfändung -en f utmätning **pfandweise** åld. som pant
Pfanne -n f **1** [stek]panna; e-n in die ~ hauen (vard.) a) göra slarvsylta av ngn, b) krossa (förinta) ngn **2** fängpanna (i gevär); etw. auf der ~ haben (vard.) ha ngt på gång (i bakfickan, på lager) **3** byggn. [tegel]panna; anat. ledskål; tekn. skänk **Pfänner** - m ägare av (delägare i) saltverk **Pfannkuchen** - m pannkaka; Berliner ~ (ung.) munk; aufgehen wie ein ~ (vard.) lägga ut ordentligt; platt sein wie ein ~ (vard.) vara alldeles paff
Pfarramt -er† n pastorsexpedition; pastors-, kyrkoherde|ämbete **Pfarre** -n f, åld. el. dial., **Pfarrei** -en f **1** pastorat, församling **2** pastorsexpedition; prästgård, kyrkoherdeboställe **Pfarrer** - m präst, kyrkoherde **Pfarrfrau** -en f prästfru **Pfarrhaus** -er† n pastorsexpedition; prästgård, kyrkoherdeboställe **Pfarrkirche** -n f huvudkyrka i församling
Pfau -en m påfågel; der ~ schlägt ein Rad påfågeln breder ut stjärten
pfauchen sty., österr., se fauchen
Pfauenauge -n n, zool. påfågelsöga (fjäril)
Pfd. förk. för Pfund
Pfeffer - m peppar; vard. kraft, sting; weißer ~ vitpeppar; schwarzer ~ svartpeppar; e-m ~ geben (vard.) sätta fart på ngn; e-n dahin wünschen, wo der ~ wächst (vard.) önska ngn dit peppparn växer **pfefferig** se pfeffrig
Pfeffer|korn -er† n pepparkorn **-kuchen** - m pepparkaka **-ling** -e m kantarell **-minze** 0 f, bot. pepparmynta **-minzpastille** -n f pepparmyntspastill **-mühle** -n f pepparkvarn
pfeffern 1 peppra; gepfefferte Rechnung (vard.) pepprad räkning **2** vard., etw. in die Ecke ~ slänga ngt i hörnet; e-m e-e ~ sopa till ngn, ge ngn en örfil **Pfeffernu|ß** -sse† f pepparnöt (kaka) **Pfeffersteak** -s n pepparstek **Pfefferstreuer** - m pepparströare **pfeffrig** pepparstark, starkt pepprad
Pfeife -n f **1** pipa; visselpipa; nach jds ~ tanzen dansa efter ngns pipa; ~ rauchen röka pipa **2** vard. dumhuvud; nolla **3** vulg. kuk **pfeif|en** pfiff, pfiffe, gepfiffen **1** vissla; pipa; vina; vard. tjalla; e-e Melodie ~ vissla en melodi; die Maus -t musen piper; der Polizist pfiff polisen blåste i visselpipan; der Wind -t vinden viner (tjuter); e-n ~ (vard.) ta sig ett glas (en sup); sich (dat.) eins ~ (vard.) a) vissla [en melodi] för sig själv, b) låtsas som det regnar; e-m etw. ~ (vard.) avslöja ngt för ngn; [auf der Pfeife] ~ spela på pipan; aus dem letzten Loch ~ (vard.) sjunga på sista versen; jetzt -t der Wind aus e-m anderen Loch (vard.) nu blir det annat ljud i skällan; daher -t der Wind? (vard.) jaså, är det så det ligger till?; es -t in seiner Brust det piper (väser, rosslar) i bröstet på honom; [nach] dem Hund ~ vissla på hunden **2** auf etw. (ack.) ~ (vard.) strunta i ngt; dir werde ich was ~! (vard.) det får du titta i månen efter!, det får du allt vänta på! **3** sport. blåsa; Abseits ~ blåsa (ge) offside; wer -t [bei dem Spiel]? vem är domare [i matchen]?
Pfeifen|deckel -n m piplock **-heini** -s m, vard. dumhuvud; nolla **-kopf** -e† m **1** piphuvud **2** se Pfeifenheini **-mann** -er† m, sportsl. domare **-putzer** - m piprensare **-raucher** - m pip-

rökare **-reiniger** - *m* piprensare **-rohr** *-e n* pipskaft **-ständer** - *m* pipställ **-strauch** *-er*† *m* schersmin **-werk** *-e n, mus.* pipverk
Pfeifer - *m* visslare; *mus.* blåsare **Pfeifkessel** - *m* visseljohanna **Pfeifkonzert** *-e n, vard.* visselkonsert *(tecken på ogillande)*
Pfeil *-e m* pil; *giftige ~e abschießen (bildl.)* fälla giftiga anmärkningar; *alle ~e verschossen haben (bildl.)* ha skjutit bort allt sitt krut **Pfeiler** - *m* pelare; stötta; *bildl.* stöttepelare **pfeilförmig** pilformad **'pfeilge'rade** absolut rak; *er kam ~ auf mich zu* han satte kurs rakt på mig **'pfeilge'schwind** pilsnabb **Pfeilgift** *-e n* pilgift **'pfeil'grade** *vard.*, *se pfeilgerade* **Pfeilköcher** - *m* pilkoger **Pfeilkraut** *-er*† *n, bot.* pilblad **'pfeil'schnell** pilsnabb, snabb som en pil **Pfeilwurz** *-en f* arrowrot
Pfennig *-e m* pfennig; *5 ~ (ibl. ~e)* 5 pfennig; *keinen ~ [bei sich] haben* inte ha ett öre [på sig]; *jeden ~ [dreimal] umdrehen, auf den ~ sehen (vard.)* vända på slantarna; *keinen ~ wert sein (vard.)* inte vara värd ett ruttet lingon (rött öre); *auf jeden ~ angewiesen sein* vara tvungen att vända på varje öre (slantarna), vara i stort behov av pengar; *nicht für fünf ~ Lust haben (vard.)* inte ha lust för fem öre; *ohne e-n ~ sein* inte ha ett öre **Pfennigabsatz** *-e*† *m* stilettklack **Pfennigfuchser** - *m, vard.* snåljåp, gnidare **Pfennigfuchserei** *0 f, vard.* snålhet **Pfennigstück** *-e n* pfennigslant **pfennigweise** pfennig för pfennig, öre för öre; i småposter; *bei ihm fällt der Groschen ~ (vard.)* han har väldigt svårt för att fatta, han är trög
Pferch *-e m* fålla, inhägnad **pferchen** stänga in i fålla; stuva in, tränga ihop
Pferd [-e:-] *-e n* häst *(äv. gymn. o. schack.)*; *das beste ~ im Stall (vard.)* den bästa medarbetaren; *immer sachte mit den jungen ~en! (vard.)* sakta i backarna!, ta det lugnt!; *wie ein ~ arbeiten (vard.)* slita (arbeta) som ett djur; *das ~ beim (am) Schwanz aufzäumen (vard.)* spänna kärran för hästen, börja i galen ända; *das hält ja kein ~ aus (vard.)* det står ingen människa ut med; *keine zehn ~e bringen mich dahin (vard.)* ingen makt i världen kan få mig dit; *die ~e gehen leicht mit ihm durch (vard.)* han tappar lätt behärskningen; *mach mir nicht die ~e scheu! (ung.)* rubba inte mina cirklar!; *aufs richtige ~ setzen (vard.)* hålla på rätt häst; *sich aufs hohe ~ setzen (vard.)* sätta sig på sina höga hästar; *mit ihm kann man ~e stehlen (vard.)* honom kan man lita på i alla väder; *ich denke, mich tritt ein ~! (vard.)* helt otroligt!
Pferde|apfel -† *m, vard.* hästlort -**'arbeit** *0 f, vard.* hundgöra, slit **-bahn** *-en f* hästbana *(t. ex. spårvagn)* **-bohne** *-n f* bondböna **-fleisch** *0 n* hästkött **-fuß** *0 m, bildl.* bockfot; nackdel; *da schaut der ~ heraus* där sticker bockfoten fram; *die Sache hat e-n ~* det är en hake (ngt skumt) med saken, där ligger en hund begraven **-gebi|ß** *-sse n, vard.* hästtänder **-geschirr** *-e n* seldon **-gesicht** *-er n, vard.* hästansikte **-haar** *0 n* tagel, hästhår **-händler** - *m* hästhandlare **-kopf** *-e*† *m* 1 hästhuvud 2 *vard.* hästansikte **-kraft** *-e*† *f, åld.* hästkraft **-kur** *-en f, vard.* hästkur **-länge** *-n f* hästlängd; *um zwei ~n voraus sein* ligga före med två hästlängder **-mist** *0 m* hästspillning **-natur** *0 f, vard., e-e ~ haben* vara stark

som en häst **-rennen** - *n* hästkapplöpning **-schwanz** *-e*† *m* hästsvans *(äv. frisyr)* **-schwemme** *-n f* bad- o. vattningsställe för hästar **-stall** *-e*† *m* häststall **-stärke** *-n f* hästkraft **-striegel** - *m* ryktskrapa **-zahn** *-e*† *m, vard.* stor [gul] tand **-zucht** *0 f* hästavel **-züchter** - *m* hästuppfödare **-zunge** *-n f, dial.* helgeflundra
pfiff *se pfeifen* **Pfiff** *-e m* 1 vissling 2 *vard.* knep; *den ~ heraushaben* ha kommit på knepet, veta hur man *(e.d.)* ska göra 3 *vard.* stil; *die Farbe gibt dem Zimmer erst den richtigen ~* färgen sätter piff på rummet; *ein Hut mit ~* en piffig hatt 4 *dial., ein ~ Bier* en liten öl
Pfifferling *-e m, bot.* kantarell; *keinen (nicht e-n) ~ (vard.)* inte ett dugg
pfiffig fiffig, slug, klipsk **Pfiffikus** *-se m, vard.* fiffikus, slughuvud
Pfingstbewegung *0 f, die ~* pingströrelsen **Pfingsten** *-* *n el. pl* pingst **Pfingstfest** *-e n* pingst[helg] **pfingstlich** pingstlik, pingst-
'Pfingst|'montag *-e m* annandag pingst **-ochse** *-n -n m, herausgeputzt wie ein ~ (vard.)* utstyrd som en julgran **-rose** *-n f* pion- **'samstag** *-e m,* -**'sonnabend** *-e m* pingstafton -**'sonntag** *-e m* pingstdag
Pfirsich *-e m* 1 persika 2 persikoträd **-baum** *-e*† *m* persikoträd **-haut** *-e*† *f* persikoskal; *bildl.* persikohy
Pflänzchen *-* *n* 1 liten (späd) planta 2 *nettes ~ (vard.)* snygg figur **Pflanze** *-n f* 1 planta, växt 2 *das ist ja e-e ~!* *(vard.)* det var mig en skön juvel!; *Berliner ~ (vard.)* riktig (typisk) berlinjänta **pflanzen** 1 plantera, sätta; *med.* implantera; *etw. in e-n ~* inplanta (inympa) ngt i ngn; *seine Hoffnung in e-n ~* sätta sitt hopp till ngn; *e-m e-n ~ (vard.)* ge ngn en snyting 2 *rfl, vard., sich aufs Sofa ~* breda ut sig på soffan; *sich vor e-n ~* placera sig (ställa sig bredbent) framför ngn 3 *özter., e-n ~* driva med (reta) ngn **Pflanzenanatomie** *0 f* växtanatomi **Pflanzenbutter** *0 f* växtmargarin **Pflanzenfamilie** *-n f* växtfamilj **Pflanzenfaser** *-n f* växtfiber **Pflanzenfett** *-e n* växtfett **pflanzenfressend** växtätande
Pflanzen|fresser - *m* växtätare **-gift** *-e n* 1 växtgift 2 [ogräs]bekämpningsmedel **-kost** *0 f* vegetarisk kost, vegetabilisk föda **-kunde** *0 f,* -**lehre** *0 f* växtlära, botanik **-öl** *-e n* vegetabilisk olja **-reich** *0 n, das ~* växtriket **-schädling** *-e m* skade|djur, -insekt **-schutz** *0 m* växtskydd **-welt** *0 f, die ~* växtvärlden **-wuchs** *0 m* växtlighet **-zucht** *0 f* växtodling
Pflanzer - *m* plantageägare **Pflanzgarten** -† *m* plant-, träd|skola **Pflanzholz** *-er*† *n* planterpinne **Pflanzkartoffel** *-n f* sättpotatis **pflanzlich** vegetabilisk, växt-; *~e Kost* vegetarisk kost, vegetabilisk föda **Pflänzling** *-e m* planta, skott **Pflanzstock** *-e*† *m* planterpinne **Pflanzung** *-en f* 1 planterande, plantering, odling 2 plantage
Pflaster *-* *n* 1 gatu-, väg|beläggning, gat-, sten|-läggning; *ein gefährliches ~ (vard.)* ett farligt ställe; *Stockholm ist ein teures ~ (vard.)* Stockholm är en dyr stad, det är dyrt att leva i Stockholm; *auf dem ~ liegen (äv.)* ligga på gatan (vägen *e.d.*); *e-n aufs ~ setzen (vard.)* kasta ut (avskeda) ngn; *~ treten (vard.)* trampa omkring på gatorna 2 plåster *(äv. bildl.)* **pflastermüde** *vard.* öm i fötterna *(efter att ha gått i affärer e.d.)*; *bildl.* trött på [stor]-

stadslivet **pflastern 1** stenlägga **2** *vard.*, *e-e Wunde* ~ lägga plåster på ett sår **3** *e-m e-e* ~ (*vard.*) ge ngn en örfil **Pflasterstein** *-e m* **1** gatsten **2** (*slags*) [glaserad] pepparkaka **Pflastertreter** - *m, vard.*, *se Müßiggänger* **Pflasterung** *-en f* stenläggning
Pflatsch *-e m*, **Pflatschen** - *m, dial.* **1** regnskur **2** stor våt fläck; vattenpuss **pflatschen** *dial.* ösregna; plaska (*om regn*)
Pflaume *-n f* **1** plommon **2** plommonträd **3** *vard.* idiot, nolla; fegis **4** *vulg.* fitta **5** *vard.* ironiskt (spydigt) påpekande **Pflaumenmus** *0 n* plommonmos '**pflaumen**'**weich** mjuk som ett [övermoget] plommon; *vard.* vek, eftergiven, velig, karaktärslös; ~ *gekochtes Ei* mycket löskokt ägg
Pflege *0 f* vård; skötsel, underhåll; tillsyn; *e-m e-n in* ~ *geben* lämna ngn i ngns vård; *etw. in* ~ *nehmen* ta vård (hand) om ngt **pflegearm** lättskött, som kräver litet skötsel (underhåll) **pflegebedürftig** vårdbehövande, i behov av vård; *der Apparat ist wenig* ~ apparaten kräver litet underhåll **Pflegedienst** *0 m* service (*för bilar*) **Pflegeeltern** *pl* fosterföräldrar **Pflegefall** *-e† m* vårdfall **Pflegegeld** *-er n* vårdbidrag **Pflegeheim** *-e n* vård-, sjuk|hem, vårdanstalt **Pflegekind** *-er n* fosterbarn **pflegeleicht** lätt att tvätta o. stryka; [nästan] strykfri; lättskött **Pflegemutter** *-† f* fostermor
pfleg|en 1 *sv* vårda, sköta; *gepflegte Sprache* vårdat språk; *e-n gesund* ~ vårda ngn så att (tills) han blir frisk; *e-n hegen und* ~ pyssla om ngn; *du mußt dich mehr* ~ du måste sköta din hälsa bättre (vårda ditt yttre mera) **2** *sv* (*åld. o. högt. pflog, pflöge, gepflogen*) utöva, idka, ägna sig åt; *Freundschaft mit e-m* ~ odla ngns vänskap; *Geselligkeit* ~ ha stort umgänge; *Musik* ~ utöva musik; *mit e-m Rats* ~ (*åld.*) rådpläga med ngn; *der Ruhe* (*gen.*) ~ (*åld.*) vila sig; *Umgang mit e-m* ~ umgås med ngn **3** *sv, m. inf m. zu* bruka, ha för vana att; *wie man zu sagen -t* som man brukar säga **Pflegepersonal** *0 n* vårdpersonal **Pfleger** *-m* **1** vårdare; skötare **2** förmyndare; [förmögenhets]förvaltare **Pflegerin** *-nen f* sköterska **pflegerisch** vårdande; vad vården beträffar; *~e Berufe* vårdyrken **Pflegesatz** *-e† m* vårdtaxa **Pflegesohn** *-e† m* fosterson **Pflegetochter** *-† f* fosterdotter **Pflegevater** *-† m* fosterfar **pfleglich** varsam, aktsam **Pflegling** *-e m* skyddsling; fosterbarn; myndling **Pflegschaft** *-en f, jur.* kuratel
Pflicht *-en f* **1** plikt, åliggande, skyldighet; *eheliche ~en* äktenskapliga plikter; *die gleichen Rechte und ~en haben* ha samma rättigheter o. skyldigheter; *seinen ~en nachgehen* sköta sina åligganden; *die* ~ *ruft* plikten kallar; *es ist deine verdammte* (*verfluchte*) ~ *und Schuldigkeit, das zu tun* (*vard.*) det är din förbannade skyldighet att göra det **2** *sport.* obligatoriskt program **Pflichtbesuch** *-e m* skyldighets|besök, -visit **pflichtbewußt** pliktmedveten **Pflichteifer** *0 m* iver [att uppfylla sin plikt], [tjänste]nit **pflichteifrig** nitisk **Pflichteinstellung** *-en f* (*lagstadgad*) anställning [av handikappade] **Pflichterfüllung** *0 f* pliktuppfyllelse **Pflichtexemplar** *-e n* pliktexemplar **Pflichtfach** *-er† n* obligatoriskt [skol]ämne **Pflichtgefühl** *0 n* pliktkänsla **pflichtgemäß** pliktenligt; *ich teile Ihnen* ~

mit ... det är min plikt att meddela Er ... **Pflichtlauf** *-e† m, sport.* obligatoriskt program **Pflichtlektüre** *-n f* obligatorisk litteratur **pflichtmäßig** *vard.*, *se pflichtgemäß* **pflichtschuldig** pliktskyldig **Pflichtschule** *-n f* obligatorisk skola **Pflichtteil** *-e m n, jur.* laglott **pflichttreu** plikttrogen **Pflichttreue** *0 f* plikttrohet **Pflichtübung** *-en f, sport.* obligatoriskt program **pflichtvergessen** pliktförgäten **Pflichtvergessenheit** *0 f* pliktförgätenhet **Pflichtverletzung** *-en f* pliktförsummelse **Pflichtversicherung** *-en f* obligatorisk försäkring **Pflichtverteidiger** - *m, jur.* offentlig försvarare **Pflichtvorlesung** *-en f* obligatorisk föreläsning **pflichtwidrig** som strider mot plikten
Pflock *-e† m* påle; pinne; plugg; tapp; *e-n* ~ (*einige Pflöcke*) *zurückstecken* (*bildl.*) sänka sina krav (anspråk) **pflöcken** fästa med pinnar (pluggar)
pflog *se pflegen 2*
pflücken plocka **Pflücker** - *m* plockare **Pflücksalat** *0 m* plocksallad
Pflug *-e† m* plog **pflügen** plöja **Pflugschar** *-en f* plogbill
Pfortader *-n f, anat.* portåder **Pforte** *-n f* port (*äv. bildl.*); dörr **Pförtner** - *m* **1** portvakt **2** *med.* magport, pylorus **Pförtnerloge** *-n f* portvaktsrum
Pfosten - *m* (*dörr-, fönster-*)post; (*grind-, mål-*)stolpe *-schu|ß -sse† m, sport.* stolpskott
Pfötchen - *n* liten tass (hand); ~ *geben* räcka vacker tass **Pfote** *-n f* **1** tass; *vard. äv.* labb; *sich* (*dat.*) *die* ~ *verbrennen* (*bildl.*) bli bränd; *die ~n von etw. lassen* (*vard.*) hålla tassarna borta från ngt **2** *der schreibt vielleicht e-e* ~! (*vard.*) vilken hemsk handstil han har!
Pfriem *-e m* syl, pryl
Pfropf *-e m* propp (*äv. med.*); kork
1 pfropfen ympa
2 pfropfen 1 proppa till (igen) (*flaska*) **2** *vard.* proppa, stoppa; *gepfropft voll* proppfull **Pfropfen** - *m* propp; kork
Pfründe *-n f* **1** kyrkl. prebende **2** *bildl.* sinekur **Pfründer** *-n* **1** innehavare av prebende **2** *dial.* person som bor på ett ålderdomshem (fattighus)
Pfuhl *-e m* göl, pöl; *bildl. äv.* [synda]träsk
pfui *interj* fy!, usch!; ~ *rufen* (*äv.*) bua **Pfui** *-s n*, **Pfuiruf** -*e m* fyrop, buorop
Pfund *-e* (*vid måttsangivelse -*) *n* pund (*äv. mynt*); *ein* (*zwei*) ~ *Butter* ett halvt (ett) kilo smör; *mit seinem* ~ *wuchern* (*bibl.*) väl förvalta sitt pund **pfunden** *sport.* skjuta [kraftigt] **pfundig** *vard.* toppen, jättefin, fantastisk '**Pfunds'sache** *0 f, vard.*, *das ist e-e* ~! det var (är) toppen! '**Pfunds'stimmung** *0 f, vard.* toppenstämning **pfundweise** halvkilovis
Pfusch *0 m*, **Pfuscharbeit** *-en f, vard.* fusk-[verk]; *dial.* svartjobb **pfuschen 1** *vard.* slarva, fuska; *dial.* jobba svart **2** *dial.* fuska (*i kortspel*) **3** *dial.* sno **Pfuscher** - *m, vard.* fuskare, klåpare **pfuscherhaft** *vard.* stympar-, klåpar|aktig
Pfütze *-n f* pöl, [vatten]puss; *die letzte* ~ *austrinken* (*vard.*) dricka ur sista skvätten; *über die große* ~ *fahren* (*skämts.*) fara över pölen (*Atlanten*)
PG *fork. för Parteigenosse* (*nat. soc.*) partikamrat **PH** *fork. för Pädagogische Hochschule*
'**Phalanx** Pha'langen *f* falang (*äv. anat.*)

phallisch fallisk, fallos- **Phall|us** -*i el.* -*en*, *äv.* -*usse m* fallos **Phallussymbol** -*e n* fallossymbol
Phanerogame -*n f*, *bot.* fanerogam
Phänomen -*e n* fenomen **phänomenal** fenomenal **Phänomenologie** *0 f* fenomenologi
Phantasie -*n f* fantasi **phantasiearm** fantasilös **Phantasiegebilde** - *n* fantasi|skapelse, -foster, fria fantasier **phantasielos** fantasilös **Phantasielosigkeit** *0 f* brist på fantasi **Phantasiepreis** -*e m*, *vard.* fantasipris **phantasiereich** fantasirik **phantasieren** fantisera (*äv. mus.*); fabulera; yra **Phantasiewelt** -*en f* fantasivärld **Phantast** -*en* -*en m* fantast **Phantasterei** -*en f* fantasteri **phantastisch** fantastisk **Phantom** -*e n* 1 fantom 2 *med.* anatomisk modell **Phantombild** -*er n* konstruerad (tecknad) bild [av efterspanad]
Pharao -*nen m* farao
Pharisäer - *m* farisé **pharisäerhaft** fariseisk **Pharisäertum** *0 n* fariseism **pharisäisch** fariseisk
Pharmakologe -*n* -*n m* farmakolog **Pharmakologie** *0 f* farmakologi **pharmakologisch** farmakologisk **Pharmareferent** -*en* -*en m*, *se Ärztevertreter* **Pharmazeut** [-'tsɔyt] -*en* -*en m* farmaceut; apotekare **pharmazeutisch** farmaceutisk; *die* ~*e Industrie* läkemedelsindustrin **Pharmazie** *0 f* farmaci
Phase -*n f* fas (*äv. elektr.*) **phasisch** som uppträder i [regelbundna] faser, fas-
Phenol *0 n* fenol
Philanthrop -*en* -*en m* filantrop **Philanthropie** *0 f* filantropi **philanthropisch** filantropisk **Philatelie** *0 f* filateli **Philatelist** -*en* -*en m* filatelist **philatelistisch** filatelistisk **Philharmoniker** - *m* filharmoniker **philharmonisch** filharmonisk
Phi'lippik|a -*en f*, *högt.* filippik, straffpredikan **Philippinen** *pl*, *die* ~ Filippinerna **Philippiner** - *m* filippinare **philippinisch** filippinsk
Phi'lister - *m* 1 filisté 2 filister, kälkborgare **philisterhaft** kälkborgerlig, brackig **Philistertum** *0 n* [kälk]borgerlighet **philiströs** filiströs, kälkborgerlig, brackig
Philologe -*n* -*n m* filolog **Philologie** -*n f* filologi **philologisch** filologisk; *bildl.* [mycket] noggrann **Philosoph** -*en* -*en m* filosof **Philosophie** -*n f* filosofi **philosophieren** filosofera **philosophisch** filosofisk
Phi'ole -*n f* flaska (*m. smal hals*), kolv
Phlegma *0 n* flegma **Phlegmatiker** - *m* flegmatiker **Phlegmatikus** -*se m*, *vard.* flegmatiker **phlegmatisch** flegmatisk
Phlox -*e m*, *äv. f*, *bot.* flox
Pho'bie -*n f*, *med.* fobi
Phon -*s* (*vid måttsangivelse* -) *n*, *fys.* phon, fon
Pho'nem -*e n*, *språkv.* fonem **Pho'netik** *0 f* fonetik **phonetisch** fonetisk
Phönik[i]er - *m* fenicier **phönikisch** fenicisk
Phönix -*e m*, *myt.* [fågel] Fenix
Phönizier - *m* fenicier **phönizisch** fenicisk
Phonograph -*en* -*en m* fonograf **Phonokoffer** - *m* resegrammofon **Phonologie** *0 f* fonologi **phonologisch** fonologisk **Phonothek** -*en f* fonotek, ljudarkiv **Phonotypistin** -*nen f* maskinskriverska som skriver efter dikteringsapparat
Phosgen *0 n* fosgen **Phosphat** -*e n* fosfat **Phosphor** *0 m* fosfor **Phosphoreszenz** *0 f* fosforescens **phosphoreszieren** fosforescera

Photo *se Foto* **photo-, Photo-** *se äv.* **foto-, Foto- Photochemie** *0 f* fotokemi **photogen** [-'g-] fotogenisk **Photogrammetrie** *0 f* fotogrammetri **Photograph** -*en* -*en m* fotograf **Photographie** -*n f* fotografi **photographieren** fotografera **photographisch** fotografisk **Photogravüre** -*n f* fotogravyr **photomechanisch** fotomekanisk '**Photon** *Pho'tonen n*, *fys.* foton **Photosatz** *0 m* foto|sättning, -sats **Photosynthese** *0 f* fotosyntes **Phototherapie** -*n f*, *med.* fototerapi **Photozelle** -*n f* fotocell
Phrase -*n f* fras (*äv. språkv., mus.*); [*abgedroschene*] ~ klyscha **Phrasendrescher** - *m* frasmakare **phrasenhaft** full av fraser, intetsägande **Phraseologie** -*n f*, *språkv.* fraseologi **phraseologisch** *språkv.* fraseologisk **phrasieren** *mus.* frasera **Phrasierung** -*en f*, *mus.* frasering
Phryg[i]er - *m* fryg[i]er **phrygisch** frygisk
pH-Wert [pe'haː-] -*e m* pH-värde
Physik *0 f* fysik **physikalisch** fysikalisk **Physiker** - *m* fysiker **Physiklehrer** - *m* fysiklärare **Physiognomie** -*n f* fysionomi **Physiologe** -*n* -*n m* fysiolog **Physiologie** *0 f* fysiologi **physiologisch** fysiologisk **Physiotherapie** -*n f* fysioterapi **physisch** fysisk
Pi *0 n*, *mat.* pi
Pianino -*s n* pianino **pianissimo** *mus.* pianissimo **Pianissim|o** -*os el.* -*i n*, *mus.* pianissimo **Pianist** -*en* -*en m* pianist **piano** *mus.* piano **Pian|o** 1 -*os el.* -*i n*, *mus.* piano 2 -*os n*, *åld. el. skämts.* piano (*instrument*) **Piano'forte** -*s n*, *åld.* [forte]piano
pichein *vard.* pimpla (*sprit*)
Pichelsteiner *0 m* köttgryta m. grönsaker
pichen *dial.* becka, tjära
1 Pick *0 m*, *österr.* klister
2 Pick *0 m*, *se 1 Pik* 2
Picke -*n f*, *se 1 Pickel*
1 Pickel - *m* [pik]hacka, korp; isyxa
2 Pickel - *m* blemma, finne
Pickelhaube -*n f* pickelhuva
Pickelhering -*e m* pajas
pickelig finnig
1 picken picka [upp, i sig]; *an (gegen) das Fenster* ~ picka på fönstret; *die Gurke aus dem Glas* ~ (*vard.*) fiska upp gurkan ur glaset
2 picken *österr.*, *se kleben*
Pickles ['pɪk|s] *pl* pickels
picklig finnig
Picknick -*e el.* -*s n* picknick **picknick|en** -*te*, *gepicknickt* göra en picknick, picknicka
Pick-up [-'|ap] -*s m* pickup
'**pico'bello** *vard.* jättefin, störtskön, finfin, flott
Piedestal [pjedɛs'taːl] -*e n* piedestal
Piefke -*s m* 1 *dial.* dumhuvud, skrävlare, viktigpetter 2 *österr. not.* tysk
Pieke *0 f*, *se 1 Pik* 2 '**piek'fein** *vard.* finfin, flott '**piek'sauber** *vard.* skinande (väldigt) ren, prydlig
piep *interj* pip!; *nicht* ~ *sagen* (*vard.*) inte säga pip (ett knyst); *nicht mehr* ~ *sagen können* (*vard.*) *a)* inte [längre] kunna få fram ett ord, *b)* vara slut (död) **Piep** -*e m*, *vard.* pip; *bildl.* ljud, ord; *keinen* ~ *mehr machen* (*tun*) (*vard.*) vara död; *keinen* ~ *mehr sagen* (*vard.*) *a)* inte [längre] säga ett ljud (knyst, pip), *b)* vara död; *e-n* ~ *haben* (*vard.*) ha en skruv lös, ha [fått] pippi

piepe vard., **'piep'egal** vard., das ist mir ~ det struntar jag fullkomligt i; das ist ganz ~ det är alldeles likgiltigt, det spelar ingen roll
Piepel -[s] m, dial. 1 grabb 2 snopp
piep|en pipa (i sht om fågelunge); nicht mehr ~ (vard.) inte [längre] säga ett ljud (knyst); bei dir -t es wohl? (vard.) har du fått pippi?, är du inte riktigt klok?; das ist zum P~ (vard.) man (etc.) kan inte hålla sig för skratt; er war zum P~ (vard.) han var urkomisk **Piepen** pl, vard. stålar; 100 ~ 100 spänn (mark) **Pieper** - m piplärka **Piephahn** -e† m, barnspr. snopp **Piepmatz** -e[†] m, barnspr. pippi[fågel]; e-n ~ haben (vard.) ha en skruv lös, ha [fått] pippi **pieps** se piep **Pieps** -e m, se Piep **piepsen** se piepen **piepsig** vard. 1 pipig (om röst) 2 klen; pytteliten **Piepvogel** -† m, se Piepmatz
1 Pier -e el. -s m, sjö. -s f [hamn]pir
2 Pier -e m, nty. metmask
'piesack|en -te, gepiesackt, vard. pina, plåga
pieseln vard. 1 dugga 2 kissa
Pietät 0 f pietet **pietätlos** pietetslös **Pietätlosigkeit** 0 f pietetslöshet **pietätvoll** pietetsfull **Pietismus** 0 m pietism **Pietist** -en -en m pietist **pietistisch** pietistisk
pietschen dial. supa
Pigment -e n pigment **Pigmentation** -en f pigmentering **pigmentiert** pigmenterad **Pigmentierung** -en f pigmentering
1 Pik 1 -e el. -s m [bergs]topp **2** 0 m, e-n ~ auf e-n haben ha ett horn i sidan till ngn, hysa groll mot ngn
2 Pik -s n spader
pikant pikant **Pikanterie** -n f pikanteri
pikaresk, pikarisch litt., ~er Roman pikareskroman
Pike -n f pik (vapen); von der ~ auf dienen (vard.) gå den långa vägen, arbeta sig upp; e-n Beruf von der ~ auf erlernen (vard.) lära sig ett yrke i grund o. botten
Pikee -s m, äv. n piké
piken vard. sticka **pikieren** trädg. skola, utplantera **pikiert** pikerad, stött
Pikkolo 1 -s m pickolo, smörgåsnisse **2** -s n pickola[flöjt]; piccolo|kornett, -trumpet **3** -[s] f, vard., se Pikkoloflasche **-flasche** -n f liten flaska (m. sekt) **-flöte** -n f pickola[flöjt]
'piko'bello se picobello
Pikrinsäure 0 f pikrinsyra
Pilaster - m, arkit. pilaster
Pilger - m pilgrim **Pilgerfahrt** -en f pilgrimsfärd, vallfart **pilgern** s vallfärda; bildl. fridfullt vandra **Pilgerstab** -e† m pilgrimsstav
Pilgrim ['pɪl-] -e m, åld. pilgrim
Pille -n f 1 piller; die bittere ~ schlucken svälja det beska pillret; die ~ nehmen (vard.) ta p-piller **2** sportsl. boll **Pillendreher** - m 1 skämts. pillertrillare **2** pillerbagge; Heiliger ~ skarabé **Pillenknick** 0 m minskad nativitet på grund av p-piller
Piller - m, **Pillermann** -er† m, barnspr. [pille]snopp
Pilot -en -en m 1 pilot 2 sjö. åld. lots 3 lotsfisk **-ballon** -e el. -s m, meteor. pilotballong
Pilote -n f påle
Piloten|kanzel -n f cockpit, förarkabin **-schein** -e m flygcertifikat
1 pilotieren föra, köra
2 pilotieren påla
Pilot|projekt -e n pilotprojekt **-studie** -n f pilot|studie, -undersökning **-ton** -e† m, elektron. pilotton

Pils - n, **Pils[e]ner** - n pilsner, [ljust] öl
Pilz -e m svamp; wie ~e aus der Erde schießen skjuta upp som svampar ur jorden **pilzartig** svampaktig **Pilzkunde** 0 f mykologi, svampkännedom **Pilzsuppe** -n f svampsoppa **Pilzvergiftung** -en f svampförgiftning
Piment -e m n kryddpeppar
Pimme -n f, sl. tagg, cig
Pimmel - m, vard. snopp, kuk
pimpelig vard. sjåpig, pjoskig **pimpeln** vard. sjåpa sig
Pimperlinge pl spänn (mark); stålar (pengar)
1 pimpern vulg. knulla
2 pimpern sty., österr., se klappern
Pimpernell -e m, se Pimpinelle
Pimpf -e m 1 nat. soc. medlem av Jungvolk (organisation för 10—14-åriga pojkar) 2 österr. liten pojke, spoling
Pimpinelle -n f vanlig bockrot; pimpinell
pimplig se pimpelig
Pinakothek -en f pinakotek, tavelgalleri
Pincenez [pɛ̃s'ne:] - [-'ne:s] n, åld. pincené
pingelig vard. småaktig, petig, petnoga
'Pingpong 0 n, vard. pingis
Pinguin ['pɪŋgui:n, ibl.--'-] -e m pingvin
Pinie -n f pinje
Pinke 0 f, vard. kosing, stålar
Pinkel -[s] m, vard., [vornehmer] ~ sprätt, snobb; kleiner ~ nolla
Pinkelbude -en f, vard. [offentlig] toalett **pinkel|n** vard. 1 pinka, kissa; der Hund -t an die Bäume hunden skvättar på träden **2** es -t det smårägnar (småskvättar)
pinke[r]n dial. hamra, slå
Pinkulatori|um -en n, skämts. toa
Pinne -n f 1 sjö. ror|pinne, -kult 2 pligg, nubb, [häft]stift 3 (hammares) pen **pinnen** vard. fästa med stift (e.d.), pligga
Pinscher - m 1 pinscher 2 vard. nolla
Pinsel -n f 1 m pensel; rakborste (äv. hattprydnad); jakt. tofs **2** vard. dumhuvud, stolle; langweiliger ~ tråkmåns **3** vulg. kuk **4** auf den ~ treten (drücken) (vard.) gasa **Pinselei** -en f, vard. 1 kludd[eri], sudd **2** dumhet, idioti **Pinseler** - m, vard. målarkludd **pinseli|g** vard. noggrann, petig **pinseln** vard. pensla; måla; pränta; die Nägel ~ måla naglarna **Pinselstrich** -e m penseldrag **Pinsler** - m, se Pinseler **pinslig** se pinselig
Pinte -n f 1 (gammalt) rymdmått (0,9 l) 2 i sht schweiz. krog
Pinzette -n f pincett
Pionier [-'ni:ɐ] -e m pionjär; ~e (DDR) pionjärer (organisation för barn o. ungdom 6—13 år); ~ e-r Entwicklung banbrytare för en utveckling **-arbeit** 0 f pionjärarbete **-geist** 0 m pionjäranda
Pipeline ['paiplain] -s f pipeline
Pipette -n f pipett
Pi'pi 0 n, barnspr. kiss; ~ machen kissa
Pips 0 m pips (hönssjukdom)
Pirat -en -en m pirat **Piratenausgabe** -n f pirat|utgåva, -upplaga **Piratensender** -n m piratsändare **Piraterie** -n f 1 sjöröveri 2 kapning
Pirogge -n f, kokk. pirog
Pi'rol -e m pirol
Pirouette [pi'rʊɛtə] -n f piruett **pirouettieren** piruettera
Pirsch 0 f, jakt. pyrsch, smygjakt **pirschen** jakt. pyrscha, vara ute på smygjakt; [sich] ~ smyga **Pirschgang** -e† m, jakt. pyrsch

Piß *0 m, vulg.* piss **Pißbude** *-n f, vulg., se Pinkelbude* **Pisse** *0 f, vulg.* piss **pissen 1** *vulg.* pissa **2** *vard.*, es pißt det pissar (regnar) **Pissoir** [pɪˈsŏ̜aːɐ̯] *-e el.* -s *n* pissoar
Pistazie *-n f* pistacie, pistasch (*mandel*)
Piste *-n f* (*sport. o. på cirkus*) pist; bana; *flyg.* start-, landnings|bana
Pistole *-n f* pistol; *e-m die ~ auf die Brust setzen* (*vard.*) sätta kniven på strupen på ngn; *wie aus der ~ geschossen* (*vard.*) som ett skott
Piston [pɪsˈtõː] -s *n, mus.* **1** kornett **2** pistong, ventil
'pitsch[e]'naß *vard.* genomblöt **pitsch, patsch** *interj* plask! **'pitsch'patsch'naß** *vard.* genomblöt
pittoresk pittoresk
Piz *-e m* [bergs]topp
Pizz|a *-as el.* *-en f* pizza **Pizzeria** -s *f* pizzeria
pizzicato *mus.* pizzicato **Pizzicat|o, Pizzikat|o** *-os el.* -i *n, mus.* pizzicato
Pkw, PKW [ˈpeːkaːveː: *äv.* --ˈ-] -[s] *m förk. för Personenkraftwagen* personbil
Placebo [-ˈtseː-] -s *n, med.* placebo
Placement [plasəˈmãː] -s *n* **1** placering (*av kapital*); avsättning (*av vara*) **2** *sport.* placering; resultat **placieren** *se plazieren*
placken *rfl, vard.* slita, slava, jobba hårt **Plackerei** -en *f, vard.* slit, knog
pladder|n *nty.* ösregna; *der Regen -t aufs Dach* regnet smattrar mot taket
plädieren plädera; *auf (für) etw.* (*ack.*) ~ (*äv.*) yrka på ngt
Plädoyer [plɛdŏ̜aˈjeː] -s *n* [slut]plädering; *ein ~ gegen etw. halten* hålla ett brandtal mot ngt
Plafond [plaˈfõː] -s *m* **1** *dial.* [inner]tak **2** *ekon.* tak, [kredit]limit
Plage *-n f* plåga; *seine ~ mit etw. haben* (*vard.*) ha besvär med ngt; *es ist e-e ~ mit dieser Hitze* (*vard.*) den här hettan är en plåga (ett elände)
Plagegeist *-er m, vard.* plågoande **plagen 1** plåga **2** *rfl* slita
Plagge *-n f, nty.* **1** [gräs]torva **2** trasa
Plagiat *-e n* plagiat **Plagiator** *-en m* plagiator **plagiieren** plagiera
Plaid [pleːt, pleɪd] -s *n m* pläd, resfilt; sjal
Plakat *-e n* affisch, plakat **plakatieren** affischera, sätta upp plakat; offentliggöra genom anslag **Plakatierung** *-en f* affischering **Plakatmalerei** *0 f* affischkonst **Plakatsäule** *-n f* annonspelare
Plakette *-n f* plakett
plan 1 slät, plan, platt **2** ytlig
1 Plan *-e†* *m* plan; projekt; ritning; karta; *Pläne schmieden* smida (göra upp) planer
2 Plan *0 m, auf dem ~ erscheinen, auf den ~ treten* uppträda på scenen, dyka upp, komma in i bilden; *e-n auf den ~ rufen* locka fram ngn, få ngn att framträda (agera)
plandrehen *tekn.* planslipa
Plane *-n f* presenning
planen planera, planlägga, projektera; *geplant* (*äv.*) tilltalat **Planer** - *m* planerare **Pläneschmied** *-e m, vard.* projektmakare
Planet *-en -en m* planet **planetar[isch]** planetarisk **Planetari|um** -en *n* planetarium **Planetenbahn** *-en f* planetbana **Planetensystem** *-e n* planetsystem **Planetoid** *-en -en m* planetoid, småplanet
Planfilm *-e m* planfilm
plangemäß *se planmäßig*
planieren planera, jämna **Planierraupe** *-n f* bulldozer **Planierung** *0 f* planering, jämnande
Planimetrie *0 f* planimetri
Planke *-n f* planka; plank (*staket*)
Plänkelei *-en f* **1** skärmytsling **2** (*vänskapligt*) gnabb **plänkeln 1** skärmytsla **2** gnabbas
Plankenzaun *-e†* *m* plank (*staket*)
plan|konkav plankonkav **-konvex** plankonvex
Plankton *0 n* plankton
plan|los planlös **-mäßig 1** reguljär; tidtabellsenlig, enligt tidtabell **2** plan|enlig, -mässig; systematisk
Planschbecken - *n* plaskdamm, barnbassäng **planschen** plaska, blaska **Planscherei** *0 f* plaskande, blaskande
Planstelle *-n f* tjänst
Plantage [-ˈtaːʒə] *-n f* plantage
plantschen *se planschen*
Planung *-en f* planering, planläggning **Planungsstadium** *0 n* planeringsstadium **planvoll** systematisk, metodisk
Planwagen - *m* täckt vagn
Plan|wirtschaft *-en f* planhushållning **-ziel** *-e n* (*planerat*) mål; (*planerad*) produktion
Plapperei *-en f, vard.* pladder, sladder **plapperhaft** *vard.* pratsjuk **Plappermaul** *-er† n, vard.* pratmakare, sladdertacka **plappern** *vard.* pladdra, babbla, prata **Plappertasche** *-n f, vard., se Plappermaul*
plärren *vard.* **1** tjuta, böla (*gråta*) **2** skräna, skråla
Pläsier [-ˈziːɐ̯] *-e n, åld.* nöje **-chen** - *n, skämts.* [litet] nöje; *jedem Tierchen sein ~* (*ung.*) låt var o. en ha roligt på sitt lilla sätt
Plasm|a *-en n* plasma (*äv. Anfrys.*)
Plast *-e m, DDR,* **Plaste** *-n f, DDR vard.* plast
1 'Plastik 1 *0 f* plastik, bildhuggarkonst **2** *-en f* skulptur **3** *0 f* åskådlighet; uttryck[s]fullhet **4** *-en f, med.* plastik, plastisk operation
2 'Plastik *0 n* plast **-beutel** -*n m* plastpåse **-folie** *-n f* plastfolie **-tragetasche** *-n f* plastkasse **-tüte** *-n f* plastpåse
plastisch 1 plastisk, formbildande, bildhuggar- **2** plastisk, formbar **3** plastisk, tredimensionell; uttrycksfullt gestaltad; tydlig, åskådlig **Plastizität** *0 f* **1** plasticitet, formbarhet **2** plasticitet, uttrycksfullhet, åskådlighet
Platane *-n f, bot.* platan
Plateau [-ˈtoː] *-s n* platå **-sohle** *-n f* platåsula
'Platin [*sty., österr.* -ˈ-] *0 n* platina **platinblond** platinablond **platinieren** platinera
Platitüde *-n f* plattityd
Platoniker - *m* platoniker **platonisch 1** platonsk **2** platonisk **Platonismus** *0 m* platonism
platsch *interj* plask! **platschen 1** *h el. s, vard.* plaska; *die Kinder ~ durch das Wasser* barnen plaskar genom vattnet **2** *dial.* ösregna **plätschern 1** plaska, skvalpa **2** *s* porla **'platsch'naß** *dial.* plaskvåt
platt platt; *bildl. äv.* trivial, banal; *vard.* paff, mållös, flat; *~er Betrug* uppenbart bedrägeri; *~e Lüge* ren lögn; *~ wie ein Bügelbrett* (*vard.*) platt som en pannkaka; *~ auf der Erde liegen* ligga raklång på marken; *auf dem ~en Lande* på rena rama bondlandet, på landsbygden; *e-n P~en haben* (*vard.*) ha (ha) punktering; *ich war ganz ~* jag blev alldeles platt; *da bin ich aber ~!* det var som tusan! **Platt** *0 n* plattyska **Plättbrett** *-er n, dial.* strykbräde **plattdeutsch** plattysk **Plattdeutsch** *0 n* plattyska

Platte -n f **1** platta, skiva; plåt; bordsskiva; [spis]platta; häll **2** [grammofon]skiva; *leg doch endlich mal e-e andere (neue)* ~ *auf!* (*vard.*) tjata inte om samma sak jämt!, *du kan väl byta skiva!*; *ständig dieselbe* ~ *laufen lassen* (*vard.*) alltid veva på sin gamla vanliga skiva, alltid berätta samma sak; *die* ~ *kenne ich schon!* (*vard.*) det där har jag hört (varit med om) förr!; *etw. auf der* ~ *haben* (*vard.*) kunna (behärska) ngt **3** fat, bricka; *kalte* ~ kallskuret **4** *vard.* flint[skalle]; *e-e* ~ *haben* vara flintskallig **5** *foto.*, *boktr.* plåt; *e-n auf die* ~ *bannen* fånga ngn på plåten; *kommt nicht auf die* ~*!* (*vard.*) kommer inte på fråga! **6** *österr.* liga **7** *sl.*, *die* ~ *putzen* sticka **Plätte** -n f **1** *dial.* strykjärn **2** *österr.* flatbottnad båt **Plätteisen** - n, *dial.* strykjärn **plätten** *dial.* stryka (kläder)
Platten|archiv -e n grammofonarkiv **-bar** -s f skivbar **-jockey** -s m disc-jockey **-leger** - m plattläggare **-sammlung** -en f skivsamling **-spieler** - m skivspelare **-teller** - m skivtallrik **-wechsler** - m skivväxlare
Platterbse -n f, *bot.* vial **'platter'dings** *vard.* absolut, alldeles **Plätterei** -en f, *dial.* **1** strykning **2** strykinrättning **Plätterin** -nen f, *dial.* strykerska **Plattfisch** -e m plattfisk **Plattform** -en f plattform **Plattfuß** -e† m **1** plattfot **2** *vard.* punktering **plattfüßig** plattfotad **Plattheit** -en f platthet, plattityd **plattieren** plätera **Plattler** - m, *sty.*, *se Schuhplattler* **Plättmaschine** -n f, *dial.* strykmaskin **Plattstich** -e m plattsöm **Plättwäsche** 0 f, *dial.* strykrvätt **Plattwurm** -er† m plattmask
Platz -e† m **1** [öppen] plats, torg, plan; *auf dem eigenen* ~ *spielen (sport.)* spela på hemmaplan **2** plats, ställe, ort; *das beste Geschäft am* ~*[e]* den bästa affären på orten; *nicht (fehl) am* ~*[e] sein* inte vara på sin plats, inte passa in, vara malplacerad (olämplig); *auf die Plätze, fertig, los! (sport.)* klara, färdiga, gå! **3** [sitt]plats; utrymme, rum; ~ *da!* ur vägen!; *behalten Sie* ~*!* var god och sitt kvar!; *e-n* ~ *in der Kita bekommen* få plats på dagis; *der Saal bietet* ~ *für 400 Personen* (*äv.*) salen rymmer 400 personer; *das Bett nimmt zuviel* ~ *ein* sängen tar för mycket plats; *ist dieser* ~ *noch frei?* är det ledigt här?; ~ *greifen* breda ut sig, vinna terräng; *e-m (für e-n)* ~ *machen* lämna (bereda) plats för (åt) ngn, gå ur vägen för ngn; ~ *nehmen* ta plats, slå sig ner, sätta sig; *ist bei euch noch* ~ *für mich?* finns det plats för mig hos er? **4** plats, ställning; position; placering; *e-n vorderen* ~ *einnehmen* inta en framskjuten ställning; *auf den ersten* ~ *kommen, den ersten* ~ *belegen* komma på första plats, bli etta; *die Konkurrenten auf die Plätze verweisen* vinna över konkurrenterna; *auf* ~ *wetten* spela på plats [på en häst] **Platzangst** 0 f **1** *vard.* cellskräck, klaustrofobi **2** *med.* torgskräck, agorafobi **Platzanweiser** - m vaktmästare, plats[an]visare (*på bio e.d.*) **Plätzchen** - n **1** liten vrå (plats) **2** pastill, tablett; småkaka
Platze 0 f, *dial.*, *da kann man ja die* ~ *kriegen* det är så att man kan spricka (explodera) **1 platz|en** s **1** spricka, brista; explodera; *vor Wut* ~ spricka av ilska; *die Naht* -te sömmen sprack (gick upp); *mir* -t *die Blase* (*vard.*) jag håller på att kissa på mig; *zum P*~ *satt sein* vara så mätt att man (*etc.*) kan spricka, vara proppmätt **2** *vard.* spricka, gå i stöpet; *der Betrug* -te bedrägeriet avslöjades **3** *vard.* komma störtande ([in]rusande), plötsligt (oväntat) komma (dyka upp)
2 platzen *rfl, vard.* ta plats, slå sig ner, sätta sig **Platz|halter** - m, *språkv.* platshållare **-herren** *pl, sport., die* ~ hemmalaget **-karte** -n f platsbiljett **-konzert** -e n utomhuskonsert **-mannschaft** -en f, *sport.* hemmalag **-meister** - m, *se Platzwart*
Platz|patrone -n f löst skott **-regen**- m hällregn **Platz|vertreter** - m lokal|ombud, -representant **-verweis** -e m, *sport.* utvisning **-wart** -e m vaktmästare, föreståndare (*för idrottsplats*) **-wette** -n f spel på plats (*på totalisator*)
Plauderei -en f [små]prat, samspråk; kåseri **Plauderer** - m **1** konversatör; kåsör; *er ist ein amüsanter* ~ (*äv.*) det är roligt att prata med honom **2** skvallerbytta **plaudern 1** [små]prata; konversera; berätta, kåsera **2** skvallra **Plauderstündchen** - n (liten) pratstund **Plaudertasche** -n f pratmakerska; skvallerbytta **Plaudrer** - m, *se Plauderer*
Plausch -e m, *dial.* pratstund; småprat **plauschen 1** *dial.* [små]prata **2** *österr.* överdriva; ljuga; skvallra
plausibel plausibel **plauz** *interj, vard.* pladask! **Plauz** -e m, *vard.* fall, duns; *e-n* ~ *machen* (*barnspr.*) trilla [omkull]
Plauze -n f, *dial.* **1** lunga, bröst; *es auf der* ~ *haben* ha ngt åt lungan, ha hosta som sitter djupt ner i bröstet, ha astma **2** buk; *sich (dat.) die* ~ *vollschlagen* äta sig proppmätt **3** *auf der* ~ *liegen* ligga sjuk
plauzen *dial.* **1** dunsa till, smälla; *mit den Türen* ~ slå i dörrarna **2** s dunsa ner, trilla ner med en duns
Play|boy ['pleɪbɔɪ] -s m playboy **-girl** [-gø:gl] -s n **1** 'playgirl', cycksökerska **2** *se Hostess* **2 Plazent|a** -as el. -en f, *anat.* placenta **'Plazet** -s n medgivande **plazieren 1** placera (*äv. pengar*) **2** rfl placera sig (*äv. sport.*) **Plazierung** -en f placering **Plebejer** - m plebej **plebejisch** plebejisk **Plebis'zit** -e n folkomröstning **Plebs** [*äv.* -e:-] **1** 0 f, *hist.* plebs **2** 0 m, *der* ~ populäs **pleite** *vard.* pank; bankrutt; ~ *gehen* göra konkurs **Pleite** -n f, *vard.* bankrutt; *die Sache war e-e* ~ *sein* ~ *ett fiasko; e-e schöne* ~ (*äv.*) ett stort misslyckande **Pleitegeier** - m, *vard.* hotande konkurs (misslyckande); *über der Firma schwebt der* ~ firman hotas av konkurs
Plektr|on -en n, **Plektr|um** -en n, *mus.* plektron, plektrum
Plempe -n f **1** *soldatsl.* sabel, värja, bajonett e.d. **2** *dial.* blask (dryck) **plempern** *dial.* **1** slaska, spilla, hälla **2** plottra bort sin tid **plem|plem** *vard.* knäpp, vrickad, tokig
Plenar|sitzung -en f plenarsammanträde, plenum **-versammlung** -en f plenarförsamling **plentern** gallra (*skog*) **Plenum** 0 n plenum
Pleonasm|us -en m pleonasm **pleonastisch** pleonastisk **Plethi** *se Krethi* **Pleuel** - m, **Pleuelstange** -n f, *tekn.* vevstake **Pleu'ritis** *Pleuri'tiden* f, *med.* pleurit, lungsäcksinflammation
Plexiglas 0 n plexiglas **Pli** 0 m, *dial.* pli, hyfs[ning], belevenhet, skicklighet

plieren *nty.* **1** plira, kisa, titta **2** gråta **plierig 1** *nty.* med rinnande ögon, surögd; förgråten **2** *dial.* smutsig, våt
plinkern *nty.* blinka
Plinse *-n f, dial.* **1** tunnpannkaka **2** raggmunk, råraka
plinsen *nty.* grina, gråta
Plinze *-n f, se Plinse*
Plissee *-s n* plissé **Plisseerock** *-e† m* plisserad kjol **plissier|en** plissera; *-tes Gesicht* (*vard.*) rynkigt ansikte
plitz, platz *vard.* plötsligt; *das geht nicht so ~ det går inte i ett huj* (inte så fort)
Plombe *-n f* plomb (*äv. tandläk.*); plombering **plombieren** plombera (*äv. tandläk.*)
Plörre *0 f, nty.* [kaffe]blask
Plotte *-n f, vard.* skräpfilm
Plötze *-n f* mört
plotzen *dial.* **1** ramla; *geplotzter Apfel* stött äpple **2** röka
plötzlich I *adj* plötslig, bråd **II** *adv* plötsligt, plötsligen; *bitte, etwas ~!* (*vard.*) låt det gå undan!
Pluderhose *-n f, hist.* pluderhosor **pludern** pösa [ut] (*om kläder*)
Plumeau [ply'mo:] *-s n* duntäcke
plump plump; klumpig
Plumpe *-n f, dial.* pump **plumpen** *dial.* pumpa
Plumpheit *-en f* plumphet; klumpighet
plumps *interj* duns!, plums! **Plumps** *-e m, vard.* fall; duns, plums[ning]
plumpsen *vard.* **1** dunsa **2** *s* dunsa, plumsa (*i vattnet*) **Plumps|klo** *-s n,* **-klosett** *-s äv. -e n* torr-, ute|dass
Plunder *0 m* **1** *vard.* skräp, smörja **2** (*slags*) smördeg[sbröd]
Plünderer *- m* plundrare **plündern** plundra; *den Weihnachtsbaum ~* plundra julgranen; *ein Werk ~* stjäla från ett verk **Plünderung** *-en f* plundring **Plündrer** *- m* plundrare
Plünnen *pl, nty.* kläder, grejor
plu'ral pluralistisk **'Plural** *-e m, språkv.* plural[is] **Plurale'tantum** *-s el. Pluraliatantum n, språkv.* plurale tantum **Plu'ral|is** *-es m, språkv. åld.* plural[is] **plu'ralisch** *språkv.* plural, plural- **Pluralismus** *0 m* pluralism **pluralistisch** pluralistisk **Pluralität** *0 f* **1** mångfald, stor mängd **2** pluralitet, majoritet **3** pluralism **pluriform** se *vielgestaltig*
Plurre *0 f,* **Plürre** *0 f, se Plörre*
plus I *konj* plus, och; *vier ~ zwei ist* (*macht, gibt*) *sechs* fyra plus två är sex **II** *prep m. dat.* plus; *der Betrag ~ den Zinsen* beloppet plus räntan **III** *adv* plus; *die Temperatur beträgt ~ drei Grad* (*ein Grad ~*) temperaturen är plus tre **Plus** *- n* plus, överskott; fördel, tillgång **Plusbetrag** *-e† m* överskott
Plüsch *[-y:- el. -Y-] -e m* plysch **plüschen 1** plysch-, av plysch **2** brackig **plüschig 1** plyschliknande **2** brackig
Pluspol *-e m* positiv pol **Pluspunkt** *-e m* **1** pluspoäng **2** fördel, tillgång **Plusquamperfekt** *-e n, språkv.* pluskvamperfekt
plustern *[-u:-] das Gefieder* (*sich*) *~* burra upp fjädrarna (sig)
Pluszeichen *- n* plus[tecken]
Plutokrat *-en -en m* plutokrat, rikeman **Plutokratie** *-n f* plutokrati **plutokratisch** plutokratisk
Plutonium *0 n* plutonium
Pluviometer *[-v-] - n* regnmätare

Pneu [pnɔy] *-s m* **1** *med.* pneumothorax **2** *se Pneumatik⌐ 3* **Pneu'matik 1** *0 f* pneumatik, aeromekanik **2** *-en f* pneumatiskt system **3** *-s m, österr. -en f, österr., schweiz. el. åld.* ring, däck **pneumatisch** pneumatisk **Pneumonie** *-n f, med.* pneumoni, lunginflammation
Po *-s m, vard.* bak, stjärt
Pöbel *0 m* pöbel **pöbelhaft** pöbelaktig **pöbeln** *vard.* vara oförskämd, provocera, mucka gräl **poch|en 1** knacka (*an +ack.* på); *Erz ~* boka (krossa) malm; *e-n Nagel in die Wand ~* slå i en spik i väggen **2** klappa; *das Herz -t* hjärtat klappar (slår, bultar) **3** *auf etw.* (*ack.*) *~* pocka på ngt **4** *dial.* klå upp, ge stryk
pochieren *[-ʃ-] kokk.* pochera
Pocke *-n f* koppa; *die ~n* smittkopporna **Pockenimpfung** *-en f* smittkoppsvaccinering **pockennarbig** koppärrig **Pockenschutzimpfung** *-en f* smittkoppsvaccinering **pockig** koppärrig
'Podagra *0 n, med.* podager
Po'dest *-e n, äv. m* **1** *dial.* podest (*trappavsats*) **2** [mindre] podium
'Podex *-e m, vard.* stjärt, bak
Podi|um *-en n* podium, estrad **Podiumsgespräch** *-e n* estradsamtal
Poem *-e n, åld. el. skämts.* poem **Poesie** *-n f* poesi **poesielos** poesilös; opoetisk **Poet** *-en -en m, åld. el. skämts.* poet **Poe'taster** *- m, neds.* versmakare **poetisch** poetisk
Pofel *0 m, sty., österr.* **1** skräp, strunt **2** skara
pofen *dial.* sova
Pogrom *-e n m* pogrom
Poilu [pɔa'ly:] *-s m, vard.* fransk soldat
Point [pɔɛ̃:] *-s m* poäng; stick; öga (*på tärning*)
Pointe ['pɔɛ̃:tə] *-n f* poäng (*i anekdot e.d.*) **Pointer** ['pɔyntə] *- m* pointer (*hund*) **pointier|en** [pɔɛ̃'ti:rən] **1** poängtera, framhäva; *-t* (*äv.*) tillspetsad, kvick **2** satsa
Pokal *-e m* pokal; *sport. äv.* cup **-spiel** *-e n, sport.* cupmatch
Pökel *- m* saltlake **Pökelfleisch** *0 n* salt kött **Pökelhering** *-e m* salt sill **Pökellake** *-n f* saltlake **pökeln** salta [in, ner], lägga i saltlake
Poker *0 n, bildl. m* poker **Pokerface** ['pɔukəfeɪs] *-s [-ɪz] n* [människa med] pokeransikte; inbunden (uttryckslös, oberörd) människa **Pokergesicht** *-er n* pokeransikte **pokern** spela poker (*äv. bildl.*)
pokulieren *åld.* pokulera
Pol *-e m* pol
Polacke *-n -n m* **1** *neds.* polack **2** *vard.* idiot
polar polar, pol-; polär, diametralt motsatt **Polarbär** *-en -en m* isbjörn **Polarexpedition** *-en f* polarexpedition **Polarforscher** *- m* polarforskare **Polarfuchs** *-e† m* polar-, fjäll|räv **Polarisation** *-en f* polaris|ation, -ering (*äv. bildl.*) **polarisieren 1** polarisera **2** *rfl, bildl.* polariseras **Polarisierung** *-en f* polarisering (*äv. bildl.*) **Polarität** *-en f* polaritet **Polarkreis** *-e m* polcirkel **Polarlicht** *-er n* polar-, norr|sken **Polarmeer** *-e n* ishav **Polarnacht** *-e† f* polar|natt, -vinter **Polarstern** *0 m, der ~* Polstjärnan
Polder *- m, geogr.* polder (*invallat marskland*)
Pole *-n -n m* polack
Po'lemik *-en f* polemik **polemisch** polemisk **polemisieren** polemisera
Polen *0 n* Polen; *noch ist ~ nicht verloren* än är det inte slut med Polen, än finns det hopp
Polent|a *-as äv. -en f* polenta

Po'lente 0 f, vard., die ~ snuten, snutarna
Police [po'li:sə] -n f [försäkrings]polis
Polier [-'li:ɐ] -e m murar-, snickar|bas, verkmästare, förman
polieren polera; bildl. finslipa **Poliermittel** - n polermedel; polityr
Poliklinik ['po:-, äv. 'pɔ-] -en f poliklinik
Polin -nen f polska (kvinna)
Polio 0 f, med. polio
Politbüro [-'lɪt-] -s n politbyrå
Poli'tesse -n f, ung. [kvinnlig] trafik|polis, -vakt, lapplisa
Politik -en f politik; innere (auswärtige) ~ inrikespolitik (utrikespolitik) **Politi'kaster** - m, neds. (politisk) kannstöpare **Politiker** - m politiker **Politik|um** -a n politisk angelägenhet (fråga) **Politikwissenschaft** 0 f, se Politologie **politisch** politisk **Politische(r)** m f, adj böjn., vard. politisk fånge **politisieren** politisera; diskutera (syssla med) politik; e-n ~ (äv.) aktivera ngn politiskt; etw. ~ (äv.) ge ngt en politisk prägel **Politologie** 0 f, ung. statskunskap **Politrevue** -n f politisk revy **Politruk** -s m politruk
Politur -en f polityr
Polizei 0 f polis[kår]; dümmer als die ~ erlaubt (vard.) mer än lovligt dum **-arrest** -e m polisarrest **-aufgebot** -e n polis|uppbåd, -styrka **-beamte(r)** m, adj böjn. polis[tjänsteman] **-chef** -s m, vard., se Polizeipräsident **-dienststelle** -n f polisstation **-direktion** -en f, se Polizeipräsidium **-funk** 0 m polisradio **-gewahrsam** 0 m, **-haft** 0 f polis|häkte, -förvar, **-arrest -hund** -e m polishund **-kommissar** -e m poliskommissarie
polizeilich polis[i]är, polis-; ~ verboten förbjuden av polisen; sich ~ anmelden (abmelden) anmäla sin inflyttning (avflyttning) hos polisen
Polizei|methoden pl, neds. polismetoder **-präsident** -en -en m, ung. polis|chef, -mästare **-präsidi|um** -en n, das ~ högsta polismyndigheten, polishuset **-revier** -e n polisdistrikt; polisstation **-schutz** 0 m polisskydd **-spitzel** - m polisspion **-staat** -en m polisstat **-streife** -n f polispatrull[ering] **-stunde** -n f (obligatorisk) stängningstid (för restauranger e.d.); jetzt ist ~ nu är det stängningsdags **-verfügung** -en f polisföreskrift **-verordnung** -en f polisförordning **-wache** -n f polisstation
polizeiwidrig olaglig, mot polisens föreskrifter (bestämmelser); ~es Tempo otillåten hastighet
Polizist -en -en m polis[man]
Polka -s f polka
polken nty. pilla, peta
Pollen - m pollen **-analyse** -n f pollenanalys
Poller - m, sjö. pollare
Pollution -en f, med. pollution
polnisch ['pɔl-] polsk
Polo 0 n polo **-hemd** -en n (kortärmad) sport-, trikå|skjorta
Polo|naise [-'nɛ:zə] -n f, **-näse** -n f polonäs **polonisieren** förpolska **Polonium** 0 n polonium
Poloschläger - m poloklubba
Polster - n, österr. äv. -[†] m **1** dyna, plymå, sits; österr. kudde **2** [vadd]stoppning; axelvadd **3** reserv; säkerhet **Polsterer** - m tapetserare **Polstergarnitur** -en f soffgrupp **Polstermöbel** -n stoppad möbel **polstern** stoppa, madrassera; gut gepolstert sein (vard.)

a) vara välfödd, b) ha mycket pengar **Polstersessel** - m stoppad fåtölj **Polsterstuhl** -e† m stoppad stol **Polstertür** -en f madrasserad dörr **Polsterung** -en f stoppning, madrassering
Polterabend -e m fest (kvällen före bröllopet, m. porslinskrossning) **Polterer** - m, vard. brumbjörn, gormare **Poltergeist** -er m poltergeist (ande som påstås flytta möbler, knacka i väggar etc.) **polterig 1** dundrande, dånande, bullrande **2** gormig, skällande **poltern 1** dundra, dåna, bullra **2** domdera, gorma (utan att mena så illa); skälla **3** s dunsa ner; fara (falla) dundrande; dundra (skramla) fram **4** vard. fira (delta i) en bröllopsfest (se Polterabend) **poltrig** se polterig
Polyamid -e n polyamid **Polyandrie** 0 f polyandri **Polyäthylen** -e n polyeten **polychrom** polykrom **Polyeder** - n, mat. polyeder **Polyester** - m polyester **polygam** polygam **Polygamie** 0 f polygami **Polygamist** -en -en m polygamist **polyglott** flerspråkig, polyglott; skriven på flera språk **Polygon** -e n, mat. polygon **Polygraph** -en -en m, DDR grafiker **Polyhistor** -en m polyhistor **Polymerisation** -en f polymerisation **Polynesier** - m polynesier **polynesisch** polynesisk **Polyp** -en -en m **1** med., zool. polyp **2** åld. el. vard., se Krake **3** vard. snut **polyphon** mus. polyfon **Polyphonie** 0 f, mus. polyfoni **Polystyrol** -e n polystyren[plast] **Polytechnik|um** -a el. -en n polyteknisk [hög]skola, teknisk högskola **polytechnisch** polyteknisk **Polytheismus** 0 m polyteism **Polytheist** -en -en m polyteist **Polyvinylchlorid** -e n polyvinylklorid
Pomade -n f pomada **pomadig 1** pomaderad **2** dial. arrogant, blasé **3** vard. långsam, trög, loj, maklig **pomadisieren** pomadera
Pomeranze -n f pomerans
Pommer -n -n m pomrare **pommer[i]sch** pommersk
Pommes frites [pɔm'frit] pl pommes frites
Pomp 0 m pomp, ståt **pomphaft** pampig, pompös, praktfull
Pompon [põ'põ:, äv. pɔm'põ:] -s m pompong (rund tofs)
pompös pompös
Pond - n, fys. pond
Pönitenz -en f, kat. penitens
Pontifikal|amt -er† n, **-messe** -n f, kat. pontifikalmässa (biskopsmässa) **Pontifikat** -e n m, kat. pontifikat (påves regeringstid); episkopat (biskopstid) **Pontius** 0 m, von ~ zu Pilatus laufen gå (skickas) från den ena till den andra (m. ansökan e.d.)
Ponton [põ'tõ:, äv. pɔn'tõ:, 'pɔntɔŋ; sty., österr. pɔn'to:n] -s m ponton **-brücke** -n f pontonbro
Pony ['pɔni] **1** -s n ponny **2** -s m [pann]lugg
1 Pool [pu:l] -s m [swimming]pool
2 Pool [pu:l] **1** -s m, hand. pool, sammanslutning; kvotavtal; gemensam fond **2** 0 n pyramid (slags biljard)
Poolbillard 0 n, se 2 Pool 2
Pop [pɔp] 0 m **1** pop[musik, -konst e.d.] **2** vard. pop[pig stil]
'Popanz -e m **1** buse, spöke, skräck|figur, -bild **2** neds. marionett
Pop-art ['pɔp|a:gt] 0 f popkonst
Popcorn ['pɔpkɔrn] 0 n popcorn
Pope -n -n m **1** pop (präst) **2** neds. svartrock

Popel - *m* **1** *vard.* kråka (*i näsan*) **2** *dial.* smutsgris, unge; nolla **popelig** *vard.* **1** sjabbig; usel, torftig; futtig, snål **2** vanlig
Popelin *-e m,* **Popeline** [-'ǝ'li:n] - [-ǝ'li:nǝ] *m, äv. f* poplin
popeln *vard.* peta [sig i] näsan
Pop|gruppe *-n f* popgrupp **-kunst** *0 f* popkonst **-musik** *0 f* popmusik
Po'po *-s m, vard.* stjärt
1 poppen *dial.* knulla
2 popp|en *DDR vard.*, *das Buch -t* boken är häftig (toppen)
poppig poppig, pop- **Popsänger** - *m* popsångare
populär populär **popularisieren** popularisera **Popularität** *0 f* popularitet **populärwissenschaftlich** populärvetenskaplig
Population *-en f* population
Pore *-n f* por **porig** porig; porös
Porno *-s m, vard.* porr|film, -tidning *e.d.* **Pornofilm** *-e m, vard.* porrfilm **Pornographie** *0 f* pornografi **pornographisch** pornografisk **Pornozeitschrift** *-en f* porrtidning
porös porös **Porosität** *0 f* porositet
'**Porphyr** [*äv.* -'-] *-e m* porfyr
'**Porree** *-s m* purjolök
Porst *-e m, bot.* skvattram
Port *-e m, poet., åld.* hamn
Portable ['pɔrtǝbḷ] *-s m, äv. n* bärbar TV
Portal *-e n* portal **-kran** *-e*[†] *m* portalkran
Porta'tiv *-e n* (*liten*) [bärbar] orgel
Porte|feuille [pɔrt(ǝ)'fø:j] *-s n, åld.* plånbok; portfölj; *Minister ohne ~* minister utan portfölj **-monnaie** [pɔrtmɔ'ne:, *äv.* '----] *-s n* portmonnä
Porter - *m, äv. n* porter
Portier [pɔr'tje:, *österr.* pɔr'ti:ɐ̯] *-s, österr. -e m* portier; portvakt **Portiere** [pɔr'tje:rǝ] *-n f* portiär, förhänge **Portiersfrau** *-en f* portiers-, portvakts|fru; (*kvinnlig*) portier (portvakt)
'**Portik|us** *-us el. -en m, äv. f, arkit.* portik
Portion *-en f* portion; *er ist e-e halbe ~* (*vard.*) han är väldigt liten (en puttifnask); *e-e gehörige ~ Frechheit* (*vard.*) en ordentlig dos fräckhet; *sie hat e-e reichliche ~ getrunken* (*vard.*) hon har druckit en hel del **portionen-, portions|weise** portionsvis, i portioner
Port|o *-i el. -os n* porto **portofrei** portofri; franko **portopflichtig** portopliktig
Portorikaner - *m* puertorikan **portorikanisch** puertorikansk
Portrait [pɔr'trɛ:] *-s n, åld.*, **Porträt** [pɔr'trɛ:] *-s n, äv.* [-'trɛ:t] *-e n* porträtt **porträtieren** porträttera **Porträtist** *-en -en m,* **Porträtmaler** - *m* porträttmålare
Portugiese *-n -n m* portugis **portugiesisch** portugisisk
Portwein *-e m* portvin
Porze'llan *-e n* porslin; *~ zerschlagen* (*vard.*) ställa till skada (tråkigheter) **porzellanen** av porslin, porslins-
Porzellan|erde *0 f* porslinslera, kaolin **-geschirr** *-e n* porslin, porslinsservis **-hose** *-n f, vard.* vita byxor **-krone** *-n f* jacketkrona **-laden** -† *m* porslinsaffär; *wie ein Elefant im ~* (*vard.*) som en elefant i en porslinsbutik, klumpig[t], taktlös[t] **-maler** - *m* porslinsmålare **-manufaktur** *-en f* porslinsfabrik **-schnecke** *-n f* porslins-, kauri|snäcka
Posamenten *pl* snörmakerier **Posamentier-**

arbeit *-en f* snörmakeriarbete **posamentieren** tillverka (förse med) snörmakerier
Po'saune *-n f* trombon, basun; *die ~n des Jüngsten Gerichts* domsbasunerna **posaunen 1** spela (blåsa) trombon (basun), blåsa i trombon (basun) **2** *etw. in alle Welt ~* förkunna (utbasunera) ngt vitt o. brett **Posaunenengel** - *m* kyrkängel **Posaunist** *-en -en m* trombonist, basunist
1 Pose *-n f* pose
2 Pose *-n f, nty.* **1** flöte **2** fjäder[penna]; *in die ~n gehen* (*vard.*) krypa till kojs
Pose'mu[c]kel [*äv.* '----] *0 n, vard., aus ~* gud vet varifrån
posen posera **Poseur** [po'zø:ɐ̯] *-e m* posör **posieren** posera **Position** *-en f* **1** position; läge, ställning; plats; ståndpunkt **2** [budget]-post **Positions|lampe** *-n f,* **-laterne** *-n f,* **-leuchte** *-n f,* **-licht** *-er n, sjö., flyg.* positionsljus, lanterna
'**positiv** [*äv.* --'-] **1** positiv; *~e Kenntnisse* faktiska kunskaper; *die Diskussion brachte kein ~es Ergebnis* (*äv.*) diskussionen gav inget konkret resultat; *~ verlaufen* (*äv.*) og positivt resultat **2** *vard.* säker, bestämd; *das ist ~ gelogen* det är absolut lögn **Positiv 1** *-e m, språkv.* positiv **2** *-e n* positiv (*mindre orgel m. labialstämmor*) **3** *foto.* positiv **Positivismus** [-v-] *0 m* positivism **Positivist** *-en -en m* positivist **positivistisch** positivistisk
'**Positron** [*äv.* --'-] *Posi'tronen n, kärnfys.* positron
Positur *-en f* pose, attityd; *sich in ~ setzen* (*stellen, werfen*) posera
Posse *-n f* fars, burlesk **Possen** - *m* spratt, hyss, ofog; *~ reißen* skämta, spela pajas; *e-m e-n ~ spielen* spela ngn ett spratt **possenhaft** farsartad, komisk **Possen|macher** - *m,* **-reißer** - *m* upptågs-, vits|makare, pajas, skämtare
'**possessiv** [*äv.* --'-] *språkv.* possessiv **Possessiv** *-e* [-vǝ] *n,* **Possessivpronom|en** *-en, äv. -ina n,* **Possessiv|um** [-v-] *-a n, språkv.* possessivpronomen
possierlich [tok]rolig, [puts]lustig
Post *-en f* post; postkontor; post|bil, -buss; *hist.* diligens; *schlechte (gute) ~* (*åld.*) dåliga (goda) nyheter; *ist ~ für mich da?* har jag ngn post?; *los, ab geht die ~!* (*vard.*) kom igen (sätt igång) nu!; *er wirft den Motor an, und ab [geht] die ~* han startar motorn, och i ett huj bär det iväg; *auf die (zur) ~ bringen (geben)* posta; *auf die (zur) ~ gehen* gå på (till) posten; *mit gleicher ~ separat, samtidigt* **Postagentur** *-en f, åld.* postkontor **postalisch** postal, post-; *auf ~em Wege* med posten, per post
Postament *-e n* postament, sockel
Post|amt *-er*† *n* post[kontor] **-anstalt** *-en f* postanstalt **-anweisung** *-en f* postanvisning (*som inlöses hos brevbäraren*) **-ausgang** *-e*† *m* [avgående] post **-auto** *-s n* post|bil, -buss **-beamte(r)** *m, adj böjn.* posttjänsteman **-beförderung** *0 f* postbefordran **-beutel** - *m* postsäck **-bezirk** *-e m* postdistrikt **-bote** *-n -n m, vard.* brevbärare **-dampfer** - *m* post|båt, -ångare **-direktion** *-en f* postdirektion **-eingang** *-e*† *m* [ankommande] post
posten *schweiz.* handla, uträtta ärenden
Posten - *m* **1** post; vaktpost; *~ stehen* (*schieben*) stå på post; *sich nicht ganz auf dem ~ fühlen* (*vard.*) inte känna sig riktigt bra, inte vara

riktigt i form; *auf verlorenem* ~ *kämpfen* kämpa förgäves (för en hopplös sak); *auf dem* ~ *sein* (*vard.*) **a)** känna sig pigg o. kry, vara frisk, **b)** vara uppmärksam (på sin vakt), akta sig **2 post**, befattning, plats; *gehobener* ~ (*äv.*) framskjuten ställning **3** *hand.* post; [varu]parti; belopp **4** *jakt.* grovt hagel **-dienst** *0 m* vakttjänst **-jäger** - *m* karriärist, streber **-kette** -*n f* vaktpostkedja
postenweise i poster
Poster ['pɔ:stɐ, 'poʊstə] -[s] *n m* affisch, poster, plakat
Postfach -*er†* *n* post|fack, -box **postfrei** frankerad
Post|gebühr -*en f* post|avgift, -taxa, porto **-geheimnis** *0 n* posthemlighet **-gut** *0 n* postpaket (*t. nedsatt taxa*) **-halter** - *m, åld.* skjutshållare; (*numera*) föreståndare för poststälie (*se Posthilfsstelle*) **-halterei** -*en f, åld.* skjutsstation **-hilfsstelle** -*n f* poststälie (*mindre postkontor i by*)
posthum postum
postieren 1 [ut]postera **2** placera, ställa
Postille -*n f* **1** postilla **2** *neds.* blaska (*tidning*)
Postillion [pɔstɪl'joːn *äv.* '---] -*e m* diligenskusk
Postkarte -*n f* vykort; brevkort **Postkasten** -*† m* brevlåda **Postkutsche** -*n f* diligens
postlagernd poste restante; ~*e Sendung* posterestanteförsändelse **Postleitzahl** -*en f* postnummer **Postler** - *m, vard.* brevbärare (*e.d.*); *er ist* ~ (*äv.*) han jobbar vid posten
Postludi|um -*en n, mus.* postludium
Postnebenstelle -*n f, se Posthilfsstelle*
postnume'rando *ekon.* i efterskott **Postnumeration** -*en f, ekon.* betalning i efterskott
Posto ~ *fassen* fatta posto
Post|paket -*e n* postpaket **-sache** -*n f* **1** postförsändelse **2** (*postverkets*) tjänstebrev **-sack** -*e† m* postsäck **-schaffner** - *m, ung.* postiljon **-schalter** - *m* postlucka **-scheck** -*s el.* -*e m* utbetalningskort (*för postgiro*); *durch* ~ per postgiro **-scheckamt** -*er† n* postgiro[kontor] **-scheckkont|o** -*en el.* -*os el.* -*i n* postgirokonto **-scheckverkehr** *0 m* postgiro **-schließfach** -*er† n* post|box, -fack **-sendung** -*en f* postförsändelse
Post|skript -*e n*, **-skript|um** -*a n* postskriptum
Post|sparbuch -*er†* *n* postsparbanksbok **-sparkasse** -*n f* postsparbank[skontor] **-sparkassenamt** -*er† n* postsparbank **-spar-[kassen]kont|o** -*en el. -os el.* -*i n* postsparbankskonto **-stelle** *el. f* **1** *se Posthilfsstelle* **2** postavdelning, vaktmästeri **-stempel** - *m* poststämpel **-tarif** -*e m, se Postgebühr*
Postulat -*e n* postulat **postulieren** postulera, antaga, påstå; kräva, fordra
postum postum
Postverbindung -*en f* post|förbindelse, -gång **Postverkehr** *0 m* posttrafik **Postverwaltung** -*en f* post|förvaltning, -verk **Postwagen** - *m* postbil; postvagn; diligens **postwendend** omgående **Postwertzeichen** - *n* frankotecken, frimärke **Postwurfsendung** -*en f* masskorsband **Postzug** -*e† m* posttåg, postförande tåg **Postzusteller** - *m, DDR* brevbärare
1 Pot [pɔt] **1** -*s m* (*i poker*) pott **2** *0 n, sl.* gräs (*marijuana*)
2 Pot [po] -*s m, schweiz., se Topf*
Po'temkinsche Dörfer *pl* potemkinkulisser
potent 1 potent **2** stark, mäktig, inflytelserik;

finansiellt stark, förmögen **3** duktig, begåvad **Potentat** -*en* -*en m* potentat **Potential** -*e n* potential **potentiell** potentiell, möjlig, eventuell **Potentiometer** - *n, elektr.* potentiometer **Potenz 1** *0 f* potens **2** -*en f* styrka, kraft; förmåga, begåvning **3** -*en f, mat.* potens, dignitet; *in höchster* ~ (*vard.*) i högsta potens **potenziell** *se potentiell* **potenzieren 1** potentiera (*äv. mat.*), förstärka, öka **2** *rfl* öka[s], stiga
Potpourri ['pɔtpʊri] -*s n* potpurri
Pott -*e† m, nty.* **1** mugg **2** potta **3** båt, skorv
Pottasche *0 f* pottaska **Pottfisch** -*e m, se Pottwal* **'pott'häßlich** *vard.* jätteful **Pottsau** -*e† f, vulg.* svin **Pottwal** -*e m* pottval, kaskelott
potz interj, ~ *Blitz!* för tusan! **'potz'tausend** *interj* för tusan!
Poularde [pu'lardə] -*n f* poulard
Pour le mérite [purləme'rit] - *m* Pour le mérite (*hög tysk orden*)
Poussade [pu'saːdə] -*n f,* **Poussage** [pu-'saːʒə] -*n f, vard. åld.* **1** flört, kärlekshistoria **2** *se Geliebte* **poussieren** *vard.* **1** *e-n* ~ omsvärma ngn, ställa sig in hos ngn **2** *mit e-m Mädchen* ~ flörta med en flicka
power ['poːvɐ] *dial.* påver, torftig, eländig
Power ['paʊɐ] *0 f, sl.* power, kraft, styrka, tryck
'Powidl - *m, österr.* plommonsylt
pp., ppa. *förk. för per procura* per procura
Prä *0 n, vard., das* ~ *haben* ha företräde, få gå först
Prä'ambel -*n f* inledning, préambule
PR-Abteilung [peː|'ɛr-] -*en f* PR-avdelning
Pracher - *m, nty.* [efterhängsen] tiggare **prachern** *nty.* tigga [påträngande]
Pracht *0 f* prakt, ståt; *er sang, daß es* [*nur so*] *e-e* ~ *war* (*vard.*) han sjöng så att det var en fröjd att höra honom; *es ist e-e* [*wahre*] ~ (*vard.*) det är [verkligen] storartat (toppen) **-ausgabe** -*n f* lyx-, prakt|upplaga **-exemplar** -*e n, vard.* praktexemplar
prächtig ståtlig, praktfull, präktig; underbar, fantastisk; ~*es Mahl* ypperlig (*o. riklig*) måltid; *das hast du* ~ *gemacht* det gjorde du fint
Prachtjunge -*n* -*n m, vard.* toppenkille, praktpojke **Prachtkerl** -*e m, vard.* rejäl karl, hedersknyffel **Prachtmädel** - *n, vard.* toppentjej, praktflicka **Prachtstraße** -*n f, ung.* paradgata **Prachtstück** -*e n, vard.* prakt|exemplar, -pjäs **prachtvoll** praktfull
Prädestination *0 f* predestination **prädestinieren** predestinera
Prädikant -*en* -*en m, prot.* predikant **Prädikat** -*e n* **1** betyg, vitsord **2** titel, epitet **3** *språkv., log.* predikat **Prädikatenlogik** *0 f* predikatlogik **prädika'tiv** *språkv.* predikativ **Prädikativ** -*e* [-*və*] *n, språkv.,* **Prädikatsnom|en** -*ina n, språkv.* predikativ, predikatsfyllnad
prädisponieren 1 predisponera **2** på förhand bestämma **predominieren** [pre]dominera, överväga **präfabrizieren** prefabricera, utforma i förväg
Präfekt -*en* -*en m* **1** prefekt (*i antikens Rom, Frankrike o. Italien*) **2** *ung.* ordningsman (*äldste elev på internat*)
Präferenzzoll -*e† m* preferenstull
präfigieren *språkv.* prefigera **Präfix** -*e n, språkv.* prefix, förstavelse
Präge -*n f* mynt[verk] **Prägedruck** -*e m* prä-

gel-, relief|tryck **prägen** prägla; *e-e Münze* ~ prägla ett mynt; *ein neues Wort* ~ prägla (hitta på, skapa) ett nytt ord; *das hat seinen Charakter geprägt* det formade (danade) hans karaktär; *es hat sich mir ins Gedächtnis geprägt* det har inpräglats i minnet på mig
Prager I - *m* pragbo **II** *oböjl. adj* från (i) Prag, Prag-
Prägestempel - *m* prägel (*stamp*)
Pragmatiker - *m* pragmatiker **pragmatisch** pragmatisk (*äv. språkv.*), praktisk, sakorienterad **Pragmatismus** *0 m* pragmatism
prägnant pregnant **Prägnanz** *0 f* pregnans
Prägung *-en f* prägling; prägel
prähis'torisch [*äv.*'----] förhistorisk
prahlen skryta, skrävla **Prahler** - *m* skrävlare **Prahlerei** *-en f* skryt, skrävel **prahlerisch** skrytsam, skrävlande **Prahlhans** *-e*† *m, vard.* skrytmåns **Prahlsucht** *0 f* skrytsamhet
Prahm *-e*[†] *m* pråm
Präju'diz *-e n* **1** *jur.* prejudikat **2** föregripande beslut **3** förutfattad mening, fördom **präjudi|zial, -ziell** *jur.* prejudicerande
praktifizieren omsätta i praktiken **'Praktik** *-en f* förfaringssätt, metod; knep **praktikabel** praktikabel, användbar, [praktiskt] genomförbar **Praktikant** *-en -en m* praktikant **Praktiker** - *m* **1** praktiker **2** allmänpraktiker **Praktik|um** *-a n* praktik[arbete], praktikanttjänstgöring; praktisk övning **Praktikus** *-se m, vard.* händig människa, tusenkonstnär **praktisch** praktisk; praktiserande; ~*er Arzt* allmänpraktiker; ~*es Jahr* ettårig praktik, provår; *er macht ~ alles* (*vard.*) han gör praktiskt taget (så gott som) allt; *etw. ~ lösen* (*äv.*) lösa ngt i praktiken **praktizieren 1** praktisera, tillämpa [i praktiken], använda **2** praktisera [som läkare]; vara verksam; göra praktik **3** *vard., er macht an e-e Stelle ~* [skickligt] smussla ngt till en plats
Prälat *-en -en m* prelat
Präliminar|frieden - *m* preliminärfred *-ien pl* förberedande förhandlingar
Pra'line *-n f, österr., schweiz. el. åld.*, **Praliné, Pralinee** *-s n* [choklad]pralin
prall fast, spänd, stram, stinn, trind, fyllig; ~*e Backen* knubbiga kinder; ~*e Segel* fulla segel; *in der ~en Sonne* i det skarpa solskenet; ~ *anliegen* (*äv.*) sitta åt (*om plagg*); ~ *gefüllt* (*äv.*) propp-, smock|full **Prall** *-e m* stöt, sammanstötning **prall|en 1** *s* stöta [ihop]; *mit dem Kopf an die Wand ~* stöta (slå) huvudet i väggen; *das Auto-te an den Baum* bilen krockade med trädet **2** *die Sonne -t* solen gassar **Pralltriller** - *m, mus.* pralldrill **'prall'voll** *vard.* propp-, smock|full
präludieren *mus.* preludiera **Präludi|um** *-en n, mus.* preludium, förspel
Prämie *-n f* **1** premie; pris, belöning; extra belopp, extra [löne]påslag **2** [försäkrings]-premie **Prämienanleihe** *-n f* premie[obligations]lån **prämi[i]eren** premiera
Prämisse *-n f* premiss
prangen prunka, lysa, glänsa, ståta; framstå i all sin glans
Pranger - *m* skampåle; *e-n an den ~ stellen* (*bildl.*) ställa ngn vid skampålen
Pranke *-n f* (*kraftig*) tass; *vard.* labb (*stor hand*) **pränume'rando** *ekon.* i förskott **Pränumeration** *-en f, ekon.* förskottsbetalning
Pranz *0 m, dial.* skryt **pranzen** *dial.* skryta
Präparat *-e n* preparat; [läke]medel **Präpara-**

tion *-en f* preparering; preparation **Präparator** *-en m* preparator **präparieren 1** preparera, konservera; dissekera (*kropp*); stoppa upp (*fågel*) **2** preparera; förbereda; *ngt* för hand behandla **3** *rfl* preparera (förbereda) sig
Präposition *-en f, språkv.* preposition **präpositional** *språkv.* prepositionell
Prärie [-'ri:] *-n* [-'ri:ən] *f* prärie
'**Präsens** *Prä'sen|tia, äv. -zien n, språkv.* presens **Präsenspartizip** *-ien n, språkv.* presens particip **prä'sent** närvarande; *etw. ~ haben* ha ngt aktuellt (present) [för sig] **Präsent** *-e n* present **Präsentation** *-en f* presentation **präsentieren 1** presentera (*räkning e.d.*); *e-m Tee ~* bjuda ngn på te; *e-m etw. ~* (*äv.*) visa ngn ngt för ngn, överlämna ngt till ngn **2** *das Gewehr ~* skyldra gevär **3** *rfl* visa sig, framträda **Präsentierteller** *0 m, auf dem ~ sitzen* (*vard.*) vara utsatt för allmän beskådan, sitta på en utsatt plats **Präsentkorb** *-e*† *m* presentkorg
Prä'senz *0 f* närvaro **-bibliothek** *-en f* referensbibliotek **-dienst** *0 m, österr., se Militärdienst* **-liste** *-n f* närvarolista **-stärke** *0 f* nuvarande (*mil.* effektiv) styrka
Präser - *m, vard.*, **Präservativ** [-va-] *-e n* kondom **Präserve** [-v-] *-n f* halvkonserv
'**Präs|es** *-ides el. Prä'siden m, kyrkl.* preses **Präsident** *-en -en m* president; ordförande; talman **-schaft** *0 f* presidentskap; ordförandeskap; talmanskap **-schaftskandidat** *-en -en m* presidentkandidat
Präsidialregierung *-en f* regering vars medlemmar utses av presidenten
präsidieren presidera; *etw.* (*dat.*) ~ (*äv.*) vara (sitta som) ordförande i (vid) ngt, leda ngt
Präsid|ium *-en n* presidium
präskrip'tiv preskriptiv
prasseln (*h, vid riktn. s*) smattra; rassla; knastra; spraka
prassen frossa, slösa, leva i sus o. dus **Prasser** - *m* rumlare, frossare, slösare **Prasserei** *-en f* rummel, festande, liv i sus o. dus
präsumieren presumera **präsumtiv** presumtiv **Präsupposition** *-en f* förutsättning; *språkv.* presupposition
Prätendent *-en -en m* pretendent **prätendieren 1** låtsas, påstå **2** pretendera, göra anspråk (*auf* + *ack.*) på) **prätentiös** pretentiös
Präterito'präsens *Präterio'prä'sen|tia, äv. -zien n, språkv.* preteritopresentiskt verb **Präterit|um** *-a n, språkv.* preteritum
'**präter'propter** cirka, ungefär
Prätorianer - *m, hist.* pretorian
Pratze *-n f, se Pranke*
Prävention [-v-] *-en f* före|byggande, -kommande, förebyggande åtgärd; profylax **präventiv** preventiv, förebyggande; profylaktisk **Präventivbehandlung** *-en f, med.* profylax, förebyggande behandling **Präventivkrieg** *-e m* preventivkrig **Präventivmaßnahme** *-n f* förebyggande åtgärd **Präventivmittel** - *n* preventivmedel
'**Prax|is** *0 f* praktik; [praktisk] erfarenhet, vana, färdighet; *etw. in die ~ umsetzen* omsätta ngt i praktiken **2** *-en f* praxis; bruk, förfaringssätt, metod **3** *-en f* praktik; [läkar]-mottagning; advokatkontor **praxisbezogen** praktik|inriktad, -orienterad **praxisfern** utan anknytning till praktiken, utan praktisk inriktning **praxisnah** med anknytning till praktiken, med praktisk inriktning

Prä'zedens *Präze'denzien n, se Präzedenzfall* **Präzedenz** *-en f* försteg, företräde **Präzedenzfall** *-e† m* precedensfall, prejudikat **präzis[e]** precis, exakt; précisions-; *präzise Wünsche* noggranna (preciserade) önskemål; *seine Worte ~ wählen* välja sina ord noga **präzisieren** precisera **Präzision** *0 f* precision **Präzisionsarbeit** *-en f* precisionsarbete **Präzisionsinstrument** *-e n* precisionsinstrument
'**predigen** predika *(äv. bildl.)* '**Prediger** - *m* predikant; präst '**Predigt** *-en f* predikan *(äv. bildl.)*
preien *sjö.* preja
Preis *-e m* **1** pris; *das ist ein stolzer ~!* det var ett saftigt pris!; *um jeden ~ (bildl.)* till varje pris, absolut; *um keinen ~ (bildl.)* inte för allt i världen, absolut inte; *etw. unter[m] ~ verkaufen* sälja ngt till lägre pris (underpris) **2** pris; belöning; *Großer ~ (äv.)* grand prix; *e-n ~ aussetzen* utfästa ett pris (en belöning); *den ersten ~ bekommen* få första pris **3** pris, lov; *e-m Lob und ~ singen* sjunga ngns lov, lovsjunga (prisa) ngn **-abbau** *0 m* prissänkning **-abrede** *-n f,* **-absprache** *-n f* prisöverenskommelse **-angabe** *-n f* prisuppgift **-aufgabe** *-n f* pristävlingsuppgift **-auftrieb** *-e m* prisstegring **-ausschreiben** - *n* pristävlan *(i tidning e.d.)* **-auszeichnung** *-en f* prismärkning **-behörde** *-n f* priskontrollnämnd **preisbewußt** prismedveten **Preisbildung** *0 f* prisbildning **Preisboxer** - *m* proffs-, pris|boxare **Preisbrecher** - *m, ein ~* en som säljer billigare (till underpris) **Preisdifferenz** *-en f* prisskillnad **Preiseinbruch** *-e† m* prisfall **Preiselbeere** *-n f* lingon
Preisempfehlung *-en f* rekommenderat pris, cirkapris **preisen** *pries, priese, gepriesen* prisa, rosa **Preiserhöhung** *-en f* prishöjning **Preisermäßigung** *-en f* prisnedsättning **Preisfrage** *-n f* **1** pristävlingsfråga; *vard.* kvistig fråga **2** kostnads-, pris|fråga **Preisgabe** *0 f* prisgivande, övergivande, lämnande; yppande, avslöjande, förräderi **preisgeben** *st* prisge, överge, lämna; yppa, avslöja, förråda; *e-n dem Gelächter ~* utsätta ngn för allmänt åtlöje **preisgebunden** prisbunden **preisgekrönt** prisbelönt **Preisgericht** *-e n* prisnämnd, [tävlings]jury **preisgesenkt** prisnedsatt **preisgünstig** [pris]förmånlig **Preisind|ex** *-exe el. -izes m* prisindex **Preisklasse** *-n f* pris|klass, -läge **Preiskurant** *-e m, österr.* pris|lista, -kurant **Preislage** *-n f* prisläge **preislich** i prishänseende, pris-; *~ verschieden* olika vad priset beträffar
Preis|liste *-n f* prislista **-nachla|ß** *-sse[†] m* rabatt **-politik** *0 f* prispolitik **-rätsel** - *n* pristävlingsgåta **-richter** - *m* pris[tävlings]domare, medlem av tävlingsjury **-richterkollegi|um** *-en n* [tävlings]jury **-rückgang** *-e† m* prisfall **-schild** *-er n* prislapp **-schlager** - *m, vard.* vara som säljs till reklampris; specialerbjudande **-schraube** *0 f* prisskruv; *an der ~ drehen* höja priserna **-schwankung** *-en f* prisfluktuation **-senkung** *-en f* prissänkning **-steigerung** *-en f* prisstegring **-stopp** *-s m* prisstopp **-sturz** *-e† m (plötsligt starkt)* prisfall, prisras **-tafel** *-n f* pris|lista, -tavla **-träger** - *m* pristagare **-treiber** - *m, ein ~* en som driver priserna i höjden **-treiberei** *-en f* upptrissande av priserna, prisocker **-über-**

wachung *0 f* priskontroll **-verteilung** *-en f* prisutdelning **-verzeichnis** *-se n* prislista **preiswert** värd sitt pris, billig *(o. bra)* **preiswürdig** **1** *se lobenswert* **2** *åld., se preiswert* **prekär** prekär
Prellbock *-e† m* **1** järnv. stoppbock **2** *vard.* syndabock **prellen** **1** *s* stöta; *gegen etw. ~* stöta emot (krocka med) ngt **2** slå (stöta) [emot]; *etw. ~* stöta emot ngt; *e-n Ball ~* studsa en boll; *ich habe mir das Knie geprellt* jag har slagit mig på knät **3** *rfl* slå (stöta) sig **4** *e-n um etw. ~* lura (bedra) ngn på ngt **5** *s, dial.* rusa, springa [fort] **Preller** - *m* skojare, bedragare **Prellerei** *-en f* bedrägeri **Prell|schu|ß** *-sse† m* rikoschett **Prellstein** *-e m* avvisare, kantsten **Prellung** *-en f* blåmärke **Premier** [prə'mje:, pre-] *-s m* premiärminister **Premiere** [-'mje:rə, -'mje:rə] *-n f* premiär **Premierenpublikum** *0 n* premiärpublik **Premierminister** - *m* premiärminister
preschen *s* rusa
pressant [-'-] *dial.* brådskande; bråttom **Presse** **1**. *-n f* press *(frukt-, tryck- m.m.)*; *hydraulische ~* hydraulisk press; *ein Manuskript in die ~ geben* lämna ett manuskript till tryckning; *unter der ~ liegen* ligga i press **2** *0 f* press; *ein Herr von der ~ (äv.)* en journalist; *die ~ berichtete darüber (äv.)* tidningarna skrev om det; *e-e gute (schlechte) ~ haben* få god (dålig) press **3** *-n f, vard.* privatskola [för extralektioner] **-agentur** *-en f, se Nachrichtenagentur* **-amt** *-er† n* pressbyrå **-ausweis** *-e m* presskort **-berichterstatter** - *m* tidningskorrespondent, reporter **-dienst** *-e m* presstjänst **-empfang** *-e† m* pressmottagning **-erklärung** *-en f* pressuttalande **-fotograf** *-en -en m* pressfotograf **-freiheit** *0 f* tryckfrihet **-gesetz** *-e n* tryckfrihetslag **-kampagne** *-n f* presskampanj **-karte** *-n f* presskort **-konferenz** *-en f* presskonferens **-mann** *-leute m, vard.* journalist **-meldung** *-en f* tidningsrapport, nyhet **pressen** pressa, trycka; pressa (trycka) ut (ur); *åld.* sätta åt, förtrycka; *gepreßt voll* full|-proppad, -packad; *e-n zu etw. ~* tvinga ngn till ngt
Presse|recht *0 n* tryckfrihetsförordning **-schau** *0 f* tidningskrönika **-sprecher** - *m* presstalesman **-stelle** *-n f* pressbyrå; PR-avdelning **-vertreter** - *m* pressrepresentant, journalist **-wesen** *0 n* tidningsväsen **-zensur** *0 f* presscensur
Preßfreiheit *0 f, åld.* tryckfrihet **Preßglas** *-er† n* pressat glas, pressglas **Preßhefe** *-n f* pressjäst **pressier|en** *sty., österr., schweiz.,* *es -t* det är bråttom, det brådskar; *mir -t's* jag har bråttom **Pression** *-en f* tryck, påtryckning, tvång **Pressionsgruppe** *-n f* påtryckningsgrupp **Pressionsmittel** *-n påtryck-ning[smedel]*
Preß|kohle *-n f* brikett **-kopf** *0 m, kokk. ung.* pressylta **-ling** *-e m* brikett; pressat föremål **-luft** *0 f* tryckluft **-luftbohrer** *-e m* tryckluftsborr **-sack** *0 m, se Preßkopf* **-span** *0 m* glanspapp **-stroh** *0 n* pressad halm **Pressung** *-en f* pressning, tryckning, tryck **Pressure-group** ['preʃəgru:p] *-s f* påtryckningsgrupp
Preß|wehen *pl* krystvärkar **-wurst** *-e† f, se Preßkopf*
Prestige [prɛs'ti:ʒə] *0 n* prestige **-denken** *0 n* prestigetänkande **-frage** *-n f* prestigefråga

-grund -e† *m* prestigeskäl **-verlust** -e *m* prestigeförlust
presto *mus.* presto **Prest|o** -os *el.* -i *n*, *mus.* presto
Pretiosen [-'tsi̯o:-] *pl* pretiosa
Preuße -n -n *m* **1** preussare; *er muß zu den ~n* (*vard.*) han måste rycka in; *bei ~ns* (*vard.*) i det militära; *so schnell schießen die ~n nicht* sakta i backarna, så fort går det nog inte **2** *sty. neds.* nordtysk **preußisch** preussisk **Preußischblau** *0 n* berlinerblått
preziös tillgjord, konstlad, pretiös **Preziosen** *pl* pretiosa
Pricke -n *f*, *sjö.* prick **prickelig** kittlande, stickande; eggande, upphetsande **prickel|n** kittla, sticka, klia; (*om champagne*) pärla (*i glaset*); *es -t auf der Zunge* det kittlar på tungan; *es -t mir in den Fingerspitzen* det kliar i fingrarna på mig **prickelnd** retande, eggande, upphetsande, [nerv]pirrande **pricklig** *se prickelig*
Priel -e *m* erosionsränna (*i marskland*)
Priem -e *m* tugg|tobak, -buss **priemen** tugga tobak
pries *se preisen*
Prießnitzumschlag -e† *m* våtvärmande omslag
Priester - *m* präst **priesterlich** prästerlig **Priesterschaft** *0 f* prästerskap **Priestertum** *0 n* prästerligt ämbete, prästerlig värdighet **Priesterweihe** -n *f* prästvigning; *die ~ empfangen* prästvigas
Prim -en *f* **1** *mus.*, *fäkt.* prim **2** *kat.* morgonandakt
prima 1 *hand.* prima, förstklassig **2** *vard.* jättebra, fin, toppen **Prim|a** -en *f*, *skol.* [näst] sista årskurs (*i ty. gymnasium*); första årskurs (*i österr. gymnasium*) **Primaballerin|a** -en *f* prima ballerina **Primadonn|a** -en *f* primadonna **Primaner** - *m*, *skol.* elev i [näst] sista (första) årskurs; *jfr Prima* **Primar** -e *m*, *österr.*, *se Primarius* **2** **primär** primär **Primararzt** -e† *m*, *österr.*, *se Primarius* **2** **Primari|us** -en *m* **1** första violinist **2** *österr.* chef-, över||läkare **Primarstufe** *0 f*, *ung.* lågstadium (*årskurs 1—4*)
Prim|as 1 -asse *el.* -aten *m*, *kat.* primas **2** -asse *m* primas (*första violinist i zigenarkapell*)
Primat 1 -e *m n* primat; *bildl. äv.* företräde **2** -en -en *m*, *zool.* primat
Primawechsel - *m*, *hand.* primaväxel **Prime** -n *f*, *mus.* prim **Primel** -n *f* primula; gullviva **Primgeiger** - *m* första violinist
primitiv primitiv **Primitive(r)** [-v-] *m f*, *adj böjn.* primitiv människa; *die Primitiven* (*äv.*) naturfolken **Primitivität** [-v-] *0 f* primitivitet **Primitivling** [-f-] -e *m*, *vard.* primitiv (ohyvlad) människa, idiot **Pri'miz** -en *f*, *kat.* neds. primzmässa **Prim|us** -usse *el.* -i *m* primus (*klassens bäste*) **Primzahl** -en *f*, *mat.* primtal
Printe -n *f* (*slags*) pepparkaka
Prinz -en -en *m* prins **Prinze|ß** -ssen *f*, *åld.*, **Prinzessin** -nen *f* prinsessa **Prinzgemahl** -e *m* prinsgemål
Prinzip -ien *0 n* princip; *aus ~ av princip*, av principiella skäl, principiellt; *im ~* i princip, principiellt **prinzipiell** principiell; *~er Beschluß* principbeslut; *das tut er ~ nicht* det gör han av princip inte; *~ ist er damit einverstanden* i princip är han med på det **prinzipienfest** principfast **Prinzipienfrage** -n *f* princip-

fråga **Prinzipienreiter** - *m* princippryttare **Prinzipienreiterei** -en *f* princippryttri **Prinzipienstreit** -e *m* strid om principer; principiell konflikt **prinzipientreu** princip|fast, -trogen
prinzlich prins- **Prinzregent** -en -en *m* prinsregent
Prior -en *m*, *kat.* prior **Prität** -en *f* **1** prioritet; företräde; rangordning; *ihm gebührt die ~ bei dieser Entdeckung* honom tillkommer äran av att ha varit först med denna upptäckt; *etw.* (*dat.*) *~ einräumen* prioritera ngt; *~en setzen* prioritera **2** *hand.* preferensaktie
Prise -n *f* **1** *sjö.* pris (*uppbringat fartyg e.d.*); *gute ~* (*äv.*) rättmätigt byte; *e-e ~ machen* uppbringa ett fartyg **2** pris (*snus*), nypa (*salt e.d.*)
Prism|a -en *n* prisma **prismatisch** prismatisk **Prismen|fernrohr** -e *n*, -**glas** -er† *n* prismakikare
Pritsche -n *f* **1** brits **2** *vard.* fnask **3** (*harlekins*) träsvärd **4** lastflak **Pritschenwagen** - *m* flakvagn
privat [-v-] privat; *~e Mitteilung* (*äv.*) förtroligt meddelande; *~er Eingang* privatingång **Privat|angelegenheit** -en *f* privatangelägenhet -**bahn** -en *f* enskild järnväg, privatbana -**besitz** -e *m* privategendom; *in ~* privatägd -**detektiv** -e *m* privatdetektiv -**dinge** *pl* privat|angelägenheter, -saker -**dozent** -en -en *m*, *ung.* docent -**eigentum** *0 n* privategendom; *das Bild befindet sich in ~* tavlan är i privat ägo -**gebrauch** *0 m* privat (eget) bruk -**gelehrte(r)** *m*, *adj böjn.* (*icke anställd*) vetenskapsman, privatlärd -**gespräch** -e *n* privatsamtal -**hand** *0 f*, *in ~* i privat ägo; *aus* (*von*) *~* av (från) en privat ägare, privat
Privatier [priva'ti̯e:] -s *m*, *ung.* rentier **privatim** privatim **Privatinitiative** -n *f* enskilt initiativ **Privatinteresse** -n *n* privat intresse **privatisieren 1** *ung.* leva på sin förmögenhet (som rentier) **2** överföra i privat ägo, privatisera
Privat|klage -n *f*, *jur.* enskilt åtal -**klinik** -en *f* privatklinik -**krieg** -e *m* privat (personlig) strid (fejd) -**leben** *0 n* privatliv -**lehrer** -e *m* privatlärare -**mann** -leute, *äv.* -männer *m* **1** privat|person, -man **2** *ung.* rentier -**patient** -en -en *m* privatpatient (*som betalar hela läkararvodet själv*) -**person** -en *f* privatperson; *e-r ~* (*äv.*) vara privatägd -**recht** *0 n* privaträtt -**sache** -n *f* privat|sak, -angelägenhet -**schule** -n *f* privatskola -**sekretär** -e *m* privatsekreterare -**stunde** -n *f* privatlektion -**vergnügen** *0 n*, *vard.*, *zu meinem ~* för mitt eget nöjes skull; *das ist sein ~* det är hans ensak -**vermögen** -e *m* privatförmögenhet -**weg** -e *m* enskild väg -**wirtschaft** *0 f* privat (enskild) företagsamhet -**wohnung** -en *f* privatbostad
Privileg [-v-] -ien, *äv.* -e *n* privilegium **privilegieren** privilegiera **Privilegi|um** -en *n*, *åld.* privilegium
PR-Mann [pe:|'er-] -er† *m* PR-man
pro I *prep m. ack.* per, pro, för; *~ Kopf* per person; *einmal ~ Tag* en gång om dagen **II** *adv* för; *immer ~ sein* alltid vara för alltid (positivt inställd); *das Pro und* [*das*] *Kontra* [skälen] för o. emot **probabel** *åld.* trolig, probabel **pro'bat** beprövad; lämplig, riktig
Probe -n *f* **1** prov; test; *~ seines Könnens* prov

på sitt kunnande; *auf* ~ på prov; *auf* ~ *anstellen* (*äv.*) provanställa; *e-n auf die* ~ *stellen* sätta ngn på prov; *jds Geduld auf e-e harte* ~ *stellen* sätta ngns tålamod på hårt prov; *etw. zur* ~ *machen* göra ngt på prov **2** *teat., mus.* repetition **-abzug** *-e*† *m* **1** korrektur[avdrag]; prov|tryck, -avdrag **2** *foto.* provkort **-arbeit** *-en f* **1** arbetsprov **2** på prov utfört arbete **-aufnahme** *-n f* prov|tagning, -inspelning **-belastung** *-en f, tekn.* provbelastning **-bohrung** *-en f* provborrning **-exemplar** *-e n* provexemplar
probefahren *st* **1** provköra (*ein Auto* en bil) **2** *s* provköra (*mit dem Auto* med bilen) **Probefahrt** *-en f* provtur **Probejahr** *-e n* provår **Probelauf** *-e*† *m* **1** provkörning (*av maskin*) **2** *sport.* testlopp **probelaufen** *st s* **1** provköras **2** *sport.* springa på prov **proben 1** pröva, prova **2** *teat., mus.* repetera **probeschreiben** *st* provskriva **Probestück** *-e n* prov, prov|stycke, -exemplar **probeweise** på prov (försök) **Probezeit** *-en f* prov|tid, -tjänstgöring
probieren 1 pröva, prova, försöka; testa; smaka på **2** *teatersl.* repetera **Probierglas** -*e*† *n* prov|glas, -rör **Probierstein** *-e m* probersten **Probierstube** *-n f* vinstuga (*för avsmaking*)
Problem *-e n* problem; ~*e* wälzen älta problem; *kein* ~! inget (inga) problem! **Proble-**'**matik** *0 f* problematik **problematisch** problematisk **Problemkind** *-er n* problembarn **Problem|komplex** *-e m*, **-kreis** *-e m* problemkomplex **problemlos** problemfri, utan problem **problemreich** med [många] problem **Problemstellung** *-en f* problemställning
'**Prodekan** *-e m, univ.* prodekan
pro '**domo** i egen sak
Produkt *-e n* produkt **Produktenbörse** *-n f* varubörs **Produktenhandel** *0 m* handel med jordbruksprodukter (råvaror) **Produktion** *-en f* produktion
Produktions|abteilung *-en f* produktionsavdelning **-faktor** *-en m* produktionsfaktor **-kosten** *pl* produktionskostnader **-mittel** *- n* **1** produktionsmedel **2** produktionsfaktor **-straße** *-n f* produktionslinje **-zahl** *-en f* produktionssiffra **-zuwachs** *0 m* produktions|-ökning, -tillväxt
produktiv produktiv **Produktivität** [-v-] *0 f* produktivitet **Produzent** *-en* -*en m* producent **produzieren 1** producera, tillverka; *vard.* göra, åstadkomma **2** *rfl, vard.* uppträda, visa vad man (*etc.*) kan, ge en uppvisning
Prof. *förk. för Professor*
profan 1 profan **2** vardaglig, vanlig **Profanbau** -*ten m* profanbyggnad **profanieren 1** profanera, vanhelga **2** *se säkularisieren*
Profe|**ß 1** -*sse f* klosterlöfte **-ssen** -*ssen m* person som avlagt klosterlöfte **Profession** -*en f* **1** yrke, fack, profession **2** passion **professional** *se professionell* **Professional** [pro-fɛsjo'na:l, pro- *el.* prə'fɛʃənəl] *-e el. -s m* professionell, proffs **professionell** professionell, yrkesmässig, yrkes-; proffs-; ~*er Sportler* (*äv.*) proffs **Professor** *-en m* professor; *österr. el. åld. äv.* adjunkt (*gymnasielärare*) **Professorenschaft** *0 f, die* ~ samtliga professorer **Professur** *-en f* professur
Profi -*s m vard.* proffs **-boxer** - *m* proffsboxare **Profil** *-e n* **1** profil (*äv. fack.*); *im* ~ i profil; ~ *haben* (*äv.*) ha personlighet (klara konturer) **2** slityta, [däck]mönster
'**Profilager** *0 n, sport.*, *das* ~ proffsen; *ins* ~ *überwechseln* bli proffs
Profilbild *-er n* profilbild **profilier|en 1** pro-filera; *-te Persönlichkeit* markant (särpräglad) personlighet; *-t sein* (*äv.*) ha personlighet **2** *rfl* profilera sig **Profilstahl** -*e*[†] *m* profilstål **Profiltiefe** *0 f* (*däcks*) mönsterdjup
Profisport *-e m* proffsidrott
Profit -*e m* profit, vinst; ~ *aus etw. schlagen* profitera på ngt, dra fördel av ngt; ~ *machen* göra sig en god förtjänst; *ohne* ~ *arbeiten* arbeta utan vinst (att tjäna ngt) **profitabel** vinstgivande, lönande **profitgierig** profitlysten **profitieren** profitera, dra vinst (nytta, fördel); *dabei kann er nur* ~ det kan han bara ha nytta av (bara vinna på) **Profit|jäger** - *m*, **-macher** - *m* profitjägare, profitör
pro forma pro forma
pro'**fund** djup, grundlig
Prognose *-n f* prognos **prognostizieren** prognosticera, ställa en prognos för
Programm *-e n* program; *nach* ~ programenligt **Programmänderung** *-en f* programändring **Programmanzeiger** -*m*, TV-program (*på bildskärmen*) **programmäßig 1** vad programmet beträffar, program- **2** *vard.* programenlig **programmatisch** programmatisk **programmgemäß** programenlig **programmgesteuert** programstyrd **programmieren** programmera **Programmierer** - *m* programmerare **Programmiersprache** *-n f* programspråk **Programmierung** *-en f* programmering **Programmpunkt** *-e m* programpunkt **Programmsteuerung** *0 f* programstyrning **Programmusik** *0 f* programmusik **Programmvorschau** *-en f* programöversikt
Progression *-en f* progression; (*vid beskattning*) progressivitet **progressiv** progressiv **Progressivsteuer** -*n f* progressiv skatt
prohibieren *åld.* förbjuda; förhindra **Prohibition** *0 f* rusdrycksförbud **Prohibitionist** *-en -en m* förbuds|vän, -anhängare **prohibitiv**, förbuds- **Prohibitivzoll** *-e*† *m* prohibitiv tull
Projekt [-j-] -*e n* projekt; plan **Projekte[n]-macher** - *m* projektmakare **projektieren** projektera **Projektil** *-e n* projektil **Projektion** *-en f* projektion **Projektions|apparat** *-e m*, **-gerät** *-e n* projektionsapparat, projektor **Projektor** *-en m* projektor **projizieren** projicera
Proklamation *-en f* proklamation **proklamieren** proklamera
Prokur|a *-en f* prokura, fullmakt **Prokurist** *-en -en m* prokurist
Pro'**let** *-en -en m* **1** *vard.* proletär **2** *neds.* oborstad (ohyvlad) typ **Proletariat** *-e n* proletariat **Proletarier** - *m* proletär **Proletarierviertel** - *n* proletärkvarter, arbetarstadsdel **proletarisch** proletär **proletarisieren** proletarisera **Proletarisierung** *0 f* proletarisering **proletenhaft** *neds.* oborstad, ohyvlad
Proliferation [proulɪfə'reɪʃən] *0 f, polit.* spridning [av kärnvapen]
Prolog *-e m* prolog
Prolongation *-en f* prolongation **prolongieren** prolongera
Promemori|a *-en el. -as n, åld.* promemoria

Promenade -n f promenad (högt. el. väg) **Promenadendeck** -e el. -s n promenaddäck **Promenadenmischung** -en f, vard. gatukorsning, byracka **promenieren** h el. s, högt. promenera
pro mille promille **Promille** - n promille **prominent** prominent; ein P~er en prominent (framstående) person **Prominenz** 1 0 f, die ~ samhällets toppar, de prominenta personerna; es war einiges an ~ da (vard.) det var en hel del kändisar där; ~ ist nicht immer von Vorteil att vara prominent är inte alltid en fördel 2 -en, pl prominenta (framstående) personer **Promiskuität** 0 f promiskuitet **Promotion** -en f, univ. promotion **promovieren** [-v-] univ. 1 promovera 2 promoveras **prompt** prompt; die Antwort kam ~ (äv.) svaret kom omgående; er hat das doch ~ wieder falsch gemacht naturligtvis gjorde han det fel igen **Promptheit** 0 f raskhet, snabbhet **Pronom|en** -en el. -ina n, språkv. pronomen **prononcieren** [pronõ'si:rən] åld. prononcera, uttala, betona **prononciert** prononcerad, bestämd, tydlig
Propädeutik [-'dɔy-] 0 f propedeutik, introduktion **propädeutisch** propedeutisk **Propaganda** 0 f propaganda; ibl. reklam -**feldzug** -e† m, -**kampagne** -n f propagandakampanj; ibl. reklamkampanj -**maschine** -n f, -**maschinerie** -n f propagandaapparat -**trommel** 0 f, die ~ schlagen (rühren) propagera, göra propaganda **propagandieren** se propagieren **Propagandist** -en -en m 1 propagandist 2 reklamman; demonstratris (på varuhus) **propagandistisch** 1 propagandistisk 2 vad reklamen beträffar, reklam- **propagieren** propagera [för]; e-e Ware ~ (äv.) göra reklam för (demonstrera) en vara
Propan[gas] 0 n propan[gas] **Propeller** - m propeller -**antrieb** 0 m propellerdrift -**blatt** -er† n propellerblad -**turbine** -n f propellerturbin
proper proper
Prophet -en -en m profet **Prophetie** [-'ti:] -n [-'ti:ən] f profetia **prophetisch** profetisk **prophezeien** profetera, förutsäga **Prophezeiung** -en f profetia
Prophylaktik|um -a n, med. förebyggande medel **prophylaktisch** med. el. bildl. profylaktisk, förebyggande **Prophylaxe** -n f, med. profylax
Proportion -en f proportion; gute ~en haben (vard.) ha en snygg figur **proportional** proportionell **Proportionalität** 0 f proportionalitet **Proportionalwahl** -en f, österr., schweiz. proportionellt val **proportioniert** proportionerlig, välavvägd **Pro'porz** -e m 1 österr. proportionell fördelning (av mandat, tjänster e.d.) 2 österr., schweiz. proportionellt val
Proposition -en f, språkv. proposition
Proppen -, m, nty. propp, kork '**proppen'voll** vard. proppfull
Propst [-o:-] -e† m [kontrakts]prost **Propstei** -en f prostämbete; prosteri; kontrakt; prostgård
'**Prorektor** -en m prorektor
Prosa 0 f prosa; in ~ på prosa **Pro'saiker** - m 1 prosaist, prosaförfattare 2 prosaisk människa **pro'saisch** 1 prosaisk 2 prosa-, på prosa **Prosa'ist** -en -en m prosaist, prosaförfattare

Proselyt -en -en m proselyt; ~en machen värva proselyter **Proselytenmacher** - m proselytmakare
Proseminar -e n, univ. proseminarium, introduktionskurs
'**prosit** interj skål!; ~ Neujahr! gott nytt år!; na dann ~! (vard. iron.) nu kan man (etc.) hälsa hem! **Prosit** -s n skål; ein ~ unserem Freund! [en] skål för vår vän!
proskribieren proskribera **Proskription** -en f proskribering
Prosodie -n f prosodi **prosodisch** prosodisk
Prospekt [-sp-] -e m, dial. äv. n 1 prospekt, broschyr 2 bakgrund; fond[kuliss]; rundhorisont **Prospektion** -en f, geol. prospektering **prospektiv** framåtblickande; eventuell, blivande, framtida; ~e Studie studie över den vidare (framtida) utvecklingen
prosperieren [-sp-] blomstra, gå bra, ha goda tider; öka sitt välstånd **Prosperität** 0 f välstånd
prost [-o:-] interj, vard., se prosit
'**Prostata** -e f prostata
prosten [-o:-] skåla **prösterchen** [-ø:-] interj, vard., se prosit
prostituieren rfl prostituera sig **Prostituierte** f, adj böjn. prostituerad **Prostitution** 0 f prostitution
Proszeni|um -en n proscenium **Proszeniumsloge** -n f avantscenloge
Protagonist -en -en m protagonist; huvudperson, centralfigur; förkämpe
Protegé [prote'ʒe:] -s m protegé **protegieren** [-'ʒi:rən] protegera
Protein -e n protein
Protektion -en f protektion; ~ haben (äv.) ha försänkningar (ngn som hjälper en fram) **Protektionismus** 0 m protektionism **Protektionist** -en -en m protektionist **protektionistisch** protektionistisk **Protektionskind** -er n gunstling, favorit, protegé **Protektor** -en m protektor; beskyddare **Protektorat** -e n protektorat; beskydd
Protest -e m protest (äv. hand.); ~ mangels Annahme (Zahlung) protest för uteblivan accept (betalning); unter ~ under protest[er]; gegen etw. ~ erheben inlägga protest (protestera) mot ngt **Protestaktion** -en f protestaktion **Protestant** -en -en m protestant **protestantisch** protestantisk **Protestantismus** 0 m protestantism **protestieren** protestera (äv. hand.) **Protestkundgebung** -en f protestmöte **Protestler** - m, neds. protesterande **Protestmarsch** -e† m protestmarsch **Protestsänger** - m protestsångare **Protestsong** -s m protestsång
Prothese -n f protes
Protokoll -e n protokoll; Chef des ~s protokollchef; ~ führen föra protokoll; etw. zu ~ geben låta ngt gå till protokollet; etw. zu ~ nehmen ta ngt till protokollet **Protokollant** -en -en m protokollförare **protokollarisch** medelst protokoll; enligt protokollet **Protokollchef** - m protokollchef **Protokollführer** - m protokollförare **protokollieren** protokollföra, ta till protokollet; föra protokoll
'**Proton** Pro'tonen n, fys. proton **Protoplasma** 0 n protoplasma '**Prototyp** [ibl. --'-] -en m prototyp **Protuberanz** -en f, astron., anat. protuberans

Protz *vard.* **1** *gen. -es el. -en, pl -e[n] m* skrävlare, skrytmåns **2** *0 m* skrävel, skryt
Protze *-n f, mil.* föreställare (*framvagn t. kanon*)
protzen *vard.* skrävla, skryta, briljera, stoltsera **Protzerei** *-en f, vard.* skrävel, skryt **protzig** *vard.* skrytsam, vräkig
Provenienz [-v-] *-en f* proveniens, ursprung
Proviant [-v-] *0 m* proviant **proviantieren** proviantera
Provinz [-v-] **1** *-en f* provins, landskap **2** *0 f, die ~* landsorten; *aus der ~ stammen* vara från landet; *diese Stadt ist finstere ~* den här staden är en hemsk [landsorts]håla; *der Film ist ~* filmen är botten **Provinzblatt** *-er† n* landsortstidning; *neds.* [liten] blaska **Provinzial** *-e m, kat.* provinsial (*föreståndare för ordensprovins*) **Provinzialism|us** *-en m* **1** språkv. provinsialism **2** *0 m* småstadsaktighet **provinziell** provinsiell (*äv. språkv.*); småstadsaktig **Provinzler** *- m, vard.* landsortsbo; lantis **provinzlerisch** *vard.* lantlig; landsortsmässig, småstadsaktig
Provision [-v-] *-en f* provision **Provisor** *-en m, åld.* (*legitimerad*) apotekare, provisor **provisorisch** provisorisk **Provisori|um** *-en n* provisorium
provokant [-v-] provocerande, utmanande **Provokateur** [-'tøːɐ̯] *-e m* provokatör **Provokation** *-en f* provokation **provokativ** provokativ **provokatorisch** provokatorisk **provozieren** provocera
Prozedur *-en f* procedur **Prozent** *-e* (*vid måttsangivelse -*) *n* procent; *~e* (*äv.*) vinstandel, provision; *auf diesen Apparat bekommen Sie ~e* (*15 ~*) på den här apparaten får Ni rabatt (15 procents rabatt) **Prozentpunkt** *-e m* procentenhet **Prozentsatz** *-e† m* procent|-sats, -tal **prozentual** procentuell **prozentuell** österr. procentuell
Proze|ß *-sse m* **1** process, rättegång; *e-n ~ führen* processa; *e-m den ~ machen* börja process med ngn, dra ngn inför rätta; *mit e-m im ~ liegen* (*äv.*) processa med ngn; *mit e-m kurzen ~ machen* (*vard.*) göra processen kort med ngn **2** process, utveckling, förlopp **Prozeßbevollmächtigte(r)** *m f, adj böjn., ung.* juridiskt ombud **Prozeßgegner** *- m* part **Prozeßhansel** *-[n] m, vard.* processmakare **prozessieren** processa (*gegen* mot) **Prozession** *-en f* procession **Prozeßkosten** *pl* rättegångskostnad[er] **Prozeßpartei** *-en f* part **Prozeßrecht** *0 n* processrätt
prüde pryd **Prüderie** *-n f* pryderi
prüfen **1** pröva; granska, kontrollera, revidera, undersöka, testa; examinera, tentera; hemsöka; *geprüft* (*äv.*) [ut]examinerad; *vom Leben schwer geprüft sein* vara hårt prövad av livet; *etw. auf seine Beschaffenheit ~* undersöka ngt med hänsyn till dess beskaffenhet; *e-e Behauptung auf ihre Wahrheit ~* pröva sanningshalten i ett påstående **2** *rfl* rannsaka sig **Prüfer** *- m* provare; granskare, kontrollant, revisor; examinator, tentator **Prüfling** *-e m* **1** examinand, tentand **2** *tekn.* provstycke **Prüfstand** *-e† m* prov|bädd, -bänk **Prüfstein** *-e m* prober-, prövo|sten **Prüfstelle** *-n f* provningsanstalt **Prüfstück** *-e n* provstycke **Prüfung** *-en f* prövning; granskning, kontroll, revision, undersökning, test; examen, tentamen, examination; *e-e ~ ablegen* (*machen*) avlägga (ta) [en] examen; *e-e ~ bestehen* klara [sig i] en examen (*etc.*); *schwere ~en durchstehen* genomgå svåra prövningar; *durch die ~ fallen* (*vard.*), *in der ~ durchfallen* kuggas (spricka, bli underkänd) [i examen *etc.*]; *in die ~ gehen* (*vard. steigen*) gå upp i examen **Prüfungsangst** *0 f* examens-, tentamens|skräck **Prüfungsausschu|ß** *-sse† m, se Prüfungskommission* **Prüfungsfach** *-er† n* examensämne **Prüfungskommission** *-en f* prövnings-, examens|nämnd **Prüfungszeugnis** *-se n* examensbetyg **Prüfverfahren** *- n* provnings-, test|metod
Prügel 1 *- m* [knöl]påk; *vulg.* kuk **2** *pl, vard.* prygel, stryk **Prügelei** *-en f* slagsmål **Prügel|-junge** *-n -n m,* **-knabe** *-n -n m* strykpojke, syndabock **prügeln 1** prygla, slå, klå [upp] **2** *rfl* slåss **Prügelstrafe** *0 f* prygelstraff
Prünelle *-n f* prunell (*torkat plommon*)
Prunk *0 m* prunk, prakt, stål **prunken** prunka, pråla, ståta **Prunkgemach** *-er†, äv. -e n* praktgemak **prunkhaft** prålig **prunklos** flärdlös **Prunkstück** *-e n* praktpjäs **Prunksucht** *0 f* praktlystnad **prunksüchtig** praktlysten **prunkvoll** praktfull, prunkande
prusten [-uː-] prusta, frusta, flåsa; frustande spruta; *vor Lachen ~* (*äv.*) brista ut i skratt
PS [peːˈɛs] *förk. för a*) *Pferdestärke* hk, hästkraft, *b*) *Postskriptum* ps, postskriptum
Psalm *-en m* psalm (*i Psaltaren*) **Psalmist** *-en -en m* psalmist **Psalter 1** *0 m, der ~* Psaltaren **2** *- m, mus.* psaltare (*stränginstrument*) **3** *- m, zool.* bladmage
pscht *interj, se pst*
pseudo [ˈpsɔydo] oäkta, efterbildad **pseudonym** [skriven] under pseudonym **Pseudonym** *-e n* pseudonym **Pseudowissenschaft** *-en f* pseudo-, kvasi|vetenskap
Psittakose *-n f, med.* psittakos
pst *interj* sch!, tyst!
Psyche [ˈpsyːçə] *-n f* psyke **psychedelisch** psykedelisk **Psychiater** *- m* psykiater **Psychiatrie** *0 f* psykiatri; *in die ~ eingeliefert werden* (*sl.*) hamna på psyket **psychiatrisch** psykiatrisk **psychisch** psykisk; *~ krank* mentalsjuk **Psychoanalyse** *-n f* psykoanalys **Psychoanalytiker** *- m* psykoanalytiker **psychoanalytisch** psykoanalytisk **Psycholinguistik** *0 f* psykolingvistik, språkpsykologi **Psychologe** *-n -n m* psykolog **Psychologie** *0 f* psykologi **psychologisch** psykologisk **Psychopath** *-en -en m* psykopat **psychopathisch** psykopatisk **Psychopharmak|on** *-a n* psykofarmakum **Psychose** *-n f* psykos **psychosomatisch** psykosomatisk **Psychoterror** *0 m* psykologisk terror **Psychotherapeut** *-en -en m* psykoterapeut **psychotherapeutisch** psykoterapeutisk **Psychotherapie** *-n f* psykoterapi **psychotisch** psykotisk
ptolemäisch ptolemeisk
pubertär pubertets-; i puberteten **Pubertät** *0 f* pubertet
Publicity [pʌˈblɪsɪtɪ] *0 f* publicitet; reklam
publik offentlig, publik; *etw. ~ machen* (*äv.*) offentliggöra ngt; *~ werden* (*äv.*) komma ut **Publikation** *-en f* **1** publicering **2** publikation **Publikum** [ˈpuː-] *0 n* publik; allmänhet; *vor e-m großen ~ sprechen* (*äv.*) tala inför ett stort auditorium **Publikumserfolg** *-e m* publik|-framgång, -succé **Publikumsliebling** *-e m* publikfavorit **Publikumsverkehr** *0 m* expe-

dition[stid] **publikumswirksam** publikdragande; *ein ~er Film (äv.*) en film som går hem hos publiken **publizieren** publicera **Publizist** *-en -en m* publicist **Publi'zistik** *0 f* publicistik **publizistisch** publicistisk **Publizität** *0 f* publicitet, offentlighet **Puck** *-s m* **1** tomte[nisse] **2** [ishockey]puck **puckern** *vard.* bulta, pulsera
puddeln puddla *(järn)*
Pudding *-e el.* *-s m* pudding
Pudel - *m* **1** pudel; *des ~s Kern* pudelns kärna; *wie ein begossener ~ dastehen (abziehen)* stå där som ett fån (slinka i väg som en våt hund) **2** *vard.* bom, miss *(i kägelspel)* **3** *vard.* luva **-mütze** *-n f* luva
pudeln 1 *dial.* plaska [i vatten] **2** *vard.* bomma, missa *(i kägelspel)*
'pudel|**'nackt** *vard.* spritt naken **-'naß** *vard.* genomblöt **-'wohl** *vard., sich ~ fühlen* må som en prins
Puder - *m, vard. äv. n* puder **Puderdose** *-n f* puderdosa **puderig** i puderform; finfördelad **pudern 1** pudra; *sich (dat.) das Gesicht ~* pudra sig i ansiktet **2** *dial. vulg.* knulla **Puderquaste** *-n f* pudervippa **Puderzucker** *0 m* pudersocker **pudrig** *se puderig*
puff *interj* puff!, pang!
Puff 1 -e[†] *m* puff; slag, stöt, knuff; knall **2** *0 n* puff *(slags brädspel)* **3** *-s m n, vard.* bordell **4** *-e el.* *-s m* puff *(pall m. förvaringsutrymme)*; *åld.* puff *(på kläder)* **Puffärmel** - *m* puffärm **Puffbohne** *-n f* bondböna **Puffe** *-n f* puff *(på kläder)* **puffen 1** *vard.* puffa, slå, stöta, knuffa; *sich ~* knuffas, slåss **2** *vard.* puffa, knalla, smälla; tuffa, töffa **3** *åld.* förse med puff; tupera *(hår)* **Puffer** - *m* **1** buffert **2** *kokk.* raggmunk, råraka **Pufferstaat** *-en m* buffertstat **Puffmutter** -† *f, vard.* bordellmamma **Puffotter** *-n f, zool.* puffadder **Puffreis** *0 m* puffat ris **Puffspiel** *-e n, se Puff* 2
puh *interj* puh!
pulen *nty.* peta [ur, ut, bort]
Pulk *-s, äv.* *-e m* [flyg]grupp; klunga, hop
Pulle *-n f, vard.* flaska, plunta; *volle ~ fahren* köra allt vad bilen *(e.d.)* orkar; *volle ~ spielen* ge allt
1 pullen 1 *nty.* ro **2** pulla, hålla in *(häst)*
2 pullen *dial.* kissa
Pulli *-s m, vard.*, **Pullover** [-'o:vɐ] - *m* pullover, tröja **Pullunder** [-'ʊndɐ] - *m* slipover
Pulp *-en m* frukt|kött, -massa; pulpa **Pulpa** *-e f, anat., bot.* pulpa **Pulpe** *-n f,* **Pülpe** *-n f, se Pulp*
Puls *-e m* puls; *e-m den ~ fühlen* ta pulsen på ngn, *bildl.* känna ngn på pulsen **Pulsader** *-n f* pulsåder **pulsen 1** pulsera **2** *med.* ta pulsen **pulsieren** pulsera **Pulsschlag** *-e*† *m* pulsslag **Pulswärmer** - *m* mudd
Pult *-e n* **1** pulpet; kateder **2** notställ; pult; *am ~ steht X (äv.)* X dirigerar
Pulver [-f-]*, äv.* *-v-*] - *n* **1** pulver; krut; *vard.* stålar; *ein ~ einnehmen* ta ett pulver; *er hat das ~ nicht erfunden (vard.*) han var inte med då krutet fanns upp; *sein ~ verschießen (vard. bildl.*) skjuta bort sitt krut **Pulverdampf** *0 m* krutrök **Pulverfa|ß** *-sser*† *n* kruttunna; *bildl.* krutdurk; *auf dem ~ sitzen* sitta på en krutdurk **Pulverform** *0 f* pulverform **pulverig** pulverformig, finfördelad **i** pulverform **pulverisieren** [-v-] pulverisera **Pulverkaffee** *-s m* pulver-, snabb|kaffe **Pulvermühle** *-n f (förr)* krutfabrik **pulvern** [-f-*, äv.* *-v-*] **1** *vard.*

skjuta; pumpa in, lägga ner *(pengar)* **2** *åld.* pulverisera **Pulverschnee** *0 m* pudersnö **'pulver**'**trocken** snustorr **pulvrig** *se pulverig*
Puma *-s m, zool.* puma
Pummel - *m,* **Pummelchen** - *n, vard.* knubbig barnunge, tjockis **pumm[e]lig** *vard.* knubbig, tjock, rundlagd
Pump *0 m, vard.* lån; *e-n ~ aufnehmen* låna pengar; *auf ~ kaufen*'köpa på krita **Pumpe** *-n f* **1** pump **2** *vard.* pump *(hjärta)* **3** *vard.* verktyg, sil *(narkotika)* **pumpen 1** pumpa **2** *sich (dat.)* *etw. von e-m ~ (vard.*) låna ngt av ngn; *er hat mir 10 Kronen gepumpt (vard.*) han har lånat mig 10 kronor
pumpern *dial.* bulta *(an die Tür* på dörren) **Pumpernickel** - *m* pumpernickel
Pumphose *-n f* knickers
Pumps [pœmps] - *m* pumps
Punchingball ['pantʃɪŋ-] *-e*† *m* boxboll
punisch punisk
Punk [paŋk] **1** *0 m* punk[rock] **2** *-s m* punkare **-[rock]er** - *m* punkare
Punkt 1 *-e m* punkt; *ein dunkler ~ in seiner Vergangenheit* en mörk fläck i hans förflutna; *der springende ~* den springande punkten; *toter ~* död punkt; *ein wunder ~* en öm punkt; *der ~ auf dem i* pricken över i; *~ zehn Uhr* på slaget 10; *in diesem ~* i denna punkt, i detta avseende; *ohne ~ und Komma reden (vard.*) tala i ett kör; *nun mach mal e-n ~! (vard.*) nu räcker det!, sluta någon gång!; *den toten ~ überwinden* övervinna dödläget **2** *-e m* poäng; *nach ~en siegen* vinna på poäng **3** - *m, typ.* punkt **Punktauge** *-n n, zool.* punktöga **Punktball** *-e*† *m* boxboll **punkten 1** punktera *(mönstra)* **2** *sport.* ge poäng; samla poäng **punktgleich** *mit e-m ~* som ha samma poäng som ngn **Punktgleichheit** *0 f* lika poäng **Punkthaus** *-er*† *n* punkthus **punktier|en** punktera *(äv. med. o. mus.*); förse med punkter; *-te Linie* punkterad linje **Punktion** *-en f, med.* punktion, punktering **pünktlich** punktlig **Pünktlichkeit** *0 f* punktlighet **Punktlinie** *-n f* punkterad linje **Punktniederlage** *-n f* poängnederlag **Punktrichter** - *m, sport.* poängdomare **Punktroller** - *m* **1** massagerulle **2** *vard.* [gummi]batong **Punktschrift** *0 f* punkt-, blind|-skrift **punktschweißen** punktsvetsa **Punktschweißung** *-en f* punktsvetsning **Punktsieg** *-e m* poängseger **punktuell** punktuell **Punktum** *interj, und damit ~!* och därmed punkt (basta)! **Punktur** *-en f, med.* punktion **Punktwertung** *-en f* poängbedömning **Punktzahl** *-en f* antal poäng; *die größere ~* *haben* ha fler poäng
Punsch *-e, äv.* *-e*† *m (slags)* toddy, *(varm)* bål **Punze** *-n f* puns **2** [kontroll]stämpel *(på metall)* **3** *vulg.* fitta **punz[ier]en 1** punsa **2** [kontroll]stämpla
Pup *-e m, vard.* prutt
Pupe *-n -n m el.* *-n f* **1** *vard.* bög **2** *dial.* dåligt (avslaget) öl
pupen *vard.* prutta
Pupenjunge *-n -n m, vard.* manlig *(homosexuell)* prostituerad
Pupille *-n f* pupill
Püppchen - *n* [liten] docka; *vard.* tjej, brud **Puppe** *-n f* **1** docka *(äv. bildl.*); *vard.* tjej, brud; *bildl.* marionett, lekboll; *bis in die ~ zechen (vard.*) festa till långt fram på småtimmarna **2** *zool.* puppa **3** *dial.* sädesskyl **Puppendoktor** *-en m* dockdoktor **Puppen-**

gesicht -er n dockansikte **puppenhaft** dock|aktig, -lik **Puppenhaus** -er† n dockskåp; skämts. dockhus **Puppenküche** -n f dockkök **Puppenräuber** - m, zool. larvmördare **Puppenspiel** -e n marionetteater-, dockteater|[pjäs] **Puppenstube** -n f dockskåp **Puppenwagen** - m dockvagn **puppern** dial. bulta, dunka (om hjärtat) **puppig** vard., se puppenhaft
Pups [-u:-] -e m, se Pup **pupsen** se pupen
Pupser - m, se Pup
pur pur, ren, idel; outspädd (om whisky e.d.)
Püree -s n puré, mos **pürieren** kokk. mosa, göra mos [av]
Purismus 0 m purism **Purist** -en -en m purist **puristisch** puristisk **Puritaner** - m puritan **puritanisch** puritansk **Puritanismus** 0 m puritanism
Purpur 0 m purpur **purpur|farben, -farbig, purpurn** purpurfärgad **purpurrot** purpurröd **Purpurröte** 0 f purpurröd färg, purpurrodnad **purren 1** nty. röra, peta; reta **2** sjö. purra
purulent med. varig
Purzel - m, vard. knatte **Purzelbaum** -e† m kullerbytta; e-n ~ schießen (machen, schlagen) slå [en] kullerbytta **purzel|n** s tumla omkull, trilla [omkull]; die Preise -ten priserna föll kraftigt
Puschel, Püschel - m, äv. -n f, dial. **1** se Quaste **2** fix idé, käpphäst
1 puschen dial. kissa
2 puschen arbeta upp, öka
pushen ['puʃn] sl. **1** puscha (produkt) **2** dila (tung narkotika) **Pusher** - m, sl. dilare (knarklangare)
Pusselarbeit -en f knåpgöra **Pusselchen** - n, vard. pyre, raring **pusselig** petig; ~ sein (äv.) [tycka om att] mixtra (knåpa) **Pusselkram** 0 m, vard. knåpgöra **pusseln** vard. knåpa, mixtra, pyssla **pußlig** se pusselig
Pußt|a -en f pusta (ungerskt stäppområde)
Puste [-u:-] 0 f **1** vard. andedräkt; aus der (außer) ~ sein vara andfådd; mir geht die ~ aus jag blir andfådd (orkar inte längre) **2** sl. puffra **-blume** -n f, vard. maskros **-kuchen** 0 m, vard., [ja] ~! a) men ingalunda!, b) faller mig inte in!
Pustel -n f pustel, varblåsa
pusten [-u:-] pusta, flämta, blåsa; vard. blåsa i ballong (göra alcotest); ich werde dir eins (was) ~ (vard.) det struntar jag i, det kommer inte på fråga **Pusterohr** -e n blåsrör (leksak)
put [put] interj. ~, ~! pull pull!
Pute -n f **1** kalkonhöna **2** vard. inbilsk (uppblåst) toka; blöde ~ dum gås **Puter** - m kalkontupp **'puter'rot** röd som en kalkon **Put-'put** -[s] n **1** pull-pull[-rop] **2** barnspr. höna
Putsch -e m (politisk) kupp **putschen** göra en [stats]kupp (ett kuppförsök) **Putschist** -en -en m kuppmakare **Putschversuch** -e m kuppförsök
Putte -n f, **Putt|o** -i el. -en m, konst. putto
Putz 0 m **1** puts, rappning, revetering; auf den ~ hauen (vard.) a) skryta, b) vara lössläppt, slå runt **2** vard. bråk; ~ machen bråka **3** åld. finkläder, stass, utstyrsel; grannlåt, bjäfs, pynt **Pütz** -en f, sjö., **Pütze** -n f, sjö. pyts
putzen 1 putsa; dial. städa, skura; österr. äv. kemtvätta; Gemüse ~ rensa grönsaker; e-e Kerze ~ snoppa ett ljus; sich (dat.) die Nase ~ snyta sig; Schuhe ~ borsta (putsa) skor; den Teller blank ~ (vard.) rensa tallriken, äta upp allting; sich (dat.) die Zähne ~ borsta tänderna; er geht ~ (äv.) han är städare **2** pynta, göra fin; pryda **3** putsa, rappa, revetera **4** sportsl. besegra, slå **5** rfl putsa sig; pynta sig, göra sig fin **Putzerei** -en f putsande, städande, städning; österr. äv. kemtvätt **Putzfimmel** 0 m, vard. städdille **Putz|frau** -en f, **-hilfe** -n f städerska, städhjälp **putzig** vard. [puts]lustig, [tok]rolig, komisk; konstig **Putzlappen** - m puts|lapp, -trasa **Putzleder** - n sämskskinn **Putzmacherin** -nen f modist **'putz'munter** vard. glad som en lärka, pigg som en mört, full av energi **putzsüchtig** klädtokig **Putztag** -e m, vard. städdag **Putzteufel** 0 m, vard., den ~ haben ha städdille; sie ist ein ~ hon har städdille **Putztick** 0 m, vard. städdille **Putztuch** -er† n puts|duk, -trasa **Putzwolle** 0 f [bomulls]trassel **Putzzeug** 0 n, vard. putsdon, städgrejor
Puzzle ['pazl], 'pasl] -s n pussel
PVC [peˈfau'tse:] 0 n, förk. för Polyvinylchlorid PVC, polyvinylklorid
Pygmäe [-ˈgmɛ:ə] -n -n m pygmé
Pyjama [pyˈdʒa:ma, pyˈʒa:ma äv. pi-, äv. -ˈja:-] -s m, äv. n pyjamas
Pykniker - m pykniker **pyknisch** pyknisk
Py'lon -en -en m, **Py'lone** -n f pylon
pyramidal pyramid|formig, -formad; vard. jätte- **Pyramide** -n f pyramid **pyramidenförmig** pyramid|formig, -formad
Pyrenäen pl, die ~ Pyrenéerna
Pyromane -n -n m pyroman **Pyromanie** 0 f pyromani **Pyrotechnik** 0 f pyroteknik **Pyrotechniker** - m pyrotekniker, fyrverkare **pyrotechnisch** pyroteknisk
Pyrrhussieg -e m pyrrusseger
pythago'reisch pytagoreisk; der ~e Lehrsatz Pytagoras sats
Pythi|a -en f pythia, sierska **pythisch** orakelaktig
'Python -s el. Py'thonen m, **Pythonschlange** -n f pyton[orm]

Q [ku:] - - n **1** (bokstav) q **2** DDR högsta kvalitetsbeteckning **qm** förk. för Quadratmeter m², kvm, kvadratmeter
qua [kva:] **I** prep m. gen. el. utan böjning genom, med, via; enligt, efter **II** konj [så]som, i egenskap av
Quabbe [kv-] -n f, nty. fettvalk **quabbelig** nty. geléartad, sladdrig, dallrande, plufsig **quabbeln** nty. dallra **quabbig** dial., **quabblig** nty., se quabbelig
quack [kv-] interj, vard. dumheter!, strunt! **Quackelei** 0 f, dial. [ständigt] [dumt] prat, pladder, sladder **quackeln** dial. prata [dumheter, smörja], sladdra **Quacksalber** - m

kvacksalvare **Quacksalberei** -en f kvacksalveri **quacksalber|n** -te, gequacksalbert kvack[salv]a
Quaddel [kv-] -n f, nty. [insekts]bett, utslag
Quader [kv-] - m, äv. -n f kvadersten; mat. parallellepiped **Quaderstein** -e m kvadersten **Quadrangel** - n, åld., se Viereck **Quadrant** -en -en m kvadrant **Quadrat 1** -e n kvadrat; ins ~ erheben upphöja i kvadrat; drei [im, zum] ~ ist neun tre i kvadrat är nio; das Bild ist 10 cm im ~ bilden är 10 cm i kvadrat (10 × 10 cm) **2** -en n, typ. kvadrat **quadratisch** kvadratisk **Quadratlatschen** pl, vard. [stora] dojor, pråmar; stora fötter **Quadratmeter** - m n kvadratmeter **Quadratschädel** - m, vard. **1** stor skalle **2** tjurskalle **Quadratur** -en f kvadratur; die ~ des Kreises cirkelns kvadratur, bildl. en olöslig uppgift **Quadratwurzel** -n f kvadratrot **Quadratzahl** -en f kvadrat[tal] **quadrieren** mat. kvadrera, upphöja i kvadrat
Quadrille [ka'drɪljə, äv. kv-] -n f kadrilj
Quadrophonie 0 f kvadrofoni
quak [kvaːk] interj kvack! **Quakelchen** - n, vard. [litet] barn **quakeln** dial. prata [för mycket] **quaken** kväka (om groda el. röst); skrälla (om radio e.d.); vard. snacka, gnälla, kraxa **quäken** skrälla, kraxa; gnälla **Quäker** - m kväkare
Qual [kv-] -en f kval, pina, smärta, vånda; ich hatte die ~ der Wahl (ung.) det föll sig inte lätt för mig att göra ett val; seine ~ mit etw. haben ha mycket besvär med ngt; sie machte uns den Urlaub zur ~ (äv.) hon förstörde semestern för oss **quäl|en 1** plåga, pina; ansätta; das Kind -t die Mutter, bis sie nachgab barnet tjatade på modern tills hon gav efter; den Motor ~ pressa motorn; e-n zu Tode ~ pina livet ur ngn; gequält lächeln pressa fram ett leende, le ansträngt (krystat) **2** rfl plåga (anstränga) sig; der Sterbende mußte sich lange ~ den döende fick lida länge; sich durch etw. ~ kämpa sig genom ngt (äv. bildl.); sich durch das Fenster ~ pressa sig igenom fönstret; sich mit e-r Aufgabe ~ slita hårt för att lösa en uppgift; das Auto -t sich über den Berg bilen kämpar sig upp över berget **Quälerei** -en f 1 plågande, pinande **2** tjat **3** pina; vard. slit o. släp **Quälgeist** -er m plågoande
Qualifikation [kv-] -en f 1 kvalifikation, merit **2** kvalificering; sport. äv. kval[match] **Qualifikationsspiel** -e n, sport. kval[ificerings]match **qualifizieren 1** kvalificera; sich für (zu) etw. ~ kvalificera sig för (till) ngt **2** bedöma, beteckna, klassificera **qualifiziert** kvalificerad; ~e Arbeit (äv.) arbete som fordrar yrkesskicklighet (kompetens); sich ~ äußern (äv.) tala med sakkunskap
Qualität [kv-] -en f kvalitet, kvalité; Waren guter ~ varor av god kvalitet; nur ~ kaufen endast köpa kvalitetsvaror; die ~ gewinnen (schack.) vinna kvalitet; sie hat gute ~en hon har goda egenskaper; auch er hat seine ~en även han har sina goda sidor (förtjänster) **qualitativ** kvalitativ **Qualitätsbezeichnung** -en f kvalitetsbeteckning **Qualitätserzeugnis** -se n kvalitetsprodukt **Qualitätsklasse** -n f, hand. kvalitet **Qualitätsware** -n f kvalitetsvara
Qualle [kv-] -n f, zool. manet
Qualm [kv-] 0 m [tjock] rök; dial. tjocka dunster, ånga; viel ~ machen (vard.) göra stort väsen, göra sig märkvärdig, skryta; bei ihnen ist wieder ~ in der Bude (vard.) de har rykt ihop (bråkar) igen; laß dir keinen ~ vormachen (vard.) låt dig inte luras **qualm|en 1** bolma, ryka; der Schornstein -t det bolmar (ryker) ur skorstenen **2** bolma på, röka; e-e [Zigarette] ~ röka en cigarett **qualmig** rökig
Qualster [kv-] - m, nty. vulg. slem (upphostning), spottloska **qualstern** nty. vulg. hosta upp (spotta ut) slem
qualvoll [kv-] plågsam, kvalfull
Quant [kv-] -en n, fys. kvant **Quantenmechanik** 0 f kvantmekanik **Quantentheorie** 0 f kvantteori
Quantität [kv-] -en f kvantitet **quantitativ** kvantitativ **Quant|um** -en n kvantum, kvantitet
Quappe [kv-] -n f, zool. **1** lake **2** grodyngel
Quarantäne [ka-, österr. kva-] -n f karantän; unter ~ stellen, in ~ legen sätta (lägga) i karantän
1 Quark [kv-] 0 m **1** kvarg, kvark **2** vard. strunt, smörja, bagatell; das geht dich e-n ~ an det angår dig inte ett skvatt; seine Nase in jeden ~ stecken lägga näsan i blöt överallt; den alten ~ aufrühren dra upp den gamla historien igen
2 Quark [kwɔːk] -s n, fys. kvark
quarkig [kv-] som kvark **Quark|kuchen** - m, -torte -n f kvarktårta (mördegsbotten m. sötad kvark m.m.)
Quarre [kv-] -n f, nty. **1** kinkande barn **2** ragata, grälsjuk kvinna **quarren 1** nty. skrika, gnälla **2** knarra; kväka; skratta (om skata)
Quart [kv-] **1** 0 n kvarto, kvartsformat **2** -en f, mus., fäkt. kvart **Quart|a** -en f tredje klass (i ty. gymnasium); fjärde klass (i österr. gymnasium) **Quartal** -e n kvartal **Quartal[s]abschlu|ß** -sse† m kvartalsredovisning **Quartal[s]säufer** - m, vard. period[sup]are **quartal[s]weise** kvartalsvis **Quartaner** - m tredje-, fjärde[klassare; jfr Quarta **Quartär** 0 n, das ~ kvartärtiden **Quartband** -e† m kvartband **Quartblatt** -er† n kvartblad **Quarte** -n f, mus. kvart **Quartett** -e n **1** mus. o. bildl. kvartett **2** (slags) kortspel **Quartformat** 0 n kvarto, kvartsformat **Quartier** [-'tiːɐ] -e n **1** kvarter, logi, inkvartering, bostad; ~ machen inkvartera, ordna logi; in ~ liegen vara inkvarterad **2** schweiz., österr. [stads]kvarter, stadsdel **Quartole** -n f, mus. kvartol
Quarz [kvaːɐ̯ts] -e m **1** geol. kvarts **2** kvartskristall **quarzen** vard. bolma **Quarzglas** 0 n kvartsglas **quarzhaltig** kvartshaltig **quarzig** kvartshaltig; kvartsaktig **Quarzkristall** -e m kvartskristall **Quarzlampe** -n f kvartslampa **Quarzuhr** -en f kvartsur
Quasar [kv-] -e m, astron. kvasar
quasi [kv-] liksom, så att säga, så gott som, nästan **Quasimodo'geniti** pl [der Sonntag] ~ första söndagen efter påsk
Quasselei [kv-] -en f, vard. pladder **Quassel|fritze** -n -n m, vard., -kopf -e† m, vard. pratmakare **quasseln** vard. pladdra, babbla, prata **Quasselstrippe** -n f, vard. **1** telefon **2** pratjmakare, -makerska
Quaste [kv-] -n f tofs; [puder]vippa **Quastenflosser** - m, zool. kvastfening
Quästion [kvesˈtjoːn] -en f (vetenskaplig) stridsfråga **Quäsˈtur** -en f, univ. kassa

Qua'tember [kv-] - *m, kat.* kvatember[fasta] (*i början av ny årstid*)
quatsch [kv-] *interj* klafs!, plask! **Quatsch** *0 m* **1** *vard.* strunt[prat], nonsens, smörja, dumhet[er]; [*ach,*] ~*!* struntprat!, dumheter!; *das Buch ist ein* ~ boken är rena smörjan; *die Kinder machen* ~ barnen gör dumheter; *mach keinen* ~*!* gör inga dumheter!; *red keinen* ~*!* prata inte strunt! **2** *dial., se Matsch* **quatschen 1** *vard.* prata [smörja, dumheter], snacka **2** *vard.* sladdra, skvallra; tjalla **3** *dial.* klafsa, säga klafs, plaska **Quatscherei** -*en f, vard.* pladder, struntprat; skvaller **quatschig 1** *vard.* dum, idiotisk **2** *dial.* slaskig, sörjig **Quatschkopf** -*e† m, vard.* pratmakare; *er ist ein* ~ (*äv.*) han pratar väldigt mycket strunt **'quatsch'naß** *vard.* dyblöt
queck [kv-] *dial., se quick* **Quecke** -*n f, bot.* kvickrot **Quecksilber** *0 n* kvicksilver; *er ist ein* [*richtiges*] (*das rein*[*st*]*e*) ~ han är som ett kvicksilver **Quecksilberdampflampe** -*n f* kvicksilverlampa **quecksilberhaltig** kvicksilverhaltig **queck|silberig, -silbern** kvicksilveraktig; *bildl.* ytterst livlig **Quecksilbersalbe** -*n f* grå-, kvicksilver|salva **Quecksilbersäule** -*n f* kvicksilverpelare **Quecksilbervergiftung** -*en f* kvicksilverförgiftning **quecksilbrig** *se quecksilberig*
Queen [kwi:n] -*s f* **1** *vard. bildl.* drottning **2** *sl.* fjolla (*feminin bög*)
Quell [kv-] -*e m, poet.* källa **Quelle** -*n f* källa; *bildl. äv.* rot, upphov, ursprung; *historische* ~*n* historiska källor; *an der* ~ *kaufen* köpa direkt [från producenten *e.d.*]; *an der* ~ *sitzen* (*vard.*) *a*) vara mycket initierad, *b*) vara (ha kontakter) på platsen (ort o. ställe); *aus sicherer* (*zuverlässiger*) ~ ur säker källa, från tillförlitligt håll **quellen I** *quoll, quölle, gequollen, quillst, quillt, quill! s* **1** välla (rinna, springa, strömma) [fram]; *ihm* ~ *die Augen fast aus dem Kopf* ögonen tränger nästan ut ur huvudet på honom; *Rauch quillt aus dem Fenster* rök tränger ut genom fönstret **2** svälla [ut]; *ihm quoll der Bissen im Munde* maten växte i munnen på honom **II** *sv* låta svälla, blötlägga (*ärter e.d.*); *dial.* koka [färdig] (*potatis e.d.*) **Quellenangabe** -*n f* angivande av (uppgift om) källan (källorna), källhänvisning, referens **Quellenforschung** -*en f* källforskning **Quellenkritik** -*en f* källkritik **Quellennachweis** -*e m, se Quellenangabe* **Quellenverzeichnis** -*se n* källförteckning **Queller** - *m, bot.* glasört **Quellflu|ß** -*sse† m* källa, källflod **Quellkartoffel** -*n f, dial., se Pellkartoffel* **Quellwasser** - *n* källvatten **Quellwolke** -*n f, meteor.* cumulusmoln
Quendel [kv-] - *m, bot.* backtimjan
Quengelei [kv-] -*en f, vard.* snyft[ande], grin[ande]; gnäll[ighet]; tjat, gnat[ighet] **quengelig** *vard.* grinig; gnällig; tjatig, gnatig **quengeln** *vard.* snyfta, grina; gnälla; tjata, gnata **Quengler** - *m, vard.* gnällmåns; tjatig människa **quenglig** *se quengelig*
Quentchen [kv-] - *n, ein* ~ en smula (gnutta), litet
quer [kv-] **I** *adv* på tvären, tvärs [över]; ~ *durch die Felder* tvärs över fälten; ~ *über die Straße gehen* gå tvärs över (snedda [över]) gatan; ~ *zu* i rät vinkel mot, vinkelrät mot **II** *adj* **1** tvärställd **2** underlig, konstig; misstänksam **quer'ab** *sjö.* tvärs, tvärskepps **Quer-**

achse -*n f* tväraxel, tvärgående (tvärställd) axel **Querbalken** - *m* tvär|balk, -bjälke, -slå; *mus.* tvärstreck; *sport.* ribba **Querbinder** - *m, åld.* fluga (*slips*) **quer'durch** tvärs igenom **Quere** *0 f* tvärriktning; *der* ~ *nach* på tvären, tvärs över; *es geht mir heute alles der* ~ (*vard.*) allt går snett (på tok) för mig i dag; *e-m in die* ~ *kommen* (*laufen*) (*vard.*) *a*) korsa ngns planer, störa (hindra) ngn, *b*) komma i vägen för ngn, *c*) råka möta ngn **queren** tvära, korsa; *e-n Platz* ~ snedda över ett torg **querfeld'ein** rakt (tvärs) över fälten, rakt genom terrängen **Querfeld'einlauf** -*e† m* terränglöpning **Querflöte** -*n f* tvärflöjt **Querfrage** -*n f, ung.* inskjuten fråga **quergehen** *st s, vard.* **1** *mir geht alles quer* allt går på tok för mig **2** *sein Benehmen geht mir quer* jag tycker inte om (retar mig på) hans uppförande **quergestreift** tvärrandig **Querholz** -*er† n* tvärsla **querkommen** *st s, vard. bildl., e-m* ~ gå emot ngn **Querkopf** -*e† m, vard.* tvärvigg; *ein* ~ *sein* (*äv.*) vara som Motvalls kärring, alltid ha en annan uppfattning, alltid handla på annat sätt **querköpfig** *vard.* egensinnig, obstinat, genstravig **Querlage** -*n f, med.* tvärläge **Querlatte** -*n f* tvärribba; *sport.* ribba **querlegen** *rfl, vard.* sätta sig på tvären **Querleiste** -*n f* tvär|list, -ribba **Querpfeife** -*n f* (*liten*) tvärflöjt **Querrichtung** -*en f* tvärriktning **Querruder** - *n, flyg.* skevroder **querschießen** *st, vard.* sätta en käpp i hjulet, göra svårigheter **Querschiff** -*e n, byggn.* tvärskepp **Querschläger** - *m* **1** rikoschett **2** *vard.* uppstudsig (oppositionell) person **Querschnitt** -*e m* tvärsnitt **Querschnitt[s]lähmung** -*en f* paraplegi, dubbelsidig förlamning **querschreiben** *st* acceptera (*växel*) **Querschu|ß** -*sse† m, vard.* käpp i hjulet; *e-n* ~ *gegen etw. starten* försöka sabotera ngt **Querstraße** -*n f* tvärgata **Querstreifen** - *m* tvärremsa; *mit* ~ (*äv.*) tvärrandig **Querstrich** -*e m* tvärstreck **Quersumme** -*n f, mat.* tvärsumma **Quertreiber** - *m, vard.* person som försöker sätta en käpp i hjulet (som gör obstruktion), sabotör **Quertreiberei** -*en f, vard.* försök att sätta en käpp i hjulet, obstruktion, sabotage **quer'über** snett emot; tvärs över
Querulant [kv-] -*en -en m* kverulant **Querulanz** *0 f* kverulans **querulieren** kverulera **Quer|verbindung** [kv-] -*en f* förbindelse[led], inbördes förbindelse; tvärförbindelse **-verweis** -*e m* [kors]hänvisning **-wand** -*e† f* tvärvägg
Quese [kv-] -*n f, nty.* **1** hudblåsa; valk **2** blåsmask **quesig** *nty.* **1** valkig **2** *veter.* kringsjuk **3** *se quengelig*
Quetsche [kv-] -*n f* **1** *dial.* press; *in e-e* ~ *geraten* hamna i knipa **2** *vard.* liten butik (firma, krog); håla **quetschen 1** trycka [hårt], pressa, klämma [sönder], krossa; *sich* (*dat.*) *den Finger* ~ klämma sig i fingret; *Kartoffeln* ~ (*dial.*) mosa potatis; *noch einige Worte zwischen die Zeilen* ~ klämma in ett par ord till mellan raderna **2** *rfl* klämma sig; *sich durch die Menschenmenge* ~ tränga sig genom folksamlingen **Quetsch|falte** [kv-] -*n f* **1** motveck **2** skrynkla **-hahn** -*e† m* slangklämma[re] **-kartoffeln** *pl, dial.* potatismos **-kasten** -† *m, vard.*, **-kommode** -*n f, vard.* handklaver **-ung** -*en f* klämning; *med.* kontusion **-wunde** -*n f* krosssår, kontusion

Queue [kø:] **1** -s n, österr. äv. m [biljard]kö **2** -s f, åld. kö; slut
quick [kv-] dial. livlig, pigg, munter '**quickle'bendig** pigg o. kry
quiek[s]en [kv-] skrika [gällt] (som en stucken gris); pipa (om mus) **Quiekser** - m, vard. gällt skrik (pip)
quietschen [kv-] gnissla, gnälla; skrika '**quietschfi'del** vard. glad o. livad '**quietschle'bendig** vard. [mycket] pigg **Quietschton** -e† m, vard. gnisslande ljud '**quietschver-'gnügt** vard. jätteglad, på topphumör
quinkelieren [kv-] kvintilera, drilla **Quinqua-'gesima** [der Sonntag] ~ fastlagssöndagen **quinquilieren** se quinkelieren **Quint** -en f, mus., fäkt. kvint **Quint|a** -en f andra klass (i ty. gymnasium); femte klass (i österr. gymnasium) **Quintaner** - m andra-, femte|klassare; jfr Quinta **Quinte** -n f, mus. kvint **Quintenzirkel** 0 m, mus. kvintcirkel **Quintessenz** -en f kvintessens **Quintett** -e n, mus. kvintett **Quintole** -n f, mus. kvintol
quirilieren [kv-] se quinkelieren
Quirl [kv-] -e m **1** visp (som snurras mellan händerna); vard. skämts. fläkt; flygsl. propeller **2** vard. orolig (livlig) människa, orosande; ein ~ sein (äv.) inte ha ngn ro i kroppen **3** bot. krans **quirl|en 1** vispa **2** h el. s virvla **3** es -t von Menschen det vimlar av folk **quirlig** livlig; orolig; ein ~es Kind (äv.) ett barn som inte kan sitta stilla
Quisling [kv-] -e m quisling, landsförrädare
quitt [kv-] kvitt; die (der) Schulden ~ sein vara kvitt skulderna; wir sind ihn (seiner) ~ (äv.) vi har blivit av med (sluppit ifrån) honom; zuerst mache ich hier alles ~ först ordnar jag upp det hela här; mit e-m ~ sein a) vara kvitt med ngn, ej längre vara skyldig ngn ngt, b) vara färdig (ha gjort slut) med ngn
Quitte [kv-] -n f, bot. kvitten **quitte[n]gelb** gul som kvitten (gröngul)
quittieren [kv-] **1** kvittera **2** bemöta, besvara; etw. mit etw. ~ (äv.) reagera på ngt med ngt **3** lämna, ta avsked från **Quittung** -en f kvitto, kvittens; das ist die ~ für dein Benehmen det har du för att du gjorde så
Quivive [ki'vi:f] auf dem ~ sein (vard.) vara på sin vakt
Quiz [kvɪs] - n frågelek, frågesport[sprogram] **-master** [-ma:stə] - m frågesportsledare **-sendung** -en f frågesportsprogram
quoll se quellen I
Quote [kv-] -n f kvot (andel) **Quotient** -en -en m, mat. kvot **quotieren** notera (pris, valutakurs) **quotisieren** uppdela i andelar (kvoter)

R

R - - n (bokstav) r **r.** förk. för rechts till höger
Raa -en f, sjö. rå

Rabatt -e m rabatt **Rabatte** -n f [kant]rabatt **rabattieren** rabattera **Rabattmarke** -n f rabatt|kupong, -märke
Ra'batz 0 m, vard. bråk, oväsen; ~ machen a) bråka, föra oväsen, b) protestera högljutt **Ra'bauke** -n -n m, vard. bråkmakare
Rabbiner - m rabbin
Rabe -n -n m korp; weißer ~ (vard.) sällsynthet, undantag; schwarz wie ein ~ (vard.) a) kolsvart, b) alldeles smutsig **Raben|aas** -åser n, vard. as, fähund **Rabeneltern** pl försumliga [hårdhjärtade] föräldrar **Rabenkrähe** -n f svart kråka **Rabenmutter** -† f försumlig [hårdhjärtad] mor '**raben'schwarz** korp-, kol|svart **Rabenvater** -† m försumlig [hårdhjärtad] far
rabiat rabiat, ursinnig; våldsam, rå, brutal; hård, rigorös
Rabulist -en -en m spetsfundig ordvrängare, slingerbult; lagvrängare **rabulistisch** spetsfundig, slingrig; lagvrängande
Rache 0 f hämnd; ~ ist süß hämnden är ljuv **Racheakt** -e m hämndeakt **Rachedurst** 0 m hämndtörst **rache|dürstend, -durstig** hämndtörstande
Rachen - m svalg, gap; poet. avgrund; er kann den ~ nicht voll genug kriegen (vard.) han får aldrig nog
rächen sv (perf part åld. el. skämts. gerochen) **1** hämna[s] **2** rfl hämnas; sich an e-m ~ hämnas på ngn; sein Zorn wird sich ~ hans vrede kommer att straffa sig
Rachen|blütler - m, bot. lejongapsväxt **-bräune** 0 f, vard. difteri **-entzündung** -en f faryngit **-lehre** -n f, tekn. hak|mått, -tolk **-mandel** -n f halsmandel **-putzer** - m, vard. skämts. rävgift (surt vin); magborstare (rivande sup)
Rächer - m hämnare **Rachgier** 0 f hämnd|girighet, -lystnad, -begär **rachgierig** hämnd|girig, -lysten
Rachitis [ra'xi:tɪs] 0 f rakitis, engelska sjukan **rachitisch** rakitisk
Rachsucht 0 f, se Rachgier **rachsüchtig** se rachgierig
Racke -n f, zool. råka
Rackelhahn -e† m, zool. rackelhane **rackeln** (om rackelhane) spela
Racker - m, vard. rackarunge, rackare **Rackerei** 0 f, vard. slit [o. släp], slavgöra **rackern** vard. slita [o. släpa], arbeta som en slav
1 Racket ['rɛkət, ra'kɛt] -s n racket
2 Racket ['rɛkət] -s n gangsterband, liga
Rad -er† o **1** hjul; fünftes (das fünfte) ~ am Wagen sein (vard.) vara femte hjulet under vagnen; bei ihm ist ein ~ locker (fehlt ein ~) (vard.) han har en skruv lös; nur ein ~ im Getriebe sein bara vara en kugge i maskineriet (det hela); er ist unter die Räder des Autos gekommen (äv.) han blev överkörd av bilen; er ist unter die Räder gekommen (vard.) det har gått utför med honom, han har dekat ner sig **2** cykel **3** hist. stegel o. hjul; e-n aufs ~ flechten (spannen) stegla ngn **4** gymn. varv (i hjulning); ein ~ schlagen hjula **5** solfjäderformig [fågel]stjärt; der Pfau schlägt ein ~ påfågeln breder ut stjärten **-achse** -n f hjulaxel
Radar [ra'da:ɐ, äv. 'ra:da:ɐ] -e m n radar[anläggning] **-anlage** -n f radaranläggning **-falle** -n f, vard. radarkontroll **-gerät** -e n radar[apparat] **-kontrolle** -n f radarkontroll **-schirm** -e m radarskärm

Ra'dau *0 m, vard.* bråk, oväsen; ~ **machen** föra oväsen, bråka **-bruder** -† *m* bråkmakare, skränfock
Radaufhängung *0 f, tekn.* hjulupphängning
Radaumacher - *m, se Radaubruder*
Rad|ball *0 m, sport.* cykelboll **-dampfer** - *m* hjulångare
Rade *-n f, bot.* åkerklätt
radebrech|en *-te, geradebrecht, [in] Englisch* ~ rådbråka engelska **radeln** *h o. s* cykla, åka cykel **rädeln** sporra *(kakor)* **Rädelsführer** - *m* anstiftare, ledare; upprorsledare **rädern** *hist.* rådbråka **Rädertier** *-e n* hjuldjur **Räderwerk** *-e n* hjulverk; *bildl.* maskineri, apparat **radfahren** *fuhr Rad, radgefahren, s* **1** cykla **2** *vard.* slicka uppåt o. sparka nedåt **Radfahrer** - *m* **1** cyklist **2** *vard.* person som slickar uppåt o. sparkar nedåt **Radfahrweg** *-e m* cykel|bana, -väg
'Radi - *m, sty., österr.* rättika
radial radi|al, -ell **Radiallinie** *-n f, österr.* gata (buss *e.d.*) från centrum till periferin **Radialreifen** - *m* radial-, gördel|däck **Radi'ator** *Radia'toren m* radiator, värmeelement **Radien** *se Radius*
radieren 1 radera, sudda ut (bort) **2** *konst.* radera, etsa **Radierer** - *m* **1** raderare, etsare **2** *se Radiergummi* **Radiergummi** *-s n* radergummi, kautschuk **Radiernadel** *-n f* rader-, ets|nål **Radierung** *-en f, konst.* radering, etsning
Ra'dieschen - *n* rädisa; *sich (dat.) die* ~ *von unten ansehen (vard.)* vara död [o. begraven]
radikal radikal **Radikalenerla|ß** *-sse m, se Extremistenerlaß* **Radikale(r)** *m f, adj böjn.* radikal, extremist **Radika'linski** *-s m, vard.* politisk virrpanna, extremist **radikalisieren** radikalisera **Radikalism|us** *-en m* radikalism **Radikalist** *-en -en m* radikal, extremist **radikalistisch** radikal, extremistisk **Radikalkur** *-en f* radikalkur **Radi'kand** *-en -en m, mat.* tal varur roten skall dras
Radio 1 *-s n, dial. m* radio[apparat] **2** *0 n* radio; ~ *hören* lyssna på radio **radioaktiv** radioaktiv **Radioaktivität** *0 f* radioaktivitet **Radioapparat** *-e m* radioapparat **Radioastronomie** *0 f* radioastronomi **Radiogerät** *-e n* radioapparat **Radiologe** *-n -n m* radiolog **Radiologie** *0 f* radiologi **radiologisch** radiologisk
Radio|programm *-e n* radioprogram **-recorder** - *m* kassettradio **-sender** - *m* radiosändare **-station** *-en f* radiostation **-technik** *0 f* radioteknik **-teleskop** *-e n* radioteleskop **-therapie** *-n f* radioterapi **-wecker** *-m* klockradio **-welle** *-n f* radiovåg
Radium *0 n* radium **radiumhaltig** radiumhaltig **Radiumtherapie** *-n f* radium|behandling, -terapi
Radi|us *-en m* radie
'Radix *Ra'dizes f, anat., bot.* rot **radizieren** *mat.* dra roten ur
Radkappe *-n f* navkapsel **Radkasten** -† *m, tekn.* hjulhus **Radkranz** *-e† m, tekn.* hjul-, fälg-, kugg|krans, -ring **Radkurve** *-n f, mat.* cykloid **Radler** - *m* **1** cyklist **2** *dial.* öl blandat m. läsk **Radlermaß** *-[e] f, se Radler* **2 Radnabe** *-n f* hjulnav
'Radon *[äv.* -'-] *0 n* radon
Rad|partie *-n f* cykelutflykt **-rennbahn** *-en f* cykel[tävlings]bana, velodrom **-rennen** - *n* cykeltävling **-rennfahrer** - *m* tävlingscyklist

Radscha ['ra(:)-] *-s m* raja
radschlagen *schlug Rad, radgeschlagen, gymn.* hjula **Radsport** *0 m* cykelsport **Radstand** *0 m* axelavstånd, hjulbas **Radsturz** *0 m* camber, hjullutning **Radtour** *-en f* cykel|utflykt, -tur **Radweg** *-e m* cykel|bana, -väg
raffen 1 rycka till sig, rafsa åt sig; *das Geld an sich (ack.)* ~ roffa åt sig pengarna **2** fästa upp, drapera; skörta (hålla) upp **3** komprimera **Raffgier** *0 f* snikenhet, vinningslystnad **raffgierig** sniken, vinningslysten, som [bara] vill roffa åt sig **raffig** *dial., se raffgierig*
Raffinade *-n f* raffinad *(renat socker)* **Raffination** *-en f* raffinering **Raffinement** [rafinə'mä:] *-s n* **1** raffinemang, förfining **2** *se Raffinesse 1* **Raffinerie** *-n f* raffinaderi **Raffinesse 1** *0 f* klipskhet, pigslughet, durkdrivenhet **2** *-n f* finess **raffinieren** raffinera **raffiniert** raffinerad; sinnrik[t uttänkt]; utstuderad, knipslug, durkdriven; utsökt
Raffke *-s m, vard.* **1** sniken person **2** uppkomling, nyrik
Rage ['ra:ʒə] *0 f, vard.* upprördhet, raseri; *e-n in* ~ *bringen* göra ngn rasande; *in* ~ *kommen (sein)* bli (vara) rasande
ragen resa sig *(sticka upp)*; *ins Zimmer* ~ skjuta ut i rummet
Raglan ['ragla(:)n, 'ræglən] *-s m* raglan **-ärmel** - *m* raglanärm
Ragout [ra'gu:] *-s n, kokk.* ragu
Rah *-en f, sjö.,* **Rahe** *-n f, sjö.* rå
Rahm *0 m, dial.* grädde; *den* ~ *abschöpfen (vard.)* skumma grädden *(av)*, ta det bästa **1 rahmen** *dial., se entrahmen*
2 rahmen rama in
Rahmen - *m* ram *(äv. cykel-, chassi- o. bildl.)*, infattning, båge *(äv. sy-)*; *aus dem* ~ *fallen* falla utom ramen, avvika starkt, inte passa [in]; *im* ~ *des Vortrags* inom ramen för (av) föredraget; *im* ~ *der Festspiele (äv.)* under festspelen; *etw. im* ~ *seiner Zeit sehen* se ngt mot bakgrunden av dess tid; *im* ~ *bleiben (äv.)* hålla måtta, inte överdriva **-antenne** *-n f* ramantenn **-erzählung** *-en f* ramberättelse **-gesetz** *-e n* lag med generella riktlinjer **-tarif** *-e m, ung.* ramavtal
rahmig *dial., se sahnig* **Rahmkäse** - *m* gräddost
Rahsegel - *n, sjö.* råsegel
Raid [reɪd] *-s m* räd, raid
Raiffeisenkasse *-n f, ung.* jordbrukskassa
Rain *-e m* [åker]ren **-farn** *-e m, bot.* renfana
ra'jolen *se rigolen*
Rake *-n f, se Racke*
Rakel *-n f, typ.* rakel
Rakete *-n f* raket; *mil. äv.* robot; *zweistufige* ~ tvåstegsraket **Raketenabschußbas|is** *-en f* robotbas **Raketenabschußrampe** *-n f* avskjutningsramp, startplatta *(för raket)* **Raketenabwehr** *0 f* försvar mot raketer (robotar) **Raketenantrieb** *0 m* raketdrift **Raketenauto** *-s n* raketbil **Raketenbas|is** *-en f* robotbas **raketengetrieben** raketdriven **Raketenstartrampe** *-n f, se Raketenabschußrampe* **Raketen|station** *-en f,* **-stützpunkt** *-e m* robotbas **Raketenwaffe** *-n f* raket-, robot|vapen **Raketenwerfer** - *m* raketkastare
Ra'kett *-e el. -s n* racket
Ralle *-n f, zool.* rall[fågel]
Rallye ['rali, *äv.* 'rɛli] *-s f* rally
Rammbär *-en -en m, tekn.* hejare **Ramm-**

bug -e[†] *m, sjö.* ramm **rammdösig** *vard.* vimmelkantig, yr i huvudet; dum **Ramme** -*n f* pålkran **rammeln 1** *vard.* tränga sig **2** *vard.* rycka (*an der Tür* i dörren) **3** *jakt.* ramla, para sig; *vulg.* knulla **4** *rfl* trängas, knuffas, slåss; *sich an etw. (dat.)* ~ slå sig på ngt **rammen 1** slå (driva) ner (*påle*) **2** ramma; köra på; *auf etw. (ack.)* ~ stöta emot (krocka med) ngt **Rammhammer** -† *m, tekn.* hejare **Rammler** - *m, jakt.* ramlare **Rammschädel** - *m, vard.* tjurskalle **Rampe** -*n f* **1** ramp; sluttande uppfartsväg; lastkaj **2** *teat.* golvramp; [*nicht*] *über die* ~ *kommen* [inte] gå in (hem) [hos publiken] **Rampenfieber** *0 n* rampfeber **Rampenlicht** -*er n* rampljus; *im* ~ [*der Öffentlichkeit*] *stehen* (*bildl.*) stå i rampljuset **ramponier|en** *vard.* ramponera, förstöra, skada; -*t aussehen* se härjad ut **Ramsch 1** *0 m* utskott[svara]; skräp; *im* ~ *kaufen* köpa i klump (parti); *der ganze* ~ (*vard.*) hela klabbet **2** -*e m* ramsch (*omgång i skat*) **ramschen 1** *vard.* köpa till vrakpris[er]; roffa åt sig **2** spela ramsch (*i skat*) **Ramschladen** -† *m* gottköpsaffär **Ramschpreis** -*e m* vrakpris **Ramschware** -*n f* utskott[svara], rest, skräp
ran [ran] *vard., se heran m. sms.*
Ranch [rɛntʃ, *äv.* raːntʃ] -[*e*]*s f* ranch
Rand -*er*† *m̃* **1** rand, kant, bryn, brädd; marginal; utkant, periferi; [in]fattning; *dunkle Ränder unter den Augen* mörka ringar (ränder) under ögonen; *der heiße Topf ließ e-n* ~ *zurück* det blev en ring efter den varma kastrullen; *am* ~[*e*] *des Ruins* på ruinens brant; *am* ~[*e*] *der Stadt* i stadens utkant; *am* ~[*e*] *des Wahnsinns* på gränsen till vansinne; *am* ~[*e*] *des Waldes* (*Grabes*) i skogsbrynet (vid gravens rand); *am* ~*e erwähnen* nämna i förbigående; *das interessiert mich nur am* ~[*e*] (*vard.*) det är jag måttligt intresserad av; *dieses Problem liegt am* ~*e* detta problem är av perifer art; *etw. nur am* ~[*e*] *miterleben* endast vara åskådare till ngt, bara uppleva ngt på håll; *am* ~[*e*] *seiner Kräfte sein* inte orka mer, vara slut; *das versteht sich am* ~*e* det är självklart; *außer* ~ *und Band sein* (*geraten*) (*vard.*) vara (bli) utom sig (alldeles vild, ifrån sig); *bis zum* ~ *voll* bräddfull, rågad; *mit etw. zu* ~*e kommen* (*vard.*) gå i land med ngt, klara av ngt, komma till rätta med ngt **2** *vard.* mun, käft; *halt deinen* ~*!* håll käft[en]!
Ran'dale *0 f,* ~ *machen* (*vard.*), *se randalieren*
randalieren föra ett förfärligt liv, leva rövare, skräna, bråka
Rand|beet -*e n* [kant]rabatt **-bemerkung** -*en f* randanmärkning (*äv. bildl.*), marginalanteckning **-bezirk** -*e m* ytter|område, -distrikt
rändeln räffla; lettra (*mynt e.d.*) **Rändelung** -*en f* räffling; lettring (*av mynt e.d.*)
Randfigur -*en f* bifigur, biperson, andraplansfigur **Randgebiet** -*e n* utkant; *im* ~ (*äv.*) i periferin **Randglosse** -*n f* rand|anmärkning, -gloss **Randgruppe** -*n f* minoritetsgrupp; *die* ~*n* (*äv.*) de [socialt] missgynnade grupperna, de missanpassade, de utslagna **Randleiste** -*n f* kantlist **randlos** utan infattning **Randmeer** -*e n* randhav **Randnotiz** -*en f* rand-, marginal|anteckning **Randstaat** -*en m* randstat **Randstein** -*e m* kantsten **Randsteller** - *m* marginal|spärr, -stopp (*på skrivmaskin*)

Randstreifen - *m* vägren 'rand'voll bräddfull, rågad; *vard.* packad (*berusad*)
Ranft -*e*† *m, dial.* [bröd]kant; brödskorpa
rang *se ringen*
Rang -*e*† *m* **1** rang, [tjänste]ställning; *ein Künstler ersten* ~*es* en första rangens (förstklassig) konstnär; *ein Hotel ersten* ~*es* ett första klassens hotell; *er hat den* ~ *e-s Generals* han har generals rang; *alles, was* ~ *und Namen hat* alla notabiliteter; *ein Schriftsteller im* ~*e Musils* en författare i klass med Musil; *ein Wissenschaftler von* ~ en vetenskapsman av rang; *e-m den* ~ *ablaufen* vara bättre än (överträffa, överflygla) ngn, slå ngn ur brädet **2** (*i lotto e.d.*) vinstklass **3** *sport.* plats, placering **4** *teat.* rad **-abzeichen** - *n* gradbeteckning **-älteste(r)** *m f, adj böjn.* [den som är] äldst i rang[en]
Range -*n f, dial.* slyngel, slyna, rackare **rangeln** *vard.* slåss, brottas (*på lek*)
Rang|erhöhung -*en f* befordran **-folge** -*n f* rangordning **Rangierbahnhof** [raŋ'ʒiːɐ̯-, *äv.* rãˈʒiː-ɐ̯-] -*e*† *m* rangerbangård **rangier|en 1** *vor* (*hinter*) *e-m* ~ komma före (efter) ngn; *er -t als erster* han intar första platsen (är den främsta); *dieses Argument -t an zweiter Stelle* detta argument kommer i andra hand; *an letzter Stelle* ~ (*äv.*) komma sist **2** *järnv.* rangera, växla **Rangierer** - *m, järnv.* växlare **Rangiergleis** -*e n* växelspår
Rangliste -*n f* ranglista; *sport.* rankinglist[a]; *mil.* rangrulla **Rangloge** -*n f, teat.* loge på raden **rangmäßig** efter rang **Rangordnung** -*en f* rangordning **Rang|streit** -*e m,* **-streitigkeit** -*en f* rangstrid **Rangstufe** -*n f* rang, grad
ranhalten *st rfl. vard.* skynda på (sig), stå i rank *högt.* slank, rank
Rank 1 -*e*† *m, schweiz.* [väg]krök, kurva; knep, trick **2** *Ränke* (*pl*) ränker, intriger
Ranke -*n f* ranka, klänge **ranken 1** *rfl* slingra sig, klänga, klättra **2** *h el. s, se I* **3** bilda rankor (klängen) **Rankengewächs** -*e n* slingerväxt **Rankenwerk** -*e n* rankverk
Ränkeschmied -*e m* ränksmidare, intrigmakare **Ränkespiel** -*e n* ränkspel, intrigmakeri
rankig slingrande; med (full av) rankor (klängen)
ranklotzen *vard.* slita hårt **rankommen** *st s, vard., se herankommen* **rankriegen** *vard., e-n* ~ a) ställa stora krav på ngn, *b*) ge ngn mycket jobb, *c*) ställa ngn till svars, avfordra ngn räkenskap **ranlassen** *st, vard., e-n* ~ släppa ngn (låta ngn komma) inpå sig; *keinen an sich* (*ack.*) ~ (*äv.*) inte tillåta några närmanden; *die Jugend* ~ släppa fram ungdomen **ranmachen** *rfl, vard., se heranmachen*
rann *se rinnen*
rannehmen *st, vard., se herannehmen*
rannte *se rennen*
ranschmeißen *st rfl, vard., sich an e-n* ~ flyga (hänga sig, tränga sig) på ngn **rantrauen** *rfl, vard., se herantrauen*
Ranunkel -*n f, bot.* ranunkel
ranwollen *oreg., vard., an etw.* (*ack.*) ~ vilja börja (ta itu) med ngt; *an etw.* (*ack.*) *nicht* ~ (*äv.*) inte vilja befatta sig med ngt; *an e-n* ~ vilja komma åt (få tag i) ngn
Ränzel - *n, åld.* ränsel
1 ranzen *jakt.* para sig
2 ranzen *vard.* ryta, snäsa, skälla

Ranzen - *m* **1** skolväska (*som bärs på ryggen*); ränsel, ryggsäck **2** *vard.* kagge, kista (*mage*) **3** *vard.* rygg; *e-m den ~ voll hauen* spöa upp ngn
ranzig härsken **Ranzigkeit** 0 *f* härskenhet
Ranzion *-en f, hist.* lösepenning
Ranzzeit *-en f, jakt.* brunsttid
rapid[e] rapid, snabb **Rapidität** 0 *f* rapiditet, snabbhet
Rapier [-'pi:ɐ] *-e n* rapir (*värja*) **rapieren 1** *kokk.* skrapa **2** mala (*tobak t.* luktsnus)
Rappe *-n -n m* rapp, svart häst
Rappel - *m, vard.* hugskott, plötsligt infall, nyck; *du hast wohl e-n ~?* du har ju en skruv lös! **rappelig** *dial.* **1** nyckfull, snurrig, galen; nervös, rastlös; *ein ~es Kind* (*ung.*) ett barn som det är svårt att hålla styr på; *dabei kann man ~ werden* det kan göra en galen **2** skraltig, skramlande **Rappelkasten** -† *m, vard., se Klapperkasten* **rappel|n 1** *vard.* skramla, klappra, smattra, skallra; *an der Tür ~* rycka i dörren; *bei ihm -t's* (*vard.*) han är tokig (inte riktigt klok) **2** *s, vard.* skramla [fram] **3** *rfl, vard.* röra sig; *sich in die Höhe ~* resa sig [mödosamt], komma på benen **4** *gerappelt voll* smockfull
Rappen - *m* rappen (*schweiz. mynt = centime*)
Rappenspalter - *m, schweiz.* snålvarg
rapplig *se rappelig*
Rapport -*e m* **1** rapport **2** förbindelse, kontakt **rapportieren** rapportera
Raps *-e m, bot.* raps
raps[ch]en *dial., se grapschen*
Raptus 1 - *m, med.* raptus (*raserianfall*) **2** *-se m, vard., se Rappel*
Ra'pünzchen -*n, dial.,* **Ra'punze** -*n f,* **Ra'punzel** -*n f* vårklynne
Ra'pus[ch]e [-u:-] 0 *f, dial., in die ~ geben* prisge; *in die ~ gehen* (*kommen*) komma bort
rar sällsynt; *sich ~ machen* vara en sällsynt gäst; *er macht sich ~* (*äv.*) man ser honom inte ofta
Rarität *-en f* sällsynthet, raritet
ra'sant 1 *vard.* rasande, blixtsnabb; enorm, fantastisk, häftig; *ein ~er Wagen* en snabb o. flott bil; *ein ~er Film* en film med fart o. fläkt; *ein ~es Mädchen* en stilig (häftig) tjej, en pangbrud **2** (*om kulbana*) flack, bestrykande **Ra'sanz** 0 *f* **1** *vard.* rasande fart, snabbhet tempo, snabbhet; *ein Film voller ~* en film med fart o. fläkt **2** (*kulbanas*) flackhet
rasch rask, snabb, hastig; *mach ~!* skynda dig!
rascheln prassla, rassla, frasa
Raschheit 0 *f* rask-, snabb|het
ras|en *jfr rasend* **1** *s, vard.* rusa, köra i rasande fart, vrålköra; *er -te zur Tür* han störtade till dörren **2** rasa; vara utom sig; härja, grassera; *der Sturm -te* stormen rasade
Rasen - *m* gräs|matta, -plan; grästorv; *der grüne ~ deckt ihn zu* han är lagd i jorden (begravd) **Rasenbesen** - *m* kratta **rasenbewachsen** gräsbevuxen
rasend rasande; *~er Beifall* stormande bifall; *e-n ~en Hunger haben* vara hungrig som en varg; *~e Schmerzen* våldsamma smärtor; *~ verliebt* våldsamt kär; *etw. ~ gern tun* förfärligt gärna göra ngt; *es ist zum R~ werden* det är så man kan bli rasande
Rasen|decke -*n f* gräsmatta **-eisenerz** 0 *n*, **-eisenstein** 0 *m* myrmalm **-mäher** - *m* gräsklippare **-platte** -*n f* grästorva **-platz** -*e*† *m* gräsplan **-schere** -*n f* kantsax **-sode** -*n f, nty.* grästorva **-sport** 0 *m* sport på gräsplan **-sprenger** - *m* vattenspridare, sprinkler **-tennis** 0 *n* [lawn]tennis
Raser - *m, vard.* fartdåre **Raserei 1** 0 *f* raseri- [anfall]; *in ~ geraten* bli rasande **2** *-en f, vard.* [vårdslös] fortkörning
Rasierapparat -*e m* rakapparat **rasieren 1** raka; *sich* (*dat.*) *die Beine ~* raka benen; *sich ~* raka sig **2** rasera, jämna med marken, fullständigt förstöra **3** *vard.* lura, klå, skörta upp
Rasier|er - *m, vard.* rakapparat **-klinge** -*n f* rakblad **-messer** - *n* rakkniv **-pinsel** - *m* rakborste **-seife** -*n f* raktvål **-spiegel** - *m* rakspegel **-wasser** -[†] *n* rakvatten **-zeug** 0 *n* rakgrejor
rasig gräsbevuxen
Räson [rɛ'zɔŋ *el.* rɛ'zõ:] 0 *f, e-n zur ~ bringen* få ngn att ta reson **räsonieren** [-zo'ni:-] **1** gnata, klanka, kverulera **2** *über etw.* (*ack.*) ~ yttra sig (breda ut sig) över ngt **Räsonnement** [rɛzɔnə'mã:] -*s n* övervägande, eftertanke, förnuftsslut
Raspel -*n f* **1** rasp (*grov fil*) **2** rivjärn **raspeln 1** raspa (*fila*) **2** riva
raß, räß *sty., österr., schweiz.* [krydd]stark; bitande, svidande, skarp; (*om hund*) bitsk; (*om häst*) vild, osedig; (*om kvinna*) resolut, brysk
Rasse -*n f* ras; *~ sein* (*haben*) vara eldig (stilig), ha temperament; *e-e Frau von* (*mit*) ~ en kvinna med ras, en stilig (parant) kvinna **-hund** -*e m* rashund
Rassel -*n f* skramla, skallra **Rasselbande** -*n f, vard.* skara stojande barn, rackarungar **rasseln 1** skramla, rassla, skallra; (*om lungor*) rossla **2** *s* skramla [fram]; *vard.* köra; *durchs Examen ~* köra i examen
Rassen|diskriminierung 0 *f* rasdiskriminering **-gesetz** -*e n* raslag **-haß** 0 *m* rashat **-hygiene** 0 *f, med.* rashygien **-schande** 0 *f, nat. soc.* rasförbrytelse (*samlag mellan arier o. jude e.d.*) **-schranke** -*n f* rasbarriär; rasdiskriminering **-trennung** 0 *f* rasåtskillnad, [ras]-segregation
Rassepferd -*e m* ras-, fullblods|häst **rasserein** *se reinrassig* **rassig** av god ras; (*om häst, vin*) eldig; temperamentsfull; flott, stilig, parant **rassisch** ras-, med avseende på rasen **Rassismus** 0 *m* rasism **Rassist** *-en -en m* rasist **rassistisch** rasistisk
Rast -*en f* **1** rast **2** *tekn., se* **Raste**
Raste -*n f, tekn.* hack, jack, skåra, inskärning; spärr[anordning], spärrhake; klinka
rasten rasta, vila [sig]
Raster 1 - *m, foto., typ.* raster **2** - *m, fack.* bländskydd (*i lampa*), diffusor **3** - *m, bildl.* system **4** - *n, telev.* [upplösningslinjer i] testbild; raster
Rasthaus -*e*† *n* cafeteria (restaurang) (*vid motorväg*) **Rasthof** -*e*† *m* motell (*vid motorväg*) **rastlos** rastlös **Rastplatz** -*e*† *m* rastplats, parkeringsplats (*vid motorväg*) **Raststätte** -*n f, se Rasthaus* **Rasttag** -*e m* vilodag
Ra'sur *-en f* **1** rakning **2** radering; [ut]raderat ställe
Rat 1 -*e*† *m* råd (*pers. o. församl.*) **2** 0 *m* råd; *kommt Zeit, kommt ~* kommer tid kommer råd; *~ halten* rådslå; *~s pflegen* (*åld.*) rådpläga; *~ schaffen* finna på råd, hitta på en utväg (lösning); *da ist guter ~ teuer* då är goda råd dyra; *sich* (*dat.*) *keinen ~ wissen* inte veta

vad man (*etc.*) ska ta sig till; *ich tue es auf seinen ~ hin* jag gör det på hans inrådan; *sich (dat.)* bei e-m ~ *holen, e-n um ~ fragen* fråga ngn till råds (om råd); *mit ~ und Tat* med råd och dåd; *mit sich zu ~[e] gehen* tänka efter; *e-n zu ~[e] ziehen* rådfråga (konsultera) ngn, fråga ngn till råds **Rate** -*n f* **1** avbetalning[spost]; *auf ~n kaufen* köpa på avbetalning; *in monatlichen ~n bezahlen* avbetala månadsvis, göra månatliga avbetalningar **2** kvot; *~ der Geburten (des Zuwachses)* födelsetal (tillväxttakt) **raten** *riet, riete, geraten, rätst, rät* **1** råda; *e-m gut ~ ge* ngn goda (ett gott) råd; *was (wozu) rätst du mir?* vad råder du mig till?, vad tycker du jag ska göra?; *e-m zur Vorsicht ~* råda ngn till försiktighet; *zu diesem Sakko kann ich Ihnen nur ~* den här kavajen kan jag verkligen rekommendera Er; *ich rate dir, sofort damit aufzuhören!* jag råder dig att sluta upp med det där genast!, sluta genast med det där, annars..!; *das möchte ich dir auch geraten haben! (äv.)* det är bäst (var tur) för dig [att du gör (gjorde) det]!; *sich (dat.) ~ lassen* lyda råd; *laß dir das geraten sein!* det råder jag dig till!, du är så god och rättar dig efter det!; *er weiß sich (dat.) nicht zu ~ noch zu helfen* han vet sig ingen [levande] råd, han vet varken ut eller in; *es ist geraten* det är [till]rådligt (lämpligt) **2** gissa; [försöka] lista ut; *rat mal!* gissa!; *das rätst du nie! (vard.)* det kommer du aldrig på!; *das ist ja nur geraten* det är bara gissningar; *ein Rätsel ~ lösa* en gåta; *e-m etw. zu ~ aufgeben* ge ngn ngt att fundera på **Ratenkauf** -*e†* *m* avbetalningsköp **ratenweise** avbetalningsvis, genom avbetalningar, på avbetalning **Ratenzahlung** -*en f* avbetalning
Räterepublik -*en f, polit.* rådsrepublik **Ratgeber** - *m* **1** rådgivare **2** handbok **Rathaus** -*er† n* stads-, råd|hus
Ratifikation -*en f* ratificering, ratifikation **ratifizieren** ratificera
Rätin -*nen f* (*kvinnligt*) råd
Ratio *0 f* förnuft, förstånd
Ration -*en f* ranson **rational** förnufts|enlig, -mässig, förnuftig, rationell **rationalisieren** rationalisera **Rationalisierung** -*en f* rationalisering **Rationalismus** *0 m* rationalism **Rationalist** -*en -en m* rationalist **rationalistisch** rationalistisk **rationell** rationell **rationieren** ransonera
rätlich *se ratsam* **ratlos** rådlös **Ratlosigkeit** *0 f* rådlöshet
Rätoromane -*n* -*n m* rätoroman **rätoromanisch** rätoromansk **Rätoromanisch** *0 n* rätoromanska (*språk*)
ratsam [till]rådlig, att tillråda; klok **ratsch** *interj* ratsch! **Ratsche** [-a:-] -*n f, sty., österr.,* **Rätsche** [-ε:-] -*n f, sty.* **1** skramla **2** *vard.* pratmakerska, skvallerkärring **3** *tekn.* spärranordning
1 ratschen 1 *vard.* ratscha, frambringa ratschande ljud **2** *rfl, dial.* riva sig
2 ratschen [-a:-] *sty., österr., se rätschen* **rätschen** [-ε:-] *sty.* **1** skramla **2** *vard.* prata, babbla; sladdra, skvallra
Ratschlag -*e† m* råd **ratschlag|en** -*te, geratschlagt* rådslå, konferera, diskutera **Ratschlu|ß** -*sse† m* rådslut, beslut
Rätsel [-ε:-] - *n* gåta **rätselhaft** gåtfull; *es ist mir ~, wie* det är obegripligt (en gåta) för mig hur **rätseln** fundera, bry sin hjärna **Rätselraten** *0 n* **1** lösande av gåta **2** gissningar, spekulationer
Ratsherr -[e]*n -en m* medlem av rådet, senator, rådsherre **Ratskeller** - *m* rådhuskällare (*restaurang*) **Ratsstube** -*n f, åld.* sammanträdeslokal (*i stads- el. rådhus*) **ratsuchend** rådsökande
Ratte -*n f* **1** råtta; *wie e-e ~ schlafen (vard.)* sova som en stock **2** *vulg.* skitstövel, råtta **Rattenfalle** -*n f* råttfälla **Rattenfänger** - *m* **1** råttfångare **2** råtthund **3** *bildl.* förförare **Rattengift** -*e n* råttgift **Rattenkönig** -*e m* **1** kull av råttor (*som i boet snott ihop sig m. svansarna*) **2** *bildl.* oupplöslig härva, virrvarr **Rattenschwanz** -*e† m* **1** råttsvans **2** ändlös rad; härva
rattern 1 skallra, smattra, knattra, skramla **2** *s* skramla [fram]
Ratz -*e m* **1** *dial.* råtta; *wie ein ~ schlafen* sova som en gris **2** *jakt.* iller
1 Ratze -*n f, vard.* råtta
2 Ratze -[*s*] *m, se Ratzefummel* **Ratzefummel** - *m, skolsl.* suddgummi
'**ratze'kahl** *vard.* [alldeles] kal (tom); fullständigt; *alles ~ auf[fr]essen* äta upp allting (rubb o. stubb)
Raub *0 m* **1** rån; [barna]rov, bortrövande; *e-n ~ begehen (verüben)* föröva ett rån **2** rov, byte; *ein ~ der Flammen werden* bli lågornas rov **Raubbau** *0 m* rovdrift; *mit seiner Gesundheit ~ treiben (ung.)* bränna sitt ljus i båda ändarna, fördärva sin hälsa **Raubdruck** -*e m* pirattryck **rauben** röva [bort], råna; *e-m etw. ~* beröva ngn ngt, röva ngt från ngn, råna ngn på ngt; *durch e-n Unfall wurde ihm das Augenlicht geraubt* på grund av en olyckshändelse förlorade han synen; *der Habicht raubt ein Huhn* höken tar en höna; *ein Kind ~* röva bort (kidnappa) ett barn **Räuber** - *m* rånare; rövare; *vard.* rackarunge; *~n in die Hände fallen, unter die ~ fallen* falla i rövarhänder **Räuberbande** -*n f* rövarband **Räuberei** -*en f* röveri, rån **Räubergeschichte** -*n f* rövarhistoria **Räuberhaupt|mann** -*leute m* rövarhövding **Räuberhöhle** -*n f* rövarkula **räuberisch** rovaktig, rövar- **räubern** stjäla, sköva; *cin Geschäft ~* råna en affär **Räuberpistole** -*n f, vard.* rövarhistoria **Räuberzivil** *0 n, vard., in ~ herumlaufen* gå slarvigt klädd, gå i konstiga kläder **Raubfisch** -*e m* rovfisk **Raubgier** *0 f* rovgirighet **raubgierig** rovgirig **Raubkrieg** -*e m* erövringskrig **Raublust** *0 f* rovlystnad **raublustig** rovlysten
Raub|mord -*e m* rånmord -**mörder** - *m* rånmördare -**ritter** - *m* rovriddare -**schiff** -*e n* sjörövarskepp -**tier** -*e n* rovdjur -**überfall** -*e† m* rån[överfall] -**vogel** -*† m* rovfågel -**wild** *0 n, jakt., koll.* rovdjur (*som ej får jagas, t. ex. katt*) -**zug** -*e† m* rövar-, plundrings|tåg
Rauch *0 m* rök; *kein ~ ohne Flamme* ingen rök utan eld; *Wurst in den ~ hängen* hänga upp korv till rökning; *in ~ [und Flammen] aufgehen* gå upp i rök, brinna upp; *in ~ aufgehen, sich in ~ auflösen (bildl.)* gå upp i rök, gå om intet **rauchbar** rökbar **Rauchbombe** -*n f* rökbomb **rauch|en 1** ryka; *der Schornstein -t* det ryker ur skorstenen; *der Vulkan -t* vulkanen ryker; *mir -te der Kopf vom vielen Ler-*

nen (*vard.*) jag pluggade så hjärnan gick varm; *vor Arbeit ~ ha jättemycket att göra; vor Wut ~ koka av vrede; hier -t's* (*vard.*) här osar det katt, här blir det problem (bråk); *er arbeitet, daß es nur so -t* (*vard.*) han jobbar så det stänker om det; *halt die Fresse, sonst -t's* (*vard.*) håll käften, annars åker du på en propp; *mach das ordentlich, sonst -t's* (*vard.*) gör det ordentligt, annars åker du på en utskällning; *sie zankten sich, daß es nur so -te* (*vard.*) de grälade så stickor och strån yrde **2** röka; *das R~ aufgeben* sluta röka; *R~ verboten* rökning förbjuden; *er hat ihm das R~ verboten* han har förbjudit honom att röka **Raucher -** *m* **1** rökare **2** rökkupé; vagn för rökare; (*på anslag äv.*) Rökning tillåten **Räucheraal** *-e m* rökt ål **Raucherabteil** *-e n* rökkupé **Raucherbein** *0 n* (*av rökning förorsakad*) kärlsjukdom [i benen] **Räucherfa|ß** *-sser†* *n* rökelsekar **Räucherfisch** *-e m* rökt fisk **Räuchergefäß** *-e n* rökelsekar **Räucherhering** *-e m* rökt sill **Raucherhusten** *0 m* rökhosta **räucherig** rökig, nedrökt **Räucherkammer** *-n f* rökeri **Raucherkarte** *-n f* ransoneringskort för rökverk **Räucherkerze** *-n f* rökgubbe **Raucherkrebs** *0 m* [lung]cancer [förorsakad av rökning] **Räucherlachs** *-e m* rökt lax **raucher|n** *dial.*, *mich -t* [*es*] jag är röksugen **räuchern** **1** röka (*matvaror, mot ohyra e.d.*) **2** bränna (tända) rökelse **Räucherpfanne** *-n f* rökelsekar **Räucherpulver -** *n* rökelse (*i pulverform*) **Räucherspeck** *0 m* rökt sidfläsk **Räucherstäbchen -** *n* rökelsepinne **Räucherung** *-en f* rökning (*av korv, mot ohyra e.d.*) **Räucherwaren** *pl* rökta matvaror **Rauchfahne** *-n f* rökslinga **Rauchfang** *-e†* *m* rökfång, spiskupa; *österr.* skorsten **Rauchfangkehrer -** *m*, *österr.* skorstensfejare **rauchfarben**, **-farbig** rökfärgad **Rauchfa|ß** *-sser†* *n* rökelsekar **Rauchfleisch** *0 n* rökt kött **rauchgeschwärzt** nedsvärtad av rök **rauchig** rökig **Rauchklappe** *-n f* spjäll **rauchlos** rökfri, utan rök **Rauch|maske** *-n f* rökmask **-melder -** *m* rökvarnare **-pause** *-n f* rökpaus **-säule** *-n f* rökpelare **-schleier -** *m* rökridå **-signal** *-e n* röksignal **-verbot** *-e n* rökförbud **-vergiftung** *-en f* rökförgiftning **-waren** *pl* rök|verk, -varor
Rauch|waren *pl* pälsvaror **-werk** *0 n* pälsverk
Rauch|wolke *-n f* rökmoln **-wurst** *-e†* *f* rökt korv **-zeichen -** *n* röksignal
Räude *-n f* skabb (*hos djur*) **räudig** (*om djur*) skabbig
rauf *vard.*, *se herauf*, *hinauf m. sms.*
Raufbold *-e m* slagskämpe
Raufe *-n f* foderhäck
raufen 1 rycka (riva, slita) [upp, bort]; *sich* (*dat.*) *die Haare ~* slita sitt hår **2** [*sich*] ~ slåss
Raufer - *m* slagskämpe **Rauf|erei** *-en f*, **-handel -†** *m* slagsmål **rauflustig** pigg på att slåss
rauh 1 ojämn, grov, skrovlig; *~e See* grov sjö **2** skrovlig, hes, sträv **3** (*om klimat*) hård, sträng; (*om trakt*) vild, ogästvänlig **4** grov, rå, ohyfsad, brysk; *sport.* ruffig, ojust; *~e Behandlung* omild (hård) behandling; *etw. ~ sagen* säga ngt barskt **Rauhbein** *-e n* **1** *vard.* barsk (ohyfsad) [men godhjärtad] människa **2** *sportsl.* ojust spelare **rauhbeinig 1** *vard.* barsk (ohyfsad) [men godhjärtad] **2** *sportsl.* ruffig, ojust **Rauhbewurf** *0 m* grovputs

rauhborstig *vard.*, *se rauhbeinig* **Rauheit** *0 f* ojämnhet, grovhet *etc.*, *jfr rauh* **rauhen** rugga [upp] **Rauhfrost** *0 m*, *dial.* rimfrost **Rauhfutter** *0 n* stråfoder **Rauhhaardackel -** *m* strävhårig tax **rauhhaarig** strävhårig **Rauhigkeit** *0 f* ojämnhet *etc.*, *jfr rauh* **Rauhnächte** *pl*, *die ~* [de tolv] nätterna mellan jul o. trettondagen **Rauhputz** *0 m* grovputs **Rauhreif** *0 m* rimfrost
Rauke *-n f*, *bot.* vägsenap
raum *sjö.* rum **Raum** *-e†* *m* rum; rymd; utrymme; lokal; område, region; *~ für Ergänzungen* plats för tillägg; *luftleerer ~* (*äv.*) vakuum; *zu breiten ~ einnehmen* ta för stor plats; *seinen Neigungen ~ geben* ge fritt lopp åt sina böjelser; *e-r Hoffnung ~ geben* hänge sig åt en förhoppning; *auf engem ~ wohnen* bo trångt, ha lite plats **Raumangabe** *-n f*, *språkv.* rumsadverbial **Raumanzug** *-e†* *m* rymddräkt **Raumausstatter -** *m* **1** heminredare (*mattläggare*, *målare e.d.*) **2** heminredningsaffär (*för mattor, gardiner m.m.*) **Raumbild** *-er n* stereoskopisk bild
Räumboot *-e n* minsvepare **räumen 1** ta (flytta, föra, lägga, ställa) bort, avlägsna; *Minen ~* svepa minor; *etw. auf die Seite ~* ställa (lägga) undan ngt; *Kleider aus dem Schrank ~* ta ut kläder ur skåpet; *etw. aus dem Weg ~* röja (skaffa) ngt ur vägen, undanröja ngt; *das Geschirr in die Küche ~* ställa in porslinet i köket **2** utrymme, evakuera, tömma; lämna; *das Feld ~* rymma fältet; *das Lager ~* tömma (rensa, sälja ut) lagret; *den Saal ~ a*) utrymma salen, *b*) lämna salen; *die Straße ~* röja gatan
Raum|ersparnis *0 f* utrymmesbesparing **-fahrer -** *m* astronaut, rymdfarare **-fahrt 1** *0 f* astronautik, rymdfart **2** *-en f* rymd|färd, -flygning **-fahrzeug** *-e n* rymd|farkost, -skepp **-film** *-e m* stereoskopisk film **-flug** *-e†* *m* rymd|färd, -flygning **-gestaltung** *0 f* [hem]inredning **-gitter -** *n*, *kem.* rymdgitter **-inhalt** *-e m* volym, [kubik]innehåll **-kapsel** *-n f* rymdkapsel **-kunst** *0 f* inre arkitektur; heminredning **-lehre** *0 f* geometri
räumlich rumslig, rums-; *~e Ausdehnung* utsträckning i rummet; *~es Sehen* stereoskopiskt seende; *~ sind wir hier begrenzt* vi har det trångt här; *das Haus ist ~ schön, aber vad rummen beträffar är huset vackert men; *danke, ~ unmöglich!* (*vard.*) tack, jag orkar inte mer (*är proppmätt*)!; *~ konzentriert* lokalt koncentrerad **Räumlichkeit 1** *0 f* rumslighet; utsträckning [i rummet] **2** *-en f* lokal, rum, utrymme
Raum|mangel *0 m* utrymmes-, plats|brist **-maß** *-e n* rymd-, kubik|mått **-meter -** *m n* lokskubikmeter (*ved*) **-not** *0 f* platsbrist, brist på utrymme **-ordnung** *-en f*, *ung.* regionplan[ering] **-pflegerin** *-nen f* lokalvårdare, städerska **-planung** *-en f*, *ung.* regionplan[ering] **-schiff** *-e n* rymdskepp **-sonde** *-n f* rymdsond
raumsparend utrymmesbesparande **Raumstation** *-en f* rymdstation
Räumte *-n f*, *sjö.* **1** *åld.* rum sjö **2** [tillgängligt] lastutrymme **Räumung** *-en f* utrymning *etc.*, *jfr räumen* **Räumungsausverkauf** *-e†* *m* rea[lisation] [p.g.a. flyttning, ombyggnad *e.d.*] **Räumungsklage** *-n f*, *jur.* vräkningsansökan **Räumungsverkauf** *-e†* *m*, *se Räumungsausverkauf* **Raumverschwendung** *0 f* slöseri i

med utrymme **Raumwirkung** *0 f* stereoskopisk effekt
raun|en *högt.* viska, mumla; *man -t, daß* det ryktas att
raunzen 1 *vard.* ryta, snäsa, skälla **2** *sty., österr.* gnata, gnälla
Raupe *-n f* **1** *zool.* [fjärils]larv, mask; ~*n im Kopf haben (vard.)* ha konstiga idéer; *e-m* ~*n in den Kopf setzen (vard.)* sätta griller i huvudet på ngn **2** bandschaktare **3** *se* **Raupenkette Raupenbagger** - *m* [bandburen] grävmaskin **Raupenfraß** *0 m* [skada på grund av] larvangrepp **Raupenkette** -*n f* [driv]band, krypkedja **Raupenschlepper** - *m* bandtraktor **raus** *vard., se heraus, hinaus m. sms.*
Rausch *-e† m* rus, berusning; *bildl. äv.* yra; *e-n* ~ *haben* vara berusad; *sich (dat.) e-n* ~ *antrinken* dricka sig berusad; *seinen* ~ *ausschlafen* sova ruset av sig; *im* ~ *under rusets inflytande* **Rauschbeere** *-n f, bot.* odon, kråkbär **Rauschebart** *-e† m,* skämts. helskägg **rausch|en 1** (*h*, *vid ortsförändring s*) susa, brusa, porla; prassla; ~*der Beifall* brusande bifall; ~*des Fest* överdådig (hejdundrande) fest; ~*de Röcke* frasande kjolar; *der Bach (Fluß, Baum) -t* bäcken porlar (floden brusar, trädet susar); *aus dem Zimmer* ~ segla ut ur rummet; *es -t mir im Ohr* det susar i örat på mig **2** *jakt.* vara brunstig **Rauschgift** *-e n* narkotikum, narkotika **Rauschgifthandel** *0 m* narkotikahandel **Rauschgifthändler** - *m* narkotikalangare **Rauschgiftsucht** *0 f* narkomani **rauschgiftsüchtig** ~ *sein* missbruka narkotika, vara narkoman **Rauschgiftsüchtige(r)** *m f, adj böjn.* narkoman **Rauschgold** *0 n* (*oäkta*) bladguld, flitterguld **rauschhaft** rusig; ~*es Gefühl* berusande känsla **rauschig** *dial.* berusad, full **Rauschmittel** - *n, se Rauschgift* **Rauschsilber** *0 n* (*oäkta*) bladsilver **Rauschzeit** *-en f, jakt.* brunsttid
raus|feuern *vard., se hinausfeuern* **-fliegen** *st s, vard., se hinausfliegen* **-gehen** *st s, vard., se herausgehen, hinausgehen* **-knobeln** *vard.* lista ut **-kommen** *st s, vard., se herauskommen, hinauskommen* **-kriegen** *vard., se herausbekommen*
Räusperer - *m* harkling **räuspern** *rfl* harkla sig
rausschmeißen *st, vard.* kasta ut; *e-n* ~ (*äv.*) ge ngn sparken **Rausschmeißer** - *m, vard.* **1** utkastare **2** sista dans **rauswerfen** *st, vard., se hinauswerfen*
Raute *-n f* **1** *bot.* ruta **2** romb, (*sned*) ruta **Rautenbauer** *-n -n m, dial.* ruterknekt **rautenförmig** rombisk, rutformig
Rayon [rɛ'jõ:] *-s m, äv. n* **1** *österr., schweiz. el. dld.* räjong, distrikt **2** avdelning (*i varuhus*) **-chef** *-s m* avdelningschef (*på varuhus*)
Razzi|a *-en f* razzia; *e-e* ~ *machen* göra razzia
rd. *förk. för rund* ca, omkr., ung.
Reagenzglas *-er† n* provrör **reagieren** reagera (*auf + ack.* på, mot, för) **Reaktion** *-en f* reaktion (*auf etw. ack.* mot, inför, på ngt); *die* ~ (*äv.*) reaktionärerna **reaktionär** reaktionär **Reaktionär** *-e m* reaktionär **Reaktionsfähigkeit** *0 f* reaktionsförmåga **reaktionsschnell** snabb, som reagerar snabbt **Reaktionsvermögen** *0 n* reaktionsförmåga **reaktivieren** återinsätta i [aktiv] tjänst; reaktivera **Reaktor** *-en m* reaktor
real 1 real, reell, verklig **2** realistisk, verklighetsnära **Realeinkommen** - *n* realinkomst **Realgymnasi|um** *-en n, ung.* latinläroverk

(*m. nyspråklig o. naturvetenskaplig linje*) **Realien** *pl* **1** fakta **2** sakkunskap[er] **3** *åld. skol.* naturvetenskaper **Realisation** *-en f, se Realisierung* **realisierbar** realiserbar; *der Plan ist* ~ planen går att realisera (är genomförbar) **realisieren 1** realisera; förvandla i reda pengar; förverkliga **2** förstå, få klart för sig **Realisierung** *-en f* reali|sering, -sation; förvandling i reda pengar; förverkligande **Realismus** *0 m* realism **Realist** *-en -en m* realist **realistisch** realistisk **Realität** *-en f* realitet **re'aliter** realiter, i realiteten **Realkapital** *-e el.* *-ien n* realkapital **Reallohn** *-e† m* reallön **Realpolitik** *0 f* realpolitik **Realschule** *-n f* **1** realskola **2** *se Mittelschule* **Realwert** *-e m* realvärde
Rebbach *0 m, se Reibach*
Rebe *-n f* vin|ranka, -stock
Rebell *-en -en m* rebell **rebellieren** rebellera, göra uppror **Rebellion** *-en f* uppror **rebellisch** rebellisk, upprorisk; *er macht mich* ~ (*vard.*) han gör mig galen
rebeln *sty., österr.* plocka (*bär*) **Reben|blut** *0 n, poet.,* **-saft** *0 m, poet.* druvans saft (*vin*)
Rebhuhn ['re:-, *äv.* 'rɛ-] *-er† n* rapphöna
Reb|laus *-e† f* vinlus **-stock** *-e† m* vinstock
Rebus *-se m n* rebus
rechen *dial.* räfsa, kratta **Rechen** - *m* **1** *dial.* räfsa, kratta **2** galler **3** *dial.* klädhängare (*m. flera krokar*)
Rechen|anlage *-n f* dator **-aufgabe** *-n f* räkne|uppgift, -exempel, -tal **-brett** *-er n* kulram **-buch** *-er† n* räknebok **-fehler** *-er n* räknefel **-gerät** *-e n, se Rechenmaschine* **-heft** *-e n* räkne|bok, -häfte **-kunst** *-e† f* räknekonst **-künstler** - *m* snabbräknare (*som räknar fort i huvudet*) **-lehrer** - *m* lärare i räkning (matematik), räknelärare **-maschine** *-n f* räknemaskin; dator **-schaft** *0 f* räkenskap, redovisning; *sich (dat.) über etw. (ack.)* ~ *ablegen* göra upp ngt med sitt samvete; ~ *geben* avlägga räkenskap (*über + ack., von* för); ~ *für etw. schulden (schuldig sein)* vara skyldig att redovisa för ngt; *e-n zur* ~ *ziehen* ställa ngn till svars (ansvar) **-schaftsbericht** *-e m* redovisning **-schieber** - *m,* **-stab** *-e† m* räknesticka **-stift** *0 m, den* ~ *an etw. (ack.) ansetzen* [sätta i gång o.] räkna på (göra beräkningar över) ngt **-stunde** *-n f* räkne|lektion, -timme **-unterricht** *0 m* undervisning i räkning, matematikundervisning **-verfahren** - *n* räknemetod **-zentr|um** *-en n* datacentral
Recherche [re'ʃɛrʃə] *-n f* efterforskning, recherch **recherchieren** efterforska, göra undersökningar, undersöka
rechnen räkna; *knapp (gut) gerechnet* lågt (drygt) räknat; *Kinder nicht gerechnet* barn inte medräknade; *wir* ~ *pro Person e-e Flasche Wein* vi räknar med en flaska vin per person; *du mußt auch den langsichtigen Effekt* ~ du måste också räkna med (ta hänsyn till) den långsiktiga effekten; *sie versteht zu* ~ hon förstår att hushålla; *auf e-n (mit e-m)* ~ räkna på (med) ngn; *alles in allem gerechnet* allt som allt; *etw. im Kopf* ~ räkna ut ngt i huvudet; *mit jedem Pfennig* ~ vända på slanten, vara sparsam; *damit hat er nicht gerechnet* det räknade han inte med; *nach Kilogramm* ~ räkna i kilogram; *vom 1. Mai an gerechnet* räknat från o. med 1 maj **Rechnen** *0 n* räknande; räkning **Rechner** - *m* **1** *er ist ein schlechter* ~ han är dålig i räkning **2** dator

Rechnerei -en f [evigt] räknande **rechnergesteuert** datastyrd **rechnerisch 1** siffer-, siffermässig; matematisk; ~e Kontrolle kontroll med hjälp av räkning; der ~e Wert des Gegenstands föremålets beräknade värde **2** neds. beräknande **Rechnung** -en f räkning, uträkning; beräkning, kalkyl; nota; faktura; laufende ~ löpande konto, kontokurant; ~ über 100 Mark räkning på 100 mark; ~ [ab]legen avlägga räkenskap, redovisa; die ~ geht auf a) räkningen stämmer, b) det går efter beräkningarna (planmässigt); mit e-m e-e alte ~ zu begleichen haben ha ngt otalt med ngn; die ~ beträgt (macht, beläuft sich auf) 100 Mark räkningen går på 100 mark; die ~ ohne den Wirt machen göra upp räkningen utan värden; etw. (dat.) ~ tragen ta hänsyn till ngt; auf eigene ~ und Gefahr på egen [räkning och] risk; das geht auf seine ~ (äv.) det betalar han; dieser Fehler geht (kommt) auf seine ~ detta fel får han stå för; auf ~ kaufen köpa på räkning (kredit); auf seine ~ kommen bli (vara) belåten (nöjd, tillfredsställd); für fremde ~ för annans räkning; etw. in ~ stellen (setzen, ziehen) ta hänsyn till ngt, ta ngt med i beräkningen; e-m etw. in ~ stellen debitera ngn [för] ngt **Rechnungs|art** -en f räknesätt **-betrag** -e† m fakturabelopp **-buch** -er† n räkenskapsbok **-führer** - m **1** bokförare **2** kassör **-hof** -e† m, ung. revisionsverk **-jahr** -e n budget-, räkenskaps|år **-legung** -en f redovisning **-prüfer** - m revisor
recht 1 rätt, riktig; lämplig, passande; verklig, äkta; rätt [så], ganska; verkligen; der ~e Mann am ~en Ort rätt man på rätt plats; ein ~er Mann (äv.) en duktig karl; ein ~er Narr en riktig narr; sein ~er Vater hans riktiga far; jetzt erst ~ nu mer än någonsin; ganz ~! [just] precis!, alldeles riktigt!; ~ gut ganska bra; ~ vielen Dank! tack så väldigt mycket!; zur ~en Zeit i rätt[an] (lagom) tid; sich (dat.) ~e Mühe geben (äv.) verkligen bemöda sig; so geht's erst ~ nicht så går det mindre än någonsin (absolut inte); es geschah ihm [ganz] ~ det var rätt åt honom; e-n ~ herzlich grüßen hälsa ngn så mycket; keine ~e Lust haben inte ha ngn riktig lust; ich denke, ich höre nicht ~! (vard.) det kan väl inte vara sant?; du kommst gerade ~ du kommer verkligen lämpligt; da bist du [bei mir] an den R~en gekommen (iron.) då har du verkligen kommit till rätt person; nichts R~es können inte kunna någonting ordentligt; man kann es nicht allen ~ machen man kan inte tillfredsställa alla (vara alla till lags); da schrie er erst ~ då skrek han ännu högre; nach dem R~en sehen se efter att allt står rätt till; bin ich ~? har jag kommit rätt?, är det här rätta vägen?; wenn es dir ~ ist om det passar dig; mir ist's ~ det passar mig, inte mig emot; ihm ist jedes Mittel ~ han skyr inga medel; es soll (kann) mir ~ sein (vard.) ja okej då, inte mig emot; es ist ~ so! a) det är bra!, b) det är bra så [både växeln)!; du bist mir der R~e du är [mig] just den rätte; das ist [ja alles] ~ und schön, aber det är nog gott o. väl, men; alles, was ~ ist, aber (vard.) jag har full förståelse för det mesta, men; alles, was ~ ist, er ist doch ehrlich (vard.) i rättvisans namn måste man i alla fall erkänna att han är ärlig; ihm ist nichts ~ ingenting duger åt (passar) honom; es ist ihm nicht ~, daß han tycker inte om att; du bist wohl nicht ~ gescheit? (vard.) är

du inte riktigt klok?; mir ist heute gar nicht ~ (dial.) jag mår inte riktigt bra i dag **2** höger; (om vinkel) rät; ~er Außenstürmer (sport.) högerytter; ~er Hand till höger, på höger sida; die ~e Seite a) högersidan, b) rätsidan, rätan **Recht** -e n rätt; rättighet; rättsordning; jur. äv. lag; bürgerliches ~ civilrätt; geltendes ~ gällande lag; Doktor der ~e juris doktor; ~e und Pflichten rättigheter o. skyldigheter; das ~ auf Arbeit rätten till arbete; ein ~ auf etw. (ack.) haben ha rätt till ngt; das ~ [dazu] haben, zu ha rätt att; dazu hast du kein ~ det har du inte rätt till; ~ sprechen skipa rätt; e-m das ~ streitig machen bestrida ngns rätt; die ~e studieren (åld.) läsa juridik; sich (dat.) sein ~ verschaffen ta lagen i egna händer; gegen (wider) das ~ mot lagen (lag o. rätt); im ~ sein a) ha rätt, b) vara i sin fulla rätt; und das mit ~ och det med rätta; mit welchem ~ behauptet er das? vad har han för rätt att påstå det?; man kann mit vollem ~ sagen man kan med all rätt (med rätta) säga, man har all rätt att säga; nach ~ und Billigkeit enligt vad som är rätt o. billigt; von ~s wegen enligt lag, rättelig en, egentligen; wider das ~ handeln handla rättsvidrigt; zu ~ med rätta; zu seinem ~ kommen a) komma till sin rätt, b) få [sin] rätt (vad som tillkommer en) **Rechte** se recht, Rechte(r) **Rechteck** -e n rektangel **rechteckig** rektangulär **rechten** högt. tvista; mit e-m ~ (äv.) kräva sin rätt av ngn **Rechtens** lagligen [tillåten]; enligt lag; med rätta **Rechte(r)** m f, adj böjn., jfr recht; die Rechte a) högra handen, b) boxn. högern, c) polit. högern; der Rechte (sportsl.) högerytter; er ist ein Rechter han tillhör högern (är höger); die Rechten högern; e-m zur Rechten sitzen sitta till höger om ngn (på ngns högra sida) **rechterseits** på höger sida, till höger **rechtfertig|en** -te, gerechtfertigt rättfärdiga, rättfärdiggöra, försvara; es ist nicht zu ~ (äv.) det är oförsvarligt; sich vor e-m wegen etw. (gen.) ~ rättfärdiga sig inför ngn för ngt **Rechtfertigung** -en f rättfärdigande, rättfärdigörande; etw. zu seiner ~ sagen säga ngt till sitt försvar **rechtgläubig** rättrogen **Rechtgläubigkeit** 0 f rättrogenhet **Rechthaberei** 0 f rätt[s]haveri **rechthaberisch** rätt[s]haverisk **rechtläufig** astron., ~ sein röra sig i direkt led **rechtlich 1** rättslig, laglig, rätts- **2** se rechtschaffen **Rechtlichkeit** 0 f laglighet etc., jfr rechtlich **rechtlos** rättslös **Rechtlosigkeit** 0 f rättslöshet **rechtmäßig** rättmätig **Rechtmäßigkeit** 0 f rättmätighet
rechts I adv [till] höger; die zweite Tür, ~ andra dörren till höger; nicht mehr wissen, was ~ und [was] links ist (vard.) varken veta ut eller in; ~ stehen (äv.) vara höger, tillhöra högern; zwei ~, zwei links stricken sticka två räta och två aviga; [nach] ~ abbiegen svänga åt höger; von ~ nach links från höger till vänster; ~ um! höger om!; ~ von dir (vom Haus) till höger om dig (huset) **II** prep m. gen., ~ des Hauses till höger om huset; ~ des Rheins på höger sida om Rhen **Rechtsabbieger** - m trafikant som svänger åt höger **Rechtsabweichler** - m, neds. högeropportunist **Rechtsanspruch** -e† m rättsanspråk **Rechtsanwalt** -e† m advokat **Rechtsanwaltsgebühr** -en f advokatarvode **Rechtsauskunft** -e† f juridisk rådgivning; e-e ~ einholen inhämta ett juridiskt råd **rechts'außen**

1 *sport.* längst ut på högra sidan (*av planen*), i högerytterposition **2** ~ **stehen** (*polit.*) tillhöra yttersta högern **Rechts'außen** - *m*, *sport.* högerytter **Rechts|beistand** -*e*† *m* rättegångsbiträde **-beratung** -*en f* juridisk rådgivning; rättshjälp **-beugung** -*en f*, *ung.* lagvrängning **-bewußtsein** *0 n* rättsmedvetande **-brecher** - *m* lagbrytare **-bruch** -*e*† *m* lagöverträdelse **rechtschaffen 1** rätt|skaffens, -rådig **2** ordentlig, rejäl; ~ *müde* ordentligt trött; *e-n* ~*en Hunger haben* vara ordentligt hungrig **Rechtschreib[e]buch** -*er*† *n* rättskrivningsbok **Rechtschreibfehler** - *m* stavfel **Rechtschreibung** *0 f* rätt|skrivning, -stavning **Rechtsdrall** *0 m* högertvinning *etc.*, *jfr* **Linksdrall rechtsdrehend** högergängad; *kem.* högervridande **Rechtsempfinden** *0 n* rättskänsla **Rechtser** - *m*, *dial.* högerhänt [person] **rechtserfahren** juridiskt erfaren **Rechtsextremist** -*en* -*en m* högerextremist **rechtsfähig** rättskapabel **Rechtsfähigkeit** *0 f* rätts|förmåga, -kapacitet **Rechtsfall** -*e*† *m* rättsfall **rechtsgängig** högergängad **Rechtsgefühl** *0 n* rätts|känsla, -medvetande **Rechtsgelehrte(r)** *m f*, *adj böjn.*, *åld.* rättslärd, jurist **rechtsgerichtet** högerorienterad **Rechtsgeschäft** -*e n* rättshandling **Rechtsgewinde** - *n* högergänga **Rechtsgrund** -*e*† *m* rättslig grund **Rechtsgrundsatz** -*e*† *m* rättsprincip **rechtsgültig** rättsgiltig **Rechtsgutachten** - *n* juridiskt [sakkunnig]utlåtande **Rechtshänder** - *m* högerhänt [person] **rechtshändig** högerhänt; med höger hand **Rechtshändigkeit** *0 f* högerhänthet **rechtsher** *åld.* högerifrån, från höger **rechtsherum** åt höger, medurs **Rechtshilfe** *0 f*, *jur. ung.* handräckning **rechtshin** *åld.* åt höger **Rechts'innen** - *m*, *sport.* högerinner **Rechtskraft** *0 f* rättskraft, laga kraft **rechtskräftig** lagakraftvunnen, rättsligt giltig; ~ *werden* vinna rättskraft (laga kraft), träda i kraft **rechtskundig** lag|kunnig, -klok **Rechtskurve** -*n f* höger|kurva, -sväng **Rechtslage** -*n f* rättsligt läge **rechtslastig 1** för tungt lastad på höger sida **2** *polit. neds.* högervriden **rechtsläufig 1** högergängad **2** som läses (skrivs) från vänster till höger **Rechtslenker** - *m* högerstyrt fordon **Rechtsmittel** - *n* rättsmedel; ~ *einlegen* överklaga **Rechtsnachfolge** -*n f*, *jur.* succession **Rechtsnachfolger** - *m*, *jur.* successor **Rechtsnorm** -*en f* rätts|norm, -princip **rechtsorientiert** högerorienterad **Rechtspartei** -*en f* högerparti **Rechtspflege** *0 f*, **Rechtsprechung** *0 f* rätt[s]skipning **rechtsradikal** högerradikal **Rechtsruck** *0 m*, *bei den Wahlen* kam *es zu e-m* ~ valen medförde en kraftig förskjutning åt höger, det blåste en kraftig högervind i valen **rechtsrum** *åld.* åt höger, medurs **Rechtsschutz** *0 m* rättsskydd **rechtsseitig** på höger sida **Rechtssicherheit** *0 f* rättssäkerhet **Rechtssprache** *0 f* lagspråk, juridisk terminologi **Rechtsspruch** -*e*† *m* utslag, dom **Rechtsstaat** -*en m* rättsstat **Rechts|streit** -*e m*, **-streitigkeit** -*en f* rättstvist, rättegång, process **'rechtsum** [*äv.* -'-] ~ *kehrt!* helt höger om! **rechtsungültig** olaglig, ogiltig enligt gällande lag **Rechtsverbinder** - *m*, *sport.* högerinner **rechtsverbindlich** juridiskt bindande
Rechts|verdreher - *m* lagvrängare **-verkehr**

0 m högertrafik **-vorgänger** - *m*, *jur.* tidigare rättsinnehavare; fångesman **-vorschrift** -*en f* rättslig föreskrift (bestämmelse) **-weg** *0 m* laglig väg; *auf dem* ~ *entscheiden* avgöra inför rätta; *den* ~ *beschreiten* vidta lagliga åtgärder **-wesen** *0 n* rättsväsen **rechtswidrig** rättsvidrig, lagstridig **Rechtswissenschaft** *0 f* juridik, rättsvetenskap **rechtwink[e]lig** rätvinklig **rechtzeitig** i rätt tid; ~ *sein* (*äv.*) vara punktlig; *e-e Krankheit* ~ *behandeln* behandla en sjukdom i tid (på ett tidigt stadium) **Reck** -*e*, *äv.* -*s n*, *gymn.* räck **Recke** -*n* -*n m*, *högt.* kämpe, krigare **recken 1** sträcka [upp], räta [upp]; *den Hals* ~ sträcka på halsen **2** *rfl* sträcka (räta) [på] sig; *bildl.* resa sig **3** *dial.* sträcka (*kläder*); *fack.* räcka (*järn*) **Reckstange** -*n f*, *gymn.* räckstång **Recycling** [ri'saiklɪŋ] *0 n* åter|användning, -vinning **Redakteur** [-'tø:ɐ̯] -*e m* redaktör **Redaktion** -*en f* redaktion **redaktionell** redaktionell **Redaktionsschluß** *0 m*, *nach* ~ *eingegangene Nachrichten* pressläggningsnytt, press-stopp--nyheter **Rede** -*n f* **1** tal; yttrande; samtal; prat; rykte; ~ *und Gegenrede* (*ung.*) replikskifte; *die* ~ *auf etw.* (*ack.*) *bringen* föra ngt på tal; *die* ~ *auf ein anderes Thema bringen* föra in samtalet på ett annat ämne; *es geht die* ~, *daß* det sägs (påstås) att; *e-e* ~ *halten* hålla [ett] tal; *die* ~ *kam auf seine Reise* samtalet kom in på hans resa; *große* ~*n schwingen* (*vard.*) vara stor i mun[nen]; [*das war schon immer*] *meine* ~*!* (*vard.*) det är det jag alltid har sagt!; *wovon ist die* ~*?* vad är det fråga om?, vad talar ni om?; *es war nie die* ~ *davon* det blev aldrig tal om det; *davon kann keine* ~ *sein* det kan inte komma i fråga, det kan inte bli tal om det; *das ist nicht der* ~ *wert* det är ingenting att tala om; *e-m* ~ [*und Antwort*] *stehen* stå till svars inför ngn; *vergiß deine* ~ *nicht!* glöm inte vad du skulle säga!; *plötzlich verstummten alle* ~ *n* plötsligt tystnade alla samtal; *der in* ~ *stehende Fall* fallet i fråga, det aktuella fallet; *e-m in die* ~ *fallen* falla ngn i talet; *kümmere dich nicht um die* ~*n der Leute* bry dig inte om vad folk pratar; *e-n zur* ~ *stellen* ställa ngn till svars **2** språkv., *direkte* ~ direkt tal (anföring); *indirekte* (*abhängige*) ~ indirekt tal (anföring); *in gebundener* (*ungebundener*) ~ på vers (prosa), i bunden (obunden) form **-blüte** -*n f* stilblomma **-duell** -*e n* ordduell **-figur** -*en f* retorisk figur **-fluß** *0 m* ord|svall, -flöde **-freiheit** *0 f* yttrandefrihet **-gabe** *0 f*, *die* ~ talets gåva **redegewandt** talför **Redegewandtheit** *0 f* vältalighet **Redekunst** *0 f* talarkonst, retorik **reden** tala, prata; samtala; hålla tal; säga; *R*~ *ist Silber*, *Schweigen ist Gold* tala är silver, tiga är guld; *R*~ *und Tun ist zweierlei* (*ung.*) det är lättare sagt än gjort; *frei* ~ tala utan koncept; *offen* ~ tala ut; *die Leute* ~ *viel* folk pratar så mycket; *laß doch die Leute* ~*!* bry dig inte om vad folk pratar!; *kein Wort* ~ inte säga ett ord; *etw.* (*dat.*) *das Wort* ~ tala sig varm (plädera) för ngt; *sich heiser* ~ tala sig hes; *darüber läßt sich* ~ det låter bra (förnuftigt), det tål att tänka på; *du hast gut* ~ det är lätt för dig att säga; *mit sich selbst* ~

tala för sig själv; *er läßt nicht mit sich* ~ han låter inte tala med sig; *über Geschäfte* ~ prata affärer; ~ *wir nicht mehr darüber! (äv.)* låt oss dra ett streck över det!; *von etw. viel R~s machen* göra mycket väsen av ngt; *gut (schlecht el. Gutes, Schlechtes) von e-m (über e-n)* ~ tala väl (illa) om ngn; *rede mir nicht davon!* det vill jag inte höra talas om!; *nicht zu* ~ *von* för att [nu] inte tala om; *von sich* ~ *machen* låta tala om sig, väcka uppseende; *vor sich (ack.) hin* ~ tala för sig själv; *was hat er zu dir geredet?* vad sade han till dig?; *auf etw. (ack.) zu* ~ *kommen* komma in på ngt; *e-n zu Ende* ~ *lassen* låta ngn tala till punkt **Redensart** *-en f* talesätt, uttryck, fras; *das sind nichts als ~en* det är bara tomt prat (fraser) **Rederei** *-en f* prat; *das sind ~en* det är bara prat **Rede|-schwall** *0 m*, **-strom** *0 m* ord|svall, -flöde, svada **Redeverbot** *0 n* förbud att tala offentligt **Redeweise** *-n f* uttryckssätt; sätt att tala **Redewendung** *-en f* **1** [ord]vändning, uttryck, formulering; *stehende* ~ stående uttryck, talesätt **2** floskel, [tom] fras
redigieren [-'giː-] redigera
rediskontieren rediskontera
redlich red|lig, -bar, rättskaffens, ärlig; *ich habe mir ~[e] Mühe gegeben* jag bemödade mig verkligen; ~ *müde* ordentligt trött; *sich ~ ins Zeug legen* lägga manken till **Redlichkeit** *0 f* redlighet, rättskaffenhet, ärlighet
Redner - *m* talare **Rednerbühne** *-n f* tribun, talarstol **Rednergabe** *0 f* talarbegåvning, vältalighet **rednerisch** retorisk; *~e Gabe* talar|-gåva, -förmåga **Rednerliste** *-n f* talarlista **Rednerpult** *-e n* talarstol
Redoute [reˈduːtə] *-n f* **1** *mil.* redutt **2** *österr.* maskeradbal
redselig pratsam, talträngd **Redseligkeit** *0 f* pratsamhet
Reduktion *-en f* reduktion
redundant redundant **Redundanz** *-en f* redundans
Reduplikation *-en f*, *språkv.* reduplikation
reduzieren 1 reducera; *Preise* ~ *(äv.)* sätta ner (minska) priser **2** *rfl* minska, gå tillbaka
Reede *-n f* redd **Reeder** - *m* redare **Reederei** *-en f* rederi
reell 1 reell, verklig, äkta **2** rejäl, hederlig, pålitlig, solid; *ein ~es Essen* ett rejält mål mat **Reellität** *0 f* hederlighet, pålitlighet, soliditet
Reep *-e n, sjö.* rep
ref. *förk. för reformiert* reformert
REFA-Fach|mann *-leute m* arbetsstudieman
Refektori|um *-en n* refektorium, [kloster]-matsal
Referat *-e n* **1** referat; föredrag; redogörelse; anmälan, recension **2** avdelning *(inom ämbetsverk e.d.)* **Referee** [refəˈriː] *-s m, sport.* domare **Referen'dar** *-e m, ung.* aspirant, kandidat *(efter första [ämbets]examen)* **Referend|um** *-a el. -en n* referendum, folkomröstning **Referent** *-en -en m* referent; föredragshållare, talare; föredragande; expert, sakkunnig; *persönlicher* ~ personlig medarbetare, närmaste man **Referenz** *-en f* referens **referieren** hålla [ett] föredrag, tala; *[über] etw. (ack.)* ~ referera (redogöra för) ngt; *ein Buch* ~ *(äv.)* anmäla (recensera) en bok
1 Reff *-e n, vard.* **1** kärringkrälle **2** *langes* ~ räkel
2 Reff *-e n* mes, ryggkorg
3 Reff *-s n, sjö.* rev **reffen** *sjö.* reva *(segel)*

Reflektant *-en -en m* reflektant, spekulant; sökande **reflektieren 1** reflektera *(återkasta)* **2** *[über] etw. (ack.)* ~ reflektera över ngt, fundera över (på) ngt **3** *vard., auf etw. (ack.)* ~ reflektera (spekulera) på ngt, vara intresserad av ngt **Reflektor** *-en m* **1** reflektor *(äv. spegelteleskop)* **2** reflex[anordning] **reflektorisch** genom (på grund av) en reflex, reflex- **Reflex** *-e m* reflex **Reflexbewegung** *-en f* reflexrörelse **Reflexion** *-en f* reflexion **Reflexionswinkel** - *m* reflexionsvinkel **reflexiv 1** *språkv.* reflexiv **2** reflekterande, genom reflexion **Reflexiv** *-e* [-və] *n*, **Reflexivpronom|en** *-en el. -ina n*, **Reflexiv|um** [-v-] *-a n, språkv.* reflexivpronomen
Reform *-en f* reform **reform.** *förk. för reformiert* reformert **Reformation** *-en f* reformation **Reformator** *-en m* reformator **reformatorisch** reformatorisk **Reformbewegung** *-en f* reformrörelse **Reformer** - *m* reformivrare, reformator **Reformhaus** *-er† n* hälsokostaffär **reformieren** reformera **reformiert** *relig.* reformert **Reformismus** *0 m* reformism **Reformist** *-en -en m* reformist **reformistisch** reformistisk **Reformkost** *0 f* hälsokost **Reformplan** *-e† m* reformplan
Refrain [rəˈfrɛː, *äv.* re-] *-s m* refräng; *der alte* ~ *(vard.)* samma gamla visa
Refraktion *-en f* refraktion, [ljus]brytning **Refraktor** *-en m, astron.* refraktor
Refugi|um *-en n* tillflyktsort
1 Regal *-e n* [bok]hylla
2 Regal *-e n, mus.* regal
3 Regal *-ien n* regale, kronorättighet **Regal|e** *-ien n, se 3 Regal*
Regatt|a *-en f* regatta
Reg.-Bez. *förk. för Regierungsbezirk*
rege livlig, intensiv, rörlig, verksam; pigg, vital; *es herrscht ein ~s Leben* det råder liv o. rörelse (stor aktivitet); *ein Wunsch wurde in mir* ~ en önskan vaknade i (uppstod hos) mig
Regel *-n f* **1** regel; *nach allen ~n der Kunst* efter alla konstens regler; *in der* ~ i (som) regel **2** *[monatliche]* ~ menstruation **regelbar** regler-, juster|bar **Regelblutung** *-en f* menstruation **Regelde'tri** *0 f, åld.* regulatetri **Regelfall** *0 m* normalfall; *im* ~ som (i) regel, för det mesta **regellos** regellös, oreglerad, oordnad, oregelmässig **regelmäßig** regelbunden **Regelmäßigkeit** *0 f* regelbundenhet **regeln 1** reglera, ordna, göra upp **2** *rfl* reglera (ordna) sig **regelrecht 1** regelrätt, korrekt; efter reglerna, enligt föreskrift **2** *vard.* regelrätt, ordentlig, riktig, verklig; *er war* ~ *unverschämt* han var verkligen (rentav) oförskämd **Regelstudienzeit** *-en f* normalstudietid **Regelung** *-en f* reglerande, reglering; [upp]ordnande; överenskommelse; bestämmelse **regelwidrig** regel|-stridig, -vidrig **Regelzeit** *-en f* normalstudietid **reg|en 1** röra, sätta i rörelse; *er kann die Hand nicht* ~ han kan inte röra på handen; *fleißig die Hände* ~ arbeta flitigt **2** *rfl* röra [på] sig, röras; *das Gewissen -t sich* samvetet vaknar (gör sig påmint); *er -t sich tüchtig* han är aktiv (flitig); *er hat sich nicht geregt (äv.)* han har inte låtit höra av sig
Regen *0 m* regn[skur]; *~ von Blumen* blomsterregn; *~ von Schimpfworten* skur av skällsord; *aus dem (vom)* ~ *in die Traufe kommen* komma ur askan i elden; *es sieht nach* ~ *aus* det ser ut att bli regn **Regenanlage** *-n f* vattenspridare; sprinkleranläggning **regenarm** regnfattig **Re-**

genbö -*en f* regnby **Regenbogen** -[†] *m* regnbåge **regenbogen|farben, -farbig** regnbågsfärgad **Regenbogenhaut** -*e*† *f* regnbågshinna (*iris*) **Regenbogenpresse** 0 *f* kolorerad veckopress **Regendach** -*er*† *n* regntak **regendicht** regn-, vatten|tät
Regeneration [-g-] -*en f* regeneration; förnyelse, pånyttfödelse; åter|användning, -vinning **regenerieren 1** regenerera[s]; förnya, återställa; åter|använda, -vinna **2** *rfl* regenerera[s]; föryngras; förnya sig; få ny kraft **Regenfall** -*e*† *m* regnskur **Regenfront** -*en f* regnområde **regenglatt** hal [på grund av regn] **regengrau** regngrå **Regengu|ß** -*sse*† *m* [häftig] regnskur **Regenhaut** -*e*† *f* [lätt] regn|-rock, -kappa **Regenmantel** -† *m* regn|rock, -kappa **Regenmesser** - *m* regnmätare **Regenpfeifer** - *m*, *zool.* pipare **regenreich** regnrik **Regenrinne** -*n f* takränna **Regenschatten** - *m*, *geogr.* regnskugga **Regenschauer** - *m* regnskur **Regenschirm** -*e m* paraply; *gespannt sein wie ein* ~ (*vard.*) vara väldigt spänd (nyfiken)
Regent [-g-] -*en* -*en m* regent
Regen|tag -*e m* regn[väders]dag **-tonne** -*n f* regnvattenstunna **-tropfen** - *m* regndroppe **Regentschaft** 0 *f* regentskap
Regen|umhang -*e*† *m* regn|krage, -cape **-wald** -*er*† *m* regnskog **-wasser** 0 *n* regnvatten **-wetter** 0 *n* regnväder; *ein Gesicht wie sieben Tage* ~ *machen* (*vard.*) se sur (grinig) ut **-wolke** -*n f* regnmoln **-wurm** -*er*† *m* daggmask **-zeit** -*en f* regntid
Regie [re'ʒi:] 0 *f* regi; *bildl. äv.* ledning, administration; *etw. in eigene* ~ *nehmen* själv ta hand om ngt; *etw. in eigener* ~ *tun* göra ngt själv (utan främmande hjälp); *in städtischer* ~ i kommunal regi **Regiebetrieb** -*e m* statligt (kommunalt) företag **Regiefehler** - *m*, *skämts.* planeringsfel, organisatoriskt misstag **regielich** regi-
regieren [-g-] regera, styra, [be]härska; *er konnte das Auto nicht mehr* ~ *han* förlorade kontrollen över bilen **Regierung** -*en f* regering; regeringstid; *e-e* ~ *bilden* bilda regering **Regierungsantritt** 0 *m* regeringstillträde **Regierungsbank** -*e*† *f* regeringsbänk **Regierungsbeschlu|ß** -*sse*† *m* regeringsbeslut **Regierungsbezirk** -*e m* förvaltningsområde (*omfattar flera Land- och Stadtkreise*) **Regierungsbildung** -*en f* regeringsbildning **Regierungschef** -*s m* regeringschef **Regierungserklärung** -*en f* regeringsuttalande **regierungsfähig** regerings-, arbets|duglig **Regierungs|mannschaft** -*en f, vard.* regering, ministär **-partei** -*en f* regeringsparti **-präsident** -*en m* chef för *Regierungsbezirk* **-rat** -*e*† *m* **1** högre ämbetsman i förvaltningen **2** *schweiz.* [medlem av] kantonregering **-sprecher** - *m* talesman för regeringen **-vorlage** -*n f* proposition **-wechsel** - *m* regeringsskifte
Regime [re'ʒi:m] - [-mə], *äv.* -*s* [-ms] *n* regim **-kritiker** - *m* kritiker av regimen, oppositionell **Regiment** [-g-] **1** -*er n*, *mil.* regemente **2** -*e n*, regemente, ledning, välde; *das* ~ *führen* ha ledningen, vara den som bestämmer **Regimentskommandeur** -*e m* regementschef
Region -*en f* region; område **regional** regional **Regionalnachrichten** *pl* lokala (regionala) nyheter
Regisseur [reʒɪ'søːɐ̯] -*e m* regissör

Register [-g-] - *n* register (*äv. mus.*); förteckning; [tum]index; *alle* ~ *ziehen* sätta till alla klutar **Registertonne** -*n f, sjö.* registerton **Registratur** -*en f* **1** registrering **2** dokument|-skåp, -hylla, -arkiv **Registrierapparat** -*e m* registreringsapparat **Registrierballon** -*e el.* -*s m* registrer-, observations|ballong **registrieren** registrera (*äv. mus.*); lägga märke till, konstatera **Registriergerät** -*e n* registreringsapparat **Registrierkasse** -*n f* kassaapparat **Registrierung** -*en f* registrering (*äv. mus.*)
Reglement [reglə'mãː] -*s n* reglemente, stadga **reglementarisch** [-mɛn-] reglementsenlig, enligt föreskrift **reglementieren** reglementera, stadga
Regler - *m* regulator
Reglette -*n f, typ.* reglett
reglos orörlig
Reglung -*en f, se Regelung*
regn|en 1 regna; *es -et Bestellungen* det duggar beställningar; *bei ihnen -ete es Briefe* de höll på att drunkna i brev; *es -et in Strömen* det ösregnar **2** *s* regna; *Schimpfworte -eten auf ihn* (*äv.*) han blev överöst med skällsord **Regner** - *m* vattenspridare **regnerisch** regnig
Regre|ß -*sse m, jur.* regress **Regression** -*en f* regression, tillbakagång **regressiv** regressiv, tillbakagående **regreßpflichtig** *jur.* regress|-pliktig, -skyldig
regsam rörlig, aktiv; pigg, livlig
Reg.-T. *förk. för Registertonne* registerton
Reg[t]. *förk. för Regiment* reg., regemente
regulär 1 reguljär **2** *vard.*, *se regelrecht* **2 Regulation** -*en f* reglering **Regulativ** -*e n* **1** reglerande (styrande, utjämnande) faktor, regulator **2** regulativ, föreskrift, norm **Regulator** -*en m* **1** regulator (*äv. ur*) **2** *se Regulativ 1* **regulierbar** reglerbar, justerbar **regulieren 1** reglera; ställa in, justera; ordna **2** *rfl* reglera sig **Regulierung** -*en f* reglering *etc.*, *jfr regulieren*
Regung -*en f* **1** rörelse; *e-e leichte* ~ *der Luft* en lätt fläkt; *ohne jede* ~ *daliegen* ligga alldeles orörlig **2** [sinnes]rörelse, känsla, impuls **3** strävan **regungslos** orörlig
Reh -*e n* rådjur
Rehabilitation -*en f* **1** rehabilitering (*av handikappad*) **2** rehabilit|ering, -ation, upprättelse **rehabilitieren 1** rehabilitera (*handikappad*) **2** rehabilitera, ge (skaffa) upprättelse **3** *rfl* rehabilitera sig, skaffa sig upprättelse **Rehabilitierung** -*en f, se Rehabilitation*
Rehbock -*e*† *m* råbock **Rehbraten** - *m* rådjursstek **reh|farben, -farbig** rådjursfärgad **Rehgeiß** -*en f* råget **Reh|kalb** -*er*† *n*, -**kitz** -*e n* råkalv, rakid, råkilling **Rehling** -*e m, dial.* kantarell **Rehposten** - *m, jakt.* grovt hagel **Rehrücken** - *m, kokk.* rådjurssadel **Rehwild** 0 *n, koll.* rådjur
Reibach 0 *m, vard.* bra affär, [stor] vinst; *e-n* ~ *machen* (*äv.*) tjäna stora pengar
Reibahle -*n f, tekn.* brotsch **Reibe** -*n f*, **Reibeisen** - *n, dial. el. åld.* rivjärn **Reibelaut** -*e m, fonet.* frikativa, spirant **reib|en** rieb, riebe, gerieben riva, gnida, gnugga; *vard.* runka; *Käse* ~ riva ost; *sich* (*dat.*) *die Augen* ~ gnugga sig i ögonen; *sich* (*dat.*) *die Hände* ~ gnugga händerna; *sich* (*dat.*) *die Haut wund* ~ skava hål på skinnet; *der Schuh -t an der Ferse* skon skaver på hälen; *sich an e-m* ~ gräla (retas) med ngn, irritera sig på ngn; *e-n Fleck aus etw.* ~ gnugga bort en fläck från ngt; *e-m etw.* ~ gnugga...

unter die Nase ~ låta ngn [minsann] få veta ngt **Reiberei** *-en f* slitning, tvist, bråk **Reibfläche** *-n f* plån (*på tändsticksask*) **Reibkäse** - *m* ost för rivning; riven ost **Reibung** *-en f* rivning *etc., jfr reiben;* friktion; *bildl. äv.* slitning; *ohne* ~ (*äv.*) utan problem (svårigheter), smidigt **Reibungsbeiwert** *-e m* friktionskoefficient **Reibungselektrizität** *0 f* friktions-, gnidnings|elektricitet **Reibungsfläche** *-n f* friktionsyta; *bildl.* irritationsmoment **Reibungskoeffizient** *-en -en m* friktionskoefficient **reibungslos** friktionsfri; utan friktion; *bildl. äv.* utan slitningar (svårigheter); *es ist* ~ *verlaufen* (*äv.*) det gick smidigt
reich rik (*an* +*dat.* på); riklig, stor; dyrbar, kostbar, yppig; ~*er Beifall* kraftiga applåder; ~*e Ernte* rik (riklig) skörd; *e-e* ~*e Fülle von* ett överflöd av; ~*er Gewinn* stor vinst; ~*es Wissen* omfattande kunskaper; *um e-e Erfahrung* ~*er werden* bli en erfarenhet rikare; ~ *belohnen* rikligt belöna; ~ *gekleidet* dyrbart klädd **Reich** *-e n* rike; välde; *bildl. äv.* område; *das* ~ *der Phantasie* fantasins värld; *das* ~ *der Schatten* skuggornas rike, dödsriket
reichbegütert förmögen
reich|en 1 räcka, förslå, vara, vara nog (tillräcklig, lagom); *danke, es -t!* (*äv.*) tack, det är bra (lagom [så])!; *das Seil -t nicht* (*äv.*) linan är inte tillräckligt lång; *jetzt -t's mir aber!* (*vard.*) nu har jag fått nog!, nu får det verkligen vara nog! **2** räcka, nå; *so weit das Auge -t* så långt ögat når; *der Garten -t bis an den See* trädgården sträcker sig ända till sjön; *das Wasser -t ihm bis an die Schultern* vattnet når (räcker) till axlarna på honom **3** *e-m etw.* ~ räcka (ge, servera) ngn ngt
reichhaltig rikhaltig **reichlich** riklig; *der Mantel ist* ~ *rocken* (kappan) är väl tilltagen; *es ist* ~ *Platz* det är gott om plats (god plats); *du hast noch* ~ *Zeit* du har gott om tid ännu; ~ *bemessen* [tilltagen] i överkant; *e-e* ~ *langweilige Arbeit* (*vard.*) ett mycket långtråkigt arbete; *seit* ~ *e-m Jahr* sedan drygt (mer än) ett år; *es ist* ~ *spät geworden* (*vard.*) det blev ganska (ordentligt) sent; *ich habe* ~ *2 Wochen daran gearbeitet* jag arbetade gott o. väl två veckor med det; *das ist etw.* ~ det är väl mycket
Reichsadler - *m, der* ~ örnen (*i ty. riksvapnet*) **Reichsbahn** *0 f, hist. el. DDR, die* ~ statsbanorna **reichsdeutsch** *hist.* rikstysk **Reichsdeutsche(r)** *m f, adj böjn., hist.* rikstysk; *Reichsdeutscher* sin vara medborgare i Tyska riket **reichsfrei** *hist.* riksomedelbar (*som lyder direkt under ty. kejsaren o. riket*) **Reichs|gericht** *0 n, das* ~ högsta domstolen (*i Tyskland 1879—1945*) **-hauptstadt** *0 f, hist., die* ~ rikshuvudstaden (*Berlin*) **-insignien** *pl, hist.* riksregalier **-kanzler** - *m, hist.* rikskansler **-kleinodien** *pl, hist.* riksregalier **-land** *-erǂ n, hist.* land som tillhör Tyska riket; *das* ~ (*1871—1918*) Rikslandet (*Elsass-Lothringen*) **-mark** - *f* riksmark (*i Tyskland 1924—48*) **-präsident** *-en -en m* rikspresident (*i Weimarrepubliken*) **-rat** *0 m* riksråd (*i Weimarrepubliken*) **-regierung** *-en f* riksregering (*i Tyskland 1919—45*) **-stadt** *-eǂ f, hist.* riksomedelbar stad **-tag** *-e m, hist.* riksdag **-tagsabgeordnete(r)** *m f, adj böjn., hist.* riksdagsman
'**reichs'unmittelbar** *se reichsfrei* **Reichsverweser** - *m, hist.* riksföreståndare **Reichs-**

wehr *0 f, die* ~ riksvärnet (*ty. krigsmakten 1919—35*) **Reichtum** *-erǂ m* rikedom (*an* +*dat.* på); *zu* ~ *kommen* bli rik **Reichweite** *-n f* räck|vidd, -håll; *in* (*außer*) ~ inom (utom) räckhåll
reif mogen; ~ *werden* (*äv.*) mogna
1 Reif *0 m* rimfrost; *auf seine Freude fiel ein* ~ (*bildl.*) hans glädje grumlades, det lades sordin på hans glädje
2 Reif -*e m, poet.* ring; diadem
Reife *0 f* mognad, mogenhet; *mittlere* ~ realexamen; *Zeugnis der* ~ studentbetyg
1 reifen 1 *s* bli mogen, mogna **2** göra mogen, [få att] mogna
2 reif|en *es -t* det blir rimfrost
3 reifen sätta band på (*tunna*), banda
Reifen - *m* **1** [tunn]band **2** ring; diadem **3** ring, däck **-druck** *-eǂ m* lufttryck (*i däck*) **-panne** *-n f* punktering **-wechsel** - *m* däck-, ring|byte **Reifeprüfung** *-en f* studentexamen **Reifetest** *-s el. -e m* skolmognadsprov **Reifezeit** *-en f* **1** mognadstid **2** pubertet **Reifezeugnis** *-se n* studentbetyg **Reifglätte** *0 f* frosthalka **reiflich** *nach* ~*er Überlegung* efter moget övervägande; *sich* (*dat.*) *etw.* ~ *überlegen* grundligt tänka över ngt, noga tänka på ngt
Reifrock *-eǂ m* krinolin
Reifung *0 f* mognande
Reigen - *m* lång-, ring|dans; *bildl.* rad; *den* ~ *anführen* (*äv.*) leda dansen; *den* ~ *beschließen* komma sist [i raden]; *den* ~ *der Ansprachen eröffnen* inleda raden av tal **-tanz** *-eǂ m* lång-, ring|dans
Reihe *-n f* rad, räcka, länga; fil; bänk[rad]; led; ordning, tur, följd; serie; *arithmetische* ~ aritmetisk serie; *bunte* ~ omväxlande dam och herre (*vid bord e.d.*); *e-e ganze* ~ (*äv.*) en hel massa (del); *e-e lange* ~ (*äv.*) en lång radda, många; *e-e von Jahren* (*äv.*) ett antal (flera) år; *e-e* ~ *von Versuchen* (*äv.*) en försöksserie; *das Bild ging die* ~ *herum* bilden gick laget runt; *an die* ~ *kommen* komma i tur; *an der* ~ *sein* vara (stå) i tur; *er ist an der* ~ (*äv.*) det är hans tur; *die* ~ *ist an ihm* det är hans tur; *aus der* ~ *kommen* (*vard.*) råka (komma) i olag (oordning), komma ur gängorna; *aus der* ~ *tanzen* (*vard.*) gå sin egen väg, göra ngt annat; *er wurde außer der* ~ *drangenommen* han fick komma emellan; *er nimmt keinen außer der* ~ *dran* han tar dem bara i tur o. ordning; *in Reih' und Glied* i (på) led; *in der* ~ *bleiben* (*äv.*) inte tränga sig före; *e-n in die* ~ *bringen* (*vard.*) göra ngn frisk igen; *etw. in die* ~ *bringen* (*vard.*) fixa (laga) ngt; *e-n Verräter in den eigenen* ~*n haben* ha en förrädare i de egna leden; *in die* ~ *kommen* (*vard.*) *a*) ordna (fixa) sig, *b*) bli frisk [igen]; *in* ~*n säen* så i rader; *in* ~ *schalten* (*elektr.*) seriekoppla; *nicht in der* ~ *sein* (*vard.*) inte må bra, känna sig ur form; *in der ersten* ~ *sitzen* (*äv.*) sitta längst fram; *in e-r* ~ *mit e-m stehen* vara jämbördig med ngn; *sich in e-e* ~ *mit e-m stellen* jämställa sig med ngn; *der* ~ *nach, nach der* ~ i [tur o.] ordning
reih|en 1 rada [upp], ställa (ordna) i rad; *Perlen auf e-e Schnur* ~ trä upp pärlor på en snodd; *etw. zu etw.* ~ placera (inordna) ngt bland ngt **2** *rfl, Erfolg -te sich an Erfolg* framgångarna följde på varandra; *ein Haus -t sich an das andere* husen står i rad; *sich um e-n* ~ samlas (skockas) kring ngn **3** *sv, äv. st: rieh, riehe, geriehen* tråckla; rynka

1 Reihen - *m, sty.* vrist
2 Reihen - *m, åld., se Reigen*
Reihen|bau *-ten m* radhus[byggande] **-dorf** *-er†n* radby **-fabrikation** *O f* serietillverkning **-folge** *-n f* ordningsföljd; *alphabetische* ~ alfabetisk ordning; *etw. in der richtigen* ~ *machen (äv.)* göra ngt i tur o. ordning **-haus** *-er† n* radhus **-haussiedlung** *-en f* radhusområde **-schaltung** *-en f, elektr.* seriekoppling **-untersuchung** *-en f* förebyggande undersökning [av större befolkningsgrupp] **reihenweise 1** radvis, i rad[er] **2** *vard.* massvis, i stora massor
Reiher - *m, zool.* häger **Reiherbeize** *-n f* hägerjakt *(m. falk)* **reihern** *vard.* **1** kräkas **2** *dial.* ha diarré, vara lös i magen **Reiherschnabel** *O m, bot.* skatnäva
reih'um i tur o. ordning, [laget] runt
Reihzeit *-en f, jakt. (änders)* parningstid
Reim *-e m* rim; *klingender (weiblicher)* ~ tvåstavigt (kvinnligt) rim; *stumpfer (männlicher)* ~ enstavigt (manligt) rim; *kannst du dir darauf e-n* ~ *machen? (vard.)* kan du fatta (begripa) det? **reim|en 1** rimma *(auf +ack.* på, med) **2** *rfl* rimma; *das -t sich nicht (vard.)* det passar (stämmer) inte (rimmar illa) **Reimerei** *-en f, neds.* rimsmideri **Reimeschmied** *-e m, neds.* rim|smidare, -smed **reimlos** orimmad, utan rim **Reimschmied** *-e m, se Reimeschmied*
Reimwort *-er† n* rimord
1 rein *vard., se herein, hinein m. sms.*
2 rein I *adj* **1** ren; äkta; *ein* ~*es Arbeiterviertel (äv.)* ett genuint arbetarkvarter; ~*es Deutsch sprechen* tala oklanderlig (felfri) tyska; ~*es Gold* rent (äkta) guld; ~*e Mathematik* ren (teoretisk) matematik; *Idealist* ~*ster Prägung (vom* ~*sten Wasser)* idealist av renaste vatten; *die Wohnung ist der* ~*ste Saustall (vard.)* lägenheten är rena svinstian; *der* ~*ste Schurke sein (vard.)* vara en riktig skurk; *aus* ~*em Vergnügen* bara för nöjes skull; *die* ~*e Wahrheit* rena rama sanningen; *aus* ~*er Wolle (äv.)* av helylle **2** ren; snygg; *jud.* koscher; *ein* ~*es Gewissen haben* ha rent samvete; ~*en Mund halten (vard.)* inte säga ett enda ord i hela skvallra; ~*e Hände haben* vara ren om händerna; *e-n* ~*en Teint haben* ha en klar hy; *die Wohnung* ~ *machen* städa (göra rent i) lägenheten; *etw. ins* ~*e bringen* klara (ordna) upp ngt, bringa reda (klarhet) i ngt; *mit e-m (etw.) ins* ~*e kommen* göra upp med ngn (bli på det klara med ngt, komma till klarhet om ngt); *etw. ins* ~*e schreiben* renskriva ngt **II** *adv* rent; *vard.* totalt, absolut, alldeles; *man könnte* ~ *glauben, daß* man kunde rentav tro att; ~ *gar nichts* absolut ingenting; *das geht dich* ~ *gar nichts an* det angår dig inte ett dugg; *sie denkt* ~ *nur ans Studium* hon har ingenting annat i huvudet än studierna; *er ist* ~ *verrückt (äv.)* han är spritt galen; *er ist* ~ *weg* han är alldeles ifrån sig; *er ist* ~ *weg von ihr* han är alldeles tokig i henne; *es ist* ~ *zum Verzweifeln* det är så att man kan bli rent (alldeles) förtvivlad **reinbeißen** *st, vard., in etw. (ack.)* ~ bita i ngt; *zum R*~ *aussehen* se mycket läcker ut
Reine *O f, poet.* renhet
Reineclaude [rɛ:nə'klo:də] *-n f* reine claude, renklo *(plommon)*
Reinein|kommen - *n* netto|inkomst, -lön **-nahme** *-n f* netto|vinst, -intäkt
Reineke Fuchs *O m* Mickel räv
Reinemachefrau *-en f* städerska **Reinemachen** *O n* rengöring, städning; *großes* ~ storstädning **reinerbig** *biol.* homozygot **Rein|-erlös** *-e m,* **-ertrag** *-e† m* netto|avkastning, -behållning, -intäkt **reineweg** *vard.* faktiskt, rentav; alldeles, totalt
Reinfall *-e† m, vard.* misslyckande, fiasko **reinfallen** *st s, vard., se hereinfallen, hineinfallen* **reingehen** *st s, vard., se hineingehen*
Reingewicht *O n* nettovikt **Reingewinn** *-e m* nettovinst **reingolden** av rent guld **Reinhaltung** *O f, Maßnahmen zur* ~ *der Seen* åtgärder för att hålla sjöarna rena
reinhauen *haute (hieb) rein, reingehauen, vard.* slå; *e-m e-e* ~ sopa till ngn; *ordentlich* ~ *(äv.)* hugga för sig *(av maten)*
Reinheit *O f* renhet **reinigen** rena, rengöra; rensa; *bildl.* rentvå; *e-e Wunde* ~ göra rent ett sår; *[chemisch]* ~ kemtvätta; *ein* ~*des Gewitter* ett oväder som rensar luften; *der vom Verdacht gereinigte Angeklagte* den anklagade som rentvåtts från misstankar **Reiniger** - *m* ren[gör]ingsmedel **Reinigung** *-en f* **1** rening, renande, rengöring; rensning; *die* ~ *der Seele (äv.)* själens luttring; *die* ~ *der Straßen* renhållningen av gatorna **2** kemtvätt; *in die* ~ *geben* lämna på [kem]tvätt **Reinigungsanstalt** *-en f* kemtvätt, kemisk tvättinrättning **Reinigungsmittel** - *n* ren[gör]ingsmedel
Reinkarnation *-en f* reinkarnation
reinkommen *st s, vard., se hineinkommen, hereinkommen*
Reinkultur *-en f* **1** *lantbr.* monokultur **2** *biol.* renodling; *Kitsch in* ~ *(bildl.)* renodlad smörja
rein|langen *vard.* **1** *in die Tasche* ~ *und ein Buch herausholen* sticka ner handen i väskan o. ta fram en bok **2** *e-m etw.* ~ räcka in ngt till ngn; *e-m e-e* ~ smocka till ngn **-legen** *vard., se hereinlegen, hineinlegen*
reinleinen av hellinne, hellinne- **reinlich 1** renlig, [ren o.] snygg **2** [tydlig o.] klar, noggrann, ordentlig, exakt **Reinlichkeit** *O f* **1** ren[lig]het **2** klarhet, noggrannhet **Reinmachefrau** *-en f* städerska **Reinmachen** *O n* rengöring, städning **reinrassig** renrasig
rein|reißen *st, vard.* **1** *e-n* ~ trassla till det för ngn **2** dra in [i] **-riechen** *st, vard., in etw. (ack.)* ~ nosa på ngt, syssla med ngt **-schauen** *vard.* titta in
Rein'schiff *O n, sjö.,* ~ *machen* göra rent på fartyget
rein|schlagen *st, vard.* slå i; *e-m e-e* ~ smocka till ngn **-schlittern** *s, vard., se hineinschlittern*
Reinschrift *-en f* renskrift; renskrivning
reinsehen *st, vard.* titta in
rein|seiden av helsiden, helsiden- **-silbern** av äkta silver
reinspazieren *s, vard.* promenera (gå) in; *se äv. hereinspazieren*
reinwaschen *st, rfl, vard.* rentvå sig **reinweg** *se reineweg* **reinwollen** av helylle, helylle-
Reinzucht *O f* renodling
1 Reis *-e m tis; koll.* risgryn
2 Reis *-er n* **1** kvist[ar], ris; ~*er sammeln* samla ris (kvistar) **2** skott; *bildl.* telning **3** ymp[kvist]
Reisbau *O m* risodling
Reisbesen - *m* riskvast
Reisbrei *O m* risgrynsgröt
Reisbündel - *n, åld., se Reisigbündel*
Reise *-n f* **1** resa; *gute (glückliche)* ~*!* lycklig resa!; *nicht wissen, wohin die* ~ *geht (vard.)* inte veta hur det utvecklar sig; *wohin geht die*

Reiseandenken—Reiz

~? (äv.) vart går färden?; *auf ~n gehen* resa bort; *auf ~n sein* vara på resa (bortrest) **2** *sl.* tripp (*narkotikarus*) **-andenken** - *n* reseminne, souvenir **-bedarf** *0 m* reseförnödenheter **-begleiter** - *m* följeslagare (*på resa*), reskamrat **-bericht** *-e m* rese|reportage, -skildring **-beschreibung** *-en f* rese|beskrivning, -skildring **-büro** *-s n* resebyrå **-decke** *-n f* resfilt
reisefertig resfärdig
Reise|fieber *0 n* resfeber **-führer** - *m* guide; reseledare; resehandbok **-gefährte** *-n -n m* res|kamrat, -sällskap **-geld** *-er n* **1** respengar **2** *pl* traktamente[n] **-gepäck** *0 n* res|effekter, -gods **-gepäckversicherung** *-en f* resgodsförsäkring **-gesellschaft 1** *-en f* resegrupp, ressällskap **2** *0 f* res|kamrat[er], -sällskap **-gruppe** *-n f* resegrupp, ressällskap **-handbuch** *-er†* *n* resehandbok, guide **-kasse** *-n f* res|kassa, -pengar **-kosten** *pl* resekostnad[er] **-krankheit** *0 f* åksjuka **-land** *-er† n* turistland **-leiter** - *m* reseledare
reiselustig reslysten **Reisemobil** *-e n* hus|bil, -buss **reis|en** *s* resa; *wann -t ihr? (äv.)* när. åker (avreser) ni?; *viel gereist sein (äv.)* vara mycket berest; *aufs Land (in die Schweiz)* ~ fara på landet (till Schweiz); *auf Schusters Rappen* ~ färdas på apostlahästarna; *in Farben* ~ resa (vara handelsresande) i färger; *in den Urlaub (ein Bad)* ~ resa på semester (till en badort) **Reisende(r)** *m f, adj böjn.* **1** resande, resenär, passagerare **2** [handels]resande **Reiseonkel** *-[s] m, vard.* resbiten man; *ein* ~ *sein* vara resbiten **Reisepa|ß** *-sse† m* pass **Reiseprospekt** *-e m* resebroschyr
Reiserbesen - *m* riskvast
Reise|rei *-en f, vard.* [evigt] resande **-sack** *-e† m* bag, sjösäck **-scheck** *-s el.* -e *m* resecheck **-schilderung** *-en f* reseskildring **-schreibmaschine** *-n f* reseskrivmaskin **-spesen** *pl* traktamente[n] **-tablette** *-n f* tablett mot åksjuka **-tante** *-n f, vard.* resbiten kvinna; *e-e* ~ *sein* vara resbiten **-unternehmen** - *n* rese|-byrå, -arrangör **-verbot** *0 n* reseförbud **-verkehr** *0 m* semester-, turist|trafik **-vorbereitungen** *pl* förberedelser för en resa (resan) **-wecker** - *m* reseväckarklocka **-ziel** *-e n* resmål; *das* ~ *(äv.)* målet för resan (en resa), resans mål
Reisfeld *-er n* risfält
Reisholz *0 n, åld., se Reisig*
Reisig *0 n* torra kvistar, ris **-besen** - *m* riskvast **-bündel** - *n* ris|knippe, -knippa **-haufen** - *m* rishög
Reis|korn *-er† n* ris|korn, -gryn **-mehl** *0 n* rismjöl **-papier** *0 n* rispapper
Reiß'aus *0 m,* ~ *nehmen (vard.)* ta till benen, sjappa, sticka **Reißbrett** *-er n* ritbräde
reiß|en *riß, risse, gerissen* **1** *s* gå av (sönder), brista; *mir -t die Geduld det är slut på mitt tålamod; die Verbindung riß plötzlich* förbindelsen (samtalet) bröts plötsligt **2** riva (dra, rycka, slita) [av, bort, itu, sönder]; [*die Latte*] ~ *(sport.)* riva [ner] ribban; *Weltrekord im R~ (tyngdlyftning)* världsrekord i ryck; *an etw. (dat.)* ~ rycka (slita, dra) i ngt; *sich (dat.) den Finger an e-m Nagel* ~ riva sig i fingret på en spik; *das -t an den Nerven* det sliter på nerverna; *etw. an sich (ack.)* ~ slita (rycka) till sig ngt; *die Macht an sich (ack.)* ~ tillvälla sig makten; *e-e Pflanze aus dem Boden* ~ rycka upp en växt ur marken; *e-m etw. aus den Hän-*

den ~ rycka ngt ur händerna på ngn, rycka till sig ngt från ngn; *e-n aus allen Illusionen* ~ beröva ngn alla illusioner; *e-n aus seinen Träumen* ~ väcka ngn ur hans drömmar; *aus dem Zusammenhang gerissen* lösryckt ur sitt sammanhang; *Löcher in die Strümpfe* ~ riva hål på strumporna; *ich könnte mich in Stücke* ~ [*vor Wut*] *(vard.)* jag är så arg att jag kan spricka; *e-n ins Verderben* ~ störta ngn i fördärvet; *etw. mitten durch* ~ riva ngt mitt itu; *sich (dat.) die Kleider vom Leib* ~ slita av sig kläderna; *die Druckwelle riß ihn zu Boden* tryckvågen kastade honom till marken (omkull honom) **3** (*om rovdjur*) riva, slå, slita i stycken; *ein Schaf* ~ riva ett får **4** *es -t mich in allen Gliedern* det värker i alla mina leder, jag har reumatisk värk **5** *åld.* rita, skissera **6** *Possen* ~ skämta, spexa; *Witze* ~ göra vitsar, vitsa; *Zoten* ~ berätta oanständiga historier **7** *rfl, sich an etw. (dat.)* ~ rispa (riva) sig på ngt **8** *rfl, sich aus e-r Umarmung* ~ slita sig [lös] ur en omfamning **9** *rfl, sich um etw.* ~ slåss om ngt; *ich -e mich nicht darum* jag är inte så pigg på det, jag gillar det inte speciellt **Reißen** *0 n* **1** *vard.* värk [i lederna], reumatism **2** *sport.* ryck **reißend 1** (*om flod*) strid **2** vild; *-es Tier (äv.)* rovdjur **3** snabb; *-er Absatz* strykande åtgång **Reißer** - *m* **1** *vard.* rysare, thriller **2** *vard.* slagnummer, bestseller, succé **3** *sportsl.* spjutspets, murbräcka **reißerisch** rafflande, braskande, uppseendeväckande **Reißfeder** *-n f* ritstift **reißfest** [drag]hållfast, som inte brister (spricker)
Reiß|leine *-n f* språnglina (*på ballong*); utlösningslina (*på fallskärm*) **-linie** *-n f* perforering[slinje] **-nagel** *-† m* häftstift **-schiene** *-n f* vinkellinjal **-stift** *-e m* häftstift **-teufel** - *m, vard.* slitvarg **-verschlu|ß** *-sse† m* blixtlås **-wolle** *0 f* avfallsull **-zahn** *-e† m, zool.* rovtand **-zeug** *-e n* rit-, cirkel|bestick **-zwecke** *-n f* häftstift
Reitanzug *-e† m* riddräkt **Reitbahn** *-en f* ridbana **reite|n** *ritt, ritte, geritten s, äv. h* rida; *Prinzipien* ~ rida på principer; *der Stier -t die Kuh* tjuren betäcker kon; *der Teufel -t ihn (vard.)* han är besatt; *dich -t wohl der Teufel? (vard.)* du är väl inte riktigt klok?; *auf jds Schultern* ~ rida på ngns axlar; *was ist denn in dich geritten? (vard.)* vad har farit i dig?, vad har hänt?; [*im*] *Galopp (Schritt, Trab)* ~ rida i galopp (skritt, trav); *e-n ins Unglück* ~ störta ngn i olycka; *vor Anker* ~ (*sjö.*) rida för ankaret; *e-n über den Haufen* ~ rida omkull ngn **Reiter** - *m* ryttare (*äv. på balansvåg, i kortsystem*) **Reiterei** *0 f* **1** ryttteri **2** *vard.* ridande **reiterlich** rid- **Reiterregiment** *-er n* kavalleriregemente **Reiters|mann** *-er†, äv. -leute m, högt.* ryttare **Reiterstandbild** *-er n* ryttar|staty, -stod
Reit|gerte *-n f* ridspö **-hose** *-n f* ridbyxor **-lehrer** - *m* ridlärare **-peitsche** *-n f* ridpiska **-pferd** *-e n* ridhäst **-schule** *-n f* ridskola **-sitz** *-e m* sits (*vid ridning*); *sein* ~ *ist gut (äv.)* han sitter bra till häst; *im* ~ *(äv.)* grensle **-stall** *-e† m* ridstall **-stiefel** - *m* ridstövel **-stock** *-e† m* **1** ridkäpp **2** *tekn.* dubbdocka; svarvdocka **-turnier** *-e n* ridtävling; *Reit- und Fahrturnier* rid- o. köruppvisning (*m. prov o. tävlingar*) **-zeug** *0 n* rid|tyg, -utrustning
Reiz *-e m* retning, irritation; retelse, lockelse; behag, tjusning, charm; *es hat den* ~ *verloren (äv.)* det har förlorat sin krydda; *das hat wenig*

~ det är inte särskilt lockande; *das hat keinen* ~ *für ihn* det lockar honom inte; *alle* ~*e spielen lassen* (*äv.*) spela ut hela sin charm **reizbar** retbar, [lätt]retlig, snarstucken, irritabel **reiz|en 1** reta [upp]; förarga, provocera; irritera; egga, stimulera, locka; fresta; tjusa, charmera; *gereizt* [över]retad, uppretad, retlig, irriterad; *jds Neugier* ~ reta ngns nyfikenhet; *das kann mich nicht* ~ det lockar mig inte; *es -te mich, ihn zu schlagen* jag hade god lust att slå honom; *zum Husten* ~ reta till hosta; *e-n bis zur Weißglut* ~ reta gallfeber på ngn; *e-n zum Zorn* ~ reta ngn till vrede **2** *kortsp.* bjuda **reizend** förtjusande, charmig, trevlig, intagande; *das ist ja e-e* ~*e Bescherung!* (*iron.*) det var en snygg historia!; *das kann* ~ *werden* (*iron.*) det kan bli trevligt **Reizhusten** *0 m* rethosta **Reizker** *- m, bot.* riska
reizlos charmlös, utan tjusning (behag), föga tilldragande, tråkig; ~*e Kost* (*ung.*) saltfattig (okryddad) kost **Reizlosigkeit** *0 f* charmlöshet *etc.*, *jfr reizlos* **Reizmittel** *- n* retmedel; stimulerande medel **Reizschwelle** *-n f, psykol., med.* retningströskel **Reiztherapie** *-n f* retningsterapi **Reizung** *-en f* retning, eggelse, stimulans *etc.*, *jfr reizen* **reizvoll** [för]tjusande, charmfull; lockande, frestande **Reizwäsche** *0 f, vard.* raffiga (sexiga) underkläder **Reizwort** *-er† n* laddat ord
Rekapitulation *-en f* rekapitul|ering, -ation **rekapitulieren** rekapitulera
rekeln *rfl, vard.* sträcka på sig, ligga o. dra (vräka) sig
Reklamation *-en f* reklamation
Reklame *-n f* (*ofta neds.*) reklam **Reklame|-fachmann** *-fachleute, ibl. -fachmänner m* (*ofta neds.*) reklam|man, -makare **Reklamefeldzug** *-e† m* reklamkampanj **Reklametrommel** *0 f, für etw. die* ~ *rühren* (*vard.*) slå på reklamtrumman (göra stor reklam) för ngt **Reklamezettel** *- m* reklamblad **reklamieren** reklamera; klaga [på]; återfordra; *gegen etw.* ~ protestera mot ngt; *etw. als sein Eigentum* ~ göra anspråk på ngt som sin egendom
rekognoszieren *åld.* rekognos[c]era
rekonstruieren 1 rekonstruera **2** *DDR* bygga ut, modernisera **Rekonstruktion** *-en f* **1** rekonstruktion **2** *DDR* utbyggnad, modernisering
Rekonvaleszent [-v-] *-en -en m, med.* rekonvalescent **Rekonvaleszenz** *0 f, med.* rekonvalescens **rekonvaleszieren** *med.* vara på bättringsvägen, vara konvalescent
Rekord *-e m* rekord; ~ *der Frechheit* (*vard.*) höjden av fräckhet; *e-n* ~ *aufstellen* sätta rekord; *e-n* ~ *brechen* (*schlagen*) slå rekord; *e-n* ~ *einstellen* tangera ett rekord **-ernte** *-n f* rekordskörd **-halter** *- m,* **-inhaber** *- m* rekordhållare **-leistung** *-en f* rekordprestation, toppprestation **-marke** *-n f* rekord **-versuch** *-e m* rekordförsök **-zeit** *-en f* rekordtid; *in* ~ på rekordtid
Rekrut *-en -en m* rekryt **rekrutieren 1** rekrytera **2** *rfl, sich aus etw.* ~ rekryteras av (från, ur) ngt, vara sammansatt (bestå) av ngt
Rektaklausel *-n f, hand.* rektaklausul
Rektaszension *-en f, astron.* rektascension
Rektawechsel *- m, hand.* rektaväxel **Rektion** *-en f, språkv.* rektion **Rekto** *-s n, fack.* framsida **Rektor** *-en m* rektor (*vid univ. o. vissa skolor*) **Rektorat** *-e n* **1** rektorat **2** rektorsexpedition

Rekurrenz *0 f, språkv.* rekursivitet **rekurrieren** *auf etw.* (*ack.*) ~ gå tillbaka (anknyta) till ngt **Rekurs** *-e m* **1** *auf etw.* (*ack.*) ~ *nehmen* gå tillbaka (anknyta) till ngt **2** *jur.* överklagande, besvär **Rekursivität** [-v-] *0 f, språkv.* rekursivitet
Relais [rə'lɛ:] *-* [-'lɛ:s] *n* **1** *elektr.* relä **2** *hist.* hästombyte (*äv. plats*); skjutsstation **-station** *-en f* **1** relästation **2** *hist.* skjutsstation
Relation *-en f* **1** relation; förhållande; kontakt, förbindelse **2** rapport, redogörelse **relativ** relativ; ~ *Mehrheit* enkel majoritet; *ein* ~ *kalter Sommer* (*äv.*) en förhållandevis kall sommar; ~ *oft* (*äv.*) ganska ofta **Relativ** *-e n, språkv.* relativ (*pron o. adv*) **Relativadverb** *-ien n, språkv.* relativt adverb **Relativbewegung** *-en f, fys.* relativ rörelse **relativieren** [-v-] *ung.* omvärdera; modifiera; inskränka, minska **Relativismus** [-v-] *0 m* relativism **relativistisch** [-v-] relativistisk **Relativität** [-v-] *-en f* relativitet **Relativitätstheorie** *0 f, die* ~ relativitetsteorin **Relativpronom|en** *-en el. -ina n, språkv.* relativt pronomen, relativpronomen **Relativsatz** *-e† m, språkv.* relativ bisats, relativsats **Relativ|um** [-v-] *-a n, språkv., se Relativ*
relaxed [ri'lækst] avspänd, avslappad **relaxen** [ri'lɛksn] slappna av, koppla av, ta igen sig
Release-Center [ri'li:s'sɛntɐ] *- n* behandlingshem för narkotikamissbrukare
Relegation *-en f* relegation **relegieren** relegera
relevant [-v-] relevant **Relevanz** *0 f* relevans
Reliabilität *0 f* reliabilitet
Relief [re'ljɛf] *-s el. -e m* relief **-druck** *-e m* relieftryck **-karte** *-n f* reliefkarta
Religion *-en f* religion; *skol.* religionskunskap **Religions|bekenntnis** *-se n* trosbekännelse **-dinge** *pl* religiösa frågor **-freiheit** *0 f* religionsfrihet **-gemeinschaft** *-en f* trossamfund, religiöst samfund **-geschichte** *0 f* religionshistoria **-krieg** *-e m* religionskrig **-lehre 1** *-n f* religiös lära **2** *0 f* religions|kunskap, -undervisning **-lehrer** *- m* religionslärare **-philosophie** *0 f* religionsfilosofi **-stifter** *- m* religionsstiftare **-stunde** *-n f* religions|timme, -lektion **-unterricht** *0 m* religions|undervisning, -kunskap **-zugehörigkeit** *0 f* konfession
religiös religiös **Religiosität** *0 f* religiositet
Relikt *-e n* relikt, kvarleva
Reling *-s, äv. -e f* reling
Reliquiar [-'kvja:ɐ] *-e n* relikvarium, relikskrin
Reliquie [re'li:kvjə] *-n f* relik
Remedi|um *-a el. -en n* **1** *med.* bote-, läke|-medel **2** (*mynts*) remedium
Reminiszenz *-en f* reminiscens **Remi'niszere** *0 m,* [*der Sonntag*] ~ andra söndagen i fastan
remis [rə'mi:] *adv, schack.* remi; *sport.* oavgjort **Remis** [rə'mi:] *-* [-'mi:s], *el. i sht schack.* *-en* [-'mi:zn̩] *n, schack.* remi; *sport.* oavgjort **Remise** *-n f* **1** *åld.* vagnslider **2** *jakt.* remis (*skyddsplats för vilt*) **Remittende** *-n f* felaktigt exemplar (*som returneras t. förlaget*) **Remittent** *-en -en m, hand.* remittent, växelngare **remittieren 1** returnera (*felaktig bok e.d.*) **2** *med.* [tidvis] minska (avta)
'**Remmi'demmi** *0 n, vard.* ståhej, liv [o. rörelse]; *hier ist immer* ~ (*äv.*) här händer det alltid ngt
remonstrieren göra invändningar
remontant [-mɔn-], *äv.*-mõ-] *bot.* remonterande **Remonte** [-'mɔntə], *äv.* -'mõ:tə] *-n f, mil.* **1** remont (*häst*) **2** remontering (*hästanskaff-*

ning) **remontieren 1** *bot.* remontera **2** *mil.* anskaffa hästar
Remoulade [-mu-] *-n f* rem[o]ulad[sås]
Rempelei *-en f, vard.* knuffande; *sport.* tackling **rempeln** *vard.* knuffa [till], skuffa [undan]; *sport.* tackla
Rem[p]ter - *m* refektorium
Ren [rɛn *el.* re:n] *-s* [rɛns] *el. -e* ['re:nə] *n, zool.* ren
Renaissance [rəne'sã:s] *-n f* renässans
Ren'dant *-en -en m* kassaförvaltare, räkenskapsförare **Rendezvous** [rã:de'vu: *äv.* 'rã:devu] - [-'vu:s *äv.* '--vu:s] *n* **1** rendezvous **2** rymdmöte **Ren'dite** *-n f, hand.* avkastning **Ren-'ditenhaus** *-er†* n, *schweiz.* hyreshus
Renegat *-en -en m* renegat, avfälling
Reneklode *-n f* reine claude, renklo (*plommon*)
Renette *-n f* renett (*äpple*)
reni'tent motspänstig, uppstudsig **Reni'tenz** *0 f* motspänstighet, uppstudsighet
Renke *-n f, zool.*, **Renken** - *m, zool.* sik
Renkontre [rã'kõ:tʁ, *äv.* -trə] *-s n* sammanstötning
Rennauto *-s n* tävlings-, racer|bil **Rennbahn** *-en f* kapplöpningsbana; racerbana; velodrom **Rennboot** *-e n* racer-, tävlings|båt **renn|en** *rannte, rennte, gerannt* **1** *s* springa, rusa, löpa; ränna; *meine Uhr -t* (*vard.*) min klocka fortar sig (går före); *wie die Uhr -t!* (*vard.*) oj, vad tiden går!; *wie ein Wiesel* ~ kila som en vessla; *dauernd ins Kino* ~ jämt ränna på bio; *mit dem Kopf an (gegen) etw.* (*ack.*) ~ slå huvudet i ngt; *gerannt kommen* komma springande **2** *s, jakt.* (*om räv*) löpa **3** *sich* (*dat.*) *ein Loch ins Knie* ~ slå hål på knät **4** *vard.* köra, ränna; *e-m ein Messer in* (*zwischen*) *die Rippen* ~ köra (sticka) en kniv i bröstet på ngn **5** *e-n über den Haufen* ~ springa (välta, stöta) omkull ngn **Rennen** - *n* [kapp]löpning, lopp; [hastighets]tävling; *totes* ~ dött lopp; *das* ~ *machen* (*vard.*) *a)* vinna, *b) bildl.* ta hem segern **Renner** - *m* **1** kapplöpningshäst **2** vara som säljs mycket bra; försäljningsframgång **Rennerei** *-en f, vard.* spring[ande]
Renn|fahrer - *m* tävlings-, racer|förare; tävlingscyklist **-jacht** *-en f* kappseglingsbåt **-maschine** *-n f* tävlings[motor]cykel **-pferd** *-e n* kapplöpningshäst **-platz** *-e† m* kapplöpningsbana **-rad** *-er† n* tävlingscykel **-schuh** *-e m* spiksko **-sport** *0 m* racer-, kapplöpnings|sport **-stall** *-e† m* kapplöpningsstall; stall (*grupp racerförare e.d.*) **-wagen** - *m* tävlings-, racer|-bil **-wette** *-n f* kapplöpningsvad
Renommee *-s n* renommé, [gott] anseende (rykte, namn) **renommieren** briljera, skrävla, skryta **renommiert** välrenommerad, ansedd, aktad, känd **Renommist** *-en -en m* skrytmåns, skrävlare
Renonce [rə'nõ:s(ə)] *-n f, kortsp.* renons
renovieren [-v-] renovera **Renovierung** *-en f* renovering
rentabel räntabel, lönsam **Rentabilität** *0 f* räntabilitet, lönsamhet **Rente** *-n f* **1** pension; *dynamisierte (dynamische)* ~*n* indexreglerade pensioner; *auf* (*in*) ~ *gehen* (*vard.*) gå i pension **2** [liv]ränta **Rentenalter** *0 n* pensionsålder **rentenberechtigt** pensionsberättigad **Rentenempfänger** - *m* pensionär **Rentenversicherung** *-en f* pensionsförsäkring[skassa]
1 Rentier *-e n, zool.*, *se* Ren
2 Rentier [rɛn'tje:] *-s m* **1** rentier, rentjé **2** pensionär **rentieren** [-'ti:-] *rfl* vara lönsam (räntabel), bära (löna) sig

Rentierflechte *-n f* renlav
rentierlich *se rentabel* **Rentner** - *m* **1** pensionär **2** rentier, rentjé
Reorganisation *-en f* re-, om|organisation **reorganisieren** re-, om|organisera
reparabel reparabel, som kan lagas **Reparation** *-en f* **1** *pl* krigsskadestånd **2** (*sällan*) reparation, lagning **Reparatur** *-en f* reparation, lagning **reparaturanfällig** som lätt går sönder (ofta måste repareras), ömtålig **reparaturbedürftig** i behov av reparation; ~ *sein* (*äv.*) behöva lagas **Reparaturkosten** *pl* reparationskostnader **Reparaturwerkstatt** *-en† f* [reparations]verkstad **reparieren** reparera, laga
repassieren 1 åter granska **2** upprepa (*behandling*) **3** *Laufmaschen* ~ maska upp
repatriieren 1 repatriera **2** återge medborgarskap
Repertoire [-'toa:ʁ] *-s n* repertoar
repetieren 1 repetera **2** gå om (*klass*) **Repetiergewehr** *-e n* repetergevär **Repetieruhr** *-en f* repeterur **Repetition** *-en f* repetition **Repe'titor** *-en -m* **1** *ung.* privatlärare **2** *se Korrepetitor* **Repetitori|um** *-en n* repetitions|-kurs, -bok
Replik *-en f* replik (*äv. duplett*) **replizieren 1** *auf etw.* (*ack.*) ~ replikera på ngt **2** göra en replik (*duplett*)
Report *-e m* **1** rapport, redogörelse **2** *börs.* report **Reportage** [-'ta:ʒə] *-n f* reportage **Reporter** - *m* reporter
repräsentabel representabel, värdig, imponerande **Repräsentant** *-en -en m* representant **Repräsentation** *-en f* representation **Repräsentations|aufwendungen** *pl, -gelder pl* representations|kostnader, -pengar **repräsentativ** representativ **repräsentieren** representera
Repressalie *-n f* vedergällning; ~*n* repressalier
Repression *-en f* undertryckande, repression, förtryck **repressiv** undertryckande, repressiv
Repressivzoll *-e† m* skyddstull
Re'print *-s m* reprint, om-, ny|tryck
Reprise *-n f* repris (*äv. mus.*)
reprivatisieren [-v-] återföra [förstatligad egendom] i privat ägo
Reproduktion *-en f* reproduktion **reproduktiv** reproduktiv, reproducerande, kopierande **reproduzieren** reproducera
Reps *-e m, sty., bot.* raps
Reptil *-ien n* reptil
Republik *-en f* republik **Republikaner** - *m* republikan **republikanisch** republikansk **Republikflucht** *0 f, DDR jur.* illegalt lämnande [av DDR]
Reputation *0 f* [gott] rykte (anseende)
Requie|m - *ms* (*österr. äv.* -*n*) *n* rekviem
requirieren *mil.* rekvirera **Requisit** *-en n* **1** nödvändig (oundgänglig) sak (attiralj, utrustning) **2** *pl* rekvisita **Requisition** *-en f, mil.* rekvisition
resch *sty., österr.* **1** knaprig **2** frodig; resolut; munter, livlig
Reseda *-s f, bot.*, **Resede** *-n f, bot.* reseda
Resektion *-en f, med.* resektion
Reservat [-v-] *-e n* **1** reservat (*naturskyddsområde; indian-*) **2** reservation, förbehåll; särskild rättighet; prerogativ **Reservation** *-en f* **1** (*indian-*) reservat **2** *se Reservat* **2**
Reserve [-v-] **1** *-n f* reserv; *sport.* reserv[lag]; *Leutnant der* ~ löjtnant i reserven; *stille* ~*n*

dolda reserver; *in* ~ *haben* ha i reserv **2** *0 f* reservation, tillbakadragenhet; *sich (dat.)* *zuviel* ~ *auferlegen* lägga för mycket band på sig; *e-n aus der* ~ *[heraus]locken (vard.)* förmå ngn att öppna sig **-bank** *-e† f, sport.* avbytar|bänk, -bås; *auf der* ~ *sitzen (äv.)* vara reserv (avbytare, inhoppare) **-fonds** - *m* reservfond **-mann** *-männer el. -leute m, se Ersatzmann* **-rad** *-er† n* reservhjul **-spieler** - *m, sport.* reserv **-tank** *-s el. -e m* reservtank **-teil** *-e n, äv. m* reservdel
reservieren [-v-] reservera **reserviert** reserverad **Reservist** *-en -en m, mil.* reservist **Reservoir** [rɛzɛr'vǫa:ɐ̯] *-e n* reservoar
resezieren *med.* företa en resektion på, bortoperera
Residenz *-en f* residens **residieren** residera
Resignation [-gn-] *0 f* resignation **resignieren** resignera
resistent resistent **Resistenz** *-en f* **1** resistens **2** motstånd
resolut resolut **Resolution** *-en f* resolution **Resolutionsentwurf** *-e† m* resolutionsförslag
Resonanz *-en f* resonans; *bildl. äv.* gensvar **Resonanzboden** -† *m, mus.* resonansbotten
resozialisieren resocialisera, återanpassa i samhället **Resozialisierung** *-en f* resocialisering, återanpassning i samhället
resp. *förk. för respektive* resp., respektive **Respekt** [re'spɛkt, rɛs'pɛkt] *0 m* respekt; ~, ~! det må jag säga!, inte illa!; *mit* ~ *zu sagen* med förlov sagt **respektabel** respektabel **Respektabilität** *0 f* respektabilitet **Respektblatt** *-er† n, typ.* smutsblad **respekteinflößend** respekt|ingivande, -injagande **respektieren** respektera **respektierlich** respektabel **respektiv** *adj, åld., se jeweilig* **respektive** [-v-] respektive; eller; eller rättare sagt **respektlos** respektlös, utan respekt **Respektlosigkeit 1** *0 f* respektlöshet, brist på respekt **2** *-en f* respektlöst yttrande (agerande) **Respektsperson** *-en f* respektingivande (respektabel) person, notabilitet **respektvoll** respektfull, fylld av respekt **respektwidrig** respektvidrig, vanvördig
Respirator [-sp-] *-en m, med.* respirator **respondieren** [-sp-] svara (*i växelsång*) **Respons** *-e m* respons **Responsori|um** *-en n* växelsång, responsorium
Ressentiment [rɛsãti'mã:, *äv.* rə-] *-s n* aversion, agg, ressentiment
Ressort [rɛ'soːɐ̯] *-s n* [förvaltnings]område, [verksamhets]fält, fack, gebit; avdelning
Ressource [rɛ'sʊrsə] *-n f* resurs
Rest 1 *-e m* rest, återstod; *die irdischen* ~ *e* de jordiska kvarlevorna; *für den* ~ *seines Lebens* för sitt återstående liv; *e-m den* ~ *geben (vard.)* ge ngn nådastöten; *das hat ihm (der Sache) den* ~ *gegeben* det knäckte (tog kål på) honom (det förstörde saken fullständigt); *sich (dat.) den* ~ *holen (vard.)* bli allvarligt sjuk **2** *-e, hand. el. dial. äv. -er el. -en m* stuv[bit]
Restaurant [rɛsto'rãː] *-s n* restaurang **Restaurateur** [rɛstora'tøːɐ̯] *-e m, åld., se Gastwirt* **Restauration** *-en f* **1** [-stau-] restaurering; restauration (*äv. hist., polit.*) **2** [-sto-] *åld. el. österr.* restaurang **Restaurator** [-stau-] *-en m* restaurator **restaurieren** [-stau-] **1** restaurera **2** åter|införa, -upprätta **3** *rfl, skämts.* vederkvicka sig **Restaurierung** [-stau-] *-en f* restaurering; restauration

Restbestand *-e† m* återstod, rest|lager, -förråd **Restbetrag** *-e† m* resterande (återstående) belopp, restbelopp **Resteessen** *0 n* måltid på [mat]rester **restieren** *åld.* restera; utestå; *e-m etw.* ~ vara skyldig ngn ngt; *mit etw.* ~ restera med ngt
restituieren [-st-] restituera; åter|betala, -ställa; återinsätta **Restitution** *-en f* restitution; återställande; [skade]ersättning
restlich resterande **restlos** fullständig, total, restlös; *adv äv.* alldeles, helt o. hållet **Restposten** - *m, hand.* rest[parti]
Restriktion [-st-] *-en f* restriktion **restriktiv** restriktiv
Resturlaub *0 m* återstående semester
Resultante *-n f, mat.* resultant **Resultat** *-e n* resultat; följd; *die neuesten* ~*e der Forschung (äv.)* forskningens senaste rön **resultatlos** resultatlös, utan resultat, fruktlös **resultier|en** vara (bli) resultatet (följden); *daraus* -*t* därav följer; *etw. -t in etw. (dat.)* ngt resulterar i (leder till) ngt, ngt får ngt till följd **Resultierende** *-n f, mat.* resultant
Resümee *-s n* resumé **resümieren** resumera
retardieren retardera, fördröja **retardiert** efterbliven; *psychisch* ~ psykiskt utvecklingsstörd
'**Retina** *-e f, anat.* retina, näthinna
retirieren *s* dra sig tillbaka, försvinna; *åld.* retirera; *skämts.* bege sig till ett visst ställe
Retorte *-n f* retort; *ein Kind aus der* ~ *ett* provrörsbarn; *ein Produkt aus der* ~ en konstgjord produkt **Retorten|baby** *-s n,* **-kind** *-er n* provrörsbarn
retour [re'tuːɐ̯] *dial. el. åld.* i retur, tillbaka **Retourkutsche** *0 f, vard., e-e* ~ *erhalten* få betalt med samma mynt; *auf die Beschuldigung mit e-r* ~ *antworten* svara på beskyllningen med en motbeskyllning **retournieren** *hand.* returnera; *sport. äv.* slå tillbaka
retroflex *språkv.* retroflex **retrospektiv** [-sp-] retrospektiv, tillbakablickande **Retrospektive** [-v-] *-n f* **1** åter-, tillbaka|blick; *in der* ~ i efterhand, när man *(etc.)* ser tillbaka **2** retrospektiv konstutställning (filmvisning *e.d.*)
retten 1 rädda; bärga; *sport.* rädda, göra en räddning; *das Gebäude* ~ *(äv.)* bevara byggnaden; *e-m das Leben* ~ rädda livet på ngn; *nicht mehr zu* ~ *sein (vard. äv.)* vara från sina sinnen (alldeles galen); *e-n vor dem Ertrinken* ~ rädda ngn från att drunkna; *da kam ihm der* ~*de Einfall* då fick han det lyckliga infallet; *der Abend war gerettet (vard.)* kvällen var räddad **2** *rfl* rädda sig; klara sig; skydda (värja) sig **Retter** - *m* räddare
Rettich *-e m* rättika
rettlos *sjö.* [räddningslöst] förlorad, som inte kan räddas **Rettung** *-en f* **1** räddning; bärgning; *e-m* ~ *bringen* rädda ngn; *es gibt keine* ~ *für ihn (äv.)* han är förlorad **2** *österr.* ambulans[kår]
Rettungs|aktion *-en f* räddningsaktion **-anker** - *m, bildl.* räddningsplanka **-arbeit** *-en f* räddningsarbete **-auto** *-s n, vard.* ambulans **-boje** *-n f* livboj **-boot** *-e n* livbåt; räddningsbåt; -kryssare **-dienst** *-e m* räddnings|tjänst, -kår; ambulans[kår] **-floß** *-e† n* räddningsflotte **-kolonne** *-n f* räddningsmanskap **-leine** *-n f* livlina
rettungslos räddningslös; *die Sache ist* ~ *verfahren (vard.)* saken är hopplöst tilltrasslad
Rettungsmannschaft *-en f* räddningsman-

skap **Rettungsmedaille** *-n f* livräddningsmedalj **Rettungsring** *-e m*1 livboj, frälsarkrans 2 *vard. skämts.* bilring (*fettvalk kring midjan*) **Rettungsschwimmen** *0 n* livräddning (*konsten att föra i land en drunknande*) **Rettungswagen** - *m* ambulans **Retusche** *-n f* retusch **Retuscheur** [retu-'ʃøːr̥] *-e m* retuschör **retuschieren** retuschera **Reue** *0 f* ånger, ruelse **Reuegefühl** *-e n* ånger- [känsla] **reu|en** ångra; *meine Worte ~ mich* jag ångrar mina ord; *es -t ihn, das getan zu haben* han ångrar att han gjorde det; *es -t mich* (*äv.*) jag är ångerköpt **reuevoll** ångerfull **Reugeld** *-er n* skadestånd (*vid kontraktsbrott e.d.*), böter **reu|ig, -mütig** ånger|full, -köpt **Reuse** *-n f* ryssja, mjärde **reüssieren** lyckas, ha framgång **revalvieren** [-valv-] revalvera **Revanche** [re'vãːʃ(ə), *vard. äv.* -'vaŋʃə] *-n f* revansch; *sport. äv.* revansch|match, -parti *etc.*; *skämts.* gentjänst; *als ~ für seine Hilfe* (*äv.*) för att revanschera sig för hans hjälp; *auf ~ sinnen* (*äv.*) ruva på hämnd **Revanchepolitik** *0 f* revanschpolitik **Revanchespiel** *-e n, sport.* revansch-, retur|match **revanchieren** *rfl* ta revansch, revanschera sig; *sich für etw. ~* (*äv.*) hämnas för ngt; *sich für e-e Einladung ~* (*äv.*) bjuda igen, revanschera sig **Revanchismus** *0 m, ung.* revanschpolitik (*strävan att återerövra förlorade områden*) **Revelation** [-v-] *-en f* yppande, avslöjande **1 Revers** [re'veːr̥, *äv.* re'vɛːr̥, *äv.* rə-; *österr.* re'vɛːr] - [-r̥s; *österr.* -rs] *n, österr. m* [upp]slag (*på rock e.d.*) **2 Revers** [re'vɛrs, rə'vɛːr] *-e* [re'vɛrsə] *el.* - [rə'vɛːrs] *m* revers, från-, bak|sida (*på mynt e.d.*) **3 Revers** [re'vɛrs] *-e m* revers, skriftlig förbindelse **reversibel** [-v-] reversibel **revidieren** [-v-] **1** revidera, granska; kontrollera **2** revidera, ändra **Revier** [-'viːr̥] *-e n* revir, distrikt, område, trakt **-förster** - *m* kronojägare **Revirement** [revirə'mãː] *-s n* omplacering (*av ämbetsmän*), ommöblering **Revision** [-v-] *-en f* revision (*äv. jur.*); granskning; kontroll; ändring **Revisionismus** *0 m* revisionism **Revisionist** *-en -en m* revisionist **revisionistisch** revisionistisk **Revisor** *-en m* revisor **Revolte** [-v-] *-n f* revolt **revoltieren** revoltera **Revolution** *-en f* revolution **revolutionär** revolutionär **Revolutionär** *-e m* revolutionär **revolutionieren** revolutionera **Revoluzzer** - *m, neds.* revolutionär [m. diffus målsättning]; frasradikal **Revolver** [re'vɔlvɐ] - *m* **1** revolver **2** *tekn.* revolverhuvud **-blatt** *-erᵗ n* sensationstidning **-drehbank** *-eᵗ f* revolversvarv **-held** *-en -en m* revolverman (*gangster*) **-kopf** *-eᵗ m, tekn.* revolverhuvud **-schnauze** *-n f, vard.* uppkäftig typ (*person*); *e-e ~ haben* vara uppkäftig **revozieren** [-v-] återkalla, ta tillbaka **Revue** [re'vyː, *äv.* rə-] *-n* [-yːən] *f* **1** revy; revytrupp **2** revy, tidskrift, magasin **3** *mil. åld.* [trupp]revy, parad **Rex** *-e m, skolsl.* rektor **Rezensent** *-en -en m* recensent; anmälare **rezensieren** recensera; anmäla **Rezension** *-en f* recension; anmälan **Rezensions|exemplar** *-e n*, **-stück** *-e n* recensionsexemplar

re'zent 1 *biol.* recent, nu levande, bildad i nutiden **2** *dial.* pikant, syrlig **Rezept** *-e n* recept **rezeptfrei** receptfri **rezeptieren** skriva ut recept [på] **Rezeption** *-en f* **1** reception (*på hotell e.d.*) **2** emot-, upp|tagande, tillägnelse **rezeptiv** receptiv **Rezeptivität** [-v-] *0 f* receptivitet **rezeptpflichtig** receptbelagd **Rezeptur** *-en f* receptur **Rezession** *-en f* konjunkturnedgång, recession **rezessiv** *biol.* recessiv **Rezipient** *-en -en m* **1** *fys.* recipient (*vakuumklocka*) **2** *fack.* mottagare **rezipieren** ta upp, anamma; tillgodogöra sig **reziprok** reciprok **Reziprozität** *0 f* reciprocitet **Rezitation** *-en f* recitation **Rezitativ** *-e n* recitativ **Rezi'tator** *-en m* recitatör **rezitieren** recitera **R-Gespräch** *-e n, tel.* ba-samtal (*som betalas av mottagaren*) **RGW** *0 m, förk. för Rat für gegenseitige Wirtschaftshilfe, der ~* COMECON **Rhabarber 1** *0 m* rabarber **2** *0 n, vard.* mummel, sorl **Rhapsode** *-n -n m, hist.* rapsod **Rhapsodie** *-n f* rapsodi **rhapsodisch** rapsodisk **Rhein** *0 m, der ~* Rhen **rhein'abwärts** nedför Rhen **rhein'aufwärts** uppför Rhen **rheinisch** rhensk **Rheinländer** - *m* **1** rheinländare **2** rheinländer (*polkaliknande dans*) **rheinländisch** rhen[länd]sk **Rheinwein** *-e m* rhenvin **Rhema** *-ta n, språkv.* rema **Rhesusfaktor** *0 m, med.* Rhesus-faktor **Rhe'torik** *0 f* retorik **rhetorisch** retorisk **Rheuma** ['rɔyma] *0 n, vard.* reumatism **Rheumatiker** - *m* reumatiker **rheumatisch** reumatisk **Rheumatism|us** *-en m* reumatism **Rhi'nozeros** *-se n* **1** noshörning **2** *vard.* idiot **Rhodesien** *0 n* Rhodesia **Rhodesier** - *m* rhodesier **rhodesisch** rhodesisk **Rhododendr|on** *-en m, äv. n, bot.* rododendron **rhombisch** rombisk **Rhomb|us** *-en m* romb **'Rhythmik** *0 f* rytmik **rhythmisch** rytmisk **rhythmisieren** rytmisera **Rhythm|us** *-en m* rytm **Rhythmusinstrument** *-e n* rytminstrument **RIAS** *förk. för Rundfunksender im amerikanischen Sektor* [*von Berlin*] **'Ribisel** *-*[n] *f, österr.* vinbär **Richt|antenne** *-en f* riktantenn **-beil** *-e n* bödelsyxa **-blei** *-e n* riktlod **-block** *-eᵗ m* stupstock **richten 1** rikta [in], inrikta, ställa [in]; räta [till, upp]; resa; *ein Gebäude ~* resa takstolarna till en byggnad; *die Zähne ~* (*äv.*) reglera tänderna; *etw. gerade ~* räta ut ngt; *e-n zugrunde ~* förstöra ngn, störta ngn i fördärvet; *e-e Bitte* (*Frage*) *an e-n ~* (*äv.*) komma med en bön (framställa en fråga) till ngn; *der Brief war an ihn gerichtet* brevet var [ställt] till honom; *das Wort an e-n ~* tilltala ngn; *seine Aufmerksamkeit auf etw.* (*ack.*) *~* inrikta sin uppmärksamhet på ngt; *die Fahnenstange in die Höhe ~* resa flaggstången; *den Kurs nach Süden ~* sätta kurs[en] mot söder **2** rätta [till]; göra (ställa) i ordning, ordna; laga; *das Bett ~* (*äv.*) bädda sängen; *den Tisch ~* (*äv.*) duka bordet; *er hat mir den Wagen gerichtet* han har lagat bilen åt mig **3** döma; fälla sin dom; *högt.* avrätta **4** *rfl* rikta [in] sig, inrikta sig, ställa [in] sig; *sich in die Höhe ~* resa sig, räta på (upp) sig; *richt' euch!* (*mil.*) rättning! **5** *rfl* rätta sig; *sich nach e-m (etw.*) ~ rätta sig efter ngn (ngt); *ich richte mich ganz nach dir* jag rättar mig helt efter dig; *das richtet sich danach, ob* det kommer an (beror) på om **6** *rfl, sich selbst* ~ gå rättvisan i förväg *(begå självmord)* **Richter** - *m* domare; *e-n vor den* ~ *bringen* dra ngn inför rätta; *sich zum* ~ *aufwerfen (bildl.*) sätta sig till doms **richterlich** domstols-, domar-; *~es Urteil* dom[slut]; ~ *vernommen werden* [för]höras av en domare (domaren) **Richterspruch** -*e*† *m* dom[slut], domstolsutslag **Richterstuhl** *0 m* domar|stol, -säte **Richt|fest** -*e n* taklagsfest **-funkfeuer** - *n* riktad radiofyr **-funkverbindung** -*en f* radiolänk **-geschwindigkeit** -*en f,* BRD rekommenderad fartgräns *(på motorväg)* **richtig** riktig, rätt; *ein ~er Berliner (äv.*) en typisk Berlinare; *~es Geld (äv.*) äkta pengar; *der ~e Mann am ~en Platz* rätt man på rätt plats; [*sehr*] ~! just det!, precis!; *der ist* ~ *(vard.) han är bra* (okej); *er ist nicht ganz* ~ [*im Kopf, Oberstübchen] (vard.*) han är inte riktigt klok; *es ist gerade* ~ det är precis lagom; *ja ~, jetzt erinnere ich mich* ja visst, nu kommer jag ihåg; *und ~,* da kam sie och mycket riktigt, då kom hon; *sich* ~ *satt essen (äv.*) äta sig ordentligt mätt; *die Uhr geht* ~ klockan går rätt; *sehe ich das* ~? har jag fattat det rätt?, stämmer det?; *es doch* ~ *vergessen haben* faktiskt ha glömt bort det; ~ *böse werden (äv.*) verkligen bli arg; *den R~en finden* hitta den rätte; *an den R~en geraten* komma till rätt person; *im Lotto vier R~e haben (vard.*) ha fyra rätt på lotto; *etw. R~es lernen* lära sig ngt ordentligt **richtiggehend** 1 *~e Uhr* klocka som går rätt **2** verklig, riktig, regelrätt; ~ *böse werden* bli riktigt arg, verkligen bli arg **Richtigkeit** *0 f* riktighet; *die* ~ *der Abschrift beglaubigen* intyga att avskriften överensstämmer med originalet; *damit hat es seine* ~ det äger sin riktighet, det är som det ska vara **richtigliegen** *st, vard. ung.* flyta med strömmen; ha (handla) rätt; *er hat immer richtiggelegen (äv.*) han har alltid hållit på rätt häst **richtigmachen** *vard.* göra upp (*betala*) **richtigstellen** rätta [till], beriktiga, korrigera **Richtigstellung** -*en f* rättelse, beriktigande, korrektion **Richt|kanonier** -*e m, mil.* riktare **-kranz** -*e*† *m, -krone -n f* taklagskrans **-linie** -*n f* riktlinje **-platz** -*e*† *m* avrättningsplats **-preis** -*e m* **1** (*internt*) kalkylpris **2** riktpris; [*empfohlener, unverbindlicher*] ~ cirkapris **-schnur 1** -*en f* riktsnöre **2** *0 f, bildl.* rättesnöre **-schütze** -*n* -*n m, mil.* riktare **-stätte** -*n f* avrättningsplats **-strahler** - *m* riktantenn **Richtung** -*en f* **1** riktning; *bildl. äv.* inriktning; *dem Gespräch e-e andere* ~ *geben* ge samtalet en annan riktning; *die* ~ *verlieren* tappa [bort] vägen, förlora kursen; *aus allen ~en (äv.*) från alla håll; *aus welcher* ~? *(äv.)* från vilket håll?; *in* ~ *auf (+ ack.), in ~ nach* i riktning mot; *in* ~ *Norden* norrut, åt norr; *der Zug* [*in*] ~ *München* tåget mot München; *angenehm in* (*nach*) *jeder* ~ trevlig i alla avseenden; *fahren Sie* [*in*] ~ *Hauptbahnhof?* åker Ni åt centralen [till]?; *in die falsche* ~ *gehen (äv.*) gå åt fel håll; *das liegt nicht in meiner* ~ *(bildl.*) det är inte i min smak; *nach allen ~en (äv.*) åt alla håll **2** *mil.* rättning **richtunggebend** som anger riktningen, [väg]ledande **Richtungsanzeiger** - *m, schweiz.* [kör]riktningsvisare **Richtungs-**

kämpfe *pl* ideologiska kontroverser (strider) **richtungslos** utan mål; planlös **Richtungswechsel** - *m* förändring av riktningen **richtungweisend** *se richtunggebend* **Richt|waage** -*n f* vattenpass **-weg** -*e m* genväg **-wert** -*e m* riktvärde
Ricke -*n f, jakt.* råget *(rådjurshona)*
ridi'kül *åld.* löjlig
rieb *se reiben*
riech|en roch, röche, gerochen **1** känna [lukten (doften) av]; *bildl. vard.* ana, känna, veta; *jds Absicht* ~ *(vard.)* märka ngns avsikt; *den Duft der Blumen* ~ känna blommornas doft; *ich -e Gas (Parfüm)* jag känner lukten av gas (doften av parfym); *die Gefahr* ~ *(vard.*) ana faran; *er kann Knoblauch nicht* ~ han tål inte lukten av vitlök; *ich kann ihn nicht* ~ *(vard.*) jag kan inte med (tål inte) honom; *das konnte ich doch nicht* ~! *(vard.*) det kunde jag inte lukta mig till (ana)!, hur skulle jag kunnat veta det?**2 an** *etw. (dat.*) ~ lukta på ngt; *du darfst daran* ~ *(äv.*) du får titta på det (behålla det en stund) (*men lämna tillbaka det*) **3** lukta; *er -t aus dem Mund (nach Alkohol*) han har dålig andedräkt (luktar sprit); *das -t nach Betrug (vard.*) det ser ut som (verkar vara) bedrägeri; *es -t nach Freispruch (vard.*) det lutar åt frikännande; *es -t nach Gas (Parfüm)* det luktar gas (doftar parfym) **Riecher** - *m, vard.* näsa; *e-n guten* ~ [*für etw.*] *haben* ha fin näsa (ett fint väderkorn) [för ngt] **Riechkolben** - *m, vulg.* kran ([*stor*] *näsa)* **Riechorgan** -*e n* luktorgan **Riechsalz** -*e n* luktsalt
Ried -*e n* starr; vass; [starr-, vass|bevuxen] mosse (myr) **-gras** -*er*† *n, bot.* starr[gräs]
rief *se rufen*
Riefe -*n f* räffla, ränna **riefe[l]n** räffla **riefig** räfflad
Riege -*n f* [gymnastik]trupp
Riegel - *m* **1** regel, rigel; låskolv; *hinter Schloß und* ~ bakom (inom) lås och bom; *etw. (dat.*) *e-n* ~ *vorschieben (äv.*) sätta stopp för **2** avspärrning, spärr, hinder **3** stång (*tvål)*; [avlång] kaka (*choklad*) **4** *sömn.* slejf; hälla; träns **5** *byggn.* tvärslå **6** *åld.* klädhängare **riegeln** *åld. el. dial.* regla; bomma till; stänga [av] **Riegelstellung** -*en f, mil.* regelställning
1 Riemen -*n, sjö.* åra
2 Riemen - *m* **1** rem; *den* ~ *enger schnallen (vard.*) dra åt svångremmen; *sich am* ~ *reißen (vard.*) lägga manken till **2** skorem **3** drivrem **4** *vard.* lång artikel (skrivelse *e.d.*) **5** *vulg.* kuk **-antrieb** *0 m* remdrift **-scheibe** -*n f* remskiva **-zeug** *0 n* remtyg (*seldon*)
Ries -*e (vid måttsangivelse -)* n ris (*papper*)
1 Riese -*n* -*n m* jätte; koloss; ~ *an Geist* andlig gigant **2** *vard.* tusenlapp *(1000 mark*)
2 Riese *se Adam*
Rieselfeld -*er n* [åker]fält där avloppsvatten renas o. används som gödningsämne **riesel|n** *h el. s (sakta)* rinna; sila, sippra; porla; *Angst -te ihm durch die Glieder* han genomfors av ängslan; *aus der Wunde -t Blut* ur såret sippra blod; *dort -t e-e Quelle* där porlar en källa; *Sand durch die Finger* ~ *lassen* sila sand genom fingrarna; *ein Schauer -te mir über den Rücken* det gick kalla kårar över ryggen på mig; *leise -t der Schnee* sakta faller snön; *Tränen* -*ten über ihre Wangen* tårar tillrade (trillade) nerför hennes kinder
'**Riesen'arbeit** *0 f, vard.* jätte|arbete, -jobb
'**Riesener'folg** -*e m, vard.* jätte|succé, -fram-

gång **Riesenfelge** -*n f, gymn.* jättesväng
'**riesen'groß** *vard.* jättestor **riesenhaft** jättelik, gigantisk
'**Riesen**|'**hunger** *0 m, vard.*, *e-n ~ haben* vara jättehungrig -**rad** -*er*† *n* pariser-, jätte|hjul (*på tivoli*) -**schlange** -*n f* jätteorm -'**schritt** -*e m, vard.* jättekliv -**schwung** -*e*† *m, gymm.* jättesväng -**skan'dal** -*e m, vard.* jätteskandal -**slalom** -*s m,* -**torlauf** -*e*† *m* storslalom -**welle** -*n f, gymn.* jättesväng -**wuchs** *0 m, fysiol.* jätteväxt, gigantism
riesig jätte|stor, -lik, enorm; *vard.* toppen; *adv äv.* hemskt
Riesling -*e m* riesling (*druva, vin*)
riet *se* raten
Riet -*e n* vävsked
1 Riff -*e n* [klipp-, sand]rev, revel
2 Riff -*s m, mus.* riff
riffeln repa (*lin*); räffla
'**Rififi** *0 n* [rififi]kupp
Rigg -*s n, sjö.*, **Riggung** -*en f, sjö.* rigg
rigid[e] 1 *med.* rigid, styv, stel **2** rigorös, sträng, omedgörlig
Ri'gole -*n f* (*litet*) avloppsdike **ri'golen** djupplöja, rajolera
rigo'ros rigorös **Rigoros**|**um** -*a n* (*muntlig*) doktorstentamen, doktorsexamen
Rikscha -*s f* riksha
Rille -*n f* räffla, ränna; spår; fåra **rillen** räffla
rillig räfflad
Rind 1 -*er n* nötkreatur; ~*er* (*äv.*) nötboskap **2** *0 n, vard.* nötkött
Rinde -*n f* **1** bark (*äv. anat.*) **2** kant, skorpa
Rinder|**braten** - *m, kokk.* oxstek -**bremse** -*n f* fäbroms -**brust** -*e*† *f, kokk.* oxbringa -**filet** -*s n, kokk.* oxfilé -**hackfleisch** *0 n* nötfärs
rinderig brunstig (*om ko*) **rindern** (*om ko*) vara i brunst **Rindertalg** *0 m* oxtalg **Rinderzucht** *0 f* nötkreatursavel; boskapsskötsel **Rinderzunge** -*n f, kokk.* oxtunga **Rindfleisch** *0 n* ox-, nöt|kött **Rindleder** *0 n* ox-, rind|läder **rindledern** av oxläder, oxläder- **Rindsbraten** - *m, sty., österr., se* Rinderbraten
Rindsfilet -*s n, sty., österr., se* Rinderfilet
Rindsleder *0 n, se* Rindleder **Rindstalg** *0 m, sty., österr., se* Rindertalg **Rindszunge** -*n f, sty., österr., se* Rinderzunge
Rind|**vieh 1** *0 n* nöt|boskap, -kreatur **2** -*viecher n, vard.* nöt, fä, idiot
Ring -*e m* **1** ring (*äv. bildl.*); *ein ~ von Gangstern* en gangsterliga; *e-n ~ bilden* (*hand.*) bilda en ring (kartell); *dunkle ~e unter den Augen haben* ha mörka ringar under ögonen; *jetzt schließt sich der ~* nu sluter sig cirkeln; *die ~e tauschen* (*wechseln*) (*högt.*) gifta sig **2** ringväg; ringmur **ringartig** ringformad **Ringbahn** -*en f* ring|linje, -bana
Ringel - *m* **1** ringel; [liten] ring; slinga **2** *se* Ringellocke **Ringelblume** -*n f* ringblomma **Ringellocke** -*n f* korkskruvs-, kanon|lock **ringel**|**n 1** lägga i ringlar (slingor, lockar); *den Schwanz ~* slå knorr på svansen **2** *rfl* ringla (slingra, locka) sig; *sein Haar -t sich* (*äv.*) han har lockigt hår; *der Schwanz des Schweines -t sich* svinet har knorr på svansen
Ringel|**natter** -*n f* snok -**piez** -*e m, vard.* skiva [m. dans], danstillställning -**reigen** - *m,* -**reihen** - *m* ring|dans, -lek -**spiel** -*e n, österr.* karusell -**spinner** - *m, zool.* ringspinnare -**taube** -*n f* ringduva -**würmer** *pl* ringmaskar **ringen** *rang, ränge, gerungen* **1** brottas, kämpa (*äv. bildl.*); *mit e-m Problem ~* brottas med ett problem; *nach Atem ~* kippa efter andan; *nach* (*um*) *Fassung ~* kämpa för att återvinna fattningen; *nach Worten* (*um Worte*) ~ kämpa för att finna ord; *um etw. ~* kämpa för (om) ngt, söka vinna (tillkämpa sig) ngt **2** *e-n zu Boden ~* tvinga ner ngn på marken (*genom brottning*), fälla ngn i golvet **3** vrida; *dial.* vrida [ur] (*tvätt*); *die* (*seine*) *Hände ~* vrida sina händer; *e-m etw. aus der Hand ~* vrida ngt ur handen på ngn **4** *rfl, ein Seufzer rang sich aus ihrer Brust* en suck trängde sig fram ur hennes bröst; *diese Worte rangen sich schwer von seinen Lippen* dessa ord hade svårt att komma över hans läppar **Ringen** *0 n* brottning **Ringer** - *m* brottare
Ringfinger - *m* ringfinger **ringförmig** ring|formig, -formad
Ring|**kampf** -*e*† *m* brottning; brottnings|-match, -tävling -**kämpfer** - *m* brottare
Ring|**mauer** -*n f* ringmur -**muskel** -*n m* ringmuskel -**ofen** -† *m, tekn.* ringugn -**richter** - *m, sport.* ringdomare
rings runt [omkring]; ~ *um den See* runt omkring sjön
Ringscheibe -*n f* ringad [mål]tavla
'**rings**|**her'um**, -'**um**, -**um'her** runt omkring
Ring|**tausch** -*e m* **1** växling av ringar (*vid vigsel*) **2** kedjebyte (*vid våningsbyte*) -**wall** -*e*† *m* ringformig [befästnings]vall, ringmur -**wechsel** - *m, se Ringtausch 1*
Rinne -*n f* ränna, fåra, räffla **rinnen** *rann, ränne* (*rönne*), *geronnen* **1** *s* rinna, flyta **2** läcka
Rinnsal -*e n* rännil **Rinnstein** -*e m* rännsten; kantsten
Rippchen - *n, kokk. ung.* revbensspjäll **Rippe** -*n f* **1** revben; *nichts auf den ~n haben* (*vard.*) vara bara skinn och ben (för mager); *ich kann's mir doch nicht aus den ~n schneiden* (*schlagen*) (*vard.*) jag kan väl inte trolla (vet inte hur jag ska få) fram det; *e-n in die ~n stoßen* ge ngn en knuff i bröstet **2** [upphöjd] rand, räffla, ribba **3** *bot.* [blad]nerv, åder **4** rad (*av chokladkaka*) **5** *arkit.* [valv]ribba; *byggn.* underkantsbalk **6** *flyg.* sprygel **7** *tekn.* segment, lamell **Rippenbruch** -*e*† *m* revbensbrott **Rippenfell** -*e n* lungsäck **Rippenfellentzündung** -*en f* lungsäcksinflammation **Rippensamt** *0 m* manchestersammet **Rippenspeer** *0 m n, kokk.* kass[e]ller **Rippenstoß** -*e*† *m* knuff i bröstet (sidan) **Ripp[e]speer** *0 m n, kokk.* kass[e]ller
rips *interj,* ~, *raps! a*) ritsch, ratsch!, *b*) ett tu tre!
Rips -*e m text.* rips
Risalit -*e m, arkit.* risalit
'**Risik**|**o** -*os el.* -*en, österr. äv. Risken n* risk **ris'kant** riskabel, riskfylld **riskieren** riskera **Risotto** -*s m* risotto
Rispe -*n f, bot.* vippa
riß *se reißen* **Ri**|**ß** -*sse m* **1** reva, rispa, rämna, spricka, repa; *bildl.* klyfta, spricka, splittring, knäck; *das gab mir e-n ~ a*) det smärtade mig djupt, *b*) det skrämde mig **2** *jakt.* (*rovdjurs*) byte **3** ritning; utkast, skiss **rissig** sprickig, full av sprickor, sprucken, spräckt *etc., jfr Riß*; ~ *werden* spricka, få sprickor, bli spräckt
Rist -*e m* **1** [fot]vrist **2** handrygg; lankled **3** manke -**griff** -*e m, gymn.* motgrepp, övertag
ritardando *mus.* ritardando **Ritardand**|**o** -*os el. -i n, mus.* ritardando
rite approbatur (*betyg*)
Riten *pl, se Ritus*

ritt *se reiten* **Ritt** *-e m* ritt; *auf (in) e-m ~* (*vard.*) på en gång **Ritter** - *m* riddare; *arme ~* (*kokk.*) fattiga riddare; *e-n zum ~ schlagen* dubba ngn till riddare; *~ von der Feder* (*skämts.*) pennans riddare (*författare*); *~ des Pedals* (*skämts.*) [tävlings]cyklist **Ritterburg** *-en f* riddarborg **Rittergut** *-er†n, ung.* herresäte, säteri **ritter|- haft, -lich** ridderlig **Ritterling** *-e m, bot.* musseron **Ritterorden** - *m* riddarorden **Ritterschaft** *0 f* ridderskap **Ritterschlag** *-e† m* riddarslag **Ritters|mann** *-leute m, åld.* riddare **Rittersporn** *-e m, bot.* riddarsporre **Ritterstand** *0 m* riddarstånd **rittig** inriden (*om häst*) **rittlings** grensle; *~ sitzen* (*äv.*) rida grensle **Rittmeister** - *m* ryttmästare **ritual** rituell **Ritual** *-e el. -ien n* ritual **Ritualmord** *-e m* ritualmord **rituell** rituell **Rit|us** *-en m* rit
Ritz *-e m* **1** repa, rispa **2** springa **Ritze** *-n f* springa, spricka **Ritzel** - *n, tekn.* [litet] kugghjul, drev **ritzen** rista [in], ritsa, repa; riva; *sich an e-m Dorn ~* riva sig på en tagg **Ritzer** - *m* skråma, rispa, repa
Rivale [-v-] *-n -n m* rival **rivalisieren** rivalisera (*mit* med) **Rivalität** *-en f* rivalitet
'Rizinusöl [*österr.* -'---] *0 n* ricinolja
r.-k. *förk. för römisch-katholisch* romerskkatolsk **RM** *förk. för Reichsmark* riksmark
Roastbeef ['ro:stbi:f *el.* 'rɔst-] *-s n* rostbiff
Robbe *-n f* säl **robben** *h el. s* åla [sig] **Robbenfell** *-e n* sälskinn **Robbenschlag** *-e† m* klubbjakt (*på säl*)
Robber - *m, kortsp.* robbert
Robe *-n f* **1** ämbetsdräkt **2** lång aftonklänning, rob[e]
1 Robinsonade *-n f* robinsonad
2 Robinsonade *-n f, fotb.* räddning
roboten ['rɔbɔtn̩, *äv.* ro'bɔtn̩] *vard.* arbeta (slita) som en slav (ett djur) **Roboter** ['rɔbɔtɐ, *äv.* ro'bɔtɐ] - *m* robot (*maskin*)
robust robust
roch *se riechen*
Rochade [rɔ'xa:də, *äv.* -'ʃa:-] *-n f, schack.* rockad
röcheln rossla **Röcheln** *0 n* rosslande, rossling
Rochen - *m, zool.* rocka
rochieren [-'xi:-, *äv.* -'ʃi:-] *schack.* rockera, göra rockad
'Rochus *0 m, dial., e-n ~ auf e-n haben* vara förbannad på ngn
1 Rock *-e† m* **1** kjol **2** *dial.* kavaj, rock; uniform; *schweiz.* klänning
2 Rock -[s] *m* rock[musik]; rock'n'roll **Rock and Roll** ['rɔk ɛnt 'rɔl, *äv.* 'rɔk ɛn(t) 'roʊl] -[s] *m* rock'n'roll **rocken** rocka, spela (dansa) rock (rock'n'roll)
Rocken - *m* slända (*på spinnrock*)
Rocker - *m, ung.* skinnknutte **Rockmusik** *0 f* rockmusik **Rock'n'Roll** ['rɔkn̩'rɔl, -'ro:l, -'roʊl] -[s] *m* rock'n'roll
Rockschoß *-e† m* rockskört; *sich e-m an die Rockschöße hängen* hänga ngn i kjolarna **Rockzipfel** *0 m, sich e-m an den ~ hängen* hänga ngn i kjolarna
Rodel - *m el. -n f, sty., österr.* kälke, rodel **rodeln** *h el. s* åka kälke (rodel) **Rodelschlitten** - *m* kälke, rodel **Rodelsport** *0 m* rodel[sport]
roden rö[d]ja (*land*)
Rodler - *m* kälk-, rodel|åkare
Rodung *-en f* röjning, röjande (*av land*)
Ro'gate *0 m, [der Sonntag] ~* bönsöndagen

Rogen - *m* [fisk]rom **Rogener** - *m* romfisk
Roggen - *m* råg **-brot** *-e n* rågbröd **-mehl** *-e n* rågmjöl
Rogner - *m* romfisk
roh 1 rå; obearbetad, obehandlad; grov, ungefärlig; *~er Diamant* rå (oslipad) diamant; *e-n wie ein ~es Ei behandeln* (*vard.*) behandla ngn ytterst varsamt; *~er Entwurf* första utkast, råskiss; *~es Pferd* oinriden häst; *~e Schätzung* grov (ungefärlig) uppskattning; *~ gezimmerter Tisch* grovt tillyxat bord; *~er Zucker* råsocker **2** rå, ohyfsad, okultiverad, grov, brutal; *die ~e Gewalt* den råa styrkan **Rohbau** *-ten m* byggnadsstomme **Rohbilanz** *-en f, hand.* råbalans **Rohdiamant** *-en -en m* rå (oslipad) diamant **Roheinnahme** *-n f* brutto|intäkt, -inkomst **Roheisen** *0 n* tackjärn **Roheit** *-en f* råhet **Roh|ertrag** *-e† m* brutto|vinst, -avkastning **-erzeugnis** *-se n* råprodukt, råämne **-gewinn** *-e m* bruttovinst **-glas** *0 n* råglas **-kaffee** *0 m* orostat kaffe **-kost** *0 f* råkost **-köstler** - *m* råkost[ät]are **-kostsalat** *-e m* råkostsallad **-ling** *-e m* **1** råämne; obearbetat arbetsstycke **2** rå (ohyfsad) individ **-manuskript** *-e n* råmanuskript, första manuskript **-material** *-ien n* råmaterial **-öl** *-e n* råolja **-opium** *0 n* råopium **-produkt** *-e n* råprodukt, råämne **Rohr** *-e n* **1** rör; rö, vass; sockerrör; bamburör; [peddig]rotting; *spanisches ~* spanskrör, rotting; *wie ein schwankendes ~ im Winde* som ett rö för vinden **2** rör, pipa, tub; *åld.* gevär; *volles ~ fahren* (*vard.*) köra med gasen i botten; *etw. auf dem ~ haben* (*vard.*) ha ngt i kikaren; *aus allen ~en feuern* skjuta med alla kanoner **3** *vard.* kuk; *ein ~ verlegen* knulla **4** *sty., österr.* ugn **Rohrammer** *-n f* sävsparv **Rohrblatt** *-er† n, mus.* rörblad **Rohrbruch** *-e† m* rörbrott **Röhrchen** - *n* [litet] rör; provrör; *ins ~ blasen* (*pusten*) blåsa i ballongen (*vid alkotest*) **Rohrdach** *-er† n* vasstak **Rohrdommel** *-n f, zool.* rördrom
Röhre *-n f* **1** rör; *kommunizierende ~n* kommunicerande kärl **2** ugn; *in der ~ gebacken* ugnsbakad; *in die ~ gucken (sehen)* (*vard.*) bli utan (lurad på konfekten) **3** [elektron]rör; [lys-, neon]rör; *vard.* dumburk (*TV*); *in die ~ gucken* glo på TV **4** *jakt.* gång (*i rävgryt*) **röhren 1** bröla (*om hjort i brunst*); dåna, dundra, vråla; *skämts.* snarka **2** *s, die Motorräder ~ durch die Stadt* motorcyklarna dundrar genom staden **Röhrenblitzgerät** *-e n, foto.* elektronblixt[apparat] **röhrenförmig** rörformig **Röhrenhosen** *pl* stuprör[sbyxor] **Röhrenknochen** - *m* benpipa **Röhrenpilz** *-e m, bot.* rörsopp **Röhrenwalzwerk** *-e n* rörvalsverk **Röhrenwurm** *-er† m, zool.* rörmask
Rohrflechter - *m* korgmakare, rottingflätare **Rohrflöte** *-n f* rör-, herde|flöjt; panflöjt **rohrförmig** rörformig **Rohrgeflecht** *-e n* [flätad] rotting **Röhricht** *-e n* vass[rugge] **Rohrkolben** - *m, bot.* kaveldun **Rohrkrepierer** - *m, mil.* loppkrevad **Rohrleger** - *m* rörläggare **Rohrleitung** *-en f* rörledning **Röhrling** *-e m, bot.* rörsopp
Rohr|möbel - *n* korgmöbel **-muffe** *-n f* rörmuff **-nudel** *-n f, sty., österr.* (*slags*) bulle **-pfeife** *-n f* vasspipa, rörflöjt **-post** *0 f* rörpost **-postbüchse** *-n f* tub (behållare) [för rörpost] **-rücklauf** *-e† m, mil.* eldrörsrekyl **-sänger** - *m, zool.* rörsångare **-spatz** *-en -en m* sävsparv; trastsångare; *wie ein ~ schimpfen* (*ung.*) skälla som en bandhund **-stock** *-e† m* spanskrör,

rotting -stuhl -e† m rotting-, korg|stol -zange -n f rörtång -zucker 0 m rörsocker
Rohschrift -en f koncept Rohseide -n f råsiden rohseiden av råsiden, råsiden- Rohstoff -e m råvara, råämne, råmaterial rohstoffarm fattig på råvaror Rohstoffquelle -n f råvarukälla Rohübersetzung -en f råöversättning Rohzucker 0 m råsocker Rohzustand 0 m obearbetat tillstånd
rojen h el. s, sjö. ro
'Rokoko [äv. -'--, österr. --'-] 0 n rokoko
'Rolladen -[†] m [rull]jalusi Rollbahn -en f, flyg. rull-, start-, landnings|bana; mil. [provisorisk] körbana (väg) Rollband -er† n transportband Rollbrett -er n rullbräda Rollbrücke -n f landgång (på hjul) Röllchen - n 1 [liten] rulle etc., jfr Rolle 2 lösmanschett Rolle -n f 1 rulle; [litet] hjul, trissa; kavel; vals; rulla; dial. mangel; e-e ~ Garn en rulle tråd, en trådrulle 2 gymn. kullerbytta, rullning 3 flyg. roll (i konstflygning) 4 cykelsport. [pacemakers] hjul; von der ~ kommen (vard.) inte längre hänga med, komma efter 5 roll; die ~ des Romeo spielen spela Romeos roll; das spielt keine ~ det spelar ingen roll; aus der ~ fallen (äv.) trampa i klaveret, dabba sig; sich in jds ~ versetzen sätta (tänka) sig in i ngns situation roll|en 1 s rulla; die Tränen -ten über seine Wangen tårarna tillrade nerför hans kinder; die Sache -t schon saken är redan i gång; das Schiff -t fartyget rullar 2 rulla (ein Faß ett fat); kavla [ut]; dial. mangla; die (mit den) Augen ~ rulla med ögonen; den Teig ~ kavla [ut] degen; den Teppich ~ rulla ihop mattan; e-e Zigarette ~ rulla en cigarett 3 mullra, dåna, rulla; der Donner -t åskan mullrar (dånar) 4 das R ~ rulla på r-et 5 rfl rulla (vältra) sig; die Blätter ~ sich bladen rullar ihop sig; sich in die Decke ~ rulla in sig i filten Rollen 0 n rullande, rullning etc., jfr rollen; etw. ins ~ bringen a) få ngt att börja rulla, sätta ngt i rörelse, b) sätta (få) igång ngt; etw. kommt ins ~ a) ngt börjar rulla, b) ngt kommer (sätter) igång; die Sache kommt ins ~ det börjar röra på sig
Rollen|besetzung -en f rollbesättning -erwartung -en f, sociol. rollförväntan -fach -er† n rollfack -konflikt -e m, sociol. rollkonflikt -lager - n, tekn. rullager -spiel -e n, sociol. rollspel -tausch -e m rollbyte (äv. sociol.) -verteilung -en f rollfördelning (äv. sociol.)
Roller - m 1 sparkcykel 2 skoter 3 brottsjö 4 fotb. ung. ofarligt skott (på mål) 5 [Harzer] ~ (slags) kanariefågel Rollerbrett -er n rullbräda rollern h el. s, vard. åka sparkcykel (skoter)
Roll|feld -er n, flyg. rullbana, start- o. landningsfält -film -e m rullfilm -holz -er† n [bröd]kavel
Rolli -s m polo|jumper, -tröja rollieren ~des System rullande system
Roll|kommando -s n, ung. special|trupp, -kommando -kragen - m polokrage -kragenpullover - m polo|jumper, -tröja -laden -[†] m, se Rolladen -mops -e† m, kokk. rollmops
'Rollo [äv. -'-] -s n rullgardin
Roll|schinken - m rullskinka -schrank -e† m jalusiskåp -schuh - m rullskridsko -sitz -e m glidsäte, slejd (i kapproddbåt) -steg -e m landgång (på hjul) -stuhl -e† m rullstol -stuhlfahrer - m rullstolsbunden [person] -treppe -n f rulltrappa -verdeck -e n sufflett -wagen

- m flakvagn -wäsche 0 f, dial. mangeltvätt
Roman -e m roman; erzähl doch keine ~e! (vard.) a) håll dig till sanningen!, b) fatta dig kort! romanartig som en roman; i romanform; romanliknande Romancier [romã'sje:] -s m romanförfattare
Romane -n -n m roman (folkslag)
roma'nesk, romanhaft romanaktig; som i en roman
'Romani [äv. -'--] 0 n rom[m]ani (zigenarspråk)
Ro'manik 0 f romanik, romansk stil romanisch romansk romanisieren romanisera Romanist -en -en m romanist Roma'nistik 0 f romanistik romanistisch romanistisk
Roman|leser - m romanläsare -schriftsteller - m romanförfattare
Ro'mantik 0 f romantik Romantiker - m romantiker romantisch romantisk romantisieren romantisera Romanze -n f romans
Römer - m 1 romare 2 remmare (vinglas) Römerbrief 0 m, der ~ romarbrevet Römerreich 0 n, das ~ romarriket Römerstraße -n f romersk härväg römisch romersk; ~es Bad (äv.) turkiskt bad 'römisch-ka'tholisch romersk-katolsk röm.-kath. förk. för römisch-katholisch
'Rommé [äv. -'-] -s n, kortsp. rummy
Ronde [äv. 'rõ:də] -n f, mil. åld. rond Rondell -e n 1 [rabatt]rundel 2 rundel, rund plan Rondo -s n, mus. rondo
röntgen röntga Röntgenarzt -e† m röntgenläkare, röntgenolog Röntgenaufnahme -n f röntgen|fotografering, -bild Röntgenaugen pl, skämts., ~ haben ha ögonblick, se (märka) allt Röntgenbild -er n röntgen-, skärm|bild Röntgendurchleuchtung -en f [röntgen]genomlysning Röntgenkater 0 m strålningssjuka (efter röntgenbestrålning) Röntgenologe -n -n m röntgenolog röntgenologisch röntgenologisk Röntgenplatte -n f röntgenplåt Röntgenreihenuntersuchung -en f skärmbildsundersökning (av större befolkningsgrupp) Röntgentherapie -n f röntgenterapi Röntgenuntersuchung -en f röntgenundersökning
Rooming-in [ru:miŋ'in] 0 n rooming-in (placering av mor o. baby i gemensamt rum på BB)
rören se röhren
rosa oböjl. adj rosa[färgad], skär, blekröd; e-e ~ (vard.) ~[n]e) Bluse en rosa blus; ~ Café (sl.) rosa kafé (för homosexuella) Rosa 0 n rosa [färg], skär, blekrött rosa|farben, -farbig rosa[färgad], skär, blekröd Rosari|um -en n, kyrkl., trädg. rosarium rosarot skär, rosenfärgad (äv. bildl.)
rösch 1 sty., se resch 2 sty. torr, förtorkad 3 gruv. grov[kornig]
Röschen - n (liten) ros Rose -n f 1 ros (äv. kompass-); wilde ~ törnros, nypon[blomma]; sie ist nicht auf ~n gebettet det är ingen dans på rosor för henne, hon har det inte lätt 2 rosettfönster 3 rosensten 4 med. ros[feber] 5 jakt. rosenkrans (på hjorthorn) rosen|farben, -farbig rosenfärgad
Rosen|holz 0 n rosenträ -käfer - m guldbagge -kohl 0 m brysselkål -kranz -e† m rosenkrans -kranzmonat -e m, kat. oktober -lorbeer -en m oleander, nerium -monat -e m, poet. juni 'Rosen|'montag -e m blå måndag (måndagen före fastan) -öl -e n rosenolja
rosenrot rosenröd

Rosen|stock -e† *m*, **-strauch** -er† *m* rosenbuske **-strauß** -e† *m* rosenbukett **-wasser** -† *n* rosenvatten **-zucht** *0 f* rosenodling **-züchter** - *m* rosenodlare
Rosette -*n f* 1 rosett (*äv. arkit. o. bot.*); rosettfönster 2 rosensten 3 *vulg.* röv; *ein komisches Gefühl um die ~ haben a*) vara skitnödig, *b*) vara [skit]skraj **Rosettenfenster** - *n* rosettfönster **Roséwein** -e *m* rosévin **rosig** rosig, rosenröd; ~e *Zukunft* ljus framtid; *die Lage ist nicht gerade ~* läget är inget vidare; [*in*] ~er *Laune sein* vara på strålande humör (solskenshumör); *etw. in e-m ~en Licht sehen* se ngt i ett rosenskimmer (i rosenrött)
Rosine -*n f* russin; [*große*] ~*n im Kopf haben* (*vard.*) ha högtflygande (stora) planer; *sich* (*dat.*) *die* [*größten*] ~*n aus dem Kuchen klauben* (*picken*) (*vard.*) plocka russinen ur kakan
'Rosmarin [*äv.* --'-] *0 m* rosmarin
Ro|ß 1 -sse *n*. -sser† *n, högt.* springare, [ädel] häst; *sty., österr., schweiz.* häst; *sich aufs hohe* ~ *setzen* sätta sig på sina höga hästar **2** -sser† *n, vard.* drummel, dumbom, idiot **Roßapfel** -† *m, sty., österr., schweiz.* hästlort **Rössel** - *n, dial.* häst; *schack. äv.* springare **Rösselsprung** -e† *m* 1 *dial.* drag med hästen (springaren) (*i schack*) **2** (*slags*) ordgåta **rossen** (*om sto*) vara brunstig **Roßhaar** *0 n* tagel **rossig** (*om sto*) brunstig **Roßkastanie** -*n f* hästkastanje **Roßkur** -en *f, vard.* hästkur **Rößlispiel** -e *n, schweiz.* karusell **Roßtäuscher** - *m* 1 *åld.* hästhandlare **2** hästskojare
1 Rost -e *m* rost, halster, galler; *auf dem ~ braten* halstra
2 Rost *0 m* rost (*äv. bot.*) **-ansatz** -e† *m* [begynnande] rostbildning **-bildung** -en *f* rostbildning
Rostbraten - *m, ung.* rostbiff
rostbraun rostbrun
Röstbrot -e *n* rostat bröd
rosten *s, äv. h* rosta, bli rostig
rösten [-ø:-, *äv.* -œ-] 1 rosta, halstra; *dial.* steka; *sich* [*in der Sonne*] ~ (*skämts.*) steka sig i solen **2** *tekn.* rosta (*malm*); *fack.* röta (*lin*) **Rösterei** -en *f* [kaffe]rosteri
rost|farben, **-farbig** rostfärgad **Rostfleck** -e *m* rostfläck **rostfrei** rost|fri, -beständig
röstfrisch nyrostad **Rösti** *0 f, schweiz.* (*slags*) stekt potatis
rostig rostig
Röst|kaffee *0 m* rostat kaffe **-kartoffeln** *pl, dial.* stekt potatis **-kastanien** *pl* rostade kastanjer
Rost|laube -*n f, vard.* rosthög (*rostig bil*) **-pilz** -e *m* rostsvamp **-schäden** *pl* rostskador **-schutz** *0 m* rostskydd
Röstung -en *f* rostning *etc.*, *jfr* rösten
rot *adj* (*äv.* †) röd (*äv. polit.*); *die R~e Armee* Röda armén; *die R~e Erde* Westfalen; *der R~e Halbmond* Röda halvmånen; *das R~e Kreuz* Röda korset; *das R~e Meer* Röda havet; ~e *Rübe* rödbeta; *den Fehler ~ anstreichen* stryka för felet med rött; *e-n ~en Kopf bekommen* bli röd i ansiktet, rodna; ~ *sehen* (*vard.*) se rött; *die Ampel ist ~* (*vard.*) trafikljuset visar rött; *er tanzt mit der R~en* (*vard.*) han dansar med den rödhåriga [tjejen]; *sie hat sich* (*dat.*) *die Augen ~ geweint* hennes ögon är alldeles rödgråtna, hon har gråtit så att hennes ögon har blivit alldeles röda; ~ *werden* (*äv.*) rodna **Rot** *0 n* rött (*äv. kortsp.*); ~ *auflegen* lägga på rött (*smink*); *bei ~ über die*

Kreuzung fahren köra mot rött [ljus]; *bei ~ stehenbleiben* stanna för rött ljus
'Rotan[g] -e *m* rotting
Rotation -en *f* rotation
Rotations|druck *0 m* rotationstryck **-[druck]maschine** -*n f*, **-presse** -*n f* rotationspress
Rotauge -*n n, zool.* mört **rot|backig**, **-bäckig** rödkindad **Rotbart** -e† *m, vard.* rödskäggig man; *Kaiser ~* [kejsar] Barbarossa **rotbärtig** rödskäggig **rotblind** rödblind **rotbraun** rödbrun **Rotbuch** -er† *n, polit.* röd bok **Rotbuche** -*n f, bot.* rödbok **Rotchina** *0 n* Kommunistkina **Rotdorn** -e *m* röd hagtorn **Röte** *0 f* rodnad; rött sken, röd färg **Rote-'Bete- -Salat** -e *m, vard.* rödbetssallad **Rote-'Kreuz- -Schwester** -*n f* (*gen. äv.* Roten-Kreuz- -Schwester, *pl. äv.* Roten-Kreuz-Schwestern) rödakorssyster **Rötel** - *m* rödkrita **Röteln** *pl, med.* röda hund **rotempfindlich** *foto.* rödkänslig **röten 1** färga röd, rödfärga **2** *rfl* bli röd, rodna **Rotfeder** -*n f, zool.* sarv **Rotfilter** - *m n* rödfilter **Rotfuchs** -e† *m* 1 [rödbrun] fux **2** [röd]räv **Rotgardist** -en -en *m* rödgardist **rotgestreift** rödrandig **rotgeweint** rödgråten **rotglühend** rödglödande **Rotglut** *0 f* röd|glöd, -värme **Rotguß** *0 m* röd|metall, -gods **rothaarig** rödhårig **Rothaut** -e† *f* rödskinn (*indian*) **Rothirsch** -e *m* kronhjort **rotieren 1** rotera **2** *vard.* bli alldeles ifrån sig, få fnatt (šnurren)
Rotkabis - *m, schweiz.* rödkål **Rotkäppchen** *0 n*, [*das*] ~ Rödluvan **rotkariert** rödrutig **Rotkehlchen** - *n, zool.* rödhake **Rot|kohl** *0 m*, **-kraut** *0 n, sty., österr.* rödkål **Rot'kreuzschwester** -*n f* rödakorssyster **Rotlauf** *0 m, veter.* rödsjuka **rötlich** rödaktig **Rotlicht** *0 n, foto.* rött ljus **Rotlichtsünder** - *m, vard.* trafikant som kör (går) mot rött ljus **Rotmilan** -e *m, zool.* glada **rotnasig** rödnäst
Rotor -en *m* rotor
Rotrübe -*n f, dial.* rödbeta **Rotschwänzchen** - *n, zool.* rödstjärt **rotsehen** *st, vard.* se rött, bli förbannad **Rotspon** -e *m, nty.* rödvin **Rotstein** *0 m* rödkrita **Rotstift** -e *m* rödpenna; *dem ~ zum Opfer fallen* strykas (*som besparingsåtgärd*) **Rottanne** -*n f* [vanlig] gran, rödgran
Rotte -*n f* 1 hop, skara; gäng **2** [arbets]lag **3** *jakt.* flock, skock **4** *mil.* rote **rottenweise 1** i skaror (hopar *etc.*, *jfr* Rotte) **2** *mil.* i rotar
Rotunde -*n f* rotunda
Rötung -en *f* rödfärgning; rodnad **rotunterlaufen** ~e *Augen* rödsprängda ögon **rotwangig** rödkindad **Rotwein** -e *m* rödvin **Rotwelsch** *0 n* rotvälska, förbrytarspråk **Rotwild** *0 n* högvilt **Rotwurst** -e† *f, dial.* blodkorv
Rotz *0 m* 1 *vulg.* snor; ~ *und Wasser heulen* (*vard.*) gråta ohejdat; *den ganzen ~ wegwerfen* (*vulg.*) slänga hela skiten (allt) **2** *veter.* rots **Rotzbengel** -[s] *m, vulg.* snor|unge, -gärs, -valp **Rotzbremse** -*n f, vard.* snorbromsare (*mustasch*) **Rotzbub** -en -en *m, sty., österr., sig, Rotzbengel* **rotzen** *vulg.* snyta sig; harskla sig, dra upp en spottloska; spotta **Rotzfahne** -*n f, vulg.* snorfana (*näsduk*) **rotzig 1** *vulg.* snorig **2** *vard.* osnuten, ohörsam, uppkäftig, provocerande **3** *veter.* rotssjuk **Rotzjunge** -*n* -*n m*, *se Rotzbengel* **Rotzkocher** - *m, vard.* snugga, pipa **Rotzkrankheit** *0 f, veter.* rots **Rotzlappen** - *m, se Rotzfahne* **Rotznase** -*n f, vulg.*

1 snorig näsa; *e-e* ~ *haben* vara snorig **2** *se Rotzbengel* **rotznäsig** *se rotzig 1 o. 2*
Rotzunge *-n f* rödtunga, mareflundra
Rouge [ruːʒ] *-s n* rouge; ~ *auflegen* lägga rött på kinderna
Roulade [ruˈlaːdə] *-n f, kokk.* r[o]ulad **Rouleau** [ruˈloː] *-s n* rullgardin **Roulett** [ruˈlɛt] *-e n,* **Roulette** [ruˈlɛt(ə)] *-s n* r[o]ulett **roulieren** [-uː] *se rollieren*
Round-table-Konferenz [ˈraʊndˈteɪbl-] *-en f* rundabordskonferens
Route [ˈruːtə] *-n f* rutt, route, väg
Routine *0 f* rutin **Routinekontrolle** *-n f* rutinkontroll **routinemäßig** rutinmässig, rutin- **Routinier** [rutiˈnjeː] *-s m* rutinerad person **routiniert** rutinerad
Rowdy [ˈraʊdi] *-s m* bråkmakare, buse, ligist **-tum** *0 n* bus|liv, -fasoner
Royalismus [rɔaja-] *0 m* rojalism **Royalist** *-en -en m* rojalist **royalistisch** rojalistisk
Rp. *förk. för Rappen* **RSFSR** *förk. för Russische Sozialistische Föderative Sowjetrepublik* RSFSR, Ryska socialistiska federativa sovjetrepubliken **RT** *förk. för Registertonne* registerton
rubbelig *nty.* **1** skrovlig, knagglig **2** gormande, bråkig **rubbeln** *nty.* skrubba, frottera
Rübe *-n f* **1** rova, beta; *rote* ~ rödbeta; *gelbe* ~ *(sty.)* morot **2** *vard.* rot, skalle; *e-m die ~ abhacken* nacka ngn **3** *vard., freche ~* fräck kille (människa)
Rubel - *m* rubel; *der* ~ *rollt (vard.)* pengarna rullar
Rübenzucker *0 m* betsocker
rüber *vard., se herüber, hinüber m. sms.*
Rubidium *0 n* rubidium
Rubin *-e m* rubin **Rubinglas** *-er*† *n* rubinglas **rubinrot** rubinröd
Rüböl *0 n* rovolja
Rubrik *-en f* **1** spalt, kolumn; kolumnhuvud, rubrik; *bildl. äv.* fack, kategori, klass, avsnitt **2** *kyrkl.* liturgisk anvisning **3** rubrik *(rött målad överskrift e.d. i medeltida handskrift)* **rubrizieren** rubricera; klassificera, beteckna
Rübsamen [-yː-] *0 m,* **Rübsen** [-yː-] *0 m* rybs
Ruch [ruːx, rʊx] *-e*† *m, poet.* doft **ruchbar** *högt., ~ werden* bli känd, komma (sippra) ut **Ruchgras** [rʊx-] *0 n, bot.* vårbrodd **ruchlos** *högt.* hänsynslös, gemen, skändlig
Ruck *-e m* ryck, knyck, puff, ryckning; *in e-m ~ (vard.)* utan att stanna, utan uppehåll; *mit e-m ~ (vard.)* i ett ryck, med ens, rätt som det var; *er gab der Sache e-n ~* han drev på saken; *sich (dat.) e-n ~ geben (vard.)* ta sig samman, rycka upp sig; *bei den Wahlen gab es e-n ~ nach links (vard.)* valen medförde en kraftig förskjutning åt vänster
rück-, Rück- *i sms. jfr äv. zurück-, Zurück-*
Rückantwort *-en f* svar; *Telegramm mit bezahlter ~* telegram med betalt svar
ruckartig knyckig; *sich ~ bewegen* röra sig ryckigt
Rückäußerung *-en f* svar **rückbezüglich** *språkv.* reflexiv **Rückbildung** *-en f* **1** *med., biol.* tillbakabildning, involution; tillbakagång **2** *språkv.* retrograd bildning **Rückblende** *-n f, film.* tillbakablick, återblick, flashback **Rückblick** *-e m, bildl.* tillbaka-, åter|blick; *im (in) ~ (äv.)* i efterhand, när man *(etc.)* ser tillbaka **rückblickend** retrospektiv **Rückblickspiegel** - *m* backspegel **rückdatieren** antedatera **ruckedi'gu** *interj (duvas)* kurr kurr! **1 rucken**

1 rycka till, göra (röra sig med) ett ryck **2** rycka **2 rucken** *dial.* kuttra
rücken 1 flytta, maka, rucka; *am Hut* ~ ta åt hatten *(som hälsning)*; *am Kragen* ~ jämka på (rätta till) kragen; *den Schrank an die Wand* ~ skjuta skåpet mot väggen; *die Mütze über das Ohr* ~ dra ner mössan över örat; *der Schrank läßt sich nicht [von der Stelle]* ~ skåpet går inte att rubba **2** *s* flytta (maka) [på] sig; *mil.* rycka (dra) ut; *an jds Stelle* ~ träda i ngns ställe, överta ngns plats; *e-m auf den Pelz* ~ rycka ngn inpå livet, sätta åt ngn; *ins Feld* ~ rycka i fält
Rücken - *m* **1** rygg *(äv. bok-, stols-, näs-, bergsm.m.)*; bak[sida]; *der verlängerte ~ (skämts.)* bak[del]en; *e-m den ~ decken (bildl.)* hålla ngn om ryggen; *e-n breiten ~ haben (vard.)* [kunna] tåla (stå pall för) mycket; *etw. (dat.) den ~ kehren (wenden)* ta avstånd från (inte längre vilja ha att göra med) ngt; *e-m den ~ steifen (stärken)* få ngn att morska upp sig, ge ngn råg i ryggen; *kaum wendet man den ~, da* knappt har man vänt ryggen till förrän; *ich bin fast (beinahe) auf den ~ gefallen (vard.)* jag höll på att trilla baklänges [av förvåning (förskräckelse)]; *auf seinen ~ geht viel (vard.)* han tål mycket [kritik]; *60 Jahre auf dem ~ haben (vard.)* ha 60 år på nacken; *in (hinter) jds ~* bakom ryggen på ngn; *e-m in den ~ fallen* falla ngn i ryggen; *die Sonne im ~ haben* ha solen i ryggen; *mit dem ~ an der (zur) Wand* med ryggen mot väggen **2** *sport.* rygg[sim] **3** *kokk.* rygg[stycke]; sadel **Rückendeckung** *0 f, mil. el. bildl.* stöd i ryggen; ~ *haben* ha ryggen fri **Rückenflosse** *-n f* ryggfena **rückenfrei** *~es Kleid* klänning med bar rygg
Rücken|lehne *-n f* rygg[stöd] **-mark** *0 n* ryggmärg **-mark[s]punktion** *-en f* ryggmärgsprov **-schmerz** *-en m* ryggvärk; *~en haben* ha ont i ryggen **-schwimmen** *0 n* ryggsim **-stärkung** *0 f* [moraliskt] stöd, uppbackning; *e-m ~ geben* hålla ngn om ryggen **-stück** *-e n, kokk.* ryggstycke **-trage** *-n f* mes, ryggkorg
Rückentwicklung *-en f, med., biol.* tillbakabildning, involution
Rückenwind *0 m* medvind
Rück|erbittung *0 f, unter ~* med anhållan om återsändande **-erstattung** *-en f* återbetalning, restitution, åter|lämnande, -bäring **-fahrkarte** *-n f* [tur- o.] returbiljett **-fahrscheinwerfer** - *m* back|ljus, -lykta **-fahrt** *0 f* åter|resa, -färd **-fall** *-e*† *m* återfall; *med. äv.* recidiv; *Diebstahl im ~ (jur.)* återfallsstöld
rückfällig *~er Verbrecher* återfallsbrottsling; *~ werden a) med.* få återfall (recidiv), recidivera, *b)* återfalla i brott[slighet]
Rück|fenster - *n* bakruta **-flug** *0 m* återflygning; *auf dem ~ (äv.)* när jag *(etc.)* flyger (flög) hem (tillbaka) **-fluß** *0 m* åter|flöde, -lopp **-forderung** *-en f* återfordran **-fracht** *-en f* returfrakt **-frage** *-n f* förnyad (närmare) förfrågan
rückfragen *(endast i inf o. perf part)* göra en förnyad (närmare) förfrågan **Rückfront** *-en f* baksida **Rückführung** *-en f* återförande; repatriering **Rückgabe** *-n f* **1** återlämnande, -ställande **2** *sport.* bakåtpassning **Rückgang** *-e*† *m* tillbaka|gående, -gång, nedgång **rückgängig** tillbaka-, ned|gående; ~ *machen* annullera, upphäva, låta gå tillbaka **Rückgängigmachung** *-en f* annullering, upphävande **Rückgewinnung** *0 f* återvinning **Rück-**

grat -e n ryggrad (äv. bildl.); e-m das ~ brechen (vard.) knäcka [ryggen på] ngn; ein Mensch ohne ~ (bildl. äv.) en ryggradslös människa **rückgratlos** bildl. ryggradslös **Rückgrat[s]verkrümmung** -en f ryggradskrökning **Rückgriff** -e m 1 jur. regress 2 återupptagande; ~ auf die Reserven anlitande (tillgripande) av reserverna **Rückhalt** 0 m 1 stöd; keinen ~ haben (äv.) inte ha ngt att falla tillbaka på 2 ohne ~, se rückhaltlos **rückhaltlos** oförbehållsam, reservationslös, oreserverad; e-m ~ vertrauen lita på ngn utan förbehåll **Rückhand** 0 f, sport. backhand **Rückkauf** -e† m återköp **Rückkaufsrecht** 0 n återköpsrätt **Rückkehr** 0 f återkomst; återgång **rückkoppel|n** -te, rückgekoppelt återkoppla **Rückkopp[e]lung** -en f återkoppling **Rückkunft** 0 f återkomst **Rücklage** -n f 1 reserv, sparpengar; reservfond 2 bakvikt (vid skidåkning) **Rücklauf** -e† m 1 återflöde, tillbakaströmmande; rörelse (gång) bakåt (i motsatt riktning) 2 mil. rekyl **Rückläufer** - m obeställbar försändelse **rückläufig** 1 åter-, tillbaka|gående; ~e Tendenzen (hand.) vikande (nedåtgående) tendenser; die Einnahmen sind ~ inkomsterna sjunker (minskar) 2 astron. retrograd **Rücklehne** -n f ryggstöd **Rück|leuchte** -n f, **-licht** -er n bak|lyse, -lykta **rücklings 1** baklänges, bakåt; ~ liegen ligga på rygg 2 bakifrån **Rück|marsch** -e† m tillbakamarsch, återtåg **-nahme** -n f återtagande **-pa|ß** -sse† m, sport. bakåtpassning **-port|o** -os el. -i n svarsporto **-prall** 0 m åter|stöt, -studs[ning]; rekyl **-reise** 0 f återresa; resa tillbaka **-ruf** -e m 1 svarssamtal; auf jds ~ warten vänta på att ngn ska ringa igen (tillbaka) 2 återkallelse
Rucksack -e† m ryggsäck
Rückschalttaste -n f backslagstangent **Rückschau** -en f åter-, tillbaka|blick; ~ halten se tillbaka **rückschauend** retrospektiv **Rück|scheibe** -n f bakruta **-schein** -e m, post. mottagningsbevis **-schlag** -e† m 1 bakslag, motgång 2 sport. retur[boll] 3 rekyl **-schlu|ß** -sse† m slutsats **-schritt** -e m steg tillbaka, tillbakagång, reaktion **-schrittler** - m reaktionär **rückschrittlich** reaktionär **Rückseite** -n f bak-, från-, avig|sida **rückseitig** på baksidan etc., jfr Rückseite; bakre **Rücksendung** -en f återsändande, returnering; retur, retur|försändelse, -sändning
Rücksicht 1 -en f hänsyn; ~en (äv.) skäl; mit ~ auf (+ ack.) med hänsyn till; keinerlei ~ kennen (üben, nehmen) inte ta ngn (några) hänsyn 2 0 f sikt bakåt **rücksichtlich** prep m. gen., ~ des Wetters med hänsyn till vädret **Rücksichtnahme** 0 f hänsynstagande (auf + ack. till) **rücksichtslos** hänsynslös **rücksichtsvoll** hänsynsfull
Rück|sitz -e m bak|säte, -sits **-spiegel** - m backspegel **-spiel** -e n, sport. returmatch **-sprache** -n f överläggning; nach ~ mit efter samråd med, efter att ha överlagt med; mit e-m ~ nehmen (halten) överlägga med ngn **-spulknopf** -e† m återspolningsratt (på kamera) **-spultaste** -n f återspolnings|knapp, -tangent, rewind
Rückstand -e† m rest, återstod; botten|sats, -fällning; Rückstände (äv.) resterande skulder, utestående fordringar (medel, pengar), restantier; ein ~ in der Produktion en eftersläpning i produktionen; der ~ des Läufers auf die Spitzengruppe betrug drei Minuten (sport.) avståndet mellan löparen och täten var tre minuter; ein ~ von vier Toren ist schwer wettzumachen (sport.) det är svårt att hämta in ett försprång på fyra mål; mit etw. in ~ geraten komma (bli) efter med ngt, komma på efterkälken med ngt; mit etw. im ~ sein vara efter (på efterkälken) med ngt; mit e-m Tor im ~ liegen (sport.) ligga under med ett mål **rückständig 1** återstående, resterande, utestående; mit 100 DM ~ sein vara efter med betalningen av 100 DM 2 underutvecklad, efterbliven; reaktionär; ~e Ansichten antikverade (reaktionära) åsikter **Rückstau** -e m 1 uppdämning, motström; infolge des Hochwassers der Ostsee kam es zu e-m ~ des Stromes på grund av högvattnet i Östersjön strömmade vattnet uppför älven (flöt älven åt fel håll) 2 [trafik]stockning, kö-[bildning] **Rückstelltaste** -n f backslagstangent **Rückstoß** 0 m 1 rekyl 2 reaktionskraft **Rückstoßantrieb** 0 m reaktionsdrift **rückstoßfrei** rekylfri
Rück|strahler - m reflex[anordning]; kattöga (på cykel) **-strahlung** -en f, fys. reflexion **-taste** -n f backslagstangent **-transport** 0 m återtransport **-tritt** -e m 1 avgång, tillbakaträdande 2 jur. återgång, hävning 3 se Rücktrittbremse **-trittbremse** -n f frihjuls-, fot|-broms (på cykel) **-trittnabe** -n f frihjulsnav **-trittsgesuch** -e n avskedsansökan **-übersetzung** -en f återöversättning **-vergütung** -en f åter|betalning, -gäldande, -bäring, restitution
Rückversicherer - m 1 reassuradör 2 er ist ein [alter] ~ han garderar sig [alltid] [mot alla eventualiteter] **rückversichern** (end. i inf o. perf part) 1 reassurera, återförsäkra 2 rfl återförsäkra sig; bildl. äv. gardera sig [mot alla eventualiteter] **Rückversicherung** -en f reassurans, återförsäkring (äv. bildl.) **Rückwand** -e† f bakvägg, bakre vägg **Rückwanderer** - m återvändande (hemvändande) emigrant **rückwärtig** bakre; ~e Verbindungen (mil. äv.) etapplinjer, förbindelser bakåt **rückwärts** bak, bak|åt, -ut, -länges; ~ besuchten wir meinen Freund (vard.) på tillbakavägen (hemvägen) besökte vi min vän **Rückwärtsbewegung** -en f rörelse (gång) bakåt **Rückwärtsgang** -e† m back[växel] **rückwärtsgehen** st s, vard., mit ihm soll es ~ det lär gå utför med honom; es ging rückwärts mit seiner Gesundheit hans hälsa försämrades **Rückweg** 0 m tillbaka-, åter-, hem|väg
ruckweise ryckvis; bei dir kommt's wohl ~? (dial.) du har visst en skruv lös!
rückwirkend retroaktiv, återverkande **Rückwirkung** -en f 1 återverkan 2 retroaktiv verkan; mit ~ retroaktivt **Rückzahlung** -en f återbetalning **Rückzieher** - m, e-n ~ machen a) vard. slå till reträtt, backa, b) fotb. sparka bollen bakåt [över huvudet], c) vard. avbryta samlaget [före orgasmen], dra ut [den] **ruck, zuck** interj hux flux!
Rückzug -e† m återtåg, reträtt
rüde rå, oslipad, ohyfsad **Rüde** -n -n m 1 han[n]e, han|hund, -varg, -räv, -mård 2 hetshund
Rudel - n flock, skock, hop, skara
Ruder - n 1 åra; sich in die ~ legen a) ro kraftigt, b) vard. lägga manken till 2 roder, styre; das ~ führen, am ~ stehen (sitzen) stå (sitta) vid rodret; ans ~ kommen (gelangen) (vard.)

komma till makten; *am* ~ *sein* (*vard.*) sitta vid rodret, ha makten **-anzeiger** - *m*, *sjö*. roderindikator **-bank** -*e*† *f* roddarbänk, toft **-blatt** -*er*† *n* **1** årblad **2** roderblad **-boot** -*e n* roddbåt **Ruder|er** - *m* roddare **-füßer** - *m*, *zool*. årfotad fågel **-gänger** - *m*, *sjö.*, **-gast** -*en, äv.* -*e*† *m, sjö.* rorgängare, rorsman **-haus** -*er*† *n, sjö.* styrhytt **-klub** -*s m* roddklubb **-lage[n]- anzeiger** - *m, sjö.* roderindikator **-maschine** -*n f, sjö.* styr-, roder|maskin
rudern 1 *h el. s* ro; *ich habe* (*bin*) *den ganzen Tag gerudert* jag har rott hela dagen **2** *s, ich bin über den See gerudert* jag rodde över sjön **3** *das Boot* ~ ro båten; *mit den Armen* ~ svänga med armarna **4** *s, jakt.* (*om vattenfågel*) simma **Ruder|pinne** -*n f, sjö.* rorkult, roderpinne **-regatt|a** -*en f* rodd|tävling, -regatta, kapprodd **-schlag** -*e*† *m* årtag **-sport** *0 m* roddsport **-verein** -*e m* roddförening **-wettfahrt** -*en f*, se *Ruderregatta*
Rüdesheimer *0 m* rüdesheimer (*rhenvin*)
Rudiment -*e n* **1** *biol.* rudiment **2** kvarleva, rest, rudiment **3** -*e* (*pl, åld.*) första grunder, grunddrag, elementa **rudimentär** rudimentär; ~*e Kenntnisse* (*åld.*) elementära kunskaper
Rudrer - *m* roddare
Ruf 1 -*e m* rop, skrik; lockrop; *der* ~ *der Glocken* [kyrk]klockornas maning; *der* ~ *des Kuckucks* gökens rop; *der* ~ *der Trompete* trumpetens signal **2** *0 m* appell, [upp]rop; kallelse; *der* ~ *nach Frieden* ropet på fred; *dem* ~ *des Herzens folgen* lyssna till hjärtats röst; *er erhielt e-n* ~ [*als ordentlicher Professor*] *an die Universität* [*nach*] *Wien* han kallades till professor i Wien **3** *0 m* rykte, anseende; *ein Unternehmen von* ~ ett välrenommerat (välkänt) företag; *er kam in den* ~, *ein Karrierist zu sein* han fick rykte om sig att vara karriärist; *in gutem* (*schlechtem*) ~ *stehen* ha gott (dåligt) rykte **4** *0 m* telefon[nummer]
rufen *rief, riefe, gerufen* **1** ropa, skrika; (*om gök*) gala; kalla; *nach e-m* ~ ropa (kalla) på ngn; *der Gast rief dem Kellner* (*dial.*) gästen kallade (ropade) på kyparen; *nach e-m Glas Bier* ~ (*äv.*) beställa ett glas öl; *nach* (*um*) *Hilfe* ~ ropa på hjälp; *zum Aufstand* ~ mana till uppror; *zum Essen* ~ kalla till bords **2** ropa (kalla) på, tillkalla; *e-n Arzt* ~ (*äv.*) skicka efter en läkare; *das kommt* [*mir*] *wie gerufen* (*vard.*) det kommer mycket lägligt för mig; *du kommst* [*mir*] *wie gerufen* (*vard.*) du kommer som efterskickad; *e-m* (*sich dat.*) *etw. ins Gedächtnis* (*in Erinnerung*) ~ påminna ngn om ngt (återkalla ngt i minnet *el.* sitt minne); *e-n ins Zimmer* ~ ropa (kalla) in ngn i rummet; *etw. ins Leben* ~ sätta i gång [med] (starta) ngt; *dringende Geschäfte riefen sie nach Lund* brådskande affärer kallade henne till Lund **3** kalla; *er heißt Anton, aber sie* ~ *ihn Toni* han heter Anton men de kallar honom Toni; *e-n bei* (*mit*) *seinem Namen* ~ (*åld.*) kalla ngn vid namn **4** *e-n* [*unter der Nummer 12345*] ~ ringa till ngn [på nummer 12345]; *Orion ruft Aurora!* (*kommunikationsradio.*) Orion till Aurora, kom! **5** *rfl, sich heiser* ~ skrika sig hes
Rufer - *m* ropare; ~ *in der Wüste* ropande röst i öknen
Rüffel - *m, vard.* skrapa, uppsträckning, utskällning **rüffeln** (*åld.*) sträcka (läxa) upp, ge en skrapa (läxa), skälla ut
Ruf|mädchen - *n* callgirl **-mord** -*e m* (*svår*) ärekränkning, förtal[skampanj]; ~ *an e-m be-*
gehen (*ung.*) ta heder o. ära av ngn **-nähe** *0 f* hörhåll **-name** -*ns -n m* tilltalsnamn **-nummer** -*n f* telefonnummer **-säule** -*n f* [telefon]stolpe (*för taxi e.d.*) **-weite** *0 f* hörhåll **-zeichen** - *n* **1** *tel.* rington **2** *radio.* anropssignal **3** *österr.* utropstecken
Rugby ['rakbi, 'rʌgbɪ] *0 n, sport.* rugby
Rüge -*n f* klander, tillrättavisning, kritik **rügen** klandra, tillrättavisa, kritisera; *etw.* ~ (*äv.*) anmärka på ngt **rügenswert** klandervärd
Ruhe *0 f* ro, lugn, vila, frid, tystnad, stillhet; ~*! tyst!*; *angenehme* ~*! sov* [så] *gott!*, god natt!; *die* [*öffentliche*] ~ *und Ordnung* den allmänna ordningen; *der* ~ *bedürfen* behöva lugn o. ro; *gebt* ~*!* håll er lugna (tysta)!; *keine* ~ *geben* (*äv.*) ge upp (sluta); *ihr müßt* ~ *halten* ni måste vara (hålla *er*) tysta (lugna); *e-m keine* ~ *lassen* inte lämna ngn i fred; *die* ~ *weghaben* (*vard.*) verkligen ta det lugnt, vara lugn som en filbunke; *sich nicht aus der* ~ *bringen lassen* inte låta bringa sig ur fattningen; *in* ~ (*äv.*) pensionerad; *e-n* [*aller*] ~ *i godan* ro, i lugn o. ro, helt lugnt; *e-e Maschine in* ~ en maskin i vila; *e-n in* ~ *lassen* lämna ngn (låta ngn vara) i fred; *e-n mit etw. in* ~ *lassen* förskona ngn från ngt; *immer mit der* ~*!* (*vard.*) ta det lugnt!; *e-n zur letzten* ~ *betten* viga ngn till den sista vilan; *die Kinder zur* ~ *bringen a*) få barnen i säng, *b*) få barnen att vara tysta; *zur* ~ *kommen* stanna (*om motor e.d.*); *e-n nicht zur* ~ *kommen lassen* inte lämna ngn (låta ngn vara) i fred; *sich zur* ~ *setzen* sluta arbeta, gå i pension **Ruhebank** -*e*† *f* vilobank **ruhebedürftig** i behov av vila **Ruhe|gehalt** -*er*† *n,* **-geld** -*er n* pension **Ruhejahr** -*e n* sabbatsår **ruhelos** orolig, rastlös **ruh|en 1** vila [sig], *högt.* sova; ligga nere, stanna [av]; *er* -*e in Frieden!* må han vila i frid!; *der Acker* -*t* åkern ligger i träda; *die Arbeit* -*t* arbetet vilar (ligger nere); *die Feindseligkeiten* ~ fientligheterna är inställda (har upphört); *der Vertrag* -*t* avtalet är tillfälligt (tills vidare) [försatt] ur kraft **2** *ihr Blick* -*t auf dem Bild* hennes blick vilar på tavlan; *die Brücke* -*t auf 3 Pfeilern* bron vilar på tre pelare; *das Geld* -*t im Tresor* pengarna ligger [i säkert förvar] i kassaskåpet; *ihr Kopf* -*te an seiner Schulter* hennes huvud vilade mot hans axel; *die Verantwortung* -*t auf ihm* ansvaret vilar på honom
Ruhe|pause -*n f* vilopaus **-posten** - *m, ung.* sinekur **-punkt** -*e m* vilopunkt **-raum** -*e*† *m* vilorum **-stand** *0 m,* Beamter *im* ~ pensionerad ämbetsman; *in den* ~ *gehen* (*treten*) gå i (avgå med) pension; *in den* ~ *versetzen* pensionera **-ständler** - *m* pensionär **-statt** -*en*† *f,* **-stätte** -*n f* viloplats; *letzte* ~ sista vilorum (*grav*) **-stellung** -*en f* **1** *mil.* vilostållning (*bakom fronten*) **2** vilo-, grund|läge **-stifter** - *m* konfliktlösare, fredsstiftare **-störer** - *m* fridstörare **-störung** -*en f, ung.* störande av allmänna ordningen (*genom ovåsen*) **-strom** *0 m, elektr.* vilström **-tag** -*e m* vilodag; *Sonntag ist in diesem Restaurant* ~ denna restaurang är stängd på söndagar
ruhevoll fridfull, lugn, rofylld **ruhig 1** lugn [och stilla], stilla, stillsam, fridfull; ostörd, tyst; ~*e Farben* lugna (diskreta) färger; ~*e Nachbarn* (*äv.*) tysta grannar; ~*es Wetter* lugnt väder; *der Motor geht* ~ motorn går tyst (jämnt); *e-e* ~*e Hand haben* vara stadig (säker)

på handen; *sei mal ~!* var tyst!; *sei ganz ~, sie schaffen es* var bara lugn, de klarar det; *ein ~es Wort mit e-m sprechen* tala i lugn och ro med ngn; *~ werden* (*äv.*) lugna sig, bli lugn; *um diese Sache ist es ~ geworden* (*äv.*) det talas inte längre om den här saken **2** *vard.*, *man kann ~ behaupten* man kan lugnt (tryggt) påstå; *du darfst ~ rauchen* för min del får du gärna röka; *soll er ~ schimpfen* låt honom (för min del får han gärna) skälla; *bleib ~ sitzen* sitt bara kvar, sitt för all del **ruhigstellen** *med.* fixera (*bruten arm e.d.*)
Ruhm 0 *m* ära, beröm[melse], rykte; *da hast du dich nicht gerade mit ~ bekleckert* (*vard.*) det har du inte precis skördat några lagrar med **ruhmbedeckt** höljd av ära **Ruhmbegier-[de]** 0 *f* ärelystnad **ruhmbegierig** ärelysten **rühmen 1** berömma, [lov]prisa; *etw. ~d hervorheben* framhäva ngt i berömmande ordalag **2** *rfl*, *sich e-r Sache* (*gen.*) *~* berömma sig av (skryta med) ngt; *ohne mich ~ zu wollen, darf ich sagen* (*äv.*) utan skryt kan jag säga **rühmenswert** berömvärd **Ruhmesblatt** 0 *n, das ist nicht gerade ein ~ für ihn* det länder honom knappast till heder **Ruhmestat** -*en f* stordåd, bragd, bedrift **rühmlich** berömlig; *e-e ~e Ausnahme* ett berömvärt undantag; *das war nicht ~ für ihn* det var inte hedrande för honom **ruhmlos** föga ärofull **ruhmredig** högt. skrytsam **ruhmreich** ärorik **Ruhmsucht** 0 *f* ärelystnad **ruhmsüchtig** ärelysten **ruhmvoll** ärofull **ruhmwürdig** berömvärd
Ruhr 0 *f, med.* rödsot, dysenteri
Rühr|besen - *m* visp (*i hushållsmaskin e.d.*) *-el -er n* äggröra **rühr|en 1** röra, vispa; *die Suppe ~* röra [om] i soppan; *Milch in den Teig ~* röra ner (i) mjölk i degen **2** *etw.*; *~* [*Sie*]*!* (*mil.*) manöver!, lediga!; *ein Glied ~* röra en lem; *keinen Finger ~* (*vard.*) inte röra (lyfta) ett finger **3** *an etw.* (*ack.*) *~* vidröra (beröra, röra vid) ngt (*äv. bildl.*); *~ wir nicht daran* (*äv.*) låt oss inte tala om (nämna) det **4** röra, göra rörd; *e-e ~de Szene* en rörande scen; *-t dich das nicht?* (*äv.*) lämnar det dig oberörd?; *e-n zu Tränen ~* röra ngn till tårar; *tief gerührt sein* vara djupt rörd **5** *das -t daher, daß* det beror på att; *von etw. ~* komma (härröra) från ngt **6** *rfl* röra [på] sig; vara verksam; *-t euch!* (*mil.*) manöver!, lediga!; *du mußt dich mehr ~* (*äv.*) du måste ligga i lite mera (bli mera aktiv); *sich nicht ~ können* (*vard. äv.*) sitta trångt, ha det dåligt ställt; *warum hast du dich nicht gerührt?* (*äv.*) *a*) varför sa du ingenting (inte till)?, *b*) varför har du inte hört av dig?; *die Kinder warfen mit Steinen, aber niemand -te sich* barnen kastade sten men ingen reagerade (ingrep, gjorde ngt åt det); *es -te sich nichts allt*[ing] var stilla **7** *högt.* röra, slå (*trumma e.d.*)
Ruhrgebiet 0 *n, das ~* Ruhrområdet
rührig aktiv, rörlig **Rührkelle** -*n f* slev
ruhrkrank *er ist ~* han har dysenteri
Rührlöffel - *m* slev **Ruhrmichnichtan** - *n* **1** *bot.* springkorn **2** *ein Fräulein ~* (*vard.*) en överkänslig (blyg) tjej **rührselig** sentimental, gråtmild **Rührstück** *-e n* sentimentalt [teater]-stycke **Rührung** 0 *f* [sinnes]rörelse **Rührwerk** *-e n, tekn.* blandare, omrörare
Ruin 0 *m* ruin, undergång, fördärv **Ruine** *-n f* ruin; *er ist nur noch e-e ~* (*vard.*) han är bara en ruin av sig själv (ett vrak) **ruinenhaft** ruinartad, förfallen **ruinieren** ruinera; förstöra, ödelägga **ruinös 1** ruinerande, fördärvlig **2** förfallen, fallfärdig
rülpsen rapa **Rülpser** - *m* **1** rapning **2** person som [ständigt] rapar
rum [rʊm] *vard., se herum m. sms.*
Rum [rʊm, *sty., österr., schweiz.* ruːm] -*s m* rom (*sprit*)
Rumäne -*n* -*n m* rumän **Rumänien** 0 *n* Rumänien **rumänisch** rumänsk
Rumba -*s f, äv. m* rumba
rumballern *vard.* skjuta vilt [omkring sig]
rumhaben *oreg., vard., etw. ~* ha ngt bakom sig, ha gått igenom ngt, ha klarat av ngt **rumhängen** *st, vard.* **1** vara sysslolös, driva omkring; *im Gasthaus ~* hänga på krogen **2** hänga o. skräpa, hänga runt omkring **rummachen** *vard.* **1** *etw. um etw. ~* sätta (lägga, fästa) ngt omkring ngt **2** *an etw.* (*dat.*) *~* hålla på med ngt; *an e-m ~* tafsa på ngn; *sie macht mit allen rum* hon ligger med varenda en **3** *noch drei Jahre ~ müssen* ha tre år kvar **4** *s* knalla omkring
Rummel 0 *m, vard.* **1** ståhej, spektakel, liv o. rörelse; skrap, bråte; *den ~ satt haben* vara trött på det hela; *den ganzen ~ kaufen* köpa hela klabbet; *den ganzen ~ kennen* veta hur det är (hänger ihop) **2** *dial., auf den ~ gehen* gå på marknad (tivoli) -**platz** -*et m, dial.* marknadsplats, nöjesfält
Ru'mor 0 *m, dial. el. åld.* [o]väsen, buller, larm **rumor|en** *vard.* väsnas, bullra, bråka; *es -t im Bauch* (*Kopf*) det kurrar i magen (susar i huvudet); *der Gedanke -t im Kopf* tanken surrar i hjärnan; *es -t im Volk* det jäser bland folket
1 Rumpel -*n f, dial.* tvättbräde
2 Rumpel 0 *m, dial.* **1** skramlande, buller **2** skräp, bråte -**kammer** -*n f, vard.* skräpkammare -**kasten** -[†] *m, vard.* [gammalt] skrälle **1 rumpeln** *dial.* **1** gnugga (*tvätt*) **2** se **knittern** **2 rumpeln** *vard.* **1** bullra, skramla, dåna **2** *s* dundra (skramla) [fram], rulla bullrande (skramlande)
Rumpf -*e†* *m* bål, kropp; [flyg]kropp; *sjö.* skrov -**beuge** -*n f, gymn.* bålböjning
rümpfen *die Nase ~* rynka på näsan
Rumpfkreisen 0 *n, gymn.* bålrullning
Rumpsteak ['rʊmpsteːk] -*s n, kokk.* rumpstek
rumschmeißen *st, vard., se herumwerfen*
rumsen *dial.* smälla, braka
rumständern *dial.* stå [och hänga]
Rumtopf *-e† m, kokk.* frukt i rom; kruka (*för frukt i rom*)
Run [rʌn] -*s m* rusning (*auf* + *ack.* till); *ein ~ auf Silber* en plötslig (stegrad) efterfrågan på silver
rund 1 rund; trind, rundlagd, fyllig; *~e Augen machen* (*vard.*) göra stora ögon; *Konferenz am ~en Tisch* rundabordskonferens **2** perfekt; *e-e ~e Sache* en lyckad sak; *~ laufen* (*vard.*) klaffa perfekt, fungera som det skall (friktionsfritt); *der Motor läuft ~* motorn går jämnt **3** *vard.* hel; *ein ~es Dutzend* ett helt dussin; *~e Zahlen* avrundade tal; *er hat ~e vier Jahre dafür gebraucht* han har behövt fyra fulla (hela) år för det **4** *vard.* ungefär, cirka, omkring; *er kommt in ~ vier Wochen* han kommer om ungefär fyra veckor **5** *~ um* runt, [om]kring, runtom[kring]; *um die Uhr* dygnet runt, utan uppehåll; *~e Reise ~ um die Welt* en jordenruntresa
Rund 0 *n* rund; [om]krets; rundning -**bank** -*e† f* rund bänk -**bau** -*ten m* rund byggnad, rotunda -**bild** -*er n* rundmålning, panorama -**blick**

-e m rundblick, panorama -bogen -[†] m rundbåge -bogenfenster - n rundbågsfönster -brief -e m rundskrivelse, cirkulär -dorf -er† n rundby
Runde -n f 1 runda, rond; weit in der ~ vida omkring; e-e ~ machen (gehen) gå (göra) en rond, gå (ta) en runda; die ~ machen (vard.) a) gå laget runt, b) gå runt, sprida sig; die Maschine flog e-e ~ über der Stadt flygplanet flög ett varv över staden; seine ~n um etw. ziehen kretsa [om]kring ngt 2 lag, gäng; omgång; in fröhlicher ~ i glatt lag; die zweite ~ der Verhandlungen andra förhandlingsomgången; e-e ~ Bier ausgeben bjuda på en omgång öl; sie nahmen sie in ihre ~ auf de tog upp henne i sin krets 3 sport. varv; omgång; boxn. rond; e-e ~ Golf en golfrunda; etw. über die ~n bringen (vard.) klara ngt [bra]; der Kampf ging über drei ~n (boxn.) matchen gick i tre ronder; sie ist die schnellste ~ gelaufen (äv.) hon har bästa varvtid; die Mannschaft schied schon in der ersten ~ aus laget blev utslaget redan i första omgången Run'dell -e n, se Rondell runde|n 1 göra rund, [av]runda (äv. bildl.) 2 rfl bli rund, [av]runda sig; das Jahr -t sich året går mot sitt slut; die Teile ~ sich zu e-m Ganzen delarna formar (bildar) en helhet; damit hat sich das Bild gerundet därmed är bilden fullständig Rundenrekord -e m, sport. varvrekord Rundenzeit -en f, sport. varvtid Runderla|ß -sse m rundskrivelse (cirkulär) [med föreskrifter e.d.] runderneuern regummera (däck) Rundfahrt -en f rundresa; rundtur Rundfeile -n f rundfil Rundfenster - n rundfönster Rundfrage -n f rundfråga, enkät
Rundfunk 0 m [rund]radio -apparat -e m, se Rundfunkempfänger -empfang 0 m, radio. mottagning[sförhållanden] -empfänger - m radio|mottagare, -apparat -gebühr -en f radiolicens -hörer - m radiolyssnare -sender - m radio|station, -sändare -sendung -en f radio[ut]sändning -station -en f radiostation -teilnehmer - m radio|lyssnare, -licensinnehavare -übertragung -en f radio[ut]sändning Rundgang -e† m rund|vandring, -tur, rond; arkit. rundgång rundgehen st s 1 gå runt, gå sin runda 2 gå laget runt 3 es geht rund (vard.) det är full rulle Rundgesang -e† m (slags) allsång Rundgespräch -e n, ung. paneldiskussion 'rundher'aus rent ut, rakt på sak 'rundher'um runtom[kring], runt omkring Rundholz -er† n rundvirke Rundhorizont -e m, teat. rundhorisont Rundkurs -e m (rund) [racer]bana Rundlauf -e† m 1 kretslopp 2 slänggunga rundlich [nästan, ganska] rund; rundlagd, fyllig, knubbig Rund|ling -e m rundby -mäuler pl, zool. rundmunnar -reise -n f rundresa -schau -en f rundblick, panorama (tidnings) översikt, revy, krönika -schreiben - n rundskrivelse, cirkulär -schrift 0 f rundskrift -sicht 0 f rundblick, panorama -spruch 0 m, schweiz., se Rundfunk -stück -e n, nty. ung. kuvertbröd -tischgespräch -e n rundabordssamtal 'rund'um runtom, runt omkring 'rundum'her runt omkring 'Rund'umsicht 0 f runtomsikt (i bil e.d.) Rundung -en f rundning Rundverkehr 0 m, se Kreisverkehr 'rund'weg bestämt, absolut Rundweg -e m (promenad)väg [som leder tillbaka till utgångspunkten]
Rune -n f runa Runenstein -e m runsten

Runge -n f stötta, stolpe (på vagn e.d.) Rungenwagen - m, järnv. stolpvagn Runkelrübe -n f foderbeta Runologe -n -n m runforskare Runs -e m, Runse -n f, sty., österr., schweiz. [bäck]fåra, (liten) [flod]bädd runter vard., se herunter, hinunter m. sms. -fallen st s, vard. ramla ner; hinten ~ (bildl.) bli efter -hauen oreg., vard. 1 e-m e-e ~ ge ngn en örfil, klippa till ngn 2 kasta ner -holen vard. 1 hämta ner 2 skjuta ner 3 sich (dat.) e-n ~ (vulg.) runka -hungern vard. banta [bort] -kippen vard. svepa -stufen vard. placera i lägre löneklass Runzel -n f rynka, skrynkla; ~n bekommen (äv.) bli rynkig (skrynklig) runz[e]lig rynkig, skrynklig runzeln rynka, skrynkla; sich ~ (äv.) bli rynkig (skrynklig), rynkas Rüpel - m knöl, lymmel Rüpelei -en f lymmelaktighet rüpelhaft knöl-, lymmel|aktig rupf|en 1 rycka (slita) upp (ut, bort, av); plocka (fågel); e-n an den Haaren ~ (dial.) rycka (dra) ngn i håret 2 vard., e-n ~ skinna ngn, plocka (klå) ngn [på pengar] 3 die Kupplung -t kopplingen hugger Rupfen - m (grov) juteväv
ruppig 1 grov, ohyfsad, ovänlig, fräck 2 ovårdad, sjaskig, ruggig
Ruprecht ['ru:-] 0 m, dial., Knecht ~ 'Ruprecht Knekt' (delar ut gåvor el. ris 6 dec.), ibl. jultomten
Rup'tur -en f, med. ruptur
Rüsche [-y:-] -n f rysch
ruscheln dial. vara slarvig, slarva
Rush-hour ['rʌʃ-auə] 0 f rusningstid
Ruß [-u:-] 0 m sot rußbeschmutzt nedsotad
Russe -n -n m 1 ryss 2 dial. kackerlacka
Rüssel - m 1 snabel; tryne (på svin); sug|mun, -rör (på insekt) 2 vard. kran (näsa); klaff (mun) 3 vulg. kuk -käfer - m, zool. vivel -tier -e n snabel-, elefant|djur
ruß|en [-u:-]1 sota, svärta med sot 2 die Lampe -t lampan sotar -farben, -farbig sotfärgad, kolsvart
russifizieren russifiera, förryska
rußig [-u:-] sotig
russisch rysk; R~e Eier hårdkokta ägg m. majonnäs o. legymsallad Russisch 0 n ryska (språk) Ruẞki -[s] m, vard. ryss, rysk soldat
Rußland 0 n Ryssland
Rüßler - m, zool. vivel
1 Rüste 0 f, poet. åld. 1 zur ~ gehen gå till ända, lida mot sitt slut 2 die Sonne geht zur ~ solen dalar
2 Rüste -n f, sjö. röst rüsten 1 rusta; dial. äv. göra (ställa) i ordning, förbereda; das Essen ~ göra i ordning maten; ein Fest ~ ordna (arrangera) en fest; um die Wette ~ kapprusta; zu etw. ~ rusta sig (förbereda sig, göra sig i ordning el. redo) för ngt; zum Krieg ~ rusta till (för) krig 2 rfl, sich zu (für) etw. ~ rusta sig (förbereda sig, göra sig i ordning el. redo) för ngt; sich zum Gehen ~ göra sig redo att gå Rüster [-y-, äv. -y:-] -n f, bot. alm rüstern av alm[trä]
rüstig spänstig Rüstigkeit 0 f spänstighet, vigör
rusti'kal rustik, lantlig, bonde-, allmoge-Rüstkammer -n f rustkammare Rüstung -en f 1 rustning (krigsdräkt) 2 rustning; die ~ begrenzen (beschränken) begränsa rustningen Rüstungs|begrenzung -en f, -beschrän-

kung -en f rustningsbegränsning **-industrie** -n f krigs-, rustnings|industri **-wettlauf** 0 m kapprustning
Rüst|zeit -en f **1** förberedelsetid **2** bibl. tillredelsedag; kyrkl. stilla dagar (reträtt) **-zeug** 0 n utrustning; bildl. ung. kapacitet; das ~ für e-n Posten (ung.) de grundläggande kunskaperna för en post; sich (dat.) das ~ aneignen (ung.) tillägna sig grunderna
Rute -n f **1** ris; spö; mit eiserner ~ (bildl.) med järnhand; sich (dat.) [selbst] e-e ~ aufbinden binda ris åt egen rygg; die ~ zu spüren bekommen få smaka riset, få stryk **2** [met]spö; mit der ~ suchen söka med slagruta **3** (gammalt längdmått, ca) 3—5 meter **4** jakt. svans (hos vissa djur) **5** jakt. hanlem, penis (hos vissa djur) **6** vulg. kuk **Rutenbesen** - m [ris]kvast **Rutenbündel** - n spöknippe; fasces **Rutengänger** - m slagruteman
Rutine 0 f rutin **rutiniert** rutinerad
Rutsch -e m **1** [jord-, sten]ras; auf e-n (in e-m) ~ i ett svep, utan uppehåll **2** vard. [kort] utflykt, [liten] tripp; guten ~! lycklig resa!; guten ~ ins neue Jahr! Gott nytt år! **Rutschbahn** -en f rutschbana **Rutsche** -n f **1** rutschbana; glidbana, [stört]ränna **2** sty. pall **rutsch|en** s **1** glida, halka, slinta, rutscha; das Essen -t nicht (vard.) maten smakar inte bra; die Kinder ~ (dial.) barnen åker kana; die Kupplung -t kopplingen slirar; der Rock -t kjolen sitter inte uppe (åker ner [hela tiden]); der Schnee -t vom Dach snön rasar ner från taket; kannst du ein wenig ~? (vard.) kan du flytta på dig en aning?; vor e-m auf den Knien ~ krypa på sina bara knän för ngn; ins R~ kommen börja glida, komma (råka) i glidning **2** vard. åka, sticka [i väg], **rutschfest 1** slitstark **2** halksäker **Rutschgefahr** 0 f risk för halka, halt väglag **rutschig** hal, halkig, slirig **Rutschpartie** -n f, vard. **1** rutsch[ning], åkning [i rutschbana] **2** e-e ~ machen a) halka, b) kana utför slänten **rutschsicher** halksäker
rüttel|n 1 skaka, ruska, rista; sålla (säd); tekn. vibrera; der Motor -t motorn går ojämnt; an der Tür ~ rycka [o. slita] i dörren; daran darf nicht gerüttelt werden det får man inte ändra på; daran ist nicht (gibt es nichts) zu ~ det kan (får) man inte ändra på, det står fast; e-n aus dem Schlaf ~ ruska upp ngn ur sömnen (liv i ngn) **2** s skaka [fram] **3** jakt. (om rovfågel) stå o. fladdra [i luften] **Rüttelschwelle** -n f gupp (farthinder i vägbana) **Rüttler** - m, byggn. vibrator
Rwander - m rwandier **rwandisch** rwandisk

S

S 1 - - n s (bokstav) **2** förk. för a) Schilling, b) Süd[en] söder, syd **S.** förk. för Seite s[id]., sidan **s** förk. för Sekunde sekund **s.** förk. för siehe! se **'s** se es

sa [sa] interj (t. hund) kom hit!
SA [ɛs'|a:] 0 f, nat. soc. förk. för Sturmabteilung
SA Sa. förk. för Summa s:a, summa **s.a.** förk. för siehe auch! se även
Saal Säle m sal, hall **-schlacht** -en f, vard. bråk (slagsmål) på möte (i möteslokal) **-schutz** 0 m, ung. ordningsvakt på möte (i möteslokal) **-tochter** -† f, schweiz. servitris, uppasserska
Saargebiet 0 n, das ~ Saarområdet **Saarländer** - m saarländare **saarländisch** saarländsk
Saat -en f sådd (äv. bildl.); [sädes]brodd; säd; gröda; wie die ~, so die Ernte som man sår får man skörda; die ~ ist aufgegangen sådden har kommit upp, bildl. resultaten börjar visa sig **-beet** -e n drivbänk **-feld** -er n sädesfält **-getreide** 0 n utsäde[sspannmål] **-gut** 0 n utsäde **-kartoffel** -n f sättpotatis **-krähe** -n f råka **-zeit** -en f såningstid
Sabbat -e m sabbat **-jahr** -e n, jud. relig. sabbatsår **-ruhe** 0 f, **-stille** 0 f sabbats|vila, -frid
Sabbel nty. **1** - m klaff (mun) **2** 0 m dregel **sabbeln** nty., se sabbern **Sabber** 0 m, vard. dregel
Sabberei -en f, vard. **1** [ständigt] dreglande **2** pladder **Sabberlätzchen** - n, vard. haklapp **sabbern** vard. **1** dregla **2** prata [i ett], babbla, pladdra
Säbel - m sabel; mit dem ~ rasseln (bildl.) skramla med sabeln **Säbelbeine** pl, vard., ~ haben vara hjulbent **Säbelgerassel** 0 n, bildl. sabelskrammel **säbeln** vard. skära [fult] **Säbelrasseln** 0 n, bildl. sabelskrammel **Säbelraßler** - m, bildl. sabelskramlare **Säbelscheide** -n f sabelbalja
Sabotage [zabo'ta:ʒə] -n f sabotage **Sabotage|akt** -e m, **-handlung** -en f sabotage[handling] **Saboteur** [-'tø:ɐ̯] -e m sabotör **sabotieren** sabotera
Saccharin [zaxa'ri:n] 0 n sackarin
Sachbearbeiter - m expert; föredragande, referent; der ~ (äv.) den tjänsteman som handlägger ärendet **Sachbeschädigung** -en f, jur. (uppsåtlig) skadegörelse **sachbezogen** relevant, saklig; die Diskussion war ~ diskussionen höll sig till saken (ämnet) **Sachbezüge** pl naturaförmåner **Sachbuch** -er† n faktabok **sachdienlich** ändamålsenlig, tjänlig, relevant
Sache -n f **1** sak; (bildl. äv.) historia, affär, angelägenhet; ~n (äv.) grejor, tillhörigheter, kläder, alster, verk; ~ des Geschmacks (der Erziehung) smaksak (uppfostringsfråga); ~! (sl.) okej!, överenskommet!; [das ist] ~! (sl.) [det var (är)] toppen (häftigt)!; 100 ~n (vard.) 100 knutar (km i timmen); bewegliche ~n lösöre, lösegendom; unbewegliche ~n fast egendom; unverrichteter ~ med oförrättat ärende; keine halben ~n! inga halvmesyrer, tack!; warme ~n anziehen ta på sig varma kläder; die ~ deichseln (vard.) klara skivan (det hela); den Hergang der ~ erzählen berätta hur det hela (saken) gick till; gern scharfe ~n essen tycka om starkt kryddad mat; mach ~n! (vard.) vad är det du säger?, verkligen?, det menar du inte?; mach keine ~n! (vard.) a) vad är det du säger?, det menar du inte?, b) gör inga dumheter nu!; macht eure ~ gut! sköt er väl!; die ~ ist die, daß saken är den att; das ist ja die ~ det är just knuten det; das ist so e-e ~ det är en kinkig fråga (sak, angelägenhet); das ist meine ~ (äv.) det är min ensak; Jogging ist nicht meine ~ det ligger inte för mig (jag är inte road

av) att jogga; *deine ~ ist es, ihn zu überreden* (*äv.*) det är din uppgift att övertala honom; *das ist deine ~* (*äv.*) det får du sköta om [själv], det är ditt problem; [*sich* (*dat.*)] *seiner ~* (*gen.*) *gewiß* (*sicher*) *sein* vara säker på sin sak; *das sind ja nette ~n* (*iron.*) det var ju trevligt; *das Fest war e-e runde ~* (*vard.*) festen var lyckad (toppen); *das ist e-e tolle ~* (*vard.*) det var (är) fantastiskt; *was sind denn das für ~n?* (*vard.*) vad är det där för dumheter?, vilka påhitt!; *so steht die ~* så ligger det till; *scharfe ~n trinken* nyttja starkt, dricka sprit; *e-m aus den ~n helfen* hjälpa ngn att klä av sig; *bei der ~ bleiben* hålla sig till saken (ämnet); *bei der ~ sein* vara uppmärksam (intresserad), följa med; *nach Lage der ~* som saken ligger till [just nu]; *zur ~!* till saken!; *direkt zur ~ kommen* gå rakt på sak; *das tut nichts zur ~* det spelar ingen roll i sammanhanget, det är oväsentligt **2** *jur.* sak, mål; *in ~n X gegen Y* i målet X mot Y **Sächelchen** *pl* **1** nätta (värdefulla) småsaker (småting), små prydnadsföremål **2** *vard.* snygga (pikanta) historier, besynnerliga händelser **Sachenrecht** *0 n, jur.* sakrätt **Sachfrage** *-n f* sakfråga **sachfremd** ej relevant, som inte hör till saken (ämnet) **Sachgebiet** *-e n* fack, område **Sachgedächtnis** *0 n* minne för fakta, sakminne **sach|gemäß, -gerecht** fackmässig, sakkunnig; riktig, rätt **Sachkatalog** *-e m* ämneskatalog **Sachkenner** - *m* expert, sakkunnig, [sak]kännare **Sachkenntnis** *-se f* sak|kunskap, -kännedom, expertis **Sachkunde** *0 f* **1** *se Sachkenntnis* **2** *ung.* orienteringsämne (*historia, biologi, geografi, sexualundervisning m.m.*) **sachkundig** sakkunnig **Sachlage** *0 f* sakläge, sakernas läge, omständigheter, situation; *bei dieser ~* under dessa omständigheter **Sachleistungen** *pl* naturaförmåner **sachlich** saklig; *~ behandeln* behandla objektivt; *~ nichts einwenden* inte invända ngt i sak **sächlich** *språkv.* neutral; *~es Geschlecht* neutrum **Sachlichkeit** *0 f* saklighet; objektivitet; *Mensch von unbeirrbarer ~* (*ung.*) orubbligt saklig människa **Sachregister** - *n* sakregister **Sachschaden** -† *m* sakskada, materiell skada **Sachse** [-ksə] -*n* -*n m* saxare **sächseln** tala saxiska (saxisk dialekt) **sächsisch** saxisk **sacht[e]** sakta, stilla, varsam, försiktig; [nästan] omärklig; *sachte* [*sachte*]! (*vard.*) sakta i backarna!, ta det lugnt!; *so ~* (*vard.*) undan för undan, så småningom; *der Zug fuhr ~ weiter* tåget for långsamt vidare; *sein Interesse erlahmte ~* hans intresse svalnade så småningom **Sachverhalt** *-e m* sakförhållande **Sachverstand** *0 m, se Sachkenntnis* **sachverständig** sakkunnig **Sachverständige(r)** *m f, adj böjn.* sakkunnig, expert; *die Sachverständigen* (*äv.*) sakkunskapen, expertisen **Sachverzeichnis** *-se n* sakregister **Sachwalter** - *m* **1** högt. företrädare, försvarare, förkämpe **2** förvaltare **Sachwert** *-e m* sak-, real|värde
Sack -*e*† *m* (*vid måttsangivelse -*) *m* **1** säck; *ein ~ voll Lügen* en massa lögner; *angeben wie ein ~ Seife* (*vard.*) skryta vitt o. brett; *schlafen wie ein ~* (*vard.*) sova som en stock; *voll sein wie ein ~* (*vard.*) vara full som en kaja (alika); *etw. im ~ haben* (*vard.*) ha ngt som i en liten ask; *in den ~ hauen* (*vard.*) *a*) sticka, så säga upp sig; *die Katze im ~ kaufen* köpa grisen i säcken; *e-n in den ~ stecken* (*vard.*) *a*) rå på ngn, vara ngn överlägsen, *b*) lura ngn; *mit ~

und Pack med [allt] sitt pick o. pack **2** påse; *Säcke unter den Augen haben* ha påsar under ögonen **3** *dial.* [byx]ficka; portmonnä **4** *vulg.* knöl, kräk, jävel **5** *vulg.* ballar (*testiklar*); *er fällt mir auf den ~* han går mig på nerverna, jag är urtrött på honom; *e-e auf den ~ kriegen* *a*) bli utskälld, *b*) få stryk **Sackbahnhof** *-e*† *m* säckstation **Säckel** - *m, sty., österr.* **1** portmonnä, penningpung; kassa; [byx]ficka; *tief in den ~ greifen* punga ut med mycket **2** *se Sack* **4** **Säckelmeister** - *m, sty., österr.* kassör, skattmästare (*i förening*) **säckeln** *dial., se* *1 sacken*
1 sacken fylla i säckar; *in Tüten ~* fylla i påsar; *gesackt* i säckar
2 sacken *-s* **1** sjunka **2** (*om byggnad*) sätta sig **Sackerl** *-n n, sty., österr.* påse **sacker'lot** *interj, åld.,* **sacker'ment** *interj, åld.* kors!, för tusan!
sackförmig säcklik **Sackgasse** -*n f* återvändsgränd (*äv. bildl.*), återvändsgata **'sack'grob** *vard.* väldigt grov
Sack|hüpfen *0 n* säcklöpning **-karre** -*n f*, **-karren** - *m* säckkärra **-kleid** -*er n* säckklänning **-laufen** *0 n* säcklöpning **-leinen** *0 n*, **-leinwand** *0 f* säckväv **-pfeife** *-n f* säckpipa **-tuch** **1** -*e n* säckväv **2** -*er*† *n, sty., österr., schweiz.* näsduk
sackweise säckvis
Sadismus *0 m* sadism **Sadist** -*en* -*en m* sadist **sadistisch** sadistisk **Sadomasochismus** *0 m* sadomasochism
Säemann -*er*† *m, poet.* såningsman **säen** så; *bildl. äv.* utså; *gute Filme sind dünn gesät* det är tunnsått med bra filmer; *die Äpfel lagen wie gesät auf dem Boden* marken var översållad med äpplen **Säer** - *m, högt.* såningsman
Safari *-s f* safari
Safe [seɪf] *-s m, äv. n* kassaskåp; bankfack
'Saffian *0 m,* **Saffianleder** *0 n* saffian[skinn]
Safran ['zafra(:)n] -*e m* saffran
Saft -*e*† *m* **1** saft, must, juice; sav; vätska; *der ~ der Reben* (*poet.*) druvans saft; *der rote ~* blodet; *~ von Karotten* (*Äpfeln*) morotssaft (äppel|must, -juice); *ohne ~ und Kraft a*) utan kraft (must), kraftlös, *b*) utan smak, smaklös, fadd, *c*) intetsägande, tråkig; *kranke* (*schlechte*) *Säfte habe:n* ha dålig blod, vara sjuk; *im ~ stehen* (*om träd*) sava[s]; *~ ziehen* safta sig **2** köttsaft, sky; *österr.* sås; *e-n im eigenen ~ schmoren lassen* (*vard.*) strunta i ngn, låta ngn klara sig bäst han kan **3** *vard., ~ geben* gasa; *die Batterie hat keinen ~* det är ingen kräm i batteriet; *der Wagen hat keinen ~ mehr* soppan har tagit slut [i bilen] **Saftbraten** - *m, ung.* grytstek **saften 1** safta sig **2** pressa (göra) saft (must, juice) **saftig 1** saftig, saftfri; savfull **2** *bildl.* kraftig, saftig, mustig; *e-e ~e Ohrfeige* (*vard.*) en rejäl (ordentlig) örfil; *~e Geschichten erzählen* (*vard.*) berätta vågade historier **Saftladen** -† *m, vard.* jäkla ställe **saftlos** saftlös; *bildl. äv.* kraft-, blod|lös, torr **saftvoll** full av saft (kraft), blodfull
Saga -*s f, fornnord.* saga **Sage** -*n f* saga, sägen; *es geht die ~, daß* (*äv.*) det berättas att; *das ist nur e-e ~* det är bara ett rykte; *zur ~ werden* (*äv.*) bli till en myt (legend)
Säge -*n f* såg; *sty., österr. äv.* sågverk **-blatt** -*er*† *n* såg|blad, -klinga **-bock** -*e*† *m* sågbock (*äv. zool.*) **-fisch** -*e m, zool.* sågfisk **-mehl** *0 n* sågspån **-mühle** -*n f* såg[verk] **-müller** - *m* sågverksägare

sag|en säga; *e-m etw.* ~ säga ngt till ngn, tala om (nämna) ngt för ngn; *e-m ~, daß* säga [till, åt] ngn att; *Dank* ~ framföra sitt tack; *e-m Komplimente* ~ ge ngn komplimanger; *die Wahrheit* ~ (*äv.*) tala sanning; *man -t* (*äv.*) det sägs (påstås, heter); ~ *wir* [*mal*] *a*) kanske, ungefär, *b*) låt oss anta, till exempel; *du -st es!* så är det!, ja, verkligen!; ~ *Sie, wenn es genug ist* säg till när det räcker; *dieses Wort -t niemand mehr* det här ordet använder ingen längre; *die Karte kostete -e und schreibe 100 Mark* biljetten kostade hela 100 Mark; *sag bloß!* (*vard.*) det menar du inte!; *sag bloß, du hast den Paß vergessen* (*vard.*) säg inte att du har glömt passet; *sag doch, daß du dich freust* erkänn att du gläder dig; *e-m guten Tag* ~ (*äv.*) hälsa på ngn; *um es kurz zu* ~ kort sagt; *das kannst du laut ~!* (*vard. äv.*) det har du alldeles rätt i!, ja, verkligen!; *sag mal* hör du, säg; *sag mal, wie spät ist es?* kan du säga mig vad klockan är?; *um nicht zu* ~ för att inte säga; *wie man so -t* som man brukar säga; *wie man so schön -t* som det så vackert heter; *wie -t man Hund auf Englisch?* vad heter hund på engelska?; *was Sie nicht ~!* (*vard. iron.*) det menar Ni inte!, verkligen!; *wer hat hier das S~?* (*vard.*) vem är det som basar här?; *das kann jeder* ~ det kan vem som helst komma o. påstå; *ich habe mir ~ lassen, daß* jag har fått veta (höra) att; *eins muß man ja ~, hier ist es schön* en sak måste man ju erkänna, det är vackert här; *da soll noch e-r ~, daß* kom nu [inte] o. säg att, nu skall ingen komma o. säga att; *ich würde ~, daß* (*vard. äv.*) jag skulle tro att; *was ich noch ~ wollte* det var en sak till; *hast du etw. dagegen zu ~?* har du ngt att invända mot (anmärka på) det?; *was will er damit ~?* (*äv.*) vad menar han med det?; *kannst du mir etw. über sie ~?* vet du ngt om henne?; *darüber wäre viel zu ~* det skulle man kunna säga en hel del om; *etw. von e-m* (*über e-n*) ~ säga ngt om ngn; *was ~ deine Eltern dazu, daß du rauchst?* vad säger (tycker) dina föräldrar om att du röker?; *wie kann man noch dazu ~?* vad kan man också kalla det?; *sich* (*dat.*) *nichts ~ lassen* inte lyssna på vad man säger (låta tala med sig); *damit ist nichts gesagt, das hat nichts zu ~* det betyder ingenting; *von dir lasse ich mir nichts ~* du kan (ska) inte bestämma över mig; *er hat hier nichts zu ~* han har ingenting att säga till om här; *dann will ich nichts gesagt haben* då tar jag tillbaka; *gesagt, getan* sagt och gjort; *oder richtiger gesagt* eller rättare sagt; *unter uns gesagt* oss emellan [sagt]; *wie gesagt* som sagt; *hab ich's nicht gesagt!* (*vard.*) vad var det jag sa!; *laß dir das gesagt sein!* (*vard.*) kom ihåg det!; *es ist nicht gesagt, ob* (*äv.*) det är inte säkert att (ovisst om); *das ist leichter gesagt als getan* det är lättare sagt än gjort

sägen 1 såga **2** *vard.* dra timmerstockar (*snarka*)

sagenhaft sago-, sagoomspunnen, legendarisk; sagolik; *vard. äv.* fantastisk, enorm, otrolig **Sagenkreis** *-e m* sagokrets

Sägerei *0 f, vard.* **1** [ständigt] sågande **2** [evigt] snarkande **Sägespäne** *pl* sågspån **Sägewerk** *-e n* sågverk **Sägewerker** - *m* sågverksarbetare **Sägezahn** *-e†* *m* sågtand

Sago *0 m, österr. n* sago[gryn]

sah *se sehen*

Sa'hara [*äv.* '---] *0 f, die* ~ Sahara

Sahne *0 f* grädde **-bonbon** *-s m n* [grädd]kola **-eis** *0 n* gräddglass **-kännchen** *- n* gräddkanna **-soße** *-n f* gräddsås **-torte** *-n f* gräddtårta

sahnig 1 gräddliknande **2** gräddrik, rik på grädde

Saibling *-e m, zool.* fjällröding

Saison [zɛ'zõ:, *äv.* -'zɔŋ] *-s* (*sty., österr. äv. -en* [-'zo:nən]) *f* säsong; *außerhalb der* ~ (*äv.*) under lågsäsong[en]; *etw. hat* ~ det råder livlig efterfrågan på ngt **-arbeit** *-en f* säsongarbete **-arbeiter** - *m* säsongarbetare **-schutz** *0 m* underredsbehandling (*av bil*)

Saite *-n f* sträng; *auf e-e Geige ~n aufziehen* stränga en fiol; *andere* (*strengere*) *~n aufziehen* vidta andra (hårdare) åtgärder, bli strängare (hårdare), skärpa tonen **Saiteninstrument** *-e n* stränginstrument **Saitenspiel** *0 n, högt.* strängaspel

'**Sakko** [*österr.* -'-] *-s m, äv. n* kavaj, blazer **sakra** *interj, sty.* tusan [också]!, jäklar!, fördömt! **sakral** sakral **Sakrament** *-e n* sakrament; ~ [*noch mal*]*!* tusan [också]!, jäklar! **sakra|mental, -mentlich sakramental Sakri|'leg** *-e n, -'legi|um -en n* sakrilegium, helgerån **sakrisch** *sty.* förbannad; ~ *groß* jävligt stor **Sakris'tan** *-e m, kat.* kyrkvaktmästare **Sakris'tei** *-en f* sakristia **sakrosankt** sakrosankt

säku'lar 1 hundraårs-, hundraårig, som äger rum vart hundrade år, sekulär; *bildl.* ovanlig, enastående **2** sekulär, världslig **Säkularfeier** *-n f* hundraårsfest, sekulär **Säkularisation** *-en f* sekularisering **säkularisieren** sekularisera **Säkul|um** *-a n* **1** århundrade, sekel **2** tidsålder, epok

Salamander - *m, zool.* salamander; *e-n ~ reiben* (*stud.*) riva en salamander (*gnida fyllda glas mot bordet o. dricka i botten t. ngns ära*)

Sa'lami *-[s] f* salami[korv] **-taktik** *0 f, die* ~ taktiken att uppnå ngt bit för bit

Sa'lär *-e n, dial. el. åld.* lön

Sa'lat 1 *-e m* sallad; sallat; *ein Kopf* ~ ett salladshuvud **2** *0 m, vard.* röra, oreda, virrvarr; *da* (*jetzt*) *haben wir den ~!* det kunde man just vänta sig!, det här var just snyggt!, nu är det klippt!; *ich habe den ganzen ~ satt* jag är trött på det hela **-besteck** *-e n* salladsbestick **-häuptel** *-[n] n, österr.*, **-kopf** *-e†* *m* salladshuvud **-schüssel** *-n f* sallad[s]skål

Salbade'rei *-en f, vard.* [salvelsefullt] prat (sladder) **sal'badern** *vard.* prata, pladdra, föra salvelsefullt tal

Salbe *-n f* salva

'**Salbei** [*äv.* -'-] *0 m f, bot.* salvia

salben 1 *die Hände* ~ smörja in händerna [m. salva, olja, kräm *e.d.*]; *sich* ~ smörja in sig **2** smörja [m. smörjelse]; *e-n Sterbenden* ~ ge en döende sista smörjelsen; *e-n zum König* ~ smörja ngn till konung **Salböl** *0 n* smörjelseolja **Salbung** *-en f* **1** insmörjning [m. salva, olja, kräm *e.d.*] **2** smörjelse; *bildl.* salvelse-[fullhet] **salbungsvoll** salvelsefull

Sälchen - *n* liten sal

saldieren *hand.* saldera **Sald|o** *-os, -i el. -en m, hand.* saldo; ~ *zu unseren Gunsten* saldo oss till godo; *den* ~ *auf neue Rechnung vortragen* överföra saldot i ny räkning **Saldo|- übertrag** *-e† m,* **-vortrag** *-e† m* överföring (balansering) av saldo

Säle *se Saal*

Saline *-n f* salin, saltverk **Salinensalz** *0 n* [kok]salt (*från salin*)

Salizylsäure 0 f salicylsyra
Salk-Impfung -en f poliovaccinering
1 Salm -e m, dial. lax
2 Salm 0 m, dial. harang, tirad, [omständligt] prat
Salmiak [zal'mi̯ak, äv. '-] 0 m, äv. n salmiak **-geist** 0 m salmiaksprit
Sälmling -e m, dial. fjällröding
Salmonell|en pl salmonella[bakterier] **-ose** -n f salmonella, salmonellosis
salomonisch salomonisk
Salon [za'lõː, äv. -'lɔŋ, österr. -'loːn] -s m salong **salonfähig** salongs|mässig, -fähig **Salonkommunist** -en -en m salongskommunist **Salonlöwe** -n -n m salongs|hjälte, -lejon **Salonwagen** - m salongsvagn
sa'lopp ledig (om klädsel), [lätt o.] bekväm; otvungen, okonventionell; slarvig, vårdslös
Sal'peter 0 m salpeter **salpet[e]rig** salpeterhaltig; ~e **Säure** salpetersyrlighet **Salpetersäure** 0 f salpetersyra
Salta 0 n (slags) brädspel **Salt|o** -i el. -os m [fri]volt **Salto mortale** - - el. Salti mortali m saltomortal
salü ['saly, el. -'-] schweiz. hej [då]
Salut -e m salut; ~ schießen (äv.) ge salut **salutieren** salutera (e-m ngn); [e-m] ~ (äv.) a) ge salut [för ngn], b) göra honnör [för ngn] **Salutist** -en -en m frälsningssoldat **Salve** [-v-] -n f, mil. el. bildl. salva; e-e ~ [ab]geben avfyra (avlossa, skjuta) en salva
'Salweide -n f, bot. sälg
Salz -e n salt; bildl. äv. sälta; ~ und Brot macht Wangen rot salt o. bröd gör kinden röd (enkel kost ger hälsa); nicht das ~ zur Suppe (zum Brot) haben (vard.) lida nöd **salzarm** saltfattig **Salzbergwerk** -e n saltgruva **Salzboden** -† m salthaltig mark **Salzbrezel** -n f saltbeströdd kringla **Salzbrühe** -n f saltlake **Salzbrunnen** - m salthaltig hälsokälla **salzen** sv, perf part gesalzen ibl. gesalzt salta; bildl. äv. krydda, peppra; gesalzener Witz (gesalzene Rede) saftig vits (bitande, pepprat tal); leicht gesalzen lättsaltad, rimmad
Salz|faß -fässer n, **-fäßchen** - n saltkar **-fleisch** 0 n salt kött **-garten** -† m salt|bassäng, -gård, salin **-gehalt** -e m salthalt **-gewinnung** 0 f utvinning av salt **-grube** -n f saltgruva **-gurke** -n f saltgurka
salzhaltig salthaltig **Salzhering** -e m salt sill **salzig** salt; salthaltig **Salzkartoffel** -n f (råskalad) kokt potatis **Salzkorn** -er† n saltkorn **Salzlake** -n f saltlake **Salzlecke** -n f sleke, saltsten (för djur) **salzlos** utan salt
Salz|lösung -en f saltlösning **-napf** -e† m saltkar **-säule** -n f, bibl. saltstod; zur ~ erstarren (bildl.) stå som förstenad **-säure** 0 f saltsyra **-see** -n m saltsjö (insjö) **-stange** -n f (slags) [avlångt] saltbestrött bröd, saltstång **-streuer** - m saltströare **-wasser 1** 0 n saltat vatten **2** -er† n saltvatten **3** -er† n saltlake **-werk** -e n saltverk, salin
SA-|Mann -Männer äv. -Leute m, nat. soc. SAman
Sämann -er† m, poet. såningsman
Samariter - m **1** samarit (äv. bildl.) **2** schweiz., se Sanitäter
Sämaschine -n f såningsmaskin
Samba -s m, äv. f samba
Sambia 0 n Zambia **Sambier** - m zambier **sambisch** zambisk

Same -ns -n m, högt., se Samen
Samen 1 - m frö; koll. frö[n], säd, sådd; der ~ dieser Ideen geht auf idéerna börjar bära frukt (sprida sig); den ~ des Hasses säen utså [frön till] hat; in ~ schießen gå i frö, frö sig **2** 0 m säd[esvätska], sperma; bibl. säd, avkomma **-anlage** -n f, bot. fröämne **-bank** -en f spermabank **-blase** -n f sädesblåsa **-ergu|ß** -sse† m sädesutgjutning, ejakulation **-faden** -† m sädescell, spermie **-fluß** 0 m, med. ofrivillig sädesavgång, pollution **-flüssigkeit** 0 f säd[esvätska], sperma **-händler** - m fröhandlare **-handlung** -en f fröhandel **-kapsel** -n f frö|kapsel, -hus **-korn** -er† n frö **-leiter** - m sädesledare **-pflanze** -n f fröväxt, fanerogam **-spender** - m spermagivare **-übertragung** -en f artificiell insemination **-zelle** -n f sädescell, spermie
Sämerei 1 -en f fröhandel **2** pl utsädesfrö, frön
sämig kokk. simmig, tjockflytande; mit Mehl ~ machen reda [av] med mjöl
Sämischleder 0 n sämskskinn
Sämling -e m fröplanta (uppdragen ur frö)
Sammel|aktion -en f insamlingsaktion **-anschlu|ß** -sse† m, tel. abonnentväxel **-band** -e† m antologi, samlingsband **-becken** - n reservoar; bildl. uppsamlingsplats, centrum **-begriff** -e m kollektivt begrepp **-bestellung** -en f gemensam beställning **-bezeichnung** -en f, språkv. kollektiv **-büchse** -n f insamlingsbössa **-fahrschein** -e m **1** gruppbiljett **2** rabattkort **-fleiß** 0 m samlarflit **-frucht** -e† f, bot. sammansatt frukt **-gebiet** -e n samlarområde **-gut** -er† n samlastningsgods, samlastade varor **-heizung** -en f centralvärme **-lager** - n uppsamlingsläger **-linse** -n f samlingslins, konvex lins **-liste** -n f insamlingslista **-mappe** -n f samlingspärm
sammeln 1 samla [ihop]; Beeren (Pilze) ~ plocka bär (svamp); Briefmarken ~ samla frimärken; Regenwasser ~ samla upp regnvatten; gesammelte Werke samlade verk; [Geld] für etw. ~ samla in pengar till [förmån för] ngt, göra en insamling till ngt; zum S~ blasen a) mil. blåsa samling, b) bildl. kalla samman gruppen (e.d.) [inför uppbrottet]**2** rfl samlas; samla sig; sich zu e-r Aufgabe ~ samla sig inför en uppgift; sich zu e-r Gruppe ~ samlas till en grupp
Sammel|name -ns -n m, språkv. kollektiv **-nummer** -n f, tel. gruppnummer, [nummer t. abonnent]växel **-platz** -e† m [upp]samlingsplats **-punkt** -e m **1** samlingspunkt **2** brännpunkt **-schiene** -n f, elektr. samlingsskena **-stelle** -n f samlings|ställe, -plats **-suri|um** -en n sammelsurium **-transport** -e m masstransport, gemensam transport av människor, djur el. gods **-werk** -e n samlingsverk **-wut** 0 f samlarmani
Sammet -e m, schweiz. el. åld. sammet
Sammler - m **1** samlare **2** insamlare **3** tekn. ackumulator **Sammlerleidenschaft** 0 f samlarvurm **Sammlerwert** 0 m samlarvärde
Sammlung -en f samling; samlande; insamling; ~ zu wohltätigen Zwecken insamling för välgörande ändamål
Samo'war [äv. '---] -e m samovar
Samstag -e m, i sht sty., österr., schweiz. lördag **samstags** i sht sty., österr., schweiz. på (om) lördagarna
samt I prep m. dat. jämte, [tillsammans, tillika]

med **II** adv, ~ und sonders allesammans [utan undantag], samt o. synnerligen
Samt -e m sammet **samtartig** sammetsliknande **samten** av sammet, sammets-; sammetslen **Samthandschuh** -e m, bildl., e-n mit ~en anfassen ta i ngn med silkesvantar **samtig** [mjuk] som sammet, sammetslen **Samtkleid** -er n sammetsklänning
sämtlich ~e samtliga, alla; ~es alte[s] Gerümpel allt gammalt skräp; ~e Beamte[n] samtliga tjänstemän; sie sind ~ gekommen de kom allesamman[s] (varenda en) **Samtpfötchen** - n (kattunges) sammetstass **samtweich** sammetslen
'**Samum** [äv. -'-] -s el. -e m samum (het ökenvind)
Sanatori|um -en n vilo-, konvalescent|hem, sanatorium
Sand 1 -e m sand; ~ im Getriebe (vard.) sand i maskineriet; etw. in den ~ setzen (vard.) misslyckas med ngt; e-m ~ in die Augen streuen slå blå dunster i ögonen på ngn; e-m ~ ins Getriebe streuen (vard.) sätta en käpp i hjulet för ngn; auf ~ gebaut byggd på lösan sand; im ~[e] verlaufen rinna ut i sanden; mit ~ bestreuen sanda; ~ über etw. (ack.) streuen (vard.) glömma ngt [o. gå vidare]; wie ~ am Meer (vard.) som sanden i havet **2** -e[†] m, sjö. sandbank **Sandale** -n f sandal **Sandalette** -n f sandalett **sandartig** sandartad **Sandbad** -er† n sandbad **Sandbahn** -en f, sport. jordbana **Sandbank** -e† f sand|bank, -rev **Sandboden** -† m sand|jord, -grund
Sandelholz 0 n sandelträ
sanden dial. sanda **sand|farben, -farbig** sandfärgad **Sandgrube** -n f sandtag **Sandhase** -n -n m, vard. **1** infanterist **2** e-n ~n schieben (i kägelspel) missa **Sandhaufen** - m sandhög **Sandhose** -n f sand|virvel, -tromb **sandig** sandig
Sand|käfer - m, zool. sandjägare **-kasten** -[†] m sandlåda (äv. mil.) **-korn** -er† n sandkorn **-laufkäfer** - m, zool. sandjägare **-mann** 0 m, se Sandmännchen **-männchen** 0 n, das ~ John Blund **-papier** -e n sandpapper **-pilz** -e m, bot., **-röhrling** -e m, bot. sandsopp **-sack** -e† m sandsäck **-stein** -e m sandsten
sandstrahlen (endast i inf o. perf part; perf part: gesandstrahlt, äv. sandgestrahlt) sandblästra **Sandstrahlgebläse** - n sandbläster **Sandstrand** -e[†] m sandstrand **Sandsturm** -e† m sandstorm
sandte se senden
Sand|torte -n f, ung. sandkaka **-uhr** -en f timglas
Sandwich ['sɛntvɪtʃ] -[e]s, äv. -e m n dubbelsmörgås, (dubbel) sandwich **-mann** -er† m sandwichman, reklambärare **-wecken** - m, österr. ung. pain riche
Sandwüste -n f sandöken
sanft mild, blid, vänlig, mjuk; svag, sakta, stilla; ~e Berührung lätt beröring; ~e Farben (äv.) dämpade färger; ~e Stimme (äv.) len röst; auf die ~e [Tour] (vard.) med lämpor; ~ ansteigen stiga sakta; ruhe ~! vila i frid!; ~ schlafen sova lugnt **Sänfte** -n f bärstol **Sanftheit** 0 f mildhet etc., jfr sanft **Sanftmut** 0 f mildhet, blidhet, saktmod **sanftmütig** mild, blid, saktmodig
sang se singen **Sang** -e† m sång; mit ~ und Klang a) med sång o. musik, b) med dunder o. brak; ohne ~ und Klang verschwinden för-

svinna i all tysthet **sangbar** sångbar, kantabel **Sänger** - m sångare; kein ~ sein (äv.) inte ha ngn [sång]röst **Sängerbund** -e† m sångarförbund **Sängerchor** -e† m sångkör **Sängerin** -nen f sångerska **Sängerknabe** -n -n m medlem av gosskör; ~n gosskör **Sängerschaft** 0 f, die ~ [alla] sångarna **Sangesbruder** -† m sångarbroder **sangesfroh** er ist ~ han tycker om att sjunga (är glad i att sjunga) **sangeskundig** sångkunnig **Sangeslust** 0 f sångarglädje
Sanguiniker [zaŋ'guĭ:-] - m sangviniker **sanguinisch** sangvinisk
sang- und klanglos stilla o. obemärkt, i all tysthet, utan ceremonier
Sani -s m, mil. vard. sjukvårdare **sanieren** sanera **Sanierung** -en f sanering **sanitär** sanitär, hälso[vårds]- **Sanität** -en f, österr., schweiz. **1** sanitetstrupp; sanitetsväsen **2** ambulans **Sanitäter** - m sjukvårdare; sjukvårdssoldat
Sanitäts|auto -s n ambulans, sjukbil **-dienst** 0 m sjukvård[stjänst] **-hund** -e m, mil. sanitetshund **-kasten**-[†] m förbandslåda **-wagen** - m ambulans, sanitetsvagn **-wesen** 0 n sanitets-, hälsovårds|väsen
sank se sinken
Sankt (förk. St. S:t[a]) Sankt[a]
Sanktion -en f sanktion **sanktionieren** sanktionera
Sankt-'Nimmerleins-Tag 0 m, am ~ (skämts.) när det blir sju torsdagar i en vecka
sann se sinnen
Sanskrit 0 n sanskrit
'**Saphir** [äv. -'-] Sa'phire m safir
Sappe -n f, mil. sapp (löpgrav)
sapper'lot interj, åld. el. dial. kors!, för tusan! **sapper'ment** se sapperlot
sapphisch ['zapfɪʃ, äv. 'zafɪʃ] sapfisk, saffisk
Sarazene -n -n m saracen
Sarde -n -n m sard[inare]
Sardelle -n f sardell **Sardine** -n f sardin; zusammengedrängt stehen wie die ~n (vard.) stå som packade sillar **Sardinenbüchse** -n f sardinburk
Sardinier -n sard[inare]
sardonisch sardonisk
Sarg -e† m [lik]kista **-nagel** -† m likkistspik; vard. giftpinne **-träger** - m kistbärare
Sarkasm|us -en -en m sarkasm **sarkastisch** sarkastisk
Sarkom -e n, med. sarkom
Sarkophag -e m sarkofag
saß se sitzen
Satan -e m satan, djävul **satanisch** satanisk **Satanskerl** -e m **1** djävul (i människohamn) **2** tusan till karl **Satans|pilz** -e m, bot. **-röhrling** -e m, bot. djävulssopp
Satellit -en -en m satellit **Satellitenstaat** -en m satellit[stat] **Satellitenstadt** -e† f drabant-, satellit|stad **Satellitenübertragung** -en f satellitsändning
Satin [za'tɛ̃:, äv. -'tɛŋ] -s m satäng, satin (tyg) **satinieren** [-ti'ni:-] satinera
Satire -n f satir (auf + ack. över) **satirisch** satirisk
Satisfaktion -en f satisfaktion, upprättelse
satt 1 mätt (äv. bildl.); sich ~ essen (trinken) äta sig mätt (dricka sig otörstig); ~es Lächeln självbelåtet leende; ~ Brot haben (dial.) ha tillräckligt mycket (med) bröd; das macht ~ det mättar; sich an e-m ~ sehen se sig mätt på

sattblau—Sauerbrunnen

ngn; ~ *sein a*) vara mätt, *b*) *vard.* vara packad (full) **2** *etw.* ~ *haben* (*vard.*) vara trött (led) på ngt, ha ledsnat på (fått nog av) ngt; *etw.* ~ *bekommen* (*kriegen*) (*vard.*) tröttna (ledsna) på ngt, få nog av ngt **3** (*om färg*) mättad; *vard.* kraftig, enorm, imponerande; *ein ~es Rot* (*äv.*) en djupröd färg **4** *schweiz.*, ~ *anliegend* tätt åtsittande **-blau** djupblå
Satte *-n f, nty.* mjölkbunke
Sattel *-†* *m* **1** sadel (*äv. geogr., geol., mus.*); *sich im* ~ *halten* hålla sig kvar i sadeln (*äv. bildl.*); *e-m in den* ~ *helfen, e-n in den* ~ *heben a*) hjälpa ngn upp i sadeln, *b*) *bildl.* hjälpa fram ngn, hjälpa ngn till makten; *ohne* ~ *reiten* rida barbacka; *in allen Sätteln gerecht sein* (*bildl.*) vara mångkunnig (mångsidig), kunna sättas in var som helst; *fest im* ~ *sitzen* sitta säkert (fast) i sadeln (*äv. bildl.*) **2** *der* ~ näsryggens övre parti **3** *sömn.* besparing **Sattelbein** *-e n, anat.* kilben **Satteldach** *-er†* *n* sadeltak **sattelfest** *bildl.* sadelfast, säker [i sina stycken] **Sattelgurt** *-e m* sadelgjord **Sattelknopf** *-e†* *m* sadelknapp **satteln** sadla; *für etw. gesattelt sein* vara väl förberedd för ngt
Sattel|nase *-n f* sadelnäsa **-pferd** *-e n* vänsterhäst (*i spann*) **-schlepper** *-m* långtradare [m. semitrailer] **-tasche** *-n f* sadel|väska, -ficka; verktygsväska (*på cykel*) **-ung** *-en f* sadlande **-zeug** *0 n* sadelmundering
sattgrün djupgrön **Sattheit** *0 f* (*färgs*) mättnad; mätthet; självbelåtenhet **sättig|en** mätta (*äv. bildl.*); *das -t nicht sehr* det är mycket mättande; *jds Neugier* ~ tillfredsställa ngns nyfikenhet; *sich an etw.* (*dat.*) (*mit etw.*) ~ stilla sin hunger (mätta sig) med ngt **Sättigung** *-en f* mättande; *kem.* mättning; *Gefühl der* ~ mättnadskänsla **Sättigungsgefühl** *0 n* mättnadskänsla **Sättigungspunkt** *-e m, kem.* mättningspunkt
Sattler *- m* sadelmakare **Sattlerei** *-en f* sadelmakeri **Sattlung** *-en f* sadlande
satt|rot djupröd **-sam** tillräckligt, nogsamt, till leda
Saturation *-en f* mättning, saturering **saturieren** mätta, saturera; *bildl. äv.* tillfredsställa
Sa'turn *0 m* Saturnus
'Satyr *gen. -s el. -n, pl -n m* satyr
Satz *-e†* *m* **1** sats; *språkv. äv.* mening; *läro-, tros|sats; der* ~ *des Pythagoras* Pythagoras sats; *einfacher* (*zusammengesetzter*) ~ enkel (komplex) sats; *das ist ein oft gehörter* ~ det är ett vanligt yttrande; *den* ~ *zergliedern* (*analysieren*) ta ut satsdelarna **2** bottensats; sump **3** sats, uppsättning, omgång, set, sätt; *ein* ~ *Hasen* (*jakt.*) en kull harar **4** *sport.* set **5** *mus.* sättning; sats; period **6** *typ.* sättning; sats; *sich im* ~ *befinden* vara under sättning **7** språng, kliv, [långt] steg **8** taxa, tariff; ranson, kvantum; *die Sätze der Steuer* skattesatserna; *drei Tassen Tee morgens sind mein* ~ jag brukar dricka tre koppar te på morgonen **-akzent** *-e m, språkv.* satsaccent **-art** *-en f, språkv.* satstyp **-aussage** *-n f, språkv.* predikat **-ball** *-e†* *m, sport.* setboll **-band** *-er†* *n, språkv.* kopula **-bau** *0 m, språkv.* satsbyggnad **-ergänzung** *-en f, språkv.* objekt **-fehler** *- m, typ.* sättningsfel **-gefüge** *- n, språkv.* satsfogning **-gegenstand** *-e†* *m, språkv.* subjekt **-glied** *-er n, språkv.* satsdel **-klammer** *-n f, språkv.*, **-rahmen** *- m, språkv.* satsram **satzreif** *typ.* sättningsklar **Satzspiegel** *- m,*

typ. satsyta **Satzteil** *-e m, språkv.* **1** satsdel **2** del av sats (mening) **Satzung** *-en f* stadga **satzungsgemäß** stadgeenlig **Satzverbindung** *-en f, språkv.* satsbindning **satzweise** satsvis, sats efter sats **Satzzeichen** *- n, språkv.* skiljetecken
Sau 1 *-e†* *f* sugga, so; *dial.* gris; *vulg.* gris, svin; *sie fährt wie e-e gesengte* ~ *a*) hon kör jävligt dåligt, *b*) hon kör som en dåre (*fort*); *e-n zur* ~ *machen a*) skälla ut ngn efter noter, *b*) göra mos av ngn; *etw. zur* ~ *machen* sabba (förstöra) ngt; *schreien wie e-e angestochene* ~ skrika som en stucken gris; *keine* ~ *war da* inte en käft (jävel) var där; *das ist unter aller* ~ det är skitdåligt (under all kritik) **2** *-en f* vildsvin[shona] **'Sau'arbeit** *-en f, vard.* skit-, slit|göra; slarvgöra, hafsverk
sauber 1 ren; *bildl. äv.* fläckfri, anständig; renlig, proper, prydlig, ordentlig; snygg, fin (*äv. iron.*); felfri, perfekt; *~es Hemd* (*äv.*) nytvättad skjorta; *das Kind ist schon* ~ (*äv.*) barnet är redan torrt (*i byxorna*); ~ *gekleidet sein* vara snyggt klädd; *das ist ja e-e ~e Geschichte!* (*iron.*) det var just en snygg historia!; *das ist ein ~es Sümmchen!* det var inte småslantar precis! **2** *sty., österr., schweiz.* vacker, söt, snygg, stilig **sauberhalten** *st* hålla ren **Sauberkeit** *0 f* renhet; renlighet; snygghet; anständighet *etc.*, *jfr sauber* **säuberlich 1** noggrann, omsorgsfull, ordentlig **2** *åld.* anständig **saubermachen** göra ren; städa **Saubermann** *-er†* *m* **1** moralens väktare **2** *ung.* praktgosse **säubern** göra ren, rengöra; städa; rensa (*äv. bildl.*) **Säuberung** *-en f* rengöring; rensning; utrensning **Säuberungsaktion** *-en f* utrensningsaktion
'sau'blöd[e] *vard.* jättedum, urfånig; verkligt otrevlig (förarglig) **Saubohne** *-n f* bondböna **Sauce** ['zo:sə] *-n f, se Soße* **Saucière** [zo-'sjɛ:rə] *-n f* såsskål **Saucischen** [zo'si:sçən] *- n, ung.* prinskorv
Saudiaraber *- m* saudiarab **saudiarabisch** saudiarabisk
'sau'dumm *vard.* idiotisk, jättedum **sauen 1** grisa, få grisar (ungar) **2** vara ful i mun, dra svinaktiga historier
sau|er 1 sur (*äv. bildl.*); *-rer Boden* (*äv.*) vattensjuk mark; *-re Bonbons* syrliga karameller; *-re Gurke* ättiksgurka; *-re Milch a*) sur mjölk, *b*) surmjölk; ~ *einlegen* lägga in [i ättika]; *nach dem Essen ist ihm* ~ *aufgestoßen* efter maten fick han sura uppstötningar; *das wird ihm noch* ~ *aufstoßen* (*vard.*) det kommer han nog att få känna av, det kommer att förorsaka honom tråkigheter; *gib ihm Saures!* (*vard.*) ge honom ordentligt med stryk!, gi honom!; *ein -res Gesicht machen* se sur ut; ~ *auf e-n sein* (*vard.*) vara sur (förbannad) på ngn; ~ *werden* (*äv.*) surna **2** tung, svår, besvärlig; ~ *verdientes Geld* surt förvärvade slantar; *es kommt mich* ~ *an* det faller sig svårt för mig; *e-m das Leben* ~ *machen* göra livet surt för ngn; *ich ließ mir die Arbeit* ~ *werden* jag gjorde mig stort besvär med arbetet; *das Gehen wird mir* ~ det är skitdåligt (under all kritik) **2** *-en f* vildsvin[shona] det tröttar mig att gå **3** *das Auto ist* ~ (*vard.*) bilen krånglar (strejkar); *der Läufer war* ~ (*vard.*) löparen var utpumpad (slut); *e-n* ~ *machen* (*vard.*) knäcka (trötta ut) ngn **Sauer** *0 n, dial.* **1** surdeg **2** gåskrås (harragu) [i marinad] **3** *ung.* svartsoppa **4** *ung.* betalt men ej levererat arbete **Sauerampfer** *0 m, bot.* ängssyra **Sauerbraten** *- m, ung.* surstek **Sauerbrunnen** *- m*

[hälsokälla m.] kolsyrehaltigt [mineral]vatten **Sauerdorn** -*e m, bot.* berberis
Sauerei -*en f, se Schweinerei*
Sauerkirsche -*n f* surkörsbär **Sauerklee** *0 m, bot.* harsyra; *eßbarer* ~ lyckoklöver **Sauer|-kohl** *0 m, dial.*, -**kraut** *0 n* surkål **säuerlich** syrlig (*äv. bildl.*) **Säuerling** -*e m* **1** *bot.* ängssyra **2** *se Sauerbrunnen* **Sauermilch** *0 f* surmjölk **säuern 1** konservera [genom mjölksyrejäsning]; syra, göra sur **2** *h el. s* surna; jäsa (*om surkål*) **3** *den Fisch* ~ (*kokk.*) droppa citron (ättika) på fisken **Sauerrahm** *0 m* gräddfil **Sauerstoff** *0 m* syre **Sauerstoffapparat** -*e m* syrgasapparat **Sauerstoffflasche** -*n f* syrgas|tub, -behållare **Sauerstoffgerät** -*e n* syrgasapparat **sauerstoffhaltig** syrehaltig **Sauerstoffmangel** *0 m* syrebrist **Sauerstoffmaske** -*n f* syrgasmask **Sauerstoffzelt** -*e n, med.* syretält **sauersüß** sötsur (*äv. bildl.*) **Sauerteig** -*e m* surdeg **Sauertopf** -*e*† *m, vard.* surkart **sauertöpfisch** *vard.* sur, grinig **Säuerung** -*en f* syrning *etc.*, *jfr säuern* **Sauerwasser** -† *n, se Sauerbrunnen*
Saufbold -*e m, vulg.* fyll|bult, -tratt, suput **Saufbruder** -† *m, vard.* supbroder **saufen** *soff, söffe, gesoffen, säufst, säuft* **1** (*om djur el. vulg. om människor*) dricka; *vulg.* bälga i sig; *wer hat meine Limo gesoffen?* (*vulg.*) vem har druckit upp min läsk?; *dem Pferd zu* ~ *geben* (*äv.*) vattna hästen **2** *vulg.* supa, kröka; *er säuft* (*äv.*) han är alkis; *e-n unter den Tisch* ~ supa ngn under bordet; *sich zu Tode* ~ supa ihjäl sig **Säufer** - *m, vulg.* fyllbult, alkis, drinkare **Säuferleber** *0 f, vard.* suparlever (*skrumplever*) **Säufernase** -*n f, vard.* brännvinsnäsa **Säuferwahn[sinn]** *0 m* dille, delirium **Saufgelage** - *n, vard.* sup|gille, -kalas **Saufkumpan** -*e m, vard.* supbroder
Saufraß *0 m, vard.* dåligt käk '**sau'frech** *vard.* jävligt fräck
Säugamme -*n f* amma **Saugbagger** - *m, tekn.* sandsugare **saugbohnern** (*end. i inf*) dammsuga o. bona (*på samma gång*) **saugen** *sog, söge, gesogen* (*äv., i sht tekn., sv*) suga; dia; *den Teppich* ~ [damm]suga mattan; *an der Pfeife* ~ suga på pipan; *sich* (*dat.*) *etw. aus den Fingern* ~ (*vard.*) gripa ngt ur luften, hitta på ngt; *etw. mit der Muttermilch in sich* (*ack.*) *gesogen haben* ha insupit ngt med modersmjölken **säugen** dia, amma **Sauger** - *m* **1** dinapp; tröstnapp **2** sughävert **3** sug[anordning]; *vard.* dammsugare **Säuger** - *m*, **Säugetier** -*e n* däggdjur **Saugflasche** -*n f* nappflaska **Saugglocke** -*n f, med.* sugklocka **Saugheber** - *m* sughävert **Säugling** -*e m* di-, späd|barn **Säuglings|krippe** -*n f* daghem (*för spädbarn*) -**kutsche** -*n f, skämts.* barnvagn -**schwester** -*n f* (*utexaminerad*) barnsköterska -**sterblichkeit** *0 f* spädbarnsdödlighet -**waage** -*n f* barnvåg
Saugnapf -*e*† *m, zool.* sugskål **Saugpumpe** -*n f* sugpump
'**sau'grob** *vard.* hemskt grov (fräck)
Saug|rohr -*e n* pipett -**rüssel** - *m, zool.* sugrör '**sau'gut** *vard.* hemskt (jävligt) bra **Saugwurm** -*er*† *m, zool.* sugmask
Sauhatz -*en f* vildsvinsjakt **Sauhaufen** *0 m, vard.* röra; *ihr seid ein richtiger* ~! (*ung.*) ni är som en hop vildar! **Sauigel** - *m, se Schweinigel* **sauigeln** *se schweinigeln* **säuisch** *vard.* snuskig; svinaktig; ~ *kalt* svinkall; *es tut* ~ *weh*

det gör jävligt ont **Saujagd** -*en f* vildsvinsjakt '**sau'kalt** *vard.* svinkall '**Sau'kälte** *0 f, vard.*, *es herrschte e-e* ~ det var svinkallt **Saukerl** -*e m, vard.* svin, kräk **Saukoben** - *m* svinstia **Sauladen** -† *m, vard., ein* ~ ett jävla ställe, en urdålig affär (*e.d.*)
Säule -*n f* **1** pelare, kolonn; stötta, stöd; *bildl. äv.* stöttepelare; *dorische* ~ dorisk kolonn; *wie e-e* ~ *dastehen* stå alldeles [rak o.] orörlig **2** *mil.* kolonn **3** kvicksilverpelare **4** bensinpump (*på mack*) **Säulengang** -*e*† *m* pelargång **Säulenhalle** -*n f* pelarhall **Säulenheilige(r)** *m, adj böjn.* pelarhelgon
Saum -*e*† *m* **1** fåll; *falscher* ~ skoning **2** kant, rand, bryn
saumäßig *vard.*, ~*es Pech* jävla otur; ~ *frieren* frysa som fan; *es ist* ~ *kalt* det är svinkallt; *er spielt* ~ han spelar skitdåligt
1 säumen 1 fålla **2** kanta; *.Bäume* ~ *die Straße* träd kantar gatan
2 säumen tveka, dröja, söla; *ohne S~* utan dröjsmål **säumig** senfärdig, långsam [av sig], sölig; ~*er Gast* gäst som kommer för sent **Säumigkeit** *0 f* senfärdighet *etc.*, *jfr säumig* **Saumnaht** -*e*† *f* [fåll]söm
Säumnis -*se f n* dröjsmål, uppskov **Säumniszuschlag** -*e*† *m* straffränta
Saumpfad -*e m* klövjestig
saumselig senfärdig, långsam [av sig], försumlig, slö **Saumseligkeit** *0 f* senfärdighet *etc.*, *jfr saumselig*
Saumtier -*e n* klövje-, last|djur
Sauna|a -*as el.* -*en f* bastu **saun[ier]en** basta, bada bastu
Säure *0 f* surhet, syrlighet **2** -*n f* syra **säure|-beständig**, -**fest** syra|fast, -beständig **säurefrei** utan syra
Saure'gurkenzeit *gen.* - *el. Saurengurkenzeit, pl* -*en el. Saurengurkenzeiten f,* vard. död-, låg|säsong
säurehaltig syrahaltig
Saurier ['zạuriɛ] - *m* jätteödla
Saus *0 m, in* ~ *und Braus* i sus och dus
'**sau'schlecht** *vard.* jättedålig
Sause -*n f, vard.* **1** krogrond **2** dryckeslag, fest **säuse|ln 1** sakta susa, viska; „*wie süß*", -*te sie* (*iron.*) "så sött", flöjtade hon; ~*d* (*äv.*) insmickrande, smekande **2** *s* sakta glida **sausen 1** susa, brusa, vina; *ihm* ~ *die Ohren* det susar i öronen på honom **2** *s* susa, rusa; *vard.* sticka [i väg]; *e-n* ~ *lassen* (*vard.*) prutta (*jfr sausenlassen*); *durchs Examen* ~ (*vard.*) köra i examen; *die Kugeln* ~ *durch die Luft* kulorna visslar (viner) genom luften; *das Auto ist in den Graben gesaust* (*vard.*) bilen brakade (körde) ner i diket **3** *dial.* jäsa [kraftigt] **sausenlassen** *st, vard., etw.* ~ strunta i (skippa) ngt; *jfr sausen* **2 Sauser** -*s, dial.* jäsande vin (druvmust) **Sausewind** -*e m* **1** *poet.* hård vind **2** *vard.* rastlös (orolig) person; spelevink[er]
Saustall -*e*† *m* svinstia (*äv. bildl.*) **Sauwetter** *0 n, vard.* hundväder **Sauwirtschaft** -*en f, vard.* **1** hopplös röra, djäkla oordning **2** slarvigt (jäkla) ställe '**sau'wohl** *vard., sich* ~ *fühlen* må jävligt bra, stormtrivas
Savanne [-v-] -*n f* savann
Saxophon -*e n* saxofon -**ist** -*en* -*en m* saxofonist
S-Bahn -*en f* (*förk. för Schnell-, Stadt*|*bahn*) *ung.* stadsbana (*m. snabba tåg*) **SB-Laden** [ɛs'beː-] -† *m, förk. för Selbstbedienungsladen* snabbköp, självbetjäningsbutik **s.Br.** *förk. för südlicher Breite s. br.*, sydlig bredd

Scanner ['skænə] - *m* scanner
Scene [si:n] *0 f, sl., se Drogenszene*
sch *interj* **1** sch!, hysch!, tyst!; håll tyst med det! **2** schas!
Schabe -*n f* **1** *zool.* kackerlacka **2** *sty., schweiz.* mal **3** *se Schabeisen* **Schabefleisch** *0 n* skrapat kött, köttfärs **Schabeisen** - *n* skav|järn, -stål, skrap|järn, -stål **schaben** skrapa, skava; *kokk. äv.* [rå]riva; *sich ~, sich (dat.) den Bart ~ (vard. skämts.)* raka sig; *sich (dat.) den Fuß wund ~* få skavsår på foten **Schaber** - *m* skrapa; skrapverktyg; skav-, skrap|järn
'Schabernack -*e m* **1** spratt **2** *dial.*, *er ist ein ~* han är en spjuver
schäbig 1 sjabbig, [lugg]sliten, sjaskig, ruffig; eländig, futtig, usel **2** simpel, lumpen, tarvlig, gemen **3** snål, knusslig, småaktig, futtig
Schabkunst *0 f* mezzotintgravyr
Schablone -*n f* schablon *(äv. bildl.)*, mall; *nach ~* schablon-, slentrian|mässigt **schablonen|haft, -mäßig** schablonmässig **schablon[is]ieren** schablonera; behandla schablonmässigt (efter en mall)
Scha'bracke -*n f* **1** schabrak **2** *vard.* hästkrake; gammal kärring; gammal grunka
Schabsel - *n* avskrap, skav-, hyvel|spån
Schach -*s n* schack; schackspel; ~ [*dem König*]*!* schack!; ~ *bieten* schacka; *e-n im (in) ~ halten* hålla ngn i schack **-aufgabe** -*n f* schackproblem **-brett** -*er n* schackbräde **-brettmuster** - *n* schack[bräds]mönster
Schacher *0 m* schacker
Schächer - *m, bibl.* illgärningsman, rövare
Schacherei -*en f* schacker, schackrande **Schacherer** - *m* schackrare **schachern** schackra
Schachfeld -*er n* schackruta **Schachfigur** -*en f* schackpjäs **schach'matt** schackmatt; *bildl. äv.* schack, alldeles utmattad (slut) **Schachpartie** -*n f* schackparti **-problem** -*e n* schackproblem **Schachspiel** -*e n* schackspel
Schacht -*e*† *m* schakt
Schachtel -*n f* **1** ask, kartong; *e-e ~ Zigaretten (äv.)* ett paket cigaretter **2** *alte ~ (vard.)* gammal kärring **Schachtelhalm** -*e m, bot.* fräken **schachteln** foga i varandra **Schachtelsatz** -*e*† *m, språkv.* sats med flera inskjutna bisatser **schachten** schakta [ut]
schächten skäkta *(slakta enligt judisk el. muslimsk ritual)* **Schächtung** -*en f* skäktning
Schach|turnier -*e n* schackturnering **-zug** -*e*† *m* schackdrag *(äv. bildl.)*
schad *dial., se schade* **schade** [*es ist*] ~, *daß* det är (var) synd (skada, tråkigt) att; *wie ~!* så synd (tråkigt)!; *es ist ~ um ihn* det är synd om (skada på) honom; *dein neues Kleid ist für diese Arbeit zu ~* din nya klänning är för fin för det här jobbet; *dafür ist er zu ~* det är han för god för; *darum ist es nicht ~* det är inte ngn större förlust; *dazu bin ich mir zu ~* det håller jag mig för god för **Schade** -*ns -n*† *m, åld., se Schaden*
Schädel - *m* skalle, kranium, huvudskål; *vard.* skalle; *mir brummt (dröhnt) der ~* jag har en dånande huvudvärk; *e-m den ~ einschlagen* slå in skallen på ngn; *e-n dicken ~ haben* vara tjurskallig (envis); *es geht (will) mir nicht in den ~ [hinein]* jag får det inte i mitt huvud; *sich (dat.) den ~ einrennen* slå pannan blodig; *sich (dat.) etw. in den ~ setzen* [absolut] få för sig ngt; *sich den ~ zerbrechen* bry sin hjärna **-bas|is** -*en f* skallbas **-basisbruch** -*e*† *m*, **-basisfraktur** -*en f* brott på skallbasen **-bruch** -*e*† *m* skallfraktur **-dach** -*er*† *n*,
-decke -*n f* hjärnskål **-grund** *0 m* skallbas **-lage** -*n f, se Kopflage* **-naht** -*e*† *f, med.* sutur *(i kranium)* **-stätte** *0 f, die ~ (bibl.)* huvudskalleplatsen **-tier** -*e n, åld.* ryggradsdjur **-verletzung** -*en f* skallskada
schade|n skada *(e-m ngn); das wird seiner Gesundheit ~* det kommer att skada hans hälsa; *das -t nichts* det gör ingenting; *das -t ihm nichts a)* det skadar honom inte, *b)* det är rätt åt honom **Schaden** -*t m* skada; förlust; avbräck, förfång, men; skadeverkan; *der Sturm hat große Schäden angerichtet* stormen anställde stor skadegörelse (skada); *e-n ~ am Bein haben (äv.)* vara skadad i benet; *zu ~ kommen (äv.)* skadas, ådra sig skador; *~ an seiner Gesundheit nehmen* ta skada till sin hälsa; *es ist dein eigener ~* det är värst för dig själv; *es ist vielleicht gar kein ~, daß* det är kanske inte alls så dumt att; *es ist nicht zu seinem ~* det är inte till hans nackdel, det skadar honom inte; *es soll dein ~ nicht sein* det ska du inte behöva ångra; *sich (dat.) ~ tun* göra sig illa; *durch ~ wird man klug* av skadan blir man vis; *e-m* [*e-n*] ~ *zufügen (äv.)* skada ngn, göra ngn illa **Schadenersatz** *0 m* skade|stånd, -ersättning **Schadenersatzanspruch** -*e*† *m* skadeståndsanspråk **schadenersatzpflichtig** skadeståndsskyldig **Schadenfeuer** - *n* brand *(som anställer stor skada)* **Schadenfreiheitsrabatt** -*e m* bonus **Schadenfreude** *0 f* skadeglädje **schadenfroh** skadeglad **Schadensersatz** *0 m, se Schadenersatz* **Schadenverhütung** *0 f* avvärjande av skada **schadhaft** skadad, trasig, defekt **schädigen** skada; *sein Ruf ist geschädigt* hans rykte är skamfilat; *~de Einflüsse* skadliga inflytanden **Schädigung** -*en f* skada[nde], skade|verkan, -verkning **Schadinsekt** -*en n* skadeinsekt **schädlich** skadlig **Schädling** -*e m* skadegörare; skade|djur, -insekt; skadlig växt **Schädlingsbekämpfung** *0 f* bekämpning av skadedjur *etc., jfr Schädling* **Schädlingsbekämpfungsmittel** - *n* biocid **schadlos** skadeslös; *e-n für etw. ~ halten* hålla ngn skadeslös (gottgöra ngn) för ngt; *sich an e-m für etw. ~ halten* låta ngn ge ersättning för ngt; *als das Essen alle war, hat er sich am Käse ~ gehalten* när maten var slut kastade han sig över osten **Schadstoff** -*e m* skadligt ämne
Schaf -*e n* får; *bildl. äv.* lamm; tacka; *dummes ~ (vard.)* nöt; *ein kleines ~ (vard.)* en liten dumsnut; *mein kleines ~ (vard.)* min lilla älskling; *die ~e von den Böcken trennen (bildl.)* skilja fåren från getterna **Schafbock** -*e*† *m* gumse **Schäfchen** - *n* **1** litet får, lamm; *pl, bildl.* får, församling, hjord; *ein kleines ~ (vard.)* en liten dumsnut; *mein kleines ~ (vard.)* min lilla älskling; *sein*[*e*] ~ *ins trockene bringen (vard.)* få sitt får på det torra **2** *pl, se Schäfchenwolken* **Schäfchenwolken** *pl* makrillmoln, ulliga moln, ulltappsmoln **Schäfer** - *m* herde **Schäferdichtung** -*en f* herdediktning **Schäferei** **1** *0 f* uppfödning av får, får|avel, -skötsel **2** -*en f* fårfarm **Schäfergedicht** -*e n* herdedikt, idyll **Schäferhund** -*e m* schäfer[hund]; fårhund **Schäferstündchen** - *n* herdestund *(kärleksstund)*
Schaff -*e n, dial.* **1** spann, bytta, balja, kar **2** skåp
Schaffe *0 f, vard., e-e ~!* en toppengrej!, toppen!
Schaffell -*e n* fårskinn

schaff|en I *schuf, schüfe, geschaffen* **1** skapa; ~*der Künstler* skapande~ konstnär; ~*der Mensch* (*äv.*) kreativ människa; *für diese Aufgabe bist du wie geschaffen* du är som skapad för den här uppgiften **2** *ibl. sv* skapa, göra, åstadkomma, förorsaka; *Abhilfe für etw.* ~ råda bot på ngt; *ein Amt* ~ upprätta ett ämbete; *sich* (*dat.*) *Feinde* ~ skaffa sig fiender; *Linderung* ~ skänka (ge) lindring; *Platz für etw.* ~ göra plats för ngt; *Rat* ~ finna (hitta) på råd; *Verdruß* ~ förorsaka obehag; *gute Voraussetzungen* ~ skapa goda förutsättningar **II** *sv* **1** klara [av], gå i land med; hinna [med]; *er -te es, ihn zu überreden* han lyckades övertala honom; *er hat die Prüfung nicht geschafft* han körde i tentan; *ich -e die Suppe nicht mehr* jag orkar inte äta upp soppan; *seinen Teller leer* ~ äta rent på tallriken, äta upp all sin mat; *den nächsten Zug* ~ hinna med nästa tåg **2** *vard.* ta kål på, knäcka; *die Band -t sich* bandet öser på; *geschafft sein* vara [alldeles] slut (knäckt) **3** *e-m zu* ~ *machen* vålla ngn svårigheter (besvär, bekymmer), besvära ngn, ta hårt på ngn **4** *dial.* arbeta, jobba; syssla (dona) [med]; *sich müde* ~ arbeta sig trött; *sie machte sich an der Tür zu* ~, *um zu lauschen* hon gjorde sig ärende till (låtsades ha ngt att göra vid) dörren för att lyssna; *was machst du dir in meiner Tasche zu* ~? vad håller du på med i min väska?; *im Akkord* ~ arbeta på ackord; *mit diesem Apparat -t es sich leichter* med denna apparat går arbetet lättare **5** *dial.* skaffa, göra; *mit ihm will ich nichts zu* ~ *haben* med honom vill jag inte ha ngt att göra (skaffa); *das hat hiermit nichts zu* ~ (*äv.*) det hör inte hit **6** forsla, föra, transportera; *sich* (*dat.*) *e-n Notgroschen auf die Seite* ~ lägga undan en slant för sämre tider; *etw. aus der Welt* ~ skaffa (få) ngt ur världen; *etw. dorthin* ~ (*äv.*) se till att ngt kommer dit; ~ *Sie es mir her!* ta hit det åt mig!; *zur Seite* ~ skaffa undan; *du mußt noch den Brief zur Post* ~ du måste se till att få iväg brevet [till posten] **7** *sty., österr.* befalla **8** *sjö.* skaffa, äta **Schaffen** *0 n* verksamhet, gärning; arbete, verk **Schaffensdrang** *0 m* lust att skapa (verka); arbetslust **Schaffensfreude** *0 f* skaparglädje; arbetsglädje **schaffens|freudig, -lustig** som känner skaparglädje (arbetsglädje); som har arbetslust **Schaffer** - *m, dial.* **1** flitig (duktig) människa, arbetshäst **2** *åld.* [gods]förvaltare
Schäffler - *m, sty.* tunnbindare
Schaffner - *m* **1** konduktör **2** *åld.* [gods]förvaltare **schaffnerlos** utan konduktör **Schaffung** *0 f* skapande *etc., jfr schaffen*
Schaf|garbe -*n f, bot.* röllika, rölleka **-herde** -*n f* fårhjord **-käse** - *m* fårost **-kopf 1** *0 m,* (*slags*) kortspel **2** -*e† m, vard.* fårskalle, idiot **-leder** *0 n* (*garvat*) fårskinn
Schafott -*e n* schavott
Schafpelz -*e m* fårskinnspäls; *Wolf im* ~ ulv i fårakläder **Schafpocken** *pl, dial.* vattkoppor **Schafschur** -*en f* fårklippning **Schafskäse** - *m* fårost **Schafskleid** *0 n, Wolf im* ~ ulv i fårakläder **Schafskopf** *0 el.* -*e† m, se Schafkopf* **Schafsnase** -*n f, vard.* fårskalle, idiot
Schafstall -*e† m* får|hus, -stall
Schaft -*e† m* **1** skaft (*äv. arkit. o. väv.*); [gevärs]stock; årskart **2** *bot.* (*ogrenad*) stam; skaft, stängel **schäften 1** satsa skaft på **2** förädla (*växt*) **3** *dial.* klå **Schaftstiefel** - *m* [högskaftad] stövel

Schaf|wolle *0 f* fårull **-zucht** *0 f* får|avel, -skötsel
Schah -*s m* schah
Schakal -*e m* sjakal
Schäkel - *m, tekn.* schackel
Schäker - *m* skämtare, spjuver; flört[ig person] **Schäkerei** -*en f* skämt; nojs; flört **schäkern** skämta, skoja; nojsa; flörta
schal fadd, avslagen; *bildl.* tom [o. innehållslös], andefattig, tråkig; ~*er Witz* osmakligt skämt
Schal -*s, äv.* -*e m* halsduk, sjal, scarf
1 Schale -*n f* **1** skål; fat; *dial.* kopp **2** vågskål **3** kupa (*på behå*)
2 Schale -*n f* **1** skal; *bildl. äv.* yta, yttre; *dial.* kant (*på ost*); *in e-r rauhen* ~ *steckt oft ein weicher Kern* under en skrovlig yta klappar ofta ett varmt hjärta **2** *vard.* [snygga] kläder; *groß in* ~ *sein* vara flott klädd; *sich in* ~ *werfen* (*schmeißen*) snofsa (fiffa) upp sig **3** *jakt.,* ~*n* klövar **Schäleisen** - *n* bark[nings]spade **schäl|en 1** skala [av]; barka [av] **2** *rfl, die Kartoffeln* ~ *sich schlecht* potatisen är svårskalad; *die Haut -t sich* huden fjällar; *meine Nase -t sich* jag fjällar på näsan; *sich aus den Kleidern* ~ (*vard.*) krypa ur kläderna
Schalenkreuz -*e n, meteor.* skålkors
Schalenobst *0 n* nötfrukt[er], nötter
Schalensitz -*e m* rallystol, skålad sits
Schalenwild *0 n, jakt. ung.* högvilt (*hjortdjur o. vildsvin*)
Schalheit *0 f* faddhet *etc., jfr schal*
Schälhengst -*e m* beskällare (*avelshingst*)
Schalholz -*er† n* brädfodring[svirke]
Schalk -*e[†] m* spjuver, skalk; *der* ~ *schaut ihm aus den Augen* han har skalken i ögat; *den* ~ *im Nacken haben* ha en räv bakom örat
Schälkartoffel -*n f, dial., se Salzkartoffel*
schalkhaft skalk-, spjuver|aktig
Schalkragen -[†] *m* sjalkrage
Schall 1 -*e*[†] *m* ljud, ton, klang; *der* ~ *der Trompeten* trumpeternas skall; *leerer* ~ tomt prat, tomma ord **2** *0 m, fys.* ljud **Schallarchiv** -*e n* ljudarkiv **Schallboden** -*† m* resonansbotten **schalldämpfend** ljud|dämpande, -absorberande **Schalldämpfer** - *m* **1** ljuddämpare **2** *mus.* sordin; dämmare **schalldicht** ljudisolerande; ~ *machen* ljudisolera **Schalllehre** *0 f* akustik, läran om ljudet **schallen** *schallte* (*scholl*), *schallte* (*schölle*), *geschallt* skalla, [gen]ljuda; ~*der Beifall* rungande bifall; ~*d lachen* gapskratta **Schallgeschwindigkeit** *0 f* ljudhastighet **Schall|grenze** *0 f,* **-mauer** *0 f* ljudvall **schallnachahmend** språkv. ljudhärmande, onomatopoetisk **Schallortung** -*en f* [lokalisering genom] ljudmätning **Schallplatte** -*n f* [grammofon]skiva **Schallplattenbar** -*s f* skivbar **Schallplattenhülle** -*n f* skivomslag **Schallplattenmusik** *0 f* grammofonmusik **schallschluckend** ljud|dämpande, -absorberande **Schallschutz** *0 m* bullerskydd **schallsicher** ljudisolerad **Schalltrichter** - *m* tratt; *mus.* klockstycke **Schallwelle** -*n f* ljudvåg **Schallwort** -*e† n, språkv.* onomatopoetiskt ord
Schallzeichen -*n f* ljudsignal
Schal'mei -*en f* skalmeja
schalmen bläcka (*träd*)
Schalobst *0 n* nötfrukt[er], nötter
Schalotte -*n f* schalottenlök
schalt *se schelten*
Schaltbild -*er n* kopplingsschema **Schalt-**

brett -*er n* instrument|bräda, -tavla, kontrollpanel, kopplingstavla **schalte|n 1** ställa, sätta; *den Apparat auf „aus"* ~ ställa apparaten på "från"; *die Heizung auf „kalt"* ~ sätta värmen på kallt; *jetzt -t die Ampel auf rot* nu slår trafikljuset om·till rött **2** sätta (skjuta, foga, lägga) in; *e-e Parenthese in den Satz* ~ sätta in en parentes i meningen **3** växla; *in den 3. Gang* ~ lägga i trean **4** *elektr.* koppla; *vard. äv.* fatta, reagera; *parallel* ~ parallellkoppla; *in Reihe* ~ seriekoppla; *langsam* ~ koppla (fatta) långsamt **5** styra, råda, bestämma; ~ *und walten* styra o. ställa; *frei über etw.* (*ack.*) ~ *und walten* fritt förfoga över ngt **Schalter** - *m* **1** [ström]brytare, kontakt **2** [biljett- *e.d.*]lucka **-dienst** *0 m,* ~ *haben* (*ung.*) sitta i luckan **-raum** -*e*† *m* expeditionslokal **-schluß** *0 m* stängningstid **-stunden** *pl* expeditions-, öppet|tid
Schalt|getriebe - *n* växellåda **-hebel** - *m* **1** växelspak **2** strömbrytarspak **-jahr** -*e n* skottår; *alle* ~*e* [*ein*]*mal* (*vard.*) nästan aldrig **-knüppel** - *m* växelspak **-plan** -*e*† *m* kopplingsschema **-pult** -*e n* manöver|pulpet, -bord **-schema** -*s el. -ta n* kopplingsschema **-sekunde** -*n f* skottsekund **-tafel** -*n f* manöver-, instrument-, kopplings|tavla **-tag** -*e m* skottdag **-uhr** -*en f* tidströmställare, kopplingsur, timer **-ung** -*en f***1** *tekn.* växel; *automatische* ~ automatväxel **2** *elektr.* koppling; kopplingsschema **-vorrichtung** -*en f* kopplings|don, -anordning **-zentrale** -*n f* kontrollrum, manövercentral
Schalung -*en f* [trä]form (*för cementgjutning*); bräd|beklädnad, -fodring
Scha'luppe -*n f* slup
Schalwild *0 n, se Schalenwild*
Scham *0 f* **1** skam, blygsel; *nur keine falsche* ~*!* ingen falsk blygsamhet!; *alle* ~ *abgeworfen haben* ha bitit huvudet av skammen; *hat er denn keine* ~ *im Leibe?* har han ingen skam i kroppen?, vet han inte hut?; *die* ~ *stieg ihr ins Gesicht* hon rodnade av blygsel **2** blygd **Schambehaarung** *0 f* blygdhår **Schambein** -*e n, anat.* blygdben **Schamberg** -*e m, anat.* venusberg **schämen 1** *rfl* skämmas; *sich e-r Sache* (*gen.*)] ~ skämmas över ngt; *sich für e-n* ~ skämmas för ngn (å ngns vägnar); *sich wegen etw.* (*gen.*) [*vor e-m*] ~ skämmas [inför ngn] över ngt; [*pfui,*] *schäm dich!* fy skäms!; *du solltest dich* ~*!* [att du inte] skäms!, du borde skämmas! **2** *sich* (*dat.*) *die Augen aus dem Kopf* ~ skämmas ögonen ur sig
scham'filen *sjö.* skava [av]
Schamgefühl *0 n* skamkänsla **Schamgegend** *0 f* område kring könsorganen **Schamglied** -*er n* manslem, penis **Schamhaar** -*e n* blygdhår **schamhaft** blyg[sam], generad; *etw.* ~ *verschweigen* (*iron.*) tala tyst om ngt **Schamhaftigkeit** *0 f* blyg[sam]het **schämig** *dial.*, *se verschämt* **Schamlippen** *pl, anat.* blygdläppar **schamlos** skamlös; oanständig, frivol, skamlig; fräck, oförskämd, oblyg **Schamlosigkeit** -*en f* skamlöshet *etc.*, *jfr schamlos*
Schamott 1 *0 m, vard.* skräp, smörja; *der ganze* ~ hela rubbet (skiten) **2** *0 m, österr., se Schamotte* **Schamotte** *0 f* chamotte (*lera*)
'Schampon -*s n* schampo **schamponieren** schamponera **Scham'pun** -*s n* schampo **schampunieren** schamponera
Schampus *0 m, vard.* champis, skumpa
Schamritze -*n f, anat.* blygdspringa **schamrot** röd av blygsel **Schamröte** *0 f* blygselns rodnad **Schamspalte** -*n f, anat.* blygdspringa **Schamteile** *pl* könsdelar **schamvoll** *se schamhaft*
schandbar 1 skamlig, skändlig **2** *vard.* hemsk, fruktansvärd **Schande** -*n f* skam, vanära; *ein Mädchen in* ~ *bringen* (*dld.*) störta en flicka i olycka; *e-m die* ~ *ersparen* bespara ngn skammen; *seinem Namen* ~ *machen* dra skam över (vanära) sitt namn; *mach mir keine* ~*!* (*vard.*) uppför dig så att jag slipper skämmas för dig!, skäm inte ut mig!; *es ist e-e* ~ det är synd o. skam; *es ist keine* ~, *daß* (*äv.*) det gör ingenting att; *zu meiner* ~ *muß ich gestehen, daß ich es vergessen habe* skam till sägandes har jag glömt det; *der Horcher an der Wand hört seine eigne Schand'* (*ung.*) den som lyssnar i smyg får höra sanningen om sig själv **schänden 1** vanära, bringa skam över **2** skända, vanhelga **3** smäda, skymfa **4** våldföra sig på, våldta **5** vanställa **Schänder** - *m* skändare **Schandfleck** -*e m* skönhets|fel, -fläck; skamfläck; *der Wolkenkratzer ist ein* ~ *der Stadt* (*äv.*) skyskrapan skämmer hela staden **schändlich 1** skändlig, skamlig, vanhedrande, skandalös, gemen **2** *vard.* hemsk, fruktansvärd **Schändlichkeit** -*en f* skändlighet, vanhedrande handling, nidingsdåd
Schand|mal -*e el. -er*† *n* **1** brännmärke **2** skamfläck **-mauer** *0 f, die* ~ "skammens mur" (*Berlinmuren*) **-maul** -*er*† *n* **1** *vard.* bakdantare; *er hat ein* ~ han har en elak (ond) tunga, han är ful (fräck) i mun **2** *vulg.* käft **-pfahl** -*e*† *m* skampåle **-preis** -*e m, etw. für e-n* ~ *verkaufen* sälja ngt till vrakpris; *e-n* ~ *für etw. fordern* begära ett rövarpris (ockerpris) för ngt **-schnauze** -*n f, se Schandmaul* **-tat** -*en f* nidingsdåd; *zu allen* ~*en bereit sein* (*vard.*) vara med på alla slags dåligheter **Schändung** -*en f* skändande *etc., jfr schänden* **schang'haien** *sjö.* sjanghaja
Schank|betrieb -*e m* [enklare] utskänkningsställe, [liten] krog **-bier** -*e n* fatöl
Schanker - *m, med.* schanker
Schank|erlaubnis *0 f,* **-gerechtigkeit** *0 f, åld.*, **-konzession** -*en f* utskänkningsrättighet; *e-e Schankkonzession haben* ha fullständiga rättigheter **-stube** -*n f* utskänkningslokal, skänkrum **-tisch** -*e m* krog-, bar|disk **-wirtschaft** -*en f, se Schankbetrieb*
Schantung *0 m,* **Schantungseide** *0 f* shantung[siden]
Schanzarbeit -*en f, mil.* befästningsarbete, skansgrävning
1 Schanze -*n f***1** *mil.* skans **2** *sjö.* halvdäck **3** *sport.* hoppbacke
2 Schanze *0 f, sein Leben in die* ~ *schlagen* sätta livet på spel
schanzen *mil.* gräva förskansningar **Schanzenrekord** -*e m, sport.* backrekord **Schanzentisch** -*e m* stup (*i skidbacke*) **Schanzer** - *m, mil.* skansgrävare
1 Schar -*en f* skara, skock, flock
2 Schar -*e f* (*jordbr. äv. -e n*) [plog]bill
Scha'rade -*n f* charad
Scharbe -*n f, zool.* skarv
Scharbock *0 m, åld.* skörbjugg **Scharbockskraut** *0 n, bot.* svalört
Schäre -*n f* skär; kobbe; *die* ~*n* (*äv.*) skärgården **scharen 1** samla **2** *rfl* samlas, skockas, fylkas **schären** *väv.* dra på (*varp*)
scharenweise i skaror

scharf *adj* † **1** skarp; vass; *bildl. äv.* besk, bitande, frän; *adv äv.* noga, noggrant; *~e Argumente* slagkraftiga argument; *ein ~es Auge haben* ha skarp syn, vara skarpsynt; *~es Auto* vass (snabb) bil; *~er Blick (äv.)* genomträngande blick; *~es Gehör (äv.)* fin hörsel; *~er Geruch (äv.)* frän (stickande) lukt; *~e Getränke* starka drycker; *~es Heck (sjö.)* spetsig akter; *~e Kurve (äv.)* tvär (snäv) kurva; *~es Messer* vass kniv; *~e Rhythmen* heta rytmer; *~er Schmerz* intensiv smärta; *~e Soße* [krydd]stark sås; *~er Ton (äv.)* skärande [gäll] ton; *~es Urteil* hård (sträng) dom; *~er Wind (äv.)* bitande (isande) vind; *~e Züge* [starkt] markerade drag; *er ist ein ganz S~er (vard.)* han är en riktig hårding; *du darfst dein Kind nicht so ~ anfassen* du får inte vara så sträng (hård) mot ditt barn; *~ artikulieren* artikulera tydligt; *~ betonen (äv.)* framhålla med skärpa; *~ braten* steka knaprigt; *~ bremsen* tvärbromsa; *~ durchgreifen* ta i på skarpen (med hårdhandskarna); *die Kamera ~ einstellen* ställa in skärpan på kameran; *~ fahren (gehen)* köra (gå) fort; *das Auto fuhr ~ an ihm vorbei* bilen for tätt förbi honom; *~ hinsehen* titta noga; *~ geladen* skarpladdad; *~ (schärfer) machen (äv.)* vässa, slipa; *~ nachdenken* tänka efter ordentligt (intensivt); *~ schießen* skjuta skarpt; *der Hund ist ~ hunden* bits **2** *vard.* fantastisk, jätte fin; otrolig; *~!* toppen! **3** *vard.* tänd; kåt; *~ auf e-n sein a)* vara tänd (kåt) på ngn, *b)* vilja komma åt ngn, vilja ngn illa; *~ auf Geld sein* vara galen i pengar; *~ darauf sein, etw. zu tun* vara tänd (sugen) på att göra ngt; *e-n auf etw. (ack.) ~ machen (äv.)* göra ngn nyfiken på ngt **Scharfblick** *0 m* skarpblick; skarp-, klar|synthet **Schärfe** *-n f* skärpa (*äv. bildl.*); styrka, häftighet, intensitet; hårdhet, stränghet; noggrannhet *etc., jfr scharf; etw. (dat.) die ~ nehmen* bryta udden av ngt **Scharfeinstellung** *-en f* skärpe-, fin|inställning **schärfen 1** vässa, slipa, skärpa *(äv. bildl.)* **2** *rfl* skärpas, bli skarp **Schärfentiefe** *0 f* foto. skärpedjup **scharfkantig** skarpkantad **scharfmachen** *vard.* hetsa [upp] **Scharfmacher** - *m, vard.* upphetsare, uppviglare, orostiftare, agitator **Scharfrichter** - *m* skarprättare, bödel **Scharfschütze** *-n -n m* skarp-, prick|skytt **scharfsichtig** skarp-, klar|synt **Scharfsinn** *0 m* skarp|sinne, -sinnighet **scharfsinnig** skarpsinnig **scharfzackig** med skarpa spetsar **scharfzahnig** skarptandad
'**Scharlach 1** *-e m* scharlakan *(färg, tyg)* **2** *0 m, med.* scharlakansfeber **scharlach|en, -farben, -farbig** scharlakans|röd, -färgad **Scharlachfieber** *0 n, med.* scharlakansfeber **scharlachrot** scharlakansröd
'**Scharlatan** *-e m* charlatan **Scharlatanerie** *-n f* charlataneri
Scharm *0 m* charm **scharmant** charmant, charmerande
Schar'mützel - *n* skärmytsling
Scharnier [-'niːɐ̯] *-e n* gångjärn; *tekn. äv.* scharner
Schärpe *-n f* [parad]skärp; ordensband **scharren** skrapa, krafsa; *[mit den Füßen] ~* skrapa med fötterna *(som tecken på ogillande); die Pferde ~ den Boden* hästarna skrapar med hovarna; *etw. auf e-n Haufen ~ (äv.)* rafsa ihop ngt till en hög; *etw. in die Erde ~* krafsa ner ngt i jorden

Scharte *-n f* **1** hack, skåra *(i egg); e-e ~ auswetzen (bildl.)* rätta till ett fel **2** [skott]glugg **3** trångt [bergs]pass, inskärning
Schar'teke *-n f* **1** lunta *(värdelös gammal bok)* **2** gammal kärring, nucka
schartig med hack i eggen; skårig
schar'wenzeln *h el. s, vard.*, *[um e-n] ~* fjäska (svansa) [för ngn]
'**Schaschlik** *-s m, ung.* grillspett
schassen 1 *vard.* slänga (kasta) ut, ge sparken **2** *dial.* haffa **3** *dial.* köra hårt med
Schatten - *m* skugga *(äv. bildl.); e-n ~ haben (vard.)* inte vara riktigt klok; *nur noch ein (der) ~ seiner selbst sein* bara vara en skugga av sitt forna jag; *e-n in den ~ stellen (bildl.)* ställa ngn i skuggan; *nicht über seinen [eigenen] ~ springen können* inte kunna gå emot sin natur **Schattenbild** *-er n* **1** skuggbild **2** silhuett **Schattenblume** *-n f, bot.* ekorrbär **Schattenboxen** *0 n* skuggboxning **Schattendasein** *0 n* skugg|liv, -tillvaro **schattenhaft** skugglik; *bildl.* dimmig, oklar **Schattenkabinett** *-e n* skuggkabinett **schattenlos** skugglös, utan skugga **Schattenmorelle** *-n f, bot.* skuggmorell **schattenreich** skuggrik **Schattenreich** *0 n, das ~* skuggornas rike *(dödsriket)* **Schattenri|ß** *-sse m* silhuett **Schattenseite** *-n f* skuggsida; *bildl. äv.* från-, avig|sida, negativ (ofördelaktig) sida; *auf der ~ leben* leva på skuggsidan **schattenspendend** skuggande **Schattenspiel** *-e n* skuggspel **schattieren 1** schattera, skugga; nyansera **2** trädg. skugga *(växt)* **Schattierung** *-en f* skuggning; schattering, nyans *(äv. bildl.); bildl. äv.* riktning, variant; *um e-e ~ zu hell* en nyans för ljus **schattig** skuggig
Schatulle *-n f* **1** schatull **2** *åld.* *(statsöverhuvuds)* privatförmögenhet
Schatz *-e† m* skatt *(äv. bildl.);* dyrbarhet; *bildl.* käresta, fäst|man, -mö; älskling; *ein ~ von Erfahrung* en fond av erfarenhet; *du bist ein ~!* du är en raring!; *sei ein ~ und* var snäll och **Schatzanweisung** *-en f* statsobligation **Schätzchen** - *n* älskling, raring; käresta, fäst|man, -mö **schätz|en** uppskatta *(auf + ack.* till); värdera, värdesätta, taxera; *vard.* tro, anta; *bibl.* skattskriva; *wir ~ ihn* vi uppskattar honom; *etw. zu ~ wissen* förstå att sätta värde på ngt, [till fullo] uppskatta ngt; *ich würde mich glücklich ~* jag skulle skatta mig lycklig; *ich hätte ihn [für] älter geschätzt* jag skulle ha trott att han var äldre; *ich -e, wir sind bald fertig* jag tror att vi är färdiga snart; *geschätzter Künstler (äv.)* uppburen konstnär; *Ihr geschätztes Schreiben* Er ärade skrivelse **schätzenlernen** lära sig att uppskatta (sätta värde på) **schätzenswert** aktningsvärd, värd all uppskattning; lovvärd, förtjänst-, värde|full **Schätzer** - *m* taxerings-, värderings|man **Schatzgräber** - *m* skattgrävare **Schatzkammer** *-n f* skattkammare **Schatzkästchen** - *n* smyckeskrin **Schatzmeister** - *m* skattmästare, kassaförvaltare, kassör **Schätzung** *-en f* uppskattning; värdering, taxering *etc., jfr schätzen* **schätzungsweise** uppskattningsvis, ungefär **Schatzwechsel** - *m* skattkammarväxel
Schau *-en f* **1** utställning, [upp]visning, expo **2** tittesködet; *zur ~ stehen* vara utställd [till beskådande], finnas att se; *zur ~ stellen a)* ställa ut [till beskådande], exponera, *b)* visa upp, demonstrera; *zur ~ tragen* visa upp,

schaubegierig—Scheck

lägga i dagen, skylta med **3** betraktelse[sätt]; synvinkel, aspekt **4** show, underhållningsprogram; *e-e ~ abziehen* (*vard.*) väcka uppseende, briljera; *mach keine ~!* (*vard.*) gör dig inte till!, lägg av [med det där tramset]!; *das ist e-e* (*die*) *~* (*vard.*) det är häftigt (toppen); *e-m die ~ stehlen* stjäla föreställningen för ngn **schaubegierig** skådelysten, nyfiken **Schaubild** *-er* **n 1** diagram **2** ritning, avbildning **Schaubrot** *-e n, bibl.* skådebröd **Schaubude** *-n f* marknads|stånd, -tält (*m. ngt slags föreställning*) **Schaubühne** *-n f, åld.* skådebana (*teater*) **Schauder** - *m* rysning; bävan; *~ der Ehrfurcht* (*äv.*) känsla av vördnad; *mit frommem ~ betrachten* betrakta med vördnad; *ein ~ lief mir den Rücken hinunter* det gick kalla kårar längs ryggen på mig; *mich durchläuft ein ~* (*äv.*) jag grips av fasa (skräck) **schauderbar** *vard.*, *se schauderhaft* **schaudererregend** fasaväckande, ryslig **Schaudergeschichte** *-n f* skräckhistoria **schauderhaft** hemsk, ryslig, förfärlig **schauder|n** rysa; fasa, bäva; *er -t vor Kälte* (*Entsetzen*) han ryser av köld (fasa); *ihn* (*ihm*) *-t, es -t ihn* han ryser (*av köld*); *ihn* (*ihm*) *-t* [*es*] *bei diesem Gedanken* han ryser vid denna tanke; *ihn -t vor etw.* (*dat.*) han fasar [in]för ngt **schaudervoll** fasansfull **schauen 1** *i sht sty., österr., schweiz.* titta, se; titta (se) på; se till; titta (se) efter; *Fernsehen ~* titta på TV; *schau* [*mal*]*!* (*äv.*) hör du!, seså!; *schau, schau!* ser man på!, titta bara!; *auf etw.* (*ack.*) *~* (*äv.*) fästa vikt vid (bry sig om) ngt; *nach dem Kranken ~* se till den sjuke; *nach dem Rechten ~* se efter att allt står rätt till; *die Fenster ~ zur* (*auf die*) *Straße* fönstren vetter mot gatan; *es schneit, wohin man ~ kann* det snöar vart man än ser; *ich werde ~, wer an der Tür ist* jag skall se efter vem som är vid dörren; *schau, daß du fertig wirst!* se till att du blir klar! **2** högt. skåda; *ein ~der Maler* (*äv.*) en visionär målare **1 Schauer** - *m* **1** skur **2** *se Schauder* **3** *äv. n, dial.* [regn-, sol]skydd; skjul **2 Schauer** - *m, sjö.* sjåare **schauererregend** fasaväckande **Schauergeschichte** *-n f* skräckhistoria; *erzähle keine ~n!* berätta inga rövarhistorier! **schauer|ig, -lich** hemsk, ruskig, ryslig **Schauer|mann** *-leute m, sjö.* sjåare **schauer|n 1** *se schaudern* **2** *es -te* det kom en [regn]skur **Schauerroman** *-e m* skräckroman **schauervoll** fasansfull **Schaufel** *-n f* **1** skyffel, spade; skovel (*äv. tekn.*); sopskyffel **2** årblad **3** *jakt.* skovel (*på älg, dovhjort*); stjärt (*på tjäder*) **schaufeln** skyffla, skotta, skovla; *ein Grab ~* gräva en grav; *Schnee ~* skotta snö **Schaufelrad** *-ert n* skovelhjul **Schaufelraddampfer** - *m* hjulångare **Schaufenster** - *n* skyltfönster **-bummel** - *m, e-n ~ machen* gå o. titta i skyltfönstren, fönstershoppa **-dekorateur** *-e m*, **-gestalter** - *m* [skyltfönster]dekoratör **-puppe** *-n f* skyltdocka **Schaufler** - *m* **1** skottare, skyfflare **2** *jakt.* älg (dovhjort) med skovelhorn **Schau|flug** 0 *m* flyguppvisning **-gerüst** *-e n* [åskådar]läktare **-geschäft** 0 *n, das ~* showbusiness, nöjes|branschen, -världen **-haus** *-ert n, se Leichenschauhaus* **-kampf** *-et n m* uppvisningsmatch **-kasten** *-*[†] *m* skyltskåp, monter **Schaukel** *-n f* gunga **Schaukelbewegung** *-en*

f gungande rörelse **Schaukelbrett** *-er n* gungbräde **Schaukelei** 0 *f, vard.* [ständigt] gungande **schaukeln 1** gunga; *auf dem Stuhl ~* gunga (vippa) på stolen **2** *s* singla (*om löv*); vingla **3** *vard.*, *wir werden die Sache schon ~* vi klarar saken **4** *rfl* gunga **Schaukelpferd** *-e n* gunghäst **Schaukelpolitik** 0 *f, neds.* konjunkturpolitik **Schaukelreck** *-e n, gymn.* trapets **Schaukelringe** *pl, gymn.* romerska ringar **Schaukelstuhl** *-et m* gungstol **Schaukler** - *m* **1** en som gungar **2** *neds.* konjunkturpolitiker **Schaulauf** 0 *m* uppvisning (*i konståkning*) **Schauloch** *-ert n* titt-, inspektions|hål **Schaulust** 0 *f* skådelystnad; *seine ~ befriedigen* (*äv.*) tillfredsställa sin nyfikenhet **schaulustig** skådelysten, nyfiken; *ein S~er* (*äv.*) en nyfiken åskådare **Schaum** *-et m* skum, fradga, lödder; *Träume sind Schäume* drömmar går som strömmar; *den ~ von etw. abschöpfen* skumma ngt; *~ schlagen* (*bildl.*) vara stor i mun[nen]; *zu ~ schlagen* vispa till skum; *der ~ steht ihm vor dem Mund* fradgan står om munnen på honom; *die Hoffnung wird zu ~* hoppet går upp i rök **Schaumbad** *-er*† *n* badskum; skumbad **Schaumblase** *-n f* skumbubbla **schäumen** skumma; m[o]ussera, bornera; löddra [sig]; *vor Wut ~* skumma av vrede **Schaumgebäck** 0 *m* maräng **schaumgebremst** låglöddrande (*om tvättmedel*) **Schaumgold** 0 *n* glitterguld **Schaumgummi** 0 *m* skumgummi **schaumig** skumartad, skummande; porös; skumbetäckt, löddrig; *Butter und Zucker ~ rühren* röra smör o. socker poröst; *die See ist ~* havet skummar **Schaum|kelle** *-n f* hålslev **-krone** *-n f* **1** skumtopp (*på våg*) **2** skum (*på vätska*) **-löffel** - *m* hålslev **-löscher** - *m*, **-löschgerät** *-e n* skumsläck|are, -ningsapparat **-reiniger** - *m* skumtvättmedel **-schläger** - *m* **1** visp **2** *bildl.* skrytmåns **-speise** *-n f, kokk. ung.* lätt o. luftig efterrätt, fromage **-stoff** *-e m* skumplast **Schaumünze** *-n f* medalj, minnespeng **Schaumwein** *-e m* m[o]usserande vin; sekt (*champagne*) **Schau|platz** *-et m* skådeplats (*e-s Unfalls* för en olycka); *vom ~ abtreten a*) lämna scenen, dra sig tillbaka, *b*) gå hädan **-proze|ß** *-sse m* skådeprocess **schaurig** hemsk, kuslig, ryslig **Schauseite** *-n f* rätsida (*på tyg*); framsida (*av hus*) **Schauspiel** *-e n* skådespel **Schauspieldichter** - *m* dramatiker, skådespelsförfattare **Schauspieler** - *m* skådespelare **Schauspielerei** 0 *f, vard.* **1** skådespeleri, skådespelaryrke **2** *das ist alles nur ~* alltihop är bara teater **schauspielerisch** skådespelar-; *die Vorstellung war ~ uneld* vad skådespelarna beträffar var föreställningen usel **schauspieler|n** *-te, geschauspielert* spela teater (*äv. bildl.*); *das ist nur geschauspielert* (*ung.*) det är bara teater **Schau|spielhaus** *-ert n* [dramatisk] teater **-spielkunst** 0 *f* skådespelarkonst **-spielschule** *-n f* teaterskola **-steller** - *m* förevisare (*i sht på marknad*) **-stellung** *-en f* uppvisande; uppvisning, demonstration **-stück** *-e n* **1** skådespel **2** utställningsföremål **-tanz** *-e*† *m* dansuppvisning **-turnen** 0 *n* gymnastikuppvisning

1 Scheck *-s, ibl. -e m* check; *ungedeckter ~*

check utan täckning; ~ *über 50 DM* check på 50 D-mark
2 Scheck *-en -en m, se Schecke 1*
Scheck|betrug *0 m* checkbedrägeri **-buch** *-er*† *n* checkhäfte
Schecke 1 *-n -n m* skäck; skäckig häst **2** *-n f* skäckig ([vit]brokig) ko
Scheck|fälschung *-en f* check|förfalskning, **-bedrägeri -heft** *-e n* checkhäfte
scheckig skäckig, [vit]brokig; *bekannt wie ein ~er Hund (vard.)* allbekant; *sich ~ lachen (vard.)* skratta sig fördärvad
Scheck|karte *-n f, ung.* checkgarantikort **-verkehr** *0 m* check|rörelse, -transaktioner
Scheckvieh *0 n* skäckig boskap
scheel miss|tänksam, -trogen; avundsjuk, missunnsam; *e-n ~ ansehen* titta snett på ngn; *mit ~en Augen (äv.)* med oblida ögon **scheel|-äugig, -blickend** avundsjuk **Scheelsucht** *0 f* avundsjuka **scheelsüchtig** avundsjuk
Scheffel *- m, ung.* skäppa (*gammalt rymdmått, 50—222 l*); *in ~n (vard.)* i stora mängder; *es regnet wie mit ~n (vard.)* det störtregnar; *sein Licht unter den ~ stellen* sätta sitt ljus under en skäppa **scheffel|n 1** *das Getreide -t* säden ger riklig skörd **2** *Geld ~ (vard.)* skyffla (håva) in pengar **scheffelweise** *vard.* i stora mängder
Scheibe *-n f* **1** skiva; *tekn. äv.* trissa, platta; [mål]tavla; *vard.* [grammofon]skiva **2** skiva; klyfta; *~ Wurst* korvskiva; *in ~n schneiden (äv.)* skiva; *sich (dat.) bei e-m e-e ~ abschneiden (vard.)* ta exempel av ngn **3** [fönster]ruta **4** *vard.,* [*ja*] *~!* sablar också! **Scheibenbremse** *-n f* skivbroms **Scheibenbrot** *0 n* skivat bröd **Scheibenegge** *-n f* tallriksharv **scheibenförmig** skivformig
Scheiben|gardine *-n f* spänngardin, jalusi **-hantel** *-n f* skivstång **-honig** *0 m* **1** (*skivad*), oslungad honung **2** *vard.,* [*ja*] *~!* sablar också! **-kupplung** *-en f* skivkoppling **-rad** *-er*† *n* tallriks-, skiv|hjul **-schießen** *0 n* målskjutning (*mot tavla*) **-waschanlage** *-n f,* **-wascher** *- m* vindrutespolare **-wischer** *- m* vindrutetorkare
scheibig skivformig; i skivor
Scheibtruhe *-n f, sty., österr.* skottkärra
Scheich *-e el. -s m* schejk; *ihr ~ (vard.)* hennes kille
Scheide *-n f* **1** slida, skida, balja **2** *anat.* slida **3** [skilje]gräns; vändpunkt
Scheidekunst *0 f, åld.* kemi **Scheidelinie** *-n f* gräns, skiljelinje **Scheidemünze** *-n f, åld.* skiljemynt **scheiden** *schied, schiede, geschieden* **1** skilja; *e-e Ehe ~* upplösa ett äktenskap; *er ist geschieden* han är [från]skild; *wir sind geschiedene Leute (ung.)* vi har inte längre någonting med varandra att göra **2** *rfl* skilja sig, skiljas; *er ließ sich ~* han begärde skilsmässa (lät skilja sig); *hier ~ sich unsere Wege* här skils våra vägar; *in dieser Frage ~ sich die Ansichten* i denna fråga skiljer sig åsikterna (går åsikterna isär, är åsikterna delade) **3** *fack.* separera, sortera, sovra, skeda, skräda **4** *s* skiljas, gå ifrån varandra; avlägsna sig, gå [bort], ta avsked; *das ~de Jahr* året som gick mot sitt slut; *die ~de Sonne* den nedgående solen; *S~ tut weh* det är svårt att skiljas (ta avsked); *wir schieden als Freunde* vi skildes som vänner; *aus dem Amt (Dienst) ~* avgå från (lämna) ämbetet (tjänsten); *aus dem Leben ~* skiljas hädan

Scheiden|entzündung *-en f, med.* inflammation i slidan, kolpit **-krampf** *-e*† *m, med.* vaginism
Scheidewand *-e*† *f* skilje-, mellan|vägg **Scheidewasser** *-*† *n, kem.* skedvatten **Scheideweg** *0 m, am ~ stehen* stå vid skiljevägen (en skiljeväg) **Scheiding** *-e m, åld.* höstmånad, september **Scheidung** *-en f* **1** skilsmässa, äktenskapsskillnad; *die ~ e-r Ehe* ett äktenskaps upplösning **2** skiljande; åtskillnad; gränsdragning **3** *fack.* separering *etc., jfr scheiden* **3 Scheidungsgrund** *-e*† *m* skilsmässoorsak **Scheidungsklage** *-n f* skilsmässoansökan
Schein 1 *0 m* sken *(äv. bildl.),* ljus, glans, skimmer; *bildl. äv.* antydan, aning, nyans; *dem ~e nach* skenbart, ytligt sett, av skenet att döma; *zum ~* för syns skull; *sich (dat.) den ~ e-s Patrioten geben* låtsas (ge sig sken av att) vara patriot; *der ~ ist (spricht) gegen ihn* han har skenet emot sig; *der ~ trügt* skenet bedrar; *er tat nur zum ~ so, als ob er schliefe* han låtsades bara sova; *nicht den ~ e-s Beweises vorbringen können* inte kunna få fram skymten av ett bevis; *den ~ wahren* hålla skenet uppe; *sein Gesicht wurde e-n ~ freundlicher* hans ansikte blev en aning vänligare **2** *-e m* [bank]sedel **3** *-e m* attest, intyg, bekräftelse, bevis, kvitto; blankett, formulär **Scheinangriff** *-e m* skenanfall **scheinbar 1** skenbar; *adv äv.* till synes **2** *vard., se anscheinend* **Scheinblüte** *0 f, bildl.* skenbart uppsving **Scheindasein** *0 n* skentillvaro **Scheinehe** *-n f* skenäktenskap **schein|en** *schien, schiene, geschienen* **1** skina, lysa, stråla, glänsa **2** synas, verka, tyckas [vara]; *er -t klug zu sein* han tycks vara klok; *er schien der rechte Mann dafür* [*zu sein*] han verkade vara rätta mannen för det; *sie schienen es zufrieden zu sein (vard.)* de verkade vara nöjda med det; *mir -t* [*es*] (*mir will* [*es*] *~*), *daß er traurig ist* jag tycker han verkar ledsen; *die Sonne -t sich nur um die Erde zu drehen* solen ser bara ut att rotera kring jorden; *er hat, so -t es, das Geld verloren* han har har tydligen tappat pengarna **Scheinfirm|a** *-en f* skenbolag **Scheinfrucht** *-e*† *f, bot.* skenfrukt **Scheingeschäft** *-e n* sken|affär, -transaktion **scheinheilig** skenhelig **Scheinheiligkeit** *0 f* skenhelighet **Scheinkauf** *-e*† *m* skenköp, fingerat köp **Scheinmanöver** *- n* skenmanöver **Scheinproblem** *-e n* skenproblem **Scheintod** *0 m* skendöd **scheintot** skendöd **Scheinvertrag** *-e*† *m* skenavtal **Scheinwerfer** *- m* strålkastare
Scheiß *0 m, vard., mach keinen ~!* hitta inte på ngt dumt!; *viel ~ reden* prata en massa skit; *was soll der ~?* vad ska det vara bra för?
Scheißdreck *0 m, vard.* skit; skitsak; *das geht ihn e-n ~ an* det angår honom inte ett skit (jäkla dugg), det ska han skita i **Scheiße** *0 f, vulg.* skit *(äv. bildl.); jfr äv. fraser under Dreck;* *~!* fan [också]!, jävla skit!, jävlar!; *in der ~ sitzen (stecken)* ligga taskigt till, vara i en jäkla knipa **'scheiße'gal** *vard., das ist mir ~* det är skit samma för mig, det ger jag blanka fan i, jag skiter fullständigt i det **scheißen** *schiß, schisse, geschissen, vulg.* skita; *dir hat man* [*wohl*] *ins Gehirn geschissen* [*und vergessen umzurühren*]*!* är du inte riktigt klok?; *dem werde ich* [*et*]*was ~* jag skiter i vad han vill, han kan dra åt helvete; *auf etw. (ack.) ~* skita

Scheißer—Scherenarm

(ge fan) i ngt **Scheißer** - *m, vulg.* **1** skit[stövel], svin, kräk **2** feg jävel, mes; nolla **Scheißerei** *0 f, vulg.* **1** skitande **2** *die ~ haben* ha räntan (*diarré*) **'scheiß'freundlich** *vard.* skitvänlig (*hycklande vänlig*) **Scheißhaufen** - *m, vulg.* skithög **Scheißhaus** -*e*†*n, vulg.* skithus, dass **Scheißkerl** -*e m, se Scheißer*
Scheit -*e* (*österr., schweiz. -er*) *n, sty., österr., schweiz.* vedträ, trästycke
Scheitel - *m* **1** bena; *den ~ in der Mitte tragen* ha mittbena; *e-n ~ ziehen* kamma bena **2** hjässa; *vom ~ bis zur Sohle* från hjässan till fotabjället, från topp till tå **3** topp, spets (*högsta punkt*); *astron.* zenit; *mat.* vinkelspets, vertex **Scheitelbein** -*e n, anat.* hjässben **Scheitelhöhe** -*n f* topp; största banhöjd **Scheitelkäppchen** - *n* kalott **scheiteln** *das Haar ~* bena håret; *er hat das Haar in der Mitte gescheitelt* han har mittbena **Scheitelpunkt** -*e m, se Scheitel 3* **scheitelrecht** vertikal, lodrät **Scheitelwinkel** - *m, mat.* vertikalvinkel
Scheiterhaufen - *m* **1** bål; *zum Tod auf dem ~ verurteilen* döma att brännas på bål **2** *sty.* (*slags*) efterrätt **scheitern** *s* **1** misslyckas, komma till korta; stranda; *die Verhandlungen ~ lassen* stranda förhandlingarna; *an e-r Aufgabe ~* misslyckas med en uppgift; *zum S~ verurteilt* dömd att misslyckas; *gescheiterte Existenz* misslyckad existens **2** stranda (*an e-m Felsen* mot en klippa), förlisa **Scheitholz** *0 n, koll.* ved[trän]
Schelch -*e m n, dial.* (*större*) båt
Schelf -*e m n, geol.* kontinentalsockel, shelf
schelfern *dial.* fjälla; flaga [av]
Schellack -*e m* schellack
1 Schelle -*n f* **1** *tekn.* klammer; svep **2** ~*n* (*pl, åld.*) handklovar
2 Schelle -*n f, dial.* örfil
3 Schelle -*n f* **1** bjällra, pingla, skälla **2** *dial.* liten klocka; ringklocka **3** *kortsp.* (*tysk*) ruter **schell|en** *dial.* ringa, pingla; *das Telefon -t* telefonen ringer; *an der Tür ~* ringa på dörren; *nach e-m ~* ringa på ngn **Schellen** - *n, se 3 Schelle* **3 Schellenbaum** -*e*† *m, mus.* [janitsjar]klockspel **Schellengeläut[e]** *0 n* bjällerklang **Schellenkappe** -*n f* narrkåpa
Schellfisch -*e m, zool.* kolja
Schellhengst -*e m, se Schälhengst*
Schellkraut *0 n, bot.* skelört
Schelm -*e m* skälm, skojare, spjuver; *armer ~* stackars sate; *kleiner ~* liten filur; *der ~ guckt ihm aus den Augen* han har glimten i ögat; *den ~ im Nacken haben* ha en räv bakom örat **Schelmen|streich** -*e m,* -**stück** -*e n* skälmstycke, skoj **Schelmerei** -*en f* upptåg; skälmaktighet **schelmisch** skälmsk
Schelte -*n f* ovett, skäll, bannor **schelten** *schalt, schölte, gescholten, schiltst, schilt, schilt!, auf e-n ~* gräla (skälla) på **1** (*ack.*) *~ gräla över* (skälla på) ngt; *e-n faul ~* kalla (skälla) ngn för lat **Scheltwort** -*e el.* -*er*† *n, se Schimpfwort*
Schem|a -*as el. -ata, äv. -en n* schema; plan; diagram; *nach ~ F* på vanligt sätt, slentrian-, schablon|mässigt, mekaniskt **schematisch 1** schematisk **2** rutin-, slentrian|mässig, mekanisk; *rein ~* (*äv.*) rent bokstavlig[t] **schematisieren** schematisera **Schematismus** *0 m* schematism, schematisk stelbenthet
Schemel - *m* pall
1 Schemen *pl, se Schema*

2 Schemen - *m, äv. n* skuggbild, skugga, skepnad **schemenhaft** skugg-, spök|lik, flyktig
Schenke -*n f* [enklare] utskänkningsställe, [liten] krog
Schenkel - *m* **1** lår; ben, skänkel; *tekn. äv.* skalm; *sich* (*dat.*) *lachend auf die ~ schlagen* (*äv.*) skrattande slå sig på knäna; *dem Pferd die ~ geben* ge hästen skänklarna **2** *mat.* vinkelben -**beuge** -*n f, anat.* ljumske -**bruch** -*e*† *m* **1** lårbrock **2** lårbensbrott -**druck** *0 m, ridk.* skänkel|tryck, -hjälp -**hals** -*e*† *m, anat.* lårbenshals -**hilfe** *0 f, ridk.* skänkelhjälp -**knochen** - *m* lårben; underben
schenken 1 skänka, ge; *e-m etw. zum Geburtstag ~* ge ngn ngt i födelsedagspresent; *e-m das Leben ~* (*äv.*) skona ngns liv, benåda ngn; *e-m Glauben ~* sätta [till]tro till (tro) ngn; *etw.* (*dat.*) *Beachtung ~* beakta ngt; *sich e-m ~* ge sig åt ngn; *etw. geschenkt bekommen* få ngt i present; *er möchte nichts geschenkt haben* han vill inte ha några presenter (gåvor); *es ist* [*fast, halb*] *geschenkt* (*vard.*) det är nästan gratis; *das möchte ich nicht* [*einmal*] *geschenkt haben, das wäre mir geschenkt zu teuer* det skulle jag inte vilja ha om jag fick det gratis **2** efterskänka; *du kannst dir ~, dieses Buch zu lesen* den här boken kan du låta bli att läsa (hoppa över); *in dieser Schule wird den Kindern nichts geschenkt* i den här skolan får barnen ingenting gratis (*måste barnen arbeta hårt*); *diese Arbeit wird dir nicht geschenkt* detta arbete kommer du inte ifrån **3** servera; hälla (slå) i (upp); *Wein ins Glas ~* hälla upp vin i glaset; *zum Braten wurde Rotwein geschenkt* till steken serverades rödvin **Schenker** - *m* givare, donator **Schenkerlaubnis** *m.fl. sms. på Schenk-, se Schankerlaubnis etc.* **Schenkung** -*en f* gåva, donation **Schenkungssteuer** -*n f* gåvoskatt **Schenkungsurkunde** -*n f* gåvo-, donations|brev **Schenkwirtschaft** -*en f, se Schankbetrieb*
schepper|n *vard.* skramla, slamra, rassla, klappra, klirra; *gleich -t's!* snart smäller det (blir det stryk)!; *auf der Kreuzung hat es gescheppert* det har smällt i korsningen (*ngn har krockat*)
Scherbe -*n f* skärva; *in ~n gehen* gå i bitar (kras), gå sönder; *die Hoffnung lag in ~n* hoppet låg i spillror; *in ~n schlagen* slå i bitar (sönder) **scherbeln** *dial.* dansa **Scherben** - *m* **1** *sty., österr., se Scherbe* **2** *sty.* blom-, ler|-kruka **3** *fack.* (bränt oglaserat) lergods **Scherbengericht** -*e n, hist., bildl.* ostracism
Schere -*n f* **1** sax **2** *brottn.* sax[grepp]; *gymn.* bensax, saxning; *e-e ~ machen* saxa **3** klo (*på kräfta e.d.*) **4** skaklar
1 scheren *schor, schöre, geschoren* (*ibl. sv*) klippa; raka; *den Bart ~* (*äv.*) raka av skägget; *Schafe* (*den Rasen*) ~ klippa får (gräsmattan); *den Schafen die Wolle ~* klippa fåren; *alles über m-n Kamm ~* skära allt över en kam; *e-n um etw. ~* (*vard.*) lura ngn på ngt
2 scher|en *sv, vard.* **1** *das -t euch e-n Dreck* det angår er inte ett dugg; *was ~ uns seine Probleme?* (*äv.*) vi struntar väl i hans problem! **2** *rfl, sich um etw. nicht ~* inte bry sig om (strunta i) ngt; *er -t sich e-n Dreck darum* det ger han blanka fan i **3** *rfl* ge (packa) sig i väg; *scher dich ins Bett!* gå [genast] och lägg dig!; *scher dich zum Kuckuck* (*Teufel*)*!* dra åt skogen (helvete)!
3 scheren *sv, gymn.* saxa **Scherenarm** -*e m*

saxskänkel **Scherenfernrohr** *-e n, mil.* batterikikare **Scherenschleifer** *- m* skärslipare **Scherenschnitt** *-e m* sil[h]uett[klipp] **Scherer** *- m* klippare
Schererei *-en f, vard.* krångel, trassel; *e-m ~en machen* ställa till trassel för ngn; *das gibt nur ~en det blir bara tråkigheter (besvär, obehag)*
Scherflein *- n* skärv; *sein ~ zu etw. beitragen* ge sin skärv åt ngt
Scherge *-n -n m* hantlangare, hejduk; bödel
1 Scherz *-e m, sty., österr., schweiz.* kant *(på bröd)*
2 Scherz *-e m* skämt, skoj; *~ beiseite!* skämt åsido!; *halb im ~* halvt (till hälften) på skämt; *e-n ~ machen* skämta; *mach keine ~e! (vard.)* skämtar du?, är det verkligen sant?; *etw. aus (zum) ~ sagen* säga ngt på skämt; *[seinen] ~ mit e-m treiben* driva med (göra narr av) ngn; *damit treibt man keinen ~ (äv.)* det är inte att leka med **Scherzartikel** *- m* skämtartikel
Scherzbold *-e m, vard.* skämtare
Scherz[e]l *- n* **1** *sty., österr.* kant *(på bröd)* **2** *slakt.* ytterlår
scherzen skämta, skoja; *nicht zum S~ aufgelegt* inte upplagd för skämt **scherzhaft** skämtsam **Scherz|o** ['skɛrtso] *-os el. -i n, mus.* scherzo **Scherzware** *-n f* skämtartikel **scherzweise** på skämt **Scherzwort** *-e n* skämt[samt ord]
schesen *s, nty.* rusa, springa
scheu blyg, skygg; rädd; *~ machen (äv.)* skrämma; *das Pferd wird ~* hästen skyggar **Scheu** *0 f* blyghet, skygghet; rädsla; *heilige ~* vördnad **Scheuche** *-n f* fågelskrämma **scheuchen** skrämma (jaga) bort, köra i väg **scheu|en 1** sky, frukta, dra sig (vara rädd) för; *das Licht des Tages ~ (bildl.)* inte tåla dagsljuset; *keine Mühe ~* inte sky (spara) ngn möda **2** *rfl, sich vor etw. (dat.) ~* vara rädd (dra sig, rygga tillbaka) för ngt; *er -t sich nicht [davor], das zu tun (äv.)* han tvekar inte att göra det **3** skygga, bli rädd *(vor + dat.* för)
Scheuer *-n f, dial., se Scheune*
Scheuerbürste *-n f* skurborste **Scheuereimer** *- m* skurhink **Scheuerfrau** *-en f* skurgumma **Scheuerlappen** *- m* skurtrasa **Scheuerleiste** *-n f* **1** golvpanel, fotlist **2** *sjö.* avbärarlist **scheuer|n 1** skura, skrubba; *den Schmutz von etw. ~* skura (skrubba) bort smutsen från ngt **2** skava; *an etw. (dat.) ~* skava mot ngt; *der Kragen -t kragen skaver; die Schuhe ~ meine Füße wund* jag får skavsår av skorna; *sich (dat.) die Haut wund ~* skava hål på skinnet **3** *rfl, sich am Knie wund ~* skava hål på knät; *der Esel -t sich an der Mauer* åsnan skrubbar sig mot muren **4** *vard.*, *e-m e-e ~* ge ngn en örfil **Scheuerpulver** *- n* skurpulver **Scheuersand** *0 m* skursand **Scheuertuch** *-er† n* skur|duk, -trasa
Scheuklappe *-n f* skygglapp *(äv. bildl.)*
Scheune *-n f* lada, loge **Scheunendrescher** *0 m, wie ein ~ essen (vard.)* äta som en varg **Scheunentor** *-n* ladu-, log|dörr; *offen wie ein ~ (vard.)* vidöppen
Scheusal *-e el. vard. -er† n* vidunder, odjur *(äv. bildl.)* **scheußlich** avskyvärd, vedervärdig, vidrig, otäck, hemsk; *es war ~ kalt (vard.)* det var svinkallt; *das tut ~ weh (vard.)* det gör hemskt ont
Schi *-er (äv. -) m* skida; *~ fahren (laufen)* åka skidor **-anzug** *-e† m* skiddräkt **-bindung** *-en f* skidbindning **-bob** *-s m* skibob

Schicht *-en f* **1** skikt, lager, varv **2** [samhälls]-skikt, [befolknings]grupp **3** skift; *~ arbeiten* skiftarbeta, arbeta [i] skift; *~ machen (vard.)* sluta arbetet [för dagen] **Schichtarbeit** *0 f* skiftarbete **Schichtarbeiter** *- m* skiftarbetare **schichten** trava, varva, stapla upp; lägga i skikt (lager, varv) **Schichtenfolge** *-n f, geol.* lagerföljd **schichtspezifisch** specifik för [visst] samhällsskikt **schichtenweise 1** i skikt (lager, varv) **2** i skift, skifte[s]vis **Schichtlohn** *-e† m (skiftarbetares)* [dags]lön, skiftlön **Schichtpreßstoff** *-e m* [plast]-laminat **schichtspezifisch** *se schichtenspezifisch* **Schichtung** *-en f* travande i skikt; skiktning, lagring **schichtweise** *se schichtenweise* **Schichtwolke** *-n f* skikt-, stratus|moln
schick 1 chic, smak-, stil|full, elegant, fin; stilig, vacker **2** *vard.* flott, härlig, häftig, toppen; inne *(modern)* **Schick** *0 m* stil, elegans, snits **schick|en 1** skicka, sända; *nach e-m ~* skicka [bud] efter ngn; *e-n auf die Bretter (zu Boden) ~ (vard.)* golva ngn; *nächstes Jahr wird das Kind auf die (zur) Schule geschickt* nästa år sätts barnet i skola; *e-n in den April ~* narra ngn april; *die Kinder ins (zu) Bett ~* skicka barnen i säng (till sängs); *e-n zum Teufel ~* be ngn dra åt fanders **2** *rfl, sich in etw. (ack.) ~* foga (finna) sig i ngt, acceptera ngt, anpassa sig efter (till) ngt; *du mußt dich ~ (sty.)* du måste skynda dig; *das wird sich noch ~* det kommer att ordna sig **3** *rfl* passa (lämpa) sig; *sich für etw. ~* passa (lämpa sig) för ngt; *es -t sich nicht für mich (äv.)* det anstår inte mig **schicker** *vard.* påstruken *(berusad)*
Schicke'ria *0 f, vard., die ~* innefolket **schicklich** passande, lämplig; *~es Benehmen (äv.)* korrekt uppförande **Schicklichkeit** *0 f* dekorum, lämplighet, det som passar sig
Schicksal *-e n* öde; bestämmelse, lott; *sein ~ ist besiegelt* hans öde är beseglat **schicksalhaft** *-e; ödesdiger; avgörande* **schicksalsergeben** undergiven sitt öde
Schicksals|frage *-n f* ödesfråga **-fügung** *0 f* ödets skickelse **-gefährte** *-n -n m,* **-genosse** *-n -n m, ung.* olyckskamrat, en som delar samma [olycks]öde **-glaube** *-ns 0 m* fatalism **-göttin** *-nen f* ödesgudinna **-schlag** *-e† m* ödets slag **schicksalsschwer** ödesdiger **Schicksalsstunde** *-n f* ödestimma
Schickse *-n f, vard. neds.* fruntimmer; *vulg.* slinka, fnask; *nat. soc.* judinna
Schickung *-en f, högt.* skickelse, öde
Schiebebühne *-n f* **1** *travers[bord]* **2** *teat.* skjutscen **Schiebedach** *-er† n* skjutbart tak; soltak *(på bil)* **Schiebedeckel** *- m* skjutlock **Schiebefenster** *- n* skjutfönster **schieben** *schob, schöbe, geschoben* **1** skjuta; flytta, maka; knuffa; *das Auto ~* skjuta på bilen; *ein Fahrrad ~* leda en cykel; *Kegel ~* slå (spela) kägler; *er hat zwei Monate [Knast] geschoben* han har suttit inne två månader *(i fängelse)*; *Wache ~ (vard.)* ha vakt[tjänst]; *er muß immer geschoben werden (vard.)* han behöver alltid puffas på; *die Schuld auf e-n ~* skjuta skulden på ngn; *etw. auf die lange Bank ~ (vard.)* uppskjuta ngt; *etw. auf den nächsten Tag ~* skjuta upp ngt till morgondagen; *er schob seine Kopfschmerzen auf das Wetter* han skyllde sin huvudvärk på vädret; *die Hand in die Hosentasche ~* stoppa handen i byxfickan; *Kuchen in den Mund ~* stoppa kakbitar i munnen **2** *vard.* jobba *(på svarta börsen)*, göra skumma affä-

rer; *mit Kaffee* (*Rauschgift*) ~ handla svart med kaffe (langa narkotika) **3** *s*, *vard*. gå [släpande], hasa; dansa [släpigt] **4** *rfl* flytta (röra) sig [framåt]; *sich näher* ~ flytta sig (komma) närmare; *der. Rock hat sich in die Höhe geschoben* kjolen har åkt upp; *sich durch die Menge* ~ tränga sig genom folkmassan **Schieber** - *m* **1** skjutbar del; regel; spjäll; slid; avstängningsventil **2** påpetare (*för barn*) **3** [stick]bäcken **4** *vard.* svartabörshaj, jobbare; langare **5** *vard.* onestep **Schiebergeschäft** *-e n*, *vard.* svartabörs-, skumrask|affär **Schiebermütze** *-n f*, *vard.* skärmmössa **Schiebesitz** *-e m* skjutbart säte **Schiebetür** *-en f* skjutdörr **Schiebfach** *m. flera sms. på Schieb-*, *se* **Schubfach** *etc.* **Schiebung** *-en f* svartabörs-, skumrask|affär; bedrägeri, fuffens, fusk, mygel; *sport.* uppgjord match *etc.* **schiech** [ʃiəx] *sty.*, *österr.* **1** ful, hemsk **2** ~ *werden* bli arg (förbannad)
schied *se scheiden* **schiedlich-friedlich** i godo **Schiedsgericht** *-e n* **1** *jur.* skiljedomstol **2** *sport.* domarkommitté, [tävlings]jury **Schiedsrichter** - *m* **1** *jur.* skiljedomare **2** *sport.* domare **schiedsrichter|n** *-te*, *geschiedsrichtert* döma **Schiedsspruch** *-e*† *m*, *jur.* skiljedom **Schiedsverfahren** - *n*, *jur.* skiljedomsförfarande
schief sned, lutande, sluttande; skev; *bildl. äv.* fel[aktig], oriktig; *ein* ~*es Bild von etw. haben* ha en felaktig bild av ngt; *ein* ~*es Gesicht machen* se sur ut, grina illa; *sich in e-r* ~*en Lage befinden* sitta (ligga) illa till; *ein* ~*es Licht auf etw.* (*ack.*) *werfen* ställa ngt i en falsk dager; *e-n* ~ *ansehen* (*vard.*) se snett på ngn; ~ *geladen haben* (*vard.*) vara påstruken (berusad) **Schiefblatt** *0 n* begonia **Schiefe** *0 f* snedhet *etc.*, *jfr schief*
Schiefer - *m* **1** skiffer **2** *dial.* sticka (*i huden*) **Schieferdach** *-er*† *n* skiffertak **Schieferdecker** - *m*, *dial.* skiffer-, tak|täckare **schieferig** skiffrig **Schieferstift** *-e m* griffel **Schiefertafel** *-n f* griffeltavla
schief|gehen *st s*, *vard.* gå på tok (snett, galet); *es ist schiefgegangen* (*äv.*) det har gått åt pipan (åt skogen); *es wird schon* ~*!* (*skämts.*) det ordnar sig nog (går nog bra)! **-gewickelt** *vard.*, *da bist du* ~ det har du fått om bakfoten, där har du alldeles fel **-lachen** *rfl*, *vard.* skratta sig fördärvad **-laufen** *st* **1** *schiefgelaufene Absätze* snedgångna klackar **2** *s*, *se schiefgehen* **-liegen** *st*, *vard.* ha (ta) fel, missta sig, ha fel uppfattning
schiefrig skiffrig
schief|treten *st*, *die Schuhe* ~ gå snett på skorna **-wink[e]lig** snedvinklig
Schielauge *-n n* **1** skelande öga; person som skelar **2** *nach etw.* ~*n machen* (*vard.*) snegla efter (på) ngt **schielen** skela, vinda, vara vindögd; snegla; *durchs Schlüsselloch* ~ (*vard.*) kika (titta) genom nyckelhålet; *nach etw.* ~ (*vard.*) snegla efter (på) ngt
schien *se scheinen*
Schienbein *-e n* skenben **Schienbein|schoner** - *m*, *sport.*, **-schützer** - *m*, *sport.* benskydd **Schiene** *-n f* **1** räl[s], skena; *med.* spjäla, skena; *aus den* ~*n springen* hoppa av spåret, spåra ur **2** vinkellinjal **schienen** *med.* spjäla **Schienen|bremse** *-n f*, *järnv.* skenbroms **-bus** *-se m* rälsbuss **-netz** *-e n* spårnät, spår-, järn|-vägsnät **-omnibus** *-se m* rälsbuss **-räumer** - *m*, *järnv.* gardjärn, kofångare **-stoß** *-e*† *m*,

järnv. skenskarv **-strang** *-e*† *m*, *järnv.* skensträng
1 schier *dial.* ren, oblandad; skär, skir; ~*es Fleisch* benfritt kött utan senor o. fett; ~*e Lüge* skär lögn
2 schier nästan, sånär, rentav
Schier|ling *-e m*, *bot.* odört **-lingsbecher** *0 m*, *den* ~ *trinken* (*leeren*) tömma giftbägaren **Schieß|befehl** *-e m* eldkommando **-bude** *-n f* skjutbana (*på tivoli*) **-budenfigur** *-en f*, wie *e-e* ~ *aussehen* (*vard.*) se skrattretande (löjlig) ut **-eisen** - *n*, *vard.* puffra, picka, skjutjärn, knallpåk
schieß|en *schoß*, *schösse*, *geschossen* **1** skjuta; *gruv.* spränga; *sl.* sila, knarka; *ein Bild* ~ ta ett kort; *e-n Bock* ~ (*vard. äv.*) göra en tabbe; *e-n Purzelbaum* ~ göra (slå) en kullerbytta; *ein Tor* ~ göra [ett] mål; *e-m e-e* ~ (*vard.*) ge ngn en örfil; *etw. billig* ~ (*dial.*) [händelsevis] komma över ngt billigt; *wütende Blicke auf e-n* ~ kasta iskna blickar på ngn; *er hat ihm* (*ihn*) *in den Fuß geschossen* han sköt honom i foten; *sich* (*dat.*) *e-e Kugel in den Kopf* ~ skjuta sig en kula för pannan; *ins Schwarze* ~ skjuta (träffa) prick; *nach der Scheibe* ~ skjuta till måls; *e-n Vogel vom Baum* ~ skjuta ner en fågel ur trädet **2** *s* [blixtsnabbt] fara, rusa (störta, flyga) [fram]; skjuta upp (fram); *der Phantasie die Zügel* ~ *lassen* ge fantasin fria (lösa) tyglar; *das Wasser -t aus der Leitung* vattnet sprutar ur ledningen; *ein Gedanke* -*t ihm plötzlich durch den Kopf* en tanke slår honom plötsligt; *das Blut* -*t ihm ins Gesicht* han blir blodröd i ansiktet (rodnar häftigt); *vom Stuhl in die Höhe* ~ rusa (störta) upp från stolen; *das Kind ist mächtig* [*in die Höhe*] *geschossen* barnet har ränt i höjden; *ins Kraut* ~ *a*) (*om växt*) ränna i höjden, få för mycket blad (blast) (*o. för litet frukt*), *b*) *bildl.* utveckla (utbreda) sig [okontrollerbart], växa (sprida sig) kraftigt (fort); *er kam um die Ecke geschossen* han kom (rusade) i full fart runt hörnet **3** *rfl*, *sich mit e-m* ~ duellera [på pistol] med ngn **Schießen** *-n* **1** skjutande, skjutning; skytte; skjut-, skytte|tävling **2** *vard.*, *es ist zum* ~ det är urkomiskt (så man kan skratta sig fördärvad) **schießenlassen** *st*, *vard.*, *etw.* ~ skippa (strunta i) ngt **Schießer** - *m*, *sl.* silare, knarkare **Schießerei** *-en f* **1** [evigt] skjutande **2** skott|växling, -lossning
Schieß|gewehr *-e n*, *vard.* bössa **-hund** *-e m*, *wie ein* ~ *aufpassen* (*vard.*) vara på sin vakt (spänt uppmärksam) **-platz** *-e*† *m* skjut|fält, -bana, -plats **-prügel** - *m*, *vard.* knallpåk **-pulver** - *n* krut **-scharte** *-n f* skottglugg **-scheibe** *-n f* måltavla **-stand** *-e*† *m* skjutbana **-übung** *-en f* skjutövning, övningsskjutning
schießwütig *vard.* skjutgalen; skjutglad
Schiet *0 m*, *nty.*, **Schiete** *0 f*, *nty.*, *se* **Scheiße**
Schifahrer - *m* skidåkare
Schiff *-e n* **1** skepp (*äv. arkit. o. boktr.*); båt, fartyg; *das* ~ *des Staates* statsskeppet; *das* ~ *der Wüste* öknens skepp (*kamelen*) **2** *dial. åld.* [varm]vattenbehållare (*i spis*) **Schiffahrt** *0 f* sjö-, skepps|fart, seglation **Schiffahrtsgesellschaft** *-en f* rederi **Schiffahrtskunde** *0 f* sjövetenskap, nautik **Schiffahrtspolizei** *0 f* sjöpolis **schiffbar** segelbar **Schiffbarkeit** *0 f* segelbarhet **Schiffbau** *0 m* skepps-, fartygs|-bygge, skepps|byggande, -byggeri **Schiffbruch** *-e*† *m* skeppsbrott; ~ *erleiden* lida

skeppsbrott, *bildl. äv.* gå över styr, misslyckas **schiffbrüchig** skeppsbruten; *bildl. äv.* misslyckad **Schiffbrücke** -*n f* pontonbro **Schiffchen** - *n* **1** litet skepp; liten [leksaks]båt **2** *text.* skyttel **3** *bot.* köl **4** *vard.* båtmössa **Schiffchenarbeit** -*en f* frivolitet[er] **Schiffe** *0 f, vard.* piss **schiffeln** *s, dial.* åka båt **schiff|en 1** *s* färdas sjövägen; *übers Meer* ~ färdas över havet **2** *vard.* pissa **3** *vard.*, *es -t* det [ös]regnar **Schiffer** - *m* skeppare; sjöman (*i insjöfart*) **Schifferbart** -*e*† *m* skepparkrans **Schifferklavier** -*e n, vard.* handklaver **Schifferknoten** - *m* sjömansknut, råbandsknop **Schiffermütze** -*n f* vegamössa **Schifferscheiße** *0 f, dumm wie* ~ (*vulg.*) jävligt dum **Schifflein** - *n* liten båt; *jfr äv.* *Schiff[chen]*
Schiffs|arzt -*e*† *m* skeppsläkare -**bau** *0 m, se Schiffbau* -**besatzung** -*en f* fartygsbesättning -**brücke** -*n f* pontonbro
Schiffschaukel -*n f* (*båtformad*) gunga
Schiffs|führer - *m, se Schiffer* -**hebewerk** -*e n* [fartygs]lyftverk (*i kanal*) -**journal** -*e n* loggbok -**junge** -*n* -*n m* skepps|pojke, -gosse -**kapitän** -*e m* [sjö]kapten -**koch** -*e*† *m* skeppskock -**körper** - *m,* -**leib** -*er m* [fartygs]skrov -**makler** - *m* skeppsmäklare -**mannschaft** -*en f* fartygsbesättning -**maschine** -*n f* [fartygs]maskin -**papiere** *pl* skepps|handlingar, -**papper** -**propeller** - *m* fartygspropeller -**raum** -*e*† *m* **1** lastrum **2** tonnage -**register** - *n* fartygs-, skepps|register, skeppslista -**rumpf** -*e*† *m* fartygs-, skepps|skrov -**schraube** -*n f* fartygspropeller -**tagebuch** -*er*† *n* loggbok -**tau** -*e n* tåg[virke] -**taufe** -*n f* fartygsdop -**verkehr** *0 m, se Schiffahrt* -**volk** *0 n, poet.* fartygsbesättning -**werft** -*en f* [skepps]varv -**zwieback** -*e*[†] *m* skepps|skorpa, -skorpor
Schi|hang -*e*† *m* skidbacke -**haserl** -[*n*] *n, sty., österr. skämts.* nybörjare på skidor; [ung] skidåkerska -**hose** -*n f* skidbyxor
Schi'kane -*n f* **1** trakasseri **2** *mit allen* ~*n ausgestattet* (*vard.*) utrustad med alla agremanger (moderna bekvämligheter, finesser) **schikanieren** trakassera **schikanös** trakasserande
Schi|lauf *0 m,* -**laufen** *0 n* skid|åkning, -löpning -**läufer** - *m* skidåkare
Schild 1 -*e m* sköld (*äv. zool.*); *e-n auf den* ~ *heben* välja ngn till ledare; *etw. im* ~*e führen* (*bildl.*) bära ngt i skölden, ha ont i sinnet **2** -*e m* mösskärm **3** -*er n* skylt; bricka, märke; namn|skylt, -plåt; etikett -**bürger** - *m, ung.* grönköpingsbo -**bürgerstreich** -*e m, ung.* grönköpingsmässig handling, dåraktighet -**drüse** -*n f* sköldkörtel
Schilderer - *m* skildrare
Schilder|haus -*er*† *n* skyllerkur -**maler** - *m* skyltmålare
schildern skildra **Schilderung** -*en f* skildring
Schilderwald -*er*† *m, vard.* skog av vägmärken, skyltdjungel
Schild|farn -*e m, bot.* bräken -**fisch** -*e m* sugfisk -**knorpel** - *m* sköldbrosk -**krot** *0 n, österr.* sköldpadd -**kröte** -*n f* sköldpadda -**krötensuppe** -*n f* sköldpaddssoppa -**laus** -*e*† *f* sköldlus -**patt** *0 n* sköldpadd -**wache** -*n f* skilt-, skylt|vakt
Schilf -*e n,* vass **schilfen** av vass, vass- **schilfern** *dial.* fjälla; flaga av [sig] **Schilfgras** -*er*† *n* vass **schilfig** vassbevuxen **Schilfrohr** -*e n* vass; vasstrå, vassrör **Schilfrohrsänger** - *m, zool.* kärrsångare
Schilift -*e m* skidlift

Schill -*e m, österr.* gös
Schiller 1 *0 m* färg|glans, -spel **2** - *m, dial. ung.* rosévin
Schiller|kragen - *m* schillerkrage -**locke** -*n f* **1** gräddstrut **2** (*slags*) rökt fiskfilé
schillern skifta (*i olika färger*), skimra, glittra **Schillerwein** -*e m, ung.* rosévin
Schilling -*e* (*vid måttsangivelse* -) *m* skilling (*mynt*); *österr.* schilling
Schillum -*s n* chillum (*haschpipa*)
schilpern (*om sparv*) kvittra
Schimäre -*n f* chimär
Schimmel 1 *0 m* mögel **2** - *m* skimmel (*häst*) **schimmelig** möglig **schimmeln** *h el. s* mögla **Schimmelpilz** -*e m* mögelsvamp
Schimmer *0 m* **1** skimmer, sken, glans **2** ~ *e-s Lächelns* skymt av ett leende; *keinen* [*blassen*] ~ *von etw. haben* (*vard.*) inte ha den bleikaste aning om ngt **schimmer|n 1** skimra, skina, tindra, glittra **2** *die Schrift -t durch das Papier* skriften skymtar (syns) genom papperet
schimmlig möglig
Schimpanse -*n* -*n m* [s]chimpans
Schimpf -*e m* skymf; *e-m e-n* ~ *antun* skymfa ngn; *mit* ~ *und Schande* med spott o. spe **Schimpfe** *0 f, vard.* utskällning, skäll **schimpf|en 1** skälla, gräla (*auf, über* + *ack.* på); *mit e-m* ~ skälla ut ngn; „...", -*te er* „...", svor han **2** *e-n e-n Dieb* ~ kalla ngn (skälla ngn för) en tjuv; *und Sie* ~ *sich Fachmann* (*vard.*) och Ni ska vara (kallar Er) expert **Schimpferei** -*en f* [evigt] skäll[ande] **schimpfieren** *åld.* smäda, okväda **schimpflich** skymflig, neslig **Schimpfwort** -*e el. -er*† *n* skymf-, okvädins-, skälls|ord; tillmäle
Schi'nakel -[*n*] *n, österr.* liten [rodd]båt
Schindanger - *m, åld.* avstjälpningsplats (*för kadaver*)
Schindel -*n f* [tak]spån **Schindeldach** -*er*† *n* spåntak **schindeln** täcka med spån
schinden *schund, schünde, geschunden* **1** plåga, pina; *ibl.* köra hårt med, exploatera, utsuga; *den Motor* ~ (*vard.*) pressa motorn **2** *vard.*, *Eindruck* ~ [*wollen*] [försöka] göra intryck (imponera); *das Fahrgeld* ~ åka gratis (*låta bli att betala*); *Zeilen* ~ (*ung.*) tänja ut texten; *Zeit* ~ *a*) försöka vinna tid, dra ut på tiden, *b*) *sport.* maska; *Zigaretten* ~ tigga cigaretter **3** *åld.* flå **4** *rfl, vard.* arbeta hårt, slita **Schinder** - *m* **1** *åld.* hudavdragare, rackare **2** plågoande, slavdrivare; utsugare **Schinderei** -*en f* **1** plågande, trakasserande; trakasseri **2** slit, slavgöra; plåga **Schindluder** *0 n, mit e-m* ~ *treiben* (*vard.*) behandla ngn skändligt (illa); *mit seiner Gesundheit* ~ *treiben* (*vard.*) missköta sin hälsa **Schindmähre** -*n f* (*utsliten*) hästkrake
Schinken - *m* **1** skinka **2** *vard.* lår; skinka, ända **3** *vard.* [tjock] lunta (*bok*); stor [dålig] målning (tavla); mastodont|pjäs, -film -**brot** -*e n* skinksmörgås -**brötchen** - *n* franska (kuvertbröd *e.d.*) med skinka
Schinne -*n f, dial.* mjäll
Schippe -*n f* **1** *dial.* skovel, spade; *e-n auf die* ~ *nehmen* (*laden*) (*vard.*) driva med ngn **2** ~*n* (*vard.*) långa [finger]naglar **3** *e-e* ~ *machen* (*ziehen*) (*vard.*) truta med munnen, hänga läpp **schippen** *dial.* skotta, skyffla, skovla **Schippen** - *n, kortsp.* spader
schippern *vard.* **1** *s* segla, färdas [med båt] **2** skeppa, transportera [med båt]
Schiri ['ʃi(:)rɪ -*s m, sportsl.* (*förk. för Schiedsrichter*) domare

Schirm -e m **1** paraply, parasoll; bot. hatt (på fjällskivling) **2** fallskärm **3** skärm; bildl. [be]skydd, värn **4** [bild]skärm; [TV-]ruta; über den ~ gehen visas i TV **Schirmbild** -er n skärm-, röntgen|bild **schirmen** högt. [be]skydda **Schirmer** - m, högt. beskyddare **Schirm|futteral** -e n paraplyfodral **-herr** -[e]n -en m beskyddare **-herrschaft** 0 f beskydd **-hülle** -n f paraplyfodral **-ling** -e m, bot. fjällskivling **-mütze** -n f skärmmössa **-pilz** -e m, bot. fjällskivling **-ständer** - m paraplyställ
Schirokko -s m s[c]irocko
schirren sela på, spänna för **Schirrmeister** - m, ung. stallmästare; mil. ung. underofficer m. ansvar för kompanis fordonspark
Schirting -e el. -s m shirting (tyg)
Schischuh -e m [skid]pjäxa
Schism|a ['ʃɪs-, äv. 'sçɪs-] -en, äv. -ata n schism
Schi|sport 0 m skidsport **-springen** - n back-hoppning **-springer** - m backhoppare
schiß se scheißen **Schi|ß** **1** -sse m, vulg. skitande; skitning; skit **2** 0 m, vard., ~ haben vara byxis (skraj)
Schi|stiefel - m [skid]pjäxa **-stock** -e† m [skid]stav **-träger** - m skidhållare (för bil) **-wachs** -e n [skid]valla
schizophren [ʃitso-, äv. sçitso-] schizofren
Schizophrenie -n f schizofreni
schlabbern 1 vard. lapa; sörpla [i sig] **2** vard. spilla **3** vard. slafsa **4** dial. sladdra, babbla
Schlacht -en f slag, strid; drabbning, batalj **Schlachtbank** -e† f slaktbänk (äv. bildl.) **schlachten** slakta; e-e Flasche ~ (vard.) knäcka en flaska **Schlachtenbummler** - m supporter **Schlachter** - m, **Schlächter** - m slaktare (på slakthus); nty. slaktare, charkuterist, charkuterihandlare **Schlachterei** -en f, nty. slakteri[butik], köttaffär, charkuteri **Schlächterei** -en f **1** nty., se Schlachterei **2** bildl. slaktande; blodbad, massaker
Schlacht|feld -er n slagfält **-fest** -e n slaktkalas (efter bondes svinslakt) **-flotte** -n f slagflotta **-flugzeug** -e n attackflygplan **-geschrei** 0 n stridsrop **-getümmel** 0 n stridsvimmel **-gewicht** 0 n slaktvikt **-haus** -er† n, **-hof** -e† m slakthus **-kreuzer** - m slagkryssare **-ordnung** -en f slagordning **-plan** -e† m stridsplan (äv. bildl.)
schlachttreif slaktfärdig **Schlachtruf** -e m stridsrop **Schlachtschiff** -e n slagskepp **Schlachtung** -en f slakt[ande] **Schlachtvieh** 0 n slaktboskap
Schlacke -n f slagg
1 schlacken bilda slagg, slagga
2 schlacken nty. snöregna, gloppa
Schlackenbahn -e† f, sport. kolstybbsbana **schlackenlos** utan slagg, slaggfri **Schlakkenwolle** 0 f slagg-, mineral|ull
schlacker|n 1 [hänga o.] slänga (dingla) **2** es -t det är snöglopp (slaskar) **Schlackerschnee** 0 m, nty. snöglopp **Schlackerwetter** 0 n, nty. slask[väder]
1 schlackig slaggig
2 schlackig nty. sörjig, slaskig
Schlackwurst -e† f cervelatkorv
Schlaf 0 m sömn; keinen ~ finden können inte kunna somna (sova); ~ haben (sty., österr.) vara sömnig (trött); seinen ~ halten ta sig en [tupp]lur; sich (dat.) den ~ aus den Augen reiben gnugga sömnen ur ögonen; das fällt mir nicht im ~ ein (vard.) det har jag inte en tanke

på, det faller mig inte in; etw. im ~ können kunna ngt utan o. innan (på sina fem fingrar); in [den] ~ singen sjunga till sömns; in ~ sinken (fallen) falla i sömn **Schlafanzug** -e† m nattdräkt, pyjamas **Schläfchen** - n [tupp]lur; ein ~ machen ta sig en [tupp]lur **Schläfe** -n f tinning **schlafen** schlief, schliefe, geschlafen, schläfst, schläft sova (äv. bildl.); ~ gehen, sich ~ legen gå o. lägga sig; das läßt ihn nicht ~ (bildl.) det ger (lämnar) honom ingen ro; hier schläft es sich gut här sover man bra; sich ~d stellen låtsas sova; im Sitzen ~ sitta o. sova, sova sittande; du kannst bei uns ~ (äv.) du kan sova (ligga) över (övernatta) hos oss; mit e-m ~ ligga (ha samlag) med ngn **Schläfenbein** -e n tinningben **Schlafengehen** 0 n, vor dem ~ innan man (etc.) går o. lägger sig; Zeit zum ~ dags att gå o. lägga sig **Schlafenszeit** 0 f läggdags **Schläfer** - m sovande **schläfer|n** es -t mich, mich -t jag är (känner mig) sömnig **schlaff 1** slapp, slak; ~ werden slappas, slakna **2** slapp, trög, slö; tråkig
Schlafgast -e† m nattgäst
Schla'fittchen 0 n, e-n beim (am) ~ kriegen (nehmen, packen) (vard.) ta ngn i kragen (hampan) (för att ge utskällning el. stryk)
Schlafkammer -n f (litet) sovrum, sovkammare **Schlafkrankheit** 0 f sömnsjuka **schlaflos** sömnlös **Schlaflosigkeit** 0 f sömnlöshet **Schlafmittel** -n sömnmedel **Schlafmohn** 0 m [opie]vallmo **Schlafmütze** -n f nattmössa; bildl. sömntuta, slöfock **schlafmützig** slö, trög **Schlafpulver** - n sömnpulver **Schlafratte** -n f, vard. sömntuta **schläfrig** sömnig
Schlaf|rock -e† m **1** natt-, morgon|rock **2** kokk., im ~ omgiven av smördeg (mördeg) **-saal** -säle m sovsal **-sack** -e† m sovsäck **-stadt** -e† f, vard. sovstad **-stelle** -n f sov-, säng|plats; nattlogi **-stube** -n f sovrum **-sucht** 0 f sjukligt sömnbegär
schlafsüchtig som lider av ett sjukligt sömnbegär **Schlaftablette** -n f sömntablett **Schlaf|trank** -e† m, **-trunk** -e† m sömndryck **schlaftrunken** sömndrucken, yrvaken
Schlafwagen - m sovvagn **schlafwandel|n** -te, geschlafwandelt, h, äv. s gå i sömnen **Schlafwandler** - m sömngångare **schlafwandlerisch** sömngångaraktig; ~e Sicherheit osviklig säkerhet **Schlafzimmer** - n sovrum
Schlag -e† m **1** slag (äv. bildl.); smäll, stöt; Schläge (äv.) stryk; ~ auf ~ slag i slag; mit e-m ~ [e] (vard.) med ens, i ett slag, [helt] plötsligt; e-n ~ haben (vard.) inte vara riktigt klok; gleich wird's Schläge geben (setzen) nu smäller det snart, nu får du (etc.) snart stryk; etw. auf e-n ~ tun (vard.) göra ngt samtidigt (på en o. samma gång); e-n vernichtenden ~ gegen etw. führen rikta ett dråpslag mot ngt; ein ~ ins Kontor (vard.) en obehaglig överraskning; ein ~ ins Wasser (bildl.) ett slag i luften **2** ~ zwei Uhr på slaget (precis klockan) två **3** åsk[ned]slag, blixt[nedslag] **4** (elektrisk) stöt **5** vard. slag[anfall]; ihn traf fast der ~ han höll på att få slag **6** [år]tag; sjö. slag (vid kryssning); halber ~ (sjö.) halvslag **7** (fågels) slag, drill **8** duvslag **9** [vagns-, bil]dörr **10** skogsv. hygge; avverkning; avverkningsplats **11** lantbr. åker **12** vard., ein ~ Suppe en sleve (tallrik, portion) soppa; e-n ~ bei e-m haben ligga bra till hos ngn **13** slag, sort; art; Leute

unseres ~es folk av vårt slag (som vi); *Offizier vom alten ~* officer av gamla stammen (skolan) **14** *österr.* vispgrädde **15** utsvängning (*på byxben*) **Schlagabtausch** *0 m, boxn.* slagväxling **Schlagader** *-n f* pulsåder **Schlaganfall** *-e† m* slaganfall; *e-n ~ bekommen* få slag **schlagartig** plötslig; *der Lärm hörte ~ auf* oväsendet upphörde i ett slag (plötsligt) **Schlagball 1** *0 m* långboll (*spel*) **2** *-e† m* boll (*som används i långboll*) **Schlagbaum** *-e† m* slag-, fäll|bom; tullbom **Schlag|bohrer** *- m,* **-bohrmaschine** *-n f* slagborrmaskin **Schlagbolzen** *- m* slag-, tänd|stift (*på vapen*) **Schlägel** *- m* slägga; klubba
schlagen *schlug, schlüge, geschlagen, schlägst, schlägt* **1** slå; *Bäume ~* fälla träd; *Falten ~* bilda (falla i) veck, vecka sig; *Eiweiß* (*Sahne*) *~* vispa äggvita (grädde); *Holz ~* hugga ved; *e-m die Karten ~* (*dial.*) spå ngn i kort; *e-n Kreis ~* göra (rita, beskriva) en cirkel; *das Kreuz ~* göra korstecknet; *Löcher ~* (*äv.*) göra hål; *Münzen ~* prägla mynt; *e-e Schlacht ~* utkämpa ett slag (en strid); *e-m Wunden ~* tillfoga ngn sår; *die Zither* (*Trommel*) *~* spela cittra (slå på trumma); *zwei geschlagene Stunden* två hela timmar; *der Esel schlägt* [*mit den Hufen*] åsnan slår bakut; *das Meer schlägt hohe Wellen* det går höga vågor på havet; *die Nachtigall schlägt* (*äv.*) näktergalen drillar; *das Schicksal schlug ihn hart* ödet drabbade honom hårt; *ans Kreuz ~* korsfästa; *ein Bild an die Wand ~* spika upp en bild på väggen; *mit der Faust auf den Tisch ~* slå näven i bordet; *die Unkosten auf den Preis ~* lägga omkostnaderna på priset; *durch ein Sieb ~* passera genom ett såll; *in die Erde ~* slå ner i jorden; *e-m* (*e-n*) *ins Gesicht ~* slå ngn i ansiktet; *ein Ei in die Pfanne ~* knäcka ett ägg o. slå det i stekpannan; *e-n Nagel in die Wand ~* slå i en spik i väggen; *mit den Flügeln ~* (*äv.*) flaxa med vingarna; *ein Bein über das andere ~* lägga det ena benet över det andra; *Papier um etw.* (*etw. in Papier*) *~* slå papper om ngt, slå in ngt i papper; *e-n zu Boden ~* (*sport. äv.*) golva ngn; *e-n zum Ritter ~* dubba ngn till riddare; *die Zinsen zum Kapital ~* lägga räntan till kapitalet; *ein Gebiet zum Nachbarland ~* lägga (slå) ihop (införliva) ett område med grannlandet **2** *h el. s slå sig; der Regen schlägt ans Fenster* regnet slår mot fönstret; *die Flammen ~ aus dem Fenster* lågorna slår ut genom fönstret; *der Blitz schlägt in den Baum* blixten slår ner i trädet; *das schlägt nicht in mein Fach* det faller inte inom (hör inte till) mitt fack **3** *s* slå; *das schlägt mir auf den Magen* det slår ta på magen på mig; *mit dem Kopf gegen die Wand ~* slå huvudet i väggen; *die Röte schlug ihm ins Gesicht* han rodnade [plötsligt] **4** *s, nach e-m ~* brås på ngn **5** *recipr* slåss, strida, kämpa; *rfl* slå sig; *sich gut ~* kämpa väl; *die Krankheit hat sich auf die Lungen geschlagen* sjukdomen har slagit sig på lungorna; *sich mit e-m ~ a*) slåss med ngn, *b*) duellera med ngn; *sich nach rechts ~* ta (vika) av åt höger; *sich um etw. ~* slåss (kämpa) om ngt; *sich zu e-r Partei ~* sälla sig (gå över) till ett parti **schlagend** slående; *bildl. äv.* träffande; *~e Verbindung* studentkorporation (*m. bl.a. dueller*); *~e Wetter* explosiv (exploderande) gruvgas **Schlager** *- m* schlager, hit; *bildl. äv.* succé, slagnummer **Schläger** *- m* **1** slagskämpe, bråkmakare **2** [tennis]racket; slagträ,

klubba; fäktsabel **3** *dial.* visp **Schlägerei** *-en f* slagsmål **Schlagerfestival** *-s n* schlagerfestival **Schlagermusik** *0 f* schlagermusik **schlägern** *österr.* fälla [träd] **Schlagerspiel** *-e n, sport.* topp-, pang|match; *das ~ des Jahres* årets match **Schlägertruppe** *-n f, ung.* gäng bråkmakare (slagskämpar), ligister **schlagfertig** slagfärdig **Schlagfertigkeit** *0 f* slagfärdighet **schlagfest** slaghållfast **Schlagflu|ß** *-sse† m, åld.* slag[anfall] **Schlagholz** *-er† n* slagträ **Schlaginstrument** *-e n, mus.* slaginstrument **Schlagkraft** *0 f* slagkraft (*äv. mil. o. bildl.*) **schlagkräftig** slagkraftig (*äv. mil. o. bildl.*); *bildl. äv.* slående, övertygande **Schlaglicht** *-er n* starkt (*bildl. äv.* skarpt) ljus; *etw. wirft ein ~ auf e-n* (*bildl.*) ngt är mycket karakteristiskt (typiskt) för ngn; *der Roman wirft ein ~ auf die damalige Gesellschaft* romanen ställer dåtidens samhälle i blixtbelysning **schlaglichtartig** klar, tydlig; *~ beleuchten* ställa i blixtbelysning **Schlagloch** *-er† n* grop (*i vägbanan*), potthål **Schlagmann** *-er† m, sport.* stroke, återroddare **Schlag|obers** *0 n, österr.,* **-rahm** *0 m, dial.* vispgrädde **schlagreif** (*om skog*) huggfärdig **Schlag|ring** *-e m* knogjärn **-sahne** *0 f* vispgrädde **-schatten** *- m* slagskugga **-seite** *-n f* slagsida; [*e-e*] *~ haben* (*vard.*) vara dragen (på sniskan) **-stock** *-e† m* **1** [polis]batong **2** trumpinne **-werk** *-e n* slagverk (*i ur*) **-wetter** *pl* explosiv (exploderande) gruvgas **-wort 1** *-er† el. -e n* slagord, slogan, paroll; *neds.* slagord, fras, kliché **2** *-er† n* slag-, uppslags|ord **-zeile** *-n f* [stor, fet] rubrik; *~n machen* ge stora rubriker, göra sensation, bli förstasidesstoff **-zeug** *-e n* slagverk, trummor **-zeuger** *- m* batterist, trumslagare, slagverkare **Schlaks** [-a:-] *-e m, vard.* lång drasut **schlaksig** *vard.* lång o. gänglig
Schla'massel *- m, äv. n, vard.* elände; röra; *jetzt sitzen wir im ~* (*ung.*) nu har vi vackert åkt dit (sitter vi i klistret)
Schlamm *-e*[*†*] *m* gyttja, dy, slam; lera; sörja **Schlammbad** *-er† n* gyttjebad **Schlammbeißer** *- m, zool.* slampiskare **schlammen** slamma, bilda slam **schlämmen** slamma [av] **Schlammerde** *-n f* gyttja (*hålsojord*) **Schlammfliege** *-n f, zool.* slamfluga **schlammig** gyttjig, dyig, slammig **Schlämmkreide** *0 f* slammad krita
Schlampe *-n f, vard.* slampa **schlampen** *vard.* slarva **Schlampen** *- m, sty., österr.* slampa **Schlamper** *- m, dial.* slarver **Schlamperei** *vard.* **1** *-en f* slarv **2** *0 f* röra, oreda, oordning **schlampert** *österr.,* **schlampig** *vard.* slarvig, slampig
schlang se **1** *schlingen o.* **2** *schlingen* **Schlange** *-n f* **1** orm (*äv. bildl.*); *e-e ~ am Busen nähren* (*högt.*) nära en orm vid sin barm kö; *~ stehen* köa, stå i kö **schlängeln** *rfl* slingra (bukta) sig
Schlangen|beschwörer *- m* ormtjusare **-bi|ß** *-sse m* ormbett **-brut** *0 f, se Schlangengezücht* **-fraß** *0 m, vard.* jättedåligt käk **-gezücht** *0 n* ormyngel, huggormars avföda **-gift** *-e n* ormgift **-grube** *-n f, bildl.* farligt ställe, farlig situation **-gurke** *-n f* slanggurka **-haut** *-e† f* ormskinn **-linie** *-n f* slingrande linje, våglinje **-mensch** *-en en m* ormmänniska
schlank 1 slank, smärt, smal; *~er Baum* högt o. rakt träd **2** *dial.* rask, snabb **Schlankheit** *0 f* slankhet *etc., jfr schlank* **Schlankheitskur**

schlankweg—schleißig

-en f bantningskur **schlankweg** *vard.* utan vidare, helt enkelt; ~ *ablehnen* (*äv.*) blankt avslå
Schlapfen - *m*, *sty.*, *österr.* toffel
schlapp slapp, slak; *vard.* slapp, slö
Schlappe -*n f* motgång, bakslag, nederlag
schlappen *vard.* **1** sloka; [hänga o.] slänga **2** lapa; sörpla [i sig] **3** glappa, kippa **4** *s* hasa
Schlappen - *m*, *vard.* toffel **Schlapphut** -*e†* *m* slokhatt **schlappmachen** *vard.* ge upp, ge tappt; bryta samman, svimma **Schlappschwanz** -*e† m*, *vard.* ynkrygg, mähä, vekling
Schla'raffe -*n* -*n m* lätting, goddagspilt **Schlaraffenland** *0 n* schlaraffenland **Schlaraffenleben** *0 n* lättjefullt o. sorglöst liv
schlau slug, listig, knepig; ~*er* *Hund* (*Fuchs*) slug rackare; ~*er Kopf* slughuvud; *jetzt heißt es ~ sein* nu gäller det att tänka sig för; *aus etw. nicht ~ werden* inte bli klok på ngt
Schlauberger - *m*, *vard.* slughuvud
Schlauch -*e† m* **1** slang (*äv. bil*-, *cykel*-); vattensäck (*av läder*); *wie ein ~ saufen* (*vard.*) dricka som en svamp **2** *vard.*, *das ist ein ~ det är jättejobbigt*; *auf dem ~ stehen* varken veta ut eller in, inte veta vad man (*etc.*) skall ta sig till **3** *vard.* långt smalt rum (*e.d.*) **Schlauchboot** -*e n* (*uppblåsbar*) gummibåt **schlauchen 1** *vard.*, *e-n ~* köra hårt med (tröttköra, knäcka) ngn; *geschlaucht sein* vara alldeles slut (färdig, knäckt) **2** tappa av [m. slang] **3** pimpla (*supa*) **schlauchlos** slanglös **Schlauchwagen** - *m* slangkärra (*för trädgården*); slangvagn (*brandvagn*)
Schläue *0 f* slughet **'schlauer'weise** slugt (listigt) nog
Schlaufe -*n f* [löp]ögla, slinga; hand|rem, -tag
Schlau|heit -*en f* slughet **-kopf** -*e† m*, *vard.*, **-meier** - *m*, *vard.* slughuvud
Schla'winer - *m*, *vard.* **1** skojare **2** rackare, rackarunge
schlecht 1 dålig; *adv äv.* illa; *keine ~e Idee* ingen dum idé; ~*er Mensch* (*äv.*) ond människa; ~*e Zeiten* dåliga tider; *~ gerechnet* nätt (lågt) räknat; *nicht ~* inte [så] dålig[t] (illa, dum[t]); *er staunte nicht ~* han blev inte så litet (mycket) förvånad; *es geht ihm ~* (*äv.*) han är sjuk; *heute geht es ~*, *lieber morgen* det passar inte så bra i dag, hellre i morgon; *mir ist ~* jag mår illa; *~ bei Kasse sein* (*vard.*) vara rätt pank, ha ont om pengar; *~ zu Fuß sein* vara dålig på att gå; *es steht ~ mit ihm* (*um ihn*) han är illa däran, det står illa (dåligt) till med honom; *bei der Verteilung ~ wegkommen* bli missgynnad vid utdelningen; *~ werden* (*äv.*) bli fördärvad; ~*er werden* bli sämre, försämras **2** *åld.* enkel **3** ~ *und recht* så gott man (*etc.*) kan, så gott det går, någorlunda, dräglig **4** knappast; *das ist ~ möglich* det kan inte vara möjligt; *etw. ~ vermeiden können* knappast kunna undvika ngt **schlechtbezahlt** dåligt betald; lågavlönad **'schlechter'dings** helt enkelt, absolut, faktiskt **schlechtgehen** *st s*, *ein ~des Geschäft* en affär som går dåligt; *es geht ihm schlecht a*) han är dålig (sjuk), *b*) han har det svårt (dåligt ställt); **schlechtgelaunt** på dåligt humör **schlecht'hin** [*äv.* '-'-] **1** *Wien ist die Musikstadt ~* Wien är musikstaden med stort M **2** helt enkelt, rätt o. slätt; faktiskt; helt [o. hållet], absolut **Schlechtigkeit** -*en f* dålighet, uselhet; dålig handling **schlechtmachen** *vard.*, *e-n ~* tala illa om ngn, göra ner ngn, racka ner på ngn **schlechtsitzend**

(*om plagg*) illasittande **schlechtweg** *se schlechthin* **Schlechtwetter** *0 n* dåligt väder
schlecken 1 slicka [i sig]; lapa **2** *sty.* snaska; *gern ~* (*äv.*) tycka om sötsaker **Schlecker** - *m*, *vard.*, *se Schleckermaul* **Schleckerei** -*en f*, *sty.*, *österr.*, ~-*en* (*pl*) söt-, god|saker, snask **Schleckermaul** -*er† n*, *vard.* gott-, snask|-gris; *ein ~ sein* (*äv.*) vara förtjust i (begiven på) sötsaker
Schlegel - *m* **1** slägga, klubba; trumpinne **2** *sty.*, *österr.* kokk. lår, kyl, bog
Schlehdorn -*e m* slån[bärsbuske] **Schlehe** -*n f* slån[bärsbuske]; slånbär
Schlei -*e m*, *zool.* sutare
Schleiche -*n f* kopparorm, ormslå **schleichen** *schlich*, *schliche*, *geschlichen* **1** *s* smyga **2** *rfl* smyga [sig]; *schleich dich!* (*sty.*, *österr.*) stick! **3** *s* krypa, gå (*e.d.*) långsamt **Schleicher** - *m*, *ung.* hycklare, smilfink **Schleichhandel** *0 m* smyg-, svartabörs|handel **Schleichhändler** - *m* smyghandlare, svartabörshaj **Schleichweg** -*e m* smygväg **Schleichwerbung** *0 f* smygreklam
Schleie -*n f*, *zool.* sutare
Schleier - *m* slöja, flor, dok; *den ~ nehmen* ta slöjan (*bli nunna*) **Schleiereule** -*n f* tornuggla **Schleierfisch** -*e m* slöjfisk **schleierhaft** *vard.*, *das ist mir völlig ~* det är fullständigt oförklarligt (obegripligt) för mig, jag kan inte alls fatta det **Schleierschwanz** -*e† m* slöjfisk
1 Schleife -*n f* slinga, ögla, rosett, knut; krök; *e-e ~ fliegen* flyga en åtta
2 Schleife -*n f* **1** (*slags*) kälke **2** *dial.* [is]kana
schleif|en 1 *schliff*, *schliffe*, *geschliffen* **1** slipa; bryna; *geschliffene Leute* (*Worte*) eleganta (förfinade, hyfsade) människor (väl valda ordalag); *e-e Formulierung ~* finputsa en formulering **2** *vard.*, *e-n ~ a*) köra med ngn, *b*) lära ngn folkvett; *Rekruten ~* drilla rekryter **3** *s*, *dial.* åka kana **II** *sv* **1** släpa, dra; *e-n ins Kino ~* (*vard.*) släpa med ngn på bio **2** *h el. s*, *die Kupplung ~ lassen* slira på kopplingen; *die Zügel ~ lassen* (*bildl.*) släppa efter på tyglarna; *der Reifen -t am Schutzblech* däcket går emot stänkskärmen; *das Kleid -t auf dem* (*über den*) *Boden* klänningen släpar i golvet **3** *mus.* binda [ihop] **4** rasera, jämna med marken **Schleifer** - *m* **1** slipare **2** *vard.* basseplågare, stridis **3** *mus.* glidförslag **4** (*slags*) vals **Schleiferei** -*en f* **1** slipande, slipning; *bildl. äv.* drill[ande] **2** sliperi
Schleif|kontakt -*e m* släp-, glid|kontakt **-lack** -*e m* sliplack **-maschine** -*n f* slipmaskin **-mittel** - *n* slipmedel **-papier** -*e n* slippapper **-rad** -*er† n* slipskiva **-ring** -*e m*, *elektr.* släpring **-scheibe** -*n f* slipskiva **-stein** -*e m* slipsten
Schleim -*e m* **1** slem **2** välling, gröt **schleimabsondernd** slemavsöndrande **Schleimbeutel** - *m*, *anat.* slemsäck **Schleimdrüse** -*n f* slemkörtel **schleimen 1** avsöndra slem **2** tala (skriva) hycklande (inställsamt) **Schleimhaut** -*e† f* slemhinna **schleimig** slemmig; *bildl.* falsk, hycklande, inställsam **schleimlösend** slemlösande **Schleimscheißer** - *m*, *vulg.* falsk o. inställsam jäkel, hycklare, smilfink **Schleimsuppe** -*n f* (*slags*) välling
schleißen *schliß*, *schlisse*, *geschlissen* **1** *äv. sv* sprita (*fjäder*); *dial.* spänta (*stickor*), klyva **2** *s*, *åld.* nötas, slitas, gå sönder **schleißig** *dial.* utnött, utsliten, trasig

Schle'mihl -*e m* olycksfågel
Schlemm -*e m, kortsp.* slam
schlemmen äta o. dricka gott [o. mycket], frossa; *etw.* ~ kalasa på (njuta av) ngt
Schlemmer - *m* gourmé; gourmand, frossare **schlemmer|haft, -isch** lukullisk, yppig, överdådig
Schlempe -*n f, fack.* drank
schlendern *s* flanera, gå o. driva; *durch die Straßen* ~ flanera på gatorna '**Schlendrian** *0 m* slentrian; *im alten* ~ *(äv.)* i den gamla trallen; *es geht seinen* ~ det fortsätter i samma [gamla] fotspår
Schlenker - *m, vard.* 1 gir, sväng 2 avstickare
schlenkern 1 *die Arme (mit den Armen)* ~ slänga (dingla) med armarna 2 *s, dial., se* **schlendern**
schlenzen *sport.* skjuta iväg *(fotboll, puck utan ansats)*
Schlepp *0 m, in* ~ *nehmen* ta på släp, bogsera; *e-n im* ~ *haben a)* ha ngn på släp, bogsera ngn, *b)* ha ngn i släptåg, åtföljas (förföljas) av ngn
Schleppangel -*n f, fisk.* drag **Schleppdampfer** - *m* bogserare, bogser|båt, -ångare
Schleppe -*n f* 1 släp (*på klänning*) 2 lantbr. sladd **schlepp|en** 1 släpa [med, efter sig]; ta (ha) på släp, bogsera; släpa (kånka) på; *e-n ins Kino* ~ *(vard.)* släpa med sig ngn på bio; *er ist beim S~ erwischt worden (vard.)* han åkte fast när han hjälpte ngn (några) att fly *(från öststat); was bringt ihr da geschleppt?* vad kommer ni släpande på? 2 *das Kleid -t [auf dem Boden]* klänningen släpar i golvet 3 *vard., diese Hose -t er schon monatelang de här* byxorna har han haft [på sig] i flera månader 4 *rfl* släpa sig; *sich müde* ~ släpa ut sig; *er konnte sich kaum noch* ~ han kunde knappt släpa sig fram; *der Prozeß -t sich schon ins vierte Jahr* processen är redan inne på sitt fjärde år 5 *rfl, dial., sich mit etw.* ~ *a)* släpa (kånka) på ngt, *b)* dras med ngt **schleppend** släpande, släpig; långsam, trög
Schlepp|er - *m* 1 bogserare, bogserbåt 2 traktor 3 *vard.* kundvärvare 4 *vard.* medhjälpare till flykt *(från öststat)* **-flugzeug** -*n* bogserflygplan **-kahn** -*e*† *m* pråm *(som bogseras)* **-lift** -*e el.* -*s m* släplift **-netz** -*e n* släp|nät, -not, -tåg **-schiff** -*e n* bogserbåt **-schiffahrt** *0 f* bogserbåtstrafik **-tau** -*e n* bogser|lina, -tross; *e-n ins* ~ *nehmen a)* ta ngn på släp, bogsera ngn, *b)* ta (släpa) ngn med sig, *c)* ta hand om (ta sig an) ngn; *e-n im* ~ *haben a)* ha ngn på släp, bogsera ngn, *b)* ha ngn i släptåg, åtföljas (förföljas) av ngn; *in jds* ~ *geraten* bli beroende av ngn **-zug** -*e*† *m, sjö.* [pråm]släp
schlesisch schlesisk, från (i) Schlesien
Schleuder -*n f* 1 slunga, katapult; slangbåge 2 centrifug 3 *vard.* kärra; båge; hoj **Schleuderball** -*e*† *m* slungboll **Schleuderbrett** -*er n* trampolin **Schleuderer** - *m* 1 slungare 2 *hand.* dumpare, prisfördärvare **Schleudergefahr** *0 f* risk för sladd; *(vägmärke)* slirig vägbana **Schleuderhonig** *0 m* slungad honung **Schleudermaschine** -*n f* centrifug **schleudern** 1 slunga; kasta, slänga 2 centrifugera; slunga *(honung)* 3 *s* sladda, slira; *ins S~ geraten a)* råka i sladdning, sladda, slira, *b) vard.* bli osäker, tappa kontrollen (fattningen) **Schleuderpreis** -*e m* vrakpris **Schleuderpumpe** -*n f* centrifugalpump **Schleudersitz** -*e m* katapultstol **Schleuderstart** -*s, ibl.* -*e m* katapultstart **Schleuderware** -*n f* vara till vrakpris
schleunig skyndsam, snabb, snar, omedelbar; ~*st* så fort som (fortast) möjligt; *gib mir* ~*st das Geld!* ge mig pengarna genast (på fläcken)!
Schleuse -*n f* sluss; dammlucka; *der Himmel öffnet seine* ~*n* himlens portar öppnas **schleusen** slussa **Schleusengeld** -*er n* slussavgift **Schleusenkammer** -*n f* sluss|bassäng, -kammare **Schleusentor** -*e n* slussport **Schleusentreppe** -*n f* slusstrappa **Schleusenwärter** - *m* slussvakt **Schleuser** - *m, vard., se Schlepper* 4
schlich *se schleichen* **Schliche** *pl* knep, trick[s]; *e-m auf die (hinter jds)* ~ *kommen* komma på (underfund med) ngns knep (avsikter), genomskåda ngn
schlicht 1 enkel, okonstlad 2 slät[kammad] 3 ren; ~*e Wahrheit (äv.)* osminkad sanning 4 ~ *um* ~ jämnt om jämnt 5 ~ *unmöglich* helt enkelt omöjlig **schlichten** 1 *e-n Streit* ~ bilägga (slita) en tvist; *die Sache ist geschlichtet worden* saken har ställts till rätta (ordnats); ~*d eingreifen* ingripa o. medla; *zwischen den streitenden Parteien* ~ förlika de tvistande parterna 2 jämna, släta; slät|hyvla, -slipa; polera, glätta **Schlichter** - *m* medlare, förlikningsman; freds|mäklare, -medlare **Schlichtheit** *0 f* enkelhet *etc., jfr schlicht* **Schlichthobel** - *m* släthyvel **Schlichtung** -*en f* 1 biläggande *(av tvist)*, medling 2 finbearbetning *(jfr schlichten* 2) **Schlichtungs|ausschuß** -*ausschüsse m*, **-kommission** -*en f* förlikningskommission **schlicht'weg** *[äv. '-'-] se schlechthin*
Schlick -*e m* slam, gyttja, dy **Schlickboden** -†*m* dymark, dybotten **schlick[e]rig** dyig, gyttjig **schlickern** *dial.* 1 *h el. s* åka kana, glida, halka 2 *h el. s* dallra 3 ysta sig, tjockna 4 snaska
schlief *se schlafen*
Schlief -*e m, dial.* degigt ställe *(i bröd)* **schliefen** *schloff, schlöffe, geschloffen, s* 1 *sty., österr., se schlüpfen* 2 *jakt.* gå i gryt **Schliefer** - *m* 1 *dial.* sticka 2 *jakt.* grythund **schlief[e]rig** *dial.* hal, slipprig **schliefig** *dial.* degig, kladdig
Schliere 1 *0 f, dial.* slemmig massa, slem 2 -*n f, tekn.* slira *(inhomogenitet)* 3 -*n f* rand *(på fönster)* **schlieren** *h el. s, sjö.* glida **schlierig** *dial.* hal, slirig, slemmig, slipprig
schließbar som kan stängas (låsas) **Schließe** -*n f* spänne *(på skärp e.d.)* .
schließ|en *schloß, schlösse, geschlossen; jfr äv. geschlossen* 1 stänga [för, igen, till], låsa [igen, till], [till]sluta; *zweimal* ~ vrida om nyckeln två gånger; *den Laden* ~ *(äv.)* slå igen butiken; *der Schlüssel -t zu mehreren Türen (dial.)* nyckeln går till flera dörrar 2 sluta till, stänga|s[], gå igen; sluta *(upphöra); der Laden -t um 6 Uhr* affären stänger kl. 6; *das Schloß -t nicht* låset tar inte; *die Türen* ~ *automatisch* dörrarna stängs automatiskt 3 tillfoga; ansluta; *die Lampe an den Strom* ~ ansluta lampan till nätet; *sie schloß daran folgende Worte* hon tillfogade följande ord till det 4 stänga in, låsa in (fast); inne|bära, -fatta, -sluta; *den Hund an die Kette* ~ kedja fast hunden; *das Fahrrad an den Zaun* ~ låsa fast cykeln vid staketet; *e-n in die Arme* ~ sluta (ta) ngn i sina armar (sin famn); *e-n Widerspruch in sich* ~ innehålla (innebära) en motsägelse 5 [av]sluta; sluta *(fred e.d.); die Ehe mit e-m* ~ ingå äkten-

skap med ngn; *Freundschaft* ~ bli vänner; *die Rednerliste ist geschlossen* talarlistan är fulltecknad **6** *aus* (*von*) *etw. auf etw.* (*ack.*) ~ sluta sig till ngt av ngt; *aus der Bemerkung kann man* ~, *daß* av yttrandet kan man sluta sig till (dra den slutsatsen) att; *von sich auf andere* ~ bedöma andra efter sig själv **7** *rfl* stänga in sig **8** *rfl* sluta sig, gå igen; *die Blüten* ~ *sich* blommorna sluter sig (slår ihop); *die Tür schloß sich* dörren gick igen; *die Wunden* ~ *sich* såren läks **9** *rfl*, *an den Film schloß sich e-e Diskussion* på filmen följde en diskussion **Schließer** - *m* **1** dörr-, port|vakt; vaktmästare (*på biograf e.d.*); fångvaktare **2** dörrstängare **Schließfach** -*er*† *n* förvarings|fack, -box; postbox; bankfack **Schließkorb** -*e*† *m* korg (*m. lock*) **schließlich** slutligen, till slut; när allt kommer omkring, i alla fall, ändå **Schließmuskel** -*n m* ring-, slut|muskel, sfinkter **Schließrahmen** - *m*, *typ.* slutram **Schließung** -*en f* stängande, stängning; nedläggning; [av]slutande *etc.*, *jfr schließen*
schliff *se schleifen I*
1 Schliff -*e m* **1** slipning; *das Glas hat e-n schönen* ~ (*äv.*) glaset är vackert slipat **2** fint sätt, hyfs, [yttre] polityr; avslipning, fulländning
2 Schliff -*e m*, *dial.* degigt ställe (*i bröd*); degigt bröd (*e.d.*); ~ *backen* misslyckas
schlimm dålig; ond, elak; svår; otrevlig, tråkig, sorglig; *adv äv.* illa; *ein* ~*er Geselle* (*vard.*) en ful fisk; *im* ~*sten Fall* i värsta fall; *die Sache hätte* ~*er ausgehen können* det kunde ha gått värre; *e-n* ~*en Zahn haben* (*vard.*) ha en ond tand, ha ont i en tand; *e-n* ~*en Ausgang nehmen* få en olycklig utgång; *das ist nicht so* ~ (*äv.*) det är inte så farligt; *es ist* ~ *kalt* (*vard.*) det är hemskt kallt (svinkallt); *ist es* ~, *wenn ich später komme?* gör det ngt om jag kommer senare?; *was* ~*er ist* vad värre är; *ein ganz S*~*er sein* (*vard.*) vara en riktig rackare; *es steht* ~ *um ihn* det står illa till med honom, han är illa däran; ~*er werden* bli sämre (värre), försämras, förvärras '**schlimmsten**'**falls** i värsta (sämsta) fall
Schlinge -*n f* ögla, slinga; stropp; snara; *bildl. äv.* fälla; ~*n legen* (*aufstellen*) sätta ut snaror (fällor); *sich aus der* ~ *ziehen* klara sig, dra sig ur knipan; *in die* ~ *gehen* gå i snaran (fällan); *den Arm in der* ~ *tragen* ha armen i band
Schlingel - *m* rackarunge, rackare, slyngel
1 schlingen 1 *schlang, schlänge, geschlungen* slingra, linda, vinda, vira; *sich* ~ *slingra* (*etc.*) sig; *e-n Knoten* ~ (*äv.*) slå en knut; *sich* (*dat.*) *ein Band durchs Haar* ~ fläta ett band i håret (sitt hår); *die Arme um e-n* ~ slå armarna om ngn; *e-e Schnur um etw.* ~ knyta ett snöre om ngt **2** *sv* fånga (*fisk*) med snara
2 schlingen *schlang, schlänge, geschlungen* kasta i sig [maten]; sluka, svälja [ner]; *die Suppe* ~ *sleva* (kasta) i sig soppan; *schling nicht so!* kasta inte i dig maten på det där sättet!
Schlingerkiel -*e m*, *sjö.* slingerköl **schlinger**|**n 1** (*om båt*) slingra, rulla; kränga; (*om fordon äv.*) slänga [hit o. dit], sladda **2** *s* rulla; *der Betrunkene* -*t* den berusade vinglar [fram]
Schlingentank -*s el.* -*e m* slinger-, rullnings|-tank **Schling**|**gewächs** -*e n*, -**pflanze** -*n f* slingerväxt
Schlipf -*e m*, *schweiz.* ras, skred
Schlippe -*n f* **1** *nty.* rockskört **2** *dial.* trång passage, smal gränd
Schlips -*e m*, *vard.* slips; *e-m auf den* ~ *treten*
(*vard.*) trampa ngn på tårna, såra ngn; *sich auf den* ~ *getreten fühlen* (*vard.*) känna sig stött, vara sårad
schliß *se schleißen*
Schlitten - *m* **1** släde, kälke; *mit e-m* ~ *fahren* (*vard.*) *a*) skälla ut ngn, *b*) trakassera ngn **2** *tekn.* släde; slid; löpare; vagn (*på skrivmaskin*) **3** *vard.* kärra (*bil*); båge; hoj **4** *vulg.* hora, fnask **5** stapelsläde, slipvagn **Schlittenfahrt** -*en f* slädfärd **Schlittenhund** -*e m* slädhund **Schlittenpartie** -*n f* slädparti **Schlitterbahn** -*en f*, *dial.* kana **schlittern** *h el. s* åka (slå) kana; halka, kana; *in e-n Krieg* ~ råka in i ett krig **Schlittschuh** -*e m* skridsko; ~ *laufen* (*fahren*) åka skridskor **-laufen** *0 n* skridskoåkning **-läufer** - *m* skridskoåkare
Schlitz -*e m* **1** springa; öppning; brev-, mynt|-inkast; skåra, snitt; sprund, slits **2** *vard.* gylf **3** *vulg.* fitta **Schlitzauge** -*n n* snedställt öga, kinesöga **schlitzäugig** smal-, sned|ögd **schlitzen** sprätta (skära, klippa, slitsa) upp; göra en skåra (ett snitt) i; slitsa; förse med slits (sprund) **Schlitzohr** -*en n*, *vard.* slipad kanalje, smart typ **Schlitzverschlu**|**ß** -*sse*† *m*, *foto.* ridåslutare
schloff *se schleifen*
Schlögel - *m*, *österr.*, *se Schlegel 2*
'**schloh**'**weiß** kritvit
schloß *se schließen* **Schlo**|**ß** -*sser*† *n* **1** lås; knäppe, spänne; *hinter* ~ *und Riegel* bakom lås o. bom; *ins* ~ *fallen* falla i lås; *er hat ein* ~ *vor dem Mund* hans läppar är förseglade, han tiger; *e-m ein* ~ *vor den Mund legen* sätta munlås på ngn **2** slutstycke (*på handeldvapen*) **3** slott; ~ *im* (*auf dem*) *Mond* luftslott, chimär, fantasier
Schloße [-o:-] -*n f*, *dial.* (*stort*) hagelkorn **schloßen** *dial.* hagla
Schlosser - *m* klen-, lås|smed; mekaniker, montör, verkstadsarbetare **Schlosserei 1** -*en f* klensmeds (låssmeds *e.d.*) verkstad, [smides]-verkstad **2** *0 f* klen-, lås|smedsyrke **Schlosserhandwerk** *0 n*, *se Schlosserei 2* **Schlosserwerkstatt** -*en*† *f*, *se Schlosserei 1*
Schloßhof -*e*† *m* slotts-, borg|gård **Schloßhund** *0 m*, *wie ein* ~ *heulen* (*vard.*) tjuta som en varg, gråta bittert
Schlot -*e*, *ibl.* -*e*† *m* skorsten (*på fabrik el. fartyg*); *wie ein* ~ *rauchen* (*vard.*) röka som en skorsten, vara storrökare **2** (*vulkans*) eruptions-kanal **3** *vard.* lång räkel; konstig typ; odåga, opålitlig människa **-baron** -*e m*, *vard. neds.* industrimagnat **-feger** - *m*, *dial.* sotare, skorstensfejare
schlotterig *se schlottrig* **schlottern 1** darra, skälva (*vor Kälte* av köld) **2** hänga löst, [hänga o.] dingla, fladdra **schlottrig 1** darrande, darrig **2** löst hängande, sladdrig; slapp; påsig, säckig
Schlucht -*en f* klyfta, ravin; avgrund
schluchzen snyfta, hulka **Schluchzer** - *m* snyftning
Schluck -*e*, -*e*† *m* klunk, munfull; *ein guter* ~ (*vard.*) en god dryck, ett gott vin (*e.d.*); *ein* ~ *Wein* (*äv.*) lite vin; *ein* [*kräftiger*] ~ *aus der Pulle* (*vard.*) en hel del, en massa; *in* (*mit*) *e-m* ~ i ett svep; *etw. bis auf den letzten* ~ *austrinken* dricka ngt till sista droppen; *e-n zu e-m* ~ *Wein einladen* bjuda ngn på ett glas vin
'**Schluckauf** *0 m* hicka **Schluckbruder** -† *m*, *vard.* fylltratt, suput **schlucken** svälja [ner] (*äv. bildl.*); [upp]sluka; absorbera; *viel* ~

(*vard.*) dricka en hel del, supa; *Staub* ~ (*vard.*) andas in damm; *Wasser* ~ (*äv.*) få en kallsup **Schlucken** *0 m,* den ~ **haben** ha hicka **Schlucker** - *m,* armer ~ (*vard.*) [fattig] stackare, beklagansvärd människa **Schluckimpfung** -*en f* vaccination med vaccin som tas genom munnen **schlucksen** *vard.* [ha] hicka **Schluckser** - *m, vard.* hickning, hicka **schluckweise** klunkvis **Schluderarbeit** -*en f, vard.* hafs-, fusk|verk **schlud[e]rig** *vard.* hafsig, slafsig, slarvig **schludern** *vard.* hafsa, slarva; *mit etw.* ~ (*äv.*) slösa med ngt **schlug** *se schlagen* **Schlummer** *0 m* slummer, sömn **Schlummerlied** -*er n* vaggvisa **schlummern** slumra, sova **Schlumpf** -*e†* *m* **1** smurf; *vard.* puttefnask **2** *dial.* rackare **Schlund** -*e†* *m* svalg (*äv. bildl.*), strupe; gap, klyfta, avgrund **Schlunze** -*n f, dial.* **1** slampa **2** blask **schlunzen** *dial.* slarva **Schlupf** -*e*[†] *m* **1** tillflyktsort, gömställe **2** kryphål **3** *zool.,* beim ~ *des Kükens* när kycklingen kryper ut [ur ägget] **schlupfen** *s, sty.,* *österr., schweiz., se schlüpfen* **schlüpfen** *s* smyga sig, glida, slinka; kila; krypa; *aus dem Ei* ~ krypa ur ägget; *aus den Kleidern* ~ hoppa ur kläderna; *in die Schuhe* ~ [kvickt] dra på sig skorna **Schlüpfer** - *m* **1** [dam]underbyxor **2** raglanrock **Schlupfhose** -*n f, äld.* [dam]underbyxor **Schlupfloch** -*er†* *n* kryp-, smyg|hål; tillflyktsort, krypin, gömställe **schlüpfrig** hal, halkig; slipprig (*äv. bildl.*); tvetydig **Schlüpfrigkeit** -*en f* slipprighet *etc.,* *jfr schlüpfrig* **Schlupfwespe** -*n f, zool.* parasitstekel **Schlupfwinkel** - *m* kryp-, smyg|hål; tillflyktsort, krypin, gömställe **schlurfen 1** *s* hasa [sig fram], sjava, släpa benen efter sig **2** *dial., se schlürfen 2* **schlürfen 1** *s, dial. se schlurfen 1* **2** sörpla [i sig] **schlurren** *s, dial., se schlurfen 1* **Schlurren** - *m, nty.* toffel **Schlu|ß** -*sse†* *m* **1** slut; avslutning; ~ *damit!* nu får det vara slut med det (vara nog)!; ~ *machen* sluta [för dagen], stänga, slå igen [butiken]; *er hat bei dem Unternehmen* ~ *gemacht* (*vard.*) han har slutat hos företaget (*sagt upp sig*); *mit e-m* ~ *machen* göra slut (slå upp) med ngn; [*mit sich*] ~ *machen* (*vard.*) ta livet av sig; *mit dem Rauchen* ~ *machen* sluta röka; *mit dem schönen Wetter ist* ~ *det är slut med det vackra vädret; mit ihm ist* ~ (*vard.*) *a*) han är slut (utmattad), *b*) han är alldeles färdig (*dödssjuk*), *c*) han är ruinerad; *zum* (*am*) ~ *a*) i (på, vid) slutet, *b*) slutligen, till slut (sist); *etw. zum* ~ *bringen* (*äv.*) avsluta ngt **2** slut|sats, -ledning **3** *åld.* stängning; avtal; beslut **4** *die Türen haben guten* ~ dörrarna sluter väl till; *der Reiter hat guten* ~ ryttaren har en bra sits **5** *mus.* slutfall, kadens -**akt** -*e m* sista akt, slutakt (*äv. bildl.*) -**ball** -*e†* *m* avslutningsbal -**bemerkung** -*en f* avslutande anmärkning, slut|anmärkning, -ord -**bilanz** -*en f* [års]bokslut **Schlüssel** - *m* **1** nyckel (*äv. bildl.*); *der* ~ *zum Erfolg* nyckeln till framgång **2** skruvnyckel **3** [chiffer]nyckel, kod; facit (*t. övningsbok*) **4** schema, formel **5** *mus.* klav -**bart** -*e†* *m* nyckelax -**bein** -*e n* nyckelben -**blume** -*n f* gullviva -**bund** -*e m n* nyckelknippa

schlüsselfertig färdig för inflyttning, nyckelfärdig **Schlüssel|figur** -*en f* nyckel|figur, -person -**gewalt** *0 f* **1** *kat.* nyckelmakt **2** *jur.* makars behörighet att företräda varandra -**industrie** -*n f* nyckelindustri -**kind** -*er n* nyckelbarn -**loch** -*er†* *n* nyckelhål -**person** -*en f* nyckel|-person, -figur -**position** -*en f* nyckelposition -**ring** -*e m* nyckelring -**roman** -*e m* nyckelroman -**stellung** -*en f* nyckel|ställning, -position -**wort** -*er†* *n* nyckelord; kodord; kombination (*i kombinationslås*) '**schluß'endlich** *schweiz., se schließlich* **schlußfolger|n** -*te, geschlußfolgert* dra [den] slutsatsen, sluta sig till **Schlußfolgerung** -*en f* slut|sats, -ledning **Schlußformel** -*n f* avslutningsfras (*i brev e.d.*) **schlüssig 1** logisk, konsekvent; övertygande, slående; avgörande; ~*er Beweis* bindande bevis **2** [*sich* (*dat.*)] ~ *sein* ha beslutat (bestämt) [sig]; [*sich* (*dat.*)] *über etw.* (*ack.*) *nicht* ~ *sein* (*äv.*) stå tvekande inför ngt; *sich* (*dat.*) ~ *werden* besluta (bestämma) [sig] **Schluß|leuchte** -*n f* baklyse; baklykta -**licht** -*er n* **1** *se Schlußleuchte* **2** *vard., das* ~ *machen* (*bilden*) bilda eftertrupp, gå (åka, komma *etc.*) sist; *das* ~ *sein* (*werden*) vara (bli) jumbo -**pfiff** -*e m, sport.* slutsignal -**punkt** -*e m* [slut]punkt -**rede** -*n f* **1** avslutningstal **2** epilog -**runde** -*n f* slutvarv, sista varv (omgång, rond); final, slutspel -**satz** -*e†* *m* **1** slutmening; sista sats **2** slutsats, konklusion -**stein** -*e m,* arkit. slutsten (*äv. bildl.*) -**strich** -*e m* streck; *e-n* ~ *unter etw.* (*ack.*) *ziehen* göra slut på ngt, [definitivt] avsluta ngt -**szene** -*n f* sista scen, slutscen -**verkauf** -*e†* *m* [säsong]utförsäljning, rea[lisation] -**wort** -*e e n* slutord -**zeichen** - *n* slutsignal **Schmach** [-a:-] *0 f* vanära, skam, skymf, smälek; *es ist e-e* ~ *und Schande* det är synd o. skam **schmachten** försmäkta; smäkta, tråna (*nach* efter) **Schmachtfetzen** - *m, vard.* **1** sentimental (tårdrypande) bok (film, schlager *e.d.*) **2** trånsjuk (kärlekskrank) tillbedjare **3** klen stackare **schmächtig** spenslig, tunn, smärt; klen **Schmachtlappen** - *m, se Schmachtfetzen* **Schmachtlocke** -*n f, vard.* tjusarlock **Schmachtriemen** - *m, dial.* svångrem **schmachvoll** vanärande, neslig, skamlig **schmachhaft** välsmakande, smaklig; *e-m etw.* ~ *machen* (*äv.*) göra ngt tilltalande (acceptabelt) för ngn **Schmackhaftigkeit** *0 f* smaklighet, god smak **schmackig** *se schmackhaft* **schmadder|n** *nty.* **1** söla ner, kladda **2** *es -t* det är snöglopp (faller blötsnö) **Schmäh** -[*s*] *m, österr.* **1** bluff; lurendrejeri; knep, trick[s]; *e-n am* ~ *halten* driva med (lura) ngn **2** *ung.* munvighet, kvickhet; belevenhet **Schmähbrief** -*e m* smädebrev **schmähen** smäda, skymfa **schmählich** skymflig, snöplig, smädlig, skamlig **Schmähschrift** -*en f* smädeskrift **Schmähsucht** *0 f* lust att smäda, smädelust[a] **Schmähung** -*en f* smädande; smädelse, tillmäle; hädelse **schmal** *adj., äv.* †**1** smal; trång; tunn; ~ *werden* (*äv.*) smalna **2** knapp, karg, mager -**blätt[e]rig** smalbladig -**brüstig** med smal bröstkorg; mager **schmälen** *högt.* klandra, skälla (träta) [på] **schmälern** för|klena, -ringa, nedsätta, minska; *jds Rechte* ~ inkräkta på (kringskära) ngns

rättigheter **Schmälerung** *0 f* förklenande *etc.*, *jfr schmälern*
Schmalfilm *-e m* smalfilm **Schmalfilmkamera** *-s f* smalfilmskamera **Schmalhans** *0 m*, *bei ihm ist* ~ *Küchenmeister* (*vard.*) han har det inte för fett **Schmalheit** *0 f* **1** smalhet **2** knapphet **schmallippig** ~*er Mund* mun med smala läppar **schmalrandig** med smal kant **Schmalseite** *-n f* kort|sida, -ända **Schmalspur** *0 f, järnv.* smalspår **Schmalspurakademiker** *- m, vard. ung.* akademiker med ensidig (ofullständig) utbildning (utan examen) **Schmalspurbahn** *-en f* smalspårig järnväg **Schmalspurgermanist** *-en -en m, vard. ung.* germanist som ej har germanistik som huvudämne **schmalspurig** smalspårig **Schmalspurwissenschaftler** *- m,vard. ung.* kvasivetenskapare **Schmaltier** *-e n* [obetäckt] hjortdjurskviga **Schmalvieh** *0 n* småboskap **Schmalwand** *-e† f* kortvägg
Schmalz 1 *-e n* flott, flottyr, smält fett; *dial.* smält smör; *in* ~ *backen* flottyrkoka **2** *0 m, vard.* sentimentalitet; sentimental (smäktande, sliskig) visa *e.d.*; *mit* ~ *singen* sjunga smäktande (sentimentalt) **Schmalzbrot** *-e n* flottsmörgås **schmalzen** *sv, perf part ibl. geschmalzen, kokk.* laga i flott (fett, smör); tillsätta flott (fett, smör) till; *geschmalzte Preise* (*vard.*) saftiga priser **schmälzen 1** *se schmalzen* **2** olja in (*ull*) **Schmalz|gebäck** *0 n*, **-gebackene(s)** *n, adj böjn.* flottyrkokt bakverk (kaka) **schmalzig 1** flottig, fettig **2** *bildl.* oljig, smäktande, sentimental
Schmankerl *-n n, sty., österr.* (*slags*) bakverk; *bildl.* läckerbit, godbit
Schmant *0 m, dial.* **1** grädde; gräddfil **2** skinn (*på mjölk*) **3** sörja, smuts, gyttja
schma'rotzen snylta, parasitera **Schmarotzer** *- m* snyltare, snylt|djur, -växt, -gäst, parasit **schmarotzerisch** snyltande, parasitisk **Schmarotzerpflanze** *-n f* snyltväxt, parasit **Schmarotzertier** *-e n* snylt|djur, parasit **Schmarotzertum** *0 n* parasitering
Schmarre *-n f,vard.* skråma, ärr (*efter fäktduell*) **Schmarren** *- m, sty., österr.* **1** (*slags finare*) pannkaka **2** *vard.* smörja; *das geht ihn e-n* ~ *an* det angår honom inte ett dugg
Schmatz *-e*[†] *m, vard.* smällkyss, puss **schmatzen** [äta o.] smacka, smaska **Schmatzer** *- m, se Schmatz* **Schmätzer** *- m, zool.* stenskvätta
Schmauch *0 m* [tjock] rök **schmauchen** (*m. välbehag*) röka [på], bolma (blossa) på **Schmaus** *-e† m* kalas, festmåltid **schmausen** smörja kråset [med], kalasa (festa, frossa) [på] **schmeck|en 1** smaka [bra]; falla i smaken, tilltala; *-t es?* smakar det [bra?]; *wie -t dir der Salat?* (*äv.*) vad tycker du om salladen?; *das Essen -t gut* (*salzig*) maten smakar bra (är salt); *es sich* (*dat.*) [*gut*] ~ *lassen* låta sig väl smaka; *das -t rauf wie runter* (*vard.*) det smakar pyton; *nach gar nichts* ~ inte smaka någonting; *das -t nach mehr* (*vard.*) det smakar mer; *der Wein -t nach* [*dem*] *Korken* (*äv.*) vinet har korksmak; *nach Pfeffer* ~ smaka peppar **2** känna [smaken av]; *mit der Zunge* ~ smaka på med tungan; *etw.* ~ *müssen* (*bildl.*) få smaka på ngt **3** *dial.* lukta; känna lukten av; *e-n nicht* ~ *können* inte tåla ngn
Schmeichelei *-en f* smicker; *e-m* ~*en sagen* smickra ngn **schmeichelhaft** smickrande **Schmeichelkatze** *-n f, vard.* kelsjuk (inställ-

sam) jänta **schmeich|eln 1** smickra (*e-m ngn*); *ich -le mir, das getan zu haben* jag smickrar mig med (berömmer mig av, är stolt över) att ha gjort det; *das Kleid -elt ihr* klänningen är smickrande (fördelaktig) för henne, klänningen klär henne; *sich geschmeichelt fühlen* känna sig smickrad; *das Bild ist geschmeichelt* bilden är smickrande (förskönad) **2** *mit e-m* ~ smeka ngn **3** *rfl, die Musik -elt sich ins Ohr* musiken smeker örat (sätter sig fast i huvudet) **Schmeichelname** *-ns -n m* smeknamn **Schmeichelwort** *-e n* smickrande (smeksamt) ord; komplimang; smekord **Schmeichler** *- m* smickrare, smilfink **schmeichlerisch** smickrande, inställsam
schmeißen *schmiß, schmisse, geschmissen, vard.* **1** kasta, slänga; *mit Geld um sich* ~ strö pengar omkring sig **2** avbryta, sluta (upphöra) med **3** *e-e Runde Bier* ~ bjuda en på omgång öl **4** klara av, fixa; *den Laden* ~ (*äv.*) sköta ruljansen **5** *e-e Vorstellung* ~ (*teat.*) fördärva (torpedera) en föreställning **6** *rfl* kasta (slänga) sig; *sich in Schale* ~ snofsa upp sig, sätta på sig fina kläder **Schmeißfliege** *-n f* spyfluga
Schmelz *-e m* **1** emalj (*äv. tand-*) **2** glans, lyster; *der* ~ *der Stimme* (*äv.*) röstens välljud; *jugendlicher* ~ ungdomlig friskhet (fräschör) **schmelzbar** smältbar **Schmelzbarkeit** *0 f* smältbarhet **Schmelzbutter** *0 f, se Butterschmalz* **Schmelze** *-n f* **1** smältning **2** smälta **3** smält|verk, -hytta **schmelzen** *schmolz, schmölze, geschmolzen, schmilz[es]t, schmilzt, schmilz!* **1** *s* smälta; *bildl. äv.* skingras, minska, försvinna; ~*d* (*äv.*) smäktande **2** smälta; *Eisen* ~ smälta järn
Schmelz|glas *-er† n* emalj -hütte *-n f* smälthytta **-käse** *- m* smält-, mjuk|ost **-ofen** *-† m* smältugn **-punkt** *-e m* smältpunkt **-schweißung** *0 f* smältsvetsning **-temperatur** *-en f* smälttemperatur **-tiegel** *- m* smältdegel (*äv. bildl.*) **-ung** *-en f* smältning **-wärme** *0 f, fys.* smältvärme **-wasser** *- n* smältvatten
Schmerbauch *-e† m, vard.* isterbuk, kalaskula **schmerbäuchig** *vard.* som har (med) isterbuk **Schmerling** *-e m, bot.* grynsopp
Schmerz *-en m* **1** smärta; ~*en haben* (*äv.*) ha ont (värk) **2** smärta, sorg, bekymmer; *geteilter* ~ *ist halber* ~ delad sorg är halv sorg; *haben Sie sonst noch* ~*en?* (*vard.*) var det ngt annat Ni ville?; *et mit* ~*en erwarten* (*vard.*) vänta otåligt (längtansfullt) på ngn **Schmerzempfindung** *-en f* smärtförnimmelse **schmerzen 1** smärta, göra ont, ömma, värka **2** smärta, plåga; ~*der Verlust* smärtsam förlust **schmerzenreich** *se schmerzensreich* **Schmerzensgeld** *-er n* ersättning för sveda o. värk **Schmerzenskind** *-er n* sorgebarn **Schmerzenslager** *- n, åld.* pinoläger **Schmerzensmann** *0 m, der* ~ Smärtornas man (*Jesus*) **Schmerzensmutter** *0 f, die* ~ mater dolorosa (*Jungfru Maria*) **schmerzensreich** smärt|-full, -fylld **Schmerzensschrei** *-e m* skrik av smärta **schmerzfrei** smärtfri, utan smärta **Schmerzgefühl** *-e n* smärtkänsla **schmerzhaft** smärt-, plåg|sam **Schmerzhaftigkeit** *0 f* smärt-, plåg|samhet, smärtfylld **schmerzlindernd** smärtlindrande **schmerzlos** smärtfri **Schmerzmittel** *- n* smärtstillande medel **Schmerzschwelle** *-n f* smärt|tröskel, -gräns **schmerzstillend** smärtstillande **Schmerz-

tablette -n f smärtstillande tablett
schmerzvoll [ytterst] smärtsam
Schmetten 0 m, dial. grädde
Schmetterball -e† m, sport. smash
Schmetterling -e m **1** fjäril **2** fjärilssim
Schmetterlingsblütler - m fjärilblommig växt, ärtväxt **Schmetterlings|kescher** - m, **-netz** -e n fjärilshåv **Schmetterlingsschwimmen** 0 n fjärilssim
schmettern 1 (kraftigt) slå, kasta, slänga, dänga; sport. smasha **2** smattra, trumpeta; skrälla; (om fågel) drilla; ropa (sjunga, spela) [högt]
Schmied -e m smed **schmiedbar** smidbar
Schmiede -n f smedja; vor die rechte ~ gehen vända sig till rätt person (instans) **Schmiedeambo|ß** -sse m smidesstäd **Schmiedearbeit** -en f smidesarbete **Schmiedeeisen** - n smides-, stång|järn **schmiedeeisern** av smidesjärn **Schmiedehammer** -† m smideshammare, slägga **Schmiedehandwerk** 0 n smedsyrke **schmieden** smida (äv. bildl.); in Ketten ~ slå i bojor **Schmiedeofen** -† m smidesugn **Schmiedepresse** -n f smidespress **Schmiedezange** -n f smidestång
Schmiege -n f, tekn. smyg[vinkel]; dial. [hopfällbar] tumstock **schmieg|en 1** smyga, trycka; den Arm um e-n ~ smyga armen omkring ngn **2** rfl, sich an e-n ~ smyga (trycka) sig (krypa tätt) intill ngn; das Kleid -t sich an den Körper klänningen smyger sig efter kroppen (smiter åt, sitter åt); sich um etw. ~ (äv.) slingra sig omkring ngt **schmiegsam** böjlig, smidig, följsam, mjuk; vig; anpassningsbar **Schmiegsamkeit** 0 f böjlighet etc., jfr schmiegsam
Schmiele -n f, bot. tåtel[gräs]
Schmierage [-'raːʒə] -n f, vard., se Schmiererei
Schmierbuch -er† n kladd[bok]
1 Schmiere -n f **1** smörja, smörjmedel; vard. salva **2** smörja, sörja, smuts, lera; in der ~ sitzen sitta i klistret **3** vard. sjunde klassens (urdålig) teater; åld. kringresande teatersällskap **4** dial. (bredbart) pålägg; smörgås **5** dial. stryk; ~ bekommen få stryk
2 Schmiere 0 f, vard., ~ stehen hålla utkik, stå på vakt (vid inbrott o.d.)
schmier|en 1 smörja; smörja in; es geht wie geschmiert (vard.) det går som smort **2** [be]stryka, bre[da] (smeta) [på]; e-m ein Brot ~ bre[da] en smörgås åt ngn; Butter dick aufs Brot ~ bre[da] tjockt med smör på brödet; e-m etw. aufs Brot ~ (vard.) säga ngt [obehagligt] till ngn; das -t man nicht jedem aufs Brot (vard.) det säger man inte till vem som helst; e-m alles in den Mund ~ (vard.) lägga orden i munnen på ngn; e-m Honig ums Maul ~ (vard.) smickra ngn med vackert tal **3** vard. klottra [ner] **4** vard. kludda, kladda; smeta [av sig]; die Feder -t pennan smetar av sig; du -st fürchterlich du kluddar förfärligt **5** vard., e-n ~ smörja (muta) ngn; wer gut -t, der gut fährt (ung.) advokater o. vagnshjul måste smörjas **6** vard., e-m e-e ~ ge ngn en örfil **Schmierentheater** - n, se 1 Schmiere 3 **Schmierer** - m **1** smörjare **2** person som kladdar (kluddar); klottrare, klåpare, [målar]kludd **Schmiererei** -en f **1** kluddrande, klottrande **2** kludd, klotter **schmierfähig** med bra smörjförmåga, användbar till smörjning **Schmierfähigkeit** 0 f smörjförmåga **Schmierfilm** -e m olje|skikt, -film, -hinna **Schmierfink** -en (äv. -s) -en m,

vard. **1** klottrare **2** smutsgris **Schmiergelder** pl muta, mutor **Schmierheft** -e n kladd[bok] **schmierig** smörjig, kladdig, smetig; kluddig; nersmord, smutsig; hal (äv. bildl.); bildl. äv. oljig; slipprig; sich ~ machen smörja (kladda) ner sig
Schmier|käse - m, dial. mjukost **-mittel** - n smörjmedel **-nippel** - m smörjnippel **-öl** -e n smörjolja **-papier** -e n kladdpapper **-plan** -e† m smörjschema **-schicht** -en f, se Schmierfilm **-seife** -n f såpa **-stoff** -e m smörjmedel
Schminke -n f smink **schminken** sminka; måla (läpparna); bildl. frisera, försköna **Schminktisch** -e m smink-, toalett|bord
1 Schmirgel - m, dial. pipolja
2 Schmirgel 0 m smärgel **schmirgeln** smärgla **Schmirgelpapier** -e n smärgelpapper **Schmirgelscheibe** -n f smärgelskiva
schmiß se schmeißen **Schmi|ß** -sse m **1** [duell]järr (i ansiktet), huggsår **2** vard. fart, kläm, schvung, go; er hat ~ det är fart på honom
schmissig vard. schvungfull, klämmig
Schmock -e†, äv. -e el. -s m [tidnings]murvel
Schmok 0 m, nty. rök **schmöken** nty. röka
Schmöker - m, vard. lunta, [förströelse]bok **schmökern** vard. läsa (sluka) [spännande, underhållande böcker]
Schmollecke 0 f, vard., in der ~ sitzen tjura, vara sur **schmollen** sura, tjura; mit e-m ~ vara sur på ngn; ~d den Mund verziehen pluta med munnen
Schmollis - n, stud., mit e-m ~ trinken dricka duskål med ngn; ein ~ dem Sänger! en skål för sångaren!
Schmollwinkel 0 m, vard., sich in den ~ zurückziehen sätta sig för sig själv o. tjura; im ~ sitzen tjura, vara sur
schmolz se schmelzen
Schmonzes 0 m, vard., se Geschwätz
Schmorbraten - m grytstek **schmoren** steka (under lock); stekas (äv. bildl.); e-n ~ lassen (vard.) hålla ngn på halster, låta ngn svettas; etw. ~ lassen (vard.) lämna ngt oavslutat, inte göra ngt färdigt; e-n Vorschlag ~ lassen (vard.) låta ett förslag vila **Schmortopf** -e† m [stek]gryta
Schmu 0 m, vard. skoj, bedrägeri; lögn; ~ machen fiffla, fuska, mygla
schmuck vacker, snygg, prydlig **Schmuck** 0 (ibl. -e) m **1** prydnad, utsmyckning, dekoration; Wiese im ~ des Frühlings (ung.) äng i vårens fagra dräkt; Straßen im ~ der Fahnen (ung.) flaggprydda gator **2** smycke; koll. smycken **Schmuckblatttelegramm** -e n lyxtelegram **schmücken 1** smycka, pryda, pynta; den Weihnachtsbaum ~ klä julgranen **2** rfl smycka (pryda, pynta) sig; sich mit fremden Federn ~ lysa med lånta fjädrar **Schmuckgegenstand** -e† m prydnad[sföremål], smycke **schmuckhaft** smyckande, prydnads-, vacker **Schmuck|kästchen** - n, **-kasten** -[†] m juvel-, smycke|skrin **schmucklos** osmyckad, enkel, utan prydnad[er] **Schmucksachen** pl smycken, bijouterier; prydnader **Schmuckstück** -e n smycke; bildl. äv. pärla, klenod; mein ~ (äv.) min käresta **Schmückung** -en f [ut]smyckning, pyntning **Schmuckwaren** pl smycken, bijouterier
Schmuddel 0 m, vard. smuts, skit **schmuddelig** vard. smutsig, skitig, kladdig, solkig, sjaskig **schmuddeln** vard. **1** hafsa, slarva; smutsa (solka) ner **2** bli smutsig (solkig), dra åt sig

smuts **Schmuddelwetter** *0 n, vard.* slaskväder **schmuddlig** *se schmuddelig*
Schmuggel *0 m,* **Schmuggelei** *-en f* smuggel, smuggling, smuggleri **schmuggeln** smuggla **Schmuggelware** *-n f* smuggelgods **Schmuggler** - *m* smugglare
schmulen *dial.* kika
schmunzeln småle [roat, belåtet, igenkännande, godmodigt *e.d.*], mysa
Schmus *0 m, vard.* svada, tomt prat, vackra ord, smicker **schmusen** *vard.* **1** ställa sig in, fjäska, smickra **2** *mit e-m* ~ kela med ngn **Schmuser** - *m, vard.* **1** inställsam person, fjäsker, smickrare **2** kelsjuk (kramgo) person
Schmutt *0 m, nty.* duggregn
Schmutz *0 m* **1** smuts, smörja, snusk (*äv. bildl.*); *das geht dich e-n feuchten* ~ *an* (*vard.*) det angår dig inte ett dugg; *in den* ~ *ziehen* (*treten*) släpa i smutsen; *mit* ~ *bewerfen* smutskasta **2** *dial.* fett, flott **schmutzabweisend** smuts|avvisande, -avstötande **Schmutzbürste** *-n f* grov [sko]borste **schmutzen** **1** bli smutsig, dra åt sig smuts **2** *dial.* smörja [m. fett] **Schmutzerei** *-en f* smuts, snusk; svineri **Schmutzfänger** - *m* **1** dammsamlare; *ein* ~ *sein* lätt bli smutsig, dra åt sig smuts **2** stänkskydd **Schmutzfink** *-en* (*äv. -s*) *-en m, vard.* **1** smutsgris **2** snuskhummer **Schmutzfleck** *-e m* smutsfläck '**Schmutzian** *-e m, se Schmutzfink* **schmutzig 1** smutsig, snuskig (*äv. bildl.*); oanständig; fräck, oförskämd; ohederlig, skum; *~e Phantasie* snuskig fantasi; *~e Wäsche* (*äv.*) smuts|tvätt, -kläder; *er macht sich nicht gern* ~ han smutsar inte gärna ner sig **2** *dial.* fett, flottig **schmutziggrau** smutsgrå **Schmutz|igkeit** *-en f* smutsighet, snusk[ighet] (*äv. bildl.*) **-konkurrenz** *0 f* illojal konkurrens **-lappen** - *m* torktrasa **-literatur** *0 f* smuts-, snusk|litteratur, pornografi **-spritzer** - *m* smutsstänk **-titel** - *m, typ.* smutstitel **-wäsche** *0 f* smutstvätt **-wasser** -† *n* smuts-, slask-, avlopps|vatten
Schnabel -† *m* **1** näbb **2** *vard.* mun, klaff, trut; *halt den* ~*!* håll klaffen (truten)!; *sie spricht, wie ihr der* ~ *gewachsen ist* hon säger vad hon tycker, hon skräder inte orden **3** (*insekts*) sugrör **4** pip (*på kärl*) **5** *mus.* munstycke **Schnabelflöte** *-n f* blockflöjt **schnabelförmig** näbbformig **schnäbeln** [*sich*] ~ *a*) (*om fåglar*) näbbas, *b*) *vard.* pussas **Schnabelschuh** *-e m* snabelsko **Schnabeltasse** *-n f* kopp med pip **Schnabeltier** *-e n* näbbdjur **schnabulieren** *vard.* äta [m. välbehag], mumsa [i sig]
Schnack -*s el.* -*e*† *m, nty.* **1** pratsmand, samtal **2** snack, tomt prat, [strunt]prat **3** skämt, vits, rolig historia
schnackeln 1 *dial.* knäppa **2** *vard.* smälla; *es hat geschnackelt a*) det smällde, *b*) det lyckades (gick vägen), *c*) slanten har trillat ner (*ngn har fattat*); *bei ihr hat's geschnackelt* hon är på smällen; *bei ihnen hat's geschnackelt* det har sagt klick för dem (*de är förälskade*)
schnacken *nty.* snacka, prata
1 Schnake -*n f* **1** harkrank **2** *dial.* stickmygga
2 Schnake -*n f, nty.* vits, skämt; lustigt påhitt
3 Schnake -*n f, nty.* snok
Schnalle -*n f* **1** spänne; sölja **2** *österr.* dörrhandtag **3** *vulg.* fnask, hora **schnallen 1** spänna (*m. spänne*); spänna fast (loss); *den Gürtel enger* ~ dra åt svångremmen (*äv. bildl.*); *den Riemen enger* ~ dra åt (spänna) remmen **2** *vard.* lura **3** *vard.* fatta **4** *sty.* knäppa (*m. fingrarna*); smacka [m. tungan] **Schnallenschuh** *-e m* sko m. spänne
schnalzen smacka [m. tungan]; *mit den Fingern* ~ knäppa m. fingrarna; *mit der Peitsche* ~ smälla m. piskan **Schnalzer** - *m* smackning; knäppning; smäll[ande] **Schnalzlaut** *-e m, språkv.* smack-, klick|ljud
schnapp *interj* pang!, klick!; vips!; *schnipp,* ~*!* snipp snapp!
schnapp|en 1 snappa, nappa, nafsa; *ich muß frische Luft* ~ jag måste få en nypa frisk luft; *nach Luft* ~ snappa efter luft, kippa efter andan; *der Hund -t die Wurst* hunden nafsar åt sig korven; *der Hund -t nach der Wurst* hunden nafsar efter korven **2** *vard.* rycka till sig, rafsa (nappa) åt sig, gripa (grabba, hugga) tag i **3** *vard.* fatta; *etw. geschnappt haben* [äntligen] ha fattat ngt **4** *vard.* hugga, haffa, gripa (*tjuv e.d.*) **5** *s, der Deckel -t in die Höhe* locket far (slår) upp; *ins Schloß* ~ slå i lås **6** knäppa till; *ich hörte das S*~ *e-r Schere* jag hörde ljudet av en sax; *bei ihr hat's geschnappt* (*vard.*) *a*) hennes tålamod är slut, *b*) hon är på smällen; *bei ihnen hat's geschnappt* (*vard.*) det har sagt klick för dem (*de är förälskade*) **Schnapper** - *m, vard.* **1** nafs **2** *ung.* flämtning **3** snabbt grepp **4** knäpp **5** dörregel **Schnäpper** - *m* **1** *zool.* flugsnappare **2** *kul.*|armborst **3** *dial., se Schnappschloß* **4** *med.* snäppare **Schnapphahn** -*e*† *m* stråtrövare **Schnappmesser** - *n* fällkniv; springkniv **Schnappschu|ß** -*sse*† *n* snapp-, smäck|lås **Schnappschu|ß** -*sse*† *m, foto.* snapshot, [ögonblicks]bild
Schnaps -*e*† *m* **1** sprit; brännvin **2** snaps **Schnapsbrennerei** *-en f, vard.* **1** brännvinsbränneri **2** brännvinsbränning **Schnapsbruder** -† *m, vard.* suput **Schnaps|bude** *-n f, vard.,* -**bu'dike** *-n f, dial.* liten krog [m. sprit]försäljning, -utskänkning]; suplokal **schnäpseln** *vard.,* **schnapsen** *vard.* supa, pimpla (*sprit*) **Schnapsidee** *-n f, vard.* tokig idé, galet infall **Schnapsnase** *-n f, vard.* röd näsa, fyllenäsa
schnarchen snarka **Schnarcher** - *m* **1** snarkare **2** snarkning **Schnarcherei** *0 f* [evigt] snarkande
Schnarre *-n f* harskramla **schnarren** skramla, rassla; skorra; surra, ge ifrån sig summerton **Schnarrwerk** *-e n, mus.* tungpipverk
Schnatterei *-en f, vard.* snatttrande, snatter, kackel (*äv. bildl.*) **Schnatterente** *-n f* **1** snatttrande and **2** *vard.* pladdermaja **Schnatterliese** *-n f, vard.* pladdermaja **schnattern 1** snattra, kackla (*äv. bildl.*) **2** *dial.* huttra (*av köld*); skallra (*m. tänderna*)
schnauben *sv* (*äv. schnob, schnöbe, geschnoben*) **1** frusta, fnysa, fräsa; *vor Wut* ~ skumma av vrede **2** [*sich*] ~, *sich* (*dat.*) *die Nase* ~ snyta sig
schnaufen pusta, flåsa, flämta, fnysa, snusa, frusta; *dial.* andas **Schnaufer** - *m* **1** *vard.* andetag; *den letzten* ~ *tun* dra sitt sista andetag **2** *schweiz.* spoling **Schnauferl** -[*n*] *n, vard.* gammal [fin] kärra, veteranbil
Schnauz -*e*† *m, schweiz.* mustasch[er] **Schnauzbart** -*e*† *m* yvig[a] mustasch[er]; *vard.* man med yvig[a] mustasch[er] **schnauzbärtig** med yvig[a] mustasch[er] **Schnauze** *-n f* **1** nos, tryne; *vard.* mun, trut, käft; *frei* [*nach*] ~ (*vard.*) efter [eget] godtycke; *e-e große* ~ *haben* (*vard.*) vara stor i käften; *die* ~ *von*

schnauzen—Schneiderkostüm

etw. voll haben (*vard.*) vara utled (trött) på ngt, ha fått nog av ngt **2** nos (*på flygplan e.d.*) **3** *vard.* pip (*på kärl*) **schnauzen** *vard.* fräsa, ryta, skälla **Schnauzer** - *m* **1** schnauzer (*hund*) **2** *vard.*, *se Schnauzbart*
Schneck -*en m*, *sty.*, *österr.* **1** *süßer* ~ söt liten unge, sötnos **2** snigel; snäcka **Schnecke** -*n f* **1** snigel; snäcka (*äv. i örat, på stråkinstrument, hår-*); *e-n zur* ~ *machen* (*vard.*) ge ngn så han (*etc.*) tiger, trycka ner ngn i skorna **2** *vard.* (*slags*) [snäckformad] bulle [m. glasyr] **3** *arkit.* volut; spiraltrappa **4** *tekn.* snäcka; ändlös skruv, evighetsskruv **5** *vard.* fitta; fnask, hora **Schnecken** - *m*, *sty.*, *österr.*, *se Schnecke* **2 schneckenförmig** snäck-, spiral|-formad
Schnecken|frisur -*en f* snäckfrisyr **-gehäuse** - *n*, *se Schneckenhaus* **-getriebe** - *n*, *tekn.* snäck-, skruv|växel **-haus** -*er†* *n* snäck-, snigel|hus; *sich in sein~ zurückziehen* (*bildl.*) dra sig inom sitt skal **-horn** -*er† n* (*snigels*) horn **-klee** 0 *m*, *bot.* lucern **-linie** -*n f* snäck-, spiral|linje **-post** 0 *f*, *vard.*, *mit der* ~ *fahren* åka (resa) med snigelfart **-rad** -*er† n*, *tekn.* snäckhjul **-tempo** 0 *n*, *vard.*, *im* ~ med snigelfart **Schnee** 0 *m* **1** snö; *frisch gefallener* ~ nyfallen snö; ~ *von gestern* (*bildl. vard.*) den snö som föll i fjol, gamla [ointressanta] grejor; *wie* ~ *an der Sonne schmelzen* (*bildl.*) gå åt som smör i solsken **2** *Eiweiß zu* ~ *schlagen* vispa äggvita till [hårt] skum **3** *vard.* snö (*kokain*) **Schneeball** -*e† m* **1** snöboll **2** *bot.* snöbollsbuske **schneeball|en** -*te*, *geschneeballt* kasta snöboll **Schneeballschlacht** -*en f* snöbollskrig **Schneeballsystem** 0 *n* snöbolls-, kedje|system (*för kundvärvning, telefonmeddelanden, kedjebrev e.d.*) **schneebedeckt** snö|klädd, -täckt **Schneebeere** -*n f* snöbär **Schneebesen** - *m* äggvite-, grädd|visp **schneeblind** snöblind
Schnee|blindheit 0 *f* snöblindhet **-brett** -*er n* [överhängande] snösjok; (*slags*) snöskred **-brille** -*n f* snöglasögon **-bruch** -*e† m* snöbrott (*på träd*) **-decke** -*n f* snötäcke **-Eule** -*n f* fjälluggla **-fall** -*e† m* snöfall **-flocke** -*n f* snöflinga **-fräse** -*n f* snö|fräs, -slunga
schneefrei snöfri; ~*er Boden* (*äv.*) barmark **Schnee|gestöber** - *n* snöyra **-glätte** 0 *f* [snö]-halka; [snö]halt väglag **-glöckchen** - *n*, *bot.* **1** snödroppe **2** snöklocka **-grenze** 0 *f* snögräns **-hase** -*n* -*n m* skogshare (*i vinterdräkt*) **-höhe** -*n f* snödjup **-huhn** -*er† n* fjällripa (*i vinterdräkt*)
schneeig snöig; *bildl.* snövit
Schnee|kette -*n f* snökedja **-könig** -*e m*, *zool.* gärdsmyg; *sich wie ein* ~ *freuen* (*vard.*) vara glad som en lärka **-kristall** -*e m* snökristall **-last** -*en f* snö|belastning, -tyngd **-lawine** -*n f* lavin, snöskred **-mann** -*er† m* snögubbe **-matsch** 0 *m* snö|modd, -slask, -sörja **-mobil** -*e n* [snö]vessla, snöskoter **-mond** -*e m*, *poet.* januari **-pflug** -*e† m* snöplog (*äv. skidsport.*); ~ *fahren* (*n.*) ploga (*m. skidorna*) **-pflugbogen** - *m*, *skidsport.* plogsväng **-räumer** - *m* snö|plog, -fräs **-regen** 0 *m* snöblandat regn, snöglopp **-reifen** -*n m* **1** vinterdäck **2** (*slags*) snösko **-rose** -*n f* julros **-rute** -*n f*, *österr.*, *se Schneebesen* **-schauer** - *m* snöby **-schaufel** -*n f* snö|skyffel, -skovel **-schippe** -*n f*, *dial.*, *se Schneeschaufel* **-schipper** - *m*, *dial. vard.* snöskottare **-schläger** - *m*, *se Schneebesen* **-schleuder** -*n f* snöslunga **-schmelze** -*n f* snö-smältning **-schuh** -*e m*, *åld.* snösko; skida **-schutzanlage** -*n f* snö|skydd, -staket **-sturm** -*e† m* snöstorm **-treiben** 0 *n* snöyra **-verwehung** -*en f* snö|driva, -hinder **-wächte** -*n f* hängdriva (*på bergskam*) **-wehe** -*n f* snödriva '**schnee'weiß** snövit **Schneewetter** 0 *n* snö|-fall, -väder **Schneewiesel** - *n* [snö]vessla **Schnee'wittchen** 0 *n* Snövit **Schneezaun** -*e† m* snöstaket
Schneid 0 *m* (*sty.*, *österr. f*) *vard.* oförvägenhet, [friskt] mod, kurage; *er hat keinen* ~ (*äv.*) det är ingen ruter i honom **Schneidbrenner** - *m*, *tekn.* skärbrännare **Schneide** -*n f* **1** egg, skär; *er steht auf des Messers* ~ ngt står o. väger, ngt befinner sig (är) i en kritisk situation **2** bergskam **Schneidebrett** -*er n* skärbräde **Schneideholz** 0 *n* avhuggna grenar (kvistar) **Schneidemaschine** -*n f* skärmaskin **Schneidemühle** -*n f* sågverk
schneid|en *schnitt, schnitte, geschnitten* **1** skära; beskära, klippa; såga, meja, slå; tälja, snida; gravera; ~*der Pfiff* skärande (skarp) vissling; ~*de Stimme* genomträngande (gäll) röst; *den Ball* ~ skruva (skära) bollen; *Bäume* ~ [be]skära (klippa) träd; *Brot* ~ skära upp bröd; *sich* (*dat.*) *e-e Scheibe Brot* ~ skära sig en skiva bröd; *das Gras* (*Haar*) ~ klippa gräset (håret); *das Messer* -*et gut* (*schlecht*) (*äv.*) kniven är vass (slö); *sich* (*dat.*) *die Haare* ~ *lassen* [låta] klippa håret (sig); *ein Kleid* ~ klippa (skära) till en klänning; *e-e Kurve* ~ skära en kurva; *der Motorradfahrer schnitt mich* (*meinen Wagen*) motorcyklisten trängde sig in framför mig (gjorde en snäv omkörning); *ein Programm auf Tonband* ~ spela in ett program på band; *sie ist der Mutter wie aus dem Gesicht geschnitten* hon är mamman upp i dagen; *etw. aus e-r Zeitung* ~ klippa ur ngt ur en tidning; *sich* (*dat.*) *in den Finger* ~ skära sig i fingret; *sich* (*dat.*) *ins eigene Fleisch* ~ (*vard.*) förstöra för (skada) sig själv; *der Riemen* -*et in die Hand* remmen skär in i handen; *in Scheiben* ~ (*äv.*) skiva; *Stoff in Streifen* ~ klippa tyg i remsor; *Holz zu Brettern* ~ såga trä till bräder; *hier ist e-e Luft zum S~* här är luften så tjock att man kan skära den med kniv **2** bita; ~*de Kälte* (*Ironie*) bitande köld (ironi); ~*der Wind* bitande vind, snål blåst **3** *ein saures Gesicht* ~ visa upp en sur min, *se sur* **4** *Grimassen* ~ göra grimaser, grimasera **4** *e-n* ~ (*bildl.*) ignorera (inte låtsas se) ngn **5** *med.* skära [upp]; operera; *veter.* kastrera **6** *kortsp.* maska **7** *rfl* skära sig; *zwei Wege* ~ *sich* två vägar korsar (skär) varandra; *sich* [*gewaltig, eklig*] ~ [grundligt] missta (bedra) sig, hugga i sten; *sich in den Finger* ~ skära sig i fingret
Schneider - *m* **1** skräddare; *frieren wie ein* ~ (*vard.*) frysa som en hund; *aus dem* ~ *sein a*) (*i skat*) ha över 30 poäng, *b*) *vard.* ha klarat av det värsta, ha det värsta undanstökat, *c*) *vard.* vara över 30 år; [*im*] ~ *sein a*) (*i skat*) ha under 30 poäng, *b*) (*i bordtennis*) ha under 11 poäng **2** *vard.* skär|apparat, -maskin, skärare **Schneiderarbeit** -*en f* skrädderiarbete; ~ *sein* (*äv.*) vara skräddarsytt **Schneiderbüste** -*n f* provdocka **Schneiderei** -*en f* skrädderi **Schneiderforelle** -*n f*, *vard.* skämts. sill **Schneidergeselle** -*n m* skräddargesäll **Schneiderin** -*nen f* sömmerska **Schneiderkleid** -*er n* skräddarsydd klänning **Schneiderkostüm** -*e n* skräddarsydd dräkt

Schneiderkreide 0 f skräddarkrita **Schneidermeister** - m skräddarmästare **Schneidermuskel** -n m, anat. skräddarmuskel **schneidern** sy (kläder); sich (dat.) e-n Anzug nach Maß ~ lassen låta måttsy en kostym **Schneiderpuppe** -n f provdocka **Schneidersitz** 0 m skräddarställning
Schneidetisch -e m klippbord **Schneidezahn** -e† m skärtand, framtand **schneidig 1** käck, hurtig, klämmig, snärtig; djärv, modig **2** skarp|eggad, -kantad **Schneidkluppe** -n f, tekn. gängkloppa
schneien 1 snöa **2** s komma (falla) i stor mängd; die Blüten ~ auf die Straße blommorna snöar ner på gatan **3** s, vard. komma oväntat; e-m ins Haus ~ (äv.) hälsa på ngn apropå **Schneise** -n f **1** rågata, uthuggen remsa (i skog) **2** luftkorridor
schneiteln skogsv., lantbr. beskära, kvista, tukta
schnell snabb, hastig, rask; adv äv. fort; ~es Geld (vard.) snabba pengar; er kommt so ~ wie (als) möglich han kommer det fortaste han kan; [mach] ~! (vard.) skynda på!; wie heißt er noch ~? (vard.) vad heter han nu igen?; auf die ~e (vard.) a) fort o. slarvigt (ytligt), b) i all hast, på stubben **Schnellaster** - m, vard., **Schnellastwagen** - m snabb lastbil **Schnell|bahn** -en f, ung. stadsbana (m. snabba tåg) **-bleiche** -n f, vard. snabbkurs **-boot** -e n motortorpedbåt **-dampfer** - m, åld. expressångare, snabbgående ångbåt **-dienst** 0 m snabbservice **-drehstahl** -e† m snabb[svarv]stål **-drucker** - m, databeh. snabbskrivare **Schnelle 1** 0 f, högt. snabbhet, hastighet **2** -n f fors **schnellebig 1** kortlivad (äv. bildl.) **2** jäktig, hektisk **schnell|en 1** s, der Fisch -t aus dem Wasser fisken hoppar upp ur vattnet; die Preise ~ in die Höhe priserna rusar i höjden; er ist in die Höhe geschnellt han for upp (från stolen e.d.) **2** kasta, slunga, skjuta; ein Gummiband ~ [lassen] [spänna o.] smälla i väg en gummisnodd **3** dial., se schnippen **Schneller** - m **1** dial. knäppning (m. fingrarna) **2** mus. pralldrill **3** dial., se Murmel
Schnellfeuer 0 n, mil. snabbeld **-kanone** -n f automatkanon **-waffe** -n f automatvapen **schnellfüßig** snabbfotad
Schnell|gang -e† m överväxel (i bil) **-gaststätte** -n f [snack]bar, cafeteria **-gericht** -e n **1** lättlagad rätt, snabbrätt **2** ung. särskild domstol (för Schnellverfahren) **-hefter** - m mapp (m. metallklammer) **-igkeit** 0 f snabbhet, hastighet, fart **-imbi|ß** -sse m **1** [snack]bar, cafeteria **2** snabbt mellanmål; snabbrätt **-käfer** - m, zool. knäppare **-kaffee** -s m snabbkaffe **-kocher** - m, vard. tryckkokare **-kochplatte** -n f snabbplatta **-kochtopf** -e† m tryckkokare **-kraft** 0 f elasticitet **-kurs** -e m snabb-, intensiv|kurs **-paket** -e n ilpaket **-presse** -n f, typ. snällpress **-reinigung** -en f snabb[kem]tvätt **-richter** - m domare (vid Schnellgericht) **-schreiber** - m, vard., i en ~ sein a) skriva väldigt fort, b) skriva väldigt många böcker (e.d.) **-schritt** 0 m, im ~ i snabb [marsch]takt **-siede[r]kurs** -e m, vard. snabbkurs **-stahl** -e[†] m snabbstål
schnellstens snarast möjligt
Schnell|straße -n f, ung. motortrafikled **-triebwagen** - m snabbgående rälsbuss **-verfahren** - n snabbmetod; jur. ung. summarisk (påskyndad) process **-waage** -n f våg (m.

skala) **-zug** -e† m snälltåg **-zugzuschlag** -e† m tillägg[savgift] för snälltåg
Schnepfe -n f **1** beckasin; morkulla **2** vard., dumme ~ dum kärring **3** vard. gatflicka, hora **4** dial. pip (på kärl) **Schnepfenstrich** -e m **1** morkull[s]sträck **2** vard., der ~ stritan (gata m. prostituerade) **Schneppe** -n f, dial., se Schnepfe 2, 3, 4 **Schnepper** - m, se Schnäpper **schnetzeln** dial. strimla
schneuzen 1 snyta; die Nase (sich) ~ snyta sig **2** åld., die Kerze ~ snoppa ljuset
'**Schnickschnack** 0 m, vard. **1** bjäfs, grannlåt; skräp **2** snicksnack, [strunt]prat **schnieben** sv (äv. schnob, schnöbe, geschnoben) dial., se schnauben 1
schniegeln rfl, vard. klä sig [överdrivet] omsorgsfullt; fiffa upp sig; geschniegelt und gebügelt uppsträckt o. finklädd
schnieke berl. **1** stilig, flott, elegant, snygg **2** jättebra, toppen
Schniepel - m, dial. **1** vard. frack **2** åld. sprätt, snobb **3** vard. snopp, kuk
schnipp interj, ~, schnapp! snipp snapp!; vips! **Schnippchen** 0 n, e-m ein ~ schlagen (vard.) sätta krokben för ngn, spela ngn ett spratt, överlista (lura) ngn **Schnippel** - m n, vard. avriven (avklippt, avskuren, sönderriven) liten bit (papper e.d.) **schnippeln** vard. klippa (skära) [av, bort]; klippa (skära) [sönder] i småbitar; vard. sy, klippa (skära) till; an etw. (dat.) ~ klippa (skära) små bitar (litet) av ngt **schnippen 1** knäppa (smälla) [m. fingrarna] **2** sprätta (knäppa) [bort]
schnippisch vard. näsvis, näbbig, fräck **schnips** interj vips! **Schnipsel** - m n, se Schnippel **schnipseln** se schnippeln **schnipsen** se schnippen
schnitt se schneiden **Schnitt** -e m **1** snitt; skärning, klippning (äv. film-); beskärning; mejning, slåtter, skörd; inskärning, klipp, skåra; skärsår; snittyta; genomskärning; mat. äv. sektion; geom. skärnings|punkt, -linje; der erste (zweite) ~ des Heus första (andra) höskörden; der ~ der Obstbäume beskärningen av fruktträden; der ~ ist gut verheilt skärsåret har läkt[s] bra; e-n ~ bei e-m Geschäft machen (vard.) tjäna bra på en (göra en bra) affär; e-n ~ ins Holz machen göra en skåra i träet; ein ~ mit der Schere ett klipp med saxen **2** (dräkts) snitt, fason, form; ihr Gesicht hat e-n feinen ~ hennes ansikte har fina drag; e-n guten ~ haben vara välskuren, ha bra passform **3** [tillklippnings-, tillskärnings]mönster **4** vard. [genom]snitt; im ~ i [genom]snitt; e-n ~ von 80 km/h fahren köra med en genomsnittshastighet av 80 km i timmen **5** der Goldene ~ gyllene snittet **6** dial., ein ~ Bier ett litet (halvt) glas öl **7** sport. skruv (på boll) **Schnittblume** -n f snittblomma **Schnittbohne** -n f haricot vert; skärböna **Schnittbrot** -e n skivat bröd **Schnitte** -n f, dial. [bröd]skiva; smörgås **Schnittentbindung** -en f, med. kejsarsnitt **Schnitter** - m slåtterkarl, skördearbetare; die ~ (äv.) slåtter-, skörde|folket **schnittfest** fast, som kan skäras **Schnittfläche** -n f snittyta **Schnittgrün** 0 n [bukett]grönt **Schnittholz** -e† n sågvirke, sågat virke **schnittig 1** strömlinjeformad, välbyggd, stilig, flott **2** fullmogen, mogen att skäras (mejas, skördas) **3** vass **Schnittlauch** 0 m gräslök **Schnittlinie** -n f snitt-, skärnings|linje; mat. äv. sekant **Schnittmeister** - m, film. klippare **Schnitt-

muster - *n* tillklippnings-, tillskärnings|mönster **Schnittpunkt** -*e m* skärningspunkt **schnittreif** *se schnittig* **2 Schnittware** -*n f* **1** metervara **2** *se Schnittholz* **Schnittwunde** -*n f* skärsår
Schnitz -*e m, dial.* [liten] bit, [avskuret] stycke; liten bit [torkad] frukt; spån **Schnitzarbeit** -*en f* träsnideri, snideriarbete *(äv. konkr.)* **Schnitzel 1** - *n* schnitzel *([panerad] skiva kalvel. fläskkött)* **2** - *m n* liten [avskuren, avklippt pappers]bit; spån; snitsel; *in ~ zerreißen* riva i småbitar **Schnitzeljagd** -*en f* snitseljakt **schnitzeln 1** skära (klippa) [i småbitar], strimla **2** *dial., se schnitzen* **schnitzen** skära, tälja, snida; *aus hartem Holz geschnitzt sein (bildl.)* vara av segt virke **Schnitzer** - *m* **1** [trä]snidare **2** *vard.* blunder, tabbe, klavertramp, fel **Schnitzerei** -*en f* snidande, snideri; träsnideri[arbete] **Schnitzmesser** - *n* tälj-, träsnidar-, band|kniv **Schnitzwerk** -*e n* träsnideri[arbete]
schnob *se schnauben* **schnobern** *dial.* vädra, nosa
schnöd *se schnöde*
schnodd[e]rig *vard.* nonchalant, respektlös, snorkig, osnuten, oförskämd **Schnodd[e]rigkeit** -*en f, vard.* nonchalans, snorkighet, oförskämdhet
schnöde usel, gemen, lumpen; föraktfull; *der ~ Mammon* den snöda mammon; *~r Undank* djupaste otacksamhet; *~r Verrat* lumpet förräderi; *~ Zurechtweisung* brysk tillrättavisning
Schnorchel - *m* snorkel **schnorcheln** dyka med snorkel, snorkla
Schnörkel - *m* slinga, snirkel, krusidull, krumelur, släng *(på namnteckning); ~ (pl äv.)* pretiositet *(i tal)* **schnörkel|haft, -ig** full av snirklar (krusiduller, krumelurer, slängar); snirklad; förkonstlad, pretiös **schnörkeln** pryda (skriva, måla) med slingor (krumelurer, krusiduller, slängar); tala tillgjort (förkonstlat, pretiöst); *geschnörkelt* snirklad **schnörklig** *se schnörkelig*
schnorren *vard.* bomma, tigga [sig till] **Schnorrer** - *m, vard.* [notorisk] tiggare
Schnösel - *m, vard.* snorvalp, slyngel, osnuten [o. uppkäftig] typ **schnös[e]lig** *vard.* slyngelaktig, osnuten
Schnucke -*n f, nty. (småväxt)* får **Schnuckelchen** - *n, vard., mein ~* mitt lilla lamm, min raring (älskling) **schnuckelig** *vard.* trevlig, tjusig, läcker; mysig, skön **Schnucki** -*s n, vard.,* -**putz** -*e m, vard., se Schnuckelchen* **schnucklig** *se schnuckelig*
Schnüffelei -*en f* **1** vädrande, nosande **2** *vard.* snokande, spioneri **3** *vard.* sniffande *(av thinner e.d.),* sniffning **4** *vard.* snörvlande **schnüffeln 1** vädra, nosa, snusa **2** *vard.* snoka, spionera **3** *vard.* sniffa *(thinner e.d.)* **4** *vard.* snörvla; dra upp i näsan **Schnüffler** -*m, vard.* **1** snok, spion **2** sniffare *(av thinner e.d.)*
schnullen *dial., an e-m Bonbon ~* suga på en karamell **Schnuller** - *m, vard.* [tröst]napp
Schnulze -*n f, vard.* [banal o.] sentimental smörja (schlager, film, pjäs *e.d.)* **schnulzig** *vard.* [banal o.] sentimental
schnupfen 1 snusa *(luktsnus);* sniffa *(kokain e.d.)* **2** snyfta **Schnupfen** - *m* **1** snuva **2** *vard.* drypa *(gonorré)* **Schnupftabak** -*e m* luktsnus **Schnupftuch** -*er*† *n* näsduk
schnuppe *das ist mir ~ (vard.)* det struntar jag i **Schnuppe** -*n f* **1** *dial.* förkolnad veke

2 stjärnskott **Schnupperlehre** -*n f, schweiz.* pryo **schnuppern** nosa, vädra
Schnur -*e*†, *äv.* -*en f* snöre, snodd; band; [met]rev; *vard.* sladd; *über die ~ hauen (vard.)* gå för långt, skjuta över målet **Schnurassel** -*n f, zool.* vanlig dubbelfoting **Schnurbaum** -*e*† *m, trädg.* kordong **Schnürboden** -† *m, teat.* scenvind; *skeppsb.* mallvind **Schnürchen** - *n* [litet] snöre, snörstump; *es geht alles wie am ~ (vard.)* det går som-smort; *etw. wie am ~ [hersagen] können (vard.)* kunna rabbla ngt som ett rinnande vatten, kunna ngt på sina fem fingrar **schnür|en 1** snöra [till], binda; snöra (binda) om (ihop); *den Koffer auf den Dachgepäckträger ~* knyta (surra) fast resväskan på takräcket; *ein Paket ~* knyta (binda) [om] ett snöre om ett paket; *die Schuhe ~* snöra [till] skorna; *e-n Strick um etw. ~* slå ett rep om ngt **2** *(om kläder e.d.)* sitta för hårt, skära in **3** *rfl, der Riemen -t sich in die Hand* remmen skär in i handen **4** *rfl* snöra sig **5** *s, jakt. (om räv)* snöra **schnurg[e]rade** snörrät, spikrak, alldeles rak **Schnürleib** -*er m, se Schnürmieder* **Schnürlregen** - *m, österr.* ihållande ösregn **Schnürlsamt** -*e m, österr.* manchester-[sammet] **Schnürmieder** - *n* snörliv, korsett **Schnur'rant** -*en* -*en m, åld.* kringvandrande [gatu]musikant **Schnurrbart** -*e*† *m* mustasch **schnurrbärtig** mustaschprydd; ~ *er Mann (äv.)* man med mustasch[er] **Schnurre** -*n f, högt.* lustig historia, skoj, skämt **schnurren 1** *(om katt)* spinna **2** *(om maskin e.d.)* surra **3** *vard.* fungera bra (friktionsfritt), gå (löpa) undan **4** *s* surrande flyga (fara) **Schnurrhaare** *pl* morrhår
Schnürriemen - *m* snörrem; sko-, käng|snöre **schnurrig** *högt.* konstig; komisk, rolig
Schnürschuh -*e m* snörsko **Schnürsenkel** - *m, dial.* sko-, käng|snöre **Schnürstiefel** - *m* [snör]känga **'schnur'stracks** *vard.* raka vägen, snörrätt, direkt; genast, strax **Schnürung** -*en f* snörning, ombindning
'schnurz, -e'gal, -'piepe *das ist mir ~ (vard.)* det struntar jag [fullständigt] i
Schnute -*n f, vard.* trut, mun; *e-e ~ ziehen a)* grina illa, *b)* tjura
schob *se schieben* **Schober** - *m, sty., österr.* hö-, sädes|stack; stolplada
1 Schock -*e (vid måttsangivelse -) n* **1** tre tjog, 60 stycken **2** *vard.* hop, skock, skara, mängd; *ein [ganzes] ~ (äv.)* många, en massa
2 Schock -*s (ibl. -e) m* chock; *e-n ~ bekommen (erleiden)* få en chock, bli chock[skad]ad **schockant** chockerande **schocken 1** *vard.* chocka **2** *med.* chockbehandla **Schocker** - *m, vard.* rysare; *das Buch ist ein ~ (äv.)* boken chock[er]ar **schockieren** chockera **'Schockschwere'not** *interj, åld.* för tusan hakar!
schockweise 1 tre tjog åt gången **2** *vard.* skockvis, i skaror (massor, mängd)
schofel *vard.* usel, gemen, tarvlig, lumpen; futtig, snål, gnidig **Schofel** - *m, vard.* **1** skräp **2** usling, gemen *(etc.)* människa; *jfr schofel*
schofelig *se schofel*
Schöffe -*n* -*n m, ung.* nämnd|eman, -ledamot, jurymedlem, tidigare, lekmannamedlem *(i underdomstol)* **Schöffen|gericht** -*e n,* -**stuhl** -*e*† *m* domstol med nämnd (jury)
Schöffor -*e m* chaufför
schoflig *se schofel*
Schoko -*s f, vard.,* **Schokolade** -*n f* choklad **schokoladen** av choklad, choklad- **schoko-**

schokolade[n]farben—schönmachen 544

lade[n]|braun, -farben, -farbig chokladbrun **Schokolade[n]glasur** *-en f*, **-gu|ß** *-sse*† *m* chokladglasyr **Schokolade[n]pudding** *-e el.* *-s m* chokladpudding **Schokolade[n]seite** *0 f, vard.*, *sich von seiner ~ zeigen* visa sig från sin bästa sida **Schokolade[n]tafel** *-n f* chokladkaka
Scho'lar *-en -en m, hist.* skolar **Scho'lastik** *0 f* skolastik **Scholastiker** - *m* skolastiker **scholastisch** skolastisk
scholl *se schallen*
Scholle *-n f* **1** jord|koka, -torva; *die eigene ~ den egna torvan; die heimatliche ~* hembygden **2** isflak **3** flundra **Schollenbrecher** - *m, lantbr.* kokkrossare
Schöllkraut *0 n* skelört
schon 1 redan [förut]; förut; *~ gut! a)* det var (gör) ingenting!, *b)* det är [nog] bra!, *c)* såja!, seså!; *~ heute* redan i dag; *~ immer* alltid; *~ wieder?* nu igen?; *kaum hatte ich den Schirm aufgespannt, ~ fing es an zu regnen* knappt hade jag spänt upp paraplyet förrän det började regna; *das hört sich ~ ganz anders an* nu låter det [helt] annorlunda (mycket bättre), nu är (blev) det annat ljud i skällan; *er arbeitet ~ lange* han har arbetat länge; *ich gehe ja ~* jag går ju [nu], jag är ju redan på väg; *was gibt's denn ~ wieder?* vad är det nu igen då?; *hast du ~ einmal gehört, daß ...?* har du någonsin hört att ...?; *das kennen wir ~ (äv.)* det har vi hört förut; *wie ~ gesagt* som sagt; *das habe ich ~ gesagt* det sa jag [redan] förut; *da sind wir ~!* här är vi nu!; *das ist doch ~ immerhin etw.* det är ju alltid ngt; *warst du ~ da? a)* har du redan varit där?, *b)* har du varit där förut?; *er wartet ~ e-e Stunde* han har väntat [i] en timme; *wie lange wartet er ~?* hur länge har han väntat?; *er wartet ~ ein paar Monate (~ lange) auf e-n Brief* han väntar sedan ett par månader tillbaka (sedan länge) på ett brev; *das weiß ich ~ lange* det har jag vetat [sedan] länge; *er wollte ~ gehen, als* han skulle just gå när **2** bara, blott, redan; *[allein] ~ der Gedanke* redan (blotta) tanken; *~ deswegen* redan (bara) av det skälet; *~ weil* om inte för annat så därför att; *~ sie zu sehen, macht ihn krank* han blir sjuk bara av att se henne **3** ändå, i alla fall; *wenn ~, denn ~* ska det va[ra], så ska det va[ra]; *~ gar nicht* ännu mindre; *man kann es kaum warm nennen und heiß ~ gar nicht* man kan knappast kalla det för varmt, ännu mindre för hett; *es ist ~ teuer genug* det är tillräckligt dyrt ändå **4** minsann, verkligen; *es ist ~ ein Elend* det är minsann ett elände; *das ist ~ e-e Frechheit* det var (är) verkligen fräckt **5** nog, väl, säkert; *es wird ~ gut gehen* det kommer nog att gå bra; *das werde ich ihm ~ heimzahlen* det ska jag nog (minsann) låta honom sota för; *das ist ~ möglich* det är nog (mycket, väl) möjligt; *er wird es ~ wissen* han vet det nog **6** visserligen, i och för sig; *das ~, aber* jo visst, men; *es ist ~ wahr, aber* det är visserligen sant, men **7** *und wenn ~! (vard.)* än sen då?; *wenn er doch ~ käme!* om han bara kom [någon gång, ändå]!; *mach ~! (vard.)* raska (skynda) på [då]!, kom igen!; *rede doch ~! (vard.)* säg något då! **8** *wenn ich hier ~ mitmache, dann möchte ich wenigstens* när jag nu [ändå] deltar i det här vill jag åtminstone **9** *was kann der ~ ausrichten?* vad kan väl han uträtta?
schön I *adj* vacker, skön; fin; *iron. äv.* snygg;

vard. ordentlig, bra; *e-m ~e Augen machen* ögonflörta med ngn; *das sind ja ~e Aussichten (iron.)* det var just snygga (trevliga) utsikter; *das ist e-e ~e Bescherung (iron.)* det var en snygg historia; *~en (~sten) Dank!* tusen tack!; *e-e ~e Empfehlung von* jag ska (skulle) hälsa så mycket från; *du bist mir ein ~er Freund (iron.)* du var just en snygg vän; *~e Gelegenheit (vard.)* lämpligt tillfälle; *das ~e Geschlecht* det täcka könet; *e-n ~en Gewinn erzielen* göra en bra vinst; *e-n ~en Gruß an (+ ack.)* hälsa så mycket till; *~e Literatur* skönlitteratur; *ein ~es Stück Geld* en ordentlig slant (rundlig summa); *e-s ~en Tages* en vacker dag; *~er Wein (nty.)* bra (gott) vin; *ich wünsche Ihnen ein ~es Wochenende* jag önskar Er en trevlig helg; *e-m ~e Worte machen* smickra ngn; *~ ist anders (iron.)* vackert är det inte precis; *das ist ~ von ihm* det var snällt av honom; *das ist nicht mehr ~ (vard.)* det går för långt; *das ~ste bei der ganzen Geschichte* det bästa (roligaste) i hela historien; *das wird ja immer ~er mit ihm* det blir ju allt värre med honom, han går för långt; *das wäre ja noch ~er! (iron.)* fattas bara det!, kommer inte på fråga!; *am ~sten wäre es, wenn* bäst vore det om; *aufs ~ste verlaufen* förlöpa så angenämt som möjligt; *in ~ster Ordnung* i bästa ordning **II** *adv* vackert, skönt; bra; mycket, ordentligt, riktigt; *~ ankommen (iron.)* råka illa ut; *das wird er ~ bleiben lassen* det låter han vackert bli; *sei ~ brav!* var en snäll gosse (flicka)!; *er ist ~ dumm, daß* han är bra dum som; *das hat er ~ gemacht* det har han gjort snyggt (bra, ordentligt); *da kannst du ~ warten (iron.)* då får du allt vänta bra länge; *er wird sich ~ wundern* han kommer att bli bra (mycket) förvånad; *grüße ~!* hälsa så mycket!
Schonbezug *-e*† *m* skydds|klädsel, -överdrag
Schöne 1 *f, adj böjn.* skönhet *(kvinna)* **2** *0 f, poet. abstr.* skönhet
schon|en 1 skona; *er -t sein Geld (vard.)* han ser på slantarna (är sparsam); *er -t seinen Kopf (vard.)* han tänker sig inte för; *~d (äv.)* skonsam **2** *rfl* skona sig
Schonen *0 n* Skåne
schönen 1 sköna *(tyg);* klara *(vin)* **2** *se verschönern*
1 Schoner - *m* skydds|överdrag, -hölje
2 Schoner - *m, sjö.* skonare, skonert
schönfärben *bildl.* skönmåla **Schönfärber** - *m, bildl.* skönmålare **Schönfärberei** *-en f, bildl.* skönmålning
Schon|frist *-en f* respittid **-gang** *-e*† *m* **1** *(i bil)* över-, ekonomi|växel **2** *(i tvättmaskin)* skon|-tvättprogram, -gång
Schöngeist *-er m* skönande, estet **schöngeistig** *konst-,* litteratur|älskande, estetisk; *~e Literatur* skönlitteratur **Schönheit** *-en f* skönhet *(äv. konkr.)*
Schönheits|fehler - *m* skönhets|fel, -fläck **-fleck** *-e*† *m* musch **-königin** *-nen f* skönhetsdrottning **-konkurrenz** *-en f* skönhetstävling **-mittel** - *n* skönhetsmedel, kosmetiskt medel **-pflästerchen** - *n* musch **-pflege** *0 f* skönhetsvård, kosmetik **-salon** *-s m* skönhets|salong, -institut **-sinn** *0 m* skönhetssinne
schönheitstrunken *poet.* skönhetsdrucken, berusad av skönhet **Schönheitswettbewerb** *-e*† *m* skönhetstävling
Schonkost *0 f* diet, skonkost
schön|machen *vard.* **1** försköna **2** *rfl* göra sig vacker (snygg), göra (klä) sig fin **3** *der Hund*

kann ~ hunden kan sitta vackert **-reden** *vard.*
smickra **-rednerisch** vältaligt smickrande
schonsam *åld.* skonsam
schönschreiben *st* skriva kalligrafiskt; *skol.* skriva välskrivning; *S*~ *haben* ha välskrivning **Schönschreibkunst** *0 f* skönskrivningskonst, kalligrafi **Schönschrift** *0 f* skönskrift; *skol.* välskrivning; *vard.* renskrift **Schöntuer** - *m, vard.* flört[ig person], smickrare **Schöntuerei** *-en f, vard.* flört, koketteri, smicker **schöntuerisch** *vard.* flörtig, smickrande, inställsam **schöntun** *st, vard., e-m* ~ flörta med (ställa sig in hos, smickra) ngn
Schonung 1 *0 f* skonande; förskoning, skonsamhet; *keine* ~ *kennen* inte känna ngn förskoning; *mit* ~ *behandeln* behandla skonsamt; *die* ~ *seiner Gesundheit ist wichtig* det är viktigt att hans hälsa skonas **2** *-en f* [träd]plantering, ungskog, fridlyst område (*i skog*) **schonungsbedürftig** *sie ist noch* ~ hon behöver fortfarande skonas **schonungslos** skoningslös **schonungsvoll** skonsam **Schonwaschgang** *-e† m, se Schongang* **2 Schonzeit** *-en f, jakt.* fridlysningstid
Schopf *-e† m* [hår]tofs, kalufs; tofs, fjäderbuske (*på fågel*); [blad]krona; [pann]lugg (*på häst*); *e-n brauenen* ~ *haben* ha brunt hår; *e-n beim* ~ *fassen* ta ngn i kalufsen **Schöpfbrunnen** - *m* brunn ur vilken vatten öses (vevas) upp **Schöpfeimer** - *m* [brunns]ämbar, hink; mudderskopa
1 schöpfen 1 ösa, skopa; *Papier* ~ (*ung.*) [sleva upp massan o.] forma papper **2** hämta; *Atem* (*Luft*) ~ hämta andan (luft); *neue Hoffnung* ~ få nytt hopp; *Kenntnisse aus e-m Buch* ~ inhämta kunskaper från en bok; *Mut* ~ repa mod; *Verdacht* ~ fatta misstankar **3** *jakt.* (*om vilt*) dricka [vatten]
2 schöpfen *åld.* skapa
1 Schöpfer - *m* skapare (*äv.* Gud)
2 Schöpfer - *m* öskar, skopa
Schöpfergeist *0 m* skaparanda **schöpferisch** skapande; kreativ, produktiv; *e-e* ~*e Pause einlegen* (*ung.*) göra en paus för att hämta inspiration **Schöpferkraft** *-e† f* skapande kraft, skaparförmåga
Schöpfkelle *-n f* skopa; [stor] slev **Schöpflöffel** - *m* [sopp]slev **Schöpfrad** *-er† n* vattenuppfordringshjul
Schöpfung *-en f* skapelse **Schöpfungs|bericht** *-e m,* **-geschichte** *-n f* skapelseberättelse
schöppeln 1 *dial.* ta sig ett glas **2** *schweiz., ein Kleinkind* ~ flaskuppföda ett spädbarn
schoppen 1 *sty., österr., schweiz.* proppa full (*m. mat*); göda (*gås*) **2** pösa
Schoppen - *m* kvarts (halv) liter [vin, öl]; *ein* ~ *Bier* (*äv.*) ett litet (stort) glas öl **Schoppenwein** *-e m, ung.* fatvin **schoppenweise** glasvis, det ena glaset efter det andra
Schöps *-e m, dial., se Hammel* **Schöpsenbraten** - *m* får-, lamm|stek
schor *se 1 scheren*
Schorf *-e m* sårskorpa; *med., bot.* skorv
schorfig skorvig
Schörl *-e m, min.* [svart] turmalin
'Schorle('morle] *-n f, äv. -s n* vin (*e.d.*) med mineralvatten
Schornstein *-e m* skorsten; *das Geld zum* ~ *hinausjagen* (*vard.*) kasta pengarna i sjön, slösa bort pengarna; *wovon soll der* ~ *rauchen?* (*vard.*) varifrån ska jag (*etc.*) ta pengarna?;

der ~ *raucht wieder* (*vard. äv.*) *a*) affärerna (affären) går bra igen, *b*) nu kommer det in (nu har vi *etc.*) pengar igen; *e-e Schuld in den* ~ *schreiben* (*ung.*) avskriva en skuld **-feger** - *m* sotare, skorstensfejare
Schose *-n f, vard.* sak, (*obehaglig*) historia
schoß *se schießen*
1 Schoß [-o:-] *-e† m* **1** sköte (*äv. bildl.*); knä; *im* ~*e der Vergessenheit* i glömskans sköte; *ein Kind auf den* ~ *nehmen* ta upp ett barn i knät; *auf jds* (*bei e-m auf dem*) ~ *sitzen* sitta i knät (på ngn; *das Glück ist ihm in den* ~ *gefallen* han hade en oväntad tur; *es ist ihm nur so in den* ~ *gefallen* han fick det [oväntat o.] utan att behöva anstränga sig **2** skört
2 Scho|ß [-ɔ-] *-sse m, bot.* skott
Schoß|hund *-e m* knähund **-kind** *-er n, bildl.* skötebarn; bortskämt barn
Schößling [-œ-] *-e m, bot.* skott
Schot *-en f, sjö.* skot
1 Schote *-n f, sjö.* skot
2 Schote *-n f* **1** skida, [ärt]balja **2** *dial.* ärta
3 Schote *-n f, vard.* rolig historia, skämt
4 Schote *-n -n m, vard.* tokstolle, idiot
Schott *-e[n] m, sjö.* skott; *die* ~*en dicht machen a*) *nty.* stänga överallt (alla dörrar o. fönster), *b*) *vard.* slå igen [butiken], sluta [arbeta]
1 Schotte *-n f, se Schott*
2 Schotte *-n -n m* skotte
3 Schotte *-n -n m, nty.* småsill
4 Schotte *0 f, sty., schweiz.* vassla
Schotten - *m* skotskrutigt tyg **-rock** *-e† m* kilt; skotskrutig kjol
Schotter - *m* grovt grus; makadam, skärv
schottern makadamisera
Schottin *-nen f* skotska (*kvinna*) **schottisch** skotsk **Schottisch** *-en -en m,* **Schottische(r)** *m, adj böjn.* schottis **Schottland** *0 n* Skottland
schraff[ier]en skugga med streckning; skraffera; *schraffierte Fläche* streckad yta **Schrafflier]ung** *-en f,* **Schraf'fur** *-en f* skuggstreck[ning]; skraffering
schräg 1 sned; lutande, sluttande; diagonal; *e-n Stoff* ~ *verarbeiten* arbeta ett tyg på sneden; ~ *gegenüber* snett emot **2** *vard.* modern; konstig; ~*e Musik a*) modern musik, *b*) jazz-[musik]; ~*e Geschäfte* skumma affärer **Schrägaufzug** *-e† m* lutande bana (hiss); *gruv. äv.* hundbana **Schräge** *-n f* snedhet, sned riktning; lutning, sluttning; avfasad (sneddad) kant, avfasning **Schragen** - *m, dial.* [såg]bock (ställning) på sneda ben; likbår **schrägen** [av]fasa, snedda; sned|slipa, -hugga; *den Kopf* ~ lägga huvudet på sned **Schrägheit** *0 f* snedhet **schräghin** i sned riktning **Schräglage** *0 f* snedläge; sidlutning; *med.* snedläge **schräglaufend** sned[gående] *med.* tvärlage **Schrägschrift** *0 f* lutande stil; kursiv [stil] **schräg'über** snett emot **Schrägung** *-en f, se Schräge*
schrak *se schrecken II*
schral *sjö.* skral (*om vind*) **schralen** *sjö.* skralna (*om vind*)
Schramme *-n f* skråma, repa, rispa; ärr
Schrammelmusik *0 f, österr.* schrammelmusik (*slags underhållningsmusik*) **Schrammeln** *pl,* **Schrammelquartett** *-e n, österr.* schrammelkvartett (*2 violiner, gitarr o. dragspel el. förr klarinett*)
schrammen ge skråmor (en skråma), repa, rispa, riva; *jds Auto* ~ göra repor på ngns bil;

sich (dat.) *die Hand* ~ riva (rispa) sig på (i) handen **schrammig** skråmig, repig, rispig **Schrank** *-e†* *m* **1** skåp; *er hat nicht alle Tassen im* ~ *(vard.)* han är inte riktigt klok **2** *vard.* bredaxlad bjässe **Schrankbett** *-en* *n* skåpsäng **Schranke** *-n f* skrank; bom, grind; barriär, avspärrning, stängsel; *bildl.* skranka, gräns, hinder; *e-n in die* ~*n fordern a)* utmana ngn, *b)* avfordra ngn räkenskap; *e-n vor die* ~*n* [*des Gerichts*] *fordern* dra ngn inför rätta; *etw. in* ~*n halten* hålla ngt inom vissa gränser, begränsa ngt; *sich in* ~*n halten* lägga band på (behärska) sig; *für e-n in die* ~*n treten* gå i bräschen för ngn; *e-n in die* ~*n weisen* sätta ngn på plats **schränken** *tekn.* skränka *(sågtänder)* **schrankenlos 1** gränslös, utan gränser, omåttlig, hämningslös, hejdlös, utan hejd **2** *se unbeschrankt* **Schrankenlosigkeit** *0 f* gränslöshet *etc., jfr schrankenlos* **Schrankenwärter** - *m, järnv.* banvakt **Schränker** - *m, sl.* kassaskåpssprängare **Schrankfach** *-er†* *n* hyllfack (*i skåp*) **schrankfertig** ~*e Wäsche* ren [o. struken] tvätt som är klar att läggas in i [linne]skåpet **Schrankkoffer** - *m* garderobskoffert
Schranne *-n f, sty., österr.* försäljningsdisk (*i sht för kött o. bröd*); grönsaks-, spannmåls|-marknad
Schranze *-n f*, *äv.* *-n* *-n m* lismande hovman; lismare
schrapen *nty., se schrappen*
Schrap'nell *-e el. -s n* **1** *mil.* shrapnel **2** *vulg.* gammal [ful] kärring
schrappen *nty.* **1** skrapa [av, bort, ren]; *sich* ~ *(skämts.)* raka sig **2** *auf der Geige* ~ gnida på fiolen **3** roffa åt sig [pengar] **Schraps** *0 m, berl.* skräp
Schrat[t] *-e m,* **Schrätel** - *m (lurvigt)* skogstroll
Schraubdeckel - *m* skruvlock **Schraube** *-n f* skruv *(äv. simsport.)*; propeller; *alte* ~ *(vard.)* gammal toka; ~ *mit Rechtsgewinde* högergängad skruv; ~ *ohne Ende a)* ändlös skruv, skruvsnäcka, *b) ung.* ngt som aldrig tar slut, evig kretsgång; *e-e* ~ *anziehen* dra åt en skruv; *die* ~ *fester anziehen (bildl.)* dra åt tumskruvarna, öka pressen; *bei ihm ist e-e* ~ *locker (los) (vard.)* han har en skruv lös; *die* ~ *überdrehen (vard.)* gå för långt **schraub|en** skruva [fast, på, loss, av]; *die Preise in die Höhe* ~ skruva (trissa) upp priserna; *der Vogel -t sich in die Höhe* fågeln flyger i spiraler mot himlen; *geschraubt* skruvad, konstlad, tillgjord, uppstyltad
Schrauben|bolzen - *m* skruvbult **-dampfer** - *m* **1** propellerångare **2** *vard.* fet [gammal] kärring **-dreher** - *m* skruvmejsel **-flügel** - *m* propellerblad **-gewinde** - *n* skruvgänga **-linie** *-e f* skruv-, spiral|linje **-mutter** *-n f* mutter **-schlüssel** - *m* skruvnyckel; *englischer (verstellbarer)* ~ skiftnyckel **-zieher** - *m* skruvmejsel **-zwinge** *-n f* skruvtving
Schraub|stock *-e†* *m* skruvstäd **-verschlu|ß** *-sse†* *m* skruvlock **-zwinge** *-n f* skruvtving
Schreber|garten *-†* *m* koloniträdgård **-gärtner** - *m* innehavare av koloniträdgård; *geistiger* ~ *(skämts.)* inskränkt person
Schreck *-e m* skräck, fasa, förskräckelse, förfäran; *ach du* [*mein*] ~*!,* [*ach du*] *heiliger* ~*!,* ~*, laß nach! (vard.)* åh, du milde!, kors!, för guds skull!; *starr vor* ~ stel av fasa; *zu meinem* ~ till min förskräckelse; *e-n* ~ *bekommen* bli

förskräckt (skrämd, rädd); *mit dem* [*bloßen*] ~ *davonkommen* slippa undan med blotta förskräckelsen; *e-m e-n* ~ *einjagen* sätta skräck i (skrämma) ngn; *der* ~ *fuhr mir in die Glieder* jag blev stel av skräck (dödsförskräckt) **Schreckbild** *-er n* skräckbild **Schrecke** *-n f* gräshoppa **schrecken I** *sv* **1** skrämma, förskräcka; skrämma upp **2** skölja (*ägg*) i kallt vatten **II** *st el. sv, s, se aufschrecken I* **Schrekken** - *m* **1** *se Schreck* **2** *pl* fasor; *die* ~ *des Krieges* krigets fasor **3** skräck (*person*); *der* ~ *der Schule* skolans skräck **schreckenerregend** skräckinjagande 'schreckens|'blaß, -'bleich blek av fasa **Schreckensbotschaft** *-en f* olycksbud **Schreckensherrschaft** *0 f* skräck|välde, -regemente, terror **Schrekkensnacht** *-e†* *f* skräcknatt **Schreckenszeit** *-en f, e-e* ~ *on* skräckens tid **Schreckgespenst** *-er* *n* skräckbild; mardröm; spöke; *das* ~ *des Krieges* krigets skräckinjagande spöke **schreckhaft** ~ *sein* vara lättskrämd **Schreckhaftigkeit** *0 f* lättskrämdhet **schrecklich** förskräcklig, förfärlig, fruktansvärd, hemsk; ~*en Hunger haben (vard.)* vara jättehungrig; ~*er Mensch (vard.)* outhärdlig (hemsk) människa; ~ *gern (vard.)* hemskt (väldigt) gärna **Schrecklichkeit** *-en f* förfärlighet *etc., jfr schrecklich* **Schrecknis** *-se n, högt.* fasa, ohygglighet **Schreckschraube** *-n f, vard.* hemsk kärring **Schreckschu|ß** *-sse†* *m* skrämskott *(äv. bildl.)* **Schrecksekunde** *-n f, psykol.* skräcksekund; *e-e kurze* ~ *haben (ung.)* ha kort reaktionstid
Schrei *-e m* skri[k], rop; *der letzte* ~ *(vard.)* sista skriket
Schreibart *-en f* skrivsätt, stil **Schreibbedarf** *0 m* skrivmateriel **Schreibe** *0 f, vard.* **1** [hand]-stil, skrivsätt **2** ngt skrivet; skriftlig form; *e-e* ~ *ist keine Rede (ung.)* skriftspråk är inte talspråk, man skriver o. talar inte på samma sätt **3** ngt att skriva med
schreib|en *schrieb, schriebe, geschrieben* I **1** skriva (*e-m, an e-n* till ngn); *e-e gewandte Feder* ~ *(bildl.)* ha en driven stil; *die Zeitung -t, daß (äv.)* det står i tidningen att; *er -t e-e gute Handschrift (vard.)* han delar ut kraftiga örfilar (slag); *an die Tafel* ~ skriva på svarta tavlan; *auf (mit) der Maschine* ~ skriva på maskin; *ins reine* ~ skriva ren[t], renskriva; *mit der Hand* ~ skriva för hand; *nach Diktat* ~ skriva efter diktamen **2** *diese Feder -t gut* man skriver bra med den här pennan; *der Kugelschreiber -t nicht* kulspetspennan tar (fungerar) inte **3** stava; *ein Wort klein (groß)* ~ *(äv.)* skriva ett ord med liten (stor) begynnelsebokstav; *wie* ~ *man Zigarette?* hur stavas (stavar man till) cigar[r]ett? **4** skriva, författa; vara författare (journalist *e.d.*); *an e-r Dissertation (e-m Roman)* ~ skriva på en avhandling (roman) **5** *wir* ~ *heute den 30. Dezember (äv.)* det är den 30 december i dag; *den Wievielten* ~ *wir heute?* vad är det för datum i dag? **6** *hand., e-m etw. zu Lasten* ~ debitera ngn för ngt **7** *e-n gesund* ~ friskskriva (friskförklara) ngn; *e-n krank* ~ sjukskriva ngn; *er wollte sich vom Arzt krank* ~ *lassen* han ville bli sjukskriven av läkaren **II** *rfl* **1** *mit dieser Feder -t es sich gut* man skriver bra med den här pennan **2** *sie* ~ *sich (einander.)* de skriver till varandra, de brevväxlar; *sich mit e-m* ~ *(vard.)* ha brevväxling (brevväxla) med ngn **3** *wie -t sich dieses Wort?* hur skrivs (stavas) detta ord?; *er -t sich*

Wimmer (dial.) han heter Wimmer **Schreiben** **1** *0 n* skrivande; *e-m das ~ beibringen* lära ngn att skriva **2** - *n* skrivelse **Schreiber** - *m* skrivare; kopist; sekreterare; författare, skribent; *der ~ dieser Zeilen* den som skriver (skrev) dessa rader **Schreiberei** *-en f, neds.* skriveri **Schreiberling** *-e m, vard. neds.* pennfäktare, dussinförfattare **Schreiberseele** *-n f, ung.* krämarsjäl, småskuren person **schreibfaul** *~ sein* vara en dålig brevskrivare **Schreib|feder** *-n f* [stål]penna **-fehler** - *m* skrivfel **-gerät** *-e n* skrivattiralj **-kopf** *-e†m* textkula (*t. skrivmaskin*) **-kraft** *-e† f* skrivbiträde **-krampf** *-e† m* skrivkramp **-lust** *0 f* lust att skriva **-mappe** *-n f* skrivportfölj **-maschine** *-n f* skrivmaskin **-maschinenpapier** *-e n* skrivmaskinspapper **-papier** *-e n* skrivpapper **-pult** *-e n* [skriv]pulpet **-schrift** *-en f* skrivstil **-stube** *-n f, mil.* expedition (*kontor*); *åld.* kontor **-tafel** *-n f* griffeltavla; *die ~ (äv.)* svarta tavlan **-tisch** *-e m* skrivbord **-tischlampe** *-n f* skrivbordslampa **-tischtäter** - *m* [uppsatt] person som planerar (ger order om) ett brott men låter ngn annan utföra det **-übung** *-en f* skrivövning **-ung** *-en f, se Schreibweise*
schreibunkundig *er ist ~* han har inte lärt sig att (kan inte) skriva
Schreib|unterlage *-n f* skrivunderlägg **-verbot** *0 n* förbud att skriva (publicera sig) **-waren** *pl* skriv-, kontors|materiel, pappersvaror **-warenhandlung** *-en f* pappershandel **-weise** *-n f* stavning; sätt att skriva, skrivsätt, stil **-zeug** *0 n* skrivdon **-zimmer** - *n* skrivrum
schrei|en *schrie, schriee, geschrie*[*e*]*n* **1** skri[k]a, ropa; *es -t gen* (*zum*) *Himmel* det är himmelsskriande; *nach Rache ~* ropa på (kräva) hämnd; *um Hilfe ~* ropa på hjälp; *vor Lachen ~* (*vard.*) tjuta av skratt, gapskratta; *das ist zum S~* (*vard.*) det är urkomiskt (så att man kan skratta ihjäl sig) **2** *rfl, sich heiser ~* skrika sig hes **schreiend 1** skrikande, skrikig, gräll, bjärt; braskande **2** [himmels]skriande, upprörande, skandalös **Schreier** - *m* skrik-, gap|hals **Schreierei** *-en f* [evigt] skrikande **Schreihals** *-e† m, vard.*, skrik-, gap|hals; skrikigt barn
Schrein *-e m, åld.* skrin; helgon-, relik|skrin; *im ~ des Herzens bewahren* bevara i hjärtats djup **Schreiner** - *m, dial.* snickare **Schreinerei** *-en f, dial.* snickèri **schreinern** *dial.* snickra
schreiten *schritt, schritte, geschritten s* skrida, gå [högtidligt, långsamt]; *zur Tat ~* skrida till handling; *zu anderen Maßnahmen ~* vidta andra åtgärder
schrie *se schreien*
schrieb *se schreiben* **Schrieb** *-e m, vard.* brev, skrivelse
Schrift *-en f* **1** skrift; [tryck]stil, typsort; [hand]stil; *Kopf oder ~?* krona eller klave?; *nach der ~ reden* (*dial.*) inte bryta på ngn dialekt, tala riksspråk **2** skrift, bok, publikation; skrivelse, inlaga, ansökan; *die* [*Heilige*] *~* den heliga skrift; *gesammelte ~en* samlade skrifter **3** *~en* (*schweiz.*) legitimations|papper, -handlingar **Schriftart** *-en f, typ.* stilsort **Schriftauslegung** *-en f* exeges, bibeltolkning **Schriftbild** *-er n, typ.* satsbild; snitt; (*om handstil*) skriftbild **schriftdeutsch** [avfattad] på tyskt skriftspråk **Schriftdeutsch** *0 n* tyskt skriftspråk **Schriftenverzeichnis** *-se n* litteraturförteckning, bibliografi **Schriftführer** - *m* sekreterare, protokollförare **Schriftgelehrte(r)** *m, adj böjn., bibl.* skriftlärd **Schriftgießer** - *m* stilgjutare **schriftgläubig** fundamentalistisk **Schriftgrad** *-e m, typ.* stilgrad **Schriftleiter** - *m* [tidnings]redaktör **Schriftleitung** *-en f* [tidnings]redaktion **schriftlich** skriftlig; *~ antworten* svara skriftligen; *das kann ich dir ~ geben* (*vard.*) det kan jag ge dig skriftligt på, det är absolut säkert; *etw. ~ haben* (*vard.*) ha svart på vitt (papper) på ngt **Schrift|metall** *-e n* typ-, stil|metall **-probe** *-n f* stilprov; handstilsprov **-sachverständige(r)** *m f, adj böjn.* handstils-, skrift|expert **-satz** *-e† m* **1** *typ.* stilsats **2** *jur.* inlaga **-schneider** - *m* stilgravör **-seite** *-n f* (*på mynt*) frånsida **-setzer** - *m, boktr.* sättare **-sprache** *0 f* skriftspråk **schriftsprachlich** skriftspråklig, skriftspråks- **Schriftsteller** - *m* skriftställare, författare **Schriftstellerei** *0 f* skrivande, författande, författarverksamhet, skriftställeri, författarskap **schriftstellerisch** litterär, författar-; *~ begabt* litterärt begåvad **schriftsteller|n** *-te, geschriftstellert* skriva, författa, vara verksam som författare
Schrift|stellername *-ns -n m* pseudonym **-stück** *-e n* skrivelse, handling, aktstycke, papper **-tum** *0 n* litteratur **-verkehr** *0 m* korrespondens **-walter** - *m, nat. soc.* redaktör **-wart** *-e m* sekreterare, protokollförare **-wechsel** *0 m* korrespondens **-zeichen** - *n* [skriv]tecken, bokstav **-zug** *-e† m* [hand]stil **schrill** gäll **schrill|en** låta gällt; *das Telephon -t* telefonen ringer gällt
schrinnen *nty.* göra ont, värka
Schrippe *-n f, berl. ung.* kuvertbröd
schritt *se schreiten* **Schritt** *-e m* **1** steg; *bildl. äv.* åtgärd; gång; skritt; *auf fünfzig ~*[*e*] *Entfernung* på femtio stegs avstånd; *im ~ bleiben* hålla takten; *er soll mir drei ~e vom Leib*[*e*] *bleiben* (*vard.*) han ska hålla sig undan från mig; *e-m auf ~ und Tritt folgen* följa ngn överallt; *~ fahren* köra (åka) i skritt; *e-n* [*guten*] *~ am Leib*[*e*] (*an sich dat.*) *haben* (*vard.*) gå fort, ta stora steg; *mit etw. ~ halten* hålla jämna steg med ngt; *aus dem ~ kommen* komma ur takt[en]; *im ~ reiten* rida i skritt; *den ersten ~ tun* ta första steget (*äv. bildl.*), börja; *den zweiten ~ vor dem ersten tun* (*ung.*) göra ngt i fel ordning; *~e unternehmen* vidtaga åtgärder (mått o. steg); *etw. e-n guten ~ weiterbringen* ge ngt en ordentlig knuff framåt **2** *sömn.* [byx]gren **Schrittlänge** *-n f* steglängd **Schrittmacher** - *m* **1** banbrytare, pionjär, föregångsman **2** *se Pacemaker* **Schrittmesser** - *m* stegräknare **schrittweise** stegvis, steg för steg **Schrittzähler** - *m* stegräknare
Schrofen - *m, dial.*, *se Schroffen* **schroff** brant; *bildl.* skarp, tvär, barsk, kärv; plötslig, oförmedlad **Schroffen** - *m, dial.* [brant] klippa **Schroffheit** *-en f* branthet; *bildl.* skärpa, tvärhet, ovänlighet, barskt (kärvt) yttrande (sätt)
schröpfen 1 *med.* koppa **2** *vard.* pungslå, klå, skinna **Schröpfer** - *m,* **Schröpfkopf** *-e† m, med.* kopp-, sug|glas
Schrot *-e m n* **1** *pl 0* gröpe (*grovmalen säd*) **2** hagel (*för jaktvapen*); *von altem ~ und Korn* (*bildl.*) av gammalt (äkta) skrot o. korn **Schrotbrot** *-e n, ung.* grovt bröd, fullkornsbröd **Schrotbüchse** *-n f* hagelbössa **schro-**

ten 1 gröpa, grovmala, skrota, krossa **2** *åld.* rulla, vältra **Schröter** - *m, zool.* ekoxe **Schrot|flinte** -*n f* hagelbössa -**käfer** - *m* ekoxe -**kugel** -*n f* [bly]hagel -**mühle** -*n f* gröpkvarn -**patrone** -*n f* hagelpatron -**säge** -*n f* kap-, stock|såg -**schu|ß** -*sse†* *m* hagelskott **Schrott** -*e m* **1** skrot; *ein Auto zu ~ fahren* totalkvadda en bil **2** *vard.* skrot, skräp, smörja **Schrotthaufen** - *m* skrothög *(äv. vard. om bil)* **Schrottlaube** -*n f, vard.* skrothög *(om bil)* **Schrottplatz** -*e†* *m* skrotupplag **schrottreif** skrotfärdig; *ein Auto ~ fahren* totalkvadda en bil **Schrottwert** *0 m* skrotvärde **Schrotwaage** -*n f* vattenpass **schrubben** *vard.* skrubba, skura **Schrubber** - *m, vard.,* **Schrubbesen** - *m, dial.* långborste **Schrulle** -*n f* **1** nyck, infall, besynnerlighet, egenhet; *~n haben* ha griller **2** gammal [konstig, tokig] kärring **schrull|enhaft, -ig** besynnerlig, konstig, egen[domlig], excentrisk; tokig; nyckfull **Schrulligkeit** -*en f* besynnerlighet *etc., jfr schrullig* **'schrumm[fide'bum]** *interj* brum! *(om ljud, i sht slutackord, från stränginstrument)* **Schrumpel** -*n f, dial.* **1** rynka **2** gammal [rynkig] tant **schrumpelig** *vard.* rynkig, skrumpen **schrumpeln** *s, dial.,* **schrumpfen** *s* skrumpna; få rynkor, bli rynkig; krympa [ihop], minska **schrumpfig** *se schrumpelig* **Schrumpfleber** *0 f* skrumplever **Schrumpfniere** *0 f* skrumpnjure **Schrumpfung** -*en f* skrumpning; krympning **schrumplig** *se schrumpelig* **Schrund** -*e† m, sty., österr., schweiz.,* **Schrunde** -*n f* **1** [glaciär]spricka, [bergs]klyfta, rämna **2** [hud]spricka **schrundig** full av sprickor (klyftor, rämnor) **schruppen** *fack.* grovbearbeta, skrubbhyvla **Schrupphobel** - *m, fack.* skrubbhyvel **Schub** -*e† m* **1** *fys., tekn.* reaktionskraft **2** puff, knuff, stöt **3** grupp, omgång, våg; sats **4** *per ~ (sl.)* per ett tvång, tvångsvis; *e-n auf den ~ bringen (sl.) a)* tvångsförflytta ngn, *b)* förpassa ngn ur landet **5** [kägel]slag **6** *dial.* [utdrags]-låda **Schubbejack** -*s m, nty., se Schubiack* **Schuber** - *m* **1** [bok]kassett **2** *österr.* regel **Schub|fach** -*er† n* [utdrags]låda -**fenster** - *n* skjutfönster **Schubiack** -*e el.* -*s m, vard.* skurk, usling **Schub|karre** -*n f,* -**karren** - *m* skottkärra -**kasten** -[†] *m* [utdrags]låda -**kraft** *0 f, fys., tekn.* reaktionskraft -**lade** -*n f* [utdrags]låda -**lehre** -*n f, tekn.* skjutmått **Schubs** -*e m, vard.* knuff; *e-m e-n ~ geben (äv.)* knuffa till ngn **schubsen** *vard.* knuffa **Schubstange** -*n f, tekn.* vevstake **schubweise** i omgångar, ryck-, stöt|vis **schüchtern** blyg, försagd, osäker **Schüchternheit** *0 f* blyghet *etc., jfr schüchtern* **schuf** *se schaffen I* **Schuft** -*e m* skurk, usling **schuften** *vard.* jobba hårt, knoga, slita, träla **Schufterei** -*en f* **1** *vard.* hårt jobb, släp, slit **2** gemenhet, nedrighet **schuftig** gemen, nedrig, lymmelaktig **Schuftigkeit** -*en f* gemenhet, nedrighet **Schuh 1** -*e m* sko; *sich (dat.) die ~e nach etw. ablaufen* springa benen av sig efter ngt; *wissen, wo e-n der ~ drückt (vard.)* veta var skon klämmer; *e-m etw. in die ~e schieben* ge ngn skulden för ngt; *umgekehrt wird ein ~ draus!*

alldeles riktigt men tvärtom! **2** - *m, åld.* fot *(mått)* -**absatz** -*e† m* [sko]klack -**abstreifer** - *m* fotskrapa -**anzieher** - *m* skohorn -**band** -*er† n, dial.* skosnöre -**bürste** -*n f* skoborste -**creme** -*s f* skokräm -**fabrik** -*en f* skofabrik -**geschäft** -*e n* skoaffär -**größe** -*n f* skonummer -**haus** -*er† n* [större] skoaffär -**löffel** - *m* skohorn -**macher** - *m* skomakare -**macherei** -*en f* skomakeri -**nagel** -† *m* [sko]pligg -**nummer** -*n f* skonummer -**paste** -*n f* skokräm -**plattler** - *m, sty., österr.* schuhplattler *(folkdans)* -**putzer** - *m* skoputsare -**riemen** - *m, dial.* skosnöre -**sohle** -*n f* skosula; *sich (dat.) die ~n nach etw. ablaufen* springa benen av sig efter ngt -**spanner** - *m* skoblock **Schuhu** -*s m, dial.* berguv **Schuh|waren** *pl* skor, skodon -**warenladen** -† *m* skoaffär -**werk** *0 n* skodon; *grobes ~* grova skor -**wichse** -*n f, vard.* skokräm -**zeug** *0 n, vard., se Schuhwerk* **Schuko|steckdose** -*n f* jordat vägguttag -**stecker** - *m* jordad stickkontakt **Schul|abgänger** - *m* avgående elev -**abschluß** *0 m* avslutad skolgång; *was für e-n ~ hast du?* vad har du för skolutbildning? -**amt** -*er† n* **1** skol[över]styrelse **2** *åld., se Lehramt* -**anfang** *0 m* skolans början, skolstart -**arbeit** -*en f* **1** [skriftlig] [hem]läxa **2** skolarbete **3** *österr.* skrivning -**arzt** -*e† m* skolläkare -**aufgabe** -*n f* **1** [skriftlig] [hem]läxa **2** *dial.* skrivning -**ausgabe** -*n f* skolupplaga -**bank** -*e† f* skolbänk, pulpet; *er drückt noch die ~ (vard.)* han går ännu i skolan; *miteinander die ~ gedrückt haben (vard.)* ha varit skolkamrater -**beginn** *0 m, se Schulanfang* -**behörde** -*n f* skolmyndighet, skol[över]styrelse -**beispiel** -*e n, bildl.* skolexempel *(für på)* -**besuch** -*e m* skolgång -**bildung** *0 f* skol[ut]bildning -**bub** -*en* -*en m, sty., österr., schweiz.* skolpojke -**bücherei** -*en f* skolbibliotek -**bus** -*se m* skol|buss, -skjuts **schuld** -*en f ~ geben* ge ngn skulden; *immer soll ich ~ sein (haben)!* alltid får jag skulden!; *an etw. (dat.) ~ sein (haben)* vara skuld (bära skulden) till ngt; *wer ist daran ~? (äv.)* vems fel är det?; *er ist an allem ~ (äv.)* alltsammans är hans fel; *die Verhältnisse sind ~ daran* förhållandena bär skulden till det **Schuld 1** *0 f* skuld, förskyllan, fel, förvållande; *e-m die ~ geben* ge ngn skulden; *die ~ an etw. (dat.) haben (tragen)* vara skuld (bära skulden) till ngt; *die ~ auf e-n schieben (abwälzen)* skjuta (vältra) skulden på ngn; *ihn trifft keine (es ist nicht seine) ~* det är inte hans skuld (fel), han rår inte för det **2** -*en f* skuld, gäld; *mehr ~en als Haare auf dem Kopf haben (vard.)* vara skuldsatt (ha skulder) upp över öronen; *~en machen* skuldsätta sig, sätta sig i skuld; *ich stehe (bin) tief in seiner ~ (högt.)* jag står i stor [tacksamhets]skuld till honom **Schuldbekenntnis** -*se n* erkännande *(av skuld)* **schuldbeladen** skuldbelastad **Schuldbetrag** -*e† m* skuld[belopp] **schuldbewußt** skuldmedveten **Schuldbewußtsein** *0 n* skuldmedvetenhet **Schuldbrief** -*e m, se Schuldschein* **schulden** *e-m etw. ~ a)* vara skyldig ngn ngt, *b)* ha ngn att tacka för ngt **Schuldenberg** *0 m, vard.* stora skulder, skuldbörda **schuldenfrei** skuldfri, utan skulder **Schuldenlast** -*en f* skuldbörda **Schuldentilgung** -*en f* amortering (avbetalning) [av skuld] **Schuldfrage** -*n f* skuldfråga **schuldfrei** utan skuld, oskyldig

Schuldgefängnis -se n, åld. gäldstuga
Schuldgefühl -e n skuldkänsla **schuldhaft** oaktsam, vårdslös; av egen förskyllan; e-n Unfall ~ verursachen vålla (vara skuld till) en olycka
Schuldienst 0 m, im ~ tätig sein tjänstgöra vid en skola, vara lärare
schuldig 1 skyldig; der S~e den skyldige; e-s Verbrechens ~ sein vara skyldig till ett brott; e-m etw. ~ sein vara skyldig ngn ngt; e-n ~ sprechen förklara ngn skyldig; e-m die Antwort ~ bleiben bli ngn svaret skyldig; e-m nichts ~ bleiben (bildl.) betala ngn med samma mynt; was bin ich Ihnen ~? vad blir jag skyldig?; ~ geschieden sein vara den skyldiga parten i en skilsmässa (skilsmässan) **2** tillbörlig, vederbörlig **Schuldiger** - m, bibl. gäldenär **Schuldigkeit** 0 f **1** skyldighet **2** skuld **Schuldigsprechung** -en f fällande utslag
Schuldirektor -en m rektor
schuldlos utan skuld, oskyldig; ~ geschieden sein vara den oskyldiga parten i en skilsmässa (skilsmässan) **Schuldlosigkeit** 0 f oskuld, skuldlöshet **Schuldner** - m gäldenär; ich werde immer dein ~ sein (bildl.) jag kommer att vara dig evigt tacksam **Schuldrecht** 0 n, jur. obligationsrätt **Schuldschein** -e m skuldsedel, skuldebrev, revers **Schuldspruch** -e† m fällande dom **Schuldsumme** -n f skuld|summa, -belopp **schuldtragend** skyldig **Schuldübernahme** -n f övertagande av skuld[förbindelse] **Schuldverhältnis** -se n skuldförhållande **Schuldverschreibung** -en f **1** obligation **2** skuldförbindelse **schuldvoll** skuld|medveten, -tyngd
Schule -n f skola; heute haben wir (ist) keine ~ (äv.) vi har (det är) lov i dag; ~ machen bilda skola; die ~ schwänzen skolka från skolan; die ~ ist aus skolan är slut; er geht auf (in) e-e private ~ han går i privatskola; aus der ~ plaudern (schwatzen) skvallra ur skolan; hinter (neben) die ~ gehen (vard.) skolka; von der ~ fliegen (vard.) bli avstängd (relegerad); zur (in die) ~ gehen gå i (till) skolan; noch zur (in die) ~ gehen fortfarande gå i skolan; nach der Uni will er zur (an die) ~ gehen (vard.) efter universitetet vill han bli lärare; er kommt heuer zur (in die) ~ han börjar skolan i år **schulen** skola, träna, öva; dressera (hund) **schulentlassen** ~ sein ha genomgått [den obligatoriska] skolan **schulentwachsen** över skolpliktig ålder
Schüler - m elev, lärjunge, skolpojke **Schülerarbeit** -en f elevarbete **Schüleraustausch** 0 m skolbarns-, elev|utbyte **Schülerausweis** -e m elevlegitimation **schülerhaft** elev-, skolpojks|aktig; nybörjar-; omogen
Schüler|heim -e n elevhem **-in** -nen f skolflicka, elev, lärjunge **-karte** -n f skolkort (på buss o.d.) **-lotse** -n -n m skolpolis **-mitverwaltung** 0 f, ung. elevinflytande **-schaft** 0 f, die ~ samtliga elever (vid en skola) **-sprecher** - m elevrepresentant **-zahl** -en f elevantal **-zeitung** -en f skoltidning
Schulfach -er† n skolämne **schulfähig** skolmogen **Schulfall** -e† m skolexempel **Schulferien** pl skollov **Schulfernsehen** 0 n skol--TV **schulfrei** heute ist (haben wir) ~ i dag är det (har vi) lov (har vi ledigt från skolan); ~er Tag lovdag
Schul|freund -e m skolkamrat, vän från skoltiden **-funk** 0 m skol-, utbildnings|radio **-gang** -e† m skolväg; der erste ~ första skoldagen **-gebrauch** 0 m, für den ~ för användning i skolan **-geld** 0 n skol-, termins|avgift **-gelehrsamkeit** 0 f, ung. boklig lärdom, skolvisdom **-gemeinde** -n f (skolas) lärare o. elever m. föräldrar
schulgerecht enligt alla regler, metodisk; pedantisk **Schulgesundheitspflege** 0 f skolhälsovård **Schulheft** -e n skrivbok **Schulhof** -e† m skolgård **Schulhygiene** 0 f skolhälsovård **schulisch** skol-; ~e Arbeit skolarbete; seine ~en Leistungen hans prestationer i skolan
Schul|jahr -e n skolår; im ersten ~ sein gå i första klass **-jugend** 0 f skolungdom **-junge** -n -n m, vard. skolpojke **-kamerad** -en -en m skolkamrat **-kenntnisse** pl skolkunskaper **-kind** -er n skolbarn **-klasse** -n f skolklass **-kollege** -n -n m, dial. skolkamrat
schulkrank vard. skolsjuk
Schul|landheim -e n lantskolhem (för några veckors undervisning o. rekreation på landet) **-lehrer** - m skollärare **-leistungen** pl prestationer i skolan **-mädchen** - n, vard. skolflicka **-mann** -er† m skolman, pedagog **-mappe** -n f skolväska **-meister** - m **1** vard. lärare (på landsbygden) **2** neds. skolmästare **-meisterei** 0 f **1** vard. lärar|verksamhet, -yrke **2** neds. skolmästeri
schulmeister|haft, -lich neds. skol|mästaraktig, -mästerlig **schulmeister|n** -te, geschulmeistert, neds. [skol]mästra **schulmüde** vard. skoltrött **Schulordnung** -en f skolstadga, skolas ordningsregler
Schulp -e m bläckfiskskal
Schulpflicht 0 f skolplikt **schulpflichtig** skolpliktig; das ~e Alter (äv.) skolåldern
Schul|platz -e† m skolgård **-praktiker** - m, se Schulmann **-praktik|um** -a n, ung. provtjänstgöring (i skola) **-ranzen** - m skolväska (som bärs på ryggen) **-rat** -e† m skolinspektör **-räume** pl skollokaler **-reform** -en f skolreform
schulreif skolmogen
Schul|reife 0 f skolmognad **-reifetest** -s, äv. -e m skolmognadsprov **-schiff** -e n skolskepp **-schwänzer** - m, vard. skolkare **-schwierigkeiten** pl skolsvårigheter **-speisung** 0 f skolbespisning **-sprecher** - m elevrepresentant **-tasche** -n f skolväska
Schulter -n f skuldra, axel; breite ~n haben (äv.) vara bredaxlad; e-m die kalte ~ zeigen (vard.) inte ta notis (bry sig) om ngn; etw. auf die leichte ~ nehmen (vard.) ta lätt på ngt; e-n über die ~ ansehen föräkta ngn **Schulterblatt** -er† n skulderblad **schulterfrei** ~es Kleid klänning utan axelband **Schulterhöhe** 0 f axelhöjd **Schulterklappe** -n f axelklaff **schulterlang** ~es Haar axellångt hår **schultern** lägga på (över) axeln, ta på sina skuldror, axla
Schulter|polster - n axelvadd **-riemen** - m axelrem **-stück** -e n **1** axelklaff **2** kokk. bog-[stycke] **-tasche** -n f axel[rems]väska **-verrenkung** -en f vrickning (av axelled) **-weite** -n f axelbredd **-zucken** 0 n axelryckning
Schultheiß -e m **1** skolning; träning, övning **-wechsel** 0 m byte av skola **-weg** -e m skolväg **-weisheit** -en f skolvisdom **-wesen** 0 n skolväsen **-wissen** 0 n skolkunskaper

Schulze -n -n m, se *Schultheiß 1*
Schul|zeit -en f skoltid **-zeugnis** -se n skolbetyg **-zwang** 0 m skolplikt
Schummel 0 m, vard. fusk; skoj **schummeln** vard. fuska; luras
Schummer - m, dial. gryning; skymning **schummerig** dial. halvmörk, skum; (*om ljus*) svag **schummern 1** dial. ljusna; skymma **2** schattera (*karta*)
Schummler - m, vard. fuskare; skojare **schummrig** se *schummerig*
Schumperlied -er n, dial. folk-, kärleks|visa **schumpern** dial. vagga
schund se *schinden* **Schund** 0 m skräp, smörja, strunt; strunt-, skräp|litteratur **Schundheft** -e n [uselt] seriemagasin **Schundliteratur** 0 f strunt-, skräp|litteratur **Schundware** -n f skräp[vara], dålig vara
schunkeln 1 vagga (gunga) arm i arm (*i takt m. musiken*) **2** h el. s skumpa (gunga) [fram]
schupfen sty., österr., schweiz. knuffa, skjuta, stöta; kasta
Schupfen - m, sty., österr., se *Schuppen*
Schupo 1 (*vard. förk. för Schutzpolizei*) 0 f polis [kår] **2** (*vard. förk. för Schutzpolizist*) -s m polis- [konstapel]
Schuppe -n f fjäll, flaga; ~n (*äv.*) mjäll; *es fiel ihm wie ~n von den Augen* fjällen föll från hans ögon
Schüppel -[n] m, sty., österr., se *Büschel* **1 schuppen 1** fjälla **2** rfl fjälla [sig] **2 schuppen** dial. knuffa, skjuta, stöta
Schuppen - m **1** skjul, lider; bod; [lokomotiv]stall; garage; hangar **2** vard. [ful] kåk **3** vard. rockklubb, danshak
schuppenartig fjällartad, fjälliknande
Schuppen|echse -n f fjällreptil **-flechte** 0 f, med. psoriasis **-kriechtier** -e n fjällreptil **-panzer** - m fjällpansar **-reptil** -ien n fjällreptil **-tier** -e n, zool. myrkott
schuppig fjällig
Schups -e m, sty. knuff; e-m e-n ~ geben (*äv.*) knuffa till ngn **schupsen** sty. knuffa
1 Schur -en f [får]klippning
2 Schur 0 m, åld. förtret; e-m etw. zum ~ tun göra ngt för att reta ngn
Schüreisen - n eldgaffel, ugnsraka; slaggspett **schüren** röra om (*eld*); *bildl.* underblåsa **Schürer** - m, dial., se *Schüreisen*
schürfen 1 skrapa; sich (*dat.*) das (*sich am*) *Knie* ~ skrapa sig på knät **2** gräva [efter]; prospektera; bryta, utvinna; *nach Gold* ~ gräva efter guld; *tiefer* ~ (*bildl.*) gå på djupet (till botten [m. ngt]) **Schürfung** -en f **1** skrubbsår **2** malmletning; prospektering; brytning
Schürfwunde -n f skrubbsår
schürgen dial. knuffa, skjuta; driva
Schürhaken - m eldgaffel, ugnsraka
Schurigelei -en f, vard. trakasseri '**schurigeln** vard. trakassera
Schurke -n -n m skurk, bov **Schurken|streich** -e m, -tat -en f, **Schurkerei** -en f skurk-, bov|aktighet, skurkstreck **schurkisch** skurk-, bov|aktig, gemen
Schurre -n f, dial. glid-, rutsch|bana **schurren** h el. s, dial. skrapa, rutscha (glida, röra sig) [m. ett skrapande ljud] '**Schurr'murr** 0 m, nty. virrvarr, röra; skräp
Schurwolle 0 f ren ny ull
Schurz -e m **1** förskinn **2** höftskynke **3** dial., se *Schürze* **Schürze** -n f förkläde; vard. kjoltyg (*kvinna*); *der Mutter an der* ~ *hängen* (*vard.*)

hänga mamma i kjolarna; *hinter jeder* ~ *hersein* (*vard.*) springa efter varenda kvinna **schürzen 1** skörta (fästa, dra) upp; *die Lippen* ~ kröka läpparna **2** högt. knyta, binda **Schürzenjäger** - m, vard. kvinnojägare
Schu|ß -sse† m **1** skott; sprängskott; skottsår; *ein* ~ *ins Blaue* en bom (miss); *drei* ~ *im Magazin* tre skott i magasinet; *ein* ~ *in den Ofen* (*vard.*) ett totalt misslyckande (fiasko); *ein* ~ *ins Schwarze* ett skott [mitt] i prick, en fullträff (*äv. bildl.*); *auf den ersten* ~ vid (med) första skottet; *weit*[*ab*] *vom* ~ (*vard.*) *a*) utom skotthåll, på avstånd, *b*) långt från händelsernas centrum; *e-n* ~ *abgeben* avfyra ett skott; *e-n* ~ *vor den Bug bekommen* (*vard.*) få en skarp varning; *den Fuchs vor* (*in*) *den* ~ *bekommen* få räven inom skotthåll; *e-n* ~ *haben* (*vard.*) inte vara riktigt klok; *er kam mir zufällig vor den* ~ (*vard.*) jag råkade stöta på honom; *der Fotograf kam nicht zum* ~ (*vard.*) fotografen lyckades inte ta ngt kort; *keinen* ~ *Pulver wert sein* (*vard. ung.*) inte vara värd ett ruttet lingon **2** sport. skott; boll; *er hat e-n harten* ~ han skjuter hårt; *ein* ~ *aufs Tor* ett skott på mål **3** *das Mädchen hat e-n heftigen* (*tüchtigen*) ~ *getan* flickan har skjutit ordentligt i höjden **4** *etw. gut in* (*im*) ~ *haben* (*vard.*) ha god ordning på (i) ngt; *im* ~ *hinunterfahren* (*vid skidåkning*) åka ner [för backen] utan att [svänga o.] bromsa; *in* ~ *kommen* (*vard.*) *a*) komma i gång, ta fart, börja, *b*) komma i form, bli bra, *c*) sättas i gott skick; [*gut*] *in* (*im*) ~ *sein* (*vard.*) *a*) vara i gott skick, fungera bra, *b*) vara pigg o. kry, vara frisk (bra) **5** skvätt; *ein* ~ *Ironie* en nypa ironi; *Cola mit* ~ rom (*e.d.*) o. Coca Cola; *Tee mit e-m* ~ *Rum* te spetsat med rom; *e-e Weiße mit* ~ ett glas ljust öl med en aning hallonsaft **6** *sl.* sl (*narkotikainjektion*) **7** *väv.* inslag **schußbändig** (*om hund, häst*) ej skotträdd, skottsäker **Schußbereich** -*e m* skotthåll **schußbereit** skjutklar **Schußdichte** -*n f, väv.* inslagstäthet
Schussel - m el. -n f, vard. virrig (vimsig) människa
Schüssel -n f **1** fat, karott, skål, terrin; *vor leeren* ~*n sitzen* (*vard. äv.*) svälta **2** [mat]rätt (*upplagd på fat*) **3** *vard.* kärra (*bil*)
Schusselbahn -*en f, dial.* kana **Schusselfehler** - m, dial. slarvfel **schusselig** vard. virrig, vimsig, hafsig **schusseln 1** vard. slarva **2** s, vard. virra (vimsa) omkring **3** h el. s, dial. åka kana **schussern** dial. spela kula
Schußfaden -† m, väv. inslagstråd **Schußfahrt** -*en f, skidsport., in* ~ *hinunterfahren* åka ner [för backen] utan att [svänga o.] bromsa, åka ner med hög fart **Schußfeld** -*er n* skottfält **schußfertig** skjutfärdig **schußfest** skottsäker; *jakt. äv.* ej skotträdd **Schußgeld** -*er n* skottpengar **schußgerecht 1** (*om villebråd*) inom skotthåll **2** (*om jägare*) som hanterar vapnet riktigt **schußgewaltig** sport. (*om spelare*) som skjuter hårt
schußlig se *schusselig*
Schußlinie -*n f* eld-, skott|linje (*äv. bildl.*); *e-m in der* ~ *stehen* stå i vägen för ngn **Schußnähe** 0 f skotthåll **schußrecht** se *schußgerecht* **Schußrichtung** -*en f* skottriktning **schußsicher** skottsäker **Schußwaffe** -*n f* skjutvapen **Schußwechsel** 0 m skottväxling **Schußweite** -*n f* **1** skottvidd **2** skotthåll **Schußwunde** -*n f* skottsår **Schußzeit** -*en f* jakt|tid, -säsong

Schuster [-u:-] - *m* **1** skomakare; *auf ~s Rappen* med apostlahästarna **2** *vard.* klåpare **3** *dial.* harkrank **Schusterdraht** *0 m* becktråd **Schusterjunge** *-n -n m* **1** *typ.* [enkel] horunge **2** *åld.* skomakarlärling **3** *berl. (slags)* småfranska *(av rågmjöl); es regnet ~n* det ösregnar **schustern** *vard.* **1** laga (göra) skor **2** klåpa, fuska
Schute *-n f* **1** [last]pråm, läktare **2** bahytt
Schutt *0 m* spillror, [byggnads]grus, ruiner, ruinhög; avfall; *geol.* förvittringsgrus, detritus; *~ abladen verboten!* tippning förbjuden!; *in ~ und Asche legen* lägga i ruiner **-abladeplatz** *-e†* m avstjälpningsplats
Schüttboden *-† m, dial.* sädesloft **Schütte** *-n f* **1** behållare; [speceri]låda **2** glidbana, störtränna **3** *dial.* knippe; sänghalm **4** *schweiz.* sädesloft **5** *skogsv.* rost
Schüttelbecher - *m* blandningsbägare, shaker **Schüttelfrost** *0 m* häftig frossa **Schüttellähmung** *0 f* Parkinsons sjukdom **schütteln 1** skaka, ruska, rista; *vor Gebrauch ~!* omskakas!; *e-m die Hand ~* skaka hand med ngn; *den Kopf ~* skaka på huvudet; *Mehl durch ein Sieb ~* sikta mjöl genom ett såll; *Obst [vom Baum] ~* skaka ner frukt [från trädet]; *Entsetzen -t ihn* han darrar av fasa; *das Fieber -t ihn* han skakar av feber; *sich (dat.) e-n ~ (vard.)* runka **2** *rfl* skaka på sig; *sich vor Lachen ~* skaka av skratt **Schüttelreim** *-e m, ung.* dubbelrim *(m. bokstavsutbyte)* **Schüttelrutsche** *-n f* skak|transportör, -ränna **schütte|n 1** ösa, hälla; tippa; *es -t (vard.)* det ösregnar **2** *das Korn -t* säden ger riklig skörd **schütter** gles, tunn; svag
schüttern skaka, darra; dåna
Schüttgut *0 n* bulklast
Schutt|haufen - *m* grushög; avfallshög **-platz** *-e† m* avstjälpningsplats
Schüttstein *-e m, schweiz.* vask, slask
Schüttung *-en f* **1** tippning **2** fördämning *(av jord e.d.)* **3** vattenmängd *(som en källa avger under viss tid)*
Schutz *0 m* **1** [be]skydd, hägn; *im (unter dem) ~ der Dunkelheit* i skydd av mörkret; *den ~ des Gesetzes genießen* åtnjuta lagens skydd; *sich in jds ~ begeben* ställa sig under ngns beskydd; *e-n in ~ nehmen* ta ngn i försvar; *zu ~ und Trutz* till försvar o. motstånd **2** skydd[sanordning]
1 Schütz *-en -en m, åld.* skytt
2 Schütz *-e n* **1** *elektr.* relä, kontaktor **2** sluss-, damm|lucka
Schutz|anstrich *-e m* skyddsmålning **-anzug** *-e† m* skydds|dräkt, -kläder **-aufsicht** *0 f* övervakning, skyddstillsyn **-befohlene(r)** *m f, adj böjn.* skydds|bekleidung *-en f* skyddskläder **-blech** *-e n* skyddsplåt; stänkskärm *(på cykel)* **-brille** *-n f* skyddsglasögon **-bündnis** *-se n* försvarsförbund **-dach** *-er† n* skyddstak
1 Schütze *-n -n m* skytt; *mil.* menig; *åld.* infanterist; *der ~ (astron.)* Skytten
2 Schütze *-n f* sluss-, damm|lucka
schütz|en [be]skydda; *e-n vor etw. (dat.) el. gegen etw. ~* skydda ngn mot (för) ngt; *Alter -t vor Torheit nicht* ålder o. visdom följs inte alltid åt; *gesetzlich geschützt* lagligen skyddad
Schützen - *m* skyttel
Schützenfest *-e n* **1** skyttefest **2** *sport.* målrik match
Schutzengel - *m* skyddsängel; *bildl.* beskyddare; *sl.* hallick
Schützen|graben *-† m* skyttegrav **-grabenkrieg** *-e m* skyttegravskrig **-hilfe** *0 f, vard., e-m ~ geben (ung.)* hålla ngn om ryggen, backa upp (stödja) ngn **-kette** *-n f* skyttelinje **-könig** *-e m* **1** segrare i skyttetävling **2** *sport.* skyttekung **-loch** *-er† n* skyttegrop **-verein** *-e m* skytteförening **-wiese** *-n f* festplats [för skyttefest]
Schützer - *m* **1** beskyddare **2** skydd[sanordning]
Schutz|farbe *-n f* skyddsfärg, skyddande färg; kamouflage **-färbung** *-en f, zool.* skyddsfärg-[ning], mimicry **-frist** *-en f, jur.* skyddstid **-gebiet** *-e n* **1** naturskyddsområde **2** *polit.* protektorat, skyddsområde; *hist.* koloni **-geist** *-er m* skydds|ande, -ängel **-geländer** - *n* skyddsräcke **-gitter** - *n* skydds|galler, -inhängnad, -nät **-haft** *0 f* skyddshäkte **-heilige(r)** *m f, adj böjn.* skyddshelgon **-helm** *-e m* skyddshjälm; störthjälm **-herrschaft** *0 f* protektorat **-hülle** *-n f* skydds|hölje, -omslag **-hütte** *-n f, ung.* övernattningsstuga *(i fjällen e.d.)*
schutzimpf|en *-te, schuzgeimpft* skyddssympa, vaccinera **Schutzimpfung** *-en f* skyddsympning, vaccinering **Schutzinsel** *-n f* refug[e] **Schutzkontaktsteckdose** *-n f* jordat vägguttag **Schutzkontaktstecker** - *m* jordad stickkontakt **Schutzleute** *pl, se Schutzmann* **Schützling** *-e m* skyddsling **schutzlos** skydds-, försvars|lös
Schutz|losigkeit *0 f* skydds-, försvars|löshet **-macht** *-e† f* skyddsmakt **-mann** *-er† el. Schutzleute* **m 1** polis[konstapel] **2** *sport.* hängrock *(spelare som markerar motspelare)* **-marke** *-n f* varu-, skydds|märke; *eingetragene ~* inregistrerat varumärke **-maske** *-n f* skyddsmask **-maßnahme** *-n f* skyddsåtgärd **-mauer** *-n f* skyddsmur, bålverk **-mittel** - *n* skyddsmedel **-netz** *-e n* skyddsnät **-patron** *-e m* skyddspatron **-polizei** *0 f* polis[kår] **-polizist** *-en -en m* polis[konstapel] **-raum** *-e† m* skyddsrum **-stoff** *-e m, fack.* skyddsämne, antikropp **-truppe** *-n f, hist.* [tysk] kolonitrupp **-überzug** *-e† m* skydds|överdrag, -beläggning **-umschlag** *-e† m* skyddsomslag *(på bok)* **-vorkehrung** *-en f* skyddsåtgärd **-vorrichtung** *-en f* skyddsanordning **-waffe** *-n f* skyddsvapen **-wand** *-e† f* skyddsmur, skyddande vägg **-weg** *-e m, österr.* övergångsställe **-zoll** *-e† m* skyddstull
Schwabach *0 f, typ.* schvaback, schwabach **Schwabbelei** *-en f* **1** *vard.* dallrande **2** *dial.* prat, babbel, pladder **schwabbelig** *vard.* dallrande **schwabbeln 1** *vard.* dallra **2** *dial.* prata, babbla, pladdra **3** *tekn.* polera **Schwabber** - *m, sjö.* svabb **schwabbern 1** *vard.* dallra **2** *dial.* prata, babbla, pladdra **3** *sjö.* svabba **schwabblig** *vard.* dallrande
1 Schwabe *-n -n m* schwabare *(invånare Schwaben)*
2 Schwabe *-n f, dial.* kackerlacka
schwäbeln tala schwabiska (schwabisk dialekt) **Schwabenalter** *0 n, skämts.* mogen ålder *(40-årsåldern)* **Schwabenstreich** *-e m* tokighet, dumt upptäg **schwäbisch** schwabisk
schwach *adj†* svag, klen, matt, dålig, vek, skröplig; tunn; *schwächer werden (äv.)* försvagas, tyna bort; *~ auf den Beinen sein* inte kunna gå så bra [längre]; *er ist ein ~er Esser*

schwachbegabt—schwänzeln

(*Schwimmer*) han äter litet (är en dålig simmare); *der Beweis steht auf ~en Füßen* beviset är dåligt underbyggt; *ein ~es Gedächtnis haben* ha dåligt minne; *das ~e Geschlecht* (skämts.) det svaga[re] könet; *~er Magen* ömtålig (dålig) mage; *die Party war ~* (vard.) festen var inte vidare lyckad; *ein ~er Schüler* (äv.) en svagpresterande elev; *das ist seine ~e Seite* a) han är svag för det, b) det är hans svaga sida; *in e-r ~en Stunde* (e-m ~en *Augenblick*) *gab sie nach* i ett svagt ögonblick gav hon efter; *mir wird ~* jag känner mig svimfärdig; *das macht mich noch ~!* det är så man kan bli galen!; *die Vorstellung war ~ besucht* det var litet folk på föreställningen; *das Land ist ~ bevölkert* landet är glest befolkat **schwachbegabt** klent (svagt) begåvad **schwachbevölkert** glest befolkad **schwachbewegt** (*om vattenyta*) lätt (svagt) krusad **Schwäche** -n f svaghet; klenhet, matthet; svag sida, brist; förkärlek, böjelse; *seine eigenen ~n kennen* känna sina egna svagheter; *die ~ ihrer Augen nahm zu* (äv.) hennes ögon blev sämre; *Musik ist e-e ~ von ihm* han är svag för musik; *Rechnen ist meine ~* räkning är min svaga sida **Schwächeanfall** -e† m anfall av [fysisk] svaghet **Schwächegefühl** 0 n svaghetskänsla **schwächen** försvaga, göra svag[are]; minska; *geschwächt* försvagad, nedsatt **Schwächezustand** -e† m svaghetstillstånd **Schwachheit** -en f svaghet; *bilde dir keine ~en ein!* (vard.) inbilla dig ingenting!, vänta dig inte för mycket! **Schwachkopf** -e† m dumhuvud **schwachköpfig** dum, enfaldig **schwächlich** klen, svag, vek, dålig **Schwächlichkeit** 0 f klenhet *etc., jfr schwächlich* **Schwächling** -e m klen (svag) människa (stackare); vekling **Schwach'matik|us** -usse el. -er m, skämts. **1** se *Schwächling* **2** klent begåvad människa; *er ist ein ~ in Latein* han har svårt för latin **Schwachpunkt** -e m svag (känslig, sårbar) punkt **schwachsichtig** svagsynt **Schwachsichtigkeit** 0 f svagsynthet **Schwachsinn** 0 m svagsinthet; *vard.* dumhet, idioti **schwachsinnig** svagsint; *vard.* dum, idiotisk **Schwachstelle** -n f, se *Schwachpunkt* **Schwachstrom** 0 m svagström **Schwächung** -en f försvagning *etc., jfr schwächen*

1 Schwaden - m hö-, slåtter|sträng
2 Schwaden - m [rök-, ång-, dim]moln, ånga, dimma, dunst
schwadern sty. **1** plaska **2** prata, pladdra
Schwadron -en f skvadron **Schwadroneur** ['-nø:ɐ̯] -e m skrodör, storskrävlare **schwadronieren** skrodera, skrävla
Schwafelei -en f, vard. [dumt] prat, svammel **schwafeln** vard. prata [dumheter], svamla
Schwager -† m **1** svåger **2** åld. postiljon **Schwägerin** -nen f svägerska **schwägerlich** svåger-, som svåger (svägerska) **Schwägerschaft** 0 f svågerskap
Schwaige -n f, sty., österr. fäbod
Schwalbe -n f svala; *e-e ~ macht noch keinen Sommer* en svala (fluga) gör ingen sommar
Schwalbennest -er n **1** svalbo **2** vard. epålett (*hos militärmusiker*) **Schwalbenschwanz** -e† m **1** svalstjärt **2** vard. frack-[skört] **3** svalstjärtfjäril
Schwalch -e m, dial. dimma, dunst, rök **schwalchen** åld. ryka, sota
Schwalk -e m, nty., se *Schwalch*

Schwall -e m svall, flöde
schwamm se *schwimmen*
Schwamm -e† m **1** svamp; tvättsvamp; svamp[djur]; hus-, källar|svamp; *~ drüber!* (vard.) svampen på!, låt oss glömma det!; *sich mit dem ~ frisieren können* (vard.) vara flintskallig **2** sty., österr., se *Pilz* **Schwämmchen** - n **1** [liten] svamp **2** med. torsk
Schwammerl -[n] n, sty., österr., se *Pilz*
schwammig 1 svamp|ig, -artad; porös **2** vag, svävande, dimmig **3** svampangripen
Schwammspinner - m, zool. lövskogsnunna
Schwan -e† m svan; *mein lieber ~!* a) kära nån!, b) iron. min käre vän!
schwand se *schwinden*
schwan|en vard., *mir -t, daß* jag anar (det försvävar mig) att; *mir -t nichts Gutes* jag har onda aningar
Schwanengesang -e† m, bildl. svanesång **Schwanenhals** -e† m **1** svanhals (äv. bildl.) **2** (slags) [rovdjurs]fälla **Schwanenritter** 0 m, der ~ Svanriddaren (Lohengrin) **schwanenweiß** svanvit
schwang se *schwingen*
Schwang 0 m, *im ~e sein* vara i svang (i bruk, på modet, modern)
schwanger gravid, havande; *sie ist im vierten Monat ~* hon är i fjärde månaden; *mit e-r Idee ~ gehen* gå havande med en idé; *mit großen Plänen ~ gehen* ruva på stora planer **Schwangerenberatung** -en f, ung. mödraundervisning **Schwangerenfürsorge** 0 f, ung. mödravård **Schwangerengelüst** -e n pica (gravid kvinnas begär efter visst födoämne) **schwängern** göra havande, befrukta; *mit (von) etw. geschwängert sein* vara fylld (full) med (av) ngt **Schwangerschaft** -en f graviditet, havandeskap
Schwangerschafts|abbruch -e† m avbrytande av havandeskap, abort **-narben** pl, **-streifen** pl graviditetsstrimmor **-test** -s, äv. -e m graviditetstest **-unterbrechung** -en f Schwangerschaftsabbruch **-verhütung** 0 f förebyggande av havandeskap, födelsekontroll
Schwängerung -en f befruktning; bildl. mättande
schwank smal o. böjlig, vajande; osäker, vacklande; *er ist wie ein ~es Rohr im Winde* han är som ett rö för vinden **Schwank** -e† m **1** rolig historia **2** fars **schwank|en 1** vackla; bildl. äv. tveka; vaja, svaja, svänga [fram o. tillbaka], pendla, svikta; variera, fluktuera; *~de Haltung* (äv.) obeslutsam hållning; *wie ein ~des Rohr im Winde* som ett rö för vinden; *die Meinungen über ihn ~* åsikterna om honom går isär (växlar); *es -t zwischen den stehen und* **2** väger mellan; *die Temperatur -te zwischen 8 und 40 Grad* temperaturen växlade mellan 8 o. 40 grader **2** s, *der Betrunkene -t über die Straße* fyllot raglar över gatan **Schwankung** -en f vacklan[de]; växling, fluktuation, variation *etc., jfr schwanken*
Schwanz -e† m **1** svans, stjärt (äv. flyg.); *der ~ der Schlange* svansen (slutet) på kön; *kein ~* (vard.) ente in kotte, ingen; *e-n ~ machen* (bauen) (vard.) köra in tentamen o. gå upp igen; *e-m auf den ~ treten* (vard.) trampa ngn på tårna, kära ngn **2** [lång] rad; kö **3** *vulg.* kuk
schwänzeln 1 vifta på svansen **2** *s* springa svansviftande **3** *h el. s* [gå o.] stoltsera, gå med dansande steg **4** *h el. s, um e-n ~* svansa

(fjäska) för ngn **schwänzen** *vard.*, [*die Schule*] ~ skolka [från skolan] **Schwanzende** *-n n* svansspets **Schwanzfeder** *-n f* stjärtfjäder **Schwanzflosse** *-n f* stjärtfena **schwanzlastig** *flyg.* baktung **Schwanzlurch** *-e m, zool.* stjärtgroddjur, svansamfibie **Schwanzstück** *-e n* stjärtbit (*av fisk*); ytterlår (*av nöt*) **schwappen 1** skvimpa, skvalpa **2** *s* skvimpa (skvalpa) över **2** spilla **schwaps** *interj* skvatt! **schwapsen** *h el, s, se schwappen* **Schwäre** *-n f* [öppen] varböld **schwärig** varig **Schwarm** *-e*† *m* **1** svärm; hop, skara; stim; ~ *von Fischen* fiskstim; ~ *von Menschen* hop människor **2** svärmeri, dröm; *er ist mein* ~ han är mitt svärmeri; *sein* ~ *ist e-e weite Reise* hans dröm är en lång resa **schwärmen 1** *h* (*el. s vid ortsförändring*) (*om bin e.d.*) svärma; välla, strömma [i skaror] **2** svärma, vurma; *von etw.* ~ (*äv.*) tala entusiastiskt (med hänförelse) om ngt **Schwärmer** - *m* svärmare (*äv. zool. o. fyrverkeripjäs*); drömmare, entusiast; *er ist ein* ~ *für hohe Ideen* han svärmar för höga idéer **Schwärmerei** *-en f* svärmeri **schwärmerisch** svärmisk **Schwarmgeist** *-er m* svärmare, fantast; *relig. äv.* fanatiker **Schwarmlinie** *-n f* skyttelinje **schwarmweise** i svärmar (hopar) **Schwärmzeit** *-en f* svärmningstid **Schwarte** *-n f* **1** [fläsk]svål; *vard., jakt.* hud, skinn; *e-m die* ~ *gerben* (*vard.*) ge ngn på huden (pälsen); *arbeiten, daß die* ~ *kracht* (*vard.*) slita som ett djur **2** *vard.* [gammal] lunta **3** *snick.* bak, ytbräda **schwarten 1** *vard.* läsa som besatt **2** *dial.* klå upp **Schwartenmagen** *-*† *m* (*slags*) pressylta **schwarz** *adj*† svart; *bildl. äv.* gemen, nedrig; mörk; *vard.* smutsig; *vard.* katolsk [o. konservativ]; ~*e Diamanten* stenkol; *der* ~*e Erdteil* Afrika; ~*e Gedanken* (*äv.*) dystra tankar; ~*es Gold* kol; ~*er Kaffee* svart kaffe (*utan grädde el. mjölk*); *der Kaffee ist* ~ kaffet är svart (*mycket starkt*); *die* ~*e Liste* svarta listan; *der* ~*e Mann* sotaren (*att skrämma småbarn med*); *der* ~*e Markt* svarta börsen; *das* *S~e Meer* Svarta havet; ~*er Pfeffer* svartpeppar; ~*er Tag* (*äv.*) olycksdag; *der S~e Tod* (*äv.*) digerdöden; *ein S~er a*) en svart (färgad, neger), *b*) *vard.* en anhängare (medlem) av ett konservativt [o. katolskt] parti, *c*) *österr.* en [kopp] kaffe (*utan grädde el. mjölk*); *das kleine S~e* den lilla svarta; *e-m nicht das S~e unter den Nägeln gönnen* (*vard.*) vara väldigt avundsjuk på ngn; *ins S~e treffen* träffa [mitt i] prick; *sich* ~ *ärgern* bli grön av ilska; ~ *fahren a*) åka gratis (*utan biljett*), *b*) köra utan körkort; *das kann ich dir* ~ *auf weiß geben* det kan jag ge dig svart på vitt på; ~ *über die Grenze gehen* (*vard.*) ta sig illegalt över gränsen; ~ *gekleidet* svartklädd; *etw.* ~ *auf weiß haben* ha svart på vitt på ngt; *etw.* ~ *kaufen* (*vard.*) köpa ngt svart; *sich* ~ *kleiden* klä sig i svart; *aus* ~ *weiß machen* göra svart till vitt; *etw.* ~ *malen* (*bildl.*) svartmåla ngt; *alles* ~ *in* ~ *sehen* se allt i svart; *der Platz ist* ~ *von Menschen* torget är svart av folk; ~ *wählen* (*vard.*) rösta på ett konservativt [o. katolskt] parti; ~ *werden a*) *äv.* svartna, *b*) *kortsp.* bli utan stick; *er kann warten, bis er* ~ *wird* (*vard.*) han kan vänta tills han möglar (blir blå i ansiktet); *mir wird* ~ *vor den Augen* det svartnar för ögonen på mig **Schwarz** *0 n* svart, svart färg;

Frau in ~ (*äv.*) svartklädd kvinna; *in* ~ *gehen* vara svartklädd (sorgklädd) **Schwarzarbeit** *0 f* svart arbete **schwarzarbeiten** arbeta svart **schwarzäugig** svart-, mörk|ögd **Schwarzbeere** *-n f, sty., österr.* blåbär **Schwarzbrenner** *-f* hem-, lönn|brännare **Schwarzbrot** *-e n* [grovt] rågbröd **Schwarzdorn** *-e m, bot.* slån **Schwarzdrossel** *-n f* koltrast **Schwärze** *-n f* svart färg, svärta, svarthet; mörker; *bildl.* gemenhet **schwärzen 1** svärta, måla (färga) svart **2** *dial.* smuggla **Schwärzer** - *m, dial.* smugglare **schwarzfahren** *st s* **1** åka gratis (*utan biljett*) **2** köra utan körkort **Schwarzfahrer** - *m* **1** gratis-, tjuv|åkare (*utan biljett*) **2** person som kör utan körkort **Schwarzfleisch** *0 n* rökt kött (späck) **schwarzgehen** *st s, vard.* **1** tjuv|jaga, -skjuta **2** ta sig över gränsen illegalt **schwarzhaarig** svarthårig **Schwarzhandel** *0 m* svartabörs|handel **Schwarzhändler** - *m* svartabörs|handlare **schwarzhören** lyssna på radio utan licens; *univ.* gå på föreläsningar utan att ha erlagt terminsavgift *e.d.* **Schwarzhörer** - *m* tjuvlyssnare, licensskolkare; *univ.* person som går på föreläsningar utan att ha erlagt terminsavgift *e.d.* **Schwarzkittel** - *m* **1** *vard.* vildsvin **2** *neds.* svartrock **3** *sportsl.* domare **Schwarzkünstler** - *m* svartkonstnär **schwärzlich** svartaktig **schwarzmalen** *bildl.* svartmåla **Schwarz|markt** *-e*† *m* svart börs **-marktgeschäft** *-e n* svartabörsaffär **-marktpreis** *-e m* svartabörspris **-milan** *-e m, zool.* brun glada **-pulver** *0 n* svartkrut **-rock** *-e*† *m, neds.* svartrock 'schwarz'rot'golden (*om flagga*) svart-röd--gyllene **Schwarzsauer** *0 n* (*slags*) ragu med blod, *ung.* svartsoppa **schwarzschlachten** slakta svart (*utan tillstånd*) **schwarzsehen** *st, vard.* **1** se allt i svart, vara pessimist[isk]; *die Lage* ~ se mörkt på situationen; *für meine Prüfung sehe ich schwarz* jag ser mörkt på mina möjligheter att klara tentamen **2** se på TV utan licens **Schwarzseher** - *m, vard.* **1** pessimist **2** [TV-]licensskolkare **Schwarzseherei** *0 f* pessimism **Schwarzsender** - *m* piratsändare **Schwarzspecht** *-e m* spillkråka **Schwärzung** *-en f* svärtande; svartnande; svärtning **Schwarzwälder** - *m* schwarzwaldbo **Schwarzwasserfieber** *0 n, med.* hemoglobinuri (*vid tropisk malaria*) 'schwarz-'weiß [*äv.* '-'-] svart o. vit, svartvit **Schwarz-**'weißfilm *-e m* svartvit film **Schwarz'weiß'kunst** *0 f* grafik 'schwarz'weiß'rot (*om flagga*) svart-vit-röd **Schwarzwild** *0 n, koll.* vildsvin **Schwarzwurz** *0 f, bot.* äkta vallört **Schwarzwurzel** *-n f, bot.* kornfibbla; svartrot **Schwatz** *0 m* pratstund; [små]prat, snack **Schwatzbase** *-n f, vard.* prat|makerska, -kvarn **Schwatzbude** *-n f, vard. neds.* parlament **schwatzen** prata, snacka; babbla, pladdra, prata strunt; skvallra **schwätzen** *sty., österr., se schwatzen* **Schwätzer** - *m* pratmakare; skvallerbytta **Schwätzerei** *-en f* pratande *etc., jfr schwatzen* **schwätzerisch, schwatzhaft** prat|sam, -sjuk; pratig **Schwatzhaftigkeit** *0 f* pratsamhet *etc., jfr schwatzhaft*

Schwebe *0 f, in* [*der*] ~ *a*) [fritt] svävande, *b*) *bildl.* ovägande, oavgjord, oviss **Schwebe|bahn** *-en f* lin-, luft-, häng|bana **Schwebe|balken** - *m, gymn.,* **-baum** *-e*† *m, gymn.* bom

Schwebekünstler - *m* balanskonstnär, lindansare **schweb|en** *h el. s* sväva; *bildl. äv.* vara svävande (oavgjord, oviss); *der Prozeß -t noch* målet är inte avgjort [ännu]; *das Wort -t mir auf der Zunge* jag har ordet på tungan; *gern in höheren Regionen ~* (*vard.*) sväva i det blå, vara verklighetsfrämmande **Schwebereck** *-e, äv. -s n, gymn.* trapets **Schwebfliege** *-n f* blom-, sväv|fluga **Schwebung** *-en f, fys.* svävning
Schwede *-n -n m* svensk; *alter ~!* (*vard.*) gamle gosse! **Schweden** *0 n* Sverige **Schwedenplatte** *-n f, ung.* sillbord **Schwedenpunsch** *0 m* svensk punsch **Schwedin** *-nen f* svenska, svensk kvinna **schwedisch** svensk; *hinter ~e Gardinen kommen* (*vard.*) hamna bakom lås o. bom **Schwedisch** *0 n* svenska (*språk*)
Schwefel *0 m* svavel; *wie Pech und ~ zusammenhalten* hålla ihop som ler o. långhalm **Schwefelbad** *-ert n* svavelbad **Schwefelbande** *-n f, vard.* bus|gäng, -frön; pack **Schwefel|blume** *0 f,* -**blüte** *0 f* svavelblomma **schwefel|farben,** -**farbig** svavel|-färgad, -gul **schwefelgelb** svavelgul **Schwefelgeruch** *-et m* svavellukt **Schwefelhölzchen** *- n, åld.* svavel-, tänd|sticka **schwefelig** *se schweflig* **Schwefelkies** *-e m* svavelkis, pyrit **Schwefel'kohlenstoff** *0 m* kolsvavla **Schwefelkopf** *-et m, bot.* slöjskivling **schwefeln** svavla; röka med svavel **schwefelsauer** svavel|haltig, -syrad **Schwefelsäure** *0 f* svavelsyra **Schwefelung** *-en f* svavling **Schwefel'wasserstoff** *0 m* svavelväte **schweflig** svavelhaltig; svavel|aktig, -artad
Schweif *-e m* [yvig] svans; svans (*på komet*); *bildl.* följe **schweifen 1** *s* ströva (vandra) [omkring]; *den Blick über etw.* (*ack.*) *~ lassen* låta blicken glida över ngt **2** runda, svänga, kröka, välva; *geschweifter Stern* komet **Schweifstern** *-e m* komet **Schweifung** *-en f* rundning, krökning, böjning **schweifwedel|n** *-te, geschweifwedelt* (*om hund*) vifta på svansen; *åld.* (*om person*) fjäska, krypa
Schweigegeld *-er n* mutor för att hålla tyst **Schweigemarsch** *-et m* tyst protestmarsch (sorgmarsch) **Schweigeminute** *-n f* tyst minut **schweig|en** *schwieg, schwiege, geschwiegen* tiga, vara tyst; tystna; *~de Erwartung* stum förväntan; *besser ~ als das Maul verbrannt* (*ung.*) hellre tiga än sveda tungan; *er -t wie das Grab* han tiger som muren; *auf e-e Frage ~* inte svara på en fråga; *da[rüber] -t des Sängers Höflichkeit* (*vard.*) det ska vi helst inte tala om; *von etw.* (*über etw. ack.*) *~* tiga (hålla tyst) med ngt; *von ihm ganz zu ~* för att inte tala om honom; *warum hast du dazu geschwiegen?* varför opponerade du dig inte mot det? **Schweigen** *0 n* tystnad; *e-n zum ~ bringen* bringa ngn till tystnad, tysta ngn **Schweigepflicht** *0 f* tystnadsplikt **schweigsam** tyst-[låten], fåordig, förtegen
Schwein *-e n* **1** gris, svin (*äv. bildl.*); *du ~!* (*vulg.*) ditt svin!; *armes ~* (*vard.*) stackars sate (jävel); *kein ~* (*vard.*) inte en kotte (käft, jävel); *voll wie ein ~ sein* (*vulg.*) vara full som ett svin (asfull) **2** *vard.* [bond]tur; *da hast du ~ gehabt* där hade du tur
Schweine|bauch *-n, ung.* [sid]fläsk **-borste** *-n f* svinborst **-braten** - *m* grisstek **-fett** *0 n* svin|flott, -ister **-fleisch** *0 n* griskött, fläsk **-fraß** *0 m, vard.* dåligt käk **-geld** *0 n, vard.*, *er verdient ein ~* han tjänar svinaktigt med pengar **-hackfleisch** *0 n* fläskfärs **-hatz** *-en f, jakt.* vildsvinsjakt **-hund** *-e m, vulg.* svin, fähund; *den inneren ~ überwinden* övervinna sitt sämre jag **-koben** - *m*, **-kofen** - *m* svinstia **-kotelett** *-s, ibl. -e n, se Schweinskotelett* **-mästerei** *-en f* svin|gård, -uppfödningsanstalt **-ohr** *-en n, nty., se Schweinsohr* **-pest** *0 f* svinpest
Schweinerei *-en f, vard.* svineri, svinaktighet; oanständighet; *~!* (*äv.*) [vilket] jävla sätt! **Schweinerippchen** *-n* revbensspjäll **schweinern** av svin (gris), svin-, gris- **Schweinerne(s)** *n, adj böjn., sty., österr.* griskött, fläsk **Schweineschmalz** *0 n* fläskflott **Schweineschnitzel** - *n* fläskschnitzel **Schweinestall** *-et m* svinstia (*äv. bildl.*) **Schweinezucht** *0 f* svinavel **Schweinigel** - *m, vard.* gris, svin; snuskhummer **schweinigel|n** *-te, geschweinigelt, vard.* grisa (svina) ner; berätta snuskiga historier **schweinisch** *vard.* grisig, skitig; svinaktig, snuskig **Schweins|borste** *-n f* svinborst **-braten** - *m, sty., österr., schweiz.* grisstek **-galopp** *0 m, vard., im ~ fort* [o. slarvigt] **-hachse** *-n f, sty.*, fläsklägg **-kopf** *-et m* grishuvud **-kotelett** *-s* (*ibl. -e*) *n* gris-, fläsk|-kotlett **-leder** *0 n* svinläder **schweinsledern** av svinläder, svinläders- **Schweinsohr** *-en n* **1** grisöra **2** *kokk.* kanapé **3** *bot.* kalla **Schweinsrippchen** - *n, sty., österr.* revbensspjäll
Schweiß *0 m* **1** svett; *bildl.* möda; *kalter ~* kallsvett; *im ~e seines Angesichts* i sitt anletes svett; *in ~ gebadet* badande i svett; *der ~ steht ihm auf der Stirn* svetten pärlar på hans panna; *das hat viel ~ gekostet* det har kostat mycken möda; *in ~ geraten* komma i svettning; *mit ~ bedeckt* svettdrypande **2** *jakt.* blod **Schweißabsonderung** *0 f* svettavsöndring **Schweißausbruch** *-et m* kraftig svettning **Schweißband** *-ert n* svettrem (*i hatt*); svettband **schweißbar** svetsbar **schweißbedeckt** svettdrypande, svettig **Schweißblatt** *-ert n* ärmlapp **Schweißbrenner** - *m* svetsbrännare **Schweißdrüse** *-n f* svettkörtel **schweißen 1** svetsa **2** *jakt.* blöda **3** *dial.* svettas **Schweißer** - *m* svetsare **Schweißfuge** *-n f* svetsfog **Schweißfuß** *-et m, Schweißfüße haben* ha fotsvett **schweißgebadet** badande i svett **Schweißhund** *-e m* blodhund **schweißig** svettig **Schweißleder** - *n* svettrem (*i hatt*) **Schweißnaht** *-et f* svets[fog] **Schweißperle** *-n f* svettpärla **Schweißpore** *-n f* [svett]por **schweißtreibend** svettdrivande, *vard.* svettig, jobbig **schweißtriefend** svettdrypande **Schweißtropfen** - *m* svettdroppe **Schweißtuch** *-ert n, åld.* svetteduk **Schweißung** *-en f* svetsande, svetsning **Schweißwolle** *0 f* otvättad ull
Schweiz *0 f, die ~* Schweiz **Schweizer I** - *m* **1** schweizare **2** schweizerost **3** mjölkare **4** schweizergardist **5** *dial.* kyrkvaktmästare **II** *oböjl. adj* schweizisk, schweizer- **Schweizerdegen** - *m, typ.* sättare o. tryckare (*i samma person*) **schweizerdeutsch** schweizertyska **Schweizerdeutsch** *0 n* schweizertyska (*språk*) **Schweizerei** *-en f* mejeri **Schweizergarde** *0 f* schweizergarde **Schweizerin** *-nen f* schweiziska (*kvinna*) **schweizerisch** schweizisk

schwelen 1 brinna utan låga, pyra, glöda [under askan]; ~*der Haß* pyrande hat **2** torrdestillera
schwelgen frossa (*äv. bildl.*); *im Überfluß* ~ vältra sig i överflöd; *in etw.* (*dat.*) ~ (*bildl.*) hänge sig åt (intensivt njuta av) ngt **Schwelger** - *m* frossare **Schwelgerei** *-en f* frosseri **schwelgerisch** frossande; ~*es Mahl* yppig måltid
Schwelle *-n f* **1** tröskel (*äv. bildl.*); *bildl. äv.* början; *an der* ~ *des Grabes* på gravens rand **2** [järnvägs]syll, sliper **3** upphöjning **schwellen I** *schwoll, schwölle, geschwollen, schwillst, schwillt, schwill!, s* svälla(*äv. bildl.*); fyllas; (*om vatten*) stiga; svullna; *ihm schwillt der Kamm* kammen sväller på honom; *der Wind schwillt* vinden ökar; *geschwollene Backe* svullen kind; *geschwollen reden* tala svulstigt (högtravande) **II** *sv* fylla, [ut]vidga; *der Wind schwellt die Segel* vinden fyller seglen **Schwellenwert** *-e m, fys.* tröskelvärde **Schweller** - *m, mus.* svällare, svällverk **Schwellung** *-en f* svällande, svullnande; an-, upp|svällning; svullnad, svulst; *geogr.* höjd **Schwelteer** *0 m* torrdestillationstjära
Schwemme *-n f* **1** bad- och vattningsställe (*för hästar, får e.d.*) **2** ölstuga, krog **3** överflöd, uppsjö, överskott **schwemmen** spola; *Häute* ~ blötlägga hudar (*vid garvning*); *die Wäsche* ~ (*dial.*) skölja tvätten; *an Land* ~ spola (skölja) upp på land **Schwemmland** *0 n* svämland **Schwemmsand** *0 m* svämsand
Schwende *-n f* svedja, svedjeland **schwenden** svedja
Schwengel - *m* **1** [klock]kläpp **2** [pump]svängel **3** *vulg.* kuk
Schwenk *-e m* **1** riktningsändring; *e-n* ~ *nach links machen* [plötsligt] vika av åt vänster **2** *film.* panorering **Schwenkarm** *-e m* svängarm **Schwenke** *-n f, dial.* gunga **schwenken 1** vifta med, svänga, svinga **2** skölja, diska **3** svänga; vrida; *kokk.* sautera; *etw. in Butter* ~ (*kokk.*) skaka ngt i smör (*vid stekning*) **4** *dial.* kasta ut, sparka **5** *s* svänga, göra en sväng[ning]; ändra riktning (åsikt); *ins andere Lager* ~ byta sida **Schwenker** - *m* [konjaks]kupa **Schwenkung** *-en f* svängning, svängande *etc., jfr schwenken*; kursändring
schwer tung (*äv. bildl.*); svår; ~*es Blut haben* vara svårmodig; ~*er Boden* (*äv.*) styv jord; *e-n* ~*en Gang haben* gå klumpigt; *das hat* ~*es Geld gekostet* (*vard.*) det har kostat grova pengar; ~*es Gold* (*äv.*) massivt guld; *e-n* ~*en Kopf haben* vara tung i huvudet; ~*es Motorrad* tung motorcykel; ~*e Musik* svårtillgänglig (krävande) musik; ~*er Schlaf* (*äv.*) djup sömn; ~*e Schuhe* grova skor; ~*e Seen* väldiga vågor; ~*er Traum* otäck dröm; ~*es Wasser* tungt vatten; ~*er Wein* (*äv.*) starkt vin; ~*es Wetter* (*sjö.*) hårt väder; ~ *arbeiten* arbeta hårt; *sich* ~ *ärgern* (*vard.*) vara (bli) jätteförbannad; *e-n* ~ *bestrafen* straffa ngn hårt; ~ *betrunken sein* (*vard.*) vara stupfull; ~ *bewaffnet* tungt beväpnad; *es läßt sich* ~ *erklären* det är svårförklarligt; *das fällt ihm* ~ det faller sig svårt för honom; *das will ich* ~ *hoffen* (*vard.*) det hoppas jag verkligen; *das Essen liegt mir* ~ *im Magen* maten ligger som en klump i magen på mig; *es läßt sich* ~ *sagen* det är svårt att säga; *e-m* ~ *zu schaffen machen* bereda ngn stort bekymmer; *50 Kilo* ~ *sein* väga 50 kilo; ~ *von Begriff sein* (*vard.*) ha svårt att fatta; *aller Anfang ist* ~ all vår början bliver svår; *es ist* ~ *zu sagen* (*äv.*) det är inte gott att veta; *das ist leicht gesagt, doch* ~ *getan* det är lättare sagt än gjort **Schwerarbeit** *0 f* tungt arbete **Schwerarbeiter** - *m* grovarbetare **Schwerathletik** *0 f* (*sammanfattande benämning på*) tyngdlyftning o. brottning *m.m.* **schwerbehindert** gravt handikappad **schwerbeladen** tungt lastad **schwerbeschädigt 1** svårt skadad **2** gravt handikappad **schwerbewaffnet** tungt beväpnad **schwerblütig** långsam [i vändningarna], trög[tänkt]; allvarlig, tungsint **Schwere** *0 f* tyngd; tyngdkraft; svårhet[sgrad]; vikt; *die* ~ *der Anklage* det allvarliga i anklagelsen; *die* ~ *des Gesetzes* lagens stränghet; *die* ~ *des Gewitters* ovädrets styrka **Schwerefeld** *-er n* gravitationsfält **schwerelos** tyngdlös **Schwerelosigkeit** *0 f* tyngdlöshet **Schwerenot** [*äv.* --'-] *0 f,* ~ [*noch mal*]! tusan [hakar]!; *es ist, um die* ~ *zu kriegen*! det är alldeles förbannat! **Schwerenöter** - *m, vard.* kvinnotjusare, hjärtekrossare **schwererziehbar** svåruppfostrad **schwerfallen** *st s* falla sig (vara) svårt, bereda svårighet[er]; *das Gehen fällt ihm schwer* han har svårt för att gå **schwerfällig** tung, ovig, klumpig, drullig, trög[tänkt]; ~ *sein* (*äv.*) vara långsam i vändningarna **Schwerfälligkeit** *0 f* tröghet, ovighet *etc., jfr schwerfällig* **schwerflüchtig** svårflyktig **schwerflüssig** tung-, trög|flytande **schwergängig** trög **Schwergewicht 1** *0 n, sport.* tungvikt **2** *-e n, sport., bildl.* tungviktare **3** *0 n* tyngd[punkt] **schwergewichtig** tung, överviktig **Schwergewichtler** - *m, sport.* tungviktare **schwerhalten** *st* vara (bli) svårt **schwerhörig** lomhörd, som hör dåligt; *sich* ~ *stellen* inte vilja höra på det örat **Schwerhörigkeit** *0 f* lomhördhet **Schwerindustrie** *-n f* tung industri **Schwerindustrielle(r)** *m, adj böjn.* företagare inom den tunga industrin **Schwerkraft** *0 f* tyngdkraft **schwerkrank** svårt sjuk; *jakt.* skadskjuten **Schwerkriegsbeschädigte(r)** *m f, adj böjn.* krigsinvalid **schwerlich** svårligen, knappast **schwermachen** *e-m etw.* ~ göra ngt svårt (försvåra ngt) för ngn; *sich* (*dat.*) *etw.* ~ anstränga sig med ngt **Schwermetall** *-e n* tungmetall **Schwermut** *0 f* svårmod, tungsinthet, melankoli **schwermütig** svårmodig, tungsint, melankolisk **Schwermütigkeit** *0 f, se Schwermut* **schwernehmen** *st, etw.* ~ ta ngt hårt; *nimm es nicht so schwer!* (*äv.*) ta inte så allvarligt! **Schweröl** *0 n* råolja **Schwerpunkt** *-e m* tyngdpunkt (*äv. bildl.*) **Schwerpunktindustrie** *-n f, DDR ung.* nyckelindustri **Schwerpunktstreik** *-s m* punktstrejk **schwerreich** *vard.* stenrik **Schwerspat** *-e*[†] *m* tungspat, baryt **Schwerstarbeiter** - *m* grovarbetare [m. mycket hårt arbete]
Schwert [-e:-] *-er n* **1** svärd (*äv. bildl.*) **2** *sjö.* svärd, centerbord **Schwertanz** *-e*† *m* svärdsdans **Schwert|fisch** *-e m* svärdfisk **-fortsatz** *-e*† *m, anat., der* ~ svärdformade utskottet **-lilie** *-n f* svärdslilja, iris **-schlucker** - *m* svärdslukare **-streich** *-e m* svärdshugg; *ohne* ~ utan svärdsslag **-tanz** *-e*† *m* svärdsdans
schwertun *st, sich* (*dat., äv. ack.*) *mit etw.* ~ ha svårigheter-med (svårt för) ngt
Schwertwal *-e m, zool.* späckhuggare
Schwerverbrecher - *m* farlig förbrytare

schwerverdaulich hårdsmält *(äv. bildl.)* **schwerverkäuflich** svårsåld **schwerverletzt** svårt skadad (sårad) **schwerverwundet** svårt sårad **Schwerwasserreaktor** -*en m* tungvattenreaktor **schwerwiegend** tungt vägande
Schwester -*n f* syster; medsyster; sjuksyster; klostersyster **Schwester|betrieb** -*e m*, -**firm**|**a** -*en f* systerföretag **Schwesterkind** -*er n, åld.* systerbarn **schwesterlich** systerlig **Schwesternhaube** -*n f* sköterskemössa **Schwesternpaar** -*e n* systerpar; *das* ~ *de båda systrarna* **Schwesternschaft** 0 *f, die* ~ *samtliga systrar (vid sjukhus e.d.)*, [alla] systrarna **Schwesternschule** -*n f* sköterskeskola **Schwesterschiff** -*e n* systerfartyg
Schwibbogen ['ʃvɪp-] - *m, arkit.* strävbåge
schwieg *se schweigen*
Schwieger -*n f, åld.* svärmor -**eltern** *pl* svärföräldrar -**mutter** -† *f* svärmor -**sohn** -*e*† *m* svärson, måg -**tochter** -† *f* svärdotter, sonhustru -**vater** -† *m* svärfar
Schwiele -*n f* [hud]valk, förhårdnad **schwielig** valkig
Schwiemel - *m, dial.* 1 yrsel, svindel; rus 2 drinkare; slarver
schwierig svår, krånglig, invecklad, kinkig, besvärlig **Schwierigkeit** -*en f* svårighet; besvärlighet; ~*en (äv.)* problem; *e-m* ~*en in den Weg legen* bereda ngn svårigheter; ~*en machen (äv.)* konstra, krångla till det (*e-m* för ngn) **Schwierigkeitsgrad** -*e m* svårighetsgrad
Schwimm|anzug -*e*† *m* sim-, bad|dräkt -**art** -*en f* simsätt -**bad** -*er*† *n* bad[anläggning], simhall; bassängbad -**bahn** -*en f* [sim]bana -**bassin** -*s n*, -**becken** - *n* simbassäng -**blase** -*n f* simblåsa -**dock** -*s (ibl. -e) n* flytdocka **Schwimmeister** - *m* 1 badmästare; simlärare 2 mästersimmare, duktig simmare; simmästare **schwimm|en** *schwamm, schwömme (schwämme), geschwommen* 1 *h el. s* simma; flyta; ~*des Hotel* flytande hotell; ~*de Konturen* flytande (oskarpa) konturer; *seine Augen schwammen* hans ögon svämmade över av tårar; *der ganze Boden -t (vard.)* hela golvet simmar (är översvämmat); *sein Kopf schwamm ihm* det snurrade [runt] för honom; *Kork -t* kork flyter; *er ist (hat) e-n neuen Rekord geschwommen* han har satt nytt rekord [i simning]; *er ist (hat) jeden Tag e-e Stunde geschwommen* varje dag simmade han en timme; *Schiffchen* ~ *lassen* segla (leka) med båtar; *auf den Rücken* ~ simma på rygg; *er -t im Geld (vard.)* han badar i pengar; *er ist über den Fluß geschwommen* han simmade över floden; *die Zahlen schwammen vor seinen Augen* siffrorna dansade framför ögonen på (flöt ihop för) honom **2** *vard., der Schauspieler -t* skådespelaren kommer av sig (kan inte sin roll); *bei dieser Arbeit* ~ *wir* vi är osäkra på (kan inte) det här arbetet **Schwimmer** - *m* 1 simmare 2 flottör; ponton; flöte **Schwimmerei** 0 *f* [ständigt] simmande **Schwimmerin** -*nen f* simmerska
Schwimm|flosse -*n f* 1 simfena 2 ~*n* simfötter -**fuß** -*e*† *m, zool.* simfot -**gürtel** - *m* 1 simbälte 2 *vard.* skämts. bilring *(runt midjan)* -**haut** -*e*† *f* simhud -**hose** -*n f* bad-, sim|byxor -**käfer** - *m, zool.* dykare -**kissen** - *n* simdyna -**kran** -*e*[†] *m* ponton-, flyt|kran -**kunst** 0 *f* simkonst -**lehrer** - *m* simlärare

-**meister** - *m, se Schwimmeister* -**stil** -*e m* simsätt -**vogel** -† *m* simfågel -**wagen** - *m* amfibie|bil, -fordon -**weste** -*n f* flytväst
Schwindel 0 *m* 1 svindel, yrsel 2 svindel, bedrägeri, skoj; skräp; *der ganze* ~ *(vard.)* hela rasket (bunten, högen); *erzähl nicht solchen* ~*! (äv.)* kom inte med sådana lögner!; *den* ~ *kenne ich!* det knepet kan jag!, det lurar du mig inte med! **Schwindelei** -*en f* svindleri, bedrägeri, lögn **schwindelerregend** hissnande, svindlande; som framkallar svindel; ~*e Summen* svindlande summor **schwindelfrei** utan svindel; ~ *sein* inte få svindel **Schwindelgefühl** 0 *n* känsla av svindel **schwindelhaft** svindlaraktig, bedräglig; lögnaktig **schwindelig** 1 *mir ist* ~ jag har svindel (är yr), det går runt för mig 2 svindlande **schwindel|n** 1 svindla; *mir (mich)* -*t* jag får svindel (yrsel); *es* -*t mir vor den Augen* det svindlar för ögonen på mig 2 [små]ljuga; *das ist geschwindelt* det är svindel 3 *e-e Flasche durch den Zoll* ~ smuggla en flaska *(genom tullen)* **schwinden** *schwand, schwände, geschwunden, s* minska, avta, krympa, tvina [bort], blekna, försvinna; *die Jahre* ~ åren går; *ihm* ~ *die Sinne* han håller på att svimma; *der Name ist ihm aus dem Gedächtnis geschwunden* namnet har fallit honom ur minnet; *e-m aus den Augen* ~ försvinna ur ngns åsyn; *mein Vertrauen zu ihm ist geschwunden* jag har förlorat förtroendet för honom; *im S*~ *begriffen sein* hålla på att avta (försvinna) **Schwindler** - *m* svindlare, bedragare, skojare; lögnare **schwindlerisch** svindlaraktig, bedräglig; lögnaktig **schwindlig** *se schwindelig* **Schwindling** -*en m, bot.* nejlikbroskskivling **Schwindsucht** 0 *f, åld.* lung-, tvin|sot **schwindsüchtig** *åld.* lungsiktig
Schwingachse -*n f (vid separat hjulupphängning)* svängaxel **Schwingblatt** -*er*† *n* membran **Schwinge** -*n f* 1 högt. vinge 2 [lin]skäkta; kornsåll, vanna 3 [spån-, vide]korg **Schwingel** - *m, bot.* svingel **schwing|en** *schwang, schwänge, geschwungen* I 1 svinga, svänga; *geschwungen (äv.)* bågig, välvd; *Fähnchen* ~ vifta med flaggor; *das Kind in der Schaukel* ~ gunga barnet; *die große Klappe* ~ *(vard.)* vara stor i mun, skryta; *sie -t den Pantoffel (vard.)* hon är herre i huset; *e-e Rede* ~ *(vard.)* hålla tal; *das Tanzbein* ~ *(vard.)* dansa 2 *rfl, sich auf ein Pferd* ~ svinga sig upp på en häst; *die Brücke -t sich über den Fluß* bron spänner i en båge över floden; *schwing dich! (dial.)* försvinn!, stick! 3 skäkta *(lin)*; kasta, vanna *(säd)* II 1 *h el. s* svänga; dallra, oscillera, vibrera; *der Klang der Glocken schwang über die Stadt* klockornas klang ljöd över staden; *in seinen Worten schwang Kritik* i hans ord kunde man uppfatta kritik; *die Töne* ~ *noch im Raum* tonerna genljuder ännu i rummet 2 *s (vid skidåkning) ins (zu) Tal* ~ åka ner [i dalen] i stora (mjuka) svängar **Schwinger** - *m, boxn.* sving **Schwingmaschine** -*n f, text.* skäktmaskin **Schwingtor** -*e n* vipport **Schwingung** -*en f* svängning; vibration **Schwingungs|dämpfer** - *m* vibrationsdämpare -**dauer** 0 *f* [svängnings]period -**kreis** -*e m* svängningskrets -**periode** -*n f* [svängnings]period -**weite** -*n f* svängningsvidd, amplitud -**zahl** -*en f* svängningstal, frekvens
schwipp *interj* skvatt!, plask! **schwippen** 1 *se wippen* 2 *se schwappen* **Schwippschwager**

-† *m, vard.* makes (makas, brors, systers) svåger; avlägsen släkting **schwips** *interj* skvatt!, plask! **Schwips** *-e m, vard.,* e-n ~ haben vara på snusen
schwirr|en *s el. h* svirra, surra; fara, susa, vina; dallra, vibrera; *vard.* sticka; *mir -t der Kopf* det går runt i huvudet på mig; *Gerüchte ~ durch die Stadt* staden surrar av rykten; *Pfeile ~ durch die Luft* pilar susar genom luften **Schwirrfliege** *-n f* blomfluga **Schwirrvogel** -† *m, åld.* kolibri
Schwitzbad *-er*† *n* svett-, bastu|bad **Schwitze** *-n f, kokk.* redning **schwitz|en 1** svettas; imma; *das Fenster -t* det är (blir) imma på fönstret; [*Harz*] ~ (*om träd*) avsöndra kåda; *ins S~ kommen* komma i svettning, börja svettas **2** *kokk.* fräsa, bryna **schwitzig** *vard.* svettig **Schwitzkasten** -[†] *m* **1** ångskåp **2** *e-n in den ~ nehmen* klämma in ngns huvud mellan överarmen och kroppen **Schwitzkur** *-en f* svettkur **Schwitzwasser** *0 n* kondensvatten **Schwof** *-e m, vard.* dans[tillställning] **schwofen** *vard.* ta en svängom, dansa
schwoien, schwojen *sjö.* svaja, ligga på svaj
schwoll *se schwellen I*
schwor *se schwören* **schwör|en** *schwor* (*schwur*), *schwüre, geschworen* svära [på], gå ed [på]; bedyra, försäkra; *den Eid ~ gå eden,* avlägga ed[en]; *falsch ~* svära falskt, begå mened; *ich -e dir, daß ich das nicht gewußt habe* jag lovar dig att jag inte visste det; *das schwör' ich dir!* (*vard.*) det lovar jag dig!, det kan du lita på!; *ich könnte (möchte) ~, daß ich ihn gesehen habe* (*vard.*) jag kunde svära på att det var honom jag såg; *auf etw.* (*ack.*) ~ *a*) svära på ngt, *b*) lita (tro blint) på ngt, hålla på ngt, sätta ngt mycket högt; *ich habe mir geschworen, es nie wieder zu tun* jag har lovat mig själv att aldrig göra det igen; *geschworen* [ed]svuren, avgjord, förklarad, *se äv. Geschworene(r)* **Schwuchtel** *-n f, vard.* fjolla, bög
schwul *vard., er ist ~* han är bög (homosexuell) **schwül** kvav, kvalmig, tung, tryckande het [o. fuktig]; *~e Stimmung* tryckt (dov) stämning; *~e Träume* erotiska drömmar **Schwüle** *0 f* kvavhet, kvalm[ighet]; erotiskt upphetsande atmosfär; tryckt (dov) stämning **Schwule(r)** *m, adj böjn., vard.,* **Schwuli** *-s m, vard.* bög, homofil **Schwulität** *-en f, vard.* knipa, förlägenhet; *e-n in ~en bringen* försätta ngn i knipa
Schwulst *0 m* svulstighet **schwulstig 1** svullen **2** *österr.* svulstig **schwülstig** svulstig, bombastisk
schwumm[e]rig *vard., mir ist ~ a*) jag är alldeles yr (känner mig konstig), *b*) jag är skraj **Schwumse** *0 f, dial.* stryk
Schwund *0 m* **1** [vikt]minskning, krympning; *hand.* svinn; *med.* förtvining, atrofi **2** *radio.* fading, fädning
Schwung *-e*† *m* **1** svängning; fart; *bildl.* schvung, fart, kläm, liv; *die Schwünge des Schiläufers* skidåkarens svängar; *der Schaukel ~ geben* ge gungan fart; *~ holen* ta fart; *etw. in ~ bringen, ~ in etw.* (*ack.*) *bringen* sätta i gång (fart på) ngt; *e-n in (auf den) ~ bringen* sätta fart på ngn; *er hält das Auto* [*gut*] *in ~* han håller bilen i trim; *in ~ kommen* (*sein*) komma (vara) i gång (tagen, form); *das Geschäft ist* [*gut*] *in ~* affären går bra; *die Maschine ist* [*gut*] *in ~* maskinen fungerar bra **2** *vard., ein ganzer ~* en massa **3** snirkel, släng

(*på bokstav*) **Schwungfeder** *-n f* vingpenna **schwunghaft** (*om handel*) blomstrande, livlig **Schwungkraft** *0 f* centrifugalkraft **schwunglos** utan fart (schvung, liv, kraft); matt, trög **Schwungrad** *-er*† *n* svänghjul; (*i ur*) balanshjul, oro **schwungvoll** med fart (schvung, kraft); schvungfull; medryckande, eldig
schwupp *interj* vips! **Schwupp** *-e m, vard.* **1** sats; *in e-m ~* erledigen klara av i ett nafs; *mit e-m ~* blixtsnabbt **2** knuff, stöt **3** skvätt 'schwuppdi'wupp *interj* vips! **Schwupper** *- m, dial.* tabbe **schwups** *interj* vips!
Schwups -e† *m, se Schwupp*
schwur *se schwören* **Schwur** *-e*† *m* ed; [högtidligt] löfte **Schwurgericht** *-e n* jury[domstol]
Schwyzer [-i:-] *- m* invånare i Schwyz (*schweiz. kanton*) **-dütsch** [-y:-] *0 n,* **-tütsch** [-y:-] *0 n* schweizertyska (*språk*)
Science-fiction ['saɪəns'fɪkʃən] *0 f* science fiction
Scoop [sku:p] *-s m* scoop, skop
scoren *sport.* göra mål, ta (få) poäng
s.d. *förk. för sieh*[*e*] *dies!* s.d.o., se detta ord
Seal [zi:l, si:l] *-s m n* säl (*pälsverk*)
Séance [ze'ã:s(ə)] *-n f* seans
sechs [zɛks] (*jfr drei o. sms.*) sex **Sechs** *-en f* (*jfr Drei o. sms.*) sexa; (*som betyg, se ungenügend*) **sechse** *vard., se sechs* **Sechsender** *- m, jakt.* sextaggare **Sechser** *- m* **1** *berl.* fempfennigslant, fempfennigsmynt; *nicht für e-n ~ Benehmen haben* (*vard.*) inte ha en gnutta folkvett, inte ha folkvett för fem öre **2** *vard., e-n ~ im Lotto haben* ha sex rätt på lotto **3** *dial.* sexa (*buss e.d.*) **sechserlei** *oböjl. adj* sex slags *etc., jfr dreierlei* **Sechser|pack** *-e m,* **-packung** *-en f* sexpack **Sechs'tagerennen** *- n* sexdagarslopp **sechste** sjätte **sechstel** sjättedels **Sechstel** *- n* sjättedel **sechstens** för det sjätte **Sechsundsechzig** *0 n* sextiosex (*kortspel*) **sechzehn** (*jfr drei*[*zehn*] *o. sms.*) sexton **Sechzehnender** *- m, jakt.* sextontaggare **sechzehnte** (*jfr dreizehnte*) sextonde **sechzig** (*jfr drei*[*ßig*] *o. sms.*) sextio **sechzigste** sextionde
SED *0 f, förk. för Sozialistische Einheitspartei Deutschlands, die ~* Tysklands socialistiska enhetsparti (*öty. kommunistpartiet*)
Seda|tiv *-e n,* **-tiv|um** [-v-] *-a n, med.* sedativ[um], lugnande medel
Se'dez *0 n, typ.* sedes (*bokformat*)
Sediment *-e n* sediment, avlagring, bottensats, fällning **sedimentär** sedimentär **Sedimentgestein** *-e n* sedimentär bergart
See 1 *-n m* [in]sjö II **1** *0 f* hav; *kurze ~* krabb sjö; *schwere* (*grobe*) *~* svår sjögång; *auf hoher ~* på öppna havet, till havs; *er ist auf ~ geblieben* han har blivit borta på havet; *in ~ gehen* (*stechen*) löpa ut, sticka till sjöss; *zur ~ gehen* (*vard.*) gå till sjöss, bli sjöman **2** *-n f* störtsjö, våg **Seeadler** *- m* havsörn **Seeamt** *-er*† *n, ung.* sjöfartsverk **Seeanemone** *-n f, zool.* havsanemon **seeartig** insjöliknande
See|bad *-er*† *n* havsbad; bad[ort] **-bär** *-en en m* **1** sjöbjörn (*äv. bildl.*) **2** *sjö.* flodvåg **-barsch** *-e m* havsabborre **-beben** *- n* havsbävning **-drachen** *- m, zool.* havsmus **--Elefant** *-en en m* sjöelefant
seeerfahren sjövan **seefähig** sjöduglig **seefahrend** sjöfarande **Seefahrer** *- m* sjöfarare **Seefahrt 1** *0 f* sjöfart **2** *-en f* sjöresa **See-**

fahrt[s]buch -*er*† *n* sjöfartsbok **seefest** sjöduglig; sjövan (*som tål sjön*) **Seefisch** -*e m* saltvattensfisk **Seefischerei** *O f* havsfiske **Seeflugzeug** -*e n* hydroplan **Seeforelle** -*n f* insjö|lax]öring **Seegang** *O m* sjögång **seegängig** sjöduglig
See|gemälde - *n* marinmålning -**gras** -*er*† *n* sjögräs, tång -**hafen** -† *m* [kust]hamn -**hase** -*n* -*n m, zool.* stenbit -**hecht** -*e m, zool.* kummel -**herrschaft** *O f* herravälde till sjöss -**höhe** *O f* höjd över havet -**hund** -*e m* sälhund, knubbsäl -**hundsfell** -*e n* sälskinn -**igel** - *m, zool.* sjöborre -**jungfrau** -*en f* sjöjungfru -**kabel** - *n* undervattenskabel -**kadett** -*en* -*en m* sjökadett -**karte** -*n f* sjökort -**kiste** -*n f* sjömanskista
seeklar seglingsklar **seekrank** sjösjuk **Seekrankheit** *O f* sjösjuka **Seekrieg** -*e m* sjökrig **Seekuh** -*e*† *f* sjö-, havs|ko **Seelachs** -*e m* havslax, gråsej
Seele -*n f* **1** själ; *die ~ des Unternehmens* företagets drivande kraft; *die arme ~! (vard.)* stackars människa!; *e-e frohe ~* en glad lax; *keine ~* inte en levande själ (en kotte); *meiner Seel*[*e*]*!* min själ!; *e-e treue ~* en trogen själ; *mit ganzer* (*Leib und*) *~* med liv och själ (lust), av hela sitt (*etc.*) hjärta; *die ~ aushauchen* utandas sin sista suck; *nun hat die arme* (*liebe*) *~ Ruh* nu har han (*etc.*) fått som han (*etc.*) vill; *e-m die ~ aus dem Leib prügeln* (*vard.*) ge ngn ordentligt med stryk; *sich* (*dat.*) *die ~ aus dem Leib reden* (*bildl. vard.*) tala sig hes; *sich* (*dat.*) *die ~ aus dem Leib schreien* (*vard.*) skrika sig hes; *sich* (*dat.*) *die ~ aus dem Leib rennen* (*vard.*) springa benen av sig; *die ~ von etw. sein* vara själen i ngt; *er ist e-e ~ von Mensch* (*e-m Menschen*) han är godheten själv; *e-m etw. auf die ~ binden* (*vard.*) uppmana ngn att verkligen bry sig om (uträtta) ngt; *aus tiefster ~ danken* tacka ur djupet av sitt (*etc.*) hjärta; *aus voller ~ jubeln* jubla av hela sitt (*etc.*) hjärta; *e-m aus der ~ reden* (*sprechen*) (*vard.*) uttala ngns innersta tankar; *das ist mir aus der ~ gesprochen* (*vard.*) det är precis vad jag tänker (tycker); *für die armen ~n beten* be för de dödas själar; *hinter e-m hersein wie der Teufel hinter der* [*armen*] *~* (*vard.*) hänga efter ngn som en kardborre; *es tut mir in der ~ leid* (*weh*) det gör mig ont ända in i själen; *das ist mir in der ~ zuwider* det är mig i högsta grad motbjudande; *sich* (*dat.*) *etw. von der ~ reden* prata av sig ngt **2** kärna, innersta del; *lopp* (*i vapen*); ljudpinne (*på fiol*); *fack.* kardel
Seelen|adel *O m* själsadel -**amt** -*er*† *n, kat.* själamässa -**angst** *O f* själsvånda, själanöd -**arzt** -*e*† *m, vard.* själsläkare, psykiater; hjälpare i själanöd -**briefkasten** -[†] *m, skämts.* frågespalt (*i tidning*) -**fang** *O m* själafiske -**friede**[**n**] *O m* själsfrid
'**seelen'froh** själaglad, hjärtligt glad **Seelengemeinschaft** *O f* själsfrändskap **Seelengröße** *O f* själsstorhet '**seelen'gut** hjärtegod **Seelen|güte** *O f* hjärtegodhet -**heil** *O n* [själens] frälsning -**hirt** -*en* -*en m* själasörjare -**kunde** *O f* kunskap om själen; psykologi -**leben** *O n* själsliv -**lehre** *O f, åld.* psykologi **seelenlos** själlös, utan själ **Seelenmassage** *O f, vard.* tröstande ord, tröst, uppmuntran; *iron.* manipulation **Seelenmesse** -*n f, kat.* själamässa **Seelenqual** -*en f* själskval '**Seelen-** '**ruhe** *O f* sinnesro; *in aller ~* i lugn o. ro '**seelen'ruhig** fullständigt lugn **Seelenschmalz** *O*

n, vard. känslopjunk, sentimentalitet '**seelens-** '**gut** hjärtegod **Seelenstärke** *O f* själsstyrka '**seelenver'gnügt** själaglad **Seelenverkäufer** - *m, vard.* **1** värvare (*i sht t. kolonialtjänst*) **2** *ung.* judas, [betald] förrädare **3** flytande likkista (*usel båt*) **seelenverwandt** själsbefryndad **Seelenverwandte**(**r**) *m f, adj böjn.* själsfrände **Seelenverwandtschaft** *O f* själsfrändskap **seelenvoll** själfull **Seelenwanderung** *O f* själavandring, reinkarnation **Seelenwärmer** - *m, vard.* **1** [stickad] ylle|väst, -jacka *e.d.* **2** styrketår (*snaps*) **Seelenzustand** -*e*† *m* själstillstånd
See|leute *pl, se Seemann* -**lilie** -*n f, zool.* hårstjärna
seelisch själslig, psykisk, själs-
Seelöwe -*n* -*n m* sjölejon
Seelsorge *O f* själavård **Seelsorger** - *m* själa|-sörjare, -vårdare **seel|sorgerisch,** -**sorg**[**er**]**lich** själavårdande, själavårds-
Seeluft *O f* havsluft **Seemacht** -*e*† *f* sjömakt **See|mann** -*leute m* sjöman; *pl äv.* sjöfolk **seemännisch** sjömannamässig, sjömans- **Seemannsamt** -*er*† *n* sjömanshus **Seemannsgarn** *O n* skepparhistoria **Seemannsheim** -*e n* sjömanshem **Seemannskiste** -*n f* sjömanskista **Seemeile** -*n f* sjömil, nautisk mil **Seemine** -*n f* sjömina **seenartig** insjöaktig, lik en insjö **Seenot** *O f* sjönöd **Seenotdienst** -*e m* sjöräddning[stjänst] **Seenotkreuzer** - *m* sjöräddningsfartyg **Seenotruf** -*e m, sjö.* nödsignal **Seenplatte** -*n f* plant sjörikt område
See|pferd -*e n,* -**pferdchen** - *n* sjöhäst -**pocke** -*n f* havstulpan -**räuber** - *m* sjörövare -**räuberei** *O f* sjöröveri -**recht** *O n* sjö|rätt, -lag -**reise** -*n f* sjöresa -**rose** -*n f* **1** näckros **2** havs-, sjö|anemon -**sack** -*e*† *m* sjösäck -**salz** -*e n* havssalt -**schiffahrt** *O f* oceansjöfart, sjöfart på haven -**schlacht** -*en f* sjöslag -**schlange** -*n f* havsorm; sjöodjur -**schwalbe** -*n f, zool.* tärna -**seite** -*n f* sjösida -**sieg** -*e m* sjöseger -**stadt** -*e*† *f* kust-, sjö|stad -**stern** -*e m* sjöstjärna -**straße** -*n f* farled -**streitkräfte** *pl* sjöstridskrafter -**stück** -*e n* marinmålning -**tier** -*e n* havsdjur
seetüchtig sjö|duglig, -värdig **Seeufer** - *n* [in]sjöstrand **seeuntüchtig** icke sjöduglig **Seewarte** -*n f* oceanografiskt institut **seewärts** mot havet [till]
See|wasser *O n* sjö-, havs|vatten -**weg** -*e m* sjöväg; *auf dem ~ reisen* resa sjöledes (sjövägen) -**wesen** *O n* sjöväsen -**wetterbericht** -*e m* sjörapport -**wind** -*e m* havsvind -**wolf** -*e*† *m* havskatt -**zeichen** -*n* sjömärke -**zunge** -*n f* sjötunga
Segel - *n* segel; *~ setzen* sätta segel; *mit vollen ~n* för fulla segel (*äv. bildl.*); *unter ~ gehen* gå till segels; *vor e-m die ~ streichen* (*högt.*) stryka segel för ngn **Segelboot** -*e n* segelbåt **Segelfahrt** -*en f* seglats **Segelfalter** - *m* podaliriusfjäril **segelfertig** segelklar **Segelfläche** -*n f* segelyta **segelfliegen** (*endast i inf*) segelflyga
Segel|fliegen *O n,* -**fliegerei** *O f* segelflygning -**flug** -*e*† *m* segelflygning (*flygtur*) -**flugzeug** -*e n* segelflygplan -**jacht** -*en f* segelyacht -**karte** -*n f* sjökort -**klub** -*s m* segelsällskap -**macher** - *m* segelmakare
segeln *h el. s* segla; flyga; sväva; *durchs Examen ~* (*vard.*) bli kuggad i examen; *von der Schule ~* (*vard.*) relegeras; *er ist aus dem Fen-*

ster gesegelt (vard.) han ramlade ut genom fönstret; *er kam ins Zimmer gesegelt (vard.)* han kom inseglande i rummet **Segelregatt|a** **-en** *f* segelregatta, kappsegling **Segelschiff** *-e n* segelfartyg **Segelschlitten** - *m* isjakt **Segelsport** *0 m* segelsport **Segeltuch** *0 n* segelduk **Segen** - *m* **1** välsignelse (*äv. bildl.*); *das wird ihm keinen ~ bringen* det kommer inte att vara till ngn välsignelse för honom; *seinen ~ zu etw. geben (vard.)* ge sitt samtycke till ngt; [*es ist*] *ein ~, daß* det var (är) för innerligt väl att, vilken tur att **2** [bords]bön **3** god avkastning, rik skörd; *der ganze ~ (vard.)* allt[ihop], hela rasket **segenbringend** välsignelsebringande **Segenerteilung** *-en f* utdelande av välsignelse (*under gudstjänst*) **segenspendend** *se segenbringend* **Segenspendung** *-en f, se Segenerteilung* **segensreich** välsignelserik **Segensspruch** *-e†* *m* välsignelse **Segenswunsch** *-e†* *m* välgångsönskan **Segge** *-n f, bot.* starr **Segler** - *m* seglare (*äv. zool.*); segel|fartyg, -båt; segelflygplan **Segment** *-e n* segment **segmentieren** segmentera **segnen** välsigna; *gesegneter Appetit* strykande (kopiös) aptit; *gesegnete Ernte* rik skörd; *gesegneten Leibes sein (åld.)* vara i välsignat tillstånd (gravid); *gesegneter Schlaf* god sömn; *sich ~* göra korstecknet **Segnung** *-en f* välsignelse **Segregation** *-en f* segregation **sehen** *sah, sähe, gesehen (sehen), siehst, sieht, sieh*[*e*]*!* **1** se; titta; inse; *siehst du* [*wohl*]*!, (vard.) siehste!* där ser du!; *~ Sie mal!* hör på!, Ni förstår!, nej men hör nu!; *sieh mal* [*e-r*] *guck!* men ser man på!; *sieh nur!* titta bara!; *sieh, daß du wegkommst!* se till att du kommer i väg!; *wir werden schon ~* vi får väl se; *ich werde ~, wer gekommen ist* jag ska se efter vem som har kommit; *weit und breit war niemand zu ~* ingenstans syntes ngn människa till; *ich kann ihn nicht mehr ~ (äv.)* jag tål inte längre se honom; [*und*] *hast du nicht gesehen —* weg war *er* vips (plötsligt) var han borta; *ich habe ihn kommen ~* jag såg honom komma; *ich habe es kommen ~ (äv.)* jag förutsåg (väntade mig) det; *die Welt ~ wollen* vilja se sig omkring i världen; *wer nicht ~ will, dem hilft keine Brille (ung.)* det finns ingen så blind som den som inte vill se; *wie ~ Sie unsere Chancen?* hur ser Ni på våra chanser?; *die Dinge falsch ~* se sakerna i ett falskt ljus; *Gäste bei sich ~* ha gäster; *etw. gern ~ (äv.)* tycka om ngt; *er sieht es nicht gern, wenn* han ser inte gärna att; *etw. richtig ~ (äv.)* uppfatta ngt riktigt; *scharf ~ (äv.)* ha en skarp syn; *keinen Schritt weit ~* inte kunna se handen framför sig; *e-n ~d machen (bildl.)* öppna ögonen på ngn; *wir ~ uns betrogen* vi finner att vi har blivit bedragna; *wann ~ wir uns?* när träffas (ses) vi?; *sich genötigt ~* se sig tvungen; *sich ~ lassen* visa sig; *diese Leistung kann sich ~ lassen* den här prestationen skäms inte för sig; *laß dich bald wieder ~!* kom snart igen!; *auf die Dauer gesehen* på längre sikt; *auf Einzelheiten ~* gå i detalj; *e-m auf die Finger ~* hålla ögonen på ngn; *die Fenster ~ auf die Straße* fönstren vetter mot (åt) gatan; *auf Gehalt wird nicht gesehen* vid lönen fästes inget avseende; *aufs Geld ~* vara sparsam, se på slantarna; *auf Qualität ~* lägga vikt vid kvalitet; *er sollte auf sich ~* han borde tänka

på sig själv; *nicht aus den Augen ~ können* inte kunna få upp ögonen; *die Dummheit sieht ihm aus den Augen* dumheten lyser ur ögonen på honom; *aus dem Fenster ~* se (titta) ut genom fönstret; *der Stein sieht nur ein Stück aus dem Wasser* man ser bara en bit av stenen sticka upp ur vattnet; *bei e-m gern gesehen sein* vara välsedd hos ngn; *durch das Mikroskop ~* se i mikroskopet; *es ist für Geld zu ~* det visas för pengar; *hinter sich (ack.) ~* se sig om; *e-m in die Karten ~* titta i ngns kort; *mit ~den Augen* med öppna ögon; *nach dem Kranken ~* se till den sjuka; *nach dem Rechten ~* se efter att allt är i sin ordning; *nach der Uhr ~* se på klockan; *zu Boden ~ (äv.)* slå ner blicken **2** *e-m ähnlich ~* likna ngn; *es sieht ihm ähnlich* det är just likt honom **Sehen** *0 n* seende; *e-n vom ~ kennen* känna ngn till utseendet; *er verprügelte ihn, daß ihm Hören und ~ verging* han klådde upp honom efter noter (så att han såg solar o. stjärnor) **sehens|wert, -würdig** sevärd **Sehenswürdigkeit** *-en f* sevärdhet **Seher** - *m* **1** siare **2** *pl, jakt. el. vard.* ögon **Seherin** *-nen f* sierska **seherisch** profetisk; visionär; synsk **Sehfehler** - *m* synfel **sehgeschädigt** synskadad **Sehkraft** *0 f* synförmåga **Sehkreis** *-e m* synkrets **Sehleute** *pl, vard.* nyfikna, åskådare **Sehloch** *-er† n* pupill **Sehne** *-n f* **1** sena **2** [båg]sträng **3** *mat.* korda **sehnen** *rfl* längta (*nach* efter); *sich nach Hause ~ längta hem* **Sehnen** *0 n* längtan[de] **Sehnenentzündung** *-en f* senskideinflammation **Sehnenzerrung** *-en f* sensträckning **Sehnerv** *-en m* synnerv **sehnig** senig **sehnlich** *~*[*st*] *erwartet* [mycket] efterlängtad; *mein ~ster Wunsch* min högsta önskan **Sehnsucht** *-e† f* längtan; *du wirst schon mit ~ erwartet* (*vard.*) du är efterlängtad **sehn|süchtig, -suchtsvoll** längtande, längtansfull **Seh|öffnung** *-en f* pupill **-organ** *-e n* synorgan **-prüfung** *-en f* synundersökning **sehr** mehr, am meisten mycket; *~ viel* väldigt mycket; *~ leiden (äv.)* lida svårt; *~ vermissen (äv.)* djupt sakna; *bitte ~!* var så god!; *danke ~!* tack så mycket!; *nicht ~ groß* inte särskilt stor; *zu ~ erregt* alltför upprörd **Seh|rohr** *-e n* periskop **-schärfe** *0 f* synskärpa **-schwäche** *0 f* svagsynthet **-störung** *-en f* synrubbning; *e-e ~ haben (äv.)* vara synskadad **-test** *-s (äv. -e) m* synundersökning **-vermögen** *0 n* syn[förmåga] **-weise** *-n f* sätt att se, synsätt **-weite** *0 f* synvidd; *außer ~* utom synhåll **-winkel** - *m* synvinkel **sei** *se* **1** *sein* **seibern** *dial.* drägla **Seich** *0 m, dial.,* **Seiche** *0 f, dial.* **1** piss **2** struntprat **seichen** *dial.* **1** pissa **2** prata smörja (strunt) **seicht** grund, inte djup; *bildl.* ytlig, banal **seid** *se* **1** *sein* **Seide** *-n f* siden, silke **Seidel** - *n* sejdel; (*mått*) *sty.* 0,53 l, *österr.* 0,35 l **Seidelbast** *0 m, bot.* tibast **seiden** av siden (silke), siden-, silke[s]-; *es hängt an e-m ~en Faden* det hänger på en skör tråd **Seiden|bau** *0 m* silkes[mask]odling **-damast** *-e m* sidendamast **-faden** *-† m* silkestråd **-glanz** *0 m* siden-, silkes|glans **-papier** *-e n* silke[s]papper **-raupe** *-n f* silkesmask **-rau-

penzucht *0 f* silkes[mask]odling **-schwanz** *-e† m, zool.* sidensvans **-spinner** - *m* mullbärsspinnare, äkta silkesfjäril **-stickerei** *-en f* silkesbroderi **-strumpf** *-e† m* silkesstrumpa **'seiden'weich** mjuk som silke, silkeslen **Seidenzucht** *0 f* silkes[mask]odling **seidig** silkeslen; som siden (silke)
Seife *-n f* tvål; *grüne* ~ [grön]såpa **seifen 1** tvåla in, tvätta [m. tvål] **2** *gruv.* vaska (*guld e.d.*)
Seifen|blase *-n f* såpbubbla; *~n machen* blåsa såpbubblor **-flocken** *pl* tvålflingor **-kiste** *-n f, vard.* sockerlådsbil **-kistenrennen** - *n* lådbilstävling **-kraut** *0 n* såpnejlika **-lappen** - *m, dial.* tvättlapp **-lauge** *-n f* tvål-, såp|vatten, såplut **-napf** *-e† m* tvål|kopp -fat **-oper** *-n f, vard.* tvålopera **-pulver** - *n* tvålpulver **-rinde** *0 f* kvillajabark **-schaum** *0 m* [tvål]lödder **-sieder** - *m* 1 *åld.* tvålkokare **2** *vard., mir geht ein ~ auf!* det går upp en talgdank (ett ljus) för mig!
seifig tvålig; full med tvål (såpa), intvålad; tvål-, såp|aktig
seiger *gruv.* lodrät **Seiger** - *m, dial.* klocka **seigern** *gruv.* utsmälta, segra
Seihe *-n f, dial.* 1 filter[duk], sil **2** återstod, rest (*vid filtrering*) **seihen** filtrera, sila **Seiher** - *m, dial.* filter, sil
Seil *-e n* rep, tåg, lina; *am gleichen ~ ziehen* (*vard.*) hålla ihop, arbeta för samma sak; *auf dem ~ tanzen* gå (dansa) på lina; *mit dem ~ springen* hoppa hopprep **Seilakrobat** *-en -en m* lindansare **Seilbahn** *-en f* linbana
1 seilen *h el. s, nty.* segla
2 seilen 1 slå rep, tillverka rep (tåg, linor) **2** *se abseilen, anseilen* **Seiler** - *m* repslagare **Seilerbahn** *-en f* repslagarbana **Seilerei** *-en f* repslageri
Seil|fähre *-n f* dragfärja **-förderung** *-en f* kabe̢l-, lin|transport **-hüpfen** *0 n* rephoppning **-künstler** - *m* lindansare **-[mann]-schaft** *-en f* (*vid bergsbestigning*) replag **-schwebebahn** *-en f* linbana **-springen** *0 n* rephoppning **-tanzen** *0 n* dans på lina **-tänzer** - *m* lindansare **-trommel** *-n f* lintrumma
Seim *-e m, åld.* honung; tjockflytande saft **seimig** *åld.* tjockflytande
1 sein *war, wäre, gewesen,* (*pres*) *bin, bist, ist, sind, seid, sind,* (*imper*) *sei!, seid!, s* **1** vara; befinna sig; finnas; *er ist Stockholmer* han är stockholmare; *laß das ~!* låt det vara!, låt bli [det där]!; *bei Tisch ~* sitta till bords; *er läßt sie ~* han låter henne vara i fred; *guten Mutes ~* vara vid gott mod; *des Glaubens ~, daß* leva i den tron att, tro att; *willst du wohl still ~!* tyst med dig!; *nun will es keiner gewesen ~* nu är det ingen som vill ta på sig skulden; *aus 5 Teilen ~* (*vard.*) bestå av 5 delar; *das ist gut* det var (är) bra; *das ist meins* (*vard. mir*) det är min; *ich bin es* det är jag; *ich bin gegangen* jag har gått; *bist du schon lange da?* har du varit här (väntat) länge?!; *wenn ich du wäre* om jag vore du; *es ist an ihm* det är hans tur; *das Zimmer ist im Erdgeschoß* rummet ligger på bottenvåningen; *er ist baden* han är och badar; *es ist mir, als ob ich etw. gehört hätte* det förefaller mig som om jag hade hört ngt; *mir ist kalt* jag fryser (är kall); *mir ist schlecht* jag mår illa; *ist dir etwas?* (*vard.*) vad är det med dig?, mår du inte riktigt bra?; *jdm gut ~* tycka om ngn; *mir ist nicht nach Tanzen zumute* jag har inte lust att dansa;

dem ist nicht so så är det (förhåller det sig) inte; *ihm ist es nur um ihr Geld zu tun* han bryr sig bara om hennes pengar; *der gewesene Präsident* den förre (tidigare) presidenten; *wer immer es auch sei* vem det än må vara; *welcher Art es auch sei* av vad slag det vara må; *sei es, wie es wolle, wie dem auch sei* hur det än må vara; *es sei denn, daß* för såvida inte; *sei es ..., sei es* antingen (vare sig) ... eller; *da sei Gott vor!* det förbjude Gud!; *es darf nicht ~* det får inte ske (gå inte an); *kann* (*mag*) *~* måhända, kanske; *das kann ~* det kan hända (är möjligt); *lieb mag sie schon ~* låt vara att hon är rar; *es muß ~* det är nödvändigt; *was soll das ~?* (*äv.*) vad ska det betyda?; *im Eishockey sind wir wer* (*vard.*) vi är att räkna med i ishockey; *die meisten Unfälle sind bei Glatteis* de flesta olyckorna äger rum (inträffar) vid halt väglag; *die Preise sind im Steigen* priserna är i stigande **2** bli[va]; *ich war erstaunt* jag blev förvånad; *sei mir nicht böse!* bli (var) inte ond på mig!; *das wird niemals ~* det kommer aldrig att bli så (att hända); *was war die Antwort?* vad blev svaret?; *wir sind vier am Tisch* vi blir (är) fyra vid bordet **3** (*i förb. m. inf*) *es ist zu hoffen* det är att hoppas; *er ist nicht zu sprechen* han träffas inte; *die Waren sind zu senden* varorna skall skickas; *Hunde sind an der Leine zu führen* hundar måste hållas i band; *sie ist durch niemanden zu ersetzen* hon kan inte ersättas av ngn; *hier ist nichts zu wollen* här kan man ingenting (är ingenting att) göra
2 sein *pron* **1** *pers., se er o. 1 es*; *~ gedenken* (*åld.*) minnas honom **2** *poss.* (*för böjn. jfr* mein **2**) hans, sin, dess, *dial.* hennes; *S~e Majestät* Hans majestät; *im Kreise der S~en* i kretsen av de sina; *jedem das S~e* åt var o. en sitt; *~en Bus verpassen* missa bussen; *meinem Vater ~ Auto* (*vard.*) min fars bil
Sein *0 n* tillvaro, existens; *filos.* vara; *~ oder Nichtsein, das ist hier die Frage* att vara eller inte vara, det är frågan
seiner *pers. pron, se er o. 1 es*; *ich erinnere mich ~* jag minns honom **'seiner'seits** för hans (sin *etc.*) del, å hans (sin *etc.*) sida **seinerzeit** på sin tid, då för tiden **seinerzeitig** dåvarande, dåtida **'seines'gleichen** *oböjl. pron* hans (sin, dess, hennes) like, en sådan (sådana) som han (den *etc.*); *er und ~* han o. sådana som han; *e-n wie ~ behandeln* behandla ngn som sin jämlike; *dieses Bild sucht ~* (*ung.*) den här tavlan söker sin like (saknar motstycke); *er verkehrt nur mit ~* han umgås bara med sina lika (folk av samma sort) **'seinet|'halben, -'wegen** för hans (dess) skull **'seinet'willen** *um ~* för hans (dess) skull **seinig** *se 2 sein 2*
seinlassen *st, vard.* låta bli, avstå från
seismisch seismisk **Seismograph** *-en -en m* seismograf **Seismologie** *0 f* seismologi
seit I *prep m. dat.* [allt]sedan, från [och med]; *~ damals* sedan dess, från den tiden; *~ heute morgen* sedan i morse; *~ Jahren* sedan åratal tillbaka; *das erste Mal ~ e-m Jahr* för första gången på ett år; *ich bin ~ e-m Jahr hier* jag har varit här i ett år; *~ wann bist du hier?* hur länge har du varit här? **II** *konj* [allt]sedan; *es ist zwei Monate her, ~ ich ihn getroffen habe* det är två månader sedan jag mötte honom **seit'ab** avsides; åt sidan **seit'dem I** *konj* [allt]sedan; *~ er weg ist* sedan han är borta **II** *adv* sedan dess, därefter; *~ ist er weg* sedan dess (därefter) är han borta

Seite -n f sida; håll; *vordere* (*hintere*) ~ framsida (baksida); *das Buch ist 200* ~n *stark* boken är på 200 sidor; *sich* (*dat.*) *vor Lachen die* ~n *halten* vika sig dubbel av skratt; ~ *an* ~ sida vid sida; *setz dich an meine grüne* ~! (*vard. skämts.*) sätt dig intill mig!; *e-n e-m an die* ~ *stellen* jämföra (jämställa) ngn med ngn; *auf* (*zu*) *beiden* ~n *des Hauses* på båda sidor om huset; *auf der e-n* ~ ..., *auf der anderen* ~ å ena sidan ..., å andra sidan; *auf die* (*zur*) ~ *gehen* gå åt sidan; *etw. auf die* ~ *legen* lägga undan (spara) ngt; *sich auf die faule* ~ *legen* (*vard.*) lägga sig på latsidan; *auf die große* (*kleine*) ~ *müssen* (*österr.*) behöva gå på toa (göra det stora, lilla); *e-n auf die* ~ *schaffen* (*vard.*) undanröja (mörda) ngn; *etw. auf die* ~ *schaffen* (*vard.*) sjoska (mygla till sig) ngt, försnilla ngt; *sich nach allen* ~n *umsehen* se sig omkring åt alla håll; *von seiten der Unternehmer* från företagarhåll (företagarnas sida); *von* [*gut*] *unterrichteter* ~ från välunderrättat håll; *e-n von der* ~ *ansehen* (*bildl.*) se ner på ngn; *das kann von keiner* ~ *bestritten werden* det kan inte bestridas av någondera parten; *e-m nicht von der* ~ *gehen* (*weichen*) inte vika från ngns sida; *ich werde von meiner* ~ *nichts tun* jag för min del kommer inte att göra ngt; *ich bin mit ihm von väterlicher* (*mütterlicher*) ~ *her verwandt* jag är släkt med honom på pappas (mammas) sida; *zur* ~ *legen* lägga åt sidan; *e-m* [*mit Rat und Tat*] *zur* ~ *stehen* bistå ngn [m. råd o. dåd], hjälpa ngn
Seiten|abweichung -en f (*projektils*) derivation **-altar** -eŧ m sidoaltare **-angriff** -e m flankangrepp **-ansicht** -en f vy (utsikt) från sidan, profil **-ausgang** -eŧ m sidoutgång **-bau** -ten m sidobyggnad, flygel **-blick** -e m sidoblick **-deckung** -en f, *mil.* flankskydd **-eingang** -eŧ m sidoingång **-fach** -erŧ n 1 sidofack 2 bi-, fyllnads|ämne **-gebäude** -n sidobyggnad, flygel **-gewehr** -e n sido|gevär, -vapen **-halbierende** f, *adj böjn.*, *mat.* median **-hieb** -e m, *bildl.* gliring, pik, känga **-lähmung** -en f, *med.* hemiplegi, förlamning av ena kroppshalvan
seitenlang flera sidor lång; över flera sidor **Seitenlaut** -e m, *språkv.* lateral **Seitenlehne** -n f armstöd **Seitenleitwerk** -e n, *flyg.* sidoroder **Seitenlinie** -n f sidolinje; *sport. äv.* sidlinje **Seitenrand** -erŧ m kant, marginal **seitenrichtig** rättvänd **Seitenruder** - n sid[o]roder **seitens** *prep m. gen.*, ~ *der Mutter* från moderns sida, av modern
Seiten|schiff -e n, *arkit.* sidoskepp **-schwimmen** 0 n sidsim **-sprung** -eŧ m 1 åld. hopp åt sidan 2 *bildl.* snedsprång; *e-n* ~ *machen* (*äv.*) hoppa över skaklarna **-stechen** 0 n håll [i sidan] **-steuer** - n sid[o]roder **-straße** -n f sido-, bi-, tvär|gata **-streifen** - m vägren **-stück** -e n 1 sid[o]stycke 2 *bildl.* motstycke **-teil** -e n, *äv.* m sid[o]stycke; siddel **-tür** -en f sidodörr
seitenverkehrt spegelvänd **Seitenwagen** - m, *schweiz.* sidvagn **Seitenwechsel** 0 m, *sport.* sidbyte **Seitenweg** -e m sido-, bi|väg; *er geht* ~ *e* (*bildl.*) han går smygvägar **Seitenwind** -e m sidvind **Seitenzahl** -en f 1 sidantal, antal sidor 2 sidnummer; *mit* ~en *versehen* paginera
seit'her sedan dess, sedan den tiden **seitherig** hittillsvarande
seitlich I *adj* belägen på sidan (*om ngt*); sido-;

sidledes; ~ *drehen* vrida åt sidan; *es wird* ~ *begrenzt von* det begränsas på sidan (i sidled) av **II** *prep m. gen.* på sidan om; ~ *des Hauses* på sidan om huset **seitlings** *åld.* på (åt) sidan **seitwärts I** *adv* åt sidan, sidledes; på sidan; ~ *gehen* gå avsides **II** *prep m. gen.* på sidan om
Sekante -n f, *mat.* sekant
sekkieren *österr.* reta, plåga
sekret *åld.* hemlig **Sekret** -e n sekret, avsöndring, sekretion **Sekretär** -e m 1 sekreterare 2 sekretär, skrivbyrå 3 sekreterarfågel **Sekretariat** -e n sekretariat **Sekretärin** -nen f [kvinnlig] sekreterare **sekretieren** *med.* ut-, av|söndra [sekret] **Sekretion** -en f sekretion
Sekt -e m sekt (*ty. champagneliknande vin*)
Sekte -n f sekt
Sektglas -erŧ n champagneglas
Sektierer - m sekterist **sektiererisch** sekteristisk
Sektion -en f 1 sektion, avdelning 2 dissekering, obduktion **Sektionsbefund** -e m obduktionsresultat
Sektkübel - m champagnekylare
Sektor -en m sektor; *bildl. äv.* område, fack **Sektorengrenze** -n f sektorsgräns (*i Berlin*) **Sekund|a** -en f sjätte o. sjunde (*österr.* andra) klass i gymnasium, *ung.* första (andra) ring **Sekundakkord** -e m, *mus.* sekundackord **Sekundaner** - m, *ung.* första-, andra|ringare (*jfr Sekunda*) **Sekundant** -en -en m sekundant **sekundär** sekundär **Sekundärinfektion** -en f, *med.* sekundärinfektion **Sekundawechsel** - m, *hand.* sekundaväxel **Sekunde** -n f 1 sekund (*äv. geom., mus.*); *e-e* ~ [*bitte*]! (*vard.*) ett ögonblick! 2 *typ.* sekunda **sekundenlang** som varar en (flera) sekund(er); ~*es Zögern* flera sekunders tvekan **Sekundenschnelle** 0 f, *in* ~ sekund-, blixt|snabbt **Sekundenzeiger** - m sekundvisare **sekundieren** e-m ~ *a*) sekundera ngn, vara ngns sekundant, *b*) [under]stödja ngn (*m. ord*) **sekund-, sekünd|lich** varje sekund
sel. *förk. för selig* salig, framliden
selb (*alltid böjt*) samm|a, -e; *zur* ~en *Stunde* i samma stund, samtidigt, på en o. samma timme **selb'ander** *åld.* på tu man hand **selb'dritt** *åld.* tillsammans med två andra; *die heilige Anna* ~ (*konst.*) den heliga Anna m. Maria o. Jesusbarnet, Anna själv tredje **selber** *oböjl. pron* själv, *jfr selbst* **I selbig** *åld.* samm|a, -e; *zu* ~er (*zur* ~en) *Stunde* i samma stund, på en o. samma timme **selbst I** *oböjl. pron* själv; *der Minister* ~ (*äv.*) statsrådet i egen [hög] person; ~ *ist der Mann* (*ung.*) själv är bästa dräng; *das Haus* ~ *ist schön, aber* själva huset är vackert men; *etw.* ~ *in die Hand nehmen* ta ngt i egna händer; *du bist nicht du* ~ du är inte dig själv; *mir ist* ~ *nicht wohl dabei* inte heller jag är förtjust i det; *mir ist es* ~ *peinlich* det är pinsamt för mig med; *wie geht's dir?* — *gut, und* ~? (*vard.*) hur mår du? — tack bra, och du själv?; *aus sich* ~ av sig själv, självmant; *e-e Sache um ihrer* ~ *willen tun* göra en sak för dess egen skull; *es ist von* ~ *gekommen* (*äv.*) det är ingen som får för det; *das versteht sich von* ~ det är självklart **II** *adv* till och med, även; ~ *der Minister* till och med statsrådet **III** *i sms.* ~ *das kann er nicht* ens det kan han **Selbst** *gen.* - *0* n jag[et], personlighet **Selbstachtung** *0* f självaktning **selbständig** självständig; *sich* ~ *machen* etablera sig, öppna eget (affär, egen praktik *e.d.*);

das Kind (Buch) hat sich ~ gemacht (vard.) barnet har sprungit sin väg (boken har kommit bort) **Selbständige(r)** *m f, adj böjn.* egen företagare **Selbständigkeit** 0 *f* självständighet **Selbst|anklage** *-n f* självanklagelse **-anschlu|ß** *-sse† m, tel.* automattelefon **-ansteckung** *-en f, med.* autoinfektion **-anzeige** *-n f, jur.* självangivelse **-aufopferung** 0 *f* självuppoffring **-auslöser** - *m, foto.* självutlösare **-bedarf** 0 *m* eget behov **-bedienung** 0 *f* själv|betjäning, -servering **-bedienungsgaststätte** *-n f* självservering **-bedienungsgeschäft** *-e n,* **-bedienungsladen** -† *m* snabbköp[saffär], självbetjäningsbutik **-beeinflussung** 0 *f* självsuggestion **-befleckung** 0 *f, kat.* självbefläckelse **-befriedigung** 0 *f* onani **-behalt** *-e m, försäkr.* självrisk **-beherrschung** 0 *f* självbehärskning **-bekenntnis** *-se n* självbekännelse **-bemitleidung** 0 *f* självömkan **-beobachtung** 0 *f* introspektion **-bespiegelung** 0 *f* självbeundran, narcissism **-bestätigung** 0 *f* självhävdelse **-bestäubung** 0 *f, bot.* självpollinering **-bestimmung** 0 *f* självbestämmande **-bestimmungsrecht** 0 *n* självbestämmanderätt **-beteiligung** *-en f, försäkr.* självrisk **-betrug** 0 *m* självbedrägeri **-beweihräucherung** 0 *f, vard.* eget beröm, självbeundran **-bewunderung** 0 *f* självbeundran **selbstbewußt** självmedveten **Selbst|bewußtsein** 0 *n* självmed|vetande, -vetenhet **-bildnis** *-se n* självporträtt **-binder** - *m* 1 *lantbr.* självbindare 2 slips **-biographie** *-n f* självbiografi **-disziplin** 0 *f* självdisciplin **-entfaltung** 0 *f* utveckling [av en själv] **-entleibung** *-en f, högt.* självmord **selbstentzündlich** självantändlig **Selbst|entzündung** *-en f* självantändning **-erhaltungstrieb** 0 *m* självbevarelsedrift **-erkenntnis** 0 *f* självkännedom **-erzeugung** *-en f* egenproduktion **-fahrer** - *m* 1 ~ sein köra själv 2 *(hand- el. motordriven)* rullstol **-finanzierung** 0 *f* självfinansiering **selbstgebacken** hembakad **Selbstgebrauch** 0 *m* eget bruk **selbstgedreht** *(om cigarrett)* hemrullad **selbstgefällig** självbelåten, egenkär **Selbstgefühl** 0 *n* självkänsla **selbstgemacht** hem|gjord, -lagad **selbstgenügsam** självtillräcklig **selbstgerecht** egenrättfärdig **selbstgeschrieben** egenhändigt skriven **Selbstgespräch** *-e n* monolog; ~*e führen* prata för sig själv **selbstgestrickt** hemstickad; *vard.* hemgjord **selbstgezogen** 1 hemodlad 2 hemstöpt **selbsthaftend** självhäftande **selbsthärtend** självhärdande **selbstherrlich** egenmäktig, maktfullkomlig, självgod **Selbsthilfe** 0 *f* självhjälp; *jur.* självtäkt **Selbsthilfegruppe** *-n f* självhjälps-, stöd|grupp **Selbstironie** 0 *f* självironi **selbstisch** *högt.* självisk, egoistisk **selbstklebend** självhäftande **Selbstkontrolle** 0 *f* självkontroll **Selbstkosten** *pl* självkostnad **Selbstkostenpreis** *-e m* självkostnadspris **Selbstkritik** 0 *f* självkritik **selbstkritisch** självkritisk **Selbst|ladegewehr** *-e n* automatgevär **-lader** - *m* automatvapen **-lauf** 0 *m, etw. dem ~ überlassen* låta ngt ha sin gång; *im ~* av sig själv **-laut** *-e m, språkv.* självljud, vokal **-liebe** 0 *f* egenkärlek **-lob** 0 *n* självberöm, eget beröm **selbstlos** osjälvisk **Selbstlosigkeit** 0 *f* o-

själviskhet **Selbstmitleid** 0 *n* självmedlidande **Selbstmord** *-e m* självmord **Selbstmörder** - *m* självmördare **selbstmörderisch** *das ist e-e ~e Handlung* det är rena [rama] självmordet; ~*e Geschwindigkeit (äv.)* halsbrytande fart; *in ~er Absicht* i avsikt att begå självmord **Selbstmordgedanken** *pl* självmords|tankar, -planer **Selbstmordversuch** *-e m* självmordsförsök **Selbstporträt** *-s, äv.* *-e n* självporträtt **Selbstprüfung** 0 *f* själv|prövning, -rannsakan **selbstquälerisch** själv|plågande, -anklagande **selbstredend** naturligtvis, självklart **Selbstreinigung** 0 *f (vätskas)* självrening **selbstschließend** självstängande **Selbstschu|ß** *-sse† m* självskjut, självskott; *Achtung ~!* varning för uppgillrade vapen! **selbstsicher** självsäker **Selbstsicherheit** 0 *f* självsäkerhet **Selbststudium** 0 *n* självstudium; *im ~ erlernen* lära sig genom självstudier **Selbstsucht** 0 *f* själviskhet, egoism **selbstsüchtig** självisk, egoistisk **selbsttätig** automatisk; själv|verkande; aktiv, självständig **Selbsttätigkeit** 0 *f* automatik; självverksamhet **Selbsttäuschung** 0 *f* självbedrägeri **Selbsttor** *-e n, sport.* självmål **Selbsttötung** *-en f* självmord **selbsttragend** självbärande **Selbstüberhebung** 0 *f* förmätenhet, självförhävelse **Selbstüberschätzung** 0 *f* självöverskattning **Selbstüberwindung** 0 *f* självövervinnelse **Selbstunterricht** 0 *m, se Selbststudium* **Selbstverbrauch** 0 *m* egen förbrukning; *zum ~* för eget bruk **selbstvergessen** självförgäten **Selbstverlag** *-e m* eget förlag; *im ~ erschienen* utgiven på eget förlag **Selbstverleugnung** 0 *f* självförnekelse **Selbstvernichtung** 0 *f* självförintelse **selbstverschuldet** självförvållad **Selbstversorger** - *m, ~ sein* vara självförsörjande **Selbstversorgung** 0 *f* självförsörjning **selbstverständlich** I *adj* själv|klar, -skriven II *adv* naturligtvis, självklart **Selbst|verständlichkeit** *-en f* självklarhet **-verständnis** 0 *n* föreställning (uppfattning) om sig själv **-verstümmelung** *-en f* självstympning **-versuch** *-e m, ~e machen* göra [medicinska] experiment på sig själv **-verteidigung** 0 *f* självförsvar **-vertrauen** 0 *n* självförtroende **-verwaltung** *-en f* självstyre[lse] **-verwirklichung** 0 *f* självförverkligande **-wählferndienst** 0 *m, tel.,* **-wählfernverkehr** 0 *m, tel.* automatisk interurbantrafik, automatkoppling till annat riktnummerområde **-zucht** 0 *f* självdisciplin **selbstzufrieden** självbelåten **Selbstzweck** 0 *m* självändamål **selchen** *sty., österr.* röka *(kött)* **Selchfleisch** 0 *n, sty., österr.* rökt kött **selektieren** 1 utvälja *(för avel, förädling)* **2** *nat. soc.* välja ut *(fångar)* till gaskammare **Selektion** *-en f* selektion, urval **selektionieren** *se selektieren* **selektiv** selektiv **Selektivität** [-v-] 0 *f* selektivitet **Selen** 0 *n, kem.* selen **-ographie** 0 *f* selenografi **-zelle** *-n f, fys.* selencell **selig** [lyck]salig, överlycklig; salig[en avliden]; *~en Angedenkens* salig i åminnelse; *mein S~er (vard.)* min salig man; *sein ~er Vater (Vater ~)* hans salig far; *Gott hab' ihn ~ (ung.)* må han vila i frid; *wer's glaubt, wird ~ (vard.)* det tror jag så mycket jag vill **Seligkeit** *-en f* [lyck]salighet; *alle ~en des Lebens* alla tillvarons

fröjder; *in* ~ *schwimmen* simma i ett hav av sällhet, vara överlycklig **seligpreisen** *st* prisa salig **Seligpreisung** *-en f* saligprisning **seligsprechen** *st, kat.* saligförklara **Seligsprechung** *-en f* saligförklaring, beatifikation **Sellerie** *-[s] m el.* -[*n*] *f* selleri
selten I *adj* sällsynt; ~*e Pflanze (äv.)* rar växt; ~*er Vogel (vard.)* konstig kropp **II** *adv* sällan; sällsynt, ovanligt; ~ *schön* ovanligt vacker; *sich* ~ *sehen* träffas sällan **Seltenheit** *-en f* sällsynthet; sällsynt sak (händelse), märkvärdighet, raritet
Selter[s] 1 - *f* [flaska, glas] selters-, mineral|-vatten **2** *0 n* selters-, mineral|vatten - **wasser 1** - *n, se Selter[s] 1* **2** -† *n, se Selter[s] 2*
seltsam sällsam, egendomlig, märkvärdig, [för]underlig; ~*e Geschichte* underlig historia; ~*er Mensch (äv.)* ovanlig människa; ~ *schön* förunderligt vacker; *ihm war* ~ *zumute* han kände sig underlig till mods **'seltsamer-'weise** underligt (märkvärdigt *etc.*) nog **Seltsamkeit** *-en f* sällsynthet, märkvärdighet, ovanlighet, egendomlighet
Se'mantik *0 f, språkv.* semantik **semantisch** *språkv.* semantisk
Semaphor *-e n m* semafor
Semem *-e n, språkv.* semem
Semester - *n, skol., univ.* termin; *ein älteres (höheres)* ~ *(vard.) a)* en överliggare, *b)* en till åren kommen person
Semi|finale *-[s] n, sport.* semifinal **-kol|on** *-ons el.* -*a n* semikolon
Seminar *-e, österr., schweiz.* *-ien n* seminarium; *univ. äv.* institution **Seminarist** *-en -en m* seminarist **Seminarübung** *-en f, univ.* seminarieövning
Semit *-en -en m* semit **Semitin** *-nen f* semitiska **semitisch** semitisk **Semi'tistik** *0 f* semitistik
Semmel *-n f, i sht sty., österr., ung.* småfranska, kuvertbröd; *wie warme* ~*n weggehen* gå åt som smör i solsken **semmelblond** ljusblond **Semmelbrösel** *pl* rivebröd **Semmel|kloß** *-e† m,* **-knödel** - *m, sty., österr. (slags)* kroppkaka **Semmelmehl** *0 n* rivebröd
sempern *österr.* gnälla
Senat *-e m* **1** senat **2** [delstats]regering (*i Västberlin, Bremen o. Hamburg*) **3** *univ.* konsistorium **Senator** *-en m* **1** senator **2** regeringsledamot, *jfr Senat 2*
Sendbote *-n -n m* sändebud, bud[bärare]
Sendeanlage *-n f* sändaranläggning **Sendefolge** *-n f* **1** radio., telev. program **2** *se Sendereihe* **Sendemast** *-e*[*n*] *m* sändarmast **senden** *sandte (sendete), gesandt (gesendet)* (*om radio. el. TV sendete, gesendet*) sända, skicka; *radio. äv.* överföra **Sendepause** *-n f* sändningsuppehåll, paus **Sendeprogramm** *-e n, radio., telev.* program **Sender** *-n m* sändare, radio-, TV-|station **Senderanlage** *-n f* sändaranläggning **Senderaum** *-e† m, radio., telev.* studio **Sendereihe** *-n f* radio-, TV-|-serie **Sendezeichen** *0 n, ung.* paussignal **Sendezeit** *-en f* sändningstid **Sendschreiben** - *n* sändebrev **Sendung 1** *-en f* [av]sändande; utsändning; sändning; försändelse **2** *0 f* uppdrag, uppgift, mission
Senegalese *-n -n m* senegales **senegalesisch** senegalesisk
Senf *-e m* senap; *bot.* åkersenap; *mußt du immer deinen* ~ *dazugeben? (vard.)* måste du alltid lägga dig i (komma med dina kommentarer)?; *mach keinen langen* ~*!* *(vard.)* kom inte med ngn lång utläggning! **-gas** *0 n* senapsgas **-gurke** *-n f (slags)* gurka inlagd m. senapskorn **-korn** *-e*† *n* senapskorn **-mehl** *0 n* senapspulver **-pflaster** - *n* senapsplåster **-samen** - *m* senapskorn **-soße** *-n f*, **-tunke** *-n f* senapssås
Senge *pl, dial.* stryk **sengen** sveda (bränna) [av]; ~*de Sonne* brännande sol; ~ *und brennen (åld.)* härja o. bränna **seng[e]rig** *dial., es riecht* ~ det osar (luktar) bränt
senil senil **Senilität** *0 f* senilitet
'senior *oböjl. adj* senior, den äldre; *Xaver Balk* ~ *Xaver Balk* senior (den äldre) **'Senior** *-en m* **1** senior *(äv. sport.)* **2** äldre [människa]; pensionär **Seniorenheim** *-e n, ung.* pensionärs|hotell, -hem **Seniorenkarte** *-n f* pensionärsbiljett **Seniorenklasse** *-n f, sport.* seniorklass **Seniorenpa|ß** *-sse† m* pensionärslegitimation (*för köp av pensionärsbiljett*) **Seniorenwohnheim** *-e n, se Seniorenheim*
Senkblei *-e n* sänklod, sänke **Senke** *-n f* [dal]-sänka **Senkel** - *m* **1** [sko]snöre, [sko]band **2** *e-n in den* ~ *stellen a)* slå ngn b) få (sätta) fason på ngn **senk|en** **1** sänka *(äv. bildl.)*, nedsänka; *die Augen* ~ slå ner ögonen **2** *rfl* sänka sig, sjunka; *das Haus hat sich ge-'senkt* huset har satt sig; *die Straße -t sich* gatan sluttar **Senkfuß** *-e*† *m* plattfot **Senkgrube** *-n f* avfalls-, kloak|brunn **Senkkasten** -[†] *m, tekn.* kassun, sänkkista **Senklot** *-e n* sänklod, sänke **senkrecht 1** lodrät, vertikal; vinkelrät; *bleib'* (*halt'*) *dich* ~*!* *(vard.)* ramla (trilla) inte!; *immer* [*schön*] ~ *bleiben! (vard.)* bara lugn!, tappa inte koncepterna!; *das war das einzig S~e (vard.)* det var det enda raka **2** *schweiz.* hederlig, rakryggad, rättskaffens
Senk|rechte *-n el. adj böjn. f* lodrät linje **-rechtstarter** - *m* **1** VTOL-plan, vertikalt startande o. landande flygplan **2** *er ist ein* ~ han har gjort kometkarriär; *der Film ist ein* ~ filmen har snabbt blivit en succé **-reis** *-er n* stickling **-rücken** - *m* svankrygg (*hos djur*) **-schnur** *-e*† *f* lodlina **-ung** *-en f* **1** sänkande; sänkning, *bildl. äv.* minskning; lutning; (*om byggnad*) sättning **2** [dal]sänka **3** *med.* sänka **4** (*i vers*) obetonad stavelse, thesis **-ungsgeschwindigkeit** *-en f, med.* sänkningshastighet **-waage** *-n f, fys.* areometer
Senn *-e m, sty., österr., schweiz., alp*herde, säterkarl
Senne *sty., österr.* **1** -*n -n m, se Senn* **2** -*n f* fjällbete; säter, fäbod **Senner** - *m, sty., österr.,* *se Senn* **Sennerei** *-en f, sty., österr., schweiz.* säter, fäbod **Sennerin** *-nen f, sty., österr.* säterjänta
Sennesblätter *pl* sennablad
Sennhütte *-n f, sty., österr.* säter[stuga], fäbod
Sennin *-nen f, se Sennerin*
Sensation *-en f* sensation **sensationell** sensationell, uppseendeväckande **Sensationsbedürfnis** *0 f* sensationslystnad **Sensationshascherei** *-en f* sensationsmakeri **Sensationslust** *0 f* sensationslust **sensationslüstern** sensationslysten **Sensationsmache** *0 f, vard.* sensationsmakeri **Sensationspresse** *0 f* sensationspress **Sensationssucht** *0 f* sensationslystnad
Sense *-n f* lie; ~*!* *(vard.)* slut!, nu lägger vi *(etc.)* av!; *bei mir ist jetzt* ~*!* *(vard.)* jag har fått nog!, nu lägger jag av! **sensen** slå med lie **Sensenbaum** *-e*† *m* lieskaft **Sensenmann**

0 m, der ~ Liemannen **Sensenstein** -*e m* bryne **Sensenstiel** -*e m* lieskaft
sensibel sensibel, känslig **Sensibilität** *0 f* sensibilitet **sensitiv** sensitiv, [över]känslig **Sensitivität** [-v-] *0 f* sensitivitet **Sensitivitätstraining** *0 n* sensitivitetsträning **sensoriell, sensorisch** sensorisk **Sensori|um** -*en n* 1 *med.* sensorium **2** *bildl.* känsla **Sensualismus** *0 m, filos.* sensualism **sensuell 1** sinnes-, som kan uppfattas med sinnena **2** *åld.*, *se sinnlich* **Sentenz** -*en f* sentens **sentenziös** senten|tiös, -siös **Sentiment** [zāti'mā:] -*s n* känsla, sentiment **sentimental** sentimental **Sentimentalität** -*en f* sentimentalitet; *bitte jetzt keine* ~*en!* bli inte sentimental nu!
separat separat **Separatfrieden** - *m* separatfred **Separatismus** *0 m, polit.* separatism **Separatist** -*en* -*en m* separatist **Separator** -*en m* separator **Séparée** -*s n* chambre séparée **separieren** separera (*äv. fack.*), av-, från|-skilja
Sepi|a 1 -*en f, zool.* bläckfisk **2** *0 f* sepia (*färgämne*) **Sepie** -*n f* bläckfisk
Sepp[e]lhose -*n f, vard.* korta läderbyxor
'Seps|is -*en f, med.* sepsis, blodförgiftning
September -[s] - *m* september **Septett** -*e n, mus.* septett **Septim|a** -*en f* sjunde klass (*i österr. gymnasium*) **Septimaner** - *m* sjundeklassare, *jfr Septima* **Septime** -*n f, mus.* septima **Septimenakkord** -*e m, mus.* septim[a]ackord
septisch *med.* septisk
Septuagesima *0 f,* [*der Sonntag*] ~ septuagesima (*nionde söndagen före påsk*)
Sequenz -*en f* sekvens; *kortsp.* svit **Sequestration** -*en f, jur.* kvarstad **sequestrieren** *jur.* belägga m. kvarstad
Serail [ze'ra:j *el.* ze'rai(l)] -*s n* seralj
'Seraph -*e el.* -*im m* seraf **seraphisch** serafisk, änglalik
Serbe -*n* -*n m* serb **serbisch** serbisk **serbokroatisch** serbokroatisk **Serbokroatisch** *0 n* serbokroatiska [språket]; *jfr Deutsch*
Serenade -*n f* serenad
Sere'nissim|us -*i m* regerande furste, Ers (Hans) Höghet (*skämts. titel för ty. småstatsfurste*)
Serge ['zɛrʃ(ə), *äv.* -ʒ(ə), *äv.* s-] -*n f, österr. äv. m* sars, serge (*tyg*)
Serie -*n f* serie; rad; *die Ware geht nächstes Jahr in* ~ varan kommer att serietillverkas nästa år; *e-e Ware in* ~ *herstellen* (*fertigen*) serietillverka en vara **Serien|anfertigung** -*en f*, -**bau** *0 m*, **-fabrikation** -*en f*, **-fertigung** -*en f*, **-herstellung** -*en f* serietillverkning **serienmäßig** serie-, i serie; *das Auto hat* ~ *Scheibenbremsen* bilen har skivbromsar som standard; ~ *herstellen* serietillverka **serienreif** färdig för serietillverkning **Serienschaltung** -*en f, elektr.* seriekoppling **serienweise** serie-, i serier, serievis; *vard.* i massor, massvis
Serigraphie -*n f* serigrafi
seriös seriös, allvarlig; ordentlig, anständig; solid, gedigen; förtroendeingivande
Ser'mon -*e m* **1** *åld.* tal, [straff]predikan **2** *vard.* harang[er], [strunt]prat
Serologie *0 f, med.* serologi **serologisch** *med.* serologisk
serös *med.* serös
Serpentin -*e m, min.* serpentin **Serpentine** -*n f* serpentin; vindling; serpentinväg; **Serpen-**

tinenstraße -*n f* serpentinväg, slingrande bergsväg
Sersche -*n f* (*m*), *se Serge*
Ser|um -*a el.* -*en n* serum **Serumbehandlung** -*en f* serumbehandling
Servante [zɛr'vantə] -*n f, åld.* [litet] serveringsbord
1 Service [zer'vi:s] - [*pl* -'vi:s(ə)] *n* [bords]servis
2 Service ['zø:ɐ̯vɪs *el.* 'sə:vɪs] -*s* [-vɪs|(ɪs)] *m, äv. n* **1** service, betjäning, kundtjänst **2** *sport.* serve
servieren [-v-] **1** servera; passa upp; *e-e Geschichte* ~ (*vard.*) duka upp en historia **2** (*i tennis e.d.*) serva; (*i fotb. e.d.*) lägga upp, passa **Serviererin** -*nen f*, **Serviermädchen** - *n* serveringsflicka, uppasserska **Serviertisch** -*e m* serveringsbord **Serviertochter** -† *f, schweiz.* servitris **Serviette** -*n f* servett
servil [-v-] servil **Servilität** *0 f* servilitet **Servobremse** -*n f* servobroms **Servolenkung** -*en f* servostyrning **Servus** *interj, sty., österr.* tjänare!, hej [då]!
Sesam -*s m* **1** *bot.* sesam **2** ~, *öffne dich!* sesam, öppna dig! **-öl** *0 n* sesamolja
Sessel - *m* **1** länstol, fåtölj **2** *österr.* stol **-bahn** -*en f*, **-lift** -*e el.* -*s m* sitt-, stol|lift
seßhaft bofast, bosatt, boende; *sich* ~ *machen* bosätta sig; ~*er Gast* (*skämts.*) gäst som aldrig vill gå hem **Seßhaftigkeit** *0 f* bofasthet
Session -*en f* session, sammanträde[stid]
Set [sɛt] -*s n, äv. m* set, garnityr; [bords]tablett
Setter - *m* setter
Setz|ei -*er n, dial.* stekt ägg **-eisen** - *n* sätthammare
setz|en 1 sätta (*äv. typ.*); ställa, lägga; *e-m ein Denkmal* ~ resa ett minnesmärke över ngn; *e-m e-e Frist* ~ ge ngn en frist; *Holz* ~ stapla ved; *Junge* ~ (*jakt.*) föda (få) ungar; *e-n Kamin* ~ mura (bygga) en öppen spis; *Kartoffeln* (*Salat*) ~ sätta potatis (så sallad); *e-e Mannschaft* ~ (*sport.*) seeda ett lag; *die Segel* ~ sätta (hissa) segel; *sich* (*dat.*) *ein Ziel* ~ sätta upp ett mål för sig; *alles an etw.* (*ack.*) ~ våga allt för ngt; *sein Leben an etw.* (*ack.*) ~ våga sitt liv för ngt; *das Auto an e-n Baum* ~ (*vard.*) köra på ett träd med bilen; *das Glas an den Mund* ~ föra glaset till munnen; *auf etw.* (*ack.*) ~ satsa (hålla) på ngt; *große Hoffnungen auf etw.* (*ack.*) ~ knyta (fästa) stora förhoppningar vid ngt; *e-n auf freien Fuß* ~ försätta ngn på fri fot; *Geld auf ein Pferd* ~ satsa (sätta) pengar på en häst; *aufs falsche Pferd* ~ (*bildl.*) hålla på fel häst; *e-n auf die Straße* (*vor die Tür*) ~ (*vard.*) kasta ut ngn; *etw. auf die Tagesordnung* ~ sätta upp ngt på dagordningen; *Vertrauen in e-n* ~ ha (hysa) förtroende för ngn; *etw. in Betrieb* ~ sätta i gång ngt; *etw. in Brand* ~ sätta (tända) eld på ngt; *e-n in Erstaunen* ~ förvåna ngn; *e-n in Freiheit* ~ försätta ngn i frihet, skänka ngn friheten; *sich* (*dat.*) *etw. in den Kopf* ~ få för sig ngt; *e-n Text in Musik* ~ sätta musik till en text; *e-n in Schrecken* ~ injaga skräck hos ngn; *e-e Anzeige in die Zeitung* ~ sätta in en annons i tidningen; *e-n in die Lage* ~, *etw. zu tun* göra det möjligt (möjliggöra) för ngn att göra ngt; *e-n unter Druck* ~ utöva tryck (påtryckningar) på ngn **2** *gesetzt, er kommt* antag (ponera) att han kommer; *gesetzt den Fall, daß* antag (ponera) att **3** *s, äv. h, über etw.* (*ack.*) ~ sätta (hoppa, ta sig) över ngt **4** *vard., gleich* -*t es Hiebe* (*Prü-*

gel) snart vankas det stryk; *wenn du nicht hörst, -t es was* om du inte lyssnar (lyder) nu ska du få se på annat **5** *rfl* sätta sig; *der Kaffee muß sich* ~ kaffet måste sjunka (klarna); *sich an die Arbeit* ~ sätta sig och [börja] arbeta, ta itu med arbetet; *sich ans Fenster* ~ sätta sig vid fönstret; *das Auto -t sich auf die linke Fahrbahn* bilen lägger sig i vänsterfil[en]; *der Tabakrauch -t sich in die Kleider* tobaksröken sätter sig i kläderna; *sich zu e-m* ~ sätta sig hos (bredvid) ngn; *sich zur Ruhe* ~ slå sig till ro; *sich zu Tisch* ~ sätta sig till bords
Setz|er - *m* sättare **-erei** *-en f* sätteri **-fehler** - *m* sättnings-, tryck|fel **-hase** *-n -n m, jakt.* harhona **-kartoffeln** *pl* sättpotatis **-kasten** -[†] *m, typ.* [stil]kast **-ling** *-e m* **1** sättkvist, stickling, skott **2** sättfisk, fiskyngel (*för odling*) **-maschine** *-n f* sättmaskin **-milch** *0 f, dial.* surmjölk **-teich** *-e m* fiskodlingsdamm **-waage** *-n f* vattenpass **-zwiebel** *-n f* sticklök
Seuche *-n f* farsot, epidemi, epidemisk sjukdom **Seuchen|abwehr** *0 f,* **-bekämpfung** *0 f* bekämpning av farsot[er] (epidemi[er]) **Seuchengefahr** *0 f* risk för epidemi[er] **Seuchenherd** *-e m* smittkälla **Seuchenschutz** *0 m, se Seuchenbekämpfung*
seufzen sucka, stöna **Seufzer** - *m* suck; ~ *der Erleichterung* lättnadens suck **Seufzerbrücke** *0 f, die* ~ Suckarnas bro (*i Venedig*)
Sex [*z- el.* s-] *0 m, vard.* sex
Sexagesima *0 f,* [*der Sonntag*] ~ sexagesima (*åttonde söndagen före påsk*)
Sex|bombe *-n f, vard.* sexbomb **-film** *-e m* sexfilm **-muffel** - *m, vard.* man som är ointresserad av sex **-objekt** *-e n* sexobjekt **-shop** *-s m* sex|shop, -butik
Sext|a *-en f* första klass (*i ty. gymnasium*); sjätte klass (*i österr. gymnasium*) **Sextakkord** *-e m, mus.* sextackord **Sextaner** - *m* förstaklassare; sjätteklassare; *jfr Sexta* **Sextant** *-en -en m* sextant **Sexte** *-n f, mus.* sext **Sextett** *-e n, mus.* sextett
sexual sexuell **Sexualaufklärung** *0 f* sexualupplysning **Sexualhormon** *-e n* könshormon **Sexualität** *0 f* sexualitet
Sexual|kunde *0 f* sexualkunskap **-mord** *-e m* sexmord **-objekt** *-e n* sexobjekt **-organ** *-e n* könsorgan **-täter** - *m* sexualförbrytare **-verbrechen** - *n* sexualbrott **-verbrecher** - *m* sexualförbrytare **-wissenschaft** *0 f* sexologi
sexuell sexuell **Sexus** *0 m* kön; sexualitet
sexy [-i] *vard.* sexig
Sezession *-en f* utträde, utbrytning, avsöndring
sezieren dissekera; *bildl. äv.* plocka sönder (isär) **Seziermesser** - *n* dissektionskniv
Sezierung *-en f* dissektion
S-förmig s-formig
sfr., sFr. *förk. för Schweizer Franken* schw. fr., schweizisk franc
Sgraf'fit|o *-os el. -i n, konst.* graffito, skraffering
Shampoo [ʃɛmˈpuː, *äv.* ʃam-] *-s n,* schampo **shampoonieren** schamponera
Sheriff [ˈʃɛrɪf] *-s m* sheriff
Sherry [ˈʃɛrɪ]*-s m* sherry
Shit [ʃɪt] *0 m, äv. n, sl.* brass (*hasch*)
Shop [ʃɔp] *-s m* shop, butik
Shorts [ʃɔrts] *pl* shorts
Show [ʃoʊ] *-s f* show **-geschäft** *0 n, se Schaugeschäft*
shrimps [ʃrɪmps] *pl* räkor

Siamese *-n -n m* siames **siamesisch** siamesisk **Siamkatze** *-n f* siameskatt
sibirisch sibirisk
Sibylle *-n f* sibylla **sibyllinisch** sibyllinsk
sich *pron* **1** *rfl* sig [själv]; ~ *ereignen* hända; ~ *schämen* skämmas; *setzen Sie* ~*! sätt Er!; das Buch liest* ~ *schwer* boken är svårläst; ~ (*dat.*) *die Hände waschen* tvätta sig om händerna; *an* [*und für*] ~ i och för sig; *das Ding an* ~ tinget i sig; *er hat etw. an* ~ det är ngt särskilt med honom; *es hat nichts auf* ~ det har inget att betyda; *was hat es damit auf* ~? vad spelar det för roll (betyder det)?; *es bei* ~ *sagen* säga det för sig själv; *er ist nicht bei* ~ *a*) han är medvetslös, *b*) han är utom sig; *nicht ganz bei* ~ *sein* (*vard.*) inte vara riktigt klok; *das ist e-e Sache für* ~ det är en sak för sig (helt annan sak); *der Wein* (*die Arbeit*) *hat es in* ~ vinet är starkare (arbetet är svårare) än man tror; *etw. von* ~ *aus tun* göra ngt av sig själv; *zu* ~ *kommen* återfå medvetandet; *e-n zu* ~ *einladen* bjuda hem ngn [till sig] **2** *recipr.* varandra; *die Geschwister gleichen* ~ syskonen liknar varandra; *sie helfen* ~ [*gegenseitig*] de hjälps åt; *sie lieben* ~ de älskar varandra
Sichel *-n f* skära (*äv. mån-*) **sichelförmig** i form av en skära **sicheln** skära [m. skära]
sicher I *adj* säker; trygg, pålitlig, tillförlitlig; *e-e* ~ *e Hand haben* vara säker på handen; ~ *ist* ~ man kan aldrig vara nog försiktig; *ich nehme meinen Schirm mit,* ~ *ist* ~ jag tar med mig mitt paraply för säkerhets skull; *dessen kannst du* ~ *sein* det kan du vara säker (lita) på; *seines Lebens nicht* ~ *sein* inte vara säker för sitt liv; *sich* (*dat.*) *seiner Sache* (*gen.*) ~ *sein* vara säker på sin sak **II** *adv* säkert, säkerligen; tryggt; *kommst du?* — *aber* ~*!* kommer du? — naturligtvis! **sichergehen** *st s* vara på den säkra sidan; ~ *wollen* (*ung.*) ta det säkra för det osäkra **Sicherheit** *-en f* säkerhet, *hand. äv.* borgen, garanti; trygghet; tillförlitlighet; *die innere* ~ (*polit.*) statens inre säkerhet; *der Minister garantiert die* ~ *der Arbeitsplätze* ministern garanterar att jobben ska vara kvar (att inga jobb ska försvinna); *etw. in* ~ *bringen* föra ngt i säkerhet; *das steht mit* ~ *fest* det är absolut säkert; *mit* ~ *wissen* säkert veta
Sicherheits|abstand *-e†* *m* säkerhetsavstånd **-beauftragte(r)** *m f, adj böjn., ung.* skyddsombud **-bestimmung** *-en f* säkerhetsbestämmelse **-bindung** *-en f* säkerhetsbindning (*på skidor*) **-glas** *-er† n* splitterfritt glas, säkerhetsglas **-gründe** *pl, aus* ~*n* av säkerhetsskäl **-gurt** *-e m* säkerhetsbälte
sicherheitshalber för säkerhets skull
Sicherheits|kettchen *-n f* säkerhetskedja (*på halsband e.d.*) **-kette** *-n f* säkerhetskedja (*på dörr e.d.*) **-lampe** *-n f, gruv.* säkerhetslampa **-leistung** *-en f* [ställande av] säkerhet **-maßnahme** *-n f* säkerhetsåtgärd **-nadel** *-n f* säkerhetsnål **-rat** *0 m, der* ~ säkerhetsrådet (*i FN*) **-risik|o** *-os el. -en n* säkerhetsrisk **-schlo|ß** *-sser†* *n* patent-, säkerhets|lås **-ventil** *-e n* säkerhetsventil **-verschlu|ß** *-sse†* *m* säkerhetslås (*på smycke e.d.*) **-verwahrung** *0 f, se Sicherungsverwahrung* **-vorkehrung** *-en f* säkerhetsåtgärd **-vorschrift** *-en f* säkerhetsbestämmelse
sicherlich säkert, säkerligen
sichern 1 säkra (*äv. vapen*), låsa (*cykel e.d.*); skydda, trygga, garantera; *e-m etw.* ~ garantera ngn ngt; *sich* (*dat.*) *e-n guten Platz* ~ för-

säkra sig om (lyckas skaffa sig) en bra plats; *sein Recht* ~ bevaka sin rätt; *den Rückzug* ~ skydda (täcka) återtåget; *den Wagen mit e-m Stein gegen das Wegrollen* ~ med en sten hindra bilen från att rulla i väg; *gesicherte Stellung* säker (tryggad) ställning **2** (*om djur*) spana, vädra, lystra **sicherstellen 1** säkerställa, garantera, trygga **2** lägga beslag på (*stulet gods*), ta i förvar **Sicherung 1** 0 *f* säkrande *etc.*, *jfr sichern* **2** *-en f* säkerhet; garanti, skydd; säkerhetsåtgärd; *soziale* ~ social trygghet; *das Netz sozialer* ~*en* det sociala säkerhetsnätet **3** *-en f* säkerhetsanordning; säkring (*på vapen*); *elektr.* säkring, propp; *die* ~ *ist durchgebrannt* säkringen har gått (smält); *ihm ist die* ~ *durchgebrannt* (*vard.*) han tappade fattningen (kontrollen över sig själv)
Sicherungs|hebel - *m* säkringsspärr (*på vapen*)-**kasten**-[†] *m* säkringsskåp -**maßnahme** -*n f* säkerhetsåtgärd -**übereignung** 0 *f*, *jur.* säkerhetsöverlåtelse -**verwahrung** 0 *f*, *jur.* förvaring på interneringsanstalt
sicherwirkend säkert verkande
Sicht 0 *f* **1** sikt; sikte, synhåll; *gute* (*schlechte*) ~ *haben* ha bra (dålig) sikt; *Land in* ~*!* land i sikte!; *in* ~ *kommen* komma i sikte (inom synhåll) **2** syn-, betraktelse|sätt; *aus meiner* ~ *ist das nicht so* som jag ser det ligger det inte till så; *in der* ~ *der Fachleute* i (sedd med) experternas ögon **3** *hand.* sikt; *auf* (*bei*) ~ på (mot) sikt, vid anfordran (uppvisande), avista **4** *auf lange* (*kurze*) ~ på lång (kort) sikt **sichtbar** synlig; syn-, märk-, uppen|bar; *adv äv.* synbarligen **Sichtbarkeit** 0 *f* synlighet *etc.*, *jfr sichtbar* **sichtbarlich** *högt.*, *se sichtbar*, *offensichtlich* **Sichtbehinderung** 0 *f* siktförsämring **sichten 1** sikta, få i sikte, få syn på **2** gå igenom [o. ordna], sortera, gallra, sovra **Sichtfeld** -*er n*, *se Blickfeld* **Sichtfenster** - *n* fönster **sichtig** *sjö.* siktig, klar **sichtlich** syn-, märk|bar, påtaglig, tydlig; *adv äv.* synbarligen **Sichtverhältnisse** *pl* siktförhållanden **Sichtvermerk** -*e m* visum **Sichtwechsel** - *m*, *hand.* siktväxel **Sichtweite** 0 *f* synvidd; *in* ~ *inom synhåll* **Sichtwerbung** 0 *f*, *ung.* visuell reklam (*på annonspelare e.d.*)
1 Sicke -*n f*, *jakt.* [fågel]hona
2 Sicke -*n f*, *tekn.* [plåt]fals **sicken** *tekn.* förse med fals[ar], falsa
Sickergrube -*n f* kloakbrunn **sickern** *s* sippra **siderisch** siderisk, stjärn-
Siderit -*e m* siderit, järnspat
sie *pers. pron* **1** *3 pers. fem. sg* hon; *ibl.* han, den, det (*gen. ihrer, äld. ihr* henne; *dat. ihr* [åt, till, för] henne; *ack. sie* henne); ~ *ist nicht mehr* ~ *selbst* hon är inte längre sig själv **2** *3 pers. pl* de (*gen. ihrer, äld. ihr* dem; *dat. ihnen* [åt, till, för] dem; *ack. sie* dem) **Sie I** *pron* (*för tilltal av en el. flera pers.*) Ni, ni, du; (*gen. Ihrer* E[de]r, er, dig; *dat. Ihnen* [åt, till, för] E[de]r, er, dig; *ack. Sie* E[de]r, er, dig; [*he,*] ~ *da!* hör Ni (ni, du)!; *kommen* ~ *!* kom!; *e-n mit* ~ *anreden* nia (säga Ni till) ngn; *ihr wisst doch das* ~ *!* vi kan väl säga du till varandra!; *zu dem Wein muß man schon* ~ *sagen* (*vard.*) det här vinet är jättebra **II** -*s f*, *vard.* kvinna; hona; *ein Er und e-e* ~ en han och en hon
Sieb -*e n* sil, såll, sikt; filter; *ein Gedächtnis wie ein* ~ (*vard.*) ett hönsminne -**bein** -*e n*, *anat.* silben -**druck** -*e m*, *typ.* silkscreen
1 sieben sila, sikta, sålla; *bildl.* sovra, gallra
2 sieben (*jfr drei o. sms.*) sju **Sieben** -[*en*] *f* **1** (*jfr Drei o. sms.*) sjua **2** *e-e böse* ~ (*vard.*) en riktig ragata (satkärring) **Siebener** - *m*, *dial.* sjua (*buss e.d.*) **siebenerlei** *oböjl. adj* sju slags *etc.*, *jfr dreierlei* **Siebengestirn** 0 *n*, *das* ~ Sjustjärnorna, Plejaderna **Sieben'hügelstadt** 0 *f*, *die* ~ De sju kullarnas stad (*Rom*) **Sieben'meilenstiefel** *pl* sjumilastövlar; *mit* ~*n* (*vard.*) *a*) med sjumilastövlar (stora steg), *b*) mycket fort **Sieben'monatskind** -*er n* barn fött i sjunde månaden (*av graviditeten*) **Siebenpunkt** -*e m* [Maria] nyckelpiga **'Sieben'sachen** *pl*, *vard.* grejor, pick o. pack, tillhörigheter **Siebenschläfer** - *m*, *zool.* sjusovare **sieb[en]te** sjunde **sieb[en]tel** sjundedels **Sieb[en]tel** - *n* sjundedel **sieb[en]tens** för det sjunde
Siebtuch -*er*† *n* sil-, filter-, sikt|duk
siebzehn (*jfr drei*[*zehn*] *o. sms.*) sjutton **siebzehnte** (*jfr dreizehnte*) sjuttonde **siebzig** (*jfr drei*[*ßig*] *o. sms.*) sjuttio **siebzigste** sjuttionde
siech *högt.* [obotligt] sjuk **siechen** *äld.* vara [obotligt] sjuk, tyna bort **Siechenhaus** -*er*† *n*, *äld.* långvårdssjukhus, kronikerhem **Siechtum** 0 *n*, *högt.* [obotlig] sjukdom
Siedebarometer - *n* hypsometer **Siedegrad** -*e m* kokpunkt (*äv. bildl.*) '**siede'heiß** sjud-, kok|het
siedeln bosätta sig, slå sig ner
sieden sjött, sötte, gesotten, *äv. sv* sjuda; koka; ~*d heiß* sjud-, kok|het **Siedepunkt** -*e m* kokpunkt (*äv. bildl.*) **Siedesalz** 0 *n* koksalt
Siedewasserreaktor -*en m*, *kärnfys.* kokarreaktor **Siedfleisch** 0 *n*, *dial.* soppkött
Siedler - *m* nybyggare, kolonist **Siedlung** -*en f* boplats; bebyggelse; bostadsområde, förort, villastad; samhälle; nybygge; koloni
Siedlungs|dichte 0 *f* befolkningstäthet -**form** -*en f* bebyggelseform -**gebiet** -*e n* bosättning[område] -**politik** 0 *f* bosättningspolitik -**stätte** -*n f* boplats
Sieg -*e m* seger; *den* ~ *davontragen* hemföra (avgå med) segern; *auf* ~ *laufen* (*spielen*) (*sport.*) springa (spela) för att vinna; *auf* ~ *setzen* (*wetten*) (*sport.*) sätta på vinnare (*häst e.d.*)
Siegel - *n* sigill; insegel; *etw. unter dem* ~ *der Verschwiegenheit erzählen* berätta ngt mot tysthetslöfte **Siegellack** 0 *m* sigillack **siegeln** försegla; förse med sigill; lacka igen **Siegelring** -*e m* sigill-, signet-, klack|ring **Siegelung** 0 *f* försegling
siegen segra, vinna; [*mit*] *'5:3* ~ vinna med 5 — 3; *nach Punkten* ~ segra på poäng; *über e-n* ~ (*äv.*) besegra ngn
Sieger - *m* segrare -**ehrung** -*en f* segerceremoni, prisutdelning -**in** -*nen f* segrarinna -**kranz** -*e*† *m* segerkrans -**macht** -*e*† *f* segrarmakt -**mannschaft** -*en f* segrande lag -**podest** -*e n* segerpall
siegesbewußt segerviss **Siegesfanfare** -*n f* segerfanfar **Siegesfeier** -*n f* segerfest **siegesgewiß** segerviss **Siegeskranz** -*e*† *m* segerkrans **Siegespalme** -*n f* segerpalm **Siegespodest** -*e n* segerpall **Siegespreis** -*e m* [seger]pris **Siegesrausch** 0 *m* segerrus **siegessicher** segerviss **Siegestaumel** 0 *m* segeryra **siegestrunken** segerdrucken **Siegeszeichen** - *n* seger|tecken, -trofé **Siegeszug** -*e*† *m* seger-, triumf|tåg **sieggewohnt** segervan **sieghaft 1** *äld.* segrande, segerrik **2** *högt.* segerviss, triumferande **sieglos** utan seger (segrar) **siegreich** segerrik **Siegwurz** 0 *f*, *bot.* gladiolus

siehste *vard.* = *siehst du*
Sieke *-n f, jakt.* [fågel]hona
Siel *-e m n* **1** dammlucka **2** kloakbrunn
Siele *-n f* bröstsele; *in den ~n sterben* stupa på sin post
sielen *rfl, dial.* vräka (vältra) sig
Sielen|geschirr *-e n,* **-zeug** *0 n* bröstsele
Sierraleoner *- m* sierraleoner **sierraleonisch** sierraleonsk
Siest|a *-as el.* **-en** *f* siesta
siezen nia, säga Ni till
Sigel - *n* sigel (*förkortning*[*stecken*])
Sigill *-e n, åld., se Siegel*
Signal [zɪ'gnaːl, *vard.* zɪŋ'naːl] *-e n* signal; *akustisches (optisches) ~ (äv.)* ljudsignal (ljussignal); *~e setzen* ge nya impulser, visa på nya vägar **Signalanlage** *-n f* signalanläggning **Signalbuch** *-er† n, sjö.* signalbok **Signalement** [zɪgnalə'mãː] *-s n* signalement **Signalfarbe** *-n f* signalfärg **Signalflagge** *-n f, sjö.* signalflagga **Signalgast** *-en, äv. -e† m, sjö.* signalist, signalman **signalisieren** signalera **Signallicht** *-er n* signal|ljus, -lampa; *schweiz.* trafikljus **Signalmast** *-e*[*n*] *m, sjö.* signalmast; *järnv.* semafor **Signalpistole** *-n f* signalpistol **Signatar|macht** *-e† f,* **-staat** *-en m* signatärmakt **Signatur** *-en f* signatur; namnteckning **signieren** signera; underteckna **signifikant** signifikant; viktig, väsentlig, betydande; typisk **Sign|um** *-a n* signatur; namnteckning; tecken, symbol
Sikka'tiv *-e n, kem.* sickativ
Silbe *-n f* stavelse; *er hat es mit keiner ~ angedeutet* han har inte antytt någonting alls; *er hat mir keine ~ davon gesagt* han har inte sagt ett ljud om det till mig; *keine ~ von etw. verstehen* inte förstå ett ord av ngt **Silbenrätsel** - *n* charad, stavelsegåta **Silbentrennung** *-en f* avstavning
Silber *0 n* silver **-becher** - *m* silverbägare **-bergwerk** *-e n* silvergruva **-beschlag** *-e† m* silverbeslag **-blick** *0 m, vard.* skelande blick **-draht** *-e† m* silvertråd **-faden** -† *m* **1** silvertråd **2** grått hårstrå
silber|farben, -farbig silverfärgad **Silber|fischchen** - *n, zool.* silverfisk, nattsmyg **-fuchs** *-e† m* silverräv **-gehalt** *0 m* silverhalt **-geld** *0 n* silverpengar **-geschirr** *-e n* silverservis **-haar** *-e n* silverhår, silvervitt hår **silberhaltig** silverhaltig **silberhell** silverglänsande; *bildl.* silverklar **Silberhochzeit** *-en f* silverbröllop **silberig** silverliknande, silver-; silverglänsande; *bildl.* silverklar **Silberling** *-e m* silverpenning **Silberlöwe** *-n -n m, zool.* puma **Silbermedaille** *-n f* silvermedalj **Silbermöwe** *-n f, zool.* gråtrut **Silbermünze** *-n f* silvermynt **silbern** av silver; silverfärgad; silverklar; *~e Hochzeit* silverbröllop; *~e Schüssel* silverfat; *der S~e Sonntag* tredje [söndagen i] advent
Silber|papier *-e n* stanniol[papper] **-pappel** *-n f* silverpoppel **-sachen** *pl* silversaker **-schmied** *-e m* silversmed **-stahl** *-e*[†] *m* verktygs-, silver|stål **-streifen** *-n m* silverstrimma; *ein ~ am Horizont (bildl.)* en ljusning, en strimma av hopp **-strich** *-e m* silverstreckad pärlemorfjäril **-stück** *-e n, åld.* silvermynt **-tanne** *-n f* silver-, ädel|gran **-vogel** -† *m, poet.* silverfågel (*flygplan*) **-währung** *-en f* silvermyntfot **-waren** *pl* silver|varor, -saker
silbisch *språkv.* stavelsebildande
silbrig *se silberig*

Silentium *0 n* tystnad, stillhet; *~!* silentium!, tyst[nad]!
Silhouette [zi'lu̯ɛtə] *-n f* sil[h]uett
Silicat *-e n, kem.* silikat **Silicium** *0 n, kem.* kisel, silicium **Silikat** *-e n, kem.* silikat **Silikon** *-e n, kem.* silikon **Silikose** *-n f, med.* silikos, stendammlunga **Silizium** *0 n, se Silicium*
Silo *-s m, äv. n* silo
Silur *0 n, geol.* silur **silurisch** *geol.* silurisk
Silvester [-'v-] - *m, äv. n,* **-abend** *-e m* nyårsafton **-nacht** *-e† f* nyårsnatt
Simandl ['ziː-] - *m n, sty., österr.* toffelhjälte
'**Simili** *-s n m* simili, oäkta smycke
simpel 1 enfald **2** enfaldig **Simpel** - *m, vard.* dumbom '**Simplex** *-e el. Sim'plizia n, språkv.* simplex, enkelt ord **Simplifikation** *-en f* förenkling **simplifizieren** förenkla **Simplizität** *0 f* **1** enkelhet **2** enfald
Sims *-e m n, arkit.* gesims
simsalabim *interj* simsalabim!
Simse *-n f, bot.* säv
Simulant *-en -en m* simulant **Simulator** *-en m* simulator **simulieren 1** simulera; *e-e Krankheit ~* spela sjuk, simulera [sjukdom] **2** *dial.* fundera, grubbla
simultan simultan, samtidig, gemensam **Simultan|dolmetschen** *0 n* simultantolkning **-dolmetscher** - *m* simultantolk **-kirche** *-n f* gemensam kyrka för olika konfessioner **-schule** *-n f* konfessionsfri skola **-spiel** *-e n, schack.* simultanspel
sind *se 1 sein*
Sinfonie *-n f* symfoni **Sinfoniker** - *m* symfoniker; medlem av symfoniorkester **sinfonisch** symfonisk
Singakademie *-n f* sångsällskap
Singapur *0 n* Singapore **Singapurer** - *m* singaporian **singapurisch** singaporiansk
singbar sångbar **Singdrossel** *-n f* taltrast
sing|en *sang, sänge, gesungen* **1** sjunga (*äv. bildl.*); *jds Lob ~* sjunga ngns lov; *da hilft kein S~ und Beten* här hjälper inga böner; *davon weiß ich ein Liedchen zu ~ (vard.)* jag vet vad det vill säga, det vet jag av egen erfarenhet; *es -t mir in den Ohren* det susar i öronen på mig; *e-n in den Schlaf ~* sjunga ngn till sömns; *vor sich (ack.) hin ~* sjunga för sig själv **2** *vard.* tjalla **3** *rfl, sich heiser ~* sjunga sig hes; *die Lieder ~ sich leicht* visorna går lätt att sjunga (är lättsjungna) **Singerei** *0 f* [evigt] sjungande
Singhalese *-n -n m* singales
Singkreis *-e m* [liten] sångkör
Single [sɪŋ] **1** -[s] *n, sport.* singel[match] **2** -[s] *m,* singel, ensamstående **3** - [s] *el.* [s] *f* singel, singelskiva
Singsang *0 m* [enformigt, entonigt] sjungande; [enkel] sång (visa) **Singspiel** *-e n* sångspel **Singstimme** *-n f* **1** sångröst **2** sångstämma
'**Singular** *-e m, språkv.* singular[is] **Singulare-'tantum** *Singulariatantum el. -s n, språkv.* ord som endast förekommer i singularis **singu-'larisch** singularisk
Singvogel -† *m* sångfågel
sinken *sank, sänke, gesunken, s* sjunka (*äv. bildl.*); bli lägre; dala; avta, gå ner, minska[s]; *den Kopf (den Mut) ~ lassen* hänga med huvudet (tappa modet); *die Stimme ~ lassen* sänka rösten; *das Boot sank auf den Grund* båten gick till botten; *vor e-m auf die Knie ~* sjunka på knä för ngn; *bei ~der Dämmerung* när skymningen faller; *e-m in die Arme ~* sjunka i armarna på ngn **Sinken** *0 n* sjunkande;

minskning, nedgång; *sein Stern ist im ~ hans stjärna är i sjunkande* **Sinkkasten** -[†] *m* rännstensbrunn
Sinn -*e m* **1** sinne; håg, sinnelag; medvetande; *~ für Humor haben* ha sinne för humor; *seine fünf ~e beisammen haben* vara vid sina sinnens fulla bruk; *ihm schwinden die ~e* han förlorar medvetandet; *leichten ~es sein* vara lätt till sinnes; *sie sind e-s ~es* de är överens; *sein ~ steht nicht nach Lernen* hans håg står inte till studier; *anderen ~es werden* ändra åsikt; *auf seinem ~ bestehen* hålla fast vid sin åsikt; *es geht mir nicht aus dem ~* jag kan inte låta bli att tänka på det, jag får det inte ur mitt huvud; *etw. aus dem ~ schlagen* slå ngt ur hågen; *er ist nicht bei ~en* han är inte vid sina sinnens fulla bruk; *er ist nicht bei ~en vor Wut* han är utom sig av vrede; *ein Wort ging mir durch den ~* ett ord föll mig in (for genom mitt huvud); *in jds ~* i ngns anda; *im ~ behalten* lägga på minnet, minnas; *was hat er im ~?* *a)* vad tänker han på?, *b)* vad tänker han göra?; *es kommt mir in den ~* jag kommer att tänka på det; *es liegt ihm im ~* han går o. funderar på det; *das will ihm nicht in den ~* det kan han inte få i sitt huvud; *es ist ganz nach seinem ~* det är precis som han vill ha det (i hans smak); *von ~en sein* vara utom sig; *bist du von ~en?* (vard.) är du från vettet? **2** betydelse, bemärkelse, [ande]mening, innebörd; *langer Rede kurzer ~* (vard.) kontentan av det hela; *im übertragenen (weiteren) ~* i överförd (vidare) bemärkelse; *im wahren ~ des Wortes* i ordets egentliga bemärkelse; *etw. dem ~ nach erfüllen* uppfylla ngt efter andemeningen (*o. inte efter bokstaven*); *der Satz gibt keinen ~* satsen saknar mening; *es hat keinen ~, hinzugehen* det är ingen mening med (idé) att gå dit; *das hat weder ~ noch Verstand* det är varken rim eller reson i det **Sinnbild** -*er n* symbol, sinnebild **sinnbildlich** symbolisk, sinnebildlig
sinn|en *sann, sänne (sönne), gesonnen* tänka, fundera, grubbla, ha i sinnet; *~d fundersam, eftertänksam, tankfull; was -st du?* vad tänker (funderar) du på?; *auf Mittel und Wege ~* söka efter utvägar (möjligheter); *auf Rache ~* ruva på hämnd; *gesonnen sein, etw. zu tun* vara besluten (ha for avsikt) att göra ngt **Sinnen** 0 *n* funderande; *all sein ~ und Trachten* hela hans diktan o. traktan
Sinnenfreude -*n f* sinnlig glädje (njutning) **Sinnengenu|ß** -*sse*† *m* sinnlig njutning, sinnesnjutning **Sinnenmensch** -*en -en m* njutningsmänniska, sensualist **Sinnenrausch** 0 *m* sinnesrus **Sinnenreiz** -*e m* sinnlig lockelse; sinnesretning **sinnentleert** meningslös **sinnentsprechend** *se sinngemäß* **1 sinnentstellend** *~er Fehler* fel som förvanskar betydelsen (innebörden) **Sinnenwelt** 0 *f, die ~* sinnevärlden
Sinnes|änderung -*en f* sinnes[för]ändring **-art** 0 *f* sinnelag, tänkesätt **-eindruck** -*e†* *m* sinnesintryck **-empfindung** -*en f* sinnesförnimmelse **-organ** -*e n* sinnesorgan **-reiz** -*e m* sinnesretning **-täuschung** -*en f* sinnesvilla **-verwirrung** -*en f* sinnesförvirring **-wandel** 0 *m* sinnes[för]ändring **-werkzeug** -*e n* sinnesorgan
sinnfällig påtaglig, slående **Sinngebung** -*en f* uttydning, tolkning **Sinngedicht** -*e n* epigram **sinngemäß 1** *nicht wortwörtlich, sondern ~ übersetzen* inte översätta ordagrant

utan innehållsmässigt riktigt (utan till innebörden); *ich kann seine Äußerung nur ~ wiedergeben* jag kan bara återge innehållet i hans yttrande (*minns det inte ordagrant*) **2** följdriktig, konsekvent **3** *se sinnvoll* **sinngetreu** *se sinngemäß 1* **sinnieren** tänka, grubbla, vara försjunken i tankar **Sinnierer** - *m* grubblare **sinnig 1** genomtänkt, fint uttänkt; sinnrik; djupsinnig (*äv. iron.*); *ein ~es Geschenk* en välmenad men opassande present; *ach, wie ~!* (*iron.*) så omtänksamt!, verkligen djupsinnigt! **2** *dial.* sakta, maklig, försiktig **3** *åld.* eftertänksam **sinnlich 1** sinnlig, sinnes-; *~er Eindruck* sinnesintryck; *~ wahrnehmbar* förnimbar för sinnena **2** sinnlig, sensuell **Sinnlichkeit** 0 *f* sinnlighet; sensualitet **sinnlos** meningslös, vettlös; *~ betrunken* redlöst berusad **Sinnlosigkeit** -*en f* meningslöshet *etc., jfr sinnlos* **Sinnpflanze** -*n f* mimosa **sinnreich 1** sinnrik **2** *se sinnig* **Sinnspruch** -*e*† *m* sentens, tänkespråk **sinnverwandt** besläktad till betydelsen; synonym **sinnvoll** genomtänkt, förnuftig, ändamålsenlig; motiverad; meningsfull, -fylld **sinnwidrig** orimlig, absurd, befängd
Sinologe -*n -n m* sinolog **Sinologie** 0 *f* sinologi **sinologisch** sinologisk
'**sinte'mal[en]** *åld. el. skämts.* alldenstund, eftersom
Sinter - *m* sinter **sintern** sintra **Sinterung** 0 *f* sintring
Sintflut 0 *f* syndaflod; *e-e ~ von Briefen* en ström av brev
Sinus - *el. -se m, anat., mat.* sinus **Sinu'sitis** *Sinusi'tiden f, med.* sinuit **Sinuskurve** -*n f, mat.* sinuskurva
Siphon ['zi:fõ *el.* -fɔŋ, zi'fõ *el.* -'fɔŋ *el.* sty., österr. -'fo:n] -*s m* **1** sifon **2** vattenläs
Sippe -*n f* släkt, familj; grupp; *die ganze ~* (neds.) hela bandet (samlingen) **Sippenforschung** 0 *f* genealogi, släktforskning **Sippenhaftung** 0 *f* släktens kollektiva ansvar för en medlems brott; *polit.* förföljelse av anhöriga [till politiska motståndare] **Sippschaft** 0 *f, neds.* släkt[ingar]; anhang; band, följe; pack, patrask
Sirene -*n f* siren **Sirenengeheul** 0 *n* sirentjut **Sirenengesang** -*e*† *m, högt.* sirensång; lockton[er]
sirren *h el. s* svirra, surra, vina
Sirup -*e m* sirap; (*tjockflytande*) [frukt]saft
'**Sisal** 0 *m*, -hanf 0 *m* sisalhampa
sistieren 1 [tillfälligt] inställa (avbryta), upphäva, stoppa **2** *jur.* anhålla
Sisyphusarbeit -*en f* sisyfusarbete
Sitte 1 -*n f* sed; *~ n und Gebräuche* seder o. bruk; *gute (schlechte) ~n* (*äv.*) gott (dåligt) uppförande; *Verstoß gegen die guten ~n* brott mot konvenansen; *das ist bei ihnen [so] ~* det är brukligt hos dem, så brukar de göra **2** 0 *f, sl.* sedlighetspolis
Sitten|apostel - *m* sedlighetsapostel, moralpredikant **-bild** -*er n* sede[skildring, -målning, -bild]; genrebild **-dezernat** -*e n* sedlighetsrotel **-gemälde** -*n, se Sittenbild* **-kod|ex** -*exe el. -izes m* moralkodex **-lehre** -*n f* morallära, etik
sittenlos sedeslös, osedlig **Sittenlosigkeit** 0 *f* sedeslöshet, osedlighet **Sittenpolizei** 0 *f* sedlighetspolis **Sittenrichter** - *m* sededomare, moralist **sittenstreng** [strängt] moralisk, puritansk **Sittenstrolch** -*e m* man som antastar

kvinnor (barn), sexualförbrytare **Sitten|verderbnis** *0 f,* **-verfall** *0 m* sedefördärv, moraliskt förfall **sittenwidrig** omoralisk, stridande mot alla anständighetskrav
Sittich *-e m* parakit, [långstjärtad] papegoja
sittig *åld.* sedesam **sittlich** sedlig, moralisk, etisk; ~ *entrüstet* moraliskt indignerad, chockerad **Sittlichkeit** *0 f* sedlighet, moral **Sittlichkeits|delikt** *-e n,* **-verbrechen** *- n* sedlighets-, sexual|brott **Sittlichkeitsverbrecher** *- m* sedlighets-, sexual|förbrytare
sittsam sedesam
Situation *-en f* situation, läge, tillstånd **situationsbedingt** betingad (beroende) av situationen **Situationskomik** *0 f* situationskomik
situativ av situationen, situations- **situiert** *gut* ~ välsituerad
Sitz *-e m* sits; säte; [sitt]plats; sittande ställning; byxbak; *tekn.* passning; *e-n aufrechten* ~ *haben* sitta upprätt; *das Kleid hat e-n guten* ~ klänningen sitter bra; *die Partei hat 50 ~e im Parlament* partiet har 50 platser (mandat) i parlamentet; *der Reiter hat e-n guten* ~ ryttaren har god sits; *diese Stadt ist* ~ *der Regierung (äv.)* denna stad är regeringssäte; *auf e-n* ~ *(vard.)* på en gång, i ett svep **-backe** *-n f, vard.* bak[del] **-bad** *-er†* *n* sittbad **-bein** *-e n, anat.* sittben **-brett** *-er n* sittbräde **-ecke** *-n f* sitt-, soff|hörna
sitz|en *saß, säße, gesessen* **1** *h, sty., österr., schweiz.* *s* sitta; *vard.* sitta inne (på kåken); *~de Lebensweise* stillasittande levnadssätt; *ein gut ~der Anzug* en välsittande kostym; *e-m Maler* ~ sitta [modell] för en målare; *zu viel* ~ sitta stilla för mycket; *die Herren* ~ *noch (vard. skämts.)* herrarna har fortfarande sammanträde; *da -t die Schwierigkeit* där ligger svårigheten; *jetzt* ~ *die Vokabeln (vard.)* nu har jag *(etc.)* lärt mig (nu sitter) glosorna; *das hat gesessen (vard.)* det tog (bet); *an (bei, über) e-r Arbeit* ~ hålla på med ett arbete; *auf e-e Bank* ~ *(schweiz.)* sätta sig på en bänk; *[auf den Eiern]* ~ sitta (ruva) på ägg; *auf seinem Geld* ~ *(vard.)* sitta på sina pengar, vara snål; *beim Kaffee* ~ sitta o. dricka kaffe; *bei Tisch (beim Essen)* ~ sitta vid bordet, sitta o. äta; *er -t in Kairo* han bor (är placerad) i Kairo; *über e-m Brief* ~ hålla på med [att skriva] ett brev; *über den Büchern* ~ [sitta o.] plugga; *vor dem Fernseher* ~ sitta framför TV:n, titta på TV; *bleiben Sie bitte ~!* sitt kvar [för all del]!; *das Mädchen blieb beim Tanzen oft* ~ flickan blev ofta inte uppbjuden på dansen; *der Verdacht wird auf ihm* ~ *bleiben* misstanken mot honom kommer att finnas kvar; *e-n* ~ *haben (vard.)* vara på örat; *diese Beleidigung kann ich nicht auf mir* ~ *lassen* denna förolämpning kan jag inte finna mig i; *den alten Mann* ~ *lassen* låta den gamle mannen [få] sitta, erbjuda en sittplats åt den gamle mannen **2** *rfl, hier -t es sich gut* här sitter man bra **Sitzen** *0 n* [stilla]sittande; *das* ~ *fällt ihm schwer* han har svårt för att sitta; *nicht zum* ~ *kommen* inte hinna (få tillfälle att) sitta [ner] **sitzenbleiben** *st s* **1** *vard.* bli kvarsittare, gå om en klass **2** *vard., sie ist sitzengeblieben* hon blev inte gift **3** *vard., auf e-r Ware* ~ bli sittande (inte bli av) med en vara **4** *dial. (om kaka)* inte gå upp (jäsa) **sitzenlassen** *st* **1** *vard.* låta sitta kvar (bli kvarsittare); *man hat ihn* ~ *(sitzengelassen) (äv.)* han fick gå om klassen **2** *vard.* svika, lämna i sticket; *ein*

Sittenverderbnis—skrupellos

Mädchen ~ *(äv.)* inte gifta sig med en flicka *(trots tidigare löfte)*; *e-n mit e-r Ware* ~ låta ngn bli sittande med en vara, inte köpa en vara av ngn
Sitz|fläche *-n f* **1** sits **2** *vard. skämts.* bak **-fleisch** *0 n, vard. skämts.* bak; sittfläsk; *ung.* uthållighet; *kein* ~ *haben* inte kunna sitta stilla, inte ha ngn uthållighet **-gelegenheit** *-en f* sittplats **-gruppe** *-n f* sittgrupp **-kissen** *- n* sittdyna **-möbel** *- n* sittmöbel **-ordnung** *-en f* placering *(vid bord e.d.)* **-platz** *-e† m* sittplats **-stange** *-n f* sittpinne **-streik** *-s m* sittstrejk **-ung** *-en f* **1** sammanträde, möte, session **2** sittning *(för porträtt e.d.)* **-ungsbericht** *-e m,* **-ungsprotokoll** *-e n* protokoll *(vid sammanträde)* **-ungssaal** *-säle m* sammanträdes-, sessions|sal **-verteilung** *0 f* mandatfördelning
Sizili[an]er *- m* sicilianare **sizili[ani]sch** siciliansk **Sizilien** *0 n* Sicilien
Skabies [-bjɛs] *0 f, med.* skabb **skabiös** *med.* skabbig **Skabiose** *-n f, bot.* vädd
Skal|a *-as el. -en f* skala
Skalde *-n -n m (fornnordisk)* skald
Skalp *-e m* skalp
Skalpell *-e n* skalpell
skalpieren skalpera
Skandal *-e m* **1** skandal **2** *dial.* [o]väsen, bråk **Skandalblatt** *-er†* *n* skandaltidning **Skandalnudel** *-n f, vard.* skandalomsusad person **skandalös** skandalös **skandalsüchtig** skandalhungrig **skandalumwittert** skandalomsusad
skandieren skandera
Skandinavier [-v-] *- m* skandinav **skandinavisch** skandinavisk
Skarabä|us *-en m* **1** *zool.* pillerbagge **2** skarabé
Skat *-e el. -s m* skat *(kortspel)*; ~ *klopfen (vard.)* spela skat **skaten** *vard.* spela skat
Skeleton ['skɛlətn̩, -lətɔn] *-s m* skeleton[kälke]
Skelett *-e n* skelett, benrangel **skelettieren** *fack.* skelettera
Skepsis *0 f* skepsis **Skeptiker** *- m* skeptiker **skeptisch** skeptisk; *er ist* ~, *ob es gelingen wird* han tvivlar på att det kommer att lyckas **Skeptizismus** *0 m* skepticism
Sketch [-tʃ] *-e[s] el. -s m,* **Sketsch** *-e m* sketch
Ski [ʃi:] *-er, äv.* *- m, se Schi* *m. sms.*
Skizze *-n f* skiss **Skizzenblock** *-e† el. -s m* skissblock **Skizzenbuch** *-er† n* skissbok **skizzenhaft** skissartad **skizzieren** skiss[er]a **Skizzierung** *0 f* skissering, skissning
Sklave [-və, *äv.* -fə] *-n -n m; der* ~ *seiner Begierden sein* vara slav under sina begär **Sklavenarbeit** *-en f* slavarbete; slavgöra **Sklavenhalter** *- m* slavägare **Sklavenhandel** *0 m* slavhandel **Sklaverei** *0 f* slaveri **Sklavin** *-nen f* slavinna **sklavisch** slavisk
Sklerose *-n f, med.* skleros; *multiple* ~ multipelskleros
Skont|o *-os, ibl. -i m n, hand.* kassarabatt
Skooter ['sku:tɐ] *- m (på tivoli)* radiobil
Skor'but *0 m, med.* skörbjugg
Skorpion *-e m* skorpion *(äv. astron.)*
skr, sKr *förk. för schwedische Krone*
Skribent *-en -en m, neds.* skribent, mångskrivare, pennfäktare **Skript** *-en el. -s n* manuskript; [film]manus **Skriptgirl** *-s n* skripta, scriptgirl
Skrofel *-n f, med.* skrofler **skrofulös** *med.* skrofulös **Skrofulose** *-n f, med.* skrofulos
Skrupel *- m* skrupel **skrupellos** skrupelfri,

skrupulös—Sohle

utan skrupler **skrupulös** skrupulös, nogräknad, noggrann
Skull *-s n sjö., sport.* scull (åra) **Skullboot** *-e n, sjö., sport.* scullbåt **skullen** *h el. s, sjö., sport.* ro (*m. scullbåt*)
skulptieren skulptera **Skulptur 1** 0 *f* skulptur, bildhuggarkonst **2** *-en f* skulptur, bildhuggarverk **skulpturieren** skulptera
Skunk *-s el. -e m, zool.* skunk
skur'ril konstig, absurd, bisarr, orimlig, befängd
S-Kurve *-n f* S-kurva, s-formig krök
Slalom *-s m* slalom **-hang** *-e†* m slalombacke **-läufer** - *m* slalomåkare
Slang [slæŋ] *-s m* slang[språk]
Slawe *-n -n m* slav (*folk*) **Slawin** *-nen f* slavisk kvinna **slawisch** slavisk **slawisieren** slavisera **Slawism|us** *-en m, språkv.* slavism **Slawist** *-en -en m* slavist **Sla'wistik** 0 *f* slavistik
'Slibowitz *-e m* slivovits (*plommonbrännvin*)
Slip [slɪp] *-s m* **1** trosa **2** *sjö.* slip
'Sliwowitz *-e m, se Slibowitz*
Slogan ['sloːgn̩] *-s m* slogan, slagord
Slowake *-n -n m* slovak **Slowakei** 0 *f, die* ~ Slovakien **slowakisch** slovakisk **Slowene** *-n -n m* sloven **slowenisch** slovensk
Slum [slam] *-s m* slum
sm *förk. för Seemeile* nautisk mil, sjömil
SM *förk. för Sadomasochismus* sadomasochism **S.M.** *förk. för Seine Majestät* Hans Majestät
Smaragd *-e m* smaragd **smaragden 1** av smaragd, smaragd- **2** smaragdgrön
smart [smaːɐ̯t, smart] **1** smart, skärpt **2** stilig, flott
Smog [smɔk] 0 *m* smog
Smokarbeit *-en f, sömn.* smock **smoken** *sömn.* sy smock [på]
Smoking ['smoː-] *-s, österr. äv. -e m* smoking
Smutje *-s m, sjö.* (öknamn på) skeppskock
1 Snack - *el. -e† m, nty., se Schnack*
2 Snack [snɛk] *-s m* matbit, lätt måltid, mellanmål **-bar** *-s f* snackbar, servering
sniefen *sl.,* **sniffen** *sl.* sniffa (*thinner e.d.*)
Snob [snɔp] *-s m* snobb **Snobism|us** *-en m* snobbism, snobberi **snobistisch** snobbig
Snow [snoʊ] 0 *m, sl.* snö (*kokain e.d.*)
so I *adv* **1** så; så här (där); på det sättet, på så sätt, sålunda; ~ ? så ?, verkligen ?, jaså ?; ~, *das wäre erledigt!* så där ja, nu är det klart!; ~ *oder* ~ (äv.) på ett eller annat sätt; *du mußt das Geld* ~ *oder* ~ *zurückgeben* du måste lämna tillbaka pengarna i varje fall; *das ist* ~ *seine Art* sådant är hans sätt; ~ *e-e schöne Blume!* en sådan (vilken) vacker blomma!; *das ist auch* ~ *e-r* (*neds.*) han är också en sån där; *das war ihm* ~ *völlig einerlei* det var honom helt (totalt) likgiltigt; ~ [*et*]*was* [ngt] sådant; ~ *etwas Schönes* ngt så vackert; ~ *gescheit er auch ist* hur klok han än är; ~ *gesehen* om man ser det så; ~ *ein Glück!* en sådan (vilken) tur!; ~ *gut wie* så gott som, nästan; *ich komme* ~ *in zehn Minuten* (*vard.*) jag kommer om så där tio minuter; ~ *komm endlich!* kom nu!; *das tut mir ja* ~ *leid* jag är verkligen ledsen över det; ~ *ein Mann* (*e-r wie er*) *en* sådan man (som han); ~ *ganz nach meinem Geschmack* helt (alldeles) i min smak; *er hat* ~ *seine Pläne* han har vissa (sina) planer; *ich hatte die Eintrittskarte vergessen, da hat man mich* ~ *reingelassen* jag hade glömt biljetten men fick komma in i alla fall; *ich habe* ~ *schon genug zu tun* jag

har nog att göra ändå; ~ *ist er* sådan är han; ~ *ist es!* så är det!, precis!; *mir ist* ~, *als hätte ich das schon einmal gesehen* jag tycker mig ha sett det här förut; *wenn dem* ~ *ist* om det förhåller sig så; ~ *um die sechzig Personen* (*vard.*) så där (omkring) sextio personer; *nicht* ~ *ganz Unrecht haben* inte ha alldeles fel; ~ *ein Unsinn!* sådana dumheter!; [*also, na, nein,*] ~ *was!* nej verkligen!, har man hört på maken!; *und* ~ *was nennt sich Fachmann* och en sån ska kalla sig expert; *er ist nicht* ~, *wie du denkst* han är inte sådan som du tror; *wie die Schweden* ~ *sind* som svenskarna nu en gång är; *bald* ~, *bald* ~ än si än så; *er spricht einmal* ~, *ein andermal* ~ han säger än si än så; *er kann noch* ~ *versuchen* hur mycket han än försöker; *er heizte, daß es nur* ~ *rauchte* han eldade så att det osade som bara den; *er sagt das doch nur* ~ det säger han ju bara; *in e-r Stunde oder* ~ kommen komma om en timme eller så; *recht* ~! alldeles riktigt! **2** lika; *er ist* ~ *groß wie ich* han är lika stor som jag; *sie ist* ~ *klug wie schön* hon är lika klok som vacker; ~ *weiß wie Schnee* [lika] vit som snö **II** *konj* **1** så; alltså, således; ~ *daß* så att **2** förrän; *es dauerte nicht lange,* ~ *kam er* det dröjde inte länge förrän han kom (så kom han) **3** *högt.* om; ~ *Gott will* om Gud vill **III** *rel. pron, åld.* som
s.o. *förk. för* siehe oben se ovan
so'bald så snart [som]
Socke *-n f* socka, [herr]strumpa; *sich auf die* ~*n machen* (*vard.*) ge sig i väg; *von den* ~*n sein* (*vard.*) vara paff
Sockel - *m* sockel
Socken - *m, sty., österr., schweiz., se Socke*
Sockenhalter - *m* [herr]strumpeband
Soda 1 0 *f,* äv. *n* soda **2** 0 *n* soda[vatten]
So'dale *-n -n m* broder (*medlem av kat. broderskap*)
so'dann sedan, därefter; dessutom
Sodawasser *-† n* sodavatten
Sodbrennen 0 *n* halsbränna
Sode *-n f, dial.* **1** grästorva; torvbrikett **2** *åld.* salt-, lut|sjuderi
Sodomie 0 *f* sodomi **Sodomit** *-en -en m* sodomit **sodomitisch** sodomitisk
so'eben [alldeles] nyss, just nu
Sofa *-s n* soffa **-kissen** - *n* soffkudde
so'fern såvida, om, för så vitt
soff *se saufen* **Soff** 0 *m, dial.* **1** supande **2** *se Gesöff* **Söffel** - *m, dial.,* **Söffer** - *m, dial.* suput, drinkare
Sof'fitte *-n f* **1** *teat.* soffit **2** *se Soffittenlampe* **Soffittenlampe** *-n f* soffiten-, skalbelysnings|lampa
so'fort genast, ögonblickligen, med detsamma, omedelbart **Sofortbildkamera** *-s f* direktbildkamera **Soforthilfe** 0 *f* omedelbar (ögonblicklig) hjälp **sofortig** snar, ögonblicklig, omedelbar **Sofortmaßnahme** *-n f* omedelbar åtgärd
soft mjuk; (*om musik* äv.) dämpad, soft **Softeis** 0 *n* mjukglass **Softie** [-i] *-s m, sl.,* **Soft|y** [-i] *-ies m, sl.* mjukis **Software** [-wɛə] *-s f,* databeh. mjuk-, program|vara
sog *se saugen* **Sog** *-e m* sug[ning]; kölvatten; bak-, mot|ströms *bildl.* strömning; *der* ~ *der Großstadt* suget från storstaden
sog. *förk. för sogenannt* s.k., så kallad **so'gar** till och med; rent av **'sogenannt** så kallad
so'gleich genast, med detsamma
Sohle *-n f* **1** [fot-, sko]sula; *sich* (*dat.*) *die* ~*n*

nach etw. ablaufen springa benen av sig efter (för att få tag på) ngt; *e-e heiße ~ aufs Parkett legen (vard.)* dansa tjusigt (med glöd); *sich e-m an die ~n heften* följa ngn hack i häl; *auf leisen ~n* ljudlöst, tyst [o. obemärkt] **2** [dal-, flod]botten; *gruv.* sula **3** *dial.* lögn **sohlen 1** sula (*skor*) **2** *dial.* ljuga **Sohlengänger** - *m, zool.* hälgångare **Sohlenleder** *0 n* sulläder **söhlig** *gruv.* vågrät **Sohlleder** *0 n* sulläder **Sohn** -e† *m* son **Sohne|mann** *0 m, vard.,* **-matz** *0 m, vard.* [liten] son **Sohnespflicht** -*en f* en sons plikt
sohr *nty.* torr; vissen **Sohr** *0 m, nty.* halsbränna
soigniert [zoạn'ji:ɐ̯t] soignerad, [väl]vårdad
Soiree [zoạ're:] -*n f* soaré
Soja|bohne ['zo:-] -*n f* sojaböna **-mehl** *0 n* sojamjöl **-öl** -*e n* sojaolja
Sol -*e n, kem.* sol
so'lang[e] så länge [som]
so'lar solar, solär, sol- **Solarenergie** *0 f* solenergi **Solari|um** -*en n* solarium **Solarkollektor** -*en m* solfångare **Solarkraftwerk** -*e n* solvärmekraftverk
Solawechsel - *m, hand.* solaväxel
Solbad -*er*† *n* salt[vatten]bad (*i kar*); hälsobad (*m. saltvattenkälla*)
solch *demonstr. pron* sådan, dylik **1** (-*er*, -*e*, -*es*, -*e*), [*ein*] ~*er Tag* en sådan dag; *ein ~er schöner Tag, ~er schöne (ibl. schöner) Tag* en sådan vacker dag; ~*e schönen (äv. schöne) Tage* sådana vackra dagar; ~*es Wetter* ett sådant väder; *bei ~em herrlichen (ibl. herrlichem) Wetter, bei e-m ~en herrlichen Wetter* vid ett sådant härligt väder; *ich habe ~en Hunger* jag är så hungrig; *der Fall als ~er* fallet som sådant; *es gibt immer ~e* (*vard. sone*) *und ~e* folk är olika [funtade]; *sie ist keine ~e* hon är inte [en] *ein* **2** oböjt, ~ *ein Tag* en sådan dag; ~ [*ein*] *schöner Tag, ein ~ schöner Tag* en sådan vacker dag; ~ *Wetter* ett sådant väder; *bei ~ herrlichem Wetter, bei e-m ~ herrlichen Wetter, bei ~ e-m herrlichen Wetter* vid ett sådant härligt väder '**solcher'art I** oböjl. *adj* av det slaget, sådana [slags], dylika **II** *adv* på så[dant] sätt '**solcher'lei** *se solcherart I* '**solcher|'maßen, -'weise** på så[dant] sätt
Sold *0 m, mil.* avlöning; lön; sold; *in jds ~ stehen* stå i ngns sold **Soldat** -*en* -*en m* soldat **Soldatenfriedhof** -*e*† *m* militärkyrkogård **Soldatengrab** -*er*† *n* soldatgrav **Soldatentum** *0 n* soldatskap **Soldatesk|a** -*en f* soldatesk **soldatisch** militär[isk]; soldatmässig; ~ *gekleidet* uniformsklädd; ~ *grüßen* göra honnör **Soldbuch** -*er*† *n, mil.* avlöningsbok **Söldling** -*e m, bildl.* legoknekt, hejduk **Söldner** - *m* legosoldat
Sole -*n f* salt|lösning, -vatten (*för koksaltutvinning*) **Solebad** -*er*† *n, se Solbad*
solenn solenn, högtidlig
Soli *se Solo*
solid *se solide*
Solidarhaftung *0 f* solidariskt ansvar, solidarisk borgen **solidarisch** solidarisk **solidarisieren** *rfl* solidarisera sig **Solidarität** *0 f* soliditet
solide solid; fast, massiv, gedigen; pålitlig, tillförlitlig; ordentlig, anständig, rejäl **Solidität** *0 f* soliditet *etc., jfr solid*
Solist -*en* -*en m* solist **Solitär** -*e m* solitär (*ädelsten*)

Soll *0 n* **1** debet; ~ *und Haben* debet o. kredit **2** obligatorisk arbetsprestation, [arbets-, prestations]norm; planerad produktion, produktionsmål --**Einnahme** -*n f* beräknad inkomst **soll|en** sollte, sollte, gesollt (*sollen*) skola; *ich soll (äv.)* jag bör (måste, är tvungen); *das -st du bereuen* det skall du få ångra; *du -st dich hier wie zu Hause fühlen!* känn dig som hemma!; *der Teufel soll ihn holen!* [må] fan ta honom!; *sie ~ nur kommen!* låt dem bara komma!; *er soll sofort kommen* han skall komma med detsamma; *wie soll man da nicht lachen!* hur skall man kunna låta bli att skratta då!; *was soll ich nur machen?* vad skall jag då ta mig till?; *wie oft soll ich dir das noch sagen?* hur ofta skall jag behöva säga det till dig?; *was soll es sein? (i affär)* vad får det lov att vara?; *sie soll sehr schön sein* hon skall (lär) vara mycket vacker; *soll das ein Scherz sein? (äv.)* är det menat som ett skämt?; *das soll seine Sorge sein* det får bli hans sak (bekymmer); *er soll es getan haben* han lär (påstås) ha gjort det; *das soll er erst mal versuchen!* det kan han ju försöka [med]!; *wie soll das nun weitergehen?* hur skall det nu fortsätta?; *was soll das?* vad skall det tjäna till (vara bra för)?, vad är meningen med det?; *warum soll ich das?* varför skall jag göra (*etc.*) det?; *da soll doch! (vard.)* fan anamma!; *was soll ich damit?* vad skall jag göra (*etc.*) med det?, vad skall jag med det till?; *ich weiß nicht, was ich hier soll* jag vet inte vad jag har här att göra; *er will sich beschweren — soll er doch! (vard.)* han vill klaga — låt honom göra det [då]!; *was soll das Klagen?* vad tjänar det till att klaga?; -*te das sein Ernst sein?* menar han verkligen det?; *man -te glauben, daß* man skulle [kunna] tro att; *wenn sie kommen -te, gib ihr diesen Brief* om hon skulle komma (händelsevis kommer) ge henne det här brevet; -*te er schon gekommen sein?* skulle (kan) han redan ha kommit?; -*te es regnen,* [*dann*] *kommen wir nicht* skulle det (om det skulle) regna kommer vi inte; -*te ich das gesagt haben? — niemals!* skulle jag ha sagt det? — aldrig!; *du -test dich schämen* du borde skämmas; *diesen Film -te man gesehen haben* den filmen skulle (borde) man ha sett; -*te es möglich sein, daß?* kan det [verkligen] vara möjligt att?; *er -te seine Heimat nicht wiedersehen* han skulle inte återse sitt hemland; *er hätte kommen ~* han borde ha kommit, han hade bort komma; *es hat nicht sein sollen (sollen sein)* det var inte meningen, det blev inte så, ödet ville annorlunda
Söller - *m* **1** altan **2** *dial.* loft, vind **3** *schweiz.* golv
Sollseite -*n f* debetsida
Solmisation *0 f, mus.* solmisation
solo *mus.* solo; *vard. äv.* ensam[t], utan partner **Sol|o** -*os el.* -*i n, mus.* solo **Sologesang** -*e*† *m* solosång
Solquelle -*n f* salt källa
solvent [-v-] solvent **Solvenz** *0 f* solvens **solvieren 1** *kem.* lösa [upp] **2** *hand.* [av]betala (*skuld*)
Somalier - *m* somalier **somalisch** somalisk
somatisch *med.* somatisk
Sombrero -*s m* sombrero
so'mit [*äv.* '--] alltså, följaktligen
Sommer - *m* sommar **-anfang** *0 m, se Sommersanfang* **-fahrplan** -*e*† *m* sommartidtabell **-ferien** *pl* sommarlov **-frische** -*n f* sommar-

semester; sommarnöje **-frischler** - *m* sommargäst **-getreide** - *n* vårsäd **-haar** *-e n*, *zool.* sommarpäls **-haus** *-er*† *n* sommar|stuga, **-ställe -kleid** *-er n* **1** sommarklänning **2** *zool.* sommar|dräkt, -päls
sommerlich sommar-, sommarlik; ~*es Wetter* sommarväder; *es ist* ~ *warm* det är sommarvarmt
1 sommer|n *högt.*, *es -t* det somras (blir sommar)
2 sommern regummera
sömmern *dial.* **1** sola, vädra **2** driva (*boskap*) på sommarbete **Sommerpause** *-n f* sommaruppehåll **Sommerreifen** - *m* sommardäck **sommers** på (om) sommaren (somrarna) **Sommersanfang** *0 m*, *der* ~ *a*) sommarens början, *b*) sommarsolståndet **Sommerschlußverkauf** *-e*† *m* höstrea[lisation] **Sommersemester** - *n*, *univ.* sommartermin (*vid ty. univ.*) **Sommersonnenwende** *-n f* sommarsolstånd **Sommersprossen** *pl* fräknar **sommersprossig** fräknig **sommersüber** *se sommers* **Sommerszeit** *0 f*, *se Sommerzeit* **Sommervogel** -† *m*, *schweiz.* fjäril **Sommerzeit** *0 f* **1** sommartid (*framflyttad tid*) **2** sommar[tid]; *zur* ~ på sommaren, sommartid **Somnambule** *-n -n m el.* *-n f* somnambul **somnambulieren** *h*, *äv.* *s* gå i sömnen **Somnambulismus** *0 m* somnambulism
son *vard.* = *solch* [*ein*]
so'nach alltså, följaktligen
Sonant *-en -en m*, *språkv.* sonant
Sonate *-n f*, *mus.* sonat **Sonatine** *-n f*, *mus.* sonatin
Sonde *-n f* sond
sonder *prep m. ack.*, *högt.* utan **Sonderabdruck** *-e m,typ.* särtryck **Sonderanfertigung** *-en f* specialtillverkning **Sonderangebot** *-e n* extraerbjudande **Sonderauftrag** *-e*† *m* specialuppdrag **Sonderausgabe** *-n f* **1** *typ.* special-, separat|upplaga, -utgåva **2** ~*n* avdragsgilla kostnader **sonderbar** underlig, märkvärdig, egendomlig, säregen, konstig, sällsam **sonderbarer'weise** underligt (*etc.*) nog **Sonderbeauftragte(r)** *m f*, *adj böjn.* specialrepresentant (*ombud m. specialuppdrag*) **sonderbehandeln** *nat. soc.* likvidera, avrätta **Sonder|berichterstatter** - *m* specialkorrespondent; *unser* ~ (*äv.*) vår utsände medarbetare (korrespondent) **-bus** *-se m* extrabuss **-dezernat** *-e n* specialrotel **-druck** *-e m, typ.* särtryck **-erlaubnis** *0 f* specialtillstånd **-fahrt** *-en f* extratur **-fall** *-e*† *m* sär-, special|fall **-flug** *-e*† *m* extraflygning **-frieden** - *m* separatfred **-genehmigung** *-en f* specialtillstånd **sonder'gleichen** utan like, makalös **Sonderinteresse** *-n n* särintresse **Sonderklasse** *0 f*, *bildl.* särklass **sonderlich 1** särskild, speciell; *nicht* ~ *gut* inte särskilt (speciellt, vidare, värst) bra; *wie geht's?* — *nicht* ~*!* hur står det till? — inget vidare! **2** *österr., schweiz. el. åld.* i synnerhet, speciellt, framför allt **3** underlig, märkvärdig, besynnerlig, egendomlig **Sonderling** *-e m* särling, ensling, original **Sondermarke** *-n f*, *post.* jubileumsmärke **Sondermaschine** *-n f* extraplan **Sondermeldung** *-en f*, *radio. e.d.* extra nyhetsutsändning, extrameddelande **Sonderminister** - *m* statsråd utan departement (utan portfölj) **sondern I** *v* [från]skilja, sortera, [av]söndra; *gesondert* (*äv.*) separat **II** *konj* utan **Sondernummer** *-n f* extranummer **Sonderpreis** *-e m* specialpris **Sonderrecht**

-e n privilegium **sonders** *samt und* ~ allesamman, varenda en, samt o. synnerligen **Sonder|schicht** *-en f* extraskift **-schule** *-n f* sär-, special|skola **-sitzung** *-en f* extra sammanträde **-sprache** *-n f* speciellt språk, jargong **-stellung** *-en f* särställning **-ung** *-en f* skiljande *etc.*, *jfr sondern* **I** **-urlaub** *-e m* permission, extra ledighet **-wunsch** *-e*† *m* särskilt önskemål **-zug** *-e*† *m* extratåg
sondieren 1 sondera (*äv. med.*); undersöka, kolla; *bei e-m* ~ höra (känna) sig för hos ngn **2** *sjö.* loda **Sondierung** *-en f* sondering *etc.*, *jfr sondieren* **Sondierungsgespräch** *-e n*, ~*e führen* ha sonderingar
sone *vard.* = *solche*
Sonett *-e n* sonett
Song *-s m* **1** *vard.* låt **2** [satirisk, samhällskritisk] sång, kuplett
Sonnabend *-e m*, *i sht nty.* lördag **sonnabendlich** varje lördag inträffande, lördags**sonnabends** på (om) lördagarna
Sonne *-n f* **1** sol; *die abendliche* ~ kvällssolen; *die* ~ *bringt es an den Tag* det kommer i dagen; *an* (*in*) *der* ~ *trocknen* soltorka; *geh' mir aus der* ~*! (vard.)* *a*) gå ur ljuset för mig! *b*) stick!; *gegen die* ~ (*äv.*) med solen i ögonen; *von der* ~ *gebräunt* solbränd **2** värmelampa; kvartslampa **sonnen 1** *rfl* sola [sig] **2** *dial.* sola; lägga (hänga) ut i solen **Sonnenanbeter** - *m* soldyrkare **Sonnenaufgang** *-e*† *m* soluppgång **Sonnenbad** *-er*† *n* solbad; *ein* ~ *nehmen* solbada **sonnenbaden** solbada **Sonnenbahn** *-en f* solens bana, ekliptika **Sonnenball** *0 m* sol[klot] **sonnenbeheizt** soluppvärmd **sonnenbeschienen** solbelyst, solig
Sonnen|blende *-n f* solskydd; *foto.* motljusskydd **-blume** *-n f* solros **-blumenöl** *-e n* solrosolja **-brand** *0 m* svidande solbränna, solsveda; *e-n* ~ *haben* (*äv.*) ha bränt upp sig **-bräune** *0 f* solbränna **-brille** *-n f* solglasögon **-dach** *-er*† *n* soltak; markis **-energie** *0 f* solenergi **-ferne** *0 f* största solavstånd, aphelium **-finsternis** *-se f* solförmörkelse **-fleck** *-e m* **1** *astron.* solfläck **2** ~*e* fräknar **sonnengebräunt** solbränd **sonnengereift** solmogen **Sonnenglut** *0 f* glödande solhetta, solgass **Sonnenhaus** *-er*† *n* soluppvärmt hus **Sonnenheizung** *-en f* soluppvärmning **sonnenhell** solig, solljus **Sonnenjahr** *-e n* solår **sonnenklar 1** ['---] solklar **2** ['--'-] *bildl.* solklar
Sonnen|kollektor *-en m* solfångare **-kraftwerk** *-e n* solvärmekraftverk **-kringel** *- m* sol|fläck, -stänk **-licht** *0 n* solljus **-nähe** *0 f* minsta solavstånd, perihelium **-öl** *-e n* sololja **-röschen** - *n*, *bot.* solvända **-rose** *-n f*, *dial.* solros **-schein** *-e m* solsken; *bildl. äv.* solstråle **-schirm** *-e m* parasoll **-schutzöl** *-e n* sololja **-seite** *-n f* solsida (*äv. bildl.*) **-stand** *-e*† *m* sol|höjd, -stånd **-stäubchen** *- n* solgrand **-stich** *-e m* solsting **-strahl** *-en m* sol|stråle, -strimma **-strahlung** *0 f* solstrålning **-system** *-e n* solsystem **-tag** *-e m* **1** solig dag, solskensdag **2** solvarv (*dygn*) **-tau** *0 m*, *bot.* sileshår **-tierchen** *pl*, *zool.* heliozoa (*rotfotingar*)
sonnenüberflutet soldränkt **Sonnenuhr** *-en f* solur **Sonnenuntergang** *-e*† *m* solnedgång **sonnenverbrannt** uppbränd av solen, solbränd **Sonnenwärmekraftwerk** *-e n* solvärmekraftverk **Sonnenwarte** *-n f* solobservatorium **Sonnenwende** *-n f* solstånd **Son-**

nenzelle -n f solcell **sonnig** solig (äv. bildl.); iron. naiv; ~er Tag (äv.) solskensdag **Sonntag** -e m söndag **sonntäglich** söndaglig, söndags-; ~ **gekleidet** (äv.) söndagsfin; sich ~ anziehen (äv.) ta på sig söndagskläderna, klä sig söndagsfin **sonntags** på (om) söndagarna **Sonntags|anzug** -e† m söndagskostym **-arbeit** 0 f söndags|arbete, -tjänstgöring **-beilage** -n f söndagsbilaga **-dienst** 0 m, se Sonntagsarbeit **-fahrer** - m söndagsbilist **-kind** -er n söndagsbarn **-kleid** -er n söndagsklänning **-maler** - m, neds. amatörmålare **-raucher** - m, skämts. ngn som bara röker sporadiskt **-rückfahrkarte** -n f veckoslutsbiljett **-ruhe** 0 f söndagsvila; söndagsfrid **-spaziergang** -e† m söndagspromenad **-staat** 0 m söndagsstått; den ~ anziehen (äv.) göra (ta) på sig söndagsfin **sonnverbrannt** se sonnenverbrannt **Sonnwende** -n f solstånd **Sonnwendfeier** -n f (slags) midsommarfirande
sonor sonor
sonst annars, eljest, för övrigt; i vanliga fall; för; ich mußte laufen, ~ hätte ich den Bus verpaßt jag var tvungen att springa, annars hade jag missat bussen; ~ war hier ein Garten förr låg det en trädgård här; vielleicht besuche ich dich ~ einmal jag besöker dig kanske senare ngn gång (en annan gång); das tut er ~ nicht (äv.) han brukar inte göra det; er und ~ niemand han och ingen annan (mer); ~ noch etwas? var det ngt annat (mera)?; hast du ~ noch Fragen? har du några fler frågor?; kommt ~ noch jemand? kommer det ngn mer?; er denkt, er ist ~ wer han tror han är någonting; wer ~? vem annars?; wie ~ som vanligt **-ig** annan, övrig **-jemand** vard. vem som helst; du oder ~ du eller ngn annan **-was** vard. vad som helst [annat], ngt annat **-wer** vard., se sonstjemand **-wie** vard. hur som helst, på annat sätt; på ett speciellt sätt **-wo** vard. var som helst, ngn annanstans **-wohin** vard. vart som helst, ngn annanstans
so'oft så ofta [som], närhelst
Sophist -en -en m sofist **Sophisterei** -en f sofisteri, spetsfundighet **sophistisch** sofistisk
Sopran -e m sopran **Sopra'nist** -en -en m [pojke som sjunger] sopran
Sorbe -n -n m sorb (folk)
Sorbet ['zɔrbɛt, äv. sɔr'be:] -s m n, **Sorbett** [sɔr'bɛt] -e m n sorbet (dryck el. lättfryst glass)
Sordine -n f, **Sordin|o** -os el. -i m, mus. sordin
Sore -n f, sl. tjuvgods
Sorge -n f 1 oro, bekymmer, sorg, problem; ich habe keine ~, daß er es nicht schafft jag är inte alls orolig för att han inte ska klara det; das macht (bereitet) mir ~ (äv.) det bekymrar (oroar) mig; sich (dat.) ~ n um e-n machen vara bekymrad (orolig) för ngn; mach dir darum keine ~n! oroa dig inte för det!; in ~ um e-n sein ha bekymmer (hysa oro) för ngn **2** omsorg, försorg; elterliche ~ vårdnad; das ist seine ~ det är hans sak (problem), det får han sköta [om]; laß das meine ~ sein! låt mig ta hand (bry dig inte) om det!; für etw. ~ tragen dra försorg om (sörja för) ngt; ich werde dafür ~ tragen, daß (äv.) jag ska se till att **sorg|en 1** rfl oroa sig, vara orolig (bekymrad) (um e-n för ngn) **2** für e-n ~ sörja för ngn, dra försorg (ha omsorg) om ngn; für etw. ~ ombesörja (ordna med) ngt; dafür -t er det sköter han [om], det svarar han för; -e dafür, daß se till (laga så) att; wer -t im Urlaub für unsere Blumen? vem ska ta hand om (sköta) våra blommor under semestern?; ihr **Auftritt** -te für e-e Sensation hennes uppträdande åstadkom (väckte) sensation; ~ Sie für ein Taxi! skaffa en taxi! **Sorgenbrecher** - m, vard. tröst[e]bägare **sorgenfrei** bekymmer-, sorg|fri **Sorgenkind** -er n sorgebarn **Sorgenlast** -en f stora bekymmer **sorgenlos** bekymmerslös, sorgfri **sorgenschwer** tyngd av bekymmer **Sorgenstuhl** -e† m, åld. länstol **sorgenvoll** bekymrad, betryckt **Sorgepflicht** 0 f, jur. vårdnadsplikt **Sorgerecht** 0 n, jur. vårdnadsrätt **Sorgfalt** 0 f noggrannhet, omsorg, sorgfällighet; ~ auf etw. (ack.) verwenden lägga ner omsorg på ngt, vara mån om ngt **sorgfältig** noggrann, omsorgsfull, sorgfällig **Sorgfältigkeit** 0 f, se Sorgfalt **sorglich** omsorgsfull, omtänksam **sorglos** sorglös, obekymrad; lättsinnig, vårdslös **Sorglosigkeit** 0 f sorglöshet etc., jfr sorglos **sorgsam** aktsam, varlig, omsorgsfull **Sorgsamkeit** 0 f aktsamhet etc., jfr sorgsam
Sorte -n f sort, slag; ~n (hand.) utländska valutor (sedlar, mynt); gute ~ (hand.) god kvalitet; diese ~ [von] Menschen den sortens människor; er ist e-e seltsame ~ (vard.) han är en konstig typ **sortieren** sortera **Sortierer** - m sorterare **Sortiermaschine** -n f sorteringsmaskin **sortiert 1** gut ~ välsorterad 2 utvald, av extra kvalitet **Sortierung** -en f sortering **Sortiment** -e n 1 sortiment, sortering 2 sortimentsbokhandel **Sortimenter** - m sortimentsbokhandlare
so'sehr ~ ... auch hur mycket ... än **so'so I** interj jaså!; det menar du inte! **II** adv si och så, inget vidare
SOS-Ruf -e m nödsignal; ein ~ ett SOS
Soße [-o:-] -n f sås **Soßenlöffel** - m såssked **Soßenschüssel** -n f såsskål
sott se sieden
Sott 0 m n, nty. sot
Soubrette [zu'brɛtə] -n f, teat. subrett
Soufflé [zu'fle:] -s n, kokk. sufflé **Souffleur** [-'fløːɐ̯] -e m sufflör **Souffleurkasten** -[†] m sufflörlucka **Souffleuse** [-'fløːzə] -n f sufflös **soufflieren** sufflera (e-m ngn)
'sound'so så och så, den (det) och den (det); ~ oft otaliga gånger; Herr S~ herr N.N. **'soundso'vielte** am ~n März den och den dagen i mars; zum ~n Mal[e] för femtioelfte gången
Souper [zu'peː] -s n supé **soupieren** supera
Soutane [zu'taːnə] -n f, kat. sutan
Souterrain ['zuːtɛrɛ̃ː] -s n s[o]uterräng[våning], källare
Souvenir [zuvə'niːɐ̯] -s n s[o]uvenir
souverän [zuvə'rɛːn] suverän **Souverän** -e m suverän, härskare **Souveränität** 0 f suveränitet
so'viel I konj såvitt, så mycket; ~ er sich auch anstrengt, er schafft es doch nicht hur mycket han anstränger sig kommer han ändå inte att klara det; ~ ich weiß (äv.) vad jag vet, mig veterligen **II** adv så (lika) mycket, så många; noch einmal ~ lika mycket till; ~ für heute det var allt för i dag; ~ wie (als) möglich så mycket som möjligt; das ist ~ wie ein Eid det är detsamma som en ed **so'vielmal** se sooft **so'weit I** konj såvitt, så långt, i den mån som **II** adv så långt; såtillvida; ~ wie (als) möglich så mycket (långt) som möjligt; wenn alle ~ sind, gehen wir när alla är klara (färdiga) går vi; ich bin noch nicht ~ jag har inte kommit

så långt (är inte färdig) ännu; *jetzt ist es wieder* ~ nu är det dags igen; *ich bin* ~ *zufrieden* jag är i stort sett (rätt så, tämligen) nöjd **so-'wenig I** *konj,* ~ *er auch weiß* hur litet han än vet **II** *adv* lika (så) litet; ~ *wie* (*als*) *möglich* så litet som möjligt; *ich habe* ~ *Geld wie du* jag har lika litet pengar som du **so'wie** *konj* **1** såväl som, liksom [även], ävensom, samt **2** så snart [som] **sowie'so** i alla (varje) fall, ändå, i vilket fall som helst, under alla omständigheter; *Herr 'Sowieso* herr N.N.; *das* ~! [det är ju] självklart!; *das weiß ich* ~ *schon* (*äv*.) det visste jag redan förut
Sowjet [zɔ'vjet, *äv.* '--] -*s m* sovjet (*råd*); *die* ~*s* (*vard*.) ryssarna **sow'jetisch** sovjetisk **sowjetisieren** sovjetisera **Sowjetunion** *0 f, die* ~ Sovjet[unionen] **Sowjetzone** *0 f, die* ~ sovjetiska ockupationszonen (*i Tyskland efter 1945 el. neds. om DDR*)
so'wohl ~ ... *als* (*wie*) [*auch*] såväl ... som, både ... och
Sozi ['zoː-] -*s m, vard.* sosse **Sozia** -*s f, skämts.* spätta (*kvinnlig motorcykelpassagerare*) **soziabel** sällskaplig **sozial** social, samhällelig, samhälls-
Sozial|abgaben *pl* socialförsäkringsavgifter -**amt** -*er†* n socialbyrå -**anthropologie** *0 f* socialantropologi -**arbeit** *0 f* socialvård -**arbeiter** - *m* social|arbetare, -sekreterare -**beiträge** *pl* socialförsäkringsavgifter -**beruf** -*e m, ung.* yrke m. social inriktning, vårdyrke -**demokrat** -*en* -*en m* socialdemokrat -**demokratie** *0 f* socialdemokrati **sozialdemokratisch** socialdemokratisk **Sozialfürsorge** *0 f* socialvård **Sozialgericht** -*e n* försäkringsöverdomstol **Sozialhilfe** *0 f* social|hjälp, -bidrag **Sozialimperialismus** *0 m* socialimperialism **Sozialisation** *0 f, psykol., sociol.* socialisation **sozialisieren 1** socialisera, förstatliga, nationalisera **2** *psykol., sociol.* socialisera, göra social (socialt anpassad) **Sozialismus** *0 m* socialism **Sozialist** -*en* -*en m* socialist; *österr.* socialdemokrat **sozialistisch** socialistisk; *österr.* socialdemokratisk **Sozialkritik** *0 f* samhällskritik **Sozialkunde** *0 f* samhällskunskap **Soziallasten** *pl, ung.* sociala pålagor **Sozialleistungen** *pl* sociala förmåner **sozialliberal** *BRD, die* ~*e Koalition* koalitionen mellan SPD o. FDP **Sozial|medizin** *0 f* socialmedicin -**ökonomie** *0 f* nationalekonomi -**partner** - *m* part [på arbetsmarknaden] -**politik** *0 f* socialpolitik -**prestige** *0 n* social prestige (status) -**produkt** -*e n* nationalprodukt -**rentner** - *m* folkpensionär -**staat** -*en m* välfärdsstat -**tarif** -*e m* rabatt (*till pensionärer, ungdomar m.fl.*) -**versicherung** -*en f* socialförsäkring -**wohnung** -*en f* statligt subventionerad lägenhet [för låginkomsttagare]
Sozietät -*en f* grupp; [djur]samhälle; sällskap; societet **Soziolekt** -*e m, språkv.* sociolekt **Soziolin'guistik** *0 f* sociolingvistik **Soziologe** -*n* -*n m* sociolog **Soziologie** *0 f* sociologi **soziologisch 1** sociologisk **2** social, samhällig **Soziopath** -*en* -*en m* sociopat **Sozius** ['zoː-]-*se m* **1** *pl äv. Sozii* kompanjon **2** *vard.* kompis **3** *se Soziussitz* **Soziussitz** -*e m* baksits, bönpall; baksitspassagerare
sozu'sagen [*el.* '----] så att säga
Spachtel - *m el.* -*n f* spackel; *med.* spatel **Spachtel|kitt** -*e m,* -**masse** -*n f* spackel- [färg], -kitt **spachteln 1** spackla **2** *vard.* käka

spack *nty*. **1** mager, smal **2** tät[t åtsittande] **Spagat 1** -*e m n, gymn.* spagat **2** -*e m, sty., österr.* snöre
Spaghetti [ʃp-, *äv.* sp-] *pl* spag[h]etti **spähen** speja, spana; rekognoscera **Späher** - *m* spejare, spanare; kunskapare **Spähtrupp** -*s m* spanings|trupp, -patrull
Spalier [-'liːɐ̯] -*e n* spaljé; *bildl. äv.* häck **Spalt** -*e m* spricka, springa, rämna, klyfta, skreva; *vulg.* fitta; *die Tür e-n* ~ *weit öffnen* glänta på dörren, lämna dörren på glänt; *e-n* ~ *offenlassen* lämna på glänt **spaltbar** klyvbar **Spaltbreit** *0 m, die Tür e-n* ~ *öffnen* glänta på dörren **Spalte** -*n f* **1** *typ.* spalt, kolumn **2** *österr.* skiva; klyfta **3** *se Spalt* **spalt|en** *sv* (*perf part äv. gespalten*) **1** klyva; *tekn. äv.* spalta; dela, spräcka, spjälka (*äv. kem.*); söndra; *Haare* ~ ägna sig åt hårklyverier; *e-e Partei* ~ splittra ett parti **2** *rfl* klyva (dela, skilja, splittra) sig, spricka, rämna; *gespaltenes Bewußtsein* (*med.*) schizofreni; *gespaltene Oberlippe* (*äv.*) harläpp; *seine Haare haben sich gespalten* hans hår har kluvna toppar; *das Holz ist sich gut* veden är lättkluven **Spaltenbreite** -*n f, typ.* spaltbredd **spaltenweise** *typ.* spaltvis, i spalter **Spalter** - *m, polit.* splittrare **Spaltleder** *0 n* spaltläder **Spaltmaterial** -*ien n, fys.* klyvbart material **Spaltpilz** -*e m* bakterie; *vom* ~ *befallen* (*bildl.*) hotad av splittring **Spaltprodukt** -*e n, fys.* klyvningsprodukt **Spaltung** -*en f* klyvning *etc.,* jfr *spalten* **spaltungsirre** *psykol.* schizofren
Span -*e† m* spån, [späntad] sticka; *Späne machen* (*vard.*) ställa till krångel, bråka, sätta sig på tvären; *wo gehobelt wird, fallen Späne* (*ung.*) ingen kan baka utan att slå sönder ägg; smakar det så kostar det; *arbeiten, daß die Späne fliegen* arbeta så att stockar o. strån ryker
1 spänen *dial.* avvänja (*barn*)
2 spänen *tekn.* slipa (*golv*)
Spanferkel - *n* spädgris
Spange -*n f* spänne; slejf; *vard.* handboja **Spangenschuh** -*e m* slejfsko
Spaniel ['ʃpa-: *el.* 'spɛ-] -*s m* spaniel **Spanien** ['ʃpaː-] *0 n* Spanien **'Spanier** - *m* spanjor **Spanierin** -*nen f* spanjorska **spanisch** spansk; ~*es Rohr* spanskrör; ~*e Wand* skärm; *das kommt mir* ~ *vor* (*vard.*) det var konstigt (låter underligt) **Spanisch** -[*s*] *0 n* spanska (*språk*) **Spankorb** -*e† m* spånkorg
spann *se spinnen*
Spann -*e m* vrist **Spannbeton** *0 m* spännbetong **Spannbettuch** -*er† n* formsytt lakan **Spanne** -*n f* **1** avstånd; (*äld. längdmått 20—25 cm, ung.*) handsbredd **2** tid[rymd] **3** *hand.* marginal; [pris]skillnad **Spannemann** *0 m, vard.,* ~ *machen* lyssna noga (nyfiket) **spann|en 1** spänna; sträcka; *enger* ~ dra åt; *seine Erwartungen zu hoch* ~ (*äv.*) vänta [sig] för mycket; *das Gewehr* ~ spänna hanen på geväret; *Pferde an* (*vor*) *den Wagen* ~ spänna hästar för vagnen; *etw. in den Schraubstock* ~ sätta fast ngt i skruvstädet; *ein Papier in die Schreibmaschine* ~ sätta i ett papper i skrivmaskinen **2** (*om kläder*) spänna, strama, vara för trång **3** *15 Meter* ~ ha en spännvidd av 15 meter, mäta 15 meter mellan vingspetsarna **4** *auf etw.* (*ack.*) ~ ad o. vänta (hoppas, ivrigt vänta) ngt; *die Katze* ~ *auf die Maus* katten lurar på musen; *auf etw.* (*ack.*) *gespannt sein* vara spänd (nyfiken) på ngt **5** *vard.* titta (*om voyeur*) **6**

dial. fatta, märka **7** *rfl* välva (spänna, sträcka) sig; *seine Muskeln -ten sich* hans muskler spändes **spannend** spännande **Spanner** - *m* **1** spännare **2** *zool.* mätare **3** *vard.* tittare (*voyeur*) **4** *vard.* [person som står] vakt (*vid inbrott e.d.*) **Spannfutter** - *n, tekn.* chuck **Spannkraft** *0 f* spännkraft, elasticitet; *bildl.* vitalitet, spänstighet **Spannlaken** - *n* formsytt lakan **Spannrahmen** - *m* spännram **Spannteppich** -*e m* [svetsad] plastmatta; heltäckande matta **Spannung** -*en f* spänning (*äv. elektr.*); spänt förhållande; ~ *e-s Seiles* (*äv.*) spännande av ett rep; ~ *erregen* väcka spänd förväntan; *mit e-m in* ~ *leben* (*äv.*) ha ett spänt förhållande till ngn; *e-n mit* (*voll*) ~ *erwarten* vänta på ngn med spänning; *etw. mit* ~ *verfolgen* spänt följa ngt; *unter* ~ *stehen* (*elektr.*) vara spänningsförande (strömförande) **Spannungsabfall** *0 m, elektr.* spänningsfall **spannungsführend** *elektr.* spännings-, ström|förande **Spannungsgebiet** -*e n* oroligt område, krishärd **Spannungsgefälle** *0 n, elektr.* spänningsfall **Spannungsherd** -*e m, se Spannungsgebiet* **Spannungsmesser** - *m, elektr.* voltmeter, spänningsmätare **Spannweite** -*n f* spännvidd; vingbredd
Spanplatte -*n f* spån[fiber]platta
Spant -*en n, äv. m, sjö., flyg.* spant
Sparbuch -*er*† *n* sparbanks-, sparkasse|bok **Sparbüchse** -*n f* sparbössa **Spareinlage** -*n f* [inbetalat] sparbelopp **sparen** spara; *spare in der Zeit, so hast du in der Not* (*ung.*) den som spar han har; *das kannst du dir* ~ det kan du bespara dig; *sich* ~ (*åld.*) spara (skona) sig; *Gas* ~ spara [på] gas[en]; *ich habe* [*mir*] *10 Kronen gespart* jag har sparat 10 kronor; *keine Mühe* ~ (*äv.*) göra sig all möda; *die Mühe hätten wir uns* ~ *können* den mödan hade vi kunnat bespara oss; *spar dir deine Ratschläge!* behåll dina råd för dig själv!; *an etw.* (*dat.*) ~ spara (snåla) in på ngt; *auf* (*für*) *ein Auto* ~ spara till en bil; *wir* ~ *dabei viel Zeit* det sparar vi mycket tid på; *mit etw. nicht* ~ inte spara på (vara frikostig med) ngt; *mit jedem Pfennig* ~ spara på varje öre **Sparer** - *m* sparare; *die kleinen* ~ småspararna **Sparflamme** *0 f* sparlåga (*äv. bildl.*)
Spargel -*m* sparris **-beet** -*e n* sparrissäng **Spargeld** -*er n* sparpengar, sparad slant **Spargel|kopf** -*e*† *m*, **-spitze** -*n f* sparrisknopp
Spar|groschen - *m* sparpengar, sparad slant **-guthaben** - *n* sparkapital **-kasse** -*n f* spar|-bank, -kassa **-kassenbuch** -*er*† *n, se Sparbuch*
spärlich torftig, knapp, sparsam[t förekommande]; ~ *es Haar* glest hår; ~ *besucht* fåtaligt (dåligt) besökt; ~ *vorkommen* (*äv.*) vara sällsynt **Spärlichkeit** *0 f* torftighet *etc.*, *jfr spärlich*
Spar|maßnahme -*n f* besparing[såtgärd] **-pfennig** -*e m, se Spargroschen* **-prämie** -*n f* bonus
sparren [*fp- el.* sp-] *boxn.* sparra, [tränings]-boxas
Sparren - *m, byggn.* sparre; *er hat e-n* ~ [*zuviel, zuwenig*] (*vard.*) han har en skruv lös
Sparring [*fp- el.* sp-] *0 n, boxn.* sparring
sparsam sparsam; ~ *besiedelt* glest bebyggd; *das Auto ist* ~ *im Verbrauch* bilen är bränslesnål; *mit etw.* ~ *umgehen* vara sparsam (hushålla) med ngt, vara rädd om ngt **Sparsam-**

keit *0 f* sparsamhet **Sparschwein** -*e n* spargris
Spartakiade [*fp- el.* sp-] -*n f* [internationell] idrottstävling (*i öststat*) **Spartakist** -*en -en m, polit.* spartakist **Spartakusbund** *0 m, polit., der* ~ Spartakusförbundet, spartakisterna **Spartaner** - *m* spartan **spartanisch** spartansk **Sparte** -*n f* avdelning, del; fack, gren; spalt; *in der* ~ *Sport* (*i tidning*) på sportsidorna **spasmisch** [*fp- el.* sp-], **spasmodisch** spasmisk, spastisk, spasmodisk **Spasm|us** -*en m* spasm, kramp[ryckning]
Spaß [-a:-] -*e*† *m* skämt, skoj; nöje; ~ *beiseite!* skämt åsido!; *viel* ~*!* mycket nöje!, hoppas du (*etc.*) får trevligt!; *aus* (*zum*) ~ på skämt (skoj, lek), för skojs (nöjes) skull; *hier hört sich der* ~ *auf* nu går det för långt; *das geht über den* ~ det går för långt; *laß ihm doch seinen* ~ låt honom hållas; *das macht* ~ det är roligt; *das macht keinen* ~ jag finner inget nöje i det (tycker inte det är roligt); *mach keinen* ~ (*keine Späße*)*!* skoja inte!, nej, nu skämtar du allt!; *er hat nur* ~ *gemacht* han skojade (skämtade) bara; *sich* (*dat.*) *e-n* ~ *daraus machen, zu finna ett nöje i att*; ~ *muß sein!* man måste kunna skämta!; *etw. aus* (*im, zum*) ~ *sagen* säga ngt på skämt; *das ist kein* ~ *mehr* det är inte roligt längre; *es war ein* ~, ... *zu sehen* det var roligt att se ~ ...; *das war ein teurer* ~ (*vard.*) det var ett dyrt nöje; *seinen* ~ *mit e-m treiben* skämta (skoja, driva) med ngn **spaßen** skämta, skoja (*über* +*ack.* om); *damit ist nicht zu* ~ det är ingenting att skämta om (leka med); *nicht mit sich* ~ *lassen* inte låta leka med sig **spaßeshalber** för skojs skull **spaßhaft, spaßig** skämtsam, rolig, skojig **Spaßmacher** - *m, se Spaßvogel* **Spaßverderber** - *m* glädjedödare **Spaßvogel** -† *m* upptågsmakare, skämtare, lustigkurre
spastisch [*fp- el.* sp-] spastisk
1 Spat -*e*[†] *m, min.* spat
2 Spat *0 m, veter.* spatt
spät I *adj* sen; *am* ~*en Abend* sent på kvällen; ~*e Äpfel* sena äpplen; ~*es Glück* senkommen lycka; ~*es Mädchen* (*vard.*) gammal ungmö; ~*er Nachkomme* sentida ättling; *bis in die* ~*e Nacht* till sent på natten; *zu* ~*er Stunde* sent [på kvällen]; *wie* ~ *ist es?* vad är klockan?; *wir sind* ~ *dran* (*vard.*) vi är sena **II** *adv* sent; *von früh bis* ~ [*in die Nacht*] från bittida till sent [på natten]; *bis* ~*er!* hej så länge!, vi ses! **spät'abends** sent på kvällen **Spätaufsteher** - *m, er ist ein* ~ han brukar gå upp sent **Spateisenstein** *0 m, min.* järnspat, siderit **Spatel** - *m el. -n f* **1** *med.* spatel **2** spackel **Spaten** - *m* spade **-stich** -*e m* spadtag **Spätentwickler** - *m* sent utvecklat barn '**später'hin** *högt.* senare, längre fram **spätestens** senast **Spätgeburt** -*en f* sen nedkomst (*efter beräknad tid*); sent fött barn **Spätheimkehrer** - *m* [krigs]fånge som återvänder senare än de andra **Spätherbst** *0 m* senhöst
spationieren [*fp- el.* sp-] *typ.* spärra, glesa **spatiös** spatiös, rymlig, med [stora] mellanrum **Spati|um** -*en n, typ.* spatie; spatium **Spät|jahr** *0 n, högt.* -**lese** -*n f* vin av sent skördade druvor **-ling** -*e m* **1** senkomling **2** sladdbarn, sent fött barn (djur) **3** sen sort (frukt *e.d.*) **-nachrichten** *pl, radio.* sena [kvälls]-nyheter **-reife** *0 f* sen mognad **-schaden** -† *m* följdskada **-schalter** - *m, vard.* person som kopplar (fattar) långsamt, trögtänkt person

-schicht -en f kvälls-, natt|skift -sommer 0 m sen-, efter|sommar
Spatz -en (äv. -es) -en m 1 sparv; essen wie ein ~ (vard.) äta som en fågel; schimpfen wie ein ~ skälla som en bandhund; das pfeifen die ~en von allen Dächern (vard.) det vet varenda kotte (hela stan); du hast wohl ~en unterm Hut? (vard.) har du ägg i mössan?; besser ein ~ in der Hand als e-e Taube auf dem Dach bättre en fågel i handen än tio i skogen 2 vard. [liten] stackare 3 vard. snopp Spatzen[ge]hirn 0 n, vard. hönshjärna Spätzle pl, kokk. ung. strimlad nudeldeg
Spätzünd|er - m, vard. skämts., er ist ein ~ a) han fattar långsamt, b) han är ett sent utvecklat barn -ung -en f 1 motor. lågtändning, sen tändning 2 ~ haben (vard.) fatta (reagera) långsamt
spazieren s promenera, spatsera -fahren st 1 s fara ut o. åka; mit dem Wagen ~ ta [sig] en biltur 2 e-n ~ ta [ut] ngn på en åktur -führen den Hund ~ gå ut o. gå med hunden -gehen st s gå ut o. gå, ta [sig] en promenad Spazier|fahrt -en f åktur; ~ mit dem Wagen biltur -gang -e† m promenad; langer (weiter) ~ långpromenad -gänger - m promenerande -ritt -e m ridtur -stock -e† m promenadkäpp
SPD 0 f, förk. för Sozialdemokratische Partei Deutschlands, die ~ [ty.] socialdemokratiska partiet
Specht -e m hackspett -meise -n f nötväcka Speck 0 m späck, fläsk; geräucherter ~ bacon; 'ran an den ~! (vard.) sätt i gång!; ~ ansetzen (vard.) lägga på hullet; mit ~ fängt man Mäuse (ung.) flugor fångar man med honung, det är så man mutar folk; ~ auf den Rippen haben (vard.) ha gott hull; den ~ riechen (vard.) ana oråd; wie die Made im ~ sitzen (vard.) må som en prins i en bagarbod Speckbauch -e† m, vard. isterbuk, stor mage speckig fet, späckig; flottig, oljig, smetig; dial. degig (om bröd) Specknacken - m, vard. fet nacke Speckschwarte -n f fläsksvål Speckseite -n f stycke sidfläsk; mit der Wurst nach der ~ werfen (bildl.) försöka vinna mycket genom att offra litet Speckstein 0 m steatit
spedieren hand. spediera, transportera, skicka; e-n an die [frische] Luft ~ (skämts.) kasta ut ngn Spediteur [-'tø:ɐ̯] -e m speditör Spedition -en f spedition[sfirma]
Speed [spi:d] -s n, sl. [uppåt]tjack
Speer -e m spjut -werfen 0 n, sport. spjutkastning -werfer - m, sport. spjutkastare
speiben spieb, spiebe, gespieben, sty., österr. spy; spotta
Speiche -n f 1 [hjul]eker 2 anat. strålben Speichel 0 m spott, saliv Speicheldrüse -n f spottkörtel Speichelfluß 0 m [sjuklig] salivavsöndring Speichellecker - m, vard. smilfink, lismare Speichelleckerei 0 f, vard. lismande, inställsamhet speicheln avsöndra saliv
Speicher - m 1 magasin, lagerlokal; bod; silo 2 reservoar 3 dial. vind, loft 4 databeh. minne Speicherbild -er n hologram speichern magasinera, lagra (äv. databeh.)
speien spie, spiee, gespie[e]n spotta; spy, kräkas; der Drache spie Feuer draken sprutade eld Speigat[t] -en el. -s n, sjö. spygatt
Speil -e m, Speiler - m [korv]sticka
Speis -en f, sty., österr. skafferi
Speise -n f 1 mat, föda; maträtt; warme und kalte ~n varma o. kalla rätter 2 nty. [söt] efterrätt -brei -e m, fysiol. kymus -eis 0 n glass -fett -e n matfett -gaststätte -n f matservering, restaurang -kammer -n f skafferi -karte -n f matsedel -kartoffeln pl matpotatis -leitung -en f, tekn. matarledning
speisen högt. 1 äta; zu Abend ~ äta kvällsmat; ich wünsche wohl zu ~! smaklig måltid! 2 be-, ut|spisa, ge att äta; mata (äv. tekn.) Speisenaufzug -e† m mathiss Speisenfolge -n f matsedel, meny
Speise|öl -e n matolja -raum -e† m mat|rum, -sal -rest -e m matrest -restaurant -s n matservering, restaurang -rohr -e n, tekn. matarrör -röhre -n f matstrupe -saal -säle m matsal -saft -e† m, fysiol. kylus -schrank -e† m skafferi -wagen - m restaurangvagn -wirtschaft -en f mat|servering, -ställe -würze -n f krydda -zimmer - n mat|rum, -sal
Speisung -en f bespisande; bespisning; matning
Spei|täubling -e m, -teufel - m, bot. giftkremla 'spei'übel mir ist ~ a) jag vill kräkas, b) det är så man kan kräkas
Spektakel [ʃp-, äv. sp-] 1 - n, åld. spektakel, skådespel 2 - m spektakel, oväsen, bråk; ~ machen ställa till spektakel; mach keinen ~! (äv.) bråka inte! spektakeln föra oväsen, ställa till spektakel, bråka spektakulär spektakulär, uppseendeväckande Spektakul|um -a n, skämts., se Spektakel 1
Spektralanalyse [ʃp- el. sp-] -n f spektralanalys Spektralfarbe -n f spektralfärg Spektroskop -e n spektroskop Spektr|um -en el. -a n spektrum
Spekulant -en -en m person som spekulerar, [börs]spekulant Spekulation -en f spekulation Spekulatius - m (slags) pepparkaka spekulativ spekulativ; spekulations- spekulieren spekulera; an der Börse (auf Hausse) ~ spekulera på börsen (i hausse); auf etw. (ack.) ~ (vard.) spekulera på ngt, ha ngt i kikaren
Spelt -e m spält (vete)
Spe'lunke -n f sylta, [dålig] krog
Spelz -e m spält (vete) Spelze -n f, bot. agn
spendabel spendersam, frikostig Spende -n f gåva, bidrag; donation; milde ~n allmosor spenden skänka, ge; donera; utdela; Blut ~ ge blod; Trost ~ skänka tröst; er hat auch dazu gespendet han har också bidragit till det Spendenaktion -en f insamling[saktion] Spender - m 1 givare, donator 2 dispenser, automat, hållare spendieren vard. spendera; e-m etw. ~ (äv.) bjuda ngn på ngt; e-e Runde ~ bjuda på en omgång (öl e.d.) Spendierhosen pl, vard., die ~ anhaben ha spenderbyxorna på sig, vara på frikostigt humör (spendersam) Spendung -en f givande etc., jfr spenden
Spengler - m, sty., österr. plåtslagare Spenglerei -en f, sty., österr. plåtslageri
Spen|ser - m, -zer - m kort åtsittande jacka; blusskyddare
Sperber - m sparvhök
Spe'renz|chen pl, -ien pl, ~ machen (vard.) göra svårigheter, krångla
Sperling -s -e m sparv; besser ein ~ in der Hand als e-e Taube auf dem Dach bättre en fågel i handen än tio i skogen
Sperm|a [ʃp- el. sp-] -en el. -ata n, fysiol. sperma Spermabank -en f spermabank
'sperr'angel'weit vard., ~ offenstehen stå på vid gavel, vara vidöppen Sperrballon -e el. -s

m spärrballong **Sperrbaum** -e† *m, se* **Schlagbaum Sperrdruck** *0 m* spärrad stil **Sperre** *-n f* spärr *(äv. järnv.); mil. äv.* blockad; avspärrning, avstängning *(äv. sport.); sport. äv.* obstruktion; förbud, stopp; *e-e ~ über etw.* (ack.) **verhängen** införa förbud mot (stoppa) ngt **sperren 1** spärra [av]; avstänga; förbjuda, stoppa; *die Ausfuhr ~* förbjuda (stoppa) exporten; *ins Gefängnis ~* stänga (spärra) in i fängelse; *e-n Hafen ~ (mil. äv.)* blockera en hamn; *ein Konto ~* spärra ett konto; *den Lohn ~* hålla inne lönen; *das Telefon ~* stänga av telefonen; *e-n ~ (sport.) a)* avstänga ngn, *b) ung.* begå obstruktion mot ngn **2** *sty., österr.* stänga, låsa **3** *dial.* klämma, gå trögt, ta emot **4** *typ.* spärra; *gesperrt drucken* trycka med spärrad stil **5** *rfl, sich* [*gegen etw.*] ~ spjärna (streta) emot [ngt] **Sperr|feuer** *0 n* spärreld **-frist** *-en f* skyddstid *(då laglig åtgärd ej får vidtagas)* **-gebiet** *-e n* spärrat område, spärrområde **-gürtel** - *m* spärrzon; *mil. äv.* spärreld **-gut** -*er*† *n* skrymmande gods **-haken** - *m, dial.* dyrk **-holz** *0 n* kryssfanér, plywood
sperrig skrymmande; ~ *sein (äv.)* skrymma
Sperr|kette *-n f* spärrkedja **-klinke** *-n f* spärrhake **-kont|o** *-en, äv. -os el. -i n* spärrkonto **-kreis** *-e m, radio.* vågfälla **-mauer** *-n f* [spärr]damm **-müll** *0 m* grovsopor, skrymmande avfall **-sitz** *-e m, teat.* orkesterplats; *(på bio)* plats på ngn av de sista bänkarna **-stunde** *-n f* stängningstid *(för restaurang etc.)* **-ung** *-en f* spärrning *etc., jfr* **sperren** '**sperr'weit** *se* sperrangelweit **Sperrzoll** *-e*† *m* skyddstull **Sperrzone** *-n f* spärrat område, spärrzon
Spesen *pl* [om]kostnader; traktamente **spesenfrei** utan [om]kostnader
Spezereien *pl* **1** specerier, kryddvaror **2** *österr.* delikatesser
Spezi -[*s*] *m, sty., österr.* **1** [bästa] kompis **2** *äv. n (slags)* läsk **spezial** *åld., se speziell* **Spezialarzt** *-e*† *m* specialist *(läkare)* **Spezialfach** *-er*† *n* specialitet; *etw.* als ~ *betreiben* specialisera sig på ngt **Spezialgeschäft** *-e n* specialaffär **spezialisieren 1** *rfl* specialisera sig *(auf + ack.* på) **2** specificera **Spezialisierung** *-en f* **1** specialisering **2** specificering **Spezialist** *-en -en m* specialist **Spezialität** *-en f* specialitet **Spezialwissen** *0 n* specialkunskaper **speziell** speciell, särskild, special-; *du ~, ~* du speciellt du, du om ngn; *auf dein S~es!* din skål! **Spezies** ['ʃp- el. 'sp-] - *f* species, art, slag **Spezifikation** [ʃp- el. sp-] *-en f* specifikation **Spe'zifik|um** -*a n* **1** specifikt läkemedel, specifikum **2** egen[domlig]het, särdrag **spe'zifisch** specifik; typisk **spezifizieren** specificera **Spezifizierung** *-en f* specificering
Sphäre *-n f* sfär **Sphärenharmonie** *0 f* sfärernas harmoni **Sphärenmusik** *0 f* sfärernas musik **sphärisch** sfärisk
Sphen *-e m* titanit
Sphinx *-e f, fack. -e el.* **Sphingen** *m* sfinx *(äv. bildl.)*
Spickaal *-e m, nty.* rökt ål **spicken 1** späcka *(äv. bildl.); e-e gespickte Brieftasche* en späckad plånbok **2** *vard.* smörja, muta **3** *dial.* skriva av, fuska **Spicker** - *m, dial.* **1** elev som fuskar **2** fusklapp **Spickgans** *-e*† *f, nty.* rökt gåsbröst **Spicknadel** *-n f* späcknål **Spickzettel** - *m, dial.* fusklapp
spie *se* **speien**

spieb *se* **speiben**
Spiegel - *m* **1** spegel *(äv. bildl.);* [spegel]yta; *med.* spekulum; *e-m den ~ vorhalten (bildl.)* visa ngn hur han verkligen är; *das kannst du dir hinter den ~ stecken! (vard.) a)* det kan du dra åt helvete med!, *b)* lägg det på minnet!, kom ihåg det för framtiden!; *das wird er sich (dat.) nicht hinter den ~ stecken (vard.)* det kommer han inte att spara som ett dyrbart minne (skryta med) **2** vatten|stånd, -nivå; *med.* nivå, halt **3** [siden]slag *(på frack e.d.);* spegel *(på uniformskrage)* **4** plan, översikt; tabell **5** *zool.* spegel *(på rådjur e.d.);* vingspegel **6** *sjö.* akterspegel **7** *typ.* satsyta, spegel **8** *snick.* dörrspegel **9** prick, centrum *(på måltavla)* **10** *åld.* spegel *(moralisk el. pedagogisk skrift)* **Spiegelbild** *-er n* spegelbild **spiegelbildlich** spegelvänd **Spiegelei** *-er n* stekt ägg **Spiegelfechterei** *-en f* spegelfäkteri **Spiegelfernrohr** *-e n* spegelteleskop **'spiegel'glatt** spegelblank **spiegelgleich** *åld.* symmetrisk **Spiegelgleichheit** *0 f, åld.* symmetri **Spiegelkarpfen** - *m, zool.* spegelkarp **spiegeln 1** glänsa [som en spegel], blänka, vara spegelblank **2** [åter]spegla, reflektera **3** *med.* undersöka [m. spekulum] **4** *rfl* spegla sig; *sich in etw. (dat.) ~ (äv.)* av-, åter|speglas (av-, åter|spegla sig) i ngt **spiegelnd** reflekterande; glänsande; spegelblank **Spiegelreflexkamera** *-s f* spegelreflexkamera **Spiegel|saal** *-säle m* spegelsal **Spiegelschrift** *0 f* spegelskrift **Spiegeltisch** *-e m* toalettbord *(m. spegel)* **Spieg[e]lung** *-en f* spegling; spegelbild, reflex
Spieker - *m, sjö.* [skepps]spik **spiekern** *sjö.* spika [fast]
Spiel *-e n* **1** lek; spel; *sport. äv.* match, game; *tekn.* spel[rum], tolerans; [skåde]spel; *falsches (doppeltes) ~* falskt spel (dubbelspel); *ein ~* [*Karten*] en kortlek; ~ *der Muskeln* muskelspel; *ein [seltsames] ~ der Natur* en nyck av naturen; *das ~ der Phantasie* fantasins lek; ~ *mit Stricknadeln* en omgång (fem) strumpstickor; *er hat freies ~ (äv.)* det är fritt fram för honom; *er hat ein leichtes ~ mit ihm* han är en enkel match för honom, honom klarar han lätt av; *das ~ machen* vinna, ta hem spelet, *(i kortspel)* gå hem; *wollen wir noch ein ~ machen? (äv.)* ska vi ta ett parti till?; *das ist für mich ein ~* det är en barnlek för mig; [*s*]*ein ~ mit e-m treiben* driva med ngn; *falsches ~ mit e-m treiben* lura ngn; *das ~ zu weit treiben* gå för långt; *das ~ verloren geben* ge spelet förlorat, ge upp; *das ~ hat sich gewendet (bildl.)* bladet har vänt sig; *etw. aufs ~ setzen* sätta ngt på spel, riskera [att förlora] ngt; *auf dem ~ stehen* stå på spel; *laß mich aus dem ~!* blanda inte in mig!, lämna mig ur räkningen!; *etw. wie im ~ schaffen* klara av ngt lekande lätt; *mit im ~ sein (äv.)* vara inblandad; *noch im ~ sein* fortfarande vara med [o. spela] (med i leken) **2** *jakt.* stjärt *(på vissa fåglar)* **3** *schweiz.* [militär]orkester **-alter** *0 n* lekålder **-art** *-en f* spelsätt; *bot., zool.* avart, varietet; *bildl.* variant **-automat** *-en -en m* spelautomat, enarmad bandit **-ball** *-e*† *m* boll; *(i tennis)* game point; *bildl.* lekboll **-bank** *-en f* kasino, spelbank **-bein** *-e n, konst. o. gymn.* fritt (vilande) ben **-brett** *-er n* **1** bräde *(schack- e.d.)* **2** målplatta *(i basketboll)* **-dose** *-n f* speldosa **spiel|en** leka; spela; ~*d* lekande lätt, utan [minsta] svårighet; ~*de Kinder* lekande barn; *das Radio -te den ganzen Abend (äv.)* radion var på hela

Spieler—Spiralfeder

kvällen; *den Beleidigten* ~ spela (låtsas vara) förnärmad; *seine Beziehungen* ~ *lassen* utnyttja sina förbindelser; *sie ließ ihren Charme* ~ hon använde (kopplade på) sin charm; *wer -t den Hamlet?* vem spelar Hamlet?; *was wird heute im Kino gespielt?* vad går det på bio i dag?; *heute wird nicht gespielt (äv.)* det är ingen föreställning i dag; *was wird hier gespielt? (vard.)* vad är det som händer (är på gång) här?; *den Kranken* ~ spela sjuk; *sich müde* ~ leka (spela) sig trött; *wollen wir noch e-e Partie* ~? *(äv.)* ska vi ta ett parti till?; *die Sache spielt schon lange* saken har varit i gång länge; *an etw. (dat.) (mit etw.)* ~ *(äv.)* pilla på (leka med) ngt; *in allen Farben* ~ skimra (skifta) i alla färger; *e-m etw. in die Hände* ~ spela ngt i händerna på ngn; *das Stück -t im Mittelalter* pjäsen utspelas på medeltiden; *ins Rötliche* ~ gå (skifta) i rött; *[im] Toto (Lotto)* ~ spela på tips (lotto); *sich mit etw.* ~ *(österr.)* *a)* lekande lätt klara av ngt, *b)* bara leka (inte på allvar syssla) med ngt; *sich um sein Geld* ~ spela bort sina pengar **Spieler** - *m* spelare; lekande, deltagare i leken (spelet) **Spielerei** -*en f* **1** [evigt] lekande (spelande) **2** tidsfördriv, nöje **3** barnlek, enkel match, bagatell **4** leksak; extrafiness, [extra] tillbehör **spielerisch 1** lekfull; *adv äv.* utan svårighet **2** vad spelet beträffar, spelmässig **spielfähig** *nach der Verletzung ist er nicht* ~ efter skadan kan han inte spela; *nach dem Regen ist der Platz nicht* ~ efter regnet går det inte att spela på planen **Spielfeld** -*er n* spel-, idrotts|plan **Spielfilm** -*e m* lång-, spel|film **Spielfläche** -*n f, se Spielfeld* **Spielfolge** -*n f* program **spielfrei** ~*er Tag* dag utan föreställning (match) **Spiel|führer** - *m, sport.* lag|ledare, -kapten **-gefährte** -*n* -*n m* lekkamrat **-geld** -*er n* **1** spelmark[er]; insats **2** leksakspengar **-hahn** -*e† m* orrtupp **-hölle** -*n f* spelhåla **-höschen** - *n* lekdräkt **Spieliothek** -*en f* lekotek **Spiel|karte** -*n f* spelkort **-kasino** -*s n* kasino, spelbank **-kind** -*er n* barn i lekåldern **-klasse** -*n f, sport.* division, serie, liga **-kreis** -*e m* amatörensemble **-leiter** - *m* **1** regissör **2** lekledare; frågesports|ledare, -domare **-macher** - *m, sport.* speluppläggare **-mann** -*leute m* **1** (*medeltida*) trubadur **2** musikant (*medlem av Spielmannszug*) **-mannszug** -*e† m* musikkapell (*m. trummor o. flöjter*) **-marke** -*n f* [spel]mark, jetong **-meister** - *m, se Spielleiter* **2** **-oper** -*n f* komisk opera, sångspel **Spielothek** -*en f* lekotek **Spiel|plan** -*e† m* spelplan; repertoar **-platz** -*e† m* lekplats **-ratte** -*n f, vard., er ist e-e* ~ (*ung.*) han är leklysten (tycker om att leka) **-raum** -*e† m* **1** lekrum **2** spelrum; utrymme **-regel** -*n f* spelregel **-sachen** *pl* leksaker **-schar** -*en f* amatörgrupp (*i sht m. ungdomar*) **-schuld** -*en f* spelskuld **-schule** -*n f* **1** lekskola **2** *ung.* special|skola, -klass **-stand** 0 *m, beim* ~ *von 2:1* när det står (stod) 2—1 **-stein** -*e m* bricka (*i brädspel*) **-straße** -*n f (för trafik spärrad)* lekgata **-stunde** -*n f, skol.* ledig timme **-tag** -*e m, sport.* matchdag **-uhr** -*en f* ur med spelverk **-verderber** -*m* glädjedödare; *ich will kein* ~ *sein* jag vill inte fördärva nöjet för dig (*etc.*) *pl* leksaker **-warengeschäft** -*e n* leksaksaffär **-weise** -*n f* spelsätt **-werk** -*e n* spelverk **-wiese** -*n f* äng att leka (sporta) på, lekplats **-zeit** -*en f, teat.*

säsong; *sport.* speltid **-zeug** -*e n* leksak[er] **-zeugauto** -*s n* leksaksbil
Spiere -*n f, sjö.* spira, bom **Spierling** -*e m* **1** *zool.* nors **2** *bot.* oxel
Spierstaude -*n f, bot.* spirea
Spieß -*e m* **1** spjut; *den* ~ *umdrehen (umkehren) (vard.)* vända på steken, ge [lika gott] igen; *schreien wie am* ~ *(vard.)* skrika som en stucken gris **2** spett; *am* ~ *braten* steka på spett **3** *mil. vard.* fanjunkare **4** *typ.* spis **5** *jakt.* ogrenat horn *(på hjort e.d.)* **Spießbock** -*e† m, jakt.* spetsbock, pigghjort; *zool.* ekbock **Spießbürger** - *m* kälkborgare, bracka **spießbürgerlich** kälkborgerlig, brackig **Spießbürgertum** 0 *n* kälkborgerlighet, brackighet; *das* ~ *(äv.)* kälkborgarna, brackorna **spießen** spetsa, genomborra; *ein Bild an die Wand* ~ sätta upp en bild på väggen (*m. häftstift e.d.*); *e-e Kartoffel auf die Gabel* ~ spetsa en potatis på gaffeln **Spießer** - *m* **1** kälkborgare, bracka **2** *jakt.* spetsbock, pigghjort **Spießgeselle** -*n* -*n m* **1** med|hjälpare, -brottsling, kumpan **2** kamrat, kompis **spießig** kälkborgerlig, brackig **Spießruten** *pl,* ~ *laufen* löpa gatlopp (*äv. bildl.*)
Spikes [ʃpaiks *el.* sp-] *pl* **1** dubbar (*för bildäck el. spikskor*) **2** dubbdäck **3** spikskor **-reifen** - *m* dubbdäck
Spill -*e el.* -*s n, sjö.* [ankar]spel
spill[e]rig *nty.* spinkig
Spilling -*e m, bot.* krikon
spinal [ʃp-*el.* sp-] spinal, ryggrads-; ~*e Kinderlähmung* polio
Spinat -*e m* spenat **-wachtel** -*n f, vard.* satkärring
Spind -*e m n* [kläd]skåp
Spindel -*n f* **1** *tekn., text.* spindel (*äv. trapp-*) **2** *bot.* huvudaxel **Spindelbaum** -*e† m, bot.* benved **'spindel'dürr** mager som en sticka **Spindeltreppe** -*n f* spiral-, vindel|trappa
Spinett -*e n, mus.* spinett
'Spinnaker -*m, sjö.* spinnaker
Spinn|angel -*n f* spinnspö **-bruder** -† *m, vard., se Spinner 2*
Spinne -*n f* **1** spindel; *pfui* ~! *(vard.)* usch!, fy fan [va äckligt]! **2** *vard.* satkärring, hagga **3** flervägskorsning **'spinne'feind** [*mit*] *e-m* ~ *sein (vard.)* vara ngns bittra fiende (dödsfiende m. ngn) **spinn|en** spann, spönne (spänne), gesponnen **1** spinna *(äv. bildl.)*; *bildl. äv.* tänka (fundera) ut; *vard.* ljuga, hitta på; *Ränke* ~ spinna ränker **2** *vard.* vara knasig (knäpp, galen); *du -st ja!* du är inte klok! **3** *dial.* spinna *(om katt)* **4** *dld.* sitta inne (*i fängelse*) **Spinnengewebe** - *n* spindelväv **Spinnennetz** -*e n* spindelnät **Spinner** - *m* **1** spinnare (*äv. zool. o. fisk.*) **2** *vard.* knasboll, knäppgök, galning **Spinnerei** -*en f* **1** spinnande; spinneri **2** *vard.* tokeri, knasig (knäpp) idé, stollighet **'spinnert** *ity., österr.* knasig, knäpp, galen **Spinnfaser** -*n f* spånadsfiber **Spinngewebe** - *n* spindelväv **Spinnrad** -*er† n* spinnrock **Spinnrocken** - *m* spinnrock[shuvud] **Spinnwebe** -*n f, dial.* spindelväv
spintisieren *vard.* grubbla, grunna
Spion -*e m* **1** spion **2** skvallerspegel; titthål (*i dörr*) **Spionage** [-'naːʒə] 0 *f* spionage **Spionageabwehr** 0 *f* kontraspionage **spionieren** spionera
Spiräe [ʃpiˈrɛːə] -*n f, bot.* spirea
Spiralbohrer - *m* spiralborr **Spirale** -*n f* spiral[linje]; *vard.* spiral (*preventivmedel*) **Spiral-**

feder -n f spiralfjäder **spiral[förm]ig** spiral|-vriden, -formad **Spirallinie** -n f spiral[linje] **Spiralnebel** - m, astron. spiralnebulosa **Spirans** ['sp- el. 'ʃp-] *Spi'ranten f, språkv.*, **Spi'rant** -en -en m, språkv. spirant **Spirille** [sp- el. ʃp-] -n f, med. spirill, skruvbakterie **Spiritismus** [ʃp- el. sp-] 0 m spiritism **Spiritist** -en -en m spiritist **spiritistisch** spiritistisk **Spiritualismus** 0 m spiritualism **Spiritualist** -en -en m spiritualist **spiritualistisch** spiritualistisk **spirituell** spirituell; andlig, intellektuell **Spirituosen** pl sprit, spirituosa **'Spiritus** [ʃp-] -se m [denaturerad] sprit, alkohol; in ~ legen lägga i sprit, spritlägga **Spirituskocher** - m spritkök
Spirochäte [ʃpiro'çɛ:tə el. sp-] -n f, med. spiroket (bakterie)
Spi'tal -er† n 1 sty., österr., schweiz. sjukhus 2 åld. vårdhem; ålderdomshem; fattighus
spitz 1 spetsig, vass, skarp; bildl. äv. spydig; smal, snipig; ~er Bogen (arkit.) spetsbåge; ~er Schrei kort [gällt] skrik; etw. mit ~en Fingern anfassen ta ytterst försiktigt i ngt, ta ngt med fingerspetsarna; er sieht ~ aus han ser snipig ut; ~ zulaufen gå ihop (sluta) i en spets 2 vard. häftig, skarp; kåt; auf etw. (ack.) ~ sein vara tänd (kåt) på ngt **Spitz** -e m 1 spets (hund) 2 österr. munstycke (cigarr- e.d.) 3 schweiz., se Spitze 4 dial., e-n ~ haben vara en smula i gasen **Spitzahorn** -e m [skogs]lönn **Spitzbart** -e† m pipskägg; vard. man med pipskägg **spitzbärtig** med pipskägg **spitzbekommen** st, vard. få nys om; haja, fatta **Spitzbergen** 0 n Spetsbergen **Spitzbogen** -† m, arkit. spetsbåge **spitzbogig** spetsbågig **Spitzbohrer** - m spetsborr; centrumborr **Spitzbube** -n -n m [spets]bov; tjuv, kanalje, skojare; uppkäftig byting, tjuvpojke **Spitzbubenstreich** -e m, **Spitzbüberei** -en f bov-, skurk|streck; [tjuv]pojkstreck **spitzbübisch** tjuvpojks-, skälm|aktig
Spitze -n f 1 spets (äv. sport.); udd; topp, spira; tät; ledande grupp; maximum; vard. topphastighet; [das ist] ~! (vard.) [det är] toppen!; die ~ des Eisbergs (bildl.) toppen på isberget; die ~n der Gesellschaft samhällets toppar (spetsar); die ~n der Partei de ledande inom partiet; etw. (dat.) die ~ abbrechen (nehmen) (bildl.) bryta udden av ngt; allen Gefahren die ~ bieten trotsa alla faror; die ~ halten hålla täten; das Auto macht 200 km ~ (vard.) bilen gör 200 km i timmen; an der ~ gehen (liegen) gå (ligga) i täten; an der ~ e-s Geschäfts stehen stå i spetsen för en affär; etw. auf die ~ treiben driva ngt till sin spets (det yttersta) 2 munstycke (på cigarr e.d.) 3 spetsighet, pik; e-m die ~ zurückgeben ge ngn tillbaka med samma mynt, ge ngn svar på tal 4 sömn. spets 5 hand. överskjutande belopp, överskott
Spitzel - m spion
1 spitzeln spionera
2 spitzeln fotb. [tå]fjutta
spitzen 1 spetsa; vässa; die Ohren ~ (äv.) lystra 2 dial. speja, kika; lystra [till]; [sich] auf etw. (ack.) ~ spetsa (bespetsa sig) på ngt
Spitzen|belastung -en f toppbelastning **-bluse** -n f spetsblus **-erzeugnis** -se n kvalitetsprodukt **-film** -e m toppen-, kvalitets|film **-geschwindigkeit** -en f topp|fart, -hastighet **-gruppe** -n f tät[grupp] **-häubchen** - n spetsmössa **-kandidat** -en -en m första namn (på vallista); främsta kandidat **-klasse** -n f toppklass; ~! (vard.) toppen!; es ist ~ (äv.) det är av högsta kvalitet **-klöppelei** -en f 1 spetsknyppling 2 knypplad spets **-kraft** -e† f toppkraft **-leistung** -en f topprestation; sport. äv. rekord **-organisation** -en f topporganisation **-reiter** - m 1 ryttare i toppklass 2 succé; bestseller 3 ~ sein ligga i täten, leda **-spieler** - m, fotb. e.d. toppspelare **-sportler** - m idrottsstjärna, toppidrottsman **-tanz** -e† m tåspetsdans **-verband** -e† m topporganisation **-verdiener** - m höginkomsttagare **-wert** -e m maximum **-zeit** -en f 1 rusningstid 2 sport. topptid; bästa tid, rekord
Spitzer - m, vard. pennvässare **spitzfindig** spetsfundig **Spitzfindigkeit** -en f spetsfundighet **Spitzglas** -er† n (högt o. spetsigt) champagneglas, spetsglas **Spitzhacke** -n f spetshacka, korp; der ~ zum Opfer fallen (bildl.) rivas **spitzig** se spitz **Spitzkehre** -n f 1 skidsport. lappkast 2 hårnålskurva **spitzköpfig** med spetsigt huvud **spitzkriegen** vard., se spitzbekommen
Spitz|maus -e† f näbbmus **-morchel** -n f toppmurkla **-name** -ns -n m öknamn **-pocken** pl vattkoppor **-säule** -n f obelisk **-wegerich** 0 m, bot. svartkämpar
spitzwink[e]lig spetsvinklig
Spleen [ʃpli:n, ibl. sp-] -e el. -s m vurm, dille, fix idé; den ~ haben, zu ha fått i sitt huvud att; du hast ja e-n ~ du är inte riktigt klok; das ist ein ~ von ihm det har han dille (mani) på **spleenig** befängd, excentrisk, konstig
Spleiße -n f 1 sjö. splits 2 nty., se Splitter **spleißen** spliß, splisse, gesplissen el. sv 1 sjö. splitsa 2 nty. klyva; sprita (fjäder)
splendid [ʃplɛn'di:t el. sp-] 1 splendid, lysande 2 frikostig
Splint -e m 1 splint (äv. bot.), yt-, vit|ved 2 [sax]sprint **-holz** -er† n splintved
spliß se spleißen **splissen** dial., se spleißen **Splitt** -e m flis (makadam), stenskärvor **Splitter** - m flisa, skärva, splitter; sticka; der ~ in deines Bruders Auge (bibl.) grandet i din broders öga **Splitterbruch** -e† m, med. splitterfraktur **'splitter'faser'nackt** vard. spritt språngande naken **splitterfrei** splitterfri **Splittergruppe** -n f utbrytargrupp **splitterig** som lätt splittras (flisar sig); splittrig, flisig **splittern** h el. s splittra[s], gå sönder (i flisor), flisa sig **'splitter'nackt** vard. spritt naken **Splitterpartei** -en f utbrytarparti; småparti **splittersicher** splittersäker; ~es Glas splitterfritt glas
Splitting [ʃp- el. sp-] 0 n tudelning (av sambeskattad inkomst); split, delning (av aktie) **splittrig** se splitterig
Spoiler [ʃp-] - m spoiler (på bil e.d.)
Spompa'nade[l]n pl, österr., ~ machen krångla **spondeisch** [sp- el. ʃp-] versl. spondeisk **Sponde|us** -en m, versl. spondé
sponsern [ʃp-] spons[ore]ra, vara sponsor för **Sponsor** -s m sponsor
spontan [ʃp- el. sp-] spontan; ~er Kauf impulsköp **Spontan[e]ität** 0 f spontan[e]itet **Sponti** -s m, ung. anarkist
Spor -e m, dial. mögel(svamp)
sporadisch [ʃp- el. sp-] sporadisk
Spore -n f, bot. spor
Sporen se Sporn
Sporenpflanze -n f, bot. sporväxt, kryptogam
sporig dial. möglig

Sporn *Sporen el. i sht fack.* **Sporne** *m* **1** sporre (*äv. zool., bot. o. flyg.*); *dem Pferd die Sporen geben* ge hästen sporrarna; *sich (dat.) die Sporen verdienen* tjäna (vinna) sina sporrar **2** utsprång (*av berg*) **3** *sjö.* ramm **spornen** sporra **Spornrädchen** - *n* sporr|klinga, -trissa **spornstreichs** omedelbart, direkt, raka vägen
Sport -*e m* sport, idrott; *bildl. äv.* hobby; ~ *treiben* sporta, idrotta -**abzeichen** - *n* idrottsmärke -**anzug** -*e*† *m* sport|kostym, -dräkt; fritidskostym -**art** -*en f* idrottsgren; ~*en (äv.)* idrotter -**arzt** -*e*† *m* idrottsläkare -**beilage** -*n f* sportbilaga -**disziplin** -*en f, se Sportart* **sporteln** idrotta
Sporteln *pl* sportler
Sport|feld -*er n* idrottsplats, stadion -**fischer** - *m* sportfiskare -**flieger** - *m* sportflygare -**größe** -*n f* idrottsstjärna -**halle** -*n f* idrotts-, sport|hall -**herz** 0 *n, med.* sporthjärta -**kanone** -*n f, vard.* idrottsstjärna -**lehrer** - *m* gymnastiklärare; instruktör, tränare
Sportler - *m* idrottsman **Sportlerherz** 0 *n, med.* sporthjärta **sportlich** idrotts-, sport-; sportslig, sport[smanna]mässig; fair, just **sportmäßig** idrotts-, sport|mässig **Sportmedizin** 0 *f* idrottsmedicin **Sportnachrichten** *pl* sport[nyheter] **Sportpfad** -*e m* motionsslinga **Sportplatz** -*e*† *m* idrottsplats **Sportseite** -*n f* idrottssida **Sportskanone** -*n f, vard.* idrottsstjärna **Sports|mann** -*männer el.* -*leute m* idrotts-, sports|man **sportsmäßig** *se sportmäßig*
Sport|taucher - *m* sportdykare -**teil** -*e m* sport|del, -sidor -**toto** 0 *n m* tips -**verein** -*e m* idrotts|klubb, -förening -**wagen** - *m* **1** sportbil **2** sitt-, sport|vagn (*barnvagn*) -**wart** -*e m* materialförvaltare, vaktmästare (*i idrottsförening e.d.*)
Spot [spɔt] *el.* [spɔ-] -*s m* **1** radio., telev. reklam|-snutt, -inslag **2** spotlight -**markt** -*e*† *m, ekon.* spotmarknad
Spott 0 *m* hån; *Hohn und* ~ spott o. spe; *e-n dem* ~ *preisgeben* prisge ngn åt löjet; *etw. e-m zum* ~ *sagen* säga ngt för att håna ngn; *seinen* ~ *mit e-m treiben* göra narr (spe) av ngn; *Zielscheibe des* ~*es werden* bli till åtlöje **Spottbild** -*er n* karikatyr '**spott**'**billig** *vard.* jättebillig **Spottdrossel** -*n f* **1** *zool.* härm|fågel, -trast **2** *se Spötter 1* **Spöttelei** -*en f* lätt gyckel, raljeri **spötteln** småkyckla, raljera, driva (*über* + *ack.* med); göra sig lustig; säga gycklande **spott|en 1** håna; *etw. ~d sagen* säga ngt hånfullt; *über e-n* ~ driva med (göra sig lustig över) ngn **2** *högt., der Gefahr* ~ trotsa faran; *das -et jeder Beschreibung* det trotsar varje beskrivning **Spötter** - *m* **1** gycklare, spefågel; ironiker, satiriker, hånare, bespottare **2** *zool.* härm-, gul|sångare **Spötterei** -*en f* hån[ande]; hånfull anmärkning; ironiserande **Spottgeburt** -*en f, bildl.* missfoster **Spottgedicht** -*e n* smädedikt, nidvisa **Spottgeld** 0 *n, vard.* spottstyver **spöttisch** hån-, spe|full, försmädlig, spotsk, ironisk, sarkastisk **Spottlied** -*er n* nidvisa **Spottname** -*ns* -*n m* öknamn **Spottpreis** -*e m, vard.* vrakpris **Spottvogel** -† *m* **1** härmande fågel **2** *se Spötter 1*
sprach *se sprechen* **Sprachbarriere** -*n f* språk|barriär, -klyfta; språksvårighet **Sprachbau** 0 *m* språkbyggnad **sprachbegabt** språkbegåvad **Sprachdenkmal** -*er*† *ibl. -e n* språkligt minnesmärke **Sprache** [-aː-] -*n f* språk; *alte* ~*n* klassiska språk; *e-e kühne* ~ *führen* vara djärv i sina yttranden; *e-e deutliche* ~ *mit e-m sprechen* säga ngn sitt hjärtas mening; *die* ~ *verlieren* mista talförmågan, tappa målföret; *es hat ihm die* ~ *verschlagen* han tappade målföret; *ihm blieb die* ~ *weg* han blev mållös; *in der* ~ *des Alltags* i dagligt tal; *in gehobener* ~ i högre stil; *heraus mit der* ~*!* ut med språket!; *[nicht] mit der* ~ *herauskommen* [dra sig för att] tala rent ut; *der* ~ *nach stammt er aus Bayern* av dialekten att döma är han från Bayern; *etw. zur* ~ *bringen, die* ~ *auf etw. (ack.) bringen* bringa (föra) ngt på tal, ta upp ngt; *zur* ~ *kommen* komma på tal, tas upp **Sprachecke** -*n f* (*tidnings*) språkspalt **Sprachempfinden** 0 *n, se Sprachgefühl* **Sprachenfrage** -*n f, polit.* språkfråga **Sprachengewirr** 0 *n* blandning (virrvarr) av språk **Sprachenkampf** -*e*† *m* språkstrid **Sprachenstudi|um** -*en n* språkstudi|um, -er **Sprach|familie** -*n f* språkfamilj -**fehler** - *m* talfel -**forscher** - *m* språkforskare -**führer** - *m* [språk]parlör -**gebiet** -*e n* språkområde -**gebrauch** 0 *m* språkbruk -**gefühl** 0 *n* språkkänsla; *kein* ~ *haben (äv.)* inte ha ngt språköra -**genie** -*s n* språkgeni **sprachgewandt** som har lätt för att uttrycka sig (för språk) **Sprachgut** 0 *n* språkskatt, ordförråd **Sprachheilkunde** 0 *f* logopedi **Sprachkabinett** -*e n, DDR, se Sprachlabor* **Sprachkenntnisse** *pl* språkkunskaper **sprachkundig** språkkunnig **Sprachlabor** -*s, äv.* -*e n* språklaboratorium, lärostudio **Sprachlehre** -*n f* språklära, grammatik **Sprachlehrer** - *m* språklärare, lärare i [främmande] språk **sprachlich** språklig **sprachlos** mållös (*vor* + *dat.* av)
Sprach|melodie -*n f* språkmelodi -**mittler** - *m* tolk, översättare -**pflege** 0 *f* språkvård -**psychologie** 0 *f* språkpsykologi -**raum** -*e*† *m* språkområde -**regel** -*n f* språkregel -**reiniger** - *m* språkrensare, purist -**rohr** -*e n* megafon; *bildl.* språkrör -**schatz** -*e*† *m* språkskatt, ord- o. frasförråd -**schnitzer** - *m, vard.* språkfel, groda **sprachschöpferisch** [språkligt] nyskapande **Sprach|soziologie** 0 *f* språksociologi -**störung** -*en f* talrubbning -**studi|um** -*en n* språkstudier -**verein** -*e m* språkvårdande förening -**vergleichung** 0 *f* jämförande språkforskning -**verstoß** -*e*† *m* språkfel **sprachwidrig** språkvidrig **Sprachwissenschaft** 0 *f* språkvetenskap **Sprachzentr|um** -*en n* tal-, språk|centrum
sprang *se springen*
Spray [ʃpreː, spre: *el.* spreɪ] -*s m n* spray[flaska] **sprayen** [ˈʃpreːən, ˈspreː- *el.* ˈspreɪ-] spraya **Sprechakt** -*e m, språkv.* talakt **Sprechanlage** -*n f* porttelefon; intern-, snabb|telefon **Sprechblase** -*n f* pratbubbla **Sprechbühne** -*n f* talscen **Sprechchor** -*e*† *m* talkör **sprechen** *sprach, spräche, gesprochen, sprichst, spricht, sprich!* tala, prata; säga; „...", *sprach er* "...", sade han; *ich möchte Herrn H.* ~ *kan jag få tala med (träffas) herr H.?; sie* ~ *Deutsch* de talar (kan) tyska; *ein gutes Deutsch* ~ tala bra tyska; *sie* ~ *deutsch miteinander* de talar tyska med varandra; *frei* ~ tala utan manuskript; *ich habe sie schon lange nicht gesprochen* jag har inte talat med (träffat) henne på länge; ~ *Sie noch? (i telefon) a)* är Ni kvar?,

b) pågår samtal?; *wir ~ uns noch!* vi får talas vid senare!; *Recht ~* skipa rätt; *den Segen (ein Gebet) ~* läsa välsignelsen (en bön); *er ist nicht zu ~* han träffas inte (tar inte emot); *ein Urteil ~* avkunna en dom; *die Wahrheit ~* säga sanningen, tala sanning; *kein Wort ~* inte säga ett ord; *auf ein Thema zu ~ kommen* komma att tala om ett ämne; *auf e-n schlecht (nicht gut) zu ~ sein* vara ond på ngn; *aus seinen Augen spricht Freude* glädjen lyser ur hans ögon; *durch die Nase ~* tala i näsan; *für e-n ~ a)* tala för ngn, *b)* föra ngns talan; *das spricht für ihn* det talar till hans förmån; *das spricht für sich selbst* det talar för sig självt; *ins Mikrophon ~* tala i mikrofon[en]; *im Rundfunk ~* tala i radio; *mit sich selbst ~* tala för sig själv; *über e-n (von e-m) ~* tala om ngn; *unter uns gesprochen* oss emellan [sagt]; *zu e-m Thema ~* tala över ett ämne **Sprechen** *0 n* tal[ande]; *das ~ lernen* lära sig att tala; *beim ~ Schwierigkeiten haben* ha svårigheter med att tala **sprechend** talande, slående, frappant **Sprecher** - *m* **1** talesman; talare **2** hallåman **Sprecherziehung** *0 f* [undervisning i] talteknik **sprechfaul** tystlåten **Sprech|funkanlage** -*n f* kommunikationsradio -**gesang** -*e*† *m* recitativ -**lehrer** - *m* talpedagog -**muschel** -*n f*, *tel.* mikrofon -**organe** *pl* talorgan -**puppe** -*n f* docka som kan tala (*m. inbyggd bandspelare e.d.*) -**rolle** -*n f*, *teat.* talroll -**situation** -*en f*, *språkv.* talsituation -**stunde** -*n f* mottagning[s|tid, -timme] -**stundenhilfe** -*n f* mottagningssköterska -**tag** -*e m* mottagning[s|tid, -dag] -**technik** -*en f* talteknik -**übung** -*en f* talövning -**weise** -*n f* sätt att tala -**werkzeuge** *pl* talorgan -**zelle** -*n f* tal-, telefon|hytt -**zimmer** - *n* mottagning[srum]
Sprehe -*n f*, *dial.* stare
Spreißel - *m n*, *dial.* sticka
spreiten *högt.* breda ut
spreizbeinig bredbent; skrevande **Spreize** -*n f* **1** stötta, sned-, tvär|slå **2** *gymn.* spjärn **spreizen 1** spärra (spänna) ut, spreta med; *die Beine ~* skreva med benen **2** *rfl* krusa, krångla; *sich gegen etw. ~* streta emot ngt; *sich [wie ein Pfau] ~* brösta sig, stoltsera **Spreizfuß** *0 m, med.* spretfot **Spreizung** -*en f* utspärr|-ande, -ning *etc.*, *jfr spreizen*
Sprengbombe -*n f* sprängbomb
Sprengel - *m* **1** *kyrkl. ung.* församling, kontrakt **2** [förvaltnings]område, distrikt
sprengen 1 spränga [i luften, sönder] **2** bryta upp **3** vattna, [be]spruta; stänka (*tvätt*) **4** *jakt.* jaga [upp] **5** *s* spränga [i väg]; *der Reiter ist in die Stadt gesprengt* ryttaren sprängde (galopperade) in i staden
Spreng|geschoß -*geschosse n* sprängprojektil -**kapsel** -*n f* sprängkapsel, knallhatt -**kopf** -*e*† *m* strids|spets, -kon, -laddning -**körper** - *m* spräng|laddning, -medel -**ladung** -*en f* sprängladdning -**laut** -*e m, språkv. åld.* explosiva -**mittel** - *n* sprängämne -**pulver** *0 n* krut -**satz** -*e*† *m* sprängladdning -**stoff** -*e m* sprängämne, explosiv vara; *bildl.* sprängstoff -**stück** -*e n* sprängstycke -**trichter** - *m* krevadgrop -**ung** -*en f* sprängning -**wagen** - *m* bevattnings-, spol|vagn -**wirkung** *0 f* sprängverkan
Sprenkel - *m* prick **sprenk[e]lig** spräcklig, prickig **sprenkeln 1** göra spräcklig (prickig) **2** stänka

Spreu *0 f* agnar, boss; *die ~ vom Weizen sondern (trennen)* skilja agnarna från vetet
Sprichwort -*er*† *n* ordspråk **sprichwörtlich** ordspråks|artad, -liknande, ordspråks-; ~*es Glück* legendarisk tur
sprießen *sproß, sprösse, gesprossen, s* spira (skjuta) upp (fram), slå ut, frodas
Springbock -*e*† *m*, *zool.* springbock **Springbrunnen** - *m* springbrunn **springen** *sprang, spränge, gesprungen, s (sport. äv. h)* **1** hoppa; springa; (*om boll*) studsa; *vard.* kila; *der ~de Punkt* den springande punkten; *gesprungen kommen* komma hoppande (kilande, skuttande); *du mußt ~, sonst kommst du zu spät (dial.)* du måste skynda dig (springa) annars kommer du för sent; *er ist (hat) 2,30 m gesprungen (sport.)* han hoppade 2,30 m; *die Ampel sprang auf Rot* trafikljuset slog om till rött; *der Zeiger sprang auf 1000* visaren rusade upp till 1000; *aus dem Gleis ~* hoppa av spåret, spåra ur; *in die Augen ~ (bildl.)* vara påfallande, springa (falla) i ögonen; *vor Freude in die Höhe ~* hoppa högt av glädje; *mit dem Seil ~* hoppa hopprep; *mir ist ein Knopf vom Hemd gesprungen* jag har tappat en knapp i skjortan; *vom Pferd ~* hoppa ner från hästen **2** gå sönder, spricka, brista, gå av; (*om knopp e.d.*) spricka ut; *gesprungene Lippen* spruckna läppar; *in Scherben ~* gå i bitar **3** spruta [fram]; *aus dem Stein ~* Funken det slår gnistor om stenen **4** *etw. ~ lassen (vard.)* bjuda på (spendera) ngt **Springen** *0 n, sport.* hopp[ning] **Springer** - *m* **1** hoppare **2** *schack.* springare **3** [manligt] avelsdjur **4** *ung.* allt i allo, diversearbetare; *junger ~ (vard.)* pojkspoling **Springerl** -*n n, sty.* sockervaror; läsk **Springflut** -*en f* springflod **Springform** -*en f* kakform [m. löstagbar botten] **Springinsfeld** -*e m* sprakfåle, vildbasare **Springkraut** *0 n, bot.* springkorn 'spring|e'bendig pigg som en mört
Spring|messer - *n*, *se Schnappmesser* -**quelle** -*n f* springkälla; gejser -**rollo** -*s n*, -**rouleau** -*s n* rullgardin -**seil** -*e n* hopprep -**stunde** -*n f, skol.* håltimme -**zeit** -*en f* **1** parningstid **2** tid för springflod
Sprinkler [ʃp-] - *m* sprinkler; vattenspridare -**anlage** -*n f* sprinkleranläggning
Sprint [ʃp-] -*s m* sprinterlopp; [slut]spurt **sprinten** *h el. s* sprinta, spurta; *vard. äv.* springa **Sprinter** - *m* sprinter[löpare], kortdistanslöpare
Sprit -*e m* **1** *vard.* soppa (*bensin*) **2** *vard.* sprit **3** *fack.* etanol **spritig** sprithaltig; spritliknande
Spritzbeton -*s m* sprutbetong **Spritzbeutel** - *m, kokk.* sprits **Spritzdecke** -*n f* stänkskydd (*av tyg*) **Spritzdüse** -*n f* sprutmunstycke **Spritze** -*n f* spruta; *kokk.* sprits; *vard.* [automat]vapen; *vard.* ekonomiskt stöd; *der Mann an der ~ (vard.)* han som bestämmer; *an der ~ hängen (sl.)* sila, vara narkoman **spritz|en 1** [be]spruta, stänka, skvätta; *kokk.* spritsa; *e-n ~ (vard.)* spruta vatten (*e.d.*) på ngn; *das Auto ~* sprutmåla (lackera) bilen; *der Arzt -te ihm Insulin (vard.)* läkaren gav honom en insulinspruta; *das Obst ist nicht gespritzt* frukten är obesprutad; *den Rasen ~* vattna gräsmattan; *die Straße ~* spola gatan; *den Wein ~* blanda vinet med sodavatten (*e.d.*); *e-m Wasser ins Gesicht ~* spruta vatten i ansiktet på ngn; *sich zu Tode ~ (vard.)* knarka ihjäl sig **2** *vulg.* spruta (*ejakulera*) **3** *h el. s* spruta [fram],

Spritzer—spüren

stänka, skvätta; *es' -t* (*vard.*) det dugg[regn]ar; *Vorsicht, es -t!* akta, det stänker! **4** *s, vard.*
kila, springa **Spritzer** - *m* **1** stänk **2** sprutlackerare **3** *vard.* knarkare, silare **4** *vard., junger* ~ pojkspoling **Spritzfahrt** *-en f, vard.* liten utflykt **Spritzflasche** *-n f* sprutflaska **Spritzguß** *0 m* sprutgjutning; pressgjutning **spritzig** frisk; sprudlande, kvick; snabb; (*om vin*) med naturlig kolsyra, lätt mousserande **Spritz|kuchen** - *m, kokk. ung.* struva **-lackierung** *-en f* sprutlackering **-malerei** *-en f* sprutmålning **-pistole** *-n f* sprutpistol **-tour** *-en f, vard.* liten utflykt **-wagen** - *m, dial.* spol-, bevattnings|vagn **-wasser** *0 n* stänkvatten
spröd[e] 1 spröd, skör; sträv, torr; sprucken **2** svår; svårtillgänglig, avvisande **Spröde** *0 f,* **Sprödheit** *0 f,* **Sprödigkeit** *0 f* sprödhet *etc., jfr spröde*
sproß *se sprießen* **Spro|ß 1** *-sse m* skott, telning; ättling; *Sprosse treiben* skjuta skott **2** *-ssen m, jakt.* tagg (*på horn*) **Sprosse** *-n f* **1** [steg]pinne; tvärslå, spröjs (*i fönster*) **2** *åld.* fräkne **3** *jakt.* tagg (*på horn*) **sprossen** *h el. s* skjuta skott, spira, komma upp (fram), växa **Sprossenkohl** *0 m, österr.* brysselkål **Sprossenleiter** *-n f* pinnstege **Sprossenwand** *-e† f, gymn.* ribbstol **Sprosser** - *m* näktergal **Spröẞling** *-e m* **1** *åld.* skott **2** *vard.* telning **Sprotte** *-n f, zool.* skarpsill
Spruch *-e† m* **1** tänkespråk; bibelspråk; sentens, vers; *vard.* slagord; *vard.* [nött] fras; *die Sprüche Salomos* (*bibl.*) Ordspråksboken; *Sprüche machen* (*klopfen*) (*vard.*) vara stor i orden **2** dom[slut], utslag; skiljedom **Spruchband** *-er† n* **1** språkband **2** banderoll **Spruchdichter** - *m, ung.* epigramdiktare **Spruchkammer** *-n f* (*förr*) denazifieringsdomstol **Sprüchlein** - *n* [kort] tänkespråk (vers *etc.*) **spruchreif** mogen [för avgörande]
Sprudel - *m* **1** mineralvatten; sodavatten; läsk **2** *åld.* [spring]källa, sprudel; (*springbrunns*) vattenstråle **Sprudelkopf** *-e† m, vard.* hetsporre **sprudeln** *h el. s* sprudla, spruta, springa (välla) fram; porla; bubbla; *vard.* haspla ur sig, spotta fram; *vor Freude* ~ sprudla (spritta) av glädje; *die Worte* ~ *von ihren Lippen* orden flödar ur hennes mun
Sprühdose *-n f* sprayburk **sprüh|en** *h el. s* spruta; spraya; gnistra, spraka; *es -t* det dugg[regn]ar; *ihre Augen* ~ *Blitze* hennes ögon skjuter blixtar; *Funken* ~ (*äv.*) slå gnistor; *Funken* ~ *nach allen Seiten* gnistor flyger åt alla håll; *seine Augen* ~ *vor Wut* hans ögon blixtrar av vrede; *voll ~der Freude* sprittande glad **Sprühregen** *0 m* duggregn
Sprung *-e† m* **1** språng, hopp (*äv. bildl.*); *der Schauspieler machte e-n* ~ skådespelaren hoppade över ett stycke; *keine großen Sprünge machen können* (*vard.*) inte ha råd med ngt överdåd; *es ist nur ein* ~ *bis ...* (*vard.*) det är bara en liten bit (ett stenkast) till ...; *e-m auf die Sprünge helfen* hjälpa ngn på traven; *e-m auf* (*hinter*) *die Sprünge kommen* (*vard.*) komma ngn på spåren; *auf dem* ~[*e*] *sein* (*stehen*), *zu just stå i begrepp att; auf e-n* ~ *bei e-m vorbeikommen* titta in till ngn en liten stund (ett litet tag); *beim* ~ *aus dem Fenster* när han (*etc.*) hoppade ut genom fönster **2** väv. [väv]sked **3** *jakt.* flock (*rådjur*); (*hares*) bakben **4** *lantbr.* betäckning **5** spricka; *e-n* ~ *in der Schüssel haben* (*vard.*) ha en skruv lös

Sprungbein *-e n, anat.* språngben; *sport.* hoppfot **sprungbereit** färdig att hoppa; *bildl.* klar att gå (*e.d.*), redo **Sprungbrett** *-er n* språngbräda (*äv. bildl.*), svikt[bräda] **Sprungfeder** *-n f* resår, spiralfjäder **Sprunggelenk** *-e n* fotled **Sprunggrube** *-n f, sport.* hoppgrop **sprunghaft** språng|vis, -artad; *bildl.* hoppig, fladdrig, ryckig **Sprung|höhe** *-n f, sport.* hopphöjd **-kasten** -[†] *m, gymn.* plint **-latte** *-n f, sport.* ribba **-lauf** *-e† m* skidhoppning (*kombinerad tävling*) **-schanze** *-n f* hoppbacke **-stab** *-e† m, sport.* hoppstav **-tuch** *-er† n* **1** språngsegel **2** satsduk (*på trampolin*) **-turm** *-e† m, sport.* [hopp]torn **sprungweise** språng-, ryck|vis **Sprungweite** *-n f* hopplängd
Spucke *0 f, vard.* spott; *da bleibt e-m die* ~ *weg* då blir man mållös **spuck|en** spotta; (*om motor*) hosta; *vard.* skälla; *dial.* spy; *ich -e drauf* (*vard.*) jag struntar i det; *dem kann er auf den Kopf* ~ (*vard.*) *a*) han är längre än han, *b*) han är honom vida överlägsen; *e-m in die Suppe* ~ (*vard.*) sätta en käpp i hjulet för ngn **Spucknapf** *-e† m* spott|kopp, -låda
Spuk *-e m* spökeri, spöke; *bildl.* ofog, tilltag; *vard.* oväsen; *mach keinen* ~*!* gör inte ngt spektakel!, bråka inte! **spuk|en** spöka (*äv. bildl.*); *bei ihm -t es* (*vard.*) han är inte riktigt klok **Spukgeist** *-er m* spöke, vålnad **Spukgeschichte** *-n f* spökhistoria **spukhaft** spöklik
Spülbecken - *n* **1** spottfontän (*hos tandläkare*) **2** diskho
Spule *-n f* spole; *väv. äv.* bobin
Spüle *-n f* diskbänk; diskho
spulen spola
spülen spola, skölja; diska; *ans Ufer* ~ spola i land; *die Wellen* ~ *ans Ufer* vågorna slår mot stranden **Spüler** - *m* **1** diskare **2** *vard.* spolare, spol[nings]anordning **Spülgang** *-e† m* sköljning[sprogram] **Spülicht** *-e n* [använt] diskvatten, [smutsigt] vatten
Spül|küche *-n f* diskrum **-lappen** - *m* disktrasa **-maschine** *-n f* diskmaskin **-mittel** - *n* **1** diskmedel **2** mjuksköljmedel **-tisch** *-e m* diskbänk **-tuch** *-er† n* disktrasa **-ung** *-en f* spolning (*äv. av WC*); spol[nings]anordning **-wasser** -† *n* disk-, skölj-, spol|vatten
Spulwurm *-er† m, zool.* spolmask
Spund 1 *-e m, vard.* [pojk]spoling **2** *-e† m* plugg, propp, tapp; spont **spunden** sprunda; sponta **spundig** *dial.* degig **Spundloch** *-er† n* sprund-, tapp|hål **Spundwand** *-e† f* spontvägg
Spur *-en f* **1** spår; *e-e heiße* ~ ett hett spår; *e-m auf die* ~ *kommen* komma ngn på spåren **2** [kör]**3** spårvidd **4** *e-e* ~ *en aning* (gnutta), lite; *nicht die* ~ inte ett spår (dugg), inte en skugga (skymt); *keine* (*nicht die*) ~*!* (*vard.*) inte alls!
spürbar förnim-, känn-, märk|bar, påtaglig; ~ *sein* (*äv.*) kunna kännas
spur|en 1 spåra (*i nysnö*) **2** (*om vagn*) hålla (köra i) spåret **3** *vard., e-r -t* han gör vad han blir tillsagd (fogar sig, lyder)
spür|en 1 känna, märka; förnimma; *man -t es nicht* (*äv.*) det känns (märks) inte; *ich -e meinen Magen* jag känner av magen; *bei ihm war nichts von Anstrengung zu* ~ det märktes inte ett spår av ansträngning hos honom; *etw. zu* ~ *bekommen* få känna på ngt **2** *jakt.* spåra [upp]

Spuren|element -e n, se *Spurenstoff* **-sicherung** 0 f säkrande av spår, kriminalteknik **-stoff** -e m spår|ämne, -element
Spürhund -e m spårhund (äv. bildl.)
spurlos spårlös
Spür|nase -n f [fin] näsa, [gott] väderkorn **-sinn** 0 m spårsinne, väderkorn
Spurt [ʃp-] -s, ibl. -e m spurt **spurten** h el. s spurta
Spur|wechsel 0 m filbyte **-weite** -n f spårvidd **sputen** rfl, vard. skynda sig
Sputnik ['ʃputnɪk el. 'sp-] -s m sputnik
Squash [skvɔʃ] 0 n squash (sport el. dryck)
Srilanker - m lankes, ceylones **srilankisch** lankesisk, ceylonesisk
SS [ɛs'ɛs] 0 f, förk. för *Schutzstaffel* **SSD** 0 m, förk. för *Staatssicherheitsdienst*
st [st] interj pst!
s.t. förk. för *sine tempore* utan akademisk kvart **St.** förk. för a) *Sankt* s:t, s., sankt, b) *Stunde* t., tim., timme, c) *Stück* st., styck
Staat 1 -en m stat; [djur]samhälle; von ~s wegen å statens vägnar, från statens sida **2** 0 m, vard. stått, pompa; [söndags]stass; mit etw. ~ machen können kunna ståta med (vara stolt över) ngt; mit dem Hut kannst du nicht ~ machen den hatten är ingenting att ståta med; der Festzug war ein [wahrer] ~ processionen var praktfull (storartad); in vollem ~ i full gala (stass); in vollem ~ erscheinen visa sig i all sin ståt **Staatenbund** -e† m statsförbund, konfederation **staatenlos** statslös **staatlich** statlig, stats- **'staatlicher'seits** från statens sida
Staats|akt -e m statsakt **-aktion** -en f, vard. [stort] väsen; keine ~ aus etw. machen inte göra ngt stort nummer (väsen) av ngt **-angehörige(r)** m f, adj böjn., deutscher Staatsangehöriger sein vara tysk medborgare **-angehörigkeit** 0 f medborgarskap, nationalitet **-anleihe** -n f statslån; statsobligation **-anwalt** -e† m allmän åklagare **-anwaltschaft** 0 f åklagarmyndighet **-aufsicht** 0 f statlig kontroll **-ausgaben** pl statsutgifter **-bahn** -en f statlig järnväg; die Schwedischen ~en Statens Järnvägar **-beamte(r)** m, adj böjn. statstjänsteman **-begräbnis** -se n statsbegravning **-besuch** -e m statsbesök **-betrieb** -e m statligt (statsägt) företag **-bürger** - m medborgare; ~ in Uniform soldat, värnpliktig **-bürgerkunde** 0 f samhällskunskap **-bürgerschaft** 0 f medborgarskap **-chef** -s m statschef **-dienst** 0 m statstjänst; im ~ (äv.) i statlig tjänst, statsanställd
staatseigen statsägd **Staatseinnahmen** pl statsinkomster **staatserhaltend** samhällsbevarande **Staatsexam|en** -en el. -ina m ämbetsexamen **Staatsfeind** -e m statsfiende **staatsfeindlich** statsfientlig, subversiv **Staats|form** -en f stats|form, -skick **-gebiet** -e n territorium **-gefährdung** 0 f hot mot statens säkerhet **-gefängnis** -se n statsfängelse **-geheimnis** -se n statshemlighet; vard. viktig hemlighet **-gelder** pl statsmedel **-gerichtshof** -e† m författningsdomstol **-gewalt** 0 f statsmakt; vollziehende ~ verkställande makt; Widerstand gegen die ~ (ung.) motstånd vid offentlig förrättning **-gut** -er† n kronogods, domän **-haushalt** 0 m statsbudget **-hoheit** 0 f [stats] suveränitet **-hymne** -n f nationalhymn **-kapitalismus** 0 m statskapitalism **-kasse** -n f statskassa **-kirche** 0 f statskyrka

-kleidung 0 f, vard. stass **-kosten** pl statsutgifter; auf ~ på statens bekostnad **-kunst** 0 f statskonst **-mann** -er† m statsman, politiker **staatsmännisch** statsmannamässig; statsmanna- **Staats|minister** - m minister, statsråd; statssekreterare **-mittel** pl statliga medel **-oberhaupt** -er† n statsöverhuvud **-ordnung** -en f statsskick **-papier** -e n statspapper **-polizei** 0 f säkerhetspolis **-präsident** -en -en m president **-prüfung** -en f ämbetsexamen **-rat** -e† m **1** statsråd (församling) **2** ung. regering, statsledning **-recht** 0 n statsrätt **staatsrechtlich** statsrättslig **Staats|regierung** -en f regering **-schiff** 0 n, bildl. statsskepp **-schulden** pl statsskulder **-schützer** - m, vard. säkerhetspolis **-sekretär** -e m statssekreterare **-sicherheitsdienst** 0 m, DDR ung. säkerhetspolis **-sozialismus** 0 m statssocialism **-streich** -e m statskupp **-trauer** 0 f landssorg **-verbrechen** -en n statsförbrytelse **-verfassung** -en f konstitution, statsförfattning **-vertrag** -e† m [internationellt] avtal, avtal mellan [del]stater; filos. samhällsfördrag **-verwaltung** -en f statsförvaltning **-wesen** 0 n statsväsen **-wissenschaft** -en f statskunskap; statsvetenskap **-wohl** 0 n, das ~ statens väl, det allmänna bästa
Stab -e† m **1** stav (äv. sport.); pinne; stång; käpp; den ~ über e-n brechen (bildl.) bryta staven över ngn; den ~ führen svänga taktpinnen, dirigera **2** stab **Stabantenne** -n f stavantenn **Stäbchen** - n **1** [liten] stav etc., jfr *Stab 1* **2** vard. tagg (cigarrett) **Stabeisen** - n stångjärn **Stabführung** 0 f, unter ~ von X med X som dirigent, dirigerad av X **Stabhochsprung** 0 m, sport. stavhopp **stabil** stabil, stadig **Stabilisator** -en m stabilisator **stabilisieren** stabilisera; sich ~ stabilisera sig **Stabilisierung** -en f stabilisering **Stabilität** 0 f stabilitet
Stabkirche -n f stavkyrka **Stablampe** -n f stavlampa **Stabmagnet** gen. -en el. -[e]s, pl -[e]n m stavmagnet **Stabreim** -e m, versl. stavrim **Stabsarzt** e† -m bataljonsläkare **Stabsoffizier** -e m stabs-, regiments|officer **Stabwechsel** - m, sport. stafett|byte, -växling
staccato [st- äv. ʃt-] mus. stackato
stach se *stechen*
Stachel -n m tagg (äv. bildl.); spets, pigg; gadd; bildl. sporre; bildl. kval; wider den ~ löcken spjärna mot udden; e-r *Sache* (dat.) den ~ nehmen (bildl.) bryta udden av ngt **Stachelbeere** -n f krusbär[sbuske] **Stacheldraht** -e† m taggtråd **Stachelhäuter** pl, zool. tagghudingar **stachelig** taggig; spetsig, stickande; som sticks **stacheln 1** stickas **2** bildl. reta, egga **Stachelpilz** -e m, bot. taggsvamp **Stachelschwein** -e n piggsvin **stachlig** se *stachelig*
stad sty., österr. tyst
Stadel -[†] m, sty., österr., schweiz. lada, skjul **Staden** - m, dial. strand[promenad, -gata]
Stadi|on -en n stadion
Stadi|um -en n stadium
Stadt -e† [-ɛ(:)-] f stad; bei der ~ angestellt (äv.) kommunalanställd **städt.** förk. för *städtisch* **Stadtautobahn** -en f motorväg i stad [som råde] **Stadtbahn** -en f stadsbana **stadtbekannt** bekant (känd) i hela stan **Stadtbezirk** -e m stadsdistrikt **Stadtbibliothek** -en f stadsbibliotek **Stadtbild** -er n

stadsbild **Stadtbummel** - *m*, *vard.* stadspromenad **Städtebau** 0 *m* stads|planering, **-byggnad Stadtentwässerung** *-en f* (*stads*) avloppssystem **Städteordnung** *-en f*, *ung.* kommunallag (*för stad*) **Städter** [-ε(:)-] - *m* stadsbo **Städtetag** 0 *m* stadsförbund **Stadt**|**flucht** 0 *f*, *die* ~ flykten från staden **-gas** 0 *n* stadsgas **-gemeinde** *-n f* [stads]kommun **-gespräch** *-e n* **1** *tel.* lokalsamtal **2** allmänt samtalsämne [i staden]; *er ist* ~ *geworden* han har blivit en visa i hela stan **-graben** -† *m* vallgrav (*runt stad*) **-haus** *-er*† *n* **1** stadshus **2** hus i staden **-indianer** - *m*, *sl.* (*slags*) punkare, anarkist **-innere(s)** *n*, *adj böjn.* innerstad, centrum
städtisch [-ε(:)-] stads-; kommunal[-]; *die* ~*en Behörden* stadens myndigheter; ~ *angestellt* kommunalanställd; ~ *gekleidet* stadsklädd
Stadt|**kern** *-e m* innerstad, centrum **-kreis** *-e m* (*förvaltningsmässigt självständig*) stad **-mauer** *-n f* stadsmur **-mitte** 0 *f* centrum **-plan** *-e*† *m* stadskarta **-planung** *-en f* stadsplanering **-rand** 0 *m*, *am* ~ wohnen bo i utkanten av staden **-rat** *-e*† *m* stads-, kommun|fullmäktig[e] **-rundfahrt** *-en f* rundtur genom stad[en] **-streicher** - *m* stadsluffare (*person utan fast arbete o. bostad*) **-teil** *-e m* stadsdel **-theater** - *n* stadsteater **-verkehr** 0 *m* stadstrafik **-verordnete(r)** *m f*, *adj böjn.* stadsfullmäktig **-verordnetenversammlung** *-en f* stadsfullmäktige **-viertel** - *n* stadsdel **-werke** *pl* kommunala företag (verk)
Stafette *-n f* stafett
Staffage [-'fa:ʒə] *-n f* staffage; *bildl.* fasad
Staffel *-n f* **1** stafett; lag **2** formation; *flyg.* division **3** *sty.* trappa; [trapp]avsats
Staffelei *-en f* staffli
Staffellauf *-e*† *m* stafettlöpning
staffeln 1 höja (sänka) gradvis, gradera; dela i avsatser; *gestaffelter Giebel* trappgavel; *nach etw. gestaffelt sein* stå i proportion till ngt; *etw. zu Pyramiden* ~ bygga pyramider av ngt **2** *rfl* formera (gruppera) sig; *die Löhne* ~ *sich nach dem Alter* lönerna står i proportion till åldern
Staffelschwimmen 0 *n* lagkappsimning
Staffelstab *-e*† *m* stafett[pinne]
staffieren styra ut; [ut]stoffera
Stag *-e*[*n*] *n*, *sjö.* stag
Stagflation [ʃt- *el.* st-] 0 *f*, *ekon.* stagflation
Stagnation [-gn-] *-en f* stagnation **stagnieren** stagnera
stahl *se stehlen*
Stahl *-e*[†] *m* stål; *poet.* vapen [av stål] **Stahl**|**arbeiter** - *m* stålverksarbetare **Stahlbad** *-er*† *n* stålbad; kurort (*m. järnhaltigt vatten*) **Stahlbau** *-ten m* stålkonstruktion **Stahlbeton** 0 *m* järnbetong **stahlblau** stålblå **Stahlblech** 0 *n* stålplåt **Stahldraht** *-e*† *m* ståltråd **stählen** *bildl.* stålsätta, härda **stählern** av stål, stål- (*äv. bildl.*) **Stahlfeder** *-n f* **1** stålfjäder **2** stålpenna 'stahl'hart hård som stål; järnhård
Stahl|**helm** *-e m* stålhjälm **-industrie** *-n f* stålindustri **-kammer** *-n f* kassavalv (*i bank*) **-kocher** - *m*, *vard.* stålverksarbetare **-konstruktion** *-en f* stålkonstruktion **-möbel** - *n* stål[rörs]möbel **-produktion** 0 *f* stålproduktion **-rohrmöbel** - *n* stålrörsmöbel **-roß** 0 *n*, *vard.* hoj, stålhäst (*cykel*) **-rute** *-n f* fjäderbatong **-stich** *-e m*, *konst.* stålstick **-werk** *-e*

n stålverk **-werker** - *m*, *vard.* stålverksarbetare **-wolle** 0 *f* stålull
stak *se stecken* 2
Stake *-n f*, *nty.* stake, stör **staken 1** staka [fram] **2** *s*, *wir sind durch den Kanal gestakt* vi har stakat oss fram genom kanalen **3** *s*, *vard.* stolpa [i väg], gå stelbent **4** *dial.*, *e-e Garbe* ~ ta en kärve på högaffeln; *Heu auf den Wagen* ~ kasta upp hö på vagnen [m. högaffeln] **Staket** *-e n* [spjäl]staket
Stakkat|**o** [ʃt- *el.* st-] *-os el. -i n*, *mus.* stackato **staksen** [-a:-] *s*, *se staken* 3
Stalagmit [ʃt- *el.* st-] *gen. -s el. -en*, *pl -e*[*n*] *m*, *geol.* stalagmit **Stalaktit** *gen. -s el. -en*, *pl -e*[*n*] *m*, *geol.* stalaktit
Stalinismus [st- *el.* ʃt-] 0 *m* stalinism **Stalinist** *-en -en m* stalinist **stalinistisch** stalinistisk **Stalinorgel** *-n f*, *mil.* stalinorgel
Stall *-e*† *m* stall; ladugård; får-, höns|hus; bod; svinstia (*äv. bildl.*) **Stallbaum** *-e*† *m* spiltbom **Ställchen** - *n* **1** [litet] stall *etc.*, *jfr Stall* **2** barnhage **stallen 1** stalla (*äv. urinera*) **2** stå i stall[et] *etc.*, *jfr Stall* **Stallfeind** 0 *m*, *schweiz.* mul- o. klövsjuka **Stallfütterung** *-en f* utfodring i stall[et] *etc.*, *jfr Stall* **Stallhase** *-n -n m* [tam]kanin **Stallknecht** *-e m* stalldräng **Stallung** *-en f* stall[byggnad]
Stamm *-e*† *m* stam; *vard.* stående rätt (*på matsedel*); *der Letzte seines* ~ *es* den sista av sin ätt; *ein* ~ *Bienen* en stock bin; *ein* ~ *Hühner* en avelsgrupp höns; *e-n festen* ~ *Kunden haben* ha en fast kundkrets; *er ist vom* ~ *e Nimm* (*skämts.*) han har födgeni (är girig); *der Apfel fällt nicht weit vom* ~ äpplet faller inte långt från trädet; *er gehört zum alten* ~ han är en man av den gamla stammen **-aktie** *-n f* stamaktie **-baum** *-e*† *m* stam|träd, -tavla **-beisel** *-n*, *österr.* stam|krog, -lokus **-buch** *-er*† *n* gästbok; minnesalbum; stambok (*för boskap*); *das kannst du dir ins* ~ *schreiben!* kom ihåg det för tid o. evighet! **-einlage** *-n f*, *hand.* ursprunglig (bolagsstiftares) kapitalinsats
stammeln stamma; *e-e Bitte* ~ stamma fram en bön
stamm|**en** [här]stamma, komma, härleda sig (*aus* från); *das Wort -t aus dem Deutschen* ordet kommer från tyskan; *aus dem 15. Jahrhundert* ~ vara (härstamma, datera sig) från 1400-talet
stammern *dial.* stamma
Stammes|**geschichte** 0 *f*, *biol.* fylogeni **-zugehörigkeit** 0 *f* medlemskap i (tillhörighet till) stam[men]
Stamm|**form** *-en f*, *språkv.* grundform; *biol.* stamform **-gast** *-e*† *m* stamgäst **-gericht** *-e n* stående rätt (*på matsedel*) **-halter** - *m* [äldste, förstfödde] son, arvinge **-haus** *-er*† *n* moderföretag; huvudkontor **-holz** *-er*† *n* (*grovt*) virke, timmer
Stammiete *-n f* abonnemang (*på teater e.d.*) **Stammieter** - *m* abonnent **stämmig** kraftig[t byggd], robust, bastant, stadig **Stämmigkeit** 0 *f* kraftig [kropps]byggnad, bastant figur **Stammkapital** *-e el. -ien n* aktiekapital, grundfond **Stammkneipe** *-n f*, *vard.* stam|krog, -lokus **Stammkunde** *-n -n m* stamkund **Stammkundschaft** 0 *f* stamkunder **Stammland** *-er*†, *högt.* *-e n* stamland
Stammler - *m* stammare
Stamm|**lokal** *-e n* stam|lokus, -krog **-platz** *-e*† *m* [abonnerad] plats; *dieser Sessel ist sein*

~ han sitter alltid i den här fåtöljen -**publikum** *0 n* stampublik -**rolle** *-n f, mil.* rulla -**silbe** *-n f, språkv.* stamstavelse -**sitz** *-e m* företags [huvud]säte; stamort; [abonnerad] plats *(på teater e.d.)* -**tafel** *-n f* stamtavla -**tisch** *-e m* stambord; krets (lag) av stamgäster; bord [reserverat] för stamgäster -**ton** *-e† m, mus.* stamton
stammverwandt [stam]besläktad **Stammverwandte(r)** *m f, adj böjn.* stamfrände **Stammwähler** - *m, die ~ e-r Partei* ett partis fasta väljarkår **Stammwort** *-er† n, språkv.* stamord
Stampe *-n f, dial.* sylta *(krog)* **Stamperl** *-n n, sty., österr.* [snaps]glas
Stampfbeton *0 m* stampbetong **stampfen 1** stampa *(äv. sjö.);* trampa; slå, stöta; mosa; krossa; *[auf] die Erde ~* stampa i marken; *etw. aus der Erde ~ (bildl.)* stampa fram ngt ur jorden **2** *s* trampa (klampa) [fram] **Stampfer** - *m* stamp, stöt; potatisstöt; mortelstöt **Stampfkartoffeln** *pl, dial.* potatismos
stand *se stehen* **Stand** *-e† m* **1** stående ställning, [stilla]stående; [till]stånd, skick; läge, situation, ställning; höjd, nivå; stadium; *hand.* kurs; *~ der Aktien* aktiekurs; *der ~ der Dinge* sakernas läge; *~ des Wassers* vattenstånd; *der Tisch hat e-n festen (guten) ~* bordet står stadigt; *bei e-m keinen guten ~ haben (vard.)* ligga illa till hos ngn; *e-n harten (schweren) ~ haben (vard.)* ha det besvärligt (svårt); *etw. auf den neuesten ~ bringen* göra ngt [topp]aktuellt ([topp]modernt); *aus dem ~ (vard.)* på rak arm, oförberett; *Sprung aus dem ~* stående hopp; *gut im ~[e] sein, in gutem ~[e] sein* vara i gott skick (god form); *etw. in den ~ ([ver]setzen* återställa ngt i dess forna skick; *nach dem neuesten ~ der Wissenschaft* enligt vetenskapens senaste rön **2** civilstånd; yrkesgrupp; [samhälls]ställning; stånd, skikt, [samhälls]klass; *die Stände (hist. äv.)* ständerna; *der ~ der Bauern* bondeståndet; *ein Mann von ~* en ståndsperson; *in den ~ der Ehe treten* träda in i det äkta ståndet **3** plats *(där man står);* position; station, [taxi]hållplats; *seinen ~ an e-m Ort haben* vara placerad på ett ställe **4** förarhytt **5** skjutbana **6** [salu]stånd; monter; bås **7** *schweiz.* kanton
Standard [ʃt- *äv.* st-] *-s m* standard **Standardabweichung** *-en f, stat.* standardavvikelse **Standardausrüstung** *-en f* standardutrustning **standardisieren** standardisera **Standardisierung** *-en f* standardisering **Standardmodell** *-e n* standardmodell **Standardsprache** *-n f, språkv.* standard-, hög|språk **Standardwerk** *-e n* standardverk **Standardzeit** *0 f* normaltid
Stan'darte *-n f* **1** standar **2** *jakt.* svans *(på räv o. varg)*
Standbein *-e n* bärande ben; *konst. äv.* ståndben **Standbild** *-er n* staty, bildstod **Ständchen** - *n* serenad; *e-m ein ~ bringen* hålla serenad för ngn **Stande** *-n f, dial.* fat, bytta **Stander** - *m* vimpel; *sjö.* ståndare **Ständer** - *m* **1** ställ[ning]; [hatt-, kläd]hängare; pelare, ståndare; fot, stativ **2** *jakt. (skogsfågels)* ben **3** *elektr.* stator **4** *vard.* stånd *(erektion); e-n ~ bekommen* få stånd **Ständerlampe** *-n f, schweiz.* golvlampa **Standesamt** *-er† n* byrå för civilregistrering o. borgerlig vigsel **standesamtlich** *~e Trauung* borgerlig vigsel **Standesbeamte(r)** *m, adj böjn.* tjänsteman

(på Standesamt) **Standesdünkel** *0 m* ståndshögfärd **Standesehre** *0 f, unsere ~* vårt stånds ära (heder) **standesgemäß** ståndsmässig **Standesorganisation** *-en f* yrkesorganisation **Standessprache** *-n f* yrkes|-språk, -jargong **Ständestaat** *-en n* korporativ stat **Standesunterschied** *-e m* klass-, stånds|skillnad **standeswidrig** stridande mot ens stånd (rang) **standeswürdig** *nicht ~* stridande mot ståndets ära (heder) **Ständetag** *-e m* ståndsriksdag **standfest** stadig, stabil; *nicht mehr ganz ~ sein* inte vara riktigt stadig på benen längre *(på grund av alkohol)* **Standgeld** *-er n* stånd-, torg|avgift, hyra *(för stånd)* **Standgerät** *-e n* golv|apparat, -modell *(av radio e.d.)* **Standgericht** *0 n, mil.* ståndrätt **standhaft** ståndaktig, bestämd, orubblig; uthållig; *sich ~ wehren* värja sig tappert; *sich ~ weigern* bestämt vägra **Standhaftigkeit** *0 f* ståndaktighet *etc., jfr standhaft* **standhalten** *st* hålla stånd *(e-m* mot ngn); *es wird e-r näheren Prüfung nicht ~* det kommer inte att stå sig inför en närmare granskning **ständig** ständig, konstant, permanent, stadigvarande; fast, ordinarie; *adv äv.* jämt **ständisch** *polit.* korporativ
Stand|licht *0 n* parkeringsljus *(på bil)* -**miete** *-n f, se Standgeld* -**ort** *-e m* [huvud]säte, central; uppställningsplats; position; *mil.* förläggningsort; *bot.* växtplats; *politisch ~* politisk uppfattning (hemvist); *von meinem ~ konnte ich gut sehen* från den plats där jag stod kunde jag se bra -**ortmeldung** *-en f, mil.* positionsrapport -**pauke** *-n f, vard.* straffpredikan -**platz** *-e† m, se Stand 3* -**punkt** *-e m* plats, position; ståndpunkt *(äv. bildl.); e-m den ~ klarmachen (vard.)* säga ngn sitt hjärtas mening; *von seinem ~ aus (äv.)* från hans synpunkt (sida) sett -**quartier** *-e n* fast kvarter, bas -**recht** *0 n* undantagstillstånd; lag[ar] gällande under undantagstillstånd
standrechtlich *~ erschießen* ställa inför ståndrätt o. arkebusera **standsicher** *se standfest* **Standuhr** *-en f* golvur **Standvogel** *-† m, zool.* stannfågel **Standwaage** *-n f, gymn.* våghalvstående **Standwild** *0 n, jakt.* fast stam *(av vilt)* **Standzeit** *-en f, tekn.* livstid *(hos maskin e.d.)*
Stange *-n f* **1** stång, stake, stör; stolpe; pinne; *e-e [hübsche] ~ Geld (vard.)* en massa pengar; *e-e ~ Zigaretten* en limpa cigaretter; *e-e ~ Zimt* en kanelstång; *e-e [ganze] ~ (vard.)* en hel del; *e-e lange ~ (vard.)* en lång räkel; *e-m die ~ halten* a) ta ngns parti, hålla ngn om ryggen, b) vara lika bra som ngn; *bei der ~ bleiben* inte ge tappt, hålla ut; *Anzug von der ~ (vard.)* konfektionskostym; *von der ~ kaufen (vard.)* köpa konfektion (färdigt) **2** *vulg.* ståkuk **3** *dial. (slags)* [öl]glas **4** *jakt.* huvudstam *(på horn)* **5** *skogsv.* slana **Stangenbohne** *-n f* störböna **Stangenholz** *-er† n, skogsv.* slan|-träd, -virke **Stangenspargel** - *m* stångsparris **Sta'nitzel** - *n, dial.* strut, [pappers]påse
stank *se stinken* **Stank** *0 m* **1** *vard.* bråk **2** stank **Stänker** - *m, vard.* gräl-, bråk|makare **Stänkerei** *-en f, vard.* gräl-, bråk|makeri **stänkern** - *m, se Stänker* **stänkern 1** *vard.* mucka gräl **2** sprida stank, förpesta luften
Stanniol [ʃt- *el.* st-] *-e n* stanniol **stanniolert** [inpackad] i stanniolpapper
'**stante 'pede** *vard. skämts.* på stående fot, genast

1 Stanze -*n f, versl.* stans
2 Stanze -*n f* stans[maskin]; prägel **stanzen** stansa [ut] **Stanzmaschine** -*n f* stans[nings]maskin
Stapel - *m* **1** stapel, trave, hög; stapelplats; [varu]nederlag **2** stapel[bädd]; *ein Schiff auf ~ legen* stapellägga ett fartyg; *vom ~ lassen* låta gå av stapeln, sjösätta; *e-e Rede vom ~ lassen* (*vard.*) [sätta i gång o.] hålla tal; *e-n Witz vom ~ lassen* (*vard.*) berätta en historia **3** hårbunt (*i fårpäls*) **4** *text.* fiber[längd] **Stapelfaser** -*n f* (*kortskuren*) [konst]fiber **Stapellauf** -*e†* m stapelavlöpning, sjösättning **stapeln** **1** stapla, trava; hopa **2** *rfl* hopa sig **Stapelplatz** -*e†* m stapelplats
Stapfe -*n f*, **Stapfen** - *m* [fot]spår **stapfen** *h el. s* gå tungt, stövla; *durch den Schnee ~* pulsa genom snön
Staphylokokken [ʃt- *el.* st-] *pl* stafylokocker
Stapler - *m* gaffeltruck
1 Star -*e m*, *zool.* stare
2 Star -*e m, med.* starr; *e-m den ~ stechen* (*vard.*) öppna ngns ögon
3 Star [st- *äv.* ʃt-] -*s m* stjärna (*film- e.d.*) **-allüren** *pl* divalater
starb *se* **sterben**
starblind starrblind **Starbrille** -*n f* starrglas **stark** *adj* † **1** stark (*äv. språkv.*); fast; mäktig; stor; talrik; stabil; grov, tjock; fyllig; korpulent; kraftig; svår, häftig, hård, sträng; intensiv, våldsam; *adv äv.* mycket; *das ist ~ (ein ~es Stück)!* det var (är) väl [mag]starkt!, det var (är) höjden!; *ein ~er Esser sein* vara stor i maten (matfrisk); *das ~e Geschlecht* det starka könet; *~en Hunger haben* vara mycket hungrig; *die Gruppe ist zehn Personen ~* gruppen består av tio personer; *ein ~er Raucher sein* röka mycket, vara storrökare; *wie ~ ist die Auflage des Romans?* hur stor är upplagan på romanen?; *das Buch ist mehrere hundert Seiten ~* boken är på flera hundra sidor; *das ist seine ~e Seite* det är hans starka sida; *er brauchte drei ~e Stunden* han behövde drygt tre timmar; *~er Verkehr (äv.)* livlig trafik; *e-e 50 cm ~e Wand* en 50 cm tjock vägg; *die Vorstellung ist ~ besucht* föreställningen är välbesökt; *~ bevölkert* tättbefolkad; *es geht ~ auf zwei (vard.)* klockan är snart två; *sie geht ~ auf die Sechzig zu (vard.)* hon är snart sextio [år]; *sich für etw. ~ machen (vard.)* lägga sig ut (kämpa) för ngt **2** *vard.* häftig, ball, toppen
Starkasten -[†] *m* starholk
Starkbier -*e n* öl med hög stamvörtstyrka **Stärke** -*n f* **1** styrka, kraft; grov-, tjock|lek; intensitet; *seine ~ (äv.)* hans starka sida; *e-e Truppe von 200 Mann ~* en styrka på 200 man **2** stärkelse **stärkehaltig** stärkelsehaltig **Stärkemehl** 0 *n* stärkelse[mjöl] **stärken** **1** stärka (*äv. tyg*); styrka, göra starkare; *frisch gestärkt a*) nystärkt, *b*) med friska krafter **2** *rfl* stärka sig; *sich mit (durch) etw. ~* stärka sig med ngt; *sich etw. ~* ta sig ngt till bästa (en styrketår) **starkknochig** grovlemmad **starkleibig** korpulent **Starkstrom** 0 *m* starkström **Starkstromleitung** -*en f* kraft-, starkströms|ledning
Starkult 0 *m* stjärnkult
Stärkung -*en f* stärkande; stärkning; stärkande medel; för|täring, -friskning; *seine ~ macht Fortschritte* hans krafter tilltar **Stärkungsmittel** - *n* stärkande medel

Starlet[t] ['ʃt- *el.* 'st-] -*s n* ung (blivande) [film]stjärna
Starmatz -*e†* m, *vard.* (*tam*) stare
Starparade -*n f* stjärnparad
starr stel, styv; orörlig; (*om blick*) stirrande; *bildl.* stelbent, styvsint; *~er Körper* (*fys.*) fast kropp; *~ vor Kälte* stel av köld, stelfrusen; *~ vor Staunen* (*äv.*) mållös; *da bin ich ~! (vard.)* nu blev jag paff!; *e-n ~ ansehen* stirra (se stint) på ngn **Starre** 0 *f* stelhet, styvhet; *die ~ des Blickes* det stirrande i blicken **starr|en 1** stirra **2** *von (vor) etw.* (*dat.*) ~ vara full av ngt; *das Zimmer -te vor Schmutz* rummet var inpyrt med smuts; *die Männer ~ vor Waffen* männen dignar under vapen **3** resa (höja) sig **Starrheit** 0 *f* stelhet *etc.*, *jfr* starr **Starrkopf** -*e†* m tjurskalle **starrköpfig** tjurskallig, envis **Starrköpfigkeit** 0 *f* tjurskallighet, envishet **Starrkrampf** 0 *m, med.* stelkramp **Starrsinn** 0 *m* halsstarrighet **starrsinnig** halsstarrig **Starrsinnigkeit** 0 *f* halsstarrighet **starrsüchtig** *med.* kataleptisk
Start [ʃt-, *äv.* st-] -*s*, *ibl.* -*e m* start; *fliegender ~* flygande start; *den ~ freigeben* (*sport.*) ge signal till start (starttecken); *am ~ sein* (*sport.*) *äv.*) starta, ställa upp **Startautomatik** -*en f* automatchoke (*i bil*) **Startbahn** -*en f* startbana **startbereit** startklar **Startblock** -*e†* m **1** startblock **2** startpall **starten 1** starta, sätta i gång; *das Auto ~* starta bilen; *e-n Satelliten ~* sända upp (i väg) en satellit **2** *s* starta, sätta i gång, börja; *bei e-m Wettkampf ~ (äv.)* ställa upp i en tävling; *er ist gestern in den Urlaub gestartet* han började sin (åkte på) semester i går **Starter** - *m* **1** startare, startledare, starter **2** startande, [tävlings]deltagare **3** startmotor; startknapp **Starterklappe** -*n f* choke
Starthilfe -*n f* **1** startraket (*för rymdfarkost e.d.*) **2** starthjälp (*äv. bildl.*); *e-m ~ geben* (*äv.*) hjälpa ngn i starten **startklar** startklar **Start|linie** -*n f* startlinje **-loch** -*e†* n startgrop **-nummer** -*n f* startnummer **-pistole** -*n f* startpistol **-schu|ß** -*sse†* m startskott (*äv. bildl.*) **-verbot** -*e n* startförbud
'Stasi 0 *f m, vard., förk.* för Staatssicherheitsdienst (*ung.*) säkerhetspolis
Statik ['ʃt-, *äv.* 'st-] 0 *f, fys.* statik
Station -*en f* **1** [järnvägs]station, hållplats; anhalt; *bildl.* stadium; *freie ~* fritt vivre (uppehälle), kost o. logi; *~ machen* göra uppehåll, stanna **2** station, forskningsanstalt **3** [radio]station, sändare **4** avdelning (*på sjukhus*) **stationär** stationär; *~e Behandlung* sjukhusbehandling **stationieren** stationera; *mil.* förlägga **Stationsarzt** -*e†* m avdelningsläkare **Stationsgebäude** - *n* stationshus **Stationsschwester** -*n f* avdelningssköterska **Stationsvorsteher** - *m* stationsinspektor
statisch ['ʃt-, *äv.* 'st-] statisk
Statist -*en -en m* statist **Statisterie** -*n f* (*samtliga*) statister (*vid teater e.d.*) **Sta'tistik** [ʃt-, *äv.* st-] -*en f* statistik **Statistiker** [ʃt-, *äv.* st-] - *m* statistiker **statistisch** [ʃt-, *äv.* st-] statistisk **Stativ** -*e n* stativ
statt *prep m. gen. o. konj* i stället för; *~ seiner (äv.)* i hans ställe; *~ zu gehen* i stället för att gå; *er wollte essen, hat aber ~ dessen geraucht* han ville äta men rökte i stället **Statt** 0 *f, högt.* ställe, plats; *an seiner ~* i hans ställe; *an Eides ~* under edlig förpliktelse; *an Kindes ~ annehmen* adoptera **Stätte** -*n f, högt.* ställe,

ort, plats **stattfinden** *st* äga rum, gå av stapeln **stattgeben** *st, etw. (dat.)* ~ bevilja (uppfylla, efterkomma) ngt **statthaben** *oreg., högt.* äga rum, gå av stapeln **statthaft** tillåten, tillåtlig **Statthalter** - *m* ståthållare **Statthalterschaft** *0 f* ståthållarskap **stattlich** ståtlig; *(om summa)* ansenlig **Statue** ['ʃt-, *äv.* 'st-] -*n f* staty **statuenhaft** [stel] som en staty, orörlig **Statuette** -*n f* statyett **statuieren** statuera **Sta'tur** *0 f* statur, kroppsbyggnad **Status** ['ʃt-, *äv.* 'st-] - *m* status; [ekonomiskt] läge (tillstånd) **Statussymbol** -*e n* statussymbol **Statut** [ʃt-, *äv.* st-] -*en n* statut, stadga **statutengemäß** stadgeenlig, i enlighet med stadgarna **Stau** -*e el.* -*s m* uppdämning *(av vatten);* [trafik]stockning; kö[bildning] **-anlage** -*n f* dammanläggning, fördämning
Staub *0, fack.* -*e*[†] *m* damm; stoft; ~ wischen *(saugen)* damma (dammsuga); *die Sache hat viel* ~ *aufgewirbelt* saken har rört upp mycket damm; *sich aus dem* ~[e] *machen (vard.)* avdunsta, smita, sticka; *vor e-m im* ~[e] *kriechen* kräla i stoftet inför ngn; *etw. in den* ~ *ziehen (zerren)* dra ngt i smutsen; *zu* ~ *werden* bli till stoft **staubabweisend** som inte drar åt sig damm **Staubbach** -*e*† *m* bäck med rykande fall **Staubbesen** - *m* dammvippa **Staubbeutel** - *m, bot.* ståndarknapp **Staubblatt** -*er*† *n, bot.* ståndarblad **Stäubchen** - *n* dammkorn **staubdicht** dammtät
Staubecken - *n* uppdämningsbassäng **stauben 1** damma; röra upp damm **2** sopa [bort] **3** *dial.* mjöla **stäuben 1** yra, ryka **2** strö, pudra **3** sopa [bort] **4** damma **Staubexplosion** -*en f* dammexplosion **Staubfänger** - *m* dammsamlare **Staubfetzen** - *m, österr.* dammtrasa **Staubfeuerung** -*en f, tekn.* kolpulvereldning **staubfrei** dammfri **Staubgefäß** -*e n, bot.* ståndare **staubig 1** dammig **2** *dial.* påstruken *(berusad)* **Staubkamm** -*e*† *m* finkamm **Staubkorn** -*er*† *n* damm-, stoft|korn, -partikel **Staublappen** - *m* dammtrasa **Staublawine** -*n f* lössnölavin **Stäubling** -*e m, bot.* röksvamp **Staublunge** -*n f, med.* dammlunga **Staubmantel** -† *m* damm|rock, -kappa; poplin|rock, -kappa **Staubpartikel** - *n, äv.* -*n f* dammpartikel **staubsaug|en** -*te, staubgesaugt* dammsuga **Staubsauger** - *m* dammsugare **Staubschicht** -*en f* damm|lager, -skikt **staubtrocken 1** *(om färg e.d.)* dammtorr **2** [-'--] *vard.* knastertorr **Staubtuch** -*er*† *n* dammtrasa **Staubwedel** - *m* dammvippa **Staubwolke** -*n f* dammoln **Staubzucker** *0 m* pudersocker
Stauche -*n f, dial.* **1** halvhandske; muff; mudd **2** sjalett **stauchen** stöta; stuka; kröka, bocka; *e-n* ~ *(vard.)* skälla ut ngn; *sich (dat.) den Fuß* ~ stuka foten; *Nägel* ~ stuka spik[ar]; *auf den Boden* ~ stöta i marken
Staudamm -*e*† *m* fördämning, regleringsdamm
Staude -*n f* **1** [låg] buske **2** perenn växt **3** *dial.* salladshuvud **staudig 1** busklik **2** perenn
stau|en 1 *sjö.* stuva **2** dämma [upp] *(vatten)* **3** *rfl* packa ihop sig, samlas; *der Verkehr* -*t sich* trafiken stannar upp, det blir stopp i trafiken; *das Wasser (Eis)* -*t sich* vattnet dämms upp (isen skruvar sig) **Stauer** -*n m* stuvare, stuveriarbetare
Staufe -*n* -*n m,* **Staufer** - *m* hohenstaufare

Stauffer|büchse -*n f* smörjkopp **-fett** *0 n* konsistensfett
staun|en förvånas, häpna; *da* -*st du, was?* nu blev du allt förvånad?; *da* -*t der Laie [und der Fachmann wundert sich]! (ung.)* har man sett på maken!; *er* -*te nicht schlecht, als* han blev inte lite förvånad när; ~*d* förvånad **Staunen** *0 n* förvåning, häpnad; *e-n in* ~ [*ver*]*setzen* göra ngn förvånad **staunenswert** förvånansvärd, häpnadsväckande
1 Staupe -*n f, veter.* valpsjuka
2 Staupe -*n f, hist.* spö[straff] **stäupen** *hist.* spöa; *gestäupt werden* slita spö
Stausee -*n m* uppdämd sjö; vattenmagasin *(för kraftverk)* **Stauung** -*en f* **1** uppdämning **2** [trafik-, blod]stockning; kö[bildning] **Stauwehr** -*e n* regleringsdamm **Stauwerk** -*e n* dammanläggning, fördämning
Std[e]. *förk. för Stunde* t., tim., timme **Stdn**. *förk. för Stunden* timmar
Steak [ste:k, *ibl.* ʃt-] -*s n* biff
Stearin [ʃt-, *äv.* st-] -*e n* stearin, **-kerze** -*n f* stearinljus
Stechapfel -† *m, bot.* spikklubba **Stechbecken** - *n* stickbäcken **Stech|beitel** - *m,* **-eisen** - *n* stämjärn **stechen** stack, stäche, gestochen, stichst, sticht, stich! **1** sticka; stickas; *konst. äv.* gravera; *kortsp. äv.* sticka (ta) över; ~*der Blick* stickande (genomborrande) blick; *ein Fisch* ~ ljustra en fisk; *ein Schwein* ~ sticka (slakta) en gris; *die Sonne sticht* solen sticker (bränner); *Spargel* ~ sticka sparris; *Torf* ~ sticka (ta upp) torv; *Wespen (Disteln)* ~ getingar (tistlar) sticks; *e-m (e-n) mit dem Messer in die Brust* ~ sticka kniven i bröstet på ngn; *ins Rötliche* ~ *(äv.)* skifta (stöta) i rött; *es sticht mich in der Seite (äv.)* jag har håll i sidan; *von e-r Wespe gestochen werden (äv.)* bli.biten (stungen) av en geting; *wie gestochen schreiben* skriva mycket tydligt **2** stämpla *(i stämpelklocka)* **3** *sport.* avgöra genom skiljematch (skiljeheat) **4** *sl.* tatuera **5** *s, in See* ~ sticka till sjöss (ut till havs) **Stechen** *0 n, sport.* [avgörande genom] skiljematch (skiljeheat) **Stecher** - *m* **1** kopparstickare; gravör **2** *jakt.* [fågel]näbb **3** knivskärare
Stech|fliege -*n f* stickfluga **-heber** - *m* stickhävert, pipett **-karre** -*n f* säckkärra **-mücke** -*n f* stickmygga **-paddel** - *n* enbladig paddel **-palme** -*n f, bot.* järnek, kristtorn **-schritt** *0 m, im* ~ *gehen* gå i [preussisk] paradmarsch **-uhr** -*en f* stämpelklocka
Steckbrief -*e m* [plakat med] efterlysning; *vard.* beskrivning **steckbrieflich** *e-n* ~ *verfolgen* efterlysa ngn **Steckdose** -*n f* väggkontakt; uttag **steck|en 1** *sv* sticka, stoppa, lägga; sätta [upp], fästa; *sömn.* nåla; *Kartoffeln (Bohnen)* ~ *(dial.)* sätta potatis (så bönor); *e-m etw.* ~ *(vard.)* ge ngn en vink om ngt, avslöja ngt för ngn; *e-m ein Ziel* ~ sätta [upp] ett mål för ngn; *dem werde ich es* ~! *(vard.)* jag ska säga honom ett sanningens ord!; *e-e Brosche ans Kleid* ~ sätta fast en brosch på klänningen; *sich hinter etw. (ack.)* ~ *(vard.)* ta itu [ordentligt] med ngt; *sich hinter e-n* ~ söka stöd (hjälp) hos ngn; *etw. in Brand* ~ sticka ngt i brand, sätta eld på ngt; *e-n ins Gefängnis* ~ *(vard.)* kasta ngn i fängelse; *Geld in ein Geschäft* ~ **3** *sport.* sticka in pengar i en affär; *in die Tasche* ~ stoppa i fickan; *etw. zu sich* ~ stoppa ngt på sig; *sich (dat.) das Haar zu e-m Knoten* ~ sätta upp

håret i en knut 2 sv, äv. *stak, stäke* sitta, ligga, befinna sig; sitta (vara) instucken (nedstucken); *warm ~ (vard.)* vara varmt klädd (påpälsad); *das Buch -t voller Fehler* det vimlar av fel i boken; *der Schlüssel -t (vard.)* nyckeln sitter i; *wo -t bloß meine Brieftasche? (vard.)* var tusan är min plånbok?; *wo hast du denn so lange gesteckt? (vard.)* var har du varit (hållit hus) så länge?; *dahinter -t seine Frau (vard.)* det är hans fru som ligger bakom det; *in ihm -t etw. (vard.)* han har anlag (är begåvad); *in ihm -t e-e Krankheit (vard.)* han håller på att bli sjuk; *sehr in der Arbeit ~* vara överhopad med arbete; *es -t viel Arbeit darin (vard.)* det ligger mycket arbete bakom det; *mitten in der Arbeit ~* vara mitt uppe i arbetet; *der Schreck -t mir noch in den Gliedern* skräcken sitter ännu i mig; *tief in Schulden ~* vara skuldsatt upp över öronen **Stecken** - *m, dial.* käpp, stav; *Dreck am ~ haben* inte ha rent mjöl i påsen **steckenbleiben** *st s* fastna, bli sittande; *vard.* komma av sig; *der Bissen blieb ihm im Hals*[*e*] *stecken* tuggan fastnade i halsen på honom, han fick tuggan i halsen; *die Verhandlungen sind steckengeblieben* överläggningarna har kört fast **steckenlassen** *st* låta sitta i (kvar); *e-n ~ (bildl.)* lämna ngn i sticket **Steckenpferd** -*e n* käpphäst; *bildl. äv.* hobby; *sein ~ reiten* rida på sin käpphäst, ägna sig åt sin hobby **Stecker** - *m* stick|propp, -kontakt
Steck|kartoffeln *pl* sättpotatis **-kontakt** -*e m* väggkontakt **-ling** -*e m* stickling **-nadel** -*n f* knappnål; *e-n wie e-e ~ suchen* söka länge o. grundligt (leta överallt) efter ngn **-rübe** -*n f* kålrot **-schlüssel** - *m* hylsnyckel **-schu|ß -sse†** *m* kula som stannar (stannat) kvar i kroppen **-zwiebel** -*n f* sättlök
Steg -*e m* 1 spång; planka; [gång]bro; brygga, landgång 2 näsbrygga (*på glasögon*) 3 byxhälla 4 *åld.* stig 5 stall (*på stränginstrument*) 6 *typ.* steg
Stegreif *0 m, aus dem ~* på rak arm, oförberett; *aus dem ~ reden* hålla ett improviserat (oförberett) tal **-künstler** - *m* improvisatör **-rede** -*n f* improviserat (oförberett) tal **-spiel** -*e n* improviserad föreställning
Steh|aufmännchen - *n* stådocka (*liten docka m. blyklump nertill*); *bildl.* person som alltid reser sig (kommer igen) **-bier** *0 n, ein ~ trinken* ta en öl på stående fot **-bierhalle** -*n f* enklare krog (*där man står vid disken o. dricker öl*) **-bild** -*er n* stillbild
steh|en *stand, stände (stünde), gestanden; sty.,* österr., *schweiz.:* s 1 stå; vara, finnas; ligga; stå till, förhålla sig; *~den Fußes* på stående fot, genast; *das Geld -t sicher* pengarna är säkert placerade; *der Plan -t (vard.)* planen är klar (färdig); *die Räder standen* hjulen stod stilla; *die Sache -t so, daß* saken ligger så till att; *Schlange ~* stå i kö; *das Spiel -t 2:1* det står 2—1 i matchen; *gestandener Sprung* skidhopp utan att falla; *Wache ~* stå på vakt; [*wie geht's*] *wie -t's?* hur står det till?; *es -t zu erwarten, daß* det är att vänta att; *das kommt ihm* (ihn) *teuer zu ~* det kommer att stå honom dyrt; *kann man hier* [*im Wasser*] ~? bottnan man här?; *das kann er ~d freihändig (vard.)* det är ingen match för honom; *so wahr ich hier -e* så sant som jag står här; *er -t ihm (vard.)* han har stånd; *er kam auf die Füße zu ~* han kom ner på fötterna; *auf seinem*

Kopf -t e-e Belohnung det är satt en belöning på hans huvud; *auf diesem Verbrechen -t die Todesstrafe* det är dödsstraff på detta brott; *die Mark -t bei* ... marken står i ...; *es -t ganz bei dir, ob* det beror helt o. hållet på dig om; *Geld bei e-m ~ haben* ha pengar innestående hos ngn; *es -t noch dahin* det är ännu inte bestämt; *ich -e für nichts* jag garanterar ingenting; *es -t nicht dafür (dial.)* det lönar sig inte; *mit e-m ~ und fallen* stå och falla med ngn; *mit e-m gut ~* stå på god fot (komma bra överens) med ngn; *es -t schlimm mit seiner Gesundheit* det står illa till med hans hälsa; *der Anzug -t vor Dreck (vard.)* kostymen är så smutsig att den kan stå för sig själv; *etw. zum S~ bringen* stoppa (få stopp på) ngt, få ngt att stanna; *es -n e-m ~* stå på ngns sida, stödja ngn; *das -t mir bis zum Hals*[*e*] *(vard.)* det står mig upp i halsen; *wie -st du zu der Sache?* hur ställer du dig till saken?; *zu seinem Wort ~* stå vid sitt ord 2 *der Hut -t dir gut* hatten klär (passar) dig 3 *auf etw.* (ack.) ~ *(vard.)* gilla (digga) ngt 4 *sjö., der Wind -t nach Süden* vinden är nordlig 5 *rfl, sich gut ~ (vard.)* ha det bra [ställt]; *sich mit e-m gut ~* stå på god fot (komma bra överens) med ngn; *hier -t es sich gut* här står man bra; *sich müde ~* stå så att man blir trött; *sich auf 5000 Kronen monatlich ~ (vard.)* tjäna 5 000 kronor i månaden **stehenbleiben** *st s* stanna, bli stående, stå kvar; *stehengeblieben sein (äv.)* vara kvar-[glömd] **stehenlassen** *st* låta stå [kvar], lämna (glömma) [kvar]; *sich (dat.) e-n Bart ~* låta skägget växa; *alles stehen- und liegenlassen* lämna (strunta i) allt; *für ein Käsebrot lasse ich jeden Kuchen stehen (vard.)* får jag bara en ostsmörgås struntar jag i alla kakor **Steher** - *m* 1 *sport.* stayer, långdistansare 2 *dial.* just (pålitlig) person **Steherrennen** - *n, sport.* stayer-, långdistans|lopp **Stehkragen** - *m* stå[nd]krage; hög krage **Stehkragenproletarier** - *m, vard.* manschettproletär **Stehlampe** -*n f* golvlampa **Stehleiter** -*n f* trappstege
stehlen *stahl, stähle (stöhle), gestohlen, stiehlst, stiehlt, stiehl!* 1 stjäla; *er kann mir gestohlen bleiben (vard.)* jag får sjutton (fan) i honom, han är mig totalt likgiltig 2 *rfl, sich ins Haus ~* stjäla (smyga) sig in i huset **Stehler** - *m* 1 tjuv 2 hälare **Stehlsucht** *0 f* kleptomani
Steh|platz -*e† m* ståplats **-pult** -*e n* ståpulpet **-vermögen** *0 n* stryktålighet, uthållighet
steif stel, styv, hård, fast; *vard.* stark (*om dryck*); ~*e Brise* styv bris; ~*er Kragen (äv.)* stärkkrage; ~ *und fest behaupten (vard.)* fullt o. fast påstå; *e-n S~en bekommen (vard.)* få stånd; *Eiweiß ~ schlagen* vispa äggvita till hårt skum; ~ *werden* stelna, styvna **Steife** -*n f* stel-, styv|het; styvnad; stöd, stötta **steifen** göra styv, stärka, appretera; stötta; *e-m den Nacken ~* uppmuntra ngn, stärka ngns motståndskraft **steifhalten** *st, die Ohren ~ (vard.)* inte ge upp, stå på sig, inte hänga läpp **Steifheit** *0 f,* **Steifigkeit** *0 f* styvhet, stelhet **steifleinen** 1 av stärkt linne 2 stel, formell, tråkig **Steifleinen** *0 n* styvnad, kanfas
Steig -*e m* [bergs]stig **Steigbügel** - *m* stigbygel *(äv. anat.); e-m den ~ halten (bildl.)* hjälpa ngn uppåt **Steige** -*n f* 1 *dial.* bergväg 2 *dial.* trappa 3 *sty.,* österr. spjällada; spjälbur, [höns]bur; stall **Steigeisen** - *n* stig-, steg|järn; stolpsko, klätterjärn **steigen** *stieg, stie-*

ge, gestiegen, s **1** stiga; gå uppåt, höja sig, lyfta; kliva; *bildl. äv.* öka; *Drachen (e-n Ballon)* ~ *lassen* släppa upp drakar (en ballong); *die Chancen* ~ chanserna ökar; *auf die Bremse* ~ (*vard.*) ställa sig på bromsen, tvärnita; *auf e-n Stuhl (Baum)* ~ kliva upp på en stol (klättra upp i ett träd); *aus dem Zug* ~ stiga (kliva) av tåget; *Tränen stiegen ihm in die Augen* han fick tårar i ögonen; *ins Examen* ~ (*vard.*) gå upp i examen; *in die Kleider* ~ (*vard.*) hoppa i kläderna; *ins Tal* ~ gå ner i dalen **2** (*om häst*) stegra sig **3** *vard.* gå av stapeln, äga rum **Steiger** - *m* gruv|förman, -fogde **steiger|n 1** öka, stegra, höja, driva upp **2** *språkv.* komparera (*adjektiv*) **3** *etw.* ~ ropa in ngt (*på auktion*) **4** *rfl* öka[s], stiga, stegras; förbättra sig (sin[a] prestation[er]); *sie* ~ *sich* de blir bättre o. bättre (når allt bättre resultat); *der Wind -t sich* vinden ökar **Steigerung** -*en f* **1** stegring, ökning, höjning **2** förbättring (*av prestation el. resultat*) **3** *språkv.* komparation (*av adjektiv*) **Steigerungsrate** -*n f* tillväxt, ökning; tillväxttakt **Steigerungsstufe** -*n f, språkv.* komparationsgrad **Steigflug** -*et m, flyg.* stigning **Steighöhe** -*n f, flyg.* stighöjd **Steigrohr** -*e n* stigrör **Steigung** -*en f* stigning, uppförsbacke, motlut
steil 1 brant; ~*e Handschrift* upprättstående handstil; ~*e Karriere* snabb karriär **2** *vard.* häftig; ~*er Zahn* (*vard.*) skarp brud **Steile** 0 *f* branthet
Steil|feuer 0 *n, mil.* kasteld **-hang** -*et m* brant sluttning, stup **-heit** 0 *f* branthet **-kurve** -*n f* brant kurva **-küste** -*n f* brant kust **-pa|ß** -*sset m, fotb.* brant passning **-ufer** - *n* brant [flod-, sjö]strand **-wand** -*et f* brant klippvägg (bergvägg)
Stein -*e m* **1** sten (*äv. med.*); *mir fällt ein* ~ *vom Herzen* det faller en sten från mitt hjärta; *es friert* ~ *und Bein* (*vard.*) det är smällkallt; *keinen* ~ *auf den anderen lassen* inte lämna sten på sten; *wie ein* ~ *schlafen* (*vard.*) sova som en stock; ~ *und Bein schwören* (*vard.*) svära dyrt o. heligt; *das ist ein Tropfen auf den heißen* ~ (*vard.*) det är som en droppe i havet; *zu* ~ *werden* bli förstenad **2** bricka (*i brädspel*); *bei e-m e-n* ~ *im Brett haben* (*vard.*) ligga bra till hos ngn **3** [frukt]sten, kärna **4** *dial.* ölkrus **Steinadler** - *m* kungsörn **'stein'alt** urgammal **Stein|bau** -*ten m* stenbyggnad; stenbygge **-baukasten** -[†] *m* bygglåda **-beil** -*e n, arkeol.* stenyxa **-beißer** - *m, zool.* nissöga **-bock** -*et m* stenbock (*äv. astron.*) **-bohrer** - *m* sten-, berg|borr **-brech** -*e m, bot.* stenbräcka **-brecher** - *m* **1** stenkross **2** *åld.* stenbrytare (*person*) **-bruch** -*et m* stenbrott **-butt** -*e m, zool.* piggvar **-druck** -*e m* stentryck, litografi **-eiche** -*n f* stenek
steinern 1 av sten, sten- **2** förstenad, som sten **Stein|erweichen** 0 *n, er heult zum* ~ han gråter hjärtskärande **-fall** -*et m* stenras **-fliese** -*n f* stenplatta **-frucht** -*et f* stenfrukt **-fußboden** -† *m* stengolv **-garten** -† *m* stenparti **-gut** -*e n* stengods **-hagel** 0 *m* stenregn **'stein'hart** stenhård
Steinhaufen - *m* sten|hög, -röse, gryt **Steinhaus** -*ert n* stenhus **Steinholz** 0 *n* stenträ, xylolit **Steinhuhn** -*ert n, zool.* stenhöna **steinig** stenig; stenartad **steinigen** stena **Steinigung** -*en f* stenande
Stein|kauz -*et m, zool.* Minervas uggla **-kern**

-*e m* [frukt]sten, kärna **-klee** 0 *m, bot.* sötväppling **-kohle** -*n f* stenkol **-kohlenbergwerk** -*e n* stenkolsgruva **-kohlenteer** -*e m* stenkolstjära **-kohlenzeit** 0 *f, die* ~ stenkolstiden **-krankheit** -*en f,* **-leiden** - *n, med.* stenlidande **-marder** - *m* stenmård **-metz** -*en* -*en m* stenhuggare **-obst** 0 *n* stenfrukt **-pflaster** - *n* stenläggning **-pilz** -*e m* karljohanssvamp, stensopp **-platte** -*n f* sten|platta, -skiva **steinreich 1** ['--] stenrik, stenig **2** ['-'-] stenrik (*mycket rik*)
Stein|salz 0 *n* bergsalt **-sarg** -*et m* kista av sten **-schlag 1** -*et m* stenras **2** 0 *m* makadam **-schleifer** - *m* stenslipare, ädelstensslipare **-schmätzer** - *m, zool.* stenskvätta **-setzer** - *m* sten|sättare, -läggare **-wein** 0 *m* vitt frankiskt vin **-wolle** 0 *f* stenull **-wurf** -*et m* stenkast **-wüste** -*n f* stenöken **-zeit** 0 *f, die* ~ stenåldern **-zeug** 0 *n* glaserat stengods
Steirer I - *m* steiermarkare **II** *oböjl. adj* från (i) Steiermark **steirisch** steiersk, från Steiermark
Steiß -*e m* stjärt, gump, stuss; svansben **-bein** -*e n* svansben **-lage** -*n f, med.* sätesbjudning
Stellage [-'la:ʒə] -*n f* ställ[ning], hylla
stellar [ʃt- *el.* st-] stellar
stellbar ställ-, regler-, juster|bar **'Stelldichein** -[s] *n* rendezvous; *sich ein* ~ *geben* stämma möte, träffas
Stelle -*n f* **1** ställe, plats; avsnitt, passus; *schwache* ~ (*bildl.*) svag punkt; *ich an deiner* ~ [om jag vore] i ditt ställe; *an* ~ *ihrer Schwester* i stället för sin syster, i sin systers ställe; *an erster (vorderster)* ~ *kommen* (*bildl.*) komma först (i första hand, i första rummet); *an fünfter* ~ *liegen* ligga på femte plats; *ich möchte nicht an deiner* ~ *sein* (*äv.*) jag skulle inte vilja vara i dina kläder; *an die* ~ *jds treten* träda i ngns ställe; *auf der* ~ på stället, genast, omedelbart; *auf der* ~ *treten* (*vard.*) stå o. stampa på samma fläck, inte göra några framsteg; *nicht von der* ~ *kommen* inte komma ur fläcken; *sich nicht von der* ~ *rühren* inte röra sig ur fläcken; *zur* ~ *sein* vara närvarande (på plats), finnas till hands **2** [arbets]plats, anställning, tjänst **3** myndighet, instans; *amtliche* ~ myndighet; *an höchster* ~ på högsta ort; *zuständige* ~ behörig myndighet, rätt instans **4** *mat., e-e Zahl mit drei* ~*n* ett tresiffrigt tal; *die erste* ~ *nach dem Komma* första decimalen efter kommat
stell|en 1 ställa; placera, sätta, lägga; *e-m ein Auto* ~ ställa en bil till ngns förfogande; *Bedingungen* ~ ställa [upp] villkor; *e-m ein Bein* ~ sätta krokben för ngn; *er -te das Bier für die Party* han stod för (bjöd på) ölet till festen; *gestelltes Bild* arrangerad bild; *e-e Diagnose* ~ ställa en diagnos; *e-e Falle* ~ sätta (lägga) ut en fälla; *gut (schlecht) gestellt sein* ha det bra (dåligt) ställt; *den Wein kalt* ~ (*äv.*) kyla vinet; *das Radio lauter* ~ sätta på radion högre, skruva upp radion; *zehn Mann* ~ ställa upp med tio man, ställa tio man till förfogande; *der Hund -t die Ohren* hunden spetsar öronen; *e-m ein Thema* ~ förelägga (ge) ngn ett ämne; *den Verbrecher* ~ fånga (sätta fast) en förbrytare; *den Vorsitzenden* ~ tillsätta ordförande; *e-e Weiche* ~ (*järnv.*) lägga om en växel; *der Hund -t das Wild* hunden ställer villebrådet; *Zeugen* ~ skaffa fram vittnen; *auf sich (ack.)* [*selbst*] *gestellt sein* vara hänvisad till sig själv; *etw. in Abrede* ~ förneka (bestrida) ngt; *den*

Stuhl in die Ecke ~ ställa stolen i hörnet; *etw. in Frage* ~ ifrågasätta ngt; *etw. in Zweifel* ~ betvivla ngt; *etw. unter Beweis* ~ bevisa ngt; *e-n vor ein Problem* ~ ställa ngn inför ett problem; *etw. zur Verfügung* ~ ställa ngt till förfogande **2** *rfl* ställa sig; *sich e-m Gegner (der Presse)* ~ möta en motståndare (pressen); *sich dem Gericht* ~ inställa sig inför rätta; *sich [der Polizei]* ~ [frivilligt] anmäla sig hos (gå till) polisen; *sich hinter e-n* ~ *(äv.)* sluta upp bakom (stödja) ngn; *sich zum Kampf* ~ ställa upp till kamp; *sich [zum Militärdienst]* ~ rycka in till militärtjänst **3** *rfl* ställa sig, låtsas, spela; *sich krank* ~ ställa sig (spela) sjuk; *sich taub* ~ *(äv.)* slå dövörat till **4** *rfl* ställa sig, förhålla sig; *sich mit e-m gut* ~ ställa (hålla) sig väl med ngn; *wie -st du dich zu dieser Frage?* hur ställer du dig till denna fråga? **5** *rfl, es -t sich teuer* det ställer sig (blir) dyrt; *das Buch -t sich auf 50 DM* boken går på 50 DM **Stellenangebot** *-e n* erbjudande om plats; ~*e (rubrik)* lediga platser **Stellenbewerber** *- m* [plats]sökande **Stellengesuch** *-e n* platsansökan; ~*e (rubrik)* platssökande **stellenlos** utan anställning, arbetslös **Stellenmarkt** *-e†* *m* arbetsmarknad **Stellen|nachweis** *-e m*, *-vermittlung* *-en f* arbetsförmedling **stellenweise** här o. där, ställvis; ~ *Regen* spridda skurar; *das Buch ist* ~ *gut* på sina ställen är boken bra **Stellenwert** *-e m* värde, ställning, betydelse **Stellhebel** *- m* regler-, inställnings-, ställ|spak **Stellmacher** *- m* vagnmakare **Stellschraube** *-n f* juster-, ställ-, regler|skruv **Stellung** *-en f* **1** ställning, position, läge **2** anställning, plats, post **Stellungnahme** *-n f* ställningstagande **Stellungsbefehl** *-e m, mil.* inställelseorder **Stellungsgesuch** *-e n, se Stellengesuch* **Stellungskrieg** *-e m* ställningskrig **stellungslos** utan anställning, arbetslös **Stellungslose(r)** *m f, adj böjn.* arbetslös [person] **Stellung[s]suchende(r)** *m f, adj böjn.* arbetssökande [person] **Stellungswechsel** *- m* platsombyte; *mil.* ställningsväxling **stellvertretend** ställföreträdande, vikarierande, tillförordnad, vice **Stellvertreter** *- m* ställföreträdare, vikarie, ersättare, suppleant **Stellvertretung** *-en f* vikariat; ställföreträdarskap; *in jds* ~ i ngns ställe **Stellwerk** *-e n* ställverk **Stelzbein** *-e n* [person m.] träben **Stelze** *-n f* **1** stylta **2** träben **3** *vard.* påk; [långt o. spinkigt] ben **4** *zool.* ärla **stelzen** *s* gå [på styltor], speta; *gestelzt (bildl.)* uppstyltad, högtravande **Stelzfuß** *-e†* *m* [person m.] träben **Stelzvogel** *-†* *m* vadarfågel **Stemmbogen** *-[†] m*, *sport.* plog-, stäm|sväng **Stemmeisen** *- n* stämjärn **stemmen 1** lyfta, pressa [uppåt] *(äv. sport.)* **2** *die Ellbogen auf den Tisch* ~ stödja sig med armbågarna mot bordet; *die Füße gegen etw.* ~ ta spjärn med fötterna (ta fotspjärn) mot ngt; *die Hände in die Hüften* ~ sätta händerna i sidan **3** *rfl, sich gegen etw.* ~ spjärna emot ngt, ta spjärn mot ngt; *sich gegen den Plan* ~ *(äv.)* motsätta sig planen **4** stämma *(m. stämjärn)* **5** *(vid skiddåkning)* ploga, stämma **6** *vard.* dricka; *ein Bier* ~ *(äv.)* ta sig en öl **7** *vard.* sno *(stjäla)* **Stemmen** *0 n, sport.* tyngdlyftning **Stempel** *- m* **1** stämpel; *den* ~ *der Echtheit tragen* bära äkthetens prägel **2** *bot.* pistill **3** [gruv]stolpe **4** *tekn.* kolv **Stempelbruder** *-†*

m, vard., *ein* ~ *sein* gå o. stämpla *(för arbetslöshetsunderstöd)* **Stempelgebühr** *-en f* stämpelavgift **Stempelkissen** - *n* stämpeldyna **Stempelmarke** *-n f* stämpel[märke] **stempeln 1** stämpla *(äv. bildl.)* **2** *vard.,* ~ *[gehen]* gå o. stämpla *(för arbetslöshetsunderstöd)* **Stempelschneider** - *m* stämpelgravör **Stempeluhr** *-en f* stämpelklocka **Stemp[e]lung** *-en f* stämpling **Stenge** *-n f, sjö.* stång *(del av mast)* **Stengel** - *m* stängel, stjälk, skaft; *vom* ~ *fallen (vard.)* trilla av pinn **Stengelfaser** *-n f* bastfiber **Steno** *0 f, vard.* stenografi **Stenograf** *etc.*, *se Stenograph etc.* **Stenogramm** *-e n* stenogram **Stenograph** *-en -en m* stenograf **Stenographie** *-n f* stenografi **stenographieren** stenografera **stenographisch** stenografisk **Stenostift** *-e m* penna [för stenografi] **stenotypieren** stenografera o. skriva ut på maskin **Stenotypistin** *-nen f* stenograf o. maskinskriverska **Stentorstimme** [ʃt- *el.* st-] *-n f* stentorsröst **Stenz** *-e m, vard.* **1** sprätt **2** hallick **Step** [ʃtɛp *el.* st-] *-s m* stepp *(dans)* **Stepp|anorak** *-s m* täckjacka *-decke -n f* vadderat (tjockt) täcke **Steppe** *-n f* stäpp **1 steppen** sy med efterstygn **2 steppen** [ʃt- *el.*-] steppa *(dansa)* **Steppke** *-s m, vard.* pys, knatte **Steppnaht** *-e† f* sticksöm **Steptanz** *-e† m* stepp[dans] **Sterbe|bett** *0 n* dödsbädd *-fall -e†* *m* dödsfall; *Sterbefälle (rubrik)* döda *-geld 0 n* begravningshjälp *(från försäkring)* *-hemd -en n* likskjorta *-hilfe 0 f* **1** dödshjälp, eutanasi **2** begravningshjälp *(från försäkring)* *-jahr -e n* dödsår *-kasse -n f* begravningskassa *-lager - n* döds|läger, -bädd **sterben** *starb, stürbe, gestorben, stirbst, stirbt, stirb!* **1** *s* dö *(äv. bildl.)*, avlida; *den Hungertod* ~ dö svältdöden, svälta ihjäl; *e-s jähen Todes* ~ få en bråd död; *er wird nicht gleich daran* ~ *(vard.)* han tar nog inte ngn skada av det, så farligt är det nog inte; *im S*~ *liegen* ligga för döden; *vor Langeweile* ~ *(vard.)* tråkas ihjäl; *es ist zum S*~ *langweilig (vard.)* det är så tråkigt att man kan dö; *zum S*~ *müde sein (vard.)* vara dödstrött **2** *rfl, es stirbt sich leichter für e-e gerechte Sache* det är lättare att dö för en rättvis sak **'sterbens'angst** *ihm ist* ~ han är dödsförskräckt (bävar) **'sterbens'krank** dödssjuk **'sterbens'langweilig** dödande tråkig **'sterbens'müde** dödstrött **'Sterbens'seele** *0 f, keine* ~ inte en [levande] själ **'Sterbens'wörtchen** *0 n, kein* ~ inte ett enda ord (dugg) **Sterbesakramente** *p|n* sista smörjelsen **Sterbestunde** *-n f* döds|stund, -timme **Sterbetag** *-e m* dödsdag **Sterbeurkunde** *-n f* dödsbevis **Sterbezimmer** *- n* dödsrum **sterblich 1** dödlig, jordisk **2** *vard.* mycket; ~ *verliebt* dödligt kär **Sterblichkeit** *0 f* dödlighet, mortalitet **stereo** [ʃt- *el.* st-] **1** stereofonisk, stereo- **2** *sl.* bi[sexuell] **Stereo** [ʃt- *el.* st-] **1** *0 n* stereo[foni]; *in* ~ i stereo **2** *-s n* stereotypplatta *-anlage -n f* stereo- [anläggning] *-empfang 0 m* stereomottagning *-fotografie -n f* stereofotografi; stereofotografering *-metrie 0 f* stereometri *-phonie 0 f* stereofoni **stereophonisch** [ʃt- *el.* st-] stereofonisk

Stereophotographie -n f, se Stereofotografie
Stereosendung -en f stereosändning **Stereoskop** -e n stereoskop **stereoskopisch** stereoskopisk **Stereoton** 0 m stereoljud **stereotyp** stereotyp **Stereotypie** -n f stereotypi; stereotyp[platta] **stereotypieren** stereotypera
steril [ʃt- el. st-] steril **Sterilisation** -en f sterilisering **sterilisieren** sterilisera **Sterilität** 0 f sterilitet
'**Sterlet[t]** -e m, zool. sterlett
Sterling ['stɛːlɪŋ äv. 'ʃtɛr- el. 'stəː-] -e m, 5 Pfund ~ 5 pund sterling
Stern -e m **1** stjärna (äv. bildl.); ein ~ erster Größe en stjärna av första storleken; der neue ~ am Filmhimmel den nya stjärnan på filmens himmel; Kognak mit drei ~en trestjärnig konjak; mein ~ (vard.) min älskling; ~e sehen (vard.) se [solar o.] stjärnor; jds ~ ist im Sinken ngns stjärna är i sjunkande **2** stjärna (på häst el. nötkreatur) **3** asterisk, stjärna **sternbesät** poet. stjärnbeströdd **Sternbild** -er n stjärnbild **Sternchen** - n liten stjärna; asterisk **Sterndeuter** - m stjärntydare **Stern|deuterei** 0 f, neds., **-deutung** 0 f stjärntydning **Sternenbanner** 0 n, das ~ stjärnbaneret **sternen|-hell, -klar** stjärn|klar, -ljus **sternenlos** utan stjärnor **Sternenzelt** 0 n, poet. stjärnhimmel **Sternfahrt** -en f rally **Sternforscher** - m stjärnforskare, astronom **Sterngewölbe** - n, arkit. stjärnvalv **Sterngucker** - m, skämts. stjärnkikare (astronom) '**stern'hagel'voll** vard. stupfull **sternhell** stjärn|klar, -ljus **Sternhimmel** 0 m stjärnhimmel **sternklar** stjärnklar **Sternkunde** 0 f astronomi **sternkundig** kunnig i astronomi
Stern|marsch -e† m marsch mot gemensamt mål [från olika startpunkter] **-miere** -n f, bot. stjärnblomma **-motor** -en m, tekn. stjärnmotor **-schnuppe** -n f stjärn|fall, -skott **-singen** 0 n, dial. stjärnsång (av barn m. stjärna på Trettondagen) **-stunde** -n f, bildl. historiskt ögonblick; höjdpunkt; ödestimma **-tag** -e m stjärndygn **-warte** -n f observatorium
Sterz -e m **1** sty., österr. (slags) [majs]gröt **2** gump; stjärt (på fågel) **3** ploghandtag
stet högt., se stetig **Stete** 0 f, högt., **Stetheit** 0 f, högt. beständighet
Stethoskop [ʃt- el. st-] -e n stetoskop
stetig stadig[varande], [be]ständig, kontinuerlig, konstant **Stetigkeit** 0 f beständighet
stets [-eː-] alltid, städse, jämt
Steuer 1 - n styre, roder (äv. bildl.); am ~ (äv.) vid ratten; Trunkenheit am ~ rattfylleri **2** -n f skatt; vard. skattemyndighet; ~n erheben verkställa uppbörd, uppbära skatt; monatlich 50 DM ~ kosten kosta 50 mark i månaden i skatt; ~n zahlen betala skatt **Steuerabzug** -e† m skatteavdrag **steuerabzugsfähig** avdragsgill **Steueraufkommen** 0 n skatteintäkter **steuerbar 1** styrbar **2** skattepliktig, beskattningsbar **Steuerbeamte(r)** m, adj böjn. uppbördsman **Steuerbehörde** -n f skattemyndighet, uppbörds|verk, -kontor **Steuerberater** - m skatterådgivare **Steuerbescheid** -e m debetsedel (å slutlig skatt) **Steuerbord** -e n, sjö. styrbord **steuerbord[s]** sjö. styrbord
Steuer|einnahmen pl skatteintäkter **-erhöhung** -en f skattehöjning **-erklärung** -en f [själv]deklaration **-erleichterung** -en f skattelättnad **-erstattung** -en f skatteåterbäring

-fahndung -en f skatte|kontroll, -razzia **-feder** -n f, zool. stjärtpenna **-flucht** 0 f skatteflykt **steuerfrei** skattefri **Steuer|gelder** pl skattemedel **-gitter** - n, radio. styrgaller **-hebel** - m styr|stång, -arm **-hinterzieher** - m skatteskolkare **-hinterziehung** -en f skatte|skolk, -fusk **-karte** -n f (löntagares) skattsedel (å preliminär skatt) **-klasse** -n f, ung. kolumn [i skattetabell] **-knüppel** - m, flyg. styrspak **-last** -en f skatte|börda, -tryck **steuerlich** skatte-, skatteteknisk **steuerlos** utan roder; ~ treiben driva redlös **Steuer|-mann** -männer el. -leute m styrman **Steuermannspatent** -e· n styrmansbrev **Steuermarke** -n f skattemärke (hundskatt e.d.) **Steuermoral** 0 f skattemoral **steuern** h el. s styra; manövrera, reglera, kontrollera; Kurs ~ hålla kurs; durch den Saal ~ [målmedvetet] gå genom salen; e-r Sache (dat.) ~ stävja (avstyra) ngt; wohin ~ wir? (bildl.) vart är vi på väg?; in den Hafen ~ styra in i hamnen **Steueroase** -n f, vard. skatteparadis **Steuerobjekt** -e n skatteobjekt **Steuerpaket** -e n skattepaket **Steuerparadies** -e n, vard. skatteparadis **Steuerpflicht** 0 f skattskyldighet, skatteplikt **steuerpflichtig** skattskyldig, skattepliktig
Steuer|rad -er† n [styr]ratt **-ruder** - n roder, styre **-satz** -e† m skattesats **-schraube** 0 f, die ~ anziehen (vard.) dra åt skatteskruven **-schuld** -en f skatteskuld **-senkung** -en f skattesänkning **-umgehung** -en f, ung. skattefusk **-ung** -en f styrande; styr|ning, -inrättning; reglering, reglage; ~ der Wohnungsnot (åld.) bekämpande av bostadsbristen **-vorauszahlung** -en f förhandsinbetalning av skatt **-vorrichtung** -en f styr|anordning, -inrättning **-zahler** - m skattebetalare **-zettel** - m, vard., se Steuerbescheid **-zuschlag** -e† m tilläggsskatt
Steven [-v-] - m, sjö. stäv
Steward ['stjuːɐt] -s m steward **-e|ß** [äv. --'dɛs] **-ssen** f stewardess, flyg-, båt|värdinna etc.
StGB förk. för Strafgesetzbuch
sti'bitzen vard. sno, knycka
Stich -e m **1** hugg, stick, sting, styng, bett (av insekt); ~ halten hålla, vara övertygande (vattentät); e-n im ~ lassen lämna ngn i sticket; seine Augen ließen ihn im ~ hans ögon svek honom; ~e in der Herzgegend (Seite) verspüren känna hugg i hjärttrakten (ha håll i sidan) **2** pik, gliring, stickord **3** sömn. stygn **4** [koppar]stick, gravyr **5** skiftning, dragning; e-n ~ ins Blaue haben skifta (stöta) i blått; e-n ~ zu elegant en aning för elegant **6** e-n [leichten] ~ haben a) vard. (om mat) inte vara riktigt bra längre, börja bli dålig, b) vard. ha en skruv lös, inte vara riktigt klok, c) dial. vara påstruken **7** kortsp. stick; e-n ~ machen ta ett stick **8** dial., e-n ~ Butter en sickla smör **Stichbahn** -en f stickspår **Stichblatt** -er† n parerplåt (på vapen) **Stichel** - m [grav]stickel **Stichelei** -en f **1** pikande, pik[ar], gliring[ar] **2** [evigt] syende, knåpgöra **sticheln 1** komma med pikar (gliringar), pika **2** sy [m. små stygn], knåpa **stichfest** se hiebfest **Stichflamme** -n f [plötsligt uppflammande] låga **Stichfrage** -n f utslagsfråga **stichhalten** st, österr. hålla, vara övertygande (vattentät) **stichhaltig** fullgod, som håller [streck], som står sig

Stichhaltigkeit 0 f fullgodhet **stichig** dial., ~ **werden** (om mat) börja bli dålig **Stichkampf** -e† m, sport. avgörande match (spel, lopp) **Stichkanal** -e† m stick-, blind-, sido|-kanal **Stichler** - m person som [jämt] kommer med pikar (gliringar) **Stichling** -e m, zool. storspigg **Stich|probe** -n f stickprov -**säge** -n f, tekn. sticksåg -**straße** -n f återvändsgata (m. **vändplan**) -**tag** -e m [fastställd, utsatt] dag, termin; ~ **für die Wahl** (äv.) valdag -**waffe** -n f stickvapen -**wahl** -en f skiljeval -**wort** 1 -er† n stick-, uppslags-, rubrik|ord 2 -e n stick|ord, -replik (i **pjäs**); ~ **zum Aufbruch** signal till uppbrott 3 -e n stolpe, stöd-, nyckel|ord -**wortverzeichnis** -se n ordlista, [alfabetiskt] register, slagordsregister -**wunde** -n f stick-, hugg|sår
Stickarbeit -en f broderi **sticken** brodera '**stickend'heiß** kvävande het **Sticker** - m brodör **Stickerei** -en f broderi **Stickerin** -nen f brodös **Stickhusten** 0 m kikhosta **stickig** kvav, kvävande, kvalmig
Stick|luft 0 f kvävande (dålig) luft -**nadel** -n f brodernål -**rahmen** - m broderbåge -**seide** 0 f brodersilke -**stoff** 0 m kväve -**stoffdünger** 0 m kvävegödselmedel
stieb|en stob, stöbe, gestoben, äv. sv, h el. s 1 flyga omkring, ryka; **der Schnee** -t snön yr 2 springa (flyga) [i väg, åt alla håll], skingras
Stiefbruder -† m styvbror
Stiefel - m 1 stövel; känga, pjäxa; lauter linke ~! (vard.) [det är] helt oanvändbart (värdelöst)!; das zieht e-m ja die ~ aus! (vard.) det är höjden (förskräckligt)!; das sind zwei Paar ~ det är helt olika saker (kan inte jämföras); den [alten] ~ weitermachen (vard.) fortsätta i de gamla hjulspåren 2 (slags) [stor] ölsejdel; e-n [gehörigen] ~ vertragen (vard.) tåla en hel del (sprit); e-n ~ zusammenreden (vard.) prata [mycket] smörja **Stiefelette** -n f stövlett; halvkänga **Stiefelknecht** -e m stövelknekt **stiefeln** 1 s stövla [i väg] 2 rfl, åld. sätta på sig stövlar[na] **Stiefelschaft** -e† m stövelskaft
Stiefeltern pl styvföräldrar **Stiefgeschwister** pl styvsyskon **Stiefkind** -er n styvbarn (äv. bildl.); ~ **des Glückes** (äv.) askunge; diese Abteilung ist das ~ des Betriebes (äv.) denna avdelning missgynnas (behandlas styvmoderligt) av företaget **Stiefmutter** -† f styvmor **Stiefmütterchen** - n styvmorsviol, pensé **stiefmütterlich** styvmoderlig **Stiefschwester** -n f styvsyster **Stiefsohn** -e† m styvson **Stieftochter** -† f styvdotter **Stiefvater** -† m styvfar
stieg se **steigen**
1 **Stiege** -n f 1 [brant, smal] trappa 2 spjällåda
2 **Stiege** -n f, nty. tjog
Stiegenhaus -er† n trapphus
Stieglitz -e m steglitsa
Stiel -e m skaft, handtag; pinne (i glass e.d.); stjälk; [hög] fot **Stielaugen** pl, er macht ~ (vard.) hans ögon står på skaft **Stielbrille** -n f, åld. lornjett **Stieleiche** -n f [stjälk]ek stielen skafta **Stielglas** -er† n glas på hög fot **Stielstich** 0 m stjälkstygn
stier 1 stel, [tomt] stirrande 2 ~ sein (österr.) vara pank
Stier -e m tjur; der ~ (astron.) oxen; den ~ bei den Hörnern fassen (packen) ta tjuren vid hornen **stieren** 1 (om ko) vara brunstig 2 stirra; vor sich (ack.) hin ~ tomt stirra rakt fram **Stierenauge** -n n, schweiz. stekt ägg **stierig** (om ko) brunstig **Stierkampf** -e† m tjurfäktning **Stierkämpfer** - m tjurfäktare **Stiernacken** - m tjurnacke
Stiesel - m, vard. tölp, drulle, drummel, dumbom **sties[e]lig** vard. tölpaktig
stieß se **stoßen**
1 **Stift** -e m 1 stift, spik, dubb, pinne 2 [rit]stift, blyertspenna 3 vard. [liten] grabb; [yngste] lärling
2 **Stift** -e[r] n 1 relig. stift 2 stiftelse **stiften** 1 [in]stifta, grund|a, -lägga; e-n Preis ~ instifta ett pris 2 skänka, donera; e-e Flasche Wein ~ bjuda på en flaska vin 3 stifta, åstadkomma; Nutzen (Gutes) ~ göra nytta (gott) **stiftengehen** st s, vard. sticka, ge sig av **Stifter**- m [in]stiftare, donator, grund|are, -läggare **Stifts|dame** -n f, -**fräulein** - n stifts|jungfru, -fröken **Stiftshütte** 0 f, die ~ (bibl.) tabernaklet **Stiftskirche** -n f stifts-, kloster|kyrka **Stiftung** -en f 1 [in]stiftande, grundande 2 stiftelse, fond, donation **Stiftungsfest** -e n [fest på] stiftelsedag[en], fest [till minne av grundandet] **Stiftzahn** -e† m stifttand
Stigm|a ['st- el. 'ʃt-] -en el. -ata n stigma; brännmärke (äv. bildl.); skamfläck; [känne]-tecken **stigmatisieren** stigmatisera; brännmärka, stämpla
Stil [äv. st-] -e m stil; im großen ~ (äv.) i stor skala **Stilblüte** -n f stil|blomma, -groda **Stilbruch** -e† m stilbrott **stilecht** stiltrogen
Stilett [ʃt- el. st-] -e n stilett
Stilgefühl 0 n stilkänsla **stil|gemäß, -gerecht** stil|enlig, -riktig **stilisieren** stilisera **Stilist** -en -en m stilist **Sti'listik** -en f stilistik **stilistisch** stilistisk **Stilkunde** -n f stilistik
still tyst, lugn, stilla; stillsam; stillastående; adv äv. still; der S~e Freitag långfredagen; ~e Liebe hemlig kärlek; ~e Messe stilla mässa (utan musik el. sång); ~es Örtchen (vard.) toa; der S~e Ozean Stilla havet; ~e Reserven (hand.) dolda reserver; sich dem ~en Suff ergeben sitta ensam (hemma) och supa; ~e Wasser sind tief i de lugnaste vattnen går de största fiskarna; er ist ein ~es Wasser han säger aldrig någonting, man blir inte klok på honom; im ~en a) i det tysta, i [all] hemlighet, b) i sitt stilla sinne; sei ~! var tyst!; ~ werden tystna, bli lugn **stillbleiben** st s förbli (vara) tyst (lugn, stilla); hålla sig lugn **stille** dial., se **still Stille** 0 f stillhet, lugn, tystnad; in aller ~ i [all] tysthet (stillhet) **Stilleben** - n, konst. stilleben **stillegen** lägga ner (företag e.d.) **Stillegung** -en f nedläggning (av företag e.d.) **stillen** 1 amma (spädbarn) 2 stilla, lugna, tysta; e-e Begierde ~ tillfredsställa ett begär; das Blut ~ stilla (stanna, hejda) blodflödet; den Durst ~ (äv.) släcka törsten; den Hunger ~ stilla hungern **Stillgeld** -er n (slags) moderskapspenning (till ammande mödrar) **stillgestanden** se **stillstehen Stillhalteabkommen** - n, hand. ung. moratorium **stillhalten** st hålla sig stilla (orörlig), inte röra sig; hålla sig lugn; bei (zu) allem ~ [passivt] finna sig i allt **stilliegen** st ligga nere, vara ur drift (nerlagd) **stillos** stillös, utan stil
stillschweigen st vara tyst, tiga [still] **Stillschweigen** 0 n tystnad, tysthet; [stilla]tigande, diskretion; über etw. (ack.) ~ bewahren

hålla tyst med ngt **stillschweigend** tyst, stillatigande; *adv äv.* under tystnad; ~*es Einverständnis* tyst samförstånd **stillsitzen** *st* sitta stilla; *stillgesessen!* sitt still[a]! **Stillstand** *0 m* stillastående, stillestånd; ~ *der Entwicklung* stagnation i utvecklingen; *zum* ~ *bringen* [bringa att] stanna, stilla; *zum* ~ *kommen* [av]stanna; *der Verkehr ist zum* ~ *gekommen* det har blivit stopp i trafiken **stillstehen** *st* stå stilla; *die Uhr steht still* klockan står (har stannat); *stillgestanden!* stå still[a]!, *mil.* giv akt! **Stillung** *-en f* stillande *etc., jfr stillen* **'stillver'gnügt** stilla o. förnöjd **Stillzeit** *-en f* amningstid
stilvoll stil-, smak|full
Stimmabgabe *-n f* röstning, röstavlämning **Stimmband** *-er†n* stämband **stimmberechtigt** röstberättigad **Stimmbezirk** *-e m* valdistrikt **Stimmbildung** *0 f* 1 röstbildning (*i struphuvudet*), fonation 2 röstvård o. talteknik **Stimmbruch** *0 m* målbrott **Stimmbürger** *- m, schweiz.* röstberättigad medborgare **Stimmchen** *- n* liten (späd) röst **Stimme** *-n f* röst (*äv. polit.*); stämma (*äv. mus.*); *seine ~ abgeben* (*äv.*) rösta; *sich der ~ enthalten* låta bli att rösta; *e-m seine ~ geben* (*äv.*) rösta på ngn; *keine ~ haben a*) inte ha ngn [sång]röst, *b*) sakna rösträtt; *die ~ heben* (*senken*) höja (sänka) rösten **stimm|en 1** stämma; *-t!* stämmer!, just det!, precis!; *-t so!* det är jämt! (*behåll växeln*); *die Vorhänge ~ gut zum Teppich* gardinerna passar bra till mattan; *hier -t was nicht!* (*äv.*) här är ngt på tok!; *bei ihm -t was nicht* (*vard.*) han är inte riktigt klok; *ich tue alles, Hauptsache, die Kohlen ~* (*vard.*) jag gör vad som helst bara jag får tillräckligt med stålar **2** stämma (*mus. el. bildl.*); *festlich gestimmte Menschen* människor i feststämning; *e-n heiter ~* göra ngn glad (glatt stämd); *schlecht gestimmt sein* vara på dåligt humör; *zu etw. gestimmt sein* vara upplagd (hågad) för ngt 3 rösta, votera; *für e-n ~* rösta på ngn; *für* (*gegen*) *etw. ~* rösta för (emot) ngt; *mit Ja ~* rösta ja
Stimmen|anteil *-e m* antalet röster, röstsiffror **-auszählung** *-en f* rösträkning **-fang** *0 m* röstfiske **-gewinn** *-e m* röstökning **-gewirr** *0 n* sorl **-gleichheit** *0 f* lika röstetal **-mehrheit** *0 f* röstövervikt, majoritet
Stimmenthaltung *-en f* nedläggande av röst, röstskolkning; *drei ~en* tre nedlagda röster **Stimmenverhältnis** *-se n* proportion mellan avgivna röster **Stimmenverlust** *-e m* röstminskning **Stimmenzahl** *-en f* röstetal, röstsiffra **Stimmer** *- m, mus.* stämmare **stimmfähig** röstberättigad **Stimmführung** *-en f, mus.* stämföring **Stimmgabel** *-en f* stämgaffel **stimmgewaltig** med kraftig röst, högröstad **stimmhaft** *fonet.* tonande **Stimmhaftigkeit** *0 f, fonet.* tonalitet **Stimmlage** *-n f* röstläge **stimmlich** röst-, vokal; vad rösten beträffar; *e-m ~ liegen* ligga för ngns röst; *er ist ~ unzureichend* hans röst räcker inte till **stimmlos** *fonet.* tonlös **Stimmlosigkeit** *0 f, fonet.* tonlöshet **Stimmrecht** *0 n* rösträtt **Stimmritze** *-n f, anat.* röstspringa, glottis **Stimmschlüssel** *- m, mus.* stämnyckel **Stimmstock** *-e†m, mus.* stämpinne **Stimmung** *-en f* stämning; *für etw. ~ machen* propagera (väcka opinion) för ngt; *er ist nicht in der ~, zu* han är inte på humör att; *e-n in* [*gute*] ~ *versetzen* göra ngn på gott humör

Stimmungsbarometer *0 n, vard.*, *das ~ steht auf Null* stämningen är i botten **Stimmungsbild** *-er n* stämningsbild **Stimmungskapelle** *-n f, ung.* underhållningskapell **Stimmungsmache** *0 f* [ojust] agitation (opinionsbildning)
Stimm|vieh *0 n, neds.* valboskap **-wechsel** *0 m* målbrott **-zählung** *-en f* röst[samman]räkning **-zettel** *- m* röstsedel
Stimulans ['st- *äv.* 'ʃt-] *Stimu'lan|zien el. -tia n* stimulans[medel], stimulantia **Stimulanz** [st- *äv.* ʃt-] *-en f, bildl.* stimulans **stimulieren** stimulera **Stimul|us** *-i m* stimulus; stimulans
Stinkadores *vard. skämts.* 1 - *f* stink|ador, -pinne (*dålig cigarr*) 2 - *m* stinkost **'stinkbe-'soffen** *vulg.* aspackad **Stinkbombe** *-n f* stinkbomb **Stinkdrüse** *-n f, zool.* stinkkörtel **stink|en** stank, stänke, gestunken stinka, lukta [illa]; *das -t mir* (*vard.*) jag är trött på det; *an dieser Sache -t etw.* (*vard.*) det är ngt skumt med den här saken; *nach Geld ~* (*vard.*) ha pengar som gräs; *nach Schnaps ~* stinka sprit; *das -t nach Verrat* (*vard.*) det luktar förräderi; *vor Faulheit ~* (*vard.*) vara genomlat; *es -t zum Himmel* det är himmelsskriande (en skandal) **'stink'faul** *vard.* genomlat **'stink'fein** *vard.* super-, skit|flott **stinkig** stinkande, illaluktande; motbjudande **'stink'langweilig** *vard.* dödtråkig **'Stink'laune** *0 f, vard.* dåligt humör **Stinkmarder** *- m, jakt.* iller **Stinkmorchel** *-n f* stinksvamp **'stink'reich** *vard.* stenrik **'stink'sauer** *vard.* skitsur **Stinkstiefel** *- m, vulg.* skit[stövel] **Stinktier** *-e n* skunk, stinkdjur; *vulg.* skit[stövel] **'stink'vornehm** *vard.* skitflott **'stink'wütend** *vard.* jätteförbannad **Stint** *-e m* 1 *zool.* nors 2 *nty.* grabb; *sich wie ein ~ freuen* bli (vara) barnsligt glad **Stipendiat** *-en -en m* stipendiat **Stipendi|um** *-en n* stipendium **Stippe** *-n f, nty.* 1 [var]blemma 2 (*slags*) sås **stippen** *nty.* 1 doppa (*i sås e.d.*) 2 peta, stöta **Stippvisite** *-n f, vard.* [kort] visit, titt **stipulieren** [st-, *äv.* ʃt-] stipulera, komma överens om; fastställa **Stirn** *-en f* panna; *e-m die ~ bieten* bjuda ngn spetsen; *die ~ haben, zu* ha panna (mage) att; *sich* (*dat.*) *die ~ trocknen* torka sig i pannan; *sich* (*dat.*) *an die ~ greifen* ta sig för pannan; *es steht ihm auf* (*an*) *der ~ geschrieben, es ist von seiner ~ abzulesen* det står att läsa på hans panna; *mit frecher ~ behaupten* fräckt påstå **Stirnband** *-er†n* pannband **Stirnbinde** *-n f* pannbindel **Stirne** *-n f, se Stirn* **Stirn|falte** *-n f* rynka i pannan **-fläche** *-n f* framsida **-höhle** *-n f* pannhåla **-höhlenkatarrh** *-e m* bihåleinflammation, sinuit **-locke** *-n f* pannlock **-rad** *-er† n* [cylindriskt] kugghjul, stjärnhjul **-reif** *-e m* pannband **-runzeln** *0 n* pannrynkning; bister uppsyn
stirnrunzelnd med rynkad panna (bister uppsyn) **Stirn|seite** *-n f*, **-wand** *-e†f* framsida **stob** *se stieben* **Stöberhund** *-e m* stövare **stöber|n 1** *vard.* leta, söka, snoka; *in etw.* (*dat.*) ~ (*äv.*) rota (riva) i ngt 2 *h el. s, dial.* flyga (virvla) omkring, yra; *es -t* det är snöyra (snöar) 3 *sty.* [stor]städa **4** *jakt.* jaga (stöta) upp
Stocher *- m* redskap att röra (peta) med; tandpetare; eldgaffel **stochern** peta, påta, röra (*m. spetsigt redskap*); *im Essen ~* peta i maten; *in den Zähnen ~* peta tänderna

1 Stock -e† *m* **1** käpp, stav; promenadkäpp; taktpinne; *steif wie ein ~ stel som en pinne; am ~ gehen a)* gå med käpp, *b) vard.* vara sjuk, *c) vard.* vara pank; *den ~ zu spüren bekommen* få smaka käppen; *als wenn er e-n ~ verschluckt hätte* som om han hade svalt en eldgaffel **2** stock; stubbe; *bot. äv.* planta, [rosen]buske; *dial.* huggkubbe; *über ~ und Stein* över stock och sten; *e-n in den ~ legen (hist.)* sätta ngn i stocken **3** [bi]stock **4** *sty., österr.* offerstock **5** *sty.* bergmassiv
2 Stock - *el. -werke m* våning, etage; *zwei ~ hoch wohnen* bo två trappor upp
3 Stock -s *m* **1** stock, stam; förråd, [varu]lager **2** grund|kapital, -fond, aktiekapital
'stockbe'soffen *vulg.* helknall *(berusad)* **Stockbett** -en *n* våningssäng **'stock'blind** *vard.* stockblind **'stock'dumm** *vard.* stockdum **'stock'dunkel** *vard.* becksvart, kolmörk **Stöckelschuh** -e *m* högklackad sko **stocken** *h el. s* **1** [tidvis] upphöra, stanna [av], stå stilla, stagnera, stocka sig **2** stelna, tjockna; *dial. äv.* löpna, ysta sig **3** få mögelfläckar, mögla **Stockente** -n *f* gräsand **Stockfäule** *0 f* rotröta **'stock'finster** *se stockdunkel* **Stockfisch** -e *m* **1** stockfisk, kabeljo **2** *vard.* torris, tråkmåns **Stockfleck** -e *m* mögelfläck **Stockhaus** -er† *n, åld.* fängelse **'stock'heiser** *vard.* alldeles hes **Stockhieb** -e *m* käpprapp
'Stockholmer [*äv.* -'---] **I** - *m* stockholmare **II** *oböjl. adj* från (i) Stockholm
stockig 1 mögelfläckig; unken **2** *dial.* förstockad **'stockka'tholisch** *vard.* ärkekatolsk **'stockkonserva'tiv** *vard.* stockkonservativ **Stockpuppe** -n *f (slags)* marionett **Stockrose** -n *f bot.* stockros **'stock'sauer** *vard.* jättesur **Stockschirm** -e *m* [herr]paraply **Stockschlag** -e† *m* käpprapp **Stockschnupfen** - *m* [kraftig] snuva **'stock'steif** *vard.* stel [som en pinne] **'stock'taub** *vard.* stendöv **Stockung** -en *f* stockning, stagnation, avstannande **Stockwerk** -e *n* våning, etage; *zwei ~ hoch wohnen* bo två trappor upp **Stockwerkbett** -en *n* våningssäng
Stoff -e *m* **1** tyg, stoff **2** stoff, ämne, material; *filos.* materia **3** *vard.* dricka, dryckjom; knark **Stoffbahn** -en *f* tyg|våd, -längd **Stoffdruck** *0 m* tygtryck
Stoffel - *m, vard.* drummel, drulle, ohyvlad människa **stoff[e]lig** *vard.* drumlig, ohyvlad **stofflich** materiell, substantiell, innehållsmässig
Stoff|probe -n *f* tygprov **-puppe** -n *f* tygdocka **-tapete** -n *f* tygtapet **-tier** -e *n* tygdjur **-wechsel** - *m* ämnesomsättning **-wechselkrankheit** -en *f* ämnesomsättningssjukdom
stöhnen stöna, stånka, jämra sig
Stoiker [ʃt- *äv.* st-] - *m* stoiker **stoisch** stoisk
Stol|a [ʃt- *äv.* st-] -en *f* stola *(äv. kyrkl.)*
Stolle -n *f (avlång)* julkaka *(vetelängd m. russin, mandel m.m.)* **Stollen** - *m* **1** se *Stolle* **2** underjordisk gång, tunnel; stoll[gång], dagort **3** brodd *(på hästsko);* dubb *(på sportsko)* **4** stollen *(inledningsstrof i Minnesang)*
Stolperdraht -e† *m* snubbeltråd **stolpern** *s* snubbla, snava; stappla; *über etw. (ack.) ~ a)* snubbla över ngt, *b) vard.* råka på ngt, *c) vard.* stupa på ngt, *d) vard.* hänga upp sig på ngt **stolz** stolt *(auf + ack.* över); högmodig; *~e Erscheinung* ståtlig uppenbarelse **Stolz** *0 m* stolthet **stolzieren** *s* stoltsera, svassa

stoned [stound] *sl.* hög, påtänd *(av narkotika)*
stop [st- *äv.* ʃt-] *interj* stopp!; *(i telegram)* stop
Stopfbüchse -n *f, tekn.* tätnings-, pack|box
stopfen 1 stoppa, stoppa igen (till); *ein Loch ~ (äv.)* avhjälpa en brist; *Strümpfe ~* stoppa strumpor; *etw. in die Tasche ~* stoppa ngt i fickan; *gestopfte Trompete* sordinerad trumpet; *Wurst (Geflügel) ~* stoppa korv (fylla fågel); *stopf nicht so! (vard.)* proppa inte i dig maten så där!; *gestopft voll (vard.)* fullproppad, packad **2** *dial.* göda **3** stoppa, verka stoppande **Stopfen** - *m, dial.* plugg, propp, kork **Stopfer** - *m* **1** [pip]stoppare **2** *dial.* stopp *(på strumpa e.d.)* **Stopfgarn** -e *n* stoppgarn **Stopfnadel** -n *f* stoppnål **Stopfpilz** -e *m, sömn.* stoppsvamp
stopp *interj* stopp! **Stopp** -s *m* stopp **Stoppball** -e† *m, sport.* stoppboll
1 Stoppel -n *f* [sädes-, skägg]stubb
2 Stoppel -[n] *m, österr., se Stöpsel*
Stoppelbart -e† *m, vard.* skäggstubb **Stoppelfeld** -er *n* stubbåker **Stoppel|frisur** -en *f,* **-haar** *0 n* snagg[at hår] **stoppelig** stubbig, skäggig **stoppeln 1** *dial.* plocka *(potatis e.d.)* **2** plocka (sätta) ihop **Stoppelzieher** - *m, österr.* korkskruv
stoppen 1 stoppa, stanna; [av]bryta; *e-n Ball ~ (sport.)* dämpa en boll; *e-n Schlag ~ (boxn.)* parera ett slag; *er war nicht zu ~* det gick inte att hejda honom **2** stoppa, stanna; [av]brytas **3** ta tid på, klocka **Stopper** - *m* **1** *fotb.* centerhalvback **2** *sjö.* stoppare **Stopplicht** -er *n* bromsljus *(på bil)*
stopplig *se stoppelig*
Stoppstraße -n *f* väg (gata) där stopplikt gäller **Stoppuhr** -en *f* stoppur, tidtagarur
Stöpsel - *m* **1** propp *(äv. i telefonväxel);* kork, tapp, plugg; *elektr.* [banan]kontakt **2** *vard.* grabb, knatte **stöpseln** sätta propp i; stoppa; koppla *(i telefonväxel)*
1 Stör -e *m, zool.* stör
2 Stör -en *f, sty., österr., schweiz., auf ~ sein* utföra arbete i kundens hem
störanfällig störningskänslig
Storch -e† *m* stork; *da brat' mir e-r e-n ~! (vard.)* det var som bara tusan!; *wie ein ~ im Salat gehen (vard.)* gå stelbent; *der ~ hat sie ins Bein gebissen (vard.)* storken har varit hos henne **storchbeinig** lång-, hög|bent **Storchennest** -er *n* storkbo **Storchschnabel** -† *m* **1** storknäbb **2** *geom.* pantograf **3** *bot.* näva, geranium
Store [ʃtoːɐ̯ *el.* st-] -s *m* store *(gardin)*
stören 1 störa; *jds Pläne ~* korsa ngns planer; *etw. als ~d empfinden* uppfatta ngt som störande, irriteras av ngt; *geistig gestört* sinnesrubbad; *sich an etw. (dat.) ~ (vard.)* stöta sig på (ta anstöt av) ngt; *aus dem Schlaf ~* väcka [upp ur sömnen]; *bei der Arbeit ~* störa i arbetet **Störenfried** -e *m* orosstiftare, bråkstake **Störer** - *m* störare **Störfaktor** -en *m* störande faktor, störningskälla **Störfall** -e† *m (i reaktor)* störning, [olycks]tillbud **störfest** störningssäker
stornieren [ʃt- *el.* st-] *hand.* stornera; *e-n Auftrag ~* låta en order gå tillbaka
störr|ig, -isch halsstarrig, trilsk, motspänstig, istadig
Störschutz *0 m* störningsskydd **Störsender** - *m* störningssändare **störsicher** *se störfest* **Störung** -en *f* störning; rubbning **störungsfrei** störningsfri **Störungsstelle** -n *f, tel.*

expedition för felanmälan; *die ~ anrufen (äv.)* göra en felanmälan
Stor|y ['stɔːrɪ] *-ys el. -ies f* story; historia, berättelse; handling (*i film e.d.*)
Stoß [-oː-] *-et† m* **1** stöt; knuff, törn; kick, spark; stick, hugg; *das versetzte ihm e-n ~ (bildl.)* det skakade honom, han fick sig en knäck av det **2** [sim]tag **3** stöt, trave, bunt **4** *tekn.* stöt, skarv **5** *gruv.* schaktvägg **6** *jakt.* stjärt (*på fågel*) **7** *med.* chockdos (*av läkemedel*) **8** *sömn.* [kant]skoning **stoßartig** knyckig, ryckig **Stoßdämpfer** - *m* stötdämpare **Stößel** [-øː-] - *m* [mortel]stöt, stamp **stoßempfindlich** känslig för stötar
stoßen [-oː-] *stieß, stieße, gestoßen, stöß[es]t, stößt* **1** stöta; knuffa[s]; stånga[s]; *vulg.* knulla; *Bitte ~! (schweiz.)* tryck!, skjut! (*på dörr*); *der Wagen stößt (äv.)* vagnen skakar; *der Wind stößt* vinden är byig; *e-m etw. ~ (vard.)* göra ngt helt klart för ngn; *das Zimmer stößt an die Küche* rummet stöter (gränsar) till köket (ligger intill köket); *e-n auf etw. (ack.) ~* eftertryckligt påpeka ngt för ngn; *e-n ins Elend ~* störta ngn i fördärvet; *in die Trompete ~* stöta i trumpet[en]; *mit dem Fuß ~* sparka[s]; [*zu Pulver*] *~* pulverisera **2** *s* stöta; (*om rovfågel*) slå ner; *mit dem Kopf an die Decke ~* stöta (råka) på huvudet i taket; *auf e-n ~* stöta (råka) på ngn; *auf etw. (ack.) ~ (äv.)* hitta ngt; *die Straße stößt auf den Platz* gatan leder [direkt] till torget; *auf Widerstand ~ (äv.)* möta motstånd; *gegen etw. ~* stöta emot (slå sig på) ngt; *zu e-m ~* förena sig med ngn **3** *rfl* stöta (slå) sig; *sich an etw. (dat.) ~ (bildl.)* stöta sig på (ta anstöt av) ngt; *sich am Kopf ~* slå sig i huvudet; *sich am Tisch ~* slå sig på bordet **Stoßen** *0 n* stöt (*i tyngdlyftning*) **Stößer** - *m* **1** sparvhök **2** [mortel]stöt **stoßfest** stötsäker **Stoßgebet** -*e n* kort bön, bönesuck **stoßgesichert** stötsäker **stößig** som stångas, [folk]lisken (*om tjur e.d.*) **Stoßseufzer** - *m* hjärtesuck; bönesuck **stoßsicher** stötsäker **Stoßstange** -*n f* stöt-, ko|fångare **Stoßtrupp** -*s m* stöttrupp **Stoßverkehr** *0 m* rusningstrafik **Stoßwaffe** -*n f* stötvapen **stoßweise** **1** stöt-, ryck|vis **2** i travar **Stoßzahn** -*et† m* stöttand, bete **Stoßzeit** -*en f* rusningstid
Stotterei -*en f* [evigt] stammande **Stotterer** - *m* stammare **stotterig** stammande; hackande **stottern 1** stamma; hacka; (*om motor*) hosta **2** stamma fram **Stottern** *0 n* **1** stamning **2** *auf ~ kaufen (vard.)* köpa på avbetalning **stottrig** *se stotterig*
stowen *nty.* [ång]koka
StPO *förk. för Strafprozeßordnung* straffprocesslag **Str.** *förk. för Straße* g., gat., gata[n]
stracks direkt, raka vägen; genast, strax
Straf|anstalt -*en f* fångvårdsanstalt, fängelse **-antrag** -*et† m* ansvarsyrkande; *e-n ~ gegen e-n stellen* yrka ansvar på ngn **-anzeige** -*n f* anmälan (*om straffbar handling*) **-arbeit** -*en f, skol.* straffläxa **-aufschub** *0 m, se Strafaussetzung* **-ausschließungsgrund** -*et† m* strafflöshet (*på grund av omständighet som immunitet e.d.*) **-aussetzung** *0 f* anstånd (uppskov) med ett straffs verkställande **-bank** -*et† f, sport.* utvisningsbås
strafbar straffbar, brottslig; *sich ~ machen* ådra sig straff, utsätta sig för åtal **Strafbarkeit** *0 f* straffbarhet; *die ~ e-r Handlung bezweifeln (äv.)* betvivla att en handling är brottslig **Strafbefehl** -*e m* strafföreläggande

Strafbefugnis -*se f* befogenhet att straffa **Strafbescheid** -*e m* bötesföreläggande, strafföreläggande
Strafe -*n f* straff, påföljd; böter; *disziplinarische ~* disciplinstraff; *~ muß sein (ung.)* det måste finnas straff (är nödvändigt att straffa); *es ist e-e wahre ~, hingehen zu müssen (vard.)* det är ett syndstraff att behöva gå dit; *~ zahlen* betala böter; *darauf steht ~* det är straffbelagt; *bei ~* vid vite (laga ansvar); *e-n in ~ nehmen* [be]straffa ngn. *unter ~ stellen* straffbelägga ngt; *zur ~* till straff **strafen** [be]straffa **Strafentlassene(r)** *m f, adj böjn.* frigiven [fånge] **Straferla|ß** -*sse m* straffeftergift; *allgemeiner ~* amnesti; *bedingter ~* villkorlig frigivning **Strafexpedition** -*en f* straffexpedition
straff stram (*äv. bildl.*); spänd, styv; fast; *~e Haltung* rak o. spänstig hållning; *~e Organisation* fast organisation; *~ spannen* dra åt (spänna) hårt
straffällig *~ werden* begå (göra sig skyldig till) en straffbar handling
straff|en dra åt, spänna, sträcka, strama till; *er -te sich* han sträckte på sig **Straffheit** *0 f* stramhet *etc., jfr straff* **straffrei** straffri; *~ ausgehen* gå fri från straff; *~ davonkommen* komma undan ostraffat **Straffreiheit** *0 f* straffrihet
Straffung -*en f* åtdragning, åtstramning
Straf|gefangene(r) *m f, adj böjn.* straffånge **-gericht** -*e n* **1** *jur.* brottmålsdomstol **2** straffdom **-gesetz** -*e n* strafflag, brottsbalk **-gesetzbuch** -*er† n* strafflag (*bok*) **-gewalt** *0 f* befogenhet att straffa **-kammer** -*n f* brottmålsavdelning (*vid Landgericht*) **-kolonie** -*n f* straffkoloni **-kompanie** -*n f* straffkompani **sträflich** straffvärd; oförlåtlig, ansvarslös **Sträfling** -*e m* straffånge **straflos** straffri, strafflös **Strafmandat** -*e n, ung.* strafföreläggande; felparkeringslapp **Strafmaß** -*e n* straff[sats]; påföljd **Strafmaßnahme** -*n f* straffåtgärd **strafmildernd** förmildrande; *~e Umstände* förmildrande omständigheter; *~ wirken* verka som förmildrande omständighet **strafmündig** straffmyndig **Straf|mündigkeit** *0 f* straffmyndighet **-port|o** -*os el.* -*i n* straffporto, lösen **-predigt** -*en f, vard.* straffpredikan **-proze|ß** -*sse m* straffprocess, rättegång i brottmål **-prozeßordnung** -*en f* straffprocesslag **-punkt** -*e m,* prick, minuspoäng (*i tävling*) **-rahmen** - *m* strafflatitud **-raum** -*et† m, sport.* straffområde **-recht** *0 n* straffrätt
strafrechtlich straffrättslig
Straf|rede -*n f* straffpredikan **-register** -*n f* straffregister **-richter** - *m* brottmålsdomare **-sache** -*n f* brottmål **-senat** -*e m* brottmålsavdelning (*vid högsta domstolen*) **-stoß** -*et† m, sport.* straff[spark] **-tat** -*en f* brott[slig handling] **-täter** - *m* brottsling, förbrytare **-tilgung** -*en f* strykning i straffregister **-umwandlung** -*en f* förvandling av straff[et] (*t.ex. från fängelse till böter*) **-verfahren** -*n* straffprocess, rättegång i brottmål **-verfügung** -*en f, ung.* strafföreläggande
strafverschärfend försvårande; *~e Umstände* försvårande omständigheter; *~ wirken* verka som försvårande omständighet **strafversetz|en** (*endast i inf o. perf part*) *er wurde -t* han förflyttades som straff **Strafverteidiger** - *m* brottmålsadvokat **Strafvollzug** *0 m*

straffverkställighet; kriminalvård **Strafvollzugsanstalt** *-en f* kriminalvårdsanstalt, fängelse **strafweise** till (som) straff **strafwürdig** straffvärd **Strafzettel** - *m, vard.* felparkeringslapp **Strafzumessung** *-en f* straffutmätning **Strafzuschlag** *-e†* m straffporto, lösen
Strahl *-en m* stråle **Strahlantrieb** *0 m* reaktions-, jet|drift **strahlen** [ut]stråla; *vor Sauberkeit ~* vara skinande ren; *sie ~ nur so* det riktigt lyser om dem
strählen *dial. el. poet.* kamma, rykta
Strahlen|behandlung *-en f, med.* strålbehandling **-biologie** *0 f* strålningsbiologi **-bündel** - *n* strålknippe **-dos|is** *-en f* strål[nings]dos **-kater** *0 m, med.* illamående (*e.d. efter strålbehandling*) **-pilz** *-e m, med.* strålsvamp **-schaden** *-† m*, **-schädigung** *-en f* strål[nings]skada **-schutz** *0 m* strål[nings]skydd **-therapie** *-n f, med.* strålterapi **-tierchen** - *n* stråldjur **-tod** *0 m* strålningsdöd
Strahlflugzeug *-e n* jetplan **strahlig** strålig, strålformig **Strahlkraft** *0 f, högt.* utstrålning **Strahlrohr** *-e n* strålrör (*på vattenslang*) **Strahltriebwerk** *-e n* jet-, reaktions|motor **Strahlung** *-en f* strålning **Strahlungsenergie** *-n f* strålningsenergi **Strahlungsgürtel** - *m* strålningsbälte **Strahlungswärme** *0 f* strål[nings]värme
Strähne *-n f* **1** [hår]slinga **2** avsnitt, fas **3** [garn]härva, pasma **strähnig** stripig
Stra'min *-e m* stramalj
stramm stram (*äv. bildl.*), spänd, fast; kraftig; sträng; hård; *~e Disziplin* sträng disciplin; *~e Haltung* rak o. spänstig hållning; *~er Junge* kraftig pojke; *~ arbeiten* (*vard.*) arbeta hårt (mycket); *das Hemd sitzt zu ~* skjortan sitter åt för mycket **-stehen** *st* stå i givakt, göra ställningssteg **-ziehen** *st, vard.* spänna; *e-m die Hosen ~* (*vard.*) ge ngn stryk (smäll)
Strampel|höschen - *n*, **-hose** *-n f* sparkbyxor **strampeln 1** sparka, sprattla; *vard.* kämpa, slita **2** *s, vard.* cykla
Strand *-e† m* strand; *auf* [*den*] *~ laufen* stranda
Strandanzug *-e† m* stranddräkt **Strandbad** *-e†† n* strandbad, badstrand **Strandburg** *-en f* sandfästning (*sandvall kring strandkorg*) **Stranddistel** *-n f, bot.* martorn **stranden** *s* stranda; *bildl. äv.* misslyckas; *gestrandet* strandad, skeppsbruten, *bildl. äv.* urspårad **Strand|gerechtigkeit** *0 f, åld., se Strandrecht* **-gut** *0 n* vrakgods, strandfynd **-haubitze** *0 f, voll sein wie e-e ~* (*vard.*) vara full som en kanon (asfull, asberusad) **-korb** *-e† m* strandkorg (*vilstol m. solskydd*) **-läufer** - *m, zool.* småsnäppa **-promenade** *-n f* strandpromenad (*gata*) **-recht** *0 n, jur.* regler om bärgning av vrak o. vrakgods **-see** *-n m* lagun **-ung** *-en f* strandning, skeppsbrott
Strang *-e† m* lina, rep, tåg; snara; sträng; rem (*i seldon*); [garn]härva; *Tod durch den ~* hängning[sdöden]; *sich in die Stränge legen* lägga sig i selen, lägga manken till; *wenn alle Stränge reißen* (*vard.*) i yttersta nödfall; *wir ziehen alle an e-m* (*an demselben, am gleichen*) *~* vi sitter alla i samma båt (arbetar alla för samma mål); *über die Stränge hauen* (*schlagen*) (*vard.*) hoppa över skaklarna
Strangulation *-en f* strypning **strangulieren** strypa
Strapaze [-'pa:-] *-n f* strapats, ansträngning, möda **strapazieren 1** [över]anstränga, trötta;

nöta, slita [på] **2** *rfl* anstränga sig (*över måttan*) **strapazierfähig** slitstark, tålig **Strapazierschuh** *-e m* oöm (grov) sko **strapaziös** strapatsfylld, ansträngande
Straps [ʃt- *el.* st-] *-e m* strumpebandshållare
Stra|ß *-sse m* strass
straß'auf [-a:-] *~*, *straß'ab* gata upp o. gata ner
Straße *-n f* **1** gata; [lands]väg; *auf offener ~* på öppen gata; *auf die ~ gehen* (*vard.*) *a*) demonstrera, *b*) gå på gatan (stritan) (*prostituera sig*); *auf der ~ liegen* (*sitzen, stehen*) (*vard.*) *a*) vara bostadslös, *b*) vara arbetslös; *e-n auf die ~ setzen* (*werfen*) (*vard.*) *a*) kasta ut ngn [på gatan], *b*) ge ngn sparken; *Bier über die ~ verkaufen* sälja öl till avhämtning (förtäring hemma *e.d.*) **2** sund
Straßen|anzug *-e† m* vardagskostym **-arbeiten** *pl* väg-, gatu|arbeten **-arbeiter** - *m* vägarbetare **-bahn** *-en f* spårväg **-bahner** - *m, vard.* spårvägare **-bau** *0 m* gatu-, väg|bygge, anläggning av gator (vägar) **-belag** *-e† m* vägbeläggning **-beleuchtung** *-en f* gatubelysning **-bild** *-er n* gatubild **-café** *-s n* gatucafé **-dorf** *-er† n* gatby **-ecke** *-n f* gathörn **-feger** - *m* **1** gatsopare **2** *vard. skämts.* spännande TV-program (deckare) (*som tömmer gatorna*) **-glätte** *0 f* halt väglag, halka **-graben** *-† m* [väg]dike **-haftung** *0 f* väggrepp; väghållningsförmåga **-handel** *0 m* gatuhandel **-händler** - *m* gatuförsäljare **-junge** *-n m* gatpojke **-kampf** *-e† m* gatustrid **-karte** *-n f* vägkarta **-kehrer** - *m* gatsopare **-kleid** *-er n* vardagsklänning **-köter** - *m* byracka **-kreuzer** - *m, vard.* vråläk **-kreuzung** *-en f* gatu-, väg|korsning **-lage** *0 f* väghållning; *das Auto hat e-e gute ~* (*äv.*) bilen ligger bra på vägen **-lampe** *-n f* gatlykta **-lärm** *0 m* gatubuller **-laterne** *-n f* gatlykta **-mädchen** - *n* gatflicka **-musikant** *-en -en m* gatumusikant **-pflaster** - *n* stenläggning **-raub** *0 m* rån på öppen gata **-reinigung** *-en f* gaturenhållning **-rennen** - *n* landsvägs|lopp, -tävling (*på cykel*) **-sammlung** *-en f* penninginsamling [på gator o. torg] **-sänger** - *m* gatusångare **-schild** *-er n* gatuskylt; *vard.* vägvisare, vägmärke **-schuh** *-e m* promenadsko **-sperre** *-n f* väg-, gatu|spärr; barrikad **-theater** - *n* gatuteater **-überführung** *-en f* väg|bro, -övergång, viadukt **-unterführung** *-en f* väg-, gång|tunnel **-verhältnisse** *pl* väg|förhållanden, -lag **-verkäufer** - *m* gatuförsäljare **-verkehr** *0 m* gatutrafik **-verkehrsordnung** *-en f* vägtrafikförordning **-walze** *-n f* vägvält **-wärter** - *m* väghållare **-zoll** *-e† m* vägavgift **-zustand** *0 m* väg|lag, -förhållanden **-zustandsbericht** *-e m* vägrapport
Stratege [ʃt- *el.* st-] *-n -n m* strateg **Strategie** *-n f* strategi **strategisch** strategisk
Stratifikation [ʃt- *el.* st-] *-en f, geol.* stratifiering (*skiktning*)
Stratosphäre [ʃt- *el.* st-] *0 f* stratosfär
sträuben 1 *das Haar* (*die Federn*) *~* resa borst (burra, rugga upp sig) **2** *rfl* (*om hår*) resa sig; *ihm ~ sich die Haare* håret reser sig på honom **3** *rfl* sätta sig på tvären, streta, spjärna (*gegen etw.* emot ngt); *sich mit Händen und Füßen ~* värja sig med händer o. fötter
Strauch *-er† m* buske **strauchartig** buskartad **Strauchdieb** *-e m* stråtrövare **straucheln s 1** snava, snubbla **2** *bildl.* göra ett felsteg, misslyckas; *gestrauchelter Mädchen* fallen flicka **strauchig** buskig, buskbeväxt **Strauchritter**

- *m* rovriddare **Strauchwerk** *0 n* busksnår, buskage **1 Strauß** *-e m* struts; *den Vogel ~ spielen* sticka huvudet i busken (sanden) **2 Strauß** *-et m* **1** [blomster]bukett **2** *poet.* hård dust, kamp **Straußen|ei** *-er n* strutsägg **-feder** *-n f* strutsfjäder, plym **Straußwirtschaft** *-en f, dial.* värdshus (*som utskänker årets vin och annonserar det med en lövruska*) **Strebe** *-n f* stötta, sträva, stag **Strebebogen** -[†] *m, arkit.* strävbåge **streben 1** *s* gå [målmedvetet, energiskt]; *die Blumen ~ zum Licht* blommorna strävar (drar sig) mot ljuset **2** *nach etw. ~* sträva efter (eftersträva, bemöda sig om) ngt **Streben** *0 n* strävan **Strebepfeiler** - *m, arkit.* strävpelare **Streber** - *m* streber, karriärist **streber|haft, -isch** streberaktig **Strebertum** *0 n* streberi, streberaktighet **strebsam** strävsam **streckbar** sträck-, tänj|bar **Strecke** *-n f* **1** sträcka, linje, stycke; bit, väg; passage (*i bok*); *sport.* distans; *es ist e-e beträchtliche ~ bis dorthin* det är en bra bit dit; *auf freier (offener) ~* (*järnv.*) ute på linjen (*mellan stationerna*); *auf der ~ bleiben* (*vard.*) bli kvar, inte komma längre, bli utslagen; *auf die ~ gehen* (*sport.*) starta **2** *gruv.* [horisontal]ort **3** *jakt.* [nedlagt] byte; *zur ~ bringen a*) nedlägga, fälla (*byte*), *b*) övermanna, gripa, röja ur vägen, döda **streck|en 1** sträcka; *die Beine ~* sträcka på benen; *die Glieder ~* sträcka på sig; *die Hand ~ (skol.)* räcka upp handen; *die Waffen ~* sträcka vapen; *e-n zu Boden ~* sträcka (fälla) ngn till marken **2** sträcka [ut], tänja; dryga ut, få att räcka längre **3** *rfl* sträcka sig; *sich [rekken und] ~* sträcka på sig; *die Kinder haben sich gewaltig gestreckt* (*vard.*) barnen har skjutit rejält i höjden; *der Weg -t sich* vägen är längre än väntat (vill aldrig ta slut); *sich ins Gras ~* sträcka ut sig i gräset **4** *jakt.* nedlägga, fälla **Strecken|arbeiter** - *m* järnvägsarbetare, rallare **-aufseher** - *m* banvakt **-block** *-s m, järnv.* block[system] **-netz** *-e n* [linje]nät **-rekord** *-e m, sport.* rekord (*på viss distans*) **-wärter** - *m* banvakt **streckenweise** sträck-, bit|vis **Strecker** - *m, anat.* sträckmuskel **Streckmittel** - *n* utdrygnings-, förtunnings|medel **Streckmuskel** *-n m, anat.* sträckmuskel **Streckung** *-en f* sträckning; tänjning; utdrygning **Streckverband** *-et m, med.* sträckförband **Streich** *-e m* **1** högt. slag, hugg; *auf e-n ~ på en gång, samtidigt; von e-m ~ fällt keine Eiche* (*ung.*) Rom byggdes inte på en dag **2** upptåg, tilltag, dumhet; *e-m e-n [üblen] ~ spielen* spela ngn ett [fult] spratt **streicheln** smeka, klappa **Streichemacher** - *m* upptågsmakare **streich|en** *strich, striche, gestrichen* **1** stryka; *die Geige ~* spela fiol; *ein gestrichenes Maß* ett struket mått; *das Maß ist gestrichen voll* (*bildl.*) måttet är rågat; *gestrichen voll* (*vard.*) proppfull; *ich habe die Nase gestrichen voll* (*vard.*) jag har fått nog; *durch ein Sieb ~* (*kokk.*) passera; *sich* (*dat.*) *über den Bart ~* stryka sig om skägget; *e-m über das Gesicht ~* stryka ngn över ansiktet [m. handen] **2** stryka, breda [på]; måla; *Vorsicht, frisch gestrichen!* (*på skylt*) nymålat!; *e-m ein Brot ~* bre[da]

en smörgås åt ngn; *Butter aufs Brot ~* bre[da] smör på brödet; *das Brot mit Honig ~* bre[da] honung på brödet **3** stryka; *etw. ~* (*vard. äv.*) ge upp ngt; *ein Wort ~* stryka [ut, över] ett ord; *er hat den Namen aus seinem Gedächtnis gestrichen* han har utplånat namnet ur sitt minne; *von der Tagesordnung ~* avföra från dagordningen **4** *sjö.* stryka, fira (*segel*) **5** *dial.* mjölka **6** *s* [gå o.] stryka; svepa; *der Wind -t über das Feld* vinden sveper över fältet; *die Katze ~ um seine Beine* katten stryker omkring benen på honom **7** *s* sträcka sig; *das Gebirge -t von Osten nach Westen* bergskedjan sträcker sig (går) i öst-västlig riktning **Streicher** - *m* stråkinstrumentalist; *die ~* (*äv.*) stråkarna **streichfähig** bredbar, som kan bredas **streichfertig** färdig att bredas (strykas) på (ut) **Streich|fläche** *-n f* plån (*på tändsticksask*) **-garn** *-e n* kard[ulls]garn **-holz** *-er† m* tändsticka **-holzschachtel** *-n f* tändsticksask **-instrument** *-e n* stråkinstrument **-käse** - *m* mjukost **-musik** *0 f* stråkmusik **-orchester** - *n* stråkorkester **-quartett** *-e n* stråkkvartett **-riemen** - *m* [rak]strigel **-ung** *-en f* strykning **-wurst** *-et f* (*slags*) bredbar korv **Streif** *-e m, högt., se* Streifen **Streifband** *-er† n, post.* korsband **Streife** *-n f* **1** [polis]patrull **2** [polis]patrullering **3** *dial.* strövtåg **streif|en 1** lätt beröra, nudda, snudda vid, toucha; *poet. äv.* smeka; *ein Problem ~* snudda vid ett problem **2** *an etw.* (*ack.*) *~ a*) lätt beröra (snudda vid) ngt, *b*) närma sig (gränsa till) ngt; *das -t ans Lächerliche* det gränsar till det skrattretande **3** stryka, dra; repa (*löv*); *den Ring auf den (vom) Finger ~* sätta ringen på (dra ringen av) fingret; *die Ärmel in die Höhe ~* dra (kavla) upp ärmarna; *sich* (*dat.*) *die Strümpfe von den Beinen ~* dra av sig strumporna; *die Asche von der Zigarette ~* slå av askan från cigaretten **4** *s* ströva **Streifen** -*n m* remsa, strimla, band, rand, strimma; *vard.* film; *in den ~ passen* (*vard.*) passa bra in, smälta in i omgivningen; *das paßt mir nicht in den ~* (*vard.*) det passar inte in i mina planer **Streifendienst** *0 m* patrulltjänst **Streifenführer** - *m* patrulledare **Streifenpolizist** *-en -en m* patrullerande polis **Streifenwagen** - *m* radio-, polis|bil **streifenweise** i strimmor (ränder) **streifig** strimmig, randig **Streiflicht** *-er n* **1** ljus|strimma, -kägla **2** *bildl.* blixtljus; *~er auf etw.* (*ack.*) *werfen* sätta ngt i blixtbelysning, [kort] illustrera (karakterisera) ngt **Streifschu|ß** *-sset m* snuddskott **Streifzug** *-et m* strövtåg **Streik** *-s m* strejk; *wilder ~* vild strejk; *in [den] ~ treten* gå i strejk **Streikbrecher** - *m* strejkbrytare **Streikdrohung** *-en f* strejkhot **streiken** strejka (*äv. bildl.*) **Streikende(r)** *m f, adj böjn.* strejkande **Streikkasse** *-n f* strejkkassa **Streikposten** - *m* strejkvakt **Streikrecht** *0 n* strejkrätt **Streit** *-e m* strid, kamp; tvist, gräl, träta; *zwischen ihnen gibt es dauernd ~* (*äv.*) de grälar jämt; *in ~ geraten* råka i gräl; *~ mit e-m suchen* mucka gräl med ngn; *~ um des Kaisers Bart* tvist om påvens skägg **Streitaxt** *-et f* stridsyxa; *die ~ begraben* gräva ner stridsyxan **streitbar** stridbar **streiten** *stritt, stritte, gestritten* **1** strida, kämpa; bråka, tvista, gräla, kiva; *mit Fäusten* (*Worten*) *~* slåss med knytnävar (strida med ord); *darüber läßt sich ~* det kan diskuteras, meningarna kan vara delade

på den punkten 2 *recipr* bråka, tvista, gräla, kivas; *wenn zwei sich ~, freut sich der Dritte* när två träter ler den tredje **Streiter** - *m*, *högt.* kämpe, stridsman
Streit|erei -*en f* kiv, käbbel, bråk, tvistande **-fall** -*e*† *m* tvistefråga, konflikt **-frage** -*n f* tviste-, strids|fråga **-gegenstand** -*e*† *m* tvisteämne; *jur.* tvisteföremål **-gespräch** -*e n* ordväxling, dispyt **-hahn** -*e*† *m, vard.*, **-hammel** - *m, vard.*, **-hans[e]l** -[*n*] *m, sty., österr.* stridstupp, bråkmakare **streitig** stridig, omstridd; *e-m etw.* ~ *machen* göra ngn ngt stridig **Streitigkeit** -*en f* strid[ighet], tvist **Streitkräfte** *pl* stridskrafter **Streitlust** *0 f* strids|lust, -lystnad, grälsjuka, aggressivitet **streitlustig** stridslysten, grälsjuk, aggressiv **Streitmacht** *0 f* krigsmakt, stridskrafter **Streitsache** -*n f* tvistefråga, konflikt, rättstvist **Streitschrift** -*en f* stridsskrift **Streitsucht** *0 f* grälsjuka **streitsüchtig** grälsjuk **Streitwagen** - *m, hist.* stridsvagn **Streitwert** *0 m, jur.* tvisteföremåls värde
Stremel - *m* **1** *nty.* remsa **2** *ein ganzer ~* (*vard.*) en hel massa; *seinen ~ wegmachen* (*vard.*) jobba undan
stremmen *dial.* **1** strama **2** *rfl* kämpa, anstränga sig
streng sträng, hård; bister, svår; barsk; frän, sträv; *dial.* ansträngande; *im ~en Sinne* strängt taget, egentligen; *etw.* ~ *einhalten* noga hålla ngt; ~ *schmecken* (*riechen*) smaka kärvt (lukta fränt) **Strenge** *0 f* sträng-, hård-, bister|het, skärpa **strenggenommen** strängt taget, egentligen **strenggläubig** strängt troende, ortodox **Strenggläubigkeit** *0 f* ortodoxi **strengnehmen** *st* ta på allvar; *nimm es nicht so streng mit der Arbeit!* ta inte arbetet så allvarligt!, var inte så noga med arbetet! **strengstens** strängeligen
Streptokokken [ʃt- *el.* st-] *pl* streptokocker **Stre|ß** [ʃt- *el.* st-] -*sse m* stress; *im ~ sein* (*stehen*) vara stressad, stressa **stressen** *vard.* stressa **stressig** *vard.* stressande, stressig **Streßsituation** -*en f* stressituation
Streu -*en f, lantbr.* strö, halm **Streu|büchse** -*n f*, **-dose** -*n f* ströare, strö|burk, -dosa **streuen** [be]strö; sprida (*äv. om vapen*); *den Gehsteig ~* sanda trottoaren; *Mist ~* sprätta dynga; *Sand ~* sanda; *e-m Sand in die Augen ~* slå blå dunster i ögonen på ngn **Streuer** - *m* ströare, strö|burk, -dosa **Streufeuer** -, *mil.* spridd eld
streunen *s ibl. h* stryka (driva) omkring **Streupflicht** *0 f* sandningsplikt **Streusalz** *0 n* vägsalt **Streusand** *0 m* strösand **Streusel** - *m n, ung.* strössel **Streuselkuchen** - *m* vetebröd med strössel **Streusiedlung** -*en f* spridd bebyggelse **Streuung** -*en f* spridning **Streuzucker** *0 m* strösocker
strich *se* **streichen Strich** -*e m* **1** streck, linje; måttmärke; [pensel-, stråk]drag; stråk[föring]; *keinen ~ machen* (*tun*) (*vard.*) inte göra ett dugg; *nur noch ein ~ sein* (*vard.*) vara mager som en sticka; ~ *am Rande* förstrykning i kanten (marginalen); *ein ~ durch die Rechnung* ett streck i räkningen; *e-n* [*dicken*] ~ *unter die Sache ziehen* (*machen*) dra ett streck över ngt (det som varit); *e-n auf dem ~ haben* (*vard.*) jämt vara på ngn, inte kunna tåla ngn; *unter dem ~ haben die Diskussionen nichts gegeben* resultatmässigt (i efterhand betraktat) gav diskussionerna ingenting; *unter dem ~ sein* (*vard.*) vara jättedålig (botten); *unter dem ~ stehen* (*äv.*) stå på tidningens kåserisida **2** strykning **3** riktning (*på hår e.d.*); *gegen den ~ mothårs*; *das geht mir gegen* (*wider*) *den ~* (*vard.*) det passar mig inte, det tycker jag inte om (bär mig emot); *nach ~ und Faden* (*vard.*) efter alla konstens regler, rejält, efter noter **4** sträcka, trakt **5** (*fåglars*) sträck **6** *vard.* prostitution; horkvarter; *auf den ~ gehen* gå på sporten (stritan) **7** *sjö.* streck (*på kompass*) **Strichätzung** -*en f, konst.* strecketsning **Stricheinteilung** -*en f* skala, streckindelning **stricheln** strecka; skraffera **strichen** *vard.* gå på gatan **Strich|er** - *m, vard.*, **-junge** -*n -n m, vard.* manlig (*homosexuell*) prostituerad **-kode** -*s m* strecksymbol **-mädchen** - *n, vard.* gatflicka **-punkt** -*e m* semikolon **-regen** - *m* lokal regnskur **-vogel** -† *m* sträckfågel **strichweise** i vissa trakter; ~ *Regenschauer* spridda skurar; *es regnet* ~ det regnar lokalt **Strick** -*e m* **1** streck, rep, lina; snara; *daraus wollte er mir e-n ~ drehen* (*vard.*) det försökte han använda som tillhygge mot mig; *den ~ nehmen, zum ~ greifen* (*vard.*) hänga sig; *wenn alle ~e reißen* (*vard.*) om allt slår fel, i yttersta nödfall; *an e-m ~ ziehen* (*vard.*) arbeta för samma mål **2** *vard.* slyngel, skojare **Strickarbeit** -*en f* stickning **Strickbeutel** - *m* stickpåse **stricken** sticka (*m. stickor*) **Strick|erei** -*en f* stickning **-erin** -*nen f* stickerska **-garn** -*e n* stickgarn **-jacke** -*n f* [stickad] kofta (jacka) **-leiter** -*n f* repstege **-maschine** -*n f* stickmaskin **-muster** - *n* stick|mönster, -beskrivning; *nach dem gleichen ~* (*vard.*) schablonmässigt **-strumpf** -*e*† *m* stickstrumpa **-waren** *pl* stickat, stickade plagg, trikåvaror **-wolle** *0 f* stickylle **-zeug** *0 n* stickning, stick[nings]grejor
Striegel - *m* [häst-, rykt]skrapa **striegeln** **1** rykta **2** *vard.* trakassera
Strieme -*n f*, **Striemen** - *m* strimma, rand, märke (*efter slag*) **striemig** strimmig, randig
Striezel - *m, dial.* **1** (*slags*) vetefläta **2** rackarunge, slyngel
strikt [ʃt- *el.* st-] *adj* strikt, sträng, noggrann **strikte** *adv* strikt, strängt, noggrant **stringent** stringent **Stringenz** *0 f* stringens
Strippe -*n f* **1** rep, [telefon]tråd; *e-n an der ~ haben* ha ngn på tråden; *an der ~ hängen* hänga i telefon; *wer war der ~?* vem var det som ringde? **2** *dial.* snöre
strippen [ʃt- *el.* st-] **1** *vard.* strippa **2** *sl.* extraknäcka som musiker **Stripperin** -*nen f, vard.* strippa **Striptease** ['ʃtrɪptiːs *el.* 'st-] - *m, äv. n* striptease
stritt *se* **streiten strittig** stridig, omtvistad, oavgjord
Strizzi -*s m, dial.* **1** hallick **2** rackare, skurk
Stroh *0 n* halm; *wie ~ brennen* brinna som fnöske; *leeres ~ dreschen* (*vard.*) mala tomgång; ~ *im Kopf haben* (*vard.*) ha sågspån i skallen **strohblond** halmfärgad, lingul **Strohblume** -*n f* eternell, evighetsblomma **Strohdach** -*er*† *n* halmtak '**stroh'dumm** *vard.* korkad **strohern** av halm, halm-; torr [o. fadd] **Strohfeuer** -, *n, bildl.* bländverk, kortlivad entusiasm **strohgedeckt** halmtäckt **Strohhalm** -*e m* halmstrå (*äv. bildl.*); sugrör **Strohhut** -*e*† *m* halmhatt **strohig** som halm, halmliknande; torr [o. fadd] **Stroh|kopf** -*e*† *m, vard.* dumhuvud **-mann** -*er*† *m* **1** halmgubbe **2** *bildl.* bulvan **3** *kortsp.*

träkarl **-matte** -*n f* halmmatta **-presse** -*n f* halmpress **-puppe** -*n f* halmgubbe **-sack** -*e*† *m* halmmadrass; [*ach, du*] *gerechter* (*heiliger*) ~! milda makter! **-schober** - *m* halmstack **-schütte** -*n f* fång (knippa) halm (*t. strö*) **'stroh'trocken** *vard.* snustorr **Strohwisch** -*e m* halm|viska, -tapp **Strohwitwe** -*n f, vard.* gräsänka **Strohwitwer** - *m, vard.* gräsänkling
Strolch -*e m* landstrykare, luffare; usling, skurk; *vard.* skojare, rackarunge **strolchen** *s* stryka (driva) omkring **Strolchenfahrt** -*en f, schweiz.* färd med stulet fordon
Strom -*e*† *m* **1** ström, flod; *bildl. äv.* stört|flod, -skur; strömning; ~ *von Menschen* (*äv.*) människoström; ~ *von Tränen* (*äv.*) tår[e]flod; ~ *von Worten* (*äv.*) ordflöde; *es regnet in Strömen* det störtregnar; *gegen den* (*mit dem*) ~ *mot* (*med*) *strömmen* (*äv. bildl.*), motströms (medströms) **2** ström, el[ektricitet]; *wir heizen mit* ~ vi har eluppvärmning **3** *vard.* stålar **strom'ab** utför (med) strömmen, nedströms **Stromableser** - *m* elavläsare **Stromabnehmer** - *m* **1** elabonnent; strömförbrukare **2** strömavtagare **strom'abwärts** *se stromab* **strom'auf[wärts]** uppför (mot) strömmen, uppströms **Stromausfall** -*e*† *m* el-, ström|avbrott **Strombett** -*en n* ström|bädd, -fåra **strömen** *s* strömma; *bei* (*in*) ~*dem Regen* i hällande regn
Stromer - *m, vard.* landstrykare, luffare; odåga **stromern** *h el. s, vard.* vara på luffen, ströva (stryka) omkring
Stromerzeuger - *m* **1** strömgenerator **2** elproducent **stromführend** strömförande **Stromgebiet** -*e n* flodområde **Stromkosten** *pl* elkostnader **Stromkreis** -*e m* strömkrets **Stromleitung** -*en f* elledning
Strömling -*e m* strömming
Stromlinienform 0 *f* strömlinjeform **Stromlinienwagen** - *m* strömlinjeformad bil **stromlos** strömlös, ej strömförande
Strom|menge -*n f* elmängd **-messer** - *m* strömmätare, amperemeter **-netz** -*e n* elnät **-quelle** -*n f, elektr.* strömkälla **-rechnung** -*en f* elräkning **-richter** - *m* lik-, ström|-riktare **-schnelle** -*n f* fors **-sperre** -*n f* strömavstängning, elavbrott **-stärke** -*n f, elektr.* strömstyrka **-stoß** -*e*† *m* strömstöt, impuls
Strömung -*en f* ström[ning] (*äv. bildl.*); strömdrag; *gegen die* ~ *ankämpfen* kämpa (gå) mot strömmen **Stromverbrauch** 0 *m* strömförbrukning **Stromverbraucher** - *m* elabonnent; strömförbrukare **Stromversorgung** 0 *f* el-, ström|försörjning **Stromzähler** - *m* elmätare
Strontium [st- *el.* ʃt-] 0 *n* strontium
Strophe -*n f* strof **strophisch** strofisk
Stropp -*s m* **1** *dial.* hängare **2** *sjö.* stropp **3** *dial.* pys
strotzen vara [över]full, svälla; ~*des Euter* stint (svällande) juver; *von* (*vor*) *Fehlern* (*Schmutz*) ~ vara full av (späckad med) fel (genomsmutsig, genomlortig); *von* (*vor*) *Gesundheit* ~ stråla av hälsa
strubb[e]lig rufsig, tovig **Strubbelkopf** -*e*† *m, vard.,* -*e-n* ~ *haben* vara rufsig i håret, ha rufsigt hår
Strudel - *m* **1** [ström]virvel, malström; *die* ~ *der Vergnügungen* nöjenas virvel **2** *sty., österr.* strudel (*tunnkavlat, rullat vetebröd m. fyllning*)

Strudelloch -*er*† *n, geol.* jättegryta **strudeln** virvla, bilda virvlar **Strudelwurm** -*er*† *m* virvelmask
Struktur [ʃt- *el.* st-] -*en f* struktur **Strukturalismus** 0 *m* strukturalism **Strukturanalyse** -*n f* strukturanalys **strukturell** strukturell **strukturieren** strukturera **Strukturpolitik** 0 *f* strukturpolitik **strukturschwach** med svagt utvecklat näringsliv **Strukturwandel** 0 *m* strukturförändring
Strum|a [st-] -*en el.* -*ae f, med.* struma **strumös** *med.* strumös
Strumpf -*e*† *m* strumpa; glödstrumpa; *sich auf die Strümpfe machen* (*vard.*) ge sig av, sticka; *auf Strümpfen schleichen* smyga i strumplästen **-band** -*er*† *n,* **-halter** - *m* strumpeband **-haltergürtel** - *m* strumpebandshållare **-hose** -*n f* strumpbyxa **-maske** -*n f* strumpa (*som ansiktsmask*) **-waren** *pl* strumpor
Strunk -*e*† *m* **1** stubbe, [kal] stam **2** [kål]stock
struppig rufsig, tovig; ovårdad **struwwelig** *dial.* rufsig, tovig **Struwwelpeter** - *m, ung.* Pelle Snusk (*saga*); *vard.* rufsigt barn
Strychnin [ʃt- *el.* st-] 0 *n* stryknin
Stubben - *m, nty.* stubbe
Stube -*n f* rum; *mil. äv.* logement; *gute* ~ finrum, salong
Stuben|älteste(r) *m, adj böjn., mil.* logementsbefälhavare **-arrest** -*e m, vard.* rumsarrest **-dienst** 0 *m, mil.* handräckningstjänst **-fliege** -*n f* husfluga **-gelehrte(r)** *m, adj böjn.* kammarlärd **-hocker** - *m, vard.* stugsittare **-hockerei** 0 *f, vard.* stilla-, inne|sittande **-mädchen** -*n* husa; [hotell]städerska **stubenrein** rumsren (*äv. bildl.*) **Stubenvogel** -†*m* burfågel
Stubsnase -*n f, se Stupsnase*
Stuck 0 *m, byggn.* stuck
Stück -*e* (*vid måttsangivelse äv.* -) *n* stycke, bit, del; sak, föremål; exemplar; *teat. äv.* pjäs; *ein schweres* ~ *Arbeit* ett drygt arbete; *ein* ~ *Geld* (*vard.*) en hel del pengar; *zwei* ~ *Gepäck* två kollin; ~ *Papier* (*äv.*) papperslapp; *fünf* ~ *Vieh* fem [stycken] kreatur; *ein gutes* ~ *Weg*[*es*] en dryg sträcka, en bra bit; *zwei* ~ *Zucker* två bitar socker; *große* ~*e auf e-n halten* (*vard.*) hålla styvt på ngn; *die Äpfel kosten das* ~ *fünfzig Pfennig* (*fünfzig Pfennig das* ~) äpplena kostar femtio pfennig styck; *das ist ein* ~ *aus dem Tollhaus* (*vard.*) det är rena dårhuset (helt otroligt); *sie ist ein freches* ~ (*neds.*) hon är ett fräckt stycke; *das ist ein starkes* ~! (*vard.*) a) det var det värsta!, b) det var starkt (en stark sak)!; *es sind* ~*er zehn* (*vard.*) det är ungefär tio stycken; *aus freien* ~*en* av fri vilja, självmant; ~ *für* ~ (*äv.*) en för en, den ena efter den andra; *in allen* ~*en* i alla stycken (avseenden); *in e-m* ~ (*vard.*) i ett kör, oavbrutet; *im* (*am*) ~ *kaufen* (*dial.*) köpa i bit; *sich für e-n in* ~*e reißen lassen* (*vard.*) gå genom eld o. vatten (göra vad som helst) för ngn **Stückarbeit** 0 *f* **1** ackordsarbete **2** *vard.* styck-, lapp|verk **Stückarbeiter** - *m* ackordsarbetare **stückeln** skarva [ihop] **Stückelung** -*en f* skarv[ning]
stucken *österr.* plugga
stücken skarva [ihop] **Stücker** *vard. pl av Stück*
stuckern 1 skaka, skumpa **2** *s* skaka (skumpa) [fram]

Stückgut -er† *n* styckegods
stuckieren *byggn.* stuckbekläda, förse med stuck
Stückkohle -*n f* styckekol **Stücklohn** -*e*† *m* ackord[slön] **Stückung** -*en f* skarv[ning] **stückweise** styckvis, per styck **Stückwerk** 0 *n* styck-, lapp|verk **Stückzahl** -*en f* stycketal **Stückzeit** -*en f* produktionstid [per arbetsstycke] **Stückzinsen** *pl* upplupen ränta (*på obligation e.d.*)
Student -*en* -*en m* student, studerande (*vid univ. e.d.*); ~ *der Mathematik* matematikstuderande; ~ *der Medizin* medicine studerande; ~ *der Rechte* juris studerande; *ewiger* ~ (*vard.*) överliggare
Studenten|ausweis -*e m* studentlegitimation -**blume** -*n f* tagetes -**bude** -*n f, vard.* studentlya -**futter** 0 *n* blandning av mandel, russin, nötter *e.d.* -**heim** -*e n* studenthem -**schaft** -*en f* studentkår, [samtliga] studenter -**verbindung** -*en f* studentförening -**wohnheim** -*e n* studenthem
studentisch student-; av studenter; studentikos **Studie** -*n f* studie
Studien|assessor -*en m, ung.* (*extra ordinarie*) [läroverks]adjunkt -**aufenthalt** -*e m* studievistelse -**beratung** 0 *f* studievägledning -**brief** -*e m* studiebrev -**direktor** -*en m* 1 *ung.* (*vikarierande*) [gymnasieskole]rektor 2 *DDR* (*hederstitel för*) lärare -**fach** -*er*† *n, univ.* ämne -**freund** -*e m* vän från studietiden, studiekamrat -**gang** -*e*† *m* studiegång; utbildningslinje **studienhalber** i studiesyfte **Studienplan** -*e*† *m* studieplan **Studienplatz** -*e*† *m* [utbildnings]plats; *keinen* ~ *bekommen* (*äv.*) inte komma in (*på univ. e.d.*) **Studienrat** -*e*† *m* 1 *ung.* adjunkt, lektor (*vid gymnasieskola*) 2 *DDR* (*hederstitel för*) lärare **Studienreferendar** -*e m, ung.* provårs-, lärar|kandidat
studieren studera; *Jura* ~ läsa juridik; *die Rolle des Hamlet* ~ instudera rollen som Hamlet; *Gesang bei X* ~ studera sång för X **Studierende(r)** *m f, adj böjn.* studerande (*vid univ. e.d.*) **Studierte(r)** *m f, adj böjn., vard.* lärd; *sie ist e-e Studierte* hon har studerat (är akademiker) **Studierzimmer** - *n* studerkammare **Studiker** - *m, vard.* skämts. studiosus, student **Studio** -*s n* 1 studio; ateljé 2 enrumslägenhet **Studios|us** -*i m, vard.* skämts. studiosus, student **Studi|um** -*en n* studium; *sein* ~ *beenden* avsluta sina studier
Stufe -*n f* 1 [trapp]steg; avsats; *die zweite* ~ *der Rakete* raketens andra steg; *von* ~ *zu* ~ steg för steg 2 grad, nivå, fas, stadium; *auf e-r* (*der gleichen*) ~ *stehen* stå på samma nivå, vara jämställd[a]; *sich mit e-m auf e-e* (*die gleiche*) ~ *stellen* jämföra sig (anse sig jämställd) med ngn 3 nyans, schattering 4 *mus.* tonsteg 5 *sömn.* (*slags*) vågrätt veck **stufen** 1 anlägga (ordna) trappformigt, terrassera 2 gradera **Stufenfolge** -*n f* gradering, fortskridande, ordningsföljd, rangordning **stufenförmig** 1 trapp-, terrass|formig 2 graderad **Stufenleiter** -*n f* 1 trappstege 2 [rang]skala; hierarki; ~ *zum Erfolg* väg till framgång; *soziale* ~ samhällsstege **stufenlos** *tekn.* steglös **Stufenpyramide** -*n f* trappstegspyramid **Stufenrakete** -*n f* flerstegsraket **stufenweise** gradvis, successiv, steg för steg **Stufung** -*en f* 1 terrassering 2 gradering
Stuhl -*e*† *m* 1 stol; *der Päpstliche* (*elektrische*) ~ påvestolen (elektriska stolen); *heißer* ~ (*vard.*) vass båge (*motorcykel e.d.*); *e-m den* ~ *vor die Tür setzen* kasta ut ngn 2 stolgång, avföring **Stuhlbein** -*e n* stolsben **Stuhldrang** 0 *m* behov [att gå på toaletten], trängningar **Stuhlentleerung** -*en f* tarmuttömning **Stuhlfeier** 0 *f, Petri* ~ (*kat.*) Petri cathedra (22 *febr.*) **stuhlfördernd** avförande **Stuhlgang** 0 *m* stolgång, avföring **Stuhllehne** -*n f* stolsrygg, ryggstöd; karm **Stuhlverstopfung** -*en f* förstoppning **Stuhlzäpfchen** - *n* stolpiller
Stuka [-u:- *el.* -ʊ-] -*s m, förk. för Sturzkampfflugzeug* Stuka, (*slags*) störtbombplan
stuken *nty.* 1 stöta till, knuffa 2 doppa
Stukkateur [-'tøːɐ̯] -*e m* stuckatör **Stukkatur** -*en f* stuckatur
Stulle -*n f, nty.* brödskiva, smörgås
Stulpe -*n f* [ärm]uppslag; manschett; [stövel]krage **stülpen** sätta (dra) [på]; vända upp o. ner [på], stjälpa upp; *den Hut auf den Kopf* ~ slänga på sig hatten **Stulp[en]handschuh** -*e m* kraghandske **Stulp[en]stiefel** - *m* kragstövel **Stülpnase** -*n f* uppnäsa
stumm stum; tyst; mållös; ~*er Diener* (*vard.*) serveringsbord; ~*e Karte* blindkarta; ~*e Rolle* stumroll; *e-n* ~ *machen* (*vard.*) ta livet av (tysta) ngn
Stummel - *m* stump; fimp -**pfeife** -*n f* [pip]snugga
Stumme(r) *m f, adj böjn.* stum [person] **Stummfilm** -*e m* stumfilm **Stummheit** 0 *f* stumhet
Stumpen - *m* 1 [kort] cigarr 2 stomme (*för hatt*) 3 *dial.* [träd]stubbe 4 *dial.* [liten] fetknopp **Stümper** - *m* stympare, klåpare **Stümperei** -*en f* fuskverk **stümperhaft** klåparaktig **stümpern** fuska, klåpa; *auf e-m Instrument* ~ misshandla ett instrument
stumpf 1 trubbig, slö; ~*e Pyramide* (*geom.*) stympad pyramid 2 matt, glanslös 3 sträv 4 slö, avtrubbad, förslöad, apatisk **Stumpf** -*e*† *m* stump; [träd]stubbe; *mit* ~ *und Stiel* helt o. hållet, fullständigt **Stumpfheit** 0 *f* trubbighet, slöhet; apati **Stumpfnase** -*n f* trubbnäsa **Stumpfsinn** 0 *m* 1 avtrubbning, likgiltighet, apati; stupiditet; monotoni 2 idioti, nonsens, strunt **stumpfsinnig** 1 avtrubbad, likgiltig, apatisk; stupid; monoton, tråkig 2 idiotisk, vansinnig **stumpfwink[e]lig** trubbvinklig
Stündchen - *n* [liten] stund, [litet] tag **Stunde** -*n f* 1 timme (*äv. bildl.*); stund; ögonblick; *e-e gute* ~ drygt en timme; *e-e halbe* (*viertel*) ~ *en halvtimme* (*kvart*); *er kann jede* ~ *kommen* han kan komma när som helst; *e-e kleine* (*knappe*) ~ en knapp timme; *schwere* ~ (*äv.*) förlossning; *die Gunst der* ~ *nutzen* utnyttja det gynnsamma ögonblicket; *er weiß, was die* ~ *geschlagen hat* han vet vad klockan är slagen; *seine* ~ *wahrnehmen* ta sin chans; 20 *Mark für die* (*in der, pro*) ~ 20 mark i timmen (per timme); *in e-r schwachen* ~ i ett svagt ögonblick; *in zwölfter* ~ (*bildl.*) i elfte timmen; ~ *um* ~ *verging* timme efter timme gick; *zur* ~ för närvarande, just nu; *zur gewohnten* ~ *kommen* komma vid samma tid (som vanligt); *zur selben* ~ *a*) i samma stund, samtidigt, *b*) på en o. samma timme; *zu später* ~ sent på kvällen 2 lektion[stimme]; *freie* ~ håltimme; ~*n nehmen bei e-m* ta lektioner för ngn **stunden** bevilja anstånd med [betalningen av]
Stunden|abstand 0 *m, im* ~ varje timme

-frau -en f, dial. städerska -gebet -e n tide|-gärd, -bön -geld -er n lektionspengar -geschwindigkeit -en f hastighet i timmen -glas -er† n, åld. timglas -hotel -s n [skumrask]hotell (som hyr ut rum per timme), bordell -kilometer pl kilometer i timmen stundenlang timslång, i timmar Stundenlohn -e† m tim|lön, -penning Stundenplan -e† m timplan, [skol]schema Stundenschlag -e† m timslag; mit dem ~ på slaget, punktligt stundenweise 1 per timme 2 några (vissa) timmar stundenweit flera timmar[s gångväg bort], vidsträckt Stundenzeiger - m timvisare Stündlein - n [knapp] timme; sein letztes ~ hat geschlagen hans sista stund är kommen stündlich 1 varje timme; i timmen, per timme 2 vilken timme (när) som helst 3 ständigt Stundung -en f, hand. uppskov, anstånd (m. betalning)
Stunk 0 m, vard. bråk, gräl; gnäll
stu'pend [äv. st-] häpnadsväckande
stupfen sty., österr., schweiz. puffa (stöta) till
stupid[e] stupid, enfaldig Stupidität 0 f stupiditet, enfald
Stups -e m, vard. puff, lätt stöt stupsen vard. puffa (stöta) till Stupsnase -n f, vard. (lätt) uppnäsa
stur envis, egensinnig, oresonlig; ~er Bock (vard.) tjurskalle; ~ wie ein Panzer (vard.) hård som flinta, omöjlig att påverka
Sturm -e† m 1 storm; ein ~ des Protests en proteststorm; ein ~ im Wasserglas en storm i ett vattenglas 2 storm[angrepp, -löpning], stormning; bildl. rusning; ~ läuten ringa ihållande [på dörrklockan]; ~ auf die Banken rusning till bankerna; gegen etw. ~ laufen (bildl.) gå (löpa) till storms mot ngt; im ~ nehmen ta med storm 3 sport. [forwards]kedja, anfall 4 pl 0, österr. jäsande [druv]must (vin) -ball -e† m, sjö. klot (som stormsignal) -band -er† n hak|rem, -band -bö -en f stormby -bock -e† m murbräcka -boot -e n storm-, landsättnings|båt
stürmen 1 storma; sport. anfalla 2 s storma [fram], rusa, störta Stürmer - m 1 sport. forward, anfallsspelare 2 åld. gåpåare 3 dial., se Sturm 4 Sturmesbrausen 0 n, högt. stormens brus Sturmflut -en f stormflod sturmfrei 1 mil. åld. stormfri, ointaglig 2 heute habe ich e-e ~e Bude (vard.) i dag kan jag ostört ta emot besök på mitt rum (har jag föräldrafritt e.d.) Sturmglocke -n f stormklocka; die ~ läuten (bildl. äv.) slå [a]larm Sturmhut -e† m, bot. stormhatt stürmisch stormig; bildl. äv. stormande, häftig, våldsam; ~es Temperament hetsigt temperament; ~ protestieren protestera häftigt (våldsamt) Sturmlaterne -n f stormlykta Sturmlauf -e† m storm|ning, -löpning Sturmpanzer - m (starkt bestyckad) tank sturmreif mil. mogen för stormning Sturmreihe -n f, sport. forwards-, anfalls|kedja Sturmriemen - m hak|rem, -band Sturmschritt 0 m, im ~ med stormsteg Sturmschwalbe -n f stormsvala Sturmstärke -n f stormstyrka Sturm und Drang 0 m, litt. hist. Sturm-und-Drang Sturm-und-Drang-Zeit 0 f Sturm-und-Drang-period Sturmvogel -† m stormfågel Sturmwarnung -en f stormvarning Sturmwind -e m storm[vind] Sturmzeichen - n storm[varnings]signal
Sturz 1 -e† m störtande; störtning, fall, ras; ein ~ der Preise ett plötsligt prisfall; e-n ~ bauen (drehen) (vard.) ramla, vurpa 2 -e† m, biltekn. camber 3 -e[†] m [dörr-, fönster]överstycke 4 -e† m, sty., österr., schweiz. glaskupa Sturzacker -† m nyplöjd åker Sturzbach -e† m strid bäck, störtbäck; ~ von Worten störtsjö av ord 'sturzbe'soffen vulg. asfull Sturzbügel - m motorbåge (på motorcykel) Stürze -n f 1 mus. klockstycke 2 dial. lock (till kastrull) stürz|en 1 s störta; falla, ramla, stupa; rusa; die Preise ~ priserna rasar; der Fels -t in die Tiefe klippan stupar brant; ins Zimmer ~ störta (rusa) in i rummet; über e-n Stein ~ snubbla på en sten 2 störta (kasta) [ner]; stjälpa, fälla; stjälpa upp (kaka e.d.); die Regierung ~ störta regeringen 3 rfl störta (kasta) sig; sich auf e-n ~ störta sig över ngn (äv. bildl.); sich in Schulden ~ ådraga sig [stora] skulder, skuldsätta sig 4 dial. plöja
Sturz|flug -e† m stört|flygning, -dykning -flut -en f störtflod (äv. bildl.) -geburt -en f, med. störtförlossning -helm -e m störthjälm -kampfflugzeug -e n störtbombplan, Stuka -regen - m störtregn -see -n f, -welle -n f stört-, brott|sjö
Stuß 0 m, vard. dumheter, nonsens
Stute -n f sto
Stuten - m, dial. vetelängd
Stuterei -en f, åld. stuteri
Stützbalken - m stödjebjälke
Stutzbart -e† m ansatt (kortklippt) skägg
Stütze -n f stöd, stötta; vard. arbetslöshetsunderstöd; die ~n der Gesellschaft samhällets stöttepelare; ~ der Hausfrau hemhjälp; e-e ~ an e-m haben ha ett stöd i ngn
stutzen 1 studsa, haja till; dial. (om häst) skygga 2 stubba, skära (klippa) [av]; den Bart ~ putsa (trimma) skägget; e-n Baum ~ beskära (tukta) ett träd Stutzen - m 1 jakt. studsare 2 tekn. muff, [rör]stuts 3 strumpskaft; [halv]strumpa
stützen 1 stöd[j]a; stötta; den Kopf in die Hände ~ stödja huvudet i händerna 2 rfl, sich auf etw. (ack.) ~ stödja sig på ngt, bildl. äv. grunda sig (sitt omdöme) på ngt
Stutzer - m 1 sprätt, snobb 2 (kort) överrock 3 schweiz. studsare (gevär) stutzerhaft snobbig, sprättig
Stutzflügel - m, mus. mignonflygel
Stützgewebe - n, anat. stödjevävnad
stutzig förvånad; betänksam; e-n ~ machen (äv.) förbluffa ngn; über etw. (ack.) ~ werden (äv.) haja till vid (inför) ngt
Stützkurs -e m stöd|kurs, -undervisning Stützmauer -en f stödmur Stützpfeiler - m stödpelare Stützpunkt -e m stöd[je]punkt; mil. äv. bas
Stutzuhr -en f bord[s]studsare, pendyl
Stützung -en f [under]stöd Stützungskauf -e† m, ekon. stödköp (av valuta)
StVO förk. för Straßenverkehrsordnung vägtrafikförordning
Styropor [|t- el. st-] 0 n frigolit
s.u. förk. för siehe unten se nedan
Suad|a ['zu̯a:-] -en f, Suade -n f svada, ordflöde
Suaheli [zu̯a'he:li] 0 n svahili
subal'tern 1 underordnad, lägre 2 undergiven, devot 3 osjälvständig Subalternbeamte(r) m, adj böjn. lägre tjänsteman
Subhastation -en f, åld. exekutiv auktion
Subjekt -e n 1 språkv., filos. subjekt 2 neds. typ, individ subjektiv subjektiv Subjektivi-

tät [-v-] *0 f* subjektivitet **Subjektsatz** -*e*† *m, språkv.* subjekts[bi]sats
Subkontinent -*e m* subkontinent **Subkultur** -*en f* subkultur **subkutan** *med.* subkutan
sublim sublim **Sublimat** -*e n, kem.* sublimat **sublimieren** *kem., psykol.* sublimera; för|fina, -ädla **Sublimität** *0 f* sublimitet
Submissionsverfahren - *n, hand.* anbudsförfarande; *im* ~ genom anbud
Subordination -*en f* **1** *dld.* subordination **2** *språkv.* hypotax, underordning
subsidiär subsidiär, understödjande, hjälp- **Subsidien** *pl, dld.* subsidier
subskribieren [*auf*] *etw.* (*ack.*) ~ subskribera på ngt **Subskription** -*en f* subskription **Subskriptionspreis** -*e m* subskriptionspris **substantiell** [-st-] substantiell; konkret, reell; väsentlig
'Substantiv [-st-; *äv.* --'-] -*e n, språkv.* substantiv **substantivieren** [-v-] *språkv.* substantivera **'substantivisch** [-v-; *äv.* --'--] *språkv.* substantivisk **Substantivitis** [-'v-] *0 f, skämts.* substantivsjuka **Substanz** -*en f* substans, ämne; materia; bestånd, förråd, kapital; [väsentligt] innehåll, kärna
substituieren [-st-] substituera; *etw. durch etw.* ~ ersätta ngt med ngt **Substitution** -*en f* substituering
Substrat [-st-] -*e n* substrat
subsumieren inordna, inbegripa; sammanfatta
subtil subtil **Subtilität** -*en f* subtilitet
Subtrahend -*en* -*en m, mat.* subtrahend **subtrahieren** *mat.* subtrahera **Subtraktion** -*en f, mat.* subtraktion
subtropisch subtropisk
Subvention [-v-] -*en f* subvention **subventionieren** subventionera
Subversion [-v-] -*en f* omstörtande verksamhet **subversiv** subversiv, omstörtande
Suchaktion [-u:-] -*en f* spaning[spådrag], efterspaningar; skallgång **Sucharbeit** -*en f* spanings-, efterforsknings|arbete **Suchdienst** *0 m* efterforskningstjänst (*för saknade, deporterade krigsfångar etc.*) **Suche** -*n f* sökande, letande, spaning, efterforskning; *jakt.* sök; *auf die* ~ *gehen* gå [ut] o. leta; *er ist auf der* ~ *nach e-r Wohnung* han är på jakt efter en bostad **suchen 1** söka (leta) [efter]; efterlysa; *e-n* (*nach e-m*) ~ söka (leta) efter ngn; *seinesgleichen* ~ sakna motstycke; *was hat er hier zu* ~ *?* (*vard.*) vad har han här att göra?; *solche Kinder muß man aber schon* ~ (*vard.*) sådana barn är verkligen sällsynta; *Pilze* ~ (*äv.*) plocka svamp; *da haben sich zwei gesucht und gefunden* (*vard.*) där har två stycken funnit varandra (*de passar bra ihop*); *gesuchter Künstler* eftersökt konstnär; *Haus zu mieten gesucht* (*i annons*) hus önskas hyra; *Lehrer gesucht* (*i annons*) lärare sökes; *gesuchter Stil* sökt (konstlad) stil; *diese Ware ist gesucht* denna vara är efterfrågad **2** högt. [för]söka **Sucher** - *m, foto., opt.* sökare **Sucherbild** -*er n, foto.* sökarbild **Suchliste** -*n f* lista över saknade (*från Suchdienst*) **Suchmeldung** -*en f* efterlysning; ~*en* (*äv.*) meddelanden om saknade **Suchscheinwerfer** - *m* sökare, sökarljus
Sucht -*e*† *f* [sjukligt] begär; narkotikabegär; mani; *fallende* ~ (*dld.*) fallandesjuka **Suchtgift** -*e n* beroendeframkallande medel, narkotik|um, -a **süchtig** *nach etw.* ~ *sein* vara beroende på ngt, ha ett sjukligt begär efter ngt;

er ist ~ (*äv.*) han är narkoman **Süchtige(r)** *m f, adj böjn.* missbrukare narkoman
suckeln *dial.* suga
Sud -*e m* **1** avkok **2** spad, sky
Süd 1 syd; *aus* (*von*) ~ från söder; *Hamburg* ~ Hamburg syd **2** -*e m* sunnan[vind] **Südafrika** *0 n* Sydafrika **Südafrikaner** - *m* sydafrikan **südafrikanisch** sydafrikansk **Südamerika** *0 n* Sydamerika
Sudan *0 m,* [*der*] ~ Sudan **Sudanese** -*n* -*n m* sudanes **sudanesisch** sudanesisk
süddeutsch sydtysk **Süddeutschland** *0 n* Sydtyskland, södra Tyskland
Sudelei -*en f, vard.* **1** sölande, kladd[ande] **2** hafsande, hafs-, fusk|verk **sudeln** *vard.* **1** söla, kladda **2** hafsa, fuska **Sudelwetter** *0 n, dial.* rusk[väder]
Süden *0 m* **1** söder; *nach* ~ mot söder, söder|ut, -över; *von* (*aus*) ~ från söder, söderifrån **2** *im* ~ *der Stadt* i södra delen av staden; *im* ~ *von Italien* (*äv.*) i södra Italien **3** *der* ~ *a*) sydliga länder, *b*) Södern, Sydeuropa; *aus dem* ~ (*äv.*) från söder, söderifrån
Sudeten *pl, die* ~ Sudeterna **sudetendeutsch** sudettysk
Südfrucht -*e*† *f* sydfrukt
Sudhaus -*er*† *n* brygghus
Südländer - *m* sydlänning **südländisch** sydländsk **südl. Br.** *förk. för südlicher Breite* s br., sydlig bredd **südlich I** *adj* sydlig, södra; ~*e Breite* sydlig bredd; ~*er Kurs* sydlig kurs (*mot söder*); ~*er Wind* sydlig vind (*från söder*); *das* ~ *e Spanien* södra [delen av] Spanien; *weiter* ~ längre söderut; ~ *von Bonn* söder om Bonn **II** *prep m. gen.* **südlich** *von* ~ syd-, söder|sken **Süd'ost** *etc., jfr Nordost etc.*
Südpol -*e m* sydpol **Südsee** *0 f, die* ~ Söderhavet **Südsüd'ost** *etc., jfr Nordnordost etc.*
südwärts 1 söderut, åt söder **2** *i* söder **Südwein** -*e m* syd-, stark|vin **Süd'west** *etc., jfr Nordwest etc.* **Süd'wester** - *m* sydväst (*hatt*)
Südwind -*e m* syd-, sunnan|vind
Suff *0 m, vard.* fylla; supande; *im* ~ i fyllan [o. villan]; *sich dem stillen* ~ *ergeben* smygsupa; *der* ~ *hat ihn fertiggemacht* (*äv.*) spriten (borsten) har knäckt honom **suffeln** *österr.,* **süffeln** *vard.* dricka (*m. välbehag*); pimpla [i sig] **süffig** *vard.* (*om vin*) [god o.] lättdrucken
Süffisance [zyfi'zä:s] *0 f* självgodhet, dryghet, självbelåtenhet **süffisant** [-'zant] självgod, dryg, självbelåten **Süffisanz** [-'zants] *0 f, se Süffisance*
Suffix -*e n, språkv.* suffix
suffizient tillräcklig
Suffragette -*n f* suffragett
suggerieren suggerera (*e-m etw.* ngn till ngt) **suggestibel** suggestibel **Suggestion** -*en f* suggestion **suggestiv** suggestiv **Suggestivfrage** -*n f* ledande fråga, suggestivfråga
Suhle -*n f, jakt.* göl, dypöl (*där vilt vältrar sig*) **suhlen** *rfl, jakt.* vältra sig i en dypöl
sühnbar som kan sonas **Sühne** -*n f* bot, gottgörelse; *als* ~ *für* (*äv.*) till försoning av (för) **sühnen** [för]sona, gälda; *ein Verbrechen mit dem Leben* ~ få plikta med livet för ett brott **Sühneopfer** - *n* försoningsoffer **Sühnetermin** -*e m, jur.* [dag för] medling (förlikning) **Sühneverfahren** - *n, jur.* skiljemannaförfarande **Sühneversuch** -*e m, jur.* medlingsförsök
Suite ['svi:t(ə)] -*n f* svit (*äv. mus.*)
Suizid -*e m* suicid, självmord

Sujet [zy'ʒeː] -s n föremål, ämne, tema
Sukkade -n f suckat
Sukzession -en f succession **sukzessiv** successiv **sukzessive** [-v-] successivt
Sulfat -e n, kem. sulfat **Sulfid** -e n, kem. sulfid **Sulfit** [-'fiːt, äv. -'fɪt] -e n, kem. sulfit **Sulfonamid** -e n, med. sulfonamid, sulfa **Sulfur** 0 n sulfur (svavel)
Sulky ['zʊlki el. 'zalki] -s n sulky
'**Sultan** [-aː-] -e m sultan **Sulta'nine** -n f sultanrussin
Sulze -n f, sty., österr., schweiz., **Sülze** -n f **1** jakt. saltsleke **2** kokk. sylta, aladåb **sülzig** geléartad **Sülzkotelett** -e el. -s n [fläsk]kotlett i gelé
summ interj surr!
Summ|a -en f, åld. summa **Summand** -en -en m, mat. summand **summarisch** summarisk **summa sum'marum** summa summarum, allt som allt, inalles **Summe** -n f summa **summen 1** surra **2** s flyga surrande; surra **3** ein Lied ~ gnola [på] en visa; vor sich (ack.) hin ~ nynna [för sig själv] **Summer** - m summer
summier|en 1 summera, addera **2** rfl ökas, växa; das -t sich det blir en hel del [till slut]
Sumpf -e† m träsk (äv. bildl.), sumpmark, kärr **Sumpfbiber** - m bäverråtta, sumpbäver; nutria (skinn) **Sumpfboden** -† m sump-, sank|mark **Sumpfdotterblume** -n f kabbleka
sumpfen 1 åld. försumpas **2** vard. svira, festa, slå runt **sümpfen** dränera (gruva)
Sumpferz -e n myrmalm **Sumpffieber** 0 n malaria **Sumpfgas** -e n sumpgas **Sumpfhuhn** -er† n **1** sumphöna **2** vard. nattsuddare **sumpfig** sumpig, sank, vattensjuk **Sumpfotter** - m mink **Sumpfpflanze** -n f kärrväxt **Sumpfschildkröte** -n f kärrsköldpadda **Sumpfwiese** -n f sank äng
Sums 0 m, vard., e-n großen ~ um etw. machen göra stor affär av ngt
Sund -e m sund; der ~ (äv.) Öresund
Sünde -n f synd; faul wie die ~ lat som en oxe; häßlich wie die ~ ful som stryk; wie die ~ hassen avsky som pesten; es ist e-e ~ und Schande det är synd och skam **Sündenbabel** 0 n, ung. syndens näste **Sündenbekenntnis** -se n syndabekännelse **Sündenbock** -e† m syndabock **Sündenfall** 0 m, der ~ syndafallet **sündenfrei** syndfri, utan synd '**Sünden'geld** 0 n, vard. jättesumma, mycket pengar **sündenlos** syndfri **Sündenpfuhl** 0 m syndens näste **Sündenregister** - n syndaregister **Sündenvergebung** -en f syndaförlåtelse **Sünder** - m syndare **Sündermiene** -n f skuldmedveten min **Sündflut** 0 f syndaflod **sündhaft 1** synd **2** vard., ein ~es Geld kosten kosta [vansinnigt] mycket pengar; ~ teuer vansinnigt dyr **Sündhaftigkeit** 0 f syndighet **sündig** syndig; ~ werden synda, begå en synd **sündigen** synda; ~ gegen etw. ~ (äv.) försynda sig mot ngt **sündlos** syndfri
super vard. jättebra, toppen **Super1** - m, förk. för Superheterodynempfänger **2** - n, vard. super (högoktanig bensin)
superb, süperb superb
Superbenzin 0 n super (högoktanig bensin) **Superding** -er n, vard. toppengrej **superfein** vard. super-, jätte|fin **Super|het** [-hɛt] -s n, -heterodynempfänger - m, radio. superheterodyn|mottagare] **Superintendent** -en -en m, prot. superintendent **Su'perior** -en m, kat. klosterföreståndare **superklug** iron. överklok **Superlativ** -e m superlativ; in ~en sprechen tala i superlativ, begagna överord **Supermacht** -e† f supermakt **Supermarkt** -e† m super-, stor|marknad **Superphosphat** 0 n superfosfat **Supertanker** - m supertanker **Suppe** -n f **1** soppa; die ~ hat er sich (dat.) selbst eingebrockt (vard.) det har han själv trasslat till för sig, det är hans eget fel; das macht die ~ auch nicht fett (vard.) det gör inte heller saken bättre; e-m die ~ versalzen (vard.) korsa ngns planer, fördärva nöjet för ngn **2** vard. dimma; svett
Suppen|fleisch 0 n soppkött **-gemüse** 0 n, **-grün** 0 n soppgrönsaker **-huhn** -er† n kokhöns **-kasper** 0 m pojke som inte vill äta sin soppa **-kelle** -n f soppslev **-knochen** pl soppben **-kraut** 0 n, dial. soppgrönsaker **-löffel** - m sopp-, mat|sked **-schüssel** -n f sopp|skål, **-terrin -teller** - m sopptallrik **-terrine** -n f soppterrin **-würfel** - m buljong-, sopp|tärning
suppig [tunn]flytande, soppliknande
Supplement -e n supplement, tillägg **-winkel** - m, mat. supplementvinkel
supponieren supponera, förutsätta, anta
Support -e m, tekn. support **-drehbank** -e† f, tekn. supportsvarv
Supposition -en f supposition, förutsättning, antagande **Suppositori|um** -en n, med. suppositorium, stolpiller
suppressiv undertryckande, hämmande **supprimieren** undertrycka, hämma
Supraleitung 0 f, elektr. supraledning **supranational** överstatlig
Supre|mat -en n, **-matie** -n f supremati, överhöghet
Sure -n f sura (kapitel i koranen)
Surfbrett ['sɔːf-] -er n surfingbräda **surfen** [vind]surfa **Surfing** 0 n [vind]surfing
Surrealismus [äv. zʏr-] 0 m, konst. surrealism **Surrealist** -en -en m surrealist **surrealistisch** surrealistisk
surren h el. s surra
Surrogat -e n surrogat
Suse -n f, vard., dumme ~ dum gås
suspekt [-s'p-] suspekt, misstänkt, skum
suspendier|en [-sp-] **1** suspendera; vom Wehrdienst -t werden bli befriad från militärtjänsten **2** [tillfälligt] bryta (upphäva) **Suspension** -en f suspension etc., jfr suspendieren **Suspensori|um** -en n, med. suspensoar
süß [-yː-] **1** sött; ~e Mandeln sötmandel; lieben Sie den Kaffee ~ ? vill Ni ha socker i kaffet?; er ißt gern S~es han äter gärna sötsaker **2** söt, rar, ljuv; das ~e Leben det ljuva livet; ~e Worte ljuva ord; du bist einfach ~ (äv.) du är alldeles förtjusande; meine S~e min sötnos (raring) **Süße** 0 f sötma, ljuv[lig]het **süßen** söta, göra söt; socka **Süßholz** 0 n lakrits[rot]; ~ raspeln (vard.) smickra **Süßigkeit** -en f, ~en sötsaker, godis **2** 0 f, högt. sötma, ljuv[lig]het **Süßkirsche** -n f sötkörsbär **süßlich** sötaktig; sliskig; ~e Miene sockersöt min **Süßmaul** -er† n, vard. snaskgris '**süß'sauer** sötsur (äv. bildl.)
Süß|speise -n f söt [efter]rätt **-stoff** -e m sötningsmedel **-waren** pl sötsaker **-wasser** - n sötvatten **-wasserfisch** -e m sötvattens-, insjö|fisk **-wein** -e m sött vin, dessertvin

Sutane—Tachometer

Sutane -n f, kat. sutan, prästrock
Sutur -en f, med. sutur
Suzeränität 0 f överhöghet
SV [ɛs'faṵ] förk. för Spielvereinigung idrottsförening **sva.** förk. för soviel als detsamma som, lika med
Swasi - m swaziländare **swasiländisch** swaziländsk
Sweater ['sveːtɐ] - m sweater
Swimmingpool -s m swimmingpool
Swing 0 m, mus. swing **swingen 1** swinga, dansa (spela etc.) swing **2** (om musik) svänga **3** sl. ha gruppsex
Sybarit -en -en m sybarit **sybaritisch** sybaritisk
Syko'more -n f sykomor, mullbärsfikonträd
Syllogism|us -en m syllogism
Sylphe -n -n m, ibl. -n f sylf, luftande **Sylphide** -n f sylfid (äv. bildl.)
Sylvaner [-v-] - m sylvaner (druv-, vin|sort)
Sylvester [-v-] - m n, se Silvester
Symbiose -n f, biol. symbios **symbiotisch** biol. symbiotisk
Symbol -e n symbol **Sym'bolik** 0 f symbolik **symbolisch** symbolisk **symbolisieren** symbolisera **Symbolismus** 0 m symbolism
Symmetrie -n f symmetri **Symmetrieachse** -n f, mat. symmetriaxel **symmetrisch** symmetrisk
sympathetisch sympatetisk; ~e Tinte sympatetiskt (osynligt) bläck **Sympathie** -n f sympati **Sympathiestreik** -s m sympatistrejk **Sym'pathikus** 0 m, der ~ sympatiska nerven, gränssträngen **Sympathisant** -en -en m sympatisör [till terroriströrelse] **sympathisch** sympatisk; das ist mir nicht ~ (äv.) det tycker jag inte om **sympathisieren** sympatisera
Symphonie -n f, se Sinfonie
Sympi -s m, sl. sympatisör (till vänsterparti)
Symposi|on [-'pɔ-, äv. -'poː-] -en n, **-um** -en n symposion (dryckeslag); symposium (konferens)
Symptom -e n sym[p]tom (von på) **symptomatisch** sym[p]tomatisk
Syna'goge -n f synagoga
Synästhesie -n f synestesi
synchron [-k-] synkron **Synchrongetriebe** - n synkroniserad växel[låda] (i bil) **Synchronisation** -en f synkronisering **synchronisch** synkron **synchronisieren 1** synkronisera **2** dubba (film) **Synchronmotor** -en m synkronmotor **Synchronuhr** -en f synkronur **'Synchrotron** -s, äv. Synchro'trone n, kärnfys. synkrotron
Syndikalismus 0 m syndikalism **Syndikalist** -en -en m syndikalist **syndikalistisch** syndikalistisk **Syndikat** -e n syndikat **Syndi|kus** -zi, äv. -kusse m juridiskt ombud (för bolag e.d.)
Syndrom -e n, med. syndrom
Syn'kope -n f, mus. synkop **synkopieren** mus. synkopera **synkopisch** mus. synkopisk
Synkretismus 0 m synkretism
Synode -n f, kyrkl. synod **synodisch** astron. synodisk
synonym synonym **Synonym** -e el. Sy'nonyma n synonym **synonymisch** synonym
Sy'nopse -n f, **'Synops|is** [äv. -'---] -en f synops[is] **Synoptiker** - m, teol. synoptiker **synoptisch** synoptisk
syntaktisch språkv. syntaktisk **'Syntax** 0 f, språkv. syntax

Synthese -n f syntes **Syntheseprodukt** -e n syntetisk produkt **Synthesizer** ['sɪntəsaɪzɐ] - m, mus. synthesizer **synthetisch** syntetisk; ~es Harz konstharts **synthetisieren** syntetisera
Syph [zyf] 0 m, vard. syffe (syfilis) **Syphilis** ['zyː-] 0 f syfilis **Syphilitiker** - m syfilitiker **syphilitisch** syfilitisk
Syr[i]er - m syrier **syrisch** syrisk
System -e n system **Systemanalytiker** - m systemman, systemare **Syste'matik** -en f systematik **Systematiker** - m systematiker **systematisch** systematisk **systematisieren** systematisera **Systemlehre** 0 f systematik **systemlos** utan [ngt] system, systemlös **Systemveränderer** - m systemförändrare, samhällsomstörtare
s.Z. förk. för seinerzeit på sin tid
Szenario -s n, **Szenari|um** -en n scenario **Szene** -n f scen (äv. bildl.); bildl. äv. värld, kretsar; die literarische ~ den litterära världen; [e-m] e-e ~ machen ställa till en scen [med ngn]; in ~ setzen iscensätta; die Polizei sucht sie in der ~ polisen letar efter henne i knarkarkretsar **Szenenwechsel** - m scenförändring **Szenerie** -n f sceneri **szenisch** scenisk
Szepter - n, se Zepter
Szill|a -en f, bot. scilla
Szintillation -en f scintillation **szintillieren** tindra, gnistra
Szythe -n -n m skyt

T - - n (bokstav) t **t** förk. för Tonne
Tabak ['ta(ː)bak, österr. ta'bak] -e m tobak; das ist starker ~ (vard.) det var en stark sak (saftig historia) **Tabakbau** 0 m tobaksodling **Tabakmonopol** 0 n, **Ta'bakregie** 0 f, österr. tobaksmonopol **Tabakschnupfer** - m snusare **Tabaksdose** -n f tobaksburk **Ta'baktrafik** -en f, österr. tobaksaffär **Tabatiere** [taba'tje̞ːrə] -n f snusdosa; tobaksburk
tabellarisch tabellarisk, i tabellform **tabellarisieren** tabellera **Tabelle** -n f tabell **Tabellenführer** - m, sport. serieledare **tabellieren** tabellera **Tabelliermaschine** -n f [hålkorts]tabulator
Tabernakel - n, äv. m, relig. tabernakel **Taberne** -n f, åld. taverna
Tableau [ta'bloː] -s n **1** tablå, gruppbild; åld. tavla **2** skildring; österr. tablå, tabell[arisk översikt] **Tablett** -s, äv. -e n bricka; aufs ~ bringen (vard.) föra på tal **Tablette** -n f tablett **Tablettenmißbrauch** 0 m tablettmissbruk
ta'bu oböjl. adj tabu **Ta'bu** -s n tabu **tabui[si]eren** tabuera, tabubelägga
Tabulator -en m tabulator
tachinieren österr. spela [sjuk]; lata sig
Tacho -s m, vard., **Tachometer** - m, äv. n **1**

hastighetsmätare 2 varvräknare **Tachometerstand** 0 m mätarställning; *ein Auto mit e-m ~ von 10000 km (äv.)* en bil som har gått 1000 mil **tacken** smattra **Tadel** - *m* 1 tadel, klander, kritik; *skol. äv.* anmärkning 2 fel, brist **tadelfrei** oklanderlig, oförvitlig; felfri **tadelhaft** klandervärd **tadellos** oklanderlig; felfri, perfekt **tadeln** klandra, tadla, kritisera (*wegen, für* för); *~de Blicke (äv.)* kritiska blickar; *etw. ~ (äv.)* anmärka på ngt; *an allem etw. zu ~ finden* ha ngt att anmärka på allting **tadelns|wert, -würdig** klandervärd **Tadelsucht** 0 *f* klandersjuka **tadelsüchtig** klandersjuk **Tadler** - *m* tadlare **Tafel** -*n f* 1 (*anslags-, minnes-*) tavla; platta, skylt; *dial.* vägmärke; *etw. an (auf) die ~ schreiben* skriva ngt på [svarta] tavlan (griffeltavlan) 2 (*choklad-*) kaka; skiva 3 tabell 4 plansch 5 *högt.* taffel, [festligt dukat] bord; [fest]måltid; *die ~ aufheben* häva taffeln **Tafelaufsatz** -*e† m* bordsuppsats **Tafelberg** -*e m, geol.* taffelberg **Tafelbutter** 0 *f* smör (*av bra kvalitet*) **tafelfertig** (*om mat*) färdiglagad **tafelförmig** tavelformig **Tafelfreuden** *pl, den ~ huldigen* hylla bordets njutningar **Tafelgeschirr** -*e n* (*finare*) bordsservis **Tafelklavier** -*e n, mus.* taffel **Tafelleim** -*e m* lim (*i kakor*) **Tafelmusik** 0 *f* taffelmusik **tafeln** *högt.* sitta till bords [o. kalasa], inta en festmåltid **täfeln** panela **Tafel|obst** 0 *n* dessertfrukt **-öl** -*e n* matolja (*av bra kvalitet*), salladsolja **-runde** -*n f* bordssällskap; *die Ritter der ~* riddarna av runda bordet **-salz** 0 *n* (*finare*) bordssalt **-silber** 0 *n* (*finare*) bordssilver **-spitz** -*e m, österr. kokk.* (*slags*) [kokt] oxkött **-tuch** -*er† n* (*finare*) bord[s]duk **Täfelung** -*en f* panelning; panel **Tafelwaage** -*n f* taffelvåg; plattformsvåg **Tafelwagen** - *m* (*öppen*) lastvagn **Tafelwasser** -† *n* bordsvatten (*mineralvatten*) **Tafelwein** -*e m* bordsvin **Tafelwerk** -*e n* 1 panelning 2 planschverk **Taft** -*e m* taft **taften** av taft, taft- **Tag** -*e m* dag; dygn; dager, dagsljus; *~ und Nacht* dag o. natt, dygnet runt (om), ständigt; *ein Unterschied wie ~ und Nacht* en skillnad som dag o. natt; *vier ~e Arrest* fyra dagars arrest; *~ der offenen Tür* öppet hus, besöksdag (*för allmänheten*); *alle zwei ~e, jeden zweiten ~, e-n ~ um den anderen* varannan dag; *dieser ~e a)* endera dagen, *b)* häromdagen; [*guten*] *~! god dag!; er kann jeden ~ kommen* han kan komma vilken dag som helst; *den lieben langen ~* hela [långa] dagen, hela tiden; *e-s* [*schönen*] *~es* en [vacker] dag; *der ~ bricht an, es wird ~* det dagas, dagen gryr; *heute hat er seinen schlechten ~* i dag är han på dåligt humör (i dålig form); *sie hat ihre ~e (vard.)* hon har mens; *man soll den ~ nicht vor dem Abend loben* man skall inte prisa dag förrän sol gått ner; *der ~ neigt sich* (*sinkt*) det kvällas, dagen går mot sitt slut; *jetzt wird's ~! (vard.)* nu går det upp ett ljus för mig (*etc.*)!; *nun wird's [aber] ~! (vard.)* det var det värsta!, det är höjden!; *e-m* [*e-n*] *guten ~ wünschen* säga goddag till ngn; *am ~, des ~[e]s* om dagarna, på (om) dagen; *am ~ vorher* dagen innan; *an den ~ bringen* bringa i dagen, uppdaga; *an den ~ kommen* komma i dagen; *an den ~ legen* lägga i dagen, visa; *auf den ~ ein Jahr später* på dagen ett år senare; *auf seine alten ~e* på sina gamla dagar; *bei ~[e]* i dagsljus; *bei ~e besehen (bildl.)* vid närmare betraktande; *~ für ~* dag ut o. dag in, dagligen, dag för dag; *heute in acht ~en* i dag åtta dagar (om en vecka); *in guten und bösen ~en* i alla livets skiften, i nöd o. lust; *in den nächsten (in einigen) ~en* inom de närmaste dagarna (om några dagar); *bis in den ~ hinein schlafen* sova [till] långt fram på dagen; *über ~[e] (gruv.)* ovan jord, i dagen; *unter ~[e] (gruv.)* under jord, i gruvan; *unter ~s, den ~ über* om dagarna, på (under, om) dagen; *von ~ zu ~* dag för dag, från dag till dag **tag'aus** ~, *tag'ein* dag ut o. dag in **Tagbau** -*e m, sty., österr., schweiz., se Tagebau* **Tagdieb** -*e m, sty., österr., schweiz., se Tagedieb* **Tagdienst** 0 *m* dagtjänst[göring] **Tagebau** -*e m* [bergbrytning i] dagbrott **Tagebuch** -*er† n* dagbok **Tagebuchnummer** -*n f, hand.* verifikationsnummer **Tagedieb** -*e m* dagdrivare, lätting **Tagegelder** *pl* dagtraktamente; dagsersättning **tag'ein** *se tagaus* **tagelang** flera dagar lång; dagar igenom **Tagelohn** -*e† m* dags|lön, -penning; *im ~ arbeiten* arbeta mot dagspenning **Tagelöhner** - *m* daglönare, dagsverkare **tagelöhnern** arbeta som daglönare **Tagemarsch** -*e† m* dagsmarsch **tag|en** 1 dagas, gry; *es -t (äv.)* dagen gryr 2 sammanträda **Tagereise** -*n f* dagsresa **Tages|anbruch** 0 *m* [dag]gryning, dagbräckning **-arbeit** -*en f* 1 dag|arbete, -verke 2 dagligt arbete **-befehl** -*e m, mil.* dagorder **-decke** -*n f* sängöverkast **-dienst** 0 *m* dagtjänst[göring] **-einnahme** -*n f* dags|inkomst, -kassa **-form** 0 *f, sport.* dagsform **-gespräch** -*e n* dagens samtalsämne; *das ~ bilden* vara samtalsämnet för dagen **-grauen** 0 *n, högt.* dagbräckning **-heim** -*e n* daghem **'tages'hell** ljus som dagen **Tages|karte** -*n f* 1 inträdeskort (biljett) som gäller en dag 2 dagens matsedel **-kasse** -*n f* 1 dagskassa; *teat. e.d.* förköpskassa 2 dagskassa **-kurs** -*e m, börs.* dagskurs **-licht** 0 *n* dagsljus (*äv. bildl.*); *es scheut das ~* det skyr dagens ljus; *ans ~ kommen* komma i dagen, uppdagas; *bei ~* i dagsljus **-losung** -*en f* 1 dagens lösen 2 *österr.* dags|inkomst, -kassa **-marsch** -*e† m* dagsmarsch **-mittel** - *n* dagsgenomsnitt **-mutter** -† *f* dagmamma **-ordnung** -*en f* dagordning (*äv. bildl.*), föredragningslista; *an der ~ sein* höra till ordningen för dagen, vara mycket vanlig; *über etw. (ack.) zur ~ übergehen (bildl.)* sätta sig (hoppa) över ngt **-presse** 0 *f* dagspress **-raum** -*e† m* dagrum (*på sjukhus e.d.*) **-satz** -*e† m, jur.* dagsbot **-schau** 0 *f, telev.* Aktuellt **-stätte** -*n f* daghem **-stunde** -*n f* timme [på dagen]; *zu jeder ~* vilken timme som helst **-umsatz** -*e† m* daglig omsättning **-zeit** -*en f* tid på dagen; *zu jeder ~* när som helst [på dagen (dygnet)] **-zeitung** -*en f* daglig tidning, dagstidning **-zug** -*e† m* dagtåg **tageweise** 1 per dag 2 ngn dag då o. då, några dagar i stöten **Tagewerk** -*e n* dagsverke; dagspensum **Tagfalter** - *m* dagfjäril **Taggelder** *pl, sty., österr., schweiz., se Tagegelder* **'tag'hell** ljus som [om] dagen **täglich** I *adj* daglig; vardags-; *unser ~es Brot (bibl.)* vårt dagliga bröd; *~es Geld* avista-, dags|lån II *adv* dagligen; *~ arbeiten* arbeta varje dag (dagligen); *zweimal ~* två gånger om dagen **Taglohn** *etc., sty., österr., schweiz., se Tagelohn etc.* **Tagpfauenauge** -*n n* påfågelsöga

(fjäril) **tags 1** på (under) dagen, om (på) dagarna **2** ~ *darauf* följande dag, dagen därpå; ~ *zuvor* dagen innan **Tagschicht** *-en f* dagskift **tagsüber** på (under) [hela] dagen' **tag'täglich I** *adj* daglig **II** *adv* dagligen, dagligdags **Tagund'nachtgleiche** *-n f* dagjämning **Tagung** *-en f (mindre)* kongress, *(längre)* sammanträde **tagweise** *sty., österr., schweiz., se tageweise* **Tagwerk** *-e n, sty., österr., schweiz., se Tagewerk*
Tai'fun *-e m* tyfon
Taille ['taljə] *-n f* midja; *auf ~ gearbeitet* figursydd **Tailleur** [ta'jø:ɐ̯] *-s m, åld.* skräddare
Takelage [takə'la:ʒə] *-n f, sjö.* tackling, rigg, tackel o. tåg **takeln** *sjö.* tackla, rigga **Tak[e]lung** *-en f,* **Takelwerk** *0 n, se Takelage*
Takt *-e m* takt *(i olika bet.); motor. äv.* slag; *den ~ angeben (bildl.)* ange tonen; *ein paar ~e ausruhen (vard.)* vila något (en stund); *keinen ~ haben (äv.); ~ halten* hålla takten; *e-n aus dem ~ bringen* få ngn att tappa takten (koncepterna); *aus dem ~ geraten (äv.)* komma i otakt; *im ~* i takt; *mit ~ behandeln* behandla taktfullt **Taktart** *-en f, mus.* taktart **Taktfehler** - *m* taktlöshet **taktfest** taktfast; *bildl. äv.* säker; *nicht ganz ~ sein (äv.)* inte vara riktigt kry (frisk) **Taktgefühl** *0 n* takt[känsla], finkänslighet, känsla för det passande **taktieren 1** *åld.* slå (markera) takten **2** gå fram taktiskt
'Taktik *-en f* taktik **Taktiker** - *m* taktiker **taktil** *med.* taktil
taktisch taktisk **taktlos** taktlös **Taktlosigkeit** *-en f* taktlöshet **Taktmaß** *-e n, mus.* takt **Taktmesser** - *m, mus.* metronom **Taktstock** *-e†* *m* taktpinne **Taktstraße** *-n f* löpande band *(som stannar upp för arbetsmoment)* **taktvoll** taktfull
Tal *-er† n* dal; *das Vieh zu (ins) ~ treiben* driva boskapen ner i dalen **tal'ab[wärts]** nedåt (utför) [dalen]
Ta'lar *-e m* talar
tal'auf[wärts] uppåt (uppför) [dalen] **Talboden** -† *m* dalbotten **Talenge** *-n f* klyfta, hålväg
Ta'lent *-e n* **1** *(vikt, mynt)* talent **2** talang *(zu för)* **talentiert** talangfull, begåvad **talentlos** talanglös **Talentschuppen** *-n m* talangjäkt *(underhållningsprogram)* **talentvoll** *se talentiert*
Taler - *m* daler; taler *(som motsvarade 3 mark)*
Talfahrt *-en f* ned|resa, -färd, färd utför *(berg, dal el. flod); bildl.* nedgång
Talg *-e m* talg **Talgdrüse** *-n f* talgkörtel **talgen** bestryka med talg **talgig** talgig **Talglicht** *-er n* talgljus
'Talisman *-e m* talisman
Talje *-n f, sjö.* talja
Talk *0 m* talk; talk|puder, -pulver
Talkessel - *m* dalkittel
Talk-Show ['tɔ:k'ʃoʊ] *-s f, ung.* kändisintervju *(i TV)*
Talkum *0 n, se Talk*
Talmi[gold] *0 n* talmiguld; oäkta smycke; *bildl.* ngt oäkta **'talmin** av talmiguld; oäkta; värdelös
'Talmud *0 m, relig.* talmud
Talmulde *-n f* dalsänka
Talon [ta'lõ:, *österr.* -'lo:n] *-s m, hand., kortsp.* talong, stam
Talschaft *-en f, schweiz., die ~* invånarna i dalen **Talsohle** *-n f* dalbotten; *bildl.* botten[läge]
Talsperre *-n f* damm[byggnad] *(som uppdämmer floddal)* **Talstation** *-en f (bergbanas)* nedre station **talwärts** ner [mot dalen], utför
Talweg *-e m* väg i dalen
Tamarinde *-n f* tamarind **Tamariske** *-n f* tamarisk
Tambour ['tambu:ɐ̯, *äv.* -'-] *-e m* trumslagare **Tambourmajor** *-e m* tamburmajor **Tambu'rin** [*el.* '---] *-e n* tamburin
Tampon ['tampɔn, *äv.* -'po:n *el.* tã'põ:] *-s m* tampong **tamponieren** *med.* tamponera
Tam'tam [*äv.* '---] **1** *-s n, mus.* tamtam **2** *0 n, bildl.* väsen, ståhej
Tand *0 m* små-, strunt|saker, bjäfs, krimskrams, grannlåt, krafs **Tändelei** *-en f* **1** lek[ande] **2** flört[ande] **Tändelmarkt** *-e† m, dial.* loppmarknad **tändeln 1** leka **2** flörta **Tändelschürze** *-n f* prydnadsförkläde
Tandem *-s n* tandem
Tändler - *m, dial.* lumphandlare
Tang *-e m, bot.* tång
'Tangens - *m, mat.* tangent *(i trigonometri)* **Tangente** *-n f* **1** *mat.* tangent **2** kringfartsled **tangential** *mat.* tangential **tangieren** *mat.* tangera, beröra *(äv. bildl.)*
Tango *-s m* tango
Tank *-s el.* *-e m* tank *(behållare; stridsvagn)* **Tankdeckel** - *m* tanklock **tanken 1** tanka **2** *vard.* supa; *er hat zu viel getankt* han är full **Tank|er** - *m* tanker, tankfartyg **-säule** *-n f* bensinpump *(på mack)* **-schiff** *-e n* tankfartyg **-schlo|ß** *-sser†* n [låsbart] tanklock **-stelle** *-n f.* bensinstation, mack **-verschlu|ß** *-sse† m* tanklock **-wagen** *- m* **1** *järnv.* cisternvagn **2** tank|vagn, -bil **-wart** *-e m,* **-wärter** *- m* bensinstations|föreståndare, -biträde
Tann *-e m, poet.* [gran]skog **Tanne** *-n f* [ädel]gran; *schlank wie e-e ~* smal som en vidja **tannen** av [ädel]gran, gran-
Tannen|baum *-e† m* [jul]gran **-häher** - *m, zool.* nötkråka **-holz** *-er† n* gran|trä, -ved **-meise** *-n f* svartmes **-nadel** *-n f* granbarr **-reisig** *0 n* granris **-zapfen** - *m* grankotte
tannieren beta med tannin **Tan'nin** *0 n* tannin
Tannzapfen - *m, dial.* grankotte
Tan'sania [*el.*--'--] *0 n* Tanzania **Tansanier** - *m* tanzanier **tansanisch** tanzanisk
'Tantal *0 n* tantal **'Tantalusqualen** *pl, ~ ausstehen* lida Tantali kval
Tante *-n f* **1** tant, faster, moster; *meine ~, deine ~ (kortsp.)* landsknekt; *~ Meier (vard.)* toa **2** *vard.* fjolla *(feminin bög)* **Tante-'Emma-Laden**-† *m* kvartersbutik **tantenhaft** tantig
Tantieme [tã'tjɛ:mə] *-n f* tantiem, royalty
Tanz *-e† m* dans; *jetzt geht der ~ los (bildl.)* nu börjas det (blir det liv i luckan); *e-n ~ mit e-m haben (bildl.)* ha ett uppträde med ngn; *darf ich um den nächsten ~ bitten?* får jag lov till nästa dans?; *zum ~ aufspielen* spela upp till dans; *zum ~ gehen* gå [ut] o. dansa **Tanzbar** *-s f* dans|bar, -restaurang **Tanzbein** *0 n, das ~ schwingen (vard.)* ta sig en svängom, dansa **Tanzboden**-† *m* dansgolv; *auf den ~ gehen* [gå o.] dansa **Tanzdiele** *-n f* danslokal **tänzel|n** *h el. s* gå med dansande steg; *das Pferd -t* hästen dansar [fram] **tanzen 1** dansa **2** *s* dansa [fram]; *durch das Zimmer ~* dansa genom rummet **3** *rfl, sich müde ~* dansa sig trött **Tänzer** - *m* dansare, dansör; dans|partner, -kavaljer; *die ~ (äv.)* de dansande; *ein guter ~ sein (äv.)* dansa bra **Tanzerei** *-en f* **1** [ideligt] dansande **2** dans[tillställning] **Tänzerin** *-nen f* dansös, danserska; [kvinnlig] danspartner, dam **tänzerisch** i dans, dans- **Tanzfest** *-e n*

dans[tillställning], bal **Tanzfläche** *-n f* dansgolv **Tanzlied** *-er n* dansvisa **Tanzlokal** *-e n* danslokal **tanzlustig** danslysten, dansant **Tanzpartner** - *m* danspartner **Tanzschule** *-n f* dansskola **Tanzstunde** *-n f* danslektion **Tanztee** *-s m* thé dansant **Tanzturnier** *-e n* danstävling **tanzwütig** dansbiten
Taoismus *0 m* taoism **Taoist** *-en -en m* taoist **taoistisch** taoistisk
Tapergreis *-e m, vard.* gubbskrälle **taperig** *nty.* [gammal o.] bräcklig, fumlig, hjälplös **tapern** *s, nty.* stappla, stulta
Tapet *0 n, vard.*, *aufs* ~ *bringen (kommen)* bringa (komma) på tapeten (tal) **Tapete** *-n f* tapet; *die ~n wechseln (vard.)* a) flytta, b) byta jobb **Tapetenbahn** *-en f* tapetvåd **Tapetenkleister** - *m* tapetklister **Tapetenrolle** *-n f* tapetrulle **Tapetenwechsel** *0 m, vard.*, *e-n* ~ *brauchen* behöva miljöombyte (ny bostad, nytt jobb) **tapezieren 1** tapetsera **2** *österr.* klä om *(möbel)* **Tapezierer** - *m* **1** tapetuppsättare *(målare)* **2** tapetserare
Tapfe *-n f,* **Tapfen** - *m* fotspår
tapfer tapper; duktig; *bleib (halt dich)* ~! ge inte tappt!; *dem T~en lacht das Glück* lyckan står den djärve bi **Tapferkeit** *0 f* tapperhet
Tapioka *0 f* tapioka[mjöl, -gryn]
'**Tapir** *[österr. -'-] -e m, zool.* tapir
Tapisserie *-n f* gobeläng-; gobeläng-, matt|- väveri; handarbetsaffär
tapp *interj* tripp! **Tapp** *-e m, nty.* lätt slag **tappen** *h el. s* tassa; treva sig fram; treva, famla; *im dunkeln* ~ famla i mörkret; *nach etw.* ~ treva i blindo efter ngt **täppisch** tafatt, klumpig, fumlig, drumlig
taprig *se taperig*
Taps *-e m* **1** *dial.* lätt slag **2** *vard.* klumpeduns, drummel **tapsen** *h el. s, vard.* tassa; treva sig fram **tapsig** *vard.* klumpig, drumlig, tafatt
Tar|a *-en f, hand.* tara
Ta'rantel *-n f* tarantel *(spindel)*; *wie von der (e-r)* ~ *gestochen* som stucken av ett bi **Tarantell|a** *-as el. -en f* tarantella *(dans)*
Tarbusch [-'bu:ʃ] *-e m* fez *(huvudbonad)*
tarieren tarera
Ta'rif *-e m* **1** tariff, taxa **2** [kollektiv]avtal **Tariferhöhung** *-en f* taxehöjning **Tarifkommission** *-en f* förhandlingsdelegation **tariflich 1** enligt taxa, taxe- **2** enligt avtal, avtalsenlig **Tariflohn** *-e† m* avtalsenlig lön **Tarifpartner** *pl, die* ~ arbetsmarknadens parter **Tarifrunde** *-n f* avtalsrörelse **Tarifverhandlungen** *pl* avtalsförhandlingar **Tarifvertrag** *-e† m* kollektivavtal
'**Tarlatan** *-e m* tarlatan *(tyg)*
Tarnanstrich *-e m* kamouflagemålning **tarnen** maskera, kamouflera *(äv. bildl.)*; skyla över; *getarnt (äv.)* dold **Tarnkappe** *-n f, myt.* osynlighetshätta **Tarnname** *-ns -n m* täcknamn **Tarnorganisation** *-en f* täckorganisation **Tarnung** *-en f* maskering, kamouflage *(äv. bildl.)*
Ta'rock *-s n m, kortsp.* tarock **tarock[ier]en** spela tarock
Tasche *-n f* **1** väska; fodral **2** ficka; *sich (dat.) die eigenen ~n füllen (vard.)* sko sig, göra sig en förmögenhet; *e-m die ~n leeren (vard.)* plocka ngn på pengar; *e-m das Geld aus der* ~ *ziehen (vard.)* locka (lura) pengar av ngn; *e-m auf der* ~ *liegen (vard.)* leva på ngn; *in die eigene* ~ *arbeiten (vard.)* stoppa förtjänsten i egen ficka; *tief in die* ~ *greifen (vard.)* punga ut med mycket pengar; *etw. in der* ~ *haben (vard.)* a) ha ngt som i en liten ask, b) ha [fått] ngt; *e-n in der* ~ *haben (vard.)* ha ngn helt i sin hand; *ich habe nur zwei Mark in der* ~ *(äv.)* jag har bara två mark på mig; *in die* ~ *stecken* stoppa i fickan, stoppa på sig; *e-n in die* ~ *stecken (vard.)* vara ngn överlägsen **Täschelkraut** *0 n, bot.* lomme[ört]
Taschen|ausgabe *-n f* fickupplaga -**billard** *0 n, vard.*, ~ *spielen* [stoppa händerna i fickan o.] leka med snoppen -**buch** *-er† n* **1** pocketbok **2** anteckningsbok -**dieb** *-e m* ficktjuv -**diebstahl** *-e† m* fickstöld -**flasche** *-n f* fick|- flaska, -plunta -**geld** *-er n* fickpengar -**kalender** - *m* fickalmanacka -**krebs** *-e m, zool.* krabbtaska; strandkrabba -**lampe** *-n f* ficklampa -**messer** - *n* fickkniv -**rechner** - *m* miniräknare, fickkalkylator -**spieler** - *m* taskspelare -**spielerei** *-en f* taskspeleri -**tuch** *-er† n* näsduk -**uhr** *-en f* fickur
Taschner - *m, sty., österr.*, **Täschner** - *m* väskfabrikant, läderhandlare
Täßchen - *n* [liten] kopp; *e-n zu e-m* ~ *Tee einladen* bjuda ngn på en kopp te **Tasse** *-n f* kopp [m. fat]; *trübe* ~ *(vard.)* trist typ; *nicht alle ~n im Schrank haben (vard.)* ha en skruv lös **Tassenkopf** *-e† m, ein* ~ *Zucker* en kopp socker
Tasta'tur *-en f* klaviatur *(på piano)*; tangentbord *(på skrivmaskin)* **tastbar** *med.* palpabel **Taste** *-n f* tangent; knapp *(på miniräknare e.d.)*; [telegraf]nyckel; *in die ~n greifen (vard.)* spela [piano] **tasten 1** treva, famla; känna sig för; *med.* palpera **2** *rfl* treva sig fram **3** morsera, [morse]telegrafera; slå *(nummer på knapptelefon)*; *typ.* sätta **Tastenfernsprecher** - *m* knapptelefon **Tastenschoner** - *m (smal)* duk *(på pianotangenter)* **Tastentelefon** *-e n* knapptelefon **Taster** - *m* **1** *zool.* känselspröt, antenn **2** [telegraf]nyckel; tangent[bord]; knapp **3** *typ.* sättare **Tasthaar** *-e n* känselhår **Tastsinn** *0 m* känsel-, berörings|- sinne **Tastwahlapparat** *-e m* knapptelefon
tat *se tun* **Tat** *-en f* gärning, handling, dåd; *ein Mann der* ~ *en* handlingens man; *das ist e-e ~!* det var en bragd!; *auf frischer* ~ på bar gärning; *die gute Absicht für die* ~ *nehmen (ung.)* uppskatta den goda avsikten; *in der* ~ faktiskt, verkligen; *in die* ~ *umsetzen* omsätta i handling
Tatar 1 *-en -en m* tatar *(folk)* **2** *-[s] n* råbiff **Tatarbeefsteak** *-s n* råbiff **Tatarensoße** *-n f, kokk.* sauce tatare **tatarisch** tatarisk
tatauieren tatuera
Tatbestand *0 m* faktiskt förhållande, sakförhållande *(äv. jur.)*; fakta [i måle†] **Tateinheit** *0 f, jur.* brottskonkurrens **Taten|drang** *0 m,* -**durst** *0 m* verksamhets-, dåd|lust, tilltagsenhet **tatendurstig** fylld av verksamhetslust, tilltagsen **tatenlos** dådlös, passiv, overksam **Täter** - *m* gärningsman; *wer ist der* ~ ? *(äv.)* vem är den skyldiga (har gjort det)? **Täterschaft** *0 f, der* ~ *verdächtig* misstänkt för att vara gärningsmannen; *sie kann die* ~ *nicht [ab]leugnen* hon kan inte förneka att hon är den skyldiga **Tatform** *-en f, språkv.* aktiv [form], aktivum
tätig verksam; aktiv; *als Koch* ~ *sein* arbeta som kock; *der Vulkan ist noch* ~ vulkanen är fortfarande verksam; *bei (in) e-r Firma* ~ *sein* arbeta i (vara anställd hos) en firma **tätigen** verkställa, göra; *hand.* avsluta *(affär)*; *e-n An-*

ruf ~ ringa ett samtal **Tätigkeit** *-en f* verksamhet, sysselsättning, aktivitet, funktion; *in* ~ *sein* vara i gång, arbeta, fungera **Tätigkeitsbereich** *-e m* verksamhetsområde **Tätigkeitsbericht** *-e m* verksamhetsberättelse **Tätigkeitsdrang** *0 m* verksamhetslust **Tätigkeitsform** *-en f, språkv.* aktiv [form] **Tätigkeitswort** *-er† n, språkv.* verb **Tätigung** *-en f* utförande, verkställande **Tatkraft** *0 f* handlingskraft, energi **tatkräftig** handlingskraftig, energisk **tätlich** handgriplig; ~ *werden* övergå till handgripligheter **Tätlichkeiten** *pl* handgripligheter; slagsmål **Tatmensch** *-en -en m* handlingsmänniska **Tatmotiv** *-e n* motiv [till dådet (brottet)] **Tatort** *-e m* brottsplats
tätowieren tatuera **Tätowierung** *-en f* tatuering
Tatsache *-n f* faktum; ~*! (vard.)* det är faktiskt så!; *unter Vorspiegelung falscher* ~*n* under falska förespeglingar; *das sind die nackten* ~*n* det är nakna fakta **Tatsachenbericht** *-e m* dokumentärskildring, reportage **Tatsachenwissen** *0 n* faktakunskap[er] **'tatsächlich** [*äv.* -'--] faktisk, verklig; ~? verkligen?
Tatsche *-n f, dial.* **1** hand **2** klapp **tätscheln** [lätt] beröra, smeka; *e-m die Wange* ~ klappa ngn på kinden **tatschen** *vard.*, **tätschen** *dial.* tafsa, kladda
Tattergreis *-e m, vard.* gubbstrutt, darrig gubbe **Tatterich** *0 m, vard., er hat den (e-n)* ~ han är darrig, händerna darrar på honom **tatt[e]rig** *vard.* darrig, skakig *(på handen)* **tattern** *vard.* darra *(på händerna)*
Tatverdächtige(r) *m f, adj böjn.* misstänkt
Tatze *-n f* tass, ram; *vard.* tass, labb **Tatzelwurm** *0 m* drake *(sagodjur)*
1 Tau *0 m* dagg; *vor* ~ *und Tag (poet.)* innan dagen gryr
2 Tau *-e n* tåg, [grov] lina, tross
taub 1 döv; *auf diesem Ohr (hierfür) ist er* ~ *(vard.)* han vill inte höra på det örat; *sich* ~ *stellen* låtsas vara döv, slå dövörat till **2** okänslig, domnad; *mein Fuß ist* ~ min fot har domnat (sover) **3** tom, innehållslös; ~*es Ei* obefruktat ägg; ~*es Gestein (gruv.)* ofyndig bergart; ~*es Gewürz* avslagen krydda; ~*e Nuß* tom nöt
Täubchen - *n* liten duva; *mein* ~*!* min duva!
Taube *-n f* duva *(äv. bildl.)*; *hier fliegen e-m die gebratenen* ~*n nicht ins Maul* här flyger det inga stekta sparvar i munnen på en (måste man arbeta för brödfödan); *besser ein Spatz in der Hand als e-e* ~ *auf dem Dach* bättre en fågel i handen än tio i skogen; ~*n und Falken (polit.)* duvor o. hökar
taubenetzt *högt.* dagg[be]stänkt
Tauben|haus *-er† n* duvslag **-post** *0 f* brevduvepost **-schießen** *0 n* [ler]duv[e]skytte **-schlag** *-e† m* duvslag
Tauber - *m*, **Täuber** - *m*, **Taube-**, **Täube|-rich** *-e m* duvbonde, duvhanne
Taubheit *0 f* dövhet *etc., jfr taub*
Täubin *-nen f* duvhona
Täubling *-e m, bot.* kremla
Taubnessel *-n f* vitplister **taubstumm** dövstum **Taubstummenanstalt** *-en f* dövstumsinstitut, skola för hörselskadade
Tauchboot *-e n* undervattensbåt **tauch|en 1** doppa, sänka [ner] **2** *h el. s* dyka [ner]; *das Boot -t (äv.)* båten intar undervattensläge; *aus dem Wasser* ~ komma upp till ytan, dyka upp; *die Sonne ist ins Meer getaucht* solen har gått ner i havet; *nach etw.* ~ dyka efter ngt **Tauchente** *-n f* dykand
Taucher - *m* dykare **-anzug** *-e† m* dykardräkt **-brille** *-n f* cyklopöga **-glocke** *-n f* dykarklocka **-krankheit** *0 f* dykarsjuka **-maske** *-n f* cyklopöga
tauchfähig som kan dyka **Tauchsieder** - *m* doppvärmare **Tauchstation** *-en f (ubåts)* dykstation; *auf* ~ *sein (vard.)* hålla sig undan
1 tau|en 1 *es -t a)* det töar, *b)* daggen faller **2** *s* töa; *der Schnee ist getaut* snön har smält [bort] **3** tina upp, smälta
2 tauen *nty.* bogsera **Tauende** *-n n* tågända, sladd, tamp
Taufbecken - *n* dop|kärl, *-funt* **Taufe** *-n f* dop; *etw. aus der* ~ *heben (vard.)* grunda (bilda) ngt **taufen** döpa; *er ist tüchtig getauft worden (vard.)* han blev genomsur; *der Wein ist getauft (vard.)* vinet har spätts ut, det är vatten i vinet; *er ist auf den Namen Aribert getauft* han är döpt till Aribert **Täufer** - *m* **1** dopförrättare **2** *Johannes der* ~ Johannes Döparen **3** anabaptist
taufeucht daggig, fuktig av dagg
Taufgeschenk *-e n* dopgåva **Taufkleid** *-er n* dopklänning **Täufling** *-e m* dopbarn **Taufpate** *-n -n m* gudfar, fadder **Taufpatin** *-nen f* gudmor, fadder **Taufregister** - *n* dopbok
taufrisch daggfrisk
Tauf|schein *-e m* dopattest **-stein** *-e m* dopfunt **-zeugnis** *-se n* dopattest
taug|en duga, passa; vara lämplig; *er -t nicht viel* han duger inte mycket till; *er -t zu nichts* han duger ingenting till; *das Werkzeug -t nichts* verktyget är odugligt **Taugenichts** *-e m* oduling, odåga **tauglich** duglig, användbar, lämplig; ~ [*zum Wehrdienst*] vapenför **Tauglichkeit** *0 f* duglighet *etc., jfr tauglich*
tauig daggig
Taumel *0 m* yra, yrsel, svindel, rus; *der* ~ *der Leidenschaften* lidelsernas storm; *wie im* ~ liksom bedövad **taum[e]lig** omtumlad, vimmelkantig, yr; ostadig, vacklande; *mir ist (ich bin)* ~ jag känner mig yr (har svindel *etc.*) **taumeln** *h el. s* tumla; *wie ein Betrunkener* ~ rag[g]la som en drucken; *von Blüte zu Blüte* ~ fladdra från blomma till blomma *(äv. bildl.)*; *vor Müdigkeit* ~ vackla av trötthet
taunaß daggvåt
Tausch *-e m* [ut-, om]byte; *e-n guten (schlechten)* ~ *machen (äv.)* vinna (förlora) på bytet; *im* ~ *gegen* i utbyte mot **Tauschanzeige** *-n f* bytesannons **tauschen** byta [ut, om]; *Küsse* ~ växla kyssar, kyssa varandra; *die Rollen* ~ byta roller; *ich möchte nicht mit ihm* ~ *(äv.)* jag skulle inte vilja vara i hans kläder **täusch|en 1** lura, gäcka, bedra; *wenn mich nicht alles -t* om jag inte tar alldeles fel; *wenn mein Gedächtnis mich nicht -t* om inte mitt minne sviker mig; *jds Vertrauen* ~ svika ngns förtroende; ~*de Ähnlichkeit* förvillande likhet **2** *rfl* missta (bedra) sig, ta fel; *sich in e-m* ~ missta sig på ngn
Tauscherei *-en f* [ideligt] bytande **Tauschgeschäft** *-e n* bytesaffär **Tauschhandel** *0 m* byteshandel **Tauschobjekt** *-e n* bytesobjekt
Täuschung *-en f* bedrägeri; villfarelse, misstag, villa, illusion; ~ *des Vertrauens* missbruk av förtroendet **Täuschungsabsicht** *-en f*

avsikt att bedra **Täuschungsmanöver** - *n* skenmanöver, fint
Tauschvertrag -e† *m* bytesavtal **tauschweise** genom (i) byte
tausend (*jfr drei, hundert o. sms.*) tusen; ~ *und aber* ~ tusen sinom (och åter) tusen **Tausend 1** -*e n* tusen[de], tusental; ~*e von Menschen* tusentals människor; *vier von (vom)* ~ fyra promille; *in die* ~*e gehen* gå på tusentals kronor (mark *e.d.*); *zu* ~*en* i tusental **2** -*en f* (*talet*) tusen **3** *ei der* ~*! det var som katten (tusan)!* '**tausend'eins** ett tusen ett **Tausender** - *m* tusental; *vard.* tusenlapp **tausenderlei** *oböjl. adj* tusen slags *etc.*, *jfr dreierlei* **tausend|fach, -fältig** tusenfaldig; tusenfalt **Tausend|fuß** -e† *m*, **-füß[l]er** - *m* tusenfoting **Tausend'güldenkraut** 0 *n* [läke]arun **Tausendkünstler** - *m*, *vard.* tusenkonstnär **tausendmal** tusen gånger **Tausendsas[s]a** -[s] *m*, *vard.* sjutusan till karl **Tausendschönchen** - *n*, *bot.* tusensköna **tausendste** tusende **tausendstel** tusendels **Tausendstel** - *n* tusendel **tausendstens** för det tusende '**tausendund'eins** ett tusen ett; *Tausendundeine Nacht* Tusen och en natt
Tautologie -*n f* tautologi **tautologisch** tautologisk
Tauwerk 0 *n* tågvirke
Tau|werfer 0 *n* tö-, blid|väder **-wurm** -*er*† *m* daggmask
Tauziehen 0 *n* dragkamp (*äv. bildl.*)
Taverne [-v-] -*n f* taverna
Taxameter - *m n* **1** taxameter **2** *åld.* taxi **Taxator** -*en m* taxerings-, värderings|man, taxerare
Taxbaum -*e*† *m* idegran
Taxe -*n f* **1** taxa, tariff, avgift **2** taxering, värdering; [värderings]pris **3** taxi **Taxi** -*s n* taxi; ~ *fahren* köra (åka) taxi **Taxichauffeur** -*e m* taxichaufför
taxieren taxera, värdera; bedöma, uppskatta; *vard. äv.* granska **Taxierung** -*en f* taxering, värdering
Taxi|fahrer - *m* taxichaufför **-girl** -*s n* (*professionell*) danspartner (*på lokal*) **-rufsäule** -*n f* taxistolpe **-stand** -*e*† *m* taxistation
Taxler - *m*, *österr.* taxichaufför
Taxus - *m* idegran
Taxwert -*e m* uppskattat värde, taxerings-, värderings|värde
Tazette -*n f*, *bot.* tazett
Tb[c] 0 *f*, *förk. för Tuberkulose* tbc, tuberkulos **--Kranke(r)** *m f*, *adj böjn.* tbc-sjuk
Teach-in [ti:tʃ'|ɪn] -*s n* teach-in
Teakholz ['ti:k-] -*er*† *n* teakträ
Team [ti:m] -*s n* team, lag, grupp **-arbeit** 0 *f*, **-work** [-wə:k] 0 *n* teamwork, lag-, grupp|arbete
'**Technik** -*en f* teknik **Techniker** - *m* tekniker **Technik|um** -*a n*, *ung.* tekniskt institut, teknisk skola **technisch** teknisk **technisieren** teknisera, mekanisera, motorisera **Technizism|us** -*en m* tekniskt fackuttryck, teknisk term **Technokrat** -*en* -*en m* teknokrat **Technokratie** 0 *f* teknokrati **Technologie** -*n f* teknologi **technologisch** teknologisk
Techtel'mechtel - *n* [flyktig, hemlig] kärlekshistoria, flört
Teckel - *m*, *fack.* tax
Teddy [-i] -*s m*, **-bär** -*en* -*en m* teddybjörn
Te'deum -*s n*, *relig.* tedeum
TEE *förk. för Trans-Europ-Expreß*
Tee -*s m* te; *e-n* ~ *geben* ha en tebjudning; *e-n zum* ~ *bitten* bjuda ngn på [eftermiddags]te; *abwarten und* ~ *trinken!* lika bra att lugna sig och se vad som händer! **-beutel** - *m* tepåse **-butter** 0 *f* (*fint*) bordssmör **--Ei** -*er n* tekula **-haube** -*n f* tehuv **-kanne** -*n f* tekanna **-kessel** - *m* tekittel, tekök **-löffel** - *m* tesked
Teen [ti:n] -*s m*, **-ager** [-eɪdʒə] - *m* tonåring
Teer -*e m* tjära **Teerdecke** -*n f* tjärbeläggning (*på vägbana*) **teeren** tjära **Teerfarbe** -*n f* tjärfärg **Teerfa|ß** -*sser*† *n* tjärtunna **teerig** tjärig **Teerjacke** -*n f*, *skämts.* beckbyxa (*sjöman*) **Teeröl** 0 *n* tjär-, beck|olja
Teerose -*n f*, *bot.* teros
Teer|pappe -*n f* tjärpapp **-seife** -*n f* tjärtvål **-ung** -*en f* tjär|ning, -strykning
Tee|stunde -*n f* tetid; dags att dricka te **-wurst** -*e*† *f* (*slags*) bredbar korv
Teich -*e m* damm; *der große* ~ (*vard.*) Pölen (*Atlanten*) **-huhn** -*er*† *n* rörhöna **-läufer** - *m*, *zool.* skräddare **-rohr** 0 *n* vass **-rose** -*n f* näckros **-wirtschaft** -*en f* fiskodling (*i damm*)
Teig -*e m* deg **teigig** degig **Teigrädchen** - *n* [deg]sporre **Teigrolle** -*n f* **1** degrulle **2** [bröd]kavle **Teigspritze** -*n f* sprits **Teigwaren** *pl* degvaror; makaroner
Teil -*e m n* del; andel, lott; part (*äv. jur.*); *ein gut* ~ en hel del, en stor portion, mycket; *der klagende* ~ käranden; *sein[en]* ~ *abhaben (bekommen haben)* ha fått sin beskärda del; *sich* (*dat.*) *sein* ~ *denken* ha sina tankar, dra sina slutsatser, behålla sina tankar för sig själv; *e-m sein[en]* ~ *geben a*) ge ngn hans [an]del, *b*) säga ngn ett sanningens ord; *man muß beide* ~*e hören* även andra parten må höras; *er wird sein[en]* ~ *schon noch kriegen* (*äv.*) han ska nog få sina fiskar varma; *ich für mein[en]* ~ jag för min del; *zum* ~ delvis, till en del; *das Land besteht zum* ~ *aus Wüste, zum* ~ *aus Bergen* landet består dels av öken och dels av berg; *zu gleichen* ~*en* lika mycket, [till] lika delar; *zum größten* ~ till största delen **teilbar** delbar **Teilchen** - *n* [liten] del; partikel **teilen 1** dela; skifta; dividera; *jds Ansicht* ~ dela ngns åsikt; *geteilter Ansicht sein* ha delade (olika) åsikter; *das Bett mit e-m* ~ dela säng med ngn; *den Nachlaß* ~ skifta boet; *jds Schmerz* ~ dela (deltaga i) ngns smärta **2** *rfl* dela sig, delas; *sich in die Kosten* ~ dela kostnaderna mellan sig (sinsemellan); *in diesem Punkt* ~ *sich die Ansichten* på denna punkt går åsikterna i sär **Teiler** - *m*, *mat.* divisor **Teilerfolg** -*e m* partiell (ofullständig) framgång **Teilergebnis** -*se n* delresultat **Teilfinsternis** -*se f* partiell förmörkelse **teilhaben** *oreg.* ha del (*an* +*dat.* i); *e-n an seiner Arbeit* ~ *lassen* låta ngn deltaga i sitt arbete **Teilhaber** - *m* delägare, kompanjon **Teilhaberschaft** 0 *f* delägar-, kompanjon|skap **teilhaft[ig]** delaktig (*e-r Sache gen.* i ngt); *e-s großen Glückes* ~ *werden* bli (bli delaktig i) en stor lycka **Teilkaskoversicherung** -*en f* delkaskoförsäkring **Teilkraft** -*e*† *f* [kraft]komponent **teilmöbliert** delvis möblerad **Teilnahme** 0 *f* **1** deltagande, delaktighet (*an etw. dat.* i ngt) **2** intresse **3** deltagande, medkänsla **teilnahmslos** likgiltig, ointresserad, apatisk **Teilnahmslosigkeit** 0 *f* likgiltighet, brist på intresse, apati **teilnahmsvoll** intresserad; deltagande, full av medkänsla **teilnehmen** *st*, *an etw.* (*dat.*) ~ *a*) närvara vid ngt, vara med om ngt, *b*) deltaga i ngt (*äv. bildl.*) **Teilnehmer** - *m* deltagare **Teilnehmerfeld** 0 *n*, *das*

~ deltagarna **teils** delvis; ~, ~ dels, dels; *war es nett*? ~, ~ (*vard.*) var det trevligt? sisådär, både och **Teilstrecke** *-n f* delsträcka, etapp **Teilton** *-e*† *m* delton **Teilung** *-en f* delning; division; skifte (*av arv*) **Teilungsartikel** - *m*, *språkv.* partitiv artikel **teilweise I** *adj* partiell **II** *adv* delvis **Teilzahlung** *-en f* avbetalning **Teilzeit|arbeit** *-en f*, **-beschäftigung** *-en f* deltidsarbete
Teint [tɛ̃:, *äv.* tɛŋ] *-s m* ansiktsfärg; hy
T-Eisen - *n* T-stång
tektieren *typ.* göra oläslig genom att klistra över
Tek'tonik *0 f* tektonik **tektonisch** tektonisk
Tele *-*[*s*] *n*, *vard.* tele[objektiv] **Tele'fon** [*äv.* '---] *-e n* telefon[apparat]; [telefon]samtal; *Sie werden am ~ gewünscht* (*verlangt*) det är telefon till Er **Telefonanschlu|ß** *-sse*† *m* telefonanslutning; telefonabonnemang **Telefo'nat** *-e n* [telefon]samtal **Telefonbuch** *-er*† *n* telefonkatalog **Telefongebühr** *-en f* tele[fon]avgift **Telefonhäuschen** - *n* telefonhytt **telefonieren** telefonera, ringa; *mit e-m ~ prata i telefon med ngn* **telefonisch** per telefon, telefonledes, tele[fon]- **Telefonist** *-en* *-en m* telefonist **Telefonnummer** *-n f* telefonnummer **Telefonrechnung** *-en f* tele[fon]räkning **Telefonseelsorge** *0 f*, *ung.* jourhavande präst **Telefonzelle** *-n f* telefonhytt **Telefonzentrale** *-n f* [telefon]växel **Telefotografie** *-n f* telefoto **telegen** [-'ge:n] *er ist ~* han är till sin fördel (gör sig bra) i TV **Telegraf** *-en* *-en m* telegraf **Telegrafenamt** *-er*† *n* telegrafstation **Telegrafenstange** *-n f* telegrafstolpe **Telegrafie** *0 f* telegrafi **telegrafieren** telegrafera **telegrafisch** telegrafisk **Telegrafist** *-en* *-en m* telegrafist **Telegramm** *-e n* telegram **Telegrammadresse** *-n f* telegramadress **Telegrammformular** *-e n* telegramblankett **Telegrammstil** *0 m* telegramstil **Telegraph** *o. sms.*, *se* **Telegraf** *o. sms.* **Telekinese** *0 f*, parapsykol. telekineseri **Telekolleg** *-s*, *ibl.* *-ien n* utbildningskurs (distansundervisning) i TV **Tele|mark** *-s m*, *sport.*, **-markschwung** *-e*† *m*, *sport.* telemarksväng **Telemeter** - *n* telemeter, avståndsmätare **Teleobjektiv** *-e n* teleobjektiv **Telepath** *-en* *-en m* telepatiskt begåvad individ **Telepathie** *0 f* telepati **telepathisch** telepatisk **Telephon** *o. sms.*, *se* **Telefon** *o. sms.* **Telephotographie** *-n f* telefoto **Teleskop** *-e n* teleskop **Teleskopantenne** *-n f* teleskopantenn **Television** *0 f* television
Telex *-*[*e*] *n* telex[nät] **telexen** telexa
Teller - *m* **1** tallrik **2** kringla (*på skidstav*) **3** *jakt.* öra **Tellereisen** - *n*, *jakt.* trampsax **tellerförmig** tallriksformad **Tellertuch** *-er*† *n*, *dial.* porslinshandduk **Tellerwäscher** - *m* diskare
Telluri|um *-en n*, *astron.* tellurium **tellurisch** tellurisk, jord-
Tempel - *m* tempel; *e-n zum ~ hinausjagen* (*vard.*) köra ut ngn **-block** *-e*† *m*, *mus.* tempelblock **-herr** *-*[*e*]*n* *-en m* tempelherre **-orden** *0 m*, *hist.* Tempelherreorden **-tanz** *-e*† *m* tempeldans
Tempera *-s f*, *konst.* tempera **Temperamalerei** *-en f* temperamålning **Temperament** *-e n* temperament; *mit ~* (*äv.*) livligt, lidelsefullt; *er ist ein Mensch mit ~* (*äv.*) han har temperament **temperamentlos** temperament[s]lös **temperamentvoll** temperament[s]full **Tem-** **peratur** *-en f* temperatur; *~ haben* (*med.*) ha [en smula] feber **temperaturempfindlich** temperaturkänslig **Temperaturregler** - *m*, *tekn.* termostat **Temperatursturz** *-e*† *m* temperaturfall **Temperaturwechsel** *0 m* temperaturförändring
Temperenzler - *m* godtemplare **Temperenzverein** *-e m* nykterhetsförening **temperier|en** temperera (*äv. mus.*); *bildl. äv.* moderera, dämpa; *gut -t* väl tempererad, lagom [varm, kall] **tempern** *tekn.* aducera
Templer - *m* tempelherre
Temp|o *-os el.* *-i n* tempo, fart, hastighet, takt; *hier gilt ~ 50* här är det 50 [km i timmen]; *~!* (*vard.*) skynda dig (er)! **Tempolimit** *-s n* hastighets-, fart|begränsning **temporal** *språkv.* temporal, tids- **temporär** temporär, tillfällig **Temposünder** - *m* fartsyndare **Temp|us** *-ora n*, *språkv.* tempus
Tendenz *-en f* tendens; *~ zu* (*äv.*) benägenhet för **tendenziös** tendentiös **Tendenzwende** *-n f* omsvängning
Tender - *m* tender
tendieren tendera (*zu* till)
Tenne *-n f* tröskplats, loge, loggolv
Tennis *0 n* tennis **-arm** *-e m*, *med.* tennisarm **-platz** *-e*† *m* tennisplan **-schläger** - *m* tennisracket **-schuh** *-e m* tennissko **-turnier** *-e n* tennis|tävling, -turnering
1 'Tenor *0 m* **1** [orda]lydelse, innehåll, [ande]mening **2** *mus.* tenor, tuba (*i kyrkoton*)
2 Te'nor *-e*[†] *m*, *mus.* tenor **Tenorist** *-en* *-en m* tenor **Tenorschlüssel** - *m*, *mus.* tenorklav
Tensid *-e n*, *kem.* tensid
Tension *-en f*, *fys.* spänning
Tentakel - *m n* tentakel
Teppich *-e m* matta; bonad; *~ von Moos* mossmatta; *bleib' auf dem ~!* (*vard.*) håll dig på mattan! **-boden** *-*† *m* heltäckande matta **-klopfer** - *m* mattpiskare **-knüpferei** *-en f* mattknytning **-schaum** *0 m* mattskum **-stange** *-n f* piskställning
Termin *-e m* termin, (*bestämd*) dag (tidpunkt); frist; *jur.* rättegångsdag; *e-n ~ beim Arzt haben* ha tid hos läkaren; *er hat morgen* [*e-n*] *~* (*äv.*) hans mål skall upp i morgon; *bis zu welchem ~?* (*äv.*) till när? **Terminal** ['tø:ɢminəl, 'tœr-] **1** *-s m*, *äv. n* [flyg]terminal **2** *-s n*, databeh. terminal **Termindruck** *0 m*, *unter ~* stehen ha tidspress på sig **termingerecht** punktlig, i rätt tid **Termingeschäft** *-e n*, *hand.* terminsaffär **terminieren** fastställa (utsätta) en dag (frist) för **Terminkalender** - *m* planeringskalender
Terminologie *-n f* terminologi
'Termin|us *-i m* term; *~ technicus* fackuttryck
Termite *-n f*, *zool.* termit **Termitenhügel** - *m* termitstack
Terpentin *0 n*, *äv. m* terpentin
Terrain [tɛ'rɛ̃:] *-s n* **1** terräng; *das ~ sondieren* sondera terrängen **2** tomt
Terrakott|a *-en f*, **Terrakotte** *-n f* terrakotta; figur (arbete) i terrakotta
Terrari|um *-en n* terrarium
Terrasse *-n f* terrass **Terrassenhaus** *-er*† *n* terrasshus **terrassieren** terrassera
ter'restrisch terrester, jord-
Terrier - *m* terrier
Terrine *-n f* terrin
territorial territoriell **Territorialarmee** *-n* hemvärn **Territorialgewässer** - *n* territorialvatten **Territori|um** *-en n* territorium

Terror *0 m* terror; *vard.* väsen, bråk **Terroranschlag** -e† *m* terrordåd **terrorisieren** terrorisera **Terrorismus** *0 m* terrorism **Terrorist** -en -en *m* terrorist **terroristisch** terroristisk
Terti|a ['tɛrtsi̯a] **1** -en *f* fjärde o. femte klass (*i ty. gymnasium*); tredje klass (*i österr. gymnasium*) **2** *0 f, typ.* tertiastil **Tertial** -e *n, åld.* tertial, tredjedels år **Tertianer** - *m* fjärde-, femte-, tredje|klassare; *jfr Tertia* **Tertiär** *0 n, geol.* tertiär; *das* ~ (*äv.*) tertiärtiden
Terz -en *f, mus., fäkt.* ters **Terzerol** [-'ro:l] -e *n* fickpistol **Terzett** -e *n, mus.* tersett, trio **Terzine** -n *f, versl.* terzin
Tesching -e *el.* -s *n* salongsgevär, finkalibrigt gevär
Test -s, *äv.* -e *m* test, prov
Testament -e *n* testamente; *da kannst du gleich dein* ~ *machen* (*vard.*) då kan du hälsa hem **testamentarisch** testamentarisk, enligt (genom, i) testamente[t] **Testamentseröffnung** -en *f* öppnande av testamente[t] **Testamentsvollstrecker** - *m* testamentsexekutor
Tes'tat -e *n* intyg, attest **Testator** -en *m, jur.* testator
Testbild -er *n, telev.* testbild **testen** testa, prova **testieren 1** göra upp [sitt] testamente **2** intyga, attestera
Testikel - *m, anat.* testikel
Test|pilot -en -en *m* testpilot, provflygare **-spiel** -e *n, sport.* testmatch **-stoppabkommen** - *n* provstoppsavtal
'**Tetanus** *0 m, med.* tetanus, stelkramp
Tete ['te:tə] -n *f, mil. åld.* tät **Tête-à-tête** [tɛta'tɛ:t] -s *n* tätatät
Tetraeder - *n, geom.* tetraeder
teu|er 1 dyr[bar], kostsam; *wie* ~ *ist das?* (*äv.*) vad kostar det?; *-res Geld kosten* (*vard.*) kosta dyra (mycket) pengar; *der Wein ist wieder -rer geworden* (*äv.*) vinet har gått upp igen **2** *högt.* kär, älskad, dyr; *e-m lieb und* ~ *sein* vara ngn kär **Teuerung** -en *f* prisstegring; dyrtid **Teuerungsrate** -n *f* prisstegringstakt **Teuerungszulage** -n *f* dyrtidstillägg
Teufe -n *f, gruv.* djup
Teufel - *m* djävul, fan, hin; *vard. äv.* jävel; ~, ~*!* det var som fan!; ~ *noch mal!* fan också!; *ein armer* ~ en stackars sate, en fattig stackare; *kein* ~ *ingen* [jävel]; *pfui* ~*!* fy fan (tusan)!; *das geht dich den* ~ *an!* det angår dig inte ett jävla dugg!; *ich schere mich den* ~ *darum* jag ger fan (tusan) i det; *der* ~ *soll dich holen!*, *hol dich der* ~*!* [må] fan ta dig!; *e-n zum* ~ *jagen* be ngn att dra åt helvete, köra i väg ngn; *in* ~*s Küche kommen* råka jävligt illa ut; *dort ist der* ~ *los* där är det rent helvete; *auf* ~ *komm raus* jävligt starkt (högt, fort *etc.*); *scher' dich zum* ~*!* dra åt helvete!; *des* ~*s sein* vara från vettet (alldeles galen); *das Auto ist beim* (*zum*) ~ bilen är åt helvete (trasig e.d.); *das Geld ist beim* (*zum*) ~ pengarna är borta; *ich werde den* ~ *tun* jag gör så fan heller; [*das*] *weiß der* ~*!* [det] vete fan! **Teufelei** -en *f* sattyg, djävulskap **Teufelin** -nen *f* **1** satkäring, elak (grym) kvinna **2** *vard.* kvinna m. temperament
Teufels|abbiß *0 m, bot.* ängsvädd **-austreibung** -en *f* djävulsutdrivning, exorcism **-braten** - *m, vard.* **1** tusan till karl **2** odåga; jävel **-brut** *0 f* [helvetes]pack **-kerl** -e *el. vard.* -s *m* tusan till karl **-kreis** -e *m* ond cirkel **-weib** -er

n, se Teufelin **-werk** *0 n* djävulens [bländ]verk, djävulskap
teufen *gruv.* avsänka
teuflisch djävulsk, helvetisk, satanisk, diabolisk; *es ist* ~ *kalt* (*vard.*) det är jävligt kallt
Teutone [tɔy-] -n -n *m* teuton; *bildl.* [typisk] tysk **teutonisch** teutonisk; *bildl.* [typiskt] tysk
Text -e *m* text; ordalydelse; *e-n aus dem* ~ *bringen* få ngn att tappa koncepterna; *aus dem* ~ *kommen* komma av sig, staka sig; *weiter im* ~*!* vidare i texten!, fortsätt! **Textbuch** -er† *n* libretto, textbok **Textdichter** - *m* librettist, textdiktare **texten** skriva [schlager-, reklam]texter **Texter** - *m* textförfattare; copywriter **textgemäß** texttrogen; enligt texten
textil textil **Textilfaser** -n *f* textilfiber **textilfrei** *vard.* naken, i bara mässingen **Textilien** *pl* textilier **Textilindustrie** -n *f* textilindustri **Textilwaren** *pl* textilier
Textlinguistik *0 f* textlingvistik **Tex'tur** -en *f* textur
'**Tezett** [*äv.* -'-] *0 n, bis ins* (*zum*) ~ i grund, in i minsta detalj
T-förmig T-formad
Tgb.-Nr. *förk. för Tagebuchnummer* verifikationsnummer **TH** [te:'ha:] *förk. för Technische Hochschule* teknisk högskola
Thai -[s] *m*, **Thailänder** - *m* thailändare **thailändisch** thailändsk
'**Thalam|us** -i *m, anat.* thalamus
Theater - *n* teater (*äv. bildl.*); [teater]föreställning; [*ein*] ~ *machen* (*vard.*) *a*) ställa till en scen, *b*) sätta sig på tvären, *c*) väcka uppseende; *es ist immer dasselbe* ~ (*vard.*) det är alltid samma historia (uppståndelse, liv); *er spielt bloß* ~ (*vard.*) han spelar bara teater (låtsas bara); *am* (*beim*) ~ *sein* vara vid teatern; *ins* ~ *gehen* gå på teatern; *zum* ~ *gehen* gå in vid (till) teatern **-dichter** - *m* dramatiker **-glas** -er† *n* [teater]kikare **-karte** -n *f* teaterbiljett **-programm** -e *n* teaterprogram **-stück** -e *n* teaterpjäs **-vorstellung** -en *f* teaterföreställning **-zettel** -n, *åld.* teaterprogram
Thea'tralik *0 f* teatraliskt väsen **theatralisch** teatral, teater-; *bildl.* teatralisk
Theismus *0 m* teism **Theist** -en -en *m* teist **theistisch** teistisk
Theke -n *f* bar-, krog-, butiks|disk
Them|a -en *el.* -ata *n* tema (*äv. språkv.*); ämne; *beim* ~ *bleiben* hålla sig till ämnet **The'matik** *0 f* ämne[sområde], problemställning; *mus.* tematik **thematisch** tematisk (*äv. mus. o. språkv.*) **Themenbereich** -e *m* ämnesområde
Themse *0 f, die* ~ Themsen
Theokratie -n *f* teokrati **Theologe** -n -n *m* teolog **Theologie** -n *f* teologi **theologisch** teologisk
Theorem -e *n* teorem, [läro]sats **Theoretiker** - *m* teoretiker **theoretisch** teoretisk **theoretisieren** teoretisera **Theorie** -n *f* teori
Theosoph -en -en *m* teosof **Theosophie** -n *f* teosofi **theosophisch** teosofisk
Therapeut [-'pɔyt] -en -en *m* terapeut **Thera'peutik** *0 f* läran om sjukdomars behandling **therapeutisch** terapeutisk **Therapie** -n *f* terapi
thermal 1 termisk, värme- **2** (*om källa*) varm, termal **Thermalbad** -er† *n* [kurort m.] hälsobad i varm källa **Thermalquelle** -n *f*, **Therme** -n *f* varm källa; *Thermen* (*äv.*) termer (*rom. badanläggning*) '**Thermik** *0 f* termik **thermisch** termisk **Thermochemie** *0 f* termokemi

Thermodynamik 0 f termodynamik **Thermoelektrizität** 0 f termoelektricitet **Thermograph** -en -en m termograf **Thermometer** - n, österr., schweiz. äv. m termometer **thermonuklear** termonukleär **Thermoplast** -e m, kem. termoplast **Thermosflasche** -n f termosflaska **Thermostat** gen. -[e]s el. -en, pl -e[n] m termostat **Thermotherapie** -n f, med. värmebehandling
thesaurieren samla (dyrbarheter), hamstra
These -n f tes
Thespiskarren - m tespiskärra
Thing -e n, hist. ting
Thomasmehl 0 n t[h]omasfosfat
Thomismus 0 m, filos. thomism
Thon -s m, schweiz. tonfisk
Thor 0 m, myt. Tor
Thora [to'ra:, äv. 'to:ra] 0 f, relig. Torah
Thorax -e m, anat. t[h]orax
Thriller ['θrılə] - m rysare, thriller
Thrombose -n f, med. trombos **Thromb|us** -en m, med. tromb (blodpropp)
Thron -e m tron; vard. äv. potta **Thronbewerber** - m tronpretendent **thronen** trona **Thronfolge** -n f tronföljd **Thronfolger** - m tronföljare **Thronräuber** - m usurpator **Thronrede** -n f, parl. trontal **Thronwechsel** - m tronskifte
Thuj|a -en f, bot. tuja
Thunfisch -e m tonfisk
Thus'nelda 0 f, vard., seine ~ hans bättre hälft
Thymian -e m, bot. timjan
Thym|us -i m, anat., **Thymusdrüse** -n f, anat. thymus, bräss
Tiar|a -en f tiara
Tiber 0 m, der ~ Tibern
Tibet[an]er - m tibetan **tibet[an]isch** tibetansk
Tic [tık] -s m, se Tick 1
Tick -s m 1 tic (nervös ryckning) 2 vard. egendomlighet, fix idé; e-n ~ haben ha en skruv lös 3 vard., e-n ~ heller en aning (nyans) ljusare **tick|en** 1 ticka; bei ihm -t es nicht richtig (vard.) han är inte riktigt klok 2 sl. slå ner [o. råna] 3 vard. fatta 4 vard. knacka (slå) lätt
Ticket -s n biljett
'Tick'tack 1 0 n ticktack, tickande **2** 0 f, die ~ (barnspr.) klockan
Tide -n f, nty. flod; ~n tidvatten
tief djup; låg; im ~sten Afrika i mörkaste Afrika; ~ in der Nacht sent på natten; bis ~ in die Nacht till långt in på natten; ein ~es Rot en djupröd (intensivt röd) färg; ~er Teller djup tallrik; ~e Temperatur låg temperatur; im ~en Winter mitt i vintern; ~ demütigen svårt förödmjuka; das geht bei ihm nicht ~ det gör inget djupare intryck på honom; ~ nachdenken tänka efter ordentligt; die Sonne steht ~ solen står lågt; ~ treffen träffa hårt; ~ unten im Tal långt (djupt) nere i dalen; ~er werden (äv.) djupna; e-n Stock ~er wohnen bo en trappa längre ner **Tief** -s n 1 meteor. lågtryck; bildl. depression **2** sjö. djup|led, -ränna
Tiefbau 0 m grundbyggnad, anläggningsarbete (i o. under marknivå); gruv. djupbrytning, underjordsbrytning **tiefbeleidigt** djupt sårad **tiefbetrübt** djupt bedrövad **tiefblau** djupblå **tiefblickend** skarpsynt **Tiefdecker** - m lågdäckat monoplan **Tiefdruck 1** -e m, typ. djuptryck **2** 0 m, meteor. lågtryck **Tiefe** -n f djup; djuplek **Tiefebene** -n f lågslätt **tief-**

empfunden djupt känd **Tiefenmessung** -en f djupmätning **Tiefenpsychologie** 0 f djuppsykologi **Tiefenschärfe** 0 f, opt. skärpedjup **Tiefenstruktur** -en f, språkv. djupstruktur **Tiefenwirkung**· 0 f djupverkan **'tief'ernst** djupt allvarlig **tieferschüttert** djupt skakad (gripen) **Tiefflieger** - m lågtflygande plan **Tiefflug** -e† m lågflygning **Tiefgang** 0 m, sjö. djupgående **Tiefgarage** -n f underjordiskt garage **tiefgefrieren** st djupfrysa, frysa in **tief|gefroren,** -**gefrostet** djupfryst **tiefgehend** bildl. djupgående **tiefgekühlt** djupfryst **Tiefgescho|ß** -sse n källar|våning, -plan **tiefgreifend** bildl. långtgående, genomgripande **tiefgründig** bildl. djupgående **tiefkühlen** djupfrysa, frysa in **Tiefkühlfach** -er† n frysfack (i kylskåp) **Tiefkühlschrank** -e† m frysskåp **Tiefkühltruhe** -n f frysbox **Tiefkühlung** 0 f djupfrysning **Tiefflader** - m trailer **Tiefland** -e el. -er† n lågland **tiefliegend** djupt (lågt) liggande **Tiefpunkt** -e m botten[läge], lägsta punkt; auf dem ~ angekommen sein (bildl.) ha nått botten **Tiefschlag** -e† m, boxn. slag under bältet **tiefschürfend** bildl. djupgående **tiefschwarz** kolsvart **Tiefsee** 0 f djuphav **Tiefseeforschung** 0 f djuphavsforskning **Tiefsinn** 0 m 1 djupsinne **2** svårmod **tiefsinnig 1** djupsinnig **2** svårmodig **Tiefstand** 0 m låg (lägsta) nivå; wirtschaftlicher ~ ekonomisk lågkonjunktur; die Kurse haben den ~ erreicht kurserna har nått botten **tiefstapel|n** -te, getiefstapelt, ung. underdriva **tiefstehend** lågt stående **Tiefstrahler** - m fasadbelysning, (djupstrålande) belysningsarmatur **Tiefsttemperatur** -en f lägsta [möjliga] temperatur **Tiefstwert** -e m lägsta [möjliga] värde
Tiegel - m 1 gryta, kastrull; kruka, burk; dial. panna **2** [smält]degel **3** typ. digel[press]
Tier -e n djur; armes ~ (bildl.) stackare; ein gutes ~ sein (vard.) vara snäll [o. en aning dum]; hohes (großes) ~ (bildl.) högdjur, pamp; wildes ~ (äv.) vilddjur **Tierarzt** -e† m veterinär **tierärztlich** veterinär-
Tier|bändiger - m djurtämjare -**chen** - n [litet (ungt)] djur; jedem ~ sein Pläsierchen (vard.) låt var o. en leva (göra, roa sig) som han själv vill -**freund** -e m djurvän -**garten** -† m djurpark, zoologisk trädgård -**halter** - m djurägare -**heilkunde** 0 f veterinärmedicin **tierisch** animalisk, djur-; djurisk; brutal, omänsklig; mit ~em Ernst med gravallvar; ~ schuften (vard.) slita som ett djur **Tierkreis** 0 m, der ~ djurkretsen **Tierkunde** 0 f zoologi **Tierlehrer** - m dressör **tierlieb[end]** som är djurvän
Tier|medizin 0 f veterinärmedicin -**park** -s m djurpark, zoologisk trädgård -**pfleger** - m djur|vårdare, -skötare -**quäler** - m djurplågare -**reich** 0 n, das ~ djurriket -**schutz** 0 m djurskydd -**schutzverein** -e m djurskyddsförening -**stock** -e† m koloni av djur (t.ex. koraller) -**versuch** -e m djurförsök -**wärter** - m, se Tierpfleger -**zucht** 0 f djuruppfödning
Tiger - m tiger **Tigerauge** -n n, min. tigeröga **Tigerin** -nen f tigrinna, tigerhona **tigern 1** s göra tigerstrimming; getigert tigrerad **2** vard. gå, traska, knalla
Tilde -n f tilde; boktr. äv. upprepningstecken
tilgbar som kan strykas (amorteras); in 5 Monatsraten ~ sein amorteras genom fem månadsavbetalningar **tilgen** stryka; [färdig]-

amortera; utplåna (*synd*); undanröja (*spår*)
Tilgung *-en f* amortering *etc.*, *jfr tilgen*
Timbre ['tɛ̃:br(ə), äv. 'tɛ̃:bɐ] *-s n* timbre (*klangfärg*)
timen ['taimən] **1** tajma **2** ta tid på, klocka
timid timid, blyg; räddhågad
'Tingeltangel [*österr.* --'--] *- n, äv. m* [enklare] kabaré (danslokal), tingeltangel; [dålig] underhållning[smusik]
Tinktur *-en f* tinktur
'Tinnef *0 m, vard.* skräp, smörja, strunt
Tinte *-n f* **1** bläck; *klar wie dicke ~* (*vard.*) klart som korvspad; *in der ~ sitzen* (*vard.*) sitta i klistret **2** färg, färg|ton, -skiftning
Tinten|faß *-fässer n* bläckhorn **-fisch** *-e m* bläckfisk **-fleck** *-e m* bläckfläck **-gummi** *-s m* bläckkautschuk **-klecks** *-e m* bläckplump **-kleckser** *- m, vard.* **1** bläckplump **2** pennfäktare **-stift** *-e m* anilinpenna; bläckstift **-wischer** - *m* penntorkare
tintig bläck|artad, -lik; bläckig; *~es Blau* bläckblått **Tintling** *-e m* bläcksvamp
Tip [tɪp] *-s m* **1** tips (*vink*) **2** *vard., seinen ~ abgeben* lämna in sitt tips
Tippelbruder -† *m, vard.* lodare, luffare **Tippelei** *-en f, vard.* [fot]vandring **tippeln** *s, vard.* **1** traska, gå, vandra **2** trippa
1 tippen 1 *an (auf) etw. (ack.) ~* peta (knacka lätt, slå lätt) på ngt; *im Gespräch an etw. (ack.) ~* [försynt] vidröra ngt i samtalet; *daran ist nicht zu ~* det är alldeles riktigt (obestridligt); *auf das Gaspedal ~* trampa lätt på gaspedalen **2** *vard.* maskinskriva, skriva [på] maskin
2 tippen *vard.* tippa (*äv. på tips*), gissa
Tippfehler - *m* skrivfel (*vid maskinskrivning*)
Tippfräulein - *n*, **Tippse** *-n f, vard.* maskinskriverska
Tippschein *-e m* tipskupong
tipp, tapp *interj* tripp trapp!
'tipp'topp *vard.* tiptop, finfin
Tippzettel - *m* tipskupong
Tirade *-n f* tirad (*äv. mus.*)
tirilieren (*om lärka*) drilla
Tirol *0 n* Tyrolen **Tiroler** **I** - *m* tyrolare **II** *oböjl.* adj från (i) Tyrolen, tyrolsk, tyroler-
Tisch *-e m* bord; måltid; *reinen ~ machen* (*vard.*) göra rent hus; *das hat man am grünen ~ beschlossen* det har beslutats vid konferensbordet, det är ett byråkratiskt beslut (*en skrivbordsprodukt*); *Konferenz am runden ~* rundabordskonferens; *am ~ sitzen* sitta vid (kring) bordet; *bei ~* vid bordet, till bords, under måltiden; *etw. unter den ~ fallen lassen* (*vard.*) strunta i (skippa, inte bry sig om) ngt; *e-n unter den ~ saufen* (*vard.*) supa ngn under bordet; *vom ~ sein* (*vard.*) vara klar (fixad); *vor (nach) ~ före (efter) maten*; *bitte, zu ~!* det är serverat!; *sich zu ~ setzen* sätta sig till bords
Tischdame *-n f* bordsdam **Tischdecke** *-n f* bord[s]duk **tischfertig** färdiglagad
Tisch|gebet *-e n* bordsbön **-gesellschaft** *-en f* bord[s]sällskap **-gespräch** *-e n* bord[s]samtal **-herr** *-[e]n -en m* bordskavaljer **-karte** *-n f* placeringskort **-klammer** *-n f* bordsklämma **-lampe** *-n f* bordslampa **-läufer** *- m* bord[s]löpare
Tischlein'deckdich *0 n* bord, duka dig (*saga*); *dort hat er ein ~ gefunden* (*ung.*) där kan han leva gott o. bekymmerslöst
Tischler - *m* snickare **Tischlerei** *-en f* snickeri; snickarverkstad; snickarhantverk **tischlern** snickra

Tisch|manieren *pl* bord[s]skick **-ordnung** *-en f* [bords]placering **-platte** *-n f* bord[s]skiva **-rede** *-n f* tal vid bordet **-rücken** *0 n* borddans **-sitten** *pl* bord[s]skick **-telefon** *-e n* bord[s]telefon **-tennis** *0 n* bordtennis **-tuch** *-er*† *n* bordduk; *das ~ zwischen uns ist zerschnitten* (*vard.*) vi har brutit med varandra **-wäsche** *0 f* duktyg, bord[s]linne **-wein** *-e m* bord[s]vin
Titan 1 *0 n, kem.* titan **2** *-en -en m, se Titane*
Titane *-n -n m* titan (*äv. bildl.*) **titan|enhaft, -isch** titanisk, jättelik
Titel [-i:-, *äv.* -I-] *- m* **1** titel; *den ~ e-s Professors haben* ha professors titel **2** titel, rubrik; avsnitt, moment; post **-bild** *-er n* titel|blad, -plansch; förstasides-, omslags|bild **-blatt** *-er*† *n* titel|blad, -sida **-kampf** *-e*† *m, sport.* titelmatch **-rolle** *-n f* titelroll **-seite** *-n f* första sida, omslag; titel|blad, -sida **-sucht** *0 f* titelsjuka **-verteidiger** - *m, sport.* titelförsvarare
Titer - *m, kem.* titer
Titoismus *0 m, polit.* titoism
Titten *pl, vulg.* pattar
Titularbischof *-e*† *m* titulärbiskop **Titulatur** *-en f* titulatur **titulieren** titulera
tja *interj* tja!, ja!
To *-s f*, **Tö** *-s f, vard.* toa
Toast [to:st] *-e el. -s m* **1** rostat bröd, rostad brödskiva **2** skål[tal]; *e-n ~ auf e-n ausbringen* utbringa en skål för ngn **toasten 1** rosta (*bröd*) **2** utbringa en skål **Toaster** - *m* brödrost
'Tobak *-e m, åld.* tobak; *das ist starker ~* (*vard.*) det var en stark sak (saftig historia)
Tobel *M n, sty., österr., schweiz.* klyfta, ravin
tob|en 1 rasa; väsnas; *vor Begeisterung ~* vara vild av förtjusning; *die Kinder ~ barnen* [rusar omkring o.] väsnas **2** *s, der Krieg -t durchs Land* kriget rasar över landet **Tobsucht** *0 f* raseri, ursinne **tobsüchtig** rasande, ursinnig
Tochter -† *f* **1** dotter; *~ der Freude* (*högt.*) glädjeflicka **2** *schweiz.* [tjänste]flicka; uppasserska **3** *vard.* dotterbolag **Tochtergeschwulst** *-e*† *f, med.* dottersvulst **Tochtergesellschaft** *-en f* dotterbolag **Tochterkind** *-er n, åld.* dotters barn **Tochterkirche** *-n f* annexkyrka **töchterlich** dotterlig **Töchterschule** *-n f, åld., höhere ~* högre flickskola
Tod *-e m* död; *der ~* (*äv.*) liemannen; *~ und Teufel!* död och pina!; *der Nasse ~* drunkningsdöden; *der Schwarze ~* digerdöden; *der Weiße ~* döden i snön (*genom lavin el. kyla*); *wie der leibhaftige ~ aussehen* se ut som ett levande lik; *den ~ finden* (*högt.*) finna döden; *du holst dir noch den ~!* (*vard.*) du tar livet av dig (blir jättesjuk)!; *des ~es sein* (*högt.*) vara dödens; *umsonst ist [nur] der ~* man får ingenting gratis här i livet; *e-s natürlichen ~es sterben* dö en naturlig död; *ich kann ihn auf (für) den ~ nicht ausstehen* (*vard.*) jag tål honom inte för mitt liv; *auf den ~ verwundet* (*högt.*) dödligt sårad; *bis in den (zum) ~* [ända] in i (intill) döden; *mit dem ~e ringen* kämpa med döden; *e-n vom ~e erretten* rädda ngn undan döden; *sich zu ~e arbeiten* arbeta ihjäl sig; *zu ~e betrübt sein* vara bedrövad intill döden; *zu ~e erkrankt* dödssjuk; *zu ~e erschrocken sein* vara dödsförskräckt; *sich zu ~e schämen* skämmas ihjäl (ögonen ur sig); *zum ~e verurteilt* dödsdömd **todbringend** dödsbringande **'tod'elend** *sich ~ fühlen* känna sig urdålig **'tod'ernst** *vard.* gravallvarlig

Todes|angst -e† f dödsångest; *Todesängste ausstehen* (*äv.*) vara livrädd **-anzeige** -n f dödsannons **-art** -en f dödssätt **-erklärung** -en f, *jur.* dödförklaring **-fall** -e† m dödsfall; *im ~e* i händelse av dödsfall **-furcht** 0 f dödsfruktan **-gefahr** 0 f livs-, döds|fara **-kampf** 0 m dödskamp **-kommando** -s n självmordsuppdrag **todesmutig** dödsföraktande; ~ *sein* (*äv.*) våga se döden i vitögat **Todes|nachricht** -en f dödsbud **-not** -e† f dödsfara **-opfer** - n dödsoffer **-stoß** 0 m dödsstöt (*äv. bildl.*) **-strafe** 0 f dödsstraff; *die ~ gegen e-n aussprechen* döma ngn till döden **-stunde** 0 f dödsstund **-ursache** -n f dödsorsak **-urteil** -e n dödsdom **-verachtung** 0 f dödsförakt; *mit ~* dödsföraktande **-zelle** -n f dödscell
'tod'feind *sich ~ sein* vara dödsfiender **Todfeind** -e m dödsfiende **todgeweiht** vigd åt döden **'tod'krank** dödssjuk **'tod'langweilig** dödstråkig **tödlich** dödlig, död[sbring]ande; *~er Schlag* dödande slag; *~er Unfall* dödsolycka; *mit ~er Sicherheit* (*bildl.*) med absolut säkerhet; *sich ~ langweilen* (*vard.*) ha så tråkigt att man håller på att dö; *~ verunglücken* (*äv.*) omkomma vid en olyckshändelse **'tod'müde** dödstrött **'tod'schick** *vard.* jättechic, ursnygg **'tod'sicher** *vard.* absolut säker, bergsäker **Todsünde** -n f dödssynd **'tod'unglücklich** så olycklig att man kan dö, väldigt olycklig **todwund** dödligt sårad
töff *interj, barnspr.* brr!, tut!
Toffee ['tɔfi, *äv.* -fe] -s n toffee
'Töff'töff -s n, *barnspr.* bil, motorcykel
Tog|a -en f toga
Togoer - m togoles **togoisch** togolesisk
'Tohuwa'bohu -s n virrvarr, kaos
Toilette [tɔa'lɛtə] -n f toalett (*olika bet.*); *auf die ~ gehen* gå på toaletten; *bei der ~ sein* hålla på att göra toalett **Toilettengarnitur** -en f toalettsaker **Toilettenpapier** 0 n toalettpapper
toi, toi, toi *interj* 1 lycka till! 2 [peppar, peppar] ta i trä!
Tokaier - m, **Tokajer** - m tokajer (*vin*)
Tokkat|a -en f, *mus.* toccata
Töle -n f 1 *nty.* byracka 2 *sl.* fjolla (*bög*)
tolerabel tolerabel **tolerant** tolerant **Toleranz** -en f tolerans (*äv. tekn.*) **tolerieren** tolerera
toll 1 *vard.* otrolig, fantastisk; härlig, häftig, toppen; hemsk; *~er Maxe* häftig lirare; *sich ~ freuen* bli hemskt glad; *das ist e-e ~e Sache* det är ngt rent fantastiskt; *~ und voll sein* vara packad (asfull) **2** besatt, vild, galen, tokig, vansinnig; *åld.* rabiessjuk **tolldreist** vågad, fräck **Tolle** -n f [pann]lock **tollen 1** leka o. rasa, stoja **2** *s* stoja fram **Tollhaus** -*er*† *n* **1** *åld.* dårhus **2** *hier geht es zu wie im ~* (*vard.*) här är rena dårhuset
Tollheit 1 0 f vanvett, vansinne, galenskap **2** -en f vansinnigt påhitt, galenskap
Tollkirsche -n f, *bot.* belladonna **Tollkopf** -e† m, *vard.* galenpanna **tollkühn** våghalsig; dumdristig **Tollwut** 0 f, *med.* rabies, vattuskräck **tollwütig** *med.* rabiessjuk
'Tolpatsch -e m, *vard.* tafatt (fumlig, klumpig) varelse **tolpatschig** *vard.* tafatt, fumlig, klumpig
Tölpel - m **1** tafatt (fumlig, klumpig) varelse; dumskalle **2** *zool.* sula **Tölpelei** -en f tafatthet,

klumpighet; dumhet **tölpelhaft, tölpisch** tafatt, fumlig, klumpig; enfaldig, dum
Tomahawk ['tɔmaha:k] -s m tomahawk
Tomate -n f tomat; *treulose ~* (*vard.*) opålitlig (trolös) rackare **Tomatenmark** 0 n tomatpuré **Tomaten|sauce** -n f, **-soße** -n f tomatsås
Tombol|a -as *el.* -en f tombola
Tommy ['tɔmi] -s m, *skämts.* tommy (*brittisk soldat*)
1 Ton -e m lera
2 Ton -e† m **1** ton; ljud, klang; tonfall; *den ~ angeben* (*bildl.*) ange tonen; *haste* (*hast du*) *Töne?* (*vard.*) menar du det?, helt otroligt!; *der ~ macht die Musik* det beror på hur man säger det; *keinen ~ reden* (*vard.*) inte säga ett ljud (ord); *große* (*dicke*) *Töne schwingen* (*spukken*) (*vard.*) skryta, skrävla; *in leisem ~ sprechen* tala med låg röst **2** betoning, accent, ton-[vikt] **3** [färg]ton; *e-n ~ zu hell* (*vard.*) en aning (nyans) för ljus **4** [umgänges]ton; *der gute ~* (*äv.*) konvenansen; *das gehört zum guten ~* det hör till god ton **Tonabnehmer** - m nålmikrofon, pick-up **tonal** *mus.* tonal **Tonalität** 0 f, *mus.* tonalitet **tonangebend** tongivande; som anger tonen **Tonarm** -e m tonarm (*på skivspelare*)
1 Tonart -en f lerart
2 Ton|art -en f tonart (*äv. bildl.*); *e-e andere ~ anschlagen* anslå andra tongångar; *ich kann es in allen ~en singen* (*vard.*) jag har hört mer än nog om det, jag är utled på det **-aufnahme** -n f, **-aufzeichnung** -en f ljudupptagning **-band** -er† n **1** [inspelnings]band; *etw. auf ~ aufnehmen* (*äv.*) banda (spela in) ngt **2** bandspelare **-bandgerät** -e n bandspelare **-bildschau** -en f visning av diabilder (*m. synkroniserat ljudband*) **-blende** -n f volym-, diskant|kontroll
Tonboden -† m lerig mark
Tondichter - m, *högt.* tondiktare (*kompositör*) **tonen** *foto.* tona **tönen 1** tona (*hår, foto*) **2** *högt.* tona, ljuda; *die Glocken ~* klockorna klingar; *die Rufe ~* ropen skallar; *~de Phrasen* tomma fraser **3** *vard.* skryta
Tonerde 0 f lerjord, aluminiumoxid; *essigsaure ~* aluminiumacetat **tönern** av lera, ler- **Ton|fall** 0 m **1** tonfall; accent **2** *bildl.* tonart **-film** -e m ljudfilm **-frequenz** -en f. ljudfrekvens
Tongaer - m tongan **tongaisch** tongansk
Tongebung 0 f, *språkv.* intonation
Tongeschirr -e n lergods; lerkärl
Tonhalle -n f (*förr*) konsertsal
tonhaltig lerhaltig
Tonhöhe -n f tonhöjd
1 tonig lerig; leraktig
2 tonig mättad (*om färg*)
Tonik|a -en f, *mus.* tonika
Tonik|um -*a n, med.* tonikum, stärkande medel
Toningenieur -e m ljudtekniker **Tonkopf** -e† m tonhuvud (*på bandspelare*) **Tonkunst** 0 f tonkonst **Tonleiter** -n f [ton]skala **tonlos** ton-, klang|lös **Tonmeister** - m ljudtekniker **Tonnage** [tɔ'na:ʒə] -n f tonnage **Tönnchen** - n **1** [liten] tunna, kagge **2** *vard.* tunna, tjockis **Tonne** -n f **1** tunna, fat **2** *vard.* tunna, tjockis **3** *sjö.* [tunn]boj **4** ton (*vikt*) **Tonnengehalt** -e m, *sjö.* dräktighet, tonnage **tonnenweise** tonvis
Ton|qualität 0 f ton-, ljud|kvalitet **-säule** -n f pelarhögtalare

Tonscherben *pl* lergodsskärvor
Ton|schöpfer - *m, högt.*, **-setzer** - *m, åld.* tonsättare
Tonsille *-n f, anat.* tonsill
Ton|spur *-en f*, **-streifen** - *m* (*films*) ljudspår **-stück** *-e n* musikstycke **-stufe** *-n f, mus.* tonsteg; intervall
Tonsur *-en f* tonsur
Tontaubenschießen *0 n* lerduveskytte
Tontechniker - *m* ljudtekniker
Tonwaren *pl* lergods
Ton|wiedergabe *-n f* ljudåtergivning **-zeichen** - *n* not
top [tɔp] ~ *sein a*) vara inne (modern), *b*) vara i toppklass
Topas *-e m* topas
Topf *-e*† *m* **1** gryta, kastrull; *wie* ~ *und Deckel zusammenpassen* (*vard.*) passa som hand i handske; *e-m in die Töpfe gucken* (*vard.*) lägga sig i ngns affärer; *seine Nase in alle Töpfe stecken* (*vard.*) snoka överallt, vara mycket nyfiken; *alles in e-n* ~ *werfen* (*vard.*) skära allt över en kam **2** tillbringare; [sylt]burk; [blom]-kruka; mugg **3** potta **Topfen** *0 m, sty., österr.* kvarg, keso **Töpfer** - *m* **1** keramiker, krukmakare **2** kakelugnsmakare **Töpferei** *-en f* krukmakeri **Töpfererde** *-n f* krukmakarlera **töpfern** tillverka keramik (ler-, sten|gods); dreja **Töpferscheibe** *-n f* drejskiva **Töpferwaren** *pl* keramik, sten-, ler|gods **Topfgucker** - *m, ein* ~ *sein a*) vara nyfiken på vad det blir för mat, *b*) lägga näsan i blöt, snoka **'top'fit** ~ *sein* vara i toppform
Topf|kuchen - *m* (*slags*) sockerkaka **-lappen** - *m* grytlapp **-pflanze** *-n f* krukväxt
topikalisieren *språkv.* topikalisera
Topinam'bur *-s el. -e[n] m f* jordärtskocka
Topleistung *-en f* topprestation **topless** topless
Topograph *-en -en m* topograf **Topographie** *-n f* topografi **topographisch** topografisk
topp *interj* topp!, kör till!
Topp *-e[n] el. -s m, sjö.* topp; *über die* ~*en flaggen* flagga över topp[arna] **-laterne** *-n f, sjö.*, **-licht** *-er n, sjö.* topplanterna
1 Tor *-e n* **1** port; grind; dörr **2** *sport.* mål; *ein* ~ *schießen* göra [ett] mål; *ins eigene* ~ *schießen* (*vard.*) förstöra för (skada) sig själv **3** port (*i slalom*)
2 Tor *-en -en m* dåre, dumbom
Tor|chance *-n f, sport.* målchans **-differenz** *-en f, sport.* målskillnad
Toreador *gen. -s el. -en, pl. -e[n] m* toreador
Torero *-s m* torero
Toresschluß *0 m, kurz vor* ~ i sista sekunden (minuten), i elfte timmen, i grevens tid
Torf *0 m* torv; torvmosse; ~ *stechen* ta upp torv **torfig** torv|blandad, -haltig
Torflügel - *m* porthalva
Torf|mull *0 m* torvmull **-streu** *0 f* torvströ
Torgelegenheit *-en f, sport.* målchans
Torheit *-en f* dåraktighet, dumhet
Torhüter - *m* **1** portvakt **2** *sport.* målvakt
töricht dåraktig, oförståndig, dum **'töricter-'weise** dumt nog **Törin** *-nen f* dåraktig kvinna, dumbom
torkeln *h el. s* raggla, vackla, vingla, tumla
Tor|latte *-n f, sport.* målribba **-lauf** *-e*† *m* slalom **-linie** *-n f, sport.* mållinje **-mann** *-män-ner, äv. -leute m, sport.* målvakt
Törn *-s m* **1** *sjö.* törn **2** *vard., e-n* ~ *haben* vara påtänd (*av hasch e.d.*)

Tornado *-s m* tornado
törnen *se* 2 *turnen*
Tornister - *m* tornister, ränsel, ryggsäck
torpedieren torpedera (*äv. bildl.*) **Torpedierung** *-en f* torpedering **Torpedo** *-s m* torped **Torpedoboot** *-e n* torpedbåt
Tor|pfosten - *m, sport.* målstolpe **-raum** *-e*† *m, sport.* målområde **-schluß** *0 m, se Toresschluß* **-schlußpanik** *0 f, ung.* rädsla att inte ha så mycket tid (så många möjligheter) kvar, "sista-minuten-panik" **-schu|ß** *-sse*† *m, sport.* skott på (i) mål, målskott **-schütze** *-n -n m, sport.* målgörare
Torsion *-en f, fys.* torsion **Torsionswaage** *-n f* torsionsvåg
Tors|o *-os el. -i m, konst.* torso
Torstange *-n f, sport.* målstolpe
Tort *0 m* förtret; *e-m e-n* ~ *antun* vålla ngn förtret; *er tut es mir zum* ~ *han gör det för att reta mig*
Törtchen - *n* [liten] tårta; [frukt]bakelse **Torte** *-n f* **1** tårta **2** *sl.* brud **Tortelett** *-s n*, **Tortelette** *-n f* tartelett **Tortenboden** *-*† *m* tårtbotten **Tortenheber** - *m* tårtspade **Tortenplatte** *-n f* kakfat **Tortenschaufel** *-n f* tårtspade
Tortur *-en f* tortyr
Tor|wart *-e m* **1** portvakt **2** *sport.* målvakt **-weg** *-e m* portgång, [inkörs]port
tosen *h el. s* dåna, brusa, vina; ~*der Beifall* stormande bifall
toskanisch toskansk
tot död; livlös; *bildl. äv.* öde; ~*e Augen a*) slocknade ögon, *b*) matta (glanslösa) ögon; ~*es Gestein* (*gruv.*) ofyndig bergart; ~*es Gewicht* dödvikt; ~*es Gleis* (*ung.*) stickspår; *das T*~*e Meer* Döda havet; ~*er Punkt* död punkt, (*i maskin*) dödpunkt; ~*es Rennen* (*sport.*) dött lopp; *den* ~*en Mann machen* (*i simning*) flyta [på rygg]; *ein* ~*er Mann sein a*) vara dödens, *b*) vara slut; *für* ~ *erklären* dödförklara; *für mich ist er* ~ han är som död för mig; *auf e-n* ~*en Punkt kommen* råka i dödläge
total total, fullständig **Totalausverkauf** *-e*† *m* [total] utförsäljning **Totaleindruck** *-e*† *m* helhetsintryck **Totalisator** *-en m* totalisator **totalitär** totalitär **Totalitarismus** *0 m* totalitarism **Totalität** *0 f* totalitet **Totalschaden** *-*† *m, das Auto hat* ~ bilen är totalförstörd (totalvaddad) **Totalverlust** *-e m* totalförlust
totarbeiten *rfl, vard.* arbeta ihjäl sig **totärgern** *rfl, vard.* vara så arg att man kan spricka
Totem *-s n* totem
töten 1 döda; *den Hund* ~ *lassen* låta avliva hunden; *die Zeit* ~ slå ihjäl tiden; *die Zigarette* ~ fimpa cigarretten **2** *rfl* ta livet av sig
Totenacker *-*† *m, åld.* kyrkogård **Totenamt** *-er*† *n* själamässa **Totenbett** *0 n* dödsbädd **'toten|'blaß**, **-'bleich** dödsblek
Toten|feier *-n f* minneshögtid (*över en död*) **-fest** *-e n* dom[s]söndag **-fleck** *-e m* lik|fläck, -blånad **-geläut** *0 n* själaringning **-gräber** - *m* dödgrävare (*äv. bildl., zool.*) **-hemd** *-en n* likskjorta **-klage** *-n f* dödsklagan, klagan över en död **-kopf** *-e*† *m* **1** dödskalle, kranium **2** dödskalleäjäril **-maske** *-n f* dödsmask **-messe** *-n f* döds-, själa|mässa; rekviem **-reich** *0 n* dödsrike **-schädel** - *m* dödskalle, kranium **-schau** *0 f* likbesiktning **-schein** *-e m* dödsattest **-sonntag** *-e m* dom[s]söndag **-starre** *0 f* likstelhet

totenstill—Träger

'toten'still döds|tyst, -stilla
'Toten|'stille 0 f döds|tystnad, -stillhet **-tanz** -e† m dödsdans **-trompete** -n f svart trumpetsvamp **-uhr** -en f, zool. dödsur **-vogel** -† m, zool. Minervas uggla **-wache** -n f likvaka
Tote(r) m f, adj böjn., der Tote den döde (avlidne); bei dem Unfall gab es drei Tote olyckan krävde tre dödsoffer
totfahren st, vard. köra ihjäl **totgeboren** dödfödd; das ist ein ~es Kind (bildl.) det är dödfött **Totgeburt** -en f 1 dödfödsel 2 dödfött barn **Tot|geglaubte(r)** m f, adj böjn., **-gesagte(r)** m f, adj böjn. person ansedd som död **totkriegen** vard. ta kål på; nicht totzukriegen sein (äv.) a) vara slitstark, inte gå sönder, b) inte ge sig **totlachen** rfl, vard. skratta sig fördärvad; es ist zum T~ det är så man kan skratta sig fördärvad (skratta ihjäl sig) **Totlage** -n f dödläge; (maskins) dödpunkt **totlaufen** st, rfl, vard., die Sache hat sich totgelaufen saken har runnit ut i sanden (slutat av sig själv) **totmachen** vard. ta död (kål) på **totmalochen** rfl, vard. arbeta ihjäl sig **Totmannknopf** -e† m dödmansgrepp (säkerhetsgrepp)
Toto -s n, äv. m tips, tippning; toto, totalisator; im ~ gewinnen vinna på tips **-schein** -e m, **-zettel** - m toto-, tips|kupong
Totpunkt -e m dödpunkt **totsagen** anse som död **totsaufen** st, rfl, vard. supa ihjäl sig **totschämen** rfl, vard. skämmas ögonen ur sig **totschießen** st, vard. skjuta ihjäl **Totschlag** 0 m dråp **totschlagen** st, vard. slå ihjäl, döda, dräpa **Totschläger** - m 1 dråpare 2 (slags) batong
tot|schweigen st tiga ihjäl, tysta ner **-spritzen** rfl, vard. knarka (sila) ihjäl sig **-stechen** st, vard. sticka ihjäl (ner) **-stellen** rfl låtsas vara (spela) död **-treten** st, vard. trampa (sparka) ihjäl **-trinken** st, rfl, vard. supa ihjäl sig
Tötung -en f dödande; ~ der Leibesfrucht fosterfördrivning
Toupet [tu'pe:] -s n tupé **toupieren** tupera (hår)
Tour [tu:ɐ̯] -en f 1 tur, utflykt, resa; vandring; sträcka 2 varv; auf ~en kommen a) komma upp i varv, b) vard. komma i gång (riktigt i tagen), c) vard. bli förbannad; auf vollen ~en (äv.) för fullt (högtryck) 3 [dans]tur 4 vard. sätt; plan; immer dieselbe ~! samma visa jämt!; auf die schmeichlerische (sanfte) ~ med smicker (lämpor); diese ~ zieht bei mir nicht den gubben går inte med mig **Tourenrad** -er† n, ung. landsvägscykel **Tourenwagen** - m sport-, rally|bil **Tourenzahl** -en f varvtal **Tourenzähler** - m varvräknare **Tourismus** 0 m turism **Tourist** -en -en m turist **Touristenklasse** -n f turistklass **Tou'ristik** 0 f turism, turistväsen **touristisch** turistisk **Tourné** -s n, kortsp. turné (trumfkort) **Tournee** -n el. -s f turné; auf ~ sein (äv.) turnera
ower ['taʊə] m, flyg. kontrolltorn
oxikologie 0 f toxikologi **Toxin** -e n toxin **toxisch** toxisk
Trab 0 m trav; e-n auf ~ bringen (vard.) sätta fart på ngn; auf ~ sein (vard.) vara i farten **Trabant** -en -en m 1 drabant; astron. äv. satellit 2 die ~en (vard.) ungarna, barnen **Trabantenstadt** -e† f drabantstad; förort
traben h el. s trava **Traber** - m travare (häst)

Trabrennbahn -en f travbana **Trabrennen** - n travtävling
Trachom [-'xo:m] -e n, med. trakom
Tracht -en f 1 [folk]dräkt 2 (hos bin) [honungs]drag 3 dial. el. åld. lass 4 e-e ~ Prügel (vard.) ett kok stryk
trachten trakta, sträva; nach etw. ~ (äv.) eftertrakta ngt; e-m nach dem Leben ~ trakta efter ngns liv **Trachten** 0 n traktan; Sinnen und ~ diktan o. traktan
Trachtengruppe -n f grupp i folkdräkter, folkdansgrupp
trächtig 1 dräktig 2 högt., ~ mit (von) fylld av, rik på **Trächtigkeit** 0 f 1 dräktighet 2 högt. rikedom
Tradition -en f tradition **Traditionalismus** 0 m traditionalism **traditionell** traditionell **traditionsgebunden** traditionsbunden **traditionsgemäß** i enlighet med traditionen, traditionsenlig
traf se **treffen**
Trafik [-'fɪk] -en f, österr. tobaks|affär, -kiosk **Trafi'kant** -en -en m, österr. tobakshandlare
Trafo [-a(:)-] -s m, vard. transformator
träg se **träge**
Tragbahre -n f [sjuk]bår **tragbar** 1 bärbar, portabel 2 (om klädesplagg) användbar 3 uthärdlig, tolerabel, acceptabel; rimlig, skälig **Trage** -n f 1 bår 2 mes (för ryggbörda)
träge trög; slö, långsam, loj
Tragegriff -e m [bär]handtag **tragen** trug, trüge, getragen, trägst, trägt 1 bära; hysa, nära; er trägt [e-n] Bart han har (bär) skägg; Bedenken ~ hysa betänkligheter; diese Blusen werden viel getragen dessa blusar är mycket i ropet (används mycket); das Eis trägt isen bär; laufen, so schnell die Füße ~ springa så fort man (etc.) kan (orkar); das Haar kurz ~ ha kort hår; ~de Idee bärande idé; warme Kleidung ~ vara varmt klädd; ~de Konstruktionen bärande konstruktioner; die Kosten ~ (äv.) stå (svara) för kostnaderna; das Auto wurde aus der Kurve getragen bilen kastades av vägen i kurvan; die Nase hoch ~ sätta näsan i vädret; sie trägt immer e-e Pistole hon har alltid en pistol på sig; den Umständen Rechnung ~ ta hänsyn till omständigheterna; ~de Rolle bärande roll, huvudroll; den Arm in e-r Schlinge ~ ha armen i band; elegante Schuhe ~ ha eleganta skor på sig; getragene Schuhe begagnade (använda) skor; die Schuld an etw. (dat.) ~ bära skulden för ngt; Sehnsucht nach etw. ~ längta efter ngt; Trauer (Schwarz) ~ vara sorgklädd (svartklädd); an etw. (dat.) zu ~ haben tyngas (tryckas) av ngt 2 bära, tåla, uthärda; wie trägt er es? (äv.) hur tar han det? 3 bära, frambringa, avkasta; der Baum trägt gut trädet ger mycket [frukt e.d.]; Zinsen ~ ge ränta, förräntas 4 vara gravid (dräktig) 5 gå, nå, räcka; die Kanonen ~ weit kanonerna har stor räckvidd 6 rfl, sich leicht ~ vara lätt att bära; das Kleid trägt sich angenehm klänningen är angenäm [att bära] (känns skön); sich nach der letzten Mode ~ klä sig efter senaste modet 7 rfl bära sig; das Unternehmen trägt sich selbst företaget bär sig (är självbärande) 8 rfl, sich mit etw. ~ [gå o.] bära på ngt, hysa ngt; sich mit dem Gedanken ~, zu fundera på att; sich mit großen Hoffnungen ~ hysa stora förhoppningar
Träger - m 1 bärare; [stads]bud 2 bildl. drivande kraft 3 huvudman 4 bär|bjälke, -balk 5

axelband, hängsle 6 radio. bärvåg **Trägerkleid** -er n klänning med axelband **trägerlos** utan axelband, axelbandslös **Trägerrakete** -n f bärraket **Trägerrock** -e† m hängslekjol **Trägerwelle** -n f, radio. bärvåg **Tragetasche** -n f [bär]kasse **Tragezeit** -en f (djurs) dräktighetstid **tragfähig** bärkraftig; das Eis ist ~ isen bär
Trag|fähigkeit 0 f bär|kraft, -förmåga **-fläche** -n f, flyg. bäryta; vinge **-flächenboot** -e n bärplansbåt **-flügel** - m, flyg. vinge **-flügelboot** -e n bärplansbåt **-gestell** -e n mes; bärstativ
Trägheit 0 f tröghet (äv. fys.) **Trägheitsgesetz** 0 n, fys. tröghetslag **Trägheitsmoment** -e n, fys. tröghetsmoment
Traghimmel - m baldakin
'**Tragik** 0 f tragik **Tragiker** - m, åld. tragediförfattare, tragöd **tragi'komisch** [äv. '----] tragikomisk **Tragiko'mödie** [äv. '-----] -n f tragikomedi **tragisch** tragisk; nimm es nicht so ~! (vard.) ta det inte så hårt (allvarligt)!
Trag|konstruktion -en f bärkonstruktion **-korb** -e† m [bär]korg **-kraft** 0 f bärkraft **-last** -en f last; bagage **-luftzelt** -e n barracudatält
Tra'göde -n -n m tragiker (skådespelare i tragiska roller) **Tragödie** [-'gø:djə] -n f tragedi **Tragödiendichter** - m tragediförfattare, tragöd
Trag|riemen - m bärrem **-schrauber** - m, flyg. autogiro **-seil** -e n bär|lina, -kabel **-sessel** - m bärstol **-stein** -e m, byggn. konsol **-tier** -e n last-, pack|djur **-weite** -n f 1 (eldvapens) skottvidd 2 bildl. räckvidd **-werk** -e n 1 bärande konstruktion 2 flyg. bär|plan, -yta **-zeit** -en f, se Tragezeit
Trailer ['treɪlə] - m 1 trailer, släp[vagn] 2 film. trailer
Train [trɛ:] -s m, mil. träng
Trainer ['trɛ:nɐ el. 'trɛ:nə] - m tränare **trainieren** träna **Training** -s n träning **Trainingsanzug** -e† m träningsoverall
Tra'jekt -e m n [tåg]färja
Tra'kehner - m trakehner (ostpreussisk hästras)
Trakt -e m 1 del [av byggnad]; flygel[byggnad]; [hus]länga 2 [väg]sträcka, [gatu]sträckning
Traktat -e m n traktat **Traktätchen** - n, neds. uppbyggelseskrift **traktieren** traktera (förpläga; behandla illa); mit Vorwürfen ~ överhopa med förebråelser **Traktor** -en m traktor **Traktorist** -en -en m, DDR traktorförare
Tralje -n f, nty. gallerstång (för fönster e.d.)
trallala interj tralala! **trällern** tralla
1 **Tram** [-a:-] -e[†] m, österr. bjälke
2 **Tram** [-a-] -s f n, sty., österr., schweiz. spår|väg, -vagn **-bahn** -en f spår|väg, -vagn
Tramen - m, sty. bjälke
Tra'miner - m traminer (druva o. sydtyrolskt vin)
Tramp [-ε-, äv. -a-] -s m 1 landstrykare 2 tramp[fartyg] **-dampfer** - m tramp[fartyg, -ångare]
Trampel - m n, vard. klumpedunis (i sht om flicka); kärring **Trampellogge** -n f, teat. vard. hylla **trampeln** h, vid ortsförändring s stampa, trampa, klampa **Trampelpfad** -e m gångstig **Trampeltier** -e n 1 tvåpucklig kamel 2 vard., se Trampel **trampen** [-ε-, äv. -a-] s 1 lifta 2 vandra (luffa) [omkring]
'**Trampolin** [äv. --'-] -e n trampolin, svikt, språngbräde
Trampschiffahrt 0 f, sjö. trampfart

Tran -e m tran; im ~ sein a) vara på snusen, b) vara yrvaken (sömndrucken, borta)
Trance ['trɑ̃:s(ə)] -n f trans, trance
Tranche ['trɑ̃:ʃ(ə)] -n f 1 kokk. skiva (kött) 2 hand. andel (av obligationslån) **tranchieren** [trɑ̃'ʃiːrən, äv. tran-] kokk. tranchera **Tranchiermesser** - n trancherkniv
Träne -n f 1 tår; ~n (äv.) gråt; ~n der Freude glädjetårar; ~n in den Augen haben (äv.) vara tårögd; die ~n hinunterschlucken svälja gråten; ~n lachen skratta så man gråter; die ~n stiegen ihr in die Augen hon fick tårar i ögonen; nur e-e ~ trinken (vard.) bara dricka ngn droppe; mit e-r ~ im Knopfloch (skämts.) med lätt beklagande; unter ~n lachen skratta o. gråta på samma gång; zu ~n gerührt rörd till tårar 2 se Tränentier **tränen** tåras, fyllas med tårar, rinna; T~des Herz (bot.) löjtnantshjärta; mit ~den Augen (äv.) tårögd, med tårar i ögonen **Tränendrüse** -n f tårkörtel; der Film drückt auf die ~n filmen spekulerar i sentimentalitet (är anlagd på att väcka medlidande) **tränenfeucht** tårfylld; fuktad av tårar **Tränengas** 0 n tårgas **Tränengaspistole** -n f tårgaspistol **tränenlos** tårlös **Tränensack** -e† m 1 tårsäck 2 Tränensäcke påsar under ögonen **Tränenstrom** -e† m tåreflod **Tränen|tier** -e n, **-tüte** -n f, vard. 1 lipsill 2 tråkmåns **tränenüberströmt** tårdränkt
tranig 1 tranig, full av tran 2 vard. tråkig; slö **trank** se trinken **Trank** -e† m, högt. dryck **Tränke** -n f vattningsplats **tränken 1** vattna (djur) 2 genomdränka **Trankopfer** - n dryckesoffer **Tränkung** -en f 1 vattning 2 genomdränkning
Transaktion -en f transaktion
trans|alpin[isch] transalpin[sk] **-atlantisch** transatlantisk
transchieren kokk. tranchera
Trans-Eu'rop-Expreß 0 m, förk. TEE transeuropeisk express (internationellt snälltåg) **Trans'fer** -s m 1 ekon. transfer[ering] 2 transfer (sport. el. vidarebefordran till hotell e.d.) 3 flyttning **transferieren** ekon. el. sport. transferera **Transfersumme** -n f, sport. transfer-, övergångs|summa **Transformation** -en f transformation **Transformationsgrammatik** -en f transformationsgrammatik **Transformator** -en m transformator **Transformator[en]häuschen** - n (liten) transformator|byggnad, -station **transformieren** transformera; ombilda, förvandla **Transfusion** -en f transfusion
Transistor -en m transistor **-radio** -s n transistorradio
Tran'sit [äv. '--] -e m transit[o] **Transitgüter** pl transitogods **Transithalle** -n f transithall **Transithandel** 0 m transitohandel **transitieren** transitera
'**transitiv** [äv. --'-] språkv. transitiv **Transitiv** -e n, språkv., **Transitiv|um** [-'tiːv-] -a n, språkv. transitivt verb
Transitverkehr 0 m transito|handel, -trafik **Transitvisum** -a el. -en n genomrese-, transit|visum **transkontinental** transkontinental **transkribieren** mus., språkv. transkribera **Transkription** -en f, mus., språkv. transkription **Translation** -en f översättning; över|föring, -flyttning **Transmission** -en f transmission, [kraft]överföring **Trans'ozeandampfer** - m ocean-, atlant|ångare **transozeanisch** transocean

transparent [-sp-] transparent, genomskinlig **Transparent** -e n **1** transparang **2** banderoll **Transparenz** 0 f genomskinlighet **Transpiration** -en f transpiration **transpirieren** transpirera, svettas **Transplantat** -e n, med. transplantat **Transplantation** -en f transplantation **transplantieren** transplantera **transponieren** mus. transponera; bildl. över|-föra, -flytta
Transport [-sp-] -e m transport **transportabel** transportabel **Transportarbeiter** - m transportarbetare **Transportband** -er† n transportband **Transporter** - m transport|fordon, -bil, -fartyg, -flygplan **Transporteur** [-'tø:ɐ̯] -e m **1** transportör, speditör **2** vinkel-, grad|-mätare **3** matare (på symaskin e.d.) **transportfähig** transportabel; der Kranke ist ~ den sjuke kan förflyttas (tål att flyttas) **Transportfahrzeug** -e n transportfordon **Transportflugzeug** -e n transportplan **Transportführer** - m, der ~ den som är ansvarig för transporten **Transportgefährdung** -en f, jur. ung. sabotage (mot samfärdsmedel) **transportieren** transportera; tekn. äv. mata [fram] **Transportkosten** pl transportkostnad[er] **Transportunternehmer** - m speditör
transsexuell transsexuell **transsibirisch** die ~e Bahn transsibiriska järnvägen **Transuran** -e n transuran **transversal** [-v-] transversal, tvärgående **Transvestit** [-v-] -en -en m transvestit **transzendent[al]** transcendent[al] **Transzendenz** 0 f transcendens
Trapez [-'pe:ts] -e n trapets **trapezförmig** trapetsformad **Trapezkünstler** - m trapetskonstnär
trapp interj, ~, ~! tramp, tramp!, klamp, klamp!
Trapp -e m, geol. trapp
1 Trappe -n f el. -n -n m, zool. trapp
2 Trappe -n f, nty. fotspår **trappeln 1** s trippa **2** klappra **trappen** s trippa
Trapper - m trapper, pälsjägare
Trappist -en -en m trappist[munk]
Traps -e m, tekn. vattenlås
trapsen h el. s, dial. traska, klampa, trampa
Tra'ra -s n **1** horn-, trumpet|stöt **2** vard. oväsen; ståhej
Tra|ß -sse m trass (slags tuff)
Trassant -en -en m, hand. trassent **Trassat** -en -en m, hand. trassat **Trasse** -n f utstakad linje; vägbank; banvall **trassieren 1** utstaka (väg) **2** hand. dra, trassera (växel)
trat se treten
Tratsch [-a:-] 0 m, vard. skvaller, prat **Tratsche** -n f, vard. skvallerbytta, sladdertacka **tratschen** vard. skvallra, sladdra, prata **Tratscherei** -en f, vard. skvaller, sladder
Tratte -n f, hand. tratta
tratzen sty., österr. reta
Traualtar -e† m vigselaltare
Traube -n f [vin]druva; klase (äv. bildl.); die ~n hängen ihm zu hoch (ung.) det är surt sa räven om rönnbären **Träubel** - n pärlhyacint **traubenförmig** druvklaseformad **Traubenhyazinthe** -n f pärlhyacint **Traubenkirsche** -n f hägg **Traubenlese** -n f druvskörd **Traubenwickler** - m, zool. druvvecklare **Traubenzucker** 0 m druvsocker **traubig** druvklase|lik, -formad
trau|en 1 e-m ~ lita på ngn, tro [på] ngn; ich -e dem Braten nicht (vard.) det är ngt lurt med det här; trau, schau, wem! lita inte på vem som helst! **2** rfl våga, töras; sie ~ sich nicht herein de törs inte komma in **3** viga **Trauer** 0 f **1** sorg **2** sorgdräkt **3** sorgetid **-anzeige** -n f dödsannons **-binde** -n f sorgband **-botschaft** -en f sorgebud **-fahne** -n f florbehängd fana **-fall** -e† m dödsfall **-feier** -n f sorgehögtid **-flor** -e m sorg|flor, -band **-gefolge** - n, **-geleit** -e n begravningsfölje **-gemeinde** -n f, die ~ de sörjande **-haus** -er† n sorgehus **-jahr** -e n sorgeår **-kleidung** 0 f sorgdräkt **-kloß** -e† m, vard. tråkmåns **-mantel** -† m, zool. sorgmantel **-marsch** -e† m sorgmarsch
trauern 1 sörja (um e-n ngn) **2** vara sorgklädd, bära sorg
Trauer|nachricht -en f sorgebud **-rand** -er† m sorgkant (äv. på nagel) **-schleier** - m sorg|-slöja, -dok **-spiel** -e n sorgespel, tragedi; es ist ein ~, daß (vard.) det är hemskt (bedrövligt) att **-wolke** -n f, bot. tårpil **-zeit** -en f sorgetid **-zug** -e† m begravningsfölje
Traufe -n f tak|kant, -skägg; aus dem Regen in die ~ ur askan i elden **träufeln** droppa, drypa
Trauformel -n f vigsel|formulär, -ritual
traulich 1 [hem]trevlig, ombonad, gemytlig **2** se vertraulich **Traulichkeit** 0 f [hem]trevnad etc., jfr traulich
Traum -e† m dröm; er denkt nicht im ~ daran han har inte den avlägsnaste tanke på det; das fällt mir nicht im ~ ein det skulle inte falla mig in, det kommer aldrig på fråga; im ~ reden tala i sömnen; Träume sind Schäume drömmar [går] som strömmar
Traum|a -en el. -ata n, med. trauma **traumartig** drömlik
traumatisch med. traumatisk
Traumbild -er n dröm|bild, -syn **Traumdeutung** -en f drömtydning
träum|en drömma; er (högt. ihm) -t han drömmer; träum nicht! sitt inte o. dröm!; das hätte ich mir nicht ~ lassen (vard.) det hade jag aldrig kunnat drömma om; er -t davon, Flieger zu werden han drömmer om att bli flygare; vor sich (ack.) hin ~ gå (etc.) o. drömma, dagdrömma **Träumer** -m drömmare **Träumerei** -en f drömmeri **träumerisch** drömmande, drömsk **Traum|gebilde** - n, **-gesicht** -e n drömbild, vision **traumhaft** drömlik; vard. fantastisk **traumverloren** försjunken i drömmar, frånvarande **traumwandel|n** -te, getraumwandelt, h, äv. s gå i sömnen **Traumwandler** - m sömngångare **traun** interj, åld. sannerligen!
Trau|rede -n f (vigselförrättares) vigseltal **-register** - n äktenskapsregister
traurig sorgsen, ledsen; ledsam, tråkig, sorglig, eländig; ~er Rest (äv.) ynklig rest; es ist ~, daß (äv.) det är synd att **Traurigkeit** 0 f sorgsenhet etc., jfr traurig
Trau|ring -e m vigselring **-schein** -e m vigselattest
traut [hem]trevlig, intim; förtrogen; kär, älskad
Traute 0 f, keine ~ haben, etw. zu tun (vard.) inte våga göra ngt
Trauung -en f vigsel **Trauzeuge** -n -n m bröllopsvittne
Travellerscheck ['trɛvələɾʃɛk] -s m resecheck **Traverse** [-v-] -n f, tekn. travers
Travestie [-v-] -n f travesti **travestieren** travestera

Trawl [trɔːl] -s n, fisk. trål **-er** - m trålare
Trebe 0 f, dial., auf [die] ~ gehen rymma
1 Treber - m, dial. rymmare
2 Treber pl drav (vid öl- o. vintillverkning)
Treck -s m tåg (vandrings-, flykting- e.d.) **trecken** h el. s dra ut (på vandring e.d.), utvandra **Trecker** - m traktor **Treckfiedel** -n f, nty. dragspel **Treckschute** -n f, åld. pråm
1 Treff -s n, kortsp. klöver
2 Treff -s m, vard. träff, möte; mötesplats **treffen** traf, träfe, getroffen, triffst, trifft, triff! **1** träffa; råka, möta; bildl. äv. drabba; nicht ~ (äv.) missa; getroffen! du (etc.) har gissat rätt!, precis!; es gut (schlecht) ~ ha tur (otur); sich nicht getroffen fühlen inte känna sig träffad; das hat ihn schwer getroffen det har drabbat honom hårt; e-e Auswahl ~ göra ett urval; auf dem Foto bist du gut getroffen du är bra (till din fördel) på fotot; das Los traf ihn lotten föll på honom; ihn hat der Schlag getroffen han fick slag[anfall]; wen trifft die Schuld? vem bär skulden?, vems är felet?; ins Schwarze ~ träffa mitt i prick; den richtigen Ton ~ träffa den rätta tonen, bildl. äv. slå an rätt ton; Vorbereitungen (Maßnahmen) ~ vidta förberedelser (åtgärder); ihn trifft kein Vorwurf han kan inte klandras **2** s, auf e-n (etw.) ~ träffa (råka, stöta) på ngn (ngt); auf e-n ~ (sport.) möta (spela mot, tävla mot) ngn **3** rfl träffas, mötas, råkas; sich auf ein Bier ~ träffas över (och ta) en öl **4** rfl, es trifft sich gut (schlecht) det är tur (otur), det kommer lägligt (oläggligt); es traf sich so, daß det råkade bli så att; wie es sich so trifft som det faller sig **Treffen** - n möte; sport. äv. match, tävling; åld. träffning, drabbning; etw. ins ~ führen framföra (anföra) ngt **Treffer** - m **1** träff; sport. äv. mål **2** vinst[lott] **trefflich** förträfflig **Treffpunkt** -e m träffpunkt; bildl. äv. mötesplats **treffsicher** träffsäker **Treffsicherheit** 0 f träffsäkerhet
Treib|achse -n f drivaxel **-anker** - m drivankare **-arbeit** -en f drivet (ciselerat) arbete **-beet** -e n drivbänk **-eis** 0 n drivis
treib|en trieb, triebe, getrieben **1** driva (i olika bet.); fösa, jaga; köra; driva på, jäkta; getriebene Arbeit drivet (ciselerat) arbete; Hasen ~ driva hare; es -t mich, das zu tun jag känner mig föranledd att göra det; er -t es zu arg (weit) han går för långt; -e ihn nicht so! jäkta honom inte så!; wenn er es weiter so -t om han fortsätter på det viset; e-n Tunnel durch den Berg ~ borra (driva) en tunnel genom berget; durch den Fleischwolf ~ mala i köttkvarn; etw. durch ein Sieb ~ passera ngt [genom en sil]; die Preise in die Höhe (nach oben) ~ driva upp priserna; e-n in den Tod ~ driva ngn i döden; e-n Nagel in die Wand ~ (äv.) slå i en spik i väggen; er hat es mit ihr getrieben (vard.) han har haft ihop det med henne; wie hat er es mit ihr getrieben? hur var han (bar han sig åt) mot henne?; zum Aufbruch ~ mana till uppbrott; e-n zur Eile ~ skynda på ngn **2** [be]driva, utöva, studera; hålla på (syssla) med; göra; Luxus ~ leva i lyx; Spionage ~ spionera; Unfug (Unsinn) ~ ha galenskaper (dumheter) för sig; was -st du denn hier? vad gör du här? **3** jäsa, svälla upp; die Hefe -t den Teig jästen får degen att jäsa **4** driva (i drivhus), dra upp; spira, skjuta skott; Blätter ~ utveckla blad; Blüten ~ sätta blom; Wurzeln ~ slå rot **5** s el. h driva [omkring]; flyta; der Schnee -t snön yr; er läßt sich ~ han låter allting bara gå (är handlingsförlamad); es läßt sich nicht sagen, wohin die Dinge ~ man kan inte säga hur det kommer att gå (utveckla sig) **Treiben 1** 0 n drivande etc., jfr treiben **2** 0 n rörelse; liv [o. rörelse]; leverne; handling[ar] **3** - n drev[jakt] **Treib|er** - m **1** drivare (av lastdjur); jakt. drevkarl **2** neds. slavdrivare **3** sjö. drivare (segel) **-erei** -en f drivande; hets, jäkt **-gas** 0 n **1** gasol **2** drivgas (i sprayflaska) **-haus** -er† n drivhus **-holz** 0 n drivved **-jagd** -en f drevjakt **-mine** -n f drivmina **-mittel** - n **1** drivmedel; drivgas **2** jäsmedel **-öl** -e n [motor]brännolja **-rad** -er† n drivhjul **-riemen** - m driv-, transmissions|rem **-satz** -e† m drivsats; laddning **-stange** -n f, tekn. vevstake **-stoff** -e m bränsle, drivmedel
Treidel -n m bogserlina **treideln** träcka (hala båt med lina längs stranden) **Treidel|pfad** -e m, **-weg** -e m dragväg (utmed kanalbank) **Treidler** - m, ung. pråmdragare
treife jidd. (om mat) oren
Trema -s el. -ta n, språkv. trema
tremo-, tremu|lieren mus. tremulera
Trenchcoat ['trentʃkout] -s m trenchcoat
Trend -s m trend, utvecklingslinje
Trendel - m, dial. **1** snurra (leksak) **2** sölkorv **trendeln** dial. söla **Trendler** - m, dial. sölkorv
Trend|setter - m, vard. modeskapare; person som anger tonen (startar trend[er]) **-wende** -n f omsvängning
trennbar skiljbar; som kan avstavas **Trennbarkeit** 0 f skiljbarhet etc., jfr trennbar **trenn|en 1** [av-, från-, åt]skilja; separera; lossa; lösgöra; spratta [upp]; hålla skild; e-e Ehe ~ upplösa ett äktenskap; das Futter aus dem Mantel ~ spratta bort fodret ur kappan; e-e Naht ~ spratta [upp] en söm; man muß die Person von der Sache ~ man måste skilja på sak o. person; getrennte Schlafzimmer separata sovrum; getrennt schreiben särskriva; getrennt wohnen bo på var sitt håll **2** bryta (telefonsamtal); wir sind getrennt worden vårt samtal bröts **3** avstava, avdela **4** rfl [åt]skiljas, skilja sig, gå i sär; hier ~ sich unsere Wege här skils våra vägar [åt]; die Mannschaften -ten sich unentschieden (sport.) matchen [mellan lagen] slutade oavgjort; sich vom Anblick nicht ~ können inte kunna slita sig från anblicken **Trennlinie** -n f skiljelinje **Trennmesser** - n sprättkniv **Trennpunkte** pl, språkv. trema **trennscharf** radio. selektiv **Trennschärfe** -n f, radio. selektivitet **Trennscheibe** -n f glasväg **Trennung** -en f **1** skiljande etc., jfr trennen **2** separering, separation; skilsmässa; avsked; ~ von Tisch und Bett (jur.) skillnad till säng o. säte **3** avstavning **Trennungs|entschädigung** -en f lönetillägg (vid arbete på annan ort) **-linie** -n f skiljelinje **-schmerz** 0 m avskedets smärta **-strich** -e m **1** bindestreck; divis **2** skiljelinje **-stunde** -n f avskedsstund **-zeichen** - n bindestreck; divis
Trennwand -e† f skiljevägg
Trense -n f träns[betsel]
trepanieren med. trepanera
trepp'ab nedför trappan **trepp'auf** uppför trappan; ~, treppab trappa upp o. trappa ner
Treppe -n f trappa, trappuppgång; e-e ~ höher en trappa högre; die ~ haben (vard.) ha

trappan (trappstädningen); *die ~ hinauffallen* (*vard. ung.*) bli sparkad snett uppåt; *bist du die ~ hinuntergefallen?* (*vard.*) har du varit och klippt dig?; *der Friseur hat ~n geschnitten* frisören har klippt håret hackigt (ojämnt); *~n steigen* gå i trappor; *drei ~n hoch wohnen* bo tre trappor upp **Treppenabsatz** -e† *m* trappavsats **treppenartig** trappformig **Treppen|beleuchtung** -en *f* trapp|belysning, -ljus **-geländer** - *n* ledstång, ‹trappräcke **-haus** -er† *n* trapp|hus, -uppgång **-hauslicht** *0 n, se Treppenbeleuchtung* **-läufer** - *m* trappmatta **-leiter** -n *f* trappstege **-schritt** -e *m* trampning i sidled (*på skidor uppför sluttning*) **-steigen** *0 n, das ~ fällt ihm schwer* han har svårt för att gå i trappor **-stufe** -n *f* trappsteg **-witz** -e *m* kvickhet i trappan (*dräpande svar man kommer på för sent*); *~ der Weltgeschichte* (*ung.*) historisk paradox, ödets ironi
Tresen - *m, nty.* [butiks-, krog]disk
Tre'sor -e *m* kassa|skåp, -valv, -fack
Trespe -n *f, bot.* losta
Tresse -n *f* träns, galon, snöre
Trester - *m* 1 brännvin (*av resterna från vinpressning*) 2 *pl* drav (*vid öl- o. vinframställning*)
Tretauto -*s n* trampbil **Tretbalg** -e† *m* trampbälg **Tretboot** -e *n* vattencykel **treten** *trat, träte, getreten, trittst, tritt, tritt!* **1** *s* träda, stiga, gå, komma; ~ *Sie näher!* kom här närmare!; *ans Fenster ~* gå fram till fönstret; *an seine Stelle ~* träda i hans ställe; *auf den Balkon ~* gå ut på balkongen; *auf seine Seite ~* ställa sig på hans sida, ta parti för honom; *die Sonne tritt hinter die Wolken* solen går i moln; *die Tränen traten ihr in die Augen* hon fick tårar i ögonen; *in den Ausstand (Streik) ~* gå i strejk; *in Erscheinung ~* framträda, visa sig; *mit e-m in Kontakt (Verbindung) ~* (*äv.*) kontakta ngn; *ins Leere ~* ta ett steg i tomma luften; *in den Ruhestand ~* gå i pension; *in den Stand der Ehe ~* inträda i det äkta ståndet; *ins Zimmer ~* gå in i rummet; *von e-m Fuß auf den anderen ~* byta fot; *vor den Spiegel ~* ställa sig framför spegeln; *zu e-m ~* gå fram till ngn **2** *s, äv. h* [råka] trampa; *der Katze auf den Schwanz ~* trampa katten på svansen; *du bist (hast) in etw.* (ack.) *getreten* du har trampat i ngt; *in (auf) e-n Nagel ~* trampa på en spik **3** trampa; [*auf*] *die Bremse ~* trampa på bromsen; [*auf*] *die Kupplung ~* trampa ner (ur) kopplingen; *e-n Pfad ~* trampa upp en stig; *den Takt ~* stampa takten **4** sparka (*äv. boll*); *den Ball ~* (*äv.*) spela fotboll; *den Elfer ~* (*sport.*) lägga straffen; *e-m in den Hintern ~* sparka ngn i baken; *die Katze ~ sparka katten; man muß ihn immer ~* (*vard.*) man måste alltid vara efter (driva på) honom; *das Pferd tritt hästen sparkas* **5** *der Hahn tritt die Henne* tuppen trampar (parar sig med) hönan **Treter** *pl, vard.* dojor (*skor*)
Tret|kurbel -n *f* vev (*på cykel*) **-mine** -n *f* trampmina **-mühle** -n *f* trampkvarn (*äv. bildl.*) **-rad** -er† *n* tramphjul **-schalter** - *m* fotkontakt **-schlitten** - *m* spark[stötting] **-strahler** - *m* reflex (*på cykelpedal*) **-werk** -e *n* trampverk
treu trogen, trofast; samvetsgrann, redlig; troskyldig, naiv **Treu** *se* **Treue Treubruch** -e† *m* 1 *hist.* feloni 2 trohetsbrott; trolöshet **treubrüchig** trolös **treudeutsch** *vard. neds.* typiskt tysk **treudoof** *vard.* troskyldig, naiv **Treue** *0 f* trohet, trofasthet; *meiner Treu!* (*åld.*) på min ära!; *auf Treu und Glauben* med (i) fullt förtroende, i god tro; *die ~ brechen* vara otrogen (trolös); *e-m die ~ halten* vara trogen mot ngn **Treueid** -e *m* trohetsed **Treuepflicht** *0 f* trohetsplikt **Treueprämie** -n *f* gratifikation (tillägg) för lång o. trogen tjänst **Treueschwur** -e† *m* trohetsed **Treueurlaub** -e *m, DDR* extra semester (*t. trogen medarbetare*) **treugesinnt** trogen, lojal **Treuhänder** - *m, jur.* god man; förvaltare **Treuhandgebiet** -e *n, polit.* förvaltarskapsområde, mandat **Treuhandgesellschaft** -en *f* förvaltningsbolag **treuherzig** tro|hjärtad, -skyldig **Treuherzigkeit** *0 f* tro|hjärtenhet, -skyldighet **treulich** trogen, trofast, pålitlig **treulos** trolös; otrogen **Treunehmer** - *m, se* **Treuhänder Treupflicht** *0 f* trohetsplikt **Treuschwur** -e† *m* trohetsed
Triade -n *f* triad, tretal, treenighet
'Triangel - *m* **1** *mus.* triangel **2** *dial., sich* (*dat.*) *e-n ~ in den Rock reißen* få (slita upp) en [triangelformad] reva i kjolen **Triangulation** -en *f, lantm.* triangelmätning **triangulieren** *lantm.* göra triangelmätningar
Trias *0 f* **1** triad, tretal **2** *geol.* trias
Tribade -n *f* tribad
Tribun *gen. -s el. -en, pl -e*[*n*] *m, hist.* tribun **Tribunal** -e *n* tribunal **Tribüne** -n *f* tribun; läktare
Tribut -e *m* tribut **tributpflichtig** tributpliktig
Trichine [-'çi:-] -n *f, zool.* trikin **Trichinenschau** *0 f* trikin-, kött|besiktning **trichinös** trikinös, trikinhaltig **Trichinose** -n *f, med.* trikinos
Trichlor|äthen *0 n,* **-äthylen** *0 n* trikloretylen **Trichter** - *m* **1** tratt; *Nürnberger ~* (*bildl.*) korvstoppning; *e-n auf den [richtigen] ~ bringen* (*vard.*) få ngn att fatta, hjälpa ngn på traven; *auf den [richtigen] ~ kommen* (*vard.*) fatta galoppen **2** krater **-grammophon** -e *n* trattgrammofon **-ling** -e *m, bot.* trattskivling **-mündung** -en *f* trattformig mynning, estuarium
Trick -s, *ibl.* -e *m* trick (*äv. kortsp.*), knep **Trickdieb** -e *m* tjuv (*som använder speciella knep*) **Trickfilm** -e *m* trickfilm **Trickkiste** *0 f, vard., tief in die ~ greifen* tillgripa alla knep (medel) **tricksen** *sport.* tricksa
trieb *se treiben* **Trieb** -e *m* **1** drift, böjelse, lust **2** *bot.* [års]skott **Triebfeder** -n *f* drivfjäder **triebhaft** instinktiv; *~er Mensch* av sina drifter behärskad människa **Trieb|handlung** -en *f* drift-, instinkt|handling **-kraft** -e† *f* **1** drivkraft (*äv. bildl.*) **2** jäsningsförmåga **-leben** *0 n* driftliv **-mörder** - *m* [sex]mördare; *jfr Triebverbrechen* **-rad** -er† *n* drivhjul **-sand** *0 m* kvicksand **-verbrechen** -*n* brott för att tillfredsställa [sexual]drift; sexualbrott **-wagen** -*n m* motorvagn **-werk** -e *n* drivverk, maskineri; [flyg]motor[er]
Triefauge -*n n* rinnande öga **triefäugig** surögd **triefen** *sv* (*högt. troff, tröffe, getroffen*) *h el. s* drypa, droppa, rinna; *vor* (*von*) *Nässe ~, ~d naß sein* vara dyblöt (genomvåt); *wir ~ vor* (*von*) *Schweiß* svetten droppar om oss; *vor* (*von*) *Weisheit ~* (*iron.*) flöda över av visdom
Tri'est *0 n* Trieste
Trieur [-'ø:ṛ] -e *m, lantbr.* triör
triezen *vard.* tjata på; reta; trakassera
Trift -en *f* **1** *dial.* bete[smark] **2** *sjö.* drift; havsström **triften** flotta (*timmer*)
1 triftig *sjö.* redlöst drivande
2 triftig välgrundad, giltig, [tungt] vägande

(om skäl); ohne ~en Grund utan skälig (rimlig) anledning **Triftigkeit** 0 f giltighet, övertygande styrka, bindande kraft
Trigonometrie 0 f trigonometri **trigonometrisch** trigonometrisk
Trikolore -n f trikolor
Trikot [tri'ko:, äv. 'trlko] -s m, äv. n trikå; das gelbe ~ (sport.) gula tröjan (ledartröjan) **Trikotage** [-'ta:ʒə] -n f, **Trikotware** -n f trikåvara
Triller - m drill; e-n ~ haben (vard.) ha en skruv lös **trillern** 1 drilla, slå drillar 2 blåsa [i visselpipa] 3 vard., e-n ~ ta sig ett glas **Trillerpfeife** -n f (slags) visselpipa
Trillion -en f trillion
Trilogie -n f trilogi
Trimester - n, univ. termin om tre månader
Trimm-dich-Pfad -e m motionsslinga **trimm|en** 1 trimma (äv. sjö., flyg. o. elektr.); sjö. äv. lämpa; träna [upp]; e-n Hund ~ trimma en hund; die Ladung ~ trimma lasten; die Kinder auf Gehorsam ~ (vard.) lära barnen att lyda, inpränta lydnad i barnen; den Motor auf Höchstleistung ~ trimma motorn till toppprestation 2 rfl träna [upp sig]; motionera; er -t sich auf jugendlich (vard.) han lägger sig till med en ungdomlig stil **Trimmer** - m 1 vard. motionär 2 vard. motionsslinga 3 sjö. [kol]-lämpare **Trimmpfad** -e m motionsslinga **Trimmruder** - n, flyg. trimroder **Trimmtank** -s m, sjö. trimtank
Trine -n f, vard. 1 dumme ~ dum gås, dumhuvud; faule ~ latmask 2 fjolla (feminin bög)
Trini'tatis 0 n, [der Sonntag] ~ trefaldighetssöndagen **-fest** -e n trefaldighetssöndag
trinkbar drickbar **Trinkbecher** - m bägare; mugg **Trinkbranntwein** -e m alkohol avsedd att drickas, brännvin **trink|en** trank, tränke, getrunken dricka; supa; bildl. insupa; was ~ Sie? (äv.) vad vill Ni ha att dricka?; er -t gern han tar sig gärna ett glas; der Wein läßt sich ~ vinet är drickbart; auf jds Wohl ~ dricka ngns skål, skåla för ngn; ein Glas über den Durst ~ dricka ett glas för mycket **Trinken** 0 n drickande; supande; sich (dat.) das ~ angewöhnen börja dricka, bli alkoholist **Trinker** - m alkoholist **Trinkerei** -en f, vard. 1 [ständigt] drickande (supande) 2 dryckeslag **Trinker-heil|anstalt** -en f, **-stätte** -n f alkoholist|-anstalt, -hem **trinkfest** som tål [mycket] sprit **trinkfreudig** som gärna tar sig ett glas **Trink|gefäß** -e n dryckeskärl **-gelage** - n dryckeslag **-geld** -er n dricks[pengar] **-glas** -er† n dricksglas **-halle** -n f 1 brunnspaviljong (på kurort) 2 kiosk [m. läskedrycker], bar **-halm** -e m sugrör **-horn** -er† n dryckeshorn **-kur** -en f brunnskur **-lied** -er n dryckesvisa **-röhrchen** - n sugrör **-spruch** -e† m skåltal; e-n ~ auf e-n ausbringen utbringa en skål för ngn **-stube** -n f krogrum (där bara drycker serveras) **-wasser** 0 n dricksvatten **-wasserversorgung** 0 f dricksvattenförsörjning
Trinom -e n, mat. trinom
Trio -s n trio; fideles ~ (iron.) snyggt sällskap, snygg trio **Triode** -n f, elektr. triod **Triole** -n f, mus. triol
Trip [trlp] -s m 1 vard. tripp, resa, utflykt 2 sl. tripp (narkotikarus, LSD-dos)
Tripelallianz 0 f, die ~ trippelalliansen **trippeln** s trippa
Tripper - m dröppel (gonorré)
'**Triptik** -s n, se Triptyk '**Triptych|on** [-çɔn] -en

el. -a n triptyk (tredelad [altar]tavla) '**Triptyk** -s n triptyk (passersedel för fordon)
trist trist **Tristesse** [-'tɛs] 0 f svårmodighet, sorgsenhet, tristess
Tritium 0 n tritium
'**Tritonus** 0 m, mus. tritonus
Tritt -e m 1 steg; gång; takt; schweren ~es med tunga steg; ~ fassen a) [börja] marschera i takt, b) hämta (repa) sig [igen]; e-n schweren ~ haben gå tungt; e-n falschen ~ machen stiga (trampa) fel; aus dem ~ kommen komma ur takten; im ~ marschieren marschera i takt 2 spark; e-n ~ bekommen a) få en spark, b) vard. få sparken 3 fot-, trapp|-steg; trappa; trappsteg; trampa, pedal 4 avsats, plattform, podium 5 jakt. fot[spår] **-brett** -er n fot-, trapp|steg **-brettfahrer** - m, neds., ein ~ sein åka snålskjuts på andra **-hocker** - m trappstegspall (pall som kan fällas upp till trappstege) **-leiter** -n f trappstege **-spur** -en f fotspår
Triumph -e m triumf **triumphal** triumfartad, triumfatorisk **triumphant** triumferande, segerrik **Triumphator** -en m triumfator **Triumphbogen** -[†] m triumfbåge **triumphieren** triumfera (über + ack. över) **Triumphzug** -e† m triumftåg
Triumvirat [-v-] -e n triumvirat
trivial [-v-] trivial **Trivialität** -en f trivialitet **Trivialliteratur** 0 f kiosk-, trivial|litteratur, [värdelös] underhållningslitteratur
trochäisch [-'xɛ:-] versl. trokeisk **Trochä|us** -en m, versl. troké
trocken torr (äv. bildl.); uttorkad; ~en Auges torrögd, utan medlidande; ~es Brot (äv.) bröd utan smör o. pålägg; ~e Destillation torrdestillation; ~en Fußes torrskodd; ~er Wein torrt vin; ~ aufbewahren! förvaras på torrt ställe!; e-n ~en Hals haben vara torr i halsen; sich ~ rasieren raka sig elektriskt; er ist schon seit e-m Jahr ~ (vard.) han har inte druckit [sprit] på ett år; die Kuh steht ~ kon har sinat; wieder auf dem Trock[e]nen sein (stehen) åter vara i land (fasta mark under fötterna); auf dem trock[e]nen sitzen (sein) (vard.) a) ha kört fast, inte komma vidare, vara i knipa, b) stå på bar backe, vara pank, c) ha tomt i glaset, ha slut på drickat; im Trock[e]nen sitzen sitta torrt
Trocken|anlage -n f torkningsanläggning **-batterie** -n f torrbatteri **-beerenauslese** -n f vin av utvalda, soltorkade druvor **-boden** -† m torkvind **-dock** -s, ibl. -e n torrdocka **-ei** 0 n äggpulver **-eis** 0 n torris **-fäule** 0 f torröta **-fleisch** 0 n torkat kött **-futter** 0 n torrfoder **-gebiet** -e n torrområde **-gemüse** 0 n torkade grönsaker **-gestell** -e n torkställning **-haube** -n f torkhuv **-hefe** 0 f torrjäst **-heit** 0 f torka; torrhet **-klosett** -s, äv. -e n torrklosett **-kurs** -e m förberedande skidkurs (utan snö)
trockenlegen 1 torrlägga (äv. bildl.); e-n ~ (vard.) förbjuda ngn att dricka (sprit) 2 ein Kind ~ byta [blöjor] på ett barn
Trocken|legung -en f 1 torrläggning 2 blöjbyte **-milch** 0 f torrmjölk **-obst** 0 n torkad frukt **-ofen** -† m torkugn **-platz** -e† m torkplats (för tvätt) **-presse** -n f, foto. torkpress **-rasierer** - m, vard. [person som använder] elektrisk rakapparat **-raum** -e† m torkrum **trockenreiben** st gnida (gnugga) torr, torka **Trocken|schleuder** -n f centrifug (för tvätt) **-schwimmen** 0 n torrsim **-spiritus** -se m

torrsprit -stoff -e m sickativ -übung -en f,
sport. förberedande övning (torrsim e.d.)
-wohner - m (förr) hyresgäst i nybyggt hus
(som bor gratis el. billigt för att genom eldning
torka ut huset) -zeit -en f torrtid; torktid
trocknen h el. s torka Trockner - m tork[are],
torkanläggning; torkställning; tork|skåp,
-tumlare
Troddel -n f tofs
Trödel 0 m, vard. 1 gamla (begagnade) saker
(grejor); [gammalt] skräp, [gammal] smörja 2
loppmarknad Trödelei -en f, vard. söl[ighet]
Trödelfritze -n -n m, vard. sölkorv Trödel-
kram 0 m, vard., se Trödel 1 Trödelladen -†
m, vard. lumpbod, affär för begagnade varor
Trödelliese -n f, vard. söl|korv, -maja Trö-
delmarkt -e† m, vard. loppmarknad trödeln
1 vard. söla, inte komma ur fläcken 2 s, vard.
ströva, flanera 3 åld. handla med begagnade
saker Trödelwaren pl, vard. begagnade saker
Trödler - m, vard. 1 sölkorv 2 lumphandlare
Troer - m trojan
troff se triefen
trog se trügen
Trog -e† m tråg, ho
Troika ['trɔyka, äv. 'troːika] -s f trojka (äv.
bildl.)
Trojaner - m trojan trojanisch trojansk
Troll -e m, myt. troll trollen rfl, vard. lomma
(pallra sig) i väg; troll dich! ge dig i väg!
Trolleybus ['trɔli-] -se m trådbuss
Trombe -n f tromb
Trommel -n f trumma (olika bet.); tekn. äv.
cylinder, vals; vinda; die ~ für etw. rühren
(vard.) slå på trumman för ngt Trommel-
bremse -n f trumbroms Trommelei -en f
[ihållande] trummande Trommelfell -e n 1
trumskinn 2 anat. trumhinna Trommelfeuer
0 n trumeld (äv. bildl.), trommeln trumma, slå
[på] trumma; er spürte ihr Herz ~ han kände
hennes hjärta bulta; e-n aus dem Bett ~ väcka
ngn (genom knackning e.d.); mit den Fäusten
gegen die Tür ~ banka (trumma) med knyt-
nävarna på dörren Trommelrevolver - m
revolver Trommelschläger - m trumslagare
Trommel|schlegel - m, -stock -e† m trum-
pinne Trommelwaschmaschine -n f cylin-
dertvättmaskin Trommler - m trumslagare
Trompete -n f trumpet; gestopfte ~ sordinerad
trumpet trompeten trumpeta, blåsa [på, i]
trumpet; bildl. äv. utbasunera Trompeten-
geschmetter 0 n trumpetsmatter Trompe-
tenstoß -e† m trumpetstöt Trompeter - m
trumpetare
Trope -n f, språkv. trop
Tropen pl, die ~ tropikerna -anzug -e† m
tropikkostym -fieber 0 n tropikfeber (palu-
dism) -helm -e m tropikhjälm -krankheit -en
f tropisk sjukdom
1 Tropf -e† m stackare, mähä; du armer ~!
din stackare!
2 Tropf -e m, med. dropp Tröpfcheninfek-
tion -en f, med. droppinfektion tröpfchen-
weise 1 droppvis 2 vard. litet i sänder, i små-
portioner tröpfel|n 1 h el. s droppa, drypa 2
es -t det småregnar (droppar) tropf|en h el. s
droppa, drypa; ihm -t die Nase näsan drop-
par på honom Tropfen - m droppe; tår,
skvätt; ein guter ~ ett gott [fehm]vin; steter ~
höhlt den Stein droppen urholkar stenen; das
ist ein ~ auf den heißen Stein (vard.) det är
[som] en droppe i havet Tropfenfänger - m

droppfångare tropfenförmig droppformig
tropfenweise se tröpfchenweise Tropffla-
sche -n f droppflaska Tropfinfusion -en f,
med. dropp 'tropf'naß dyblöt; ~ zum Trock-
nen aufhängen låta droppinfusion Tropfröhr-
chen - n pipett Tropfstein 0 m droppsten
Tropfsteinhöhle -n f droppstensgrotta
Trophäe [-'fɛːə] -n f trofé
tropisch tropisk Troposphäre 0 f troposfär
Tro|ß -sse m 1 mil. tross, träng 2 följe; skara,
trupp Trosse -n f, sjö. tross Troßschiff -e n
trängfartyg
Trost [-oː-] 0 m tröst; lisa, hugsvalelse; e-m ~
bringen trösta ngn; er ist nicht [ganz, recht] bei
~[e] (vard.) han är inte riktigt klok trostbe-
dürftig tröstbehövande trostbringend
tröstbringande tröst|en [-øː-] trösta; das -et
ihn (äv.) det lugnar honom; sich mit etw. ~ (äv.)
finna tröst i ngt Tröster - m tröstare tröst-
lich trösterik trostlos tröstlös Trostlosig-
keit 0 f tröstlöshet Trostpflaster - n, vard.
plåster på såren Trostpreis -e m tröstpris
trostreich trösterik Tröstung -en f tröst-
[ande] trostvoll tröstefull Trostwort -e n
tröstande ord
Tröte -n f, dial. lur, tuta; megafon
Trott 0 m 1 [långsamt] trav 2 bildl. lunk; es
geht alles seinen gewohnten ~ allt går [i] sin
vanliga lunk Trottel - m, vard. fåne, idiot
trottelhaft vard. fånig, idiotisk trottelig
vard. gammal o. glömsk, senil trotte[l]n s
lunka, trava 'Trottinett -e n, schweiz. spark-
cykel trottlig se trottelig Trottoir [-'toaːɐ]
-e el. -s n trottoar
Trotyl 0 n trotyl
trotz prep m. gen. (ibl. dat.) trots, oaktat; ~
allem (alledem) trots allt; ~ des Regens (dem
Regen) (äv.) fast det regnade Trotz 0 m trots;
e-m ~ bieten trotsa ngn; etw. aus ~ tun göra
ngt på trots; ihm zum ~ bleibt sie honom till
trots stannar hon Trotzalter 0 n trotsålder
trotzdem I ['--, äv. '-'-] adv trots detta, lik-
väl, ändå II [-'-] konj, vard. trots att, fast-
[än] trotzen trotsa (e-m ngn); vara tjurig;
mit e-m ~ (dial.) vara sur på ngn trotzig
trotsig
Trotzkismus 0 m trotskism Trotzkist -en -en
m trotskist trotzkistisch trotskistisk
Trotzkopf -e† m tjurskalle, trotsigt barn
trotzköpfig trotsig, tjurskallig
Troubadour ['truːbaduːɐ, äv. trubaˈduːɐ] -e el.
-s m trubadur
Trouble ['trʌbl] 0 m, vard. trassel, problem,
bråk
Trousseau [truˈsoː] -s m, åld. [brud]utstyrsel
Trub 0 m bottensats; grummel trüb[e] 1
grumlig, oklar, ogenomskinlig; matt, glans-
lös, skum; mulen, kulen; im trüben fischen
(vard.) fiska i grumligt vatten 2 dyster, trist,
sorglig; dålig Trübe 0 f grumlighet etc., jfr
trüb[e] Trubel 0 m liv och rörelse, ståhej;
trängsel, vimmel, villervalla, virrvarr, oreda
trüb|en 1 grumla (äv. bildl.); fördystra, för-
mörka 2 rfl grumlas (äv. bildl.), mulna; för-
dystras; der Himmel -t sich det mulnar Trüb-
heit 0 f grumlighet etc., jfr trüb[e] Trübnis
-se f eländighet, tristess Trübsal -e f bedrö-
velse; smärta; ~ blasen (vard.) tjura, vara nere
(nedstämd) trübselig 1 eländig, bedrövlig,
tröstlös 2 trist, dyster Trübseligkeit 0 f elän-
dighet etc., jfr trübselig Trübsinn 0 m svår-
mod, dysterhet, nedslagenhet trübsinnig

svårmodig, dyster, nedslagen **Trübung** -*en f* grumlande, grumling *etc*., *jfr trüben*
trudeln 1 *s* rulla; trilla, singla; *das Flugzeug geriet ins T~* planet råkade i spinn **2** *s, vard.* släntra, gå (köra) sakta **3** *dial.* kasta tärning
Trüffel-*nf, äv*. - *m* tryffel **trüffeln** *kokk.* tryffera
Trüffelpastete -*n f* tryfferad leverpastej
trug *se tragen*
Trug 0 *m* bedrägeri; bländverk, villa **Trugbild** -*er n* skenbild, synvilla, hägring, illusion **Trugdolde** -*n f, bot.* tvåsidigt knippe **trüg|en** trog, tröge, getrogen bedra, vilseleda; *der Schein* -*t* skenet bedrar; *wenn mich meine Erinnerung nicht* -*t* om inte minnet sviker mig **trüg|erisch, -lich** bedräglig, förrädisk **Trugschlu|ß** -*sse*† *m* felslut, felaktig slutsats
Truhe -*n f* kista, låda, skrin
Trulle -*n f, vard.* slampa; kärring
Trumeau [try'mo:] -*s m* trymå
Trumm -*er*† *n, dial.* [stort] stycke, [stor] kloss **Trümmer** *pl* ruin[hög]; spillror (*äv. bildl.*); bitar, delar; *in ~ schlagen* (*gehen*) (*äv.*) slå (gå) sönder -**feld** -*er n* ruin|fält, -område -**frau** -*en f* ruinröjerska (*under o. efter andra världskriget*) -**haufen** - *m* ruinhög, hög av spillror -**stätte** -*n f* ruinområde
Trumpf -*e*† *m* trumf (*äv. bildl.*) '**Trumpfas** [*äv.* -'-] -*se n* trumfess (*äv. bildl.*) **trumpfen** trumfa, spela trumf
Trunk -*e*† *m, högt.* **1** dryck **2** klunk **3** dryckenskap; *sich dem ~ ergeben* hänge sig åt dryckenskap **trunken** *högt.* drucken, berusad (*äv. bildl.*) **Trunkenbold** -*e m* fyllbult, alkis **Trunkenheit** 0 *f* fylleri; berusning; *~ am Steuer* rattfylleri **Trunksucht** 0 *f* alkoholism **trunksüchtig** alkoholiserad
Trupp -*s m* skara, grupp, hop, trupp **Truppe** -*n f* trupp (*äv. teat.*)
Truppen|bewegung -*en f* trupprörelse -**gattung** -*en f* trupp-, vapen|slag -**körper** - *m* truppstyrka -**schau** -*en f* trupprevy -**teil** -*e m* truppförband -**transporter** - *m* trupptransport|plan, -fartyg -**übungsplatz** -*e*† *m* manöverfält
truppweise truppvis
Trust [-a- *el.* -ʌ-, *ibl.* -u-] -*e el.* -*s m* trust **trustartig** trustartad
Trut|hahn -*e*† *m* kalkontupp -**henne** -*n f* kalkonhöna -**huhn** -*er*† *n* kalkon
Trutz 0 *m, åld.* motstånd; *zu Schutz und ~* till försvar o. motstånd **trutzen** *åld.* trotsa **trutzig** *högt.* trotsig; mäktig (*om borg e.d.*)
Tschader - *m* tschadier **tschadisch** tschadisk
'**Tschako** [-a-] -*s m, mil.* [t]schakå
Tschardasch -[*e*] *m* csardas (*dans*)
tschau *interj, vard.* hej då!
Tscheche -*n* -*n m* tjeck **tschechisch** tjeckisk **Tschechisch** 0 *n* tjeckiska (*språk*) **Tschechoslowake** -*n* -*n m* tjeckoslovak **Tschechoslowakei** 0 *f, die ~* Tjeckoslovakien **tschechoslowakisch** tjeckoslovakisk
Tschick - *m, österr.* cig; fimp
tschilpen (*om sparv*) kvittra
Tschi'nelle -*n f, sty., österr. mus.* bäcken
tschüs [-y:-, *äv*. -y-] *interj, vard.* hej då!
Tsetsefliege -*n f* tsetsefluga
T-Shirt ['ti:ʃə:t] -*s n* T-shirt **T-Träger** ['te:-] - *m* T-balk
TU *fork.* för *Technische Universität* teknisk högskola
Tub|a -*en f* **1** *mus.* tuba **2** *anat.* örontrumpet;

äggledare **Tube** -*n f* **1** tub (*färg- e.d.*); *auf die ~ drücken* (*vard.*) *a*) trampa på gasen, *b*) sätta fart, öka tempot **2** *anat.* örontrumpet; äggledare
Tuberkel - *m, österr. äv.* -*n f* tuberkel **Tuberkelbazill|us** -*en m* tuberkelbacill **tuberkulös** tuberkulös **Tuberkulose** -*n f* tuberkulos **Tuberkulose|fürsorge** 0 *f*, -**hilfe** 0 *f* tuberkulosvård **tuberkulosekrank** tuberkulossjuk **Tuberose** -*n f, bot.* tuberos
Tub|us -*en el.* -*usse m, opt.* tub
Tuch [-u:-] **1** -*er*† *n* duk, kläde; *das ist ein rotes* (*das rote*) *~ für ihn* det är som ett rött skynke för honom **2** -*e n* kläde **tuchen** av kläde, klädes- **Tuchent** -*en f, sty., österr.* [tjockt] duntäcke **Tuchfühlung** 0 *f* [när]kontakt; *in ~ sitzen* sitta så nära att man snuddar vid (*ngn*); *mit e-m in ~ stehen* ha nära kontakt med ngn **Tuchseite** -*n f* rätsida
tüchtig duktig; duglig; ordentlig, rejäl; *~ arbeiten* (*äv.*) arbeta ordentligt (mycket); *bist du aber ~!* vad du är duktig!; *er ist ein ~er Esser* han är inte grinig med mat (är matfrisk) **Tüchtigkeit** 0 *f* duktighet *etc.*, *jfr tüchtig*
Tucke -*n f, vard.* **1** kärring **2** fjolla, bög **Tücke** -*n f* **1** dolskhet, lömskhet, bakslughet, ondska **2** ~*n* nycker, oarter
tuckern *h el. s* puttra (*om motor*[*båt*])
tückisch lömsk, bakslug, svekfull **tückschen** *nty.* tjura, vara sur
tuck'tuck *interj* pull pull!
Tuerei 0 *f, vard.* choser, tillgjordhet
Tuff -*e m, min.* tuff -**stein** -*e m* tuffsten
tüftelig *vard.* knepig; petig **tüfteln** *vard.*, *an etw.* (*dat.*) *~* grubbla över (slita med) ngt; *daran gibt es nichts zu ~* det är inget att dividera om **tüftlig** *se tüftelig*
Tugend -*en f* dygd **Tugendbold** -*e m, iron.* dygdemönster **tugendhaft** dygdig **Tugendhaftigkeit** 0 *f* dygdighet **tugendreich** dygdig **Tugendrichter** - *m* sededomare, moralpredikant **tugendsam** dygdig
'**Tukan** [*äv.* -'-] -*e m, zool.* tukan
Tüll -*e m* tyll
Tülle -*n f, dial.* pip; rör
Tulpe -*n f* **1** tulpan **2** (*tulpanformat*) [öl]glas (*på fot*) **3** *vard.* konstig prick **Tulpenzwiebel** -*n f* tulpanlök
tumb godtrogen, naiv
tummeln 1 *s, dial.* tumla; fladdra **2** *åld.* tumla (*häst*) **3** *rfl* tumla (*om* [*kring*] **4** *rfl, dial.* skynda sig **Tummelplatz** -*e*† *m* lekplats; *bildl.* tummelplats **Tummler** - *m* **1** tumlare, [dricks]glas (*utan fot*) **2** (*slags*) karusell **Tümmler** - *m, zool.* tumlare (*delfin, duva*)
'**Tumor** [*vard.* -'-] *Tu'moren, vard. Tu'more m* tumör
Tümpel - *m* pöl, göl, vattenpuss
Tumult -*e m* tumult **tumultarisch** tumultuarisk, tumultartad
tun *tat, täte, getan, tue, tust, tut, tu*[*e*]*!* **1** göra; *e-e Äußerung ~* fälla ett yttrande; *e-n Blick ~* kasta en blick; *e-r Sache* (*dat.*) *Erwähnung ~* omnämna en sak; *e-n Gang ~* (*äv.*) gå (uträtta) ett ärende; *es tat e-n Knall* det smällde; *e-n Schluck ~* te en klunk; *e-n Schritt ~* ta ett steg; *e-n Seufzer ~* dra en suck; *ein paar Züge aus der Pfeife ~* dra ett par bloss ur pipan; *was ~?* (*äv.*) vad bör göras?; *was tut's?* än sen då?, vad gör det?; *was hat er dir getan?* vad har han gjort dig [för ont]?; *was tust du hier?* (*äv.*) vad har du för dig här?; *ich weiß*

nicht, was ich ~ soll (äv.) jag vet inte vad jag skall ta mig till; *ich will sehen, was sich ~ läßt* jag skall se vad som låter sig göras (jag kan göra); *die Hälfte tut es auch* det räcker också med hälften; *Margarine tut es auch* margarin går lika bra, det går med margarin också; *der Fernseher tut es noch (vard.)* TV:n hänger med (fungerar) fortfarande; *der Hund tut nichts (äv.)* hunden bits inte; *er tut nichts als kritisieren (vard.)* han gör inte annat än kritiserar, han kritiserar hela tiden; *diese Arbeit wäre getan!* det var det [det]!; *diese Arbeit will erst einmal getan sein* det här arbetet går inte i en handvändning (tar sin tid); *der Motor tut nicht richtig* motorn fungerar inte som den skall; *sie tut mir leid* jag tycker synd om henne; *mir tut der Fuß weh* jag har ont i foten; *ich habe zu ~ (äv.)* jag är upptagen; *ich habe noch einiges zu ~* jag har en del saker till att göra (uträtta); *ich hatte dort geschäftlich zu ~* jag var där i affärer (för arbetets räkning); *das läßt sich ~* det låter sig göras; *sie tut abwaschen (dial.)* hon diskar (håller på att diska); *tu' schön brav sein! (dial.)* var riktigt snäll!; *fehlen tut er mir sehr* jag saknar honom mycket; *das täte mich freuen (dial.)* det skulle glädja mig; *er hat sich (dat.) etw. am Fuß getan* han har gjort sig illa i foten; *du tätest klug daran, herzukommen* du gjorde klokt i att komma hit; *mit e-m nichts zu ~ haben wollen* inte vilja ha ngt att göra med ngn; *sie tut es mit ihm (vard.)* hon gör det (*ligger*) med honom; *mit e-r Entschuldigung ist es nicht getan* det är inte gjort (avklarat) med en ursäkt, en ursäkt räcker inte; *was habe ich damit zu ~?* (*äv.*) vad angår det mig?; *die Sache ist damit getan* därmed är saken klar (avgjord); *es mit der Angst zu ~ bekommen* bli rädd; *er hat noch nie* [*etw.*] *mit der Polizei zu ~ gehabt* han har aldrig haft med polisen att göra; *es mit e-m (etw.) zu ~ haben* ha att göra med ngn (ngt); *er hat es mit der Leber zu ~* han har ngt åt levern; *sonst kriegst du es mit mir zu ~* annars får du med mig att göra; *es ist um ihn getan* det är ute (förbi, slut) med honom; *es ist mir sehr darum zu ~* jag har stort intresse av (är mycket angelägen om) det; *ihr ist es nur um das Geld zu ~* det är bara pengarna som hon är intresserad av **2** placera, sätta, lägga, ställa; ta; skicka; blanda, hälla; *etw. beiseite ~* lägga ngt åt sidan (undan ngt); *Salz an* (*in*) *die Suppe ~* ha (strö) salt i soppan; *Geld auf die Bank ~* sätta in pengar på banken; *etw. aus der Lade ~ ta* [fram] ngt ur lådan **3** låtsas [vara]; *er tat dümmer, als er war* han gjorde sig dummare än han var; *er tat so traurig* han verkade så ledsen; *überrascht ~ spela* (låtsas vara) överraskad; *er tut nur so* han låtsas bara (bara gör sig till); *tu doch nicht so!* gör dig inte till!; [*so*] *~, als* [*ob*] (*als wenn, wie wenn*) låtsas som om; *er tut* [*so*], *als ob er nichts wüßte (äv.)* han låtsas ingenting veta **4** *rfl, hier tut sich* [*et*]*was* (*einiges*) här händer det saker och ting; *hier tut sich nichts* här händer det inte (aldrig) någonting **Tun** 0 *n* förehavande[n]; *~ und Lassen* görande o. låtande; *erzähle von deinem ~ und Treiben!* berätta vad du har [haft] för dig!

Tünche -*n f* vit|mening, -limning; kalk|slam, -vatten; kalk-, lim|färg; *bildl.* polityr, fernissa

tünchen vit|mena, -limma, -limstryka, kalka

Tundr|a -*en f* tundra

Tu'nell -*s n, sty., österr., schweiz.* tunnel

tunen ['tju:nən] trimma (*motor*) **Tuner** ['tju:-nɐ] - *m, elektron.* tuner

Tunesien 0 *n* Tunisien **Tunesier** - *m* tunisier **tunesisch** tunisisk

'**Tunichtgut** -*e m* odåga

Tunik|a -*en f* tunika

Tunke -*n f, dial.* sås **tunken** *dial.* doppa

tunlich 1 görlig, möjlig **2** bra, lämplig, ändamålsenlig **tunlichst** *adv* i möjligaste (görligaste) mån, om möjligt; absolut; *~ schnell* så fort som (fortast) möjligt; *in ~ großer Zahl* i största möjliga antal

Tunnel -[*s*] *m* tunnel

Tunte -*n f, vard.* **1** sjåpig (fjantig) kvinna, tant, kärring **2** fjolla (*feminin bög*) **tuntig** *vard.* **1** sjåpig, fjantig, tant-, kärring|aktig **2** som en fjolla (*feminin bög*)

Tupf -*e m, sty., österr., schweiz.,* **Tüpfel** - *m n* prick, punkt **Tüpfelchen** - *n* [liten] prick; *das ~ auf dem i* pricken över i; *da darf kein ~ fehlen* där får det inte fattas ett dugg **Tüpfelfarn** -*e m, bot.* stensöta **tüpfeln** sätta prickar (punkter) på, göra prickig; *getüpfelter Stoff* [små]prickigt tyg **tupfen 1** [lätt] vidröra; *e-m auf die Schulter ~* knacka ngn lätt på axeln; *sich (dat.) den Mund mit e-r Serviette ~* torka sig om munnen med en servett (*m. lätta tryckningar*); *e-e Wunde ~* badda ett sår **2** göra fläckig (prickig, spräcklig); *getupfter Stoff* prickigt tyg **Tupfen** - *m* prick, punkt **Tupfer** - *m* **1** bomullstuss **2** prick, punkt

Tür -*en f* dörr; port, grind; lucka; *offene ~en einrennen (vard.)* slå in öppna dörrar; *ihnen stehen alle ~en offen* för dem är (står) alla dörrar öppna; *etw. (dat.) ~ und Tor öffnen* öppna dörren på vid gavel för ngt, ge ngt fritt spelrum; *e-m die ~ weisen* visa ngn på dörren; *hinter verschlossenen ~en* bakom (inom) lyckta dörrar; *mit der ~ ins Haus fallen (vard.)* gå [alltför] rakt på sak; *vor die ~ (äv.)* ut [i det fria]; *vor seiner eigenen ~ kehren* sopa rent framför egen dörr; *e-n vor die ~ setzen (vard.)* kasta ut ngn; *Weihnachten steht vor der ~* julen står för dörren; *zwischen ~ und Angel (vard.)* i all hast *-angel* -*n f* gångjärn (*på dörr*)

'**Turban** -*e m* turban

Turbine -*n f* turbin **Turbinenantrieb** 0 *m* turbindrift **Turbinenhaus** -*er*† *n* turbinhus **turboelektrisch** turboelektrik **Turbogenerator** -*en m* turbo-, turbin|generator **Turbolader** - *m* turboladdare **Turbomotor** -*en m* turbo[prop]motor '**Turbo-'Prop-Flugzeug** -*e n* turbopropplan

turbulent häftig, stormig, våldsam, vild, orolig; *fack.* turbulent, virvel- **Turbulenz** -*en f* häftighet *etc., jfr turbulent; fack.* turbulens

Türdrücker - *m* dörr|handtag, -vred **Türe** -*n f, se Tür* **Türflügel** - *m* dörrhalva **Türgriff** -*e m* dörrhandtag

Türke -*n* -*n m* **1** turk **2** *vard.* bluff; *der Artikel ist ein ~* artikeln är fingerad (uppdiktad, fejkad) - *m,* **Türkei** 0 *f, die ~* Turkiet **türken** *vard.* fingera, förfalska, fejka **Türkenbund** -*e*† *m* **1** *bot.* krollilja **2** *åld.* turban **Türken[bund]lilie** -*n f, bot.* krollilja

Türkette -*n f* säkerhetskedja (*på dörr*)

Turkey ['tə:kɪ] -*s m, sl.* (*heroinists*) avtändning, abstinens[besvär]

tür'kis *oböjl. adj* turkos **Türkis 1** -*e m* turkos (*mineral*) **2** 0 *n* turkos (*färg*)

türkisch turkisk **Türkisch** 0 *n* turkiska (*språk*) **Türkischrot** 0 *n* turkiskt rött, adrianopelrött

tür'kisen turkos türkisfarben turkosfärgad
Tür|klinke -n f dörr|klinka, -vred -klopfer - m
dörr-, port|klapp -knopf -e† m dörr|handtag,
-vred
Turm -e† m torn (äv. schack.)
Turmalin -e m turmalin
türmen 1 torna (trava, stapla) upp 2 rfl, die
Wolken ~ sich am Himmel molnen tornar upp
sig på himlen 3 s, vard. smita, sticka, rymma
Türmer - m (förr) tornväktare Turmfalke
-n -n m tornfalk turmhoch torn-, sky|hög
Turmuhr -en f tornur Turmwagen - m vagn
(för reparation av luftledningar), skylift
Turn [tø:ɐ̯n el. tœrn] -s m, vard. påtändning;
auf dem ~ sein vara påtänd (haschpåverkad)
Turnanzug -e† m gymnastikdräkt
1 turnen 1 gymnastisera; göra, utföra (gymnastikmoment) 2 s, vard. balansera, klättra
2 turn|en ['tø:ɐ̯nən el. 'tœr-] vard. 1 tända på
(röka hasch e.d.) 2 die Platte -t skivan är häftig
Turnen 0 n gymnastik Turner - m gymnast
Turnerei 0 f 1 gymnastik, gymnastiserande 2
vard. klättrande turnerisch gymnastisk
Turnerschaft -en f 1 hist., die Deutsche ~
Tyska Gymnastikförbundet 2 die ~ [alla]
gymnasterna Turngerät -e n gymnastikredskap Turnhalle -n f gymnastiksal
Turnier [-'niːɐ̯] -e n 1 hist. tornerspel 2 tävling[ar], turnering -reiter - m tävlingsryttare
Türnische -n f dörrnisch
Turn|lehrer - m gymnastiklärare -riege -n f
gymnastiktrupp -schuh -e m gymnastiksko
Turnus -se m ordnings-, växel|följd, cykel, omlopp; omgång; im ~ i tur o. ordning, växel-,
tur|vis turnusmäßig regelbundet [återkommande], i tur o. ordning; enligt ordningsföljden
Turn|verein -e m gymnastikförening -zeug 0
n gymnastiksaker
Tür|öffner - m (elektrisk) dörröppnare -pfosten - m dörrpost -rahmen - m dörrkarm
-schild -er n [namn]skylt (på dörr) -schließer - m 1 teat. vaktmästare 2 (mekanisk e.d.)
dörrstängare -schlo|ß -sser† n dörrlås
-schwelle -n f tröskel -spalt -e m dörrspringa
-steher - m dörr|vaktmästare, -vakt[are]
-stock -e† m, sty., öster. dörrkarm -sturz
-e† m dörröverstycke
turteln kuttra (äv. bildl.) Turteltaube -n f
turturduva
Tür|verkleidung -en f dörrfoder -vorlage -n
f, schweiz., -vorleger - m dörrmatta
Tusch -e m, mus. tusch, touche, fanfar
Tusche -n f tusch; maskara, ögontusch; dial.
vattenfärg
Tuschelei 0 f tissel [o. tassel] tuscheln tissla
[o. tassla], viska
tuschen rita (måla) med tusch; dial. måla med
vattenfärg; sich (dat.) die Wimpern ~ måla
ögonfransarna (m. maskara) Tuschfarbe -n f,
dial. vattenfärg Tuschkasten -[†] m, dial.
färglåda
tut interj, tüt interj tut! Tute -n f 1 vard. [bil]tuta; horn, lur 2 dial., se Tüte Tüte -n f 1
strut, påse; ~n kleben (vard.) sitta på kåken;
das kommt nicht in die ~ (vard.) det kommer
inte på fråga 2 vard. konstig prick, idiot tuten
tuta, blåsa; ge signal (m. ångvissla)
Tutor -en m 1 förmyndare 2 studierådgivare
(äldre student på studenthem)
Tüttel - m, åld. el. dial. punkt, prick
Tutti -[s] n, mus. tutti
TÜV [tyf] 0 m, förk. för Technischer Über-
wachungs-Verein bilprovning[sanstalt]; ich
habe mein Auto durch (über) den ~ gebracht
(gekriegt) (vard.) min bil gick igenom besiktningen
Tweed [tviːt] -e el. -s m tweed
Twen [-ɛ-] -s m tjugoåring
Twiete -n f, nty. gränd
Twist -s m twist (dans)
Typ -en m typ; tekn. äv. modell; ein netter ~
(vard.) en trevlig kille (typ); sie ist mein ~
(vard.) hon är min typ; dein ~ ist hier nicht gefragt! (vard.) försvinn (stick) [härifrån]!; dein
~ wird verlangt (vard.) det är ngn som frågar
efter dig
Type -n f 1 boktr. typ 2 vard. typ; komische ~
konstig prick Typenhebel - m typarm (på
skrivmaskin) Typenlehre 0 f typlära
typhös tyfusartad; tyfus- Typhus 0 m tyfus
'Typik 0 f typlära typisch typisk; das ist ~
Karl det är typiskt [för] Karl typisieren typbestämma; typisera, standardisera; stilisera
Typograph -en -en m 1 typograf 2 radgjutningsmaskin Typographie -n f typografi
typographisch typografisk Typologie -n f 1
typologi, typlära 2 typiska kännetecken typologisch typologisk Typ|us -en m typ
Tyrann -en -en m tyrann Tyrannei 0 f tyranni
Tyrannentum 0 n tyrannväde, tyranni Tyrannis 0 f, i sht hist. tyrannvälde tyrannisch
tyrannisk tyrannisieren tyrannisera
Tz se Tezett

U [uː] - - n (bokstav) u
u. förk. för und o., och u.a. förk. för a) und
andere m.fl., med flera, und anderes m.m., med
mera, b) unter anderem (anderen) bl.a., bland
annat (andra) u.ä. förk. för und ähnliches (ähnliche) o.d., och dylikt (dylika) u.a.m. förk. för
und andere mehr m.fl., med flera, und anderes
mehr m.m., med mera u.A.w.g. förk. för um
Antwort wird gebeten o.s.a., om svar anhålles
U-Bahn -en f T-bana, tunnelbana -hof -e† m,
--Station -en f tunnelbanestation
übel dålig, obehaglig, hemsk; svår; elak, ful;
adv äv. illa; nicht ~ inte [så] dålig[t] (dum[t],
illa); ich hätte nicht ~ Lust, das zu tun jag
skulle ha stor lust att göra det; das kann ~
ausgehen det kan sluta illa; er ist ~ dran han
är illa däran; ~ gelaunt sein vara på dåligt
humör; mir ist ~ jag mår illa; e-m ~ mitspielen
gå illa åt ngn Übel - n 1 ein ~ ett (ngt) ont;
ein notwendiges ~ ett nödvändigt ont; die
Wurzel allen ~s roten till allt ont; von zwei ~n
av två onda ting; von (vom) ~ sein vara av
ondo 2 högt. lidande, sjukdom Übelbefinden
0 n illamående übelbeleumdet illa beryktad
übelberaten som har fått ett dåligt (dåliga)
råd übelgelaunt [som är] på dåligt humör
übelgesinnt illasinnad Übelkeit -en f illa-

mående **übellaunig** ~*er Mensch* människa med dåligt lynne (svårt humör, som är på dåligt humör) **übelnehmen** *st* ta illa upp, misstycka **übelnehmerisch** snarstucken **übelriechend** illaluktande **Übelsein** *0 n* illamående **Übelstand** *-e†* *m* missförhållande **Übeltat** *-en f* missdåd **Übeltäter** - *m* missdådare **übeltun** *st, e-m* ~ göra ngn illa **übelwollen** *oreg.*, *e-m* ~ vilja ngn ont (illa); ~*d* illvillig **Übelwollen** *0 n* illvilja **üben 1** öva, träna; öva (träna) in (upp); *geübtes Auge* skolat (tränat) öga; *mit geübter Hand* med van hand; *Klavier* ~ öva på pianot **2** utöva; genomföra, göra; visa; *Einfluß auf e-n* ~ utöva inflytande över ngn; *Geduld* ~ visa tålamod; *Rache* ~ hämnas; *Verrat* ~ begå förräderi **3** *rfl* öva (träna) [sig] **über I** *prep m. dat. vid befintl., m. ack. vid riktn.* (*überm = über dem, übern = über den, übers = über das*) **1** över; ovanför; vid; under; *bis* ~ [upp] över; ~ *dem Essen* vid (under) måltiden; *Fluch* ~ *ihn!* förbannelse över honom!; ~ *Salzburg nach München reisen* (*äv.*) resa via Salzburg till München; ~ *das Wochenende fortfahren* fara bort över (under) veckohelgen; ~ *dem Lesen ist er eingeschlafen* (*äv.*) han somnade medan han läste; ~ *die Straße gehen* gå över gatan; *die Lampe hängt* ~ *dem Tisch* lampan hänger över bordet; *die Lampe* ~ *den Tisch hängen* hänga lampan över bordet; *darüber ist er hinaus* det har han kommit över (vuxit ifrån); *Tränen liefen ihr* ~ *die Wangen* (*äv.*) tårarna rullade nerför hennes kinder; ~ *e-m stehen a*) stå över ngn, *b*) vara ngn överlägsen **2** om ; *ein Buch* ~ *Goethe* en bok om Goethe; *heute* ~ *acht Tage* i dag [om] åtta dagar; ~ *Geschäfte sprechen* tala [om] affärer; *sich* ~ *etw.* (*ack.*) *einigen* enas om ngt; ~ *e-e Sache streiten* gräla om ngt **3** på; *Fehler* ~ *Fehler machen* göra fel på fel; ~ *Fernschreiber* på telex; *e-e Rechnung* ~ *100 Mark* en räkning på 100 mark **4** åt; *froh* ~ *etw.* (*ack.*) glad åt (över) ngt; *sich* ~ *etw.* (*ack.*) *freuen* glädja sig åt (över) ngt; ~ *e-n lachen* skratta åt ngn **5** (annan prep el. annan konstr. *i sv.*) ~ *alle Begriffe* (*Maße*) *schön* outsägligt skön; *ich habe deine Nummer* ~ *e-n Freund bekommen* jag har fått ditt nummer genom en vän; *er ist* ~ *seine Jahre hinaus entwickelt* han är före sin ålder i utveckling; ~ *dem Lärm aufwachen* vakna [till följd, på grund] av oväsendet; *Schulden* ~ *Schulden haben* ha massvis med skulder; *e-e Strafe* ~ *e-n verhängen* ådöma ngn ett straff; *das geht* ~ *ihren Verstand* det övergår hennes förstånd; *es geht nichts* ~ *e-n guten Wein* ingenting går upp emot ett gott vin **II** *adv* **1** över; ~ *zwei Meter breit* över (mer än) två meter bred **2** ~ *und* ~ helt och hållet, fullständigt, alltigenom **3** *den*'[*ganzen*] *Tag* ~ hela [långa] dagen **4** *das Gewehr* ~*!* (*mil.*) på axel gevär! **III** *adj* (*endast predik.*) *vard.* **1** över; *es ist noch Wein* ~ (*äv.*) det finns fortfarande vin kvar; *dafür hat er immer etw.* ~ han har alltid ngt till övers för det **2** *er ist ihr intellektuell* ~ han är henne intellektuellt överlägsen **3** *e-e Sache* ~ *sein* vara trött på ngt **'überall** [*äv.* --'-] överallt; alltid **überall'her** [*äv.* --'- *el.* --'-'-] från alla håll **überall'hin** [*äv.* --'- *el.* --'-'-] åt alla håll **über'altert** [*med*] [för] stor andel gamla människor; förgubbad; för gammal, överårig; föråldrad, förlegad **Überangebot** *-e n* för stort utbud (*an + dat.*)

på) **über'anstreng|en** *-te, -t* överanstränga; *sich* ~ överanstränga sig **Über'anstrengung** *-en f* överansträngning **über'antworten** över|antvarda, -lämna; *ein Kind der Mutter* ~ anförtro ett barn i moderns vård **überarbeiten 1** ['-----] *vard.* arbeta över (på övertid) **2** [--'---] gå igenom, över-, om|arbeta, finslipa; *sich* ~ överanstränga (arbeta ut) sig **überaus** [*äv.* --'- *el.* '--'-] i hög grad, över måttan, synnerligen **über'backen** *sv el. st, jfr backen* gratinera **Überbau** *-e el. -ten m* överbyggnad (*äv. polit.*); skyddstak (*e.d.*); *jur.* [del av] byggnad som skjuter över [tomt]gräns **überbauen 1** ['----] bygga över [tomt]gränsen **2** [--'--] bygga över (ovanpå) **'überbeanspruch|en** överbelasta; överanstränga; *er -t ihn* (*äv.*) han kräver för mycket av honom **'überbehalten** *st, dial.* behålla [kvar], få över **Überbein** *-e n, med.* senknut, ganglie; veter. överben **über'bekommen** *st, vard., etw.* ~ bli trött (led) på ngt; *eins* ~ åka på en propp, få stryk **'überbelegen** *ein Zimmer* ~ ta in för många personer i ett rum; *überbelegt* över|belagd, -full **'überbelichten** *foto.* överexponera **Überbeschäftigung** *0 f* översysselsättning **'überbetonen** överbetona **Überbett** *-en n, dial.* [bolster]täcke, bolster **'überbewerten** övervärdera **über'bieten** *st* bjuda över; överbjuda; överträffa; *e-n um 100 Mark* ~ bjuda 100 mark mer än ngn; *sich gegenseitig an Höflichkeit* ~ överbjuda varandra i artighet; *diese Frechheit ist kaum zu* ~ det är en fräckhet utan like **Überbi|ß** *-sse m, vard.* överbett **über'blasen** *st, mus.* överblåsa **'überbleiben** *st, s, vard.* bli över (kvar); *dir bleibt nichts anderes über als zu* du har inget annat val än att **Überbleibsel** *-n, vard.* rest[er], återstod, kvarleva **über'blenden** *film., radio.* tona över **Überblick** *-e m* överblick; ~ *fehlt ihm an* ~ (*äv.*) han saknar perspektiv (kan inte se i stort) **über'blicken** överblicka **'überbraten** *st, e-m eins* ~ (*vard.*) ge ngn en smäll (propp) **über'bringen** *oreg.* över|bringa, -lämna **Über'bringer** - *m* överbringare **über'brücken** överbrygga (*äv. bildl.*); *die Gegensätze* ~ (*äv.*) utjämna motsättningarna **Über'brückung** *-en f* överbryggande **Überbrückungs-[bei]hilfe** *0 f* [ekonomisk] hjälp för en övergångstid **über'bürden** över|belasta, -anstränga, -hopa **Überdach** *-er† n* extra tak, [skydds]tak **über'dachen** förse med [skydds]tak, bygga tak över, täcka **Überdampf** *0 m, fack.* överloppsånga **über'dauer|n** vara (leva, räcka) längre än, överleva; *das Haus hat Jahrhunderte -t* huset har stått (funnits) i flera hundra år **Überdecke** *-n f* [säng]överkast; [skyddande] duk **überdecken 1** ['----] *e-m etw.* ~ breda (lägga) ngt över ngn **2** [--'--] täcka [över], övertäcka **über'dehnen** dra ut för mycket, sträcka **über'dies** [*äv.* '---] dessutom **überdimensional** överdimensionerad **'überdimensionieren** överdimensionera **'überdosieren** överdosera **Überdos|is** *-en f* överdos **über'drehen** dra upp för långt (hårt, mycket); vrida sönder (för mycket); låta (*motor*) gå upp för högt i varv **über'dreht** *vard.* uppskruvad, uppspelt **Überdruck 1** *-e m* övertryck, på|tryck **2** *-e† m, tekn.* övertryck **über'drucken** trycka över (på) **Überdruckkabine** *-n f, flyg.* tryckkabin **Überdruckturbi-**

bine -*n f* övertrycks-, reaktions|turbin **Überdruß** *0 m* leda; *aus ~ am Leben* (*äv.*) av livsleda; *bis zum ~* (*äv.*) tills man (*etc.*) är utled (*på ngt*) **überdrüssig** *e-r Sache* (*gen.*) ~ *sein* vara [ut]led (trött) på (ha fått nog av) ngt **über'düngen** gödsla (göda) för mycket **überdurchschnittlich** [som ligger] över genomsnittet **über'eck** diagonalt, tvärs över **Übereifer** *0 m* överdriven iver **übereifrig** alltför ivrig (nitisk) **über'eignen** överlåta (*e-m etw.* ngt åt (på) ngn) **Über'eignung** -*en f* överlåtelse **Übereile** *0 f* [överdriven] brådska, jäkt **über'eil|en 1** påskynda [allt]för mycket, ha för bråttom med; -*t* brådstörtad, förhastad, överilad **2** *rfl* skynda sig [allt]för mycket, ha för bråttom, förhasta (överila) sig **überein'ander** över varandra (vartannat); ~ *reden* tala om varandra **überein'anderlegen** lägga över varandra (vartannat) **überein'anderschlagen** *st, die Beine* (*Arme*) ~ lägga benen (armarna) i kors **über'einkommen** *st s*, högt. komma överens (*über* + *ack.* om) **Über'ein|kommen** -*n*, **-kunft** -*e*† *f* överenskommelse **über'einstimmen 1** vara ense (enig) **2** överensstämma **Über'einstimmung** -*en f* överensstämmelse; samstämmighet **über'eintreffen** *st s* komma överens **überempfindlich** överkänslig **'übererfüllen** *DDR, den Plan* ~ producera (*e.d.*) mer än som beräknats, överskrida produktionsberäkningarna (planen) **Überernährung** *0 f* för rikhaltig näring, övergödning **übererregbar** alltför känslig, som reagerar för starkt (fort) **überessen** *st* **1** ['----] *ich habe mir Schokolade übergegessen* jag har förätit mig på choklad **2** [--'--] *rfl, ich habe mich an* (*mit*) *Schokolade übergessen* jag har ätit för mycket choklad **überfahren** *st* **I** ['----] **1** *s* åka (köra) över [till andra sidan] **2** sätta (forsla, köra) över [till andra sidan] **II** [--'--] **1** köra över (på) (*trafikant*); *vard. bildl.* köra över, prata omkull; *sport.* vinna en brakseger över **2** köra (åka) förbi; *die rote Ampel* ~ (*äv.*) köra mot rött ljus; *ein Signal* ~ (*äv.*) inte respektera en signal **3** korsa; *die Kreuzung* ~ köra över korsningen **Überfahrt** *0 f* över|fart, -färd **Überfall** -*e*† *m* överfall **überfallen** *st* **I** ['----] *s* **1** falla (ramla) [över] **2** *jakt.* hoppa [över] **II** [--'--] överfalla; över|raska, -rumpla; *der Schlaf überfiel ihn* han överfölls av sömnen; *er überfiel mich mit der Frage* han kastade sig över mig med frågan **überfällig** försenad; *ein längst ~er Besuch* ett besök som borde ha gjorts för länge sedan; *~er Wechsel* förfallen växel; *er ist 5 Tage ~* (*äv.*) han borde ha kommit för 5 dagar sedan **Überfallkommando** -*s n, ung.* special|styrka, -kommando (*inom polisen*); *das ~ anrufen* ringa polisen **Überfallsrecht** *0 n* rätt till frukt (*e.d.*) som från granntomt faller på ens egen mark **Überfallwehr** -*e n* överfallsdamm **überfein** överförfinad, [allt]för fin **über'feinern** överförfina **Überfleiß** *0 m* [allt]för stor flit **überfleißig** [allt]för flitig **über'fliegen** *st* **1** flyga över, överflyga **2** ögna igenom (*bok e.d.*), skumma **3** *ein zartes Rot überflog ihre Wangen* hennes kinder överfors av en svag rodnad **überfließen** *st* **I** ['----] *s* **1** flöda (rinna) över **2** *ineinander ~* flyta (gå) i varandra **II** [--'--] rinna över; översvämma; *Tränen überflossen ihre Wangen* tårar sköljde över hennes kinder **über'flügeln** över|flygla, -träffa **Überfluß** *0*

m överflöd; *im* (*in*) ~ *vorhanden sein* finnas i överflöd; *zu allem* (*zum*) ~ till råga på allt **Überflußgesellschaft** *0 f* överflödssamhälle **überflüssig** överflödig, onödig **überflut|en 1** ['----] *s* svämma (flöda) över **2** [--'--] översvämma; *ihn* -*et Angst* rädsla genomströmmar honom **über'forder|n** fordra för mycket av; överanstränga; *die Arbeit* -*t seine Kräfte* arbetet överstiger hans krafter **Überfracht** -*en f* [frakt med] övervikt **über'frag|en** fråga för mycket; *da bin ich* -*t* där har du (*etc.*) frågat mer än jag kan svara på, det vet jag inte **über'fremd|en** utsätta för [alltför] stort utländskt inflytande; -*et* med [alltför] stort utländskt inflytande **Über'fremdung** *0 f* [alltför] stort utländskt inflytande (stor utländsk dominans) **über'fressen** *st, rfl* äta (käka) för mycket **über'frieren** *st s* frysa till **Überfuhr** -*en f, österr.* färja; överfärd **überführen I** ['----, *äv.* --'--] **1** överföra **2** *kem.* förvandla **II** [--'--] **1** *e-n e-r Sache* (*gen.*) ~ överbevisa ngn om ngt **2** leda över **Über'führung** -*en f* **1** överför|ande, -ing, transport **2** *kem.* förvandling **3** överbevisning **4** övergång, bro, viadukt **Überfülle** *0 f* överflöd, uppsjö **über'füll|en** över|fylla, -lasta; *der Saal war* -*t* salen var överfull (fylld till trängsel) **Überfunktion** -*en f, med.* hyperfunktion **über'fütter|n** ge för mycket foder; *ein Kind mit Bonbons ~* (*vard.*) ge ett barn [för] många karameller; -*t* övergödd, *bildl.* övermätt **Über|gabe** -*n f* över|låtelse, -lämnande **-gang** -*e*† *m* övergång; övergångsställe; övergångstid; provisorisk lösning, provisorium; *den ~ von der 2. in die 1. Klasse lösen* lösa tilläggsbiljett från 2 till 1 klass **-gangsgeld** -*er n* (*slags*) sjukpenning (*vid olycksfall*) **-gangsmantel** -† *m* övergångs|kappa, -rock **-gangsstadi|um** -*en n* övergångsskede **-gangsvorschrift** -*en f* övergångsbestämmelse **-gangszeit** -*en f* övergång[stid] **übergeben** *st* **I** ['----] **1** *vard.* lägga över **2** *vard., e-m eins ~* ge ngn en smäll (propp) **II** [--'--] **1** överlämna (*e-m etw.* ngt till ngn); anförtro; *der Öffentlichkeit ~* upplåta åt allmänheten; *dem Verkehr ~* öppna för allmän trafik **2** *rfl* kräkas **Übergebot** -*e n* högre anbud, överbud **übergehen** *st* **I** ['----] **1** övergå, gå över; *in Fäulnis ~* [börja] ruttna; *zu e-m anderen Thema ~* övergå till ett annat ämne **2** gå över, desertera **3** rinna (flöda, koka) över **4** *sjö.* bryta (*om våg*); förskjutas (*om last*) **II** [--'--] förbigå, hoppa över, nonchalera; *sich übergangen fühlen* känna sig förbigången **übergenau** [allt]för noga, pedantisk **übergenug** övernog; [allt]för mycket (många); *genug und ~* nog o. mer än nog **Übergepäck** *0 n* för mycket bagage, övervikt **Übergewicht** *0 n* **1** övervikt; *bildl. äv.* över|lägsenhet, -välde, -tag **2** ~ *bekommen* (*kriegen*) (*vard.*) ta överbalansen **übergießen** *st* **I** ['----] **1** hälla (över, på) **2** spilla (hälla) [ut] **II** [--'--] överösa; *etw. mit etw. ~* hälla ngt på ngt **über'glänzen 1** *kokk.* glasera **2** glänsa över **über'glasen** täcka med glas[tak] **überglücklich** överlycklig **über'golden** förgylla **'übergreifen** *st* **1** flytta den ena handen över den andra **2** *auf etw.* (*ack.*) ~ sprida (utbreda) sig till ngt **übergreifend** övergripande **Übergriff** -*e m* övergrepp; inträng **übergroß** [allt]för (ofantligt) stor, överdimensionerad **Übergröße** -*n f* över-, special|storlek, överdimension '**überhaben** *oreg*. **1** *vard*., *e-n Mantel* ~ ha på sig en kappa [utanpå klänningen *e.d.*] **2** *vard*., *etw*. ~ vara trött på (ha fått nog av) ngt **3** *dial*. ha över (kvar) '**überhalten** *st, vard*. hålla över **über'handnehmen** *st* ta överhand[en], gripa omkring sig, utbreda sig; *seine Frechheit nimmt überhand* hans fräckhet går för långt **Überhang** *-e†* m **1** överhängande parti; utsprång (*på byggnad*); förhänge; överplagg; överhängande frukt (gren[ar]) (*från granntomt*) **2** överskott **überhängen** I ['----] **1** *st* hänga över; skjuta (springa) fram; luta; ~*des Dach* utskjutande tak **2** *sv, e-m etw*. ~ hänga på (över) ngn ngt; [*sich (dat.)*] *den Mantel* ~ lägga (hänga) kappan (rocken) över axlarna **II** [--'--] **1** *st, von Efeu überhangene Mauer* mur täckt av murgröna **2** *sv, etw. mit etw*. ~ hänga ngt över ngt **Überhangsrecht** *0 n* rätt att plocka frukt (såga av gren[ar]) som växer in över ens tomt **über'hast|en** ha för bråttom med; *sich* ~ ha för bråttom, förhasta (överila) sig; *-et* förhastad **über'häufen** överhopa **über'haupt** över huvud [taget]; egentligen; i synnerhet, särskilt; *und* ~ [och] för övrigt (dessutom); ~ *nicht* (*äv*.) inte alls; ~ *nur wenn* endast för den händelse att; *gibt es das* ~? finns det faktiskt ngt sådant?; *was willst du* ~? vad är det egentligen du vill? **überheben** *st* I ['----] *vard*. lyfta över **II** [--'--] **1** *e-n e-r Sache* (*gen*.) ~ bespara ngn ngt, befria (fritaga) ngn från ngt **2** *rfl* förhäva sig, vara högfärdig (arrogant) **3** *rfl, vard*. förlyfta sig **über'heblich** förmäten, överlägsen, arrogant **Über'heblichkeit** *0 f* förmätenhet, överlägsenhet, arrogans **über'heizen** hetta [allt]för mycket i **über'hin** ytligt, på ytan **über'hitzen** upphetta [allt]för mycket, överhetta **Über'hitzer** - *m, tekn*. överhettare **Über'hitzung** *-en f* överhettning **über'höhen** höja; dosera (*kurva*) **über'höht 1** för hög **2** doserad (*om kurva*) **überhol|en** I ['----] **1** hämta (forsla) över **2** *sjö*. kränga **3** *sjö*. brassa, lägga om **II** [--'--] **1** gå (springa, köra) om (förbi), distansera; *bildl*. gå om, över|träffa, -flygla; *Ü~ verboten!* omkörning förbjuden!; *-t* (*äv*.) förlegad, föråldrad **2** gå igenom [o. laga], renovera **Über'holspur** *-en f* omkörningsfil **Über'holung** *-en f* översyn, service, renovering **überholungsbedürftig** som är i behov av renovering **Über'holverbot** *-e n* omkörningsförbud **überhör|en** I ['----] *vard*., *ich habe mir die Platte übergehört* jag har lyssnat så ofta på skivan att jag har tröttnat på den **II** [--'--] **1** inte höra; *er -te die Bemerkung* (*äv*.) han låtsades inte om anmärkningen; *er hat das Klingeln -t* han hörde inte att det ringde; *das muß ich -t haben* det måste ha undgått mig, det missade jag **2** *åld*. förhöra **Über-Ich** *0 n, psykol*. överjag **überirdisch** överjordisk; himmelsk **überjährig** överårig; (*om vin*) för gammal; (*om djur*) mer än årsgammal '**überkan'didelt** *vard*. överspänd; (*litet*) vrickad **Überkapazität** *-en f* överkapacitet '**überkippen** *s* ta överbalansen, tippa över; (*om röst*) slå över **über'kleben** klistra över **über'kleiden** klä över, bekläda **Überkleidung** *-en f* ['----] ytter|kläder, -plagg **2** [--'--] överklädsel **über'klettern** klättra över **überklug** överklok, snusförnuftig **überkochen 1** ['----] *s* koka över (*äv. bildl*.) **2** [--'--] koka [upp] en gång till **überkommen** *st* I ['----] *s* **1** *dial*. komma fram **2** *sjö*. (*om våg*) slå över däck (*e.d*.) **II** [--'--] **1** *e-n* ~ komma över ngn, gripa ngn; *es überkam ihn heiß* (*kalt*) han blev alldeles het (kall) **2** *s*, ~*e Bräuche* nedärvda bruk **3** ärva **Überkompensation** *0 f* överkompensation '**überkompensieren** överkompensera **über'kreuzen 1** korsa; lägga korsvis **2** *recipr*. korsa varandra '**überkriegen** *vard*., *se überbekommen* **über'krusten** överdra med en skorpa; *kokk*. gratinera **über'kugeln** *rfl* rulla (trilla) runt, slå volt **über'kühlen** *kokk*. låta svalna av **überladen** I ['----] *st* lasta om (över) **II** [--'--] **1** *st* överlasta, lasta för tungt; överhopa; *sich* (*dat*.) *den Magen* ~ äta för mycket **2** *adj* överlastad; överhopad; [allt]för utsmyckad; snirklad, svulstig; *mit Verzierungen* ~ *sein* (*äv*.) vara alltför rikligt dekorerad, ha för många utsmyckningar **über'lagern 1** *geol*. lagra sig över **2** överlagra; *sich* ~ gripa in i varandra, [delvis] sammanfalla **3** lagra för länge **Über-'lagerung** *-en f* **1** *geol*. av-, över|lagring **2** *radio*. interferens **Über'lagerungsempfänger** - *m, radio*. super[heterodynmottagare] '**Überland|bahn** [*äv*. --'--] *-en f* bana (spårväg) mellan två orter -[**kraft**]**werk** -*e n*, -**zentrale** *-n f* kraftverk (kraftcentral) för större område **überlang** mycket lång; [allt]för lång **über-'lappen** överlappa; [delvis] sammanfalla **überlassen** *st* I ['----] *vard*. lämna kvar **II** [--'--] **1** över|låta, -lämna; avträda; lämna; *überlaß das bitte mir!* låt mig sköta det här!, lägg dig inte i!; *e-m etw*. billig ~ låta ngn få ngt billigt; *e-m die ganze Arbeit* ~ låta ngn göra allt arbete; *nichts dem Zufall* ~ inte lämna ngt åt slumpen; *er ist sich* (*dat*.) *selbst* ~ han är lämnad åt sig själv; *das Kind der Fürsorge des Mädchens* ~ låta flickan ta hand om barnet **2** *rfl, sich e-r Sache* (*dat*.) ~ överlämna (hänge) sig åt ngt **Überlast** *-en f* överlast, för tung last; överbelastning **über'lasten** överlasta, lasta för tungt; överbelasta; överhopa; överanstränga **Überlauf** *-e† m* [brädd]avlopp; överlopp; *fack*. spill **überlaufen** *st* I ['----] *s* **1** rinna (flöda, koka) över **2** gå över, desertera; hoppa av **II** [--'--] **1** *ein Schauer überlief ihn* en rysning genomfor honom; *es überlief sie kalt* hon ryste till **2** ~ *sein* vara överlupen (överfull, fylld till trängsel); *der Arzt ist* ~ läkaren har [för] många patienter, folk trängs på läkarens mottagning **3** *sport*. springa förbi (över) **4** *bläulich* ~ med en blå skiftning **Über'läufer** - *m* överlöpare; desertör **Überlaufrohr** *-e n* skvaller-, skvätt-, överfalls|rör **überlaut** [allt]för högljudd **über'leb|en 1** överleva, leva längre än; *der ~de Teil* (*jur*.) den överlevande [maken, makan]; *er wird die Nacht nicht* ~ han kommer inte att leva över natten **2** *rfl, bildl*. överleva sig själv; *das hat sich -t* (*äv*.) det är föråldrat (har sett sina bästa dar) **Über'lebenschance** *-n f* överlevnadschans, chans att överleva '**überlebensgroß** i mer än naturlig storlek '**Überlebensgröße** *0 f, in* ~ i mer än naturlig storlek

1 überleg|en I ['----] **1** *e-m etw*. ~ lägga över ngn ngt *vard*., *e-n* ~ lägga upp ngn över knät och ge honom stryk **3** *rfl* luta sig ut (*äv*.) **2**. kränga **II** [--'--] överväga, fundera (tänka) [på]; *ohne zu* ~ utan att tänka sig för; *-t handeln* handla överlagt; *das muß man sich* ~ det tål

überlegen—Überschlag

att tänka på; *ich werde es mir* ~ jag skall tänka på det; *ich habe mir's anders -t* jag har kommit på andra tankar; *ich habe mir folgendes -t* jag har tänkt mig följande; *ich werde es mir genau* ~ *(äv.)* jag skall sova på saken **2 über'legen** överlägsen **Über'legen** *0 n* övervägande **Über'legenheit** *0 f* överlägsenhet **Über'legung** *-en f* överläggning, eftertanke, betänkande; *~en (äv.)* betraktelser, funderingar, reflexioner '**überleiten** leda (föra) över; *zum nächsten Abschnitt* ~ *(äv.)* bilda en övergång till nästa avsnitt **Überleitung** *-en f* övergång **über'lesen** *st* **1** ögna igenom, flyktigt läsa **2** förbise, hoppa över; *die Fehler* ~ *(äv.)* inte se felen **über-'liefer|n** ut-, över|lämna; lämna i arv [till kommande generationer]; tradera; *-t (äv.)* traditionell, nedärvd; *nichts ist -t worden (äv.)* ingenting har bevarats **Über'lieferung** *-en f* tradition; sägen **Überliegegeld** *-er n, sjö.* liggedagsersättning **Überliegezeit** *-en f, sjö.* överliggetid **über'listen** överlista **überm** *vard.* = *über dem* **über'machen 1** lämna i arv **2** översända **Übermacht** *0 f* övermakt **übermächtig** övermäktig **übermalen 1** ['----] måla utanför **2** [--'--] övermåla, måla över **über'mannen** över|manna, -väldiga **Übermaß** *0 n* övermått *(äv. bildl.)*; råge; överdimension; *etw. bis zum* ~ *treiben* hålla på alltför mycket med ngt, göra ngt i överkant **übermäßig** omåttlig, överdriven, ofantlig; oskälig *(om pris)*; ~ *dick* ofantligt tjock **über'mästen** övergöda **Übermensch** *-en -en m* övermänniska **übermenschlich 1** övermänsklig **2** övernaturlig **Übermikroskop** *-e n* elektronmikroskop; ultramikroskop **über'mitteln** förmedla, tillställa, översända; *Grüße* ~ framföra hälsningar **Über'mitt[e]lung** *-en f* tillställande *etc., jfr übermitteln; tekn.* överföring **übermorgen** i övermorgon **über'müd|en** trötta ut [för mycket], överanstränga; *-et (äv.)* dödstrött, utmattad **Über'müdung** *0 f* uttröttning, utmattning **Übermut** *0 m* övermod, förhävelse; översvallande munterhet, uppsluppenhet; självsvåld; ~ *tut selten gut (ung.)* högmod går före fall; *etw. aus lauter* ~ *tun* göra ngt på rent okynne **übermütig** övermodig; [lekfull o.] uppsluppen; självsvåldig **übern** *vard.* = *über den* **übernächst** näst nästa; *die ~e Querstraße (äv.)* gatan efter nästa tvärgata **über'nachten, über'nächtigen** övernatta *(im Hotel* på hotell), ligga över **über'nächtig** utvakad **Über'nachtung** *-en f* övernattning '**Übernahme** *-n f* övertagande *etc., jfr übernehmen* **II 1 übernatürlich 1** övernaturlig **2** *in ~er Größe* i övernaturlig storlek **übernehm|en** *st* **I** ['----] **1** ta på (över) sig (axeln) **2** *sjö.* ta in *(vatten)*; ta (få) över sig *(våg)* **3** *sjö.* ta ombord **II** [--'--] **1** överta[ga], motta[ga]; ta[ga]; åta[ga] (ta på) sig; *die Führung* ~ *(äv.)* ta ledningen; *die Garantie* ~ *(äv.)* garantera; *ich -e es, das zu tun* jag åtar mig att göra det; *aus etw. (dat.) übernommen sein* vara hämtad (tagen) från ngt **2** *sjö.* ta ombord **3** *österr.* övermanna; *lura* **4** *rfl* åta[ga] (ta på) sig för mycket, förta[ga] sig, ta ut sig **übernervös** hypernervös **über'nutzen** hårdexploatera, exploatera för hårt, förstöra '**überordnen** överordna, sätta före; *e-n e-m* ~ överordna ngn över ngn; *er ist uns übergeordnet (äv.)* han är vår överordnade '**überorganisieren** överorganisera **überparteilich** som står över partierna; oberoende, opolitisk *(om tidning)* **überpflanzen I** ['----] *vard.* plantera om **II** [--'--] **1** *vard.* plantera om **2** *med.* transplantera **3** plantera **Über'pflanzung** *-en f, med.* transplantation **über'pinseln** måla över **überplanmäßig** utöver planeringen (planen) **Überpreis** *-e m* överpris **Überproduktion** *0 f* överproduktion **über'prüfen** kontrollera (granska) [en gång till] **Über'prüfung** *-en f* [ytterligare] granskning (kontroll) '**überquellen** *st s* koka (jäsa *e.d.*) över; ~ *de Freude* flödande (framvällande) glädje **über'quer** tvärs över; ~ *gehen* gå över styr, misslyckas **über'queren** korsa, dra (gå) tvärs över **überragen 1** ['----] skjuta ut (fram); ~*d* utskjutande, framspringande **2** [--'--] resa sig (sticka upp) över; *bildl. äv.* överträffa; ~*d (äv.)* framstående, dominerande; *von ~ großer Bedeutung* av utomordentligt stor betydelse **über'rasch|en** överraska; *es -t, daß* det är överraskande att; *sich ~ lassen* låta sig överraskas; *e-n beim Stehlen* ~ komma på (ertappa) ngn med att stjäla; *~der Besuch* oväntat besök **Über'raschung** *-en f* överraskning **Über'raschungsmoment** *0 n* överraskningsmoment **über'rechnen 1** göra ett överslag (räkna) över **2** kontrollräkna **über'reden** övertala **Über'redung** *-en f* övertalning **Über'redungskunst** *-e† f* övertalnings|förmåga, -konst **überregional** ej regionalt begränsad, som gäller (täcker) hela landet **überreich** ofantligt rik **über'reichen** över|lämna, -räcka **überreichlich** alltför (enormt) riklig **Über'reichung** *-en f* [högtidligt] överräckande **überreif** övermogen **Überreife** *0 f* övermognad **über'reizen 1** överreta **2** *rfl, kortsp.* bjuda för högt **Über'reiztheit** *0 f* överretat tillstånd **Über'reizung** *-en f* överretning; överrett tillstånd **2** *kortsp.* för hög budgivning **über'rennen** *oreg.* **1** springa (vräka) omkull **2** *vard.* köra över, prata omkull **3** *mil. ung.* storma, genombryta **überrepräsentiert** överrepresenterad **Überrest** *-e m* rest, kvarleva, återstod **über'riesel|n** *högt.* rinna (sila) över; *ein Schauer -t mich* det går kalla kårar över ryggen på mig **Überrock** *-e† m* **1** *åld.* redingot, bonjour **2** överrock **über'rollen** rulla över; *mil. (med stridsvagn)* rulla fram över, genombryta; *bildl.* köra över **über'rumpeln** överrumpla **über'runden** *sport.* varva; *bildl.* gå om (förbi) **übers** *vard.* = *über das* **über'sät** *mit (von) etw.* ~ översållad med (av) ngt **übersatt** övermätt **über'sättig|en** övermätta; *-t (äv.)* övermättad **Über'sättigung** *0 f* övermättnad **Überschallgeschwindigkeit** *0 f* överljudshastighet **Überschallknall** *-e m* [ljud]bang **über'schatten** överskugga; *bildl. äv.* kasta sin skugga över **über'schätzen** överskatta; *sich* ~ överskatta sig [själv] **Über'schätzung** *0 f* överskattning **Überschau** *0 f* översikt **über'schauen** överblicka '**überschäumen** *s* skumma över; ~*de Lebenslust* översvallande livslust **Überschicht** *-en f* extraskift **überschieß|en** *st* **1** ['----] *s* koka (rinna) över **2** [--'--] *jakt.* skjuta över; skjuta för mycket [villebråd i] **überschießend** överskjutande **über'schlafen** *st, die Sache* ~ sova på saken **Überschlag** *-e† m* överslag *(äv. elektr. o. gymn.); flyg.* looping

1 überschlagen *st* **I** ['----]**1** *die Beine* ~ lägga benen i kors **2** *s* hoppa (slå) över; *die Wellen schlagen über* vågorna bryter; *die Stimme schlägt über* rösten slår över; *in das Gegenteil* ~ slå över i sin motsats **II** [--'--]**1** hoppa över, utelämna **2** göra ett överslag över, beräkna [ungefär] **3** *rfl* rulla (falla, slå) runt, slå en kullerbytta; *die Ereignisse überschlugen sich* händelserna kom slag i slag; *die Stimme überschlägt sich* rösten slår över; *die Wellen* ~ *sich* vågorna bryter; *sich vor Freundlichkeit* ~ *(vard.)* vara överdrivet vänlig
2 über'schlagen *adj* ljummen **überschlägig** ungefärlig; *etw.* ~ *berechnen* beräkna ngt ungefär, göra ett överslag över ngt **Überschlaglaken** - *n* överlakan **überschläglich** *se überschlägig* **'überschnappen 1** *h el. s* gå i [bak]lås **2** *s, vard.* (*om röst*) slå över **3** *s, vard.* bli tokig; *übergeschnappt* tokig, knasig, knäpp **über'schneiden** *st, recipr* korsa varandra; gå in i (överlappa) varandra, [nästan] sammanfalla; gå (äga rum) [nästan] samtidigt **über'schreiben** *st* **1** förse med överskrift; *mit etw.* **überschrieben sein** ha ngt som överskrift, börja med ngt **2** skriva över, överflytta, transportera; *etw. e-m (auf e-n)* ~ skriva över ngt på ngn **über'schreien** *st* **1** *e-n* ~ överrösta (skrika högre än) ngn **2** *rfl* skrika sig hes **über'schreiten** *st* överskrida; överträda *(lag)*, passera **Über'schreitung** *-en f* överskridande; överträdelse **Überschrift** *-en f* överskrift **Überschuh** *-e m* galosch, pampusch **über'schuldet** *er (das Haus) ist* ~ han är alltför skuldsatt, han har alltför stora skulder, (huset är för högt intecknat) **Über'schuldung** *0 f* för stor skuldsättning; för stort (stora) hypotek **Überschu|ß** *-sse†* **m 1** överskott, behållning; vinst **2** överskott; ~ *an Geburten* födelseöverskott **überschüssig** över|skjutande, -talig, överskotts-; ~*e Kraft* outnyttjad kraft **überschütten I** ['----] **1** *e-m etw.* ~ hälla (spilla) ngt på ngn **2** hälla (spilla) ut **II** [--'--] **1** *etw. mit etw.* ~ ösa (skotta) ngt över **2** *e-n mit Geschenken* ~ överösa (överhopa) ngn med presenter **Überschwang** *0 m* över|mått, -flöd; hänförelse; ~ *der Gefühle* känslosvall **'überschwappen** *s, vard.* skvalpa över **über'schwemmen** översvämma *(äv. bildl.)* **Über'schwemmung** *-en f* översvämning **überschwenglich** översvallande; överdriven; omåttlig; exalterad
Übersee *aus (nach)* ~ från (till) andra sidan havet (Atlanten, en annan världsdel) **Überseedampfer** - *m* oceanångare **überseeisch** transocean, på (från, till) andra sidan havet (Atlanten, en annan världsdel) **über'sehbar** överskådlig; överblickbar **übersehen** *st* **I** ['----] *vard., ich habe mir dieses Bild übergesehen* jag har sett mig mätt på denna bild **II** [--'--] **1** överblicka **2** förbise, inte se, missa **3** inte låtsas se, inte ta notis om, ignorera **über'senden** *oreg.* översända **Über'sendung** *-en f* översänd|ande, -ning **über'setzbar** översättbar **übersetzen I** ['----] **1** sätta (föra) över **2** *h el. s* fara (ta sig) över **II** [--'--] översätta; *aus dem (vom) Schwedischen ins Deutsche* ~ översätta från svenska till tyska **Über'setzer** - *m* översättare **über'setzt 1** *tekn.* utväxlad **2** *fack.* mättad **3** *dial.* [allt]för hög **Über'setzung** *-en f* **1** översättning **2** *tekn.* utväxling[sförhållande] **Über'setzungsbüro** *-s n* översättningsbyrå **Über'setzungsfehler** - *m* översättningsfel **Über'setzungsverhältnis** *-se n, tekn.* utväxlingsförhållande **Übersicht** **1** *0 f* överblick **2** *-en f* översikt; [kort] sammanfattning, [kortfattad] sammanställning **übersichtlich 1** lätt att överblicka; med bra sikt **2** överskådlig **'übersiedeln** *[äv.* --'--] *s* flytta **'Übersied[e]lung** *[äv.* --'-(-)-] *-en f* flyttning **übersinnlich** översinnlig, övernaturlig, transcendent **Übersoll** *0 n* produktion (prestation) över fastställd norm **über'spann|en 1** *etw. mit etw.* ~ spänna ngt över ngt **2** spänna [allt]för hårt; *bildl.* överanstränga, ta för hårt på **3** *e-e Brücke -t den Fluß* en bro leder (spänner) över floden **über'spannt 1** överdriven, för hög **2** överspänd, exalterad, excentrisk **über'spiel|en 1** spela över (in) **2** *die Mängel des Theaterstücks* ~ med sitt spel dölja pjäsens brister; *er -t seine Schüchternheit* han försöker dölja (döljer) sin blyghet, han låter inte sin blyghet märkas **3** utmanövrera; *sport.* spela ut **über'spielt 1** *sport.* överansträngd, som har spelat för mycket **2** *(om instrument)* ut-, sönder|spelad **über'spitz|en** spetsa till *(läget); -t [allt]för* tillspetsad **überspringen** *st* **1** ['----] *s* hoppa över; *auf etw. (ack.)* ~ övergå (gå över) till ngt; *sein Optimismus sprang auf uns über* hans optimism smittade av oss **2** [--'--] hoppa över; *bildl. äv.* utelämna **'übersprudeln** *s* sjuda (bubbla, svalla) över; *von (vor) Witz* ~ sprudla av kvickhet; ~*des Temperament* översvallande (sprudlande) temperament **über'spülen** spola (skölja) över
überstaatlich överstatlig **Überständer** - *m* för gammalt träd **überständig 1** över|årig, -mogen **2** kvarstående **3** *åld.* föråldrad **überstehen** *st* **1** ['----] skjuta ut (fram) **2** [--'--] klara [sig igenom]; överleva; *die Prüfung* ~ klara (bestå) provet; *überstandene Gefahr* överstånden fara; *er hat es überstanden* hans lidanden är över *(man är död)* **übersteigen** *st* **1** ['----] *s* gå (kliva, klättra, ta sig) över **2** [--'--] gå (kliva, klättra, ta sig) över; *bildl.* över|stiga, -träffa **über'steiger|n 1** *die Preise* ~ driva upp priserna; *-tes Selbstbewußtsein* överdrivet självmedvetande **2** *rfl* gå för långt, slå över **Über'steigerung** *-en f* överdrift, ytterlighet **über'stellen** [över]föra **über'steuer|n 1** *radio.* överstyra **2** *der Wagen -t* bilen är överstyrd **über'stimm|en** rösta ner; *er wurde -t (äv.)* han besegrades i omröstningen **über'strahlen** över|glänsa, -stråla **über'streichen** *st* stryka; *das Holz mit Farbe* ~ stryka (måla) färg på träet **überstreifen** *[sich (dat.)] etw.* ~ dra på (över) sig ngt **über'streuen** beströ; *e-n Kuchen mit Zucker* ~ strö socker på (över) en kaka **überström|en** **1** ['----] *s* **1** strömma (flöda, svalla) över **2** *seine Fröhlichkeit ist auf die anderen übergeströmt* hans glädje spred (smittade av) sig till de andra **II** [--'--] översvämma; *von Tränen -t* tårdränkt **Überstrumpf** *-e†* *m* ytter-, över|strumpa **'überstülpen** *sich (dat.) den Hut* ~ kasta (slänga) på sig hatten **Überstunde** -*n f* övertid[stimme]; ~*n machen* arbeta på övertid **Überstundengeld** *-er n* övertidsersättning **über'stürz|en 1** forcera, ha för bråttom med, jäkta med; *nichts* ~ *wollen* inte vilja förhasta sig; *-te Abreise* brådstörtad avresa **2** *rfl* förhasta sig; jäkta; *die Ereignisse (Wellen)* ~ *sich* händelserna följer slag i slag (vågorna bryter); *seine Worte* ~ *sich (äv.)* han snubblar

över orden **Über'stürzung** *0 f* jäkt[ande]; *nur keine ~!* ta det bara lugnt! **übertariflich** *~er Lohn* lön som ligger över avtalet; *~ bezahlen* betala mer än avtalet **über'täuben** *etw. durch etw. anderes ~* bedöva ngt med ngt annat **über'teuert** för dyr **über'tölpeln** lura **über'tönen 1** överrösta **2** *se übertäuben* **Übertrag** *-e† m, hand.* transport *(av summa)* **über'tragbar 1** som kan överlåtas (överflyttas); *die Fahrkarte ist nicht ~* biljetten får ej överlåtas **2** *~e Krankheit* smittosam sjukdom **über'tragen** I *st* **1** över|föra, -flytta; översätta; sända; *e-m etw. ~ (äv.)* överlämna ngt till ngn, ge ngn ngt i uppdrag, anförtro ngn ngt; *ein Konzert direkt (live) ~* direktsända en konsert; *e-e Krankheit auf e-n ~ (äv.)* smitta ngn med en sjukdom; *sie übertrug ihre Freude auf die Anwesenden* hon spred sin glädje till de närvarande; *e-e Platte auf Band ~* spela in (över) en skiva [på band], banda en skiva; *man kann diese Methode nicht auf ein anderes Gebiet ~* man kan inte tillämpa den här metoden på ett annat område; *etw. auf jds Namen ~ (äv.)* registrera ngt i ngns namn; *die Summe auf die nächste Seite ~* transportera summan till nästa sida; *in ~er Bedeutung* i överförd (figurlig, bildlig) betydelse; *vom (aus dem) Schwedischen ins Deutsche ~* översätta från svenska till tyska; *in [die] Reinschrift ~* renskriva **2** *med., ein Kind ~* gå över tiden med ett barn **3** *rfl* överföras, smitta; *die Krankheit überträgt sich nur auf Kinder* sjukdomen sprids bara till barn; *sein Optimismus übertrug sich auf die anderen* hans optimism smittade av sig på de andra **II** *adj, österr.* använd, begagnad **Über'trager** - *m* transformator **Über'träger** - *m, med.* överförare, [smitt]spridare **Über'tragung** *-en f* överför|ande, -ing; *tekn. äv.* transmission; översättning; [ut]sändning, användning, tillämpning; spridning; *das Fernsehen bringt e-e ~ des Spiels (äv.)* TV sänder matchen; *die ~ dieser Methode auf ein anderes Gebiet* tillämpningen av denna metod på ett annat område; *die ~ dieser Krankheit erfolgt durch Fliegen (äv.)* denna sjukdom sprids genom flugor; *~ vom (aus dem) Schwedischen ins Deutsche* översättning från svenska till tyska **Über'tragungswagen** - *m, radio., telev.* OB-buss **über'treffen** *st* överträffa *(an, in + dat.* i, i fråga om) **über'treiben** *st* överdriva; *das ist stark übertrieben (äv.)* det är en stark överdrift **Über'treibung** *-en f* överdrift **übertreten** *st* **I** [----] **1** *s* flyta (rinna, svämma) över **2** *s* övergå, gå över; *in etw.* (*ack.*) ~ gå över i ngt; *in den Ruhestand ~* gå i pension; *zu e-r anderen Partei ~* gå över till ett annat parti; *zum Katholizismus ~ (äv.)* konvertera till katolicismen **3** *h el. s, sport.* göra övertramp **II** [--'--] **1** *sich (dat.) den Fuß ~* vricka (stuka) foten **2** över|träda, -skrida **Über'treter** - *m* [lag]överträdare, -brytare **Über'tretung** *-en f* överträdelse **über'trieben** överdriven **Übertritt** -*e m* övergång; konvertering **über'trumpfen** *kortsp.* trumfa över; *bildl.* över|trumfa, -träffa **übertun** *st, vard., e-m e-n Schal ~* hänga en sjal över axlarna på ngn **über'tünchen** vitmena **übertüber'morgen** *vard.* om tre dagar **Überversicherung** *-en f* överförsäkring **über'völkern** överbefolka **Über'völkerung** *0 f* överbefolkning **übervoll** överfull **über'vorteilen**

överlista, lura; skörta upp **überwach** klarvaken **über'wachen** övervaka; inspektera, kontrollera **über'wachsen** *st* växa över **Über'wachung** *-en f* övervakning; inspektion, kontroll **überwall|en 1** ['----] *s* koka (sjuda, svalla) över; *~de Freude* översvallande glädje **2** [--'--] översvämma; *von etw. -t (äv.)* täckt av ngt **über'wältigen** över|väldiga, -manna **über'wälzen** övervältra **'überwechseln** *s* byta, gå över **Überweg** *-e m* övergångsställe **über'weisen** *st* girera, överföra; remittera; *e-n an e-n anderen ~* hänvisa ngn till ngn annan; *etw. an e-n ~* hänskjuta ngt till ngn *(an e-n) Facharzt ~* remittera till en specialist **Über'weisung** *-en f* girering, överföring; hänvisning, hänskjutande; remitterande, remiss **Überwelt** *0 f, die ~* andra sidan, den översinnliga världen **überweltlich** översinnlig **über'wendlich** *~e Naht* kaststöm; *~ nähen* kasta, sy med kaststygn **über'wendlings** *~ nähen* kasta, sy med kaststygn **überwerfen** *st* **1** ['----] *sich (dat.) den Mantel ~* slänga på sig rocken **2** [--'--] *rfl, sich mit e-m ~* bli osams med ngn **über'werten** övervärdera **Überwesen** *- n* övernaturligt väsen **überwiegen** *st* **1** ['----] *vard.* väga för mycket, ha övervikt **2** [--'--] överväga; dominera, vara övervägande (förhärskande) **über'wiegend** [*äv.* '----] övervägande; till övervägande del, huvudsakligen **über'winden** *st* **1** övervinna, besegra **2** *rfl* övervinna sig själv; *ich kann mich nicht ~, zu* jag kan inte förmå mig att **Über'windung** *0 f* [själv]övervinnelse; viljeansträngning **über'wintern 1** övervintra; *gå* (ligga) i ide **2** vinterförvara **über'winternd** *bot.* perenn **über'wölben** slå ett valv över; välva sig över **über'wölken** *rfl, högt.* mulna **über'wuchern** växa (breda ut sig) över; förkväva; *~d (äv.)* svulstig **Überwurf** *-e† m* **1** *(löst sittande ytterplagg, t.ex.)* [regn]cape, sjal, kappa, kåpa **2** *österr.* överkast **3** *(i brottning)* kast framåt **Überzahl** *0 f* flertal, majoritet; stort antal **über'zahlen** överbetala **über'zählen** räkna över (om) **überzählig** övertalig **über'zeichnen 1** överteckna *(lån)* **2** *(nästan)* karikera *(romanfigur e.d.)*, överdriva **Überzeitarbeit** *-en f* övertidsarbete **überzeitlich** tidlös, ej tidsbunden **über'zeug|en 1** övertyga; *~d* övertygande; *ich bin [davon] -t, daß* jag är övertygad om att **2** *rfl* övertyga sig **Über'zeugung** *-en f* **1** övertygande **2** övertygelse **Über'zeugungsarbeit** *0 f, DDR* [politisk] upplysningsverksamhet, [kommunistisk] agitation **Über'zeugungskraft** *0 f* förmåga att övertyga **Über'zeugungstäter** - *m, jur.* person som begår brott av övertygelse **überzieh|en** *st* **I** [----] **1** dra över (på); [*sich (dat.)*] *ein Hemd ~* dra (ta) på [sig] en skjorta **2** *vard., e-m eins ~* ge ngn ett rapp [med käppen] **II** [--'--] **1** överdra, [be]kläda, [be]täcka, sätta överdrag på; *das Bett frisch ~* lägga på rena lakan [i sängen]; *den Stuhl neu ~* klä om stolen; *mit Lack ~ (äv.)* lacka **2** överdriva; *gå för långt* **3** överskrida; *ein Konto ~* dra över [på] ett konto **4** *rfl* överdras, betäckas; *es -t sich* det mulnar **Überzieher** - *m* **1** över-, ytter|rock **2** *vard.* gummi, kådis **Über'ziehung** *-en f* överdrag *(av konto)* **über'züchten** *etw. ~* driva aveln (förädlingen) av ngt för långt **über'zuckern** strö socker över, sockra på **Überzug** *-e† m* överdrag; kuddvar;

påslakan; (*tunt*) täcke; hinna, film, beläggning
üblich bruklig, [sed]vanlig; *wie* ~ *som vanligt*
U-Boot -*e n* ubåt
übrig 1 övrig, återstående; över, kvar; till övers; *das* (*alles*) ~*e* (*äv.*) resten; *im* ~*en* för övrigt, förresten; *für e-n nichts* ~ *haben* inte ha ngt till övers för ngn, inte gilla ngn; *ist für ihn noch etw. Kaffee* ~ *?* finns det ngt kaffe kvar åt honom?; *ein* ~*es tun* göra ett sista försök, göra sig extra besvär **2** överflödig **übrigbehalten** *st* få över, behålla **übrigbleiben** *st s* bli över (kvar); *es bleibt mir nichts anderes übrig* (*äv.*) jag har inget annat val; *es blieb mir nichts anderes übrig, als zu gehen* det återstod inget annat för mig än att gå **übrigens** för övrigt, förresten **übriglassen** *st* lämna kvar; *seine Arbeit läßt nichts zu wünschen übrig* det finns ingenting att anmärka mot hans arbete
Übung -*en f* **1** övning, träning; vana, färdighet; *außer* ~ *sein* sakna övning, ha legat av sig, vara otränad; *das war nicht der Zweck der* ~ (*vard.*) det var inte det som var meningen med övningen **2** övnings|stycke, -moment, -uppgift, -exempel; *univ. äv.* seminarium **3** *mil.* övning, exercis, manöver **4** *dial.* bruk, sed[vänja]
Übungs|aufgabe -*n f* övningsuppgift **-buch** -*er*† *n* övnings-, arbets|bok **-gelände** - *n, mil.* övningsfält **-hang** -*e*† *m* [skid]övnings-, teknik|backe **-munition** -*en f* övningsammunition
u.dgl.[m.] *förk. för und dergleichen* [*mehr*] m.m.dyl., med mera dylikt **u.d.M.** *förk. för unter dem Meeresspiegel* u.h., under havet
ü.d.M. *förk. för über dem Meeresspiegel* ö.h., över havet **UdSSR** *0 f, förk. för Union der Sozialistischen Sowjetrepubliken, die* ~ SSSR, Sovjet[unionen]
Ufer - *n* strand, kust; *ans* ~ *kommen* (*äv.*) komma i land; *der Fluß tritt über die* ~ *floden* stiger över sina bräddar; *vom anderen* ~ *sein* (*vard.*) vara bög **Uferböschung** -*en f* strandbrink **Uferdamm** -*e*† *m* kaj **uferlos** ändlös, måttlös; *das geht ins* ~*e* det går för långt (leder inte till någonting) **Uferschwalbe** -*n f* backsvala **Uferstraße** -*n f* strandväg, kaj
uff *interj* puh!, usch!
Ufo, UFO -*s n, förk. för Unbekanntes Flugobjekt* ufo, flygande tefat
U-förmig U-formad
Ugander - *m* ugandier **ugandisch** ugandisk
uh *interj* usch!
U-Haft *0 f, förk. för Untersuchungshaft* rannsakningshäkte
Uhr -*en f* ur, klocka; *wieviel* ~ *ist es?* vad (hur mycket) är klockan?; *es ist* [*Punkt*] (*genau*) *8* ~ klockan är [prick] 8; *seine* ~ *ist abgelaufen* (*poet.*) hans tid är ute; *rund um die* ~ (*vard.*) dygnet runt -[**arm**]**band** -*er*† *n* klockarmband -[**en**]**gehäuse** - *n* boett; klock|fodral, -skåp **-macher** - *m* urmakare **-werk** -*e n* urverk **-zeiger** - *m* [ur]visare **-zeigersinn** *0 m, im* ~ *medurs* **-zeit** -*en f* tid; *zu jeder* ~ vid vilken tid (vilket klockslag) som helst
'**Uhu** -*s m, zool.* uv
ui *interj* åh!, o!
uk *förk. för unabkömmlich* (*mil.*) frikallad (*på grund av oumbärlighet i civil tjänst*)
Ukas ['ukas] -*se m, skämts.* ukas (*påbud*)
'**Ukelei** -*e el.* -*s m* löja

Ukraine *0 f, die* ~ Ukraina **Ukrainer** - *m* ukrainare **ukrainisch** ukrainsk
UKW [u:ka:'ve:, *äv.* '---] *förk. för Ultrakurzwelle* UKV, ultrakortvåg -**;Sender** - *m* FM-sändare
Ulan -*en* -*en m, mil.* ulan
Ulk -*s, äv.* -*e m* skämt, skoj; ~ *machen* skämta, skoja; *aus* ~ *på* skämt (skoj) **ulken** skämta, skoja **ulkig** *vard.* skojig, rolig; konstig
Ul|kus -*zera n, med.* sår, ulcus
Ulme -*n f* alm
Ulster - *m* ulster
ultimativ ultimativ **Ultimat|um** -*en el.* -*ums n* ultimatum **ultimo** *hand.* ultimo **Ultimo** -*s m, hand.* ultimo; *bis* ~ *Mai* till sista maj
Ultra -*s m* ultra, extremist **Ultra'kurzwelle** -*n f* ultravågor **ultramarin** oböjl. *adj* ultramarin **ultrarot** *fys.* ultra-, infra|röd **Ultraschall** *0 m* ultraljud **ultraviolett** ultraviolett
Ulzeration -*en f, med.* var-, böld-, sår|bildning
ulzerös *med.* varig
um I *prep. m. ack.* (*jfr 4*); *ums = um das* **1** [runt] omkring, kring; *das Geschäft* ~ *die Ecke* affären runt (om) hörnet; *die Erde kreist* ~ *die Sonne* jorden kretsar kring solen; ~ *sich schlagen* slå omkring sig **2** omkring, vid, ungefär; ~ *die Mittagszeit* vid lunchtid; ~ *acht Uhr herum* (*äv.*) vid åttatiden, omkring (ungefär) klockan åtta (*jfr 8*) **3** om; ~ *etw. bitten* be om ngt; ~ *etw. kämpfen* kämpa om ngt; *sich* ~ *etw. kümmern* bry sig om ngt; ~ *etw. wissen* veta om ngt **4** ~ ... *willen* (*m. gen.*) för ... skull; ~ *deiner selbst willen* för din egen skull; ~ *Gottes willen* för Guds skull **5** för; *Auge* ~ *Auge* öga för öga; *Schritt* ~ *Schritt* steg för steg; ~ *alles in der Welt nicht* inte för allt i världen; ~ *e-n besorgt sein* oroa sig för ngn; *etw.* ~ *100 Mark kaufen* köpa ngt för 100 mark **6** efter; *Tag* ~ *Tag* dag efter dag **7** (*annan prep i sv.*) ~*s Haar* på håret (ett hår när); *wie steht es* ~ *diese Sache?* hur ligger det till med den saken?; ~ *etw. vermindert* minskad med ngt; *sich* ~ *zehn Kronen verrechnen* räkna fel på tio kronor **8** (*översatt el. annan konstr. i sv.*) ~ *die Hälfte teurer* en halv gång till så dyr; *er ist* ~ *zwei Jahre jünger als sie* han är två år yngre än hon; *sie ist* ~ *e-n Kopf größer als er* hon är ett huvud längre än han; *die Vorlesung beginnt* ~ *e-e halbe Stunde früher* föreläsningen börjar en halvtimme tidigare; *e-n Tag* ~ *den anderen* varannan dag; ~ *acht* [*Uhr*] [*precis*] klockan åtta (*jfr 2*); ~ *Viertel vor acht* [en] kvart i åtta; ~ *e-n Zentimeter kleiner* (*kürzer*) en centimeter mindre (kortare); ~ *so besser* så mycket (desto, dess) bättre; *e-n* ~ *etw. beneiden* avundas ngn ngt; *es ist* ~ *ihn geschehen* han är förlorad **9** ~ *zu* (*vid inf*) för att; *sie kam,* ~ *mich zu küssen* hon kom för att kyssa mig; *der Roman ist zu lang,* ~ *ihn auf einmal zu lesen* romanen är för lång för att man skall kunna läsa den i ett sträck; *er ist stark genug,* ~ *es zu schaffen* han är stark nog för att klara av det **II** *adv,* ~ *und* ~ på alla håll, alltigenom, fullständigt; *etw.* ~ *und* ~ *wenden* vända upp och ner på ngt; *er hat e-n Schal* ~ han har en sjal på sig; *die Ferien sind* ~ lovet är slut '**umackern** plöja [upp] '**umändern** ändra (*plagg*) **Umänderung** -*en f* ändring '**umarbeiten** göra om, omarbeta **um'armen** omfamna **Um'armung** -*en f* omfamning **Umbau** -*ten m* **1** ombyggnad **2** ombyggt hus (*etc.*) **3** kringbyggnad **umbauen 1** ['---] bygga om;

bildl. omorganisera **2** [-'---] kringbygga **'umbehalten** *st, vard.* behålla på [sig] **'umbenennen** *oreg.* ge ett nytt namn, döpa om **Umber 1** -*n m, zool.* harr **2** *O m* umbra **'umbesetzen** nybesätta (*roll*) **'umbesinnen** *st, rfl* komma på andra tankar, ändra sig **'umbetten** lägga i (flytta till) en annan säng (grav) **'umbiegen** *st* **1** böja, kröka, vika **2** *s* svänga, vända [om, tillbaka] **'umbilden** ombilda **Umbildung** -*en f* ombildning **umbinden** *st* **I** ['---] **1** *dem Kind e-n Schal* ~ knyta en sjal om barnet; *sich* (*dat.*) *e-e Schürze* ~ knyta på sig ett förkläde **2** *ein Buch* ~ binda om en bok **II** [-'--] *das Paket mit e-r Schnur* ~ binda (knyta) ett snöre om paketet **umblasen** *st* **1** ['---] blåsa omkull; *vard.* skjuta, knäppa **2** [-'--] omsusa **'umblättern** vända [på bladet] **'umblicken** *rfl* se sig om[kring] **Umbra** *O f* umbra **Um'bralglas** -*er*† *n* umbralglas (*solskyddsglas*) **umbrechen** *st* **I** ['---] **1** bryta omkull, knäcka **2** *s* brytas (knäckas) [o. ramla ner] **3** plöja upp **II** [-'--] *boktr.* ombryta **'umbringen** *oreg.* **1** ta livet av, döda, mörda; *nicht umzubringender Stoff* (*vard.*) outslitligt tyg; *das bringt mich fast um* (*vard.*) det tar kål på (knäcker) mig **2** *rfl* ta livet av sig, begå självmord; *sich für e-n fast* ~ (*vard.*) göra [nästan] vad som helst för ngn **Umbruch** -*e*† *m* **1** [radikal] förändring, omvälvning **2** *boktr.* ombrytning; ombrutet korrektur **3** plöjning **'umbuchen** boka om (*post; biljett*) **'umdecken** duka om (*bord*) **'umdenken** *oreg.* tänka om **Umdenken** *O n, hier ist ein* ~ *erforderlich* här krävs det att man tänker om **'umdeuten** tolka på annat sätt, omtyda **'umdichten** dikta om, omarbeta **'umdirigieren** omdirigera **'umdisponieren 1** ändra (lägga om) sina planer **2** ändra [på], disponera om **um'drängen** trängas [om]-kring **'umdrehen 1** vrida om; vända [på]; *e-m Huhn den Hals* ~ vrida nacken av en höna; *den Kopf* ~ vända (vrida) på huvudet; *den Pfennig dreimal* ~ (*vard.*) vända på slanten, vara sparsam; *den Schlüssel* ~ vrida om nyckeln; *e-n Spion* ~ få en spion att spionera mot sina egna uppdragsgivare; *die Taschen* ~ vända ut och in på fickorna; *die Tischdecke* ~ vända på duken; *e-m das Wort im Munde* ~ förvränga ngns ord **2** *h, äv. s* vända [om], återvända **3** *rfl* vända sig om; *mir dreht sich der Magen um* det vänder sig i magen på mig, jag mår illa; *sich nach e-m Mädchen* ~ vända sig om efter en flicka **Um'drehung** -*en f* [om]vridning, rotation; varv, slag **Um'drehungsachse** -*n f* rotationsaxel **Um'drehungszahl** -*en f* varvtal **Umdruck** -*e m* **1** övertryck **2** om-, ny|tryck **'umdrucken 1** övertrycka **2** trycka om **um'düster|n** *rfl, högt.*, *seine Stirn -te sich* hans panna mörknade; *sein Gemüt -te sich* han blev tungsint (svårmodig) **umein'ander** om varandra (vartannat) **'umerziehen** *st* uppfostra på nytt (annat sätt); omskola **um'fächeln** *poet.* kringfläkta **umfahren** *st* **I** ['---] **1** köra omkull **2** *s, vard.* fara (köra) en omväg **II** [-'--] fara (köra) [runt] omkring (förbi); runda; *e-e Linie mit dem Finger* ~ följa en linje med fingret **Umfahrt** -*en f* omväg **Um'fahrung** -*en f* **1** färd omkring (*ngt*); kringsegling **2** österr., schweiz. förbifartsled **Umfall** -*e*† *m, vard.* (*plötslig*) åsiktsändring **'umfallen** *st s* **1** falla (ramla) omkull; *zum*

U~ müde sein vara så trött att man kan stupa **2** *vard.* ändra åsikt, backa **Umfang** -*e*† *m* omfång, omkrets, utsträckning; vidd **um'fangen** *st, högt.* omfamna; omfatta; omge, omsluta **umfänglich** [tämligen] omfattande (omfångsrik) **umfangreich** omfångsrik, omfattande **'umfärben** färga om **umfassen I** ['---] **1** nyinfatta (*ädelsten e.d.*) **2** *dial.*, *e-n* ~ lägga armen om ngn **II** [-'--] omfamna, omsluta; omge, kringgärda; omfatta; innehålla; *mil.* kringränna, cernera; *sich* ~ omfamna varandra; *das Werk umfaßt zehn Bände* verket omfattar (består av) tio band; *das Haus mit e-m Zaun* ~ omgärda huset med ett stängsel **um'fassend** omfattande, vidsträckt, uttömmande **Um'fassung** -*en f* **1** omfattning; *mil.* kringränning, cernering **2** inhägnad **Um'fassungsmauer** -*n f* omfattnings-, ytter-, ring|-mur **Umfeld** -*er n* omgivning, miljö **um'flattern** fladdra omkring (*ngn*) **um'flechten** *st, e-e Flasche mit Bast* ~ fläta bast omkring en flaska **umfliegen** *st* **I** ['---] *s* **1** *vard.* trilla (ramla) omkull **2** flyga (göra) en omväg **II** [-'--] flyga omkring (förbi) **um'fließen** *st* kringflyta; omge [m. vatten]; *von Licht* (*Wasser*) *umflossen* omstrålad av ljus (omfluten av vatten); *das Kleid umfloß ihre Gestalt in weichen Falten* klänningen föll i mjuka veck omkring hennes gestalt **um'flor|en** florbehänga; -*ter Blick* [av sorg] beslöjad blick **um'fluten** kringflyta **'umformen** omgestalta, ombilda; omforma (*äv. elektr.*) **Umformer** - *m, elektr.* omformare **Umformung** -*en f* omgestaltning, omformning, omvandling **Umfrage** -*n f* rundfråga, enkät; opinionsundersökning **'umfragen** förfråga sig, göra en rundfråga (enkät, opinionsundersökning) **um'fried[ig]en** inhägna **Um'fried[ig]ung** -*en f* inhägnad **'umfüllen** tappa om; *aus dem Faß in Flaschen* ~ tappa från fatet på flaskor **'umfunktionieren** göra (ändra) om **Umgang 1** *O m* umgänge, sällskap; kontakt; *der ist kein* ~ *für dich* han är inget lämpligt sällskap för dig; *mit e-m* ~ *haben* (*pflegen*) umgås med ngn **2** -*e*† *m, arkit.* rundgång, omgång **3** -*e*† *m* rundvandring; procession **um'gänglich** sällskaplig; trevlig; lätt att komma överens med **Umgangsform** -*en f* umgängesform **Umgangssprache** *O f* talspråk **umgangssprachlich** talspråklig, vardaglig **um'garnen** försöka fånga [i sina garn], snärja **umgeben** *st* **1** ['---] *e-m etw.* ~ sätta på (svepa om) ngn ngt **2** [-'--] omgärda; omge; *sich mit etw.* ~ omge sig med ngt; *von Freunden* ~ omgiven av vänner **Um'gebung** -*en f* omgivning **Umgegend** -*en f, vard.* omgivning, trakt **umgehen** *st* **I** ['---] *s* **1** gå, vara i omlopp, cirkulera **2** gå igen, spöka **3** umgås; handskas; *mit e-m* ~ umgås med ngn; *mit dem Gedanken* (*Plan*) ~, *etw. zu tun* fundera (ha planer) på att göra ngt; *mit Geld nicht* ~ *können* inte kunna handskas med pengar; *mit dem Geld verschwenderisch* ~ slösa med pengarna **4** *dial.* ta (gå) en omväg **II** [-'--] **1** gå runt (omkring, förbi) **2** kringgå; undvika **umgehend** omgående **Um'gehung** -*en f* **1** kringgående rörelse; undvikande; kringgående **2** förbifartsled **Um'gehungsstraße** -*n f* förbifartsled **umgekehrt** [om]vänd; motsatt; [precis] tvärt om **'umgestalten** omgestalta, omforma **'umgießen** *st* **1** hälla (tappa) om (över) **2** hälla (spilla) ut **3** gjuta om **um'gittern** sätta

galler omkring **um'glänzen** kring-, om|stråla **'umgraben** *st* gräva om **umgreifen** *st* **I** ['---] byta tag **II** [-'--] **1** gripa om **2** inbegripa, omfatta **um'grenz|en** begränsa, omge; *klar -tes Gebiet* klart avgränsat område **'umgucken** *rfl, vard.* se sig om; se sig runt **umgürten** *högt.* **1** ['---] *e-m etw.* ~ omgjorda ngn med ngt **2** [-'--] *e-n mit etw.* ~ omgjorda ngn med ngt **'umhaben** *oreg., vard.* ha på sig; *e-n Schal* ~ *(äv.)* ha en sjal över axlarna **'umhacken 1** hacka omkull **2** hacka (luckra) upp **um-'halsen** *e-n* ~ falla ngn om halsen **Um'halsung** *-en f* omfamning **Umhang** *-e*† *m* löst hängande ytterplagg; cape, regnkrage, slängkappa *(e.d.)* **umhängen I** ['---] *sv* **1** hänga om (på annat sätt) **2** hänga över (om) [sig], ta på [sig]; *e-m etw.* ~ *(äv.)* hänga ngt över axlarna på ngn **II** [-'--] **1** *sv, etw. mit etw.* ~ hänga ngt omkring (på) ngt **2** *st* hänga runt (ner från) **Umhäng[e]tasche** *-n f* axelremsväska **Umhäng[e]tuch** *-er*† *n* sjal **'umhauen 1** *haute (högt. hieb) um, umgehauen* hugga ner, fälla; *vard.* slå ner, golva **2** *haute um, umgehauen (dial. umgehaut), das hat ihn umgehauen* det blev för mycket för (tog knäcken på) honom **um'hegen** *högt.* **1** ömt vårda **2** inhägna
um'her [runt] omkring, åt alla håll, här och där, hit och dig; planlöst **-blicken** se sig omkring **-fahren** *st s* fara (köra, åka) omkring **-gehen** *st s* gå omkring (runt) **-irren** *s* irra omkring **-jagen 1** jaga (hetsa) runt; *e-n* ~ *(äv.)* köra hårt med ngn **2** *s* jaga (springa, rusa) omkring **-laufen** *st s* springa (gå) omkring **-liegen** *st* ligga framme [och skräpa], ligga kringspridd **-schauen** *dial.* se sig omkring **-schlendern** *s* gå och driva, flanera **-treiben** *st* **1** driva runt **2** *rfl* driva omkring (runt), gå och driva **3** *s* driva omkring **-ziehen** *st s* dra omkring
um'hin|kommen *st s,* **-können** *oreg., nicht* ~, *etw. zu tun* inte kunna underlåta (vara så illa tvungen) att göra ngt **'umhören** *rfl, sich nach etw.* ~ höra sig för angående (om) ngt **um-'hüllen** *e-n mit etw.* ~ svepa ngt om ngn, svepa in ngn i ngt; *e-n mit Blumen* ~ hölja ngn i blommor; *mit Papier* ~ slå papper om, packa in **Um'hüllung** *-en f* omsvepande *etc., jfr umhüllen* **2** [om]hölje, omslag **um'jubeln** kringjubla, hylla [med jubelrop]
um'kämpfen kämpa om **Umkehr** *0 f* återvändande; *bildl.* återvändo; *sich zur* ~ *entschließen* besluta sig för att vända om (tillbaka); *e-n zur* ~ *zwingen* tvinga ngn att dra sig tillbaka (till återtåg) **'umkehren** *(jfr umgekehrt)* **1** *s* vända [om], återvända **2** vända [om], vända upp och ner [på], vända ut och in; omändra; *fack.* invertera; *e-e Entwicklung* ~ vända en utveckling; *das ganze Zimmer* ~ vända upp och ner på hela rummet **3** *rfl* vända sig [om] **4** *rfl* vända[s] **Umkehrfilm** *-e m* diapositivfilm **Umkehrung** *-en f* omvändning *(äv. mus.);* omvälvning; omändring **'umkippen 1** *s* välta, stjälpa, kantra **2** *s, vard.* svimma **3** *s, vard.* ändra åsikt, backa, göra helt om; slå om **4** *s, vard. (om vin)* bli dålig (sur); *(om vattendrag)* dö **5** välta, stjälpa, slå omkull **um-'klammern** omklamra, klamra sig fast vid **'umklappen 1** fälla ner (upp) **2** *s, vard.* svimma **Umkleidekabine** *-n f* omklädningshytt **umkleiden 1** ['---] sätta andra (byta) kläder på, klä om; *sich* ~ byta [om, kläder], klä om

[sig] **2** [-'--] [be]kläda, överdra, omge **Umkleideraum** *-e*† *m* omklädningsrum **Umkleidung** *-en f* **1** ['---] [kläd]byte, omklädsel **2** [-'--] beklädande; beklädnad; överdrag **'umknicken 1** vika; bryta (knäcka) [och fälla] **2** *s* brytas (knäckas) [och falla omkull] **3** *s [mit dem Fuß]* ~ vricka foten **'umkommen** *st s* **1** omkomma, dö; *ich komme um vor Hitze (vard.)* det är så varmt att man kan dö; *zum U*~ *fad (vard.)* dödande tråkig **2** *nichts* ~ *lassen* inte låta någonting förfaras **Umkreis** *0 m* omkrets, periferi; omgivning; omskriven cirkel; *im* ~ *von 5 Kilometern* inom en omkrets av 5 kilometer **um'kreisen** kretsa omkring **'umkrempeln** vika om (upp, ner); vända ut och in på; *vard.* radikalt ändra (omvandla); *wir haben den Plan umgekrempelt (vard.)* vi har gjort om planen helt och hållet; *er hat das Zimmer umgekrempelt* han har vänt upp och ner på hela rummet
'umladen *st* lasta om **Umlage** *-n f (enskilds)* [an]del *(av gemensamma kostnader); die* ~ *beträgt pro Person 10 Kronen (äv.)* det blir 10 kronor per person **umlagern 1** ['---] flytta (lagra) om **2** [-'--] omringa, omge, trängas kring; belägra **Umland** *0 n* omgivning, uppland **'umlassen** *st, vard.* låta vara på **um-'lauern** lura kring **Umlauf** *-e*† *m* **1** omlopp, kretslopp, varv, rotation, cirkulation **2** rundskrivelse, cirkulär **3** nagelböld **4** omloppstid **Umlaufbahn** *-en f (planets e.d.)* omloppsbana **umlaufen** *st* **I** ['---] **1** kretsa [runt]; vara i omlopp, cirkulera; rotera **2** *vard.* ta en omväg **3** ~*de Winde* växlande vindar; ~ *der Balkon* balkong som går runt **4** springa omkull **II** [-'--] springa (löpa) runt; *die Erde umläuft die Sonne in e-m Jahr* jorden går runt solen på ett år **Umlaufzeit** *-en f* omloppstid **Umlaut** *-e m, språkv.* omljud **'umlauten** *språkv., Vokal wird im Plural umgelautet* vokalen får omljud i pluralis **Umleg[e]kalender** - *m* skrivbordsalmanacka **Umleg[e]kragen** - *m* dubbelvikt krage **umlegen I** ['---] **1** sätta på [sig], svepa om [sig]; lägga på, linda om *(förband)* **2** lägga [ner], vika [ner], fälla [ner], böja [om]; *der Regen hat das Getreide umgelegt* regnet har slagit ner säden **3** lägga om (annorlunda); [för]flytta; *e-n Gast* ~ flytta en gäst till ett annat rum; *ein Telefongespräch* ~ koppla om ett samtal; *den Termin* ~ ändra tidpunkten **4** fördela *(utgifter)* **5** *vard.* fälla, golva **6** *vard.* skjuta [ner], knäppa, mörda **7** *vulg.* få omkull, sätta på *(en flicka)* **II** [-'--] *etw. mit etw.* ~ lägga ngt omkring ngt, garnera ngt med ngt **'umleiten** lägga (dirigera) om, leda en annan väg **Umleitung** *-en f* **1** omläggning, omdirigering *(av trafik)* **2** väg, gata *(för omdirigerad trafik)* **'umlenken** vända; leda (styra) åt ett annat (motsatt) håll **'umlernen** lära om; ställa om sig; omskola sig **um'leuchten** omstråla **umliegend** kringliggande **um'mauern** kringmura, omge med mur[ar] **'ummodeln** [för]ändra, göra om, omforma, omgestalta **'ummünzen 1** omvandla, omsätta **2** prägla om; *etw. in etw.* *(ack.)* (*zu etw.)* ~ göra (döpa) om ngt till ngt, kalla ngt för ngt **um'nachtet** *[geistig]* ~ omtöcknad till förståndet **Um'nachtung** *0 f, [geistige]* ~ sinnesförvirring **um'nähen** [vika och] sy ned, fålla upp **um'nebel|n** insvepa i dimma; *-t* omtöcknad, berusad; *-ter Blick* dimmig (omtöcknad) blick **'umnehmen** *st*

vard. svepa om (ta på) sig 'umorganisieren organisera om 'umpacken packa om umpflanzen 1 ['---] plantera om, flytta 2 [-'--] *das Haus mit Blumen* ~ plantera blommor kring huset 'umpflügen plöja upp 'umprägen omprägla; omforma, ändra 'umprogrammieren programmera om 'umpusten *vard.,* se *umblasen 1* 'umquartieren omkvartera; *e-n Kranken* ~ flytta en patient *(till annat rum)* um'rahmen om-, in|rama; kanta; omge Um'rahmung *-en f* inramning, ram um'randen sätta en rand omkring, inringa; *ein Beet mit Steinen* ~ lägga stenar kring en rabatt 'umrangieren omrangera; flytta om um'rank|en omslingra; *e-e von Efeu -te Mauer* en mur överväxt av murgröna 'umräumen flytta (möblera) om 'umrechnen omräkna; *das kostet umgerechnet 100 Kronen* det kostar 100 kronor i svenska *(e.d.)* pengar umreißen *st* 1 ['---] kasta (riva, vräka, blåsa) omkull 2 [-'--] teckna, skissera, antyda; *scharf umrissen* utpräglad, klar, med skarpa konturer umreiten *st* 1 ['---] *e-n* ~ rida omkull ngn 2 [-'--] *etw.* ~ rida (ta en omväg) omkring ngt 'umrennen *oreg.* springa omkull Umrichter - *m, elektr.* frekvensomformare um'ringen omringa Umri|ß *-sse m* kontur; *Umrisse (äv.)* grund|drag, -linjer, stora drag; *in groben Umrissen darstellen* skildra i grova drag; *der Plan nimmt feste Umrisse an* planen antar fasta former (konturer) Umrißzeichnung *-en f* konturritning Umritt *-e m* 1 ritt runt *(cirkusmanege)* 2 kavalkad 'umrühren röra om 'umrüsten 1 utrusta med nya (moderna) vapen; *auf Raketen* ~ gå över till (satsa på) roboter 2 bygga om, modernisera ums = *um das* 'umsatteln sadla om *(äv. bildl.)* Umsatz *-e†* m omsättning Umsatzsteuer *-n f* omsättningsskatt umsäumen 1 ['---] fålla [upp] 2 [-'--] sy runt; kanta *(äv. bildl.)* 'umschaffen *st* omforma, omgestalta 'umschalten koppla (växla) om; *die Ampel schaltet um* trafikljuset slår om; *auf Urlaub ~ (vard.)* ställa in sig på [att ha] semester; *ins Funkhaus* ~ koppla över (tillbaka) till radiohuset Umschalter - *m, tekn.* omkopplare, omkastare; omskiftare *(på skrivmaskin)* um'schatten beskugga Umschau *0 f* utkik; ~ *halten a)* se sig om, *b)* se sig runt omkring 'umschauen *dial., se umsehen* 'umschichten 1 skikta (trava) om 2 *rfl* förändras, omvandlas, omstruktureras; omfördelas umschichtig skiftande, [om]växlande; växel-, skiftes-, tur|-vis; varvtals Umschichtung *-en f* förändring, omvandling, omstrukturering; omfördelning 'umschießen *st* skjuta ner umschiffen 1 ['---] föra över (lasta om) [t. annat fartyg] 2 [-'--] segla runt; runda Umschlag *-e†* m 1 omslag; kuvert 2 omslag, kompress 3 uppslag *(på byxor e.d.);* vikt kant 4 omslag, [plötslig] övergång (förändring) 5 omlastning umschlagen *st* I ['---] 1 vika (slå) upp; vända [om] *(sida)* 2 slå omkull, fälla 3 lägga om; *sich (dat.) e-e Decke* ~ svepa om sig en filt 4 lasta om 5 *s* välta, stjälpa, falla över ända, kantra 6 *s* slå (kasta) om, förändras; *die Stimme schlägt um* rösten slår över; *die Stimmung schlägt um* stämningen slår om; *der Wein ist umgeschlagen* vinet har blivit dåligt (grumligt o. surt); *in sein Gegenteil* ~ slå över i sin motsats II [-'--] *boktr.* slå om Umschlaghafen

-† *m* omlastningshamn Umschlagkragen - *m* dubbelvikt krage Umschlagplatz *-e†* m omlastningsplats um'schleichen *st* smyga [och lura] omkring um'schließen *st* om-, inne|sluta; omfamna; omringa umschling|en *st* 1 ['---] *sich (dat.) e-n Schal* ~ linda om sig en sjal 2 [-'--] omsluta, omfamna, omslingra; *etw. mit etw.* ~ vira (knyta) ngt om ngt; *die Pflanze -t e-n Stock* växten slingrar sig om en käpp um'schmeicheln *e-n* ~ *a)* kela med ngn, *b)* omge ngn med smicker, fjäska för ngn, *c)* [uppvaktande] svärma kring ngn, kurtisera ngn 'umschmeißen *st, vard., se umwerfen* 'umschmelzen *st* smälta om 'umschnallen *e-m etw.* ~ spänna på ngn ngt um'schnüren *etw. mit e-r Schnur* ~ binda (knyta) ett snöre om ngt umschreiben *st* I ['---] 1 skriva om (på annat sätt); ändra 2 transkribera 3 skriva över, skriftligen överlåta; omregistrera II [-'--] 1 *(klart)* avgränsa, definiera, fastställa 2 omskriva, parafrasera, återge [m. andra ord] 3 *mat.* omskriva Umschreibung *-en f* I ['---] 1 omskrivning; ändring 2 transkription 3 överlåtelse; omregistrering II [-'--] 1 avgränsning, definition 2 omskrivning, parafras Umschrift *-en f* 1 kantskrift *(på mynt e.d.)* 2 omskriven (omarbetad) text 3 [fonetisk] transkription 'umschulden konvertera *(lån)* 'umschulen 1 *ein Kind* ~ låta ett barn byta skola; *ein Kind aufs Gymnasium* ~ skicka ett barn till gymnasiet 2 omskola *(arbetskraft, fångar)* 3 omskola sig; *er hat auf Schweißer umgeschult (vard.)* han har omskolat sig till svetsare Umschüler - *m* person som omskolas Umschulung *-en f* omskolning 'umschütten 1 spilla ut, slå omkull (ut) 2 hälla över [i annat kärl] um-'schwärmen omsvärma *(äv. bildl.)* um-'schweben sväva runt omkring Umschweife *pl* omsvep, krumbukter; *ohne* ~ utan omsvep, rakt på sak; ~ *machen (äv.)* krumbukta sig 'umschwenken *s* göra en sväng; *bildl.* svänga om, ändra åsikt um'schwirren flyga (surra) omkring; omsvärma Umschwung *-e†* *m* omsvängning, omkastning, omslag um'segeln segla runt; runda; *die Erde* ~ segla jorden runt 'umsehen *st, rfl* se sig om-[kring]; se tillbaka; *er ging, ohne sich umzusehen* han gick utan att se sig om; *du wirst dich noch ~ (vard.)* du kommer nog att få upp ögonen; *sich im Zimmer* ~ se sig runt (omkring) i rummet; *sich in der Welt* ~ se sig om i världen; *sich nach e-m Taxi* ~ *(äv.)* försöka få tag i en taxi Umsehen *0 n, im* ~ i en handvändning, plötsligt 'umsein *(hopskrivs end. i inf o. perf part) oreg. s* vara slut umseitig [på] omstående [sida] 'umsetzen 1 flytta, placera om; sätta (plantera) om; *järnv.* rangera om 2 omsätta, förvandla, omvandla 3 *rfl* förvandlas, förändras, övergå *(in etw. ack.* till ngt) 4 omsätta, avsätta Umsicht *0 f* omtänksamhet, försiktighet umsichtig omtänksam, försiktig 'umsiedeln [omflytta]; [tvångs]förflytta 2 *s* flytta Umsied[e]lung *-en f* 1 [tvångs]-förflyttning 2 [om]flyttning 'umsinken *st s* sjunka ihop, segna ner umso *österr.* = *um so* um'sonst 1 gratis 2 förgäves, till ingen nytta 3 *nicht* ~ inte utan orsak (skäl), inte för inte um'sorgen pyssla om; *(kärleksfullt)* sörja för umspannen I ['---] 1 spänna om (på annat sätt); *die Pferde* ~ byta [om] hästar 2 *elektr.* transformera II [-'--] omsluta, omspänna, omfatta; *e-e die ganze Welt ~de Bewegung* en världsomfattande rörelse; *er kann den Stamm mit beiden Armen* ~ han kan räcka (når) runt stammen med båda armarna **Umspanner** - *m* transformator **Umspann|station** -*en f*, -**werk** -*e n* transformatorstation **um'spiel|en 1** sport. dribbla förbi **2** *mus.* parafrasera; utsmycka **3** *Wellen* ~ *das Boot* vågor leker kring båten; *ein Lächeln -t seine Lippen* ett leende leker kring hans läppar **um'spinnen** *st* om-, kring|spinna **umspringen** *st* **I** ['---] *s* **1** slå (kasta) om, skifta **2** *mit e-m* ~ behandla ngn hur som helst (godtyckligt, överlägset, illa); *mit etw.* ~ handskas [vårdslöst] med ngt **3** *skidsport.* svänga med hopp, "pumpa" **II** [-'--] hoppa omkring '**umspulen** spola om (*på annan spole*) **um'spülen** skölja (*om vågor*) **Umstand** -*e†* *m* **1** omständighet, förhållande; *mildernde Umstände* (*jur.*) förmildrande omständigheter; *unter Umständen* möjligen, eventuellt, kanske, under vissa omständigheter; *unter allen Umständen* (*äv.*) i varje (alla) fall; *unter keinen Umständen* (*äv.*) absolut inte, aldrig, på inga villkor **2** *in anderen Umständen sein* vara i omständigheter (med barn) **3** *Umstände* krångel, besvär; *ohne alle Umstände* utan vidare [omständigheter], utan att tveka; *mach dir keine großen Umstände* ställ inte till (gör dig inte) för mycket besvär **umständehalber** på grund av särskilda omständigheter (ändrade förhållanden) **umständlich** omständlig; *das ist mir viel zu* ~ (*äv.*) det är alldeles för besvärligt för mig **Umstands|angabe** -*n f*, **-bestimmung** -*en f*, *språkv.* adverbial **Umstandsergänzung** -*en f, språkv.* (*valensbundet*) adverbial **Umstandsfürwort** -*er† n, språkv.* pronominaladverb **umstandshalber** *se umständehalber* **Umstandskleid** -*er n* mammaklänning **Umstandskrämer** - *m, vard.*, *ein* ~ *sein* vara omständlig [av sig] **Umstandssatz** -*e† m, språkv.* adverbialsats **Umstandswort** -*er† n, språkv.* adverb '**umstechen** *st* gräva om **umstecken 1** ['---] sätta (fästa) på annat sätt; *e-n Stecker* ~ sätta i en stickkontakt på annat sätt (ställe) **2** [-'---] *etw. mit etw.* ~ sätta (fästa) ngt omkring ngt **umstehen** *st* **I** ['---] *s, sty., österr.* **1** gå åt sidan **2** dö **II** [-'--] stå [runt] omkring, omge **umstehend 1** kringstående; *die U~en* de kringstående **2** [på] omstående [sida] **Umsteig[e]bahnhof** -*e† m* bangård (station) för tågbyte **Umsteig[e]|fahrschein** -*e m*, -**karte** -*n f* övergång[sbiljett] '**umsteigen** *st s* byta (*tåg e.d.*); *auf etw.* (*ack.*) ~ (*vard.*) byta (gå över) till ngt **Umsteiger** - *m, vard., se Umsteig[e]fahrschein* **umstellbar** [om]ställbar **umstellen I** ['---] **1** ställa (flytta, placera, ordna) om; ändra (lägga) om; kastå om; *die Mannschaft* ~ (*sport.*) disponera om laget; *auf e-e andere Produktion* ~ lägga om till annan produktion **2** *rfl* ställa om (anpassa) sig; *das Restaurant hat sich auf Selbstbedienung umgestellt* restaurangen har gått över till självservering **II** [-'--] omge, omringa, inringa '**umstimmen 1** *mus.* stämma om **2** *bildl.* få ngn på andra tankar; *er ließ sich nicht* ~ det gick inte att få honom att ändra sig '**umstoßen** *st* stöta (kasta, slå) omkull; *bildl.* kullkasta; annullera, (*grundläggande*) ändra, upphäva **um'strahlen** omstråla **umstricken 1** ['---] sticka om **2** [-'--] sticka (ngt) omkring (ngt); *bildl.* snärja **um'stritten** omstridd '**umstrukturieren** strukturera om ''**umstülpen**

vända ut och in på (*ficka*); vända upp och ner på (*äv. bildl.*) **Umsturz** -*e† m* omstörtning, omvälvning; revolution '**umstürzen 1** *s* stjälpa, falla omkull, störta [samman] **2** välta (slå, störta) omkull; *bildl.* kullkasta, [om]störta **Umstürzler** - *m* upprorsman, revolutionär **umstürzlerisch** revolutionär **um'tanzen** dansa [runt] omkring '**umtaufen** döpa om; ge annat namn **Umtausch** 0 *m* **1** [om]byte, utbyte **2** växling '**umtauschen 1** byta [ut, om] **2** växla **Umtauschrecht** 0 *n* bytesrätt **um'toben** rasa (väsnas) omkring '**umtopfen** plantera om (*krukväxt*) '**umtreiben** *st* **1** ansätta, oroa **2** *dial.* driva **2** *rfl, högt.* driva omkring **Umtrieb** -*e m* **1** *skogsv.* omloppstid **2** *gruv.* passage (*förbi ort*) **3** *bildl.*, ~*e* aktiviteter, ränker, intriger; *revolutionäre* ~*e* revolutionära stämplingar **Umtrunk** -*e† m* dryckes|gille, -lag '**umtun** *st*, *vard.* **1** *e-m etw.* ~ svepa ngt om ngn; *sich* (*dat.*) *e-n Mantel* ~ ta på sig en kappa (rock) **2** *rfl, sich in der Stadt* ~ se sig om i staden; *sich nach etw.* ~ (*bildl.*) se sig om efter ngt; *sich bei e-m* ~ höra sig för hos ngn **U-Musik** 0 *f, förk. för Unterhaltungsmusik* underhållningsmusik **um'wachsen** *st* växa [runt] omkring; *von Efeu* ~ övervuxen av murgröna **um'wallen** *högt.* svalla (bölja) runt omkring '**umwälzen** rulla (vältra) runt; *bildl.* omstörta, omvälva; ~*de Ereignisse* epokgörande (revolutionerande) händelser **Umwälzpumpe** -*n f* cirkulationspump **Umwälzung** -*en f* omvälvning, omstörtning; revolution **umwandeln 1** ['---] förvandla (*in* + *ack.* till), omvandla; transformera; konvertera; *sich* ~ förvandlas *etc.*; *er ist wie umgewandelt* (*äv.*) han är som en annan människa **2** [-'--] *högt.* vandra omkring (*ngt*) **Umwand[e]lung** -*en f* för-, om|vandling; transformering; konvertering **um'weben** *st, etw. mit etw.* ~ väva ngt kring ngt, *bildl.* omge ngt med ngt '**umwechseln** [om]växla; *Kronen in Mark* ~ växla kronor till mark; *er war wie umgewechselt* han var som bortbytt **Umweg** -*e m* omväg; *e-n* ~ *machen* ta en omväg; *auf* ~*en* (*äv.*) indirekt; *ohne* ~*e* (*äv.*) direkt, utan omsvep, rakt på sak **umwehen 1** ['---] blåsa omkull **2** [-'--] fläkta kring **Umwelt** 0 *f* miljö; omvärld, omgivning **umweltbedingt** miljöbetingad **Umweltbedingungen** *pl* miljöbetingelser **umweltfeindlich** miljöfientlig **umweltfreundlich** miljövänlig **Umweltschäden** *pl* miljöskador **umweltschädlich** miljö|skadlig, -farlig **Umweltschutz** 0 *m* miljö|skydd, -vård **Umweltschützer** - *m* miljövän **Umweltverschmutzung** 0 *f* nedsmutsning av miljön (naturen), miljöförorening **Umweltzerstörung** 0 *f* miljöförstöring '**umwenden I** *wendete* (*wandte*) *um, umgewendet* (*umgewandt*) **1** vända; vända ut och in på **2** *rfl* vända sig om **II** *sv, h el.* *s* vända [om] **um'werben** *st* uppvakta; *umworben sein* (*äv.*) vara mycket eftersökt, ha många beundrare '**umwerfen** *st* **1** slänga en kappa (rock) över axlarna [på sig] **2** ha (slå, välta) omkull; *vard.* kullkasta, omintetgöra; *vard.* skaka, få att förlora fattningen, golva; knäcka; ~*der Gedanke* fantastisk (förbluffande) tanke; ~*d* [komisch] urkomisk, jätterolig; *e-e Flasche Wein wird dich doch nicht* ~? en flaska vin står du väl pall för? **3** *åld.* gräva om; plöja [upp] '**um-

werten omvärdera **Umwertung** *-en f* omvärdering
umwickeln I ['---] **1** *etw. um etw.* ~ veckla (vira, linda) ngt om[kring] ngt **2** *ein Kind* ~ *byta* [blöjor] på ett barn **II** [-'--] *etw. mit etw.* ~ veckla (vira, linda) ngt om[kring] ngt **umwinden** *st* **I** ['---] *se umwickeln I 1* **II** [-'--] *se umwickeln II* **um'witter|n** *högt.* omvärva; *er ist von Geheimnissen -t* det är ngt hemlighetsfullt med honom; *seine Herkunft ist von e-m Geheimnis -t* det vilar en hemlighet över hans börd **um'wogen** bölja (svalla) omkring *(ngn)* **umwohnend** kringboende; *die U~en (äv.)* grannarna **Umwohner** - *m* kringboende, granne **um'wölk|en 1** hölja i moln; förmörka **2** *rfl* höljas i moln; förmörkas; *der Himmel -t sich* det mulnar **'umwühlen** gräva om (upp), böka upp **um'zäunen** inhägna, kringgärda **Um'zäunung** *-en f* **1** inhägnande **2** inhägnad **'umzeichnen** teckna (rita) om; ändra *(teckning)* **umziehen** *st* **I** ['---] **1** *s* flytta **2** *das Kind* ~ *byta kläder på barnet* **3** *rfl* klä om sig, byta om **II** [-'--] **1** omge, gå runt, omsluta **2** täcka **3** *rfl, der Himmel hat sich umzogen* himlen har täckts med moln **um'zingeln** omringa, kringränna **Umzug** *-e†* m **1** flyttning *(nach till)* **2** tåg; demonstration; procession **umzugshalber** på grund av flyttning **um'züngeln** *(om eld)* fladdra (flamma) [runt] omkring
UN [u:'|ɛn] *förk. för eng.* United Nations FN, Förenta nationerna
unab'änderlich [*äv.* '-----] omöjlig att ändra [på], oåterkallelig, orubblig, oryggli̇g **unab'dingbar** [*äv.* '----] oundgänglig, [absolut] nödvändig, oeftergivlig; *jur.* icke förhandlingsbar **unabhängig** oavhängig, oberoende, autonom **Unabhängigkeit** *0 f* oavhängighet, oberoende, autonomi, suveränitet **unab'kömmlich** [*äv.* '----] oumbärlig; *er ist im Moment* ~ han kan inte komma ifrån just nu; ~ [gestellt] *(mil.)* frikallad *(på grund av oumbärlighet i civil tjänst)* **unablässig** [*äv.* --'--] oavlåtlig, oupphörlig, oavbruten **unab'sehbar** [*äv.* '----] oöverskådlig, oöverblickbar, oanad **unab'setzbar** [*äv.* '----] oavsättbar, som inte kan avsättas **unabsichtlich** oavsiktlig, ouppsåtlig; inte med flit, av misstag **unab'weis|bar** [*äv.* '----], **-lich** [*äv.* '----] oavvislig, som inte kan tillbakavisas **unab'wendbar** [*äv.* '----] oundviklig, omöjlig att förebygga (avvända, avstyra)
unachtsam oaktsam, ovarsam, vårdslös **Unachtsamkeit** *0 f* oaktsamhet, vårdslöshet
unähnlich olik *(e-m ngn)*; *e-m nicht ~ sein (äv.)* likna ngn
unan'fechtbar [*äv.* '----] oangriplig, oantastlig, inte anfäktbar; *jur.* som inte får (kan) överklagas **unangebracht** malplacerad, opassande, olämplig, omotiverad **unangefochten** oanfäktad, obestridd; obehindrad, ostörd; icke jävad; *e-n ~ lassen (äv.)* lämna ngn i fred **unangemeldet 1** oanmäld **2** oregistrerad **unangemessen** opassande, olämplig; orimlig; oskälig **unangenehm** oangenäm, obehaglig, otrevlig, olustig, otäck; ~ *auffallen* visa ett olämpligt uppträdande; ~ *berührt* illa berörd; *es ist mir sehr ~, daß (äv.)* jag är mycket ledsen att; *er kann sehr ~ werden* han kan vara mycket otrevlig **unangepaßt** ej anpassad, missanpassad **unangesehen** *prep m. gen. el. ack., åld.* oavsett, bortsett från, utan hänsyn till **unangetastet** oantastad,

orörd; *etw.* ~ *lassen (äv.)* lämna ngt i fred **unan'greifbar** [*äv.* '----] oangrip|lig, -bar **unan'nehmbar** [*äv.* '----] oantag|bar, -lig, oacceptabel **Unannehmlichkeit** *-en f* obehag-[lighet], olägenhet, tråkighet **unansehnlich 1** oansenlig, obetydande **2** föga tilltalande, oskön, intetsägande; ~es *Kleid (äv.)* [lugg]sliten (sjabbig) klänning; ~e *Person* person som inte ser någonting ut **unanständig** oanständig, otillständig; obscen; ~ *fett* hemskt fet **unan'tastbar** [*äv.* '----] oantast|bar, -lig, okränkbar; som ej får röras
unappetitlich oaptitlig, osmaklig **Unart** *-en f* oart, vanart, oskick, ovana **unartig** ouppfostrad, stygg, inte snäll **unartikuliert** oartikulerad **unästhetisch** oestetisk
unaufdringlich inte påträngande, diskret **unauffällig** inte iögonenfallande, diskret; *sich* ~ *entfernen* avlägsna sig utan att det faller [ngn] i ögonen (det märks) **unauf'findbar** [*äv.* '----] omöjlig att få tag på; *das Versteck ist* ~ det går inte att hitta gömstället **unaufgefordert** ouppfordrad; *etw.* ~ *tun* självmant göra ngt **unaufgeklärt** oupppklarad **unauf'halt|bar, -sam** [*äv.* '----] ohejdbar, omöjlig att hejda; *die Entwicklung ist* ~ utvecklingen går inte att hejda **unauf'hörlich** [*äv.* '----] oupphörlig, oavbruten **unauf'lös|bar, -lich** [*äv.* '----] inte löslig; som inte går att lösa [upp]; oupplöslig **unaufmerksam** ouppmärksam **Unaufmerksamkeit** *0 f* ouppmärksamhet **unaufrichtig** ouppriktig **unauf'schiebbar** [*äv.* '----] som inte kan skjutas upp (tål ngt uppskov)
unaus'bleiblich [*äv.* '----] oundviklig, ofrånkomlig **unaus'denkbar** [*äv.* '----] som man inte kan tänka (föreställa) sig **unaus'führbar** [*äv.* '----] outförbar, ogörlig **unausgebildet** outbildad **unausgefüllt** inte ifylld, blank; inte [ut]fylld, tom; otillfredsställd; ~es *Leben* tomt (innehållslöst) liv **unausgeglichen** obalanserad, oharmonisk **unausgegoren** *bildl.* ofullgången, ofullständig, omogen **unausgeschlafen** inte utsövd **unausgesetzt** oupphörlig, oavbruten **unausgesprochen** outtalad; underförstådd **unaus'löschlich** [*äv.* '----] outplånlig **unaus'rottbar** [*äv.* '----] outrotlig **unaus'sprechbar** [*äv.* '----] outtalbar; *der Name ist* ~ namnet går inte att uttala **unaus'sprechlich** [*äv.* '----] outsäglig, obeskrivlig; *ihre U~en* hennes onämnbara *(underbyxor)* **unaus'stehlich** [*äv.* '----] outhärdlig; ~*er Kerl* odräglig (olidlig) karl **unaus'tilgbar** [*äv.* '----] outplånlig **unaus'weichlich** [*äv.* '----] oundviklig, ofrånkomlig
Unband *-e[†] m, åld. el. dial.* vildbasare, yrhätta **unbändig** obändig; hejdlös, ohejdad; ~er *Jubel* hejdlöst jubel; ~es *Kind* bångstyrigt barn; ~e *Wut* otyglad vrede; *sich* ~ *freuen* glädja sig ofantligt; ~ *viel Geld* enormt mycket pengar **unbar** inte kontant **unbarmherzig** obarmhärtig
unbeabsichtigt oavsiktlig **unbeachtet** obeaktad, ouppmärksammad; ~ *lassen* inte ta hänsyn till, lämna utan avseende; *seine Worte* ~ *lassen* inte beakta hans ord **unbeanstandet** opåtald; *e-n Fehler* ~ *lassen* inte anmärka på ett fel; ~ *durch die Kontrolle gehen* gå genom kontrollen utan anmärkning **unbeantwortet** obesvarad; *die Frage* ~ *lassen (äv.)* inte svara på frågan **unbebaut** obebyggd; obrukad *(om åker)* **unbedacht[sam]** obe-

tänksam, tanklös, oöverlagd, överilad **Unbedachtsamkeit** *-en f* obetänksamhet, överilning **unbedarft** oerfaren, naiv **unbedeckt** obetäckt, bar **unbedenklich** ofarlig, riskfri, säker; invändningsfri; *das würde ich ~ tun* det skulle jag göra utan några betänkligheter **unbedeutend** obetydlig, betydelselös, oviktig **unbedingt** [*äv.* --'-] obetingad, ovillkorlig, absolut; *diesen Film mußt du ~ sehen* den här filmen måste du absolut se **unbeeindruckt** [*äv.* --'--] opåverkad, oberörd **unbeendet** oavslutad, ofullbordad **unbe'fahrbar** [*äv.* '----] (*om väg*) oframkomlig **unbefangen 1** obesvärad, ogenerad, otvungen, ledig, frimodig **2** fördomsfri; opartisk; ojävig **Unbefangenheit** *0 f* obesvärat sätt, otvungenhet *etc.*, *jfr unbefangen* **unbefleckt** fläckfri; obefläckad **unbefriedigend** otillfredsställande **unbefriedigt** otillfredsställd **unbefristet** obegränsad, ej tidsbegränsad **unbefugt** obefogad, obehörig; *Zutritt für U~e verboten!* obehöriga äga ej tillträde!
unbegabt obegåvad **unbeglichen** obetald **unbe'greiflich** [*äv.* '----] obegriplig, ofattbar **unbegrenzt** [*äv.* --'-] obegränsad, oinskränkt **unbegründet** ogrundad, grundlös, omotiverad **unbehaart** obehårad, hårlös **Unbehagen** *0 n* [känsla av] obehag, olust, vantrivsel **unbehaglich** obehaglig, otrevlig; *sich ~ fühlen* känna sig obehaglig [till mods], vantrivas **Unbehaglichkeit** *-en f* obehag[lighet], otrevlighet **unbe'hellig** [*äv.* '----] oantastad, ostörd; *e-n ~ lassen* (*äv.*) lämna ngn i fred **unbeherrscht** obehärskad **unbehindert** obehindrad; utan hinder **unbeholfen** tafatt, bortkommen, valhänt, klumpig, fumlig **unbe'irrbar** [*äv.* '----] omöjlig att förvilla, orubblig, osviklig **unbe'irrt** [*äv.* '----] oförvillad; *~ seinen Weg gehen* gå sin väg rakt fram **unbekannt** obekant, okänd; *er ist hier ~* (*äv.*) han är främmande här; *~ verzogen* flyttad till okänd adress; *e-e U~e* (*mat.*) en obekant; *Anzeige gegen U~* **erstatten** göra polisanmälan mot okänd gärningsman **'unbekannter'weise grüßen Sie ihn ~** jag ber om min obekanta hälsning till honom **unbekleidet** oklädd, naken **unbekümmert** [*äv.* --'--] obekymrad, sorg-, bekymmers|lös **Unbekümmertheit** [*äv.* --'----] *0 f* bekymmers-, sorg|löshet **unbelastet** ej tyngd, fri; obelastad; med fläckfritt förflutet; *ekon.* ointecknad, ograverad, skuldfri **unbelebt** livlös, öde (*om plats*); *die ~e Natur* den oorganiska naturen **unbeleckt** *vard., von etw. ~ sein* inte ha kommit i kontakt med ngt, sakna erfarenhet av ngt; *von der Kultur ~* oberörd (opåverkad) av kulturen **unbe'lehrbar** [*äv.* '----] oförbätterlig; *~ sein* (*äv.*) inte vilja ta råd, följa sitt eget huvud **unbeleuchtet** obelyst **unbelichtet** *foto.* oexponerad **unbeliebt** impopulär, illa omtyckt **Unbeliebtheit** *0 f* impopularitet
unbemannt 1 obemannad **2** *vard. skämts.*, *~ sein* inte ha fått tag på en karl, vara ogift **unbemerkt** obemärkt; *von allen ~* utan att uppmärksammas av ngn **unbemittelt** obemedlad, medellös **unbe'nommen** [*äv.* '----] *es bleibt ihm ~*, *ob er das Haus verkauft oder nicht* det står honom fritt (han är oförhindrad) att sälja huset eller låta bli; *es bleibt Ihnen ~*, *zu* det står Er fritt att **unbe'nutzbar** [*äv.* '----] obrukbar, oanvändbar **unbenutzt** oanvänd, obegagnad, outnyttjad **unbeobachtet** ej observerad; *in e-m ~en Augenblick* i ett obevakat ögonblick; *er glaubte sich ~* han trodde att ingen iakttog honom **unbequem** obekväm; *~e Person* (*äv.*) besvärlig person **Unbequemlichkeit** *-en f* obekvämhet; *e-m ~en bereiten* vålla ngn besvär **unbe'rechenbar** [*äv.* '----] oberäknelig **unberechtigt** oberättigad, obefogad, omotiverad **unbe-'rücksichtigt** [*äv.* '----] obeaktad; *das blieb ~* (*äv.*) det togs ingen hänsyn till det **unberufen** [*äv.* --'--] **1** oombedd; obehörig; *~e Einmischung* icke önskad (oombedd) inblandning **2** *~ [toi, toi, toi]!* peppar peppar!, ta i trä! **Unbe'rührbare(r)** [*äv.* '-----] *m f*, *adj böjn.* paria **unberührt** oberörd; orörd; jungfrulig; intakt; *~es Mädchen* orörd flicka; *etw. ~ lassen* (*äv.*) inte vidröra ngt, låta ngt vara; *es ließ ihn ~* (*äv.*) det berörde honom inte; *das Essen ~ lassen* (*äv.*) inte smaka på maten; *e-e Frage ~ lassen* (*äv.*) förbigå en fråga med tystnad **unbeschadet** [*äv.* --'--] **I** *prep med gen.* utan förfång för, utan hänsyn till; *~ seiner Verdienste müssen wir* trots hans förtjänster måste vi **II** *adv* oskadd; utan hinder **unbeschädigt** oskadd, oskadad, intakt **unbeschäftigt** sysslolös **unbescheiden** anspråksfull, fordrande; oförskämd; *ohne ~ sein zu wollen* utan att vilja vara oförsynt **unbescholten** oförvitlig, oklanderlig; *jur.* inte tidigare straffad **Unbescholtenheit** *0 f* oförvitlighet *etc.*, *jfr unbescholten* **unbeschrankt** utan bommar; *~er Bahnübergang* obevakad järnvägskorsning **unbeschränkt** [*äv.* --'--] obegränsad, oinskränkt **unbe'schreiblich** [*äv.* '----] obeskrivlig **unbeschrieben** oskriven **unbeschützt** oskyddad, utan skydd **unbeschwert** obesvärad; lätt om hjärtat; *mit ~em Gewissen* med gott samvete **unbeseelt** besjälad (*om natur*) **unbe'sehen** [*äv.* '----] *etw. ~ kaufen* köpa ngt obesett **unbesetzt** obesatt, vakant, ledig; *die Stellung ist ~* platsen är inte tillsatt **unbe'siegbar** [*äv.* '----] oövervinnelig, oslagbar **unbe'siegt** [*äv.* '----] obesegrad, oslagen **unbesonnen** obetänksam, överilad **Unbesonnenheit** *-en f* obetänksamhet, tanklöshet **unbesorgt** obekymrad; *seien Sie ~!* var lugn (inte orolig)!; *e-m etw. ~ anvertrauen* lugnt anförtro ngt åt ngn **unbest. fork. för unbestimmt** obestämd **unbeständig** obeständig, ostadig (*om väder*), ombytlig (*om person*) **unbestätigt** [*äv.* --'--] obekräftad **unbe'stechlich** [*äv.* '----] obesticklig, omutbar, omutlig **Unbe'stechlichkeit** [*äv.* '-----] *0 f* omutbarhet, omutlighet **unbe'stimmbar** [*äv.* '----] obestämbar, odefinierbar **unbestimmt** obestämd; *språkv. äv.* indefinit; osäker; oviss; *sich ~ äußern* yttra sig vagt (svävande) **unbe'streitbar** [*äv.* '----] obestridlig **unbestritten** [*äv.* --'--] oomstridd, obestridlig **unbeteiligt** [*äv.* --'--]**1** inte delaktig (*an + dat.* i) **2** oengagerad, ointresserad **unbetont** obetonad, oaccentuerad **unbeträchtlich** [*äv.* --'--] oansenlig, obetydlig, oväsentlig, oviktig **un'beugbar** [*äv.* '----] *språkv.* oböjlig **unbeugsam** [*äv.* -'--] oböjlig, okuvlig, orubblig (*om vilja*) **unbewacht** obevakad **unbewaffnet** obeväpnad; *mit ~em Auge* med obeväpnat öga (*utan kikare e.d.*) **unbewältigt** oupp-klarad, olöst, obemästrad, *som man* (*etc.*) inte gjort upp med **unbewandert** obevandrad, ej hemmastadd **unbeweglich** [*äv.* --'--] orörlig; fast; obeveklig, orubblig; [*geistig*] ~ trög; ~e

Habe fast egendom **unbewegt** orörlig **unbeweibt** *vard.* ogift (*om ungkarl*) **unbe'weisbar** [*äv.* '----] obevislig **unbewiesen** obevisad **unbe'wohnbar** [*äv.* '----] obeboelig **unbewohnt** obebodd **unbewußt** omedveten; undermedveten **unbe'zahlbar** [*äv.* '----] obetalbar **unbezahlt** obetald **unbe'zähmbar** [*äv.* '----] otämjbar; ~*e Begierde* okuvligt begär; *e-e* ~*e Lust, zu* en oemotståndlig lust att **unbe'zwing|bar, -lich** [*äv.* '----] oövervinnelig; ointaglig (*om fästning*); *bildl.* obetvinglig, okuvlig
Unbilden *pl, högt.* [besvärliga] följder, vedermödor; *die* ~ *des Winters* (*ung.*) vinterns stränghet; *den* ~ *der Witterung trotzen* (*ung.*) trotsa vädrets makter **Unbildung** *0 f* obildning **Unbill** *0 f, högt.* oförrätt[er], orättfärdighet[er]; hemskhet[er] **unbillig** *högt.* obillig, oskälig **unbotmäßig** olydig [mot överheten], uppstudsig, trilsk, fräck **unbrauchbar** obrukbar, oduglig, oanvändbar **unbürokratisch** obyråkratisk
und och, samt; plus; ~ *ähnliches* och dylikt; ~ *andere* [*mehr*] med flera; ~ *anderes mehr* med mera; *durch* ~ *durch* alltigenom; ~ *ob!* om!, jovisst!, det kan du lita på!; ~ *wenn schon* [*auch*]! och (även) om så vore!; ~ *ich gehe,* ~ *wenn es noch so regnet* jag går hur mycket det än regnar; ~ *zwar* nämligen; *na* ~ ? än sen då?; *der* ~ *kochen können?* (*föraktfullt*) skulle den där kunna laga mat?
Undank *0 m* otack; ~ *ist der Welt Lohn* otack är världens lön **undankbar** otacksam **Undankbarkeit** *0 f* otacksamhet **undatiert** odaterad **undefi'nierbar** [*äv.* '----] odefinierbar **undeklinierbar** [*äv.* ---'--] språkv. oböjlig, indeklinabel **undemo'kratisch** [*äv.* '----] odemokratisk **un'denkbar** otänkbar **un-'denklich** *seit* ~*en Zeiten* sedan urminnes tid **Under|ground** ['ʌndəgraʊnd] *0 m* **1** underjordisk rörelse; *in den* ~ *gehen* gå under jorden, börja underjordisk verksamhet **2** underground[kultur], subkultur; undergroundmusik **-statement** [-'steɪtmənt] *-s n* underdrift, understatement
undeutlich otydlig **undeutsch** otysk **undicht** otät; ~*e Stellen* (*äv.*) läckor; ~ *sein* (*äv.*) läcka **undifferenziert** odifferentierad; onyanserad
Un'dine *-n f* undin, vattenande
Unding *0 n* oting, otyg; *es ist ein* ~, *das zu tun* (*äv.*) det är orimligt (vansinnigt, uppåt väggarna) att göra det **undiplomatisch** odiplomatisk **undiskutabel** [*äv.* ---'--] otänkbar, ej värd att övervägas **undiszipliniert** odisciplinerad **undrama'tisch** odramatisk **unduldsam** ofördragsam, intolerant **undurch- 'dring|bar, -lich** [*äv.* '----] ogenomträngig **undurch'führbar** [*äv.* '----] ogenomförbar **undurchlässig** ogenomsläpplig **undurch-'schaubar** [*äv.* '----] svår (omöjlig) att genomskåda **undurchsichtig** ogenomskinlig; ~*e Geschäfte* skumma affärer; ~*er Mensch* människa som det är svårt att genomskåda; *aus e-m* ~*en Grund* av ngn outgrundlig anledning **uneben** ojämn; *sie ist nicht* ~ (*vard.*) hon är inte oäven; *der Plan ist nicht* ~ (*vard.*) planen är inte dum (så tokig) **unecht** oäkta; falsk, imiterad; ~*er Bruch* (*mat.*) oegentligt bråk **unehelich** utomäktenskaplig, oäkta; ~*es Kind* (*äv.*) barn fött utom äktenskapet; ~*e Mutter* ogift mor **Unehre** *0 f* van|ära, -heder

unehrenhaft vanhedrande **unehrerbietig** vanvördig **unehrlich** oärlig **uneigennützig** oegennyttig, osjälvisk **uneigentlich** oegentlig; *vard. ung.* om man inte tar det så noga; *eigentlich ist das falsch, aber* ~ *kann man es übersehen* egentligen är det fel men man kan låta det passera (gå för den här gången) **uneingeschränkt** [*äv.* ---'-] oinskränkt; absolut **uneingeweiht** oinvigd, oinitierad **unein- 'holbar** [*äv.* '----] som inte går att hinna upp (hämta in) **uneinig** oenig, oense **Uneinigkeit** *-en f* oenighet, tvist **unein'nehmbar** [*äv.* '----] ointaglig **uneins** oenig, oense **uneinsichtig** oförstående, oförnuftig, oresonabel; förhärdad **unempfänglich** oemottaglig **unempfindlich 1** okänslig; känslolös; oöm **2** oemottaglig, immun, motståndskraftig **un'endlich** oändlig; *auf* ~ *einstellen* (*foto.*) ställa in på oändligt; *bis ins* ~*e* i det oändliga **un'endlich[e]'mal** *vard.* oändligt många (massor med) gånger **Un'endlichkeit** *0 f* oändlighet; *vard.* evighet **unent'behrlich** [*äv.* '----] oumbärlig; *das ist mir* (*für mich*) ~ (*äv.*) jag klarar mig inte utan det **unent'deckt** [*äv.* '----] oupptäckt; okänd **unent'geltlich** [*äv.* '----] avgiftsfri, gratis **unent'rinnbar** [*äv.* '----] ofrånkomlig, oundviklig **unentschieden 1** oavgjord (*äv. sport.*), oviss **2** obeslutsam, villrådig **unentschlossen** obeslutsam, velig, villrådig; *ich bin noch* ~ jag har ännu inte bestämt mig **unent'schuldbar** [*äv.* '----] oförlåtlig, oursäktlig **unentschuldigt** utan ursäkt (giltigt förfall) **unent'wegt** [*äv.* '----] orygglig, orubblig, ståndaktig; *ein paar U*~*e a*) några entusiaster, *b*) några fanatiker (fanatiska anhängare); *er pfiff* ~ han visslade oavbrutet **unent'wirrbar** [*äv.* '----] oupplöslig, outredbar, [hopplöst] tilltrasslad
uner'achtet [*äv.* '----] *prep med gen., åld.* oaktat, oavsett **uner'bittlich** [*äv.* '----] obönhörlig, obeveklig **unerfahren** oerfaren **uner- 'findlich** [*äv.* '----] obegriplig, ofattlig; *es ist mir* ~ det är mig oförklarligt **uner'forschlich** [*äv.* '----] outforsklig, outrannsaklig **unerfreulich** ledsam, tråkig; *e-e* ~*e Nachricht* en sorglig (tråkig) nyhet; *die Stimmung ist* ~ det råder en trist stämning **uner'füllbar** [*äv.* '----] ouppfyllbar **unerfüllt** ouppfylld; *bildl.* otillfredsställd, tom **unergiebig** inte lönsam (lönande); ofruktbar, föga givande; som ger lite **uner'gründ|bar, -lich** [*äv.* '----] outgrundlig **unerheblich** betydelselös, ovidkommande, obetydlig; *es ist* ~, *ob* det saknar betydelse (är oväsentligt) om **unerhört 1** ['----] ohörd (*om bön*) **2** [--'-] oerhörd, enastående, fantastisk, exempellös; upprörande, skandalös; oförskämd; ~ *billig* jättebillig **unerkannt** okänd; ~ *fuhr er durch die Stadt* utan att bli igenkänd for han genom staden **uner'klär|bar, -lich** [*äv.* '----] oförklarlig **uner'läßlich** [*äv.* '----] absolut nödvändig **uner'laubt** otillåten **unerledigt** oavslutad, som måste åtgärdas; ~*e Briefe* obesvarade brev **uner'meßlich** [*äv.* '----] omätlig[t stor]; ofantlig **uner'müdlich** [*äv.* '----] oför-, out|-tröttlig **unernst** inte allvarlig **unerquicklich** föga uppbygglig, inte glädjande, bedrövlig, obehaglig **uner'reichbar** [*äv.* '----] onåbar, oupphinnelig, oåtkomlig, ouppnåelig; oanträffbar **uner'reicht** [*äv.* ---'] oupp|nådd, -hunnen **uner'sättlich** [*äv.* '----] omättlig; ~ *sein* (*äv.*) aldrig få nog **unerschlossen**

[ännu] inte utforskad (exploaterad) **uner'schöpflich** [*äv.* '----] outtömlig **unerschrocken** oförskräckt; utan fruktan **uner'schütterlich** [*äv.* '-----] orubblig, oomkullrunkelig **uner'schwinglich** [*äv.* '----] oöverkomlig (*om kostnad*) **uner'setz|bar, -lich** [*äv.* '----] oersättlig; irreparabel **unersprießlich** [*äv.* --'--] gagnlös, föga givande, fruktlös; oangenäm **uner'träglich** [*äv.* '----] odräglig, outhärdlig, olidlig **unerwähnt** inte omnämnd; *etw.* ~ *lassen* inte omnämna ngt, förbigå ngt med tystnad **unerwartet** [*äv.* --'--] oväntad; *es ist so* ~ *gekommen* (*äv.*) det kom helt överraskande **unerweis|bar, -lich** [*äv.* --'--] obevis|bar, -lig **unerwidert** obesvarad **unerwünscht** ovälkommen, inte önskad, oläglig; *Besuche sind* ~ besök undanbedes **unerzogen** ouppfostrad
UNESCO 0 *f*, *die* ~ UNESCO
unfähig oförmögen, inkapabel, oduglig, inkompetent; *er ist* ~, *zu entscheiden, ob* han är inte i stånd att (kan inte) avgöra om **Unfähigkeit** 0 *f* oförmåga, oduglighet, inkompetens, bristande förmåga **unfair** ['ʊnfɛːg] ojust **Unfall** -*e†* *m* olycka, olycks|händelse, -fall, missöde; *e-n tödlichen* ~ *erleiden* omkomma i en olycka; *gegen* ~ *versichert* olycksfallsförsäkrad **Unfallarzt** -*e†* *m* jourläkare [för olycksfall] **Unfallauto** -*s* *n* ambulans **Unfallflucht** 0 *f*, *jur.* smitning (*vid trafikolycka*) **unfallfrei** utan [trafik]olyckor, skadefri **Unfallhilfe** 0 *f* 1 hjälp vid olycksfall 2 olycksfalls-, akut|mottagning **Unfallkrankenhaus** -*er†* *n* sjukhus för olycksfall **Unfallschutz** 0 *m*, *ung.* arbetarskydd (*åtgärder för att förebygga olycksfall*) **Unfallstation** -*en* *f*, *se Unfallhilfe* 2 **Unfallstelle** -*n* *f* olycksplats **unfallträchtig** ~*e Kreuzung* korsning med många [trafik]olyckor **Unfallverhütung** 0 *f*, *se Unfallschutz* **Unfallversicherung** -*en* *f* olycksfallsförsäkring **Unfallwagen** - *m* 1 ambulans 2 bil som är inblandad i olycka, olycksbil, [krock]skadad bil **un'faß|bar, -lich** [*äv.* '---] ofattbar; *es ist mir* ~, *wie* (*äv.*) jag kan absolut inte fatta hur **un'fehlbar** [*äv.* '---] ofelbar; osviklig **unfein** ofin **unfern I** *prep med gen.* ej långt från, i närheten av **II** *adv,* ~ *von der Stadt* ej långt från (i närheten av) staden **unfertig** ej färdig, ofullbordad, oavslutad; omogen **Unflat** 0 *m*, *högt.* smuts, orenlighet; svineri, snusk **unflätig** *högt.* smutsig, snuskig, oanständig, vulgär; *e-n* ~ *beschimpfen* grovt okväda ngn **Unflätigkeit** -*en* *f* snusk[ighet], oanständighet **unflektiert** *språkv.* oböjd **unflott** *vard., das ist nicht* ~ det är (var) inte så dumt (illa, tokigt) **unfolgsam** olydig **unförmig** oformlig, åbäkig, otymplig, oproportionerlig **unförmlich** 1 informell 2 *åld., se unförmig* **unfrankiert** ofrankerad **unfraulich** okvinnlig **unfrei** 1 ofri, förtryckt 2 hämmad, besvärad 3 *post.* ofrankerad **unfreiwillig** ofrivillig **unfreundlich** ovänlig; ~*es Klima* ogästvänligt klimat; ~*es Wetter* dåligt (ruggigt) väder; ~ *gesinnt* (*äv.*) illasinnad **Unfriede** -*ns* 0 *m*, **Unfrieden** 0 *m* ofred, osämja; *Unfrieden stiften* (*äv.*) stifta oro; *mit e-m in Unfrieden leben* (*äv.*) vara osams med ngn **unfrisiert** 1 okammad 2 *vard.* ofriserad; otrimmad; ~*e Wahrheit* osminkad sanning **unfruchtbar** ofruktbar (*äv. bildl.*); steril, ofruktsam; fruktlös **Unfug** 0 *m* ofog; fuffens, rackar-, sat|tyg; smörja, strunt; *grober* ~ (*jur.*) förargelseväckande beteende; *mach keinen* ~!

(*äv.*) gör inga dumheter!; ~ *treiben* göra rackartyg **ungalant** oartig, oridderlig **ungangbar** [*äv.* -'--] oframkomlig (*om väg*) **Ungar** ['ʊŋgar] -*n* -*n* *m* ungrare **ungarisch** ungersk **Ungarn** 0 *n* Ungern **ungastlich** ogästvänlig **ungeachtet** [*äv.* --'--] **I** *prep med gen.* oaktat, oavsett **II** *konj* fast[än] **ungeahndet** ostraffad **ungeahnt** [*äv.* --'-] oanad **ungebärdig** vild, otyglad, oregerlig **ungebeten** oombedd; objuden; *etw.* ~ *tun* (*äv.*) göra ngt självmant **ungebeugt** inte böjd; oböjd (*äv. språkv.*); okuvad, obruten **ungebildet** obildad, illitterat **ungebleicht** oblekt **ungeboren** ofödd **ungebrannt** obränd (*om lera*); ~*er Kaffee* orostat kaffe **ungebräuchlich** obruklig, ovanlig, [kommen] ur bruk **ungebraucht** obegagnad, oanvänd, obrukad **ungebrochen** obruten **Ungebühr** 0 *f* otillständighet, otillbörlighet, otillbörligt uppträdande **ungebühr|end, -lich** [*äv.* --'--] otillständig, otillbörlig; ~ *hoher Preis* oskäligt högt pris **Ungebührlichkeit** -*en* *f* otillständighet, otillbörlighet **ungebunden** 1 oinbunden (*om bok*); oknuten (*om sko*); ej redd (*om soppa*); *mus.* obunden, ej legato; *in* ~*er Rede* på prosa 2 obunden, fri **ungedeckt** 1 obetäckt, bar; odukad; ~*es Haus* hus utan tak 2 oskyddad, ogarderad, obevakad, omarkerad 3 ~*er Scheck* check utan täckning **ungedient** som inte har gjort värnplikten **ungedruckt** otryckt, opublicerad **Ungeduld** 0 *f* otålighet **ungeduldig** otålig **ungeeignet** olämplig **ungefähr** [*äv.* --'-] **I** *adv* ungefär, på ett ungefär; cirka; *so* ~! ja, i stort sett!, ja, det kan man säga!; *von* ~ av en slump (händelse); *es ist* (*kommt*) *nicht von* ~, *daß* det är inte av en slump (inte ngn tillfällighet) att **II** *adj* ungefärlig **Ungefähr** [*äv.* --'-] 0 *n*, *öde, slump* **ungefährdet** [*äv.* --'--] utan fara (risk); *sein Sieg war* ~ hans seger var aldrig hotad (i fara); *man kann* ~ *hingehen* (*äv.*) det är inte farligt att gå dit **ungefährlich** ofarlig **ungefällig** ohjälpsam, o[tjänst]villig, inte tillmötesgående, ovänlig **ungefärbt** ofärgad; *die* ~*e Wahrheit* den osminkade sanningen **ungefestigt** [fortfarande] instabil, labil **ungefragt** utan att ha blivit (vara) tillfrågad **ungefrühstückt** *vard. skämts.* utan att ha ätit frukost **ungefüge** klumpig, otymplig, svårhanterlig **ungefügig** 1 ofoglig, omedgörlig; besvärlig 2 *se ungefüge* **ungegessen** 1 oppäten 2 *vard. skämts.* utan att ha ätit **ungehalten** förargad, indignerad (*über, auf* + *ack.* över) **ungeheißen** oombedd; *etw.* ~ *tun* (*äv.*) göra ngt utan befallning (självmant) **ungeheizt** ouppvärmd **ungehemmt** ohämmad **ungeheuer** [*äv.* --'--] oerhörd, väldig, enorm, kolossal **Ungeheuer** - *n* monster, vidunder **ungeheuerlich** [*äv.* --'--] 1 oerhörd, väldig, enorm, kolossal 2 oerhörd, ohygglig, upprörande, skandalös **Ungeheuerlichkeit** [*äv.* --'--] -*en* *f* 1 oerhördhet 2 ohygglighet **ungehindert** o[be]hindrad **ungehobelt** [*äv.* --'--] 1 ohyvlad; *bildl. äv.* grov, ohyfsad 2 klumpig, tafatt **ungehörig** otillbörlig, opassande; oartig, fräck **ungehorsam** ohörsam, olydig (*e-m gegenüber* mot ngn) **Ungehorsam** 0 *m* ohörsamhet, olydnad **ungehört** ohörd; ~ *verhallen* förklinga ohörd
Ungeist 0 *m*, *högt.* [barbarisk, reaktionär] ideologi **ungeistig** oandlig, ointellektuell **ungekämmt** okammad **ungeklärt** ouppklarad,

outredd, oklar **ungekrönt** okrönt (äv. bildl.) **ungekündigt** ej uppsagd; utan att ha sagt upp sig (etc.) **ungekünstelt** okonstlad **ungekürzt** oförkortad, oavkortad **ungeladen** objuden **ungelegen** oläglig, olämplig **Ungelegenheit** -en f olägenhet, omak; keine ~en machen inte ställa till ngt besvär **ungelegt** ~e Eier (vard.) angelägenhet som ännu inte är mogen att diskuteras (för avgörande) **ungelehrt** olärd, obildad **ungelenk** klumpig, otymplig **ungelenkig** ovig **ungelernt** oskolad, inte yrkesutbildad **ungeliebt** oälskad, ej omtyckt **ungelogen** vard. tro mig eller ej, faktiskt, verkligen **ungelöscht** ~er Kalk osläckt kalk **Ungemach** [-ma:x] 0 n, högt. vedermöda, obehag; großes ~ erleiden lida stor förtret **ungemacht** ogjord; obäddad **ungemäß** inadekvat, olämplig, orimlig **ungemein** [äv. --'-] oerhörd, utomordentlig, enorm; ~ freundlich (äv.) ytterst vänlig **ungemindert** oförminskad **ungemischt** oblandad **ungemütlich** otrevlig, obehaglig, ogemytlig; ihm war ~ zumute han kände sig illa till mods **ungenannt** onämnd, anonym **ungenau** inexakt, oprecis, inte noggrann; slarvig; ~e Formulierung vag formulering **Ungenauigkeit** -en f inexakthet, bristande noggrannhet; slarv **ungeniert** [äv. --'-] ogenerad, ohämmad, obesvärad **Ungeniertheit** 0 f ogenerat sätt (uppträdande), otvungenhet **ungenießbar** [äv. --'--] onjutbar, oätlig, odrickbar; er ist ~ (vard.) han är odräglig **ungenügend** otillfredsställande, bristfällig, otillräcklig; skol. ej godkänd **unge|nutzt, -nützt** outnyttjad; die Gelegenheit ~ verstreichen lassen (äv.) inte [kunna] utnyttja tillfället **ungeordnet** oordnad **ungepflegt** ovårdad **ungerächt** högt. ogill, o[be]straffad, ohämnad **ungerade** mat. udda, ojämn **ungeraten** vanartig, misslyckad **ungerechnet** I adj oräknad, inte medräknad II prep med gen. frånsett, exklusive **ungerecht** orätt|vis, -färdig, -rådig **ungerechtfertigt** oberättigad, obefogad **Ungerechtigkeit** -en f orätt|visa, -färdighet **ungeregelt** 1 oreglerad, oregelbunden 2 oreglerad, obetald **ungereimt** 1 orimmad (om vers) 2 orimlig, absurd; ~es Zeug schwatzen prata smörja **Ungereimtheit** -en f orimlighet, absurditet, smörja **ungern** ogärna, motvilligt; er sieht (hat) es ~, wenn han ser ogärna (tycker illa om) att **ungerochen** åld. el. skämts., se ungerächt **ungerührt** oberörd **ungerupft** ~ davonkommen (vard.) komma lindrigt (helskinnad) undan **ungesagt** osagd; es wäre besser ~ geblieben det hade varit bättre om det aldrig hade sagts **ungesalzen** osaltad **ungesattelt** osadlad **ungesättigt** 1 ej mätt, hungrig 2 kem. omättad **ungesäuert** osyrad **ungesäumt** 1 ofållad 2 [äv. --'-] högt. utan att dröja (tveka), genast **ungeschehen** etw. ~ machen göra ngt ogjort **ungescheut** [äv. --'-] högt. utan fruktan, oförfärat; etw. ~ sagen (äv.) inte dra sig för att säga ngt, ohämmat säga ngt **Ungeschick** 0 n, se Ungeschicklichkeit **ungeschicklich** se ungeschickt **Ungeschicklichkeit** -en f oskicklighet, fumlighet, klumpighet, tafatthet **ungeschickt** 1 oskicklig, fumlig, klumpig, tafatt 2 dial. opraktisk, svårhanterlig 3 dial. olämplig, oläglig **ungeschlacht** grov[huggen], [stor och] klumpig, stor och grov; rå[barkad] **ungeschlagen** [äv. --'--] obe-

segrad **ungeschlechtlich** könlös (om fortplantning) **ungeschliffen** oslipad; bildl. äv. ohyfsad, oborstad **ungeschmälert** [äv. --'--] oavkortad **ungeschmeidig** osmidig, oböjlig, stel **ungeschminkt** osminkad (äv. bildl.) **ungeschoren** 1 oklippt (om får) 2 e-n ~ lassen lämna ngn i fred; ~ davonkommen komma helskinnad undan **ungeschrieben** oskriven **ungeschult** 1 oskolad 2 otränad **ungeschützt** oskyddad **ungeschwächt** oförsvagad; ~e Energie oförminskad energi **ungesehen** osedd, utan att bli sedd **ungesellig** osällskaplig (om person); som lever ensam (om djur) **ungesetzlich** olaga, illegal, olaglig **ungesittet** ohyfsad, ocivliserad **ungestalt** 1 högt. oformlig 2 åld. missbildad, vanskapt **ungestaltet** formlös, [ännu] inte utformad (bearbetad); orörd **ungestillt** ostillad (om hunger); osläckt (om törst) **ungestört** ostörd **ungestraft** ostraffad; ~ davonkommen (äv.) komma undan utan straff **ungestüm** vild, häftig, våldsam, stormande **Ungestüm** 0 n vildhet etc., jfr ungestüm **ungesühnt** osonad **ungesund** osund, hälsovådlig; ~es Aussehen sjukligt utseende **ungesüßt** osötad, osockrad **ungetan** etw. ~ lassen lämna ngt ogjort **ungeteilt** odelad (äv. bildl.); oskiftad **ungetragen** oanvänd (om plagg) **ungetreu** högt. otrogen **ungetrübt** ogrumlad **Ungetüm** -e n åbäke (von till); monster; odjur **ungeübt** oövad, ovan, otränad **ungewandt** oskicklig, osmidig, tafatt; ovan, orutinerad **ungewaschen** otvättad; ein ~es Maul haben (vard.) vara ful (grov) i mun, vara elak **ungewiß** oviss, osäker; Fahrt ins Ungewisse färd ut i det okända; e-n im ungewissen lassen hålla ngn i ovisshet; [sich (dat.)] über etw. (ack.) im ungewissen sein sväva i ovisshet om ngt **Ungewißheit** 0 f ovisshet, osäkerhet **Ungewitter** - n 1 åld. åsk-, o|väder 2 bildl. fasligt liv; vredesutbrott **ungewöhnlich** ovanlig, ovanvanlig **ungewohnt** ovan; ovanlig **ungewollt** oavsiktlig; es geschah ~ (äv.) det skedde inte med flit (utan att man etc. ville det) **ungezählt** oräknelig, otalig; oräknad; das Geld ~ einstecken stoppa ner pengarna utan att räkna dem (oräknade) **ungezähmt** otäm[j]d, vild **ungezeichnet** osignerad **Ungeziefer** 0 n ohyra **ungeziemend** opassande, olämplig **ungezogen** ouppfostrad, ohövlig, fräck, oförskämd; ~es Kind odygdigt (styggt) barn **Ungezogenheit** -en f ouppfostrat (fräckt) beteende; oförskämdhet, fräckhet; odygd, stygghet **ungezuckert** osockrad **ungezügelt** otyglad **ungezwungen** otvungen, ledig, naturlig **Ungezwungenheit** 0 f otvungenhet, ledigt (naturligt) sätt **ungiftig** inte giftig **Unglaube** -ns 0 m, **Unglauben** 0 m otro **unglaubhaft** otrolig, inte trovärdig **ungläubig** 1 ej troende, otrogen; die U~en de otrogna 2 tvivlande, misstrogen, skeptisk **un'glaublich** [äv. '---] otrolig, orimlig, oerhörd **unglaubwürdig** inte trovärdig, otillförlitlig, ovederhäftig **ungleich** 1 olik[a]; ojämn; ~es Paar omaka par 2 ~ seinem Freund i olikhet mot (till skillnad från) sin vän 3 ~ besser ojämförligt (ulig) bättre **ungleichartig** olikartad **ungleichförmig** olikformig **ungleichmäßig** oregelbunden, ojämn **Unglimpf** 0 m, åld. skymf, förolämpning, missfirmelse, oförrätt; e-m ~ zufügen (äv.) smäda

(förolämpa) ngn **unglimpflich** *åld.* skymflig, förolämpande, orättvis
Unglück *-e n* olycka, olycks|fall, -händelse; missöde, otur; ~ *in der Liebe haben* ha otur i kärlek; *ein ~ kommt selten allein* en olycka kommer sällan ensam; *das ist kein ~!* det är ingen skada skedd!, det är (var) inte så farligt!; *dasitzen wie ein Häufchen ~* sitta där och se olycklig (bedrövlig) ut **unglücklich** olycklig, olycksalig; otur|lig, -sam; *e-e ~e Figur machen* göra en ömklig figur **'unglücklicher'weise** olyckligtvis, till råga på eländet **Unglücksbote** *-n -n m* överbringare av ett olycksbud **Unglücksbotschaft** *-en f* olycksbud **unglückselig** olycksalig; beklaglig, olycklig; fatal **Unglücks|fall** *-e†* *m* olycka, olycksfall **-mensch** *-en -en m, vard.* otursförföljd människa, olycksfågel **-nachricht** *-en f* olycksbud **-rabe** *-n -n m, vard., se Unglücksmensch* **-tag** *-e m* dag för olycka[n]; olycks-, oturs|dag **-vogel** *-† m*, **-wurm** *-er† m, vard., se Unglücksmensch*
Ungnade *0 f* onåd; *bei e-m in ~ fallen* falla i onåd hos ngn **ungnädig** onådig; *högt.* oblid; *sie ist heute sehr ~* (*iron.*) hon är på dåligt humör i dag **ungrad[e]** *vard., se ungerade* **ungültig** ogiltig; *für ~ erklären* ogiltigförklara; *sein Visum wird am 1. Juni ~* hans visum går ut 1 juni **Ungunst** *0 f* **1** ovilja; oblidhet, obevågenhet; *die ~ der Witterung* (*der Verhältnisse*) vädrets oblida makter (de ogynnsamma förhållandena) **2** *zu seinen ~en* till hans nackdel **ungünstig** ogynnsam, ofördelaktig, dålig; olämplig; ogunstig; *bei ~er Witterung* vid otjänlig väderlek **ungut** inte bra, dålig; otrevlig, obehaglig; *nichts für ~!* ta inte illa upp!, det var inte alls illa menat!; *es herrscht ein ~es Verhältnis zwischen ihnen* förhållandet mellan dem är dåligt, det är inte bra mellan dem
unhaltbar [*äv.* -'---] **1** ohållbar **2** *sport.* (*om boll*) omöjlig att ta, otagbar **unhaltig** *gruv.* ofyndig **unhandlich** ohanterlig, otymplig **unharmonisch** oharmonisk **Unheil** *0 n* ofärd, olycka **unheilbar** [*äv.* -'---] obotlig **unheilbringend** olycks|bringande, -bådande **unheilschwanger** olycksdiger **unheilverkündend** olycksbådande **unheilvoll** olycksdiger **unheimlich** [*äv.* -'---] **1** hemsk, kuslig, spöklik; *ihm war ~ zumute* han kände sig kuslig till mods **2** *vard.* hemsk, jätte-; *~en Hunger haben* vara jättehungrig **unhöflich** ohövlig, oartig **unhold** *poet.* oblid, ogunstig, elak, fientlig **Unhold** *-e m* **1** ond ande **2** elak (ondskeful) varelse **3** sedlighetsförbrytare **un-'hörbar** [*äv.* '---] ohörbar
uni ['yni *el.* y'ni:] *oböjl. adj* enfärgad
Uni *-s f, vard.* universitet
unieren ena, sammanslå **unifizieren** unifiera, göra enhetlig (likformig), [för]ena, sammanslå; konsolidera (*skuld*) **uniform** uniform, likformig, enhetlig **Uni'form** [*äv.* '---] *-en f* uniform **uniformieren** uniformera; *bildl. äv.* likrikta **Uniformität** *0 f* uniformitet, enhetlighet, likformighet **Uni'kat** *-e n* **1** original (*skrivelse utfärdad i ett exemplar*) **2** *se Unikum* **Unik|um** *-a el. -ums n* unikum; sällsynthet; original (*person*) **unilateral** unilateral
uninteressant ointressant **uninteressiert** ointresserad
Union *-en f* union; *die Junge ~* CDU:s och CSU:s ungdomsförbund **Unionist** *-en -en m* unions|anhängare, -medlem
unison *mus.* unison, enstämmig **unisono** *mus.* unisont, enstämmigt **Unison|o** *-i el. -os n*, *mus.* unisono, enklang
Unitarier - *m, teol.* unitarier **unitarisch** unitarisk **Unitarismus** *0 m, polit.* unitarism
universal [-v-] univers|al, -ell **Universalerbe** *-n -n m* universalarvinge **Universalgenie** *-s n* universalgeni **Universalgeschichte** *0 f* världshistoria **Universalien** *pl, filos.* universal-, allmän|begrepp **Universalismus** *0 m* universalism **Universalmaschine** *-n f* **1** allroundmaskin **2** hushålls|apparat, -assistent **Universalmittel** - *n* universalmedel **Universalmotor** *-en m* allströmsmotor **universell** univers|ell, -al **universitär** universitets- **Universität** *-en f* universitet **Universitäts|bibliothek** *-en f* universitetsbibliotek **-laufbahn** *-en f* universitets|bana, -karriär **-lehrer** - *m* universitetslärare **-professor** *-en m* [universitets]professor **-studium** *0 n* universitetsstudier **Universum** [-v-] *0 n* universum
unkameradschaftlich okamratlig
Unke *-n f* **1** *zool.* klockgroda **2** *vard.* olycksprofet, pessimist **unken** *vard.* vara pessimistisk; spå [olycka], kraxa
unkenntlich oigenkännlig **Unkenntlichkeit** *0 f* oigenkännlighet; *bis zur ~* ända till oigenkännlighet **Unkenntnis** *0 f* okunnighet, ovetskap
Unkenruf *-e m* **1** klockgrodans läte **2** *vard.* [ond] spådom, olyckskraxande
unkeusch okysk **unkindlich** inte barnslig; lillgammal **unklar** oklar; dunkel; otydlig; vag; oviss; *~es Wetter* mulet väder; *es ist mir ~, wie* jag är inte på det klara med (förstår inte) hur **unklug** oklok, obetänksam **unkollegial** okamratlig, okollegial **unkompliziert** okomplicerad **unkontrollierbar** [*äv.* ---'--] okontrollerbar **unkontrolliert** okontrollerad **unkonventionell** okonventionell **unkonzentriert** okoncentrerad **unkörperlich** okroppslig **unkorrekt** inkorrekt **Unkosten** *pl* omkostnader, [extra] kostnad[er], utgift[er] **Unkostenbeitrag** *-e† m* kostnadsbidrag, avgift **Unkraut** *-er† n* ogräs; *~ vergeht* (*verdirbt*) *nicht* ont krut förgås inte så lätt; *das ~ mit der Wurzel ausreißen* (*bildl.*) rycka upp det onda med roten **Unkrautbekämpfung** *0 f* ogräsbekämpning **Unkraut|bekämpfungsmittel** - *n*, **-vertilgungsmittel** - *n* ogräsmedel **unkriegerisch** okrigisk **unkritisch** okritisk **unkultiviert** okultiverad **Unkultur** *0 f* okultur, avsaknad av kultur **unkündbar** [*äv.* -'---] ouppsäglig **unkundig** okunnig; *des Lesens ~ sein* (*äv.*) inte kunna läsa
unlängst för inte [så] länge sedan, nyligen, häromsistens **unlauter** oärlig, ohederlig; ojust; *~er Wettbewerb* illojal konkurrens **unleidlich** oldlig, outhärdlig, odräglig **unles|bar** [*äv.* -'---], **-erlich** [*äv.* -'---] oläs|bar, -lig **unleugbar** [*äv.* -'---] obestridlig, oneklig **unlieb 1** olåglig; *es war ihm nicht ~* (*äv.*) det passade honom bra, det var lägligt för honom **2** *dial., se unliebenswürdig* **unliebenswürdig** föga älskvärd, otrevlig **unliebsam** obehaglig, otrevlig, besvärande; ovälkommen **unlimitiert** obegränsad **unlin[i]iert** olinjerad **unlogisch** ologisk **un'lös|bar, -lich** [*äv.* '---]

olösbar; olöslig (*äv. kem.*); oupplöslig **Unlust** *0 f* olust, hågløshet, motvilja **unlustig** olustig, håglös, motvillig **unmanierlich** ohyfsad, ouppfostrad, ofin **unmännlich** omanlig **Unmaß** *0 n* **1** övermått, otal **2** omåttlighet **Unmasse** *-n f, vard.*, *se Unmenge* **unmaßgeblich** [*äv.* --'--] inte utslagsgivande (avgörande, auktoritativ); *nach meiner ~en Meinung* enligt min ringa mening; *das ist völlig ~* (*äv.*) det är helt betydelselöst (oviktigt) **unmäßig** omåttlig; över måttan; *~ im Trinken sein* dricka omåttligt (utan måtta) **Unmäßigkeit** *0 f* omåttlighet **Unmenge** *-n f* [hel] massa, stor mängd **Unmensch** *-en -en m* monster, omänsklig varelse; *ich bin doch kein ~* jag är väl inte ngt odjur **unmenschlich** [*äv.* -'--] omänsklig; *vard. äv.* väldig[t stor (mycket)] **un'merk|bar, -lich** [*äv.* '---] o-märk|bar, -lig; oförmärkt **un'meßbar** [*äv.* '---] omät|lig, -bar **unmißverständlich** [*äv.* ---'--] otvetydig; *sich ~ ausdrücken* (*äv.*) uttrycka sig i klartext **unmittelbar** omedelbar, direkt **unmöbliert** omöblerad **unmodern** omodern; förlegad **unmodisch** omodern; ej moderiktig, ej modebetonad **unmöglich** [*äv.* -'--] omöjlig; *sich ~ benehmen* (*äv.*) uppföra sig [verkligen] illa; *sich ~ machen* göra sig omöjlig **Unmöglichkeit** [*äv.* -'---] *0 f* omöjlighet; *das ist ein Ding der ~* det är alldeles omöjligt **Unmoral** *0 f* omoral **unmoralisch** omoralisk **unmotiviert** omotiverad **unmündig** omyndig; *e-n für ~ erklären* omyndigförklara ngn **unmusikalisch** omusikalisk **Unmut** *0 m* förargelse, dåligt humör, irritation, missnöje, förtret, harm **unmutig** förargad, misslynt, ur humör, irriterad, missnöjd, förtretad, harmsen **unnachahmlich** [*äv.* --'--] oefterhärmlig, oförliknelig, makalös, enastående **unnachgiebig** omedgörlig, obeveklig, orubblig **unnachsicht|ig, -lich** hänsynslös, skoningslös, utan överseende **un'nahbar** [*äv.* '---] otillgänglig, oåtkomlig, avvisande **Unnatur** *0 f* onatur[lighet]; abnormitet; tillgjordhet **unnatürlich** onaturlig; tillgjord, konstlad **Unnatürlichkeit** *0 f*, *se Unnatur* **un'nennbar** [*äv.* '---] **1** onämnbar **2** *~es Unglück* outsäglig olycka **unnormal** onormal **unnotiert** *hand.* ej börsnoterad **unnötig** onödig; *sich ~ aufregen* bli upprörd i onödan **'unnötiger'weise** onödigtvis, i onödan **unnütz** onyttig, gagnlös, till ingen nytta; meningslös; oduglig; onödig; *~er Esser* (*ung.*) parasit; *~es Gerede* tomt (meningslöst) prat; *Geld ~ ausgeben* ge ut pengar i onödan; *die Zeit ~ vertun* slösa bort tiden **'unnützer'weise** förgäves, till ingen nytta, i onödan **UNO** ['u:no] *0 f, fork. för United Nations Organization, die ~* FN **unordentlich** oordentlig, slarvig, stökig **Unordnung** *0 f* oordning, oreda; *in ~ geraten* (*bildl.*) råka i olag **unorganisch** oorganisk **unorthodox** oortodox, okonventionell, ovanlig **unorthographisch** oortografisk **unpaar** oparig, udda **Unpaarhufer** - *m* uddatåigt hovdjur **unpaarig** oparig, udda **Unpaarzeher** - *m* uddatåigt hovdjur **unpädagogisch** opedagogisk **unparteiisch** opartisk, neutral **Unparteiische(r)** *m, adj böjn., sport.* domare **unparteilich** *se unparteiisch* **Unparteilichkeit** *0 f* opartiskhet **unpaß 1** *das kommt mir sehr ~* (*dial.*) det kommer mycket olägligt för mig **2** *se unpäßlich* **unpassend** opassande,

olämplig, olåglig **unpassierbar** [*äv.* --'--] omöjlig att passera (trafikera), oframkomlig **unpäßlich** opasslig; *sich ~ fühlen* känna sig indisponerad **Unperson** *-en f, ung.* politiskt död person; *e-n zur ~ erklären* (*ung.*) ignorera ngn, låta ngn falla i glömska **unpersönlich** opersonlig **unpfändbar** inte utmätningsbar **unpoliert** opolerad **unpolitisch** opolitisk **unpopulär** impopulär **unpraktisch** opraktisk **unprätentiös** opretentiös **unpräzis[e]** oprecis, inexakt **unproblematisch** oproblematisk **unproduktiv** improduktiv **unprogrammgemäß** ej programenlig **unproportioniert** oproportionerlig **unpünktlich** inte punktlig; försenad; *~ sein* (*äv.*) inte passa tiden **unqualifiziert** okvalificerad **unrasiert** orakad **Unrast 1** *0 f, högt.* rastlöshet **2** *-e m, åld.* rastlös människa; *er ist ein ~* (*äv.*) han håller sig aldrig lugn (stilla) **Unrat** *0 m* smuts, avfall; *~ wittern* ana oråd **unrationell** orationell **unratsam** inte tillrådig (att tillråda) **unrealistisch** orealistisk **unrecht** fel[aktig], oriktig, orätt; *~ haben* ha orätt (fel); *in ~e Hände fallen* falla i orätta händer; *komme ich ~?* kommer jag olägligt (olämpligt)?; *an den U~en kommen* (*geraten*) komma till fel person (adress); *auf ~e Gedanken kommen* (*äv.*) hitta på dumheter; *der Plan ist gar nicht so ~* (*vard.*) planen är inte så tokig; *e-m ~ tun* göra ngn orätt **Unrecht** *0 n* orätt; orättvisa; *zu ~* med orätt **unrechtmäßig** orättmätig **'unrechtmäßiger'weise** orättmätigt **Unrechtmäßigkeit** *-en f* orättmätighet; *die ~ seines Benehmens* det orättmätiga i hans uppträdande **unredlich** oredlig, oärlig **unreell** ohederlig, opålitlig, osolid **unregelmäßig** oregelbunden, ojämn **Unregelmäßigkeit** *-en f* **1** oregelbundenhet **2** *sich* (*dat.*) *~en zuschulden kommen lassen* göra sig skyldig till oegentligheter **unreif** omogen (*äv. bildl.*) **Unreife** *0 f* omogenhet (*äv. bildl.*) **unrein** oren; *~er Alkohol* råsprit; *~ Haut* (*äv.*) dålig hy; *~er Ton* (*äv.*) falsk ton; *~es Wasser* (*äv.*) smutsigt vatten; *sein Atem ist ~* (*äv.*) han har dålig andedräkt; *etw. ins ~e schreiben* skriva kladd till ngt **Unreinheit** *-en f* orenhet **unreinlich** orenlig, smutsaktig, smutsig **unrentabel** oräntabel, inte lönande **un'rettbar** [*äv.* '---] *~ verloren* räddningslöst förlorad **unrichtig** oriktig, fel[aktig], orätt **Unruh** *-en f* oro (*i ur*) **Unruhe** *-n f* **1** oro, rastlöshet; *in ~ geraten* (*sein*) bli (vara) orolig (*über + ack.* för); *e-n in ~ versetzen* göra ngn orolig **2** *~n* oroligheter **3** *vard., se Unruh* **Unruh[e]herd** *-e m* oroshärd **Unruh[e]stifter** *-m* oro[s]stiftare, oroselement **unruhig** orolig **unrühmlich** föga ärofull; *~es Ende* snöpligt slut **unrund** inte [längre] rund, oval; ojämn (*om motors gång*) **uns 1** *se wir* **2** *wir haben ~ gefreut* vi har glatt oss; *wir sehen ~ nie* vi träffas aldrig varandra, vi träffas aldrig **unsachgemäß** inte fackmässig; fel[aktig] **unsachlich** osaklig **un'sagbar** [*äv.* '---], **un-'säglich** [*äv.* '---] outsäglig **unsanft** hårdhänt, omild **unsauber** osnygg, oren[lig], smutsig; slarvig; *~es Geschäft* (*äv.*) skum affär **unschädlich** oskadlig, ofarlig; *~ machen* oskadliggöra **unscharf** oskarp, oklar, suddig; *~e Formulierung* luddig formulering **un'schätzbar** [*äv.* '---] oskattbar, ovärderlig **unscheinbar** oansenlig, anspråkslös **unschicklich** opassande, otillbörlig **un'schlag-**

Unschlitt—unterbieten

bar [*äv.* '---] oslagbar; *vard. äv.* enastående [bra] **Unschlitt** *0 n, dial.* talg **unschlüssig** obeslutsam, villrådig, tveksam **Unschlüssigkeit** *0 f* obeslutsamhet, tvekan **unschön** oskön, ful **unschöpferisch** improduktiv **Unschuld** *0 f* oskuld; *die ~ verlieren* förlora oskulden; *seine Hände in ~ waschen* två sina händer **unschuldig** oskyldig; *~e Augen* oskuldsfulla ögon; *~ geschieden sein* vara den förfördelade parten i skilsmässa[n]; *sie ist noch ~* hon är fortfarande oskuld **Unschuldslamm** *0 n, das ~ spielen* låtsas vara oskyldig som ett lamm **Unschuldsmiene** *0 f* oskyldig min **unschwer** utan svårighet; *~ zu erraten* lätt att gissa **Unsegen** *0 m* förbannelse, otur **unselbständig** osjälvständig **unselig** osalig; olycksalig, olycklig **unser** *pron* **1** *pers., se wir* **2** *poss.* (*för böjning jfr mein*) vår; *in unser*[*e*]*m* (*uns*[*e*]*rem*) *Garten* i vår trädgård; *die U~en* (*Uns*[*e*]*rigen*) de våra; *das U~e* (*Uns*[*e*]*rige*) vårt **unsereiner** *pron*, **unsereins** *oböjl. pron* en sådan (sådana) som vi (jag) **'unserer'seits** för vår del, å vår sida **'unseres'gleichen** *oböjl. pron* vår like, våra likar, en sådan (sådana) som vi (jag) **'unseres'teils** för vår del, å vår sida **'unseret|'halben, -'wegen, -'willen** *se unseret|halben, -wegen, -willen* **unserig** *se unser 2* **unseriös** oseriös; ovederhäftig **'unser'seits** *se unsererseits* **'unsers'gleichen** *se unseresgleichen* **'unsert|'halben, -'wegen** för vår skull; gärna för oss **'unsert'willen** *um ~* för vår skull **unsicher** osäker, oviss, otrygg, opålitlig; farlig; *~ auf den Füßen sein* vara ostadig på benen; *der Friede ist ~ geworden* freden hotas (är i fara) **Unsicherheit** *0 f* osäker-, oviss-, otrygg|het **unsichtbar** osynlig **unsichtig** *sjö.* osiktig **Unsinn** *0 m* nonsens, strunt[prat], smörja, tokeri; *~ machen* göra dumheter; *es wäre ~, zu* det vore dumt att **unsinnig** meningslös, idiotisk, vansinnig, tokig; *~en Durst haben* vara vansinnigt törstig; *es ist ~ teuer* det är på tok (uppåt väggarna) för dyrt **unsinnlich** osinnlig **Unsitte** *-n f* ovana, oskick **unsittlich** osedlig, oanständig, skamlig **Unsittlichkeit** *-en f* osedlig handling **unsoldatisch** inte soldatmässig **unsolid[e]** inte solid (rejäl); ej ordentlig; utsvävande (*om person*) **unsozial** ej social, som skapar social orättvisa **'unsrer'seits** *se unsererseits* **'unsres'gleichen** *se unseresgleichen* **'unsres'teils** *se unseresteils* **unsrig** *se unser 2* **unstabil** instabil **unstatthaft** otillåten, förbjuden **un'sterblich** [*äv.* '---] odödlig; *~ verliebt* (*vard.*) upp över öronen kär; *sich ~ blamieren* (*vard.*) göra bort sig kapitalt **Unstern** *0 m, vard.* olycks|stjärna, -öde **unstet[ig]** orolig, rastlös, obeständig, ostadig, fladdrig, irrande **un'stillbar** [*äv.* '---] ostillbar, osläcklig, omättlig **Unstimmigkeit** *-en f* diskrepans, oegentlighet, bristande överensstämmelse; meningsskiljaktighet **unstreitig** [*äv.* -'---] obestridlig, otvivelaktig **unstrittig** [*äv.* -'---] **1** oom|stridd, -tvistad **2** *se unstreitig* **Unsumme** *-n f* jättebelopp, enorm summa **unsymmetrisch** osymmetrisk **unsympathisch** osympatisk **unsystematisch** osystematisk, planlös **untadelhaft** [*äv.* -'---], **un-'tad[e]lig** [*äv.* '--(-)-] otadlig, oklanderlig, oförvitlig **untalentiert** obegåvad, talanglös

Untat *-en f* missdåd, ogärning **Untät[el]chen** *0 n, dial.*, *es ist kein ~ an ihm* det är inget fel på honom, han är oklanderlig **untätig** sysslolös, overksam, passiv **untauglich** oduglig, oanvändbar; inkompetent; [*zum Militärdienst*] *~* inte vapenför **un'teilbar** [*äv.* '---] odelbar **unteilhaft[ig]** högt. ej delaktig **unten** nere, nertill; nedan[för]; *ganz ~* längst ner; *siehe ~* se nedan; *sie wohnen ~* (*äv.*) de bor längst ner (på nedre botten); *~ am Tisch* vid bordets nedre ända, nederst vid bordet; *er ist bei mir ~ durch* jag vill inte längre ha ngt att göra med honom; *~ in München* (*vard.*) nere i München; *~ links* (*äv.*) längst ner till vänster; *nach ~* neråt; *von ~* nerifrån; *er ist von da ~* (*vard.*) han är nerifrån [landet] **'unten'an** nederst, underst, nedtill **'unten-'drunter** *vard.* [in]under **unten|erwähnt, -genannt** nedannämnd **'untenhe'rum** *vard.* nertill **'unten'hin** nedåt **'unten'rum** *vard.* nedtill **untenstehend** nedanstående **unter I** *prep m. dat. vid befintl., ack. vid riktn.* (*unterm = unter dem, untern = unter den, unters = unter das*) **1** under, nedanför; *~ dem Stuhl liegen* ligga under stolen; *~ den Stuhl legen* lägga under stolen; *~ der Woche* (*sty.*) under veckan; *~ dem Durchschnitt* under genomsnittet; *~ dem Vorwand, daß* under förevändning att **2** bland, [e]mellan; *~ Freunden* bland vänner, vänner emellan; *~ anderem* bland annat; *~ uns gesagt* oss emellan [sagt]; *~ den Zuschauern* bland åskådarna **3** inom, i; *~ der Dusche stehen* stå i duschen; *~ Glas und Rahmen* inom glas och ram; *etw. ~ dem Mikroskop betrachten* se på ngt i mikroskop; *~ dem Schutze der Dunkelheit* i skydd av mörkret **4** (*annan prep el. annan konstr. i svenskan*) *~ der Bedingung* på det villkoret; *nur e-r ~ zwanzig Schülern* bara en av (på) tjugo elever; *e-n ~ e-r bestimmten Telefonnummer erreichen* nå ngn på ett visst telefonnummer; *~ e-r Krankheit leiden* lida av en sjukdom; *sich ~ die Gäste mischen* blanda sig med gästerna; *sie wollen ~ sich sein* de vill vara för sig själva; *~ e-r Stunde kann ich nicht zurück sein* på mindre än en timme kan jag inte vara tillbaka; *etw. ~ Strom setzen* sätta (koppla) på strömmen på ngt; *er singt ~ dem Abwaschen* (*sty.*) han sjunger medan han diskar; *was versteht man ~ diesem Ausdruck?* vad menar man med det uttrycket? **II** *adv* under; *e-e Person von ~ 30 Jahren* en person under 30 år **III** *adj* (*alltid böjt*) undre, nedre, lägre **Unter -** *m* (*i ty. kortlek*) knekt **Unterabteilung** *-en f* underavdelning **Unterarm** *-e m* underarm **Unterart** *-en f* underart **Unterbau** *-ten m* under|byggnad, -lag, grundmur, fundament; sockel; grundval, bas **unter'bauen** förse med underbyggnad; underbygga, stödja **Unterbeamte(r)** *m, adj böjn.* lägre (underordnad) tjänsteman **Unterbegriff** *-e m* underordnat begrepp **Unterbehörde** *-n f* lägre myndighet **unterbelegt** *das Hotel ist ~* det finns [många] tomma rum på hotellet **'unterbelichten** *foto.* underexponera **Unterbeschäftigung** *0 f* undersysselsättning **unterbesetzt** underbemannad **Unterbett** *-en n* [under]madrass, extra bolster **unterbewußt** undermedveten **Unterbewußtsein** *0 n* undermedvetande; *im ~* i det undermedvetna **'unterbezahlen** underbetala **unter'bieten** *st* underbjuda; *e-n Rekord ~* underskrida (slå) ett rekord **Unterbilanz** *-en f, hand.* underbalans **unterbinden** *st* **I** [--'--] **1** [för]hindra, stoppa; [av]bryta **2** *med.* underbinda **II** ['----] *vard., etw. unter etw. (ack.)* ~ binda ngt under ngt **unter'bleiben** *st s* ej bli av, inställas; *das hat zu ~!* det får inte ske [igen] (upprepas)! **Unterboden** -† *m* **1** alv (*jordart*) **2** golvunderlag **3** underrede **Unterboden|schutz** *0 m,* **-versiegelung** *-en f* underredsbehandling **unter'brechen** *st* [av]bryta [tillfälligt] **Unter'brecherkontakt** *-e m* brytarspets **Unter'brechung** *-en f* [tillfälligt] avbrott **unter'breiten 1** ['----] breda ut under; *e-e Decke* ~ lägga under en filt **2** [--'--] *e-m etw.* ~ förelägga (underställa) ngn ngt; *dem Parlament e-e Gesetzesvorlage* ~ framlägga ett lagförslag för parlamentet **'unterbringen** *oreg.* få (ställa, sätta, lägga) in, placera; inkvartera, härbärgera; *etw. bei e-r Zeitung* ~ få in ngt i en tidning; *e-n in e-m Büro* ~ få in ngn (skaffa ngn plats) på ett kontor **Unterdeck** *-e el. -s n* underdäck **unterder'hand** under hand; i smyg, i hemlighet **unter'des[sen]** under tiden; emellertid **Unterdruck** *-e†' m, tekn.* undertryck **unter'drükken** undertrycka; kuva, kväva; förtrycka **Unter'drücker** *- m* förtryckare **Unterdruckkammer** *-n f* undertryckskammare **unterdurchschnittlich** [som ligger] under genomsnittet **unterein'ander 1** *die Wörter* ~ *schreiben* skriva orden under varandra **2** inbördes, sinsemellan; *das regeln wir* ~ *det ordnar vi oss emellan* **unterentwickelt** underutvecklad **unterernährt** undernärd **Unterernährung** *0 f* undernäring **unter'fangen** *st* **1** *byggn.* stötta, förstärka **2** *rfl, högt., sich e-r Sache (gen.)* ~ företa[ga] (understå) sig ngt; *wie kann er sich ~, zu behaupten ...?* hur kan han våga (understå sig att) påstå ...? **Unter'fangen** *0 n* **1** *byggn.* stötta[nde], förstärkning **2** företag, vågstycke **'unterfassen** fatta tag under, stödja; *e-n* ~ ta ngn under armen; *sich* ~ ta varandra under armen; *untergefaßt gehen* gå arm i arm **unter'fertigen** underteckna **unterflur** *tekn.* under marken (golvet); underjordiskt **unter'fordern** kräva för litet av **unter'führen** *etw.* ~ bygga en passage (tunnel, väg, undergång *e.d.*) under ngt **Unter'führung** *-en f* vägport, under|fart, -gång, tunnel **Unterfunktion** *-en f, med.* hypofunktion, bristande funktion **Unterfutter** *- n* mellanfoder **unter'füttern 1** mellanfodra **2** belägga på undersidan **Untergang** *-e† m* undergång; nedgång **untergärig** underjäst (*om öl*) **unter'geben** *e-m* ~ *sein* vara underordnad ngn, vara ngns underlydande **Unter'gebene(r)** *m f, adj böjn.* under|ordnad, -lydande **'untergehen** *st s* gå under; gå ned; *die Worte gehen im Lärm unter* orden drunknar (dränks) i larmet **untergeordnet** underordnad **Untergescho|ß** *-sse n, se Souterrain* **Untergestell** *-e n* **1** underrede, chassi **2** *vard.* spiror, ben **Untergewicht** *0 n* undervikt; *die Waren haben* ~ varorna väger för litet **unter'gliedern** indela (*i mindre grupper*) **untergraben** *st* **1** ['----] gräva ner **2** [--'--] under|gräva, -minera **Untergriff** *-e m, brottn.* livtag **Untergrund** *0 m* **1** underlag, grund-[val]; fundament; botten **2** alv (*jordart*) **3** underjordisk rörelse; *in den* ~ *gehen* gå under jorden, börja underjordisk verksamhet **4** underground-, sub|kultur **Untergrundbahn** *-en*

f tunnelbana, underjordisk järnväg **Untergrundbewegung** *-en f* underjordisk [motstånds]rörelse **Untergrundfilm** *-e m* undergroundfilm **untergründig** med djupare mening, dold **'unterhaben** *oreg., etw.* ~ ha ngt [in]under **'unterhaken** *e-n* ~ ta ngn under armen; *sich* ~ ta varandra under armen; *untergehakt* arm i arm **unterhalb I** *prep m. gen.* nedanför **II** *adv,* ~ *von* nedanför **Unterhalt** *0 m* **1** uppehälle, levebröd **2** underhåll[sbidrag] **3** underhåll, skötsel **unterhalten** *st* **I** ['----] hålla [in]under **II** [--'--] **1** underhålla, försörja **2** underhålla, sköta, vidmakthålla; *diplomatische Beziehungen* ~ upprätthålla diplomatiska förbindelser **3** underhålla, roa **4** *rfl* prata, samtala, konversera **5** *rfl* roa sig; *ich habe mich sehr gut* ~ jag hade mycket roligt **unter'haltsam** underhållande, rolig, trevlig **Unterhaltsbeitrag** *-e† m* underhållsbidrag **Unterhaltspflicht** *0 f* underhållsskyldighet **Unter'haltung 1** *0 f* underhåll; försörjning; skötsel; upprätthållande (*av förbindelser*) **2** *-en f* samtal, konversation **3** *-en f* underhållning, nöje **Unter'haltungsbeilage** *-n f* (*tidnings*) bilaga (*med lättare lektyr, korsord e.d.*) **Unter'haltungsliteratur** *0 f* förströelse-, underhållnings|litteratur **Unter'haltungsmusik** *0 f* underhållningsmusik **Unter'haltungsteil** *-e m* (*programs*) underhållningsdel **2** *se Unterhaltungsbeilage* **unter'handeln** underhandla **Unterhändler** *- m* underhandlare **Unter'handlung** *-en f* underhandling **Unterhaus** *-e† n, das* ~ underhuset (*i England*) **Unterhemd** *-en n* undertröja **Unterhitze** *0 f, kokk.* undervärme **unter'höhlen** urholka; undergräva (*äv. bildl.*) **Unterholz** *0 n* underskog; undervegetation **Unterhose** *-n f* underbyxor; *lange* ~[n] långkalsonger **unterirdisch** underjordisk; hemlig (*om intrig*) **Unteritalien** *0 n* Sydisalien **Unterjacke** *-n f* undertröja **unter'jochen** underkuva **'unterjubeln** *vard., e-m etw.* ~ tillskriva (pådyvla, tillvita) ngn ngt **unter'kellern** förse med källare **Unterkiefer** *- m* underkäke **Unterkleid** *-er n* underklänning; underkjol **Unterkleidung** *0 f* underkläder **'unterkommen** *st s* **1** få tak över huvudet; få rum; *vard.* få plats (anställning); *bei e-r Firma* ~ (*äv.*) [lyckas] få jobb (komma in) på (i) ett företag **2** *dial., mir ist nichts Eigenartiges untergekommen* jag har inte märkt ngt konstigt; *so etw. ist mir noch nie untergekommen* ngt sådant har jag aldrig råkat ut för (träffat på) tidigare **Unterkommen** *0 n* **1** tak över huvudet, husrum, bostad, logi **2** anställning, plats **Unterkörper** *- m* underkropp **'unterkriechen** *st s, vard.* krypa in (under), söka skydd **'unterkriegen** *vard.* få ned, kuva, knäcka; *sich nicht* ~ *lassen* stå på sig, inte tappa modet **unter'kühlen** underkyla; *med.* kyla ned **unter'kühlt** underkyld; nedkyld; *bildl.* kylig **Unterkunft** *-e† f* tak över huvudet, husrum, bostad, logi; *für jds* ~ *sorgen* se till att ngn får husrum (någonstans att bo)

Unterlage *-n f* **1** underlägg; *bildl.* grund[val], basis; *auf e-r harten* ~ *schlafen* sova på hårt underlag; *für e-e gute* ~ *sorgen* (*vard.*) äta kraftig mat (*för att bättre tåla dryckjom*) **2** ~*n* underlag, papper, dokument (*till stöd för ngt*), bevis[material] **Unterland** *0 n* lågland **Unterländer** *- m* låglandsbo **Unterlaß** *0 m,*

unterlassen—unterschriftlich

ohne ~ utan avbrott, oavbrutet, hela tiden **unter'lassen** *st* underlåta, försumma, låta bli **Unter'lassung** *-en f* underlåtenhet, försummelse **Unterlauf** *-e† m (flods)* nedre lopp **unter'laufen** *st* **1** *s, ihm ist ein Fehler unter-[ge]laufen* han råkade göra ett fel **2** *s, vard., so etw. ist mir noch nie unter[ge]laufen* ngt sådant har jag aldrig råkat ut för (träffat på) tidigare **3** motarbeta, sabotera; *sport.* attackera (tackla) underifrån; fälla *(hoppande motståndare)* **4** *s, mit Blut (blutig)* ~ *sein* vara blodsprängd **Unterleder** *- n* sulläder
1 unterlegen I ['----] **1** lägga [in]under **2** *etw.* *(dat.)* *e-n anderen Sinn* ~ inlägga en annan mening (betydelse) i ngt **II** [--'--] **1** belägga [på undersidan] **2** *e-m Film Musik* ~ sätta (göra) musik till en film
2 unter'legen underlägsen
Unter'legene(r) *m f, adj böjn.* underlägsen [person]; förlorare **Unter'legenheit** *0 f* underlägsenhet **Unterlegscheibe** *-n f, tekn.* bricka **Unterleib** *-er m* underliv **Unterleibchen** *- n* undertröja *(utan ärmar);* linne **Unterlid** *-er n* undre ögonlock **unterlieg|en** *st* **I** ['----] *vard.* ligga [in]under **II** [--'--] **1** *s* besegras, förlora; *e-m* ~ bli besegrad av (förlora mot) ngn **2** vara underkastad; *die Kleidung -t der Mode* kläderna är underkastade modets växlingar; *diese Sache -t der Schweigepflicht* denna sak är underkastad tystnadsplikt; *e-r Täuschung* ~ *a)* bedra sig, *b)* bedras; *e-m Test* ~ undergå ett test, testas; *es -t keinem Zweifel, daß* det råder inget tvivel om att **Unterlippe** *-n f* underläpp
unterm = *unter dem* **unter'malen 1** grunda *(tavla)* **2** ackompanjera; *musikalisch* ~ beledsaga med bakgrundsmusik, spela bakgrundsmusik till **Untermann** *-er† m* understa man *(av akrobater o.d.)* **unter'mauern** grundmura, stötta; *bildl.* underbygga, stödja **untermeerisch** *se unterseeisch* **untermengen 1** ['----] blanda i **2** [--'--] blanda [ihop, upp, ut] **Untermensch** *-en -en m, neds. ung.* kretin; *nat.soc.* undermänniska *(människa av mindervärdig ras)* **Untermiete** *0 f, in (zur)* ~ *bei e-m wohnen* hyra i andra hand (vara inneboende) hos ngn; *e-n in (zur)* ~ *nehmen* hyra ut till ngn i andra hand, hyra ut ett rum *(e.d.)* till ngn **Untermieter** *- m* hyresgäst i andra hand, inneboende **untermi'nieren** *mil. el. bildl.* underminera **untermischen 1** ['----] blanda i **2** [--'--] blanda [ihop, upp, ut]
untern = *unter den* **Unternächte** *pl, dial., die* ~ nätterna mellan jul o. trettondagen **unternehmen** *st* **I** ['----] *vard.* ta under armen **II** [--'--] **1** företa[ga] [sig], göra **2** högt., *es* ~, *etw. zu tun* dra sig att göra ngt **Unter'nehmen** *- n* företag *(äv. bildl.)* **unter'nehmend** företagsam, driftig, aktiv **Unter'nehmensberater** *- m* företagskonsult **Unter'nehmensführung** *0 f* [företags]ledning **Unter'nehmer** *- m* företagare **unter'nehmerisch** företagar- **Unter'nehmung** *-en f, se Unternehmen* **Unter'nehmungsgeist** *0 m* företagsamhet **unter'nehmungslustig** företagsam, dådkraftig
Unteroffizier *-e m* underofficer; furir **'unterordnen** underordna; *sich e-m* ~ *a)* underordna sig ngn, *b)* foga sig efter ngn; *untergeordneter Satz (äv.)* bisats **unterordnend** underordnande *(äv. språkv.)* **Unterpfand** *-er† n* [under]pant **Unter'pflaster[straßen]bahn** *-en*

f [delvis] underjordisk spårvägslinje '**unterpflügen** plöja ner **Unterprim|a** *-en f* näst sista klass *(i gymnasium)* **Unterprimaner** *- m* elev i näst sista klass *(i gymnasium)* **unterpriviligiert** underprivilegierad, sämre lottad, missgynnad
unter'reden *rfl* samtala; *sich mit e-m* ~ *(äv.)* överlägga med ngn **Unter'redung** *-en f* samtal, överläggning **unterrepräsentiert** underrepresenterad **Unterricht** *0 m* undervisning; ~ *geben (äv.)* ge lektioner, undervisa **unter'richten 1** undervisa; *Englisch (vard. in Englisch)* ~ undervisa i engelska **2** *e-n von etw. (über etw. ack.)* ~ underrätta (informera) ngn om ngt **3** *rfl* underrätta sig, göra sig underrättad, informera sig **unterrichtlich** undervisnings-; i (medelst) undervisning[en] **Unterrichts|brief** *-e m* studiebrev **-erfahrung** *-en f* undervisnings|erfarenhet, -vana **-fach** *-er† n, se Lehrfach* **-kunde** *0 f,* **-lehre** *0 f* undervisningslära, didaktik **-mittel** *- n, se Lehrmittel* **-wesen** *0 n* undervisningsväsen **Unterrock** *-e† m* underkjol '**unterrühren** röra (blanda) i **unters** = *unter das* **unter- 'sagen** förbjuda *(e-m etw.* ngn ngt) **Untersatz** *-e† m* **1** underlägg; ställ[ning]; blomfat, bricka; *fahrbarer* ~ *(skämts.)* kärra *(bil)* **2** *log.* undersats
unter'schätzen underskatta **unter'scheidbar** urskilj-, skönj|bar **unter'scheid|en** *st* [ur-, åt-, sär]skilja; *das Wesentliche vom Unwesentlichen* ~ skilja det väsentliga från det oväsentliga, skilja på väsentligt och oväsentligt; *sich von den anderen* ~ *(äv.)* vara annorlunda än de andra; *seine Intelligenz -et ihn von den anderen* han skiljer sig från de andra på grund av sin intelligens; *die beiden Brüder* ~ *sich sehr voneinander* de båda bröderna skiljer sig mycket från (är mycket olika) varandra **Unter'scheidungs|gabe** *0 f,* **-vermögen** *0 n* urskillningsförmåga **Unterschenkel** *- m* underben **Unterschicht** *-en f* **1** undre skikt, bottenlager **2** under|klass, -skikt **unterschieben** *st* **1** ['----] *e-m ein Kissen* ~ skjuta en kudde [in]under ngn **2** [--'--] *e-m etw.* ~ tillskriva (påbörda) ngn ngt; *den Worten e-n anderen Sinn* ~ inlägga en annan betydelse i orden; *ihm unterschobene Briefe* brev som tillskrivs honom; *unterschobenes Kind* bortbytt barn **Unterschied** *-e m* skillnad, åtskillnad, olikhet, differens; *zum* ~ *von* till skillnad från **unter'schieden, 'unterschiedlich** olika **unterschiedslos** utan åtskillnad **Unterschlag** *0 m* skräddarställning *(sittande ställning med benen i kors)* **unterschlagen** *st* **1** ['----] *die Beine* ~ sitta med benen i kors; *mit untergeschlagenen Armen* med armarna i kors **2** [--'--] förskingra, smussla undan; undanhålla, hemlighålla, förtiga **Unter'schlagung** *-en f* förskingring *etc., jfr unterschlagen* **2 Unterschlupf** *0 m* krypin; skydd, tillflykt, tak över huvudet; ~ *vor dem Gewitter (für die Nacht) suchen* söka skydd mot åskvädret (för natten) '**unter|schlupfen** *s, sty.,* **-schlüpfen** *s, vard.* slinka (krypa) in; söka skydd; *er ist rechtzeitig untergeschlüpft* han kom under tak (i skydd) i rättan tid
unter'schreiben *st* skriva under, underteckna; *das kann ich* ~ *(bildl.)* det kan jag skriva under på (hålla med om) **unter'schreiten** *st* under|stiga, -skrida **Unterschrift** *-en f* underskrift, namnteckning **unterschriftlich**

med underskrift (namnteckning) **Unterschu|ß** -sse† *m, åld.* underskott **unterschwellig** subliminal, undermedveten; under medvetandets tröskel **Unterseeboot** *-e n* undervattensbåt **unterseeisch** underhavs-, undervattens- **Unterseite** *-n f* undersida **Untersekund|a** *-en f* sjätte klass (*i gymnasium*) **Untersekundaner** *- m* elev i sjätte klass (*i gymnasium*) **untersetzen I** ['----] *etw. e-r Sache* (*dat.*) ~ sätta (ställa, placera) ngt under ngt **II** [--'--] **1** blanda [upp] **2** *tekn.* växla ned, förse med lägre utväxling **Untersetzer** *- m* blomfat; underlägg[sbricka]; bordsmatta **unter'setzt** undersätsig, satt **'untersinken** *st s* sjunka, gå ned **unter'spielen 1** bagatellisera, tona ned **2** *ung.* spela (*roll*) finstämt **unter'spülen** erodera, urholka **unterst** (*alltid böjt*) understa, nedersta, lägsta; *das U~e zu oberst kehren* vända upp och ned på allting **Unterstand** *-e†* m **1** *mil.* skyddsrum **2** [regn-, vind]skydd **3** *österr., se Unterkunft* **unterständig** *bot.* undersittande **unterstandslos** *österr., se obdachlos* **unterstehl|en** *st* **I** ['----] stå (ställa sig) under; *hier können wir während des Regens* ~ här kan vi stå [i skydd] medan det regnar **II** [--'--] **1** *e-m* ~ vara underordnad ngn, stå (sortera, lyda) under ngn **2** *ständiger Kontrolle* ~ vara underkastad ständig kontroll, ständigt kontrolleras; *es -t keinem Zweifel* det är inget tvivel underkastat **3** *rfl* undertå sig; *-e dich!* (*äv.*) du skulle bara våga!, låt bli! **unterstell|en I** ['----] **1** ställa in (under tak); ställa [in]under; *das Fahrrad im Keller* ~ ställa in (ned) cykeln i källaren; *dem tropfenden Dach e-n Eimer* ~ ställa en hink under det droppande taket **2** *rfl* ställa sig under tak, söka skydd **II** [--'--] **1** underordna, subordinera; *e-m -t sein* vara underställd (under[ordnad]) ngn, stå (lyda, sortera) under ngn **2** insinuera; *e-m etw.* ~ pådyvla (tillskriva, tillvita) ngn ngt **3** anta; *wir wollen* ~, *daß* låt oss anta (ponera) att **Unterstellung** *-en f* **I** ['----] inställande *etc., jfr unterstellen I* **II** [--'--] **1** underordnande **2** tillvitelse, insinuation **unter'steuer|n** *der Wagen -t* bilen är understyrd **Unterstock** *-werke m,* **Unterstockwerk** *-e n, se Souterrain* **unter'streichen** *st* stryka under; understryka **Unterströmung** *-en f* underström[ning] **Unterstufe** *-n f, die* ~ de tre första årskurserna (*i gymnasium el. realskola*) **unter'stützen** [under]stödja **Unter'stützung** *-en f* **1** [under]stödjande **2** [under]stöd, hjälp **unter'stützungsbedürftig** hjälpbehövande, i behov av [under]stöd **Unter'stützungsempfänger** *- m* understödstagare **unter'suchen** undersöka, rannsaka, analysera; pröva, testa; genomsöka; *den Wein auf den Alkoholgehalt* ~ undersöka vinet med tanke på alkoholhalten (vinets alkoholhalt) **Unter'suchung** *-en f* undersökning *etc., jfr untersuchen; ärztliche* ~ läkarundersökning **Unter'suchungsausschu|ß** *-sse†* *m* undersökningskommitté **Unter'suchungsgefangene(r)** *m f, adj böjn.* rannsakningsfånge **Unter'suchungsgefängnis** *-se n* rannsakningsfängelse **Unter'suchungshaft** *0 f* rannsakningshäkte **Unter'tag[e]arbeiter** *- m* gruvarbetare (*under jord*) **Unter'tag[e]bau 1 0** *m* underjordsbrytning **2** *-e m* underjordsbrott, gruva **unter'tags** *österr., schweiz., se tagsüber* **untertan** *sich* (*dat.*) *etw.* ~ *machen* lägga under sig (underkuva) ngt; *e-m* ~ *sein a*) *hist.* vara ngn underdånig, *b*) vara ngn undergiven, vara beroende av ngn **Untertan** *-s* (*äv. -en*) *-en m* undersåte **Untertanengeist** *0 m, ung.* servilitet **untertänig** under|dånig, -såtlig; *Ihr* ~*ster Diener!* Er [öd]mjukaste tjänare! **Untertasse** *-n f* te-, kaffe|fat; *fliegende* ~ flygande tefat **untertauchen I** ['----] **1** *s* dyka [ned]; sjunka; *bildl.* försvinna, gömma sig, gå under jorden **2** doppa [ned] **II** [--'--] *etw.* ~ dyka under ngt **Unterteil** *-e n, äv. m* underdel, nedre del **unter'teilen** indela, dela upp, avdela **Unterterti|a** *-en f* fjärde klass (*i gymnasium*) **Untertertianer** *- m* elev i fjärde klass (*i gymnasium*) **Untertitel** *-m* **1** undertitel **2** *film.* text; *mit ~n gesendet werden* (*äv.*) sändas textad **unter'titel|n 1** förse med undertitel **2** texta; *deutsch -ter Film* film med tysk text **Unterton** *-e†* *m* under-, bi|ton **untertourig** *tekn., ~ fahren* köra med för lågt varvtal **unter'treiben** *st* underdriva **Unter'treibung** *-en f* underdrift **'untervermieten** hyra ut [i andra hand] **'unterversichern** underförsäkra **unter'wandern** infiltrera **unterwärts** nere, nertill; nedåt **Unterwäsche 1** *0 f* underkläder **2** *-n f, sl.* underredstvätt **Unterwasser** *- n* grundvatten **Unter'wasserbehandlung** *-en f, se Unterwassermassage* **Unter'wasserkamera** *-s f* undervattenskamera **Unter'wassermassage** *-n f* massage under vattnet **unter'wegs** på väg[en], under vägen; *der Krankenwagen ist schon* ~ ambulansen är redan på väg; *wir waren 3 Wochen* ~ vi har varit ute och rest i 3 veckor; *sie ist den ganzen Tag* ~ hon är ute hela dan (aldrig hemma); *die ganze Stadt war* ~ hela staden var på benen **unter'weisen** *st* undervisa **Unterwelt** *0 f, die ~ a*) underjorden, dödsriket, *b*) undre världen, förbrytarvärlden **unter'werfen** *st* **1** underkuva, lägga under sig **2** *etw. e-r Kontrolle* ~ underkasta ngt kontroll, kontrollera ngt; *e-n e-m Verhör* ~ låta ngn undergå ett förhör, förhöra ngn **3** *rfl* underkasta sig; *sich* [*etw.* (*dat.*)] ~ (*äv.*) foga sig [i ngt] **4** *etw.* (*dat.*) *unterworfen sein* vara underkastad ngt, vara utsatt för ngt; *seinen Leidenschaften unterworfen sein* vara slav under sina passioner **unterwertig** som ligger under det normala värdet **unter'würfig** [*äv.* '----] under|dånig, -given (*e-m* ngn); ~*e Haltung* (*äv.*) ödmjuk (krypande, servil) hållning **unter'zeichnen** underteckna, skriva under **Unter'zeich|ner** *- m, -nete(r) m f, adj böjn.* undertecknare; undertecknad **Unterzeug** *0 n, vard.* underkläder **unterzieh|en** *st* **I** ['----] **1** *e-e Jacke* ~ ta på sig en jacka [in]under **2** *kokk.* vända ner **3** *byggn.* lägga (dra) in **II** [--'--] **1** *etw. e-r Sache* (*dat.*) underkasta ngt ngt; *e-n e-r Untersuchung* ~ låta ngn undergå en undersökning, undersöka ngn **2** *rfl, sich etw.* (*dat.*) ~ underkasta sig ngt; *er -t sich dieser Arbeit* han åtar sig detta arbete **untief** grund, inte djup **Untiefe** *-n f* **1** ringa djup, grund **2** ofantligt djup, avgrund **Untier** *-e n* odjur, vidunder **un'tilgbar** [*äv.* '---] högt. outplånlig **un'tragbar** [*äv.* '----] omöjlig att bära; outhärdlig **un'trennbar** [*äv.* '----] oskilj|bar, -aktig **untreu** otrogen, trolös (*e-m* mot ngn) **Untreue** *0 f* otrohet, trolöshet **un'tröstlich** [*äv.* '----] otröstlig; *ich bin* ~, *daß*

(äv.) jag är hemskt ledsen att un'trüglich [äv. '---] osviklig, ofelbar untüchtig oduglig, oskicklig Untugend -en f ovana, osed, dålig vana untunlich olämplig, inte ändamålsenlig untypisch ej typisk unüber'brückbar [äv. '-----] oöverstiglig; oöverbryggbar, som inte kan överbryggas unüberlegt oöverlagd, obetänksam unüber-'sehbar [äv. '-----] 1 som inte går att förbise, uppenbar 2 som ej kan överblickas, oöverskådlig; ofantlig, enorm unüber'setzbar [äv. '-----] oöversättlig unübersichtlich o-över|siktlig, -skådlig unüber'steigbar [äv. '-----] oöver|stiglig, -komlig unüber'tragbar [äv. '-----] oöverlåtlig unüber'trefflich [äv. '-----] oöverträfflig unüber'troffen [äv. '-----] oöverträffad; utan överman unüber'wind|-bar, -lich [äv. '-----] oöververinn[e]lig unüblich inte vanlig, ovanlig unum'gänglich [äv. '----] oound|gänglig, -viklig; ~ [notwendig] absolut nödvändig unum'schränkt [äv. '---] oinskränkt, obegränsad; absolut, enväldig un-um'stößlich [äv. '----] oomkullrunk[e]lig, orygglig; obestridlig; definitiv; som ej går att rucka på unum'stritten [äv. '----] obestridlig unumwunden [äv. --'--] rakt på sak, rent ut, utan omsvep, oförbehållsamt ununterbrochen [äv. ---'--] oavbruten, kontinuerlig; oavbrutet, utan uppehåll, i ett sträck
unver'änder|bar, -lich [äv. '-----] oföränderlig unverändert [äv. --'--] oförändrad unver'antwortlich [äv. '-----] oansvarig; oförsvarlig, oursäklig unverarbeitet [äv. --'---] obearbetad; oförädlad; ~er Eindruck osmält intryck unver'äußerlich [äv. '-----] 1 oförytterlig, oavhändlig 2 se unverkäuflich unver'besserlich [äv. '-----] oförbätterlig, urbota, hopplös unverbildet enkel, naturlig, oförstörd (av uppfostran) unverbindlich [äv. --'--] 1 oförbindlig, ej bindande; die Waren ~ ansehen (äv.) titta på varorna utan köptvång; ~e Auskunft upplysning med reservation [för ev. fel] 2 inte förbindlig, föga tillmötesgående unver'blümt [äv. '---] oförblommerad, öppen, oförtäckt; rent ut unverbraucht oförbrukad unver'brüchlich [äv. '-----] högt. obrottslig unver'bürgt [äv. '---] ogaranterad, obekräftad unverdächtig [äv. --'--] inte misstänkt unverdaulich [äv. --'--] osmältbar (om föda); vard. svårsmält (om lektyr); vard. otrevlig (om person) unverdaut [äv. --'--] osmält; ~ ausscheiden utsöndra i osmält skick; ~es Zeug von sich geben (vard.) prata om saker som man inte behärskar (har begripit) unverdient [äv. --'--] oförtjänt, oförskyld 'unverdienter|'maßen, -'weise oförskyllt unverdorben oförjärvad, oförstörd, inte skämd, frisk unverdrossen [äv. --'--] oförtruten unverdünnt outspädd
unverehelicht ogift unver'einbar [äv. '-----] oförenlig unverfälscht [äv. --'--] oförfalskad, äkta unverfänglich [äv. --'--] harmlös, oförarglig, oskyldig; es ist ganz ~ (äv.) det är inget ont i det unverfroren [äv. --'--] fräck, tilltagsen, ogenerad unvergänglich [äv. --'---] oförgänglig, oförstörbar unvergessen oförglömlig, oförgäten; i färskt minne unvergeßlich [äv. --'--] oförglömlig, oförgätlig unver'gleich|bar, -lich [äv. '-----] 1 ojämförbar 2 oförliknelig, makalös unverhältnismäßig [äv. --'-----] oproportionerlig; ~ teuer överdrivet dyr unverheiratet ogift unverhofft [äv.

--'-] oförmodad, oväntad; ~es Glück (äv.) lycka som man inte vågat hoppas på unverhohlen [äv. --'--] oförställd, öppen, illa dold unverhüllt obeslöjad, öppen unverkäuflich [äv. --'--] osäljbar; inte till salu unver'kennbar [äv. '----] omisskännlig; typisk unverläßlich otillförlitlig unver'letz|-bar, -lich [äv. '----] osårbar; oantastlig, okränkbar unverletzt osårad, oskadd, välbehållen unver'lierbar [äv. '----] som inte kan förloras, outplånlig unvermählt ogift unver'meid|bar, -lich [äv. '----] oundviklig, ofrånkomlig unvermerkt oförmärkt, omärklig; utan att det märk[te]s (märka det) unvermindert oförminskad unvermischt oblandad, outspädd unvermittelt oförmedlad, plötslig Unvermögen 0 n oförmåga unvermögend 1 oförmögen, ur stånd 2 obemedlad, utan förmögenhet unvermutet oförmodad, oväntad Unvernunft 0 f oförnuft, oförstånd, dåraktighet, dårskap unvernünftig oförnuftig, oförståndig, dåraktig unveröffentlicht inte offentliggjord, opublicerad unverpackt oförpackad unverrichtet ~er Dinge (Sache) med oförrättat ärende 'unverrichteter|'dinge, -'sache med oförrättat ärende unver'rückbar [äv. '----] orubblig, fast unverschämt oförskämd, otidig, fräck Unverschämtheit -en f oförskämdhet, otidighet, fräckhet unverschleiert obeslöjad unverschließbar [äv. --'--] omöjlig att stänga (låsa) unverschlossen [äv. --'--] olåst; der Brief ist ~ brevet är inte igenklistrat unverschuldet [äv. --'--] oförskylld; er ist ~ ins Unglück gestürzt (äv.) det var inte hans fel att han råkade i olycka; ~ verdächtigt oskyldigt misstänkt unversehens [äv. --'--] oförhappandes, plötsligt, oväntat; er kam ~ (äv.) han råkade komma unversehrt osårad, oskad[a]d, intakt, välbehållen unver'sieg|bar, -lich [äv. '----] outtömlig, outsinlig unversöhnlich [äv. --'--] oförsonlig; oöverbryggbar unversorgt oförsörjd Unverstand 0 m oförstånd unverstanden oförstådd, missförstådd unverständig oförståndig unverständlich [äv. --'--] oförståelig, obegriplig Unverständnis 0 n oförståelse; bristande förståelse unverstellt [äv. --'-] oförställd, uppriktig, äkta unversteuert [äv. --'--] obeskattad; oförtullad unversucht [äv. --'-] oförsökt, oprövad; nichts ~ lassen inte lämna något oprövat unverträglich [äv. --'--] 1 ofördragsam, svår att komma överens med, intolerant 2 oförenlig 3 (om mat) som man inte tål, svårsmält unvertraut 1 obekant, främmande 2 dial. misstänksam unvertretbar [äv. --'--] som inte kan rekommenderas, oförsvarbar unverwandt oavvänd, stadig unver'wechselbar [äv. '-----] omisskännlig unverwehrt [äv. --'-----] obetagen, obehindrad; es steht jedem ~, zu det står var och en fritt (är var och en obetaget) att unverweilt [äv. --'-] se unverzüglich unver'wischbar [äv. '----] outplånlig unver'wundbar [äv. '----] osårbar unverwundet osårad unver'wüstlich [äv. '----] outslitlig, slitstark, som tål en stöt sönder; oförbrännelig; ~e Gesundheit (äv.) järnhälsa unverzagt oförskräckt, orädd, oförsagd unver'zeih|bar, -lich [äv. '----] oförlåtlig unver'zichtbar [äv. '----] som man inte kan avvara, absolut nödvändig; oavvislig, oeftergivlig unver'zinslich [äv. '----] räntefri; inte räntebärande unver-

zollt oförtullad **unver'züglich** [äv. '----] ofördröjlig; omedelbar, ögonblicklig; adv äv. utan dröjsmål, genast
unvollendet [äv. --'--] ofullbordad, oavslutad **unvollkommen** [äv. --'--] ofull|komlig, -ständig, bristfällig **unvollständig** [äv. --'--] ofullständig
unvorbereitet oförberedd **unvordenklich** seit ~en Zeiten sedan urminnes tider **unvoreingenommen** förutsättningslös, fördomsfri, utan förutfattad mening, objektiv **unvorhergesehen** oförutsedd **unvorhersehbar** oförutsebar **unvorschriftsmäßig** i strid med föreskrifterna (reglerna, bestämmelserna, instruktionerna); ~ parken parkera lagstridigt **unvorsichtig** oförsiktig **unvor'stellbar** [äv. '----] otrolig;! Schäden von ~em Ausmaß (äv.) så omfattande skador att man har svårt att föreställa sig det **unvorteilhaft** ofördelaktig, ogynnsam
un'wägbar [äv. '---] ovägbar **unwahr** osann, falsk **unwahrhaftig** osannfärdig, falsk, förljugen **Unwahrheit** -en f osanning; das ist e-e ~ (äv.) det är lögn (inte sant); die ~ sagen tala osanning **unwahrscheinlich** osannolik; ~ klein otroligt liten **un'wandelbar** [äv. '----] högt. oföränderlig, evig **unwegsam** oländig, otillgänglig, svårframkomlig **unweiblich** okvinnlig **un'weigerlich** [äv. '----] oundviklig, ofrånkomlig; absolut **unweit I** prep m. gen. ej långt från, i närheten av **II** adv, ~ von der Stadt ej långt från (i närheten av) staden **unwert 1** värdelös **2** e-r Sache (gen.) ~ sein vara ovärdig en sak **Unwert** 0 m bristande värde, värdelöshet **Unwesen** 0 n oväsen, bråk; otyg, rackartyg; missförhållande; ein Räuber trieb in der Gegend sein ~ en rånare gjorde trakten osäker **unwesentlich** oväsentlig; nur ~ älter bara obetydligt äldre **Unwetter** - n oväder **unwichtig** oviktig
unwider'leg|bar, -lich [äv. '-----] ovederläggelig, obestridlig **unwider'ruflich** [äv. '-----] oåterkallelig, orygglig, definitiv **unwider'sprechlich** [äv. '-----] oveder-, oemot|säglig **unwider'sprochen** [äv. '-----] oemotsagd **unwider'stehlich** [äv. '-----] oemotståndlig
unwieder'bringlich [äv. '-----] oåterkallelig; oersättlig
Unwille -ns 0 m, **Unwillen** 0 m mot-, o|vilja; förargelse, indignation; seinem Unwillen Luft machen ge luft åt sitt missnöje **unwillig** ovillig; indignerad, misbelåten; etw. ~ tun göra ngt ovilligt **unwillkommen** ovälkommen; es kam ihm ~ det kom olägligt för honom **unwillkürlich** [äv. --'--] ofrivillig **unwirklich** overklig **unwirksam** overksam, ineffektiv, verkningslös, utan verkan **unwirsch** vresig, tvär, brysk, ovänlig **unwirtlich** ogästvänlig, ödslig (om trakt); ruggig (om väderlek) **unwirtschaftlich** oekonomisk; inte lönande; slösaktig **unwissend 1** ovetande, okunnig, oerfaren **2** omedveten **Unwissenheit** 0 f oveten-, okunnig|het **unwissenschaftlich** ovetenskaplig **unwissentlich** ovetande; ~ das Beste tun göra det bästa utan att veta om det, omedvetet göra det bästa
unwohl illamående, indisponerad, opasslig; obehaglig; sich ~ fühlen (äv.) inte känna sig riktigt bra; mir ist ~ a) jag mår illa, b) jag känner mig obehaglig till mods; sie ist ~ (äv.) hon har mens **unwohnlich** otrevlig, otrivsam

(att bo i) **Unwucht** 0 f, fack., e-e ~ haben vara obalanserad **unwürdig** ovärdig
Unzahl 0 f otal, massa **un'zähl|bar, -ig** [äv. '---] otalig, oräknelig **un'zählige'mal** otaliga (oräkneliga) gånger **unzart** ofin[känslig], ogrannlaga
Unze -n f uns (vikt)
Unzeit 0 f otid; zur ~ i otid, olägligt **unzeitgemäß 1** otidsenlig **2** ovanlig för årstiden **unzeitig 1** i otid, oläglig **2** dial. omogen **unzer'brechlich** [äv. '----] okrossbar, hållbar **unzer'reißbar** [äv. '----] som inte går [att slita] av, outslitlig, hållbar **unzer'störbar** [äv. '----] oförstörbar **unzer'trenn|bar, -lich** [äv. '----] oskilj|aktig, -bar, oupplöslig
unziem|end, -lich opassande, otillbörlig **Unzierde** 0 f miss-, van|prydnad; skam[fläck] **unzivilisiert** ociviliserad **Unzucht** 0 f otukt **unzüchtig** otuktig, osedlig
unzufrieden otillfredsställd, missnöjd **unzugänglich** otillgänglig, oåtkomlig **unzulänglich** otillräcklig, bristfällig, otillfredsställande **unzulässig** otillåtlig, otillbörlig; obehörig **unzumutbar** oskälig, orimlig, oacceptabel; das ist ~ (äv.) det kan man inte begära **unzurechnungsfähig** otillräknelig **unzureichend** otillräcklig **unzusammenhängend** osammanhängande **unzuständig** obehörig, inkompetent; ich bin dafür ~ (äv.) det är inte mitt område **unzustellbar** (om post) obeställbar **unzuträglich** ej nyttig, skadlig, ofördelaktig; Rauchen ist der Gesundheit ~ rökning är skadlig för hälsan; es ist ihm ~ (äv.) han tål det inte **unzutreffend** inte tillämplig; oriktig; das ist ~ (äv.) det stämmer inte; U~es bitte streichen! stryk det ej tillämpliga! **unzuverlässig** opålitlig, ovederhäftig, otillförlitlig **unzweckmäßig** oändamålsenlig, olämplig, opraktisk
unzweideutig otvetydig **unzweifelhaft** [äv. -'---] otvivelaktig
Uppercut ['apekat] -s m, boxn. uppercut
üppig 1 yppig, frodig, svällande (om barm); ymnig, överdådig **2** dial., er wird zu ~ han börjar bli övermodig (gå för långt) **Üppigkeit** 0 f yppighet etc., jfr üppig
Ur -e m uroxe
u.R. förk. för unter Rückerbittung med anhållan om återsändande
Urabstimmung -en f, ung. direkt (allmän) omröstning **Urahn** -en (el. -[e]s) -en m 1 an-, stam|fader **2** åld. el. dial., se Urgroßvater **Urahne I** -n -n m, se Urahn **II** -n f **1** an-, stam|moder **2** åld. el. dial., se Urgroßmutter **Ural** 0 m, der ~ a) Ural (flod), b) Uralbergen **uralt** urgammal, uråldrig **Uralter** 0 n (grå) forntid **Urämie** -n f, med. uremi
Uran 0 n uran **-bergwerk** -e n urangruva **-brenner** - m uranreaktor
Uranfang -e† m urbegynnelse
Uran|ismus 0 m homosexualitet **-ist** -en -en m homosexuell
urauführen urppföra, ha urpremiär på **Uraufführung** -en f urppförande, urpremiär **urban** urban **Urbanisation** -en f urbanisering; stadsbebyggelse **urbanisieren** urbanisera **Urbanität** 0 f urbanitet
urbar odlingsbar, [upp]odlad; ~ machen uppodla **Urbarmachung** -en f upp-, ny|odling **Urbedeutung** -en f ursprunglig betydelse **Urbeginn** 0 m urbegynnelse **Urbestandteil** -e m ur-, grund|beståndsdel **Urbevölkerung** -en f

urbefolkning **Urbewohner** - *m* urin[ne]vånare **Urbild** *-er n* urbild, prototyp **urdeutsch** urtysk, typiskt tysk **'ur'eigen** [alldeles] egen, speciell, [mycket] karakteristisk; *das ist meine ~ste Sache* det är min absoluta ensak **Ureinwohner** - *m* urin[ne]vånare **Ureltern** *pl* förfäder, ur-, stam|föräldrar **Urenkel** - *m* barnbarnsbarn **'ur'ewig** väldigt länge; *seit ~en Zeiten* sedan urminnes tid **Urfassung** *-en f* urversion **Urfehde** *-n f, hist.*, *~ schwören* genom ed avstå från hämnd, svära att inte hämnas [lidna oförrätter] **Urform** *-en f* urform, urtyp, ursprunglig form **'urge'mütlich** *vard.* väldigt gemytlig, jättetrevlig **ur'gent** brådskande, angelägen **Ur'genz** *-en f* brådskande karaktär, vikt **urgermanisch** urgermansk **Urgeschichte** *0 f* urtidshistoria **Urgesellschaft** *0 f* ursamhälle, första mänskliga samhälle **Urgestalt** *-en f* urgestalt, urform **Urgestein** *0 n* urberg **Urgewalt** *-en f* urkraft **urgewaltig 1** väldig **2** *vard.* jättestor **Urgroß|eltern** *pl* farföräldrars (morföräldrars) föräldrar **-mutter** *-† f* farfars (farmors, morfars, mormors) mor **-vater** *-† m* farfars (farmors, morfars, mormors) far **Urgrund** *-e† m* ursprunglig grund (anledning, orsak) **Urheber** - *m* upphovsman **Urheberrecht** *-e n* upphovs[manna]rätt **Urheberschaft** *0 f* upphovsmannaskap **Urheimat** *-en f (folks, stams)* urhem **'Urian** *-e m* **1** *åld.* ovälkommen gäst **2** djävul **urig 1** äkta, genuin, jordnära **2** rolig **3** konstig **Urin** *-e m* urin **Urinal** *-e n* **1** urinflaska; urinal **2** urinprov **urinieren** urinera **Urkirche** *0 f* urkyrka **Urknall** *0 m* big-bang **'ur'komisch** urkomisk, urlöjlig **Urkraft** *-e† f* urkraft **Urkunde** *-n f* urkund, akt, dokument **Urkundenfälscher** - *m* urkundsförfalskare **Urkundenfälschung** *-en f* urkundsförfalskning **urkundlich** urkundlig, dokumentarisk, urkunds-; *~ belegen* dokumentera, styrka med urkund[er] **Urlaub** *-e m* semester; *mil.* permission; *auf (in, im) ~ sein* vara på semester; *den ~ am Meer verbringen (äv.)* semestra vid havet **urlauben** *vard.* semestra, ha (vara på) semester **Urlauber** - *m* semesterfirare **Urlaubersiedlung** *-en f* semesterby **Urlauberzug** *-e† m* **1** extratåg **2** permitenttåg **Urlaubsgeld** *-er n* semesterpengar; semesterersättning *(från arbetsgivare)* **Urlaubsliste** *-n f* semesterlista **urlaubsreif** *vard.* mogen för semester **Urlaubsschein** *-e m, mil.* permissionssedel **Urlaubsvertretung** *-en f* semestervikarie; semestervikariat **Urlaubszeit** *-en f* semester[tid] **Ur'linde** *-n f* lesbian **Urmensch** *-en -en m* urmänniska **Urmutter** *-† f* ur-, stam|moder **Urne** ['ʊr-] *-n f* **1** urna **2** valurna **3** tombola[hjul] **Urnenhain** *-e m* urngård *(gravplats)* **Urnenhalle** *-n f* urnhall **Ur'ninde** *-n f* lesbian **Urning** *-e m* homosexuell **Urologe** *-n -n m* urolog **Uroma** *-s f, se Urgroßmutter* **Uropa** *-s m, se Urgroßvater* **'ur'plötzlich** helt plötslig **Urprodukt** *-e n* råvara **Ur|quell** *-e m*, **-quelle** *-n f* [ur]källa, ursprung **Ursache** *-n f* orsak, anledning; *keine ~!* ingen orsak!, för all del!; *kleine ~n, große Wirkungen (ung.)* liten tuva stjälper ofta stort lass **ursächlich** orsaks-, kausal; *~er Zusammenhang* orsakssammanhang **Urschrift** *-en f* original[skrift] **urschriftlich** i original **ursenden** *radio., telev.* sända [för] första gången **urspr.** *förk.* för *ursprünglich* urspr., ursprunglig[en] **Ursprache** *-n f* **1** språkv. urspråk **2** originalspråk **Ursprung** *-e† m* ursprung, upphov, källa **ursprünglich** *[äv. -'--]* ursprunglig; först[a]; naturlig, jordnära; *~ wollte er* ursprungligen (först) ville han **Ursprungsland** *-er† n* ursprungsland **urst** *DDR, das ist ~! (vard.)* det var (är) toppen! **Urstoff** *-e m* ursubstans, grundämne, materia **Urstromtal** *-er† n, geol.* fornälvsdal *(glacial erosionsdal)* **Ursuline** *-n f*, **Ursulinerin** *-nen f* ursulinernunna **Urteil** ['ʊr-] *-e n* **1** dom[slut], utslag **2** omdöme, utlåtande; uppfattning; *das ~ e-s Fachmanns einholen* inhämta expertutlåtande **urteil|en** *-te, geurteilt* [be]döma; *über e-n ~* döma ngn; *wie ~ Sie über ...?* hur bedömer Ni ...?, vad anser Ni om ...? **Urteilsbegründung** *-en f* domskäl **urteilsfähig** omdömesgill **Urteils|fähigkeit** *0 f*, **-kraft** *0 f* omdöme[sförmåga] **Urteilsspruch** *-e† m* dom[slut] **Urteilsvollstreckung** *-en f* verkställande av dom **Urtext** *-e m* urtext, urversion **Urtier** *-e n* urdjur **Urtrieb** *-e m* urdrift, primär drift **urtümlich** ursprunglig, primitiv **Urtyp** *-en m*, **Urtyp|us** *-en -en m* ur-, proto|typ **Uruguayer** - *m* uruguayare **uruguayisch** uruguayisk **Urur|ahn** *-en (el. -[e]s) -en m* **1** far till *Urgroßvater (Urgroßmutter)* **2** förfader **-großmutter** *-† f* mor till *Urgroßvater (Urgroßmutter)* **-großvater** *-† m* far till *Urgroßvater (Urgroßmutter)* **Urvater** *-† m* ur-, stam|fader **Urväterzeit** *-en f, aus ~en* från urminnes tider **urverwandt** av samma stam (ursprung) **Urvolk** *-er† n* urfolk, urbefolkning **Urwahl** *-e f* elektorsval **Urwähler** - *m* valman vid elektorsval **Urwald** *-er† m* urskog **Urwelt** *-en f* urvärld **urweltlich** urvärlds- **urwüchsig** [-y:ks-] **1** ursprunglig, naturlig; genuin, jordnära **2** *se bodenständig* **Urzeit** *-en f* ur-, forn|tid; *seit ~en* sedan urminnes tid; *das gibt es seit ~en nicht mehr (vard.)* det har inte funnits på evigheter **urzeitlich** forntida, urtids- **Urzelle** *-n f* urcell **Urzeugung** *0 f* ur-, själv|alstring **Urzustand** *-e† m* urtillstånd **Usance** [y'zã:s] *-n f* usans, [handels]bruk **Usancenhandel** *0 m* valutahandel **usf.** *förk.* för *und so fort* osv., och så vidare **U-Strab** [-a(:)-] *-s f, förk.* för *Unterpflasterstraßenbahn* **usuell** usuell, vanlig, bruklig **Usurpator** *-en m* usurpator **usurpieren** usurpera, tillskansa sig **Usus** *0 m* bruk, sed; *es ist so ~* så är det brukligt **usw.** *förk.* för *und so weiter* osv., och så vidare **Utensilien** *pl* utensilier **Uter|us** *-i m, med.* uterus, livmoder **Utilitarier** - *m* util[itar]ist **Utilitarismus** *0 m* utilitarism **Utilitarist** *-en -en m* util[itar]ist **utilitaristisch** util[itar]istisk **Utilität** *0 f* nytta, nyttighet

U'topia 0 n Utopia **Uto'pie** -n f utopi **U'topien** 0 n Utopia **utopisch** utopisk **Utopist** -en -en m utopist
U-Träger - m U-balk
Utr|um -a n, språkv. realgenus
u.U. förk. för unter Umständen möjligen, eventuellt, under vissa omständigheter **UV** [u'fau] förk. för Ultraviolett ultraviolett **u.v.a.m.** förk. för und viele[s] andere mehr m.fl., med flera, m.m., med mera
UV-Lampe -n f kvartslampa **UV-Strahlen** pl ultravioletta strålar
uvular [-v-] språkv. uvular **Uvular** -e m, språkv. uvular
u.W. förk. för unseres Wissens så vitt vi vet, oss veterligt
Ü-Wagen - m, radio., telev. OB-buss
Uz [u:ts] -e m, vard. drift, gyckel, skämt **Uzbruder** -† m, vard. skämtare; ein ~ sein (äv.) tycka om att skoja (driva med folk) **uzen** 1 vard. reta, driva (skämta) med 2 dial. lura **Uzerei** -en f, vard. skoj, gyckel, drift **Uzname** -ns -n m, vard. öknamn

V [fau] 1 - - n (bokstav) v 2 förk. för Volt v, volt 3 förk. för Volumen volym **v.** förk. för von (vom) av, från **VA** förk. för Voltampere voltampere
Vabanquespiel [va'bä:k-, äv. -'baŋk-] 0 n, bildl. hasard; das ist ein ~ det är ett vågspel (att sätta allt på ett kort)
vag se vage
Vagabund [v-] -en -en m vagabond, landstrykare, luffare **Vagabundenleben** 0 n vagabond-, luffar|liv **vagabundieren** 1 vagabondera, föra ett vagabondliv (kringflackande liv) 2 s luffa (durch genom)
Vagant [v-] -en -en m 1 hist. vagant, vandrande student (spelman) 2 åld., se Vagabund
vage [v-] vag, obestämd, svävande **Vagheit** 0 f vag-, obestämd-, oklar|het
Va'gin|a [v-] -en f, med. vagina **Vaginism|us** -en m, med. vaginism
vakant [v-] vakant, ledig **Vakanz** -en f 1 vakans, ledig tjänst 2 dial. ferier **Vaku|um** -a el. -en n vakuum; tomrum **Vakuumpumpe** -n f vakuumpump **vakuumverpackt** vakuumpackad
Vak|zin [v-] -e n, med., -zine -n f, med. vaccin **vakzinieren** med. vaccinera
Valenz [v-] -en f, kem., språkv. valens
Valerian|a [v-] -en f, bot. valeriana, vände[l]rot
Valet [va'let, äv. -'le:t] -s n, åld. el. skämts. farväl, avsked; ~ sagen ta farväl
Valeur [va'lø:g] -s m 1 bank. åld. värdepapper 2 konst. valör, färgton **Validität** [v-] 0 f 1 fack. validitet, tillförlitlighet 2 åld. validitet, giltighet **Va'loren** [v-] pl värdeföremål; värde-

papper **Valut|a** [v-] -en f [utländsk] valuta **Valutaklausel** -n f valutaklausul
Vamp [vɛmp] -s m vamp **Vampir** ['vampi:g, äv. -'-] -e m vampyr; bildl. äv. blodsugare
Vandale [v-] -n -n m vandal **Vandalismus** 0 m vandalism
Vanille [va'nɪljə, äv. -'nɪlə] 0 f vanilj **-eis** -e n vaniljglass **-stange** -n f vaniljstång **-zucker** 0 m vaniljsocker
Varia [v-] pl varia, varjehanda **variabel** variabel, föränderlig **Variable** f, adj böjn. variabel **Variante** -n f variant **Variation** -en f variation **Varietät** -en f varietet, avart **Varieté** -s n varieté **variieren** variera **Variometer** - n variometer **Va'rize** -n f, med. åderbråck **Vari'zellen** pl, med. vattkoppor
Vasall [v-] -en -en m vasall **Vasallenstaat** -en m vasallstat
Vase [v-] -n f vas
Vase|lin [v-] 0 n, **-line** 0 f vaselin
Vater -† m fa[de]r, pappa; bildl. äv. upphovsman; vard. gubbe; Väter (äv.) förfäder; ~ Staat (skämts.) staten; er ist ganz der ~ han är fadern upp i dagen; kesser ~ (vard.) (maskulin) lesbian **Vaterfigur** -en f fadersgestalt **Vaterfreuden** pl faderslycka; ~ entgegensehen bli far **Vaterhaus** -er† n fäderne-, föräldra|hem **Vaterland** -er† n fädernes-, foster|-land **vaterländisch** fosterländsk, patriotisk **Vaterlandsliebe** 0 f fosterlandskärlek, patriotisk **vaterlandsliebend** fosterländsk, patriotisk **väterlich** faderlig; fäderne-; ~e Liebe faderskärlek; von ~er Seite från faderns sida; ~ an e-m handeln handla som en far mot ngn **'väterlicher'seits** på fädernet (faderns sida) **vaterlos** faderlös
Vater|mord -e m fadermord **-mörder** - m fadermördare (äv. stärkkrage) **-name** -ns -n m, se Vatersname **-schaft** 0 f faderskap **-schaftsbestimmung** -en f fastställande av faderskap **-schaftsklage** -n f faderskapsmål **-sname** -ns -n m 1 patronymikon 2 åld. familje-, efter|namn **-stadt** -e† f fädernestad **-stelle** 0 f, bei e-m ~ vertreten vara ngn i fars ställe, vara som en far för ngn **-unser** ['--'--, äv. --'--] - n fadervår
Vati -s m, vard. [lilla] pappa
Vatikan [va-] 0 m, der ~ Vatikanen
Vaudeville [vodə'vi:l] -s n vådevill (sångspel)
v. Chr. förk. för Christo (Christus) f. Kr., före Kristus **v. Chr. G.** förk. för vor Christi Geburt före Kristi födelse **VDE** förk. för Verband Deutscher Elektrotechniker **VDI** förk. för Verband Deutscher Ingenieure **VdK** förk. för Verband der Kriegsbeschädigten, Kriegshinterbliebenen und Sozialrentner **VdN** förk. för Verfolgte(r) des Naziregimes **VE** förk. för Verrechnungseinheit clearingenhet **VEB** DDR, förk. för Volkseigener Betrieb **VEG** DDR, förk. för Volkseigenes Gut
vegetabil [v-] vegetabilisk **Vegetabilien** pl vegetabilier **vegetabilisch** vegetabilisk **Vegetarianer** - m, **Vegetarier** - m vegetarian **vegetarisch** vegetarisk **Vegetation** -en f vegetation **vegetativ** vegetativ **vegetieren** vegetera; hanka sig fram
vehe'ment [v-] häftig, intensiv, våldsam **Vehemenz** 0 f häftighet, intensitet, våldsamhet; mit ~ (äv.) häftigt
Ve'hikel [v-] - n 1 vard. kärra, åk, rishög 2 [uttrycks]medel
Veigelein - n, åld., **Veigerl** -[n] n, sty., österr.,

Veilchen - *n* viol; *blau wie ein* ~ (*vard.*) aspackad (*berusad*) **veilchenblau 1** violblå, violett **2** *vard.* aspackad (*berusad*)
Veits|bohne -*n f, dial.* bondböna -**tanz** *0 m, med.* danssjuka
Vektor [v-] -*en m, mat.* vektor
velar [v-] *språkv.* velar **Velar** -*e m, språkv.* velar
Velo [v-] -*s n, schweiz.* cykel -**drom** -*e n, sport.* velodrom
Velours [vəˈluːɡ, äv., ve-] - [-ˈluːɡs] *m* velours
Veloziped [v-] -*e n, åld.* velociped
Vel|um [v-] -*a n, språkv.* velum, gomsegel
Vene [v-] -*n f, anat.* ven ·
venenös [v-] *fack.* giftig
venerisch [v-] venerisk; ~*es Leiden* venerisk sjukdom
Venezianer [v-] - *m* venetianare **venezianisch** venetiansk
Venezolaner [v-] - *m* venezuelan, venezolan **venezolanisch** venezuelansk, venezolansk
Venezueler - *m, se Venezolaner*
venös [v-] *med.* venös
Ventil [v-] -*e n* ventil **Ventilation** -*en f* ventilation **Ventilator** -*en m* ventilator, fläkt **Ventilgummi** -*s n, äv. m* ventilgummi **ventilieren** ventilera (*äv. bildl.*); vädra
Ventrikel [v-] - *m, anat.* ventrikel
Venus|berg [v-] -*e m, anat.*, -**hügel** - *m, anat.* venusberg
veraasen *vard.* slösa bort, göra av med **verabfolgen** av-, över-, ut|lämna, ge **verabreden 1** avtala; *etw. mit e-m* ~ (*äv.*) komma överens med ngn om ngt **2** *rfl, sich mit e-m* ~ stämma möte med ngn **ver'abredeter'maßen** som avtalat, enligt avtal (överenskommelse) **Verabredung** -*en f* **1** avtal, överenskommelse **2** [avtalat] möte; *ich habe e-e* ~ (*äv.*) jag ska träffa (har stämt möte med) ngn **verabreichen** [över]lämna, ge **verabsäumen** försumma **verabscheuen** avsky **verabscheuens-, verabscheuungs|wert,** -**würdig** avskyvärd **verabschieden 1** ta avsked av **2** avtacka; pensionera; avskeda **3** [an]ta, godkänna **4** *rfl* ta avsked (farväl), säga adjö **Verabschiedung** -*en f* avsked[ande]
verachten förakta; försmå; *die Gefahr* ~ trotsa faran; *das ist auch nicht zu* ~ (*äv.*) det är (var) inte heller så dumt **verachtens|wert,** -**würdig** föraktlig **verächtlich** föraktfull; föraktlig **Verachtung** *0 f* förakt **verachtungsvoll** föraktfull **verachtungswürdig** föraktlig **veralbern** *vard.* driva med **verallge'meinern** generalisera **Verallge'meinerung** -*en f* generalisering **veralt|en** *s* föråldras, komma ur bruk, bli gammal[modig]; -*et* föråldrad
Verand|a [v-] -*en f* veranda
veränderlich föränderlig, ombytlig; som kan förändras; variabel; *das Barometer steht auf* ~ barometern står på ostadigt **verändern 1** [för]ändra **2** *rfl* förändras, förändra sig; *vard.* flytta, byta jobb; *åld.* gifta sig **Veränderung** -*en f* förändring **verängstig|en** skrämma; -*t* [för]skrämd **veranker|n** förankra (*äv. bildl.*); *in etw.* (*dat.*) -*t sein* (*äv.*) vara rotad i ngt **veranlagen** taxera **veranlagt** lagd; *künstlerisch* ~*er Mensch* konstnärligt begåvad människa, människa med konstnärlig läggning; *so ist er nicht* ~ (*vard.*) han är inte sån (skulle aldrig göra så) **Veranlagung** -*en f* **1** taxering **2** anlag, läggning, fallenhet **veranlassen** *sv* föranlåta, -leda, förorsaka; förmå; ombesörja;

se till; *e-n zu etw.* ~ förmå ngn till ngt **Veranlassung** -*en f* **1** föranlåtande, tillskyndan, initiativ **2** anledning, orsak, motiv **Veranlassungsverb** -*en n, språkv.* kausativ[t verb]
veranschaulichen åskådliggöra **veranschlagen** *sv* anslå, uppskatta, värdera, beräkna **veranstalten** anordna, arrangera, organisera, ställa till [med] **Veranstalter** - *m* anordnare, arrangör, organisatör **Veranstaltung** -*en f* **1** anordnande *etc.*, *jfr veranstalten* **2** evenemang, tillställning; förestälining; möte; fest; *sportliche* ~ sportevenemang, tävling
verantworten 1 ansvara för; *das kann niemand* ~ det kan ingen ta på sitt ansvar; *es ist nicht zu* ~ det är oansvarigt; *wie willst du das* ~? hur kan du stå till svars för det? **2** *rfl* försvara (rättfärdiga) sig; *er hat sich wegen Diebstahls zu* ~ (*äv.*) han är åtalad för stöld **verantwortlich** ansvarig; ~*er Posten* ansvarsfull post **Verantwortlichkeit** *0 f* **1** ansvar[ighet] **2** ansvarskänsla **Verantwortung** *0 f* **1** ansvar; *der Mut zur* ~ modet att ta ansvar; *etw. auf [seine] eigene* ~ *tun* göra ngt på eget ansvar; *e-n zur* ~ *ziehen* avkräva ngn räkenskap, ställa ngn till svars **2** ansvarskänsla **verantwortungsbewußt** förestälining, förestälining **verantwortungs|bewußtsein** *0 n*, -**gefühl** *0 n* ansvarskänsla **verantwortungslos** ansvarslös **verantwortungsvoll** ansvarsfull
veräppeln *vard.* driva (retas) med **verarbeiten** använda; bearbeta, bereda; förädla; smälta (*äv. bildl.*); tillgodogöra sig **verarbeitet 1** utsliten; ~*e Hände* av arbete illa åtgångna händer **2** *gut* ~*es Kleid* välgjord klänning **Verarbeitung** -*en f* **1** bearbetande, bearbetning *etc.*, *jfr verarbeiten* **2** utförande, arbete
verarg|en *das kann man ihr nicht* ~ det kan man inte klandra henne för; -*e es mir nicht, wenn* ta inte illa upp om **verärger|n** förarga; -*t* (*äv.*) missnöjd **Verärgerung** -*en f* förargelse; missnöje **verarmen** *s* bli fattig, utarmas **Verarmung** *0 f* utarmade; utarmning **verarzt|en** *vard.* **1** sköta (plåstra) om, kurera, ta sig an **2** *er -ete die ganze Stadt* han var läkare för hela staden **veräst|eln** *rfl* förgrena sig **verätzen** fräta sönder
verauktionieren auktionera bort **verausgaben 1** ge (lägga) ut (*pengar*); ge ut (*frimärken e.d.*) **2** dela ut, ge bort **3** uttömma (*sina krafter*) **4** *rfl* ta ut sig; överskrida sina tillgångar, ge ut [alla] sina pengar **verauslagen** lägga ut, förskottera **veräußerlich** som kan avyttras **veräußerlichen 1** förytliga **2** *s* förytligas **veräußern** avyttra; överlåta
Verb [v-] -*en n, språkv.* verb **verbal** verbal (*äv. språkv.*); i ord **Verbalabstrakt|um** -*a n, språkv.* verbalabstrakt **verbalisieren 1** verbalisera, uttrycka i ord **2** *språkv.* förvandla till verb **ver'baliter** ordagrant **Verbalphrase** -*nf, språkv.* verbalfras
verballern 1 *vard.* skjuta (slösa) bort (*ammunition*); *sport.* bränna (*straff*) **2** *dial.* sälja **3** *dial.* klå upp
Verband -*e†* *m* **1** förband, bandage **2** förening, förbund, sällskap, sammanslutning; grupp **3** *mil.* förband; *im* ~ *fliegen* flyga i formering **4** *byggn.* förband **Verband[s]kasten** -[†] *m* förbandslåda **Verband[s]mull** *0 m* förbandsgas **Verband[s]platz** -*e† m, mil.* förbandsplats **Verband[s]zeug** *0 n* förbandsartiklar **verbauen 1** bygga för (igen); *bildl.* spärra, spoliera, omöjliggöra; *das ganze Gebiet* ~ [bebygga

och] förstöra hela området 2 bygga fel (galet) 3 använda (*byggnadsmaterial*); bygga slut på (*pengar*) **verbannen** 1 [lands]förvisa 2 bannlysa **Verbannte(r)** *m f, adj böjn.* 1 [lands]förvisad 2 bannlyst **Verbannung** *-en f* 1 [lands]förvisning, landsflykt 2 bannlysning **Verbannungsort** *-e m* förvisningsort **verbarrikadieren** 1 barrikadera, spärra, blockera 2 *rfl* barrikadera (förskansa) sig **verbauern** *s* försoffas, förfäas **verbeamt|en** göra till (anställa som) tjänsteman; *-et werden* (*äv.*) [alltmer] domineras av tjänstemän, byråkratiseras **verbeißen** *st* 1 *jakt.* gnaga på, bita (äta) av 2 bita ihop (*tänderna*); *etw.* ~ (*bildl.*) inte låtsas om (kväva, undertrycka) ngt; *seinen Zorn* ~ svälja sin vrede; *ich konnte mir das Lachen nicht* ~ jag kunde inte låta bli att skratta 3 *rfl* bita sig fast; *er hat sich in dieses Problem verbissen* (*äv.*) han har fastnat på det här problemet **verbellen** *jakt.* ge ståndskall för **verbergen** *st* 1 dölja, gömma; *verborgene Schönheit* dold skönhet 2 *rfl* dölja (gömma) sig **verbessern** 1 förbättra; rätta, korrigera; [*den Rekord*] *auf 9,8 Sekunden* ~ (*sport.*) förbättra rekordet till 9,8 sekunder 2 *rfl* förbättra sig, förbättras; få det bättre [ställt] **Verbesserung** *-en f* förbättring; rättning; rättelse, korrigering; ändring **verbeugen** *rfl* bocka (buga) sig **Verbeugung** *-en f* bugning **verbeul|en** buckla till; *-t* bucklig, tillbucklad **verbiegen** *st* 1 böja, kröka 2 *rfl* böja (kröka) sig, bli skev, deformeras **verbiestern** 1 *dial.* förvirra, bringa ur fattningen (balans) 2 *dial.* förarga 3 *rfl, vard.* gå (fara, råka, komma) vilse, tappa bort sig **verbiet|en** *st* 1 förbjuda; *Zutritt verboten!* tillträde förbjudet!; *e-m das Haus* ~ portförbjuda ngn; *der Arzt hat ihm das Rauchen verboten* läkaren har förbjudit honom att röka; *das -et mir mein Geldbeutel* det tillåter inte min kassa; *er verbot sich* (*dat.*) *e-e Antwort* han avstod från att svara 2 *rfl, das -et sich* det är omöjligt (kan inte göras) **verbilden** deformera; *e-n* ~ fördärva ngn genom en felaktig uppfostran **verbildlichen** framställa bildligt; symbolisera **verbillig|en** 1 göra billig[are]; *-te Eintrittskarten* biljetter till nedsatt pris 2 *rfl* bli billig[are] **verbimsen** *vard.* klå upp **verbind|en** *st* 1 förbinda (*sår e.d.*) 2 binda för (*ögon e.d.*); *verbundene Augen* förbundna ögon 3 förena, förbinda, förknippa, sammanbinda; hålla ihop; förplikta; *das Angenehme mit dem Nützlichen* ~ förena nytta med nöje; *ich bin Ihnen sehr verbunden* (*högt.*) jag är Er mycket förbunden (tacksam); *er war ihr freundschaftlich verbunden* han stod i ett vänskapligt förhållande till henne 4 (*i telefon*) *ich -e!* påringt!; [*Entschuldigung, ich bin*] *falsch verbunden!* [förlåt,] jag har kommit fel!; *würden Sie mich bitte mit Herrn Wimmer* ~ ? kan jag få tala med herr Wimmer? 5 blanda 6 *boktr.* binda fel 7 *rfl* förena sig, förenas; liera sig; *sich mit e-m* [*ehelich*] ~ gifta sig med ngn; *mit diesem Urlaub* ~ *sich schöne Erinnerungen* med denna semester är många vackra minnen förknippade 8 *rfl* blandas **Verbinder** - *m, sport.* [höger-, vänster]inner **verbindlich** 1 förbindlig, artig, vänlig 2 bindande, obligatorisk **Verbindlichkeit** *-en f* 1 förbindlighet, artighet, vänlighet 2 bindande kraft; förpliktelse, förbindelse; *~en* (*hand.*) skulder **Verbindung** *-en f* 1 förenande *etc.*, *jfr verbinden* 3 2 förbindelse; förening (*äv. kem.*); kombination; kontakt; samband; anslutning; *die kürzeste* ~ (*äv.*) den kortaste vägen; *direkte* ~ direktförbindelse; *keine* ~ *bekommen* (*äv.*) inte komma fram (*på telefon*); *die* ~ *ist schlecht* (*i telefon*) det hörs dåligt; *die* ~ *unterbrechen* (*äv.*) avbryta [telefon]samtalet; *in* ~ *mit* (*äv.*) tillsammans med; *etw. mit etw. in* ~ *bringen* sätta ngt i samband med ngt; *sich mit e-m in* ~ *setzen* (*äv.*) ta kontakt med (kontakta) ngn 3 [student]förening; sällskap, förbund **Verbindungs|farben** *pl* studentförenings färger **-glied** *-e n* förbindelseled, föreningslänk **-mann** *-er†* *el. -leute m* kontaktman, medlare **-offizier** *-e m* sambandsofficer **-schnur** *-e† f, elektr.* skarvsladd **-stück** *-e n* skarvstycke **verbissen** sammanbiten; envis; hårdnackad; vresig; *man soll nicht alles so* ~ *nehmen* (*vard.*) man behöver inte ta allt på blodigt allvar **verbitten** *st, sich* (*dat.*) *etw.* ~ undanbe sig ngt; *das möchte ich mir verbeten haben* det skulle jag vilja betacka mig för **verbitter|n** förbittra (*e-m* för ngn); *er ist -t* han har blivit bitter; *das Unglück hat ihn -t* olyckan har gjort honom bitter **Verbitterung** 0 *f* förbittring **verblassen** *s* [för]blekna, blekas, bli blek (urblekt) **verblättern** bläddra bort (*sida*) **Verbleib** 0 *m* uppehållsort; *wissen Sie etw. über seinen* ~ ? vet Ni var han uppehåller sig?; *er fragte nach dem* ~ *der Dokumente* han frågade vart dokumenten hade tagit vägen; *die Mannschaft kämpft um ihren* ~ *in der 1. Division* laget kämpar för att stanna kvar i div. 1 **verbleib|en** *st s* förbli; stanna [kvar]; återstå, bli kvar; *wollen wir so* ~, *daß ich dich morgen besuche*? ska vi säga så då att jag besöker dig i morgon?; *ich weiß nicht, wo sie verblieben sind* jag vet inte vart de har tagit vägen; *es sind ihm 10 Kronen verblieben* han har 10 kronor kvar; *es -t dabei* (*äv.*) det blir som vi har sagt; *bei etw.* ~ hålla fast vid (vidhålla) ngt **verbleichen** *verblich, verbliche, verblichen, äv. sv, s* [för]blekna, bli blek (urblekt); *bildl.* vissna [bort]; *der Verblichene* (*högt.*) den hädangångne **verblenden** 1 blända, förblinda, slå med blindhet 2 *byggn.* täcka (*m. bättre material*), bekläda **Verblendung** *-en f* förbindelse 2 *byggn.* beklädnad **verbleuen** *vard.* slå både gul o. blå **verblichen** *se verbleichen* **verblindet** förblindad **verblöden** 1 fördumma, göra dum 2 *s* fördummas, bli dum **verblüffen** förbluffa **Verblüffung** 0 *f* förbluffelse, häpnad **verblüh|en** *s* 1 blomma ut (över); vissna; *-te Schönheit* bedagad skönhet 2 *vard.* försvinna, sticka **verblümt** förblommerad, förtäckt, omskrivande (*ordalag*); *etw.* ~ *ausdrücken* säga ngt i förtäckta ordalag **verbluten** *s el. rfl* förblöda **Verblutung** 0 *f* förblödning **verbocken** *vard.* sabba, förstöra **verbockt** trotsig **verbohren** *rfl, vard., sich in etw.* (*ack.*) ~ bita (haka) sig fast vid ngt, hårdnackat hålla på ngt **verbohrt** *vard.* envis, hårdnackad, halsstarrig, vurmig 1 **verborgen** låna ut 2 **verborgen** dold, hemlig; *im V~en* i det fördolda **verbösern** *skämts.* försämra (*i stället för att förbättra*) **Verbot** *-e n* förbud **verboten** 1 förbjuden 2 *vard.* gräslig, hemsk **ver'botener'weise** *etw.*

~ *tun* göra ngt fast det är förbjudet **Verbotsschild** -*er n* **1** förbudsmärke (*på väg*) **2** förbudstavla **verbrämen** kanta; garnera; *bildl.* utsmycka; *mit Pelz* ~ pälsbräma; *e-n Vorwurf mit schönen Worten* ~ skyla över (hölja) en förebråelse med vackra ord **Verbrämung** -*en f* kantning; garnering; kant; bräm; *bildl.* utsmyckning **verbraten** *st* **1** *s* bli bränd (*vid stekning*) **2** steka upp, använda (*vid stekning*) **3** *rfl* gå bort, försvinna (*vid stekning*) **4** *vard.* bränna, göra av med **5** *vard.* prata (*strunt*) **Verbrauch** *0 m* förbrukning, konsumtion; *e-n großen* ~ *an Seife haben* ha stor åtgång på tvål, använda (konsumera) mycket tvål; *sparsam im* ~ (*äv.*) dryg, ekonomisk **verbrauch|en 1** förbruka, konsumera; använda; slita ut; -*te Luft* dålig luft; -*te Schuhe* utslitna skor; *alles -t haben* (*äv.*) ha gjort slut på allt; *das Auto -t 10 Liter Benzin auf 100 km* bilen drar 1 liter milen **2** *rfl* slita ut sig **Verbraucher** - *m* förbrukare, konsument **Verbraucher|aufklärung** *0 f,* -**beratung** -*en f* konsumentrådgivning **Verbrauchergenossenschaft** -*en f* konsumentförening **Verbrauchermarkt** -*e†* *m* stormarknad **Verbraucherschutz** *0 m* konsumentskydd **Verbrauchsgüter** *pl* konsumtionsvaror **Verbrauch[s]steuer** -*n f* konsumtionsskatt, accis **verbrechen** *st* **1** *etw.* ~ begå en förbrytelse; *was hat er denn da wieder verbrochen?* (*vard.*) vad har han ställt till med nu igen?; *ein Buch verbrochen haben* (*skämts.*) ha en bok på sitt samvete **2** *jakt.*, *e-e Fährte* ~ markera ett spår med avbrutna kvistar **3** avfasa **Verbrechen** - *n* förbrytelse, brott **Verbrecher** - *m* förbrytare, brottsling **Verbrecheralb|um** -*en n* förbrytar|register, -album **verbrecherisch** brottslig **Verbrecherkartei** -*en f, se Verbrecheralbum* **Verbrecherkolonie** -*n f* straffkoloni **verbreiten 1** sprida [ut] **2** *rfl* sprida sig, utbreda sig (*äv. bildl.*) **verbreitern 1** bredda, göra bredare, utvidga **2** *rfl* bli bredare, utvidgas **Verbreiterung** -*en f* breddning **Verbreitung** -*en f* utbredning, spridning **verbrennbar** brännbar **verbrennen** *oreg.* **1** *s* brinna upp; bli innebränd, brännas till döds; bli bränd; förbrännas (*äv. kem.*) **2** *h* bränna [upp], förbränna; *die Sonne hat ihn verbrannt* (*vard.*) han har blivit uppbränd av solen; *e-e Leiche* ~ (*äv.*) kremera ett lik; *Gas* ~ (*vard.*) använda (förbruka) gas; *sich* (*dat.*) *die Zunge* ~ bränna tungan **3** *rfl* bränna sig **Verbrennung** -*en f* förbränning; kremering; *med.* brännskada **Verbrennungsmotor** -*en m* förbränningsmotor **verbriefen** *högt.* stadfästa, bekräfta (*genom handlingar*) **verbringen** *oreg.* **1** tillbringa **2** *kansl.* föra **3** *dial.* slösa bort **verbrüdern** *rfl* förbrödra sig, fraternisera **Verbrüderung** -*en f* förbrödring **verbrühen** skålla; *sich* (*dat.*) *die Hand* ~ skålla sin hand **verbrutzeln** *s, vard.* bli bränd **verbuchen** bokföra **verbuddeln** *vard.* gräva ner **Verb|um** [v-] -*en el.* -*a n, språkv.* verb **verbumfeien** *s, dial.* deka ner sig **verbumfiedeln** *dial.* slösa bort **verbummel|n** *vard.* **1** förspilla, förslösa, plottra (slösa) bort; fördriva; *e-n ganzen Tag* ~ slå dank (slöa) en hel dag; *ein ganzes Semester* ~ (*äv.*) inte göra ett dugg på en hel termin **2** glömma (slarva, ha) bort **3** *s* förfalla [till lättja], deka ner sig; -*ter Student* överliggare

Verbund -*e m* **1** *ekon.* sammanslutning, samorganisation **2** *tekn.* förening, kompound **verbünden** *rfl* ingå förbund, alliera (förena) sig **Verbundenheit** *0 f* samhörighet **Verbündete(r)** *m f, adj böjn.* bundsförvant; allierad **verbundfahren** (*endast i inf*) *mit dieser Karte kann man* ~ med denna biljett kan man åka på samtliga linjer (*tåg, buss e.d.*) [inom området] **Verbundglas** -*er† n* laminerat glas **Verbundmaschine** -*n f* kompoundmaskin **Verbundnetz** -*e n* elnät (*som försörjs av flera kraftverk*) **verbürg|en 1** *rfl, sich für etw.* ~ garantera (ansvara för) ngt, gå i god (i borgen) för ngt **2** garantera, ansvara för; gå i god (borgen) för **3** -*te Nachricht* [officiellt] bekräftad nyhet **verbürgerlichen** *s* förborgerligas **verbürokratisieren** *s* byråkratiseras **verbüßen** avtjäna (*straff*) **verbuttern 1** *Milch* ~ kärna smör av mjölk **2** *sein Geld* ~ (*vard.*) slösa bort sina pengar **verbüxen** *nty.* klå upp **verchartern** hyra ut (*båt, plan*) **verchromen** förkroma **Verdacht** -*e[†] m* misstanke; ~ *schöpfen* fatta misstankar; *ich habe das auf* ~ *getan* (*vard.*) jag gjorde det i tron att det behövdes (var bra), jag gjorde det på måfå; *e-n im* (*in*) ~ *haben* misstänka ngn; *in* ~ *geraten* (*kommen*) bli misstänkt; *im* ~ *des Diebstahls stehen* vara misstänkt för stöld; *über jeden* ~ *erhaben sein* vara höjd över varje misstanke **verdächtig** misstänkt, suspekt; ~ *auftreten* uppträda misstänkt; *sich* ~ *machen* (*äv.*) misstänkliggöra sig **verdächtigen** misstänka; misstänkliggöra; *e-n des Mordes* ~ misstänka ngn för mord **Verdächtigung** -*en f* misstanke; misstänkliggörande **Verdachtsgrund** -*e† m* skäl till misstanke **Verdachtsmoment** -*e n* misstänkt omständighet, indicium **verdamm|en** fördöma; *zum Scheitern -t* dömt att misslyckas; *se äv. verdammt* **verdammenswert** avskyvärd, förkastlig **Verdammnis** *0 f* för|-dömelse, -tappelse **verdammt** *vard.* förbannad, jävla; ~ [*noch mal*]! jävlar! **Verdammung** -*en f* för|dömande, -dömelse **verdampfen 1** förånga (*förvandla t. ånga*), låta avdunsta **2** *s* förångas, avdunsta, gå upp i ånga; *bildl.* lägga sig **Verdampfer** - *m, tekn.* evaporator **verdanken 1** *e-m etw.* ~ ha ngn att tacka för ngt **2** *rfl, sich etw.* (*dat.*) ~ bero på ngt **3** *schweiz.* tacka för **verdarb** *se verderben* **verdaten** lägga på data **verdattert** *vard.* förvirrad, paff **verdau|en** smälta; *bildl. äv.* komma över; *der Kranke -t schlecht* den sjuke har dålig matsmältning; *das Buch ist schwer zu* ~ (*vard.*) boken är svårsmält; *er ist nicht zu* ~ (*vard.*) man står inte ut med honom **verdaulich** (*om mat*) smältbar; *leicht* (*schwer*) ~ lättsmält (svårsmält) **Verdauung** *0 f* matsmältning; *beschleunigte* ~ (*skämts.*) diarré **Verdauungsbeschwerden** *pl* matsmältningsbesvär **Verdauungsspaziergang** -*e† m, vard.* promenad (*för att smälta maten*) **Verdauungsstörung** -*en f* matsmältningsrubbning

Verdeck -*e n* **1** sufflett (*på åkdon*) **2** *sjö.* däck **verdecken** täcka (skyla, hölja) över; dölja; *e-m die Aussicht* ~ skymma utsikten för ngn **verdenken** *oreg., das kann ihm keiner* ~ (*högt.*) ingen kan klandra honom för det **Verderb** *0 m* **1** *etw. vor dem* ~ *schützen* skydda ngt från förstörelse (från att förstöras) **2** *högt.* fördärv, olycka; *auf Gedeih und* ~ i med- och motgång **verderben** *verdarb, verdürbe, verdorben, verdirbst, verdirbt, verdirb!, jfr äv. verdorben o. verderbt* **1** *s* fördärvas, förstöras, bli dålig (förstörd, skämd); *högt.* gå under, omkomma **2** fördärva, förstöra; *e-m die Lust an etw.* (*dat.*) ~ förta ngn lusten till ngt, få ngn att tappa lusten för ngt; *sich* (*dat.*) *den Magen* ~ (*äv.*) bli dålig i magen; *es mit e-m* ~ bli osams (stöta sig) med ngn **Verderben** *0 n* **1** *etw. vor dem* ~ *schützen* skydda ngt från förstörelse (från att förstöras) **2** *högt.* fördärv, olycka, undergång **verderbenbringend** fördärvbringande **verderblich 1** fördärvlig; skadlig **2** som lätt fördärvas (förstörs, blir skämd), ömtålig **Verderbnis** *-se f* [sedligt] fördärv, lastbarhet **verderbt 1** *högt.* [moraliskt] fördärvad **2** *språkv.* förvanskad, oläslig, korrupt **verdeutlichen** förtydliga **verdeutschen** förtyska; översätta till tyska; *vard.* förklara **verdicht|en 1** förtäta, komprimera, kondensera **2** *rfl* förtätas; *die Gerüchte* ~ *sich* ryktena hopas; *der Nebel -et sich* dimman tätnar; *der Verdacht -et sich* misstankarna blir allt starkare (tar allt fastare form) **Verdichter** *- m, tekn.* kompressor **Verdichtung** *-en f* förtätning; kompression; kondensation **verdicken 1** göra tjock[are]; *kokk.* avreda; koncentrera **2** *rfl* bli tjock[are], tjockna **verdien|en** [för]tjäna; göra sig förtjänt av; *-ter Mann* förtjänt (förtjänstfull) man; *-te Strafe* välförtjänt straff; *er hat es nicht besser -t* (*äv.*) det är rätt åt honom; *beide Eheleute* ~ (*vard.*) båda makarna har inkomst; *die Mannschaft hat -t gewonnen* (*sport.*) laget vann rättvist; *sich um etw. -t machen* göra stora insatser för ngt, inlägga förtjänst om ngt; *das hat er nicht um dich -t* det har han inte förtjänat av dig **Verdiener** *- m, er ist der* ~ *in der Familie* det är han som tjänar pengarna i familjen (är familjeförsörjare) **Verdienst 1** *-e m* inkomst, förtjänst, lön **2** *-e n* förtjänst, merit; *sich* (*dat.*) *um etw.* große *~e erwerben* göra stora insatser för ngt, göra sig väl förtjänt om ngt; *sich* (*dat.*) *etw. als* (*zum*) ~ *anrechnen* räkna sig ngt till förtjänst **Verdienstausfall** *-et† m* inkomstbortfall **Verdienstkreuz** *-e n* förtjänstkors (*för medborgerliga förtjänster*) **verdienstlich** *se verdienstvoll* **verdienstlos** utan inkomst **Verdienstorden** *0 m* (*tysk*) orden för medborgerliga förtjänster **Verdienstquelle** *-n f* inkomstkälla **Verdienstspanne** *-n f* vinstmarginal **verdienstvoll** förtjänstfull; meriterad **ver'dienter'maßen** efter förtjänst **Ver'dikt** [v-] *-e n* **1** *åld.* dom[stolsutslag] **2** förkastelsedom **verdingen** *sv el. st* **1** lämna på entreprenad; hyra ut; tinga bort **2** *rfl* ta tjänst **verdinglichen** konkretisera, materialisera **verdolmetschen** *vard.* tolka, översätta, förklara **verdonnern** *vard., e-n zu etw.* ~ *a*) ålägga ngn ngt, *b*) döma ngn till ngt **verdonnert** förskräckt, bestört, som träffad av blixten **verdoppeln 1** fördubbla **2** *rfl* fördubblas **Verdopp[e]lung** *-en f* fördubbling **verdorben** fördärvad; förstörd, dålig; skämd **Verdorbenheit** *0 f* [moraliskt] fördärv, sedefördärv **verdorren** *s* förtorka, torka bort, vissna **verdös|en** *vard.* **1** dåsa (dö) bort; *-t aussehen* se sömnig (yrvaken) ut **2** glömma bort **verdrahten 1** förse med trådnät, inhägna med taggtråd **2** *elektr.* koppla [ihop] (*med ledning*)

verdräng|en undantränga, tränga ut (undan); *psykol.* för-, bort|tränga; *das Schiff -t 50000 t* (*sjö.*) fartygets deplacement är 50000 ton **Verdrängung** *-en f* undan|trängning, -trängande; *psykol.* förträngning; *sjö.* deplacement **verdrecken** *vard.* **1** lorta (grisa) ner **2** *s* bli lortig (grisig) **verdrehen 1** [för]vrida; förvränga, förvanska, vanställa; *die Augen* ~ vända ut och in på ögonen; *das Recht* ~ vränga lagen; *sich* (*dat.*) *den Fuß* ~ vricka foten, vrida foten ur led; *den Hals* ~, *um etw. zu sehen* [nästan] vrida halsen ur led för att se ngt; *e-m das Wort im Munde* ~ förvränga ngns ord **2** använda (*film*) **verdreht** konstig, vriden, tokig, galen **Verdrehtheit** *-en f* konstighet, tokeri, galenskap **verdreifachen 1** tredubbla **2** *rfl* tredubblas **Verdreifachung** *-en f* tredubbling **verdreschen** *st, vard.* ge stryk (en omgång) **verdrießen** *verdroß, verdrösse, verdrossen, högt.* förtryta, förtreta, förarga, gräma; *sich durch etw. nicht* ~ *lassen* inte sky (låta sig avskräckas av) ngt; *laß es dich nicht* ~*!* låt dig inte bekomma! **verdrießlich 1** förtretad, förargad, misslynt; ~ *sein* (*äv.*) vara på dåligt humör **2** *högt.*, ~ *e Sache* retsam (förarglig) historia **Verdrießlichkeit** *-en f* **1** misshumör **2** förtret[lighet], tråkighet **verdrillen** tvinna **verdroß** *se verdrießen* **verdrossen** förtretad, förargad, misslynt, led **Verdrossenheit** *0 f* förtrytelse, dåligt lynne, misshumör, leda **verdrucken 1** trycka fel **2** använda (*vid tryckning*) **verdrücken 1** *dial.* skrynkla till **2** *vard.* sätta i sig, klämma **3** *rfl, vard.* smita, sticka **Verdru|ß** *-sse m* **1** förargelse, förtret, obehag, besvär; förarglighet; bråk **2** missnöje, motvilja, dåligt lynne **verduften** *s* **1** förlora sin doft (arom) **2** *vard.* smita, sticka **verdummen 1** fördumma, göra dum[mare] **2** *s* fördummas, bli dum[mare] **verdunkeln 1** fördunkla, förmörka, göra mörk[are]; mörklägga; överskyla **2** *rfl* fördunklas, förmörkas, mörkna, bli mörk[are] **Verdunk[e]lung** *-en f* fördunkl|ande, -ing; förmörkelse; mörkläggning; *jur.* kollusion **Verdunk[e]lungsgefahr** *0 f, jur.* kollusionsfara; *e-n wegen* ~ *festnehmen* häkta ngn för att denne inte skall försvåra utredningen genom att manipulera (undanröja) bevismaterialet **verdünnen 1** förtunna, göra tunn[are] (smal[are]); späda [ut]; decimera; gallra **2** *rfl* förtunnas, bli tunn[are] (smal[are]) **verdünnisieren** *rfl, vard.* avdunsta, smita, sticka **Verdünnung** *-en f* **1** förtunning, utspädning; *bis zur* ~ (*vard.*) i det oändliga, tjatigt ofta **2** förtunning[smedel] **verdunsten 1** *s* avdunsta, förflyktigas **2** avdunsta **verdünsten** avdunsta **verdursten** *s* törsta ihjäl; *vard.* hålla på att dö av törst **verdusseln** *vard.* **1** glömma **2** *s* fördummas **verdüstern 1** *rfl* förtrystra, förmörka **2** *rfl* bli dyster, mörkna, förmörkas **verdutzen** förvåna **verdutzt** förvånad, förbluffad, häpen, förvirrad **verebben** *s* ebba ut, avta [i styrka] **veredeln 1** förädla; förbättra, förfina; rena **2** *rfl* ädlas **verehelich|en 1** gifta bort **2** *rfl* gifta sig; *Eva K., -te G.* Eva K., gift G. **Verehelichung** *-en f* giftermål **verehr|en 1** ära, vörda, dyrka, högakta; [hög]aktia; skatta högt; *ein Mädchen* ~ (*äv.*) uppvakta en flicka; *Sehr -te Frau Maska!* (*i brev*) Bästa Fru Maska! **2** förära, skänka **Verehrer** *- m* beundrare,

Verehrung—verfilzen 656

tillbedjare; anhängare **Verehrung** *0 f* vördnad, dyrkan, tillbedjan; [hög]aktning **verehrungswürdig** vördnads-, tillbedjans-, beundrans|värd **vereiden** *åld.*, **vereidigen** låta (*ngn*) avlägga ed; *vereidigt* edsvuren **Verein** *-e m* **1** förening; klubb **2** *im ~ mit* tillsammans (gemensamt) med **vereinbar** förenlig; *die Pläne sind miteinander ~* det går (är möjligt) att förena planerna **vereinbaren 1** komma överens om, avtala **2** *sich ~ lassen* kunna förenas, vara förenlig **Vereinbarkeit** *0 f* förenlighet **Vereinbarung** *-en f* överenskommelse, avtal **vereinbarungsgemäß** enligt avtal (överenskommelse) **verein|en 1** förena; *die V-ten Nationen* Förenta nationerna **2** *rfl* [för]ena sig, förenas **vereinfachen** förenkla **vereinheitlichen** göra enhetlig; standardisera **vereinig|en 1** förena; sammanföra; *die V-ten Staaten* Förenta staterna; *er konnte alle Stimmen auf sich* (*ack.*) *~* han lyckades få samtliga röster **2** *rfl* förena sig, förenas; gå ihop; *zwei Flüsse ~ sich* två floder flyter ihop; *sich geschlechtlich ~* ha samlag; *sich zum Gottesdienst ~* samlas till gudstjänst **3** *se vereinbaren* **Vereinigung** *-en f* förenande; förening **Vereinigungsfreiheit** *0 f* föreningsrätt **vereinnahmen** uppbära, inkassera; *e-n für sich ~* (*skämts.*) lägga beslag på ngn **vereinsamen** *s* bli ensam (isolerad) **Vereinsamung** *0 f* isolering **Vereinshaus** *-er*† *n* förenings-, klubb|hus **Vereinsleben** *0 n* föreningsliv **Vereinslokal** *-e n* förenings-, klubb|lokal **Vereinsmeier** *- m, vard.* föreningsmänniska (*som alltför ivrigt deltar i föreningslivet*) **Vereinsmeierei** *0 f, vard.* föreningssjuka **vereinzeln 1** gallra **2** isolera **3** *rfl* bli allt färre **vereinzelt** enstaka, sporadisk; i enstaka fall **vereisen 1** *med.* lokalbedöva [genom frysning] **2** *s* bli isbelagd (isig); nedisas; frysa till **vereiteln** omintetgöra, gäcka, korsa **vereitern** *s* vara sig **Vereiterung** *-en f* varbildning **verekeln** *e-m etw. ~* inge ngn äckel (avsmak) för ngt, förta ngn lusten till ngt **verelenden** *s* råka i elände, utarmas **Verelendung** *0 f* utarmning **verenden** *s* (*om djur*) dö **vereng[er]n 1** göra trång (trängre) **2** *rfl* bli trång (trängre), smalna; *die Pupillen ~ sich* ögonpupillerna drar ihop sig **vererb|en 1** *e-m etw. ~ a*) lämna ngn ngt i arv, testamentera ngt till ngn, *b*) *skämts.* skänka ngn ngt; *die Augen hat ihm sein Vater -t* ögonen har han [ärvt] från fadern; *e-e Anlage auf sein Kind ~* lämna ett anlag i arv till sitt barn **2** *rfl* ärvas; gå i arv; *es -t sich* det är ärftligt **vererbt** [ned]ärvd, ärftlig **Vererbung** *0 f, biol., med.* ärftlighet **Vererbungslehre** *0 f* ärftlighetslära, genetik **verewig|en 1** föreviga **2** *rfl, vard.* skriva (rista in) sitt namn; *hier hat sich ein Hund -t* här har en hund lämnat sitt visitkort **verewigt** *högt.* hädangången **verfahren I** *st* **1** *s* förfara, gå till väga, göra, handla; *schlecht mit e-m ~* behandla ngn illa **2** åka upp, ge ut för resor **3** *rfl* åka (köra) fel (vilse) **II** *adj* tilltrasslad, tillkrånglad **Verfahren** - *n* **1** förfarande, tillvägagångssätt, metod, procedur **2** [*gerichtliches*] *~* rättegång, process; *ein ~ gegen e-n einleiten* vidta laga åtgärder mot ngn, väcka åtal (öppna process) mot ngn **Verfahrensfrage** -*n f* procedurfråga **Verfahrensrecht** *0 n* processrätt **Verfahrensweise** -*n f* förfaringssätt, metod **Verfall** *0 m* förfall (*äv. bildl.*); *bei ~* (*hand.*) ~

vid förfall, på förfallodagen **verfallen** *st s* **1** förfalla (*äv. bildl. o. hand.*); *die Karte ist ~* (*äv.*) biljetten har gått ut (gäller inte längre); *der Kranke verfiel zusehends* den sjuke blev märkbart sämre **2** *in seinen Dialekt ~* falla in (börja tala) sin dialekt; *in Schlaf ~* falla i sömn, somna; *in Trübsinn ~* bli svårmodig, hemfalla åt melankoli; *in Wut ~* råka i vrede **3** *auf etw.* (*ack.*) *~* komma (hitta) på ngt **4** *m. dat.* hemfalla till (åt); tillfalla; *e-m ~ sein* vara ngn helt undergiven, vara ngns slav; *dem Alkohol ~* hemfalla till (åt) alkoholmissbruk; *der Beschlagnahme ~* beslagtas; *der Besitz verfällt dem Staat* egendomen hemfaller till staten; *dem Gesetz ~ sein* vara underkastad lagen; *dem Tode ~ sein* (*vard.*) vara dödens [lammunge] **Verfalls|erscheinung** -*en f,* **-symptom** -*e n* tecken (symptom) på förfall **Verfall[s]tag** -*e m* **1** sista giltighetsdag **2** förfallodag **Verfall[s]zeit** -*en f* förfallotid; *bis zur ~* (*hand.*) till förfallodagen **verfälschen** förfalska **Verfälscher** - *m* förfalskare **Verfälschung** -*en f* förfalskning **verfangen** *st* **1** gagna, göra verkan, fungera; *die Bitten ~ bei ihm nicht* (*äv.*) bönerna tjänar ingenting till hos (har ingen verkan på) honom; *Beleidigungen ~ bei mir nicht* (*äv.*) förolämpningar biter inte på mig **2** *rfl, sich in etw.* (*dat.*) *~* trassla in sig (fastna, fångas) i ngt **verfänglich** försåtlig, snärjande, kinkig, kritisk; *in e-e ~e Situation geraten* (*äv.*) råka i en prekär (brydsam) situation **verfärben 1** *rfl* byta (skifta) färg; bli missfärgad **2** färga ner **verfassen** författa, skriva **Verfasser** - *m* författare **Verfassung** -*en f* **1** författning (*grundlag*) **2** skick, tillstånd; form, kondition; sinnes|författning, -stämning **verfassunggebend** *~e Versammlung* konstituerande församling **verfassungsfeindlich** författnings-, stats|fientlig **Verfassungsgericht** -*e n* författningsdomstol **verfassungsmäßig** konstitutionell, grundlagsenlig **Verfassungsschutz** *0 m* **1** författningsskydd **2** *vard. ung.* säkerhets|tjänst, -polis **verfassungstreu** lojal mot författningen, politiskt lojal **verfassungswidrig** författningsstridig **verfaulen** *s* ruttna **verfechten** *st* förfäkta **verfehl|en 1** förfela; komma för sent till, missa; *den Ball ~* missa bollen; *seinen Beruf ~* välja fel yrke; *-tes Leben* förfelat (misslyckat) liv; *das Thema ~* missa (inte förstå, inte hålla sig till) ämnet; *den richtigen Weg ~* inte hitta den rätta vägen; *den Zug ~* komma för sent till (missa) tåget; *sie haben sich* (*einander*) *-t* de träffades inte; *etw. für -t halten* (*äv.*) anse ngt för olämpligt (gagnlöst, felaktigt) **2** *högt.* försumma, underlåta **Verfehlung** -*en f* förseelse, överträdelse **verfeinden** *rfl, sich mit e-m ~* bli fiende med ngn; *sie ~ sich* de blir fiender med varandra **verfeinern 1** förfina; *e-e Suppe mit Sahne ~* förbättra en soppa med grädde **2** *rfl* förfinas, förbättras **Verfeinerung** -*en f* förfin|ande, -ing **verfemen** *högt.* bannlysa **verfertigen** förfärdiga, tillverka, göra **verfestigen 1** göra hård[are] **2** *rfl* bli hård[are], hårdna **verfett|en** *s* fetma, bli fet[are]; *-etes Herz* fetthjärta **Verfettung** -*en f* fettbildning, [sjuklig] fetma **verfeuern 1** förbränna, elda (bränna) upp **2** skjuta bort (slut på) **verfilmen** filma[tisera] **Verfilmung** -*en f* filmatisering, filmning **verfilz|en 1** *s* filta (tova)

sig; -tes Haar tovigt hår **2** *rfl* filta (tova) sig; *bildl.* växa ihop, sammanflätas **verfinster|n 1** förmörka **2** *rfl* förmörkas, mörkna; *der Himmel -t sich (äv.)* det mulnar **verfitzen** *vard.* **1** trassla till *(snöre)* **2** *rfl* trassla till (tova) sig **verflachen 1** göra flack (slät), avplatta, utjämna; *bildl.* förflacka, banalisera **2** *s el. rfl* bli flack (slät, platt, jämn); *bildl.* förflackas, bli banal **verflechten** *st* **1** fläta ihop, sammanfläta **2** *rfl* sammanflätas **verfliegen** *st s* **1** förflyktigas, dunsta bort; gå över, försvinna; *(om tid)* rinna bort **2** *rfl* flyga vilse **verfließen** *st s* **1** flyta ihop (samman) **2** *högt.* för|flyta, -lida, -gå, -svinna; *seine Verflossene (vard.)* hans före detta (förutvarande [fästmö, fru]); *im verflossenen Jahr* förra året; *ein Monat ist verflossen* det har gått en månad; *verflossene Pracht* förgången prakt; *verflossene Tage* flydda dagar **verflixt** *vard.* förbaskad, jävla; ~*e Geschichte (äv.)* otrevlig (obehaglig) historia; ~ *und zugenäht!* tusan också!; ~ *schwierig* förbaskat (jävligt) svårt **verfluchen** [-u:-] förbanna **verflucht** förbannad, jävla; ~ *[noch mal]!* fan också!; ~ *hübsch* förbaskat (jävligt) snygg; ~*es Glück haben* ha en jäkla tur **verflüchtig|en** *rfl* förflyktigas; *bildl. äv.* försvinna; avdunsta, *vard. äv.* smita, sticka; *der Ring hat sich -t (vard.)* ringen har försvunnit (gjort sig osynlig) **verflüssigen 1** förvandla till (överföra i) flytande form; kondensera **2** *rfl* övergå i flytande form; kondenseras **Verflüssiger** - *m* kondensor
Verfolg *0 m, kansl., im (in)* ~ *e-r Sache (gen.)* under förloppet (fullföljandet, fortskridandet) av ngt **verfolg|en 1** [för]följa, jaga, sätta efter; *jds Spur* ~ följa ngns spår; *e-n [mit den Augen]* ~ [ständigt] iaktta ngn; *den Weg bis an den Wald* ~ följa vägen fram till skogen; *etw. in der Zeitung* ~ följa ngt i tidningen **2** *e-n (etw.) strafrechtlich* ~ åtala ngn (lagligen beivra ngt) **3** söka nå, eftersträva; [söka] fullfölja; *was -t er damit?* vad försöker han uppnå med det? **Verfolger** - *m* förföljare **Verfolgung** -*en f* förfölj|ande, -else, jakt; *bei* ~ *seiner Absicht* vid fullföljandet av sin avsikt; *strafrechtliche* ~ åtal, stämning **Verfolgungsjagd** -*en f* [vild] jakt, förföljelse **Verfolgungsrennen** - *n, sport.* förföljelselopp **Verfolgungswahn[sinn]** *0 m* förföljelsemani **verformen 1** *fack.* ge form [åt], forma **2** deformera **3** *rfl* deformeras **verfrachten** [be]frakta, transportera; *ein Kind ins Bett* ~ *(vard.)* stoppa ett barn i säng **verfranzen** *rfl* **1** *vard.* gå (fara, komma, råka) vilse **2** *flygsl.* flyga vilse, komma ur kurs **verfremden** göra främmande, alienera **Verfremdungseffekt** -*e m, litt.* alienations-, distanserings|effekt **verfressen** *vard.* **1** *st* käka upp; *sein Geld* ~ *(äv.)* använda sina pengar till mat **II** *adj,* ~ *sein a)* vara glupsk, *b)* vara ett matvrak **verfroren** genomfrusen; frusen [av sig] **verfrüh|en** *rfl* komma tidigare *(än väntat);* er *hat sich -t* han kommer för tidigt; *der Jubel ist -t* jublet är förhastat **verfügbar** disponibel, tillgänglig; *so viel Geld hat er nicht* ~ så mycket pengar disponerar han inte över **verfüg|en 1** förordna [om], föreskriva, bestämma **2** *über etw. (ack.)* ~ förfoga (bestämma) över ngt, disponera [över] ngt; *über große Erfahrung* ~ ha stor erfarenhet; *man -t über mich, als ob ich ein Kind sei* man behandlar mig som [om jag vore] ett barn **3** *rfl* förfoga (bege) sig **Verfügung** -*en f* förordnande, förordning, föreskrift, bestämmelse; förfogande, disposition; *letztwillige* ~ sista vilja, testamente; *e-m zur* ~ *stehen (stellen)* stå (ställa) till ngns förfogande **Verfügungsrecht** *0 n* förfogande-, dispositions|rätt **verführen** förföra, förleda, locka; *darf ich dich zu e-m Glas Wein* ~ *? (vard.)* får jag bjuda dig på ett glas vin? **Verführer** - *m* förförare **Verführerin** -*nen f* förförerska **verführerisch** förförisk, tjusande, lockande **Verführung** -*en f* förför|ande, -else **verfuhrwerken** *schweiz.,* se *verpfuschen* **verfumfeien** *se verbumfeien* **verfuttern** *se verfressen I* **verfüttern** använda *(som foder);* göra slut på *(fodret)* **Vergabe** *0 f* till-, ut|delande, förlänande, beviljande, tilldelning **vergaben** *schweiz.* skänka; testamentera **vergaffen** *rfl, vard.* förgapa sig, bli kär *(in + ack.* i) **vergällen 1** denaturera *(sprit)* **2** *e-m die Freude* ~ förbittra ngns glädje; *sich (dat.) die Freude nicht* ~ *lassen* inte låta sin glädje störas **vergaloppieren** *rfl, vard.* begå en blunder, göra bort sig **vergammeln** *vard.* **1** *s* bli dålig (förstörd, skämd); *bildl.* deka ner sig **2** förspilla **vergammelt** *vard.* dålig, förstörd, skämd; *bildl.* nerdekad **vergangen** förgången, förfluten; *im* ~ *en Jahr* i fjol **Vergangenheit** *0 f* **1** förfluten (förgången) tid; historia; *die* ~ *(äv.)* det förflutna; *e-e Frau mit* ~ en kvinna med ett förflutet **2** *språkv.* [tempus för] förfluten tid; *erste (zweite, dritte)* ~ imperfekt[um] (perfekt[um], pluskvamperfekt[um]) **vergänglich** förgänglig **vergären** *st, äv. sv* **1** [låta] jäsa **2** *s* jäsa **vergasen 1** förgasa **2** gasa ihjäl **Vergaser** - *m* förgasare **Vergasermotor** -*en m* förgasarmotor **vergaß** *se vergessen* **Vergasung** -*en f* förgas|ande, -ning; ihjälgasande; *bis zur* ~ *(vard.)* till leda
vergeben *st* **1** *högt.* förlåta **2** ge [bort], till-, ut|dela, förläna; *e-e Arbeit* ~ lämna ett arbete på entreprenad; *e-n Auftrag* ~ *(hand.)* placera en order; ~*e Mühe* fåfäng möda; *die Stelle ist schon* ~ platsen är redan tillsatt; *es sind noch Zimmer zu* ~ det finns fortfarande lediga rum; *ich habe den letzten Tanz* ~ jag har lovat bort sista dansen; *[umsonst]* ~ *sein* dela ut gratis, skänka bort; *ein bin schon* ~ jag är redan upptagen **3** *sich (dat.) [et]was* ~ offra (förlora) ngt av sin värdighet; *du vergibst dir nichts, wenn (äv.)* du kompromisserar dig inte om **4** *sport.* missa, bränna *(straff)* **5** *kortsp., sich (die Karten)* ~ ge fel **vergebens** förgäves **vergeblich** fåfäng, gagnlös, fruktlös; *sich* ~ bemühen ansträngα sig förgäves **Vergeblichkeit** *0 f* gagnlöshet; *die* ~ *seiner Bemühungen* det fåfänga i hans ansträngningar **Vergebung** -*en f* **1** *högt.* förlåtelse **2** bortgivande, till-, ut|delande, förlänande **ver'gegenwärtigen** *[äv. ---'---] sich (dat.) etw.* ~ [klart] återkalla ngt i minnet, göra sig en klar bild av ngt **verge|hen** *st* **1** *s* **1** [för]gå, förflyta; gå över, försvinna; *mir -t der Appetit (die Lust)* jag tappar (förlorar, mister) aptiten (lusten); *er schrie, daß e-m Hören und Sehen verging* han skrek som bara det; *im vergangenen Jahr* i fjol; *das Lachen ist ihm schnell vergangen* då skrattade han så lagom; *wie doch die Zeit -t!* tänk, vad tiden går! **2** *högt.* gå bort, dö **3** *vor Angst* ~ förgås av rädsla; *vor Langeweile* ~ hålla på att dö av långtråkighet **4** upplösa sig, smälta **II** *rfl* förgå sig, fela; *sich an e-m* ~ för-

gripa (våldföra) sig på ngn; *sich an fremdem Eigentum* ~ förgripa sig på annans egendom; *sich gegen das Gesetz* ~ bryta mot lagen **Vergehen** - *n* förseelse, försyndelse, överträdelse; brott **vergeigen** *vard.* sabba, förstöra; misslyckas med; förlora **vergeistigen** förandliga **vergelten** *st* vedergälla, [be]löna; *e-m seine Hilfe schlecht* ~ illa löna ngn för hans hjälp; *vergelt's Gott!* (*sty., österr.*) tack så mycket! **Vergeltung** -*en f* vedergällning, hämnd, straff **Vergeltungsmaßnahme** -*n f* vedergällningsaktion **Vergeltungswaffe** -*n f*, *se V-Waffe* **vergesellschaft|en 1** *ekon. el. sociol.* socialisera **2** *rfl, fack. sich mit etw.* ~ förekomma tillsammans med ngt; -*et* tillsammans **vergess|en** *vergaß, vergäße, vergessen, vergißt* (*vergissest*), *vergißt, vergiß!* **1** glömma [bort]; -*er Komponist* [bort]glömd tonsättare; *ich -e leicht* (*äv.*) jag är glömsk; *diese Hose kannst du* ~ *!* (*vard.*) de där byxorna är inget att ha!; *Annica, Cissi und Josef, nicht zu* ~ *Marielle* Annica, Cissi och Josef, Marielle inte att förglömma **2** *rfl* glömma sig **Vergessenheit** *0 f* glömska; *in* ~ *geraten* råka i glömska, bli bortglömd **vergeßlich** glömsk **Vergeßlichkeit** *0 f* glömska, glömskhet **vergeuden** förslösa, slösa bort **Vergeudung** -*en f* slös|ande, -eri **vergewaltigen** våldta; våldföra [sig på] (*äv. bildl.*); förtrycka **Vergewaltigung** -*en f* våldtäkt; våldförande **vergewissern** *rfl*, *sich e-r Sache* (*gen.*) ~ förvissa sig om (kolla) ngt; *sich* ~, *daß* förvissa sig om (kolla) att **vergießen** *st* slå ut, spilla; [ut]gjuta; *Blut* ~ utgjuta (spilla) blod; *die Fugen mit Mörtel* ~ fylla fogarna med bruk; *Tränen* ~ gjuta (fälla) tårar **vergiften 1** förgifta (*äv. bildl.*) **2** *rfl* ta gift, förgifta sig; *sich durch Nahrungsmittel* ~ bli matförgiftad **Vergiftung** -*en f* förgiftande; förgiftning **Ver'gil** [v-] *0 m* Vergilius **vergilben 1** *s* gulna **2** *rfl* få att gulna **vergipsen** gipsa **Ver'gißmeinnicht** -*e n*, *bot.* förgätmigej **vergitter|n** förse med galler; *hinter -ten Fenstern* (*vard.*) bakom galler (*i fängelse*) **verglas|en** sätta glas i (*fönster*); -*ter Blick* glasartad blick; -*te Veranda* glasveranda **Verglasung** -*en f* förglasning; isättning av glas; glas|rutor, -väggar; fönster **Vergleich** -*e m* **1** jämförelse; *das ist doch* (*ja*) *kein* ~ *!* det går ju inte att jämföra!; *im* ~ *zu* (*mit*) i jämförelse .(jämfört) med **2** förlikning, kompromiss; *jur.* ackord; *e-n* ~ *schließen* ingå förlikning **vergleichbar** jämförlig **vergleichen** *st* **1** jämföra; *er verglich sie* [*mit*] *e-r Rose* (*högt.*) han liknade henne vid en ros **2** *rfl*, *sich mit e-m nicht* ~ *können* inte kunna jämföra (mäta) sig med ngn **3** *rfl, jur.* förlikas, ingå förlikning **Vergleichsjahr** -*e n*, *stat.* jämförelseår **Vergleichspunkt** -*e m* jämförelsepunkt **Vergleichsstufe** -*n f*, *språkv.* jämförelsegrad **vergleichsweise** jämförelsevis, relativt **Vergleichung** -*en f* jämförelse **verglimmen** *st*, *äv. sv, s* falna, brinna ut, slockna **verglühen** *s* **1** falna, upphöra att glöda **2** upphettas till glödande tillstånd, brinna upp **vergnügen 1** roa **2** *rfl* roa sig, ha roligt **Vergnügen** - *n* glädje, nöje; [nöjes]tillställning; *viel* ~ *!* mycket nöje!, ha det så trevligt!; *mit wem habe ich das* ~ *?* med vem har jag nöjet att tala?; *das macht* (*bereitet*) *mir* ~ det roar mig; *nur seinem* ~ *nachgehen* bara tänka på att roa sig; *mit* ~ med nöje, mycket gärna; *zum* ~ för nöjes skull **vergnüglich** trevlig, rolig,

nöjsam; [för]nöjd **vergnügt** glad, nöjd; *sich* (*dat.*) *e-n* ~*en Tag machen* göra sig en glad dag; *jetzt wollen wir* ~ *sein* nu ska vi ha roligt **Vergnügung** -*en f* nöje, förströelse; [nöjes]tillställning **Vergnügungsindustrie** *0 f* nöjes|industri, -bransch **Vergnügungslokal** -*e n* nöjeslokal **Vergnügungspark** -*s m* nöjesfält, tivoli **Vergnügungsreise** -*n f* nöjesresa **Vergnügung[s]steuer** -*n f* nöjesskatt **Vergnügungssucht** *0 f* nöjeslystnad **vergnügungssüchtig** nöjeslysten **vergolden 1** förgylla (*äv. bildl.*) **2** *vard.* betala **vergönnen** [för]unna **vergotten** göra till gud **vergöttern** avguda **vergraben** *st* **1** gräva ner; gömma (*i jorden*); *sein Gesicht in beide*[*n*] *Hände*[*n*] ~ begrava ansiktet i händerna **2** *rfl* gräva ner sig; *bildl. äv.* dra sig undan, gömma sig; *sich in seine*[*n*] *Bücher*[*n*] ~ gräva ner sig i sina böcker **vergräm|en 1** förarga, såra, reta; -*t* aussehen se förgrämd ut **2** *jakt.* skrämma bort **vergrätzen** *dial., se verärgern* **vergraulen 1** göra stött, stöta bort **2** *se verleiden* **vergreifen** *st rfl* **1** gripa (ta) fel; *der Pianist vergriff sich* pianisten slog fel [ton] (spelade fel); *sich im Ausdruck* ~ använda fel (ett olämpligt) uttryck **2** *sich an e-m* ~ förgripa sig på ngn; *sich an fremdem Eigertum* ~ förgripa sig på annans egendom; *sich an der Kasse* ~ ta (förskingra) pengar ur kassan **vergreis|en** *s* förgubbas, bli senil; -*te Bevölkerung* befolkning med [för] stor andel gamla människor **vergriffen** slut[såld]; ~*es Buch* (*äv.*) utgången bok **vergröbern 1** förgrova **2** *rfl* förgrovas **vergrößern** [-ø:-] **1** förstora (*äv. foto.*); utvidga, utöka **2** *rfl* förstoras, utvidga sig, utvidgas, [ut]ökas, växa; *wir sind umgezogen, um uns zu* ~ (*vard.*) vi har flyttat för att få det större **Vergrößerung** -*en f* förstor|ande, -ing *etc.*, *jfr vergrößern* **Vergrößerungsapparat** -*e m*, *foto.* förstoringsapparat **Vergrößerungsglas** -*er*† *n* förstoringsglas **vergucken** *rfl, vard.* **1** se fel **2** *sich in e-n* ~ förgapa sig i ngn **Vergünstigung** -*en f* förmån, privilegium; rabatt; ynnest **vergüten 1** *e-m etw.* ~ gottgöra (ersätta, betala) ngn för ngt **2** *tekn.* förbättra; *Stahl* ~ seghärda stål **Vergütung** -*en f* **1** gottgörelse; ersättning, betalning **2** *tekn.* förbättring; seghärdning (*av stål*) **verh.** *förk. för verheiratet* g., gift **verhackstücken 1** *vard.* göra ner **2** *nty.* diskutera **verhaft|en 1** häkta, arrestera **2** *e-r Sache* (*dat.*) -*et sein* vara bunden (hålla fast) vid ngt **3** *rfl*, *sich dem Gedächtnis* ~ fastna i minnet **Verhaftung** -*en f* häktning, arrestering **verhageln** *s* hagelskadas, förstöras av hagel **verhaken 1** hoka ihop **2** *rfl* haka ihop (upp) sig; fastna **verhallen** *s* förklinga **verhalten** *st* **1** *högt.* hålla [tillbaka], återhålla, kväva, undertrycka; *den Atem* ~ hålla andan; *den Schritt* ~ sakta stegen **2** *högt.* stanna **3** *rfl* förhålla sig; *wie verhält es sich eigentlich damit?*(*äv.*) hur är det egentligen med den saken? **4** *rfl* förhålla (uppföra) sig, reagera, uppträda; *sich ruhig* ~ hålla sig lugn **5** *schweiz. el. åld.* hålla för **6** *österr., zu etw.* ~ sein förpliktad (tvingad) till ngt **Verhalten** *0 n* förhållande; uppförande, uppträdande, beteende **Verhaltensforschung** *0 f* beteendeforskning, etologi **verhaltensgestört** med beteenderubbningar **Verhaltensmaßregel** -*n f* förhållningsorder, instruktion **Verhaltensmu**-

ster - *n* beteendemönster **Verhaltensregel** *-n f, se* Verhaltensmaßregel **Verhaltensstörung** *-en f* beteenderubbning **Verhältnis** *-se n* förhållande; omständighet; relation; proportion; *meine ~se erlauben das nicht* (*äv.*) min ekonomi tillåter inte det; *ein ~ mit e-m haben* (*vard.*) ha ett [kärleks]förhållande med ngn; *sie ist sein ~* (*vard.*) hon är hans älskarinna; *im ~ zu früher* jämfört med tidigare; *das steht im ~ von 2 zu 5* det förhåller sig som 2 till 5; *das steht in keinem ~ zur Mühe* det står inte i ngn proportion till besväret; *über seine ~se leben* leva över sina tillgångar **verhältnismäßig** proportionerlig, relativ; *~ leicht* relativt lätt; *etw. ~ aufteilen* dela upp ngt proportionellt **Verhältniswahl** *-en f* proportionellt val **Verhältniswort** *-er† n,* språkv. preposition **Verhaltung** *-en f* **1** tillbakahållande *etc., jfr verhalten* **2** med. retention **3** åld., *se Verhalten* **Verhaltungs[maß]regel** *-n f, se* Verhaltensmaßregel
verhandel|n 1 *etw.* (*über etw. ack.*) ~ överlägga (förhandla, underhandla) om ngt; *das Gericht -t gegen e-n Mörder* rätten behandlar ett mål mot en mördare; *etw. in zweiter Instanz ~* (*jur.*) pröva ngt i andra instans; *ich habe die Angelegenheit mit ihm -t* jag har diskuterat saken [ingående] med honom; *das Gericht -t über den Mord* rätten behandlar (handlägger) mordet **2** åld. sälja **Verhandlung** *-en f* förhandling, överläggning, underhandling; domstolsförhandling; *mit e-m in ~en stehen* ligga i förhandlingar (förhandla) med ngn **Verhandlungs|basis** *-basen f,* **-grundlage** *-n f* förhandlingsbas[is] **Verhandlungstisch** *-e m* förhandlingsbord (*äv. bildl.*) **Verhandlungsweg** *0 m, auf dem ~* förhandlingsvägen **verhangen 1** förhängd, täckt **2** molntung, [igen]mulen **verhäng|en 1** hänga för (över) **2** *den Ausnahmezustand ~* införa undantagstillstånd; *e-n Elfmeter ~* (*fotb.*) döma straff; *e-e Strafe über e-n ~* ådöma ngn (döma ngn till) ett straff; *Sanktionen über ein Land ~* vidta sanktioner mot ett land **3** *mit -ten Zügeln* med lösa tyglar **Verhängnis** *-se n* [ont] öde; *das wird ihm zum ~* det blir hans olycka **verhängnisvoll** ödesdiger, fatal
verharmlosen bagatellisera **verhärmt** tärd [av sorg], förgrämd **verharren** högt. [orörlig] dröja (stå) kvar; *auf seiner Meinung ~* hålla (stå) fast vid sin uppfattning; *in etw.* (*dat.*) *~* framhärda i ngt **verharsch|en** *s* **1** *der Schnee -t* det blir skare [på snön] **2** *die Wunde -t* det bildas en [sår]skorpa på såret, såret börjar läkas **verhärten 1** förhärda, göra hård **2** *s* [för]hårdna, bli hård **3** *rfl* [för]hårdna, bli hård; *bildl.* förhärda sig, förhärdas **Verhärtung** *-en f* förhärdande *etc., jfr verhärten*; förhårdnad **verharzen** *s* bli kådig (hartsig); förhartsas **verhascht** *vard.* flummig (*haschpåverkad*) **verhaspeln** *rfl, vard.* **1** trassla in sig **2** snubbla över orden, komma av sig **verhaßt** förhatlig, hatad; *sich ~ machen* (*äv.*) göra sig illa omtyckt **verhätschel|n** skämma (klema) bort; *-t bortskämd* **Verhau** *-e m el. n, mil.* förhuggning; [taggtråds]hinder **verhauen** *sv* (*perf part verhauen*) *vard.* **1** klå *rfl* (spöa) upp **2** misslyckas med, klanta sig på; sabba; *die Klassenarbeit ~* (*äv.*) köra på skrivningen **3** bränna, göra av med **4** *rfl* dabba (missta) sig, räkna fel
verheben *st, rfl* förlyfta sig **verheddern** *vard.* **1** trassla till **2** *rfl* trassla in sig **3** *rfl* snubbla över orden, komma av sig **verheeren** [för]härja, ödelägga, skövla; *~de Folgen* (*äv.*) katastrofala följder; *~d aussehen* (*vard.*) se hemsk (ryslig, förskräcklig) ut **Verheerung** *-en f* ödeläggelse, skövling, förhärjelse **verhehlen** [för]dölja, hemlighålla **verheilen** *s* läkas **verheimlichen** hemlighålla, dölja; *e-m etw. ~* (*äv.*) hålla ngt hemligt för ngn **verheiraten 1** *e-e an e-n* (*mit e-m*) ~ gifta bort ngn med ngn **2** *rfl* gifta sig **verheiratet** gift; *er ist mit seiner Arbeit ~* (*vard.*) han är gift med jobbet; *ich bin doch nicht mit ihnen ~* (*vard.*) jag är väl inte deras slav (kan väl göra som jag vill) **Verheiratung** *-en f* giftermål **verheißen** *st,* högt. [ut]lova **Verheißung** *-en f,* högt. utlovande; löfte **verheißungsvoll** lovande, löftesrik **verheizen** elda upp; *Truppen ~* (*vard.*) offra trupper hänsynslöst **verhelfen** *st* [för]hjälpa (*e-m zu etw.* ngn till ngt); *e-m zu seinem Glück ~* hjälpa ngn att göra sin lycka **verherrlichen** förhärliga **verhetzen** hetsa upp, uppvigla **verheult** *vard.* förgråten **verhex|en** förhäxa, förtrolla; *das ist ja wie -t* (*vard.*) det är ju som förgjort
verhimmeln *vard.* dyrka, höja till skyarna **verhinder|n** [för]hindra, förebygga; *es läßt sich nicht ~* det går inte att hindra; *-t sein* ha förhinder **Verhinderungsfall** *0 m, im ~e* vid förhinder **verhohlen** dold, hemlig; *~ seufzen* sucka i smyg **verhöhnen** [för]håna, förlöjliga **verhohnepipeln** *vard., e-n* ~ göra narr av (förlöjliga) ngn **verhökern** *vard.* kursa (*sälja*) **verholen** *sjö.* förhala **Verhör** *-e n* förhör **verhören 1** förhöra **2** *rfl* höra fel
verhudeln *dial.* förfuska, sabba **verhüll|en** [för]dölja, skyla, hölja, beslöja; *~der Ausdruck* (*språkv.*) eufemism; *-te Drohung* förtäckt hot **Verhüllung** *-en f* **1** döljande *etc., jfr verhüllen* **2** hölje, förklädnad **verhundertfachen** hundrafaldiga, öka hundrafalt **verhungern** *s* svälta ihjäl; *ich bin schon am V~* (*vard.*) jag håller på att svälta ihjäl **verhunzen** *vard.* fördärva, förstöra, sabba **verhunr|en** *vard., sein Geld ~* göra av med [alla] sina pengar på fnask; *-ter Kerl* horbock **verhuscht** *vard.* försagd, blyg **verhüt|en** förhindra, förebygga; *Gott -e, daß* Gud förbjude att **verhütten** *tekn.* [ut]smälta, utvinna, bearbeta **Verhütung** *-en f* förebyggande **Verhütungsmittel** *- n* preventivmedel **verhutzelt** förtorkad, [hop]skrumpen
Verifikation [v-] *-en f* verifikation **verifizieren** verifi[c]era
verinnerlichen 1 göra inåtvänd; förandliga, fördjupa **2** *fack.* internalisera **verirr|en** *rfl* gå (köra *etc.,* komma, råka) vilse, tappa bort sig, komma på avvägar; *-te Kugel* förflugen kula; *niemand -t sich dorthin* (*vard.*) ingen förirrar sig (kommer) dit **Verirrung** *-en f* förvillelse, felsteg
Verismus [v-] *0 m* verism **veritabel** veritabel **verjagen 1** jaga bort; *bildl.* förjaga, skingra **2** *nty.* skrämma **verjähr|en** *s* preskriberas, bli preskriberad; *-te Schuld* preskriberad fordran **Verjährung** *-en f* preskription **Verjährungsfrist** *0 f* preskriptionstid **verjubeln** *vard.* festa upp **verjüngen 1** föryngra (*äv. bildl.*) **2** *rfl* föryngras; se *tapra* **3** *rfl* smalna av **Verjüngung** *0 f* **1** föryngring **2** avsmalning **verjuxen** *vard.* **1** festa upp **2** driva med
verkabeln 1 lägga [ner] (*kabel*) **2** ansluta till

verkalken—Verkleinerungsform

kabelnät **verkalk|en** s förkalkas; kalka igen; *vard.* bli åderförkalkad (senil); *-t* (*vard.*) åderförkalkad, senil **verkalkulieren** *rfl* räkna fel, missta sig **verkannt** misskänd **verkappen** *rfl* maskera (kamouflera) sig **verkappt** kamouflerad, förklädd, förstucken, hemlig **verkapseln 1** kapsla in **2** *rfl* kapsla in sig, förkapslas; *bildl. äv.* isolera sig, sluta sig inom sitt skal **verkarsten** s torka ut o. spricka (*om jord*), förvandlas till karst **verkasema'tuckeln** *vard.* **1** pimpla, borsta **2** förklara **verkäsen 1** ysta **2** s ysta sig **verkatert** *vard.* bakis, bakfull
Verkauf *-e†* m försäljning; *zum* ~ *bringen* [för]sälja; *zum* ~ *kommen* [för]säljas **verkaufen 1** sälja; *e-m etw.* ~ (*etw. an e-n* ~) sälja ngt till ngn; *du kannst mich nicht für dumm* ~ (*vard.*) du ska inte tro att jag är dum **2** *rfl, sich e-m* (*an e-n*) ~ *a*) sälja sig till ngn, *b*) låta muta sig av ngn; *sich leicht* (*schwer*) ~ vara lättsåld (svårsåld); *sich mit etw.* ~ (*dial.*) köpa ngt som man ångrar **Verkäufer** - *m* **1** försäljare, expedit **2** säljare **verkäuferisch** *~e Fähigkeiten* säljartalang **verkäuflich** till salu; säljbar; *leicht* (*schwer*) ~ lättsåld (svårsåld); *frei ~e Arznei* receptfri medicin **verkaufsfördernd** säljfrämjande (*om åtgärd*) **Verkaufskanone** *-n f, vard.* stjärnförsäljare **verkaufsoffen** *~er Samstag* lördag då affärerna är öppna **Verkaufspreis** *-e m* försäljningspris **Verkaufsschlager** - *m* försäljningssuccé **verkaupeln** *dial.* byta, sälja [svart]
Verkehr *0 m* **1** trafik; *dem* ~ *übergeben* öppna för trafik; *aus dem* ~ *ziehen* ta ur trafik **2** handels|förbindelse[r], -utbyte; omlopp; *etw. aus dem* ~ *ziehen* dra in ngt; *etw. in den* ~ *bringen* släppa ut ngt, sätta ngt i omlopp **3** förbindelse[r]; umgänge; kontakt; [*geschlechtlicher*] ~ könsumgänge; *schriftlicher* ~ korrespondens; *er ist kein* ~ *für dich* han är inget umgänge för dig **verkehr|en 1** *h, äv.* s gå [i trafik]; *der Bus -t alle 10 Minuten* bussen går var 10:e minut **2** *mit e-m* ~ umgås med ngn; *mit e-m [geschlechtlich]* ~ ha könsumgänge med ngn; *mit e-m brieflich* ~ korrespondera (brevväxla) med ngn; *in diesem Lokal* ~ *viele Musiker* den här lokalen besöks (frekventeras) av (är en träffpunkt för) många musiker vända; förvandla; *etw. ins Gegenteil* ~ vända ngt till sin motsats **4** *rfl* vändas; förvandlas **verkehrlich** trafik-
Verkehrsader *-n f* trafik|pulsåder, -led **Verkehrsampel** *-n f* trafikljus **Verkehrsamt** *-er†* n **1** (*lägsta*) trafikmyndighet **2** turistförening **verkehrsarm** litet trafikerad, med litet trafik
Verkehrs|aufkommen *0 n*, [*hohes*] ~ [tät, mycket] trafik **-büro** *-s n, se Verkehrsamt* **-chaos** *0 n* trafikkaos **-delikt** *-e n* trafikförseelse **-erziehung** *0 f* trafikundervisning **-flugzeug** *-e n* trafikflygplan **-fluß** *0 m* trafik-[flöde]
verkehrs|frei trafikfri, utan trafik **-günstig** med bra kommunikationer
Verkehrs|insel *-n f* refuge **-knotenpunkt** *-e m* trafikknut[punkt] **-lärm** *0 m* trafikbuller **-lotse** *-n -n m* billots **-maschine** *-n f* trafikflygplan **-meldung** *-en f* trafikinformation (*i radio*) **-minister** - *m* kommunikationsminister **-mittel** - *n* kommunikationsmedel; *öffentliche* ~ allmänna kommunikationer, kollektivtrafik **-ordnung** *0 f* [väg]trafikförordning **-polizei** *0 f, koll.* trafikpolis **-polizist** *-en -en*

m trafikpolis (*konstapel*) **-regel** *-n f* trafik|-regel, -bestämmelse
verkehrsreich starkt trafikerad, med mycket trafik
Verkehrs|schild *-er n* vägmärke **-sicherheit** *0 f* trafiksäkerhet **-spitze** *-n f* trafiktopp **-stau** *-s m*, **-stockung** *-en f* [trafik]stockning; kö[bildning] **-streife** *-n f* trafikpolis[patrull] **-sünder** - *m, vard.* trafiksyndare **-teilnehmer** - *m* [väg]trafikant **-tote(r)** *m f, adj böjn.* död[ad] i trafiken **-unfall** *-e†* m trafikolycka **-verbindung** *-en f* trafikförbindelse, kommunikation **-verbot** *-e n*, ~ *für Lastkraftwagen* förbud mot lastbilstrafik **-verein** *-e m* turistförening **-vorschrift** *-en f* trafik|regel, -bestämmelse **-wesen** *0 n* trafik-, kommunikations|väsen
verkehrswidrig som strider mot trafikreglerna (trafikförordningen) **Verkehrszeichen** - *n* vägmärke
verkehrt förvänd; bakvänd, upp- och nervänd; fel, tokig, på tok; avig; *das ist gar nicht* ~ det är inte [alls] så tokigt; *an den V~en kommen* (*vard.*) komma till fel person; *mit dem ~en Bein* [*zuerst*] *aufgestanden sein* (*vard.*) ha vaknat på fel sida; *zwei gladt, zwei* ~ *stricken* sticka två räta och två aviga **Verkehrtheit** *0 f* förvändhet *etc.*, *jfr verkehrt* **verkehrt-[he]rum** det är fel håll, på fel ledd; upp och ner; *etw.* ~ *anziehen* ta på sig ngt ut och in (bak och fram); *er ist* ~ (*vard.*) han är fikus **verkeilen 1** [fast]kila; *sich* ~ kila sig in [i varandra] **2** *dial.* spöa upp **verkennen** *oreg.* miss|-känna, -förstå; felbedöma; *das ist nicht zu* ~ (*äv.*) man kan inte ta miste (missta sig) på det; *die Schwierigkeiten nicht* ~ inte underskatta svårigheterna; *ich will nicht* ~, *daß* jag måste tillstå att **verkett|en 1** hopkedja; låsa med kedja; förknippa **2** *rfl* förena sig; *es haben sich mehrere Umstände -et* flera omständigheter har samverkat
verkitschen 1 utforma på ett sliskigt (smaklöst, pekoralistiskt) sätt, förflacka, förstöra **2** *dial.* kursa (*sälja*) **verkitten** kitta ihop (igen, fast) **verklagen 1** stämma, åtala **2** *dial.* klaga på **verklammern 1** klämma fast, fästa med krampor **2** *med.* sätta ihop (*sårkanter*) med agraff[er] **3** *rfl* klamra sig fast **verklapsen** *vard.* driva med, göra narr av **verklaren** *nty.* förklara **verklären 1** *bibl.* förklara; *bildl.* försköna, förljuva **2** *rfl* stråla [av glädje] **verklärt** förklarad; salig, lycklig; med strålande ögon **Verklarung** *-en f, sjö.* sjöförklaring **Verklärung** *-en f, bibl.* förklaring **verklatschen** *vard.* skvallra på **verklaus|eln, -ulieren** genom förbehåll (klausuler) begränsa (inskränka); *bildl.* formulera invecklat, uttrycka krångligt; *verklausuliert* (*äv.*) obegriplig
verkleben 1 klistra igen (ihop, till, fast, över) **2** s kleta (klibba) ihop (igen) **verkleckern** *vard.* **1** spilla **2** plottra bort **verkleiden 1** förklä, klä ut; *sich als Schornsteinfeger* ~ klä ut sig till sotare **2** klä [över], bekläd; fodra; *mit schönen Worten* ~ linda in i vackra ord **Verkleidung** *-en f* **1** förklädnad, utklädning **2** beklädnad; fodring; kåpa **verkleinern 1** förminska, reducera, göra mindre; *bildl.* förklena, förringa **2** *rfl* förminskas, bli mindre, minska; *vard.* flytta till en mindre våning (*e.d.*) **Verkleinerung** *-en f* [för]minskning, reducering; *bildl.* förklenande **Verkleine-**

rungsform -*en f, språkv.* diminutiv **verkleistern** klistra igen (ihop, till, över); *bildl.* dölja, överskyla **verklemmen** *rfl* komma i kläm, bli fastkilad, fastna **verklemmt** hämmad **verklickern** *vard.* förklara **verklingen** *st s* förklinga, tona bort **verkloppen** *vard.* **1** spöa (klå) upp **2** kursa (*sälja*) **verknacken** *vard.,* *e-n zu e-m Tag Arrest* ~ döma ngn till en dags arrest **verknacksen** *vard., sich* (*dat.*) *den Fuß* ~ vricka foten **verknallen** *vard.* **1** skjuta bort (*ammunition*) **2** *rfl, sich in e-n* ~ bli kär i ngn **verknappen 1** minska; *die Rationen* ~ (*äv.*) knappa in på ransonerna **2** *rfl* minska, bli knapp **Verknappung** -*en f* inknappning, minskning **verknassen, verknasten** *se verknacken* **verknautschen** *vard.* skrynkla [till] **verkneifen** *st, vard.* **1** *sich* (*dat.*) *etw.* ~ inte låtsas om (visa) ngt, hålla inne med (undertrycka, kväva) ngt; *sich* (*dat.*) *etw.* ~ *müssen* (*äv.*) vara tvungen att avstå från (låta bli) ngt **2** knipa ihop **verkniffen** hopknipen, sammanbiten **verknittern** *dial.* skrynkla [till] **verknöcher|n** *s* **1** *med.* ossifieras, förbenas **2** bli förstockad (stel, torr); -*ter Junggeselle* torr o. pedantisk [gammal] ungkarl **verknorpeln** *s, med.* bli brosk, förbroskas **Verknorp[e]lung** -*en f* broskbildning **verknoten 1** knyta ihop, slå knut på; knyta fast **2** *rfl* knyta ihop sig **verknüpfen 1** knyta ihop; *bildl.* förknippa, förbinda, sammankoppla **2** *rfl, sich mit etw.* ~ vara förknippad (förbunden) med ngt **3** *rfl* knyta ihop sig **verknurr|en** *vard.* **1** *e-n zu e-m Tag Arrest* ~ döma ngn till en dags arrest **2** -*t sein* vara arg (förbannad); [*miteinander*] -*t sein* vara osams med varandra **verknusen** *vard., etw. nicht* ~ *können* inte tåla (kunna smälta) ngt **verkochen 1** koka [sönder] (*etw.* ngt) **2** *s* koka bort **3** *s* koka sönder (för mycket) **4** *rfl* kokas sönder **1 verkohlen 1** förkola (*förvandla t. kol*) **2** *s* förkolas (*bli t. kol*), förkolna **2 verkohlen** *vard.* driva med, lura **verkoken** [för]koksa **Verkokung** -*en f* förkoksning **verkommen** *st s* **1** förfalla, bli förfallen (vanvårdad, sjaskig); komma på dekis; bli dålig, förstöras **2** *schweiz.* komma överens **Verkommenheit** 0 *f* förfall **verkonsumieren** *vard.* konsumera **verkoppeln** hop-, samman|koppla **verkorken** korka igen (till) **verkorksen** *vard.* **1** förstöra, sabba; *den Magen* ~ bli illamående, få ont i kistan **2** misslyckas med **verkörper|n** förkroppsliga, personifiera; *sie ist die* -*te Bescheidenheit* hon är blygsamheten själv **Verkörperung** -*en f* förkroppsligande, inkarnation, personifikation **verkosten** *vard.* smaka på **verköstigen** förpläga, hålla med mat **verkrach|en** *vard.* **1** *s* krascha, gå omkull; -*te Existenz* misslyckad existens, dekisfigur; -*ter Student* student som misslyckats med (*inte fullföljt*) studierna **2** *rfl, sich mit e-m* ~ bli o-sams (komma på kant) med ngn **verkraften** orka med, klara [av] **verkramen** *vard.* slarva (ha) bort **verkramp|en 1** *rfl* dras samman (knyta sig) i kramp (krampaktigt); *bildl.* knyta (spänna) sig, bli spänd (hämmad); *seine Hände* -*ten sich in die Decke* hans händer kramade täcket krampaktigt **2** *die Hände zu Fäusten* ~ krampaktigt knyta händerna **verkrampft** krampaktig, spänd, tvungen, hämmad **verkratzen** repa **verkriech|en** *st, rfl* [krypa o.]

gömma sig; *die Sonne* -*t sich* [*hinter Wolken*] solen går i moln; *sich ins Bett* ~ (*vard.*) krypa till kojs; *er hätte sich vor Scham am liebsten verkrochen* han skämdes så att han helst hade krupit och gömt sig; *neben ihm kann ich mich* ~ (*vard.*) med honom kan jag inte mäta mig **verkrümeln 1** smula sönder **2** *rfl, vard.* [diskret] försvinna, smita **verkrümmen 1** kröka, böja **2** *s el. rfl* kröka (böja) sig, bli krokig (förvriden) **verkrüppeln 1** lemlästa, invalidisera, göra till krympling **2** *s* bli förkrympt, förkrympa **verkrüppelt** lytt, ofärdig, vanför, förkrympt; invalidiserad, lemlästad **verkrusten** *s* få (bilda, täckas av) [en] skorpa **verkühlen** *rfl* **1** *dial.* förkyla sig **2** svalna **Verkühlung** -*en f* förkylning **verkümmeln** *vard.* sälja **verkümmern** *s* förtvina; stanna i växten; tyna [bort], skrumpna **verkünden** *högt.* förkunna, tillkännage, kungöra, bekantgöra; *ein Urteil* ~ avkunna (meddela) en dom **verkündigen** *högt.* förkunna; *bibl.* bebåda **Verkündigung** -*en f, högt.* förkunnelse; *bibl.* bebådelse; *Mariä* ~ Marie bebådelse[dag] **Verkündung** -*en f* förkunn|else, -ande *etc., jfr verkünden* **verkupfern** förkoppra, överdra med koppar **verkuppeln** koppla ihop (*äv. bildl.*) **verkürz|en 1** [för]korta, korta av, göra kortare; *sich* (*dat.*) *die Zeit mit Lesen* ~ fördriva tiden med att läsa; *auf den Bild stark* -*t erscheinen* (*konst.*) framträda i stark perspektivisk förkortning på bilden; *auf 4:3* ~ (*sport.*) reducera till 4-3 **2** *rfl* förkortas, bli kortare **verlachen** skratta ut **Verladebrücke** -*n f* last|brygga, -ningsplattform **verladen** *st* **1** lasta [in]; skeppa in, ta ombord **2** *vard.* lura **Verladeplatz** -*e*† *m* [om]lastningsplats **Verladung** -*en f* lastning **Verlag** -*e m* **1** förlag **2** [parti]lager, nederlag **verlagern 1** transportera [t. annan ort]; flytta [om, över] **2** *rfl* flytta sig, förflyttas; förskjuta sig, förskjutas **Verlagsanstalt** -*en f* förlag **Verlagsbuchhandlung** -*en f* förlagsbokhandel **verlanden** *s* (*om sjö e.d.*) torka ut, bli land **verlang|en 1** vilja ha, begära, fordra, kräva; *den Ausweis* ~ begära legitimation; *die Rechnung* ~ be om räkningen (notan); *du wirst am Telefon* -*t!* det är telefon till dig! **2** *es* -*t mich, ihn zu sehen* jag längtar efter att få se honom **3** *nach etw.* ~ vilja ha (längta efter) ngt; *nach dem Vater* ~ längta att fadern skall komma **Verlangen** - *n* begär; krav, fordran; [stark] längtan; *auf* ~ på begäran (anfordran, anmodan) **verlängern 1** förlänga, göra längre; skarva; *e-n Rock* ~ lägga ner en kjol **2** förlänga, prolongera, förnya **3** dryga (späda) ut **4** *sport.* förlänga, passa (skicka) vidare **5** *rfl* förlängas **Verlängerung** -*en f* förlängning; prolongation **Verlängerungsschnur** -*e*† *f* förlängnings-, skarv|sladd **verlangsamen 1** sakta, minska **2** *rfl* bli långsammare **verlangter'maßen** enligt begäran (anfordran, anmodan) **verläppern** *vard.* slösa (plottra) bort **Verlaß** 0 *m, es ist* [*kein*] ~ *auf ihn* man kan [inte] lita på honom **verlassen I** *st* **1** lämna; gå ifrån, överge; *das Haus* ~ lämna (gå ut ur) huset **2** *rfl, sich auf e-n* ~ lita på ngn; *darauf kannst du dich* ~ (*äv.*) det kan du vara säker på (lugn för) **II** *adj* övergiven; öde, obebodd; *sich* ~ *fühlen* (*äv.*) känna sig ensam; *du bist wohl von allen guten Geistern* ~ ? (*vard.*) du är inte riktigt klok!, är du alldeles från vettet? **Verlassenheit** 0 *f* övergivenhet, ensamhet **Ver-**

lassenschaft -*en f, österr., schweiz.* kvarlåtenskap, arv **verläßlich** tillförlitlig, pålitlig **verlästern** *vard.* förtala, baktala **verlatsch|en** *vard.*, *die Schuhe'* ~ trampa (slita) ut skorna; -*t* uttrampad, utsliten **Verlaub** *0 m, mit* ~ [*gesagt, zu sagen*] med förlov sagt **Verlauf** *0 m* **1** förlopp, gång; utveckling; *im* ~ *der Diskussion* under diskussionens gång; *im* ~ *e-s Monats* (*von e-m Monat*) under loppet av (inom) en månad; *nach* ~ *e-s Monats* efter en månad **2** sträckning, riktning **verlaufen** *st* **I** *s* **1** förlöpa, gå; utveckla sig; förflyta; avlöpa; *die Untersuchung verlief ergebnislos* undersökningen gav inget resultat; *es ist alles gut* ~ *allt gick bra*; *die Krankheit verlief tödlich* sjukdomen fick dödlig utgång **2** löpa, gå, sträcka sig; *die Straße verläuft den Fluß entlang* gatan går längs floden **3** smälta; flyta ut; *die Farben* ~ *ineinander* färgerna flyter i varandra **4** förlora sig, ta slut; *im Sande* ~ (*bildl.*) rinna ut i sanden **II** *rfl* **1** förlora sig, ta slut **2** gå vilse **3** skingra sig, skingras **4** (*om vatten*) rinna (sjunka) undan **verlaust** nedlusad **verlautbar|en 1** *kansl.* kungöra, bekantgöra; *es wird amtlich* -*t* det meddelas officiellt **2** *s, högt.* bekantgöras, bli känd; hävdas, ryktas **Verlautbarung** -*en f* kungörelse **verlaut|en 1** tillkännage, meddela, yttra, säga **2** *s* bekantgöras, bli känd; *es* -*ete* det hävdades (ryktades, hette); *wie* -*et, sind 10 Personen verhaftet worden* det meddelas att 10 personer har blivit häktade; *aus amtlicher Quelle* -*et, daß* från officiellt håll meddelas att **verleb|en 1** tillbringa; *wo hast du den Urlaub* -*t?* (*äv.*) var var du på semestern? **2** *vard.* leva upp **verle'bendigen** levandegöra; ge liv åt, levande skildra **verlebt** utlevad, härjad **verleg|en I** *sv* **1** förlägga, slarva (ha) bort **2** förlägga; flytta; skjuta upp; *die Party auf nächste Woche* ~ flytta [fram] festen till nästa vecka; *die Handlung nach Wien* ~ förlägga handlingen till Wien; *seinen Wohnsitz nach Paris* ~ flytta till Paris **3** *seine Werke werden bei Prisma* -*t* hans verk kommer ut på (ges ut av) [bokförlaget] Prisma **4** spärra, blockera; *e-m den Weg* ~ spärra (stänga) vägen för ngn; *den Truppen den Rückzug* ~ hindra återtåget för trupperna **5** lägga [ner], dra, installera **6** *rfl, sich auf etw.* (*ack.*) ~ slå sig på ngt; *sich aufs Lügen* ~ ta sin tillflykt till (tillgripa) lögner **II** *adj* förlägen, brydd; ~*e Pause* pinsam paus (tystnad); *um etw.* ~ *sein* behöva ngt; *nie um e-e Antwort* ~ *sein* aldrig vara svarslös; *nie um e-e Ausrede* ~ *sein* alltid ha en undanflykt att komma med (till hands) **Verlegenheit** -*en f* förlägenhet; knipa; *e-m* ~*en bereiten* bereda ngn obehag; *e-n in* ~ *bringen* göra ngn förlägen; *e-m aus e-r* [*finanziellen*] ~ *helfen* hjälpa ngn ur en [penning]knipa **Verlegenheitslösung** -*en f* nödlösning **Verlegenheitspause** -*n f* pinsam paus (tystnad) **Verleger** - *m* [bok]förläggare **Verlegung** -*en f* förläggande *etc., jfr verlegen* **verleid|en** *sv, e-m etw.* ~ förstöra ngt för ngn, väcka avsmak (leda) hos ngn för ngt; *ihm ist alles* -*et* han är led på allting **Verleih** -*e m* uthyrning[sbyrå]; utlåning **verleih|en** *st* **1** låna (hyra) ut **2** *e-m den Preis* ~ tilldela ngn priset; *e-m e-n Titel* ~ förläna ngn en titel **3** *ge; die Wut verlieh ihm neue Kräfte* vreden gav (förlänade) honom nya krafter; *seinen Forderungen Nachdruck* ~ ge eftertryck åt sina krav **Verleiher** - *m* uthyrare, utlånare **Verleihung** -*en f* utlåning *etc., jfr verleihen* **verleimen** limma ihop **verleiten** förleda, locka, fresta (*e-n zu etw.* ngn till ngt) **verleitgeben** *st, dial.* utskänka (*öl, vin*) **verlernen** glömma [bort] (*vad man lärt*) **verlesen** *st* **1** läsa (ropa) upp **2** *rfl* läsa fel **3** *se lesen* **3 Verlesung** -*en f* uppläs|ande, -ning **verletzbar** sårbar, lättsårad, ömtålig **verletz|en 1** skada, såra; *bildl. äv.* kränka, bryta mot; -*ter Stolz* sårad stolthet; *das Gesetz* ~ bryta mot lagen; *die Grenzen* ~ kränka gränserna; *sich* (*dat.*) *die Hand* ~ (*äv.*) göra sig illa i handen; *seine Pflicht* ~ svika sin plikt **2** *rfl* skada (göra illa) sig **verletzlich** sårbar, lättsårad, ömtålig **Verletzung** -*en f* skada, sår; *bildl.* kränkning **verleugnen** förneka, bestrida; *sich* [*selbst*] ~ förneka sig [själv]; *sich* ~ (*äv.*) inte låtsas om att man är hemma (*inte öppna dörren, svara i telefon etc.*); *sich* ~ *lassen* låta [ngn] säga att man inte är hemma (inne); *das läßt sich nicht* ~ det kan inte förnekas **Verleugnung** -*en f* förnek|else, -ande **verleumden** för-, bak|tala, bakdanta **Verleumder** - *m* bak|talare, -dantare **verleumderisch** bakdantar-, ärerörig, ärekränkande; ~*er Mensch* människa som förtalar (baktalar) **Verleumdung** -*en f* förtal, ärekränkning **verliebt** *rfl* förälskad sig, bli kär **verliebt** förälskad, kär (*in* + *ack.* i) **Verliebtheit** *0 f* förälskelse **verlier|en** *verlor, verlöre, verloren* **1** förlora; tappa [bort], mista; *die Sprache* ~ (*bildl.*) bli mållös (stum); *an* (*bei*) *ihr war alles verloren* ingenting kunde hjälpa henne; *was hast du hier verloren?* (*vard.*) vad har du här att göra?; *sie hat sehr verloren* hon ser inte alls lika bra ut längre; *das Flugzeug* -*t an Höhe* flygplanet tappar höjd; *an Stärke* ~ förlora i styrka; *der Rock hat durch die Änderung verloren* kjolen har förlorat på ändringen; *nach Punkten* ~ förlora på poäng; *ich will kein Wort darüber* ~ jag vill inte spilla ett ord på den saken **2** *rfl* förlora sig (*äv. bildl.*); försvinna; avta; (*om ljud*) förtona, dö bort; gå (komma) vilse, tappa bort (förirra) sig; *recipr.* tappa bort varandra; *sich in den Anblick der Stadt* ~ försjunka i anblicken av staden; *gib mir die Hand, damit wir uns nicht* ~! ge mig handen så vi inte tappar bort varandra! **Verlierer** - *m* förlorare **Verlies** -*e n* (*underjordisk*) fängelsehåla

verloben 1 bortlova **2** *rfl* förlova sig **Verlöbnis** -*se n, högt., se Verlobung* **Verlobte(r)** *in f, adj böjn.* fäst|man, -mö; *die Verlobten* fästfolket **Verlobung** -*en f* förlovning, trolovning **verlock|en** locka, förleda; *das Meer* -*t zum Schwimmen* (*äv.*) det är frestande att simma i havet **verlockend** lockande, frestande **Verlockung** -*en f* lockelse, frestelse **verlodern** *s* flamma upp och slockna; brinna upp med stor låga **verlogen** (*om person*) lögnaktig; (*om moral*) förljugen **Verlogenheit** *0 f* lögnaktighet, förljugenhet **verlohnen** *s, högt., se verlodern* **verlohn|en 1** *es* -*t die Mühe* det lönar mödan **2** *rfl* löna sig **verlor** *se verlieren* **verloren** förlorad; ~*es Ei* förlorat ägg; ~*e Hoffnung* fåfängt hopp; *in Gedanken* ~ försjunken i tankar; *etw.* ~ *geben* anse ngt förlorat, ge upp [hoppet om] ngt; *das ist* ~*e Mühe* det är bortkastad (förspilld) möda, det tjänar ingenting till **verlorengehen** *st s* **1** gå förlorad, komma bort **2** förloras **ver-

löschen 1 *sv* släcka **2** *st, äv. sv, s* slockna; dö bort, försvinna **verlosen** lotta ut (bort) **Verlosung** *-en f* utlottning **verlöten** löda [fast, igen] **verlottern 1** *s* förfalla, bli vanvårdad; deka ner sig; ~ *lassen* (*äv.*) vansköta **2** slösa bort **verludern 1** *h el. s, se verlottern* **2** *s, jakt.* [själv]dö **verlumpen** *h el. s, se verlottern* **Verlust** *-e m* förlust **verlustieren** *rfl* förlusta (roa) sig **verlustig** förlustig; *e-r Sache* (*gen.*) ~ *gehen* gå förlustig (förlora, gå miste om) ngt **Verlustliste** *-n f* förlustlista **verlustreich** förlustrik **verm.** *förk. för vermählt* förmäld **vermachen** testamentera, lämna i arv; *vard.* skänka [bort] **Vermächtnis** *-se n* testamente; arv, legat; donation **vermahlen** [för]mala **vermählen 1** förmäla, gifta bort **2** *rfl* förmäla (gifta) sig **Vermählung** *-en f* förmälning, giftermål **Vermählungsanzeige** *-n f* vigselannons **vermahnen** förmana **vermale'deit** *vard.* förbaskad, jävla **vermalen 1** måla slut på **2** kladda ner **vermännlichen** maskulinisera **vermanschen** *vard.* röra (blanda) ihop [och förstöra]; förstöra; förslösa **vermarkten 1** exploatera **2** marknadsföra **vermasseln** *vard.* fördärva, förfuska, sabba; missa **vermassen 1** göra till massmänniska **2** *s* uppgå i massan, bli massmänniska **vermauern 1** mura igen (till) **2** förbruka [vid murning] **vermehren 1** [för-, ut]öka **2** *rfl* öka **3** *rfl* föröka (fortplanta) sig **Vermehrung** *-en f* **1** ökning **2** förökning, fortplantning **vermeidbar** möjlig att undvika; *der Unfall wäre* ~ *gewesen* olyckan hade kunnat undvikas **vermeiden** *st* und|vika, -gå **vermeidlich** *se vermeidbar* **vermeinen** [för]mena, tro **vermeintlich** förment **vermelden** meddela, rapportera **vermengen 1** blanda [ihop] (*äv. bildl.*) **2** *rfl* blandas, blanda sig **vermenschlichen** förmänskliga; personifiera (*egenskap*); humanisera **Vermerk** *-e m* anteckning, anmärkning, not[is] **vermerk|en 1** anteckna, skriva upp, notera **2** [för]märka, lägga märke till; *er hat uns unsere gute Laune übel -t* han tog illa upp att vi var på så gott humör **vermessen I** *st* **1** mäta upp (ut) **2** *rfl* mäta fel **3** *rfl, sich ~, etw. zu tun* understå sig (drista sig, vara nog förmäten) att göra ngt **II** *adj* förmäten **Vermessenheit** *0 f* förmätenhet **Vermessung** *-en f* [upp]mätning **Vermessungsamt** *-er†* *n* fastighetsregister **Vermessungsingenieur** *-e m* lantmätare, lantmäteriingenjör **Vermessungswesen** *0 n* geodesi **vermickert** *vard.* klen, svag, ynklig, förkrympt, sjuklig **vermieft** *vard.* unken, med dålig luft **vermiesen** *vard.* förstöra, fördärva (*e-m die Freude* ~ glädjen för ngn, ngns glädje) **vermieten** hyra ut; *Zimmer zu* ~ rum att hyra **Vermieter** - *m* uthyrare, hyresvärd **Vermietung** *-en f* uthyrning **vermindern 1** [för]minska **2** *rfl* [för]minska[s], avta **verminen** minera **vermisch|en 1** blanda, röra ihop; *V-tes* (*i tidning*) Diverse **2** *rfl* blanda sig; blandas **vermissen** sakna **Vermißte(r)** *m f, adj böjn.* saknad [person] **Vermißtenanzeige** *-n f, ~ erstatten* anmäla [ngn] som saknad **vermitteln** medla, mäkla; *e-m e-e Stelle ~* (*äv.*) skaffa ngn en anställning **vermittels[t]** *prep m. gen., se mittels* **Vermittler** - *m* [för]medlare, mäklare **Vermittlung** *-en f* **1** [för]medling **2** *tel.* växel **Vermittlungsversuch** *-e m* medlingsförsök

vermöbeln *vard.* klå upp, ge stryk **vermodern** *s* [för]multna **vermöge** *prep m. gen., högt.* medelst, på grund av, i kraft av **vermögen** *oreg., högt.* förmå, kunna; åstadkomma; *er vermag bei ihr viel* han kan få henne till mycket **Vermögen 1** *0 n* förmåga **2** - *n* förmögenhet **vermögend** förmögen, rik **Vermögensanlage** *-n f* placering [av förmögenhet], investering **Vermögensbesteuerung** *-en f* förmögenhetsbeskattning **Vermögenseinziehung** *-en f* konfiskation [av förmögenhet] **Vermögen[s]steuer** *-n f* förmögenhetsskatt **Vermögensverhältnisse** *pl* ekonomiska förhållanden, förmögenhetsförhållanden **vermorschen** *s* murkna **vermottet** maläten **vermumm|en 1** svepa in **2** förklä, klä ut; *-t* (*äv.*) maskerad; *sich als etw. ~* klä ut sig till ngt **vermurksen** *vard.* förfuska, fördärva, sabba **vermut|en** förmoda, anta, misstänka; *ich -e ihn im Kino* jag förmodar att han är på bio **vermutlich** trolig, sannolik, presumtiv; *adv äv.* förmodligen, antagligen **Vermutung** *-en f* förmodan, antagande **vernachlässigen** försumma, negligera, slarva med, missköta **vernagel|n** spika [för, igen]; *-t* (*vard.*) korkad **vernähen 1** sy [igen, ihop, fast] **2** sy upp (slut på) **vernarb|en** *s* ärra sig, ärras; *-t* ärrig **vernarren** *rfl, sich in e-n ~* bli tokig i ngn, kära ner sig i ngn **Vernarrtheit** *0 f* häftig (blind) förälskelse **vernaschen 1** snaska upp; *ein Mädchen ~* (*vard.*) få sig ett nyp (ligg) med en flicka **2** *vard.* klara av (besegra) [lekande lätt] **vernascht** *se naschhaft* **vernebeln** insvepa i dimma (rök); *mil.* lägga dimridå över; *die Wahrheit ~* dölja sanningen i ett töcken (bakom en dimridå); *e-m den Kopf ~ a)* göra ngn dimmig, *b)* föra ngn bakom ljuset, förvrida huvudet på ngn **vernehmbar** förnim-, märk-, hör|bar **vernehmen** *st* **1** högt. förnimma, höra **2** [för]höra **Vernehmen** *0 n* hörsägen, rykte; *dem ~ nach* enligt förljudande (vad som sägs, vad man erfar); *sicherem ~ nach* enligt säker källa **vernehmlich** tydlig, ljudlig **Vernehmung** *-en f* förhör, hörande (*av vittne*) **vernehmungsfähig** *jur.* i stånd att höras **verneigen** *rfl* buga (bocka) sig **Verneigung** *-en f* bugning, bock **verneinen** förneka; negera; *e-e Frage ~* svara nej på en fråga; *die Gewalt ~* ta avstånd från våldet **Verneinungsfall** *0 m, im ~e* om svaret blir nekande **Verneinungswort** *-er†* *n, språkv.* negation **vernichten** förinta, [fullständigt] förstöra; utrota; *~der Blick* tillintetgörande blick; *~de Kritik* nedgörande kritik **Vernichtung** *-en f* förintelse, utrotning **Vernichtungskrieg** *-e m* förintelse-, utrotnings|krig **Vernichtungslager** - *n* förintelseläger **vernickeln** förnickla **verniedlichen** förringa, bagatellisera **vernieten** nita [ihop] **Vernissage** [vɛrnɪ'saːʒə] *-n f* vernissage **Vernunft** *0 f* förnuft; reson; ~ *annehmen* ta reson **vernünfteln** vara snusförnuftig (spetsfundig) **vernunftgemäß** förnufts|enlig, -mässig **Vernunftheirat** *-en f* resonemangsparti **vernünftig** förnuftig, förståndig, klok; *vard.* riktig, rejäl, bra, ordentlig **ver'nünftiger'weise** förståndigt nog **Vernünftigkeit** *0 f* förnuftighet **Vernunftmensch** *-en en m* förnuftsmänniska **vernunftwidrig** förnufts|stridig, -vidrig **veröden s 1** bli folktom, avfolkas **2** bli ofruktbar (kal) **verödet** öde **veröffentlichen** offentliggöra, publicera **Veröffentlichung** -*en* *f* offentliggörande, publicering; publikation **verordnen** förordna, bestämma, påbjuda; *med.* ordinera **Verordnung** -*en f* förordning, påbud, stadga; *med.* ordination **verpachten** arrendera [bort, ut] **verpacken** [för]packa, emballera; packa ner **Verpakkung** -*en f* förpackning, emballage, omslag **verpaffen** *vard.* bolma upp **verpäppeln** *vard.* skämma (klema) bort **verpassen 1** missa; gå miste om, försumma, försitta **2** *vard.* ge; *e-m e-e Ohrfeige* ~ ge ngn en örfil; *e-m e-e Spritze* ~ ge ngn en spruta (*mot dennes vilja*) **verpatzen** *vard.* förstöra, sabba **verpennen** *vard.*, *se verschlafen* **verpesten** förpesta (*äv. bildl.*) **verpetzen** *vard.*, *e-n* ~ skvallra på ngn **verpfänden** förpanta, pantsätta; *sein Wort* ~ (*högt.*) sätta sitt ord i pant **verpfeifen** *st*, *vard.* tjalla på; avslöja **verpflanzen 1** omplantera (*äv. bildl.*) **2** *med.* transplantera **verpflegen** förpläga, hålla med mat **Verpflegung** *0 f* förpläg|nad, -ning **Verpflegungssatz** -*e*† *m* ranson **verpflicht|en** förplikt[ig]a, förbinda; *e-m* -*et sein* stå i tacksamhetsskuld till ngn; *e-m zu Dank* -*et sein* vara ngn tack skyldig; *vertraglich* -*et sein* vara bunden av kontrakt; *e-n Beamten auf die Verfassung* ~ låta en ämbetsman avlägga ed på författningen; *e-n für etw.* ~ anställa ngn för ngt, ålägga ngn ngt, binda ngn vid ngt; *e-n Schauspieler für die nächste Spielzeit* [*an ein Theater*] ~ engagera en skådespelare för nästa säsong [vid en teater]; *sich eidlich* ~ förbinda sig med ed; *sich* ~ (*äv.*) åtaga sig, lova; *der Künstler hat sich auf ein Jahr* -*et* konstnären har bundit sig (skrivit kontrakt) för ett år **Verpflichtung** -*en f* förplikt|ande, -else, plikt, skyldighet **verpfuschen** *vard.* sabba **verpichen** becka, tjära **verpimpeln** *vard.* klema (skämma) bort **verpissen** *vulg.* **1** pissa ner **2** *rfl* sticka; *verpiß dich!* stick [åt helvete]! **verplanen 1** felplanera **2** göra upp en plan för **verplappern** *rfl*, *vard.* prata bredvid mun, försäga sig **verplätten** *vard.* ge stryk **verplaudern 1** *vard.* prata bort (*tid*) **2** *rfl* prata bort för länge **verplempern 1** *vard.* slösa (plottra) bort **2** *rfl*, *vard.* slösa bort tiden; *sich als Maler* ~ slösa bort tiden på måleri **3** *dial.* spilla [ut] **verplomben** plombera **verpön|en** ogilla, förakta, förbjuda; -*t sein* (*äv.*) vara illa omtyckt (impopulär, bannlyst) **verpoppen** *vard.* poppa upp **verprassen** *vard.* festa upp, slösa bort **verprellen** irritera, reta [upp]; *jakt.* skrämma bort **verproviantieren** proviantera **verprügeln** prygla, ge stryk **verpuffen** *s* explodera [med svag knall], sluta brinna; *bildl.* rinna ut i sanden, göra fiasko, sluta snöpligt **verpulvern** *vard.* slösa bort **verpumpen** *vard.* låna ut **verpumpen** *rfl*, *zool.* förpuppas **verpusten** *vard.*, *se verschnaufen* **Verputz** *0 m*, *se Putz 1* **verputzen 1** putsa, rappa, revetera **2** *vard.* käka upp; *den ganzen Kuchen* ~ (*äv.*) sätta (kasta) i sig hela kakan **3** *vard.* slösa bort **4** *sportsl.* besegra (slå) lekande lätt **verqualm|en** *s* brinna upp, gå upp i rök **2** röka upp **3** röka ner; *das Zimmer ist -t rummet är nerrökt* **verquasen** *nty.* förslösa **verquatschen** *vard.* **1** prata bort (*tid*) **2** *rfl* prata bredvid mun, försäga sig **verquellen** *st s* svälla (*av fukt*), slå sig; *verquollene Augen* svullna ögon **verquer 1** sned; på sned **2** *vard.*, *etw.*

geht ~ ngt går snett (på tok); *e-m* ~ *kommen* komma olägligt för ngn **3** konstig **verquik-k|en** amalgamera; *bildl.* förbinda, koppla ihop; *die Sachen sind miteinander* -*t* sakerna hänger ihop (är sammanblandade) **verrammeln** spärra, barrikadera, bomma för (igen) **verramschen** *vard.* slumpa bort **verrannt** förstockad, envis; *in ein Problem* ~ *sein* ha bitit sig fast i ett problem **Verrat** *0 m* förräderi (*an e-m* mot ngn) **verraten** *st* **1** förråda; avslöja, röja, yppa; ~ *und verkauft* utlämnad, lämnad i sticket, alldeles hjälplös; *kannst du mir* ~, *wie* ...? (*vard.*) kan du tala om för mig hur...? **2** *rfl* förråda (avslöja, röja, yppa) sig **Verräter** - *m* förrädare **verräterisch** förrädisk **verrauch|en 1** *s* ryka bort; skingras; *bildl. äv.* gå över **2** röka upp **3** röka ner; -*tes Zimmer* nerrökt rum **verräucher|n** röka ner, svärta ner med rök; -*t* nerrökt, röksvärtad **verrausch|en** *s* dö bort, försvinna; *der Beifall* -*t* bifallet ebbar ut; *die Zeit* -*t* tiden rusar i väg **verrechnen 1** beräkna; avräkna; kvitta, cleara; *das* ~ *wir später* (*äv.*) det gör vi upp senare **2** *rfl* räkna fel; missta (bedra) sig **Verrechnung** -*en f* **1** beräkning; avräkning; kvittning, clearing; uppgörelse **2** felräkning **Verrechnungseinheit** -*en f* clearingenhet **Verrechnungsscheck** -*s m* clearingcheck **verreck|en** *s*, *vard.* (*om djur*) dö; *vulg.* (*om människa*) kola [av]; [*das tu ich*] *ums V*~ *nicht!* [det gör jag] aldrig i livet!; *die Lampe ist* -*t* (*vard.*) lampan har gått åt helvete **verregn|en 1** *s* regna bort; -*eter Sommer* regnig sommar; *die Ernte ist* -*et* skörden blev förstörd av regnet **2** sprida med vattenspridare **verreiben** *st* gnida in (ut) **verreis|en** *s* resa bort; -*t* bortrest **verreißen** *st* **1** göra ner, utsätta för skarp kritik **2** *vard.* kasta (*bil*) åt sidan; *das Lenkrad* ~ rycka till med ratten **3** *dial.*, *se zerreißen* **verrenk|en** vrida ur led, vricka, förstäcka; *die Tänzer* ~ *sich* dansörerna vrider och vränger sig; *sich* (*dat.*) *den Hals nach e-m* ~ (*vard.*) sträcka på halsen efter ngn; *ein Wort, bei dem man sich die Zunge* -*t* (*vard.*) ett ord som man vricker tungan på **Verrenkung** -*en f* vrickning *etc.*, *jfr verrenken* **verrennen** *oreg.*, *rfl*, *bildl.* komma fel (vilse); *sich in etw.* (*ack.*) ~ bita sig (köra) fast i ngt **verrichten** förrätta, uträtta, göra **Verrichtung** -*en f* förrättande; förrättning, bestyr **verriegeln** [för]regla, låsa, bomma för (igen, till) **verringern 1** [för]minska, förringa, sänka, reducera, sätta ner **2** *rfl* minska **verrinn|en** *st s* rinna ut, sippra bort; förrinna; *die Zeit* -*t* tiden flyr **Verri|ß** -*sse m* nedgörande (dräpande) kritik **verröcheln** *s*, *högt.* utandas sin sista suck **verroh|en 1** förråa **2** *s* förråas **verroll|en 1** *vard.* klå upp **2** *rfl*, *vard.* krypa till kojs **3** *s*, *der Donner ist* -*t* åskan har slutat rulla **verrosten** *s* rosta, förstöras av rost **verrott|en** *s* ruttna; falla sönder, förstöras; -*ete Gesellschaft* ruttet samhälle; -*eter Mensch* förkommen människa **verrucht** [-u:-] **1** skändlig, nedrig, gemen **2** lastbar, syndig **verrücken** flytta, rubba **verrückt** förryckt, galen, tokig; ~ *kalt* (*vard.*) hemskt kall; ~ *spielen* (*vard.*) vara som förbytt (upp och ner), uppföra sig konstigt; *wie* ~ *laufen* (*vard.*) springa som en galning; *auf e-n* (*nach e-m*) ~ *sein* (*vard.*) vara galen i ngn **Verrücktheit** -*en f* galenskap, tokeri, tokighet **Verrücktwerden** *0 n*, *es ist zum* ~ (*vard.*)

det är så att man kan bli galen **Verruf** *0 m* vanrykte; *e-n in* ~ *bringen* göra ngn illa beryktad, misskreditera ngn; *in* ~ *geraten (kommen)* råka (komma) i vanrykte **verrufen** illa beryktad, ökänd, misskrediterad **verrühren** *etw. in etw. (dat.)* ~ röra ner ngt i ngt **verrunzelt** rynkig, skrynklig **verrußen 1** sota ned **2** *s* sota igen, bli nersotad (sotig) **verrutsch|en** *s* komma (halka) på sned; halka [iväg]; *der Kragen ist -t* kragen har halkat på sned
Vers *-e m* vers[rad]; strof; *in* ~*en* på vers; *daraus kann ich mir keinen* ~ *machen (vard.)* det blir jag inte klok på
versachlichen göra sakligare, konkretisera **versack|en** *s, vard.* **1** sjunka [ner], gå under; *bildl. äv.* förfalla, deka ner sig; *er ist gestern abend ganz schön -t (vard.)* han festade [om] rejält i går kväll **2** *(om motor)* kvävas **versag|en 1** misslyckas, göra fiasko **2** klicka, strejka, svika, inte fungera **3** *högt.* neka, vägra, avslå; *sich (dat.) etw.* ~ avstå från ngt; *Kinder blieben ihnen -t* de fick inga barn **4** *rfl, högt., sich e-m* ~ *a)* inte ställa sig till ngns förfogande, *b)* inte ge sig åt ngn **Versagen** *0 n* misslyckande, fiasko; *die Ursache des Unfalls war menschliches* ~ olyckan berodde på den mänskliga faktorn **Versager** - *m* miss[lyckande], fiasko, flopp; klick[skott]; uppgivande, fel; *er war beruflich ein glatter* ~ i sitt yrke var han helt misslyckad (en nolla) **Versal** [v-] *-ien m, typ.* versal **versalzen 1** *sv (perf part versalzen)* salta för mycket; *e-m die Freude* ~ *(vard.)* fördärva (förstöra) nöjet för ngn; *die Suppe ist* ~ soppan är för salt **2** *sv (perf part versalzt) s* bli saltare, få högre salthalt
versammeln 1 [för]samla, sammankalla **2** *rfl* [för]samlas, församla sig **Versammlung** *-en f* församling; möte, sammanträde, stämma **Versammlungsfreiheit** *0 f* mötesfrihet **Versammlungslokal** *-e n* möteslokal **Versand** *0 m* **1** av-, ut|sändning; försändelse. sändning **2** avsändningsavdelning, expedition **3** postorderfirma **Versandabteilung** *-en f, se Versand* **2 versandbereit** klar (färdig) att skickas ut (levereras) **versanden** *s* sandas igen, fyllas med sand; *bildl.* ebba ut, stranda, sluta **Versand|geschäft** *-e n, -haus -er†* *n* postorderfirma **Versandkosten** *pl* leveranskostnad[er] **Versatzamt** *-er†, n, sty., österr.* pantbank **Versatzstück** *-e n, teat.* sättstycke **versaubeuteln** *vard.* **1** grisa (svina) ned **2** tappa (ha) bort **versauen** *vard.* **1** grisa (svina) ned **2** sabba, förstöra **versauern** *s* **1** surna, bli sur **2** *vard.* bli intellektuellt utsvulten, försoffas **versaufen** *st, vard.* **1** supa upp **2** *s, dial.* drunkna; *gruv.* vattenfyllas **versäumen** missa, komma för sent till; gå miste om; försumma, underlåta **Versäumnis** *-se n, åld. äv. f* försummelse, underlåtenhet **Versäumnisurteil** *-e n, jur.* tredskodom
verschachern schackra bort, sälja **verschachtelt 1** *ung.* gyttrig **2** *i en Satz* mening med flera inskjutna bisatser **verschaffen** *sv* [för]skaffa; *sich (dat.) e-n Namen* ~ skapa sig ett namn **verschalen 1** panela, brädfodra **2** *byggn.* formsätta *(för cementering)* **verschalten** *rfl* växla fel **Verschalung** *-en f* **1** panel-[ning], brädfodring **2** *byggn.* form[sättning] *(vid cementering)* **verschämt** blyg, försagd **verschandeln** *vard.* vanställa, förstöra **verschanzen 1** förskansa **2** *rfl* förskansa sig;

bildl. äv. gömma sig **Verschanzung** *-en f* förskansning, skans **verschärf|en** skärpa; öka (*fart*); *die Lage hat sich -t* läget har skärpts (tillspetsats) **verscharren** gräva ned; *vard.* begrava **verschätzen** *rfl* göra en felbedömning, missta sig **verschaukeln** *vard.* lura **verscheiden** *st s, högt.* gå hädan **verscheißen** *st, vulg.* skita ner; *du hast [es] bei (mit) mir verschissen* du har gjort bort dig hos mig **verscheißern** *vulg.* driva med **verschenken 1** skänka (ge) bort; *den Sieg* ~ låta segern gå sig ur händerna **2** *rfl, högt., sich an e-n* ~ ge sig åt ngn **verscherbeln** *vard.* slumpa bort, sälja **verscherzen** *sich (dat.) etw.* ~ gå miste om (förlora, förverka) ngt **verscheuchen** skrämma (jaga) bort; förjaga **verscheuern** *vard.* slumpa bort, sälja
verschicken skicka [bort] **Verschiebebahnhof** *-e† m* rangerbangård **verschieben** *st* **1** flytta (skjuta) [på]; rubba; *järnv.* [om]rangera; *bildl.* [för]ändra **2** flytta [fram], skjuta upp, uppskjuta **3** *vard.* sälja [olovligt, illegalt] **4** *rfl* flytta sig, förskjuta sig, rubbas; *(om kläder)* glida (komma) på sned **5** *rfl* flyttas [fram]; ändras **verschieden** olik[a], olikartad, särskild; ~*e (pl)* några, flera, åtskilliga, diverse, olika slags; ~*es* åtskilligt; *V*~*es (rubrik)* Diverse **verschiedenartig** olikartad **ver'schiedenemal** [*äv.* -'----'-] flera (åtskilliga) gånger **verschiedenerlei** *oböjl. adj* olika, olikartad, av olika slag **verschiedenfarbig** olikfärgad **Verschiedenheit** *-en f* olikhet, skillnad, skiljaktighet **verschiedentlich** flera (åtskilliga) gånger **verschießen** *st* **1** skjuta iväg; skjuta bort (slut på); *sport.* missa, bränna *(straff)* **2** *s* blekna, bli urblekt **3** *rfl, sich in e-n* ~ *(vard.)* kära ner sig i ngn **4** *rfl* skjuta bom, missa **verschiffen 1** [ut]skeppa, sända med båt **2** *vard.* kissa ned **3** *rfl, vard.* sticka, dra **verschilfen** *s* växa igen med vass **verschimmeln** *s* mögla *(äv. bildl.)* **verschimpfieren** *åld.* förolämpa **Verschiß** *0 m, bei e-m in* ~ *geraten (vulg.)* göra bort sig hos ngn, ligga väldigt illa till hos ngn
verschlacken *s* **1** slagga igen **2** bli till slagg, förslaggas **Verschlackung** *-en f* [för]slaggning, slaggbildning **verschlafen I** *st* **1** sova bort (över) **2** *[sich]* ~ försova sig **II** *adj* sömndrucken, yrvaken, sömnig **Verschlag** *-e† m* avbankning; skrubb; bås; skjul; kätte, låda, spilta **verschlagen I** *st* **1** spika igen (till); brädslå; spika ihop **2** avplanka, avdela **3** bläddra bort *(sida)* **4** *das verschlug mir den Appetit* det fick mig att tappa aptiten; *seine Frechheit hat mir die Sprache verschlagen* hans fräckhet gjorde mig stum (fick mig att tappa målföret) **5** driva; föra; *nach Schweden* ~ *werden* hamna i Sverige **6** *kokk.* blanda (vispa) [ihop] **7** *dial.* klå (spöa) upp; *der Hund ist* ~ *(jakt.)* hunden har fått för mycket stryk [och är därför rädd] **8** *dial.* förslå, hjälpa; *das verschlägt nichts* det tjänar ingenting till (gör varken till eller ifrån) **9** *sport.* slå bort **II** *adj* **1** förslagen, listig, slug **2** *dial.* ljummen **verschlammen** *s* slamma igen **verschlampen** *vard.* **1** slarva (ha) bort; glömma bort **2** *s* bli förfallen (vanvårdad), förfalla; deka ner sig **verschlanken** *sl.* banta ner, minska **verschlechtern 1** försämra, förvärra **2** *rfl* försämras, förvärras; få det sämre **verschleiern 1** beslöja; *bildl.* överskyla, dölja **2** *rfl* beslöjas **verschleifen** *st* **1** slipa av (bort) **2** dra (binda)

ihop **verschleimen** fylla (belägga) med slem **Verschleiß** 0 m **1** nötning, slitage, förslitning **2** *österr.* minut-, detalj|handel, försäljning **verschleißen** st **1** nöta (slita) ut **2** s nötas (slitas) ut **3** *äv. sv, österr.* försälja [i minut] **verschleppen 1** släpa bort **2** släpa (föra) med sig; *e-e Seuche* ~ sprida en epidemi **3** dra ut på, förhala; *e-e Krankheit* ~ inte behandla en sjukdom i tid [så att den förvärras] **Verschleppung** -*en f* bortsläpande *etc., jfr verschleppen* **Verschleppungstaktik** -*en f* förhalningstaktik **verschleudern 1** slumpa bort, dumpa **2** slösa med (bort) **verschließbar** lås-, tillslut|bar **verschließen** st **1** stänga [till], [till]sluta; låsa [in]; *seine Gefühle in sich (dat.)* ~ behålla sina känslor för sig själv **2** *rfl, sich e-m* ~ slå dövörat till för ngns argument; *sich den Tatsachen* ~ bortse från (blunda för) fakta **verschlimmbessern** *vard. ung.* i all välmening förstöra (förfuska) i stället för att förbättra **verschlimmer|n 1** försämra, förvärra **2** *rfl* försämras, förvärras; *es hat sich -t (äv.)* det har blivit värre **1 verschlingen** st **1** hopslingra, fläta ihop (samman), inveckla, trassla in; *verschlungene Wege* slingrande (krokiga) vägar **2** *rfl* vara hopslingrad (sammanflätad), slingra ihop sig, trassla in sig **2 verschlingen** st [upp]sluka *(äv. bildl.)* **verschlissen** utnött, utsliten **verschlossen 1** *se verschließen* **2** sluten, tyst[låten], reserverad **Verschlossenheit** 0 *f* slutenhet, tyst[låten]het, reservation **verschluck|en 1** svälja *(äv. bildl.)*; absorbera; *die Nacht hat ihn -t* han är uppslukad av natten **2** *rfl* få ngt i galen strupe; *er -te sich an der Suppe* han satte soppan i vrångstrupen **verschludern** *vard.* **1** slarva (tappa, ha) bort; slösa bort **2** kladda ned; sabba **Verschlu|ß** -*sse†* m **1** lås[mekanism], stängningsanordning, förslutning; [skruv]lock, kapsyl; propp; knäppe; *foto.* slutare **2** tillslutning; *hinter (unter)* ~ *halten* hålla i förvar (inlåst) **3** *med.* ocklusion, tillslutning; ~ *des Darms* tarmvred **verschlüsseln** chiffrera, koda **Verschlußlaut** -*e m, fonet.* klusil, explosiva **verschmachten** *s, högt.* försmäkta, förgås *(vor + dat. av)* **verschmähen** *högt.* försmå, rata **verschmausen** [med välbehag] äta upp **verschmelzen** st **1** smälta samman (ihop) **2** *s* smälta samman, sammansmälta **verschmerzen** trösta sig (komma) över, smälta **verschmieren 1** smeta (kleta) igen; *mit Kitt* ~ kitta igen **2** smeta (kludda, kladda) ner **3** använda [till smörjning, bredning *e.d.*] **verschmitzt** skälmsk, skälmaktig, underfundig **verschmust** kelig, kelsjuk **verschmutzen 1** smutsa (grisa) ned; förorena **2** *s* bli smutsig; förorenas **verschmutzt** nedsmutsad, smutsig; förorenad **verschnabulieren** *vard.* [med välbehag] äta [upp] **verschnappen** *rfl, dial.* förråda sig *(genom obetänksamt ord),* prata bredvid mun **verschnaufen** *vard., [sich]* ~ andas (pusta) ut, hämta andan; vila **verschneiden** st **1** skära (klippa) [sönder]; beskära *(träd)* **2** skära (klippa) till fel; klippa fel **3** snöpa, kastrera **4** förskära, [upp]blanda *(sprit)* **Verschnitt** -*e m* **1** förskär[n]ing, [upp]blandning *(av sprit)* **2** spillbitar **Verschnittene(r)** *m, adj böjn.* kastrat, eunuck **verschnörkel|n** förse med snirklar (krumelurer, krusiduller); *-te Schrift* snirklad skrift **verschnupfen** *vard.* irritera, göra stött, förarga, reta **verschnupft** ~ *sein a)* ha snuva, vara snuvig, *b) vard.* vara irriterad (stött, förbannad) **verschnüren** snöra igen (ihop, till); slå snöre om **verschollen** [spårlöst] försvunnen; bortglömd **verschonen** [för]skona *(mit från)* **verschö-ne[r]n** förskörna, göra vackrare; *sich (dat.) den Abend mit e-m Kinobesuch* ~ förgylla kvällen med ett biobesök **Verschönerung** -*en f* förskörning **verschrammen 1** repa, rispa, skrapa **2** *s* repas, bli repig **verschränk|en** lägga i kors; *mit -ten Beinen* med korslagda ben, med benen i kors **verschrauben** skruva igen (ihop, till) **verschreiben** st **1** skriva upp (full, slut på), använda *(vid skrivning)* **2** ordinera; *du solltest dir etw. für deinen Magen* ~ *lassen* du skulle se till att få ngt för din mage **3** skriftligen överlåta, förskriva; *er hat sein Haus seinem Sohn verschrieben* han har skrivit över sitt hus på sonen; *seine Seele dem Teufel* ~ förskriva sin själ åt djävulen **4** *rfl* skriva fel **5** *rfl, sich e-m* ~ förskriva sig åt ngn; *sich mit Leib und Seele der Kunst* ~ med liv och lust (helhjärtat) ägna sig åt konsten **Verschreibung** -*en f* **1** förskrivning; [skriftlig] överlåtelse **2** ordination; recept **verschreibungspflichtig** receptbelagd **verschreien** st racka ner på, bringa i vanrykte **verschrie[e]n** ~ *sein* vara ökänd (illa beryktad), ha dåligt rykte **verschroben** [sär]egen, underlig, konstig, besynnerlig, tokig **verschrotten** skrota [ned] **verschrump|eln, -fen** *s* skrumpna, bli rynkig (skrynklig) **verschüchter|n** skrämma, göra rädd; *-t* förskrämd, rädd, skygg **verschulden 1** vara skuld till, vålla, förorsaka **2** *s* dra på sig skulder, skuldsätta sig **3** *rfl* skuldsätta sig **Verschulden** 0 *n* skuld, förskyllan; *es geschah ohne sein* ~ det skedde utan hans förvållande, det var inte hans fel att det skedde **verschuldet** skuldsatt **Verschuldung** -*en f* skuld, förvållande; skuldsättning **verschusseln** *vard.* tappa (slarva) bort; glömma [bort] **verschütt|en 1** spilla [ut] **2** fylla igen **3** -*et werden begravas (vid ras e.d.)* **verschüttgehen** st *s vard.* gå förlorad, komma bort, försvinna **2** *vard.* kola av, omkomma **3** *sl.* åka dit (fast) **verschwägert** *sind Sie mit ihm verwandt oder* ~ *?* är Ni släkt med honom genom födsel eller giftermål? **verschwatzen 1** prata bort **2** *rfl* försäga sig **3** *dial.* skvallra på **verschweigen** st förtiga, hemlighålla; dölja **verschweißen** svetsa samman (ihop) **verschwenden** förslösa, slösa bort, förspilla *(an +ack.* på); slösa med **Verschwender** - *m* slösare **verschwenderisch** slösaktig, överdådig; ~ *mit etw. geschmückt sein* vara slösande rikt smyckad med ngt **Verschwendung** 0 *f* slöseri, överdåd **Verschwendungssucht** 0 *f* slösaktighet **verschwiegen** tystlåten, förtegen, diskret; tyst; *e-n* ~ *en Ort aufsuchen (vard.)* gå på toaletten **Verschwiegenheit** 0 *f* tystlåtenhet *etc., jfr verschweigen* **verschwiemelt** *dial.* svullen, plufsig, pussig **verschwimmen** st *s* flyta samman (ihop); *im Dunst* ~ försvinna i diset; *mir verschwamm alles vor den Augen* allt blev suddigt för ögonen på mig **verschwinden** st *s* försvinna *(in +dat. el. ack.* i) **verschwister|n 1** *[miteinander] -t sein* vara syskon **2** förena, förknippa **verschwitz|en 1** svettas ned; *du bist ganz -t* du är alldeles genomsvettig **2** *vard.* glömma [bort] **verschwollen** svullen **verschwommen 1** *se verschwimmen* **2** oklar, otydlig, oskarp, dimmig, flytande, suddig **verschwören** *st* **1** *rfl* sammansvärja sig **2** *rfl, sich etw.* (*dat.*) ~ helhjärtat gå in för (ägna sig åt) ngt **3** *åld.*, *den Alkohol* ~ avstå från sprit **Verschworene(r)** *m f, adj böjn.*, **Verschwörer** - *m* konspiratör; *die Verschwörer* (*äv.*) de sammansvurna **Verschwörung** *-en f* sammansvärjning, konspiration **versehen** *st* **1** förse, utrusta; *mit allem* ~ *sein, was man braucht* (*äv.*) ha allt man behöver; *er ist reichlich mit Geld* ~ han är välförsedd med pengar; *e-n* [*mit den Sterbesakramenten*] ~ (*kat.*) ge ngn sista smörjelsen **2** sköta, ha hand om, fullgöra **3** försumma, förbise **4** *rfl* se fel, missta sig **5** *rfl, sich mit etw.* ~ förse (utrusta) sig med ngt, skaffa sig ngt **6** *rfl, högt., sich e-r Sache* (*gen.*) ~ vara beredd på ngt, kunna vänta sig ngt; *ehe man sich's versieht* innan man vet ordet av **Versehen** - *n* blunder, misstag, förseelse; *aus* ~ av misstag, genom ett förbiseende **versehentlich** oavsiktlig, ouppsåtlig; av misstag, genom ett förbiseende **Versehgang** *-e†* m, *kat.* prästs väg till döende med sista smörjelsen **versehren** *åld.* skada, såra **Versehrtensport** *-e* m handikappidrott **Versehrte(r)** *m f, adj böjn.* invalid, handikappad **verselbständigen 1** göra självständig **2** *rfl* göra sig självständig **Versemacher** - *m* versmakare **versenden** *oreg., äv. sv* [för]sända, avsända, skicka ut **versengen** sveda, bränna **Versenkantenne** *-n f* teleskopantenn **versenkbar** [ned]sänkbar **versenk|en 1** [för-, ned]sänka; *-te Schraube* försänkt skruv; *etw. in die Erde* ~ gräva ned ngt i jorden; *die Hände in die Taschen* ~ köra ned händerna i fickorna **2** *rfl, sich in etw.* (*ack.*) ~ försjunka (fördjupa sig) i ngt **Versenkung** *-en f* **1** [ned]sänk|ande, -ning **2** försjunkande, koncentration, meditation **3** försänkning; *teat.* fallucka; *in der* ~ *verschwinden* (*vard.*) försvinna ur rampljuset, [spårlöst] försvinna, falla i glömska **Verseschmied** *-e m* rimsmed **versessen** *vard., auf etw.* (*ack.*) ~ *sein* vara tokig i (galen efter) ngt **versetz|en 1** [för-]flytta; flytta om, omplacera; *bildl.* försätta; *-t werden* (*skol.*) bli uppflyttad; *in Angst* ~ göra rädd, skrämma; *in Bewegung* ~ sätta i rörelse; *in Erstaunen* ~ förvåna, göra förvånad; *das -t mich in die Lage, das zu tun* det gör det möjligt för mig att göra det; *in den Ruhestand* ~ pensionera **2** *das -te mir den Atem* (*åld.*) det kom mig att kippa efter andan **3** ge, tilldela; *e-m e-n Schlag* ~ (*äv.*) slå till ngn; *e-m e-e* ~ (*vard.*) klappa (sopa) till ngn **4** pantsätta; sälja **5** *e-n* ~ (*vard.*) låta ngn vänta förgäves **6** svara, genmäla **7** [upp]blanda **8** *rfl* försätta (förflytta) sig; ~ *Sie sich einmal in meine Lage!* (*äv.*) tänk Er in i min situation! **Versetzung** *-en f* [för-, om-, upp]flyttning *etc.*, *jfr versetzen* **Versetzungszeichen** *- n, mus.* tillfälligt förtecken, accidental **verseuchen** smitta [ned]; [*radioaktiv*] ~ förorena radioaktivt, kontaminera **Versfuß** *-e† m* versfot **Versicherer** - *m* försäkringsgivare **versicher|n 1** försäkra (*e-m e-m.* ngn ngt); *hand. äv.* assurera; *ich -e dir* (*åld. dich*) jag försäkrar dig; *e-n seiner Freundschaft* (*gen.*) ~ (*högt.*) försäkra ngn om sin vänskap; *du kannst -t*

sein, daß du kan vara säker på (övertygad om) att **2** *rfl, sich e-r Sache* (*gen.*) ~ *a*) försäkra (förvissa) sig om ngt, *b*) högt. bemäktiga sig ngt, sätta sig i besittning av ngt **3** *rfl* försäkra sig, ta en försäkring **Versicherte(r)** *m f, adj böjn.* försäkringshavare **Versicherung** *-en f* **1** försäkr|an, -ing **2** försäkring, assurans **Versicherungs|anstalt** *-en f* försäkrings|-bolag, -anstalt **-beitrag** *-e†* m försäkringspremie **-betrug** 0 m försäkringsbedrägeri **-geber** - m försäkringsgivare **-gesellschaft** *-en f* försäkringsbolag **-karte** *-n f* **1** *ung.* pensionsförsäkringsbrev **2** grönt kort (*för bil*) **-nehmer** - m försäkringstagare **versicherungspflichtig** med försäkringstvång, som måste försäkras (försäkra sig) **Versicherungspolice** *-n f* försäkrings|brev, -polis **Versicherungsprämie** *-n f* försäkringspremie **Versicherungsschein** *-e m, se Versicherungspolice* **Versicherungsvertreter** - *m* försäkringsagent **versickern** *s* sippra bort (ut) **versieben** *vard.* **1** slarva (ha) bort **2** sabba, förstöra; *es bei e-m* ~ göra bort sig hos ngn, bli osams med ngn **versiegeln 1** försegla **2** ytbehandla; *Parkett* ~ (*ung.*) plastbehandla parkett **versiegen** *s sina* (*äv. bildl.*); torka ut **versiert** [v-] välbevandrad, erfaren, skicklig; *in etw.* (*dat.*) ~ (*äv.*) hemmastadd i ngt **Versifikation** [v-] *-en f* versifiering **versifizieren** versifiera, sätta på vers **versilbern 1** försilvra **2** *vard.* förvandla till [reda] pengar, sälja **versimpeln 1** simplifiera, förenkla, banalisera **2** *s* bli dum, fördummas **versingen** *st rfl* sjunga fel **versinken** *st s* sjunka [ned]; *in Gedanken* ~ försjunka i tankar; *vor Verlegenheit im Boden* ~ *mögen* vilja sjunka genom jorden av förlägenhet; *versunken* (*äv.*) försänkt; *versunkene Erinnerungen* (*ung.*) glömda minnen **versinnbild[lich]en** symbolisera **versinnlichen** försinnliga, konkretisera, göra påtaglig **Version** [v-] *-en f* version; läsart, tolkning; modell, typ **versippt** *sie sind* [*miteinander*] ~ de är släkt [med varandra] **versitzen** *st, vard.* **1** sitta bort (*tid*) **2** *den Rock* ~ sitta så att kjolen blir skrynklig **3** slita ut (*fåtölj e.d.*) **versklaven** [-v- *el.* -f-] förslava, göra till slav **Verslehre** 0 *f* verslära, metrik **verslumen** [-a-] *s* förslummas **Versmaß** *-e n* versmått **versnobt** snobbig **Verso** [v-] *- s n, fack.* baksida **versoffen** *vard.* försupen; *~e Stimme* (*ung.*) fyllbas **versohlen** *vard.* klå upp; *e-m den Hintern* ~ ge ngn smisk [på stjärten]; *e-m das Fell* ~ ge ngn på pälsen **versöhnen 1** försona **2** *rfl* försona sig, försonas, förlikas, förlika sig **Versöhnler** - *m, neds.* centrist, opportunist **versöhnlich** försonlig **Versöhnung** *-en f* försoning **Versöhnungstag** *-e m, jud.* försoningsdag **versonnen** försjunken i tankar, eftertänksam, drömmande, inåtvänd **versorgen 1** förse, utrusta; förse med förnödenheter; försörja, sörja för, dra försorg om; *e-n ärztlich* ~ ge ngn läkarvård; *e-e Stadt mit Strom* ~ förse en stad med elektricitet **2** sköta, ha hand om, förvalta **3** *rfl* förse sig; försörja sig; *sich selbst* ~ (*äv.*) laga sin egen mat; *sich mit etw.* ~ (*äv.*) skaffa sig ngt **Versorger** - *m* försörjare **versorgt** förtärd (nedbruten) av sorg **Versorgung** *0 f* förseende, utrustning; försörjning, underhåll, uppehälle; utkomst, levebröd **versorgungsberechtigt** underhållsberättigad **Versorgungsbetrieb** -*e m, ung.* distributionsbolag (*för el, gas, vatten e.d.*) **Versorgungslage** *0 f* försörjnings|-läge, -situation **Versorgungsstaat** -*en m, neds.* välfärds|stat, -samhälle **verspachteln 1** spackla igen **2** *vard.* käka [upp] **verspannen 1** staga (*med lina e.d.*) **2** lägga (*heltäckande matta*) **3** *rfl* spännas [i kramp] **versparen** *åld.* skjuta upp **verspäten** *rfl* försenas, försena sig, bli försenad, komma för sent **Verspätung** -*en f* försening; *das Flugzeug hat e-e Stunde* ~ planet är en timme försenat **verspeisen** [med välbehag] förtära **verspekulieren 1** förlora på spekulation, spekulera bort **2** *rfl* spekulera fel (för högt), ruinera sig på spekulationer; *vard. äv.* räkna fel, missta sig **versperren** spärra, stänga; skymma (*utsikt*); *dial.* låsa **verspiel|en 1** spela bort, förlora [på spel]; *er hat bei mir -t* (*ung.*) jag är färdig med honom; *e-e Chance* ~ försitta (sumpa) en chans **2** *die Zeit* ~ leka bort tiden **3** *ich -e wöchentlich 10 Kronen beim Toto* jag spelar varje vecka för 10 kronor på tips **4** *rfl* spela fel **verspielt** lekfull **verspießern** *s* förborgerligas, bli brackig **verspinnen** *st* **1** spinna [upp] **2** *rfl* spinna in sig; *sich in etw.* (*ack.*) ~ veckla in sig (förlora sig, försjunka) i ngt **verspleißen** *st, sjö.* splitsa (splejsa) ihop **versponnen** drömmande; underlig, konstig **verspotten** håna, begabba **Verspottung** -*en f* hån[ande] **versprechen** *st* **1** [ut]lova; försäkra; *sich* (*dat.*) *viel von etw.* ~ vänta sig mycket av ngt; *er verspricht etw. zu werden* han är mycket lovande; *seine Miene verspricht nichts Gutes* hans min lovar inte gott; *das Wetter verspricht schön zu werden* det verkar bli vackert väder, vädret ser lovande ut; *sie sind* [miteinander] *versprochen* (*åld.*) de är förlovade **2** *rfl* säga fel **Versprechen** - *n* löfte **Versprecher** - *m* felsägning **Versprechung** -*en f* löfte **versprengen 1** spränga, skingra (*trupper*) **2** spruta [ut], sprida (*vatten e.d.*) **verspritzen 1** spruta (spraya) [ut] **2** stänka ner **ver'sproch[e]ner'maßen** enligt löfte, som lovat **verspruhen 1** spraya (sprida, spruta) [ut] **2** *s* kringspridas; (*om gnistor*) sprida sig [o. slockna] **ver|spunden, -spünden 1** spunda (*fat*) **2** sponta **verspüren** känna, märka **verst.** *förk. för verstorben* **verstaatlichen** förstatliga **Verstaatlichung** -*en f* förstatligande **verstädtern 1** urbanisera **2** *s* urbaniseras, bli urbaniserad **Verstädterung** -*en f* urbanisering **verstählen** *tekn.* förståla

Verstand *0 m* **1** förstånd, förnuft, vett; *mehr Glück als* ~ mera tur än skicklighet; *nimm doch* ~ *an!* ta ditt förnuft till fånga!; *nicht bei* ~ *sein* vara från vettet (sina sinnen); *du bist wohl nicht ganz bei* ~ *?* (*vard.*) du är väl inte riktigt klok?; *mit* ~ *essen* äta med förstånd; *das geht über meinen* ~ (*vard.*) det övergår mitt förstånd (fattar jag inte); *um den* ~ *bringen* göra galen **2** *högt.* bemärkelse **verstandesmäßig** förståndsmässig, logisk; intellektuell **Verstandesmensch** -*en* -*en m* förståndsmänniska **Verstandesschärfe** *0 f* skarpsinne, skarpt förstånd **verständig** förståndig, förnuftig, klok **verständigen 1** *e-n von etw.* (*über etw. ack.*) ~ underrätta ngn om

ngt, meddela ngn ngt; *e-n Arzt* ~ (*äv.*) kalla på läkare **2** *rfl* göra sig förstådd **3** *rfl* komma överens, enas, förlika sig **Verständigkeit** *0 f* klokhet, förstånd **Verständigung** -*en f* **1** underrätt|ande, -else, upplysning, meddelande **2** *die* ~ *mit ihm war schwierig* det var svårt att göra sig förstådd med honom **3** överenskommelse, uppgörelse, samförstånd **Verständigungsschwierigkeiten** *pl* svårigheter att göra sig förstådd **verständlich** förståelig, begriplig; klar, tydlig; *e-m etw.* ~ *machen* (*äv.*) förklara ngt för ngn; *sich* ~ *machen* göra sig förstådd; *das ist mir* ~ (*äv.*) det förstår jag **ver'ständlicher'weise** förståeligt nog **Verständnis** *0 n* förståelse; ~ *für Musik* (*Schönheit*) sinne för musik (skönhet) **verständnisinnig** *högt.* förstående **verständnislos** oförstående; *etw.* (*dat.*) ~ *gegenüberstehen* vara oförstående för ngt **Verständnislosigkeit** *0 f* brist på förståelse, oförmåga att förstå **Verständnisschwierigkeiten** *pl* svårigheter att förstå **verständnisvoll** förstående, full av förståelse **Verstandskasten** -[†] *m, vard.* hjärnkontor

verstänkern *vard.* stinka ned (*m. cigarrettrök*), förpesta **verstärk|en 1** [för]stärka; [ut]öka **2** *rfl* förstärkas, öka; *der Sturm -te sich* stormen tilltog (ökade i styrka) **Verstärker** - *m, elektr., tekn., foto.* förstärkare **Verstärkung** -*en f* förstärkning (*äv. mil.*); [ut]ökning **verstauben** *s* bli dammig **verstäuben** spraya (sprida, spruta) [ut] **verstaubt** dammig, neddammad; *bildl. äv.* förlegad, urmodig **verstauen** stuva [in, ned, undan]

Versteck -*e n* **1** gömsle, gömställe **2** ~ *spielen* leka kurragömma (*äv. bildl.*) **verstecken** gömma, dölja; *e-m etw.* ~ gömma ngt för ngn; *vor* (*neben*) *ihm brauchst du dich nicht zu* ~ (*vard.*) honom kan du mycket väl mäta dig med; *sich vor* (*neben*) *e-m* ~ *müssen* (*können*) (*vard.*) inte kunna mäta sig med ngn, vara ngn underlägsen **Verstecken** *0 n,* ~ *spielen* leka kurragömma (*äv. bildl.*); *er spielt* ~ *mit ihr* (*äv.*) han är inte uppriktig mot henne **Versteckspiel** *0 n* kurragömma (*äv. bildl.*) **versteckt** gömd, dold, hemlig, förtäckt, förstucken

versteh|en *st* **1** förstå, begripa, fatta, inse; förstå (begripa) sig på; uppfatta, höra; *falsch* ~ *a*) miss|förstå, -uppfatta, *b*) ta illa upp; *sein Handwerk* ~ kunna sitt yrke (sina saker); *verstanden?* förstått?, begrips?, uppfattat?; *e-m etw. zu* ~ *geben* låta ngn förstå ngt; *er -t zu leben* han vet (kan konsten) att leva; *er* ~ *nichts von Musik* han förstår (begriper) sig inte på musik; *wie soll ich das* ~ *?* hur skall jag uppfatta det ?; *so gut er es -t* (*äv.*) så gott han kan **2** mena; *unter Demokratie -t jeder etw. anderes* med demokrati menar alla olika saker **3** *ich habe keine Lust, meine Zeit hier zu* ~ jag har inte lust att så här och spilla tid **4** *rfl*, [*das*] -*t sich* det är klart, naturligtvis, javisst; *das -t sich* [*von selbst*] det är självklart; *sie -t sich als Anarchistin* hon anser sig vara (betraktar sig själv som) anarkist; *der Preis -t sich ab Werk* (*hand.*) priset gäller fritt fabrik **5** *rfl, sich* [*gut*] *mit e-m* ~ komma bra överens med ngn **6** *rfl, sich auf etw.* (*ack.*) ~ förstå (begripa) sig på ngt **7** *rfl, sich zu etw.* ~ bekväma (nedlåta) sig till ngt **versteifen 1** göra styv (stel); styva; stärka; *tekn.* staga, stötta **2** *s el. rfl* bli styv[are] (stel[are]), styvna, stelna **3** *rfl,*

hand. bli fastare; åtstramas **4** *rfl, sich auf etw.* (*ack.*) ~ envist hålla fast vid ngt, insistera på ngt **Versteifung** -*en f* **1** styvnad; *med.* [led]-styvhet **2** *tekn.* stag[ning], stötta **versteigen** *st rfl* **1** klättra vilse (*i berg*) **2** *sich dazu* ~, *etw. zu behaupten* vara förmäten nog att påstå ngt, gå så långt som att påstå ngt **Versteigerer** - *m* auktionsförrättare **versteigern** auktionera bort, sälja på auktion **Versteigerung** -*en f* auktion; *zur* ~ *kommen* auktioneras bort, säljas på auktion **versteinern** *s el. rfl* förstenas **Versteinerung** -*en f* förstening; petrifikat, fossil
verstellbar [in-, om]ställbar, regler-, juster|-bar **verstellen 1** flytta [om]; ställa (placera) fel **2** ställa [om]; *sich* ~ *lassen* (*äv.*) vara ställbar (reglerbar, justerbar) **3** belamra; spärra, stänga; *e-m den Weg* ~ spärra vägen för ngn **4** förställa, förvränga, göra oigenkännlig **5** *rfl* förställa sig, låtsas, spela, simulera **6** *rfl* ändra sig, ändras **Verstellung** -*en f* **1** [om]flyttning *etc.*, *jfr verstellen* **2** förställning, hyckleri, simulering **Verstellungskunst** -*e†f* förställningskonst **versteppen** *s* förvandlas till stäpp (ödemark) **versterben** *st s* dö, avlida; *der Verstorbene* den döde; *mein verstorbener Freund* min döde vän **versteuern** betala skatt för
verstieben *st, äv. sv, s* yra (blåsa) bort **verstiegen 1** *se versteigen* **2** underlig, överspänd, excentrisk; högtflygande **verstimm|en 1** *mus.* göra ostämd, stämma falskt **2** *rfl el. s* bli o-stämd **3** förarga, irritera, göra förstämd; -*t sein* (*äv.*) vara på dåligt humör; *mein Magen ist* -*t* min mage är i olag (krånglar) **Verstimmtheit** 0 *f* **1** *mus.* ostämdhet **2** förargelse, irritation, nedslagenhet, dåligt humör **Verstimmung** -*en f* **1** *mus.* ostämdhet, falsk stämning **2** *se Verstimmtheit* **2 verstinken** *st, vard.*, *se verstänkern*
verstocken 1 göra förstockad **2** *rfl* bli förstockad **verstockt** förstockad **verstohlen** förstulen, hemlig **verstolpern** *sportsl.* missa, sumpa **verstopf|en 1** stoppa (täppa) igen (till), göra stopp i; *meine Nase ist* -*t* jag är täppt i näsan; *die Ohren mit Watte* ~ stoppa bomull i öronen; *ich bin* -*t* jag är förstoppad **2** *s, das Klosett* -*te* det blev stopp i toaletten **Verstopfung** -*en f* tilltäppning; *med.* förstoppning **verstorben** död, avliden **verstören** bringa ur jämvikt, förvirra, göra uppskakad, chocka **Verstoß** -*e† m* försyndelse, brott, överträdelse, fel **verstoßen** *st* **1** *gegen etw.* ~ försynda sig (bryta) mot ngt, överträda (kränka) ngt **2** förskjuta, stöta (driva) bort
verstrahlen 1 utstråla, sprida **2** förorena radioaktivt, kontaminera **verstreben** stötta, staga **Verstrebung** -*en f* stötta, stag, strävpelare; stöttning, förstärkning **verstreichen** *st* **1** stryka (breda, smeta) ut; *er hat die ganze Farbe verstrichen* han har målat slut på (använt) all färg **2** smeta igen (till); *die Fugen der Wand* ~ fogstryka väggen **3** *s, högt.* förflyta, förlida; *verstrichen sein* vara slut (förbi) **4** *s, jakt.* lämna reviret **verstreu|en** strö ut (omkring), sprida ut (omkring); *Mehl* ~ spilla mjöl; -*te Häuser* spridda hus **verstricken 1** sticka slut på (*garn*), använda [till stickning] **2** *e-n in etw.* (*ack.*) ~ snärja (dra) in ngn i ngt **3** *rfl* snärja in sig; *sich in Widersprüche* ~ inveckla (trassla in) sig i motsägelser **4** *rfl* sticka

fel **verströmen 1** sprida **2** *rfl, poet.*, *sich in die Donau* ~ strömma ut i Donau **verstümmeln** stympa, lemlästa; vanställa (*telegram*), förvanska (*nyhet*) **verstummen** *s* förstummas, tystna; *vor Angst* ~ bli stum av rädsla; *zum V*~ *bringen* tysta [ned]
Versuch [-u:-] -*e m* försök, experiment, test; *es käme auf e-n* ~ *an* det kom an på ett försök **versuch|en 1** försöka [sig på], pröva [på], prova, testa; smaka [på]; -*ter Mord* mordförsök; *es noch einmal mit e-m* ~ göra ett nytt försök med ngn, ge ngn en chans till **2** *högt.* sätta på prov, fresta **3** *rfl, sich an* (*auf, in*) *etw.* (*dat.*) ~ försöka sig (pröva) på ngt **Versucher** - *m, högt.* frestare, förledare **Versuchs|anstalt** -*en f* försöks-, provnings|-anstalt, forskningsinstitut -**ballon** -*s el.* -*e m* försöksballong (*äv. bildl.*) -**fahrer** - *m* testförare -**gelände** - *n* försöks|område, -plats; *provbana* -**kaninchen** - *n* försöksdjur; *vard.* försökskanin -**person** -*en f* försöksperson -**tier** -*e n* försöksdjur
versuchsweise försöksvis, på försök **Versuchung** -*en f* frestelse; *in* ~ *führen* inleda i frestelse
versumpf|en *s* **1** försumpas, bli sank **2** *vard.* deka ned sig, förfalla; *wir sind diese Nacht wieder* -*t* vi har festat hela natten igen **versündigen** *rfl* försynda sig (*an e-m* mot ngn) **Versunkenheit** 0 *f* försjunkenhet **versüßen 1** söta **2** *bildl.* förljuva
vertäfeln panela **Vertäf[e]lung** -*en f* panel-[ning] **vertag|en 1** uppskjuta, ajournera **2** *rfl, das Gericht* -*te sich auf Montag* domstolen uppsköt förhandlingarna till måndag **Vertagung** -*en f* uppskjutande, ajournering **vertändeln** plottra bort (*tid*) **vertauben** *s, gruv.* sina (*om dåder*) **vertauern** förtöja **vertauschbar** utbytbar **vertauschen 1** byta av misstag, förväxla **2** byta [bort, om, ut] **vertausendfachen** tusenfaldiga **Vertäuung** -*en f* förtöjning[slinor]
verte [v-] *mus.* vänd! **verteidig|en** försvara; *wer* -*t*? (*sport. äv.*) vem är back? **Verteidiger** - *m* **1** försvarare; försvarsadvokat **2** *sport.* back **Verteidigung** -*en f* försvar; *Minister für* ~ försvarsminister; *in der* ~ *spielen* (*sport. äv.*) vara back **Verteidigungs|ausgaben** *pl* försvarsutgifter -**industrie** -*n f* rustningsindustri -**krieg** -*e m* försvarskrig -**minister** - *m* försvarsminister -**rede** -*n f* försvarstal -**waffe** -*n f* försvarsvapen, defensivt vapen
verteilen 1 fördela; dela ut; distribuera **2** *rfl* fördela sig; dela upp (sprida) sig **Verteiler** - *m* utdelare; distributör; [ström]fördelare **Verteilerkappe** -*n f, tekn.* fördelarlock **Verteilung** -*en f* fördelning; utdelning; distribution **vertelefonieren** *vard.* ringa upp (*pengar*); *e-e Stunde* ~ sitta i telefon i en timme **verteuern 1** fördyra **2** *rfl* bli dyrare **verteufeln** svärta ned **verteufelt** *vard.* **1** förbannad, jävlig **2** -*er Kerl* tusan till karl **vertiefen 1** göra djupare, fördjupa; *mus.* sänka **2** *rfl* bli djupare, fördjupas; fördjupa sig **Vertiefung** -*en f* **1** fördjupande **2** fördjupning **vertieren** *s* bli djurisk, brutaliseras
vertikal [v-] vertikal, lodrät **Vertikale** -*n el. adj böjn. f* lod|linje, -plan, -läge **Vertiko** ['v-] -*s n, ibl. m* prydnadsskåp **vertilgen 1** utrota, tillintetgöra; utplåna **2** *vard.* sluka (bälga) i sig **Vertilgungsmittel**

- *n* bekämpningsmedel **vertippen 1** *e-n Buchstaben* ~ slå fel bokstav [på maskinen] **2** *rfl* skriva fel *(på maskin)* **vertonen 1** tonsätta, sätta musik till **2** sätta ljud till*(film)* **vertönen** *s* förtona, förklinga **Vertonung** *-en f* tonsättning *(e-s Textes* av en text) **vertrackt** *vard.* invecklad, krånglig, trasslig; obehaglig; förbannad
Vertrag *-e*† *m* fördrag, avtal, kontrakt, traktat **vertragen** *st* **1** tåla, fördra; stå ut med; *keinen Spaß* ~ inte tåla skämt; *er kann e-e Menge* ~ *(vard.)* han tål en hel del *(sprit)* **2** *rfl* vara sams, komma överens; vara förenlig, gå (passa) ihop; *die Farben* ~ *sich nicht* färgerna går (passar) inte ihop **3** *dial.* slita ut **4** *dial.* bära (föra) bort **5** *schweiz.* dela (bära) ut *(tidningar e.d.)* **vertraglich** fördrags-, kontrakt|enlig, enligt kontrakt; genom (med) kontrakt **verträglich 1** som har lätt att komma överens med andra, sällskaplig, godmodig, fridsam, fredlig **2** som man tål; ~*e Speisen* lättsmält mat **Vertragsbruch** *-e*† *m* kontraktsbrott **vertragsbrüchig** ~ *werden* begå kontraktsbrott, bryta [sitt] kontrakt **vertrags|gemäß, -gerecht, -konform, -mäßig** kontraktsenlig **Vertragspartner** - *m* kontrahent **Vertragsspieler** - *m, sport. ung.* [halv]proffs **Vertragsstrafe** *-n f, jur.* konventionalstraff **Vertragswerkstatt** *-en*† *f* auktoriserad verkstad **vertragswidrig** avtals-, kontrakts|-stridig
vertrauen *e-m* ~ lita (tro) på ngn; *e-m blind* ~ *(äv.)* ha ett blint förtroende för ngn; *auf Gott (ack.)* ~ förtrösta på Gud; *auf sein Glück* ~ *(äv.)* hoppas på sin tur **Vertrauen** *0 n* förtroende, tillit; förtröstan; ~ *zu e-m haben* ha (hysa) förtroende för ngn; *e-m sein* ~ *entziehen* inte längre ha förtroende för ngn; *der Regierung das* ~ *entziehen* ställa misstroendevotum mot regeringen; *im* ~ *gesagt* i förtroende sagt **vertrauenerweckend** förtroendeingivande **Vertrauens|arzt** *-e*† *m* försäkringsläkare, förtroendeläkare *(hos sjukkassa e.d.)* **-beweis** *-e m* bevis på förtroende **-bruch** *-e*† *m* svikande av förtroende; indiskretion **-frage** *-n f* förtroendefråga; *polit.* kabinettsfråga; *die* ~ *stellen (polit.)* begära förtroendevotum, ställa kabinettsfråga **-mann** *-männer el. -leute m* **1** förtroendeman; representant, [fackligt] ombud **2** [polis]agent, spion **-person** *-en f* tillförlitlig person **-posten** - *m* förtroendepost **-sache** *-n f* **1** *das ist e-e* ~ det är en förtroendefråga, där får man ha förtroende **2** konfidentiell angelägenhet
vertrauensselig lätt-, god|trogen **vertrauensvoll** förtroende-, tillits|full **Vertrauensvot|um** *-en el. -a n* förtroendevotum **vertrauenswürdig** pålitlig, betrodd **vertrauern** tillbringa i sorg, sörja bort; *sein Leben in e-m Nest* ~ *(vard.)* leva ett tomt o. trist liv i en [småstads]håla **vertraulich 1** förtrolig, o-tvungen, familjär, intim **2** förtrolig, hemlig, konfidentiell **Vertraulichkeit** *-en f* förtrolighet *etc., jfr vertraulich* **verträumen** drömma bort *(tiden)* **verträumt 1** drömmande, frånvarande, svärmisk **2** fridfull, idyllisk **vertraut** förtrogen, förtrolig, intim; *sich mit etw.* ~ *machen (äv.)* sätta sig in i ngt; *sich mit e-m Gedanken* ~ *machen* vänja sig vid en tanke **Vertrautheit** *0 f* förtrogenhet; förtrolighet **vertreiben** *st* **1** fördriva, driva (jaga, skrämma) bort; *sich (dat.) die Zeit mit etw.* ~ fördriva tiden med ngt; *habe ich Sie von Ihrem Platz vertrieben?* har jag tagit Er plats? **2** sälja; distribuera **vertretbar 1** försvarbar **2** *jur.* fungibel *(utbytbar)* **vertreten** *st* **1** representera, företräda; *e-n* ~ *(äv.)* träda i ngns ställe, ta ngns plats, ersätta (vikariera för) ngn; *e-n während seines Urlaubs* ~ *(äv.)* vara semestervikarie för ngn; *bei etw. (in etw. dat.)* ~ *sein (äv.)* vara närvarande vid ngt, finnas med i (bland) ngt **2** företräda, försvara; *jds Interessen* ~ tillvarata ngns intressen; *jds Sache* ~ åtaga sig ngns sak, uppträda till försvar för ngn; *etw.* ~ *können (äv.)* kunna stå för ngt; *er vertritt die Meinung, daß (äv.)* han är av den åsikten att; *wer hat das zu* ~ ? *(äv.)* vem är ansvarig för det? **3** *sich (dat.) den Fuß* ~ vricka foten; *sich (dat.) die Beine* ~ *(vard.)* sträcka (röra) på benen **4** *dial.* trampa sönder (ned, ut), slita ut **Vertreter** - *m* **1** företrädare, representant, ombud; ersättare, ställföreträdare, vikarie; agent, handelsresande; försvarare, sakförare **2** *vard., er ist ein komischer* ~ han är en lustig typ (människa) **Vertretung** *-en f* **1** representation; vikariat; vikarie; agentur; *in* ~ enligt (på) uppdrag; *in* ~ *(von e-m)* i stället (som ombud) för ngn; *er ist die* ~ *von (äv.)* han vikarierar för; *die* ~ *jds übernehmen (äv.)* vikariera för ngn **2** *sport.* lag
Vertrieb *0 m* försäljning; distribution **Vertriebene(r)** *m f, adj böjn.* fördriven (utvisad) [person], flykting **Vertriebsleiter** - *m* försäljningschef **vertrimmen** *vard.* spöa upp **vertrinken** *st* dricka (supa) upp **vertrockn|en** *s* förtorka, torka bort (ut); vissna; *die Quelle ist -et* källan har sinat **vertrödeln** *vard.* slösa bort *(tid)* **vertröst|en** uppehålla med [vaga] löften; *e-n auf etw. (ack.)* ~ inge ngn hopp om (hänvisa ngn till) ngt; *das Arbeitsamt -ete ihn auf später* arbetsförmedlingen lovade (bad) honom att återkomma **vertrotteln** *s, vard.* fördummas, bli senil, förgubbas **vertrusten** [-a-, *äv.* -u-] *ekon.* förtrusta **vertun** *st* **1** förslösa, slarva (slösa) bort; *die Mühe war vertan* mödan var förgäves **2** *rfl, vard.* göra en tabbe, göra fel **vertuschen** tysta ner, hemlighålla
verübel|n ta illa upp; *e-m etw.* ~ förtänka ngn ngt; ~ *Sie es mir nicht, wenn ich* ta inte illa upp om jag; *sie -te ihm sehr, daß er sie nicht gegrüßt hatte* hon tog mycket illa upp att han inte hälsade på henne **verüben** föröva, begå **verulken** göra narr av, driva med **vereinigen** stifta oenighet mellan, splittra **verunfallen** *sv s, schweiz.* förolyckas **verunglimpfen** svärta ned, smäda, missfirma, förolämpa **verunglücken** *s* **1** förolyckas **2** *vard.* misslyckas **verunreinigen** förorena, smutsa ned **Verunreinigung** *-en f* föroren|ande, -ing, nedsmutsning **verunsichern** göra osäker (förvirrad) **verunstalten** misspryda, vanställa **veruntreuen** förskingra, försnilla **Veruntreuung** *-en f* förskingring, försnillning **verunzieren** vanpryda
verursachen förorsaka, framkalla, vålla, åstadkomma **Verursacher** - *m* upphovsman **Verursachung** *0 f* förorsakande, vållande **verurteil|en 1** döma; fälla; *er wurde wegen Diebstahls zu e-m Jahr Gefängnis -t* han dömdes till ett års fängelse för stöld; *zum Scheitern -t* dömd att misslyckas; *zum Schweigen -t sein* vara tvungen att tiga **2** fördöma **Ver-**

urteilung -en f **1** dömande; dom **2** fördömande **veruzen** vard. driva med
Verve ['vɛrvə] 0 f, högt. verv, hänförelse
vervielfachen 1 mång|faldiga, -dubbla **2** multiplicera **3** rfl mång|faldigas, -dubblas, öka
vervielfältigen 1 reproducera, duplicera, kopiera; mång|faldiga, -dubbla, öka **2** rfl mång|-faldigas, -dubblas, öka **Vervielfältigung** -en f mångfaldigande; reprodu|cering, -ktion, duplicering, kopiering **Vervielfält|iger** - m, **-igungsapparat** -e m dupliceringsmaskin, kopieringsapparat **vervierfachen** fyrdubbla
vervollkommnen 1 göra perfekt, fullkomna, fullända; förbättra; seinen Wortschatz ~ utöka sitt ordförråd **2** rfl bli perfekt, full|komnas, -ändas; förbättras; förbättra sig, öva upp sig **vervollständigen** fullständiga, komplettera
verw. förk. för verwitwet ä., änka, änkling
verwachen poet. [genom]vaka
1 verwachsen I st **1** s växa (gro) igen (ihop); läkas; växa bort; mit etw. (e-m) ~ (bildl.) växa ihop (samman) med ngt (ngn); er ist mit seiner Kunst ~ han är ett med sin konst **2** rfl växa igen (ihop); läkas; der Schaden wird sich ~ felet kommer att växa bort **3** dial., die Kleider ~ växa ur sina kläder **II** adj **1** igen-, hop-, samman|vuxen **2** förvuxen, missbildad, förkrympt, ofärdig, krokig, puckelryggig
2 verwachsen sv, [sich] ~ valla fel
Verwachsung -en f igen-, hop-, samman|växning **verwackel|n** -tes Bild oskarp bild; e-e Aufnahme ~ (foto.) vara ostadig (darra) på handen så att fotot blir oskarpt **verwählen** rfl, vard. slå fel [telefonnummer] **Verwahr** 0 m, åld., in ~ geben (nehmen) lämna i (ta emot till) förvar **verwahren 1** förvara, bevara; sich (dat.) etw. ~ spara ngt till ett senare tillfälle **2** rfl, sich gegen etw. ~ tillbakavisa ngt, protestera mot ngt **3** åld. låsa; hålla fängslad **verwahrlosen** s bli förfallen (vanvårdad, förvildad), förfalla; deka ned sig; ~ lassen (äv.) försumma, vansköta, inte bry sig om **Verwahrung** 0 f **1** förvar[ing]; e-m etw. in ~ geben lämna ngt i ngns förvar; die ~ in e-r Erziehungsanstalt anordnen förordna om intagande på ungdomsvårdsskola **2** protest, gensaga
verwaisen s bli föräldralös, förlora sina föräldrar **verwaist 1** föräldralös **2** ensam; folktom, övergiven; tom, ledig, obesatt **verwalken** vard. klå upp
verwalten förvalta, sköta, administrera **Verwalter** - m förvaltare, administratör **Verwaltung** -en f förvaltning, administration **Verwaltungsapparat** -e m förvaltnings-, administrations|apparat **Verwaltungsbehörde** -n f förvaltningsmyndighet **Verwaltungsgericht** -e n förvaltningsdomstol **verwaltungsmäßig** administrativ, förvaltnings-**Verwaltungsrat** -e† m styrelse, direktion; kontrollnämnd; [förvaltnings]revisor **Verwaltungsweg** 0 m, auf dem (im) ~ på administrativ väg
verwamsen vard. klå upp **verwandeln 1** förvandla, förändra **2** fotb., [e-n Elfmeter] ~ göra mål på en straffspark **3** rfl förvandlas, förändras, förvandla (förändra) sig, skifta; övergå **Verwandlung** -en f förvandling, förändring; övergång **verwandt** släkt (mit med); besläktad; liknande, likartad; um mehrere Ecken ~ (vard.) släkt på långt håll **Verwandte(r)** m f, adj böjn. släkting, anhörig **Ver-**
wandtschaft -en f **1** släktskap **2** släkt[ingar] **verwandtschaftlich** släkt-, släktskaps-; genom släktskap; ~e Beziehungen släktskapsförhållanden **verwanzt** vard. full av [vägg]löss, nedlusad **verwarnen** varna, ge en varning **Verwarnung** -en f varning; gebührenpflichtige ~ (ung.) ordningsbot, bötesföreläggande **Verwarnungsgeld** -er n böter **verwaschen** urtvättad; urblekt; utplånad; matt, blek; luddig, svävande, vag **verwässern** späda ut [med för mycket vatten]; bildl. urvattna
verweben st el. sv väva upp (garn); väva ihop; bildl. sammanväva, infläta; Silberfäden in den Stoff ~ väva in silvertrådar i tyget; alte Geschichten ins neue Buch ~ inflätta (infoga, väva in) gamla historier i den nya boken; zwei Sachen sind miteinander verwoben två saker är förknippade med varandra **verwechsel|n** förväxla, blanda ihop; byta bort; er -t mein und dein (vard.) han kan inte skilja på mitt och ditt; zum V~ ähnlich förvillande lik[a] **verwegen** [o]förvägen, djärv **verweh|en 1** blåsa (sopa) igen (ihop); mit (vom) Schnee -t igensnöad **2** blåsa bort (ngt) **3** s blåsa bort, försvinna **verwehr|en** förbjuda, förmena (e-m etw. ngn ngt); e-m den Zutritt ~ neka ngn tillträde, hindra ngn från att gå in; das soll ihm nicht -t werden det skall inte förmenas honom **verweiblichen** förvinnliga **verweichlichen 1** förveklig **2** s förvekligas
Verweigerer - m avhoppare; ein ~ sein (äv.) inte vilja veta av samhället **verweiger|n 1** [för]vägra, neka; die Aussage ~ neka att vittna; e-n Befehl ~ neka att lyda order; den Gehorsam ~ vägra att lyda; den Kriegsdienst ~ vägra att göra värnplikt; ihm wird der Zutritt -t han vägras tillträde **2** rfl, sie hat sich ihm -t (högst.) hon vägrade honom sin gunst **3** rfl inte [längre] ställa upp, hoppa av **Verweigerung** -en f vägran etc., jfr verweigern **verweilen** äv. rfl dröja (stanna) [kvar]; uppehålla sig, vistas **verweint** förgråten **Verweis** -e m **1** tillrättavisning, skrapa **2** hänvisning **verweisen** st **1** tillrättavisa; e-m etw. ~ a) tillrättavisa ngn för ngt, b) förbjuda ngn ngt; e-n zur Ruhe ~ uppmana ngn att hålla sig lugn **2** hänvisa (e-n an e-n ngn till ngn); e-n auf etw. (ack.) ~ (äv.) göra ngn uppmärksam på ngt **3** förvisa; utvisa (äv. sport.); relegera; des Landes ~ landsförvisa; auf den dritten Platz ~ förvisa till tredje plats
verwelk|en s vissna [bort]; -te Schönheit (Blume) vissnad skönhet (vissen blomma) **verweltlichen 1** förvärldsliga; sekularisera **2** s förvärldsligas **verwendbar** användbar **verwenden** oreg. el. sv **1** använda, bruka **2** högst. vända bort; kein Auge von etw. ~ inte ta blicken från ngt **3** rfl, sich bei e-m ~ lägga sitt inflytande hos ngn; sich für e-n ~ lägga sig ut för ngn **Verwendung** -en f användning, bruk **verwerfen** st **1** förkasta, rata; jur. ogilla; högst. fördöma; bibl. stöta bort **2** (om djur) kasta, abortera **3** rfl slå sig, bli sned; geol. förkasta sig; kortsp. lägga fel kort **verwerflich** förkastlig, fördömlig, avskyvärd **Verwerfung** -en f **1** förkast|ande, -else etc., jfr verwerfen **2** geol. förkastning **verwertbar** användbar, möjlig att göra bruk av (utnyttja, exploatera) **verwerten** använda, tillvarata, göra bruk av, tillgodogöra sig; utnyttja, exploatera **Verwertung** -en f användning, tillvaratagande; utnyttjande, exploatering

1 verwesen s [för]ruttna, övergå i förruttnelse **2 verwesen** åld. förvalta, förestå **Verweser** - m, hist. förvaltare, föreståndare; ställföreträdare **verweslich** underkastad förruttnelse, förgänglig **Verwesung** 0 f förruttnelse **verwetten 1** slå vad om **2** förlora på vad[slagning] **verwichen** åld. förliden, förfluten, förgången; die ~e Nacht sistlidna natt **verwichsen** vard. **1** festa upp, slösa bort **2** klå upp **verwickeln 1** e-n in etw. (ack.) ~ inveckla (dra in, blanda in) ngn i ngt **2** dial., dem Verletzten den Arm ~ sätta bandage på den sårades arm **3** rfl trassla till (in) sig; sich in Widersprüche ~ trassla in sig i motsägelser **verwickelt 1** in etw. (ack.) ~ sein vara invecklad (indragen, inblandad) i ngt **2** till-, in|trasslad, trasslig, invecklad, krånglig; komplicerad **Verwick[e]lung** -en f förveckling; inblandning; ~en (äv.) trassel, problem, komplikationer **verwiegen** st rfl väga fel **verwildern** s förvildas, bli förvildad **Verwilderung** 0 f förvildning **verwinden** st övervinna, komma över, hämta sig efter **verwinkelt** full av vinklar och vrår **verwirken** förverka; jds Gunst ~ (äv.) förlora ngns gunst **verwirklichen 1** förverkliga, realisera **2** rfl, sich [selbst] ~ förverkliga sig själv **Verwirklichung** 0 f **1** förverkligande **2** självförverkligande **Verwirkung** 0 f förverkande **verwirren 1** bringa i oordning, trassla (rufsa) till; förvirra, förbrylla, bringa ur fattningen **2** rfl trassla till sig **3** rfl bli förvirrad, råka i förvirring **verwirrt** till|trasslad, -rufsad, trasslig; förvirrad, förbryllad, virrig, konfys **Verwirrung** -en f förvirring, oreda; villervalla; geistige ~ andlig förvirring; e-n in ~ bringen göra ngn förvirrad; in ~ geraten bli förvirrad **verwirtschaften** misshushålla (slösa) med, förslösa **verwischen 1** sudda (smeta) till; [delvis] utplåna, sudda ut (äv. bildl.) **2** rfl [delvis] utplånas, suddas ut (äv. bildl.) **verwischt** suddig, oklar **verwitter|n** s förvittra, vittra [sönder]; -tes Gesicht väderbitet ansikte **Verwitterung** -en f förvittring **verwitwet** som blivit änkling (änka); ~e Schulze änka efter Schulze; die ~e Frau Schulze änkefru Schulze; sie ist ~ hon är änka **verwoben** sammanvävd; nära förknippad **verwohn|en** nöta genom långvarigt bruk; -tes Haus nedslitet hus **verwöhnen** skämma (klema) bort **verwöhnt** bortskämd; ~er Geschmack kräsen smak **Verwöhntheit** 0 f bortskämdhet **Verwöhnung** 0 f bortskämning **verworfen** förtappad, usel, lastbar **Verworfenheit** 0 f förtappelse, uselhet, lastbarhet **verworren** tilltrasslad, trasslig; invecklad, oklar, rörig, förvirrad, virrig **verwundbar** sårbar; bildl. äv. känslig, ömtålig **verwunden** såra (äv. bildl.) **verwunderlich** förvånande, konstig **verwunder|n 1** förvåna; -t tun låtsas vara förvånad; es ist nicht zu ~, daß det är inte att förvåna sig över (förvånande, konstigt) att **2** rfl förvåna sig, förvånas, bli förvånad **Verwunderung** 0 f förvåning; in ~ setzen förvåna **Verwundetenabzeichen** - n medalj till sårad soldat **Verwundung** -en f **1** bei seiner ~ när han sårades **2** sår **verwunschen** förtrollad **verwünsch|en 1** förbanna; -t (äv.) förbaskad **2** åld. förtrolla, förhäxa, förvandla **Verwünschung** -en f **1** förbannelse; svordom **2** åld. förtrollning etc., jfr verwünschen **2** ver-

wurs[ch]teln vard. **1** trassla till **2** rfl trassla till sig **verwurzel|n** s slå rot, rota sig; -t rotad, rotfast, förankrad; in der Heimat tief -t sein ha djupa rötter i hembygden **verwüsten** ödelägga, föröda, [för]härja; vandalisera **Verwüstung** -en f ödeläggelse, förödelse, förstörelse, [för]härjning **verzagen** s, äv. h tappa modet, misströsta, bli modfälld **verzagt** modfälld, klenmodig, nedslagen **Verzagtheit** 0 f modfälldhet etc., jfr verzagt; misströstan **1 verzählen** rfl räkna fel **2 verzählen** dial. berätta **verzahnen 1** förse med kuggar, tanda **2** intappa; foga i varandra; förena **verzanken** rfl, vard. bli osams **verzapfen 1** dial. utskänka (fatöl) **2** snick. [hop]tappa **3** vard. berätta, komma med; Unsinn ~ prata smörja **verzärteln** klema bort, förveklig **verzaubern** förtrolla, förhäxa **verzäunen** inhägna **Verzäunung** -en f **1** inhägnande **2** inhägnad **verzechen 1** festa (supa) upp **2** die ganze Nacht ~ festa (svira) hela natten **verzehnfachen 1** tiodubbla **2** rfl tiodubblas **Verzehr** 0 m **1** förbrukning **2** förtäring **verzehren 1** förtära, äta [upp]; förbruka; sein Vermögen ~ leva upp sin förmögenhet; ~des Fieber tärande feber **2** rfl, sich vor Sehnsucht ~ förtäras (förgås) av längtan **verzeichn|en 1** skriva upp; notera; anteckna; förteckna, registrera; er hat e-n Erfolg zu ~ han kan notera en (har haft) framgång; das Thermometer -et 20 Grad termometern visar 20 grader **2** felteckna; förvränga, förvanska **Verzeichnis** -se n förteckning, lista, register, specifikation **verzeihen** st förlåta, ursäkta (e-m etw. ngn ngt); ~ Sie! förlåt!, ursäkta!; das ist nicht zu ~ det är oförlåtligt **verzeihlich** förlåtlig **Verzeihung** 0 f förlåtelse, ursäkt; ~! förlåt!, ursäkta! **verzerren 1** förvrida, förvränga, vanställa; bildl. äv. snedvrida; deformera; sich (dat.) e-n Muskel ~ sträcka en muskel **2** rfl förvridas, vanställas **Verzerrung** -en f förvridning, förvrängning, vanställning; tekn. distorsion **1 verzetteln 1** plottra (slösa) bort **2** rfl plottra bort (splittra) sig **2 verzetteln** Wörter ~ skriva glosor på lösa lappar **Verzicht** -e m avstående, avsägelse, uppgivande, avträdelse; ~ leisten (üben) avstå **verzicht|en** auf etw. (ack.) ~ avstå från (avsäga sig, ge upp, göra avkall på) ngt; ich -e auf seine Hilfe (äv.) jag behöver inte (klarar mig utan) hans hjälp **Verzichtleistung** -en f, se Verzicht **verziehen** st **1** förvrida; das Gesicht ~ (äv.) grina illa, grimasera; ohne e-e Miene zu ~ utan att ändra en min; den Mund zu e-m spöttischen Lächeln ~ hånle **2** uppfostra illa, skämma bort **3** lantbr. gallra (plantor) **4** åld. låta vänta på sig, dröja **5** s flytta (in die Stadt till staden) **6** rfl förvridas **7** rfl (om trä) slå sig; (om kläder) förlora formen **8** rfl dra bort, skingras; försvinna, ge sig i väg; vard. sticka, smita; die Schmerzen ~ sich värken avtar (går över); sich ins Bett ~ (vard.) gå och lägga sig **verzieren** pryda, utsira, utsmycka, dekorera **Verzierung** -en f **1** prydande etc., jfr verzieren **2** prydnad, dekoration, ornament (äv. mus.) **verzinken 1** förzinka (galvanisera) **2** vard. tjalla på **verzinnen** förtenna **verzinsbar** se verzinslich **verzins|en 1** förränta; die Bank -t

das Geld mit 7 Prozent banken ger 7 procents ränta på pengarna **2** *rfl, das Geld -t sich mit 7 Prozent* pengarna förräntar sig (förräntas) med 7 procent **verzinslich** räntebärande; löpande med ränta; ~ *anlegen* placera mot ränta **Verzinsung** *-en f* **1** förräntning **2** räntebetalning **verzögern 1** fördröja, förhala; *den Schritt* ~ sakta stegen **2** *rfl* fördröjas, förhalas; dröja, låta vänta på sig **Verzögerung** *-en f* fördröjande, förhalning, dröjsmål **Verzögerungstaktik** *0 f* förhalningstaktik **verzollen** förtulla **Verzollung** *-en f* förtullning; tullbehandling **verzottelt** *vard.* tovig, rufsig **verzück|en** hänrycka; *-t (äv.)* extatisk, i extas **verzuckern** glasera, kandera **Verzücktheit** *0 f*, **Verzückung** *-en f* hänryckning, extas **Verzug** *0 m* **1** dröjsmål, uppskov; *Gefahr ist im* ~ det är fara å färde; *mit etw. in* ~ *geraten (kommen)* komma efter (på efterkälken) med ngt; *ohne* ~ *(äv.)* oföredröjligen, genast **2** älsklingsbarn **Verzugszinsen** *pl* dröjsmåls-, straff|ränta **verzwackt** *vard., se verzwickt* **verzweifeln** *s, äv. h* förtvivla, misströsta *(an + dat.* om); *es ist zum V*~ det är så man kan bli förtvivlad **verzweifelt** förtvivlad, hopplös; desperat; ~ *schwierig* mycket (förfärligt) svår **Verzweiflung** *0 f* förtvivlan; *e-n zur* ~ *bringen* göra ngn förtvivlad **Verzweiflungstat** *-en f* förtvivlad (desperat) gärning **verzweigen** *rfl* förgrena (grena) sig **verzwickt** *vard.* invecklad, komplicerad, kvistig, kinkig **Vesper** [F-] *-n f* **1** *kat.* vesper, aftongudstjänst **2** *äv.* - *n., dial.* [eftermiddags]paus; eftermiddags-, mellan|mål **Vesperbrot** *0 n, dial., se Vesper* **2 Vesperläuten** *0 n* vesperringning **vespern** *dial.* äta eftermiddagsmål (mellanmål)
Ves'talin [v-] *-nen f, hist.* vestal
Vestibül [v-] *-e n* vestibul, för-, trapp|hall
Ve'suv [v-] *0 m, der* ~ Vesuvius
Veteran [v-] *-en -en m* **1** veteran **2** veteranbil
Veterinär [v-] *-e m* veterinär
Veto [v-] *-s n* **1** veto **2** vetorätt **-recht** *0 n* vetorätt
Vettel *-n f* [gammal] slampa (kärring)
Vetter *-n m* **1** *(manlig)* kusin **2** *åld. (avlägsen)* släkting **Vetternwirtschaft** *0 f* nepotism
vexieren [v-] driva med, reta **Vexierschlo|ß** *-ssert n* i kombinations-, siffer-, bokstavs|lås **Vexierspiegel** *- m* skrattspegel
Vezier [ve'zi:ɐ̯] *-e m* vesir, visir
V-Gespräch ['fau-] *-e n, tel.* personligt samtal
vgl. *förk. för vergleiche* jfr, jämför **v., g., u.** *förk. för vorgelesen, genehmigt, unterschrieben (i protokoll)* uppläst, justerat, underskrivet **v.H.** *förk. för vom Hundert* per hundra, procent
via [v-] via, över, genom **Viadukt** *-e m, äv. n* viadukt **Viatik|um** ['vi̯a:-] *-a el. -en n, kat.* viaticum, nattvard *(dt döende)*
Vibraphon [v-] *-e n, mus.* vibrafon **Vibration** *-en f* vibration **vibrieren** vibrera
Video|aufzeichnung [v-] *-en f* videoinspelning **-band** *-ert n* videoband **-kassette** *-n f* videokassett **-platte** *-n f* video-, bild|skiva **-recorder** *- m* videobandspelare **-telefon** *-e n* videotelefon
vidieren [v-] *åld. el. österr.* godkänna, underteckna
Viech *-er n, vard., se Vieh* **-erei** *-en f, vard.* **1** slit[göra] **2** [grovt] skämt; fult spratt; elakhet; *es war e-e* ~ *(äv.)* det var jätteroligt

Vieh 1 *0 n, koll.* boskap, kreatur; *drei Stück* ~ tre kreatur **2** *pl Viecher n, vard.* djur; *vulg.* odjur, fä, kräk, svin **-bestand** *-et m* kreaturs-, ladugårds|besättning **-doktor** *-en m, vard.* veterinär **-fliege** *-n f* broms **-händler** - *m* kreatursbehandlare **-hirt** *-en -en m* herde **viehisch 1** djurlik, ej människovärdig **2** djuriskt rå, bestialisk, brutal **3** *vard.,* ~ *betrunken* jävligt full, asberusad
Vieh|markt *-et m* kreatursmarknad **-seuche** *-n f* boskapspest **-stall** *-et m* ladugård **-wagen** - *m,* **-waggon** *-s el. -e m, järnv.* boskapsvagn **-zeug** *0 n, vard.* småboskap; sällskapsdjur; *das* ~ *(äv.)* djuren, kräken **-zucht** *0 f* boskaps|avel, -skötsel **-züchter** - *m* boskapsuppfödare
viel mycken, mycket; *pl* många; *adv* mycket; ~*es* diverse, åtskilligt, en hel del; *um* ~*es älter* betydligt (avsevärt) äldre; ~*en Dank!* tack så mycket!; *der* ~*e Regen* det mycka regnandet; *sehr* ~ [väldigt] mycket; ~ *zu alt* alldeles för gammal; ~ *zu* ~ alldeles för mycket; ~ *mehr a)* mycket mer[a], *b)* många fler[a]; *in* ~*em, in* ~*er Hinsicht* i många avseenden; *es waren ihrer* ~*e (högt.)* de var många; *er ist nicht* ~ *mehr als 30 Jahre alt* han är inte stort mer än 30 år gammal; *nach seiner Meinung frage ich* ~ *(iron.)* jag bryr mig inte ett dugg om hans uppfattning; *sie hat* ~ *von ihrer Mutter* hon brås mycket på sin mamma; *ich weiß* ~, *was er vorhat (vard.)* jag har ingen aning om vilka planer han har; *so* ~ *wie nichts wissen* veta så gott som ingenting **-armig** mångarmad **-bändig** i många band **-befahren** livligt trafikerad **-beschäftigt** mycket upptagen (sysselsatt) **-besprochen** mångomtalad **-besucht** mycket besökt **-blätt[e]rig** mångbladig **-deutig** mångtydig **-diskutiert** mycket (livligt) diskuterad
Vieleck *-e n* månghörning, polygon **Vielehe** *-n f* mångifte, polygami **'vielen'orts** *se vielerorts* **vielerlei** oböjl. adj mångahanda, många slags; *er hat* ~ *gesehen* han har sett mycket (en hel del, mångahanda ting) **'vieler'orts** [pl många håll, mångenstädes **vielfach I** adj mång|faldig, -dubbel; ~*er Millionär* mångmiljonär; *auf* ~*en Wunsch* på mångas begäran **II** adv mångfalt; många gånger, ofta; i många avseenden **Vielfalt** *0 f* mångfald **vielfältig** mångfaldig **Vielfältigkeit** *0 f* mångfald **vielfarbig** mångfärgad **Viel|flach** *-e n,* **-flächner** - *m, mat.* polyeder **vielförmig** mångformig **Vielfraß** *-e m* **1** *zool.* järv **2** *vard.* storätare, matvrak
viel|gefragt mycket efterfrågad **-gekauft** mycket köpt **-gelesen** mycket läst **-geliebt** *åld.* högt älskad **-genannt** ofta nämnd, mångomtalad **-gereist** vittberest **-gestaltig** mång|gestaltad, -formig **-glied[e]rig** mångledad
Vielgötterei *0 f* mångguderi, polyteism **Vielheit** *0 f* mångfald, mängd **vieljährig** mångårig **vielköpfig** månghövdad
viel'leicht kanske, kanhända; *ist das* ~ *e-e Lösung? (äv.)* tycker du det är en bra lösning ?; ~ *beeilst du dich ein bißchen!* var så snäll och skynda dig lite!; *ich war* ~ *nervös!* du må tro att jag var nervös!; *es war* ~ *ein Durcheinander!* det var mycket ramaskri och röra!
Viel'liebchen *0 n, mit e-m ein* ~ *essen* spela filipin med ngn
vielmal *åld., se vielmals* **vielmalig** ofta upp-

repad (återkommande) **vielmals** flera gånger, ofta; *ich bitte ~ um Entschuldigung!* jag ber så mycket om ursäkt!; *e-m ~ danken* tacka ngn så mycket; *er läßt ~ grüßen* han hälsar så mycket **Vielmännerei** *O f* polyandri '**vielmehr** [*äv.* -'-] fastmer[a], rättare sagt, snarare; däremot, tvärtom **vielsagend** talande, menande **Vielschreiber** - *m, er ist ein ~* (*neds.*) hans författarskap utmärks snarare av kvantitet än av kvalitet, han har skrivklåda **vielseitig** mångsidig; *auf ~en Wunsch* på allmän begäran **vielsilbig** mångstavig **vielsprachig** mångspråkig, polyglott **Vielstaaterei** *O f* splittring på många [små] stater, partikularism **viel|stimmig** mångstämmig **-umstritten** mycket omstridd **-umworben** mycket omsvärmad **-verheißend** *se vielversprechend* **-verkauft** mycket såld **-versprechend** löftesrik, lovande **Viel|weiberei** *O f* polygami **-zahl** *O f* stort antal **vier** (*jfr drei o. sms.*) fyra; *alle ~e von sich strekken* (*vard.*) sträcka ut sig; *auf allen ~en* (*vard.*) på alla fyra **Vier** *-en f* (*jfr Drei o. sms.*) fyra (*som betyg se ausreichend*) **Vier'augengespräch** *-e n, vard.* samtal mellan fyra ögon **Vierbeiner** - *m* fyrfotadjur; *vard.* fyrbent vän, hund **vierbeinig** fyrbent **viere** *vard., se vier* **Viereck** *-e n* fyr|hörning, -kant **viereckig** fyrkantig **Vierer** - *m* **1** fyra (*roddbåt*) **2** *vard.*, *e-n ~ im Lotto haben* ha fyra rätt på lotto **3** *dial.* fyra (*buss e.d.*); (*som betyg se ausreichend*) **viererlei** *oböjl. adj* fyra slags *etc., jfr dreierlei* **Vier'farbendruck** *-e m* fyrfärgstryck **Vier|-flach** *-e n, -flächner* - *m, mat.* tetraeder **Vierfüßer** - *m* fyrfotadjur **vierfüßig** fyrfotad (*om vers o. djur*) **Vierganggetriebe** *- n* fyrväxlad [växel]låda **vierhändig** fyrhändig **Vierling** *-e m* fyrling **viermotorig** fyrmotorig **Vierradantrieb** *O m* fyrhjulsdrift **vierräd[e]rig** fyrhjulig **vierschrötig** kraftigt byggd, undersätsig, satt **vierseitig** fyrsidig **Viersitzer** - *m* fyrsitsig bil **viert** *zu ~* fyra stycken, på fyra man hand, fyra i bredd; *zu ~ sein* vara fyra **Viertaktmotor** *-en m* fyrtaktsmotor **vierte** fjärde; *der ~ Fall (språkv.)* ackusativ **vierteil|en** *-te, geviertelt* fyrdela; *hist.* slita i fyra delar **viertel** ['fɪrtl] fjärdedels, kvarts **Viertel** - *n* **1** fjärdedel (*äv. mus.*); fjärdedels (kvarts) liter (*vin*); kvartspund (*125 g*) **2** kvart; *es ist ~ vor* (*nach*) *eins* klockan är kvart i (över) ett; *es ist ~ zwei* (*dial.*) klockan är kvart över ett; *es ist drei ~ eins* (*dial.*) klockan är kvart i ett **3** [mån]kvarter **4** stadsdel, kvarter **Viertelbogen** -[†] *m* kvartsark **Viertelfinale** -[*s*] *n, sport.* kvartsfinal **Viertel'jahr** *-e n* kvartal **vierteljährig** tre månader gammal (lång), tre månaders **vierteljährlich** en gång i kvartalet [inträffande, återkommande, upprepad], kvartals-; kvartalsvis '**Vierteliter** [*äv.* --'--] - *m, äv. n* kvartsliter **vierteln** fyrdela **Viertelnote** *-n f* fjärdedelsnot **Viertelpause** *-n f* fjärdedelspaus **Viertel'pfund** [*äv.* '---] *-e* (*vid måttsangivelse* -) *n* kvarts pund (*125 g*) **Viertel-'stunde** *-n f* kvart[s timme] **viertelstündig** som varar (räcker) en kvart, en kvarts [timmes] **viertelstündlich** en gång i kvarten [inträffande, återkommande, upprepad]; varje kvart **Viertelton** -*et m* kvartston **Vierteltonmusik** *O f* kvartstonsmusik

viertens för det fjärde **Vier'vierteltakt** *-e m* fyrafjärdedelstakt **vierzehn** ['fɪr-] (*jfr drei*[*zehn*] *o. sms.*) fjorton **vierzehnte** (*jfr dreizehnte*) fjortonde **Vierzeiler** - *m* fyrrading **vierzig** ['fɪr-] (*jfr drei*[*ßig*] *o. sms.*) fyrtio **vierzigste** fyrtionde **Vierzig'stundenwoche** *O f* fyrtitimmarsvecka **Vier'zimmerwohnung** *-en f* fyrarumslägenhet, fyra **Vierzylindermotor** *-en m* fyrcylindrig motor **Vietnamese** *-n -n m* vietnames **vietnamesisch** vietnamesisk **vif** [vi:f] pigg; kvicktänkt **Vi'gil** [v-] *-ien f, kat.* vigilia, nattlig gudstjänst; helgdagsafton **vigilieren** *åld.* vara vaksam, to upp **Vignette** [vɪn'jɛtə] *-n f* vinjett **vigo'rös** [v-] *åld.* kraftig **Vi'kar** [v-] *-e m* **1** *kat. ung.* kaplan; *prot.* pastorsadjunkt **2** *schweiz.* vikarie (*för lärare*) **Vikariat** *-e n* kaplans (pastorsadjunkts) tjänst (bostad) **vikariieren** **1** tjänstgöra som kaplan (pastorsadjunkt) **2** *åld.* vikariera **Viktualien** [v-] *pl, åld.* viktualier, livsmedel **Vill|a** [v-] *-en f* (*förnäm*) [stor] villa **Villenviertel** *-n* villakvarter **Villenvorort** *-e m* villa|stad, -samhälle **Vinaigrette** (vine'grɛt(ə)) *-n f, kokk.* vinägrett[sås] **Vinothek** *-en f* [dyrbar] vinsamling **Vinyl** [v-] *O n* vinyl **1 Viol|a** [vi'o:la] *-en f, mus.* viola, altfiol **2 Viol|a** ['vi:ola] *-en f* viol **Viole** ['vi̯o:lə] *-n f* viol **violett** violett **Violine** [v-] *-n f* violin **Violinist** *-en -en m* violinist **Violinschlüssel** - *m, mus.* violinklav **Violoncell|o** [-'tʃɛlo] *-i el. -os n* violoncell **Violon|e** *-i el. -es m* basfiol **Viper** [v-] *-n f, ~n* huggormar, viperor **viral** [v-] *med.* virus- **Virginia** [vɪr'gi:ni̯a, *äv.* -'dʒi:ni̯a] *-s f* (*tunn*) lång cigarr (*med halmstråmunstycke*) **Virginität** [v-] *O f* jungfrulighet **viril** [v-] viril, manlig **Virose** [v-] *-n f, med.* virussjukdom **virtuos** [v-] virtuos **Virtuose** *-n -n m* virtuos **Virtuosität** *O f* virtuositet **virulent** [v-] *med.* virulent **Vir|us** *-en n, äv. m* virus **Viruskrankheit** *-en f* virussjukdom **Visage** [vi'za:ʒə] *-n f, neds.* fejs (*ansikte, min*) **vis-à-vis** [viza'vi:] *prep m. dat. el. adv* visavi, mittemot **Visavis** - [*pl* -'vi:s] *n* visavi **Visier** [v-] *-e n* **1** visir (*på hjälm*) **2** sikte (*på skjutvapen*) **visieren 1** sikta [på] **2** justera, kröna (*mått*) **3** visera (*pass*) **Vision** [v-] *-en f* vision **visionär** visionär **Visionär** *-e m* visionär **Visitation** [v-] *-en f* visit|ation, -ering **Visite** *-n f* **1** visit **2** [läkar]rond; *der Arzt macht ~* läkaren går ronden **Visitenkarte** *-n f* visitkort **visitieren** visitera **viskos** [v-] *kem.* viskös **Viskose** *O f, kem.* viskos **Viskosität** *O f, kem.* viskositet **visualisieren** [v-] visualisera **visuell** visuell **Vis|um** *-a el. -en n* visum **vital** [v-] vital **Vitalität** *O f* vitalitet **Vitamin** [v-] *-e n* vitamin; *~ B haben* (*vard.*) ha försänkningar **vitamin[is]ieren** vitamin-n[is]era **Vitaminmangel** *O m* vitaminbrist **Vitaminstoß** *-e†* *m* chockdos vitaminer **Vitrine** [v-] *-n f* vitrin[skåp], [glas]monter, skyltskåp

Vitriol [v-] -*e n* vitriol
Vitzli'putzli [v-] *0 m, dial.* 1 buse (*att skrämma barn med*) 2 *der* ~ djävulen
Vivat ['vi:v-] -*s n* leve-, hurra|rop; *ein* ~ *ausbringen* utbringa ett leve **Vivisektion** -*en f* vivisektion
Vize|kanzler [fi:-, *äv.* v-] - *m* vice förbundskansler, vicekansler -**präsident** -*en* -*en m* vicepresident
v. J. *förk. för vorigen Jahres* förra året
Vlame -*t m* 1 flamländare **vlämisch** flamländsk
Vlies -*e n* [får]skinn; *das Goldene* ~ Gyllene skinnet
v. M. *förk. för vorigen Monats* förra månaden
V-|Mann ['fau-] -*Männer el.* -*Leute m* 1 mellanhand; förmedlare 2 [polis]agent, spion
VN *förk. för Vereinte Nationen* FN, Förenta nationerna
Vogel -*t m* 1 fågel; *friß*, ~, *oder stirb!* (*vard.*) du (*etc.*) har inget annat val!, du (*etc.*) måste antingen du vill eller ej!; *der* ~ *ist ausgeflogen* (*vard.*) fågeln är utflugen; *e-n* ~ *haben* (*vard.*) inte vara riktigt klok, ha pippi; *e-m den* ~ *zeigen* (*vard.*) sätta fingret mot pannan (*för att antyda att ngn är vrickad*) 2 *vard.* gök, kurre, prick, figur 3 silverfågel, flygplan -**bauer** - *n, äv. m* fågelbur -**beerbaum** -*et m* rönn -**beere** -*n f* rönnbär -**dunst** *0 m, jakt.* dunst -**fang** *0 m* fågelfångst -**fänger** - *m* fågelfängare
vogelfrei fågelfri, fredlös
Vogel|futter *0 n* fågel|foder, -frö, -mat -**gesang** *0 m* fågelsång -**kirsche** -*n f* 1 fågelbär 2 rönnbär -**kunde** *0 f* ornitologi -**kundler** - *m* ornitolog -**miere** *0 f, bot.* våtarv
vögeln *vulg.* knulla
Vogel|perspektive *0 f*, -**schau** *0 f* fågelperspektiv; *aus der* ~ ur (i) fågelperspektiv -**scheuche** -*n f* fågelskrämma -**schießen** *0 n, ung.* skyttefest (*med målskjutning på träfågel*) -**schutz** *0 m, ung.* fridlysning (*av fågel*) -**steller** - *m* fågelfängare -**Strauß-Politik** [--'----] *0 f* strutspolitik -**warte** -*n f* ornitologisk station, [flytt]fågelstation -**zug** -*et m* fågelsträck
Vogesen [v-] *pl, die* ~ Vogeserna
Vöglein - *n* liten fågel **Vogler** - *m, åld.* fågelfängare
Vogt [fo:kt] -*et m* fogde; *schweiz.* förmyndare
Vogtei -*en f* fogdes ämbete (ämbetslokal), fögderi
Voile [voa:l] -*s m* voall, voile
Vokabel [v-] -*n f, österr. äv.* -[*n*] *n* vokabel, glosa **Vokabelschatz** *0 m* ordförråd **Vokabu'lar** -*e n* ordlista; vokabulär
vokal [v-] *mus.* vokal **Vokal** -*e m, språkv.* vokal **vokalisch** *språkv.* vokal[isk] **vokalisieren** *mus.* vokalisera **Vokalist** -*en* -*en m* sångare, vokalist **Vokalmusik** *0 f* vokalmusik
Vokativ [v-] -*e m, språkv.* vokativ
Volant [vo'lã:] -*s m, äv. n* 1 volang 2 [bil]ratt; *am* ~ vid ratten
Volk -*et n* 1 folk, folkslag, nation 2 folk, allmänhet, menighet 3 *vard.*, *das* ~ människorna, människomassan; *fahrendes* ~ kringresande artister (gycklare); *das junge* ~ ungdomarna; *das kleine* ~ barnen; *etw. unters* ~ *bringen* sprida ut ngt 4 (*om djur*) flock, kull; [bi]samhälle **volkarm** folkfattig **Völkchen** - *n, fröhliches* ~ glada människor; *das junge* ~ smårtingarna
Völker|ball *0 m* gränsbrännboll -**bund** *0 m,*

der ~ Nationernas förbund -**freundschaft** *0 f* vänskap mellan folken -**kunde** *0 f* etnografi -**mord** *0 m* folkmord -**recht** *0 n* folkrätt **völkerrechtlich** folkrättslig **Völkerschaft** -*en f* folk, folk|slag, -stam, -grupp **Völkerschlacht** *0 f, die* ~ [*bei Leipzig*] slaget vid Leipzig (*1813*) **Völkerverständigung** *0 f* mellanfolkligt samförstånd **Völkerwanderung** -*en f* folkvandring (*äv. bildl.*) **völkisch** *nat. soc.* folk[s]-, nationell **volkreich** folkrik **Volks|abstimmung** -*en f* folkomröstning -**armee** *0 f, DDR, die Nationale* ~ Nationella folkarmén (*försvarsmakten*) -**auflauf** -*et m* anstormning av människor; upplopp -**aufstand** -*et m* folkresning -**ausgabe** -*n f* folk-, billighets|upplaga -**befragung** -*en f* 1 [rådgivande] folkomröstning 2 opinionsundersökning -**begehren** - *n* folkligt initiativ till [yrkande på] folkomröstning -**belustigung** -*en f* folknöje -**brauch** -*et m* folkligt bruk, folksed -**bücherei** -*en f* folkbibliotek -**charakter** -*e m* folk-, national|karaktär -**demokratie** -*n f* folkdemokrati
volksdemokratisch folkdemokratisk **Volksdeutsche(r)** *m f, adj böjn.* folktysk **Volksdichtung** -*en f* folklig diktning; nationaldiktning **volkseigen** *DDR* folkägd, förstatligad, statlig **Volkseinkommen** - *n* nationalinkomst **Volksentscheid** -*e m* [beslutande] folkomröstning **Volkserhebung** -*en f* folkresning **Volksetymologie** -*n f, språkv.* folketymologi **volksfeindlich** som riktar sig mot folket[s intressen]
Volks|fest -*e n* folkfest -**front** -*en f, polit.* folkfront -**genosse** -*n* -*n m, nat. soc., ung.* medborgare -**gericht** -*e n* folkdomstol -**gruppe** -*n f* folkgrupp, minoritet -**herrschaft** *0 f* folkstyre, demokrati -**hochschule** -*n f, ung.* [kvällskurs hos] bildningsförbund -**initiative** -*n f, schweiz., se Volksbegehren* -**kammer** *0 f* folkkammare (*DDR:s högsta statsorgan*) -**kommissar** -*e n* folkkommissarie (*i Sovjetunionen*) -**krankheit** -*en f* folksjukdom -**kunde** *0 f* etnologi -**lied** -*er n* folkvisa -**märchen** - *n* folksaga -**masse** -*n f* 1 folkmassa 2 folklager
volksmäßig folklig
Volks|mund *0 m, im* ~ i folkmun -**musik** *0 f* folkmusik -**nahrungsmittel** - *n* baslivsmedel -**partei** -*en f* 1 (*1918—33*) *die Deutsche* ~ Tyska folkpartiet (*högerliberalt parti*) 2 *die Österreichische* ~ Österrikiska folkpartiet (*konservativt parti*) -**polizei** *0 f, DDR* folkpolis[kår] -**polizist** -*en* -*en m, DDR* folkpolis -**regierung** -*en f* folkstyre, demokrati -**republik** -*en f* folkrepublik -**schicht** -*en f* befolkningsskikt, samhällslager -**schule** -*n f* 1 *BRD ung.* grundskola (*sammanfattande benämning på Grundschule o. Hauptschule*) 2 *österr. ung.* lågstadium (*årskurs 1—4*) -**seele** *0 f* [folks] mentalitet; *die empörte* ~ det upprörda folket -**seuche** -*n f, vard.* folksjukdom -**stimme** -*n f, die* ~ folkets röst, [folk]opinionen -**stück** -*e n* folklig teaterpjäs -**tanz** -*et m* folkdans -**tracht** -*en f* folkdräkt
Volkstum *0 n, ung.* nationalkaraktär, nationell egenart; folklore **Volkstümelei** *0 f* överdriven (tillgjord) folklighet **volkstümeln** *ung.* [försöka] vara folklig **volkstümlich** folklig; omtyckt, populär; allmänfattlig **Volkstümlichkeit** *0 f* folklighet *etc., jfr volkstümlich*

Volks|verdummung *0 f, Zeitungen betreiben ~ tidningar verkar fördummande på folket* **-verführer** - *m* folkförförare, demagog **-versammlung** **-en f 1** nationalförsamling **2** [stort] möte **-vertreter** - *m* folkrepresentant **-vertretung** *-en f* folkrepresentation **-wahl** *-en f* direkt val **-weise** *-n f* folk|melodi, -visa **-wirt** *-e m* nationalekonom **-wirtschaft** *0 f* samhälls|hushållning, -ekonomi; nationalekonomi **-wirtschaft[l]er** - *m* nationalekonom **-wirtschaftslehre** *0 f* nationalekonomi **-zählung** *-en f* folkräkning
voll I *adj* **1** full [av, med], fylld [av, med], fullproppad [av, med]; full[ständig], hel, fulltalig; *gestopft (gerammelt)* ~ proppfull; *halb* ~ halvfull; *ein Korb* ~[*er*] *Eier* en korg [full] med ägg; *ein Korb* ~ *frischer Eier* ([*mit, von*] *frischen Eiern*) en korg [full] med färska ägg; *die* ~*e Summe* hela summan; *beide Hände* ~ *haben* ha båda händerna fulla; *den Kopf* ~ *haben* ha mycket att tänka på; *die Uhr schlägt* ~ (*vard.*) klockan slår hel timme; [*bis oben hin*] ~ *sein* (*vard.*) vara proppmätt; *das Maß ist* ~ måttet är rågat (*äv. bildl.*); *der Mond ist* ~ det är fullmåne; *alle Hände* ~ *zu tun haben* (*bildl.*) ha händerna fulla, ha mycket att göra; *er kann aus dem* ~*en leben* (*ung.*) han har det väl förspänt, han kan leva gott; *aus dem* ~*en schöpfen* (*ung.*) ha rikliga källor att ösa ur, inte behöva spara; *e-n nicht für* ~ *nehmen* inte ta ngn på allvar, se ngn över axeln; *im* ~*en leben* leva i överflöd; *der Zug fährt immer zehn nach* ~ (*vard.*) tåget går alltid tio över varje hel timme **2** *vard.* full (*berusad*) **3** fyllig, yppig, rund, svällande; ~*es Haar* tjockt hår **II** *adv* fullt, fullständigt, till fullo; ~ *arbeiten* arbeta heltid; ~ *und ganz* helt och fullt; *e-n* ~ *ansehen* se ngn rakt (rätt) i ansiktet; *er ist nicht* ~ *gelaufen* (*sport.*) han sprang inte allt vad han orkade **Vollakademiker** - *m* person med fullständig akademisk utbildning **'vollauf** [*äv.* -'-] rikligt, fullt upp, helt, till fullo **'vollaufen** *st s* fyllas [till brädden]; *das Boot lief voll* båten vattenfylldes; *sich* ~ *lassen* (*vard.*) supa sig full **Vollautomat** *-en* *-en m* helautomatisk anordning (apparat, maskin e.d.); *ein* ~ *sein* (*äv.*) vara helautomatisk **vollautomatisch** helautomatisk
Vollbad *-er†* *n* helbad **Vollbart** *-e†* *m* helskägg **vollbärtig** med helskägg **Vollbeschäftigung** *0 f* full sysselsättning **vollbesetzt** fullsatt **Vollbesitz** *0 m* oinskränkt (full) besittning; *im* ~ *seiner Sinne sein* vara vid sina sinnens fulla bruk **Voll|blut** *0 n,* **-blüter** - *m* fullblod[shäst] **vollblütig 1** fullblods-, fullblodig **2** *bildl.* vital **Vollbremsung** *-en f, e-e* ~ *machen* tvärnita, bromsa in helt **voll'bringen** *oreg.* utföra, verkställa, åstadkomma, göra; *es ist vollbracht* det är fullbordat **vollbusig** med yppig barm **Volldampf** *0 m* högsta ångtryck; [*mit*] ~ *voraus!* (*sjö.*) full fart framåt!; *mit* ~ (*vard.*) för full maskin, så fort som möjligt, med full fart, för högtryck
Völle *0 f* övermättnad; *ein Gefühl der* ~ *im Magen* en känsla av att ha ätit för mycket **voll'end|en 1** full|ända, -borda; avsluta; *-et* full|ändad, -komlig, perfekt; *-ete Tatsache* fullbordat faktum; *er hat sein Leben -et* han har slutat sina dagar **2** *rfl* fullbordas, gå i fullbordan **'vollends** full|ständigt, -komligt, alldeles, helt [och hållet]; *das war sehr anstrengend,* ~ *für ein Kind* det var mycket ansträngande, i synnerhet för ett barn **Voll'endung** *-en f* **1** avslutning, fullbordan **2** fulländning **voller** *se voll* **Völlerei** *0 f* omåttlighet (*i fråga om mat o. dryck*), frosseri och dryckenskap **'vollessen** *st rfl, vard.* äta sig [propp]mätt **volley** ['voli] *sport.*, *den Ball* ~ *nehmen* spela volley på bollen **Volleyball** *0 m, sport.* volleyboll
voll'führen fullfölja, utföra, göra, åstadkomma **'vollfüllen** fylla full (helt) **Vollgas** *0 n,* ~ *geben* trampa gasen i botten **vollgefressen** *neds.* övergödd **Vollgefühl** *0 n* full känsla (*e-r Sache gen.* av ngt); *im* ~ *seiner Macht* fullt medveten om sin makt **Vollgenuß** *0 m* full njutning; *im* ~ *seiner Rechte* åtnjutande alla sina rättigheter **vollge|pfropft, -stopft** full|proppad, -stoppad **'vollgießen** *st* **1** hälla full, fylla **2** *sich* (*dat.*) *die Hosen* ~ (*vard.*) stänka ner sina byxor **vollgültig** full|giltig, -god **Vollgummi** *0 m, äv. n* massivt gummi **Vollgummireifen** - *m* massiv gummiring **Vollidiot** *-en* *-en m, vard.* helidiot **völlig** full[ständig], fullkomlig, total; absolut; *adv äv.* alldeles, helt [och hållet]; till fullo **volljährig** myndig **Volljährigkeit** *0 f* myndighetsålder **Vollkasko** *-s f m,* **-versicherung** *-en f* helförsäkring **voll'kommen** [*äv.* '---] full|kommig, -ständig, -ändad, perfekt; *adv äv.* alldeles, absolut, helt [och hållet]; ~*e Ruhe* absolut tystnad **Vollkornbrot** *-e n* full-, hel|kornsbröd **vollkörnig** fullkornig **Vollkornmehl** *0 n* fullkornsmjöl **'vollkotzen** *vulg.* spy ner **'vollkriegen** *vard.* [lyckas] få full **'vollmachen 1** fylla, råga; *um das Unglück vollzumachen* till råga på olyckan **2** *vard.* smutsa (kladda) ner; *das Kind hat die Hosen vollgemacht* barnet har gjort på sig **Vollmacht** *-en f* fullmakt; *in* ~ (*i.V.*) enligt fullmakt **vollmast** *sjö.*, *die Flagge auf* ~ *setzen* hissa flaggan i topp **Vollmatrose** *-n -n m* fullbefaren matros **Vollmilch** *0 f* oskummad mjölk **Vollmitglied** *-er n* fullvärdig medlem **Vollmond** *-e m* fullmåne; måne (*flint*); *wie ein* ~ *strahlen* (*vard.*) skina som solen **Vollmondgesicht** *-er n, vard.* fullmånsansikte **vollmundig** fyllig (*om vin*) **Vollname** *-ns -n m* för- och efternamn, fullständigt namn **'vollpacken** packa full **Vollpension** *0 f* helpension **'vollpfropfen** proppa full **'vollpumpen** pumpa full **Vollrausch** *0 m, im* ~ redlöst berusad **vollreif** helt mogen **Vollreifen** - *m, se Vollgummireifen*
'vollsauen *vard.* grisa ned **'vollsaufen** *st rfl, vard.* supa sig full **'vollschenken** hälla full **Vollschiff** *-e n* fullriggare **'vollschlagen** *st* **1** *s* fyllas med vatten **2** *vard., sich* (*dat.*) *den Bauch* ~ äta sig [propp]mätt **vollschlank** fyllig, mullig **'vollschmieren** *vard.* **1** kladda full (ned) **2** *rfl* kladda ned sig **'vollschreiben** *st* skriva full **Vollsitzung** *-en f* plenar|möte, -församling, plenum **vollständig** fullständig, komplett; *adv äv.* alldeles, helt [och hållet] **'vollstopfen** *vard.* **1** stoppa (proppa) full **2** *rfl* äta sig [propp]mätt **voll'strecken** verkställa, exekvera; [*den Elfmeter*] ~ (*fotb.*) göra mål [på straffen] **Voll'streckung** *-en f* verkställ|ande, -ighet, exekution **Voll'streckungsbeamte(r)** *m, adj böjn.* exekutor **Voll'streckungsbehörde** *-n f* exekutiv myndighet **Voll'streckungsbescheid** *-e m* (*vid betalningsföreläggande*) slutbevis **vollsynthetisch** helsyntetisk

'volltanken 1 tanka full[t] 2 *rfl, vard.* supa sig full **volltönend** fulltonig, klangfull, sonor **Volltreffer** - *m* fullträff; *bildl. äv.* succé **volltrunken** redlöst berusad **Vollversammlung** *-en f* plenar|möte, -församling, plenum; *die ~ der UNO* FN:s generalförsamling **Vollwaise** *-n f* föräldralöst barn **vollwertig** fullvärdig **vollzählig** fulltalig, komplett, mangrann **voll'ziehen** *st* 1 utföra, verkställa, uträtta; stadfästa; *~de Gewalt* exekutiv, exekutiv (verkställande) makt; *e-e Trauung ~* förrätta en vigsel; *rechtlich vollzogen* lagligt fullbordad 2 *rfl* försiggå, äga rum, ske **Voll'ziehung** *-en f* utförande, verkställ|ande, -ighet, exekution; stadfästelse **Voll'zug** *0 m* 1 *se Vollziehung* 2 straffverkställighet; kriminalvård[sanstalt] **Volontär** [v-] *-e m* volontär, praktikant **volontieren** arbeta som (vara) volontär (praktikant)
Volt [v-] - *n, elektr.* volt **Voltameter** - *n* voltameter **Voltampere** - *n* voltampere
Volte [v-] *-n f* volt (*vid ridning o. kortspel*) **Voltigeur** [-'ʒøːɐ̯] *-e m* voltigör (*konstryttare*) **voltigieren** [-'ʒiː-] voltigera; rida i volt **Voltmeter** - *n* voltmeter
Volum|en [v-] 1 *-en n* volym, omfång, rymd 2 *-ina n* volym, [bok]band **voluminös** voluminös, omfångsrik
Volute [v-] *-n f, arkit.* volut
vom = *von dem*
von I *prep m. dat.* (*vom = von dem*) 1 från; *~ heute ab (an)* från och med i dag; *~ Kindheit an (auf)* [allt]ifrån barndomen; *~ Norden* från norr, norrifrån; *keinen Ton ~ sich geben* inte ge ett ljud ifrån sig; *vom 1. Oktober an* från och med första oktober; *er ist ~ uns gegangen* han har gått ifrån oss (*har dött*) 2 av; *ein Abstand ~ vier Metern* ett avstånd av (på) fyra meter; *der König ~ Schweden* kungen av Sverige, Sveriges kung; *nett ~ dir* snällt av dig; *die Jugend ~ heute* ungdomen av i dag; *~ e-m geküßt werden* bli kysst av ngn; *sechs ~ hundert (vom Hundert)* sex av hundra, sex procent; *wer ~ ihnen?* vem av dem?; *müde vom Laufen* trött av att springa; *es geht ~ selbst* det går av sig självt; *~ was hat er Kopfschmerzen bekommen?* (*vard.*) vad har han fått huvudvärk av? 3 om; *südlich ~ Stockholm* söder om Stockholm; *~ etw. berichten* berätta om ngt; *~ e-m sprechen* tala om ngn 4 med; *ein Mann ~ Charakter* en man med karaktär 5 på; *~ Fisch leben* leva på fisk; *Betrag ~ 100 Mark* belopp på 100 mark; *~ weitem* på långt håll 6 till; *Tischler ~ Beruf* snickare till yrket; *ein Bekannter ~ mir* en bekant till mig; *ein Riese ~ e-m Menschen* en jätte till människa; *Vater ~ fünf Kindern* far till fem barn; *dieses Wunderwerk ~ Auto* detta underverk till bil 7 (*vid adelsnamn*) von (*av*) 8 (*annan prep el. konstr. i svenskan*) *ein Kind im Alter ~ sechs Jahren* ett barn i sexårsåldern; *der Dom ~ Köln* domen i Köln, Kölnerdomen; *e-e Karte ~ Schweden* en karta över Sverige, en Sverigekarta; *die Museen von Stockholm* Stockholms museer; *in der Umgebung ~ München* i Münchens omgivning[ar]; *~ mir aus!* gärna för mig!; *~ außen [her]* utifrån; *etw. ~ seinem Geld kaufen* köpa ngt för sina pengar; *~ Hand gearbeitet* handgjord; *~ hier an* härifrån; *~ hinten* bakifrån; *~ unten* nedifrån, underifrån; *~ woher?* varifrån?; *~ zu Hause* hemifrån; *ist der Hut ~ dir?* är det din hatt?; *was willst du ~ mir?* vad vill du mig? II *adv, vard., wo haben wir geràde ~ gesprochen?* vad var det vi talade om? **vonein'ander** från varandra **von'nöten** *~ sein* vara av nöden (nödvändig) **von'statten** *~ gehen a)* äga rum, gå av stapeln, *b)* gå [fram], göra framsteg, utvecklas; *gut ~ gehen* gå bra
'**Vopo** *vard.* 1 *0 f, förk. för Volkspolizei* 2 *-s m, förk. för Volkspolizist*
vor I *prep m. dat. vid befintl., m. ack. vid riktn.* (*vorm = vor dem, vors = vor das*) 1 framför, utanför, [in]för; *~ allem* framför allt; *den Hut ~ e-m abnehmen* ta av sig hatten för ngn; *~ e-m fliehen* fly för ngn; *~ was fürchtet er sich?* (*vard.*) vad är han rädd för?; *e-e Binde ~ den Augen haben* ha en bindel för ögonen; *~ sich hin reden* prata för sig själv; *~ die Tür treten* gå [och ställa sig] utanför dörren 2 före; *~ Abend kommt er nicht* före kvällen kommer han inte; *er kommt nicht ~ heute abend* han kommer inte förrän i kväll; *im Jahre 20 ~ Christi Geburt (~ Christus)* år 20 före Kristi födelse (före Kristus) 3 för ... sedan; *heute ~ e-m Jahr* i dag för ett år sedan; *~ kurzem* nyligen, för kort tid sedan 4 för; mot; *Angst ~ etw.* (*dat.*) *haben* vara rädd för ngt; *Schutz ~ dem Regen* skydd för (mot) regnet 5 [på grund] av; för; *~ Freude weinen* gråta av glädje; *~ Kälte zittern* darra av köld; *sich ~ Lachen nicht halten können* inte kunna hålla sig för skratt 6 (*annan prep. el. annan konstr. i svenskan*) *~ der Zeit* i förtid, tidigare än vantat; *viertel ~ zwei* kvart i två II *adv* 1 för; *der Riegel ist ~* regeln är för 2 förut; *nach wie ~* fortfarande, som förut 3 fram; *Freiwillige ~!* frivilliga fram! 4 *vard., wo hat er denn Angst ~?* vad är det han är rädd för?; *da sei Gott ~!* Gud bevare oss (*etc.*)! **vor'ab** först, på förhand; *ich sende Ihnen ~ 50 Seiten* jag sänder Er närmast 50 sidor **Vorabend** *-e m* kväll före; *am ~ großer Ereignisse* på tröskeln till (infor) stora händelser **Vorahnung** *-en f* för|-aning, -känsla **Voralarm** *-e m, mil.* förvarning (*före larm*)
vor'an 1 före, i spetsen, främst 2 fram[åt] **-bringen** *oreg., etw. ~ a)* få ngt i gång, föra ngt framåt, påskynda ngt, *b)* främja ngt **-gehen** *st s* 1 gå före (i spetsen, främst) 2 gå framåt, göra framsteg, avancera 3 *der Entscheidung (dat.) gingen lange Diskussionen voran* beslutet föregicks av långa diskussioner; *auf den ~ den Seiten* på föregående sidor **-kommen** *st s* 1 komma vidare (fram) 2 gå framåt, göra framsteg, avancera
'**Vorankündigung** *-en f* förhands|annons[e-ring], -meddelande; varsel; *ohne ~* (*äv.*) utan förvarning **vor'anmachen** *vard.* skynda sig på '**Voranmeldung** *-en f* för[hands]anmälan; *Gespräch mit ~* (*tel.*) personligt samtal '**Voranschlag** *-e† m* preliminär [kostnads]beräkning, [förhands]kalkyl, överslag **vor'anstellen** meddela (säga, skriva) först; *dem Buch ein Vorwort ~* förse boken med ett förord '**Voranzeige** *-n f* förhands|meddelande, -annons; blänkare (*i tidning*); *film.* trailer **Vorarbeit** *-en f* förarbete, förberedande arbete **vorarbeiten** 1 förbereda, göra förarbeten; *er hat mir gut vorgearbeitet* han har gjort ett bra förberedelsearbete åt mig 2 *e-n Tag ~* [i förväg] arbeta in en dag 3 *rfl* arbeta sig fram **Vorarbeiter** - *m* förman, bas; verkmästare **vor'auf** 1 *se voran* 2 *se vorher*

voraus 1 [-'-] framför, före; i täten; framme; *backbord* ~ (*sjö.*) föröver om babord; *Volldampf* ~! (*sjö.*) full fart framåt!; *e-m in etw.* (*dat.*) ~ *sein* ligga före ngn i ngt; *seiner Zeit* (*dat.*) ~ *sein* vara före sin tid; *er ist ihm e-e Stunde* ~ han har en timmes försprång framför honom **2** ['--] *im* (*zum*) ~ *a*) på förhand, i förväg, *b*) i förskott **Vor'ausabteilung** -*en f, mil.* förtrupp **vorausahnen** *etw.* ~ ha föraning om (ana) ngt **vorausberechnen** förhandsberäkna; *bildl.* förutse **vorausbestimmen** förutbestämma **vorausbezahlen** betala i förväg (förskott) **Vorausbezahlung** -*en f* förskottsbetalning **vorausblickend** förutseende **vorausdatieren** post-, efter|datera **vorauseilen** *s* ila (skynda) i förväg (före) **vorausgehen** *st s* gå före (i förväg); *ihm geht der Ruf voraus, daß* han föregås av ryktet att; *der Entscheidung* (*dat.*) *ging e-e Diskussion voraus* avgörandet föregicks av en diskussion; *im* ~*den* i det föregående, ovan **voraushaben** *oreg., e-m etw.* ~ vara ngn överlägsen (ha en fördel framför ngn) i ngt; *das Lernen hat er seinem Freund voraus* (*äv.*) han har lättare för att lära än sin vän **vorauslaufen** *st s* springa före (i förväg) **vorausnehmen** *st, se vorwegnehmen* **Vor'aussage** -*n f* förutsägelse, profetia; prognos **voraussagen** förutsäga, förespå **vorausschauend** förutseende **vorausschicken 1** skicka före (i förväg) **2** förutskicka **voraussehen** *st* förutse; ~*d* förutseende **voraussetzen** förutsätta; *vorausgesetzt, daß* förutsatt (antag) att, under förutsättning att; *etw.) als bekannt* ~ förutsätta att ngt är bekant **Voraussetzung** -*en f* förutsättning **Voraussicht** *O f* förutseende; *aller* ~ *nach* med all sannolikhet; *nach menschlicher* ~ efter all mänsklig beräkning; *in weiser* ~ *habe ich es mitgenommen* (*skämts.*) förutseende som jag är han jag tagit det med mig **voraussichtlich** antaglig, sannolik; *adv äv.* antagligen, förmodligen, troligen; *der Zug hat* ~ *2 Stunden Verspätung* (*äv.*) tåget väntas bli 2 timmar försenat **vorauswissen** *oreg.* veta på förhand **vorauszahlen** betala i förväg (förskott) **Vorbau** -*ten m* **1** utskjutande (framskjutande) del (*av byggnad*), ut-, till|byggnad framtill; utsprång **2** *vard., e-n ganz schönen* ~ *haben* ha stora bröst **vorbauen 1** bygga ut (framför) **2** förebygga (*etw.* + *dat.* ngt); *um Mißverständnissen vorzubauen* för att undvika missförstånd; *für sein Alter* ~ sörja för sin ålderdom **vorbedacht** överlagd **Vorbedacht** *O m, aus* (*mit, voll*) ~ avsiktligt, med berått mod **vorbedenken** *oreg.* tänka igenom [på förhand] **Vorbedeutung** -*en f* förebud, varsel; *die Sache hatte e-e gute* ~ saken var ett gott omen **Vorbedingung** -*en f* [preliminärt] villkor, förutsättning **Vorbehalt** -*e m* förbehåll, reservation; *unter dem* ~, *daß* med det förbehållet att **vorbehalten** *st* förbehålla, reservera; *alle Rechte* ~ alla rättigheter förbehålls; *sich* (*dat.*) *etw.* ~ förbehålla sig ngt; *die Entscheidung bleibt* (*ist*) *ihm* ~ avgörandet är förbehållet honom **vorbehaltlich** *prep m. gen.* med förbehåll för, under förbehåll av; ~ *e-r Genehmigung* under förutsättning av ett tillstånd **vorbehaltlos** förbehållslös, reservationslös **Vorbehaltsgut** -*er† n, jur.* enskild egendom **vorbehandeln** förbehandla **vor'bei** förbi; över, slut; *er muß an mir* ~ han

måste [komma] förbi mig; *es ist 5 Uhr* ~ klockan är över 5; *es ist* ~ *mit ihm* (*vard.*) det är slut med honom **-benehmen** *st rfl, vard.* uppföra sig illa, göra bort sig **-bringen** *oreg., vard.,* ich *bringe dir das Geld morgen vorbei* jag kommer förbi (över) med pengarna i morgon [till dig] **-fahren** *st s* **1** fara (åka, köra) förbi (*an e-m* ngn) **2** *wir müssen noch bei ihm* ~ vi måste fara förbi (titta in) hos honom **-gehen** *st s* **1** *an e-m* ~ gå förbi ngn; *an den Problemen* ~ gå runt (förbigå, undvika) problemen; *im V*~ bemerken märka i förbigående; *er grüßte im* (*beim*) *V*~ han hälsade när han gick förbi **2** *vard., bei e-m* ~ gå förbi hos (titta in till) ngn **3** (*om skott e.d.*) inte träffa, missa **4** gå över, försvinna **-gelingen** *st s, skämts.* misslyckas **-kommen** *st s* komma förbi (fram); åka (gå) förbi, passera (*an etw. dat.* ngt) **2** *vard., bei e-m* ~ titta in hos (till) ngn **-lassen** *st* släppa förbi (fram); *e-e Chance ungenutzt* ~ låta en chans gå sig ur händerna **Vorbeimarsch** -*e† m* förbimarsch, defilering **vorbeiplanen** *an etw.* (*dat.*) ~ planera utan att ta hänsyn till ngt **vorbeireden** *aneinander* ~ prata förbi varandra, inte prata om samma sak; *an den Dingen* ~ prata om allt utom om det väsentliga, inte träffa kärnpunkten **vorbeischauen** *vard., bei e-m* ~ titta in hos (till) ngn **vorbeischießen** *st* **1** skjuta bom, bomma **2** *s* rusa (störta) förbi **vorbeiziehen** *st s* dra förbi
vorbelastet *erblich* ~ ärftligt belastad **Vorbemerkung** -*en f* inledande anmärkning, (*kort*) inledning **Vorberatung** -*en f* inledande överläggning **vorbereit|en 1** förbereda (*auf etw. ack.* på ngt, *für etw.* för ngt); *darauf war er nicht* -*et* det var han inte beredd på, det hade han inte väntat sig; *ich bin heute nicht* -*et* (*skol.*) jag har inte gjort läxan i dag **2** *rfl* förbereda sig; förberedas; hålla på att bildas **Vorbereitung** -*en f* förberedelse; *in* ~ *sein* vara under förberedning (utarbetande), vara i arbete **Vorbereitungsdienst** *0 m, ung.* praktik, provtjänstgöring **Vorbereitungskurs** -*e m* förberedande kurs **Vorbericht** -*e m* preliminär rapport; inledning **Vorbescheid** -*e m* preliminärt besked; förhandsmeddelande **Vorbesitzer** - *m* tidigare ägare **Vorbesprechung** -*en f* **1** förberedande överläggning **2** förhandsrecension **vorbestellen** [förhands]beställa, reservera **vorbestimmen** på förhand bestämma, förutbestämma **vorbestraft** tidigare straffad **vorbeten 1** leda bönen **2** *vard., e-m etw.* ~ hacka på (tjata) om ngt för ngn **Vorbeugehaft** *0 f, jur. ung.* omhändertagande, förvar **vorbeugen 1** böja framåt **2** *rfl* böja sig framåt **3** förebygga (*etw. dat.* ngt); ~*d* (*äv.*) profylaktisk, preventiv **Vorbeugung** *0 f* förebyggande; profylax **Vorbeugungshaft** *0 f, se Vorbeugehaft* **Vorbeugungsmaßnahme** -*n f* förebyggande (preventiv) åtgärd **Vorbild** -*er n* före|bild, -döme; *sich e-n zum* ~ *nehmen* ta ngn till förebild **vorbilden 1** tidigare utforma (bilda) **2** förbereda; *e-n* ~ meddela ngn förkunskaper; *er ist schlecht vorgebildet* han har dåliga förkunskaper **vorbildlich** före|bildlig, -dömlig, mönstergill **Vorbildung** *0 f* förberedande utbildning; förkunskap[er] **vorbinden** *st* **1** *sich* (*dat.*) *e-e Serviette* ~ knyta en servett om halsen; *sich* (*dat.*) *e-e Schürze* ~ knyta (sätta) på sig ett

förkläde 2 *vard., sich (dat.) e-n* ~ ställa ngn till svars, läxa upp ngn **Vorblick** *-e m, se Vorschau* **vorbohren** förborra **Vorbote** *-n -n m* före|bud, -löpare; symptom **vorbringen** *oreg.* 1 förebringa, framställa, komma med; anföra 2 få fram, åstadkomma 3 *vard.* skaffa (få, föra) fram **Vorbühne** *-n f* framscen **vorchristlich** förkrist|en, -lig **Vordach** *-er†* n skärmtak; takutsprång **vordatieren 1** postdatera **2** antedatera **Vordeck** *-s n, sjö.* fördäck **vor'dem** [*äv.* '--] 1 *högt.* [strax] innan 2 *åld.* förr [i världen], fordom **vorder** (*alltid böjt*) främre, fram-, för- **Vorder|achse** *-n f* framaxel **-asien** *0 n* Främre Asien **-bein** *-e n* framben **-bühne** *-n f, die* ~ främre delen av scenen **-deck** *-s n, sjö.* fördäck **-flügel** *- m, zool.* framvinge **-front** *-en f* framsida **-fuß** *-e† m* framfot **-gaumen** *- m* främre del av gommen **-gaumenlaut** *-e m, fonet.* palatal **-gebäude** *- n* gathus **-grund** *0 m* förgrund (*äv. bildl.*); *die Frage rückt in den* ~ frågan blir aktuell; *im* ~ *stehen* (*äv.*) vara en förgrundsfigur; *etw. in den* ~ *stellen* (*äv.*) framhäva ngt **vordergründig** ytlig **'vorderhand** [*äv.* --'-] tills vidare, för tillfället **Vorderhand** *-e† f* 1 framdel (*på häst, hund e.d.*); 2 framhand 2 *kortsp.* förhand 3 *sport.* forehand **Vorderhaus** *-er†* n gathus **Vorderindien** *0 n* Främre Indien **Vorderkappe** *-n f* tåhätta **Vorderlader** *- m* fram-, mynnings|laddare **vorderlastig** framtung **Vorder|lauf** *-e† m, jakt.* framben **-mann** *-er† m, mein* ~ den som sitter (står, kör *e.d.*) framför mig; *e-n auf* ~ *bringen* (*vard.*) få pli (ordning) på ngn **-mast** *-e*[n] *m* för-, fock|mast **-pforte** *-n f* fram|port, -dörr **-pfote** *-n f* fram|tass, -fot **-rad** *-er†* n framhjul **-radachse** *-n f* framaxel **-radantrieb** *0 m* framhjulsdrift **-satz** *-e† m, språkv.* villkorsbisats; *log.* premiss, försats **-schiff** *-e n, sjö.* förskepp **-seite** *-n f* framsida **-sitz** *-e m* framsäte **vorderst** (*alltid böjt*) främsta, första **Vordersteven** *- m, sjö.* förstäv **Vorderteil** *-e n, äv. m* främre del, framdel **Vordertür** *-en f* framdörr; dörr på framsidan, huvudingång **Vorderzahn** *-e† m* framtand **Vorderzimmer** *- n* främre rum, rum åt gatan (fasadsidan) **vordrängen 1** tränga fram 2 *rfl* tränga (armbåga) sig fram **vordringen** *st s* tränga fram; *bildl.* vinna terräng, sprida sig, slå igenom; *in unerforschtes Gebiet* ~ tränga in på outforskat område **vordringlich** [mycket] trängande (viktig, angelägen); *etw.* ~ *behandeln* ge ngt prioritet **Vordruck** *-e m* blankett, formulär **vordrucken** trycka i förväg; *vorgedruckt* förtryckt **vorehelich** föräktenskaplig, före äktenskapet; *sie hat e-n* ~*en Sohn* hon har en son från tiden före sitt äktenskap **voreilig** överilad, förhastad, oöverlagd **vorein'ander 1** [in]för varandra 2 ~ *her gehen* gå framför (efter) varandra **voreingenommen** partisk, fördomsfull; *gegen etw.* ~ *på* förhand inställd mot ngt; *e-m gegenüber* ~ *sein* ha förutfattade meningar om ngn **Voreingenommenheit** *0 f* partiskhet, fördomsfullhet; förutfattad mening **Voreinsendung** *-en f* insändande i förväg; *gegen* ~ *des Betrages* mot förskottsbetalning **Voreltern** *pl* förfäder **vorenthalten** *st, e-m etw.* ~ undanhålla ngn ngt **Vorentscheidung** *-en f* preliminärt avgörande; *jur.* prejudikat **Vor-**

entscheidungskampf *-e† m, sport.* uttagningstävling, kval[ificerings]match '**vorerst** [*äv.* -'-] tills vidare, till att börja med, till en början **vorerwähnt** förut-, ovan|nämnd **vorerzählen** *e-m etw.* ~ berätta (duka upp) ngt för ngn; *erzähl mir doch nichts vor!* inbilla mig ingenting! **Voressen** *- n, schweiz. kokk.* ragu **vorfabrizieren** prefabricera **Vorfahr** *-en -en m,* **Vorfahre** *-n -n m* förfader **vorfahren** *st* **1** *s* köra fram; *bei e-m* ~ stanna utanför ngns port 2 *s* köra före (i förväg); *wer darf an dieser Kreuzung* ~? vem har förkörsrätt i den här korsningen? 3 *das Auto* ~ köra fram bilen **Vorfahrt** *0 f* 1 förkörsrätt 2 framkörning **Vorfahrt[s]recht** *-e n* förkörsrätt **Vorfahrt[s]straße** *-n f* huvudled **Vorfall** *-e† m* 1 händelse, tilldragelse, incident 2 *med.* framfall, prolaps **vorfallen** *st s* 1 hända, inträffa 2 falla fram[åt] (*äv. med.*) **Vorfeier** *-n f* (*liten*) fest före den egentliga festen **Vorfeld** *-er n* område framför (utanför), omgivning; *bildl.* förberedelsestadium; *im* ~ *von* (*äv.*) [strax] före **vorfertigen** prefabricera **Vorfilm** *-e m* förfilm, trailer **vorfinden** *st* 1 [före]finna, påträffa 2 *rfl* finnas **vorflunkern** *vard., e-m etw.* ~ lura (slå) i ngn ngt, ljuga ihop ngt för ngn **Vorfrage** *-n f* förberedande (inledande) fråga **Vorfreude** *-n f* glad förväntan **vorfristig** tidigare [än fastställt (planerat)], i förtid **Vorfrühling** *-e m* förvår **vorfühlen** *bei e-m* ~ känna sig för hos ngn **Vorführdame** *-n f* mannekäng **vorführen 1** föra fram; *ein Kind dem Arzt* ~ visa upp ett barn för doktorn 2 [före]visa, demonstrera; uppföra **Vorführer** - *m* 1 [biograf]maskinist 2 demonstratör **Vorführgerät** *-e n* 1 projektor 2 demonstrationsapparat **Vorführraum** *-e† m* (*på bio*) projektions-, maskin|rum **Vorführung** *-en f* 1 framförande 2 [före]visning, uppvisning, demonstration **Vorführungsraum** *-e† m* före-, upp|visningslokal **Vorgabe** *-n f, sport.* handikapp **Vorgang** *-e† m* 1 händelse[förlopp]; process, procedur 2 dossié **Vorgänger** *- m* före|gångare, -trädare **Vorgarten** *-† m* (*liten*) trädgård (*framför huset*) **vorgaukeln** förespegla (*e-m etw.* ngn ngt) **vorgeben** *st* 1 lämna fram 2 förege, låtsa[s] 3 fastställa, bestämma 4 *sport.* ge [i] handikapp; *ich gebe dir 100 Meter vor* jag ger dig 100 meters försprång **Vorgebirge** - *n* 1 förberg; *die* ~ *der Alpen* Alpernas utlöpare 2 *vard., ihr* ~ hennes stora bröst **vorgeblich** *se* angeblich **vorgefaßt** förutfattad (*om mening*) **Vorgefecht** *-e n* [inledande] skärmytsling **Vorgefühl** *0 n* förkänning, förkänsla, aning **Vorgegenwart** *0 f, språkv.* perfekt[um] **vorgehen** *st s* 1 gå fram; rycka fram 2 gå före (i förväg); *die Uhr geht vor* klockan går före 3 gå till väga, förfara; agera; *gegen etw.* ~ ta itu med ngt, inskrida mot ngt; *gegen e-n gerichtlich* ~ vidta lagliga åtgärder mot ngn 4 försiggå, hända, tilldraga sig 5 gå framför, hamna i främsta rummet; *die Gesundheit geht vor* hälsan framför (går före) allt **Vorgehen** *0 n* förfarande, tillvägagångssätt; agerande **vorgenannt** ovannämnd **Vorgericht** *-e n* förrätt **Vorgeschichte** 1 *0 f* förhistorisk tid, forntid; fornforskning 2 *-n f* förhistoria **vorgeschichtlich** förhistorisk **Vorgeschmack** *0 m* försmak **Vorgesetzte(r)** *m f, adj böjn.* överordnad; chef; förman **Vorgespräch** *-e n* inledande samtal; sondering **vorgestern** i

förrgår vorgestrig (*alltid böjt*) av (från, för) i förrgår; *bildl.* förlegad, gammalmodig **vorgreifen** *st* **1** *mit den Armen* ~ sträcka fram armarna **2** föregripa, gå i förväg; *e-m* ~ förekomma ngn; *mit etw.* ~ i förväg behandla (meddela) ngt, inflicka (antecipera) ngt **Vorgriff** *-e m* föregripande; antecipation **vorgucken** *vard.* titta fram
vorhaben *oreg.* **1** ha i tankarna, ämna göra, planera; *hast du heute abend schon etwas vor?* har du någonting för dig i kväll?; *was hat er jetzt vor?* (*äv.*) vad har han nu i kikaren? **2** *vard.*, *e-e Schürze* ~ ha ett förkläde på sig **3** *vard.*, *e-n* ~ sätta åt ngn **Vorhaben** - *n* förehavande, uppsåt, plan, projekt **Vorhafen** *-† m* uthamn; redd **Vorhalle** *-n f* [för]hall, vestibul; foajé **Vorhalt** *-e m* **1** *mus.* förhållning **2** *schweiz.* förebråelse **vorhalten** *st* **1** hålla [fram]för; hålla fram (upp); *mit vorgehaltenem Gewehr* med höjt gevär; *e-m e-e Pistole* ~ (*äv.*) hota ngn med pistol **2** *e-m etw.* ~ förebrå ngn ngt **3** *vard.* räcka, vara, hålla i sig **Vorhaltung** *-en f* förebråelse **Vorhand** *-e† f* **1** *sport.* forehand **2** framdel (*på häst, hund e.d.*); framhand **3** *kortsp.* förhand; *e-m gegenüber in der* ~ *sein* (*bildl.*) ha en fördel framför ngn, ligga bättre till än ngn **vor'handen** förhandenvarande; existerande, förefintlig; [*noch*] ~ (*äv.*) kvarvarande; ~ *sein* vara för handen, finnas [till], existera, förefinnas; *sie ist für ihn nicht* ~ (*vard.*) hon är som luft för honom **Vorhandensein** *0 n* förhandenvaro, existens, förefintlighet, -komst **Vorhandschlag** *-e† m*, *sport.* forehand[sslag] **Vorhang** *-e† m* gardin, draperi; ridå; *nach vielen Vorhängen* (*teat.*) efter många inropningar **vorhängen 1** *sv* hänga [fram]för **2** *st, dial.* sticka (titta) fram **Vorhängeschlo|ß** *-sser†* *n* hänglås **Vorhaut** *-e† f, anat.* förhud
'vorher förut, före, tidigare, dessförinnan; på förhand; *kurz* ~ strax innan; *e-e Woche* ~ en vecka tidigare (innan); *am Abend* ~ (*äv.*) föregående kväll **vor'herberechnen** beräkna i förväg (på förhand) **vor'herbestimmen** förutbestämma, predestinera **Vor'herbestimmung** *0 f* predestination
Vorherbst *-e m* förhöst
vor'hergehen *st s* föregå; gå förut; *~der Tag* föregående dag **vor'herig** [*äv.* '---] tidigare, föregående
Vorherrschaft *0 f* dominans, hegemoni, övermakt **vorherrschen** dominera, förhärska, vara förhärskande
Vor'hersage *-n f* förutsägelse; prognos **vor'hersagen** förutsäga; profetera; *was für ein Wetter hat das Radio für heute vorhergesagt?* hur var väderleksrapporten för i dag? **vor'hersehen** *st* förutse
vorheucheln *vard.* hyckla (*e-m etw.* ngt [in]för ngn) **vorheulen** *vard.* gråtande berätta (*e-m etw.* ngt för ngn) **'vorhin** [alldeles] nyss, [helt] nyligen **'vorhinein** *österr.*, *im* ~ från [första] början, på förhand **Vorhof** *-e† m* förgård (*äv. anat.*); [hjärt]förmak **Vorhölle** *0 f, die* ~ helvetets förgård **Vorhut** *-en f* förtrupp **vorig 1** (*alltid böjt*) föregående, förra; *~es Jahr* (*äv.*) i fjol **2** *schweiz.* kvar **Vorjahr** *-e n* fjolår; *im* ~ förra året, i fjol; *die Ergebnisse der ~e* tidigare års resultat **vorjährig** (*alltid böjt*) förra årets, från i fjol, fjolårs- **vorjammern** *vard.* klagande säga (berätta) (*e-m etw.* ngt för ngn) **Vorkammer** *-n f* [hjärt]förmak **Vorkämpfer** - *m* förkämpe **vorkauen 1** tugga (*e-m etw.* ngt åt ngn) **2** *vard.* tjata (*e-m etw.* om ngt för ngn) **Vorkauf** *-e† m* förköp; förköpsrätt **Vorkaufsrecht** *-e n* förköpsrätt **Vorkehr** *-en f, schweiz.*, *se Vorkehrung* **vorkehren 1** *schweiz.* vidta åtgärder; göra **2** *vard.* framhålla, visa; *er kehrt den Chef vor* han visar att det är han som är chefen **Vorkehrung** *-en f* förberedelse, [förberedande] åtgärd; *~en treffen* vidta åtgärder **Vorkenntnisse** *pl* förkunskaper **vorknöpfen** *vard.*, *sich* (*dat.*) *e-n* ~ läxa upp ngn, ge ngn en skrapa **vorkommen** *st s* **1** förekomma, hända, inträffa, ske; *so was kommt schon einmal vor* sånt händer; *so was ist mir noch nie vorgekommen* (*äv.*) ngt sådant har jag aldrig varit med om tidigare **2** förekomma, [före]finnas **3** förefalla, synas, tyckas, verka; *das kommt dir nur so vor* det tror du (inbillar du dig) bara; *es kam mir vor, als hätte ich sie schon früher getroffen* jag hade en bestämd känsla av att jag hade träffat henne tidigare; *sich* (*dat.*) *schlau* ~ tycka att man är klyftig (listig); *wie kommst du mir eigentlich vor?* (*vard.*) vad tillåter du dig?, vad tar du dig till? **4** komma fram **Vorkommen** - *n* förekomst **'vorkommenden'falls** i förekommande fall, om det skulle inträffa **Vorkommnis** *-se n* händelse, incident **vorkosten 1** smaka av **2** *högt.* i förväg njuta av **Vorkriegszeit** *-en f*, *in der* ~ under förkrigstiden
vorladen *st, jur.* [in]kalla, instämma **Vorladung** *-en f, jur.* kallelse, stämning **Vorlage 1** *0 f* framläggande, uppvisande **2** *0 f* (*vid skidåkning*) framvikt; framåtlutad hållning **3** *-n f* förlaga, mall, plansch, mönster; original **4** *-n f* utkast, förslag, proposition **5** *-n f, kem., tekn.* förlägg **6** *-n f, fotb.* passning **7** *-n f, dial., se Vorleger* **Vorland** *0 n* **1** strandremsa (*på andra sidan skyddsdamm*) **2** [låg]land (*framför berg*) **vorlassen** *st* släppa före (fram); släppa in, ge företräde **vorlastig** framtung **Vorlauf** *-e† m* **1** *sport.* försöksheat **2** *kem.* förrinning (*vid destillering*) **vorlaufen** *st s* **1** springa fram **2** springa före (i förväg) **Vorläufer** - *m1* före|-gångare, -löpare, -bud **2** *sport.* föråkare **vorläufig I** *adj* provisorisk, preliminär, tillfällig **II** *adv* tills vidare; för tillfället **vorlaut** framfusig, näsvis; påflugen **vorleben** *etw.* ~ (*ung.*) exemplifiera ngt genom sitt eget sätt att leva **Vorleben** *0 n* tidigare liv, förflutet, antecedentia
Vorlegebesteck *-e n* uppläggningsbestick **Vorlegemesser** - *n* förskärare, trancherkniv **vorlegen 1** fram-, före|lägga, visa [upp]; presentera; lägga (ställa, sätta) fram; lägga upp (för), servera; *e-m das Essen* ~ lägga upp maten för ngn, servera ngn maten; *sich* (*dat.*) *e-e Frage* ~ ställa sig en fråga; *den Tieren Heu* ~ lägga fram hö åt djuren; *e-m etw. zur Unterschrift* ~ lägga fram ngt till ngn för underskrift **2** lägga [fram]för **3** *fotb.*, *e-m den Ball* ~ passa till ngn **4** *sport.*, *ein rasendes Tempo* ~ gå ut i ett rasande tempo **5** *vard.* äta [ordentligt] (*före spritförtäring*) **6** *åld.* lägga ut (*pengar*) **7** *rfl* luta sig framåt **Vorleger** - *m* [liten] matta; dörr-, badrums-, säng|matta **Vorlegeschlo|ß** *-sser†* *n, dial.* hänglås
Vorleistung *-en f* **1** prestation [i förväg]; tillmötesgående, eftergift **2** förskott **Vorlese** *-n f* första [vin]skörd **vorlesen** *st, e-m etw.* ~ läsa ngt för ngn; *aus e-m Buch* ~ läsa högt ur en bok **Vorlesewettbewerb** *-e m* (*årlig ty.*)

tävling i välläsning (för femte- o. sjätteklassister) **Vorlesung 1** -en f föreläsning; in die (zur) ~ gehen gå på föreläsning **2** 0 f uppläsning **vorletzt** (alltid böjt) näst sista; die ~e Woche (äv.) förrförra veckan **Vorliebe** 0 f förkärlek **vor'liebnehmen** st, mit etw. ~ hålla till godo med ngt **vorliegen** st föreligga; mir liegt ein Brief vor jag har här ett brev; Ihr Brief liegt uns vor (hand.) Ert brev har kommit oss tillhanda; es liegt kein Grund vor det finns ingen orsak; im ~den Fall i föreliggande fall; was liegt heute an Arbeit vor? vad är det som ska göras i dag?; der Riegel liegt vor (vard.) regeln är för **vorlügen** st, vard., e-m etw. ~ ljuga ihop ngt för ngn
vorm vard. = vor dem **vorm.** förk. för a) vormals förr, tidigare, b) vormittags på förmiddagen **vormachen** vard. **1** e-m etw. ~ a) visa ngn hur ngt skall göras, b) lura i ngn ngt; mir kannst du doch nichts ~! mig lurar du inte!; wir brauchen uns doch nichts vorzumachen! vi kan väl tala öppet med varandra!; darin macht ihm niemand etw. vor ingen har ngt att lära honom i det; e-m ein X für ein U ~ slå blå dunster i ögonen på (lura) ngn **2** sätta (ställa, lägga e.d.) framför **Vormacht[stellung]** 0 f ledande ställning, dominans, hegemoni **vormalig** tidigare, förutvarande, före detta, forn **vormals** förr, tidigare **Vormann** -er† m **1** före|trädare, -gångare **2** se Vorarbeiter **Vormarsch** -e† m frammarsch **Vormast** -e[n] m fock-, för|mast **Vormauer** -n f yttre mur **Vormerkbuch** -er† n anteckningsbok **vormerken** anteckna, notera; ein Zimmer ~ lassen reservera rum **Vormerkung** -en f anteckning, notis **vormittag** heute ~ [i dag] på förmiddagen, i förmiddags; morgen ~ i morgon förmiddag **Vormittag** -e m förmiddag; des ~s på förmiddagen, på (om) förmiddagarna; am ~ des 1. Mai på förmiddagen den 1 maj **vormittäg|ig, -lich** på förmiddagen, förmiddags**vormittags** på förmiddagen, på (om) förmiddagarna; ~ um zehn klockan tio på förmiddagen; sie treffen sich immer Dienstag (dienstags) ~ de träffas alltid på tisdagsförmiddagarna **Vormonat** -e m föregående månad **Vormund** -e el. -er† m förmyndare (äv. bildl.) **Vormundschaft** -en f förmynderskap **vormundschaftlich** förmyndar- **Vormundschaftsgericht** -e n förmyndarkammare
1 vorn fram[till], framme; främst; ~ im Bild i förgrunden på bilden; ganz ~ längst fram; nach ~ fram[åt]; Zimmer nach ~ rum åt gatan; von ~ a) framifrån, b) från början, på nytt, om igen; von ~ bis hinten a) från den ena ändan till den andra, från alla håll, b) alltigenom, från början till slut, helt och hållet; weder hinten noch ~ stimmen inte stämma alls **2 vorn** vard. = vor den
Vornahme -n f företagande, genom-, ut|förande **Vorname** -ns -n m förnamn
vorn'an [äv. '--] främst, först, i spetsen; längst fram **vorne** se vorn **vorne'an** [äv. '---] se vornan
'vornehm 1 förnäm, fin **2** högt., seine ~ste Pflicht hans främsta plikt **vornehmen** st **1** sich (dat.) etw. ~ a) företa sig ngt, b) föresätta sig ngt, bestämma sig för ngt, c) ta itu (börja syssla) med ngt; sich (dat.) e-n ~ ställa ngn till svars, läxa upp ngn; sich (dat.) ein Buch ~ börja läsa en bok **2** företa, genomföra, verkställa **3** vard., e-n Kunden ~ låta en kund gå före, ta en kund innan det är hans tur **4** vard., e-e Schürze ~ sätta (knyta) på sig ett förkläde **5** vard. flytta fram **Vornehmheit** 0 f förnämhet **vornehmlich** högt. framför allt, huvudsakligen, företrädesvis **vorneigen 1** luta (böja) framåt **2** rfl luta (böja) sig fram; sich ~ (äv.) buga sig
'vorneweg [äv. --'-] se vorweg **'vornherein** [äv. --'-] von ~ från [första] början, på förhand **'vornhin** [äv. -'-] fram[åt], på (åt) framsidan; ~ stellen ställa längst fram (i spetsen) **vorn'über** framåt; huvudstupa **'vornweg** [äv. -'-] se vorweg
Vorort -e m för|ort, -stad **Vorort[s]verkehr** 0 m lokal-, förorts|trafik **Vorort[s]zug** -e† m lokal-, förorts|tåg **Vorplatz** -e† m **1** öppen plats (framför byggnad) **2** dial. hall, tambur **Vorposten** - m, mil. för-, ut|post (äv. bildl.) **vorpreschen** s rusa framåt; zu weit ~ (bildl.) gå för långt **Vorprogramm** -e n förprogram, förfilm, trailer **vorprogrammier|en** programmera; der Erfolg ist -t det är bäddat för framgång **Vorprüfung** -en f uttagningsprov; förberedande prov **vorquellend** ~e Augen utstående ögon
vorragen skjuta (sticka) ut (fram) **Vorrang** 0 m **1** företräde, prioritet; etw. (dat.) den ~ geben ge ngt förtur, prioritera ngt **2** österr. förkörsrätt **vorrangig** som bör prioriteras, förturs-; med högsta prioritet; huvudsakligen **Vorrangsstraße** -n f, österr. huvudled **Vorrat** -e† m förråd (an etw. dat. av ngt); tillgång; etw. in ~ haben ha ngt på lager **vorrätig** i förråd, på lager; ~ haben ha på lager, ligga inne med; nicht ~ sein (äv.) vara slut **Vorratshaus** -er† n förrådshus, magasin **Vorratskammer** -n f skafferi **Vorraum** -e† m förrum **vorrechnen** e-m etw. ~ a) räkna [ut, igenom] ngt för ngn, b) visa ngn hur denne skall räkna ut ngt; e-m seine Fehler ~ räkna upp ngns fel för honom **Vorrecht** -e n privilegium, förmåns-, företrädes|rätt **Vorrede** -n f förord, företal; inledande ord; spar dir deine [langen] ~n! kom till saken! **vorreden** slå i (e-m etw. ngn ngt); rede das e-m anderen vor! och det vill du att jag ska tro!, det kan du inbilla andra! **Vorredner** - m föregående talare **vorreiten** st **1** s rida fram[åt] **2** s rida före (i förväg) **3** ein Pferd ~ rida fram med [och förevisa] en häst **Vorreiter** - m **1** förridare **2** vard. försökskanin; pionjär **vorrennen** oreg. s **1** springa fram[åt] **2** springa före (i förväg) **vorrichten** dial. iordningställa, göra i ordning, förbereda **Vorrichtung** -en f anordning, apparat, mekanism **2** dial. iordningställande, förberedelse **vorrücken 1** flytta (dra, skjuta, ställa) fram **2** s flytta fram; rycka (tåga) fram, avancera; framskrida; e-e Dame in vorgerücktem Alter en äldre dam; zu vorgerückter Stunde vid en sen timme **vorrufen** st ropa (kalla) fram **Vorrunde** -n f, sport. uttagningstävling[ar], kval[ificerings]match[er]
vors vard. = vor das **Vor|saal** -säle m, dial. hall, tambur **vorsagen** e-m etw. ~ a) föresäga ngt ngn, diktera ngt för ngn, b) skol. viska ngt till ngn; sich (dat.) e-n Text ~ läsa en text högt för sig själv **Vorsager** - m, vard. tjallare **Vorsaison** -s (sty. o. österr. äv. -en) f försäsong **Vorsänger** - m kantor **Vorsatz** -e† m **1** föresats, uppsåt, avsikt **2** typ. försättsblad **3** tekn. tillsats; adapter **Vorsatzblatt** -er† n, typ. försättsblad **vorsätzlich** uppsåtlig, av-

siktlig, överlagd; ~ *töten* döda med berått mod **Vorsatzlinse** -*n f* försättslins **Vorschau** -*en f* **1** förhands|översikt, -annons, programöversikt; trailer **2** *die Gabe der ~ besitzen* vara synsk **Vorschein** *0 m, zum ~ bringen* göra synlig, bringa i dagen; *zum ~ kommen* komma i dagen (fram), dyka upp, visa sig **vorschicken 1** skicka fram **2** skicka före (i förväg) **vorschieben** *st* **1** skjuta för **2** skjuta fram (ut); flytta fram **3** *e-n* ~ skjuta ngn framför sig, dölja sig bakom ngn **4** *etw.* ~ ta ngt till förevändning, skylla på ngt **5** *rfl* röra sig framåt; tränga sig fram **vorschießen** *st, vard.* **1** förskottera, försträcka, låna **2** *s* skjuta (springa, störta) fram **Vorschiff** -*e n, sjö.* förskepp **Vorschlag** -*e*† *m* **1** förslag; *etw. in ~ bringen* föreslå ngt **2** *mus.* förslag **vorschlagen** *st* föreslå **Vorschlaghammer** -† *m* slägga **Vorschlußrunde** -*n f, sport.* semifinal **vorschmecken** *der Pfeffer schmeckt vor* pepparsmaken dominerar, det smakar mest (bara) peppar **vorschneiden** *st* skära [upp] (*i förväg*) **vorschnell** *se voreilig*
vorschreiben *st* **1** skriva för[e] **2** föreskriva, ordinera, diktera (*e-m etw.* ngt för ngn); *vorgeschriebene Dosis* föreskriven dosis **vorschreiten** *st s* gå (skrida) framåt, fortskrida; *vorgeschrittenes Stadium* framskridet stadium **Vorschrift** -*en f* föreskrift, [förhållnings]order, instruktion, anvisning; *med.* ordination; *mil.* reglemente **vorschrifts|gemäß, -mäßig** enligt föreskrift *etc., jfr Vorschrift; mil.* reglementsenlig **vorschriftswidrig** i strid mot föreskrift *etc., jfr Vorschrift; mil.* reglementsvidrig **Vorschub** *0 m* **1** *tekn.* [fram-, in]matning **2** *e-m* (*etw. dat.*) ~ *leisten* gynna (främja, hjälpa, understödja) ngn (ngt) **Vorschule** -*n f* **1** förskola **2** förberedande skola (kurs) **vorschulisch** förskole-; före skolåldern **Vorschulung** -*en f* förberedande skolning (utbildning) **Vorschu|ß** -*sse*† *m* förskott **Vorschußlorbeeren** *pl,* ~ ernten få mycket beröm i förväg **vorschützen** förege, ta till förevändning, låtsas, skylla på **vorschweben** företsväva (*e-m* ngn) **vorschwindeln** *e-m etw.* ~ (*vard.*) slå (lura) i ngn ngt
vorsehen *st* **1** titta fram **2** planera; ämna; förutse; räkna med; *das Gesetz sieht e-e hohe Strafe vor* lagen föreskriver ett strängt straff; *er ist für diesen Posten vorgesehen* han är påtänkt till den här platsen; *ich habe das Geld für meinen Urlaub vorgesehen* jag avser att använda pengarna till min semester **3** *rfl* se sig för, se upp, vara försiktig, akta sig **4** *rfl, sich mit etw.* ~ förse sig med ngt **Vorsehung** *0 f* försyn **vorsetzen 1** sätta (flytta) fram **2** sätta [fram]för; *e-m etw.* ~ *a*) sätta fram ngt för ngn, servera ngn ngt, *b*) presentera ngn ngt **3** *rfl* flytta [sig] fram **4** *åld., sich (dat.) etw.* ~ föresätta sig ngt
Vorsicht *0 f* försiktighet, varsamhet, aktsamhet; ~! akta dig (Er)!, se upp!; ~, *bissiger Hund!* varning för hunden!; ~, *Stufe!* se upp för trappsteget!; ~, *frisch gestrichen!* nymålat!; ~, *nicht werfen!* aktas för stötar!; *zur* ~ (*äv.*) för säkerhets skull; *seine Worte sind mit* ~ *zu genießen* hans ord måste tas med en nypa salt; ~ *ist besser als Nachsicht* (*ung.*) tänk först och handla sen **vorsichtig** försiktig, varsam, aktsam **Vorsichtigkeit** *0 f* försiktighet **vorsichtshalber** försiktigtvis, för säkerhets skull **Vorsichtsmaßnahme** -*n f* för-

siktighetsåtgärd **Vorsilbe** -*n f, språkv.* förstavelse, prefix **vorsingen** *st* **1** *e-m etw.* ~ sjunga ngt för ngn **2** sjunga före **3** provsjunga **vorsintflutlich** *vard.* antediluviansk, uråldrig, urmodig **Vorsitz** *0 m* ordförandeskap; *den* ~ *haben* vara (sitta som) ordförande; *unter dem* ~ *von* under ordförandeskap av **vorsitzen** *st, e-r Versammlung* (*dat.*) ~ vara (sitta som) ordförande vid ett möte **Vorsitzende(r)** *m f, adj böjn.* ordförande
Vorsommer - *m* försommar **Vorsorge** *0 f* försorg; ~ *für e-n tragen* dra försorg om ngn; ~ *treffen* vidta åtgärder; ~ *fürs Alter treffen* sörja för sin ålderdom; *zur* ~ för säkerhets skull **vorsorgen** *für e-n* ~ dra försorg om ngn; *fürs Alter* ~ sörja för sin ålderdom; *für den Winter* ~ förbereda sig på vintern **Vorsorgeuntersuchung** -*en f* [förebyggande] hälsokontroll **vorsorglich** för säkerhets skull, omtänksamt (förtänksamt, förutseende) nog **Vorspann** -*e m* **1** förspann (*förspända hästar e.d.*); extra draghjälp **2** inledning; *film.* förtext[er] **vorspannen** spänna för; *bildl.* utnyttja **Vorspannlokomotive** -*n f* extra-, hjälp|lokomotiv (*framtill*) **Vorspeise** -*n f* förrätt **vorspiegeln** förespegla, låtsa **Vorspiege[e]lung** -*en f* förespegling; *unter* ~ *falscher Tatsachen* under falska föreespeglingar **Vorspiel** -*e n* förspel; *teat.* förpjäs; *mus.* preludium, ouvertyr **vorspielen** *st* spela (*e-m etw.* ngt för ngn) **2** *e-m* ~ provspela för ngn (*för engagemang e.d.*) **3** *spiele mir nichts vor!* spela inte teater för mig!, försök inte lura mig! **Vorsprache** -*n f* samtal, besök **vorsprechen** *st* **1** *e-m etw.* ~ *a*) föreastava ngn ngt, *b*) säga ngn ngt, läsa upp ngt för ngn, *c*) lära ngn uttala ngt **2** provspela (*roll*) **3** *bei e-m* ~ göra ett besök hos (titta in till) ngn **vorspringen** *st s* **1** hoppa fram **2** skjuta fram (ut), stå ut; ~*d* fram|skjutande, -trädande, -springande, utstående **Vorsprung** -*e*† *m* **1** försprång **2** utsprång, utskjutande del **Vorspur** *0 f*, (*bils*) skränkning
Vorstadi|um -*en n, se Vorstufe* **Vorstadt** -*e*† *f* förstad **Vorstädter** - *m* förstadsbo **vorstädtisch** förstads-, belägen (*e.d.*) i en förstad **Vorstand** -*e*† *m* **1** styrelse; direktion **2** föreståndare; stins **Vorstandsmitglied** -*er n* styrelsemedlem **Vorstandssitzung** -*en f* styrelsesammanträde **Vorsteckärmel** - *m* [lös] ärmskyddare **vorstecken** fästa (sätta fast) framtill; *sich* (*dat.*) *e-e Schürze* ~ sätta på sig ett förkläde **Vorstecknadel** -*n f* brosch; kråsnål **vorstehen** *st* **1** stå ut, skjuta ut (fram); *zu weit* ~ (*äv.*) stå för långt fram **2** *etw.* (*dat.*) ~ föreestå (leda, stå i spetsen för, förvalta, sköta) ngt **3** *jakt.* göra stånd **vorstehend I** *adj* **1** utstående **2** ovan|stående, -nämnd **II** *adv* ovan, tidigare **Vorsteher** - *m* föreståndare **Vorsteherdrüse** -*n f, anat.* prostata **Vorstehhund** -*e m* vorstehhund (*pointer, setter*) **vorstellbar** möjlig att föreställa sig, tänkbar **vorstellen 1** ställa (flytta) fram; *die Uhr* [*um*] *e-e Stunde* ~ ställa fram klockan en timme **2** ställa [fram]för **3** *e-m etw.* ~ föreställa (presentera) ngn för ngn **4** *e-m etw.* ~ inpränta ngt i ngn **5** föreställa; betyda **6** *sich* (*dat.*) *etw.* ~ föreställa (tänka) sig ngt **7** *rfl* föreställa (presentera) sig; *sich dem Arzt* ~ visa sig för läkaren **vorstellig** *bei e-r Behörde* ~ *werden a*) vända sig till en myndighet, *b*) besvära sig hos en myndighet **Vorstellung** -*en f* **1** presen-

tation; *e-n zu e-r persönlichen ~ einladen* be ngn komma för en personlig intervju **2** föreställning, idé, begrepp; *du machst dir keine ~[en], wie du kan inte tänka dig hur* **3** inbillning, fantasi **4** *~en (högt.)* föreställningar, förebråelser, invändningar **5** föreställning; *e-e starke (schwache) ~ geben (vard.)* spela bra (dåligt) **Vorstellungs|kraft** *0 f,* **-vermögen** *0 n* föreställningsförmåga, fantasi **Vorsteven** - *m, sjö.* förstäv **Vorstopper** - *m, fotb.* centerhalv **Vorstoß** -*e†* *m* **1** framstöt, anfall **2** passpoal **vorstoßen** *st* **1** stöta (skjuta, knuffa) fram **2** *s* tränga (rycka) fram; *auf den zweiten Platz ~* avancera till andra plats; *in den Weltraum ~* erövra rymden **Vorstrafe** *-n f* tidigare straff **Vorstrafenregister** - *n* straffregister **vorstrecken 1** sträcka fram **2** *rfl* sträcka sig fram **3** förskottera, försträcka, låna **vorstreichen** *st* grundmåla, grunda **Vorstreichfarbe** *-n f* grundfärg **Vorstudie** *-n f* förstudie **Vorstudi|um** *-en n* förstudium **Vorstufe** *-n f* förberedande stadium, begynnelse-, för|stadium **vorstürmen** *st* storma fram **vorsündflutlich** *se vorsintflutlich*
Vortag *-e m* föregående dag; *am ~* dagen före (innan) **vortanzen** *e-m ~ a)* provdansa för ngn *(för engagemang e.d.)*, *b)* dansa för ngn **Vortänzer** - *m* fördansare **vortasten** *rfl* treva sig fram **vortäuschen** förespegla, låtsa[s], ge sken av, simulera; fingera; *e-m etw. ~ (äv.)* lura i ngn ngt **Vorteil**-*e m* **1** fördel *(äv. sport.)*, förmån; gagn, nytta; *e-m gegenüber im ~ sein* ha fördel (företräde) framför ngn, ligga bättre till än ngn; *von ~ sein (äv.)* vara fördelaktig (förmånlig, gynnsam) **2** *åld., etw. mit ~ verkaufen* sälja ngt med vinst **vorteilhaft** fördelaktig, förmånlig, gynnsam; *sich ~ kleiden* klä sig till sin fördel **Vortrab** *-e m, åld. (kavalleriets)* förtrupp, förtrav **Vortrag** -*e† m* **1** föredrag **2** föredragning; framförande, framställning[ssätt], utförande, uppläsning, deklamation **3** *bokför.* transport **vortragen** *st* **1** bära fram **2** *e-n Angriff ~* anfalla, attackera **3** föredraga; framföra; deklamera, spela, sjunga **4** *bokför.* transportera, överföra **Vortragende(r)** *m f, adj böjn.* före|dragande, -dragshållare, uppläsare **Vortragskunst** *0 f* föredragningskonst; deklamation **Vortragsreihe** *-n f* föredragsserie **vor'trefflich** förträfflig, utmärkt, ypperlig **vortreiben** *st* driva fram[åt] **vortreten** *st s* **1** träda (stiga) fram **2** skjuta (sticka) ut (fram); *~de Backenknochen* utstående kindknotor **Vortritt** *0 m* **1** företräde; *e-m den ~ lassen* lämna ngn företräde, låta ngn gå före **2** *schweiz.* förkörsrätt **Vortrupp** -*s m* förtrupp **Vortuch** -*er† n, dial.* förkläde **vorturnen** visa gymnastiska rörelser; *e-e Übung ~* demonstrera en gymnastisk rörelse
vor'über förbi; över, slut **-fahren** *st s, se vorbeifahren 1* **-gehen** *st s, se vorbeigehen 1, 4* **-gehend** övergående, kortvarig, tillfällig, temporär; *adv äv.* för tillfället **-lassen** *st, vard., se vorbeilassen* **-schießen** *st s, se vorbeischießen 2* **-ziehen** *st s, se vorbeiziehen*
Vorübung *-en f* förövning, förberedande övning **Voruntersuchung** *-en f* förberedande undersökning; förundersökning **Vorurteil** *-e n* fördom, förutfattad mening **vorurteils|-frei, -los** fördomsfri **Vorväter** *pl* förfäder **Vorverfahren** - *n, jur.* förundersökning **Vorvergangenheit** *0 f, språkv.* pluskvamperfekt[um] **Vorverkauf** *0 m* förköp; *im ~ i* förköp **vorverlegen** flytta [fram]; tidigarelägga **Vorverstärker** - *m* förförstärkare **vorgestern** *vard.* dagen före i förrgår, för tre dagar sedan **vorvorig** *(alltid böjt) vard.*, *das ~e Mal* förrförra gången; *im ~en Jahr* i förfjol **vorvorletzt** *(alltid böjt) vard.* nästnäst sista, tredje från slutet **vorwagen** *rfl* våga sig fram **Vorwahl** -*en f* **1** preliminärt (första) urval; *polit.* för-, prov|val, förberedande val **2** riktnummer; *sich bei der ~ verwählen* slå fel riktnummer **verwählen 1** välja **2** *[die Nummer] 0622 ~* slå riktnummer 0622 **Vorwählnummer** *-n f* riktnummer **vorwalten** *högt.* **1** råda **2** dominera **Vorwand** -*e† m* förevändning, svepskäl, undanflykt **vorwärmen** förvärma **vorwarnen** förvarna **Vorwarnung** -*en f* förvarning **vorwärts** fram[åt], framlänges; *nun mach mal ~! (vard.)* skynda på nu!, kom igen!; *ein großer Schritt ~ (äv.)* ett stort framsteg **Vorwärtsbewegung** *-en f* rörelse (gång) framåt **vorwärtsbringen** *oreg.* främja, föra framåt **Vorwärtsgang** *-e† m* växel [för körning framåt] **vorwärtsgehen** *st s, vard.* gå (skrida) framåt, bli bättre, göra framsteg **vorwärtskommen** *st s, se vorankommen 2* **vorwärtsschreiten** *st s, högt., se vorwärtsgehen* **Vorwäsche** *-n f* förtvätt **vorwaschen** *st* förtvätta **Vorwaschgang** -*e† m (tvättmaskins)* förtvätt
vor'weg 1 förut, i förväg, på förhand; först **2** från [första] början; genast **3** framför, före; i täten **4** framför allt, särskilt **Vorwegleistung** *-en f, se Vorleistung* **Vorwegnahme** *0 f* upptagande (uttagande) i förväg (förskott), föregripande, antecipation **vorwegnehmen** *st* ta upp (ut) i förväg (förskott), föregripa, antecipera; *um das Wichtigste vorwegzunehmen* för att ta det viktigaste först **vorweg|sagen, -schicken** *ich muß ~, daß* jag måste först [och främst] säga att, jag måste på förhand tala om att
vorweinen *e-m etw. ~* gråtande säga ngn ngt (berätta ngt för ngn) **vorweisen** *st* visa [fram, upp], förevisa, förete; *etw. ~ können (äv.)* ha ngt **Vorwelt** *0 f* forntid, förhistorisk tid; urtid, urvärld **vorweltlich** urtids-, urvärlds-; fossil **vorwerfen** *st* **1** kasta fram[åt] **2** *den Tieren Futter ~* kasta ut foder åt (mata) djuren **3** *e-m etw. ~* förebrå ngn ngt **Vorwerk** -*e n* **1** utgård **2** *(befästnings)* utanverk **vorwiegen** *st* **1** överväga, dominera **2** *e-m etw. ~* väga upp ngt inför ngn **vorwiegend** övervägande, för-trädesvis, mest **Vorwinter** - *m* förvinter **Vorwissen** *0 n* förhandskännedom; förhandskunskaper; *ohne sein ~* utan hans vetskap **Vorwitz** *0 m* nyfikenhet; näsvishet, framfusighet **vorwitzig** nyfiken; näsvis, framfusig **Vorwoche** *-n f* föregående vecka **Vorwort 1** -*e n* förord **2** -*er† n, åld. el. österr.* preposition **Vorwurf** -*e† m* **1** förebråelse; *'e-m etw. zum ~ machen* förebrå ngn ngt **2** ämne, motiv; *sich (dat.) ein Werk zum ~ nehmen* ta ett verk till förebild [för sitt arbete] **vorwurfsvoll** förebrående **vorzählen** *e-m etw. ~* räkna upp ngt inför ögonen på ngn
vorzaubern trolla [fram] **Vorzeichen** - *n* **1** förebud, omen **2** *mat., mus.* förtecken **vorzeichnen 1** rita upp, markera, utstaka, skissera; *bildl. äv.* dra upp konturerna av **2** *e-m etw.* ~ rita ngt för ngn **vorzeigen** visa [upp, fram],

förevisa **Vorzeigung** *0 f* [upp-, före-, fram]-visande, företeende **Vorzeit** *-en f* forntid; urtid; ~*en* gångna tider **vor'zeiten** *poet.* fordom-[dags], förr [i världen] **vorzeitig** för tidig; ~ *alt* gammal i förtid **vorzeitlich** förhistorisk, forntida **vorziehen** *st* **1** dra (flytta) fram **2** dra för **3** tidigarelägga, flytta fram; *e-e Arbeit ~* göra ett arbete tidigare än planerat; *der Beamte hat mich vorgezogen (vard.)* tjänstemannen lät mig gå före **4** föredra *(etw. e-r Sache dat.* ngt framför ngt); favorisera **5** *trädg.* förkultivera **Vorzimmer** - *n* för-, vänt|rum, yttre rum **Vorzug** *-et m* **1** företräde; *etw. (dat.)* den ~ *geben* föredra ngt **2** företrädesrätt, privilegium **3** [främsta] företräde, god sida, förtjänst **4** *österr., mit* ~ *maturieren* ta studenten med högsta betyg **5** extratåg *(före ordinarie tåg)* **vor'züglich** *[äv.* '---] **1** utmärkt, ypperlig, förträfflig **2** i första hand, i huvudsak, framför allt, i synnerhet **Vorzugsaktie** *-n f* preferensaktie **Vorzugskind** *-er n* älsklingsbarn **Vorzugsmilch** *0 f* kontrollmjölk **Vorzugspreis** *-e m* förmåns-, extra|pris **vorzugsweise** företrädesvis, i synnerhet **Vorzukunft** *0 f, språkv.* futurum exaktum **Vorzündung** *-en f, tekn.* förtändning
votieren [v-] votera, rösta **Votivbild** *-er n* votivtavla **Vot|um** *-en el. -a n* votum; röst; utlåtande
Voyeur [voa'jø:ɐ̯] *-e m* voyeur, tittare
v.T. *förk. för vom Tausend* per tusen, promille
vulgär [v-] vulgär **vulgarisieren 1** vulgarisera, banalisera **2** *åld.* popularisera **Vulgarität** *-en f* vulgaritet; vulgärt uttryck
Vulkan [v-] *-e m* vulkan **vulkanisch** vulkanisk, vulkan- **vulkanisieren** vulkanisera **Vulkanismus** *0 m* vulkanism
Vulv|a ['vʊlva] *-en f, anat.* vulva
VW [fau've:] -[s] *m, förk. för Volkswagen* **V-Waffe** ['fau-] *-n f, förk. för Vergeltungswaffe* V-vapen, vedergällningsvapen *(fjärrstyrd robot)* **v.Z.** *förk. för vor der Zeitrechnung* före vår tideräkning

W 1 - - *n (bokstav)* w **2** *förk. för a) West[en]* V, väst[er], *b) Watt* W, watt
Waage *-n f* **1** våg; *bildl.* jämvikt; *die* ~ *(astrol.)* Vågen; *sich die* ~ *halten* uppväga varandra; *sie bringt 100 Kilo auf die* ~ *(vard.)* hon väger 100 kilo **2** vågrätt läge; *gymn.* våg; *(i konståkning)* flygskär **3** vattenpass **Waagebalken** - *m* våg|balk, -balans **Waagemeister** - *m* vågmästare **waag[e]recht** vågrät, horisontell **Waag[e]rechte** *-n el. adj böjn. f* vågrät linje **Waagschale** *-n f* vågskål; *schwer in die* ~ *fallen (bildl.)* väga tungt i vågskålen; *etw. in die* ~ *werfen (bildl.)* lägga ngt i vågskålen
wabb[e]lig *vard.* dallrande, geléaktig **wabbeln** *vard.* dallra *(som gelé)*

Wabe *-n f* vaxkaka *(i bikupa)* **Wabenhonig** *0 m* oslungad honung **wabern** *dial.* fladdra
wach vaken *(äv. bildl.)* **Wachablösung** *-en f* vaktavlösning **Wachboot** *-e n* patrullbåt **Wachdienst** *-e m* vakt[tjänst] **Wache** *-n f* **1** vakt[tjänst]; vaktpost; ~ *haben (halten, schieben),* [*auf*] ~ *stehen, auf* ~ *sein* hålla (stå på) vakt **2** vaktlokal; polisstation **wachen 1** vaka, vara vaken; *bei e-m* ~ vaka hos ngn **2** *über etw. (ack.)* ~ vaka över (övervaka) ngt **Wachfeuer** - *n* vakteld **wachhabend** vakthavande **wachhalten** *st, bildl.* hålla vaken; *e-e Erinnerung* ~ hålla ett minne levande; *das Interesse* ~ hålla intresset vid liv **Wachhund** *-e m* vakthund **Wachlokal** *-e n* vaktlokal **Wach|mann** *-männer el. -leute m* **1** vakt **2** *österr.* polis[konstapel] **Wachmannschaft** *-en f* vaktmanskap
Wa'cholder - *m* **1** en[buske] **2** enbärsbrännvin **-baum** *-et m* enbuske **-beere** *-n f* enbär **-schnaps** *-et m* enbärsbrännvin
wach|rufen *st, bildl.* väcka [till liv, till medvetande] **-rütteln** *bildl.* rycka (ruska, skaka) upp
Wachs [-ks] *-e n* **1** vax **2** [skid]valla **wachsam** vaksam
Wachsbohne *-n f* vaxböna
1 wachsen [-ks-] *wuchs, wüchse, gewachsen,* *wächs*[*es*]*t, wächst, s* växa; öka, stiga, tillta; ~*des Interesse (äv.)* stigande intresse; *gewachsener Boden* naturlig (jungfrulig) mark; *gut gewachsen* välväxt; *der Lage (dat.) gewachsen sein* vara läget vuxen; *sich (dat.) e-n Bart* ~ *lassen* lägga sig till med skägg; *er ist mir ans Herz gewachsen* jag är innerligt fästad vid honom; *in die Höhe (Breite)* ~ växa på höjden (bredden)
2 wachsen [-ks-] *sv* vaxa; bona; valla *(skidor)* **Wachsen** [-ks-] *0 n* växande, tillväxt; *im* ~ *sein* vara i tillväxt (växande), hålla på att växa **wächsern** [-ks-] **1** av vax, vax- **2** *högt.* vax|-blek, -gul
Wachs|figur *-en f* vaxfigur **-figurenkabinett** *-e n* vaxkabinett **-kerze** *-n f* vaxljus **-stock** *-et m* vaxstapel **-tafel** *-n f* vaxtavla **-tuch** *-er†* *n* vaxduk
Wachstum [-ks-] *0 n* växt; tillväxt; växtlighet; *eigenes* ~ *sein a)* vara hemodlad, *b)* komma från egen [vin]odling **Wachstumshormon** *-e n* tillväxthormon **Wachstumsrate** *-n f* tillväxt[takt]
'**wachs'weich 1** mjuk [som vax] **2** foglig **3** vag **Wacht** *0 f, poet.* vakt
Wächte *-n f* hängdriva *(på fjäll)*
Wachtel *-n f, zool.* vaktel **-könig** *-e m, zool.* korn-, ängs|knarr
Wächter - *m* väktare, vakt **wachthabend** vakthavande **Wachtmeister** - *m* **1** polis[konstapel] **2** *(förr)* sergeant **Wachtposten** - *m* vaktpost
Wachtraum *-et m* vaken-, dag|dröm **Wach- und Schließgesellschaft** *-en f* vaktbolag **Wackelgreis** *-e m, vard.* gubbstrutt, darrig gubbe **wackelig** vacklande, ostadig, rank; skraltig; *vard.* svag, kraftlös; ~*er Zahn* lös tand; *die Arbeitsplätze sind* ~ *(vard.)* jobben är hotade; *um die Firma steht es* ~ *(vard.)* firman håller på att gå omkull; *der Schüler steht* ~ *(vard.)* det är inte säkert att eleven blir uppflyttad **Wackelkontakt** *-e m* glappkontakt **wackel|n 1** vackla, vicka, vara ostadig

(rank); (*om tand*) sitta lös; *vard.* skaka; *die Arbeitsplätze* ~ (*vard.*) jobben är hotade; *die Firma -t* (*vard.*) firman håller på att gå omkull; *an der Tür* ~ (*vard.*) skaka på dörren; *mit den Hüften* ~ vagga på höfterna; *mit dem Kopf* ~ skaka på huvudet **2** *s* vackla [fram], gå (röra sig) vacklande
wacker 1 oförvitlig, hederlig **2** duktig, tapper, båld; *sich* ~ *halten* stå (klara) sig bra; ~ *verprügeln* klå upp ordentligt
wacklig *se* **wackelig**
Wade *-n f, anat.* vad **Wadenbein** *-e n* vadben **Wadenkrampf** *-e† m* kramp i vaden **Wadenstrumpf** *-e† m* halvstrumpa
Waffe *-n f* **1** vapen; *nukleare* ~*n* kärnvapen; *die* ~*n strecken* sträcka vapen; *von* (*vor*) ~*n starren* vara beväpnad till tänderna **2** vapen-[slag]
Waffel *-n f* våffla; rån **-eisen-** *n* våffeljärn **Waffenbesitz** *0 m, unerlaubter* ~ olaga vapeninnehav **Waffenbruder** *-† m, högt.* vapenbroder **Waffendienst** *0 m, åld.* vapen-, militär|tjänst **waffenfähig** vapenför **Waffengattung** *-en f* vapen-, trupp|slag **Waffengefährte** *-n -n m, högt.* vapenbroder **Waffengewalt** *0 f* vapenmakt **Waffenhändler** *- m* vapenhandlare **waffenlos** vapen|lös, -fri, obeväpnad, utan vapen **Waffenrock** *-e† m, åld.* vapenrock **Waffenruhe** *0 f* vapenvila **Waffenschein** *-e m* vapenlicens **Waffenschmiede** *-n f* vapensmedja **waffenstarrend** beväpnad till tänderna **Waffenstillstand** *-n m* vapenstillestånd **Waffenstudent** *-en -en m* medlem av duellerande studentförening **Waffentanz** *-e† m* vapendans **waffnen** *åld.* **1** väpna **2** *rfl* [be]väpna sig
Wagehals *-e† m* våghals **wagehalsig** våghalsig
Wägelchen - *n* liten vagn
Wagemut *0 m* djärvhet, dristighet **wagemutig** djärv, dristig **wag|en 1** våga, töras; riskera; *frisch gewagt ist halb gewonnen* friskt vågat är hälften vunnet **2** *rfl* våga sig; *er -t sich nicht aus dem Haus* han vågar (törs) inte gå ut[anför dörren]
Wagen - (*sty., österr. äv. -†*) *m* **1** vagn (*äv. järnvägs-, barn- etc.*); *der Große (Kleine)* ~ Karlavagnen (Lilla Björnen); *e-m an den* ~ *fahren* (*bildl.*) trampa ngn på tårna; *abwarten, wie der* ~ *läuft* (*vard.*) vänta och se hur det går; *sich vor jds* ~ *spannen lassen* gå ngns ärenden **2** bil **3** (*skrivmaskins*) vagn
wägen *wog, wöge, gewogen, äv. sv* **1** *fack. el. åld.* väga **2** *högt.* avväga, överväga; *erst* ~, *dann wagen* tänk först och handla sedan
Wagen|achse *-n f* vagnsaxel **-bauer** - *m* vagnmakare **-burg** *-en f* vagnborg **-führer** - *m* förare (*av spårvagn e.d.*) **-heber** - *m* domkraft **-kasten** *-[†] m* vagnskorg **-ladung** *-en f* vagnslast, lass **-macher** - *m* vagnmakare **-park** *0 m* vagnpark **-pferd** *-e n* vagnshäst **-plane** *-n f* presenning **-rennen** - *n* kappkörning **-schlag** *-e† m* vagnsdörr **-schmiere** *0 f* vagnssmörja **-wäsche** -*n f* biltvätt
Wägeschein *-e m, fack.* vågsedel
Wagestück *-e n, högt.* vågstycke
Waggon [-'gõ: *el.* -'gɔŋ, *sty., österr.* -'go:n] *-s el. -e m* järnvägsvagn
waghalsig våghalsig
Wagner - *m, sty., österr., schweiz.* vagnmakare
Wagnis *-se n* våg|stycke, -spel, risk
Wahl *-en f* **1** val (*äv. polit.*); *das Mädchen deiner* ~ (*högt.*) den flicka du väljer (har valt); *e-m die* ~ *lassen* lämna ngn fritt val; *seine* ~ *treffen* (*äv.*) bestämma sig; *in die engere* ~ *kommen* vara kvar efter första utgallringen, närmast komma i fråga; *Sie gewinnen ein Fahrrad nach Ihrer* ~ Ni vinner en valfri cykel; *zur* ~ *stehen* finnas att välja på **2** sortering, kvalitet **Wahlakt** *-e m* val|akt, -förrättning **Wahlalter** *0 n* **1** rösträttsålder **2** valbarhetsålder **Wahlaufruf** *-e m* valupprop **Wahlausgang** *0 m* valutgång **wählbar** valbar **wahlberechtigt** röstberättigad **Wahlbeteiligung** *-en f* valdeltagande **Wahlbezirk** *-e m* valdistrikt **wählen 1** [ut]välja; rösta på; *gewählter Stil* vårdad stil; *heute wird gewählt* i dag är det val; *hast du schon gewählt?* har du redan varit och röstat?; *haben Sie schon gewählt? (på restaurang)* har Ni bestämt Er?; *welche Partei hast du gewählt?* vilket parti röstade du på?; *e-n in den Vorstand* ~ välja in ngn i styrelsen **2** *die richtige Telefonnummer* ~ slå rätt telefonnummer **Wähler** - *m* väljare **Wahlergebnis** *-se n* valresultat **wählerisch** kräsen, nogräknad, noga **Wählerliste** *-n f* röstlängd **Wählerschaft** *0 f* väljarkår **Wählerscheibe** *-n f, tel.* nummerskiva **Wählerverzeichnis** *-se n* röstlängd **Wählerwille** *-ns 0 m, der* ~ väljarnas vilja **Wahlfach** *-er† n, skol.* valfritt ämne **wahlfrei** valfri; ~*es Fach* valfritt ämne **Wahlgang** *-e† m* valomgång; omröstning **Wahlgeheimnis** *0 n* valhemlighet **Wahlgeschenk** *-e n* val|löfte, -fläsk **Wahlheimat** *0 f* självvalt hemland, självvald hemort; *Rom ist meine* ~ jag har valt att bosätta mig i Rom **Wahlhelfer** - *m* valarbetare
wählig *dial.* frisk; pigg; uppsluppen
Wahl|kabine *-n f* valbås **-kampagne** *-n f* valkampanj **-kampf** *-e† m* valrörelse **-kreis** *-e m* valkrets **-leiter** - *m* valförrättare **-liste** *-n f* kandidatlista **-lokal** *-e n* vallokal
wahllos godtycklig, slumpartad, urskillningslös; *adv äv.* om vartannat
Wahl|mann *-er† m* valman, elektor **-niederlage** *-n f* valnederlag **-pflicht** *0 f* [lagstadgad] valplikt **-plakat** *-e n* valaffisch **-recht** *0 n* rösträtt; *aktives* ~ rösträtt; *passives* ~ valbarhet **-resultat** *-e n* valresultat
Wählscheibe *-n f, tel.* nummerskiva
Wahl|schein *-e m* röstkort **-schlappe** *-n f* valnederlag **-sieg** *-e m* valseger **-spruch** *-e† m* valspråk **-urne** *-n f* valurna **-verfahren** - *n* val|sätt, -system **-versammlung** *-en f* valmöte **-versprechen** - *n* vallöfte **-verteidiger** - *m* (*av den anklagade utsedd*) försvarare **wahlverwandt** själsbefryndad **Wahlverwandtschaft** *-en f* själsfrändskap **Wahlvorstand** *-e† m* valnämnd **wahlweise** valfritt, alternativt; *das Auto ist* ~ *in Rot oder Grün zu bekommen* bilen går att få i rött eller grönt **Wahlzelle** *-n f* valbås **Wahlzettel** - *m* röstsedel
Wahn *0 m* villfarelse, villa, illusion, självbedrägeri; *med.* mani; *in dem* ~ *befangen, daß* fången i den vanföreställningen att **Wahnbild** *-er n* chimär, illusion, fantom **wähn|en** förmoda, tro, inbilla sig, få för sig; *er wähnte sie in Paris* han tror att hon är i Paris **Wahnidee** *-n f* vanföreställning; tokig idé **wahnschaffen** *dial.* vanskapt **Wahnsinn** *0 m* vansinne, galenskap; *das ist doch reiner (heller)* ~*!* (*vard.*) det är rena vansinnet!; *dem (in)* ~ *verfallen* bli vansinnig **wahnsinnig** vansinnig, galen;

du bist ja ~! (*vard.*) du är inte riktigt klok!; *~ viel zu tun haben* (*äv.*) ha hemskt mycket att göra **Wahnsinnstat** *-en f* vansinnesdåd **Wahnvorstellung** *-en f* vanföreställning; tokig idé **Wahnwitz** *0 m* vanvett, galenskap **wahnwitzig** vanvettig, galen **wahr** sann; verklig, riktig, äkta; uppriktig; *nicht ~?* inte sant?, eller hur?; *so ~ mir Gott helfe!* så sant mig Gud hjälpe!; *wie ~!* så sant!; *~ machen* göra allvar av, hålla, infria; *das ist das einzig W~e!* (*vard.*) det är det enda rätta!
wahren *högt.* bevara, bevaka, skydda, tillvarata, värna; *den Schein ~* upprätthålla skenet; *Stillschweigen ~* hålla tyst, iaktta tystnad
währ|en *högt.* vara; dröja; *es -te nicht lange, da kam er zurück* det dröjde inte länge innan han kom tillbaka
während I *prep m. gen.* (*vard. el. åld. äv. dat.*) under [loppet av]; *~ dreier Jahre* (*drei Jahren*) under tre år; *~ des Schwimmens* medan jag (*etc.*) simmar (simmade) **II** *konj* under det att, medan **während|'dem, -'des[en]** under tiden
wahrhaben *oreg., etw. nicht ~ wollen* inte vilja erkänna (tillstå) ngt [för sig själv] **wahrhaft** *högt.* sann, riktig, äkta, verklig; *~ gescheit* verkligt klok **wahr'haftig 1** *högt.* sann, sannfärdig; *~er Gott!* gode gud! **2** sannerligen, i sanning, verkligen **Wahrhaftigkeit** *0 f* sannfärdighet **Wahrheit** *-en f* sanning; *die ~ e-r Behauptung* sanningen i ett påstående; *bei der ~ bleiben* hålla sig till sanningen; *an der ~ seiner Worte zweifeln* betvivla sanningshalten i hans ord; *in ~* i själva verket, egentligen **Wahrheitsbeweis** *0 m, den ~ antreten* styrka sanningshalten i ett påstående **Wahrheitsgehalt** *0 m* sanningshalt **wahrheits|gemäß, -getreu** sanningsenlig **Wahrheitsliebe** *0 f* sanningskärlek, uppriktighet **wahrheitsliebend** sanningsälskande **Wahrheitssucher** *- m* sanningssökare **wahrlich** *högt.* sannerligen, i sanning **wahrnehmbar** förnimbar, märkbar, iakttagbar; *kaum ~e Töne* knappt hörbara toner; *mit dem bloßen Auge nicht ~* (*äv.*) omärklig (osynlig) för blotta ögat **wahrnehmen** *st* **1** förnimma, iaktta[ga], observera, märka **2** tillvarata, utnyttja, tillgodose, bevaka **Wahrnehmung** *-en f* **1** förnimmelse, iakttagelse, varseblivning, observation **2** tillvaratagande **Wahrnehmungsvermögen** *0 n* varseblivnings-, perceptions|förmåga **Wahrsagekunst** *0 f* spådomskonst **wahrsagen** *sagte wahr el. wahrsagte, wahrgesagt el. gewahrsagt* spå, förutsäga, profetera; *aus Karten (der Hand) ~* spå i kort (handen) **Wahrsager** *- m* spå|man, -gubbe **Wahrsagerei** *-en f* spådom[skonst] **Wahrsagerin** *-nen f* spå|kvinna, -gumma **Wahrsagung** *-en f* spådom, förutsägelse, profetia **währschaft** *schweiz.* rejäl **wahrschau|en** *-te, gewahrschaut, sjö.* varna **wahr'scheinlich** [*ibl.* '---] **I** *adj* sannolik, antaglig, trolig **II** *adv* sannolikt, antagligen, förmodligen, troligen **Wahrscheinlichkeit** *-en f* sannolikhet; *aller ~ nach* med all sannolikhet, efter allt att döma **Wahrscheinlichkeitsrechnung** *0 f* sannolikhetskalkyl **Wahrspruch** *-e† m, åld.* dom, utslag **Wahrung** *0 f* tillvaratagande *etc.*, *jfr* **wahren**
Währung *-en f* valuta **Währungsfonds** *- m* valutafond **Währungsreform** *-en f* valutareform **Währungsreserve** *-n f* valutareserv **Währungsschlange** *0 f, die ~* valutaormen **Wahrzeichen** *- n* kännetecken, symbol, märke
Waid *-e m, bot.* vejde
Waidgenosse *m. fl. sms. på Waid- se Weid-*
Waise *-n f* **1** föräldralöst barn **2** *versl.* orimmad versrad **Waisenhaus** *-er† n* hem för föräldralösa barn **Waisenkind** *-er n* föräldralöst barn **Waisenknabe** *-n -n m* föräldralös pojke; *ein reiner ~ in etw.* (*dat.*) sein vara rena novisen i ngt; *gegen X ist er ein reiner ~* jämfört med X är han rena barnungen **Waisenrente** *-n f* barnpension
Wal *-e m, zool.* val
Wald *-er† m* skog; *ein ~ von Antennen* en skog av antenner; *e-n ganzen ~ absägen* (*vard.*) dra timmerstockar; *nicht für e-n ~ von Affen!* (*vard.*) aldrig i livet!; *den ~ vor lauter Bäumen nicht sehen* inte se skogen för bara träd; *wie man in den ~ hineinruft, so schallt es heraus* som man ropar i skogen får man svar **-ameise** *-n f* skogsmyra **-arbeiter** *- m* skogsarbetare **-bau** *0 m* skogs|skötsel, -odling **-bestand** *-e† m* skogsbestånd **-brand** *-e† m* skogsbrand
Wäldchen *- n* liten skog, skogsdunge **wald'ein** inåt skogen
Waldenser *- m* valdens[er] **Walderdbeere** *-n f* smultron **Waldesdunkel** *0 n, högt.* skogsdunkel **Waldesrauschen** *0 n, högt., das ~* skogens brus (sus) **Waldessaum** *-e† m, högt.* skogsbryn
Wald|frevel *-n m* åverkan på skog **-gebiet** *-e n* skogs|mark, -område **-gebirge** *- n* skogig bergstrakt **-geist** *-er m* skogs|troll, -rå **-horn** *-er† n* valthorn **-huhn** *-er† n* orrfågel **-hüter** *- m, ung.* skogvaktare
waldig skogig, skogbevuxen; *~e Gegend* skogstrakt
Wald|kauz *-e† m* kattuggla **-land** *0 n* skogsland; skogbevuxet land **-lauf** *-e† m, ung.* terränglöpning **-lichtung** *-en f* skogsglänta **-maus** *-e† f* skogsmus **-meister** *0 m, bot.* myskmadra **-ohreule** *-n f* hornuggla **Waldorfschule** *-n f* waldorfskola
Waldrand *-er† m* skogsbryn **Waldrebe** *-n f, bot.* skogsklematis **waldreich** skog[s]rik **Waldsaum** *-e† m, högt.* skogsbryn **Waldschrat** *-e m, se Schrat* **Waldsportpfad** *-e m* motionsslinga (*i skog*) **Waldstätte** *pl, die ~ de fyra urkantonerna* (*i Schweiz*) **'Wald-und-'Wiesen-Arzt** *-e† m, vard., ein ~* en helt vanlig läkare **Waldung** *-en f* skog, skogs|område, -bestånd **waldwärts** till skogs, åt skogen till **Waldweide** *0 f* skogsbete **Waldwirtschaft** *0 f* skogsbruk
Wal|fang *0 m* valfångst **-fänger** *- m* valfångare (*person el. fartyg*) **-fisch** *-e m, vard.* valfisk
Wälgerholz *-er† n, dial.* [bröd]kavel **wälgern** *dial.* kavla [ut] (*deg*)
Walke 1 *0 f* valkning **2** *-n f* valk|maskin, -stamp **walken 1** *text.* valka **2** *dial.* knåda
Walkie-talkie ['wɔ:kɪ 'tɔ:kɪ] *-s n* walkie-talkie **Wal'küre** [*äv.* '---] *-n f* **1** valkyria **2** *vard.* stor kvinna (blondin)
1 Wall *-e† m* vall, mur, bank
2 Wall *-e* (*vid måttsangivelse -*) *m* val (*80 stycken*)
'Wallach *-e el. österr. -n -n m* valack
1 wall|en 1 bubbla, koka; svalla; *das brachte sein Blut zum W~* det satte hans blod i svallning **2** *h el. s* driva [fram] (*om moln e.d.*) **3** *s*,

~*der Bart* svallande skägg; *die Locken -ten ihm über die Schultern* lockarna svallade över hans axlar
2 wallen *s* **1** *högt.* skrida fram **2** *åld.* vallfärda **wällen** *dial.* låta koka
1 Waller - *m, dial.* mal (*fisk*)
2 Waller - *m, åld.* pilgrim **wallfahr|en** *-te, gewallfahrt*, *s* vallfärda **Wallfahrer** - *m* pilgrim **wallfahrt|en** *-ete, gewallfahrtet, s* vallfärda **Wallgraben** -† *m* vallgrav
Wallone *-n -n m* vallon
Wallung *-en f* **1** bubblande, kokning; svall[ning]; ~ *von Eifersucht* anfall av svartsjuka; *e-n in* ~ *bringen* få ngn att koka över; *sein Blut geriet in* ~ hans blod råkade i svallning; *das Wasser kommt in* ~ vattnet börjar bubbla (koka) **2** *med.* blodvallning
Walnu|ß ['val-] -*sse*† *f* valnöt
Walplatz ['va(:)l-] -*e*† *m, åld.* valplats
Wal'purgisnacht [val-] -*e*† *f* valborgsnatt
Wal|rat ['val-] *0 m el. n* valrav **-ro|ß** *-sse n* **1** valross **2** *vard.* klumpeduns
Walstatt ['va(:)l-] -*en*† *f, åld.* valplats
walt|en råda, härska, verka; *schalten und* ~ styra och ställa; *das -e Gott!* det give Gud!; *seines Amtes* ~ förvalta sitt ämbete, göra sin plikt; *Gnade* ~ *lassen* låta nåd gå före rätt; *Vorsicht* ~ *lassen* låta försiktigheten råda, vara försiktig
Walzblech *0 n* valsad plåt, valsplåt **Walze** -*n f* **1** vals, rulle, cylinder; vält; *vard.* valsverk **2** *immer wieder dieselbe* ~! (*vard.*) alltid samma gamla visa! **3** *auf der* ~ *sein* (*åld.*) vara på luffen **walzen 1** *tekn.* valsa; välta **2** *s, åld. el. skämts.* luffa **3** *h el. s, skämts.* valsa, dansa vals **wälz|en 1** vältra, rulla; *die Schuld auf e-n anderen* ~ vältra skulden på ngn annan; *in Mehl* ~ (*kokk.*) rulla i mjöl **2** *vard.*, *Bücher* ~ bläddra (slå upp) i böcker, gå igenom (studera) böcker; *ein Problem* ~ fundera hit och dit (vända och vrida) på ett problem **3** *rfl* vältra (rulla) sig; *sich aus dem Bett* ~ (*vard.*) masa sig upp ur sängen; *die Menge -t sich durch die Straßen* människomassorna väller fram genom gatorna; *sich schlaflos im Bett* ~ kasta sig sömnlös av och an i sängen; *die Lawine -t sich ins Tal* lavinen störtar ner i dalen; *sich vor Lachen* ~ (*vard.*) vrida sig av skratt; *das ist ja zum W*~ (*vard.*) det är så man kan skratta sig fördärvad **walzenförmig** vals-, cylinder|formig **Walzenlager** - *n* **1** valslager **2** rullningslager **Walzen|mühle** -*n f*, -**stuhl** -*e*† *m* vals|kvarn, -stol **Walzer** - *m* vals (*dans*) **Wälzer** - *m*, *vard.* [tjock] lunta **Wälzlager** - *n* rullningslager **Walzstahl** *0 m* valsat stål **Walzwerk** -*e n* valsverk **Walzwerker** - *m* valsverksarbetare
Wamme -*n f* **1** dröglapp (*på kreatur*) **2** *dial.*, *se Wampe* **Wampe** -*n f, vard.* [ister]mage
Wams -*er*† *n* [midjekort] åtsittande jacka, kort rock **wamsen** *dial.* klå upp
wand *se 1 winden*
Wand -*e*† *f* vägg (*äv. berg-, moln-*); *spanische* ~ (*åld.*) skärm; *e-e* ~ *von Schweigen* en mur av tystnad; *weiß wie e-e* (*die*) ~ vit som ett lakan; *da kann man die Wände hochgehen!* (*vard.*) det är så man kan bli tokig!, helt otroligt!, för jävligt!; *dort wackelt die*. ~ (*vard.*) där går det livligt till; *e-n an die* ~ *spielen* a) stjäla föreställningen för ngn, överträffa ngn, b) utmanövrera ngn; *e-n an die* ~ *stellen* (*vard.*) ställa ngn mot muren (*arkebusera ngn*); *mit e-m* ~

an ~ *wohnen* bo vägg i vägg med ngn; *gegen e-e* ~ *reden* tala för döva öron
Wandale -*n -n m* vandal **Wandalismus** *0 m* vandalism
Wand|bank -*e*† *f* väggbänk -**behang** -*e*† *m* väggbonad -**bekleidung** -*en f* väggbeklädnad -**brett** -*er n* vägghylla
Wandel *0 m* **1** [för]ändring, förvandling; *dem* ~ *unterworfen sein* (*äv.*) vara underkastad tidens växlingar; *im* ~ *der Zeiten* med tiden **2** *åld.* vandel **wandelbar** föränderlig, obeständig, växlande **Wandelgang** -*e*† *m* promenadkorridor **Wandelhalle** -*n f* promenadhall, lobby, foajé, vestibul **Wandel|monat** -*e m*, -**mond** -*e m, åld.* april **wandeln** *högt.* **1** [för]ändra, förvandla **2** *rfl* [för]ändras, förvandlas; förbytas **3** *s* [lust]vandra, skrida; *er ist ein* ~*des Lexikon* (*vard.*) han är en vandrande uppslagsbok **Wandelstern** -*e m, åld.* planet **Wander|arbeiter** - *m* säsongarbetare, långpendlare -**ausstellung** -*en f* vandringsutställning -**bühne** -*n f* kringvandrande teater, resande teatersällskap -**bursche** -*n -n m* vandrande gesäll -**düne** -*n f* vandrande dyn -**er** - *m* vandrare -**falke** -*n -n m* pilgrimsfalk -**geselle** -*n -n m* vandrande gesäll -**gewerbe** - *n* ambulerande näring -**jahr** -*e n* vandringsår -**leben** *0 n* kringflackande liv -**lied** -*er n* gånglåt
wanderlustig förtjust i (road av) att [fot]vandra **wandern** *s* vandra; ~*des Volk* nomadfolk; *durch die Straßen* ~ strosa runt på gatorna; *ins Gefängnis* ~ (*vard.*) åka i fängelse **Wandern** *0 n* vandring **Wanderniere** -*n f, med.* vandrande njure **Wanderprediger** - *m* kringresande predikant **Wanderpreis** -*e m* vandringspris **Wanderratte** -*n f* brun råtta **Wanderschaft** *0 f* vandring **Wanders|mann** -*leute m* vandringsman **Wander|stab** -*e*† *m*, -**stock** -*e*† *m* vandringsstav **Wandertheater** - *n, se Wanderbühne* **Wanderung** -*en f* vandring **Wandervogel** -† *m* wandervogel (*medl. av ty. ungdomsrörelse*); *åld.* flyttfågel; *er ist ein* ~ (*äv.*) han tycker om att vandra **Wanderzirkus** -*se m* kringresande cirkus
Wand|fliese -*n f* vägg-, kakel|platta -**gemälde** - *n* väggmålning -**haken** - *m* väggkrok -**kalender** - *m* väggalmanacka -**leuchter** -*e m* lampett
Wandlung -*en f* **1** förvandling, förändring **2** *jur.* annullering
Wand|malerei -*en f* väggmålning -**pfeiler** - *m* pilaster -**platte** -*n f, se Wandfliese*
Wandrer - *m* vandrare
Wand|schirm -*e m* [avdelnings]skärm -**schmuck** *0 m* vägg|prydnad, -dekoration -**schrank** -*e*† *m* väggskåp -**tafel** -*n f, die* ~ (*skol.*) svarta tavlan -**täfelung** -*en f* panel, boasering
wandte *se wenden II*
Wand|teppich -*e m* gobeläng -**uhr** -*en f* väggklocka -**verkleidung** -*en f* väggbeklädnad -**zeitung** -*en f* väggtidning
Wange -*n f* **1** *högt.* kind **2** sido|stycke, -vägg, sida, vang (*i trappa*)
Wankelmotor -*en, äv. -e m* wankelmotor **Wankelmut** *0 m, högt.* vankelmod **wankelmütig** *högt.* vankelmodig **wanken** *h el. s* svikta, svaja, vackla, stappla, vingla **wann I** *adv* **1** när; *bis* ~ *bleibst du?* hur länge stannar du?; *seit* ~ *wohnt er hier?* hur länge har han bott här?; *von* ~ *an?* från och med när?, från

vilken tidpunkt? **2** *dann und* ~ då och då, allt emellanåt **II** *konj, dial.* **1** när **2** om **Wanne** *-n f* [bad]kar, balja; [olje]tråg **Wannenbad** *-er† n* karbad
Wanst 1 *-e† m* vom (*hos idisslare*); *vard.* kalaskula, [ister]mage; isterbuk (*äv. om pers.*) **2** *-er† m, dial.* rackarunge
Want *-en f, äv. n, sjö.* vant
Wanze *-n f* **1** vägglus **2** *vulg.* vidrig typ **3** *vard.* dold mikrofon (*avlyssningsapparat*)
Wappen - *n* vapen, sköldemärke **Wappenkunde** *0 f* heraldik **Wappentier** *-e n* heraldiskt djur **wappnen** *högt.* [be]väpna; *sich mit Geduld* ~ beväpna sig med tålamod
war *se 1 sein*
Waran *-e m, zool.* varan
warb *se werben*
ward *se werden*
Ware *-n f* vara, artikel
Waren|aufzug *-e† m* varuhiss **-bestand** *-e† m* [inneliggande] [varu]lager **-börse** *-n f* varubörs **-gattung** *-en f* varuslag **-handel** *0 m* varuhandel **-haus** *-er† n* varuhus **-kunde** *0 f* varukunskap **-probe** *-n f* varuprov **-prüfung** *-en f*, **-test** *-s, äv.* *-e m* varutest **-zeichen** - *n* varumärke **-zeichenschutz** *0 m* varumärkesskydd
warf *se werfen*
warm *adj†* **1** varm; *~e Hände haben* (*äv.*) vara varm om händerna; *~es Interesse* varmt intresse; *~e Miete* (*vard.*) hyra inkl. värme; *~e Würstchen* varm korv; ~ *essen* äta varm (lagad) mat, äta ngt varmt; ~ *machen* (*äv.*) värma [upp]; ~ *schlafen* ha varmt i sovrummet; *mir ist* [*es*] ~ jag är varm; *weder* ~ *noch kalt sein* (*vard.*) vara likgiltig (ointresserad); ~ *werden* (*vard. äv.*) bli hemtam (hemmastadd); *mit e-m* ~ *werden* bli närmare bekant (vän) med ngn, [börja] tycka om ngn; *mit e-m nicht* ~ *werden können* inte kunna komma ngn inpå livet, inte få npn kontakt med ngn **2** *vard.* homosexuell; *~er Bruder* bög, homosexuell **Warmbeet** *-e n* drivbänk **Warmbier** *0 n* varmt kryddat öl **Warmblut** *0 n* varmblod[ig häst] **Warmblüter** - *m* varmblodigt djur **warmblütig** varmblodig **Wärme** *0 f* värme; *wir haben 25 Grad* ~ det är 25 grader varmt hos oss; *ist das e-e* ~*!* (*vard.*) vad det är varmt här!
Wärmeausdehnung *-en f* värmeutvidgning
Wärmeaustauscher - *m* värmeväxlare **wärmebeständig** värmebeständig
Wärme|dämmung *-en f* värmeisolering **-einheit** *-en f* värmeenhet **-gewitter** - *n* värmeåskväder **-grad** *-e m* **1** *vard.* värme-, plus|grad **2** *die Heizung auf e-n bestimmten* ~ *einstellen* ställa in värmen på en viss temperatur **-isolation** *-en f* värmeisolering **-kraftwerk** *-e n* värmekraftverk **-leiter** - *m* värmeledare **-messer** - *m* värmemätare
wärmen värma; *sich* (*dat.*) *die Hände* ~ värma [sig om] händerna **Wärmepol** *-e m* värmepol **Wärmepumpe** *-n f* värmepump **Warme(r)** *m, adj böjn., vard.* bög, homosexuell
Wärme|regler - *m* värmeregulator **-schutz** *0 m* värme|isolering, -skydd **-speicher** - *m* värme|ackumulator, -magasin **-tauscher** - *m* värmeväxlare **-wirtschaft** *0 f* värme|hushållning, -ekonomi **-zähler** - *m* värmemätare
Wärmflasche *-n f* värmeflaska **Warmfront** *-en f* varmfront **warmhalten** *st, sich* (*dat.*) *e-n* ~ (*vard.*) hålla sig väl med ngn **Warmhaus** *-er† n, trädg.* varmhus (*växthus*) **warm-**

herzig varmhjärtad **warmlaufen** *st s, tekn.* gå varm **Warmluft** *0 f* varmluft **Warmluftheizung** *-en f* uppvärmning genom varmluft **Warmmiete** *0 f, vard.* hyra inkl. värme **wärmstens** på det varmaste **Warm'wasserbereiter** - *m* varmvattenberedare **Warm'wasserheizung** *-en f* uppvärmning genom varmvatten **Warmzeit** *-en f* interglacialtid
Warnanlage *-n f* varningsanläggning **Warn|blinkanlage** *-n f*, **-blinker** - *m* varningsljus **Warndreieck** *-e n* varningstriangel **warnen** varna (*e-n vor e-m* ngn för ngn); *ein ~des Wort* ett ord till varning; *vor Taschendieben wird gewarnt!* varning för ficktjuvar! **Warner** - *m* varnare, varnande person **Warnlampe** *-n f* kontroll-, varnings|lampa **Warnruf** *-e m* varningsrop **Warnschu|ß** *-sse† m* varningsskott **Warnsignal** *-e n* varningssignal **Warnung** *-en f* varning; *zur* ~ (*äv.*) till varnagel **Warnungs-** *se Warn-* **Warnzeichen** - *n* varningsmärke; varningstecken
Warpanker - *m, sjö.* varpankare **warpen** *sjö.* **1** varpa **2** *s* varpa sig fram
'Warschau *0 n* Warszawa **Warschauer Pakt** *0 m, der* ~ Warszawapakten
Wart *-e m* vakt; serviceman **Warte** *-n f* utkiks-, vakt|torn; *von der hohen* ~ *aus betrachten* betrakta från en upphöjd position; *von seiner* ~ *aus* sedd med hans ögon **Wartegeld** *-er n* expektans-, disponibilitets|arvode **Wartehalle** *-n f* väntahall **Warteliste** *-n f* väntelista **warten 1** vänta (*auf e-n* på ngn); *da kannst du lange* ~*!* (*iron.*) det kan du kika i månen efter!; *auf sich* ~ *lassen* (*äv.*) dröja; *darauf habe ich gerade noch gewartet!* (*iron.*) det var precis vad som fattades! **2** *högt.* sköta [om], vårda **3** serva **Warten** *0 n* väntan; *ich habe das* ~ *satt* (*vard.*) jag är trött på att vänta **Wärter** - *m* vårdare; vaktare; skötare (*av djur*) **Warteraum** *-e† m* väntrum **Warte|saal** *-säle m* väntsal **Wartezeit** *-en f* **1** väntetid, väntan **2** karenstid **Wartezimmer** - *n* väntrum **Wartung** *0 f* vård, omvårdnad, skötsel; tillsyn, översyn, underhåll; *anspruchslos in der* ~ lättskött **Wartungsdienst** *0 m* service **wartungsfrei** underhållsfri
war'um [*starkt beton.* '--] varför
Warze *-n f* vårta **Warzenschwein** *-e n* vårtsvin **warzig** vårtig
was [was] **I** *pron* **1** *interr.* **A** (*gen. wessen*) vad; ~ [*gibt es*] *Neues?* vad nytt?; *ach* ~*!* (*vard.*) äsch!, nej då!, inte alls!; *an* ~ *denkst du?* (*vard.*) vad tänker du på?; ~ *ist* [*los*]*?* vad står på?, vad är det?; ~ *ist, kommst du mit?* (*vard.*) hur blir det, följer du med?; *das gefällt dir,* ~*?* (*vard.*) det tycker du om, eller hur? **B** ~ *für* vad för [slags], hurudan; ~ *für Bücher?* vad för slags böcker?; ~ *ist das für ein Buch?* vad är det för en bok?; ~ *für e-n Hund hast du?* vad har du för hund?, vad för en hund har du?; ~ *für Mehl?* vad för slags mjöl?; ~ *für ein Wetter!* vilket väder!; *Er hat ein Fahrrad gekauft.* — *W~ für e-s?* Han har köpt en cykel. — Vad för slags? **2** *rel.* **A** (*gen. wessen*) vad [som], [det] som; *alles,* ~ *allt* [som], allt det [som], allt vad; *nichts,* ~ *er sagt, stimmt* inget [som] han säger stämmer; *das,* ~ *du sagst, ist eigenartig* det [som] du säger är egendomligt **B** vilket, ngt som; *er gewann,* ~ *uns sehr wunderte* han vann, vilket förvånade oss mycket **C** den som; *dial.* som; ~ *ein richtiger Mann ist,* [*der*] *weint nicht* [den som är] en riktig man

gråter inte **3** *indef., vard., se etwas* **II** *adv, vard.*
1 varför; ~ *rennt er so?* varför springer han så [fort]? **2** vad; *er lief,* ~ *er nur konnte han sprang allt vad han orkade; wenn du wüßtest,* ~ *das gekostet hat* om du bara visste vad det har kostat; ~ *hast du dich verändert!* vad (så) du har förändrats!
Waschanlage *-n f* **1** tvättanläggning; tvätthall (*för bil*) **2** vindrutespolare **Waschanstalt** *-en f* tvättinrättning **Waschautomat** *-en -en m* tvättmaskin **waschbar** tvättbar **Waschbär** *-en -en m* tvättbjörn **Waschbecken** - *n* tvätt-, hand|fat **Waschbenzin** *0 n* fläckurtagnings-, tvätt|bensin **Waschblau** *0 n* blåelse **Waschbrett** *-er n* tvättbräda **Wäsche** **1** *-n f* tvätt-[ning], tvagning; *gruv.* vaskning; *große (kleine)* ~ stortvätt (handtvätt); *in der* ~ *sein* vara på tvätt[en]; *zur (in die)* ~ *geben* lämna bort på tvätt **2** *0 f* tvätt; *schmutzige* ~ smutstvätt; *zur (in die)* ~ *tun (geben)* lägga i smutsen (bland smutskläderna); *seine schmutzige* ~ [*vor anderen Leuten*] *waschen* tvätta sin smutsiga byk (sitt smutsiga linne) offentligt **3** *0 f* underkläder; linne; *frische* ~ rena underkläder; *die* ~ *wechseln* byta underkläder **Wäschebeutel** - *m* tvättsäck **Wäscheboden** -† *m* torkvind **waschecht** tvättäkta (*äv. bildl.*)
Wäsche|geschäft *-e n* vitvaruaffär **-kammer** *-n f* linnekammare **-klammer** *-n f* klädnypa **-knopf** *-e*† *m* tygknapp (*på örngott e.d.*) **-korb** *-e*† *m* tvättkorg **-leine** *-n f* klädstreck **-mangel** *-n f* mangel
waschen *wusch, wüsche, gewaschen, wäsch*[*e*]*st, wäscht* **1** tvätta; två; *gruv.* vaska; *sich* (*dat.*) *die Hände* ~ tvätta [sig om] händerna; *e-e Ohrfeige (Prüfung), die sich gewaschen hat* (*vard.*) en rejäl örfil (svår tentamen); *frisch gewaschen* nytvättad **2** *sjö.* skölja; spola **3** *dial.*, [*mit Schnee*] ~ mula **Wäscher** - *m* tvättare **Wäscherei** *-en f* tvättinrättning **Wäsche|rolle** *-n f, dial.* mangel **-schleuder** *-n f* [tvätt]centrifug **-schrank** *-e*† *m* linneskåp **-tinte** *-n f* märkbläck **-trockner** - *m* tork|-skåp, -trumma; torkställning **-trommel** *-n f* tvättrumma **-zeichen** - *n* tvättmärke **Wasch-fa**|**ß** *-sser*† *n* tvättfat **waschfest** tvättäkta **Wasch|frau** *-en f* tvätterska **-gelegenheit** *-en f* tvättmöjlighet **-gold** *0 n* vaskguld **-haus** *-er*† *n* tvättstuga **-kaue** *-n f, se Kaue 2* **-kessel** - *m* tvättgryta **-korb** *-e*† *m* tvättkorg **-küche** *-n f* **1** tvättstuga **2** *vard.* tät dimma **-lappen** - *m* **1** tvättlapp **2** *vard.* ynkrygg, mes **-lauge** *-n f* tvättlut **-leder** - *n* sämsk-, tvätt-|skinn **-maschine** *-n f* tvättmaskin **-mittel** - *n* tvättmedel **-pulver** - *n* tvättpulver **-raum** *-e*† *m* tvättrum **-salon** -*s m* tvättsalong **-schüssel** *-n f* tvättfat **-seife** *-n f* tvättvål **-straße** *-n f* tvättbana (*automattvätt för bil*) **-trommel** *-n f* tvättrumma **-ung** *-en f* tvätt[ning]; *religiöse* ~*en* religiösa tvagningar **-vollautomat** *-en -en m* helautomatisk tvättmaskin **-wanne** *-n f* tvättbalja **-wasser** *0 n* tvättvatten **-weib** *-er n* **1** *åld.* tvätterska **2** *vard.* skvallertant, pratmak|are, -erska **-zettel** - *m* **1** tvättnota **2** förlagsreklam, fliktext, reklamlapp **-zeug** *0 n* toalettsaker **-zuber** - *m, dial.* tvättbalja
Wasen - *m* **1** *nty.* risknippa **2** *nty.* ånga **3** *sty. åld.* gräsmatta; avstjälpningsplats (*för kadaver*)
Wasser 1 - *n* vatten; vattendrag; farvatten; *Zimmer mit fließendem* ~ rum med rinnande vatten; *reinsten* ~*s, von reinstem* ~ av renaste vatten (*äv. bildl.*); *schweres* ~ (*kem.*) tungt vatten; ~ *in jds Wein gießen (schütten)* (*bildl.*) grumla ngns glädje; *e-m nicht das* ~ *reichen können* inte kunna mäta sig med ngn; *das* ~ *steht ihm bis zum Hals* (*bildl.*) han är i en besvärlig knipa (är skuldsatt upp över öronen); *die Sonne zieht* ~ det blir snart regn; *seine Strümpfe ziehen* ~ (*vard.*) hans strumpor korvar sig; *nahe am* ~ *gebaut haben* (*vard.*) ha lätt för att gråta; *wie aus dem* ~ *gezogen sein* (*vard.*) vara genomblöt (genomsvettig); *bei* ~ *und Brot sitzen* sitta inne på vatten och bröd; *das Fest fällt ins* ~ festen blir inte av; *ins* ~ *gehen* (*äv. bildl.*) dränka sig; *mit allen* ~*n gewaschen sein* vara durkdriven (slipad, fullfjädrad); *da wird auch nur mit* ~ *gekocht* det är samma sak där som på andra håll, där presteras det inte heller ngt underverk; *sich über* ~ *halten* (*bildl.*) hålla sig uppe (flytande); *zu* ~ *oder zu Land* till lands eller till sjöss; *das Rettungsboot zu* ~ *lassen* sätta livbåten i sjön; *etw. wird zu* ~ (*bildl.*) ngt går upp i rök **2** -† *n* [mineral]vatten; vätska; parfym; essens; *gebrannte Wässer* (*schweiz.*) brända och destillerade drycker **3** *0 n* vatten [i kroppen]; ~ *lassen, sein* ~ *abschlagen* kasta vatten; *ihm läuft das* ~ *im Mund zusammen* det vattnas i munnen på honom; *das* ~ *schoß ihm in die Augen* han fick tårar i ögonen; *das* ~ *lief ihm von der Stirn* svetten lackade i pannan på honom **wasserab**|**stoßend, -weisend** vattenav|stötande, -visande **Wasseramsel** *-n f* strömstare **wasserarm** vattenfattig
Wasser|**arm** -*e m* [flod]arm **-aufbereitung** *-en f* vattenrening **-bad** *-er*† *n, kokk., foto.* vattenbad **-ball 1** *0 m* vattenpolo **2** *-e*† *m* vattenpoloboll; badboll **-behälter** - *m* vatten|-behållare, -tank, cistern **-bett** *-en n* vattensäng **-blase** *-n f* vattenbubbla **-bombe** *-n f* sjunkbomb **-büffel** - *m* vattenbuffel
Wässerchen - *n* litet vatten; bäck *e.d.; er sieht aus, als könnte er kein* ~ *trüben* han ser inte ut att kunna göra en fluga för när **Wasserdampf** *0 m* vattenånga **wasserdicht** vattentätt **wasserdurchlässig** vattengenomsläpplig **Wassereimer** - *m* vattenhink **Wasserfahrzeug** *-e n* [vatten]farkost **Wasserfall** *-e*† *m* vattenfall; *wie ein* ~ *reden* (*vard.*) prata som en kvarn **Wasserfarbe** *-n f* vattenfärg **wasserfest** vattenfast, som tål vatten **Wasserfläche** *0 f* vattenyta **Wasserfleck** *-e m* vattenfläck **Wasserflugzeug** *-e n* hydroplan **wasserführend** vattenförande **Wassergehalt** *-e m* vattenhalt **Wassergeist** *-er m* vattenande **wassergekühlt** vattenkyld **Wasserglas** *-er*† (*kem. 0*) *n* vattenglas **Wasserglätte** *0 f* vattenglining **Wasserhahn** *-e*† *m* vattenkran **wasserhaltig** vattenhaltig **Wasserheilkunde** *0 f* hydropati **Wasserheilverfahren** - *n* hydroterapi **Wasserhöhe** *-n f* vattenstånd **Wasserhose** *-n f* skydrag (*tromb*) **Wasserhuhn** *-er*† *n* sothöna **wässerig** vattnig; vatten|haltig, -aktig; utspädd; ~*e Suppe* (*äv.*) tunn (blaskig) soppa; *e-m den Mund nach etw.* ~ *machen* få det att vattnas i munnen på ngn vid tanken på ngt
Wasser|**jungfer** *-n f, zool.* trollslända **-kante** *0 f, se Waterkant* **-kessel** - *m* [kaffe-, te]panna **-klosett** -*s, äv. -e m* vattenklosett **-kopf** *-e*† *m, med.* vattenskalle **-kraft** *0 f* vattenkraft **-kraftwerk** *-e n* vattenkraftverk **-kühlung** *0 f* vattenkylning **-kur** *-en f* vatten-, brunns|-

kur **-lache** *-n f* vattenpöl **-lauf** *-e*† *m* vattendrag **-leiche** *-n f, vard.* drunknad [som legat en tid i vattnet] **-leitung** *-en f* vattenledning **-linie** *-n f, sjö.* vattenlinje **wasserlöslich** vattenlöslig **Wassermann 1** *-er*† *m* näck **2** *0 m, der* ~ *(astron.)* Vattumannen **Wassermelone** *-n f* vattenmelon **Wassermesser** - *m* vattenmätare **Wassermühle** *-n f* vattenkvarn **wassern** *h el. s* gå ned på vattnet *(om flygplan)* **wässer|n 1** vattna *(blommor)* **2** vatt[en]lägga *(sill); foto.* skölja (*i rinnande vatten*) **3** *seine Augen* ~ hans ögon vätskas (rinner, tåras); *ihm -t der Mund* det vattnas i munnen på honom **Wasser|nixe** *-n f* sjöjungfru, vattennymf **-pfeife** *-n f* vattenpipa **-pistole** *-n f* vattenpistol **-pocken** *pl* vattkoppor **-polizei** *0 f, ung.* sjöpolis **-rad** *-er*† *n* vattenhjul **-ratte** *-n f, zool.* vattensork; *bildl.* vattendjur **-recht** *0 n* vattenrätt
wasserreich vattenrik **Wasserrinne** *-n f* vattenränna **Wasserrose** *-n f* näckros **Wassersäule** *-n f* vattenpelare **Wasserschaden** -† *m* vattenskada **Wasserscheide** *-n f* vattendelare **wasserscheu** rädd för vatten **Wasser|scheu** *0 f* rädsla för vatten (för att gå i vatten) **-schi** *-er, äv. -e m* vattenskida; ~ *fahren (laufen)* åka vattenskidor **-schlange** *-n f* vattenorm **-schlauch** *-e*† *m* vattenslang **-schutzpolizei** *0 f, ung.* sjöpolis **-ski** *-er, äv. -e m, se Wasserschi* **-speier** - *m, arkit.* droppnäsa (*på takränna*) **-spiegel** *0 m* vatten|spegel, -yta; *Schwankungen des ~s* variationer i vattenståndet **-sport** *0 m* vattensport **-stand** *0 m* vatten|stånd, -höjd, -nivå **-stein** *0 m* pannsten **-stiefel** - *m* sjöstövel **-stoff** *0 m* väte **wasserstoffblond** blonderad, blekt med väte-[su]peroxid **Wasserstoffbombe** *-n f* vätebomb **Wasserstoff[su]peroxid** *0 n* väte[su]peroxid **Wasserstrahl** *-en m* vattenstråle **Wasserstraße** *-n f* vatten-, sjö|väg **Wassersucht** *0 f* vattusot **wassersüchtig** vattusiktig **Wasser|suppe** *-n f* vattvälling **-tier** *-e n* vattendjur **-treten** *0 n* vattentrampning **-trog** *-e*† *m* vattenho **-turbine** *-n f* vattenturbin **-turm** *-e*† *m* vattentorn **-uhr** *-en f* **1** vattenmätare **2** vattenur **Wasserung** *-en f, flyg.* landning på vatten **Wässerung** *-en f* **1** [be]vattning **2** vatt[en]läggning **Wasser|verbrauch** *0 m* vatten|förbrukning, -åtgång **-verdrängung** *-en f, sjö.* deplacement **-verschmutzung** *-en f* vattenförorening **-vogel** -† *m* vattenfågel **-waage** *-n f* vattenpass **-welle** *-n f* **1** vattenondulerad våg; *~n* vattenondulering **2** vattenvåg **-werfer** - *m* vattenkanon **-werk** *-e n* vattenledningsverk **-zähler** - *m* vattenmätare **-zeichen** - *n* vattenstämpel
wäßrig *se wässerig*
waten *s* vada *(durchs Wasser* genom vattnet; *im Schmutz* i smuts)
Waterkant *0 f, nty.* kust[remsa] (*i sht utmed Nordsjön); von der* ~ *stammen* vara från [Nordsjö]kusten
Watsche [-a:-] *-n f, sty., österr.* örfil
watscheln [*äv.* -a:-] *s* gå vaggande, rulta, vagga [fram]
Watschen - *f, se Watsche* **-mann** *0 m, vard.* slagpåse, syndabock
1 Watt *-en n, nty.* watt *(strandområde i Nordsjön som torrläggs vid ebb)*
2 Watt - *n, elektr.* watt

Watte *-n f* vadd, bomull; *e-n in* ~ *packen (bildl.)* linda in ngn i bomull **-bausch** *-e*† *m* bomullstuss
Wattenmeer *-e n* watthav (*grunt hav som vid flod täcker watt, jfr 1 Watt*)
wattieren vaddera
Wattmeter - *n* wattmätare
Watvogel -† *m* vadarfågel, vadare
wau, wau *interj* vovvov! '**Wauwau** [*äv.* - -] *-s m, barnspr.* vovve
WC [ve'tse:] *-[s] n* wc
Webekante *-n f* stadkant **web|en** *sv el. wob, wöbe, gewoben* **1** väva; (*om spindel*) spinna **2** *überall lebt und -t es (poet.)* överallt böljar livet; *um die Burg* ~ *sich viele Sagen (högt.)* borgen är sägenomspunnen **Weber** - *m* vävare **Weberei 1** *0 f* vävning, väveri **2** *-en f* väveri **3** *-en f* vävnad **Weberknechte** *pl, zool.* lockespindlar, helga högben **Weberschiffchen** - *n* skyttel **Webkante** *-n f* stadkant **Web|schiffchen** - *n,* **-schützen** - *m* skyttel **Webstuhl** *-e*† *m* vävstol **Webwaren** *pl* vävda varor, vävnader
Wechsel [-ks-] - *m* **1** växlande, växling (*äv. sport.*); byte; omväxling, ombyte, förändring; skifte, övergång; *sport.* sidbyte **2** *hand.* växel; växling **3** *jakt.* växel **4** *se Monatswechsel* **-balg** *-e*† *m* bortbyting **-beziehung** *-en f* växelförhållande, ömsesidigt förhållande, reciprocitet, växelverkan **-bürgschaft** *-en f* växelborgen **-fälle** *pl, die ~ des Lebens* livets skiftningar **-fälschung** *-en f* växelförfalskning **-fieber** *0 n* växelfeber, malaria **-geld** *-er n* växel[pengar] **-gespräch** *-e n* dialog **wechselhaft** växlande, ostadig **Wechseljahre** *pl* klimakterium **Wechselkurs** *-e m* växelkurs **wechseln** [-ks-] **1** växla (*äv. hand.*), skifta; byta; förändras; *mit e-m [den Platz]* ~ byta plats med ngn; *Kronen gegen Mark* ~ växla kronor till mark; *das Thema* ~ byta ämne **2** *se* begå sig; *jakt.* växla; *über die Grenze* ~ ta sig över gränsen **Wechselnehmer** - *m* remittent **Wechselrede** *-n f* dialog **Wechselreiterei** *-en f* växelrytteri **wechselseitig** ömsesidig; reciprok
Wechsel|spiel *0 n* växelverkan; samspel; *das* ~ *der Farben* färgernas växelspel **-stelle** *-n f* växelkontor **-strom** *0 m, elektr.* växelström **-stube** *-n f* växelkontor **-tierchen** - *n* amöba **-verhältnis** *-se n, se Wechselbeziehung* **wechselvoll** växlande, skiftesrik **Wechselwähler** - *m* marginalväljare **wechselweise** växel-, ömse|vis, omväxlande **Wechselwirkung** *-en f* växelverkan **Wechselwirtschaft** *0 f, lantbr.* växelbruk **Wechsler** - *m* växlare
Weck *-e m, dial., se 2 Wecken*
Weckapparat *-e m* inkoknings-, konserverings|apparat
Weckdienst *0 m* väckning *(teletjänst)*
Wecke *-n f, dial., se 2 Wecken*
wecken väcka
1 Wecken *0 n* **1** väck|ande, -ning **2** *mil.* revelj
2 Wecken - *m, dial.* kuvertbröd; långfranska; limpa
Wecker - *m* väckarklocka; *er geht mir auf den* ~ (*vard.*) han går mig på nerverna **-uhr** *-en f* väckarklocka
Wed|a *-en el. -as m, relig.* veda
Wedel - *m* vippa, vifta; stänkkvast; dammvippa; soljfäder; ormbunks-, palm|blad; svans (*på vissa djur*) **wedeln 1** vifta, fläkta, vifta bort **2** *h el. s, skidsport.* 'vedla'

weder ~ ... *noch* varken ... eller
wedisch vedisk
Weekend ['wi:k'ɛnd] *-s n* [vecko]helg, veckoslut
weg [vɛk] **I** *adv* **1** bort, undan; borta; i väg; ~ *da!* ur vägen!, försvinn!; *Hände* ~! bort med händerna!; ~ *sein a)* vara borta (försvunnen), ha gått förlorad, *b)* vard. vara borta (helt väck), *c)* vara utom sig, ej veta till sig; *über etw.* (*ack.*) ~ *sein* ha kommit över ngt, ha klarat av ngt; *er ist vom Krankenhaus* ~ *in die Disco gegangen* (*vard.*) han gick direkt från sjukhuset till diskoteket **2** *in e-m* ~ (*vard.*) i ett kör, oavbrutet, utan uppehåll **II** *konj, dial.* minus
Weg [ve:k] *-e m* väg; gång, stig; *bildl. äv.* metod, medel, utväg; *vard.* ärende; *e-m e-n* ~ *abnehmen* (*vard.*) gå (uträtta) ett ärende åt ngn; *den* ~ *abschneiden* ta en genväg; *e-m den* ~ (*die* ~*e*) *ebnen* jämna vägen för ngn; *ich muß noch einige* ~*e erledigen* (*machen*) (*vard.*) jag måste [bara] uträtta några ärenden; *Mittel und* ~*e finden* finna på råd, hitta en utväg; *seines* ~*es* (*seiner* ~*e*) *gehen* (*högt.*) gå sin väg; *neue* ~*e gehen* (*einschlagen*) (*bildl.*) gå (slå in på) nya vägar; *damit hat es noch gute* ~*e* det brådskar inte, det går inte så fort; *seinen* ~ *machen* ha framgång i livet; *ist das der* ~ *zur Kirche?* är det här vägen till kyrkan?; *mein erster* ~ *war zu dir* allraförst gick jag till dig; *woher des* ~[*e*]*s?* varifrån kommer du (ni, Ni)?; *wohin des* ~[*e*]*s?* vart ska du (ni, Ni) gå (ta vägen)?; *Blumen am* ~[*e*] blommor vid vägkanten; *auf dem* ~[*e*] *e-s Vergleichs* genom förlikning; *auf diesem* ~[*e*] (*äv.*) på detta sätt; *auf gütlichem* ~[*e*] i godo; *auf halbem* ~[*e*] (*äv.*) halvvägs; *auf kaltem* ~[*e*] (*vard.*) hänsynslöst, utan skrupler; *auf schnellstem* ~[*e*] snabbast möjligt; *sich auf dem* ~ *der Besserung befinden* vara på bättringsvägen; *sich auf dem* ~ *nach Wien befinden* (*sein*) vara på väg till Wien; *e-n auf seinem letzten* ~ *begleiten* följa ngn på hans sista färd; *sich auf den* ~ *machen* ge sig i väg (av), bryta upp; *e-n Brief auf den* ~ *schicken* skicka i väg ett brev; *er ist auf dem besten* ~[*e*]*, dick zu werden* han är på god väg att bli tjock; *e-m* (*e-r Sache dat.*) *aus dem* ~[*e*] *gehen* gå ur vägen för ngn (ngt), undvika ngn (ngt); *etw. aus dem* ~ *räumen* (*bildl.*) undanröja ngt; *etw. in die* ~*e leiten* förbereda ngt, ta itu med ngt, se till att ngt blir gjort; *e-m im* ~[*e*] *stehen* stå i vägen för ngn; *er ist mir über* (*in*) *den* ~ *gelaufen* jag råkade stöta på honom; *e-m nicht über den* ~ *trauen* inte alls lita (tro) på ngn
weg|begeben *st rfl, högt.* bege sig bort **-bekommen** *st, vard., se wegkriegen*
Wegbereiter - *m* vägröjare, pionjär
weg|blasen *st* blåsa bort **-bleiben** *st s, vard.* vara (stanna) borta, utebli; uteslutas, utgå; *der Motor bleibt weg* motorn strejkar (stannar); *ihm blieb die Sprache weg* han blev mållös; *in der ganzen Stadt blieb der Strom weg* hela staden hade elavbrott **-blicken** se (titta) bort **-bringen** *oreg., vard.* **1** föra (skaffa) bort, avlägsna; få bort **2** *se abbringen* **-denken** *oreg., ich kann mir dieses Haus hier gar nicht mehr* ~ jag kan inte tänka mig hur det skulle se ut här utan det här huset **-drängen 1** tränga bort (undan) **2** fjärma sig, bryta sig loss **-drehen** vända bort **-dürfen** *oreg.* få [lov att] gå [bort]

Wege|bau *0 m* vägbygg|ande, -nad **-geld** *-er n* **1** milersättning; reseersättning **2** *åld.* väg|avgift, -tull **-karte** *-n f* karta (*m. vandringsleder, cykelvägar e.d.*) **-lagerer** - *m* stråtrövare
wegen *prep m. gen.* (*vard. el. sty., österr. m. dat.*) på grund av, för ... skull, med anledning av, till följd av, med hänsyn till; ~ *dieser Angelegenheit müssen Sie sich an den Chef wenden* i den här angelägenheten måste Ni vända Er till chefen; ~ *seines Biers bekannt* känd för sitt öl; ~ *Geschäften verreist* bortrest i affärer; ~ *Umbau*[*s*] *geschlossen!* stängt på grund av ombyggnad!; *von* ~! (*vard.*) trodde du (ni), va?, kommer inte på fråga!; *Von* ~ *gemein! — Ein Schwein ist er!* (*vard.*) Apropå (På tal om) gemen! — Han är ett riktigt svin!; *von Amts* ~ å ämbetets vägnar; *von Rechts* ~ rätteligen, egentligen
Wege|ordnung *0 f,* **-recht** *0 n* väglag **-rich** *-e m, bot.* groblad
wegessen *st* äta upp (*e-m etw.* ngt för ngn)
Wegeunfall *-e*† *m, jur.* olycka på väg till eller från arbetet
wegfahren *st* **1** köra (skjutsa) bort **2** *s* fara (köra, åka, resa) bort **Wegfall** *0 m, se Fortfall*
weg|fallen *st s* bortfalla **-fangen** *st, vard.* fånga; ta bort; snappa bort **-fegen 1** sopa bort (*äv. bildl.*) **2** *s* svischa fram (bort) **-fliegen** *st s* flyga bort **-fressen** *st* (*om djur el. vulg. om människor*) äta upp (*e-m etw.* ngt för ngn) **-führen 1** föra bort **2** (*om väg e.d.*) leda bort
Weggab[e]lung *-en f* vägskäl
Weggang *0 m, se Fortgang 1*
weg|geben *st* ge bort **-gehen** *st s* **1** gå bort (sin väg), gå ut; *von e-m* ~ (*vard. äv.*) lämna ngn; *geh weg mit deinen Händen!* (*vard.*) ta bort dina händer!, rör mig inte!; *geh mir* [*ja bloß*] *weg damit!* (*vard.*) jag vill inte veta av det där!, kommer inte på fråga! **2** *vard.* gå bort (ur), försvinna **3** *vard.* gå åt **4** *über etw.* (*ack.*) ~ (*vard.*) *a)* gå [fram] över ngt, *b)* förbigå ngt, hoppa över ngt **-gießen** *st* slå ut (bort) **-gucken** *vard.* titta bort **-haben** *oreg., vard.* **1** få (ha) bort, bli av med **2** få; [redan] ha fått; *e-n* ~ *a)* vara [litet] på örat, *b)* ha en skruv lös; *plötzlich hatte er e-e Ohrfeige weg* innan han visste ordet av fick han en örfil **3** fatta **4** *etw.* ~ kunna en hel del **-hängen** hänga bort (undan) **-helfen** *st, vard., se hinwegelfen* **-holen 1** hämta **2** *sich* (*dat.*) *e-e Erkältung* ~ (*vard.*) åka på en förkylning, få en förkylning på halsen **-jagen** jaga (köra) bort (i väg) **-kippen 1** hälla (slänga) bort **2** *s, vard.* svimma **-kommen** *st s, vard.* **1** komma bort (i väg) **2** (*om saker*) försvinna **3** *über etw.* (*ack.*) ~ komma över ngt **4** *glimpflich* ~ komma lindrigt undan; *schlecht* ~ *a)* klara sig dåligt, *b*) bli illa tillgodosedd **-können** *oreg.* kunna komma ifrån (i väg) **-kriechen** *st s* krypa bort **-kriegen** *vard.* **1** få bort **2** *etw.* ~ åka på (få) ngt **3** fatta **-lassen** *st, se fortlassen* **-laufen** *st s* springa sin väg (bort); *vard.* rymma; *sie ist ihm weggelaufen* hon har lämnat honom; *das läuft dir nicht weg!* (*vard.*) det brådskar inte!, det kan du fixa (göra) senare! **-legen** lägga ifrån sig (bort, undan) **-locken** locka bort **-machen 1** *vard.* ta bort (ur), avlägsna **2** *rfl, vard.* ge sig av, försvinna, sticka **3** *vulg., er hat sie weggemacht* han såg till att det gick för henne; *sie machen e-n weg* de knullar **-müssen** *oreg., vard., se fortmüssen*

-nehmen *st* ta bort (undan, ifrån); lägga beslag på; *e-m etw.* ~ ta ngt från ngn; [*das*] *Gas* ~ lätta på gaspedalen **-operieren** *vard.* operera bort **-packen 1** packa (flytta) undan **2** *rfl, vard.* packa (ge) sig i väg **-putzen 1** putsa bort **2** *vard.*, *alles* ~ göra rent hus, äta (dricka) upp allt **3** *vard.* skjuta, mörda **4** *vard.* utklassa **-raffen** rycka bort
Wegrand *-er*† *m* vägkant
weg|rationalisieren bortrationalisera **-räumen** *se forträumen* **-reisen** *s, se fortreisen* **-reißen** *st* riva (slita) bort **-rennen** *oreg.*, *s, se fortrennen* **-rücken** *h el. s, se fortrücken* **-schaffen 1** avlägsna, undanskaffa **2** *rfl, vard.* ta livet av sig, begå självmord **-schauen** *dial.* titta bort
Weg|scheid *-e m, äv.* *-en f,* **-scheide** *-n f* vägskäl
weg|scheren *rfl, vard.* packa (ge) sig i väg **-scheuchen** *se fortscheuchen* **-schicken** *se fortschicken* **-schieben** *st* skjuta bort (undan) **-schießen** *st, vard.* skjuta [bort] **-schleichen** *st, s el. rfl, se fortschleichen* **-schleifen** *st el. sv, se fortschleifen* **-schleppen** *se fortschleppen* **-schleudern** *se fortschleudern* **-schließen** *st* låsa in **-schmeißen** *st, vard., se wegwerfen* **-schnappen** *vard.* snappa bort (*e-m etw.* ngt för ngn) **-schneiden** *st* skära (klippa) bort (av) **-schnellen** *h el. s, se fortschnellen* **-schütten** slå (hälla) bort **-schwemmen** spola bort **-schwimmen** *st s, se fortschwimmen* **-sehen** *st* **1** se (titta) bort **2** *vard.*, *über etw. (ack.)* ~ *a)* se (titta) över ngt, *b)* bortse från (blunda för) ngt **-sehnen** *rfl* längta bort **-setzen 1** sätta på en annan plats; *e-n von e-m* ~ flytta bort ngn från ngn **2** *rfl* sätta sig ngn annanstans; *sich von der Tür* ~ flytta sig bort från dörren **3** *h el. s, vard., über etw. (ack.)* ~ sätta i väg (hoppa) över ngt **4** *rfl, vard., sich über etw. (ack.)* ~ sätta sig över ngt **-spülen** *se fortspülen* **-stecken** *vard.* **1** stoppa undan, gömma **2** stå pall för **-stehlen** *st rfl, se fortstehlen* **-stellen** *se fortstellen* **-sterben** *st s, vard.* dö [bort] **-stoßen** *st* stöta bort (ifrån sig)
Wegstrecke *-n f* väg|sträcka, -längd
wegstreichen *st* **1** stryka [bort] **2** *s, jakt.* flyga upp (bort)
Wegstunde *-n f, e-e* ~ en timmes väg; *der See liegt zwei* ~*n entfernt* det är två timmars väg till sjön
weg|stürzen *s, se fortstürzen* **-tragen** *st* bära bort **-treiben** *st* **1** *se forttreiben 1* **2** *s, se forttreiben 3* **-treten** *st* **1** *s* träda tillbaka, stiga åt sidan; *weg[ge]treten!* (*mil.*) höger och vänster om marsch!; [*geistig*] *weggetreten sein* vara frånvarande (borta) **2** sparka i väg **-tun** *st, se forttun* **-wälzen** vältra undan
Wegwarte *-n f, bot.* vägvårda, cikoria **wegwärts** åt vägen [till]
weg|waschen *st* tvätta bort **-wehen** *h el. s* blåsa bort **-weisen** *st* avvisa, visa bort **-weisend** vägledande
Wegweiser - *m* väg|visare, -märke, -stolpe
weg|wenden *sv el. oreg.* **1** vända bort **2** *rfl* vända sig bort **-werfen** *st* **1** kasta (slänga) bort (ifrån sig) **2** *rfl* förnedra (nedlåta) sig; *sich an e-n* ~ kasta bort sig på ngn **-werfend** nedsättande, förklenande, föraktfull
Wegwerf|flasche *-n f* engångsflaska **-gesellschaft** *0 f* slit- och slängsamhälle **-windel** *-n f* [cellstoff]blöja

weg|wischen torka bort; *wie weggewischt* som bortblåst **-wollen** *oreg.* vilja bort, vilja ge sig i väg (gå ut) **-wünschen 1** *se fortwünschen 1* **2** *rfl, se fortwünschen 2* **-zaubern** trolla bort
Wegzehrung *-en f* **1** *högt.* vägkost **2** *kat., die letzte* ~ nattvarden (*åt döende*).
wegziehen *st, h el. s, se fortziehen*
weh 1 öm, ond, smärtsam; ~*es Lächeln* smärtfyllt leende; *e-n* ~*en Finger haben* ha ont i ett finger; *mir ist* ~ *zumute* (*ums Herz*) jag är sorgsen; *e-m* ~ *tun a)* göra ngn illa, *b)* såra ngn; *ich habe mir* ~ *getan* jag har gjort mig illa; *mir tut der Kopf* ~ jag har ont i huvudet (huvudvärk); *wo tut es* [*dir*] *denn* ~ *?* var gör det (har du) ont? **2** *se wehe* **Weh** *-e n* **1** *högt.* ont, smärta, sorg, lidande; värk **2** *ve; mit* (*unter*) ~ *und Ach* (*vard.*) *a)* med jämmer och klagan, *b)* motvilligt **wehe** *interj* ve!; ~ [*dir*], *wenn* ...! akta dig om ...!; *weh*[*e*] *denen, die lügen!* ve dem som ljuger!
1 Wehe 1 *-n f* födslo|vånda, -smärta; ~*n* (*äv.*) värkar **2** *0 n, åld., se Weh*
2 Wehe *-n f* [snö-, sand]driva **weh|en 1** blåsa; fläkta **2** *s, der Sand -t durch die Ritzen* sanden blåser [in] genom springorna **3** fladdra, vaja, svaja
Wehr 1 *-en f, åld.* [försvars]vapen; skydd[smedel]; värn **2** *0, f, sich zur* ~ *setzen* sätta sig till motvärn, försvara (värja) sig **3** *-en f* brandkår **4** *-en f, jakt.* [kedja av] drevkarlar (skyttar) **5** *-e n* damm, fördämning **Wehrbeauftragte**(*r*) *m, adj böjn.* militieombudsman **Wehr|-bereich** *- m, -bezirk* *- m* militärområde **Wehrdienst** *0 m* militärtjänst[göring]; *den* ~ [*ab*]*leisten* göra värnplikten **wehrdienstpflichtig** värnpliktig **Wehrdienstverweigerer** - *m* värnpliktsvägrare **wehren 1** *rfl* värja (försvara) sig; *sich gegen etw.* ~ (*äv.*) *a)* sätta sig emot ngt, *b)* protestera mot ngt **2** *högt., e-m etw.* ~ hindra (avhålla) ngn från ngt **3** *högt., etw.* (*dat.*) ~ ingripa mot ngt, kämpa mot ngt **Wehrersatzdienst** *0 m* vapenfri tjänst **wehrfähig** vapenför **wehrhaft 1** som försvarar (kan försvara) sig **2** [väl] befäst **3** *åld.* stridsduglig **Wehrkirche** *-n f* [befäst] [medeltids]kyrka **Wehrkleid** *-er n, schweiz.* uniform **Wehrkraft** *0 f* försvar[skraft] **Wehrkreis** *-e m* militärområde **wehrlos** värnlös **Wehrmacht** *0 f* (*i Tyskland 1935—45*) *die* ~ krigsmakten **Wehr|mann 1** *-männer m, schweiz.* soldat **2** *-männer el. -leute m* brandman **Wehrpa|ß** *-sse*† *m, mil.* inskrivningsbok **Wehrpflicht** *0 f* värnplikt **wehrpflichtig** värnpliktig **Wehrpflichtige**(*r*) *m, adj böjn.* värnpliktig **Wehrpolitik** *0 f* försvarspolitik **Wehrübung** *-en f* rep[etitions]övning **wehrunwillig** som inte vill göra värnplikten **Wehrwissenschaft** *0 f* krigsvetenskap
'**Wehweh** [*äv.* -'-] *-s n, barnspr.* ont, värk **Weh'wehchen** - *n, skämts.* småkrämpor; *er hat immer ein* ~ han har alltid ont någonstans
Weib *-er n* **1** kvinna; *vard.* fruntimmer; *neds.* kärring **2** *åld.* hustru, viv **-chen** - (*ibl. Weiberchen*) *n* **1** *zool.* hona; *bildl.* älskarinna **2** *åld. el. skämts., mein* ~ frugan, lilla gumman **Weiber|chen** *pl, se Weibchen* **-feind** *-e m* kvinnohatare **-geschichten** *pl, vard.* fruntimmershistorier **-geschwätz** *0 n,* **-getratsch**[**e**] *0 n, neds.* kärring|prat, -skvaller **-held** *-en -en m, neds.* kvinnotjusare **-knecht** *-e m, neds.* toffelhjälte **-lein** *pl, se Weiblein* **-volk** *0 n, neds.* kvinnfolk, fruntimmer

weibisch omanlig, feminin **Weiblein** - (ibl. Weiberlein) n **1** [liten] gumma **2** skämts., Männlein und ~ män och kvinnor **3** åld. el. skämts., mein ~ frugan, lilla gumman **weiblich** kvinnlig, kvinno-; feminin (äv. språkv.); ~e Blüte honblomma; ~er Reim kvinnligt rim; das ewig W~e det evigt kvinnliga **Weiblichkeit 1** 0 f kvinnlighet **2** 0 f, die [holde] ~ a) det täcka könet, b) skämts. [de] närvarande damer[na] **3** -en f, skämts. kvinna **Weibsbild** -er n, vard., **Weibsen** - n, dial. fruntimmer, kärring **Weibsleute** pl, vard. neds. kvinnfolk, fruntimmer **Weibsperson** -en f, vard. neds. fruntimmer, kärring **Weibsstück** -e n, vard. neds. kvinna, slinka **Weibsvolk** 0 n, neds. kvinnfolk, fruntimmer
weich mjuk; len; svag, känslig, vek; ~e Drogen lätt (ej vanebildande) narkotika; das Fleisch ~ klopfen bulta köttet mört; die Eier ~ kochen löskoka äggen; ~ werden bli mjuk, mjukna, vard. äv. ge efter **Weichbild** -er n, das ~ der Stadt stadens område (ytterområde)
1 Weiche 1 0 f mjukhet etc., jfr weich **2** -n f ljumske; die ~n (äv.) veka livet
2 Weiche -n f, järnv. växel; die ~n für etw. stellen dra upp riktlinjerna (bestämma inriktningen) för ngt
1 weichen 1 s mjukna, bli mjuk (blöt), blötas upp **2** mjuka upp, blöta [igenom], lägga i blöt
2 weichen wich, wiche, gewichen, s vika; ge efter, ge vika, ge med sig; dra sig tillbaka, retirera; dem Feind ~ vika för fienden; e-m nicht von der Seite ~ inte vika från ngns sida
Weichen|steller - m, **-wärter** - m, järnv. växlare
weichgekocht välkokt; (om ägg) löskokt **Weichheit** 0 f mjukhet; lenhet etc., jfr weich **weichherzig** vek; ömhjärtad, ömsint **Weichkäse** - m dessertost **weichlich 1** en aning mjuk (etc., jfr weich) **2** veklig, svag, kraftlös, slapp **Weichling** -e m vekling **weichmachen** vard. göra mjuk (mör) **Weichmacher** - m mjuk[nings]medel **weichmäulig** (om häst etc.) mjuk i bettet **weichmütig** högt., se weichherzig
Weichsel [-ks-] -n f, dial. surkörsbär[sträd] **-kirsche** -n f **1** dial., se Weichsel **2** weichsel **Weichselzopf** -e† m hoptovat (nerlusat) hår **Weich|spüler** - m, **-spülmittel** - n mjukskölj-medel **-teile** pl, anat. mjukdelar **-tier** -e n blötdjur, mollusk
1 Weide -n f, bot. vide, pil
2 Weide -n f bete[smark]; auf die (zur) ~ treiben släppa på bete, driva i vall **Weideland** -er† n betesmark **Weide|monat** -e m, **-mond** -e m, åld. maj, blomstermånad **weiden 1** beta, gå på bete (i vall) **2** låta gå (släppa) på bete, valla **3** rfl, sich an etw. (dat.) ~ a) glädja sig åt (njuta av) ngt, b) gotta sig i (åt) ngt
Weiden|kätzchen - n vide-, pil|hänge **-korb** -e† m vide-, pil|korg **-rute** -n f vidja
Weideplatz -e† m betesmark
Weidgenosse -n -n m jaktkamrat **weidgerecht** jägarmässig **weidlich** ordentligt, grundligt **Weidling** -e m, schweiz. båt **Weidmann** -er† m jägare **weidmännisch** jägarmässig; jägar- **Weidmanns'dank** interj tack! (som svar på Weidmannsheil!) **Weidmanns-'heil** interj god jaktlycka! **Weidmannssprache** 0 f jägarspråk **Weidmesser** - n jaktkniv **Weidsack** -e† m, jakt. vom (hos idisslare) **Weidwerk** 0 n jakt **weidwund** jakt. träffad [i buken], [dödligt] sårad

Weife -n f, text. haspel
weigern 1 rfl vägra; sich ~, etw. zu tun (äv.) neka att göra ngt **2** åld., den Gehorsam ~ vägra att lyda **Weigerung** -en f vägran **Weigerungsfall** 0 m, im ~[e] i händelse av vägran
Weih -e m kärrhök
Weihbischof -e† m, kat. biträdande biskop
1 Weihe -n f kärrhök
2 Weihe -n f helgelse, [in]vigning; ~n [präst]-vigning; die ~ des Augenblicks (högt.) stundens högtidliga stämning; höhere (niedere) ~n vigning till högre (lägre) prästämbeten **weihen** [in]viga, helga; bildl. äv. ägna; [präst]viga; dem Untergang geweiht dömd till undergång
Weiher - m, sty., österr. [fisk]damm, göl
Weihestunde -n f, högt. högtidlig stund **weihevoll** högt. högtidlig, upphöjd **Weih|gabe** -n f, **-geschenk** -e n, kat. offergåva
Weihnacht 0 m, im ~ jul **weihnacht|en** -ete, geweihnachtet, es ~et det lider mot jul, det börjar bli jullikt **Weihnachten** - n el. pl jul; frohe (fröhliche, gesegnete) ~! god jul!; etw. zu ~ bekommen få ngt i julklapp; ein reiches ~ bekommen (dial.) få många julklappar **weihnachtlich** jullik, jul-
Weihnachts|abend -e m julafton **-baum** -e† m julgran **-bescherung** -en f julklappsutdelning **-feiertag** -e m juldag; erster (zweiter) ~ juldag (annandag jul) **-fest** -e n jul[högtid, -helg] **-geld** -er n jul|pengar,-gratifikation **-geschäft** 0 n julhandel **-geschenk** -e n julklapp **-gratifikation** -en f, se Weihnachtsgeld **-krippe** -n f julkrubba **-lied** -er n julsång **-mann** -er† m **1** jultomte **2** vard. löjlig figur, fåne, idiot **-markt** -e† m julmarknad **-stolle** -n f, **-stollen** - m, se Stolle **-tag** -e m, se Weihnachtsfeiertag **-verkehr** 0 m jultrafik **-zeit** -en f jultid
Weih|rauch 0 m rökelse; bildl. äv. smicker; e-m ~ streuen (bildl.) tända rökelse för ngn **-ung** -en f **2** Weihe **-wasser** 0 n, kat. vigvatten **-wasserbecken** - n, **-wasserkessel** - m, kat. vigvattens|skål, -kärl **-wedel** - m, kat. vig[vattens]kvast
weil eftersom, [där]för att, emedan; das billige, ~ alte Auto den på grund av sin ålder billiga bilen
weiland åld. förr, före detta
Weilchen 0 n kort (liten) stund **Weile** 0 f stund; e-e ganze (geraume, gute) ~ en god (lång) stund; e-e kleine (kurze) ~ en liten (kort) stund, ett ögonblick; mit der Sache hat es ~ det brådskar inte med det **weilen** högt. uppehålla sig, vara, vistas; nicht mehr unter den Lebenden ~ inte längre dväljas bland de levande
Weiler - m liten by
Wein -e m vin; vinrankor; vindruvor; wilder ~ vildvin; ~ [an]bauen odla vin; e-m klaren (reinen) ~ einschenken säga ngn sanningen, ge ngn rent besked; ~ lesen (ernten) skörda vinet; im ~ ist (liegt) Wahrheit in vino veritas
Wein|[an]bau 0 m vinodling **-bauer** -n (ibl. -s) -n m vinbonde **-beißer** - m, österr. **1** vinkännare **2** (slags) pepparkaka (m. sockerglasyr) **-berg** -e m vinberg **-bergschnecke** -n f vinbergssnäcka **-brand** -e† m (ty.) konjak
weinen gråta; dem W~ nahe gråtfärdig, nära gråten; leise ~d (bildl.) slokörat, med svansen mellan benen; um e-n Toten ~ begråta en död; das ist zum W~ det är så man kan gråta **wei-**

nerlich gråtmild, jämmerlig; *ihm war ~ zumute* han var gråtfärdig
Wein|ernte -*n f* vinskörd -**essig** *0 m* vinättika, vinäger -**feld** -*er n*, -**garten** -† *m* vingård -**gärtner** - *m* vinodlare -**geist** *0 m* sprit, alkohol -**glas** -*er*† *n* vinglas -**gut** -*er*† *n (stor)* vingård -**hauer** - *m, österr.* vinodlare -**heber** - *m* stickhävert (*för vin*) -**hefe** *0 f* vinjäst -**karte** -*n f* vinlista -**keller** - *m* vinkällare -**kelter** -*n f* vinpress
Weinkrampf -*e*† *m* gråtkramp
Wein|kühler - *m* vinkylare -**laub** *0 n* vinlöv -**laune** *0 f, skämts.* gott humör (*för att man har druckit vin*); *etw.* in *e-r ~ tun* göra ngt under vinets inflytande -**lese** -*n f* vinskörd -**lied** -*er n* dryckesvisa -**lokal** -*e n* vinrestaurang -**monat** -*e m*, -**mond** -*e m, åld.* oktober -**pan[t]scher** - *m* vinförfalskare -**probe** -*n f* vinprovning -**ranke** -*n f* vildvinsranka -**rebe** -*n f* vinranka -**restaurant** -*s n* vinrestaurang **weinrot** vinröd **Weinsäure** *0 f* vinsyra **Weinschlauch** -*e*† *m* vinsäck **weinselig** glad av vin
Wein|stein *0 m* vinsten -**stock** -*e*† *m* vinstock -**straße** -*n f* väg genom vindistrikt -**stube** -*n f* vinstuga -**traube** -*n f* vindruva -**zierl** -*n m, sty., österr.* vinodlare -**zwang** *0 m (på restaurang)* vintvång (*tvång att beställa vin*)
weise vis, klok; ~ *Frau (åld.)* barnmorska; *die drei W~n aus dem Morgenland* de tre vise männen
Weise -*n f* **1** sätt, vis; *auf jede* ~ på alla sätt; *auf welche ~?* på vad sätt ?, hur ?; *in gewisser ~ stimmt das* på sätt och vis stämmer det; *in keiner ~* på intet sätt, ingalunda; *in keinster ~ (vard.)* absolut inte **2** melodi, visa, sång
Weisel - *m* vise, bidrottning
weis|en *wies, wiese, gewiesen* visa; peka; *e-m den Weg ~* visa ngn vägen; *e-n aus dem Hause (Lande)* ~ visa ngn på dörren (landsförvisa ngn); *die Kompaßnadel -t nach Norden* kompassnålen pekar mot norr; *e-n Verdacht von sich ~* tillbakavisa en misstanke; *der Gedanke ist nicht von der Hand zu ~ (äv.)* tanken måste tas med i betraktande (kan inte tillbakavisas); *von der Schule ~* relegera
Weisheit -*en f* vis|dom, -het; *du kannst deine ~en für dich behalten (iron.)* du kan behålla dina kommentarer (råd) för dig själv; *mit seiner ~ am Ende sein* varken veta ut eller in **weisheitsvoll** *högt.* vis, full av visdom **Weisheitszahn** -*e*† *m* visdomstand **weislich** *se wohlweislich* **weismachen** *vard., e-m etw.* ~ inbilla ngn ngt; *das kannst du mir nicht ~!* det kan du inbilla andra!
1 weiß *se wissen*
2 weiß vit; ~*es Papier* rent (oskrivet) papper; ~*er Pfeffer* vitpeppar; *der W~e Sonntag* första söndagen efter påsk; *das W~e im Ei* äggvitan; *e-m nicht das W~e im Auge gönnen (vard.)* inte unna ngn ett dugg; *ein W~er (e-e W~e)* en vit [man (kvinna)]; *e-e W~e trinken* dricka [ett glas] ljust öl (*jfr Weißbier*); *e-n W~en trinken* dricka [ett glas] vitt vin; ~ *werden (äv.)* vitna **Weiß** *0 n* vitt, vit färg
weissag|en -*te, geweissagt* förutsäga, profetera, spå; *das -te nichts Gutes* det bådade inte gott **Weissager** - *m* siare, spåman **Weissagerin** -*nen f* sierska, spåkvinna **Weissagung** -*en f* förutsägelse, profetia, spådom
Weißbart -*e*† *m, vard.* vitskäggig man (gubbe) **weißbärtig** vitskäggig **Weißbier** -*e n* (över-

jäst) ljust öl (*av vete-* *o. kornmalt*) **Weißblech** -*e n* vitbleck, bleckplåt **weißbluten** *rfl, end. i inf, vard.* [nästan] knäcka sig; *bis zum W ~* till det yttersta **Weißblütigkeit** *0 f, med.* leukemi **Weißbrot** -*e n* vitt bröd, långfranska **Weißbuch** -*er*† *n, dipl.* vitbok **Weißbuche** -*n f, bot.* vitbok **Weißdorn** -*e m* hagtorn **Weiße** *0 f* vithet
weißeln *dial.*, **weißen** vit|måla, -limma, -mena **Weißfuchs** -*e*† *m* vit-, fjäll-, polar|räv **weißgar** vitgarvad **Weißgardist** -*en -en m* vitgardist **weißglühend** vit|glödgad, -glödande **Weißglut** *0 f* vit|glöd, -värme; *e-n [bis] zur ~ reizen (bringen)* (*vard.*) reta gallfeber på ngn **Weißgold** *0 n* vitt guld **weißgrau** gråvit **weißhaarig** vithårig **Weißkäse** *0 m* kvarg, kvark **Weißkohl** *0 m, dial.*, **Weißkraut** *0 n, dial.* vitkål **weißlich** vitaktig; blek **Weißling** -*e m* **1** vitfjäril **2** löja **3** vitling **Weißmacher** - *m* optiskt vitmedel **Weißmehl** *0 n, dial.* vetemjöl **Weißmetall** *0 n* vitmetall **weißnähen** sy linnesöm **Weißnäherin** -*nen f* linnesömmerska **Weißpappel** -*n f* silverpoppel **Weißrusse** -*n -n m* vitryss **weißrussisch** vitrysk **Weißstickerei** -*en f* vitbroderi **Weißtanne** -*n f* ädel-, silver|gran **Weißwandreifen** -*m* däck med vita sidor **Weißwaren** *pl* linne-, vit|varor **Weißwäsche** *0 f* vittvätt **weißwaschen** *st., bildl. vard.* rentvå **Weißwein** -*e m* vitt vin **Weißwurst** -*e*† *f, ung.* (*vit bajersk*) köttkorv (*av kalv*) **Weißzeug** *0 n* linne-, vit|varor **Weisung** -*en f* instruktion, [förhållnings]order, föreskrift, direktiv
weit (*jfr weiter*) vid, bred, rymlig; lång; vidsträckt, vittomfattande; *adv äv.* vida, mycket; ~*er Weg* lång väg; ~ *besser* vida (långt, mycket) bättre; ~ *und breit* vitt och brett, överallt; ~ *und breit war kein Mensch zu sehen* det syntes inte till en människa någonstans; *nicht ~ [entfernt] von hier* inte långt härifrån; *so ~*, *so gut* så långt är (var) allt gott och väl; *die Tür ~ aufmachen* öppna dörren på vid gavel; *das geht zu ~* det går för långt; *er ist so ~ genesen, daß* han har tillfrisknat så pass att; *hast du [es] noch ~? (vard.)* har du långt kvar ?; *er ist ~ in der Welt herumgekommen* han har kommit vida omkring i världen; *von ~ her kommen* komma långt bortifrån (långväga ifrån); *das Dorf liegt 5 Kilometer ~ von hier* byn ligger 5 kilometer härifrån; *ich bin so ~ (vard.)* jag är färdig (klar); *wie ~ bist du?* hur långt har du kommit ?; *seiner Zeit ~ voraus sein* vara långt före sin tid; *das W~e suchen* ta till flykten, smita, rymma; *dieses Ereignis liegt ~ zurück* denna händelse ligger långt bak i tiden; *bei ~em das Beste* utan jämförelse (tvekan) det bästa; *bei ~em nicht* inte på långt när (långa vägar), långtifrån; *in ~em Abstand* på stort avstånd; *in ~er Zukunft* i en avlägsen framtid; *von ~em* på avstånd (långt håll) **'weit'ab** långt borta (*von* från) **'weit'aus** vida, långt, mycket, utan jämförelse, absolut **weitbekannt** vida känd, känd i vida kretsar **Weitblick** *0 m* **1** vid-, fram|synthet **2** *se Fernsicht* **weitblickend** vid-, fram|synt **Weite** -*n f* vidd, bredd, omfång, omfattning, utsträckning; längd; avstånd; distans; storlek; *mit dem Blick in die ~ schweifen* låta blicken förlora sig i fjärran **weiten 1** vidga [ut]; lästa [ut] (*sko*) **2** *rfl* vidga sig, vidgas; (*om skor*) töjas ut **weiter I** *komp.* *av* **weit** vidare

etc., jfr weit; ~ *links* längre åt vänster; ~ *oben* längre (högre) upp; ~ *machen (äv.)* vidga; ~ *werden (äv.)* vidga sig, vidgas; *zwei Straßen* ~ två gator längre bort **II** *adj (alltid böjt)* ytterligare; vidare; **W~es** vidare (närmare) besked (information, underrättelser), mera [om saken]; *das W~e a)* det övriga, resten, *b)* mera [om saken]; *~e Aufträge* ytterligare (fler) uppdrag; *die ~e Entwicklung* den vidare utvecklingen; *jedes ~e Wort (äv.)* varje ord till (mer); *bis auf ~es* tills vidare; *ohne ~es* utan vidare **III** *adv* vidare; ytterligare, mera; ~*!* fortsätt [bara]!; *nicht ~!* [gå] inte längre!, stanna!, stopp!; *das ist nicht ~ schlimm* det är inte så farligt; *nichts ~,* ~ *nichts* ingenting annat (mer); *wenn es ~ nichts ist* om det bara är det; *und so ~* och så vidare; *was ~?* och sen [då]?; *wer wird das ~ erledigen?* vem ska hädanefter (i fortsättningen, senare) sköta det? **weiterarbeiten 1** arbeta vidare **2** *rfl* arbeta sig fram **weiterbefördern** vidarebefordra **Weiterbeförderung** *0 f* vidarebefordran **weiterbestehen** *st* fortbestå, fortsätta [att äga bestånd] **weiterbilden 1** vidareutbilda; vidareutveckla **2** *rfl* vidareutveckla (fortbilda) sig, fortsätta sin utbildning (sina studier) **Weiterbildung** *0 f* vidareutbildning, fortsatta studier **weiter|bringen** *oreg.* föra framåt, främja, hjälpa fram; *das bringt mich nicht weiter (äv.)* det är inte till mycket hjälp för mig **-denken** *oreg.* tänka längre (framåt); *e-n Gedanken ~ (äv.)* tänka en tanke till slut **-empfehlen** *st, e-n ~* rekommendera ngn [till ngn annan] **-entwickeln 1** vidareutveckla **2** *rfl* vidareutveckla sig **-erzählen** berätta (föra) vidare; *erzähl das nicht weiter! (äv.)* tala inte om det för ngn annan! **-fahren** *st s* fara (åka, köra) vidare, fortsätta **Weiterfahrt** *0 f* fortsatt färd (resa) **weiterfliegen** *st s* flyga vidare, fortsätta **Weiterflug** *0 m* fortsatt flygresa **weiterführen 1** leda vidare **2** fortsätta, föra vidare, föra framåt **weitergeben** *st* låta gå (skicka) vidare, vidarebefordra **weitergehen** *st s* gå vidare; fortsätta; *bitte ~!* fortsätt framåt!; *so kann es nicht ~!* så kan det inte fortsätta!; *der Weg geht nicht mehr weiter* vägen går inte längre (tar slut) **weiterhelfen** *st, e-m ~* hjälpa ngn att komma vidare **'weiter'hin 1** fortfarande **2** längre fram, i fortsättningen, senare **3** vidare, dessutom
weiter|kommen *st s* komma vidare *(äv. bildl.)*; *nicht ~ (äv.)* sitta fast; *so kommen wir nicht weiter* så kommer vi ingenstans; *im Leben ~* komma fram i livet; *mach, daß du weiterkommst! (vard.)* ge dig i väg!, stick! **-können** *oreg.* kunna fortsätta; *ich kann nicht weiter a)* jag orkar inte längre, *b)* jag kommer ingen vart **-laufen** *st s* springa vidare; fortsätta att gå; fortsätta **-leben** fortsätta att leva, överleva; leva vidare **-leiten** vidarebefordra **-machen** *vard.* fortsätta **Weitermarsch** *0 m* fortsatt marsch **weitermarschieren** *s* fortsätta marschen, marschera vidare **weitermüssen** *oreg.*, *ich muß weiter* jag måste fortsätta (vidare) **weiterreden** tala vidare **weiterreichen** låta gå (skicka) vidare, vidarebefordra **Weiterreise** *0 f* fortsatt resa; *auf der ~* när jag *(etc.)* reste (reser) vidare **weiter|sagen** berätta (föra) vidare, sprida; *sag es nicht weiter!* tala inte om det för ngn

annan! **-sehen** *st, dann sehen wir weiter* sen får vi se vidare **-spielen** spela vidare **-sprechen** *st* tala vidare **-tragen** *st* **1** bära vidare **2** *vard., se weitererzählen*
Weiterungen *pl* obehagligheter, svårigheter; konsekvenser **weiterverarbeiten** vidarebearbeta; förädla **weiterverbreiten** sprida vidare **weiterverkaufen** sälja vidare **weitervermieten** hyra ut i andra hand **weiterwissen** *oreg., nicht mehr ~* inte veta varken ut eller in **weiterwollen** *oreg., vard.* vilja fortsätta **weiterzahlen** fortsätta att betala **weitgehend** vitt-, långt|gående, omfattande; *~ berücksichtigen* i stor utsträckning ta hänsyn till **weitgereist** [vitt]berest **weitgreifend** vittgående **'weit'her** högt., långt ifrån **weitherzig** vidsynt **'weit'hin 1** vida [omkring], långt bort **2** till stor del, huvudsakligen **'weithin'aus 1** långt bort **2** *auf ~* på länge, för en lång tid **weitläufig 1** vid|lyftig, -sträckt; utförlig, detaljerad, omständlig **2** avlägsen *(om släkting)*; *~ verwandt (äv.)* släkt på långt håll **weitmaschig** med vida maskor **weitreichend** vidsträckt, vittomfattande; som når långt; *~es Geschütz* långskjutande kanon **weitschauend** högt. vid-, fram|synt **weitschweifig** omständlig, vidlyftig **Weitsicht** *0 f, se Weitblick* **weitsichtig 1** vid-, fram|-synt, förutseende **2** *med.* långsynt **Weitspringer** – *m* längdhoppare **Weitsprung** -*e†* *m* längdhopp **weitspurig** bredspårig **weittragend** vitt|gående, -omfattande; av stor betydelse; som når långt; *~es Geschütz* långskjutande kanon **Weitung** -*en f* utvidgning **weitverbreitet** vitt utbredd, vida (mycket) spridd **weitverzweigt** vittförgrenad **Weitwinkelobjektiv** -*e n* vidvinkelobjektiv
Weizen - *m* vete; *sein ~ blüht* det går bra för honom **-bier** -*e n, se Weißbier* **-keim** -*e m* vetegrodd **-kleie** *0 f* vetekli **-mehl** -*e n* vetemjöl
welch (-*er*, -*e*, -*es*) *pron* **1** *interr. (oböjt i utropssatser, framför allt framför ein o. attr. adj)* vilken; *~ ein Glück!, ~es Glück!* (högt.) vilken tur!; *~* [*ein*] *schöner Tag!, ~ ein schöne Tag!* (högt.) vilken vacker dag!; *~er der (von den) Jungen? (äv.)* vem av pojkarna?; *~es (~er) ist dein Schirm?* vilket är ditt paraply?; *~es sind die größten Städte der Welt?* vilka är världens största städer?; *Ich habe Äpfel gekauft. — Was für ~e?* Jag har köpt äpplen. — Vad för slags?, Hurudana? **2** *rel.* som, vilken **3** *indef.* någon; *Ich habe Brot. — Hast du ~es? — Ich habe noch ~es* Jag har bröd. — Har du ngt? — Jag har ngt (litet) kvar; *sind schon ~e gekommen?* har det kommit några?; *es gibt ~e, die das mögen* det finns sådana (somliga, några) som tycker om det **welcher|art** *oböjl. adj,* -**gestalt** *oböjl. adj* vad (vilket) slags; hurudan ... *adv,* på vilket (vad) sätt **welcherlei** *oböjl. adj* vad (vilket) slags, hurudan; *~ Gründe er auch haben mag* vilka skäl han än må ha **'welcher'weise** på vilket sätt
welk vissen, vissnad; [för]torkad, skrumpen; bedagad *(om skönhet)* **welken** *s* vissna; skrumpna **Welkheit** *0 f* vissenhet, skrumpenhet
Wellblech -*e n* korrugerad plåt **Welle** -*n f* **1** våg *(äv. fys. o. bildl.)*; *radio.* våglängd; *phys.* *(vid trafikljus)* grön våg; *e-e ~ von Streiks (äv.)* en strejkvåg; *die weiche ~ in der Politik* den mjuka linjen i politiken; *die ~n der Empörung*

gingen hoch upprördheten var stor; *sich (dat.)* *~n legen lassen* [låta] ondulera håret; *der Vorfall schlug hohe ~n händelsen upprörde sinnena* 2 *tekn.* axel, vals 3 *gymn.* sväng **well|en** 1 göra vågformig; våga, ondulera (*hår*); korrugera (*plåt*) 2 *rfl* gå i (bilda) vågor; *das Haar -t sich* håret vågar sig (faller i vågor) **Wellenbad** -er† *n* vågbad (*bassäng m. konstgjorda vågor*) **Wellenband** -er† *n* våglängdsband **Wellenbereich** -e *m* våglängdsområde **Wellenbewegung** -en *f* vågrörelse **Wellenbrecher** - *m* 1 vågbrytare 2 *skeppsb.* vattenbalk 3 *vard.* sup (*brännvin*) **wellenförmig** vågformig **Wellen|kamm** -e† *m* vågkam **-länge** -n *f* våglängd; *auf der gleichen ~ liegen* (*vard.*) vara på samma våglängd **-reiten** 0 *n* surfing **-reiter** - *m* surfare **-salat** 0 *m, vard.* mischmasch av sändare (*på nästan samma våglängd*) **-schlag** 0 *m* vågsvall **-sittich** -e *m, zool.* undulat **-tal** -er† *n* vågdal **-tunnel** -[s] *m, tekn.* axel|gång, -tunnel; propeller-, kardan|tunnel **Wellfleisch** 0 *n* kokt färskt griskött **wellig** vågig; vågformig **Wellpappe** -e *f* wellpapp **Welpe** -n -n *m* [hund]valp, räv-, varg|unge **Wels** -e *m* mal (*fisk*) **welsch** 1 *åld.* välsk (*italiensk, fransk*); *neds.* ut-, syd|ländsk 2 *schweiz.* franskschweizisk **Welschkohl** 0 *m, dial.* savoj-, virsing|kål **Welschkorn** 0 *n, dial.* majs **Welschland** 0 *n* 1 *åld.* Valland (*Italien, Frankrike*) 2 *schweiz.* Franska Schweiz **Welt** -en *f* värld (*äv. bildl.*), jord; *alle ~ hela världen, alla* [människor]; *die Alte* (*Neue*) *~ Gamla* (*Nya*) *världen; die dritte ~* tredje världen; *die gefiederte ~* fåglarna; *die weibliche ~* kvinnorna; *das Licht der ~ erblicken* se dagens ljus; *nicht die ~ kosten* (*vard.*) inte kosta all världens pengar; *~en liegen zwischen ihnen* det ligger en värld emellan dem; *davon geht die ~ nicht unter!* (*vard.*) det är inte hela världen!; *das Beste auf* (*in*) *der ~* det bästa i världen; *e-e Eigenschaft mit auf die ~ bringen* födas med en (ha en medfödd) egenskap; *auf die ~ kommen* komma till världen, födas; *allein auf der ~ sein* stå ensam i världen; *aus der ~ schaffen* bringa ur världen, röja ur vägen; *um nichts* (*nicht um alles*) *in der ~* inte för allt i världen; *in aller ~* i hela världen, överallt; *wie in aller ~ konnte das passieren?* hur i all världen kunde det hända?; *ein Kind in die ~ setzen* (*vard.*) sätta ett barn till världen, föda ett barn; *ein Gerücht in die ~ setzen* (*vard.*) sätta ut rykte i omlopp; *nicht um die ~* inte för allt i världen; *zur ~ bringen* sätta till världen, föda **weltabgewandt** världsfrånvänd **Weltall** 0 *n, das ~* världsalltet, universum **weltanschaulich** ideologisk **Weltanschauung** -en *f* världsåskådning, ideologi **Weltausstellung** -en *f* världsutställning **weltbekannt** världsbekant **weltberühmt** världsberömd **Weltbestleistung** -en *f, sport.* världsrekord **Weltbevölkerung** 0 *f* världsbefolkning **weltbewegend** epokgörande, revolutionerande; *das ist nicht ~!* (*vard.*) det var (är) inte ngt märkvärdigt! **Weltbild** 0 *n* världsbild **Weltbummler** - *m* globetrotter, jordenruntfarare **Weltbürger** - *m* världs[med]borgare, kosmopolit **weltbürgerlich** kosmopolitisk **Weltcup** -s *m, sport.* världscup **Weltdame** -n *f* världsdam **Weltelite** -n *f* världselit **Weltenbummler** - *m, se* **Welt-** *bummler* **Weltenraum** 0 *m, poet.* [världs]rymd **weltentrückt** *högt.* drömmande, frånvarande **Welter** 0 *n, sport.* weltervikt **Weltereignis** -se *n* världshändelse **welterfahren** världs|erfaren, -klok **Weltergewicht** *sport.* 1 0 *n* weltervikt 2 -e *n* weltervikare **-ler** - *m, sport.* welterviktare **welterschütternd** världsskakande; *das ist nicht ~!* (*vard.*) det var (är) inte världsomstörtande! **weltfern** världsfrånvarande **Weltflucht** 0 *f* flykt undan världen, eskapism **Weltformat** 0 *n, von ~ av* världsformat, i världsklass **weltfremd** världs-, verklighets|-främmande, världsfrånvarande; orealistisk **Welt|friede[n]** 0 *m* världsfred **-gefühl** 0 *n* livs|syn, -känsla **-gegend** -en *f* väderstreck **-geltung** 0 *f* internationellt anseende **-gericht** 0 *n, relig., das ~* Yttersta domen **-gerichtshof** 0 *m, der ~* Internationella domstolen (*i Haag*) **-geschehen** 0 *n* världshändelser **-geschichte** 0 *f* världshistoria; *da hört sich doch die ~ auf!* (*vard.*) det var det värsta (som fan)!; *in der ~ herumreisen* (*vard.*) resa runt [i världen, någonstans] **weltgewandt** världsvan **Weltgewerkschaftsbund** 0 *m, der ~* Fackliga världsfederationen (*kommunistisk facklig organisation*) **Welthandel** 0 *m* världshandel **Welthilfssprache** -n *f, se* Hilfssprache **welthistorisch** världshistorisk **Weltkarte** -n *f* världskarta **Weltkenntnis** 0 *f* kunskap om världen (livet) **Weltkind** -er *n, högt.* världens barn **Weltklasse** 0 *f* 1 världsklass 2 världselit **weltklug** världs|klok, -erfaren **Weltkörper** -*m* himlakropp **Weltkrieg** -e *m, der erste* (*zweite, dritte*) *~* första (andra, tredje) världskriget **Weltkugel** 0 *f, se Erdkugel* **Weltlage** 0 *f, die ~* världsläget **Weltlauf** 0 *m, der ~* världens gång **weltlich** världslig, profan **Weltliteratur** 0 *f* världslitteratur **Weltmacht** -e† *f* världsmakt **Weltmann** -er† *m* världsman **weltmännisch** världsmanna- **Weltmarkt** -e† *m* världsmarknad **Weltmeer** -e *n* världshav **Weltmeinung** 0 *f* världsopinion **Weltmeister** - *m* världsmästare **Weltmeisterschaft** -en *f* världsmästerskap **weltoffen** öppen [för allt], allmänt intresserad **Weltordnung** 0 *f* världsordning **Weltpolitik** 0 *f* världspolitik **Weltrang** 0 *m, von ~ av* världsformat, i världsklass **Weltraum** 0 *m* [världs]rymd **-fahrer** - *m* rymdfarare **-fahrt** 1 0 *f* rymdfart 2 -en *f* rymdfärd **-fahrzeug** -e *n* rymdfarkost **-flug** -e† *m* rymdfärd **-forschung** 0 *f* rymdforskning **-kapsel** -n *f* rymdkapsel **-rakete** 0 *f* rymdraket **-schiff** 0 -e *n* rymdskepp **-sonde** -n *f* rymdsond **-station** -en *f* rymdstation **Welt|reich** -e *n* världsrike **-reise** -n *f* jordenruntresa **-rekord** 0 *m* världsrekord **-rekordinhaber** - *m,* -rekordler - *m,* -rekord|mann -männer *el.* -leute *m* världsrekordinnehavare **-ruf** 0 *m, ein Fabrikat von ~ ett* fabrikat med världsrykte, ett världsberömt fabrikat **-ruhm** 0 *m* världsrykte; *Wissenschaftler von ~* vetenskapsman med världsrykte, världsberömd vetenskapsman **-schmerz** 0 *m* weltschmerz, världssmärta **-sensation** -en *f* världssensation **-sprache** -n *f* världsspråk **-stadt** -e† *f* världsstad **weltstädtisch** världsstads- **Weltteil** -e *m* världsdel **weltum|fassend,** **-spannend**

världsomfattande **Weltuntergang** *0 m, der* ~ världens undergång **Welturaufführung** *-en f* världspremiär **Weltverbesserer** - *m* världsförbättrare **weltverloren** *högt.* **1** som ligger i en avkrok; gudsförgäten; ensam, bortglömd **2** *se weltentrückt* **weltweit** världsomfattande **Weltwirtschaft** *0 f* världs|hushållning, -ekonomi **Weltwirtschaftskrise** *-n f* internationell ekonomisk kris, världsdepression **Weltwirtschaftsordnung** *-en f* ekonomisk världsordning **Weltwunder** - *n, die Sieben* ~ världens sju underverk; *etw. bestaunen wie ein* ~ *(vard.)* stirra på ngt som om det vore ett av världens sju underverk
wem *dat. av wer* **Wemfall** *-et m, språkv.* dativ
wen *ack. av wer*
1 Wende *-n -n m* vend *(folkslag)*
2 Wende *-n f* vändning *(äv. simsport.)*; sväng; vändpunkt; förändring; övergång; *gymn.* sidhopp *(m. vändning); an der* ~ *vom 17. zum 18. Jahrhundert* omkring 1700 **-hals** *-et m, zool.* göktyta **-kreis** *-e m* **1** *geogr.* vändkrets **2** *(bils)* vändradie **3** vändplats
Wendel *-n f, tekn.* spiral **-treppe** *-n f* spiraltrappa
wend|en I *sv* **1** vända [på]; *bitte* ~*!* [var god] vänd!; *den Anzug (Braten)* ~ vända kostymen (steken); *Heu* ~ vända hö **2** vända; *das Auto -et* bilen vänder **II** *wandte, gewandt et. sv* **1** vända [på]; *keinen Blick von e-m* ~ inte ta blickarna från ngn; *den Kopf* ~ vända på huvudet **2** behöva, använda, förbruka; *viel Geld auf etw. (ack.)* ~ använda (lägga ner) mycket pengar på ngt; *seine Kräfte auf etw. (ack.)* ~ ägna sina krafter åt ngt **3** *rfl* vända sig; *bildl. äv.* slå om, ta en annan vändning; *der Wind hat sich gewendet* vinden har vänt [sig]; *sich an e-n* ~ vända sig till ngn; *sich gegen etw.* ~ *(äv.)* opponera sig mot ngt; *sich zum Gehen* ~ göra sig färdig att gå; *sich zum Guten* ~ vändas till det bättre **Wendeplatz** *-et m* vänd|plats, -plan **Wendepunkt** -*e m* vändpunkt **Wender** - *m* vändare *(redskap)* **wendig** lätt|manövrerad, -hanterlig; *bildl.* [intellektuellt] rörlig
wendisch vendisk
Wendung *-en f* **1** vändning, vridning; krök; vändpunkt **2** [ord]vändning, uttryck, formulering
Wenfall *-et m, språkv.* ackusativ
wenig föga, ringa, liten, litet, inte mycken (mycket); *pl* [några] få; *ein* ~ litet [grand], en smula, en aning, något; *ein* ~*es* en obetydlighet (bagatell); *einige* ~*e* några få; *die* ~*sten* mycket (högst) få; *am* ~*sten* minst; *um* ~*es* något, en aning; *um so* ~*er* så mycket (desto) mindre; ~[e] *Menschen* få människor; *mit* ~[em] *Geld* med litet pengar; *sein* ~*es Geld* hans få slantar; *je* ~*er, um so besser* ju mindre desto bättre; *das* ~*e, was ich habe* det lilla jag har; *das* ~*ste, was er tun kann* det minsta han kan göra; *es fehlte nur* ~, *und* det var nära att; *viele W*~ *machen ein Viel* många bäckar små gör en stor å; *das ist* ~ *lieb von ihm* det är inte vidare snällt av honom; *vier* ~*er zwei ist zwei* fyra minus två är två; ~ *werden* minskas, bli färre; *er wird immer* ~*er (vard.)* han blir bara magrare **Wenigkeit** *0 f* ringhet, obetydlighet, småsak; *e-e* ~ *an Mühe* ringa möda; *meine* ~ *(skämts.)* min ringa person; *das kostet nur e-e* ~ det kostar bara en spottstyver **wenigstens** åtminstone, minst

wenn 1 om, ifall, såvida; ~ *schon, denn schon!* ska det va[ra] så ska det va[ra]!; ~ *du gehst, komme ich mit* om du går följer jag med; *wie wäre es,* ~ *wir ins Kino gingen?* om vi skulle gå på bio?; ~ *er doch endlich käme!* om han ändå kom ngn gång!; ~ *dem so ist* om så är, om det förhåller sig på det viset **2** ~ *auch! (vard.)* även om så vore [fallet]!, det må så vara!; ~ *es auch heiß sein mag, ich ziehe mich nicht aus* även om det är hett klär jag inte av mig; *und* ~ *er mich noch so bittet, ich tue es nicht* hur mycket han än ber mig så gör jag det inte; [*na,*] ~ *schon!* än sen då!; *selbst* ~ *er es hätte* även om han hade det **3** när, då; *jedes Mal,* ~ *er* varje gång [som] han **Wenn** - *(vard. -s) n* om; *viele* ~ *und Aber* många om och men **wenn'gleich** även om, om också **wennschon 1** även om, om också **2** ~, *dennschon!* ska det va[ra] så ska det va[ra]!; [*na,*] ~*!* än sen då!
Wenzel - *m, kortsp.* knekt
wer *(wessen el. åld. wes, wem, wen) pron* **1** *interr.* vem ~ *da?* vem där?; ~ *von diesen Herren?* (*äv.*) vilken av dessa herrar?; ~ *anders als er?* vem om inte (annat än) han?; ~ *fehlt?* vem [är det som] saknas?, vilka är borta?; ~ *kommt denn alles?* vilka [är det som] kommer?; ~ *sind eure Freunde?* vilka är era vänner?; *wessen Fehler ist es?* vems är felet?; *mit wem spreche ich?* vem är det jag talar med?; *das liegt* ~ *weiß wo (vard.)* vem (fan) vet var det ligger **2** *rel.* den som; ~ *einmal lügt, dem glaubt man nicht* den som ljuger en gång [den, honom] tror man inte; ~ *es auch immer war, er wird* vem det än var ska han **3** *indef., vard.* någon
Werbe|abteilung *-en f* reklamavdelning **-agentur** *-en f* reklambyrå **-angebot** *-e n* reklamerbjudande **-berater** - *m* reklamkonsult **-büro** *-s n* reklambyrå **-chef** *-s m* reklamchef **-fachmann** *-fachleute, ibl. -fachmänner m* reklamman **-feldzug** *-et m* reklamkampanj **-fernsehen** *0 n* reklam-TV **-film** *-e m* reklamfilm **-kampagne** *-n f* reklamkampanj **-kosten** *pl* reklamkostnader **-leiter** - *m* reklamchef
werben *warb, würbe, geworben, wirbst, wirbt, wirb!* **1** göra reklam, reklamera, propagera *(für etw.* för ngt*)* **2** värva **3** *högt., um e-e Frau* ~ uppvakta (fria till) en kvinna; *um jds Gunst* ~ söka vinna ngns gunst **Werber** - *m* **1** propagandist **2** reklamman **3** värvare **4** *åld.* friare
Werbespot *-s m, se Spot 1* **Werbetexter** - *m* copywriter, [reklam]textförfattare **Werbetrommel** *0 f, se Reklametrommel* **werbewirksam** som har reklamverkan (är effektiv reklam) **Werbung** *0 f* reklam; propaganda; reklamavdelning **2** *-en f* värv|ande, -ning; frieri **Werbungskosten** *pl* **1** utgifter för inkomsternas förvärvande **2** reklamkostnader
'werda [*äv.* -*'*-] *interj* vem där?
Werdegang *-et m* utveckling[sgång, -sförlopp]
werd|en [-e:-] *wurde (högt. ward), würde, geworden (vid passivum worden), wirst, wird, s* **1** bli; *alt* ~ *(äv.)* åldras; *Lexikograph* ~ bli lexikograf; *wach* ~ *(äv.)* vakna; ~*de Mutter* blivande mor; *die Brücke wird allmählich (vard.)* bron börjar ta form; *wird's bald?* blir det ngt av ngn gång?; *er ist Erster geworden* han kom först; *er ist fünf [Jahre alt] geworden (äv.)* han har fyllt fem år; *mir wird [es] kalt* jag

börjar frysa; *es -e Licht!* varde ljus!; *aus diesem Plan wird nichts* det blir ingenting av den här planen; *es wird schon ~* det ordnar sig nog; *was soll bloß ~, wenn* vad kommer att hända om; *was soll bloß aus ihm ~?* vad ska det bli av honom?; *in wenigen Minuten wird es 9 Uhr* om några minuter är klockan 9; *der Kranke wird nicht wieder* den sjuke repar sig inte; *es wird Zeit* det är på tiden; *zu etw. ~* bli [till] ngt **2** (*vid passivum*) bli; *hier wird gearbeitet* här arbetas det; *Mozart wurde 1756 geboren* Mozart föddes 1756; *ich bin geküßt worden* jag har blivit kysst (kysstes); *jetzt wird aber geschlafen!* nu måste ni (du) sova!; *er wird von seinen Bekannten geschätzt* han är uppskattad (uppskattas) av sina bekanta; *ihm wurde ein besseres Gehalt versprochen* han lovades (blev lovad) högre lön **3** komma att, komma, skola; *er wird morgen kommen* (*äv.*) han kommer i morgon **4** *jetzt wird er wohl fertig sein* nu torde han (lär han väl) vara klar, nu är han nog (säkert) klar; *er wird doch nicht krank sein?* han är väl inte sjuk?; *wo wird er nur stecken?* var kan han hålla hus? **5** *wenn er krank würde, könnte er nicht mitkommen* om han blev sjuk skulle han inte kunna följa med; *würdest du bitte diese Sache erledigen?* skulle du vilja vara snäll och ordna den här saken?; *ich würde es tun, wenn* jag skulle göra det om **Werden** *0 n* vardande, tillblivelse; *im ~ sein* (*äv.*) bli till; *das Haus ist noch im ~* huset är är ännu inte färdigt

Werder - *m, ibl. n* holme, ö (*i flod*)
Werfall -*e†* *m, språkv.* nominativ
werfen *warf, würfe, geworfen, wirfst, wirft, wirf!* **1** kasta, slänga; slå; *das Handtuch ~* (*boxn.*) kasta in handduken; *e-e Sechs ~* slå en sexa (*m. tärning*); *e-m Vorwürfe an den Kopf ~* slunga förebråelser mot ngn; *e-n auf die Straße ~* (*vard.*) kasta (köra) ut ngn; *die Tür ins Schloß ~* slå dörren i lås; *mit Steinen ~* kasta sten; *mit Geld um sich ~* strö pengar omkring sig; *mit Kenntnissen um sich ~* svänga sig (skryta) med sina kunskaper **2** *Blasen ~* bilda bubblor; *Falten ~* bilda veck, vecka sig **3** (*om djur*) [*Junge*] *~* få (föda) ungar **4** *e-e Runde ~* (*vard.*) bjuda på en omgång **5** *rfl* kasta (slänga) sig; *sich auf etw.* (*ack.*) *~* (*bildl.*) kasta sig över ngt, slå sig på ngt; *sich e-m in die Arme ~* kasta sig i armarna på ngn; *sich in die Kleider ~* kasta på sig kläderna **6** *rfl* (*om trä e.d.*) slå sig **Werfer** - *m* kastare
Werft -*en f* varv **-arbeiter** - *m* varvsarbetare
Werg *0 n* blånor, drev
Werk -*e n* **1** verk (*i olika bet.*); gärning; arbete; *gutes ~* god gärning; *sich ans ~ machen* gripa sig verket an, börja; *im ~e sein* vara i görningen (gång); *etw. ins ~ setzen* sätta ngt i verket, förverkliga ngt; *zu ~e gehen* gå till väga, agera, handla **2** anläggning, fabrik, företag **3** verk, mekanism **Werkarbeit** *skol.* **1** *0 f* slöjd **2** -*en f* slöjdarbete; *das ist e-e ~ der* har han (*etc.*) gjort i slöjden **Werkarzt** -*e† m, se Werksarzt*
Werkbank -*e† f* arbets-, verkstads|bänk
Werkbücherei -*en f, se Werksbücherei* **werkeigen** som tillhör företaget, tillhörig fabriken **werkeln** knåpa, pyssla; hålla på; arbeta **Werkeltag** -*e m, åld., se Werktag* **werken** arbeta **Werken** *0 n, skol.* slöjd **Werkfahrer** - *m, se Werksfahrer* **Werkferien** *pl, se Werksferien* **werkgerecht** som gör verket rättvisa **werkgetreu** trogen mot originalet **Werkkollektiv** -*e n, se Werkskollektiv* **Werklehrer** - *m* slöjdlärare **Werkleute** *pl, åld.* arbetare; personal **Werkmeister** - *m* verkmästare **Werksarzt** -*e† m* företagsläkare **Werksbücherei** -*en f* företagsbibliotek **Werkschutz** *0 m* verkskydd (*vid industri e.d.*); säkerhetsavdelning **werkseigen** *se werkeigen* **Werksfahrer** - *m* fabriksförare **Werksferien** *pl* semesterstängning, industrisemester **Werksiedlung** -*en f* bostadsområde för [företagets, fabrikens] anställda **Werkskollektiv** -*e n, DDR* personal **Werk[s]spionage** *0 f* industrispionage **Werk|statt** -*en† f*, **-stätte** -*n f* verkstad **-stein** -*e m* huggen sten **-stoff** -*e m* [rå]material **-stück** -*e n* arbetsstycke **-student** -*en -en m* förvärvsarbetande student (*som arbetar för att betala sina studier*) **-tag** -*e m* arbets-, var|dag
werktäglich vardags- **werktags** på (om) vardagarna **werktätig** [yrkes]arbetande, verksam; *die W~en* (*äv.*) arbetarna **Werktreue** *0 f* trohet mot originalet; trogen tolkning **Werkunterricht** *0 m, skol.* slöjd[undervisning]
Werkzeug -*e n* verktyg, redskap (*äv. bildl.*) **-kasten** -[†] *m* verktygslåda **-stahl** *0 m* verktygsstål **-tasche** -*n f* verktygsväska
Wermut [-e:-] *0 m* **1** vermut, vermouth **2** malört (*äv. bildl.*) **Wermutstropfen** - *m, bildl.* droppe malört [i glädjebägaren] **Wermutwein** -*e m* vermut, vermouth
wert [-e:-] **1** värd; *das ist nicht der Erwähnung* (*gen.*) *~* det är inte värt att nämnas; *10 Mark ~ sein* vara värd 10 mark; *das ist der Mühe* (*gen.*) (*die Mühe*) *~* det är värt besväret (mödan), det lönar sig; *das ist mir viel ~* det betyder mycket för mig, jag sätter stort värde på det **2** högt. värderad, ärad; *~er Herr Ljung!* bäste herr Ljung!; *wie ist ihr ~er Name?* hur var namnet?; *Ihr ~es Schreiben vom* Er vörderade skrivelse av den **Wert** [-e:-] -*e m* **1** värde; *große ~e* stora värden; *mittlerer ~* (*äv.*) medelvärde; *im ~ von* till ett värde av; *etw.* (*dat.*) *großen ~ beimessen* tillmäta ngt stor betydelse; *großen ~ auf etw.* (*ack.*) *legen* sätta stort värde på ngt, fästa stor vikt vid ngt; *das hat doch keinen ~!* (*vard. äv.*) det tjänar ingenting till! **2** valör **3** *~e* (*pl*) värdepapper **wertachten** *åld.* högakta **Wertangabe** -*n f* uppgivet värde **Wertarbeit** -*en f* högklassigt arbete, kvalitetsarbete **wertbeständig** värdebeständig **Wertbrief** -*e m* värdebrev, assurerat brev **werten** värdera, taxera; betrakta; uppskatta; *sport.* räkna, [be]döma, poängsätta **wertfrei** utan värderingar **Wertgegenstand** -*e† m* värde|föremål, -sak **wertgemindert** minskad i värde **werthalten** *st, högt.* vörda, sätta högt **Wertigkeit** *0 f* **1** *kem., språkv.* valens **2** värde, vikt, betydelse **wertlos** värdelös **Wertlosigkeit** *0 f* värdelöshet **wertmäßig** värdemässig **Wertmesser** - *m* värdemätare **Wertminderung** -*en f* värdeminskning **Wertpaket** -*e n* assurerat paket **Wertpapier** -*e n* värdepapper **Wertsache** -*n f* värde|sak, -föremål **wertschätzen** *högt.* [hög]akta, uppskatta **Wert|schätzung** *0 f, högt.* [hög]aktning, uppskattning **-schrift** -*en f, schweiz.* värdepapper **-sendung** -*en f* värdeförsändelse, assurerad försändelse **-skala** -*e n el. -as f* värdeskala **-steigerung** -*en f* värdestegring **-stück** -*e n* värdeföremål **-ung** -*en f* **1** värdering **2** *sport.*

bedömning, poäng[sättning]; *nicht mehr in der ~ sein* vara utslagen **-urteil** *-e n* värdeomdöme, värdering **-verlust** *-e m* värdeminskning **wertvoll** värdefull **Wertvorstellung** *-en f* värdering **Wertzeichen** - *n* märke (papper) med valörtryck; frimärke; stämpel **Werwolf** [-e:-] *-e†* m varulv
wes [vεs] *åld. gen. av* wer
wesen *åld. poet.* vara, verka **Wesen** - *n* 1 väsen (*äv. filos.*); varelse; sätt [att vara]; *das arme ~* [den] stackaren; *das höchste ~* det högsta väsendet; *so ein kleines ~!* (*om barn el. djur*) en så[da]n liten en!; *seinem ~ nach* till sitt väsen; *sie ist ein freundliches ~* hon är vänlig [till sitt väsen]; *es liegt im ~ der Sache* det ligger i sakens natur 2 *viel ~s um* (*von*) *etw.* machen göra stort väsen (stor affär) av ngt; *ein Dieb treibt sein ~* en tjuv huserar; *die Kinder treiben am Strand ihr ~* barnen leker (håller till) på stranden **wesenhaft** *högt. inre*, inneboende, karakteristisk; verklig[t existerande], reell **Wesenheit** 0 *f* 1 väsen, egenart; sätt, karaktär 2 verklig existens, verklighet **wesenlos** 1 overklig, immateriell 2 betydelselös **Wesensart** 0 *f* väsensart, karaktär, sätt **wesenseigen** *das ist ihm ~* det ligger i hans natur, det är karakteristiskt för honom **wesensfremd** väsens|främmande, -skild; *e-m ~ sein* (*äv.*) vara främmande för ngns väsen **wesensgleich** väsenslik, identisk **wesensverschieden** väsensskild **wesensverwandt** väsensbesläktad **'wesentlich** väsentlig, avsevärd, betydande; *adv äv.* väsentligen; *das W~e* det väsentliga, huvudsaken; *im ~en* väsentligen, i huvudsak; *um ein ~es* väsentligt, avsevärt
Wesfall *-e† m, språkv.* genitiv
wes'halb [*äv.* '--] varför
We'sir *-e m* vesir, visir
Wespe *-n f* geting **Wespennest** *-er n* getingbo; *in ein ~ greifen* (*stechen*) (*bildl.*) sticka handen i ett getingbo **Wespenstich** *-e m* getingstick **Wespentaille** *-n f* getingmidja
wessen *gen. av* wer, was
West 1 väst[er]; *Hamburg ~ Hamburg* väst 2 *-e m* västan[vind] **westdeutsch** västtysk (*jfr Westdeutschland*) **Westdeutschland** 0 *n* 1 västra Tyskland 2 Västtyskland, BRD **Weste** *-n f* väst; *dial.* kofta, cardigan; *e-e reine* (*saubere*) *~ haben* (*bildl. vard.*) inte ha ngn fläck på sig, ha rent mjöl i påsen **Westen** (*jfr Norden*) 0 *m* 1 väster 2 *der ~* Västern; *der Wilde ~* Vilda Västern 3 *polit.*, *der ~* väst[blocket], västvärlden **Westen|tasche** *-n f* västficka; *etw. wie seine ~ kennen* (*vard.*) känna till ngt som sin egen byxficka (utan och innan) **-taschenformat** 0 *n, im ~* i fickformat
Western - *m* vildavästernfilm **westeuropäisch** västeuropeisk **west'fälisch** westfalisk **Westfernsehen** 0 *n, DDR vard.* västtysk TV **westisch** *-e Rasse* mediterran ras **Westler** - *m, vard.* västtysk (*innevånare i BRD*) **westlich** (*jfr nördlich*) 1 *adj* västlig, västra; *die ~en Machthaber* makthavarna i väst[blocket]; *weiter ~* längre västerut (mot väster); *~ von Bonn* väster om Bonn II *prep m. gen.* väster om
West|mächte *pl, die ~* västmakterna **-mark** - *f, vard.* västtysk mark, D-mark **-nordwest** [--'-] 1 västnordväst 2 *-e m* västnordväst[lig

vind] **-nordwesten** [--'--] 0 *m* västnordväst **-punkt** *-e m, geogr.* väst-, afton|punkt **-südwest** [--'-] 1 västsydväst 2 *-e m* västsydväst-[lig vind] **-südwesten** [--'--] 0 *m* västsydväst **-teil** *-e m* västra del
westwärts 1 västerut, åt väster 2 i väst[er] **Westwind** *-e m* västan[vind] **Westzonen** *pl, die ~* de västliga [ockupations]zonerna (*i Tyskland efter andra världskriget*)
wes'wegen varför
wett kvitt; *~ sein* vara kvitt **Wettannahme** *-n f* vadhållningsbyrå **Wettbewerb** *-e m* [pris]tävl|an, -ing; konkurrens; *unlauterer ~* illojal konkurrens; *mit e-m im* (*in*) *~ stehen* konkurrera (tävla) med ngn **Wettbewerber** - *m* [pris]tävlande; konkurrent **wettbewerbsfähig** konkurrens|kraftig, -duglig **Wettbüro** *-s n* vadhållningsbyrå **Wette** *-n f* 1 vad; *ich gehe jede ~ ein, daß* jag slår vad om vad som helst att; *was gilt die ~?* vad ska vi slå vad om? 2 *um die ~* i kapp **Wetteifer** 0 *m* tävlan **wetteifer|n** *-te, gewetteifert* tävla, rivalisera **wetten** 1 slå vad; [*wollen wir*] *~?* ska vi slå vad?; *so haben wir nicht gewettet!* (*vard.*) det var inte så vi kom överens!, så var det inte sagt!; *mit e-m um etw. ~* slå vad med ngn om ngt 2 slå vad om 3 *auf ein Pferd ~* spela på en häst; *auf Sieg ~* spela på vinnare 1 **Wetter** - *m* vadhållare
2 **Wetter** 1 0 *n* väder[lek]; *bei jedem ~* vilket väder det än är, i alla väder; *bei günstigem ~ stattfinden* äga rum om vädret tillåter; *um gut[es] ~ bitten* (*vard.*) be om förståelse (välvilja, förlåtelse); *ein ~ zum Eierlegen* (*Jungehundekriegen*)! (*vard.*) vilket toppenväder (hundväder)! 2 - *n* o-, åsk|väder; *alle ~!* (*vard.*) det var som tusan (fan)! 3 *pl* gruvgas; *schlagende ~* explosiv gruvgas **Wetteramt** *-e† n* meteorologiskt institut **Wetteransage** *-n f* väder[leks]rapport (*i radio*) **Wetterbericht** *-e m* väder[leks]|rapport, -prognos, -utsikter **wetterbeständig** *se* wetterfest **wetterbestimmend** *das Hoch bleibt weiterhin ~* högtrycket kommer även i fortsättningen att sätta sin prägel på vädret **Wetterchen** 0 *n, vard.* [fint] väder **Wetterdach** *-er† n* regn-, skydds|tak **Wetterdienst** 0 *m* väder[leks]tjänst **Wetterfahne** *-n f* väderflöjel **wetterfest** 1 väderbeständig, som tål väder och vind; vind- och regntät 2 väderbiten **Wetterfrosch** *-e† m* 1 lövgroda (*i glasburk, påstås kunna spå väder*) 2 *skämts.* vädergubbe (*meteorolog*) **wetterfühlig** väderkänslig **wettergebräunt** väderbiten **Wetterglas** *-er† n, åld.* barometer **Wetterhahn** *-e† m* väderhane **wetterhart** väderbiten **Wetterhäuschen** - *n* 1 väder[leks]hus (*slags barometer*) 2 vind-, regn|skydd **Wetterkarte** *-n f* väder[leks]karte **Wetterkunde** 0 *f* väderlekslära, [dynamisk] meteorologi **Wetterlage** *-n f* väder[leks]läge **wetterleuchte|n** *-te, gewetterleuchtet, es -t* det är korn|blixtar **Wetterleuchten** 0 *n* kornblixt[ar]; *bildl.* orosmoln **Wetterloch** *-er† n, vard.* regnhål, [mindre] område med dåligt väder **Wettermacher** - *m* 1 regnmakare 2 *skämts.* vädergubbe (*meteorolog*) **Wettermantel** *-† m* regn|rock, -kappa **wetter|n** 1 *es -t* åskan går, det åskar 2 *vard.* skälla, [svära och] domdera **Wetter|prognose** *-n f* väder[leks]prognos **-prophet** *-en -en m* 1 väder[leks]|profet, -spåman 2 *skämts.* vädergubbe (*meteorolog*) **-re-**

gel -*n f* väder[leks]förutsägelse (*i bondepraktika*) **-satellit** -*en* -*en m* vädersatellit **-schacht** -*e†* *m, gruv.* ventilationsschackt **-seite** -*n f* **1** håll varifrån dåligt väder brukar komma **2** vind-, lovart|sida **-station** -*en f* väderstation, meteorologisk station **-sturz** -*e† m* [plötslig] väder[leks]försämring **-umschlag** -*e† m*, **-umschwung** -*e† m* väderomslag, omslag i väderleken **-verhältnisse** *pl* väder[leks]förhållanden **-voraussage** -*n f*, **-vorhersage** -*n f* väder[leks]prognos **-warnung** -*en f* varning för oväder **-warte** -*n f, se* **Wetterstation wetterwendisch** ombytlig, lynnig, opålitlig **Wetterwolke** -*n f* oväders-, åsk|moln
Wetteufel *0 m, vard.*, *vom ~ besessen sein* vara besatt av speldjävulen **Wettfahrer** - *m* tävlingsförare **Wettfahrt** -*en f* kappkörning, [hastighets]tävling **Wettkampf** -*e† m, sport.* tävling **Wettkämpfer** - *m, sport.* tävlande, [tävlings]deltagare **Wettlauf** -*e† m* tävlings|-lopp, -löpning; kapplöpning (*äv. bildl.*) **wettlaufen** (*end. i inf*) delta i tävlingslopp; *wollen wir ~ ?* ska vi springa ikapp? **Wettläufer** - *m* tävlingslöpare **wettmachen** uppväga, kompensera, gottgöra, reparera **wettrennen** (*end. i inf*) *se* **wettlaufen Wettrennen** - *n, se* **Wettlauf wettrudern** (*end. i inf*) ro ikapp, delta i kapprodd **Wettrudern** *0 n* kapprodd, roddtävling **Wettrüsten** *0 n* kapprustning **wettschwimmen** (*end. i inf*) simma ikapp, delta i simtävling **Wettschwimmen** *0 n* simtävling **Wettspiel** -*e n* [idrotts]tävling, tävlingsspel **Wettstreit** -*e m* tävlan, tävling; *edler ~* ädel kamp **wetturnen** (*end. i inf*) delta i gymnastiktävling **Wetturnen** *0 n* gymnastiktävling
wetzen **1** vässa, slipa, bryna; gnida (*an + dat.* mot, på) **2** *s, vard.* kuta, skubba **Wetzstein** -*e m* bryne, bryn-, slip|sten
Whisk[e]y ['vɪski] -*s m* whisk[e]y
Whist [vɪst] *0 n, kortsp.* whist, vist
wich *se* **2 weichen**
Wichs [-ks] -*e m* (*kårstudents*) högtidsdräkt; *in vollem ~* i full gala **Wichse** [-ksə] *vard.* **1** -*n f* skokräm, blanksmörja; polervax; *e-e ~!* (*vard.*) samma smörja (sak)! **2** *0 f* stryk **wichsen 1** *vard.* blanka, polera, vaxa **2** *dial.* ge smörj **3** *vulg.* runka **Wichser** - *m, vulg.* **1** runkare **2** *alter ~* gubbjävel **Wichsvorlage** -*n f, vulg.* porrblaska
Wicht -*e m* **1** [*kleiner*] *~* liten gullunge, krabat **2** typ, kräk, usling **3** tomte[nisse], dvärg
Wichte -*n f, fack.* densitet
Wichtel - *m,* -**männchen** - *n* tomte[nisse], dvärg
wichtig viktig, betydande; *sich ~ machen* (*tun, haben*) göra sig viktig; *sich zu ~ nehmen* ta sig själv på för stort allvar **Wichtigkeit** -*en f* vikt, betydelse **Wichtigtuer** - *m* viktigpetter **Wichtigtuerei** -*en f* viktighetsmakeri, viktigt sätt (uppträdande) **wichtigtuerisch** struntviktig; *~ sein* (*äv.*) vara viktig av sig
Wicke -*n f, bot.* vicker; *in die ~n gehen* (*vard.*) gå åt skogen
Wickel - *m* **1** omslag; [barn]linda **2** vickel (*i cigarr*) **3** nystan **4** rulle; papiljott **5** *e-n am* (*beim*) *~ haben* (*vard.*) få (ha fått) tag i ngn; *ein Thema am ~ haben* (*vard.*) ta upp (behandla) ett ämne; *e-n am* (*beim*) *~ packen* (*nehmen*) (*vard.*) *a*) ta ngn i hampan (kragen) (*äv. bildl.*), *b*) ställa ngn till svars **6** *österr.* bråk **Wickelgamasche** -*n f* benlinda **Wickelkind** -*er n*

lindebarn **Wickelkommode** -*n f* skötbord **wickeln** linda, svepa, veckla, vira; rulla [upp], nysta; *das Bein ~* linda om benet; *das Haar ~* lägga upp håret på papiljotter; *ein Kind ~* byta [blöjor] på ett barn; *das Paket aus dem Papier ~* veckla upp paketet ur papperet; *etw. in etw.* (*ack.*) *~* linda (svepa, veckla, vira) in ngt i ngt; *den Karton in Papier ~* slå in kartongen i papper; *sich in e-e Decke ~* svepa in sig i ett täcke; *die Wolle zu e-m Knäuel ~* göra ett nystan av ullgarnet; *da bist du schief* (*falsch*) *gewickelt* (*vard.*) det har du fått om bakfoten, där misstar du dig **Wickelrock** -*e† m* omlottkjol **Wickeltisch** -*e m* skötbord **Wickeltuch** -*er† n* **1** sjal **2** *dial.* blöja **Wikk[e]lung** -*en f, elektr.* lindning **Wickler** - *m* **1** papiljott **2** *zool.* vecklare
Widder - *m* **1** bagge, gumse, vädur (*äv. astrol.*) **2** murbräcka **-punkt** *0 m* vårdagjämningspunkt
wider *prep m. ack., högt.* [e]mot, i strid med **widerborstig** motspänstig **Widerdruck** -*e m, typ.* eftertryck **widerei'nander** *högt.* mot varandra **wider'fahren** *st s, högt.* vederfaras, drabba; *ihm ist ein Unglück ~* det har hänt honom en olycka **widergesetzlich** lagstridig, olaglig **Widerhaken** - *m* hulling **Widerhall** *0 m* återklang, eko; *bildl.* gen|klang, -svar **'widerhallen** (*ibl. fast sms.*) genljuda, eka **Widerklage** -*n f, se* **Gegenklage Widerlager** - *n, byggn.* vederlag **wider'legbar** möjlig att vederlägga **wider'legen** vederlägga; bestrida; jäva **widerlich** vedervärdig, vidrig, motbjudande **wider|n** *högt.* äckla, inga motvilja (avsmak); *es ~t mich vor ihm* han äcklar mig **widernatürlich** onaturlig, mot naturen; pervers **Widerpart** *högt..* **1** -*e m* vedersakare **2** *0 m, ~ geben* (*bieten, halten*) opponera sig, göra motstånd
wider'raten *st, högt.* avråda (*e-m etw.* ngn från ngt) **widerrechtlich** lagstridig, olaglig **Widerrede** -*n f* **1** motsägelse, invändning; *keine ~ !* inga invändningar! **2** [gen]svar, replik **wider'reden** *e-m ~* säga emot ngn **Widerrist** -*e m* manke **Widerruf** -*e m* åter|kallelse, -tagande, upphävande, annullering; [bis] *auf ~* tills vidare (annat meddelas) **wider'rufen** *st* återkalla, ta tillbaka, dementera, annullera **'widerruflich** [*äv.* --'--] återkallelig; *~ gestattet* tillåtet tills vidare (annat meddelas)
Widersacher - *m* vedersakare, motståndare, antagonist, fiende **Widerschein** -*e m* återsken, reflex; *bildl. äv.* återspegling **wider'setzen** *rfl* motsätta sig, sätta sig emot (*e-m* ngn), opponera sig (*e-m* mot ngn) **wider-'setzlich** [*äv.* '----] motspänstig, olydig **Widersinn** *0 m* motsägelse, absurditet, paradox **widersinnig** motsägande, absurd, paradoxal, ologisk **widerspenstig** motspänstig, halsstarrig, gensträvig, tredsk **'widerspiegeln** (*ibl. fast sms.*) återspegla, reflektera; *sich ~* (*äv.*) återspeglas, reflekteras **Widerspiel** -*e n* **1** *högt. ung.* växelspel **2** *dld.* motsats **wider-'sprechen** *st* motsäga, säga emot; strida mot, stå i strid med; *~d* motsägande, [mot]stridig; *e-m ~* säga emot (opponera sig mot) ngn; *du widerspricht dir selbst* du motsäger dig själv; *das widerspricht den Tatsachen* det strider mot fakta; *die Zeugenaussagen ~ sich* vittnesmålen strider mot varandra **Widerspruch** -*e† m* **1** motsägelse, invändning, protest; *keinen ~ dulden* inte tåla några motsägelser; *auf ~ stoßen*

möta opposition; *ohne* ~ utan invändning[ar] (protest[er]) **2** motsägelse; inkonsekvens; motsats (*äv. filos.*); *sich in Widersprüche verwikkeln* veckla in sig i motsägelser **widersprüchlich** motsägelsefull, motstridig, [själv]motsägande, inkonsekvent **widerspruchsfrei** utan motsägelse, logisk[t sammanhängande] **Widerspruchsgeist 1** *0 m* motsägelselusta **2** -*er m, er ist ein* ~ han måste alltid säga emot **widerspruchslos** utan invändning[ar] (protest[er]) **widerspruchsvoll** *se widersprüchlich* **Widerstand** -*e*† *m* motstånd (*äv. tekn.*); *elektr. äv.* resistans; *dem* ~ *angehören* tillhöra motståndsrörelsen; *den Weg des geringsten* ~*es gehen* följa minsta motståndets lag; *e-m* ~ *leisten* göra motstånd mot ngn; *zum* ~ *aufrufen* uppmana till motstånd **Widerstandsbewegung** -*en f* motståndsrörelse **widerstandsfähig** motståndskraftig **Widerstandsfähigkeit** *0 f* motståndskraft **Widerstandskämpfer** - *m* motstånds|kämpe, -man **Widerstandskraft** *0 f* motståndskraft **widerstandslos** utan motstånd, motståndslös **Widerstandsmesser** - *m* ohmmeter **wider'steh|en** *st* **1** motstå, stå emot; tåla; *dem Angriff* ~ stå emot anfallet; *das Material -t dem hohen Druck* materialet tål det stora trycket; *Frauen nicht* ~ *können* inte kunna motstå kvinnor **2** *e-m* ~ äckla (vara motbjudande för) ngn **'widerstrahlen** (*ibl. fast sms.*) reflektera, återkasta **wider'streb|en** *es* -*t mir, das zu tun* det bär (bjuder) mig emot (jag tycker inte om) att göra det **2** *högt., etw.* (*dat.*) ~ sätta sig (gå, sträva, strida) emot ngt **Wider'streben** *0 n* mot-, o|villighet, motsträvighet **wider'strebend** mot-, o|villig, motsträvig; *adv äv.* ogärna **Widerstreit** *0 m* konflikt **wider'streiten** *st, etw.* (*dat.*) ~ *a*) strida mot (vara i strid med) ngt, *b*) *åld.* sätta sig emot (opponera sig mot) ngt **widmen 1** tillägna, dedicera **2** ägna; *sich* (*sein Leben*) *der Kunst* ~ ägna sig (sitt liv) åt konsten **Widmung** -*en f* **1** tillägnan, dedikation **2** donation **widrig** vidrig; ogynnsam, motig; vedervärdig, motbjudande **'widrigen'falls** i motsatt fall **Widrigkeit** -*en f* vidrighet, motighet, svårighet, problem, motgång **wie I** *adv* hur; hur[u]dan; vad; ~ [*bitte*]? hursa ?; ~ *das?* (*vard.*) hur kommer det sig ?, varför det ?; *und* ~ ! (*vard.*) om!; ~ *du aussiehst*! så du ser ut!; ~ *findest du das Kleid?* vad tycker du om klänningen ?; ~ *er sich freut*! så (vad) han gläder sig!; ~ *heißt er?* vad heter han ?; ~ *schade!* så synd!; ~ *spät ist es?* vad är klockan ?; *das freut dich wohl,* ~ ? det gläder dig väl, eller hur ?; *den hat man bestraft, aber* ~ (*vard.*) han straffades, och det ordentligt (må du tro) **II** *konj* **1** som, såsom, liksom; *alle,* ~ *sie da stehen* alla som står där; *außen* ~ *innen* utanpå [såväl] som inuti; ~ *folgt* på följande sätt, som följer; *es sieht aus,* ~ *schnell* ~ *möglich* så fort som möjligt; *es sieht aus,* ~ *wenn es schneien wollte* det ser ut som om det skulle bli snö; *die Art,* ~ *er* det sätt på vilket han; *da geht es dir* ~ *mir* då är du i samma situation som jag; *Frauen,* ~ *man sie hier sieht* sådana kvinnor som man ser här; *größer* ~ (*vard.*) större än; *er macht nichts* ~ *Dummheiten* (*vard.*) han gör bara (ingenting annat än) dumheter; *so groß* ~ så (lika) stor som **2** just som, då, när

Wiedehopf -*e m, zool.* härfågel; *stinken wie ein* ~ (*vard.*) lukta pyton **wieder 1** åter[igen], [om]igen; ~ *und* ~ (*högt.*) om och om igen; *hin und* ~ då och då; *wegen nichts und* ~ *nichts streiten* bråka om absolut ingenting; *nie* ~ aldrig mer; *schon* ~ *?* nu igen ?; *wie du* ~ *aussiehst!* så du ser ut nu igen!; *wie heißt er* ~ *?* vad heter han nu igen ?; *es gefällt mir und gefällt mir* ~ *nicht* jag både tycker om det och inte tycker om det **2** åter, tillbaka **Wieder'abdruck** -*e m* om-, ny|tryck **Wieder'auf|arbeitung** -*en f* upparbetning -**bau** *0 m* återuppbyggnad -**bereitung** -*en f* upparbetning -**führung** -*en f* återuppförande, repris -**nahme** *0 f* återupptagande; *jur.* resning **wieder'aufnehmen** *st* återuppta **wieder'aufrichten** trösta, inge mod **wieder'auftauchen** *s* dyka upp igen **wiederbegegnen** *s* möta på nytt (*e-m* ngn) **Wiederbeginn** *0 m* ny början, återupptagande, fortsättning **wiederbekommen** *st* återfå, få tillbaka **wiederbeleben** återupp|liva, -väcka, återge liv åt **Wiederbelebung** -*en f* återuppliv|ande, -ning **Wiederbelebungsversuch** -*e m* återupplivningsförsök **wiederbeschaffen** återanskaffa **wiederbesetzen** återbesätta **wiederbringen** *oreg.* åter|lämna, -bringa, -föra **Wiederdruck** -*e m* om-, ny|tryck **Wieder'einführung** *0 f* återinförande **Wieder'eingliederung** *0 f* återanpassning **wieder'einsetzen** återinsätta; *e-n in seine Rechte* (*seinen Besitz*) ~ rehabilitera ngn (restituera ngns egendom) **Wiedereintritt** *0 m* återinträde **wieder|entdecken** återupptäcka -**erhalten** *st* återfå, få tillbaka -**erinnern** *rfl, sich an etw.* (*ack.*) ~ minnas ngt [igen] -**erkennen** *oreg.* känna igen -**erlangen** återfå, få tillbaka -**erleben** återuppleva -**erobern** återerövra -**eröffnen** öppna på nytt -**erscheinen** *st* **1** visa sig på nytt, dyka upp igen **2** (*om bok*) komma ut i ny upplaga (på nytt) -**erstatten** återgälda, ersätta -**erstehen** *st* **1** *s, högt.* uppstå **2** *s, högt.* återuppstå **3** köpa tillbaka -**erwarten** vänta tillbaka -**erwecken** väcka till nytt liv -**erzählen 1** återberätta **2** *vard.* berätta vidare, sprida -**finden** *st* återfinna; hitta; *sich* ~ (*äv.*) hämta sig; *sie haben einander* (*sich*) *wiedergefunden* de har återfunnit varandra; *der Schlüssel hat sich wiedergefunden* nyckeln har återfunnits -**fordern** återfordra, begära tillbaka **Wiedergabe** -*n f* återgiv|ande, -ning; skildring; uppförande; reproduktion **wiedergeben** *st* återge; ge (lämna) igen (tillbaka); berätta, skildra, relatera; reproducera; *falsch* ~ (*äv.*) misstolka, förvränga **Wiedergeburt** -*en f, relig.* pånyttfödelse; *bildl. äv.* renässans **wiedergewinnen** *st* återvinna (*äv. bildl.*), vinna tillbaka **wiedergrüßen** hälsa tillbaka [på] **wieder'gutmachen** gottgöra, reparera **Wieder'gutmachung** -*en f* gottgörelse; skadestånd **wiederhaben** *oreg.* ha (få) tillbaka **wieder'herrichten** reparera, renovera **wieder'herstellen 1** återställa; reparera, restaurera **2** göra frisk [igen] **3** *rfl* återuppstå **wiederholen I** [----] återhämta, hämta tillbaka **II** [--'--] **1** upprepa, ta om, repetera; [*die Klasse*] ~ gå om [klassen]; *das Spiel* ~ spela om matchen; *die Wahl* ~ göra om valet **2** *rfl* upprepa sig; upprepas **wieder'holt I** *adj* upprepad **II** *adv* upprepade gånger, om och om igen **Wieder-'holung** *-en f* upprep|ande, -ning, omtagning, repetition; repris (*äv. mus.*); *sport.* omspel; ~ *der Wahl* omval **Wieder'holungs|fall** *0 m, kansl., im* ~ om det upprepas, vid återupprepning **-impfung** *-en f* re-, om|vaccination **-sendung** *-en f, radio., telev.* repris **-spiel** *-e n, sport.* omspel **-täter** - *m* återfallsförbrytare **-wahl** *-en f* omval **-zeichen** - *n, mus.* repristecken **Wiederhören** *0 n,* [*auf*] ~*! (tel.)* adjö!, (*radio.*) vi hörs igen! **Wiederimpfung** *-en f* re-, om|vaccination **wiederin'standsetzen** åter sätta i stånd, reparera **wiederkäuen** idissla, tugga om (*äv. bildl.*) **Wiederkäuer** - *m* idisslare **Wiederkauf** *-e†m* återköp **Wiederkehr** *0 f, högt.* åter|komst, -vändande **wiederkehren** *s, högt.* åter|vända, -komma; upprepas **wiederkommen** *st s* komma tillbaka (igen), återkomma **Wiederkunft** *0 f, högt.* återkomst **wiederlieben** *e-n* ~ besvara ngns kärlek; *lieben und wiedergeliebt werden* älska och bli älskad **wiedersagen** *vard.* berätta vidare, sprida **Wiederschauen** *0 n, dial.,* [*auf*] ~*!* adjö!, hej då! **wiederschlagen** *st* slå igen (tillbaka) **wiedersehen** *st* återse; *wann sehen wir uns wieder?* när träffas vi (ses vi) igen?, när återser vi varandra ? **Wiedersehen** *0 n* återseende; [*auf*] ~*!* adjö!, på återseende!, hej då!; *auf baldiges* ~*!* adjö, jag hoppas vi ses snart igen!; ~ *macht Freude!* (*skämts. vid utlåning av ngt*) glöm inte adressen!; *ein* ~ *vereinbaren* komma överens om att träffas igen **Wiedertaufe** *-n f* nytt dop **Wiedertäufer** - *m* vederdöpare **wiedertun** *st* göra om **wiederum** [åter]igen; ånyo; å andra sidan; *er* ~ *ist der Meinung* han å sin sida (däremot) anser **wiedervereinigen** återförena **Wiedervereinigung** *-en f* återförening **wiederverheiraten** *rfl* gifta om sig **Wiederverheiratung** *-en f* omgifte **Wiederverkauf** *-e†m* återförsäljning **Wiederverkäufer** - *m* återförsäljare **Wiederverkaufswert** *-e m* andrahands-, försäljnings|värde **wiederverwenden** *sv el. oreg.* (*äv. fast sms.*) återanvända **Wiederverwendung** *0 f* återanvändning, återbruk **Wiederwahl** *-en f* om-, åter|val **wiederwählen** om-, åter|välja **Wiege** *-n f* vagga (*äv. bildl.*); *das ist ihm nicht an der* ~ *gesungen worden, daß er Präsident werden würde* (*vard.*) att han skulle bli president hade man väl aldrig kunnat drömma om; *von der* ~ *an* ända från födelsen; *von der* ~ *bis zur Bahre* från vaggan till graven **Wiegebrett** *-er n* skärbräde **Wiegemesser** - *n* [rundad] hackkniv **1 wiegen** *wog, wöge, gewogen* väga; *schwer* ~ *a) högt.* vara tung, vägga mycket, *b) bildl.* väga tungt, vara tungt vägande; *gewogen und zu leicht befunden* vägd och befunnen för lätt **2 wiegen** *sv* **1** vagga; *den Kopf* ~ runka på huvudet; *in den Schlaf* ~ vagga till sömns; *mit den Hüften* ~ vagga på höfterna **2** *rfl* vagga, gunga; *sich in den Hüften* ~ vagga på höfterna **3** *kokk.* hacka **Wiegendruck** *-e m* inkunabel **Wiegenfest** *-e n, högt.* födelsedag **Wiegenlied** *-er n* vaggvisa **wiehern** gnägga; *vard.* gapskratta **Wiek** *-en f, nty.* [liten] vik **Wiener I** - *m* **1** wienare **2** (*slags*) varm korv **II** *oböjl. adj* från (i) Wien, wien[er]- **wienern 1**

vard. [blank]putsa **2** *e-m e-e* ~ (*vard.*) ge ngn en örfil **wies** *se weisen* **wiesche[r]ln** *österr.* kissa **Wiese** *-n f* äng **wie'sehr** *österr., se sosehr* **Wiesel** - *n, zool.* vessla **Wiesen|grund** *-e† m, högt.* ängsmark **-klee** *0 m* rödklöver **-schaumkraut** *0 n* ängskrasse **wie'so** varför; *Bist du traurig? — Nein,* ~*?* Är du ledsen? — Nej, hurså (varför det)? **wie'viel** [*äv.* '--] hur mycken (mycket), hur mången (många); ~ *Nettes wir erlebt haben!* så mycket trevligt vi har upplevt!; ~ *Uhr ist es?* vad (hur mycket) är klockan?; ~ *Zeit das kostet!* vilken tid det tar!; ~ *er auch bekommt, er will immer mehr* hur mycket han än får så vill han ha mer; *Pillweinstraße* ~ *wohnt er noch mal?* (*vard.*) vilket nummer på Pillweinstraße var det han bor på? **'wievielerlei** [*äv.* -'--] *oböjl. adj* hur många [olika] slags (sorters) **'wievielmal** [*äv.* -'--] hur många gånger **'wievielt** [*äv.* -'-] *zu* ~ *wart ihr?* hur många var ni? **'wievielte** [*äv.* -'--] vilken i ordningen; *der W- ist heute?* vad är det för datum i dag?; *zum* ~*n Mal?* för vilken gång i ordningen? **wie'weit** huruvida, i vad mån **wie'wohl** *högt.* fast[än], ehuru, om också **Wigwam** ['vɪk-] *-s m* vigvam, indianhydda **Wiking** *-er m,* **Wikinger** - *m* viking **Wikingerschiff** *-e n* vikingaskepp **wild 1** vild; *bildl. äv.* vildsint, oregerlig; våldsam, ursinnig, rasande; *vard.* galen; ocivili serad; illegal; (*om hårväxt*) vildvuxen, rufsig, ovårdad; ~*e Äpfel* vildäpplen; ~*er Handel* olaga (illegal) handel; ~*e Stämme* vilda stammar; ~*er Streik* vild strejk; ~*es Taxi* svart taxi; ~*es Tier* (*äv.*) vilddjur; ~*er Wein* vildvin; *wie* ~ (*ein W~er*) (*vard.*) som en galning; *ein W~er* en vilde; ~ *bauen* bygga svart (*utan byggnadslov*); ~ *durcheinanderliegen* ligga huller om buller; ~ *entschlossen* (*vard.*) fast besluten; *das ist halb so* ~ det är inte så farligt; ~ *auf etw.* (*ack.*) *sein* (*vard.*) vara vild på (galen i) ngt **2** *gruv.* ofyndig **Wild** *0 n* vilt (*äv. kokk.*), villebråd **-bach** *-e† m* strid bäck, fjällbäck **-bahn** *-en f* jaktområde; *in freier* ~ i vilt tillstånd, i naturlig miljö **-braten** - *m* viltstek **-bret** *0 n, högt.* vilt **-dieb** *-e m* tjuvskytt **-dieberei** *-en f* tjuvskytte **-eber** - *m* vildsvinsgalt **-ente** *-n f* vildand **Wilderei** *-en f* tjuvskytte **Wilderer** - *m* tjuvskytt **wildern 1** bedriva tjuvskytte; (*vard.*) bedriva olaglig jakt på **2** (*om hund o.d.*) [stryka omkring o.] jaga **Wildfang** *-e† m* **1** fångat vilt djur **2** vildbasare, yrhätta **Wildfleisch** *0 n* [kött av] vilt **'wild'fremd** vilt främmande **Wild|frucht** *-e† f* vildväxande frukt **-gans** *-e† f* vildgås **-gatter** - *n* viltstängsel **-hege** *0 f, ung.* jaktvård **-heger** - *m, ung.* skogvaktare **-heit** *0 f* vildhet *etc., jfr wild* **wildlebend** vild, som lever i frihet (vilt tillstånd) **Wildleder** *0 n* mocka[skinn] **Wildling** *-e m* **1** *bot.* vildstam **2** [fångat] vilt djur **3** vildbasare, yrhätta **Wildnis** *-se f* vild-, öde|mark **Wildpark** *-e m* viltpark **Wildpflege** *0 f* viltvård **wildreich** viltrik **Wild|sau** *-e† f* vildsvinshona; *vulg.* svin **-schaden** *-† m* **1** viltskada **2** skada vid viltolycka **-schütz** *-en - en m,* **-schütze** *-n -n m* **1** tjuvskytt **2** *åld.* jägare, skogvaktare **-schwein** *-e n* vildsvin **-sperrzaun** *-e† m* viltstängsel **-stand** *-e† m* viltbestånd **-unfall** *-e† m* viltolycka

wildwachsend vild, vilt växande **Wildwasser** - *n* stritt vattendrag, fjällbäck **Wildwechsel** - *m* **1** korsande vilt **2** viltstig **Wild'west** Vilda Västern **Wild'westfilm** -*e m* vildavästernfilm **Wildzaun** -*e*† *m* viltstängsel **Wille** -*ns* -*n m* vilja; *es war kein böser* ~ *von ihm* det var inte illa menat av honom; *eiserner* ~ järnvilja; *es war mein freier* ~, *das zu tun* jag gjorde det av fri vilja; *Letzter* ~ sista vilja, testamente; *seinen* ~*n durchsetzen* driva sin vilja igenom; *er hat den festen* ~*n, das zu tun* han är fast besluten att göra det; *er hat keinen* ~*n* han vet inte vad han vill; *er ist guten* ~*ns* han bemödar sig; *aus freiem* ~*n* av fri vilja, frivilligt; *beim besten* ~*n* med bästa vilja [i världen]; *es steht in deinem* ~*n*, *mitzukommen* du får avgöra själv om du skall komma med; *mit* ~*n* (*dial.*) med flit (avsikt); *mit [Wissen und]* ~*n seiner Eltern* med sina föräldrars goda minne (samtycke); *wider* ~*n mot min* (din *etc.*) vilja; *e-m zu* ~*n sein* (*högt.*) vara ngn till lags; *sie war ihm zu* ~*n* (*högt.*) hon gjorde honom till viljes **willen** *prep m. gen.*, *um ...* ~ *för ... skull; um meiner selbst* ~ för min egen skull **Willen** - *m*, *se* **Wille willenlos** viljelös **Willenlosigkeit** 0 *f* viljelöshet **willens** *högt.*, ~ *sein* vara villig **Willens|akt** -*e m* viljeakt **-anstrengung** 0 *f* viljeansträngning **-äußerung** -*en f* viljeyttring **-erklärung** -*en f*, *jur.* viljeförklaring **-freiheit** 0 *f* fri vilja **-kraft** 0 *f* viljekraft **willensschwach** viljesvag **Willensschwäche** 0 *f* viljesvaghet **willensstark** viljestark **Willensstärke** 0 *f* viljestyrka **willentlich** *högt.* avsiktlig, frivillig; *etw.* ~ *tun* (*äv.*) göra ngt med flit (av fri vilja) **will'fahr|en** [*äv.* '---] -*te*, *will'fahrt el. ge'willfahrt* villfara (*e-m Wunsch* en önskan); *e-m* ~ gå ngn till viljes **'willfährig** [*äv.* '-'--] *högt.* villig, foglig, tjänstaktig **willig** villig **willigen** *högt.* samtycka (*in etw. ack.* till ngt) **'Willkomm** -*e m* **1** välkomstbägare **2** *se* **Willkommen will'kommen** välkommen (*in* + *dat.* i, till); *e-n* ~ *heißen* hälsa ngn välkommen, välkomna ngn **Will'kommen** - *n* (*ibl. m*) välkomnande; välkomst; *ein fröhliches* ~! hjärtligt välkommen! **Will'kommenstrunk** -*e*† *m*, *högt.* välkomstbägare **Willkür** 0 *f* godtycke, -lighet, egenmäktighet; despotism **Willkürakt** -*e m* godtycklig handling **willkürlich 1** godtycklig, egenmäktig; slumpmässig **2** (*om muskel*) medveten **Willkürmaßnahme** -*n f* godtycklig åtgärd **wimmeln** vimla, myllra **wimmen** *schweiz.* skörda [vin] **Wimmer|holz** -*er*† *n*, *vard.* fiol-, gitarr|skrälle (*e.d.*) **-kasten** -[†] *m*, *vard.* pianoskrälle **Wimmerl** -*n n*, *sty.*, *österr.* **1** 'banan' (*midjeväska*) **2** finne, blemma **wimmern** jämra sig, gnälla, kvida **Wimmet** 0 *m*, *schweiz.* vinskörd **Wimpel** - *m* vimpel **Wimper** -*n f* **1** ögon|hår, -frans; *ohne mit der* ~ *zu zucken* (*bildl.*) utan att blinka; *nicht mit der* ~ *zucken* inte röra en min **2** *biol.* flimmerhår **Wimperntusche** -*n f* ögontusch, mascara **Wimpertierchen** - *n* infusionsdjur **Wind** -*e m* **1** vind; blåst; [*schnell*] *wie der* ~ snabb som en blixt; ~ *von etw. bekommen* (*vard.*) få nys om ngt; *es geht ein starker* ~ det blåser hårt; *der Jäger hat guten* ~ (*jakt.*) jägaren står så att viltet inte får vittring på honom; ~ *machen* (*vard.*) överdriva, skryta, vara stor i mun; *viel* ~ *um etw. machen* (*vard.*) göra stort väsen av ngt; *e-m den* ~ *aus den Segeln nehmen* (*vard.*) slå undan grundvalarna för ngns agerande (argument); *das ist alles nur* ~ det är bara prat (skryt); *sich* (*dat.*) *den* ~ *um die Nase* (*Ohren*) *wehen lassen* (*vard.*) se sig om i världen; *daher weht also der* ~! (*bildl.*) jasså, är det så det ligger till!; *wissen, woher der* ~ *weht* (*vard.*) veta hur det egentligen förhåller sig; *hart am* ~ *segeln* (*sjö.*) gå högt upp i vind; *bei* (*in*) ~ *und Wetter* i ur och skur, i alla väder; *in den* ~ *reden* tala för döva öron; *etw. in den* ~ *schlagen* slå dövörat till för (strunta i) ngt; *in alle* ~*e zerstreut* skingrad för alla vindar; *vom* ~*e verweht* borta med vinden; *vor dem* ~ *segeln* (*sjö.*) segla för förlig vind **2** väderspänning[ar], gas[er] **Windbeutel** - *m* vindböjtel; *bildl. äv.* spelevink[er]; *kokk.* petit-chou **Windbö** -*en f* kastby **Windbruch** -*e*† *m* vindfälle **Windbüchse** -*n f* luftbössa **Winde** -*n f* **1** [vind]spel, vinsch **2** *bot.* vinda **Windei** -*er n* **1** vindägg **2** obefruktat ägg; *bildl.* flopp **3** *med.* mola **Windel** -*n f* linda, blöja; *noch in den* ~*n sein* (*liegen, stecken*) (*bildl.*) ännu vara (ligga) i sin linda **Windelhöschen** -*n* blöjbyxa **windeln** linda **'windel'weich** *vard.* mjuk; blödig; ~ *schlagen* mörbulta **1 winden** *wand, wände, gewunden* **1** *högt.* veckla, vira, linda; slingra; *Kränze* ~ binda kransar; *e-m etw. aus der Hand* ~ vrida ngt ur händerna på ngn; *gewunden* slingrande, slingrig; *sich gewunden ausdrücken* uttrycka sig snirklat (krystat) **2** *rfl*, *högt.*, *sich durch etw.* ~ bana sig väg (tränga sig fram) genom ngt **3** *rfl* slingra sig (*äv. bildl.*); *sich vor Schmerzen* ~ vrida sig av smärta **4** vinda, veva, vinscha, hissa [upp] **2 winden** *sv* **1** blåsa **2** *jakt.* vädra **'Windes'eile** 0 *f*, *in* (*mit*) ~ i flygande fläng, med vindens hastighet **Windfahne** -*n f* väderflöjel, vindfana **Windfang** -*e*† *m* **1** vindfång **2** *jakt.* näsa **windgeschützt** vindskyddad, i lä **Windgeschwindigkeit** -*en f* vindhastighet **Windharfe** -*n f* eolsharpa **Windhauch** 0 *m* vindpust **Windhose** -*n f* tromb **Windhund** -*e m* **1** vinthund **2** *neds.* spelevink[er] **windig 1** blåsig **2** *vard.* osäker, opålitlig; oviss; osannolik; skum **Wind|jacke** -*n f* vind[tygs]jacka **-jammer** - *m*, *sjö.* windjammer **-kanal** -*e*† *m* vindtunnel **-kraft** 0 *f* vindkraft **-licht** -*er n* ljus med vindskydd, stormlykta **-macher** - *m*, *vard.* pratmakare, skrävlare **-messer** - *m* vindmätare **-motor** -*en m* vind|hjul, -motor **-mühle** -*n f* väderkvarn **-mühlenflügel** - *m* väderkvarnsvinge; *gegen* ~ *kämpfen* kämpa mot väderkvarnar **-pocken** *pl*, *med.* vattkoppor **-rad** -*er*† *n* vind|hjul, -motor **-richtung** -*en f* vindriktning **-röschen** - *n*, *bot.* [vit]sippa **-rose** -*n f* kompass-, vind|ros **-sack** -*e*† *m*; *meteor.* vindstrut **Windsbraut** 0 *f*, *åld.* virvel|vind, -storm **Windschatten** 0 *m* läsida; *im* ~ i lä **windschief** [alldeles] sned (vind); på sniskan **wind|schlüpfrig**, **-schnittig** strömlinjeformad **Windschutz** 0 *m* vindskydd **Windschutzscheibe** -*n f* vindruta **Windseite** -*n f* lovartssida **Windspiel** -*e n* italiensk vinthund **Windstärke** -*n f* vindstyrka **windstill** vindstilla **Wind|stille** 0 *f* vindstilla, stiltje **-stoß** -*e*† *m*

vindstöt, kastby -**surfing** *0 n* vindsurfing -**turbine** -*n f* vind|turbin, -motor -**ung** -*en f* vindling, slingring, varv, krök, bukt -**verhältnisse** *pl* vindförhållanden
Wingert -*e m, dial.* vinberg
Wink -*e m* vink, tecken; fingervisning; tips, råd; ~ *mit den Augen* blinkning; ~ *mit dem Zaunpfahl (skämts.)* blott alltför tydlig vink
Winkel -*m* **1** vinkel (*äv. mil.*); *toter* ~ död vinkel **2** vinkel, vrå, hörn, skrymsle; *verschwiegener* ~ undangömd vrå, avkrok; *in allen Ecken und* ~*n* i alla vinklar och vrår **3** vinkel|hake, -mått **Winkeladvokat** -*en* -*en m* brännvinsadvokat **Winkeleisen** - *n* vinkeljärn **winkelförmig** vinkelformig **Winkelhaken** - *m, typ.* vinkelhake **winkelig** full av vinklar och vrår; ~*e Straße* krokig gata **Winkelmaß** -*e n* **1** vinkel|hake, -mått **2** vinkel|enhet, -mått **Winkelmesser** - *m* gradskiva **winkelrecht** *åld.* rätvinklig **Winkelzug** -*e*† *m* fint, knep, trick **wink|en** *sv (dial. el. skämts. perf part gewunken)* **1** vinka; vifta; *e-m* ~ *a)* vinka till (åt) ngn, *b)* vinkå (kalla) på ngn; *e-n zu sich* ~ vinka ngn till sig **2** *dem Sieger* -*t ein feiner Preis* för segraren hägrar ett fint pris; *ihm* -*t e-e Belohnung* honom väntar en belöning; *dort* ~ *Abenteuer* där vinkar äventyret **3** *mit Flaggen* ~ vinka (signalera) med flaggor **Winker** - *m* **1** körriktningsvisare **2** *sjö.* [flagg]signalist
winklig *se* **winkelig**
Winselei -*en f, vard.* jämmer, gnäll **winseln** jämra sig, gnälla, gny; *um Gnade* ~ jämrande tigga om nåd
Winter - *m* vinter **Winteranfang** *0 m, der* ~ *a)* vinterns början, *b)* vintersolståndet **Winterfahrplan** -*e*† *m* vintertidtabell **Winterferien** *pl* vinterlov **winterfest** **1** som tål vintern **2** vinterbonad **3** *bot.* vinterhärdig **Winterfrische** -*n f* [ställe för] vintersemester; vintersportort **Wintergarten** -† *m* vinterträdgård **Wintergetreide** - *n* höstsäd **Winterhaar** -*e n, zool.* vinterpäls **Winterhafen** -† *m* vinterhamn **winterhart** *bot.* vinterhärdig **Winterkleid** -*er n* **1** vinterklänning **2** *zool.* vinter|dräkt, -päls **Winterkohl** *0 m* grönkål **winterlich** vinter-, vintrig, vinterlik **winter|n** *högt., es* -*t* det blir vinter **winteroffen** öppen (som kan passeras) på vintern **Winterreifen** -*m* vinterdäck **winters** på (om) vintern (vintrarna) **Wintersaat** -*en f* höstsådd, vintersäd **Wintersanfang** *0 m, se Winteranfang* **Winterschlaf** *0 m* vinter|dvala, -sömn; ~ *halten* (*äv.*) gå i ide **Winterschlußverkauf** -*e*† *m* vårrea[lisation] **Wintersemester** - *n, univ.* vintertermin (*vid ty. univ.*) **wintersüber** *se winters* **Winter[s]zeit** *0 f* vinter[tid]; *zur* ~ på vintern, vintertid
Winzer - *m* vin|odlare, -bonde; vingårdsarbetare
winzig ytterst liten; minimal; ~ *klein* pytteliten **Winzigkeit 1** *0 f* litenhet **2** -*en f* bagatell
Wipfel - *m* [träd]topp
Wippchen - *n, dial.* **1** skämt; upptåg **2** undanflykt **Wippe** -*n f* gungbräde **wippen** gunga [på gungbräde]; vippa, vicka; *mit dem Schwanz* ~ vippa på stjärten; *mit dem Po* ~ vicka på stjärten **Wippschaukel** -*e f* gungbräde **Wippsterz** -*e m, dial.* vippstjärt (*sädesärla*)
wir *pers. pron* vi (*gen. unser* oss, *dat. uns* [åt,

till, för] oss, *ack. uns* oss; ~ *anderen* vi andra; *in unser aller Namen* i allas vårt namn
Wirbel - *m* **1** virvel (*äv. härd-, trum-*); *es gibt e-n* ~, *wenn* (*vard.*) det blir bråk (ett väldigt liv) om **2** [rygg]kota **3** *mus.* [stäm]skruv **Wirbelentzündung** -*en f, med.* ryggkotsinflammation **wirbelig 1** virvlande **2** livlig; hektisk **3** konfys; yr [i huvudet] **Wirbelkasten** -[†] *m, mus.* skruvlåda **Wirbelknochen** - *m* ryggkota **wirbellos** *zool.* ryggradslös **wirbel|n 1** *h, el.vid ortsförändring s* virvla; yra; *ihm* -*t der Kopf* han är yr i huvudet; *die Räder* ~ hjulen snurrar **2** slå [trum]virvlar **Wirbelsäule** -*n f* ryggrad, kotpelare **Wirbelsturm** -*e*† *m* virvelstorm, cyklon **Wirbeltier** -*e n* ryggradsdjur **Wirbelwind** -*e m* **1** virvelvind **2** *bildl.* yrväder
wirblig *se wirbelig*
wirk|en 1 verka; *als Lehrer* ~ (*äv.*) vara verksam som lärare; *ermüdend* ~ (*äv.*) ha en sövande verkan; *gut (schlecht)* ~ göra god (dålig) verkan; *müde* ~ verka trött; *das Kleid* -*t nicht klänningen* gör sig inte; *auf e-n* ~ inverka på (påverka) ngn; *für etw.* ~ verka för ngt **2** *högt.* uträtta, åstadkomma; *er hat viel Gutes gewirkt* (*äv.*) han har gjort mycket gott **3** sticka på maskin; väva; *gewirkt* (*äv.*) trikåstickad **4** *dial.* knåda **Wirken** *0 n* verksamhet, gärning **Wirkerei** -*en f* **1** maskinstickning; vävning **2** trikåfabrik **wirklich** verklig, faktisk, reell; *adv äv.* verkligen; *ja,* ~*!* ja, faktiskt!, ja, det är sant!; *was will er* ~*?* vad vill han i själva verket? **Wirklichkeit** -*en f* verklighet, realitet; *in* ~ i verkligheten (realiteten), i själva verket **wirklichkeitsfern** *se wirklichkeitsfremd* **Wirklichkeitsform** -*en f, språkv.* indikativ **wirklichkeitsfremd** verklighetsfrämmande, orealistisk **wirklichkeitsgetreu** verklighetstrogen, realistisk **Wirklichkeitsmensch** -*en* -*en m* realist **wirklichkeitsnah** verklighetsnära, realistisk **wirklichkeitstreu** verklighetstrogen
wirksam verksam, effektiv; *mit 1. September* ~ *werden* träda i kraft 1 september **Wirksamkeit** *0 f* **1** verksamhet **2** verkan **Wirkstoff** -*e m, med.* biokatalysator **Wirkteppich** -*e m* [handvävd] matta **Wirkung** -*en f* verkan, effekt, resultat; *seine* ~ *tun* göra (ha) verkan; *mit* ~ *vom 1. September* med verkan från 1 september **Wirkungsbereich** -*e m* verksamhetsområde; verkningsområde **Wirkungsfeld** -*er n* verksamhets|fält, -område **Wirkungsgrad** -*e m* verkningsgrad **Wirkungskraft** *0 f* verknings|kraft, -förmåga **Wirkungskreis** -*e m* verkningskrets **wirkungslos** verkningslös, utan verkan (resultat) **wirkungsreich** inflytelserik **wirkungsvoll** verknings-, effekt|-full **Wirkungsweise** -*n f* verkningssätt **Wirkwaren** *pl* trikåvaror
wirr virrig, kaotisk; förvirrad; omtumlad, konfys **2** trasslig, rufsig, tovig **Wirren** *pl* virrvarr, kaotiska förhållanden; oroligheter **Wirrheit** *0 f* virrighet *etc.*, *jfr wirr* **Wirrkopf** -*e*† *m* virrpanna **Wirr|nis** -*se f, högt.*, -**sal** -*e n el. f, högt.* oreda, virrvarr, villervalla, kaos **Wirrwarr** *0 m* virrvarr, villervalla, kaos
Wirsing[kohl] *0 m* virsing-, savoj|kål
Wirt -*e m* **1** värd, krögare **2** värd (*vid bjudning*) **3** [hyres]värd **4** *biol.* värd|djur, -växt **wirtlich** gäst|fri, -vänlig
Wirtschaft -*en f* **1** näringsliv, ekonomi **2** hushåll; *e-m die* ~ *führen* sköta hushållet åt ngn;

e-e eigene ~ gründen bilda eget hushåll **3** hushållning, förvaltning, skötsel; *vard.* slarvigt sätt, oordning, röra; *reine ~ machen (vard.)* göra rent hus; *das ist ja e-e schöne ~! (vard.)* det var just snygga förhållanden! **4** [enklare] restaurang, krog; *in e-r ~ einkehren (äv.)* gå in på ett [mat]ställe **5** bondgård, lantbruk **wirtschaft|en** *-ete, gewirtschaftet* **1** hushålla; *schlecht ~ misshushålla; in den Ruin ~* driva till ruin; *mit etw. sparsam ~ (äv.)* vara sparsam med ngt **2** hålla på, vara sysselsatt **Wirtschafter** - *m* **1** företagare, [ledande] industriman **2** [gods]förvaltare **Wirtschaftler** - *m* **1** nationalekonom **2** *se Wirtschafter 1* **wirtschaftlich** ekonomisk; hushållsaktig; sparsam; lönsam; i ekonomiskt avseende **Wirtschaftlichkeit** *0 f* bärighet, lönsamhet **Wirtschafts|abkommen** - *n* handelsavtal **-berater** - *m* ekonomisk konsult **-buch** *-er†n* kassabok [för hushållsutgifter] **-form** *-en f* ekonomiskt system **-gebäude** - *n* ekonomibyggnad **-geld** *-er n* hushållspengar **-gemeinschaft** *-en f* ekonomisk union **-geographie** *0 f* ekonomisk geografi **-gipfel** - *m* ekonomiskt toppmöte **-hilfe** *0 f* ekonomisk hjälp **-jahr** *-e n* budget-, räkenskapsår **-kapitän** *-e m* [ledande] industriman, storföretagare **-krieg** *-e m* handelskrig **-kriminalität** *0 f* ekonomisk brottslighet **-krise** *-n f* ekonomisk kris **-lage** *0 f* ekonomiskt läge **-leben** *0 n* näringsliv **-lehre** *0 f* nationalekonomi **-minister** - *m, ung.* ekonomiminister **-ordnung** *-en f* ekonomiskt system **-prüfer** - *m* auktoriserad revisor **-spionage** *0 f* industrispionage **-union** *-en f* ekonomisk union **-wachstum** *0 n* ekonomisk tillväxt **-wissenschaft** *-en f* nationalekonomi **-wissenschaftler** - *m* nationalekonom **-wunder** - *n, vard.* ekonomiskt under[verk]; *das deutsche ~ (hist.)* det tyska undret **-zeitung** *-en f* handelstidning **Wirts|haus** *-er† n* [enklare] värdshus (krog) **-leute** *pl* **1** värdfolk **2** [värdshus]värd och hans fru **-pflanze** *-n f, bot.* värdväxt **-stube** *-n f* krog[lokal] **-tier** *-e n, zool.* värddjur **Wisch** *-e m, neds.* papper[slapp], lapp; *wirf den ~ weg! (äv.)* släng den där smörjan! **wischen 1** torka [av]; *e-m e-e ~ (vard.)* ge ngn en örfil; *sich (dat.) den Mund ~* torka sig om munnen; *Staub ~ (äv.)* damma; *die Treppe ~ (dial.)* torka av trappan; *sich (dat.) den Schlaf aus den Augen ~* gnugga sömnen ur ögonen; *mit der Hand über den Tisch ~* fara med handen över bordet **2** *s* slinka, smyga sig **Wischer** - *m* **1** *konst.* stomp **2** vindrutetorkare **3** penntorkare **4** *mil.* snuddskott; *vard.* skråma; *dial.* skrapa, utskällning **Wischi'waschi** *0 n, vard.* svammel, goja, sladder **Wisch|lappen** - *m,* **-tuch** *-er† n* [damm-, puts-, golv]trasa **'Wisent** *-e m* visent, [europeisk] bisonoxe **Wismut** *0 n* vismut **wispern** *dial.* viska; *e-m etw. ins Ohr ~* viska ngt i örat på ngn **Wißbegier[de]** *0 f* vetgirighet **wißbegierig** vetgirig **wissen** *wußte, wüßte, gewußt, weiß, weißt, weiß* **1** veta; känna till, ha reda på; *ich weiß ihn in Gefahr (högt.)* jag vet att han är i fara; *sich in Sicherheit ~ (högt.)* veta att man är i säkerhet; *von etw. ~* veta om (känna till, ha reda på) ngt; *etw. zu ~ bekommen* få reda på (veta) ngt; *e-n etw. ~ lassen* låta ngn få veta ngt; *ich möchte ~ (äv.)* jag undrar; *er wollte ~, daß* han påstod sig veta att; *heute will er es ~ (vard.)* i dag satsar han allt (vill han veta vad han går för); *von etw. nichts ~ wollen* inte vilja veta av (höra talas om, ha ngt att göra med) ngt; *weißt du [was], wir gehen ins Kino!* vet du vad, vi går på bio!; *ich weiß es nicht mehr (äv.)* jag har glömt det; *nicht, daß ich wüßte* inte såvitt (vad) jag vet; *ich wüßte nicht, daß* jag har ingen aning om att; *weißt du noch?* minns du?; *ich weiß [mir] keinen anderen Rat, als* jag vet [mig] ingen annan råd än; *weißt du schon das Neu[e]ste?* har du hört det senaste?; *dies und noch wer weiß was alles (vard.)* det och en himla massa annat; *gewußt, wie! (vard.)* det gäller bara att veta hur [man ska göra]!; *er tut, als ob das wer weiß wie wichtig sei (vard.)* han låtsas att det har för han viktigt som helst; *woher soll ich das ~?* hur ska jag kunna veta det? **2** veta, kunna; *er weiß sich zu benehmen* han kan (vet att) uppföra sig; *sie wußte zu berichten* hon berättade (kunde berätta); *etw. zu schätzen ~ (äv.)* förstå att sätta värde på ngt; *er weiß sich immer zu helfen* han klarar sig alltid **Wissen** *0 n* vetande, kunskap[er]; vetskap; *meines ~s* så vitt jag vet; *mit ~* medvetet; *nach bestem ~ und Gewissen* så gott man *(etc.)* kan och vet; *ohne mein ~* utan min vetskap; *wider besseres ~* mot bättre vetande **wissend** vetande; förstående **Wissenschaft** *-en f* **1** vetenskap; *das ist e-e ~ für sich (vard.)* det är en konst för sig **2** vetskap, kännedom **Wissenschaft|er** - *m, schweiz., österr. el. äld.,* **-ler** - *m* vetenskapsman, forskare **wissenschaftlich** vetenskaplig **Wissenschafts|geschichte** *0 f* vetenskapshistoria **-glaube** *-ns 0 m* [över]tro på vetenskapen **-theorie** *0 f* vetenskapsteori **-zweig** *-e m* vetenskapsgren **Wissens|drang** *0 m,* **-durst** *0 m* kunskaps|begär, -törst **Wissensgebiet** *-e n* kunskapsområde **wissenswert** värd att veta **wissentlich** medveten, avsiktlig **Wit|ib** ['vɪtɪp] *-e f, äld.* änka **-mann** *-er† m, äld.* änkling **witschen** *s, vard.* slinka **wittern** *jakt.* vädra; *bildl. äv.* ana **Witterung** *-en f* **1** väder[lek] **2** väderkorn *(äv bildl.)*; vittring; *~ von etw. bekommen* få väderkorn på ngt *(äv. bildl.)* **witterungsbedingt** som orsakas av väderleken **witterungsbeständig** väderbeständig **Witterungseinflu|ß** *-sse† m* atmosfäriskt inflytande, väderleks|inflytande, -faktor **Witterungsumschlag** *-e† m* väderleksomslag **'Wittib** *-e f, österr. äld.* änka **-er** - *m, österr. äld.* änkling **Wittling** *-e m, zool.* vitling **Wittum** *-er† n* änkas arvslott (livränta) **Witwe** *-n f* änka; *grüne ~ (vard.)* hemmafru som känner sig ensam [i förort] **Witwen|blume** *-n f* åkervädd **-geld** *-er n* änkepension **-schaft** *0 f* änkestånd **-schleier** - *m* änkedok **-stand** *0 m,* **-tum** *0 n* änkestånd **Witwer** - *m* änkling **-schaft** *0 f,* **-stand** *0 m,* **-tum** *0 n* änklingsstånd **Witz** *-e m* **1** vits, [rolig] historia, kvickhet; skämt; *mach keine ~e!* skämta inte!, det menar du väl inte!; *~e reißen (vard.)* skämta, skoja, vitsa; *aus ~ ja* skämt; *der ~ daran ist, daß (vard.)* det roliga med det hela att; *und was ist der ~ dabei?* och vad är poängen med det?; *das ist der ganze ~ bei der Sache (vard.)* det är det som är vitsen (knuten) med det hela **2** humor, espri **3** *åld.* påhittighet **Witzblatt** *-er†* *n* skämttidning **Witzbold** *-e m, vard.* skämtare; vitsmakare, rolighetsminister **Witzelei** *-en f* vitsande, skämtande; skämt; [skämtsam] anspelning **witzeln** vitsa, skämta (*über* + *ack.* om); *über e-n* ~ (*äv.*) göra sig lustig över ngn **witzig** kvick, spirituell; påhittig; vitsig; skämtsam, rolig; *sehr* ~*!* (*iron.*) mycket lustigt! **Witzling** *-e m, vard., se Witzbold* **witzlos 1** utan humor (espri), tråkig **2** *vard.* meningslös

w. o. *förk. för wie oben* som ovan

wo I *adv* **1** var; ~ *geht er hin?* vart går han?; *von* ~ varifrån **2** där; *von* ~ där-, var|ifrån; *schau nach,* ~ *er hingeht* titta efter vart han går; *die Stelle,* ~ *es liegt* platsen där det ligger; ~ *immer er auch ist* var han än är **3** då, när; *zu dem Zeitpunkt,* ~ vid den tidpunkt då **4** *dial.* som; *der Mann,* ~ mannen som **5** *vard.* någonstans **II** *konj* **1** om **2** då, eftersom; fast[än] **wo'anders** någon annanstans, på [något] annat ställe **wo'andershin** någon annanstans, åt [något] annat håll

wob *se* **weben**

wo'bei varvid, vid vilken (vilket, vilka); ~ *er bemerkte, daß* varvid han märkte att; ~ *ist das passiert?* hur gick det till?; ~ *bist du?* vad håller du på med?

Woche *-n f* **1** vecka; *während der* ~*, die* ~ *über* under veckan, om (på) vardagarna; *zweimal die* (*in der*) ~ två gånger i veckan **2** *vard., ~n, se* **Wochenbett**

Wochen|bett *0 n* barnsäng (*tid efter nedkomst*) **-bettfieber** *0 n, med.* barnsängsfeber **-blatt** *-er† n* vecko|tidning, -tidskrift **-endbeilage** *-n f* (*tidnings*) helgbilaga **-ende** *-n n* veckoslut, [vecko]helg; [*ein*] *schönes* ~*!* trevlig helg! **-endhaus** *-er† n, ung.* fritids-, weekend|-hus

wochenlang veckolång, som varar (varade) flera veckor; *i* [flera] veckor **Wochenlohn** *-e†* *m* veckolön **Wochenschau** *-en f* journalfilm **Wochenstunde** *-n f* veckotimma **Wochentag** *-e m* veckodag; vardag **wochentags** om (på) vardagarna **wöchentlich** vecko-, varje vecka, i veckan, per vecka **wochenweise** veckovis **Wochenzeitschrift** *-en f* vecko|tidning, -tidskrift **Wöchnerin** *-nen f* barnsängskvinna

Wodan *0 m, myt.* Oden

Wodka *-s m* vodka

wo|'durch varigenom, genom vilken (vilket, vilka); ~ *ist das passiert?* hur gick det till? **-'fern** *åld., se* **sofern** **-'für** för vad (vem, vilken, vilket, vilka); vartill; *er ist nicht das,* ~ *er sich ausgibt* han är inte det som han utger sig för; *er half mir,* ~ *ich dankbar bin* han hjälpte mig, vilket ja₅ är tacksam för; ~ *hältst du mich?* vem tar du mig för?; ~ *interessiert er sich?* vad intresserar han sig för?; ~ *will er das?* vad vill han ha det till?

wog 1 *se* **I wiegen 2** *se* **wägen**

Woge *-n f* våg, bölja; *die* ~*n glätten* (*bildl.*) gjuta olja på vågorna

wo'gegen I *adv* mot vad (vem, vilken, vilket, vilka); varemot; ~ *ist das gut?* vad är det bra mot?; *er wurde benachteiligt,* ~ *er protestierte* han blev eftersatt, vilket han protesterade mot **II** *konj* medan [... däremot]

wogen *högt.* gå i vågor, bölja, svalla **Wogenkamm** *-e† m, högt.* vågkam

wo|'her varifrån, var... ifrån; därifrån; *ach* (*i, ja*) ~*!*, [*aber*] ~ *denn!* inte alls!; ~ *weißt du das?* hur vet du det? **-'hin** vart; dit; ~ *damit?* (*vard.*) var skall jag (*etc.*) göra av den?; *die Stadt,* ~ *wir gingen* den stad dit vi gick; *ich muß noch* ~ (*vard. äv.*) jag måste gå på ett visst ställe först **-hin'aus** vart[åt] **-hin'gegen** medan [...däremot] **-'hinter** bakom vad (vem, vilken, vilket, vilka)

wohl (*jfr besser, best*) **1** väl, bra; ~ *oder übel* vare sig man (*etc.*) vill eller ej; *laß es dir* ~ *ergehen!* ha det så bra!; *sich* ~ *fühlen* må bra, ha det skönt, trivas; *leb*[*e*] ~*! farväl!; schlaf*[*e*] ~*!* sov gott!; *mir ist* ~ jag mår bra (har det skönt, trivs); *mir ist nicht* ~ (*äv.*) jag mår illa; *mir ist nicht recht* ~ *bei der Sache* jag känner obehag inför saken; *hier läßt es sich* ~ *sein* här kan man ha det skönt (trevligt); *etw.* ~ *überlegen* noga tänka över ngt; *das weiß ich sehr* ~ det vet jag mycket väl; *willst du* ~ *dort weggehen!* (*vard.*) gå genast därifrån! **2** väl, nog, kanske, antagligen; ~ *50 Personen* (*äv.*) ca 50 personer; *ob er* ~ *krank ist?* jag undrar om han är sjuk? **3** ~ *aber* men väl **4** ~ *dem, der* lycklig den som; ~ *mir, daß* det var (är) tur för mig att **5** visserligen **6** *adv* ~*!* javisst! **Wohl** *0 n* väl|gång, -färd]; [*auf*] *dein* (*Ihr*) ~*!*, *zum* ~*!* skål!; *auf jds* ~ *trinken* dricka ngns skål, skåla för ngn; *für das leibliche* ~ *der Gäste sorgen* sörja för gästernas lekamliga välbefinnande; *es geschieht zu deinem* ~ det görs för ditt bästa **wohl'an** *högt.* nåväl, välan **wohlanständig** *högt.* högst anständig **wohl-'auf** *högt.* **1** pigg och kry, frisk **2** *se wohlan* **wohlbedacht** *högt.* välbetänkt **Wohlbefinden** *0 n* välbefinnande **Wohlbehagen** *0 n* välbehag **wohlbehalten** välbehållen, väl bibehållen, i gott skick; oskadad **wohlbekannt** *högt.* välbekant **wohlbeleibt** *högt.* korpulent **wohlberaten** *högt., damit ist er* ~ *där har han fått ett gott råd* **Wohlergehen** *0 n* välbefinnande **wohlerhalten** *högt.* väl bibehållen **wohlerzogen** *högt.* väluppfostrad **Wohlfahrt** *0 f* **1** *högt.* välfärd **2** social|vård, -hjälp **Wohlfahrts|amt** *-er† n* socialbyrå **-empfänger** *- m* understödstagare, person som åtnjuter socialhjälp **-marke** *-n f, ung.* välgörenhetsmärke **-pflege** *0 f* social|vård, -hjälp; socialt arbete **-staat** *-en m* välfärdssamhälle **wohlfeil** *högt.* **1** billig **2** utnött (*om fras*) **Wohlgefallen** *0 n* välbehag, tillfredsställelse, belåtenhet; *sich in* ~ *auflösen a*) sluta lyckligt, *b*) falla (gå) sönder, *c*) gå upp i rök, försvinna **wohlgefällig** med välbehag; vänlig; *högt.* behaglig, tilltalande **wohlgeformt** väl|formad, -svarvad **Wohlgefühl** *0 n* känsla av välbehag **wohl|gelaunt** *högt.* på gott humör **-gelitten** *högt.* välsedd, omtyckt **-gemeint** välment **-gemerkt** [*äv.*] '---'-] väl att märka, nota bene **-gemut** *högt.* vid gott mod, glad[eligen] **-genährt** *iron.* välfödd **-geraten** *högt.* lyckad; ~*es Kind* välartat barn

Wohlgeruch *-e† m, högt.* vällukt **Wohlgeschmack** *0 m* högst angenäm smak **wohlgesetzt** *högt.* välformulerad; *in* ~*en Worten* i väl valda ordalag **wohlgesinnt** välsinnad (*e-m mot ngn*), välvilligt stämd **wohlgestalt[et]** *högt.* välgjord, väl utformad, välformad, välbildad **wohlgetan** *das ist* ~ det var (är) riktigt handlat **wohlhabend** välbärgad, väl-

mående, förmögen **wohlig** behaglig, angenäm, skön; *sich ~ strecken* sträcka på sig med välbehag **Wohlklang** -e† *m*, *högt.* välklang **wohlklingend** *högt.* välklingande **Wohllaut** -*e m*, *högt.* välljud **wohllautend** *högt.* välljudande **Wohlleben** *0 n*, *högt.* vällevnad **wohllöblich** *åld. el. skämts.* vällovlig **wohlmeinend** *högt.* **1** välment **2** välvillig **wohlriechend** *högt.* väldoftande **wohlschmeckend** *högt.* välsmakande **Wohlsein** *0 n, högt.* känsla av välbehag, välbefinnande; [*zum*] ~! *a*) skål!, *b*) prosit! **Wohlstand** *0 m* välstånd **Wohlstandsgesellschaft** -*en f* välfärdssamhälle **Wohltat** -*en f* välgärning; *die ~ des Schlafes* (*äv.*) sömnens välgörande [in]verkan; *das ist e-e wahre ~* (*äv.*) det är en ren välsignelse **Wohltäter** - *m* välgörare **wohltätig 1** som utövar välgörenhet, välgörenhets-, barmhärtig **2** *högt.* välgörande, angenäm **Wohltätigkeit** *0 f* välgörenhet **Wohltätigkeitsverein** -*e m* välgörenhetsförening **wohl|temperiert** *högt.* vältempererad **-tuend** välgörande, angenäm **-tun** *st*, *högt.* [*e-m*] ~ göra [ngn] gott **-überlegt** *högt.* välöverlagd, väl (noga) överlagd **-unterrichtet** *högt.* välunderrättad **-verdient** välförtjänt **-versehen** *högt.*, **-versorgt** *högt.* välförsedd **-verstanden** *högt.*, *se wohlgemerkt* **-vertraut** *högt.* väl förtrogen **-vorbereitet** *högt.* väl förberedd **-weislich** [*äv.* '-'---] visligen; på goda grunder; medvetet **-wollen** *oreg.*, *e-m* ~ vilja ngn väl
Wohlwollen *0 n* välvilja **wohlwollend** välvillig
Wohnanhänger - *m* husvagn **Wohnbau** -*ten m* bostads-, hyres|hus, [bostads]fastighet **wohnberechtigt** som har hemortsrätt **Wohnblock** -*s m* kvarter av bostadshus (hyreshus) **Wohndiele** -*n f* möblerbar (möblerad) hall **wohnen** bo; *in Untermiete ~* hyra i andra hand, vara inneboende **wohnfertig** som är klar att användas (bo i), fullt utrustad **Wohnfläche** -*n f* boyta **Wohngebäude** - *n*, *se Wohnhaus* **Wohngebiet** -*e n* bostadsområde **Wohngeld** -*er n* bostadsbidrag **Wohngemeinschaft** -*en f* kollektiv **wohnhaft** bosatt, boende, bofast **Wohnhaus** -*er*† *n*, *se Wohnbau* **Wohnküche** -*n f* [kombinerat] kök och vardagsrum **Wohnlage** -*n f* [bostads]läge **Wohnlaube** -*n f* kolonistuga **wohnlich** [hem]trevlig, trivsam
Wohn|mobil -*e n* husbil **-ort** -*e m* hem|ort, -vist **-raum 1** -*e*† *m* boningsrum **2** *0 m* bostäder **-silo** -*s m*, *äv. n*, *neds.* människosilo (*höghus*) **-sitz** -*e m* hemvist, bostad **-stadt** -*e*† *f* sovstad **-stätte** -*n f, högt.* bostad **-stube** -*n f* vardagsrum
Wohnung -*en f* bostad, lägenhet, våning, boning **Wohnungsamt** -*er*† *n* bostadsförmedling **Wohnungsbau** *0 m* bostadsbyggande **Wohnungsbrand** -*e*† *m* lägenhetsbrand **wohnungslos** bostadslös, utan bostad **Wohnungs|mangel** *0 m* bostadsbrist **-markt** -*e*† *m* bostadsmarknad **-not** *0 f* [stor] bostadsbrist **-suche** *0 f, auf ~ sein* vara på jakt (leta) efter [en] bostad (lägenhet) **-tausch** -*e m* våningsbyte **-wechsel** *0 m* ombyte av bostad, flyttning
Wohn|viertel - *n* bostadskvarter **-wagen** -*s m* husvagn **-zimmer** - *n* vardagsrum
wölben 1 välva **2** *rfl* välva sig **Wölbung** -*en f* välvning, valv

Wolf -*e*† *m* **1** varg, ulv; *mit den Wölfen heulen* (*vard.*) tjuta med ulvarna **2** *vard.* köttkvarn; *tekn.* sönderskärningsmaskin **3** *vard.* skavsår **Wölfin** -*nen f* varg|inna, -hona **wölfisch** varglik; *bildl. äv.* glupsk **Wölfling** -*e m* vargunge, minior (*scout*)
Wolfram *0 n* volfram
Wolfs|angel -*n f*, **-eisen** - *n* vargsax **-grube** -*n f, jakt.* varggrop **-hund** -*e m, vard.* schäfer[hund] **-hunger** ['-'---] *0 m, vard., e-n ~ haben* vara hungrig som en varg **-mensch** -*en -en m* varulv **-milch** *0 f, bot.* törel **-pelz** -*e m* varg[skinns]päls **-rachen** - *m, anat.* kluven gom
Wölkchen - *n* molntapp, litet moln **Wolke** -*n f* moln; *~ von Mücken* myggmoln; *das ist 'ne ~!* (*berl.*) det var (är) toppen!; *auf* (*in den*) *~n schweben* (*högt.*) sväva i det blå; *er war wie aus allen ~n gefallen* (*vard.*) han stod som fallen från skyarna **wolkenartig** molnlik **Wolkenbank** -*e*† *f* molnbank **Wolkenbruch** -*e*† *m* skyfall **Wolkendecke** *0 f* molntäcke **Wolkenfetzen** - *m* molntapp **wolkenfrei** molnfri **Wolkenhimmel** *0 m* molnig (mulen) himmel **Wolkenkratzer** - *m* skyskrapa **Wolken'kuckucksheim** *0 n, högt.* luftslott, drömvärld **wolkenlos** molnfri **Wolkenwand** -*e*† *f* molnvägg **wolkig 1** molnig, molntäckt **2** molnlik **3** oklar, suddig
Wollappen - *m* ylleapp **Wolldecke** -*n f* yllefilt **Wolle** -*n f* ull; ylle; *ein in der ~* [*ein*]*gefärbter Kommunist* (*vard.*) en tvättäkta kommunist; *e-n in die ~ bringen* (*vard.*) reta ngn, göra ngn förbannad; *sich in der ~ haben* (*liegen*) (*vard.*) ligga i luven på varandra; *sich* (*dat.*) *die ~ scheren lassen* (*vard.*) gå och klippa sig
1 wollen av ylle (ull); ylle-, ull-
2 woll|en -*te*, -*te*, *gewollt* (*wollen*), *will*, *willst*, *will* **1** vilja, ämna, tänka, ha för avsikt att; skola, stå i begrepp att; vilja [ha], önska; fordra, kräva; *ich -te, es wäre Sonntag* jag skulle önska att det var söndag; *wo willst du hin?* vart ska du ta vägen?; *das habe ich nicht gewollt* (*vard. wollen*) det ville jag inte, det var inte meningen; [*na*] *dann ~ wir mal!* då sätter vi i gång!; *willst du wohl!* (*vard.*) nå, hur blir det!; *willst du wohl still sein!* (*vard.*) nu ska du vara tyst!; *das will ihm nicht in den Kopf* han kan inte få det i sitt huvud; *er -te etw. von dir* (*vard. äv.*) han ville dig ngt; *zu wem ~ Sie?* vem söker Ni?; *er will zum Theater* (*vard.*) han vill till teatern; *es will Abend werden* (*högt.*) det lider mot kvällen; *seine Ruhe ~* vilja vara i fred; *die Blumen ~ Sonne* (*vard.*) blommorna vill ha (behöver) sol; *wenn es das Unglück will* när olyckan är framme; *man -e darauf achten*, *daß* man torde se till att; *ich -te Sie fragen*, *ob* jag skulle vilja fråga Er om; *ich -te gerade gehen*, *als* jag skulle just gå när; *diesen Roman habe ich schon immer lesen ~* den här romanen har jag alltid velat läsa; *~ wir e-n Spaziergang machen?* ska vi ta en promenad?; *das will ich meinen!* visst är det så!, så är det!; *du mußt nur ~*, *dann geht es auch* det går bara du vill; *wenn Sie bitte Platz nehmen ~!* var snäll och sätt Er!; *das will dir geraten haben* det vill jag råda dig; *~ wir nach Wien reisen!* låt oss resa till Wien!; *das will nicht viel sagen* det betyder (säger) inte mycket; *mir will scheinen* det tycks (förefaller) mig; *wir ~ sehen!* vi får se!; *da ist nichts zu ~!* (*vard.*) det är det ingenting att göra något åt

2 *das will gelernt sein* det är något man måste lära sig; *das will gut überlegt werden* det måste (ska) man tänka noga på **3** påstå sig; *er will es gesehen haben* han påstår sig ha sett det; *und er will ein Fachmann sein* och han som tror sig vara expert; *dann will es niemand gewesen sein* då påstår alla att de inte (vill ingen erkänna att han) har gjort det **4** *e-m etw.* ~ (*vard.*) vilja ngn ngt ont; *sie können uns gar nichts* ~ (*vard.*) de kan inte komma åt oss (göra oss ngt) **5** *gewollt* onaturlig, konstlad **Wollgarn** *-e n* ull-, ylle|garn **Wollgras** *0 n*, *bot.* ängsull **Wollhaar** *-e n, anat.* lanugo; *bot.* ullhår; *bildl.* krulligt hår **Wollhandkrabbe** *-n f* ullhandskrabba **Wollhandschuh** *-e m* yllevante **wollig** ullig; *bot.* hårig; (*om hår*) krullig
Woll|kleid *-er n* ylleklänning **-krabbe** *-n f* ullhandskrabba **-kraut** *0 n, bot.* kungsljus **-maus** *-e*† *f* **1** chinchilla **2** *dial.* dammtuss **-stoff**-*e m* ylletyg **-strumpf**-*e*† *m* yllestrumpa **Wollust** [-ɔ-] *-e*† *f, högt.* vällust **wollüstig** *högt.* vällustig **Wollüstling** *-e m, högt.* vällustig
Wollware *-n f* yllevara
wo|'**mit** med vad (vem, vilken, vilket, vilka); varmed -'**nach** efter vad (vem, vilken, vilket, vilka); varefter; *ein Gesetz*, ~ en lag enligt vilken
Wonne *-n f, högt.* fröjd, lycksalighet, förtjusning **Wonne**|**monat** *-e m*, -**mond** *-e m, åld.* blomstermånad, maj **wonnetrunken** *poet.* glädjedrucken **wonnig** förtjusande, härlig, ljuvlig, söt
wor|'**an** på vad (vem, vilken, vilket, vilka); varpå; ~ *arbeitest du?* vad arbetar du på (med)?; ~ *hast du dich gelehnt?* vad har du lutat dig mot?; *er weiß nicht,* ~ *er ist* han vet inte vad han ska tro (hur han ska förhålla sig); ~ *ist sie gestorben?* vad dog hon av? -'**auf** på vad (vem, vilken, vilket, vilka); varpå; *ich weiß nicht,* ~ *er hinauswill* jag vet inte vart han vill komma; ~ *wartest du?* vad väntar du på? -'**aus** av (ur, på) vad (vem, vilken, vilket, vilka); var|av, -ur, -på
worden *se werden*
wor'ein i vad (vem, vilken, vilket, vilka); vari
worfeln *lantbr.* kasta (*säd*)
wo'rin i vad (vem, vilken, vilket, vilka); vari
Worldcup ['wɔːldkʌp] *-s m, sport.* världscup
Wort *-er*† (*i bet. yttrande, sammanhängande tal* *-e*) *n* ord; glosa; ~ *für* ~ (*äv.*) ordagrant; *leere* ~*e* (*äv.*) tomt prat; *mir fehlen die* (*ich habe keine*) ~*e!* jag saknar ord!; *das große* ~ *führen* (*haben*) vara stor i orden; *das* ~ *haben* ha ordet; *hast du* ~*e?* det var (är) höjden!, helt otroligt!; *viel*[*e*] ~*e machen* vara mångordig; *nicht viele* ~ *machen* fatta sig kort; *daran ist kein wahres* ~ inte ett ord av det är sant; *bei diesem Lärm kann man ja kaum sein eigenes* ~ *verstehen* i det här oväsendet kan man knappt höra sin egen röst; *davon weiß ich kein* ~ det har jag ingen aning om; *auf ein* ~*!* får jag byta ett ord med dig?; *e-m aufs* ~ *gehorchen* (*hören*) lyda ngn blint; *e-n beim* ~ *nehmen* ta ngn på orden; *in* ~ *und Schrift* i tal och skrift; *1000 Kronen, in* ~*en tausend* 1000 kronor, med bokstäver tusen; *e-m ins* ~ *fallen* falla ngn i talet; *nicht zu* ~ [*e*] *kommen* inte [få] komma till tals; *sich zu*[*m*] ~ *melden* begära ordet **wortarm** ordfattig **Wortart** *-en f, språkv.* ordklass **Wortbeugung** *-en f, språkv.*

[ord]böjning, flexion **Wortbildung** *-en f, språkv.* ordbildning **Wortblindheit** *0 f* ordblindhet **Wortbruch** *-e*† *m* löftesbrott **wortbrüchig** som bryter sitt ord; svek-, tro|lös; ~ *werden* inte hålla ord **Wörtchen** - *n* ord; *hier habe ich auch noch ein* ~ *mitzureden* (*vard.*) här vill jag också ha ett ord med i laget; *mit ihm habe ich noch ein* ~ *zu reden* (*vard.*) med honom har jag en gås oplockad **Wortemacherei** *0 f, neds.* ordbajseri **Wörterbuch** *-er*† *n* ordbok, lexikon **Wörterverzeichnis** *-se n* ordförteckning; register
Wort|**familie** *-n f, språkv.* ordfamilj **-feld** *-er n, språkv.* semantiskt fält **-fetzen** *pl* ordfragment, brottstycken (*av samtal*) **-folge** *-n f, språkv.* ordföljd **-frequenz** *-en f, språkv.* ords frekvens **-fügung** *-en f, språkv.* [ord]fogning, konstruktion **-führer** - *m* talesman **-gefecht** *-e n* ordstrid; dispyt
wortgetreu ordagrann **wortgewandt** talför **Wortind**|**ex** *-exe el.* -*izes m* register **wortkarg** ord|karg, -knapp **Wortklasse** *-n f, språkv.* ordklass **Wortklauber** - *m* ord|ryttare, -klyvare **Wortklauberei** *-en f* ord|rytteri, -klyveri **Wortlaut** *0 m* ordalydelse; *im vollen* ~ oavkortat **Wörtlein** *- n, se Wörtchen* **wörtlich 1** ordagrann **2** i (med) ord, ord-**wortlos** utan [att säga ett] ord; mållös, stum **Wortmeldung** *-en f,* ~*en liegen nicht vor* det är ingen som har begärt ordet; *seine* ~ *zurückziehen* stryka sig från talarlistan **Wortregister** - *n* register **wortreich** ordrik; mångordig; vidlyftig
Wort|**schatz** *0 m* ordförråd **-schwall** *0 m* ord|svall, -flöde, svada **-sippe** *-n f, språkv.* ordfamilj **-spiel** *-e n* ordlek **-stamm** *-e*† *m, språkv.* ordstam **-stellung** *-en f, språkv.* ordföljd **-streit** *-e m* **1** ordstrid; dispyt **2** strid om ord **-verdreher** - *m* ordvrängare **-verzeichnis** *-se n* ordförteckning; register **-wahl** *0 f* ordval **-wechsel** *0 m* ordväxling
'**wort**'**wörtlich** ordagrann, ord för ord; *das ist* ~ *wahr* det är sant vartenda ord; *das darfst du nicht* ~ *nehmen* det får du inte ta bokstavligen **Wortzusammensetzung** *-en f, språkv.* kompositum, sammansättning
wor|'**über** över (på) vad (vem, vilken, vilket, vilka); varöver; ~ *lachst du?* vad skrattar du åt?; ~ *sprecht ihr?* vad pratar ni om? -'**um** om vad (vem, vilken, vilket, vilka); varom; *alles,* ~ *er bat* allt som han bad om; ~ *geht es?* vad handlar det om (gäller det)? -'**unter** under vad (vem, vilken, vilket, vilka); varunder, varibland; ~ *leidet er?* vad lider han av?
wo'selbst *högt.* varest, där
Wotan *0 m* Oden
wo|'**von** av (från) vad (vem, vilken, vilket, vilka); varav, varifrån; ~ *ist die Rede?* vad är det tal om? -'**vor** för (framför) vad (vem, vilken, vilket, vilka) -'**zu** till vad (vem, vilken, vilka); vartill; ~ *erzählst du mir das?* varför berättar du det för mig?; ~ *soll das gut sein?* vad skall det vara bra för? -'**zwischen** mellan (bland) vad (vem, vilken, vilket, vilka); varemellan, varibland
wrack *sjö.* obrukbar, oduglig; ~*es Schiff* [fartygs]vrak **Wrack** *-s, ibl. -e n* vrak (*äv. bildl.*)
wrang *se wringen*
wricken, wrigge[**l**]**n** *sjö.* vricka (*båt*)
wringen *wrang, wränge, gewrungen, r.ty.* vrida [ur]
Wruke *-n f, dial.* kålrot

Wucher [-u:-] *0 m* ocker; ~ *treiben* ockra **Wucherblume** *-n f* prästkrage **Wucherei** *-en f* ocker **Wucherer** - *m* ockrare **wucherisch** ockrande, ocker-, ockrar- **wuchern 1** ockra, bedriva ocker **2** *s el. h* frodas, växa frodigt (*äv. bildl.*) **Wucherpreis** *-e m* ockerpris **Wucherung** *-en f* sjuklig vävnadstillväxt; utväxt, svulst[artad bildning] **Wucherzinsen** *pl* ockerränta **wuchs** [vu:ks] *se 1 wachsen* **Wuchs** *0*, *fack.* *-e† m* **1** växt; *mit (von) schnellem* ~ snabbväxande **2** växt, gestalt; kroppsbyggnad; *von hohem* ~ hög (stor, lång) till växten, stor|vuxen, -växt **Wucht** *0 f* **1** styrka, tyngd, kraft; *e-e* ~ *sein* (*vard.*) vara toppen **2** *dial.*, *e-e* ~ *Papier* en massa (mängd) papper; *e-e* ~ *bekommen* få ett kok stryk **Wuchtel** *-n f, österr.*, *se Buchtel* **wuchten** *vard.* **1** lyfta, häva, baxa **2** slå (skjuta) med stor kraft **3** resa sig [mäktigt] **4** jobba hårt, knoga, slita **5** *s* röra sig (svepa) med full styrka **6** *rfl* röra sig tungt, vräka sig **wuchtig** kraftig, tung; massiv; mäktig **Wühlarbeit 1** *-en f* grävningsarbete **2** *0 f* underminering[sarbete] **wühl|en 1** gräva, böka, riva, rota (*in etw. dat.* i ngt); *den Kopf in das Kissen* ~ borra ner huvudet i kudden; *den Schlüssel aus der Tasche* ~ gräva (rota) fram nyckeln ur fickan; *der Schmerz -t in seiner Brust* smärtan river i hans bröst; *ein Loch in die Erde* ~ gräva en grop i marken **2** *rfl, sich durch etw.* ~ (*bildl.*) kämpa sig igenom ngt; *sich in die Erde* ~ gräva ner sig i jorden **3** *neds., gegen etw.* ~ bedriva underminerande verksamhet mot ngt **4** *vard.* [ständigt] slita **Wühler** - *m* **1** grävare **2** person som bedriver undermineringsarbete **3** *vard.* slitvarg **wühlerisch** underminerande **Wühlmaus** *-e† f* **1** sork **2** *vard., se Wühler 2*
Wuhne *-n f* [is]vak
Wulst -e[†] *m el.* -e† *f* valk; *her., arkit.* vulst; *die Strümpfe haben Wülste* strumporna korvar sig **wulstig** valkformig; ~e *Lippen* tjocka läppar
wumm *interj* bom! **wummern** *vard.* **1** dåna **2** *gegen die Tür* ~ banka på dörren
wund sårad, sårig, öm; *der* ~*e Punkt* den ömma punkten; *e-e* ~*e Stelle am Fuß haben* ha ett sår (en öm punkt, ngt som gör ont) på foten; *sich (dat.) die Füße* ~ *laufen a)* få skavsår [på fötterna], *b)* springa benen av sig; *sich* ~ *reiten* få ridsår **Wundarzt** *-e† m, åld.* kirurg **Wundbenzin** *0 n* kemiskt ren bensin **Wundbrand** *0 m, med.* [fuktig] gangrän **Wunde** *-n f* sår; *alte* ~*n wieder aufreißen* riva upp gamla sår
wunder *vard., er bildet sich (dat.)* ~ *was darauf ein* han är inte litet stolt över det; *er bildet sich ein, er sei* ~ *wer* han tror att han är ett underverk; *er meint*, ~ *was getan zu haben* han tror att han har gjort ngt väldigt märkvärdigt (fantastiskt) **Wunder** - *n* under[verk], mirakel; *ein* ~ *an Präzision* ett under av precision; *was* ~, *wenn (daß) er froh ist* det är inte att undra på att han är glad; *das ist kein* ~ (*vard.*) det är inte underligt (konstigt, att förvåna sig över); *dieses Medikament wirkt* ~ den här medicinen gör underverk; *du wirst dein blaues* ~ *erleben* du kommer att bli mycket förvånad **wunderbar 1** underbar, mirakulös; [som] genom ett under **2** underbar, härlig, fantastisk '**wunderbarer'weise** underbart (märkligt) nog **Wunderding** *-e n* under[verk]; ~*e (äv.)* underbara (förunderliga) ting; *dieses Gerät ist ein wahres* ~*!* den här apparaten är ett riktigt underverk! **Wunderdoktor** *-en m* undergörare, kvacksalvare **Wunderglaube** *-ns 0 m* tro på under[verk] '**wunder'hübsch** underbart (fantastiskt) vacker **Wunderkerze** *-n f* tomtebloss **Wunderkind** *-er n* underbarn **Wunderkraft** *-e† f* undergörande kraft **Wunderland** *-er† n* under-, sago|land **wunderlich** [för]underlig, besynnerlig, sällsam, konstig **Wunderlichkeit** *-en f* [för]underlighet *etc.*, *jfr wunderlich* **Wundermittel** - *n* undergörande medel, patent-, under|medicin **wunder|n 1** förundra; *es -t mich (mich -t), daß* det förvånar mig att; *es -t mich, was er tun wird* (*schweiz.*) jag undrar (är nyfiken på) vad han kommer att göra **2** *rfl* förvånas (bli förvånad) (*über etw. ack.* över ngt); *ich -e mich, ob (schweiz.)* jag undrar (är nyfiken på) om **wundernehmen** *st* **1** högt. förvåna **2** *schweiz.*, *es nimmt mich wunder, wie* jag undrar (är nyfiken på) hur **Wunderquelle** *-n f* undergörande källa **wundersam** högt. underbar, [vid]underlig, gåtfull, sällsam '**wunder'schön** underskön, underbart (fantastiskt) vacker **Wundertat** *-en f* underverk **Wundertäter** - *m* undergörare **wundertätig** undergörande **Wundertier** *-e n* fabel-, under|djur; *e-n wie ein* ~ *anstarren* stirra på ngn som om han var ett underligt djur **wundervoll** underbar, härlig, fantastisk **Wunderwerk** *-e n* underverk **Wundfieber** - *n* sårfeber **Wundklammer** *-n f, med.* agraff **wundliegen** *st* **1** *rfl* få liggsår **2** *sich (dat.) den Rücken* ~ få liggsår på ryggen **Wundmal** *-e n* sårmärke, ärr; ~*e (relig.)* stigmata **Wundsalbe** *-n f* sårsalva **Wundschorf** *-e m* sårskorpa **Wundstarrkrampf** *0 m* stelkramp, tetanus
Wune *-n f* [is]vak
Wunsch *-e† m* önskan, önskning, önskemål, begäran; *auf jds* ~ på ngns begäran, enligt ngns önskan; *es war sein* ~ *und Wille* det var hans bestämda önskan; *herzliche Wünsche zum Geburtstag!* hjärtliga gratulationer på födelsedagen!; *haben Sie sonst noch e-n* ~ *? (i affär)* var det ngt mera?; *mit den besten Wünschen, Dein ... (i brev)* hjärtliga hälsningar, Din ...; *es ging alles nach* ~ allt gick som jag (etc.) önskade **Wunschbild** *-er n* ideal[bild] **Wunschdenken** *0 n* önsketänkande **Wünschelrute** *-n f* slagruta **Wünschelrutengänger** - *m* slagruteman **wünsch|en** önska; *e-m Glück* ~ önska ngn lycka till; *e-m guten Morgen* ~ säga god morgon till ngn; *e-m den Tod* ~ önska att ngn vore död; *Sie* ~ *bitte? (i affär)* vad önskas?; [*ich*] -*e, wohl zu speisen!* smaklig måltid!; *es wäre zu* ~, *daß* det vore önskvärt att; *was wünschst du dir zu Weihnachten?* vad önskar du dig i julklapp? **wünschenswert** önskvärd **Wunschform** *-en f*, *språkv.* optativ **Wunschgegner** - *m* önskemotståndare **wunschgemäß** enligt (efter) önskan **Wunschkind** *-er n* önskat barn **Wunschkonzert** *-e n* önskekonsert **Wunschliste** *-n f* önskelista **wunschlos** utan några önskningar, nöjd och belåten; *ich bin* ~ *glücklich (skämts.)* jag är helt nöjd **Wunschsatz** *-e† m*, *språkv.* önskesats, optativ sats **Wunschtraum** *-e† m* önskedröm **Wunschzettel** - *m* önskelista

wupp[dich] *interj, vard.* vips! **Wuppdich** *0 m, vard.*, mit [e-m] ~ i ett huj (nafs)
wurde *se* werden
Würde 1 *0 f* värdighet; *unter aller* ~ under all kritik; *er hielt (fand) es für unter seiner* ~, *das zu tun (äv.)* han höll sig för god för att göra det; *das war unter meiner* ~ det var under min värdighet **2** *-n f* [officiell] värdighet, rang **würdelos** ovärdig, utan värdighet **Würdenträger** - *m* dignitär **würdevoll** värdig, full av värdighet **würdig** värd[ig]; vördig **würdigen 1** värdera, värdesätta, uppskatta, akta, respektera **2** bevärdiga; *e-n keines Grußes* ~ inte bevärdiga ngn med en hälsning **Würdigkeit** *0 f* värdighet **Würdigung** *-en f* värdesättning, uppskattning, värderande; *in* ~ *seiner Verdienste* med uppskattning av hans förtjänster
Wurf *-e† m* **1** kast; tärningskast; *erster* ~ *(äv.)* första försöket; *damit ist ihm ein* ~ *gelungen* (*bildl.*) med det har han gjort ett lyckokast; *alles auf e-n* ~ *setzen (bildl.)* sätta allt på ett kort; *er ist mir in den* ~ *gekommen (gelaufen)* (*dial.*) jag stötte på honom **2** (*om veck*) fall **3** kull (*av däggdjursungar*)
Würfel - *m* kub; tärning; *die* ~ *sind gefallen* tärningen är kastad **Würfelbecher** - *m* tärningsbägare **Würfelbrett** *-er n* bräde för tärningsspel **Würfelbude** *-n f* stånd för tärningsspel **würfelförmig** tärningsformad; kubisk **würfelig 1** tärningsformad; kubisk; *Brot* ~ *schneiden* skära bröd i tärningar **2** rutig **Würfelmuster** - *n* rut-, schack|mönster **würfeln 1** spela (slå, kasta) tärning (*um om*); *e-e Vier* ~ slå en fyra **2** skära i tärningar, tärna **3** förse med rutmönster; *jfr gewürfelt* **Würfelspiel** *-e m* tärningsspel **Würfelzucker** *0 m* bitsocker
Wurf|geschoß *-geschosse n* kastvapen, kastat föremål, projektil **-hammer** *-† m sport.* slägga **-kreis** *-e m, sport.* kastring
würflig *se* würfelig
Wurf|ring *-e m* [kast]ring (*äv. sport.*) **-scheibe** *-n f* diskus **-sendung** *-en f* masskorsband **-taube** *-n f* lerduva **-taubenschießen** *0 n* lerduveskytte
Würgeengel - *m, relig.* mordängel **Würgegriff** *-e m* strupfattag **würg|en 1** ta struptag på, strypa; *bildl.* mörda; *die Krawatte -t mich* jag kvävs nästan av slipsen **2** *der Bissen -te mich* [*in der Kehle*] tuggan fastnade i halsen på mig; *der Magen -te mich* min mage kändes som om den skulle vända ut och in på sig **3** ha kväljningar; försöka kräkas **4** *er -te am Essen* han tuggade och tuggade [utan att få ner maten] **5** *vard.* pressa; *etw. hinunter* ~ pressa ned (tvinga i sig) ngt **6** *vard.* arbeta hårt (slita) [med] **Würgengel** - *m, relig.* mordängel **Würger** - *m, zool.* törnskata **Würgschraube** *-n f* garrotte (*halsjärn för strypning*)
Wurm 1 *-er† m* mask; larv, kryp; *den* ~ *baden (skämts.)* meta; *das Kind hat Würmer* barnet har mask; *in diesem Holz sitzt der* ~ det är mask i det här trästycket; *da ist (sitzt) der* ~ *drin (vard.)* där är en hund begraven; *e-m die Würmer aus der Nase ziehen (vard.)* fråga ut ngn, locka ur ngn hans hemligheter **2** *-e† m, åld.* [lind]orm, drake **3** *-er† n* [liten] stackare, [litet] kryp (pyre) **Würmchen** - *n* liten mask etc., *jfr* Wurm **wurmen** *vard.* reta, gräma **Wurmfortsatz** *-e† m, anat., der* ~ maskformiga bihanget **Wurmfraß** *0 m* maskskada **wurmig** mask|äten, -stungen, angripen (full)

av mask **Wurmmittel** - *n* maskmedel, medel mot mask **wurmstichig** *se wurmig*
Wurscht *etc., se* Wurst *etc.*
Wurst *-e† f* **1** korv; ~ *wider* ~ (*vard.*) lika mot (för) lika; *jetzt geht es um die* ~ (*vard.*) nu gäller det; *das ist mir* ~ (*Wurscht*) (*vard.*) det struntar (skiter) jag i, det ger jag fan i **2** [bajs]korv **Wurstblatt** *-er† n, vard.* [lokal]blaska **Würstchen** - *n* **1** [liten] korv; *warme* ~ varm korv **2** ~ *machen (barnspr.)* bajsa **3** *vard.* stackare, nolla **Würstchen|bude** *-n f,* **-stand** *-e† m* korv|kiosk, -stånd **Würstel** - *n, österr., se* Würstchen **1 wursteln** *vard.* arbeta långsamt, söla; hatta; *weiter* ~ fortsätta i den gamla trallen **wursten** stoppa (göra) korv **Wurstfinger** - *m, vard.* korvigt finger **Wursthaut** *-e† f* korvskinn **wurstig** *vard.* likgiltig, ointresserad **Wurstmaxe** *-n -n m, vard.* korvgubbe **Wurstpelle** *-n f, nty.* korvskinn **Wurstverkäufer** - *m* korvgubbe **Wurstzipfel** - *m* korvsnopp
Wurz *-en f, åld. el. dial., se* Wurzel **Würze** *-n f* **1** krydda (*äv. bildl.*); arom, smak; *die* ~ *des Lebens* livets krydda **2** vört
Wurzel *-n f* **1** rot (*äv. mat., språkv.. bildl.*); ~*n schlagen* slå rot, rota sig (*äv. bildl.*); *das Übel mit der* ~ *ausrotten* gå till roten med det onda; *aus e-r Zahl die* ~ *ziehen* dra roten ur ett tal **2** *dial.* morot **wurzelig** rotig; full av rötter **Wurzelknolle** *-n f* rotknöl **wurzellos** rotlös, utan rötter **wurzel|n** slå rot, rota [sig]; *in etw. (dat.)* ~ (*bildl. äv.*) härröra från (bottna i) ngt; *die Pflanzen* ~ *tief im Boden* växterna har sina rötter djupt i jorden; *das -t tief in ihm* det är (ligger) fast rotat hos honom **Wurzel|schößling** *-e m* rotskott **-silbe** *-n f, språkv.* rotstavelse **-spro|ß** *-sse m* rotskott **-stock** *-e† m* **-werk** *0 n* **1** rotsystem **2** *dial.* soppgrönsaker **-zeichen** - *n, mat.* rottecken **-ziehen** *0 n, mat.* rotutdragning **würzen** krydda, smaksätta, spetsa (*äv. bildl.*) **Würzfleisch** *0 n, kokk.* ragu **würzig** kryddad, aromatisk, mustig **Würzkraut** *-er† n* kryddört **wurzlig** *se wurzelig* **Würzmischung** *-en f* kryddblandning **Würzmittel** - *n* krydda **Würzung** *-en f* kryddning. smaksättning **Würzwein** *-e m* kryddvin, kryddat vin **wusch** *se waschen*
Wuschelhaar *-e n, vard.* hårburr, burrigt (ruffsigt) hår **wuschelig** *vard.* burrig, ruffig **Wuschelkopf** *-e† m, vard.* [person med] rufsigt huvud **wuscheln** *dial., in den Haaren* ~ köra fingrarna genom (rufsa till) håret **wuseln** *dial.* **1** *s* rusa, susa **2** vara ivrigt sysselsatt
wußte *se wissen*
Wust [-u:-] *0 m* oreda, röra, kaos; ~ *von Büchern und Papieren* hop böcker och papper; ~ *von Kleidern* hög kläder
wüst [-y:-] **1** öde, tom, obebodd **2** rörig, kaotisk; *e-e* ~*e Unordnung* en fruktansvärd oreda; ~ *durcheinanderliegen* ligga huller om buller **3** vild, våldsam; otyglad, liderlig, utsvävande **4** hemsk; ful; grov, vulgär **Wüste** *-n f* öken; *e-n in die* ~ *schicken* (*vard.*) peta ngr. **wüsten 1** *mit etw.* ~ slösa med (kasta bort) ngt; *mit seiner Gesundheit* ~ vara vårdslös med sin hälsa **2** föra ett utsvävande liv **Wüstenei** *-en f* **1** öde trakt, ödemark område, öken **2** *vard.* [hemsk] röra (oordning) **Wüstenfuchs** *-e† m* ökenräv **Wüstenkönig** *0 m, poet.* lejon **Wüstenschiff** *0 n, skämts., das* ~ öknens skepp (*kamel*) **Wüstling** *-e m* vällusting

Wüstung -*en f* **1** öde|by, -gård **2** nedlagd gruva
Wut *0 f* **1** ilska, vrede, raseri, ursinne; [*e-e*] ~ [*im Bauch*] *haben* (*vard.*) vara förbannad; *ich krieg' die* ~! (*vard.*) jag blir så förbannad!; *in* ~ *geraten* (*kommen*) ilskna till, råka i raseri, bli ursinnig **2** rabies **Wutausbruch** -*e*† *m* vredes-, raseri|utbrott **wüten** rasa; *bildl. äv.* grassera **wütend** ilsken, vred, rasande, ursinnig; ~*e Schmerzen* (*äv.*) hemska smärtor **wutentbrannt** upptänd av vrede, rasande **Wüterich** -*e m* rasande [person]; bärsärk; tyrann **Wutgeheul** *0 n* tjut av raseri, illtjut **wütig** *se wütend*
wutsch *interj* vips! **wutschen** *s, vard.* fara som ett skott, rusa, susa
wutschnaubend sjudande av vrede, skummande av raseri
Wutz -*en f, äv.* -*en* -*en m, dial.* gris, svin (*äv. bildl.*) **wutzen** *dial.* **1** grisa ner **2** vara ful i mun **wuzeln** [-uː-] *sty., österr.* **1** rulla **2** *rfl* tränga sig [fram]
Wwe. *förk. för Witwe* änka

Y ['ʏpsilɔn] - - *n* (*bokstav*) y **Y-Achse** -*n f, mat.* y-axel, ordinataxel
Yacht [jaxt] *m. sms., se Jacht m. sms.*
Yak [jak] -*s m, zool.* jak
Yankee ['jɛŋki] -*s m* yankee, jänkare
Yard ['jaːɐ̯t] -*s* (*vid måttsangivelse* -) *n* yard (*91,44 cm*)
Yoga *0 m n* yoga
Yoghurt ['joːgʊrt] -[*s*] *m n* yoghurt
Yogi -*s m* yogi
Ypsilon -[*s*] -*s n* ypsilon; (*ty. bokstaven*) y
Ysop ['iːzɔp] -*e m, bot.* isop
Ytterbium *0 n* ytterbium

X [ɪks] - - *n* (*bokstav*) x; *Herr X* herr X; *e-m ein X für ein U vormachen* slå blå dunster i ögonen på (lura) ngn; *x Sorten* (*vard.*) femtielva (en massa) sorter, hur många sorter som helst **X-Achse** -*n f, mat.* x-axel, abskissaxel
Xanthippe -*n f* xantippa (*grälsjuk hustru*)
X-Beine *pl,* ~ *haben* vara kobent **x-beinig** kobent '**x-be'liebig** *vard.* vem (vad, vilken) som helst; *jeder* ~*e* vem som helst; *das kann man* ~ *ordnen* det kan man ordna på vilket sätt som helst
Xenie ['kseːni̯ə] -*n f,* **Xeni|on** -*en n, litt.* [satiriskt] epigram
Xenokratie -*n f* främlingsvälde **Xenophobie** *0 f* xenofobi
Xerographie -*n f, typ.* xerografi **Xerokopie** -*n f* xerokopia
x-fach *vard.* flerfaldig; femtielva (otaliga) gånger; *das X-fache* flera gånger så mycket, det flerfaldiga **X-Haken** - *m* X-krok **x-mal** *vard.* femtielva (otaliga) gånger **X-Strahlen** *pl, fys.* röntgen-, X-|strålar **x-te** *vard.* femtielfte; *zum* ~*n Male* för femtielfte gången **x-tenmal** *vard., zum* ~ för femtielfte gången
Xylograph -*en* -*en m* xylograf, träsnidare **Xylographie** -*n f* xylografi, träsnitt[skonst] **xylographisch** xylografisk, träsnidar- **Xylophon** -*e n, mus.* xylofon **Xylose** *0 f* xylos

Z [tsɛt] - - *n* (*bokstav*) z **Z.** *förk. för a*) *Zahl* tal, *b*) *Zeile* r., rad **z.** *förk. för zu*[*m*], *zur*
zach [-a(ː)-] **1** *sty., österr.* seg **2** *nty.* blyg **3** *dial.* snål
zack *interj, vard.* vips!; ['*n bißchen*] ~, ~! sätt lite fart!, skynda på! **Zack** *0 m, vard., etw. auf* ~ *bringen* få ordning (stil) på ngt; *auf* ~ *sein a*) vara duktig (skärpt, på alerten), *b*) fungera [jätte]bra
Zacke -*n f* tagg, udd, spets; kugge; [såg]tand; pinne (*på kratta*) **zacken** tagga, nagga, förse med taggar (uddar) **Zacken** - *m* **1** *dial., se Zacke* **2** *vard., dir bricht kein* ~ *aus der Krone, wenn* du komprometterar dig inte om; *e-n ganz schönen* ~ *drauf haben* köra (*e.d.*) jättefort; *e-n* ~ [*weg*]*haben* vara full (*berusad*) **Zackenkrone** -*n f* krona med uddar **Zackenlinie** -*n f* sicksacklinje **zackern** *dial.* ploga **zackig** **1** taggig, uddig, tandad, naggad **2** *vard.* käck, hurtig, klämmig, snärtig; med ruter i
zadd[e]rig *dial.* seg
zag[e] *högt., se zaghaft*
Zagel - *m, dial.* **1** svans **2** *se Büschel*
zagen *högt.* vara tveksam (obeslutsam, rädd), tveka **zaghaft** tveksam, obeslutsam, rädd; försagd, blyg; modlös **Zaghaftigkeit** *0 f* tveksamhet *etc., jfr zaghaft*
zäh seg; *bildl. äv.* seglivad **Zäheit** *0 f* seghet **zähflüssig** seg; viskös; tjock-, trög|flytande; ~*er Verkehr* trögt flytande trafik **Zähigkeit** *0 f* seghet
Zahl -*en f* **1** tal, antal, siffra, numerär; *arabische* (*römische*) ~*en* arabiska (romerska) siffror; *ganze* ~ (*mat.*) heltal; *gebrochene* ~ (*mat.*) bråk; *Menschen ohne* (*sonder*) ~ (*högt.*) otaliga människor; *die* ~ *der Teilnehmer* antalet deltagare; *fünf an der* ~ fem till antalet; *er nannte*

keine ~en han nämnde inga siffror; *in voller ~ kommen* komma mangrant; *immer weiter in die roten ~en kommen* bli alltmer skuldsatt **2** *språkv.* numerus **Zählapparat** *-e m* räkneapparat; mätare **zahlbar** betalbar, förfallen [till betalning], att betalas **zählbar 1** möjlig att räkna **2** *språkv.* pluralbildande **zählebig** seglivad **Zahlemann** *0 m, dann heißt es ~ und Söhne* (*vard.*) då får du (*etc.*) böta (betala) **zahlen** betala; *Herr Ober, bitte ~!* [hovmästarn,] får jag betala!; *Strafe ~* betala böter, böta **zählen 1** räkna; *bis zehn ~* räkna till tio; *auf e-n ~* räkna med (på) ngn **2** räkna; *seine Tage sind gezählt* hans dagar är räknade; *ich -e ihn zu meinen Freunden* (*unter meine Freunde*) jag räknar honom till (han tillhör) mina vänner **3** *högt., die Stadt -t 10000 Einwohner* staden har 10 000 invånare; *vierzig Jahre ~* vara fyrtio år; *man -te* [*das Jahr*] *1900* det var år 1900 **4** räknas; gälla; vara värd; *das Tor wurde nicht gezählt* (*äv.*) målet godkändes inte; *nur die Leistung -t* det är bara prestationen som räknas (betyder ngt); *das As -t 14* [*Punkte*] ässet gäller [för] (ger) 14 poäng; *sie -ten nach Tausenden* (*högt.*) de kunde räknas i tusental; *zu etw. ~* räknas till (höra till, vara ibland) ngt **Zahlenfolge** *-n f* sifferföljd **Zahlengedächtnis** *0 n* sifferminne **Zahlenkombination** *-en f* sifferkombination **Zahlenlotterie** *-n f* nummerlotteri **Zahlenlotto** *-s n* lotto **zahlenmäßig** siffermässig, numerär, numerisk, siffer-; *~ geordnet* ordnad i sifferföljd; *~ überlegen* numerärt överlägsen **Zahlenreihe** *-n f* talserie **Zahlenschlo|ß** *-sser†* n kombinationslås **Zahlensystem** *-e n* talsystem **Zahlenwert** *-e m* tal-, siffer|värde
Zahler *- m* betalare; *er ist ein pünktlicher ~* han brukar betala i tid **Zähler** *- m* **1** räknare (*äv. pers.*); räkneapparat; mätare **2** *mat.* täljare **3** *sport.* mål; poäng **Zahlgrenze** *-n f* taxe-, zon|-gräns **Zahlkammer** *-n f, med.* räknekammare (*för blodkroppar*) **Zahlkarte** *-n f* [postgiro]-inbetalningskort **Zahlkarte** *-n f, sport.* scorekort **Zahlkellner** *- m* kypare (hovmästare) [som notan betalas till] **zahllos** otalig, oräknelig **Zahlmeister** *- m* skattmästare, kassör, kassachef; *sjö.* purser **zahlreich** talrik; *nicht ~ sein* (*äv.*) inte förekomma (hända) ofta **Zählrohr** *-e n* räknerör, Geigerräknare **Zahlstelle** *-n f* inbetalningsställe **Zahltag** *-e m* betalningsdag **Zahltisch** *-e m* kassa[disk] **Zahlung** *-en f* betalning, likvid; *an ~s Statt* (*åld.*) i stället för betalning; *gegen ~ von* mot erläggande av; *in ~ geben* byta in; *~ leisten* verkställa betalning, betala; *wir nehmen Essensmarken in ~* hos oss kan Ni betala med matkuponger; *der Autohändler nahm den alten Wagen in ~* bilhandlaren tog den gamla bilen i inbyte **Zählung** *-en f* räkn|ande, -ing **Zahlungsanweisung** *-en f* betalningsanvisning **Zahlungsbefehl** *-e m, åld.* betalningsföreläggande **Zahlungsbilanz** *-en f* betalningsbalans **Zahlungseinstellung** *-en f* betalningsinställelse **zahlungsfähig** solvent **Zahlungsfähigkeit** *0 f* solvens, betalningsförmåga **zahlungskräftig** *vard.* penning-, köp|-stark **Zahlungsmittel** *- n* betalningsmedel **Zahlungsmod|us** *-i m* betalningssätt **zahlungspflichtig** betalningsskyldig **Zahlungsschwierigkeiten** *pl* betalningssvårigheter **Zahlungstermin** *-e m* betalnings|termin, -tid

zahlungsunfähig insolvent **Zahlungsunfähigkeit** *0 f* insolvens **Zahlungsverkehr** *0 m* betalnings|väsen, -system **Zahlungsweise** *-n f* betalningssätt
Zählwerk *-e n* räkneverk **Zahlwort** *-er† n, språkv.* räkneord **Zahlzeichen** *- n* siffra **zahm** tam (*äv. bildl.*); foglig, spak **zähmbar** tämjbar **zähmen** tämja; *bildl. äv.* tygla; *sich ~ beherrska sig* **Zahmheit** *0 f* tam-, foglig-, spak|-het
Zahn *-e† m* **1** tand; *dritte Zähne* (*skämts.*) löständer; *sich* (*dat.*) *an etw.* (*dat.*) *die Zähne ausbeißen* (*vard.*) gå bet på ngt; *sich* (*dat.*) *die Zähne putzen* borsta tänderna; *das ist* (*reicht*) *für e-n halben ~* (*om mat*) det är alldeles för litet, det förslår inte; *ihm tut kein ~ mehr weh* (*vard.*) han har kilat vidare (*är död*); *die Zähne zeigen* visa tänderna (*äv. bildl.*); *bis an die Zähne bewaffnet* beväpnad till tänderna; *e-m auf den ~ fühlen* (*vard.*) känna ngn på pulsen; *sich mit Zähnen und Klauen verteidigen* (*vard.*) försvara sig med näbbar och klor **2** [såg]tand; tagg, udd, spets; kugge **3** *vard.*, steiler *~* häftig brud, pangbrud **4** *vard., e-n rollen ~ drauf haben* köra (*e.d.*) i full rulle; *e-n ~ zulegen* lägga på ett kol, öka tempot **Zahnarzt** *-e† m* tandläkare **zahnärztlich** tandläkar- **Zahnarztprax|is** *-en f* tandläkarpraktik **Zahnarztstuhl** *-e† m* tandläkarstol **Zahnbettschwund** *0 m* parodontos **Zahnbohrer** *- m* tand[läkar]borr **Zahnbürste** *-n f* tandborste **Zahncreme** *-s f* tandkräm **Zahndurchbruch** *-e† m* tandsprickning **Zähnefletschen** *0 n* visande av tänderna, [hotfullt] grin **zähnefletschend** visande tänderna, [hotfullt] grinande **Zähneknirschen** *0 n* tandagnisslan **zähneknirschend** gnisslande tänderna **zähneln 1** *dial.* få tänder **2** *se zähnen* **zähnen** få tänder **zähnen** tanda; förse med kuggar **Zahn|ersatz** *0 m* tandprotes **-fäule** *0 f* karies **-fleisch** *0 n* tandkött; *auf dem ~ gehen* (*vard.*) vara alldeles slut **-füllung** *-en f* tandfyllning, plomb **-gold** *0 n* tandguld **-heilkunde** *0 f* tandläkarkonst, odontologi **-klempner** *- m, vard. skämts.* tandsmed (*tandläkare*) **-kranz** *-e† m, tekn.* tand-, kugg|krans **-laut** *-e m, språkv.* dental, tandljud
zahnlos tandlös
Zahn|lücke *-n f* tandlucka **-past|a** *-en f,* **-paste** *-n f* tand|kräm, -pasta **-pflege** *0 f* tandvård **-prax|is** *-en f* tandläkarpraktik **-prothese** *-n f* tandprotes **-rad** *-er† n* kugghjul **-radbahn** *-en f* kugghjulsbana **-regulierung** *-en f* tandreglering **-reihe** *-n f* tandrad **-schmelz** *0 m* tandemalj **-schmerzen** *pl* tandvärk **-seide** *0 f* tandtråd **-spange** *-n f* tandställning (*för tandreglering*) **-spiegel** *- m* tandspegel **-stein** *0 m* tandsten **-stocher** *- m* tandpetare **-techniker** *- m* tandtekniker **-ung** *-en f* tandning; kuggar **-wechsel** *- m* tandömsning **-weh** *0 n, vard.* tandvärk **-wurzel** *-n f* tandrot
Zähre *-n f, dial. el. åld.* tår
Zairer *- m* zairier **zairisch** zairisk
Zambo [s-] *-s m* sambo, zambo (*avkomling av neger o. indian*)
Zander *- m, zool.* gös
Zange *-n f* tång, kniptång (*äv. mil.*); gripklo; *e-n in die ~ nehmen a) vard.* klämma åt (*utöva press på*) ngn, *b*) *sport.* hänga upp ngn (*tackla från två sidor*) **Zangenbewegung** *-en f, mil.* kniptångsmanöver **Zangenentbin-**

dung -*en f*, med. tångförlossning **Zangengeburt** -*en f* **1** med. tångförlossning **2** vard., das war die reinste ~ det var mycket knepigt **Zank** *0 m* gräl, träta, kiv, bråk **Zankapfel** -† *m* stridsäpple, tvistefrö **zanken 1** *rfl* gräla, träta, kivas, bråka **2** dial., mit e-m ~ gräla (skälla) på ngn **Zänker** - *m* grälmakare **Zankerei** -*en f* [ständigt] gräl, trätande, bråk **Zänkerei** -*en f* smågräl **zänkisch** grälsjuk, trätgirig **Zanksucht** *0 f* grälsjuka, trätgirighet **zanksüchtig** grälsjuk, trätgirig
Zäpfchen - *n* **1** [liten] tapp **2** anat. tungspene **3** med. stolpiller, suppositorium **Zäpfchen-R** *0 n*, språkv. tungrots-r, uvulart r **zapfen 1** tappa (vätska) **2** österr. förhöra, tentera muntligt **Zapfen** - *m* **1** tapp (äv. anat.); [trä]plugg; bulttopp; schweiz. kork **2** bot. kotte **3** dial., e-n ~ haben vara på sniskan **4** österr., heute hat es e-n ~ i dag är det svinkallt **Zapfenstreich** *0 m*, mil. tapto; um 11 Uhr ist ~ (vard.) det är läggdags kl. 11 **Zapfenzieher** - *m*, schweiz. korkskruv **Zapfer** - *m* tappare, krögare **Zapfsäule** -*n f* bensinpump, mack **Zapfstelle** -*n f* tapp-, tank-, bensin|station **zappelig** sprattlande; otålig, nervös **zappeln** sprattla; vor Ungeduld ~ spritta av otålighet; e-n ~ lassen (vard.) låta ngn vänta, hålla ngn på sträckbänken **Zappelphilipp** -*e el.* -*s m*, vard. sprattelgubbe
'zappen'duster vard. kolsvart; dann ist es ~ då är det slut (kört)
zapplig se zappelig
Zar -*en* -*en m* tsar
Zarge -*n f, fack.* ram, infattning; sarg
zaristisch tsaristisk, tsar-
zart [-a:-] späd, fin, öm[tålig], känslig, bräcklig; mild, mjuk, lätt; öm, kärleksfull; diskret, finkänslig, hänsynsfull; ~*e Farben* milda färger; ~*es Fleisch* mört kött; ~*e Gesundheit* bräcklig hälsa **zartbesaitet** [fin]känslig **zärteln** [-ɛ:-] kela, smekas **zartfühlend** [fin]känslig, taktfull **Zartgefühl** *0 n* [fin]känslighet, takt[känsla] **zartgliedrig** finlemmad, spenslig **Zartheit** *0 f* spädhet etc., jfr zart **zärtlich** [-ɛ:-] öm, smeksam, kärleksfull **Zärtlichkeit 1** *0 f* ömhet, smeksamhet **2** ~*en* ömhetsbetygelser, smekningar **Zärtlichkeitsbedürfnis** -*se n* ömhetsbehov
Zaster *0 m*, vard. stålar (pengar)
Zäsur -*en f* cesur
Zauber *0 m* trolldom, trolleri; förtrollning; trollkraft; tjus|ning, -kraft; fauler ~ (vard.) humbug, bluff; der [ganze] ~ (vard.) det hela; den ~ kenne ich! (vard.) försök inte!, det där känner jag nog till!; e-n mächtigen ~ veranstalten göra mycket väsen, föra ett förfärligt liv **Zauberbann** *0 m*, högt. förtrollning **Zauberbuch** -*er*† *n* trolldomsbok **Zauberei** -*en f* trolleri, trolldom, trollkonst **Zauberer** - *m* trollkarl; illusionist **Zauberflöte** -*n f* trollflöjt **Zauberformel** -*n f* trollformel **zauberhaft** trolsk, förtrollande, förtjusande **zauberisch 1** högt., se zauberhaft **2** åld., se zauberkräftig **Zauberkasten** -[†] *m* trollerilåda **Zauberkraft** -*e*† *f* trollkraft **zauberkräftig** magisk, som har trollkraft **Zauberkunst** -*e*† *f* trollkonst **Zauberkünstler** - *m* trollkonstnär, illusionist **Zaubermacht** -*e*† *f* trollmakt **zaubern** trolla; etw. [aus etw.] ~ trolla fram ngt [ur ngt]
Zauber|reich -*e n* sagoland -**schlag** *0 m, wie durch e-n* ~ som genom ett trollslag -**schlo|ß**

-**sser**† *n* förtrollat slott -**spiegel** - *m* trollspegel -**spruch** -*e*† *m* troll-, besvärjelse|formel -**stab** -*e*† *m* trollstav -**trank** -*e*† *m* trolldryck -**trick** -*s, ibl.* -*e m* trollkonst, trolleriknep -**welt** *0 f* trollvärld -**wort** -*e n* magiskt ord; ~*e* trollformel
Zaubrer - *m*, se Zauberer
Zauche -*n f, dial. el. åld.* **1** tik **2** slampa
Zaud[e]rer - *m* tveksam (obeslutsam, långsam) person **zaudern** dröja, tveka, vara tveksam (obeslutsam) **Zaudern** *0 n* tvekan
Zaum -*e*† *m* betsel, tygel; ein ~[*e*] halten tygla, lägga band på, hålla i styr **zäumen** betsla, tygla **Zaumzeug** *0 n* betsel[tyg]
Zaun -*e*† *m* staket, stängsel, plank, inhägnad; lebender ~ häck; e-n Streit vom ~[*e*] brechen söka komma i (mucka) gräl **zäunen** inhägna, sätta stängsel kring **Zaungast** -*e*† *m* [gratis]åskådare; passiv åskådare **Zaunkönig** -*e m*, zool. gärdsmyg **Zaunpfahl** -*e*† *m* gärdsgårdsstör, staketstolpe, stängselpåle **Zaunschlüpfer** - *m*, dial., se Zaunkönig
Zaupe -*n f, dial.* **1** tik **2** slampa
Zausel - *m, dial.* gubbe **zaus|en** lugga, dra (rycka) i [håret], rufsa till; der Wind -*t die Zweige* vinden sliter i grenarna; das Leben hat ihn mächtig gezaust han har blivit illa tilltygad av livet
z. B. förk. för zum Beispiel t.ex., till exempel
z. D. förk. för zur Disposition i disponibilitet
z.d.A. förk. för zu den Akten a.a., ad acta, till handlingarna **ZDF** förk. för Zweites Deutsches Fernsehen (i BRD) TV 2
Zebra -*s n* sebra -**streifen** - *m* [med vita ränder markerat] övergångsställe
Zebu -*s* el. - *m, i sebu*, puckeloxe
Zechbruder -† *m, vard.* dryckes-, sup|broder; festprisse; suput, fyllbult **Zeche** -*n f* **1** [restaurang]nota; die ~ bezahlen müssen (vard. äv.) få betala fiolerna, få ta konsekvenserna; die ~ prellen smita från notan **2** gruva, gruvanläggning **zechen** skämts. pokulera, festa, rumla **Zecher** - *m, skämts.* festprisse, rumlare **Zecherei** -*en f, skämts.* pokulerande, festande, rumlande **Zechgelage** - *n* dryckeslag, supgille **Zechgenosse** -*n* -*n m* dryckes-, sup|broder
Zechine -*n f* sekin (guldmynt)
Zech|kumpan -*e m, vard.* dryckes-, sup|broder -**preller** - *m* smitare (från krognota) -**tour** -*en f* krogrond
1 Zeck *0 m n, dial.,* ~ spielen leka tafatt (kull)
2 Zeck -*e m, sty., österr., se Zecke* **Zecke** -*n f*, zool. fästing **zecken** dial. **1** leka tafatt (kull) **2** reta **3** *rfl* bråka [med varandra]
Zeder -*n f* ceder **zedern** av ceder, ceder- **Zedernholz** *0 n* cederträ **Zedernholzöl** *0 n* cederolja
zedieren jur. cedera, överlåta
Zeh -*en m, se Zehe* **1 Zehe** -*n f* **1** tå; große (kleine) ~ stortå (lilltå); e-m auf die ~*n treten* *a*) trampa ngn på tårna, bildl. äv. såra ngn, *b*) utöva tryck på (pressa) ngn **2** [vitlöks]klyfta **Zehengänger** - *m*, zool. tågångare **Zehennagel** -† *m* tånagel **Zehenspitze** -*n f* tåspets **zehn** (jfr drei o. sms.) tio **Zehn** -*en f* (jfr Drei o. sms.) tia **Zehne** -*n f, dial.* tia (buss e.d.) **2** vard. tiopfennigs|slant, -mynt; tia, tiomarksedel **3** mat. tiotal **Zehnerbruch** -*e*† *m, mat.* decimalbråk **Zehnerjause** -*n f, österr.* frukost (fika) vid 10-tiden **zehnerlei** oböjl. adj tio slags etc., jfr dreierlei

Zehnerpackung -*en* f tioförpackning, förpackning om tio **Zehnerstelle** -*n* f, *mat.* tiotalssiffrans plats **Zehn'fingersystem** 0 *n*, *das* ~ touchmetoden (*för maskinskrivning*) **Zehn-'jahresfeier** -*n* f tioårsfest **Zehnkampf** -*e*† *m*, *sport.* tiokamp **Zehnkämpfer** - *m*, *sport.* tiokampare **Zehn'markschein** -*e m* tiomarksedel **Zehn'monatskind** -*er n* barn fött i tionde månaden (*av graviditeten*) **Zehn'pfennigstück** -*e n* tiopfennigs|slant, -mynt **Zehnt** -*en* -*en m*, *hist.* tionde **'zehn'tausend** tio tusen; *die oberen Z~* överklassen, gräddan **zehnte** tionde **Zehnte** -*n* -*n m*, *se* Zehnt **zehntel** tiondels **Zehntel** - *n* tiondel **zehntens** för det tionde
zehr|en 1 *von etw.* ~ tära på (leva av) ngt; *von den Erinnerungen* ~ leva på minnena **2** tära (*an etw. dat.* på ngt); *Fieber* -*t* feber tar på krafterna; *die Seeluft* -*t* sjön suger **Zehrung** 0 f, *åld.* proviant, färdkost
Zeichen - *n* **1** tecken; signal; märke; symbol; symtom; *mus.* förtecken; *ein* ~ *von Schwäche* (*äv.*) ett svaghetstecken; ~ *setzen a)* interpunktera, sätta ut skiljetecken, *b)* ge nya impulser, visa på nya vägar; *er war seines* ~*s Schneider* (*Schneider seines* ~*s*) (*åld. el. skämts.*) han var skräddare till yrket **2** tecken, stjärnbild; *ich bin im* ~ *des Löwen geboren* jag är född i lejonets tecken; *unter e-m glücklichen* ~ *geboren sein* vara född under en lycklig stjärna -**block** -*e*† *el.* -*s m* ritblock -**brett** -*er n* ritbräde -**feder** -*n* f rit-, text|penna -**film** -*e m* tecknad film -**heft** -*e n* rit-, skiss|bok -**kohle** -*n* f ritkol -**kunst** 0 f ritkonst -**lehrer** - *m* teckningslärare -**saal** -*säle m* teckningssal -**schutz** 0 *m* varumärkesskydd -**setzung** 0 f interpunktering -**sprache** -*n* f teckenspråk -**stunde** -*n* f teckningslektion -**trickfilm** -*e m* tecknad film
zeichnen 1 teckna (*äv. bildl.*); rita **2** märka; *die Wäsche* ~ märka tvätten; *die Katze ist schön gezeichnet* katten är vackert tecknad; *vom Tode gezeichnet* dödsmärkt **3** [under]teckna, signera; *Aktien* ~ teckna aktier; *e-n Betrag von 10 Mark* ~ teckna sig för 10 mark (*på insamlingslista*); *für etw.* [*verantwortlich*] ~ vara ansvarig (svara, stå) för ngt **Zeichner** - *m* tecknare, ritare **zeichnerisch** tecknings- **Zeichnung** -*en* f teckning (*äv. hand. o. bildl.*); ritning **zeichnungsberechtigt** berättigad att teckna firman
Zeidler - *m*, *åld.* biodlare
Zeigefinger - *m* pekfinger; *bildl.* pekpinne
Zeigefürwort -*er*† *n*, *språkv.* demonstrativt pronomen **zeig|en 1** visa; peka; lägga i dagen; *ich ließ mir das Buch* ~ jag lät ngn visa mig boken; *e-m den Rücken* ~ vända ngn ryggen; *e-m den Weg* ~ visa ngn vägen; *auf e-n* ~ peka på ngn; *die Uhr -t* [*auf*] *zwölf* klockan visar tolv; *dem habe ich es aber gezeigt!* (*vard.*) honom satte jag minsann på plats!; *sie hat es ihnen gezeigt* (*vard. äv.*) hon visade dem vad hon gick (går) för **2** *rfl* visa sig; *er -te sich der Aufgabe nicht gewachsen* han visade sig inte vara (var inte) vuxen uppgiften **Zeiger** - *m* visare **Zeigestock** -*e*† *m* pekpinne
zeihen *zieh, ziehe, geziehen, högt.*, *e-n e-r Sache* (*gen.*) ~ beskylla (anklaga) ngn för ngt
Zeile -*n* f **1** rad; *deine* ~ *n* (*åld.*) ditt brev; *zwischen den* ~*n lesen* läsa mellan raderna **2** rad, länga, fil, räcka **Zeilenabstand** -*e*† *m* radavstånd **Zeileneinsteller** - *m* (*skrivmaskins*)höjdstegs|väljare, -ställare **Zeilen|honorar** -*e n* honorar per rad **Zeilensteller** - *m*, *se* Zeileneinsteller **zeilenweise** radvis, rad för rad
Zeisig -*e m* **1** *zool.* siska **2** *lockerer* ~ (*vard.*) lättsinnig person, slarver
zeit *prep m. gen.*, ~ *meines Lebens* [i, under] hela mitt liv **Zeit** -*en* f **1** tid; *die* ~ *der Ernte* skördetiden; [*ach*] *du liebe* ~! du store tid!; *alle heiligen* ~*en einmal* (*österr.*) ytterst sällan; *das braucht* (*erfordert, kostet*) [*viel*] ~ det tar [lång] tid; *dazu fehlt ihm die* ~ det har han inte tid med; *das hat* ~ *bis morgen* det får gärna vänta tills i morgon; *damit hat es* ~ det brådskar inte med det; *sich* (*dat.*) ~ *lassen* ta god tid på sig; *die* ~ *nehmen* (*stoppen*) (*sport.*) ta tid; *es ist* (*wird*) ~, *daß* det är på tiden (dags) att; *welche* ~ *ist es?* hur mycket är klockan?; *es ist* [*die*] [*aller*]*höchste* ~, *zu* det är hög tid att; *es ist an der* ~, *zu gehen* det är på tiden (dags) att gå; *Mitarbeiter auf* ~ medarbetare anställd på viss tid; *Vertrag auf* ~ tidsbestämt avtal; *auf e-e* ~ *von 3 Jahren* för [en tid av] tre år, på tre år; *auf* (*für*) *einige* ~ på (för) ngn tid; *auf* ~ *spielen* (*sport.*) maska; *aus alter* ~ från gamla tider; *außer der* ~ på annan tid [än den vanliga]; *für alle* ~ för alltid; *in nächster* (*der nächsten*) ~ inom den närmaste tiden, snart; *mit der* ~ med tiden, så småningom; *mit der* ~ *gehen* följa med sin tid; *wir haben uns seit ewigen* ~*en nicht gesehen* (*vard.*) vi har inte träffats på evigheter; *nachts um diese* ~ så här dags på natten; *von* ~ *zu* ~ från tid till annan, då och då; *vor der* ~ i förtid; *zu allen* ~*en, zu aller* ~ alltid, i alla tider; *zur* ~ för närvarande, för tillfället (ögonblicket), nu; *zu der* ~, *als* (*da*) [på den tid] då, när; *zu jeder* ~ alltid, när som helst; *zu keiner* ~ aldrig; *zur rechten* ~ i rätt tid; *zu seiner* ~ på hans (sin) tid **2** *språkv.* tempus -**abschnitt** -*e m* tidsavsnitt, period, epok -**abstand** -*e*† *m* tidsintervall -**alter** - *n* tidsålder, tidevarv -**angabe** -*n* f **1** tidsuppgift, datum, datering **2** *språkv.* tidsadverbial -**ansage** -*n* f tidgivning (*i radio e.d.*) -**aufnahme** -*n* f **1** *foto.* exponering på tid **2** (*vid tidsstudier*) tidtagning -**aufwand** 0 *m* tidsåtgång -**bild** -*er n* tids|bild, -skildring -**bombe** -*n* f tidsinställd bomb (*äv. bildl.*) -**dauer** -*n* f tid[s]rymd -**differenz** -*en* f tidsskillnad -**druck** 0 *m* tidspress; *in* ~ *sein* vara i tidsnöd -**einteilung** 0 f tidsindelning **Zeitenfolge** 0 f, *språkv.* tempusföljd
Zeit|erscheinung -*en* f tidstypisk företeelse -**ersparnis** -*se* f tidsbesparing -**faktor** 0 *m* tidsfaktor -**folge** -*n* f tidsföljd -**form** -*en* f, *språkv.* tempus -**frage 1** -*n* f aktuell fråga **2** 0 f, *das ist e-e* ~ det är en fråga om tid, det beror på jag (*etc.*) har tid
zeitgebunden tidsbunden **Zeitgefühl** 0 *n* tidsbegrepp **Zeitgeist** 0 *m* tidsanda **zeitgemäß** tidsenlig; aktuell **Zeitgenosse** -*n* -*n m* **1** samtida **2** [med]människa **zeitgenössisch** samtida **zeitgerecht 1** tidsenlig, modern **2** *österr., schweiz.* i rätt tid **Zeitgeschehen** 0 *n* tidshändelser, aktuella händelser **Zeitgeschichte** 0 f tidshistoria; *die* ~ samtidshistorien, våra dagars historia **Zeitgeschmack** 0 *m*, *der* ~ tidens smak (mode) **Zeitgewinn** 0 *m* tids|vinst, -besparing **zeitgleich 1** samtidig, synkron **2** *sport.* som har (med) samma tid **Zeitgründe** *pl*, *aus* ~ *n* av tidsskäl **zeitig 1** tidig; *am* ~ *en Nachmittag* tidigt på eftermiddagen **2** *dial. el. åld.* mogen

zeitigen *högt.* fram|bringa, -kalla, medföra, ge som resultat **Zeitintervall** *-e n* tidsintervall **Zeitkarte** *-n f* periodkort **Zeitlang** *0 f, e-e* ~ en stund (tid), under ngn tid **Zeitläuf[t]e** *pl, högt.* tids|förhållanden, -omständigheter; tidsskeden; *die* ~ *(äv.)* händelsernas gång **zeit-'lebens** hela livet igenom, under hela sitt *(etc.)* liv **zeitlich 1** tids-; ~ *begrenzt* tidsbegränsad, begränsad i tiden; ~ *nacheinander* i tidsföljd **2** *relig.* timlig, förgänglig, jordisk; *das Z~e segnen* skiljas hädan, dö **Zeitlichkeit** *0 f* jordeliv **Zeitlohn** -e† *m* tidlön **zeitlos** tidlös **Zeit|lose** *-n f, bot.* tidlösa **-lupe** *0 f, film.*, *in* ~ i slow-motion (ultrarapid) **-lupentempo** *0 n, im* ~ i ultrarapid, mycket långsamt **-mangel** *0 m* tidsbrist **-maß** *0 n* tidsmått, tempo **-messung** *-en f* tidmätning, **zeitnah[e]** tidsenlig, aktuell **Zeit|nahme** *-n f, sport.* tidtagning **-nehmer** *- m* 1 *sport.* tidtagare **2** tidsstudieman **-not** *0 f* tidsnöd **-plan** *-e† m* tids|plan, -schema **-problem** *-e n* aktuellt problem **-punkt** *-e m* tidpunkt **-raffer** *0 m, film., im* ~ i quick-motion **zeitraubend** tidsödande **Zeitraum** *-e† m* tid[s]rymd **Zeitrechnung** *-en f* tid[e]räkning **zeitschnell** *sport.*, ~*er* som har (med) bättre tid; *der* ~ *ste Läufer* löparen med den bästa tiden **Zeitschrift** *-en f* tidskrift **Zeitspanne** *-n f* tid[rymd], period **zeitsparend** tidsbesparande **Zeitstudien** *pl* tidsstudier **Zeitumstände** *pl* tids|omständigheter, -förhållanden **Zeitung** *-en f* 1 tidning **2** *åld.* budskap **Zeitungs|abonnement** *-s n* tidningsprenumeration **-ausschnitt** *-e m* tidnings[ur]klipp **-ausschnittbüro** *-s n* pressklippsbyrå **-austräger** *- m* tidningsbud **-bericht** *-e m* tidnings|rapport, -reportage **-ente** *-n f, vard.* tidningsanka **-fritze** *-n -n m, vard.* murvel *(journalist)* **-junge** *-n -n m* tidningspojke **-mann** *-männer el. -leute m, vard.* **1** murvel *(journalist)* **2** tidningsförsäljare **3** tidningsbud **-meldung** *-en f* tidnings|rapport, -reportage **-roman** *-e m* följetong **-stand** *-e† m* tidnings|stånd, -kiosk **-wissenschaft** *0 f* journalistik **Zeit|unterschied** *-e m* tidsskillnad **-vergeudung** *0 f* slöseri med tid, tid[s]spillan **-verlust** *-e m* tidsförlust **-verschwendung** *0 f, se Zeitvergeudung* **-vertreib** *-e m* tidsfördriv **-vorsprung** *-e† m* försprång [i tid] **zeitweilig** tillfällig, temporär, kortvarig; periodisk; *adv äv.* tidvis, då och då **zeitweise** tidvis, då och då **Zeitwort** *-er† n, språkv.* verb **Zeitzeichen** *- n (i radio)* tidssignal **Zeitzünder** *- m* tidrör **Zeitzünderbombe** *-n f* tidsinställd bomb **Zelebrant** *-en -en m, kat.* officiant, celebrant **zelebrieren 1** *kat.*, *[die Messe]* ~ förrätta mässan, officiera [vid mässan] **2** celebrera; högtidligt begå (genomföra) **Zelebrität** *-en f* celebritet, berömdhet **Zelle** *-n f* **1** cell *(i olika bet.); polit.* [bostads-, drift]cell; *die kleinen grauen* ~*n (vard.)* de små grå [cellerna] **2** [bad-, telefon]hytt **Zellehre** *0 f* cytologi **zellenförmig** cellformig **Zellengewebe** *- n* cellvävnad **Zellenlehre** *0 f* cytologi **Zellgewebe** *- n* cellvävnad **Zellgift** *-e n* cellgift **Zellgummi** *0 m* skumgummi **Zellhorn** *0 n* celluloid **zellig** bestående av (försedd med) celler **Zellkern** *-e m* cellkärna **Zellophan** *0 n* cellofan **Zellstoff** *-e m* cellulosa; cell-stoff **Zellteilung** *-en f* celldelning **zellu|'lar, -'lär** bildad av celler, cell- **Zellu|'litis** *-li-'tiden f, med.* cellulit **Zelluloid** [-'lɔyt, äv. -lo'iːt] *0 n* celluloid **Zelluloidheld** *-en -en m, skämts.* filmhjälte **Zellulose** *-n f* cellulosa **Zellwand** *-e† f* cellvägg **Zellwolle** *0 f* cellull **Zelot** *-en -en m* selot, zelot; *bildl. äv.* fanatiker **zelotisch** selotisk; *bildl. äv.* fanatisk **Zelt** *-e n* tält; *seine* ~*e abbrechen (skämts.)* bryta upp, ge sig i väg; *er hat seine* ~*e in Wien aufgeschlagen (skämts.)* han har slagit ner sina bopålar i Wien **Zeltbahn** *-en f* tältvåd **2** tältdukspresenning **zelten** tälta, campa **1 Zelter** *- m* tältare **2 Zelter** *- m, hist.* ridhäst [för damer] *(dresserad till passgång)* **Zeltlager** *- n* tältläger **Zeltleinwand** *0 f* tältduk **Zeltler** *- m* tältare **Zeltmission** *0 f* tältmission **Zeltpflock** *-e† m* tältpinne **Zeltplane** *-n f* tältdukspresenning **Zeltplatz** *-e† m* tält-, camping|plats **Zement** *-e m* cement **zementieren 1** cementera **2** *bildl.* permanenta, göra permanent (definitiv) **Zenit** [-'niːt, *äv.* -'nɪt] *0 m* zenit; *bildl. äv.* höjd-[punkt] **zensieren 1** betygsätta; *der Lehrer -t streng* läraren är sträng vid betygsättningen; *der Aufsatz wurde mit der Note Eins (mit sehr gut) -t* uppsatsen åsattes betyget fem **2** censurera **Zensor** *-en m* censor, granskare **Zensur** *-en f* **1** betyg; *er bekam e-e schlechte* ~ *in Englisch* han fick ett dåligt betyg i engelska; *bald gibt es* ~*en* snart får vi *(etc.)* betyg **2** censur **Zensurenkonferenz** *-en f* betygskonferens **Zentaur** *-en -en m* centaur **Zente'nar|feier** *-n f,* **-ium** *-ien n* hundraårsfest **zentesi'mal** centesimal, hundradelad **Zenti|'gramm** [*äv.* '----] *- m (vid måttsangivelse* -)*n* centigram **-'liter** [*äv.* '----] *- m, äv. n* centiliter **-'meter** [*äv.* '----] *- m, äv. n* centimeter **-'metermaß** *-e n* centimetermått **Zentner** *- m* centner *(50 kg, i Österrike o. Schweiz 100 kg)* **Zentnerlast** *-en f* blytungt lass, centnertyngd; *mir fiel e-e* ~ *vom Herzen* det föll en stor sten från mitt bröst **zentnerschwer** vägande en (flera) centner, centnertung, blytung **zentral** central **Zentralafrikaner** *- m* centralafrikan **zentralafrikanisch** centralafrikansk **Zentrale** *-n f* **1** central; huvudkontor; högkvarter **2** [telefon]växel **3** *mat.* centrallinje **Zentraleinheit** *-en f, databeh.* centralenhet **Zentralheizung** *-en f* central|värme, -uppvärmning, värmeledning; [värmelednings]element **Zentralisation** *-en f* centralis|ering, -ation **zentralisieren** centralisera **Zentralisierung** *-en f, se Zentralisation* **Zentralismus** *0 m* centralism; *der demokratische* ~ *(polit.)* den demokratiska centralismen **zentralistisch** centralistisk; centraldirigerad **Zentralkomitee** *-s n, polit.* centralkommitté **Zentralnervensystem** *-e n, das* ~ centrala nervsystemet **Zentralproblem** *-e n* centralt problem **Zentralverband** *-e† m* central|förbund, -organisation **Zentralwert** *-e m, stat.* median **zentrieren** centrera **zentrifugal** *fys.* centrifugal **Zentrifugalkraft** *0 f, fys.* centrifugalkraft **Zentrifuge** *-n f* centrifug **zentrifugieren** *fack.* centrifugera **zentripetal** *fys.* centripetal **Zentripetalkraft** *0 f, fys.* centripetal-

kraft **zentrisch** centrisk, centrerad, central **Zentr|um** *-en n* centrum; mitt[punkt]; center; *im ~ des Interesses* i centrum för intresset
'**Zephir, 'Zephyr 1** *-e m* sefir (*bomullstyg*) **2** *0 m, poet. åld.* sefyr, mild [västan]vind **ze'phirisch, ze'phyrisch** *poet. åld.* (*om vind*) mild
'**Zeppelin** *-e m* zeppelinare
Zepter - *n, äv. m* spira; *das ~ führen* (*schwingen*) föra spiran (*bestämma*)
Zerat *-e n* cerat
zerbeißen *st* bita sönder **zerbersten** *st s* spricka itu (sönder)
Zerberus *-se m, skämts.* cerberus (*barsk dörrvaktare el. vakthund*)
zerbeulen buckla till **zerbomben** bomba sönder **zerbrechen** *st* **1** *s* gå itu (i kras, sönder), brista, bräckas, krossas; *e-e zerbrochene Ehe* ett kapsejsat äktenskap; *an etw.* (*dat.*) ~ (*bildl.*) knäckas av ngt **2** bryta itu (sönder), ha (slå) sönder **zerbrechlich** bräcklig, ömtålig, skör, spröd, fragil **zerbröckeln 1** *s* falla (smulas) sönder, smula sig; förfalla, vittra [sönder] **2** smula sönder **zerbröseln 1** *s* smula sig, smulas sönder **2** smula sönder **zerdeppern** *vard.*, **zerdreschen** *st, vard.* slå (ha) sönder **zerdrücken 1** klämma (trycka, knäcka) sönder; mosa, krossa **2** *vard.* skrynkla [till]
zerebral *med.* cerebral, hjärn-; *bildl.* andlig, intellektuell; *språkv.* retroflex
Zeremonie [-'ni:; *äv.* -'mo:njə] *-n f* ceremoni **zeremoniell** ceremoniell, högtidlig, [högtidligt] stel, formell **Zeremoniell** *-e n* ceremoniel[l] **zeremoniös** *se zeremoniell*
zerfahren *I st* **1** köra sönder **2** köra över, mosa sönder **II** *adj* tankspridd, okoncentrerad, splittrad, nervös **Zerfahrenheit** *0 f* tankspriddhet, splittring, nervositet **Zerfall** *0 m* sönderfall, förfall, upplösning; *radioaktiver ~* radioaktivt sönderfall **zerfallen** *st s* **1** falla (gå) sönder (i bitar), förfalla, upplösas **2** sönderfalla, indelas; *das Buch zerfällt in vier Kapitel* boken är indelad i fyra kapitel **3** *mit e-m ~* bli (vara) osams med ngn; *mit sich* [*und der Welt*] *~ sein* vara på kant med sig själv och hela världen **Zerfallserscheinung** *-en f* tecken på upplösning, förfallssymtom **Zerfallsprodukt** *-e n* (*radioaktiv*) sönderfallsprodukt **zerfetzen 1** riva (slita, trasa) sönder **2** *vard.* göra ner, starkt kritisera **zerfleischen** slita sönder (i stycken) **zerfließen** *st s* smälta, upplösa sig; (*om färg*) flyta ut; *in* (*vor*) *Mitleid ~* svämma över av medlidande **zerfransen 1** *s* fransa sig **2** rispa upp, slita [sönder] i kanten **3** *rfl, vard.* slita **zerfressen** *st* fräta (gnaga, äta) sönder; förstöra; *von Motten* (*Rost*) *~* (*äv.*) maläten (sönderrostad) **zerfurch|en** göra djupa fåror i; *-tes Gesicht* fårat ansikte **zergehen** *st s* smälta, upplösa sig; *e-e Tablette in Wasser ~ lassen* lösa upp en tablett i vatten **zergen** *dial.* reta
zergliedern sönder|dela, -stycka, dissekera; analysera; *e-n Satz ~* ta ut satsdelarna [i en mening] **zergrübeln** *sich* (*dat.*) *das Hirn* (*den Kopf*) *~* rådbråka sin hjärna **zerhacken** klyva, hacka sönder **zerhauen** *st* (*imperf äv. sv*) hugga (slå) itu (i bitar, sönder) **zerkauen** tugga sönder; *die Fingernägel ~* bita på naglarna **zerkleinern** skära sönder (dela) i småbitar, hacka [fint], smula sönder, krossa; *Holz ~* hugga ved **zerklopfen** knacka (slå, hamra) sönder **zerklüftet** full av klyftor (spricka

or, rämnor) **zerknacken 1** knäcka **2** *s* knäckas **zerknallen 1** *s* spricka med en knall, explodera **2** smälla; *vard.* panga, slå (ha) sönder **zerknautschen** *vard., se zerknittern* **zerknirscht**˙ ånger|full, -köpt, skuldmedveten; *~er Sünder* förkrossad syndare **Zerknirsch|theit** *0 f*, **-ung** *0 f* ånger, skuldmedvetenhet; förkrosselse **zerknitter|n** skrynkla till (ihop), knöla till; *-t* (*vard. äv.*) moloken, tillintetgjord **zerknüllen** knyckla (skrynkla) ihop (till) **zerkochen 1** *s* koka sönder **2** koka sönder (*etw.* ngt) **zerkratz|en** repa (rispa, riva, klösa, skrapa) sönder; *-t* (*äv.*) repig, rispig **zerkriegen** *rfl, österr.* bli (vara) osams **zerkrümeln 1** *s* smula sig **2** smula sönder
zerlassen *st, kokk.* smälta, skira **zerlaufen** *st s, se zerfließen* **zerlegbar** isärtagbar, som kan plockas isär **zerlegen** ta (plocka) isär; [sönder]dela, plocka sönder; analysera; dissekera; *slakt.* stycka; *kokk.* tranchera; *Sätze ~* ta ut satsdelar[na] **zerlesen** sönderläst, [ut]sliten **zerlöchert** full av hål **zerlumpt** lumpig, trasig; klädd i lumpor (trasor) **zermahlen** mala [sönder] **zermalmen** krossa **zermanschen** *vard.* mosa [sönder] **zermartern** *sich* (*dat.*) *den Kopf* (*das Hirn*) *~* bry sitt huvud (sin hjärna) **zermatschen** *vard.* mosa [sönder] **zermürben** trötta ut, utmatta; bryta ner; göra mjuk (mör), krossa **zernagen** gnaga sönder **zernarbt** ärrig **zerpflücken** plocka sönder; *bildl. äv.* dissekera; *jds Argumente ~* smula sönder ngns argument; *e-n Film ~* kritisera sönder en film **zerplatzen** *s* spricka, explodera; *vor Wut ~* hålla på att spricka av ilska **zerquetschen** mosa (klämma) sönder, krossa
Zerrbild *-er n* vrångbild, förvrängning **zerreden** prata sönder **zerreiben** *st* gnida (smula, mala) sönder; riva (*färg*); *bildl.* krossa **zerreiß|en** *st* (*jfr zerrissen*) **1** riva (slita, nöta) sönder, riva itu; nöta ut; *Schüsse ~ die Stille* skott söndersliter tystnaden; *in Stücke ~* slita i stycken; *ich könnte ihn ~!* (*vard.*) jag skulle kunna mörda honom!; *es hat mich fast zerrissen, als ich das hörte* (*vard.*) jag höll på att skratta ihjäl mig när jag hörde det **2** *s* rivas (slitas, gå) sönder, brista, gå av; spricka; *der Nebel -t* (*högt.*) dimman lättar **3** *rfl, sich für e-n ~* (*vard.*) slita ut sig för ngn; *er kann sich doch nicht ~* (*vard.*) han kan ju inte vara på flera ställen samtidigt, han kan väl inte göra allt på e-n gång **Zerreißprobe** *-n f, tekn.* sträckprov; *bildl.* uthållighetsprov, hårt (svårt) prov, prövning, eldprov **Zerreißversuch** *-e m, tekn.* sträckprov
zerr|en 1 slita, rycka, dra; *das -t an meinen Nerven* det sliter på mina nerver; *etw. an die Öffentlichkeit ~* dra ngt inför offentligheten; *vor Gericht ~* släpa inför rätta **2** *sich* (*dat.*) *e-n Muskel ~* sträcka en muskel
zerrinnen *st s, högt.* smälta, upplösa sig; försvinna; *die Jahre ~* åren går (försvinner) **zerrissen** sönder|sliten, -riven, trasig; [*innerlich*] *~ sein* vara disharmonisk (på kant med sig själv)
Zerrung *-en f, med.* sträckning
zerrupfen plocka sönder **zerrütte|n** bringa i oordning, rubba; undergräva, ödelägga, förstöra; *-te Ehe* trasigt äktenskap; *-te Gesundheit* undergrävd (bruten) hälsa **Zerrüttung** *0 f* oordning, rubbning; upplösning; ödeläggelse, förstörelse **zersägen** såga itu (sönder)

zerschellen s sönderslås, slås i bitar (spillror), krossas; krascha **zerschießen** st skjuta sönder **zerschlagen I** st **1** slå sönder (i bitar), ha sönder; krossa; *e-n Spionagering* ~ spränga en spionliga **2** rfl gå om intet, gå upp i rök, inte bli av **II** adj [alldeles] mörbultad (slut) **zerschleißen** st **1** nöta (slita) ut (sönder) **2** s nötas (slitas) ut (sönder) **zerschlitzen** skära (sprätta) upp (sönder) **zerschmeißen** st, vard. slå sönder, panga **zerschmelzen** st h el. s smälta **zerschmettern** slå sönder, krossa (äv. bildl.) **zerschneiden** st skära (klippa) itu (i bitar, sönder) **zerschnippeln** klippa i småbitar (sönder) **zerschrammen** rispa (repa) [sönder]; *sich (dat.) das Knie* ~ skrubba (skrapa) knät **zerschrammt** rispig, repig, sönder|rispad, -repad; skrubbad, skrapad **zerschunden** skrubbad, skrapad **zersetzen 1** upplösa; *bildl. äv.* under|gräva, -minera **2** rfl upplösas (äv. bildl.) **Zersetzung** 0 f upplösning **zersiedeln** *die Landschaft* ~ förstöra landskapet med spridd bebyggelse **zersingen** st förvanska (sångtext) **zerspalten** klyva, dela **zersplittern 1** s splittras **2** splittra [sönder]; *seine Kräfte* ~ splittra sina krafter **3** rfl splittra sig, splittras **zersprengen 1** spränga sönder (isär) **2** skingra **zerspringen** st s spricka, springa sönder, explodera; *högt.* brista; *in tausend Stücke* ~ gå i tusen bitar; *das Herz zersprang ihm fast vor Freude (högt.)* hans hjärta var nära att brista av glädje; *der Kopf wollte ihm vor Schmerzen* ~ *(högt.)* hans huvud höll på att sprängas av smärta **zerstampfen** trampa (stampa, stöta) sönder, trampa ner, krossa **zerstäuben** finfördela; pulverisera; spraya (sprida, spruta) [ut] **Zerstäuber** - m spray[flaska]; rafräschissör; spridare; insektsspruta **zerstechen** st **1** sticka hål i (sönder) **2** *(om insekt)* bita sönder; *von Mükken zerstochen* myggbiten, uppäten av mygg **zerstieben** st, äv. sv, s, högt. spridas (skingras) [åt alla håll], skingra sig, försvinna; *die Funken* ~ gnistorna flyger åt alla håll **zerstör|en** förstöra, ödelägga, fördärva; *-te Illusionen* krossade illusioner **Zerstörer** - m **1** förstörare **2** sjö. jagare **3** tungt jaktflygplan **Zerstörung** -en f förstör|ing, -else **Zerstörungslust** 0 f förstörelselusta **Zerstörungswerk** 0 n förstörelse|verk, -arbete **Zerstörungswut** 0 f förstörelseraseri **zerstoßen** st stöta [sönder] **zerstreiten** st rfl bli (vara) osams, komma ihop sig **zerstreuen 1** skingra, sprida; *jds Zweifel* ~ skingra ngns tvivel **2** förströ, roa **3** rfl skingras, spridas, sprida sig **4** rfl förströ (roa) sig **zerstreut 1** tankspridd, förströdd, distré **2** ~ *liegende Häuser* glest liggande hus; *in alle Welt* ~ sein vara spridd (skingrad) över hela världen **Zerstreutheit** 0 f tankspriddhet, distraktion **Zerstreuung 1** 0 f skingrande, spridande **2** 0 f tankspriddhet, distraktion **3** -en f förströelse, underhållning, nöje **Zerstreuungslinse** -n f, opt. spridningslins, konkav lins **zerstückeln** [sönder]stycka, -dela **zerteilen 1** [sönder]dela, klyva; tranchera **2** rfl, *er kann sich doch nicht* ~ *(vard.)* han kan ju inte vara på flera ställen samtidigt, han kan väl inte göra allt på en gång **3** rfl *(om moln)* skingras **zerteppern** vard. slå (ha) sönder **Zertifikat** -e n certifikat; intyg **zertifizieren** förse med certifikat (intyg); intyga **zertrampeln** trampa ner (sönder) **zertrennen** dela, skilja åt; *das Kleid* ~ sprätta sönder klänningen **zertreten** st trampa sönder (ner, ihjäl) **zertrümmern** slå sönder (i spillror), ha sönder, krossa; lägga i ruiner **Zervelatwurst** [tsɛrv-, äv. zɛrv-] -e† f cervelatkorv, salami, medvurst **zerwerfen** st rfl bli (vara) osams, komma ihop sig **zerwühlen** böka upp (sönder); rufsa till *(hår)* **Zerwürfnis** -se n, högt. oenighet, osämja, söndring, split, tvist **zerzaus|en** rufsa till; *-te Frisur* rufsig frisyr **zerzupfen** pilla itu (sönder), rycka i bitar (sönder) **Zession** -en f, jur. cession **Zeter** 0 m n, ~ *und Mord[io] schreien* skrika som om det gällde livet **Zetergeschrei** 0 n [gall]skrik, [ill]vrål **zeter'mordio** ~ *schreien* skrika som om det gällde livet **zetern** [gall]skrika, [ill]vråla; gorma, skälla, träta **1 Zettel** - m [pappers]lapp, papper; [kartoteks]kort
2 Zettel - m, text. varp
Zettelkasten -[†] m kortlåda *(för kartotek)* **Zettelwirtschaft** 0 f, vard., was ist das für e-e ~ ? vad är det här för hemsk röra med alla dessa lösa lappar?
Zeug -e n **1** vard. grejor, saker; smörja, strunt; vard. anlag; ål̃d. tyg, kläder; ål̃d. redskap, verktyg, don; ål̃d. seldon; *albernes (dummes)* ~ *(vard.)* dumheter, larv; *das ganze* ~ *(vard.)* alltihop, det hela, alltsammans; *das* ~, *dås (äv.) det som; dort bekamen wir ein furchtbares* ~ *zu essen (vard.)* där fick vi ngt förskräckligt att äta; *e-m etw. am* ~[e] *flicken (vard.)* anmärka på (finna fel hos) ngn; *das* ~ *zu etw. haben (vard.)* ha anlag för (duga till) ngt; *arbeiten, was das* ~ *hält (vard.)* arbeta allt vad tygen håller (för fullt); *sich mächtig (richtig, tüchtig) ins* ~ *legen (vard.)* lägga manken till; *sich für e-n ins* ~ *legen (vard.)* lägga sig ut för ngn **2** sjö. tackel och tåg, segel **3** jakt. jakttyg **4** fack. öljäst **-amt** -er† n, mil. tyghus, arsenal **-druck** -e m tygtryck[ning]
Zeuge -n -n m vittne; ~ *e-r Sache (gen.) sein* a) vara vittne till ngt, b) bildl. bära vittnesbörd (vittna) om ngt; *vor* ~n *(äv.)* i vittnens närvaro
1 zeug|en 1 vittna; *das -t von schlechter Erziehung* det vittnar om dålig uppfostran **2** *das -t für (gegen) etw.* det talar för (mot) ngt
2 zeugen avla, föda, frambringa
Zeugen|aussage -n f vittnesmål **-bank** -e† f vittnes|bänk, -bås **-einvernahme** -n f, österr., schweiz. vittnesförhör **-gebühr** -en f, -geld -er n vittnes|arvode, -ersättning **-schaft** 0 f **1** vittnes|mål, börd **2** [samtliga] vittnen **-stand** 0 m vittnesbåla **-verhör** -e n, **-vernehmung** -en f vittnesförhör
Zeughaus -er† n, mil. tyghus, arsenal
Zeugin -nen f [kvinnligt] vittne **Zeugnis** -se n **1** betyg; intyg, vitsord, attest; utlåtande; *der Schüler bekam ein schlechtes* ~ eleven fick dåliga betyg **2** högt. vittnes|börd, -mål; bevis; ~ *ablegen* avlägga vittnesmål; *von etw.* ~ *ablegen* bära vittnesbörd (vittna) om ngt **Zeugnisabschrift** -en f betygsavskrift **Zeugnispflicht** 0 f, jur. vittnesplikt
Zeugs 0 n, vard. neds., se Zeug 1
Zeugung -en f avlande; fortplantning **zeugungsfähig** fortplantningsduglig, potent **Zeugungs|fähigkeit** 0 f, **-kraft** 0 f fortplantningsförmåga, potens
z.H. förk. för zu Händen tillhanda

Zibbe -*n f, dial.* **1** tacka; [kanin]hona **2** *neds.* gås, höna, kärring
Zichorie [-'ço:rjə] -*n f* cikoria
Zicke -*n f* **1** *se* **Ziege 2** *vard.*, ~*n* dumheter, [dumma] påhitt; ~*n machen* göra (hitta på) dumheter, ställa till krångel **Zickel** -[*n*] *n*, **-chen** - *n* killing, kid **zickeln** få killingar **zickig** *vard.* gammaldags; pryd, hämmad, nuckig **Zicklein** - *n* killing, kid
zickzack ~ *gehen* gå i sicksack **Zickzack** -*e m* sicksack[linje]; *im* ~ *gehen* gå i sicksack **zickzacken** *h el. s* gå (köra *e.d.*) i sicksack **zickzackförmig** som går i sicksack **Zickzackkurs** -*e m* sicksackkurs; *bildl.* vinglande kurs **Zickzacklinie** -*n f* sicksacklinje **Zickzacknaht** -*e*† *f* sicksacksöm
Zider 0 *m* cider
Ziege -*n f* **1** get **2** *neds.* gås, höna, kärring
Ziegel - *m* tegel[sten, -panna] **Ziegelbrenner** - *m* tegelbrännare **Ziegelbrennerei** -*en f* tegel|bränneri, -bruk **Ziegeldach** -*er*† *n* tegeltak **Ziegelei** -*en f* tegelbruk **ziegeln** *åld.* bränna tegel **ziegelrot** tegelröd **Ziegelstein** -*e m* tegelsten
Ziegen|bart -*e*† *m* **1** getskägg; *vard.* bock-, pip|skägg **2** fingersvamp **-bock** -*e*† *m* getabock **-käse** - *m* getost **-lamm** -*er*† *n* killing **-leder** 0 *n* getskinn **-lippe** -*n f* sammetssopp **-melker** - *m, zool.* nattskärra **-peter** - *m, vard.* påssjuka
Ziegler - *m, åld.* tegelbrännare
zieh *se* **zeihen**
Ziehbrunnen - *m* brunn med vindspel **Zieheltern** *pl, dial.* fosterföräldrar
zieh|en *zog, zöge, gezogen* **1** dra; *Blasen* ~ *a)* bli blåsig (bubblig), *b) vard.* få konsekvenser; *die Brieftasche* ~ dra fram (upp) plånboken; *die Fäden* ~ (*bildl.*) dra i trådarna; *Gewehre* ~ räffla gevär; *e-n Graben* ~ (*äv.*) gräva ett dike; *e-e Grimasse* ~ göra en grimas; *den Hut* ~ lyfta på hatten; *geschmolzener Käse* -*t Fäden* smält ost bildar trådar; *Kerzen* ~ stöpa ljus; *etw. lang* ~ tänja ut ngt; *die Notbremse* ~ dra i nödbromsen; *Vergleiche* ~ göra jämförelser; *die Wäscheleine* ~ sätta upp (spänna) tvättstrecket; *der Baum* -*t viel Wasser* trädet dricker mycket vatten; *e-m e-n Zahn* ~ dra ut en tand på ngn; *das Boot an Land* ~ dra upp båten på land; *etw. ans Licht* ~ dra fram ngt i ljuset; *e-n an sich* (*ack.*) ~ dra ngn intill sig; *den Turm auf ein anderes Feld* ~ (*schack.*) flytta tornet till en annan ruta; *etw. auf Flaschen* ~ tappa ngt på flaskor; *Perlen auf e-e Schnur* ~ trä upp pärlor på en tråd; *jds Unwillen auf sich* (*ack.*) ~ ådraga sig ngns ovilja; *die Pflanzen* ~ *ihre Nahrung aus dem Boden* växterna tar sin näring ur marken; *Eisen aus Erz* ~ utvinna järn ur malm; *Banknoten aus dem Verkehr* ~ dra in sedlar; *den Hut ins Gesicht* ~ dra ner hatten i ansiktet; *etw. in die Höhe* ~ dra upp ngt; *etw. ins Lächerliche* ~ förlöjliga ngt; *etw. in sich* (*ack.*) ~ suga i sig (inandas, insupa) ngt; *e-n ins Vertrauen* ~ skänka ngn sitt förtroende; *das Auto nach links* ~ styra bilen åt vänster; *die Fäden nach e-r Operation* ~ ta bort stygnen efter en operation; *etw. nach sich* ~ dra (släpa) ngt efter sig, dra ngt med sig, ha ngt till följd; *e-m e-e Flasche über den Kopf* ~ slå en flaska i huvudet på ngn; *e-n Zaun um etw.* ~ sätta upp ett staket kring ngt; *e-e Decke um sich* ~ svepa om sig en filt; *den Ring vom Finger* ~ dra av ringen från fingret; *die Gardinen vor das Fenster* ~ dra för gardinerna [för fönstret] **2** odla; uppföda; uppfostra **3** *es* -*t mich in die Ferne* jag längtar till fjärran länder; *es* -*t ihn zu ihr* han dras till henne **4** *sl.*, *er* -*t* han röker (*brass e.d.*) **5** dra; vara dragigt; *es* -*t* det drar (är dragigt); *es* -*t* [*mir*] (*ich verspüre ein Z*~) *im Rücken* det värker i ryggen på mig; *deine Ausreden* ~ *nicht mehr* dina undanflykter går inte hem längre; *der Film* -*t* filmen drar [publik]; *dieser Grund* -*t nicht* det skälet godtas inte; *der Motor* -*t gut* motorn är pigg (stark); *der Ofen* -*t gut* (*schlecht*) det är bra (dåligt) drag i kaminen; *der Tee muß* ~ teet måste [stå och] dra; *an etw.* (*dat.*) ~ dra (rycka) i ngt (*jfr* 6); *mit dem Turm* ~ (*schack.*) flytta tornet **6** *an etw.* (*dat.*) ~ suga på ngt (*jfr* 5) **7** *s* dra (tåga) [bort, iväg], bege (dra) sig; flytta; *e-n ungern* ~ *lassen* ogärna låta ngn gå; *in den Krieg* ~ dra ut i krig[et]; *die Feuchtigkeit ist in die Wände gezogen* fukten har trängt in i väggarna **8** *rfl* slå sig, bli skev **9** *rfl* dra (sträcka) sig, räcka, gå; töja sig; *die Straße* -*t sich aber! (vard.)* det var en lång väg det här!; *die Straße* -*t sich ans Meer* vägen går ända till havet
Zieh|harmonik|a -*as el.* -*en f* dragspel **-kind** -*er n, dial.* fosterbarn **-leute** *pl, dial.* flyttkarlar **-mutter** -† *f, dial.* fostermor **-pflaster** - *n, med.* dragplåster **-ung** -*en f* dragning (*i lotteri*) **-ungsliste** -*n f* dragningslista **-vater** -† *m, dial.* fosterfar
Ziel -*e n* **1** mål (*äv. sport. o. bildl.*); ändamål, syfte; *sich* (*dat.*) *ein* ~ *setzen* (*stecken*) sätta upp ett mål för sig; *wir sind am* ~ (*äv.*) vi är framme; *als erster* (*letzter*) *durchs* (*ins*) ~ *gehen* (*kommen*) komma först (sist) i mål; *mit dem* ~, *zu i* avsikt att; *sich* (*dat.*) *etw. zum* ~ *setzen* föresätta sig ngt **2** *hand.* betalnings|termin, -tid, frist **Zielbahnhof** -*e*† *m* bestämmelsestation **Zielband** -*er*† *n, sport.* målsnöre **zielbewußt** målmedveten **zielen** sikta, måtta, rikta; *auf etw.* (*ack.*) ~ *a)* sikta på ngt, *b)* syfta på (till) ngt, anspela på ngt, gå ut på ngt **zielend** *språkv.* transitiv **Zielfernrohr** -*e n* kikarsikte **Zielgerade** -*n f el. adj böjn. f, sport.* upplopp[ssida] **zielgerichtet** målinriktad **Zielgruppe** -*n f* målgrupp **Zielhafen** -† *m* destinationshamn **Zielkamera** -*s f, sport.* målkamera **Ziellinie** -*n f, sport.* mål[linje] ziellös utan mål, planlös **Zielpunkt** -*e m* siktpunkt **Zielrichter** - *m, sport.* måldomare **Zielscheibe** -*n f* skottavla (*äv. bildl.*) **Zielsetzung** -*en f* mål[sättning] **zielsicher** **1** träffsäker **2** målmedveten **Zielstellung** -*en f, DDR* mål[sättning] **zielstrebig** målmedveten
ziem|en *rfl, högt.*, *es* -*t sich für e-n* det passar sig för (anstår) ngn **ziemlich** **1** ganska (rätt, tämligen) stor (lång *etc.*); ansenlig, avsevärd; tämligen, ganska, rätt [så]; *ich bin* ~ *fertig* jag är nästan färdig; *er ist so* ~ *in meinem Alter* han är ungefär i min ålder; *das ist e-e* ~*e Frechheit!* det var (är) ganska (verkligen) fräckt!; *das weiß ich mit* ~*er Sicherheit* det vet jag tämligen säkert **2** *högt.* passande, lämplig
Ziep[el]chen - *n, dial.* kyckling **ziep|en** *dial.* **1** pipa; kvittra; sjunga **2** dra, rycka, lugga **3** *es* -*t* det sticks (gör ont)
Zier 0 *f, åld., se Zierde* **'Zierat** -*e m, högt.* sirat, dekoration, prydnad, ornament **Zierde** -*n f* prydnad; *sie ist e-e* ~ *ihres Geschlechts* hon är en prydnad för sitt kön **zieren 1** *högt.* smycka, sira, pryda **2** *rfl* låta sig krusas, krusa; göra sig till, vara tillgjord (konstlad, affekterad);

ohne sich zu ~ utan krumbukter **Ziergarten** -† *m* prydnadsträdgård **zierlich** sirlig, prydlig, graciös, fin **Zierlichkeit** *0 f* sirlighet, prydlighet, graciöst sätt (väsen), finess **Zierpflanze** -*n f* prydnadsväxt **Zierpuppe** -*n f*, *neds.* modedocka **Zierstich** -*e m* prydnadssöm **Zierstrauch**-*er*† *m* prydnadsbuske **Zierstück** -*e n* prydnad[sföremål]
Ziffer -*n f* siffra; (*i avtal e.d.*) moment -**blatt** -*er*† *n* ur-, visar|tavla
zig [tsɪç] *vard.*, ~ *Sorten* femtielva (en massa) sorter, hur många sorter som helst
Zigarette -*n f* cigar[r]ett
Zigaretten|anzünder - *m* cigar[r]ettändare (*i bil*) -**etui** -*s n* cigar[r]ettetui -**kippe** -*n f* fimp -**länge** *0 f*, *vard.*, *auf e-e* ~ en kort stund, ett litet tag -**papier** -*e n* cigar[r]ettpapper -**schachtel** -*n f* cigar[r]ettpaket -**spitze** -*n f* cigar[r]ettmunstycke -**stummel** - *m* fimp
Zigarillo [-'rɪlo, *ibl.* -'rɪljo] -*s m*, *äv.* -*n f* cigarill, cigarrcigar[r]ett **Zigarre** -*n f* **1** cigarr **2** *vard.* uppsträckning, utskällning **Zigarrenabschneider** - *m* cigarrsnoppare **Zigarrenkiste** -*n f* cigarrlåda
Zigeuner - *m* **1** zigenare **2** *vard.* kringflackande person **zigeuner|haft**, -**isch 1** zigenarlik **2** *vard.* kringflackande **Zigeunermusik** *0 f* zigenarmusik **zigeunern 1** leva som zigenare; föra ett kringflackande liv **2** *s* flacka runt **Zigeunerprimas** -*se m*, *se Primas 2*
zig|fach [tsɪç-] *vard.* flerfaldig; femtielva (otaliga) gånger; *das Z~e* flera gånger så mycket, det flerfaldiga -**hundert** *vard.* många hundra -**mal** *vard.* femtielva (otaliga) gånger -**tausend** *vard.* många tusen
Zikade -*n f*, *zool.* cikada
Zille -*n f*, *dial.* [flod]båt, pråm
'Zimbal -*e el.* -*s n*, *mus.* cimbalon, hackbräde
'Zimbel -*n f*, *mus.* cymbal (*bäcken el. orgelstämma*)
Zimbern *pl* cimbrer, kimbrer (*folk*)
Zimmer - *n* rum; ~ *frei!* rum att hyra! -**antenne** -*n f* inomhusantenn -**decke** -*n f* rumstak -**einrichtung** -*en f* rumsinredning
Zimmerer - *m*, *se Zimmermann*
Zimmer|flak -*s f*, *vard.* skämts. knallpåk (*pistol*) -**flucht** -*en f* fil (rad) av rum -**herr** -[e]*n* -*en m* inneboende -**kellner** - *m* våningskypare -**lautstärke** *0 f*, *stellen Sie bitte ihr Gerät auf* ~ *ein!* var snäll och skruva ner radion! (*e.d.*, *så att inte grannarna störs*) -**leute** *pl*, *se Zimmermann* -**linde** -*n f* rumslind -**mädchen** - *n* rumsstäderska (*på hotell e.d.*) -**mann** -*leute m* timmerman, [byggnads]snickare; *e-m zeigen, wo der* ~ *das Loch gelassen hat* (*vard.*) visa ngn på dörren
zimmern timra; snickra; bygga; *sich* (*dat.*) *ein neues Leben* ~ bygga upp en ny tillvaro
Zimmer|pflanze -*n f* rums-, kruk|växt -**schlüssel** - *m* rumsnyckel -**suche** *0 f*, *auf ~ sein* leta efter [ett] rum -**temperatur** -*en f* rumstemperatur -**theater** - *n* liten teater, källarteater -**ung 1** *0 f* timrande *etc.*, *jfr zimmern* **2** -*en f*, *gruv.* förtimring
zimmerwarm rums|varm, -tempererad
zimperlich överdrivet känslig, pjoskig, sjåpig, blödig; pryd, sipp; *er ist nicht gerade* ~ (*äv.*) han generar sig inte, han tar inga hänsyn **Zimperliese** -*n f*, *vard.* sjåp[ig person], våp
Zimt -*e m* **1** kanel **2** *vard.* smörja, skräp; *der ganze* ~ hela rasket **zimt|farben**, -**farbig** kanelfärgad **Zimtstange** -*n f* kanelstång

Zimt|zicke -*n f*, -**ziege** -*n f*, *vard.*, *se Ziege 2*
Zink 1 *0 n* zink **2** -*en m*, *mus.* sinka -**blech** -*e n* zinkplåt
Zinke -*n f* **1** klo (*på gaffel*); tand (*på kam*); pinne (*på kratta*) **2** [bergs]spets, topp **3** *snick.* sinka, laxstjärt
zinken I *adj* av zink, zink- **II** *v* **1** märka (*spelkort*) **2** *vard.* tjalla **Zinken** - *m* **1** [luffar]tecken **2** *vard.* katastrofpipa (*stor näsa*)
Zinker - *m* **1** person som märker spelkort, falskspelare **2** *vard.* tjallare
Zink|salbe -*n f* zinksalva -**weiß** *0 n* zinkvitt
Zinn *0 n* tenn
Zinne -*n f* **1** tinne **2** [bergs]spets, topp **3** *schweiz.* takterrass
zinne[r]n av tenn, tenn-
Zinnober *0 m* **1** cinnober (*mineral el. färgämne*) **2** *vard.* skräp; dumheter, nonsens; *der ganze ~ hela rasket* (klabbet); *e-n enormen ~ machen* göra mycket väsen (stor affär)
Zinn|pest *0 f* tennpest -**soldat** -*en* -*en m* tennsoldat
Zins 1 -*en m*, ~*en* ränta (*äv. bildl.*); *4 Prozent ~en* 4 procents ränta **2** -*e m*, *sty.*, *österr.*, *schweiz.* hyra **Zinserhöhung** -*en f* ränteöjning **Zinsertrag** -*e*† *m* ränteavkastning **Zinseszins** -*en m*, ~*en* ränta på ränta **zinsfrei** räntefri **Zinsfuß** -*e*† *m* räntefot **Zinshaus** -*er*† *n*, *sty.*, *österr.*, *schweiz.* hyreshus **Zinsleiste** -*n f* talong **zinslos** räntefri **Zinsrechnung** -*en f* ränte[be]räkning **Zinssatz** -*e*† *m* räntesats **Zinsschein** -*e m* kupong **Zinssenkung** -*en f* räntesänkning **Zinswohnung** -*en f*, *sty.*, *österr.*, *schweiz.* hyreslägenhet
Zionismus *0 m* sionism **Zionist** -*en m* sionist **zionistisch** sionistisk
Zipfel - *m* **1** flik, snibb, spets, hörn; *etw. am* (*beim*) *rechten ~ anfassen* (*anpacken*) (*vard.*) börja i rätt ända med ngt; *etw. an* (*bei*) *allen vier ~n haben* (*vard.*) ha ett fast grepp om ngt **2** *vard.* snopp **zipfelig** flikig, snibbig *etc.*, *jfr Zipfel*; *der Rock ist* ~ kjolen är ojämn i fållen **Zipfelmütze** -*n f* toppluva **zipfel|n** *der Rock* -*t* kjolen är ojämn i fållen **zipflig** *se zipfelig*
Zippdrossel -*n f*, *dial.* sångtrast **Zippe** -*n f*, *dial.* **1** sångtrast **2** kärring
Zipperlein *0 n*, *åld.* gikt
Zippverschlu|ß -*sse*† *m*, *österr.* blixtlås
Zirbe[l] -*n f*, *bot.* cembratall **Zirbeldrüse** -*n f*, *anat.* tallkottkörtel **Zirbelkiefer** -*n f* cembratall
zirka cirka, ungefär, omkring **Zirkel** - *m* **1** passare **2** cirkel; *bildl. äv.* krets **3** cirkelslut **4** *DDR*, *se Arbeitsgemeinschaft* **Zirkelbeweis** -*e m* cirkelbevis **Zirkelkasten** -[†] *m* passarfodral; ritbestick **zirkeln 1** noga berákna (mäta, avpassa), räkna och mäta; *vard.* noga kolla (testa); *den Ball ins Kreuzeck ~* (*sport.*) sätta bollen [precis] i krysset **2** cirkla, kretsa **Zirkelschlu|ß** -*sse*† *m* cirkelslut **zirku|lar**, -**lär** cirkelformig **Zirkulation** -*en f* cirkulation (*äv. med.*); kretslopp; omlopp **zirkulieren** *s*, *äv. h* cirkulera, vara i omlopp
Zirkum'flex -*e m*, *språkv.* cirkumflex
Zirkus -*se m* cirkus (*äv. bildl.*) -**künstler** - *m* cirkusartist -**vorstellung** -*en f* cirkusföreställning
Zirpe -*n f*, *dial.* syrsa; cikada **zirpen 1** (*om syrsa*) sirpa **2** *bildl.* kvittra
Zirr|us -*us el.* -*en m*, -**uswolke** -*n f* cirrus[moln]

zirzensisch circensisk; cirkus-
zischeln viska, tissla och tassla; väsa; *hinter jds Rücken* ~ viska bakom ryggen på ngn **zischen 1** väsa, fräsa, vina **2** hyssja **3** *s* fara väsande (fräsande, vinande); vina, susa **4** *ein Bier* ~ (*vard.*) ta sig en öl **Zischlaut** -*e m*, *språkv.* väsljud
Ziseleur [-'lø:ɐ̯] -*e m* ciselör **ziselieren** ciselera
Ziselierer - *m* ciselör
Zisterne -*n f* [underjordisk] regnvattensreservoar
Zisterzienser - *m* cistercienser[munk]
Zitadelle -*n f* citadell
Zitat -*e n* citat **Zitation** -*en f* **1** *åld.* kallelse (*inför domstol*) **2** citat
Zither -*n f* cittra **-spiel** *0 n* citterspel
zitieren 1 citera **2** kalla; *e-n vor Gericht* ~ [in]stämma (kalla) ngn inför rätta
Zitronat -*e n* suckat **Zitrone** -*n f* citron; *da haben wir mit ~n gehandelt* (*vard.*) där hade vi otur (åkte vi på en nit) **Zitronenfalter** - *m* citronfjäril **zitronen|farben, -farbig, -gelb** citron|färgad, -gul **Zitronenwasser** *0 n* citronsaft (*m. vatten o. socker*)
Zitrulle -*n f* vattenmelon
Zitrusfrucht [-i:-] -*e† f* citrusfrukt
Zitteraal -*e m* darrål **Zittergras** *0 n* darrgräs **zitterig** darrande, skälvande; darrig (*om gamling*) **Zitterlähmung** *0 f, med.* Parkinsons sjukdom **zittern 1** darra, skälva, skaka; dallra; vibrera; *vor Kälte* (*Wut*) ~ darra av köld (vrede); *vor der Prüfung* ~ darra inför (vara rädd för) tentamen; *ihm* ~ *die Knie* knäna darrar (skälver) på honom **2** *s, vard.* gå **Zitterpappel** -*n f* asp **Zitterprämie** -*n f, vard. skämts.* risktillägg **Zitterrochen** - *m, zool.* darrocka **zittrig** *se zitterig*
Zitwer - *m, Deutscher* ~ kalmusrot
Zitze -*n f* spene; ~*n* (*vulg.*) pattar
zivil [-v-] **1** civil; borgerlig; ~*er Ersatzdienst* vapenfri tjänst; ~*e Kleidung tragen* (*äv.*) vara civilklädd; ~*es Recht* civilrätt; *im ~en Leben* i det civila **2** hygglig, hyfsad; ~*e Preise* hyfsade (moderata) priser
Zivil [-v-] *0 n* **1** civil klädsel; *in* ~ (*äv.*) civilklädd **2** *schweiz.* civilstånd **-anzug** -*e† m* civil kostym **-beruf** -*e m* civilt yrke; *im* ~ *ist er Lehrer* i det civila är han lärare **-bevölkerung** *0 f* civilbefolkning **-courage** *0 f* civilkurage **-dienst** *0 m* vapenfri tjänst **-dienstleistende(r)** *m, adj böjn.*, **-dienstler** - *m* person som gör vapenfri tjänst **-ehe** -*n f* civiläktenskap, borgerlig vigsel **-gericht** -*e n* domstol i civilmål
Zivilisation -*en f* civilisation; civilisering; hyfsning **Zivilisationskrankheit** -*en f* vällevnadssjukdom **zivilisatorisch** civilisations-; ~*e Krankheit* vällevnadssjukdom **zivilisieren** civilisera; hyfsa, förfina **Zivilist** -*en* -*en m* civilperson, civilist
Zivil|kammer -*n f* avdelning för civilmål **-kleidung** *0 f* civila kläder **-liste** -*n f* civillista **-luftfahrt** *0 f* civilflyg **-person** -*en f* civilperson, civilist **-proze|ß** -*sse m* civilprocess **-prozeßordnung** *0 f* civilprocesslag **-recht** *0 n* civilrätt **-sache** -*n f* **1** civilmål **2** ~*n* civila kläder **-schutz** *0 m* skydd för civilbefolkning (*vid krig el. katastrof*); civilförsvar **-stand** *0 m, schweiz.* civilstånd **-standsamt** -*er† n, schweiz., se Standesamt* **-trauung** -*en f* borgerlig vigsel **-verteidigung** *0 f, DDR* civilförsvar

ZK [tsɛt'ka:] -[*s*] *n, förk. för Zentralkomitee* CK, centralkommitté
Zobel - *m* sobel
zockeln *s, vard.,* *se zuckeln*
Zo'diakus *0 m, der* ~ zodiaken
Zofe -*n f* kammarjungfru
Zoff *0 m, vard.* bråk
zog *se ziehen*
zögerlich dröjande, tvekande, avvaktande; tveksam **zögern** dröja, tveka; ~*d* (*äv.*) tveksam
Zögern *0 n* tvekan; *ohne* ~ utan att tveka (dröja) **Zögling** -*e m* [internats]elev
Zohe -*n f, dial.* tik
Zölibat *0 n m* celibat
1 Zoll - *m* tum (*2,3–3 cm*); *jeder* ~ (~ *für* ~, *in jedem* ~) *ein König* i varje tum en konung
2 Zoll -*e† m* tull **Zollabfertigung** -*en f* tullbehandling **Zollamt** -*er† n* tullkammare **zollamtlich** ~ *abfertigen* tullbehandla; ~ *überprüft werden* kontrolleras av tullen **zollbar** tullpliktig, belagd med tull **Zollbeamte(r)** *m, adj böjn.* tulltjänsteman **Zollbehörde** -*n f* tull|myndighet, -verk
zollbreit tumsbred
Zolldeklaration -*en f* tulldeklaration **zollen 1** *högt.* visa, ägna, betyga (*e-m etw.* ngn ngt) **2** erlägga, betala **Zollerklärung** -*en f* tulldeklaration **Zollformalitäten** *pl* tullformaliteter **zollfrei** tullfri **Zollfreiheit** *0 f* tullfrihet **Zollgrenzbezirk** -*e m* gränstulldistrikt **Zollhaus** -*er† n* tullhus **Zollinhaltserklärung** -*en f* tulldeklaration **Zöllner** - *m* **1** *vard.* tullare, tullman **2** *bibl.* publikan **Zollordnung** -*en f* tullstadga **zollpflichtig** tullpliktig, belagd med tull **Zollschranke** -*n f* tull|barriär, -ar
Zoll|station -*en f,* **-stelle** -*n f* tullstation
Zollstock -*e† m* tumstock
Zoll|tarif -*e m* tulltaxa **-union** -*en f* tullunion **-vergehen** - *n* brott mot tullstadgan **-wesen** *0 n* tullväsen
Zombie -*s m* zombi **zombig** *sl.* häftig, toppen
Zone -*n f* zon; ockupationszon; *die* ~ (*vard.*) östzonen, Östtyskland
Zonen|grenze -*n f* zongräns; (*i kollektivtrafik äv.*) taxegräns; *die* ~ (*vard.*) gränsen till östzonen (Östtyskland) **-randförderung** *0 f*, *BRD* stöd[åtgärder] till område[n] vid gränsen till Östtyskland **-randgebiet** -*e n, BRD* område vid gränsen till Östtyskland **-tarif** -*e m* zon|tariff, -taxa **-zeit** -*en f* zontid
Zoo [tso:] -*s m* zoo[logisk trädgård] **Zoohandlung** -*en f* zoologisk affär **Zoologe** [tsoo'l-] -*n* -*n m* zoolog **Zoologie** [tsoo'l-] *0 f* zoologi **zoologisch** [tsoo'l-] zoologisk
Zoom [zu:m] -*s n, film., foto.* **1** zooming **2** zoom|objektiv, -lins **zoomen** *film., foto.* zooma **Zoomobjektiv** -*e n, film., foto.* zoom|objektiv, -lins
Zopf -*e† m* **1** [hår]fläta; *alter* ~ (*vard.*) förlegad[e] åsikt[er], föråldrad tradition (företeelse, idé), gammalmodighet; *den alten* ~ *abschneiden* (*vard.*) bryta med den gamla, göra sig av med föråldrade traditioner (*e.d.*) **2** fläta (*bröd*) **3** *dial., sich* (*dat.*) *e-n* ~ *angetrunken haben* vara [lite] på sniskan **zopfig** förlegad, föråldrad, otidsenlig, antikverad, mossig
Zopfstil *0 m, konst.* perukstil
'Zores *0 m, vard.* **1** röra, oreda **2** bekymmer, obehagligheter **3** pack
Zorn *0 m* vrede (*auf e-n* på ngn); [*e-n*] ~ *auf e-n haben* vara förargad (arg) på ngn; *im* ~ *i* vredesmod **Zornausbruch** -*e† m* vredesutbrott

zornentbrannt upptänd (kokande) av vrede, ursinnig **Zornesausbruch** -*e*† *m* vredesutbrott **Zornesröte** *0 f* vredens rodnad **zornig** vred[gad], arg **zornmütig 1** hetlevrad, snar till vrede **2** *se zornig* **zornrot** röd av vrede **Zornröte** *0 f* vredens rodnad **zornschnaubend** sjudande av vrede
Zosse -*n* -*n m*, *dial.* [gammal] häst
Zote -*n f* oanständighet, slipprighet; ~*n reißen* berätta snuskiga historier **zoten** berätta snuskiga historier **Zotenreißer** - *m*, *G. ist ein* ~ *G.* berättar alltid snuskiga historier **zotig** oanständig, slipprig, snuskig **Zotigkeit 1** *0 f* oanständighet, slipprighet, snuskighet **2** -*en f*, ~*en erzählen* berätta snuskiga historier
Zotte -*n f* **1** hår|tofs, -tott **2** *dial.* pip (*på kärl*) **Zottel** -*n f* **1** hår|tofs, -tott; tofs; [hår]test, tova **2** *dial.* slampa **Zottelbär** -*en* -*en m* lurvig björn, nalle **Zottelhaar** -*e n* rufsigt (tovigt) hår **zottelig** raggig, lurvig; rufsig, tovig **zotteln** *vard.* **1** *s* lunka, lufsa **2** *die Haare* ~ *ihr ins Gesicht* hennes rufsiga hår hänger ner i ansiktet **zottig** *se zottelig* **zottlig** *se zottelig*
ZPO *förk. för Zivilprozeßordnung* z.T. *förk. för zum Teil* till en del, delvis **Ztr.** *förk. för Zentner* centner
zu I *prep m. dat.; zum = zu dem, zur = zu der* **1** till; ~ *Bett gehen* gå till sängs; ~ *Fuß* (*Pferd*) till fots (häst); ~ *r Kirche gehen* gå till (i) kyrkan; ~ *m Teil* till en del, delvis; ~ *Weihnachten* till (i) jul; ~ *e-m gehen* gå till ngn **2** på; ~ *Besuch* på besök; ~ *Deutsch* på tyska; *e-n* ~ *Fall bringen* bringa ngn på fall; ~ *e-m Fest gehen* gå på en fest; *ein Faß* ~ *50 Litern* ett fat på 50 liter; ~*r Probe* på prov; ~ *meiner Rechten* på min högra sida; ~ *dieser Zeit* på (vid) den tiden; ~ *meiner Zeit* på min tid; ~ *zweit* på tu man hand **3** åt; ~ *Kopf steigen* stiga åt huvudet; ~*r Seite treten* stiga åt sidan **4** i; ~ *Anfang des Jahres* i början av året; *der Dom* ~ *Lund* domkyrkan i Lund; ~*r rechten Zeit* i rätt tid **5** för; *Anlage* ~ *etw.* anlag för ngt; ~*m ersten Mal* för första gången; ~*r Zeit* för närvarande; *sich* ~ *etw. entschließen* besluta sig för ngt; ~*m halben Preis kaufen* köpa för halva priset; *wie ein Vater* ~ *e-m sein* vara som en far för ngn; *das Eis war* ~*m Schlittschuhlaufen zu dünn* isen var för tunn för att åka skridskor på (för skridskoåkning) **6** mot; *freundlich* ~ *e-m* vänlig mot ngn; ~ *Ende gehen* lida mot slutet; ~*r Tür hinblicken* se mot dörren **7** (*annan prep i sv.*) **2** *Ansichtskarten* ~ *60* [*Pfennig*] **2** vykort à 60 pfennig; *Graf* ~ *X* greve av X; ~*m Fenster hinaus* ut genom fönstret; *im Vergleich* ~ *ihm* i jämförelse med honom; *das Spiel endete 3* ~ *2* (*3 : 2*) matchen slutade 3 mot 2 (3—2); ~*r Marine gehen* gå in vid flottan; *er kam* ~ *dieser Tür herein* han kom in genom den här dörren; ~ *Schiff reisen* resa med båt; *was sagst du* ~ *dieser Geschichte?* vad säger du om den här historien?; *setze dich* ~ *mir her* sätt dig här bredvid (hos) mig; ~*r Debatte stellen* ställa under debatt **8** (*annan konstr. i sv.*) *etw.* ~*m Anziehen* ngt att ta på sig; ~ *deiner Beruhigung* för att lugna dig; ~ *Dutzenden* dussintals; ~ *Hause* hemma; ~ *Hilfe!* hjälp!; *Gasthaus „Zur roten Nase"* värdshuset "Röda Näsan"; *nichts* ~*m Leben haben* inte ha ngt att leva av; *es ist* ~*m Ersticken heiß* det är så varmt att man kan kvävas; *es ist* ~*m Verzweifeln* (*Lachen*) det är så man blir förtvivlad (kan skratta); ~*m Dieb werden bli tjuv* **II** *infinitivmärke* att; *ich gedenke, morgen abzureisen* jag tänker resa i morgon; *er hat* ~ *arbeiten* han måste arbeta; *die* ~ *gewinnenden Preise* de priser som kan vinnas; *er geht, Essen* ~ *kaufen* han går för att köpa mat; *er pflegt jeden Tag* ~ *kommen* han brukar komma varje dag; *die* ~ *lösende Aufgabe* uppgiften som skall (bör, måste) lösas; *das scheint unmöglich* ~ *sein* det tycks vara omöjligt; *der Direktor ist heute nicht* ~ *sprechen* direktören är inte anträffbar i dag; *das* ~ *vermietende Zimmer* rummet som skall hyras ut; *ein schwer* ~ *verstehender Satz* en svårbegriplig mening **III** *adv* **1** [allt]för; ~ *groß* för stor; *das ist ja* ~ *schön!* det är makalöst (verkligen) vackert! **2** *auf e-n* ~ [fram] mot (till) ngn; *das Fenster geht nach dem Hof* ~ fönstret vetter mot gården; *nach Norden* ~ mot norr; [*nach*] *der Stadt* ~ *gehen* gå mot staden **3** *immer* (*nur*) ~ *!* gå på (fortsätt) bara!, friskt mod!; *mach* ~ *!* skynda på!; *Tür* ~*!* stäng dörren! **4** stängd, igen; *die Knöpfe sind* ~ knapparna är knäppta; *die Vorhänge sind* ~ gardinerna är för[dragna]
zu'aller|'erst allra först, först och främst -'**letzt** allra sist -'**meist** allra mest
zuarbeiten *e-m* ~ göra förberedelsearbetet åt ngn, vara medhjälpare åt (hjälpa) ngn **zu-'äußerst** [allra] ytterst
Zuave [-və] -*n* -*n m* zuav
zuballern *vard., die Tür* ~ smälla (drämma) igen dörren **zubauen** bygga för (igen); bebygga **Zubehör** -*e* (*schweiz.* -*den*) *n*, *äv. m* tillbehör, utrustning, [reserv]del **zubeißen** *st* bita till **zubekommen** *st* **1** få igen **2** *dial.* få dessutom (på köpet)
Zuber - *m*, *dial.* kar, så, balja
zubereiten tillreda, göra i ordning, anrätta, laga [till] **Zubereitung** -*en f* tillredning *etc.*, *jfr zubereiten* **Zu'bettgehen** *0 n* sänggående; *vor dem* ~ (*äv.*) innan man (*etc.*) går (gick) till sängs **zubewegen** *etw.* (*sich*) *auf etw.* (*ack.*) ~ röra ngt (sig) i riktning mot ngt **zubilligen** tillerkänna; bevilja; medge; *mildernde Umstände* ~ medge förmildrande omständigheter **zubinden** *st* binda (knyta) igen (ihop, till) **zubleiben** *st s, vard.* förbli stängd **zublinzeln** *e-m* ~ blinka åt ngn **zubringen** *oreg.* **1** tillbringa, vara **2** *vard.* få igen; *vor Staunen den Mund nicht* ~ gapa av förvåning **3** *e-m etw.* ~ medföra ngt [i boet] till ngn **Zubringer** - *m* **1** tillfarts|väg, -led **2** matare; matarbuss; flygbuss; matarplan **Zubringerbus** -*se m* matarbuss; flygbuss **Zubringerstraße** -*n f* tillfarts|väg, -led **Zubrot** *0 n* **1** *dld.* tilltugg, tillbehör *2* skämts., *sich* (*dat.*) *ein* ~ *als etw. verdienen* extraknäcka som ngt **zubrüllen** *e-m etw.* ~ ryta (vråla) ngt åt ngn **Zubuße** -*n f* tillskott, bidrag **zubuttern** *vard., etw.* ~ bidra med (tillskjuta) ngt
Zucchini [tsu'ki:-] - *f* zucchini, squash
Zucht 1 *0 f* avel; odl|ande, -ing; uppföd|ande, -ning **2** *en f* odling[sresultat]; [års]kull; *neds.* pack **3** *0 f* tukt; uppfostran; disciplin, ordning; lydnad; *e-n in* ~ *halten* hålla ordning på ngn; *in strenge* ~ *nehmen* uppfostra strängt; *das ist ja e-e saubere* (*schöne*) ~*!* det är just en snygg ordning! **Zuchtbuch** -*er*† *n* stambok; **Zuchtveredlingsförteckning Zuchtbulle** -*n* -*n m* avelstjur **züchten 1** uppföda (*djur*); odla (*växt*); *bildl.* framkalla, underblåsa **2** *jakt.* para sig **Züchter** - *m* uppfödare; odlare **Zuchthaus 1** -*er*† *n* fång-, kriminal|vårds-

Zuchthausstrafe—Zuflucht

anstalt [för straffarbete] **2** *O n* straffarbete (*strängt frihetsstraff*) **Zuchthausstrafe** *-n f,* se *Zuchthaus* **2 Zuchthengst** *-e m* avelshingst, beskällare **züchtig** *äld. el. skämts.* sedesam, ärbar, dygdig, kysk **züchtigen** *högt.* tukta, aga **zuchtlos** odisciplinerad, tygellös **Zuchtmittel** - *n* uppfostringsmedel **Zuchtperle** *-n f* odlad pärla **Zuchtstammbuch** *-er†* *n,* se *Zuchtbuch* **Zuchtstier** *-e m* avelstjur **Zuchttier** *-e n* avelsdjur **Züchtung** *-en f* uppfödning *etc., jfr züchten* **Zuchtvieh** *O n* avels|- boskap, -djur **Zuchtwahl** *-en f, biol.* selektion, urval
Zuck *O m* ryck; *in e-m* ~ med ens, i ett huj **zuckeln** *s, vard.* lunka; (*om fordon*) skumpa [fram], köra i sakta mak **zuck|en 1** rycka [till], spritta, skälva; *seine Mundwinkel -ten* det ryckte i mungiporna på honom; *die Schultern* ~ rycka på axlarna; *es -t mir in den Fingern* (*Beinen*) (*bildl.*) det kliar i fingrarna (spritter i benen) på mig; *es -te in seinem Gesicht* det ryckte i hans ansikte; *ohne* [*mit den Wimpern*] *zu* ~ utan att blinka **2** flamma; fladdra; (*om blixt*) ljunga **3** *s, die Flammen* ~ *aus dem Dach* lågorna slår ut genom taket; *ein Gedanke -t durch seinen Kopf* en tanke far genom hans huvud; *Blitze* ~ *über den Himmel* blixtar ljungar över himlen **zücken** dra (*kniv e.d.*); *vard.* ta (plocka) fram
Zucker - *m* socker; *med. äv.* blodsockerhalt; *ein Stück* ~ en sockerbit; ~ *haben* ha socker, vara sockersjuk; ~ *sein* (*vard.*) vara härlig (fantastisk, toppen); *e-m* ~ *in den Arsch blasen* (*vulg.*) fjäska för (skämma bort) ngn **-bäcker** - *m, åld. el. dial.* sockerbagare, konditor **-brot** *-e n* sockerbröd; *mit* ~ *und Peitsche* (*ung.*) än med mildhet än med stränghet **-dose** *-n f* sockerskål **-erbse** *-n f* sockerärt **-fabrik** *-en f* sockerfabrik **-gast** *-e† m, dial.* nattsmyg **-glasur** *-en f,* **-gu|ß** *-sse†* m sockerglasyr **-harnruhr** *O f* sockersjuka, diabetes **-hut** *-e† m* sockertopp
zuckerig sockrig, full av (beströdd med) socker; av socker, socker- **Zuckerkand[is]** *O m, vard.* kandi-, bröst|socker **zuckerkrank** sockersjuk **Zuckerkrankheit** *O f* sockersjuka, diabetes **Zuckerl** *-[n] n, sty., österr.* karamell **Zuckerlösung** *-en f* socker|lösning, -lag **zuckern** sockra, tillsätta socker till; sockra på, beströ med socker
Zucker|plätzchen - *n, se Plätzchen* **2 -raffinerie** *-n f* sockerraffinaderi *-en f* sockerrör **-rübe** *-n f* sockerbeta **-spiegel** *O m* blodsockerhalt **-streuer** - *m* sockerströare
'zucker'süß sockersöt (*äv. bildl.*) **Zuckerwasser** *O n* sockervatten **Zuckerwatte** *O f* sockervadd **Zuckerwerk** *O n* sötsaker **Zukkerzange** *-n f* sockertång **Zuckerzeug** *O n* sötsaker **zuckrig** se *zuckerig*
Zuckung *-en f* ryckning, spritning
Zudeck *-e n,* **Zudecke** *-n f, dial.* [bolster]täcke **zudecken** täcka (hölja) över; *Mißstände* ~ dölja missförhållanden; *e-n Topf* ~ lägga lock på en kastrull; *sich mit etw.* ~ bre över sig ngt; *e-n mit Fragen* ~ överösa ngn med frågor; *bist du auch warm zugedeckt?* har du varmt på dig nu (*i sängen*)? **zu'dem** *högt.* dessutom, för övrigt, därtill **zudenken** *oreg., högt., e-m zugedacht sein* vara avsedd (tänkt, ämnad) för ngn; *das habe ich ihm zugedacht* det hade jag tänkt (planerat) att han skulle få **zudienend** *schweiz.* tillhörande **zudiktieren**

e-m e-e Strafe ~ ådöma (ålägga) ngn ett straff **zudrehen 1** vrida till (igen), stänga (*kran*); *e-e Mutter* ~ skruva åt en mutter; *das Wasser* ~ (*vard.*) stänga av vattnet **2** *e-m den Rücken* ~ vända ryggen mot (åt) ngn, vända ngn ryggen **zudringlich** efterhängsen, påträngande, närgången **Zudringlichkeit** *O f* efterhängsenhet, påträngande sätt, närgångenhet **zudrücken** trycka igen (till, ihop); *ein Auge* (*beide Augen*) ~ (*bildl.*) se genom fingrarna; *dem Toten die Augen* ~ sluta ögonen på den döde; *e-m die Gurgel* ~ ta struptag på (strypa) ngn **zueignen 1** *högt.* tillägna, dedicera **2** *sich* (*dat.*) *etw.* ~ ta ngt i besittning, tillgripa ngt **Zueignung** *-en f* **1** tillägnan, dedikation **2** besittningstagande **zueilen** *s, etw.* (*dat.*) (*auf e-n*) ~ skynda mot ([fram] till) ngt (ngn)
zuein'ander till varandra; *sie sind nett* ~ de är snälla mot varandra **-finden** *st* finna varandra **-halten** *st* hålla ihop
zuerkennen *oreg.* (*ibl. fast sms.*), *e-m etw.* ~ tillerkänna (tilldela, tilldöma) ngn ngt **zu'erst** först; i början, till att börja med; [för] första gången; först och främst; *wer* ~ *kommt, mahlt* ~ den som kommer först till kvarn får först mala **zuerteilen** tilldela (*e-m etw.* ngn ngt) **Zuerwerb** *O m, se Nebenerwerb* **zufächeln** *e-m Kühlung* ~ fläkta svalka åt ngn **zufahren** *st* **1** *s, auf e-n* ~ *a*) köra (åka) mot rgn, *b*) rusa på ngn **2** *s, vard.* köra (åka) på (undan) **3** *e-m etw.* ~ köra ngt [hem] till ngn **Zufahrt** *-en f* tillfart[sväg]; *die* ~ *zum Hauptbahnhof erfolgt über* man kör till Centralen via **Zufahrtsstraße** *-n f* tillfartsväg
Zufall *-e† m* slump, öde; tillfällighet, händelse; *durch* ~ av en slump (händelse, tillfällighet); *es ist kein* ~, *daß* det är ingen slump (händelse) att; *der* ~ *wollte es, daß* det slumpade sig så att **zufallen** *st s* **1** falla (slå) igen (ihop) **2** *etw. fällt mir zu* denna uppgift faller på min lott; *diese Aufgabe fällt mir zu* denna uppgift faller på min lott **zufällig I** *adj* tillfällig, slumpartad; oväntad **II** *adv* händelsevis, av en slump (händelse, tillfällighet) **'zufälliger'weise** se *zufällig* **II Zufälligkeit 1** *O f, die* ~ *e-r Sache* det slumpmässiga i ngt **2** *-en f* tillfällighet **Zufallsauswahl** *-en f, stat.* sampel **zufallsbedingt** betingad (beroende) av slumpen **Zufallsbekanntschaft** *-en f* tillfällig bekantskap **Zufallsergebnis** *-se n* en slump **Zufallstor** *-e n, sport., das war ein* ~ målet var en slump **Zufallstreffer** - *m* **1** *se Zufallstor* **2** lyckträff
zufassen ta (gripa) tag, ta (hugga) i **zufeuern** *vard.* smälla (drämma) igen **zu'fleiß** *sty., österr.* med flit, avsiktligt; *e-m etw.* ~ ... un göra ngt för att reta ngn **zuflicken** *vard.* stoppa (lappa) [igen] **zufliegen** *st s* **1** *auf etw.* (*ack.*) ~ flyga [e]mot ngt; *ihm fliegt in der Schule alles zu* han får allting gratis i skolan (*behöver inte anstränga sig*); *die Gedanken fliegen ihm nur so zu* tankarna bara flyger på honom; *alle Herzen fliegen ihm zu* alla tycker om honom med detsamma; *uns ist ein Wellensittich zugeflogen* det har kommit hem en bortflugen undulat till oss **2** *vard.* flyga (slå) igen **zufließen** *st s* **1** *der Fluß fließt dem Meer zu* floden flyter mot havet **2** *das Geld fließt dieser Organisation zu* pengarna tillfaller denna organisation; *dem Klub fließen Spenden zu* gåvor inflyter till klubben **Zuflöte** *-n f, vard. skämts.* sufflös **Zuflucht** *-en f* tillflykt; ~ *zum Alkohol*

nehmen ta sin tillflykt till alkohol **Zufluchts|-ort** *-e m,* **-stätte** *-n f* tillflyktsort **Zuflu|ß** *-sse†* m tillflöde, tillopp **zuflüstern** *e-m etw.* ~ viska ngt till ngn
zu'folge *prep m. dat.* (*då prep står efter ordet*) *el. gen.* (*då prep står före ordet*) enligt, till följd av, i överensstämmelse med; *dem Vertrag ~,* ~ *des Vertrags* enligt avtalet
zu'frieden nöjd, belåten, tillfreds[ställd]; förnöjsam; *ich bin es* ~ jag är nöjd med (går med på) det **zufriedengeben** *st rfl, sich mit etw.* ~ nöja sig med ngt; *endlich gab er sich zufrieden* äntligen var han nöjd **Zufriedenheit** *0 f* belåtenhet, tillfredsställelse; förnöjsamhet; *zu meiner vollen* ~ till min fulla belåtenhet **zufriedenlassen** *st* låta vara i fred **zufriedenstellen** tillfredsställa, tillgodose; *e-n* ~ (*äv.*) vara ngn till lags
zufrieren *st s* frysa igen (till) **zufügen 1** tillfoga **2** tillsätta **Zufuhr** *-en f* tillförsel **zuführen 1** *e-m etw.* ~ tillföra (skaffa) ngn ngt; *ein Problem e-r Lösung (dat.)* ~ se till att ett problem löses, lösa ett problem; *e-r Maschine (dat.) etw.* ~ mata en maskin med ngt; *e-m Motor Benzin* ~ tillföra (leda) bensin till en motor; *e-n seiner gerechten Strafe* ~ låta ngn få det straff han förtjänar; *das Geld wird wohltätigen Zwecken zugeführt* pengarna går till välgörande ändamål **2** *die Straße führt auf die Stadt zu* vägen leder (går) till staden **zufüllen 1** fylla [igen] **2** *dial.* hälla (fylla) på (i) [mera]
Zug *-e† m* **1** tåg; tågsätt; *der* ~ *ist abgefahren* (*vard. äv.*) tåget har gått, det är kört; *im falschen* ~ *sitzen* (*vard. äv.*) hoppa i galen tunna, ha valt fel; *mit dem* ~ *fahren, den* ~ *nehmen* åka tåg, ta tåget **2** tåg; marsch; procession; grupp, kolonn, rad, skara; ström; flock; (*fåglars*) sträck, flyttning; (*fiskars*) stim, vandring; *der* ~ *der Wolken* molnens rörelse; *e-n* ~ *durch die Gemeinde machen* (*vard.*) göra en krogsväng **3** *mil.* pluton; tropp **4** gång, rörelse, fart; *vard.* schvung, fart, kläm; *im ~e der Ereignisse* under loppet av händelserna, under händelsernas gång; *gut im (im besten)* ~*e sein* vara riktigt i tagen, vara i full fart (gång); *im besten ~e sein, zu* vara i full färd med att **5** dragning (*äv. fys.*); drag; [in]riktning, tendens, trend; *durch e-n* ~ *an der Notbremse* genom att dra i nödbromsen; *dem* ~ *des Herzens folgen* följa sitt hjärta[s maning] **6** rökgång **7** (*i olika bet.*); *der Ofen hat guten* ~ det är bra drag i kaminen; *hier herrscht ständiger* ~ här drar det jämt; *ein paar Züge [aus der Pfeife] rauchen* ta ett par bloss [på pipan]; *e-n* ~ *aus der Flasche tun* dricka (ta) en klunk ur flaskan; *jetzt ist er am* ~ (*bildl. äv.*) nu är det hans tur att agera, bollen ligger hos honom; *Weiß ist am* ~ det är vits drag, vit är vid draget; *das Glas auf e-n* ~ *leeren* (*in e-m*) ~ tömma glaset i ett drag (svep); *die Luft in tiefen Zügen einziehen* dra in luften i djupa andetag; *etw. in vollen Zügen genießen* njuta av ngt i fulla drag; *in 5 Zügen gewinnen* vinna i 5 drag; *das Buch in e-m* ~ *lesen* läsa boken i ett sträck (i ett svep, på en enda gång); *in den letzten Zügen liegen* (*vard.*) ligga på sitt yttersta; *in groben Zügen schildern* skildra i grova drag; *nicht zum ~e kommen* (*bildl.*) inte få ngn chans [att agera, att göra ngt, att säga ngt *e.d.*] **8** [anlets]drag; [karaktärs]drag; linje; *die Züge seiner Schrift* hans handstil; *seine Züge hellten sich auf* hans ansikte sken

upp; *das war kein schöner* ~ *von dir* det var inte vackert gjort av dig **9** *vard.* ordning, stil; *e-n gut im* ~ *haben* ha bra pli på ngn **10** [år]tag; [sim]tag **11** drag|band, -snöre; handtag; *dial.* [utdrags]låda **12** drag (*på trombon*); registerandrag (*på orgel*) **13** *skol.* linje **14** räffla (*i gevärslopp*); *e-n auf dem* ~ *haben* (*vard.*) hacka (vara förbannad) på ngn **15** spann (*av dragdjur*) **16** *se Lastzug*
Zugabe *-n f* **1** extra tillägg; present[artikel]; *als* ~ på köpet **2** *teat., mus.* extranummer
Zug|abstand *-e† m* (*tågs*) turtäthet **-abteil** *-e n* tågkupé
Zugang *-e† m* **1** ingång; tillträde; ~ *verboten!* tillträde förbjudet!; *keinen* ~ *zur Musik haben* inte ha ngn känsla för (inte förstå sig på) musik **2** till|ökning, -skott; ökning **3** nytillagen (nyinskriven) [person]; nyinkommen sak, nyförvärv **zu'gange** [*mit etw.*] ~ *sein* (*vard.*) hålla på (vara sysselsatt) [med ngt] **zugänglich** tillgänglig (*äv. bildl.*), åtkomlig; mottaglig (*e-r Sache dat.* för ngt); *allgemein* ~ (*äv.*) öppen för allmänheten; *schwer* ~ svår|tillgänglig, -åtkomlig; ~*er Mensch* (*äv.*) öppen människa
Zugänglichkeit *0 f* tillgänglighet *etc., jfr zugänglich*
Zug|band *-e†† n* dragband **-brücke** *-n f* vindbrygga **-dichte** *0 f* (*tågs*) turtäthet
zugeben *st* **1** bifoga; ge på köpet; *Salz* ~ sätta till salt **2** *ein Lied* ~ ge en sång som extranummer **3** *kortsp.* bekänna färg; lägga i samma färg **4** medge, tillstå, erkänna; *es war, zugegeben, Pech* det var otur, det måste medges **5** tillåta **'zugegebener'maßen** det måste medges (erkännas); *er ist* ~ *dort gewesen* han var där, vilket han själv medger (erkänner); *ich habe* ~ *wenig getan* jag har gjort litet, det måste jag medge (erkänna) **zu'gegen** högt., [*bei etw.*] ~ *sein* vara tillstädes (närvarande) [vid ngt]
zugehen *st s* **1** *auf e-n* ~ gå mot (fram till) ngn; *e-m (auf ein) Dorf* ~ gå [i riktning] mot en by; *die Arbeit geht dem Ende zu* arbetet närmar sig sitt slut; *er geht auf die Sechzig zu* han går mot de sextio; *es geht auf Weihnachten zu* det lackar (lider) mot jul **2** *vard.* gå (skynda) på **3** *spitz (in e-r Spitze)* ~ sluta i en spets **4** *e-m* ~ komma ngn till handa (del); *e-m etw.* ~ *lassen* tillsända (tillställa) ngn ngt **5** hända, ske; *wie ist das zugegangen?* hur gick det till?; *hier geht es lebhaft zu* här går det livligt till; *es müßte seltsam* ~, *wenn* det skulle vara (vore väl) konstigt om **6** *vard.* gå igen; gå att stänga; *der Reißverschluß geht schwer zu* blixtlåset är svårt att stänga **Zugeh|erin** *-nen f,* **-frau** *-en f, dial.* städhjälp **zugehören** *etw.* (*dat.*) ~ tillhöra ngt **zugehörig** tillhörande **Zugehörigkeit** *0 f* tillhörighet (*zu* till); *bildl.* samhörighet (*zu* med); ~ *zu e-r Partei* medlemskap i ett parti **Zugehörigkeitsgefühl** *0 n* samhörighetskänsla **zugeknöpft** *vard.* tillknäppt (*om person*)
Zügel *-m* tygel, töm; *der Begierde* (*dat.*) ~ *anlegen* tygla begäret; *e-m [durchgehenden] Pferd in die* ~ *fallen* gripa en [skenande] häst i tyglarna; *etw.* (*dat.*) (*e-m*) *die* ~ *schießen lassen* ge ngt (ngn) fria tyglar; *seinen Begierden die* ~ *schießen lassen* ge fritt utlopp åt sina begär; *die* ~ *straff ziehen* (*straffer anziehen*) strama åt tyglarna (*äv. bildl.*) **Zügelhand** *-e† f, ridk.* vänster hand **zügellos** tygellös, otyglad **Zügellosigkeit** *-en f* tygellöshet

1 zügeln tygla; *bildl. äv.* lägga band på, hålla i styr
2 zügeln *schweiz.* **1** *s* flytta **2** flytta [på]
Zügelung *0 f* tygling
Zugende *0 n, am* ~ i slutet av tåget
Zugereiste(r) *m f, adj böjn.* utböling, utsocknes [person]; *er ist ein Zugereister (äv.)* han är inte härifrån **zugesell|en 1** *rfl, sich e-m* ~ sälla ([an]sluta) sig till ngn; *meinem Husten hat sich nun e-e Lungenentzündung -t* förutom min hosta har jag nu också fått lunginflammation **2** *e-m e-n* ~ ge ngn sällskap av ngn, förena ngn med ngn **'zugestandener'maßen** *se zugegebenermaßen* **Zugeständnis** *-se n* medgivande, eftergift **zugestehen** *st* tillstå, medge, erkänna; *das gestehe ich zu* det måste jag erkänna (erkänner jag); *man muß ihm* ~, *daß er* man måste erkänna att han; *e-m Rabatt* ~ bevilja (lämna) ngn rabatt; *e-m ein Vorrecht* ~ tillerkänna ngn ett privilegium **zugetan** *e-m* ~ *sein (högt.)* vara ngn tillgiven, vara fäst vid (tycka om) ngn; *dem Alkohol* ~ *sein* vara begiven på sprit; *den schönen Künsten* ~ *sein* vara en vän av de sköna konsterna **Zugewinn** *-e m* [till]ökning **Zugewinngemeinschaft** *0 f, jur.* giftorättsgemenskap
Zugfestigkeit *0 f, tekn.* draghållfasthet **zugfrei** dragfri **Zugführer** *- m* **1** tågmästare **2** *mil.* plutonchef; troppchef **Zugfunk** *0 m* tågradio **zugießen** *st* hälla (fylla) på (i) [mera]
zugig dragig **zügig 1** rask (snabb) [och jämn]; *adv äv.* i rask takt, utan avbrott (stockning), i ett sträck **2** *schweiz.* med stor dragkraft
zugipsen fylla med gips
Zugklappe *-n f* spjäll **Zugkraft** *0 f* dragkraft; *bildl.* dragningskraft, attraktion, lockelse **zugkräftig** *bildl.* tilldragande, lockande, attraktiv; publikdragande, populär
zu'gleich samtidigt, på samma gång, tillika; *alle* ~ alla på en gång
Zug|leine *-n f* draglina **-luft** *0 f* drag; *ich spüre* ~ *im Rücken* det drar i ryggen på mig
Züglung *0 f* tygling
Zug|maschine *-n f* dragfordon; traktor **-mittel** *- n* **1** *med.* dragmedel **2** *bildl.* dragplåster, attraktion **-netz** *-e n* släp|nät, -not, trål **-nummer** *-n f* **1** tågnummer **2** *bildl.* dragplåster, attraktion **-personal** *0 n* tågpersonal **-pferd** *-e n* **1** draghäst **2** *bildl.* dragplåster; *er ist ein* ~ *a)* han drar mycket folk, *b)* han rycker andra med sig **-pflaster** *- n, med.* dragplåster
zugreifen *st* ta (hugga) i; hjälpa till; ta (hugga) för sig; ingripa; slå till, göra slag i saken **Zugriff** *-e m* ingripande; *sich dem* ~ *der Polizei entziehen* hålla sig undan för polisen **zu'grunde 1** ~ *gehen a)* gå i kras, förstöras, gå under, *b)* omkomma, dö; ~ *richten* ruinera, förstöra, fördärva, störta i fördärvet **2** *etw.* *(dat.)* ~ *liegen* ligga till grund för ngt; *dem Buch e-e wahre Geschichte* ~ *legen* lägga en sann historia till grund för boken
Zugsabteil *-e n, österr., schweiz.* tågkupé **Zugseil** *-e n* draglina **Zugsunglück** *-e n, österr., schweiz.* tågolycka **Zugtier** *-e n* dragdjur, dragare **Zugtrompete** *-n f* dragtrumpet
zugucken *vard.* titta på
Zugunglück *-e n* tågolycka
zu'gunsten *prep m. gen. (äv. efterställd m. dat.)* till förmån för **zu'gut** *sty., schweiz.,* ~ *haben* ta till godo **zu'gute** till godo; *e-m etw.* ~ *halten (högt.)* hålla ngn räkning för ngt; *sich (dat.) viel auf e-e Sache* ~ *halten (tun)*

(högt.) vara mycket stolt över ngt; *e-m* ~ *kommen* komma ngn till nytta; *sich (dat.) etw.* ~ *tun* unna sig ngt
Zug|vieh *0 n* dragdjur *(koll.)* **-vogel** *-† m* flyttfågel **-wind** *-e m* [luft]drag **-zeit** *-en f (fåglars)* flyttningstid **-zwang** *0 m, schack.* dragtvång; *in* ~ *geraten a)* schack. *äv.* vara tvungen att dra, *b) bildl.* vara tvungen att agera (göra ngt)
zuhaben *oreg., vard.* ha (hålla, vara) stängd **zuhaken** häkta (haka) ihop (igen) **zuhalten** *st* **1** hålla igen (ihop, stängd); *[sich (dat.)]* *die Nase (Ohren)* ~ hålla för näsan (öronen) **2** *auf etw. (ack.)* ~ hålla [kurs] på ngt, styra [i riktning] mot ngt **Zuhälter** *- m* hallick, sutenör **Zuhälterei** *0 f* hallickverksamhet, sutenörväsen **zu'handen 1** till hands **2** *österr., schweiz.* till handa **zuhängen** hänga för **zuhauen** *st (imperf sv), se zuschlagen 1, 2, 3, 4* **zu'hauf** *högt.* i stora skaror (mängder) **zu'hause** hemma **Zu'hause** *0 n* [eget] hem **zuheften** häfta (tråckla) ihop **zuheilen** *s* läkas [igen, ihop] **Zu'hilfenahme** *0 f* anlitande, användning; *mit (unter)* ~ *von* med hjälp av **zu'hinterst** längst bak, bakerst, borterst **zu'höchst** högst (längst) upp[e] **zuhorchen** *dial.,* **zuhören** lyssna, höra på; *e-m* ~ lyssna (höra) på ngn **Zuhörer** *- m* lyssnare, åhörare **Zuhörerschaft** *0 f* auditorium; *die* ~ *(äv.)* lyssnarna, åhörarna **zu'innerst** *högt.* innerst [inne]
zujauchzen, zujubeln *e-m* ~ jubla mot (tilljubla) ngn, hälsa ngn med jubel **zukaufen** köpa till (ytterligare) **zukehren 1** *e-m etw.* ~ vända ngt mot (till, åt) ngn; *e-m den Rücken* ~ vända ngn ryggen **2** *s, österr., bei e-m* ~ titta in hos ngn; *in e-m Wirtshaus* ~ gå på en krog **zukitten** kitta igen **zuklappen 1** slå (stänga, fälla) igen (ihop) **2** *s* slå (fara) igen **zukleben 1** klistra igen **2** *mit etw. zugeklebt sein* vara fullklistrad med ngt **zukleistern** *vard., se zukleben* **2 zuklinken** stänga igen [med handtag (klinka)] **zuknallen** *vard.* **1** slå (smälla, drämma) igen **2** *s* slå (smälla, fara) igen **zukneifen** *st* knipa ihop **zuknöpfen** knäppa igen (ihop, till); *jfr zugeknöpft* **zuknoten** knyta igen (ihop)
zukommen *st s* **1** *auf e-n* ~ komma mot (fram till) ngn; *du mußt die Sache auf dich* ~ *lassen* du måste vänta och se hur saken utvecklas; *ich ahnte nicht, was auf mich* ~ *sollte* jag anade inte vad jag skulle råka ut för **2** *e-m* ~ komma ngn till handa (till del), tillfalla ngn; *e-m etw.* ~ *lassen (äv.)* *a)* ge (skänka) ngn ngt, låta ngn få ngt, *b)* tillställa ngn ngt **3** *e-m* ~ tillkomma ngn; *dieser Erfindung kommt große Bedeutung zu* den här uppfinningen har stor betydelse; *ihm kommt nicht zu, das zu tun (äv.) a)* det är inte hans sak att göra det, det anstår inte honom att göra det, *b)* han har ingen rätt att göra det **zukorken** korka igen **zukriechen** *st s, auf e-n* ~ krypa mot ngn **zukriegen** *vard., se zubekommen* **nty.** titta på
Zukunft *0 f* **1** framtid; *die* ~ *wird es lehren, ob* framtiden får utvisa om; *Mann mit* ~ framtidsman; *in* ~ i framtiden (fortsättningen), hädanefter; *in naher (ferner)* ~ i en nära (avlägsen) framtid **2** *språkv.* futurum **zukünftig I** *adj* framtida, [till]kommande, blivande; *ihr Z~er (vard.)* hennes tillkommande (fästman) **II** *adv* i framtiden, i fortsättningen, hädanefter **Zukunftsabsichten** *pl* framtidsplaner **Zu-**

kunftsaussichten *pl* framtidsutsikter **Zukunftsforscher** - *m* framtidsforskare **Zukunftsforschung** *0 f* framtidsforskning **zukunfts|freudig, -froh** *högt.* optimistisk [inför framtiden], hoppfull; ~ *sein* (*äv.*) se ljust på framtiden **Zukunftsmusik** *0 f, bildl.* framtidsdrömmar **Zukunftspläne** *pl* framtidsplaner **zukunftsreich** som har goda framtidsutsikter, lovande; ~*er Beruf* framtidsyrke **Zukunftsroman** *-e m* science-fiction-roman **Zukunftstraum** *-e†m* framtidsdröm **zulächeln** *e-m* ~ le mot ngn **zulachen** *e-m* ~ le (skratta) mot ngn **Zulage** *-n f* **1** tillägg; påökning **2** *dial., Fleisch mit* ~ kött med extra köttben på köpet **zu'lande** *bei uns* ~ hemma hos oss (i vårt land) **zulangen 1** *vard.* ta (hugga) för sig **2** *vard.* ta (hugga) i **3** *vard.* slå (sopa) till **4** *dial.* räcka [till] **zulänglich** *högt.* tillräcklig
zulassen *st* **1** tillåta, tolerera, acceptera; medge; *das läßt keinen Zweifel zu* det är inget tvivel om det, det är entydigt **2** släppa in (fram), lämna tillträde åt (till); ta in, antaga; godkänna; ge behörighet (tillstånd) (*för yrkesutövning*); legitimera; [in]registrera (*fordon*); [*zum* (*für das*) *Studium*] *zugelassen werden* komma in [på universitetet *e.d.*], bli antagen; *als Arzt zugelassen sein* ha behörighet som (vara legitimerad) läkare; *die Straße ist nur für Anlieger zugelassen* vägen får trafikeras endast av i området bosatta; *der Film ist für Jugendliche nicht zugelassen* filmen är inte barntillåten **3** *vard.* låta vara (lämna, hålla) stängd **zulässig** tillåt|en, -lig; ~*e Höchstgeschwindigkeit* högsta tillåtna hastighet **Zulässigkeit** *0 f* tillåtlighet; *die* ~ *e-r Sache* (*gen.*) det tillåtna i ngt **Zulassung** *-en f* **1** insläppande, tillträde; intag|ande, -ning; godkännande; behörighet, tillstånd (*för yrkesutövning*); legitimation; registrering (*av fordon*) **2** *vard.* besiktningsinstrument **Zulassungsprüfung** *-en f* inträdesprov **Zulassungsschein** *-e m* besiktningsinstrument
Zulauf 1 *-e† m* (*flods*) tillflöde, tillopp; intag (*för vatten e.d.*) **2** *0 m, bildl.* tillopp, tillströmning; *großen* ~ *haben* vara mycket anlitad (eftersökt, besökt, populär), ha många kunder (gäster, patienter *e.d.*), dra mycket folk **zulaufen** *st* **1** *auf e-n* ~ springa (gå) mot (fram till) ngn; *uns ist e-e Katze zugelaufen* det har kommit hem en bortsprungen katt till oss; *die Patienten laufen ihm in hellen Scharen zu* patienterna strömmar till honom i stora skaror; *die Straße läuft auf das Dorf zu* vägen går (leder) till byn; *Wasser in die Badewanne* ~ *lassen* tappa (spola i) [mera] vatten i badkaret **2** *spitz* (*in e-r Spitze*) ~ sluta (löpa ut) i en spets; *Hose mit eng* (*schmal*) ~*den Beinen* byxor med avsmalnande ben **3** *vard.* springa på, skynda sig
zulegen 1 *vard.* lägga på ett kol, öka tempot **2** *dial.* lägga till (på), tillfoga; skjuta till (*pengar*); *e-n Schritt* ~ gå lite fortare **3** *vard., sich* (*dat.*) *etw.* ~ lägga sig till med (skaffa sig) ngt; *sich* (*dat.*) *ein Auto* ~ skaffa bil **zu'leid[e]** *e-m etw.* ~ *tun* göra ngn ngt ont (förnär), såra ngn **zuleiten** tillföra; *e-m etw.* ~ tillställa (sända) ngn ngt, låta ngn få ngt; *e-r Mühle* (*dat.*) *Wasser* ~ leda vatten till en kvarn; *e-m Haus Wasser* ~ leda in vatten i ett hus; *das Geld wird wohltätigen Zwecken zugeleitet* pengarna går till välgörande ändamål **zulernen** *vard.*

lära sig mera; *er hat viel zugelernt* (*äv.*) han har utökat sina kunskaper **zu'letzt** sist; senast; till sist (slut); *vard.* sista gången; *nicht* ~ inte minst; *er blieb bis* ~ han stannade till slutet **zu'lieb[e]** *e-m* ~ för ngns skull, för att göra ngn glad **Zulieferant** *-en -en m,* **Zuliefer|betrieb** *-e m,* **-er** - *m* underleverantör **zuliefern 1** leverera **2** vara underleverantör **3** *jur.* utlämna **zulöten** löda igen **Zuluft** *0 f* inkommande luft; luftitillförsel
zum [-ʊ-] = *zu dem* **zumachen 1** *vard.* stänga; tillsluta; *er hat die ganze Nacht kein Auge zugemacht* han har inte fått en blund i ögonen på hela natten **2** *dial.* skynda sig **zu'mal I** *adv* framför allt, i synnerhet **II** *konj* [framför allt] eftersom, i synnerhet som **zumarschieren** *s, auf e-n* ~ (*ack.*) ~ marschera (tåga) mot ngt **zumauern** mura igen (för) **zu'meist** för det mesta **zumessen** *st* tillmäta; portionera ut; *e-m etw.* ~ (*äv.*) mäta till ngt till ngn; *etw.* (*dat.*) *große Bedeutung* ~ tillmäta ngt stor betydelse; *e-m die Schuld an etw.* (*dat.*) ~ lägga skulden på ngn för ngt; *e-e reichlich zugemessene Summe* en rejält tilltagen summa; *e-m seinen Teil* ~ ge ngn hans beskärda del **zu-'mindest** åtminstone **zumischen** *etw.* (*dat.*) *etw.* ~ blanda ngt i ngt
zu'mut *vard., se zumute* **zumutbar** som kan begäras (fordras, krävas); rimlig, skälig; *das ist für ihn nicht* ~ det kan man inte begära (fordra, kräva) av honom **zu'mute** *ihm ist ängstlich* ~ han känner sig (är) ängslig; *mir ist wohl* (*schlecht*) ~ jag känner mig (är) väl (illa) till mods; *bei dieser Sache ist mir nicht ganz wohl* ~ inför den här saken känner jag ett visst obehag; *mir ist zum Scherzen überhaupt nicht* ~ jag känner verkligen inte för (känner mig inte på humör) att skämta; *wie ist dir* ~? hur känner du dig? **zumuten** *e-m etw.* ~ *a*) begära (fordra, kräva) ngt av ngn, *b*) *dial.* tilltro ngn ngt; *sich* (*dat.*) *zuviel* ~ ställa för stora krav på sig själv, överskatta sig själv, ta på sig för mycket **Zumutung** *-en f* [otillbörligt] krav; fräckhet, oförskämdhet; *das ist e-e* ~ (*äv.*) det är väl mycket begärt, sådant ska man väl inte behöva finna sig i
zu'nächst I *adv* först; i början, till att börja med; för närvarande; tills vidare; närmast **II** *prep m. dat., högt.* närmast [intill], strax bredvid **zunageln** spika igen (för) **zunähen** sy ihop (igen, till); *verflucht und zugenäht!* jäklar! **Zunahme** *-n f* ökning, tillväxt **Zuname** *-ns -n m* **1** efternamn **2** *se Beiname*
Zündanlage *-n f* tändsystem **Zündblättchen** - *n* knallpulver **zündeln** *sty., österr.* leka med tändstickor (*e.d.*) **zünde|n 1** tända [på]; *e-n Sprengkörper* (*e-e Rakete*) ~ låta en sprängladdning detonera (avfyra en raket) **2** tända; *bildl. äv.* slå an; fatta eld; *es - nicht* (*äv.*) det vill inte brinna (tar sig inte); ~*de Rede* tändande (eldande) tal; *die Rede hat gezündet* talet väckte entusiasm; *bei ihm hat es gezündet* (*vard.*) äntligen har det gått upp ett ljus för honom **Zunder** - *m* **1** fnöske; *wie* ~ *brennen* brinna som fnöske **2** *vard., e-m* ~ *geben a*) sätta fart på (skynda på) ngn, *b*) skälla ut ngn, *c*) ge ngn stryk; ~ *bekommen a*) bli utskälld, *b*) få stryk, *c*) *mil.* beskjutas (bombardesas) [våldsamt] **Zünder** - *m* **1** tändare; tändrör; knall-, tänd|hatt **2** *pl, österr.* tändstickor **Zünd|holz** *-er† n, sty., österr.* tändsticka **-hüt-**

chen - *n* **1** knall-, tänd|hatt, sprängkapsel **2** *vard. skämts.* liten mössa (hatt) **-kabel** - *n* tändkabel **-kapsel** *-n f, se Zündhütchen 1* **-kerze** *-n f* tändstift **-plättchen** - *n* knallpulver **-satz** *-e*† *m* tändsats **-schlo|ß** *-sser*† *n* tändlås **-schlüssel** - *m* tändnings-, start|nyckel **-schnur** *-e*† *f* stubintråd **-spule** *-n f* tändspole **-stift** *-e m* (*på vapen*) tändstift **-stoff** *-e m* **1** explosivt ämne **2** *bildl.* kontroversiellt ämne; tändande gnista **-ung** *-en f* **1** tändning **2** tändnings|system, -anordning **-verteiler** - *m* [ström]fördelare **-waren** *pl* tänd|stickor, -stenar, tändare
zunehmen *st* **1** öka[s], tillta, växa (*an + dat.* i); öka (gå upp) [i vikt]; *in ~dem Maße* i tilltagande (ökande) grad; *der Mond nimmt zu* månen är i tilltagande; *die Tage nehmen zu* dagarna blir längre; *an Einfluß ~ (äv.)* få större inflytande; *es wird ~d wärmer* det blir allt varmare; *sich ~d vergrößern* öka mer och mer **2** *vard., noch etw. Salat* ~ ta lite mera sal lad **3** öka (*vid stickning*) **zuneigen 1** *etw. (dat.)* ~ ha (känna) en dragning åt ngt, luta åt (tendera till, vara böjd för) ngt; *e-m zugeneigt sein* vara förtjust i (tycka om) ngn, vara välvilligt inställd mot ngn; *e-m seinen Kopf* ~ (*högt.*) böja sitt huvud mot ngn **2** *rfl, högt., sich e-m ~ a)* böja sig mot ngn, *b)* känna sig dragen till (fatta tycke för) ngn; *das Jahr neigt sich dem Ende zu* året lider mot sitt slut **Zuneigung** *-en f* böjelse, tillgivenhet, tycke, sympati
Zunft *-e*† *f* skrå (*äv. bildl.*), gille; *neds.* gäng; *er ist von der ~ (vard.)* han är i samma bransch **Zunftgeist** *0 m* skråanda **zünftig 1** tillhörande ett skrå, skrå- **2** fackmannamässig; ändamålsenlig **3** *vard.* riktig, rejäl; toppen; *e-e ~e Tracht Prügel* ett ordentligt kok stryk **Zunftwesen** *0 n* skråväsen
Zunge *-n f* **1** tunga (*äv. på våg; äv. mus., kokk.*); *böse ~n* onda (elaka) tungor; *die ~ in der Flammen* eldens tungor; *mit der ~ anstoßen (vard.)* läspa; *es brannte mir auf der ~, das zu sagen* jag kände ett starkt behov av att säga det; *e-e böse (spitze) ~ haben* ha en elak (vass) tunga, vara elak; *e-e falsche ~ haben (högt.)* vara lögnaktig; *e-e feine (verwöhnte) ~ haben (högt.)* vara finsmakare, ha fin smak; *e-e glatte ~ haben (högt.)* vara lismare; *e-e schwere ~ haben (högt.)* sluddra; *die ~ im Zaum halten* hålla tand för tunga; *ihm hing die ~ aus dem Hals a)* tungan klibbade vid gommen på honom av törst, *b)* tungan hängde som en slips på honom; *der Name liegt mir auf der ~* jag har namnet på tungan (läpparna); *e-m die ~ lösen* få ngn att tala, lösa tungans band på ngn **2** *poet.* tungomål, språk; *soweit die deutsche ~ klingt* överallt där tyska talas; *etw. mit tausend ~n predigen* predika ngt om och om igen **3** [land]tunga **4** *zool.* sjötunga **5** plös (*på sko*) **züngeln 1** spela med tungan **2** (*s vid ortsförändring*) fladdra (*om låga*); slicka (*om eld*); ljunga (*om blixt*); *die Zunge -t über die Lippen* tungan rör sig över läpparna **Zungenakrobatik** *0 f, vard.* tunggymnastik; *~ sein (äv.)* vara svår att uttala **Zungen|band** *-er*† *n*, **-bändchen** - *n, anat.* tungband **Zungenbrecher** - *m, vard., das Wort ist ein ~* det är ett ord som man kan vricka tungan på **zungenbrecherisch** *vard.* som man kan vricka tungan på **zungen|fertig, -gewandt** vältalig, talför

Zungen|laut *-e m, språkv.* lingval, tungljud **--R** *0 n, språkv.* tungspets-R **-reden** *0 n* tungomålstalande **-rücken** - *m* tungrygg **-schlag** *-e*† *m* **1** tungrörelse; *mus.* stöt med tungan; *zweifacher (dreifacher) ~ (mus.)* dubbeltunga (trioltunga) **2** brytning; *mit deutschem ~ sprechen* bryta på tyska **3** sätt att tala, språk; *falscher ~ a)* felsägning, *b)* hyckleri **-stoß** *-e*† *m, mus., se Zungenschlag 1* **-wurst** *-e*† *f* korv med bitar av tunga **-wurzel** *-n f* tungrot **Zünglein** *-n* liten tunga; *das ~ an der Waage (bildl.)* tungan på vågen **zu'nichte** ~ *machen* om-, till|inte:göra, fördärva, förstöra, grusa, gäcka **zunicken** *e-m* ~ nicka till (åt) ngn **zu'niederst** *dicl.* underst, nederst **Zünsler** - *m, zool.* mottfjäril **zu'nutze** *sich (dat.) etw. ~ machen* använda [sig av] ngt, dra nytta (fördel) av ngt, utnyttja ngt **zu'oberst** högst upp[e], överst **zuordnen** *etw. e-r Sache (dat.)* ~ lägga (foga, räkna) ngt till ngt **zupacken 1** ta (hugga) i; hjälpa till **2** *vard., das Kind mit Decken* ~ stoppa om barnet med filtar **zu'paß, zu'passe** *högt., ~ kommen* komma till pass (lägligt) **zupassen** *sport., e-m* ~ passa till ngn **zupfen** rycka, dra; pilla; rycka (dra) loss; *an etw. (dat.)* ~ *a)* rycka (dra) i ngt, *b)* pilla på ngt; *die (an den) Saiten ~* knäppa på strängarna; *Unkraut ~* rycka upp ogräs **Zupfgeige** *-n f, åld.* gitarr **Zupfinstrument** *-e n* knäppinstrument **zupflastern 1** lägga igen med gatsten **2** *die Landschaft mit Häusern ~ (neds.)* förstöra landskapet med hus **zupfropfen** proppa (korka) igen, stoppa (täppa) till **zuplinkern** *nty., e-m* ~ blinka åt ngn **zupressen** pressa (knipa) ihop **zuprosten** *e-m* ~ skåla med ngn **zur** [-u:- el. -u-] = *zu der* **zuraten** *st* tillråda; *e-m zu etw.* ~ råda ngn till ngt **zuraunen** *högt., e-m etw.* ~ viska (mumla) ngt till ngn **Zürcher** *etc., jfr Züricher etc.* **zurechnen 1** *etw. e-r Sache (dat.)* ~ räkna (hänföra) ngt till ngt **2** *e-m etw.* ~ tillräkna (tillskriva) ngn ngt; *e-m die Schuld an etw. (dat.)* ~ lägga skulden på ngn för ngt **3** räkna till (med), lägga på **zurechnungsfähig** tillräknelig (*äv. jur.*) **Zurechnungsfähigkeit** *0 f* tillräknelighet (*äv. jur.*) **zurechnungsunfähig** otillräknelig (*äv. jur.*) **Zurechnungsunfähigkeit** *0 f* otillräknelighet (*äv. jur.*) **zu'recht|biegen** *st* **1** böja till **2** *vard.* få ordning på, ordna, fixa **-bringen** *oreg.* ställa till rätta, reda upp, ordna **-feilen** fila till **-finden** *st rfl* hitta [rätt], kunna orientera sig; finna sig till rätta; anpassa sig **-flicken** *vard.* lappa ihop **-kommen** *st s* **1** klara (reda) sig; komma till rätta; *mit etw.* ~ *(äv.)* klara [av] ngt **2** komma i [rätt] tid **-legen** lägga fram (i ordning, till rätta); *sich (dat.) e-e Ausrede* ~ tänka ut (hitta på) en undanflykt **-machen 1** göra i ordning; göra fin, snygga till; *sich (dat.) e-e Ausrede* ~ tänka ut (hitta på) en undanflykt **2** *rfl* göra sig i ordning; göra sig fin, snygga till sig **-rücken** ställa i ordning (på sin plats, till rätta), rätta till; *bildl. äv.* ordna upp **-schneiden** *st* klippa (skära) till **-schneidern** klippa (skära) till; *vard.* fixa till **-schustern** *vard.* fixa till **-setzen 1** sätta i ordning (på sin plats), rätta till **2** *rfl* sätta sig till rätta **-stauchen** *vard.* sätta på plats, skälla ut **-stellen** ställa (sätta) i ordning (på sin

plats), rätta till **-streichen** *st* släta (snygga) till **-weisen** *st* tillrättavisa (*e-n wegen etw.* ngn för ngt)
Zu'rechtweisung *-en f* tillrättavisning **zu-'rechtzimmern** snickra till (ihop) **zureden** *e-m* ~ prata med ngn, försöka påverka (övertala) ngn, uppmana ngn; *e-m freundlich* ~ prata vänligt till ngn; *e-m mit ernsten Worten* ~ (*äv.*) tala allvar med ngn; *e-m zu etw.* ~ (*äv.*) försöka få ngn till ngt; *trotz allen Z~s* trots alla övertalningsförsök; *da half kein Z~* det hjälpte inte hur mycket man än pratade [med honom *etc.*]; *ich möchte dir weder* ~ *noch abreden* jag vill varken till- eller avråda dig; *sich nicht* ~ *lassen* inte låta tala med sig **zureichen 1** räcka [fram], ge, langa **2** *dial.* räcka [till], förslå **zureichend** *högt.* tillräcklig **zureiten** *st* **1** rida in (*häst*) **2** *s, e-m Dorf* ~ rida [i riktning] mot en by; *auf e-n* ~ rida mot (fram till) ngn
Züricher I - *m* zürichbo **II** *oböjl.* adj från (i) Zürich, zürich- **züricherisch** från (i) Zürich, zürich-
zurichten 1 göra (ställa) i ordning; bearbeta, bereda, preparera; förädla; *typ.* tillrikta; *text.* appretera; *das Essen* ~ (*äv.*) laga maten **2** tilltyga; såra; förstöra; *e-n schrecklich* ~ illa tilltyga (gå illa åt) ngn **Zurichter** - *m* **1** skinnberedare **2** *typ.* formatpåläggare **zuriegeln** regla [igen]
zürnen *högt.*, [*mit*] *e-m* ~ vara ond (vred) på ngn (*wegen etw.* för ngt)
zurollen 1 *etw. auf etw.* (*ack.*) ~ rulla ngt mot ngt **2** *s, auf etw.* (*ack.*) ~ rulla mot ngt
zurren 1 *sjö.* surra (*knyta fast*) **2** *dial.* dra, slita, släpa
Zur'schaustellung *-en f* [upp]visande, exponerande
zu'rück tillbaka, igen, åter, kvar; [*geistig*] ~ *sein* vara efterbliven; *einmal Lund hin und* ~, *bitte!* en tur och retur [till] Lund!; *mit vielem Dank* ~*!* tusen tack för lånet!; *er folgte e-n Meter* ~ han följde en meter bakom (efter); *es gibt kein Z~* det finns ingen återvändo; *die Rosen sind heuer* ~ rosorna är sena i år; *er ist* ~ *für sein Alter* (*vard.*) han är sent utvecklad för sin ålder; *hinter seiner Zeit* ~ *sein* vara efter sin tid; *mit seiner Arbeit* ~ *sein* (*vard.*) ligga efter med arbetet; *er ist noch nicht vom Urlaub* ~ han har inte kommit tillbaka från semestern ännu; *trete e-n Meter* ~*!* gå en meter bakåt! **zurückbegeben** *st rfl* bege sig tillbaka, återvända **zurückbegleiten** följa (ledsaga) tillbaka **zurückbehalten** *st* behålla, kvarhålla; *etw. für sich* ~ (*äv.*) ta undan ngt åt sig själv; *er hat von der Operation e-e Narbe* ~ han har fått ett ärr av operationen; *e-e Summe* ~ (*äv.*) innehålla en summa **Zurückbehaltungsrecht** *0 n, jur.* retentionsrätt
zurück|bekommen *st* få tillbaka (igen), återfå **-beordern** beordra tillbaka **-berufen** *st* kalla tillbaka, åter-, hem|kalla **-beugen 1** böja tillbaka (bakåt) **2** *rfl* böja sig tillbaka (bakåt) **-bewegen 1** röra tillbaka (bakåt) **2** *rfl* röra sig tillbaka (bakåt) **-biegen** *st* böja tillbaka (bakåt) **-bilden** *rfl* tillbakabildas **-bleiben** *st s* stanna [kvar], vara kvar; leva [kvar]; bli efter, inte kunna följa med; återstå, bli över; *hinter den anderen* ~ bli efter de andra, komma på efterkälken; *hinter den Erwartungen* ~ inte motsvara förväntningarna; *das Ergebnis bleibt hinter dem des Vorjahrs zu-*

rück resultatet når inte upp till förra årets nivå; *mit der Arbeit* ~ bli (vara) efter med arbetet; *vom Wein ist ein Fleck zurückgeblieben* det blev en fläck efter (av) vinet; *von der Krankheit ist nichts zurückgeblieben* det blev inga sviter av sjukdomen; *bleiben Sie bitte von der Straße zurück!* håll Er borta från gatan! **-blenden** *film.* ge en återblick **-blicken** *er ging weiter, ohne zurückzublicken* han gick vidare utan att se sig om; *auf ein reiches Leben* ~ *können* kunna se tillbaka på ett rikt liv; *auf die letzten Monate* ~ tänka tillbaka på de sista månaderna; *auf die Stadt* ~ se tillbaka på staden **-bringen** *oreg.* **1** lämna tillbaka, återföra; ha med sig tillbaka; följa (ledsaga) tillbaka; *ins Leben* ~ återkalla till livet, återuppliva **2** *vard., die Krankheit hat ihn in der Schule ganz schön zurückgebracht* på grund av sjukdomen har han blivit efter ganska mycket i skolan
zurück|dämmen dämma upp; *bildl.* hålla tillbaka, hejda **-datieren 1** antedatera **2** *den Fund 500 Jahre* ~ flytta tillbaka dateringen av fyndet 500 år **3** *auf etw.* (*ack.*) ~ (*bildl.*) gå tillbaka till ngt **-denken** *oreg., an etw.* (*ack.*) ~ tänka tillbaka på (minnas) ngt **-drängen** tränga tillbaka (bakåt); *bildl. äv.* hålla tillbaka, hejda, undertrycka **-drehen** *1* vrida tillbaka (bakåt, baklänges); skruva ner (*volym e.d.*) **2** *rfl* rotera baklänges **-dürfen** *oreg.* få återvända (komma tillbaka) **-eilen** *s* skynda [sig] tillbaka **-entwickeln** *rfl* gå tillbaka i utvecklingen, utvecklas i negativt riktning **-erbitten** *st, högt.* utbe sig att återfå **-erhalten** *st* få tillbaka, återfå **-erinnern** *rfl, sich. an etw.* (*ack.*) ~ minnas (tänka tillbaka på) ngt **-erlangen** *högt.* återfå **-erobern** återerövra **-erstatten** återbetala, restituera, åter|-lämna, -bära **-erwarten** vänta tillbaka
zurück|fahren *st* **1** *s* fara (resa, köra, åka) tillbaka (bakåt), återvända **2** *s, vor Schreck* ~ rygga tillbaka av rädsla **3** köra (skjutsa) tillbaka (bakåt) **4** *tekn.* minska produktionen i **-fallen** *st s* **1** falla tillbaka (bakåt); bli efter; åter|falla, -gå; *das Grundstück ist an ihn zurückgefallen* tomten har återgått i hans ägo; *auf den dritten Platz* ~ (*sport.*) halka ner på tredje plats; *sein schlechtes Benehmen fällt auf die ganze Klasse zurück* hans dåliga uppförande misskrediterar hela klassen; *sich ins Bett* ~ *lassen* kasta sig [bakåt] i sängen; *der Schüler ist in Englisch zurückgefallen* eleven har fallit tillbaka i engelska **2** *mil.* dra sig tillbaka **-feuern** skjuta tillbaka **-finden** *st* **1** hitta tillbaka **2** *etw.* ~ [åter]finna ngt, hitta ngt [igen] **3** *rfl* hitta tillbaka **-fliegen** *st* **1** *s* flyga tillbaka **2** flyga tillbaka (*e-n* ngn) **-fordern** fordra (kräva) tillbaka, åter|fordra, -kräva **-fragen 1** fråga tillbaka, ställa in motfråga **2** göra en förnyad (närmare) förfrågan **-führen** föra tillbaka, återföra; *etw. ist auf etw.* (*ack.*) *zurückzuführen a)* ngt kan ledas tillbaka (härledas) till ngt, *b)* ngt beror på ngt; *etw. auf ein Minimum* ~ reducera ngt till ett minimum; *er führt das schlechte Ergebnis darauf zurück, daß* han hänför det dåliga resultatet till det faktum att
zurück|geben *st* ge (lämna) tillbaka (igen), återlämna; replikera, svara; [*den Ball*] ~ (*sport.*) spela (slå) bollen tillbaka (bakåt) **-gehen** *st s* gå tillbaka, återvända; gå bakåt; minska[s], sjunka; *e-e Sendung* ~ *lassen* låta en försändelse återgå, returnera en försändel-

zurückgeleiten—zurückstrahlen

se; *auf etw.* (*ack.*) ~ härstamma (härröra) från ngt **-geleiten** ledsaga (följa) tillbaka **-gewinnen** *st* vinna tillbaka, återvinna **-gezogen** tillbakadragen **Zurückgezogenheit** *0 f* tillbakadragenhet **zurück|gleiten** *st s* glida tillbaka (bakåt) **-greifen** *st* **1** *bildl.* gå (gripa) tillbaka; *weiter* ~ gå längre tillbaka [i tiden] **2** *auf etw.* (*ack.*) ~ använda (tillgripa) ngt, ta till ngt [som reserv]; *im Notfall kann ich auf meine Ersparnisse* ~ i nödfall kan jag falla tillbaka på mina besparingar **-grüßen** hälsa tillbaka **-haben** *oreg., vard., etw.* ~ wollen vilja ha ngt tillbaka; *hast du das Geld zurück?* har du fått tillbaka pengarna? **-halten** *st* **1** hålla tillbaka (kvar); hejda; hindra; *den Atem* ~ hålla andan; *seine* (*mit seiner*) *Meinung* ~ hålla inne med sin uppfattning; *mit dem Kauf* ~ vänta med köpet **2** *rfl* lägga band på sig, hejda (behärska) sig; hålla sig tillbaka (i bakgrunden, undan); *sich beim Essen* ~ hålla igen på maten; *sich von etw.* ~ avhålla sig från ngt **-haltend** tillbakadragen, förbehållsam, reserverad; diskret; ~*e Nachfrage* liten efterfrågan; ~ *sein* (*äv.*) hålla sig på sin kant; *mit etw.* ~ *sein* (*äv.*) vara sparsam med ngt **Zurückhaltung** *0 f* tillbakadragenhet, förbehållsamhet, reserverad hållning, återhållsamhet; ~ *üben* (*äv.*) behärska sig **zurück|holen** hämta tillbaka (igen) **-jagen 1** jaga (driva) tillbaka (bakåt) **2** *s* jaga (rusa) tillbaka (bakåt) **-kämmen** kamma bakåt **-kaufen** köpa tillbaka (igen), återköpa **-kehren** *s* återvända, vända tillbaka **-kommen** *st s* komma tillbaka (igen), återkomma; *auf e-e Frage* ~ återkomma till en fråga; *wann kommst du nach Hause zurück?* när kommer du hem igen? **-können** *oreg.* kunna komma tillbaka (återvända); *dann kannst du nicht mehr zurück* då finns det ingen återvändo för dig **-kriegen** *vard., se zurückbekommen* **-lächeln** le tillbaka **-lassen** *st* **1** lämna [kvar], lämna efter sig, efterlämna **2** låta resa (fara *etc.*) hem, låta återvända **-laufen** *st* **1** springa (gå) tillbaka (bakåt) **2** rinna (flyta) tillbaka **3** röra sig (rulla) bakåt; *das Tonband* ~ *lassen* spola tillbaka bandet **-legen 1** lägga tillbaka **2** lägga (luta) bakåt **3** lägga undan; spara **4** tillryggalägga; lägga bakom sig **5** *rfl* luta sig bakåt (tillbaka) **-lehnen 1** luta (lägga) bakåt **2** *rfl* luta sig bakåt (tillbaka) **-leiten** leda (föra) tillbaka, återföra; återsända, returnera **-liegen** *st, mit 0: 2* ~ ligga under med 0—2; *es liegt 5 Jahre zurück, daß er det är 5 år sedan som han; das Ereignis liegt lange zurück* händelsen ligger långt tillbaka i tiden; *er liegt weit zurück* han ligger långt efter; *die Stadt liegt weit zurück* staden ligger långt bakom mig (*etc.*) **zurück|machen** *vard.* **1** röra (föra, lägga, dra *etc.*) tillbaka (bakåt) **2** *s, dial.* gå (åka, resa *etc.*) tillbaka (hem) **-marschieren** *s* marschera (tåga) tillbaka (bakåt) **-melden 1** rapportera tillbaka **2** *rfl* anmäla att man (*etc.*) är tillbaka **-müssen** *oreg.* vara tvungen att återvända; *ich muß zurück* jag måste tillbaka (hem) **-nehmen** *st* ta tillbaka (igen), återta; återkalla; dra tillbaka; *die Lautstärke* ~ skruva ner volymen **-passen** *sport.* passa tillbaka (bakåt) **-pfeifen** *st* **1** vissla tillbaka **2** *vard.* hejda, stoppa **-prallen** *s* studsa tillbaka (bakåt); *bildl.* *äv.* rygga tillbaka **-reichen 1** räcka (lämna, ge) tillbaka **2** räcka (nå) tillbaka **3** gå tillbaka;

diese Tradition reicht weit zurück den här traditionen går långt tillbaka i tiden **-reisen** *s* resa tillbaka **-rollen 1** *s* rulla tillbaka (bakåt) **2** rulla tillbaka (bakåt) (*ngt*) **-rufen** *st* **1** ropa tillbaka; svara **2** återkalla; *ins Leben* ~ återkalla till livet, återuppliva; *sich* (*dat.*) *etw. ins Gedächtnis* ~ återkalla ngt i minnet; *e-m etw. ins Gedächtnis* ~ påminna ngn om ngt **3** *er ruft in e-r Stunde zurück* han ringer igen om en timme **zurück|schalten** *auf den ersten Gang* ~ växla ner till ettan [igen]; *auf das erste Programm* ~ koppla tillbaka till ettan **-schaudern** *s* [rysande] rygga tillbaka **-schauen** *sty., österr., schweiz., se zurückblicken* **-scheuen** *s* rygga tillbaka; *er scheut vor nichts zurück* han drar sig inte för någonting **-schicken** skicka tillbaka; återsända, returnera **-schieben** *st* **1** skjuta tillbaka (bakåt); *den Riegel* ~ skjuta ifrån regeln; *die Vorhänge* ~ dra ifrån gardinerna **2** *rfl* skjutas (glida) tillbaka (bakåt) **-schießen** *st* **1** skjuta tillbaka **2** *s* rusa (springa) tillbaka **-schlagen** *st* **1** slå tillbaka; *den Ball* ~ slå bollen tillbaka (bakåt), returnera bollen; *die Decke* ~ vika tillbaka (upp) filten; *den Kragen* ~ slå (fälla, vika) ner kragen; *den Vorhang* ~ dra ifrån gardinen **2** *auf etw.* (*ack.*) ~ inverka negativt (återverka) på ngt **3** *s* slå tillbaka; *das Pendel schlägt zurück* pendeln svänger tillbaka; *die Wellen schlagen zurück* vågorna slår (studsar) tillbaka **-schleudern** kasta (slunga) tillbaka (bakåt) **-schneiden** *st* skära (klippa) ner (*växt*) **-schnellen 1** *s* studsa (fara, slå) tillbaka (bakåt) **2** kasta (slunga) tillbaka **-schrauben** skruva tillbaka; *bildl.* skruva ner, minska **-schrekken 1** *sv* avskräcka, skrämma **2** *st el. sv s* rygga tillbaka **-schreiben** *st, e-m* ~ skriva tillbaka till (svara) ngn **-schwimmen** *st s* simma tillbaka **-schwingen** *st s* svänga tillbaka **-sehen** *st, se zurückblicken* **-sehnen** *rfl* längta tillbaka **-senden** *oreg., äv. sv* återsända, returnera **-setzen 1** sätta (ställa, flytta) tillbaka (bakåt); *das Auto* ~ backa bilen **2** *h el. s, das Auto setzt zurück* bilen backar **3** *dial., etw.* [*im Preis*] ~ sätta ner priset på ngt **4** tillbaka-, åsido|sätta, förbigå; behandla orättvist **5** *rfl* flytta bakåt; sätta sig tillbaka; *sich weiter* ~ sätta sig längre bak **Zurücksetzung** *-en f* tillbaka-, åsido|sättande **zurück|sinken** *st s* **1** sjunka tillbaka **2** högt. åter försjunka; *in e-e Gewohnheit* ~ återfalla i en vana **-sollen** *oreg.* vara tvungen att återvända; *er soll zurück* han skall (måste) tillbaka **-spielen** *sport.* spela tillbaka (bakåt), returnera **-springen** *st s* hoppa tillbaka (bakåt); studsa tillbaka **-spulen** spola tillbaka **-stecken 1** stoppa (sätta) tillbaka **2** *bildl.* slå av på sina anspråk, nöja sig med mindre **-stehen** *st* **1** stå längre bak; *das Haus steht etw. zurück* huset står en bit in **2** *hinter e-m* ~ stå tillbaka för (vara sämre än) ngn **3** *bildl.* träda tillbaka; *alles andere muß* ~ allt annat måste stå tillbaka (åsidosättas) **-stellen 1** ställa tillbaka (bakåt) **2** ställa (lägga) undan **3** låta stå på tillväxt, låta växa; [*vom Wehrdienst*] *zurückgestellt werden* få uppskov med militärtjänsten **4** låta stå tillbaka, uppskjuta; *seine Bedenken* ~ bortse från sina betänkligheter **-stoßen** *st* **1** stöta (knuffa) tillbaka (bakåt) **2** *e-n* ~ vara motbjudande för ngn **3** *s* backa **-strahlen 1** åter|kasta, -spegla **2** åter|kastas,

-speglas **-streichen** *st* stryka tillbaka (bakåt) **-strömen** *s* strömma tillbaka (bakåt) **-stufen** flytta ner [igen] **zurück|taumeln** *s* tumla (ragla) tillbaka (bakåt) **-tragen** *st* bära tillbaka **-treiben** *st* driva tillbaka (bakåt) **-treten** *st* **1** *s* stiga tillbaka (bakåt); dra sig tillbaka; *bildl. äv.* träda tillbaka, träda (komma) i bakgrunden; *e-n Schritt* ~ ta ett steg tillbaka; *die Regierung tritt zurück (äv.)* regeringen avgår (demissionerar); *du kannst innerhalb e-r Woche von dem Kauf* ~ du kan ångra ditt köp inom en vecka; *von e-m Recht* ~ avstå från en rättighet **2** sparka tillbaka **-tun** *st, vard.* sätta (ställa, lägga) tillbaka **-verfolgen** *bildl.* följa (spåra) tillbaka [i tiden] **-verlangen** återfordra, fordra tillbaka; *nach etw.* ~ vilja ha ngt tillbaka, längta tillbaka till ngt **-verlegen** förlägga (flytta) tillbaka **-versetzen** flytta tillbaka **-verwandeln** återförvandla **-verweisen** *st* åter|förvisa, -remittera **zurück|wandern** *s* vandra tillbaka **-weichen** *st s* vika (dra sig) tillbaka; *vor e-r Schwierigkeit* ~ rygga tillbaka inför en svårighet **-weisen** *st* visa tillbaka; *bildl.* tillbaka-, av|visa **-werfen** *st* **1** kasta tillbaka (bakåt); slå tillbaka (*fiende*); återkasta, reflektera; *die Krankheit hat ihn in der Schule zurückgeworfen* sjukdomen har gjort att han har blivit efter i skolan **2** *rfl* kasta sig tillbaka (bakåt) **-wirken** återverka **-wollen** *oreg.* **1** vilja tillbaka, vilja återvända **2** *vard., etw.* ~ vilja ha tillbaka ngt **-wünschen 1** [*sich* (*dat.*)] *etw.* ~ önska tillbaka ngt **2** *rfl* önska sig tillbaka **-zahlen 1** betala tillbaka (igen), återbetala **2** *vard., das werde ich ihm* ~! det ska han få betalt (igen) för! **-ziehen** *st* **1** dra tillbaka (bakåt); ta tillbaka; *e-e Bestellung* ~ (*äv.*) annullera en beställning; *den Medikament* ~ dra in ett läkemedel; *den Riegel* ~ dra ifrån regeln; *den Vorhang* ~ dra undan gardinen; *es zieht mich zu ihr zurück* jag dras tillbaka till henne **2** *rfl* dra sig tillbaka; *sich in sich selbst* ~ sluta sig inom sig själv **3** *s* flytta tillbaka; återvända **Zuruf** *e-m* tillrop; *die Wahl erfolgte durch* ~ valet skedde med acklamation **zurufen** *st, e-m* [*etw.*] ~ ropa [ngt] till ngn **zurüsten** göra i ordning, förbereda **Zusage** *-n f* jakande svar; samtycke; löfte [att komma, att ställa upp]; medgivande; *er gab seine* ~, *mitzukommen* han sa (lovade) att han skulle följa med **zusagen 1** säga (svara, tacka) ja; lova [att komma, att ställa upp]; ~*der Bescheid* jakande besked; *e-m Hilfe* ~ lova ngn hjälp; *seine Teilnahme* ~ lova att medverka; *ich habe schon anderweitig zugesagt* jag är redan upptagen på annat håll **2** tilltala, behaga; *dieser Wein sagt mir nicht zu* jag tycker inte om det här vinet **3** *e-m etw. auf den Kopf* ~ (*vard.*) säga ngn ngt utan omsvep **zu'sammen** tillsammans, ihop, gemensamt; sammanlagt, tillhopa, inalles; *alles* ~ alltsammans **Zusammenarbeit** *0 f* samarbete **zusammenarbeiten** samarbeta **zusammenbacken** *sv, dial.* klibba samman (ihop [sig]) **zusammenballen 1** krama ihop; *die Fäuste* ~ knyta nävarna; *zusammengeballt zu e-m Klumpen stehen* stå tätt ihop (hoptr ängda) i en klunga **2** *rfl* gyttra (klumpa) ihop sig, hopa sig **Zusammenballung** *-en f* anhopning, koncentration **zusammenbasteln** bygga [ihop], sätta ihop **Zusammenbau** *-e m* [ihop]byggande, ihopsättning, montering, montage **zusammen|bauen** bygga [ihop], sätta ihop,

montera **-beißen** *st* bita ihop **-bekommen** *st* **1** få ihop **2** *die Miete* ~ få ihop till hyran **-binden** *st* binda ihop (samman); *Blumen zu e-m Strauß* ~ binda blommor till en bukett **-bleiben** *st s* vara tillsammans; hålla ihop **-brauen 1** *vard.* koka (blanda) ihop, laga till **2** *rfl* dra ihop sig, vara i görningen (på gång); *ein Gewitter braut sich zusammen* det drar ihop sig till oväder **-brechen** *st s* bryta (störta) samman; rasa; sjunka (falla) ihop, segna ner; kollapsa; *die Firma ist zusammengebrochen* firman har gått omkull (gjort konkurs) **-bringen** *oreg.* **1** få ihop; samla ihop; *das Geld* ~ få ihop pengarna; *wie hat er das zusammengebracht?* (*äv.*) hur lyckades han med det?; *er brachte keine Worte zusammen* han fick inte fram ett ord **2** sammanföra, föra samman (ihop) **3** *etw. mit etw.* ~ sammankoppla ngt med ngt **Zusammenbruch** *-e† m* sammanbrott; kollaps; konkurs, krasch **zusammendrängen 1** tränga (fösa) ihop; *bildl.* komprimera **2** *rfl* tränga ihop sig; *die Ereignisse drängten sich zusammen* händelserna kom slag i slag **Zusammendrückbarkeit** *0 f, fys.* kompressibilitet **zusammendrücken** trycka (pressa) ihop **zusammenfahren** *st* **1** *s* stöta ihop (samman), kollidera, krocka **2** *s* rycka (spritta) till **3** *vard.* köra sönder, kvadda **zusammenfallen** *st s* **1** störta samman (ihop), rasa; falla (sjunka) ihop; *österr.* ramla **2** magra, falla (tackla) av **3** sammanfalla **zusammenfalten** vika (lägga) ihop **zusammenfassen 1** sammanfatta; ~*d läßt sich sagen* sammanfattningsvis kan man säga **2** föra (slå) samman, samla [ihop] **Zusammenfassung** *-en f* **1** sammanfattning **2** samman|förande, -slagning **zusammenfegen** sopa ihop (upp) **zusammenfinden** *st* **1** *rfl* träffas, mötas, förenas, sluta sig samman **2** hitta [igen] [och sätta ihop] **zusammenflicken** *vard.* lappa ihop, laga; *bildl. äv.* snickra (fixa) till **zusammenfließen** *st s* flyta ihop (samman) **Zusammenfluß** *-sse† m* sammanflöde **zusammenfügen 1** sammanfoga, foga (sätta) samman (ihop); skarva ihop; förena **2** *rfl* sammanfogas, fogas (sättas) samman (ihop); gå (passa) ihop; förena sig **zusammenführen** sammanföra, föra samman (ihop); förena **zusammengehen** *st s* **1** gå ihop, göra gemensam sak **2** gå (passa) ihop **3** *vard.* gå ihop, löpa samman, mötas **4** *dial.* minska; krympa **zusammengehören** höra ihop (samman) **zusammengehörig 1** sammanhörande; *die ~en Gläser* de glas som hör ihop **2** samhörig **Zusammengehörigkeit** *0 f* samhörighet **Zusammengehörigkeitsgefühl** *0 n* samhörighetskänsla **zusammengeraten** *st s* ryka ihop, komma i gräl (ihop sig) **zusammengewürfelt** blandad, brokig[t sammansatt], heterogen; hop|plockad; -rafsad **zusammengießen** *st* hälla ihop (i samma kärl), blanda **zusammenhaben** *oreg., vard., etw.* ~ ha lyckats få ihop ngt, ha fått ihop ngt **Zusammenhalt** *0 m* sammanhållning **zusammenhalten** *st* **1** hålla ihop (samman) **2** hålla mot varandra, jämföra **Zusammenhang** *-e† m* samman hang, samband; *in* ~ *mit etw. stehen* stå i samband med ngt **zusammenhängen** *st* hänga ihop (samman), sammanhänga; *mit etw.* ~ (*äv.*) ha med ngt att göra **zusammenhängend** sammanhängande **zusammen-**

hang[s]los osammanhängande, utan sammanhang **Zusammenhang[s]losigkeit** *0 f* brist på sammanhang **zusammenhauen** *st (imperf sv), vard.* **1** slå sönder (i bitar, i spillror), ha sönder **2** mörbulta, slå sönder och samman, slå ner **3** snickra (smälla, hafsa) ihop **zusammen|heften** häfta ihop **-heilen** *s* läkas [ihop] **-holen** samla [ihop] **-kauern** *rfl* huka sig ner **-kaufen** köpa ihop (upp) **-kehren** sopa ihop (upp) **-kitten 1** kitta ihop **2** *bildl.* lappa ihop
Zusammenklang *0 m* samklang
zusammen|klappbar [hop]fällbar; *~es Messer* fällkniv **-klappen 1** slå (fälla, vika) ihop (igen); *den Schirm ~* fälla ner (ihop) paraplyet **2** *s* slå (smälla) ihop (samman) **3** *s* bryta samman, kollapsa, klappa (falla) ihop; svimma **-klauben** *dial.* plocka (leta) ihop (samman) **-klauen** *vard.* sno (stjäla) ihop **-kleben 1** klistra (limma) ihop **2** klistra (klibba, hänga) ihop **-kleistern** *vard.* **1** *se zusammenkleben* **2** *bildl.* lappa ihop **-klingen** *st* samklinga, klinga (ljuda) samtidigt, harmoniera **-klittern** *vard.* snickra (hafsa, smäcka) ihop **-knallen 1** slå ihop **2** *s, vard., mit e-m ~* ryka ihop med ngn **-kneifen** *st* knipa (pressa) ihop **-knoten** knyta ihop **-knüllen** skrynkla (knyckla, krama) ihop **-knüppeln** slå sönder och samman [med påk (batong)] **-kommen** *st s* **1** komma tillsammans, samlas, träffas; *mit e-m ~* träffa ngn **2** *heute ist einiges zusammengekommen* i dag hände det en hel del saker (var det rörigt); *es ist viel an Spenden zusammengekommen* det kom in (blev) en hel del gåvor **-krachen** *s, vard.* **1** braka ihop, störta samman med ett brak **2** smälla ihop, krocka **-kratzen** *vard.* skrapa ihop **-kriegen** *vard.* få ihop
Zusammenkunft *-e† f* sammankomst, möte
zusammen|läppern *rfl, die Ausgaben läppern sich allmählich zusammen* alla utgifter tillsammans blir så småningom en stor summa **-lassen** *st* **1** låta vara tillsammans, inte skilja på **2** släppa ihop **-laufen** *st s* **1** komma springande, skynda till, samlas **2** löpa samman, gå ihop, mötas, förena sig; *ihm lief das Wasser im Mund zusammen* det vattnades i munnen på honom **3** *vard.* (*om färger*) flyta ihop **4** *vard.* (*om tvätt*) krympa **5** *dial.* ysta sig **-leben 1** leva tillsammans; sammanbo **2** *rfl, sich mit e-m ~* bli van vid ngn, komma bra överens med ngn
Zusammenleben *0 n* samliv **zusammenlegbar** [hop]fällbar, fäll- **zusammenlegen** lägga (vika) ihop (samman); slå ihop (samman); *die Arme ~* lägga armarna över varandra (i kors); *für ein Geschenk ~* skramla (lägga ihop) till en present; *zwei Klassen ~* slå ihop två klasser; *die Patienten ~* lägga in patienterna i samma rum **Zusammenlegung** *-en f* hop-, samman|-läggning, sammanslagning
zusammen|leimen limma ihop **-lesen** *st* samla (plocka) [ihop] **-liegen** *st* ligga ihop (tillsammans, på samma ställe); *~de Zimmer* rum som ligger intill varandra **-lügen** *st, vard.* hitta på, ljuga ihop **-mischen** blanda ihop **-nähen** sy ihop **-nehmen** *st* **1** samla [ihop], uppbjuda **2** *alles zusammengenommen kostet 100 Mark* allt som allt kostar det 100 mark; *alle diese Sachen zusammengenommen* alla dessa saker sammantagna (tillsammans) **3** *rfl* ta sig samman, behärska sig, lugna sig, skärpa sig **-pakken** packa ihop **-passen 1** passa ihop (tillsammans, för varandra), gå bra ihop, matcha [varandra] **2** passa ihop **-pferchen** fösa ihop (in) (*djur*) i en fålla; fösa (tränga) ihop, packa samman (ihop) **Zusammenprall** *-e m* sammanstötning, kollision, krock
zusammen|prallen *s* stöta ihop, kollidera, krocka **-pressen** pressa ihop **-raffen 1** rafsa ihop; skrapa ihop, roffa åt sig (*pengar*); samla ihop (*kjol*) **2** *rfl* samla sig (sina krafter), rycka upp sig, skärpa sig **-raufen** *rfl, vard.* skramla ihop sig, förlikas (försonas) efter tidigare motsättningar (gräl) **-rechnen** räkna (lägga) ihop, addera **-reimen** *vard.* **1** förklara; *ich kann mir das nur so ~* (*äv.*) jag kan bara få det att gå ihop så **2** *rfl* stämma; *wie reimt sich das zusammen?* (*äv.*) hur går det ihop? **-reißen** *st, vard.* **1** slå ihop (*klackarna*); *die Knochen ~* (*mil. sl.*) stå i givakt **2** *rfl* ta sig samman, rycka upp sig, skärpa sig **-ringeln** *rfl* ringla (rulla) ihop sig **-rollen 1** rulla ihop **2** *rfl* rulla ihop sig **-rotten** *rfl* gadda ihop sig **-rücken 1** flytta (skjuta) närmare varandra (ihop) **2** *s* flytta sig närmare varandra, maka ihop sig; sluta sig tillsammans **-rufen** *st* sammankalla **-sacken** *s, vard., se zusammenbrechen* **-scharen** *rfl* samlas i skaror **-scharren** skrapa ihop; *bildl. äv.* roffa åt sig
Zusammenschau *0 f* översikt, sammanfattning, synops **zusammenschießen** *st, vard.* skälla ut [efter noter] **zusammenschieben** *st* skjuta ihop **zusammenschießen** *st* **1** skjuta sönder **2** *vard.* skjuta [ner] **zusammenschlagen** *st* **1** slå ihop (samman) **2** lägga (vika) ihop; slå ihop **3** *vard.* slå sönder (i spillror); slå sönder och samman, slå ner **4** *s* slå samman (*über e-m* över ngn) **zusammenschließen** *st* **1** kedja ihop **2** *rfl* sluta sig samman **Zusammenschlu|ß** *-sse† m* sammanslutning **zusammen|schmelzen** *st* **1** smälta samman (ihop); smälta [ner] **2** *s* smälta [bort]; *bildl.* smälta ihop **-schneiden** *st* klippa [ner] **-schnüren** snöra ihop (samman) **-schrauben** skruva ihop **-schrecken** *st, schreckt (äv. schrickt) zusammen, schreckte (äv. schrak) zusammen, zusammengeschreckt, s* rycka (spritta) till [av rädsla] **-schreiben** *st* sammanskriva, skriva ihop **-schrumpfen** *s* skrumpna; *bildl.* krympa ihop **-schustern** *vard.* snickra ihop **-schweißen** svetsa ihop (*äv. bildl.*) **-sein** *oreg. s* (*hopskrivs end. i inf o. perf part*) vara tillsammans
Zusammensein *0 n* samvaro **zusammensetzen 1** sätta (bygga) ihop (samman), montera; *zusammengesetzt* (*äv.*) sammansatt **2** sätta tillsammans **3** *rfl* sätta sig tillsammans (ihop); träffas **4** *rfl, sich aus etw. ~* vara sammansatt (bestå) av ngt **Zusammensetzung** *-en f* sammansättning (*äv. språkv.*) **zusammensinken** *st s* sjunka ihop, digna (segna) [ner] **zusammensitzen** *st* sitta bredvid varandra (tillsammans) **zusammensparen** *sich* (*dat.*) *etw.* ~ spara ihop till ngt **zusammensperren** inspärra tillsammans **Zusammenspiel** *0 n* samspel
zusammen|spielen 1 spela ihop (tillsammans) **2** samverka **-stauchen 1** trycka ihop (in) **2** *vard.* sätta på plats, skälla ut **-stecken 1** fästa ihop **2** *vard.* vara tillsammans, hålla ihop **-stehen** *st* **1** stå tillsammans **2** hålla ihop **-stehlen** *st* stjäla ihop **-stellen** ställa (sätta) ihop (tillsammans, samman), sammanställa **Zusammenstellung** *-en f* sammanställning

zusammenstimmen 1 stämma [ihop], harmoniera **2** överensstämma **zusammenstoppeln** *vard.* snickra ihop **Zusammenstoß** -e† *m* sammanstötning; kollision, krock; sammandrabbning
zusammen|stoßen *st s* **1** stöta ihop; kollidera, krocka; drabba samman **2** gränsa intill varandra **-streichen** *st, vard.* korta ner, banta [ner] **-strömen** *s, se zusammenlaufen 1, 2* **-stücke[l]n** svänga (skarva) ihop **-stürzen** *s* störta samman, rasa **-suchen** leta ihop (samman) **-tragen** *st* bära ihop (samman); samla **-treffen** *st s* sammanträffa; träffa samman, träffas; äga rum (ske) samtidigt; *mit e-m ~ träffa ngn* **Zusammentreffen** *0 n* sammanträffande, möte
zusammen|treiben *st* driva (fösa)̆ samman (ihop) **-treten** *st* **1** *s* sammanträda **2** *vard.* sparka sönder [och samman] **-trommeln** *vard.* trumma (kalla) ihop **-tun** *st, vard.* **1** lägga (sätta, ställa, foga *etc.*) ihop; blanda; slå ihop **2** *rfl* slå sig ihop (samman) **-wachsen** *st s* växa ihop (samman) **-wehen** blåsa ihop **-werfen** *st* **1** kasta ihop; kasta huller om buller **2** blanda ihop, sammanblanda **3** *vard.* lägga ihop **-wickeln** veckla (linda, slå, svepa) ihop **-wirken 1** samverka **2** *högt.* samarbeta **-würfeln** slumpmässigt sammansätta (blanda); *e-e bunt zusammengewürfelte Gesellschaft* ett blandat (brokigt) sällskap **-zählen** räkna (lägga) ihop, addera **-ziehen** *st* **1** dra ihop (till); dra samman; snörpa [ihop, till]; *den Mund ~ snörpa* på munnen **2** lägga ihop, addera **3** *rfl* dra ihop sig, krympa, minskas **4** *rfl* dra ihop sig, vara i görningen (på gång); *ein Gewitter zieht sich zusammen* det drar ihop sig till oväder **5** *s* flytta ihop **-zimmern** *vard.* snickra ihop **-zucken** *s* rycka (spritta) till
Zusatz 1 *0 m* tillsättande **2** -e† *m* tillsats; tillägg; supplement **Zusatzabkommen** - *n* tilläggsavtal **Zusatzgerät** -e *n* tillsats; tillbehör **zusätzlich I** *adj* ytterligare, tilläggs-, tillsats-, extra- **II** *adv* ytterligare, extra **Zusatzversicherung** -en *f* tilläggsförsäkring **Zusatzzahl** -en *f (i lotto)* tilläggsnummer **zu'schanden** *sich ~ arbeiten (vard.)* slita ihjäl sig; *~ fahren* köra sönder, kvadda *(bil)*; *~ machen* till-, om|intetgöra, fördärva, gäcka, komma på skam; *~ reiten* spränga *(häst)* **zuschanzen** *e-m etw.* **~** *(vard.)* ordna (fixa, greja) ngt åt ngn, skaffa ngn ngt **zuscharren** krafsa igen **zuschauen** *sty., österr., schweiz., se zusehen* **Zuschauer** -*m* åskådare; tittare **Zuschauerraum** -e† *m (teater- etc.)* salong **Zuschauertribüne** -n *f* åskådarläktare **zuschaufeln** skyffla (skotta, skovla) igen **zuschicken** *e-m etw. ~* skicka (sända) ngt till ngn, tillställa ngn ngt **zuschieben** *st* **1** skjuta igen (till) **2** *e-m etw. ~* skjuta [över] ngt till ngn; *e-m die Schuld ~* skjuta skulden på ngn **zuschießen** *st* **1** *e-m den Ball ~* skjuta (ge) [iväg] bollen till ngn; *e-m e-n Blick ~* ge ngn en blick, kasta en blick på ngn **2** *vard.* skjuta till *(pengar)*, bidra med **3** *s, auf e-n ~*, rusa (störta fram) mot ngn **zuschippen** *dial., se zuschaufeln* **Zuschlag** -e† *m* **1** ökning, pålägg, påslag; tillägg; tilläggs-, mellan|avgift[er] **2** tilläggsbiljett **3** *(ad auktion)* klubbslag; *den ~ finden (erhalten)* klubbfästas **4** *hand., den ~ erhalten* få kontraktet **zuschlagen** *st* **1** slå (smälla) igen *(dörr e.d.)*; bomma (spika) igen *(låda e.d.)* **2** *s, die Tür schlug zu* dörren slog (smällde) igen **3**

hamra (hugga, fixa) till **4** slå till *(äv. bildl.)* **5** *e-m den Ball ~* slå bollen till ngn **6** *e-m etw. ~* *a)* tillerkänna ngn ngt, låta ngt tillfalla (gå till) ngn, *b) (vid auktion)* klubba bort ngt till ngn **7** lägga på, öka med; [zu] *dem Preis (auf den Preis) werden 5 Prozent zugeschlagen* på priset tillkommer 5 procent **zuschlagfrei** utan tillägg[savgift]; som inte kräver tilläggsbiljett **Zuschlagkarte** -*n f* tilläggsbiljett **zuschlagpflichtig** belagd med tilläggsavgift; som kräver tilläggsbiljett **zuschließen** *st* låsa, stänga **zuschmeißen** *st, vard., zuschmettern vard.* smälla (drämma) igen **zuschmieren** smeta igen
zuschnallen spänna ihop (igen) **zuschnappen 1** nafsa till **2** *s* slå (smälla) igen **zuschneiden** *st* skära (klippa) till; *auf e-n zugeschnitten sein* vara som gjord (skriven, beställd *etc.*) för ngn; *die Studien waren ganz auf die Prüfung zugeschnitten* studierna var helt inriktade på examen **Zuschneider** - *m* tillskärare **zuschneien** *s* snöa igen **Zuschnitt 1** *0 m* tillskärning **2** -e *m* snitt, fason; *bildl.* stil, klass **zuschnüren** slå snöre om *(paket)*; snöra *(sko)* **zuschrauben** skruva till (igen) **zuschreiben** *st* **1** *vard.* skriva till, tillägga **2** tillskriva; tillmäta; *e-m die Schuld an etw. (dat.) ~ tillskriva (ge)* ngn skulden för ngt; *dieses Werk wird Lagomer zugeschrieben* detta verk tillskrivs Lagomer; *das hast du dir selbst zuzuschreiben* det har du dig själv att skylla för **3** *e-m etw. ~* skriva [över] ngt på ngn; *dem Reservefonds ~* överföra till reservfonden **zuschreien** *st, e-m etw. ~* skrika (ropa) ngt till ngn **zuschreiten** *st s, högt., auf e-n ~* skrida (gå) [fram] mot ngn **Zuschrift** -en *f* [skriftligt] svar, brev **zu'schulden** *sich (dat.) etw. ~ kommen lassen* göra sig skyldig till ngt, låta ngt komma sig till last; *er hat sich nie etw. ~ kommen lassen (äv.)* han har aldrig gjort ngt orätt **Zuschu|ß** -sse† tillskott, bidrag, [under]stöd, subvention **zuschustern** *vard.* **1** *e-m etw. ~* greja (fixa) ngt åt ngn, skaffa ngn ngt **2** skjuta till *(pengar)*, bidra med **zuschütten 1** fylla (gräva) igen **2** *vard.* hälla (fylla) på mera **zuschwellen** *st s* svälla (svullna) igen (ihop) **zuschwimmen** *st s, auf e-n ~* simma [fram] mot ngn
zusehen *st* **1** se (titta) på *(etw. dat.* ngt); vara åskådare *(etw. dat.* till ngt); *bei näherem Z~* vid närmare betraktande (påseende), om (när) man tittar närmare *(noga); e-m beim Schreiben ~* se (titta) på när ngn skriver; *schon vom Z~ wird man müde* man blir trött bara av att titta på **2** *etw. (dat.) ~* stillatigande åse ngt (låta ngt ske); tolerera ngt **3** avvakta, vänta **4** se upp; se till; *wir müssen ~, daß wir schnell wegkommen* vi måste se till att vi snabbt kommer i väg; *soll er selbst ~, wie er es schafft!* han får klara sig bäst han kan (min hjälp förutan)! **zusehends** märk-, syn|bart; **~** *wachsen* växa så det syns (snabbt) **Zuseher** - *m* åskådare; tittare **zusein** *(hopskrivs endast i inf o. perf part) oreg. s, vard.* **1** vara stängd (sluten) **2** vara packad *(berusad)* **zusenden** *oreg., äv. sv, se zuschicken* **zusetzen 1** tillsätta, sätta till, blanda i; [zu] *dem Wein Wasser ~* sätta till vatten till vinet **2** sätta (släppa) till, satsa; förlora; *er hat nichts zuzusetzen (vard.)* han kan inte ge mera (har ingenting i reserv) **3** *vard., e-m ~* *a)* ansätta (sätta åt, pressa) ngn, *b)* tjata på ngn, *c)* ge sig på ngn,

d) ta hårt på ngn[s krafter] **zusichern** *e-m etw.* ~ tillförsäkra (garantera) ngn ngt **zusperren** *sty., österr.* stänga, låsa **Zuspiel** *0 n, sport.* passning **zuspielen 1** *sport.*, *e-m [den Ball]* ~ passa [bollen] till ngn **2** *e-m etw.* ~ *a)* låta ngn få ngt, *b)* läcka ut ngt till ngn **zuspitzen 1** spetsa, vässa; *bildl.* spetsa till, skärpa **2** *rfl* smalna [av], sluta i en spets **3** *rfl* tillspetsas, tillspetsa sig, skärpas **zusprechen** *st* **1** *e-m beruhigend* ~ tala lugnande till (försöka lugna) ngn; *e-m Mut* ~ intala (inge) ngn mod, uppmuntra ngn; *e-m Trost* ~ trösta ngn **2** till|erkänna, -döma; *die Kinder dem Vater* ~ tilldöma fadern vårdnaden om barnen; *dieser Pflanze wird e-e heilkräftige Wirkung zugesprochen* denna växt tillskrivs läkande egenskaper **3** *högt., dem Bier [reichlich]* ~ dricka [ordentligt med] öl; *dem Essen kräftig (tüchtig)* ~ ta för sig ordentligt av maten **zuspringen** *st s, auf e-n* ~ springa (hoppa) [fram] mot ngn; *e-m helfend* ~ störta fram och hjälpa ngn **Zuspruch** *0 m, högt.* **1** [vänligt, tröstande, uppmuntrande] tilltal, tröst, uppmuntran **2** tillströmning, besök; *großen (viel)* ~ *haben, sich großen* ~*s erfreuen* vara livligt besökt, vara mycket anlitad (eftersökt, besökt, populär), ha många kunder (gäster *e.d.),* dra mycket folk **3** anklang, gensvar, gillande; ~ *finden* vara omtyckt, falla i smaken **Zustand** *-e† m* tillstånd, författning, skick; *in gutem* ~ i gott skick; *Zustände (äv.)* läge, situation; *Zustände bekommen (vard.)* bli förbannad; *hier herrschen Zustände! (vard.)* vilken jävla ordning det är här!, vilken röra!; *das ist doch kein* ~*! (vard.)* så kan det inte få fortsätta!, det måste bli en ändring! **zu'stande** ~ *bringen* få till stånd, åstadkomma; *das kann er nicht* ~ *bringen* det kan han inte klara; ~ *kommen* komma till stånd, bli av **Zu'standekommen** *0 n* förverkligande, tillkomst; *am* ~ *des Vertrags wird gezweifelt* det betvivlas att avtalet kommer till stånd (blir av) **zuständig 1** vederbörande, ansvarig; *jur.* kompetent, behörig; *der für diese Fragen* ~*e Mitarbeiter (äv.)* den medarbetare som har hand om dessa frågor; *wer ist hier* ~*? (äv.)* vem ska man vända sig till här? **2** ~ *nach Linz (österr.)* ha hemortsrätt i Linz **Zuständigkeit** *0 f* ansvar[sområde]; *jur.* behörighet, kompetens **zu'statten** *e-m* ~ *kommen* vara ngn till nytta, komma ngn till hjälp (pass) **zustechen** *st* sticka (stöta, hugga) till **zustecken 1** nåla (fästa) ihop **2** *e-m etw.* ~ [hemligt] sticka till ngn ngt, stoppa på ngn ngt **zustehen** *st* **1** *e-m* ~ tillkomma ngn; *dieses Geld steht ihm zu (äv.)* han är berättigad till de här pengarna **2** *e-m* ~ anstå (tillkomma, passa) ngn; *es steht dir nicht zu, das zu tun (äv.)* du har ingen rätt att göra det **zusteigen** *st s* stiga på; *ist hier noch jemand zugestiegen?* några nypåstigna? **Zustellbezirk** *-e m (postens)* utdelningsområde **zustellen 1** tillställa; bära (dela) ut; forsla hem; *e-m etw.* ~ *a)* tillställa ngt ngt, *b) jur.* delge ngn ngt; *per Post* ~ tillställa per post **2** ställa (bomma) för, spärra **Zustellung** *-en f* **1** tillställande; utbär[n]ing; hemforsling **2** *jur.* delgivning **zusteuern 1** *s, auf den Hafen* ~ styra mot hamnen; *auf e-e Katastrophe* ~ gå mot en katastrof; *auf e-e Kneipe* ~ *(vard.)* målmedvetet styra mot en krog **2** *das Auto auf das Dorf* ~ köra bilen [i riktning] mot byn **3** *vard.* bidra med, skjuta till **zustimmen** *e-m* ~ hålla (instämma, vara ense) med ngn; *e-m Vorschlag* ~ bifalla (samtycka till) ett förslag **Zustimmung** *0 f* bifall, samtycke; instämmande **zustopfen 1** stoppa till (igen, för) **2** stoppa *(laga)* **zustöpseln** korka igen **zustoßen** *st* **1** slå (smälla, knuffa, sparka) igen *(dörr)* **2** stöta (sticka, hugga) till **3** *s, e-m* ~ hända ngn; *ihm ist etw. zugestoßen* det har hänt honom ngt **zustreben** *s, etw. (dat.)* ~*, auf ngn. (ack.)* ~ sträva (streta) mot ngt **Zustrom** *0 m* tillströmning **zuströmen** *s, dem Meer* ~ flyta (rinna) mot havet; *dem Ausgang* ~ strömma mot utgången **zustürmen** *s, zustürzen s, auf e-n* ~ störta (rusa) mot ngn **zu'tage** *etw.* ~ *bringen (fördern) a) gruv.* uppfordra ngt till ytan, *b)* plocka fram ngt, *c) bildl.* bringa ngt i dagen; *klar (offen)* ~ *liegen* ligga i öppen dag; ~ *treten* komma i dagen, träda fram, visa sig, *bildl. äv.* komma fram **Zutaten** *pl* ingredienser; tillbehör **zu'teil** *e-m* ~ *werden* komma ngn till del; *e-m etw.* ~ *werden lassen* låta ngn komma ngt till del, låta ngn få ngt; *ihm wurde e-e freundliche Aufnahme* ~ han bereddes ett vänligt mottagande; *ihm wurde die beste Behandlung* ~ han fick bästa tänkbara behandling **zuteilen** *e-m etw.* ~ tilldela (ge) ngn ngt; *Lebensmittel wurden zugeteilt (äv.)* livsmedel ransonerades **Zuteilung** *-en f* tilldelning; ranson **zu'tiefst** djupt, ytterst **zutragen** *st* **1** *e-m etw.* ~ *a)* bära ngt till ngn, *b)* berätta (rapportera, skvallra om) ngt för ngn **2** *rfl* tilldra sig, hända, äga rum **Zuträger** *- m, neds.* rapportör **Zuträgerei** *-en f, neds.* skvaller **zuträglich** fördelaktig, nyttig, lämplig; *der Gesundheit (dat.)* ~ *sein* vara hälsosam **Zuträglichkeit** *0 f* fördelaktighet *etc., jfr zuträglich* **zutrauen** tilltro *(e-m ngt ngt); seinen Kräften zu viel* ~ överskatta sina krafter; *das ist ihm zuzutrauen* det kan man tro honom om; *das hätte ich ihm niemals zugetraut (äv.)* det hade jag inte väntat mig av honom; *er traut sich nichts zu (äv.)* han har inget självförtroende **Zutrauen** *0 n* tilltro, tillit, förtroende **zutraulich** förtroendefull; tillits|full, orädd **zutreffen** *st* stämma; *die Beschreibung trifft zu* beskrivningen stämmer (är riktig, passar); *auf e-n* ~ passa på ngn **zutreffend** träffande, slående; riktig; lämplig, passande; *Z*~*es bitte ankreuzen!* kryssa för det tillämpliga! **zutreiben** *st* **1** driva mot (till, åt) **2** *s, auf die Felsen* ~ driva mot klipporna; *e-r Katastrophe* ~ gå mot en katastrof **zutreten** *st* **1** *s, auf e-n* ~ gå mot ngn **2** sparka till **zutrinken** *st, e-m* ~ dricka ngn till **Zutritt** *0 m* tillträde; ~ *verboten!* tillträde förbjudet! **zutschen** *[-u:-] dial.* sörpla; suga **zutulich** *se zutunlich* **zutun** *st, etw.]* **1** tillsätta, sätta (lägga) till, blanda i **2** stänga **3** *sich (dat.) etw.* ~ *(dial.)* lägga sig till med (skaffa) ngt **4** *rfl* gå igen, stängas **Zutun** *0 n, ohne sein* ~ utan hans medverkan (hjälp) **zutunlich** förtroendefull; smeksam **zu'ungunsten** *prep m. gen. (äv. efterställd m. dat.)* till nackdel för **zu'unterst** underst, nederst **zuverdienen** *vard.* tjäna extra; extraknäcka **zuverlässig** tillförlitlig, pålitlig, vederhäftig, säker; *wie ich* ~ *weiß (äv.)* som jag med säkerhet vet **Zuverlässigkeit** *0 f* tillförlitlighet *etc., jfr zuverlässig* **Zuversicht** *0 f* tillförsikt, förtröstan, tillit, optimism **zuversichtlich** full av tillförsikt, förtröstans-, tillits|full, opti-

mistisk **zu'viel** för mycket; *die Arbeit wurde ihm ~* arbetet blev för mycket för honom; *das ist ~ des Guten (des Guten ~)* det är för mycket av det goda; *was ~ ist, ist ~!* nu har det gått för långt! **Zu'viel** *0 n* övermått; *ein ~ ist besser als ein Zuwenig* det är bättre med för mycket än för litet **zu'vor** förut; först, dessförinnan; *nie ~* aldrig tidigare; *tags ~* dagen före; *besser als je ~* bättre än någonsin tidigare **zu'vorderst** längst fram[me], främst **zu'vörderst** först [och främst], framför allt **zu'vorkommen** *st s, e-m ~ a)* komma (hinna) före ngn, *b)* förekomma ngn; *e-r Gefahr ~* förebygga (avvärja) en fara **zuvorkommend** förekommande, tillmötesgående, förbindlig, hjälpsam, artig **Zuvorkommenheit** *0 f* förbindlighet, förekommande sätt, artighet **zu-'vortun** *st, es e-m ~ (högt.)* överträffa (vara bättre än) ngn
Zuwaage *-n f, sty., österr., se Zulage* **2 Zuwachs** *0 m* tillväxt, ökning, expansion; *~ an Teilnehmern* ökat antal deltagare, ökning av antalet deltagare; *Kleider auf ~* kläder att växa i; *~ bekommen (vard.)* få tillökning [i familjen] **zuwachsen** *st s* **1** *(om sår)* växa igen (ihop), läkas; *(om väg)* växa igen **2** *ihm wuchsen neue Kräfte zu* han fick nya krafter; *mir ist viel Arbeit zugewachsen* jag har fått mycket [extra] arbete **3** *auf etw. (ack.) ~* växa till ngt **Zuwachsrate** *-n f* tillväxt **Zuwanderer** *- m* invandrare; [ny]inflyttad [person] **zuwandern** *s* invandra; flytta in **Zuwanderung** *-en f* invandring; inflyttning **zuwanken** *s, auf etw. (ack.) ~* vackla (stappla, vingla) fram mot ngt **zuwarten** vänta [och se], avvakta
zu'wege 1 *etw. ~ bringen* åstadkomma (klara [av], lyckas med) ngt, få ngt till stånd; *er kommt damit gut ~* han klarar det bra **2** *gut ~ sein (vard.)* vara frisk och kry, må bra **zuwehen 1** *der Wind weht die Wege zu* vinden gör att vägarna blåser igen; *die Wege sind mit Schnee zugeweht* vägarna har blåst igen av snö **2** *h el. s, der Wind weht auf mich zu* vinden blåser mot mig **3** *e-m Kühlung ~* fläkta svalka på ngn **zu'weilen** understundom, ibland **zuweisen** *st, e-m etw. ~* tilldela (anvisa) ngn ngt **Zuweisung** *-en f* anvis|ande, -ning, tilldelning **zuwenden** *oreg. el. sv* **1** *e-m etw. ~* vända ngt mot ngn; *e-m den Rücken ~* vända ryggen mot ngn (ngn ryggen) **2** ägna, rikta mot; skänka, ge, donera; *e-m Geld ~* ge (skänka) ngn pengar; *etw. (dat.) sein Interesse ~* ägna sitt intresse åt ngt; *e-m seine ganze Liebe ~* skänka ngn hela sin kärlek **3** *rfl, sich e-m ~* vända sig mot (till) ngn; *sich dem Dorf ~* vända sina steg mot byn **4** *rfl, sich etw. (dat.) ~* ägna sig åt (ta itu med) ngt; *sich e-m anderen Thema ~* byta ämne; *das Gespräch wandte sich dann der Kunst zu* samtalet övergick sedan till konst **Zuwendung 1** *-en f* gåva, bidrag, [penning]understöd, donation **2** *0 f* uppmärksamhet, omsorg **zu'wenig** för litet; *viel ~* alldeles för litet **Zu'wenig** *0 n* underskott; *ein Zuviel ist besser als ein ~* det är bättre med för mycket än för litet **zuwerfen** *st* **1** slå igen *(dörr)* **2** skotta igen *(hål)* **3** *e-m etw. ~* kasta (slänga) ngt till ngn; *e-m e-n mißtrauischen Blick ~* kasta en misstänksam blick på ngn
zu'wider I *adj (predik., dial. äv. attr.)* motbjudande; *das ist mir ~ (äv.)* jag avskyr (hatar) det; *das Essen ist mir ~* maten äcklar mig; *das Glück war mir ~* lyckan var mig inte bevågen; *die Umstände waren der Aktion ~* omständigheterna var ogynnsamma för aktionen **II** *prep m. dat.* [i strid] mot **zu'widerhandeln** *etw. (dat.) ~* handla [i strid] mot ngt, bryta mot (överträda) ngt **Zu'widerhandlung** *0 f* överträdelse *(av förbud e.d.)*, brott *(mot lag e.d.)* **zu'widerlaufen** *st s, etw. (dat.) ~* stå i motsats till ngt, strida (vara) mot ngt **zuwinken** *e-m ~* vinka åt ngn **zuzahlen** betala ytterligare (extra, mer), lägga till (emellan) **zuzählen 1** räkna med (till), lägga till **2** *dieses Werk ist der Gotik zuzuzählen* detta verk skall räknas till gotiken **zu'zeiten** ibland, någon gång, understundom
zuzeln [-u:-] *sty., österr.* **1** suga; slicka **2** läspa **zuziehen** *st* **1** dra igen (till) *(dörr)*; dra för *(gardin)*; dra åt (till) *(knut)* **2** tillkalla, anlita **3** *sich (dat.) etw. ~* ådraga sig ngt **4** *s* flytta in **5** *s, auf etw. (ack.) ~* dra (tåga) mot ngt **Zuziehung** *0 f* tillkallande, anlitande **Zuzug** *-e† m* **1** inflyttning **2** *se Zuzugsgenehmigung* **3** tillströmning; förstärkning **zuzüglich** *prep m. gen.* plus, med tillägg av **Zuzugsgebiet** *-e n* inflyttningsområde **Zuzugsgenehmigung** *-en f* inflyttningstillstånd *(gällande viss ort)* **zuzwinkern** *e-m ~* blinka åt ngn **zwacken** *vard.* **1** nypa **2** plåga, reta
zwang *se zwingen* **Zwang** *-e† m* tvång, våld, tryck; *ohne ~ (äv.)* obesvärad, otvungen; *die sozialen Zwänge* det sociala trycket; *der ~ der Verhältnisse* omständigheternas tryck; *tun Sie sich keinen ~ an* lägg inte band på Er, genera Er inte; *e-m Text ~ antun* göra våld på en text; *sich (dat.) ~ auf[er]legen* lägga band på sig; *auf e-n ~ ausüben* utöva påtryckningar (press) på ngn; *es besteht kein ~, etw. zu kaufen* det är inget köptvång **zwängen** trycka, pressa, tvinga; *sich durch die Menge ~* tränga sig fram genom folkmassan **zwanghaft 1** framtvingad, tvångs-, under tvång **2** tvångsmässig **zwanglos** otvungen, ogenerad, obesvärad; informell; fri; oregelbunden; *die Zeitschrift erscheint in ~er Folge* tidskriften utkommer oregelbundet
Zwangs|anleihe *-n f* tvångslån **-arbeit** *0 f* tvångsarbete **-behandlung** *0 f* tvångs|vård, -behandling **-einweisung** *-en f* tvångsintagning *(på sjukhus e.d.)* **-ernährung** *0 f* tvångsmatning **-geld** *0 n, jur.* vite **-handlung** *-en f* tvångshandling **-herrschaft** *0 f* despotism, tyranni, våldsregemente **-idee** *-n f, se Zwangsvorstellung* **-jacke** *-n f* tvångströja **-lage** *-n f* tvångs|läge, -situation, dilemma **zwangsläufig** nöd|vändig, -tvungen; *adv äv.* automatiskt; *es muß ~ so werden (äv.)* det måste med naturnödvändighet bli så **zwangsmäßig** tvångsmässig
Zwangs|maßnahme *-n f* tvångsåtgärd **-mittel** *- n* tvångsmedel **-neurose** *-n f* tvångsneuros **-räumung** *-en f, jur.* vräkning; tvångsevakuering **-verschickung** *-en f* deportation **-versteigerung** *-en f, jur.* exekutiv auktion **-verwaltung** *-en f, jur.* tvångsförvaltning **-vollstreckung** *-en f, jur.* exekution; utmätning **-vorstellung** *-en f* tvångsföreställning, fix idé
zwangsweise 1 tvångsvis, med tvång, tvångs- **2** *se zwangsläufig* **Zwangswirtschaft** *0 f* tvångs-, kris[tids]hushållning
zwanzig *(jfr drei[ßig] o. sms.)* tjug|o, -u; *in den ~er Jahren* på tjugotalet; *im ~sten Jahrhun-*

dert på nittonhundratalet; ~ *Stück* (*äv.*) ett tjog **-ste** tjugonde
zwar 1 visserligen, nog **2** *und* ~ närmare bestämt, nämligen; *hör auf, und* ~ *sofort!* sluta, och det med detsamma!
Zweck *-e m* ändamål, syfte; mening; *es hat keinen* ~ det tjänar ingenting till (är ingen idé, är meningslöst); *das hat wenig* ~ det är inte mycket mening med det, det lönar sig föga; *der* ~ *heiligt die Mittel* ändamålet helgar medlen; *das ist der* ~ *der Übung!* (*vard.*) det är just det som är meningen [med övningen]!; *ohne* ~ *und Sinn sein* vara meningslös, sakna rim och reson; *sich* (*dat.*) *e-n* ~ *setzen* (*högt.*) sätta upp ett mål för sig **Zweckbau** *-ten m* funktionell byggnad **Zweckdenken** *0 n* målinriktat (pragmatiskt) tänkande **zweckdienlich** ändamålsenlig, nyttig, praktisk; relevant **Zwecke** *-n f* pligg; [häft]stift **zweckentfremde|n** (*end. i inf o. perf part*) *etw.* ~ använda ngt till ngt annat än det är avsett för; *-t* (*äv.*) använd för obehörigt ändamål **zweckentsprechend** ändamålsenlig **zweckfrei** ej målinriktad, fri **zweckgebunden** *~e Gelder* öronmärkta pengar **zweckgemäß** *se zweckmäßig* **zweckhaft** ändamålsenlig, målinriktad **zwecklos** ändamåls-, menings-, gagn|lös; *es ist* ~ (*äv.*) det tjänar ingenting till **zweckmäßig** ändamålsenlig, lämplig, praktisk; meningsfull **Zweckoptimismus** *0 m,* ~ *machen* (*ung.*) visa optimism för sakens skull **zwecks** *prep m. gen.* [i och] för **Zwecksatz** *-e† m, språkv.* finalsats **Zweckstil** *0 m, arkit.* funktionalism **Zweckverband** *-e† m, ung.* kommunalförbund **zweckvoll** *se zweckmäßig* **zweckwidrig** ändamålsvidrig
zwei (*jfr drei o. sms.*) två; *nach Verlauf* ~*er Jahre* efter två års förlopp; *Mutter* ~*er Kinder* tvåbarnsmor; *alle* ~ *Tage* varannan dag; *das läßt sich nicht mit* ~, *drei Worten erklären* (*vard.*) det kan man inte förklara med några få ord; *von uns* ~*en* från oss båda; *zu* ~*en* (*vard.*) på tu man hand, två [man stark]; *zu* [*je*] ~*en* två och två **Zwei** *-en f* (*jfr Drei o. sms.*) tvåa (*som betyg se gut*) **Zweibeiner** *- m, vard.* tvåbent varelse, människa **Zweibettzimmer** *- n* dubbelrum **Zweidecker** *- m, flyg.* biplan; *sjö.* dubbeldäckat fartyg **zweideutig** tvetydig; dubbeltydig; oklar; ekivok **zweidimensional** tvådimensionell **Zwei'drittelmehrheit** *0 f* två tredjedels majoritet **zweieiig** tvååggs- **zweiein'halb** två och en halv **Zweier** *- m* **1** *vard.* tvåpfennigmynt **2** *schweiz.* två deciliter **3** *dial.* tvåa (*buss e.d.*); (*som betyg se gut*) **Zweierbeziehung** *-en f* parförhållande **zweierlei** *oböjl. adj* två slags *etc., jfr dreierlei; das ist* ~ det är [två] helt olika saker; *mit* ~ *Maß messen* mäta med olika mått **Zweierzelt** *-e n* tvåmanstält **zweifach** (*jfr dreifach*) tvåfaldig; *ein Tuch* ~ *legen* vika en duk dubbel **Zweifa'milienhaus** *-er† n* tvåfamiljshus **Zwei'farbendruck** *-e m* tvåfärgstryck **zweifarbig** tvåfärgad **Zweifel** *- m* tvivel[smål], ovisshet, skepsis; *es besteht nicht der geringste* ~, *daß* det råder inte minsta tvivel om att; *ich habe meine* ~ (*äv.*) jag har mina dubier; *davon kann kein* ~ *sein* det råder det inget tvivel om; *es waren ihm* ~ *gekommen, ob* han börjat tvivla på om; *außer allem* ~ *stehen* vara utom allt tvivel; *etw. in* ~ *stellen* (*ziehen*), ~ *in etw.* (*ack.*) *setzen*

dra ngt i tvivelsmål, betvivla ngt; *über etw.* (*ack.*) *in* ~ *sein* vara osäker på ngt **Zwei'felderwirtschaft** *0 f* växelbruk (*m. träda vartannat år*) **zweifelhaft** tvivelaktig, dubiös; oviss **zweifellos** otvivelaktig; utan tvivel (tvekan) **zweif|eln** tvivla (*an + dat.* på); *daran -le ich* det tvivlar jag på; *daran ist nicht zu* ~ det kan inte betvivlas; *wir* ~ *an seinem Kommen* vi betvivlar att han kommer **Zweifelsfall** *-e† m* **1** tvivelaktigt fall **2** *in Zweifelsfällen* i tveksamma fall; *im* ~ *sollst du mich fragen* om du tvekar (det är oklart, tvekan råder) ska du fråga mig **zweifelsfrei** otvivelaktig; *das ist* ~ (*äv.*) det kan inte betvivlas **zweifels'ohne** utan tvivel (tvekan) **Zweifler** *- m* tvivlare, skeptiker
Zweiflügler *- m, zool.* tvåvinge **Zwei'frontenkrieg** *-e m* tvåfrontskrig
Zweig *-e m* **1** gren, kvist; *auf e-n* (*keinen*) *grünen* ~ *kommen* (*vard.*) (inte) komma på grön kvist **2** *bildl.* gren; förgrening; underavdelning; linje **-bahn** *-en f, järnv.* bibana **zweigeleisig** dubbelspårig **zweigeschlechtig** *bot.* tvåkönad **Zweigespann** *-e n* tvåspänd vagn; par|hästar, -oxar (*e.d.*); *bildl.* parhästar (*två vänner*), par, grupp (*om två personer*) **zweigestrichen** *mus.* tvåstruken **zweigeteilt** [två]delad
Zweiggeschäft *-e n* filial **zwei|gleisig** dubbelspårig **-gliedrig** tvåledad **Zweig|linie** *-n f* **1** [sido]gren **2** *järnv.* bibana **-niederlassung** *-en f,* **-stelle** *-n f* filial **zweihändig** tvåhänt, med två händer; ~ *spielen* spela tvåhändigt (med två händer) **zweihäusig** *bot.,* ~*e Pflanze* tvåbyggare **Zweiheit** *0 f* **1** dualism **2** tvåfald, dubbelhet **zweihöck[e]rig** tvåpucklig **Zweihufer** *- m* partåigt hovdjur **Zwei'kammersystem** *0 n* tvåkammarsystem **Zweikampf** *-e† m* tvekamp, duell **zweikeimblätt[e]rig** *bot.* tvåhjärtbladig **zweiköpfig** tvehövdad; tvåmanna-; ~*er Adler* dubbelörn **Zweikreisbremse** *-n f* tvåkrets[broms]system **zweimal** två gånger; ~ *Kaffee!* två kaffe!; ~ *die Woche* två gånger i veckan; *das Buch* ~ *haben* ha boken i två exemplar **zweimalig** två gånger upprepad; *nach* ~*er Einladung* efter att ha blivit bjuden två gånger **Zweimannboot** *-e n* tvåa (*kapproddbåt*) **Zwei'markstück** *-e n* tvåmarksmynt **Zweimaster** *- m* tvåmastare **Zweipar'teiensystem** *0 n* tvåpartisystem **Zwei'pfennigstück** *-e n* tvåpfennigmynt **Zwei'phasenstrom** *0 m* tvåfasström
Zweirad *-er† n* tvåhjuling, tvåhjuligt fordon **Zweireiher** *- m* tvåradig (dubbelknäppt) kostym **zweireihig** tvåradig; *sömn. äv.* dubbelknäppt **Zweisamkeit** *0 f* **1** (*tvås*) gemenskap; *ihre* ~ de bådas gemenskap **2** tvåsamhet **zweischläf[r]ig** ~*es Bett* dubbelsäng **zweischneidig** tveeggad (*äv. bildl.*) **zweischürig** som ger två skördar om året **zweiseitig 1** tvåsidig; ~ *beschriebenes Blatt* blad med text på båda sidorna **2** bilateral **Zweisitzer** *- m* tvåsitsigt fordon, tvåsitsig bil (*e.d.*); tandem- [cykel] **Zweispänner** *- m* tvåspännare (*vagn m. två hästar*) **zweispännig** tvåspänd; ~ *fahren* åka efter parh. star **zweisprachig** tvåspråkig **zweispurig** dubbelspårig
zweit *zu* ~ två stycken, på tu man hand, två i bredd **Zweitakter** *- m* tvåtaktare, tvåtaktsmotor **Zweitaktmotor** *-en m* tvåtaktsmotor

'zweit'ältest näst äldst **Zweitausfertigung** *-en f* duplikat; avskrift; [genomslags]kopia **Zweitauto** *-s n* andrabil **Zweitbesitzer** - *m* andra ägare 'zweit'best näst bäst **Zweitdruck** *-e m* ny-, om|tryck **zweite** andr|a, -e; *der ~ Fall (språkv.)* genitiv; *der ~ Gang* tvåan[s växel]; *das ~ Gesicht haben* vara synsk; *jeden ~n Tag* varannan dag; *bitte einmal Z~r nach Salzburg!* en andraklass till Salzburg!; *er arbeitet wie kein ~r* han arbetar som ingen annan; **Z~[r]** *werden* bli tvåa **zweiteilig** två-, tu|delad, i två delar; *~er Anzug* kavajkostym *(utan väst)* **zweitens** för det andra **Zweitfrisur** *-en f* peruk 'zweit'größt näst störst 'zweit'höchst näst högst **Zweitimpfung** *-en f* revaccination **zweitklassig** andra klassens, sekunda; *als ~ behandelt werden (äv.)* behandlas som en andra klassens människa **Zweitkläßler** - *m* andraklassare 'zweit'letzt näst sist **zweitrangig** andra rangens, sekundär **Zweitschlüssel** - *m* reservnyckel **Zweitschrift** *-en f, se Zweitausfertigung* **Zweitstudium** *0 n, ein ~ aufnehmen* läsa ett nytt ämne *(efter avslutade universitetsstudier)* **Zweitwagen** - *m* andrabil **Zweitwohnung** *-en f* andrabostad; semesterlägenhet
Zwei'vierteltakt *-e m, mus.* tvåfjärdedelstakt **zweiwertig** tvåvärd **zweizeilig** tvåradig **zwerch** *dial., se quer* **Zwerchfell** *0 n* mellangärde **zwerchfellerschütternd** *(om skratt)* hejdlös; *von ~er Komik* urkomisk **Zwerg** *-e m* dvärg **zwergartig** dvärg|artad, -lik[nande] **Zwergbaum** *-e† m* dvärgträd **Zwergbetrieb** *-e m* mycket litet företag **zwerg[en]haft, zwergig** *se zwergartig* **Zwergpinscher** - *m* dvärgpinscher **Zwergschule** *-n f* B-skola **Zwergstaat** *-en m* lilleputtstat **Zwergvolk** *-er† n* dvärgfolk **Zwergwuchs** *0 m* dvärgväxt, nanism
Zwetsche *-n f* plommon **Zwetschen|schnaps** *-e† m,* **-wasser** *0 n* plommonbrännvin **Zwetschge, Zwetschke** *m. sms., dial., se Zwetsche m. sms.*
Zwicke *-n f* **1** *dial.* avbitar-, knip|tång **2** *åld.* pligg; [häft]stift **Zwickel** - *m* **1** [tyg]kil **2** *arkit.* svickel **3** *dial.* kuf **4** *sl.* tvåmarksmynt **zwick|en** *sty., österr.* **1** nypa **2** plåga; *ihn -t der Bauch* han har magknip **3** spänna, vara trång **4** klippa *(biljett)* **5** sätta fast *(m. klädnypa)* **Zwicker** - *m, sty., österr.* pincené **Zwickmühle** *-n f* **1** *viss position i kvarnspel* **2** *vard.* knipa, klämma
Zwieback *-e[†] m* skorpa **Zwiebel** *-n f* **1** lök **2** *vard.* rova *(klocka)* **3** *vard. (liten)* hårkrul **Zwiebelfisch** *-e m, typ.* svibel **zwiebelförmig** lökformad **Zwiebelgewächs** *-e n* lökväxt **Zwiebelkuchen** - *m, ung.* lökpaj **Zwiebelkuppel** *-n f* lökkupol **zwiebeln** *vard., e-n ~* sätta åt ngn, ge sig på ngn, trakassera ngn **Zwiebelsuppe** *-n f* löksoppa **Zwiebelturm** *-e† m (torn med)* lökkupol **zwie|fach** *högt.,* **-fältig** *högt.* tvåfaldig, dubbel **Zwiegespräch** *-e n, högt.* samtal [på tu man hand], dialog **Zwielaut** *-e m, språkv.* diftong **Zwielicht** *0 n* **1** halvdager, gryning[s-dager], skymning[sdager] **2** blandning av skymningsljus o. elljus **zwielichtig** *bildl.* skum **Zwiespalt** *-e[†] m* konflikt, kluvenhet, söndring; dilemma; oenighet **zwiespältig** splittrad, kluven; *~e Gefühle (äv.)* motstridiga känslor **Zwiesprache** *-n f, högt.* samtal [på tu man hand]; *~ mit sich selbst halten* föra en inre dialog **Zwietracht** *0 f, högt.* tvedräkt, split; *~ säen* så tvedräkt,
Zwilch *-e m* grovt linne **zwilchen** av grovt linne, linne- **Zwillich** *-e m* grovt linne
Zwilling *-e m* **1** tvilling **2** tvåpipig bössa **Zwillingsbruder** *-† m* tvillingbror **Zwillingsgeburt** *-en f* tvillingfödsel **Zwillingsreifen** - *m* dubbla hjul **Zwillingsschwester** *-n f* tvillingsyster
Zwingburg *-en f (starkt befäst)* borg **Zwinge** *-n f* **1** doppsko, skoning; sammanhållande [metall]ring **2** [skruv]tving **zwingen** *zwang, zwänge, gezwungen (se d.o.)* **1** tvinga; *e-n zu Boden ~* tvinga ngn till marken **2** *dial.* klara [av] **3** *rfl* tvinga (förmå) sig **zwingend 1** tvingande **2** övertygande **Zwinger** - *m* **1** [rovdjurs]bur, grop, håla *(för vilda djur)*, inhägnad **2** [hund]gård, kennel **Zwingherr** *-[e]n -en m* despot, tyrann, våldshärskare **Zwingherrschaft** *0 f* despoti, tyranni, våldsregim
zwinkern blinka
zwirbeln tvinna, sno
Zwirn *-e m* [sy]tråd **zwirnen I** *adj* av tråd, tråd- **II** *v* tvinna **Zwirnfaden** *-† m* tråd[ända], sytråd; *an e-m ~ hängen (bildl.)* hänga på en tråd (ett hår)
zwischen *prep m. dat. vid befintl., m. ack. vid riktn.* mellan; bland; *es ist aus ~ ihnen (vard.)* det är slut mellan dem **Zwischenakt** *-e m* mellanakt **Zwischenausweis** *-e m* interimslegitimation **Zwischenbemerkung** *-en f* [avbrytande, störande] inpass **zwischenbetrieblich** mellan företag[en] **zwischenblenden** *film.* tona in **Zwischenboden** *-† m, byggn.* trossbotten **Zwischendeck** *-s n, sjö.* mellandäck **Zwischendecke** *-n f, byggn.* trossbotten **Zwischending** *-e n, vard.* mellanting **zwischen'drein 1** *(in)* mitt emellan, mellan (bland) dem (dessa) **2** då och då, emellanåt **zwischen'drin 1** *(inne)* mitt emellan, mellan (bland) dem (dessa) **2** *vard.* någon gång [under den tiden] **zwischen'durch 1** då och då, emellanåt, dessemellan, i mellantiden **2** mellan (bland) dem (dessa), här och där **3** mitt emellan (igenom) **zwischen'ein** *se zwischendrein* **zwischeneiszeitlich** mellan istiderna, interglacial
Zwischen|ergebnis *-se n* mellanresultat, resultat efter första omgången *(e.d.)* **-fall** *-e† m* [oväntad, störande] händelse, episod, intermezzo; incident; *Zwischenfälle (äv.)* oroligheter **-farbe** *-n f* mellanfärg **-frage** *-n f* inskjuten fråga; *erlauben Sie bitte eine ~?* får jag avbryta med en fråga?, tillåter Ni att jag skjuter in en fråga? **-futter** - *n, sömn.* mellanfoder **-gas** *0 n, ~ geben* ge mellangas **-geschoß** *-sse n* mellan-, halv-, entresol[l]|våning **-glied** *-er n* mellan|led, -länk **-größe** *-n f* mellanstorlek; *(på sko)* halvnummer **-handel** *0 m* mellanhandel; transithandel; [gross]handel med halvfabrikat
zwischen'her *se zwischendurch* **zwischenhin'ein** *schweiz. el. åld., se zwischendurch* **Zwischenhirn** *0 n* mellanhjärna **Zwischenlager** - *n* mellanlager **zwischenlagern** *end. i inf o. perf part* mellan|lagra, -förvara **zwischenlanden** *s* mellanlanda **Zwischenlandung** *-en f* mellanlandning **Zwischenlauf** *-e† m, sport.* mellanheat **Zwischenlösung** *-en f* provisorisk (tillfällig) lösning **Zwischenmahlzeit** *-en f* mellanmål **zwischen-**

menschlich mellanmänsklig, mellan människor, människor emellan **Zwischenraum** -e† *m* mellanrum; lucka; avstånd; intervall **zwischen'rein** *vard.*, *se zwischendurch* **Zwischenring** -e *m*, *foto.* mellanring **Zwischenruf** -e *m* [avbrytande, störande] rop (yttrande), inpass **Zwischenrunde** -n *f*, *sport.* semifinal **Zwischensaison** -s (*sty. o. österr. äv.* -en) *f* mellansäsong **Zwischensatz** -e† *m* **1** *språkv.* inskjuten [bi]sats, parentes **2** *mus.* mellansats **zwischenschalten** *end. i inf o. perf part* koppla emellan **Zwischenspiel** -e *n*, *mus.* mellanspel; interludium; mellanaktsmusik, intermezzo; *litt. äv.* episod **zwischenstaatlich** mellanstatlig, internationell **Zwischen|stadium** -stadien *n* mellanstadium **-station** -en *f* mellanstation; ~ *machen* göra uppehåll (avbrott) [i resan] **-stock** - *el.* -*werke* *m*, **-stockwerk** -e *n*, *se Zwischengeschoß* **-stück** -e *n* **1** mellan|stycke, -led **2** *se Zwischenspiel* **-stufe** -n *f* mellanstadium **-stunde** -n *f* hål-, fri|timme -e† *m* mellanton **-träger** - *m*, *neds.* skvallerbytta, rapportör **-tür** -en *f* mellan-, inner|dörr **-wand** -e† *f* mellanvägg **-zeit** -en *f* mellantid (*äv. sport.*); *in der* ~ (*äv.*) under tiden
zwischenzeitlich under [mellan]tiden
Zwist -e *m*, *högt.* tvist[ighet]; *den alten* ~ *begraben* (*äv.*) begrava stridsyxan (fiendskapen); *mit e-m in* ~ *geraten* (*äv.*) bli osams med ngn; *mit e-m in* (*im*) ~ *leben* leva i osämja med ngn **-igkeit** -en *f*, *högt.* tvist[ighet], strid[ighet]
zwitschern 1 kvittra **2** *e-n* ~ (*vard.*) ta sig en tår [på tand]
Zwitter - *m* **1** tvekönad varelse, hermafrodit **2** hybrid, blandform **Zwitterblüte** -n *f* tvåkönad blomma **Zwitterding** -er *n* mellanting **zwitter|haft, -ig** tvåkönad, hermafroditisk, hybrid **Zwitterstellung** 0 *f*, *e-e* ~ *einnehmen* ha en mellanställning, vara ett mellanting **Zwitterwesen 1** 0 *n* hermafroditism; hybridnatur **2** - *n*, *se Zwitter* **zwittrig** *se zwitterig*
zwo *vard. el. av tydlighetsskäl, se zwei*
zwölf (*jfr drei o. sms.*) tolv; *die Z~ Nächte* de tolv nätterna (*mellan jul o. trettondagen*) **Zwölf** -en *f* (*jfr Drei o. sms.*) tolva **Zwölfender** - *m* **1** *jakt.* tolvtaggare **2** *vard.* soldat som tjänstgör i 12 år **Zwölfer** - *m*, *dial.* tolva (*buss e.d.*) **zwölferlei** *oböjl. adj* tolv slags *etc.*,

jfr dreierlei **Zwölferpackung** -en *f* förpackning om tolv **Zwölf'fingerdarm** -e† *m* tolvfingertarm **zwölfte** tolfte **zwölftel** tolftedels **Zwölftel** - *n* tolftedel **Zwölften** *pl*, *dial.*, *die* ~ de tolv nätterna (*mellan jul o. trettondagen*) **zwölftens** för det tolfte **Zwölftöner** - *m*, *mus.* tonsättare som skriver tolvtonsmusik **Zwölftonmusik** 0 *f* tolvtonsmusik
zwot *vard.*, *se zweit* **zwote** *vard.*, *se zweite* **zwotens** *vard.*, *se zweitens*
Zyane -n *f*, *högt.* blåklint **Zyankali[um]** 0 *n* cyankalium
Zykladen *pl*, *die* ~ Kykladerna **Zyklame** -n *f*, *österr.*, **Zyklamen** - *n* [vild]cyklamen, alpviol **zyklisch** [-y:-, *äv.* -y-] cyklisk; ~e *Verbindungen* (*kem.*) cykliska föreningar **zykloid** *mat.*, *psykol.* cykloid **Zykloide** -n *f*, *mat.* cykloid **Zyklon** -e *m* cyklon **Zyklop** -en -en *m*, *myt.* cyklop **Zyklopenmauer** -n *f* cyklopisk mur **zyklopisch** cyklopisk (*om mur*); gigantisk, jättelik **Zyklotron** ['tsy:-, *äv.* 'tsy͟k- *el.* --'-] -s, *äv. -e n*, *kärnfys.* cyklotron **Zykl|us** [-y:-, *äv.* -y-] -en *m* cykel; kretslopp; *ein* ~ *von Gedichten* en diktcykel
Zylinder [tsi-, *äv.* tsy-] - *m* **1** cylinder (*äv. tekn.*) **2** lampglas **3** cylinder[hatt], hög hatt **Zylinderhut** -e† *m*, *se Zylinder* **3 Zylinderkopf** -e† *m*, *motor.* topplock **zylindrisch** cylindrisk
Zyniker - *m* cyniker **zynisch** cynisk **Zynism|us** -en *m* cynism
Zypern 0 *n* Cypern **Zyprer** - *m* cyprier, cypriot
Zypresse -n *f*, *bot.* cypress
Zypriot -en -en *m* cypriot **zypriotisch** cypriotisk **zyprisch** cyprisk
zyrillisch kyrillisk
Zyste -n *f*, *med.* cysta **Zystoskop** -e *n*, *med.* cystoskop
Zytochrom -e *n*, *med.* cytokrom **Zytoge'netik** 0 *f* cytogenetik **Zytologie** 0 *f*, *med.* cytologi **zytologisch** cytologisk **Zytoplasm|a** -en *n*, *biol.* cyto-, proto|plasma **Zytostatik|um** -a *n*, *med.* cytostatikum **Zytotoxin** -e *n*, *med.* cytotoxin, cellgift
Zz. *förk. för* a) *Zeilen* rader, b) *Zinszahl* räntetal **z.Z.** *förk. för zur Zeit* f.n., för närvarande **zzgl.** *förk. för zuzüglich* plus, med tillägg av **z.Zt.** *förk. för zur Zeit* f.n., för närvarande